国家卫生健康委员会"十四五"规划教材

全国高等学校教材

供本科护理学类专业用

成人护理学（上册）

第 4 版

主　编　郭爱敏　周兰姝　王艳玲

副主编　陈　红　何朝珠　牟绍玉　郭锦丽

编　者　（按姓氏笔画排序）

王艳玲（首都医科大学护理学院）　　　　　张　敏（山东大学齐鲁医院）

王笑蕾（山东第一医科大学护理学院）　　　张志刚（兰州大学第一医院）

仇晓霞（上海交通大学医学院附属仁济医院）张标新（安徽医科大学第一附属医院）

尹　兵（大连医科大学护理学院）　　　　　陈　红（四川大学华西护理学院/四川

朱姝芹（南京医科大学护理学院）　　　　　　　　　大学华西医院）

刘　庚（中国医学科学院阜外医院）　　　　陈华蓉（温州医科大学附属眼视光医院）

闫贵明（天津医科大学护理学院）　　　　　陈运香（桂林医学院护理学院）

许　莹（北京大学第一医院）　　　　　　　周兰姝（海军军医大学护理学院）

孙龙凤（中国医科大学附属第一医院）　　　赵慧杰（河南大学护理与健康学院）

牟绍玉（重庆医科大学护理学院）　　　　　胡　娟（四川大学华西第二医院）

李　青（承德医学院护理学院）　　　　　　顾妙娟（复旦大学附属华山医院）

李　娟（复旦大学附属华山医院）　　　　　徐　蓉（华中科技大学同济医学院附属同济医院）

李　越（首都医科大学附属北京同仁医院）　徐水琴（绍兴文理学院医学院）

李玉霞（上海中医药大学护理学院）　　　　徐江华（湖北医药学院护理学院）

李同莲（西南医科大学附属中医医院）　　　郭　莹（哈尔滨医科大学附属第四医院）

李晓飞（中国医科大学附属第一医院）　　　郭爱敏（中国医学科学院北京协和医学院

何朝珠（南昌大学护理学院）　　　　　　　　　　　护理学院）

邹艳波（中南大学湘雅医院）　　　　　　　郭淑丽（中国医学科学院北京协和医院）

沙凯辉（滨州医学院护理学院）　　　　　　郭锦丽（山西医科大学护理学院）

宋英茜（大连医科大学附属第一医院）　　　崔慧霞（锦州医科大学护理学院）

张　萍（南方医科大学护理学院）　　　　　韩　晶（青岛大学护理学院）

编写秘书　孙　柳（首都医科大学护理学院）

　　　　　李小雪（中国医学科学院北京协和医学院护理学院）

　　　　　陈雪梅（海军军医大学护理学院）

人民卫生出版社

·北　京·

图书在版编目（CIP）数据

成人护理学：全2册/郭爱敏，周兰姝，王艳玲主编. —4版. —北京：人民卫生出版社，2023.6（2024.9重印）
ISBN 978-7-117-34820-1

Ⅰ.①成… Ⅱ.①郭…②周…③王… Ⅲ.①护理学-高等学校-教材 Ⅳ.①R47

中国国家版本馆 CIP 数据核字（2023）第 092501 号

人卫智网	www.ipmph.com	医学教育、学术、考试、健康，购书智慧智能综合服务平台
人卫官网	www.pmph.com	人卫官方资讯发布平台

成人护理学
Chengren Hulixue
（上、下册）
第 4 版

主　　编：郭爱敏　周兰姝　王艳玲
出版发行：人民卫生出版社（中继线 010-59780011）
地　　址：北京市朝阳区潘家园南里 19 号
邮　　编：100021
E - mail：pmph @ pmph. com
购书热线：010-59787592　010-59787584　010-65264830
印　　刷：人卫印务（北京）有限公司
经　　销：新华书店
开　　本：850×1168　1/16　总印张：82.5　总插页：6
总 字 数：2441 千字
版　　次：2005 年 9 月第 1 版　2023 年 6 月第 4 版
印　　次：2024 年 9 月第 2 次印刷
标准书号：ISBN 978-7-117-34820-1
定价（上、下册）：258.00 元

第七轮修订说明

2020年9月国务院办公厅印发《关于加快医学教育创新发展的指导意见》(国办发〔2020〕34号),提出以新理念谋划医学发展、以新定位推进医学教育发展、以新内涵强化医学生培养、以新医科统领医学教育创新,并明确提出"加强护理专业人才培养,构建理论、实践教学与临床护理实际有效衔接的课程体系,加快建设高水平'双师型'护理教师队伍,提升学生的评判性思维和临床实践能力。"为更好地适应新时期医学教育改革发展要求,培养能够满足人民健康需求的高素质护理人才,在"十四五"期间做好护理学类专业教材的顶层设计和规划出版工作,人民卫生出版社成立了第五届全国高等学校护理学类专业教材评审委员会。人民卫生出版社在国家卫生健康委员会、教育部等的领导下,在教育部高等学校护理学类专业教学指导委员会的指导和参与下,在第六轮规划教材建设的基础上,经过深入调研和充分论证,全面启动第七轮规划教材的修订工作,并明确了在对原有教材品种优化的基础上,新增《护理临床综合思维训练》《护理信息学》《护理学专业创新创业与就业指导》等教材,在新医科背景下,更好地服务于护理教育事业和护理专业人才培养。

根据教育部《关于加快建设高水平本科教育 全面提高人才培养能力的意见》等文件要求以及人民卫生出版社对本轮教材的规划,第五届全国高等学校护理学类专业教材评审委员会确定本轮教材修订的指导思想为:立足立德树人,渗透课程思政理念;紧扣培养目标,建设护理"干细胞"教材;突出新时代护理教育理念,服务护理人才培养;深化融合理念,打造新时代融合教材。

本轮教材的编写原则如下:

1. 坚持"三基五性" 教材编写坚持"三基五性"的原则。"三基":基本知识、基本理论、基本技能;"五性":思想性、科学性、先进性、启发性、适用性。

2. 体现专业特色 护理学类专业特色体现在专业思想、专业知识、专业工作方法和技能上。教材编写体现对"人"的整体护理观,体现"以病人为中心"的优质护理指导思想,并在教材中加强对学生人文素质的培养,引领学生将预防疾病、解除病痛和维护群众健康作为自己的职业责任。

3. 把握传承与创新 修订教材在对原有教材的体系、编写体裁及优点进行继承的同时,结合上一轮教材调研的反馈意见,进一步修订和完善,并紧随学科发展,及时更新已有定论的新知识及实践发展成果,使教材更加贴近实际教学需求。同时,对于新增教材,能体现教育教学改革的先进理念,满足新时代护理人才培养在知识结构更新和综合能力提升等方面的需求。

4. 强调整体优化 教材的编写在保证单本教材的系统和全面的同时,更强调全套教材的体系性和整体性。各教材之间有序衔接、有机联系,注重多学科内容的融合,避免遗漏和不必要的重复。

5. 结合理论与实践 针对护理学科实践性强的特点,教材在强调理论知识的同时注重对实践应用的思考,通过引入案例与问题的编写形式,强化理论知识与护理实践的联系,利于培养学生应用知识、分析问题、解决问题的综合能力。

6. 推进融合创新 全套教材均为融合教材,通过扫描二维码形式,获取丰富的数字内容,增强教材的纸数融合性,增强线上与线下学习的联动性,增强教材育人育才的效果,打造具有新时代特色的本科护理学类专业融合教材。

全套教材共 59 种,均为国家卫生健康委员会"十四五"规划教材。

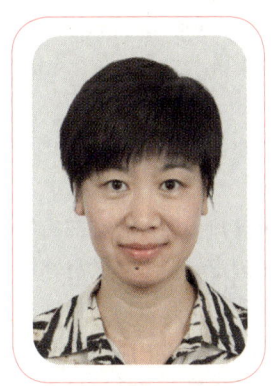

郭爱敏,北京协和医学院护理学院教授,博士,硕士生导师。现任中华护理学会继续教育工作委员会副主任委员,北京护理学会社区护理专业委员会副主任委员,中华医学会结核病学分会护理专业委员会副主任委员。主要研究方向为呼吸及危重症护理、社区慢病护理。主持及参加多项教育部、北京市、CMB 及院校教育教学及科研项目,曾获北京市教育教学成果奖二等奖 2 项,中华护理学会科技奖一等奖 1 项、二等奖 1 项。以第一或通讯作者身份在国内外学术期刊发表学术论文百余篇。主编全国护理学类本科规划教材 4 部,参编研究生规划教材 4 部。《中国护理管理》《中华护理教育》《中华现代护理杂志》等编委及审稿人。多次获得北京协和医学院优秀教师称号,2022 年获北京市优秀教师称号。

周兰妹,海军军医大学护理学院教授,博士,博士生(后)导师。现任上海市健康科技协会护理健康科技专业委员会主任委员,中国研究型医院学会护理教育专业委员会副主任委员,《军事护理》杂志主编。研究方向为健康管理与老年护理,获批首个护理领域的国家社科基金重大项目和首个护理学教育部重点实验室。以第一完成人身份获康复科技进步奖二等奖、军队科技进步奖、全国护理科技进步奖及上海市护理科技进步奖各 1 项。申请专利 12 项,发表文章 200 余篇(含 SCI 文章 30 余篇)。主编"十二五""十三五"规划教材等 8 部,专著 20 余部。获总后优秀教师、上海市高校优秀青年教师、军队育才奖银奖等称号,荣立三等功 3 次。上海市高峰学科护理学带头人,唯一入选上海市卫计委优秀学科带头人计划和上海市卫生系统第二批优秀学科带头人培养计划的护理专家。

王艳玲,首都医科大学护理学院成人护理学学系,副教授,硕士生导师。现任中华护理学会继续教育工作委员会副主任委员,中华护理教育杂志编委。从事护理教学及科研工作 20 余年,教学和科研管理工作 10 余年。主要研究方向为危重症及延续性护理、居家护理,近年承担及参与国家级、市级、局级科研课题、教育教学改革项目多项,在国内外核心期刊发表文章 40 余篇,研究成果在国际学术会议进行交流。先后获得中华护理学会科技奖、北京市教育改革成果奖、教育部中国大学生医学技术技能大赛优秀指导教师称号。

陈红，四川大学华西护理学院原副院长、华西医院护理部原主任，教授，博士，博士生导师，博士后合作导师。现任教育部高等学校护理学类专业教学指导委员会委员、全国高等学校护理学类专业教材评审委员会委员、中国卫生信息与健康医疗大数据学会护理学分会副主任委员等。主要研究方向为慢病管理和护理教育。主持各类科研项目 20 余项；编写教材 6 部、专著 8 部；发表学术论文 160 余篇（含 SCI 论文 30 余篇）；获四川省高等教育优秀教学成果二等奖 2 项、成都市科技进步奖一等奖 1 项、中华护理学会科技进步奖二等奖 1 项。

何朝珠，南昌大学护理学院院长，教授，博士，博士生导师。现任教育部高等学校护理学类专业教学指导委员会委员、全国高等学校护理学专业本科教材评审委员会委员、江西省护理教育专业指导委员会主任委员等职。研究方向为护理教育、老年慢病护理。先后主持各类科研项目 20 余项；发表论文 60 余篇（含 SCI 8 篇）；副主编或参编教材 5 部；获省级教学成果奖二等奖 1 项，校级教学成果奖一等奖 2 项；获全省优秀护理工作者荣誉称号。

牟绍玉，重庆医科大学护理学院副院长，教授，主任护师，硕士生导师。现任教育部护理专业认证委员会委员，重庆市护理学会教育专业委员会副主任委员。《军事护理》《重庆医学》《现代医药卫生》杂志编委。主要研究方向为消化道疾病延续护理、高等护理教育。主持各级教研、科研课题 13 项，发表学术论文 70 余篇，编写、出版教材 8 部。获重庆市教学成果二等奖 1 项，重庆市教委研究生教学科研成果奖 3 项，重庆医科大学教学成果奖 2 项。

郭锦丽，山西医科大学护理学院副院长、山西医科大学第二医院护理部主任，教授，主任护师，博士生导师。现任中华医学会创伤学分会护理学组委员、中华护理学会骨科护理专业委员会委员、山西省护理学会副理事长、山西省护理学会骨科护理专业委员会主任委员等。主要研究方向为骨科护理和伤口治疗。近年发表论文 80 余篇，其中 SCI 收录 3 篇，主编、副主编著作 10 部；承担省部级课题 10 项；山西省科学技术进步奖三等奖 1 项。

前言

本教材是在第3版基础上修订而成,是以人的生命周期为主线的护理学专业本科生教材,阐述18岁以上成人的主要健康问题及其护理。全书包括上、下两册,分为11篇82章,内容涵盖传统教材中内科护理学、外科护理学、妇科护理学、五官科和皮肤科护理学的主要内容。本教材修订立足"立德树人"的根本任务,体现"以本为本"的指导思想,强调"课程思政"的重要意义,满足护理本科教学的多元性需求。第4版教材保留了上版教材的基本结构,以器官、系统和功能为主线编排教材内容,包含成人常见健康问题的护理。各章节以护理程序为框架组织编写,突出护理专业特色和学科的发展。继续坚持教材编写的"三基五性"原则,在强调基本知识、基本理论和基本技能的基础上,反映知识的更新和学科的进展。同时体现高阶性、创新性和挑战度,强调知识和能力的融合,兼具先进性和实用性。

在修订过程中,本教材做了几方面的调整:①内容整体优化,章节编排更合理。总论部分增加"成人护理中的循证实践"一节。删减上版教材中传染病病人的护理相关章节。②体现临床前沿进展,满足护理本科教学需要。基于相关领域的最新证据及诊疗指南更新内容。③完善各章节护理程序的逻辑性,内容的科学性、实用性和先进性,文字删繁就简。④每章节增加"导入情境与思考"及思考题,利于学生对重点内容的理解和掌握。以 BOX 形式体现学科前沿、科学证据及循证实践等内容,以BOX 及课后思考题形式呈现思政元素。⑤融合数字内容,包含教学课件、临床案例及解析、微视频、目标测试等,便于学生自主学习。本教材不仅适用于护理本科层次教学,也可作为临床护理工作者的参考书。

本版教材编者来自全国30余所高等院校的护理教学和临床一线,各位编者以严谨认真的态度,团结协作,保证了教材顺利完成。编写工作得到各参编高校和临床医院的大力支持,在此一并感谢。同时,感谢第1版至第3版的所有编者为本教材所作的贡献。

由于时间及能力所限,教材难免存在问题和不足,敬希护理界同仁和广大读者不吝赐教并指正。

郭爱敏　周兰姝　王艳玲

2023 年 2 月

NURSING

目 录

上 册

第一篇 总 论

第二篇　呼吸系统疾病病人的护理

第四篇　血液系统疾病病人的护理

下　　册

第六篇　泌尿系统疾病病人的护理

第一篇

总　论

NURSING

第一章

绪 论

01章 数字内容

- 识记：
  陈述成长、发展、护理程序、循证护理的概念及循证护理实践的要素。
- 理解：
  1. 结合相关理论，解释成人各阶段的生理、心理发展特点及社会特点。
  2. 举例说明成人不同阶段的主要健康问题。
  3. 说明循证护理实践的基本步骤。
- 运用：
  结合实例，阐述护理程序各步骤的含义。

第一节　成人发展的特点及各阶段健康问题

人的生命周期是年龄、功能、心理、社会几方面动态变化的结果,其变化形态是可预测的。成长(growth)是指人生理方面的改变,是细胞增殖的结果,表现为机体和各器官的长大,即机体在量方面的增长。成长是可测量、可观察的,如身高、体重、骨密度、牙齿结构的变化等客观指标。发展(development)是生命过程中有顺序、可预期的功能改变,表现为细胞、组织、器官功能的成熟和机体能力的演进,如行为改变、技能增强等,即表示质方面的变化,是不易测量的。发展是学习的结果和成熟的象征。同儿童一样,成人也可以划分为不同的发展阶段。

一、成人发展的概念及相关理论

目前没有一个独立的理论可以解释成人的成长发展过程。在成人发展过程中,生理、心理和社会文化因素不是孤立存在的,成人发展反映了这些因素之间的内在联系。理论学家解释成人发展的特点基于以下假定:①成人发展是持续发生的,具可限定性、可预测性及连续性的特点。②生命周期中的重要发展时期表现为生理和心理社会发展经历重新组织。③在每个发展阶段都有与之相伴的特定的活动或任务。④了解下一阶段的任务是向未来阶段任务过渡的基础。下面介绍在一些理论或学说中对成人发展特点的阐述。

(一) 埃里克森的心理社会发展理论

埃里克森(Erik H Erikson)在弗洛伊德心理学说的基础上发展形成了心理社会发展理论(theory of psychosocial development)。他把人的一生分为 8 个心理社会发展阶段,每个阶段都有其发展任务要完成,每个发展阶段均有一个中心问题或危机必须解决,这些矛盾冲突是健康人格的形成和发展过程必然遇到的社会对个体的要求和挑战。埃里克森认为,人格的形成和发展是自我(ego)与社会环境(social milieu)对抗的结果。成功解决每个发展阶段的中心问题或至少减轻这些压力,就可以健康地进入下一阶段。一个人的人格或情感表现可反映其每个阶段的发展结果。人的一生有 8 个心理社会发展阶段,即出生至 1 岁、1 岁至 3 岁、3 岁至 6 岁、6 岁至青春期、青春期至成人早期、成人早期、成人中期和成人晚期。埃里克森的心理社会发展理论中对成人期的主要特点,简述如下:

1. **成人早期(young adulthood)**　18~40 岁,发展任务是亲密对孤立(intimacy vs. isolation),即能够和他人建立亲密关系,承担对他人应尽的责任和义务,包括建立婚姻关系。埃里克森认为,真正的亲密感是指两个人都愿意分享和相互调节他们生活中一切重要方面,亲密关系的建立需要一定程度的奉献、包容及为他人利益而自我放弃。在成年早期,如果不能履行这些行为,害怕失去自我,将会产生孤独感和自我专注。此期顺利发展的结果是有美好的感情生活、良好的人际关系及协作精神。

2. **成人中期(middle adulthood)**　40~65 岁,发展任务是成就对停滞(generativity vs. stagnation)。此期的主要任务是养育和指导下一代,在工作和生活上取得成就。如果没有繁殖、养育和事业上的成就,可能会造成人格的贫乏和停滞,表现为自我专注及过多关心自己的生理和精神需求。此期顺利发展的结果是细心培育下一代,热爱家庭和有创造力地努力工作。

3. **成人晚期(older adulthood)**　65 岁以上,发展任务是自我完善对失望(ego integrity vs. despair)。成年晚期是回顾过去及重新安排生活的时期。此时,老年人往往回顾一生以评价自己的人生是否有价值。埃里克森认为,以前的生活可以带来完善感(或者自我完善感)及生命美好的感觉。老年人在体验这种完善感后,会进一步发挥自己的潜能以弥补缺憾,使生命更有意义。当一个人接受了自己的生活后,死亡就成为生活中有意义的部分。但在回顾以往生活时,曾经丧失的机会和犯的错误可能会导致沉重感,会引发失望。此阶段顺利发展的结果是乐观、满足、顺其自然、安享天年。反之,老年人会处于追悔往事的消极情感中。

埃里克森的心理社会发展理论有助于了解成人阶段的心理社会发展规律,从而理解不同成人阶

Note:

段护理对象的人格和行为特点。

（二）哈维格斯特的发展任务学说

美国心理学家哈维格斯特（Havighurst）于 20 世纪 50 年代提出了发展任务学说（theory of developmental tasks），他将各个发展阶段具体的学习行为作为发展任务，其中包括生理、社会和心理等方面。成功地完成这些任务将带来快乐及下一阶段的成功，失败将带来不幸、社会的不认可及下一阶段的发展困难。他特别提出，家庭的发展任务与个体同样重要。哈维格斯特认为在发展的每个阶段都有相应的行为表现和生活能力，如果个体不能表现出所在年龄阶段的行为就说明其生长发展存在障碍。

哈维格斯特的学说可分为 6 个年龄阶段或发展时期：婴儿和儿童早期（出生至 6 岁）、儿童中期（6 岁~12 岁）、青春期（12 岁~18 岁或 20 岁）、成年早期（18 岁或 20 岁~30 岁或 45 岁）、中年期（30 岁或 45 岁~60 岁或 65 岁）、老年期（60 岁或 65 岁以上）。成年早期的发展任务是开始工作和创业；承担公民义务；选择配偶，学会和配偶共同生活；成立家庭，学会照顾家庭和抚养孩子；寻找合适的组织和知心朋友，有良好的社会关系。中年期发展任务是能胜任工作，事业有一定成就，承担公民义务和完成社会责任，教育子女、提拔年轻人，成为有责任感和幸福感的人，与配偶关系融洽，奉养年迈的父母，调整和适应中年期的生理变化（更年期）；开展成人的业余娱乐活动，准备适应老年生活。年老期的发展任务是适应健康状况的下降，适应退休生活，忍受可能的丧偶之痛，圆满安排日常活动和生活。

二、成人各阶段的生理心理发展特点

（一）成人早期（青年期）

成人早期的身体状况处于健康的最佳阶段，此时由于年龄而造成的生理变化刚刚开始。这一时期是个体从不成熟走向成熟的后过渡时期。

1. **生理发育成熟**　进入成人早期的个体各项生理功能日渐成熟。脉搏随年龄增长而逐渐减慢，血压逐渐增长并趋于稳定，肺活量逐渐增长且趋于稳定。大脑的体积和质量在成人早期达到顶峰。机体的力量、耐力、速度、灵活性和柔韧性及感觉能力等都在成人早期进入最佳状态。人在 22 岁左右生长发育完全成熟。此时骨骼已全部骨化，身高达最大值，第二性征发育在 19 岁~20 岁彻底完成，男女体态区分明显。

2. **认知语言能力成熟**　成人早期阶段，人的抽象逻辑思维能力和注意力的稳定性日益发达，观察的概括性和稳定性提高。口语表达趋于完善，书面语言表达基本成熟。

3. **情感丰富强烈但不稳定**　人的情感体验在成人早期进入最丰富的时期，同时其情感的内容也越发深刻且带有明显的倾向性。伴随不断接受的新鲜事物，青年人的情绪出现强烈但不稳定的特征。随年龄的增长，自我控制能力提高。

4. **人格逐渐成熟**　成人早期是人格形成与成熟的重要时期，虽然其个性还会受到内外因素的影响而发生变化，但已相对稳定。首先，表现为自我意识趋于成熟，一方面对自身能进行自我评价，另一方面也懂得尊重他人的需要。其次，人生观、道德观在这一阶段初步形成，表现为对自然、社会、人生等都有了比较稳定和系统的看法。人的兴趣和性格在成人初期趋于稳定。

（二）成人中期（中年期）

1. **生理功能逐步衰退**　进入中年期后，人体的各个系统、器官和组织的生理功能从完全成熟走向衰退。主要表现有：

（1）体表变化：是比较明显的改变，如皮肤干燥、出现皱纹、头发变白、体形改变等。

（2）心血管系统：动脉逐渐硬化，血管舒缩功能和血压调节能力减弱，血液胆固醇浓度随年龄增长而增高，动脉管腔变窄，引起心脑血管供血不足甚至缺血，导致冠状动脉粥样硬化性心脏病（简称冠心病）、脑卒中等心脑血管疾病。

（3）呼吸系统：肺组织弹性逐渐降低，肺间质纤维增生，肺的通气和换气功能下降。慢性呼吸系统疾病，如慢性阻塞性肺疾病（简称慢阻肺，COPD）的发病率随年龄增长而增高。

Note:

（4）内分泌系统:胰岛素分泌量减少,出现糖尿病倾向或罹患糖尿病。性腺功能减退。女性内分泌功能紊乱导致围绝经期综合征。

（5）其他:其他器官系统功能减退,如肌肉开始萎缩、肌力下降、骨密度降低及胃肠功能减退等。

2. **心理能力继续发展** 进入成人中期后,人的心理能力在许多方面仍在发展。

（1）智力发展到最佳状态:在成人中期,人的知识积累和思维能力都达到了较高的水平,善于分析并做出理智的判断,有独立的见解和解决问题的能力。这一时期是事业成功的主要阶段。

（2）情绪稳定:中年人较青年人更善于控制自己的情绪,较少冲动。自我意识明确,了解自己的才能和所处的社会地位,善于决定自己的言行。

（3）个性稳定:稳定的个性表现出每个人自己的风格,有助于建立稳定的社会关系,顺利完成人生目标。

（三）成人晚期（老年期）

进入成人晚期的个体不仅生理上出现衰老,心理上也发生着很大的变化。

1. **生理功能继续衰退** 人体衰老涉及全身的细胞、组织和器官的退行性改变,既有形态上的改变,又有功能上的下降。除了皮肤松弛、毛发稀少、体形改变等外貌的变化,老年人身体各器官和系统都可发生不同程度的器质性或功能性改变。心、肺、肾等重要器官的储备能力下降明显,视力减退,听力下降,肌力减弱,动作缓慢。

2. **心理能力改变** 成人晚期由于神经系统发生变化,脑细胞数量减少,脑组织萎缩,脑血流量降低,脑功能下降,可出现心理能力的改变。

（1）记忆能力下降:老年人近期记忆保持效果差,近事易遗忘,但远期记忆保持效果好;机械记忆能力下降,理解性、逻辑性记忆能力不差。

（2）智力改变:老年人因为中枢神经系统功能降低和感觉缺陷而出现快速思维和快速运动障碍。老年人的晶体智力易保持相对稳定而流体智力下降。流体智力是与神经发展相关的能力,包括记忆、视觉-运动灵活性、联想力等;晶体智力与经验及学习的积累有关,包括推理、理解等。

（3）情绪改变:老年人情绪趋于不稳定,常表现为易兴奋、激惹、喜欢唠叨,情绪激动后恢复需要较长时间。

（4）性格改变:学习新鲜事物的减少导致做事固执、刻板。有些老年人以自我为中心,因此影响与他人的关系。

三、成人的社会化过程

家庭是其每个成员的主要社会单元。在对全球70多个国家的调查中发现,家庭生活是使人们感到快乐和满足的最重要因素。家庭可以满足成人多方面的需求,包括情感安全、爱与归属感、尊重等。家庭发展的过程也反映了家庭中成人的发展变化。

（一）成人早期

成人早期的第一个家庭任务是从最初的家庭中分离出来。这个过程是逐渐发生的,包括生理、经济及情感从父母处独立。然而分离也是与父母建立相互联系的成人关系的第一步。离开最初的家庭后,年轻人随之要建立新的家庭,并确立新的家庭角色和家庭关系。因为社会关系和社会支持结构的改变,新的家庭往往面临较大的压力。

（二）成人中期

中年人需要抚养子女及赡养父母,这一时期的家庭要面对复杂的问题,包括中年人自身的转变、青春期子女的困惑及重新定位家庭角色和家庭关系。中年人对婚姻关系不抱幻想,40～50岁的配偶彼此的满意程度较低,其原因包括职业的压力、对青春期子女的经济和情感付出等。虽然这一阶段的离婚率不像成人早期那样高,但在子女离家后的短期内会有增长。也有很多中年夫妻在子女离开父母后会重新看待婚姻关系,他们互相作为伴侣而不是"父母",因此对婚姻的满意程度有了新的提高。

Note:

中年人会更加重视自己的父母,并以新的方式理解老年人的问题。如果老年父母因为经济、健康或丧偶等问题导致他们不能独立生活,父母-子女的关系可能发生改变,子女需要反过来照顾父母。很多中年人也要面临父母去世的问题,正因为父母的离开,他们可能成为家庭中最年长的长辈。

在成人中期很多人会成为祖父母。这种新的社会角色可能对祖父母的自尊有正面或负面的影响。对有些人而言是期望得到满足,对另一些人则意味着"变老"。很多祖父母需要照顾幼小的孙辈。这些家庭变化对成人中期的祖父母造成生理和情感的压力。

(三) 成人晚期

退休是家庭生活最后阶段的标志,老年家庭出现新的和特有的发展任务。老年人要根据退休后角色的改变和身体状况,在有限的收入条件下安排满意的生活。对身体健康并有适当收入的老年人,自己居住可以保持独立生活能力及私人空间。丧偶是成人晚期的重要问题,对丧偶的老年人来说,调整生活安排是这一阶段主要的任务。

四、成人不同发展阶段的健康问题

(一) 成人早期

虽然成人早期通常被认为是生理和情感的健康时期,但青年人的生活方式可能对健康造成潜在的威胁。在成人早期阶段,人们可能刚刚走出校门开始工作,要面对一些新的压力,如社会适应问题,在社会生活中常常会遇到各种挫折与人际关系的矛盾,青年人应意识到这些压力并积极应对。锻炼、加入社交团体、听音乐等都是积极应对压力的方法。这一时期可能存在影响健康的问题包括意外伤害、HIV/AIDS、性传播疾病、物质滥用、失眠、肥胖、环境中的危险因素,以及压力性疾病如溃疡、抑郁和自杀等。一些慢性疾病,如心血管疾病、糖尿病可能在这一时期开始出现,并成为今后生活中重要的健康问题。成人早期是发生性与其他心理健康问题的高峰期,主要性心理问题包括对性的好奇和敏感,性欲冲动的困扰及异性交往问题。

(二) 成人中期

在成人中期阶段,个人的生活方式是危害健康的重要因素。每日锻炼可以增强耐力,但过度的或不合适的锻炼可能导致受伤。为避免体重增加,需要减少能量摄入,但是由于工作的需要或其他原因,很多人很难做到。这一阶段由于生活压力巨大,很多人可能会吸烟、酗酒、过度进食或服用镇静剂。中年人应规律体检,以便及时预防和早期治疗疾病。一些慢性疾病的发病率在这一阶段增高,包括心血管疾病、肝硬化、糖尿病和性功能障碍等。成人中期是家庭和事业的重要发展阶段,中年人具有多重社会角色,长期的精神紧张和心理压力严重威胁到中年人的身心健康。

(三) 成人晚期

成人晚期的健康问题受个体既往健康状况和生活方式的影响。主要问题包括从成人早期就开始出现或重新出现的一些慢性疾病,如骨与关节疾病、营养不良、脑部疾病、急慢性呼吸系统疾病、肾脏疾病及精神障碍等。老年人的健康不仅受疾病的影响,也受年龄的影响。良好的生活习惯,如均衡营养、适当活动和休息、正确使用药物等,可以减缓因年龄导致的健康问题。孤独是老年人常见的心理问题,退休、"空巢现象"、与他人交往减少等因素均可使老年人感到孤独无助甚至伤感。另外,老年人还可能出现面对死亡的恐惧感,表现为惊恐、焦虑、不知所措等。社会对成人晚期的心理健康问题应给予重视和帮助。

(郭爱敏)

第二节 护理程序在成人护理中的应用

护理程序(nursing process)是指护士在为个人、家庭或社区提供护理照顾时所使用的工作程序,是一种系统的思考和解决问题的方法,也是护理活动的重要部分,体现了整体护理的思想。护士在使

Note:

用护理程序为服务对象提供护理照顾过程中需要认知、技能及情感等多方面的能力。

护理程序由5个步骤组成,即评估、诊断、计划、实施和评价。这5个步骤是相互关联的,每一步骤都不独立存在。评估是护理程序的第一步,在评估的基础上,经过分析,提出护理诊断,围绕护理诊断制订护理计划,实施护理措施,最后对措施执行后的效果进行评价,根据评价的结果对护理计划进行修改。护理程序的5个步骤及其关系见图1-2-1。

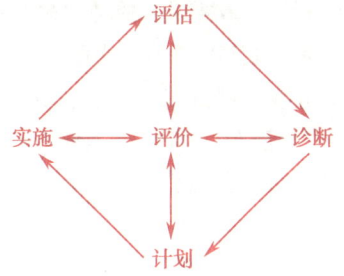

图 1-2-1 护理程序的步骤

一、评估

护理评估(assessment)是有组织地、系统地收集资料并对资料的价值进行分析、判断的过程。评估时收集到的资料是否全面、正确将直接影响护理诊断和护理计划的准确性。因此,评估是护理程序的基础。在护士与病人第一次见面时即开始评估,直到护理照顾结束时才停止。在为病人提供服务的过程中,护士应随时收集有关病人反应和病情变化的资料,以便及时发现问题,修改护理计划。

根据整体护理的思想,收集的病人资料应包括生理、心理、社会、文化、环境等方面。资料的来源是病人本人,或者病人的家庭成员、朋友、其他健康保健人员。病历和辅助检查报告也是获得资料的重要途径。根据资料的性质不同,可将资料分为主观资料和客观资料。主观资料即病人的主诉,是病人对其所经历健康问题的诉说,包括现在健康状况、既往健康状况及部分心理和社会状况等;客观资料是指通过他人的观察、身体评估或借助医疗仪器和实验室检查获取的资料。收集资料的方法通常有交谈、观察、体格检查及查阅记录。也可以利用某些护理理论/模式作为收集资料的框架,如 Roy 适应模式或 Gordon 功能健康型态等。这些框架帮助护士将众多的临床资料分类。近年,越来越多的评估工具在临床护理实践中得到应用,可以更客观、准确地发现病人现存或潜在的健康问题,如 Braden 压力性损伤危险因素预测量表,Caprini 血栓风险因素评估表。

对收集的资料进行核实是保证资料真实、准确的重要步骤,注意核实主观资料与客观资料是否一致,对不明确的资料进一步澄清。

二、诊断

(一)护理诊断相关概念

根据收集到的资料确定护理诊断是护理程序的第二步。护士需要对收集的临床资料分类、整合、分析,然后做出推理和临床判断。护理诊断(nursing diagnosis)是关于个人、家庭、社区对现存或潜在的健康问题或生命过程的反应的一种临床判断。护理诊断的基础是临床推理(clinical reasoning)。目前我国普遍使用的护理诊断是以北美国际护理诊断协会(NANDA International,NANDA-I)认可的护理诊断为蓝本的。护理诊断是护士使用的名词,侧重于对服务对象现存的或潜在的健康问题或疾病的反应做出判断,数目较多,并可随病人的病情变化而不同。有相同疾病的个体,护理诊断也可能会有差异。如某病人的疾病诊断为慢阻肺,护理诊断应针对慢阻肺对病人日常功能的影响及病人对该疾病的反应,可能的护理诊断有"气体交换受损 与小气道阻塞、通气血流比例失调有关""活动耐力下降 与氧供和氧耗失衡有关""知识缺乏:缺乏疾病的自我管理知识"等。2021年发布的 NANDA-I(2021—2023)中对护理诊断进行了修订,共收录了267项护理诊断,分属13个领域和47个类别。

(二)护理诊断的组成

NANDA-I 的每个护理诊断基本由名称、定义、诊断依据、相关因素或危险因素组成。

1. 名称 是关于护理对象对健康状态或疾病反应的概括性描述,应使用清晰、简洁的术语表述护理诊断的含义。从护理诊断的名称上看,可分为现存的护理诊断、危险的护理诊断、健康促进的护理诊断等。需要说明的是,"现存的"护理诊断不一定比"危险的"护理诊断更重要。如,护士评估某刚入院的老年病人存在"活动耐力下降""记忆受损""有跌倒的危险"等问题,对该病人而言,"有跌倒的危险"预防比改善"活动耐力下降"更重要。

2. **定义**   是对护理诊断的一种清晰、精确的描述,并以此与其他护理诊断相区别。每一个护理诊断都有自己特征性的定义,可帮助护士在使用时准确把握一些相似的护理诊断。如"气体交换受损"是指个体肺泡和毛细血管间氧气及二氧化碳交换减少的状态,"低效型呼吸型态"是指个体的吸气和/或呼气不能使肺充分扩张或排空。由此可见,护理诊断的定义有助于区分相似的护理诊断。

3. **诊断依据**   是做出某护理诊断的临床依据,即评估中发现的支持护理诊断的主、客观资料。诊断依据包括病人具有的一组症状、体征及辅助检查结果。如"体液不足"的诊断依据可以包括口渴、尿量减少、尿比重增加、血清钠改变、皮肤干燥等。

4. **相关因素**   是促成现存的护理诊断成立的原因,包括病理的、生物的、环境的、精神的、治疗相关的等多方面因素。对同一个诊断,可以因相关因素的不同而采取不同的护理措施,如"清理呼吸道无效",可以是由于痰液黏稠引起,也可以由于术后伤口疼痛不敢咳嗽引起,或由于病人不会有效咳嗽引起。确定相关因素是制订有效护理措施的重要依据,而相关因素的判断需要结合一定的知识理论基础和临床经验。

5. **危险因素**   指增加个体、家庭、群体或社区对某健康问题易感性的因素,如遗传、环境或心理因素等,用于"危险的"护理诊断这一类型的描述,如"有受伤的危险   与听力、视力减退有关"。

(三) 护理诊断的陈述中应注意的问题

护理诊断在陈述时需要注意几个问题:①护理诊断的名称尽量使用 NANDA-I 认可的名称,而不要随意创造护理诊断,或使用医疗诊断,如"咯血   与肺结核有关"。②正确区分护理诊断的依据和相关因素。如提出护理诊断"清理呼吸道无效   与呼吸快、呼吸音异常有关",其错误在于将诊断依据作为相关因素。③注意将护理诊断的相关因素与疾病的病因、病理生理等因素有机结合。如某肺炎病人的护理诊断为"气体交换受损   与支气管黏膜水肿、通气血流比例失调有关";而气胸病人的护理诊断则为"气体交换受损   与肺压缩致有效气体交换面积减少有关"。④避免将护理措施与相关因素混淆,如"疼痛   与病人使用镇痛药有关",使用镇痛药是疼痛问题的处理措施而非相关因素。⑤护理诊断不能与治疗原则矛盾,如在心肌梗死急性期病人需要绝对卧床休息,如此时提出护理诊断"活动耐力下降   与心肌缺血、缺氧有关",则与治疗原则不一致。

三、计划

制订护理计划(planning)是护理程序的第三步,护理计划的制订体现了护理工作的有组织性和科学性。指定计划包括以下 4 个步骤。

(一) 排列护理诊断的优先顺序

当病人出现多个护理诊断时,需要对这些诊断(包括合作性问题)进行排序,确定解决问题的优先顺序。排序时要考虑护理诊断的紧迫性和重要性,把对病人的生命和健康威胁最大的问题放在首位。按优先顺序常将护理诊断分为首优问题、中优问题和次优问题。护理诊断的排序并不意味着只有前一个护理诊断完全处理以后才开始下一个护理诊断。在临床工作中,护士可以同时解决几个问题,但主要护理重点在需要优先解决的问题上。

(二) 制订护理目标

护理目标是期望护理对象在接受护理照顾后,在功能、认知、行为及情感(或感觉)等方面出现可以测量的改变。设置护理目标可以明确护理工作的方向,并作为最后评价的标准。目标的陈述应包括主语、谓语(行为动词)、行为标准(行为所期望达到的程度)、评价的时间、条件状语等。护理目标的主语应是护理对象,主要为病人。

Note:

如:2h 内　病人　主诉　疼痛减轻

评价时间　主语　谓语　行为标准

护理目标可分为长期目标和短期目标。短期目标是指在较短的时间内(几小时或几天)要达到的目标。长期目标是指需要较长时间才能实现的目标,有时需要一系列短期目标才能实现。

制订护理目标时应注意的问题:①目标的主语一定是病人,而不是护士。②每一个目标中有可测量的行为动词,且只能出现 1 个动词。③目标是在护理范畴内可行的,可通过护理措施达到的。④病人应参与目标的制订。

（三）制订护理措施

护理措施或干预是护士基于临床判断和专业知识,帮助病人达到预定目标所采取的方法,是护士在专业能力范围内提供的措施。通过护理干预可改善病人的临床结局。护理措施的内容:①跨学科合作的护理措施,即遵照医嘱执行的措施,如给药;或者是护士与其他健康工作者合作采取的行动,如对糖尿病病人的饮食指导,护士需要和医生及营养师共同完成。②独立的护理措施,指护士能够独立提出和采取的措施,如协助病人活动、皮肤护理等。护理措施应针对护理目标制订,具体、有指导性。每项护理措施应有科学依据,保证切实可行。另外要注意执行护理措施过程中保证病人的安全。

（四）书写护理计划

完整的护理病历和护理计划是病人病情发展的记录,应成为正式的医疗文件。不同的医院有不同的护理计划书写格式,完整的护理计划应包括日期、护理诊断、护理目标、护理措施和评价等方面。

四、实施

实施是执行护理计划的过程,这一过程不仅要求护士具有丰富的专业知识和技能,还需要良好的沟通交流技巧。在实施护理措施的同时,护士应对病人的病情及其对疾病的反应进行持续评估,并对护理措施的效果进行评价。有效的护理措施应该具有护理疗效,能改善病人的健康状况和结局。要达到有效的护理疗效,应考虑提供干预的护士的专业能力、干预的时间和干预强度等。

五、评价

评价是将病人的健康状况和结局与护理计划中的预定目标进行比较并做出判断的过程。评价是护理程序的最后步骤,评价护理目标是否已达到,借以分析病人的反应,了解护理计划的有效性。通过评价,护士可以总结护理过程中的收获和存在的问题,同时对病人进行新的评估。评价不能仅仅描述为"目标达到"或"未达到",而应根据护理目标进行具体评价。评价是不断进行的,应贯穿于护理程序的整个过程。在评价护理措施的效果时,除了常用的临床指标、功能指标外,也应考虑病人和护士的满意度及医疗费用等。

（郭爱敏）

第三节　成人护理中的循证护理实践

循证护理实践作为一种科学的工作理念和方法,已成为全球护理界的共识,给护理学科的发展带来了深远的影响,对提高护理实践的科学性和专业化水平起到重要作用。

一、循证护理实践概述

1. 循证护理的概念及要素　循证护理(evidence-based nursing,EBN)是护理人员在计划其护理活动的过程中,审慎地、明确地、明智地将科研结论与其临床经验及病人的愿望相结合,获取证据,作为临床护理决策依据的过程。随着护理学科的发展,临床实践中许多传统的护理技术或常规护理工作方法都需要反思其科学性和有效性。如"术前禁食时间是否需要 12h?""有人工气道的病人是否需要定时吸痰?""如何减少肠造口周围刺激性皮炎的发生?"循证实践的理念和方法可以帮助护理人员科学地进行临床决策,解决临床实践中的问题。

循证护理包括 4 个基本要素。①可获得的最佳研究证据;②护理人员的专业判断;③病人的需求和偏好;④应用证据的情境。最佳证据是指来自设计严谨且具有临床意义的研究结论,经过严格界定和筛选后获得。由于护理学科的特点,护理领域的证据具有多元性,既要注重量性研究的价值,也不能忽视质性资料的意义。护理人员是实施循证护理的主体,专业判断是指护理人员基于对临床问题的敏感性、丰富的临床经验及熟练的实践技能做出的专业决策。病人的需求和偏好是进行循证决策时不能忽视的要素,护理人员应遵循以病人为中心的理念,注重病人个体需求的评估。在开展循证护理的过程中,除了考虑证据的科学性和有效性外,还应考虑在什么临床情境下实施,包括医院的条件、文化背景、病人的经济情况等,以充分评估证据的可行性和适宜性。

2. 循证护理实践的基本步骤 循证护理实践的过程包括 4 个阶段,即证据生成、证据综合、证据传播和证据应用。

(1) 证据生成:循证护理实践中的证据主要来源于研究结果、专家共识、专家经验、专业知识等。其中,设计严谨的研究比个人观点、经验报告更具有可信度。而文献资料必须经过严格的筛选和质量评价才能成为证据。证据是多样化的,要考虑证据的有效性、可行性、适宜性及意义。

(2) 证据综合:是系统寻找、评价并确立证据的过程,包括 4 个步骤。①明确并结构化循证问题。②系统的文献检索并评价文献质量,筛选合适的研究。③对纳入的研究进行汇总,包括对同类研究结果的 Meta 分析或定性总结分析,即通过系统评价汇总证据的过程。④证据综合的形式包括系统评价、证据总结及临床实践指南等。

(3) 证据传播:是指通过发布临床实践指南、最佳实践信息册等形式,由专业期刊或网站、教育培训等途径将证据传递到护理系统及护理实践者中。证据传播主要通过 4 个步骤实现。①标注证据的等级或推荐意见。目前国际循证领域普遍应用的证据等级系统包括 WHO 的 GRADE 系统,英国牛津大学循证医学中心证据分级系统及 JBI 循证卫生保健中心的证据预分级系统。②将证据资源组织成易于临床人员理解应用的形式,如最佳实践信息、证据总结、集束化方案、临床实践指南等。这些循证资源直接呈现了具有临床价值的结论、证据,利于临床护理工作者有效利用这些结果。③了解目标人群对证据的需求。鉴于临床工作的特点,临床护理人员需要针对性强、可信度高、简洁明了的循证结论,如最佳证据总结、集束化护理方案等直接指导临床实践。④最后以经济的方式传递证据和信息,如通过教育和培训、期刊或电子媒体传递信息。

(4) 证据应用:是基于证据改革和推进护理实践活动的过程,也是循证护理实践的最终目的。该阶段包括情景分析、促进变革、评价证据应用效果 3 个环节。情景分析的目的是了解证据与实践之间的差距,将证据与临床知识和经验,以及病人的需求相结合,形成新的护理流程、护理工作规范、护理质量标准等。循证实践是打破常规进行变革的过程,因此,证据的应用过程中会遇到来自不同层面的阻碍,需要应用变革策略,充分发挥领导力,制定可操作的流程、标准,并通过培训达成共识,提高执行力。最后,应通过持续的质量改进,动态监测证据的应用过程,评价应用后的效果。

二、循证护理实践的发展

循证护理实践的发展是随着循证医学发展而来。1992 年加拿大 McMaster 大学的临床流行病专家 David Sackett 教授正式提出循证医学(evidence-based medicine,EBM)的概念。20 世纪 90 年代进一步提出了在医疗卫生保健领域开展循证实践(evidence-based practice,EBP)的建议,其核心思想是以客观的科学研究结果作为卫生保健领域实践活动的决策依据。20 世纪 90 年代起,循证医学的发展给护理学科带来了深远的影响。1996 年英国 YORK 大学护理学院成立了全球第 1 个"循证护理中心",

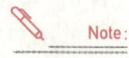
Note:

首次提出循证护理(evidence-based nursing,EBN)的概念。同年,总部设在澳大利亚阿德莱德大学的 Joanna Briggs 循证卫生保健国际合作中心(JBI)成立。近十年来,循证护理在国际护理领域发展迅速,形成了多个国际性的循证护理协作网络。目前,JBI 是全球最大的循证护理协作网,主要进行护理及相关学科相关证据的汇总、传播和应用。其他著名的循证护理中心包括美国 Minnesota 大学循证护理中心、Texas 大学健康科学中心的循证护理学术中心等。2004 年我国的复旦大学护理学院设立了复旦大学 JBI 循证护理分中心。其后,北京大学医学部 JBI 循证护理分中心和北京中医药大学 JBI 循证护理分中心相继成立。国内循证护理中心的宗旨是在我国内地推广循证护理实践,进行证据整合、传播和应用,以推动我国临床护理实践的发展。

三、成人护理中的循证实践

循证护理实践是根据实践中形成的循证问题,检索文献、评价证据、应用证据的过程。循证护理可以帮助护理人员更新专业观,改进工作方法,促进护理知识向临床实践转化,促进临床实践的有效性和科学性。

1. **综合证据形成循证护理方案** 在临床护理工作中,护理人员多年遵循的传统护理常规或规范多基于专家意见、传统标准或制度,科学性或许不够。随着循证护理的快速发展,开展以证据为基础的护理方案的研制并应用,已成为业内的共识。最适合临床护理人员借鉴的证据资源是临床护理实践指南、集束化照护方案、证据总结等。临床护理实践指南是针对某一护理问题,对所有研究证据进行梳理、总结、评价,最终形成的对该问题解决方案的推荐意见,具有较强的科学性,如压力性损伤的预防和治疗指南,对压力性损伤的科学化、规范化管理提供了强大的证据。集束化照护方案则是将一系列相互关联的证据汇集,以解决特定情境下的临床问题,如呼吸机相关性肺炎的集束化护理方案已在临床实践中得到应用,其效果也在临床实践中得到验证。证据总结则具有简洁、具操作性等特点,也是一种易于临床护理人员借鉴的证据资源。

知 识 链 接

预防脑卒中后深静脉血栓的最佳证据总结

该证据总结通过系统检索英国国家临床医学研究所、美国心脏协会/美国脑卒中协会、Cochrane、Ovid-JBI、PubMed-Medline、EMBASE、知网等专业网站和数据库内关于预防脑卒中后深静脉血栓的证据,包括指南、系统评价、证据总结,通过对文献的筛选和质量评价,纳入指南 8 篇,证据总结 1 篇,系统评价 3 篇进行分析总结,形成针对不同类型的脑卒中病人深静脉血栓预防的最佳证据汇总,从血栓风险评估和常规护理措施、IPC 的使用、GCS 和抗凝血药的使用 4 个方面进行证据综合,形成 20 条最佳证据。

---

2. **循证护理方案在临床中的应用及评价** 将高质量的证据转化为临床实践、缩短研究证据到实践的距离使病人获益,是卫生保健人员的职责。在应用证据前应对临床情景、促进及障碍因素进行综合评估,在此基础上对证据进行科学遴选,提升组织环境准备度及发展可利用的资源,发展有效的多元化干预策略和行动方案,采取干预行动,实施循证实践变革。证据应用后应制定护理敏感性指标,全面评价证据应用对卫生保健系统、实践者和病人的影响。近年,在成人护理领域越来越多的循证护理方案在临床实践中得到应用。如,"ICU 成人置管病人合理身体约束最佳证据的临床应用"项目,通过系统文献检索、质量评价,汇总形成了 23 条证据,并结合临床情景和专业判断,制定了 18 条基于证据的质量审查标准。在某医院的 1 个综合 ICU 和 5 个专科 ICU 开展质量审查。结果显示,ICU 成人置管病人合理身体约束最佳证据的应用,可降低 ICU 成人置管病人约束率、缩短约束时间、提高镇痛达标率;同时,也可提升医护人员相关知识的掌握程度,规范医嘱的开具和约束工具的使用。

上述循证护理实践活动有效提高了临床护理工作的科学性,推动了临床护理工作的发展。

(郭爱敏)

思 考 题

1. 讨论成人不同阶段的生理心理发育特点与常见健康问题的联系。
2. 举例说明护理诊断的几个组成部分及各部分的含义。
3. 结合临床实例,讨论循证护理实践的几个阶段的主要任务。

NURSING

第二章

水、电解质紊乱及酸碱平衡失调病人的护理

02章 数字内容

- 识记：
  1. 陈述等渗性脱水、高渗性脱水和低渗性脱水，低钾血症、高钾血症，代谢性酸中毒、呼吸性酸中毒的概念。
  2. 列举等渗性脱水、高渗性脱水、低渗性缺水、低钾血症、高钾血症、代谢性酸中毒和呼吸性酸中毒的病因。
- 理解：
  1. 解释体液平衡及其调节机制。
  2. 比较等渗性脱水、高渗性脱水、低渗性脱水的临床特点，低钾血症、高钾血症的临床特点。
  3. 说明代谢性酸中毒和呼吸性酸中毒的临床表现和处理原则。
  4. 说明水、电解质紊乱及酸碱平衡失调补液原则。
- 运用：
  能对水、电解质紊乱及酸碱平衡失调病人进行护理评估，制订护理计划。

病人,男性,36 岁,因呕吐、腹泻伴发热、口渴、尿少 2d 入院。体格检查:T 38.2℃,P 92 次/min,R 22 次/min,BP 110/80mmHg,皮肤黏膜干燥。实验室检查:血清 Na^+ 155mmol/L,K^+ 4.5mmol/L,血浆渗透浓度 320mmol/L,尿比重>1.020。

请思考:

(1) 该病人发生了哪种水、电解质失调,其程度如何?

(2) 该病人目前最主要的护理问题是什么? 应如何补液?

第一节 概 述

体液(body fluid)是机体内的水与溶解在其中的物质总称。正常的体液容量、渗透压及电解质含量是维持细胞和各组织器官生理功能的基本保证。创伤、感染、手术及其他疾病均可导致体内水、电解质和酸碱平衡的失调。若代谢失衡程度超越了人体的代偿能力,就会出现体内代谢紊乱、器官功能障碍,影响疾病的转归甚至危及生命。

一、体液组成与分布

水和电解质是体液的主要成分。成年男性体液量约占体重的 60%;女性因脂肪组织较多,体液量约占体重的 50%。随年龄的增长,体液含量逐渐下降,小儿的体液量占体重的比例较高,婴幼儿占 70%~80%,14 岁以后的儿童体液含量已接近成人,60 岁以上的老年人体液含量降至 45%~55%。

体液由细胞内液和细胞外液两部分组成。细胞内液主要存在于骨骼肌群,细胞外液包括血浆和组织间液两部分。绝大部分的组织间液能迅速与血液或细胞内液进行物质交换并取得平衡,在维持水和电解质平衡方面具有重要作用,这部分组织间液称为功能性细胞外液。另外小部分组织间液虽具有各自的功能,但在维持体液平衡方面的作用甚少,故称为无功能性细胞外液,包括胸腔液、心包液、消化液、脑脊液、关节液、滑膜液和前房水等,仅占体重的 1%~2%,占组织间液的 10% 左右。但是,某些无功能性细胞外液的急剧变化也可能导致机体明显的水、电解质和酸碱平衡失调,如胃肠道消化液的大量丢失可造成体液量及成分的明显变化。细胞外液和细胞内液中电解质成分差异很大。细胞外液中最主要的阳离子是 Na^+,其次是 K^+、Ca^{2+}、Mg^{2+} 等,阴离子主要为 Cl^-、HCO_3^-、HPO_4^{2-}、SO_4^{2-} 和有机酸及蛋白质;而细胞内液中主要阳离子是 K^+,其次 Na^+、Ca^{2+}、Mg^{2+} 等,主要阴离子为 HPO_4^{2-} 和蛋白质。体内电解质分布情况见表 2-1-1。

表 2-1-1 体内电解质分布情况

单位: mmol/L

电解质	细胞内液	组织间液	血浆
Na^+	10	142	135~150
K^+	140	4	3.5~5.5
Ca^{2+}	<1	3	2.25~2.75
Mg^{2+}	50	2	0.70~1.10
Cl^-	1	110	96~105
HPO_4^{2-}	75	2	0.96~1.62
HCO_3^-	10	28	24

二、水、电解质与渗透压的平衡及调节

1. **水、电解质的平衡及调节**　机体内环境的稳定有赖于体内水分的恒定,正常人每日水摄入和排出处于动态平衡中。水的来源有饮用水、食物水和代谢水。机体排出水的途径有消化道、肾、皮肤和肺。维持体液电解质平衡的主要电解质为 Na^+ 和 K^+。正常成人钠、钾的日需要量分别为 $6\sim10g$ 和 $3\sim4g$,过剩的钠和钾主要经尿液排出体外,小部分钠随汗液丢失,以保持血清钠离子浓度在 $135\sim150mmol/L$ 水平,血清钾离子浓度在 $3.5\sim5.5mmol/L$ 水平。当出现发热、腹泻、呕吐时水分丢失增加,肾功能受损时可致水分排出减少。当水分的摄入与排出不相等时,便发生了水平衡失调。人体每日摄入与排出水分情况见表 2-1-2。

表 2-1-2　正常人体每日摄入与排出水分量及途径

单位：L

摄入量		排出量	
饮水	1~1.5	尿	1~1.5
食物含水	0.7	呼吸蒸发	0.04
代谢氧化生水	0.3	皮肤蒸发	0.45
		粪便	0.15
总量	2.5	总量	2~2.5

2. **渗透压的平衡及调节**　溶质在水中所产生的吸水能力称为渗透压。细胞内、外液的渗透压相等,血浆渗透压正常范围为 $280\sim310mOsm/L$。渗透压的稳定是维持细胞内、外液平衡的基本保证。体液及渗透压的稳定通过神经-内分泌系统调节,渗透压感受器主要分布在下丘脑视上核和室旁核,当渗透压变化时可影响抗利尿激素的分泌。当体内脱水时,细胞外液渗透压增高,刺激下丘脑渗透压感受器,产生口渴感而主动增加饮水。同时,高渗透压促进抗利尿激素(ADH)分泌,肾远曲小管和集合管加强水分重吸收,减少尿液排出,使水分保留于体内而达到降低细胞外液渗透压的作用。另外,高渗透压抑制醛固酮分泌,降低肾小管对 Na^+ 的重吸收,增加 Na^+ 的排泄,从而降低细胞外液渗透压。反之,当体内水分过多时,细胞外液渗透压降低,一方面通过抑制抗利尿激素分泌,减弱肾脏对水的重吸收,排出体内多余的水分,另一方面促进醛固酮分泌,加强肾小管对 Na^+ 的重吸收,减少 Na^+ 的排泄,从而使细胞外液渗透压回至正常。

三、酸碱平衡及调节

适宜的体液酸碱度是维持人体组织、细胞功能正常的重要保证。正常人体血浆酸碱度在很窄的范围内波动,用动脉血 pH 表示为 $7.35\sim7.45$,以维持正常的生理活动和代谢功能,但人体在代谢过程中不断产生酸性和碱性物质,为维持血浆 H^+ 浓度的恒定,人体通过血液中的缓冲系统、肺的呼吸和肾的排泄 3 条途径完成酸碱平衡的调节。

1. **缓冲系统**　血浆中主要的缓冲对为 HCO_3^-/H_2CO_3、$HPO_4^{2-}/H_2PO_4^-$ 和 Pr^-/HPr,以 HCO_3^-/H_2CO_3 最为重要,其比值决定了血浆 pH。当 HCO_3^-/H_2CO_3 保持在 20:1时,血浆 pH 保持在正常范围。

2. **肺**　通过改变呼吸深度和频率来控制二氧化碳的排出量,改变动脉血二氧化碳分压($PaCO_2$),调节血中的 H_2CO_3 浓度,达到调节酸碱平衡的作用。

3. **肾**　是人体功能最强大、最持久的酸碱平衡调节器官。主要通过 Na^+-H^+ 交换、HCO_3^- 重吸收、分泌 NH_4^+ 和排泄有机酸 4 种方式调节体内酸碱平衡失调。如果肾功能异常,不仅可影响其对酸碱平衡的调节能力,而且本身也会引起酸碱平衡紊乱。

Note：

四、体液失衡的类型

正常情况下水和钠的动态变化可维持渗透压的平衡,当水和钠的摄取或排出异常时则导致体液平衡失调。体液平衡失调可以表现为 3 种类型。

1. **容量失调**　是指等渗性体液的增加或减少,体液变化只引起细胞外液量的改变,而细胞内液容量无明显变化。如等渗性脱水就是典型的容量失调。

2. **浓度失调**　是指细胞外液中的水分有增加或减少,致电解质的浓度变化,渗透压发生改变。由于钠离子是维持细胞外液渗透压的主要离子,浓度失调表现为低钠血症或高钠血症。

3. **成分失调**　由细胞外液中其他离子浓度改变而引起的体液失调称为成分失调,如低钾血症或高钾血症、低钙血症或高钙血症等。

（陈运香）

第二节　水、电解质紊乱病人的护理

一、水和钠的代谢失调

在细胞外液中,水和钠的关系非常密切,故一旦发生代谢紊乱,脱水和失钠常同时存在。根据体液容量和渗透压变化,将水、钠代谢紊乱分为脱水、水中毒和水肿。按照水和钠缺失的比例,将脱水分为等渗性脱水、低渗性脱水、高渗性脱水 3 种类型。

等渗性脱水

等渗性脱水(isotonic dehydration)又称急性脱水或混合性脱水,是指水和钠成比例丧失,血清钠维持在正常范围,细胞外液渗透压不变。此种脱水在临床上最常见。

【病因】

1. **消化液的急性丧失**　如急性大量呕吐、肠外瘘等。
2. **体液丧失在感染区或软组织内**　如腹腔内或腹膜后感染、肠梗阻、大面积烧伤等,其丧失的体液成分与细胞外液基本相同。
3. **其他**　大量抽放胸腔积液、腹水等。

【病理生理】

由于丧失的体液为等渗液,细胞内、外液的渗透压不发生改变。当发生等渗性脱水时肾小球滤过率下降,肾素-血管紧张素-醛固酮系统兴奋,醛固酮分泌增加,促进肾远曲小管对 Na^+ 的重吸收,水分的重吸收增加,使细胞外液量代偿性增多。

【临床表现】

病人有恶心、厌食、乏力、尿少、眼窝凹陷、皮肤弹性降低和唇舌干燥等症状,但口渴症状不明显。当短时间内体液丧失量达体重的 5% 时,可出现心率加快、脉搏弱、血压不稳或降低、肢端湿冷等血容量不足的表现。如体液丧失量达体重的 6%~7% 时,将出现休克和代谢性酸中毒。实验室检查提示红细胞计数、血红蛋白和血细胞比容增高,血液浓缩,而血清 Na^+、Cl^- 值无明显变化。病人尿量减少,尿比重增高。

【治疗原则】

首先去除病因,减少水和钠的继续丢失。常采用静脉输注平衡盐溶液或生理盐水快速补充血容量。平衡盐溶液的电解质含量与血浆内含量相似,用来治疗等渗性脱水最为理想。生理盐水因其 Cl^- 含量高于血清 Cl^- ,大量补充有导致高氯性酸中毒的危险,因而在大量输液时选用平衡盐溶液更为合理和安全。补充水分的同时注意血清钠和钾值的变化,以预防低钠血症和低钾血症的发生。

低渗性脱水

低渗性脱水(hypotonic dehydration)又称慢性脱水或继发性脱水,水和钠同时丢失,但失钠多于失水,血清钠<135mmol/L,细胞外液渗透压降低。

【病因】

1. **长期慢性消化液丢失**　如反复呕吐、长期胃肠减压或慢性肠梗阻、大面积创面慢性渗液等情况,都将导致钠盐大量丢失。

2. **长期使用利尿药**　大量排尿的同时使体内钠离子丢失过多。

3. **钠盐补充不足**　补液治疗过程中,补充水分过多而未注意同时补充钠盐。

【病理生理】

低渗性脱水时,体内先通过减少抗利尿激素(ADH)分泌,使肾重吸收水分减少,尿量增加,以恢复细胞外液渗透压。此代偿机制可造成细胞外液量进一步减少,为避免循环血量进一步减少,机体将不再顾及渗透压的维持,而优先保持和恢复血容量,此时肾素-血管紧张素-醛固酮系统兴奋,抗利尿激素分泌增多,肾对 Na^+ 和水的重吸收增加,继之出现少尿。因此低渗性脱水病人首先表现为多尿,然后出现少尿症状。

【临床表现】

低渗性脱水按照缺钠的程度分为三度。①轻度缺钠:血清 Na^+ 在<135mmol/L。病人感疲乏、头晕、软弱无力,尿量增多。②中度缺钠:血清 Na^+ <130mmol/L。除有上述症状外,还伴有恶心、呕吐、脉搏弱、视物模糊、血压不稳定或下降、脉压变小、浅静脉瘪陷、直立性晕倒,尿量减少。③重度缺钠:血清 Na^+ <120mmol/L 以下。病人神志不清,四肢发凉,木僵或昏迷,腱反射减弱或消失,常发生低血容量性休克。

实验室检查提示血清钠<135mmol/L,红细胞计数、血红蛋白量、血细胞比容及血尿素氮值增高,尿比重<1.010,尿 Na^+ 、Cl^- 含量明显减少。

【治疗原则】

积极治疗原发病。轻度缺钠者,经静脉输入等渗盐水即可;中、重度缺钠病人,应输注 5% 葡萄糖氯化钠溶液,必要时输入 2.5%~5% 的高渗盐水,以尽快纠正血钠过低的情况。

高渗性脱水

高渗性脱水(hypertonic dehydration)又称原发性脱水,是指水和钠同时缺失,但失水多于失钠,血清钠高于正常范围,细胞外液呈高渗状态。

【病因】

1. **水分摄入不足**　食管癌、昏迷等吞咽困难病人常存在水摄入不足,经鼻胃管或空肠造瘘管给予肠内高渗性营养液者也容易发生水分摄入不足。

2. **水分丧失过多**　常发生于大面积烧伤暴露疗法、高热大量出汗或糖尿病大量排尿病人。

【病理生理】

一方面,体液的高渗状态通过刺激下丘脑的渴中枢,使病人感觉口渴而饮水,增加体内水分,降低细胞外液渗透压;另一方面,细胞外液的高渗状态使抗利尿激素分泌增多,肾小管对水的重吸收增加,尿量减少,以此降低细胞外液的渗透压,恢复容量。如脱水加重致循环血量显著减少时,可引起醛固酮分泌增加,钠和水的重吸收增强,以维持循环血量。严重脱水者,因细胞外液渗透压增高,细胞内液移向细胞外,使细胞内、外液量都减少,甚至因脑细胞明显脱水而导致脑功能障碍。

【临床表现】

根据脱水程度,将高渗性脱水分为三度。①轻度脱水:脱水量占体重的 2%～4%,除口渴外,无其他临床症状。②中度脱水:脱水量占体重的 4%～6%,症状为极度口渴、口舌干燥、皮肤弹性差、眼窝凹陷、乏力、烦躁、尿少。③重度脱水:脱水量大于体重的 6%,除上述症状外,还出现脑功能障碍的表现,如躁狂、幻觉、谵妄甚至昏迷。实验室检查血清 $Na^+ > 150mmol/L$,尿比重增高,血液浓缩,红细胞计数、血红蛋白量、血细胞比容均增高。

【治疗原则】

尽早去除病因,防止体液继续丢失。能口服者鼓励多饮水;无法口服者,静脉输入 5% 葡萄糖溶液或 0.45% 的低渗性氯化钠溶液,其原因是高渗性脱水在脱水的同时也存在缺钠。待症状控制,尿量恢复正常后,再适量补充钾盐。

水中毒

水中毒(water intoxication)又称稀释性低钠血症,是指水的摄入量超过了排出量,致使水分在体内潴留,导致血浆渗透压下降和循环血量增加。

【病因】

1. 肾功能不全,尿排出减少。
2. 醛固酮和抗利尿激素分泌过多,水、钠重吸收增加,水、钠潴留。主要见于肾上腺疾病病人。
3. 水分摄入过多,脱水病人如输注过多的低渗性液体可能导致水中毒。

【病理生理】

细胞外液量骤增,血清钠离子浓度因被稀释而降低,血浆渗透压下降,水分由细胞外向细胞内转移,使细胞内、外液量都增加而渗透压降低。此外,细胞外液量的增加抑制了醛固酮分泌,肾远曲小管对 Na^+ 重吸收减少,血清钠离子浓度和细胞外液渗透压更低。

【临床表现】

水中毒因水、钠潴留,脑细胞水肿导致颅内压增高,病人出现头痛、烦躁、谵妄、惊厥甚至昏迷,严重者可发生脑疝。实验室检查提示血红细胞计数、血红蛋白量、血细胞比容、血浆蛋白水平及血浆渗透压均降低。

【治疗原则】

严格控制水分摄入,促进体内多余水分排出。水中毒严重者,除严禁水分摄入外,还需使用利尿药,可以快速静脉输注 20% 甘露醇,注射呋塞米等利尿药物。

Note:

二、钾代谢失调

K⁺主要存在于细胞内,细胞外液中的K⁺只占身体总量的2%。K⁺具有参与和维持细胞的代谢,维持细胞内渗透压、酸碱平衡、神经肌肉组织的兴奋性及心肌电信号的传导等生理功能。正常人体血清钾的浓度是$3.5\sim5.5$mmol/L。钾代谢失调包括低钾血症和高钾血症。

低钾血症

低钾血症(hypokalemia)是指血清钾离子浓度<3.5mmol/L。

【病因】

1. 钾摄入不足　因长期禁食或静脉营养液中钾盐含量不足、大量补充不含钾盐的液体所致。
2. 钾排出过多　严重呕吐、腹泻,大量胃肠引流,醛固酮增多症、急性肾损伤多尿期、应用排钾利尿药及肾小管性酸中毒,均可导致钾离子大量丢失。
3. 钾向细胞内转移　大量输入葡萄糖和胰岛素溶液,代谢性、呼吸性碱中毒时,均可使大量K⁺转移至细胞内,导致血钾降低。

【临床表现】

1. 肌无力　是低钾血症最早的临床表现。一般先出现四肢肌肉软弱无力,后累及躯干肌和呼吸肌。病人出现腱反射减弱或消失、吞咽困难、弛缓性瘫痪,累及呼吸肌可出现呼吸困难。
2. 消化道功能障碍　有厌食、恶心、呕吐和腹胀、肠蠕动消失等肠麻痹表现。
3. 心脏功能异常　主要表现为传导阻滞和节律异常。典型的心电图改变为早期出现T波降低、变平或倒置,随后出现ST段降低、Q-T间期延长和U波。
4. 代谢性碱中毒　有头晕、手足搐搦、口周及手足麻木等碱中毒的症状。首先,血清钾过低时,K⁺从细胞内移出,与Na⁺和H⁺交换增加(每移出3个K⁺,即有2个Na⁺和1个H⁺移入细胞内),使细胞外液的H⁺浓度下降;其次,肾远曲小管Na⁺-K⁺交换减少,Na⁺-H⁺交换增加,排H⁺增多。上述两方面的作用容易引起低钾性碱中毒,但此时尿液检查呈酸性,出现反常性酸性尿。

【治疗原则】

1. 治疗原发病,减少或终止钾的继续丧失。
2. 补充钾盐,能口服者可口服补钾;无法口服者,经静脉输入补钾。

高钾血症

高钾血症(hyperkalemia)是指血清钾离子浓度>5.5mmol/L。

【病因】

1. 钾输入过多　因静脉输入过多钾盐或大量输入库存血。
2. 细胞内钾的移出　见于溶血、大面积组织损伤致挤压综合征、严重缺氧或酸中毒病人。
3. 钾排出减少　见于急性及慢性肾衰竭应用留钾利尿药(如螺内酯、氨苯蝶啶等),或盐皮质激素分泌不足者。

【临床表现】

病人有神志模糊、感觉异常等症状。严重者有微循环障碍的表现,如皮肤苍白、湿冷、青紫、低血压等。高钾血症常有心动过缓、心律不齐,甚至导致心搏骤停,心电图可出现T波高尖,Q-T间期延

Note：

长,QRS 波增宽,P-R 间期延长等改变。

【治疗原则】

1. 立即停止使用一切含钾的药物和食物。

2. 降低血清钾离子浓度 静脉输注 5% 碳酸氢钠以碱化细胞外液。输注葡萄糖与胰岛素溶液,促进细胞外的钾离子转移到细胞内。

3. 加速钾离子排出 当血清钾过高,或因肾衰竭所致高钾血症者,可进行血液透析,快速降低血清钾离子浓度。

4. 纠正心律失常 钙与钾有拮抗作用,静脉注射 10% 葡萄糖酸钙可缓解高钾血症对心肌的毒性,对抗心律失常,必要时可重复使用。

三、水、电解质紊乱病人的护理

【护理评估】

(一) 健康史

1. 一般资料 评估病人的年龄、性别、身高、体重及体型,以便计算正常的体液量。

2. 评估水、电解质紊乱的原因 如是否存在发热、大面积烧伤、腹泻、呕吐、长期胃肠减压或厌食、吞咽困难等导致体液丢失增加的情况;有无因心、肺或肾疾患而出现体液过多;是否使用过对体液有影响的药物,如利尿药、抗高血压药、糖皮质激素等。是否存在呼吸道水分蒸发增加的因素,包括呼吸频率过快、呼吸深大、人工气道建立等,如气管切开或使用呼吸机的病人每日额外丧失水分约 1L。

3. 计算已损失的体液量 包括尿量、呕吐和/或腹泻量、各种引流量及失血或出汗量等。

(二) 身体状况

1. 生命体征 ①体温:高热病人,体温每升高 1℃,自皮肤丢失的水分增加 3～5ml/kg,如大量出汗湿透一身衣裤,估计丧失低渗性体液约 1L。②脉搏:脉搏增快是体液不足的一种代偿表现,脉搏微弱提示可能存在血容量不足。③呼吸:呼吸短促或困难可能系体液过多引发肺水肿所致。④血压:血压下降多为体液不足的表现,细胞外液量增多时,则出现血压升高。

2. 神经精神症状 体液不足或血清钠、钾等电解质改变时,病人常出现乏力、精神萎靡、表情淡漠、腱反射减弱、口周麻木等症状。

3. 皮肤、黏膜情况 脱水病人皮肤干燥、弹性差,手背或前臂皮肤捏起松开后 20～30s 方能恢复。口腔黏膜和舌面干燥、唾液减少,严重者舌缩小且有多条纵沟,甚至导致休克。体液过多者则出现肢体水肿。

4. 浅表静脉 体液严重不足时,病人的浅表静脉萎陷,去枕仰卧后颈静脉不充盈;体液过多致心力衰竭时,表现为颈静脉怒张。

5. 尿量 是判断血容量是否充足最简便、有效的指标,病人如出现尿量减少,低于 30ml/h,尿色加深且比重增高,甚至无尿,常提示细胞外液严重不足;尿量增多,尿比重降低,说明细胞外液过多。

(三) 辅助检查

1. 实验室检查 血常规、血清 Na^+、K^+ 浓度和血浆渗透压等检测结果有助于明确体液失衡的种类和程度。

2. 中心静脉压(central venous pressure, CVP) 正常为 5～12cmH$_2$O(1cmH$_2$O = 0.098kPa),低于正常值表示血容量不足。CVP 偏高,血压低,应警惕存在心功能不全、肺功能衰竭。

3. 心电图 血容量不足、血钾或血钙异常时均可出现心率增快或减慢、心律不齐或异常心电图。

(四) 心理-社会状况

评估病人及其家属对疾病的认知程度、心理承受能力、经济状况、社会支持力量,有无焦虑、恐惧

Note:

等心理-社会问题。

【常见护理诊断/问题】

1. **体液不足**　与呕吐、腹泻、胃肠减压等导致体液丢失过多或体液摄入不足有关。
2. **体液过多**　与摄入/输入量过多、尿量减少有关。
3. **活动耐力下降**　与血清钾失衡所致的肌力改变有关。
4. **有受伤的危险**　与肌力下降、烦躁或意识不清有关。
5. **潜在并发症**：心律失常、心搏骤停。

【计划与实施】

水、电解质平衡失调的治疗原则是祛除原发疾病,积极恢复血容量,维持电解质在正常范围。通过治疗和护理,评估病人是否能够达到:①去除体液失衡的原因或诱因,体液恢复正常。②活动耐力增强。③未发生受伤事件。④心律失常、心搏骤停等并发症得到预防或被及时发现和处理。

（一）恢复正常的体液量

1. **遵医嘱严格执行补液计划**　静脉补液是治疗体液失衡最有效的方法。补液治疗时必须明确病人的补液总量、液体种类及补液顺序,注意动态观察病人的病情变化,防止并发症的发生。

（1）补液总量:病人每日输液总量=生理需要量+已经丧失量+继续丧失量。正常成人 24h 的生理需要量为 2～2.5L。已经丧失量是指在制订计划前已丢失的体液量,可按脱水程度补充。轻度脱水需补充的液体量为体重的 2%～4%,中度为 4%～6%,重度>6%。临床上为了防止一次输液过量,常在第 1 个 24h 补充已经丧失量的 1/2,次日根据病情变化再补给余下的量。

补液量可按照下列方法快速计算:

第 1 日补液量=生理需要量+1/2 已经丧失量

第 2 日补液量=生理需要量+1/2 已经丧失量+前一日的继续丧失量

第 3 日补液量=生理需要量+前一天的继续丧失量

（2）液体种类:根据体液失衡的类型来选择恰当的液体种类,遵循"缺什么,补什么"的原则。5%葡萄糖或 0.45%低渗性氯化钠溶液主要用于治疗高渗性脱水;5%葡萄糖氯化钠溶液或高渗盐水主要用于纠正低渗性脱水;等渗性脱水常用平衡液和生理盐水治疗。当血清钾降低时应通过口服或静脉输液补充含钾液体。

（3）补液顺序和速率:补液量及速率取决于体液丧失的量、速率及病人重要器官功能状态。若各器官代偿功能良好,应按"先晶后胶、先快后慢、见尿补钾"的原则安排补液计划。前 8h 补充总量的 1/2,剩余 1/2 总量在后 16h 内均匀输入。尿量在 30ml/h 以上方能补充钾盐。

2. **纠正体液过多**

（1）停止可能继续增加体液量的各种治疗护理措施:如快速输液或低渗性溶液洗胃、灌肠等。

（2）严格控制水的摄入量:每日限制摄入水量在 0.7～1L。

（3）对老年、婴幼儿或有心功能不全、肺功能衰竭的病人,严格按治疗计划补充液体,切忌过量和过快。

（4）加速水分排出:遵医嘱用高渗性溶液和利尿药,尽快排出过多水分。严重水中毒、高钾血症病人行透析治疗。

3. **密切观察病情变化**　病人补液过程中,护士必须严密观察治疗效果和不良反应,为制订和调整补液方案提供依据。

（1）生命体征:严密监测生命体征,如病人心率变慢、脉搏有力、呼吸和血压平稳,提示血容量已基本恢复;如仍然存在心率增快、脉搏弱,甚至心律失常现象,则提示病情未改善。补液治疗中病人出现烦躁不安、呼吸急促、咳粉红色泡沫痰时,应警惕因输液量过多或过快并发急性心力衰竭和肺水肿,须立即减慢输液速率,使用利尿药排出过多水分。

（2）精神状态:治疗后病人情绪稳定、精神状态好转,表示血容量恢复正常,脑细胞脱水或水肿已得到控制。

（3）出入量:应准确记录24h出入液量,包括输液量、饮水量、尿量、各种引流、呕吐、腹泻或出汗量。治疗过程中,尿量和尿比重的观察记录尤为重要,如尿量减少,尿比重增加,提示仍存在脱水;如尿量>30ml/h,尿比重正常,表明肾灌注良好。

（4）皮肤、黏膜情况:皮肤干燥、弹性下降、唇舌干裂等提示仍然存在脱水;如皮肤弹性恢复、温暖湿润,说明脱水已纠正。

（5）CVP 监测:CVP 和血压低于正常,说明体液不足,应加快补液;CVP 增高,血压低提示存在心功能不全,应严格控制输液量及速率。

（6）实验室检查结果:动态分析血常规、电解质、血气分析、肝功能、肾功能检查结果,以评价治疗效果,及时调整治疗方案。

（二）维持正常的电解质浓度

1. 纠正低钾血症　通过止吐、止泻等措施减少钾的继续丧失。鼓励病人多食肉类、牛奶、香蕉、橘子等含钾丰富的食物,必要时药物补钾。补钾的原则:①尽量口服补钾:可用 10% 氯化钾溶液或枸橼酸钾液口服;不能口服或病情较重者,则考虑用 10% 氯化钾溶液稀释后静脉滴注。②补钾不宜过早:见尿补钾,待尿量超过 30ml/h 或 500ml/d 方可补钾,以免钾蓄积在体内而引起高钾血症。③浓度适宜:静脉补钾时含钾溶液浓度不宜超过 0.3%,即 500ml 溶液中加入 10% 氯化钾不超过 15ml。④速率不宜过快:成人静脉补钾的速率不宜超过 60 滴/min,严禁直接静脉注射氯化钾溶液,以免血钾突然升高导致心搏骤停。⑤总量不宜过多:依据血清钾降低程度计算补钾的量,严重缺钾者,每日用量为 6~8g。⑥病情观察:在补钾过程中,严密观察病人的生命体征和心电图变化,如发现高钾血症征象,应立即停止补钾,遵医嘱采用降低血钾的措施。

2. 纠正高钾血症　应禁食含钾食物,并促进 K^+ 排泄,如输入 5% 碳酸氢钠或葡萄糖加胰岛素溶液,严重的高钾血症病人应行腹膜透析或血液透析治疗。

（三）增加病人的活动耐力,防止受伤

1. 病人因水、电解质代谢紊乱可产生骨骼肌收缩乏力和活动耐力下降,护士应根据病人肌力的改善程度,逐渐调整活动内容、时间、形式和幅度,使之逐渐增加活动耐力和活动量,以避免因长期卧床而继发其他疾病。

2. 防跌倒,移去环境中的危险物品,减少意外受伤的可能。血压偏低或不稳定者在改变体位时动作宜慢,以免因直立性低血压造成眩晕而跌倒受伤。

3. 定向力差及意识障碍者,加用床栏保护或适当约束,以免发生坠床、意外拔管等不安全事件。

【护理评价】

经过治疗和护理,评价病人是否能够达到:①脱水或水中毒的症状、体征消失,体液平衡恢复正常。②活动能力增强,保证了基本生活需要,无损伤发生。③未发生心律失常、心搏骤停等并发症或并发症被及时发现和处理。

（陈运香）

第三节　酸碱平衡失调病人的护理

一、代谢性酸中毒

代谢性酸中毒(metabolic acidosis)是指体内酸性物质积聚、产生过多或 HCO_3^- 丢失过多,是临床最常见的酸碱平衡失调。

【病因】

1. **酸性物质产生过多**　代谢产酸增多是引起代谢性酸中毒最主要的原因。任何原因引起缺氧和组织低灌注时，细胞无氧糖酵解增强而发生乳酸酸中毒，常见于严重感染、创伤、组织缺血缺氧、高热、休克等；糖尿病、长期进食量不足时，体内脂肪分解加速，产生大量酮体，引起酮症酸中毒。

2. **酸性物质排出减少**　肾功能不全时，经肾排出的酸性代谢产物减少，同时肾对碱性物质 HCO_3^- 重吸收减少，均可导致酸中毒。

3. **碱性物质丢失过多**　见于腹泻、肠瘘、胆瘘和胰瘘等，经粪便、消化液大量丢失 HCO_3^-，引起代谢性酸中毒。

【病理生理】

任何原因所致的酸中毒均直接或间接地使体内 HCO_3^- 减少，血浆中 H_2CO_3 相对过多。体内 H^+ 浓度升高刺激呼吸中枢，使呼吸加深、加快，以加速排出 CO_2，降低 $PaCO_2$，使 HCO_3^-/H_2CO_3 值重新接近 20∶1，从而维持血液 pH 在正常范围。同时肾小管上皮细胞的碳酸酐酶和谷氨酰胺酶活性增强，增加 H^+ 和 NH_3 的生成，并形成 NH_4^+ 后经尿液排出体外，降低 H^+ 浓度。

【临床表现】

轻度代谢性酸中毒没有明显症状。重症病人可出现疲乏、眩晕、嗜睡、感觉迟钝或烦躁。最突出的表现是呼吸深而快，呼出气体带有酮味。病人面色潮红，心率加快，血压偏低。血气分析示 pH 和血浆 HCO_3^- 明显下降，代偿期的血液 pH 可在正常范围，但 HCO_3^-、碱剩余（BE）和 $PaCO_2$ 均有一定程度的降低。

【治疗原则】

首先去除病因，经积极补液治疗后再根据病情决定是否使用碱性药物，常用的药物为 5%$NaHCO_3$ 溶液。酸中毒纠正后，体内离子化的钙减少，血钙降低，同时过快地纠正酸中毒还能引起大量 K^+ 转移至细胞内，易引起低钾血症。因此，治疗酸中毒时，应注意防止低钙、低钾血症。

二、代谢性碱中毒

代谢性碱中毒（metabolic alkalosis）指体内 H^+ 丢失或 HCO_3^- 增多。

【病因】

1. **酸性物质丢失过多**　是外科病人发生代谢性碱中毒最常见的原因，多发生于严重呕吐、长期胃肠减压或瘢痕性幽门梗阻长期呕吐的病人。

2. **碱性物质摄入过多**　长期服用碱性药物或大量输注库存血后，因抗凝剂可与 HCO_3^- 结合，使体内碱性物质增加。

3. **低钾血症**　低钾血症时，细胞内 K^+ 向细胞外转移，细胞内每 3 个 K^+ 与细胞外的 2 个 Na^+ 和 1 个 H^+ 交换，导致细胞内的酸中毒和细胞外的碱中毒。

4. **利尿药的应用**　使用呋塞米、依他尼酸等利尿药时，肾近曲小管对 Na^+ 和 Cl^- 的重吸收被抑制，而远曲小管内 Na^+ 和 H^+ 的交换不受影响，因此，排出的 Cl^- 增多，重吸收的 Na^+ 和 HCO_3^- 增多，形成低氯性碱中毒。

Note：

【病理生理】

代谢性碱中毒时血浆 H^+ 浓度下降,呼吸中枢受抑制,呼吸变浅、变慢,CO_2 排出减少,使 $PaCO_2$ 升高、HCO_3^-/H_2CO_3 值尽可能接近 20:1,从而维持血 pH 在正常范围。同时,肾小管上皮细胞中的碳酸酐酶和谷氨酰胺酶活性降低,使 H^+ 分泌和 NH_3 生成减少,使 HCO_3^- 重吸收减少,血浆 HCO_3^- 浓度降低。

【临床表现】

临床表现不明显,可有呼吸变浅、变慢或出现精神方面的异常,如嗜睡、谵妄等。严重者可因脑或其他器官代谢障碍而出现昏迷。血气分析提示 pH 正常或升高,HCO_3^- 和 $PaCO_2$ 增高,BE>+3mmol/L。

【治疗原则】

关键是治疗原发病,解除病因。绝大多数代谢性碱中毒病人输入等渗盐水或葡萄糖盐水后便能得到纠正,严重碱中毒病人可以使用盐酸精氨酸治疗。因代谢性碱中毒多伴有低钾血症,故治疗过程中应注意补充钾盐。

三、呼吸性酸中毒

呼吸性酸中毒(respiratory acidosis)是指肺通气及换气功能障碍,不能充分排出体内生成的 CO_2,以致 $PaCO_2$ 增高而引起的高碳酸血症。

【病因】

1. **呼吸中枢抑制** 麻醉深度过深、镇静剂过量、颅脑损伤、高位脊髓损伤等原因引起的呼吸抑制。

2. **呼吸活动受限** 胸部损伤、气胸、胸腔积液、先天性胸廓畸形等导致呼吸活动受限,肺通气功能障碍致 CO_2 潴留于体内。

3. **呼吸道阻塞** 支气管异物、支气管痉挛、喉痉挛、慢性阻塞性肺疾病等,均导致 CO_2 排出减少。

4. **呼吸机使用不当** 呼吸模式设置不当或潮气量偏小,病人将出现呼吸性酸中毒。

【病理生理】

呼吸性酸中毒时,机体可通过血液中的缓冲系统进行调节。血液中 H_2CO_3 与 Na_2HPO_4 结合,形成 $NaHCO_3$ 和 NaH_2PO_4,后者从尿中排出,使血液中的 H_2CO_3 减少、HCO_3^- 增多,但此代偿作用较弱。同时,肾小管上皮细胞中的碳酸酐酶和谷氨酰胺酶活性增加,一方面使 H^+ 和 NH_3 生成增加,形成 NH_4^+ 后排出,另一方面 H^+ 与 Na^+ 交换增加,使 H^+ 排出增多和 $NaHCO_3$ 重吸收增加,充分发挥机体代偿能力。

【临床表现】

病人出现胸闷、呼吸困难、躁动不安。因换气不足导致缺氧者,可有头痛、发绀。随着酸中毒加重,可出现血压下降、谵妄、昏迷等。脑缺氧可致脑水肿、脑疝,甚至呼吸停止。血气分析提示血液 pH 降低、$PaCO_2$ 增高,血浆 HCO_3^- 正常。

Note:

【治疗原则】

积极治疗原发疾病和改善通气功能。促进排痰和去除呼吸道异物,必要时行气管插管或气管切开术。若因呼吸机使用不当发生的呼吸性酸中毒,应及时调整呼吸机的各项参数,纠正缺氧症状。

四、呼吸性碱中毒

呼吸性碱中毒(respiratory alkalosis)是由于肺泡通气过度、体内生成的 CO_2 排出过多,以致 $PaCO_2$ 降低而引起的低碳酸血症。

【病因】

凡引起过度通气的因素均可导致呼吸性碱中毒,如癔症,高热,中枢神经系统疾病,严重的疼痛、创伤、感染,肝衰竭,呼吸机辅助通气过度等。

【病理生理】

$PaCO_2$ 降低可抑制呼吸中枢,使呼吸变浅、变慢,CO_2 排出量减少,血中 H_2CO_3 代偿性增高,但这种代偿可致机体缺氧。肾的代偿作用表现为肾小管上皮细胞分泌 H^+ 减少,HCO_3^- 的重吸收减少,使 HCO_3^- 降低,HCO_3^-/H_2CO_3 值尽量接近 $20:1$,维持 pH 在正常范围。

【临床表现】

多数病人有呼吸急促的表现。可有眩晕、手足和口周麻木及针刺感、肌肉震颤、手足搐搦,常伴心率加快。血气分析提示血液 pH 增高、$PaCO_2$ 和血浆 HCO_3^- 下降。

【治疗原则】

积极治疗原发病。用纸袋罩住病人口鼻呼吸,或采用面罩给氧,以增加呼吸道无效腔,减少 CO_2 的呼出。如因呼吸机使用不当导致通气过度者,应调整呼吸频率及潮气量。

五、酸碱平衡失调病人的护理

【护理评估】

（一）健康史

1. **一般资料**　评估病人的年龄、性别、身高、体重等。
2. **评估酸碱平衡失调的原因**　病人有无腹泻、肠梗阻、肠瘘、高热、严重感染、休克、持续胃肠减压、呼吸道阻塞、肺炎等导致酸碱平衡失调的基础疾病,有无过量应用利尿药和酸性或碱性药物,有无钾代谢紊乱,有无手术史、呼吸机治疗史和既往类似发作病史等。

（二）身体状况

1. **呼吸系统**　有无呼吸频率、节律和幅度异常,呼气是否带有酮味。
2. **循环系统**　有无心率和心律异常,脉搏、血压和尿量有无改变。
3. **神经系统**　是否存在头痛、头晕、谵妄、嗜睡或昏迷、手足搐搦、麻木、疼痛和腱反射亢进等神经系统的临床表现。

（三）辅助检查

1. **动脉血气分析**　血气分析是诊断酸碱平衡失调最常用、最可靠的检查。依据血清 pH、HCO_3^-、$PaCO_2$ 和 PaO_2 的检查结果,判断有无酸碱平衡失调、酸碱平衡失调的种类、是代偿性还是失代偿性平

Note:

衡失调、有无缺氧及缺氧程度等情况。

2. **血清电解质检查**　通过血清钠、血清钾和钙的浓度,了解是否存在电解质紊乱。

（四）心理-社会状况

酸碱平衡失调病人因呼吸、循环及神经系统功能改变,可以出现恐惧、焦虑等不良情绪,同时过度的紧张、恐惧心理也可以引起酸碱平衡失调。应评估病人及其家属有无不良的心理状态,对疾病的认知程度,目前社会支持状况等。

【常见护理诊断/问题】

1. **低效性呼吸型态**　与 H^+ 浓度升高或下降导致呼吸中枢受刺激或抑制有关。

2. **有急性意识障碍的危险**　与 H^+ 浓度过度升高或降低,导致大脑功能紊乱有关。

3. **潜在并发症：低钠血症、低钾/高钾血症、低钙血症。**

【计划与实施】

酸碱平衡失调的治疗原则是积极祛除原发疾病,同时辅以液体治疗和对症处理。通过治疗和护理,评价病人是否能够达到:①维持正常的气体交换型态,酸碱平衡失调症状改善。②脑组织灌注改善,意识恢复正常。③未出现各种并发症或已发生的并发症得到及时发现和处理。

（一）恢复正常的呼吸型态

1. **消除酸碱平衡失调的危险因素**　积极治疗肾、呼吸系统、消化系统的原发疾病,避免消化液持续丢失或过早、过量使用碱性药物。

2. **病情观察与监测**　严密监测病人生命体征,观察病人的呼吸频率、深度和节律变化。记录出入液量,动态观察血气分析和血清电解质检查结果,及时了解治疗效果。

3. **改善缺氧状况**　及时清除呼吸道分泌物,解除呼吸道梗阻。治疗肺部疾病,改善换气功能。对呼吸困难、PaO_2 下降的病人给予氧气吸入。对使用呼吸机的病人,通过血气分析和血氧饱和度监测结果及时调整呼吸机参数,避免通气过度或通气不足。

（二）改善病人意识状况

评估病人的意识状态,严密观察生命体征,及时补充血容量,纠正低氧血症、高碳酸血症,改善缺氧状态,消除脑水肿。意识发生变化时要及时与医生沟通,做好病情监测记录。

（三）预防和处理并发症

1. **合理用药**　使用碳酸氢钠或精氨酸类药物时,勿过早、过量使用。避免用药不当继发酸中毒或碱中毒。使用碳酸氢钠溶液后,如出现手足搐搦等低钙血症表现时应静脉注射葡萄糖酸钙。碱中毒时常伴有低钾血症,尿量≥30ml/h 后需同时补充钾盐,增强碱中毒治疗效果。

2. **严密监测电解质变化**　通过血清电解质浓度和血气分析检查,及时发现并纠正血清钠、血清钾紊乱情况。

3. **正确使用呼吸机**　合理设置呼吸机参数,避免发生过度通气或过度换气。

（四）健康指导

1. 解释疾病治疗的基本知识,使病人及其家属了解酸碱平衡失调的常见诱因,去除高危因素。

2. 当出现肾功能不全或严重呕吐、腹泻、高热等情况,应及时就诊治疗。

【护理评价】

经过治疗和护理,评价病人是否能够达到:①维持正常的呼吸型态,无呼吸异常。②意识障碍改善,意识清楚。③未出现高钾血症、低钾血症等各种并发症或已发生的并发症得到及时发现和处理。

（陈运香）

Note:

思 考 题

1. 低渗性脱水、等渗性脱水和高渗性脱水的临床表现及处理方法有哪些异同点?
2. 导致低钾血症常见的原因及补钾的原则是什么?
3. 静脉补液的原则有哪些?

NURSING

第三章

营养支持及护理

03章 数字内容

病人,男性,72岁,因脑出血行手术治疗,术后住ICU,浅昏迷状态,遵医嘱采用鼻胃管接受肠内营养支持。

请思考:

(1) 该病人在接受肠内营养支持时,护士应为其采取何种体位?

(2) 鼻饲过程中,突然出现呛咳、呼吸急促,发现气管插管内咳出类似营养液的物质,该病人最可能发生了哪种并发症?

第一节　概　　述

机体正常代谢及良好的营养状况是维持生命活动的重要保证。任何代谢失调和/或营养不良都可影响组织器官功能,进一步恶化可致器官功能衰竭。疾病、创伤或手术等所致的进食量不足及代谢紊乱是影响病人营养状况的重要因素。研究表明,机体的营养状态与临床结局密切相关。因此,由于各种原因不能进食或饮食摄入量不能满足身体代谢和生长发育需要时,就需要接受营养支持(nutritional support, NS)。NS是指经口、胃肠道或肠外途径为病人提供较全面的营养素。营养支持主要分为肠内营养和肠外营养两种方式。

一、应激状态下机体三大营养素的代谢特点

体内的能量来源包括糖原、蛋白质和脂肪。机体的糖原贮备有限,在饥饿状态下仅能供12h之用,蛋白质为体内各器官组织的组分,一旦消耗将影响器官功能,故不能视作能量贮备,只有脂肪是饥饿时的主要能源来源。机体在饥饿、感染、手术或创伤等应激状况下,受神经-内分泌调节,可发生一系列物质代谢及能量代谢变化,体内三大营养素处于分解代谢增强而合成代谢降低的状态。

(一) 糖代谢特点

应激反应导致的主要代谢变化是机体内糖原合成代谢减弱,分解代谢增加,两者共同作用导致体内葡萄糖水平升高。代谢抑制初期,葡萄糖生成略有增加,胰岛素水平下降。代谢亢进期,葡萄糖水平持续升高,虽然此时胰岛素水平也随之上升,但却存在高血糖现象,表明胰岛素的敏感性和葡萄糖利用之间的关系发生改变。血糖升高水平与疾病或损伤的严重程度呈正相关。

(二) 蛋白质代谢特点

在应激状态下,蛋白质分解增强,大量氮自尿中排出,呈现负氮平衡。应激病人的蛋白质代谢既有分解代谢的加强,也有合成代谢的减弱。

(三) 脂肪代谢特点

应激时,分解代谢性激素的释放导致脂肪动员和分解增加,血中游离脂肪酸和酮体不同程度地增加,各种组织对脂肪的氧化利用也相应增加。应激中,机体消耗的能量主要来自脂肪。

综上所述,应激时糖、蛋白质、脂肪分解代谢增强,合成代谢受抑制,血液中分解代谢中间产物含量增加。大多数轻、中度应激病人都能经受轻度至中度的分解代谢增强,并在短期内得以康复。但对严重应激的病人,如较大的手术或多发性创伤病人则往往难以耐受明显增强的分解代谢。大量消耗和补充不足将进一步削弱机体的防御机制,并诱发多器官功能障碍,增加并发症的发生率和死亡率。故对严重感染、较大手术或严重创伤且有营养不良倾向的病人,应提供及时、合理的营养支持,以促进其康复。

二、营养状态评价

对病人营养状态评价,既可了解其营养不良程度,又能帮助判断营养支持治疗的效果。目前,临

床上应用比较成熟的评价方法主要包括4大类：人体测量指标、实验室指标、辅助检查指标、营养筛查与评估工具测评。

（一）人体测量指标

1. 体重 是营养状态评价中最简单、最直接的指标，但应排除水肿或脱水等因素的影响。体重测量必须使用经过校准的体重秤，称重时病人脱鞋，去除大衣、背包及衣兜中钥匙、硬币等重物件。个体体重与标准体重相比，<80%为消瘦，80%~90%为偏轻，90%~110%为正常，110%~120%为超重，>120%为肥胖。我国常用的标准体重计算公式为：

男性标准体重(kg)=身高(cm)-105

女性标准体重(kg)=身高(cm)-105-2.5

2. 体重变化 由于身高和体重的个体差异较大，因此，体重变化作为营养指标被认为更趋合理。体重变化的计算公式为：

体重变化(%)=[标准体重(kg)-实测体重(kg)]/标准体重(kg)×100%

将体重变化的程度和时间结合起来分析，能更好地评价病人的营养状态。3个月内非自愿的体重减轻是评价机体营养状态的有用指标，体重减轻<5%为轻度营养不良，5%~10%为中度营养不良，>10%为重度营养不良。

3. 体重指数（body mass index，BMI） 是临床常用的营养评价指标。BMI=体重(kg)/[身高(m)]^2。2013年，中华人民共和国国家卫生和计划生育委员会提出了18岁以上中国成人BMI标准，18.5kg/m^2≤BMI<24.0kg/m^{2}为体重正常，BMI<18.5kg/m^{2}为体重过低，24kg/m^2≤BMI<28.0kg/m^{2}为超重，BMI≥28.0kg/m^{2}为肥胖。

4. 三头肌皮褶厚度（triceps skinfold thickness，TSF） 是间接判断体内脂肪贮备量的指标，正常值：男性11.3~13.7mm，女性14.9~18.1mm；观测值较标准值低10%，则提示营养不良。

5. 上臂肌围（arm muscle circumference，AMC） 可反映全身肌肉及脂肪的状况。其计算公式为：AMC(cm)=上臂中点周径(cm)-3.14×TSF(cm)

正常值：男性22.8~27.8cm，女性为20.9~25.5cm。

（二）实验室指标

1. 血浆蛋白 临床用作评价营养状况的血浆蛋白指标有白蛋白、前白蛋白、转铁蛋白等。由于白蛋白的半衰期较长(18d)，营养支持对其浓度的影响短期内不能表现出来。前白蛋白(2.5d)和转铁蛋白(约7d)的半衰期相对较短，是评价营养状况更敏感和有效的指标。

2. 营养代谢产物 如肌酐的测定，尿中排出的肌酐反映了机体肌肉组织的状况。机体24h内排出的肌酐可以用来计算肌酐身高指数(creatinine-height index，CHI)：CHI(%)=24h尿肌酐×100%/相应身高的理想24h尿肌酐(由标准量表查得)。

如果减少5%~15%属于轻度营养不良，减少15%~30%属于中度营养不良，减少30%以上为重度营养不良。

3. 氮平衡 用于初步评判体内蛋白质合成与分解代谢状况。当摄入氮量大于排出氮量时为正氮平衡，说明机体合成代谢大于分解代谢；反之为负氮平衡，提示分解代谢大于合成代谢。氮平衡(g/d)=24h摄入氮量(g/d)-24h排出氮量(g/d)。24h排出氮量(g)=24h尿中尿素氮(g)+4(g)，其中2g为粪氮和从汗液中分泌的氮，另2g为尿中的其他含氮物质。

4. 免疫功能的测定 总淋巴细胞数目测定是评价细胞免疫功能的简易方法。正常值为(2.5~3.0)×10^9/L，低于1.8×10^9/L为营养不良。

（三）辅助检查指标

Note:

1. 人体成分测定 可采用生物电阻抗的方法测量机体肌肉和脂肪含量，有助于营养不良的判定。

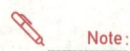

2. **腰大肌面积**　利用 CT 或者 MRI,可评估脊柱腰 4 或腰 5 水平面腰大肌面积。

（四）营养筛查与评估工具

营养评价是合理营养干预的前提。营养筛查要求方法简单、快速,并且有较高的灵敏度,以发现全部或几乎全部有营养风险的病人。目前常用的营养筛查工具是欧洲肠外肠内营养学会(ESPEN)推荐的营养风险筛查 2002(nutritional risk screening 2002,NRS2002),主要根据营养状态受损、疾病严重程度和年龄三方面来评估病人的营养风险(附录 1-1)。常用的营养评估工具是 1987 年 Detsky 首先提出的主观全面评定(subjective global assessment,SGA),根据病人的病史(体重丢失、饮食情况、消化系统症状、活动能力状态)、疾病营养需求和体格检查结果(皮下脂肪丢失、肌肉消耗和水肿)3 个维度 8 个条目按评价标准对病人进行营养状态分级(附录 1-2)。

知 识 链 接

健康中国合理膳食行动推进全民健康

近年来,随着健康中国建设和健康扶贫等民生工程的深入推进,我国营养改善和慢性疾病防控工作已经取得积极进展和明显成效。不仅居民体格发育与营养不足问题得到持续改善,城乡差异逐步缩小,而且居民健康意识逐步增强,部分慢性病行为危险因素流行水平呈现下降趋势,重大慢性病过早死亡率逐年下降,降幅达到 10.8%,提前实现 2020 年国家规划目标。但是居民不健康的生活方式仍然普遍存在,膳食结构不合理问题依然突出,超重、肥胖问题不断凸显,慢性病患病率/发病率仍呈上升趋势。针对这些仍然存在的问题,党中央、国务院高度重视,将合理膳食和重大慢性病防治纳入健康中国行动,进一步聚焦当前国民面临的主要营养和慢性病问题,从政府、社会、个人(家庭)3 个层面协同推进,通过普及健康知识、参与健康行动、提供健康服务等措施,推进实现全民健康。

（仇晓霞）

第二节　肠内营养支持病人的护理

肠内营养(enteral nutrition,EN)是指经消化道给予营养素。根据给予肠内营养的途径,分为口服法和管饲法。随着对胃肠道结构和功能研究的不断深入,人们逐步认识到胃肠道在免疫防御中的重要作用。较之肠外营养,肠内营养的优点除体现在营养素的吸收、利用更符合生理,且方便、低廉、无严重并发症外,食物的直接刺激还有利于维持肠黏膜结构和肠屏障功能的完整性。

【适应证】

如果病人胃肠道功能存在,但不能或不愿进食以满足自身营养需求时,就应考虑通过各种途径给予肠内营养。如果胃肠道功能部分受损,可给予特殊的肠内营养制剂,克服胃肠道的不耐受,又可有效补充机体所需营养素。主要适应证包括以下情况:

1. **胃肠道功能正常,但营养摄入不足或不能摄入者**　如吞咽和咀嚼困难、昏迷、复杂大手术后、严重感染、创伤及大面积烧伤、非胃肠道危重症、慢性消耗性疾病等。

2. **胃肠道功能不全者**　如低流量消化道瘘、短肠综合征、重症急性胰腺炎等。消化道瘘者采用以肽类为主的 EN 制剂,并经瘘口远端肠道输注,可减轻对消化液分泌的刺激作用,避免营养液大量漏出而得不偿失。重症急性胰腺炎病情稳定(发病 3~4 周)后,可经空肠造口管或鼻空肠管输注 EN 制剂,既可避免刺激十二指肠引起胰液分泌增加而加重病情,又可防止肠屏障功能损害及细菌移位的发生。

Note:

3. **胃肠道功能基本正常，但伴有其他器官功能不良者** 如糖尿病或肝、肾衰竭者，原则上只要胃肠道功能基本正常，此类病人可采用肠内营养支持。

【禁忌证】

1. 由于衰竭、严重感染及手术后消化道麻痹所致的肠功能障碍。
2. 完全性肠梗阻。
3. 无法经肠道给予营养，如严重烧伤、多发性创伤。
4. 高流量的小肠瘘。
5. 活动性消化道出血。
6. 严重腹泻。
7. **相对禁忌证** 有可能增加机会性感染的情况，如腭-面部手术或抗肿瘤治疗。

【肠内营养制剂】

肠内营养制剂不同于通常的经口摄入食品，其更强调易消化吸收或不需消化即能吸收。可分为以下4类：

（一）以完整蛋白为主的制剂

以完整蛋白为主的制剂又称整蛋白型肠内营养剂，该配方以完整蛋白质为氮源，以低聚糖、麦芽糖糊精或淀粉为碳水化合物来源，以植物油为脂肪来源，并含有矿物质、维生素和微量元素。该类制剂由于营养素均未水解，渗透压保持在较合理的接近生理的水平，口感好，适用于胃肠道功能正常或接近正常者。

（二）以蛋白水解产物为主的制剂

以蛋白水解产物为主的制剂又称氨基酸（短肽）型肠内营养剂，是以蛋白质经预消化后形成的短肽或氨基酸作为氮源，以部分水解的麦芽糖糊精和葡萄糖、寡糖作为碳水化合物的主要来源，大豆油及中链甘油三酯为脂肪来源。该类制剂渗透浓度较高（470~850mmol/L），口感较差，基本无需消化，可直接被胃肠道吸收利用，无渣。故适用于胃肠道消化、吸收功能不良的病人。但该类配方的高渗透压可吸收肠壁水分进入肠腔，因而易引起腹泻。

（三）特殊配方制剂

特殊配方制剂也称专病配方，可满足各种疾病或器官功能受损病人的营养需要。通常在配方中增加或去除某种营养素，以满足病人特殊疾病状态下的代谢需要。现有专门为肝病、肾病、肺病、糖尿病、呼吸功能不全、心力衰竭、胃肠道功能不全、严重的代谢应激状况如创伤和败血症等疾病设计的特殊肠内配方。

（四）调节性制剂

调节性制剂又称组件配方，是将各类营养素，如蛋白质、糖和脂肪等以独立形式制作，应用时采取混合或单独形式提供，或者将某一调节性制剂加入其他配方中，以增强该成分的比例。

【肠内营养的实施】

（一）摄入途径

因为营养剂的类型、病人的病情和耐受程度等不同，肠内营养摄入途径分为经口和管饲两种。

1. **经口** 经口服用的肠内营养液能刺激唾液分泌。由于唾液具有抗菌作用，故该途径优于管饲肠内营养。通常是在病人不愿进食或摄入量不足时，作为饮食的补充，在老年人中比较常见。是否选择口服肠内营养制剂，主要取决于有无吞咽能力和食管、胃肠道是否梗阻。另外，营养制剂的口味仍是影响口服效果的重要问题。

2. **管饲** 分为两大类。一类是经鼻、胃途径放置导管。根据病情需要，导管远端可放置在胃、十

Note:

二指肠或空肠中;另一类是有创的置管技术,如各类造口技术。根据病人原发病病程、需要肠内营养的持续时间及喂养管的应用习惯进行选择。鼻胃管、鼻肠管适用于短期的肠内营养支持(<4周),食管造口管、胃造口管和空肠造口管适用于需长期营养支持的病人。

（二）输注方式

肠内营养制剂可通过以下方法输注,但喂养量和速率应根据病人的耐受程度加以调整,通常采用肠内营养输注泵控制营养液的输注速率。

1. **间歇推注法**　将一定量的营养液在一定时间内用注射器缓慢推注,速率不能快于30ml/min。此种方法多用于能够活动或不想连续使用喂养泵的病人。

2. **间歇滴注法**　24h循环滴注,但有间歇休息期,如输注3h,然后休息2h,如此循环重复。这种方法可让病人有较大的活动度。

3. **连续输注法**　不间断输注肠内营养液,最长可达20h。对于喂养管末端位于小肠的病人,建议使用输注泵持续输注。

【并发症及其防治】

肠内营养支持是一种相对安全的过程,其并发症通常是由于不恰当的配方选择和/或输注方法、速率不当引起,也可由本身疾病或治疗间接引起的。主要并发症包括:

1. **吸入性肺炎**　多见于年老体弱、昏迷或胃潴留者,常发生于经鼻胃管喂养的病人。主要原因包括胃排空迟缓、喂养管移位、体位不当造成营养液反流、咳嗽和呕吐反射减弱或消失、意识障碍等。

2. **胃肠道并发症**　是肠内营养最常见的并发症,包括恶心、呕吐、腹胀、腹痛、便秘和腹泻等。主要原因:①营养液的输注速率过快。②营养液的浓度过高或温度过低。③营养液的渗透压过高。④营养液污染等。

3. **鼻、咽部和食管黏膜损伤**　可因喂养管质地硬、管径粗、置管时用力不当或放置时间较长,压迫并损伤鼻、咽部黏膜所致。

4. **喂养管阻塞**　营养液较黏稠、未调匀或流速缓慢,其固体成分黏附于管壁;灌注药物未研碎、添加药物与营养液不相溶而形成凝结块;喂养管管径太细等,均可引起喂养管阻塞。

5. **代谢性并发症**　比较少见,主要是由于营养制剂类型不当或水、电解质紊乱及酸碱平衡失调等引起。

【护理评估】

（一）健康史

了解病人年龄、身高、体重;近期有无较大的手术、严重创伤、严重感染及大面积烧伤等应激状态或慢性消耗性疾病史;有无较长时间不能正常进食的状况,是否存在消化道梗阻、出血、严重腹泻或因腹部手术等而不能经胃肠道摄食等问题。摄食状况包括病人平时的饮食习惯、病后摄食情况的变化,如有无明显厌食、入院后因检查或治疗需要禁食,以及社会、家庭、文化和经济状况对其饮食的影响等。

（二）身体状况

观察病人有无毛发脱落、皮肤干燥、指甲无光泽,检查有无肝大、肌力减弱、活动能力及握力减弱、肢体水肿或腹水等征象。

（三）辅助检查

通过病人体重及血红蛋白、血清蛋白、3-甲基组氨酸、细胞免疫功能、氮平衡,和心、肺、肝、肾功能检查等,了解病人的营养状况及营养支持治疗效果。

（四）心理-社会状况

了解病人及其家属对营养支持重要性和必要性的认识、对营养支持治疗的态度、家庭经济状况及

Note:

对营养支持费用的承受能力等。

【常见护理诊断/问题】

1. **有误吸的危险**　与胃排空障碍、意识障碍、导管移位、体位不当等因素有关。
2. **腹泻**　与肠内营养液浓度、温度、输注速率、喂养管位置不当等有关。
3. **有皮肤完整性受损的危险**　与喂养管的材质和/或位置放置不当、损伤或压迫局部皮肤黏膜有关。
4. **舒适度减弱**　与留置喂养管致体位和活动受限有关。

【计划与实施】

肠内营养支持病人的护理目标是通过治疗与护理,病人能够达到:①不发生呛咳、误吸。②无腹泻发生。③受压处皮肤黏膜无破损。④喂养管通畅,不适感减轻或无不舒适感。⑤并发症能被及时发现并处理。

（一）预防误吸

1. **选择合适的体位**　输注营养液时,病人应取半坐卧位,头部抬高至少30°,以防反流引起误吸。
2. **估计胃内残留量**　在每次输注营养液前及输注期间,每间隔4h抽吸并估计胃内残留量,若残留量大于200ml,应嘱病人右侧卧位,延迟或暂停输注,并减少每次营养液灌注量,必要时遵医嘱加用胃肠动力药物,以防胃潴留引起反流而致误吸。
3. **误吸的观察和处理**　若病人突然出现呛咳、呼吸急促或咳出类似营养液的痰,应疑有喂养管移位、呕吐物或分泌物误吸,应立即停止肠内营养液输注,同时鼓励和刺激病人咳出气管内液体,或采用吸痰法吸出气管内的营养液,并立即通知医生做进一步的检查和处理。

（二）减少胃肠道症状

1. **控制营养液输注量和速率**　营养液输注量宜从少量开始(每日250~500ml),5~7d逐渐达到全量。起始速率为20~40ml/h,建议采用肠内营养输注泵控制滴速,视病人胃肠道适应情况逐步加速,最大滴速可达100~120ml/h。这种容量和速率的递增更有益于病人对肠内营养的适应和耐受,避免过量和过速引起胃肠道不良反应。
2. **控制营养液的浓度和渗透压**　营养液浓度和渗透压过高可引起胃肠道不适、恶心、呕吐、肠痉挛和腹泻,故应从低浓度开始,可将营养液稀释至等渗,然后根据病人胃肠道适应情况逐步递增。
3. **调节营养液的温度**　营养液的温度以接近体温为宜,温度过高可能烧伤胃肠道黏膜,过冷则刺激胃肠道,引起肠痉挛,导致恶心、呕吐、腹胀、腹痛或腹泻。加温营养液的方法很多,可采用热水瓶、热水袋或恒温器在喂养管近端自管外加热营养液。
4. **避免营养液污染、变质**　配制营养液或喂养前应洗手,所用的输注容器应保持清洁、无菌,每日进行清洁和消毒处理。营养液现配现用,除非封闭系统,否则每组营养液的输注时间不应超过8h。若营养液内含有牛奶及易腐败成分时,放置时间应更短。每24h更换一次输注器具,喂养管和输注管接口处应每日用酒精消毒,喂养完毕后用清洁纱布包裹。

（三）喂养管道的护理

1. **妥善固定喂养管**　在喂养管进入鼻腔或腹壁处做好标记,每班或喂养前应仔细检查,以判断有无喂养管移位。若病人突然出现腹痛、胃或空肠造口管周围有类似营养液渗出或腹腔引流管引流出类似营养液的液体,应怀疑造口管移位,营养液进入腹腔,须立即停止输注营养液,尽可能清除或引流出渗漏的营养液,并遵医嘱应用抗生素以避免继发性感染。
2. **保持喂养管通畅**　告知病人卧床或翻身活动时注意避免喂养管扭曲、折叠、受压。连续管饲时,应每2~4h采用20~30ml温开水或生理盐水冲洗,间断输注或临时输注药物时,应在每次开始和结束后冲洗。若需经导管给药,应将药物研碎,加水溶解后注入喂养管,以免与营养液不相溶而凝结

Note:

成块黏附于管壁,堵塞管腔。

（四）维持黏膜和皮肤完整性

长期留置喂养管,可因其压迫鼻、咽部黏膜而引起溃疡,应每日用油膏涂擦、润滑鼻腔黏膜。对造口者,应保持造口周围皮肤清洁、干燥,每2~3d换药一次并更换敷料,必要时涂擦皮肤保护剂,防止胃液或肠液腐蚀导致皮肤糜烂。

（五）其他少见并发症的观察与处理

肠内营养支持的代谢性并发症与肠外营养支持相比,发生率和严重程度都较低,但部分肠内营养制剂中碳水化合物或脂肪含量较高,有糖尿病或高脂血症的病人可出现糖代谢和脂肪代谢紊乱,应及时了解相关指标的检测结果,及时报告医生,并遵医嘱调整配方或输注方式。

（六）健康指导

1. 告知营养不良对机体的危害及合理营养支持的重要性。

2. 介绍肠内营养对维护肠道结构与功能、避免肠源性感染的重要意义,在病情允许的情况下,鼓励病人尽早经口进食。

3. 介绍肠内营养支持常见的并发症及自我观察和护理配合方法。

【护理评价】

经过治疗和护理,评价病人是否能够达到:①在管饲期间无呛咳及误吸现象发生,或发生后能及时发现和处理。②无腹泻发生。③喂养管保持通畅。④受压处皮肤黏膜无破损。⑤未发生水、电解质紊乱。⑥病人无不适感。

（仇晓霞）

第三节　肠外营养支持病人的护理

肠外营养(parenteral nutrition,PN)是指通过胃肠道以外(即静脉途径)的途径提供人体代谢所需的营养素。当病人禁食,所需营养素全部经静脉途径提供时,则称之为完全肠外营养(total parenteral nutrition,TPN)。

【适应证】

当病人不能或不宜经口或胃肠道摄入营养素超过5d者,都是肠外营养的适应证,包括:

1. 重度营养风险或蛋白质-能量营养不良,肠内营养不能满足需要。

2. 胃肠道功能障碍,如消化道瘘、重症急性胰腺炎、短肠综合征、溃疡性结肠炎等。

3. 因疾病或治疗限制不能经胃肠道摄食或摄入量不足。

4. 高分解代谢状态,如严重感染、烧伤、创伤或大手术。

5. 抗肿瘤治疗期间出现与治疗相关的胃肠道症状。

【禁忌证】

1. 严重水、电解质紊乱,酸碱平衡失调。

2. 休克,器官功能衰竭终末期。

【肠外营养制剂】

（一）碳水化合物制剂

葡萄糖是肠外营养时主要的非蛋白质能源之一。机体代谢葡萄糖的能力上限为5mg/(kg·min),若过量或过快输入可能导致高血糖、尿糖增高甚至糖尿病非酮症高渗性昏迷。此外,在应激状态下机体利用葡萄糖能力下降,部分多余的葡萄糖可转化为脂肪而沉积于肝,引起脂肪肝。肠外营养葡萄糖的供能量一般为 3~3.5g/(kg·d),其所提供能量约占总能量的 50%。

(二) 脂肪乳剂

脂肪乳剂是肠外营养时主要的非蛋白质能源之一。目前临床多采用以大豆油或红花油为原料,磷脂为乳化剂制成的脂肪乳剂。脂肪乳剂是一种水包油乳剂,主要由植物油、乳化剂和等渗剂等组成,其理化稳定性良好,微粒直径与天然乳糜微粒相仿。临床应用脂肪乳剂的目的在于提供能量和必需脂肪酸,并维持细胞结构和人体脂肪组织的恒定。脂肪乳剂的成人供给量为 1~2g/(kg·d),其所提供能量占总能量的 30%~40%。

(三) 氨基酸制剂

氨基酸是肠外营养的氮源物质,用于合成人体蛋白质。临床多采用复方结晶氨基酸溶液,并按一定模式配制而成,其配方符合人体合成代谢的需要。复方氨基酸溶液分为平衡型与特殊型两类,平衡型氨基酸溶液所含必需与非必需氨基酸的比例符合人体基本代谢所需,适用于多数营养不良病人,是肠外营养的理想制剂。特殊型氨基酸溶液的配方系针对某一疾病的代谢特点而设计,兼有营养支持和治疗的作用,如用于肝病的支链氨基酸。临床须根据应用目的、病人年龄及病情等因素选择不同类型氨基酸溶液。推荐氨基酸的成人供给量为 1.2~2.0g/(kg·d)。

(四) 电解质

电解质是参与调节和维持人体内环境稳定所必需的营养物质,肠外营养时需补充钠、钾、氯、钙、磷、镁等电解质。在有大量引流液丢失及其他额外丧失时,需根据血电解质水平调整和补充各种电解质。临床常用制剂包括 10% 氯化钾、10% 氯化钠、10% 葡萄糖酸钙及 25% 硫酸镁及甘油磷酸钠等。

(五) 维生素

用于肠外营养的维生素制剂有水溶性和脂溶性两大类,均为复方制剂,每支注射液包含正常人每日各种维生素的基本需要量。水溶性维生素包括 B 族维生素、维生素 C 和生物素等,脂溶性维生素则包括维生素 A、维生素 D、维生素 E 和维生素 K。水溶性维生素在体内无储备,若不能正常进食则会缺乏,而脂溶性维生素在体内有一定储备,短期禁食者不致缺乏。长期 TPN 时常规提供多种维生素。在感染、手术等应激状态下,人体对部分水溶性维生素,如维生素 C、维生素 B 等的需要量增加,应适当增加供给量。

(六) 微量元素

一些微量元素,包括锌、铜、铁、硒、铬、锰、碘等均参与酶的组成、三大营养物质的代谢、上皮生长、创伤愈合等生理过程,其临床意义不可忽视,长期 TPN 时须注意补充。临床通常采用复方注射液,每支含有正常人体每日需要量。

【肠外营养的实施】

(一) 输注途径

肠外营养的输注途径包括周围静脉和中心静脉 2 个途径,需视病情、营养液组成、输液量及护理条件等而选择。

1. 周围静脉途径　对于短期进行肠外营养、中心静脉置管是禁忌证或不能实施时,可选择经周围静脉输注营养液。要求输注的营养液渗透浓度不大于 900mmol/L,外周静脉条件较好。

2. 中心静脉途径　对于长期进行肠外营养的病人,宜选择经中心静脉途径输注。中心静脉置管可分为直接经皮或隧道式中心静脉导管(central venous catheter,CVC)、经外周静脉穿刺的中心静脉导管(peripherally inserted central venous catheter,PICC)、植入式静脉输液港(implantable venous access port,IVAP)。PICC 是采用硅胶或聚氨酯材料的导管,经肘正中静脉或贵要静脉穿刺,经腋静脉到达上腔静脉留置导管。它的主要优点是可减少直接经颈静脉或锁骨下静脉插管引起的并发症,留置时间长,容易操作。

（二）输注方式

1. **全合一（all in one，AIO）营养液输注**　是将所有肠外营养成分混合在一个容器内进行输注。其主要优点是：①以较佳的热氮比和多种营养素同时进入体内，可增加节氮效果，有利于合成代谢。②各种营养素混合后在 24h 内匀速输注，可降低代谢性并发症的发生率。③全封闭的输液系统，使用过程中无需排气和更换输液器，可大大减少污染机会。④混合后的高浓度葡萄糖被稀释，其渗透压降低，使经外周静脉输注成为可能。⑤简化输液过程。

2. **二合一营养液输注**　在无条件进行全合一营养液方式输注时，可采取二合一营养液输注。将氨基酸与葡萄糖电解质溶液混合后，以 Y 形管或三通管与脂肪乳剂体外连接后同时输注。

3. **单瓶输注**　该种方法各营养素非同步输入，可导致一些营养素的浪费。此外，单瓶输注葡萄糖或脂肪乳剂时，可因单位时间内进入人体的葡萄糖或脂肪酸量较大而增加代谢负荷，甚至出现相应的代谢性并发症，故单瓶输注现已不推荐使用。

【并发症及其防治】

（一）与静脉穿刺置管有关的主要并发症

1. **气胸**　由深静脉置管时穿刺针误入胸腔所致，病人于静脉穿刺时或置管后出现胸闷、胸痛、呼吸困难及同侧呼吸音减弱等，应疑为气胸的发生，胸部 X 线检查可明确诊断。临床处理应视气胸的严重程度予以观察、胸腔穿刺排气或胸腔闭式引流。

2. **血管损伤**　由在同一部位反复穿刺损伤血管所致，表现为出血或血肿形成等，应予以立即退针，并行局部压迫止血。

3. **胸导管损伤**　常见于左锁骨下静脉穿刺者。若发现有清亮的淋巴液渗出，应立即退针或拔除导管。病人偶可发生乳糜胸，多数可自愈，少数需做引流或手术治疗。

4. **空气栓塞**　为肠外营养最严重的并发症，可发生于静脉穿刺置管过程中或因导管塞脱落所致。一旦发生，后果严重，大量空气进入可致死。故锁骨下静脉穿刺时，应置病人于平卧位，并嘱其屏气。置管成功后要及时、妥善连接输液管道，输液结束后应旋紧导管塞，以防空气进入导管。一旦疑为空气栓塞，应立即置病人于左侧卧位。

5. **导管异位**　锁骨下或头静脉穿刺置管时，导管可错入同侧颈内或颈外静脉，或因导管固定不妥而移位。表现为输液不畅或病人主诉颈部酸胀不适，X 线检查可发现导管错位或移位。导管移位导致液体渗漏，可引起局部肿胀。若位于颈部，可压迫气管引起呼吸困难，应停止输液，拔除导管，并做相应的局部处理。

6. **血栓性浅静脉炎**　常见于经外周静脉营养支持者，其主要原因是输液的血管管腔细小，高渗营养液不能得到及时稀释而引起化学性的血管内皮损伤。表现为输注部位静脉条索状变硬，并出现红肿和触痛。一般经局部湿敷、热敷、更换输液部位或外涂具抗凝、消炎作用的软膏后可逐步消退。

（二）代谢性并发症

1. **糖尿病非酮症高渗性昏迷**　常见原因为单位时间内输入过量葡萄糖或体内胰岛素相对不足。临床主要表现为血糖升高（血糖>40mmol/L）、渗透性利尿（尿量>1L/h）、脱水、电解质紊乱、中枢神经系统功能受损，甚至昏迷。处理措施：①停用含糖溶液。②采用低渗盐水（0.45%）以 250ml/h 的速率输入，降低血浆渗透压，但应注意避免血浆渗透压下降引起急性脑水肿。③输入胰岛素，促使葡萄糖进入细胞内，降低血糖水平。

2. **低血糖休克**　由于突然停止输注高浓度葡萄糖溶液或外源性胰岛素用量过大所致。临床表现为心率加快、面色苍白、四肢湿冷、乏力，甚至休克症状。予以静脉注射高渗葡萄糖或输注含糖溶液即可缓解。

3. **高脂血症或脂肪超载综合征**　脂肪乳剂输入过快或过量，可引起高脂血症。若病人出现发热、急性消化性溃疡、血小板减少、溶血、肝脾大、骨骼及肌肉疼痛等症状时，应疑为脂肪超载综合征，并立即停输脂肪乳剂。对长期应用脂肪乳剂的病人应定期做脂肪廓清试验,以了解机体对脂肪的代谢和利用能力。

4. 肝功能损害　主要由于葡萄糖超负荷引起肝脂肪变性,临床表现为血清胆红素浓度升高及氨基转移酶升高。采用双能源、以脂肪乳剂替代部分能源、减少葡萄糖用量、更换氨基酸制剂或停用 TPN 1~2 周后,这种并发症可得以逆转。

（三）感染性并发症

主要是导管相关性和肠源性感染,包括:

1. 导管相关脓毒症　常由静脉穿刺置管、营养液配制和局部护理过程中无菌操作技术不严所致。病人表现为难以解释的突发性寒战、发热甚至感染性休克。须立即停止输液,按无菌技术要求拔管,并将导管尖端剪下 2 段,同时采集外周血分别做细菌和真菌培养,进行细菌培养同时做抗生素敏感试验。拔管后立即建立外周静脉通道,更换输液系统和营养液,并根据病情选用抗生素。观察 12~24h 后,可按需要重新更换部位穿刺置管。

2. 穿刺部位感染　一般发生于置管数日或数周后,表现为穿刺部位红肿、发热及压痛。若处理不及时,可成为全身性感染的原发灶。预防的关键在于穿刺过程中严格执行无菌操作,并加强局部日常护理。

3. 肠源性感染　TPN 病人由于长期禁食,其肠道缺乏食物刺激,加之体内缺乏谷氨酰胺,可使肠黏膜屏障功能减退,导致肠内细菌和内毒素移位,损害肝及其他器官功能,并发肠源性感染,最终可导致多器官功能衰竭。故应尽早改用肠内营养,补充谷氨酰胺或在 PN 同时增加经口进食机会,以保护肠屏障功能。

【护理评估】

见本章第二节"肠内营养支持病人的护理"。

【常见护理诊断/问题】

1. **有感染的危险**　与中心静脉留置导管、营养液污染、病人营养不良、抵抗力下降及长期禁食致肠黏膜屏障受损有关。
2. **舒适度减弱**　与留置静脉导管,高渗性液体刺激血管及长时间输液致活动受阻有关。
3. **潜在并发症:气胸、出血、乳糜胸、空气栓塞、糖或脂肪代谢紊乱等。**

【计划与实施】

肠外营养支持病人的护理目标是,评价病人是否能够达到:①维持体温正常、无局部或全身感染征象。②无气胸、出血、空气栓塞、导管移位、糖或脂肪代谢紊乱等并发症发生,或并发症能被及时发现并处理。

（一）代谢性并发症的预防和护理

1. 控制输液速率　当葡萄糖、脂肪和氨基酸的输入速率超过人体的代谢能力时,病人可出现高血糖、高脂血症、高热、心率加快或渗透性利尿。因此,需严格控制输入速率。加强临床观察,一旦发现病人尿量突然增多,神志改变,应疑有糖尿病非酮症高渗性昏迷。若病人脉搏增快、面色苍白及四肢湿冷,应疑低血糖性休克。出现以上异常情况,应立即抽血检验血糖并协助医生积极处理。

2. 定期进行生化监测　根据病人临床营养状况和所处的肠外营养阶段,定期进行生化监测。所有病人应在开始肠外营养之前进行血和尿液的实验室评估,记录基线值用于以后进行比较,评估病人有无发生水、电解质紊乱及肝、肾功能损害。

（二）导管护理

1. 外周静脉置管护理　注意保持静脉留置针穿刺点局部敷料清洁、干燥,发现敷料被浸湿或者

Note:

污染,应立即更换,并注明更换日期。营养液输入前后均应用生理盐水冲管,并检查穿刺部位及静脉走行部位有无红肿、压痛。如有异常,及时更换穿刺部位,并根据医嘱做相应处理。

2. PICC 置管护理　包括:①操作者严格遵守无菌操作及消毒隔离制度。②PICC 必须被定期冲洗,在给予与肝素不相溶的药物或液体前后均应使用容量≥10ml 的注射器行脉冲式推注生理盐水进行冲洗,以免发生药物配伍禁忌;长时间连续输注肠外营养液时,应每6~8h 冲管 1 次。③输液完毕后用正压技术封管,在注射器内剩余 0.5ml 封管液时,采用边推注边退注射器的方法,拔出注射器针头。④至少 7d 更换 1 次敷料,如敷料潮湿、被污染或被揭开,应立即更换,并在敷料标签上注明更换时间。⑤更换敷料时应对穿刺点和局部皮肤进行评估,确定有无触痛和感染征象。⑥如给药时感觉有阻力,输注困难,无法抽出回血,应检查导管是否打折或移位,病人体位是否恰当,如是血栓阻塞引起,可用尿激酶溶栓,严禁用力推注或冲管,否则易致导管破裂或血栓脱落引起器官栓塞等严重后果。

(三) 感染的预防与护理

严格按照无菌技术原则进行营养液配制和更换,防止感染。营养液输注系统和输注过程应保持连续性,期间不宜中断,以防污染。治疗过程中密切观察病人体温变化,注意有无局部及全身感染征象,发现异常及时报告医生并配合处理。部分病人在肠外营养液输注过程中可出现发热,若与营养素产热有关,一般不经特殊处理可自行消退,部分病人可予以物理降温或遵医嘱应用退热药。但若因感染所致,则须做相应处理,并遵医嘱应用抗生素治疗。

(四) 全合一营养液的保存和输注

全合一营养液中营养成分复杂,常温、长时间搁置或过多添加二价或三价阳离子,可使某些营养成分出现降解、失稳定或产生颗粒而沉淀。因此,营养液需现配现用,配制后应在 24h 内输完,若暂时不输注,应保存于温度 4℃的冰箱内,保存时间不超过 48h。为避免营养液和其他药物发生相互作用,禁忌添加其他治疗用药,如抗生素等。

(五) 健康指导

1. 向病人或家属讲解静脉穿刺置管操作的目的和治疗的必要性、安全性及临床意义。
2. 告知肠外营养支持治疗的效果、常见并发症、自我观察和医疗护理配合方法。

【护理评价】

经过治疗和护理,评价病人是否能够达到:①体温正常、无局部或全身性感染。②无气胸、血管或胸导管损伤、空气栓塞、导管移位、糖或脂肪代谢紊乱等并发症发生,或并发症被及时发现和处理。③自述不适感减轻或无不适感。

(仇晓霞)

思　考　题

---

1. 应激状态下机体三大营养素的代谢特点有哪些?
2. 肠内营养的常见并发症有哪些?
3. 肠外营养的常见并发症有哪些?

第四章

感染病人的护理

04章　数字内容

─── 学 习 目 标 ───

- 识记：
  1. 陈述感染、特异性感染、疖、痈、蜂窝织炎、脓毒症、菌血症、败血症的概念。
  2. 简述常见非特异性感染、破伤风、气性坏疽和脓毒症的临床表现。
- 理解：
  1. 解释非特异性感染的病因及病理生理改变。
  2. 阐释破伤风、气性坏疽及脓毒症病人的病因及病理生理改变。
  3. 总结破伤风、气性坏疽及脓毒症的治疗原则。
- 运用：
  1. 评估疖、痈、蜂窝织炎、破伤风、气性坏疽及全身性感染病人的健康状况，提出常见护理诊断/问题。
  2. 制订疖、痈、蜂窝织炎、破伤风、气性坏疽及全身性感染病人的护理措施。

第一节 概　述

感染病（infectious disease）指能在正常或非正常人群中流行的传染和非传染性感染病（communicable and noncommunicable disease），通常由各种致病或条件致病的病原体引起。根据对病原体侵入宿主体内寄生和繁殖并导致病理过程进行分析，感染与传染的含义并不完全相同。感染（infection）指病原体侵入人体后在机体内生长繁殖，导致局部或全身炎症反应的病理过程，体现的是病原体与人体之间相互作用、相互斗争的过程。感染病应包括一切病原体所致的疾病，其中一部分具有传染性，即传染病。根据传播特点，传染病分为呼吸道感染病、消化道感染病、血液感染病、虫媒感染病等。

本章主要介绍非传染性感染病。

【分类】

临床常按照病原菌种类、病变性质、病程长短和发生条件对非传染性感染病进行分类。

（一）按病原菌的种类和病变性质分类

1. **非特异性感染**（nonspecific infection）　又称化脓性感染或一般性感染，常见有疖、痈、丹毒、急性乳腺炎、急性阑尾炎、急性腹膜炎等。病变通常先出现急性炎症反应，如红、肿、热、痛和功能障碍，继而进展为局部化脓。

2. **特异性感染**（specific infection）　是由结核分枝杆菌、破伤风梭菌、产气荚膜梭菌、炭疽杆菌、白念珠菌等特异性病原菌引起的感染。因致病菌不同，可有独特的表现。

（二）按病程分类

根据病程的长短可分为急性、亚急性和慢性感染，病程在 3 周以内为急性感染，超过 2 个月为慢性感染，介于两者之间为亚急性感染。

（三）其他分类

按病原菌的入侵时间进行分类，伤口直接污染造成的感染为原发感染，在伤口愈合过程中发生的感染为继发感染；按病原菌的来源分为外源性感染和内源性感染；按感染发生的条件可分为机会感染、二重感染和医院内感染等。

【病因】

感染发生的原因主要包括病原菌的致病因素和机体的易感性因素两个方面。

（一）病原菌的致病因素

感染的发生与病原菌的数量和毒力密切相关。侵入机体组织的病原菌数量越多，增殖速度越快，导致感染的概率就越高。病原菌毒力是指病原菌形成毒素或胞外酶的能力及入侵、穿透和繁殖的能力。

（二）机体的易感性因素

正常情况下，人体天然免疫和获得性免疫共同参与感染的防御机制，当某些局部因素或全身因素导致这些防御机制受损时，即可引起感染。如皮肤黏膜破损、器官管腔堵塞、局部缺血等局部因素，慢性消化性疾病、严重营养不良、年老体弱等全身因素都是感染的易感性因素。

【病理生理】

致病菌侵入组织并繁殖，产生多种酶与毒素，刺激机体产生大量炎症介质，引起炎症反应。炎症反应使入侵的微生物局限化，最终被清除，同时局部炎症反应可出现红、肿、热、痛等炎症的特征性表现。部分炎症介质、细胞因子和病原菌毒素等也可进入血流，引起全身炎症反应。全身炎症反应介导的组织特异性破坏是多器官功能障碍发生、发展的直接机制。

Note:

感染的演变与结局取决于致病菌的种类、数量和毒性,机体抵抗力,感染的部位及治疗护理措施是否得当等,可能出现炎症消退、局限、扩散及转为慢性炎症的结局。

【临床特点】

1. **局部表现** 急性炎症反应局部的典型表现是红、肿、热、痛和功能障碍,体表脓肿形成后,触之有波动感;慢性感染可出现局部肿胀或硬结,疼痛多不明显。

2. **全身表现** 感染轻者可无全身症状,感染重者可有发热、乏力、食欲减退、全身不适的表现。严重感染导致脓毒血症时可出现神志不清、尿少等症状,甚至出现感染性休克和多器官功能衰竭。

3. **器官系统功能障碍表现** 感染侵及某一器官时,可出现相应器官及系统的表现。如泌尿系统感染时,有尿频、尿急、尿痛;胆道感染或肝脓肿时,出现腹痛和黄疸;急性阑尾炎时,常有恶心、呕吐等。

4. **特异性感染表现** 如破伤风有肌肉强直性痉挛,气性坏疽和其他产气菌感染局部出现皮下捻发音等。

【辅助检查】

1. **实验室检查** 白细胞计数及分类是最常用的检查,白细胞计数升高见于细菌感染,白细胞计数 $>12\times10^9/L$、$<4\times10^9/L$ 或出现未成熟白细胞,常提示感染严重。血、尿、痰、分泌物、渗出物、脓液或穿刺液做细菌涂片、细菌培养及药敏试验,可明确致病菌的种类,为治疗提供依据。

2. **其他检查** X 线检查适用于监测胸、腹部及骨关节病变,如胸腔积脓;B 超用于肝、胆、胰、肾等腹腔器官病变;CT、MRI、内镜、活体组织检查等也有助于疾病的诊断。

【处理原则】

局部治疗与全身治疗并重。去除感染病因、去除毒性物质、增强抗感染能力和促进组织修复。

(陈运香)

第二节　非特异性感染病人的护理

 —————————————————— 导入情境与思考 ——————————————————

病人,男性,55 岁。3d 前右手示指末节被刺伤,在家自行简单消毒处理后,用创可贴包扎。现出现手指发红、疼痛、肿胀,下垂时疼痛加重,伴有发热、烦躁、全身不适而入院。

体格检查:T 38.3℃,P 94 次/min,R 20 次/min,BP 126/82mmHg。实验室检查:血常规示 WBC $12\times10^9/L$,中性粒细胞比例 82%。

(1) 病人发生感染属于哪种类型?

(2) 该病人主要的护理问题及护理措施有哪些?

(3) 如何预防该疾病的发生?

非特异性感染(nonspecific infection)又称化脓性感染或一般性感染,常见致病菌为葡萄球菌、链球菌、大肠埃希菌、铜绿假单胞菌、变形杆菌等,常导致浅部软组织的化脓性感染,如疖、痈、急性蜂窝织炎、丹毒、急性淋巴管炎等。感染特点是同一种致病菌可引起不同类型的化脓性感染,而同一种感染又可由不同致病菌引起,甚至由几种致病菌共同致病形成混合感染。该组疾病有化脓性炎症的共同特征,即红、肿、热、痛和功能障碍,治疗上也有共同性。

【病因与发病机制】

在人体局部或全身抗感染能力有缺陷的情况下,在皮肤、口腔、鼻咽腔、肠道内寄生的多种微生物或外界的大量致病菌可侵入人体并繁殖,造成感染。

1. **致病菌的致病因素**

（1）致病菌的黏附素及荚膜:致病菌的黏附素能附着于人体组织,有利于入侵人体。致病菌的荚膜或微荚膜能抗拒吞噬细胞的吞噬及杀菌作用,从而在组织内生存繁殖,或在被吞噬后抵御杀灭而能在细胞内繁殖,导致组织细胞损伤。

（2）致病菌的数量及增殖速率:侵入人体组织的病原菌数量、增殖速率都是导致感染的重要因素。

（3）致病菌毒素:主要包括:①胞外酶,如蛋白酶、磷脂酶、胶原酶等可侵蚀组织细胞,透明质酸酶等可分解组织使感染扩散。②外毒素,如溶血毒素、肠毒素等,具有很强的毒性作用。③内毒素,是致病菌细胞壁的脂多糖,可引起发热、休克等全身反应。

2. **人体易感性因素**

（1）局部因素:①皮肤、黏膜或器官组织屏障功能受损:如开放性创伤、烧伤、手术、皮肤及黏膜的疾病等。②病菌入侵通道的开放:如血管或体腔内的留置导管处理不当。③器官的管腔阻塞:致管腔内容物淤积,有利于细菌大量繁殖而入侵组织,如乳腺导管阻塞致乳汁淤积而发生急性乳腺炎、阑尾炎、肠梗阻、胆道梗阻、尿路梗阻等。④异物及坏死组织存留:使吞噬细胞不能有效发挥作用,如内固定器材、假体植入、外伤性异物等。⑤损伤、血管病变:引起缺血,降低机体防御和修复能力。

（2）全身因素:严重损伤、休克、糖尿病、营养不良、抗肿瘤治疗、免疫抑制剂应用及先天性或获得性免疫缺陷等都会造成机体抵抗力低下。严重营养不良、贫血、低蛋白血症、高龄老年人及婴幼儿抵抗力差,易发生感染。

（3）条件因素:在人体局部和/或全身抗感染能力降低的条件下,原本寄生于人体但不致病的菌群可以变成致病微生物,所引起的感染称为条件性或机会性感染。

【病理生理】

致病菌侵入损伤的组织后,局部可引起急性炎症反应。致病菌侵入组织并繁殖,产生、释放多种酶与毒素,激活凝血、激肽系统等,产生炎症介质,引起血管扩张与通透性增高。同时白细胞游出至血管外组织,渗出的血浆蛋白中的抗体与抗原结合,激活补体,协助吞噬作用。炎症反应的作用是局限并清除入侵的微生物,同时局部出现充血、水肿、发热、疼痛、功能障碍等炎症的特征性表现。部分炎症介质、细胞因子和致病菌毒素可进入血液,引起全身性反应。

病变的演变与结局取决于致病菌的毒性、机体的抵抗力、感染的部位及治疗等多种因素,结局分为4种。①炎症好转:通过治疗,吞噬细胞和免疫成分能较快地制止病原体,消退炎症,治愈感染。②炎症局限:人体抵抗力较强、治疗有效时,炎症消退、局限或局部化脓。小的脓肿可被吸收,较大的脓肿破溃或经手术引流脓液后好转。③炎症扩散:致病菌毒性大、数量多和/或宿主抵抗力较低时,感染迅速扩展,导致全身感染,甚至危及生命。④转为慢性炎症:人体抵抗力与致病菌相持,组织炎症持续存在,中性粒细胞浸润减少而成纤维细胞和纤维细胞增加,变为慢性炎症。一旦人体抵抗力减低,感染可重新急性发作。

【护理评估】

（一）健康史

评估病人有无外伤、烧伤、手术、皮肤黏膜疾病等病史,有无糖尿病、尿毒症、营养不良、贫血等全身疾病史,有无先天性或获得性免疫缺陷疾病史,有无应用抗肿瘤或免疫抑制剂等治疗。

（二）身体状况

1. **局部症状**　局部有无红、肿、热、痛及功能障碍等情况。感染部位越表浅，局部症状越明显，临床表现与感染发生的部位与范围密切相关。

（1）疖（furuncle）：俗称疗疮，是单个毛囊及其周围组织的急性化脓性感染，好发于毛囊和皮脂腺丰富的部位，如头面部、颈部、背部、腋窝、腹股沟等处，多由金黄色葡萄球菌引起。身体不同部位同时发生几处疖或反复发生多处疖，称之为疖病。

初起时，疖局部皮肤出现红、肿、痛的小结节，并逐渐增大呈锥形隆起。进展后结节中央组织坏死、软化，中心处出现黄白色脓栓，触之有波动。脓栓脱落后破溃流脓，炎症逐步消退而愈合，一般无明显全身症状。当发生在鼻、上唇及其周围（危险三角区）内的疖受到挤压时，细菌和毒素可经眼静脉和内眦静脉进入颅内海绵状静脉窦，引起颅内化脓性海绵状静脉窦炎，表现为颜面部进行性肿胀、疼痛、寒战、高热、头痛、呕吐、昏迷等症状，病情严重可危及生命。

（2）痈（carbuncle）：指邻近的多个毛囊及其周围组织的急性化脓性感染，亦可由多个疖融合而成，多由金黄色葡萄球菌引起，常见于免疫力较差的老年人和糖尿病病人，好发于皮肤较厚的颈部和背部。初起时出现小片皮肤硬肿，色暗红，可有数个凸出点或脓点。开始时疼痛较轻，随后皮肤硬肿范围增大，周围呈现浸润性水肿，引流区域淋巴结肿大，局部疼痛加剧。随着脓点增大、增多，病灶中心破溃、流脓，坏死组织脱落，疮口呈蜂窝状，局部皮肤因组织坏死呈紫褐色。痈自行破溃较慢，全身反应较重，病人多伴有寒战、高热、食欲缺乏等全身症状，严重者可致全身化脓性感染而危及生命。

（3）急性蜂窝织炎（acute cellulitis）：是指皮下、筋膜下、肌间隙或深部疏松结缔组织的急性、弥漫性、化脓性感染。致病菌常为溶血性链球菌、其次为金黄色葡萄球菌、大肠埃希菌和其他类型的链球菌。由于溶血性链球菌感染后可释放溶血素、链激酶和透明质酸酶等，炎症不易局限，与正常组织分界不清，扩散迅速，易致全身性感染。

临床常见类型：①一般性皮下蜂窝织炎：病变浅表时，皮肤组织肿胀疼痛，表皮发红、发热，红肿边界不清，中央区暗红色，边缘稍淡；病变较深时，皮肤红肿不明显，但局部有水肿和深压痛，全身症状明显。②产气性皮下蜂窝织炎：致病菌以厌氧菌为主，好发于下腹部伤口与会阴部，常在皮肤受损伤且污染较重的情况下发生。病变主要局限于皮下结缔组织，不侵犯肌层。初期表现类似一般性蜂窝织炎，病变进展快，有皮下捻发音，破溃后可有臭味，全身状况恶化较快。③口底、颌下蜂窝织炎：小儿多见，炎症常起源于口腔或面部，迅速波及咽喉，引起喉头水肿，压迫气管，导致呼吸困难，甚至窒息。

（4）丹毒（erysipelas）：是皮肤淋巴管网的急性感染，也称网状淋巴管炎。好发于下肢和面部，起病急，常伴明显的全身症状。常有病变远端皮肤或黏膜的病损，如足趾皮肤损伤、足癣、口腔溃疡等。病变局部皮肤呈片状红疹，色鲜红、微隆起、边界清，压之褪色。局部有烧灼样疼痛，红肿范围可迅速向外周蔓延扩展，中央红肿随之消退而转变为棕黄色。病变处可伴有水疱，附近淋巴结常肿大、有触痛，但很少有组织坏死和化脓。下肢丹毒反复发作可引起淋巴水肿，肢体肿胀，甚至发展为象皮肿。

（5）急性淋巴管炎（acute lymphangitis）和急性淋巴结炎（acute lymphadenitis）：急性淋巴管炎指致病菌经皮肤破损处或其他感染病灶侵入淋巴管内，引起淋巴管及其周围组织的急性炎症，也称管状淋巴管炎。感染扩散到淋巴结，即为急性淋巴结炎。主要致病菌是乙型溶血性链球菌、金黄色葡萄球菌等，可来源于口咽部炎症、足癣、皮肤损伤，以及各种皮肤和皮下化脓性细菌感染。急性淋巴管炎好发于四肢，主要见于下肢。皮下浅层淋巴管炎时表皮下常出现"红线"，有触痛，可向近心端延伸；皮下深层淋巴管炎时无"红线"，但出现局部肿胀，可有条形压痛区。两种淋巴管炎都可伴有全身症状。

急性淋巴结炎初期，局部淋巴结肿大、疼痛，且有触痛，与周围软组织分界清，表面皮肤正常。炎症加重时多个淋巴结融合，疼痛加剧，表面皮肤发红、发热。淋巴结炎可发展为脓肿，少数可破溃流脓。

（6）脓肿（abscess）：急性感染后，病变组织坏死、液化，在器官、组织或体腔内脓液聚积，并形成完整脓腔壁者，称为脓肿。浅表脓肿，局部有红、肿、热、痛，可触及压痛肿块，边界较清，有波动感。深

部脓肿,局部红肿不明显,但有疼痛和深压痛,局部穿刺可抽出脓液。

（7）甲沟炎(paronychia)和化脓性指头炎(felon)：甲沟炎是甲沟及其周围组织的化脓性感染。表现为一侧甲沟皮下红肿、疼痛,病变进展疼痛加剧,红肿区域内有波动感,且出现白色脓点。病变可发展至甲根或另一侧甲沟形成半环形脓肿。若排脓障碍,感染可向深层蔓延形成指头炎。

化脓性指头炎是甲沟炎加重或指尖、手指末节皮肤受伤后引起的末节手指皮下化脓性感染。初期指头有刺痛,轻度肿胀；继而指头肿胀加重、有剧烈跳痛,多伴有全身症状。若不及时治疗,神经、血管受压,指头疼痛减轻、颜色苍白,继之发生末节指骨坏死和骨髓炎。

（8）急性化脓性腱鞘炎(tenosynovitis)、滑囊炎(bursitis)：急性化脓性腱鞘炎是手指屈肌腱鞘的急性化脓性感染。病情发展迅速,表现为患指半屈,近、中指节均匀肿胀,沿整个腱鞘均有明显压痛,任何伸指运动均可引起疼痛。

小指和拇指腱鞘炎可发展为尺侧和桡侧化脓性滑囊炎。尺侧滑囊感染时小指和环指半屈曲,小鱼际处和小指腱鞘区肿胀、压痛。桡侧滑囊感染时,拇指肿胀微屈、不能外展和伸直,拇指及鱼际处肿胀、压痛明显。

（9）掌中间隙感染(midpalmar space infection)：掌中间隙感染时掌心正常凹陷消失,皮肤紧张、压痛明显,手背部水肿严重,中指、环指和小指处于半屈位,被动伸指可引起剧痛。鱼际间隙感染时掌心凹陷仍在,鱼际和拇指指蹼处肿胀压痛明显,示指半屈,拇指外展略屈,不能对掌。两者均伴有发热、头痛、脉搏增快、白细胞计数增加等全身症状。

2. 全身状况　轻微的局部感染,如疖、甲沟炎等,无全身症状。较重感染,如痈、急性蜂窝织炎、丹毒等,可有发热、寒战、乏力、全身不适、食欲减退等全身症状,甚至出现水、电解质紊乱及感染性休克。感染侵及某一器官时,该器官或系统可出现功能异常,例如泌尿系统感染时有尿频、尿急,肝脓肿时可有腹痛、黄疸,腹腔内器官发生急性感染时常有恶心、呕吐等。

（三）心理-社会状况

局部红肿、疼痛可导致病人情绪低落、烦躁不安。若感染引起一些器官发生功能障碍,可使病人自理能力下降。严重感染可导致生命体征改变、意识障碍,甚至危及生命,可能引起病人及其家属的焦虑、恐惧。

【常见护理诊断/问题】

1. **疼痛**　与局部炎症反应有关。
2. **体温过高**　与炎症及细菌毒素作用有关。
3. **组织完整性受损**　与致病菌入侵机体引起局部组织炎症、坏死有关。
4. **潜在并发症**：颅内化脓性海绵状静脉窦炎、脓毒症、菌血症、血栓性静脉炎、指骨坏死、肌腱坏死、手功能障碍等。

【计划与实施】

非特异性感染的治疗原则为消除病因,抑制病菌生长,增强机体防御能力,促进组织修复,局部与全身治疗并重。经过治疗和护理,评价病人是否能够达到：①感染有效控制。②维持正常体温。③局部皮肤修复良好。④无并发症发生或并发症被及时有效处理。

（一）感染局部护理

1. **病情观察**　注意观察局部症状及体征变化,记录感染范围,局部皮肤颜色、温度、肿胀情况,是否有波动感,脓肿局部是否破溃,脓液排出情况等。

2. **局限感染病灶**　保持感染局部周围皮肤清洁、干燥、完整,防止感染扩散。疖、痈和急性蜂窝织炎早期,可在患处外敷鱼石脂软膏、金黄膏等。热敷有利于促进血液循环,做好热敷、红外线、超短波等物理治疗护理。局部组织肿胀明显者可用50%硫酸镁溶液湿热敷以促进炎症消退或局限化。急

Note:

性蜂窝织炎肢体感染者应抬高患肢,必要时加以固定,患肢制动时应保持其功能位,避免局部受压。

3. **创面护理**　脓肿切开引流、化脓伤口及溃疡面要及时清创换药,注意敷料情况,如有出血、渗出物多时,应保持引流通畅,及时更换敷料和局部清洁。颜面和口底部感染时应少说话,进食流质或半流质饮食以减少咀嚼运动。疼痛明显时遵医嘱给予镇痛药物。

(二) 发热护理

1. **病情监测**　如果病人出现体温升高,应协助医生行血常规、细菌培养等检查,遵医嘱给予抗生素等药物治疗。若病人出现体温不降、疼痛不减轻、引流出的脓性分泌物很少等引流不通畅表现时,应及时报告医生予以处理。

2. **饮食护理**　加强营养,给予高能量、高维生素、营养丰富、易消化食物以提高病人抗感染能力,同时鼓励病人多饮水,必要时遵医嘱给予补液,维持体液平衡。

3. **采取有效的降温措施**　高热时首选物理降温,如冰袋降温、温水浴,必要时药物降温,以减少身体消耗。

(三) 并发症的预防与处理

1. **保持感染周围皮肤清洁、干燥,防止感染扩散**　如病人出现寒战、高热、头晕、头痛、脉搏及心率加快、呼吸急促、意识障碍、白细胞计数显著增多、血细菌培养呈阳性时,提示合并全身脓毒症。

2. **避免挤压**　未成熟的疖,切勿挤压,尤其是"危险三角区"部位,以免引起炎症扩散。如"危险三角区"有疖的病人出现寒战、高热、头痛、呕吐及意识障碍时,提示合并颅内化脓性海绵状静脉窦炎。

3. **预防窒息**　由于口底、颌下、颈部等部位的蜂窝织炎可影响病人呼吸,应注意观察病人是否存在呼吸费力、呼吸困难、发绀等症状,及时发现并处理;警惕突发喉头水肿,做好气管插管等急救准备。

4. **指骨坏死和骨髓炎预防**　指头炎病人早期可以配合理疗,脓肿形成后应及时在甲沟处纵向切开脓肿引流;如甲床下积脓,应将指甲拔出,或将脓腔上的指甲剪去,以利于脓液充分引流,预防指骨坏死和骨髓炎的发生。如病人指头剧烈疼痛突然减轻,皮肤颜色由红转白时提示指骨有坏死的征兆,应及时处理。

5. 对于急性化脓性腱鞘炎、滑囊炎和手掌深部间隙感染的病人,应注意观察患侧手局部肿胀、疼痛和皮肤颜色的改变,若病人炎症处于进展期,而疼痛突然减轻,则提示腱鞘组织坏死及感染扩散的可能。手部感染愈合后,应指导病人进行按摩、理疗和手功能锻炼,预防肌肉萎缩、肌腱粘连、关节僵硬等手功能障碍的发生。

6. 对于肢体淋巴管炎者,应嘱病人卧床休息,抬高患肢,定时翻身,做适当被动关节活动,以预防血栓性静脉炎。

(四) 全身治疗

1. **抗生素治疗**　小范围或较轻的局部感染,可不用或仅口服抗生素,较重或有扩散趋势的感染,需及时应用抗生素治疗。早期可根据感染部位、临床表现及脓液性状估计致病菌的种类,选用适当抗生素。获得细菌培养和药敏试验结果后,根据检查结果选用敏感抗生素。

2. **对症治疗**　全身中毒症状严重者,在大量应用抗生素治疗的同时,可短期使用糖皮质激素,以减轻中毒症状;疼痛剧烈者,给予镇痛药;保证充足睡眠,给予营养支持,提高机体免疫防御能力。

(五) 健康指导

1. 加强公共卫生宣教,注意个人清洁卫生,应做到勤洗澡、洗头,勤更衣、理发、剪指甲,但注意指甲不宜剪得过短,减少感染机会。

2. 做好劳动保护,防止组织创伤发生,受伤后应及时就诊。

3. 若有糖尿病、尿毒症等病症,应积极治疗。

4. 经常锻炼身体,增强体质,提高机体抵抗力。

5. 积极预防和治疗原发疾病,如扁桃体炎、手癣和足癣、各种皮肤损伤和化脓性感染。

Note:

【护理评价】

经过治疗和护理,评价病人是否能够达到:①感染控制良好,无播散。②体温恢复正常。③受损组织修复良好。④无并发症发生或并发症被及时发现和处理。

(陈运香)

第三节　特异性感染病人的护理

导入情境与思考

病人,男性,45 岁,7d 前干农活时不慎被生锈的铁钉刺伤右脚底,自行包扎处理伤口,未到医院就诊。今日感觉全身乏力、双腿肌肉僵硬,张口困难,阵发性全身肌肉强直性痉挛,急诊来院治疗。体格检查:T 38℃ P 100 次/min、R 28 次/min、BP 135/75mmHg。神志清楚,呈苦笑面容,颈强直,右足底伤口已愈合。实验室检查:WBC $10×10^9$/L。

请思考:

(1) 该病人可能的诊断是什么? 依据是什么?

(2) 该病人主要的治疗措施有哪些?

(3) 如何预防该疾病的发生?

特异性感染(specific infection)是由特殊致病菌引起的感染。常见的致病菌有破伤风梭菌、产气荚膜梭菌、白念珠菌等。这些致病菌进入人体后可引起独特的病理生理变化,使病人出现特殊的临床表现。

一、破伤风病人的护理

破伤风(tetanus)是由破伤风梭菌侵入人体伤口并生长繁殖、产生毒素而引起的一种特异性感染。常发生于创伤后的病人或不洁条件下分娩的产妇和新生儿。

【病因与发病机制】

破伤风梭菌是革兰氏阳性的有芽孢的厌氧菌,广泛存在于人畜粪便、土壤中,对厌氧环境有很强的抵抗力,在土壤中可存活数年,只能采用高压消毒杀灭。致病的前提条件是创伤后局部存在缺氧环境,如伤口深而窄,伤口内有坏死组织、异物,或同时存在需氧菌感染等情况。

【病理生理】

由于破伤风梭菌在厌氧环境下生长繁殖,并产生大量的外毒素,主要是破伤风痉挛毒素和溶血毒素。当细菌及其毒素进入血液循环后,破伤风痉挛毒素与神经组织有特殊的亲和力,通过血液和淋巴系统作用于脊髓前角细胞和脑干运动神经核,引起全身横纹肌的紧张性收缩和阵发性痉挛,同时,毒素可阻断脊髓对交感神经的抑制,致交感神经兴奋性增高,引起体温增高、大汗、心率增快、血压升高。溶血毒素可导致局部组织坏死、心肌损伤和溶血。

【护理评估】

(一) 健康史

评估病人有无开放性损伤史,如被木刺或锈钉刺伤、开放性骨折、烧伤等病史。评估伤口的污染程度、损伤深度、伤口的大小、是否及时彻底清创、引流是否通畅。产妇和新生儿应询问有无产后感染或不洁环境下的生产史,以便判断是否存在缺氧的环境。

（二）身体状况

根据疾病的发展进程,可以将破伤风发病划分为 4 个时期。

1. **潜伏期** 一般是 1 周左右,个别病人可以在伤后 1~2d、伤后数月或数年后发病,潜伏期越短预后越差。新生儿破伤风常在断脐后 7d 左右发病,俗称"七日风"。

2. **前驱期** 全身乏力、头晕、头痛、咀嚼无力、打哈欠、局部肌肉发紧、扯痛、反射亢进等,持续12~24h。

3. **发作期** 典型症状是在肌肉紧张性收缩(肌强直、发硬)基础上发生强烈阵发性痉挛。最先出现在咀嚼肌群,表现为咀嚼不便、张口困难(牙关紧闭),病情进展后,出现在面部表情肌、颈肌、背腹肌、四肢肌,甚至累及膈肌。病人出现蹙眉、口角下缩、咧嘴(苦笑面容)、颈强直、头后仰等症状。当背腹肌同时收缩时,因背部肌群较腹部肌群更有力,病人表现为角弓反张。四肢肌痉挛时多呈半握拳、屈肘、伸膝姿态。呼吸肌痉挛可出现呼吸困难,甚至窒息。少数病人仅表现为受伤局部肌肉持续强直。任何轻微的刺激如光、声、接触、饮水等可诱发或加重阵发性痉挛。痉挛发作时,病人口吐白沫、大汗淋漓、呼吸急促、口唇发绀、流涎、牙关紧闭、头频频后仰,手足搐搦不止。发作可持续数秒或数分钟不等,间歇期长短不一。发作期间病人神志始终清楚,表情异常痛苦。

4. **恢复期** 病程一般为 3~4 周,从第 2 周起逐渐缓解。肌紧张与反射亢进可持续一段时间。部分病人可出现精神症状,如幻觉、言语及行为错乱等,多能自行恢复。

破伤风病人反复、强烈的肌痉挛可能导致下列并发症:肌腱断裂,甚至骨折;膀胱括约肌痉挛可引起尿潴留;持续的呼吸肌、膈肌痉挛可出现窒息;肌肉痉挛及大量出汗易引起水、电解质紊乱及酸碱平衡失调,严重者可出现心力衰竭。

（三）辅助检查

实验室检查很难诊断破伤风,用伤口渗出物涂片检查可发现破伤风梭菌。

（四）心理-社会状况

由于反复痉挛发作,且发作期间病人神志清楚,病人十分痛苦、恐惧,甚至产生濒死感。隔离治疗措施可致病人及其家属产生孤立、无助感,常常存在明显的焦虑、恐惧情绪。

【常见护理诊断/问题】

1. **有窒息的危险** 与膈肌、呼吸肌持续性痉挛有关。
2. **有受伤的危险** 与强烈的肌痉挛致骨折、肌腱断裂等有关。
3. **营养失调：低于机体需要量** 与痉挛致能量消耗过大和不能正常进食有关。
4. **焦虑/恐惧** 与全身抽搐、隔离治疗和对疾病预后不了解有关。
5. **皮肤完整性受损** 与创伤导致组织损伤有关。

【计划与实施】

破伤风属于常见疾病,病情严重者,死亡率较高,应积极采取综合性治疗措施控制病情发展。主要治疗原则:清除毒素来源、中和游离毒素、控制和解除痉挛、保持呼吸道通畅,防治并发症。

经过治疗和护理,评价病人是否能够达到:①痉挛期间无窒息、骨折等并发症发生或并发症被及早识别,有效处理。②营养供应充足。③焦虑、恐惧情绪消除。

（一）一般护理

1. **隔离治疗** 住单人隔离病房,保持室内安静、光线宜暗。尽量避免对病人有声、光、接触、疼痛等刺激。医护人员操作、走路、说话等动作要轻。各种操作尽量在使用镇静剂 30min 后集中进行。控

Note:

制探视,减少对病人不必要的刺激。接触病人伤口时须穿隔离衣,戴口罩、手套。接触伤口后的换药器械应灭菌处理,敷料应焚毁,以免发生交叉感染。

2. **伤口护理**　配合医生彻底清创,消除毒素来源。应在良好麻醉、控制痉挛的情况下彻底清除坏死组织和异物,敞开伤口,充分引流,并用3%过氧化氢溶液冲洗。密切观察伤口的愈合情况,若伤口愈合应仔细检查痂下有无窦道或无效腔。

3. **保持呼吸道通畅**　床旁准备急救车、气管切开包,条件具备可备呼吸机。严密观察病人的意识、呼吸困难、口唇及面色发绀等症状,及时发现窒息的表现。协助病人翻身、叩背、雾化,及时清理呼吸道分泌物,保持呼吸道通畅,必要时行气管切开,使用呼吸机辅助呼吸。

4. **加强营养支持**　进食高能量、高蛋白、高维生素饮食,补充足够水分。病情严重不能经口进食者,在控制痉挛发作后给予鼻饲或肠外营养支持。频繁抽搐者,禁止经口进食,以防误吸。

5. **维持输液管路通畅**　每次抽搐发作后检查静脉通道是否通畅,以防静脉管道堵塞或脱出。

6. **严密观察病情**　监测生命体征,详细记录出入液量,避免发生水、电解质紊乱及酸碱平衡失调。及时发现并处理并发症。

(二) 药物治疗与护理

1. **中和游离毒素**　遵医嘱尽早使用破伤风抗毒素(TAT),以中和游离毒素。TAT 一般用量是1 500~3 000IU,肌内注射或稀释于5%葡萄糖溶液中缓慢静脉滴注。用药前应做过敏试验。肌内注射破伤风人免疫球蛋白250~500IU,通常只需注射1次。因破伤风发病后不能形成破伤风的终身免疫,确诊破伤风1个月后,应给予0.5ml破伤风类毒素,完成基础免疫注射。

2. **控制和解除痉挛**　遵医嘱应用镇静、解痉药物。病情较轻者使用一般镇静剂,如地西泮10~20mg肌内注射或静脉滴注,苯巴比妥钠0.1~0.2g/次肌内注射。痉挛发作频繁不易控制者,可以使用咪达唑仑和丙泊酚静脉注射镇静治疗。

3. **防治感染**　青霉素和甲硝唑对抑制破伤风梭菌和其他化脓性细菌最为有效。青霉素 G 80 万~100 万 U,肌内注射,每4~6h 1次;或大剂量静脉滴注,剂量为200 万~1 000 万 U,每日 2~4 次给药。甲硝唑 2.5g/d,分次口服或静脉滴注,持续用药 7~10d。

(三) 并发症的预防与处理

1. **防止意外发生**　使用牙垫,避免抽搐发作导致舌咬伤。进食时避免误吞、呛咳、误吸。关节部位放置软垫,防止肌腱断裂及骨折。使用带护栏的病床,必要时约束病人,防止坠床或自我伤害。

2. **避免尿潴留**　给予留置导尿并保持尿液引流通畅。加强会阴部护理,防止感染。

(四) 健康指导

1. **破伤风知识宣教**　向病人及其家属宣教有关破伤风的发病原因和预防知识。

2. 告知家属避免各种刺激及消毒隔离的方法。

3. **社区预防宣教**　普及科学接生,及时正确地处理伤口的相关知识。宣传劳动保护注意事项,减少创伤。一旦发生开放性损伤,应及时到医院清创处理,注射 TAT,同时通过人工免疫产生较稳定的免疫力是预防破伤风的另一重要措施。

(1) 主动免疫:通过注射破伤风类毒素抗原,使人体产生抗体,以达到免疫的目的。通常需要注射 3 次,在现行小儿计划免疫中,实施百日咳、白喉、破伤风三联疫苗的免疫注射。接受过全程主动免疫者,伤后仅需肌内注射 0.5ml 类毒素,不需注射破伤风抗毒素。

(2) 被动免疫:对伤前未接受主动免疫的伤员,尽早皮下注射 TAT 1 500~3 000U(1~2ml)。对深部创伤、潜在厌氧菌感染的病人剂量可加倍,必要时在 1 周后再追加注射 1 次。破伤风抗毒素是一种异种蛋白,有抗原性,可导致变态反应。每次注射前应询问有无过敏史,并常规做过敏试验。如为皮内试验阳性者,采用脱敏法注射。

【护理评价】

经过治疗和护理,评价病人是否能够达到:①病人知晓疾病相关知识,能够积极配合治疗。②未发生窒息、骨折、尿潴留、体液不足、心力衰竭等并发症或并发症及早识别,有效处理。③营养的摄入满足机体代谢需要量。④伤口愈合良好。

二、气性坏疽病人的护理

气性坏疽(gas gangrene)指由梭状芽孢杆菌侵入伤口后引起的一种严重的以肌肉组织坏死和肌炎为特征的急性特异性感染。本病发展迅速,预后差。

【病因与发病机制】

梭状芽孢杆菌为一组厌氧或微需氧的杆菌,革兰氏阳性,常见的有产气荚膜梭菌、水肿杆菌、腐败杆菌、溶组织梭菌等。梭状芽孢杆菌广泛存在于泥土和人畜粪便中,在人体内生长繁殖取决于机体抵抗力和伤口的缺氧环境。感染时往往非单一细菌致病,常为几种细菌的混合感染。

【病理生理】

梭状芽孢杆菌可产生多种外毒素和酶,引起组织中糖类和蛋白质的分解。糖类分解产生大量不溶性气体,如硫化氢、氮,积聚在组织间,使组织膨胀。组织蛋白分解液化使组织细胞坏死、渗出,产生恶性水肿和恶臭气体硫化氢。由于气肿、水肿,致局部张力迅速增加,皮肤表面硬如木板,且可压迫微血管,加重组织缺血、缺氧、坏死。大量坏死组织和外毒素吸收后,可引起严重的全身反应,造成心、肝、肾等重要器官损害,甚至发展为感染性休克。

【护理评估】

(一)健康史

评估有无开放性损伤史,有无引起伤口局部缺氧环境形成的因素,如长时间使用止血带或包扎过紧等。了解伤口的污染程度、深度、伤口大小、颜色、气味,清创和引流情况。评估并判断受伤部位或受伤肢体的感觉,如沉重感,疼痛是否进行性加剧等。

(二)身体状况

1. **发病特点**　常在伤后1~4d发病,最短为伤后8~10h,最长可达5~6d。发病后,病情急剧恶化,烦躁不安,有恐惧或欣快感,皮肤、口唇变白,大量出汗,脉搏加快,体温逐步上升。

2. **前驱征兆**　病人自觉受伤肢体沉重,包扎过紧或疼痛,持续加重。

3. **发作期表现**　患处突然出现"胀裂样"剧痛,局部肿胀明显,呈进行性加剧,疼痛剧烈。局部皮肤肿胀、紧张、苍白、发亮,颜色很快变为紫红、紫黑,并迅速向上下蔓延。伤口处可流出浆液性或血性液体,气味恶臭且夹有气泡。皮下若有积气,可触之有捻发音。伤口暴露处肌肉失去弹性和收缩力,脆弱软化,甚至坏死,呈暗红或土灰色,刀割时不收缩,不出血。全身中毒症状明显,出现高热、脉搏增快、呼吸急促、口唇苍白、大量出汗、进行性贫血、黄疸、酸中毒等症状,甚至发展成感染性休克。

(三)辅助检查

1. **伤口分泌物涂片**　可见大量革兰氏阳性粗大杆菌。

2. **X线检查**　显示伤口肌群间有大量气体。

3. **血常规检查**　血红蛋白迅速降低或进行性贫血,白细胞升高。

4. **细菌培养及病理活检**　可明确诊断,但需要一定时间,不能因等待结果而延误治疗。

Note:

（四）心理-社会状况

由于起病迅速,发展快,缺乏对疾病的认识,病人常会出现焦虑情绪。随着病情迅速发展,伤肢疼痛剧烈,甚至需要截肢,病人常有较重的恐惧感。对截肢者,应评估病人对截肢的接受程度、对截肢后康复训练及假肢有关知识的了解程度。

【常见护理诊断/问题】

1. **急性疼痛**　与创伤、组织坏死及局部肿胀有关。
2. **体温过高**　与细菌感染、坏死组织和毒素吸收有关。
3. **焦虑/恐惧**　与剧烈肿胀、疼痛或截肢治疗有关。
4. **潜在并发症：感染性休克。**

【计划与实施】

气性坏疽病情发展迅速,死亡率高,应立即积极治疗,包括严格隔离、彻底清创或切开引流,以减少组织坏死,大量应用抗生素,给予高压氧治疗,以及全身对症支持治疗。

经过治疗和护理,评价病人是否能够达到:①肿胀、疼痛减轻。②主动配合感染控制措施,维持正常体温。③知晓皮肤或组织的损坏情况,配合伤口清创,避免截肢发生。④无感染性休克发生或发生时被及时发现和处理。⑤接受并应对自身形体改变和肢体功能改变。

（一）一般护理

1. **严格执行接触隔离制度**　具体详见本节"破伤风病人的护理"。
2. **加强营养**　给予病人高营养、维生素丰富、易消化的食物,改善营养状况,促进创面愈合。
3. **心理护理**　向病人介绍疾病知识及配合要点。如需要截肢,告知病人手术的必要性,取得其配合。

（二）病情观察

1. **观察生命体征变化**　病人常有毒血症症状,体温升高,要及时给予降温处理。
2. **伤口护理**　密切观察伤口周围皮肤色泽、组织肿胀程度、伤口分泌物性质、气味,局部疼痛程度和性质。协助医生彻底清创,切开或截肢后的伤口应保持开放,并用3%过氧化氢溶液冲洗、湿敷,及时更换敷料。患肢固定于功能位,为日后安装假肢做好准备。
3. **疼痛护理**　及时给予镇痛药,疼痛剧烈时可给予静脉止痛泵止痛。对清创或截肢术后病人,应协助病人变换体位,以减轻局部压力。对产生幻肢痛者,应给予耐心解释,以消除幻觉,并注意应用非药物镇痛技巧减轻疼痛。

（三）并发症的预防与处理

1. **感染性休克**　预防和处理原则包括:①遵医嘱及时、准确、合理应用抗生素。首选大剂量青霉素,1 000万U/d静脉输注,同时应用大环内酯类或甲硝唑等抗生素。②密切观察病人神志的变化。由于坏死组织和毒素对神经系统的破坏,可造成病人意识障碍。应监测生命体征,警惕感染性休克的发生。
2. **肾衰竭**　重症病人应留置导尿管,记录出入量,如尿量减少,警惕肾衰竭的发生。

（四）高压氧治疗与护理

用3个大气压纯氧治疗,可提高组织的氧含量,抑制梭状芽孢杆菌的生长繁殖,停止产生毒素。治疗方法:在3d内进行7次治疗,每次2h,间隔时间6~8h。第1d做3次,第2、3d各做2次。注意观察每次氧疗后伤口变化情况,并及时清除坏死组织,切除范围至健康组织。

（五）健康指导

1. 指导病人及其家属进行必要隔离。
2. 对截肢者,可指导病人按摩患肢,缓解疼痛。正确安装和使用假肢,并指导其进行锻炼。

Note：

3. 注意劳动保护,避免创伤。一旦发生严重的大面积损伤,及时就医处理伤口。

【护理评价】

经过治疗和护理,评价病人是否能够达到:①疼痛减轻。②受损组织逐渐恢复。③体温恢复正常。④无感染性休克发生或发生时被及时发现和处理。⑤接受并适应截肢后生活。

（牟绍玉）

第四节　全身性感染病人的护理

全身性感染是指致病菌经局部感染病灶进入人体血液循环,并在体内生长繁殖或产生毒素而引起的严重的全身性感染症状或中毒症状。目前国际通用的全身性感染定义是指脓毒症和血流感染。脓毒症(sepsis)是指因感染引起的全身性炎症反应,体温、循环、呼吸有明显改变者,血培养可以为阳性或阴性。血流感染包括菌血症(bacteriemia)和败血症(septicemia),血培养可检出病原菌。菌血症时,少量致病菌进入血液循环,迅速被人体防御系统清除,不引起或仅引起短暂、轻微的全身炎症反应。败血症是指致病菌侵入血液并快速繁殖后引起的全身性重症感染,常起病急,表现为寒战、高热、呼吸急促、心动过速及皮疹、关节痛、肝脾大等,若病情进展并出现重要器官功能损害、血流动力学改变等重症表现时,可引起脓毒症或脓毒症休克(septic shock)。

知 识 链 接

白求恩精神永放光芒

诺尔曼·白求恩是一位加拿大外科医生,1938 年 3 月,他受加拿大共产党派遣,不远万里来到中国延安,在硝烟炮火中忘我地救治八路军伤员,曾连续为 115 名战士做手术。1939 年 10 月,在河北省摩天岭战斗中抢救伤员时,左手指被手术刀割破并被病菌感染,但他仍坚持连续为几十个伤员做了手术,讲了两次现场课。感染后第 5 日,在给一位严重外科感染伤员做手术时再次被感染,并出现高热、呕吐等严重的全身症状,可他仍不顾伤痛,跟随医疗队赴前线救治伤员,终因过度劳累,伤势恶化,于 11 月 12 日因败血症逝世。毛泽东撰写了《纪念白求恩》,表达了对白求恩逝世的深切悼念,高度赞扬他的国际主义精神、毫不利己专门利人的精神和对技术精益求精的精神,并号召全党向白求恩同志学习。为纪念白求恩,我国还建立了白求恩卫生学校和医院、在全国开展了白求恩式好医生评选活动。我国自 20 世纪 60 年代起,也一直坚持无私地向其他国家提供医疗援助,发扬救死扶伤的国际人道主义精神。

【病因与发病机制】

发生全身性感染主要是由于致病菌数量多、毒力强、机体抵抗力低下所致。致病菌以革兰氏阴性杆菌为主,如大肠埃希菌、铜绿假单胞菌、变形杆菌等;也可以是革兰氏阳性球菌,如金黄色葡萄球菌、表皮葡萄球菌、肠球菌等,或无芽孢厌氧菌,如脆弱类杆菌;真菌,如白念珠菌、曲霉菌等。全身性感染常继发于严重创伤后的感染和各种化脓性感染,如大面积烧伤创面的感染、开放性骨折合并感染、急性弥漫性腹膜炎等。

【病理生理】

革兰氏阴性杆菌的主要致病性在于细菌释放的内毒素及其介导的多种炎症介质对机体的损害。

如感染未得到及时控制,可引起全身炎症反应综合征,导致器官结构受损和功能障碍,严重者可导致感染性休克和多器官功能障碍综合征。革兰氏阳性球菌的外毒素可使周围血管麻痹、扩张,其感染易经血液播散,可在体内形成转移性脓肿,发生感染性休克比较晚。无芽孢厌氧菌可与需氧菌协同作用,使组织坏死,形成脓肿。真菌常与细菌感染混合存在,可经血行播散,在多个器官形成肉芽肿或坏死灶。

【护理评估】

(一) 健康史

评估病人有无感染病灶,是否进行了有效治疗。评估病人营养状况、有无免疫缺陷、放疗、化疗、免疫抑制剂应用等降低免疫力的情况。

(二) 身体状况

在原发感染的临床表现基础上,病人突发寒战、高热,体温可达 $40 \sim 41℃$,或体温不升。起病急,病情重,进展迅速。心率加快、脉搏弱、呼吸急促,甚至呼吸困难,并出现全身中毒症状,如头痛、头晕、恶心、呕吐、腹胀、面色苍白或潮红、出冷汗。神志淡漠或烦躁、谵妄甚至昏迷。可出现代谢失调和不同程度的代谢性酸中毒。肝脾可肿大,严重者可出现黄疸、皮下瘀斑,甚至出现感染性休克及多器官功能障碍。

(三) 辅助检查

1. **血常规**　白细胞计数明显增高,可达 $(20 \sim 30) \times 10^9/L$。中性粒细胞核左移、出现中毒颗粒,幼稚粒细胞增多。

2. **细菌培养**　寒战、高热时抽血做细菌培养,更容易发现致病菌。

3. **其他检查**　如血气分析、血生化检查、尿常规等,可表现为不同程度的酸中毒、氮质血症,可出现蛋白尿、脓尿。

(四) 心理-社会状况

由于病情急、发展迅速,病人及其家属常有焦虑及恐惧心理。应注意评估病人及其家属对疾病的认识,以及对防治知识的了解。

【常见护理诊断/问题】

1. **体温过高/过低**　与全身感染有关。

2. **潜在并发症**：感染性休克、体液平衡失调及器官功能衰竭。

【计划与实施】

全身性感染的治疗原则是采用综合性治疗措施,重点是处理原发感染灶。经过治疗和护理,评价病人是否能够达到：①配合处理发热,体温异常得到控制。②无并发症发生或并发症得到及时发现和处理。

(一) 一般护理

1. **病情观察**　严密监测生命体征。对高热病人及时应用药物降温,对体温不升的病人做好保暖。

2. **用药护理**　遵医嘱早期大剂量应用抗生素。可根据细菌培养、药敏试验结果选用敏感抗生素。用药应及时、准确,注意观察抗生素引起的不良反应。

3. **血培养**　寒战或体温高峰到来之前 $0.5 \sim 1h$ 时,抗生素使用前抽血做细菌培养。如多次血培养阴性者,应考虑厌氧菌或真菌性脓毒症,可抽血做厌氧菌培养或真菌检查。抽取标本时应注意无菌操作,避免污染。

Note:

知 识 链 接

脓毒症病人抗菌药使用原则

抗菌药对于治疗、预防感染性疾病具有重要作用,但不合理地使用抗菌药物不仅会出现毒副作用,还会增加病原菌的耐药性,导致二重感染,因此,感染性疾病使用抗菌药应遵循基本的原则:①尽早查明致病菌并进行药敏试验。②选择最佳的抗菌药物,要根据临床诊断、细菌学检查、药物特点,选择疗效高、毒性小、应用方便、价廉易得的药物。③确定合理的给药途径:感染局限或较轻者,可口服给药,重症者静脉给药。④根据药物的治疗剂量给药。⑤确定给药次数:根据药代动力学和药效学的原则确定给药次数。⑥用药疗程:病人体温正常、白细胞计数正常、病情好转、局部病灶控制后停药。外科感染一般用药 5~7d。⑦在病因未明的严重感染、单一抗菌药不能控制的混合感染或严重感染、为减少个别药物的用药剂量时可以联合用药。

(二)并发症的预防与处理

1. **感染性休克** 监测病人的生命体征及神志,观察有无意识障碍、体温降低或升高、脉搏及心率加快、呼吸急促、面色苍白或发绀、尿量减少等感染性休克的表现。一旦出现,应及时报告医生并处理。

2. **水、电解质紊乱及酸碱平衡失调** 观察、记录病人出入量、血生化检查、肝功能、肾功能及血气分析检查结果,评估是否存在水、电解质紊乱及酸碱平衡失调或继发器官功能损害等。

(三)健康指导

1. 告诉病人及其家属发现局部感染应及时就诊并进行有效治疗。

2. 指导病人纠正营养不良、免疫缺陷等全身性疾病。

3. 指导病人恢复期科学合理锻炼身体,提高机体抵抗力。

【护理评价】

经过治疗和护理,评价病人是否能够达到:①体温恢复正常。②无并发症发生或并发症被及时发现和处理。

(牟绍玉)

思 考 题

1. 非特异性感染共性的临床表现有哪些?

2. 如何预防破伤风的发生?

3. 破伤风和气性坏疽病人的伤口敷料应如何处理?

第五章

休克病人的护理

05章 数字内容

学 习 目 标

- 识记:
  1. 陈述休克的定义、病因和分类。
  2. 概述休克病人的临床表现。
  3. 简述休克病人血流动力学监测的意义。
- 理解:
  1. 比较各种类型休克的临床特点,说明它们之间的异同点。
  2. 比较休克各期的临床特点,说明它们之间的异同点。
  3. 解释休克的病理生理变化。
- 运用:
  根据休克病人的护理评估,制订相应的护理计划,护理措施。

导入情境与思考

病人，女性，58 岁。因肝内、外胆管结石于 2 年前行胆管空肠吻合术。3d 前突然发生右上腹剧痛伴恶心、呕吐、寒战、高热，体温 39.4℃，全身皮肤及巩膜重度黄染，经当地医院抗炎治疗未见明显好转，转入上级医院。体格检查：T 35.0℃，P 140 次/min，R 36 次/min，BP 64/48mmHg。病人神志恍惚，表情淡漠，肢体冰冷，口唇及指端发绀，6h 尿量 15ml。实验室检查：WBC 23.6×10⁹/L。诊断为急性重症胆管炎、感染性休克。

请思考：

（1）该病人目前的主要护理诊断/问题有哪些？

（2）责任护士应采取哪些主要护理措施？

第一节 概 述

休克（shock）是机体有效循环血量减少、组织灌注不足，细胞代谢紊乱和功能受损的病理生理过程，由多种病因引起。组织灌注不足导致组织氧的传递、转运和利用障碍，从而发生代谢障碍，引起细胞能量物质的缺乏及细胞代谢产物的堆积。组织细胞氧供给不足和需求增加是休克的本质，产生炎症介质是休克的特征，因此恢复对组织细胞供氧、促进其有效的利用氧，重新建立氧的供需平衡和维护正常的细胞功能是治疗休克的关键环节。

【病因及分类】

引起休克的原因很多，分类方法也不统一，比较常用的分类方法有以下几种：

（一）按休克的发病原因分类

根据发病原因，休克可分为低血容量性休克、感染性休克、心源性休克、神经源性休克和过敏性休克 5 类。

1. **低血容量性休克（hypovolemic shock）** 常因大量出血或体液积聚在组织间隙导致有效循环血量降低所致，包括失血性和创伤性休克两类。失血性休克常由于大血管破裂或器官（肝、脾）破裂出血等所致；创伤性休克常因严重损伤（如骨折、挤压综合征）及大手术引起血液及血浆的同时丢失等引起。

2. **感染性休克（septic shock）** 主要由于细菌及毒素作用所造成，常继发于以释放内毒素的革兰氏阴性杆菌为主的感染，如败血症、急性化脓性腹膜炎、急性梗阻性化脓性胆管炎、绞窄性肠梗阻、泌尿系统感染、严重胆道感染等。由于其主要致病菌为革兰氏阴性杆菌，释放的内毒素成为导致休克的主要因素，故又称为内毒素性休克。

3. **心源性休克（cardiogenic shock）** 主要由于心功能不全引起，常见于大面积急性心肌梗死、急性心肌炎、心脏压塞等。

4. **神经源性休克（neurogenic shock）** 常由剧烈疼痛、脊髓损伤、麻醉平面过高或创伤等引起。

5. **过敏性休克（anaphylactic shock）** 常由接触、进食或注射某些致敏物质，如油漆、花粉、药物（如青霉素）、血清制剂或疫苗、异体蛋白质等引起。

（二）按休克发生的始动因素分类

尽管引起休克的原因很多，但休克的始动因素主要为血容量减少致有效循环血量下降；心脏泵血功能严重障碍引起有效循环血量下降和微循环血流量减少；由于大量毛细血管和小静脉扩张，血管床容量扩大，血容量相对不足，使有效循环血量减少。据此，又可将休克做以下分类：

1. **低血容量性休克** 始动因素是血容量减少。快速大量失血、大面积烧伤所致的大量血浆丧

Note：

失、大量出汗、严重腹泻或呕吐、内脏器官破裂、穿孔等情况引起的大量血液或体液急剧丧失都可引起血容量急剧减少而导致低血容量性休克。

2. **心源性休克** 始动因素是心功能不全引起的心排血量急剧减少。常见于大面积心肌梗死,也可由严重的心肌弥漫性病变(如急性心肌炎)及严重的心律失常(如心动过速)等引起。

3. **心外梗阻性休克(extracardiac obstructive shock)** 始动因素是心血管回路中血流梗阻引起的舒张期充盈异常和后负荷过高。常见于张力性气胸和胸腔内肿瘤阻塞静脉回流间接影响右心室充盈;大面积肺栓塞、非栓塞性急性肺动脉高压、主动脉夹层等导致心室后负荷增加。

4. **分布性休克(distributive shock)** 始动因素是外周血管(主要是微小血管)扩张所致的血管容量扩大。引起血管扩张的因素包括感染、过敏、中毒、脑损伤、脊髓损伤、剧烈疼痛等。病人发生分布性休克时,血容量和心脏的泵血功能可能正常,但由于广泛的小血管扩张和血管床扩大,大量血液淤积在外周微血管中而使静脉回心血量减少。

(三)按休克时血流动力学的特点分类

1. **低排高阻型休克** 又称低动力型休克(hypodynamic shock),其血流动力学特点是心排血量低,而外周血管收缩致血管阻力增高。由于皮肤血管收缩、血流量减少,使皮肤温度降低,故又称为冷休克(cold shock)。本型休克在临床上最常见。低血容量性、心源性、创伤性和大多数感染性休克(革兰氏阴性菌感染)均属此类。

2. **高排低阻型休克** 又称高动力型休克(hyperdynamic shock),其血流动力学特点是心排血量正常或增加,而外周血管扩张致血管阻力降低。由于皮肤血管扩张、血流量增多,使皮肤温度升高,故又称暖休克(warm shock)。部分感染性(革兰氏阳性菌感染)属于此类。

【病理生理】

有效循环血量锐减和组织灌注不足、产生炎症介质,以及由此引起的微循环障碍、代谢改变及内脏器官继发性损害是各类休克共同的病理生理基础。一方面,创伤、失血、感染等可以直接引起组织灌注不足;另一方面,其产生的细胞炎症反应,引起一系列炎症应答,又加重组织灌注的不足,从而促进休克的进展(图5-1-1)。

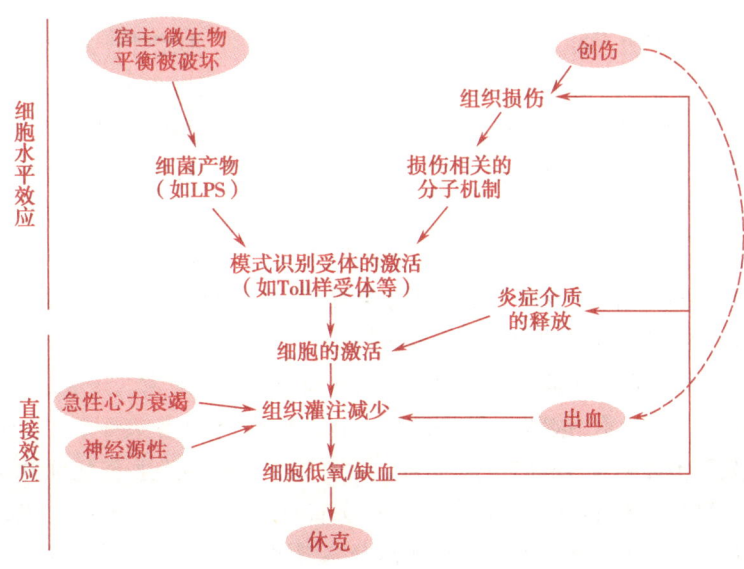

图 5-1-1 各种因素导致组织灌注减少及休克的途径

(一)微循环障碍

根据微循环障碍不同阶段的病理生理特点,可分为3期。

1. **微循环收缩期** 又称为缺血缺氧期。由于机体有效循环血量锐减,引起血压下降、组织灌注不足和细胞缺氧,通过刺激主动脉弓和颈动脉窦压力感受器,引起血管舒缩中枢加压反射,交感肾上腺系统兴奋,导致大量儿茶酚胺释放及肾素-血管紧张素分泌增加等反应,使心率加快,心排血量增加,并选择性地使外周(如骨骼肌、皮肤)小血管和内脏(如肝、脾、肾和胃肠)小血管、微血管平滑肌收缩,以保证重要内脏器官的供血。由于毛细血管前括约肌强烈收缩,动静脉短路和直捷通路开放,增加了静脉回心血量。随着真毛细血管网内血量减少,毛细血管静水压降低,组织液进入血管,可在一定程度上补充循环血量,故称此期为休克代偿期。

2. **微循环扩张期** 又称为淤血缺氧期。若休克继续发展,流经毛细血管的血流量继续减少,组织因严重缺氧而处于无氧代谢状态,大量酸性代谢产物积聚,使毛细血管前括约肌松弛,而后括约肌由于对酸性物质耐受力较强而仍处于收缩状态,致大量的血液淤滞于毛细血管内,引起血管内静水压升高及通透性增加,血浆外渗至组织间隙,血液浓缩,血黏稠度增加,静脉回心血量进一步减少,血压下降,重要内脏器官灌注不足,休克进入抑制期。

3. **微循环衰竭期** 又称弥散性血管内凝血期。由于血液浓缩、黏稠度增加,加之酸性环境中的血液高凝状态,红细胞与血小板容易发生凝集而在血管内形成微血栓,甚至发生弥散性血管内凝血(disseminated intravascular coagulation,DIC)。随着各种凝血因子的大量消耗,纤维蛋白溶解系统被激活,可出现严重的出血倾向。由于组织缺少血液灌注、细胞严重缺氧、加之酸性代谢产物和内毒素的作用,使细胞内溶酶体膜破裂,释放多种水解酶,造成组织细胞自溶、死亡,引起广泛的组织损害甚至多器官功能障碍。此期称为休克失代偿期。

(二)代谢改变

休克引起的应激状态使儿茶酚胺大量释放,促进胰高血糖素生成并抑制胰岛素分泌,以加速肝糖原和肌糖原分解,同时刺激垂体分泌促肾上腺皮质激素,使血糖水平升高。血容量降低促使抗利尿激素和醛固酮分泌增加,通过肾使水、钠潴留,以保证有效血容量。

在组织灌注不足和细胞缺氧的状态下,体内葡萄糖以无氧酵解为主,产生的三磷酸腺苷(ATP)大大减少,而丙酮酸和乳酸产生过多,同时肝因血液灌注减少,处理乳酸的能力减弱,使乳酸在体内的清除减少而血液内含量增多,引起代谢性酸中毒。休克时蛋白质分解加速,可引起血中尿素氮、肌酐及尿酸含量增加。

无氧代谢引起 ATP 产生不足,致细胞膜的钠-钾泵功能失常。细胞外钾离子无法进入细胞内,而细胞外液却随钠离子进入细胞,造成细胞外液减少及细胞过度肿胀而变性、死亡。细胞膜、线粒体膜、溶酶体膜等细胞器受到破坏时可释放出大量水解酶,引起细胞自溶和组织损伤,其中最重要的是组织蛋白酶,可使组织蛋白分解而生成多种活性肽,对机体造成不利影响,进一步加重休克。

(三)内脏器官的继发损伤

由于持续的缺血、缺氧,内脏器官细胞可发生变性、坏死,导致器官功能障碍,甚至衰竭。若 2 个或 2 个以上重要器官或系统同时或序贯发生功能衰竭,称为多器官功能障碍综合征(multiple organ dysfunction syndrome,MODS),是休克病人的主要死因。

1. **肺** 低灌注和缺氧可损伤肺毛细血管内皮细胞和肺泡上皮细胞。肺毛细血管内皮细胞损伤可导致毛细血管通透性增加而引起肺间质水肿;肺泡上皮细胞损伤可使表面活性物质生成减少、肺泡表面张力增高,继发肺泡萎陷而引起肺不张,进而出现氧弥散障碍,通气血流比例失调;病人出现进行性呼吸困难和缺氧,称为急性呼吸窘迫综合征(acute respiratory distress syndrome,ARDS)。

2. **肾** 休克时儿茶酚胺、抗利尿激素和醛固酮分泌增加,引起肾血管收缩、肾血流量减少和肾小球滤过率降低,致水、钠潴留,尿量减少。此时,肾内血流重新分布,主要转向髓质,致肾皮质血流锐减,肾小管上皮细胞大量坏死,引起急性肾损伤。

3. **心** 除心源性休克外,其他类型休克早期一般无心功能异常。冠状动脉灌流量的 80% 发生于舒张期,休克加重后由于心率加快,舒张期缩短或舒张压降低,冠状动脉灌流量减少,心肌因缺血、缺

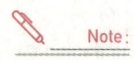

氧而受损。一旦心肌微循环内血栓形成,可引起局灶性心肌坏死和心力衰竭。此外,休克时的缺血、缺氧、酸中毒及高钾血症等均可加重心肌功能的损害。

4. 脑 休克晚期,由于持续性的血压下降,脑灌注压和血流量下降可引起脑缺氧并丧失对脑血流的调节作用。缺氧和酸中毒引起毛细血管周围胶质细胞肿胀,血管通透性增高致血浆外渗可引起继发性脑水肿和颅内压增高。

5. 肝 肝灌注障碍使单核吞噬细胞系统受损,导致肝解毒及代谢功能减弱并加重代谢紊乱及酸中毒。由于肝细胞缺血、缺氧及肝血窦和中央静脉内微血栓形成,肝小叶中心区可发生坏死而引起肝功能障碍,病人可出现黄疸、转氨酶升高等,严重时出现肝性脑病和肝衰竭。

6. 胃肠道 胃肠道黏膜缺血、缺氧可使正常黏膜上皮细胞的屏障功能受损,并发急性胃黏膜糜烂、应激性溃疡(stress ulcer)。由于肠道的屏障结构和功能受损、肠道内细菌及毒素移位,病人可并发肠源性感染或毒血症。

(张志刚)

第二节 休克病人的护理

【护理评估】

(一)健康史

了解有无引起休克的各种原因,如大量失血、失液、腹泻、呕吐、出汗、严重烧伤、创伤、感染、中毒、过敏、心肌梗死、缩窄性心包炎、风湿性心脏病、心脏压塞、异位妊娠等;病人受伤或发病后的救治情况。

(二)身体状况

评估病人全身症状、体征和局部表现,了解休克的严重程度和判断重要器官功能。全身症状和体征包括意识和表情、生命体征、皮肤色泽及温度、尿量等。局部表现应评估病人有无骨骼、肌肉、皮肤和软组织的损伤,有无局部出血及出血量的多少。腹部损伤者有无腹膜刺激征和移动性浊音。对异位妊娠破裂者的经阴道后穹隆穿刺有无抽出不凝血液。

因休克的发病原因不同,身体状况各异,但其共同的病程演变过程为:休克前期、休克期和休克晚期。

1. 休克前期 失血量低于全身总血容量的20%,约800ml以下。由于机体的代偿作用,病人中枢神经系统兴奋性增高,交感肾上腺系统兴奋,病人表现为精神紧张,兴奋或烦躁不安,口渴,面色苍白,四肢湿冷;脉搏增快(<100 次/min),病情加重时脉搏细弱,呼吸增快,血压变化不大,但舒张压可升高,因此脉压缩小(<30mmHg)(1mmHg = 0.133kPa)。尿量正常或减少(25~30ml/h)。若处理及时、得当,休克可很快得到纠正。否则,病情继续发展,很快进入休克期。

2. 休克期 机体失血量达全身血容量的20%~40%,800~1 600ml。进入此期后,病人意识改变明显,表现为表情淡漠、反应迟钝;皮肤黏膜发绀或出现花斑、四肢冰冷;脉搏弱(>120 次/min),呼吸浅促,血压进行性下降;尿量减少;浅静脉萎陷、毛细血管充盈时间延长;出现代谢性酸中毒的症状。

3. 休克晚期 机体失血量超过全身血容量的40%,失血量>1 600ml。病人出现意识模糊或昏迷;全身皮肤、黏膜明显发绀,甚至出现瘀点、瘀斑,四肢厥冷;心音弱、脉搏扪不清,血压测不出,呼吸微弱或不规则,体温不升;少尿或无尿;并发DIC者,可出现鼻腔、牙龈、内脏出血等。若病人出现进行性呼吸困难、烦躁、发绀,虽给予吸氧仍不能改善时,提示并发急性呼吸窘迫综合征。此期病人常继发多器官功能衰竭而死亡。

感染性休克病人的临床表现(表5-2-1)因血流动力学有低动力型(低排高阻型)或高动力型(高

排低阻型)两种改变而各异。前者表现为冷休克,而后者则表现为暖休克。冷休克时外周血管收缩,表现为体温降低、烦躁不安、神志淡漠或嗜睡、面色苍白、发绀、呈花斑,皮肤湿冷,脉搏弱,血压降低、脉压缩小和尿量骤减。暖休克在临床中较少见,常发生于革兰氏阳性菌感染引起的早期休克,主要引起外周血管扩张,表现为神志清醒,面色潮红、手足温暖,血压下降、脉率慢而有力。但革兰氏阳性菌感染引起的休克加重时也可转变为冷休克,至晚期甚至可因心力衰竭、外周血管阻力增加而成为低排高阻型休克。多数休克病人体温偏低,感染性休克的病人出现体温变化,如体温突升至40℃以上或骤降至36℃以下,常提示病情危重。

表5-2-1　感染性休克的临床表现

临床表现	冷休克(低动力型)	暖休克(高动力型)
神志	躁动、淡漠或嗜睡	清醒
皮肤色泽	苍白、发绀或花斑样发绀	淡红或潮红
皮肤温度	湿冷或有冷汗	比较温暖、干燥
毛细血管充盈时间	延长	1~2s
脉搏	细速	慢、搏动有力
脉压/mmHg	<30	>30
尿量/(ml·h^{-1})	<25	>30

(三)辅助检查

血、尿和粪便常规、生化、出凝血机制和血气分析检查等可了解病人全身和各器官功能状况。中心静脉压(central venous pressure,CVP)测定有助于判断循环血量和心功能。

1. 实验室检查

(1)血、尿和粪便常规检查:红细胞计数、血红蛋白值降低常提示失血,反之则提示失液;血细胞比容增高提示有血浆丢失。白细胞计数和中性粒细胞比例增高常提示感染的存在。尿比重增高常表明血液浓缩或血容量不足。消化系统出血时粪便隐血试验阳性或粪便呈黑便。

(2)动脉血气分析:动脉血氧分压(PaO_2)正常值为80~100mmHg;动脉血二氧化碳分压($PaCO_2$)正常值为36~44mmHg。休克时可因肺通气不足,出现体内二氧化碳聚积致$PaCO_2$明显升高,若$PaCO_2$超过45mmHg时,常提示肺泡通气功能障碍。相反,如病人原来并无肺部疾病,可因过度换气导致$PaCO_2$较低,也可能是代谢性酸中毒代偿的结果。PaO_2低于60mmHg,吸入纯氧后仍无改善者,提示可能发生ARDS。动脉血pH正常值为7.35~7.45。通过监测pH、碱剩余(BE)、缓冲碱(BB)和标准碳酸氢盐(SB)的动态变化有助于了解休克时的酸碱平衡状况。

(3)动脉血乳酸盐测定:休克病人组织灌注不足可引起无氧代谢和高乳酸血症,监测血乳酸盐的变化可估计休克的严重程度。动脉血乳酸盐正常值为1~1.5mmol/L,危重病人可达2mmol/L。休克时间越长,血流灌注障碍越严重,动脉血乳酸盐浓度也越高,提示病人病情严重,预后不良。

(4)DIC的监测:疑发生DIC时,应测凝血酶原时间、血小板计数、纤维蛋白原浓度等反映凝血因子消耗的证据和反映纤溶系统活化的证据,包括纤维蛋白降解产物、D-二聚体、3P试验。血小板计数低于100×10^9/L或进行性下降、血浆纤维蛋白低于1.5g/L,凝血酶原时间较正常延长3s以上时应考虑DIC的发生。

2. 影像学检查　创伤性休克者,应视受伤部位作相应部位的影像学检查以排除骨骼、内脏或颅脑的损伤。

3. B超检查　有助于判断病人的出血部位、部分病人的感染灶和引起感染的原因。

4. 有创血流动力学监测　常见的有创血流动力学监测技术有Swan-Ganz漂浮导管和脉搏指示连续心排血量(pulse contour cardiac output,PiCCO)等。

（1）中心静脉压（central venous pressure，CVP）：代表右心房或者胸段腔静脉内的压力，其变化可反映血容量和右心功能。正常值为 5～12cmH$_2$O。CVP 低于 5cmH$_2$O 时，表示血容量不足；高于 15cmH$_2$O 时，提示心功能不全、静脉血管床过度收缩或肺循环阻力增高；CVP 超过 20cmH$_2$O 时，提示充血性心力衰竭。

（2）肺动脉楔压（pulmonary arterial wedge pressure，PAWP）：应用 Swan-Ganz 漂浮导管可测量肺动脉压（PAP）和 PAWP。PAWP 可反映左心前负荷。PAWP 的正常值为 6～15mmHg，小于正常值提示血容量不足，增高提示肺循环阻力增加，大于 30mmHg 提示有肺水肿。

（3）心排血量（cardiac output，CO）和心排血指数（cardiac index，CI）：通过 Swan-Ganz 漂浮导管应用热稀释法可测 CO。成人 CO 的正常值为 4～6L/min。CI 正常值为 2.5～3.5L/（min·m^2）。休克时，CO 多降低，但某些感染性休克者可见增高。

（4）功能性血流动力学指标：每搏量变异度（SVV）、脉搏压变异度（PPV）、被动抬腿试验（PLRT）。

（5）全身组织灌注指标和局部组织灌注指标：全身灌注指标（血乳酸、碱缺失）及局部组织灌注指标（胃肠黏膜 pH、胃黏膜 PCO$_2$）均可以反映组织灌注情况。

（6）全身氧代谢指标：氧输入（DO$_2$）、氧消耗（VO$_2$）、血氧饱和度、混合静脉血氧饱和度（S$\bar{v}$O$_2$）或中心静脉血氧饱和度（ScvO$_2$）。

（7）PiCCO 监测：技术创伤与危险性相对小，仅用一条中心静脉和动脉导管就能简便、精确、连续、床旁化监测心排血量（CO）、体循环阻力（SVR）、肺循环阻力（PVR）、每搏量变异度（SVV），用单次温度稀释可测出 CO、胸内血容量（ITBV）和血管外肺水（EVLW），同时有助于评估肺水肿严重程度和心脏前负荷状态。与传统的 Swan-Ganz 漂浮导管不同之处，PiCCO 技术从中心静脉导管注射室温水或冰水，在大动脉（通常是主动脉）内测量温度-时间变化曲线，可测量心脏的相关参数。

5. 无创血流动力学监测 近年来，基于生物电阻抗描记原理的无创心排量（Impedance Cardiography，ICG）技术越来越受到人们的关注。无创心输出量监测系统（non-invasive cardiac output monitoring，NICOM）是基于欧姆定律原理，通过新一代心室血流阻抗波形描记法，实时连续监测人体血流动力学参数，从血流动力学角度评估静息、活动及运动过程中心功能变化的监测系统。NICOM 通过连续测定相位移计算出每搏输出量（SV）、心排血量（CO）、心脏指数（CI）、每搏出量指数（SVI）等血流动力学核心参数。不同于传统的生物阻抗技术，NICOM 由于避免了电噪声、病人活动或特殊体位、呼吸幅度、肥胖、胸腔积液、腹水、电极位置等多种因素造成的干扰，因此产生了良好的信噪比。多项研究证实，NICOM 监测拥有较高的准确度和精密度。

（四）心理-社会状况

评估病人及其家属对疾病的情绪反应、心理承受能力及对治疗和预后的了解程度。休克病人起病急，病情进展快，并发症多，加之抢救过程中使用的监护仪器较多，易使病人和家属产生病情危重及面临死亡的感受，出现不同程度的紧张、焦虑或恐惧。

【常见护理诊断/问题】

1. **体液不足** 与大量失血、失液有关。
2. **心输出量减少** 与静脉回心血量减少、心功能不全有关。
3. **潜在并发症：** 多器官功能障碍综合征。
4. **气体交换受损** 与微循环障碍、肺泡与微血管间气体交换减少有关。
5. **有体温失调的危险** 与感染、组织灌注不足有关。
6. **有感染的危险** 与免疫力降低、抵抗力下降、侵入性治疗有关。
7. **有受伤的危险** 与微循环障碍、烦躁不安、意识不清、疲乏无力等有关。
8. **焦虑** 与突然发病、病情危重、担心疾病预后及死亡有关。

【计划与实施】

休克的处理原则是尽早去除病因,迅速恢复有效循环血量,纠正微循环障碍,恢复组织灌注,增强心肌功能,恢复机体正常代谢和防止 MODS。对休克病人的治疗干预措施包括恢复有效循环血量,改善组织灌注;积极处理原发病;增强心脏功能;维持呼吸功能;预防感染;预防意外损伤和心理护理等。经过治疗和护理,评价病人是否能够达到:①维持充足的体液。②维持正常的心排血量。③维持正常的组织灌注。④维持正常的呼吸状态。⑤维持正常体温。⑥免于感染或感染被及时发现和处理。⑦免于意外损伤。⑧自述焦虑程度减轻或缓解。

（一）迅速恢复有效循环血量

恢复有效循环血量是治疗休克最基本、最首要的措施,也是纠正组织低灌注和缺氧的关键。要求及时、快速、足量补充血容量。

1. 建立静脉通路补充血容量　迅速建立 2 条以上静脉输液通道,在连续监测血压、CVP 和尿量的基础上,大量、快速补液(除心源性休克外)。若病人周围血管萎陷或肥胖病人静脉穿刺困难时,应立即行中心静脉穿刺插管术,并同时监测 CVP。

2. 专人守护　休克病人病情危重,病情变化快,应置于监护室,并设专人护理。

3. 合理补液　输液种类主要有 2 种:晶体液和胶体液。一般先输入扩容作用迅速的晶体液,如生理盐水、平衡盐溶液、葡萄糖溶液,以增加静脉回心血量和每搏输出量,再输入扩容作用持久的胶体液,如全血、血浆、白蛋白等,以减少晶体液渗入血管外第三间隙。根据心肺功能、失血、失液量、血压及 CVP 监测情况调整输液量和速率(表 5-2-2)。若病人系心源性休克,则应限制输液速率及输液量,以防加重病情。

表 5-2-2　中心静脉压与补液的关系

中心静脉压	血压	原因	处理原则
低	低	血容量严重不足	充分补液
低	正常	血容量不足	适当补液
高	低	心功能不全或血容量相对过多	给强心药,纠正酸中毒,舒张血管
高	正常	容量血管过度收缩	舒张血管
正常	低	心功能不全或血容量不足	补液试验*

* 补液试验:取等渗盐水 250ml,于 5~10min 经静脉滴入,若血压升高而 CVP 不变,提示血容量不足;若血压不变而 CVP 升高 0.29~0.49kPa(3~5cmH_2O),则提示心功能不全。

4. 严密观察病情变化　根据病情定时监测脉搏、呼吸、血压及 CVP 变化,并观察病人意识、面唇色泽、肢端皮肤温度及尿量变化。病人意识变化可反映脑组织灌注情况,若病人从烦躁转为平静,淡漠、迟钝转为对答自如,则提示病情好转。皮肤色泽、温度可反映体表灌注情况,若病人口唇黏膜由苍白、发绀、花斑状转为红润,肢体转暖,皮肤变干燥,则提示休克好转。

5. 准确记录出入量　输液时,尤其在抢救过程中,应有专人准确记录输入液体的种类、数量、时间、速率等,并详细记录 24h 出入量以作为后续治疗的依据。常规留置导尿管,并测定每小时尿量和尿比重。尿量可反映肾灌注情况,是反映组织灌注情况最佳的定量指标,若病人尿量>30ml/h,提示休克好转;尿比重可帮助鉴别少尿的原因是血容量不足还是肾衰竭。

（二）积极处理原发病

应针对休克的原因,予以针对性的处理。对于过敏性休克,应予以抗过敏药物治疗;对于心源性休克病人应遵医嘱予以强心、利尿药物治疗;对于创伤所致的大出血病人,应立即采取措施控制出血,如加压包扎、扎止血带、上血管钳等;由外科疾病引起的休克,如内脏大出血、消化道穿孔、绞窄性肠梗阻、急性梗阻性化脓性胆管炎、腹腔脓肿等，在恢复有效循环血量后，须及时手术治疗原发病，才能有效治疗休克。有时甚至需要在抗休克的同时施行手术，以赢得抢救时机。故应在抗休克的同时，积极做好术前准备，以利及时手术去除原发病灶，尽快恢复有效血容量。

（三）改善组织灌注

1. **休克体位**　将病人置于仰卧中凹位，即头和躯干抬高 20°~30°，下肢抬高 15°~20°，以利膈肌下移促进肺扩张，并可以增加肢体处静脉回心血量，改善重要器官血供。

2. **应用血管活性药辅助扩容治疗**　血管活性药（vasoactive drug）是指通过调节血管舒缩状态以维持适当血压、改善微循环血流灌注的药物。血管活性药按其对血管的舒缩效应可分为血管收缩药（vasoconstrictor）和血管扩张药（vasodilators）两大类，而前者包含的部分药物因具有不同程度的正性肌力作用，与其他类型的强心药统称为正性肌力药（positive inotropic drug），例如多巴胺、多巴酚丁胺、肾上腺素等。

不同类型的休克及心搏骤停病人，因其病因和病理生理状态的不同，往往需要使用不同的血管活性药和正性肌力药。例如以感染性休克为代表的分布性休克，其病理生理改变主要表现为血管床扩张导致相对或绝对的血容量不足、心肌抑制和血流分布异常等，血流动力学特征往往表现为"高排低阻"，临床上常常选择以收缩血管效应为主的血管活性药，如去甲肾上腺素、肾上腺素及血管升压素等。而心源性休克早期往往表现为"低排高阻"，临床上除了处理病因外，常常需要使用一些带有正性肌力效应的药物，如多巴胺、肾上腺素等，必要时联合使用血管扩张药，如 α 肾上腺素受体拮抗药、硝普钠、硝酸甘油等。该类药物的优点是通过降低心室后负荷，在增加心输出量的同时不增加心肌耗氧量；缺点是降低动脉压可能损害组织的灌注水平。

血管活性药使用时应从低浓度、慢速率开始，并用心电监护仪每 5~10min 测一次血压，血压平稳后每 15~30min 测一次，根据血压测定值调整药物浓度和滴速，以防血压骤升或骤降引起不良后果。严防药液外渗，若发现注射部位红肿、疼痛，应立即更换注射部位，并用 1g/L 的酚妥拉明封闭穿刺处，以免发生皮下组织坏死。血压平稳后，应逐渐降低药物浓度、减慢速率后撤除，以防突然停药引起不良反应。对于心功能不全的病人，遵医嘱给予毛花苷 C（西地兰）等增强心肌收缩力的药物时，注意观察心率变化及药物的副作用。

3. **改善微循环**　早期使用抗血小板黏附和聚集的药物，如阿司匹林、双嘧达莫。已经发生 DIC 的病人可用普通肝素或低分子量肝素等，并注意观察病人凝血功能。替代治疗，如血小板悬浮液等。

（四）维持呼吸功能

1. **呼吸功能监测**　密切观察病人呼吸频率、节律、深浅度及面唇色泽变化，动态监测动脉血气、了解缺氧程度及呼吸功能。若发现呼吸频率>30 次/min 或<8 次/min，则提示病情危重；若病人出现呼吸窘迫、顽固性低氧血症，则提示可能已出现急性呼吸窘迫综合征（ARDS）。

2. **改善缺氧状况**　立即予以吸氧以提高动脉血氧浓度。严重呼吸困难者，应协助医生行气管插管或气管切开，尽早使用呼吸机辅助呼吸。

3. **维持呼吸道通畅**　病情许可的情况下，鼓励病人做深呼吸，协助拍背并鼓励病人有效咳嗽、排痰；对气管插管或气管切开者应及时吸痰，以保持呼吸道通畅。

（五）纠正酸碱平衡失调

由于组织缺氧，休克病人常有不同程度的酸中毒。在休克早期，由于过度换气，可出现短暂的呼吸性碱中毒，使氧离曲线左移，氧不易从血红蛋白释出，导致组织缺氧加重，酸性代谢产物积聚，使病人很快进入代谢性酸中毒。快速补充血容量后，由于组织灌注改善，可使轻度酸中毒很快得到缓解；加之扩容治疗时输入的平衡盐溶液，使一定量的碱性物质进入体内，也可起到缓解酸中毒的作用，故休克早期轻度酸中毒者无须应用碱性药物。但对严重休克，酸中毒明显，经扩容治疗不能纠正者，仍需应用碱性药物纠正，常用的碱性药物为 5% 碳酸氢钠溶液。

Note:

（六）预防感染

休克时机体处于应激状态,病人免疫能力下降,抵抗力减弱,容易继发感染,应注意预防。

1. 严格按照无菌技术原则执行各项护理技术操作。

2. 遵医嘱应用有效抗生素。

3. 鼓励病人定时深呼吸,定时翻身,拍背并协助病人咳嗽、咳痰,及时清除呼吸道分泌物,必要时3次/d雾化吸入,以利痰液稀释和排出,预防肺部感染的发生。

4. 按常规加强留置导尿管的护理,预防泌尿系感染。

5. 有创面或伤口者,注意观察,及时清洁和更换敷料,保持创面或伤口清洁干燥。

6. 对出现疑似感染病人应及时留取标本进行培养,出现全身感染时行血培养检查。

（七）体温调节

1. **监测体温** 每4h测1次体温,密切观察其变化。

2. **保暖** 休克病人体表温度降低,应予以保暖。可采用加盖棉被、毛毯、调节病室内温度等措施进行保暖,一般室内温度以20℃左右为宜。切忌用热水袋、电热毯等体表加温的方法提升体表温度,以避免烫伤及皮肤血管扩张增加局部组织耗氧量而加重组织缺氧及引起重要内脏器官的血流灌注进一步减少。

3. **降温** 对高热的休克病人应予以物理降温,必要时遵医嘱使用药物降温。此外,应注意病室内定时通风以调节室内温度;及时更换被汗液浸湿的衣服、被褥等,并做好皮肤护理。

4. **库存血的复温** 失血性休克病人常需快速大量输血,但若输入低温保存的库存血易使病人体温降低,故输血前(尤其冬季)应注意将库存血置于常温下复温后再输入。

（八）预防皮肤受损和意外损伤

1. **预防压力性损伤** 对压力性损伤进行评估,如用Braden压疮危险因素预测量表,评估皮肤完整性、皮温、皮色和皮肤湿度等;根据病情变换体位;使用气垫床、泡沫敷料等;保持床单位清洁、干燥、平整和衣物清洁干燥。

2. **保护性约束** 对于烦躁或神志不清的病人,应加床旁护栏以防坠床;必要时,四肢以约束带固定于床旁,避免病人将输液管道或引流管等拔出。

（九）营养支持

休克会引起一系列神经内分泌系统的变化,且病人需长时间禁食,加之血液及血浆丢失等,机体易出现负氮平衡,造成机体免疫力降低,抵抗力下降。应根据病情,遵医嘱选择饮食种类,改善机体营养状况,可通过全肠外或肠内营养等方式提供营养支持。

（十）并发症的观察与护理

密切观察病人有无皮肤出血点、瘀斑及牙龈、鼻腔出血等DIC征象;协助进行床上被动肢体活动,预防下肢静脉血栓形成;观察有无多器官功能障碍综合征的相应征象。发现异常及时报告医生,并积极配合做相应的处理。

（十一）心理护理

由于病情严重,且并发症多,加之抢救过程时的紧张场面和各种监护仪器的使用,休克病人及其家属易产生病情危重及面临死亡的感受,常产生焦虑、紧张、烦躁不安或恐惧等不良情绪,影响病人的治疗和康复。护士应积极主动配合抢救和治疗,准确无误地执行医嘱。在抢救和治疗过程中,注意及时了解病人及其家属的情绪变化、心理承受能力及对治疗和预后的了解程度,做好解释和安慰工作,指导其积极配合医疗和护理工作,保证病人能安心接受治疗,使其尽快康复。

【护理评价】

经过治疗和护理后,评价病人是否能够达到:①意识清醒,生命体征平稳,尿量>30ml/h。②呼吸平稳,血气分析结果在正常范围。③无感染征象(如寒战、高热等)发生,或感染被及时发现和处理。

④体温维持在正常范围。⑤未发生压力性损伤或意外受伤。⑥无并发症发生。⑦焦虑程度减轻或缓解。

（张志刚）

知 识 链 接

颈动脉超声评估血流动力学

　　液体复苏是休克的主要治疗手段之一,恰当的液体复苏可增加机体有效循环血量,改善组织灌注,降低病死率。目前相关指南推荐应用功能性血流动力学指标评估休克病人容量反应性,仅对有容量反应性的病人进行液体复苏。近年来,颈动脉超声由于操作相对简单且容易获得较高质量的超声图像,在休克病人血流动力学评估上显示出一定的优势。颈动脉超声对休克病人血流动力学评估主要包括病人容量状态评估和心排血量评估,常用的指标主要有以下3个:颈动脉校正流速时间(carotid artery corrected flow time,FTc)、颈动脉流速时间积分(common carotid artery velocity time integral,VTI-CA)和颈动脉峰流速(carotid artery peak velocity,Vpeak-CA)。其中FTc是反映前负荷的指标,而VTI-CA和Vpeak-CA则是实时监测心排血量的指标。休克病人在接受被动抬腿试验(passive leg raising,PLR)或容量负荷试验时,均可以通过颈动脉超声代替有创监测来实时反映病人心排血量变化,评估其容量反应性,从而指导休克病人液体复苏。

思 考 题

1. 各种类型休克的特点及它们之间的异同点是什么?
2. 休克病人首要的处理原则及护理要点是什么?

Note:

NURSING

第六章

肿瘤病人的护理

06章 数字内容

─── 学 习 目 标 ───

- 识记:
  1. 陈述肿瘤、化学药物治疗、放射治疗的概念,肿瘤的转移途径。
  2. 简述肿瘤的分类及病因、治疗原则。
  3. 陈述化疗药物的主要副作用及观察和护理要点。
- 理解:
  1. 解释肿瘤的病理及肿瘤细胞的增殖过程。
  2. 结合实际,给予肿瘤病人营养支持与缓解疼痛的护理措施。
  3. 举例说明癌症三级预防措施。
- 运用:
  1. 结合实际,分析肿瘤病人的不同心理特点,提供心理护理。
  2. 识别肿瘤病人的主要护理问题,制订护理计划,给予病人健康指导。

导入情境与思考

病人，女性，64 岁，胃部胀痛半年余，加重 1 个月，伴食欲减退、消瘦、贫血。胃镜示胃体浸润性病变伴渗血，病理诊断：胃腺癌，分期：$T_4bN_2M_1$，Ⅳ 期。行第三程化学药物治疗，血常规示白细胞（WBC）$2.2×10^9/L$，血红蛋白（Hb）120g/L，血小板（PLT）$70×10^9/L$。

请思考：

（1）根据病人目前情况，主要护理问题有哪些？

（2）针对主要护理问题，应给予哪些护理措施？

第一节　概　　述

肿瘤（tumor）是机体细胞在各种始动与促进因素作用下产生的增生与异常分化所形成的新生物。此新生物一旦形成，不受正常机体生理调节，不因致病因子消除而停止增生，而是破坏正常组织与器官。目前，肿瘤发病率呈不断上升的趋势，2020 年全球约有 1 930 万癌症新发病例和 1 000 万癌症死亡病例；2022 年我国癌症新发病例 482 万，癌症死亡病例 321 万。恶性肿瘤已成为人类死亡的重要原因之一。

【分类与命名】

根据肿瘤的形态和对机体的影响，即肿瘤生物学行为，可将肿瘤分为良性肿瘤、恶性肿瘤及介于良、恶性肿瘤之间的交界性肿瘤。

1. **良性肿瘤（benign tumor）**　一般称为瘤，如腺瘤、平滑肌瘤等。此类肿瘤细胞分化程度高、形态变异小，通常有完整包膜，边界清楚，生长速度缓慢，色泽和质地接近正常组织，无浸润和转移能力。手术彻底切除后少有复发，对机体危害小。

2. **恶性肿瘤（malignant tumor）**　来源于上皮组织者称为癌（carcinoma），如鳞状细胞癌、腺癌等；来源于间叶组织者称为肉瘤（sarcoma），如纤维肉瘤、骨肉瘤等；胚胎性肿瘤常称母细胞瘤，如神经母细胞瘤、肾母细胞瘤等；少数恶性肿瘤仍沿用传统名称"瘤"或"病"，如恶性淋巴瘤、白血病等。恶性肿瘤细胞分化程度低、形态变异大，通常无包膜，边界不清，生长速度快，具有浸润和转移能力，对机体危害大，病人常因肿瘤复发、转移而死亡。

3. **交界性肿瘤（borderline tumor）**　在临床上，少数肿瘤形态上虽属良性，但常呈浸润性生长，切除后易复发，甚至出现转移，在生物学行为上介于良、恶性肿瘤之间，故称交界性或临界性肿瘤，如包膜不完整的纤维瘤、卵巢交界性浆液性囊腺瘤等。

【病因】

肿瘤的病因迄今尚未完全明了。目前认为，肿瘤是环境与机体内在因素交互作用的结果。

（一）环境因素

1. **化学因素**　目前已发现 2 000 余种化学物质有致癌作用，约 80% 人类癌症的病因与化学因素有关，如有机农药、硫芥等烷化剂可致肺癌与造血器官肿瘤等；煤焦油中的 3,4-苯并芘、煤烟垢、沥青等多环芳香烃类化合物、金属（镍、铬、砷）与肺癌密切相关；氨基偶氮类染料易诱发膀胱癌、肝癌；亚硝胺类与食管癌、胃癌和肝癌的发生有关；真菌毒素和植物毒素如黄曲霉毒素可致肝癌、肾癌、胃与结肠的腺癌等。

2. **物理因素**　包括电离辐射、紫外线、石棉、滑石粉等。如，X 线防护不当可致皮肤癌、白血病等；长期吸入放射性粉尘可致骨肉瘤、甲状腺肿瘤等；紫外线与皮肤癌有关；石棉纤维与肺癌有关，滑

Note：

石粉与胃癌有关等。

3. 生物因素　包括细菌、真菌、病毒及寄生虫，其中病毒是最主要的因素。如 EB 病毒与鼻咽癌有关；人乳头状瘤病毒与宫颈癌密切相关；乙型肝炎病毒与肝癌有关；C 型 RNA 病毒与白血病、霍奇金淋巴瘤有关。

（二）机体内在因素

1. 遗传因素　肿瘤有遗传倾向性，即遗传易感性，如食管癌、肝癌、胃癌、乳腺癌、鼻咽癌往往存在家族聚集现象；某些伴有基因突变者肿瘤发生率高，如 *BRCAI* 基因突变者易患乳腺癌、*APC* 基因突变者易患肠道息肉病等。

2. 内分泌因素　研究表明，某些激素与肿瘤的发生发展密切相关，如雌激素、催乳素与乳腺癌有关；雌激素与子宫内膜癌有关等。

3. 免疫因素　先天或获得性免疫缺陷者易发生恶性肿瘤，如缺乏丙种球蛋白者易患白血病和淋巴造血系统肿瘤；艾滋病病人易患恶性肿瘤；肾移植后长期使用免疫抑制剂者肿瘤发生率较高等。

4. 生活方式　研究表明，长期进食霉变、腌制、烟熏、煎炸食物者，肿瘤发生率高；吸烟者肺癌发生率高等。

5. 心理-社会因素　人的性格、情绪、工作压力及环境变化等，可通过影响人体内分泌、免疫功能等而诱发肿瘤。流行病学调查发现，经历重大精神刺激、剧烈情绪波动或抑郁者较其他人群易患恶性肿瘤。

【病理】

（一）良性肿瘤

良性肿瘤细胞分化程度高，形态与正常细胞相似，核分裂少见，无病理性核分裂；实质器官的良性肿瘤多为膨胀性生长，呈结节状或分叶状；体表、体腔或管道器官腔面的良性肿瘤常凸向表面，为外生性生长，通常呈乳头状或息肉状。

（二）恶性肿瘤

1. 发生发展　恶性肿瘤的发生发展过程包括癌前期、原位癌及浸润癌 3 个阶段。从病理形态上看，癌前期上皮细胞增生明显，伴有不典型增生；原位癌病变仅限于上皮层内，是未突破基底膜的早期癌；原位癌突破基底膜后向周围组织浸润，发展成浸润癌，从而破坏周围组织的正常结构。一般情况下，致癌因素作用 30~40 年，经 10 年左右的癌前期阶段变为原位癌。原位癌可历时 3~5 年，在促癌因素作用下发展成浸润癌。浸润癌的病程一般为 1 年左右，长者可达 10 年。

2. 生长方式　实质器官的恶性肿瘤多为浸润性生长，呈浸润结节状。体表、体腔或管道器官腔面的恶性肿瘤多为外生性生长，呈乳头状、息肉状、蕈状或菜花状，但同时会向基底部浸润。与良性肿瘤的外生性生长相比，恶性肿瘤的外生性生长迅速，肿瘤中央部位血液供应相对不足，肿瘤细胞易发生坏死，坏死组织脱落后可形成底部高低不平、边缘隆起的溃疡。

3. 转移方式　恶性肿瘤具有转移能力，转移方式包括直接蔓延、淋巴转移、血行转移及种植转移。

（1）直接蔓延：肿瘤细胞向与原发病灶相连续的组织扩散生长，如直肠癌、宫颈癌侵及骨盆壁。

（2）淋巴转移：肿瘤细胞浸入淋巴管，经淋巴液引流入区域淋巴结，在淋巴结内定居、生长、浸润的过程。区域淋巴结受累的顺序一般是沿着淋巴引流的方向发生，有时也可发生逆行淋巴结转移或跳跃式淋巴结转移。

（3）血行转移：肿瘤细胞浸入血管，随血流到达远处部位，定居并生长的过程。转移的部位与原发肿瘤的部位有关，最常见的为肺，其次为肝。

（4）种植转移：肿瘤细胞脱落并沿着人体自然腔道种植在其他器官的表面，形成转移性肿瘤的过程。以胃癌种植到盆腔最为多见。

Note:

4. 分级　恶性肿瘤的分级是描述其恶性程度的指标。病理学上,通常根据恶性肿瘤细胞的分化程度、异型性、核分裂象数目等进行分级。目前使用较多的是三级分级法:Ⅰ级为高分化(well differentiation),分化良好,恶性程度低;Ⅱ级为中分化(moderate differentiation),中度恶性;Ⅲ级为低分化(poorly differentiation),恶性程度高。

5. 分期　肿瘤分期有多种方案。目前,由国际抗癌联盟(UICC)推荐的 TNM 分期法(表6-1-1)最为常用。根据 TNM 的不同组合,临床上分为Ⅰ期、Ⅱ期、Ⅲ期、Ⅳ期,也可将各期分为 A、B 期,如ⅠA 期、ⅠB 期等。各种肿瘤的 TNM 分类具体标准,由各专业会议协定。

表6-1-1　国际抗癌联盟（UICC）TNM 分期

符号	含义
T	肿瘤原发灶的情况
T_0	无原发肿瘤的证据
T_{is}	原发肿瘤,无浸润
$T_{1\sim4}$	肿瘤原发灶体积和/或受累范围依次增加
N	淋巴结受累情况
N_0	无淋巴结受累
$N_{1\sim3}$	区域淋巴结受累的数目和/或范围依次增加
M	远处转移
M_0	无远处转移
M_1	有远处转移

【肿瘤细胞的增殖过程】

细胞增殖过程也称细胞周期、细胞分裂周期、规范细胞繁殖周期,指从一次细胞分裂结束至下一次细胞分裂结束所经历的全过程,由 G1 期(DNA 合成前期)、S 期(DNA 合成期)、G2 期(DNA 合成后期)及 M 期(有丝分裂期)4 个时相组成。此外,处于分裂周期中的细胞可转化为 G0 期细胞(静止期细胞),此类细胞暂时脱离细胞周期,停止细胞分裂,但仍然活跃地进行代谢活动,执行特定的生物学功能,一旦得到信号指令,会快速返回细胞周期,进行分裂增殖。肿瘤的 G0 期细胞对化疗基本不敏感,因此,常为复发或转移的根源。

【肿瘤的治疗】

良性肿瘤及交界性肿瘤以手术切除为主。恶性肿瘤多采用综合治疗方法,包括手术治疗、化学药物治疗(简称化疗)、放射治疗(简称放疗)、生物治疗、介入治疗、物理治疗、中医中药治疗及内分泌治疗等。具体治疗方案应根据病人身心状况、肿瘤具体部位、病理类型、侵犯范围(分期)和发展趋势,同时结合细胞分子生物学改变来选择。一般认为,恶性肿瘤Ⅰ期以手术治疗为主;Ⅱ期以局部治疗为主,包括原发灶及可能存在的转移灶的切除治疗或局部放疗,必要时可辅以有效的全身化疗;Ⅲ期宜采取综合治疗,如手术前和/或手术后采取放疗或化疗等;Ⅳ期以全身治疗为主,辅以局部对症治疗。

（一）手术治疗

对于不同类型的肿瘤,其外科手术治疗的目的不同,根据手术目的将其分为 7 类。

1. 预防性手术　用于治疗癌前病变,防止其发生恶变或发展成进展期癌,如家族性结肠息肉病病人可通过预防性结肠切除术降低结肠癌发生的可能性等。

2. 诊断性手术　为获得病理检查用的组织样品而进行的手术,能为正确的诊断、精确的分期,进而进行恰当、合理的治疗提供可靠的依据。常见的手术方式有针吸活检术、切除活检术、切取活检术及剖腹探查术等。

3. **根治性手术** 指切除原发肿瘤及肿瘤可能累及的周围正常组织和区域淋巴结，以达到彻底治愈的目的。广义上的根治性手术包括肿瘤切除术、广泛切除术、根治术及扩大根治术等。

4. **姑息性手术** 属解除或减轻症状的非根治性手术，如晚期大肠癌伴肠梗阻时行肠造口术以缓解梗阻症状，防止发生严重并发症，减轻痛苦。

5. **减瘤手术** 当恶性肿瘤体积较大、外侵犯严重、单靠手术无法根治时，通过手术切除大部分原发病灶后，应用化疗、放疗、生物治疗等其他非手术治疗方法以控制残存的肿瘤细胞，称为减瘤手术（减量手术）。减瘤手术仅适用于切除大部分原发病灶后，残余肿瘤能用其他治疗方法有效控制者，如卵巢癌、Burkitt 淋巴瘤、睾丸癌等。

6. **复发或转移灶的手术治疗** 复发肿瘤是否行手术治疗，应根据病人具体情况及手术、化疗、放疗对其疗效而定，凡能手术者均应考虑再行手术，如乳腺癌术后局部复发可再行局部切除术。转移性肿瘤的手术切除适用于原发灶已得到较好的控制，而仅有单个转移性病灶。

7. **重建和康复手术** 其目的在于改善病人术后的生存质量。如乳腺癌改良根治术后经腹直肌皮瓣转移行乳房重建、头颈部肿瘤术后局部组织缺损的修复等。

（二）化学药物治疗

化学药物治疗（chemotherapy）简称化疗，是一种应用化学药物杀灭肿瘤细胞或组织的治疗方法，其目的在于阻止肿瘤细胞的增殖、浸润、转移并最终杀灭肿瘤细胞。经过科学家们近半个世纪的努力，已发现几十种有效的化疗药物。正是这些药物使过去的不治之症如绒毛膜癌、急性淋巴细胞白血病等得以治愈，使许多晚期肿瘤病人的生命得以明显延长。

1. **常用化疗药物** 临床上常用化疗药物种类繁多，分类方法亦很多，常见的有传统分类法和细胞动力学分类法。

（1）传统分类法：传统上根据药物来源和作用机制可分为以下 7 类：①烷化剂：烷化剂的烷化基团能与细胞的蛋白质和核酸结合，使其失去正常的生理活性，从而杀伤肿瘤细胞，抑制肿瘤细胞分裂。常用的烷化剂有氮芥、环磷酰胺、异环磷酰胺、塞替派等。②抗代谢类药物：此类药物对核酸代谢物与酶结合反应有相互竞争作用，从而干扰肿瘤细胞的代谢，抑制其生长与增殖。如甲氨蝶呤、氟尿嘧啶、阿糖胞苷等。③抗肿瘤抗生素类：此类药物可以抑制肿瘤细胞的蛋白或核糖核酸合成或者直接作用于染色体，从而发挥其抗肿瘤的作用。如多柔比星、柔红霉素、博来霉素、放线菌素 D、丝裂霉素等。④生物碱类：主要通过抑制肿瘤细胞的有丝分裂来发挥其作用。如长春碱、长春新碱、紫杉醇、拓扑替康等。⑤激素类：主要是性激素类，此类药物通过改变内环境进而影响肿瘤生长，如他莫昔芬、氨鲁米特等。⑥其他：如羟基脲、铂类（顺铂、卡铂）等。

（2）细胞动力学分类法：即根据化疗药物对细胞周期作用分类，具体可分为 3 类。①细胞周期非特异性药物：此类药物对增殖或非增殖细胞均有作用，如烷化剂、铂类、抗肿瘤抗生素类药物等。②细胞周期特异性药物：作用于细胞增殖的整个或大部分周期时相，如氟尿嘧啶等抗代谢类药物。③细胞周期时相特异药物：选择性作用于某一时相，如门冬酰胺酶等作用于 G1 期；博来霉素等作用于 G2 期；阿糖胞苷、羟基脲等作用于 S 期；长春新碱、紫杉醇等作用于 M 期。

2. **给药途径** 化疗有全身给药和局部给药两种给药途径。①全身给药途径，有静脉输注、肌内注射、口服。②局部给药途径，有肿瘤内注射、腔内注射、鞘内注射、动脉灌注等。

（三）放射治疗

放射治疗（radiation therapy）简称放疗，是利用放射线的电离辐射作用，对肿瘤细胞进行破坏、杀灭，从而达到治疗目的的一种方法，是治疗恶性肿瘤的主要手段之一，与手术和化疗并列为恶性肿瘤治疗的三大基石。

1. **常用的放射源** 包括：①X 线治疗机和各种加速器产生的不同能量的 X 线。②放射性核素（如 ^{226}Ra、^{60}Co 等）发出的 α、β 和 γ 射线。③各种加速器产生的电子束、质子束、中子束及其他重粒子

束等。

2. 放疗设备及照射方法　目前我国放疗设备有 X 线治疗机、电子直线加速器、^{60}Co 远距离治疗机、遥控后装近距离治疗机、立体定向放射治疗设备等。照射方法有外照射（用各种治疗机）与内照射（如组织内插植镭针）。

（四）生物治疗

生物治疗是应用生物学技术改善个体对肿瘤的免疫应答及直接效应的治疗手段,主要包括细胞因子、细胞过继性免疫治疗、单克隆抗体及其偶联物、肿瘤疫苗、基因治疗、抗血管生成治疗等。新兴的生物治疗包括分子靶向药物和免疫治疗。分子靶向药物包括单克隆抗体和小分子化合物,通过作用于促进癌细胞生长的细胞受体或信号传导通路来抑制肿瘤的增殖、诱导分化或遏制血管生成。

知 识 链 接

肿瘤免疫治疗

大量研究表明,人体对肿瘤存在特异性的免疫反应,通过激活人体免疫系统针对肿瘤的免疫反应,能够特异性地杀伤肿瘤细胞,从而有效地清除已扩散转移的肿瘤细胞。近年来以免疫检测点抑制剂(PD-1 单抗、PD-L1 抑制剂、CTLA-4 抑制剂)为代表的新型肿瘤免疫疗法通过"松开"人体的抗癌"刹车"而激活自身的免疫功能发挥抗肿瘤治疗作用,开辟了肿瘤免疫治疗的新纪元,已经成为肿瘤综合治疗中除外科治疗、化学治疗和放射治疗以外的第 4 种模式,越来越受到重视。由于免疫治疗靶向的是身体免疫系统而不是直接针对肿瘤,因此适用于大部分肿瘤类型,具有较好的广谱性。总之,免疫治疗为治疗肿瘤甚至治愈肿瘤提供了有效的方法,是肿瘤治疗最有潜力的发展方向,将有可能成为未来肿瘤治疗的主要手段。

（五）介入治疗

介入治疗是指在医学影像设备（如血管造影机、透视机、CT、B 超等）的引导下,经皮肤血管或经人体生理腔道插入穿刺针,或引入导丝、导管到肿瘤前端血管或肿瘤内,再用化疗药物或其他物质进行灌注或栓塞等,以杀灭肿瘤细胞的方法。

（六）物理治疗

物理治疗是应用物理学方法杀伤肿瘤细胞和增加个体对放、化疗反应的肿瘤治疗方法,主要包括肿瘤热疗、液氮冷冻治疗、铂金电化学治疗、纳米刀治疗等。

（七）中医中药治疗

中医中药治疗是利用中医扶正、祛邪、软坚、散结、清热解毒、祛湿化痰、通经活络、以毒攻毒等原理,以中草药全面调理机体,以提高机体免疫力、抑制肿瘤细胞生长或杀灭肿瘤细胞的方法。

（八）内分泌治疗

内分泌治疗是指对某些激素依赖性肿瘤,采用内分泌药物进行治疗,其作用机制包括改变机体内分泌状态,竞争抑制肿瘤细胞的生长或诱导肿瘤细胞凋亡。

（仇晓霞）

第二节　肿瘤病人的护理

【护理评估】

（一）健康史

询问病人年龄、性别、婚姻、职业、文化程度、发病情况和病程长短等信息,女性病人还需询问月经

史、生育史、哺乳史,评估既往史、家族史及个人生活习惯、特殊嗜好,评估有无发病的相关因素等。

（二）身体状况

肿瘤发生部位、病理类型、侵犯范围（分期）和发展趋势不同,其临床表现各有差异。

1. **肿块**　常是体表或浅表肿瘤的首要症状。因肿瘤的性质不同,其硬度、移动度、表面温度、血管分布及边界均可不同。位于深部或内脏的肿块则不易触及,但可出现邻近器官受压或空腔器官梗阻等症状。

2. **疼痛**　肿块的膨胀性生长、破溃或感染等可侵及和刺激神经组织出现局部刺痛、跳痛、隐痛、烧灼痛或放射痛。空腔器官肿瘤引起梗阻时可致痉挛,产生绞痛。晚期肿瘤的疼痛常难以忍受。

3. **溃疡**　体表或空腔器官的恶性肿瘤易出现缺血、坏死、感染,继发溃疡,可有恶臭及血性分泌物。

4. **出血**　恶性肿瘤生长过程中发生破溃或侵及血管使之破裂可致出血。上消化道肿瘤引起病人呕血或黑便;下消化道肿瘤可起病人血便或黏液血便;泌尿系统肿瘤除出现血尿外,常伴局部绞痛;肺癌可引起病人咯血或痰中带血;宫颈癌可出现血性白带或阴道出血;肝癌破裂可致腹腔内出血等。

5. **梗阻**　空腔器官肿瘤的膨胀性生长可致空腔器官腔隙变窄或梗阻,梗阻部位不同,其临床表现不同。

6. **转移症状**　可出现如区域淋巴结肿大;相应部位静脉回流受阻,致病人肢体水肿或静脉曲张;骨转移可引起病人疼痛或触及硬结,甚至发生病理性骨折;肺癌、肝癌、胃癌可致癌性胸腔积液、腹水等。

7. **全身表现**　早期肿瘤多无明显全身症状;中晚期恶性肿瘤可伴有消瘦、乏力、体重下降、低热、贫血等全身症状;恶病质常是恶性肿瘤晚期全身衰竭的表现,尤其是消化道肿瘤病人可较早出现恶病质。

（三）辅助检查

1. 实验室检查

（1）常规检查:包括血常规、尿常规及粪便常规检查。此类检查的异常结果并非恶性肿瘤的特异性标志,但阳性结果常可为诊断提供有价值的线索。

（2）血清学检查:是一种测定人体内由肿瘤细胞产生的分布在血液、分泌物、排泄物中的肿瘤标志物的生物化学检查方法。肿瘤标志物可以是酶、激素、糖蛋白、胚胎抗原或肿瘤代谢产物。血清学检查的特异性差,但对辅助诊断、判定疗效和随访具有一定的价值。

（3）其他:如免疫学检查、流式细胞术与基因诊断等。

2. **影像学检查**　应用 X 线、超声波、造影、放射性核素、X 线计算机断层扫描（CT）、磁共振（MRI）、PET-CT 等方法所得影像,判断有无肿块及其所在部位、形态及大小。

3. **内镜检查**　应用食管镜、胃镜、纤维肠镜、直肠镜、乙状结肠镜、气管镜、腹腔镜、纵隔镜、膀胱镜、阴道镜及子宫镜等直接观察空腔器官、胸腔、腹腔、纵隔等部位有无病变,并可取细胞或组织行病理检查,该项检查对肿瘤的诊断具有重要作用。

4. **病理学检查**　是目前诊断肿瘤最可靠的检查方法,包括细胞学和组织学检查两部分。细胞学病理检查方法有脱落细胞涂片检查、细针直接穿刺或超声引导下穿刺行涂片检查。组织学病理检查是指空芯针穿刺、钳取、切取或切除病变后制成病理切片进行的检查。随着分子生物学理论和方法的不断创新与完善,病理学也从传统的形态学概念深入至分子或基因水平,分子病理诊断正在成为肿瘤病理研究的最主要内容和手段,如检测肿瘤相关的易感基因 *p53*、*Rb1*、*APC* 和 *BRCA*,以更精细地诊断肿瘤。

（四）心理-社会状况

1. **心理特点**　肿瘤病人因其文化背景、心理特征、病情性质及对疾病认知程度不同,会产生不同的复杂心理反应。肿瘤病人大致可经历以下心理变化:

Note:

（1）震惊否认期：病人初悉病情后，通常会感到震惊，表现出面无表情、茫然、发呆，知觉淡漠甚至晕厥，继而极力否认，怀疑诊断的正确性，存有侥幸心理，可能辗转多家医院就诊、咨询。这是病人面对疾病时应激产生的保护性心理反应，该心理可缓解其恐惧和焦虑的程度，但易延误治疗时机。

（2）愤怒期：当病人接受自己患有癌症的现实后，随之会产生恐慌、哭泣，继而愤怒、烦躁不安，常迁怒于亲属和医务人员。此期属适应性心理反应，但若长期存在，极易导致心理障碍。

（3）磋商期：病人开始接受治疗，但对其治疗进行"讨价还价"，心存幻想，访名医、求偏方，希望寻找更好的治疗方法以延长生命。此期，病人开始树立与疾病抗争的信念，容易接受他人的劝慰，有良好的遵医行为。

（4）抑郁期：当治疗不良反应明显，而效果不理想、肿瘤复发、病情恶化或疼痛难忍时，病人往往对治疗失去信心，感到绝望。表现为沉默寡言、拒绝治疗、不听劝告，甚至有自杀倾向。

（5）接受期：病人经过反复的、痛苦的、激烈的内心抗衡，心境变得平和，不再自暴自弃，表现出积极配合治疗和护理。

2. 经济与社会状况　成年病人在患病前可能是家庭的支柱、是职场的骨干。患病以后，其经济与社会状况受到不同程度的影响。因此，须评估病人及其家属对肿瘤治疗的经济承受能力、家属的心理承受能力、病人的社会支持系统等。

【常见护理诊断/问题】

1. **焦虑/恐惧**　与担心疾病预后、家庭社会地位和经济状况改变等有关。
2. **营养失调：低于机体需要量**　与肿瘤导致代谢增高、化疗及放疗副作用等有关。
3. **疼痛**　与肿瘤生长侵及神经或压迫周围组织等有关。
4. **恶心/呕吐**　与化疗药物引起消化道不良反应有关。
5. **有感染的危险**　与化疗、放疗引起骨髓抑制有关。
6. **腹泻/便秘**　与化疗、放疗副作用有关。
7. **皮肤完整性受损**　与化疗、放疗、靶向治疗、免疫治疗副作用有关。
8. **体像紊乱**　与化疗、放疗导致脱发、色素沉着有关。
9. **知识缺乏**：缺乏肿瘤治疗、护理及预防等相关知识。

【计划与实施】

肿瘤病人在治疗期间将面对许多问题，需要得到医护人员的帮助。通过治疗与护理，评价病人是否能够达到：①焦虑与恐惧感减轻，能以积极的心态坚持治疗；②增加营养的摄入以适应代谢的需要；③疼痛能得到有效控制；④无严重恶心/呕吐；⑤无严重感染发生；⑥排便正常；⑦皮肤/黏膜完整；⑧正确对待治疗造成的形象改变；⑨了解疾病的相关知识、治疗护理过程及预防措施。

（一）心理护理

肿瘤病人的心理状态直接影响其生存时间与生存质量。如何帮助肿瘤病人接受现实，以平和而积极的心态来配合各种治疗，是护理人员应该认真对待的问题。

1. 建立良好的护患关系　护士应以友好的态度主动与病人沟通，关心、安慰病人，帮助其解决实际问题，耐心倾听病人的述说，赢得病人的信任，与肿瘤病人建立融洽、友好的护患关系。

2. 针对病人不同心理分期提供护理措施　通过观察病人表情动作，倾听主诉或病人亲属的反映等，了解病人的心理状态，并提供针对性的护理措施：①震惊否认期：鼓励家属给予病人情感上的支持和生活上的关心，使之有安全感，因人而异地逐渐使病人了解病情真相。②愤怒期：与病人交谈与沟通，尽量鼓励病人表达自身的感受和想法，给病人讲解肿瘤的治疗过程及治愈的可能性，介绍成功的实例，以纠正其感知错误，减轻病人焦虑与恐惧心理，帮助病人树立战胜疾病的信心，以平和积极的心态接受各种治疗。③磋商期：维护病人的自尊，尊重其隐私，兼顾其身心需要，提供心理护理。④抑郁

Note：

期:给予病人更多的关爱与抚慰,诱导其发泄情绪,鼓励家属陪伴于身旁,满足其各种需求。⑤接受期:加强与病人间的交流,尊重其意愿,满足其合理需求,尽可能提高其生活质量。

3. **鼓励病人与社会团体沟通**   社会支持系统对肿瘤病人非常重要,是肿瘤病人能否顺利完成治疗的关键。应该经常与病人的单位或相关部门保持联系,动员社会支持系统的力量来关爱病人,给予病人经济上的保障;同时鼓励病人的亲友对其提供更多的关心和照顾,增强其自尊感,提高其生活质量。介绍病人参加癌症康复团体,使之能在与其他癌症病人的交流中找回自尊,找回自我。

（二）饮食及营养支持

肿瘤病人在整个治疗过程中都需要营养的支持。护士应根据病人的病情、营养状况及其对营养的需求,与医生、营养师协商制订营养计划。

1. **饮食调整**   告知病人忌辛辣、油腻等刺激性食物,忌烟、酒;鼓励其摄入富含高蛋白、充足能量、易消化的清淡饮食,多饮水,多吃新鲜蔬菜、水果;少量多餐,注意调整食物的色香味,增进病人食欲。

2. **营养支持方式**   能经口进食者,首先选择经口补充营养物质,在正常进食的间歇可口服辅助营养制剂;不能经口进食,但胃肠功能正常者,可首先选择肠内营养支持;不能经口进食伴胃肠功能障碍者,可通过静脉途径行肠外营养支持。

（三）缓解疼痛

癌性疼痛是病人最常见和最难忍受的症状之一,常从心理、生理、精神和社会等多方面影响其生存质量。

1. **及时、全面、正确地评估疼痛**   包括疼痛持续时间、发作频率、部位、性质、促发与缓解因素及有无伴随症状等。

2. **采取正确的止痛措施**   包括非药物镇痛疗法与药物镇痛疗法。

（1）非药物镇痛疗法:主要是通过为病人创造安静、舒适的环境、分散其注意力等来达到镇痛的目的,如松弛疗法、音乐疗法等。

（2）药物镇痛疗法:目前广泛使用的药物镇痛疗法是 WHO 推荐的癌痛三阶梯疗法,在应用此疗法的过程中须遵循"口服给药、按时给药、按阶梯给药、个体化给药"的原则,同时注意药物疗效及不良反应的观察(详见第十一章第二节疼痛病人的护理)。

（四）化疗病人的护理

1. **化疗病人的心理准备**   向病人耐心解释化疗方案,化疗药物可能出现的毒副作用及应对方式等,使病人做好充分的心理准备,以便有效地配合化疗。

2. **化疗药物的使用与护理**

（1）严格配药:①采用集中配药管理。有条件的医院可设置化疗药物配制中心,未具备化疗药物配制中心者可在病房设置相对独立的化疗药物配制间。②配药时严格执行无菌技术操作,严格执行三查八对,严格遵医嘱剂量配药,现配现用。③配药时护士应做好自我防护,如戴手套、眼罩等。应配备化疗药物溢出防护包。

（2）静脉血管的保护和合理使用

1）正确评估血管及穿刺部位:血管应选择弹性好、管径粗、易固定、血液回流速度快且便于穿刺和固定的前臂静脉。勿选择肌腱、韧带、关节附近的血管,以防药液渗漏引起肌腱挛缩和神经功能障碍。此外,应避免在放疗肢体、乳腺癌切除术后患侧肢体、有动静脉瘘的肢体及下肢外周静脉输入化疗药物。

2）选择适宜的穿刺工具:护士应根据化疗药物的理化特性(药物酸碱度、渗透压、刺激性和浓度等)、给药方法、给药途径、输入速率、治疗疗程等选择恰当的穿刺工具。如输入发疱性、刺激性强的药物或外周静脉选取有困难的,应选择经外周静脉穿刺的中心静脉导管(PICC)、输液港(PORT)或中心静脉导管(CVC)。

Note:

3）掌握正确的穿刺与拔针方法：忌用含有化疗药物的针头直接穿刺血管或拔针；化疗用药前、后应先用不含化疗药物的等渗液体（如0.9%氯化钠溶液、5%葡萄糖液）冲洗输液管道。

4）正确处理药物外渗：输注化疗药物过程中，应密切注意观察穿刺局部皮肤有无疼痛或红肿现象，如出现异常应立即处理。处理方法：①立即停止输液，保留血管通路装置，抽吸皮下残余药液。②立即行局部封闭。根据化疗药物的性质选择相应的解毒剂封闭，以降低局部药物浓度、减轻疼痛。③根据外渗药物的种类选择冷敷或热敷时机，如蒽环类抗肿瘤药、紫杉醇等渗漏24h内即可给予冷敷；草酸铂及长春碱类药外渗24h后可给予热敷。

3. 化疗副作用的观察与护理

（1）感染：多数化疗药物可致骨髓抑制、免疫功能下降等毒性反应，一旦发生，病人极易合并感染。护士应做好感染的防控措施。具体做法：①严密监测病人体温变化，密切观察有无感染迹象，一旦发现异常，应及时报告医生并配合处理。②做好病人皮肤与口腔护理，同时注意会阴部及肛门的清洁，减少感染的机会。③加强病室空气消毒，减少探视，防止交叉感染。④鼓励病人进食富含高蛋白、充足能量及维生素的食物，以加强营养，提高病人抵抗力。⑤每周定期检查血常规，当病人白细胞计数低于 $3.5×10^9$/L 时应及时报告医生并配合处理，必要时给予升白细胞的药物；白细胞计数低于 $1×10^9$/L 时，应采取保护性隔离措施。

（2）出血：①定期监测病人血小板计数变化。②血小板降低时应注意预防病人出血，嘱其避免皮肤擦伤、肢体磕碰、肢体挤压等。③血小板计数低于 $50×10^9$/L 时，嘱病人避免外出，减少活动；低于 $20×10^9$/L 时，嘱病人绝对卧床休息。④密切观察病人有无皮肤瘀斑、牙龈出血、鼻出血、血尿及血便等全身出血倾向，必要时遵医嘱使用止血药或输注血小板。

（3）恶心与呕吐：①评估并记录病人恶心、呕吐发生的时间、次数、呕吐物的性质和量，及时处理呕吐物，以避免不良刺激。②严密监测病人生命体征及电解质变化。③鼓励病人进食高能量、高蛋白、低脂、富含维生素、易消化的流质或半流质饮食，以少量多餐为宜。④嘱病人尽量选择睡前用药，以减少恶心、呕吐的发生。⑤遵医嘱使用镇吐药，并严密观察用药后效果及不良反应。

（4）便秘与腹泻：①指导便秘病人多食富含粗纤维的新鲜蔬菜、水果及糙米等食物，并鼓励其适当运动，以增加肠蠕动；病情允许时，鼓励病人多饮水，保证每日饮水量为 2～3L，以增加尿量，促进化疗毒素排出并充分软化粪便；必要时遵医嘱正确采取口服缓泻剂或灌肠等措施。②病人发生腹泻时，护士应及时评估并记录其排便次数、性质和量，监测其神志、生命体征变化，同时注意观察病人有无腹胀、尿量减少等水、电解质紊乱状况；指导腹泻病人进食少渣、含钾、易消化的温热流质或半流质饮食，鼓励其多饮水，严重腹泻者应暂禁食，给予经静脉补充营养；告知病人保持肛周皮肤清洁、干燥；必要时遵医嘱使用止泻药。

（5）口腔黏膜炎：①指导病人保持口腔清洁，用软毛牙刷刷牙，进食后应用生理盐水或3%～5%碳酸氢钠溶液漱口。②鼓励病人进食营养丰富的食物，避免食用过热、过冷、辛辣、过硬或粗糙等刺激性食物。③定期评估病人有无味觉改变、口腔及咽喉部疼痛、口腔黏膜变红及溃疡等。④应早期识别口腔黏膜炎继发感染征象，及时通知医生；及时留取标本进行病原学检查；进行抗感染治疗时，应按时给药，并观察药物不良反应；严重口腔溃疡致疼痛时，可遵医嘱给予镇痛药物。

（6）肝、肾功能损害：大剂量化疗时，肝、肾功能可能出现不同程度的损伤。肝功能受损时，病人可出现上腹部疼痛、恶心、腹泻等症状，严重时出现黄疸、血清谷丙转氨酶升高等；肾功能受损时可出现尿量减少、血尿素氮和血肌酐升高等。护理要点：①密切观察病人的皮肤、黏膜有无黄染，定期检查其肝功能，有异常时及时报告医生并配合处理。②注意观察病人尿液的颜色，准确记录出入液量，每小时尿量少于 100ml 时，应及时通知医生进行利尿处理。③嘱病人多饮水，必要时静脉输注液体。

（7）脱发：化疗后脱发是许多病人对化疗产生畏惧情绪的原因之一，尤其是年轻女性对自身形象的改变难以接受。应了解病人的情绪反应，帮助其正确面对自身形象的改变。其护理要点：①向病人详细讲解化疗引起脱发的原因，并强调脱发是暂时的。②协助病人理发。③指导病人佩戴假发、帽

子等饰物以增进自尊。

（8）其他副作用：多柔比星、烷化剂等化疗药物易损伤肺功能，导致间质性肺炎伴肺纤维化，病人表现为咳嗽、咳痰、胸闷、呼吸困难等症状；多柔比星、吡柔比星具有心脏毒性，病人表现为心悸、呼吸困难等；长春新碱可引起外周运动神经和自主神经病变；顺铂具有耳毒性且可引起周围神经炎。上述药物的毒副作用多在停药后好转。护理要点：①用药期间严密观察病人生命体征、意识、心率、呼吸系统症状、肢体运动及感觉，重视病人主诉，一旦发现异常情况及时报告医生。②对症处理，如有心悸、呼吸困难者给予吸氧，减慢输液速率、安慰病人等。③感觉与运动障碍者，注意预防其发生冻伤、烫伤、跌倒、摔伤等意外。

（五）放疗病人的护理

1. 放疗前的护理

（1）心理护理：向病人耐心解释放疗的作用、放疗的方法、放疗时间及疗程、可能出现的副作用及需要配合的注意事项等，使病人做好充分的心理准备、积极配合治疗。

（2）饮食指导：鼓励病人进食富含高蛋白、高维生素、充足能量、易消化的饮食，以增强体质；嘱其戒烟、忌酒，忌食辛辣、过热、过硬等刺激性食物。

（3）身体准备：嘱病人摘除金属物品；头颈部肿瘤放疗者，放疗前应做好口腔处理，如保守治疗照射范围内的患齿、充填龋齿等；评估病人全身情况，纠正贫血、控制感染。

（4）功能锻炼指导：如指导头颈部放疗病人做张口锻炼，避免放疗期间出现张口困难；指导胸腹部放疗病人进行呼吸功能锻炼等。

2. 放疗期间的护理

（1）照射皮肤/黏膜的观察与护理：放疗过程中，根据所用放射源、照射面积及部位的不同，可出现不同程度的皮肤反应。急性皮肤反应易发生在腹股沟、腋窝、会阴等皮肤皱褶潮湿处，可分为三度。Ⅰ度：皮肤出现红斑、有烧灼感或刺痒感，继续照射可由鲜红变为暗红，以后脱屑，称为干性皮炎（干反应）；Ⅱ度：高度充血、水肿、水疱形成、有渗液、糜烂，称湿反应；Ⅲ度：溃疡形成或坏死，侵犯到真皮造成放射性损伤，难以愈合。慢性皮肤反应在放疗后数月或更长时间出现，表现为照射野皮肤萎缩、变薄、毛细血管扩张、淋巴回流障碍、色素沉着等。照射野皮肤的护理要点：①嘱病人选用全棉、柔软、宽大、吸湿性强的内衣裤，避免粗糙衣服摩擦。②保持照射野皮肤清洁、干燥。③局部皮肤禁用肥皂擦洗或热水浸浴，必要时可用温水和柔软毛巾轻轻蘸洗。④避免应用碘酒、酒精等刺激性消毒剂，避免冷、热刺激，如使用热敷、冰袋等。⑤照射野需剃毛发时，宜用电动剃须刀，以防损伤皮肤造成感染。⑥外出时，避免阳光直接暴晒，必要时使用遮阳伞或戴帽遮挡。⑦局部皮肤出现瘙痒时，禁搔抓；出现脱皮时勿撕剥，而是让其自然脱落。

（2）营养支持：对于全腹或盆腔放疗引起腹泻的病人，宜进食少渣、低纤维、不易产气的食物。严重腹泻时需暂停放疗，给予要素饮食或完全肠外营养。放疗期间嘱病人多饮水，以增加尿量、促进毒素排泄，从而减轻全身放疗反应。

（3）密切观察病情变化：定期检查病人血常规，监测病人有无感染症状与体征，一旦发现异常，及时通知医生，并配合处理。此外，放疗在杀灭肿瘤细胞的同时，对照射野内的正常组织也有不同程度的损害，如膀胱被照射后可出现血尿、胸部被照射后可发生放射性肺纤维化等。因此，放疗期间应加强对被照射器官功能状态的观察、对症护理，出现严重不良反应时，应及时报告医生，暂停放疗。

3. 放疗后的护理
放疗结束后，告知病人避免拔牙、注意照射野皮肤的保护，并向其说明后期仍可能出现放射反应，应按计划定期复查。

（六）健康指导

肿瘤病人的健康指导应贯穿于治疗、康复的始终。护士应根据病人及其家属的具体情况对其行个体化健康教育，如住院环境介绍、安全管理、肿瘤相关疾病预防、治疗及护理知识等。告知病人及其家属治疗后应坚持随访，以早期发现肿瘤复发或转移的征象。

Note:

1. 肿瘤的三级预防

（1）一级预防：即病因预防，消除或减少可能的致癌因素，以降低癌症的发病率。实施措施包括保护环境，控制大气、水源、土壤等污染；改变不良习惯和生活方式，如戒烟、戒酒，多食新鲜蔬菜、水果等；减少职业暴露，如石棉、苯等。

（2）二级预防：指早期发现、早期诊断及早期治疗。主要实施手段是开展普查工作，对高发区及高危人群进行定期体格检查、筛查，从中发现癌前病变并及时治疗。

（3）三级预防：即诊断和治疗后康复治疗，包括控制不适症状、减轻痛苦、提高生存质量、延长生命等，主要实施方法是对症治疗。

2. 坚持随访　肿瘤病人应终身定期随访，通常用 3 年、5 年、10 年的生存率表示某病种的治疗效果，对肿瘤病人的随访还可减少其对癌症的恐惧，早期发现复发或转移征象等。一般情况下，在手术、化疗、放疗后最初 1 年内，应每个月随访 1 次；1~3 年至少每 3 个月随访 1 次；3~5 年，每半年 1 次；5 年后每年 1 次。具体随访时间，可根据肿瘤的性质、分期、治疗效果适当调整。随访内容根据肿瘤的恶性程度而定，包括肿瘤切除部位检查、B 超检查、CT 检查、血常规、肝功能、肾功能检查及肿瘤标志物检查等。

【护理评价】

经过治疗和护理，评价病人是否能够达到：①焦虑与恐惧感减轻，能以积极的心态坚持治疗。②增加营养的摄入以适应代谢的需要；③疼痛能得到有效控制；④无严重感染发生；⑤无严重恶心/呕吐；⑥排便正常；⑦皮肤/黏膜正常；⑧正确应对治疗造成的形象改变；⑨了解疾病的相关知识、治疗护理过程及预防措施。

知 识 链 接

做癌症病人生命最后一程"温暖的光"

晚期癌症病人常常在生命最后阶段面临癌性疼痛的困扰，这种疼痛会让人痛不欲生，并由此引发抑郁、睡眠障碍等各种问题。随着对临终关怀这项事业认识的加深，护士在病人最后的生命旅程中承担起了更加重要的角色。作为上海首批开设临终关怀病房试点的社区卫生服务中心，2012 年起，嘉定区迎园医院安宁疗护科从零探索舒缓治疗这项全新的工作。"90 后"乃至"95 后"的年轻医务团队从零开始，努力探索如何为病人的生命燃起最后的微光。他们接治了几百名病人，大部分为恶性肿瘤晚期病人，生命在这里进入真正的倒计时。"有些病人胆小，会说'护士长，让我握着你的手，我能感受到力量'。我明白，这有对死亡的恐惧，也有对亲人的留恋与不舍。"护士长说。

（仇晓霞）

思 考 题

1. 肿瘤病人的心理特点有哪些？
2. 化学治疗常见毒副作用有哪些？
3. 肿瘤三级预防措施包括哪些？

URSING

第七章

围手术期病人的护理

07章 数字内容

学 习 目 标

识记：

1. 陈述围手术期的概念、自控镇痛的概念。

2. 列出手术中应遵循的无菌原则、麻醉的分类及主要并发症。

3. 概述术前评估及术前准备的主要内容、术后一般护理措施及术后常见并发症的护理。

理解：

1. 识别手术前、后常见护理诊断/问题。

2. 理解手术室环境和手术人员准备、手术室护士的职责。

运用：

1. 正确完成外科手消毒，正确穿、脱无菌手术衣。

2. 为手术病人制订护理计划。

--- 导入情境与思考 ---

病人,男性,30 岁,因车祸外伤,以脾破裂急诊入院,T 36.2℃,BP 96/60mmHg,HR 110 次/min,R 28 次/min,拟行急诊手术。

请思考:

（1）护士应从哪些方面对该病人进行护理评估？该病人特殊的术前准备有哪些?

（2）病人紧急行脾切除术,应用哪种麻醉方式？该类麻醉苏醒期的护理有哪些?

（3）对该病人术后疼痛程度的评估有哪些方法？该病人术后疼痛的护理措施有哪些?

围手术期(perioperative period)是指从病人确定手术治疗时起,至与本次手术有关的治疗基本结束为止的一段时间,分为手术前期、手术中期和手术后期 3 个阶段。围手术期护理是指在围手术期为病人提供全程的护理,在术前至术后整个治疗期间,通过全面评估病人的身心状况,正确地判断病人对手术和麻醉的耐受力,为病人提供整体护理,以增加手术的安全性,保证手术的顺利实施,减少术后并发症的发生,促使病人术后尽快恢复健康。

【手术分类】

（一）根据手术时限分类

1. **择期手术** 指手术时间没有期限的限制,可做好充分的术前准备后进行手术。如一般的良性肿瘤切除术、腹股沟疝修补术等。

2. **限期手术** 手术时间可以选择,但必须有时间限制,不宜过久以免延误手术时机,应在限定的时间内做好术前准备,如各种恶性肿瘤的根治术。

3. **急诊手术** 病人病情危急,需要在最短时间内进行必要的术前准备后立即实施的手术,以抢救生命。如外伤性肝、脾破裂和肠破裂、胸、腹腔大血管破裂等手术治疗。

（二）根据手术目的分类

1. **诊断性手术** 目的是明确诊断,如活组织检查术、开腹探查术、开胸探查术等。

2. **根治性手术** 目的是彻底治愈疾病,如胆囊切除术、腭裂修补术等。

3. **姑息性手术** 目的是减轻症状,适用于条件限制而不能行根治性手术的疾病,如晚期胃窦癌病人行胃空肠吻合术,以解除幽门梗阻症状,但不切除肿瘤。

第一节 手术前期病人的护理

手术前期(perioperative phase)是指从病人决定接受手术到将病人送至手术室的这段时期。手术前,要对病人的全身情况有足够的了解,评估是否存在可能影响整个病程的潜在因素,包括主要器官、系统的功能及营养、心理状态等。

【护理评估】

（一）健康史

1. **一般资料** 了解病人年龄、职业、生活习惯,有无烟酒嗜好等。

2. **现病史** 本次发病的诱因、诊治经过、症状和体征。

3. **既往史** 了解有无各系统疾病病史,创伤史、手术史、过敏史。

4. **用药史** 如抗凝血药、抗生素、镇静药、抗高血压药、利尿药、激素等的使用情况及不良反应。

5. **婚育史** 了解女性病人的月经史、生育状况。

6. **家族史**　家庭成员有无同类疾病、遗传病史等。

（二）身体状况

1. **重要系统功能**

（1）循环系统：评估病人有无肢体水肿,体表血管异常;有无颈静脉怒张和四肢静脉曲张等现象;有无心肌炎、心绞痛、心肌梗死、心力衰竭等病史。

（2）呼吸系统：评估呼吸运动是否对称,是否出现呼吸急促、咳嗽、咳痰、发绀等表现;有无肺气肿、肺结核、呼吸道感染等病史以及长期吸烟史。

（3）泌尿系统：评估有无尿频、尿急、尿痛和排尿困难等症状,观察尿液的量及尿液性状,有无肾功能不全、前列腺结节状增生或急性肾炎。

（4）血液系统：评估有无出血倾向的病史,是否使用抗凝血药物。

（5）其他：①内分泌系统疾病,有无甲状腺功能亢进、糖尿病等。②神经系统疾病,有无癫痫和严重的帕金森病等。③有无肝、肾疾病。

2. **手术耐受能力**　①耐受良好：病人全身情况较好,无重要内脏器官功能损害,疾病对病人全身影响较小;②耐受不良：病人全身情况不良,重要内脏器官功能损害较严重、疾病对病人全身影响明显、手术损伤大。

（三）辅助检查

了解实验室各项检查结果,如血、尿、便三大常规检查、血生化检验结果;了解胸部 X 线、B 超、CT 及 MRI 等影像学检查结果,以及心电图、内镜检查及其他特殊检查结果。

（四）心理-社会状况

了解术前病人的心理问题及产生问题的原因,病人的人格类型,家庭成员状况、家属对疾病的认识、对病人的支持程度,家庭的经济承受能力等。

【常见护理诊断/问题】

1. **焦虑/恐惧**　与环境陌生、对手术和麻醉缺乏正确认识、担心手术结果、术后疼痛或出现并发症等因素有关。

2. **营养失调：低于机体需要量**　与摄入量不足、肿瘤消耗、消化吸收功能障碍有关。

3. **知识缺乏：缺乏术前配合的相关知识。**

4. **睡眠型态紊乱**　与疾病导致的不适、环境改变和担忧有关。

5. **体液不足**　与疾病所致体液丢失、液体摄入量不足或体液在体内分布转移等有关。

【计划与实施】

（一）心理准备

1. **心理支持和疏导**　鼓励病人表达感受,倾听病人诉说,正确引导和纠正恐惧、焦虑等不良情绪;耐心向病人解释病情、手术的必要性及可能取得的效果,增强病人对治疗的信心,使病人以积极的心态配合手术和术后治疗;动员病人的社会支持系统,使其感受到重视和关心。

2. **认知教育**　帮助病人正确认识病情,提高认识和应对能力,了解手术相关知识及术后的注意事项,使病人对手术的风险及可能出现的并发症有足够的认知和心理准备。

（二）常规术前准备

1. **饮食与休息**　加强饮食指导,鼓励病人摄入营养素丰富、易消化的食物。消除引起睡眠不良的诱因,创造安静、舒适的环境,告知病人放松技巧,促进其睡眠,必要时遵医嘱予以镇静催眠药。

2. **适应性训练**

（1）指导病人床上使用便盆的方法,以适应术后床上排尿和排便。

（2）教会自行调整卧位和床上翻身的方法,以适应术后体位的变化。

（3）还应指导部分病人术中特殊体位的适应性练习:行甲状腺手术的病人,将枕头垫于肩下,练习头颈部过伸平卧位;脊柱手术的病人练习俯卧位;乳腺癌手术的病人进行患肢外展训练。

（4）指导病人练习深呼吸运动:行腹部手术的病人练习胸式呼吸,胸部手术的病人练习腹式呼吸,学会用鼻慢慢深吸气,然后用嘴慢慢呼气,以增加肺通气量。

（5）指导病人练习有效咳嗽、咳痰:咳嗽时采取半卧位,两手十指交叉联结,将手掌横压在切口上方或两侧,以支托切口,减轻咳嗽时因切口震动引起的疼痛。咳痰前先深呼吸,然后用力做爆破式咳痰,以利于排出肺部深处的痰液。

3. 配血 施行大中型手术者,术前应遵医嘱做好血型鉴定和交叉配血,备好一定数量的红细胞和血浆。

4. 预防术后感染 遵医嘱合理应用抗生素,及时处理已知的感染病灶。避免病人与其他感染者接触,有以下情况者,术前应预防性使用抗生素:①手术范围大、时间长、污染机会增加。②手术涉及重要器官,一旦发生感染将造成严重后果者,如头颅手术、心脏手术等。③异物植入手术,如人工心瓣膜植入、永久性心脏起搏器放置、人工关节置换等。④高龄或免疫缺陷等高危人群。

5. 胃肠道准备 传统的胃肠道准备要求:①成人择期手术前 8~12h 禁食,4h 禁饮,以避免在麻醉或手术过程中因呕吐误吸而导致窒息或吸入性肺炎。②非肠道手术病人术前一般不限制饮食种类;消化道手术病人术前 1~2d 进食流质饮食。③肠道手术病人术前 3d 开始做肠道准备。④消化道手术或某些特殊疾病,应遵医嘱留置胃管。近年来,加速康复外科在临床逐步开展。长时间禁食使病人处于代谢的应激状态,可致胰岛素抵抗,不利于降低术后并发症的发生率。因此建议无胃肠道动力障碍病人术前 6h 禁食固体饮食,术前 2h 禁食清流质饮食。若病人无糖尿病病史,推荐手术 2h 前饮用 400ml 含 12.5% 碳水化合物的饮料,可减缓饥饿、口渴、焦虑情绪,降低术后胰岛素抵抗和高血糖的发生率。

6. 手术区皮肤准备 ①清洁:术前 1d 下午或晚上清洁皮肤,腹部手术及腹腔镜手术时尤应注意脐部的清洁,若皮肤上有胶布的痕迹,可用松节油或 75% 乙醇擦拭。②备皮:应注意遮挡和保暖,防止损伤表皮而增加感染的概率;若毛发影响手术操作,应剃除;若手术区域毛发细小,可不用剃除。手术区皮肤准备范围包括切口周围至少 15cm,不同手术部位的皮肤准备范围见图 7-1-1。

7. 进入手术室前的准备

（1）认真检查、确定各项准备工作的落实情况。

（2）出现发热或女性病人月经来潮,应延迟手术。

（3）进入手术室前,指导病人排尽尿液,排空膀胱,预计手术时间将持续 4h 以上及接受下腹部或盆腔内手术者,留置导尿管。

（4）遵医嘱予以术前用药。

（5）嘱病人将义齿、发夹、眼镜、手表及其他首饰取下,妥善保管。洗去指（趾）甲油,口红等化妆品,以免影响术中病情观察。

（6）将术中需要的病历,药物,X 线、CT、MRI 等检查资料,随同病人一并带入手术室。

（7）与手术室接诊人员仔细核对病人、手术部位及名称等,做好交接。

（8）根据手术类型及麻醉方式准备麻醉床,备好床旁用物。如负压吸引装置、输液架、心电监护仪、吸氧装置等。

（三）特殊病人的准备

1. 急症手术 在最短的时间内做好急救处理的同时,还要进行必要的术前准备,如立即输液,改善病人水、电解质紊乱及酸碱平衡失调的状况。若病人处于休克状态,要立即建立 2 条以上的静脉通道,快速补充血容量;尽快处理伤口等。

2. 营养不良 营养不良的病人机体抵抗力下降,容易并发感染,并对手术刺激、失血等耐受

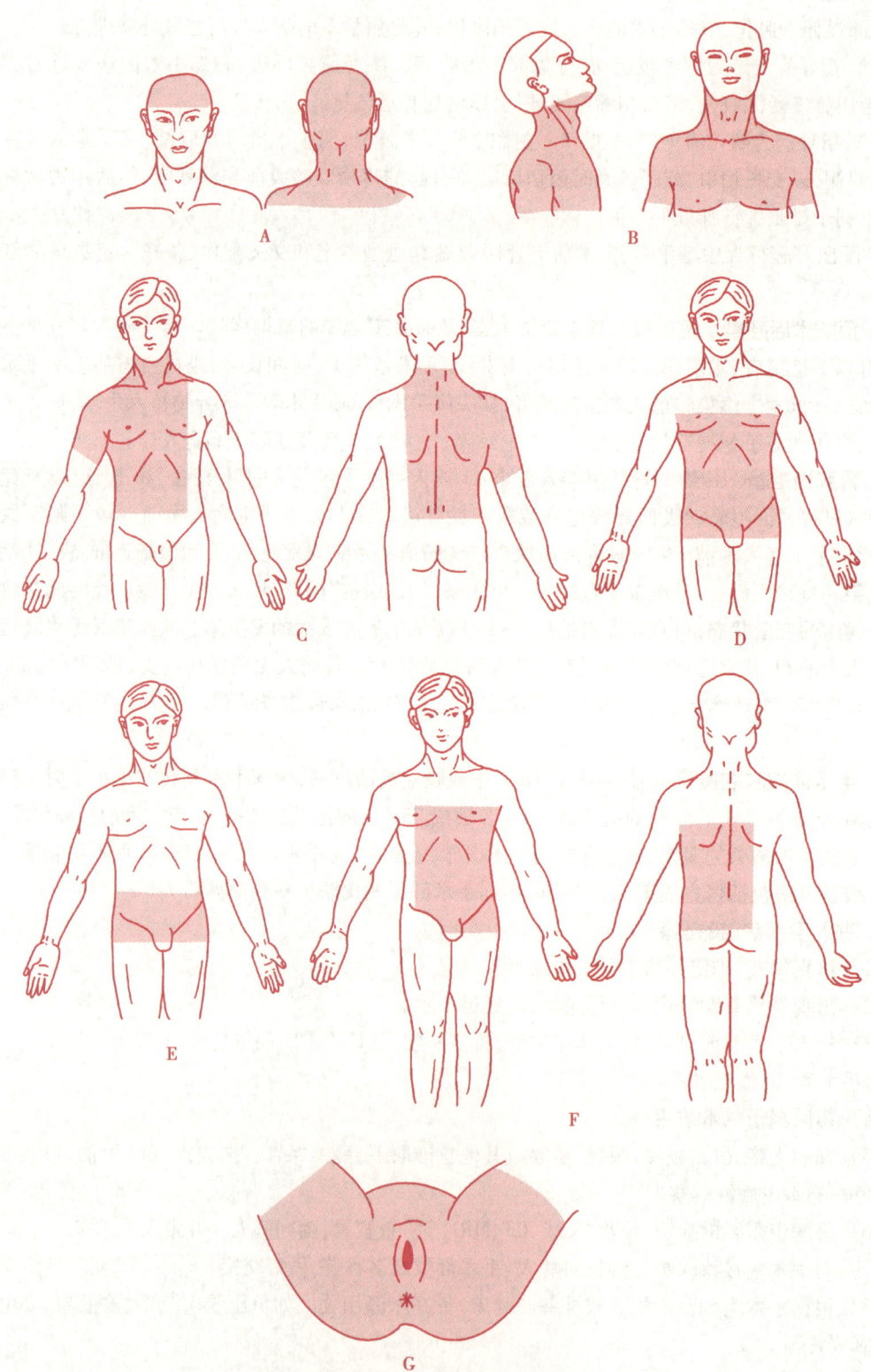

图 7-1-1 **各部位手术皮肤准备范围**
A. 颅脑手术；B. 颈部手术；C. 胸部手术（右）；D. 腹部手术；E. 腹股沟区手术；F. 肾手术；G. 会阴部及肛门部手术。

性降低;低蛋白血症可引起组织水肿、术后切口愈合能力差,故术前应积极改善病人的营养状况。

3. **高血压**　对轻、中度的高血压及术前未用药物治疗者,术中和术后均应密切观察血压变化,如有明显血压增高,则需要抗高血压治疗。对正在服用抗高血压药的病人应继续用药控制血压,使病人血压稳定能够接受手术。

4. **心脏病**　急性心肌梗死、心绞痛发作后6个月以上,才能接受手术。心力衰竭病人须在心力衰竭控制3~4周后手术。有心律失常者,遵医嘱用药,尽可能将心率控制在正常范围;老年冠状动脉粥样硬化性心脏病(冠心病)病人,若出现心动过缓,术前遵医嘱用阿托品,必要时予以安置临时心脏起搏器。术前低盐饮食和服用利尿药的病人,应注意纠正水、电解质和酸碱平衡失调。

5. **糖尿病**　糖尿病病人易发生感染,术前应积极控制血糖及相关并发症,一般实施大型手术前将血糖水平控制在正常或轻度升高状态(5.6~11.2mmol/L),尿糖(+~++)为宜。大型手术或血糖不稳定者使用胰岛素治疗。为避免发生糖尿病酮症酸中毒,尽量缩短病人禁食时间,禁食期间定时监测血糖结果。

6. **呼吸功能障碍**　吸烟者至少术前2周戒烟;对存在气道高反应性和肺功能下降的高危病人,如年龄>65岁,肥胖、吸烟史,支气管哮喘或慢性阻塞性肺疾病病人,遵医嘱行雾化吸入糖皮质激素或支气管舒张剂,改善气道功能。急性呼吸系统感染病人,若为择期手术,应推迟至感染治愈后1~2周再行手术。

7. **肾脏疾病**　麻醉、手术创伤、某些药物等都会加重肾负担。术前做各项肾功能检查,了解病人术前肾功能情况。轻度、中度肾功能损害者,经内科处理多数能较好地耐受手术;重度损害者需要在有效透析治疗后才可耐受手术,但手术前应最大限度地改善肾功能。

8. **肝脏疾病**　手术创伤和麻醉都会加重肝负荷。术前充分了解肝功能情况,肝功能轻度损害者不影响手术耐受力,肝功能损害严重、濒于失代偿者或急性肝炎的病人,手术耐受力明显减弱,除抢救外,一般不宜手术。

9. **凝血功能障碍**　监测凝血功能;对于长期服用阿司匹林等非甾体抗炎药的病人,术前7d停药;大型手术术前4~7d停用华法林,但是对血栓栓塞的高危病人在此期间应继续使用肝素;择期手术病人术前12h内不使用大剂量低分子量肝素,4h内不使用大剂量普通肝素;在抗凝治疗期间需急诊手术的病人,须停用抗凝血药。

10. **妊娠**　妊娠期间需手术治疗时,必须将母体和胎儿的安全放在首位。行放射线检查时,必须加强保护性措施,尽量选择对孕妇及胎儿安全性较高的药物。

(四)健康指导

1. 告知病人疾病相关知识,手术治疗的意义、手术和麻醉方法,使其掌握术前准备的具体内容。

2. 指导病人术前戒烟,早、晚刷牙,饭后漱口,保持口腔卫生;术前加强营养,注意休息与活动,保持稳定的情绪迎接手术。

3. 指导病人术前进行相关适应性锻炼;指导病人掌握术后活动的基本原则和方法,如呼吸功能锻炼、床上活动、床上使用便器等。

【护理评价】

经过全面的术前准备,评价病人是否能够达到:①情绪平稳,能配合各项检查、治疗和护理。②营养改善,体重得以维持或增加。③对疾病及治疗等认知有所提高,能说出所患疾病的相关知识及注意事项、配合要点。④睡眠充足,能够得到充分休息。⑤体液维持平衡,无水、电解质和酸碱平衡失调的表现,各主要器官功能状态,机体处于接受手术的最佳状态。

Note:

加速康复外科理念与围手术期护理

加速康复外科(enhanced recovery after surgery, ERAS)以循证医学证据为基础,以减少手术病人的生理及心理创伤应激反应为目的,通过外科、麻醉、护理、营养等多专业协作,对涉及围手术期处理的临床路径予以优化,通过缓解病人围手术期各种应激反应,达到减少术后并发症、缩短住院时间和促进康复的目的。这一优化的临床路径贯穿于住院前、手术前、手术中、手术后、出院后的完整治疗过程,其核心就是强调以服务病人为中心的诊疗理念。研究显示,ERAS 相关路径的实施有助于提高病人围手术期的安全性和满意度,缩短术后住院时间,有助于降低术后并发症的发生率。

（郭　莹）

第二节　手术中期病人的护理

手术中期(intraoperative phase)是指从病人被送至手术室到术后被送入复苏室(观察室)或外科病房之前的时期。此期的护理工作主要是由手术室护士完成,主要包括手术室护理和麻醉病人的护理。

一、手术室护理

【手术室布局和人员职责】

（一）手术室的设置和布局

1. 位置　手术室应选择在大气含尘浓度较低、自然环境较好的地方,并尽可能远离污染源以保持空气清洁。低层建筑一般选择在中上层或高层,高层建筑则尽可能避免设在首层或顶层。手术室应与需要手术治疗的科室、化验室、血库、病理科、放射科、消毒供应中心、监护室等相邻,最好有直接通道和通信联系设备。

2. 布局　手术室设有病人出入口、工作人员出入口、无菌物品出入口及污物出口。内分洁净走廊和清洁走廊:手术室按照洁净程度分为 3 个区。①洁净区:包括洁净走廊、洗手间、手术间、无菌物品间、药品室、麻醉准备室等。②准洁净区:包括器械室、敷料室、洗涤室、消毒室、清洁走廊、复苏室、石膏室等。③非洁净区:包括办公室、会议室、实验室、标本室、污物室、资料室、电视教学室、更衣室、医护人员休息室、手术病人家属等候室等。

3. 建筑要求　一般大手术间面积 40~50m²,中小手术间面积 20~40m²。用作心血管直视手术、器官移植手术等的手术间因仪器设备多,需 50~60m²。手术间的数量与手术科室床位比一般为 1:(20~30)。手术间应保持室温在 22~25℃,相对湿度在 40%~60%。

（二）手术室护士的职责

1. 器械护士　又称洗手护士,主要职责有:

（1）术前 15~20min 洗手、穿无菌手术衣、戴无菌手套;备好无菌器械台,检查并摆放好各种器械、敷料;协助医生进行手术区皮肤消毒和铺无菌手术单。

（2）与巡回护士共同准确清点各种器械、敷料、缝针等的数目,核对后登记。术中增减的用物须反复核对清楚并及时记录。

（3）手术过程中,按手术步骤向医生传递器械、敷料、缝针等手术用物,做到主动、迅速、准确无误。

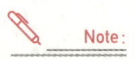
Note:

（4）保持手术野、器械托盘、器械台、器械及用物等干燥、整洁、无菌。器械分类摆放整齐,做到快递、快收。

（5）密切关注手术进展,若出现大出血、心搏骤停等紧急情况,立即备好抢救用品,积极配合医生抢救。

（6）妥善保管术中切下的组织或标本,按要求及时送检。

（7）术后协助医生消毒处理切口,包扎切口并妥善固定引流物。

（8）按要求分类处理手术器械及各种用物、敷料等。

2. 巡回护士　又称辅助护士,主要职责有:

（1）术前 1d 访视病人,根据手术种类和范围准备手术器械和敷料。

（2）术前认真准备、检查手术间内各种药物、物品。

（3）核对病人床号、姓名、性别、年龄、住院号、诊断、手术名称、手术部位、术前用药,检查术前准备情况。

（4）协助麻醉医生安置病人体位并注意保护。

（5）分别于术前和术中关闭体腔及缝合切口前,与器械护士共同清点、核对用物,避免异物存留于病人体内。

（6）随时观察手术进展情况,及时供应、补充手术台上所需物品。密切观察病人病情变化,保证其术中安全,主动配合抢救工作。认真填写手术护理记录单,严格执行术中用药制度,监督手术人员的无菌操作并及时纠正。

（7）术后协助医生清洁病人皮肤、包扎伤口、妥善固定引流管,注意病人保暖。整理物品,护送病人回病房,将术中情况及物品与病区护士交班。整理手术间,补充手术间内的各种备用药品及物品,进行日常清扫及空气消毒。

【手术物品准备】

1. 布单类　包括手术衣和各种手术单,应选用质地细柔且厚实的棉布,颜色以深绿色或深蓝色为宜,经高压蒸汽灭菌后使用。用无纺布制作并经灭菌处理的一次性手术衣、帽、手术单等可以直接使用,但不能完全替代布类物品。

2. 敷料类　包括吸水性强的脱脂纱布和脱脂棉花。前者包括不同尺寸的纱布垫、纱布块、纱布球及纱布条;后者包括棉垫、带线棉片、棉球及棉签。敷料类用于术中止血、拭血及术后包扎等。各种敷料制作后包成小包,高压蒸汽灭菌。

3. 器械类　手术器械包括基本器械和特殊器械。基本器械即切割及解剖器械、夹持及钳制器械、牵拉器械、探查和扩张器、取拿异物钳,其多用不锈钢制成,大部分需高压蒸汽灭菌处理。特殊器械包括内镜类、吻合器类、其他精密仪器(如高频电刀、电钻等)。

4. 缝合针和缝合线　常用的缝合针有三角针和圆针 2 类。缝合线分为不可吸收和可吸收 2 类。肠线可吸收缝线,常用于胃肠、胆管、膀胱等黏膜和肌层的吻合。

5. 引流物　可根据手术部位、创腔深浅、引流液的量和性质等选择合适的引流物。目前使用最多的是各型号的橡胶、硅胶和塑料类引流管,如普通引流管、双腔或三腔引流套管、T 型引流管、蕈状引流管等。可按橡胶类物品灭菌或高压蒸汽灭菌。

【病人的准备】

1. 一般准备　病人进入手术室后,护士应详细核对病人的姓名、性别、年龄、病区、床号、住院号、术前诊断、手术名称、麻醉方式等。检查病人术前准备情况,如皮试结果、备血情况、术前用药、皮肤准备情况等。全身麻醉(简称全麻)病人务必取出义齿。

2. 安置手术体位　巡回护士应根据手术部位安置恰当的手术体位,安置手术体位的原则:①最大限度地保证病人的舒适和安全。②充分暴露手术野,避免不必要的裸露。③不影响呼吸、循环功能,不影响麻醉医生观察和监测。④妥善固定,避免病人血管及神经受压、肌肉扭伤、压力性损伤等并发症。常见的手术体位见图 7-2-1。

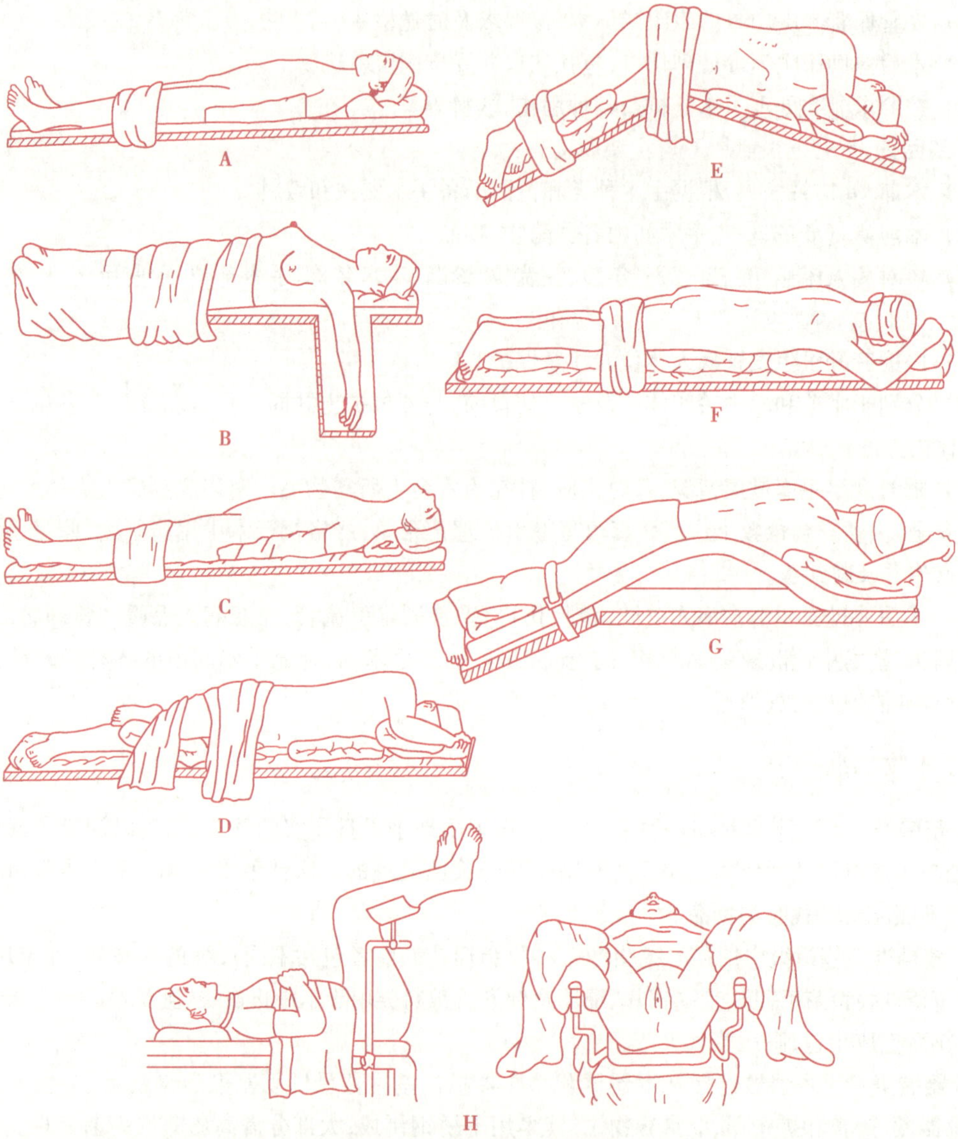

图 7-2-1 **常见的手术体位**
A. 水平仰卧位;B. 乳房手术平卧位;C. 颈仰卧位;D. 胸部手术侧卧位;E. 肾手术侧卧位;F. 俯卧位;G. 腰椎手术俯卧位;H. 膀胱截石位。

(1) 仰卧位:①水平仰卧位:适用于胸部、腹部、下肢等手术。②垂头仰卧位:适用于颈部手术。③上肢外展仰卧位:适用于上肢、乳房手术。

(2) 侧卧位:①一般侧卧位(90°侧卧位):适用于肺、食管、侧胸壁、侧腰部(肾及输尿管中上段)和脑外科(颞部肿瘤、桥小脑角区肿瘤)等手术。②半侧卧位:适用于胸腹联合切口及前胸部手术。

(3) 俯卧位:适用于颅后窝、颈椎后入路、脊柱后入路、背部、骶尾部等手术。

(4) 膀胱截石位:适用于阴道、肛门、尿道、会阴部等手术。

(5) 半坐卧位:适用于鼻咽部手术。

3. 手术区皮肤消毒 病人体位摆好后,须对手术区域皮肤进行消毒,以杀灭手术切口及其周围皮肤上的病原微生物。消毒前先检查手术区域皮肤的清洁程度、有无破损及感染。

（1）消毒剂：目前国内普遍使用碘伏（0.2%安尔碘）作为皮肤消毒剂。碘伏属中效消毒剂，可直接用于皮肤、黏膜和切口消毒。

（2）消毒方法：用碘伏涂擦病人手术区域2遍即可。对婴幼儿皮肤消毒、面部皮肤、口鼻腔黏膜、会阴部手术消毒一般采用0.5%安尔碘；植皮时，供皮区用75%乙醇消毒3遍。

（3）消毒范围：包括手术切口周围15cm的区域，如有延长切口的可能，应扩大消毒范围。

（4）消毒原则：以手术切口为中心向四周涂擦；感染伤口或肛门、会阴部皮肤消毒，应从外周向感染伤口或会阴、肛门处涂擦；已接触污染部位的药液纱球不能回擦。

【手术人员的准备】

（一）一般准备

手术人员应保持身体清洁，进入手术室时，先换穿手术衣、裤和手术室专用鞋，自身衣服不得外露。戴好口罩、手术帽，头发、口鼻不外露。剪短指甲，并去除甲缘下的积垢。

（二）外科手消毒

手臂皮肤的细菌分为暂居细菌和定植菌两大类，外科手消毒可通过机械性刷洗和化学消毒的方法，尽可能清除双手和前臂的暂居菌和部分定植菌，以达到消毒皮肤的目的。

1. 洗手方法　①取适量的肥皂液清洗双手、前臂和上臂下1/3，认真揉搓。清洁双手时，应注意清洁指甲下的污垢和手部皮肤的皱褶处。②流动水冲洗双手、前臂和上臂下1/3。从手指到肘部，沿一个方向用流动水冲洗手和手臂，不要在水中来回移动手臂。③使用干手物品擦干双手、前臂和上臂下1/3。

2. 手消毒方法　常用方法包括：免刷手消毒方法和刷手消毒方法。

（1）免刷手消毒方法

1）冲洗法：取适量的手消毒剂揉搓至双手的每个部位、前臂和上臂下1/3，认真揉搓2~6min，用流动水冲净双手、前臂和上臂下1/3，用无菌巾彻底擦干。

2）免冲洗法：取适量的手消毒剂涂抹至双手的每个部位、前臂和上臂下1/3，认真揉搓直至消毒剂干燥。

（2）刷手消毒方法（不建议常规使用）

1）清洁洗手：具体方法参照洗手方法。

2）刷手：取无菌手刷，取适量洗手液或外科手消毒液，刷洗双手、前臂至上臂下1/3，时间约3min（根据洗手液说明）。刷时稍用力，先刷甲缘、甲沟、指蹼，再由拇指桡侧开始，渐次到指背、尺侧、掌侧，依次刷完双手手指。然后再分段交替刷左右手掌、手背、前臂至肘上。刷手时要注意勿漏刷指间、腕部尺侧和肘窝部。用流动水自指尖至肘部冲洗，不要在水中来回移动手臂。用无菌巾从手至肘上依次擦干，不可再向手部回擦。拿无菌巾的手不要触碰已擦过皮肤的巾面。同时还要注意无菌巾不要擦拭未经刷过的皮肤。同法擦干另一手臂。手消毒剂的取液量、揉搓时间及使用方法应遵循产品的使用说明。

3. 外科手消毒的注意事项　①在整个过程中双手应保持位于胸前并高于肘部，保持指尖朝上，使水由指尖流向肘部，避免倒流。②手部皮肤应无破损。③冲洗双手时避免溅湿衣裤。④戴无菌手套前，避免污染双手。⑤摘除外科手套后应清洁双手。

（三）穿无菌手术衣

穿无菌手术衣的目的是避免和预防手术过程中医护人员衣物上的细菌污染手术切口，同时保障手术人员安全，预防职业暴露。

1. 无菌手术衣穿法见图7-2-2。

（1）拿取无菌手术衣，选择较宽敞处站立，面向无菌台，手持衣领，抖开，使无菌手术衣的另一端下垂。

Note:

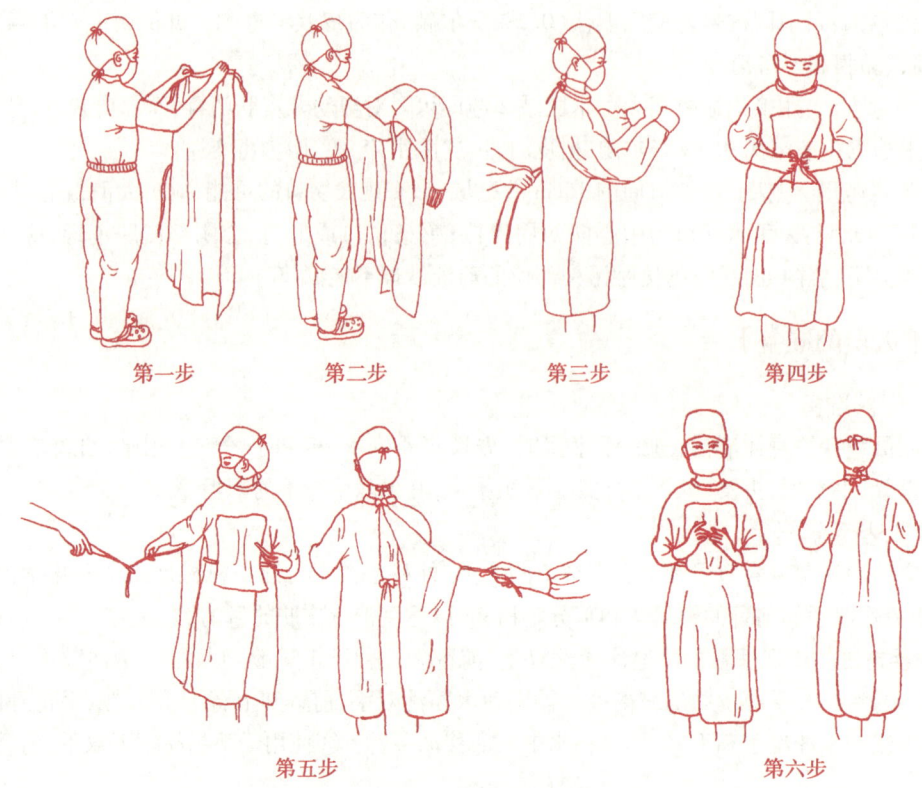

第一步　　　　　第二步　　　　　第三步　　　　　第四步

第五步　　　　　　　　　　　　第六步

图 7-2-2　穿无菌手术衣

（2）两手提起衣领两角，衣袖向前位将手术衣展开，举至与肩同齐水平，使手术衣的内侧面面对自己，顺势将双手和前臂伸入衣袖内，并向前平行伸展。

（3）巡回护士在穿衣者背后抓住衣领内面，协助将袖口后拉，并系好领口的一对系带及左侧背部与右侧腋下的一对系带。

（4）应采用无接触式戴无菌手套。

（5）解开腰间活结，将右侧腰带递给台上其他手术人员或交由巡回护士用无菌持物钳夹取，旋转后与左手腰带系于胸前，使手术衣右侧遮盖左叶。

2. 协助穿无菌手术衣

（1）洗手护士持无菌手术衣，选择无菌区域较宽敞的地方协助医生穿衣。

（2）双手持号码适中的手术衣衣领，内面朝向医生打开，护士的双手套入手术衣肩部的外面并举至与肩同齐水平。

（3）医生面对护士跨前一步，将双手同时伸入袖管至上臂中部，巡回护士协助其系衣领及腰带。

（4）洗手护士协助医生戴手套并将腰带协助打开拽住，医生自转后自行系带。

3. 穿无菌手术衣注意事项

（1）无菌手术衣不可触及非无菌区域，如有质疑立即更换。

（2）有破损的无菌衣或出现可疑污染时立即更换。

（3）巡回护士向后拉衣领时，不可触及手术衣外面。

（4）穿无菌手术衣人员必须戴好手套，方可解开腰间活结或接取腰带，未戴手套的手不可拉衣袖或触及其他部位。

（5）无菌手术衣的无菌区范围为肩以下、腰以上及两侧腋前线之间。

（四）无接触式戴无菌手套

无接触式戴无菌手套是指手术人员在穿无菌手术衣时手不露出袖口，独自完成或由他人协助完成戴手套的方法。

1. 自戴无菌手套方法见图 7-2-3。

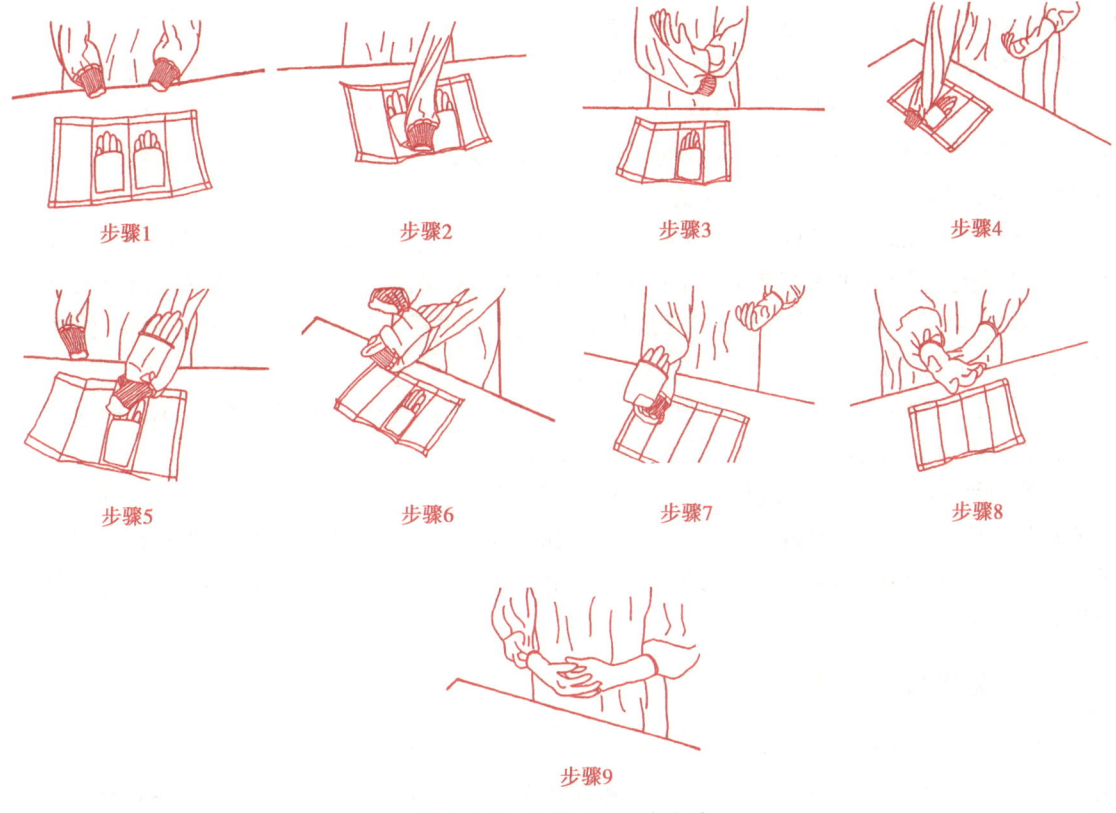

图 7-2-3　自戴无菌手套方法

（1）穿无菌手术衣时双手不露出袖口。

（2）隔衣袖取手套置于同侧的掌侧面，手套指端朝向前臂，拇指相对，反折边与袖口平齐，隔衣袖抓住手套边缘并将之翻转包裹手及袖口。

2. **协助戴无菌手套方法**　协助者将手套撑开，被戴者手直接插入手套中。

3. **无接触式戴无菌手套注意事项**

（1）向近心端拉衣袖时用力不可过猛，袖口拉到拇指关节处即可。

（2）双手始终不能露于衣袖外，所有操作双手均在衣袖内。

（3）戴手套时，将反折边的手套口翻转过来包裹住袖口，不可将腕部裸露。

（4）传染性、骨科等手术时手术人员应戴双层手套，有条件者内层为彩色手套。

（五）脱无菌手术衣及手套

1. **脱手术衣方法**　脱无菌手术衣原则是由巡回护士协助解开衣领系带，先脱手术衣，再脱手套，确保不污染刷手裤。

2. **脱手套方法**　用戴手套的手抓取另一手的手套外面翻转脱下，用已脱手套的手伸入另一手套的内侧面翻转脱下。注意清洁手不被手套外侧面所污染。

【手术中的无菌原则】

1. **明确无菌范围**　手术人员刷手后，手臂不可接触未经消毒的物品。穿好手术衣后，手术衣的无菌范围为肩以下，腰以上，双手、前臂、腋前线以前的区域。手术人员手臂应保持在腰水平以上，肘部内收，靠近身体，既不能高举过肩，也不能下垂过腰或交叉于腋下。不可接触手术床边缘及无菌台台缘以下的布单。凡下坠超过手术床边缘以下的器械、敷料及缝线等一概不可再取回使用。无菌台

Note：

仅台缘平面以上属无菌,参加手术人员不得扶持无菌台的边缘。

2. **保持物品无菌**　无菌区内所有物品均应严格灭菌。手套、手术衣及手术用物(如无菌巾、布单)如疑有污染、破损、潮湿,应立即更换。1 份无菌物品只能用于 1 个病人,打开后即使未用,也不能留给其他病人使用,需重新包装、灭菌后才能使用。

3. **保护皮肤切口**　在切开皮肤前,先在皮肤上粘贴无菌塑料薄膜,再经薄膜切开皮肤,以保护切口。切开皮肤及皮下脂肪层后,切开边缘应以无菌大纱布垫或手术巾遮盖,并用缝线及巾钳固定,仅显露手术野。凡与皮肤接触的刀片和器械不应再用,若需延长切口或缝合前,应再次消毒皮肤。手术中因故暂停手术时,切口应用无菌巾覆盖。

4. **正确传递物品和调换位置**　手术中传递器械应从手术人员的胸前传递,不可从手术人员背后或头顶方向传递,必要时可从术者上臂下传递,但不得低于手术台的边缘。手术人员应面向无菌区,在规定区域内活动。同侧手术人员如需交换位置,一人应先退后一步,背对背转身到达另一位置,以防接触对方背部非无菌区。

5. **减少空气污染**　手术间门随时保持关闭状态,控制人员数量,减少人员流动,保持手术间安静。请他人擦汗时,头应转向一侧。口罩若潮湿,应更换。

6. **污染手术的隔离技术**　进行胃肠道、呼吸道或宫颈等污染手术时,切开空腔器官前,先用纱布垫保护周围组织,并随时吸除外流的内容物,被污染的器械和其他物品应放在污染器械盘内,避免与其他器械接触,污染的缝针及持针器应在等渗盐水中刷洗。完成全部步骤后,用灭菌用水冲洗或更换无菌手套,尽量减少污染机会。

二、麻醉病人的护理

麻醉(anesthesia)是指用药物或其他方法,使病人完全或部分失去感觉,达到手术时无痛的目的。根据麻醉药作用部位和所用药物的不同,按临床麻醉方法分类:①全身麻醉(general anesthesia):将麻醉药通过吸入、静脉注射、肌内注射或经直肠灌注体内,使中枢神经系统抑制,导致病人意识消失而周身无疼痛感觉。②局部麻醉(local anesthesia):简称局麻,是将局部麻醉药注射在相应部位,暂时地阻滞脊神经、神经丛或神经干及周围神经末梢。③椎管内麻醉(intrathecal anesthesia):将局部麻醉药物注入蛛网膜下腔而产生蛛网膜下腔阻滞和将局部麻醉药物注入硬膜外隙产生硬膜外阻滞。临床上将两种或两种以上的麻醉药或麻醉方法联合应用,称为复合麻醉(combined anesthesia),或平衡麻醉(balanced anesthesia)。麻醉前使病人进入类似睡眠状态,以利于其后麻醉处理的方法称为基础麻醉(basal anesthesia)。

【麻醉前准备】

1. **病人准备**

(1) 心理准备:病人对于麻醉和手术常感到紧张、焦虑,甚至恐惧。术前应有针对性地消除其思想顾虑和焦虑心理,耐心听取并解答其疑问,对精神过度紧张者,可给予药物辅助治疗。有心理障碍者,应请心理专家协助处理。

(2) 身体准备:麻醉前应尽量改善病人状况,纠正紊乱的生理功能,使病人各器官功能处于较好状态。要特别注意做好胃肠道准备,以免手术期间发生胃内容物反流、呕吐或误吸而致窒息或吸入性肺炎。

2. **麻醉设备、用具和药品的准备**　为使麻醉和手术能安全、顺利地进行,防止意外事件发生,麻醉前必须充分准备好麻醉用具、麻醉机、监测设备及药品,保证各仪器设备的功能正常。

3. **麻醉前用药**　常用的麻醉前用药有镇静药、催眠药、镇痛药、抗胆碱药和抗组胺药。用药的目的是:①镇静和催眠:消除病人紧张、焦虑及恐惧心理,使其情绪稳定,配合麻醉。②镇痛:缓解或消除麻醉操作可能引起的疼痛和不适,增强麻醉效果。③抑制腺体分泌:减少呼吸道腺体和唾液的分泌,

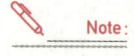

维持呼吸道通畅。④抑制不良反射:消除因手术或麻醉引起的不良反射,维持血流动力学的稳定。

【麻醉病人的护理】

1. 局部麻醉

（1）局部麻醉的分类

1）表面麻醉:将渗透作用强的局麻药与局部黏膜接触,药物穿透黏膜作用于神经末梢而产生局部麻醉作用的方法。主要用于眼、鼻、咽、喉、气道、尿道等处的浅表手术、内镜检查等。

2）局部浸润麻醉:沿手术切口线分层注入局麻药,阻滞神经末梢而起到麻醉作用的方法。是应用最广泛的局部麻醉,主要用于各种浅表的小手术。

3）区域阻滞:围绕手术区在其四周和底部注射局麻药,以阻滞支配手术区神经纤维的方法,用药同局部浸润麻醉。适用于局部肿块切除,如乳腺良性肿瘤切除术。

4）神经及神经丛阻滞麻醉:将局麻药注入神经干、丛、节的周围,阻滞相应区域的神经冲动传导而产生麻醉作用,称神经阻滞或神经丛阻滞。常用臂丛神经阻滞、颈神经丛阻滞、肋间神经阻滞和指（趾）神经阻滞等。

（2）常用局部麻醉药:局麻药按其化学结构不同分为酯类和酰胺类,常用的酯类药物包括普鲁卡因、丁卡因等。常用的酰胺类药物包括利多卡因、丁哌卡因等。使用中应注意其使用浓度、作用时间和最大使用量。

（3）局部麻醉病人的护理:手术中严密观察有无局麻药中毒反应。导致中毒反应的常见原因是麻醉药物浓度过高、一次用量过大、误注入血管或因局部血液循环丰富使麻醉药物吸收过快。主要表现为嗜睡、寒战、神志不清,严重者出现抽搐、惊厥、呼吸困难、血压下降,甚至心搏呼吸停止。预防局麻药中毒的措施是:①一次用药量不超过限量。②注药前回抽,无回血方可注射。③根据病人具体情况及用药部位酌减剂量。④如无禁忌,局麻药内加入适量肾上腺素。⑤麻醉前给予巴比妥类药物,以提高毒性阈值。一旦发现中毒反应,应立即停止用药、给氧、注射镇静、解痉药。惊厥病人可静脉注射硫喷妥钠,心搏呼吸骤停者,立即进行心、肺、脑复苏。

2. 椎管内麻醉

（1）蛛网膜下腔阻滞:又称脊椎麻醉,是将局麻药注入蛛网膜下腔,使其作用于脊神经前根和后根,产生不同程度的阻滞。适应证包括下腹部及盆腔手术、肛门及会阴部手术、下肢手术。禁忌证包括精神病、严重的神经症及不能合作的病人;脑、脊髓病变,严重头痛者;败血症、穿刺部位或附近皮肤感染者;休克、脊椎外伤或有严重腰背痛病史者,有凝血功能障碍或腹内压明显增高者;高血压合并冠心病者。常用的麻醉药有丁卡因、普鲁卡因、利多卡因和丁哌卡因等。

1）术中并发症的观察与护理:①血压下降或心率减慢:血压下降可因脊神经被阻滞后,麻醉区域血管扩张,静脉回心血量减少,心排血量降低所致。如麻醉血压下降者,先加快输液速率,增加血容量;必要时静脉注射麻黄碱,以收缩血管、维持血压;心率过缓者可静脉注射阿托品。②恶心、呕吐:由血压骤降、迷走神经功能亢进、手术牵拉内脏等因素所致。针对原因进行处理,吸氧、应用升压药物,暂停手术牵拉以减少对迷走神经刺激,必要时用氟哌利多止吐。③呼吸抑制:常见于胸段脊神经阻滞,表现为肋间肌麻痹、胸式呼吸减弱、潮气量减少、咳嗽无力、发绀。应谨慎用药,给氧。一旦呼吸停止立即行气管内插管,人工呼吸或机械通气。

2）术后并发症的观察与护理:①头痛。主要因腰椎穿刺时刺破硬脊膜和蛛网膜,脑脊液漏出,导致颅内压下降和颅内血管扩张刺激所致。预防和护理措施:麻醉时采用细穿刺针或笔尖式穿刺针,提高穿刺技术,避免反复穿刺,缩小针刺裂孔;保证术中、术后输入足量液体;术后常规去枕平卧6~8h;遵医嘱给予镇痛或镇静药。②尿潴留:因支配膀胱的副交感神经恢复较晚,下腹部、肛门或会阴部手术后切口疼痛,手术刺激膀胱或病人不习惯床上排尿所致。预防和护理措施:解释术后易出现尿潴留的原因,指导病人练习床上排尿,并嘱术后一旦有尿意,及时排尿;可针刺足三里、三阴交等穴位,或热敷、按摩下腹部膀胱区;必要时留置尿管。

（2）硬脊膜外隙阻滞麻醉:也称硬膜外阻滞,是将局麻药注入硬膜外隙,阻滞脊神经根,使其支配区域产生暂时性麻痹。适应证包括横膈以下腹部、腰部和下肢手术;也可用于颈部、上肢和胸壁手术,但在管理上较复杂。禁忌证包括严重贫血、高血压、心脏病、低血容量、凝血功能障碍等。常用麻醉药物有利多卡因、丁卡因、丁哌卡因。

1）术中并发症的观察与护理:①全脊椎麻醉:是硬膜外麻醉最危险的并发症。是局麻药全部或大部分注入蛛网膜下腔而产生全脊神经阻滞现象。主要表现为病人在注药后迅速出现呼吸困难、血压下降、意识丧失及心脏停搏。一旦发生,立即停药,行面罩正压通气,必要时行气管内插管维持呼吸;加快输液速率,遵医嘱给予升压药,维持循环功能;②局麻药毒性反应:一般由于局麻药误入血管所致。局麻药毒性反应的观察与护理,参见本节"局部麻醉病人的护理";③血压下降:因交感神经被阻滞,阻力血管和容量血管扩张所致。表现为血压突然下降,心率减慢,可能会导致心脏停搏。一旦发生,加快输液速率,静脉注射血管收缩药维持血压;④呼吸抑制:与肋间肌及膈肌运动抑制有关。麻醉期间严密观察病人的呼吸、监测血氧变化,持续面罩吸氧,备好急救物品。

2）术后并发症的观察与护理:①脊神经根损伤:穿刺针可直接损伤或因导管质硬而损伤脊神经根或脊髓。表现为局部感觉和/或运动的障碍,并与神经分布相关。在穿刺或置管时,如病人有电击样异常感并向肢体放射,说明已触及神经,应立即停止进针,调整进针方向,以免加重损伤。异常感持续时间长者,可能损伤严重,应放弃阻滞麻醉。脊神经根损伤者,给予对症治疗,数周或数月即自愈;②硬膜外血肿:若硬膜外穿刺或置管时损伤血管,可引起出血,血肿压迫脊髓可并发截瘫。病人表现为剧烈背痛,进行性脊髓压迫症状,伴肌无力、尿潴留、括约肌功能障碍,直至完全截瘫。一旦发生,尽早行硬膜外穿刺抽除血液,必要时切开椎弓板,清除血肿。③导管拔除困难或折断:因椎弓板、韧带及椎旁肌群强直致导管难以拔出,也见于置管技术不当、导管质地不良、拔管用力不当等情况。如遇到拔管困难,切忌使用暴力,可将病人置于原穿刺体位,热敷或在导管周围注射局麻药后再行拔出,若导管折断,无感染或无神经刺激症状,不必急于取出,应密切观察。

3. 全身麻醉

（1）分类:吸入麻醉是将挥发性液体或气体麻醉药经呼吸道吸入肺内,再经肺泡毛细血管吸收进入血液循环,到达中枢神经系统,产生全身麻醉的方法。静脉麻醉是将全身麻醉药注入静脉,通过血液循环作用于中枢神经系统而产生全身麻醉的方法。

（2）常用药物:吸入麻醉药有氧化亚氮、恩氟烷、异氟烷等。静脉麻醉药有硫喷妥钠、氯胺酮、异丙酚等。

（3）全身麻醉病人的护理

1）并发症的观察与护理:常见的并发症有高血压、低血压、食物反流与误吸、呼吸道梗阻、低氧血症、心律失常、高热、抽搐和惊厥等。高血压是全身麻醉中最常见的并发症,除原发性高血压者外,多与麻醉深度浅、镇痛药作用量不足、未能及时控制手术刺激引起的强烈应激反应有关,故术中应加强观察、记录,对顽固性高血压者,可行控制性降压以维持循环稳定。低血压的主要原因是麻醉深度过深、血容量不足、迷走神经受刺激等。麻醉中应注意密切观察病人的生命体征和病情变化,保证输液速度和量。一旦发生呼吸道梗阻,务必立即置入口咽、鼻咽通气管或施行人工呼吸,舌后坠所致梗阻者,托起其下颌,头偏向一侧;喉痉挛或反流物所致者,注射肌肉松弛药辅助下行气管插管。如出现恶心、呕吐等症状,立即将病人置于头部放低,头偏向一侧,及时清除口、鼻腔的分泌物,避免误吸导致窒息或吸入性肺炎。高热、惊厥者立即进行物理降温、给氧,必要时遵医嘱注射小剂量解痉药。

2）麻醉苏醒期的护理:根据病人的意识、呼吸、循环、肢体活动和皮肤色泽判断病人的苏醒情况。①观察病人病情变化,监测生命体征,注意保暖,记录苏醒期出入量。②保持呼吸道通畅,病人去枕平卧,头偏向一侧,防止呕吐物误吸。③当病人神志清醒,有定向力,呼吸平稳,能深呼吸及咳嗽,SpO2>

95%,血压和脉搏稳定30min以上,心电图显示无严重心律失常和心肌缺血改变,可转回病房。④保持输液管道和引流管通畅,防止管道脱落等意外发生,保证病人安全。

(郭　莹)

第三节　手术后期病人的护理

手术后期(postoperative phase)是指从病人被送到复苏室或外科病房至病人出院或继续随访。手术创伤可导致病人防御能力下降,术后禁食、应激反应和切口疼痛等均可加重病人的生理、心理负担,不仅影响创伤愈合和康复过程,而且还可以导致多种并发症的发生。手术后病人护理的重点是减轻痛苦和不适,预防和治疗并发症,尽快恢复生理功能,促进病人康复。

【护理评估】

(一) 术中情况

了解手术方式和麻醉类型,手术进程是否顺利,术中出血、输血和补液等情况,以判断手术创伤大小及对机体的影响。

(二) 身体状况

评估内容包括:生命体征;皮肤的温度和色泽;切口及敷料情况,有无渗血、渗液;引流管是否通畅,引流液的颜色、性质和引流量;术后肢体功能,体液是否平衡;营养状态是否满足机体需求;有无术后不适及并发症发生;病人及其家属对康复知识的掌握程度。

(三) 辅助检查

了解术后血常规、尿常规、生化检查及血气分析等结果,尤其注意尿比重和血清电解质水平的变化。

(四) 心理-社会状况

评估术后病人及其家属对手术的认识和看法,了解病人术后的心理感受,有无紧张、焦虑不安、恐惧、悲观、猜疑或敏感等心理反应。

【常见护理诊断/问题】

1. **急性疼痛**　与手术创伤、切口感染等有关。
2. **体液不足**　与术中出血、术后补液不足、引流液过多有关。
3. **低效性呼吸型态**　与术后卧床、切口疼痛、使用镇静药等有关。
4. **营养失调:低于机体需要量**　与术后禁食、创伤后机体代谢率增高有关。
5. **活动耐力下降**　与手术创伤、机体负氮平衡有关。
6. **潜在并发症:**术后出血、切口裂开、肺部感染、尿路感染、深静脉血栓形成。

【计划与实施】

(一) 一般护理

1. **安置病人**　与麻醉师和手术室护士做好床旁交接;搬动病人时动作轻稳,注意保护头颈部、手术部位及各引流管和静脉通路,正确连接各引流装置,检查静脉输液通路是否通畅,遵医嘱给予监护及吸氧,注意保暖,但避免贴身放置热水袋取暖,以免烫伤。

2. **体位**　术后体位的安置应由麻醉类型、手术方式、病人是否清醒、呼吸、循环状况而决定。原则是:①全麻未清醒者,取平卧位,头偏向一侧,有利于口、鼻腔分泌物引流,防止分泌物,呕吐物误吸而导致窒息或吸入性肺炎;麻醉清醒后根据需要调整体位。②蛛网膜下腔阻滞者,取平卧位6~8h,防止脑脊液外漏引起头痛。③硬膜外阻滞者,平卧6h后根据手术部位安置体位。④局麻病人可选取病人舒适的体位,麻醉作用消失后,可根据手术部位安置体位。⑤颅脑手术者,如无休克或昏迷,可取15°~30°头高足低斜坡卧位,有利于颅内静脉回流,减轻脑水肿。⑥颈、胸部手术者,取高半卧位,便于呼吸和引流。⑦腹部手术者,取低半卧位或斜坡卧位,以减少腹壁张力,便于引流,并可使腹腔渗血、渗液流入盆腔,避免形成膈下脓肿;腹腔内有污染者,在病情许可的情况下,尽早改为半卧位或头高足低位。⑧脊柱和臀部手术者,取俯卧位或仰卧位。

3. 病情观察及监测

(1) 生命体征:中、小型手术的病人,手术当日每小时测量1次脉搏、呼吸、血压,监测6~8h至生命体征平稳。对大型手术、全麻及危重病人,必须密切观察其体温、脉搏、呼吸、血压、瞳孔和意识状态,并做好记录。由于手术创伤的反应,术后病人的体温可略升高,变化幅度在0.1~1℃,一般不超过38℃,此现象称为外科手术热或吸收热。术后1~2d逐渐恢复正常。

(2) 其他监测:有条件者可使用床边心电监护仪连续监测。如手术中有大量血液、体液丢失,在术后早期应监测中心静脉压。对于中等及较大手术,术后继续记录病人24h出入量;对于病情复杂的危重病人,留置尿管,观察并记录尿液的颜色和每小时尿量。特殊监测项目需根据原发病和手术情况而定。

4. 营养与饮食护理　①非腹部手术者,视手术大小、麻醉方法及病人的全身反应决定术后进食时间。体表或肢体的手术,全身反应较轻者,术后即可进食;手术范围较大,全身反应明显者,待反应消失后方可进食;局部麻醉者,若无不适,术后即可进食;椎管内麻醉者,若无恶心、呕吐,术后3~6h即可进食;全身麻醉者,应待麻醉清醒,无恶心、呕吐后方可进食,一般先给予流质饮食,以后逐步过渡到半流质饮食或普食。②腹部手术者,尤其是消化道手术后,一般需禁食24~48h,待肠道蠕动恢复、肛门排气后方能进食,开始进食少量的流质饮食,避免进食含糖量高、容易产气的食物,如糖水、牛奶、豆浆等,逐步递增至全量流质饮食,至第5~6日进食半流质饮食,第7~9日可过渡到软食,第10~12日开始普食。术后留置有空肠营养管者,可在术后第2日自营养管滴入营养液。

5. 休息与活动　保持病室安静,早期活动有利于增加肺活量、减少肺部并发症的发生、改善全身血液循环、促进切口愈合、预防深静脉血栓的形成、促进肠功能恢复和减少尿潴留的发生。原则上,大部分病人术后24~48h可试行下床活动,除非有特殊制动要求。

6. 引流管护理　区分各引流管放置的部位和作用,做好标记并妥善固定。经常检查引流管道有无堵塞或扭曲,保持引流通畅。每日观察并记录引流液的量、性状和颜色变化,如有异常及时通知医生。

7. 手术切口护理　观察切口有无渗血和渗液,局部有无红、肿、热、痛等征象。保持切口敷料清洁、干燥,注意观察术后切口包扎是否限制胸、腹部呼吸运动或指(趾)端血液循环。对烦躁、昏迷及不合作者,可适当约束,防止敷料、引流管脱落。

(1) 外科手术切口的分类:①清洁切口(Ⅰ类切口):指缝合的无菌切口,如甲状腺次全切除术等。②可能污染的切口(Ⅱ类切口):指手术时可能带有污染的缝合切口,如胃大部切除术等,还包括皮肤不容易彻底消毒的部位、6h内的伤口经过清创术缝合、新缝合的切口再度切开者。③污染切口(Ⅲ类切口):指邻近感染区、组织直接暴露于污染或感染物的切口,如阑尾穿孔的阑尾切除术等。

(2) 切口愈合等级:①甲级愈合:指愈合优良,无不良反应。②乙级愈合:指愈合处有炎症反应,如红肿、硬结、积液、血肿等,但未化脓。③丙级愈合:指切口已化脓,需做切开引流等处理。

(3) 切口疼痛:①常见原因:麻醉作用消失后,病人开始感觉切口疼痛,其原因是因手术创伤导致组织充血、水肿,并刺激神经末梢所致。②护理措施:评估和了解疼痛的程度,采用口述描绘评分法、数字分级评分法、视觉模拟疼痛评分法等,观察病人的疼痛时间、部位、性质和规律,鼓励病人表达疼痛的感受。药物镇痛:一般局麻及小手术后,可口服解热镇痛药镇痛;中、大型手术后,遵医嘱给予病人镇静、镇痛药,如地西泮、布桂嗪、哌替啶等;大型手术后1~2d,可持续使用病人自控镇痛泵进行止痛。病人自控镇痛(patient-controlled analgesia,PCA)是指病人感觉疼痛时,通过按压计算机控制的

Note:

微量泵按钮,向体内注射医生事先设定的药物剂量进行镇痛,主要镇痛药物有阿片类药、曲马多或氟比洛芬酯等。病人自控镇静(patient controlled sedation,PCS)是在 PCA 技术的思路上发展起来的,在医师预先设定程序和安全限量基础上,由病人控制镇静药的速率和次数以控制自身的镇静水平。PCS 的安全性建立在"失效保护(fail safe)"效应的基础上,随着镇静程度的加深,病人的反应变得越来越迟钝,进行有效按压的次数减少;当病人一旦进入睡眠,就不可能再进行按压,也就不会进一步加深镇静的程度。在 PCS 中,药物的用量根据药物在个体产生的效应来调节,克服了麻醉师给药时根据病人一般情况和体重平均用药带来的缺陷。目前用于 PCS 的药物主要是丙泊酚、咪达唑仑和地西泮。

(二) 常见术后不适及并发症的护理

术后并发症分为两类:一类是各种手术都可能发生的为一般并发症,将在本节重点介绍。另一类是与手术方式有关的特殊并发症。

1. 术后出血

(1) 常见原因:术中止血不完善、创面渗血未得到完全控制、原先痉挛的小动脉断端舒张、结扎线脱落及凝血机制障碍等是术后出血的常见病因。可发生于手术切口、空腔器官及体腔内。

(2) 护理措施:①严密观察病人生命体征,评估有无低血容量性休克的早期表现,如烦躁、尿量少、心率增快、血压降低、中心静脉压低等,特别是在输入足够的液体和血液后,休克征象未见好转或继续加重,或好转后再度恶化,都提示有术后出血。②注意观察引流管内引流液的性状、量和颜色变化。如胸腔手术后,若胸腔引流血性液体持续超过 100ml/h,提示有内出血。③若切口敷料被血液渗湿、疑有手术切口出血时,应打开敷料检查切口以明确出血状况和原因。④腹部手术后腹腔内出血,早期临床表现不明显,只有通过密切的临床观察,必要时行腹腔穿刺,才能明确诊断。⑤少量出血时,一般经加压包扎或全身使用止血药即可止血;出血量大时,应加快输液速率,遵医嘱输血或血浆,扩充血容量,做好再次手术止血准备。

2. 切口裂开

(1) 常见原因:常发生于术后 1 周左右或拆除皮肤缝线后 24h 内,多见于腹部及肢体邻近关节部位。营养不良使组织愈合能力差,缝合不当,切口感染及腹内压突然增高如剧烈咳嗽、呕吐或严重腹胀等。切口裂开分为全层裂开和部分裂开两种。病人一次突然用力或有切口的关节伸屈幅度较大时,自觉切口疼痛,随即有淡红色液体自切口溢出,浸湿敷料。腹部切口全层裂开者可发生内脏脱出。

(2) 护理措施:①对年老体弱、营养状况差,估计切口愈合不良的病人,术前加强营养支持。②对切口裂开高风险病人,在逐层缝合腹壁切口的基础上,加用全层腹壁减张缝线,术后用腹带适当加压包扎伤口,减轻局部张力,延迟拆线时间。③及时处理和消除慢性腹内压增高的因素。④手术切口位于肢体关节活动部位者,拆线后应避免大幅度动作。⑤一旦切口裂开大量出血,立即嘱病人平卧,稳定病人情绪,避免惊慌,告知其勿咳嗽和勿进食、进饮;用无菌生理盐水纱布覆盖切口,并用腹带轻轻包扎,与医生联系,立即送往手术室重新缝合;如有内脏脱出,切勿直接回纳,以免造成腹腔感染。

3. 切口感染

(1) 常见原因:切口内留有无效腔、异物、血肿或局部组织供血不良,合并贫血、糖尿病、营养不良或肥胖等。

(2) 护理措施:①严格执行无菌技术原则,严密止血,防止残留无效腔、异物或血肿等;②保持伤口清洁、敷料干燥;③术后加强营养支持,增强病人的抗感染能力;④遵医嘱合理使用抗生素;⑤密切观察病人手术切口情况,若术后 3~4d 切口疼痛加重,局部出现红、肿、热、压痛或有波动感,并伴有体温升高、脉率加速和白细胞计数升高,可怀疑为切口感染。感染早期予以局部理疗,使用有效的抗生素,化脓切口应拆除部分缝线,充分敞开切口,清理切口后,放置凡士林油纱条(布)以引流脓液,定期更换敷料,争取二期愈合,如需行二期缝合,需做好术前准备。

4. 深静脉血栓形成

(1) 常见原因:①术后腹胀、长时间制动、卧床等引起下腔及髂静脉回流受阻、血流缓慢,尤其是

Note:

老年及肥胖病人;②手术、外伤、反复穿刺置管或输注高渗性液体、刺激性药物等致血管壁和血管内膜损伤;③手术导致组织破坏,癌细胞的分解及体液的大量丢失致血液凝集性增加等。

（2）护理措施

1）加强预防:①鼓励病人术后早期下床活动,卧床期间多进行肢体的主动和被动运动;②按摩下肢比目鱼肌和腓肠肌,促进血液循环;③术后穿弹力袜以促进下肢静脉回流;④对于血液处于高凝状态的病人,可预防性口服小剂量阿司匹林或华法林、注射低分子量肝素等。

2）正确处理:①严禁经患肢静脉输液,严禁局部按摩,以防血栓脱落;②抬高患肢并制动,局部应用50%硫酸镁湿热敷,配合理疗;③遵医嘱静脉输入血管扩张剂,降低血液黏滞度,改善微循环;④血栓形成3d以内,遵医嘱使用溶栓剂及抗凝剂进行治疗。

5. 压力性损伤

常见原因:术后病人由于切口疼痛、手术特殊要求需长期卧床,局部皮肤组织长期受压,同时受到尿液、汗液、各种引流液等刺激及营养不良、水肿等原因,压力性损伤的发生率较高。

护理措施:①积极采取预防措施,定时翻身,每2h翻身一次;正确使用石膏、绷带及夹板;保持病人皮肤及床单清洁、干燥,使用便盆时协助病人抬高臀部;鼓励病人坚持每日进行主动或被动运动,鼓励其早期下床活动;增进营养。②去除致病原因。

6. 肺部感染

常见原因:术后呼吸运动受限、呼吸道分泌物积聚及排出不畅是引起术后肺部感染的主要原因。

护理措施:①保持病室适宜温度、湿度,维持每日液体摄入量在2~3L。②术后卧床期间鼓励病人做深呼吸运动,协助其翻身、叩背,促进气道内分泌物排出。③教会病人保护切口和进行有效咳嗽、咳痰的方法(见术前适应性训练)。④协助病人取半卧位,如病情许可尽早下床活动。⑤痰液黏稠不易咳出者予以雾化吸入。⑥遵医嘱应用抗生素及祛痰药物。

7. 泌尿系统并发症

（1）尿潴留

常见原因:合并前列腺增生的老年病人;蛛网膜下腔麻醉后或全身麻醉后,排尿反射受抑制;切口疼痛引起膀胱和尿道括约肌反射性痉挛,尤其是骨盆及会阴部手术后;手术对膀胱神经的刺激;病人不习惯床上排尿;镇静药用量过大或低钾血症等。对术后6~8h尚未排尿或虽排尿但尿量较少者,应在耻骨上区叩诊检查,明确尿潴留。

护理措施:稳定病人情绪,采用诱导排尿法;遵医嘱采用药物、针灸治疗;上述措施无效时则应考虑在无菌操作下导尿。

（2）尿路感染:常起自膀胱,上行感染可引起肾盂肾炎。急性膀胱炎的主要表现为尿频、尿急、尿痛且多伴有排尿困难,一般无全身症状。急性肾盂肾炎多见于女性,主要表现为畏寒、发热、肾区疼痛。

常见原因:尿潴留、长期留置尿管或反复多次导尿是术后尿路感染的常见原因。

护理措施:术前训练床上排尿;指导病人术后自主排尿;出现尿潴留应及时处理;鼓励病人多饮水或静脉补液,维持充分的尿量,保持排尿通畅,观察尿液并及时送检,根据尿培养和药敏试验结果选用有效抗生素控制感染。

8. 消化系统常见不适与并发症

（1）恶心、呕吐

常见原因:最常见的原因是麻醉反应,待麻醉作用消失后,症状便自然消失,无须处理。其他原因可见于开腹手术对胃肠道的刺激或引起幽门痉挛、药物影响、单独静脉使用复方氨基酸、脂肪乳剂等,或者由于水、电解质紊乱及酸碱平衡失调所致。

护理措施:病人呕吐时,将其头偏向一侧并及时清除呕吐物;行针灸治疗或遵医嘱给予镇吐药、镇静药及解痉药;若持续呕吐,应查明原因,进行相应处理。

（2）腹胀

常见原因：术后早期腹胀是由于胃肠蠕动受抑制，胃肠功能恢复即可自行缓解。若术后数日仍未排气且腹胀明显，可能是腹膜炎或其他原因所致的肠麻痹。若腹胀伴有阵发性绞痛、肠鸣音亢进，可能是早期肠粘连等原因引起的机械性肠梗阻，应做进一步检查。

护理措施：胃肠减压、肛管排气或高渗溶液低压灌肠等；协助病人多翻身，下床活动；遵医嘱使用促进肠蠕动的药物。若因腹腔内感染或机械性肠梗阻导致的腹胀，非手术治疗不能改善者，要做好再次手术的准备。

（3）呃逆

常见原因：术后呃逆可能是神经中枢或膈肌直接受刺激引起，多为暂时性。

护理措施：术后早期发生者，可压迫眶上缘，抽吸胃内积气、积液，遵医嘱给予镇静或解痉药等。上腹部手术后病人出现顽固性呃逆者，需警惕吻合口瘘、十二指肠残端漏、膈下积液或感染的可能，行超声检查可明确病因。一旦明确，配合医生处理。未查明原因且一般治疗无效时，协助医生行颈部膈神经封闭治疗。

（三）心理护理

加强对术后病人的巡视，建立相互信任的护患关系，给予适当的解释和安慰；提供有关术后康复、疾病方面的知识；告知其配合治疗与护理的要点，指导病人正确面对疾病及预后。

（四）健康指导

1. **休息与活动**　保证病人充足睡眠，注意休息，劳逸结合。活动量从小到大。

2. **饮食与营养**　恢复期病人合理摄入均衡饮食，避免辛辣刺激性食物。

3. **切口处理**　切口拆线后用无菌纱布覆盖，以保护局部皮肤。对带有开放性伤口出院者，应告知其到门诊换药的时间、次数。

4. **用药指导**　需继续治疗者，应遵医嘱按时、按量服药，定期复查肝、肾功能。

5. **康复锻炼**　告知病人康复锻炼知识，指导术后康复锻炼的具体方法。

6. **复诊**　告知病人恢复期可能出现的症状，如有异常立即返院检查。术后定期门诊随访，以评估和了解康复过程及切口愈合情况。

【护理评价】

经过治疗和护理，评价病人是否能够达到：①疼痛减轻或缓解。②体液、电解质和酸碱平衡，循环系统功能稳定。③呼吸型态正常，血氧饱和度维持在正常范围。④营养状况改善，体重得以维持或增加。⑤术后活动耐力增加。⑥无并发症发生，或已发生的并发症得到及时发现与处理。

（郭　莹）

思　考　题

1. 术前胃肠道准备的目的是什么？与传统胃肠道准备比较，加速康复外科理念下的术前胃肠道准备有哪些改变？

2. 术后病人常见的并发症有哪些？

Note：

NURSING

第八章

器官移植病人的护理

08 章　数字内容

学 习 目 标

- 识记:

1. 陈述器官移植的概念和分类。

2. 列举排斥反应的分类、表现、预防及处理方法。

3. 简述应用免疫抑制剂的护理要点、并发症的护理、健康指导的内容。

- 理解:

说明器官移植供体选择原则、免疫学检查和移植器官的保存方法。

- 运用:

能为器官移植病人进行护理评估,制订护理计划。

病人,女性,38岁,因少尿、胸闷、腹胀伴呕吐2周,呼吸困难2d入院,慢性肾小球肾炎8年病史。体格检查:T 37℃,P 108次/min,R 22次/min,BP 178/98mmHg;口唇发绀,贫血面容,听诊两肺呼吸音增粗,双侧下肺可闻及少许湿啰音;叩诊心浊音界扩大,律齐,心音低;腹稍膨隆,触诊无压痛,肝脾未触及,移动性浊音(±);下肢水肿。诊断为慢性肾小球肾炎、慢性肾衰竭。给予吸氧、血液透析等治疗,并建议择期行肾移植术。病人及其家属同意肾移植。

请思考:

（1）目前该病人的护理问题有哪些?

（2）病人行同种异体肾移植术后第2d,给予他克莫司和麦考酚钠肠溶片,护士应如何对病人进行用药宣教?

（3）肾移植术后第10d,病人伤口愈合良好,体温38.5℃,移植肾区有明显疼痛,尿量减少,面部轻微水肿。该病人可能出现了什么问题?

第一节　概　　述

器官移植(organ transplantation)是指植入实体器官整体或部分,并需要进行器官所属血管及其他功能性管道结构重建的移植。如肝、肾、心脏、肺、胰腺、小肠、脾移植,以及心肺、肝肾、胰肾联合移植等。

1905年Eduard Zirm医生成功完成了第1例角膜移植。1954年Joseph Murray进行了活体供肾的肾移植并获得成功。之后,相继开展了脾移植(Woodruff,1960)、原位肝移植(Starzl,1963)、肺移植(Hardy,1963)、小肠移植(Deterling,1964)、胰肾联合移植(Kelly等,1966)、心脏移植(Barnard,1967)和心肺联合移植(Cooley,1968)。随着器官保存技术、外科手术技术和免疫抑制剂研制等移植相关学科的全面发展,器官移植已成为治疗器官终末期疾病的重要有效手段。

一、器官移植的分类

按供、受体是否为同一个体可分为自体移植和异体移植。按供、受体种系和基因关系分类,两者基因完全相同(如同卵双生间)的异体移植,称为同系移植或同基因移植,移植后不会发生排斥反应;种系相同而基因不同,如人与人之间的移植,称为同种异体移植,移植后会发生排斥反应;不同种系间的移植,如人与狒狒之间的移植,称为异种移植。按植入部位不同分为原位移植和异位移植。根据供体是否存活,分为尸体供体移植和活体供体移植。

二、排斥反应的机制和分类

移植排斥反应通常分为宿主抗移植物反应(host versus graft reaction,HVGR)和移植物抗宿主反应(graft versus host reaction,GVHR),其中,宿主抗移植物反应见于各种实体的器官移植,移植物抗宿主反应多见于骨髓移植。根据排斥反应机制可分为T淋巴细胞(简称T细胞)介导的排斥反应和抗体介导的排斥反应。

（一）宿主抗移植物反应

1. **超急性排斥反应(hyperacute rejection,HAR)**　多发生在移植器官恢复血流后数分钟至数小时内,是抗体介导的体液免疫反应,与受者体内预存的抗移植物抗体有关,如ABO血型不相容、多次妊娠、反复输血和曾经接受过器官移植等。目前尚无有效的治疗方法,一旦发生,只能切除移植物。

2. **急性排斥反应(acute rejection,AR)**　可见于移植后的任何时间段,是由T细胞和抗体介导的排斥反应。典型的临床表现为发热、移植部位肿胀和移植器官功能减退等。一旦确诊则应尽早治疗,应用大剂量激素冲击,使用抗淋巴细胞的免疫球蛋白制剂或调整免疫抑制方案。

3. **慢性排斥反应（chronic rejection，CR）**　发生于移植术后数周、数月,甚至数年,发病机制尚不完全清楚,与免疫学因素、缺血再灌注损伤、免疫抑制剂毒性作用、代谢异常等多种因素有关。临床表现为移植器官功能逐渐减退,甚至功能丧失,是影响移植物长期存活的主要原因。

（二）移植物抗宿主反应

是移植物中的特异性淋巴细胞识别宿主抗原而诱发的排斥反应,可引发多器官功能衰竭和受体死亡,常见于造血干细胞移植和小肠移植。

三、常用免疫抑制剂

移植物恢复血流后即开始免疫应答过程,术后早期免疫抑制剂用量较大,称为诱导阶段;随后逐渐减量,达到维持量以预防急性排斥反应的发生,进入维持阶段。

（一）免疫诱导药物

主要是抗淋巴细胞的免疫球蛋白制剂,包括多克隆抗体和单克隆抗体。多克隆抗体如抗淋巴细胞球蛋白（antilymphocyte globulin，ALG）和抗胸腺细胞球蛋白（antithymocyte globulin，ATG）。单克隆抗体包括抗 CD3 单克隆抗体、抗白介素-2 受体的单克隆抗体和利妥昔单克隆抗体等。

（二）免疫维持用药

1. **糖皮质激素**　常用的药物有氢化可的松琥珀酸钠、甲泼尼龙琥珀酸钠等,可用于免疫诱导、维持治疗和抗排斥反应治疗。但因其有较多的副作用,对撤减时机、小剂量激素及无激素方案仍有争论。

2. **钙调磷酸酶抑制剂（calcineurin inhibitors，CNIs）**　是免疫维持治疗的最基本药物之一,包括环孢素（cyclosporine A，CsA）和他克莫司（tacrolimus，TAC）。CsA 和 TAC 通过不同的作用机制抑制 T 细胞的活化和增殖。CsA 的副作用主要表现为"三毒"（肾毒性、肝毒性和神经毒性）和"三高"（高血压、高脂血症和高尿酸血症）,此外,还有多毛、牙龈增生、痤疮等。TAC 的副作用主要表现为神经毒性、肾毒性、消化道症状及糖尿病等。

3. **抗增殖类药物**　硫唑嘌呤（azathioprine，AZA）可抑制细胞 DNA 合成,从而抑制 T 细胞的增殖,主要的毒副作用是肝毒性及骨髓抑制,目前已较少使用。吗替麦考酚酯（mycophenolate mofetil，MMF）和麦考酚钠肠溶片（mycophenolate sodium）分子结构相似,可相对特异地抑制淋巴细胞增殖,抑制抗体生成,主要毒副作用为胃肠道反应和骨髓抑制。

4. **哺乳动物雷帕霉素靶蛋白（mammalian target of rapamycin，mTOR）抑制剂**　如西罗莫司和依维莫司,通过抑制 T 细胞增殖,从而预防和治疗急性排斥反应。西罗莫司具有一定的抗肿瘤作用,与 CsA 和 TAC 相比,没有明显的肾毒性和神经毒性,主要的不良反应包括高脂血症、骨髓抑制、口腔溃疡和伤口延迟愈合等。

（三）免疫抑制剂使用原则

一般情况,移植受体需终身维持免疫抑制治疗,免疫抑制剂使用的基本原则是联合用药,增加药物协同治疗作用,减少单一药物剂量,降低毒副作用。目前常用三联用药方案为采用一种钙调磷酸酶抑制剂联合糖皮质激素和抗增殖类药物。可根据具体情况改为二联或四联用药。

四、供体的选择

1. **器官捐献**　移植器官来源包括尸体器官和活体器官,尸体器官捐献又分为脑死亡器官捐献（donation after brain death，DBD）和心脏死亡器官捐献（donation after cardiac death，DCD）,DBD 是指神经功能不可逆丧失而宣布死亡的病人的捐献,DCD 是指根据心脏死亡标准宣布死亡的病人的捐献。

器官移植供体的禁忌情况包括:①全身性感染伴血微生物培养阳性。②人类免疫缺陷病毒（human immunodeficiency virus，HIV）感染。③恶性肿瘤（脑原发性恶性肿瘤除外）。

2. 免疫学检查

（1）ABO 血型：供、受体 ABO 血型应相同或相容，至少要符合输血原则。

（2）淋巴细胞毒交叉配型试验：将供体的活淋巴细胞和受体的血清交叉混合一段时间后，根据淋巴细胞死亡量百分比判定结果，交叉配型试验阳性（>10%）是器官移植的禁忌证。

（3）人类白细胞抗原（HLA）配型：与移植相关的检测位点有 HLA-A、HLA-B、HLA-DR 和 HLA-DQ，尽量选择 HLA 相配的供体。

（4）群体反应性抗体（panel reactive antibody, PRA）检测：用于检测受体体内预存的 HLA 抗体，超过 10% 为致敏。

五、移植器官的保存

器官保存是器官移植中至关重要的一个环节，器官保存的原则是缩短冷、热缺血时间、低温保存、避免细胞肿胀和生化损伤。器官从供体血液循环停止或局部血供中止到冷灌注开始的间隔时间称为热缺血时间，一般不应超过 10min。冷缺血时间是指从供体器官冷灌注到移植后血供开放前所间隔的时间。采用特制的低温灌注液（0~4℃）快速灌洗器官，将其血液清洗干净，然后保存在含 2~4℃ 灌洗液的容器中直到移植到人体内。目前，临床上应用广泛的器官灌洗保存液有 UW 液、康斯特液（HTK）和 Hartmann 液等，其中 Hartmann 液多用于器官切取冷灌注，UW 液和 HTK 液多用于保存器官。临床上大多将供体器官保存时限定为心脏 5h，肝 12~15h，肾 40~50h，胰腺 10~20h。

（李晓飞）

第二节　器官移植病人的护理

器官移植的每一个步骤都非常重要，包括供者的选择、受者的准备、组织的配型、移植技术、手术后免疫抑制剂的应用及并发症的预防处理等，此外，配合医生给予高质量的护理也与病人的预后及生活质量密切相关。本节主要讨论的是肝移植和肾移植病人的护理。

一、器官移植手术前的护理

【护理评估】

1. 健康史　评估病人的年龄、性别、婚姻状况，女性病人月经史、生育史和哺乳史等。评估既往肝病和肾病的病史，发病时间和治疗过程。评估病人有无重要器官病变，是否有手术史、药物过敏史，评估病人自理程度。

2. 身体状况

（1）生命体征：观察病人的体温、脉搏、呼吸和血压，了解其是否存在感染、血容量不足、体液平衡失调等情况。

（2）营养状况：评估有无因摄入不足、消化系统疾病、恶性肿瘤等引起营养障碍的因素，判断病人是否存在体重减轻、贫血、低蛋白血症等营养不良情况。

（3）重要系统功能评价：①循环系统：了解病人是否存在心血管疾病病史。观察病人的血压、心率、四肢循环状况、有无肢体水肿等现象；②呼吸系统：了解病人有无吸烟史，吸烟时间及每日吸烟量。病人有无肺气肿、支气管哮喘病史，是否存在肺部其他疾病；③泌尿系统：评估病人有无尿频、尿急、尿痛和排尿困难等症状，观察尿量及尿液性状，了解其有无肾疾病史，老年男性病人应注意有无前列腺增生症；④血液系统：了解病人有无出血倾向的病史，是否服用抗凝血药及药物剂量和使用时间；⑤肝：了解病人肝功能。

3. 辅助检查

（1）实验室检查：血型、血常规、尿常规、粪便常规、血糖、凝血功能、心肌酶谱、肝功能、肾功能、病毒学检查、肿瘤标志物等。

（2）影像学检查：包括心电图、X线、超声检查、CT、骨扫描等。

（3）免疫学检查：淋巴细胞毒交叉配型试验、人类白细胞抗原（HLA）配型及群体反应性抗体检测等。

4. 心理-社会状况

（1）心理状态：受者心理反应是否正常，是否存在悲观、恐惧、抑郁等心理特征。既往有无精神、心理疾病及家族史。

（2）认知程度：病人能否接受手术，能否很好地配合治疗，对器官移植成功是否有信心。对器官移植相关知识的了解程度，是否愿意接受亲属捐赠的器官或尸体器官。

（3）社会支持系统：家属对器官移植的风险、手术后并发症的认知程度及心理承受能力。有无足够经济实力承受器官移植所需医疗费用和后期免疫抑制剂治疗。

【常见护理诊断/问题】

1. **焦虑** 与担心手术失败、恐惧术后疼痛及医疗费用昂贵等因素有关。
2. **营养失调：低于机体需要量** 与长期疾病困扰、食欲差导致营养摄入不足有关。
3. **有感染的危险** 与营养失调、机体抵抗力下降有关。
4. **知识缺乏：**缺乏有关器官移植相关知识。
5. **有体液失衡的危险** 与术前摄入液体过多或不足、利尿治疗等有关。

【计划与实施】

通过术前护理，提高病人对手术的耐受力，以最佳的生理、心理状态迎接手术。通过治疗和护理，评价病人是否能够达到：①主诉焦虑减轻；②营养不良状况改善；③无感染等并发症的发生；④了解器官移植的有关知识；⑤未发生体液失衡或发生后得以及时发现并纠正。

（一）增强营养，提高病人耐受力

1. **合理补液** 监测生命体征、观察皮肤黏膜情况。肝移植病人根据化验结果术前输注血浆、白蛋白、维生素 K_1、凝血酶原复合物等以纠正贫血、低蛋白血症、凝血异常等。

2. **加强营养** 给予高蛋白、高能量、高维生素、低脂、易消化、少渣饮食，必要时可采取肠外营养支持疗法，以增强机体的抵抗力和对手术的耐受力。

3. **备血、备药** 肝移植手术创伤大、病人凝血功能差、门静脉高压等可导致术中出血较多，术前常规备红细胞悬液、血浆、凝血因子、血小板和冷沉淀等。术前根据医嘱准备好术中所需药物，如白蛋白、凝血酶原复合物、纤维蛋白原、免疫抑制剂、抗生素、保肝护胃药等。

（二）完善相关检查

完善各项实验室检查、影像学检查及免疫学检查。

（三）预防感染

1. **病人准备** 手术区域备皮，肝移植病人术前用消毒液擦身，预防皮肤感染，根据手术要求进行肠道准备。术前仔细检查有无全身或局部感染征象，及时治疗咽喉部和泌尿系统等潜伏病灶。注意保暖，防止呼吸道感染。

2. **病房准备** 使用消毒液对床旁柜、地面进行表面擦拭消毒，使用空气消毒机对室内空气进行消毒。

3. **用物准备** 在病室内准备已消毒好的物品，如被套、枕套、腹带、中单、病号服，入病室用的隔离衣、口罩、帽子、鞋和鞋套等；准备好病人用的体温计、血压计、听诊器等，不得交叉使用；准备好病人的日常生活用品，进行消毒处理后放置于床旁。

（四）健康指导

健康教育包括介绍手术的重要性和必要性，尽量让病人和家属了解手术过程、工作人员情况、器官功能、术后注意事项等。介绍术后排斥反应、术后使用药物（尤其是免疫抑制剂）、经济费用情况。

Note：

（五）心理护理

术前护士应主动为病人介绍住院环境,多与病人及家属交流,建立良好的护患关系。向病人及家属介绍移植手术的重要性和必要性,指导病人术前需要配合的事项,取得病人和家属的信任,帮助病人树立战胜疾病的信心,主动配合术前准备,以积极良好的心态迎接手术。

二、器官移植手术后的护理

【护理评估】

（一）手术情况

1. 病人的手术方式,麻醉类型,手术过程是否顺利,有无大出血、心搏呼吸骤停等意外发生,术中尿量、出血量、输血及用药情况等。

2. 移植器官的位置与伤口的关系,引流管情况。

（二）身体状况

1. **一般情况** 评估病人的意识是否清楚、生命体征是否稳定、伤口有无出血、引流管的类型、引流量及性状,监测每小时尿量、补液量等并准确记录出入量,定时监测动脉血气分析及血电解质等,以了解液体平衡情况。

2. **移植器官功能** 移植术后病人的生命体征、消化道功能、心血管功能及全身的营养状态。根据病人的临床表现、机体功能康复情况和实验室检查结果综合判断器官移植的效果。

3. **常见并发症观察** 评估有无并发症的发生,器官移植术后常见的并发症包括排斥反应、感染、消化道出血。

（1）排斥反应:典型的临床表现为发热、移植部位肿胀和移植器官功能减退等。

（2）感染:是器官移植后最常见的致命并发症。常见的感染部位有切口、肺部、口腔等,局部症状表现为伤口周围红、肿、热、痛及分泌物色与量的改变。出现肺部感染时痰液增多,肺部听诊呼吸音粗,可闻及干、湿啰音和哮鸣音;全身症状有体温升高,甚至高热、抽搐;白细胞总数及中性粒细胞计数升高。

（3）消化道出血:由于术前、术中抗凝血药的应用,术后大量使用激素,可导致胃肠黏膜发生应激性溃疡而出现消化道出血,这往往是危及病人生命的严重并发症,必须及时处理。发生出血后病人表现为心率加快、血压下降,甚至有休克表现,同时出现呕血或便血现象。

（三）心理-社会状况

1. 评估病人及其家属对手术结果的态度,病人术后身心状况能否渡过恢复期。

2. 评估病人能否接受保护性隔离,是否出现孤独和无助感。

3. 评估病人对有关健康教育内容的了解程度和出院前的心理状况。

【常见护理诊断/问题】

1. **焦虑** 与对术后环境改变、担心疾病预后、排斥反应及死亡的威胁有关。

2. **有感染的危险** 与免疫抑制剂的应用使机体防御功能下降有关,或由于大量广谱抗生素应用导致菌群失调有关。

3. **潜在并发症**:排斥反应、出血。

4. **知识缺乏**:缺乏有关器官移植的知识。

【计划与实施】

通过治疗和护理,①病人主诉焦虑减轻,能主动配合治疗和护理;②家属能理解控制感染,实施保护性隔离的措施;③病人移植术后未出现并发症或出现并发症被及时发现和治疗;④病人及其家属了解器官移植治疗的有关知识和出院自我保健知识。

Note:

（一）病情观察

1. **生命体征** 监测病人的心率、血压、呼吸频率、血氧饱和度和体温。肝移植病人术后早期仍需呼吸机辅助呼吸，监测动脉血气分析结果，评估拔管指征。

2. **血流动力学** 动态监测病人中心静脉压、有创动脉血压，评估病人血容量情况。

3. **水、电解质及酸碱平衡** 监测病人每小时尿量、引流量、补液量等，准确记录24h出入量。监测动脉血气分析及血电解质水平等，以了解水、电解质及酸碱平衡情况。

4. **生化指标** 监测病人的肝功能、肾功能和凝血等生化指标，了解移植肝和移植肾功能恢复情况。

（二）维持体液和电解质平衡

根据血流动力学、电解质监测结果遵医嘱补充液体和电解质。肾移植术后多尿期遵循"量出为入"的原则，根据尿量和中心静脉压及时调整补液速率和量，保持出入量平衡。补液的量与速率按照前1h的尿量而定，尿量<200ml/h、200~500ml/h、0.5~1L/h和>1L/h，补液量分别为等于尿量、尿量的4/5、2/3和1/2。若肾移植术后尿量<100ml/h，应注意观察病人尿量变化，查找少尿原因，必要时给予床旁血液透析。

（三）免疫抑制剂治疗与护理

1. 术后病人需终身服用免疫抑制剂，严格遵医嘱服药，不可自行改变服药剂量。免疫抑制剂必须在规定的时间点服药，时间波动范围不超过20min。

2. 他克莫司应与其他成分药物分开服用，要求间隔1h，服用前禁食2h，服药后禁食1h，中间可饮水。

3. 一旦出现漏服、呕吐或腹泻，应及时报告医生，以调整和补充相应药物。

4. 由于存在个体的药代动力学差异，某些药物需要通过监测血药浓度来调整用量。环孢素主要依靠服药后12h的血药谷浓度（C0）和服药后2h的血药峰浓度（C2）来指导临床用药。他克莫司和西罗莫司血药浓度检测采集时间均为移植受者次日晨服药前（谷值）。

（四）并发症的护理

1. **出血** ①评估引起病人出血的潜在因素，以便重点预防；②监测病人神志、生命体征、末梢循环和中心静脉压；③观察病人伤口引流液的颜色及量的变化，若引流液大于100ml/h，且为血红色液体，则要注意是否有活动性出血，应通知医生及时处理；④观察病人是否有消化道出血的表现，注意有无呕血、便血等。为防止消化道出血，术后遵医嘱可适当应用保护胃黏膜及抗酸药，如雷尼替丁、氢氧化铝凝胶等药物；⑤准确记录病人24h出入量，尤其是注意尿量、尿比重的改变；⑥若有大量活动性出血，及时通知医生。嘱病人绝对卧床休息，减少外界不良刺激，稳定病人情绪，必要时给予适当镇静药。遵医嘱快速输液、输血，以补充血容量防止休克。及时使用止血药，必要时做好手术止血的术前准备。

2. **感染** ①评估引起感染的危险因素，并向病人及其家属进行健康教育；②严格病房管理，应以预防为主，做好保护性隔离。病室定期通风，保持室内干燥，控制探视人员数量，工作人员与探视者入室须换鞋、穿隔离衣、戴好帽子、口罩，避免频繁出入，若有感冒者不得入室。严格无菌操作规程，做好消毒隔离；③观察并保持伤口敷料干燥，若有渗出，及时更换，更换敷料时严格无菌技术操作，避免医源性感染；④保持引流通畅，定期挤压引流管，勿使管道扭曲、打折，及时更换引流袋，留取引流物和分泌物做细菌培养；⑤加强呼吸道管理，每日给予病人口腔护理2次，观察口腔黏膜有无异常，及时针对性的局部用药。术后早期给予雾化吸入，指导病人深呼吸、咳嗽、咳痰；⑥合理使用抗生素、激素及免疫抑制剂，确保疗效可靠，同时防止长时间滥用抗生素引起二重感染；⑦加强营养支持，增加机体抗感染能力；⑧严密观察病人感染征兆，如病人体温升高，伴有局部症状，移植器官功能发生改变，常提示感染的存在，应立即通知医生，根据检查结果合理使用抗感染药物。

（五）预防和治疗排斥反应

1. 排斥反应的预防

（1）预防超急性排斥反应：术前详细检查病人体内的预存抗体，做好组织配型试验。

（2）正确服用免疫抑制剂：加强病人依从性教育，指导病人按时、按量、准确服药，并强调长期、

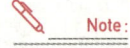
Note:

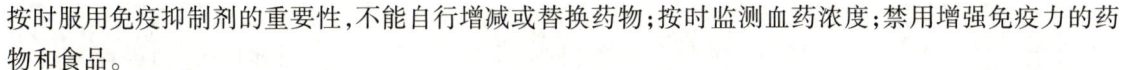

按时服用免疫抑制剂的重要性,不能自行增减或替换药物;按时监测血药浓度;禁用增强免疫力的药物和食品。

（3）自我监测:每日监测体重、血压、体温,记录 24h 尿量。注意观察移植肾的大小、软硬度及有无疼痛,保护移植肾区,避免被硬物碰撞。

2. 排斥反应的观察及护理

（1）肝移植急性排斥反应多发生在术后 1~6 周,表现为畏寒、发热、乏力、肝区胀痛、胆汁量锐减且稀薄而色淡、黄疸、缺乏食欲、血胆红素和转氨酶增高,应严密观察胆汁的量、颜色及性质。准确记录 24h 胆汁量,如有异常及时通知医生。

（2）肾移植术后排斥反应表现:①血肌酐、尿素氮升高。②尿量明显减少,体重迅速增加。③移植肾肿大,出现压痛、刺痛或伸直下肢感觉牵引痛。④血压升高,升高幅度超过 30mmHg。⑤出现不同程度的乏力、关节酸痛、嗜睡、腹胀、食欲减退、头痛等“感冒症状”。

（3）诊断排斥反应后,遵医嘱给予病人抗排斥反应的激素冲击治疗,给予胃黏膜保护剂预防消化道出血,注意消毒隔离,给予抗生素预防感染,调整免疫抑制剂用药方案等。

（六）健康指导

1. 药物指导　指导病人掌握服药的剂量和方法,对药物副作用进行观察。强调终身服用免疫抑制剂的必要性和重要性,不能随意增减或停用免疫抑制剂。

2. 日常自我检查　自我监测血压、脉搏、体温、尿量、体重,观察食欲、体力、睡眠、大小便的变化。出现精神萎靡、食欲差、头晕、乏力、发热、腹泻或便秘及 24h 尿量<400ml 时,应及时就诊。

3. 饮食　禁止吸烟、饮酒,禁止服用增强免疫功能的补品(冬虫夏草、人参和灵芝等),禁食柚子。坚持低糖、低脂肪、高维生素和优质蛋白饮食。不吃或少吃油炸或油煎食品、火锅、烧烤、腌腊食物和动物内脏等,多食新鲜蔬菜和水果。

4. 环境　住所应通风良好,避免出入人群密集的公共场所和通风较差的地方。养成良好的卫生习惯,经常洗手。不可饲养宠物,不养护植物盆景。

5. 运动　根据病情适当安排好生活与工作,进行适当的体育锻炼,提高机体抗病能力。恢复性运动宜循序渐进,可以做一些力所能及的家务。肾移植的病人要注意保护移植肾,移植肾一般放置在髂窝处,距体表比较近,要尽量避免肾被坚硬物体挤压或碰撞。

6. 术后随访　给病人提供咨询的途径和方式,方便其随时咨询。给病人讲解术后随访的重要性,可通过门诊、电话、网络和书信的方式进行随访。

（七）心理护理

术后观察病人情绪,在病人隔离期间多与其沟通,讲解有关器官移植的知识,减少病人的精神压力。介绍同类移植成功的案例,增强病人战胜疾病的信心。鼓励移植病人互相交流心得,减轻焦虑抑郁情绪。提供良好的治疗环境,减少噪声、操作等对病人的影响。

【护理评价】

经过治疗和护理,评价病人是否能够达到:①焦虑减轻,主动配合治疗和护理。②能理解实施保护性隔离的重要性,无感染并发症发生或感染得到及时治疗和控制。③预防排斥反应,配合实施预防和诊断排斥反应的措施。④出血并发症得到及时预防或被及时发现并治疗。⑤了解器官移植治疗的有关知识和出院自我保健知识。

（李晓飞）

思　考　题

1. 不同免疫抑制剂的作用机制及副作用都有哪些?
2. 如何观察肝、肾移植术后病人是否发生排斥反应?

Note:

URSING

第九章

损伤病人的护理

09 章　数字内容

---- 学习目标 ----

- 识记:
  1. 陈述损伤、创伤及烧伤的定义;创伤的愈合、烧伤的三度四分法、中国新九分法的概念。
  2. 列举创伤的分类、影响创伤修复的因素。
  3. 概述创伤病人的评估要点、现场急救流程及入院后治疗与护理要点。
  4. 概述烧伤的分度、分级、分期、发病机制、治疗与护理及健康教育的主要内容。
- 理解:
  1. 比较创伤病人的现场急救与后期护理的异同点。
  2. 解释烧伤后不同时期的病理生理变化,制订不同的补液护理方案。
- 运用:
  根据常见损伤病人的病因、特点,为受伤病人制订现场及入院后的护理计划。

导入情境与思考

病人,男性,30岁,体重60kg,职业为厨师,因1h前在工作时不慎被热油烫伤急诊入院。体格检查:T 36.6℃,HR 110次/min,R 26次/min,BP 80/55mmHg。胸腹部、双大腿、双小腿广泛烧伤,有大片表皮脱落和大小不等的水疱,剧痛,水疱破裂处基底潮湿,均匀发红,右大腿处约2手掌面积大小的部位疼痛不明显,创面红白相间,有拔毛痛。

请思考:

(1)该病人属于哪种程度的烧伤?

(2)该病人目前存在的护理诊断/问题有哪些?

(3)3d后,护士发现病人呕吐咖啡色胃内容物,并有柏油样便,可能发生了哪种并发症?

第一节 概 述

损伤(injury)是指人体受到各种致伤因素作用所引起的皮肤、肌肉、骨骼、内脏器官等组织结构的破坏及局部和全身反应。

(一)创伤

创伤(trauma)主要指机械力作用于人体所造成的损伤。随着医学的发展,不少疾病已得到有效的治疗和控制,但创伤却有增无减。交通事故是15~29岁年轻人的首要死亡原因。据世界卫生组织的数据显示,全世界每年因道路交通事故死亡人数约有125万。创伤多发生于青壮年,对社会劳动力损失和家庭负担影响极大。

(二)战伤

战伤(war wound)指在战斗中由武器直接或间接造成的各种损伤。近年来世界上局部战事中,各种纵火武器、化学武器及核武器等对人体损伤更强,可引起烧伤、化学伤、放射性损伤、冲击伤、各种复合伤等。

(三)烧伤

烧伤(burn)是由热力所引起的组织损伤,如火焰、热液、热蒸汽、热金属等。另外,由电、化学物质等所致的损伤也称为烧伤。

(四)冷伤

冷伤(cold injury)是机体遭受低温侵袭所引起的局部或全身性损伤,包括非冻结性冷伤和冻结性冷伤。前者是人体接触10℃以下、冰点以上的低温及潮湿所造成的损伤,如冻疮、战壕足和水浸足等;后者是由冰点以下低温所造成的,包括局部冻伤和全身冷伤。

(五)咬蜇伤

动物利用牙、爪、角、刺等袭击人类的损伤,甚至引起感染、中毒和死亡。

1. 兽咬伤(animal bite) 一般的宠物、家畜、野生动物均可咬伤人体,常见的有狂犬病、猫抓病等。由于动物口腔内细菌种类多、菌量大、伤口细而深,污染严重。

2. 蛇咬伤(snake bite) 包括毒蛇咬伤和无毒蛇咬伤,在我国以南方多见。无毒蛇咬伤一般在局部皮肤留下细小齿痕,局部稍痛,无全身反应。毒蛇咬伤会在局部皮肤留下一对较深的齿痕,蛇毒注入人体会引起中毒甚至死亡。蛇毒是含多种毒蛋白、溶组织酶和多肽的复合物,可分为神经毒素、血液毒素和混合毒素。

3. 虫蜇伤(insect sting) 足节动物蜇刺人体常常伴有毒素的注入,可引起局部反应、全身中毒甚至死亡。常见的有蜂蜇伤、蝎蜇伤、蜈蚣蜇伤等。

(韩 晶)

第二节 创伤病人的护理

狭义的创伤是指机械性致伤因素作用于人体所造成的组织结构完整性破坏或功能障碍。广义的创伤包括了物理、化学、心理等因素对人体造成的伤害。本节主要讨论的是机械性致伤因素作用于人体所造成的创伤。

【分类】

1. **按伤后皮肤完整性分类**

(1)开放伤:有皮肤黏膜破损者,如擦伤、撕裂伤、切伤或砍伤、刺伤等。开放伤根据伤道类型又可分为贯通伤(既有入口又有出口者)和非贯通伤(又称盲管伤,只有入口没有出口者)。

(2)闭合伤:皮肤黏膜完整者,如挫伤、挤压伤、扭伤、震荡伤、关节脱位、闭合性骨折、闭合性内脏损伤等。

2. **按受伤部位分类** 可分为颅脑伤、颌面部伤、颈部伤、胸(背)部伤、腹(腰)部伤、骨盆伤、脊柱脊髓伤、四肢伤、多发伤等。

3. **按致伤因子分类** 可分为冷兵器伤、火器伤、烧伤、冷伤、冲击伤、化学伤、放射性损伤等。

4. **按伤情轻重分类** 根据组织器官的破坏程度及其对全身的影响大小,分为轻、中、重伤。

【病理生理】

(一)局部反应

创伤局部出现组织破坏、功能障碍和炎症反应。局部组织在伤后出现破损小血管收缩,血小板黏附、聚集;随后小血管扩张,毛细血管管壁通透性增加,血浆蛋白渗出,中性粒细胞、巨噬细胞开始吞噬和消化细菌、组织碎片等;释放生长因子和细胞因子,趋化炎症细胞在伤口聚集,刺激内皮细胞、成纤维细胞迁移、增殖。局部可表现为红、肿、热、痛和功能障碍,如果无并发感染和异物存留,创伤后炎症反应可在 3~5d 趋于消退。

(二)全身性反应

是指致伤因素作用于人体后引起的一系列神经内分泌活动增强,并由此引发的各种功能和代谢改变的过程。

1. **神经内分泌系统反应** 创伤后的应激反应首先表现为神经内分泌系统的变化。通过下丘脑-脑垂体-肾上腺皮质轴和交感神经-肾上腺髓质轴产生大量的儿茶酚胺、肾上腺皮质激素、抗利尿激素、生长激素和胰高血糖素,肾素-血管紧张素-醛固酮系统也被激活,共同调节各器官功能和代谢,运用机体的代偿能力对抗致伤因素。

2. **代谢反应** 创伤后机体总体上处于一种高分解代谢的状态,表现为基础代谢率增加,糖、蛋白质、脂肪分解加速,糖异生增加,因此常出现高血糖、高乳酸血症、血液中游离脂肪酸和酮体增加,尿素氮排出增多,呈负氮平衡状态。水、电解质代谢紊乱可导致水、钠潴留,排钾增多,钙、磷代谢异常等。

3. **炎症介质、细胞因子的释放** 创伤、细菌毒素和异物可刺激机体组织细胞和免疫细胞释放大量的炎症介质,不仅可以引起局部的炎症反应,还可进入血液循环引起全身反应。当损伤和继发感染所致的炎症反应加剧时,可引起体温、心血管系统、呼吸系统和血细胞等方面的失常,即全身炎症反应综合征(systemic inflammatory response syndrome,SIRS)。

(三)组织修复

创伤修复的基本方式是由伤后增生的细胞和细胞间质充填、连接或代替缺损的组织。现代外科已能用异体的组织(皮肤、骨等)或人造材料辅助修复某些创伤,但自身的组织修复功能仍是创伤治愈的基础。若组织创伤不能由原来性质的细胞修复,则由其他性质的细胞(如成纤维细胞)增生来代替。其形态和功能虽不能完全复原,但仍能修复创伤(纤维组织-瘢痕愈合),有利于内环境的稳定。

1. **组织修复过程**　可分为3个阶段。

(1) 局部炎症反应阶段:从伤后开始,为3~5d。主要改变是血液凝固、纤维蛋白溶解、免疫应答、微血管通透性增高、炎症细胞渗出,为组织再生和修复奠定了基础。

(2) 细胞增殖分化和肉芽组织形成阶段:伤后6h成纤维细胞开始增殖,24~48h,内皮细胞开始增殖,而后逐渐形成新生毛细血管,三者共同构成肉芽组织。除了浅表的损伤可以通过上皮细胞增殖、迁移,覆盖创面而修复,大多数的软组织损伤都需要通过肉芽组织生成来修复。

(3) 组织塑形阶段:最初形成的瘢痕组织硬度和张力都不适应生理需要,需要经过较长时间的改建、重塑,如胶原纤维的交联和强度增加;多余的胶原纤维被胶原酶降解,过多的毛细血管网消退及伤口黏蛋白和水分减少等。

2. **创伤愈合的类型**　可分为两种。

(1) 一期愈合:又称原发愈合。伤口组织修复以原来的细胞组织为主,连接处仅有少量纤维组织,伤口边缘整齐、严密,呈线状,功能良好。如上皮细胞修复皮肤和黏膜、成骨细胞修复骨骼、内皮细胞修复血管等。

(2) 二期愈合:又称瘢痕愈合。伤口组织缺损较大或曾发生化脓性感染,由肉芽组织填充,纤维组织大量增生,需周围上皮逐渐覆盖或植皮后才能愈合,修复时间长,遗有明显的瘢痕挛缩或瘢痕增生,影响外观和功能。

3. **影响创伤修复的因素**

(1) 局部因素:最常见的影响因素是伤口感染,另外创伤范围大、坏死组织多、异物存留、创缘不能对合、血液循环障碍、局部制动不足等因素也不利于伤口愈合。

(2) 全身性因素:主要包括营养不良、大量使用细胞增生抑制剂(如皮质激素)、免疫功能低下、合并糖尿病、结核、肿瘤等慢性疾病及全身严重并发症(如多器官功能障碍)。

【护理评估】

(一) 外伤史

1. **受伤情况**　了解致伤原因、致伤因素、作用方式和部位、伤前是否饮酒及受伤时的体位,明确创伤类型、性质和程度。如高速行驶的汽车前端撞击时,驾驶员胸腹部与方向盘撞击,可造成肋骨骨折、气胸及肝、脾破裂等。

2. **伤后表现及演变过程**　评估伤员疼痛、意识、感觉、运动等情况及其伤后的病情变化和处理过程。如胸部损伤应了解有无呼吸困难、咳嗽、咯血等,还应了解现场急救措施、所用药物等。

3. **既往史**　了解伤员疾病史、家族史、手术史、药物过敏史等。

(二) 身体状况

1. **全身情况**　注意伤员呼吸、脉搏、血压、体温等生命体征及意识状态等,检查有无呼吸困难、脉搏微弱、脉率过快、收缩压或脉压过低、体温过低、意识异常、口渴、尿少、面色苍白或口唇、肢端发绀等。

2. **局部情况**　根据受伤史或突出的体征进行详细检查。一般局部体征包括:

(1) 疼痛:程度不一,一般在伤后2~3d后逐渐缓解。内脏损伤的疼痛定位不确切,若疼痛持续或加重,则可能并发感染。

(2) 局部肿胀:因出血和损伤性炎症反应所致。可伴有发红、青紫、瘀斑、血肿或肿胀。严重肿胀可致局部组织或远端肢体血供障碍。

(3) 功能障碍:因解剖结构破坏、疼痛或炎症反应所致。

(4) 创口或创面情况:如挫伤、擦伤、刺伤、切割伤等,注意创口或创面大小、出血、污染情况及有无内脏损伤。

Note:

3. 创伤后并发症

（1）感染：开放性损伤一般都有伤口污染，如果污染严重，处理不及时或不当，加之免疫功能降低，易发生感染。广泛软组织损伤，伤口深，污染重，还应注意发生厌氧菌感染如破伤风或气性坏疽的可能。

（2）休克：早期常为失血性休克，晚期由于感染发生可导致脓毒症，甚至感染性休克。

（3）脂肪栓塞综合征：常见于骨盆骨折和长骨骨折，主要表现为皮肤瘀斑、呼吸困难、脑功能障碍等。

（4）应激性溃疡：发生率较高，多见于胃、十二指肠出血，小肠和食管也可发生。

（5）凝血功能障碍：主要由于凝血因子消耗、缺乏，抗凝系统活跃，从而造成出血倾向。

（6）器官功能障碍：可并发多器官功能障碍。

（三）辅助检查

1. 实验室检查 血常规、血细胞比容、尿常规、电解质检查可以帮助判断失血、感染、水、电解质紊乱及酸碱平衡失调的情况。尿常规、肾功能、血、尿淀粉酶测定可以帮助诊断有无相关器官的损伤。

2. 穿刺或导管检查 一般胸腔穿刺可明确血胸或气胸，腹腔穿刺或灌洗可证实内脏破裂或出血，心包穿刺可证实心包积液和积血。放置导尿管或膀胱灌洗可诊断尿道或膀胱出血，放置中心静脉导管可监测中心静脉压，帮助判断血容量和心功能。

3. 影像学检查 X 线检查可以明确骨折情况，确定有无气胸、血气胸、腹腔积气、异物等；CT 检查可以诊断颅脑损伤和腹部实质性器官及腹膜后损伤；超声检查可发现胸、腹腔积血及肝、脾包膜内破裂等。

（四）心理-社会状况

创伤多发生于青壮年，对社会和家庭影响大，伤者心理负担重、精神紧张，往往会加重应激反应，不能很好地配合检查，甚至影响病情的评估结果。护士应全面评估伤者及其家属对突发创伤的心理承受程度及心理变化，有无紧张、恐惧、焦虑、失望等，同时还应了解其对损伤的认知程度及对治疗的信心与希望，为护理计划的制订奠定基础。

【常见护理诊断/问题】

1. **心输出量减少** 与心肌缺氧、心力衰竭、心搏骤停有关。
2. **气体交换受损** 与呼吸系统创伤、窒息及肺栓塞有关。
3. **体液不足** 与创伤后失血过多有关。
4. **疼痛** 与创伤后创面组织炎性水肿或内脏损伤有关。
5. **躯体移动障碍** 与躯体受伤、组织结构破坏或治疗措施有关。
6. **活动耐力下降** 与创伤后组织氧耗失衡有关。
7. **恐惧** 与外伤、出血、剧烈疼痛有关。
8. **潜在并发症**：心搏骤停、窒息、休克、出血、感染、挤压综合征等。

【计划与实施】

创伤病人的处理包括现场急救和入院后处理。优先抢救生命，待生命体征稳定后再实施其他治疗措施。通过治疗和护理，病人损伤的组织与器官能够保存或修复，恢复功能；并发症可以被及时发现并得到治疗。

自然灾害和重大事故造成的大批伤员，现场救治时需检伤分类，分清轻重缓急。一般轻伤者就地医疗处理后转相关部门照料，将主要救治力量用于抢救重伤员。重伤员中确定需优先救治者给予紧急处理后及时组织运送，并报告伤情、初步诊断和已做处理，途中应密切观察伤情做好应急处理。

（一）现场急救

先救命，后治伤，急救的目的首先是挽救生命。处理复杂伤情时必须优先处理心搏骤停、窒息、大出血、张力性气胸和休克等危及生命的情况，然后再进行后续处理，稳定伤情，为转送和进一步治疗创造条件。如在事故现场，急救人员应注意评估现场环境是否安全，排除危险因素，做好自我防护。

1. **复苏**　当伤者发生心搏骤停时，应立即进行心肺复苏和电复律。

2. **通气**　创伤后血凝块、呕吐物、组织块、血肿、舌后坠及呼吸道损伤都会造成伤员窒息死亡。因而一旦发现伤员出现面色、口唇发绀，呼吸困难，有痰鸣音或气道阻塞不能出声，必须迅速有效地打开气道，取出气道内血凝块或呕吐物等，给予通气措施。

3. **止血**　常用的止血方法有指压动脉止血法、直接压迫止血法、加压包扎止血法、填塞止血法、止血带止血法等。其中，加压包扎法快速有效，最为常用。止血带止血法一般用于四肢外伤大出血而加压包扎无法止血的情况，使用时应注意位置和松紧度，要使用衬垫并定时松解，做好标记，避免造成肢体坏死。

控制外出血后，若伤者仍然有血压下降的表现，应考虑内出血。注意预防和处理休克，密切观察伤者生命体征，保留排泄物或呕吐物送检，迅速送往医院。

4. **包扎**　包扎的主要目的是保护伤口、减少污染、加压止血、固定敷料及骨折肢体。常用的材料是绷带、三角巾等，也可就地取材用干净的毛巾、衣物。

5. **固定**　骨关节损伤时必须固定制动，以减轻疼痛，避免进一步损伤到血管、神经，方便转运。固定材料可以用夹板，亦可就地取材用木板、木棍、杂志等固定，或自体固定，如将手臂固定在胸部，下肢患侧固定在健侧等。

6. **搬运**　伤员经过初步处理后，需送到医院进行进一步检查和治疗。搬运骨折或脊柱损伤的病人时必须使用硬质担架或脊柱板以保持伤处平稳，避免扭曲，昏迷病人应注意保持呼吸道通畅。转送伤员时要求尽量做到安全、迅速、平稳，在救护车内，伤员应足向车头，头向车尾平卧，以免汽车的惯性作用引起脑缺血，担架搬运时也应同样以足部向前，上下坡时尽量保持平稳。

7. **心理护理**　在抢救伤员的同时应注意人文关怀，尤其是自然灾害和重大事故时出现大批伤员，在全力抢救重伤员的同时，对轻伤人员给予基本处理和心理安慰，对创伤后心理危机进行干预，使之情绪稳定等待救援。在评估和处理伤情时，也应对病人进行安抚，缓解其紧张情绪，可以更好地配合治疗。

知 识 链 接

止血带使用的适应证与禁忌证

1. 直接压迫肢体止血失败时，考虑使用止血带，但在资源充足情况下，首选压迫止血。注意：止血带不适用于躯干和颈部损伤出血，对创伤交界区（如骨盆、腹股沟和腋下）大动脉损伤出血管理效果不佳。

2. 四肢动脉出血时止血带使用无绝对禁忌证。以下情况要慎用止血带：①血栓性静脉炎。②肺栓塞。③明显的周围血管病。④严重的高血压或糖尿病。⑤镰状细胞贫血。⑥化脓性感染坏死。⑦严重挤压伤。⑧肢体远端严重缺血。⑨缚扎止血带部位皮肤有损伤、水肿。

3. 对于无活动性出血的肢体伤口，尽量不使用止血带，首选压迫止血。在标准的紧急压迫止血不能有效控制肢体活动性出血时，应考虑立即使用止血带，但同时不应放弃其他止血方法及止血辅料等的使用。

（二）入院后护理

1. **判断伤情**　根据伤情可将伤员分为 3 类：①致命性创伤：如危及生命的大出血、窒息、开放性或张力性气胸、颈椎损伤等，须进行紧急复苏等处理并尽快手术。②生命体征尚平稳：如不会立即危及生命的刺伤、火器伤、胸腹部损伤、颅脑损伤、脊髓损伤等，可观察 1~2h，做好术前准备。③潜在性

创伤:性质未明确的应进一步检查,密切观察病情,做好术前准备。

2. 复苏的后续治疗　心搏骤停的病人入院后给予进一步检查和处理,对重要器官进行严密监测、促进其功能恢复。

3. 保持呼吸道通畅　再次清除口腔异物,防止异物(呕吐物、血液、痰液等)反流阻塞气道,应用吸痰器协助吸引。昏迷的病人如出现舌后坠,立即置口咽通气管,给氧,有明显呼吸不规则、呼吸困难甚至呼吸骤停者,立即行气管插管或气管切开,接呼吸机辅助呼吸。

4. 维持有效循环血量

(1) 监测生命体征:对生命体征不稳定者,密切监测并记录呼吸、血压、脉搏、中心静脉压和尿量,经积极抗休克治疗仍不能维持血压时,应做好手术准备。

(2) 进一步止血:根据出血部位和性质选用止血方法,必要时手术止血。注意拟做断肢再植术者不可用止血带。

(3) 输液:迅速建立 2~3 条静脉输液通道,根据医嘱给予输液、输血或应用血管活性药。根据血压合理安排输液种类和速率,尽快恢复有效血液循环并维持循环平稳。

(4) 体位:生命体征不平稳的病人采取平卧位或根据受伤部位采取舒适卧位,生命体征平稳的病人采取半卧位或其他舒适体位。

5. 缓解疼痛　抬高伤肢有利于促进静脉回流、减轻肿胀和疼痛,骨与关节损伤时加以固定和制动可减轻疼痛,根据病情遵医嘱使用镇静、镇痛药,用药后应密切观察病人病情,注意有无意识障碍、肌间隙压力增高等情况。

6. 妥善处理伤口

(1) 开放性创伤的护理:①清洁伤口:无菌手术切口,可直接缝合;②污染伤口:有细菌污染但尚未感染,可清创后直接缝合或延期缝合;③感染伤口:先引流再处理。开放性伤口多有污染,如处理不当易发生感染,清创术的目的是在伤口未发生感染前,清除坏死或失活组织、异物、血块和彻底止血,将污染伤口转变为清洁伤口,预防感染。清创一般应在伤后 6~8h 进行,可达到一期愈合,头面部损伤、切割伤,清创时间可延至 8~12h。小擦伤和浅表的小刺伤、小切割伤可以局部压迫止血,清理异物后给予碘伏消毒和包扎。

清创术前的护理:①对伤员做全面检查,对伤情进行准确评估。②早期使用有效广谱抗生素,给予肌内注射破伤风抗毒素。③对伤情严重复杂的清创术,要备血,对四肢的清创可在充气止血带下进行。④选用适当麻醉。

清创术后的护理包括:①伤肢应给予制动,维持适当体位,如伤肢抬高,以减轻肿胀;胸、腹部器官损伤术后取半卧位等;②继续遵医嘱应用有效的广谱抗生素;③密切观察伤肢血液循环及伤口情况,注意预防伤口感染和出血;④注意观察全身情况,预防创伤的其他并发症。

(2) 闭合性创伤的护理:关节扭伤、挫伤者伤后即可冷敷、加压包扎、抬高伤肢并给予制动。一般先冷敷,后加压包扎,加压包扎 24h 后即可拆除,根据伤情在伤后 24h 或 48h 后,可采用热疗、按摩、配合药物治疗。伤情稳定后应进行适当的功能锻炼。

7. 预防和治疗感染及全身支持治疗　遵医嘱使用抗菌药物,开放性创伤者须使用破伤风抗毒素。维持病人水、电解质和酸碱平衡,保护重要器官功能。消化道损伤、出血、穿孔者,给予禁饮食、胃肠减压及静脉营养支持。

8. 心理护理　护士应针对重伤者存在的紧张、恐惧、悲观、失望的情绪进行排解和安抚,缓解其紧张情绪,以减少应激反应,更好地配合治疗与护理。

9. 并发症的观察与护理

(1) 出血:严密观察敷料是否有渗血,引流液的性质和量;病人有无面色苍白、肢端温度下降、脉搏弱等表现,有上述表现时及时报告医生并立即建立静脉输液通道,进行交叉配血试验等。

(2) 伤口感染:多见于开放性损伤的病人。若伤口出现红、肿、热或已减轻的疼痛又加重,体温升

Note:

高、脉速,白细胞计数明显增高等,应及时报告医生并协助处理。早期可根据医嘱予以局部理疗和应用有效抗菌药物等,若已形成脓肿,则应协助医生行脓肿切开引流,并留取脓液做细菌培养和药敏试验。

（3）挤压综合征（crush syndrome）:在四肢或躯干肌肉丰富部位,遭受重物长时间挤压,在挤压解除后出现肢体肿胀、压痛、主动及被动活动引起疼痛、皮温下降、感觉异常、弹性减退,24h 内出现浓茶色尿或血尿等改变,提示可能并发挤压综合征。病人会发生以肌红蛋白尿、高钾血症为特点的急性肾损伤。

护理措施:应及时报告医生并协助处理。早期禁止抬高患肢和对患肢进行按摩和热敷;协助医生切开减压,清除坏死组织;遵医嘱应用碳酸氢钠及利尿药,纠正高钾血症和酸中毒,必要时准备腹膜透析或血液透析。

（三）健康指导

1. 向大众普及应急救护知识是预防和减少因意外伤害造成人身伤害的主要措施。许多突发急、危、重症或意外伤害事故发生在工作场所、途中、家庭等医院以外的地方,把握关键时机,运用基本救护知识和方法,"第一响应人"提供及时、有效的初步紧急救护,为院前急救赢得宝贵时间,对挽救生命、减少伤残发挥着积极作用。

2. 创伤治疗过程中,在不影响组织修复的前提下,指导伤者积极进行功能锻炼,促使其早日康复。

3. 应注意保存相关的,特别是可能与伤害案件有关的证物,慎重处理致伤的利器、子弹、弹片、利刀残片等,标记后,在储物袋中封存,并记录在案,签字备查。在警务人员指示下,需特别检验的体液标本,应征得伤员同意后取样。标本检验报告应妥善保存。

【护理评价】

通过治疗护理,评价病人是否能够达到:①损伤的组织与器官能够保存或修复,恢复功能。②病人的并发症可以被及时发现并得到治疗。

（韩　晶）

思 考 题

1. 哪些因素会影响创伤修复的过程?
2. 创伤现场如何对伤员进行急救?
3. 创伤病人入院后的护理措施有哪些?

第三节　烧伤病人的护理

烧伤（burn）通常是指单纯因热源,如火焰、热液、热蒸汽、热金属物体等所致的组织损伤。烧伤是一种常见损伤,严重烧伤常致死、致残。

【病理生理】

烧伤的病理生理反应及其病程演化过程大致可分为 4 期,各期常互相重叠。

（一）体液渗出期

又称为休克期。烧伤后迅速发生的变化是体液渗出,由于毛细血管通透性增加,体液渗出至细胞间隙或皮层间隙,形成水肿或水疱,或直接丢失。小面积轻度烧伤以组织水肿为主,对有效循环血量没有明显的影响,大面积烧伤时,迅速发生体液丧失可导致低血容量性休克。体液渗出在伤后 8h 左右达到高峰,之后逐渐减慢,持续 36~48h 后血流动力学指标才趋于稳定,如血压逐渐稳定,尿量开始增多。烧伤后释放的多种血管活性物质,如组胺、5-羟色胺（5-HT）、激肽、前列腺素类、白三烯等及严重烧伤早期应激产生的心肌损害和心功能减退都是休克发生和发展的重要因素。休克是烧伤早期的

Note:

主要并发症和死亡原因,因此这一期治疗和护理的重点是防治休克。

（二）急性感染期

严重烧伤早期即可并发全身性感染,继休克之后或休克的同时发生。严重烧伤后发生全身性感染的主要原因有:①大面积的烧伤创面是致病菌良好的培养基;②皮肤黏膜的屏障功能受损,烧伤48h后大量病菌和毒素随着水肿液被吸收,肠黏膜屏障应激性损害使肠道成为内源性感染的重要来源;③机体抵抗力显著下降,免疫功能受抑制,易感性增加。休克期的缺血缺氧损害也是机体易发生全身性感染的重要因素。在这一期预防和治疗感染是治疗护理的重点。

（三）创面修复期

创面的组织修复在伤后不久即开始,修复时间与烧伤深度等多种因素有关。轻度烧伤多能自行修复,无严重感染的深Ⅱ度烧伤靠残存的上皮岛融合修复,多留有瘢痕。Ⅲ度烧伤及严重感染的深Ⅱ度烧伤如创面较大无法通过创缘的上皮扩展覆盖,易产生瘢痕挛缩,影响外观和功能,需要通过皮肤移植修复。同时此期也是发生全身性感染的又一高峰期,这一期治疗护理的重点是积极修复创面、加强营养和防治感染。

（四）康复期

深Ⅱ度和Ⅲ度烧伤愈合后往往长时间伴有疼痛、瘙痒、水疱、感染,甚至形成残余创面。大面积深度烧伤损毁汗腺,会影响机体散热,在盛夏季节引起伤者的不适。深度烧伤的创面愈合后多形成瘢痕或组织挛缩畸形等,严重影响外观和功能,同时伴有部分器官的损害和心理异常,需要通过整形、锻炼、水疗等措施来促进伤者康复。

【烧伤的深度和面积评估】

1. **烧伤深度评估**   我国常采用三度四分法(图 9-3-1)。①Ⅰ度烧伤:又称红斑烧伤,只伤及表皮层,表现为红斑、干燥、烧灼感、一般 3~7d 脱屑愈合,初期有色素沉着。②浅Ⅱ度烧伤:伤及表皮及真皮浅层,红肿明显,有大小不一的水疱,内含淡黄色澄清液体、疱皮剥脱后基底潮红,疼痛强烈,依靠残存的表皮生发层或汗腺毛囊等皮肤附件的上皮细胞再生修复,如无感染一般 2 周左右愈合,有色素沉着,无瘢痕形成。③深Ⅱ度烧伤:伤及真皮乳头层下,可有残留的网状层,有水疱形成祛疱皮后,创面微湿、基底红白相间、可有网状血管栓塞,痛觉迟钝,可有拔毛痛,创面修复依靠残存的皮肤附件上皮,

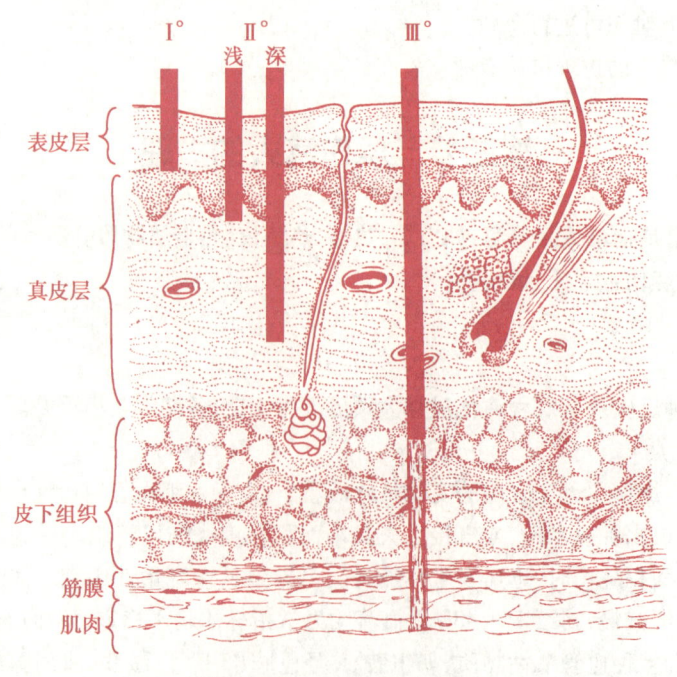

图 9-3-1　烧伤深度示意图

如无感染 3~4 周可愈合,有瘢痕形成。④Ⅲ度烧伤:伤及皮肤全层,可深达皮下、肌肉及骨骼。创面无水疱,痛觉消失,无弹性,干燥如皮革样或蜡白、焦黄,甚至炭化成焦痂,痂下水肿。创面修复依靠植皮或创缘的健康皮肤生长,多形成瘢痕和畸形。

2. 烧伤面积评估

我国统一采用的烧伤面积计算方法有 2 种。①手掌法:适用于较小面积烧伤的估测。伤员一手掌五指并拢的面积约为体表总面积的 1%。②中国新九分法:该法适用于较大面积烧伤的评估(表 9-3-1)。成人体表各部位面积占比见图 9-3-2。

表 9-3-1 中国新九分法

部位		成人面积/%	小儿面积/%
头 颈	发际部 3 面部 3 颈部 3	9×1=9	9+(12−年龄)
双上肢	双手 5 双前臂 6 双上臂 7	9×2=18	9×2=18
躯 干	躯干前 13 躯干后 13 会阴 1	9×3=27	9×3=27
双下肢	双臀* 5 双大腿 21 双小腿 13 双足* 7	9×5+1=46	46−(12−年龄)

注:* 女性的双臀和双足各占6%。

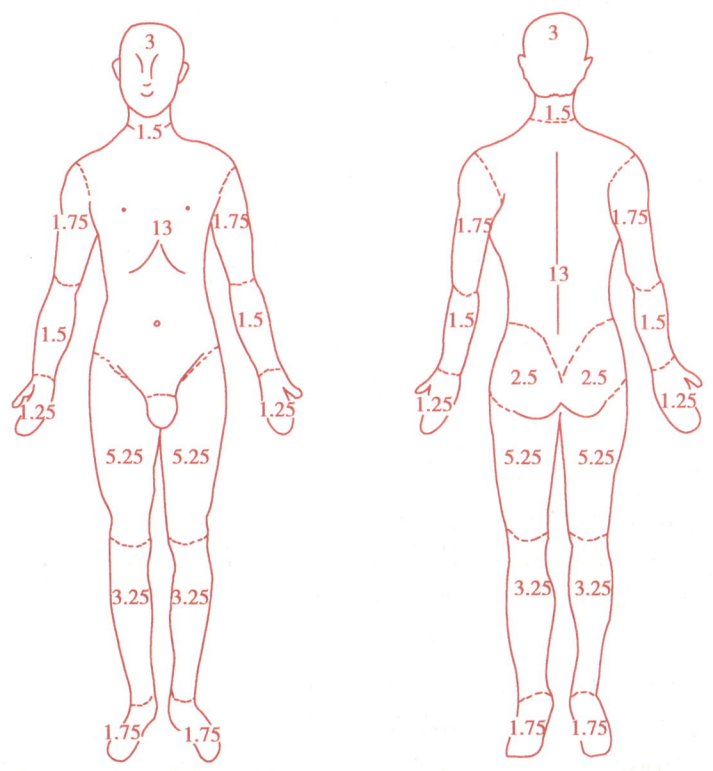

图 9-3-2 成人体表各部位面积占比

3. **烧伤的严重度**　烧伤严重程度主要与烧伤深度和面积有关,临床上多采取综合性评估,以利于伤员分类治疗和效果评价。我国常用四度分度法。①轻度烧伤:Ⅱ度烧伤面积 10% 以下。②中度烧伤:Ⅱ度烧伤面积 11%~30% 或Ⅲ度烧伤面积不足 10%。③重度烧伤:烧伤总面积 31%~50% 或Ⅲ度烧伤面积 11%~20%,或Ⅱ度、Ⅲ度烧伤面积不足上述百分数,但并发休克、呼吸道烧伤或合并较重的复合伤。④特重度烧伤:烧伤总面积 50% 以上或Ⅲ度烧伤面积 20% 以上,或存在严重的吸入性损伤、复合伤等。

【护理评估】

（一）健康史

向病人、家属及现场目击者询问烧伤时间、原因(热源)和现场情况,如烧伤环境是否密闭、有无化学剂和烟雾吸入、有无头颈和胸部复合伤、已施行的自救和急救措施等。了解既往病史(尤其是呼吸道慢性病史)、近期体重等。

（二）身体状况

中度以上的烧伤有较明显的全身性反应,临床上多分为 4 个阶段。

1. **休克期**　此期应首先紧急评估危及生命的伤情,而后评估烧伤创面。

（1）呼吸功能:检查和确定有无声嘶、干咳、煤黑色痰、血痰、呼吸困难、发绀等呼吸道吸入性烧伤和呼吸功能不全征象。喉头水肿和颈、胸部烧伤均可引起窒息,应每 30min 评估一次生命体征和呼吸功能。在相对密闭的火灾现场,除热力外,烟雾中还含有大量有毒化学物质,因而死于窒息者往往多于体表烧伤者。判断吸入性损伤的依据有:①火灾现场相对密闭;②面、颈、前胸烧伤,尤其是口鼻部深度烧伤,鼻毛烧焦,口唇、口腔黏膜红肿或有水疱;③刺激性咳嗽,咳炭末痰,声嘶,吞咽困难或疼痛;④呼吸困难和/或听诊有哮鸣音;⑤支气管镜检查可直接发现呼吸道黏膜损伤。

（2）循环功能:评估病人意识、心率、血压、中心静脉压、尿量、尿比重、烧伤肢体末梢动脉搏动情况,观察并记录 24h 出入量。

（3）疼痛:了解疼痛程度及原因。

（4）体温:有无皮肤丧失导致的体温过低。

（5）评估烧伤的深度和面积。

2. **感染期**

（1）意识、生命体征:注意有无寒战、高热或体温不升、脉搏、呼吸过速、血压下降、意识模糊等征象。

（2）创面:有无恶化征象,伤口及植皮、供皮区有无脓性分泌物、异味、肤色异常、与正常皮肤交界处发红、肿胀、局部压痛等感染现象。

（3）活动能力:注意有无关节屈曲挛缩、活动度减小、肌肉块丧失及患肢固定不动等。

（4）营养状况:包括体重、皮肤及皮下脂肪厚度等,注意有无明显体重减轻(>1kg/d)等营养不良表现。

（5）疼痛:了解疼痛是否继续存在、疼痛的特征如何。

（6）胃肠道功能:烧伤后由于应激反应、低钾血症、感染、微循环灌注不足及再灌注损伤等,可发生应激性溃疡、腹胀和麻痹性肠梗阻、出血性胃炎及急性胃扩张等,应注意观察病人有无腹痛、腹胀、腹膜刺激征、肠鸣音减弱或消失、呕血、便血等异常征象。

3. **修复期**

（1）感觉:有无麻木、刺痛、压迫感、瘙痒、灼热、疲倦等异常感觉。

（2）患肢姿势及体位:患肢是否处于功能位。

（3）运动功能:大面积烧伤或特殊部位烧伤病人有无瘢痕增殖和挛缩导致的肢残、畸形和功能障碍等。

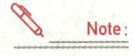
Note:

（4）营养状况：烧伤后由于水肿及大量补液，最初3d可能会有体重增加。但4～12d后，由于病人代谢率增加、能量与蛋白质大量消耗及体内潴留水分的排出，体重将逐渐减轻。定期测量体重可直观反映病人的营养状况。

4. 康复期　主要评估有无创面疼痛、瘙痒、水疱、感染及机体功能障碍、心理异常等。

（三）辅助检查

1. 实验室检查　主要包括血细胞比容、血电解质、血气分析、白蛋白、白细胞计数、尿素氮、肌酐清除率、血糖、血清钙、碱性磷酸酶、血液及创面分泌物细菌培养等检查。休克期病人主要有血细胞比容升高（血液浓缩）、低钠血症、低蛋白血症、酸中毒等改变；感染期病人主要有白细胞计数骤升或骤降、细菌培养阳性等感染特征。

2. 影像学检查　胸部X线或CT检查等可帮助了解有无呼吸道损伤及治疗效果如何。

（四）心理-社会状况

在烧伤休克期，中、重度烧伤病人常出现恐惧、焦虑等心理反应，应注意观察其情绪变化。急性期以后，由于烧伤创面增生性瘢痕形成、关节及肌肉挛缩，病人外观和机体功能会有不同程度的改变，常担心能否重返工作岗位和恢复社交能力，严重者甚至丧失生活的勇气和信心。应注意仔细观察病人的言行，了解其心理动态。恢复期病人面临出院后的自我照顾和长期功能锻炼，应了解病人及家属对出院后自我照顾和功能锻炼知识与方法的了解程度，便于针对性制订健康指导计划。

【常见护理诊断/问题】

1. **有窒息的危险**　与头颈胸部烧伤、呼吸道严重水肿有关。
2. **体液不足**　与体液大量渗出、摄入障碍有关。
3. **有感染的危险**　与创面暴露、营养不良、抵抗力降低有关。
4. **疼痛**　与烧伤创面刺激、创面处理有关。
5. **营养失调：低于机体需要量**　与能量消耗增加、摄入障碍有关。
6. **体像紊乱**　与毁容、肢体残疾、功能障碍有关。
7. **潜在并发症**：应急性溃疡、关节僵硬、瘢痕增生等。

【计划与实施】

治疗原则包括现场急救、防治休克、处理创面和防治感染。经过治疗和护理，病人是否能够达到：①呼吸平稳，无呼吸急促、发绀；②血容量恢复，生命体征稳定，尿量正常；③无全身及创面感染征象；④疼痛减轻或消失；⑤营养状况改善，每日体重减轻不超过1kg或体重回升；⑥能说出功能锻炼的方法，并接受容貌改变、肢体残障及功能障碍，恢复社交和工作能力。

主要护理措施包括：现场救护、休克期护理、感染期护理及修复期护理。

（一）烧伤现场的急救

能否成功挽救重度烧伤病人的生命，关键在于其获救时间的早晚和现场处理的妥善与否。烧伤病人的现场急救重点有以下几点：

1. 迅速去除致伤原因　烧伤现场首先应救人，迅速离开密闭空间，避免衣服着火时奔跑呼叫，以免头面部烧伤和吸入性损伤；一旦脱离热源，立即予以大量冷水冲淋或湿敷，以阻止高温继续向深部组织渗透，并减轻创面疼痛，可持续冷敷至不再剧痛为止。

2. 抢救生命　严重烧伤病人最初多意识清醒且合作，若发现其反应迟钝或意识丧失，应考虑合并颅脑损伤或休克，立即抢救。对吸入性损伤呼吸困难的病人，注意保持呼吸道通畅，必要时安置通气道或气管插管。妥善处理严重复合伤，如止血、骨折脱位的固定、开放性气胸的闭合等，减轻疼痛，防止严重的生理功能紊乱。

3. 妥善保护创面和保温　贴身衣物剪开脱下时，应防止撕破粘连的创面皮肤。暴露的体表和创

Note：

面应尽快用无菌敷料或清洁干布覆盖,减少细菌污染的机会。协助病人调整体位,避免创面受压。寒冷季节用冷水处理创面易引起寒战反应,应增加被盖,防止体温散失。

4. 尽快转送医院 严重大面积烧伤早期应避免长途转送,尽快就近入院进行抗休克或气管切开,待休克控制后再转送。严重烧伤者转送途中应继续输液,保持呼吸道通畅,留置导尿以观察尿量,或让清醒病人口服含盐饮料,预防休克。注意鼓励和安慰病人,稳定情绪,酌情使用镇痛药,但要注意避免抑制呼吸。

(二) 休克期病人的护理

1. 预防和治疗窒息 ①保持呼吸道通畅:密切观察呼吸状况及皮肤黏膜色泽,及时清除口、鼻腔分泌物,发现张口呼吸、气急、发绀等呼吸功能不全征象时应积极做好紧急气管插管和气管切开准备。②吸氧:氧浓度一般不超过 40%,一氧化碳中毒者,予以吸入纯氧。③加强呼吸道护理:定时翻身、鼓励病人深呼吸和咳痰;为气管插管或气管切开者及时吸痰;痰液黏稠者予以雾化;必要时遵医嘱使用支气管舒张剂。

2. 维持体液平衡 成人烧伤面积小于 15%,小儿烧伤总面积小于 10%,非头、面部的Ⅱ度烧伤可采用口服补液。对大面积或重度烧伤后处于休克期的病人应根据Ⅱ度、Ⅲ度烧伤面积和体重拟订补液计划,尽快建立有效的静脉双通道,补充血容量。

(1) 补液方案:①伤后第 1 个 24h 补液量:成人每 1%Ⅱ度、Ⅲ度烧伤面积,每千克体重补充胶体液和电解质液 1.5ml,每 24h 另加生理需水量 2L。伤后 8h 内输入总量的一半,之后的 16h 输入另一半。②第 2 个 24h 补液量:胶体及电解质均为第 1 个 24h 输入量的一半,另加生理需水量 2L。

(2) 补液原则:遵循"先晶后胶,先盐后糖,先快后慢,见尿补钾"的原则。胶体液与晶体电解质液的比例为 1∶2,小儿和大面积深度烧伤病人比例可改为 1∶1。晶体液首选平衡盐溶液、林格液等,适当补充碳酸氢钠溶液及高氧电解质溶液,胶体液首选同型血浆,也可用血浆代用品和全血,血浆代用品一般不超过 2L,生理需水量常用 5%~10% 葡萄糖液补充。

(3) 观察要点:补液期间护士应注意观察病人尿量、心率、末梢循环、精神状态及中心静脉压,判断液体复苏效果,据此调整输液方案:①尿量:每小时每千克体重尿量不低于 1ml。②病人安静无烦躁不安。③病人无明显口渴。④呼吸平稳,脉搏、心搏有力,心率小于 120 次/min,收缩压维持在 90mmHg 以上,脉压>20mmHg。⑤监测中心静脉压、血气分析、血乳酸等。

3. 创面的护理 轻度烧伤创面可用 1∶1 000 苯扎溴铵或 1∶2 000 氯己定清洗,Ⅰ度烧伤不需要特殊处理,能自行消退,但应注意保护创面,如烧灼感重,可涂薄层油脂。浅Ⅱ度烧伤的疱皮应予保留,可用空针抽去疱液。对小面积或四肢的浅Ⅱ度烧伤进行包扎可以保护创面、引流渗液,包扎时内层用油纱,可添加适量抗生素,外层用吸水敷料均匀包扎。面、颈、会阴部烧伤,广泛大面积烧伤一般采用暴露疗法。Ⅲ度烧伤所致的躯干环形焦痂将影响病人血液循环和呼吸,应行焦痂切开术。创面污染重或有深度烧伤者,均应注射破伤风抗毒素,并用抗生素治疗,疼痛较明显者,给予镇静、镇痛药。

(1) 入院清创时的护理:首先建立静脉通路,实施液体复苏,清创时注意病人保暖,严格监护生命体征,如有变化先处理危及生命的征象。

(2) 包扎创面的护理:①包扎时内层用油纱,外层用吸水敷料均匀包扎。达到要求的厚度,范围要超出创面的边缘 5cm。②抬高肢体,保持关节各部位尤其是手部的功能位和髋关节外展位,定时翻身,防止包扎的创面长期受压。③观察病人肢体末端的血液循环情况,如皮温和动脉搏动。④保持敷料干燥,除非敷料浸湿、有异味或有其他感染迹象,不必经常换药,以免损伤新生上皮。感染创面应勤换敷料,清除脓性分泌物,保持创面清洁。⑤夏季注意调节室温,预防病人中暑。

(3) 暴露创面的护理:①保持创面干燥、减少细菌繁殖,创面不应覆盖任何敷料或被单,促使焦痂或痂皮早日形成且完整。随时用无菌敷料吸净创面渗液,尤其是头面部创伤。②控制室温于 28~32℃,湿度 70% 左右。③适当约束病人肢体,防止无意抓伤。用翻身床或定时翻身,避免创面因受伤而加深。④焦痂可用 2% 碘酊涂擦 2~4d,每日 4~6 次。有环形焦痂者应切开减压。

（4）半暴露创面的护理：用单层抗生素或薄油纱布覆盖于创面称半暴露疗法，主要护理是保持创面干燥、纱布和创面必须紧贴无空隙，如有积脓，及时更换纱布，预防感染。

4. 局部使用药物的副作用 创面局部用药可以预防和控制感染，常用的有1%磺胺嘧啶银霜剂、碘伏等。磺胺嘧啶银可导致剥脱性皮炎，用药后向病人说明用药反应，如果创面疼痛加剧或皮疹出现，首先考虑药物过敏，应立即将药物去除，用生理盐水清洗创面至没有药物痕迹，并加用抗过敏药物，用药过程中注意监测病人白细胞计数及肝、肾功能。

5. 疼痛管理 酌情采取非药物性疼痛护理减轻痛觉；必要时遵医嘱予以镇痛药。麻醉性镇痛药有抑制呼吸的作用，对吸入性烧伤和老年病人应慎用。

（三）感染期病人的护理

烧伤组织由开始的凝固性坏死经液化到与健康组织分离，需要2~3周，在这一过程中，随时存在感染的危险，因此主张早期切痂（切除深度烧伤组织达深筋膜平面）或削痂（削除坏死组织至健康平面），并立即皮肤移植，可以减少全身性感染发病率，降低并发症，提高大面积烧伤的治愈率。

1. 注意观察感染情况 严重烧伤后全身性感染，在丧失体表屏障的同时，肠黏膜屏障亦发生明显的应激性损害，通透性增加，肠道微生物、内毒素移位，成为创面或全身性感染的主要原因。并发全身性感染时，病人病情常突然恶化，表现为：①神志改变，兴奋、淡漠或谵妄，有定向力改变；②数小时或数日内出现寒战、高热或体温不升；③脉搏、心率加快而血压逐渐下降，出现感染性休克；④呼吸急促；⑤创面骤然恶化，出现烧伤创面脓毒症；⑥血白细胞计数骤升或骤降。

2. 预防和治疗全身性感染 ①及时、积极地纠正休克。②正确处理创面：深度烧伤创面应及早切痂、削痂和植皮。③合理使用抗生素：严重病人，可先选一种第二代头孢菌素和一种氨基糖苷类抗生素联合用药，待获得细菌培养和药敏试验结果后再调整。感染控制后，应及时停药，注意观察药物副作用。④加强支持治疗：平衡水、电解质，给予营养支持，尽可能选择肠内营养。

3. 创面的护理 原则是保护创面，防治感染，减轻疼痛。

清创术后创面的护理：①防止皮片或生物敷料下积液或积血，如有积血、积液，可低位开窗，按压驱除积血、积液，如果血块或渗血形成凝块，用镊子取出，注意不要扩大创面，处理后加压包扎。②防止移植物或生物敷料移位，换药时应充分浸湿敷料，待敷料和创面较好分离时再更换。③防止生物敷料或移植皮片下感染。创面感染的主要特征：皮片或生物敷料下积脓，创面出现异味，病人体温升高或不升，心率异常增快，创缘出现炎性浸润。出现以上征象，应去除感染移植物或生物敷料及创面感染灶、加强全身支持治疗及合理应用抗生素等。

4. 营养支持 烧伤后，病人代谢率常较正常人高出2倍以上，营养需求增加，伤口愈合期更需补充所需营养，故应增加病人蛋白质、能量、维生素B和维生素C等的补充，以加速组织修复，促进伤口愈合。①对严重病人或经口进食困难者，早期可遵医嘱予以TPN疗法或管饲要素饮食，以提供足够能量和营养素。待病情稳定后，尽早改为经口进食。②解释保证营养的重要性，鼓励病人尽量经口进食，增加营养摄入。③与营养师及其家属共同制订病人营养计划，改进食物的色、香、味，在病情允许的情况下尽量安排符合其口味的饮食。鼓励少食多餐，餐间给予富含高能量饮料。④避免应用糖皮质激素等抑制胶原蛋白合成的药物，以免延迟伤口愈合。

（四）修复期病人的护理

1. 心理护理 大面积烧伤、重度烧伤或颜面部烧伤病人心理压力尤为严重，常担忧其容貌改变、肢体残疾及功能障碍等导致生活、工作和社交能力的改变，严重者甚至出现剧烈的情绪波动。护士应注意观察病人有无勇气正视或触及创面，是否有厌恶情绪等，并做好相应的心理护理：①理解并接受病人非理智性的发泄行为，鼓励病人表达内心的痛苦和担忧，耐心倾听病人对损伤、手术等的感觉。②以真诚的态度与病人沟通，及时满足其生理和心理需求，建立良好的护患关系，加强与病人亲属的沟通，争取其对病人的理解和帮助。③做好各种检查、治疗及有关手术知识的宣传，告知创面愈合情况，耐心细致回答病人的提问，做好安慰和解释工作。④介绍成功救治的病例，请同类病人现身说法，

Note:

帮助病人正确面对和适应创伤带来的身体和心理变化。⑤鼓励病人参与力所能及的自理活动,增强其自信心和独立能力,促进其尽早回归社会。

2. 康复护理　修复期原则上应维持肢体功能位,尽早植皮消灭创面,加强运动和康复训练,防止瘢痕增殖和挛缩。指导和协助病人进行功能锻炼是修复期的主要护理内容之一,包括:①纠正不良的体位,维持并固定肢体于功能位。②鼓励病人尽早下床活动,指导病人坚持常规的肢体和关节功能锻炼,必要时行运动疗法或理疗。③遵医嘱涂抹瘢痕软化剂或采用紧身衣和固定板予以矫正。④防止紫外线和红外线过多照射,避免加重瘢痕增殖。⑤避免对瘢痕创面机械性刺激。

(五)出院指导

指导出院后病人通过整形、锻炼、运动疗法等措施来促进其康复。

1. 调整心理以适应容貌改变、肢体残疾及功能障碍。

2. 指导病人预防感染的方法,包括残余创面的保护、保持环境清洁等。

3. 向病人强调瘢痕增殖对机体功能的影响、不良姿势对机体的危害及保持肢体功能位对预防关节肌肉挛缩的重要性。

4. 进行自我照顾的训练,坚持康复锻炼及作业疗法、运动疗法等措施。

5. 普及防火、灭火和自救等安全知识及烧伤的预防和急救知识。

知 识 链 接

水疗康复技术

水疗法(hydrotherapy)是利用各种不同成分、温度、压力的水,以不同的形式作用于人体以达到机械及化学刺激作用来防治疾病的方法。水中运动治疗(aquatic exercise)是利用水的特性让病人在水中进行运动治疗,以缓解病人症状或改善功能的一种治疗方法。水中运动治疗具有多种治疗作用,对神经、肌肉、骨骼损伤及烧伤康复期等病人,均可极大地缓解各种症状或改善运动功能。

水中体能训练(aquatic fitness training)是通过水中运动治疗来改善力量、速度、耐力、协调、柔韧、灵敏等运动能力的方法,包括水中太极、Halliwick 疗法、Watsu 训练、Bad Ragaz 训练、水中步行训练、水中跑步、水中瑜伽、治疗性游泳和其他类型的水中有氧运动等。

【护理评价】

通过治疗与护理,评价病人是否能够达到:①气道通畅,呼吸平稳,无气急、发绀;②生命体征维持稳定,尿量正常;③体温维持正常,无全身及创面感染征象;④疼痛减轻或消除;⑤每日体重减轻不超过 1kg 或体重回升;⑥能说出出院后功能锻炼的方法并适应容貌改变、肢体残疾及功能障碍,恢复社交和工作能力。

（韩　晶）

思 考 题

1. 从哪些方面对烧伤病人进行护理评估?

2. 如何为烧伤病人制订补液方案?

NURSING

第十章

多器官功能障碍综合征病人的护理

10章 数字内容

───── 学习目标 ─────

- 识记:
1. 陈述 MODS 和 SIRS 的概念。
2. 简述 MODS 的临床分型和特征。
- 理解:
1. 阐明 MODS 的发病机制。
2. 识别 MODS 的常见护理诊断/问题。
3. 概述 MODS 的防治原则及监测、治疗措施。
- 运用:
对 MODS 病人进行护理评估,并根据疾病不同阶段的资料提出护理诊断、制订适当的护理计划。

男性,45 岁。因晚餐后 1h 突然呕吐大量暗红色血液 1 次,伴头晕、乏力急诊入院,既往有乙型肝炎肝硬化病史 10 年。体格检查:T 37.5℃,P 102 次/min,R 24 次/min,BP 90/57mmHg。病人神志清楚,面色灰暗,甲床、睑结膜苍白,肝掌征(+)。夜间病人出现烦躁不安,寒战,呼吸急促。体格检查:T 38.7℃,P 104 次/min,BP 85/65mmHg。皮肤湿冷,毛细血管充盈时间延长。实验室检查:WBC 12.32×10⁹/L,RBC 3.23×10¹²/L,PLT 100×10⁹/L,Hb 76g/L。

请思考:

(1) 该病人目前主要的护理诊断/问题有哪些?

(2) 应采取的主要护理措施是什么?

第一节 概 述

病人在严重感染、创伤、休克等急危重情况下,2 个或者 2 个以上器官或系统同时或先后发生功能障碍或衰竭,临床上称为多器官功能障碍综合征(multiple organ dysfunction syndrome,MODS),如肠屏障功能障碍、心功能不全、急性呼吸窘迫综合征(acute respiratory distress syndrome,ARDS)、急性肾损伤和急性肝衰竭等。MODS 是危重病人的严重并发症和重要死亡原因。

1973 年,Tilney 首先提出"序贯性系统功能衰竭"的概念,即在严重的创伤、感染等情况下,最初并未被累及的器官或称远距离器官可以发生功能衰竭,此后被命名为多器官功能衰竭(multiple organ failure,MOF)。随着临床和基础医学的发展,1991 年美国胸科医师协会(ACCP)和危重病医学会(SCCM)在芝加哥召开会议,共同倡议将 MOF 更名为 MODS,目的在于强调 MODS 是一个动态发展的过程,重视 MODS 的早期诊断和治疗,并在发病机制上突出强调 MODS 属于全身性的病理连锁反应。肝肾综合征、肺源性心脏病等,虽然也是某一器官发生病变后引起的另一种器官功能障碍,但不属于 MODS。MODS 也不包括器官的机械性损伤和临终病人的器官功能障碍。

【发病机制】

1. MODS 的发病基础 包括以下多种危重症:①创伤、烧伤或大手术等致组织严重损伤或失血、失液;②严重的感染;③各种原因引起的休克;④心搏呼吸骤停经复苏后;⑤出血坏死性胰腺炎、绞窄性肠梗阻、全身冻伤复温后;⑥输血、输液、用药或呼吸机应用失误;⑦原有某种疾病,如冠心病、肝硬化、慢性肾脏病等。此外,糖尿病、营养不良和长期应用免疫抑制剂而致免疫功能低下者易发生 MODS。

2. MODS 的发病机制

(1) 过度的炎症反应:MODS 的发病机制尚未被完全阐明,目前较趋于一致的看法是全身炎症反应综合征(systemic inflammatory response syndrome,SIRS)可能是形成 MODS 最主要的原因。SIRS 是因感染或非感染因素作用于机体而引起的机体失控的自我持续放大和自我破坏的全身性炎症反应,是机体在平衡稳定自身作用和损害自身作用过程中出现过度应激反应的一种临床过程。当机体受到外源性损伤或毒性物质感染的打击时,可促发机体的初期炎症反应,这种初次打击可能并不严重,但可使全身免疫系统处于应激状态。当机体受到再次打击时,全身炎症反应将成倍扩增,可超大量地产生各种继发性炎症介质,这些炎症介质作用于靶细胞后还可导致更多级别的新的介质产生,从而形成炎症介质"瀑布效应"。其结果可导致低血压或休克,发生微循环障碍,细胞营养受损,心肌抑制,内皮细胞损伤,血管通透性增加,血液高凝和微血栓形成,以及分解代谢亢进和营养不良等。如果合并组织缺血-再灌注损伤,则更容易造成 MODS。由此可见,MODS 是在过度应激反应和过度全身炎症反应失控基础上出现的两个或两个以上器官功能受损的临床综合征。MODS 不一定是一次性严重生理损伤的后果,往往是由多次重复打击所造成的,即"二次打击学说"。

（2）促炎反应与抗炎反应失衡:在 SIRS 发生的同时,机体存在着导致免疫功能降低的内源性抗炎反应。炎症反应的转归取决于促炎、抗炎两类生物活性物质的平衡关系。代偿性抗炎症反应综合征(compensatory anti-inflammatory response syndrome,CARS)是指抗炎症介质(如 IL-4、IL-10 等)与促炎症介质交叉网络,力求控制全身炎症反应在恰当的范围内,不至于产生破坏性。当促炎介质占优势时,将出现 SIRS 及持续过度的炎症反应。如果抗炎介质过度释放,则为代偿性抗炎症反应综合征,导致免疫瘫痪。当 SIRS>CARS 时,MODS 即易发生。

（3）肠道动力学说:肠道是机体最大的细菌和内毒素库,因此肠道很可能是 MODS 的菌血症的主要来源。肠道也是一种重要的免疫器官,肠黏膜内有大量的淋巴细胞,因而是免疫及炎症细胞激活和大量炎症介质释放的重要场所。肠屏障功能障碍是 MODS 形成的重要原因。危重病情况下,肠黏膜因灌注不足而遭受缺氧性损伤,可导致细菌移位,形成肠源性感染,从而诱发多种炎症介质释放,引起远距离器官损伤。另外,发生缺血再灌注的肠道释放出反应性氧中间物,可引发炎症反应,从而导致 MODS。

3. 重要器官功能障碍的发生机制　MODS 的早期可发生肺功能衰竭,表现为肺毛细血管内皮损伤、肺间质水肿、肺泡表面活性物质丢失和肺泡塌陷、部分肺血管栓塞、肺分流和无效腔通气增加,即急性呼吸窘迫综合征。肝在 MODS 的进展和结局中起了决定性作用。肝具有重要的代谢功能,库普弗细胞(Kupffer cell)有宿主防御功能。MODS 发生时,由于肠屏障功能障碍发生细菌移位或存在其他感染源,细菌和毒素长期刺激或激活库普弗细胞,导致炎症介质持续释放,且不可控制。当 MODS 同时存在严重肝功能障碍时,可使肝的合成和代谢功能恶化。MODS 时,肾功能障碍可以是组织低灌注的结果,被激活的炎症细胞及其介质亦可直接损伤肾组织。冠状动脉血流减少、内毒素的直接毒性和血液循环中的心肌抑制因子可引起心功能不全,先前已存在心血管疾病的病人更易发生较严重的心功能不全。

【临床分型、特征和预后】

1. 临床分型　MODS 的临床过程有 2 种类型。

（1）一期速发型:是指原发急症发病 24h 后有 2 个或更多的器官系统同时发生功能障碍,如 ARDS+急性肾损伤,弥散性血管内凝血+ARDS+急性肾损伤。此型发生多由于原发病为急症且甚为严重。对于发病 24h 内因器官衰竭死亡者,一般只归于复苏失败,而不作为 MODS。

（2）二期迟发型:一个重要器官或系统先发生功能障碍,常为肾、肺或心血管的功能障碍,经过一段近似稳定的维持时间,继而发生更多的器官或系统功能障碍。此型多因继发感染所致。

2. 临床特征　尽管 MODS 涉及面广,临床表现复杂,但其具有一些显著的临床特征:①直接损伤的器官导致了其他器官发生功能障碍;②从原发损伤到发生器官功能障碍在时间上有一定的间隔;③机体呈现持续高代谢状态;④能源利用障碍、氧利用障碍及内脏器官缺血缺氧,氧供需矛盾尖锐;⑤要以动态的观点来看待 SIRS 向 MODS 转化和演变的全过程。

一般情况下,MODS 的病程为 14~21d,并经历 4 个阶段,即休克、复苏、高分解代谢和器官衰竭阶段,每个阶段都有其典型的临床特征(表 10-1-1)。MODS 进展速度很快,病人可能死于任何一个阶段。

3. 预后　一般情况下,MODS 的发生如累及单一器官功能衰竭,其病死率为 30%~40%;累及 2 个器官衰竭的病死率为 60%;累及 3 个以上器官衰竭的病死率高达 85%~100%。其预后与累及器官数量、免疫状况是否低下、是否发生感染性休克、病前器官功能状态及其他可能因素均有关。

表 10-1-1 MODS 的临床分期和特征

项目	第一阶段（休克）	第二阶段 （复苏）	第三阶段 （高分解代谢）	第四阶段 （器官衰竭）
一般情况	正常或轻度烦躁	急性病容,烦躁	一般情况差	濒死感
循环系统	容量需要增加	高动力循环状态	休克、心排血量下降,水肿	血管活性药维持血压,水肿,SvO$_2$ 下降
呼吸系统	轻度呼吸性碱中毒	呼吸急促,呼吸性碱中毒,低氧血症	严重低氧血症,ARDS	高碳酸血症,肺气压伤
肾	少尿,利尿反应差	肌酐清除率下降,轻度氮质血症	氮质血症,有血透指征	少尿,血透时循环不稳定
胃肠道	胃肠胀气	不能耐受食物	肠梗阻,应激性溃疡	腹泻,缺血性肠炎
肝	正常或轻度胆汁淤积	高胆红素血症,凝血酶原时间(PT)延长	黄疸	转氨酶升高,严重黄疸
代谢	高血糖,胰岛素需要量增高	分解代谢,高血糖	代谢性酸中毒	骨骼肌萎缩,乳酸性酸中毒
神经系统	意识模糊	嗜睡	昏迷	昏迷
血液系统	正常或轻度异常,红细胞增多或减少	血小板降低	凝血功能异常	不能纠正的凝血障碍

【防治原则】

目前对 MODS 的治疗主要是进行综合治疗和器官功能的支持。MODS 一旦发生,救治十分困难,因此重在预防。防治原则应包括以下方面:①积极治疗原发病。②监测病人的生命体征,生命体征是反映病人器官或系统变化的指标。高危病人扩大监测范围,如中心静脉压、尿量、心电图等。③防治感染,尽可能使感染病变局限化,减轻毒血症。④改善全身情况,纠正体液、电解质和酸碱失衡及低蛋白血症。增强病人免疫功能可能利于防止 SIRS 的加剧。⑤维护肠黏膜屏障功能,防止细菌和内毒素移位。⑥及早处理最先发生功能障碍的器官,阻断病理的连锁反应,以免形成 MODS。

（张志刚）

第二节 多器官功能障碍综合征病人的护理

【护理评估】

（一）健康史

MODS 病人最初常有感染、组织损伤、器官或身体某部分灌注不足的病史,这些打击可使病人暴露于细菌污染中,但通常情况下并不带来致命打击。护士应询问病人或家属以确认:①MODS 的初始打击或任何预先存在的器官功能不全病史,如慢性肺部疾病、心力衰竭、糖尿病等;②用药史,包括服药依从性;③近期是否有体重减轻的状况;④饮食习惯和营养摄入状况;⑤吸烟、饮酒和其他药物滥用的历史。

（二）身体状况

MODS 病人的身体状况评估取决于受累的器官系统及其功能障碍的严重程度,如表 10-1-1 所示。MODS 时各器官功能障碍的发生和发展有一定的顺序性,一般首先出现肺功能衰竭,而后出现肝衰竭和消化道出血,随之肾衰竭出现,中枢神经系统和心血管系统的征象一般在 MODS 的后期出现。

Note:

1. **心血管系统**　病人可出现心动过速、心律失常。评估病人心率时，注意有无异常节律，同时注意心率与脉率的一致性，有无出现脉搏短绌；评估病人血压，血压过低提示病人可能出现休克或者心力衰竭。当病人出现急性心力衰竭时，主要表现为心源性晕厥、心源性休克、急性肺水肿，严重者发生心搏骤停。如病人在无血容量不足的情况下血压降低，肢端发凉，尿量减少（每日尿量<400ml）或无尿（每日尿量<100ml），提示休克发生。

2. **呼吸系统**　注意观察病人呼吸的快慢、深浅、规则性等，观察胸或腹壁活动，是否出现胸腹矛盾活动的反常呼吸及点头呼吸等。如病人出现急性呼吸衰竭，主要表现为呼吸加快（频率>20 次/min）、呼吸困难、发绀、头痛，需吸氧和呼吸机辅助呼吸。

3. **泌尿系统**　注意病人尿量和尿色，如病人出现急性肾损伤，表现为无血容量不足的情况下尿量减少，可出现少尿或无尿。

4. **消化系统**　病人可出现应激性溃疡和肠麻痹，表现为呕血、便血、腹胀、肠鸣音减弱，亦可出现急性肝衰竭，表现为黄疸、神志异常。

5. **中枢神经系统**　评估病人意识状态，MODS 病人可能处于完全清醒、意识不清或无意识状态，可表现为焦虑、疲惫、意识混乱、嗜睡甚至昏迷。护士应注意观察病人瞳孔大小、直径、瞳孔对光反射及压眶反应。

6. **凝血系统**　评估病人皮肤、黏膜有无出血点，血压有无下降，有无出现呕血或咯血等。发生弥散性血管内凝血时病人可出现出血、休克、器官功能障碍、贫血的症状。

（三）辅助检查

发生 MODS 时，病人心血管、肺、脑和肾的功能障碍早期大多有明显的症状和体征，而肝、胃肠道和血液系统等的功能障碍，至较重时才有明显的表现。因此，相关实验室检查、心电图、影像学检查及某些分子生物学检测有助于 MODS 的诊断及病情监测。

1. **实验室检查**

（1）血常规检查：血小板计数、血红蛋白浓度下降提示病人可能有出血或凝血功能障碍，白细胞计数增高提示病人存在感染。

（2）肝功能：血清总胆红素水平明显增高，血清谷丙转氨酶、谷草转氨酶、乳酸脱氢酶或碱性磷酸酶在正常值上限的 2 倍以上，提示病人肝受累。

（3）肾功能：尿比重持续在 0.010 左右，血肌酐增高提示肾受累。

（4）凝血功能：凝血时间和部分凝血活酶时间延长达正常时间的 2 倍以上，纤维蛋白原<2g/L，纤维蛋白降解产物明显增加，提示病人出现凝血功能障碍。

（5）动脉血气分析：病人呼吸系统受累时动脉血气分析最主要表现为 PaO_2 降低。不论吸入气氧浓度多少及是否使用呼气末正压通气（positive end expiratory pressure，PEEP），氧合指数（PaO_2/FiO_2）<300mmHg 即提示肺功能衰竭，$PaO_2/FiO_2 \leq 200mmHg$ 可作为 ARDS 的诊断标准之一。

（6）尿液分析：尿钠增高，可提示肾受累。

（7）粪便隐血试验：胃肠道出血时结果呈阳性。

2. **辅助检查**

（1）心电图检查：心电图出现异常心律或心动过速可提示为心肌损害。

（2）胸部 X 线检查：胸部 X 线影像开始可见双侧肺浸润。

（3）胃镜检查：胃黏膜出现糜烂、灶性出血等。

（4）B 超检查可显示双肾大小及肾输尿管积水等。

（5）血流动力学监测：监测肺动脉楔压（pulmonary arterial wedge pressure，PAWP）、肺动脉压（pulmonary artery pressure，PAP）、右心房压（right atrium pressure，RAP）、心排血量（cardiac output，CO）及混合静脉血氧饱和度，了解心功能和血容量状态及全身氧代谢情况。

Note:

（四）心理-社会状况

MODS 发病急，病程进展快，死亡率高，病人深感焦虑、恐惧。其家属面对突如其来的打击，常感到精神紧张，影响其对病人疾病的认识和对病人的支持程度。另外，高额的治疗费用也会使病人及其家属在心理上产生沉重的负担。护士应该理解病人及其家属的这些担心，注意病人的心理状态，给予其心理疏导与支持，为病人及其家庭成员提供病情的准确信息，鼓励家庭成员参与治疗、护理中某些决策，为病人提供使其本人和家属感到有尊严的环境。

【常见护理诊断/问题】

1. **外周组织灌注无效（心、肺、脑、肾、胃肠道、肝、周围血管等）** 与细菌、毒素刺激，炎症介质释放、循环功能障碍等有关。

2. **体温失调** 与微生物感染、免疫抑制有关。

3. **营养失调：低于机体需要量** 与高分解代谢有关。

4. **有感染的危险** 与机体免疫功能低下有关。

5. **恐惧** 与病情加重，呼吸困难等症状导致濒死感有关。

【计划与实施】

在护理 MODS 病人过程中，首先要了解 MODS 发生的病因，尤其要了解严重创伤、感染、休克等常见发病因素，及时掌握病程发展规律，做到有预见性的护理。其次要了解各系统器官衰竭的典型表现和非典型变化，及早判断主要是哪一个器官衰竭。经过治疗和护理，评价病人是否能够达到：①症状减轻、无继发感染；②主要器官组织灌注及功能恢复正常；③营养状态良好；④心理状态平稳。

（一）维持组织灌注和氧合

1. **加强呼吸支持** ①保持呼吸道通畅是治疗急性呼吸衰竭的基本措施，必要时行气管插管或气管切开置管；②氧疗，氧气 4~6L/min 吸入；③机械通气。

2. **加强循环支持** ①维持有效循环血量，严重创伤、大面积烧伤、大手术等都可造成循环血量不足，此时应给予补液，根据中心静脉压和肺动脉楔压（PAWP），调节输液量和速率；②防治急性肺水肿，通过纠正缺氧、增强心肌收缩力、降低心脏前、后负荷等措施进行预防和护理。

3. **加强肾功能支持** 维持有效的循环血量、心排血量、肾血流量和尿量，并注意监测肾功能、尿量、尿液成分（尤其是尿钠浓度）等。使用小剂量盐酸多巴胺可以起到增加肾血流量的作用。血容量补足后应早期给予利尿药，注意避免使用各种可能损害肾功能的药物。

4. **防治缺血再灌注损伤** 在休克及复苏过程中，缺血再灌注损伤是不可避免的，是导致 MODS 的重要诱因之一。防治缺血再灌注损伤的主要措施：①纠正失代偿性休克，警惕隐性代偿性休克的存在；②氧自由基清除剂、抗氧化剂的使用，常用的有维生素 C、维生素 E、谷胱甘肽等，用药原则是早期和足量使用。

5. **防治毛细血管微血栓的形成** 在 MODS 的发生发展过程中，炎症反应过程和凝血过程相互影响，过度的炎症反应可诱导血管内皮细胞由抗凝血表型转变为促凝血表型，导致微血管内纤维蛋白形成，血栓沉积，最终诱发 DIC。常用肝素或低分子量肝素等抗凝药物治疗，用药过程中应监测凝血过程。

（二）重要器官功能监测

1. **呼吸功能监测** 包括：①观察病人呼吸的频率、节律和幅度，监测血氧饱和度（SaO_2）；②肺功能监测，包括潮气量（TV）、静息每分钟通气量（VE）、肺泡通气量、气道压力、肺顺应性等。

2. **循环功能监测** 参阅第五章"休克病人的护理"。

3. **肾功能监测** ①尿液监测：包括尿量、尿比重、尿钠、尿渗透浓度、尿蛋白等；②生化检查，包括尿素氮、肌酐、渗透清除率、自由水清除率等。

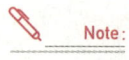
Note:

4. 内环境监测　①体液酸碱平衡：包括 pH、血乳酸、HCO_3^-、BE 等；②电解质：包括血钾、钠、钙、镁、磷及血浆渗透压。监测血糖、血红蛋白、血细胞比容等；③胃黏膜 pH（pHi），监测 pHi 可以早期预防应激性溃疡。

5. 肝功能监测　测定血清胆红素、谷丙转氨酶、谷草转氨酶等。

6. 凝血功能监测　血小板计数、凝血时间、纤维蛋白原Ⅶ、凝血因子Ⅴ、凝血酶原等，有利于早期发现和处理 DIC。

（三）预防和控制感染

防治感染是预防 MODS 极为重要的措施：①发生 MODS 时机体免疫功能低下，抵抗力差，极易发生感染，尤其是肺部感染，应根据致病菌选用有效的抗菌药物，护士定时为病人拍背、吸痰，保持呼吸道通畅；②清创处理时要注意无菌操作，尽可能避免毒血症的发生；③尽量减少侵入性诊疗操作；④改善病人的免疫功能，防止滥用糖皮质激素和免疫抑制剂进行免疫调理；⑤MODS 病人最好安排单人房间，室内空气要经常流通，严格执行无菌操作，防止交叉感染。

（四）衰竭器官的护理

1. 循环功能衰竭　MODS 常发生心功能不全、血压下降、微循环淤血、动静脉短路开放、血流分布异常，外围组织氧利用障碍，故应对病人心功能严密监测，护理中注意：①心率、心律、血压、脉压的变化；②在心电监护下正确使用洋地黄制剂和抗心律失常药物；③用输注泵控制输液速率，准确控制输液量。

2. 呼吸功能障碍　病人初期表现为呼吸加快，有呼吸窘迫感，进而表现为严重的呼吸困难和发绀。MODS 时，病人早期即可出现低氧血症，PaO_2 可降低至 60mmHg 以下。此时应立即给予氧气 4~6L/min 面罩吸入，使病人 PaO_2 保持在 60mmHg 以上。如病情进一步发展转变为 ARDS，则应尽早应用呼吸机行机械通气治疗。

3. 急性肾损伤　急性肾损伤最显著的临床特征是尿量的变化，临床表现分为少尿或无尿期和多尿期 2 个不同时期。少尿或无尿期一般为 7~14d，有时可达 1 个月，当尿量增加至 400ml/d 以上时预示多尿期开始，尿量不断增加，有时可达 3 000ml/d 以上。护理要点：①每小时测量病人尿量，必要时可测量尿比重；②严格记录病人 24h 出入量，包括尿量、粪便量、引流量、呕吐量、出汗量等。量出为入，以每日体重减少 0.5kg 为最佳，补液宁少勿多，避免引起水中毒，如发现病人有头痛、抽搐、血压升高甚至昏迷等脑水肿表现，或呼吸困难，有咳粉红色泡沫痰等肺水肿表现，应立即报告医生，并采取急救措施；③密切监测病人中心静脉压，指导输液量；④防止病人发生高钾血症，密切监测心电图的变化，注意病人是否出现嗜睡、肌张力低下、心律失常、恶心、呕吐等症状；⑤纠正病人酸中毒，当血浆 HCO_3^- 低于 15mmol/L 时，应给予碳酸氢盐治疗；⑥维持病人营养和供给能量，目的是减少蛋白分解代谢至最低限度，减缓尿素氮和肌酐的升高，减轻代谢性酸中毒和高钾血症；⑦必要时行床旁血液净化治疗，做好相应护理。

4. 急性胃黏膜、肠道病变　创伤发生后的 48~72h 是应激性溃疡的高发期，护士应注意观察，做到：①留置胃管，定时抽吸，观察胃液中有无出血；②注意观察病人有无血压下降、心率加快；③及时评估消化系统症状和体征，如病人有无恶心、呕吐、黑便、腹部体征和肠鸣音变化；④尽早使用肠内营养；⑤预防性使用 H_2 受体拮抗剂和质子泵抑制剂等抑制胃酸分泌，病情许可的病人可同时使用硫糖铝等保护胃黏膜；如有应激性溃疡的发生应及时使用止血药物。

5. 急性肝衰竭　病人表现为意识障碍（肝性脑病）、黄疸、肝病性臭、出血等。一旦出现肝衰竭，治疗措施有：①改变营养支持方法，不可使用脂肪乳剂，限用一般的氨基酸合剂，可使用葡萄糖（配用少量胰岛素和胰高血糖素）和支链氨基酸。②口服乳果糖，以每日 2~3 次软便为度，也可灌肠。③口服肠道抗菌药，以减少肠内菌群，如甲硝唑。④适量输注新鲜血、血浆和白蛋白，有严重出血倾向者可输入凝血酶原复合物和纤维蛋白原。⑤静脉滴注左旋多巴，有利于恢复病人大脑功能。⑥人工肝辅助治疗和肝移植。

Note:

（五）营养支持

发生 MODS 时机体处于高代谢状态,体内能量消耗大,通过肠内或肠外营养途径保证机体糖、脂肪、蛋白质、维生素、电解质、微量元素等的供给。总的原则是:①增加能量供给,通常须达到普通病人的1.5倍左右。②氮和非氮能量的摄入比由通常的1:150提高到1:200。③病人尽可能通过胃肠道摄入营养。由于感染、全身炎症反应和机体应激状态等的相互作用,机体血糖升高,任何形式的营养支持均应配合强化胰岛素治疗,严格控制血糖,同时须避免低血糖的发生。

（六）心理支持

①向病人介绍病室环境,介绍本病的病因、临床表现、救治措施及使用监护设备的必要性;②分析病人产生恐惧的原因,向病人说明恐惧对病情的不利影响,使病人主动配合,保持情绪稳定;③医护人员在抢救时必须保持镇静,操作熟练,忙而不乱,让病人产生信任、安全感;④避免在病人面前讨论病情,以减少误解。

【护理评价】

经过治疗和护理后,评价病人是否能够达到:①呼吸困难减轻或消失,无发绀。②无继发感染发生或并发症被及时发现和处理。③主要器官组织灌注及功能恢复正常。④营养状态良好。⑤能应对疾病的打击,并获得其亲友及医护人员的精神支持。

知 识 链 接

体外膜氧合技术

ECMO 是体外膜肺氧合(extracorporeal membrane oxygenation)的英文缩写,主要用来暂时代替人体的心脏和肺功能,由于其强大的能力,被誉为"终极救命神器",也被形象地称为"人工肺"。

ECMO 是以体外循环系统为其基本设备,采用体外循环技术进行操作和管理的一种辅助治疗手段。ECMO 是将静脉血从体内引流到体外,经膜式氧合器氧合后再用血泵将血液灌入体内,临床上主要用于呼吸功能障碍和心功能不全的支持。ECMO 能使心脏和肺得到充分休息,有效地改善低氧血症,避免长期高氧吸入所致的氧中毒及机械通气所致的气道损伤,可使心脏功能得到有效支持,增加心输出量,改善全身循环灌注,为心肺功能的恢复争取了时间。

(张志刚)

思 考 题

1. 如何理解 MODS 的临床分型及特征?
2. 病人在发生 MODS 之后对哪些重要器官进行功能监测? 如何进行?

URSING

第十一章

疼痛病人的护理

11章　数字内容

学 习 目 标

- 识记：

1. 陈述疼痛的概念。

2. 简述疼痛的病因及分类。

3. 陈述影响疼痛的因素。

4. 简述 WHO 三阶梯镇痛疗法的基本原则与内容。

- 理解：

阐释疼痛对个体的影响。

- 运用：

能系统评估病人的疼痛状况，给予健康指导，提供缓解措施与心理护理。

第一节 概 述

疼痛(pain)是与组织损伤或潜在组织损伤相关或类似相关的一种不愉快的感觉和情感体验,包含痛觉和痛反应2种含义。痛觉是一种意识现象,属个体主观知觉体验;痛反应指机体受到疼痛刺激所产生的一系列生理和心理变化。2001年世界卫生组织将疼痛列为继呼吸、脉搏、血压、体温之后的第五大生命体征。

【病因及分类】

(一)病因

其原因繁多,包括创伤、神经病变、癌症、精神(心理)因素等。

(二)分类

1. 按疼痛的原因分类

(1)创伤性疼痛:由皮肤、肌肉、韧带、筋膜、骨损伤引起。

(2)炎性疼痛:由生物源性炎症、化学源性炎症引起。

(3)神经病理性疼痛:由末梢神经至中枢神经任何部位的神经病变和损害所致。

(4)癌痛:由肿瘤压迫或浸润周围组织或神经引起。

(5)精神(心理)性疼痛:由精神心理因素所致,可伴心理障碍表现。其特点为病人诉多处乃至全身顽固性疼痛,但无确切躯体病变和阳性检查结果。

2. 按疼痛的程度分类 分为轻度、中度及重度疼痛。

3. 按疼痛的病程分类 分为急性和慢性疼痛。

4. 按疼痛的性质分类

(1)刺痛:又称第一痛、锐痛或快痛。其特点是定位明确,痛觉产生、消失迅速,常伴保护性反射,无明显情绪反应,如手指被锐器刺伤所致疼痛。

(2)灼痛:又称第二疼痛、钝痛或慢痛。其特点是痛觉形成缓慢、持续时间长、定位不明确,多伴有器官、系统病变和情绪改变,如被烧伤所致疼痛。

(3)酸痛:又称第三痛。其特点为痛觉难以描述、定位差,病源部位难以确定,常伴内脏和躯体反应及较强的情绪反应。

5. 按疼痛的部位分类

(1)按疼痛部位的组织、器官、系统分类:可分为躯体痛、内脏痛、中枢痛。

(2)按疼痛表现的所属范围分类:可分为局部痛、放射痛、牵涉痛。

【发生机制】

疼痛由初级传入神经元、脊髓中间神经元和上行束,以及一些脊髓上神经区组成的感觉神经系统介导。三叉神经节和背根神经节发出高阈值的Aδ类和C类神经纤维,支配外周组织(皮肤、肌肉、关节、内脏)。这些特化的初级传入神经元被称为伤害性刺激感受器,可将伤害性刺激转变为动作电位并传导至脊髓后角(图11-1-1)。周围组织受损时可能产生多种因子,包括氢离子、交感胺类、三磷酸腺苷(ATP)、神经肽(降钙素基因相关肽、P物质)、前列腺素、促炎细胞因子和趋化因子等,多数刺激因子可导致神经元细胞膜上的阳离子门控通道开放,引起伤害性感受器末梢的钠离子和钙离子内流,从而引起膜的去极化并导致爆发性动作电位,动作电位沿感觉神经轴突传递至脊髓后角,随后这些冲动传递至脊髓神经元、脑干、下丘脑及大脑皮质。

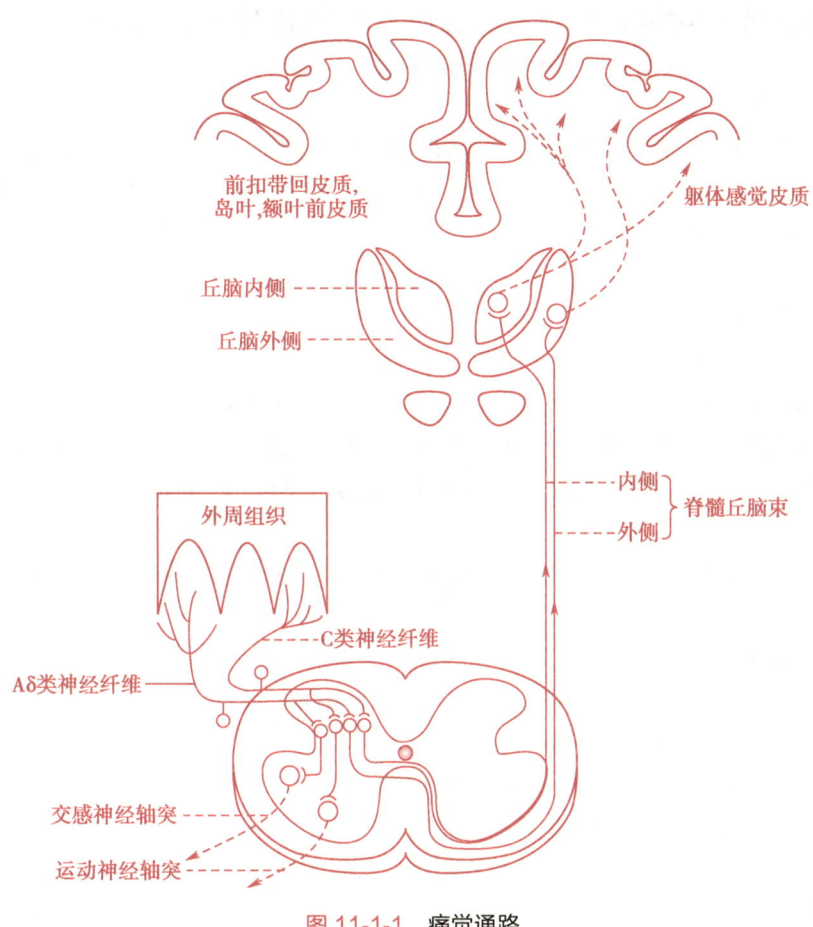

前扣带回皮质,
岛叶,额叶前皮质

躯体感觉皮质

丘脑内侧

丘脑外侧

内侧
外侧　脊髓丘脑束

外周组织

C类神经纤维

Aδ类神经纤维

交感神经轴突

运动神经轴突

图 11-1-1　痛觉通路

【疼痛对生理的影响】

（一）对机体的不利影响

1. **精神情绪**　急性疼痛引起病人紧张、焦虑、烦躁;长期疼痛可引起病人情绪异常、抑郁状态甚至产生自杀倾向等。

2. **内分泌系统**　疼痛可刺激机体释放多种激素,如儿茶酚胺、抗利尿激素、促肾上腺皮质激素等,产生应激反应,引起内环境紊乱。

3. **心血管系统**　通过兴奋交感神经,使血浆儿茶酚胺和血管紧张素Ⅱ水平升高,致病人血压升高和心律失常,并影响人体的氧供需平衡。

4. **呼吸系统**　疼痛可引起肌张力增加,使呼吸系统总顺应性下降,病人呼吸浅快,肺活量、潮气量、功能残气量及肺泡通气血流比例下降。此外病人往往因疼痛而不敢深呼吸或用力咳嗽,积聚于呼吸道的分泌物不能有效排出,易并发肺炎或肺不张。

5. **消化系统**　疼痛可引起食欲减退、腹胀、呃逆、恶心、呕吐及便秘等症状。

6. **凝血机制**　疼痛诱发的应激反应可使病人血液处于高凝状态,促进血栓形成。

7. **其他**　疼痛引起病人免疫功能紊乱,不利于防治感染及控制肿瘤。

（二）对机体的"益处"

疼痛可诱发机体产生保护行为,避开伤害性刺激源。

【影响因素】

疼痛是一种主观的感觉和情绪体验。不同个体对疼痛的反应与耐受程度不同。个体所能感觉到

Note:

疼痛的最小刺激量称为疼痛阈。个体所能忍受的疼痛强度和持续时间称为疼痛耐受力。个体疼痛阈及疼痛耐受力水平受到主观因素和客观因素的影响。

（一）客观因素

1. **年龄** 多数学者认为，从婴儿开始，痛阈随着年龄增长而降低，成年后稳定在一定水平，进入老年阶段后痛阈升高，这可能与老年人对外界刺激的敏感性下降有关。另有研究指出，老年女性更能耐受疼痛是因敏感性下降，老年男性更能耐受疼痛则是忍耐能力增加所致。

2. **社会文化背景** 研究发现，文化水平低、生活贫困的人对疼痛的耐受力较高；生活在推崇勇敢和忍耐精神文化氛围中的人往往更能耐受疼痛。

3. **环境** 安静、整洁、舒适的环境可改善个体的情绪，从而减轻疼痛；反之，则疼痛加剧。如病人所处的环境持续存在刺激性噪声，其肌张力和应激性可增加，从而导致疼痛加剧。

4. **社会支持系统** 个体对疼痛的耐受力还可受到社会因素的影响，如陪伴与鼓励往往可减轻病人的孤独与恐惧感，增强其控制疼痛的信心，从而有利于减轻疼痛感；而他人过度的关心和注意等可加重病人的疼痛感。

5. **治疗及护理因素** 许多有创操作可使病人产生疼痛的感觉，如胸腔穿刺、气管插管、肌内注射、静脉穿刺等。

（二）主观因素

1. **个人经历** 自身或他人的疼痛经历可影响病人对疼痛的敏感度。

2. **注意力** 个体对疼痛的注意程度会影响其对疼痛的感受。注意力高度集中于疼痛，则疼痛感加剧，而注意力转移到其他事物时，疼痛感会减轻或消失。

3. **情绪** 积极、乐观的情绪可减轻疼痛，而消极情绪往往会加剧疼痛。

4. **人格** 拥有不同人格的个体，其痛阈和疼痛耐受力不同，对疼痛的表达方式或反应也有差异。如自控力及自尊心较强的人往往疼痛耐受力较高，而敏感多疑、癔症性格的人疼痛耐受力较低，同时倾向于夸大对疼痛的描述。

（陈 红）

第二节 疼痛病人的护理

【护理评估】

（一）一般情况

1. **一般资料** 包括性别、年龄、职业、民族、婚育状况等。

2. **既往史** 评估病人的手术史、外伤史、疾病史、药物过敏史、用药史等。

3. **生活史及家族史** 询问病人有无烟酒嗜好，了解其生活习惯及家族成员中有无类似病史。

（二）疼痛特征

疼痛特征包括疼痛的部位、性质、程度、病程、有无伴随症状及诱发或加重疼痛的因素等。

1. **部位** 多数疼痛部位即为病变所在部位，也有少数疼痛可远离病变部位，反映支配该区的神经病变或该神经走行路径上的病变。评估时应询问仔细，同时结合体格检查以确定病人疼痛的确切部位。

2. **性质** 不同原因、机制所致的疼痛及不同部位的疼痛，其疼痛性质不同，如骨骼肌性疼痛多为酸痛、刺痛、撕裂样痛等，内脏痛多为钝痛、绞痛、胀痛等。

3. **程度** 目前临床上评估疼痛程度的工具种类繁多，可根据病人的病情、年龄、认知水平等选择相应的评估工具。

（1）视觉模拟评分法（visual analogue scale，VAS）：采用一条 10cm 长的直线，两端分别标有"无痛"(0分)和"最痛"(10分),中间表示不同程度的疼痛(图11-2-1)。病人根据自己的感受,在直线上某处做标记,以表示其疼痛的强度,"无痛"端到标记处之间的距离即为病人的评分分数。VAS是目前最常用的痛觉强度评估方法。

图 11-2-1　视觉模拟评分量表

(2) 数字评分量表(numeric rating scale,NRS):用0~10的数字来表示不同程度的疼痛。0为"无痛",10为"最痛"(图11-2-2)。由病人选出一个最能代表其疼痛程度的数字。按照疼痛对应数字将疼痛程度分为:轻度疼痛(1~3),中度疼痛(4~6),重度疼痛(7~10)。

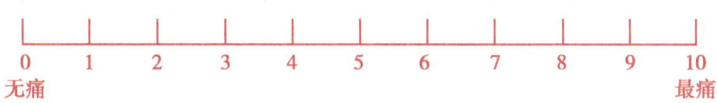

图 11-2-2　数字评分量表

(3) 语言分级评分法(verbal rating scale,VRS):是根据病人对疼痛的主诉,将疼痛程度分为①无痛;②轻度疼痛:有疼痛但可忍受,对生活和睡眠无干扰;③中度疼痛:不能忍受,对睡眠有干扰,要求服用镇痛药;④重度疼痛:疼痛剧烈,不能忍受,需服用镇痛药,对睡眠有严重干扰,可伴自主神经紊乱或被动体位。

(4) Wong-Banker 面部表情量表:用6种从微笑、悲伤至哭泣的面部表情图画来表示不同程度的疼痛。疼痛评估时,由病人指出最能反映其疼痛程度的面部表情图(图11-2-3)。此评估法尤以适用于3岁以上的儿童。

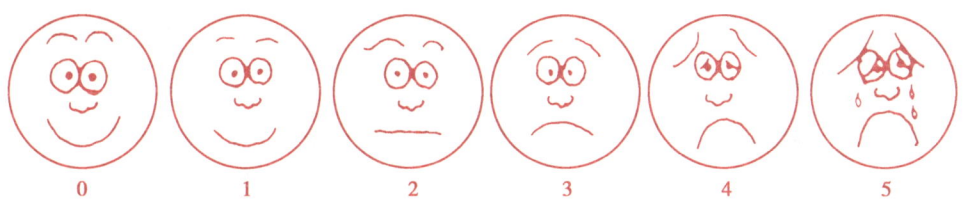

图 11-2-3　Wong-Banker 面部表情量表

(5) Prince-Henry 评分法:主要适用于胸腹部大手术后、气管切开或气管插管不能说话的病人。此评分法需要在术前训练病人用手势来表达其疼痛程度,可分为5个等级,分别赋予0~4分的分值。

1) 0分:咳嗽时无疼痛。

2) 1分:咳嗽时有疼痛发生。

3) 2分:安静时无疼痛,深呼吸时有疼痛发生。

4) 3分:静息状态时即有疼痛,但较轻微,可忍受。

5) 4分:静息状态时有剧烈疼痛,难以忍受。

4. **病程**　指从起病到就诊的时间。起病急骤,病史较短者,多为急性疼痛或慢性疼痛急性发作;起病缓慢,病史较长,则多见于退行性病变或代谢性疾病。

5. **伴随症状**　疼痛性疾病常有各自伴随症状,如关节疼痛伴肿胀、晨僵者,多为类风湿关节炎。

6. **诱发或加重因素**　疼痛可由某些因素诱发或加重,如搬重物可诱发腰腿痛,截肢术后可出现残肢痛或幻肢痛等。无明显原因的疼痛应注意询问病人有无感染、外伤、过度劳累、情绪激动、体位性疲劳等情况。

Note:

（三）辅助检查

1. 影像学检查

（1）X 线检查：适用于骨和含气组织的显像。某些疾病可根据 X 线确诊，如骨骼畸形、骨折和关节脱位等。

（2）CT 检查：具有较高的空间分辨率，成像速度快，尤其适用于颈、腰椎椎管病变。

（3）MRI 检查：适用于骨与软组织疾病，对颅脑、脊柱、关节病变的诊断价值较高。

（4）放射性核素电子扫描（ECT）：对股骨头缺血性坏死、转移性骨肿瘤有较高诊断价值。

（5）超声检查：对诊断心脏病，探测血流速度、血流量及血管搏动情况有较高诊断价值。

2. 实验室检查

（1）血常规：疼痛伴发热病人，可见白细胞计数增多，核左移。

（2）红细胞沉降率：结核活动期、恶性肿瘤、心肌梗死等病人的红细胞沉降率可加快。

（3）C 反应蛋白（CRP）检查：CRP 增高常见于组织炎症、坏死等情况。

（4）其他：如肌电图、类风湿因子（RF）、尿酸（UA）、体感诱发电位检查等。

（四）心理-社会状况

疼痛病人往往伴有心理-社会问题，护士应评估病人对疼痛的认知程度及心理状况，了解其家属对病人的关心程度、支持力度、家庭经济承受能力等。

（五）镇痛效果评估

镇痛效果的评估可采用视觉模拟评分法、数字评分量表等疼痛程度评估工具，此外，还可采用百分比量表及 4 级评估法。

1. 百分比量表见图 11-2-4。

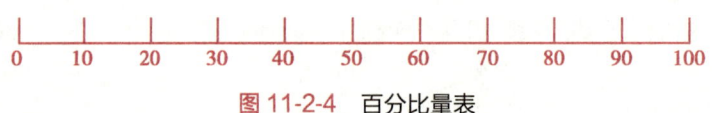

图 11-2-4 百分比量表

2. 4 级评估法

（1）完全缓解（complete remission，CR）：疼痛感完全缓解消失。

（2）部分缓解（partial remission，PR）：疼痛感明显减轻，睡眠基本不受干扰，能正常生活。

（3）轻度缓解（mild remission，MR）：疼痛感有些减轻，但仍有明显的疼痛感，睡眠、生活仍受干扰。

（4）无效（no remission，NR）：疼痛感无减轻。

【常见护理诊断/问题】

1. 舒适度减弱　与疼痛有关。

2. 焦虑/恐惧　与疼痛无法缓解或迁延不愈有关。

3. 睡眠型态紊乱　与疼痛有关。

4. 低效性呼吸型态　与疼痛或阿片类药物副作用有关。

5. 知识缺乏：缺乏疼痛控制的相关知识。

【计划与实施】

疼痛治疗是指针对各种原因引起的疼痛，采用药物治疗、神经阻滞治疗、物理治疗、中医治疗、微创介入治疗、心理治疗等综合治疗方法，以达到缓解或消除疼痛，提高生存质量的目的。疼痛治疗的原则是尽早、适当地解除疼痛。但针对急腹症等引起的疼痛，在未明确诊断之前，不能盲目进行镇痛治疗，以免掩盖病情。

通过治疗与护理，评价病人是否能够达到：①疼痛感减轻，舒适感增强；②焦虑与恐惧感减轻；

③睡眠不受干扰；④呼吸型态正常；⑤活动能力增加；⑥了解疾病的相关知识及其治疗护理过程。

（一）缓解疼痛

1. **减少或消除引起疼痛的原因**　护士应协助医生设法减少或消除病因，避免诱因。如胸腹部手术后，病人通常会因咳嗽或呼吸引起伤口疼痛，护士应在术前指导病人深呼吸和有效咳嗽的方法。

2. **提高舒适度**　通过一系列护理活动满足病人对舒适的需要是缓解或消除疼痛的重要措施。如保持病室安静、整洁、温、湿度适宜，定时通风，协助病人取舒适体位，提供良好睡眠环境，护理操作前向病人耐心解释，操作中动作轻柔，尽量避免给病人增加外源性疼痛刺激。

3. **药物治疗与护理**

（1）镇痛药的分类：镇痛药种类繁多，主要可分为3类。

1）非阿片类镇痛药：如水杨酸类药物、苯胺类药物等。

2）阿片类镇痛药：该类药又可进一步分为弱阿片类镇痛药和强阿片类镇痛药，前者包括可待因等，后者包括吗啡、哌替啶、芬太尼等。

3）辅助型镇痛药：如镇静催眠药（地西泮、苯巴比妥）、抗抑郁药（丙米嗪、多塞平）、抗癫痫药（卡马西平、苯妥英钠）等。

（2）镇痛药常见不良反应的观察与护理：常见的镇痛药不良反应有便秘、恶心、呕吐、皮肤瘙痒，过度镇静导致嗜睡、头晕甚至呼吸抑制等。其中，便秘是阿片类镇痛药最顽固的不良反应，应指导病人多饮水、多食粗纤维食物，必要时，可指导病人服用缓泻剂或使用开塞露，甚至行清洁灌肠。绝大多数镇痛药易导致恶心、呕吐等胃肠道反应，应指导病人饭后服用，必要时可遵医嘱使用镇吐药。皮肤瘙痒严重者可遵医嘱注射抗过敏药；过度镇静导致呼吸抑制者，应暂时停用镇痛药，并及时告知医生。

（3）三阶梯镇痛疗法的基本原则和内容：对于癌性疼痛的治疗，目前普遍采用WHO所推荐的三阶梯镇痛疗法。

1）三阶梯镇痛疗法的基本原则：①口服给药，即能口服者尽量口服给药。其特点是方便、经济，可维持稳定的血药浓度，疗效确切，安全性高，且剂量易于调整，更有自主性，病人依从性高，利于长期服药。②按时给药，即根据药物的作用时间及病人的疼痛程度决定给药的时间间隔，有规律地按时给药。当病人需要临时镇痛时，也可考虑按需给药。③按阶梯给药，即根据病人的疼痛程度和病情需要，按阶梯由弱到强逐步选择不同强度的镇痛药。④用药个体化，即根据个体对药物的敏感度、既往使用镇痛药情况及药物的药理特点来确定药物的种类、剂量等；同时应定期评估病人的疼痛强度和用药反应，及时调整用药方案。

2）三阶梯镇痛疗法的内容：①第一阶梯，非阿片类镇痛药加/减辅助型镇痛药，主要应用于轻度疼痛病人。②第二阶梯，弱阿片类镇痛药（如可待因等）加/减非阿片类镇痛药和辅助型镇痛药，适用于中度疼痛病人。③第三阶梯，强阿片类镇痛药（如吗啡等）加/减非阿片类镇痛药及辅助型镇痛药，适用于重度疼痛病人。

（4）病人自控镇痛（patient-controlled analgesia，PCA）的护理要点：①主动向病人及其家属解释PCA的原理，教会病人正确使用方法。②指导病人注意保护导管，避免导管受压或过度牵拉等。③密切观察用药剂量、浓度、镇痛效果及其不良反应，定期监测病人呼吸、血压、脉搏并做好记录。④长期使用PCA者需做好穿刺部位的护理，预防感染。

知 识 链 接

癌痛非甾体抗炎药用药新进展

不主张2种非甾体抗炎药联合使用，因其不仅不增加疗效，而且可能增加不良反应。当非甾体抗炎药的用药剂量达到一定水平后，增加用药剂量并不能增强其镇痛效果，但药物引起的不良反应将明显增加。因此，规定日限制剂量：布洛芬为2 400mg/d，塞莱希维为400mg/d，对乙酰氨基酚为2 000mg/d。

4. 神经阻滞治疗与护理 神经阻滞治疗是一种直接在神经组织内或附近注入药物或给予物理刺激而阻断神经传导的治疗方法。其护理要点：①向病人及其家属详细介绍神经阻滞的目的、方法和注意事项，以取得其理解与配合。②根据神经阻滞的部位，指导病人做相应的治疗前准备。如指导拟行星状神经节阻滞者术前可进少量饮食，并告知病人穿低领口、开衫衣服，以充分暴露锁骨以上的颈部皮肤。③严密观察病人穿刺处有无渗出、红肿、疼痛等症状，一旦出现，应通知医生及时处理。此外，不同神经阻滞部位的观察要点不同。如针对星状神经节阻滞者，应观察其有无颜面潮红、无汗、瞳孔缩小、眼睑下垂，眼球下陷、鼻塞、结膜充血等星状神经节阻滞有效的表现，同时观察病人有无头昏、头痛、恶心、呕吐、呼吸困难等症状，并注意病人有无心悸、声嘶、手臂麻木、呛咳、阻滞侧肩背部胀痛等合并症出现。

（二）心理护理

1. 讲解疼痛相关知识 病人常因疼痛控制不理想或反复发作而产生不良情绪，护士应向病人告知必要的相关知识及保持情绪稳定的重要性，并指导病人放松身心、保持良好心境的方法，如深呼吸、冥想、有节律地按摩等，以提高其痛阈，增强对疼痛的耐受力。

2. 指导分散注意力 运用语言和非语言的交流方式，引导病人淡化或摆脱疼痛的意念。护士应主动与病人谈心交流，并根据其爱好安排力所能及的娱乐活动，如读书、看报等。

3. 提供社会支持 社会支持系统对疼痛病人保持良好的心理状态非常重要。护士应动员病人的亲朋好友给病人提供适当的鼓励、安慰、关心和照顾，以减轻病人的孤独与恐惧感，增强其控制疼痛的信心。

（三）健康指导

根据病人的具体情况，选取相应的健康指导内容。一般应包括以下内容：①疼痛基础知识，包括疼痛的含义、病因及分类、发生机制、影响因素及疼痛对个体身心的影响等。②疼痛的描述：指导病人客观、准确地描述疼痛的性质、部位、持续时间、规律等。③评估工具的使用：指导病人正确使用疼痛评估工具。④疼痛的管理：指导病人正确进行疼痛的药物管理与非药物管理。⑤自我监控：指导病人自我监测疼痛控制的效果；教会病人观察与应对用药后的不良反应。

【护理评价】

经过治疗和护理，评价病人是否能够达到：①疼痛感减轻，舒适感增强；②焦虑与恐惧感减轻；③睡眠不受干扰；④呼吸型态正常；⑤活动能力增加；⑥了解疾病的相关知识及其治疗护理过程。

知 识 链 接

病人的疼痛，我们最懂！

对于疼痛，很多人认为"忍忍就过去了"，或者期待它随着疾病痊愈而消退。但是对于疼痛专科的护士来说，"你的痛，我们最懂"。凡事设身处地为病人着想，科学、规范地开展"共情护理"，让疼痛专科工作变得更"有温度"。在平时护理过程中，某院疼痛科视"叙事护理"为工作重点。护理人员通过和病人聊天，让病人充分表达、诉说内心的痛苦和需求，从而建立积极的心理防御，对医疗救治和疾病康复大有助益。正是很多"学有所专"的专科护士在各自的专科领域上发挥了重要的专业引领作用，使得护理工作越做越"有温度"。

（陈 红）

思 考 题

1. 护士可选用哪些评估工具评估病人的疼痛程度？
2. 影响病人疼痛的因素有哪些？

第二篇

呼吸系统疾病病人的护理

NURSING

第十二章

概　　论

12章　数字内容

138

第一节　呼吸系统的结构与功能

一、呼吸系统的结构

人体的呼吸系统(respiratory system)由呼吸道和肺两部分组成。呼吸道以环状软骨下缘为界,分为上、下呼吸道。肺由肺实质和肺间质组成,前者包括支气管树和肺泡;后者包括结缔组织、血管、淋巴管、淋巴结和神经等。

（一）上呼吸道

上呼吸道由鼻、鼻窦、咽和喉构成,其主要功能包括温暖、过滤和湿润吸入的空气并引导空气至下呼吸道,保护下呼吸道免受外来异物的侵入等。

1. **鼻（nose）**　由外鼻、鼻腔和鼻旁窦三部分组成,既是呼吸道的起始部分,又是嗅觉器官。鼻腔由鼻中隔分为左、右两部分,前起自鼻孔,后部与鼻咽部相通。前鼻孔分布有皮肤和鼻毛,是呼吸系统的第一道物理防御机制,有滤过和净化空气的功能。鼻腔外侧壁的 3 个鼻甲,可以增加对吸入气体过滤、加温、加湿的总面积。鼻中隔和鼻腔侧壁分布着血供丰富的黏膜上皮,可产生大量分泌物,黏膜内含易出血区(Little 区)。鼻腔周围骨内的含气空腔为鼻旁窦,又称副鼻窦,窦壁内衬黏膜与鼻腔黏膜相移行,有温暖、湿润空气及对发音产生共鸣的作用。

2. **咽（pharynx）**　分为鼻咽、口咽和喉咽三部分,是呼吸道和消化道的共同通道。咽扁桃体、咽鼓管扁桃体、腭扁桃体与舌扁桃体共同构成咽淋巴环,对呼吸道和消化道有防御和保护作用。

3. **喉（larynx）**　为呼吸要道和发声器官。会厌软骨位于舌底部,吞咽时,会厌封闭喉口,防止食物进入喉腔和气管内。甲状软骨为喉部最大的软骨。环状软骨在甲状软骨下方。环甲膜位于声带水平下方,连接甲状软骨和环状软骨,常作为急救时开放下呼吸道的部位。喉腔内部有两对皱襞,分别为室襞和声襞,声襞即声带。两侧声带之间的裂隙为声门。

（二）下呼吸道

下呼吸道为气管(trachea)和支气管(bronchi)。气管位于食管前方,上端起自环状软骨下缘,下至第 4、5 胸椎水平。气管由透明的 C 形软骨环作支架,内覆黏膜,外由结缔组织及平滑肌纤维组成,背面缺口部由平滑肌和纤维膜连接,有伸缩性。气管内壁覆盖以假复层纤毛柱状上皮构成的黏膜。气管下端最后一块软骨为气管隆嵴(carina of trachea),为气管分叉的解剖学标志,气管由此分为左、右两主支气管。右主支气管较左支气管短、粗且走向陡直,故异物易坠入右主支气管,导致吸入性病变以右侧发病率高,尤以右肺下叶居多。

（三）肺

1. **肺（lung）**　位于胸膜腔内,左、右两肺分居纵隔两侧,肺表面覆盖脏胸膜。左肺分为上、下 2 叶,右肺分为上、中、下 3 叶。肺门为支气管、血管、淋巴管及神经出入肺的部位。肺由肺循环中的动、静脉系统和体循环的支气管动、静脉系统双重供血。肺循环为气体交换的功能性血管,具有低压、低阻和高容的特点。体循环为支气管和肺组织提供氧气,起营养作用。

2. **支气管树**　在肺门处,左主支气管分为上、下叶支气管,右主支气管分为上、中、下叶 3 叶支气管,又依次分为段支气管、细支气管、终末细支气管、呼吸性细支气管、肺泡管等,形状如树,称为支气管树。吸气状态下,管径>2mm 者为大气道,包括叶支气管、段支气管。管径<2mm 者为小气道,包括小支气管和细支气管等。小气道为膜性气道,管壁无软骨支撑,具有气流阻力小和极易阻塞等特点,是呼吸系统罹病的常见部位。气管、支气管壁的黏膜均由假复层纤毛柱状上皮和分泌黏液的杯状细胞所组成,纤毛具有清除异物的重要作用。

3. **肺泡管和肺泡（pulmonary alveolus）**　肺泡管为呼吸性细支气管的分支,肺泡囊与肺泡管相续,每个肺泡管分支形成 2~3 个肺泡囊。肺泡为组成肺的最小功能单位,是气体交换的场所。相

Note:

邻肺泡之间由肺泡孔(Kohn pore)连接。气体可以在不同肺泡间移动,细菌也可以通过肺泡孔运动,导致呼吸道感染的扩散。肺泡表面由Ⅰ型肺泡上皮细胞和Ⅱ型肺泡上皮细胞覆盖。Ⅰ型肺泡上皮细胞扁平,占肺泡表面积的90%以上,参与气-血屏障的构成;Ⅱ型肺泡上皮细胞分泌肺泡表面活性物质以降低肺泡表面张力,防止肺泡萎陷。此外,肺泡内含有肺泡巨噬细胞,具有吞噬功能,能游走并进入肺泡内,参与多种肺部疾病的发病过程。

(四)胸壁

胸壁的结构包括胸廓、胸膜和呼吸肌。胸廓由肋骨、胸骨和胸椎构成,支撑和保护着心脏和肺。胸膜覆盖于肺和胸壁内层,分为脏胸膜和壁胸膜,两者汇合成一密闭的腔隙,即胸膜腔,内有少量浆液,在两层胸膜间起润滑作用,同时增加两层胸膜的接合力,促进呼吸时肺的扩张。呼吸肌可分为吸气肌和呼气肌两种,吸气肌主要有膈肌和肋间外肌,呼气肌主要有肋间内肌。膈肌是呼吸活动中最重要的肌肉,吸气时膈肌收缩,同时肋间外肌收缩,胸腔前后径和左右径增大,增加了胸腔的容积。辅助呼吸肌包括斜方肌、胸大肌、胸锁乳突肌等。病理情况下很多背部和腹部肌肉也协助完成呼吸运动。

二、呼吸系统的功能

呼吸系统在维持机体新陈代谢和其他功能活动方面起着重要的作用。呼吸系统的主要功能是为组织代谢提供氧气及排出二氧化碳。呼吸系统的功能与血液循环的功能紧密相连,和肾共同调节机体的酸碱平衡和维持内环境的稳定。

(一)呼吸功能

呼吸功能是肺的主要生理功能,包括外呼吸、气体在血液中的运输及内呼吸。外呼吸指外环境与肺之间气体交换的肺通气,以及肺泡与肺毛细血管之间气体交换的肺换气过程;内呼吸指组织细胞与组织毛细血管之间的气体交换及组织细胞内的氧化代谢过程。呼吸系统的主要生理功能是完成外呼吸的过程。

1. 肺通气　肺通气是肺与外界环境之间的气体交换,通气动力来自呼吸肌运动引起的胸腔容积改变。正常肺通气功能的维持主要取决于3个因素,即呼吸肌的功能、胸廓与肺的舒缩功能及呼吸道的通畅程度。临床上常用以下指标来了解肺的通气功能。

(1)潮气量(tidal volume,TV):是指每次呼吸时吸入或呼出的气体量。正常成人平静呼吸时TV为400~600ml。

(2)每分钟静息通气量(minute ventilation volume at rest,VE):指静息状态下,每分钟吸入或呼出气体总量,为呼吸频率(f)与潮气量(tidal volume,TV)的乘积。

(3)肺泡通气量(alveolar ventilation volume,V_A):是每分钟吸入肺泡进行气体交换的气量,又称为有效通气量。

$$肺泡通气量=(潮气量-无效腔量)×呼吸频率$$

生理无效腔包括解剖无效腔与肺泡无效腔。解剖无效腔是指从口鼻到细支气管这部分呼吸道内不参与气体交换的气量,肺泡无效腔是指存在于肺泡内但未经气体交换的气量。肺泡通气量能确切表明有效通气量的增加或减少。

(4)最大通气量(maximal voluntary ventilation,MVV):是指以最快速率和最大幅度呼吸时所测得的每分钟通气量。气道阻力增加是MVV降低的主要原因。

2. 肺换气　肺换气是指肺泡与血液之间的气体交换,通过呼吸膜以弥散的方式进行。呼吸膜由含肺泡表面活性物质的液体层、肺泡上皮细胞层、上皮基底膜层、上皮基底膜和毛细血管基膜之间的间隙、毛细血管基底膜层和毛细血管内皮细胞层组成。影响肺换气的主要因素为呼吸膜的面积和厚度、气体的弥散能力、肺通气血流比例及呼吸膜两侧的气体分压差。

(二)防御功能

呼吸系统是人体直接与外界持续进行物质交换表面积最大的器官。为了防止有害物质的侵入,

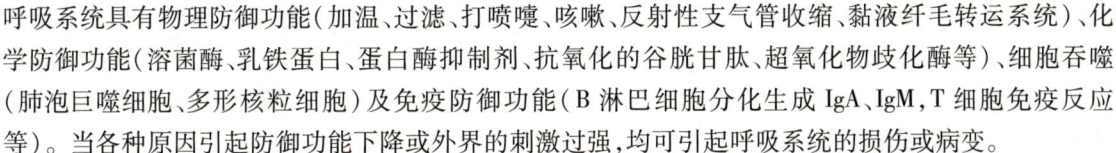

呼吸系统具有物理防御功能(加温、过滤、打喷嚏、咳嗽、反射性支气管收缩、黏液纤毛转运系统)、化学防御功能(溶菌酶、乳铁蛋白、蛋白酶抑制剂、抗氧化的谷胱甘肽、超氧化物歧化酶等)、细胞吞噬(肺泡巨噬细胞、多形核粒细胞)及免疫防御功能(B淋巴细胞分化生成IgA、IgM,T细胞免疫反应等)。当各种原因引起防御功能下降或外界的刺激过强,均可引起呼吸系统的损伤或病变。

(三) 呼吸的调节

呼吸调节的目的在于为机体提供氧气、排出二氧化碳和维持血液中的酸碱平衡,主要通过机体的呼吸中枢、效应器和感受器共同完成。

1. 中枢性调节　中枢性调节包括两方面:一是受大脑皮质控制,调节随意的呼吸运动;二是受以脑干为主的神经结构控制,调节自主呼吸。基本呼吸节律产生于延髓,呼气和吸气2组神经元交替兴奋和抑制形成呼吸周期。

2. 反射性调节　反射性调节为神经系统活动的一种方式。

(1) 肺牵张反射:又称黑-伯反射,是肺扩张或缩小而引起的吸气抑制或兴奋的一种反射,是一种负反馈调节机制,可使吸气不致过长,促使吸气动作向呼气转化,维持正常的呼吸节律。

(2) 呼吸肌本体感受性反射:肌梭是呼吸肌的本体感受器。当肌肉被拉长或肌肉两端固定而肌肉主动收缩时,感受器受刺激,反射性地引起受刺激肌梭所在肌肉的收缩,使呼吸道阻力增加,呼吸运动加强。

(3) 防御性呼吸反射:当异物突然进入气道,黏膜受到机械刺激时,引起防御性呼吸反射,以清除异物,避免其进入肺泡。如咳嗽反射、喷嚏反射、J感受器反射等。

3. 化学性调节　化学因素对呼吸的调节是一种反射性调节。

机体通过呼吸调节血液或脑脊液中O_2、CO_2、H^+水平,而动脉血中O_2、CO_2、H^+水平的变化又通过化学感受器调节呼吸。化学感受器分为中枢和外周2类。中枢化学感受器位于延髓的腹外侧浅表部位,其功能主要是通过影响肺通气来调节脑脊液的H^+浓度水平,使中枢神经系统有一个稳定的pH环境。外周化学感受器有颈动脉窦和主动脉体,主要是在机体缺氧时驱动呼吸运动,以改善缺氧状态。

缺氧能够刺激外周化学感受器,增强机体呼吸运动,但缺氧对中枢化学感受器直接作用是抑制。缺氧通过外周化学感受器对呼吸中枢的兴奋作用可对抗其对中枢的直接抑制效应。但在严重缺氧时,如果外周化学感受器的反射效应不足以克服缺氧对中枢的直接抑制作用,将导致呼吸运动的减弱。

$PaCO_2$轻度增高2mmHg就能够刺激中枢化学感受器,增强呼吸运动,而$PaCO_2$须增高10mmHg以上才可刺激外周化学感受器兴奋呼吸。但当$PaCO_2$增高至80mmHg以上时,就对中枢化学感受器起抑制作用。由于中枢化学感受器的反应较慢,所以当$PaCO_2$突然增高时,外周化学感受器可引发呼吸加快的反应。

动脉血中H^+浓度升高,可刺激外周化学感受器兴奋呼吸,脑脊液中的H^+浓度升高可以刺激中枢化学感受器,从而兴奋呼吸。中枢化学感受器对H^+浓度的敏感性较外周化学感受器高,约为后者的25倍。但H^+通过血-脑屏障的速度较慢,限制了它对中枢化学感受器的作用。因此,血液中的H^+主要通过刺激外周化学感受器而起作用,而脑脊液中的H^+是中枢化学感受器最有效的刺激物。

(孙龙凤)

第二节　呼吸系统疾病病人的评估

呼吸系统疾病包括呼吸道和肺的病变,主要病因有感染、变应性气道炎症、肿瘤、外伤、功能紊乱等。

【健康史】

1. 一般资料　包括病人的姓名、性别、年龄、职业、民族、婚姻、文化程度、住址、生活环境、种族、饮食型态、睡眠、活动、排泄、嗜好及休闲方式。这些可能影响病人的生理功能和一些诊断性检查结果。

2. 家族史　呼吸系统问题有遗传性,如支气管哮喘、特发性肺纤维化、肺癌等,护士需询问病人呼吸系统问题的家族史。

3. 吸烟史　询问病人的吸烟情况,如吸烟的时间、吸烟量,是否戒烟或准备戒烟等情况,以及在家中或工作场所是否有被动吸烟。

4. 过敏史　过敏史是重要的呼吸系统疾病史。应明确环境中是否存在病人已知的过敏物质,如食物、粉尘、真菌、花粉、药物、动物毛皮等。询问病人过敏的特殊反应,如是否有喘鸣、呼吸困难、咳嗽、打喷嚏或鼻炎等,是否经过治疗、治疗的方法及治疗后的反应。

5. 环境及社会-经济状况　家庭、社区和工作场所的环境因素、气候等可能会导致肺部疾病。职业性肺疾病包括肺尘埃沉着病,毒性肺损伤及高敏感性疾病。了解病人职业史包括从业时间和简单的工作描述。了解病人家庭和生活条件,如采暖方式、环境中的刺激物等。

6. 既往病史、药物使用和治疗情况　询问病人既往健康状况、疾病诊治情况。了解用药的原因、药物名称、剂量、服药时间、效果及副作用。注意导致肺部病变的某些药物,如胺碘酮可引起肺纤维化,血管紧张素转化酶抑制剂可引起顽固性咳嗽,β受体拮抗剂可引起支气管痉挛,长期使用避孕药可引起静脉血栓进而导致肺栓塞等。如果病人吸氧,应记录给氧时间、方式、吸氧量和氧疗效果。

【身体状况】

（一）目前的主要健康问题

病人此次就医的主要原因,可询问以下内容:患病的起始时间和主要症状,有无明确的病因或诱因,症状加剧和缓解的因素,有无伴随症状及患病以来的诊治经过,包括氧疗、药物治疗、疾病发展等情况。呼吸系统疾病病人的主要症状包括咳嗽、咳痰、呼吸困难、咯血和胸痛。

1. 咳嗽（cough）　是呼吸系统疾病的主要症状。应了解病人咳嗽发生的时间和急缓,咳嗽声音的变化和持续时间,与气候、活动是否有关,有无咳痰、痰中带血、胸痛等。常年咳嗽,秋冬季加重提示慢性阻塞性肺疾病。急性发作的咳嗽伴胸痛,可能是肺炎。发作性干咳,且夜间多发者,可能是咳嗽变异性哮喘。高亢的干咳伴有呼吸困难可能是支气管肺癌累及气管或主支气管。持续而逐渐加重的刺激性干咳伴有气促（急）则考虑特发性肺纤维化等。

2. 咳痰（expectoration）　是与咳嗽相关的重要症状。应了解痰液的性质、量、气味。痰液可能是清白痰,或灰褐色,如果发生感染,随致病菌不同而呈黄绿色、砖红色、铁锈色等。吸烟的慢性支气管炎病人一般咳黏痰,粉红色泡沫样痰是肺水肿的特征,恶臭痰则常见于厌氧菌感染。

3. 呼吸困难（dyspnea）　是一种主观感受,受不同个体及疾病严重程度的影响而存在很大差异。要明确呼吸困难发生的急缓、时间、频率、类型（吸气性或呼气性）、持续时间、缓解方式（吸氧、更换体位、药物、停止活动）及是否伴有喘鸣。如反复发作的呼吸困难且伴有哮鸣音主要见于支气管哮喘;夜间发作性端坐呼吸提示左心衰竭等;数日或数周内出现的渐进性呼吸困难伴有一侧胸闷,要注意大量胸腔积液;慢性进行性呼吸困难多见于慢阻肺和特发性肺纤维化等弥漫性实质性肺疾病;突发胸痛后出现气急应考虑气胸,若伴有咯血要警惕肺梗死;吸气性呼吸困难见于肿瘤或异物堵塞引起的大气道狭窄、喉头水肿、喉气管炎等,呼气性呼吸困难主要见于支气管哮喘、慢性支气管炎、肺气肿等。

4. 咯血（hemoptysis）　是喉以下呼吸道和肺组织的出血,血液随咳嗽经口咯出,包括大量咯血、血痰、痰中带血。咯血多见于肺结核、支气管肺癌、支气管扩张、肺栓塞、二尖瓣狭窄等疾病。

5. 胸痛（chest pain）　了解胸痛发生的急缓、时间、部位、性质、持续时间等。可导致胸痛的呼吸系统疾病常见于外伤、炎症、肿瘤等,胸膜炎、肺炎、肿瘤和肺梗死最常见。自发性气胸为突发性胸痛,肋间神经痛、肋软骨炎、带状疱疹、柯萨奇病毒感染引起的胸痛常表现为胸壁表浅部位的疼痛。还应注意除外心脏疾病、胃肠道疾病引起的胸痛。

（二）体格检查

1. **鼻和鼻窦评估** 观察鼻的外形,注意鼻部皮肤颜色,有无肿瘤和鼻形的改变,双侧鼻孔大小和外形是否对称。观察鼻腔黏膜、鼻中隔及鼻甲颜色,有无分泌物及出血。触诊鼻和鼻窦,注意病人有无压痛和肿胀。

2. **口及咽部检查** 口唇的颜色,有无皲裂、疱疹。口腔黏膜的颜色、完整性、有无肿块、出血及牙齿损坏、口腔气味的变化。观察舌的对称性及有无损伤,咽部是否光滑湿润,有无渗出、溃疡和肿胀。注意两侧扁桃体的颜色,有无肿大。

3. **颈部检查** 观察病人颈部的对称性,触诊淋巴结有无压痛或肿胀区域。检查气管是否位于颈前正中,注意气管有无偏移及压痛。喉部检查注意有无声音异常,声嘶等问题。

4. **肺及胸部检查** 进行胸部检查前,护士要熟悉胸部体表标志。准确的肋骨、肋间隙和椎骨计数及胸部体表的投影线有助于辨别检查的位置。通过视诊、触诊、叩诊、听诊进行详细评估。

【辅助检查】

（一）实验室检查

1. **血液检查** 常规检查外周血细胞,红细胞沉降率(ESR)、C反应蛋白等非特异性炎症标志。血常规白细胞计数增加、中性粒细胞计数增加,常提示细菌感染;嗜酸性粒细胞增加,提示寄生虫感染、真菌感染或过敏性疾病。动脉血气(ABG)分析可以评估机体的氧合功能、肺泡通气功能和酸碱平衡状况。如怀疑感染,除血培养外,还可以通过聚合酶链式反应(PCR)或免疫学检测病原基因或抗原分子。检测降钙素原(PCT),可提示细菌、真菌或寄生虫感染。γ干扰素释放试验检测结核分枝杆菌的感染。非感染的生物标志,包括免疫球蛋白、结缔组织病相关自身抗体,肿瘤标志物等。

2. **痰液检查** 目的是协助病因诊断及观察疗效和预后。痰涂片、细菌培养等病原学检查和敏感度分析可以决定抗生素的选择,细胞学检查可以帮助诊断和分辨肿瘤细胞。

3. **皮肤试验** 哮喘的变应原皮肤试验阳性有助于过敏体质的确定和相应抗原的脱敏治疗。对真菌和结核呈阳性的皮肤反应仅说明已受感染,但并不能确定是否患病。

4. **胸腔穿刺和胸膜活检** 常规胸腔积液检查可明确渗出性或漏出性胸腔积液。胸腔积液的生化、免疫和细胞学检查有助于判定胸腔积液的性质乃至病因。脱落细胞和胸腔穿刺病理活检对明确肿瘤或结核有诊断价值。

5. **肺活组织检查** 是确诊疾病的重要方法。

（二）影像检查

1. **胸部X线检查** 可以反映目前病人的呼吸系统状况,并为以后病情的改变提供基础资料。胸部X线影像可以评估肺部的病理改变,如肺炎、肺不张、气胸及肿瘤,还可以判断胸腔积液及气管插管或其他插管的位置。

2. **肺部CT检查** 可以帮助诊断常规X线检查较困难的区域,如纵隔、心包和胸膜等部位。造影增强CT对淋巴结肿大、肺内占位性病变有重要的诊断和鉴别诊断意义。CT肺血管造影(CTPA)是确诊肺栓塞的重要手段。胸部高分辨率CT(HRCT)是诊断弥漫性实质性肺疾病的主要工具。低剂量CT应用于肺癌早期筛查,可减少辐射。

3. **磁共振成像（MRI）** 主要应用于纵隔疾病和肺栓塞的诊断。

4. **放射性核素扫描通气灌注（V/Q）** 可以识别肺通气的区域及肺血流分布的情况,主要用于支持或排除肺栓塞的诊断。

5. **正电子发射计算机体层扫描（PET）** 对呼吸系统疾病诊断有一定辅助价值,例如可以较准确地对肺癌及有无纵隔淋巴结或远处转移进行鉴别诊断。

6. **胸部超声检查** 主要用于胸腔积液的诊断与穿刺定位,以及紧贴胸膜病变的引导穿刺等。

7. **支气管动脉造影术和栓塞术** 对咯血有较好的诊断和治疗价值。

Note:

（三）其他的诊断性检查

1. **肺功能测定** 用于了解呼吸系统的病理生理改变,协助疾病的诊断,评定治疗效果,以及确定能否承受胸部手术等。其测定内容包括肺容积测定、肺通气功能测定、肺弥散功能测定、小气道功能测定及气道的反应性测定等。

2. **胸腔穿刺** 是将胸腔穿刺针通过胸壁刺入胸膜腔,以获得诊断检查的标本,释放胸腔积液,胸腔内给药,放置引流管等。

3. **纤维支气管镜、胸腔镜** 是通过纤维内镜对支气管、胸膜进行直视检查的方法。可以通过内镜获得气道、胸膜组织活检标本,行支气管肺泡灌洗(BAL)获得细胞,去除气管内异物,止血,药物注射,实施胸膜固定术等。还可以结合经支气管镜腔内超声(EBUS)完成对纵隔肿块或淋巴结的穿刺、针吸、活检等。

4. **肺活检** 包括经支气管肺活检、胸腔镜肺活检、经放射线或超声肺活检和开胸肺活检,其目的是获取组织、细胞或分泌物以帮助诊断。

【心理-社会状况】

呼吸系统疾病多呈慢性迁延性,反复发作,疾病缓解率低,呼吸困难长期困扰病人,许多病人因此丧失工作能力,甚至生活自理能力,病人的生活质量受到极大的影响。慢性呼吸系统问题也可能引起家庭角色和家庭关系的变化、社会孤立、经济问题及失业等。护士应了解病人现在的生活压力,如是否因病失业、有无经济负担与家庭负担。并评估病人对这些压力源的反应,了解病人的个性、对压力的认知评价、社会支持系统、过去常用的减轻压力的方法,从而有针对性地帮助病人应对这些问题。

（孙龙凤）

第三节 呼吸系统常见诊疗技术与护理

一、上颌窦穿刺冲洗术

上颌窦穿刺冲洗术是为了协助上颌窦病变的诊断及治疗。

【适应证】

慢性上颌窦炎、上颌窦囊肿。

【禁忌证】

高血压,血液病,鼻腔、鼻窦急性炎症期。

【操作前准备】

1. 上颌窦穿刺冲洗术是有创性操作,术前应确认病人是否签署知情同意书。
2. 向病人说明检查目的、操作过程及有关配合注意事项,以消除其紧张情绪,取得合作。
3. 检查有无鼻中隔高位偏曲、中鼻甲肥大和筛泡、钩突肥大;鼻腔有无阻塞性病变,如鼻息肉等。
4. 评估病人对局麻药是否过敏,防止发生过敏反应。
5. 备好氧气、监护仪、吸引器和复苏设备,以防病人术中出现空气栓塞、晕厥。

【操作过程】

1. 将浸有1%丁卡因及1:1 000肾上腺素生理盐水混合液的卷棉子置入下鼻道穿刺部位进行表面麻醉10~15min。

Note:

2. 若穿刺病人右侧上颌窦,操作者右手拇指、示指和中指紧握穿刺针中段,掌心顶住针柄,针尖斜面朝向下鼻道外侧壁,针尖的方向朝向同侧眼睛外侧角,经前鼻孔深入下鼻道顶端,置于距下鼻甲前端 1~1.5cm 下鼻甲附着处(此处骨质较薄)(图 12-3-1)。

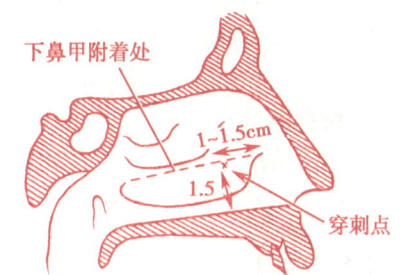

图 12-3-1　上颌窦穿刺的部位

3. 左手固定病人头部,右手持针向外眦方向稍用力,即能穿入窦腔,并有落空感。若穿刺病人左侧,操作者用左手持针,右手固定头部。穿刺过程中,若病人发生晕厥等情况,必须立即拔出穿刺针,让病人平卧休息,密切观察并给予必要处理。

4. 抽出针芯,嘱病人头向健侧倾斜,观察针管内有无黄褐色液体流出,如有,则可能为上颌窦囊肿,不可再冲洗。

5. 用注射器回抽是否有空气或脓液,证实在腔内,注意窦腔内不可注入空气,以免发生空气栓塞。抽吸温生理盐水,连接橡胶管与穿刺针,然后缓缓推注生理盐水进行冲洗,观察有无脓液流出,反复冲洗,直至冲净。如注入生理盐水时遇阻力,不可强行冲洗。

6. 根据医嘱注入抗生素药液,并嘱病人头侧向患侧 3min,防止药液漏出。

7. 插入针芯,拔出针头,用消毒棉球塞于前鼻孔。

8. 穿刺冲洗完毕,记录脓液的性质和量。

(1)性质:Ⅰ期呈黏液性,不溶于水,Ⅱ期呈黏性,半溶于水,能使水变混浊,Ⅲ期呈脓性,全溶于水。

(2)量:"+"为少量,"++"为中等量,"+++"为大量。

(3)冲洗液若呈黄色或有血块、臭味也应注明。

(4)冲洗液清洁时记为"-"即阴性;冲洗液无明显脓液,但不完全清洁为"±"即可疑。

9. 如需做细菌培养或肿瘤涂片,则在进针后,先抽些脓或液体送涂片或培养。如需做上颌窦碘油造影,则在进针后注入碘油,摄片完毕后,再用生理盐水冲洗(之前先做碘过敏试验)。

【操作后护理】

1. 穿刺处用消毒棉球压迫止血,嘱病人 2h 后自行取出。拔针后如出血不止,应妥善止血后再让病人离开。

2. 嘱病人回家后如发现鼻腔出血不止,应立即来院就诊。

二、纤维支气管镜检查

纤维支气管镜(fiber bronchoscope)简称纤支镜,该检查是利用光学系统或内镜对气管-支气管管腔的检查。纤维支气管镜管径细、可曲度大,易插入段支气管、亚段支气管甚至更细的支气管,可在直视下行组织活检、穿刺、刷检、钳取异物、吸引或清除阻塞物、植入支架,并可做支气管灌洗或支气管肺泡灌洗,取得细胞或液体成分用于分析检查。另外,可借助冷冻、激光、电刀及微波等手段对气管及支气管内病变进行气管内肿物切除等介入治疗。

【适应证】

1. 原因不明的咯血,需明确出血原因或部位者;病因及病变部位明确,但内科治疗无效或反复大量咯血,需局部止血治疗者。

2. 不明原因的声音嘶哑,慢性咳嗽或局限性喘鸣。

3. 胸部影像学检查显示肺不张、阻塞性肺炎、支气管狭窄或阻塞、炎症不吸收、肺门和/或淋巴结肿大及原因不明的胸腔积液等。

Note:

4. 痰中发现癌细胞或可疑癌细胞。

5. 肺或支气管感染性疾病的病因学诊断。

6. 疑有气管、支气管瘘的确诊。

7. 肺部手术前检查。

8. 用于治疗清除黏稠的分泌物、黏液栓或异物,行支气管肺泡灌洗、局部止血及用药,引导气管插管,介入等治疗。

【禁忌证】

1. 对麻醉药过敏者及不能配合检查的受检者。

2. 有严重心肺功能不全、严重心律失常、频发心绞痛者。

3. 全身状况极度衰弱不能耐受检查者。

4. 凝血功能严重障碍以致无法控制的出血倾向者。

5. 主动脉瘤有破裂危险者。

6. 新近有上呼吸道感染或高热、哮喘发作、大量咯血者,需待症状控制后再考虑行纤维支气管镜检查。

【操作前准备】

1. 应确认病人是否签署知情同意书。

2. 向病人说明检查目的、操作过程及有关配合注意事项,以消除其紧张情绪,取得合作。

3. 评估病人对消毒剂、局麻药或术前用药是否过敏。评估病人有无高血压病史、心脏病病史,有无出血倾向,有无鼻息肉、鼻中隔偏曲,有无青光眼病史、精神异常史、传染病。备好胸部影像资料以明确病变部位。

4. 术前 4h 禁食。病人若有活动性义齿,应事先取出。

5. 术前 30min 内遵医嘱给予阿托品(无须常规应用)或地西泮等药物,以减少呼吸道分泌物和镇静。

6. 局部麻醉先用 2% 利多卡因溶液做咽喉部及鼻腔喷雾麻醉,然后经纤维支气管镜用利多卡因在气管内麻醉。

7. 监测病人血氧饱和度及基础生命体征。备好氧气、吸引器和复苏设备,以防术中出现喉痉挛和呼吸窘迫,或因麻醉药物的作用抑制病人的咳嗽和呕吐反射,使分泌物不易咳出。

【操作过程】

1. **病人体位和穿刺部位** 病人常取仰卧位,不能平卧者,可取坐位或半坐位。有基础疾病者最好给予氧气吸入。

2. **操作方法** 纤维支气管镜可经鼻或口插入,大多经鼻操作。术者手握纤支镜操纵部,将镜插入鼻腔,边插镜边调节角度调节钮,使镜端沿咽喉壁进入喉部,窥见会厌与声门,观察声门活动情况。当声门张开时快速将镜送入气管,在直视下边送镜边观察气管内腔直至隆突,观察隆突形态。

3. **检查顺序** 确认两侧主支气管口后,先健侧后患侧,自上而下依次检查各叶、段支气管。注意通畅情况、黏膜外观、是否光滑、色泽、有无充血水肿、渗出、出血等。如发现病变根据需要做刷检及钳检。

4. **术中护理** 检查过程中,护士密切观察病人的生命体征和反应。①麻醉不充分或分泌物过多可出现喉、支气管痉挛等通气障碍;缺氧可引起心律失常、血压升高,甚至心搏骤停;麻醉药物过敏或过量可出现心搏骤停或喉头水肿,应立即拔出纤维支气管镜,就地施行人工心肺复苏、气管插管/切开术等。②出血是经支气管镜活检最常见的并发症,也是最常见的死亡病因。少量出血可自行止血或在操作中局部注入止血药。大量出血时,除经纤支镜及时负压吸引外,可用稀释的肾上腺素或凝血酶局部注入止血。出血量大于 50ml 者,应高度重视,积极采取抢救措施。③肺活检时可能会引起病人气胸,根据严重程度立即给予相应抢救。

Note:

【操作后护理】

1. 观察病人是否出现发热、胸痛、气促、出血、气胸或皮下气肿等并发症。向病人说明出现少量咯血、痰中带血或咽喉疼痛等情况时不用担心。

2. 部分病人(特别是肺功能损害和使用镇静药后的病人)仍需要持续吸氧一段时间。对术中咯血者应注意防止其发生窒息。

3. 术后 2h 禁食水,以免误吸。麻醉消失、咳嗽和呕吐反射恢复后方可进食。进食前让病人试饮小口水,若无呛咳即可进食。

4. 术后几小时内避免吸烟、谈话和控制咳嗽,减少对喉部的刺激。

三、胸腔穿刺术

胸腔穿刺术(thoracentesis)是自胸膜腔内抽取胸腔积液(或积气)的有创性操作,常用于检查胸腔积液的性质、抽液(气)减压或通过穿刺给药。

【适应证】

1. 胸腔积液性质不明者,抽取积液检查,明确其性质,协助病因诊断。
2. 抽出大量积液、积气,以缓解其对肺组织的压迫,使肺组织复张,缓解病人呼吸困难症状。
3. 抽出脓液,进行胸腔冲洗,治疗脓胸。
4. 胸膜腔给药,治疗感染,促进胸膜粘连,抗肿瘤治疗等。

【禁忌证】

1. 体质衰弱、病情危重难以耐受穿刺术者。
2. 对麻醉药物过敏者。
3. 凝血功能障碍,严重出血倾向的病人。
4. 有精神疾病或不合作者。
5. 穿刺部位或附近有感染者。
6. 疑为胸腔细粒棘球蚴病病人,穿刺可引起感染扩散,不宜穿刺。

【操作前准备】

1. 胸腔穿刺术是一种有创性操作,术前应确认病人是否签署知情同意书。

2. 根据需要备好胸腔穿刺包、无菌引流管及引流瓶、消毒剂、无菌棉球、纱布、注射器、局麻药等物品,同时准备必要的抢救药品、氧气、吸引器和复苏设备,询问病人既往是否用过利多卡因、有无过敏史。

3. 向病人解释穿刺的目的及操作步骤,如局部麻醉时有针刺痛感,进针时会感受到压力等,协助病人做好充分的心理准备以配合穿刺和避免术后并发症。

4. 指导病人练习穿刺体位,告知病人在操作过程中不要咳嗽、深呼吸或突然移动体位,以免损伤胸膜或肺组织。必要时可遵医嘱给予镇咳药。

【操作过程】

1. **病人体位**　协助病人面向椅背反坐,双前臂置于椅背上,前额伏于前臂上。卧床病人和气胸病人可取半坐位,病人前臂上举抱于枕部(图 12-3-2)。

2. **穿刺部位**　选在叩诊实音(或鼓音)最明显的部位进行穿刺。胸腔积液的穿刺点常取肩胛线或腋后线第 7、8 肋间隙,或选腋中线第 6、7 肋间隙,或腋前线第 5 肋间隙。包裹性胸腔积液可结合 X 线或超声检查确定穿刺部位并在皮肤上做好标记(图 12-3-3)。抽取胸腔积气一般选择锁骨中线第 2 肋间隙,应避免在第 9 肋间隙以下穿刺,以免穿透膈肌损伤腹腔器官。

Note:

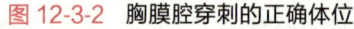
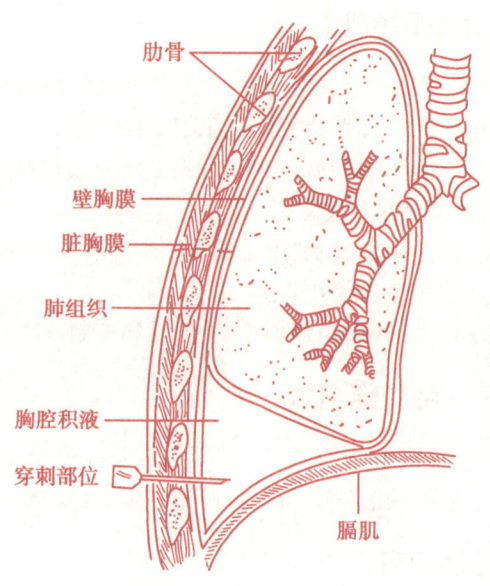

图 12-3-2 胸膜腔穿刺的正确体位　　　　图 12-3-3 胸膜腔的穿刺部位

3. 穿刺方法 穿刺过程应严格无菌操作,避免胸膜腔感染。防止空气进入胸腔,保持胸腔负压;①常规消毒皮肤,局部麻醉;②打开一次性使用胸腔穿刺包,戴无菌手套,覆盖消毒洞巾,检查胸腔穿刺包内物品是否完好、备用;③术者用左手示指与中指固定穿刺部位的皮肤,右手将穿刺针在麻醉处缓缓刺入,当针锋抵抗感突然消失时,进行抽液。助手用止血钳协助固定穿刺针,以防穿刺过深损伤肺组织;④注射器抽满后,关闭开关,排出液体至引流袋内,记录抽液量并计算总量;⑤如需向胸腔注入药物,回抽少量胸腔积液稀释,然后缓慢注入胸腔。抽液完毕后拔出穿刺针,再次消毒穿刺部位,并以无菌敷料盖住伤口,稍用力压迫穿刺部位片刻,用胶布固定后嘱病人静卧。

4. 术中护理 穿刺过程中密切观察病人的脉搏、面色等变化,询问病人有无异常的感觉,如病人有任何不适,应减慢抽吸或立即停止抽液。抽液时,若病人突觉头晕、心悸、出冷汗、面色苍白、脉搏弱、四肢发凉,提示病人可能出现胸膜反应,应立即停止抽液,病人平卧位,密切观察血压,对症处理。必要时,遵医嘱皮下注射 0.1% 肾上腺素 0.3~0.5ml。每次抽液、抽气时,不宜过快、过多,防止抽液过多、过快使胸腔内压骤然下降,发生肺水肿或循环障碍、纵隔移位等意外。穿刺过程中还应观察病人有无气胸、出血、膈肌及腹腔器官损伤等并发症的出现,并及时配合医生处理。诊断性抽液时,取 50~100ml 即可。减压抽液时,首次不宜超过 600ml,以后每次不应超过 1L。疑有化脓性感染时,应将抽出的脓液置入无菌试管送检。肿瘤细胞检查至少需要抽取 50ml 液体,并立即送检,以免细胞自溶。

【操作后护理】

1. 记录穿刺的时间、胸腔积液量、颜色及病人的状态。送检标本。

2. 嘱病人卧位或半卧位休息 30min,观察病人的脉搏和呼吸状况,及时发现并发症,如气胸、出血、膈肌及腹腔器官损伤、胸膜反应、胸膜内感染、复张性肺水肿等,并及时给予处理。

3. 嘱病人 24h 后方可洗澡,以免伤口感染。

4. 如发现病人出现穿刺部位红、肿、热、痛,液体溢出等情况,应立即通知医生。

四、胸腔闭式引流

胸腔闭式引流(closed thoracic drainage)是指通过置入胸腔内的引流管,将积聚在胸膜腔内的气体或液体引流到体外的方法。胸腔闭式引流的主要目的是将胸膜腔内的气体或液体排出,重建胸膜腔内负压,促使肺复张,平衡胸腔两侧的压力,预防纵隔移位及肺萎陷。引流装置包括置入病人胸腔的

引流管和密闭引流装置。

【胸腔闭式引流系统】

1. **原理** 胸腔闭式引流根据胸膜腔的生理特点而设计,以重力引流为原理。借助于装置中水封瓶内液体,当胸膜腔内因积液或积气形成高压时,胸膜腔内的液体或气体可排至引流瓶内;当胸膜腔内恢复负压时,水封瓶内的液体被吸至引流管下端形成负压水柱,阻止空气进入胸膜腔。

2. **不同的引流装置** 传统的胸腔闭式引流装置有单瓶、双瓶及三瓶3种,装置虽不同,但原理基本相似(图12-3-4)。目前临床中广泛应用的是各种一次性胸腔引流装置,其原理与三瓶引流装置相同。

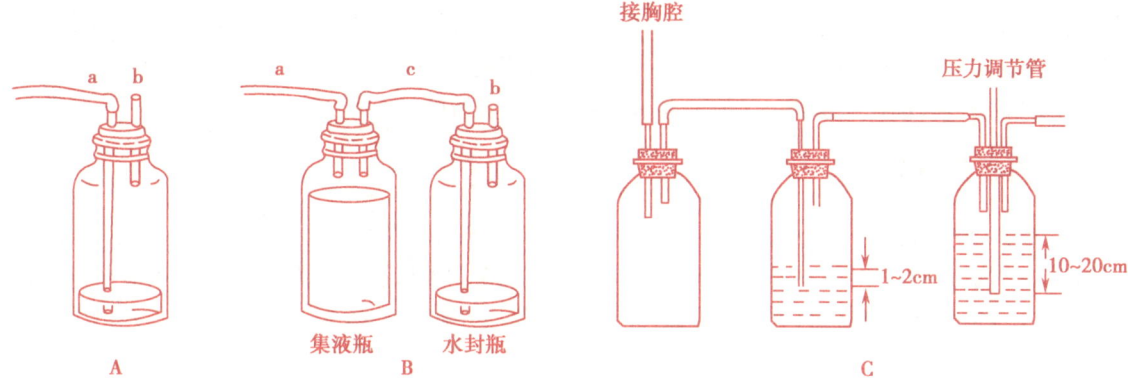

图 12-3-4 负压吸引水瓶装置

(1) 单瓶式水封引流瓶:包括1个无菌的内装500ml无菌生理盐水的密闭引流瓶、1个紧密瓶塞,从瓶塞穿过长、短2根玻璃管,长管的下端浸入瓶内液面下1~2cm,上端接引流管。短管上端与外界相通,下端则以刚穿过瓶塞为度(图12-3-4A)。此瓶既作为收集瓶,又作为水封瓶。此种瓶不能连接负压吸引装置。

(2) 双瓶式水封引流瓶:由2个紧密的玻璃瓶组成。第1个瓶子收集引流液,第2个瓶子装有无菌生理盐水,其长玻璃管下端浸入液面下1~2cm,产生水封瓶的作用(图12-3-4B)。

(3) 三瓶式水封引流瓶:在双瓶式引流瓶的基础上,连接第3个瓶子(调压瓶),用于连接负压吸引装置(图12-3-4C)。调压瓶中的压力调节管末端应根据所需负压的大小保持在水面下10~20cm处。该种引流装置不仅可以准确记录引流液的量,观察引流液的性状,维持水封瓶内水液平面高度,同时可以在需要时连接负压吸引。

(4) 一次性胸腔闭式引流装置:由瓶体(积液腔、水封腔、调压腔)、引流管、连通管、防倒流装置、水封管、调压管、固定架等组成,其瓶体用PVC塑料制造。塑料材料有利于病人活动,并降低了引流瓶破损的危险(图12-3-5)。

【操作过程】

见"胸腔穿刺术"。同时,使胸腔闭式引流装置处于备用状态。

【适应证】

中、大量气胸,开放性气胸、张力性气胸,胸腔穿刺治疗下气胸加重;需机械通气的气胸或血气胸;持续胸腔积液、脓胸、支气管胸膜瘘;拔除胸腔

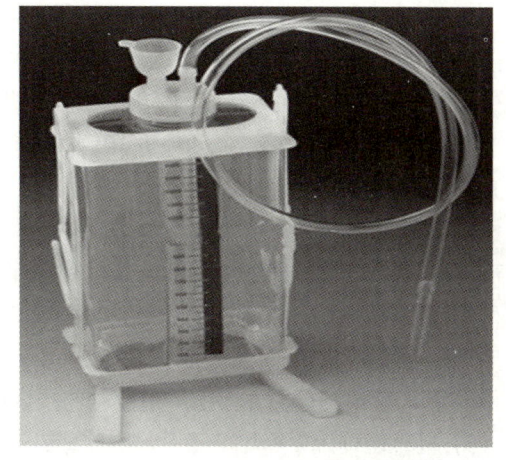

图 12-3-5 水封瓶闭式引流装置

引流管后气胸或血胸复发者；剖胸手术后。

【操作前准备】

1. 根据不同的引流目的，可取平卧位或半卧位。单纯气胸引流可选择在锁骨中线第2肋间隙或侧胸壁腋中线第4、5肋间隙；引流液体多选择侧胸壁腋中线第5~8肋间隙；若为局限性或包裹性胸腔积液，则应根据超声和影像学检查仔细定位。

2. 在选定部位局麻下沿肋骨上缘平行做1~1.5cm皮肤切口，以弯止血钳逐层钝性分离皮下组织直至穿破壁胸膜进入胸膜腔，可闻及气体经切口处进入胸膜腔的声音或看到有液体经切口溢出。

3. 将引流管头端用弯止血钳夹住，尾端用血管钳夹闭，以弯止血钳引导引流管经切口置入胸膜腔，连接水封瓶。观察水封瓶内水柱随病人呼吸波动是否良好，有无气体或液体溢出。如引流通畅，将引流管调整至适当深度（引流管在胸腔内长度一般不超过5cm）。

4. 将导管缝合固定于皮肤上。消毒并用无菌纱布覆盖伤口。

【操作后护理】

1. **病人体位和活动**　病人术后取半卧位，有利于呼吸及引流。鼓励病人经常变换体位、深呼吸，利于充分引流，但应防止压迫或扭曲胸腔引流管。活动时妥善携带胸腔引流瓶，并保持引流瓶低于胸腔，注意引流系统密闭性及维持引流瓶的直立；持续使用负压吸引的病人，活动范围应不超出引流管长度。

2. **引流装置的位置**　①为防止引流液倒流入胸腔及利于引流，引流瓶应固定于病床边或紧贴地面，一般放置在引流管出口水平以下60cm，并注意预防引流瓶意外倾倒。②引流管应固定在床沿，并且垂直降至引流瓶内。③注意引流管的长度要适宜，过长易发生扭曲，增大无效腔，影响通气，阻碍引流；引流管过短，日常活动时易受牵拉而发生脱管。④更换引流瓶或床单位时，应使用两把血管钳将引流管反方向双重夹闭，以防发生引流管滑脱、漏气或引流液反流等意外。⑤若引流管不慎滑出胸腔，应用手指捏压伤口，避免气体进入胸腔，消毒后用无菌敷料封闭，立即上报医生进行处理。

3. **保持引流管的通畅**　①经常查看胸管及引流管是否通畅，保证胸管无扭曲或受压、血凝块堵塞等情况，定时向引流瓶方向挤压引流管。②引流效果不佳时可遵医嘱于调压瓶处连接负压，保持负压在-20~-10cmH$_2$O。③观察水封瓶内水柱波动情况。若水封管液面水平随呼吸上下波动并有气体自液面逸出，表明引流通畅。④若水柱波动不明显，液面无气体逸出，病人无胸闷、呼吸困难，表示病人的肺组织可能已复张或管道堵塞；若病人呼吸困难加重，出现发绀、大汗、胸闷、气管偏向健侧等症状，可能气胸加重，应立即通知医生紧急处理。

4. **维持引流系统的密闭性**　引流瓶的水封管深度应在液面下1~2cm，并保持直立，胸壁插管处周围用油纱包盖严密。自胸膜腔内引流出的气体进入引流瓶会产生气泡，间歇性气泡是正常的，如在病人呼气及吸气时均产生持续性气泡，则表示有空气渗入引流系统或胸膜腔，应立即找出渗漏的地方予以修补；如引流系统无渗漏的地方，仍有快速气泡时，表明发生了大量的空气漏失（如支气管胸膜瘘），应立即通知医生，采取有效措施。

5. **记录引流量**　在引流瓶上标注刻度，以便于观察和记录。同时，应注意观察引流液的性状。引流积液时，一次不应超过1L，以免引起复张性肺水肿。如引流量大于100ml/h，或数小时之后引流液仍为鲜红色，或血性引流液停止后又再出现，应考虑病人胸腔内可能发生了快速出血，要立即通知医生进行处理。

6. **预防感染与压力性损伤**　引流管与皮肤间以纱布隔开，以免引起皮肤压力性损伤。引流管留置时间过长，切口污染等均可能引起胸腔感染。更换引流瓶或其他连接管时应遵守无菌原则，持瓶拔出接头时，要用消毒纱布包裹，水封瓶内装无菌生理盐水。

Note:

7. 拔除胸管　①拔管指征：如未见气泡逸出 1~2d，胸腔引流液量<100ml/24h(脓胸<50ml/24h)，病人症状缓解，夹闭引流管 1d 病人无气急和呼吸困难，胸部 X 线影像见肺已全部复张时，可以考虑拔出导管；②拔管：在拔除胸管时，病人可坐在床沿或健侧卧位，拔管时嘱病人先深吸气，然后用力屏气，在屏气时迅速将引流管拔除，之后以油纱密封切口，防止漏气；③拔管后：要观察病人有无呼吸困难、伤口周围组织有无皮下气肿等，如存在以上情况，应及时通知医生，采取有效措施。

五、机械通气

机械通气(mechanical ventilation)是当病人在自然通气和/或氧合功能出现障碍时，运用器械(主要是呼吸机)使病人恢复有效通气并改善氧合的方法。机械通气的目的是保证病人充分通气和氧合，稳定的血流动力学，并尽量减少和防止肺损伤。根据是否建立人工气道分为有创机械通气(invasive mechanical ventilation,IMV)和无创机械通气(non-invasive mechanical ventilation,NIV)。

【适应证】

有创机械通气适应证：①中枢神经系统疾病，包括脑炎、外伤、肿瘤、脑血管意外和药物中毒等引起的中枢性呼吸衰竭。②神经肌肉疾病：多发性肌炎、重症肌无力、吉兰-巴雷综合征等。③骨骼肌肉疾病：胸部外伤，脊柱侧弯或后凸，肌营养不良，皮肌炎等。④肺部疾病：包括各种肺实质或气道的病变，如急性呼吸窘迫综合征、阻塞性或限制性肺疾病、肺炎、肺栓塞、重症哮喘、肺源性心脏病的急性恶化等。⑤围手术期：各种外科手术的常规麻醉和术后管理的需要，心胸手术，体弱或心肺功能不良需手术。

无创机械通气适应证：主要包括轻度呼吸功能不全，伴有呼吸肌疲劳但未达呼吸衰竭的病人，Ⅱ型呼吸衰竭，心源性肺水肿，睡眠呼吸暂停，肺间质纤维化的病人等。同时，病人需要具备使用无创机械通气的基本条件：具备较好的意识状态、咳痰能力、自主呼吸能力、血流动力学状况和配合能力。

【禁忌证】

有创机械通气一般没有绝对的禁忌证。相对禁忌证包括气胸及纵隔气肿未行引流者、肺大疱和肺囊肿、活动性大量咯血(已有呼吸衰竭或窒息表现者除外)、气管食管瘘等。

无创机械通气绝对禁忌证：①心搏呼吸停止。②自主呼吸微弱、昏迷。③误吸可能性高。④合并其他器官功能衰竭(血流动力学不稳定，消化道大出血或穿孔，严重脑部疾病等)。⑤面部创伤、术后、畸形。⑥不合作。相对禁忌证包括：①气道分泌物明显增加而且排痰能力不足。②严重感染。③极度紧张。④危及生命的低氧血症，严重酸中毒。⑤近期食管及上腹部手术，剧烈呕吐。⑥严重肥胖。⑦上呼吸道机械性阻塞。

【操作前准备】

（一）心理准备

机械通气常引起病人和家属的焦虑。因此，护士要耐心解释机械通气的目的，并指导病人如何配合及如何以非语言方式表达其需要。医护人员的关心和理解会帮助病人及家属树立信心，应帮助其度过生理和心理上的危机。

（二）呼吸机与病人的连接方式

1. 无创机械通气连接器　选择适合病人的连接器对保证机械通气的顺利实施非常重要。常用的无创呼吸机和病人的连接器包括接口器、鼻罩和面罩等(图 12-3-6)。①接口器：连接简便，无效腔小，但需要病人用力咬住，当压力高时病人口唇周围和鼻孔会漏气。通常可用于清醒的病人，睡眠或神志改变的病人不适用。②鼻罩：连接简便舒适，病人耐受性好；通常无效腔量为 60ml 左右；且不干扰其经口进食、咳嗽、咳痰或讲话。神志清楚、能够较好配合的病人首选鼻罩。③面罩：会将口鼻罩

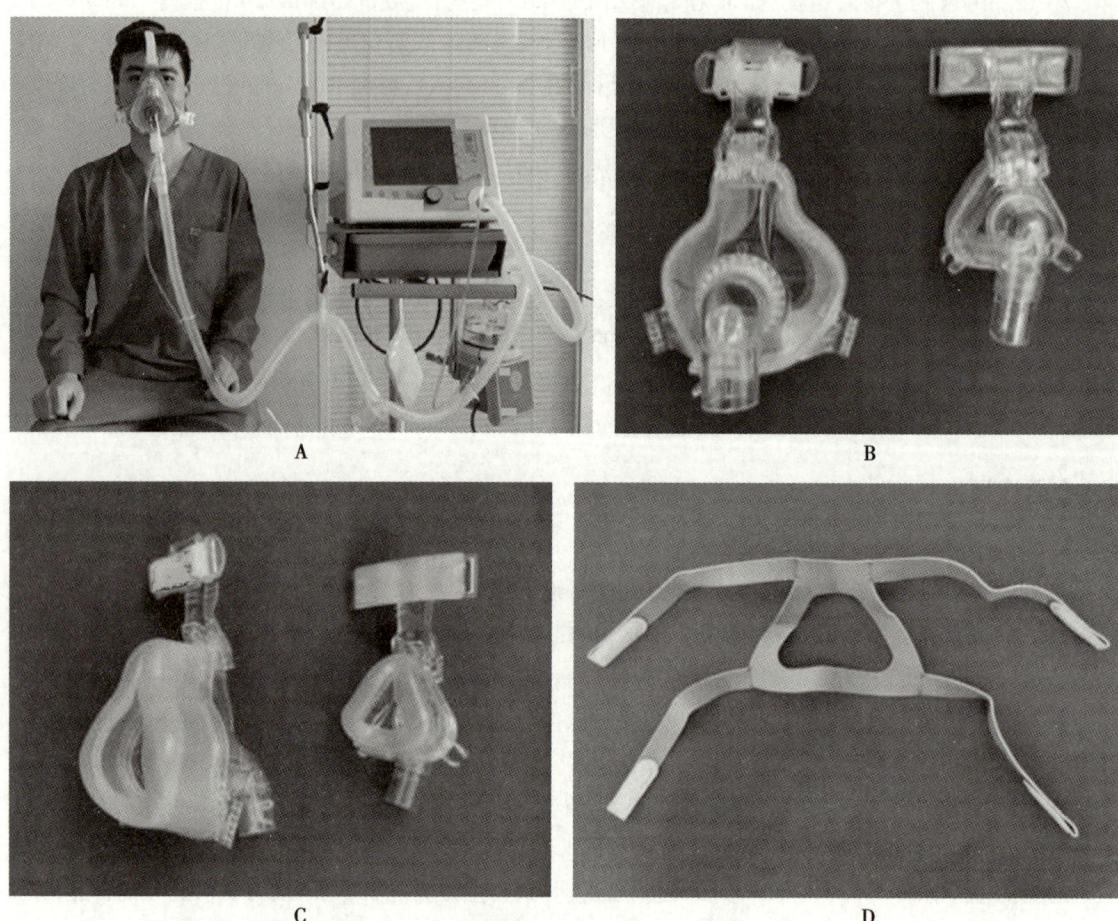

图 12-3-6 无创机械通气及与病人连接方式
A. 无创机械通气与病人面罩连接；B. 无创通气面罩、鼻罩（正面观）；C. 无创通气面罩、鼻罩（侧面观）；D. 头带。

住，避免了张口漏气的问题。适用于重症、老年或无牙齿的病人。应用方便舒适、密封性好、可以保证通气的效果，但无效腔较大（100ml 左右），且病人讲话或咳痰会受到影响，如果病人张口呼吸会增加胃胀气和误吸的风险。病情较重的呼吸衰竭病人多选择面罩。

无创机械通气与病人面罩佩戴要点：应在待机状态下将面罩或接口器与病人连接［此时不连接呼吸机或给予持续气道正压通气（CPAP）4～5cmH₂O］，摆好位置并调节好头带松紧度后，再连接呼吸机管道，避免在较高的吸气压力状态下为病人佩戴面（鼻）罩，增加病人的不适。

2. **气管插管** 气管插管用于需要短期建立和维持人工气道的病人。气管插管有经口气管插管和经鼻气管插管 2 种途径。面部、口腔有创伤或手术等，无法行经口气管插管时可采用经鼻气管插管。

3. **气管切开** 气管切开套管的管腔较大、导管较短，因而产生的气道阻力及通气无效腔较小，有利于病人气道内分泌物的清除、降低 VAP 的发生率。对需要长时间使用机械通气或已行气管插管，但仍不能顺利吸除气道内分泌物的病人，须行气管切开术。缺点是丧失呼吸道的保湿功能，增加呼吸道感染的风险，久之易致病人气管出血、溃烂及狭窄。

（三）呼吸机的准备

1. **呼吸机的基本构造和工作原理** 呼吸机主要部件包括用户图形界面、吸气模块（安全开关、压力传感器、流量传感器、氧浓度传感器）、氧气和空气调节阀、吸气过滤器、湿化器、病人呼吸回路（吸入/呼出）、呼气过滤器及呼气模块（主动呼气阀、压力传感器、流量传感器）。吸气时，吸气控制开关打开，通过对气道口（口腔、鼻腔、气管插管及气管切开套管）施加正压将气体压入肺内；停止送气后

Note：

移去外加压力,气道口压力恢复至大气压水平,胸廓被动回缩,产生呼气。

2. 吸气触发方式 启动呼吸机进入吸气状态的方式,以压力触发和流速触发最常见。①压力触发:是将呼吸机的压力灵敏度设为低于预设呼气末正压(positive end-expiratory pressure,PEEP),当病人呼气末气道压力降至该值时,触发呼吸机启动并开始送气。②流速触发:当病人开始吸气时,呼吸机检测吸气流速达到灵敏度时即启动并开始送气。

3. 通气模式的选择

(1) 控制通气(controlled ventilation,CV):也称间歇正压通气(intermittent positive pressure ventilation,IPPV),是由呼吸机完全替代病人自主呼吸的通气方式,不管病人自主呼吸的情况如何,均按预置的参数为病人进行间歇正压通气。包括容积控制通气(volume controlled ventilation,VCV)和压力控制通气(pressure controlled ventilation,PCV)。

(2) 辅助-控制通气(assist-control ventilation,A-CV):自主呼吸触发呼吸机送气后,呼吸机按预置参数(Vt,RR,I/E)送气。当病人呼吸频率高于设置的机械通气频率时,辅助通气。当病人无力触发或自主呼吸的频率低于预置的通气频率时,呼吸机则转换为控制呼吸,按预置参数通气。

(3) 间歇指令通气(intermittent mandatory ventilation,IMV)/同步间歇指令通气(synchronized intermittent mandatory ventilation,SIMV):IMV 是在自主呼吸的基础上,给病人规律地、间歇地触发指令潮气量,将气体强制送入肺内。SIMV 为 IMV 的改良方式,是指 IMV 的每一次送气在同步触发窗内由自主呼吸触发,若在同步触发窗内无触发,呼吸机按预置参数送气。SIMV 是撤离呼吸机前的常用手段。

(4) 压力支持通气(pressure support ventilation,PSV):是一种辅助通气方式,即在病人有自主呼吸的前提下,当病人吸气时,自动接受预先设定的一定程度的压力支持,以帮助病人克服吸气阻力、扩张气道和肺泡。

(5) 持续气道正压通气(continuous positive airway pressure,CPAP):指病人在自主呼吸条件下,气道压在吸气相和呼气相都保持相同水平的正压。

(6) 反比通气(inversed ratio ventilation,IRV):在应用 IRV 方式时,病人呼吸的吸气时间大于呼气时间,I/E 由 $1:(1.5\sim2)$ 改为 $(1\sim4):1$。由于吸气时间大于呼气时间,使吸气峰压降低,且呼气时间短,致使部分气体保留在肺内,增加了肺的功能残气量,使气道产生自发的 PEEP,改善气体的弥散。

(7) 双相气道正压(bi-level positive airway pressure,BiPAP)通气:指给予两种不同水平的气道正压,在高水平压力和低水平压力之间定时切换。

(8) 无创正压通气(non-invasive positive pressure ventilation,NIPPV)常用的模式:NIPPV 的通气模式以辅助通气模式为主。对于 Ⅱ 型呼吸衰竭的病人,目前常用 BiPAP(S/T)或平均容量的压力支持(average volume assured pressure support,AVAPS)模式;而对于 Ⅰ 型呼吸衰竭的病人,CPAP 和 BiPAP 均有较多的应用。

4. 呼吸机参数的设置

(1) 潮气量(TV):是指病人通过呼吸机每一次吸入或呼出的气量。在 VCV 模式时,TV 的选择应保证病人足够的气体交换及舒适性,通常为 $6\sim12ml/kg$。

(2) 呼吸频率(RR):是指每分钟内机械通气的次数。RR 的设定应与 TV 及目标 $PaCO_2$ 水平配合,以保证一定的每分钟通气量。RR 通常设置为 $10\sim20$ 次/min。

(3) 吸入气氧浓度(FiO_2):设置的原则是以维持 PaO_2 在 60mmHg 以上的前提下,尽量减低 FiO_2。一般应低于 50%。

(4) 吸呼气时间比(I/E):指吸气时间与呼气时间的比值。一般为 $1:(2\sim3)$。I/E 的选择是基于病人的自主呼吸水平、氧合状态及血流动力学,适当的设置能保持良好的人机同步性。

(5)呼气末正压(positive end-expiratory pressure,PEEP):指病人在应用呼吸机的呼气末期在气道保持一定的正压,使萎陷的肺泡复张、增加功能残气量(FRC)、改善氧合,但同时会减少静脉回心血量,增加呼吸功。PEEP适用于仅靠提高 FiO_2 氧合改善不大的持续低氧血症的病人,一般设定为 $5\sim15cmH_2O$,从低水平开始,逐渐上调,直至达到"最佳PEEP"的标准。

(6) 流速波形:一般有方波、正弦波、加速波和减速波4种。理想的峰流速应能满足病人吸气峰流量的需要,成人常用的流速设置在 $40\sim60L/min$。

(7) 触发灵敏度调节:压力触发常为 $-3\sim-1cmH_2O$,流速触发常为 $1\sim3L/min$,合适的触发灵敏度设置使病人更舒适,促进人机同步。

(8) 叹气(sign):机械通气中间断给予病人高于潮气量50%或100%的大气量以防止肺泡萎陷的方法。常用于长期卧床、咳嗽反射减弱、分泌物引流不畅的病人。

(9) NIPPV参数调节:多采用辅助通气模式。通常的参数设置为:TV $7\sim15ml/kg$;RR $10\sim20$ 次/min;吸气时间 $0.8\sim1.2s$;吸气压力 $10\sim30cmH_2O$;PEEP $4\sim8cmH_2O$(Ⅰ型呼吸衰竭时需要增至 $6\sim12cmH_2O$);CPAP $6\sim15cmH_2O$;吸气流量峰值 $40\sim60L/min$ 等。

【操作过程】

一般由医生设置通气参数。护士应配合医生做好病人与呼吸机的连接及病人的健康指导,例如指导病人使用非语言沟通的方式及时表达自己的需要,指导病人配合进行机械通气。NIPPV的病人在最初使用期间需要医护人员陪伴在病人身边,鼓励病人,增强其信心,消除其恐惧和焦虑,取得良好的配合,提高其依从性。

【操作后护理】

(一) 一般情况监测

1. **生命体征**　①体温:发热常提示感染。病人体温升高会使氧耗量和 CO_2 产生增加。②呼吸:监测病人有无自主呼吸,与呼吸机是否同步,呼吸的频率、节律、幅度及两侧呼吸运动的对称性;听诊肺部,判断两侧呼吸音性质,有无啰音。如一侧胸廓起伏减弱、呼吸音消失,可能为气管插管置入过深仅一侧肺通气;或气管插管固定不牢,在病人躁动或更换卧位后滑入一侧支气管;还可能与并发气胸有关。③心率、血压:机械通气开始 $20\sim30min$ 病人可出现血压轻度下降,如血压明显或持续下降伴心率增快,应及时通知医生处理。此外,过度通气可能会引发迷走神经反射使心率减慢。

2. **意识状态**　行呼吸机治疗后病人意识障碍程度减轻,表明通气状况改善;若有烦躁不安、自主呼吸与呼吸机不同步,多为通气不足。

3. **皮肤、黏膜及周围循环状况**　注意病人皮肤的色泽、弹性、温度及完整性。缺氧改善时,发绀减轻。皮肤潮红、多汗和浅表静脉充盈,提示有 CO_2 潴留。皮肤湿冷、苍白可能是低血压、休克。皮下气肿、颈静脉充盈,常与气胸、气管切开有关。

4. **腹部情况**　机械通气时,病人可能会发生腹部膨隆、腹胀。腹胀严重者,必要时遵医嘱给予胃肠减压。

5. **出入量观察**　准确记录病人24h液体出入量,尤其是尿量变化。尿量能较好地反映肾的血液灌注情况,间接反映心排血量的变化。

6. **痰液观察**　观察病人痰液的颜色、性质、量和黏稠度,为肺部感染的治疗和气道护理提供主要依据。

(二) 机械通气期间呼吸功能的监测

1. **通气功能监测**

(1) TV:正常值 $8\sim12ml/kg$。TV反映病人的通气功能,吸气潮气容积与呼气潮气容积的差异反映呼吸机或气管插管是否漏气。

(2) VE:正常值 $6\sim10L/min$。VE可反映病人的通气功能,还可以为撤机提供依据。

（3）RR：正常值 12~20 次/min，反映病人的通气功能及呼吸中枢的兴奋性。

（4）生理无效腔占潮气量比值：具有呼气末二氧化碳监测功能的呼吸机，与呼吸机有连接模块的监护仪可动态监测生理无效腔占潮气量比值，对病人病情诊断和呼吸机设定参数的调节有参考意义。

（5）呼气末二氧化碳分压（$PetCO_2$）：反映或代表 $PaCO_2$，其正常值为 38mmHg。持续监测 $PetCO_2$ 可替代 $PaCO_2$ 监测，能避免反复抽取病人动脉血气。

（6）动脉血二氧化碳分压（$PaCO_2$）：通过动脉血气分析测定 $PaCO_2$，可反映病人的通气功能状态，正常值为 35~45mmHg。

2. 换气功能监测

（1）动脉血氧分压（PaO_2）：PaO_2 是判断病人是否存在低氧血症的标准，可指导呼吸机模式的选择和吸入气氧浓度的调整。

（2）经皮血氧饱和度（SpO_2）监测：是一种无创的、连续的动脉氧饱和度监测方法。

（3）FiO_2 与吸入气氧分压：监测吸入气氧分压是保证吸入气氧浓度的准确性，可防止 FiO_2 过高引起氧中毒，或 FiO_2 过低引起缺氧。

3. 气道压力监测

（1）气道峰压：呼吸周期中气道压达到的最大值，即气道阻力产生的压力与平台压之和。一般不宜超过 $40cmH_2O$。

（2）平台压：为吸气末暂停时的正压。此时，吸气相流速为 0，气道压和肺泡压达到平衡，因此平台压可以反映肺泡内压力。

（3）气道阻力：是气体流经气道时，气体分子之间以及气流与气道管壁之间的摩擦阻力。它是呼吸系统的主要黏性阻力。气道阻力受多种因素影响，气道内分泌物潴留、气道黏膜水肿、支气管痉挛及误吸等都可导致气道阻力升高，排除原因后可降低。

（4）平均压力：为整个呼吸周期的平均气道压力，间接反映气道压力。

4. 机械通气的波形监测

（1）压力-时间曲线：反映机械通气过程中气道压力变化。气道阻力增大可使气道峰压增高，而肺顺应性降低使平台压升高。

（2）容量-时间曲线：表示送气量随时间变化的曲线，纵轴表示送气量，单位 ml，横轴表示时间，单位为秒；上升支表示吸入潮气量，水平支表示屏气，下降支表示呼出潮气量。从波形上可以显示吸入和呼出潮气量的大小，也能够监测呼吸回路有无漏气或气体陷闭。

（3）流速-时间曲线：反映机械通气过程中气体流速变化。当病人存在阻塞性通气功能障碍时，呼气流速减慢，呼气时间延长，可在流速曲线上反映出来。

（4）压力-容积环：为呼吸周期中压力容积关系曲线。ARDS 病人肺顺应性降低，容积环下压；慢性阻塞性肺疾病病人容积环上移；气道阻力增大时压力-容积环增宽。

（5）流速-容积环：为呼吸周期中流速容积关系曲线。在吸气相反映设定的流速类型（恒流速、递减、正弦波型），在呼气相可反映病人可能出现的气道阻力增大（如慢性阻塞性肺疾病病人）、气道陷闭，或通气管道漏气。

（三）气道管理

1. 气道的加温和湿化 机械通气时的气道湿化包括主动湿化和被动湿化。主动湿化指在呼吸机管路内应用含加热导丝的加热湿化器（heated humidifier，HH）进行呼吸气体的加温、加湿；被动湿化指应用湿热交换器（heat and moisture exchanger，HME）模拟人体解剖湿化系统，收集并利用病人呼出气体的热量和水分，进行吸入气体的加温、加湿。对需要高流量（60~100L/min）送气的病人或存在气道分泌物异常黏稠、有黏液栓或痰痂形成时通常选用 HH，而 HME 常在转运、麻醉等短时间的通气时应用。无论何种湿化，都要求近端气道内的气体温度达到 37℃，不可超过 40℃，相对湿度 100%，以维持气道黏膜完整，纤毛正常运动及气道分泌物的排出，以及降低呼吸机相关性肺炎（ventilator-associat-

Note:

ed pneumonia,VAP)的发生率。注意湿化罐内只能加无菌蒸馏水,禁用生理盐水或加入药物。湿化罐内水量要恰当,防止水蒸干,也避免水过多倒灌入呼吸回路引起病人误吸。

2. 促进病人排痰 使用翻身、叩背、体位引流等方法帮助病人排出痰液,必要时给予痰液吸引。①吸引频率:按需吸痰。②吸痰时机:当病人出现 SpO_2 下降、PCV 模式下 TV 下降或 VCV 模式下气道峰压升高、$PetCO_2$ 升高等症状,双肺听诊大量湿啰音怀疑是气道分泌物增多引起;人工气道出现可视性分泌物;呼吸机监测面板出现锯齿样的流速和/或压力波形,排除管路积水和/或抖动等引起时,可进行吸痰。③吸痰方式的选择:通常选择开放式气道内吸引。对断开呼吸机将引起血流动力学不稳定、有呼吸道传染性疾病(如肺结核)、呼吸道多重耐药菌感染等情况者宜选择密闭式气道内吸引。④吸痰管的选择:应使用有侧孔的吸痰管,吸痰管外径小于人工气道内径的 1/2。⑤吸痰压力:吸痰压力一般在 $-120\sim-80$ mmHg,痰液黏稠者可适当增加负压。⑥吸痰前后给氧:为了减少吸痰过程中对病人可能带来的低氧血症及由低氧血症导致的并发症,吸痰前后应常规给予纯氧吸入 $30\sim60$ s。⑦其他:吸痰时间限制在 15s 内,可避免吸痰导致的肺塌陷和低氧血症。注意口腔内分泌物的清除,尤其在更换体位前及时清除口腔分泌物可有效避免 VAP 的发生。吸痰时应注意无菌操作,手法轻柔,避免造成支气管黏膜损伤及支气管痉挛等不良后果,同时密切监测病人心电波形、血压、脉搏、血氧饱和度。

3. 气囊管理 ①气囊压力:气囊压力应维持在 $25\sim30$ cmH$_2$O。压力过低易引起误吸,压力过高易致气管黏膜缺血损伤。应常规使用气囊压力表,每隔 $6\sim8$ h 进行气囊充气和测压。②气囊上滞留物清除:应定期清除气囊上滞留物,尤其是气囊放气前。可采用带有声门下间断吸引的人工气道。

4. 预防感染与防止护理不良事件

(1)防脱管:妥善固定气管插管或气管切开套管,防止其移位、脱出和阻塞。做好健康指导,对意识模糊或肺性脑病的病人,必要时可取得知情同意后进行肢体约束,防止非计划拔管。护士床头交接人工气道的留置情况,如留置的深度、气囊压力、口腔分泌物和气道内分泌物的情况、病人的配合程度、镇静评分等。口腔分泌物多、更换卧位或躁动的病人应密切注意其人工气道情况,避免脱管。

(2)防止压力性损伤:为机械通气病人做好皮肤护理,避免压力性损伤。对于佩戴鼻/面罩的病人应注意面罩压迫部位的皮肤,气管插管病人注意口唇皮肤,气管切开病人应保持切口周围皮肤干燥、清洁。固定带处皮肤应使用纱布或敷料给予保护,每日更换固定带压迫皮肤的部位。

(3)防止感染:做好病人口腔护理,每日至少更换一次固定带、气管切开处敷料和清洁气管切开套管。及时倾倒呼吸机管道中的积水,防止误吸引起感染。呼吸回路污染应及时进行更换。密闭式吸痰管每次使用后及时冲洗,在出现可见污染时进行更换,但无须每日更换。

(四)机械通气期间常见并发症的观察

1. 人工气道相关并发症

(1)人工气道移位:①人工气道过深或固定不佳,均可使导管进入单侧支气管;②人工气道过浅不能有效清除气道内的分泌物,可造成急性呼吸道梗阻而窒息。护士在工作中应观察插管深度和病人的呼吸状况,如有双侧胸廓起伏不对称,一侧呼吸音减弱或消失,伴有脉搏血氧饱和度减低及时通知医生,可拍摄 X 线片确定导管位置。

(2)人工气道阻塞:导管扭曲,气囊脱出嵌顿于导管远端开口,痰栓或异物阻塞管道,管道塌陷,管道远端开口嵌顿于气管隆嵴或气管侧壁等都是人工气道阻塞的原因。密切观察及进行有效的人工气道护理能够预防气道梗阻。一旦发生气道梗阻,应立即通知医生采取以下措施:调整人工气道位置,抽出气囊内气体,试验性插入吸痰管。如病人气道梗阻仍不缓解,则应立即拔除并重新建立人工气道。

(3)气管黏膜损伤:监测气囊压力,一般低于 25cmH$_2$O,以避免长期高气囊压力导致病人气管壁黏膜溃疡、出血,甚至气管食管瘘;气管内操作如吸痰、纤支镜检查时应动作轻柔,避免吸引压力过大造成黏膜损伤;人工气道应妥善固定,避免松动引起的人工气道和气管黏膜的摩擦性损伤。

Note:

（4）呼吸道出血：人工气道的病人出现呼吸道出血，特别是大量鲜红色血液从呼吸道涌出时，易引起窒息，应针对原因，及时处理。

2. 机械通气相关并发症

（1）通气不足：最常见的原因包括呼吸机与气管切开套管衔接不严、气管插管或气管切开套管气囊破裂、气囊充气不足或漏气、呼吸回路及附件的任何接口松动或脱开。应严密监测气囊压力，保证呼吸回路密闭性，根据病人病情及时调整呼吸参数。

（2）通气过度：主要原因包括 VC 时，VE 设置过高；ACV 时，自主呼吸频率过快；SIMV 或 PSV 时，病人病情改善、自主呼吸增强、气道阻力减低或顺应性改善等，可以通过调节通气频率，应用适量镇静药，降低病人自主呼吸频率，调整呼吸机模式来预防。

（3）氧中毒：即长时间吸入高浓度氧导致的肺损伤。FiO_2 越高，肺损伤越重。应避免长时间吸入高浓度氧，尽量使 FiO_2 不超过 60%。

（4）气胸：常见原因包括肺气压伤、肺大疱破裂、创伤或创伤性胸部操作。应鼓励病人自主呼吸，限制潮气量和气道压力水平，合理设置报警值。一旦出现气胸，须立即行胸腔穿刺抽气，必要时行胸腔闭式引流。

（5）肺不张：主要原因包括通气量严重不足；气管插管置入过深误入单侧主支气管，导致对侧肺不张；气道分泌物潴留；肺部感染；吸入纯氧时间过长。常以右肺为多，尤见于右侧中下肺。应及时解除原因，促进病人肺复张。

（6）机械通气相关性肺损伤：包括肺气压/容积伤、剪切伤和生物伤。病人早期表现为烦躁不安、发绀、心动过速、气胸、皮下气肿等，X 线检查可明确诊断。可通过正确调节呼吸机各项参数以避免气道内压力过高、潮气量过大，监测生命体征和听诊呼吸音等方法来预防。

（7）心排血量下降：机械通气使胸腔内压升高，导致静脉回流减少，心脏前负荷降低，从而导致心排血量下降和血压降低。另外，机械通气导致肺循环阻力增高，肺动脉压力增高，右心室压力升高从而影响右心室功能。应鼓励病人自主呼吸，尽量减少 PEEP 的使用，必要时使用强心药和升压药；机械通气开始时快速输液或通过调整通气模式降低病人胸膜腔内压来改善低血压。

（8）心律失常：机械通气期间，病人可发生多种类型的心律失常，其中以室性和房性期前收缩多见。发生原因与低血压休克、缺氧、酸碱平衡失调、电解质紊乱等因素有关，应针对病因进行处理。

（9）呼吸机相关性肺炎（VAP）：机械通气 48h 后或撤机、拔管 48h 内出现的肺炎。高龄、高 APACHEⅡ评分、急慢性肺部疾病、格拉斯哥（Glasgow）昏迷评分小于 9 分、长时间机械通气、误吸、过度镇静、平卧位等均为 VAP 发生的高危因素。

3. NIPPV 常见问题及护理 ①口咽干燥：多见于使用鼻罩又有经口漏气时，寒冷季节尤为明显。鼻/面罩佩戴应避免漏气；鼓励病人间歇饮水；严重者可使用加温湿化器。②面部压力性损伤：无创通气开始即在病人鼻、面部贴保护膜、使用额垫，可减少鼻面部的压力和面罩的上下滑动；调整固定张力以可容纳 1 指为宜；间歇松开面罩或轮换用不同类型的面罩，可避免同一部位长时间压迫。③胃肠胀气：反复吞气或上呼吸道内压力超过食管下括约肌的张力，可使气体直接进入胃。应在保证疗效前提下避免吸气压力过高（<25cmH$_2$O）。明显胃胀气者，可留置胃管持续开放或负压引流。④误吸：应避免饱餐后使用 NIPPV，病人取适当头高位或半卧位，应用促进胃动力的药物。⑤排痰障碍：咳嗽排痰能力较差者，由于痰液阻塞而影响 NPPV 的疗效，也不利于感染的控制。在 NIPPV 治疗期间鼓励病人间歇主动咳嗽排痰，保证入液量和气道湿化，必要时吸痰后再进行治疗。⑥漏气：密切监护，经常检查是否存在漏气并及时调整鼻/面罩的位置和固定带的张力；更换合适类型和尺寸的面罩；使用下颌托协助封闭病人口腔；缺齿病人尽量佩戴义齿；面部消瘦者在脸颊与面罩压缘之间垫以纱布或保护性敷料。⑦不耐受：应采用合适的连接方法、正确的操作程序和指导病人逐步适应，保证人机同步性。严密监护，及时排除病人心理因素。⑧恐惧：部分病人对戴鼻/面罩，尤其是口鼻面罩有恐惧心理，导致紧张或不接受 NIPPV 治疗。给予病人合适的教育和解释；减轻或消除其恐惧，增强病人的信心和

依从性。⑨睡眠性上气道阻塞:病人睡眠时上呼吸道肌肉松弛,出现类似阻塞型睡眠呼吸暂停低通气综合征(OSAHS)低通气的表现,使送气时间明显缩短,潮气量下降,影响疗效,甚至病人憋醒。应注意观察病人入睡后的呼吸情况,如有上呼吸道梗阻,可采用侧卧位或增加 PEEP 水平的方法打开气道。

(五)病人与呼吸机对抗

机械通气病人与呼吸机对抗,即病人呼吸与呼吸机不同步,简称人机对抗。常常出现在病人不习惯机械通气,呼吸机有漏气或压力调节过高,通气量不足,病人严重缺氧,烦躁,疼痛,气胸,呼吸道阻塞,心力衰竭,肺水肿等情况下。可以通过积极查找呼吸机、呼吸管路因素,调整呼吸机模式和参数与病人同步,或立即脱开呼吸机,利用简易呼吸器给予病人纯氧辅助通气的同时进行快速的体格检查,特别是心肺功能检查,处理可能的原因。若人机对抗原因已经明确,但短时间内无法解除时,可适当使用镇静、镇痛药,必要时给予肌肉松弛药。

(六)机械通气的报警及其处理

呼吸机均有报警设置,一般设置为高于或低于目标值15%。报警分为危及生命的报警、有危及生命潜在风险的报警及普通报警。

1. **压力报警**

(1) 气道压过高:一般气道压上限为 40cmH_2O,超过上限会造成肺气压伤,有化学性误吸、胸部钝性伤的病人上限更低(25~30cmH_2O)。导致报警原因:①呼吸道内痰液、血凝块或痰栓可导致呼吸道通畅性降低或完全不通畅,如吸痰后没有改善,应及时更换气管插管。②人工气道部分或完全脱出。③支气管痉挛。④气胸:有肺大疱病人应注意。⑤肺顺应性降低:急性呼吸窘迫综合征病人病情加重,心源性肺水肿突然发生,均可使肺顺应性低,气道压升高。⑥气管导管滑入一侧支气管:可使气道压升高、氧分压降低。⑦人机对抗。⑧呼吸机设定不当:应及时调整设定参数。

(2) 气道压过低:呼吸机管路有漏气点或脱落,设备装置或与管路连接有漏气点时,呼吸机送气不能维持气道压,可发出报警。下限设定在 PEEP 以上 2cmH_2O。当呼吸机的工作压降低或气源压力降低,在空氧混合器报警的同时,也可能有气道压过低报警,应及时更换气源。

2. **通气量报警**

(1) 每分钟通气量下限:每分钟通气量下限是为了保证病人通气量不低于最小安全值。一般成人设定在 4L/min,并根据病人的身高、体重与病情特点具体调整。常见报警原因:①呼吸机管路漏气或脱开。②设定条件过早降低:当过早改用 SIMV 而辅助通气频率过低,或过早改用 CPAP 而病人自主呼吸不足以达到安全通气量,应恢复通气设定条件。③人工气道异常:人工气道脱出、阻塞、打折等应及时纠正。④呼吸机故障:应及时用人工气囊保证每分钟通气量。

(2) 分钟通气量上/下限:一般成人设定在病人实际分钟通气量±25%。分钟通气量过高常见于病人缺氧未得到纠正、自主呼吸强烈、人机对抗、呼吸回路积水、报警上限设置不当等。分钟通气量过低常见于呼吸回路或气囊漏气、自主呼吸减弱、报警下限设置不当等。

(3) 潮气量上、下限:根据病人的标准体重来设定。报警原因参照通气量报警。

3. **呼吸频率和呼吸时间报警**

(1) 呼吸频率:包括呼吸频率高限或低限报警,呼吸频率上限不能设置太高,以免病人自主呼吸急促、人机对抗时不能及时发现。

(2) 呼吸时间:当吸气时间达到 1 个呼吸周期时间的 50%(包括吸气停顿时间),呼吸机报警,多见于自主呼吸急促或人机对抗。

(七)呼吸机的撤离

1. **有创机械通气撤机** 撤机是由机械通气状态恢复到完全自主呼吸的一个过渡阶段。当病人需要呼吸机支持的病因被去除,重要器官的功能得到改善,水、电解质紊乱及酸碱平衡失调得到改善后可考虑撤机。撤机方式包括采用 T 型管通气、PSV、有创无创序贯通气等。撤机建议在镇静药、镇

痛药和肌肉松弛药的作用消失后进行,同时需要严密监测病人生命体征和血气分析结果。如果在撤机过程中病人出现生命体征变化,血气分析 $PaO_2<60mmHg$,$PaCO_2>55mmHg$,或病人出现烦躁、出汗及尿量进行性减少应立即恢复机械通气。少数机械通气病人使用机械通气支持的实际时间超出预期,病人至少有一次撤机失败,则可能出现了呼吸机依赖。出现呼吸机依赖的病人需要从生理和心理两方面因素寻找原因并积极应对,如控制肺部感染、呼吸肌锻炼、加强营养支持、维持循环稳定、心理护理等。

2. **NIPPV 的治疗时间和撤除**　目前尚无明确的标准,与基础疾病的性质和严重程度有关。与有创通气不同,即使是在急性期治疗阶段,NIPPV 也不是强制性或持续性的,病人可以暂时停止 NIPPV 治疗而接受其他治疗(如雾化吸入)或进食。NIPPV 的撤离主要依据病人临床症状及病情是否稳定。撤除的方法:①逐渐降低压力支持水平。②逐渐减少通气时间(先减少白天通气时间,再减少夜间通气时间)。③以上两者联合使用。

(孙龙凤)

思　考　题

1. 呼吸系统疾病病人有哪些主要症状?
2. 如何应对胸腔穿刺过程中出现的胸膜反应?
3. 留置人工气道的病人常见并发症有哪些?
4. 行机械通气治疗的病人常见并发症有哪些?

Note:

URSING

第十三章

上呼吸道疾病病人的护理

13章　数字内容

第一节　鼻部疾病病人的护理

一、急性鼻腔和鼻窦炎性疾病病人的护理

鼻腔、鼻窦炎性疾病是因细菌、病毒、变应原、各种理化因子及全身性疾病引起的鼻腔、鼻窦黏膜的炎症。主要病理改变是黏膜充血、肿胀、渗出、增生、萎缩或坏死等。鼻腔是上呼吸道的首要防线，细菌、病毒等外界致病因素入侵机体时，首先侵犯鼻腔，表现为鼻腔的急性炎症。鼻腔黏膜经窦口与鼻窦相连，鼻腔的急性炎症控制不当时，常伴发鼻窦的急性炎症。鼻腔炎症与鼻窦炎症发病机制及病理生理过程相似，相辅相成，互为因果，故现代观点将鼻炎和鼻窦炎统称为鼻鼻窦炎。

急性鼻炎

急性鼻炎（acute rhinitis）是由病毒感染引起的鼻腔黏膜急性炎症，是上呼吸道感染的一部分，四季均可发病，多发于冬季及季节交替时。人们平时所说的"感冒"，一般都有急性鼻炎存在。

【病因】

病毒感染为首要病因，最常见的是鼻病毒，其次是流行性感冒和副流感病毒、腺病毒、冠状病毒等。主要传播途径是经呼吸道吸入，其次是通过被污染的物体或食物进入机体。常见诱因包括：

1. **全身因素**　受凉、疲劳、吸烟饮酒过度、维生素缺乏或其他慢性疾病导致机体抵抗力下降。
2. **局部因素**　鼻腔本身及邻近部位慢性病变如鼻中隔偏曲等，影响鼻腔功能和通气引流，使鼻腔黏膜纤毛运动发生障碍，病原体存留于局部。

【护理评估】

（一）健康史
评估病人有无导致抵抗力下降的诱因，如受凉、过度劳累、吸烟饮酒过度、维生素缺乏或其他慢性疾病，有无鼻腔本身及邻近部位慢性病变，如鼻中隔偏曲、鼻息肉、腺样体肥大和慢性扁桃体炎等。评估病人有无密切接触过"感冒"病人。

（二）身体状况
急性鼻炎的潜伏期多为 1~3d，若无并发症，病程 7~10d。

1. **症状**　早期症状多为鼻腔和鼻咽部出现痒感、刺激感、异物感或烧灼感等，自觉鼻腔干燥。继之出现鼻塞、水样涕、嗅觉减退和闭塞性鼻音。继发细菌感染后，鼻涕变为黏脓性或脓性。可伴有耳部闷胀、堵塞感，或伴有耳鸣、听力下降。

全身症状多数表现为全身不适、倦怠、头痛、发热和畏寒等。

2. **体征**　鼻黏膜广泛充血、肿胀，下鼻甲充血、肿大明显，鼻道或鼻底有较多分泌物，初期为水样，后逐渐变为黏液性、黏脓性或脓性。咽部黏膜亦常有充血。

（三）心理-社会状况
病人因鼻塞引起头痛不适，表现出烦躁不安。护士应在护理过程中评估病人的生活方式、生活或工作环境、饮食习惯、卫生习惯等。

【护理诊断/问题】

1. **舒适度减弱**　与鼻黏膜肿胀、分泌物增多、张口呼吸有关。
2. **活动耐力下降**　与急性炎症引起头痛、发热、全身不适、疲劳有关。
3. **潜在并发症**：急性鼻窦炎、急性中耳炎、急性咽炎、喉炎、气管炎及支气管炎等。

【计划与实施】

本病有自限性，治疗原则为对症和支持治疗及预防并发症。包括休息、增加液体摄入，平衡饮食，

使用抗病毒药物或解热镇痛药。经过治疗和护理,病人是否能够达到:①鼻塞解除,炎症消退,能经鼻正常呼吸;②全身不适症状消失;③无并发症发生。

（一）药物治疗与护理

1. **鼻减充血剂**　仅在有明显鼻阻塞时使用,如0.5%~1%麻黄碱滴鼻液,可减轻黏膜充血、肿胀。鼻部用药根据药物设计主要可分为滴鼻剂和喷鼻剂2种。护士应教会病人不同鼻部用药的正确方法和技巧,同时告知病人此类药物使用时间不可过长,一般不超过1周,以免引起药物性鼻炎。

（1）滴鼻法:①仰卧法:嘱病人轻轻擤出鼻涕,取仰卧位,肩下垫枕或头悬于床沿,头尽量后仰,使头部与身体成直角,头低肩高(图13-1-1)。每侧鼻腔滴2~3滴药水,轻轻按压鼻翼,使药液均匀分布在鼻黏膜上。滴药时嘱病人勿吞咽,保持该体位2~3min。②坐位法:坐位,背靠椅背,头后仰,前鼻孔朝上,将药液滴入。③侧卧法:适用于单侧患病者。卧向患侧,头下悬垂于床沿外,前鼻孔朝上进行滴药。

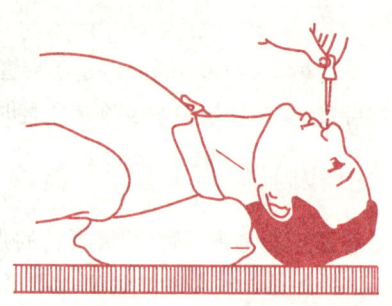

图13-1-1　滴鼻法

（2）喷鼻法:头部处于自然位置,擤出鼻内分泌物,将药瓶喷嘴放入鼻孔,喷嘴方向避开鼻中隔,按药物说明挤压喷药,喷药时轻吸。

2. **鼻部使用糖皮质激素**　是目前临床治疗鼻炎的首选局部用药。糖皮质激素具有抗炎、抗水肿作用,可降低鼻黏膜局部炎症反应程度,缓解鼻塞等症状,全身副作用小。鼻用糖皮质激素不良反应主要局限于鼻腔局部,如鼻部干燥感,有时可有鼻部出血、涕血等。临床常用的有丙酸倍氯米松鼻喷雾剂、丙酸氟替卡松鼻喷雾剂。喷鼻时应注意:①喷嘴方向避开鼻中隔,交叉喷鼻,即左手喷右鼻,右手喷左鼻。②喷完后尽量使鼻孔朝天,用鼻尽力吸气,使药液充分均匀地分布在鼻腔黏膜。

3. **全身用药**　可用解热镇痛药或清热解毒的中药颗粒剂减轻头痛、发热等全身症状。如有继发感染,根据医嘱使用抗生素。

（二）休息与饮食

1. 嘱病人减少活动或工作,发热者卧床休息。病人出汗多时及时更换衣裤,保持床单位平整干燥。

2. 多饮热水,增加液体摄入,以利于毒素排出。增加室内空气湿度,湿润呼吸道黏膜,防止因张口呼吸引起口唇、咽、喉等干燥不适。饮食中注意增加维生素和蛋白质的摄入,增加机体免疫力,保持排便通畅。

（三）健康指导

1. 教会病人正确擤鼻方法,按住一侧鼻翼,将另一侧鼻腔分泌物轻轻擤出。或将鼻涕吸入口中后吐出。指导正确用药,预防中耳炎等并发症。

2. 病人感冒期间,不要到人多拥挤处,不与他人密切接触,室内保持通风。

3. 平时应通过各种途径向大众宣传感冒的预防方法。寒冷季节,抵抗力较低或有慢性疾病者不要到人多拥挤处,避免与感冒病人近距离接触;保持良好的饮食、生活和卫生习惯,平日居室多通风;保证均衡营养和充足睡眠,戒烟、酒。

【护理评价】

通过治疗和护理计划的实施,评价病人是否能够达到:①鼻塞消失,呼吸功能恢复正常。②全身不适和发热症状消失,病人活动能力正常。③无并发症发生。

急性鼻窦炎

急性鼻窦炎（acute nasosinusitis）多继发于急性鼻炎，主要病理改变是鼻窦黏膜的急性卡他性炎症或化脓性炎症，严重者可累及骨质、周围组织及邻近器官，引起严重并发症。根据《中国慢性鼻窦炎诊断和治疗指南（2018）》的分类方法，症状在12周以内的为急性鼻窦炎。

【病因】

急性鼻窦炎约80%由细菌感染引起，引发上呼吸道感染的致病菌均可导致鼻窦炎发生，常见的如肺炎链球菌、金黄色葡萄球菌和流感嗜血杆菌。此外，厌氧菌感染亦常见。

1. **全身因素**　过度疲劳、受寒、受湿、营养不良、维生素缺乏等引起机体抵抗力降低。生活与工作环境不洁、全身性疾病（如贫血、糖尿病）、内分泌疾病（如甲状腺、垂体或性腺功能减退）、上呼吸道感染和急性传染病（如流行性感冒、麻疹、猩红热和白喉）等均可诱发本病。

2. **局部因素**

（1）鼻腔疾病：急、慢性鼻炎、鼻中隔偏曲、中鼻甲肥大、变应性鼻炎、鼻息肉、鼻腔异物和肿瘤等，均可阻塞窦口鼻道复合体、上鼻道及蝶筛隐窝，阻碍鼻窦的引流和通气而致鼻窦炎发生。

（2）邻近器官的感染病灶：扁桃体炎、腺样体炎、上列第二前磨牙和第一、二磨牙的根尖周炎、拔牙损伤上颌窦、龋齿残根坠入上颌窦内等，均可引起上颌窦炎症。

（3）创伤性：鼻窦外伤骨折或异物残留，鼻腔内填塞物留置时间过久，鼻窦气压伤，游泳跳水不当或游泳后用力擤鼻致污水挤入鼻窦等，均可直接或间接诱发鼻窦急性炎症。

【护理评估】

（一）健康史

评估病人近期健康状况，有无上述相关的致病因素，有无明确的诱发因素等。有无急性鼻窦炎反复发作史。

（二）身体状况

鼻窦炎病人的主要临床表现有以下方面：

1. **全身症状**　常继发于上呼吸道感染或急性鼻炎，原有症状加重，出现畏寒、发热、食欲减退、周身不适、便秘等。儿童和体弱老年人可出现呕吐、腹泻、咳嗽等消化道和下呼吸道症状。

2. **局部症状**

（1）鼻塞：为最常见症状之一，主要由黏膜充血、肿胀、分泌物蓄积于鼻腔引起，分泌物清除后，鼻塞症状可改善。

（2）脓涕：鼻腔分泌物的量及性质因病变轻重而不同，多呈脓性从中鼻道向前、后鼻孔引流，牙源性上颌窦炎时，脓涕多有腐臭味。

（3）嗅觉障碍：多因脓性分泌物蓄积于嗅裂导致嗅区黏膜炎性水肿，或因嗅区黏膜肿胀气流无法到达引起，多为暂时性。

（4）局部痛或头痛：局部沉重、痛感，多在低头、咳嗽、用力等使头部静脉压增高时，或情绪激动时加重。急性鼻窦炎各窦引起的疼痛特点不同：①急性上颌窦炎：疼痛多位于上颌窦前壁-尖牙窝处，可反射至额部及牙槽处。晨起轻，午后重。②急性筛窦炎：疼痛多限于内眦部或鼻根处，程度较轻。晨起明显，午后减轻。③急性额窦炎。前额部周期性疼痛。晨起因脓性分泌物积聚于窦底和窦口，窦内产生负压，使病人即感头痛，脓性分泌物不断排出，刺激窦口，负压状态加剧，因此早晨出现"真空性头痛"，剧烈并持久，至午后脓性分泌物逐渐排空，"真空"状态改善，头痛开始减轻，晚间则完全消失，次日又反复发作。④急性蝶窦炎：疼痛定位较深，多不准确，眼球后或枕后钝痛多见，可引起广泛的反射性痛。晨起轻，午后重。

（三）辅助检查

1. **前鼻镜检查** 鼻黏膜充血、肿胀，尤以中鼻甲和中鼻道黏膜为甚。鼻腔内有大量黏脓性或脓性分泌物。

2. **鼻镜检查** 检查鼻道、嗅裂、窦口及其附近黏膜的病理改变，包括窦口形态、黏膜红肿程度、息肉样变及脓性分泌物来源等。

3. **口腔和咽部检查** 确定是否为牙源性上颌窦炎。

4. **影像学检查** 鼻窦 X 线和 CT 影像可显示窦内黏膜和窦腔内密度，清楚显示窦口及各鼻窦病变。

（四）心理-社会状况

因鼻塞、头痛、周身不适等，影响正常的工作、学习、生活，病人易产生焦虑心理。护士应多关心病人，并注意评估病人的心理状态，以了解其对疾病的认知和期望。

【护理诊断/问题】

1. **舒适度减弱** 与鼻塞、鼻腔分泌物过多有关。
2. **疼痛：头面部胀痛** 与窦腔炎症刺激或体温升高有关。
3. **嗅觉减退** 与鼻腔黏膜肿胀有关。
4. **知识缺乏：** 缺乏疾病治疗相关保健知识。
5. **潜在并发症：** 急性咽炎、喉炎、扁桃体炎、气管炎及中耳炎等。

【计划与实施】

急性鼻窦炎以药物治疗为主，除非出现眶、颅并发症时才需要手术。如果病人有明确的鼻息肉和解剖学异常而且影响鼻窦的通畅引流时，也可不经过药物治疗而直接手术。经过治疗和护理，评价病人是否能够达到：①减轻或消除鼻塞、头痛等症状，流涕减少，体温正常；②嗅觉功能改善或恢复；③了解相关治疗和保健知识，顺利配合治疗；④无并发症或并发症被及时发现和处理。

（一）药物治疗与护理

1. **全身治疗** 一般治疗同上呼吸道感染和急性鼻炎，注意适当休息。急性期全身使用足量抗生素，及时控制感染，防止发生并发症或转为慢性。

2. **局部治疗** 鼻腔内应用减充血剂和糖皮质激素，改善鼻腔通气和引流。急性期局部联合使用糖皮质激素可以提高疗效，缩短病程，使用时间为 12 周以内。具体详见"急性鼻炎"药物治疗与护理。

3. **黏液促排剂** 主要应用的是口服祛痰剂和黏液溶解剂，包括盐酸氨溴索，标准桃金娘油肠溶胶囊等，使用时间不超过 12 周。

（二）其他治疗与护理

1. **负压置换法** 对儿童效果尤其明显，可以改善症状。

2. **鼻窦穿刺冲洗** 多用于上颌窦炎的治疗。

3. **鼻冲洗** 可以改善症状。鼻冲洗（nasal irrigation）是指通过一定压力的水流将鼻腔分泌物清洗出来的一种方法。操作时病人取坐位，头向前倾。将装有温度适宜的冲洗液的冲洗装置头部放入鼻腔，通过挤压等方法使冲洗液缓缓流入鼻腔，经前鼻孔流向后鼻孔，再经口腔或对侧鼻孔流出，即可将鼻腔内分泌物、痂皮冲出（图 13-1-2）。一侧鼻腔冲洗后，将冲洗头换到对侧鼻孔按同样方法进行冲洗，然后用纱布擦干脸部。冲洗时勿与病人谈话，以免其发生呛咳。

图 13-1-2 鼻腔冲洗法

（三）健康指导

1. 向病人说明预防本病的重要性。平时注意增强体质，均衡营养，预防感冒，积极治疗贫血和糖尿病，及时治疗鼻部、咽部及口腔的各种疾病。

2. 对于急性发作的鼻炎或鼻窦炎应坚持治疗方案，争取治愈，急性期要坚持药物治疗至症状消失后1周，避免病程迁延或反复发作。

3. 注意改善生活和工作环境，保持清洁和通风。

4. 养成良好的生活起居习惯，避免过度劳累，戒除烟、酒嗜好。

【护理评价】

通过治疗和护理计划的实施，评价病人是否能够达到：①鼻腔通气和引流改善，体温正常，自觉舒适；②嗅觉功能恢复；③掌握鼻窦炎的自我保健知识；④无并发症发生。

二、慢性鼻炎和慢性鼻窦炎疾病病人的护理

慢性鼻炎

慢性鼻炎（chronic rhinitis）是由病毒、细菌、变应原、理化因子及全身性疾病引起的鼻腔黏膜的慢性炎症性疾病。以鼻塞、分泌物增多为主要临床表现，病程持续数月或反复发作，迁延不愈。慢性鼻炎根据致病因素中是否有变应性因素，分为变应性和非变应性鼻炎，非变应性鼻炎又分为血管运动性鼻炎、妊娠性鼻炎、萎缩性鼻炎、药物性鼻炎、干燥性鼻炎等。本节主要介绍变应性鼻炎。

变应性鼻炎（allergic rhinitis，AR）又称过敏性鼻炎，是发生在鼻黏膜的变态反应性疾病，以鼻痒、喷嚏、鼻分泌亢进、鼻黏膜肿胀等主要特征。在普通人群的患病率为10%～25%，并有逐年增加的趋势。世界卫生组织变应性鼻炎及对哮喘的影响（allergic rhinitis and its impact on asthma，ARIA）工作小组根据发病时间将AR分为间歇性和持续性，根据疾病对生活质量影响的程度分为轻度、中度和重度。

【病因】

1. **遗传因素** 带有与变应性鼻炎发病有关的基因的个体称为特应性个体。
2. **环境因素** 空气污染和变应性鼻炎的发病有明显的关系。

【发病机制】

变应性鼻炎属IgE介导的I型变态反应，首先是变应原刺激机体免疫细胞产生IgE，使机体处于致敏状态，当变应原再次进入鼻腔，与IgE分子结合，导致免疫细胞释放多种炎症介质作用于细胞、血管和腺体等，引发相应的临床表现。

【护理评估】

（一）健康史

评估病人是否有接触某种变应原的病史，评估病人是否长期处于空气污染的环境中。了解病人就诊和治疗的过程、治疗效果等。

（二）身体状况

1. **症状**

（1）**鼻痒**：是鼻黏膜感觉神经末梢受到刺激后发生于局部的特殊感觉。合并变应性结膜炎时可有眼痒和结膜充血，有时可伴有外耳道、软腭及咽部发痒。

（2）**鼻塞**：表现为：①间歇性：白天、夏季、劳动或运动时减轻，夜间、静坐、寒冷时加重；②交替

性:平卧时鼻塞较重,侧卧时上侧通气较好,下侧较重。严重者鼻塞较重,多为持续性,出现闭塞性鼻音,嗅觉减退。

（3）鼻涕:大量清水样鼻涕,是鼻分泌亢进的特征性表现。

（4）喷嚏:为反射性动作。呈阵发性发作,几个、十几个或数十个不等,多在晨起、夜晚或接触变应原后即刻发作。

（5）嗅觉障碍:由于鼻黏膜水肿明显,部分病人尚有嗅觉减退。

2. 体征 鼻黏膜苍白、水肿,亦可表现为充血或浅蓝色,下鼻甲尤为明显,鼻腔常见水样分泌物。

（三）辅助检查

通过变应原皮肤点刺试验(skin prick test, SPT)、鼻黏膜激发试验和体外变应原特异性 IgE 检测查找致敏变应原。

（四）心理-社会状况

病人因鼻痒、鼻塞、阵发性喷嚏和大量清水样鼻涕,甚至影响正常的工作、学习和生活,病人易产生焦虑心理。护士应多关心病人,并注意评估病人的心理状态,以了解其对疾病的认知和期望。

【护理诊断/问题】

1. 舒适度减弱 与鼻黏膜肿胀、鼻腔分泌物增多堵塞鼻腔有关。
2. 感知觉改变:嗅觉减退 与鼻黏膜水肿或嗅觉神经末梢变性有关。
3. 潜在并发症:变应性鼻窦炎、支气管哮喘、分泌性中耳炎等。
4. 知识缺乏:缺乏与变应性鼻炎相关的自我保健知识。

【计划与实施】

根据变应性鼻炎的分类和程度,应用阶梯式治疗方法,即按照病情由轻到重,循序渐进依次采用抗组胺药、糖皮质激素等进行治疗。可根据病人情况应用下列治疗方法:①避免接触变应原;②药物治疗(对症治疗);③免疫治疗(对因治疗);④手术治疗。经过治疗和护理,病人是否能够达到:①可以通过鼻腔正常呼吸;②嗅觉功能恢复或提高,能够识别环境中有害气体;③无并发症发生;④能够掌握相关的自我保健知识。

（一）局部治疗与护理

1. 鼻内用糖皮质激素 详见"急性鼻炎"药物治疗与护理。

2. 抗组胺药 此类药物主要通过与组胺竞争效应细胞膜上的组胺受体而阻断组胺的生物效应。可以迅速缓解鼻痒、喷嚏和鼻分泌亢进等症状,但对缓解鼻塞的作用较弱。目前临床使用鼻用抗组胺药有较好的有效性和安全性。

3. 肥大细胞膜稳定剂 肥大细胞脱颗粒可以释放预合成和新合成的多种介质,在变应性鼻炎的发病中起重要的作用。可阻止肥大细胞脱颗粒和释放介质,仅适用于轻症病人或预防用药。

4. 抗白三烯类药物 白三烯受体拮抗剂是治疗变应性鼻炎特别是合并哮喘病人的重要药物。

5. 抗胆碱药 胆碱能神经元活性增高可导致鼻分泌物亢进,应用抗胆碱药可以减少鼻分泌物。

6. 鼻减充血剂 详见"急性鼻炎"药物治疗与护理。

7. 鼻冲洗 可以降低鼻黏膜局部变应原浓度,减轻症状。

（二）变应原特异性免疫治疗与护理

用于治疗吸入变应原所致的 I 型变态反应。以反复、递增的原则皮下注射或舌下含服特异性变应原,提高病人对变应原的耐受力。一般推荐治疗时间为 2 年,建立病人治疗记录卡,详细记录治疗间隔时间,告知病人需长期、连续配合治疗。

（三）健康指导

1. 告知病人积极查找变应原并避免与之接触。注意改善工作环境,工作环境恶劣应戴防护

口罩。

2. 指导正确的擤鼻方法,教会病人正确使用滴鼻剂、喷鼻剂。

3. 告知病人鼻窦炎、支气管哮喘和中耳炎的典型表现,如发现有病情变化,应立即就诊。

4. 锻炼身体,平衡膳食,加强营养,养成良好的生活习惯,戒除烟酒,提高机体抵抗力。

【护理评价】

通过治疗和护理计划的实施,评价病人是否能够达到:①鼻塞减轻或解除;②嗅觉功能恢复正常;③无并发症发生;④掌握相关的自我保健知识。

慢性鼻窦炎

导入情境与思考

病人,男性,49 岁,3 周前无明显诱因出现双侧鼻塞,逐渐加重,伴流涕,有嗅觉减退,无明显鼻出血,无连续性喷嚏,无头部闷胀感,无视物改变,无耳闷。3 周来上述症状持续存在,遂来院就诊,门诊行鼻窦 CT 提示两侧筛窦内软组织影填充,筛窦炎待排。以双侧慢性鼻窦炎收住入院,拟行功能性内镜鼻窦手术。体格检查:神清,生命体征平稳,外鼻无畸形,鼻中隔基本居中,双侧下鼻甲肥大,鼻腔黏膜充血水肿,中鼻道见少许分泌物,口咽黏膜稍充血。既往史:高血压 3 年,规律服药,血压控制一般。

请思考:

(1) 该病人术后的主要护理问题有哪些?

(2) 该病人术后使用鼻减充血剂的方法及注意事项有哪些?

慢性鼻窦炎(chronic sinusitis)是发生于鼻窦黏膜的慢性炎症性疾病,在西方国家的发病率达 11%~12%,中国流行病学调查报告的发病率为 2.2%~8%,病人常合并哮喘及慢性阻塞性肺疾病等下呼吸道疾病。慢性鼻窦炎分为不伴鼻息肉的慢性鼻窦炎(chronic sinusitis without nasal polyps)和伴鼻息肉的慢性鼻窦炎(chronic sinusitis with nasal polyps),本节主要介绍变不伴鼻息肉的慢性鼻窦炎。

【病因】

慢性鼻窦炎病因较复杂,其发病的初始因素并不明确。可能与以下因素有关。

1. **微生物因素**　如细菌、真菌、病毒等,研究显示关联性并不显著。

2. **局部因素**　可能与纤毛功能障碍、解剖异常、上皮屏障破坏、细菌生物膜形成等有关。

3. **全身因素**　可能与过敏反应、免疫缺陷有关。

4. **其他因素**　可能与支气管哮喘、幽门螺杆菌感染及胃食管反流病有关。

【护理评估】

(一) 健康史
评估病人有无急性鼻窦炎反复发作或牙源性上颌窦炎病史,是否为特应性体质。

(二) 身体状况

1. **全身症状**　轻重不等,时有时无。常表现为易疲劳、精神不振、记忆力减退、头昏、头痛、注意力不集中等。

2. **局部症状**

(1) 脓涕:为主要症状之一。涕多,呈黏脓性或脓性;牙源性上颌窦炎病人的鼻涕常有腐臭味。

Note:

（2）鼻塞：是慢性鼻窦炎的另一主要症状。由鼻黏膜肿胀、鼻内分泌物较多或黏稠所致。

（3）头痛：一般头痛较轻，常表现为钝痛或闷痛。头痛多有时间规律或固定部位，可用鼻减充血剂、蒸汽吸入等治疗以缓解头痛。

（4）嗅觉减退或消失：多数属暂时性，少数为永久性。

（5）视觉障碍：为本病的并发症之一。主要表现为视力减退或失明，也可表现为其他视觉障碍，如复视、眼球移位和眶尖综合征等。

（三）心理-社会状况

慢性鼻窦炎因病程长，可能影响病人的生活、学习和工作情况，病人可能出现情绪不稳定，对疾病治疗缺乏信心，应评估病人的职业、工作环境、生活环境、文化层次、病程的长短、对此病的认知状况及有无不良生活习惯等。

【护理诊断/问题】

1. **舒适度减弱** 与鼻腔填塞、分泌物多及脓液刺激有关。
2. **潜在并发症**：术后出血、感染、眶蜂窝织炎、脑脊液漏、球后视神经炎等。
3. **知识缺乏**：缺乏慢性鼻窦炎的治疗与自我保健知识。

【计划与实施】

不伴鼻息肉的慢性鼻窦炎首选药物治疗。建议使用鼻用糖皮质激素和鼻冲洗治疗3个月，如治疗效果不佳可以进行鼻镜手术治疗。术后定期随访，同时继续应用鼻用糖皮质激素联合鼻冲洗治疗。对于部分难治性病人，须根据病人具体情况酌情应用小剂量大环内酯类抗生素进行个体化治疗。经过治疗和护理，评估病人是否能够达到：①可以通过鼻腔正常呼吸；②无并发症发生；③能够知晓相关的自我保健知识。

（一）药物治疗与护理

1. **糖皮质激素** 慢性鼻窦炎药物治疗体系中最重要的药物，详见"急性鼻炎"药物治疗与护理。
2. **鼻冲洗** 是治疗慢性鼻窦炎的有效手段，也是鼻镜手术治疗后常用的辅助治疗方法。
3. **常规抗生素** 应用于慢性鼻窦炎急性发作及鼻镜手术后预防感染。
4. **其他** 伴有严重鼻塞的病人可酌情应用减充血剂，疗程小于1周。伴过敏性鼻炎或支气管哮喘者可应用抗组胺药。伴胃食管反流病者可应用质子泵抑制剂抗酸治疗。

（二）手术治疗及护理

通常情况下，慢性鼻窦炎经药物治疗3个月以上仍不能有效控制症状的，则推荐手术治疗。鼻窦炎手术治疗方法包括鼻腔手术和鼻窦手术。如果鼻窦炎是因鼻中隔偏曲、鼻息肉、鼻甲肥大引起，必须进行鼻中隔偏曲矫正术或息肉摘除术。鼻窦手术分为传统手术和鼻镜手术，传统手术方式包括上颌窦根治术、鼻内筛窦切除术、鼻外额窦根治术等。目前，功能性内镜鼻窦手术（functional endoscopic sinus surgery，FESS）占主导地位，具有创伤小、视角开阔、术野清晰、操作精确、面部无瘢痕、病变切除彻底又能最大限度地保留正常的鼻黏膜组织、术后恢复快等优点，已成为慢性鼻窦炎治疗的主要手术方式。

1. 术前护理

（1）向病人介绍手术的目的及重要性，做好其心理护理，解除思想顾虑。注意保暖，预防感冒。

（2）术前剪去患侧鼻毛，男性病人应剃去胡须，额窦手术须剃去眉毛。

（3）完善各项术前常规检查，如血常规、尿常规、凝血功能试验、肝功能、肾功能、心电图、胸部透视等。

（4）一般采用全麻下手术，按全麻术前常规准备。如为局麻下手术，则手术当天早晨可进少量干性固体食物，以防术中呕吐，影响手术。

（5）告知病人术中和术后可能发生的不适,使其有心理准备。

（6）手术前常规静脉使用抗生素。

2. 术后护理

（1）全麻清醒后取半卧位,头偏向健侧,以利鼻腔引流,同时减少头面部充血,减少出血。

（2）注意观察鼻腔或切口出血情况,嘱病人将口中的分泌物轻轻吐出,观察并记录出血量。

（3）尽量克制喷嚏,以免鼻腔压力过高引起出血,克制的方法可用舌尖抵住上腭、做深呼吸或用指按压人中。

（4）全麻清醒后可进食半流饮食,次日可给予软食,食物避免过烫、过硬。

（5）上颌窦根治术后病人用四头带加压病人面颊部(相当于牙龈切口部位),以减少出血,应注意观察四头带的位置和松紧度,必要时调整。每日做好口腔护理,防止感染。

（6）鼻腔手术后经口呼吸,口腔易干燥,可用液体石蜡涂病人口唇,增加空气湿度,鼓励其多饮水,测体温时可测腋温。

（7）鼻腔填塞后,病人可能出现头痛、溢泪、面部肿胀等不适现象,应主动向病人解释,待填塞物抽除后症状可消失,必要时指导病人鼻部冷敷等方法减轻疼痛。根据填塞物的种类做好相应护理,若为普通纱条,术后第2日开始鼻腔内滴液体石蜡润滑,便于抽取。一般术后24h抽出鼻内填塞物,全部抽出后,遵医嘱鼻内使用滴鼻剂,防止其出血、利于通气等。根据医嘱用生理盐水冲洗鼻腔和鼻窦,有利于分泌物排出,防止鼻腔黏膜粘连,促进黏膜功能恢复。

（8）遵医嘱使用抗生素,观察药物疗效。

（9）注意观察病人体温、脉搏的变化,有无剧烈头痛、恶心、呕吐等表现,有无视力障碍或眼球运动障碍等,鼻腔内有无清水样分泌物流出,及早发现颅内血肿、眶内血肿、脑脊液鼻漏等各类并发症。

【护理评价】

通过治疗和护理计划的实施,评价病人是否能够达到:①分泌物减少,可以通过鼻腔正常呼吸;②未出现并发症;③知晓慢性鼻窦炎的治疗与保健知识。

三、鼻出血病人的护理

 导入情境与思考

病人,男性,52岁,因反复左鼻出血2d急诊入院。病人1周前行左侧鼻窦炎鼻内镜手术,2d前无明显诱因出现左鼻出血,出血较剧烈,由左侧前鼻孔流出及经口吐出,遂到当地医院就诊,急诊诊断为"左鼻出血",予以左侧鼻腔填塞,之后出血渐止。次日凌晨再发左侧鼻腔出血,再至当地医院就诊,再次止血。今日白天左侧鼻腔间断性出血,为求进一步治疗,遂来院急诊。体格检查:T 37.0℃,P 100次/min,R 19次/min,BP 170/103mmHg。既往高血压病史2年,未行有效药物治疗。

请思考:

（1）该病人目前的主要护理诊断/问题有哪些?

（2）鼻出血常见于什么部位?鼻出血常见的止血方法有哪些?

鼻出血(epistaxis)又称鼻衄,是临床常见的症状之一,多因鼻腔、鼻窦疾病引起,也可由某些全身疾病引起。大多数出血可自行停止或将鼻翼捏紧后停止。若起病突然、出血量大、不能自行停止,常须急诊就诊,是常见急症之一。

【病因】

病因分为局部因素和全身因素,可以是单一因素,也可多种因素并存。

1. 局部因素

（1）外伤：鼻骨、鼻中隔、鼻窦骨折、鼻窦气压骤变、挖鼻、用力擤鼻、剧烈喷嚏及鼻内用药不当等损伤局部血管或黏膜，鼻或鼻窦手术及经鼻气管插管等损伤血管或黏膜未妥善处理。

（2）炎症：各种鼻腔、鼻窦的非特异性或特异性炎症均可损伤血管而出血。

（3）鼻中隔疾病：鼻中隔偏曲、溃疡或穿孔是出血的常见原因。

（4）肿瘤：发生于鼻腔、鼻窦的良性肿瘤（如乳头状瘤、血管瘤、纤维血管瘤等）及恶性肿瘤（如鳞癌、腺癌、淋巴瘤等），发生于鼻咽部的纤维血管瘤及鼻咽癌等均可导致鼻出血。早期出血量少，反复发生，晚期破坏大血管可引起致命性大出血。

（5）其他：鼻腔异物、鼻中隔疾病、萎缩性鼻炎等，可引起反复鼻出血。

2. 全身因素　凡可引起动脉压或静脉压增高、凝血功能障碍或血管张力改变的全身性病均可致鼻出血，如心血管疾病、血液病、急性发热性传染病、严重营养障碍及维生素缺乏、化学品及药物中毒、内分泌失调、遗传性出血性毛细血管扩张症、肝、肾慢性疾病及风湿热等。

【护理评估】

（一）健康史

评估病人有无心血管疾病、血液病、鼻外伤或鼻部肿瘤等病史。评估其有无反复出血史，出血频率和出血量。

（二）身体状况

1. 出血形式　鼻出血常表现为单侧或双侧鼻腔出血，可呈间歇性反复出血，也可呈持续性出血。

2. 出血量　多少不一，轻者仅涕中带血或倒吸血涕，重者可达数百毫升，一次出血过多可致失血性休克。反复多次少量出血可致贫血。

3. 出血部位　鼻出血部位大多发生在鼻中隔前下方的易出血区（即利特尔动脉丛或克氏静脉丛），儿童和青少年鼻出血几乎全部发生在该部位。中老年病人鼻出血多发生在鼻腔后段吴氏鼻-鼻咽静脉丛，或发生在鼻中隔后部动脉，该部位出血来势凶猛，不易止血。局部病变引起的鼻出血多限于一侧鼻腔，全身疾病引起者可能两侧鼻腔交替或同时出血。

（三）辅助检查

根据情况进行局部和全身检查，确定出血部位及病因。实验室检查有助于了解失血程度和凝血功能等。

（四）心理-社会状况

对一次出血量较多的病人，会出现明显的恐惧和紧张，过度紧张反而会加重鼻出血。对于病程较长、反复出血的病人，常出现焦虑、不满，要注意评估病人的情绪状况、年龄、性别、性格特征，以提供个性化护理。

【护理诊断/问题】

1. 有体液不足的危险　与鼻腔反复或大量出血有关。

2. 恐惧　与大量出血，担心预后有关。

3. 潜在并发症：低氧血症、大出血等。

4. 有感染的危险　与鼻腔填塞，机体抵抗力降低有关。

5. 知识缺乏：缺乏鼻出血的相关预防和自我保健知识。

【计划与实施】

鼻出血的治疗原则是确定出血部位，选择适宜的方法止血，同时积极寻找病因，治疗原发病，防止再次出血。经过治疗和护理，评估病人是否能够达到：①有效控制鼻腔出血，无休克等发生；②鼻腔填

Note:

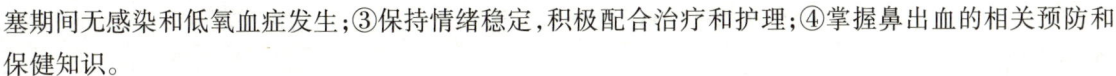

塞期间无感染和低氧血症发生;③保持情绪稳定,积极配合治疗和护理;④掌握鼻出血的相关预防和保健知识。

（一）局部治疗与护理

1. 对于少量的利特尔动脉丛出血,嘱病人用手指捏紧两侧鼻翼 10~15min,同时用冷水袋或冷毛巾敷前额和后颈,促进血管收缩减少出血。

2. 如出血较剧,可先用浸以 1%麻黄碱生理盐水或 0.1%肾上腺素生理盐水的棉片置入鼻腔达到暂时止血,配合前鼻镜或内镜下寻找出血部位。常采用的止血方法有 3 种。

（1）烧灼法:适用于反复少量出血且明确出血点者。其原理是破坏出血点组织,使血管封闭或凝血而达到止血的目的。主要方法包括应用化学药物、YAG 激光、射频、微波烧灼或电灼。常用的化学药物有 50%硝酸银、50%三氯醋酸或高铁止血剂等。注意对鼻中隔出血无论采取何种方法烧灼,都应避免同时烧灼鼻中隔两侧对称部和烧灼时间过长,以免引起鼻中隔穿孔。鼻镜下操作效果更佳。

（2）填塞法:适用于出血较剧烈、渗血面较大或出血部位不明者。填塞方法包括:①选择鼻腔可吸收性材料如明胶海绵填塞,其优点是填塞物可被组织吸收,可避免因取出填塞物时造成鼻黏膜损伤而再次出血。②选择鼻腔纱条进行前鼻孔填塞。③后鼻孔纱球填塞。④鼻腔、鼻咽部气囊或水囊压迫。

（3）鼻镜下止血:借助鼻镜易于明确出血部位,同时可在直视下通过电凝等方式完成止血,这种方法对病人损伤小,可减少病人前后鼻孔填塞造成的痛苦,止血准确、迅速且效果好。该方法目前在临床已广泛应用。

3. 前后鼻孔填塞病人的护理

（1）填塞前向病人简单说明填塞的必要性,操作过程中可能出现的疼痛等不适,取得病人配合。

（2）填塞过程中密切与医生配合,如牵拉后鼻孔纱球丝线,安慰鼓励病人等。

（3）填塞后病人卧床休息,取半卧位。定时向鼻腔内滴入液体石蜡,润滑纱条。

（4）监测病人的生命体征及有无休克表现,并及时通知医生。嘱病人勿将后鼻孔的出血咽下,防止刺激胃黏膜引起恶心、呕吐,且不利于估计出血量。

（5）注意观察病人的血氧饱和度,尤其是对年老体弱病人,观察病人有无嗜睡、反应迟钝等缺氧症状,必要时给予吸氧。

（6）鼓励病人进食温凉流质或半流质饮食,可少量多餐,增加液体摄入。

（7）做好口腔护理,防止病人口唇干裂和口腔感染。遵医嘱使用抗生素、止血药,补充血容量。

（8）嘱病人尽量避免打喷嚏,防止纱条松动;避免外力碰撞鼻部;保持排便通畅,防止用力屏气,预防再次出血。

（9）继续观察鼻腔有无活动性出血,并准备好床旁插灯、吸引器、鼻止血包,以备病人再次出血时紧急处理。

（10）注意观察后鼻孔纱球丝线的固定是否牢固,有无断裂、松动,发现上述情况及时处理,防止后鼻孔纱球脱落而引起窒息。

（11）告知病人前后鼻孔填塞的大概时间(一般 3~4d),使病人有心理准备,增加耐受不适的能力。

（12）做好心理护理,病人常担心再次出血,应耐心倾听病人主诉,向病人讲解相关疾病知识,减轻病人紧张、焦虑、恐惧等心理。

（二）全身治疗与护理

1. 根据病因积极治疗,如系高血压引起,则应积极控制血压,监测病人血压变化,规律服用抗高血压药。

2. 全身使用止血药,补充维生素 C、维生素 K、维生素 P,前后鼻孔填塞者给予抗生素治疗,防止感染。

Note:

3. 估计出血量,测量病人生命体征,判断有无出血性休克。休克者,应取仰卧中凹体位,按休克急救配合治疗。

4. 安慰病人,使之镇静,配合医生止血治疗。

（三）健康指导

1. 填塞期间指导病人张口呼吸,嘱其多饮水。告知填塞期间可能有溢泪、畏光、头痛等不适。

2. 出院后4~6周避免用力擤鼻、重体力劳动或运动,打喷嚏时张开嘴减小鼻腔压力,避免用含有阿司匹林的药物。

3. 告知病人鼻出血要以预防为主,平时不挖鼻,有相关的全身性疾病或鼻部疾病应积极治疗。

4. 鼻腔黏膜干燥时应注意增加液体摄入,增加居住空间湿度,局部可涂以薄荷油等油膏。

5. 饮食中要注意维生素的摄入,不偏食,忌辛辣刺激食物,戒烟酒。注意保持排便通畅。

6. 指导病人正确配合出血的观察。少量出血可自行处理,出血量较多时应立即就诊。

【护理评价】

通过治疗和护理计划的实施,评价病人是否能够达到:①鼻腔出血停止,无低血容量性休克和低氧血症发生;②情绪稳定,积极配合治疗;③无口腔、鼻腔或中耳感染;④掌握鼻出血的相关预防和保健知识。

四、鼻部肿瘤病人的护理

鼻部肿瘤可发生于外鼻、鼻腔和鼻窦,依病变性质可分为良性和恶性。良性肿瘤好发于鼻腔,恶性肿瘤则多来自鼻窦。鼻窦恶性肿瘤患病率居耳鼻咽喉科恶性肿瘤的第3位,仅次于鼻咽癌和喉癌。在鼻窦恶性肿瘤中,原发于上颌窦的恶性肿瘤最多见,达60%~80%,发病年龄多在40~60岁,男性多于女性,多为鳞状细胞癌,占80%左右。本节重点介绍上颌窦癌病人的护理。

【病因】

病因未明,可能与长期慢性炎症刺激引起鼻窦黏膜上皮大面积鳞状化生有关。长期接触致癌物质或吸入某些刺激性或化学性致癌物质,如镍、砷、铬及其化合物,硬木屑及软木料粉尘等均可能诱发。另外,良性肿瘤如内翻性乳头状瘤有恶变的危险。其他可能也与放射线暴露、外伤等有关。

【护理评估】

（一）健康史

评估病人既往健康状况、饮食习惯、工作环境等,有无慢性上颌窦炎病史或乳头状瘤病史。

（二）身体状况

上颌窦癌根据其原发部位不同,表现也不同。原发于上颌窦侧壁的肿瘤表现为持续的单侧脓血鼻涕,单侧进行性鼻塞,为肿瘤挤压使鼻腔外侧壁内移或破坏鼻腔外侧壁侵入鼻腔所致,晚期分泌物可有恶臭味。原发于上壁的肿瘤压迫眶下壁,可引起复视、突眼、视力降低甚至失明。原发于下壁的肿瘤向下侵及牙槽,可引起单侧上颌磨牙疼痛或松动,硬腭可触及肿块,病人因此常先就诊于口腔科。前壁肿瘤向前生长,可引起面颊部肿胀、隆起,两侧面部不对称。后壁的肿瘤侵犯眶下神经致患侧面颊部疼痛或麻木感,可为首发症状。上颌窦恶性肿瘤晚期破坏窦壁,向邻近组织扩展,还可引起张口困难、颞部隆起、头痛、耳痛、颈部淋巴结转移等。

（三）辅助检查

1. **前、后鼻镜检查**　可见鼻腔内有菜花样新生物或鼻腔外侧壁向内移现象。

2. **鼻镜检查**　可清楚观察到肿瘤原发部位、大小、外形。

3. **病理活检**　肿瘤组织活检和鼻窦穿刺进行细胞涂片病理学检查是确诊的依据。

Note:

4. **影像学检查**　鼻窦 CT 或 MRI 检查,可明确肿瘤大小和侵犯范围。

（四）心理-社会状况

被诊断为恶性肿瘤对病人及其家属是强烈的刺激,注意评估病人及其家属的压力应对方式、对疾病的认识程度、文化层次、对外观的重视程度、医疗付费方式、经济状况等,有利于提供针对性的护理。

【常见护理诊断/问题】

1. **悲伤**　与被诊断为癌症,担心预后及治疗引起面容毁坏有关。
2. **急性疼痛**　与肿瘤破坏或手术创伤有关。
3. **有感染的危险**　与口腔、鼻腔结构、功能改变,营养摄入不足,抵抗力降低有关。
4. **潜在的并发症**：术后出血。
5. **体像紊乱**　与上颌骨切除致面部塌陷、部分硬腭和牙齿切除导致咀嚼功能改变、发声障碍等有关。
6. **知识缺乏**：缺乏术前、术后的有关信息及出院后的自我护理知识。

【计划与实施】

上颌窦癌早期主张以手术为主的综合疗法,包括术前放疗、手术切除原发灶、术后放疗或化疗,根据病人的全身情况、肿瘤原发部位、侵犯范围综合考虑,选择有效的治疗方案。晚期病人无法行根治性手术切除或不能耐受手术者,可单纯姑息性放疗,但疗效并不理想。对于住院手术病人,经过治疗和护理,评估病人是否能够达到：①对疾病能正确认识并表现出积极的应对方式;②手术后无出血和感染发生,切口愈合良好;③能掌握足够的自我护理技能,接受自己的形象改变。

（一）手术治疗和护理

手术方法包括鼻侧切开术、上颌骨部分切除术和上颌骨全切除术,必要时加眶内容摘除术。若病变局限在上颌窦内,无邻近侵犯,可经鼻镜下切除。上颌骨全切后,因硬腭和部分牙齿缺损,用保留的硬腭黏骨膜修复,或术后安装牙托。

1. **术前护理**

（1）心理护理：了解病人的情绪状态,理解病人正常的悲哀反应,向病人讲解疾病的有关知识、手术治疗的必要性和预后情况,告知病人术后面容损坏虽然较严重,但今后可进行各种整形治疗,帮助病人做好充分的思想准备,鼓励病人正视现实,增强病人战胜疾病的信心及生活的勇气。

（2）术前准备：保护手术野皮肤,剪去术侧鼻毛,男病人剃胡须及理发,若须做眶内容摘除术者须剃去术侧眉毛,检查各项常规检查是否齐全,并准备好定制的牙托,备血。根据医嘱静脉使用抗生素。

2. **术后护理**

（1）疼痛护理：告诉病人疼痛的原因及可能持续的时间,注意评估其疼痛程度,必要时应用各类镇痛措施。多关心病人,随时满足病人各种需求。

（2）防止出血：监测病人生命体征至平稳,有条件者应对病人进行心电监护;嘱病人将口腔内分泌物吐出,严密观察切口渗血情况,并做好止血急救准备工作,床旁准备好氧气、吸引器等物品。遵医嘱使用止血药。进食的温度以温凉为宜。

（3）防止感染：术后做好病人的口腔护理,每次进食后均用漱口液漱口,保持口腔清洁,待手术腔内纱条抽完后,须每日清洁一次牙托;保持鼻侧切口部位的清洁、干燥,防止伤口感染;遵医嘱使用抗生素。观察体温变化,有无头痛、发热等情况。

（4）饮食护理：术后第 1 日进食温冷的流质饮食,逐步改为半流质饮食,鼓励病人少量多餐,进食富含蛋白质、维生素的食物,促进切口愈合。病人因佩戴牙托,进食时不适,且张口受限,因此要协助病人从健侧进食。对于进食量较少的病人应遵医嘱行静脉营养支持治疗。

（5）用药护理：鼻术侧腔纱条填塞期间(约术后 3d),予液体石蜡滴鼻,每日 3～4 次,以保持纱条湿润,防止抽除纱条时粘连出血;纱条抽净后,予复方薄荷油或呋麻滴鼻液滴鼻,每日 3～4 次,遵医嘱使用抗生素。

（6）牙托护理：注意观察牙托是否固定在位，有无松动；初戴牙托会感到舌头运动受限，发声含糊，指导病人渐渐适应牙托的佩戴，帮助其建立合理期望，脱戴牙托切忌强拽，避免损毁牙托或口腔组织。纱条抽除后，每晚取下牙托放入冷开水中浸泡清洁，若出现牙托松动或不适，尽早就诊，进行调校。

（二）健康指导

1. 嘱病人出院后继续使用复方薄荷油或呋麻滴鼻液滴鼻，润滑鼻黏膜，减少痂皮。
2. 教会病人清洁口腔，学会牙托的护理。
3. 进行张口训练，防止下颌关节粘连导致进食困难和吐字不清。
4. 指导眶内容摘除术病人进一步接受整形治疗。
5. 适当锻炼，增强营养，保持稳定情绪，定期随访。

【护理评价】

通过治疗和护理计划的实施，评价病人是否能够达到：①情绪稳定，积极应对；②切口愈合良好；③掌握足够的自我护理技能，接受自己的形象改变并进行正确的自我照顾。

（宋英茜）

思 考 题

1. 变应性鼻炎的发病机制是什么？
2. 急性鼻窦炎由于炎症累及不同鼻窦所引起的疼痛有哪些特点？
3. 如何对慢性鼻窦炎手术后行鼻腔填塞的病人进行护理？
4. 鼻出血病人行前后鼻孔填塞时应如何进行护理？

第二节　咽部疾病病人的护理

学 习 目 标

识记：
1. 阐述 OSAHS 的概念、临床表现、诊断标准和治疗原则。
2. 描述鼻咽癌病人的病因、病理分型和主要治疗方法。
理解：
1. 比较分析急、慢性咽炎的概念。
2. 解释 OSAHS 的病因和发病机制、病理生理特点。
运用：
运用护理程序对 OSAHS 病人进行全面的护理评估并提出主要护理诊断、制订个体化护理措施并实施健康教育。

一、急性咽炎病人的护理

咽炎（pharyngitis）是咽黏膜、黏膜下组织及淋巴组织的急性或慢性炎症，常为呼吸道感染的一部分。急性咽炎可单独发生，也可继发于急性鼻炎或扁桃体炎。慢性咽炎多因急性咽炎反复发作，各种鼻病引起病人长期张口呼吸及炎性分泌物反复刺激咽部，吸烟饮酒过度或粉尘、有害气体刺激等原因引起，主要表现为咽部异物感、痒感、干燥等，病程长，症状顽固，不易治愈，但症状一般较轻，对正常生活、工作影响较小,各类治疗效果不显著。本节主要介绍急性咽炎病人的护理。

【病因】

1. **病毒感染**　以柯萨奇病毒、腺病毒、副流感病毒多见。具有传染性,通过飞沫和密切接触传染。
2. **细菌感染**　以链球菌、葡萄球菌多见。
3. **理化因素**　如干燥、高温、粉尘、烟雾、有害气体或变应原的刺激等。

【发病机制】

感染引起咽部黏膜充血,血管扩张及浆液渗出,使黏膜下血管及黏液腺周围有白细胞及淋巴细胞浸润,黏膜肿胀增厚。病变较重者,淋巴滤泡肿大,突出咽壁并有黄白色点状渗出物。

【护理评估】

(一)健康史

评估病人近期有无上呼吸道感染史或与流感病人接触史,生活或工作环境中是否接触高温、粉尘或有害气体。病人发病的时间、诱因、咽痛的程度等。

(二)身体状况

1. **症状**　本病起病较急,局部症状先有咽部干燥、灼热,继之有明显咽痛,往往空咽时比进食时更明显,疼痛可放射至耳部。全身症状较轻,可有头痛、发热、四肢酸痛等。病程一般在1周左右。
2. **体征**　口咽部黏膜急性弥漫性充血、肿胀。咽后壁淋巴滤泡隆起,表面可见黄白色点状渗出物。悬雍垂及软腭水肿。下颌角淋巴结肿大、压痛。

(三)心理-社会状况

病人的心理和情绪状况一般较稳定。

【护理诊断/问题】

1. **急性疼痛**　与咽部黏膜充血肿胀有关。
2. **潜在并发症**:中耳炎、会厌炎等。
3. **知识缺乏**:缺乏本病相关的预防保健知识。

【计划与实施】

急性咽炎的治疗方法包括局部用药和全身用药。对无全身症状或症状较轻者,可局部使用含漱液,口含片如清咽滴丸、西地碘含片等。全身症状较重或伴高热者,除上述治疗外,可静脉使用抗生素或抗病毒药物。常用的清热解表的中药可以帮助缓解不适症状。治疗和护理的目标为:①炎症消退,疼痛减轻或消失;②无并发症发生;③掌握与本病相关的自我保健知识。

1. 全身症状重者嘱其卧床休息,多饮水,进食流质或半流质饮食,食物以温凉为宜,禁辛辣刺激性食物。

2. 保持口腔清洁,遵医嘱给予温生理盐水或碱性含漱液漱口,指导正确的使用方法:用外用药含漱时头后仰、张口发"啊"音,使含漱液能清洁咽后壁,但注意不要将外用药吞入。指导病人抗生素的用药方法并观察效果,不宜过早停药。

3. **并发症的观察与护理**　观察病人有无耳痛、头痛、喉部剧烈疼痛等,注意有无关节疼痛、水肿、蛋白尿等症状出现。监测体温变化,若体温过高及时就医处理。观察病人的呼吸情况,发生会厌水肿的病人,给予吸氧,做好气管切开的准备。

4. **健康指导**　嘱病人平时养成良好的生活习惯,戒除烟酒,生活规律,保证睡眠,营养均衡。如果生活或工作中要接触有害气体,须戴防护面罩。病毒感染的病人要告知其注意避免与他人密切接

Note:

触,经常洗手,外出时注意戴口罩,防止飞沫或接触传播。

【护理评价】

通过治疗和护理计划的实施,评价病人是否能够达到:①咽部炎症消退,疼痛减轻或消失;②无并发症发生;③掌握预防本病的保健知识。

二、阻塞型睡眠呼吸暂停低通气综合征病人的护理

导入情境与思考

病人,男性,49 岁,因睡眠时打鼾 7 年入院。病人 7 年前无明显诱因下出现睡眠时打鼾,鼾声渐响亮,张口呼吸,晨起口干,有鼻塞,无咽痛,未予重视,未治疗。近年上述症状加重,伴憋气,白天精神差,记忆力减退,无胸闷、气急,无头昏、头痛,无明显咳嗽、咳痰,曾行睡眠监测,检查结果:呼吸暂停低通气指数(AHI)29 次/h,最长呼吸暂停时间 79s,最低血氧饱和度 69%。以阻塞型睡眠呼吸暂停低通气综合征收入院,拟行手术治疗。体格检查:外鼻无畸形,双侧下鼻甲肿大,中道及嗅裂未见明确新生物;口咽腔狭小,双侧扁桃体Ⅱ度肿大,未见明显脓性分泌物,软腭低垂Ⅱ度,舌体肥厚Ⅱ度。既往有高血压史 10 年,高脂血症病史 5 年。

请思考:

(1) 该病人目前主要的主要护理问题有哪些?

(2) 该病人术后的护理要点有哪些?

阻塞型睡眠呼吸暂停低通气综合征(obstructive sleep apnea hypopnea syndrome,OSAHS)是指睡眠时上气道软组织塌陷堵塞引起呼吸暂停和低通气,简称鼾症。本病常伴有打鼾、睡眠结构紊乱、频发血氧饱和度下降、白天嗜睡、注意力不集中等,可能导致心血管疾病如高血压、冠心病及 2 型糖尿病等多器官、多系统损害。中华医学会呼吸病学分会《阻塞型睡眠呼吸暂停低通气综合征诊治指南(2011修订版)》中对 OSAHS 的定义为每晚 7h 睡眠中,呼吸暂停反复发作 30 次以上,或呼吸暂停低通气指数(apnea-hypopnea index,AHI)≥5 次/h,呼吸暂停事件以阻塞性为主。本病多见于中年肥胖男性。

【病因】

OSAHS 的发病原因和机制目前尚不完全清楚,目前认为主要有以下几个方面:

1. **上呼吸道解剖结构异常**　上呼吸道任何解剖部位狭窄或堵塞都可导致 OSAHS。鼻和鼻咽、口咽和软腭,以及舌根部 3 个部位容易发生狭窄和阻塞,其中以咽部阻塞为主。因此,鼻咽部狭窄、鼻息肉、腺样体或扁桃体肥大、悬雍垂过长、软腭松弛、舌体肥大、咽壁黏膜下脂肪沉积等均可引起OSAHS。上、下颌骨发育障碍与畸形等导致的上呼吸道骨性结构狭窄也是 OSAHS 的常见病因。

2. **上气道扩张肌肌张力异常**　主要表现为颏舌肌、咽壁肌肉及软腭肌张力异常。咽部肌肉张力随着年龄增长而下降,导致上气道扩张肌肌张力异常及过度下降的原因尚未完全明确。

3. **呼吸中枢调节功能异常**　主要表现为睡眠中呼吸驱动力降低及对高 CO_2、高 H^+ 及低 O_2 的反应阈值提高,此异常可为原发,亦可继发于长期睡眠呼吸暂停而导致的睡眠低氧血症。

4. **某些全身因素及疾病**　可通过上述 3 种因素诱发 OSAHS。肥胖导致的舌体肥厚,脂肪沉积易致气道堵塞,肢端肥大症引起病人舌体肥大,甲状腺功能减退引起黏液性水肿,女性绝经期后的内分泌失调,老年期组织松弛,肌张力减退等均可引起 OSAHS。遗传因素可使 OSAHS 的发生率增加 2~4倍。饮酒和服用催眠药等因素可加重病人病情。

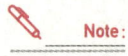
Note:

【病理生理】

OSAHS 反复发作,导致动脉血氧分压下降,动脉血二氧化碳分压上升,发生呼吸性酸中毒,病人出现气促、发绀、烦躁不安等症状,严重者发生呼吸骤停,导致猝死。缺氧同时刺激交感神经使其兴奋,小动脉收缩,血压升高,心脏负担加重,心搏加快,心律失常,甚至心搏骤停,也是睡眠中猝死的重要原因。另外,缺氧引起脑损害,可导致病人智力减退、记忆力下降、性格改变或行为异常。

【护理评估】

（一）健康史

评估病人以往健康状况,有无肥胖、甲状腺功能减退、糖尿病等致病因素,有无白天嗜睡、疲倦、注意力不能集中、头痛、心悸等不适。评估肥胖病人体重超标状态、饮食习惯等。了解病人夜间打鼾的程度、憋醒的频率和时间,以及家族中有无肥胖、鼾症病人。

（二）身体状况

OSAHS 的主要症状包括以下几方面:

1. **打鼾**　睡眠时鼾声如雷,影响同室居住者的睡眠而不能自觉。

2. **反复的呼吸暂停**　呼吸暂停和打鼾常交替出现,严重者夜间常憋醒,或不能平卧。病人憋醒后常感心慌、胸闷或心前区不适;早期病人打鼾和憋气常发生于仰卧位,侧卧位时减轻或消失。

3. **白天嗜睡**　病人晨起感头痛、倦怠,甚者白天与人交谈时不自觉入睡,记忆力减退,注意力不能集中等。部分重症病人可出现性功能减退,夜尿次数增多,性格急躁,行为怪异等。

4. **心血管症状**　病程较长的病人可并发高血压、心律失常、心绞痛、心搏骤停、心功能不全、肺功能衰竭等。

5. **其他**　儿童病人还可出现遗尿、学习成绩下降、胸廓发育畸形、生长发育差等。

（三）辅助检查

1. **多导睡眠图（polysomnograph，PSG）监测**　对 OSAHS 病人进行整夜连续的睡眠观察和监测,是诊断 OSAHS 的"金标准"。该设备除进行心电监护和肺功能测试外,还可自动记录眼电图、脑电图、下颌肌电图、口鼻气流、胸腹呼吸运动、血氧饱和度、体位、胫前肌肌电等。通过分析以上记录,可以了解病人睡眠期机体的变化,确定睡眠呼吸暂停的性质和程度。

2. **纤维鼻咽镜检查**　有助于明确病变性质、原因及部位。

3. **影像学检查**　可行上呼吸道 X 线、CT 扫描或 MRI 检查,进一步明确呼吸道阻塞部位。

4. **嗜睡程度的评价**　通过 Epworth 嗜睡量表（Epworth Sleepiness Scale，ESS）和斯坦福嗜睡量表（Stanford Sleepiness Scale，SSS）进行主观评价。采用多次睡眠潜伏时间试验（multiple sleep latency test，MSLT）进行客观评价。

（四）心理-社会状况

因病人鼾声如雷影响他人,性格改变、行为怪异等造成社会交往和人际关系疏离。病人因夜间睡眠质量差,白天嗜睡,工作效率低下,不宜从事高空作业、司机等职业。同时呼吸暂停频繁,其家属非常担心,不得不整夜守候在旁,反复将其唤醒,从而严重影响家人的生活质量和身体健康。许多病人对 OSAHS 的危害认识不足,不将其认为是病,不愿积极治疗。因此,应注意评估病人的情绪、性格特征、行为特点、人际关系、职业、认知水平、教育程度、家庭居住情况、家庭关系、家庭成员的压力和对此病的认知等。

【护理诊断/问题】

1. **睡眠形态紊乱**　与上呼吸道梗阻引起频繁呼吸暂停有关。

2. **社会交往障碍**　与鼾声过大干扰他人及性格行为改变有关。

3. **肥胖**　与饮食和行为习惯不良有关。

Note:

4. 知识缺乏：缺乏有关 OSAHS 的保健知识。

5. 有受伤的危险 与疾病引起的嗜睡、注意力不能集中有关。

6. 有窒息的危险 与呼吸暂停、术后咽喉部肿胀有关。

7. 急性疼痛 与手术引起的黏膜机械性损伤有关。

8. 潜在并发症：术后切口出血、切口感染、鼻咽反呛等。

【计划与实施】

OSAHS 的主要治疗措施包括非手术治疗和手术治疗两方面，应根据每个病人的病因、病情程度、阻塞平面和全身情况不同，选择个性化多学科综合的治疗方案。OSAHS 的治疗和护理目标为：①打鼾症状减轻或消失，呼吸暂停次数减少，睡眠质量提高。②自觉精神状态好转，工作效率提高，社交和生活状况恢复正常。③能认识此病的危害，主动控制饮食和不良生活习惯，体重得到控制。④主动避免可能造成意外伤害的工作或行为。⑤术后疼痛得到较好控制，切口愈合好。⑥手术前后均无并发症发生。⑦能够掌握 OSAHS 的自我保健知识。

（一）非手术治疗与护理

1. 一般治疗

（1）指导肥胖或超重病人制订减肥计划，控制饮食，调整饮食习惯，戒烟、酒，增加运动量，减轻体重，可在一定程度上减轻 OSAHS 的症状。

（2）调整睡眠姿势，尽量采用侧卧位，以减少舌后坠，减轻呼吸暂停症状。告知病人睡前不用催眠药，睡前 3~4h 不饮酒精饮料。

2. 持续气道正压通气（continuous positive airway pressure，CPAP） 治疗是目前内科治疗中最有效的方法。即在病人睡眠时通过密闭的面罩将正压空气送入呼吸道，保证 OSAHS 病人睡眠时呼吸道通畅，其工作压力维持在 4~20cmH$_2$O。接受 CPAP 治疗的病人须测定最低有效治疗压力，如果压力过低则达不到治疗目的，且有可能发生危险，压力过高则病人不易耐受。教会病人和家属 CPAP 装置的正确使用方法和使用目的，以及如何应对使用 CPAP 时带来的不适，如鼻腔黏膜干燥、出血、结膜炎等，可通过增加空气湿度来缓解，增加病人的依从性。便携式 CPAP 治疗仪，如图 13-2-1 所示。

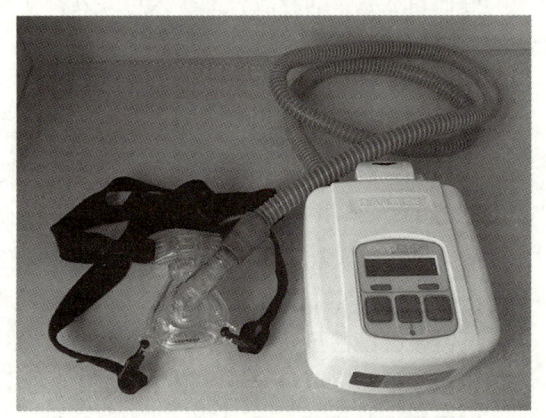

图 13-2-1 便携式 CPAP 治疗仪

3. 口腔矫治器治疗 睡眠时佩戴特定口内装置，将下颌向前拉伸，使舌根前移，以扩大舌根后呼吸道。主要适用于以舌根后呼吸道阻塞为主、病情较轻的病人，特别是有下颌后缩者。对使用口腔矫治器治疗者，睡前可将舌保护器置于口中，使舌保持轻度前置位，增加喉腔前后距离，从而减轻上呼吸道梗阻症状。

（二）手术治疗和护理

若病因明确，则原则上予以手术去除病因，如鼻息肉引起则行鼻息肉摘除术，扁桃体或腺样体肥大引起则行扁桃体或腺样体切除术。而对无上述疾病，但软腭和悬雍垂过长、增厚、咽部软组织增多、咽腔狭窄的病人，近年来常用的手术方法有腭咽成形术和悬雍垂腭咽成形术。术后可增加咽腔前后左右的间隙，以减少睡眠时上呼吸道的阻力。

1. 术前护理

（1）按全麻病人术前常规准备。

Note:

（2）做好多导睡眠图监测，了解病人血氧饱和度、呼吸暂停的类型和呼吸指数。

（3）观察病人血压、心律是否正常，评估病人夜间睡眠打鼾和呼吸暂停等症状的严重程度，以作为术后康复效果的对比依据。

（4）做好病人口腔护理。

（5）根据医嘱术前静脉使用抗生素。

（6）心理护理：告知病人手术的基本方式、目的及预后效果，帮助病人树立战胜疾病的信心。

2. 术后护理

（1）疼痛护理：手术当日疼痛较剧，可给予病人冰袋冷敷颈部，嘱其咳嗽、打喷嚏时用舌尖抵住上腭，以减轻伤口缝合处的张力。病人取半卧位，减少头颈部充血。

（2）饮食护理：术后 3d 内给予病人流质温凉饮食，以减轻对切口的刺激。一般 2 周内可进食半流质至软食。嘱病人应小口进食，少量多餐。禁烟酒，不饮浓茶、咖啡等刺激性饮品。

（3）预防术后出血：密切观察生命体征及切口出血情况，嘱病人将口腔中分泌物吐出，以利伤口愈合，并避免胃部不适；注意血压的变化，防止血压过高。嘱病人避免剧烈运动。

（4）预防呼吸道阻塞、窒息，保持呼吸道通畅。由于病人长期缺氧，对低氧刺激反应不明显，要重视病人胸闷、咽喉部阻塞感的主诉，观察有无口唇及面色发绀、喉鸣音等症状。同时注意观察术后病人的打鼾和呼吸暂停等情况有无改善。

（5）预防感染：关注病人体温变化、增加营养摄入提高机体免疫力、遵医嘱使用抗生素。术后第 1 日开始，嘱病人每次进餐后用漱口水漱口，保持口腔清洁。

（三）健康指导

1. 术后 2 周内，病人可能会出现饮食误呛、鼻腔反流现象，鼓励其多做吞咽动作和舌根运动等功能锻炼以促进康复。术后 1 个月内勿食粗糙、坚硬、辛辣刺激食物，进食后漱口，保持口腔清洁。保持足够的饮水量。

2. 鼓励病人及其家属帮助病人坚持减肥计划，控制饮食，戒除烟酒，多做健身运动。定期监测心律、血压、血糖，预防并发症。

3. 避免高空作业、驾驶等行为，防止意外发生。

4. 半年后复查，行多导睡眠图监测，遵医嘱行 CPAP 治疗。

5. 患有高血压、心脏病、糖尿病的病人，应指导其积极治疗原发病。

【护理评价】

通过治疗和护理计划的实施，评价病人是否能够达到：①打鼾症状减轻或消失，呼吸暂停次数减少，睡眠质量提高。②精神状态好转，工作效率提高，社交和生活状况恢复正常。③能认识此病的原因和危害，主动控制饮食和不良习惯，体重得到控制。④主动避免可能造成意外伤害的工作或行为。⑤术后切口愈合好。⑥手术前、后有无并发症发生。⑦掌握疾病有关的保健知识。

三、鼻咽癌病人的护理

鼻咽癌（nasopharyngeal carcinoma, NPC）是我国高发恶性肿瘤之一，居头颈部肿瘤发病率之首。大量流行病学研究显示，其发病有明显的地区聚集性、种族易患性和家族聚集现象，尤以我国广东、广西、湖南、福建、江西等省及自治区发病率高，我国的鼻咽癌发病率居世界首位。男性发病率为女性的 2~3 倍，40~50 岁为高发年龄组。

【病因】

1. 遗传因素　有种族易患性和家庭聚集现象。如侨居国外的中国南方人后代仍保持着较高的鼻咽癌发病率。研究还发现决定人类白细胞抗原（HLA）的某些遗传因素和鼻咽癌的发生、发展密切相关。

Note:

2. **EB病毒** 近年来有研究证实,鼻咽癌病人体内不仅存在高滴度抗EB病毒抗体,而且抗体滴度随病情发展而升高。

3. **环境因素** 我国鼻咽癌高发区居民多有进食咸鱼、腊味等腌制品习惯,这些食物中亚硝酸盐含量高,可能诱发鼻咽癌。鼻咽癌高发区的大米和水中微量元素镍含量亦高,鼻咽癌病人头发中镍含量亦高。动物实验证实镍可以促进亚硝胺诱发鼻咽癌。另外,维生素缺乏和性激素失调也可改变黏膜对致癌物的敏感性。

【病理分型】

鼻咽癌基本可分为鳞状细胞癌、腺癌、泡状核细胞癌、未分化癌。鼻咽癌98%属低分化鳞状细胞癌。

【扩散转移】

鼻咽癌早期可出现颈淋巴结转移。晚期可出现远处转移,常见部位为骨、肺及肝等。

【护理评估】

(一)健康史

询问病人发病前的健康情况,有无EB病毒感染史,是否经常食用腌制、腊味食品,是否经常接触污染空气及饮用水情况,有无家族遗传史等。了解病人发病的症状,鼻腔出血情况,是否有自觉的耳部、颈部症状等以及发病时间。

(二)身体状况

鼻咽癌多发生于鼻咽顶壁及侧壁,尤其是咽隐窝,位置隐蔽,所以早期症状不典型。

1. **鼻部症状** 早期可出现涕中带血,病人常主诉为"晨起回缩涕中带血",时有时无,量少且会自行停止,故容易被忽视。晚期则出血量较多。肿瘤阻塞后鼻孔,出现单侧鼻塞。当瘤体增大时,则出现双侧鼻塞。发生率约占30%。

2. **颈部出现无痛性肿块** 鼻咽癌早期即可向颈淋巴结转移,这是本病重要临床特征之一。颈部出现转移性肿块为其首发症状者占60%,常发生在颈淋巴结上群,位于胸锁乳突肌尖部的下方。肿大淋巴结质硬,界限不清,表面不平,活动度差,无压痛且进行性增大,始为单侧,继之发展为双侧。

3. **耳部症状** 肿瘤阻塞或压迫咽鼓管咽口,可引起该侧耳鸣、耳闷塞感及听力减退或伴有鼓室积液,临床上易误诊为分泌性中耳炎。

4. **脑神经症状** 肿瘤经咽隐窝的破裂孔侵入颅内,侵犯第Ⅱ~Ⅶ、Ⅸ、Ⅹ对脑神经而产生头痛、面部麻木、眼球外展受限、上睑下垂、复视、软腭麻痹、进食呛咳、声嘶、伸舌偏斜等脑神经症状。

5. **远处转移症状** 晚期鼻咽癌可发生骨、肺、肝等处转移,出现相应症状和体征。

(三)辅助检查

1. **鼻咽部检查** 鼻咽癌早期病变不典型,仅表现为黏膜充血,血管怒张或一侧咽隐窝较饱满。可通过间接鼻咽镜、纤维鼻咽镜和鼻镜等进行检查,反复双侧对比是否对称,可见鼻咽局部黏膜粗糙不平,出现肉芽组织状或小结节状肿物。肿瘤逐渐发展可呈菜花型、结节型、溃疡型或黏膜下浸润型等不同类型。

2. **颈部触诊** 颈上深部可触及质硬、活动度差或不活动、无痛性肿大淋巴结。

3. **影像学检查** CT和MRI鼻咽颅底扫描检查,可了解肿瘤侵犯的范围及颅底骨质破坏的程度。

4. **EB病毒血清学检查** 可以作为鼻咽癌诊断的辅助指标。

5. **活体组织检查** 为确诊鼻咽癌的依据。应尽可能做鼻咽部原发灶的活检,一次活检阴性不能否定鼻咽癌的存在,少数病例需多次活检才能明确诊断。

(四)心理-社会状况

鼻咽癌所在部位深而隐蔽,早期症状仅为少量鼻出血,病人常不加注意,早期诊断率低。当出现

头痛、脑神经侵犯症状时,疾病已达晚期。反复多次活检,会给病人造成极大的痛苦和精神压力。一旦确诊,病人对放疗、化疗有不同程度的恐惧心理。疗效不佳时病人有悲观、绝望心理。因此,应注意评估病人的年龄、性别、文化层次、对疾病的认知程度、情绪状况、压力应对方式和经济状况等。

【常见护理诊断/问题】

1. **潜在并发症**:鼻部出血。
2. **舒适度减弱** 与鼻塞、头痛、耳鸣等肿瘤对邻近组织的侵犯症状及放疗反应有关。
3. **恐惧** 与被诊断为恶性肿瘤,对治疗及预后不了解有关。
4. **口腔黏膜改变** 与放射治疗损伤黏膜及唾液腺有关。
5. **有误吸的危险** 与舌咽和迷走神经损伤有关。
6. **知识缺乏**:缺乏有关鼻咽癌早期症状及治疗相关知识。

【计划与实施】

鼻咽癌的早期确诊和治疗对病人预后十分重要。放射治疗是主要的治疗手段。原发病灶、颈部转移淋巴结都对放射线敏感。由于鼻咽部与颅底接近,部位较深,故手术治疗很少采用。另外,在放射治疗期间可配合化学治疗、中医中药及免疫治疗,提高治疗效果和减轻放射治疗并发症。经过治疗和护理,评估病人是否能够达到:①涕中带血或痰中带血消失;②鼻塞、头痛、耳鸣等减轻或消失;③恐惧心理减轻;④口腔溃疡发生少;⑤能认知鼻咽癌早期症状并了解有关防治知识。

1. **鼻出血的护理** 小量出血只需使用药物保守治疗。大量出血者参照鼻出血病人护理,对失血严重者进行血型鉴定,做好输血准备。

2. **症状观察** 病人出现鼻塞、耳鸣等症状时护士应报告医生,及时处理。头痛严重者遵医嘱及时给予镇静药或镇痛药,以减轻病人痛苦。多数病人经治疗后鼻塞、头痛症状明显减轻或消失。

3. **放疗的护理** 指导病人坚持张口训练,每日进行口腔护理,饭前、饭后、睡前漱口。黏膜破溃者,可采用杀菌、抑菌、促进组织修复的含漱液漱口。放疗区皮肤不要用化学物品刺激,只用温水清洗即可。

4. **心理护理**

(1) 鼓励病人说出恐惧的原因及心理感受,评估其恐惧的程度,采取疏导措施,以提高病人对治疗的信心。

(2) 行诊断性检查及放射治疗前,应向病人说明目的和注意事项。放射治疗1周后病人会出现头痛、恶心、食欲减退和全身不适反应,护士应耐心解释和安慰,并辅以药物减轻其痛苦。

(3) 对晚期病人,应及时观察其病情和心理变化,以免因癌痛难忍、瘫痪、失明等产生悲观、厌世情绪。

(4) 争取其家属、亲友及有关社会团体的关心,多陪伴病人,给予心理支持。

(5) 鼓励病人运用合适的方法转移注意力,分散恐惧,如下棋、打扑克、听音乐及放松疗法等。

5. 指导病人进行功能锻炼,进食后勤漱口,每日进行叩齿、搓齿、鼓腮、舌部运动、咽津、张口运动、颈部运动等。

6. **健康指导**

(1) 通过各种途径普及医疗、护理常识,如出现颈部肿块、剧烈头痛、回吸血涕、耳鸣耳聋等症状之一者,应及早到耳鼻咽喉科就诊,以免误诊误治。一经确诊,向病人说明鼻咽癌对放射治疗较为敏感,疗效好,应及时接受治疗。

(2) 对有家族史者,应定期进行有关鼻咽癌的筛查,如免疫学检查、鼻咽部检查等。

(3) 放射治疗时,注意骨髓抑制、消化道反应、皮肤反应、唾液腺萎缩、放射治疗性肺炎等并发症。定期检查血常规。注意口腔卫生,防止感染。

Note:

（4）避免进食咸鱼、腊肉等腌制品，多进食高蛋白、高能量、高维生素饮食，以改善营养状态，适当中药调理增强机体免疫功能和抵抗力。

（5）定期复查，建议时间分别为确诊后的 3 个月、半年、1 年。

【护理评价】

通过治疗和护理计划的实施，评价病人是否能够达到：①涕中带血或痰中带血消失；②鼻塞、头痛、耳鸣等减轻或消失；③情绪稳定，自信心及应对能力增强；④口腔无溃疡发生或溃疡愈合；⑤能认知鼻咽癌症状并了解有关的防治知识，积极配合治疗。

（宋英茜）

知 识 链 接

耳鼻喉科事业的开创者与奠基人——孙鸿泉

1942 年，孙鸿泉教授协同郎健寰教授成功地开展了我国第一例喉全切除术，首次训练无喉病人用食管发音讲话，开创国内利用食管发音的先河。他相继在国内率先开展"鼻部脑膨出术""舌癌根治术"等 17 项耳鼻喉科高难度手术，在头面部疾病治疗方面始终处于领先地位。1948 年孙鸿泉教授到美国留学并以优异成绩毕业。1949 年，中华民族的强国梦指引着孙鸿泉教授，他毅然踏上了回国的行程。他以极大的工作热情投身工作，充分发挥自己的专业特长，在临床、教学、科研多个方面进行着"冲刺"，以其精湛的医疗技术解除了许多病人的痛苦，并以严谨的治学态度培养了一批又一批优秀专业人才。

思 考 题

1. OSAHS 病人呼吸暂停的发生特点是什么？
2. 对 OSAHS 病人进行健康指导的主要内容是什么？
3. 鼻咽癌的病理分型有哪些？常见转移途径是什么？

第三节　喉部疾病病人的护理

学 习 目 标

● 识记：
1. 陈述急性会厌炎的病因、发病机制和治疗原则。
2. 描述声带小结和声带息肉的概念和主要症状。
3. 叙述喉癌病人的临床分类、病理分型、转移途径及主要症状。
● 理解：
1. 概述急性会厌炎的护理要点。
2. 比较分析声带小结和声带息肉的病因和治疗原则。
3. 列举喉癌手术前、后的主要护理诊断/问题和护理措施，言语康复的方法。
● 运用：
查阅相关文献，参照本节所学的相关专业知识为喉切除病人进行全面的评估，制订个体化护理措施并实施健康教育。

一、喉部炎症病人的护理

喉部炎症为喉部黏膜、结缔组织、软骨、韧带等结构的急性或慢性炎症,包括急性会厌炎、急性喉炎、慢性喉炎、声带小结、声带息肉等。

导入情境与思考

病人,男性,50 岁。4d 前无明显诱因出现咽痛、吞咽时明显,伴咽部异物感。无咽痒、咳嗽,无呼吸困难、吞咽困难,无饮水呛咳,无发热、胸闷,遂于当地医院就诊,诊断为急性会厌炎,予以抗感染、抗炎消肿等治疗,并建议住院治疗,病人拒绝。1d 前病人出现吞咽困难,说话含糊不清,来院就诊。体格检查:咽部稍充血,双扁桃体不大,会厌黏膜充血,游离缘尚可,根部肿胀,声门暴露欠佳。以急性会厌炎收入院。

请思考:

(1) 如何对该病人进行全面的评估?

(2) 该病人目前的主要护理问题有哪些? 护理要点有哪些?

急性会厌炎病人的护理

急性会厌炎(acute epiglottitis)又称急性声门上喉炎,该病起病突然、发展迅速,以咽喉部剧烈疼痛为特征,严重时可造成上呼吸道梗阻而窒息死亡。成人、儿童均可患病,成人多见。四季均可发病,以冬春季节多见。

【病因】

1. **感染**　为本病最常见原因,致病菌有乙型流感杆菌、葡萄球菌、链球菌、肺炎链球菌等,也可与病毒混合感染。

2. **全身性变态反应**　接触某种变应原而引起全身性变态反应,会厌也发生变态反应性炎症而高度肿胀。这类病人发生喉阻塞的机会高于其他感染引起的急性会厌炎。

3. **其他**　邻近器官炎症蔓延或侵及会厌部,如急性扁桃体炎、咽炎等。异物、外伤、吸入有害气体、放射线损伤及误咽化学物质等,均可引起会厌的急性炎症。

【护理评估】

(一)健康史

评估病人有无上呼吸道感染,有无邻近器官感染,如咽炎、扁桃体炎等,有无过度疲劳、吸入有害气体、外伤、误吸异物、接触变应原或使用过敏药物等。询问其发病的时间和经过,有无呼吸困难、声嘶等。

(二)身体状况

1. **全身症状**　多数病人起病急,有畏寒、发热等,体温多在 38~39℃,少数可达 40℃ 以上。同时可伴有精神萎靡、面色苍白。

2. **局部症状**　病人大多数喉痛剧烈,吞咽时加重,严重时唾液也难以咽下。讲话时语言含糊不清。会厌肿胀可引起不同程度的呼吸困难,严重者可引起窒息。急性会厌炎引起的呼吸困难可突然加重,因此,护士应告知病人不可轻视。由于本病多不累及声带,故很少出现声音嘶哑。

3. **体征**　病人呈急性病容,严重者可有呼吸困难,间接喉镜检查下可见会厌舌面黏膜高度充血水肿,会厌肿胀似球状,易堵塞呼吸道。严重者伴喉阻塞体征。

(三)辅助检查

对主诉咽喉部剧烈疼痛、吞咽困难的病人,间接喉镜检查下发现会厌充血水肿严重时呈球形,即可诊断为急性会厌炎,一般不需要其他辅助检查。如不能配合间接喉镜检查,对喉部进行颈侧位 X 线片检查,可协助诊断。

(四)心理-社会状况

此病起病急、发展快,咽喉部疼痛剧烈,伴吞咽困难,甚至呼吸困难,所以病人和家属就诊时非常焦急和担心,护士应注意评估病人及其家属的心理和情绪状况。对于无呼吸困难的病人,往往容易轻视该疾病,认为只是一般的咽喉发炎,不愿住院观察,因此护士要注意评估病人对疾病的认识程度、文化层次,使其对疾病能够有正确的理解和认识,防止意外情况发生。

【护理诊断/问题】

1. **有窒息的危险**　与会厌高度肿胀引起严重喉阻塞有关。
2. **急性疼痛**　与会厌炎症引起充血肿胀有关。
3. **体温过高**　与会厌感染引起炎症反应有关。
4. **知识缺乏**：缺乏本病相关的预防保健和自我护理知识。

【计划与实施】

急性会厌炎的治疗原则为一旦确诊,应尽快进行抗感染治疗,即全身使用足量的抗生素和糖皮质激素。一般住院留观,保持病人呼吸道通畅,如喉阻塞程度较严重则按喉阻塞的处理原则进行处理。对于因变态反应引起的急性会厌炎病人,应积极进行抗过敏治疗,如皮下注射肾上腺素,同时肌内注射或静脉滴注氢化可的松。治疗后密切观察,1h 后堵塞症状无明显减轻则应预防性行气管切开术。急性会厌炎病人的治疗和护理目标为病人:①会厌炎症消退,充血肿胀消失,咽喉部疼痛解除,能正常交流和吞咽。②体温恢复正常。③呼吸道通畅,呼吸平稳。④掌握疾病的自我护理及预防保健知识。

1. **保持呼吸道通畅,预防窒息**　遵医嘱及时给予足量的抗生素和激素类药物,并观察用药后的效果。密切观察病人的呼吸情况,有无呼吸困难、吸气性软组织凹陷等喉阻塞症状(图 13-3-1),一旦出现及时汇报医生,必要时吸氧。对严重呼吸困难病人做好气管切开术准备。向病人说明本病的特点及危害,使病人理解并积极配合治疗护理措施,不随意离开病房。对接受气管切开术者按气管切开术后护理。

2. **减轻疼痛**　向病人解释疼痛原因及药物疗效,使病人树立信心。

3. 嘱病人卧床休息,进食流质或半流质饮食,忌辛辣,食物温度以温凉为宜,减轻其对会厌的刺激。保持口腔清洁,进食后用含漱液漱口。少讲话,轻咳嗽。

4. 注意观察病人体温变化,必要时采用物理降温或遵医嘱用药物降温。一般情况下,病人用药后,炎症消退,体温逐步恢复正常。

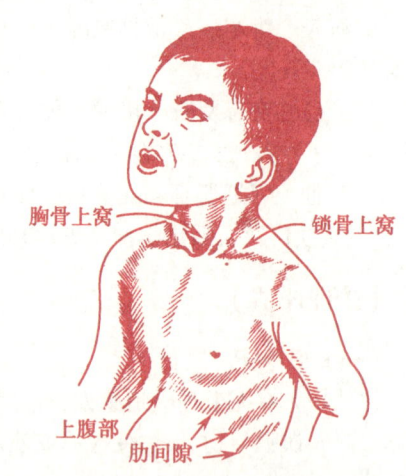

图 13-3-1　喉阻塞病人典型"四凹征"

5. **健康指导**　根据病人及其家属的心理和情绪状态,讲解疾病的发病原因、治疗方案和大致转归,指导其避免与变应原接触,生活有规律,不过度疲劳,邻近器官的疾病应积极治疗。发生咽喉剧痛、吞咽困难或呼吸不畅及时就医。

【护理评价】

通过治疗和护理计划的实施,评价病人是否能够达到:①呼吸型态正常;②疼痛消失;③体温恢复正常;④掌握疾病的自我护理及预防保健知识。

声带小结和声带息肉病人的护理

声带小结和声带息肉均为喉部慢性非特异性炎症。声带小结（vocal nodule）又称歌者小结，典型的声带小结为双侧声带前、中 1/3 交界处对称性结节状隆起。声带息肉（polyp of vocal cord）为好发于一侧声带的前、中 1/3 交界处边缘，为半透明、白色或粉红色表面光滑的肿物，也可为双侧。两者均为引起声音嘶哑的常见疾病。

【病因】

1. 多由发声不当或用声过度导致，也可为一次强烈发声之后引起，所以本病多见于职业用声或过度用声者，如教师、销售人员、歌唱演员及喜欢喊叫的儿童等。

2. 上呼吸道病变，如感冒、急、慢性喉炎等可诱发。

3. 长期慢性刺激，如长期吸烟可诱发声带小结和声带息肉。

因声带的前 2/3 是膜部，后 1/3 是软骨部，而膜部的中点，即声带前、中 1/3 交界处在发声时振幅最大，用声过度或用声不当会导致该处形成小结或息肉。

【病理】

声带的间隙发生局限性水肿，血管扩张或充血，表面覆盖正常的鳞状上皮细胞，形成白色或粉红色的椭圆形肿物。

【护理评估】

（一）健康史

评估病人喉部不适和声音嘶哑发生与持续时间；有无明显诱因，如用声不当或长期吸烟史；有无上呼吸道感染史。

（二）身体状况

主要表现为声嘶。声带小结早期症状轻，仅用声多时感声带疲劳，时好时坏，呈间歇性，以后逐渐加重，表现为持续性声嘶。声带息肉表现为长时间声嘶。声嘶程度与息肉大小和部位有关，轻者为间歇性声嘶，发声易疲劳，音色粗，发高音困难，重者声音严重沙哑。巨大的息肉位于两侧声带之间者，可完全失声，甚至引起呼吸困难和喘鸣。息肉垂于声门下腔者常因刺激引起咳嗽，并可随呼吸气流上下活动，偶嵌于声门时可致窒息。

（三）辅助检查

间接喉镜检查最为常用。直接喉镜或纤维喉镜检查可采集病变的彩色图片，利于多次随访对比。

（四）心理-社会状况

病人因持续声嘶影响工作而就诊，希望解决声音嘶哑问题，但对本病发生的原因、如何保护声带、促进声带康复缺乏了解。应注意评估病人的职业、文化层次、生活习惯等，以便提供针对性的护理措施。

【常见护理诊断/问题】

1. **有窒息的危险**　与声带过度充血肿胀或较大息肉嵌顿于声门有关。
2. **舒适度减弱**　与发音时感声带疲劳有关。
3. **知识缺乏：**缺乏有关手术的配合知识和声带保健知识。

【计划与实施】

声带小结治疗原则为先行保守治疗、声休和发声训练，无效者可考虑手术治疗。声带息肉以手术切除为主，辅以糖皮质激素、抗生素等治疗。手术方法包括纤维喉镜、电子喉镜、直接喉镜及显微喉镜

Note:

下切除术。声带小结和声带息肉的治疗和护理目标为病人达到：①呼吸平稳，伤口愈合好；②掌握正确的发声方法和保护声带的知识。

（一）保守治疗与护理

1. 早期声带小结可通过噤声，使声带得到充分休息，小结可自行消失。

2. 进行一段时间（约 3 个月）的发声训练，改变错误的发声习惯，也可成功治疗声带小结。

（二）手术病人的护理

1. 术前护理

（1）向病人简单说明手术的目的、基本过程、术中可能出现的不适及与医生的配合方法。

（2）行直接喉镜及显微喉镜下切除的，需在全麻下进行，按全麻术前护理常规进行相应护理。全麻喉镜术前禁食 3h，防止术中引起呕吐。

2. 术后护理

（1）病情观察：观察病人呼吸情况，如有异常及时通知医生。嘱病人轻轻将口中分泌物吐出，观察并记录其性状。

（2）饮食护理：表面麻醉术后 2h、全身麻醉完全清醒后 4~6h，可进食温、凉流质饮食，避免辛辣、硬食物。

（3）促进声带创面愈合：嘱病人噤声 1~2 周，切忌使用假声，不可屏气及过度用力，如为双声带息肉应鼓励其深呼吸，防止声带粘连。

（4）注意观察术后病人的颈部活动情况，防止颈椎脱位。

（三）健康指导

1. 指导病人正确的发声方法，注意保护声带，避免长时间用嗓或高声喊叫。手术后仍要注意保护声带，防止复发。

2. 戒除烟酒，忌辛辣刺激性食物。

3. 预防上呼吸道感染。感冒期间尽量少说话，使声带休息，同时积极治疗上呼吸道感染。

【护理评价】

通过治疗和护理计划的实施，评价病人是否能够达到：①配合手术顺利完成，呼吸平稳，伤口愈合；②掌握保护声带的知识。

二、喉癌病人的护理

导入情境与思考

病人，男性，59 岁，1 年前在无明显诱因下出现声音嘶哑，讲话多后加重，休息后可好转。有咳嗽，无咳痰，偶有吞咽困难和呼吸困难，初未重视，未就诊。3 个月来上述症状反复出现，遂至医院就诊。体格检查：神清，生命体征平稳，右侧声带新生物，右侧声带活动受限。行喉镜及病理活检提示：①（声门下新生物）鳞状细胞癌；②（右侧声带新生物）鳞状细胞癌；③（会厌结节）少量破碎鳞状上皮中度异型增生、癌变，为进一步手术收入院。

请思考：

（1）喉癌病人的临床表现有哪些？

（2）该病人术后护理要点有哪些？

喉癌（laryngocarcinoma）是头颈部常见的恶性肿瘤，在呼吸道肿瘤中为仅次于肺癌的第 2 位高发癌。据世界癌症报告（GLOBOCAN 2020）的数据显示，全世界喉癌标化发病率为 2.0/10 万，发病率地区差别

很大。喉癌多发于50~70岁男性,由于近年来烟草消费的低龄化,喉癌的发病年龄有降低趋势。

【病因】

喉癌的致病原因迄今尚未明确,可能与下列因素有关:

1. **吸烟** 世界各地大量的研究表明,吸烟与喉癌的发生有密切关系,喉癌的发病率与每日吸烟的量和吸烟的总时间成正比。烟草燃烧时所产生的烟草焦油中苯并芘有致癌作用。长期被动吸烟亦可致癌。

2. **饮酒** 慢性酒精摄入与喉癌发生有一定相关性。饮酒者患喉癌的危险度是非饮酒者的1.5~4.4倍且吸烟和饮酒有致癌的协同作用。

3. **病毒感染** 成年型喉乳头状瘤病由人乳头状瘤病毒(HPV)引起,HPV-16、HPV-18可能在喉癌的发生中起到一定作用,但其机制尚未确定。

4. **环境因素** 长期大量接触各种有机化合物(多环芳香烃、亚硝胺等),吸入生产性粉尘或工业废气,如二氧化硫、芥子气、砷、镍等,喉癌的发生率高。另外,长期接触镭、铀、氡等放射性核素可引起恶性肿瘤。有报道,少数病人头颈部放疗可诱导喉癌、纤维肉瘤和腺癌等。

5. **其他** 喉癌的发生可能与性激素水平、免疫功能缺乏、体内微量元素如锌、镁缺乏有关。

【病理】

鳞状细胞癌(简称鳞癌)占喉癌的96%~98%,且多分化较好,腺癌、未分化癌等极少见。喉鳞癌早期病变局限于上皮层,基底膜完整。喉癌的大体形态可分为:①溃疡浸润型:癌组织稍向黏膜面突起,表面可见向深层浸润的凹陷溃疡,边界不整齐,界限不清。②菜花型:肿瘤外突生长,呈菜花状,边界清楚,一般表面无溃疡。③结节型或包块型:肿瘤表面为不规则隆起,多有较完整的包膜,边界较清,很少形成溃疡。④混合型:兼有溃疡浸润型和菜花型的外观,表面不平,常有较深的溃疡。喉癌的扩散转移与肿瘤的原发部位、肿瘤细胞的分化程度及癌肿的大小等密切相关,转移途径有直接扩散、淋巴转移和血行转移。直接扩散即喉癌细胞循黏膜表面或黏膜下浸润扩散至周围组织,包括会厌、舌根、梨状窝、前联合、甲状软骨等。淋巴转移部位多见于颈深上组的颈总动脉分叉处淋巴结,然后再沿颈内静脉向上、下部的淋巴结发展。血行转移指晚期癌细胞经血液循环向全身转移,最常见的转移部位为肺,其次为肝、骨、肾等处。

【护理评估】

(一)健康史

应注意询问病人发病前的健康状况,有无长期慢性喉炎或其他喉部疾病,如喉白斑病、喉角化病等,还要重点了解病人发病的危险因素,如有无长期吸烟、饮酒、接触工业废气、接触放射线等。

(二)身体状况

喉癌的临床表现主要有声音嘶哑;咳嗽、喉部疼痛、咽喉不适、异物感;血痰或咯血;进食呛咳;呼吸困难;吞咽困难;颈部包块等。

颈部检查:仔细观察病人喉体大小是否正常,若喉体膨大则说明癌肿已向喉体外侵犯。注意舌骨和甲状软骨间是否饱满,如饱满,则癌肿可能已侵及会厌前间隙。触摸颈部有无淋巴结肿大,并注意其大小、数量、质地和活动度。

根据病变部位及范围,喉癌大致可分为4种类型:声门上癌、声门癌、声门下癌和贯声门癌。各型临床表现不一。

1. **声门上癌** 原发部位在会厌喉面根部。早期无明显症状,或仅有轻微咽部不适感或异物感。声门上癌分化差,发展快,常在出现颈淋巴结转移时方被发现。癌肿向喉咽部发展时,有喉咽部疼痛,并可放射到同侧耳部。若侵犯梨状窝,可影响吞咽。当癌肿表面溃烂时,有咳嗽和痰中带血,并有臭味。当癌肿向下侵及声带时才出现声嘶、呼吸困难等。呼吸困难、咽下困难、咳嗽、痰中带血或咯血等常为声门上癌的晚期症状。

2. **声门癌**　早期症状为声音改变，时轻时重。随着肿块增大，声嘶逐渐加重甚至失声。呼吸困难是声门癌的另一常见症状，常因声带运动受限或固定，加上肿瘤组织堵塞声门所致。肿瘤组织表面糜烂可出现痰中带血。晚期，肿瘤向声门上区或下区进一步发展，除严重声嘶或失声外，还可出现放射性耳痛、呼吸困难、咽下困难、咳嗽、咳痰困难及口臭等症状。

3. **声门下癌**　即位于声带平面以下、环状软骨下缘以上的癌肿，临床少见。因位置隐蔽，早期无明显症状，肿块增大，可出现呼吸困难，肿瘤溃烂可出现咳嗽和痰中带血，肿瘤向上侵及声带，则出现声嘶。

4. **贯声门癌**　俗称跨声门癌，是指原发于喉室，跨越 2 个解剖区即声门上区及声门区的癌肿。癌组织在黏膜下广泛浸润扩展，以广泛浸润声门旁间隙为特征。由于肿瘤位置深且隐蔽，早期症状不明显，出现声嘶时，常已有声带固定，而喉镜检查仍未能窥见肿瘤。随着肿瘤向声门旁间隙扩展，浸润和破坏甲状软骨时，可引起咽喉痛。

（三）辅助检查

1. **间接喉镜检查**　为最实用的检查方法，借此了解癌肿的形态、大小、病变范围和喉各部分情况，观察声带运动情况等。

2. **直接喉镜或纤维喉镜检查**　能直接观察癌肿大小和基底部，同时进行病变组织活检，活检是喉癌确诊的"金标准"。

3. **影像学检查**　常用颈侧位片了解声门下区或气管上端有无浸润。颈部和喉部 CT 和 MRI 检查病变范围及有无淋巴结转移，协助确定手术范围和方案。

4. **PET-CT 检查**　对于复发或怀疑远处转移的病人，可行此检查。

（四）心理-社会状况

喉癌的确诊会给病人和家属带来极大的精神打击，喉全切除的手术又会使病人丧失发声功能及颈部遗留永久性造口，给病人带来心理和形象上的双重刺激，病人和家庭成员都需要重新适应，如果适应不良，病人易产生恐惧、抑郁、悲观、社会退缩等心理-社会障碍，家庭则产生应对能力失调等障碍。

护士应了解病人的年龄、性别、文化层次、职业、社会职位、压力应对方式、对疾病的认知程度、经济收入、医疗费支付方式、家庭人员、社会关系等。年龄越轻，社会地位和文化层次越高的病人对术后失声和形象改变可能越难以接受，因此，护士应根据病人的具体情况评估其心态，以便协助病人选择有效的、能够接受的治疗方案，同时有利于其术后心理问题的解决。

【常见护理诊断/问题】

1. **焦虑**　与被诊断为癌症和缺乏治疗与预后的知识有关。
2. **有窒息的危险**　与癌肿过大，术后造口直接暴露于外界环境中有关。
3. **急性疼痛**　与手术引起局部组织机械性损伤有关。
4. **清理呼吸道无效**　与术后痰液增多及咳痰方式的改变有关。
5. **言语沟通障碍**　与喉切除有关。
6. **有感染的危险**　与切口经常被痰液污染，机体抵抗力下降有关。
7. **潜在并发症**：出血、感染、咽瘘等。
8. **体像紊乱**　与喉切除引起的颈部瘘口、瘢痕及言语功能改变有关。
9. **知识缺乏**：缺乏出院后自我护理知识和技能。

【计划与实施】

喉癌的治疗方式包括手术切除、放疗、化疗和生物治疗等。根据病变的部位、范围、扩散情况和全

Note:

身情况,选择合适的治疗方案,目前多主张以手术为主,辅助放化疗的综合治疗。经过治疗和护理,评估病人是否能够达到:①识别引起焦虑的原因;②手术前、后呼吸道保持通畅;③自诉疼痛减轻或消失;④用适当的方法进行有效交流;⑤切口愈合好,无出血和感染发生;⑥吞咽功能恢复正常,保证机体良好的营养状态;⑦能够正视身体结构和功能的改变,并表现出适应的行为;⑧能够掌握护理颈部气管造口和套管的技能和知识。

（一）手术治疗与护理

手术是治疗喉癌的主要手段,原则是在彻底切除癌肿的前提下,尽可能保留或重建喉的功能,以提高病人的生存质量。根据切除方式分为喉部分切除术和喉全切除术。喉部分切除术包括显微 CO_2 激光手术、喉裂开术、垂直半喉切除术、水平半喉切除术、喉次全切除或近全切除术等,适用于病变较早期、能够去除病变范围的情况(图13-3-2)。喉全切除术适用于①病变较晚期不能行喉部分切除;②放射治疗失败或喉部分切除术后肿瘤复发;③原发声门下癌;④喉癌不能保留喉功能者(图13-3-3)。

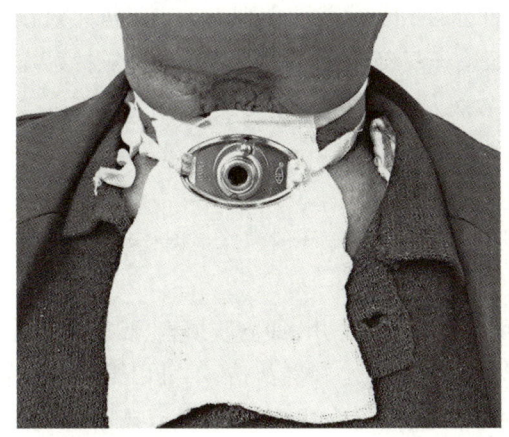

图13-3-2　喉部分切除术术后颈部佩戴金属气管套管

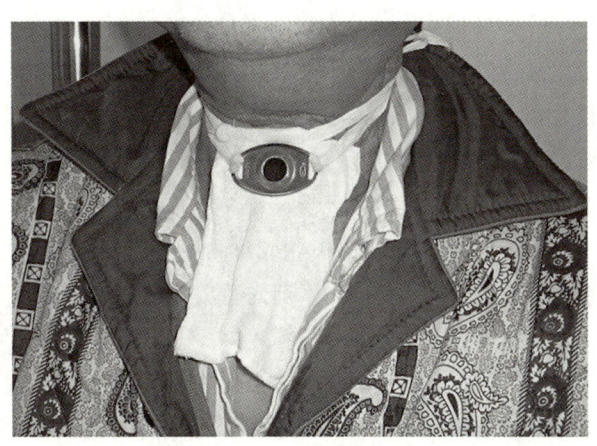

图13-3-3　喉全切除术术后颈部佩戴全喉气管套管

1. 术前护理

（1）心理护理:评估病人的焦虑程度,多与病人交流,倾听其主诉,对病人的心情表示理解,安慰病人。鼓励其家属给予情感支持。告知病人疾病相关知识,治疗方法和预后的信息,以及术后如何保证生活质量的信息,如有哪些可替代的交流方法、在什么情况下可恢复工作等,帮助病人树立战胜疾病的信心。

（2）术前指导:告知病人所有全麻术前的准备工作,使病人能够对自己的情况进行控制,做好充分的术前准备,配合手术顺利进行。教会病人放松技巧,如肌肉放松、缓慢深呼吸等。

（3）预防窒息:注意观察病人呼吸情况,避免剧烈运动,防止上呼吸道感染,限制活动范围;必要时备好床旁气管切开手术包。

2. 术后护理

（1）气管切开术后护理:保持病人呼吸道通畅,防止痰液阻塞气道;做好气道湿化,备好气道吸引用物;妥善固定气管切开套管,防止脱管;保持气管造口皮肤干燥,至少每日清洁并消毒气管造口;鼓励病人深呼吸和咳嗽,排出气道分泌物;室内湿度保持在55%~65%,防止气道干燥结痂。

（2）观察有无切口出血:注意观察病人的血压、心率变化;切口加压包扎;气道吸引动作要轻柔;仔细观察出血量,包括敷料渗透情况、痰液性状、口腔有无大量血性分泌物、负压引流量及颜色;如有大量出血,应快速建立静脉通路,遵医嘱使用止血药或重新手术止血,必要时准备输血。

（3）预防切口感染:注意观察病人体温变化;换药或气道吸引注意无菌操作;每日消毒气管套管;气管内定时滴入抗生素药水;气管垫潮湿或受污染后应及时更换;负压引流管保持通畅、有效,防

Note:

止无效腔形成;做好口腔护理;1 周内不做吞咽动作,嘱病人有口水及时吐出;遵医嘱全身使用抗生素;增加病人营养摄入,提高自身免疫力。

（4）疼痛的护理:评估病人疼痛的部位、程度,告知疼痛的原因和可能持续的时间;必要时遵医嘱使用镇痛药或镇痛泵;床头抬高 30°~45°,减轻颈部切口张力;教会病人起床时可用手掌托住枕部,使头、颈呈直线;防止剧烈咳嗽加剧切口疼痛。

（5）言语交流障碍护理:评估病人的读写能力,术前教会病人简单的手语,以便术后与医护人员沟通,表达个人需要;术后也可使用写字板、笔或纸进行交流,对于不能读写的病人可用图片;主动关心病人,满足其需要;鼓励病人表达需求或不适,给予病人足够的交流时间;告知病人切口愈合后,可以学习其他发声方式如食管发声、电子喉等。

（6）防止营养摄入不足:保证病人鼻饲量,鼓励少量多餐;注意鼻饲饮食中各种营养的供给,包括能量、蛋白质、维生素、纤维素等;病人鼻饲饮食发生不适时,如腹胀、腹泻、呃逆等,及时处理;做好鼻饲管护理。

（7）帮助病人适应自己的形象改变:鼓励病人倾诉自己的感受;关心、同情病人,表示极大耐心,避免流露出嫌弃、厌恶或不耐烦情绪;鼓励其面对现实,照镜子观察自己的造口;调动家庭支持系统;教会病人自我护理的方法,鼓励病人自己完成日常护理;教病人一些遮盖缺陷的技巧,如自制围巾、饰品、保持自我形象整洁等。

（二）放射治疗与护理

适应证:小而表浅的单侧或双侧声门癌,声带运动正常;病变小于 1cm 的声门上癌;全身情况差,不宜手术者;病变范围广,术前先行放疗,术后补充放疗。

放疗病人的护理要点主要包括:①告知病人放疗可能出现的副作用,如皮肤损害、黏膜损害等及应对方法;②放疗后局部皮肤可能有发黑、红肿、糜烂,注意用温水轻轻清洁,不可用肥皂、沐浴露等擦拭皮肤,局部可涂以抗生素油膏;③鼓励病人树立信心,坚持完成疗程;④注意观察病人呼吸,因放疗会引起喉部黏膜充血肿胀,加重喉阻塞,如病人出现呼吸困难,可先行气管切开,再行放疗。

（三）健康指导

出院前护士应教会病人或其家属注意以下事项:①清洗、消毒和更换气管套管或全喉气管套管的方法。②外出或沐浴时保护造口,外出时可用有系带的清洁纱布垫系在颈部,遮住气管造口入口,防止异物吸入。盆浴时水不可超过气管筒,淋浴时注意勿使水流入气管套管。③自我观察、清洁、消毒造口:用镜子观察造口处是否有痰液或痰痂附着,可用湿润棉签进行清洁,必要时用酒精棉球消毒造口周围皮肤。④湿化气道,预防痂皮。根据病人具体情况定时向气道内滴入湿化液,以稀释痰液防止痰液干燥结痂;多饮水,保证体内水分供给充足;天气干燥时注意对室内空气进行加湿。如果气道内有痂皮形成,应及时去医院清理,不可自行处置。⑤不要到人群密集处,防止上呼吸道感染;注意身体锻炼,增强抵抗力,但避免剧烈运动,不可进行水上运动。⑥加强恢复肩颈部功能的锻炼。⑦加强营养,多进食高蛋白、高能量、富含维生素和纤维素的食物,禁烟酒,保持排便通畅。⑧定期随访,出院后 1 个月内每 2 周一次,3 个月内每个月一次,1 年内每 3 个月一次,1 年后每半年一次。⑨如发现出血、呼吸困难、造口有新生物或颈部扪及肿块,应立即到医院就诊。⑩向病人提供有关言语康复训练、参与社会活动组如喉癌俱乐部等信息。

消毒气管套管（全喉气管套管）法:取出气管套管或全喉气管套管。先放入清水锅中煮沸 3~5min,软化痰液。将型号相当的细刷子根据套管弯曲度折弯,将套管在清水下边刷边冲洗,将管内管外分泌物刷净,并将管口对准亮光处检查管腔内壁是否洁净,管腔内是否有残留棉絮、刷毛等。如管壁外有污渍,可用纱布蘸取一些去污粉擦净,再用清水冲洗干净。锅子洗净,装入清水,将套管放入,

Note:

煮沸,时间≥15min 后取出(水沸后开始计时),将管内水甩干,冷却后重新放入外套管。全喉气管套管清洗后,应检查缚带是否牢固。

(四)言语康复

喉全切除术后,有几种不同的方法可以帮助病人进行发声重建。食管发声是最为经济、简便的方法。其基本原理是经过训练后,病人把吞咽进入食管的空气从食管冲出,产生声音,再经咽腔和口腔动作调节,构成语言。缺点是需要长时间训练,需要病人有较好的体力,且发声断续,不能讲较长的句子。

电子喉发声也是喉全切除病人常用的交流方式。具体方法是将电子喉置于病人颌部或颈部,让病人做说话动作,利用音频振荡器产生声音,即可发出语音。其缺点是发出的声音欠自然,常带有杂音。

气管食管音是通过外科手术在气管后壁与食管前壁之间造口,插入发音钮或以肌黏膜瓣缝合成管道。常用的发音钮包括 Blom-Singer 发音假体、Provox 发音钮等。

知 识 链 接

ABCLOVE 嗓音训练治疗法

ABCLOVE 嗓音训练治疗法是由美国南加州大学 Keck 医学中心语言治疗部学者 Ouyoung 提出的一种整合性治疗方法,在声带息肉等炎性病变及头颈部肿瘤伴发嗓音障碍的治疗中具有一定效果。具体训练方法包括:①共鸣运动:让病人自然呼吸,发出"嗯哼"的鼻后音,发音短促有力,用鼻吸气同时收腹,收腹时间为 10 个计数时。②摆喉运动:让病人保持肩颈放松,用手扶稳甲状软骨,将其向左右小幅度、高频率摆动,同时发"a-a"音,放松喉体肌肉,用鼻吸气同时收腹,收腹时间为 10 个计数时。③吹泡泡运动:取 1 支吸管,将一段放入水中,口含吸管另一端持续吹气,放松声带,用鼻吸气同时收腹,收腹时间为 10 个计数时。④柔声运动:用基准音慢节奏发"ma-ma-ma-ma-ma",自然呼吸,再用较前快节奏发"ma-ma-ma-ma-ma",前后 2 组一慢一快交替训练。⑤滑音运动:用鼻深吸气发"wu"音,注意由低音至高音,达到最高音后停顿并屏气 3s,然后张口缓慢呼气放松。

【护理评价】

通过治疗和护理计划的实施,评价病人是否能够达到:①焦虑减轻或消除;②呼吸平稳,呼吸道通畅;③疼痛减轻或消失;④能够用其他交流方法有效交流;⑤切口愈合好,无出血和感染发生;⑥吞咽功能正常,机体营养状态良好;⑦主动参与自我护理并正视自己的造口,主动参与社会活动;⑧掌握护理颈部气管造口和套管的技能和知识。

(宋英茜)

思 考 题

1. 如何预防急性会厌炎病人发生窒息?

2. 喉癌的临床表现有哪些? 根据病变部位及范围不同临床表现的特点是什么?

3. 如何对喉癌术后气管切开病人进行出院健康指导?

4. 帮助行喉全切除术后病人进行发声重建的方法有哪些?

第四节 急性上呼吸道感染病人的护理

学习目标

识记:
1. 复述急性上呼吸道感染的概念。
2. 列出急性上呼吸道感染的病因及诱因。

理解:
1. 比较不同类型急性上呼吸道感染临床表现的特点。
2. 概括急性上呼吸道感染护理的主要内容。

运用:
指导易感人群预防急性上呼吸道感染的发生。

急性上呼吸道感染(acute upper respiratory tract infection)是鼻腔、咽或喉部急性炎症的总称。常见病原体为病毒,仅有少数由细菌引起。病人不分年龄、性别、职业和地区,具有一定的传染性,有时可引起严重的并发症。

本病全年皆可发病,但冬春季节多发,可通过含有病毒的飞沫或被污染的手和用具传播,多为散发,但可在气候突变时流行。由于病毒类型较多,人体感染各种病毒后产生较弱而短暂的免疫力,且无交叉免疫,同时在健康人群中有病毒携带者,故一个人1年内可多次发病。

【病因与发病机制】

1. **病因** 急性上呼吸道感染有70%~80%由病毒引起。其中主要包括流行性感冒病毒(甲型、乙型、丙型)、副流感病毒、呼吸道合胞病毒、腺病毒、鼻病毒、埃可病毒、柯萨奇病毒、麻疹病毒、风疹病毒等。细菌感染占20%~30%,可直接或继发于病毒感染之后发生,以溶血性链球菌最为多见,其次为流感嗜血杆菌、肺炎链球菌和葡萄球菌等。

2. **诱因** 各种可导致全身或呼吸道局部防御功能降低的原因,如受凉、淋雨、过度紧张或疲劳等均可诱发本病。

3. **发病机制** 当机体或呼吸道局部防御能力降低时,原先存在于上呼吸道或外界侵入的病毒和细菌迅速繁殖,引起本病。年老体弱者、儿童和有慢性呼吸道疾病者易患本病。

【护理评估】

(一)健康史

急性上呼吸道感染可发生于各种人群,注意评估病人年龄、既往身体健康状况,关注年老体弱、儿童及有慢性呼吸道疾病病人。

(二)身体状况

1. **症状和体征** 根据病因和临床表现不同,可分为不同的类型。

(1) 普通感冒(common cold):又称急性鼻炎或上呼吸道卡他,俗称"伤风"。成人多由鼻病毒感染所致,好发于冬春季节。起病较急,以鼻咽部卡他症状为主。初期出现咽痒、咽干或咽痛,或伴有鼻塞、喷嚏、流清水样鼻涕,2~3d后变稠。如有咽鼓管炎可引起听力减退,伴有味觉迟钝、流泪、声嘶和少量黏液痰。全身症状较轻或无症状,可仅有低热、轻度畏寒、头痛、肌痛等不适感等。体格检查可见鼻腔黏膜充血、水肿、有分泌物,咽部轻度充血等体征。如无并发症,经5~7d后痊愈。

Note:

（2）病毒性咽炎和喉炎

1）急性病毒性咽炎：常由鼻病毒、腺病毒、副流感病毒和呼吸道合胞病毒等引起。多发于冬春季节。表现为咽部发痒、不适和灼热感，咽痛短暂且轻，可伴有发热、乏力等。有咽部充血、水肿，颌下淋巴结肿大和触痛等。出现吞咽疼痛时，常提示有链球菌感染；腺病毒感染时，常合并结膜炎。

2）急性病毒性喉炎：由鼻病毒、流行性感冒病毒（简称流感病毒）、副流感病毒和腺病毒等感染所致。表现为声音嘶哑、说话困难、咳嗽时咽喉疼痛，可伴发热或咽炎。体格检查可见喉部充血、水肿，局部淋巴结肿大有触痛，可闻及喉部喘息声。

（3）疱疹性咽峡炎：主要由柯萨奇病毒 A 组所致。好发于夏季，多见于学龄期儿童。表现为咽痛明显，常伴有发热，病程 1 周左右。体格检查可见咽部充血，软腭、悬雍垂、咽和扁桃体表面有灰白色丘疹、疱疹及浅表溃疡，周围有红晕。

（4）咽结膜热：常为腺病毒和柯萨奇病毒等引起。夏季好发，儿童多见，游泳传播为主。病程 4～6d，表现为咽痛、畏光、流泪、发热和咽、结膜明显充血。

（5）细菌性咽-扁桃体炎：多由溶血性链球菌引起，其次由流感嗜血杆菌、肺炎链球菌和葡萄球菌等引起。起病急，咽痛明显，伴畏寒、发热，体温超过 39℃。体格检查可见咽部明显充血，扁桃体肥大、充血，表面有黄色点状渗出物，颌下淋巴结肿大伴压痛。肺部检查无异常体征。

2. 并发症　本病如不及时治疗，可并发急性鼻窦炎、中耳炎、气管支气管炎。部分病人可继发病毒性心肌炎、肾小球肾炎、风湿热等。

（三）辅助检查

1. 血常规　病毒感染者，白细胞计数正常或偏低，淋巴细胞比例升高。细菌感染者，可见白细胞计数和中性粒细胞增多，并有核左移现象。

2. 病原学检查　病毒分离、病毒抗原的血清学检查等，有利于判断病毒类型。细菌培养可判断细菌类型和进行药敏试验。

（四）心理-社会状况

急性上呼吸道感染预后良好，仅有少数年老体弱、有严重并发症病人预后不良。病人一般无明显心理负担。部分病人可因鼻塞、流涕、咳嗽剧烈、咽痛等典型症状影响饮食、休息和睡眠，进而影响日常生活、工作和学习。

【常见护理诊断/问题】

1. **舒适度减弱**　与病毒和/或细菌感染致鼻塞、流涕、咽痛、头痛、肌痛有关。
2. **体温过高**　与病毒和/或细菌感染有关。
3. **潜在并发症**：鼻窦炎、气管支气管炎、肾小球肾炎、心肌炎等。

【计划与实施】

急性上呼吸道感染目前尚无特异抗病毒药物，多以对症和中医治疗为主。经过治疗和护理，评价病人是否能够达到：①无不适症状；②体温恢复正常；③恢复正常工作或学习。

1. **环境与休息**　病人以休息为主，保持室内适宜温、湿度和空气流通。

2. 给予清淡、高能量、丰富维生素、易消化食物，鼓励病人每日保持足够的饮水量，避免刺激性食物，戒烟、戒酒。

3. **防止交叉感染**　注意隔离病人，戴口罩，避免交叉感染。病人咳嗽或打喷嚏时应避免对着他人。

4. **药物治疗与护理**　急性上呼吸道感染常采用中西医结合用药，注意观察药物的不良反应。病毒合并细菌感染，临床可根据病原菌和药敏试验选用抗菌药，如青霉素类、头孢菌素、大环内酯类或氟喹诺酮类及磺胺类抗菌药。广谱抗病毒药利巴韦林对流感病毒、呼吸道合胞病毒等均有较强的抑制作用;吗啉胍对流感病毒、腺病毒和鼻病毒有一定疗效;奥司他韦对甲型流感病毒、乙型流感病毒神经氨酸酶有强效的抑制作用,可缩短病程。对发热、头痛者,可遵医嘱选用解热镇痛药,如对乙酰氨基酚、布洛芬等;鼻塞严重时,可用盐酸麻黄碱滴鼻液滴鼻,但连续使用不宜超过7d;频繁喷嚏、流涕时,给予抗过敏药物;咳嗽明显时可使用镇咳药。应注意部分治疗上呼吸道感染的中成药中常含有西药成分,如速感宁、维 C 银翘片中含有对乙酰氨基酚,如果中药、西药同时服用,可能有增加肝、肾毒性的危险。

5. 健康指导

（1）避免诱发因素:帮助病人及其家属掌握上呼吸道感染的常见诱因,避免受凉、过度疲劳,注意保暖;保持室内空气新鲜、阳光充足;戒烟;在高发季节少去人群密集的公共场所,外出戴口罩,防止交叉感染。

（2）增强免疫力:注意劳逸结合,加强体育活动,提高机体抵抗力及抗寒能力。秋冬季注射流感疫苗。

（3）识别并发症并及时就诊:药物治疗后症状不缓解,或出现耳鸣、耳痛、外耳道流脓等中耳炎症状,或恢复期出现胸闷、心悸,眼睑水肿、腰酸或关节痛者,应及时就诊。

【护理评价】

经过治疗和护理,评价病人是否能够达到:①掌握急性上呼吸道感染的诱发因素,并能进行有效预防;②鼻塞、流涕、咽痛、头痛症状减轻或消失;③恢复正常体温;④恢复健康的机体状态。

（宋英茜）

思 考 题

1. 急性上呼吸道感染根据其病因及临床表现可分为哪些类型?
2. 如何对急性上呼吸道感染病人进行健康指导?

第十四章

下呼吸道及肺部疾病病人的护理

14章 数字内容

第一节 急性气管-支气管炎病人的护理

─── 学习目标 ───

- 识记：
1. 复述急性气管-支气管炎的概念。
2. 概括急性气管-支气管炎的病因。
3. 概括急性气管-支气管炎的治疗与护理的主要内容。

- 理解：
比较急性上呼吸道感染与急性气管支气管炎护理评估的异同。

- 运用：
运用护理程序对急性气管-支气管炎病人进行评估、制订护理计划、提供健康指导。

导入情境与思考

病人,女性,18岁。1d前淋雨后出现鼻塞、流涕,继而出现断续干咳。体温为38.9℃。呕吐数次。诊断为急性支气管炎。

请思考:

(1) 为什么淋雨后病人出现了上述症状?

(2) 针对病人目前的情况首优的护理问题是什么?护理措施为哪些?

急性气管-支气管炎(acute tracheobronchitis)是由生物、物理、化学刺激或过敏等因素引起的气管-支气管黏膜的急性炎症。临床主要症状有咳嗽和咳痰。常见于寒冷季节或气候突变时。可由急性上呼吸道感染蔓延而来,也好发于既往有慢性呼吸系统疾病的病人。

【病因及发病机制】

1. **感染** 导致急性气管支气管炎的主要原因为上呼吸道感染的蔓延,感染可由病毒或细菌引起。常见病毒为腺病毒、流感病毒、冠状病毒、鼻病毒、单纯疱疹病毒、呼吸道合胞病毒和副流感病毒。常见细菌为流感嗜血杆菌、肺炎链球菌、卡他莫拉菌等。可在病毒感染的基础上继发细菌感染。亦可为衣原体和支原体感染。

2. **物理、化学因素** 物理、化学性刺激,如过冷空气、粉尘、刺激性气体或烟雾的吸入使气管-支气管黏膜遭受急性刺激和损伤,可引起炎症反应。

3. **过敏反应** 吸入花粉、有机粉尘、真菌孢子等致敏原,或对细菌蛋白质过敏,钩虫、蛔虫的幼虫在肺内移行,均可引起气管、支气管炎症反应。

【护理评估】

1. **健康史** 评估病人有无上呼吸道感染史,如鼻炎、喉炎等。详细询问病人的工作环境,了解有无刺激性气体(如二氧化硫、二氧化氮、氨气、氯气等)和某些花粉接触史。有无气候骤然变冷的情况。

2. **身体状况** 咳嗽为最常见的症状,常为阵发性咳嗽,先为干咳或有少量黏液性痰,随后可转为黏液脓性或脓性痰液,痰量增多,咳嗽加剧,偶可见痰中带血。病人全身症状一般较轻,可表现为发热(体温38℃左右)、头痛和不适感。发热和全身不适症状一般可于3~5d消退,咳嗽、咳痰可持续2~3周后消失,如迁延不愈,反复发作则可发展为慢性支气管炎。

听诊呼吸音可正常或粗糙,可在两肺听到散在干、湿啰音,啰音部位不固定,咳嗽后减少或消失。

3. **辅助检查** 外周血白细胞计数和分类多无明显改变。细菌感染较重时,白细胞总数和中性粒细胞增高。胸部X线影像检查,大多数表现正常或仅有肺纹理增粗。痰涂片或培养可发现致病菌。

4. **心理-社会状况** 急性气管-支气管炎病人预后良好,多数病人于1周内康复,病人一般无明显心理负担。但如果咳嗽较剧烈,加之伴有发热,可能会影响病人的休息、睡眠,进而影响工作或学习,使病人产生急于缓解咳嗽等症状的焦急心理。

5. **诊断要点** 根据病史、咳嗽和咳痰等症状,两肺散在干、湿啰音等体征,结合血常规和胸部X线影像,可做出临床诊断。病毒和细菌检查有助于病因诊断。

【常见护理诊断/问题】

1. **清理呼吸道无效** 与气管-支气管感染、痰液黏稠有关。

2. **体温过高**　与气管-支气管感染有关。

3. **睡眠型态紊乱**　与剧烈咳嗽、咳痰影响休息有关。

【计划与实施】

既往无慢性呼吸系统疾病的急性气管-支气管炎病人较少需住院治疗。治疗原则是根据病人病情的轻重情况、感染的病原体及药敏试验选择抗菌药抗感染治疗、对症治疗,以减轻症状、缩短病程和预防并发症。经过治疗和护理,病人能够达到:①呼吸道清洁;②体温恢复正常;③恢复正常工作或学习。

1. 保持呼吸道通畅,排出气管、支气管内分泌物,减少痰液在气管、支气管内的聚积,去除细菌生存繁殖的场所,是控制感染、有效治疗的主要环节。应指导病人采取舒适的体位,运用深呼吸进行有效咳嗽。注意咳痰情况,如痰液的颜色、性状、量、气味及咳嗽的频率及程度。如痰液较多且黏稠,可嘱病人多饮水,或遵医嘱给予雾化吸入治疗,以湿润气道、稀释痰液利于排出。

2. **饮食与饮水**　多饮水,补充足够的能量,进食清淡易消化食物。

3. **降低体温**　如病人体温超过 38.5℃ 可给予局部物理降温,可将冷毛巾或冰袋放置于病人前额、腋下或腹股沟处以达到降低体温的效果。也可选用适当的解热镇痛药进行降温,用药后病人出汗较多,注意补充水分。

4. **环境与休息**　嘱病人适当卧床休息,特别是在发热期间,注意保暖,部分病人往往因剧烈咳嗽而影响正常的睡眠,可给病人提供容易入睡的休息环境,保持周围环境安静,关闭门窗,拉上窗帘。指导病人运用促进睡眠的方式,如睡前泡脚、听音乐等。必要时可遵医嘱给予镇咳、祛痰及镇静药物。

5. **药物治疗与护理**　一般在得到病原菌阳性结果前,可遵医嘱选用大环内酯类、青霉素类、头孢菌素类和喹诺酮类等抗菌药。咳嗽无痰,可用镇咳药,如右美沙芬、喷托维林(咳必清)或可待因。咳嗽有痰而不易咳出,可选用祛痰药,如盐酸氨溴索、溴己新(必漱平)和标准桃金娘油肠溶胶囊等,也可用雾化祛痰。根据医嘱选用药物,并告知病人药物的作用、可能发生的副作用和服药的注意事项,如按时服药;对应用抗菌药者,要注意观察有无迟发型超敏反应的发生,发现异常及时就医等。

6. **健康指导**

(1) 增强体质,防止感冒:平时应加强耐寒锻炼,提高机体免疫力,增强体质。生活要有规律,避免过度劳累。对机体抵抗力低,易咳嗽、咳痰的病人,寒冷季节或气候骤然变化时,应注意保暖,外出时可戴口罩,避免寒冷空气对气管、支气管的刺激,积极预防和治疗上呼吸道感染。

(2) 避免刺激及接触变应原:改善劳动和生活环境,减少空气污染,注意自我防护,避免接触或吸入变应原。

【护理评价】

通过治疗和护理,评估病人是否能够达到:①掌握急性气管支气管炎的诱发因素,并能进行有效的预防;②咳嗽、咳痰症状减轻,气道保持通畅;③体温恢复正常;④恢复健康的机体状态。

(王艳玲)

Note:

第二节 肺炎病人的护理

导入情境与思考

病人,男性,30岁,寒战、高热、咳嗽、气促3d。3d前受凉后突然出现寒战、高热,T 39.8℃,以午后、晚间为重,咳嗽、咳暗红色血痰,右侧胸痛,深吸气及咳嗽时加重,伴气促。近1d出现烦躁、出汗,四肢冰冷。食欲差,尿少。既往体健。

请思考:

(1) 接诊后,护士应配合医生实施哪些护理措施?

(2) 护士观察到哪些症状或体征,提示病人病情加重,须立即通知医生?

(3) 护士应给予病人哪些健康指导?

肺炎(pneumonia)是指终末气道、肺泡和肺间质的炎症,可由病原微生物、理化因素、免疫损伤、过敏及药物所致。细菌性肺炎是最常见的肺炎,也是最常见的感染性疾病之一。抗菌药广泛应用以来,肺炎的预后曾有明显改观,但近年来发病率和死亡率不再下降,主要与社会人口老龄化、吸烟、伴有基础疾病、免疫功能低下,加之病原体变迁、医院获得性肺炎(hospital acquired pneumonia,HAP)发病率增加、病原学诊断困难、不合理使用抗生素导致细菌耐药性增加和部分人群贫困化加剧等因素有关。

【分类】

肺炎可按解剖、病因或患病环境加以分类。

1. 按解剖分类

(1) 大叶性肺炎:又称肺泡性肺炎,为肺实质炎症,通常不累及支气管。病原体先在肺泡引起炎症,继之导致部分或整个肺段、肺叶发生炎症改变。致病菌多为肺炎链球菌。

(2) 小叶性肺炎:又称支气管肺炎,指病原体经支气管入侵,引起细支气管、终末细支气管和肺泡的炎症。病原体有肺炎链球菌、葡萄球菌、病毒、肺炎支原体及军团菌等。常继发于支气管炎、支气管扩张症、上呼吸道病毒感染及长期卧床的危重病人。由于支气管腔内有分泌物,听诊常可闻及湿啰音。

(3) 间质性肺炎:以肺间质炎症为主,包括支气管壁、支气管周围间质组织及肺泡壁。可由细菌、支原体、衣原体、病毒或卡氏肺囊虫等引起。呼吸道症状较轻,异常体征较少。

2. 按病因分类

（1）细菌性肺炎：肺炎链球菌、金黄色葡萄球菌、甲型溶血性链球菌、肺炎克雷伯菌、流感嗜血杆菌、铜绿假单胞菌等引起的肺炎。

（2）非典型病原体所致肺炎：如军团菌、支原体、衣原体等引起的肺炎。

（3）病毒性肺炎：如冠状病毒、腺病毒、呼吸道合胞病毒、流感病毒、单纯疱疹病毒等引起的肺炎。

（4）真菌性肺炎：如白念珠菌、曲霉菌等引起的肺炎。

（5）其他病原体所致的肺炎：如立克次体、弓形虫、原虫、寄生虫等引起的肺炎。

（6）理化因素所致的肺炎：如放射性操作引起的放射性肺炎。

3. 按患病环境分类

（1）社区获得性肺炎（community-acquired pneumonia，CAP）：是指在医院外罹患的感染性肺实质炎症，包括具有明确潜伏期的病原体感染而在入院后平均潜伏期内发病的肺炎。常见病原体为肺炎链球菌、支原体、衣原体、流感嗜血杆菌、卡他莫拉菌和呼吸道病毒等。

（2）医院获得性肺炎（hospital-acquired pneumonia HAP）：亦称为医院内肺炎，是指病人住院期间未接受有创机械通气，未处于病原体感染的潜伏期，而于入院48h后在医院内新发生的肺炎。呼吸机相关性肺炎（ventilator-associated pneumonia，VAP）是指行气管插管或气管切开的病人，接受机械通气48h内出现的肺炎。非免疫缺陷病人的HAP多为细菌感染引起，常见病原菌分布及耐药性随地区、医院等级、病人人群、暴露于抗菌药情况不同而异。我国HAP/VAP常见病原菌包括鲍曼不动杆菌、铜绿假单胞菌、肺炎克雷伯菌、大肠埃希菌等。

【病因与发病机制】

正常的呼吸道免疫防御机制（支气管内黏液纤毛装置、肺泡内吞噬细胞等）使下呼吸道免于细菌等致病菌感染。是否发生肺炎主要由致病菌和宿主两个因素决定。如果致病菌数量多、毒力强和/或宿主呼吸道局部和全身免疫防御系统损害，即可发生肺炎。致病菌可通过空气吸入、血行播散、邻近感染部位蔓延、上呼吸道定植菌的吸入引起社区获得性肺炎。误吸胃肠道的定植菌（胃食管反流）和/或通过人工气道吸入环境中的致病菌可引起医院获得性肺炎。致病菌直接抵达下呼吸道，滋生繁殖，引起肺泡毛细血管充血、水肿，肺泡内纤维蛋白渗出及炎症细胞浸润。

1. 细菌性肺炎

（1）肺炎链球菌肺炎：是由肺炎链球菌（或称肺炎球菌）所引起的肺炎，约占社区获得性肺炎的半数。机体免疫功能正常时，肺炎链球菌是寄居在口腔及鼻咽部的一种正常菌群。机体免疫功能受损时，有毒力的肺炎链球菌入侵人体而致病。其致病力是由于荚膜多糖对组织的侵袭作用，首先引起肺泡壁水肿，白细胞与红细胞渗出，含菌渗出液经肺泡间孔（Cohn孔）向肺的中央部分扩展，甚至累及几个肺段或整个肺叶。发病以冬季与初春多见，常与呼吸道病毒感染相伴行。病人常为健康的男性青壮年或老年人。

（2）葡萄球菌肺炎：是由葡萄球菌引起的急性肺化脓性炎症。葡萄球菌的致病物质主要是毒素与酶，具有溶血、杀白细胞和致血管痉挛等作用。其致病力可用血浆凝固酶来测定，阳性者致病力较强，是化脓性感染的主要原因，但其他凝固酶阴性的葡萄球菌亦可引起感染。随着医院内感染的增多，由凝固酶阴性葡萄球菌引起的肺炎也不断增多。医院获得性肺炎中，葡萄球菌感染占11%~25%。常发生于有糖尿病、血液病、艾滋病、肝病或支气管肺疾病等基础疾病者。若不及时有效治疗，病死率甚高。

2. 其他病原体所致肺炎

（1）肺炎支原体肺炎：是由肺炎支原体引起的呼吸道和肺部的急性炎症改变。常同时有咽炎、支气管炎和肺炎。肺炎支原体是介于细菌和病毒之间，兼性厌氧，能独立生活的最小微生物。健康人吸入病人咳嗽、打喷嚏时喷出的口鼻分泌物可感染，即通过呼吸道传播。病原体通常吸附于宿主呼吸道上皮细胞表面、纤毛上皮之间,不侵入肺实质,抑制纤毛活动,破坏上皮细胞。

（2）病毒性肺炎:是由上呼吸道病毒感染,向下蔓延所致的肺部炎症。常见病毒为甲型流感病毒、乙型流感病毒、腺病毒、副流感病毒、呼吸道合胞病毒和冠状病毒等。病人可同时受1种以上病毒感染,呼吸道防御功能降低,常继发细菌感染。呼吸道病毒通过飞沫与直接接触而迅速传播,可暴发或散发流行。密切接触的人群或有心肺疾病者、老年人等易受感染。

病毒性肺炎为吸入性感染,病毒侵入细支气管上皮引起细支气管炎,波及肺间质与肺泡而致肺炎。病变吸收后可留有肺纤维化。

（3）严重急性呼吸综合征:是由SARS冠状病毒引起的一种具有明显传染性、可累及多个器官系统的特殊肺炎,由世界卫生组织（WHO）命名,曾称传染性非典型肺炎。SARS病毒通过短距离飞沫、气溶胶或接触污染的物品传播。该病发病机制未明,可能是SARS病毒通过其表面蛋白与肺泡上皮等细胞上的相应受体结合,导致肺炎的发生。2020年1月12日被世界卫生组织命名为COVID-19的疾病,为新发急性呼吸道传染病,我国命名为新型冠状病毒感染,是新型冠状病毒（SARS-CoV-2）感染所致,轻者为无症状感染或仅有轻微上呼吸道感染症状,重者可伴有呼吸衰竭甚至死亡。传染源主要是新型冠状病毒感染的病人和无症状感染者,在潜伏期即有传染性。因其传染性强,传播迅速,2020年1月30日WHO宣布COVID-19为国际关注的突发公共卫生事件。

（4）真菌性肺炎:肺部真菌感染的发生取决于真菌的致病性、机体的免疫状态及环境条件对机体与真菌之间关系的影响。广谱抗生素、糖皮质激素、细胞毒性药物及免疫抑制剂的广泛使用,人类免疫缺陷病毒（HIV）感染致艾滋病增多,使肺部真菌感染的机会增加。真菌的孢子极易被人体吸入到肺部引起肺真菌感染（外源性）,或使机体致敏,引起表现为支气管哮喘的过敏性肺炎。静脉营养疗法的中心静脉导管如留置时间过长,白念珠菌能在高浓度葡萄糖液中生长,引起白念珠菌感染中毒症。空气中到处有曲霉属孢子,在秋冬及阴雨季节,储藏的谷草发热霉变时更多,若大量吸入可能引起急性气管支气管炎或肺炎。

肺炎链球菌肺炎的病理改变主要呈现4个阶段,即充血期、红色肝变期、灰色肝变期及消散期。肺组织充血水肿,肺泡内浆液渗出及红、白细胞浸润,白细胞吞噬细菌,继而纤维蛋白渗出物溶解、吸收、肺泡重新充气。临床上因早期应用抗生素治疗,此种典型的病理分期已很少见。

【护理评估】

（一）健康史

1. 评估病人年龄、吸烟史、长期饮酒史或是否营养不良,有无生活、饮食、睡眠变化。症状有无明显季节变化。

2. 评估病人是否近期曾有呼吸道感染病史,是否有肺癌、慢性支气管炎、支气管扩张症、慢性阻塞性肺气肿、糖尿病、痴呆、中毒、过敏、艾滋病、血液病等慢性疾病或相关因素存在,有无免疫功能低下情况。询问是否使用过抗生素、激素、化疗药物。1年内是否有住院史,有无误吸、神志异常及胸部或腹部外科手术史。

（二）身体状况

常见症状为咳嗽、咳痰,并可出现脓痰或血痰,伴或不伴胸痛。大多数病人有发热。病变范围大者可有呼吸困难、呼吸窘迫,重症病人可有呼吸频率增快、鼻翼扇动、发绀。肺实变时,叩诊呈浊音,触诊触觉语颤增强,听诊可闻及支气管呼吸音及湿啰音。

肺部革兰氏阴性杆菌感染容易形成多发性肺脓肿,常累及双肺下叶;若波及胸膜,可引起胸膜渗液或脓胸。

1. **肺炎链球菌肺炎**　常有受凉、淋雨、疲劳、醉酒、病毒感染等诱因。病人在发病前多有上呼吸道感染的前驱症状。起病急骤,有寒战、高热。体温在数小时内上升至39~40℃,可呈稽留热型,高峰在下午或傍晚。痰少,可带血或呈铁锈色。食欲锐减,偶有恶心、呕吐、腹胀、腹泻等。患侧胸痛,可放射至

肩部或腹部,随深呼吸或咳嗽加剧。肺炎发生于下叶者,炎症累及膈胸膜,重症病人有肠胀气、上腹部压痛症状,类似急腹症。病人呈急性病容,面颊绯红,呼吸急促,心率快、发绀。严重感染时,可伴发休克、急性呼吸窘迫综合征及神经精神症状,表现为神志模糊、烦躁不安、呼吸困难、嗜睡、谵妄和昏迷等。

2. **葡萄球菌肺炎**　病人起病多急骤,出现寒战、高热,体温高达 39～40℃,胸痛,咳大量脓性痰,带血丝或呈脓血状。全身肌肉和关节酸痛,精神萎靡,病情严重者可出现周围循环衰竭。院内感染者常起病隐袭,体温逐渐上升。老年人症状可不明显。

3. **肺炎支原体肺炎**　通常起病缓慢,潜伏期 2～3 周,症状主要为乏力、咽痛、头痛、咳嗽、发热、食欲缺乏、肌肉酸痛等。咳嗽多为刺激性咳嗽,咳少量黏液痰,发热可持续 2～3 周,体温恢复正常后可能仍有咳嗽。偶伴有胸骨后疼痛。

4. **病毒性肺炎**　一般临床症状与支原体肺炎症状相似。起病较急,发热、头痛、全身酸痛、乏力等症状较突出。有咳嗽、少痰或白色黏液痰、咽痛等症状。老年人或免疫功能受损的重症病人,可表现为呼吸困难、发绀、嗜睡、精神萎靡,甚至并发休克、心力衰竭和呼吸衰竭,严重者可发生急性呼吸窘迫综合征。

5. **严重急性呼吸综合征**　起病急骤,多以发热为首发症状,体温在 38℃ 以上,可有寒战、咳嗽、少痰、心悸、气促,甚至呼吸窘迫。可伴有肌肉酸痛、头痛、关节痛、乏力、腹泻等症状。

（三）辅助检查

1. **肺炎链球菌肺炎**　血白细胞计数(10～20)×10^9/L,中性粒细胞多在 80% 以上,并有核左移,细胞内可见中毒性颗粒。年老体弱、免疫功能低下者,中性粒细胞百分比增高,白细胞计数可不升高或降低。痰直接涂片可见革兰氏阳性、带荚膜的双球菌或链球菌。

X 线检查早期仅见肺纹理增粗或受累的肺段、肺叶稍模糊。随病情进展,可为大片炎症浸润阴影或实变阴影。在实变阴影中可见支气管充气征,肋膈角可有少量的胸腔积液。在消散期,X 线显示炎性浸润逐渐吸收,片状区域吸收较快,呈"假空洞"征。多数病例在起病 3～4 周后才完全吸收。老年人因病灶消散较慢而可能成为机化性肺炎,X 线征象为外形不整齐,显示不均匀的致密阴影。

2. **葡萄球菌肺炎**　胸部 X 线显示肺段或肺叶实变,可形成空洞,或呈小叶状浸润,其中有单个或多个液气囊腔。亦可表现为一处炎性浸润消失而另一处出现新的病灶,或很小的单一病灶发展为大片阴影。病变 2～4 周后完全消失,偶可遗留少许条索状阴影或肺纹理增多等。

3. **肺炎支原体肺炎**　血白细胞计数正常或略增高,以中性粒细胞为主。起病 2 周后,约 2/3 的病人冷凝集试验阳性,滴度效价 ≥1∶32,尤以滴度逐渐升高更有价值。约半数病人对链球菌 MG 凝集试验阳性。还可评估肺炎支原体直接检测、支原体 IgM 抗体、免疫印迹法和聚合酶链反应(PCR)等检查结果。X 线检查肺部可呈多种形态的浸润影,呈节段性分布,以肺下野为多见,有的从肺门附近向外伸展。3～4 周后病变可自行消失。

4. **病毒性肺炎**　白细胞计数正常、略增高或偏低。评估病毒培养、血清学检查及病毒抗原的检测结果。呼吸道分泌物中细胞核内的包涵体可提示病毒感染,但并非一定来自肺部。须进一步评估下呼吸道分泌物或肺活检标本培养是否分离出病毒。X 线检查可见肺纹理增多,小片状或广泛浸润。病情严重者,显示双肺呈弥漫性结节浸润,而肺叶实变及胸腔积液者不多见。

5. **严重急性呼吸综合征**　X 线检查 1 周内逐渐出现肺纹理粗乱的间质性改变,斑片状或片状渗出影,典型的改变为磨玻璃影及肺实变影。可在 2～3d 波及一侧肺野或两肺。病变后期,部分病人肺部有纤维化改变。

（四）心理-社会状况

评估病人对健康意义的认识,对维持健康及对待生活的态度。评估病人和家属对疾病、疾病的严重程度、用药情况的认识,了解自我护理的态度和能力。评估其家庭成员的关系,家庭的照顾能力,生活来源和经济收入,支付医疗费用的能力。

Note:

（五）肺炎严重程度评估

肺炎严重性取决于 3 个主要因素:肺部局部严重程度,肺部炎症的播散和全身炎症反应程度。我国推荐使用 CURB-65 作为判断 CAP 是否需要住院治疗的标准,满足 1 项得 1 分:①意识障碍;②尿素氮(BUN)>7mmol/L;③呼吸频率≥30 次/min;④收缩压<90mmHg 或舒张压≤60mmHg;⑤年龄≥65岁。评分 0~1 分,原则上门诊治疗。如果 CAP 符合下列 1 项主要标准或≥3 项次要标准诊断为重症肺炎(图 14-2-1),建议收入 ICU 治疗。主要标准:①需要有创机械通气;②感染性休克(septic shock)经积极液体复苏后仍需要应用血管活性药治疗。次要标准:①呼吸频率≥30 次/min;②氧合指数(PaO_2/FiO_2)≤250mmHg;③多肺叶浸润;④意识障碍/定向力障碍;⑤血尿素氮(BUN≥7.14mmol/L);⑥收缩压<90mmHg,需要强力的液体复苏。

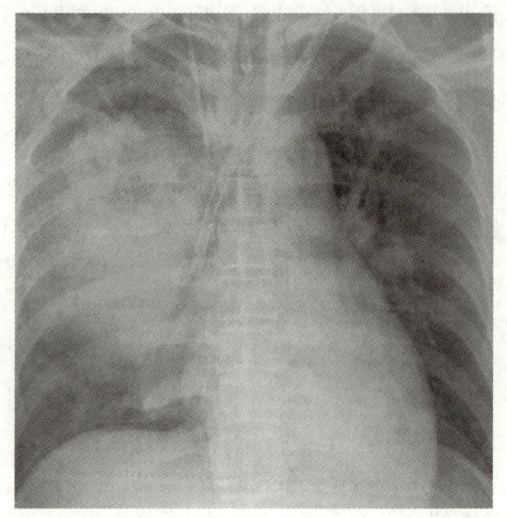

图 14-2-1　重症肺炎 X 线表现（接受 ECMO 治疗期间）

【常见护理诊断/问题】

1. **气体交换受损**　与肺部炎症、痰液黏稠等引起通气和换气功能障碍有关。
2. **清理呼吸道无效**　与肺部炎症、痰液黏稠、咳嗽无力有关。
3. **体温过高**　与致病菌引起肺部感染有关。
4. **急性疼痛**　与肺部炎症累及胸膜有关。
5. **潜在并发症:感染性休克。**
6. **知识缺乏:缺乏疾病发生、发展、治疗等相关知识。**

【计划与实施】

肺炎治疗的最主要环节是抗感染治疗。可根据本地区流行病学资料选择覆盖病原体的抗菌药,或者根据细菌培养和药敏试验结果选择,还须考虑病人的年龄,有无基础疾病,是否有误吸,住普通病房还是重症监护病房,住院时间长短和肺炎的严重程度等,选择抗生素和给药途径。辅助支持治疗和对症处理,发生感染性休克时应及时进行抗休克和抗感染等处理。

经过治疗和护理,评估病人是否能够达到:①维持正常的呼吸功能,能完成日常活动,无疲劳、气促、发绀,血氧饱和度达 90%~100%。②保持气道通畅。③恢复正常体温。④胸部疼痛缓解。⑤维持血压在正常范围之内。⑥陈述并实施预防肺部感染的措施。

（一）促进有效的气体交换

1. **环境与休息**　保持室内空气清新,室温 18~20℃,湿度 55%~60%。病室环境安静、清洁、舒适。保证病人有足够的休息,限制其活动,以减少氧气消耗。限制探视,避免因谈话过多影响体力。集中安排治疗和护理活动,尽量减少打扰病人休息。

2. **体位**　指导或协助病人采取合适的体位,对于意识障碍的病人,如病情允许可取半卧位,增加肺通气量,或侧卧位,以预防或减少分泌物吸入肺内。注意每 2h 变换体位 1 次,以促进肺扩张,减少分泌物淤积在肺部而引起并发症。

3. **氧疗**　气急、发绀者给予吸氧,提高其血氧饱和度,增加病人的舒适度,减轻焦虑程度。氧流量一般为 4~6L/min,若为 COPD 病人,应给予低流量持续吸氧。注意观察病人呼吸频率、节律、深度的变化,有无皮肤色泽和意识状态改变,监测动脉血气分析结果,如果病情恶化,准备行气管插管和呼吸机辅助通气。

Note:

4. 药物治疗与护理　遵医嘱及时使用抗菌药治疗,一般热退后 2～3d 且呼吸道症状明显改善后停药。轻、中度 CAP 病人疗程 5～7d,重症并伴有肺外并发症者适当延长抗感染疗程。肺炎链球菌肺炎首选青霉素类,青霉素过敏或耐药者常用氟喹诺酮类;支原体肺炎首选大环内酯类抗菌药;多重耐药菌感染应选用万古霉素。

（二）保持气道通畅

1. 痰液观察　观察痰液颜色、性状、气味和量,如肺炎球菌肺炎病人的痰呈铁锈色,厌氧菌感染者痰液多有恶臭味等。

2. 痰液检查　遵医嘱留取新鲜痰标本进行痰培养和药敏试验。采集痰标本最好在抗生素应用前,取呼吸道深部痰液,室温下采集后应在 2h 内送检。

3. 咳嗽、咳痰的护理　鼓励和协助病人有效咳嗽、排痰,及时清除口腔和呼吸道内痰液、呕吐物。痰液黏稠不易咳出时,病情允许下可扶病人坐起,给予其叩背,协助咳痰。鼓励病人饮水,每日1～2L,维持足够的液体摄入量;遵医嘱应用祛痰药及雾化吸入,稀释痰液,促进痰液的排出。必要时吸痰,预防窒息。

4. 消毒隔离　注意预防医院内感染,严格执行消毒隔离制度。病人的痰液用含消毒液的容器盛装或塑料袋及卫生纸收集后妥善处理。

（三）维持机体正常体温

1. 体温监测　密切观察病人体温的变化,体温超过 37.5℃,应每 4h 测体温 1 次,注意观察病人体温过高的早期症状和体征,体温突然升高或骤降时,应随时测量和记录,并及时报告医生。

2. 降温护理　体温大于 38.5℃时,应采取物理降温,如在额头上冷敷湿毛巾、温水擦浴、酒精擦拭、冰水灌肠等。如应用药物降温,病人出汗后应及时更换衣服和被褥,保持皮肤的清洁和干燥,并注意保暖。

3. 口腔护理　协助病人进行口腔护理,鼓励多漱口,口唇干燥时可涂防护唇油。

4. 饮食护理　补充足够的蛋白质、能量、维生素。宜少食多餐,避免压迫膈肌。若有明显麻痹性肠梗阻或胃扩张,应暂时禁食水,遵医嘱给予病人胃肠减压,直至肠蠕动恢复。

（四）缓解或消除胸痛

病人胸痛时,常随呼吸、咳嗽加重,可采取患侧卧位,在咳嗽时应用枕头等物夹紧胸部,必要时用宽胶布固定胸廓,以降低患侧胸廓活动度,减轻疼痛。注意维持病人舒适的体位。疼痛剧烈者,遵医嘱应用少量镇痛、镇咳药,缓解疼痛和改善肺通气,如口服可待因,注意评价用药后效果。烦躁不安、谵妄、失眠酌情用镇静药,禁用抑制呼吸的镇静药。

（五）感染性休克的护理

1. 观察休克的征象　密切观察病人生命体征和病情的变化。发现病人神志模糊、烦躁、发绀、四肢湿冷、脉搏弱、脉压变小、呼吸浅快、面色苍白、尿量减少(<30ml/h)等休克早期症状时,及时报告医生,及时采取救治措施。

2. 环境与体位　应将感染性休克的病人安置在重症监护室,注意保暖和安全。取休克体位,以利于呼吸和静脉回流,增加心输出量。尽量减少搬动病人。

3. 补充血容量,纠正水、电解质和酸碱平衡失调　尽快建立 2 条静脉通路,遵医嘱补充液体,维持有效血容量,减低血液的黏滞度,防止弥散性血管内凝血。有酸中毒者,静脉滴注 5%的碳酸氢钠时,因其配伍禁忌较多,宜单独输入。注意补液不宜过多过快,以免发生心力衰竭与肺水肿。伴有中毒性心肌炎时,应及时减慢输液速率,遵医嘱用毒毛苷 K 或毛花苷 C 静脉注射,防治心力衰竭。若血容量已补足而 24h 尿量仍<400ml、尿比重<1.018 时,应及时报告医生,注意是否合并急性肾损伤。随时观察病人全身情况、血压、尿量、尿比重、血细胞比容等,监测中心静脉压,作为调整补液速率的指标,以中心静脉压不超过 10cmH$_2$O,尿量 30ml/h 以上为宜。

4. 加强控制感染　严格遵医嘱给予病人有效抗生素治疗。使用中注意观察药物的疗效及副作用,如体温和症状的变化,发现皮疹、胃肠道症状等异常及时报告医生。

5. 应用血管活性药的护理　在应用血管活性药,如多巴胺、间羟胺(阿拉明)时,应注意防止液体溢出血管外,引起局部组织坏死和影响疗效。可应用输液泵单独一静脉通路输入血管活性药,根据血压随时调整滴速,维持收缩压在 90~100mmHg,保证重要器官的血液供应,改善微循环。

6. **心理护理**　及时向病人介绍病情,解释各种症状和不适的原因,说明各项诊疗、护理操作目的、操作程序和配合要点,主动询问和关心病人的需要,帮助病人树立治愈疾病的信心。

7. **病情转归观察**　随时监测和评估病人意识、血压、脉搏、呼吸、体温、皮肤温度及色泽、黏膜色泽、尿量的变化,判断病情转归。如病人神志逐渐清醒、皮肤转红、脉搏有力、呼吸平稳规则、血压回升、尿量增多、皮肤及肢体变暖,预示病情已好转。临床稳定标准需符合下列 5 项指标:①体温≤37.8℃;②心率≤100 次/min;③呼吸频率≤24 次/min;④收缩压≥90mmHg;⑤SaO_2≥90%(或吸空气条件下,PaO_2≥60mmHg)。

(六)健康指导

向病人提供肺炎发生、发展、治疗和有效预防方面的知识。

1. **避免诱因**　指导病人及其家属了解肺炎的病因和诱因,避免受凉、淋雨、酗酒和过度疲劳,尤其是年老体弱和免疫功能低下者,如患糖尿病、慢性肺疾病、慢性肝病、血液病、营养不良、艾滋病等。天气变化时随时增减衣服,预防上呼吸道感染,可注射肺炎疫苗,使病人产生免疫力。

2. **休息与活动**　注意休息,劳逸结合,生活有规律性,平时注意锻炼身体,增加营养物质摄入,提高机体抵抗疾病的能力。

3. **加强易感人群护理**　对意识障碍、患慢性病、长期卧床者,应注意经常改变体位、翻身、叩背,鼓励并协助病人排出气道分泌物,有感染征象时及时就诊。

4. **出院后护理**　出院后需继续用药者,应指导病人遵医嘱按时服药,向病人介绍所服药物的疗效、用法、疗程、副作用,防止自行停药或减量。指导病人观察疾病复发症状,如出现发热、咳嗽、呼吸困难等不适症状时,应及时赴医院就诊。告之病人随诊的时间及需要准备的有关资料,如胸部 X 线影像、CT 等。

【护理评价】

经过治疗和护理后,评估病人是否达到:①维持正常的呼吸型态,血氧饱和度达 90%~100%;②有痰能够咳出,或无痰;③体温在正常范围之内;④胸痛消失;⑤血压在正常范围之内;⑥能陈述并实施预防肺部感染的措施。

(王艳玲)

知识链接

居家护理预防坠积性肺炎

坠积性肺炎是卧床病人的一种最常见呼吸道并发症,多为混合菌感染,包括细菌、病毒和/或真菌感染,以革兰氏阴性菌较为常见,常见于失能或半失能老年病人,他们大多患有脑卒中、骨折、痴呆等原发病。坠积性肺炎的发生不仅会导致病人通气功能障碍,加重病人的缺氧、感染、中毒的症状,损害病人肺组织和血管内皮细胞,而且还不利于病人原发疾病的治疗和康复,发生了坠积性肺炎的病人如果未及时治疗,很可能会因多器官功能衰竭而死亡。有研究表明,68.1%卧床病人在半年内因肺炎而死亡,其中 3 个月内因坠积性肺炎死亡的病人占 16.56%。一旦发生坠积性肺炎,病人的生存质量将会降低,住院率和死亡率将会增加,所以预防坠积性肺炎的发生尤为重要。在《北京市互联网居家护理服务项目目录(2022 版)》中,健康评估与健康指导的服务内容中均设置针对坠积性肺炎的护理项目。由此可见,坠积性肺炎在居家护理中受到了越来越多的重视。有效的居家护理工作会降低病人坠积性肺炎的发生率,提高病人的生活质量。

思 考 题

1. 肺炎病人主要的临床症状有哪些? 判断病情严重程度的指标有哪些?
2. 出现感染性休克的肺炎病人的护理要点有哪些?

第三节　支气管哮喘病人的护理

学 习 目 标

- 识记:
  1. 陈述支气管哮喘的概念、危险因素、典型症状、健康指导要点。
  2. 列举支气管哮喘主要治疗药物的种类、用药途径和护理要点。
- 理解:
  1. 解释支气管哮喘的危险因素、发病机制、临床分期及控制水平分级。
  2. 说明支气管哮喘病人相关辅助检查的临床意义。
- 运用:
  能为支气管哮喘病人进行护理评估,提出护理诊断/问题并制订护理计划。

 导入情境与思考

　　病人,女性,40 岁,间断胸闷、喘息 10 余年,未规律治疗,间断吸入沙丁胺醇控制症状。近日装修房屋,1d 前闻油漆味后出现呼吸困难,夜间不能平卧,吸入沙丁胺醇后呼吸困难不能缓解就诊,考虑支气管哮喘急性发作住院治疗。病人大汗,讲话困难,精神紧张。体格检查:R 28 次/min,HR 100 次/min,BP 130/70mmHg,可见三凹征,听诊双肺满布哮喘音。

　　请思考:

　　(1) 目前该病人的主要护理问题和护理措施有哪些?

　　(2) 病人经治疗后好转,出院时医生嘱其长期吸入糖皮质激素控制哮喘发作。病人询问责任护士症状好转后是否可停药? 在使用时应注意哪些问题? 应如何回答病人上述问题?

　　支气管哮喘(bronchial asthma)简称哮喘,是由多种细胞和细胞组分参与的慢性气道炎症性疾患。临床表现为反复发作的喘息、气急,伴或不伴胸闷或咳嗽等症状,常在夜间和/或清晨发作、加剧,同时伴有气道高反应性和可变的气流受限。哮喘是一种异质性疾病,病人具有不同的临床表型。

　　流行病学调查显示,全球哮喘病人达 3.58 亿,亚洲的成人哮喘患病率为 0.7%~11.9%。2012—2015 年在我国 10 个省市进行的"中国肺健康研究"结果显示,我国 20 岁及以上人群的哮喘患病率为 4.2%。近年我国哮喘的规范化诊治得到广泛推广,哮喘控制率总体有明显提高,但仍低于发达国家。

【诱因或危险因素】

　　哮喘是一种有多基因遗传倾向的疾病,其发病具有家族集聚现象。病人个体的过敏体质与外界环境的相互作用是发病的重要因素。环境中常见的导致哮喘急性发作的诱因见表 14-3-1。

表 14-3-1 支气管哮喘的常见诱因

类别	诱因
急性上呼吸道感染	病毒、细菌、支原体
室内变应原	尘螨、家养宠物、霉菌、蟑螂等
室外变应原	花粉、草粉等
职业性变应原	油漆、饲料、活性染料等
食物	鱼、虾、蛋类、牛奶等
药物	阿司匹林、抗生素等
非变应原因素	寒冷、运动、精神紧张、焦虑、过劳、烟雾(包括香烟、污染空气、厨房油烟)、刺激性食物等

【发病机制】

哮喘的发病机制不完全清楚,目前认为哮喘与气道免疫-炎症机制、神经调节机制及其相互作用有关。

(一) 气道免疫-炎症机制

(1) 气道炎症形成机制:气道慢性炎症是哮喘的基本特征。外源性变应原进入具有特异性体质的机体后被抗原提呈细胞(如树突状细胞、巨噬细胞、嗜酸性粒细胞)内吞并激活 T 细胞,活化的辅助性 Th2 细胞产生白介素激活 B 淋巴细胞,可刺激机体合成特异性 IgE,并结合于肥大细胞和嗜碱性粒细胞表面的 IgE 受体。当变应原再次进入体内,可与结合在细胞表面上的 IgE 交联,使该细胞合成并释放多种活性介质导致平滑肌收缩、黏液分泌增加、血管通透性增高和炎症细胞浸润,出现哮喘的临床症状。另外,活化的 Th2 细胞分泌的白介素(IL)等细胞因子可以直接激活肥大细胞、嗜酸性粒细胞及肺泡巨噬细胞等多种炎症细胞,在气道浸润和聚集。这些细胞相互作用并进一步分泌多种炎症介质、细胞因子及趋化因子,构成与炎症细胞相互作用的复杂网络,导致气道慢性炎症。

(2) 气道高反应性(airway hyperresponsiveness,AHR):指气道对各种刺激因子呈现的高度敏感状态,表现为病人接触这些刺激因子时,气道出现过强或过早的收缩反应。目前认为,气道炎症是导致气道高反应性的重要机制之一,当气道受到变应原或其他刺激后,由于多种炎症细胞、炎症介质和细胞因子的参与,气道上皮的损害和上皮下神经的裸露等导致气道高反应性。AHR 是支气管哮喘的基本特征,有症状的哮喘病人几乎都存在 AHR。但是,出现 AHR 者并非都是支气管哮喘,如长期吸烟、病毒性上呼吸道感染、慢阻肺等也出现 AHR。

(3) 气道重构(airway remodeling):是哮喘的重要病理特征,表现为气道上皮细胞黏液化生,平滑肌肥大/增生、上皮下胶原沉积和纤维化、血管增生等。其发生主要与持续存在的气道炎症和反复的气道上皮损伤/修复有关,多出现在反复发作,长期未能良好控制的哮喘病人。气道重构可导致哮喘病人对吸入激素的敏感性降低,出现不可逆的气流受限和持续的 AHR。

(二) 神经调节机制

支气管受复杂的自主神经支配,除胆碱能神经元和肾上腺素能神经元外,还受非肾上腺素能非胆碱能(NANC)神经系统支配。支气管哮喘病人存在 β 肾上腺素受体功能低下和胆碱能神经元张力增加。NANC 能释放舒张支气管平滑肌的神经介质和收缩支气管平滑肌的介质,如两者平衡失调则可引起支气管平滑肌的收缩。

【护理评估】

(一) 健康史

1. 护士须了解病人是否暴露在室内或室外变应原中,家中是否有宠物,天气变化、锻炼及呼吸道

Note:

感染对健康的影响。了解吸烟史,包括吸烟的时间,每日吸烟量及烟的种类。

2. 了解哮喘控制药物的使用情况及病人的用药依从性。

3. 评估哮喘控制情况。哮喘控制测试(asthma control test,ACT)问卷是评估病人哮喘控制水平的问卷,可帮助了解哮喘的控制情况。

4. 询问既往健康情况,有无过敏性鼻炎或鼻窦炎,胃食管反流、抑郁、焦虑等;既往哮喘发作的情况,是否有食物、药物过敏史。

5. 询问家庭成员中哮喘患病情况。

知 识 链 接

哮喘控制测试（ACT）问卷

问题	1分	2分	3分	4分	5分
1. 在过去4周内,在工作、学习或家中,有多少时间哮喘妨碍您进行日常活动?	所有时间	大多数时间	有些时间	很少时间	没有
2. 在过去4周内,您有多少次呼吸困难?	每日不止1次	每日1次	每周3~6次	每周1~2次	完全没有
3. 在过去4周内,因为哮喘症状(喘息、咳嗽、呼吸困难、胸闷等),您有多少次在夜间醒来或早上比平时早醒?	每周4次或更多	每周2~3次	每周1次	1~2次	没有
4. 在过去4周内,您有多少次使用急救药物治疗(如沙丁胺醇)?	每日3次以上	每日1~2次	每周2~3次	每周1次或更少	没有
5. 您如何评估过去4周内您的哮喘控制情况?	没有控制	控制很差	有所控制	控制良好	完全控制

注:25分,哮喘得到良好控制;20~24分,哮喘部分控制;<20分,哮喘未控制。

（二）身体状况

1. **症状**　典型的症状为发作性伴有哮鸣音的呼气性呼吸困难。严重者被迫采取坐位或端坐呼吸,干咳或咳大量白色泡沫痰,甚至出现发绀。哮喘症状可在数分钟内发作,经数小时至数天,用支气管舒张药物治疗后或自行缓解。夜间及凌晨发作和加重是哮喘的重要特征。哮喘症状在运动时出现称为运动性哮喘。某些病人可表现为没有喘息症状的不典型哮喘,如发作性咳嗽、胸闷或其他症状。以咳嗽为唯一症状的不典型哮喘称为咳嗽变异性哮喘(cough variant asthma,CVA)。以胸闷为唯一症状的不典型哮喘称为胸闷变异性哮喘(chest tightness variant asthma)。

2. **体征**　哮喘发作时,病人会自然地采取坐姿,将身体向前倾。听诊双肺可闻及广泛的哮鸣音,呼气音延长。非常严重的哮喘发作哮鸣音反而减弱甚至消失,是病情危重表现。严重哮喘者可出现呼吸频率和心率增快,出现奇脉、胸腹矛盾呼吸和发绀。非发作期可无异常表现。

（三）辅助检查

1. **肺功能检查**

（1）通气功能检测:哮喘发作时呈阻塞性通气功能障碍,呼气流速指标显著下降,第1秒用力呼气容积(FEV_1)、FEV_1占用力肺活量的比值(FEV_1/FVC)及呼气流量峰值(PEF)均下降;用力肺活量(FVC)正常或下降;残气量及残气量与肺总量的比值增加。缓解期上述通气功能指标可逐渐恢复。

(2) 支气管激发试验(bronchial provocation test,BPT):用以测定气道反应性。吸入激发剂(常用乙酰甲胆碱、组胺)后通气功能下降、气道阻力增加。在设定的激发剂量范围内,如FEV_1下降≥20%,判读结果为阳性,提示存在气道高反应性。BPT适用于非哮喘发作期、FEV_1在正常预计值70%以上病人的检查。

(3) 支气管舒张试验(bronchial dilation test,BDT):用以测定气道的可逆性。有效的支气管舒张剂可使气道痉挛改善,常用的支气管舒张剂有沙丁胺醇。使用支气管舒张剂20min后再次测定肺功能,如FEV_1较用药前增加>12%,且其绝对值增加>200ml,判读结果为阳性,提示存在可逆性的气道阻塞。

(4) 呼气流量峰值(peak expiratory flow,PEF)及其变异率测定:PEF即充分吸气后用力呼气时的最高流量,可反映气道通气功能的变化。哮喘发作时PEF下降。若24h或昼夜PEF变异率≥20%,则符合气流受限可逆性改变的特点。

病人可以使用峰流量计自行检测PEF变异率。目前主要有机械式和电子式两种类型。

测定方法:受试者取立位,先平静呼吸数次,后快速深吸气至肺总量位,迅速将峰流量计的咬口含入口腔,用口唇包紧,立即以最快的速率用力呼气至残气位,中间不能停顿。这时游标指示刻度显示为PEF值。间隔5~10min后重复1次,至少测3次,取最大PEF值为每次测定值。每日清晨和睡前定时测定PEF,至少连续监测1周后,计算每日PEF变异率。计算方法:PEF日变异率=(最高值-最低值)/[(最高值+最低值)/2]×100%,其中最高值和最低值均为当日测量值。

平均每日昼夜PEF变异率>10%,提示存在可逆性改变。计算方法:至少连续7d每日PEF昼夜变异率之和/总天数。

2. 胸部X线/CT检查　哮喘发作时可见两肺透亮度增加,呈过度通气状态;缓解期多无明显异常。部分病人胸部CT可见支气管壁增厚、黏液阻塞。

3. 痰液检查　痰涂片在显微镜下可见较多嗜酸性粒细胞。

4. 血气分析　哮喘严重发作时病人可有缺氧,PaO_2降低。由于过度通气可使$PaCO_2$降低,pH升高,表现为呼吸性碱中毒。如重症哮喘,气道阻塞严重时,可致CO_2潴留,$PaCO_2$升高,表现为呼吸性酸中毒。如缺氧明显时,可合并代谢性酸中毒。

5. 特异性变应原的检测　哮喘病人大多为过敏体质,对众多的变应原和刺激物敏感。测定变应性指标结合病史,有助于对病人的病因诊断及减少或避免接触致敏因素。检测方法有:①外周血变应原特异性IgE检测:可检测到增高的变应原特异性IgE,增高的程度可作为重症哮喘使用抗IgE抗体治疗的依据;②体内变应原试验:常用皮肤变应原测试,即根据病史和当地生活环境选择可疑变应原,通过皮肤点刺等方法进行测试,阳性提示病人对该变应原过敏。可用于指导避免接触变应原及脱敏治疗。

(四) 诊断标准

1. 典型哮喘的症状和体征,包括:①反复发作的喘息、气急、胸闷或咳嗽,多与接触变应原、理化刺激、上呼吸道感染、运动等因素有关。②发作时双肺可闻及散在或弥漫性哮鸣音,呼气相延长。③上述症状和体征经治疗后缓解或自行缓解。

2. 可变的呼气气流受限客观证据　具有以下客观检查中的任1条:①支气管激发试验阳性;②支气管舒张试验阳性;③PEF平均每日昼夜变异率>10%(每日监测2次、至少7天)或PEF周变异率>20%。PEF周变异率计算方法:[(2周内最高PEF值-最低PEF值)/(2周内最高PEF值+最低PEF值)×1/2]×100%。

Note:

符合上述1、2条,并除外其他疾病引起的喘息、气急、胸闷、咳嗽,可以诊断为哮喘。

知 识 链 接

哮喘合并慢性阻塞性肺疾病

　　2014 年慢阻肺全球防治倡议（GOLD）和全球哮喘防治创议（GINA）科学委员会联合制定了有关指南，提出"哮喘-慢阻肺重叠综合征"（asthma-COPD overlap syndrome，ACOS）的概念。ACOS 的特征是持续性气流受限，同时具有哮喘和慢阻肺相关的临床特点。后改称 ACO。目前的研究认为，ACO 不是一个独立的疾病，而是哮喘和慢阻肺 2 个疾病的共存。具有慢性气道疾病症状的病人中，ACO 的患病率在 15%~20%。ACO 治疗推荐联合使用吸入型糖皮质激素（ICS）、长效 β_2 受体激动剂（LABA）、长效抗胆碱药（LAMA）。同时应戒烟、肺康复、疫苗接种和合并症治疗。

（五）分期和分级

　　根据临床表现，支气管哮喘可分为急性发作期、慢性持续期和临床控制期。

　　1. **急性发作期**　指病人喘息、气促、咳嗽、胸闷等症状突然发生或原有症状加重，以呼气流量峰值降低为其特征，常因接触变应原等刺激物或治疗不当所致。哮喘急性发作时其程度轻重不一，可在数小时或数天出现。哮喘急性发作时的严重程度可分为轻度、中度、重度和危重，见表 14-3-2。

表 14-3-2　哮喘急性发作时的严重程度分级

临床特点	轻度	中度	重度	危重
气短	步行、上楼时	稍事活动	休息时	休息时，明显
体位	可平卧	喜坐位	端坐呼吸	端坐呼吸或平卧
讲话方式	连续成句	单词	单字	不能讲话
精神状态	可有焦虑，尚安静	时有焦虑或烦躁	常有焦虑、烦躁	嗜睡或意识模糊
出汗	无	有	大汗淋漓	大汗淋漓
呼吸频率/(次·min^{-1})	轻度增加	增加	常>30	常>30
辅助呼吸肌活动及三凹征	常无	可有	常有	胸腹矛盾呼吸
哮鸣音	散在，呼吸末期	响亮，弥漫	响亮，弥漫	减弱至无
脉率/(次·min^{-1})	<100	100~120	>120	脉率变慢或不规则
奇脉	无	可有	常有	无，提示呼吸肌疲劳
最初应用支气管舒张剂治疗后 PEF 占预计值%	>80%	60%~80%	<60%，或绝对值<100L/min，或作用时间<2h	无法完成检测
PaO_2/mmHg（吸空气）	正常	≥60	<60	<60
$PaCO_2$/mmHg	<45	≤45	>45	>45
SaO_2/%（吸空气）	>95	91~95	≤90	≤90
pH	正常	正常	可降低	降低

　　2. **慢性持续期**　指病人虽然没有哮喘急性发作，但是在相当长的时间内仍有不同频度和不同程度的喘息、咳嗽、胸闷等症状，可伴有肺通气功能下降。目前临床常用哮喘控制水平来评估慢性持续期哮喘严重性。见表 14-3-3。

　　3. **临床缓解期**　是指病人无喘息、气促、胸闷、咳嗽等症状，并维持 1 年以上。

Note：

表 14-3-3 哮喘控制水平的分级

A:哮喘症状控制			哮喘症状控制水平		
			良好控制	部分控制	未控制
过去 4 周,病人存在:					
白天哮喘症状>2 次/周	是□	否□			
夜间因哮喘憋醒	是□	否□	无	存在 1~2 项	存在 3~4 项
使用缓解药次数>2 次/周	是□	否□			
哮喘引起的活动受限	是□	否□			
B:未来风险评估(急性发作风险、病情不稳定,肺功能迅速下降,药物不良反应)					

与未来不良事件风险增加的相关因素包括:
临床控制;过去一年频繁急性发作;曾因严重哮喘住院治疗;FEV_1 低;烟草暴露;高剂量药物治疗

(六)心理-社会状况

虽然哮喘不是心身疾病,但是病人可能因为压力导致症状加重。某些诱因可引起哮喘发作而致病人易紧张、焦虑、恐慌。哮喘发作时的呼吸困难常伴恐惧和悲观失望。这些情绪和心理因素会通过胆碱能神经元反应引起气道收缩,形成恶性循环。护士应了解病人精神及情绪状况,以及工作学习、家庭生活及经济状况等。

【常见护理诊断/问题】

1. **气体交换受损** 与气道慢性炎症、支气管痉挛致通气障碍有关。
2. **清理呼吸道无效** 与支气管黏膜水肿,分泌物增多有关。
3. **焦虑** 与哮喘急性发作,害怕窒息有关。
4. **活动耐力下降** 与氧供与氧耗失衡,缺乏运动有关。
5. **不依从行为** 与缺乏自我保健知识有关。
6. **潜在并发症:呼吸衰竭,水、电解质紊乱。**

【计划与实施】

虽然哮喘目前尚不能根治,但长期规范化治疗可使大部分病人达到良好或完全临床控制。哮喘的治疗应以病人的病情严重程度和控制水平为基础,选择适当的治疗方案。要为每个初诊病人制订哮喘防治计划,定期随访、监测,改善病人的依从性,并根据病人哮喘的控制水平及时调整治疗方案已达到哮喘控制。经过治疗和护理,评估病人是否能够达到:①哮喘症状得到良好控制;②维持正常的活动水平;③减少急性发作和死亡、肺功能不可逆的损害;④维持良好的用药依从性。

(一)维持气道通畅及有效的气体交换

1. 急性发作期

(1)监测呼吸及循环功能:评估病人心率、呼吸节律、频率,是否有发绀、三凹征。监测动脉血气分析结果或脉搏血氧饱和度。

(2)遵医嘱正确使用支气管舒张剂、糖皮质激素(见"药物治疗与护理"部分)。

(3)体位:提供病人舒适的体位,如半坐卧位,有助于改善通气。

(4)合理氧疗:鼻导管或面罩给氧,给氧目标 SaO_2 93%~95%。如出现病人全身情况恶化,神志改变,$PaO_2<60mmHg$,$PaCO_2>50mmHg$ 时,应准备进行机械通气。

(5)咳嗽和深呼吸指导:教给病人有效咳嗽和缩唇呼吸技术(见本章第四节"慢性阻塞性肺疾病病人的护理")。在深呼吸、咳嗽练习之前,预先给予病人支气管舒张剂以有效开放气道和利于排痰。观察痰液的性质。

Note:

2. 慢性持续期

（1）避免诱发因素:部分病人能找到引起哮喘发作的变应原或其他刺激因素,应立即脱离并避免长期接触。鼓励病人及其家属戒烟。

（2）遵医嘱长期规范使用哮喘控制药物。

（3）呼吸功能锻炼:进行深呼吸和缩唇、腹式呼吸锻炼。

（二）药物治疗与护理

治疗哮喘的药物分为控制类药物及缓解类药物。前者是需要每日使用并长期维持的药物,通过其抗炎作用使哮喘病人维持在临床控制状态,主要包括吸入型糖皮质激素（inhale corticosteroids, ICS）,长效 β_2 受体激动剂（long-acting β_2-agonist,LABA）,缓释茶碱,白三烯调节剂,抗 IgE 单克隆抗体等。后者指急性发作时按需使用的药物,可迅速解除支气管痉挛而缓解症状,主要包括短效 β_2 受体激动剂（short-acting inhale bete2-agonist,SABA）、短效吸入型抗胆碱药（SAMA）、全身用糖皮质激素、短效茶碱等。

1. 糖皮质激素 是目前最有效的控制哮喘气道炎症的药物。主要作用机制是抑制炎症细胞的迁移和活化,抑制细胞因子的生成,抑制炎症介质的释放,增强平滑肌细胞 β_2 受体反应性,减少组胺形成及免疫调节作用。给药途径包括吸入、口服和静脉用药。

（1）吸入糖皮质激素（ICS）:哮喘慢性持续期最常见的给药途径。这类药物局部抗炎作用强,直接作用于呼吸道,所需剂量小,可以减轻糖皮质激素全身疗法的副作用。常用的 ICS 有倍氯米松（beclomethasone）、布地奈德（budesonide）、氟替卡松（fluticasone）等。通常需要规律使用 1 周以上才能生效。

注意事项:吸入治疗药物全身性不良反应少,少数病人可出现口咽念珠菌感染、声音嘶哑、咽部不适。吸药后及时用清水漱口或加用储雾罐可减少上述不良反应。对长期使用较大剂量者（>1 000μg/d）应注意预防全身性不良反应。

（2）口服或静脉给药:吸入糖皮质激素无效或需要短期加强的病人,可口服泼尼松（强的松）、泼尼松龙（强的松龙）。症状缓解后逐渐减量至停用,改用吸入剂,不建议口服激素用于维持哮喘控制的治疗。严重的急性发作病人可以静脉给药,推荐应用琥珀酸氢化可的松或甲泼尼龙。

2. β_2 受体激动剂 主要通过对气道平滑肌和肥大细胞膜表面 β_2 受体的兴奋作用,舒张气道平滑肌、减少肥大细胞和嗜碱性粒细胞脱颗粒和介质的释放、降低微血管的通透性、增加气道上皮纤毛的摆动等缓解哮喘的症状。

（1）短效 β_2 受体激动剂（SABA）:缓解哮喘急性症状的首选药物,首选吸入治疗,常用药物有沙丁胺醇（salbutamol）、特布他林（terbutaline）。沙丁胺醇定量气雾剂（metered-dose inhaler,MDI）,每次 1~2 揿,按需给药。用药后数分钟内开始起效,15~30min 达到峰值,持续疗效 4~5h。

（2）长效 β_2 受体激动剂（LABA）:作用时间可持续 10-12h,吸入 LABA 适用于哮喘（尤其是夜间哮喘和运动性哮喘）的预防和持续期的治疗。常用药物有福莫特罗（formoterol）和沙美特罗（salmeterol）。福莫特罗吸入后 1~3min 起效,也可用于哮喘急性发作时的治疗。超长效的茚达特罗、维兰特罗及奥达特罗等,可通过气雾剂、干粉剂等剂型给药。不推荐长期单独使用 LABA,有增加哮喘死亡的风险。

注意事项:β_2 受体激动剂应按需间歇使用,不宜长期、单一、过量使用。不良反应包括心悸、手抖、肌震颤、低钾血症、心律失常等。

3. ICS/LABA 复合制剂 ICS 与 LABA 具有协同抗炎和平喘作用,联合使用可增加病人的依从性,减少不良反应。目前常用的联合制剂有布地奈德福莫特罗粉吸入剂、氟替卡松/沙美特罗吸入干粉剂、吸入用倍氯米松福莫特罗气雾剂等。

4. 茶碱类 具有舒张支气管平滑肌及强心、利尿、兴奋呼吸中枢和呼吸肌等作用。低浓度茶碱具有抗炎和免疫调节作用。口服茶碱常用氨茶碱和缓释茶碱,用于轻、中度哮喘发作和维持治疗。氨

Note:

茶碱缓慢静脉滴注适用于重症和危重症哮喘病人。

注意事项:茶碱的有效血药浓度和中毒浓度接近,且茶碱代谢存在较大的个体差异。西咪替丁、大环内酯类和氟喹诺酮类药物可影响茶碱的代谢,使茶碱排泄减慢。常见不良反应有心律失常、心率增快、胃肠道症状(恶心、呕吐),严重者可致抽搐甚至死亡。

5. **抗胆碱药** 通过阻断节后迷走神经通路,降低迷走神经张力而舒张支气管,并有减少痰液分泌的作用。包括短效剂型和长效剂型。

(1)短效吸入抗胆碱药(short-acting muscarinic antagonist,SAMA):为胆碱受体(M 受体)拮抗剂,常用异丙托溴铵(ipratropine bromide),有 MDI 和雾化溶液 2 种剂型。吸入 10min 左右起效,30~60min 作用最强,维持 4~6h。用于哮喘急性发作,按需使用。与 β_2 受体激动剂联合吸入有协同作用。

(2)长效吸入抗胆碱药(long-acting muscarinic antagonist,LAMA):噻托溴铵是近年发展的选择性 M_1、M_3 受体拮抗剂,主要用于中重度慢性持续哮喘病人。

注意事项:不良反应少见,反复用药的少数病人出现口干,头晕,头痛等,青光眼、前列腺肥大病人应慎用。

6. **白三烯调节剂** 是目前除 ICS 外可单独应用的长期控制药物之一。通过调节白三烯的生物活性而发挥抗炎作用,同时可以舒张支气管平滑肌。我国主要使用白三烯受体拮抗剂(LTRA),可减轻哮喘症状,改善肺功能。口服给药。不良反应轻微。常用药物如孟鲁司特(montelukast)。

知 识 链 接

雾化吸入治疗的影响因素

药物雾化治疗的目的是输送治疗剂量的药物到达靶向部位,与其他给药方式相比,可达到较高的局部药物浓度,减少全身不良反应。临床常用的雾化吸入装置有小容量雾化器(small volume nebulizer,SVN),如喷射雾化器、超声雾化器、加压定量吸入器气雾剂(pressure metered dose inhaler,pMDI)、干粉吸入器(dry powder inhaler,DPI)和软雾吸入器(soft mist inhaler,SMI)。影响雾化吸入药物在呼吸道沉积的因素包括吸入装置特性、病人的认知和吸入能力、吸入技术的培训等。应根据病人的理解能力和操作能力选择雾化器类型,确保病人正确使用。雾化治疗前应能够排除痰液阻塞和肺不张等因素。使用 SVN 时指导病人平静呼吸,间歇深吸气;pMDI 和 SMI 是主动喷雾的装置,治疗时病人应缓慢深吸气有助于吸入更多药物,吸气速率 30L/min 左右;DPI 使用时需要快速用力吸气。通常在吸入药物后需要病人屏气 10s 左右,有利于药物在小气道沉降。

(三)维持液体和电解质平衡

哮喘发作时病人交感神经兴奋,用力呼吸,会大量流汗。另外,由于过度通气呼出大量水分,病人虚弱,无力喝水,可能出现水、电解质紊乱问题。

1. 观察病人有无水、电解质紊乱的表现,包括皮肤黏膜、血压及神经肌肉功能等。

2. 记录病人每日的出入量,成人每日的水分摄入量应为 3L。

3. 监测病人血清中电解质的浓度。

(四)保持身体清洁舒适

1. 哮喘发作时病人常会大量出汗,应每日以温水擦浴,勤换衣服和床单,保持皮肤的清洁、干燥与舒适。

2. 协助并鼓励病人咳痰后,用温水漱口,保持口腔清洁。

(五)减轻焦虑

哮喘急性发作时,病人会出现极度焦虑,对不能呼吸及窒息的恐惧非常明显。哮喘反复发作和加重的病人可能对未来担心。护理措施包括:

1. 评估病人的焦虑水平,为病人提供生理和心理支持;陪伴病人,给病人信任感;倾听病人的想法,给予其心理支持以减轻焦虑。

2. 哮喘急性发作时,护士要保持镇静,给病人安全感和安慰,并给予其必要的解释和保证。

（六）健康教育

哮喘病人的教育和管理是哮喘防治工作中的重要组成部分。通过对哮喘病人宣教可以显著提高哮喘病人对疾病的认识,提高治疗依从性,并能自我监测病情。建立医患之间的伙伴关系是实现有效哮喘管理的首要措施。综合考虑不同医疗政策、文化差异、个人喜好等因素,与病人共同制订哮喘管理目标。

1. **教育方式**　根据教育的对象和条件的不同,可采用多种不同的教育方式、方法。主要包括:

（1）初诊教育:是基础教育和启蒙教育,也是医患合作关系起始的个体化教育。应了解病人对哮喘治疗的期望和可实现程度,提供教育资料。

（2）随访教育和评价:回答病人的疑问,评估控制水平。

（3）集中教育:定期举办健康教育讲座,面对面教育和答疑。

（4）互助学习:如病人联谊会、同伴教育活动等。

（5）基于互联网平台的监测和教育:近年随着移动互联网的发展,利用互联网平台进行远程教育和病情监测、随访成为有效的方式。

2. **教育内容**

（1）明确哮喘的治疗目标:通过长期规范治疗能够有效控制哮喘。树立病人坚持治疗的信心。

（2）哮喘基本疾病知识教育:包括哮喘的诊断和基本的治疗原则、药物使用要求和不良反应及注意事项、如何认识哮喘加重、应该采取什么措施、何时应寻求医疗服务等。

（3）识别和避免触发因素:教育病人识别和避免已知的诱发因素,如减少变应原的吸入,避免剧烈运动,戴围巾或口罩避免冷空气刺激,避免使用阿司匹林和非甾体抗炎药;慎用 β 受体拮抗剂以免诱发哮喘。预防呼吸道感染,病毒流行时,哮喘病人应避免去公共场所;积极治疗上呼吸道病灶,如鼻窦炎、慢性扁桃体炎等;避免淋雨、过度劳累、受凉等刺激。

（4）病情自我监测和管理:有健康教育团队有效指导的哮喘自我管理可降低哮喘的致残率、住院率,有效控制症状。书面的哮喘行动计划包括自我监测,对治疗方案和哮喘控制水平的评估,如何及时调整治疗方案和及时接受治疗等。建议病人每日正确使用峰流量计监测肺功能。记录哮喘日记是病人自我管理的重要内容,通过长时间的观察和分析,找出哮喘的发病规律。

（5）用药依从性指导和培训:哮喘病人应明白坚持服药的重要性。了解自己所用每一种药物的药名、用法、作用及使用时的注意事项,使按时用药成为病人日常生活的常规。正确使用药物吸入装置。护士应示范正确的吸入方式并让病人反复练习,直至其能正确使用吸入装置。

加压定量吸入器（pMDI）的基本步骤:①取下盖帽并摇晃吸入器;②缓慢且平稳地呼气;③将吸入器放入口中,如用储雾器,将口器放入口中;④下按药瓶以释放出一次吸入剂量的药物,同时尽可能同步持续吸气;⑤屏气 10s;⑥然后缓慢而平稳地呼气。

（6）松弛和呼吸运动:减低病人肌肉的紧张程度,减少氧耗量及二氧化碳的产生,降低呼吸频率。病人平时训练缩唇呼吸运动,可以有效地降低呼吸频率并改善呼吸深度。另外,腹式呼吸可以加强膈肌、腹肌、肋间肌和胸部肌肉的活动,改善呼吸功能。

（7）饮食护理:饮食不当可激发或加重哮喘。护士应帮助病人找出可能诱发哮喘的食物。饮食过饱、太甜、太咸、过于油腻的食物都不利于哮喘病人的健康。有胃食管反流病的病人更应避免晚饭进食过多,晚餐不宜过迟。不宜进食具有刺激性的食物和饮料,以及食物添加剂过多的食物。

（8）运动和锻炼:体育锻炼是增强哮喘病人身体素质、增强肺通气功能、减少哮喘发作、巩固药物疗效和防止病情进一步发展的主要手段。病人进行运动时应注意以下几个问题:①避免竞争性强的项目;②避免在干燥寒冷的地方运动;③做好运动前的准备;④运动量适宜;⑤适当配合药物:对于有运动性哮喘的病人应在运动前预防性吸入 β₂ 受体激动剂。

（9）心理支持：精神因素在哮喘的发生发展过程中起重要作用，培养良好的情绪和战胜疾病的信心是哮喘治疗的重要内容。护士应体谅和同情病人的痛苦，尤其应关注哮喘控制不佳的病人，邀请其家属一起帮助病人。

【护理评价】

经过治疗和护理，评估病人是否能够达到：①了解哮喘发作的原因；②症状缓解；③有效地排出气道分泌物；④肺功能在正常范围；⑤安全有效地用药；⑥情绪稳定。

（郭爱敏）

思 考 题

1. 支气管哮喘病人健康教育的主要内容有哪些？
2. 用于治疗支气管哮喘的药物有几种类型？使用中应注意哪些问题？

第四节　慢性阻塞性肺疾病病人的护理

学 习 目 标

● 识记：
1. 陈述慢性阻塞性肺疾病的概念、危险因素、临床表现、严重程度评估的方法。
2. 复述氧疗的原则和方法、呼吸训练的方法、健康指导内容。
3. 说明慢性阻塞性肺疾病常用治疗药物的种类、使用方法及观察要点。
● 理解：
1. 解释慢性阻塞性肺疾病的病理生理改变。
2. 说明慢性阻塞性肺疾病病人肺功能检查相关指标的临床意义。
● 运用：
为慢性阻塞性肺疾病病人进行护理评估，制订护理计划，提供健康教育。

导入情境与思考

病人，女性，65 岁。自 20 年前开始每于感冒后发作喘息，夜间显著，常于冬季发作，偶伴低热、咳嗽、咳脓痰（少量），自行服用"感冒药"（具体不详）后缓解。后每 3~4 年发作 1 次，未规律诊疗。3 年前起上述症状发作频繁，肺功能检查不详，外院诊断为慢性阻塞性肺疾病，予噻托溴铵长期吸入治疗。1 周前无明显诱因再发喘息，伴双下肢对称性凹陷性水肿，偶咳少量黄白痰，无发热、鼻塞、流涕。因水肿进行性加重，伴端坐呼吸，尿量减少，急诊以慢性阻塞性肺疾病急性加重、肺源性心脏病收入院。

请思考：

（1）该病人出现双下肢凹陷性水肿、尿量减少的原因是什么？

（2）目前该病人主要的护理诊断/问题有哪些？

慢性阻塞性肺疾病（chronic obstructive pulmonary disease，COPD）简称慢阻肺，是一种可预防和治疗的慢性气道疾病，其特征是持续存在的呼吸系统症状和气流受限，通常与显著暴露于有害颗粒或气

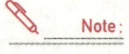

体引起的气道和/或肺泡异常有关。肺功能检查对确定气流受限有重要意义。

慢阻肺与慢性支气管炎和肺气肿关系密切,但又有区别。慢性支气管炎是指在除外慢性咳嗽的其他已知原因后,病人每年咳嗽、咳痰 3 个月以上,并连续 2 年者。肺气肿则指肺部终末细支气管远端气腔出现异常持久的扩张,并伴有肺泡壁和细支气管的破坏而无明显的肺纤维化。如果慢性支气管炎、肺气肿病人肺功能检查出现气流受限,并且不能完全可逆时,则能诊断为慢阻肺。如病人只有慢性支气管炎和/或肺气肿,而无气流受限,则不能诊断为慢阻肺。哮喘和慢阻肺虽然都是慢性气道炎症性疾病,但两者的发病机制不同,大多数哮喘病人的气流受限具有显著的可逆性;但是,随着病情的延长,一些哮喘病人出现明显的气道重塑,导致气流受限的可逆性明显减小,临床很难与慢阻肺鉴别。

【流行病学】

世界卫生组织(WHO)预测,随着发展中国家吸烟率的升高和高收入国家人口老龄化加剧,慢阻肺的患病率在未来 40 年将继续上升,预测至 2060 年死于慢阻肺及其相关疾病的人数将超过每年 540万人。2018 年中国成人肺部健康研究(CPHS)对 10 个省市 50 991 名人群调查结果显示,20 岁及以上成人慢阻肺的患病率为 8.6%,40 岁以上则高达 13.7%,我国慢阻肺病人人数近 1 亿,造成重大疾病负担。

【危险因素】

包括个体易感性因素和环境因素,两者相互影响。

(一)个体因素

1. 遗传因素　慢阻肺有遗传易感性。α1 抗胰蛋白酶重度缺乏与非吸烟者的肺气肿形成相关。研究发现,不同的基因与慢阻肺的不同病理或临床特征关联,从遗传角度支持慢阻肺存在异质性。

2. 其他个体因素　年龄越大,慢阻肺的患病率越高。肺生长发育不良、支气管哮喘和气道高反应性、低体重指数均为慢阻肺的危险因素。

(二)环境因素

1. 烟草　吸烟是慢阻肺最重要的环境致病因素。吸烟者的肺功能异常率高,第 1 秒用力呼气容积(FEV_1)的年下降率快。被动吸烟也可能导致呼吸道症状及慢阻肺的发生。孕期妇女吸烟可能会影响胎儿的发育和肺的生长,并影响胎儿的免疫系统功能。

2. 燃料烟雾　燃料产生的烟雾中含大量有害成分。燃料所产生的室内空气污染与吸烟具有协同作用。燃烧产生的烟雾是导致不吸烟女性发生慢阻肺的重要原因。

3. 职业性粉尘　当职业性粉尘(烟雾、变应原、工业废气及室内空气污染等)的浓度过大或人接触时间过长,均可导致与吸烟无关的慢阻肺发生。接触某些特殊的物质、刺激性物质、有机粉尘及变应原能使气道反应性增加。

4. 空气污染　空气污染物中的颗粒物质(PM)和有害气体物质(二氧化硫、二氧化氮、臭氧等)对支气管黏膜有刺激和细胞毒性作用,致气道防御功能下降。

5. 生物燃料烟雾　生物燃料指柴草、木头、庄稼杆和动物粪便等,其烟雾的主要有害成分包括碳氧化物、氮氧化物和未完全燃烧的碳氢化物颗粒与多环有机化合物等。使用生物燃料烹饪、取暖时产生的大量烟雾可能是发展中国家贫穷地区女性发生慢阻肺的重要危险因素。

6. 感染和慢性支气管炎　长期、反复呼吸道感染可破坏呼吸道正常的防御功能,损伤细支气管和肺泡,是慢阻肺发生和加剧的重要因素。病毒和/或细菌感染是慢阻肺急性加重的主要原因。慢性支气管炎会增加慢阻肺发生的可能性,并可能与急性加重的次数和严重程度有关。

7. 社会经济地位　室内外空气污染程度、营养状况等与社会经济地位的差异可能存在一定内在联系。

Note:

【发病机制】

气道、肺实质和肺血管的慢性炎症是慢阻肺的特征性改变。吸入有害气体颗粒或气体可引起气道氧化应激、炎症反应、蛋白酶和抗蛋白酶失衡等。多种炎症细胞参与慢阻肺的气道炎症,包括巨噬细胞、中性粒细胞、T淋巴细胞等。激活的炎症细胞释放多种介质,这些介质作用于气道上皮细胞,诱导上皮细胞杯状化生和气道黏液高分泌。慢性炎症刺激气道上皮细胞释放生长因子,促进气道周围平滑肌和成纤维细胞增生,导致气道重塑。巨噬细胞基质金属蛋白酶和中性粒细胞弹性蛋白酶等物质的释放可引起肺结缔组织中的弹性蛋白破坏,T淋巴细胞释放颗粒酶穿孔素损伤肺泡上皮,导致不可逆的肺损伤,引发肺气肿。

【病理改变】

慢阻肺的主要病理学改变存在于气道、肺实质和肺血管。

在中央气道,炎症细胞浸润表层上皮,黏液分泌腺增大和杯状细胞增多使黏液分泌增加。外周小气道的改变表现在内径<2mm的外周小气道的阻塞和结构改变,狭窄与管周纤维化导致气道重塑,以及终末细支气管和呼吸性细支气管丢失。肺气肿导致小气道周围的肺泡隔破坏,维持小气道开放的力量减弱。这些病理改变构成慢阻肺气流受限的主要病理基础。

由于肺实质的破坏和呼吸性细支气管的扩张和破坏,慢阻肺形成以小叶中央型肺气肿为主的肺气肿表现。严重时可弥漫分布于全肺,并有肺毛细血管床的破坏。

慢阻肺肺血管的改变以血管壁的增厚为特征。最早的结构改变是内膜增厚,随后出现平滑肌细胞增生和血管壁炎症细胞浸润及毛细血管数量减少。晚期继发肺源性心脏病时,部分病人可见多发性肺细小动脉原位血栓形成。

【病理生理】

慢阻肺特征性病理生理改变包括气流受限、气体陷闭和气体交换异常,可伴黏液高分泌、上皮纤毛功能障碍和全身不良反应等。严重者合并肺动脉高压、慢性肺源性心脏病和呼吸衰竭。

1. **气流受限及气体陷闭**　进行性发展的不可逆的气流受限是慢阻肺的核心特征,表现为FEV_1与FEV_1/FVC的下降。气流受限导致呼气时气体陷闭于肺内,肺过度充气及胸腔内压增高,肺泡通气量下降及心室充盈异常,进而引起劳力性呼吸困难和活动耐力下降。

2. **气体交换受损**　气流受限及气道阻力增加的共同作用导致呼吸负荷与肌肉力量之间的失衡,致肺泡通气量明显下降。肺实质破坏及肺毛细血管床减少,使通气血流比例失衡,产生低氧血症,常伴高碳酸血症。

3. **黏液高分泌和纤毛功能失调**　烟草、烟雾和其他有害物质刺激导致杯状细胞数量增加,黏膜下腺体增大进而出现黏液高分泌;吸烟使假复层纤毛柱状上皮鳞状化生,纤毛变短而不规则,引起纤毛运动障碍,是导致慢性咳嗽咳痰的重要原因。

4. **肺动脉高压**　随着疾病进展,慢性缺氧导致肺小动脉收缩,内皮细胞功能障碍及平滑肌肥大、增殖,导致缺氧性肺动脉高压的发生发展,进而出现慢性肺源性心脏病和右心衰竭。

【护理评估】

(一)健康史

1. **吸烟史**　80%以上慢阻肺病人的发病与吸烟有关,吸烟人群中慢阻肺的发病率远远高于不吸烟人群。询问病人吸烟的时间,每日吸烟量,以包·年估计吸烟量(每日吸烟支数/20·吸烟年)。

2. **职业性或环境有害物质接触史**　询问是否有较长时期粉尘、烟雾、有害颗粒或有害气体接触史,或生物燃料接触史。

Note:

3. **发病年龄及好发季节**　多于中年以后发病,症状好发于秋冬寒冷季节,常有反复呼吸道感染及急性加重史。随着病情进展,症状及急性加重逐渐频繁。

4. **功能受损情况**　包括活动能力受限程度,抑郁、焦虑程度。

5. **既往史**　包括哮喘史、过敏史、儿童时期呼吸道感染及其他呼吸系统疾病史。

6. **家族史**　慢阻肺有家族聚集倾向。

（二）身体状况

1. **症状**

（1）慢性咳嗽、咳痰:慢性咳嗽通常为首发症状。迁延多年,早晨较重,伴有咳痰,痰液常为白色黏液或浆液泡沫性痰。慢性咳嗽和咳痰常先于气流受限多年存在。

（2）呼吸困难:气短或呼吸困难是慢阻肺的标志性症状,也是很多病人体能丧失和焦虑的原因。早期仅于劳力时出现,后逐渐加重,以致日常活动甚至休息时也感气短,影响日常活动。部分重度病人有喘息或胸闷感觉。

（3）全身症状:在疾病的临床过程中,特别是一些较重的病人,可能会发生全身性症状,表现有体重下降、食欲减退、营养失调、外周肌肉萎缩和功能障碍、精神抑郁和/或焦虑等。

（4）并发症表现:并发慢性肺源性心脏病时,可出现食欲缺乏、腹胀、下肢水肿等体循环淤血症状。重度慢阻肺或急性加重病人可出现显著的低氧血症和二氧化碳潴留,致呼吸衰竭。严重二氧化碳潴留时,病人可出现精神症状、谵妄、嗜睡甚至昏迷。

2. **体征**　早期体征可不明显,随病情进展出现以下体征。

（1）视诊及触诊:病人胸廓前后径增大,剑突下胸骨下角增宽(桶状胸)。部分病人呼吸变浅,频率增快,严重者可有缩唇呼吸等;呼吸困难加重时常采取前倾坐位;低氧血症者可出现黏膜及皮肤发绀,伴右心衰竭者可见下肢水肿、肝大。肺部触觉语颤减弱。

（2）叩诊:肺部呈过清音,心浊音界缩小,肺下界和肝浊音界下降。

（3）听诊:两肺呼吸音减弱,呼气延长,部分病人可闻及干、湿啰音。

3. **并发症**　慢阻肺可并发慢性呼吸衰竭、自发性气胸、慢性肺源性心脏病,上述疾病表现见本篇相关章节。

（三）辅助检查

1. **肺功能检查**　肺功能检查是诊断慢阻肺的“金标准”。吸入支气管舒张剂后 $FEV_1/FVC<70\%$ 是判断存在持续气流受限,诊断慢阻肺的肺功能标准。在明确慢阻肺诊断的前提下,FEV_1 占预计值的百分比($FEV_1\%$预计值)是评价气流受限严重程度的指标。气流受限可导致肺过度充气,使肺总量(TLC)、功能残气量(FRC)和残气量(RV)及 RV/TLC 增高,而肺活量(VC)减低。深吸气量(IC)是潮气量与补吸气量之和,IC/TLC 可反映慢阻肺病人呼吸困难的程度,预测死亡风险。肺泡隔破坏及肺毛细血管床丧失可使弥散功能受损,一氧化碳弥散量(DLCO)下降。

2. **胸部影像检查**

（1）胸部 X 线检查:早期胸部 X 线影像可无明显变化,以后出现肺纹理增多、紊乱等非特征性改变。肺气肿时 X 线征象为肺过度充气。

（2）胸部 CT 检查:高分辨率 CT(HRCT)对辨别小叶中央型或全小叶型肺气肿及确定肺大疱的大小和数量有很高的敏感性和特异性,对预计肺大疱切除或外科减容手术等的效果有一定价值。

3. **脉搏血氧饱和度（SpO_2）及血气分析**　病人出现呼吸衰竭或右心衰竭的临床表现时应监测 SpO_2。$SpO_2<92\%$ 时应进行血气分析。随疾病进展,病人低氧血症逐渐加重,并出现高碳酸血症。

4. **心电图和超声心动图检查**　对于晚期慢阻肺并发肺源性心脏病及合并心血管疾病的诊断、评估和治疗有一定临床价值。详见第十五章第二节“肺动脉高压与肺源性心脏病病人的护理”。

5. **血常规检查**　长期低氧血症致部分病人红细胞代偿性增多,血红蛋白和血细胞比容可增加。并发细菌感染时,可见白细胞计数及中性粒细胞增多。

Note:

（四）慢阻肺的诊断和综合评估

1. **诊断标准** 主要依据危险因素暴露史、症状、体征和肺功能检查等临床资料，并排除可引起类似症状和气流受限的其他疾病，综合分析确定。

2. **综合评估** 应根据病人的临床症状、肺功能异常程度、急性加重风险及合并症/并发症情况进行综合评估，目的是确定疾病的严重程度，病人的健康状况和未来不良事件的风险，以指导有效治疗。

（1）肺功能评估：依据气流受限的程度，即以 FEV_1 占预计值的百分比为分级标准进行肺功能分级，慢阻肺病人的气流受限程度可分为 4 级（表 14-4-1）。

表 14-4-1　慢阻肺病人气流受限程度的肺功能分级（吸入支气管舒张剂后）

级别	特征
GOLD 1 级（轻度）	$FEV_1/FVC<70\%$，$FEV_1 \geq 80\%$ 预计值
GOLD 2 级（中度）	$FEV_1/FVC<70\%$，50% 预计值 $\leq FEV_1 <80\%$ 预计值
GOLD 3 级（重度）	$FEV_1/FVC<70\%$，30% 预计值 $\leq FEV_1 <50\%$ 预计值
GOLD 4 级（极重度）	$FEV_1/FVC<70\%$，$FEV_1 <30\%$ 预计值

（2）症状评估：采用改良版英国医学研究委员会呼吸困难（mMRC）问卷对病人呼吸困难严重程度进行评估（表 14-4-2），或采用慢阻肺病人自我评估测试（CAT）问卷（表 14-4-3）进行评估。mMRC 仅反映呼吸困难程度，CAT 评分为综合症状评分，CAT 分值范围 0~40 分，10 分以上为症状多。

表 14-4-2　改良版英国医学研究委员会呼吸困难（mMRC）问卷

呼吸困难评价等级	呼吸困难严重程度
0 级	除非剧烈活动，无明显呼吸困难
1 级	当快走或上缓坡时有气短
2 级	由于呼吸困难比同龄人步行慢，或者以自己的速率在平地上行走时需要停下来呼吸
3 级	在平地上步行 100m 或数分钟后需要停下来呼吸
4 级	明显的呼吸困难而不能离开房屋或者穿脱衣服时出现气短

表 14-4-3　慢性阻塞性肺疾病病人自我评估测试（CAT）

症状	评分						症状
我从不咳嗽	0	1	2	3	4	5	我一直咳嗽
我一点痰也没有	0	1	2	3	4	5	我有很多痰
我没有任何胸闷的感觉	0	1	2	3	4	5	我有很重的胸闷感
当我爬坡或上一层楼时，没有气喘的感觉	0	1	2	3	4	5	当我爬坡或上一层楼时，我感觉非常喘不过气
我在家里能做任何事情	0	1	2	3	4	5	我在家里做任何事情都受影响
虽然我有肺部疾病，但我对离家外出很有信心	0	1	2	3	4	5	由于我有肺部疾病，我对离家外出一点信心都没有
我睡眠非常好	0	1	2	3	4	5	由于我有肺部疾病，我睡眠相当差
我精力旺盛	0	1	2	3	4	5	我一点精力也没有

（3）急性加重风险评估：慢阻肺急性加重的定义为呼吸症状加重，出现超过日常状况的持续恶化，需要调整药物治疗的急性发作。急性加重风险评估是依据前一年的急性加重次数，若上一年发生 2 次及以上中/重度急性加重，或者 1 次及以上因急性加重住院，评估为急性加重的高风险人群。

Note:

（4）稳定期慢阻肺病人的综合评估与分组：根据病人气流受限程度、症状水平和过去 1 年的中/重度急性加重史将病人分为 A、B、C、D 4 个组（图 14-4-1）。

（5）合并症评估：心血管疾病，骨质疏松，抑郁和焦虑，骨骼肌功能下降，代谢综合征和肺癌常见于慢阻肺病人。这些合并症会影响慢阻肺病人的死亡率及入院率，应对病人常规行相关检查，并选择合适的治疗方案。

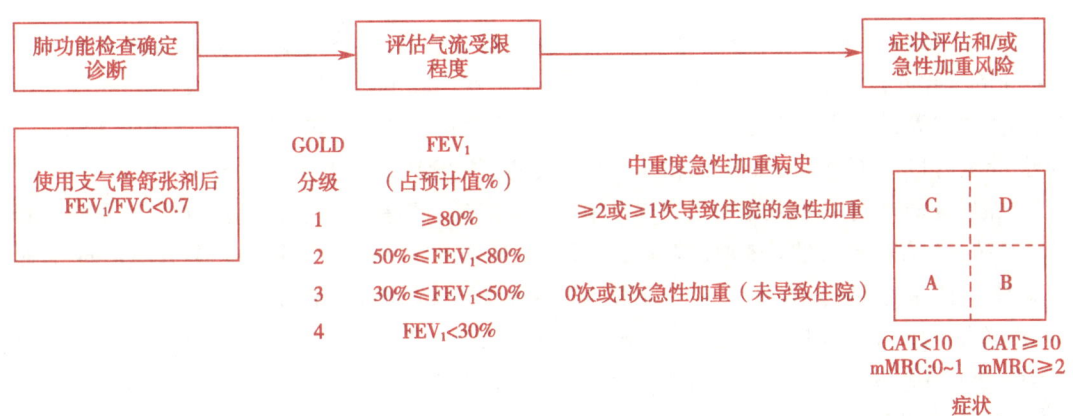

图 14-4-1　慢性阻塞性肺疾病综合评估示意图

（五）心理-社会状况

慢阻肺的发病与病人社会经济地位相关，慢阻肺在社会、经济和心理各个方面影响病人的生活。因长期患病，社会活动减少、经济收入降低等变化，病人易产生焦虑和压抑的心理状态，失去自信，躲避生活。焦虑、抑郁是慢阻肺病人重要的肺外表现，发生率较高。由于经济原因，病人可能无法遵医嘱长期使用某些药物，而只能在病情加重时应用。护士应详细了解病人及其家庭社会经济状况、对疾病的态度、心理、性格、生活方式等方面的因素。

【常见护理诊断/问题】

1. **气体交换受损**　与小气道阻塞致通气功能障碍、呼吸肌疲劳、通气血流比例失调有关。
2. **清理呼吸道无效**　与呼气气流受阻、分泌物增多而黏稠、无效咳嗽有关。
3. **活动耐力下降**　与疲劳、呼吸困难、氧供与氧耗失衡有关。
4. **焦虑**　与长期呼吸困难、健康状况的改变或病情危重有关。
5. **营养失调：低于机体需要量**　与食欲降低、呼吸困难、抑郁等有关。
6. **潜在并发症：**肺源性心脏病、呼吸衰竭。
7. **知识缺乏：**缺乏慢阻肺疾病知识及自我管理知识。

【计划与实施】

慢阻肺的治疗根据病人的病情，在稳定期和急性加重期有所不同。慢阻肺稳定期的治疗和护理目标是：①缓解症状，改善病人运动耐量和健康状况；②降低未来风险，包括防止疾病进展，防治急性加重及降低病死率。治疗原则包括：①教育和劝导病人戒烟；②应用支气管舒张药；③应用祛痰药；④长程氧疗（long-term oxygen therapy，LTOT）。

（一）促进有效的气体交换

1. **药物治疗和护理**　药物治疗主要用于预防和控制症状，减少急性加重的频率和严重程度，提高病人运动耐力和生活质量。

（1）支气管舒张剂：支气管舒张剂是慢阻肺的基础一线治疗药物，可按需或规律使用。主要的支气管舒张剂有 β_2 受体激动剂、抗胆碱药及茶碱类药物。长效支气管舒张剂在肺功能和临床结局方

Note：

面的效果优于短效制剂。

1）β₂受体激动剂：长效β₂受体激动剂（long-acting β₂ agonist，LABA）选择性作用于β₂受体，扩张支气管平滑肌，改善肺功能和呼吸困难症状，作用时间持续12h以上，可作为有明显气流受限病人的长期维持治疗药物。早期临床应用的药物有福莫特罗、沙美特罗。新型LABA起效更快、作用时间更长，包括茚达特罗、奥达特罗和维兰特罗等。短效定量雾化吸入剂如沙丁胺醇、特布他林等，主要用于快速缓解症状。

2）抗胆碱药：可阻断M₁和M₃胆碱受体，扩张气道平滑肌，改善气流受限和慢阻肺的症状。短效药物主要是异丙托溴铵（ipratropium）。常用长效抗胆碱药（LAMA）包括噻托溴铵（tiotropium）、格隆溴铵、乌美溴铵等，作用长达24h以上，长期使用可改善症状和健康状态。吸入型抗胆碱药的不良反应少见，常见有口干、咳嗽、局部刺激，以及药物相关的支气管痉挛、头痛等。

3）茶碱类药物：茶碱在我国慢阻肺治疗中使用较广泛，可解除支气管平滑肌痉挛。常用缓释型或控释型茶碱口服。茶碱的有效治疗窗小，血液中茶碱浓度达5mg/L即有治疗作用，>15mg/L时不良反应增加，使用时注意观察监测，另外须警惕与多种药物联合使用的相互作用。

4）联合治疗：不同作用机制的支气管舒张剂联合治疗优于单一支气管舒张剂治疗。目前已有多种LABA和LAMA联合制剂用于慢阻肺的治疗，如格隆溴铵/福莫特罗、噻托溴铵/奥达特罗、乌美溴铵/维兰特罗、茚达特罗/格隆溴铵。

支气管舒张剂的其他内容详见本章第三节"支气管哮喘病人的护理"。

（2）吸入糖皮质激素（ICS）：慢阻肺稳定期病人长期应用ICS并不能阻止FEV₁的降低趋势，不推荐单独使用。在使用1~2种长效支气管舒张剂基础上，可以考虑联合ICS治疗。目前已有多种ICS和LABA的联合制剂在临床使用，如布地奈德/福莫特罗、氟替卡松/沙美特罗、倍氯米松/福莫特罗、糠酸氟替卡松/维兰特罗等。ICS不良反应发生率低，使用注意事项见本章第三节"支气管哮喘病人的护理"。

（3）磷酸二酯酶-4（PDE-4）抑制剂：主要是通过抑制细胞内环腺苷酸降解来减轻炎症，目前临床应用的为选择性PDE-4抑制剂罗氟司特。常见不良反应有恶心、食欲下降、体重减轻、腹泻、头痛及睡眠障碍等，通常发生在治疗早期。

（4）其他药物：祛痰剂及抗氧化剂，如N-乙酰半胱氨酸（NAC）、羧甲司坦和盐酸氨溴索等。反复呼吸道感染的慢阻肺病人可使用免疫调节剂。某些中药具有祛痰、舒张支气管和免疫调节作用。

2. 氧疗 吸氧可提高慢阻肺合并慢性呼吸衰竭者的生活质量和生存率，对血流动力学、运动能力、肺功能和精神状态均会产生有益的影响。慢阻肺病人建议采用鼻导管、文丘里面罩进行控制性氧疗。氧疗的目标是使病人在海平面，静息状态下，达到$PaO_2 \geq 60mmHg$和/或使SaO_2升至90%。以维持重要器官的功能。

有临床指征的病人可在医生指导下进行长程氧疗（long-term oxygen therapy，LTOT）。长程氧疗指征：①$PaO_2 \leq 55mmHg$或$SaO_2 \leq 88\%$，伴或不伴高碳酸血症；②PaO_2 55~60mmHg，或$SaO_2 < 88\%$，合并肺动脉高压、右心衰竭或红细胞增多症（血细胞比容>0.55）。一般采用鼻导管吸氧，氧流量1~2L/min，吸氧时间>15h/d，治疗目标是使病人在海平面、静息状态下，达到$PaO_2 \geq 60mmHg$和/或SaO_2升至90%以上。

3. 保持气道通畅 慢阻肺病人可伴有通气功能障碍，导致呼吸费力和氧合不足。呼吸道分泌物过多容易引起呼吸道感染。

（1）有效咳痰：护士应指导病人进行有效咳嗽，如晨起时咳嗽，可排出夜间聚积在肺内的痰液；就寝前咳嗽排痰有利于保证病人良好的睡眠。

方法：病人取坐位，头略前倾，双肩放松，屈膝，前臂垫枕，如可能应使双足着地，从而有利于胸腔的扩展，增加咳痰的有效性。指导病人先进行3~4次深而缓慢的腹式呼吸，深吸气末屏气几秒，在呼吸的同时缓慢地身体前倾，用力咳嗽2~3次。病人排痰后恢复坐位，进行放松性深呼吸。重复上述

Note：

过程 2 次以上。注意观察痰液的颜色、黏稠度和量。咳痰后让病人充分休息并注意口腔护理。

（2）雾化吸入：是以呼吸道和肺为靶器官的直接给药方法，具有起效快、用药量少、应用方便且全身不良反应少等优点。常见的雾化吸入制剂包括 ICS（如布地奈德）、短效 β_2 受体激动剂（如特布他林、沙丁胺醇）、短效抗胆碱药（如异丙托溴铵）、黏液溶解剂（如乙酰半胱氨酸）等。

护理：①雾化吸入前 1h 不应进食，清洁病人口腔分泌物和食物残渣；洗脸，不抹油性面膏。②遵医嘱将药物放入雾化吸入器内，调整氧流量为 6~8L/min；病人采取舒适的坐位或半卧位，用嘴深吸气、鼻呼气的方式进行深呼吸。密切观察雾化治疗中的不良反应。③治疗后嘱病人及时漱口、擦脸，及时翻身拍背辅助痰液排出。

（3）胸部物理疗法：胸部物理疗法包括胸部叩击、振荡和体位引流。人工或机械的叩击和振荡有利于分泌物的松解。体位引流是利用重力原理辅助支气管分泌物的引流（见第五节"支气管扩张病人的护理"）。胸部物理疗法可使外周气道内过多的分泌物引流至中央气道，促进塌陷的肺组织再膨胀。

（4）如无其他禁忌，慢阻肺病人每日应饮水 2~3L，以达到湿化气道，稀释痰液的目的。

4. 促进有效的呼吸模式　慢阻肺病人需要增加呼吸频率来代偿呼吸困难，这种代偿多数是依赖于辅助呼吸肌参与呼吸，病人容易疲劳。护士应指导病人通过呼吸锻炼、体位控制和节能法来提高呼吸的有效性。

（1）呼吸功能锻炼：主要包括缩唇呼吸和腹式呼吸训练。

1）缩唇呼吸：缩唇呼吸的技巧是通过缩唇形成的微弱阻力来延长呼气时间，增加气道压力，延缓气道塌陷。病人闭嘴经鼻吸气，然后通过缩唇（吹口哨样）缓慢呼气。呼气的时间应是吸气时间的 3 倍以上。鼓励病人通过腹式呼吸尽量将气体呼出。病人因感染或心力衰竭而导致急性呼吸困难时，可利用缩唇呼吸原理减少呼吸频率（图 14-4-2）。

2）腹式呼吸：又称膈式呼吸，病人通过有意识地增加腹式呼吸代替胸式呼吸，增大吸气量，减慢呼吸频率。应让病人了解胸式呼吸与腹式呼吸的区别。病人可取平卧位或半卧位，两手分别放于前胸部和上腹部。用鼻缓慢吸气时，膈肌最大限度下降，腹肌松弛，腹部突出，手感到腹部向上抬起。呼气时，腹肌收缩，膈肌松弛，膈肌随腹腔内压增加而上抬，推动肺部气体排出，手感到腹部下降（图 14-4-3）。

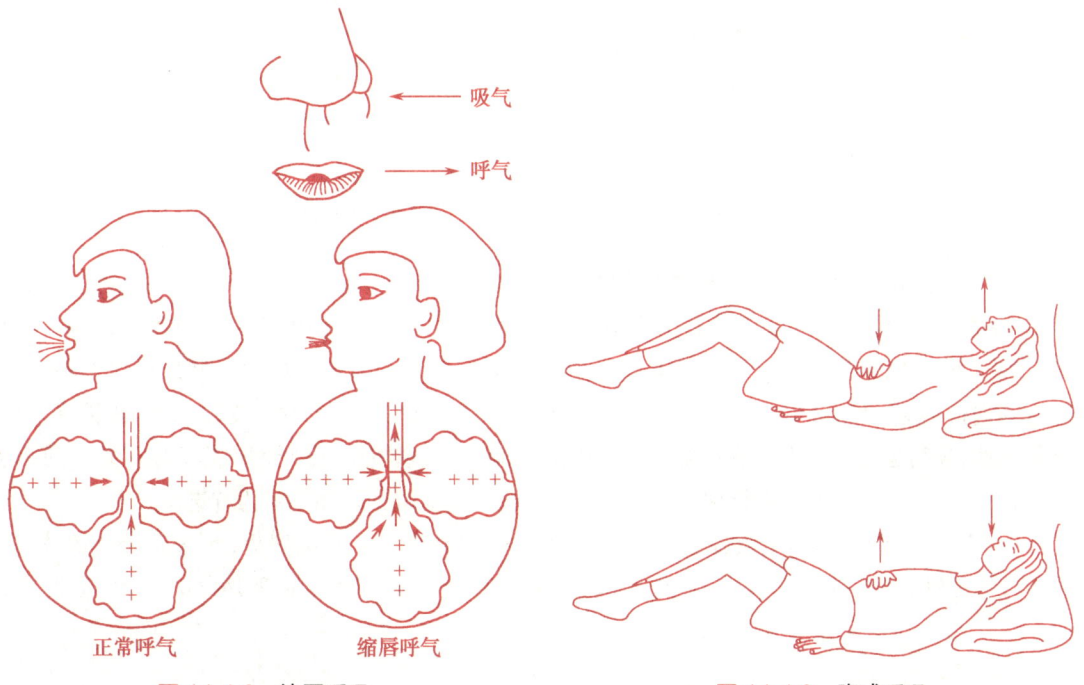

图 14-4-2　缩唇呼吸　　　　　　　　图 14-4-3　腹式呼吸

正常呼气　　　　　缩唇呼气

吸气　　呼气

另外,可以在腹部放置小枕头、杂志或书锻炼腹式呼吸。如果吸气时,物体上升,证明是腹式呼吸。缩唇呼吸和腹式呼吸每日训练3~4次,每次重复8~10次。腹式呼吸需要增加能量消耗,因此指导病人只能在疾病恢复期如出院前或出院后居家进行训练。

(2) 体位控制:多种体位可扩张胸廓,松弛胸部肌肉,有利膈肌收缩,从而改善呼吸困难。病人可以通过支撑手臂和上身而保存能量,利于辅助呼吸肌呼吸(图14-4-4)。

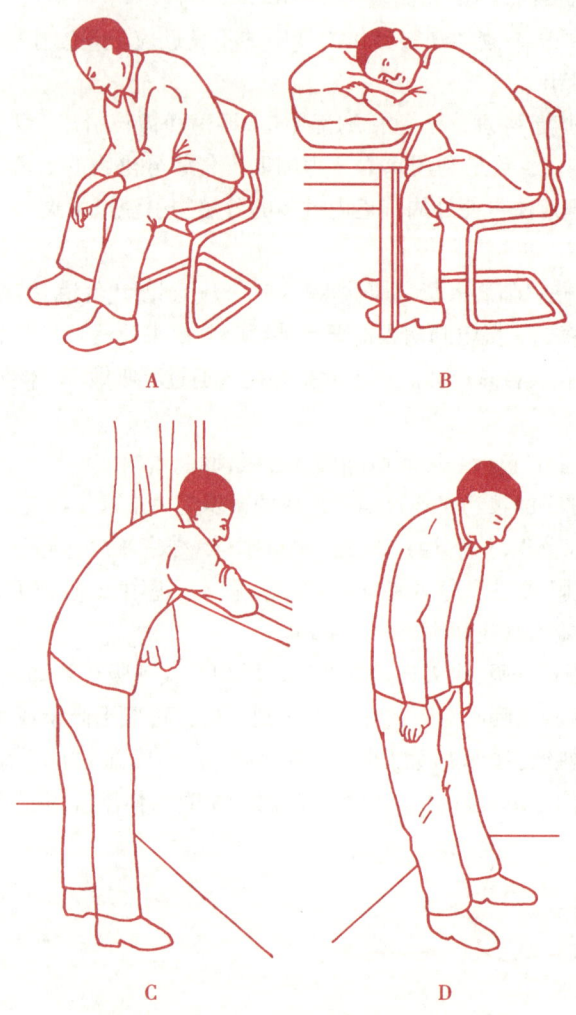

图 14-4-4　呼吸困难时可采取的体位
A. 松弛的坐位;B. 前倾坐位;C. 前倾站位;D. 松弛的站位。

(二) 提高运动耐力,改善呼吸困难症状

1. 规律的运动训练　运动方式分为有氧训练、抗阻训练、平衡柔韧训练和呼吸肌训练等。有氧训练又称耐力训练,常见的有氧运动有快走、慢跑、游泳等。抗阻训练又称力量训练,可以选择哑铃、弹力带等进行器械训练,或者采用深蹲、俯卧撑等徒手训练。柔韧训练常见有太极拳、八段锦等,可以提高柔韧性,预防运动损伤。缩唇呼吸和腹式呼吸等训练可改善气促、呼吸困难等症状。病人可根据情况选择在医院、社区或家庭进行训练。有医务人员指导和监督的运动方案为首选。

2. 日常生活节能指导　慢阻肺病人在日常活动中会感觉气促、呼吸费力,无法完成行走、穿衣、洗漱等日常活动,可予以居家节能指导,如借助鞋拔子穿鞋、步行时控制吸呼气时间比、借助助行器等。

(三) 营养支持

慢阻肺病人经常有厌食、恶心、腹胀、食欲减退等症状。呼吸功的增加可使能量和蛋白质消耗增

多,导致营养不良。护士应为有营养不良风险的病人进行评估,测量其体重并监测其他营养指标。

为减少呼吸困难,病人饭前至少休息30min。每日正餐应安排在病人饥饿、休息最好的时间。腹胀的病人应进食软食,少食多餐,避免进食产气的食物。应避免干燥酥脆的食物和牛奶、巧克力等食物,干燥酥脆的食物可刺激病人咳嗽,牛奶、巧克力可使唾液和分泌物黏稠。肺气肿的病人由于机体需要应进食高能量、高蛋白饮食。舒适的就餐环境、喜爱的食物可以改善病人食欲减退和恶心,餐前提供口腔护理可以增加食欲。鼓励病人进餐时吸氧。

（四）心理护理

慢阻肺病人呼吸困难急性发作时常常会有焦虑情绪。焦虑可以导致呼吸困难,影响呼吸功能。护士应和病人一起制订护理计划,帮助病人树立信心,掌握有效的应对措施。心理干预可改善病人的焦虑、抑郁症状。家庭、朋友和社会支持对病人的康复有重要意义。

知 识 链 接

呼吸康复治疗

呼吸康复治疗是指在全面评估基础上,为病人提供个体化的综合干预措施,包括但不限于运动锻炼、教育和行为改变,目的是改善慢性呼吸系统疾病病人的生理及心理状况,并促进健康行为的长期保持。呼吸康复的核心内容是规律的运动训练,运动方式主要包括有氧训练、力量训练、平衡柔韧性训练、呼吸肌训练等。呼吸康复可在医院、社区、居家等场所开展,若在上述不同场所采用的康复频率与强度相同,则可有相同疗效。此外,呼吸康复治疗还包括营养干预、心理干预、健康教育及对部分生活无法完全自理的慢阻肺病人进行居家康复节能指导,如助行器的使用、步行时控制吸呼气时间比减少氧耗等。

（五）急性加重期的治疗与护理

气管-支气管的细菌或病毒感染是导致慢阻肺加重的主要原因,常见致病菌有流感嗜血杆菌、肺炎链球菌及卡他莫拉菌等。主要表现有气促加重,伴喘息、胸闷、咳嗽加剧,痰量增多并有性质改变,活动耐力下降,发热等,亦可出现全身不适、失眠、疲乏、嗜睡、抑郁及其他精神症状。加重早期,病情较轻的病人可以在院外治疗,但须注意病情变化,及时决定送医院治疗的时机。

1. **加重期的院外治疗**　适当增加以往所用支气管舒张剂的剂量及频度。慢阻肺症状加重,特别是当咳嗽时痰量增多并呈脓性时应积极给予抗生素治疗。全身使用糖皮质激素可促进病情缓解和肺功能的恢复,如口服泼尼松龙。

2. **病情严重者住院治疗**　主要治疗包括:①根据症状、血气分析结果、胸部X线影像等评估病情的严重程度。②控制性氧疗:是加重期住院病人的基础治疗。注意吸入氧浓度不宜过高,采用鼻导管持续低流量给氧,氧流量1~2L/min,或文丘里面罩给氧。③抗生素治疗:根据慢阻肺严重程度,结合当地常见致病菌类型和药物敏感情况尽早选择敏感抗生素治疗。④应用糖皮质激素:在应用支气管舒张剂的基础上口服或静脉滴注糖皮质激素,如口服泼尼松龙或静脉给予甲泼尼龙。⑤机械通气:根据病情需要,可通过无创或有创方式给予其机械通气(详见第十六章呼吸衰竭病人的护理)。⑥监测病人水、电解质和酸碱平衡情况,合理补液及营养支持。

（六）介入治疗及外科治疗

1. **肺减容术**　是指通过手术切除部分过度膨胀的肺组织来治疗慢阻肺。合理选择有手术指征的病人,经过手术后可以改善病人氧合和生活质量。

2. **肺移植**　慢阻肺病人经过积极充分的内科治疗无法阻止病情进展,不适合肺减容手术时,可考虑肺移植。

3. **内科介入治疗**　是基于外科肺减容术的原理和病人获益分析,为减少手术并发症及病死率而开展的经支气管镜肺减容术。目标是减少肺容积,改善肺、胸壁和呼吸肌力学特征。

(七) 肺源性心脏病的护理

慢阻肺晚期严重阶段可并发肺源性心脏病。肺源性心脏病病人可出现肺动脉高压,右心室扩张或肥厚,伴或不伴右心衰竭。详见第十五章第二节中"肺动脉高压与肺源性心脏病病人的护理"及第二十章"心力衰竭病人的护理"。

(八) 终末期治疗和护理

慢阻肺急性加重显著增加了终末期病人的死亡风险。医护人员须与病人和家属充分沟通可能发生的危急情况、治疗措施,讨论复苏、预立指示等事宜。对病人进行综合评估,采用姑息治疗的措施,改善病人呼吸困难、疼痛等症状,减轻家属的痛苦。

(九) 健康指导

通过教育与管理可以提高病人及其家属对慢阻肺的认识和自我管理能力,维持病情稳定,提高生活质量。主要内容包括:

1. **教育与督促病人戒烟**　戒烟是所有吸烟慢阻肺病人的关键干预措施。医务人员应鼓励和支持所有吸烟者戒烟,将戒烟知识和方法运用到日常工作中,为病人提供戒烟帮助,如戒烟咨询,提供戒烟资料,推荐戒烟药物等。

2. **避免危险因素暴露**　消除和减少工作环境中有害物质的暴露;改善通风,减低或避免因烹饪或取暖燃烧生物燃料所造成的室内空气污染;病人应留意当地发布的空气质量结果,污染严重时避免外出。

3. **疫苗接种**　推荐年龄>65 岁的慢阻肺病人,每年接种流感疫苗,及每 5 年接种肺炎链球菌疫苗。

4. **提高病人疾病的自我管理能力**　包括:①帮助病人了解慢阻肺相关的疾病知识;②介绍药物的种类、剂量、使用方法、作用及可能的不良反应;③病人掌握一般和某些特殊的治疗方法;④教给病人呼吸锻炼的方法,如腹式呼吸及缩唇呼吸锻炼等;⑤鼓励病人独立完成日常生活活动,保持一定量的体育活动;⑥告知赴医院就诊的时机;⑦对有氧疗适应证的病人应讲解家庭氧疗的注意事项,鼓励坚持连续、长期的氧疗。

【护理评价】

通过治疗和护理,评估病人是否能够达到:①症状减轻,日常活动能力提高;②遵医嘱正确使用药物;③急性加重次数及住院次数减少;④自我管理疾病,保持良好的情绪。

知 识 链 接

中国特色的慢阻肺康复方法

为应对慢阻肺的沉重负担,我国学者在慢阻肺的危险因素、发病机制、早诊早治、稳定期治疗、免疫调节治疗、急性加重管理、综合防治等方面的研究作出了重要贡献,也探索了一系列具有中国特色的慢阻肺康复方法。由中国古代导引技术演变而来的肺导引术是一种康复技术,结合了特殊设计的手臂和身体动作及控制呼吸练习。研究发现,该技术可改善慢阻肺病人的生理和心理状态。太极拳是国家级非物质文化遗产,是结合易学的阴阳五行之变化、中医经络学、古代的导引术和吐纳术形成的一种内外兼修、刚柔相济的拳术。我国学者根据慢阻肺的特点和肺康复要求,改良二十四式简化太极拳为六式太极拳,病人易于掌握、依从性好,可有效改善病人的肺功能、运动能力和健康状况。经过科学评价,上述研究成果作为重要证据纳入国际指南。彰显了中国传统文化与现代医学技术结合的价值,为全人类健康作出了贡献。

Note:

(郭爱敏)

思 考 题

1. 结合慢阻肺的危险因素,说明预防慢阻肺健康教育的主要内容。
2. 对慢阻肺病人进行综合评估应包括哪几方面的内容?
3. 推荐用于慢阻肺长期治疗的支气管舒张剂的种类和用药途径。

第五节　支气管扩张症病人的护理

学 习 目 标

- 识记:
  1. 陈述支气管扩张症、干性支气管扩张、体位引流的概念。
  2. 列举支气管扩张症病人的临床表现、治疗要点、护理要点。
- 理解:
  1. 解释支气管扩张症的病因与发病机制。
  2. 说明支气管扩张症病人的实验室检查、诊断要点等。
- 运用:
  分析支气管扩张症病人的护理评估、提出护理问题并制订护理计划。

导入情境与思考

病人,男性,41 岁,因反复咳脓痰伴间断少量咯血 20 年,大量咯血 3d 入院。体格检查:T 37.5℃,P 88 次/min,R 24 次/min,BP 125/75mmHg,听诊左下肺可闻及固定湿啰音,视诊有杵状指。胸部 X 线影像示左下肺肺纹理增粗,可见卷发影。住院期间又因剧烈咳嗽而致大量咯血,在观察中突然发现咯血终止,病人表情紧张,张口瞪目,两手乱抓。

请思考:

(1) 如何对该病人进行护理评估?

(2) 对于病人目前出现的紧急情况,如何处理?

支气管扩张症(bronchiectasis)大多继发于急、慢性呼吸道感染和支气管阻塞后,反复发生支气管炎症,致使支气管管壁肌肉和弹性组织破坏,引起支气管慢性异常而持久的扩张,通常见于直径大于 2mm 中等大小的近端支气管。临床特点为慢性咳嗽,咳大量脓痰和/或反复咯血。多见于儿童和青年。病人童年多有麻疹、百日咳或支气管肺炎等病史。由于生活条件的改善、麻疹和百日咳疫苗的预防接种及抗生素的应用等,本病的发病率已明显减少。

【病因及发病机制】

支气管扩张的主要原因是支气管-肺组织感染和支气管阻塞。也可能是先天性发育障碍及遗传因素引起,但较少见。另有约 30%病因未明。

1. **支气管-肺组织感染**　婴幼儿麻疹、百日咳、支气管肺炎等,是支气管-肺组织感染和阻塞所致支气管扩张最常见的原因。因婴幼儿支气管管壁薄弱、管腔较细狭,易阻塞,反复感染破坏支气管管壁各层组织,或细支气管周围组织纤维化,牵拉管壁,致使支气管变形扩张。病变常累及两肺下部支

Note:

气管,且左侧更为明显。引起感染的病原体为铜绿假单胞菌、流感嗜血杆菌、卡他莫拉菌及肺炎克雷伯菌等。另外,因肺结核致纤维组织增生和收缩牵引,或因支气管结核引起管腔狭窄、阻塞,伴或不伴肺不张均可引起支气管扩张。

2. **支气管阻塞**　肿瘤、异物、感染、支气管周围肿大的淋巴结压迫可使支气管阻塞导致肺不张,胸腔负压直接牵拉支气管管壁,导致支气管扩张。

3. **支气管先天性发育障碍和遗传因素**　如巨大气管-支气管症,是因先天性结缔组织异常、管壁薄弱导致气管和主支气管扩张。Kartagener 综合征(支气管扩张、鼻窦炎及内脏转位)因软骨发育不全或弹性纤维不足,导致局部支气管管壁薄弱或弹性较差引起支气管扩张。先天性软骨缺失症、支气管肺隔离症、肺囊性纤维化、遗传性 α_1-抗胰蛋白酶缺乏症、先天性免疫缺乏症等与发育和遗传因素有关的疾病也可伴有支气管扩张。

4. **全身性疾病**　如类风湿关节炎、克罗恩病、溃疡性结肠炎、系统性红斑狼疮、人类免疫缺陷病毒(HIV)感染等疾病可同时伴有支气管扩张。心肺移植术后可因慢性肺移植物排斥,发生支气管扩张。

支气管扩张常发生在有软骨的支气管近端分支,可分为柱状扩张、囊状扩张和不规则扩张 3 种类型,常合并存在。支气管扩张的典型病理改变为支气管的弹性组织、肌层和软骨等破坏导致管腔变形扩大,腔内含有大量分泌物。黏膜表面常有慢性溃疡改变和急、慢性炎症改变,支气管周围结缔组织受损或丢失,并有微小脓肿。多见于肺下叶,尤以左肺下叶多见。支气管扩张常伴有肺毛细血管、支气管动脉和肺动脉终末支的扩张与吻合,形成血管瘤,而易导致反复咯血。

早期病变轻且局限时,肺功能测定可在正常范围。病变范围较大时,肺功能测定表现为轻度阻塞性通气功能障碍。当病变严重而广泛且累及胸膜时,则表现为以阻塞性为主的混合性通气功能障碍,最后可发展为肺源性心脏病和右心衰竭。

【护理评估】

(一) 健康史

1. 询问病人年龄、性别、婚姻和职业等,女性病人有无停经、月经期延长或不正常史,有无吸烟、酗酒等不良嗜好等。

2. 询问病人婴幼儿时期有无麻疹、百日咳、肺结核、支气管肺炎等感染病史,有无支气管阻塞病史,有无支气管、肺组织畸形遗传性疾病及其他遗传免疫性疾病。

3. 询问家庭成员中有无支气管扩张症病史。

(二) 身体状况

1. **症状**　病程多呈慢性经过,起病多在小儿或青年期。

(1) 慢性咳嗽伴大量脓痰:咳嗽通常发生于早晨和晚上,病人晨起时由于体位改变,积储于支气管的分泌物刺激支气管黏膜引起咳嗽和排痰。其严重程度可用痰液量估计:每日少于 10ml 为轻度;每日在 10~150ml 为中度;每日多于 150ml 为重度。急性感染时,黄绿色脓痰明显增加,每日可达数百毫升。痰液静置于玻璃瓶内出现分层:上层为泡沫,下悬脓性成分;中层为混浊黏液;下层为坏死组织沉淀物。厌氧菌感染时痰有臭味。

(2) 反复咯血:50%~70% 的病人有不同程度的咯血,可为痰中带血或大量咯血,咯血量与病情严重程度、病变范围有时不一致。部分病人以反复咯血为唯一症状,临床上称为"干性支气管扩张",其病变多位于引流良好的上叶支气管。

(3) 反复肺部感染:其特点为同一肺段反复发生感染并迁延不愈。由于扩张的支气管清除分泌物的功能丧失,引流差,易反复感染。

(4) 慢性感染中毒症状:可出现发热、乏力、食欲缺乏、消瘦、贫血等,影响儿童的发育。

2. **体征**　早期或干性支气管扩张肺部体征可无异常,病变重或继发感染时,在下胸部、背部可闻

Note:

及干、湿啰音和哮鸣音,典型病人可出现部位固定而持久的局限性粗湿啰音,部分病人伴有杵状指/趾。

(三)辅助检查

1. **影像学检查** 早期影像学特点不明显,或有患侧肺纹理增多及增粗现象;随着病情加重,胸部X线影像可见,囊状支气管扩张的气道表现为显著的囊腔,腔内可存在气液平面;由于受累肺实质通气不足、萎陷,扩张的气道往往聚拢,纵切面可显示为"双规征""卷发状"阴影,横切面显示"环形阴影"。胸部CT检查显示管壁增厚的柱状或成簇的囊状扩张。高分辨率CT(HRCT)具有更高的空间和密度分辨力,已基本取代支气管造影。支气管造影可以明确扩张的部位、形态、范围和病变严重程度,主要用于准备外科手术的病人。

2. **纤维支气管镜检查** 有助于发现病人的出血部位或阻塞原因。还可局部灌洗,取灌洗液进行细菌学和细胞学检查。

3. **其他** 痰培养及药敏试验可指导抗生素治疗;肺功能测定可证实是否出现气流受限等。

(四)诊断标准

根据慢性咳嗽、大量脓痰、反复咯血和肺部反复感染等病史,童年有诱发支气管扩张的疾病史,及肺部闻及固定而持久的局限性粗湿啰音,可初步诊断。通过胸部CT可明确诊断。

(五)心理-社会状况

评估病人及其家属对本疾病的认知、心理承受程度、有无异常情绪和心理反应等。

【常见护理诊断/问题】

1. **清理呼吸道无效** 与痰多黏稠和无效咳嗽有关。
2. **营养失调:低于机体需要量** 与慢性感染导致机体消耗和反复咯血有关。
3. **焦虑** 与疾病迁延、个体健康受到威胁、影响正常学习和工作有关。
4. **潜在并发症:大量咯血、窒息、肺部或胸腔感染。**

【计划与实施】

主要治疗原则是保持病人气道通畅、控制感染、处理咯血等,必要时手术治疗。

(一)病情观察

观察病人生命体征、缺氧及痰液情况,记录24h痰液量。注意病人有无发热、消瘦、贫血等全身症状。

(二)保持呼吸道通畅

痰液引流和抗生素控制感染同等重要。

1. **药物治疗** 祛痰药可选用溴己新、盐酸氨溴索等,促进病人排痰。支气管舒张剂可用 β_2 受体激动剂或抗胆碱药喷雾吸入,或口服氨茶碱及其缓释制剂。注意观察药物副作用。

2. **促进有效排痰** 包括深呼吸、有效咳嗽、胸部叩击、体位引流、气道湿化、机械吸痰等一组胸部物理治疗措施。

(1)深呼吸和有效咳嗽:深呼吸是指胸腹式呼吸联合进行,以排出肺内残气及其代谢产物、增加有效通气的一种呼吸方式。有效咳嗽是在咳嗽时通过加大呼气压力,增强呼气流速以提高咳嗽的效率,适用于神志清醒、一般状况良好、能够配合的病人。实施的注意事项是:①首先应指导病人掌握深呼吸和有效咳嗽的正确方法:病人尽可能采用坐位,先进行深而慢的腹式呼吸5~6次,然后深吸气至膈肌完全下降,屏气3~5s,继而缩唇,缓慢地经口将肺内气体呼出,再深吸一口气,屏气3~5s,身体前倾,从胸腔进行2~3次短促有力的咳嗽,咳嗽时同时收缩腹肌,或用手按压上腹部,帮助痰液咳出。也可让病人取俯卧屈膝位,借助膈肌、腹肌收缩,增加腹压,咳出痰液。②经常变换体位有利于痰液咳出。③减轻咳嗽时的疼痛:对胸痛不敢咳嗽的病人,应采取相应措施防止因咳嗽加重疼痛。

（2）胸部叩击：是一种借助叩击所产生的振动和重力作用，使滞留在气道内的分泌物松动，并移行到中心气道，最后通过咳嗽排出体外的方法。该方法适用于久病体弱、长期卧床、排痰无力者。禁用于未经引流的气胸、肋骨骨折、有病理性骨折史、咯血、低血压及肺水肿等病人。方法：病人侧卧位或在他人协助下取坐位，叩击者两手手指弯曲并拢，使掌侧呈杯状，以手腕力量，从肺底自下而上、由外向内、迅速而有节律地叩击胸壁，每一肺叶叩击 1~3min，叩击时发出一种空而深的拍击音则表明叩击手法正确。胸部叩击的注意事项：①评估：叩击前听诊肺部有无呼吸音异常及干、湿啰音，明确痰液潴留部位。②叩击前准备：用单层薄布覆盖叩击部位，以防止直接叩击引起皮肤发红，但覆盖物不宜过厚，以免降低叩击效果。③叩击要点：叩击时避开乳房、心脏、骨突部位（如脊椎、肩胛骨、胸骨）及衣服拉链、纽扣等；叩击力量应适中，以病人不感到疼痛为宜；每次叩击时间以 3~5min 为宜，应安排在餐后 2h 至餐前 30min 完成，以避免治疗中引发病人呕吐；叩击时应密切注意病人的反应。④操作后：嘱病人休息并协助其做好口腔护理，去除痰液气味；询问病人的感受，观察痰液情况，复查生命体征、肺部呼吸音及啰音变化。

（3）体位引流：是利用重力作用促使呼吸道分泌物流入气管、支气管从而排出体外的方法。应根据病变部位采取相应的体位引流，有助于排出积痰，减少继发感染和全身中毒症状。具体方法为。

1）一般于饭前 1h 进行，早晨清醒后立即进行效果最好；若在饭后或鼻饲后，为了预防胃食管反流、恶心、呕吐等不良反应，应在饭后 1~2h 进行。

2）引流前准备：向病人解释体位引流的目的、过程和注意事项，监测生命体征和进行肺部听诊，明确病变部位。引流前 15min 遵医嘱给予支气管舒张剂。备好纸巾或一次性容器。

3）引流体位：取决于分泌物潴留的部位和病人耐受程度。原则上抬高患侧肺位置，引流支气管开口向下，有利于潴留分泌物随重力作用流入支气管和气管而排出。首先引流上叶，然后引流下叶后基底段。如果病人不能耐受，应及时调整姿势。头外伤、胸部创伤、咯血、严重心血管疾病和病人状况不稳定者，不宜采用头低位进行体位引流。常见的引流体位如图 14-5-1 所示。

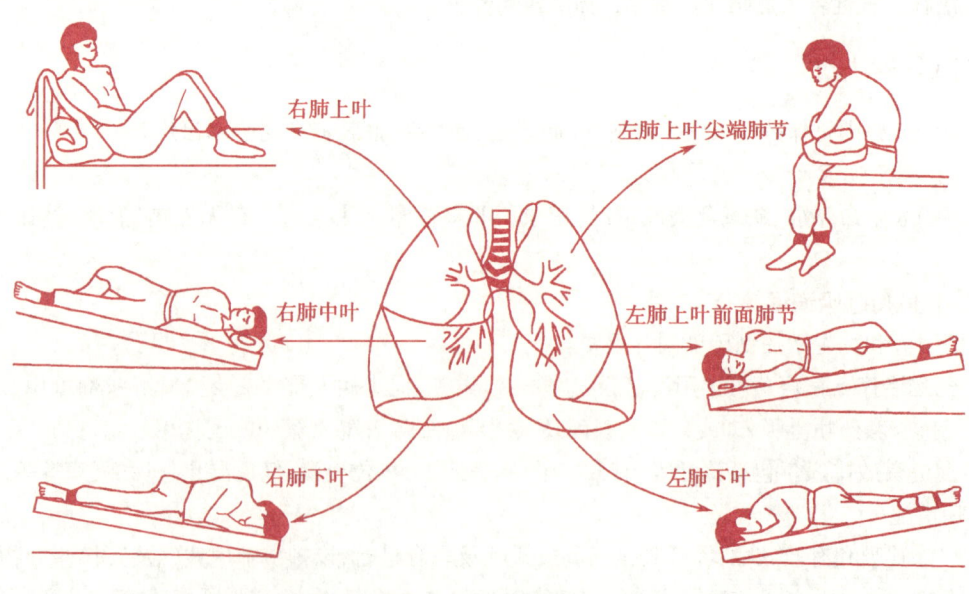

图 14-5-1　体位引流

右肺上叶　　左肺上叶尖端肺节　　右肺中叶　　左肺上叶前面肺节　　右肺下叶　　左肺下叶

4）引流时间：根据病变部位、病情和病人状况，每日 1~3 次，每次 15~20min。

5）引流观察：引流时观察病人有无出汗、脉搏细弱、头晕、疲劳、面色苍白等症状，评估病人对体位引流的耐受程度，如病人出现心率超过 120 次/min、心律失常、高血压、低血压、眩晕或发绀，应立即停止并通知医生。

6）引流配合：在体位引流中，辅以胸部叩击或振荡等措施。协助病人在保持引流体位时进行咳

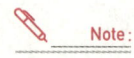

嗽,也可取坐位以产生足够的气流促使分泌物排出,提高引流效果。

7)引流后护理:引流结束后,帮助病人采取舒适体位,漱口保持口腔清洁。观察病人咳痰情况,如性质、痰量及颜色,听诊呼吸音,评价引流效果并记录。

3. 纤维支气管镜吸痰 如体位引流排痰效果不理想,可经纤维支气管镜吸痰及用生理盐水冲洗痰液,也可局部注入抗生素。

4. 补充水分 充足的水分可稀释痰液,有利于排痰。鼓励病人多饮水,每日1 500ml以上,充血性心力衰竭或肾疾病等病人除外。指导病人饮用低钠液体,避免体液潴留。

(三)控制感染

控制感染是急性感染期的主要措施。遵医嘱使用抗生素。开始时常经验性给予氨苄西林、阿莫西林或头孢克洛等,后应依据药敏试验结果针对性用药。如有厌氧菌感染,加用甲硝唑(灭滴灵)、替硝唑或克林霉素。护士应掌握药物的疗效、剂量、用法和不良反应,如发生不良反应,及时通知医生。

(四)咯血护理

(1)**休息与卧位**:评估病人咯血量,痰中带血者,应适当减少活动量;小量咯血者以静卧休息为主,可口服镇静、镇咳药,行雾化吸入治疗以促进血块和痰液排出;中量咯血者需绝对卧床,遵医嘱予镇静药物,如地西泮、苯巴比妥等,禁用吗啡。咯血病人取患侧卧位,防止病灶向健侧扩散,有利于健侧肺通气。尽量避免搬动病人,以减少肺活动度。

(2)**饮食护理**:大量咯血者应禁食;小量咯血者宜进食少量温、凉流质饮食,因过冷或过热食物均易诱发或加重咯血;多饮水,多食富含纤维素的食物,以保持排便通畅,避免排便时腹压增加而引起再度咯血。

(3)**对症护理**:安排专人护理。保持口腔清洁、舒适,咯血后为病人漱口,擦净血迹,防止因口咽部异味刺激引起剧烈咳嗽而诱发再度咯血。及时清理病人咯出的血块及污染的衣物、被褥,有助于稳定病人情绪,增加安全感,避免因精神过度紧张而加重病情。对精神极度紧张、咳嗽剧烈的病人,可遵医嘱给予小剂量镇静药或镇咳药。

(4)**保持呼吸道通畅**:咯血时轻轻拍击病人健侧背部,嘱病人将气管内痰液和积血轻轻咳出,无力咳出者,可吸痰,保持气道通畅。嘱病人不要屏气,以免诱发喉痉挛,使血液引流不畅形成血块导致窒息。

(5)**用药护理**:①大量咯血时,遵医嘱静脉滴注垂体后叶素。垂体后叶素可收缩小动脉,减少肺血流量,从而减轻咯血。但也能引起子宫、肠道平滑肌收缩和冠状动脉收缩,故冠心病、高血压病人及孕妇忌用。静脉滴注时速率勿过快,以免引起恶心、便秘、心悸、面色苍白等不良反应。②对年老体弱、肺功能不全者应用镇静药和镇咳药后,应密切观察呼吸和血氧情况,以早期发现因呼吸抑制可能导致的呼吸衰竭或血块造成的窒息。

(6)**窒息的抢救**:对大量咯血及意识不清的病人,应在病床旁备好急救器械,一旦病人出现窒息征象,应立即取头低脚高45°俯卧位,面部侧向一边,轻拍其背部,迅速排出在气道和口咽部的血块,或直接刺激咽部以咳出血块。必要时进行机械吸引,给予高浓度氧气吸入。做好气管插管或气管切开的准备与配合工作,以解除病人呼吸道阻塞。

(7)**病情观察**:密切观察病人咯血的量、颜色、性质、生命体征及意识状态变化,有无胸闷、气促、呼吸困难、发绀、面色苍白、出冷汗、烦躁不安等窒息征象,有无阻塞性肺不张、肺部感染及休克等并发症的表现。

(8)**介入治疗**:支气管动脉栓塞术是建立在支气管动脉造影基础上的一种介入治疗技术。在确定支气管扩张大量咯血诊断后,做好介入治疗前后的护理工作,使病人较好地配合。

(五)营养支持

急性感染或病情严重者应卧床休息。提供高能量、高蛋白质、富含维生素的饮食,避免冰冷食物诱发病人咳嗽,少食多餐。保持口腔清洁,多饮水,每日1 500ml以上,充足的水分可稀释痰液,利于排痰。

（六）外科治疗与护理

手术治疗适用于反复呼吸道急性感染或大量咯血,病变局限在一叶或一侧肺组织,经药物治疗无效,全身状况良好的病人。一般可做肺叶或肺段切除,少数病人须做全肺切除。双侧病变范围广泛,一般不宜手术治疗。但若反复大量咯血不止,经积极内科治疗无效,能明确出血部位,可考虑切除出血的病变肺以抢救生命。做好术后护理,包括病情观察、引流管护理、促进肺复张、保持气道通畅等(术后护理详见本章第七节"肺癌病人的护理")。

（七）健康指导

1. **疾病知识指导** 帮助病人及其家属了解疾病发生、发展与治疗、护理过程。与病人及其家属共同制订长期防治计划。

2. **生活指导** 积极戒烟,避免烟雾和灰尘刺激气道,加强营养,鼓励病人参加体育锻炼,建立良好的生活习惯,劳逸结合,以维护心、肺功能状态,避免受凉,预防感冒。

3. **预防呼吸道感染** 支气管扩张症与感染密切相关,积极防治百日咳、麻疹、肺炎、肺结核等;及时治疗上呼吸道慢性病灶(如扁桃体炎、鼻窦炎等)。

4. **清除痰液** 强调清除痰液对减轻症状、预防感染的重要性,指导病人及其家属学习和掌握有效咳嗽、胸部叩击、雾化吸入及体位引流的排痰方法,长期坚持,以控制病情的发展。

5. **病情监测指导** 指导病人自我监测病情,病人和家属学会识别病情变化的征象,一旦发现症状加重,应及时就诊。

（崔慧霞）

思 考 题

1. 简述支气管扩张症病人主要的临床表现。
2. 简述大量咯血窒息病人的抢救措施。

第六节 肺结核病人的护理

学 习 目 标

- 识记:
  1. 陈述肺结核原发复合征、初治、复治的概念;肺结核的传播方式、结核菌素试验的方法、判断及临床意义等。
  2. 概述肺结核病人的临床表现、护理要点。
  3. 陈述肺结核的主要治疗药物及不良反应。
- 理解:
  1. 解释肺结核的流行病学特点,结核分枝杆菌的生物学特点。
  2. 解释科赫(Koch)现象的临床意义、肺结核的基本病理改变及肺结核病人辅助检查要点、诊断要点等。
  3. 说明肺结核的分类及各型肺结核的临床特点。
- 运用:
  对肺结核病人进行护理评估、提出护理问题并制订护理计划。

导入情境与思考

　　病人,女性,38岁,因咳嗽1个月余,伴低热,消瘦、闭经,痰中带血10d就诊。胸部X线示右肺上叶尖段炎症,伴有空洞形成。结核菌素试验:72h测量硬结直径22mm×22mm,痰涂片抗酸染色阳性。诊断为肺结核。居家服用抗结核药物治疗,化疗方案为:$2H_3R_3Z_3E_3/4H_3R_3$。

　　请思考:

　　(1)如何指导该肺结核病人用药?

　　(2)应如何对该病人及其家属进行居家健康指导?

　　肺结核(pulmonary tuberculosis)是结核分枝杆菌引起的肺部慢性传染性疾病。结核分枝杆菌可侵及全身多个器官,如肾、骨骼、肾上腺、脑脊膜、腹膜、肠等,但以肺部最为常见,占85%。

　　结核病是全球流行的传染病之一。20世纪60年代开始,由于化学治疗药物的使用,使新发结核病治愈率达95%以上。但20世纪80年代以来,结核病又出现全球性恶化趋势。据WHO发布的《2022年全球结核病报告》显示,全球结核潜伏感染人群接近20亿。2021年全球新发结核病病人约1 060万,全球发病率134/10万。2021年中国结核病新发病人数估算为78.0万,结核病发病率为55/10万(2020年59/10万)。中国新发病人数位居全球第3,我国结核病流行形势仍十分严峻。

【病因及发病机制】

(一)结核分枝杆菌特性

　　结核病的病原菌为结核分枝杆菌复合群,包括结核分枝杆菌、牛分枝杆菌、非洲分枝杆菌和田鼠分枝杆菌。结核分枝杆菌是人肺结核的主要致病菌,属于放线菌目,分枝杆菌属,为细长稍弯曲、两端圆形的杆菌。其生物学特性有以下几方面:

　　(1)抗酸性:抗酸染色呈红色,可抵抗盐酸酒精的脱色作用,故又称抗酸杆菌。

　　(2)生长缓慢:为需氧菌,适宜温度为37℃左右,pH为6.8~7.2,生长缓慢,增殖一代需14~20h,培养2~8周才能形成菌落。

　　(3)抵抗力强:结核分枝杆菌对干燥、酸、碱、寒冷等的抵抗力较强。在阴湿环境下能生存5个月以上,在干燥的痰标本中能存活6~8个月。对光照、紫外线、热等比较敏感,阳光下暴晒2~7h可被杀死,紫外线灯消毒30min可起到明显的杀菌作用。煮沸(100℃)5min可被杀死。常用杀菌剂中,75%酒精最佳,接触2min即可杀菌,5.0%苯酚(石炭酸)溶液或1.5%煤酚皂溶液(来苏儿液)可以杀菌但需时较长。将痰吐在纸上焚烧是最简易的灭菌方法。

　　(4)菌体结构复杂:菌体成分主要是类脂质、蛋白质和多糖类。类脂质占50%~60%,其中蜡质约占类脂质的50%,其作用与结核病引起的组织坏死、干酪液化、空洞发生及变态反应有关。多糖是菌体抗原的组成部分,参与某些免疫应答;菌体蛋白质以结合形式存在,是结核菌素的主要成分,可引起过敏反应。

　　(5)易耐药:分为先天耐药和获得性耐药。先天耐药为结核分枝杆菌在自然繁殖中,由于染色体基因突变而出现的极少量天然耐药菌。获得性耐药是药物与结核分枝杆菌接触后,有的细菌发生诱导变异,逐渐适应含药环境而继续生存。复治病人中常出现获得性耐药,这也成为当今结核病控制的最大难题。

(二)结核病在人群中的传播

　　呼吸道传播是肺结核的主要传播途径,飞沫传播为最常见的方式。传染源主要是排菌病人。当病人在咳嗽、咳痰、打喷嚏或谈笑时,可产生大量含菌微滴,当健康人吸入这些带菌微滴时而感染。1~5μm大小的微滴可较长时间悬浮于空气中,若空气不流通,细菌可在室内存活达5h以上,亦可被吸入引起感染。感染的次要途径是经消化道进入体内,如饮用带菌牛奶可致消化道感染。其他感途径,如经皮肤、泌尿生殖系统等,均很少见。

　　结核病的易感人群为未受结核分枝杆菌感染,也未接种过卡介苗的人群。易感性取决于许多因素,其中人体的自然抵抗力最为重要。影响人体抵抗力的因素有:①年龄因素:婴幼儿、青春后期和成人早期(尤其该年龄期的女性)及老年人的结核病患病率较高。②疾病因素:糖尿病、硅沉着病、麻疹、免疫抑制性疾病(如 HIV 感染)或应用免疫抑制剂的病人,其对结核分枝杆菌的易感性和发病机会较常人高。③社会经济因素:生活贫困、营养不良等社会经济因素,以及遗传因素、心理健康等也是重要因素。

(三)结核病的发生发展

　　1. 原发感染　机体初次感染后,结核病的发生、发展与转归取决于入侵结核分枝杆菌的数量、毒力及肺泡内巨噬细胞的吞噬杀菌能力。如果结核分枝杆菌能够在肺内存活下来,并在肺泡巨噬细胞内外生长繁殖,这部分肺组织即出现炎性病变,称为原发病灶。原发病灶中的结核分枝杆菌被吞噬细胞沿着肺内引流淋巴管携至肺门淋巴结,引起肺门淋巴结肿大。原发病灶和肿大的肺门淋巴结统称为原发综合征或原发性肺结核。大多数病灶可自行吸收或钙化,即使播散到全身组织器官的结核分枝杆菌也大部分被消灭。但仍有少量结核分枝杆菌没有被消灭,长期处于休眠状态,成为继发性肺结核的潜在病灶。当人体免疫力降低时,潜在病灶中的结核分枝杆菌开始生长繁殖,发生继发性肺结核病。少数病人因免疫反应强烈或免疫力低下,原发病灶可扩大呈干酪样坏死形成空洞或干酪样肺炎。干酪样坏死组织破入支气管可引起沿支气管结核播散。结核分枝杆菌可经淋巴或血液引起播散,导致其他部位结核病。

　　2. 结核病的免疫和迟发型超敏反应

　　(1) 免疫力:人体对结核分枝杆菌的免疫力分非特异性免疫(先天或天然免疫)和特异性免疫(获得性免疫)2 种。前者免疫力没有针对性,免疫力较弱,而后者是通过接种卡介苗或经过结核分枝杆菌感染后所获得的免疫力,具有特异性,能将入侵的结核分枝杆菌杀死或严密包围,制止其扩散,使病灶愈合。获得性免疫显著强于天然免疫,但两者对防止结核病的保护作用是相对的。结核病免疫主要是细胞免疫,表现为淋巴细胞的致敏与巨噬细胞功能的增强。人体受结核分枝杆菌感染后,首先是巨噬细胞作出反应,肺泡中的巨噬细胞大量分泌白细胞介素等细胞因子,使淋巴细胞和单核细胞聚集到结核分枝杆菌入侵部位,逐渐形成结核肉芽肿,限制结核分枝杆菌扩散并杀菌。

　　(2) 迟发型超敏反应:结核分枝杆菌侵入人体后 4~8 周,身体组织对结核分枝杆菌及其代谢产物所发生的敏感反应称为变态反应,为Ⅳ型(迟发型)超敏反应,可通过结核菌素试验来测定。

　　(3) 科赫(Koch)现象:将结核分枝杆菌注射给从未感染过结核分枝杆菌的豚鼠,10~14d 后注射局部出现红肿、溃烂,形成深的溃疡,长期不愈合,结核分枝杆菌大量繁殖,到达局部淋巴结使其肿大,最后结核分枝杆菌全身播散,造成豚鼠死亡。将同量结核分枝杆菌注射到 3~6 周前已受少量结核分枝杆菌感染和结核菌素皮肤试验阳转的豚鼠,2~3d 后注射局部皮肤出现红肿、溃疡、坏死等剧烈反应,但不久即愈合,且无局部淋巴结肿大和全身播散,亦不致死亡。较快的局部红肿和表浅溃烂是由结核分枝杆菌诱导的迟发型超敏反应的表现。结核分枝杆菌无播散,引流淋巴结无肿大及溃疡较快愈合是免疫力的反应。机体对结核分枝杆菌初感染和再感染所表现出不同反应的现象称为科赫(Koch)现象。

　　此现象提示机体在初次感染(常为小儿)结核分枝杆菌后,若机体免疫力低下,其在肺内繁殖,并被吞噬细胞携至肺门淋巴结,引起肺门淋巴结肿大,发展为原发性肺结核病,甚至引起全身播散。但如为成人,往往在儿童时期已经受过轻微结核分枝杆菌感染,或已接种卡介苗,机体已有相当的免疫力,此时的再感染多不引起淋巴结肿大,亦不易发生全身播散,而在再感染时局部发生剧烈反应,病灶多为渗出性,甚至干酪样坏死、液化而形成空洞。这说明机体在初次感染结核分枝杆菌后,产生了抗结核分枝杆菌的获得性免疫,同时又产生了结核迟发型超敏反应,两者常同时存在。

　　肺结核的发生发展过程见图 14-6-1。

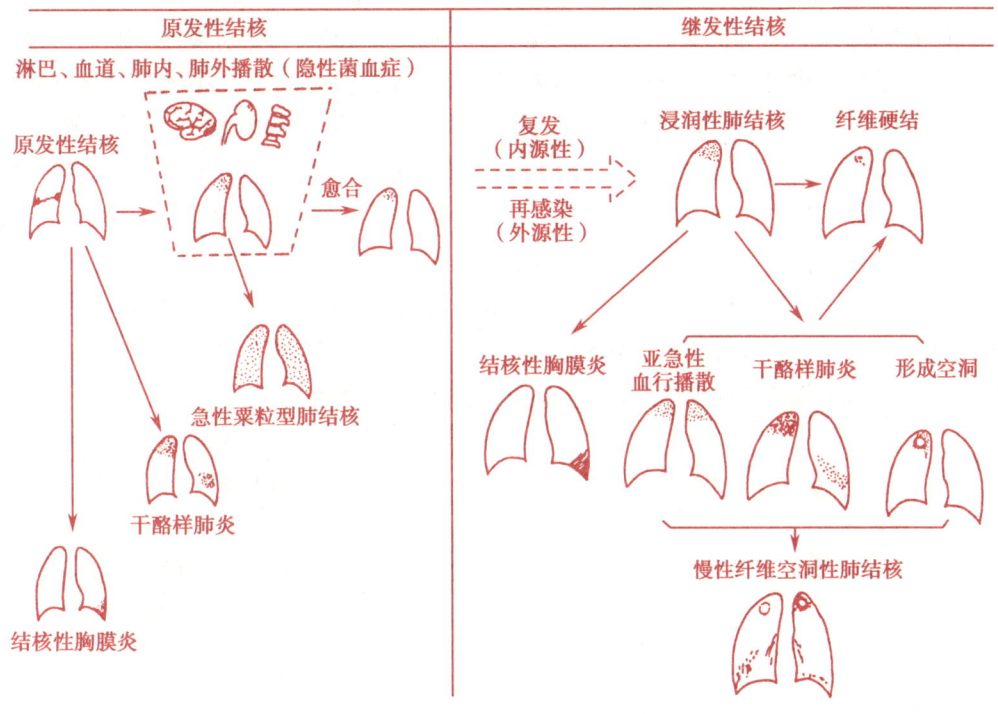

图 14-6-1　肺结核发生发展过程示意图

3. 结核病的基本病理改变　结核病的基本病理变化是渗出、增生(结核结节形成)和干酪样坏死(变质),以破坏与修复同时进行为特点,故上述 3 种病理变化多同时存在,或以某种变化为主,相互转化。取决于结核分枝杆菌的感染量、毒力及机体的抵抗力和变态反应状态。

(1) 渗出为主的病变:通常出现在结核炎症的早期或病灶恶化时,表现为病灶局部组织充血、水肿等渗出性病变,血管通透性增高,炎症细胞渗出,如中性粒细胞浸润,继之由巨噬细胞及淋巴细胞取代。经及时治疗,渗出性病变可完全消散吸收。

(2) 增生为主的病变:多在菌量较少而机体抵抗力较强、病变恢复阶段时发生。典型的改变是结核结节形成,为结核病的特征性病变,"结核"也因此得名。结核结节的中间可有干酪样坏死。上皮样细胞互相聚集融合形成多核巨细胞称为朗汉斯巨细胞。

(3) 干酪样坏死为主的病变:常发生在渗出或增生性病变的基础上,感染菌量多、菌力强、机体抵抗力低下、机体超敏反应增强,渗出性病变中结核分枝杆菌战胜巨噬细胞后不断繁殖,使细胞混浊肿胀后发生脂肪变性,溶解碎裂,直至细胞坏死。干酪样坏死组织可发生液化经支气管排出而形成空洞,其内含有大量结核分枝杆菌,肉眼下见病灶呈黄灰色,质松而脆,状似干酪,故名干酪样坏死。干酪样坏死灶含菌量大,传染性强,肺组织坏死已不可逆。

【肺结核分类标准】

(一) 临床分类

2017 年 11 月 9 日国家卫生计生委发布《结核病分类》标准(WS 196-2017),将活动性肺结核分为以下 5 种类型。

1. 原发性肺结核　原发性肺结核为结核分枝杆菌初次感染所致的临床病症,包括原发综合征和胸内淋巴结结核(儿童尚包括干酪性肺炎和气管、支气管结核)。多见于少年儿童及从边远山区、农村初进城的成人。症状多轻微而短暂,可有低热、咳嗽、食欲减退、体重减轻等症状,多有结核病接触史,结核菌素试验多为强阳性。胸部 X 线影像表现为哑铃型阴影,即原发病灶、引流淋巴管炎和肿大的

Note:

肺门淋巴结,形成典型的原发综合征(图 14-6-2)。原发病灶一般吸收较快,90%以上的病人不治自愈,但结核分枝杆菌可在局部病灶存活数年,具有潜在复发的可能。少数免疫力低下病人可引起全身播散。

2. **血行播散性肺结核** 包括急性、亚急性和慢性血行播散性肺结核。急性血行播散性肺结核又称急性粟粒型肺结核,常见于婴幼儿和青少年,近年老年人发病率有所增加。特别是营养不良、患传染病或长期应用免疫抑制剂导致免疫力下降时,大量结核分枝杆菌在较短时间内,多次侵入血液循环,血管通透性增加,结核分枝杆菌进入肺间质,并侵犯肺实质,形成典型的粟粒大小结节。病人起病急,持续高热,有全身毒血症症状,常伴发结核性脑膜炎。X 线显示双肺满布粟粒状阴影,常在症状出现 2 周左右出现大小、密度和分布均匀、结节直径 2mm 左右的粟粒状阴影(图 14-6-3)。若人体抵抗力较强,少量结核分枝杆菌分批经血液循环进入肺部,病灶常大小不均匀、新旧不等,在双上、中肺野呈对称性分布,为亚急性或慢性血行播散性肺结核,临床症状可不明显。

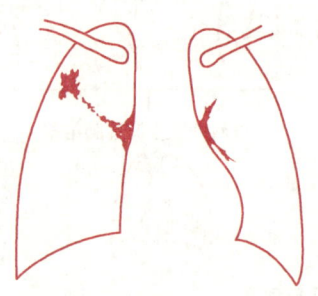

图 14-6-2　原发性肺结核——原发综合征

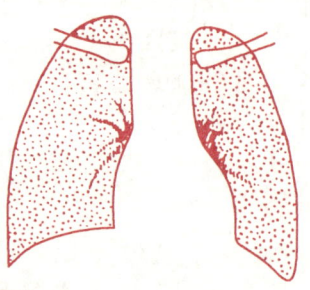

图 14-6-3　急性粟粒型肺结核

3. **继发性肺结核** 继发性肺结核是肺结核一个主要类型,病程长,易反复。临床症状视其病灶性质、范围及人体反应性而定。可分为以下几种:

(1) 浸润性肺结核:为肺结核中最常见的一种类型。由于原发感染后体内潜伏病灶中结核分枝杆菌重新活动和释放而发病,极少数是由于与排菌病人密切接触,反复经呼吸道感染而引起。病变以渗出和炎症细胞浸润为主,可伴有不同程度的干酪样坏死。多发生在肺尖和锁骨下。X 线影像显示为小片状、絮状阴影,可融合形成空洞。渗出性病变易吸收,干酪样坏死吸收很慢,可长期无变化。

(2) 空洞性肺结核:空洞多由干酪渗出病变溶解形成,洞壁不明显、有多个空腔,形态不一。空洞性肺结核多有支气管播散,临床表现为发热、咳嗽、咳痰和咯血。空洞性肺结核病人痰中经常排菌。

(3) 结核球:干酪样坏死灶部分消散后,周围形成纤维包膜;或空洞的引流支气管阻塞,空洞内干酪样物质不能排出,凝成球形病灶,称"结核球"。

(4) 干酪样肺炎:发生于免疫力低下、体质衰弱、大量结核分枝杆菌感染的病人,或有结核性支气管淋巴瘘,淋巴结内大量干酪样物质经气管进入肺内。大叶性干酪样肺炎 X 线影像呈大叶性密度均匀的磨玻璃状阴影,逐渐出现溶解区,呈虫蚀样空洞,可有播散病灶,痰中能查出结核分枝杆菌。小叶性干酪样肺炎的症状和体征比大叶性干酪样肺炎轻,X 线影像呈小叶斑片播散病灶,多发生在双肺中下部。

(5) 慢性纤维空洞性肺结核和毁损肺:肺结核未及时发现或治疗不当,使空洞长期不愈,出现空洞壁增厚和广泛纤维化;随机体免疫力的高低,病灶吸收、修复与恶化交替发生,形成纤维空洞。胸部 X 线影像可见一侧或双侧肺有单个或多个纤维厚壁空洞,多伴有支气管播散病灶和明显的胸膜增厚。由于肺组织广泛纤维增生,造成肺门抬高,肺纹理呈下垂样,纵隔向患侧移位,健侧呈代偿性肺气肿(图 14-6-4)。肺组织广泛病变,通气功能严重受损时,可形成毁损肺。

图 14-6-4　慢性纤维空洞性肺结核

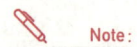

4. **气管、支气管结核**　包括气管、支气管黏膜及黏膜下层的结核病。

5. **结核性胸膜炎**　包括干性、渗出性胸膜炎和结核性脓胸。以结核性渗出性胸膜炎最常见。

除了肺结核,肺外结核指结核病变发生在肺以外的器官和部位,如淋巴结(除外胸内淋巴结)、骨、关节、泌尿生殖系统、消化道系统、中枢神经系统等部位,按部位和器官命名。

(二)化疗史分类

分为初治肺结核和复治肺结核。

1. **初治肺结核**　有下列情形之一者为初治肺结核:①未开始抗结核治疗的病人;②正进行标准化学治疗方案用药而未满疗程的病人;③不规则化疗未满 1 个月的病人。

2. **复治肺结核**　有下列情形之一者为复治肺结核:①初治失败的病人;②规律用药满疗程后痰结核分枝杆菌检查又复阳的病人;③不规律化学治疗超过 1 个月的病人;④慢性排菌病人。符合 1 条视为复治。

(三)病变部位、范围分类

病变部位按右侧、左侧,双侧,病变范围分上、中、下肺野记述。以第 2 和第 4 前肋下缘内侧端将两肺分为上、中、下肺野。

【护理评估】

(一)健康史

询问病人健康史时,出现下列情况要警惕结核病的存在:

1. 近期有结核病接触史,尤其是与排菌肺结核病人密切接触者。

2. 近期反复感冒迁延不愈者,或咳嗽、咳痰 2 周以上和/或痰中带血者。

3. 有肺外结核病、糖尿病、硅沉着病、麻疹、胃大部切除术、感染艾滋病等病史。

4. 近期内有长期使用肾上腺皮质激素或免疫抑制剂等药物。

5. 儿童要询问卡介苗接种史、结核菌素试验结果。3 岁以内结核菌素试验阳性、15 岁以内强阳性及近期结核菌素试验阳转者,都应进一步检查。

6. 询问病人的生活环境,是否过度拥挤、空气不流通等;工作是否过度劳累,睡眠和休息是否充足等;有无吸烟、酗酒、营养不良等。

(二)身体状况

1. **症状**　肺结核的临床表现可多种多样,轻重不等,20%的病人可无症状或症状轻微。

(1) 全身症状:典型症状为长期午后低热、乏力、食欲减退、盗汗和体重减轻等。若肺部病灶进展播散时,可有不规则高热、畏寒等。育龄女性可有月经失调、闭经、易激怒、心悸、面颊潮红等。

(2) 呼吸系统症状

1) 咳嗽、咳痰:是肺结核最常见症状。多为干咳或有少量白色黏液痰。有空洞形成时,痰量增多;合并细菌感染时,痰呈脓性且量增多;合并厌氧菌感染时有大量脓臭痰;合并支气管结核可表现为刺激性咳嗽。

2) 咯血:1/3~1/2 的病人有不同程度的咯血,咯血量不等,多为小量咯血。结核病灶的炎症使肺毛细血管通透性增高,导致痰中带血。病变损伤小血管则出血量增加;若空洞壁的肺动脉瘤破裂则引起大量咯血;有时硬结钙化的结核病灶可因机械损伤血管,或因为结核性支气管扩张而引起病人咯血。咯血易引起结核播散,特别是中大量咯血时。咯血后病人会有持续高热。大量咯血可造成病人失血性休克,还可因血块阻塞大气道导致窒息。咯血前病人常出现胸闷、喉痒和咳嗽等先兆。

3) 胸痛:病变累及壁胸膜时,相应的胸壁有固定性针刺样疼痛,并随呼吸和咳嗽而加重,患侧卧位症状减轻。

4) 呼吸困难:重症肺结核病人的呼吸功能受损,可出现渐进性呼吸困难。当发生气胸、大量胸腔积液、重症肺结核呼吸功能受损等时,可出现呼吸困难。

2. **体征** 取决于病变的性质、部位、范围或程度。病变范围小或位置深者多无异常体征。渗出性病变范围较大或干酪样坏死时可有肺实变体征。继发性肺结核好发于上叶尖后段,故听诊肩胛间区闻及细湿啰音有很大的诊断价值。肺有广泛纤维化或胸膜粘连增厚者,患侧可有胸廓塌陷、纵隔及气管向患侧移位,健侧可有代偿性肺气肿体征。结核性胸膜炎早期可有局限性胸膜摩擦音,以后出现典型的胸腔积液体征。支气管结核可有局限性哮鸣音。

3. **并发症** 有自发性气胸、脓气胸、支气管扩张症、慢性肺源性心脏病。结核分枝杆菌随血行播散可并发淋巴结、脑膜、骨、泌尿生殖系统、肠等肺外结核。

（三）辅助检查

1. **痰结核分枝杆菌检查** 是确诊肺结核最特异的方法,也是制订化学药物治疗方案和考核治疗效果的主要依据。痰涂片抗酸染色镜检快速、简便,是临床上最常用的方法,若抗酸杆菌阳性,肺结核诊断基本可成立。痰培养更为精确,不但能了解结核分枝杆菌生长繁殖能力,还可作药敏试验与菌型鉴定,一般培养2~6周,培养8周仍未见细菌生长则报告为阴性。聚合酶链反应(PCR)技术快速、简便、敏感度高,少量结核分枝杆菌即可有阳性结果。通常初诊病人要送3份痰标本,即清晨痰、夜间痰和即时痰;复诊病人每次送2份痰标本。取痰时,病人应充分漱口,以减少口腔杂菌的污染,然后深吸气,用力咳出气道内深部的痰液,留于无菌容器中及时送检。

2. **影像学检查** 胸部X线检查可以发现早期肺结核,判断病变部位、范围、性质、有无空洞或空洞大小、洞壁厚薄等,用于诊断、分型、指导治疗及了解病情变化。肺部CT检查可发现微小或隐蔽性病灶,了解病变范围,帮助鉴别肺部病变。

3. **结核菌素试验** WHO和国际防痨和肺病联合会推荐使用的结核菌素为纯蛋白衍化物(purified protein derivative,PPD),便于国际间结核感染率的比较。《肺结核诊断》(WS 288-2017)指出PPD方法、判断及意义为,在左前臂掌侧前1/3中央皮内注射5IU PPD,以局部出现7~8mm大小的圆形橘皮样皮丘为宜。72h(48~96h)检查反应,以皮肤硬结为准。阴性(-):硬结平均直径<5mm或无反应者为阴性。阳性反应(+):硬结平均直径≥5mm为阳性。硬结平均直径≥5mm,<10mm为一般阳性;硬结平均直径≥10mm,<15mm为中度阳性;硬结平均直径≥15mm或局部出现双圈、水疱、坏死及淋巴管炎者为强阳性。判读结核感染标准:①一般情况下,在没有接种卡介苗和无非结核分枝杆菌干扰时,PPD反应硬结平均直径≥5mm应视为已受结核分枝杆菌感染。②在卡介苗接种地区和/或非结核分枝杆菌感染流行地区,以PPD反应硬结平均直径≥10mm为结核分枝杆菌感染标准。③在卡介苗接种地区和/或非结核分枝杆菌流行地区,对HIV阳性、接受免疫抑制剂>1个月的病人,PPD反应硬结平均直径≥5mm为结核分枝杆菌感染。④与痰涂片阳性的肺结核病人有密切接触的5岁以下儿童,PPD反应硬结平均直径≥5mm为结核分枝杆菌感染。⑤PPD反应硬结平均直径≥15mm或存在水疱、坏死及淋巴管炎等为结核分枝杆菌感染强阳性反应。假阴性反应:①变态反应前期。从结核分枝杆菌感染到产生反应约需1个多月,在反应前期,结核菌素试验无反应。②免疫系统受干扰。急性传染病,如百日咳、麻疹、白喉等,可使原有反应暂时受到抑制,呈阴性反应。③免疫功能低下。重症结核病、肿瘤、结节病、艾滋病等病人结核菌素试验可无反应,但随着病情好转,又可呈阳性反应。④结核菌素试剂失效或试验方法错误,也可出现结核菌素试验阴性。

4. **纤维支气管镜检查** 经纤维支气管镜对支气管或肺内病灶活检,不仅可提供病理学诊断,还可同时收集分泌物或冲洗液标本进行病原学诊断,可以提高诊断的敏感性和特异性,对诊断困难病例具有重要价值。

5. **其他检查** 急性活动性肺结核病人血常规白细胞计数可在正常范围或轻度增高,急性粟粒型肺结核病人白细胞计数降低或出现类白血病反应,活动期可有红细胞沉降率增快,严重病例常有贫血。

（四）诊断要点

1. **诊断方法** 根据结核病症状、体征、接触史、结核菌素试验、影像学检查、痰结核分枝杆菌检查

Note:

可诊断。由于部分病人无明显症状,故 X 线检查是发现早期肺结核的主要方法。

2. 肺结核的诊断程序

（1）可疑症状病人筛选:咳嗽持续 2 周以上、咯血、午后低热、乏力、盗汗、月经不调或闭经,且有肺结核病人接触史或肺外结核者应考虑肺结核的可能性,须进行痰抗酸杆菌和胸部 X 线检查。

（2）是否为肺结核:凡 X 线检查肺部发现有异常阴影者,必须通过系统检查,确定病变是否为肺结核或其他性质。如果难以确定,可经 2 周短期观察后复查,大部分炎症病变会有所变化,而肺结核变化不大。

（3）有无活动性:如果诊断为肺结核,应进一步明确有无活动性,活动性病变必须给予治疗。活动性病变在胸部 X 线影像上通常表现为边缘模糊不清的斑片状阴影,可有中心溶解和空洞,或出现播散病灶。胸部 X 线影像表现为钙化、硬结或纤维化,痰液检查不排菌,无任何症状的,为无活动性肺结核。

（4）是否排菌:确定有无活动性后还要明确是否排菌,这是确定是否具有传染性的唯一方法。痰结核分枝杆菌检查记录格式分别以涂（＋）、涂（－）、培（＋）、培（－）表示,依次提示痰涂片和痰培养结核分枝杆菌阳性和阴性。病人无痰或未查时注明"无痰"或"未查"。

3. 肺结核的记录方式　按结核病分类、病变部位、范围、痰结核分枝杆菌情况、化学治疗史、并发症、合并症、手术等顺序书写。血行播散性肺结核可注明"急性"或"慢性";继发性肺结核可注明"浸润性""纤维空洞性"等;并发症如支气管扩张等,合并症如糖尿病;手术如肺切除术后。

（五）心理-社会状况

肺结核病人由于病程长、具有传染性而与社会隔离。病人感觉自卑,孤独无助,因而会产生悲观厌世情绪,不愿意与医护人员合作,但同时又强烈渴望与人进行交流,希望得到别人的支持与理解。护士应评估病人家庭、经济能力和社会支持状况,了解病人及其家属是否因为疾病造成心理负担,了解病人对所患疾病的认识、顾虑及所造成的心理反应。观察其是否有恐惧、焦虑、食欲缺乏、睡眠障碍等不良反应。

【常见护理诊断/问题】

1. **知识缺乏**：缺乏结核病药物治疗的相关知识。
2. **营养失调:低于机体需要量**　与机体消耗增加、食欲减退有关。
3. **体温过高**　与结核分枝杆菌感染有关。
4. **活动耐力下降**　与结核病所致疲乏有关。
5. **焦虑**　与不了解疾病的预后有关。
6. **有孤独的危险**　与呼吸道隔离有关。
7. **潜在并发症**:大量咯血、窒息、呼吸衰竭、胸腔积液、气胸等。

【计划与实施】

（一）药物治疗与护理

化学药物治疗简称化疗,主要作用在于迅速杀死病灶中大量繁殖的结核分枝杆菌,使病人由传染性转为非传染性。防止获得性耐药菌的产生。彻底杀灭结核病变中静止或代谢缓慢的结核分枝杆菌,使病人达到临床治愈和生物学治愈目的。

1. 化学药物治疗的生物学机制

（1）结核分枝杆菌分群及药物作用:结核分枝杆菌根据其代谢状态分为 A、B、C、D 四群。A 菌群繁殖迅速,致病力强,多位于巨噬细胞外和肺空洞干酪样坏死部分,占结核分枝杆菌的绝大部分,易被抗结核药所杀灭,但由于细菌数量大,易产生耐药菌。B 菌群处于半静止状态,多位于巨噬细胞内酸性环境中和空洞壁坏死组织中。C 菌群处于半静止状态,可有突然间歇性短暂地生长繁殖,存在于干酪样坏死灶中。D菌群处于休眠状态,不繁殖,数量很少,无致病力和传染性。抗结核药对不同菌群的作用各异,多数抗结核药可以作用于A菌群。B菌群和C菌群由于处于半静止状态,抗结核药的作用相对较差,有"顽固菌"之称。杀灭B和C菌群可以防止复发。抗结核药对D菌群无作用。

(2)耐药性:单用一种药物可杀灭大量敏感菌,但对天然耐药菌无效,最终菌群以天然耐药菌为主,使该抗结核药治疗失败。因此,抗结核治疗最好是联合用药。

(3)间歇化学药物治疗:结核分枝杆菌与不同药物接触后产生不同时间的延缓生长期。在结核分枝杆菌重新生长繁殖前再次投以高剂量药物,可使细菌持续受抑制直至最终被消灭。如结核分枝杆菌接触异烟肼和利福平24h后分别可有6~9d和2~3d的延缓生长期。间歇化疗减少了投药次数,节省了费用,也减轻了督导治疗的工作量和药物不良反应。

(4)顿服:抗结核药血中高峰浓度的杀菌作用优于经常性维持较低药物浓度水平的情况。相同剂量药物1次顿服要比每日分2次或3次服用所产生的高峰血药浓度高3倍。

2. **化学药物治疗的原则** 早期、联合、适量、规律和全程治疗。整个化疗方案分强化和巩固2个阶段。

(1)早期用药:是指一旦发现和确诊结核病后均应立即给予化学药物治疗。早期病灶内结核分枝杆菌以A菌群为主,病灶局部血流丰富,药物浓度高,早期化疗有利于迅速发挥化疗药的杀菌作用,使病变吸收和减少传染性。

(2)联合用药:是指根据病情及抗结核药的作用特点,联合使用2种以上药物,以增强和确保疗效,同时通过交叉杀菌作用减少或防止耐药菌的产生,增加药物的协同作用。

(3)适量用药:是指严格遵照适当的药物剂量用药。用药剂量过低不能达到有效血药浓度,影响疗效,易使细菌产生耐药性;剂量过大易发生药物不良反应。

(4)规律用药:即病人严格按照化学药物治疗方案规定的用药方法,按时服药,未经医生同意不可随意停药或自行更改方案,以免使细菌产生耐药性。

(5)全程用药:指病人必须按治疗方案,坚持完成规定疗程,是提高治愈率和减少复发率的重要措施。

3. **常用抗结核药** 抗结核药根据其抗菌能力和部位分为全杀菌剂、半杀菌剂和抑菌剂。常规剂量下药物在血液中(包括巨噬细胞内)的浓度能达到试管内最低抑菌浓度10倍以上时才能起杀菌作用,否则仅有抑菌作用。异烟肼(INH,H)和利福平(REP,R)在细胞内外均能达到该水平,称全杀菌剂。异烟肼是单一抗结核药中杀菌力,特别是早期杀菌力最强者,其对不断繁殖的结核分枝杆菌(A群)作用最强。利福平对A、B、C菌群均有作用。吡嗪酰胺(PZA,Z)和链霉素(SM,S)为半杀菌剂。吡嗪酰胺能杀灭巨噬细胞内酸性环境中的结核分枝杆菌,是目前B菌群最佳的杀菌剂。链霉素主要杀灭巨噬细胞外碱性环境中结核分枝杆菌,对细胞内结核分枝杆菌作用较小。乙胺丁醇(EMB,E)、对氨基水杨酸钠(PAS,P)等为抑菌剂,与其他抗结核药联用可延缓细菌对其他药物耐药性的发生。其他抗结核药有乙硫异烟胺、丙硫异烟胺、阿米卡星、氧氟沙星等。异烟肼、利福平、吡嗪酰胺、乙胺丁醇等是常用的首选药物。常用抗结核药的剂量和主要不良反应等见表14-6-1。

4. **化学药物治疗方案** 整个化疗分为强化和巩固2期。强化期旨在有效杀灭繁殖菌,迅速控制病情;巩固期的目的是杀灭生长缓慢的结核分枝杆菌,以提高病人治愈率,减少复发。总疗程6~8个月,其中初治为强化期2个月,巩固期4个月;复治为强化期2个月,巩固期4~6个月。严格执行统一标准方案能达到预期效果,解决滥用抗结核药、化疗方案不合理和混乱造成的治疗效果差、费用高、疗程过短或过长、药物浪费等实际问题。为帮助病人规律服药、完成疗程、提高治愈率,1991年WHO将直接督导下的短程化疗(directly observed treatment, short-course, DOTS)策略正式确定为官方策略。

Note:

表 14-6-1　常用抗结核药的成人剂量、不良反应和注意事项

药名（缩写、分类）	每日剂量/g	间歇疗法一日量/g	主要不良反应	注意事项
异烟肼（H，INH，全杀菌剂）	0.3	0.6~0.8	周围神经炎，偶有肝损害	避免与抗酸药同时服用，注意消化道反应、肢体远端感觉及精神状态
利福平（R，RFP，全杀菌剂）	0.45~0.6*	0.6~0.9	肝损害、变态反应	体液及分泌物会呈橘黄色，使角膜接触镜永久变色；应监测肝功能及变态反应；注意药物的相互作用：会加速口服避孕药、降血糖药、茶碱、抗凝血剂等药物的排泄，使药效降低或失效
链霉素（S，SM，半杀菌剂）	0.75~1.0（老年人每次0.75）	0.75~1.0	听力障碍、眩晕、肾功能损害、口周麻木、过敏性皮疹	注意听力变化及有无平衡功能下降，用药前和用药后1~2个月进行听力检查，了解尿常规及肾功能的变化
吡嗪酰胺（Z，PZA，半杀菌剂）	1.5~2.0	2~3	胃肠道不适、肝损害、高尿酸血症、关节痛	警惕肝毒性反应，监测肝功能，定期监测 ALT 水平；注意关节痛、皮疹等反应，监测血尿酸浓度
乙胺丁醇（E，EMB，抑菌剂）	0.75~1.0**	1.5~2.0	视神经炎	检查视觉灵敏度和颜色的鉴别力（用药前、用药后每1~2个月1次）
对氨基水杨酸钠（P，PAS，抑菌剂）	8~12***	10~12	胃肠道反应、变态反应、肝损害	监测不良反应的症状、体征，定期复查肝功能

注：* 体重<50kg 用 0.45g，>50kg 用 0.6g；S、Z 用量亦按体重调节；** 前 2 个月 25mg/kg，其后减至 15mg/kg；*** 每日分 2 次服用（其他药均为每日 1 次）。

（1）初治

1）每日用药方案：①强化期：前 2 个月用异烟肼、利福平、吡嗪酰胺和乙胺丁醇，顿服；②巩固期：后 4 个月用异烟肼及利福平，顿服。简写为：2HRZE/4HR，其中药名缩写前面的数字代表每疗程用药时间，单位"月"。

2）间歇用药方案：①强化期：异烟肼、利福平、吡嗪酰胺和乙胺丁醇，隔日 1 次或每周 3 次，2 个月。②巩固期：异烟肼及利福平，隔日 1 次或每周 3 次，4 个月。简写为：$2H_3R_3Z_3E_3/4H_3R_3$，每个药名右侧的下标"3"表示每周 3 次。

（2）复治：每日用药方案为 2HRZSE/6~10HRE；间歇用药方案为 $2H_3R_3Z_3S_3E_3/6~10H_3R_3E_3$。

5. 用药观察与护理　抗结核药疗程长，易发生药物不良反应，且用药后病人症状会很快消失，痰结核分枝杆菌转阴，易让病人误以为已经康复而自行停药。因此用药护理关键是让病人坚持用药，并注意观察其不良反应。可采取以下措施：①有计划、有目的地向病人及其家属介绍药物治疗知识，如借助科普读物帮助病人加深理解。②强调早期、联合、适量、规律、全程化学药物治疗的重要性，使病人树立治愈疾病的信心，积极配合治疗，按医嘱、按时服药。③解释药物不良反应时，重视强调药物的治疗效果，激励病人坚持全程化学药物治疗，防止治疗失败而产生耐药菌，增加治疗困难和经济负担。嘱病人如出现巩膜黄染、肝区疼痛、胃肠不适、眩晕、耳鸣等不良反应要及时与医生联系，不要自行停药，大部分不良反应经相应处理可以完全消失。④用药前及用药过程中应定期检查肝、肾功能及听力情况，一旦发现异常，及时与医生联系修改治疗方案。

Note:

知识链接

耐药结核病

耐药结核病包括单耐药结核病、多耐药结核病（对1种以上一线抗结核药耐药,但不同时包括对异烟肼和利福平耐药）、耐多药结核病（至少同时对异烟肼和利福平耐药）、准广泛耐药结核病（在耐多药的基础上对1种氟喹诺酮类或1种二线注射类抗结核药耐药）、广泛耐药结核病（在耐多药的基础上同时对1种氟喹诺酮类和1种二线注射类抗结核药耐药）和利福平耐药结核病,共6种类型。针对耐药结核病,科学合理的化疗方案是关键,制订原则包括被选药品必须是病人既往治疗失败方案中未使用过的;药品种类在强化期至少4种,巩固期至少3种,有效性不确定时可超过5种;尽可能足量使用;采用全程每日用药法和顿服法;分强化期和继续期;总疗程长达9~30个月;在治疗管理上强调全程督导,提高病人服药依从性和治愈率。总之,"全口服、毒性小、更有效、少住院"将是全新耐药结核病化学药物治疗方案设计的基本考量和原则。

（二）营养支持

肺结核病人身体处于慢性消耗状态,营养状态极差,需要合理的营养来增强机体的抵抗力,促进疾病的痊愈。

1. **进食高能量、高蛋白、富含维生素的食物** 制订全面的饮食营养计划,提供高能量、高蛋白、富含维生素易消化的饮食,蛋白质为1.5~2.0g/（kg·d）,其中优质蛋白应占一半以上,可以选择鱼、肉、蛋、牛奶、豆制品等动、植物蛋白,首选牛乳,其不仅含8种人体必需氨基酸,还含有丰富的维生素及钙、磷、铁等矿物质。病人不宜食用过多脂肪,因为过多的脂肪可增加消化系统的负担,尤其是肝脏,而且有些抗结核药也有肝损害,更应注意保护肝功能。每日摄入一定量的新鲜蔬菜和水果,以补充维生素。食物中的维生素C有减轻血管通透性的作用,可以促进渗出病灶的吸收;维生素B对神经系统有调节作用,可促进病人食欲。

2. **调理饮食以增进食欲** 有些病人服用抗结核药后,常会感到胃不适、反酸、恶心、食欲减退等,造成营养摄入更加不足。可嘱病人饭后服用对胃肠道有刺激的药物;营养师或家人尽量提供色香味美、细软易消化的食物,采用病人喜欢的烹调方法,以增加病人食欲;进食时心情愉快、细嚼慢咽、少食多餐,忌烟酒及辛辣刺激性食物。

3. **监测体重** 每周测体重1次并记录,判断病人营养状况是否改善。

（三）休息与活动

休息的程度与期限可根据病人的病情、肺功能和身体状况制订:①症状明显,有咯血、高热等严重毒性症状,或结核性胸膜炎伴大量胸腔积液者,应卧床休息;②恢复期病人可适当增加户外活动,如散步、打太极拳、做保健操等,加强体质锻炼,增进机体免疫功能;③轻症病人在坚持化疗的同时,可进行正常工作,但应避免劳累和重体力劳动,保证充足的睡眠和休息,劳逸结合;④痰涂片阴性和经有效抗结核治疗4周以上的病人,没有传染性或只有极低传染性,应鼓励病人过正常的家庭和社会生活,有助于减轻肺结核病人的社会隔离感和因患病引起的焦虑情绪。

（四）咯血护理

若仅痰中带血或小量咯血者,以卧床休息、止咳、镇静等对症治疗为主。可用氨基己酸、氨甲苯酸、酚磺乙胺等药物止血。中等或大量咯血时应严格卧床休息,取患侧卧位,保证气道通畅,注意防止窒息。咯血、窒息的护理详见本章第五节"支气管扩张症病人的护理"。

（五）手术治疗病人的护理

手术治疗适用于经合理化学药物治疗无效、多重耐药的厚壁空洞、大块干酪样坏死灶、结核性脓胸、支气管胸膜瘘和大量咯血保守治疗无效者。但如病人全身情况差,或有明显心功能不全,肺、肝、肾功能衰竭,则不能手术。手术原则为尽可能切除病灶,保存健康的肺组织。常见的手术类型有肺叶

切除术、胸廓成形术、胸膜外形胶球充填术等。术前应给予充分而正规的抗结核治疗,病灶须稳定 6~8 个月以上,术后继续抗结核治疗。术后护理可参考本章第七节"肺癌病人的护理"。

（六）心理护理

由于病人多为青年人,有些病人症状不明显,突然被诊断为肺结核往往难以接受。疾病造成的身体不适及疾病的传染性使病人焦虑、敏感、自卑,医护人员应充分理解和尊重病人,主动与病人交往,拉近与病人的心理距离。向病人介绍有关病情、治疗、护理的知识,使病人对疾病有良好的控制感。做好病人家属工作,保证家属既能做到消毒隔离,又能关心爱护病人,给予病人精神和经济上的支持,不能冷淡或歧视病人。

（七）健康指导

1. 结核病预防控制

（1）控制传染源:控制传染源的关键是早期发现和彻底治愈肺结核病人。肺结核病程长、易复发和具有传染性,必须长期随访。对确诊的结核病病人,应及时转至结核病防治机构进行隔离和统一管理,实行直接督导下的短程化疗。

（2）切断传播途径:①有条件的病人应单居一室;痰涂片阳性病人住院治疗时须进行呼吸道隔离,室内保持良好通风,每日用紫外线消毒。②注意个人卫生,严禁病人随地吐痰,不可面对他人打喷嚏或咳嗽,以防飞沫传播。在咳嗽或打喷嚏时,用双层纸巾遮住口鼻;痰液应吐入带盖的容器内,用等量的 1.0% 消毒灵浸泡 1h 后再弃去,或吐入纸巾中,含有痰液的纸巾应焚烧处理;接触痰液后用流动水清洗双手。③餐具煮沸消毒或用消毒液浸泡消毒,与他人同桌共餐时使用公筷,以预防传染。④被褥、书籍等在烈日下暴晒 6h 以上。⑤病人外出时戴口罩。

（3）保护易感人群:①卡介苗接种:给未受过结核分枝杆菌感染的新生儿、儿童及青少年接种卡介苗,使人体产生对结核分枝杆菌的获得性免疫。卡介苗对成人肺结核的保护作用有限,但是可以预防常发生在儿童的结核性脑膜炎和粟粒性结核。②密切接触者应定期到医院进行有关检查,必要时给予预防性治疗。③对易受结核分枝杆菌感染的高危人群,如 HIV 感染、长期使用糖皮质激素及免疫抑制剂、硅沉着病、糖尿病等病人,可应用预防性化学药物治疗。

2. 病人指导　①日常生活调理:嘱病人戒烟、戒酒;保证营养的补充;合理安排休息,避免劳累;避免情绪波动及呼吸道感染;住处应尽可能保持通风、干燥,有条件者可选择空气新鲜、气候温和处疗养,以促进身体的康复,增加抵抗疾病的能力。②用药指导:强调坚持规律、全程、合理用药的重要性,取得病人与家属的主动配合,使直接督导下的短程化疗得到顺利实施。③定期复查胸部 X 线、肝功能、肾功能,了解治疗效果和病情变化,指导病人观察药物疗效和不良反应,若出现药物不良反应及时就诊。定期随访。

知 识 链 接

国家高度重视结核病防治工作

党中央、国务院高度重视结核病防治工作,2016 年将结核病防治战略写入了《"健康中国2030"规划纲要》,2017 年国务院印发了《"十三五"全国结核病防治规划》,2019 年八部委印发《遏制结核病行动计划（2019—2022 年）》。2020 年下发的《中国结核病预防控制工作技术规范（2020 年版）》增加了 7 个方面的新内容,一是细化了新型防治服务体系的职能和任务;二是采纳了新诊断及分类标准;三是规范了新诊断技术的应用;四是增加了包含新药的耐药治疗方案;五是推行了"互联网+"手段辅助病人治疗管理模式;六是首次从规划层面明确了高危人群预防性治疗策略（全新举措）;七是强化和更新了重点人群的防控措施。

（崔慧霞）

Note:

思 考 题

1. 简述肺结核病人临床类型及特点。
2. 简述如何预防控制肺结核。

第七节 肺癌病人的护理

学 习 目 标

● 识记：
1. 陈述肺癌的主要病因、流行病学、常见的临床组织类型及特点。
2. 列举肺癌病人的临床表现、治疗原则、护理要点。
● 理解：
1. 识别不同治疗方法的肺癌病人主要的护理诊断/问题。
2. 理解肺癌病人常见的实验室检查要点、诊断要点等。
● 运用：
对肺癌病人进行护理评估、提出术前、术后护理问题并制订护理计划。

 导入情境与思考

病人，男性，58 岁，因 3 个月前无诱因发生刺激性咳嗽，有少量痰液，伴左侧胸闷不适感入院。曾服"镇咳药"未有明显效果。1 个月前发现痰中间断带少量鲜红色血丝。10d 前咳嗽加重、痰量增加，伴胸闷、气急、发热，体温 38℃左右。近期体重略有下降，食欲、睡眠及大小便如常。吸烟 30 余年，每日 1 包，偶尔饮少量白酒。体格检查：T 38℃，P 96 次/min，R 23 次/min，BP 120/80mmHg，左锁骨上触及 2 枚肿大淋巴结，质软，活动度中等，听诊左肺呼吸音稍低。胸部 X 线：左肺上叶可见一高密度阴影伴肺门淋巴结肿大。纤维支气管镜检查：左肺上叶支气管可见一无蒂肿块，质脆，触之易出血，活检病理诊断为鳞癌。拟行手术治疗，病人非常紧张。

请思考：

（1）如何对该病人进行护理评估？
（2）该病人进行了肺叶切除术加淋巴结清扫术，术后的主要护理措施有哪些？

肺癌（lung cancer）指起源于支气管黏膜上皮或肺泡上皮的恶性肿瘤，也称原发性支气管肺癌。近年来，全世界肺癌的发病率明显增高。世界卫生组织国际癌症研究机构（IARC）发布的 2020 年全球最新癌症负担数据显示，全球肺癌新发病例数达 220 万，死亡例数高达 180 万，位居肿瘤死因的首位。2020 年，中国肺癌新发病例数 82 万，死亡例数 71 万，均位居恶性肿瘤首位。

【病因与发病机制】

肺癌发病机制至今不完全明确，一般认为肺癌的病因与下列因素有关：

1. **吸烟** 是肺癌发生率和死亡率进行性增高的首要原因。烟雾中的苯并芘、尼古丁、亚硝胺等均有致癌作用，尤其易致鳞癌和小细胞未分化癌的发生。吸烟者比不吸烟者发生肺癌的危险性高 9~10 倍，重度吸烟者可高达 10~25 倍。吸烟量与肺癌间存在明显的量效关系，吸烟量越多，时间越长，

开始吸烟年龄越早,则肺癌的发病率越高。被动吸烟也容易引起肺癌。

2. **职业致癌因子** 现已被确认可导致肺癌的职业致癌因子包括石棉、砷、铬、镍、铍、煤焦油、芥子气、三氯甲醚及烟草中的致癌物质,铀、镭等放射性物质衰变时产生的氡和氡气,电离辐射、微波辐射等。

3. **空气污染** 包括室内污染和室外污染。室内污染主要是指被动吸烟、煤、天然气燃烧和烹调过程中产生的致癌物。室外污染包括汽车尾气、工业废气、公路沥青在高温下释放的有毒气体,其中主要是苯并芘。在污染严重的城市中,居民每日吸入空气中 PM2.5 含有的苯并芘可超过 20 支纸烟的含量,大气中苯并芘含量每增加 $1 \sim 6.2 \mu g/m^3$,肺癌的死亡率可增加 $1\% \sim 15\%$。因此,应加强工矿和城市环境的三废处理工作。

4. **电离辐射** 长期、大剂量电离辐射可引起肺癌。1978 年,美国报告了一般人群中电离辐射的来源,约 49.6% 来自自然界,44.6% 为医疗照射,其中 36.7% 来自 X 线诊断。

5. **饮食与营养** 高脂饮食、缺少蔬菜、水果的饮食增加了肺癌发病的危险性。增加蔬菜和水果的摄取,无论对吸烟者、被动吸烟者和非吸烟者都有可能降低肺癌发病的危险性。动物实验证明,维生素 A 及其衍生物 β 胡萝卜素能够抑制化学致癌物诱发的肿瘤。

6. **遗传和基因改变** 肺癌可能是一种外因通过诱发内因而产生的疾病,上述诱因可诱发细胞的恶性转化和不可逆的基因改变,如 *p53* 基因,*nm23-H1* 基因等表达的变化及基因突变与肺癌的发病有密切联系。

7. **其他** 个体的免疫状态、代谢活动、肺部慢性感染、支气管慢性刺激、结核病史等,也可能与肺癌的发病有关。结核病被美国癌症协会列为肺癌的发病因素之一。有结核病者患肺癌的危险性是正常人群的 10 倍。此外,病毒感染、真菌毒素(如黄曲霉毒素)等,对肺癌的发生可能起一定作用。

【病理与分类】

(一)按解剖学部位分类

1. **中央型肺癌** 发生在主支气管至段支气管的肺癌,位置靠近肺门,多见鳞状细胞癌和小细胞癌。

2. **周围型肺癌** 发生于段支气管以下的肺癌,多见腺癌。

(二)按组织病理学分类

根据细胞分化程度和形态特征,肺癌可分为非小细胞肺癌(non-small cell lung cancer,NSCLC)和小细胞肺癌(small cell lung cancer,SCLC)。非小细胞癌主要包括鳞状细胞癌、腺癌和大细胞癌等。

1. **非小细胞肺癌**

(1)鳞状细胞癌(epidermoid):简称鳞癌,多见于老年男性,与吸烟关系密切。分为角化型、非角化性和基底细胞样型。大多起源于段或亚段的支气管黏膜,倾向于管腔内生长,因而早期可引起支气管狭窄或阻塞性肺炎,晚期癌组织易发生变性、坏死,形成空洞或癌性肺脓肿。该类型生长缓慢,恶性程度较低,病程较长,转移晚,手术切除机会多,对放疗和化疗的敏感性不如小细胞癌,5 年生存率较高。

(2)腺癌(adenocarcinoma):是肺癌最常见的类型,女性相对多见,与吸烟关系不大。包括原位腺癌、微浸润性腺癌、浸润性腺癌和浸润性腺癌变异型,可分为黏液型、非黏液型或黏液/非黏液混合型。多数起源于细小支气管或中央气道,可向气管外生长,但也可沿肺泡壁蔓延,常在肺边缘部形成直径 $2 \sim 4cm$ 的肿块,故多为周围型肺癌。早期即可侵犯血管和淋巴管,常在原发癌引起症状前已转移。

(3)大细胞癌(large cell carcinoma):是一种未分化的非小细胞癌,较少见,约半数起源于大支气管,多为中央型肺癌。生长速度较快,分化程度低,恶性程度较高。大细胞癌的转移较小细胞癌晚,手术切除机会较大,但若发生脑转移后才发现,则预后较差。

(4)其他:腺鳞癌、类癌、肉瘤样癌、唾液腺型癌等。

2. **小细胞肺癌** 是一种低分化的神经内分泌肿瘤,细胞质内含有神经内分泌颗粒。具有内分泌和化学受体功能,能分泌儿茶酚胺、5-羟色胺、激肽等物质,可引起类癌综合征。多见于年龄较轻,40

Note:

岁左右有吸烟史的男性。细胞形态与小细胞相似,形如燕麦穗粒,又称为燕麦细胞癌。起源于较大支气管,大多为中央型肺癌,倾向于黏膜下层生长,常侵犯气管外肺实质。小细胞癌生长速度快,恶性程度高,侵袭力强,远处转移早,较早出现淋巴和血行广泛转移,在各型肺癌中预后较差。对放疗和化疗敏感。

此外,少数肺癌病人同时存在不同组织类型的肺癌,如腺癌内有鳞癌组织,鳞癌内有腺癌组织或鳞癌与小细胞癌并存,这一类称为混合型肺癌。

(三)转移途径

转移方式与肿瘤细胞的分型和肿瘤的解剖位置有关,有直接扩散、淋巴转移和血行转移。

1. 直接扩散 癌肿形成后沿支气管管腔内生长,可造成管腔部分或全部阻塞,也可以直接扩散侵入邻近肺组织,并穿越肺叶间裂侵入相邻的其他肺叶;随着癌肿不断长大,还可侵犯胸壁、胸内其他组织和器官;肺癌可突破脏胸膜,造成胸膜腔种植转移。

2. 淋巴转移 是常见的转移途径。癌细胞经支气管和肺血管周围的淋巴管,先侵入邻近肺段或肺叶支气管周围的淋巴结,然后到达肺门或气管隆嵴下淋巴结,或侵入纵隔和气管旁淋巴结,最后到达锁骨上前斜角肌淋巴结和颈部淋巴结。纵隔和气管旁及颈部淋巴结转移一般发生在肺癌同侧,但也可以在对侧,即交叉转移。肺癌侵入胸壁或膈肌后,可以向腋下淋巴结或上腹部的主动脉旁淋巴结转移。

3. 血行转移 是肺癌的晚期表现,小细胞癌和腺癌的血行转移较鳞癌更为常见,通常癌细胞直接侵入肺静脉,然后经左心随体循环血流转移到全身各处组织器官,常见于肝、骨骼、中枢神经系统、肾上腺等。

【临床分期】

肺癌的分期对临床治疗方案的选择具有重要的指导意义。国际抗癌联盟(UICC)/美国癌症联合委员会(AJCC)2017年公布了第8版肺癌TNM分期。具体见表14-7-1。

表 14-7-1　第8版肺癌的TNM定义

原发肿瘤(T)	T_X:原发肿瘤不能评估,或痰/支气管灌洗液中找到癌细胞,但影像或支气管镜检查未发现病灶
	T_0:无原发肿瘤的证据
	T_{is}:原位癌
	T_{is}(AIS):腺癌
	T_{is}(SCIS):鳞状细胞癌
	T_1:肿瘤最大直径≤3cm,周围被肺或脏胸膜包绕,支气管镜检查没有侵犯超出叶支气管近端(即:不在支气管中)的证据。任何大小的不常见浅表扩散肿瘤,其浸润成分局限于支气管壁,可向近端延伸至主支气管,也分类为T_{1a}
	T_{1mi}:微浸润腺癌
	T_{1a}:肿瘤最大径≤1cm
	T_{1b}:肿瘤最大径>1cm 但≤2cm
	T_{1c}:肿瘤最大径>2cm 但≤3cm
	T_2:肿瘤最大径>3cm 但≤5cm 或伴以下任一特征的肿瘤(伴这些特征的T_2肿瘤,如果大小≤4cm 或大小无法确定,分类为T_{2a};如果>4cm 但≤5cm,分类为T_{2b})
	• 累及主支气管(无论与隆突距离多远),但未累及隆突
	• 侵犯脏胸膜
	• 伴有肺不张或阻塞性肺炎,延伸到肺门区,可能累及肺的一部分或整个肺部
	T_{2a}:肿瘤最大径>3cm 但≤4cm
	T_{2b}:肿瘤最大径>4cm 但≤5cm

Note:

续表

原发肿瘤(T)	T_3:肿瘤最大径>5cm 但≤7cm 或直接侵犯以下任何结构之一:壁胸膜(PL3)、胸壁(包括肺上沟瘤)、膈神经、心包壁层;原发肿瘤所在肺叶有相关肿瘤结节
	T_4:肿瘤最大径>7cm 或直接侵犯以下任何结构之一:膈肌、纵隔、心脏、大血管、气管、喉返神经、食管、椎体、隆突;与原发灶不同的肺叶有肿瘤结节
区域淋巴结(N)	N_x:区域淋巴结不能评估
	N_0:无区域淋巴结转移
	N_1:转移至同侧支气管周围淋巴结和/或同侧肺门淋巴结,包括原发肿瘤直接扩散至肺内淋巴结
	N_2:转移至同侧纵隔和/或隆突下淋巴结
	N_3:转移至对侧纵隔、对侧肺门淋巴结和/或同侧或对侧前斜角肌或锁骨上淋巴结
远处转移(M)	M_0:无远处转移
	M_1:有远处转移
	M_{1a}:双侧肺叶存在肿瘤结节;肿瘤伴胸膜结节、恶性胸腔积液或心包积液;大多数肺癌病人的胸腔(心包)积液是由肿瘤引起的;然而在少数一些病人中,多次胸腔(心包)积液显微镜检查未发现肿瘤细胞,且液体非血性和非渗出性;如果这些要素和临床判断都指示积液与肿瘤无关,积液不应作为分期的一个要素
	M_{1b}:单个器官的单发胸外转移和单个远处(非区域)淋巴结受累
	M_{1c}:1 个或多个器官的多发胸外转移

【护理评估】

(一) 健康史

在询问肺癌病人健康史时,应重点询问肺癌的危险因素,包括以下几方面。

1. **一般情况**　性别、年龄、婚姻和职业、有无吸烟史和被动吸烟史、吸烟的时间和数量,有无戒烟等;环境中是否有职业性危险因素。

2. **家庭史**　了解家庭中有无肺部疾患、肺癌或其他肿瘤的病人。

3. **既往史**　有无药物过敏史、输血史、手术治疗史或其他部位肿瘤病史;有无传染病史,如肺结核、肝炎。

4. **有无其他伴随疾病**,如糖尿病、高血压、冠心病、慢性支气管炎或其他呼吸系统慢性疾病等。

(二) 身体状况

多数病人在就诊时已有症状,仅 5%~15% 的病人无症状。肺癌的临床表现与癌肿的部位、大小、是否压迫和侵犯邻近器官及有无转移等密切相关。

1. **原发肿瘤引起的症状和体征**

(1) 咳嗽:早期常见症状,当癌肿在较大的气管内长大后,常出现刺激性干咳或少量黏液痰,抗炎治疗无效。当癌肿继续长大阻塞气管引起管腔狭窄时,咳嗽加重,呈高调金属音。肺泡细胞癌可咳大量黏液痰。若继发肺部感染,可有脓性痰,痰量增多。

(2) 血痰或咯血:多见于中央型肺癌,通常为痰中带血点、血丝或断续的少量咯血;癌肿侵犯大血管可引起大量咯血,但较少见。

(3) 气短或喘鸣:肿瘤向支气管内生长,或转移引起肺门淋巴结肿大压迫主支气管或隆突引起气道阻塞时,可出现呼吸困难、气短、喘息,甚至喘鸣,听诊时有局限或单侧哮鸣音。

（4）发热：肿瘤组织坏死可引起发热，但多数发热是由肿瘤引起的阻塞性肺炎所致。

（5）消瘦：为恶性肿瘤的常见症状之一。肿瘤发展到晚期，由于肿瘤毒素、消耗、合并感染、疼痛等原因，可导致病人食欲减退，表现为消瘦或恶病质。

2. 肺外胸内扩散引起的症状和体征

（1）胸痛：为肿瘤侵犯胸膜、胸壁、肋骨及其他组织所致。早期表现为胸部不规则隐痛或钝痛，于呼吸或咳嗽时加重。侵犯肋骨和脊柱时，则有压痛点，与呼吸无关。肿瘤压迫肋间神经时，胸痛可累及其分布区。

（2）声音嘶哑：为肿瘤或肿大淋巴结压迫喉返神经引起。

（3）吞咽困难：为肿瘤侵犯或压迫食管所致，尚可引起气管食管瘘，导致肺部感染。

（4）胸腔积液：约10%的病人有不同程度的胸腔积液，往往提示肿瘤转移累及胸膜或淋巴回流受阻。

（5）上腔静脉阻塞综合征：为上腔静脉被转移肿大的淋巴结压迫或右上肺原发肺癌侵犯，或腔静脉内癌栓阻塞静脉回流引起，表现为上腔静脉回流受阻，面部、颈部、上肢和上胸部静脉怒张，皮下组织水肿，上肢静脉压升高。可出现头痛、头晕或昏厥。病人常主诉领口进行性变紧。

（6）霍纳（Horner）综合征：肺尖部肺癌称肺上沟瘤，亦称 Pancoast 肿瘤（Pancoast tumor），可侵入纵隔和压迫位于胸廓上缘的器官或组织，如第1肋间隙、锁骨下动静脉、臂丛神经等而产生剧烈胸肩痛、上肢静脉怒张、上肢水肿、臂痛和上肢运动障碍等。若肺上沟瘤压迫颈交感神经则会引起同侧上眼睑下垂、瞳孔缩小、眼球内陷、同侧额部与胸壁少汗或无汗等颈交感神经麻痹综合征表现，称 Horner 综合征。

3. 胸外转移引起的症状和体征 3%~10%的病人有胸外转移症状和体征，以小细胞肺癌居多，其次为未分化大细胞肺癌、腺癌、鳞癌。

（1）转移至中枢神经系统：可引起高颅压的症状如头痛、恶心、呕吐等，少见症状为癫痫发作、偏瘫、共济失调、定向力、语言、精神障碍等，甚至脑疝形成。

（2）转移至骨骼：可引起骨痛、压痛和病理性骨折，转移到脊柱压迫椎管引起局部压迫，可引起骨折、瘫痪；也常见股骨、肱骨和关节转移，甚至引起关节腔积液。

（3）转移至腹部：转移至肝、胰腺，可引起肝区疼痛、胰腺炎症状或阻塞性黄疸。也可以转移至胃肠道、肾上腺和腹膜后淋巴结，多无临床症状，依靠 CT、MRI、PET 等可诊断。

（4）转移至淋巴结：锁骨上淋巴结是常见转移部位，可无症状。

4. 副肿瘤综合征（paraneoplastic syndrome） 少数病人由于肿瘤产生内分泌物质，可出现非转移性全身症状，也称肺癌非转移性胸外表现，曾称副癌综合征。常见表现有肥大性肺性骨关节病引起的杵状指/趾和肥大性骨关节病，异位促性腺激素引起的男性乳房发育和增生性骨关节病；分泌促肾上腺皮质激素样物质导致促肾上腺皮质激素增高，可出现库欣（Cushing）综合征，表现为肌力减弱、水肿、高血压、尿糖增高等。抗利尿激素分泌可出现低钠（血清钠<135mmol/L）和低渗透压（血浆渗透浓度<280mmol/L）。神经肌肉综合征导致小脑皮质变性、脊髓小脑变性、周围神经病变、重症肌无力和肌病等。类癌综合征出现皮肤、心血管、胃肠道和呼吸功能异常。高钙血症出现嗜睡、厌食、恶心、呕吐等。

（三）辅助检查

1. 影像学检查

（1）X 线检查：是常用的筛查方法，5%~10%的无症状肺癌可在行 X 线检查时被发现。①中央型肺癌：可出现支气管阻塞征象，呈现段、叶支气管局限性扩张或肺不张，肺不张伴有肺门淋巴结肿大时呈现"倒 S 状影像"，是中央型肺癌，特别是右上叶中央型肺癌的典型征象。继发感染时可出现阻塞性炎和肺脓肿等征象。②周围型肺癌：肿瘤发生于段以下支气管，早期为局限性小斑片状阴影，也可呈现结节状、球状、网状阴影。肿块周边可有毛刺、切迹和分叶。③肺泡细胞癌：有结节型和弥漫型

Note：

2 种表现。结节型与周围型肺癌类似。弥漫型为两肺大小不等的结节状播散病灶,随病情发展,可见肺炎样片状影或支气管充气征。

（2）CT 检查:可发现 X 线隐藏区的早期肺癌病变。还可显示早期肺门及纵隔淋巴结肿大、识别肿瘤有无侵犯邻近器官。CT 征象有分叶征、毛刺征、空泡征、支气管充气征、偏心空洞等征象;若有支气管梗阻,可见肺不张;若肿瘤坏死液化可见空洞;若转移可见相应的转移灶。

（3）磁共振成像(magnetic resonance imaging,MRI):在肺癌的诊断价值上与 CT 相似,在明确肿瘤与大血管之间的关系上优于 CT,而在发现小病灶(直径<5cm)方面不如 CT 敏感。

（4）PET-CT 检查:用于肺癌及淋巴结转移的定性诊断。PET-CT 扫描对肺癌的敏感性可达95%,特异性可达 90%,对发现转移病灶也很敏感,可较准确地诊断直径<1cm 的肺癌及纵隔淋巴结有无转移,但对肺泡细胞癌的敏感性较差。

2. 痰脱落细胞学检查　是肺癌诊断的一种简单有效的方法,肺癌脱落的癌细胞可随痰液咳出,故痰细胞学检查找到癌细胞即可明确诊断。要保证标本新鲜、及时送检。3 次以上的系列痰标本可使中央型肺癌的诊断率提高到 80%,周围型达 50%。

3. 纤维支气管镜检查　诊断中央型肺癌的阳性率较高,可直接观察气管和支气管中的病变,并可钳取或穿刺病变组织取得病理证据,或取支气管分泌物行细胞学检查。

4. 血清学肿瘤标志物检测　目前具有足够灵敏度和特异性的肺癌标志物还不多,对临床诊断、分期和检测有临床意义的肺癌标志物包括癌胚抗原(CEA)、神经元特异性烯醇化酶(NSE)、细胞角蛋白 19 片段抗原(CYFRA21-1)、胃泌素释放肽前体(ProGRP)及鳞癌相关抗原(SCC)等。

5. 其他　如骨扫描、针吸细胞学检查、经胸壁穿刺活组织检查、开胸肺活检等。

（四）诊断要点

通过详细询问病史,根据肺癌的症状、体征和影像学检查特点及时进行细胞学及纤支镜检查,80%~90%的病人可确诊。

（五）心理-社会状况

病人和家属要经受由于疾病导致的日常生活的突变,可能面对最终失去生命而导致的预感性悲哀。肺癌病情的发展会增加病人的依赖性,减少活动耐力,影响自尊。护士应在诊断和治疗阶段给予病人及其家属支持,评估病人对疾病的知晓程度、对肺癌诊断的情感反应,关注肺癌病人害怕被遗弃和分离的感受,认真倾听病人和家属的意愿。

【常见护理诊断/护理问题】

1. 恐惧　与肺癌的确诊、不了解诊疗计划、预感到治疗对机体功能的影响及死亡威胁有关。
2. 疼痛　与肿瘤压迫周围结构及组织浸润、肿瘤转移、手术所致组织损伤有关。
3. 营养失调:低于机体需要量　与肿瘤引起机体代谢增加、手术创伤等有关。
4. 气体交换受损　与肺部组织病变、手术、麻醉、肿瘤阻塞支气管、肺膨胀不全、分泌物潴留、肺换气功能降低等因素有关。
5. 清理呼吸道无效　与痰液过多,痰液黏稠有关。
6. 潜在并发症:术后出血、感染、肺不张、支气管胸膜瘘等。

【计划与实施】

肺癌的治疗方法主要有外科手术治疗、放射治疗、化学药物治疗、靶向治疗、中医中药治疗、免疫治疗等。一般非小细胞肺癌以手术治疗为主,辅以化学治疗和放射治疗;小细胞肺癌则以化学治疗为主,辅以手术和放射治疗等。

（一）手术病人的护理

早期肺癌病人经手术治疗能达到治愈效果。手术应遵循的原则:手术前完成全面的治疗计划和

Note:

必要的影像学检查,尽可能做到肿瘤和区域淋巴结的完全性切除,同时尽量保持有功能的正常肺组织。根据病情可行肺楔形切除术、肺段切除术、肺叶切除术、全肺切除术。电视胸腔镜外科手术(video-assisted thoracic surgery, VATS)是近年成熟的胸部微创手术技术,具有创伤小、恢复快、并发症少等优点,在临床广泛开展。肺癌手术方式首选解剖性肺叶切除加淋巴结清扫术。周围型肺癌,施行肺叶切除术加淋巴结清扫术;中央型肺癌,施行肺叶或一侧全肺切除加淋巴结切除术(图14-7-1)。若癌肿位于1个肺叶内,但已侵及局部主支气管或中间段支气管,则保留正常的邻近肺叶,可以切除病变的肺叶及一段受累的支气管,若再吻合支气管上下切端局部受侵,也可同时做部分切除、端端吻合,称之为支气管袖状肺叶切除术(图14-7-2)。

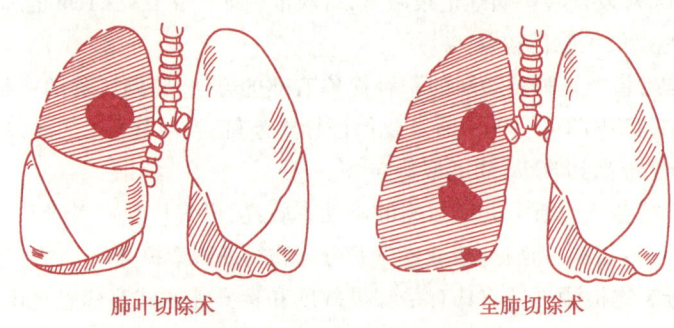

肺叶切除术　　　　　　　　全肺切除术

图 14-7-1　肺叶切除和全肺切除术

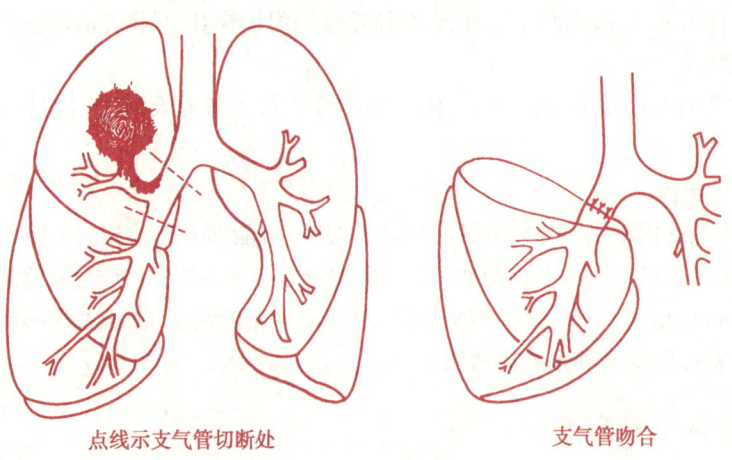

点线示支气管切断处　　　　　支气管吻合

图 14-7-2　支气管袖状切除术

1. 手术前护理

(1)减轻焦虑:向病人及其家属详细介绍手术情况及术后各种可能的医疗措施,并对手术过程及术后相关事项给予解释,诚实回答病人及其家属的问题。动员家属给病人以心理和经济方面的全力支持。

(2)改善呼吸功能,预防术后感染:①戒烟,让病人了解吸烟的危害,易影响痰液咳出,引起肺部感染,因此术前应戒烟2周以上。②维持呼吸道通畅,呼吸道分泌物较多者,应先行体位引流;痰液黏稠不易咳出者,行雾化吸入治疗,必要时行纤维支气管镜吸出分泌物。注意观察病人痰液的量、颜色、性质、黏稠度和气味。遵医嘱给予其支气管舒张剂、祛痰剂等药物,以改善呼吸状况。③控制感染:加强病人口腔卫生,防止术后并发症,若病人有龋齿或呼吸道和肺部炎症者,应及时采集痰液及咽部分泌物做细菌培养,遵医嘱给予其抗菌药以控制感染。④呼吸功能训练,指导病人练习腹式深呼吸、有效咳嗽咳痰、吹气球、促进肺复张;练习使用呼吸功能锻炼器,使病人术后会使用。⑤保持病房空气清新,病房要进行空气消毒,开窗通风换气。

（3）改善病人营养状况：由于肿瘤对机体的消耗较大，有些病人术前情况较差，如存在贫血和低蛋白血症等问题，往往影响病人对手术的耐受能力及切口的愈合和恢复。应建立愉快的进食环境，进食高蛋白、高能量、高维生素食物，保持水、电解质平衡。术前伴营养不良者，经肠内或肠外途径补充营养，以改善其营养状况，增强机体抵抗力，有利于术后恢复。

2. 手术后护理

（1）病情观察：手术后 2~3h，每 15min 测量病人生命体征 1 次；血压和心率稳定后改为 30min 至 1h 测量 1 次；次日 2~4h 测量 1 次；生命体征平稳者改为每日测量 3 次，连续观察 1 周。也可进行持续心电监护。密切观察病人呼吸运动是否对称、呼吸频率、节律、幅度及深度的改变，听诊双肺呼吸音；定时呼唤病人，防止因麻醉副作用引起的呼吸暂停。术后 24~36h，严密观察病人甲床、口唇及皮肤色泽、肢端温度、周围静脉充盈情况等。若血压持续下降，应考虑是否出现心功能不全、出血、组织缺氧或循环血量不足等情况。

（2）予以合适体位：①一般体位，病人全麻未清醒前取平卧位，头偏向一侧，清醒且血压稳定者，可改为半坐卧位，以利于呼吸和引流。②行肺段切除术或肺楔形切除术者，选择健侧卧位，以促进患侧肺组织扩张；一侧肺叶切除者，如呼吸功能尚可，可取健侧卧位，以利于手术侧残余肺组织的膨胀与扩张，如呼吸功能较差者，则取平卧位，避免健侧肺受压而抑制肺的通气功能；全肺切除者，避免过度侧卧，可取 1/4 侧卧位，以预防纵隔移位和压迫健侧肺而致呼吸、循环功能障碍；咳血痰和支气管瘘者，可取患侧卧位。

（3）促进肺扩张及气体交换

1）给予氧气吸入：肺叶切除术后由于肺通气量和弥散面积减少、麻醉不良反应、伤口的疼痛及肺膨胀不全等原因，病人会有不同程度的缺氧，给予其鼻导管吸氧 2~4L/min，同时监测血氧饱和度，以了解给氧效果。

2）深呼吸及有效咳嗽：病人清醒后立即鼓励并协助其深呼吸和有效咳嗽，每 1~2h 进行 1 次。定时给病人叩背，鼓励深呼吸，同时用手压迫刺激病人咽喉部气管，引起反射性咳嗽，将痰液咳出。咳嗽时为减轻疼痛，护士可协助病人固定伤口：①护士站在病人术侧，一手放在术侧肩膀上向下压，另一手置于伤口下方托扶胸部，当病人咳嗽时，护士的头转向病人身后，以避免被咯出的分泌物溅到。②护士站在病人健侧，双手紧托伤口部位固定胸部伤口，以减轻震动引起的疼痛，固定时，手掌张开，手指并拢。指导病人先慢慢轻咳，再将痰咳出。

3）雾化吸入：遵医嘱给予病人雾化吸入支气管舒张剂、祛痰剂等，有助于扩张气道，排痰。

4）吸痰：对咳嗽无力、呼吸道分泌物潴留的病人，可行气管内吸痰。保留气管插管的病人，随时吸净呼吸道分泌物。全肺切除术后，因其支气管残端缝合处在隆突下方，行深部吸痰时极易刺破，故操作时吸痰管进入长度以不超过气管的 1/2 为宜。对支气管袖状切除术后的病人，因支气管上皮纤毛功能暂时丧失和气管或支气管吻合口反应性充血、水肿等原因，易造成呼吸道分泌物潴留，在协助病人咳嗽后仍不能将呼吸道分泌物清除者，尽早行经纤维支气管镜吸痰。

（4）维持胸腔引流通畅

1）病情观察：定时观察胸腔引流管是否通畅，注意瓶内水柱波动情况，避免引流管打折、扭曲、受压，定时挤压，保持引流管通畅，密切观察引流液量、颜色和性状，一般术后 24h 内引流量约 500ml，为渗血、渗液及术中冲洗胸腔残余的液体。

2）全肺切除术胸腔引流管：一侧全肺切除术的病人，由于两侧胸膜腔内压力不平衡，纵隔易向患侧移位。因此，全肺切除术后病人的胸腔引流管一般呈钳闭状态，以保证术后患侧胸壁有一定的渗液，减轻或纠正纵隔移位。观察病人的气管是否居中，有无呼吸或循环功能障碍。若气管明显向健侧移位，应立即听诊肺部呼吸音，在排除肺不张后，可酌情放出适量的气体或引流液，气管、纵隔即可恢复中立位。但每次放液量不宜超过 100ml，速率宜慢，避免快速大量放液引起纵隔突然移位，导致心搏骤停。

Note:

3）拔管：术后 24~72h 病人病情平稳，血性引流液逐渐变淡、无气体或液体引出后，可拔除胸腔引流管。

（5）维持水、电解质平衡和补充营养

1）严格控制输液量和速率：因肺组织可储存大量血液，部分肺组织切除后会使心脏的前负荷增加，因此输液时应注意输液速率和量，防止急性肺水肿。全肺切除术后应控制病人钠盐摄入量，24h 补液量控制在 2L 内，速率宜慢，以 20~30 滴/min 为宜。记录出入液量，维持体液平衡。

2）补充营养：当病人意识恢复、肠蠕动恢复后，可进食清淡流质、半流质饮食；进食后无任何不适可改为普食。饮食宜为高蛋白、高能量、富含维生素易消化食物。左肺切除术后的病人，因胃体升高而影响其消化和排空功能，甚至出现胃扩张，因此术后可予以禁食 1~2d，待胃肠功能恢复后进食清淡流质饮食。胃扩张明显影响呼吸者，安置胃管并持续胃肠减压，解除病人的呼吸困难症状。

（6）活动与休息

1）鼓励病人早期下床活动：目的是预防肺不张，改善呼吸、循环功能，增进食欲，振奋精神。术后第 1 日，生命体征平稳后，鼓励及协助病人床上活动，或在床旁站立移步并妥善保护引流管；术后第 2 日起，可扶持病人围绕病床在室内行走 3~5min，以后根据病人情况逐渐增加活动量。活动期间，严密观察病人病情变化，出现头晕、气促、心动过速、心悸和出汗等症状时，立即停止活动。一般术后 3d 内（老年体弱、有心血管疾病者术后 7d 内）蹲便易引起直立性低血压，应协助病人在床上使用便器或坐位排便。

2）手臂和肩关节的运动：目的是预防术侧胸壁肌肉粘连、肩关节强直及失用性萎缩。病人清醒后，可协助其进行臂部、躯干和四肢的轻度活动。每 4h 进行 1 次；术后第 1 日开始做肩、臂的主动运动，如术侧手臂上举、抱头、摸对侧肩膀及肩关节旋前旋后运动，使肩关节活动范围逐渐恢复至术前水平，防止肩下垂。对全肺切除术后的病人，鼓励取直立的功能位，以恢复正常姿势，防止脊柱侧弯畸形。运动量以不引起胸闷气短、疼痛为宜，逐渐增加活动量。

知 识 链 接

《肺外科手术后加速康复外科指南》建议

术前阶段包括宣教，围手术期营养，术前戒烟、戒酒至少 4 周，纠正贫血，做好肺康复和预康复；准备手术麻醉前 2h 禁水、6h 禁食，常规应用镇静药以减轻病人焦虑。围手术期要预防静脉血栓、做好抗生素预防应用、预防术中低温、标准麻醉方案、术后恶心呕吐（PONV）控制、局部麻醉和缓解疼痛，做好围手术期液体管理，预防心律失常；开胸手术者尽量保留肋间肌和神经，防止神经卡压综合征。早期肺癌建议采用 VATS 方法进行肺切除术。术后做好胸部引流管管理、导尿管管理，鼓励病人术后 24h 内活动。

（7）并发症的观察与护理

1）出血：手术时胸膜粘连紧密、止血不彻底或血管结扎线脱落，胸腔内大量毛细血管充血及胸腔负压等因素均可导致胸腔内出血。应密切观察病人的生命体征，定时检查伤口敷料及引流管周围的渗血情况，胸腔引流液的量、颜色和性状。如血性液体量多（每小时 100~200ml）、呈鲜红色、有血凝块，病人出现烦躁不安、血压下降、脉搏增快、尿少等血容量不足的表现时，应考虑有活动性出血。须立即通知医生，在监测中心静脉压下加快输血、补液速率，遵医嘱给予病人止血药，保持胸腔引流管的通畅，必要时做好开胸探查止血的准备。

2）肺炎和肺不张：由于麻醉药的副作用使病人的膈肌受抑制。病人术后虚弱无力、疼痛及胸带包扎过紧等，限制了病人的呼吸运动，不能进行有效咳嗽排痰，导致分泌物潴留堵塞支气管，引起肺炎、肺不张。病人表现为烦躁不安、不能平卧、心动过速、体温升高、发绀、呼吸困难等症状，血气分析

Note：

显示为低氧血症、高碳酸血症。肺炎及肺不张应注意预防。鼓励病人咳嗽、咳痰,痰液黏稠者给予其雾化吸入治疗,必要时行鼻导管深部吸痰或协助医生行纤维支气管镜吸痰。

3）肺水肿:与病人原有心脏疾病或病肺切除、余肺膨胀不全,或输液量过多、速率过快,肺泡毛细血管床容积明显减少有关,尤以全肺切除病人更加明显。病人表现为呼吸困难、发绀、心动过速、咳粉红色泡沫痰等。一旦发生,立即减慢输液速率,控制液体入量;给予吸氧;注意保持呼吸道通畅;遵医嘱给予病人心电监护、强心、利尿、镇静及激素治疗,安抚病人的紧张情绪。

4）心律失常:多发生于术后早期,与缺氧、出血,水、电解质紊乱,酸碱平衡失调有关。病人术前合并糖尿病、心血管疾病者,术后更易发生心律失常。全肺切除术后的病人约有20%可出现心动过速、心房颤动、室性期前收缩或室上性期前收缩等心律失常表现。还可能出现心肌梗死、急性心力衰竭等。术后应持续心电监护,如有异常立即通知医生。遵医嘱酌情应用抗心律失常药,密切观察病人病情。

5）支气管胸膜瘘:是肺切除术后严重的并发症之一,多发生于术后1~2周,多数由于支气管缝合不严密、支气管残端血运不良或支气管缝合处感染、破裂等引起。表现为术后3~14d仍可从胸腔引流管持续引出大量气体,病人可出现持续高热、刺激性咳嗽、痰中带血或咳血痰、呼吸困难、患侧胸痛等症状,听诊患侧呼吸音减低,触诊气管向健侧偏移。胸腔穿刺可抽出脓液。用亚甲蓝注入胸膜腔,病人咳出带有亚甲蓝的痰液即可确诊。支气管胸膜瘘可引起张力性气胸、皮下气肿、脓胸等,如从瘘孔吸入大量胸腔积液则会引发窒息。一旦发生,立即报告医生,并置病人于患侧卧位,以防漏液流向健侧;使用抗生素以预防感染;继续行胸腔闭式引流。小瘘口可自行愈合,但应延长胸腔闭式引流时间。必要时再次开胸手术修补。

6）感染:术后3d内病人的体温一般不超过38.5℃。胸管拔除后,体温应逐日下降,如体温持续高于38.5℃,提示有感染灶存在。

7）肺栓塞:是来自静脉系统、右心室栓子脱落或其他异物进入肺动脉,造成肺动脉或其分支栓塞,产生急性心力衰竭和低氧血症。肺栓塞典型的临床表现:呼吸困难、胸痛和咯血。多数病人是在下床活动或排便后出现,当观察到病人可疑肺栓塞症状时,须及时给予高流量面罩吸氧、心电监护,及时通知医生处理,尽量做到早预防、早发现、早治疗。

（二）化疗病人的护理

化疗是肺癌治疗的常用方法,可分为姑息化疗、辅助化疗和新辅助化疗。小细胞肺癌对化疗敏感,鳞癌次之,腺癌最差。

1. 化疗方案

（1）小细胞肺癌:推荐以化疗为主的综合治疗以延长病人生存期。常用的一线药物有依托泊苷（VP-16）、卡铂（CBP）、顺铂（DDP）、伊立替康等。常使用的联合方案是依托泊苷加顺铂或卡铂,每3周1个周期,初始治疗4~6个周期后,应重新分期以决定进入完全临床缓解（所有临床明显的病变和副肿瘤综合征完全消失）、部分缓解、无反应或无进展的哪一期。治疗后无反应或无进展的应该调换治疗方案。

（2）非小细胞肺癌:非小细胞肺癌的治疗应以手术治疗为主,化疗主要作为不能手术及术后复发病人的姑息性治疗或作为手术治疗及放疗的辅助治疗措施。常使用方案:①基础化疗方案:紫杉醇+卡铂、多西紫杉醇+顺铂、长春瑞滨+顺铂、吉西他滨+顺铂、培美曲塞+顺铂或卡铂等。②适当支持治疗:镇吐药、补充液体、给予促红细胞生成素等,根据粒细胞计数调整化疗剂量。

2. 护理要点　护士应了解药物的作用及毒性反应,并对病人做详细的说明;做到安全用药,选择合适的静脉,采取经留置针或外周中心静脉导管（PICC）输液,严防药物外渗;在化疗过程中,应密切观察和发现化疗药的毒副作用,并予以及时处理。化疗药的毒副作用主要有骨髓抑制、消化系统损害、脱发、肾损害等（详见第六章"肿瘤病人的护理"）。

Note:

（三）放疗病人的护理

在各种类型的肺癌中，小细胞癌对放疗敏感性较高，鳞癌次之，腺癌最差。在治疗过程中一些正常细胞也受到损害。帮助病人应对放疗带来的副作用，措施包括：①评估病人放疗不良反应，如皮肤损害；②监测病人放射性肺炎的表现，如呼吸困难、干咳和发热；③监测病人心包炎的表现，包括胸痛、心包摩擦音、奇脉和心电图的异常；④观察病人食管炎的征象，包括咽痛和吞咽困难；⑤不要使用肥皂、乳液、粉剂或其他化学制品清洁皮肤，以免加重放射损伤或加重皮肤干燥引起瘙痒，只需用温水轻轻清洁皮肤即可；⑥放疗期间嘱病人多饮水，以排出体内由于癌细胞破坏后产生的毒素，减轻放疗疲劳感。

（四）中医中药治疗的护理

中医中药治疗按病人临床症状、脉象、舌苔等辨证论治，病人的症状可得到改善；也可用于减轻病人的放疗和化疗副作用，提高机体的抵抗力，增强疗效并延长病人生存期。值得注意的是，中医中药同样存在副作用，如食欲减退、恶心、呕吐、肝功能、肾功能损害等，应向病人解释，及早调整方案。

（五）生物治疗的护理

肿瘤生物治疗包括细胞免疫治疗、生物制品、药物等激发和增强人体免疫功能，以抵制肿瘤生长，增强机体对化疗药物的耐受性而改善治疗效果。针对肺癌的细胞免疫疗法、分子靶向治疗等均取得了较好的效果。肺癌的应用靶点主要有表皮生长因子受体（EGFR）、血管内皮生长因子（VEGF）和间变淋巴瘤激酶（ALK）等。如作用于 EGFR 靶点的吉非替尼（易瑞沙）、厄洛替尼在晚期 NSCLC 治疗中显示出较好的临床疗效。但生物治疗相对成本较高，病人也会出现不良反应如腹泻、消化不良、皮疹、痤疮、皮肤干燥、瘙痒等，有的病人甚至出现严重的副作用，如肝损害、弥漫性实质性肺疾病等，应及时观察，向医生汇报，及早处理。

（六）健康指导

1. **早期诊断** 40 岁以上人群应定期进行胸部 X 线普查，尤其是反复呼吸道感染、久咳或咳血痰者，应提高警惕，做进一步检查。

2. **戒烟** 告知病人吸烟的危害，尽早戒烟。

3. **呼吸运动锻炼** 指导病人出院后坚持进行腹式呼吸和有效咳嗽、咳痰，以促进肺膨胀。出院后半年内不得从事重体力活动。

4. **保持良好的口腔卫生** 如有口腔疾病应及时治疗。注意环境空气清新，避免出入公共场所或与上呼吸道感染者接近。避免居住或工作于布满灰尘、烟雾及化学刺激物的环境。

5. **坚持正规治疗** 对需进行放疗和化疗的病人，指导其坚持完成疗程，并告知其注意事项以提高疗效，定期返院复查。

6. 若出现伤口疼痛、剧烈咳嗽及咯血等症状或有进行性倦怠情形，应返院复诊。

7. 保持良好的营养状况，注意每日保持充分休息与活动。

（崔慧霞）

思 考 题

1. 阐述肺癌病人术后主要的护理措施。
2. 肺癌的主要组织病理学分类有哪些？

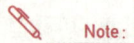

NURSING

第十五章

肺血管疾病病人的护理

15章 数字内容

第一节　肺血栓栓塞症病人的护理

――――――― 学 习 目 标 ―――――――

- 识记：
  1. 复述肺栓塞、肺梗死的概念。
  2. 概括肺血栓栓塞症的危险因素。
  3. 概括急性肺栓塞病人护理的主要内容。
- 理解：
  识别并解释急性肺栓塞的病情严重程度。
- 运用：
  指导肺栓塞病人预防再栓塞和出血的发生。

病人,女性,40岁,有长期口服避孕药史。某日上班途中,突然发生呼吸困难、气促,立即来院就诊。实验室检查:血浆 D-二聚体 900μg/L,以急性肺栓塞收入院。

　　请思考:

　　(1) 接诊后,护士应配合医生实施哪些护理措施?

　　(2) 护士观察到哪些症状或体征,提示病人病情加重,须立即通知医生?

　　(3) 护士应给予病人哪些健康指导?

　　肺栓塞是以各种栓子阻塞肺动脉或其分支为其发病原因的一组疾病或临床综合征的总称,当栓子为血栓时,称为肺血栓栓塞症(pulmonary thromboembolism,PTE)。PTE 为肺栓塞的最常见类型,其他还有脂肪栓塞综合征、羊水栓塞、空气栓塞、肿瘤栓塞等。肺动脉发生栓塞后,如其所支配区的肺组织因血流受阻或中断而发生坏死,称为肺梗死(pulmonary infarction,PI)。

　　血栓栓塞肺动脉后,血栓不溶、机化、肺血管重构致血管管腔狭窄或闭塞,导致肺血管阻力增加,肺动脉压力进行性增高,最终可引起右心室肥厚和右心衰竭,称为慢性血栓栓塞性肺动脉高压(pulmonary hypertension due to chronic thrombotic and/or embolic disease,CTEPH)。

　　引起 PTE 的血栓主要来源于深静脉血栓形成(deep venous thrombosis,DVT),DVT 和 PTE 实质是一种疾病过程在不同部位、不同阶段的表现,具有相同易患因素,两者合称为静脉血栓栓塞症(venous thromboembolism,VTE)。VTE 是临床急症之一,已成为世界性的重要医疗保健问题,其发病率和病死率均较高。在西方国家,PTE 的病死率占全部疾病死亡原因的第 3 位,仅居于恶性肿瘤和心肌梗死之后。

【病因】

　　任何可以导致静脉血液淤滞、静脉系统内皮损伤和血液高凝状态的因素,即 Virchow 三要素,都可以使 DVT 和 PTE 发生的危险性增高。

　　1. **遗传性危险因素**　某些先天性凝血因子、抗凝因子和纤溶系统异常的疾病有助于血栓的形成,如凝血因子Ⅴ基因突变、抗凝血酶Ⅲ(AT Ⅲ)缺乏症、蛋白 C 缺乏症、蛋白 S 缺乏症等。

　　2. **获得性危险因素**　是指后天获得的易发生 DVT 和 PTE 的病理和病理生理改变,包括骨折、创伤、手术、恶性肿瘤和口服避孕药等。年龄是 DVT 和 PTE 独立的危险因素,随年龄增长,DVT 和 PTE 的发病率逐渐增高。

【发病机制】

　　外周静脉血栓形成后,一旦血栓脱落,即可随静脉血流移行至肺动脉内形成 PTE。大部分血栓来源于下肢深静脉。急性肺栓塞发生后,引发的神经、体液因素的作用,导致一系列呼吸和循环功能的改变。

　　1. **对呼吸功能的影响**　PTE 发生后栓塞部位因血流减少,肺泡无效腔量增大,导致通气/血流比例增大,而非栓塞区由于血流重新分布使通气/血流比例减小。局部肺组织的血流灌注减少,出现区域性低氧血症,各种炎症介质和血管活性物质释放导致支气管痉挛,通气受限,毛细血管通透性增加,间质和肺泡内液体增多;加之栓塞部位因血流终止使肺泡表面活性物质分泌减少,肺泡萎陷、呼吸面积减小和肺顺应性下降,导致肺不张。因肺组织接受肺动脉、支气管动脉和肺泡内气体弥散三重氧供,阻塞远端肺动脉压力降低,肺静脉血(富含氧气)可逆行滋养梗死区的肺组织,故 PTE 病人很少发生 PI,只有当病人同时存在心肺基础疾病或病情严重影响到肺组织的多重氧供时,才会导致 PI。

2. 对循环功能的影响　栓子阻塞肺动脉及其分支后,肺血管床面积减少,肺动脉阻力增大,导致肺动脉高压,右心室后负荷增高至一定程度出现急性肺源性心脏病,右心功能不全,体循环静脉回心血量减少,静脉系统淤血。同时,右心房压力升高可引起功能性闭合的卵圆孔重新开放,产生心内右向左分流。肺静脉回心血量减少,左室充盈压下降,导致心排血量下降,进而可引起低血压或休克。主动脉内低血压和右心室压升高,使冠状动脉灌注压下降,心肌血流灌注减少,加之 PTE 时心肌耗氧增加,可致心肌缺血,诱发心绞痛。

【护理评估】

（一）健康史

护士应关注肺栓塞病人的年龄、性别、文化背景等资料。了解近期是否有长期卧床、治疗性制动、长途旅行、下肢骨折、大手术史;是否有静脉血栓栓塞史,恶性肿瘤,尤其是胰腺和前列腺的肿瘤;是否妊娠等肺栓塞的高危因素。既往是否有心脑血管疾病史,如脑卒中、急性心肌梗死、心力衰竭等;了解吸烟史,每日吸烟量及吸烟的种类;是否有使用中心静脉导管、人工假肢植入、使用雌激素如口服避孕药。

（二）身体状况

1. 症状

（1）呼吸困难:多于栓塞后即刻出现不明原因的呼吸困难及气促,尤在活动后明显,呼吸频率>20 次/min,为 PTE 最多见的症状。

（2）胸痛:PTE 引起的胸痛包括胸膜炎性胸痛或心绞痛性胸痛。当栓塞部位靠近胸膜时,由于胸膜的炎症反应可导致胸膜炎性胸痛,呼吸运动可加重胸痛。心绞痛性胸痛因冠状动脉血流减少、低氧血症和心肌耗氧量增加引起,不受呼吸运动影响。

（3）晕厥:可为 PTE 的唯一或首发症状,表现为突然发作的一过性意识丧失。

（4）咯血:常为小量咯血。急性 PTE 时,咯血主要反映局部肺泡的血性渗出,并不意味着病情严重。

（5）情绪改变:由于严重的呼吸困难和剧烈胸痛,病人可表现出烦躁不安、惊恐甚至濒死感。

当呼吸困难、胸痛和咯血同时出现时称为"肺梗死三联征"。

2. 体征

（1）呼吸系统:呼吸急促最常见;发绀;肺部可闻及哮鸣音和/或细湿啰音;合并肺不张和胸腔积液时出现相应的体征。

（2）循环系统:颈静脉充盈或异常搏动;心率加快,听诊肺动脉瓣区第二心音亢进或分裂,三尖瓣区收缩期杂音,严重时可出现血压下降甚至休克。

（3）发热:多为低热,少数病人体温可达 38℃ 以上。

（4）深静脉血栓形成的表现:如肺栓塞继发于下肢深静脉血栓形成,可伴有患肢肿胀、周径增粗、疼痛或压痛、皮肤色素沉着和行走后患肢易疲劳或肿胀加重。

（三）辅助检查

1. 血浆 D-二聚体（D-dimer）测定　敏感性高,特异性差,可作为 PTE 的初筛指标,急性 PTE 时 D-dimer 升高。若含量低于 $500\mu g/L$,可基本排除急性 PTE。

2. 动脉血气分析　表现为低氧血症、低碳酸血症,肺泡-动脉血氧分压差($P_{A\text{-}a}O_2$)增大。

3. 螺旋 CT 肺血管造影检查　诊断质量高,无创、迅速、简便,是临床 PTE 病人首选的确诊检查。表现为肺血管半月形或环形充盈缺损、完全梗阻、轨道征等（图 15-1-1）。碘造影剂过敏者禁用,可选择磁共振成像或核素肺通气/灌注扫描检查进行确诊。

4. 肺动脉造影　是 PTE 诊断的"金标准"。典型表现为肺动脉内造影剂充盈缺损,伴或不伴血流阻断。肺动脉造影为有创性检查,需要严格掌握适应证。

Note:

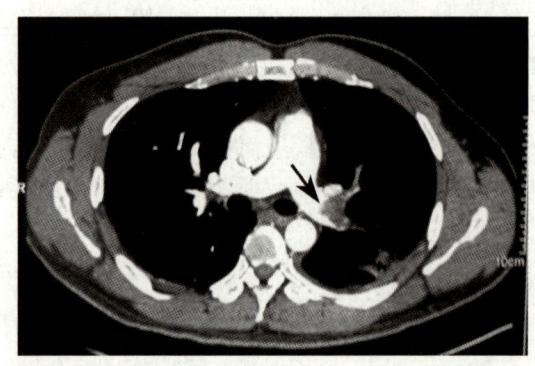

图 15-1-1　急性肺血栓栓塞 CT 检查（箭头指灰色部分为肺动脉内的巨大血栓）

5. 核素肺通气/灌注扫描　是 PTE 重要的诊断方法。典型征象是呈肺段分布的肺灌注缺损，并与通气显像不匹配。扫描结果分为 3 类：①高度可能：其征象为至少 1 个或更多叶段的局部灌注缺损而该部位通气良好或胸部 X 线影像无异常。②正常或接近正常。③非诊断性异常：其征象介于高度可能与正常之间。

6. 胸部 X 线检查　典型征象为尖端指向肺门的楔形阴影，但不常见。多数表现为区域性肺纹理变细、稀疏或消失，肺野透亮度增加。右下肺动脉干增宽或伴截断征，肺动脉段膨隆，右心室扩大。有肺不张侧横膈抬高，偶见少量胸腔积液。

7. 超声心动图　病情严重者可表现为右心室和/或右心房扩大、室间隔左移和运动异常、近端肺动脉扩张、三尖瓣反流和下腔静脉扩张等。

8. 心电图　大多数 PTE 病人可出现心电图异常，但无特异性，以窦性心动过速最常见，可出现 $V_1 \sim V_4$ 导联非特异性 ST-T 改变，$S_I Q_{III} T_{III}$ 征（即 I 导联 S 波加深，III 导联出现大 Q 波且 T 波倒置）。

（四）急性肺血栓栓塞症的危险程度分层

1. 低危急性肺血栓栓塞症　血流动力学稳定，无右心功能不全，早期死亡风险<1%。

2. 中危急性肺血栓栓塞症　血流动力学稳定，但出现右心功能不全和/或心肌损伤，早期死亡风险为 3%~15%，需要密切监测病情变化。

3. 高危急性肺血栓栓塞症　以休克和低血压为主要表现，收缩压<90mmHg 或与基线值相比下降幅度≥40mmHg，持续 15min 以上，早期死亡风险>15%。须除外新发生的心律失常、低血容量或感染中毒症所致的血压下降。病人病情变化快，预后差，需要积极治疗。

（五）心理-社会状况

急性肺栓塞时胸痛剧烈程度与急性心肌梗死相仿，可伴有濒死感，由此产生恐惧心理；病人因病情急危，多收入监护病房观察治疗，须短时间内进行一系列检查和治疗，如心电监护、吸氧、频繁的采血化验检查、2 条以上静脉通路反复给药等，部分病人无既往病史，进一步增加了病人的焦虑或恐惧，迫切希望获得良好的医疗与护理，以便转危为安。

【常见护理诊断/问题】

1. **低效型呼吸型态**　与肺血管阻塞，通气血流比例失调有关。
2. **潜在并发症**：呼吸衰竭，出血，再栓塞。
3. **恐惧**　与突发呼吸困难、剧烈胸痛、担心预后不良有关。

【计划与实施】

急性肺血栓栓塞症起病急骤，需根据病情严重程度制订相应的治疗方案。早期溶栓是治疗严重肺血栓栓塞症最重要的方法。经过治疗和护理，评估病人是否能够达到：①维持正常呼吸功能，表现为无气促、无发绀，血氧饱和度达 90%以上；②在急性期不发生并发症，或并发症能被及时发现并正确处理；③胸痛症状缓解；④恐惧情绪减轻；⑤陈述并实施预防肺栓塞的措施。

（一）恢复肺血液灌注

1. 溶栓治疗与护理　溶栓治疗可迅速溶解血栓，缓解血栓栓塞造成的血管闭塞，改善血流动力学和心功能，降低 PTE 病人的病死率和复发率。症状出现 48h 内溶栓获益最大，但溶栓治疗对症状发生 6~14d 的病人仍有效。溶栓尽可能在 PTE 确诊前提下慎重进行，有明确溶栓指征的病例宜尽早开始溶栓。

（1）常用溶栓药物：①链激酶（SK）：使用 25 万 U 静脉注射，给药时间 30min，继以 10 万 U/h 持续静脉滴注 12~24h。链激酶具有抗原性，故用药前须肌内注射苯海拉明或地塞米松，以防止过敏反应，且 6 个月内不宜再次使用。②尿激酶（UK）：使用 4 400U/kg 静脉注射，给药时间 10min，继以 2 200U/（kg·h）持续静脉滴注 12h 或以 2 万 U/kg 持续静脉滴注 2h。③组织型纤溶酶原激活剂（rt-PA）：50mg 持续静脉滴注 2h。

（2）用药前评估：溶栓治疗适用于心源性休克和/或持续低血压的高危肺血栓栓塞症的病人，如无绝对禁忌证，溶栓治疗是一线治疗。但对非高危病人不推荐常规溶栓治疗，因此使用前应充分评估病人出血的危险性。溶栓治疗的绝对禁忌证有任何时间出血性或不明来源的脑卒中；6 个月内缺血性脑卒中；中枢神经系统损伤或肿瘤；3 周内大创伤、外科手术、头部损伤；近 1 个月内胃肠道出血；已知的活动性出血。相对禁忌证包括近期大手术、分娩、胃肠道出血、严重创伤、重度高血压、严重肝、肾功能不全等。

（3）用药后护理：溶栓后每 2~4h 测定一次活化部分凝血活酶时间（APTT），观察病人有无寒战、发热、皮疹等过敏反应。溶栓治疗后注意观察病人有无出血，最常见的出血部位为血管穿刺处，也可引起严重的腹膜后出血和颅内出血。因此，应密切观察病人出血征象：有无血管穿刺处出血过多、血尿、腹部或背部疼痛、严重头疼、神志改变等。病人血压过高时及时通知医生进行适当处理。避免反复穿刺血管；穿刺部位压迫止血需加大力量、延长压迫时间。

2. 抗凝治疗与护理　肺栓塞初始抗凝治疗的目的是减少死亡及再发栓塞事件。可疑 PTE 时，即可使用肝素或低分子量肝素进行抗凝治疗，后用华法林维持。

（1）用药前评估：评估病人是否有活动性出血、凝血功能障碍、未予控制的严重高血压等抗凝治疗的禁忌证。肝素应用前还应测定基础 APTT、PT 及血常规（含血小板计数、血红蛋白）。

（2）药物使用：一般肝素或低分子量肝素须使用 5d，直到病人临床情况平稳。大面积 PTE 或髂、股静脉血栓者须延长至 10d 或更长。华法林在肝素开始应用后的第 1~3 日加用，国际标准化比值（INR）达到 2.0~3.0，至少持续 24h，方可停用肝素。口服华法林可以防止肺动脉血栓再形成和抑制肺动脉高压进一步发展，对无用药禁忌证的高危人群可长期使用。

（3）用药后护理：抗凝治疗主要不良反应是出血，护理见溶栓部分。肝素还可引起血小板减少，主要发生于用药后 5~7d，因此在治疗的第 3~5 日、第 7~10 日和第 14 日复查血小板计数，若血小板迅速或持续降低达 50% 以上，或血小板计数 $<100×10^9/L$，应停用肝素。华法林治疗的前几周还可引起血管性紫癜，导致皮肤坏死，须注意观察。育龄妇女服用华法林须注意避孕，计划怀孕的妇女或孕妇，在妊娠前 3 个月和最后 6 周禁用华法林，须改用肝素或低分子量肝素治疗。产后和哺乳期妇女可以服用华法林。

（二）并发症的观察与护理

1. 呼吸、循环障碍的观察与护理

（1）呼吸衰竭：监测病人有无缺氧表现，如呼吸加速、浅表，动脉血氧饱和度降低，心率加快；烦躁不安、嗜睡、意识模糊、定向力障碍。有低氧血症者，采用鼻导管或面罩吸氧。合并呼吸衰竭时，可用经鼻面罩无创机械通气或经气管插管行机械通气。

（2）心功能不全：监测病人有无颈静脉充盈或怒张、肝大、肝-颈静脉回流征阳性、下肢水肿及静脉压升高表现。病人严重缺氧可导致心动过速和心律失常，须严密监测病人的心电改变。右心功能不全、心排血量下降但血压尚正常者，可给予多巴胺或多巴酚丁胺，均具有正性肌力作用；若血压下降，可增大剂量或使用去甲肾上腺素。过多的液体可能加重右心室扩张并影响心排血量，一般所给予负荷剂量限于 500ml 之内，并按第十五章第二节中"肺动脉高压与肺源性心脏病病人的护理"有关内容进行护理。

（3）休息：病人应绝对卧床休息，抬高床头，指导病人进行深慢呼吸、采用放松术等方法减轻恐

Note:

惧心理,以降低耗氧量。

2. 再栓塞病人的观察与护理

（1）急性期:病人除绝对卧床外,还须避免下肢过度屈曲,一般在充分抗凝的前提下卧床时间为 2~3 周;保持排便通畅,避免用力,以防下肢血管内压力突然升高使血栓再次脱落形成新的危及生命的栓塞。

（2）恢复期:须预防下肢血栓形成,如病人仍需卧床,下肢须进行适当的活动或被动关节活动,穿抗血栓弹力袜。禁腿下垫枕,以免加重下肢循环障碍。

（3）下肢深静脉血栓形成的观察:下肢深静脉血栓形成以单侧下肢肿胀最为常见,可通过测量和比较病人双侧下肢周径,观察局部皮肤颜色的方法进行判断。下肢周径的测量方法:①标记髌骨上缘和髌骨下缘,量取髌骨中点并标记;②标记髌骨中点向上 15cm 和髌骨中点向下 10cm 测量肢体周径,相同方法同时测量对侧肢体周径并进行比较,双侧下肢周径差值>1cm 有临床意义。检查是否存在 Homans 征阳性(轻轻按压膝关节,使膝关节伸直,并取屈髋、踝关节急速背曲时出现腘窝部、腓肠肌疼痛)。

（三）心理护理

当病人突然出现严重的呼吸困难和胸痛时,医务人员需保持冷静,避免引起紧张慌乱的气氛而加重病人的恐惧心理。护士应尽量陪伴病人,告诉病人目前的病情变化。采用非言语性沟通技巧,如抚摸、握住病人的手等增加病人的安全感,减轻其恐惧,并让病人知道医生护士正在积极处理,减轻其痛苦。另外,当病情剧变时,亲人的陪伴可有效地减轻病人的焦虑和恐惧心理,因此,在不影响抢救的前提下,可允许其家属陪伴病人。应用适当的沟通技巧,促使病人表达自己的担忧和疑虑。必要时遵医嘱适当使用镇静、镇痛、镇咳等对症治疗措施,减轻病人不适,缓解其紧张情绪。

【健康指导】

1. 指导病人掌握预防肺栓塞的知识

（1）防止血液淤滞:避免可能增加静脉血流淤滞的行为,如长时间保持坐位,特别是架腿而坐;穿束膝长筒袜、长时间站立不活动等。鼓励卧床病人进行床上的肢体活动,不能自主活动的病人须进行被动关节活动,病情允许时须协助其早期下床活动和走路。制动的病人,将腿抬高至心脏水平以上,可促进下肢静脉回流。利用机械作用如穿加压弹力抗栓袜、应用下肢间歇序贯加压充气泵等促进下肢静脉回流。

（2）降低血液凝固度:适当增加液体摄入,防止血液浓缩。有高脂血症、糖尿病等病史的病人应积极治疗原发病。

（3）防止血栓形成:指导病人遵医嘱使用抗凝血药,防止血栓形成。

2. 指导病人认识 DVT 和 PTE 的表现　长期卧床病人,出现一侧肢体疼痛、肿胀,应注意 DVT 发生的可能。有肺栓塞危险因素的情况下,突然出现胸痛、呼吸困难、咳血痰等表现时应注意 PTE 的可能性,须及时告诉医护人员或及时就诊。

【护理评价】

经过治疗和护理,评估病人是否能够是否达到:①无气促、无发绀,血氧饱和度达 90% 以上;②呼吸衰竭、低血压、出血等并发症能被及时发现和正确处理;③胸痛症状缓解或减轻;④恐惧程度减轻、精神放松、配合治疗;⑤能说出预防肺栓塞的保健知识,治疗用药的作用、副作用及注意事项。

（王艳玲）

第二节　肺动脉高压与肺源性心脏病病人的护理

导入情境与思考

病人,男性,70岁,咳嗽、咳痰、气短15年,受凉后症状加重伴双下肢水肿1周,以慢性肺源性心脏病,呼吸衰竭收入院。

请思考:

（1）住院期间应给予该病人哪种吸氧方式?

（2）护士指导该病人饮食方面应注意什么?

（3）入院时血气 PaO_2 50mmHg, $PaCO_2$ 70mmHg,给予机械通气治疗。护士须做哪些护理工作?并应注意什么问题?

一、肺动脉高压

肺动脉高压(pulmonary hypertension,PH)是一种临床常见病症,病因复杂,可由多种心、肺或肺血管疾病引起,肺动脉压增高呈进行性发展,因肺循环阻力增加,右心负荷增大,最终导致右心衰竭,引起一系列临床表现。PH诊断标准为海平面静息状态下,右心导管测量肺动脉平均压(mean pulmonary artery pressure,MPAP)≥25mmHg,同时肺毛细管楔压(pulmonary capillary wedge pressure,PCWP)或左心室舒张末压<15mmHg。肺动脉高压的严重程度根据静息 MPAP 分为轻度(25～35mmHg)、中度(36～45mmHg)、重度(>45mmHg)。2009 年欧洲心脏病学会和欧洲呼吸学会按照病因、病理生理、治疗方法及预后特点将 PH 分为 5 个大类:动脉型肺动脉高压、左心疾病所致肺动脉高压、肺部疾病和/或低氧血症所致肺动脉高压、慢性血栓栓塞性肺动脉高压、其他原因所致肺动脉高压。

特发性肺动脉高压(idiopathic pulmonary hypertension,IPH)是一种原因不明的由肺血管阻力增加引起肺动脉压力持续升高的疾病,属于动脉型肺动脉高压。目前认为特发性肺动脉高压的发病与遗传、自身免疫及肺血管收缩等因素有关。可发生于任何年龄,多见于育龄妇女。IPH 早期通常无症状,仅在剧烈活动时感到不适,随着肺动脉压力的升高逐渐出现右心负荷增加的表现——呼吸困难、胸痛、头晕或晕厥、咯血等症状。由于病因不明,治疗主要针对血管收缩、内膜损伤、血栓形成及心功能不全等方面进行,包括血管扩张药(如钙通道阻滞剂、前列环素、内皮素受体拮抗剂)、抗凝血药(首选华法林)、强心药、利尿药,晚期病人可行肺或心肺移植治疗。对病人有益的行为包括低强度有氧运动,避免重体力劳动,吸氧使血氧饱和度维持在90%以上,低盐饮食,常规免疫接种预防流行性感冒、肺炎等感染性疾病,家庭和社会的心理支持,育龄妇女避免妊娠或早期终止妊娠等。旨在恢复病人肺血管张力、阻力和压力,改善心功能,增加心排血量,提高生活质量。IPH是一种进行性血管疾病,晚期出现进行性右心功能不全、右心衰竭。由于病人往往就诊较晚,在疾病晚期方得以诊断,其预后差,诊断后中位生存期仅为2~3年。

二、肺源性心脏病

肺源性心脏病(cor pulmonale)简称肺心病,是指由支气管-肺组织、胸廓或肺血管病变致肺血管阻力增加,产生肺动脉高压,继而右心室结构和/或功能改变的疾病。根据起病缓急和病程长短,可分为急性和慢性肺心病两类,临床上以后者多见。急性肺心病常见于急性大面积肺栓塞,详见本章第一节,本节主要讲述慢性肺源性心脏病病人的护理。慢性肺源性心脏病(chronic pulmonary heart disease)简称慢性肺心病,是由于肺组织、肺血管或胸廓的慢性病变引起肺组织结构和/或功能异常,产生肺血管阻力增加,肺动脉压力增高,使右心室扩张和/或肥厚,伴或不伴右心衰竭的心脏病,并排除先天性心脏病和左心病变引起者。慢性肺心病是我国呼吸系统的常见病,病人患病年龄多在40岁以上,且患病率随年龄增长而增高,男女患病率无明显差异,但有地区差异,东北、西北、华北的患病率高于南方地区,农村的患病率高于城市。吸烟者比不吸烟者患病率明显增高。冬春季节和气候骤变时,易出现急性发作。

【病因】

按原发病的不同部位,分为以下几类。

1. **支气管、肺疾病** 最多见为慢阻肺,占慢性肺心病病因的80%~90%,其次为支气管哮喘、支气管扩张症、重症肺结核等。

2. **胸廓运动障碍性疾病** 较少见,主要有严重脊椎侧后凸、脊椎结核、类风湿关节炎、胸膜广泛粘连及胸廓成形术后造成的严重胸廓或脊椎畸形,以及神经肌肉疾病如脊髓灰质炎等。

3. **肺血管疾病** 慢性栓塞性肺动脉高压、肺小动脉炎以及原因不明的特发性肺动脉高压等可引起肺血管阻力增加、肺动脉高压和右心室后负荷加重,发展为慢性肺心病。

4. **其他** 原发性肺泡通气不足、先天性口咽畸形及睡眠呼吸暂停综合征等均可引起肺血管收缩,导致肺动脉高压而发展成慢性肺心病。

【发病机制】

引起右心室扩大、肥厚的因素很多。肺功能和结构的不可逆改变是先决条件,由于发生反复的呼吸道感染和低氧血症,导致一系列体液因子和肺血管的变化,使肺血管阻力增加,肺动脉血管的结构重塑,产生肺动脉高压。

1. **肺动脉高压的形成**

(1) 肺血管阻力增高的功能性因素:缺氧、二氧化碳潴留和呼吸性酸中毒导致肺血管收缩、痉挛,缺氧是形成肺动脉高压的最重要因素。体液因素在缺氧性肺血管收缩中占重要地位,尤其是花生四烯酸环氧化酶分解后的产物前列腺素和脂氧化酶产物白三烯。缺氧时收缩血管的活性物质增多,使血管收缩,白三烯、5-羟色胺、血管紧张素Ⅱ、血小板活化因子等起收缩作用。缺氧性肺血管收缩主要取决于局部收缩血管物质和扩张血管物质的比例。缺氧时,平滑肌细胞膜对Ca^{2+}的通透性增加,使肺血管平滑肌收缩。高碳酸血症时,H^+产生增多,使血管对缺氧的收缩敏感性增强,致肺动脉压增高。

(2) 肺血管阻力增加的解剖学因素:肺血管解剖结构的变化,可引起肺循环血流动力学障碍。主要原因有①肺血管炎症:长期反复发作的慢性阻塞性肺疾病及支气管周围炎,累及邻近肺小动脉,引起血管炎,导致血管壁增厚、管腔狭窄或纤维化,甚至完全闭塞。②肺血管受压:肺气肿加重,肺泡

内压增高,压迫肺泡毛细血管,使管腔狭窄或闭塞。③肺血管损毁:肺泡壁破坏造成毛细血管网的毁损,肺泡毛细血管床减损超过 70% 时肺循环阻力增大。④肺血管重塑:慢性缺氧使肺血管收缩,管壁张力增高可直接刺激管壁增生。缺氧时肺内产生多种生长因子。缺氧可使无肌型微动脉的内皮细胞向平滑肌细胞转化,使动脉管腔狭窄。

此外,肺血管疾病、肺间质疾病、神经肌肉疾病等可引起肺血管的狭窄、闭塞,肺血管阻力增加,导致肺动脉高压。

(3) 血容量增多和血液黏稠度增加:慢性缺氧产生继发性红细胞增多,血液黏稠度增加,血流阻力随之增高。缺氧可使醛固酮增加,使水钠潴留,并使肾小动脉收缩,肾血流量减少而加重水钠潴留,血容量增多。血液黏稠度增加和血容量增多,使肺动脉压升高。

临床研究证明,慢阻肺和慢性肺心病病人的肺动脉高压可表现为急性加重期和缓解期的肺动脉压均高于正常范围,也可表现为间歇性肺动脉高压,这可能是慢性肺心病不同发展阶段的临床表现,也可能是两种不同的类型。

2. **心脏病变和心力衰竭**　肺循环阻力增加时,右心发挥代偿作用而引起右心室肥厚。随着病情进展,肺动脉压持续升高,超过右心室的代偿能力,右心失代偿而致右心衰竭。此外,缺氧、高碳酸血症、酸中毒、相对血容量增多等因素,不但可引起右心室肥厚,也可以引起左心室肥厚,甚至导致左心衰竭。

3. **其他重要器官的损伤**　缺氧和高碳酸血症还可导致重要器官及系统如脑、肝、肾、胃肠道、内分泌系统及血液系统的病理改变,引起多器官的功能损害。

【护理评估】

(一) 健康史

护士评估病人既往疾病史,是否有慢性阻塞性肺疾病、支气管哮喘、肺结核等慢性呼吸道疾病史,既往病情变化及治疗经历;评估病人本次入院是否有呼吸道感染等常见诱因,病情是否加重、日常活动受限程度;评估病人目前服药情况等。

(二) 身体状况

本病病程缓慢,临床上除原有肺、胸部疾病的各种症状和体征外,主要是逐步出现肺、心力衰竭及其他器官损害的表现。按其功能可分为代偿期与失代偿期。

1. **肺、心功能代偿期**

(1) 症状:咳嗽、咳痰、气促,活动后可有心悸、呼吸困难、乏力和活动耐力下降。急性感染可加重上述症状。

(2) 体征:可有不同程度的发绀和肺气肿体征。偶有干、湿啰音,心音遥远。三尖瓣区闻及收缩期杂音和剑突下心脏搏动,提示右心室肥大。部分病人因肺气肿使胸腔内压升高,阻碍上腔静脉回流,可有颈静脉充盈。

2. **肺、心功能失代偿期**

(1) 呼吸衰竭

1) 症状:呼吸困难加重,夜间更明显,常有头痛、失眠、食欲下降、白天嗜睡,甚至出现表情淡漠、神志恍惚、谵妄等肺性脑病的表现。

2) 体征:明显发绀、球结膜充血、水肿,严重时出现颅内压升高的表现,如视网膜血管扩张和视盘水肿等。可出现周围血管扩张的表现,如皮肤潮红、多汗。

(2) 右心衰竭

1) 症状:明显气促、心悸、食欲缺乏、腹胀、恶心等。

2) 体征:发绀更明显,颈静脉怒张,心率增快,可出现心律失常,剑突下可闻及收缩期杂音,甚至出现舒张期杂音。肝大并有压痛,肝-颈静脉回流征阳性,下肢水肿,严重者可有腹水。少数病人可出现肺水肿及全心衰竭体征。

3. **并发症** 肺性脑病是慢性肺源性心脏病的首要死因,还可能出现酸碱平衡失调及电解质紊乱、心律失常、休克、消化道出血和弥散性血管内凝血等。

(三) 辅助检查

1. **血液检查** 红细胞及血红蛋白可升高,全血黏度及血浆黏度增加;合并感染时白细胞计数增高,中性粒细胞增加。部分病人可有肝、肾功能的改变;以及电解质紊乱。

2. **血气分析** 慢性肺心病代偿期可出现低氧血症或高碳酸血症。呼吸衰竭时 $PaO_2 < 60mmHg$、$PaCO_2 > 50mmHg$。

3. **X 线检查** 除原有肺、胸部基础疾病及急性肺部感染的特征外,尚可有肺动脉高压征,如右下肺动脉干增宽,肺动脉段明显突出,心尖圆隆、上翘。

4. **超声心动图检查** 典型表现为肺动脉高压征象(右心室流出道内径增大),右心房增大、右心室肥厚、增大。

5. **心电图** 典型心电图表现为电轴右偏(额面平均电轴 $\geq +90°$)、重度顺钟向转位($V_5R/S \leq 1$)、肺性 P 波,$V_1 \sim V_3$ 导联呈 QS、Qr 或 qr,$R_{V1} + S_{V5} \geq 1.05mV$。

6. **其他** 肺功能检查对早期或缓解期慢性肺心病病人有意义。痰细菌学检查可指导急性加重期慢性肺心病病人的抗生素选用。

(四) 心理-社会状况

慢阻肺是慢性肺心病最常见病因,因此与慢阻肺病人相似,慢性肺心病的发生、发展过程与病人的社会、经济和心理等各个方面因素关系密切。另外,因慢性肺心病病人反复经历呼吸、循环衰竭,且病情不断加重,多数预后不良,进而产生严重的不良情绪,进一步加重病情进展。护士应详细了解病人的心理、性格、生活方式、对疾病的态度及其家庭社会经济状况等方面的因素。

(五) 诊断要点

根据病人慢阻肺或其他胸、肺疾病病史,并出现肺动脉压增高、右心室增大或右心功能不全的征象,如颈静脉怒张、剑突下心脏搏动增强、肝大压痛、肝-颈静脉回流征阳性、下肢水肿等,心电图、胸部X 线影像、超声心动图检查有肺动脉增宽和右心增大、肥厚表现,可诊断慢性肺源性心脏病。

【常见护理诊断/问题】

1. **气体交换受损** 与肺血管阻力增高有关。
2. **活动耐力下降** 与疲劳、呼吸困难、氧供与氧耗失衡有关。
3. **清理呼吸道无效** 与分泌物增多而黏稠、气道湿度减低和无效咳嗽有关。
4. **营养失调:低于机体需要量** 与食欲降低、腹胀、摄入不足、呼吸困难有关。
5. **有皮肤完整性受损的危险** 与水肿和长期卧床有关。
6. **潜在并发症:呼吸衰竭、心力衰竭、肺性脑病。**

【计划与实施】

慢性肺源性心脏病的治疗在肺、心功能代偿期和肺、心功能失代偿期有所不同。代偿期治疗原则是采用综合治疗措施,增强病人免疫功能,去除急性发作的诱发因素,减少或避免急性加重期的发生,延缓基础支气管、肺疾病的进展,改善病人生活质量。继发于慢阻肺的肺心病治疗和护理参见第十四章第四节"慢性阻塞性肺疾病病人的护理"。失代偿期治疗原则是积极控制感染,保持病人呼吸道通畅,改善呼吸功能,纠正缺氧和二氧化碳潴留,控制呼吸衰竭和心力衰竭,积极处理并发症。经过治疗和护理,评估病人是否能够达到:①症状减轻;②呼吸道通畅,气道分泌物减少;③活动耐力改善,生活质量提高;④并发症能被及时发现并正确处理或不出现并发症;⑤情绪稳定,能配合各种治疗与护理。

Note:

（一）促进有效的呼吸

1. **病情观察**　密切观察病人的生命体征及意识状态；注意病人有无发绀和呼吸困难，判断其严重程度；观察病人有无心悸、胸闷、腹胀、尿量减少、下肢水肿等右心衰竭的表现；定期监测动脉血气分析结果，密切观察病人有无头痛、烦躁不安、神志改变等肺性脑病的表现。

2. **药物治疗与护理**

（1）镇静催眠药：对二氧化碳潴留、呼吸道分泌物多的重症病人慎用镇静药、麻醉药，如必须用药，使用后注意观察病人是否有抑制呼吸和咳嗽反射的情况出现。

（2）利尿药：有减少血容量、减轻右心负荷、消除水肿的作用。原则上选用作用温和的利尿药，短疗程、小剂量使用，如氢氯噻嗪、螺内酯。使用排钾利尿药时，用后易出现低钾、低氯性碱中毒而加重缺氧，过度脱水引起血液浓缩、痰液黏稠不易排出等不良反应，应注意观察及预防。督促病人遵医嘱补钾。尽可能在白天给药，避免夜间频繁排尿而影响病人睡眠。

（3）洋地黄类药物：应询问有无洋地黄类药物用药史，遵医嘱准确用药。选用作用快、排泄快的洋地黄类药物，如毒毛花苷 K 或毛花苷 C 加入 10% 葡萄糖中静脉缓慢注射，剂量宜小、一般为常规剂量的 1/2 或 2/3 量。用药前注意纠正病人缺氧，防治低钾血症，以免发生药物毒性反应。详见第二十章"心力衰竭病人的护理"相关内容。

（4）血管扩张药：可减轻心脏前、后负荷，降低心肌耗氧量，增加心肌收缩力，对部分顽固性心力衰竭有一定效果，如硝酸甘油。应用时注意监测病人心率及血压情况。血管扩张药在扩张肺动脉的同时也扩张体循环动脉，往往造成病人血压下降，反射性心率增快、氧分压下降、二氧化碳分压上升等不良反应。

（二）增加活动耐力

1. **休息与活动**　充分休息有助于心肺功能恢复。心肺功能失代偿期病人绝对卧床休息，协助病人采取半卧位或坐位，减少机体耗氧量，促进心肺功能的恢复，减慢心率和减轻呼吸困难。卧床期间，协助病人定时翻身、更换姿势，保持舒适体位。依据病人的耐受能力指导病人在床上进行缓慢的肌肉松弛活动。鼓励病人进行呼吸功能锻炼，提高活动耐力。

2. **减少体力消耗**　指导病人采取有利于气体交换又节省能量的姿势（见第十四章第四节"慢性阻塞性肺疾病病人的护理"）。

（三）保持气道通畅

协助病人进行有效排痰，进行适合的胸部物理治疗。

（四）饮食护理

给予病人高纤维素、易消化清淡饮食，防止因便秘、腹胀而加重呼吸困难。避免含糖高的食物，以免引起痰液黏稠。如病人出现水肿、腹水或尿少时，应限制其钠、水摄入，钠盐<3g/d，水分<1 500ml/d。每日能量摄入至少达到 125kJ/kg（30kcal/kg），其中蛋白质为 1.0～1.5g/（kg·d）。因碳水化合物可增加 CO_2 生成量，增加呼吸负担，故一般碳水化合物占比≤60%。少食多餐，减少用餐时的疲劳。进餐前、后漱口，保持口腔清洁，促进食欲。必要时，遵医嘱静脉补充营养。

（五）皮肤护理

注意观察病人全身水肿情况、有无压力性损伤发生。指导病人穿宽松、柔软的衣服；定时更换体位，必要时使用气垫床。

（六）肺性脑病的护理

1. **休息和安全**　病人绝对卧床休息，呼吸困难者取半卧位，有意识障碍者，予床栏及必要的安全保护，设专人护理。

2. **病情观察**　定期监测动脉血气分析，密切观察病人病情变化，出现头痛、烦躁不安、表情淡漠、神志恍惚、精神错乱、嗜睡和昏迷等症状时，及时通知医生并协助处理。

3. **氧疗与机械通气**　持续低流量、低浓度给氧，氧流量 1～2L/min，浓度在 25%～29%。防止高浓度吸氧抑制病人呼吸,加重二氧化碳潴留。遵医嘱做好无创或有创机械通气的护理(详见第十二章第三节机械通气护理相关内容),缓解病人呼吸肌疲劳,改善预后。

4. 呼吸兴奋剂的使用 遵医嘱应用呼吸兴奋剂,观察药物的疗效和不良反应。当病人出现心悸、呕吐、震颤、惊厥等症状时,立即通知医生。

(七)健康指导

1. 疾病知识指导 指导病人和家属了解疾病发生、发展过程及防治原发病的重要性,减少反复发作的次数。积极防治原发病,避免和防治各种可能导致病情急性加重的诱因。坚持家庭氧疗等。

2. 康复保健知识指导 加强饮食营养,以保证机体康复的需要。病情缓解期病人应根据肺、心功能及体力情况进行适当的体育锻炼和呼吸功能锻炼,如散步、气功、太极拳、腹式呼吸、缩唇呼吸等,改善呼吸功能,提高机体免疫功能。

3. 定期门诊随访 告知病人及其家属病情变化的征象,如体温升高、呼吸困难加重、咳嗽剧烈、咳痰不畅、尿量减少、水肿明显或发现病人神志淡漠、嗜睡、躁动、口唇发绀加重等,均提示病情变化或加重,须及时就医诊治。

【护理评价】

通过治疗和护理,评估病人是否能够达到:①PaO_2 和 $PaCO_2$ 在适当范围,$SaO_2 > 90\%$;②呼吸困难、心力衰竭症状减轻,日常活动能力提高;③能遵医嘱正确使用药物,未出现药物不良反应;④出现肺性脑病等并发症时,能被及时发现并正确及时处理;⑤发生急性加重及住院的次数减少。

(王艳玲)

思 考 题

1. 哪些措施可以预防肺血栓栓塞症的发生?
2. 慢性阻塞性肺疾病合并肺心病病人在饮食方面需要注意什么?

NURSING

第十六章

呼吸衰竭病人的护理

16章 数字内容

学习目标

- 识记:
  1. 陈述呼吸衰竭的概念、分类,急性呼吸窘迫综合征的概念。
  2. 列举急性呼吸衰竭、慢性呼吸衰竭、急性呼吸窘迫综合征病人的护理要点。
- 理解:
  1. 解释呼吸衰竭、急性呼吸窘迫综合征的病因和发病机制。
  2. 说明呼吸衰竭、急性呼吸窘迫综合征病人相关辅助检查的临床意义。
- 运用:
  能运用护理程序对呼吸衰竭、急性呼吸窘迫综合征病人进行护理评估并制订护理计划。

——————————————— 导入情境与思考 ———————————————

病人,男性,22岁,因车祸致胸部外伤后出现呼吸急促、咳血及泡沫痰。体格检查:T 38.0℃,P 110 次/min,R 22 次/min,BP 140/88mmHg,SpO₂ 85%,病人神志清楚、口唇及四肢末梢发绀、气管居中、听诊双肺呼吸音弱、双肺底湿啰音。动脉血气分析:pH 7.38,PaO₂ 55mmHg,PaCO₂ 44mmHg。胸部X线:双肺底纹理增强。遵医嘱给予其经鼻导管吸氧。

请思考:

（1）对该病人目前主要的护理诊断是什么?

（2）针对该病人的病情,应采取哪些护理措施维持其有效呼吸型态?

第一节　概　述

呼吸衰竭(respiratory failure)是指各种原因引起的肺通气和/或换气功能严重障碍,以致在静息状态下亦不能维持足够的气体交换,导致低氧血症伴(或不伴)高碳酸血症,进而引起一系列相应的病理生理改变和临床表现的综合征。其临床表现缺乏特异性,明确诊断有赖于动脉血气分析:在海平面、静息状态、呼吸空气条件下,动脉血氧分压(PaO₂)<60mmHg,伴或不伴二氧化碳分压(PaCO₂)>50mmHg,可诊断为呼吸衰竭。

【分类】

呼吸衰竭通常可按动脉血气分析、发病急缓及发病机制进行分类。

（一）按动脉血气分析分类

1. **Ⅰ型呼吸衰竭**　即低氧血症型呼吸衰竭,血气分析示 PaO₂<60mmHg,PaCO₂ 降低或正常。主要见于肺换气功能障碍(通气血流比例失调、弥散功能损害、肺内静动脉血分流等)。

2. **Ⅱ型呼吸衰竭**　即高碳酸血症型呼吸衰竭,病人既有缺氧,又有二氧化碳潴留,血气分析示 PaO₂<60mmHg,伴有 PaCO₂>50mmHg,系肺泡通气不足所致。单纯通气不足,低氧血症和高碳酸血症的程度是平行的;若同时伴有换气功能障碍,则缺氧更为严重。

（二）按发病急缓分类

1. **急性呼吸衰竭**　某些突发的致病因素,使肺通气和/或换气功能迅速出现严重障碍,短时间内可发生呼吸衰竭,如严重肺损伤、创伤、休克、急性气道阻塞等原因。因机体不能很快代偿,将会危及病人生命。

2. **慢性呼吸衰竭**　一些慢性疾病可使呼吸功能的损害逐渐加重,经过较长时间发展为呼吸衰竭,如慢阻肺、肺结核、弥漫性实质性肺疾病等原因。

（三）按发病机制分类

1. **泵衰竭(pump failure)**　驱动或制约呼吸运动的中枢神经系统、外周神经系统、神经肌肉组织(包括神经肌肉接头和呼吸肌)及胸廓统称为呼吸泵,上述部位功能障碍所致的呼吸衰竭称为泵衰竭,主要引起病人通气功能障碍,表现为Ⅱ型呼吸衰竭。

2. **肺衰竭(lung failure)**　气道阻塞、肺组织和肺血管病变造成的呼吸衰竭,称为肺衰竭。肺实质和肺血管病变常引起换气功能障碍,表现为Ⅰ型呼吸衰竭。严重的气道阻塞性疾病(如慢阻肺)影响肺通气功能,可造成Ⅱ型呼吸衰竭。

【病因与发病机制】

（一）病因

各种导致肺通气和肺换气功能障碍的严重病变均可引起呼吸衰竭。

1. 气道阻塞性病变　如气管-支气管的炎症、痉挛、肿瘤、异物、纤维化瘢痕等均可引起气道阻塞。慢性阻塞性肺疾病、重症哮喘等引起气道阻塞和肺通气不足，或伴有通气/血流比例失调，导致缺氧和二氧化碳潴留，发生呼吸衰竭。

2. 肺组织病变　如肺炎、肺气肿、严重肺结核、弥漫性肺纤维化、硅沉着病、心源性或非心源性肺水肿等累及肺泡和/或肺间质的病变，均可使有效弥散面积减少、肺顺应性降低、通气/血流比例失调，导致缺氧或合并 CO_2 潴留。

3. 肺血管疾病　如肺栓塞、肺血管炎等可引起通气/血流比例失调，导致呼吸衰竭。

4. 胸廓与胸膜疾病　如胸部外伤造成连枷胸、胸部手术、胸廓畸形、广泛胸膜增厚、重症肌无力等均可限制胸廓活动和肺扩张，导致通气不足及气体分布不均，从而导致呼吸衰竭。

5. 神经肌肉疾病　如脑血管疾病、颅脑外伤、脑炎及电击、药物中毒等可直接或间接抑制呼吸中枢。脊髓颈段或高位胸段损伤（肿瘤或外伤）、脊髓灰质炎、多发性神经炎、重症肌无力、有机磷中毒、破伤风及严重的钾代谢紊乱均可累及呼吸肌功能，造成呼吸肌无力、疲劳乃至麻痹，致使呼吸动力下降、肺通气不足，导致呼吸衰竭。

6. 心脏疾病　如各种缺血性心脏疾病、严重心脏瓣膜疾病、心肌病、心包疾病、严重心律失常等均可导致通气和换气功能障碍，从而导致缺氧和/或 CO_2 潴留。

（二）发病机制

肺通气不足、弥散障碍、通气/血流比例失调、肺内动静脉解剖分流增加、氧耗量增加是导致呼吸衰竭的 5 个主要机制。临床上常为多种机制并存，或随着病情的发展先后参与发挥作用，单一机制引起的呼吸衰竭很少见。

1. 低氧血症和高碳酸血症的发生机制

（1）肺通气不足（hypoventilation）：健康成人在静息状态下，肺泡通气量（V_A）约为 4L/min，可维持正常肺泡氧分压（P_AO_2）和肺泡气二氧化碳分压（P_ACO_2），使气体交换能有效进行。肺泡通气量减少会引起 P_AO_2 下降和 P_ACO_2 上升，从而发生缺氧和 CO_2 潴留。呼吸空气条件下，P_ACO_2 与 V_A 和肺泡 CO_2 产生量（VCO_2）的关系可用下列公式反映：$P_ACO_2 = 0.863 \times VCO_2/V_A$。若 VCO_2 是常数，V_A 与 P_ACO_2 成反比关系。

（2）弥散障碍（diffusion defect）：系指 O_2、CO_2 等气体通过肺泡膜进行交换的物理弥散过程发生障碍。正常静息状态时，流经肺泡毛细血管的血液与肺泡接触的时间约为 0.72s。O_2 完成气体交换时间为 0.25~0.3s，CO_2 则只需 0.13s，且氧弥散能力仅为 CO_2 的 1/20，故发生弥散障碍时，通常以低氧血症为主。

（3）通气/血流比例失调（ventilation perfusion ratio mismatch）：肺泡通气与其周围毛细血管血流量的比例正常，才能保证有效的气体交换。通气/血流比例是指每分钟肺泡通气量与每分钟肺毛细血管总血流量之比，正常成人静息状态时，通气/血流比例约为 0.8（每分钟肺泡通气量/肺循环血量：4L/5L）。肺泡通气/血流比例失调主要表现为：①通气/血流比例减少：主要原因是部分肺泡通气不足，如肺泡萎陷、肺炎、肺水肿等引起病变部位的肺泡通气不足，部分血液流经通气不良的肺泡，未能充分氧合，通过肺泡的毛细血管或短路流入动脉，形成肺动静脉样分流。②通气/血流比例增大：主要原因是部分肺泡血流不足，如肺栓塞引起栓塞部位血流阻塞或减少，部分肺泡通气未能与血液进行充分的气体交换，又称为无效腔通气。

通气/血流比例失调通常仅产生缺氧，而无 CO_2 潴留。其原因主要是：①动、静脉血液之间氧分压差（59mmHg）比二氧化碳分压差（5.9mmHg）大 10 倍，所以当动静脉短路时，PaO_2 下降的程度大于

$PaCO_2$ 升高的程度。②氧离曲线呈 S 形,正常肺泡毛细血管氧饱和度已处于曲线的平台,无法携带更多的氧以代偿低 PaO_2 区的血氧含量下降。而 CO_2 解离曲线在生理范围内呈直线,有利于通气良好区对通气不足区的代偿,排出足够的 CO_2,不至于出现 CO_2 潴留。然而,严重的通气/血流比例失调亦可导致 CO_2 潴留。

（4）肺内动静脉解剖分流增加:肺动脉内的静脉血未经氧合直接流入肺静脉,导致机体缺氧,是通气/血流比例失调的特例,常见于肺动静脉瘘。分流量越大,吸氧后提高动脉血的氧分压效果越差,如分流量超过 30%,吸氧将不能明显提高 PaO_2。

（5）氧耗量增加:发热、寒战、呼吸困难和抽搐均将增加氧耗。氧耗量增加,肺泡氧分压下降,正常人通过增加通气量以防止缺氧。故氧耗增加的病人,若同时伴有通气功能障碍,则会出现严重的低氧血症。

2. 低氧血症和高碳酸血症对机体的影响　呼吸衰竭时发生的低氧血症和高碳酸血症能够影响全身各系统器官的代谢功能,甚至使组织结构发生变化。通常首先通过各系统器官的功能和代谢发生一系列代偿适应反应,以改善组织供氧,调节酸碱平衡和适应改变了的内环境。然而,当呼吸衰竭进入严重阶段时,则出现代偿功能不全,表现为各系统器官严重的功能和代谢紊乱,直至衰竭。

（1）对中枢神经系统的影响:脑组织耗氧量大,占全身耗氧量的 1/5~1/4,所以脑对缺氧十分敏感,通常完全停止供氧 4~5min 即可引起不可逆的脑损害。缺氧对中枢神经系统影响的程度与缺氧的程度和发生的速度有关。当 $PaO_2<60mmHg$ 时,病人可出现注意力不集中,智力和视力轻度减退;当 PaO_2 迅速降至 40~50mmHg 时,会引起病人头痛、烦躁不安、定向力与记忆力障碍、谵妄、嗜睡等一系列神经精神症状;$PaO_2<30mmHg$ 时,病人神志丧失,甚至昏迷;$PaO_2<20mmHg$ 时,数分钟内即造成神经细胞不可逆性损伤。

CO_2 轻度增加时,对皮质下层刺激增强,间接引起皮质兴奋。CO_2 潴留可引起病人头痛、头晕、烦躁不安、言语不清、精神错乱、扑翼样震颤、嗜睡、昏迷、呼吸抑制,这种由缺氧和 CO_2 潴留导致的神经精神障碍综合征称为肺性脑病(pulmonary encephalopathy),又称二氧化碳麻醉(carbon dioxide narcosis)。肺性脑病早期病人往往出现失眠、精神兴奋、烦躁不安等兴奋症状,还可出现球结膜水肿、视力障碍及发绀等;若 $PaCO_2$ 继续升高,皮质下层受抑制,可使中枢神经处于麻醉状态。目前认为低氧血症、高碳酸血症和酸中毒共同损伤脑血管和脑细胞,是肺性脑病最根本的发病机制。

严重的缺氧和 CO_2 潴留均会使脑血管扩张、脑血管通透性增强,引起脑细胞、脑间质水肿,导致脑组织充血、水肿和颅内压增高,压迫脑血管,使脑组织缺血、缺氧更加严重,形成恶性循环,严重时出现脑疝。

（2）对循环系统的影响:缺氧和 CO_2 潴留均可刺激心脏,引起反射性心率加快、心肌收缩力增强,心排血量增加,血压上升;严重缺氧可直接抑制心血管中枢,造成心脏活动受抑制和血管扩张、血压下降和心律失常,甚至发生心室颤动。长期慢性缺氧可导致心肌纤维化、心肌硬化,使心肌的舒缩功能下降,导致心力衰竭。在呼吸衰竭的发病过程中,缺氧引起肺小动脉收缩,肺循环阻力增加,导致肺动脉高压,右心负荷加重,最终导致肺源性心脏病。$PaCO_2$ 轻至中度升高时,脑血管、冠状血管舒张,皮下浅毛细血管和静脉扩张,而肾、脾和肌肉血管收缩,病人四肢红润、温暖、多汗。

（3）对呼吸系统的影响:缺氧主要通过颈动脉体和主动脉体化学感受器的反射作用刺激通气。但若缺氧缓慢加重,这种反射作用比较迟钝。只有当 $PaO_2<60mmHg$ 时,才出现兴奋呼吸中枢的作用。CO_2 是强有力的呼吸中枢兴奋剂,$PaCO_2$ 急骤升高时,呼吸加深加快,通气量明显增加。长时间严重的 CO_2 潴留,会造成中枢化学感受器对 CO_2 的刺激作用发生适应;当 $PaCO_2>80mmHg$ 时,会对呼吸中枢产生抑制和麻醉效应,此时呼吸运动主要靠 PaO_2 降低对外周化学感受器的刺激作用得以维持。因此如给病人吸入高浓度氧,由于解除了低氧对呼吸的刺激作用,可造成呼吸抑制,通气量反而降低。

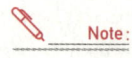
Note:

（4）对肾功能的影响：严重缺氧和 CO_2 潴留时，可引起肾血管痉挛、肾血流量减少，肾小球滤过率降低，钠重吸收增加，尿量减少。若及时治疗，随着缺氧的纠正，肾功能可以恢复。

（5）对血液系统的影响：组织氧分压低可使红细胞生成素增加，促进红细胞的增生，有利于增加血液携氧量，但同时亦增加血液黏稠度，从而加重肺循环和右心负担。

（6）对消化系统的影响：呼吸衰竭病人常合并消化道功能障碍，表现为消化不良、食欲缺乏，甚至出现胃肠黏膜糜烂、坏死、溃疡和出血。缺氧可直接或间接损害肝细胞，使谷丙转氨酶上升。若缺氧能够及时纠正，肝功能可逐渐恢复正常。

（7）对酸碱平衡和电解质的影响：呼吸功能障碍首先引起呼吸性酸中毒，早期病人出现血压增高，中枢神经系统受累，表现为躁动、嗜睡、精神错乱、扑翼样震颤等。持续或严重缺氧可引起代谢性酸中毒，病人表现为呼吸性酸中毒合并代谢性酸中毒，可出现意识障碍、血压下降、心律失常甚至心搏骤停。由于能量不足，造成细胞内酸中毒和高钾血症。慢性呼吸衰竭 CO_2 潴留发展缓慢，可通过肾等调节，导致呼吸性酸中毒合并代谢性碱中毒。当呼吸衰竭加重时，会呈现失代偿性呼吸性酸中毒合并代谢性碱中毒。

（孙龙凤）

思　考　题

1. 呼吸衰竭的分类方法有哪几种？
2. 低氧血症对中枢神经系统会产生哪些影响？

第二节　急性呼吸衰竭病人的护理

急性呼吸衰竭是指因某些突发的致病因素，如严重肺疾病、创伤、休克、颅脑病变、神经肌肉病变等，引起肺通气或换气功能迅速出现严重障碍。急性呼吸衰竭进展迅速，若不及时抢救，将危及病人生命。

【护理评估】

（一）健康史

评估病人有无急、慢性呼吸系统疾病、神经系统疾病、胸廓外伤或手术损伤等导致肺通气和/或换气功能障碍的疾病；评估病人有无急性颅内感染、颅脑外伤、脑血管病变等可直接或间接抑制呼吸中枢的疾病；评估病人有无脊髓灰质炎、重症肌无力、有机磷中毒及颈椎外伤等可损伤神经肌肉传导系统，引起肺通气不足的疾病。

（二）身体状况

急性呼吸衰竭的临床表现主要是低氧血症所致的呼吸困难和多器官功能障碍。

1. **呼吸困难（dyspnea）**　是呼吸衰竭的典型症状和主要表现。须评估病人呼吸频率、节律及呼吸音的变化。早期表现为呼吸频率快而浅，病情加重时，呼吸困难则更为严重，辅助呼吸肌活动加强，出现三凹征。中枢性疾病或中枢神经抑制性药物所致的呼吸衰竭，表现为呼吸节律改变，如陈-施呼吸（Cheyne-Stokes respiration，又称潮式呼吸）、比奥呼吸（Biot respiration）等。

2. **发绀**　是缺氧的典型表现。当病人 SaO_2 低于 90% 时，口唇、指甲、舌等处出现发绀。由动脉血氧饱和度降低引起的发绀，称为中央性发绀；末梢循环障碍者出现发绀，称为外周性发绀。因发绀的程度与去氧血红蛋白含量相关，所以红细胞增多者发绀明显，而贫血病人则不明显。

3. **精神神经症状**　急性缺氧时病人可迅速出现精神错乱、狂躁、昏迷、抽搐等症状。若合并急性二氧化碳潴留，可出现嗜睡、淡漠、扑翼样震颤，以致呼吸骤停。

Note:

4. **其他系统表现**   见本章第一节中缺氧和二氧化碳潴留对机体的影响相关内容。

（三）辅助检查

1. **动脉血气分析**   可以有效评估氧合的程度,判断高碳酸血症和低氧血症的程度及呼吸衰竭的类型,判断酸碱平衡失调的类型。

2. **肺功能检测**   有助于判断通气功能障碍的性质(阻塞性、限制性或混合性)及是否合并换气功能障碍,并对通气和换气功能障碍的严重程度进行判断。

3. **胸部影像学检查**   包括普通胸部 X 线影像、胸部 CT 和放射性核素肺通气/灌注扫描、肺血管造影及超声检查等。

4. **纤维支气管镜检查**   对明确气道疾病和获取病理学证据具有重要意义。

（四）心理-社会状况

呼吸衰竭的病人常因呼吸困难产生焦虑或恐惧。由于治疗的需要,病人可能需要接受气管插管或气管切开进行机械通气治疗,因此加重其焦虑情绪,各种监测和治疗仪器也可能加重病人的心理负担。护士应注意了解病人精神及情绪状况、家庭支持情况、经济状况等。

【护理诊断/问题】

1. **清理呼吸道无效**   与分泌物增加、意识障碍、人工气道、神经肌肉功能障碍有关。
2. **气体交换受损**   与通气不足、肺内静动脉血分流增加、通气血流比例失调和弥散障碍有关。
3. **焦虑**   与呼吸困难、气管插管、病情失去个人控制及对预后的不确定有关。
4. **营养失调:低于机体需要量**   与食欲缺乏、呼吸困难、人工气道及机体的消耗增加有关。
5. **有受伤的危险**   与意识障碍、气管插管及机械通气有关。
6. **潜在并发症:多器官功能障碍综合征。**

【计划与实施】

呼吸衰竭病人的治疗原则是在保持呼吸道通畅的条件下,纠正缺氧、CO_2 潴留和酸碱平衡失调所致的代谢紊乱,争取时间和创造条件,积极治疗原发病和去除诱因,配合适当的支持疗法及对其他重要器官功能的监测与支持。经过治疗和护理,评估病人是否能够达到:①血气分析结果在正常范围;②呼吸平稳,呼吸音基本正常;③能通过有效的咳嗽排出气道分泌物;④焦虑减轻,能配合各项治疗与护理,无并发症出现。

（一）维持气道通畅及有效的呼吸型态

1. **排除气道内分泌物及异物**   ①教给病人深呼吸和缩唇呼吸技术以增加肺活量,有效咳嗽技术促进排痰和肺复张。协助病人翻身、叩背、体位引流、使用排痰机等物理治疗。②在各项胸部物理治疗之前,可预先给予支气管舒张剂、祛痰药等雾化治疗以有效地开放气道和利于排痰。③可按压胸骨上窝,刺激气管,以引起病人咳嗽反射。④因口、咽及舌部肌肉松弛、咳嗽无力、神志不清、分泌物黏稠不易咳出,导致不能有效排痰者,可给予吸痰。

2. **建立人工气道**   病情危重者必要时应建立人工气道。人工气道包括简便人工气道和气管导管。简便人工气道主要有口咽导管、鼻咽导管和喉罩(图 16-2-1),是人工气道的临时替代方式,在病人病情危重不具备插管条件时应用。置入气管导管是重建气道最可靠的方法,主要包括气管插管和气管切开。紧急情况下常用气管插管。需要长期保持人工气道或因气管插管发生气道并发症的病人应行气管切开。

3. **缓解支气管痉挛**   遵医嘱静脉给予支气管舒张药物,必要时给予糖皮质激素。

（二）促进气体交换

1. **体位**   协助和指导病人取舒适、易于呼吸的体位。可帮助病人取半卧位或坐位。卧床病人床头抬高。单侧肺疾病的病人,患侧卧位有利于改善通气血流比例失调。

Note:

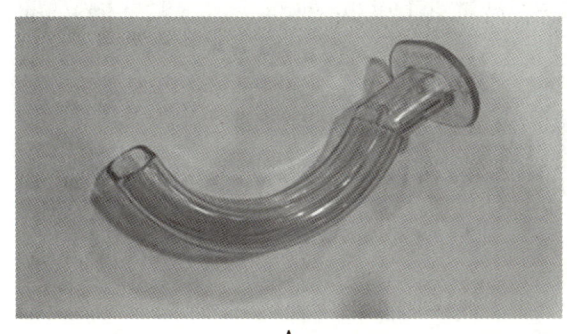
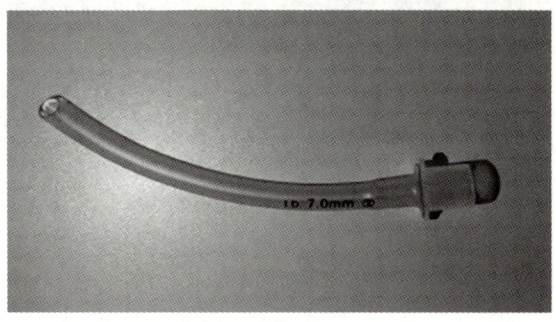

A

B

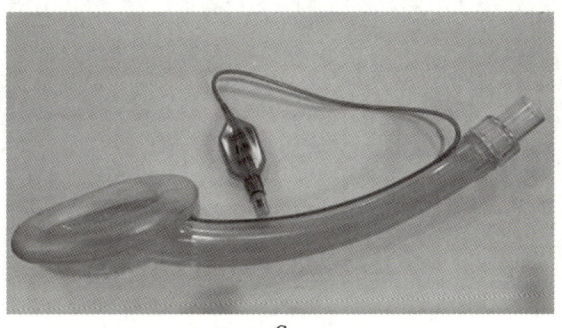

C

图 16-2-1　常见人工气道装置
A. 口咽导管；B. 鼻咽导管；C. 喉罩。

2. **氧疗**　是通过增加肺泡氧分压来纠正病人缺氧状态的治疗方法。氧疗可以有效改善急性呼吸衰竭导致的低氧血症。

（1）给氧浓度：急性呼吸衰竭病人确定吸氧浓度的原则是保证 PaO_2 迅速提高到 60mmHg 或脉搏血氧饱和度（SpO_2）达 90% 以上的前提下，尽量降低吸氧浓度。Ⅰ型呼吸衰竭的主要问题为氧合功能障碍而通气功能基本正常，较高浓度（>35%）给氧可以迅速缓解低氧血症而不会引起 CO_2 潴留。对于伴有高碳酸血症的急性衰竭病人，往往需要将给氧浓度设定为达到上述氧合目标的最低值。

（2）给氧装置：传统的给氧装置包括鼻导管或鼻塞、普通面罩、储氧面罩、文丘里（Venturi）面罩等（图 16-2-2）。高流量呼吸湿化治疗仪近年在临床得到越来越广泛的使用。这些装置可以提供浓度为 24%~100% 的氧。常用的给氧方法及护理要点见表 16-2-1。

（3）氧疗效果观察：氧疗实施过程中，应注意密切观察氧疗效果，如病人吸氧后呼吸困难缓解、发绀减轻、心率减慢，表示氧疗有效。如果病人意识障碍加深或呼吸浅慢，可能为 CO_2 潴留加重，应根据动脉血气分析结果和临床表现及时调整吸氧流量或浓度。

（4）氧疗并发症：①氧中毒：因吸入气氧浓度过高或吸氧时间过长（吸氧浓度≥60%，持续时间≥24h；或吸氧浓度 100%，持续时间≥6h），全身机体可能产生功能性或器质性损害，通常表现为肺及其表面黏膜、毛细血管和中枢神经系统的损害。病人表现为胸骨后灼热感、疼痛、呼吸增快、恶心、呕吐、烦躁、干咳、进行性呼吸困难等。②呼吸抑制：多见于Ⅱ型呼吸衰竭者，高浓度吸氧失去了缺氧对外周化学感受器的刺激，使呼吸中枢抑制加重，所以对需要低流量吸氧者应进行控制性氧疗：低浓度、低流量（1~2L/min）给氧，保持 PaO_2 在 60~65mmHg 或血氧饱和度在 90%~92% 即可。③吸收性肺不张：正常呼吸会吸入相当比例的氮气，由于它不被吸收，所以可以保持肺泡的膨胀。如果吸入高浓度的氧，吸入氮气的比例会下降，氧气被吸收后，肺泡会塌陷，称之为吸收性肺不张。病人可以表现为烦躁、呼吸急促、心率增快、血压上升，继而出现呼吸困难、发绀、昏迷。可通过促进病人排痰来预防。④呼吸道干燥：病人呼吸道分泌物黏稠，不易咳出，有损气道黏膜纤毛运动。应注意保持吸入氧气的湿化，鼓励病人饮水，以免干燥的氧气对呼吸道产生刺激和气道黏液栓的形成。

Note：

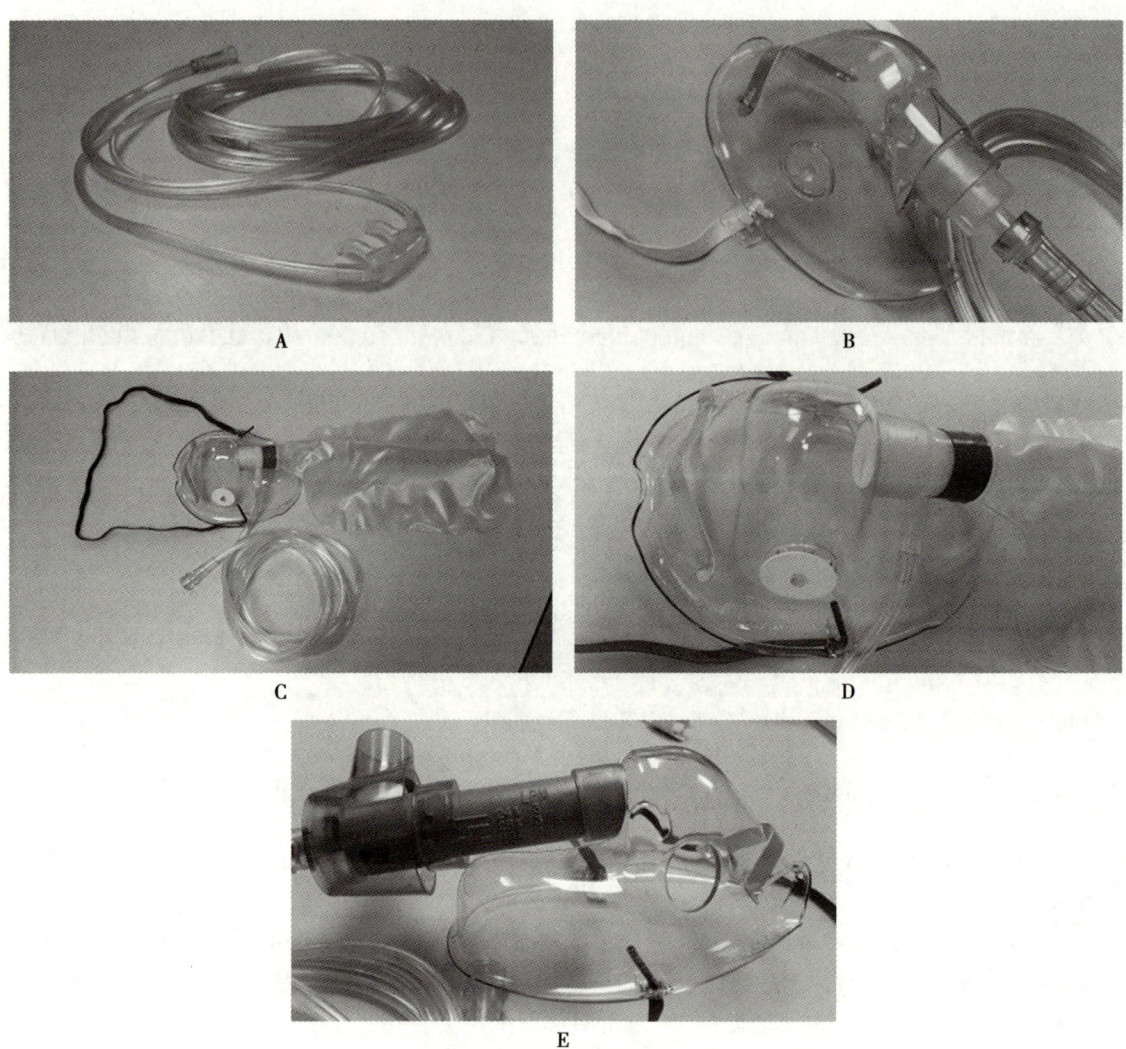

图 16-2-2 常见给氧装置
A:鼻导管;B:普通面罩;C:无重复呼吸面罩(全);D:无重复呼吸面罩(局部);E:文丘里面罩。

表 16-2-1 常用的给氧方法及护理要点

给氧方法	优点	缺点	护理要点
鼻导管	以 25% ~ 40% FiO$_2$ 供氧,适用于有自主呼吸、需氧流量低者。安全、简便、较舒适,病人易接受。吃饭、讲话及床上活动等均不受限制	吸入的氧气浓度不恒定,受病人呼吸频率、潮气量、张口呼吸度的影响。鼻导管容易滑脱、堵塞,如果流量大于 7L/min 会造成鼻黏膜干燥、局部刺激	指导病人调整呼吸频率和深度,保证供氧的浓度适宜。固定躁动病人的鼻导管;保证吸氧湿化,避免鼻黏膜干燥
普通面罩	以 35% ~ 50% FiO$_2$ 供氧,且能保证足够的湿度,鼻黏膜刺激小。适用于紧急情况下短期需要中到高浓度氧疗且有自主呼吸的病人	供氧浓度受病人的呼吸频率和面罩贴合度的影响,有窒息的危险。病人可能感到不舒适;咳痰、进食受影响;不易保持口腔清洁;面罩和固定带压迫皮肤及面罩内皮肤由于压力大和潮湿而易发生颜面部和耳根处的皮肤破损	指导病人调整呼吸频率和深度,保证供氧的浓度适宜。尽量舒适地固定面罩;保持氧流量在 5L/min 以上;在病人进食时改为鼻导管给氧;避免呼出气体在面罩内聚集;观察病人皮肤的改变,加强固定带和面罩压迫处、面罩内皮肤的护理

Note:

续表

给氧方法	优点	缺点	护理要点
无重复呼吸面罩	可以高浓度供氧(65%～95%);吸气时氧气进入气袋和面罩,呼气时活瓣可以防止呼出的气体进入气袋。适用于需要高流量氧、有自主呼吸的病人	同普通面罩。病人自觉舒适度差,有憋闷感;不能维持较高的湿度	除普通面罩的护理要点外,还要注意保持活瓣功能良好;保持储气袋膨胀、储气袋没有扭曲和漏气
文丘里(Venturi)面罩	可以精确调节供氧的浓度,并可以保证足够的湿度	同普通面罩	监测氧流量是否适度;注意面罩放置舒适,通气管道没有缠绕和扭结;注意观察病人黏膜是否干燥;在病人进食时改为鼻导管给氧

知 识 链 接

经鼻高流量湿化氧疗

经鼻高流量湿化氧疗(high-flow nasal cannula oxygen therapy,HFNC)治疗设备主要包括空氧混合装置、湿化治疗仪、高流量鼻塞及连接呼吸管路,可以给病人提供相对恒定的吸氧浓度(21%～100%)、温度(31～37℃)和湿度的高流量(8～80L/min)气体,并通过鼻塞进行氧疗,具有很好的舒适性。HFNC能够通过使病人吸入高流量气体产生一定水平的呼气末正压,冲刷上呼吸道生理无效腔,恒温恒湿的气体维持黏液纤毛转运系统功能及降低病人上呼吸道阻力和呼吸功等从而改善病人的换气和部分通气功能,对单纯低氧血症型呼吸衰竭(Ⅰ型呼吸衰竭)病人具有积极的治疗作用,对部分轻度低氧血症合并高碳酸血症型呼吸衰竭(Ⅱ型呼吸衰竭)病人可能也具有一定的治疗作用。

(5)氧疗器械相关压力性损伤预防:应选择适宜型号的鼻导管、面罩,正确佩戴,对器械下方和周围受压皮肤进行评估。对易发生压力性损伤者,应增加皮肤评估频次,并给予更换受压部位、贴保护性敷料等预防措施。

3. 机械通气　如果上述措施无法使病人的呼吸衰竭症状得到改善,病人昏迷逐渐加深,呼吸不规则或出现呼吸暂停,呼吸道分泌物增多,咳嗽和吞咽反射明显减弱或消失时,应准备进行人工辅助通气来改善病人通气和/或换气功能。

4. 体外膜氧合　是严重呼吸衰竭的终极呼吸支持方式,主要目的是部分或全部替代心肺功能,让其充分休息,减少机械通气相关性肺损伤的发生,为原发病的治疗争取更多的时间。

(三)病情观察和监测

加强对重要器官功能的监测与支持,预防和治疗肺动脉高压、肺源性心脏病、肺性脑病、肾功能不全、消化道功能障碍和弥散性血管内凝血(DIC)等。特别要注意防治多器官功能障碍综合征(MODS)。护理人员应严密监测病人生命体征、意识、尿量变化,严格记录24h出入量。观察病人呼吸速率、深度、节律、呼吸困难及发绀程度及精神症状。

(四)药物治疗与护理

急性呼吸衰竭药物治疗的目的是解除支气管痉挛,抗炎和改善通气。

1. 支气管舒张剂　能松弛支气管平滑肌,减少气道阻力,改善气道功能,缓解呼吸困难,如β_2受

Note:

体激动剂、抗胆碱药、茶碱类药物等,急性呼吸衰竭时一般采用静脉给药。

2. 抗生素　急性呼吸衰竭病人多伴有感染,而且某些呼吸衰竭是由于肺部感染引起,所以应用抗生素是必要的。常用的抗生素有青霉素类、头孢类、氟喹诺酮类等。有效地应用抗生素可以减少气道分泌物,使痰液由脓性变为黏液样,以及改善血气分析结果。

3. 呼吸兴奋剂　呼吸兴奋剂主要适用于以中枢抑制为主、通气量不足引起的呼吸衰竭,不宜用于以换气功能障碍为主所致的呼吸衰竭。使用原则:①必须保持病人气道通畅,否则会促发呼吸肌疲劳,加重 CO_2 潴留;②脑缺氧、脑水肿未纠正而出现频繁抽搐者慎用;③病人的呼吸肌功能基本正常;④不可突然停药。静脉滴注时速率不宜过快,注意观察病人呼吸频率、节律、睫毛反射、神志变化及动脉血气的变化,以便调节剂量。如病人出现恶心、呕吐、烦躁、面色潮红、皮肤瘙痒等现象,需要减慢滴速。若经 4~12h 未见效,或出现肌肉抽搐等严重副作用时,应及时通知医生停用药物。常用的药物是尼可刹米、洛贝林,多沙普仑对于镇静催眠药过量引起的呼吸抑制和 COPD 并发急性呼吸衰竭均有显著的呼吸兴奋效果。

（五）心理支持

由于缺氧、CO_2 潴留引起病人烦躁不安、易怒,气管插管、机械通气及无法自主呼吸等易使病人产生焦虑情绪,从而增加耗氧,进一步加重低氧血症。为缓解病人的焦虑,可采取的护理措施:①评估病人的焦虑程度。让病人了解身边的环境,有助于缓解焦虑,如可向病人解释各项操作、监护仪、器械的作用等。②冷静、准确地施行各项护理操作。③采用写字板、图片等与气管插管的病人建立简单有效的交流方式,使其表达自己的意愿;告诉病人气管插管不会影响语言功能,插管拔出后即可恢复语言交流能力。气管插管和机械通气是暂时的治疗手段,疾病治愈后病人将恢复自主呼吸。④提供及时、周到的照顾,使病人感到舒适和安心,避免因孤独和无助产生的焦虑。⑤必要时可应用镇静药。

（六）营养支持

营养缺乏会导致包括呼吸肌在内的肌肉萎缩,从而延长康复的时间。在呼吸衰竭的急性期,为避免误吸不宜采用经口进食,应根据需要为病人提供高蛋白、高能量的肠内或肠外营养支持。

（七）健康指导

出院前护士应为病人和家属提供有针对性的健康指导。健康指导的内容可包括:①呼吸衰竭的发病机制、发展和转归;②有效咳嗽、叩击、振动排痰、体位引流的正确方法;③遵医嘱正确用药的重要性,所服用药物的剂量、用法和注意事项;④家庭氧疗的方法及注意事项;⑤避免各种呼吸衰竭的诱因,如慢阻肺的病人应避免接触气道刺激物,注射流感疫苗,避免接触吸烟者等;⑥需再就医时的症状,如痰液增多、变色,咳嗽加剧,气急加重或出现神志改变等。

【护理评价】

通过治疗和护理,评估病人是否能够达到:①PaO_2 和 $PaCO_2$ 在正常范围;②呼吸频率、幅度和节律正常;③呼吸音正常,没有干、湿啰音;④能够有效地咳嗽、排痰;⑤无水肿或水肿减轻;⑥焦虑缓解,期望康复;⑦无明显体重减轻;⑧没有与低氧血症和高碳酸血症相关的损害,并发症被及时发现并处理或未发生。

（孙龙凤）

思　考　题

1. 急性呼吸衰竭病人常见的临床表现有哪些?
2. 改善急性呼吸衰竭病人气体交换的措施有哪些?

Note:

第三节　慢性呼吸衰竭病人的护理

慢性呼吸衰竭多由支气管-肺疾病引起,如慢性阻塞性肺疾病、弥漫性实质性肺疾病、重度肺结核等,其中以慢阻肺最常见,造成呼吸功能损害逐渐加重,经过较长时间发展为呼吸衰竭。胸廓和神经肌肉病变,如胸部手术、外伤、广泛胸膜增厚、胸廓畸形、脊髓侧索硬化症等,亦可导致慢性呼吸衰竭。慢性呼吸衰竭病人在并发呼吸道感染,或因其他原因如气道痉挛或并发气胸等情况,可因增加呼吸功能负担致代偿失调,病情急性加重,在短时间内出现 PaO_2 显著下降和 $PaCO_2$ 显著升高,称为慢性呼吸衰竭急性加重。慢性呼吸衰竭的病理生理学改变和临床表现兼有急性呼吸衰竭的特点。

【护理评估】

（一）健康史

评估病人以往的健康状况,有无慢性肺疾病、与肺疾病相关的住院史、胸部或脊柱的畸形、手术史、外伤等。

（二）身体状况

慢性呼吸衰竭与急性呼吸衰竭的临床表现大致相似,但以下几方面有所不同。

1. **呼吸困难**　慢性阻塞性肺疾病所致的呼吸衰竭,病情较轻时表现为呼吸费力伴呼气延长,严重时发展成浅快呼吸。若并发 CO_2 潴留,$PaCO_2$ 升高过快或显著升高以致发生二氧化碳麻醉时,病人可由呼吸过速转为浅慢呼吸或潮式呼吸。

2. **神经系统症状和体征**　慢性呼吸衰竭伴 CO_2 潴留时,随 $PaCO_2$ 升高病人可表现为先兴奋后抑制现象。兴奋症状包括失眠、烦躁、躁动、夜间失眠而白天嗜睡(昼夜颠倒现象)。此时忌用镇静药或催眠药,以免加重病人 CO_2 潴留,发生肺性脑病。肺性脑病表现为神志淡漠、肌肉震颤或扑翼样震颤、间歇抽搐、昏睡,甚至昏迷等。亦可出现腱反射减弱或消失,锥体束征阳性等。此时应与合并脑部病变作鉴别。

3. **循环系统症状和体征**　CO_2 潴留使外周体表静脉充盈、皮肤充血、温暖多汗、血压升高、心排血量增多而致脉搏洪大;多数病人有心率加快;因脑血管扩张产生搏动性头痛。

（三）辅助检查

慢性呼吸衰竭的血气分析诊断标准参见急性呼吸衰竭。但在临床上部分 Ⅱ 型呼吸衰竭病人经吸氧治疗后,$PaO_2>60mmHg$,但 $PaCO_2$ 仍高于正常水平。

（四）心理-社会状况

慢性呼吸衰竭的病人因疾病长期反复发作,以及由此导致的经济压力和社会支持减少而出现焦虑不安、悲观失望甚至恐惧;同时因为呼吸困难等症状影响病人的日常生活,降低了病人的生活质量,出现抑郁等负面情绪。

【常见护理诊断/问题】

参见本章第二节"急性呼吸衰竭病人的护理"。

【计划与实施】

对慢性呼吸衰竭的治疗原则和护理措施与急性呼吸衰竭基本一致。参见本章第二节"急性呼吸衰竭病人的护理"内容。

（孙龙凤）

Note:

思 考 题
---

1. 慢性呼吸衰竭与急性呼吸衰竭的临床表现有哪些不同?
2. 什么是慢性呼吸衰竭急性加重?

第四节　急性呼吸窘迫综合征病人的护理

急性呼吸窘迫综合征(acute respiratory distress syndrome,ARDS)是指短时间(1周)内由心源性以外的各种肺内外急性致病因素导致的急性进行性缺氧性呼吸衰竭。主要致病因素为严重感染、创伤、休克等,基本特征为弥漫性肺泡上皮和肺泡毛细血管损伤。主要病理特征是肺微血管通透性增高,肺泡腔渗出富含蛋白质的液体,导致肺水肿和透明膜形成,常伴有肺泡出血。主要病理生理改变是肺容积减少,肺顺应性降低和严重通气/血流比例失调。主要临床特征为呼吸频率增快和呼吸窘迫、顽固性低氧血症、胸部 X 线显示双肺弥漫性渗出浸润性病变。虽然治疗手段不断完善,但病死率仍可达30%～40%。预后不容乐观。

【病因与发病机制】

1. **病因**　引起 ARDS 的病因及危险因素可归纳为肺内因素(直接因素)和肺外因素(间接因素)。肺内因素包括急性重症肺炎,细菌、病毒、真菌及肺囊虫感染等,胃内容物误吸、肺挫伤、淹溺、肺栓塞、放射性肺损伤、氧中毒等。肺外的病因包括严重肺外感染及感染性休克、严重胸部以外的多发性创伤,以及重症急性胰腺炎、体外循环、大量输血、大面积烧伤、弥散性血管内凝血、神经源性损伤等。

2. **发病机制**　确切的肺泡毛细血管膜损伤机制仍不清楚。ARDS 本质是多种炎症细胞(巨噬细胞、中性粒细胞、血管内皮细胞、血小板等)及其释放的炎症介质和细胞因子间接介导的肺炎症反应,ARDS 是全身炎症反应综合征(systemic inflammatory response syndrome,SIRS)的肺部表现。SIRS 即指机体失控的自我持续放大和自我破坏的炎症瀑布反应;机体与 SIRS 同时启动的一系列内源性抗炎介质和抗炎性内分泌激素引起的抗炎反应称为代偿性抗炎症反应综合征(compensatory anti-inflammatory response syndrome,CARS)。如果 SIRS 和 CARS 在疾病发展过程中出现平衡失调,则会导致多器官功能障碍综合征(multiple organ dysfunction syndrome,MODS)。ARDS 是 MODS 发生时最早受累或最常出现的器官功能障碍表现,是肺组织对多种急性而严重的肺内和肺外源性损伤作出的损伤应答反应模式。

炎症细胞和炎症介质是启动早期炎症反应与维持炎症反应的两个主要因素,在 ARDS 的发生发展中起关键作用。炎症细胞产生多种炎症介质和细胞因子,最重要的是肿瘤坏死因子-α(TNF-α)和白细胞介素-1(interleukin-I,IL-1),导致大量中性粒细胞在肺内聚集、激活,并通过"呼吸爆发"释放氧自由基、蛋白酶和炎症介质,引起靶细胞损害,表现为肺毛细血管内皮细胞和肺泡上皮细胞损伤,肺微血管通透性增高和微血栓形成,大量富含蛋白质和纤维蛋白的液体渗出至肺间质和肺泡,形成非心源性肺水肿及透明膜。如果损伤修复过程正常有序发生,则可完成肺再上皮化和结构功能恢复;如果损伤修复过程异常无序,则向异常重塑和 ARDS 后肺纤维化(post-ARDS pulmonary fibrosis)演化,最终形成不可逆转的纤维化病灶。

ARDS 肺形态改变特点:①发生不均匀,以重力依赖区(仰卧位时靠近背部的肺区)最重,而在非重力依赖区(仰卧位时靠近胸前壁的肺区)的肺泡通气功能基本正常;②由于肺泡萎陷和功能残气量减少,有效参与气体交换的肺泡数量减少,因而称 ARDS 肺为"婴儿肺"(baby lung)、"小肺"(small lung)。

Note:

ARDS 特征性病理改变是弥漫性肺泡损伤。主要病理特征是肺广泛性充血性水肿和肺泡腔内透明膜形成。病理过程可分为 3 个阶段:渗出期(湿肺)、增生期和纤维化期。不同阶段常重叠存在。

【护理评估】

(一)健康史

询问病人有无原发病因,如感染、误吸、外伤等,并了解以上情况出现的时间。

(二)身体状况

ARDS 的首发症状多不明显,多于原发病起病后 3d 内发生,不超过 7d。除原发病的相应症状和体征外,最早出现的症状是呼吸加快,并呈进行性加重的呼吸困难、发绀,常伴有烦躁、咳嗽和出汗等。随着病程的进展,症状加重。病人出现进行性加重的呼吸窘迫,呼吸深快,严重憋气,不能用通常的氧疗方法改善。肺部早期无阳性体征,或在双肺闻及少量细湿啰音,有时可闻及哮鸣音,后期多可闻及水泡音、管状呼吸音。

(三)辅助检查

1. **胸部 X 线影像**　早期可无异常,或呈轻度间质改变,表现为只有少量散在浸润性表现,进而出现肺纹理增多和斑片状阴影,逐渐融合成大片状浸润阴影。其演变过程快速多变;后期可出现肺间质纤维化的改变(图 16-4-1)。

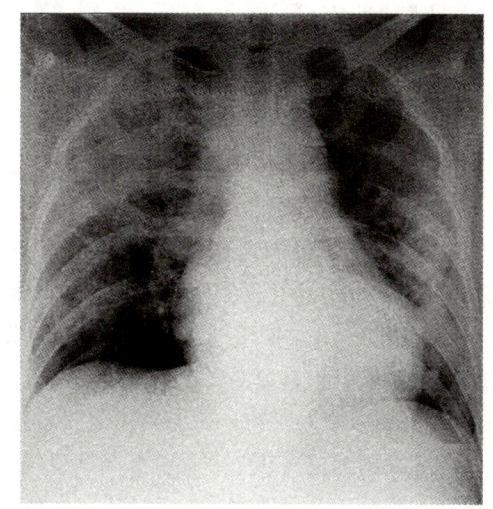

图 16-4-1　ARDS 病人的胸部 X 线影像显示两肺广泛斑片浸润影

2. **动脉血气分析**　典型的改变为 PaO_2、$PaCO_2$ 降低,pH 升高。根据动脉血气分析结果和吸入气氧浓度可计算肺氧合功能指标。氧合指数(PaO_2/FiO_2)降低是诊断 ARDS 的必要条件,其正常值为 400~500,在 ARDS 时≤300。考虑到 ARDS 的病理生理特点,"柏林定义"对监测该值时病人的呼吸支持形式进行了限制,规定在监测动脉血气分析时病人应用的 PEEP 或 CPAP 不低于 $5cmH_2O$。

3. **血流动力学监测**　可置入 Swan-Ganz 导管监测肺动脉楔压(PAWP)。PAWP 是反映左心房压较可靠的指标。ARDS 病人肺动脉楔压(PAWP)<12mmHg。监测 PAWP 有助于与左心衰竭相鉴别,若 PAWP>18mmHg,考虑是否有左心衰竭存在。

4. **呼吸功能监测**　ARDS 时肺顺应性降低,气道阻力增加和无效腔通气量比例增加等。

5. **其他**　如病原微生物学检查、支气管肺泡灌洗液检查等对 ARDS 的诊断和治疗有指导性意义。

(四)诊断

根据 ARDS 柏林定义,满足以下 4 项条件方可诊断为 ARDS。

1. **明确诱因下**,1 周内出现的急性或进展性呼吸困难。

2. **胸部 X 线/胸部 CT**　显示双肺浸润影,不能完全用胸腔积液、肺叶/全肺不张和结节影解释。

3. **呼吸衰竭**不能完全用心力衰竭和液体负荷过重解释。如果临床没有危险因素,需要用客观检查(如超声心动图)来评价心源性肺水肿。

4. **低氧血症**　根据 PaO_2/FiO_2 确立 ARDS 诊断,并将其按严重程度分为轻度、中度和重度。需要注意的是,上述氧合指数中 PaO_2 的监测都是在机械通气参数 PEEP 或 CPAP 不低于 $5cmH_2O$ 的条件下测得;所在地海拔超过 1km 时,须对 PaO_2/FiO_2 进行校正,校正后的 $PaO_2/FiO_2 = (PaO_2/FiO_2) \times ($ 所在地大气压值/760)。

Note:

轻度：200mmHg<PaO_2/FiO_2≤300mmHg。

中度：100mmHg<PaO_2/FiO_2≤200mmHg。

重度：PaO_2/FiO_2≤100mmHg。

（五）心理-社会状况

ARDS 起病急,病情发展快,病人常感到胸廓紧束、呼吸费力、憋气等进行性呼吸窘迫症状,伴有焦虑、烦躁、恐惧等心理反应,进而加重缺氧状态。护士在评估病人生理状态的同时,应重视病人的心理反应,而其家属的心理反应常与病人相似,应注意治疗过程中与家属的沟通。

【常见护理诊断/问题】

1. **气体交换受损** 与肺顺应性降低、通气血流比例失调有关。
2. **有组织灌注不足的危险** 与机械通气致胸腔内压增高、静脉回心血量减少有关。
3. **营养失调：低于机体需要量** 与食欲缺乏、呼吸困难、人工气道及机体的消耗增加有关。
4. **潜在并发症：多器官功能障碍综合征、重要器官缺氧性损伤。**

【计划与实施】

ARDS 的治疗原则是积极治疗原发病,积极氧疗及机械通气改善缺氧,维持体液及电解质平衡等。经过治疗和护理,评估病人是否能够达到:①动脉血氧分压恢复正常,血氧饱和度高于 90%;②气道保持通畅;③听诊肺部无异常呼吸音;④并发症被及时发现并处理。

（一）维持有效呼吸，改善氧合

1. **氧疗** 一般需高浓度给氧,尽快使 PaO_2≥60mmHg 或 SaO_2≥90%。轻症者可使用面罩给氧,但多数病人用此方法往往无法满足机体的需要,须应用高流量湿化治疗系统或者机械通气。

2. **机械通气** 早期机械通气是纠正和改善顽固性低氧血症的关键手段,一旦诊断 ARDS,应尽早准备进行机械通气,轻度 ARDS 病人可试用无创机械通气(NIV),无效或病情加重时尽快气管插管行有创机械通气。机械通气的关键在于复张萎陷的肺泡并使其维持开放状态,以增加肺容积和改善氧合,同时避免肺泡过度扩张和反复开闭造成的损伤。目前,ARDS 的机械通气推荐采用肺保护性通气策略,主要措施包括合适水平的 PEEP 和小潮气量。

（1）呼气末正压(PEEP):应使用能防止小气道和肺泡萎陷的最低 PEEP,从而改善肺泡弥散功能和通气/血流比例,减少肺内分流,达到改善氧合和肺顺应性的目的。但 PEEP 可增加胸腔内正压,减少静脉回心血量,并有加重肺损伤的潜在危险。PEEP 一般从低水平开始,先用 $5cmH_2O$,逐渐增加至合适的水平,争取维持 PaO_2≥60mmHg 而 FiO_2 小于 0.6。一般 PEEP 水平为 8~$18cmH_2O$。应用 PEEP 同时可增加胸膜腔内压,减少静脉回心血量,所以需要关注病人血流动力学情况。对血容量不足的病人,应补充足够的血容量以代偿静脉回心血量的不足,同时不能过量补液,以免加重肺水肿。

（2）小潮气量:ARDS 的机械通气建议小潮气量,即 6~8ml/kg,旨在将吸气平台压控制在 $30cmH_2O$ 以下,防止肺泡过度扩张,引起肺损伤。为保证小潮气量,允许一定程度的 CO_2 潴留和呼吸性酸中毒(pH7.25~7.30)。即允许性高碳酸血症。合并代谢性酸中毒时需适当补碱。

目前,对 ARDS 病人机械通气时如何选择通气模式尚无统一标准。临床医务人员可以根据个人经验选择 PCV 或 VCV 模式。压力控制通气可以保证气道吸气压不超过预设水平,避免机械通气相关性肺损伤,因而较容积控制通气更常用。其他可选的通气模式包括双相持续气道正压通气、反比通气、气道压力释放通气、高频振荡通气(HFOV)等,对于中、重度 ARDS 病人可联合应用肺复张方法(recruitment maneuver)、俯卧位通气等进一步改善氧合。

俯卧位通气的应用

俯卧位通气是中、重度急性呼吸窘迫综合征(ARDS)病人重要的治疗措施之一,可有效改善ARDS病人的氧合与高碳酸血症,利于肺保护性通气策略的实施,改善右心功能。俯卧位通气实施的指征:中/重度 ARDS 顽固性低氧血症,当呼气末正压(PEEP)≥5cmH$_2$O(1cmH$_2$O = 0.098kPa),氧合指数≤150mmHg 时应积极行俯卧位通气。

俯卧位通气相对禁忌证:俯卧位通气无绝对禁忌证,相对禁忌证包括:①严重血流动力学不稳定;②颅内压增高;③急性出血性疾病;④颈椎、脊柱损伤需要固定;⑤骨科术后限制体位;⑥近期腹部手术需限制体位者或腹侧部严重烧伤;⑦妊娠;⑧颜面部创伤术后;⑨不能耐受俯卧位姿势。

体外膜氧合技术(ECMO):对于经过严格选择的重度 ARDS 病人,以体外膜氧合(ECMO)进行肺替代治疗有望改善存活率。在 ECMO 支持下进一步降低 VT 水平可以显著降低重度 ARDS 病人的肺损伤和改善临床转归。采用"超保护性肺通气"策略,初始潮气量应低于4ml/kg;尽可能维持高水平的 PEEP(≥12cmH$_2$O),同时避免出现循环抑制(如低血压、肺动脉压增高、急性右心衰竭等)和肺气压伤等并发症的发生;尽可能降低呼吸频率,推荐初始呼吸频率设置为 4~10 次/min,以降低因呼吸频率过快导致的肺剪切伤的发生。建议 FiO$_2$ 初始设置为 50%,然后在 ECMO 支持下尽可能地降低FiO$_2$,维持 SpO$_2$ 在 90% 左右,主要目的是减少氧中毒的发生,增加肺泡内氮气浓度,减轻吸收性肺不张,稳定肺泡。ECMO 上机后应尽快使平台压严格限制在 25cmH$_2$O 之内,初始设置不超过 10cmH$_2$O。

(3)体位:机械通气病人半卧位(30°~45°)可显著降低机械通气病人呼吸机相关性肺炎(VAP)的发生。严重的低血压、室性心律失常、颜面部创伤及未处理的不稳定性骨折病人应尽可能避免使用俯卧位通气。

(4)减少氧耗:卧床休息,让病人从心理到生理充分休息。治疗和护理操作尽量集中进行,减少对病人不必要的打扰。适宜的镇静、镇痛是保证病人安全和舒适的基本环节,必要时可给予镇静药、镇痛药,不建议常规使用肌肉松弛药。应用镇静药时应先制订镇静方案,并实施每日唤醒。

(5)按照感染控制相关制度与要求,做好手卫生、气道管理、管路管理,预防呼吸机相关性肺炎、导管相关血流感染等。

(二)维持液体平衡

应合理限制病人液体入量,以可允许的较低循环血量来维持有效循环。在保证足够血容量、血压稳定的前提下,出入液体量宜轻度负平衡,但注意避免血容量过低导致的心输出量降低和全身组织缺氧。低血容量状态理想的补液应使 PAWP 维持在 14~16cmH$_2$O。一般 ARDS 病人早期宜用晶体液,不宜输注胶体液。对于存在低蛋白血症的 ARDS 病人,在应用利尿药的同时应补充白蛋白等胶体溶液。必须输血的病人,最好输新鲜血,输血量不要过多,滴速不宜过快,输库存 1 周以上的血时,可加用微过滤器,避免库存血含微型颗粒引起微栓塞而加重 ARDS。

(三)积极治疗原发病

原发病是 ARDS 发生和发展的最重要病因,必须积极治疗,防止进一步损伤。应根据医嘱及时给予病人广谱抗生素,积极配合纠正休克、固定骨折等。

(四)营养支持

ARDS 病人处于高代谢状态,能量消耗增多,应补充足够的营养。应尽早、首选给予肠内营养,以保护胃肠黏膜,防止肠道菌群异位。给予病人肠外营养时,注意预防感染和血栓形成等并发症。血糖建议控制在 7.7~10.0mmol/L。危重症病人高血糖预后较差,太低的血糖控制阈值容易导致低血糖。

(五)严密监测病情变化

随着病情发展,ARDS 炎症反应可能序贯多个器官衰竭,也可由于 ARDS 导致的严重缺氧、合并感

Note:

染使其他器官损伤。所以,在 ARDS 治疗中,应对循环功能、肾功能、肝功能及胃肠道等器官功能予以支持和监测。此外,为预防卧床、液体量不足和管路应用带来的血栓形成风险,在应用抗凝血药的过程中,须严密监测病人的凝血功能,及时观察有无出血和血栓形成征象。

（六）早期康复

早期康复对行 ECMO 治疗的病人非常重要。因行 ECMO 治疗的病人病情相对较重,加之存在出血风险、管路安全等情况使早期康复受到限制。但是经过训练有素的 ECMO 专业人员评估,对于凝血功能稳定、置管处无出血、血流动力学稳定、ECMO 流量稳定及无外科开放伤口的病人,进行早期康复是安全可行的。

【护理评价】

通过治疗和护理,评价病人是否能够达到:①PaO_2 和 $PaCO_2$ 在正常范围;②呼吸频率、幅度和节律正常;③呼吸音正常,听诊没有干、湿啰音;④没有与低氧血症相关的并发症。

（孙龙凤　郭爱敏）

思 考 题

1. ARDS 病人实施机械通气的护理要点有哪些?
2. 维持 ARDS 体液平衡的护理要点有哪些?

胸部损伤病人的护理

17章　数字内容

学习目标

● 识记:

1. 复述气胸、开放性气胸、张力性气胸、血胸、连枷胸、反常呼吸、纵隔扑动的概念。

2. 概述肋骨骨折病人疼痛的管理方法、维持有效气体交换的方法。

3. 简述气胸的病因、临床分类、处理方法和护理要点。

4. 简述血胸的常见病因、主要临床表现。

5. 复述健康指导的内容。

● 理解:

1. 解释血胸的病理生理特点,比较血胸、凝固性血胸、感染性血胸的概念。

2. 说明3种临床类型气胸病人的病理生理改变与临床表现的关系。

● 运用:

完成肋骨骨折、气胸、血胸病人的护理评估,并制订有效的护理计划。

导入情境与思考

病人,男性,27岁,10min前左上胸部被汽车撞伤。既往体健。体格检查:BP 80/50mmHg,P 148次/min,R 40次/min。神清合作,痛苦面容,呼吸急促,伴口唇青紫,颈静脉怒张不明显。气管移向右侧。左胸廓饱满,呼吸运动较右胸弱。左胸壁(第4、5、6肋处)有骨擦音、局部压痛明显,有皮下气肿,范围为上自颈部、胸部,下至上腹部。左胸叩诊呈鼓音,听诊呼吸音消失,心律齐,未闻及杂音。

请思考:

(1) 该病人可能的诊断是什么? 处理原则是什么?

(2) 该病人有哪些主要护理诊断/问题?

(3) 该病人手术前、后的护理目标是什么? 如何对该病人进行出院指导?

胸部由胸壁、胸膜及胸腔内器官3部分组成。胸壁由软组织和骨性胸廓组成。软组织包括皮肤、皮下组织、筋膜和肌肉。骨性胸廓包括1块胸骨、12块胸椎、12对肋骨及肋软骨,支撑和保护胸内器官、参与呼吸运动。不同的损伤暴力所造成骨性胸廓的损伤程度和范围不同。根据损伤暴力性质不同,胸部损伤(thoracic trauma)可分为钝性伤和穿透伤。钝性胸部损伤多由挤压、撞击或冲击暴力所致,多有肋骨或胸骨骨折,并常合并其他部位的损伤。穿透性胸部损伤多为火器或锐器暴力致伤。

常见的胸部损伤包括肋骨骨折、气胸和血胸。

第一节　肋骨骨折病人的护理

肋骨骨折(rib fracture)是最常见的胸部损伤类型,暴力直接作用于肋骨,可使肋骨向内弯曲折断,前后挤压暴力使肋骨腋段向外弯曲折断。第1~3肋骨粗短,有周围组织的保护,不易骨折;第4~7肋骨最易发生骨折;第8~10肋前端肋软骨形成肋弓与胸骨相连,第11~12肋前端游离,弹性都较大,均不易骨折。根据骨折部位分为单根单处、多根单处及多根多处肋骨骨折。2根或2根以上肋骨骨折称为多发性肋骨骨折,根据骨折端是否与外界相通分为开放性、闭合性肋骨骨折。

【病理生理】

肋骨骨折时,肋骨断端发生移位,可刺破壁胸膜和肺组织,产生气胸、血胸、皮下气肿或引起血痰、咯血等。如刺破动脉如肋间动脉并发胸腔内大量出血,伤情往往迅速恶化。骨折处疼痛使病人不敢咳嗽、咳痰,可致呼吸功能进一步恶化。

单纯肋骨骨折是最常见的胸壁损伤类型。致伤暴力不同,可以产生单根或多根肋骨骨折,每根肋骨又可在一处或多处折断。由于受肋间肌及上下位肋骨的支撑,一般不会发生移位,对呼吸功能影响较小。如无胸腔内器官损伤,多不严重,多数肋骨骨折可以自行愈合。多根多处肋骨骨折可使局部胸壁失去完整肋骨支撑而软化,出现反常呼吸(paradoxic respiration),即吸气时软化的胸壁向内凹陷,呼气时向外凸出,称连枷胸(flail chest)。连枷胸大多合并肺挫伤,肺组织出血、水肿,影响肺扩张运动和肺通气,导致体内缺氧和CO_2潴留,严重时可发生呼吸和循环衰竭(图17-1-1)。

【护理评估】

(一) 健康史

询问病人的外伤史及外伤发生的时间;是否有骨质疏松,老年人肋骨骨质疏松易发生骨折。了解是否患恶性肿瘤,恶性肿瘤转移至肋骨亦可发生病理性骨折。

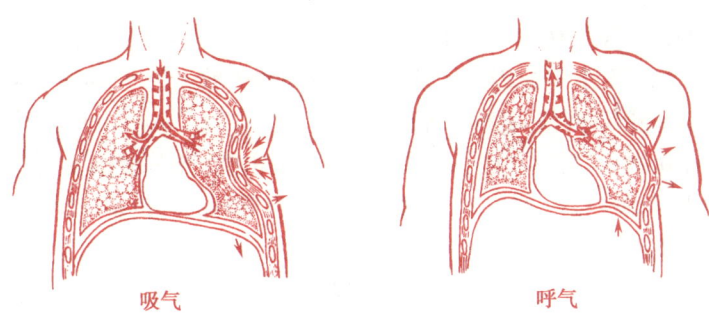

吸气　　　　　　　　　　　　呼气

图 17-1-1　胸壁软化区的反常呼吸

（二）身体状况

1. 症状

（1）疼痛：肋骨骨折断端可刺激肋间神经产生疼痛，当病人深呼吸、咳嗽或转动体位时疼痛加剧。按压胸骨或肋骨的非骨折部位而出现骨折处疼痛（间接压痛）。

（2）呼吸困难：根据损伤范围的不同出现不同程度的呼吸困难。多根多处肋骨骨折可有反常呼吸运动，损伤严重的病人可有休克表现。

2. 体征

单纯肋骨骨折病人呈被动体位，呼吸浅快，咳嗽无力。体格检查可见受伤胸壁肿胀、畸形；骨折部位瘀斑，压痛；合并皮下气肿病人触诊可及捻发感；合并气胸病人患侧呼吸运动可减小，叩诊呈过清音，听诊呼吸音减弱或消失；合并血胸时，患侧叩诊浊音，听诊呼吸音减弱或消失。多根多处肋骨骨折者，伤处可见反常呼吸运动。触诊两侧胸部扩张不对称。连枷胸常伴有广泛肺挫伤，挫伤区域的肺间质或肺泡水肿导致弥散障碍而出现低氧血症。

（三）辅助检查

1. 胸部 X 线检查

X 线可清晰显示肋骨骨折线、断端错位，有无血胸、气胸，但不能显示肋软骨折断征象。

2. 动脉血气分析

判断通气和换气功能受损的程度，有无低氧血症存在。

3. 诊断性穿刺

可以帮助发现有无血、气胸。

（四）心理-社会状况

外伤是肋骨骨折常见的原因，外伤后疼痛、呼吸困难会致病人产生紧张情绪。严重肋骨骨折，如连枷胸发生时会影响呼吸功能，加重紧张情绪。病人也可能因为不清楚病情的严重程度而产生恐惧。

【常见护理诊断/问题】

1. **疼痛**　与组织损伤有关。
2. **低效型呼吸型态**　与肋骨骨折导致的疼痛、胸廓运动受限、反常呼吸运动有关。
3. **潜在并发症**：肺部感染、肺不张。

【计划与实施】

处理的原则是镇痛、保持呼吸道通畅，防治肺部并发症、固定胸廓。经过治疗和护理，病人主诉疼痛减轻，无低氧血症的发生。

（一）疼痛管理

1. **闭合性单处肋骨骨折**　可采用宽胶布条、多带条胸布或弹性胸带固定胸廓，以减少肋骨断端的活动，减轻病人疼痛。咳嗽时使用毯子或软枕固定患侧胸壁以减轻疼痛。

2. **多发肋骨骨折**　根据病人情况口服或肌内注射镇痛药，也可采用静脉镇痛法、肋间神经阻滞法、胸膜内镇痛法和硬膜外镇痛法。

（二）维持有效的气体交换

1. 评估病人的呼吸频率、节律和深浅度，听诊呼吸音；给予病人半卧位，利于肺部的扩张。

2. 病人常因胸部疼痛、包扎等原因使呼吸运动受限而致咳嗽无效，指导病人采用腹式呼吸，即吸气时胸部保持不动，腹部隆起，呼气时腹部下降。

3. 鼓励病人使用肺量仪锻炼肺功能。在锻炼过程中如出现听诊呼吸音减低、干/湿啰音、叩诊浊音或过清音、两侧呼吸运动不对称、咯血、发热或寒战及生命体征的改变等并发症，应及时汇报医生。

（三）连枷胸的护理

保证病人充分的肺通气，予以湿化给氧，静脉补液。连枷胸病人常合并肺挫伤，因而补液时避免过快过多输入晶体液，减轻肺水肿。镇痛方法可采用肋间神经阻滞或持续硬膜外镇痛。根据病情可实施软化胸壁的牵引固定，即在伤侧胸壁放置牵引支架，或用厚棉垫加压包扎，减轻或消除胸壁的反常呼吸，促进患侧肺复张。近年来临床中可应用在电视胸腔镜下导入钢丝的方法固定连枷胸。对咳嗽无力、不能有效排痰或呼吸衰竭者，须行气管插管或气管切开，以利于痰液排出和辅助呼吸。

（四）健康指导

1. **门诊病人** 应告诉病人镇痛的方法及如何预防并发症，有效咳嗽和深呼吸的重要性，指导其如何进行有效咳嗽，深呼吸训练。当出现发热或寒战、咳嗽加重、呼吸困难、血痰、胸痛加重等情况时，应及时就医。

2. **住院病人** 应告知其治疗的程序，包括镇痛的方法，如病人自控镇痛（PCA），肋间神经阻滞或持续硬膜外镇痛等方法。

【护理评价】

经过治疗和护理，评估病人是否能够达到：①主诉疼痛缓解；②维持有效的气体交换；③无肺部并发症出现。

（郭　莹）

第二节　气胸病人的护理

胸膜腔是由脏胸膜与壁胸膜所构成的密闭、潜在的腔隙，腔内没有气体，只有少量起润滑作用的浆液。腔内压力维持在$-0.98 \sim -0.78$kPa（$-10 \sim -8$cmH$_2$O），吸气时负压增加，呼气时减低。稳定的胸膜腔内负压既能维持呼吸正常，又能防止肺萎陷。当气体进入胸膜腔造成胸膜腔内空气蓄积，致使肺部分或完全塌陷称为气胸（pneumothorax）。气胸发生后，胸膜腔内负压可变成正压，致静脉回心血流受阻，产生不同程度的心功能不全、肺功能衰竭。

【病因和病理生理】

气胸可分为自发性、外伤性和医源性3类。自发性气胸又可分为原发性和继发性。原发性自发性气胸多见于瘦高体形的男性青壮年，常规X线检查可见胸膜下大疱，多在肺尖部，原因尚不清楚，可能与吸烟、身高和小气道炎症有关，也可能与非特异性炎症瘢痕或弹性纤维先天性发育不良有关。继发性自发性气胸多见于有基础肺部病变者，由于病变引起细支气管不完全阻塞，形成肺大疱破裂，如肺结核、慢阻肺、肺癌等。外伤性气胸系胸壁的直接或间接损伤所致。医源性气胸由诊断和治疗操作所致。

正常情况下胸膜腔内压在呼吸周期均为负压，是由胸廓向外扩张、肺向内弹性回缩对抗产生。气胸时胸膜腔失去了负压对肺的牵引作用，甚至因正压对肺产生压迫，使肺失去膨胀能力，表现为肺容积缩小、肺活量减低、最大通气量减低的限制性通气功能障碍，造成通气/血流比例减少，肺内动静脉分流，出现低氧血症。

【临床类型】

根据脏胸膜破裂的不同情况及气胸发生后对胸腔内压力的影响,气胸可分为3种类型。

(一)闭合性(单纯性)气胸

闭合性气胸(closed pneumothorax)一般与外部创伤无关,空气在胸膜腔内聚集至两侧胸腔压力相等或破口被封闭。自发性气胸是最常见的类型,常由于脏胸膜肺大疱破裂而形成。胸膜腔的积气量决定患侧肺萎陷的程度。患侧肺萎陷使肺呼吸面积减少,影响肺通气和换气功能。患侧胸膜腔内压增加可引起纵隔向健侧移位。

(二)开放性(交通性)气胸

由于刺伤、枪伤等胸部穿透伤使外界空气经胸壁伤口或软组织缺口处,随呼吸自由进出胸膜腔,形成开放性气胸(open pneumothorax)。空气出入量与伤口大小有密切关系,伤口小于气管口径时,空气进入量较少,患侧肺还有部分呼吸功能;如伤口大于气管口径时,空气出入量较多,患侧胸膜腔内负压消失,胸膜腔内压几乎等于大气压,则导致患侧肺完全萎陷,丧失呼吸功能。患侧胸膜腔内压力显著高于健侧,纵隔向健侧移位,健侧肺扩张受限。呼、吸气时,两侧胸膜腔内压力不均衡并出现周期性变化,使纵隔在吸气时移向健侧,呼气时移向患侧(图17-2-1),称为纵隔扑动(mediastinal flutter),影响静脉回心血流,引起循环功能障碍。

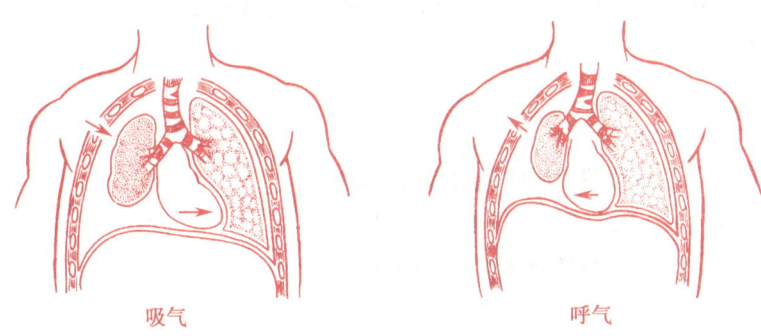

吸气　　　　　　　　　　　　呼气

图 17-2-1　开放性气胸的纵隔扑动

(三)张力性(高压性)气胸

张力性气胸(tension pneumothorax)为气管、支气管或肺损伤处形成单向活瓣,吸气时空气进入胸膜腔并积累增多,导致胸膜腔内压力高于大气压,又称高压性气胸。患侧肺严重萎陷,纵隔向健侧偏移,健侧肺受压,胸腔压力增高导致静脉回流减少。高于大气压的胸膜腔内压,驱使气体经支气管、气管周围疏松结缔组织或壁胸膜裂伤处,进入纵隔或胸壁软组织,形成纵隔气肿或面、颈、胸部的皮下气肿。张力性气胸因其对呼吸循环的影响,属于临床的危急问题,需要立即处理。胸膜腔的压力如果不能解除,病人可能因心排血量减少和低氧血症而死亡。

【护理评估】

(一)健康史

1. 外伤史　了解病人的受伤时间和经过,暴力大小,受伤部位等,观察其有无恶心、呕吐及神经系统等相应症状。

2. 既往史　有无肺部疾病,肺部受伤及胸部手术史。

(二)身体状况

1. 闭合性气胸　临床表现取决于胸膜腔内积气的量、速率及基础肺部疾病。临床常以肺萎陷的程度判断气胸的大小。肺萎陷在30%以下者为小量气胸,病人可无明显呼吸和循环功能紊乱的症状;肺萎陷在30%~50%者为中量气胸;肺萎陷在50%以上者为大量气胸。后两者均可出现明显低氧血

症的症状。典型表现为突然出现胸痛和呼吸困难,体格检查可见呼吸频率和心率增快,患侧呼吸运动减弱,叩诊患侧呈过清音,听诊呼吸音降低。

2. 开放性气胸 病人出现明显的呼吸困难、鼻翼扇动、口唇发绀,严重者可伴休克。病人呼吸时可闻及空气进出胸腔伤口的吸吮样音;胸部及颈部皮下可触及捻发感。叩诊患侧呈鼓音,听诊呼吸音减弱甚至消失。气管向健侧移位。由于健侧胸腔压力低于患侧,使纵隔向健侧移位,严重者可出现纵隔扑动。纵隔扑动引起心脏大血管来回扭曲,静脉回流受阻,心排血量减少,严重影响呼吸及循环。

3. 张力性气胸 表现为严重或极度呼吸困难、烦躁、意识障碍、发绀、大汗淋漓、昏迷、休克,甚至窒息。伤侧胸部饱满,肋间隙增宽,呼吸幅度减小。叩诊呈鼓音,听诊呼吸音消失;气管由于纵隔偏移而移向健侧,颈静脉怒张,胸部广泛皮下气肿。

（三）辅助检查

胸部 X 线检查是诊断气胸简单、有效的方法,可显示胸膜腔积气和肺萎陷的程度,并可见纵隔向健侧移位。胸膜腔穿刺既能明确有无气胸的存在,又能抽出气体减轻胸膜内压力,缓解症状。

（四）心理-社会状况

气胸病人可能因突发持续性、尖锐的胸痛而感到恐惧、烦躁或精神不振,加之活动能力受到限制,并伴有严重呼吸困难,病人及其家属极度紧张,迫切希望得到及时诊断和治疗。而对于慢性气胸病人,由于疾病呈慢性持续状态,常影响生活质量。病人及其家属希望能及时有效地控制病情,防止气胸复发。对于需要手术治疗的病人,需要评估病人心理状态与认知程度,以及能否配合进行术后早期活动及康复锻炼等。

【常见护理诊断/问题】

1. **气体交换受损** 与胸膜腔负压破坏及肺萎陷有关。
2. **低效性呼吸型态** 与通气不足,疼痛及焦虑有关。
3. **心输出量减少** 与纵隔偏移,静脉回流减少有关。
4. **疼痛** 与组织损伤有关。
5. **潜在并发症:肺或胸腔感染。**

【计划与实施】

气胸病人的治疗依据病情的严重程度决定,主要治疗方法有保守治疗、排气治疗、经胸腔镜手术或开胸手术。少量自发性气胸不需治疗,胸膜腔内少量气体可自行吸收。大量气胸须进行胸膜腔穿刺抽气,或行胸腔闭式引流术。复发性气胸则需要手术治疗。经过治疗和护理,病人达到:①维持有效的肺通气和肺换气;②主诉疼痛减轻或消失;③肺或胸膜腔无感染发生。

（一）维持充分的通气和气体交换

1. 评估并记录病人的生命体征及呼吸状况,包括呼吸速率、深度和节律。评估胸部运动情况,气管及心影位置,早期发现张力性气胸的征象,并采取措施保护病人循环和呼吸功能。

2. 协助病人采取半坐卧位,该体位利于肺部扩张和胸腔引流。遵医嘱给氧,以提高病人血氧水平。协助病人更换体位及活动,促进肺的扩张。

3. 给予病人心理疏导,减轻病人因呼吸困难和低氧血症导致的焦虑和不安,促使其积极配合治疗。

4. 保证病人足够的休息,充分的休息可以保存能量,降低氧耗。

（二）协助医生进行排气治疗

1. **闭合性气胸** 闭合性气胸气量少于该侧胸腔容积的20%时,气体可在 1~2 周自行吸收,可不抽气,但应定期作胸部 X 线检查,直到气胸消失。气量较多时,应进行抽气或行胸腔闭式引流术,排出积气,促使肺尽早膨胀。通常选择患侧锁骨中线第 2 肋间隙为穿刺点。一次抽气量不宜超过 1L,每

Note:

日或隔日抽气一次。遵医嘱应用抗生素防治感染。

2. **开放性气胸**　紧急处理要点：将开放性气胸转变为闭合性气胸。可使用无菌敷料，如凡士林纱布、棉垫盖住伤口，以绷带包扎固定；在紧急时也可利用手边的清洁物品，如手帕、围巾、衣物等封盖伤口，并加压包扎后迅速转送医院。在转送途中应严密观察病人有无张力性气胸的征象，如果出现严重呼吸困难，应在病人呼气末开放敷料排出高压气体或行胸腔穿刺抽气减压，暂时解除呼吸困难。到达医院后立即清创、缝合胸壁伤口，并行胸腔闭式引流术。对疑似胸腔内器官损伤或进行性出血者，应进行开胸探查给予手术止血、修复损伤或清除异物，同时给予补充血容量、纠正休克、吸氧、应用抗生素预防感染。

3. **张力性气胸**　由于病情危急，必须紧急进行减压处理，迅速解除胸腔内正压以避免发生严重的并发症。紧急时，可将消毒粗针头从患侧肋间隙刺入胸膜腔以排出胸膜腔内高压气体。亦可外接单向活瓣装置即用粗注射针，在其尾端加一橡皮手指套，指套顶端剪出一小口，插入胸腔做临时排气。在呼气时小口开放，气体外逸；吸气时橡皮指套闭合，外界空气不能进入胸腔（图17-2-2）。为了有效地持续排气，一般安装胸腔闭式引流。持续漏气而肺难以膨胀时应需要考虑开胸探查手术或电视胸腔镜手术探查。

（三）胸腔闭式引流术的护理

胸腔闭式引流的目的是排出胸膜腔内的积气、积液，重建胸膜腔内负压，保持纵隔的正常位置，促进肺复张。胸腔闭式引流管可根据情况在病人床旁放置或经手术放置（图17-2-3）。根据临床诊断确定插管的部位，气胸引流胸管一般放置在锁骨中线第2肋间隙，血胸引流胸管放置在腋中线与腋后线间第6或第7肋间隙。引流管的侧孔应深入胸腔2~3cm。引流管外接闭式引流装置，其原理是利用水的作用，维持引流单一方向，避免逆流，以顺利排出胸腔的气体或液体。胸腔闭式引流的护理详见第十二章第三节"呼吸系统常见诊疗技术与护理"。

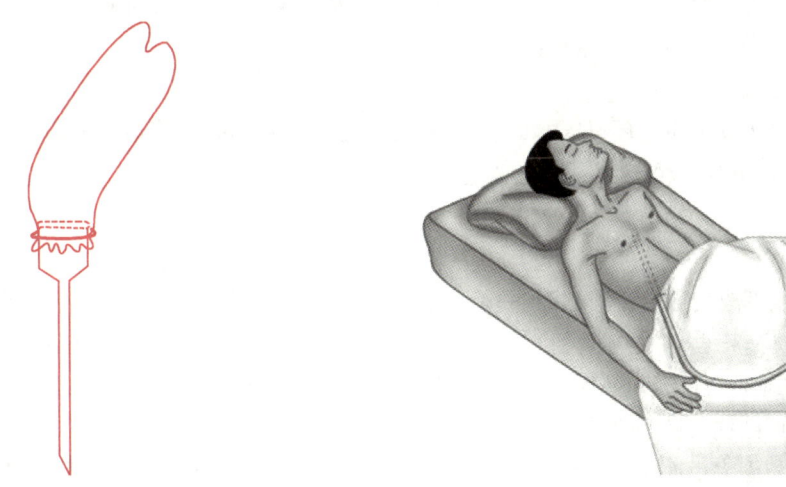

图 17-2-2　粗针头单向活瓣　　　　图 17-2-3　胸腔闭式引流术

（四）病情观察

对于气胸病人应密切观察病情变化，如体温升高、寒战、胸痛加剧，呼吸困难，血白细胞计数升高，则可能并发胸膜炎或脓气胸，应及时通知医生。对于原发疾病，则应根据年龄、病情采取相应的治疗和护理。观察病人有无气促、呼吸困难、发绀等症状；呼吸的频率、节律和深浅度等；气管移位或皮下气肿有无改善。同时应注意血压、脉搏的变化，如出现血压下降、脉搏弱等休克症状，应立即通知医生进行抢救。

（五）健康指导

1. **功能锻炼**　告知病人应逐渐增加体育活动，避免参加不适当的体育运动。嘱病人出院后坚持

Note：

腹式深呼吸和有效咳嗽。

2. **定期复诊** 伴有肋骨骨折病人术后 3 个月复查胸部 X 线。胸部损伤严重者,如出现发热或呼吸困难,突然胸痛,伤口出现红、肿、疼痛或分泌物等异常情况,应及时治疗。

【护理评价】

经过治疗和护理,评估病人是否能够达到:①主诉疼痛或不适消失或减轻;②呼吸困难解除或缓解;③保持充分的肺泡通气和气体交换;④血气分析结果在正常范围;⑤肺部并发症得到有效的预防或控制。

（郭　莹）

第三节　血胸病人的护理

血液在胸膜腔内聚集称为血胸(hemothorax)。血胸通常与气胸同时存在,又称血气胸(hemopneumothorax)。

【病因】

临床常见的血胸多为心脏、胸腔内大血管及其分支、肺组织或胸壁血管损伤所致。

（一）心脏和大血管受损破裂

包括主动脉及其分支,上、下腔静脉和肺动、静脉出血,出血量多而猛,如不及时救治,往往于短期内因出血导致失血性休克而死亡。

（二）胸壁血管损伤

这是导致血胸最常见的原因,多来自肋间动、静脉和胸廓内动、静脉,由于是体循环,压力高,出血量大且不易自然停止,往往需要开胸手术止血。

（三）肺组织裂伤出血

由于肺循环血管血压仅为体循环血压的 1/3～1/4,而且受压萎陷的肺血管通过的循环血量比正常时明显减少,一般出血量少且缓慢,多可自行停止。

【病理生理】

血胸的早期病理生理改变主要有两方面:一是血液在胸膜腔内积聚,导致有效循环血量减少,严重者可导致休克甚至迅速死亡;二是随着血液在胸膜腔内积聚和压力升高,患侧肺受压萎陷,并将纵隔推向健侧,因而严重地影响呼吸和循环功能,甚至发生呼吸、循环衰竭。

1. 持续大量出血所致胸膜腔积血称为进行性血胸。

2. 当胸腔内迅速积聚大量血液,超过肺、心包和膈肌运动所起的去纤维蛋白的作用时,胸腔内积血发生凝固,形成凝固性血胸。

3. 血块机化后,形成纤维组织,限制肺和胸廓的活动,损害呼吸功能。血液是良好的细菌培养基,从伤口或肺破裂处进入的细菌很快滋生繁殖,引起感染性血胸,最终形成脓血胸。

【护理评估】

（一）健康史

血胸病人往往有胸部外伤史,因此要详细了解病人胸部受伤的性质、部位、程度及时间,受伤后呼吸频率、幅度的改变,以掌握病情,及时给予诊治。

（二）身体状况

血胸的临床表现随出血量、出血速度、胸内器官损伤情况及病人体质的不同而有所不同。成人积

Note:

血量 500ml 以下为少量血胸,积血量 0.5~1.0L 为中量血胸,积血量 1L 以上为大量血胸。少量血胸可无明显症状,中量以上病人可呈现面色苍白、脉搏快弱、呼吸急促、血压下降、四肢湿冷、末梢血管充盈不良等低血容量性休克症状;胸膜腔大量积血压迫肺和纵隔导致呼吸困难和缺氧。少量血胸常无异常体征,中量以上血胸则可呈现气管向健侧移位,患侧肋间隙饱满,呼吸运动减弱,胸部叩诊呈浊音,心界向健侧偏移,听诊呼吸音减弱或消失。

早期胸部损伤发现有血胸,必须判断胸内出血是否停止。以下征象提示进行性血胸:①脉搏逐渐增快、血压下降,经补充血容量治疗后血压仍不稳定;②血红蛋白、红细胞计数和血细胞比容等进行性降低,引流胸腔积血的血红蛋白量和红细胞计数与周围血接近,且迅速凝固;③胸腔闭式引流每小时引流量超过 200ml,连续 3h,或初始 1h 内血性引流液量大于 500ml。

胸膜腔积血可引起病人低热,如果血胸并发感染时,则出现寒战、高热、出汗、疲乏、白细胞计数增多等征象。

（三）辅助检查

1. **X 线检查** 少量血胸胸部 X 线检查可见肋膈角消失,下胸部密度增高。中量以上血胸,胸部 X 线影像示患侧胸膜腔有大片积液阴影和纵隔移位征象,如合并气胸时则显示气液平面。

2. **胸膜腔穿刺** 胸膜腔穿刺抽液不仅可以确立诊断,并且可以通过白细胞计数和细菌培养来明确有无继发感染。

3. **胸部 B 超** 可明确积血的位置与量。

（四）心理-社会状况

病人由于意外创伤的打击,尤其是出现中量以上血胸,病情紧急,往往思想准备不足,情绪极度紧张,焦虑不安,同时担心疾病的预后情况,家庭经济情况及工作、学习等,迫切希望得到及时的救治。

【常见护理诊断/问题】

1. **气体交换受损** 与胸膜腔内负压消失、肺萎陷有关。
2. **心输出量减少** 与静脉回流减少有关。
3. **有体液不足的危险** 与大量失血有关。
4. **潜在并发症:感染性血胸、休克。**

【计划与实施】

非进行性血胸可根据积血量多少,采用胸腔穿刺或胸腔闭式引流术治疗,及时排出积血,促使肺膨胀。进行性血胸应及时行开胸探查手术。凝固性血胸应待病人情况稳定后尽早手术,清除血块。经过治疗和护理,评估病人是否能够达到:①保持良好的肺通气和换气功能;②维持有效心排血量和组织灌注量;③无肺部并发症发生。

（一）一般护理

提供舒适安静的环境,保持室内空气新鲜,温、湿度适宜。取半卧位,利于呼吸和引流。指导病人有效咳嗽和深呼吸,协助病人有效咳嗽,保持呼吸道通畅。做好心理护理,态度和蔼,安慰病人,耐心解释,解除其紧张情绪,帮助病人树立信心。

（二）病情观察

严密观察病人生命体征变化,有无缺氧症状,必要时予以吸氧。观察胸腔引流液的量、颜色和性状并做好记录。若每小时引流量超过 200ml,并持续 3h 以上,引流出的血液很快凝固,病人持续脉搏加快,血压降低,补充血容量后血压仍不稳定,血红细胞计数、血红蛋白及血细胞比容持续下降,胸部 X 线影像显示胸腔大片阴影,则提示有活动性出血的可能,应做好开胸探查术和止血术的准备工作,及时补足血容量,纠正休克。对于已感染的血胸病人,遵医嘱早期给予其抗生素抗感染治疗,行胸腔闭式引流术,补充营养、维生素,注意水、电解质及酸碱平衡等全身支持治疗。

Note:

（三）健康指导

告知病人血胸的主要治疗过程及有关自我护理的知识,告知病人放置胸管及胸腔闭式引流的作用及注意事项。如果需要给病人自体输血,应说明自体输血的优点。

（四）用药指导

遵医嘱按时服药,防止呛咳。

【护理评价】

经过治疗和护理,评估病人是否能够达到:①无严重呼吸困难;②保持充分的肺泡通气和气体交换;③维持有效的心排血量和组织灌注量;④无肺部并发症发生。

知 识 链 接

重大突发灾害中的白衣天使

重大突发灾害对人们的身体、精神,都会造成了极其严重的伤害,这种时候温暖的护理弥足珍贵。2019年3月,江苏省某市发生化学品储罐爆炸事件,造成61人受伤,大部分病人为爆炸气浪造成的肺挫伤、肋骨骨折、血气胸等。部分伤员还经历了同事、家人的突然受伤、身亡,再加上自身身体损伤,而呈现出不同程度的恐惧、焦虑、绝望等不良情绪。临床护士们用专业的技能、专业的知识和专业的手法完成各种护理操作的同时,更是用真诚的关心、耐心的倾听、家人的语气与病人共情,疏导其不良情绪,尊重病人的隐私,鼓励和帮助病人战胜身心疾病。而这些护士很多才二三十岁,他们不畏辛劳,细心地完成繁重的护理工作,为灾害救治工作付出甚多。

（郭 莹）

思 考 题

1. 在进行胸腔闭式引流护理时,应如何进行观察和记录?
2. 如何维持气胸病人的呼吸功能?
3. 胸部损伤病人的护理诊断主要有哪些?

第三篇

心血管系统疾病病人的护理

NURSING

第十八章

概　论

18章　数字内容

学 习 目 标

- 识记：
  1. 陈述心脏和血管的功能。
  2. 列举循环系统疾病病人的主要健康问题。
  3. 说出循环系统主要诊疗技术的适应证、禁忌证、护理要点。
- 理解：
  1. 阐述循环系统的体液调节和神经调节机制。
  2. 区别不同程度的心源性呼吸困难。
  3. 区别不同病因胸痛的特点。
  4. 区别心源性水肿和下肢血管病引起的肢体肿胀。
- 运用：
  对循环系统疾病病人进行护理评估，制订护理计划。

循环系统疾病包括心脏和血管疾病,合称心血管疾病(cardiovascular diseases,CVD),是严重危害人民健康和生命的疾病。2019年,WHO公布的心血管疾病研究结果显示,心血管疾病仍然是全球范围内造成死亡的主要原因。《中国心血管病健康与疾病报告2021》指出,我国心血管疾病患病率处于持续上升阶段,估计我国心血管疾病现患病人数约3.3亿人。2020年心血管疾病死亡率仍居首位,农村、城市人口因心血管疾病死亡占全部死因的比率分别为46.74%和44.26%。

流行病学资料显示,高血压、吸烟、血脂异常、糖尿病、超重与肥胖、身体活动不足、不合理膳食、空气污染等是我国心血管疾病的主要危险因素。近30年来,我国人群心血管疾病的危险因素普遍存在上升趋势,导致我国心血管疾病死亡率、发病率和患病率持续增长,且发病年龄提前,给我国带来了沉重的社会及经济负担。

第一节 循环系统的结构与功能

循环系统由心脏、血管和调节血液循环的神经-体液系统组成。循环系统的主要功能是为全身组织器官运输血液,通过血液将氧、营养物质和激素等供给组织并将组织代谢产物运走,以保证机体正常新陈代谢的需要,维持生命活动。此外,心脏还可产生和分泌心钠肽(atrial natriuretic peptide,ANP)、血管紧张素等多种生物活性物质。

(一)心脏的结构和功能

1. 心脏的结构 心脏是一个中空的肌性器官,位于胸腔的前下部,中纵隔内,形似倒置的、前后略扁的圆锥体,大小约与成人的拳头相当。心脏约2/3位于人体前正中线左侧,约1/3位于其右侧,心脏的长轴向左前下方倾斜(文末彩图18-1-1)。心脏和大血管外裹有心包,分为纤维心包和浆膜心包。浆膜心包由壁层和脏层组成,2层之间形成心包腔,内有少量浆液,在心脏收缩舒张时起润滑作用。心壁由内向外分为心内膜、心肌层、心外膜3层,内、外2层膜很薄,而心肌层肥厚,为构成心壁的主体。心脏内部分为4个腔(文末彩图18-1-2至文末彩图18-1-4),上部由房间隔分为左心房和右心房,下部由室间隔分为左心室和右心室,其中心房肌薄,左心室肌最厚。在房室口与动脉口处,心内膜向心腔折叠成瓣膜,左心房和左心室之间为二尖瓣,右心房和右心室之间为三尖瓣,左心室和主动脉之间为主动脉瓣,右心室和肺动脉之间为肺动脉瓣。正常情况下,心瓣膜开放使血液向前流动,心瓣膜关闭则可防止血液逆流(文末彩图18-1-5)。

2. 冠状动脉 心脏的血液供应来自冠状动脉,分为左、右冠状动脉(图18-1-6)。左冠状动脉主

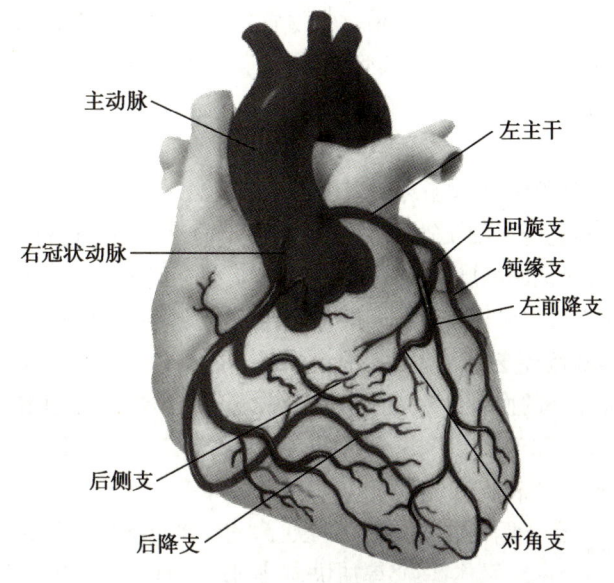

图 18-1-6 心脏冠状动脉的分布

干很短,起自主动脉根部左冠状动脉窦,到达冠状沟后分成左前降支和左回旋支。左前降支及其分支主要分布于左心室前壁及部分侧壁、前乳头肌、心尖、室间隔前 2/3、右心室前壁一小部分。左回旋支及其分支主要分布于左心房、左心室侧壁、左心室前壁一小部分、左心室后壁的一部分或大部分及窦房结(约 40%的人)。右冠状动脉起自主动脉根部右冠状动脉窦,一般分布于右心房、右心室前壁大部分、右心室侧壁和后壁的全部、左心室后壁的一部分及室间隔的后 1/3,包括房室结(约 93%的人)和窦房结(约 60%的人)。

3. **心脏传导系统**　心肌细胞按形态和功能可分为普通心肌细胞和特殊心肌细胞。前者构成心房壁和心室壁,主要功能是收缩;后者具有自律性、兴奋性和传导性,其主要功能是产生和传导冲动,控制心脏的节律性活动。心脏传导系统由特殊心肌细胞构成,包括窦房结、结间束、房室结、房室束、左右束支及其分支和浦肯野纤维(文末彩图 18-1-7)。窦房结为心脏正常窦性心律的起搏点,冲动在窦房结形成后,随即由结间束和普通心房肌传递,抵达房室结及左心房。房室结为房室间正常传导的唯一通路。冲动在房室结内传导速度极为缓慢,抵达房室束后传导速度加快,束支及浦肯野纤维的传导速度极为快捷,使全部心室肌几乎同时被激动。最后,冲动抵达心外膜,完成一次心动周期。

4. **心脏的功能**

(1) 心脏的泵血功能:心脏的节律性收缩和舒张对血液的驱动作用称为心脏的泵血功能,是心脏的主要功能。心脏收缩时将血液射入动脉,并通过动脉系统将血液分配到全身各组织;心脏舒张时则通过静脉系统使血液回流到心脏,为下一次射血做准备。完整的心脏泵血过程包括收缩期射血和舒张期充盈,心输出量是每搏输出量与心率的乘积。一般健康成年男性安静时,心输出量为 4.5~6.0L/min;女性的心输出量比同体重男性低 10%左右;青年人的心输出量较老年人高。

(2) 心脏的内分泌功能:心房压力增高时可分泌心钠肽(ANP,亦称心钠素),其生理作用是扩张血管和利尿排钠,对抗肾上腺素、肾素-血管紧张素和精氨酸加压素(arginine vasopressin,AVP)系统的水、钠潴留效应。

(二) 血管的结构与功能

循环系统的血管包括动脉、毛细血管和静脉。血液经心室射出后,依次流经动脉-毛细血管-静脉相互串联形成的血管网络,然后返回心房,如此循环往复,以实现血液运输和物质交换的生理功能。各类血管因其在血管系统中所处的部位不同,故具有不同的结构和功能特点。

动脉是将血液从心脏运送至组织器官的血管,其管壁较厚,富含弹性纤维,能在各种血管活性物质的作用下收缩和舒张,影响局部血流量,改变血流阻力,故又称阻力血管。毛细血管数量多,管壁薄,通透性大,管内血流缓慢,是血液与组织液进行物质交换的场所,故又称功能血管。静脉是汇集从毛细血管来的血液并运送回心脏的血管,其管壁薄,管腔大,弹性小,容血量较大,故又称容量血管。阻力血管与容量血管对维持和调节心功能有重要作用。

(三) 血液循环

人体的血液循环分为体循环和肺循环(图 18-1-8)。富含氧气和营养物质的动脉血由左心室泵出,经主动脉及其分支到达全身毛细血管,血液在此与周围的组织细胞进行物质和气体交换,使含氧丰富的动脉血转变为含氧量低的静脉血,再通过各级静脉,最后经上、下腔静脉返回右心房,此为体循环;含氧量低的静脉血由右心室泵出,经肺动脉及其分支到达肺泡毛细血管,血液在此与肺泡进行气体交换,使含氧量低的静脉血转变为含氧丰富的动脉血,再经肺静脉返回左心房,此为肺循环。体循环和肺循环同时进行,体循环的血量约为总血量的84%,其中约64%位于静脉系统内,约13%位于大、中动脉内,约7%位于小动脉和毛细血管内;心腔的血量仅占其7%左右;肺循环中的血量约占其9%。

(四) 循环系统的神经-体液调节

1. **调节循环系统的神经**　调节循环系统的神经有 2 组,即交感神经和副交感神经。当交感神经兴奋时,通过肾上腺素能 α 和 β₁ 受体,使心率加快,心肌收缩力增强,外周血管收缩,血管阻力增大,血压升高;当副交感神经兴奋时,通过乙酰胆碱受体,使心率减慢,心脏收缩力减弱,周围血管扩张,血

Note:

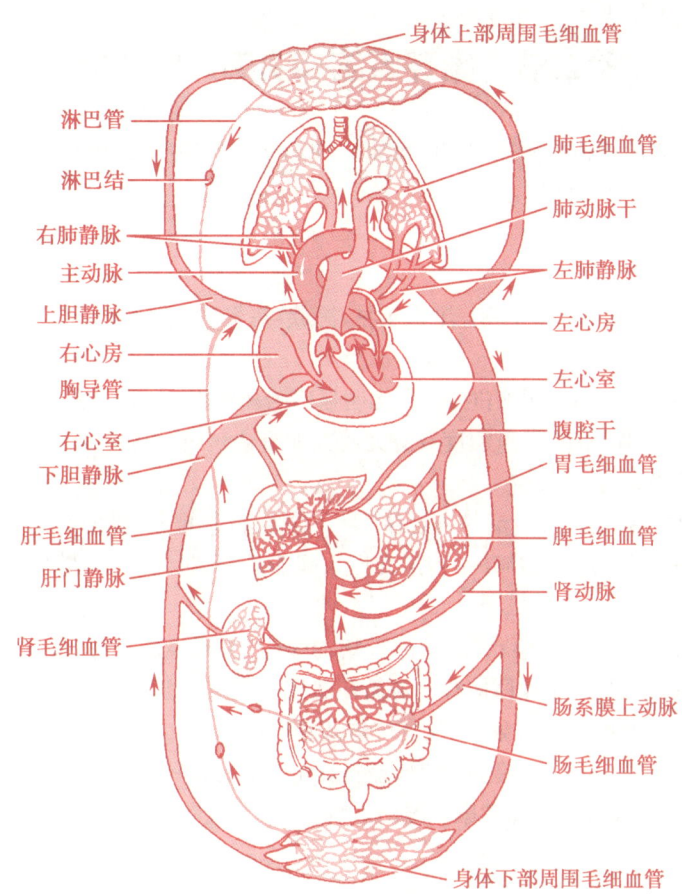

图 18-1-8　人体血液循环示意图

管阻力减小,血压下降。

2. 调节循环系统的体液因素　各种因素中,有些是由内分泌腺分泌的激素,通过血液携带作用于心脏和血管;有些则是在组织中形成,主要作用于局部的血管平滑肌,对局部组织的血流量起调节作用。其中最重要的体液因素包括:

(1) 肾素-血管紧张素-醛固酮系统(RAAS):当大量失血或血压下降时,RAAS 系统启动,产生血管紧张素 Ⅱ,其主要生理作用有:①使全身微动脉收缩,外周血管阻力增大,血压升高,也能使静脉收缩,静脉回心血量增加;②作用于交感神经末梢上的血管紧张素受体和中枢神经系统内一些神经元的血管紧张素受体,使外周血管阻力增大,血压升高;③强烈刺激肾上腺皮质球状带细胞合成和释放醛固酮,促进肾小管和集合管对 Na^+ 和水的重吸收,参与机体的水盐调节,增加循环血量。RAAS 在调节钠钾平衡、血容量和血压方面有重要作用。过度激活的肾素-血管紧张素-醛固酮系统是产生高血压的原因之一。

(2) 肾上腺素(epinephrine,E)和去甲肾上腺素(noradrenaline,NE):血液中这两种物质主要来自肾上腺髓质,两者对心脏和血管的作用相似,但不完全相同。肾上腺素与心肌的 β_1 受体结合,使心率加快、心肌收缩力增强,心输出量增加;作用于皮肤、肾和胃肠道等器官的血管平滑肌上的 α 受体使血管收缩;作用于骨骼肌及肝血管平滑肌上的 β_2 受体使血管扩张。肾上腺素可在不改变外周阻力的情况下增加心输出量。去甲肾上腺素可使全身血管广泛收缩,外周阻力增加,动脉血压明显升高,刺激压力感受器使心率减慢,掩盖了其使心率增快的作用。

(3) 血管升压素(VP):又称抗利尿激素(antidiuretic hormone,ADH),由下丘脑合成,经神经垂体分泌到血液中,作用于血管平滑肌的 V_1 受体,可使血管收缩,血压升高;作用于集合管上皮的 V_2 受体,有增加水钠潴留、抗利尿的作用。

(徐江华)

Note:_____

第二节　循环系统疾病病人的评估

循环系统疾病病人的评估须从详细询问健康史和完整的身体状况评估开始,配合相应的辅助检查,同时注意病人的心理-社会问题。

【健康史】

1. **一般资料**　包括病人姓名、性别、出生年月、民族、籍贯、婚姻状况、职业、文化程度、宗教信仰、医疗费用支付形式等。

2. **现病史**　包括起病情况与患病时间、有无明显病因和诱因、主要症状及其特点(如症状出现的部位、性质、持续时间、发作频率、严重程度及有无使其加重或缓解的因素等)、有无伴随症状等;既往诊疗和护理经过及效果。

3. **日常生活状况**　病人日常生活是否规律,生活能否自理,排尿、排便有无异常,有无吸烟史、饮酒史、其他药物滥用史,饮食习惯如何(是否经常摄入高能量、高胆固醇、高脂肪、高盐食物)及是否有规律地进行体育锻炼等。

4. **既往史**　包括病人既往健康状况,曾患疾病的时间、主要表现、诊疗经过及转归情况、外科手术史、外伤史、过敏史等。尤其注意评估有无与循环系统相关的疾病,如糖尿病、贫血、甲状腺功能亢进(简称甲亢)、风湿热、系统性红斑狼疮、反复链球菌感染等。

5. **家族史**　评估其直系亲属的健康状况、患病及死亡情况,特别注意询问是否患有同样的疾病,以明确遗传、家庭及环境等对其目前健康状况的影响。

【身体状况】

(一) 主要症状

1. **心脏大血管疾病**　主要症状包括心源性呼吸困难、心源性水肿、胸痛、心悸、心源性晕厥、发绀等。

(1) **心源性呼吸困难**:是指由于各种心血管疾病引起病人呼吸时感到空气不足,呼吸费力,并伴有呼吸频率、深度与节律异常。最常见的病因是左心衰竭,亦可见于右心衰竭、心包积液、心脏压塞时。心源性呼吸困难因疾病性质和严重程度不同,常表现为劳力性呼吸困难、夜间阵发性呼吸困难,重者可见端坐呼吸。

(2) **心源性水肿**(cardiac edema,CE):是指由于各种心血管疾病引起的液体在组织间隙过多积聚,最常见的病因是右心衰竭。心源性水肿的特点是首先出现在身体最低垂的部位,如卧床病人的腰骶部、会阴或阴囊部,非卧床病人的足踝部、胫前部。用指端加压水肿部位,局部可出现凹陷,称为凹陷性水肿。心源性水肿发展时常上升累及小腿、大腿、生殖器和腹壁,重者可延及全身,出现胸腔积液、腹腔积液。此外,病人还会出现尿量减少、近期体重增加等。

(3) **胸痛**:多种心血管疾病可出现胸痛,如心绞痛、急性心肌梗死、梗阻性肥厚型心肌病、急性主动脉夹层、急性心包炎、心血管神经症等,其特点见表18-2-1。应注意评估疼痛的起病情况、部位、性质、程度、持续时间、诱发和缓解的因素、伴随症状等。

(4) **心悸**(palpitation):心悸是一种自觉心脏跳动的不适感或心慌感。引起心悸的病因主要有:①心律失常:最常见,如心动过速、心动过缓、期前收缩、心房扑动或心房颤动等;②心脏搏动增强,如各种器质性心血管病心功能代偿期(如二尖瓣、主动脉瓣关闭不全,高血压心脏病等)及全身性疾病(如甲亢、贫血、发热等);③心力衰竭;④自主神经功能紊乱,如心脏神经症、β受体亢进综合征、围绝经期综合征;⑤生理性因素:如剧烈活动后、精神过度紧张、过量吸烟、饮酒、饮浓茶或咖啡后;⑥应用某些药物:如肾上腺素、阿托品、氨茶碱等可引起心肌收缩力增强、心率加快而致心悸。需要注意的是,心悸严重程度不一定与病情成正比,但少数由严重心律失常所致者可发生猝死,需要对其原因和潜在危险性做出正确判断。

表 18-2-1　几种常见胸痛特点比较

病因	特点
稳定型心绞痛	多位于胸骨后,呈阵发性压榨样痛,于体力活动或情绪激动时诱发,休息或含服硝酸甘油后多可缓解
急性心肌梗死	疼痛多无明显诱因,程度较重,持续时间较长,伴心律、血压改变,含服硝酸甘油多不能缓解
梗阻性肥厚型心肌病	表现为心绞痛,但含服硝酸甘油无效甚至加重
急性主动脉夹层	可出现胸骨后或心前区撕裂样剧痛或烧灼痛,可向背部放射
急性心包炎	疼痛可因呼吸或咳嗽而加剧,呈刺痛,持续时间较长
心血管神经症	可出现心前区针刺样疼痛,但部位常不固定,与体力活动无关,且多在休息时发生,伴神经衰弱症状

（5）心源性晕厥(cardiogenic syncope,CS)：是由于心排血量骤减、中断或严重低血压而引起脑供血骤然减少或停止而出现的短暂意识丧失,常伴有肌张力丧失不能维持正常姿势而倒地。近乎晕厥指一过性黑矇,肌张力降低或丧失,但不伴意识丧失。心脏供血暂停3s以上可发生近乎晕厥;5s以上可发生晕厥;超过10s则可出现抽搐,称阿-斯综合征。心源性晕厥的常见病因包括:①严重心律失常,如病态窦房结综合征、房室传导阻滞、室性心动过速等;②器质性心脏病,如严重主动脉狭窄、梗阻性肥厚型心肌病、急性心肌梗死、急性主动脉夹层、心脏压塞、左心房黏液瘤等。心源性晕厥常无先兆而突然发生,持续时间较短,病人在数秒钟至数分钟内即恢复正常。大部分晕厥病人预后良好,反复发作的晕厥系病情严重和危险的征兆,应加以重视。

（6）发绀(cyanosis)：是指血液中去氧血红蛋白增多,或血液中含有异常血红蛋白衍生物所致的皮肤和黏膜弥漫性青紫现象。常发生在皮肤较薄、色素较少和毛细血管较丰富的末梢部位,如舌、口唇、鼻尖、面颊和指(趾)甲床等。

2. 周围血管疾病　周围血管疾病是发生在肢体血管的疾病总称,主要症状包括肢体疼痛、肢体肿胀、间歇性跛行。

（1）肢体疼痛：是病人就诊最常见的原因。主要见于:①供血不足,如急性动脉栓塞、慢性动脉功能不全等,可导致肢体末端疼痛,静息状态即可出现,活动后加剧,休息后可缓解,肢体抬高后加重。间歇性跛行是慢性下肢缺血的特征性改变。②静脉回流障碍,如急性静脉阻塞、慢性静脉功能不全等,由于血液淤滞导致肢体沉重、胀痛,活动后加重,休息后或肢体抬高后可好转。③循环异常,如动静脉瘘等。肢体疼痛由间歇性发展为持续性时,常意味着所造成的损伤已加重并失去代偿功能。

（2）肢体肿胀：是下肢血管病的常见症状,多以单侧为主,肢体下垂后加重,平卧或抬高患肢后肿胀可减轻。静脉回流障碍引起的肢体肿胀呈凹陷性,愈向远端愈明显,但通常不累及足部,同时伴有色素沉着、皮下组织炎症和纤维化、溃疡等静脉功能不全的表现。淋巴性肿胀是非凹陷性的,似橡皮海绵,一般自肢体远端开始向近侧蔓延,皮肤和皮下组织增生变厚,后期形成象皮肿,色素沉着和溃疡形成者罕见。

（二）体格检查

1. 一般状况　①评估病人脉搏的频率、节律、强弱及两侧是否对称。如心律失常时脉搏节律不规则;心脏压塞时可出现奇脉。②病人面容与表情:高血压急症或急性心肌梗死时病人常表情痛苦;二尖瓣狭窄的病人可出现面色晦暗、双颊紫红、口唇发绀的"二尖瓣面容"。③体位:严重心力衰竭的病人常取半卧位或端坐位。④步态:下肢动脉硬化者可出现间歇性跛行。

2. 心脏检查　观察病人心前区外形,有无异常隆起或凹陷;心尖冲动的位置、强度及范围是否正常,心前区有无异常搏动及震颤,有无心包摩擦感;叩诊心脏的大小、形态及位置是否正常;听诊心率是否正常,心律是否规则,心音强度、性质是否正常,有无心音分裂及额外心音、心包摩擦音,各瓣膜听诊区有无杂音及其时期、性质、强度,其与体位、呼吸和运动的关系。

3. **血管检查**　视诊病人有无颈静脉充盈或怒张,有无颈动脉搏动、毛细血管搏动征;听诊有无异常血管搏动音。

【辅助检查】

（一）实验室检查

主要包括血常规、尿常规、多种生化检查,包括病人患动脉粥样硬化时血液中各种脂质检查;急性心肌梗死时血肌钙蛋白、肌红蛋白和心肌酶的测定;心力衰竭时脑钠肽的测定等。此外,微生物和免疫学检查有助于诊断,如患感染性心脏病时体液的微生物培养、血液细菌、病毒核酸及抗体等检查;风湿性心脏病时有关链球菌抗体和炎症反应(如抗链球菌溶血素 O 试验、红细胞沉降率、C 反应蛋白)的血液检查。

（二）心电图检查

包括常规心电图、24h 动态心电图、心电图运动负荷试验、遥测心电图、心室晚电位和心率变异性分析等。

1. **常规心电图**　分析内容主要包括心率、节律、传导时间、波形振幅及形态等,了解是否存在各种心律失常、心肌缺血/梗死、房室肥大或电解质紊乱等。但是,有的心电图改变不具有诊断的特异性,应结合其他临床资料判断心电图改变的临床意义。

2. **心电图运动负荷试验**　可用于早期冠心病的诊断和心功能评价。常用的运动方式包括踏车和平板运动 2 种。运动中应持续监测病人心电图改变和血压,运动中出现典型心绞痛,心电图改变主要以 ST 段水平型或下斜型压低≥0.1mV 持续 2min 为运动试验阳性。心肌梗死急性期、不稳定型心绞痛、明显心力衰竭、严重心律失常、急性或严重慢性疾病者禁做运动试验。

3. **动态心电图**　又称 Holter 心电图,受检者随身携带一台由电池供电、能记录 24h 甚至更长时间心电图的小型监护仪(Holter 监护仪),通过电极与人体胸壁接触,从而连续记录心脏的电活动。检查中,受检者应同时记录检查期间的主要活动及症状,检查者将出现异常心电图表现的时间与病人的活动和症状相对照,有助于诊断各种心律失常、晕厥原因、了解起搏器工作情况和采取措施预防猝死。

（三）动态血压监测

动态血压监测是指采用特殊血压测量和记录装置,按设定的时间间隔,24h 连续记录病人血压数据,对轻度高血压、阵发性高血压和假性高血压的监测具有重要意义,还可用来评价抗高血压药的降压效果。动态血压的正常标准:24h 平均血压值<130/80mmHg;白昼平均血压值<135/85mmHg;夜间平均血压值<120/70mmHg。

（四）影像学检查

1. **胸部 X 线影像**　包括胸部透视和摄片,可以观察心脏、大血管的大小、形态及搏动情况。肺循环影像有助于先天性心脏病、肺动脉高压、肺淤血和肺水肿的诊断。二尖瓣型心脏常见于二尖瓣狭窄,主动脉型心脏常见于高血压、主动脉瓣关闭不全,普大型心脏常见于心力衰竭、心肌炎、心包积液。

2. **心脏 CT**　以往心脏 CT 主要用于观察心脏结构、心肌、心包和大血管改变。近几年,冠状动脉造影(CTA)已经成为评估冠状动脉粥样硬化的有效无创成像方法,是筛查和诊断冠心病的重要手段。

3. **心脏 MRI**　心脏 MRI 除了可以观察心脏结构、功能、心肌及心包病变外,随着技术进步,近年来 MRI 可用于识别急性心肌梗死后冠状动脉再灌注后的微血管阻塞;采用延迟增强技术可定量测定心肌瘢痕大小,识别存活的心肌。

4. **超声心动图**　应用超声波技术探查心脏和大血管的解剖结构、运动状态及其血流动力学。按成像方式分为 M 型超声心动图、二维超声心动图、多普勒超声心动图和实时三维超声心动图。按成像途径分为经胸超声心动图、经食管超声心动图和血管内超声成像。

5. **放射性核素显像**　常用的成像技术包括单光子发射计算机体层摄影(SPECT)和正电子发射

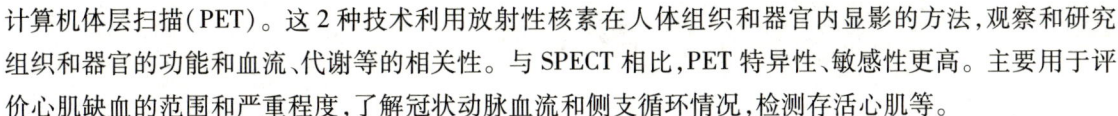

计算机体层扫描（PET）。这2种技术利用放射性核素在人体组织和器官内显影的方法,观察和研究组织和器官的功能和血流、代谢等的相关性。与 SPECT 相比,PET 特异性、敏感性更高。主要用于评价心肌缺血的范围和严重程度,了解冠状动脉血流和侧支循环情况,检测存活心肌等。

（五）心导管检查和血管造影

经外周血管,采用经皮穿刺技术,在X线透视下,将特制的导管送入右心系统、左心系统或分支血管内,测量不同部位的压力、血氧饱和度,测定心功能,记录心内局部电活动或注射造影剂显示心脏和血管图像,可获得准确的诊断资料。

（六）心脏电生理检查

心脏电生理检查是以整体心脏或心脏的一部分为对象,记录、标测心内心电图和应用各种特定的电脉冲刺激,借以诊断和研究心律失常的一种方法。常需要与体表心电图进行同步描记,帮助判断电生理现象和辅助诊断。

（七）腔内成像技术

1. **心腔内超声** 将带超声探头的导管经周围静脉插入右心系统,显示的心脏结构图像清晰,对瓣膜介入及房间隔穿刺等有较大帮助。

2. **血管内超声成像（intravascular ultra-sound imaging, IVUS）** 将小型超声换能器安装于心导管顶端,送入血管腔内,可显示血管的横截面图像,并进行三维重建,可评价冠状动脉病变的性质,定量测定其最小管径、面积、斑块大小、血管狭窄百分比及病变性质等,对估计冠状动脉病变严重程度、指导介入治疗等有重要价值。

3. **光学相干断层扫描（OCT）** 将利用红外光的成像导丝送入血管内,可显示血管的横截面图像,并进行三维重建,其成像分辨率较血管内超声成像提高约10倍。

（八）心内膜和心肌活检

利用活检钳夹取心脏内壁组织,以了解心脏组织结构及其病理变化。一般多采用经静脉右心室途径,偶用经动脉左心室途径。对于心肌炎、心肌病、心脏淀粉样变性、心肌纤维化等疾病具有确诊意义。对心脏移植后排斥反应的判断及疗效评价具有重要意义。

【心理-社会状况】

护士应了解患病对病人日常生活、学习和工作的影响;病人对所患疾病的性质、过程、预后和防治知识的了解程度;有无焦虑、抑郁等情绪反应及其程度;病人的性格特征,是否容易情绪激动,有无精神紧张;病人的家庭、经济、文化、教育背景、就医条件及社会支持情况。

（徐江华）

第三节 循环系统常见诊疗技术的护理

一、心脏电复律

心脏电复律(cardioversion)是指在短时间内向心肌通入高压强电流,使全部或大部分心肌在瞬间同时除极,抑制心肌内异位兴奋灶和打断折返途径,延长心肌不应期,从而使自律性最高的窦房结恢复其起搏点的作用。

心脏电复律分为同步与非同步2种方式。同步电复律是指放电时电流正好与R波同步,即电流刺激落在心室肌的绝对不应期,从而避免在心室的易损期放电导致室性心动过速或心室颤动。非同步电复律(电除颤)用于心室颤动,此时已无心动周期,也无 QRS 波,更无从避开心室易损期,应即刻于任何时间放电。

Note:

同步电复律

【适应证】

1. **紧急心脏复律**

（1）血流动力学不稳定的各种室上性和室性快速型心律失常　如室上性心动过速、心房扑动、心房颤动（简称房颤）、室性心动过速等。

（2）预激综合征并心房颤动者　该病人一般心室率较快，易致心室颤动，即使未出现明显的血流动力学异常，也宜及早行心脏复律。

2. **择期心脏复律**　血流动力学稳定的持续性房颤或心房扑动，须经充分抗凝 3~4 周后择期行心脏复律。

【禁忌证】

1. 洋地黄中毒者。
2. 伴窦房结功能障碍或三度房室传导阻滞者（已植入起搏器者例外）。
3. 不能耐受抗心律失常药治疗者。
4. 心房颤动持续时间>1 年，心脏（尤其左心房）显著扩大，或曾经有体循环栓塞，或房颤经心脏复律后药物不能维持又复发者。
5. 引起心律失常的直接病因（如甲状腺功能亢进症）或诱因（如风湿病活动期、严重电解质紊乱尤其是低钾血症）未纠正者。

【操作前准备】

1. 向病人及其家属介绍心脏复律的过程，解除其思想顾虑，取得病人的合作，并签署知情同意书。

2. 应对病人进行详细的体格检查，记录 12 导联心电图；复查血气分析、电解质指标，纠正电解质紊乱与酸碱平衡失调。

3. 遵医嘱停用洋地黄类药物 24~48h，给予改善心功能、纠正低钾血症和酸中毒的药物。心房颤动病人复律前应进行抗凝治疗 3~4 周。

4. 复律前 1~2d 口服奎尼丁，预防转复后复发，服药前行心电图检查，观察 QRS 波时限及 Q-T 间期变化。

5. 复律术前禁食 6h，排空膀胱。

6. 备好急救设备和药品。

【操作过程】

1. 病人平卧于绝缘的硬板床上，松开衣领，移走身上佩戴的项链等金属异物，有义齿者取下。

2. 建立静脉通路，吸氧。

3. 连接电源，打开除颤器开关，选择 1 个 R 波高耸的导联进行示波观察。选择"同步"键。

4. 遵医嘱使用镇静药，如地西泮、咪达唑仑等，直至病人睫毛反射消失；注意观察有无镇静剂引起的呼吸抑制现象。

5. 充分暴露病人前胸，将两电极板上均匀涂满导电糊或包以生理盐水浸湿的纱布，分别置于胸骨右缘第 2~3 肋间和心尖部，两电极板之间距离不应小于 10cm，与皮肤紧密接触，并有一定压力。

6. 遵医嘱选择电量，充电。电量选择标准：对房颤病人一般用单向波 100~150J 或双向波 75~100J；心房扑动用单向波 50~100J 或双向波 50~75J；室上性心动过速用单向波 50~100J 或双向波

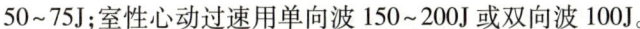

$50\sim75J$;室性心动过速用单向波 $150\sim200J$ 或双向波 100J。

7. 准备放电时,再次核实同步,并确认操作者及床旁所有人员身体未接触病人及病床后,暂时关闭氧气,按放电按钮(放电后电极板不要急于拿开)。

8. 判断病人心电示波是否转复,并测量血压,根据情况决定是否需要再次心脏复律。

【操作后护理】

1. 病人卧床休息 24h,清醒后 2h 内避免进食,以免恶心、呕吐。

2. 持续心电监护 24h,密切观察病人神志、瞳孔、心律、心率、血压、呼吸、皮肤及肢体活动状态。如无异常、病情允许,可下床活动。

3. 遵医嘱继续服用奎尼丁、洋地黄类药物或其他抗心律失常药以维持窦性心律。

非同步电复律(电除颤)

【适应证】

心室颤动和心室扑动;无脉性室性心动过速。

【操作前准备】

定期检查除颤器性能(如时间校对、放电试验及充电功能等)和备用物品是否齐备(如导电糊或盐水纱布、监测记录图纸和电极片等),以便紧急状态下随时可以使用。

【操作过程】

1. 发现病人突然意识丧失、自主呼吸和大动脉搏动消失,立即呼救,请另一人取除颤器、抢救车,同时为病人取复苏体位,行心肺复苏,同时评估病人除颤部位皮肤是否完整、干燥,有无起搏器植入或敷有外用药。

2. 除颤器到位后,开机,调试除颤器至监护位置,评估病人心律是否为心室颤动或无脉性室性心动过速,选择"非同步"模式。

3. 将电极板迅速均匀涂抹上导电糊或垫盐水纱布。其目的是使电极板与皮肤紧密接触,以减少皮肤阻力、易于导电,并防止皮肤电烧伤。

4. 电极板放置位置和方法同同步电复律。

5. 遵医嘱选择电量,充电。电量选择标准:用单向波 360J;或双向波 $120\sim200J$,紧急情况下默认选择能量 200J。

6. 准备放电时,再次核实非同步电复律,确认操作者及床旁所有人员身体未接触病人及病床后,并大声告知除颤开始,按放电按钮。

7. 除颤完成,立即行以胸外按压为起始的 5 个周期心肺复苏,然后评估病人心律是否转复。如病人心律转复、大动脉搏动恢复,证明除颤成功;如仍为心室颤动或无脉室性心动过速,则应立即再次除颤,并继续进行心肺复苏。

【操作后护理】

1. 除颤成功后整理病人衣物,取舒适卧位,评估其皮肤有无电烧伤并清洁,安慰病人。

2. 清洁、整理除颤器,充电备用。

3. 记录和总结抢救过程、查找潜在病因,进行进一步治疗和护理。

二、心脏起搏技术

心脏起搏(cardiac pacing)是通过发放一定形式的电脉冲刺激心脏,使之激动和收缩,即模拟正常

Note:

心脏的冲动形成和传导,以治疗由于某些心律失常所致的心脏功能障碍。

【起搏器的代码】

为了反映不同起搏器的工作性能、便于临床应用,北美心脏起搏与电生理学会(North American Society of Pacing and Electrophysiology,NASPE)和英国心脏起搏与电生理学组(British Pacing and Electrophysiology Group,BPEG)专家委员会共同编制了起搏器代码,即 NBG 编码,见表 18-3-1。

表 18-3-1　NBG 编码

I 起搏心腔	II 感知心腔	III 感知后反应	IV 程控功能	V 抗快速心律失常
O=无	O=无	O=无	O=无	O=无
A=心房	A=心房	T=触发	P=单项程控	P=起搏(抗快速心律失常)
V=心室	V=心室	I=抑制	M=多项程控	S=电击
D=双腔(A+V)	D=双腔(A+V)	D=双重(T+I)	C=遥控	D=双重(P+S)
			R=频率调节	

【起搏器类型】

1. **根据电极导线植入的部位分类**

(1) 单腔起搏器:常见的有心室按需(VVI)型起搏器(电极导线放置在右心室心尖部或间隔部)和心房按需(AAI)型起搏器(电极导线放置在心房右心耳),根据心室率或心房率的需要进行心室或心房适时的起搏。

(2) 双腔(DDD)起搏器:植入的两支电极导线常分别放置在心房右心耳和右心室心尖部或间隔部,进行房室顺序起搏。

(3) 三腔起搏器:是近年来开始使用的起搏器,目前主要分为双房+右心室三腔起搏器和右心房+双室三腔心脏起搏。前者应用于存在房间阻滞合并阵发性房颤的病人,以预防和治疗心房颤动,后者主要适用于某些扩张型心肌病、顽固性心力衰竭协调房室及/或室间的活动,改善心功能。

2. **根据植入时间分类**　分为永久起搏器和临时起搏器。

【适应证】

1. **永久性心脏起搏**

(1) 二度 II 型及以上高度房室传导阻滞并心动过缓伴严重症状。

(2) 多束支阻滞并严重心动过缓及阿-斯综合征发作。

(3) 存在病态窦房结综合征者,出现由窦性停搏或窦房传导阻滞导致的症状性心动过缓。

(4) 顽固性室性心律失常,药物治疗无效。

2. **临时性心脏起搏**

(1) 阿-斯综合征发作、一过性高度或完全房室传导阻滞且逸搏心律过缓。

(2) 冠心病及严重并发症如心肌梗死、急性病毒性心肌炎、病态窦房结综合征等器质性心脏病引起的缓慢型心律失常。

(3) 心脏直视手术导致房室传导阻滞。

(4) 其他因素:如中毒、电解质紊乱等引起的缓慢型心律失常。

近年来,随着起搏新技术的不断研发,起搏器治疗的适应证不断扩展,如预防和治疗心房颤动,预防及治疗长 Q-T 间期综合征的恶性心律失常,辅助治疗梗阻性肥厚型心肌病等。有些病人如急性心

肌梗死合并房室传导阻滞,某些室性心动过速的转复,心肺复苏的抢救可能需要临时起搏。

【禁忌证】

1. 永久性心脏起搏

（1）尚未控制的感染。

（2）严重的肝、肾功能不全及心功能不全。

（3）电解质紊乱及酸碱平衡失调尚未被纠正。

（4）出血性疾病及有出血倾向者。

2. 临时性心脏起搏　无绝对禁忌证,但是感染尚未控制的病人使用时应慎重。

【操作前准备】

1. 向病人及其家属说明手术的必要性、手术过程及可能发生的并发症,消除其紧张、恐惧心理,取得病人及其家属的配合,并签署知情同意书。

2. **完善常规检查**　如血常规、尿常规、出凝血时间、胸部 X 线检查、心电图、超声心动图等。

3. **皮肤准备**　准备行永久起搏器安置术的病人行颈、胸、腋窝备皮;准备行临时起搏器安置术的病人还应同时行双侧腹股沟及会阴部备皮。

4. 准备相应的起搏器和导管电极,应用临时起搏器时应检查起搏器电池及机器的性能是否完好。

5. 练习平卧位床上大小便,告诉病人术后需要卧床以预防电极脱落。

6. 术前 1 日晚给予镇静药帮助睡眠;术日晨不吃会引起胀气的食物,不宜过饱。

7. 建立静脉通路,术前 30min 至 2h 预防性应用抗生素 1 次。

【操作过程】

1. 永久起搏器安装过程

（1）常规消毒左上胸皮肤,采用利多卡因局部麻醉,极少数情况下须行全身麻醉。

（2）静脉途径一般可选择的静脉有头静脉、颈外静脉、颈内静脉和锁骨下静脉。

（3）穿刺成功后送入起搏电极。心室电极的安放位置为右心室心尖部,心房电极送至心房右心耳部。通过电极进行起搏器参数测定(如起搏阈值、R 波振幅、阻抗等),观察起搏与感知情况。取得满意参数后,将电极缝扎固定在肌肉上。

（4）用手术刀做 1 个 5cm 左右的横切口后分离皮下组织至胸大肌筋膜,做一与脉冲发生器大小相适应的囊袋。囊袋充分止血后植入起搏器,将起搏电极与起搏器连接。

（5）检查起搏器工作状况,如无异常逐层关闭切口。

2. 临时起搏器电极安装的途径

（1）经静脉临时起搏:经静脉穿刺进行临时起搏可使用股静脉、锁骨下静脉、颈内静脉等途径,在 X 线透视下(无 X 线透视时,则应用尖端带气囊的漂浮起搏电极导管),将起搏电极插入需要起搏的心腔。由于操作简单,并发症少,是目前临床最常用的临时起搏途径。

（2）心外膜临时起搏法:对在心脏手术中发生的传导阻滞或心动过缓者,将电极线直接缝到心房和/或心室外膜上,外接临时起搏器,可行心外膜心脏起搏。

（3）体外心脏临时起搏法:即经胸壁心脏起搏,是一种临时性、紧急性、非侵入性的心脏起搏方式,用于严重心动过缓的病人。此方法是将 2 枚盘状电极分别粘贴在病人左侧背部和心前区的皮肤上,以较宽脉冲间期(20~40ms)和较强电流(50~100mA)的脉冲经胸壁刺激心脏。优点是操作简单,迅速起效。但病人有时不能耐受胸壁的疼痛。

Note:

【操作后护理】

1. 休息与活动 术后将病人平移至床上,永久性起搏者需保持平卧位或略向左侧卧位 8~12h,绝对卧床 24h;如病人平卧极度不适,可将床头抬高 30°~60°。术侧肢体不宜过度活动,勿用力咳嗽,以防电极脱位,如出现咳嗽症状,尽早应用镇咳药。经股静脉安置临时起搏器的病人需绝对卧床,平卧或左侧卧位,直至拔除电极;术侧肢体避免屈曲或活动过度。卧床期间做好生活护理。术后第 1 次下床活动应动作缓慢,防止跌倒。

2. 病情监测 术后需要连续心电监测,及时了解起搏器的工作情况,及时发现有无电极移位或起搏、感知障碍等。术后监测病人体温,观察有无腹壁肌肉抽动、心肌穿孔等表现,及时报告医生并协助处理。出院前常规行胸部 X 线检查和起搏器功能测试。密切观察临时起搏器的工作状况,如电池电量是否不足、感知功能是否良好等。要随时准备备用电池,更换电池时要有医生在场,如有起搏依赖现象,应先将起搏频率逐渐减慢,再迅速更换,或用其他临时起搏器替代后再行更换。采用股静脉穿刺的安装临时起搏器者,应防止并及时识别下肢深静脉血栓的形成。

3. 伤口护理 永久性起搏者切口局部以沙袋加压 6h,且每间隔 2h 解除压迫 5min;或局部加压包扎即可。保持切口处皮肤清洁干燥,术后 24h 换药 1 次,伤口无异常可 2~3d 换药 1 次。观察起搏器囊袋是否有渗血或血肿、肿胀,局部皮肤有无疼痛、变暗发紫及波动感;如切口愈合良好,一般术后第 7 日拆线(采用可吸收缝线者多不用拆线)。临时性起搏者注意观察穿刺部位有无出血及血肿,每日换药,防止感染。临时起搏电极拔除后,需要指压 20min 左右,再以无菌敷料盖,沙袋压迫 4h。若无特殊情况,12h 后可下床活动。

【出院指导】

1. 日常生活指导 ①指导病人外出时随身携带起搏器卡(注有姓名、年龄、安装起搏器日期、起搏器型号、有关参数、家庭住址、电话和随访医生姓名等),便于出现意外时为诊治提供信息。②术后装有起搏器的一侧上肢应避免做用力过度或幅度过大的动作(如打网球、举重物等),以免影响起搏器功能或使电极脱落。③应避免强磁场和高电压的场所(如 MRI、激光、变电站等),但家庭生活用电一般不影响起搏器工作。建议平时将移动电话放置在远离起搏器至少 15cm 的口袋内,拨打或接听电话时采用对侧。④因其他疾病需要行磁共振检查时要向医生讲明情况。

2. 病情自我监测 告知病人起搏器设置频率和平均使用年限,教会病人自我检查脉搏,每日至少早晚各 1 次,脉搏若比原起搏心率低 10% 以上,或感到胸闷、心悸、头晕、头胀、水肿、乏力及其他不适,则应立即到医院就诊。保持起搏器囊袋表面皮肤清洁,并观察有无红肿、破溃,如出现这些表现,应及时复诊。

3. 定期随访 一般要求最初 1、3、6 个月各随访 1 次,以后 3~6 个月 1 次,接近起搏器使用年限时应缩短随访间隔时间,改为每月 1 次或更短。随访内容为复查心电图以了解起搏器的起搏功能、感知功能、带动功能;复查胸部 X 线片,了解起搏器电极位置;检查起搏器电源情况;询问病人有无特殊不适;检查起搏器埋植处皮肤有无炎症。

三、射频消融术

射频导管消融术(radiofrequency catheter ablation,RFCA)是将电极导管经静脉或动脉送入心腔特定部位,释放射频电流导致局部心内膜及心内膜下心肌组织变性、坏死,达到改变该部位心肌自律性和传导性,从而治疗心律失常的介入性技术。

【适应证】

1. 症状性局灶性房性心动过速。

2. 发作频繁、心室率不易控制的心房扑动。

3. 发作频繁、症状明显的房颤。

4. 预激综合征合并阵发性房颤和快速心室率。

5. 房室结内折返及房室结内折返性心动过速。

6. 症状明显、药物治疗效果不佳或不明原因左心室功能障碍的频发室性期前收缩(>10 000 次/24h)。

7. 无器质性心脏病证据的室性心动过速(特发性室性心动过速)呈反复发作、合并心动过速心肌病或血流动力学不稳定。

8. 发作频繁和/或症状重、药物预防发作效果差的合并器质性心脏病的室性心动过速,多作为植入型心律转复除颤器(implantable cardioverter defibrillator,ICD)的补充治疗。

【禁忌证】

严重感染性疾病、严重心律失常、严重出血性疾病、外周静脉血栓性静脉炎、严重肝、肾功能损害等。

【操作前准备】

1. 向病人及其家属介绍手术的方法和意义、手术的必要性和安全性,消除其紧张、恐惧心理,取得病人及其家属的配合,并签署知情同意书。必要时术前一晚遵医嘱给予镇静药,保证充足的睡眠。

2. **完善常规检查**　如血型、血常规、尿常规、出凝血时间、胸部X线检查、心电图、超声心动图、肝功能、肾功能等。

3. **皮肤准备**　根据需要行双侧腹股沟及会阴部或上肢、锁骨下静脉穿刺术区备皮。穿刺股动脉者检查两侧足背动脉搏动情况并标记,以便于术中、术后对照观察。

4. **术前用药**　遵医嘱停用可能对电生理检查有影响的抗心律失常药5个半衰期以上。行房颤消融者术前服用华法林维持INR在2.0~3.0或者新型口服抗凝血药至少3周,或行食管超声检查确认心房内无血栓方可手术。

5. **其他准备**　穿刺股动脉者指导病人术前1~2d进行床上排尿训练。术前排空膀胱,不需禁食,术前一餐饮食以六成饱为宜,可进食米饭、面条等,不宜喝牛奶、吃海鲜和油腻食物,以免术后卧床出现腹胀或腹泻。

【操作过程】

1. 根据消融需要进入的心腔选择射频消融穿刺部位。静脉途径是由股静脉或锁骨下静脉和颈内静脉穿刺,经上、下腔静脉进入右心房。动脉途径则由股动脉穿刺经主动脉逆行进入左心室行左侧旁道的消融治疗。首先对病人进行电生理检查,标测引起心律失常的心脏特异位点;将消融导管插进静脉或前进至心脏,发放射频波破坏组织靶点,使其不能再传导电冲动。

2. 术中为了准确定位,术者可能会使用心内电击或者药物的方法来诱发心律失常的发生,护士要告诉病人做好准备,如有不适要告知医生。

3. 密切监测生命体征,病人如果出现持续心悸、气短、恶心、胸痛等症状,要警惕发生心脏穿孔和心脏压塞等并发症。

4. 消融时病人可能会有心前区疼痛感,很快会消失,必要时遵医嘱给予镇痛药。

【操作后护理】

1. **病情观察**　密切监测病人生命体征并做好护理记录;观察术后并发症,如心律失常、空气栓塞、出血、感染、热原反应、心脏压塞、心脏穿孔等,完善术后相关检查。

Note:

2. **穿刺局部伤口护理**　静脉穿刺者肢体制动4~6h；动脉穿刺者压迫止血15~20min后进行加压包扎，以1kg沙袋加压伤口6~8h，肢体制动24h。观察动、静脉穿刺点有无出血与血肿，如有异常立即通知医生。房颤消融者因抗凝治疗，需适当延长卧床时间，防止出血。

3. **预防栓塞的护理**　检查足背动脉搏动情况，比较两侧肢端的颜色、温度、感觉与运动功能情况。若出现足背动脉搏动减弱或消失，肢体皮肤颜色发绀或苍白，两侧肢体温度不一致，感觉麻木或疼痛，提示下肢动脉或静脉栓塞，及时通知医生，给予对症处理。

四、主动脉内球囊反搏术

主动脉内球囊反搏（intra-aortic balloon pump，IABP）是机械性辅助循环方法之一，通过动脉系统将一根气囊导管经股动脉置入到降主动脉内左锁骨下动脉开口远端，另一端接反搏器。在左心室舒张早期球囊迅速充气，使主动脉内舒张期峰压增加，改善冠状动脉血流灌注及全身重要器官的血流灌注；在左心室舒张末期球囊放气，使收缩期左心室射血阻力明显下降，降低左心室后负荷及肺动脉压，增加心排血量。

【适应证】

1. 各种原因引起的心功能不全，包括急性心肌梗死并发心源性休克、冠状动脉旁路移植术围手术期的心肌梗死、体外循环直视心脏手术后低心排血量综合征、心脏挫伤、脓毒症休克、病毒性心肌炎。

2. 急性心肌梗死后发生室间隔穿孔或二尖瓣乳头肌断裂致急性瓣膜关闭不全。

3. 缺血性心脏病变，包括药物治疗效果不佳的不稳定型心绞痛、心肌缺血所致心律失常、进展性心肌梗死。

4. 围手术期对重症病人的支持和保护性措施，包括严重心肌缺血病人行冠状动脉造影、溶栓术或经皮冠状动脉腔内成形术。

5. 辅助和过渡支持治疗，包括心脏移植前、后的辅助治疗。

【禁忌证】

1. 主动脉瓣关闭不全。
2. 主动脉夹层动脉瘤或主动脉瘤。
3. 不可逆的脑损害。
4. 严重的主动脉或髂动脉血管病变。
5. 心脏病或其他疾病的终末期。
6. 心脏停搏、心室颤动、严重低血压等。
7. 存在严重的凝血功能障碍。

【操作前准备】

1. 向病人及其家属说明手术的必要性、手术过程及可能发生的并发症，消除其紧张、恐惧心理，取得病人及其家属的配合，并签署知情同意书。
2. 检查病人双侧足背动脉搏动情况并做标记。
3. 完善血常规及血型、尿常规、出凝血时间等检查，必要时备血。
4. 股动脉穿刺术区备皮。
5. 建立静脉通路。
6. 连接心电导联。
7. 备齐术中用物、抢救物品和药品。

【操作过程】

1. 经股动脉穿刺法是目前使用最广泛的方法。腹股沟处常规消毒并进行局麻,采用 Seldinger 穿刺法穿刺股动脉,送入导引钢丝并拔除穿刺针,沿导引钢丝送扩张器至股动脉,将扩张器拔除后再沿导引钢丝送入鞘管,将气囊导管经导引钢丝送入鞘管内插入股动脉,测量欲进入的球囊导管长度,将球囊导管鞘管退至留在体内 2~4cm 后固定连接三通及压力装置,连接反搏机,调整各个参数后开始反搏。

2. 护士应记录 IABP 前病人生命体征,以利于术后评价效果。

3. 严密监护病人的意识、血压、心律、心率和呼吸等变化,一旦出现紧急情况,积极配合医生进行抢救。

【操作后护理】

1. **体位与活动**　术后病人需绝对卧床,术侧肢体制动,取平卧位或半卧位,角度小于30°,并保持下肢伸直,可适当侧卧位,以术侧为主。将导管妥善固定,每次病人改变体位后要观察导管有无回血、移位,防止引起停搏。对意识不清病人应注意做好约束和安全护理。

2. **生活护理**　给予病人富含维生素,清淡易消化饮食,保持排便通畅,必要时给予缓泻剂。

3. **导管穿刺处护理**　密切观察病人穿刺局部有无出血和血肿,每日按照无菌原则更换伤口敷料,如有潮湿、松散等情况随时更换,根据医嘱预防性使用抗生素。

4. **病情监测**　监测记录病人生命体征、意识状态、尿量、心排血量、心排血指数、反搏波形和数值变化、搏动压力情况等,观察循环辅助的效果,如出现异常及时报告医生。反搏满意的表现为循环有所改善(皮肤、面色红润,指端温暖)、中心静脉压下降,尿量增加,血压回升,升压药物剂量大幅度减少甚至完全撤除,反搏时可见主动脉收缩波降低而舒张波明显上升是反搏辅助有效的最有力根据。

5. **预防下肢缺血与栓塞**　在反搏期间,观察病人下肢皮肤的色泽、温度、感觉及足背动脉搏动情况。若穿刺侧肢体温度过低,颜色发白,足背动脉搏动减弱,考虑肢体缺血。在应用肝素抗凝过程中,每 2~4h 监测活化凝血时间(ACT)一次,调整 ACT 值在正常的 1.5~2.5 倍。同时密切观察病人临床出血征象,及时调整肝素用量,达到既能抗凝又不出血的目的。临时停止反搏,持续时间不应该超过30min,以避免形成血栓。

6. **拔管护理**　IABP 置管拔除后局部压迫止血,观察病人有无出血、血肿、下肢动脉搏动情况、皮肤颜色及温度,并监测血流动力学变化。

五、冠状动脉介入性诊断及治疗技术

冠状动脉介入性诊断及治疗技术包括冠状动脉造影术和经皮冠状动脉介入治疗技术。

冠状动脉造影

冠状动脉造影(coronary angiography,CAG)是经皮肤穿刺动脉插入动脉鞘管,在 X 线引导下通过动脉鞘管送入特殊设计的导管至左、右冠状动脉开口,选择性地在冠状动脉开口注入适量造影剂,从而显示冠状动脉解剖和病变的心血管介入性诊断技术,又称选择性冠状动脉造影。冠状动脉造影可以提供冠状动脉病变的部位、性质、程度、范围、侧支循环状况等的准确资料,有助于选择最佳治疗方案和判断预后,是临床诊断冠心病的"金标准"。

【适应证】

1. 为明确诊断

(1) 不典型胸痛经无创性检查不能确诊有无冠心病者。

（2）临床无症状，但心电图、动态心电图、运动试验等提示存在心肌缺血客观证据者。

（3）不明原因的心律失常、心脏扩大、心功能不全，须排除冠心病者。

（4）疑有先天性冠状动脉畸形者。

（5）风湿性心脏病、老年退行性心脏病、梗阻性肥厚型心肌病、先天性心脏病等心脏疾病，其他非心血管疾病、肿瘤等须手术治疗或腹部大手术前须排除冠心病者。

（6）无症状但为冠心病高危者（如有冠心病家族史、代谢综合征等）或从事高危职业者（如飞行员、运动员、宇航员等）。

2. 为指导治疗

（1）稳定型心绞痛内科药物治疗效果不佳者。

（2）不稳定型心绞痛需依据 CAG 结果确诊和制订治疗方案者。

（3）对急性心肌梗死发病 12h 以内或发病 12h 以上仍存在持续胸痛者，有条件的医院应行紧急 CAG 及经皮冠状动脉介入治疗（PCI）；若医院无急诊 PCI 手术条件或错过急诊 PCI 时间，待病人病情稳定后行择期 CAG。

（4）陈旧性心肌梗死者出现再发心绞痛、并发室壁瘤、乳头肌功能障碍等，须行 CAG 明确是否须行 PCI 或冠状动脉旁路移植术（CABG）。

（5）已行 PCI 或 CABG 治疗者，为评价疗效及确定进一步治疗方案可行 CAG。

【禁忌证】

无绝对禁忌证。相对禁忌证：不明原因的发热及未控制的感染，严重肝、肾功能障碍，电解质紊乱，重度贫血，造影剂过敏，脑卒中急性期，洋地黄中毒，未控制的高血压，慢性心力衰竭失代偿期，活动性心内膜炎，活动性出血或严重出血倾向等。

经皮冠状动脉介入治疗

经皮冠状动脉介入治疗（percutaneous coronary intervention，PCI）是指采用经皮穿刺技术将球囊导管或其他相关器械送入冠状动脉，解除冠状动脉狭窄或梗阻，从而改善心肌血流灌注的治疗方法。包括经皮冠状动脉腔内成形术（percutaneous transluminal coronary angiopla-sty，PTCA），经皮冠脉支架植入术，冠状动脉内旋切术、旋磨术和激光成形术等。目前，PTCA 和经皮冠脉支架植入术已成为治疗冠心病的重要手段。

【适应证】

1. **稳定性冠心病（SCAD）** 左主干直径狭窄>50%；左前降支近段直径狭窄>70%；2 支或 3 支冠状动脉直径狭窄>70%，且左心室功能受损［左室射血分数（LVEF）<40%］；大面积缺血（缺血面积>左心室面积的 10%）；单支通畅冠状动脉直径狭窄>50%；任一冠状动脉直径狭窄>70%，表现为活动诱发的心绞痛或等同症状，并对药物治疗反应欠佳。

2. **非 ST 段抬高急性冠脉综合征（NSTE-ACS）** 对首诊于非 PCI 中心的病人，极高危者，建议立即转运至 PCI 中心行紧急 PCI；高危者，建议发病 24h 内转运至 PCI 中心行早期 PCI；中危者，建议转运至 PCI 中心，发病 72h 内行延迟 PCI；低危者，可考虑转运行 PCI 或药物保守治疗。

3. **急性 ST 段抬高心肌梗死（STEMI）**

（1）直接 PCI：①发病 12h 内（包括正后壁心肌梗死）或伴有新出现左束支传导阻滞的病人；②伴严重急性心力衰竭或心源性休克（不受发病时间限制）；③发病>12h 仍有缺血性胸痛或致命性心律失常；④对就诊延迟（发病后 12~48h）并具有临床和/或心电图缺血证据的病人行直接 PCI。

（2）溶栓后 PCI：①建议所有病人溶栓后 24h 内送至 PCI 中心；②建议溶栓成功 24h 内行冠状动脉造影并根据需要对梗死相关动脉（infarct relative artery，IRA）行血运重建；③溶栓后出现心源性休克

或急性严重心力衰竭时建议行急诊冠状动脉造影并对相关血管行血运重建;④建议对溶栓失败病人(溶栓后 60min ST 段下降<50%或仍有胸痛)行急诊补救性 PCI;⑤溶栓成功后出现再发缺血、血流动力学不稳定、危及生命的室性心律失常或有再次闭塞证据时建议急诊 PCI;⑥溶栓成功后血流动力学稳定的病人 3~24h 行冠状动脉造影。

(3) 非梗死相关动脉(non-infarct related artery)的 PCI:STEMI 多支病变病人在血流动力学稳定情况下择期完成非 IRA 的 PCI;可考虑非 IRA 的 PCI 与直接 PCI 同期完成。

【禁忌证】

1. 冠状动脉直径狭窄<50%且无缺血症状者。

2. 合并糖尿病,左主干+多支血管病变,严重左心功能不全,左主干远端及伴有左前降支近端病变的多支血管病变及通过 PCI 不能达到完全血运重建的病人。

3. 未控制的感染,凝血功能障碍,严重肝功能、肾功能不全,3 个月内缺血性脑卒中,可疑主动脉夹层,严重未控制的高血压等病人。

【操作前准备】

1. 向病人及其家属介绍手术的方法和意义、手术的必要性和安全性,消除其紧张、恐惧心理,取得病人及其家属的配合,并签署知情同意书。

2. 完善常规检查,如血型、血常规、尿常规、出凝血时间、胸部 X 线检查、心电图、超声心动图、肝功能、肾功能等。

3. 详细询问病人有无过敏史,既往行冠状动脉造影、介入治疗或冠状动脉旁路移植术病史,并做碘过敏试验。

4. **术前用药**　术前口服抗血小板药:①择期 PCI 者术前口服阿司匹林和氯吡格雷;②对于行急诊 PCI 或术前 6h 内给药者,遵医嘱服用负荷剂量的阿司匹林和氯吡格雷。

5. 拟行桡动脉穿刺者,术前行 Allen 试验,判断尺动脉功能是否良好,并于非术侧上肢留置静脉留置针。拟行股动脉穿刺者,检查其两侧足背动脉搏动情况并标记,以便于术中、术后对照观察,并指导病人术前 1~2d 进行床上排尿训练;术前 1d 行穿刺部位双侧腹股沟备皮。

6. **其他准备**　术前排空膀胱,不需禁食。术前一餐饮食以六成饱为宜,可进食米饭、面条等,不宜喝牛奶、吃海鲜和油腻食物,以免术后卧床出现腹胀或腹泻。

【操作过程】

1. **冠状动脉造影术**　主要有经股动脉途径和经桡动脉途径 2 种方法,现在普遍使用经桡动脉途径。经股动脉穿刺时,选择腹股沟韧带中点下 2.0~2.5cm 股动脉搏动最强点进行穿刺;经桡动脉穿刺时,选择桡骨茎突近心端 1cm 处桡动脉搏动最强点进行穿刺。穿刺成功后进行造影检查,根据病人冠状动脉直径的大小及血流速度决定注射造影剂的剂量和力量,并选择合适的造影方位,以明确冠状动脉病变部位及狭窄程度。

2. **经皮冠状动脉腔内成形术**　是采用股动脉途径或桡动脉途径,将指引导管送至待扩张的冠状动脉口,再将相应大小的球囊沿导引钢丝送至欲扩张的病变处,根据病变的性质和部位选择不同的时间和压力进行扩张,可重复多次直到造影结果满意或辅以其他治疗措施。由于单做 PTCA 发生冠状动脉急性闭塞的风险大和术后较高的再狭窄率(术后 6 个月 30%~50%),目前已很少单独使用。

3. **经皮冠脉支架植入术**　在 PTCA 基础上植入金属网管状支撑物,将撕裂夹层的血管内膜均匀支撑和贴壁,以预防冠状动脉急性闭塞的治疗。冠状动脉支架通常预装在 PTCA 球囊上备用,由球囊输送至血管病变处,加压扩张球囊使支架紧贴血管壁释放即"支撑起来",再将球囊抽瘪并撤出体外,即完成支架植入。支架植入主要解决了 PTCA 后冠状动脉急性闭塞和再狭窄等问题,使其更安全和

Note:

有效,也使 PCI 技术日趋完善和成熟。

4. **病情观察与监测**　①注意听取病人主诉,有无胸痛、呼吸困难等情况发生;②行心电监测,内容包括 QRS 波波幅、ST 段及 T 波、心律等,尤其是球囊扩张时可能出现再灌注心律失常;③注意可能发生的造影剂过敏反应,如病人是否出现灼热感、恶心、呕吐、皮肤瘙痒、皮疹、呼吸困难等。

【操作后护理】

1. 体位与活动

（1）经桡动脉穿刺者术后可立即拔除鞘管,动脉鞘管拔除后,可采用弹力绷带直接加压包扎,也可应用加压器压迫止血。压迫时间、压迫力度、减压时间间隔、每次减压程度等应视病人具体情况确定。一般术后 2~4h 后开始减压,之后每 2h 减压一次,注意边减压边观察,若发现渗血,及时适当还原压力,直至止血。

（2）经股动脉穿刺者,冠状动脉造影术后可立即拔除鞘管;接受 PCI 治疗的病人因在术中追加肝素,需在拔除鞘管之前常规监测其活化部分凝血活酶时间（APTT）,APTT 降低到正常值的 1.5~2.0 倍,可拔除鞘管。动脉鞘管拔除前,穿刺侧下肢伸直制动。动脉鞘管拔除后,常规压迫穿刺点 15~20min,若穿刺点无活动性出血,可加压包扎,1kg 沙袋压迫 6~8h,制动 12~24h。伤口加压包扎期间,指导或协助病人进行穿刺侧下肢等长及踝泵运动 2~3 次。床上运动以上肢为主,如第 2 日病情平稳,病人可下床站立。1 周内避免穿刺侧下肢大幅度运动。

2. **病情监测**　术后持续心电监护,密切监测病人心电图、生命体征、意识状态的变化,做好急救准备。完全解除加压包扎前后 1h,每小时观察病人穿刺部位有无出血、穿刺侧肢体皮肤温度、颜色及桡动脉、足背动脉搏动情况。完全解除加压后如有出血,继续加压包扎,观察频次同前。对无出血者,穿刺 3d 内护士每班交接时查看其穿刺部位有无出血、术侧肢体皮肤温度、颜色及动脉搏动情况。

3. **抗凝治疗**　植入支架的病人遵医嘱口服抗血小板聚集药,如氯吡格雷和阿司匹林;依据病情需要给予病人抗凝治疗,如低分子量肝素皮下注射、替罗非班静脉泵入。定期监测其血小板、出凝血时间的变化,严密观察有无出血倾向。

4. **饮食护理**　给予病人低盐、低脂饮食,少食多餐,避免过饱;多食蔬菜、水果,保持排便通畅。术后卧床期间禁食易产气食物,如豆浆、牛奶、碳酸饮料等。鼓励病人多饮水,适当补液,术后 4h 内病人尿量应达 800ml,以促进造影剂排出。

5. 及时识别和处理手术相关并发症,如穿刺部位出血/血肿、腹膜后血肿、穿刺动脉血栓形成或栓塞、尿潴留、血管迷走反射、造影剂反应及心肌梗死等。

（徐江华）

思　考　题

1. 循环系统疾病病人常见症状、体征有哪些?
2. 永久心脏起搏器植入病人出院后应注意什么?
3. PCI 术后病人可能会出现哪些手术相关并发症?

第十九章

心律失常病人的护理

19章　数字内容

- 识记:
  1. 陈述心律失常的概念、病因。
  2. 陈述心律失常的常见分类。
  3. 列举出心律失常的常用护理诊断/问题。
- 理解:
  1. 阐明各类心律失常的典型症状、识别心电图特征。
  2. 解释心律失常的发病机制。
  3. 概述心律失常的药物治疗和非药物治疗法。
- 运用:
  能够对各种心律失常病人进行护理评估,并根据护理评估资料准确提出护理诊断、制订相应护理措施。

导入情境与思考

病人,男性,48岁,以急性前壁心肌梗死入院。心电图示:心率85次/min;提前出现宽大畸形 QRS 波群,时限 0.14s;提前出现的 QRS 波群其前无相关 P 波;T 波与 QRS 波群主波方向相反;期前收缩后可见一完全代偿间歇。

请思考:

(1) 该病人最可能的心律失常是什么?

(2) 如果病人这种心律失常频繁出现,护士应准备好哪些药物?

(3) 在护理过程中,病人突然意识丧失,血压测不到,颈动脉波动未触及,心电监护示心室颤动。此时护士应采取哪些急救措施?

第一节　概　　述

心律失常(arrhythmia)是指心脏冲动的频率、节律、起源部位、传导速度与激动次序的异常,使心脏的活动规律发生紊乱。心律失常不是一种疾病,而是一组复杂的临床综合征。

【病因】

引起心律失常的原因比较复杂,可以是生理性的,但更多见于病理状况。正常人在疲劳、紧张、激动、吸烟、饮酒、饱餐等情况下可出现心律失常。病理状况包括各种器质性心脏病、高血压、自主神经功能紊乱、药物中毒、电解质紊乱和酸碱平衡失调、内分泌代谢失常、急性感染、肥胖、饮酒、手术、心导管直接刺激等;某些心律失常可以引起和发展为其他类型的心律失常。此外,一些心律失常为家族遗传性,是某些致病基因突变所导致,如长 Q-T 间期综合征、Brugada 综合征、早期复极综合征和特发性心室颤动等。

【发生机制】

正常心脏冲动起源于窦房结,经结间束、房室结、房室束、左右束支及浦肯野纤维传导到心房与心室,形成正常窦性心律,使心房肌和心室肌顺序除极,引起心脏的有效收缩。正常情况下,窦房结的自律性最高,整个心脏受窦房结冲动控制,其他部位的自律性受到抑制,成为潜在的起搏点。各种原因引起心肌细胞的自律性、兴奋性、传导性改变,使心脏的冲动形成异常和/或传导异常,均会导致心律失常。

(一) 冲动形成异常

1. 自律性异常　引起心律失常有以下机制:窦房结起搏细胞自律性增高或降低,但其仍是心脏的起搏点,形成窦性心律失常。窦房结冲动的频率低至下位起搏点频率以下,出现逸搏或逸搏心律,形成被动型异位心律;潜在起搏点的自律性异常增高,超过窦房结时,形成主动型异位心律。此外,一些无自律性的心肌细胞,在病理状态下亦可出现异常自律性。

2. 触发活动　触发活动是指心房、心室与房室束-浦肯野组织在动作电位后产生的除极活动,又称为后除极。后除极的振幅增高并抵达阈值,便可造成异位自律活动,引起一次兴奋,即产生一次期前收缩;如触发一连串动作电位,则导致持续性快速型心律失常。细胞损伤、药物中毒或其他因素可产生后除极。

(二) 冲动传导异常

1. 传导阻滞　是指冲动传导系统和心肌传导出现障碍。阻滞可以发生在心脏的任何部位,如窦房传导阻滞、房室传导阻滞及室内传导阻滞。阻滞的程度可分为 3 度。①第一度为传导延迟,即传导

时间延长,但每个冲动都能通过。②第二度为部分阻滞,即部分冲动不能传导,呈不完全性传导阻滞。③第三度为完全性传导阻滞,所有的冲动都不能传导。

2. **折返激动现象**　心脏内传导的激动在心脏一次电活动后仍不消失,经过一定时间从另一条途径返回原处,使该处的心肌再一次激动,称为折返激动。折返是大多数快速型心律失常最常见的发生机制。产生折返的基本条件:①心脏至少存在 2 条传导路径,相互连接形成一个有效的折返环路。②其中一条通道发生单向传导阻滞,另一条通道传导缓慢,使发生阻滞的通道有足够的时间恢复兴奋性。③原先阻滞的通道再次激动,形成一次折返激动,冲动在环内反复循环,产生持续而快速的心律失常。

【分类】

根据不同的分类标准,心律失常有不同的分类方法。

1. 根据心律失常的发生原理分类

(1) 冲动形成异常:包括窦性心律失常,被动型异位心律(逸搏和逸搏心律)和主动型异位心律(期前收缩、阵发性心动过速、心房扑动和心房颤动、心室扑动和心室颤动)等。

(2) 冲动传导异常:如各种传导阻滞(如窦房传导阻滞、房内传导阻滞、房室传导阻滞、室内传导阻滞)、预激综合征等。

2. 根据心律失常的速率分类

(1) 快速型心律失常:包括窦性心动过速、期前收缩、扑动和颤动等。

(2) 缓慢型心律失常:包括窦性心动过缓、逸搏和逸搏心律、房室传导阻滞、室内传导阻滞等。

(刘　庚)

第二节　常见的心律失常

一、窦性心律失常

由窦房结冲动引起的心律,统称为窦性心律(sinus rhythm),其正常频率成人为 60~100 次/min。窦性心律失常是指窦房结的冲动形成过快、过慢、节律不规则或传导障碍时所致的心律失常。窦性心律的频率超过 100 次/min,称为窦性心动过速(sinus tachycardia);低于 60 次/min,称为窦性心动过缓(sinus bradycardia);当其节律不均,快慢不一,长与短的 P-P 间期之差大于 0.12s 时,称为窦性心律不齐(sinus arrhythmia)。

病态窦房结综合征(sick sinus syndrome)简称病窦综合征,是由于窦房结及其周围组织的器质性病变,导致窦房结起搏障碍或传导障碍而产生的多种心律失常的综合表现。

【病因】

1. **窦性心动过速**　可见于健康人、吸烟、饮茶或咖啡、饮酒、运动、情绪激动时;亦常见于某些病理状态,如发热、贫血、失血、休克、心力衰竭、甲状腺功能亢进及应用肾上腺素、阿托品等药物。

2. **窦性心动过缓**　常见于健康的青年人、运动员、睡眠状态;也可见于颅内压增高、甲状腺功能减退、阻塞性黄疸、服用洋地黄类药物及抗心律失常的药物(如 β 受体拮抗剂、胺碘酮、钙通道阻滞剂等);器质性心脏病中常见于冠心病、心肌炎、心肌病。

3. **窦性心律不齐**　常见于青少年、老年人、自主神经功能不稳定者,多与呼吸周期有关。也可见于器质性心脏病或洋地黄类药物中毒等病理情况。

4. **病窦综合征**　常见病因为心肌缺血性损伤或梗死、老化所致心脏纤维化、心肌病、自主神经系统功能紊乱、药物影响及心脏手术或外伤损伤窦房结。

Note:

【临床表现】

窦性心动过速通常无症状或仅有心悸感,但如果代偿机制失调,病人可出现低血压、晕厥和视物模糊;通常情况下,窦性心动过缓无症状,但心率过慢导致低血压和外周灌注不足时,可引起头晕、乏力、胸痛等。病窦综合征轻者出现头晕、黑矇、乏力、心绞痛等,重者可出现阿-斯综合征或猝死。阿-斯综合征(Adams-Stokes syndrome)是指心脏供血暂停时间较长,产生心源性晕厥伴有抽搐。

体格检查时病人心率超过 100 次/min 或低于 60 次/min;窦性心律不齐时表现为心律快慢稍不规则,常在吸气时心率加快,呼气时心率减慢。

【心电图特征】

1. 均可见 P 波,有规律出现,钝圆形,在 Ⅰ、Ⅱ、aVF、V$_{4~6}$ 导联直立,aVR 导联倒置,P-R 间期 0.12~0.20s。

2. 窦性心动过速时 P-P 或 R-R 间期<0.6s,频率大于 100 次/min(图 19-2-1);窦性心动过缓时 P-P 或 R-R 间期>1.0s,频率小于 60 次/min(图 19-2-2)。

3. 窦性心律不齐时同一导联 P-P 间期不等,最长与最短的 P-P 间期之差>0.12s,常与窦性心动过缓同时存在(图 19-2-3)。

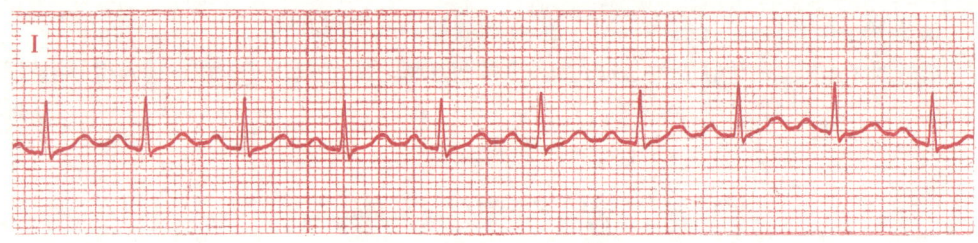

图 19-2-1　窦性心动过速

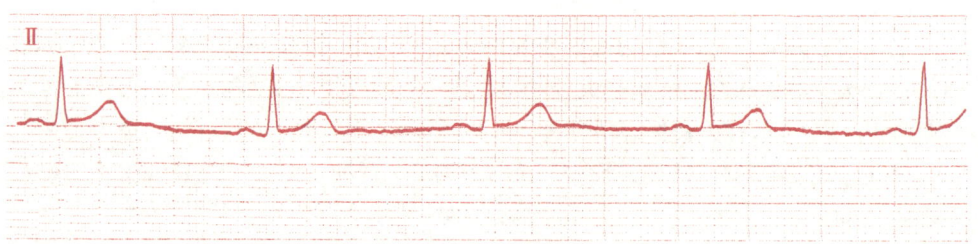

图 19-2-2　窦性心动过缓

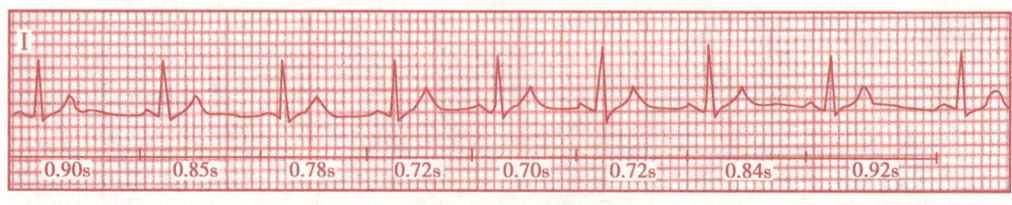

图 19-2-3　窦性心律不齐

4. **病窦综合征**　包括以下 1 种心律失常或几种心律失常合并存在(图 19-2-4):①持续性窦性心动过缓,心率<50 次/min,不宜用阿托品纠正。②多发的窦性停搏或严重的窦房传导阻滞。③心动过缓—心动过速综合征,指窦性心动过缓与房性快速性心律失常(房性心动过速、心房扑动或心房颤动)等交替出现。④可同时出现窦房传导阻滞与房室传导阻滞。⑤运动时窦房结频率不能增加。

Note:

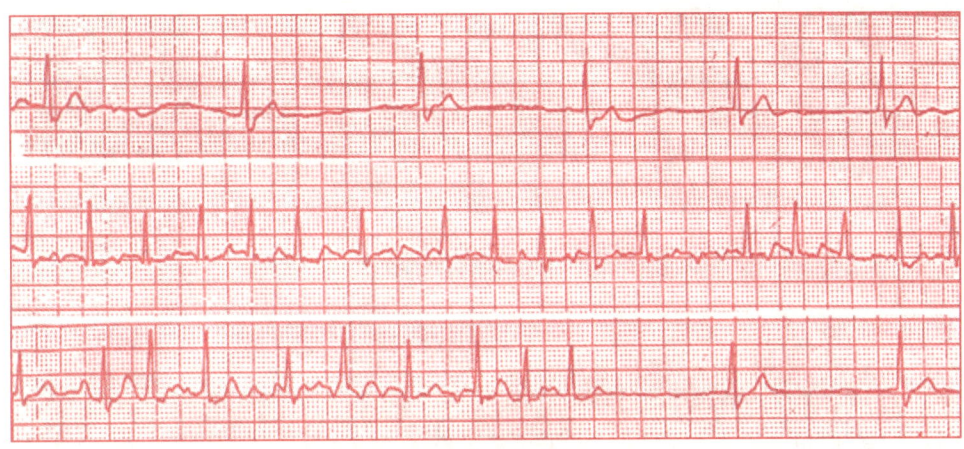

图 19-2-4　病窦综合征

二、期前收缩

期前收缩(premature beat)是指源于窦房结以外的异位起搏点提前发出的冲动使心脏收缩,又称过早搏动,是临床上最常见的心律失常。

按其起源部位不同,期前收缩分为房性、房室交界性、室性 3 类,其中以室性期前收缩最为常见。此外,根据期前收缩出现的频率不同,分为偶发性和频发性期前收缩。如与正常基础心律交替出现,即 1 个正常节律后出现 1 个期前收缩或 2 个正常节律后出现 1 个期前收缩,连续出现 3 次或 3 次以上,分别称为二联律、三联律。在同一导联的心电图上期前收缩的形态不同,称为多源性期前收缩。提前出现的异位搏动代替了 1 个正常窦性搏动,其后出现的 1 个较正常心动周期为长的间歇,称为代偿间歇。

【病因】

期前收缩可发生于健康人精神或身体过度疲劳、情绪紧张、吸烟饮酒过量、饱餐时,为生理性期前收缩;也常见于各种心脏病病人,如冠心病、风湿性心脏病、心肌炎、心肌病等,属病理性期前收缩。此外,甲亢、缺氧、高碳酸血症、药物中毒和电解质紊乱等亦可引起病人期前收缩。

【临床表现】

偶发期前收缩时,病人可无症状,部分病人有心悸或漏跳感;当期前收缩频发或连续出现时可使心排血量降低,出现心悸、乏力、头晕、胸闷、憋气、晕厥等症状,并可诱发或加重心绞痛、心力衰竭。

体格检查:听诊呈心律不齐,期前收缩后出现较长的间歇,第一心音常增强,第二心音相对减弱甚至消失。

【心电图特征】

1. **房性期前收缩(premature atrial beats)** ①提前出现 P′波,形态与窦性 P 波略有不同。②P′-R 间期>0.12s。③P′波后的 QRS 波群形态多正常,其后常可见一不完全代偿间歇,即期前收缩前后 2 个窦性搏动的间歇小于正常 R-R 间期的 2 倍(图 19-2-5)。

2. **房室交界性期前收缩(junctional premature contraction)** ①提前出现 QRS 波群,形态与窦性心律的 QRS 波群基本相同。②提前出现的 QRS 波群前或后可见逆行 P′波,或重叠于 QRS 波群而见不到 P 波。③P′-R 间期<0.12s 或 R-P′间期<0.20s。④期前收缩后多见一完全代偿间歇,即期前收缩前后 2 个窦性搏动的间歇等于正常 R-R 间期的 2 倍(图 19-2-6)。

Note:

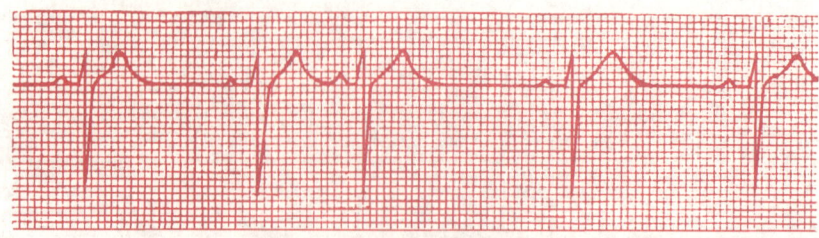

图 19-2-5 房性期前收缩

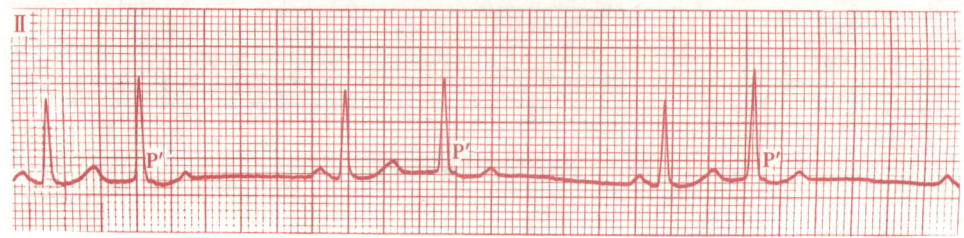

图 19-2-6 房室交界性期前收缩

3. **室性期前收缩**（premature ventricular beat） ①提前出现 QRS 波群,形态异常,宽大畸形,时限≥0.12s。②提前出现的 QRS 波群其前无相关 P 波。③T 波与 QRS 波群主波方向相反。④期前收缩后可见一完全代偿间歇(图 19-2-7~图 19-2-10)。

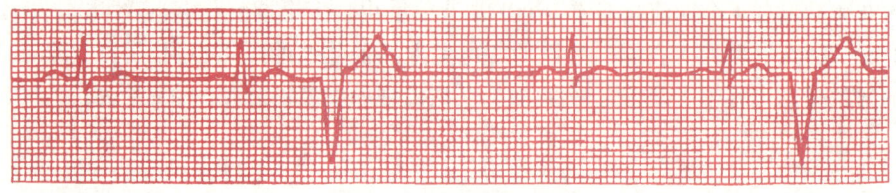

图 19-2-7 室性期前收缩

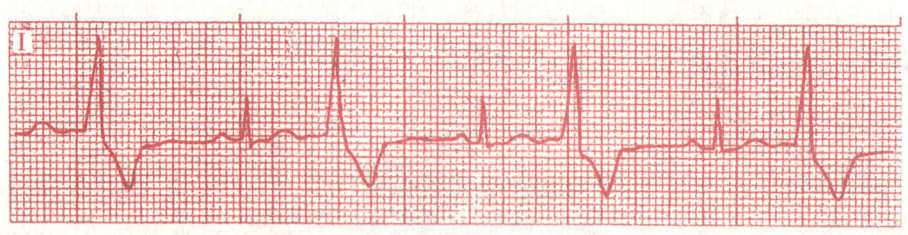

图 19-2-8 室性期前收缩呈二联律

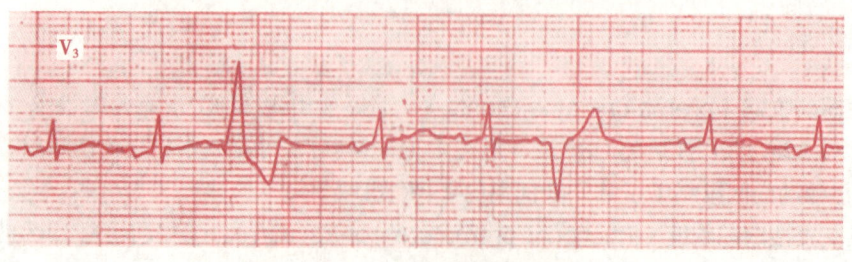

图 19-2-9 多源性室性期前收缩

Note:

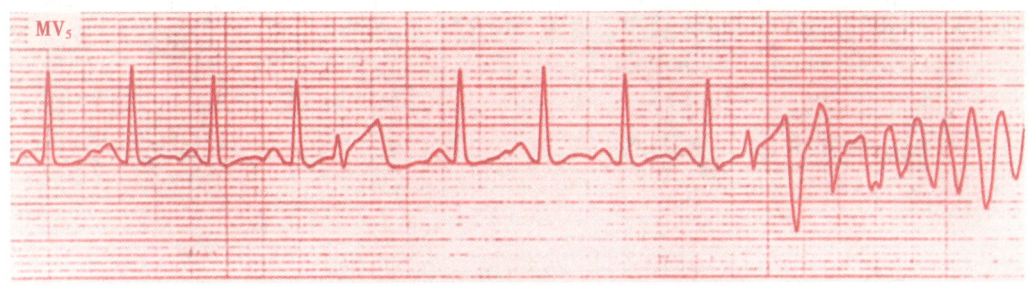

图 19-2-10　R-on-T 现象及多形性室性心动过速

三、阵发性心动过速

阵发性心动过速（paroxysmal tachycardia,PT）是异位起搏点自律性增强或折返激动形成的一种阵发、快速而规律的心律失常,由 3 个或 3 个以上连续发生的期前收缩形成,又称异位性心动过速。根据异位起搏点的部位不同,可分为阵发性房性、房室交界性和室性心动过速。由于阵发性房性与阵发性房室交界性心动过速在临床上常难以区别,故统称为阵发性室上性心动过速（paroxysmal supraventricular tachycardia,PSVT）,简称室上速;临床特点为突然发作,突然终止,可持续数秒、数小时甚至数日,自动停止或经治疗后停止。室性心动过速（ventricular tachycardia,VT）分为持续性室性心动过速（发作持续时间超过 30s 并伴血流动力学障碍）和非持续性室性心动过速,又称短阵室性心动过速（持续时间在 30s 以内自行终止发作）。

【病因】

1. **阵发性室上性心动过速**　可发生于无明显器质性心脏病的病人,也可见于风湿性心脏病、冠心病、甲状腺功能亢进、洋地黄中毒等。大部分室上速由折返激动机制引起,其中,房室结折返性心动过速与房室折返性心动过速是最常见的类型。

2. **阵发性室性心动过速**　多见于有器质性心脏病的病人,最常见者为急性心肌梗死,也见于心肌病、心肌炎、风湿性心脏病、洋地黄中毒、电解质紊乱、胺碘酮中毒、代谢障碍等。特发性室性心动过速可见于无器质性心脏病者。

【临床表现】

1. **阵发性室上性心动过速**　临床特点为突然发生和终止,一般持续数秒、数分钟至数小时。发作时病人最常见的临床症状是心悸（22%）,少数人表现为胸痛（5%）、晕厥（4%）及心源性猝死（0.2%）等,部分病人发作时会主诉胸部扑动或者被敲打颈部的感觉。体格检查时听诊心律规则,心率可达 150~250 次/min,心尖部第一心音强度一致。

2. **阵发性室性心动过速**　反复短阵室性心动过速对血流动力学影响不大,临床症状不多。持续室性心动过速常伴有血流动力学障碍和心肌缺血,病人多有低血压、心绞痛、呼吸困难、晕厥、抽搐甚至猝死等。体格检查时听诊心律略不规则,心率多在 140~220 次/min,第一心音强度可不一致。

【心电图特征】

1. **阵发性室上性心动过速**　①频率 150~250 次/min,节律规则。②QRS 波形态正常（伴有室内差异性传导或原有束支传导阻滞者可增宽变形）。③逆行 P′波常不易辨认,P′波与 QRS 波群关系恒定（图 19-2-11）。

2. **室性阵发性心动过速**　①3 个或以上的室性期前收缩连续出现。②频率一般为 100~250 次/min,节律可稍不规则。③QRS 波群宽大畸形,时限大于 0.12s。④继发 ST-T 改变,T 波方向与 QRS 波群主波方向相反。⑤如能发现 P 波,则 P 波与 QRS 波无关,即呈房室分离现象（图 19-2-12）。

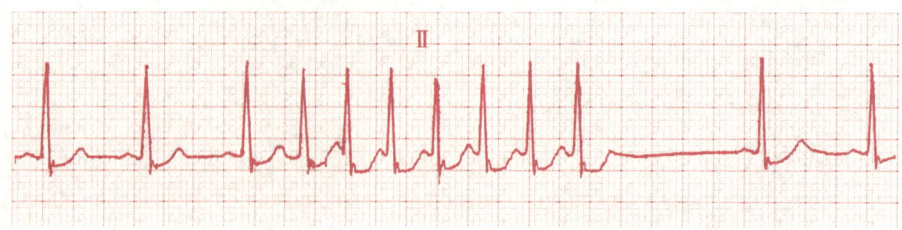

图 19-2-11 阵发性室上性心动过速

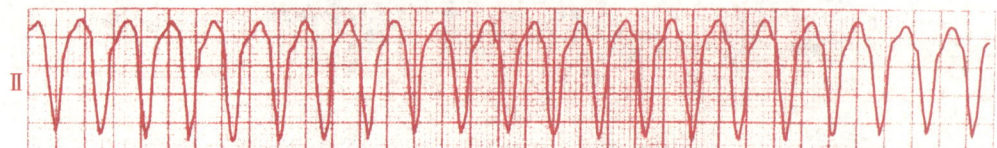

图 19-2-12 室性阵发性心动过速

四、扑动与颤动

当自发性异位搏动的频率超过阵发性心动过速的范围时,即形成扑动或颤动。根据异位搏动起源的部位不同,可分为心房扑动(atrial flutter,AF)与心房颤动(atrial fibrillation,Af)、心室扑动(ventricular flutter,VF)与心室颤动(ventricular fibrillation,Vf)。心房颤动是仅次于期前收缩的常见心律失常,远较心房扑动多见;心室扑动与心室颤动是极危重的心律失常。

【病因】

1. **心房扑动与心房颤动** 病因基本相同,大多数见于器质性心脏病病人,也可见于部分无心脏结构异常者。最常见于风湿性心脏病二尖瓣狭窄,也可见于冠心病、心肌病、心力衰竭、甲状腺功能亢进、洋地黄中毒及酒精中毒等。目前,一般将房颤分为首诊房颤、阵发性房颤、持续性房颤、长期持续性房颤和永久性房颤。

2. **心室扑动与心室颤动** 常为严重器质性心脏病(尤其是急性心肌梗死)、心搏骤停、心源性猝死及其他疾病病人临终前发生的心律失常,亦可见于严重药物中毒、电解质紊乱、急性缺氧、麻醉和心脏外伤等。

【临床表现】

1. **心房扑动与心房颤动** 心房扑动有不稳定趋向,可恢复窦性心律或进展为房颤,其临床症状取决于心室率的快慢,心率快者可有心悸、胸闷、心绞痛等;听诊时心律可规则亦可不规则。心房颤动症状亦取决于心室率的快慢和基础病变的严重程度,心率快时病人多有心悸、胸闷、乏力,严重者可发生心力衰竭、休克、昏厥及诱发心绞痛发作;典型体征为听诊第一心音强弱不等,心律绝对不规则,有脉搏短绌;病人左心耳或左心房易形成血栓,心房内附壁血栓脱落可引起脑栓塞、肢体动脉栓塞、视网膜动脉栓塞等而出现相应的临床表现。

2. **心室扑动与心室颤动** 一旦发生,病人意识丧失、大动脉搏动消失、呼吸骤停;听诊心音消失,脉搏摸不到,血压测不到。

【心电图特征】

1. **心房扑动** ①P 波消失,代之以间隔均匀、振幅相等、形状相似的锯齿状 F 波(扑动波),频率250~350 次/min。②QRS 波群与 F 波成某种固定的比例,心室律规则,最常见的比例为 2:1 或 4:1,比例关系不固定时则引起心室律不规则。③QRS 波形态正常(图 19-2-13)。

Note:

2. **心房颤动**　①P 波消失,代之以间隔不均匀、振幅不等、形状不同的 f 波,频率 350~600 次/min。②QRS 波群间隔绝对不规则,心室率<60 次/min 时为缓慢型房颤,心室率>100~110 次/min 为快速型房颤。③QRS 波形态一般正常(图 19-2-14)。

3. **心室扑动**　①QRS 波群消失,代之以连续、相对规则、振幅较大的正弦波图形;②频率为 150~300 次/min(图 19-2-15)。

4. **心室颤动**　①QRS-T 波群完全消失,代之为连续快速、大小不等、极不规则的波动。②频率为 150~500 次/min(图 19-2-16)。

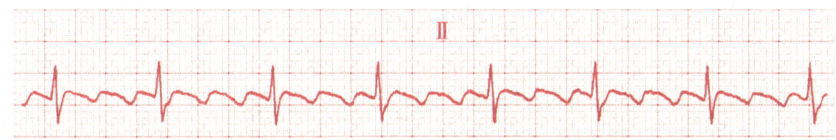

图 19-2-13　心房扑动

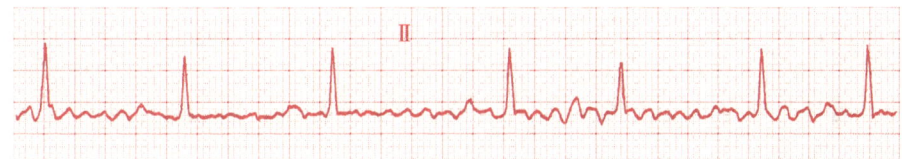

图 19-2-14　心房颤动

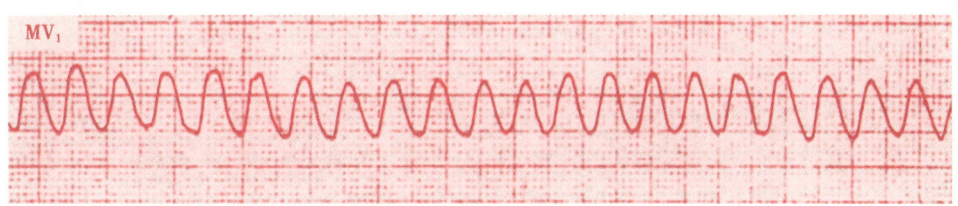

图 19-2-15　心室扑动

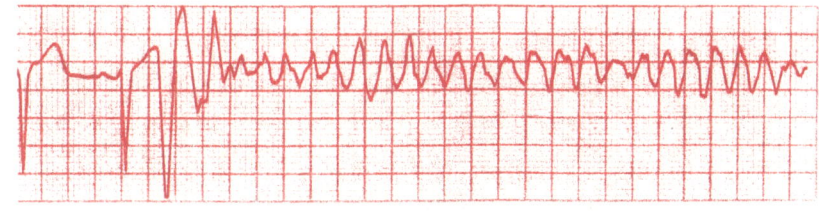

图 19-2-16　心室颤动

五、房室传导阻滞

房室传导阻滞(atrioventricular block,AVB)是指窦性冲动从心房传入心室过程中受到不同程度的阻滞,出现传导迟缓或传导中断,是心脏传导系统中最常见的一种传导阻滞。根据阻滞的程度分为三度,一度、二度房室传导阻滞又称为不完全性房室传导阻滞,三度房室传导阻滞称为完全性房室传导阻滞。二度房室传导阻滞又分为Ⅰ型(文氏型或莫氏Ⅰ型)和Ⅱ型(莫氏Ⅱ型),莫氏Ⅱ型易发展成高度房室传导阻滞或完全性房室传导阻滞。

【病因】

正常人在迷走神经张力增高时,可出现不完全性房室传导阻滞。但临床上常见于器质性心脏病病人,如冠心病(急性心肌梗死)、心肌炎、心内膜炎、心肌病、先天性心脏病、高血压等;亦可见于药物过量或药物反应过强(如洋地黄类药物、胺碘酮和β受体拮抗剂等)、心脏手术、电解质紊乱、甲状腺功能减退等。

【临床表现】

一度房室传导阻滞病人常无症状,听诊第一心音减弱。莫氏Ⅰ型房室传导阻滞病人可有心悸与心脏停顿感,听诊第一心音强度逐渐减弱,并有心搏脱漏;莫氏Ⅱ型房室传导阻滞病人有乏力、头晕、胸闷、活动后气急、短暂晕厥感,听诊有间歇性心搏脱漏,但第一心音强度恒定。三度房室传导阻滞病人的临床症状取决于心室率的快慢,心室率过慢时可出现脑缺血症状,严重时出现阿-斯综合征甚至猝死,听诊心律慢而规则,第一心音强弱不等,可闻及大炮音,心率通常为20~40次/min,血压偏低。

【心电图特征】

1. 一度房室传导阻滞 ①P-R间期>0.20s。②每个P波后均有QRS波群(图19-2-17)。

2. 二度房室传导阻滞

(1) 莫氏Ⅰ型:①P-R间期逐渐延长,直至P波后QRS波群脱落一次。②在心室脱漏后的第1个P-R间期又恢复到初始的时限,然后再次逐渐延长直到QRS波群脱落,周而复始(图19-2-18)。

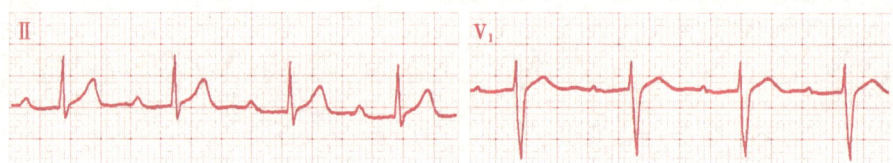

图19-2-17 一度房室传导阻滞

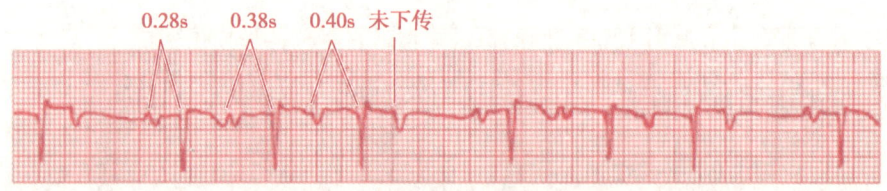

图19-2-18 莫氏Ⅰ型房室传导阻滞

(2) 莫氏Ⅱ型:①P-R间期固定,可正常或延长。②部分P波后QRS波群脱落,常呈2:1或3:1脱落。③QRS波群形态一般正常(图19-2-19)。二度房室传导阻滞中,连续3个或以上的P波不能下传者常称为高度房室传导阻滞。

3. 三度房室传导阻滞 ①缓慢心室率,一般为20~60次/min。②P-P间期相等,R-R间期相等,P波与QRS波群无关。③P波频率大于QRS波频率。④QRS波群形态可正常(心室起搏点在房室束分支以上)或增宽畸形(起搏点在房室束分支以下)(图19-2-20,图19-2-21)。

六、预激综合征

预激综合征(preexcitation syndrome)是指心房冲动经由附加的传导束抢先到达心室,使部分(或

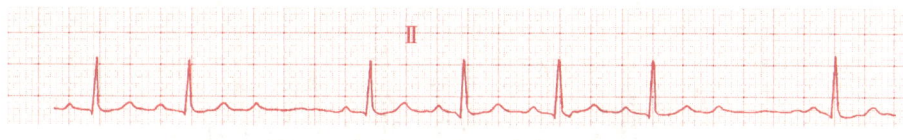

图 19-2-19　莫氏 II 型房室传导阻滞

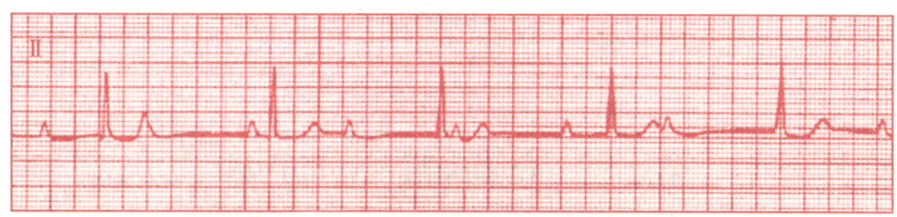

图 19-2-20　三度房室传导阻滞（QRS 波群形态正常）

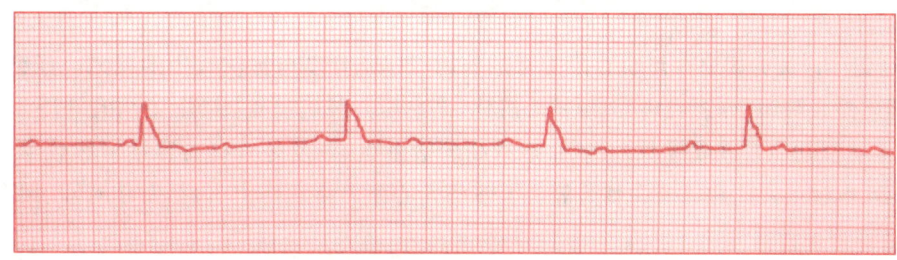

图 19-2-21　三度房室传导阻滞（QRS 波群增宽畸形）

全部）心室肌提前激动。当病人出现预激综合征心电图表现,临床上有心动过速发作时,可称为沃-帕-怀综合征(Wolff-Parkinson-White syndrome,WPW)。发生预激综合征的解剖学基础是房室间除有正常的传导组织以外,还存在附加的房室肌束连接,称为房室旁路或 Kent 束。另外尚有房-希束(James 束)、结室纤维束(Mahaim 束),较少见。

【病因】

可见于心脏正常者,也可见于器质性心脏病病人,如先天性心血管病、二尖瓣脱垂与心肌病等均可并发预激综合征。

【临床表现】

预激综合征本身不引起任何症状,当引起室上性心动过速、心房颤动时,可诱发心悸、胸闷、心绞痛、休克及心功能不全,甚至发生猝死。出现室上性快速型心律失常,心率增快,伴房颤时可检测到脉搏短绌。

【心电图特征】

由房室旁路引起的典型预激综合征表现:①P-R 间期<0.12s。②QRS 波群起始部分粗钝,形成预激波或 δ(delta)波,终末部分正常(图 19-2-22)。③QRS 波群增宽,时间>0.11s。④继发性 ST 段改变,ST-T 继发改变与 QRS 波群主波方向相反。

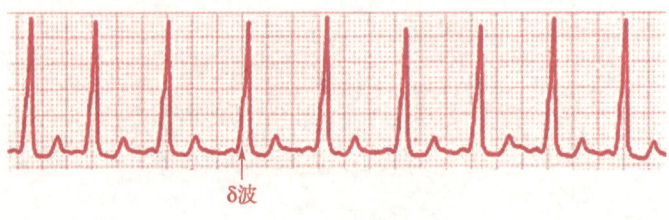

δ波

图 19-2-22　预激综合征

（刘　庚）

第三节　心律失常病人的护理

【护理评估】

（一）健康史

1. **既往史**　详细的病史对判断心律失常的病因、性质、程度可提供有用的线索。仔细询问病人是否患有器质性心脏病（如冠心病、风湿性心脏病、高血压心脏病、心肌疾病、心力衰竭等）、其他全身性疾病（如甲状腺功能亢进或减退、低氧血症或高碳酸血症等）及是否有血容量突然减少、全身性感染、药物中毒、电解质紊乱和机械性刺激等。了解病人心律失常发作史，包括发作时间、频率、持续时间等。

2. **诱因**　了解病人有无诱发因素，如吸烟、饮茶或咖啡、饮酒、运动、情绪紧张或激动、过度疲劳、饱餐等。

3. **药物或非药物治疗史**　病人有无服用肾上腺素、阿托品、洋地黄类药物及抗心律失常药物等；是否行电复律、起搏器安置术、射频消融术及外科手术治疗等。

（二）身体状况

了解病人心律失常的类型、发作的频率与起止方式及对其日常生活带来的影响，认真询问和观察病人的临床表现。

1. **症状**　某些心律失常发生时可无症状，常见的症状有心悸、头晕、乏力、胸闷、气短、黑蒙，严重时病人可出现昏厥、抽搐，发生呼吸困难、心绞痛、心力衰竭、休克等，甚至猝死。

2. **体征**　进行系统的体格检查时，应特别注意病人心音、心率、心律、脉搏等的变化，部分心律失常依靠体格检查即能基本确诊，如心房颤动常见的体征有心率过快或过慢，心律不齐，心音增强、减弱或强弱不等，脉搏增快、缓慢或不齐，脉短绌等。严重时可有低血压、血氧饱和度下降等低灌注体征。

（三）辅助检查

1. **心电图检查**　心律失常病人通过心电图检查几乎都能得到正确的诊断。护士应掌握心电图检查的方法。当病人心律失常发作时，及时描记心电图，标明病人姓名和检查时间。常规记录 12 导联心电图，并选择 P 波清楚的导联做一段较长的记录，通常选用 Ⅱ 和 V$_1$ 导联。逐项观察与判断，如：P 波与 QRS 波的形态与时限是否正常；P-P 或 R-R 间期是否规则；P 波与 QRS 波频率的快或慢、是否一致；P 波与 QRS 波的关系，测量 P-R 间期等。

2. **持续心电监测**　可随时观察病人是否出现心律失常及其类型、发作起止方式、持续时间和治疗效果等。

3. **特殊检查**　如动态心电图检查、运动试验、食管内心电图和心内电生理检查等。

4. **实验室检查**　如血气分析、血清电解质、血清药物浓度、心肌酶测定、血糖监测、X 线检查和超

Note:

声心动图等,查找心律失常潜在的病因和诱因。

5. **基因检测**　协助查找致病基因突变。

（四）心理-社会状况

病人常因心律失常症状的出现而紧张不安,过于注意脉搏和心搏的感觉;病人严重心律失常发作时易出现焦虑、恐惧情绪和濒死感。因为日常生活和工作会有一定影响,病人可能会面临压力。安装心脏起搏器治疗的病人,因所需费用昂贵,给家庭带来经济负担,可能表现出极度担忧,还可能存在自我认同障碍的问题。病人及其家属对手术、自我护理知识不足,易情绪低落、信心不足。

【常见护理诊断/问题】

1. **心输出量减少**　与心率过慢/过快、心室充盈不足、心房和/或心室收缩不协调有关。
2. **活动耐力下降**　与心律失常导致心排血量减少、组织器官供血不足有关。
3. **恐惧**　与心律失常反复发作影响日常生活、预感生命安全受到威胁及缺乏相关知识有关。
4. **有受伤的危险**　与心律失常引起昏厥有关。
5. **潜在并发症：心力衰竭,阿-斯综合征或猝死。**

【计划与实施】

一般无症状的心律失常无须治疗。如症状明显或有可能并发严重心律失常者,处理原则包括识别和纠正血流动力学障碍,如心脏复律;去除病因或诱因,如积极治疗原发病变,纠正电解质紊乱及酸碱平衡失调,停用可引发心律失常的药物等;使用抗心律失常药;刺激迷走神经;采用导管消融治疗顽固性心律失常等。经过治疗和护理,病人能够终止心律失常或转复;维持心功能正常或未进一步恶化;活动耐力增强;获得心律失常的有关知识和自我护理技能,焦虑减轻或消失;无心力衰竭、猝死等发生或能得到及时抢救。

（一）一般护理

1. **活动与休息**　对无器质性心脏病的良性心律失常病人,鼓励其正常工作和生活,建立健康的生活方式。当发生严重心律失常时,病人应绝对卧床休息,以减少心肌耗氧量和对交感神经的刺激,协助其生活护理,促进身心休息。对于存在猝死风险的病人,限制或避免竞技性运动或剧烈运动,尽量避免处于紧张的环境中。

2. **卧位**　病人可采取高枕卧位、半坐位或其他舒适体位,尽量避免左侧卧位,以免病人感觉心脏的波动而加重不适感。必要时应用床挡,防止病人跌倒或坠床。

3. **饮食与排泄**　识别和纠正可能由腹泻、呕吐和减肥过程中由代谢状态或饮食不均衡引发的电解质紊乱。给予病人低能量、易消化的饮食,增加富含维生素的蔬菜和水果;保持排便通畅,切忌排便用力,以免加重病情。避免过度饮酒。

4. **给氧**　对伴有缺氧症状、体征的病人,给予氧气持续吸入。

5. **控制危险因素**　查找和去除致心律失常的各种危险因素。

（二）病情监护

1. **观察病情**　加强巡视,密切观察病人生命体征、皮肤颜色、温度、尿量、心电图等,判断心律失常的类型;观察病人有无头晕、晕厥、气短、烦躁不安等表现。

2. **心电监护**　密切观察并记录有无引起猝死危险的心律失常,如频发、多源性、成联律的室性期前收缩,或室性期前收缩落在前一心搏的 T 波上(R-on-T),莫氏 Ⅱ 型房室传导阻滞,室性阵发性心动过速,心室颤动,三度房室传导阻滞。一旦发现上述情况应立即报告医生,配合紧急处理。

3. **其他**　监测血气分析、电解质、血药浓度、心肌酶、血糖、X 线检查和超声心动图结果。

Note:

知 识 链 接

房颤管理"ABC"

2020年欧洲心脏学会提出了心房颤动诊断和管理的 Atrial Fibrillation Better Care(ABC)Pathway。

A(anticoagulation/avoid stroke):抗凝/预防卒中,除低风险病人,其余病人应口服抗凝血药,预防卒中的发生。

B(better symptom management):更好的症状管理,通过药物等措施更好的控制心率和心律。

C(cardiovascular and comorbidity optimisation):心血管合并症优化,加强对高血压等其他并发症和生活方式的管理,例如戒烟、减肥、避免饮酒过量和适当运动。

(三)药物治疗与护理

1. 仔细分析致心律失常原因,立即停用和避免使用相关致心律失常的药物。

2. **遵医嘱使用抗心律失常药控制发作**　对室上性快速型心律失常,可给予病人普罗帕酮、胺碘酮或腺苷等药物;室性快速型心律失常多选用胺碘酮、利多卡因、美托洛尔等药物;缓慢型心律失常可用阿托品、异丙肾上腺素等药物。口服药应按时按量服用,静脉注射时速率应缓慢。

3. 熟悉常用抗心律失常药的适应证,严格遵医嘱正确给药,观察疗效和不良反应(表19-3-1)。

4. 观察用药过程中及用药后病人的心率、心律、血压、脉搏、呼吸、意识变化,必要时应持续心电监测,及时发现用药而引起的心律失常。

5. 协助对房颤病人定期进行脑卒中风险和出血风险评价。血栓栓塞风险较高者须口服抗凝血药治疗(包括华法林、达比加群酯、利伐沙班等),监测病人凝血功能、注意出血倾向。确定潜在的高出血风险病人,安排早期和更频繁的临床检查和随访。

6. 指导病人正确服用药物,解释药物作用、服用方法、服药注意事项等,观察药物疗效和不良反应。

7. 配合医生执行各种急救措施。

表 19-3-1　常用抗心律失常药的药物分类、作用特点、适应证、不良反应与护理要点

药物分类		作用特点	适应证	不良反应	护理要点
I 类 钠通道阻滞剂	Iₐ 类 奎尼丁 (临床较少 使用)	—	—	—	—
	I_b 类 利多卡因	减慢传导 减低自律性	室性心动过速 或心室颤动(不 做首选)	心动过缓 低血压 语言不清,意识 改变 肌肉搐动、眩晕	稀释后缓慢静脉注射 (2~3min);心室颤动 可快速注射 监测心律、心率和血 压变化 观察神志、语言变化 预防跌倒受伤
	I_c 类 普罗帕酮 (心律平)	减慢传导 减低自律性	口服适用于室 性心律失常 静脉注射适用 于终止室上速	室内传导障碍 加重,QRS 波 增宽 诱发或使原有 心力衰竭加重 头痛,头晕,恶心	稀释后缓慢静脉注射 (10min) 监测心律、心率和血 压变化 监测心功能不全表现 询问病人不适主诉, 及时处理

续表

药物分类	作用特点	适应证	不良反应	护理要点
II类 β受体拮抗剂 美托洛尔 艾司洛尔	减低或阻断交感神经作用 延长房室结传导时间	窄QRS心动过速 室性心动过速 控制心房颤动/心房扑动心室率	低血压 心动过缓和/或心脏传导阻滞 体液潴留,诱发加重心力衰竭 可能诱发支气管哮喘	稀释后缓慢静脉注射(5min) 监测血压,避免体位突然改变 监测脉搏/心率和心律 观察病人原有心力衰竭症状是否加重 支气管哮喘、阻塞性肺疾病、预激综合征病人避免使用
III类 钾通道阻滞剂 胺碘酮 索他洛尔 伊布利特	延迟复极时间,延长动作电位间期	室性心律失常 心房颤动/心房扑动,房性心动过速 心肺复苏	心动过缓 低血压 Q-T间期延长 静脉炎 肝功能、甲状腺功能紊乱 肺纤维化	稀释后缓慢静脉注射(>10min);心肺复苏时可快速注射 监测心率、血压 监测Q-T间期、电解质水平 注意注射部位局部,建议使用中心静脉 监测肝功能、甲状腺功能 监测肺毒性反应
IV类 钙通道阻滞剂 维拉帕米 地尔硫䓬	减慢房室结传导,延长房室结不应期	控制心房颤动/心房扑动心室率 室上性心动过速	低血压 心动过缓 诱发或加重心力衰竭	稀释后缓慢静脉注射(>2min) 监测心率、血压 观察病人是否出现心力衰竭症状或原有症状是否加重 预激综合征病人避免使用
毛花洋地黄苷 毛花苷C	正性肌力作用,提高迷走神经张力,减慢房室传导	控制心房颤动心室率 室上性心动过速	心动过缓 洋地黄中毒	稀释后缓慢静脉注射(5min) 监测心律、心率 监测血液洋地黄浓度 识别洋地黄中毒表现 预激综合征病人避免使用
硫酸镁	细胞钠、钾转运的辅助因子	伴有Q-T间期延长的多形性室性心动过速	中枢神经系统毒性 呼吸抑制	缓慢静脉注射(15~20min) 监测心律、心率 检测血镁水平 监测呼吸深度、频率

（四）非药物治疗与护理

1. **刺激迷走神经**　对初次发作的阵发性室上性心动过速病人,如其心功能和血压正常,可协同医生试用刺激迷走神经的方法终止发作。①用压舌板刺激病人腭垂,诱发恶心、呕吐。②嘱病人深吸气后屏气,再用力做呼吸动作。③颈动脉窦按压,病人取仰卧位,先按压右侧5~10s,如无效再按压左侧,不能两侧同时进行;按压的同时听诊病人心率,当心率减慢,立即停止(老年人不推荐使用此种方法)。④压迫眼球,病人取平卧位,闭眼并眼球向下固定不动,用拇指在一侧眶下压迫眼球,每次10s,青光眼或高度近视者禁忌。

2. **安装心脏起搏器**　起搏器可以被用作临时或永久措施来治疗某些心律失常。临时性心脏起搏主要应用于紧急性心脏传导系统功能障碍或传导阻滞,可在最短时间内改善血流动力学,保证重要器官的灌注。安装永久起搏器术后,护士通过病史、起搏器卡片等了解起搏器的模式和基本设置;观察病人的 12 导联心电图以评价起搏器的功能、识别起搏器故障;评估病人有无心排血量降低、囊袋感染、气胸、呃逆、心脏压塞等症状和体征。

3. **安装植入型心律转复除颤器** 植入型心律转复除颤器(implantable cardioverter defibrillator,ICD)是一种植入在体内的电子设备,可以对心动过缓、室性心动过速及心室颤动进行持续监测,适时给予电击或起搏以治疗危险的心律失常。ICD 适用于药物治疗、外科手术或射频导管消融都难以控制的心律失常病人。ICD 的植入过程与永久起搏器相似,由可程控的脉冲发生器和 1 根或多根导线组成。ICD 可检测并记录心律失常并且自动应答进行合适的治疗,如心动过缓起搏、抗心动过速起搏、心脏复律和除颤(图 19-3-1)。安装 ICD 病人术前和术后护理可参考永久起搏器的

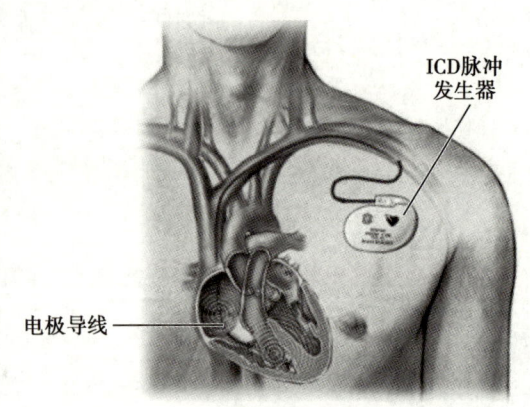

图 19-3-1 植入型心率转复除颤器

护理内容。术后室性心动过速、心室颤动发作时,ICD 会自动电击,这时病人突然全身抽动或有重锤击打的感觉,因此恐惧电击是术后病人常见的心理障碍,护士应提供心理支持,介绍 ICD 对心肌损伤极小,医生会及时调整治疗方案,并通过程控调整 ICD 工作参数来控制心律失常的发作和电击现象,鼓励病人乐观地配合检查和治疗。

知 识 链 接

心源性猝死 1.5 级预防的概念

对于适宜 ICD 一级预防、但无心源性猝死(sudden cardiac death,SCD)发生史的病人,如果具有以下危险因素:非持续性室性心动过速(NSVT)、频发室性期前收缩(>10 次/h)、LVEF<0.25、晕厥或先兆晕厥,病人发生心源性猝死的风险非常高,应该优先植入 ICD,称为 SCD1.5 级预防。研究证实,相比于未植入 ICD 者,植入 ICD 的 SCD1.5 级预防组病人全因死亡率降低 49%,有助于发展中国家将有限的医疗资源更多地应用于猝死高危人群。

4. **射频导管消融术** 是一种侵入性操作,对房颤、心房扑动、室性心动过速、房室结折返性心动过速及 WPW 有效。术后应行连续心电监测,评价有无心律失常或心肌缺血改变,监测病人生命体征,检查穿刺口有无出血和血肿形成,监测并发症,如出血、心脏穿孔、心律失常、膈神经损伤、卒中及猝死等。

5. **手术治疗** 针对室性心律失常的外科手术治疗包括切除异位起搏点和阻断参与心动过速生成、维持和传导的组织;针对房颤可行导管消融手术治疗。

(五)并发症的观察与护理

1. **心力衰竭** 避免劳累、情绪激动、感染等诱发心力衰竭的因素,遵医嘱给予纠正心律失常的药物,并观察药物疗效和副作用。一旦病人发生心力衰竭,积极采取相应的护理措施。

2. **阿-斯综合征及心源性猝死** 心源性猝死(SCD)是指因心脏性原因导致的,在急性症状出现后 1h 内发生的自然死亡,严重威胁着人类的生命。严重心律失常病人突然出现短暂意识障碍、黑矇、晕厥等,提示阿-斯综合征;持续心前区疼痛、心悸、头昏、呼吸困难等症状,提示病人发生猝死先兆。当病人出现上述表现时,嘱病人立即卧床休息,给予氧气吸入,进行心电监护,密切观察病人的意识状态

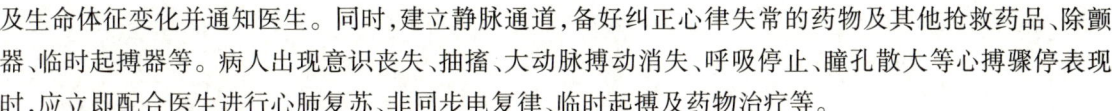

及生命体征变化并通知医生。同时,建立静脉通道,备好纠正心律失常的药物及其他抢救药品、除颤器、临时起搏器等。病人出现意识丧失、抽搐、大动脉搏动消失、呼吸停止、瞳孔散大等心搏骤停表现时,应立即配合医生进行心肺复苏、非同步电复律、临时起搏及药物治疗等。

（六）心理护理

1. 加强巡视病房,观察并了解病人的心理状态,分析其有无焦虑、恐惧等及原因。及时与病人进行沟通,鼓励病人说出焦虑的原因,评估焦虑的等级;说明心律失常的可治性,解除病人思想顾虑;解释焦虑和恐惧情绪不仅加重心脏负荷,还易诱发和加重心律失常。

2. 指导病人采用放松技术,如全身肌肉放松、缓慢深呼吸;鼓励病人参加力所能及的活动或适当的娱乐,以分散注意力。嘱病人积极配合治疗,尽早控制病情,从而减轻躯体不适和紧张情绪。焦虑程度严重而影响休息或加重病情时,遵医嘱适当使用镇静药、抗焦虑药。

（七）健康指导

1. 向病人及其家属讲解心律失常的常见病因、诱因及防治知识,指导病人保持乐观、稳定的情绪,不要过分注意心悸的感受。

2. 嘱病人注意劳逸结合、生活规律,保证充足的休息和睡眠;无器质性心脏病者,应积极参加体育锻炼,调节自主神经功能;有器质性心脏病者,根据心功能评估结果选择适宜的运动康复活动,中等水平的体力活动可降低房颤发生的风险。

3. 指导病人选择良好的生活方式。戒烟酒、避免摄入刺激性食物;肥胖者应减重,饮食应低脂、易消化、富含营养,避免饱餐;保持排便通畅,避免用力排便;避免劳累、情绪激动、感染。

4. 告知病人及时筛查和控制心律失常的疾病因素,包括治疗高血压、糖尿病、肥胖症及甲亢等。

5. 说明服用抗心律失常药的重要性,嘱病人遵医嘱按时服药,不可随意增减药量、停药或更换药物,教会病人观察药物疗效和不良反应,有异常时及时就诊。

6. 教会病人及其家属测量脉搏的方法,以利于自我监测病情;对反复发生严重心律失常、有高危猝死风险者,教会病人家属心肺复苏术。

7. 有晕厥史的病人避免从事驾驶、高空作业等有危险的工作,有头昏、黑矇时立即平卧,以免晕厥发作时摔伤。

8. 定期随访,复查心电图,及早发现病情变化。

9. 建议临床上确定或者怀疑遗传性心律失常疾病为病因的心源性猝死病人幸存者及其直系亲属,在专业临床中心接受评估、致病基因筛查和遗传咨询。

【护理评价】

通过治疗和护理,评估病人是否能够达到:①维持正常心功能;②活动耐力增强;③情绪稳定,焦虑/恐惧减轻或消失;④获得心律失常的有关知识和自我护理技能;⑤不发生心力衰竭、阿-斯综合征及猝死等,或得到及时抢救。

（刘　庚）

思　考　题

1. 根据发生原理,心律失常分为哪几类?

2. 常见不同类型的心律失常的心电图特点有哪些?

3. 常用抗心律失常药使用的护理要点有哪些?

Note:

NURSING

第二十章

心力衰竭病人的护理

20 章　数字内容

━━━━━ 学 习 目 标 ━━━━━

- 识记：
1. 陈述心力衰竭的概念、诱因、进展分期和心功能分级。
2. 列出治疗心力衰竭的常用药物种类。
3. 阐述洋地黄类药物作用机制和使用的注意事项,利尿药种类及使用注意事项。
- 理解：
1. 阐明心力衰竭的基本病因。
2. 解释心力衰竭的代偿和失代偿机制。
3. 概述心力衰竭的临床表现。
- 运用：
1. 能够对心力衰竭病人进行护理评估,并根据护理评估资料准确提出护理诊断、制订相应的护理措施。
2. 能够根据病情准确判断急性心力衰竭的发生,并采取相应的抢救措施。

导入情境与思考

病人，女性，58 岁，心脏瓣膜疾病史 15 年，10 年前曾行二尖瓣置换术，长期服用呋塞米、卡托普利、比索洛尔和地高辛等药物。近 2 年来，偶有活动后喘憋症状。1 周前感冒后出现胸闷、憋气、乏力，休息和服用药物后可稍缓解，为进一步检查入院。体格检查：心界扩大，心室抬举样搏动，听诊双肺下部可闻及湿啰音，但无肝大、压痛及双下肢水肿，肝-颈静脉回流征（－）。

请思考：

（1）该病人目前出现了什么问题？判断依据是什么？

（2）病人目前存在哪些护理问题？

（3）病人长期服用地高辛，针对此药物，护士需要提供哪些护理措施？

第一节　概　述

心力衰竭（heart failure，HF）简称心衰，是各种心脏结构或功能性疾病导致心室充盈和/或射血功能受损，心排血量不能满足机体组织代谢需要，以肺循环和/或体循环淤血，器官、组织血液灌注不足为临床表现的一组综合征，主要表现为呼吸困难、体力活动受限和体液潴留。

随着我国人口老龄化加剧和心脏疾病病人生存期的延长，我国心力衰竭患病率呈持续升高趋势，不同研究报告的心衰患病率为 0.9%～1.3%。《中国心血管健康与疾病报告 2021》显示，我国心力衰竭的主要病因构成为高血压（56.3%）和冠心病（48.3%），风湿性心瓣膜病占比逐年下降。

【临床类型】

（一）依据左室射血分数分类

基于左室射血分数（left ventricular ejection fraction，LVEF），LVEF<40% 者称为射血分数降低性心力衰竭（HF with reduced EF，HFrEF）；LVEF≥50% 的心衰称为射血分数保留性心力衰竭（HF with preserved EF，HFpEF）；LVEF 在 40%～49% 之间者称为中间范围射血分数心衰（HF with mid-range EF，HFmr EF）。

（二）根据心力衰竭发生的时间、速度和严重程度分类

分为慢性心力衰竭和急性心力衰竭。

（三）依据心力衰竭受累部位分类

分为左心衰竭和右心衰竭。左、右心衰竭可相继或同时出现而表现为全心衰竭。

【心功能不全的程度判断】

心衰是慢性、自发进展性疾病，根据心衰发生发展过程，ACC/AHA 将心衰分为 4 个阶段（表20-1-1）。纽约心脏病学会（New York Heart Association，NYHA）心功能分级是临床常用的心功能评估方法（表 20-1-2），常用于评价病人的症状及进行随访。

表 20-1-1　ACC/AHA 心力衰竭分期

心衰分期	定义	患病人群举例
A 期 （前心衰阶段）	为心衰的高危人群，无心脏的结构或功能异常，也无心衰的症状和/或体征	高血压、冠心病、糖尿病、肥胖、代谢综合征及有应用心脏毒性药物史、酗酒史、风湿热史或心肌病家族史等
B 期 （前临床心衰阶段）	无心衰的症状和/或体征，但已发展成结构性心脏病	左心室肥厚、陈旧性心肌梗死、无症状的心脏瓣膜疾病等

续表

心衰分期	定义	患病人群举例
C 期 （临床心衰阶段）	有器质性心脏病,既往或目前有心力衰竭症状和/或体征	器质性心脏病病人伴运动耐力下降和体液潴留
D 期 （难治性终末期心衰阶段）	有进行性结构性心脏病,虽经积极的内科治疗,休息时仍有症状,且需要特殊干预	因心力衰竭反复住院,且不能安全出院者;需要长期静脉用药者;等待心脏移植者;使用心脏机械辅助装置者

表 20-1-2　纽约心脏病学会（NYHA）心功能分级

心功能分级	特点
Ⅰ 级	体力活动不受限;病人患有心脏病,但平时一般活动不引起疲乏、心悸、呼吸困难、心绞痛等症状
Ⅱ 级	体力活动轻度受限;休息时无自觉症状,但平时一般活动可出现上述症状,休息后很快缓解
Ⅲ 级	体力活动明显受限;休息时无症状,低于平时一般活动量时即可引起上述症状,休息较长时间后症状方可缓解
Ⅳ 级	体力活动严重受限;休息时亦有心衰的症状,体力活动后加重

这种分级方案的优点是简便易行,但仅凭病人的主观感受和/或医生的主观评价,短时间内变化的可能性和个体间差异较大,有时症状与客观检查有很大差距。

（刘　庚）

第二节　慢性心力衰竭病人的护理

慢性心力衰竭(chronic heart failure,CHF)是心血管疾病的终末期表现和最主要的死因,在原有慢性心脏疾病基础上逐渐出现心衰症状、体征。慢性心力衰竭症状、体征稳定 1 个月以上称为稳定性心力衰竭。多数急性心力衰竭病人经住院治疗后症状部分缓解,而转入慢性心力衰竭;慢性心力衰竭病人常因各种诱因急性加重而需住院治疗。

【病因和诱因】

心衰的病因复杂多样,原发性心肌损害和异常是引起心衰最主要的病因。

（一）基本病因

1. 原发性或继发性心肌病变

（1）缺血性心肌损害:冠心病导致缺血性心肌损害如心肌梗死(心肌瘢痕、心肌顿抑或冬眠)是引起心衰最常见的原因之一。

（2）心肌炎和心肌病:各种类型的心肌炎、遗传因素相关的肥厚型心肌病、扩张型心肌病、限制型心肌病及致心律失常型右心室心肌病等。

（3）内分泌代谢性疾病:以糖尿病心肌病最为常见,其他如继发于甲状腺功能亢进或减退的心肌病、心肌淀粉样变性等。

2. 心脏负荷过重

（1）容量负荷(前负荷)过重:左心室容量负荷过重见于主动脉瓣、二尖瓣关闭不全,先天性心脏病右向左分流;右心室容量负荷过重见于房间隔缺损、肺动脉瓣或三尖瓣关闭不全等;双心室容量负荷过重见于严重贫血、甲状腺功能亢进症、脚气性心脏病、动静脉瘘等。

（2）压力负荷(后负荷)过重:左心室压力负荷过重见于高血压、主动脉流出道受阻(主动脉狭

Note:

窄、主动脉瓣狭窄）；右心室压力负荷过重见于肺动脉高压、肺动脉瓣膜狭窄、慢性阻塞性肺疾病和肺栓塞等。

（3）心室前负荷不足：常见于心室舒张期顺应性降低，如二尖瓣狭窄和三尖瓣狭窄、心脏压塞、限制型心肌病和缩窄性心包炎。

（二）诱因

有基础心脏病的病人，80%~90%的心力衰竭症状常由一些增加心脏负荷的因素所诱发，常见的诱因有：

1. **感染**　是最主要的诱因，以呼吸道感染最常见，其次如感染性心内膜炎、全身感染等。

2. **心律失常**　心房颤动是诱发心力衰竭最重要的因素之一。其他各种类型的快速型心律失常及严重的缓慢型心律失常均可诱发心力衰竭。

3. **肺栓塞**　心力衰竭病人长期卧床容易产生深静脉血栓，发生肺栓塞，增加右心室负荷，加重右心衰竭。

4. **过度劳累或应激**　体力活动、情绪激动、气候突变、饱餐或摄盐过多均可以引发血流动力学变化，诱发心衰。

5. **妊娠和分娩**　有基础心脏病或围生期心肌病病人，妊娠分娩加重心脏负荷，可以诱发心衰。

6. **贫血与出血**　慢性贫血病人表现为高排出量性心力衰竭。大量出血引发低心排血量和反射性心率加快，诱发心衰。

7. **治疗不当或遵医行为差**　如不恰当或未遵医嘱服用相关治疗心力衰竭药物或其他药物。

8. **其他**　输液，饮水过多、过快，可以引发急性肺水肿；电解质紊乱可诱发和加重心衰。

【病理生理】

（一）代偿机制

1. **Frank-Starling 机制**　静脉回心血量增多，心脏的前负荷增加，心室舒张末期容积增加，从而增加心排血量及心脏做功量。心室舒张末期容积增加，意味着心室扩张，舒张末压力也增高；相应地，心房压、静脉压也随之升高，达到一定程度时可出现肺循环和/或体循环静脉淤血。如图 20-2-1 所示，心力衰竭时心功能曲线向右下偏移。当左心室舒张末压>18mmHg 时，出现肺充血的症状和体征；当心排血指数<2.2L/(min·m²)时，出现低心排血量的症状和体征。

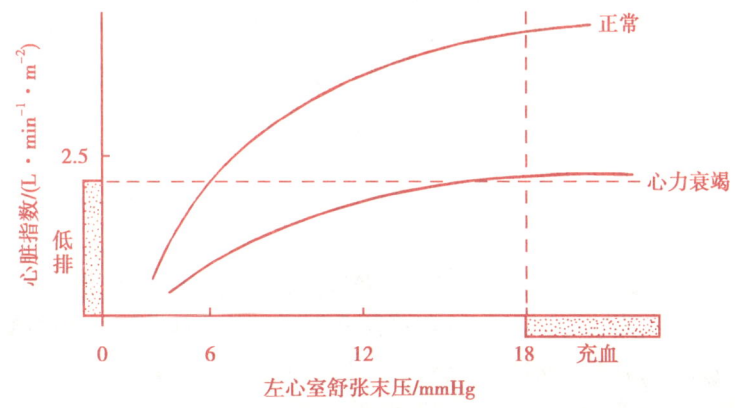

图 20-2-1　左心室功能曲线

2. **心肌肥厚**　当心脏后负荷增高时，常以心肌肥厚作为主要的代偿机制。心肌肥厚以心肌细胞肥大、心肌纤维化为主。细胞核及线粒体的增大、增多均落后于心肌的纤维化，致心肌供能不足，继续发展终致心肌细胞死亡。心肌肥厚时心肌收缩力增强，克服后负荷阻力，使心排血量在相当长时间内维持正常，但心肌顺应性差，舒张功能降低，心室舒张末压升高。

3. 神经体液的代偿机制

（1）交感神经兴奋性增强：心力衰竭病人血液中去甲肾上腺素水平升高，作用于心肌 β_1 肾上腺素受体，增强心肌收缩力并提高心率，以增加心排血量，但同时周围血管收缩，心脏后负荷增加，心率加快，使心肌耗氧量增加。去甲肾上腺素还对心肌细胞有直接毒性作用，促使心肌细胞凋亡，参与心室重塑的病理过程。此外，交感神经兴奋还可使心肌应激性增强而有促心律失常作用。

（2）肾素-血管紧张素-醛固酮系统（renin-angiotensin-aldosterone system，RAAS）激活：心排血量降低致肾血流量减低，RAAS 激活，心肌收缩力增强，周围血管收缩维持血压，调节血液再分配，保证心、脑等重要器官的血供，并促进醛固酮分泌，水钠潴留，增加体液量及心脏前负荷，起到代偿作用。RAAS 被激活后，血管紧张素 II 及醛固酮使心肌、血管平滑肌、血管内皮细胞发生重构，促使心肌间质纤维化，并使血管舒张受影响。RAAS 促进心脏和血管重塑，加重心肌损伤和心功能恶化。

代偿机制使心功能维持在相对正常的水平，但作用有限，最终导致失代偿。

（二）体液因子的改变

1. 利钠肽类　人类有 3 种利钠肽类：心钠肽（atrial natriuretic peptide，ANP）、脑钠肽（brain natriuretic peptide，BNP）和 C 型利钠肽（C-type natriuretic peptide，CNP）。ANP 在心房压力增高时释放，其生理作用为扩张血管和利尿排钠，对抗肾上腺素、肾素-血管紧张素和精氨酸升压素（arginine vasopressin，AVP）系统的水、钠潴留效应。BNP 主要由心室肌细胞分泌，其水平随心室壁张力而变化并对心室充盈压具有负反馈调节作用。CNP 生理作用尚不明确，可能参与或协同 RAAS 的调节作用。心力衰竭时，BNP 及 ANP 分泌明显增加，其增高的程度与心力衰竭的严重程度呈正相关，可作为评定心衰进程和判断预后的指标。

2. 精氨酸升压素（arginine vasopressin，AVP）　具有抗利尿和促周围血管收缩的作用，引起全身血管收缩，水潴留增加，同时增加心脏前、后负荷。

3. 内皮素（endothelin，ET）　心力衰竭时，血管活性物质及细胞因子促进内皮素分泌，且血浆内皮素水平直接与肺动脉压，特别是肺血管阻力与全身血管阻力的比值相关。除血流动力学效应外，内皮素还可导致细胞肥大增生，参与心室重塑过程。

4. 细胞因子　心肌细胞和成纤维细胞等能表达肽类生长因子，在调节心力衰竭的心肌结构和功能改变中可能起着重要作用，血液循环中的炎症因子水平升高，可能参与慢性心力衰竭的病理生理过程。

（三）心肌损害和心室重塑

在心脏功能受损、心腔扩大、心肌肥厚的代偿过程中，心肌细胞、细胞外基质、胶原纤维网等均发生相应变化，即心室重塑。心肌细胞的能量供应不足及利用障碍导致心肌细胞坏死、纤维化是失代偿发生的一个重要因素。心肌细胞减少使心肌整体收缩力下降，纤维化的增加又使心室顺应性下降，重塑更趋明显，心肌收缩力不能发挥其应有的射血效应，形成恶性循环。

【护理评估】

（一）健康史

了解病人导致心力衰竭的病因和诱因，仔细询问病人相关病史。询问是否有呼吸困难、端坐呼吸。若有劳力性呼吸困难，须了解病人产生呼吸困难的体力活动类型，还应了解是否有恶心、呕吐、食欲缺乏、体重增加及身体低垂部位水肿，以及对心力衰竭的认知水平。

（二）身体状况

心力衰竭以左心衰竭开始较多见，以后继发性肺动脉高压而导致右心衰竭。单独的右心衰竭相对少见。

1. 左心衰竭　以肺循环淤血和心排血量降低为主要表现。

（1）症状

1）不同程度的呼吸困难：①劳力性呼吸困难：是左心衰竭最早出现的症状。因运动使静脉回心

血量增加,左心房压力升高,加重肺淤血。②端坐呼吸:因平卧时静脉回心血量增多且膈肌上抬,呼吸更为困难。高枕卧位、半卧位甚至端坐时方可好转。③夜间阵发性呼吸困难:病人入睡后突然因憋气而惊醒,被迫取坐位,重者可有哮鸣音,称为心源性哮喘。其发生机制除睡眠平卧时血液重新分配使肺血流量增加外,夜间迷走神经张力增加、小支气管收缩、横膈抬高、肺活量减少等也是促发因素。④急性肺水肿:是心源性哮喘的进一步发展,是左心衰竭最严重的形式。

2)咳嗽、咳痰和咯血:咳嗽、咳痰是肺泡和支气管黏膜淤血所致,白色浆液性泡沫状痰为其特点,偶可见痰中带血丝。急性左心衰竭发作时可出现粉红色泡沫样痰。长期慢性肺淤血肺静脉压力升高,导致肺循环和支气管循环之间在支气管黏膜下形成侧支,此种血管一旦破裂可引起咯血。

3)疲倦、乏力、头晕、心悸:其原因主要是由于心排血量降低导致器官组织血液灌注不足及代偿性心率加快。

4)少尿及肾功能损害症状:严重左心衰竭时血液进行再分配,首先是肾血流量明显减少,病人可出现少尿。长期慢性肾血流量减少可出现血尿素氮、肌酐升高并可有肾功能不全的症状。

(2)体征

1)肺部湿啰音:由于肺毛细血管压力增高,液体可渗出到肺泡而出现湿啰音。随病情由轻到重,肺部湿啰音可从局限于肺底部直至布满全肺。

2)心脏体征:除基础心脏病的固有体征外,一般均有心脏扩大、听诊心尖部舒张期奔马律、肺动脉瓣区第二心音亢进。

2. 右心衰竭　以体循环静脉淤血表现为主的综合征。常继发于左心衰竭,也可单独发生。

(1)症状

1)消化道症状:胃肠道及肝淤血引起腹胀、食欲缺乏、恶心、呕吐等。

2)呼吸困难:单纯性右心衰竭为分流性先天性心脏病或肺部疾病所致,也均有明显的呼吸困难。

(2)体征

1)颈静脉征:当病人半卧位或坐位时可见到充盈的颈外静脉,其程度和体静脉压升高的程度呈正相关。当压迫病人肝或上腹部时,由于静脉回流增加,可见到颈外静脉充盈加剧或怒张,称肝-颈静脉回流征阳性。

2)肝大和压痛:常发生于皮下水肿出现之前。急性肝淤血者,肝质地较软,压痛明显。长期右心衰竭可致肝慢性持续性淤血,肝细胞缺氧坏死,可发展成心源性肝硬化,常伴黄疸、腹水和慢性肝功能损害。

3)水肿:心源性水肿由于下垂部位的流体静压较高,故首先出现于身体下垂部位,为对称性、凹陷性水肿,活动者以脚踝内侧较明显,休息一夜后可消失。晚期可出现全身性水肿。

4)胸腔积液和腹水:右心或全心衰竭时,均可出现胸腔积液,以双侧胸腔积液较多见,与体静脉和肺静脉压同时升高、胸膜毛细血管通透性增加有关。腹水多发生在病程晚期,多半与心源性肝硬化有关。

3. 全心衰竭　此时左、右心衰竭的临床表现同时存在。因有右心衰竭存在,右心排血量减少,因此夜间阵发性呼吸困难等肺淤血表现反而减轻。

(三)液体潴留及其严重程度

液体潴留对决定是否应用利尿药治疗十分重要,短时间内体重增加是液体潴留的可靠指标。病人应每日记录体重,随访时携带体重记录。

(四)辅助检查

1. 超声心动图及多普勒超声检查　可用于:①定量或定性房室内径、心脏几何形状、室壁厚度、室壁运动,以及心包、瓣膜和血管结构;定量瓣膜狭窄、关闭不全程度,测量左室射血分数(left ventricular ejection fraction,LVEF)、左心室舒张末期和收缩末期容量。②区别舒张功能不全和收缩功能不全。

Note:

③估测肺动脉压。

2. 放射性核素检查 放射性核素心血池显影能相对准确地评价心脏大小和 LVEF,还可通过记录放射活性-时间曲线计算左心室最大充盈速率,以反映心脏舒张功能。常同时行核素心肌灌注显像评价存活/缺血心肌,但在测量心室容积或更精细的心功能指标方面价值有限。

3. 胸部 X 线影像检查 有助于心力衰竭与肺部疾病的鉴别。

4. 心电图检查 提供既往心肌梗死、左心室肥厚、广泛心肌损害及心律失常信息。

5. 有创血流动力学检查 主要用于重症心力衰竭、心源性休克病人。采取漂浮导管在床边进行,经病人静脉插管直至肺小动脉,测定各部位的压力及血液含氧量,计算心排血指数(CI)及肺动脉楔压(PAWP),直接反映左心功能,正常时 $CI>2.5L/(min \cdot m^2)$,$PAWP<12mmHg$。

6. 实验室检查

(1)利钠肽:利钠肽检测推荐用于心衰筛查、诊断和鉴别诊断、病情严重程度及预后评估。出院前的利钠肽检测有助于评估心衰病人出院后的心血管事件风险。临床常用 BNP 及 N 末端 B 型钠尿肽原(N-terminal pro-BNP,NT-proBNP)。

(2)肌钙蛋白:用于急性心力衰竭病人的病因诊断(如急性心肌梗死)和预后评估。

(3)常规检查:包括血常规、尿常规、肝功能、肾功能、血糖、血脂、电解质及甲状腺功能检测等。

(4)反映心肌纤维化、炎症、氧化应激的标志物:有助于心衰病人的危险分层和预后评估。

7. 运动耐量测定 常用的测定方法是 6 分钟步行试验。方法:要求病人在 30m 长的平直走廊里尽可能快地行走,测定 6min 的步行距离。6min 步行距离<150m 为重度心衰;150~425m 为中度心衰;426~550m 为轻度心衰。此方法安全、简便、易行,已逐渐在临床应用,不但能评定病人的运动耐力,而且可预测病人预后,并根据结果来给病人开具运动处方,协助心衰病人进行运动康复。

(五)心理-社会状况

研究发现,慢性心衰病人的抑郁、焦虑和孤独情绪很普遍,在心衰恶化中发挥重要作用,也是影响心衰病人预后的重要因素,必须及早评估、诊断和干预。同时,心衰病人在早期症状不明显时遵医行为比较差,随病情加重、反复住院,对疾病感到恐惧和紧张,如无有效干预易发展成为焦虑和抑郁状态,应及早识别并帮助联系专业人员进行疏导和调节。

【常见护理诊断/问题】

1. **心输出量减少** 与心肌结构改变和/或功能降低有关。
2. **活动耐力下降** 与机体需氧和供氧失衡,电解质紊乱有关。
3. **气体交换受损** 与肺循环淤血致气体弥散功能下降、通气血流比例失调有关。
4. **体液过多** 与右心衰竭导致体循环淤血、水钠潴留有关。
5. **潜在并发症:洋地黄中毒。**
6. **有皮肤完整性受损的危险** 与卧床时间长、水肿严重、营养不良有关。
7. **恐惧/焦虑** 与机体功能减弱状态难以改变有关。

【计划与实施】

慢性心力衰竭采取综合治疗措施,包括对各种可致心功能受损的疾病的早期管理,调节心力衰竭的代偿机制,减少其负面效应,如拮抗神经体液因子的过度激活,阻止或延缓心室重塑的进展。慢性心力衰竭的治疗目标为防止和延缓心力衰竭的发生发展;缓解临床症状,提高生活质量;改善长期预后,降低病死率与住院率。护理目标是:①病人心功能得到改善或维持;②病人维持理想的气体交换;③病人活动耐力增加;④病人了解心衰的病因和诱因及其预防措施,能够掌握心力衰竭的自我护理知识。

Note:

（一）去除诱发因素

应及时处理或纠正各种感染（尤其呼吸道感染）、肺梗死、心律失常、电解质紊乱和酸碱平衡失调、贫血、肾功能损害、过量摄盐、过度静脉补液及应用损害心肌或心功能的药物等。

（二）逐渐提高活动耐力

1. **休息和适度运动**　心衰失代偿期需卧床休息,鼓励病人进行床上及床旁运动以预防深静脉血栓形成。临床情况改善后,应鼓励病人在不引起症状的情况下进行体力活动,以防止肌肉的"去适应状态",但要避免用力的等长运动。NYHA 心功能分级Ⅱ~Ⅲ级病人,可在专业人员指导下进行运动训练,能改善症状、提高生活质量。

2. **活动过程中注意监测症状**　若病人活动中有不适症状时应立即停止活动,并以此作为限制最大活动量的指征。如病人症状不能缓解,及时通知医生。

3. **制订活动目标与计划**　运动康复可降低慢性心力衰竭病人的病死率和再住院率,改善病人运动耐量和生活质量,合理控制医疗成本,推荐心衰病人进行有规律的有氧运动。可根据病人心功能分级,结合 6 分钟步行试验、超声或核素检查测定左室射血分数值、病人年龄等,与病人及其家属一起制订个体化的运动方案(表 20-2-1)。

表 20-2-1　根据 NYHA 心功能分级的活动建议

心功能分级	活动建议
Ⅰ级	不限制一般的体力活动。积极参加体育锻炼,但必须避免剧烈运动和重体力劳动
Ⅱ级	适当限制体力活动。增加午睡时间,强调下午多休息,但不影响轻体力工作和家务劳动
Ⅲ级	严格限制一般的体力活动。每日有充分的休息时间,但日常生活可以自理或在他人协助下自理
Ⅳ级	绝对卧床休息,生活由他人照顾。可在床上做肢体被动运动,逐步过渡到坐床边及下床活动。病情好转尽早适量增加运动

（三）改善呼吸困难

1. **病情观察**　注意观察病人生命体征的变化,包括体温、心率/律、血压、呼吸和意识状态,了解呼吸困难在何种情况下出现。

2. **氧气治疗**　可用于急性心力衰竭,对慢性心力衰竭并无指征。无肺水肿的心衰病人,给氧可导致血流动力学恶化;对心衰伴睡眠呼吸暂停综合征者,无创通气加低流量给氧可改善睡眠时低氧血症。

3. **体位**　帮助病人采取舒适的体位,如帮助病人垫 2~3 个枕头、摇高床头。严重呼吸困难时,协助病人取端坐位(图 20-2-2),必要时双腿下垂。注意病人体位的舒适与安全,避免局部受压发生压力性损伤及身体下滑,加用床栏确保病人安全。

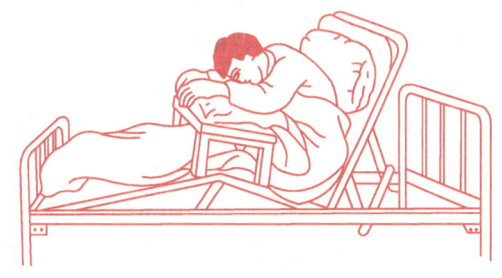

图 20-2-2　端坐位

（四）药物治疗

药物治疗的目的在于改善临床症状,预防或逆转心室重塑。

1. **利尿药**　是心衰药物治疗取得成功的关键和基础,有液体潴留证据的心衰病人均应使用。

常用的利尿药:①袢利尿药:以呋塞米、布美他尼、托拉塞米为代表,作用于髓袢升支粗段,排钠排钾,为强效利尿药。②噻嗪类利尿药:以氢氯噻嗪为代表,作用于肾远曲小管近端和髓袢升支远端,抑制钠的重吸收,降低钾的重吸收。根据病人对利尿药的反应调整剂量,体重每日减轻 0.5~1.0kg 为宜。一旦症状缓解、病情控制,即以最小有效剂量长期维持,并根据液体潴留的情况随时调整剂量。

注意复查血钾和肾功能。因可抑制尿酸排泄引起高尿酸血症,长期大剂量应用可影响糖、脂代谢。③保钾利尿药:利尿作用弱,常用药物有螺内酯、阿米洛利。④血管升压素 V_2 受体拮抗剂:托伐普坦,对顽固性水肿或低钠血症者疗效更显著,推荐用于常规利尿药治疗效果不佳、有低钠血症或有肾功能损害倾向者。

电解质紊乱是利尿药长期使用最常见的副作用,特别是低钾血症或高钾血症均可导致严重后果,应注意监测。对于低钠血症,应谨慎区分缺钠性(容量减少性)与稀释性(难治性水肿)。前者尿少而尿比重高,应给予高渗盐水补充钠盐;后者见于心力衰竭进行性恶化病人,尿少而尿比重低,应严格限制水的摄入,并按利尿药抵抗处理。需要服用补钾药物/食物,同时警惕发生低钾血症/低钠血症;密切监测并准确记录病人出入量和体重,以评价疗效;教会病人根据病情需要调整剂量。服药时间尽量选择早晨。

2. 肾素-血管紧张素-醛固酮系统抑制剂 为治疗心力衰竭的首选药物,亦为降低心衰病人病死率的第一类药物。

(1) 血管紧张素转化酶抑制剂(angiotensin converting enzyme inhibitor,ACEI):所有射血分数下降的心力衰竭病人均应使用 ACEI,除非有禁忌证或不能耐受。主要作用机制除了扩血管作用、改善血流动力学和减轻淤血症状外,降低心衰病人代偿性神经-体液变化的不利影响,限制心室重塑,以达到维护心肌功能,降低远期死亡率的目的。副作用主要包括低血压、肾功能恶化、高钾血症、干咳和血管性水肿等,应注意监测病人血压、电解质和尿量。非甾体抗炎药会阻断 ACEI 的疗效并加重其副作用,应避免使用。

(2) 血管紧张素受体拮抗剂(angiotensin receptor blockers,ARB):用于不能耐受 ACEI 的 HFrEF 病人。可阻断经血管紧张素转换酶(ACE)和非 ACE 途径产生的血管紧张素 Ⅱ(Ang Ⅱ)与 AT_1 受体结合,阻断肾素-血管紧张素系统(RAS)的效应,但无抑制缓激肽降解作用,因此干咳和血管性水肿的副作用较少见。

(3) 血管紧张素受体脑啡肽酶抑制剂(angiotensin receptor neprilysin inhibitor,ARNI):沙库巴曲缬沙坦钠,对于 NYHA 心功能分级 Ⅱ~Ⅲ级、有症状的 HFrEF 病人,若能够耐受 ACEI/ARB,则应推荐以 ARNI 替代 ACEI/ARB。不良反应主要是低血压、肾功能恶化、高钾血症和血管神经性水肿,相关处理同 ACEI。

(4) 醛固酮受体拮抗剂:在使用 ACEI/ARB、β 受体拮抗剂的基础上加用醛固酮受体拮抗剂,可使 NYHA 心功能分级 Ⅱ~Ⅳ级的 HFrEF 病人获益。代表药物为螺内酯和依普利酮,可阻断醛固酮效应,对抑制心室重塑、改善慢性心力衰竭病人的远期预后有很好的作用,依普利酮尤适用于老龄、糖尿病和肾功能不全的病人。但必须注意血钾的监测,近期有肾功能不全、血肌酐升高或高钾血症者不宜使用;螺内酯可引起男性乳房疼痛或乳房增生症,为可逆性。

3. β 受体拮抗剂 长期应用 β 受体拮抗剂(琥珀酸美托洛尔、比索洛尔及卡维地洛),能改善病人症状和生活质量,降低死亡与住院率、猝死风险,病情相对稳定的 HFrEF 病人均应使用 β 受体拮抗剂,除非有禁忌证或不能耐受。因可导致低血压、液体潴留、心衰恶化、心动过缓、房室传导阻滞、无力等不良反应,故使用时应注意监测:①低血压,一般在开始用药或增加剂量的 24~48h 发生;②液体潴留和心衰恶化,治疗前和治疗中应监测病人体重情况,如在 3d 内体重增加>2kg,加大利尿药用量;③心动过缓和房室传导阻滞,如病人心率<55 次/min,伴有眩晕等症状,或出现二度、三度房室传导阻滞时,应减量。

在使用 ACEI 和 β 受体拮抗剂的基础上加用醛固酮受体拮抗剂,三药合用可称之为"金三角",成为慢性心力衰竭的基本治疗方案。

4. 伊伐布雷定 通过特异性抑制心脏窦房结起搏电流,减慢心率,使病人心血管死亡和心衰恶化住院的相对风险降低,病人左心室功能和生活质量均显著改善。NYHA 心功能分级 Ⅱ~Ⅳ级、LVEF ≤35% 的窦性心律病人,合并以下情况之一可加用伊伐布雷定:①已使用 ACEI/ARB/ARNI、β 受体拮

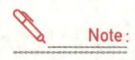

抗剂、醛固酮受体拮抗剂,已达到目标剂量或最大耐受剂量,心率仍≥70 次/min;②心率≥70 次/min,对 β 受体拮抗剂禁忌或不能耐受。不良反应:最常见为光幻症和心动过缓。

5. 洋地黄制剂　洋地黄可增强心肌收缩力,抑制心脏传导系统,增强迷走神经张力,从而减慢心率,改善心力衰竭病人的血流动力学变化。伴有快速心房颤动/心房扑动的收缩性心力衰竭是应用洋地黄的最佳指征。常用的洋地黄制剂有地高辛和去乙酰毛花苷。NYHA 心功能分级Ⅰ级的病人不宜应用地高辛。

使用时应注意:①老年、心肌缺血缺氧(如冠心病)、重度心力衰竭、低钾血症、低镁血症、肾功能减退等情况的病人对洋地黄较敏感,使用时应严密观察病人反应;②不与奎尼丁、普罗帕酮、维拉帕米、钙剂、胺碘酮等药物合用,以免增加洋地黄类药物毒性;③必要时监测病人血清地高辛浓度;④严格按照医嘱给药,教会病人自测脉搏,当脉搏<60 次/min,出现节律由规则转为不规则或节律由不规则转为规则时应暂停服药并报告医生;⑤密切观察洋地黄毒性反应:各类心律失常,快速房性心律失常伴传导阻滞是洋地黄中毒的特征性表现;胃肠道表现如恶心、呕吐;神经系统症状如视物模糊、黄视、绿视、定向力障碍、意识障碍等。

出现洋地黄中毒时处理方法:①立即停用洋地黄;②补充钾盐,可口服或静脉补充氯化钾,停用排钾利尿药;③纠正心律失常,一般禁用电复律,因易致心室颤动;有传导阻滞及患慢性心律失常者,可用阿托品静脉注射或安置临时起搏器,异丙肾上腺素易诱发室性心律失常,不宜应用。

6. 其他药物　①肾上腺素受体激动药,如多巴胺及多巴酚丁胺,两者均只能短期静脉应用,在慢性心衰加重时起到帮助病人渡过难关的作用,连续用药超过 72h 可能出现耐药,长期使用将增加病人死亡率。②重组人脑利钠肽(rhBNP):如奈西立肽(nesiritide),具有排钠利尿、抑制交感神经系统、扩张血管等作用,适用于急性失代偿性心衰。③左西孟旦(levosimendan):能扩张冠状动脉和外周血管,改善顿抑心肌的功能,减轻缺血并纠正血流动力学紊乱,适用于无显著低血压或低血压倾向的急性左心衰竭病人。

心衰病人的心肌处于血液或能量供应不足的状态,过度或长期应用正性肌力药将扩大能量的供需矛盾,加重心肌损害,增加死亡率。为此,在心衰治疗中不应以正性肌力药取代其他治疗用药。

(五) 调整生活方式,减轻水肿

1. 体重监测　如病人在 3d 内体重突然增加 2kg 以上,应尽快与医生护士取得联系,考虑病人已有水钠潴留(隐性水肿),须加大利尿药剂量。

2. 限钠　不主张严格限制钠摄入和将限钠扩大到轻度或稳定期心衰病人。限钠(<3g/d)对控制NYHA 心功能分级Ⅲ~Ⅳ级心衰病人的充血症状和体征有帮助。心衰急性发作伴有容量负荷过重的病人,要限制钠摄入<2g/d。要告知病人避免食用腌制食物、碳酸饮料、海产品、发酵面食、罐头等。盐代用品则应慎用,因常富含钾盐,可致高钾血症。

3. 限水　轻中度症状病人常规限制液体并无益处。严重低钠血症(血钠<130mmol/L)病人液体摄入量应<2L/d。严重心衰病人液量限制在 1.5~2.0L/d,有助于减轻症状和充血。

4. 营养管理　给予病人高蛋白、高维生素、低脂饮食,避免过饱。戒烟,肥胖病人应减轻体重。严重心衰伴明显消瘦者,应给予营养支持。

(六) 心理和精神治疗

综合性情感干预包括心理疏导可改善病人心功能状态,定期用量表筛查和评估焦虑、抑郁,建议病人保持积极乐观的心态,给予其心理支持,必要时使用抗焦虑或抗抑郁药物。因三环类抗抑郁药可导致低血压、心功能恶化和心律失常,应避免使用。

(七) 非药物治疗

药物治疗后若病人仍有症状或符合相应适应证,可使用人工机械类装置辅助或代替部分心腔功能,以改善衰竭心脏循环状态的治疗方法,其基本原理是降低心脏的前负荷和后负荷,使心室做功减少,能量消耗降低,心脏容量储备增加,从而使心脏功能逐步恢复。包括心脏再同步化治疗(cadiac resyn-chronization,CRT)、植入型心律转复除颤器、主动脉内球囊反搏和左心室辅助装置(left ventricular assist device,LVAD)、心脏移植等。

知 识 链 接

慢性心力衰竭病人的随访

根据病人情况制订随访频率和内容。心衰住院病人出院后2~3个月死亡率和再住院率高达15%和30%,因此将出院后早期心血管事件高发的这一时期称为心衰的易损期。优化慢性心衰病人的治疗是降低易损期心血管事件发生率的关键,因病人病情不稳定,需进行药物调整和监测,应适当增加随访频率,2周1次,病情稳定后改为1~2个月1次。

随访内容:①监测病人症状、NYHA心功能分级、血压、心率、心律、体重、肾功能和电解质;②神经内分泌拮抗剂是否达到最大耐受或目标剂量;③调整利尿药的种类和剂量;④经过3~6个月优化药物治疗后,病人是否有ICD和CRT指征;⑤针对病因的治疗;⑥合并症的治疗;⑦评估病人治疗依从性和不良反应;⑧必要时行BNP/NT-proBNP、胸部X线影像、超声心动图、动态心电图等检查,通常在规范化治疗后3个月、临床状况发生变化及每6个月1次的病情评估时进行;⑨关注病人有无焦虑和抑郁;⑩心脏专科医生应每年与病人进行1次病情讨论,审查当前的治疗方案,评估预后,制订后续治疗方案、植入心脏辅助装置或进行心脏移植。病情和治疗方案稳定的慢性心衰病人可在社区或基层医院进行随访。

【健康指导】

1. **避免诱因**　指导病人积极治疗原发疾病,帮助病人预防、识别与治疗能引起或加重心衰的特殊事件。在呼吸道疾病流行或冬春季节,可给予病人流行性感冒、肺炎链球菌疫苗以预防呼吸道感染。育龄妇女应在医生指导下控制妊娠和分娩。

2. **营养和饮食**　宜进食清淡、低脂、易消化、富含营养的饮食,每餐不宜过饱,防止便秘。肥胖病人应减轻体重。戒烟酒。

3. **活动与休息**　合理安排病人活动与休息,解释即便心功能恢复也应尽量从事轻体力工作,避免重体力劳动。根据心功能情况推荐不同强度的运动;减少久坐,运动过程注意循序渐进;提供运动处方或建议,包括运动强度、何时停止运动等。

4. **治疗依从性**　嘱病人定期门诊随访,防止病情发展,强调严格遵医嘱服药,不随意增减或撤换药物的重要性。服洋地黄类药物者应会识别其中毒反应并及时就诊;服用血管扩张药者改变体位时动作不宜过快,以防止发生直立性低血压。将血脂、血糖、肾功能、电解质控制在合适范围。

5. **自我护理**　指导病人自我监测呼吸情况、体重,控制钠盐摄入,保证其对各项治疗护理行为的依从性。帮助病人做好心力衰竭的自我护理,做到:①每日同一时间、同一条件下测量并记录体重;②轻中度心力衰竭病人无须常规限制液体摄入量,严重心力衰竭病人控制液体摄入量在1.5~2.0L/d;③白天适当休息;④出现以下现象时及时就医:呼吸困难加剧、脚/腿水肿加重、3d内体重增加2kg、乏力感增加。

6. **药物指导**　详细讲解药名、剂量、时间、频次、用药目的、不良反应和注意事项等,重点是利尿药的使用及调整,给病人打印用药清单,提高其依从性。

【护理评价】

通过治疗和护理,病人心衰发生的病因、诱因得到控制或消除,达到:①呼吸正常,无发绀表现,听诊肺部无啰音,血气分析指标恢复至正常水平;②能说出低盐饮食的重要性和服用利尿药的注意事

Note:

项,水肿、腹水消失;③疲乏、气急、虚弱感消失,活动时无不适感,活动耐力增加;④学会自测脉搏,未发生洋地黄中毒;⑤相应的心力衰竭知识增加,了解自己用药的名称、作用、用法、剂量和副作用,尤其是应能够识别地高辛、利尿药的副作用;⑥积极寻求治疗。

（刘　庚）

第三节　急性心力衰竭病人的护理

急性心力衰竭(acute congestive heart failure,AHF)是由多种病因引起的急性临床综合征,心衰症状和体征迅速发生或急性加重,伴有血浆利尿钠肽水平升高,须立即进行医疗干预。通常需要紧急入院。急性心衰预后很差,住院病人病死率为3%,6个月的再住院率约50%,5年病死率高达60%。

【病因和发病机制】

1. **慢性心力衰竭的急性失代偿**　稳定的慢性心衰可以在短时间内急剧恶化,心功能失代偿,表现为急性心力衰竭。

2. **急性心肌坏死和/或损伤**　①急性冠脉综合征;②急性重症心肌炎;③围生期心肌病;④药物所致的心肌损伤与坏死。

3. **急性血流动力学障碍**　①急性瓣膜关闭不全大量反流和/或原有反流加重;②高血压危象;③重度主动脉瓣或二尖瓣狭窄;④主动脉夹层;⑤心脏压塞;⑥急性射血分数保留性心力衰竭,多见于血压控制不良的老年高血压病人。

4. **神经内分泌激活**　交感神经系统和RAAS的长期过度兴奋,加重心肌损伤、心功能下降和血流动力学紊乱,又反过来刺激交感神经系统和RAAS的兴奋,形成恶性循环。

5. **心肾综合征**　心衰和肾衰竭常并存,并互为因果。临床上将此种状态称之为心肾综合征。

6. 急性右心衰竭多见于右心室梗死、急性大面积肺栓塞和右心瓣膜病。肺血流受阻,持续性严重肺动脉高压,使右心室后负荷增加和扩张,导致右心衰竭。

【护理评估】

1. **健康史**　询问病人既往史、病因及诱发因素、治疗情况;及早诊断和抢救。

2. **身体状况**　发展极为迅速且危重。病人表现为突发严重呼吸困难,呼吸频率可达30~40次/min,端坐呼吸、频繁咳嗽、咳大量泡沫样痰,有窒息感而极度烦躁不安、恐惧,面色灰白或发绀,大汗、皮肤湿冷。肺水肿早期病人血压可一度升高,随后下降,如不能及时纠正,血压持续下降可致心源性休克。听诊两肺布满湿啰音和哮鸣音,心率增快。

3. **辅助检查**　胸部X线影像显示以肺门为中心特有的蝴蝶形片状阴影。

4. **心理-社会状况**　病人常表现出紧张和恐惧,要及时确定病人心理问题并做好情感安慰和支持。

【常见护理诊断/问题】

1. **气体交换受损**　与肺静脉淤血有关。
2. **心输出量减少**　与心肌功能降低,通气血流比例失调致心排血量减少有关。
3. **潜在并发症:心源性休克**。
4. **恐惧**　与呼吸困难产生濒死感有关。

【计划与实施】

治疗原则是迅速采取有效措施,挽救病人生命,使呼吸困难情况改善,生命体征平稳,病情缓解,转危为安。一旦怀疑病人发生了急性心力衰竭,应立即协助完成临床评估,及早启动专业急救管理。

(一) 抢救准备与监测

1. 静脉通道　至少开放 2 条静脉通道,建议采用静脉留置针,并保持通畅。必要时可置入中心静脉导管。使用微量泵泵入血管活性药,以维持稳定的速率和正确的剂量。

2. 环境准备　保持室内适宜的温度、湿度,环境安静。

3. 病情监测　持续心电或多生理参数监测,严密观察和记录:病人生命体征(1 次/15min),评估其意识、精神状态,皮肤颜色及温度,肺部啰音的变化,液体出入量,症状和体征,血气分析结果,药物疗效和不良反应。

(二) 改善气体交换

1. 体位　静息时明显呼吸困难者可采取半卧位、端坐位或其他自感舒适体位,双腿下垂以减少静脉回心血量。做好防护措施,预防压力性损伤和坠床。

2. 四肢交换加压　不推荐使用四肢交换加压的方法。因其虽然可以改善病人呼吸困难,但不能够改善 PaO_2,且加压至 60mmHg 时可导致心输出量和 LVEF 下降,外周血液回流受阻,可能引起皮肤损伤、增加不舒适感。

3. 吸氧　评估主观症状和氧疗效果,使病人 $SaO_2 \geqslant 95\%$。可予以一般流量鼻导管吸氧。当病人呼吸困难明显并伴有低氧血症时予以高流量面罩给氧或采用无创机械通气支持,包括持续气道正压通气或无创正压机械通气,必要时可行有创机械通气辅助呼吸。

4. 保持呼吸道通畅　应注意观察病人咳嗽、咳痰的情况,协助病人排痰,保持呼吸道通畅。

5. 氨茶碱　对解除支气管痉挛有效,并有一定的正性肌力及扩血管、利尿作用,缓慢静脉注射给药。

(三) 减轻心脏负荷,增加心输出量

1. 快速利尿药　建议负荷剂量静脉注射和/或持续静脉泵入,监测病人尿量(开始 2h 尿量>100ml/h)、症状、肾功能和电解质情况。改为口服后,监测病人容量负荷是否过重。

2. 血管扩张药　可选用硝普钠、硝酸甘油等静脉微量泵泵入,根据血压调整剂量。密切监测病人血压、肾功能变化,停药逐渐减量。建议小剂量慢速给药并合用正性肌力药。

3. 正性肌力药和血管收缩药　常用药物包括多巴胺、多巴酚丁胺、左西孟旦等。用药期间,持续监测病人血压、心率和心律(尤其警惕有无心动过速或 Q-T 间期延长),密切观察病人穿刺部位及皮肤,注意微量泵使用及静脉管路维护。

4. 洋地黄制剂　适用于房颤合并快速心室率或已知有心脏增大伴左心室收缩功能不全的病人,静脉注射药物速率宜缓慢,同时应观察病人心电图变化。

5. 超滤治疗　单纯超滤是通过对流转运机制,经过血滤器的半透膜等渗地从全血中除去水分的一种治疗方法。高容量负荷如肺水肿或严重外周水肿且存在利尿药抵抗的病人可考虑超滤治疗,能够快速缓解症状,降低再住院率。

6. 机械辅助治疗　主动脉内球囊反搏可用于急性左心衰竭病人。对极危重病人,必要时可采用左心室辅助装置和体外膜氧合。

(四) 减轻恐惧

1. 吗啡　皮下注射或静脉注射可使病人镇静,降低其心率,同时扩张小血管而减轻心脏负荷。监测病人呼吸困难、焦虑缓解状况,警惕呼吸抑制和意识改变。

2. 心理护理　护士要向病人简要讲解本病的救治措施及使用监测设备的必要性,及时解答疑问,进行心理疏导。必要时可留亲属陪伴,提供情感支持。

(五) 监测出入量

每日摄入液体量一般<1.5L,不超过 2L;保持每日负平衡 0.5~1.0L,严重者负平衡 2~5L/d;限制每日静脉输液量,输液速率不应超过 2ml/min;必要时留置导尿管监测尿量;正确记录出入量。在水负

平衡下应注意防止病人发生低血容量、低钾血症和低钠血症等。

（六）饮食护理

避免饱餐，可少量多餐（6~8 次/d）。应用袢利尿药的情况下不要过分限制钠盐摄入量，以避免低钠血症。利尿药应用时间较长的病人要补充多种维生素和微量元素。

【健康指导】

包括药物管理、症状监测、活动与休息、体重指数和营养管理等，具体内容同本章第二节慢性心力衰竭病人的护理中"健康指导"。

【护理评价】

通过治疗和护理，评估病人是否能够达到：①呼吸困难和缺氧得到改善，表现为动脉血气分析值正常，血氧饱和度大于95%，呼吸平稳；②未发生心源性休克，表现为生命体征平稳；③对医疗护理表现出平静和信任。

（刘　庚）

思 考 题

1. 怎样运用 NYHA 心功能分级对病人进行心功能评估？
2. 左、右心衰竭的症状分别有哪些？
3. 病人服用利尿药和洋地黄制剂时，护士应怎样进行护理和指导？

Note:

URSING
第二十一章

心脏瓣膜疾病病人的护理

21章　数字内容

学习目标

- 识记：
  1. 陈述心脏瓣膜疾病、风湿性心脏病的定义。
  2. 列举4种心脏瓣膜疾病病人的临床表现。
- 理解：
  1. 解释4种心脏瓣膜疾病的病理解剖和病理生理特点，说明病理生理与病人的临床表现之间的关系。
  2. 说明心脏瓣膜疾病相关辅助检查的意义。
- 运用：
  结合案例为心脏瓣膜疾病病人进行护理评估，制订护理计划。

导入情境与思考

病人,女性,32岁,风湿性心脏病二尖瓣狭窄并关闭不全、全心衰竭6年。每年冬季好发心衰,平日坚持服用地高辛及利尿药。近10d来咳嗽、呕吐,咳黄痰、发热,2d来因心搏加速、气短加重入院。体格检查:T 38℃,BP 100/70mmHg,HR 120次/min,R 28次/min,神志清,半坐卧位,口唇、面颊、甲床发绀,可见颈静脉怒张,心界扩大,律齐,听诊双肺满布干、湿啰音,触诊肝肋下2指,脾未触及,无腹腔积液,双下肢凹陷性水肿。

请思考:

(1) 导致该病人入院的主要原因是什么?

(2) 该病人的主要护理问题和护理措施有哪些?

(3) 该病人平日坚持服用地高辛,护士应告知病人哪些注意事项?

第一节　概　述

心脏瓣膜病(valvular heart disease,VHD)是由于炎症、退行性改变、黏液瘤样变性、缺血性坏死、钙质沉着、先天发育畸形或创伤等原因,使单个或多个心瓣膜发生狭窄和/或关闭不全等结构异常和功能障碍。其中风湿炎症导致的瓣膜损害称为风湿性心脏病(rheumatic heart disease,RHD),又称风湿性心瓣膜病。

风湿性心脏病主要累及40岁以下人群,女性发病率高于男性。我国风湿性心脏病成人和儿童的患病率在20世纪80年代分别为1.99‰和0.25‰。近年来风湿性心脏病的患病率虽有所下降,但我国心脏瓣膜病仍以风湿性心脏病最常见原因。

【病因】

风湿热(rheumatic fever,RF)是引起心脏瓣膜疾病最常见的病因,是由于A组β溶血性链球菌感染所致,其致病机制与继发于链球菌感染后异常免疫反应有关。风湿性心脏炎是风湿热的主要表现之一,心脏受累部分包括心包、心肌和心内膜(瓣膜),其中心瓣膜的受累最为重要。风湿热可以侵犯任何一个心瓣膜,使瓣膜的正常功能遭到破坏,以侵犯二尖瓣最为多见,其次是主动脉瓣,三尖瓣受累较少见,肺动脉瓣受累罕见。

【病理生理】

心瓣膜的功能是使血液在流经心脏各腔室时能维持单一方向的流动。二尖瓣和三尖瓣阻止血液在心室收缩期由心室逆流入心房,主动脉瓣和肺动脉瓣阻止血液在心室舒张期由主动脉和肺动脉逆流回心室。风湿性心脏炎在愈合过程中受血流动力学的影响,瓣膜小叶发生纤维化、增厚、瓣叶交界处粘连、形成钙化或结节,并可累及腱索和乳头肌,使之发生增粗、融合和缩短等改变,限制了瓣膜的正常功能。心瓣膜阻碍血液由一个腔室流入下一个腔室为瓣膜狭窄;因瓣膜病变导致血液逆流回排血的腔室内为瓣膜关闭不全。

（一）二尖瓣狭窄

二尖瓣狭窄(mitral stenosis,MS)是风湿性心瓣膜病中最常见的病变。狭窄的瓣膜呈漏斗状,瓣口常呈"鱼口"状。正常成人二尖瓣瓣口面积为$4\sim6cm^2$。当瓣口面积减少一半即出现狭窄的相应表现。瓣口面积$1.5cm^2$以上为轻度狭窄、$1\sim1.5cm^2$为中度狭窄、小于$1cm^2$为重度狭窄。轻度狭窄时,左心房压力升高,左心房代偿性扩张及肥厚以增强心肌收缩力,此时病人多无症状,此阶段为代偿期。当瓣口中度狭窄甚至重度狭窄时,左心房压力明显升高,使肺静脉和肺毛细血管压力相继增高,肺顺

应性降低,从而发生劳力性呼吸困难,称左心房失代偿期。由于左心房压和肺静脉压升高,引起肺小动脉反应性收缩,最终导致肺小动脉硬化,肺血管阻力增高,肺动脉压力升高。重度肺动脉高压使右心室后负荷增加,右心室肥厚扩张,导致右心衰竭,称右心受累期。

(二) 二尖瓣关闭不全

二尖瓣关闭不全(mitral incompetence,MI)时,左心室收缩期血液除大部分进入主动脉外,尚有部分血液通过关闭不全的二尖瓣反流入左心房,使左心房血容量增加而扩大。左心室由于有相当量的血液反流至左心房,因而左心室心排血量降低。在舒张期由于左心室除接受正常由肺循环回流的血液外,尚需容纳上次收缩期反流到左心房的血液,因此左心室舒张期容量负荷过重,而发生扩张,甚至出现左心功能不全。然而由于收缩时排血并未受阻,因此左心房压力增高的程度不如二尖瓣狭窄显著,且左心室代偿功能较好,因此无症状期较长。但一旦发生症状,多较严重。

(三) 主动脉瓣狭窄

风湿性炎症改变使主动脉瓣瓣叶增厚、交界处粘连融合,瓣膜逐渐钙化,造成瓣口狭窄称主动脉瓣狭窄(aortic stenosis,AS)。风湿性主动脉瓣狭窄大多合并关闭不全和/或二尖瓣病变。

正常成人主动脉瓣瓣口面积为 $2.5 \sim 3.5 cm^2$,瓣口面积小于 $1.5 cm^2$ 时为轻度狭窄,小于 $1.0 cm^2$ 为中度狭窄,小于 $0.4 cm^2$ 为重度狭窄。主动脉瓣狭窄发展到一定程度后,左心室射血阻力(后负荷)增大,左心室收缩时压力增高而导致心排血量降低,射血后的残余血量增加,因而舒张末期容积也增加,造成左心室心肌肥厚扩张,最终出现左心功能不全。因心排血量减少,使脑动脉、冠状动脉供血量减少,临床出现相应症状。

(四) 主动脉瓣关闭不全

主动脉瓣发生风湿性病变后,瓣膜纤维化、钙化或变形,造成瓣膜关闭不全称主动脉瓣关闭不全(aortic incompetence,AI)。单纯风湿性主动脉瓣狭窄较少见,多合并主动脉瓣狭窄或二尖瓣病变。

主动脉瓣关闭不全形成后,舒张期左心室除接受左心房流入的血液外,还要接受由关闭不全的主动脉瓣反流回左心室的血液,左心室做功增加,导致左心室肥大和心腔扩大。随着病情进展会导致心排血量减少,左心衰竭及右心衰竭。

知 识 链 接

中国瓣膜病治疗的发展与创新

外科手术是瓣膜病最主要的治疗手段。1954 年上海的兰锡纯医生首先在国内开展经左心耳二尖瓣分离术,1976 年北京的郭加强医生首先开展心脏瓣膜置换术。随着介入心脏病学的发展,一些介入治疗技术逐渐用于瓣膜病的治疗。1985 年广东省人民医院的陈传荣医生首先开展经皮二尖瓣球囊扩张术,此后迅速在全国各地开展。2002 年法国医生 Alain Cribier 进行了世界上第 1 例人体经导管主动脉瓣置换术(transcatheter aortic valve replacement,TAVR),从而开创了介入心脏病学的新纪元。2010 年 10 月葛均波医生在上海中山医院完成了国内首例 TAVR。Venus-A 注册临床试验的研究结果表明,由我国自主研发的第 1 个国产自膨胀式 TAVR 装置取得良好临床效果,并更适于国人病变特点,于 2017 年 4 月获批上市。经心尖路径植入的 J-Valve 也相继获批上市。由 Venus-A 瓣膜为骨架和干组织技术结合的 Venibri 预装自膨胀干组织瓣 TAVR 装置经四川大学华西医院陈茂团队与阿根廷 Corrientes 心脏研究所合作,完成 2 例手术,证明安全、有效,该项发明使 TAVR 的应用更加便捷,从而促进 TAVR 的推广应用。广大医务人员不断进取,贡献中国智慧,努力推动科技成果惠及更多国家和人民。

Note:

(张 敏)

第二节　风湿性心脏病病人的护理

【护理评估】

（一）健康史

1. **一般资料**　包括病人的姓名、性别、年龄、民族、婚姻状况、职业、医疗费用支付形式等。

2. **通过以下几项评估病人的心脏瓣膜疾病是否为风湿热引起：**

（1）青少年时期是否常患感冒、咽喉发炎及发热，能否及时就医并得到有效的治疗。

（2）是否出现过多发性关节炎、关节痛、皮下结节或边缘性红斑、舞蹈症等风湿热的主要症状。

（3）同一家族中是否有其他兄弟姐妹有过上述症状。

（4）居住地在城市还是农村，居住条件是否拥挤、潮湿。

3. **既往史**　患过的主要疾病、手术史、外伤史、输血史、过敏史。

4. **生活史**　生活习惯、居住环境、家庭成员、家庭的经济状况等。

（二）身体状况

1. 二尖瓣狭窄

（1）症状：与二尖瓣瓣口狭窄的严重程度相关。轻度狭窄的病人多无症状，一般在二尖瓣中度狭窄（瓣口面积$<1.5cm^2$）时开始出现明显呼吸困难，感染、劳力时症状加重，严重时可出现端坐呼吸或夜间阵发性呼吸困难。发生急性肺水肿时咳粉红色泡沫痰。肺淤血常导致病人咳嗽、痰中带血，有些病人由于肺静脉高压时肺静脉和支气管静脉间的侧支循环破裂，而出现较大量的咯血。病程较长的病人会出现右心衰竭，由于右心心排血量的减少，肺淤血症状减轻，代之以上腹部饱胀感、食欲缺乏、恶心、呕吐、夜尿增多、肝大、腹水、下肢水肿等表现。

（2）体征：重度二尖瓣狭窄病人常出现双颧绀红的"二尖瓣面容"，口唇轻度发绀。心前区可隆起，伴抬举性搏动。心界向左下扩大。心尖部常可触及舒张期震颤。听诊心尖区可闻及第一心音亢进，可闻及舒张中晚期低调的隆隆样杂音，局限，不传导。肺动脉高压时肺动脉瓣区第二心音亢进或伴分裂。右心室扩大伴相对性三尖瓣关闭不全时，在三尖瓣区可闻及全收缩期吹风样杂音。

2. 二尖瓣关闭不全

（1）症状：轻度二尖瓣关闭不全者可终身无症状或仅有轻微劳力性呼吸困难。严重反流时心排血量减少，首先出现的突出症状是疲乏无力、心悸、活动能力差；肺淤血症状（如呼吸困难）出现较晚。随着病情发展，肺循环阻力进一步升高导致右心后负荷增加，出现肝淤血肿大，下肢水肿等一系列右心衰竭的表现。

（2）体征：病变严重者心脏向左下扩大，心尖部可见抬举性搏动，可触及收缩期震颤。第一心音减弱，可闻及第三心音。心尖区可闻及全收缩期高调一贯性吹风样杂音，向左腋下和左肩胛下区传导。

3. 主动脉瓣狭窄

（1）症状：轻度主动脉瓣狭窄病人多长期无明显症状，狭窄加重致中度狭窄时可出现疲乏无力、眩晕等早期症状。重度主动脉瓣狭窄的三联征为呼吸困难、心绞痛和晕厥。劳力性呼吸困难见于95%有症状病人，进而可出现夜间阵发性呼吸困难、端坐呼吸和急性肺水肿。心绞痛是重度主动脉瓣狭窄病人最早出现和最常见症状，常由运动诱发，休息后缓解，主要由于瓣膜严重狭窄时进入冠状动脉的血流减少，心肌缺血引起。晕厥见于1/3的有症状病人，多发生于直立、运动中或运动后即刻，少数在休息时发生，由于脑缺血引起。

（2）体征：心脏扩大，心尖冲动增强，且向左下移位。听诊第一心音正常，第二心音常为单一性，严重狭窄者呈逆分裂。肥厚的左心房强有力收缩产生明显的第四心音。主动脉瓣第一听诊区可闻及收缩期粗糙而响亮的吹风样杂音,呈递增-递减型,主要向颈动脉传导,常伴震颤。

4. 主动脉瓣关闭不全

(1)症状:左心室代偿期内病人多年无症状。最先出现的症状为心悸、心前区不适、头部动脉强烈搏动感等心排血量增多有关的表现。晚期可出现左心衰竭的表现,常有劳力性呼吸困难、夜间阵发性呼吸困难或端坐呼吸。部分病人还表现为心肌缺血的症状及活动时胸痛、晕厥,但头晕、心绞痛较主动脉瓣狭窄时少见。

(2)体征:心脏向左下扩大,心尖冲动向左下移位,呈抬举性搏动。胸骨左缘第3、4肋间隙可闻及舒张早期高调叹气样递减型杂音,坐位前倾和深呼气时易听到。重度反流者,常在心尖区听到舒张中晚期隆隆样杂音(Austin-Flint 杂音),其产生机制为严重的主动脉反流使左心室舒张压快速升高,使二尖瓣前叶上抬导致二尖瓣相对性狭窄。收缩压升高,舒张压降低,脉压增大。周围血管征常见,包括随心脏搏动的点头征、颈动脉和桡动脉扪及水冲脉、毛细血管搏动征、股动脉枪击音等。

(三)辅助检查

辅助检查见表21-2-1。

表 21-2-1　风湿性心瓣膜病的辅助检查

疾病	胸部 X 线	心电图	超声心动图
二尖瓣狭窄	轻度狭窄者,心影正常。病变较重时,左心房增大,右心室增大,肺动脉段突出及肺门影增宽,心影呈梨形	轻者心电图正常或电轴右偏,重者因左心房增大,P波呈双峰,伴切迹,右心室肥厚,常伴发心房颤动	二尖瓣增厚,呈"城墙样"改变,瓣口狭窄,左心房扩大
二尖瓣关闭不全	左心房扩大,左心室增大,肺动脉段突出,不同程度的肺淤血和间质性肺水肿	左心室肥厚劳损及非特异性 ST-T 改变,左心房扩大,可出现心房颤动、窦性心动过速	二尖瓣运动异常,左心房、左心室不同程度扩大。脉冲多普勒超声可在二尖瓣左心房侧探及明显收缩期反流束
主动脉瓣狭窄	左心房、左心室轻度扩大,升主动脉发生狭窄后扩张	左心室肥厚劳损伴继发性 ST-T 改变	主动脉瓣增厚,心室壁增厚,主动脉瓣膜小叶运动异常
主动脉瓣关闭不全	主动脉弓突出,左心室不同程度扩大,升主动脉轻度扩张,心影呈靴形	电轴左偏,左心室肥厚劳损及非特异性 ST-T 改变,窦性心动过速	左心室扩大,心室壁增厚,主动脉瓣活动异常。脉冲多普勒超声可在主动脉瓣的心室侧探及全舒张期反流束

(四)心理-社会状况

多数风湿性心脏病人病程较长,症状逐渐加重,劳动力逐渐减弱。病人担心预后及今后的生活质量,常表现为焦虑不安、悲伤。有手术适应证的病人需要接受心脏外科手术治疗,对手术产生恐惧感。部分需施行人工瓣膜置换术的病人,对术后长期服用抗凝血药,人工瓣膜的使用寿命、心腔内人工瓣膜开启和关闭的声音等产生焦虑或不适。同时面临一定的经济和心理压力。护士应多与病人及其家属沟通,帮助病人和家属调整至平静的状态,与医护人员密切配合,取得最佳疗效。

【常见护理诊断/问题】

1. **体温过高**　与风湿热活动、并发感染有关。
2. **心输出量减少**　与心瓣膜病变引起的血流动力学改变有关。
3. **气体交换受损**　与肺淤血、肺动脉高压或急性肺水肿有关。
4. **活动耐力下降**　与心输出量减少,组织缺氧有关。
5. **营养失调:低于机体需要量**　与食欲缺乏、恶心、呕吐及家庭经济状况等有关。
6. **潜在并发症:**上呼吸道感染、感染性心内膜炎、电解质紊乱、出血或栓塞。

Note:

7. **知识缺乏**：缺乏风湿性心瓣膜病及手术前、后的预防保健知识。

8. **焦虑**　与病程长,反复发作,部分或全部劳动能力丧失,女性病人生育受影响,治疗费用较高有关。

9. **无能性家庭应对**　与家属长期照顾病人导致体力、精神、经济上负担过重有关。

【计划与实施】

风湿性心脏病的治疗包括药物与手术两方面。药物治疗的目的在于积极预防和治疗风湿热,避免瓣膜病变加重,对已出现的症状对症处理,避免并发症的发生。慢性瓣膜病变的病人,可通过手术矫治瓣膜病变,缓解症状,改善心功能,常见的手术方法为心脏瓣膜成形术(cardiac valvuloplasty)和心脏瓣膜置换术(cardiac valve replacement)等。近年来,随着介入心脏病学的迅猛发展,经导管行瓣膜置换或修复术也成为病人的治疗选择。经过治疗和护理,评估病人是否能够达到:①体温维持在正常范围;②心功能状态改善,活动耐力提高;③呼吸困难改善;④营养状况改善;⑤出现上呼吸道感染、感染性心内膜炎、电解质紊乱等并发症时,能得到及时发现和处理;⑥抗凝治疗期间不出现出血或栓塞等并发症;⑦情绪稳定,能积极配合治疗与护理;⑧掌握与疾病有关的保健知识和注意事项;⑨得到足够的社会支持。

（一）体温监测与高热护理

对于发热病人,每4h测量体温1次,注意热型,以协助诊断。观察有无风湿活动的表现,如皮肤环形红斑、皮下结节、关节红肿及疼痛不适等。体温超过38.5℃时,给予病人物理降温或遵医嘱药物降温,30min后测量体温并记录降温效果。

（二）减轻呼吸困难症状，维持有效呼吸

1. 症状严重者应卧床休息,限制活动量,减少机体消耗。

2. 协助病人取舒适体位,减少静脉回心血量,减轻心脏负荷,缓解呼吸困难。

3. 遵医嘱给予病人氧气吸入。

4. 评估病人对活动的耐受情况,根据病人的症状合理制订活动计划。

5. 保持病室环境安静、整洁;温、湿度适宜。保证病人的休息和睡眠时间。

（三）营养支持

1. 给予病人高能量、高蛋白、高维生素易消化饮食,保证营养供给,增加机体抵抗力。心力衰竭的病人应限制钠的摄入,少量多餐,避免过饱加重心脏负担。

2. 鼓励病人多食水果、蔬菜及高纤维食品。

3. 监测病人体重变化,必要时记录出入量,及时防治水肿的发生。

（四）药物治疗及护理

1. **预防风湿热复发**　有风湿活动尤其合并感染性心内膜炎的病人或经常有上呼吸道感染病史者可应用苄星青霉素肌内注射。苄星青霉素溶解后为白色混悬液,易堵塞针头,注意安全注射。

2. **心功能不全**　常用药物包括强心药、利尿药、血管扩张药等(详见心力衰竭病人的护理)。对于主动脉瓣狭窄的病人,应禁用或慎用小动脉血管扩张药,以防血压过低。

3. **心房颤动**　合并心房颤动病人的治疗原则是控制快速的心室率,争取恢复窦性心律,预防栓塞发生。护士应积极配合医生正确使用抗心律失常药或施行心脏复律,注意观察治疗效果和病人的病情变化。遵医嘱使用华法林、达比加群、利伐沙班等药物行抗凝治疗,以减少附壁血栓的形成。达比加群可导致胃肠道反应、出血(牙龈出血、血尿、柏油样便)等不良反应,应饭后服药并观察有无出血。利伐沙班的主要副作用为出血。

（五）预防电解质紊乱

1. 严密监测病人体内电解质的变化,避免电解质紊乱造成恶性心律失常,甚至猝死。每日查血清钾、钠、氯的离子浓度,维持在正常范围,尤其应注意血清钾离子的变化。低钾血症时心肌应激性增

Note:

高,会出现以室性为主的心律失常;而高钾血症又会抑制心肌,甚至造成心搏骤停。一般将血清钾离子浓度保持在 4.5~5.5mmol/L。

2. **遵医嘱补钾** 如血清钾离子浓度偏低,在病人能进食的情况下,可先给予口服钾制剂,如 10% 氯化钾溶液、氯化钾缓释片等并及时复查血钾。鼓励病人进食含钾量较高的食品,如各种豆类、紫菜、海带、蘑菇、香蕉、柑橘等。若病人不能经口进食,应从胃管补钾或经静脉通道补钾。补足半量后复查血钾,以防血钾过高。有条件时给病人行心电监测,以便早期发现低钾血症征象及观察有无恶性心律失常发生。

(六) 手术治疗及护理

对症状明显、有手术适应证的病人应尽早行手术治疗。外科手术包括心脏瓣膜成形术和心脏瓣膜置换术 2 种基本方法。心脏瓣膜成形术包括瓣环的重建和环缩,乳头肌和腱索的缩短、延长及转移,人工瓣环和人工腱索的植入,瓣叶的修复。其主要适用于瓣膜病变较轻,瓣环无明显扩大,腱索及乳头肌功能良好的病人。如瓣膜、腱索及乳头肌病变较为严重,丧失功能的关闭不全或狭窄等,则须行心脏瓣膜置换术。人工心脏瓣膜分为 2 大类。

(1) 生物瓣(bioprosthetic valve):用猪、牛等动物的心包或主动脉瓣膜经消除抗原性处理制成,血栓栓塞率低,仅需抗凝 6 个月,不需终身抗凝,因而减少了抗凝所致的出血等并发症,但其耐受性较机械瓣差,其平均工作寿命在 10 年。

(2) 机械瓣(mechanical prosthetic valve):由金属及高级复合材料制成,耐久性强,需终身接受抗凝治疗。每日须服用抗凝血药,并定期化验,以保证抗凝指标在一个合适的范围内。抗凝不当可发生栓塞或出血。机械瓣一旦失灵或卡瓣,病情常较危急。

对于人工心脏瓣膜的选择,要根据多种因素来评估。机械瓣可能由于血栓形成而出现功能障碍,也更容易发生全身多系统、多部位栓塞,因此需要接受长期抗凝治疗。生物瓣虽然不需要长期抗凝治疗,但其使用寿命有限,很多病人面临二次手术的风险。

手术前、后护理参照第二十八章"心脏血管手术病人的护理"相关内容。

(七) 抗凝治疗与护理

1. **抗凝血药(anticoagulant)** 人工瓣膜置换术后的病人须终身服用抗凝血药。常见的抗凝血药有华法林及肝素,阿司匹林也可用作辅助抗凝血药物。因华法林使用后栓塞发生率最低,故首选其进行抗凝,用法为每日 1 次,每日用药时间可固定在上午或下午。

2. **抗凝标准** 包括凝血酶原时间(prothrombin time,PT)、凝血酶原活动度(prothrombin time activity,PTA)和国际标准化比值(international ratio,INR)。根据上述 3 项指标中的 1~2 项,调整抗凝血药用量,最常选用 INR 值作为抗凝标准。在选择一个最佳的目标 INR 时,应当综合考虑病人的血栓危险因素和不同种类人工瓣膜的促凝性。同时也要注意病人的个体特征。个体化抗凝治疗是减少抗凝并发症的关键要素。

3. **观察有无出血倾向** 应根据抗凝结果调整抗凝血药的用量。密切观察病人有无皮肤黏膜出血、牙龈出血、内脏出血或脑出血的征象。护理过程中尽量减少有创伤性操作。指导病人用软毛刷刷牙,防治牙龈出血;少食干硬食物,避免损伤食管;活动时避免磕碰。

4. **观察有无栓塞的征象** 鼓励病人在床上做肢体运动,早期下床活动,穿弹力袜,以预防血栓性静脉炎或肺栓塞的发生。

(八) 健康指导

1. **疾病知识指导** 和病人讲解有关风湿性心脏病的相关知识、目前的治疗护理措施,以及如何活动、休息、饮食、服药及预防感染。鼓励病人树立信心。有手术适应证者,告知病人尽早择期手术,提高生活质量,以免失去最佳手术时机。

2. **预防上呼吸道感染、风湿活动、感染性心内膜炎。**

(1) 防治上呼吸道感染:戒烟,告知病人注意保暖,避免感冒;平时应尽量少出入公共场所,避免

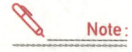

与上呼吸道感染者接触;如发生上呼吸道感染,应立即治疗。

（2）防治风湿活动:反复的风湿活动将加重瓣膜损害,因此应高度重视防治风湿活动。一旦出现关节酸痛、皮疹、发热、红细胞沉降率增快等风湿活动的表现,应接受系统的抗风湿治疗。

（3）防治感染性心内膜炎:风湿性心瓣膜病病人要高度警惕自身局灶性感染,特别是容易被忽略的感染灶,要接受积极彻底的治疗。如出现不明原因的发热,应及早就医,接受抗生素治疗。接受口咽部手术、支气管镜、心导管等有创性检查前应预防性使用抗生素。

3. 育龄妇女保健

（1）术前:心功能较差的育龄期妇女应指导避孕方法,以避免妊娠加重病情。

（2）术后:置换生物瓣的妇女可以正常怀孕生产,但应注意:至少待换瓣术后半年停用抗凝血药后,心功能恢复良好方可考虑怀孕。做好孕期保健,防止围生期心功能不全。置换机械瓣的妇女注意避孕,最好不要妊娠分娩。妊娠前 3 个月服用华法林有致胎儿畸形的危险,另外抗凝过程中妊娠分娩会增加出血的危险。

4. 出院后注意事项

（1）休息与活动:根据心功能及体质情况制订活动计划。一般术后 3 个月以休息为主,3 个月后复查,若病人 NYHA 心功能分级 Ⅰ~Ⅱ级,体质良好,则可逐步恢复劳动和工作。劳动强度则以不感到心悸、气促、劳累为宜。3~6 个月后,绝大多数病人能从事正常体力活动和工作。少数术前心功能极差的病人手术后虽有明显改善,仍建议从事轻体力工作。

（2）饮食:摄取均衡饮食,保证优质蛋白质(如鱼、蛋、瘦肉等)及维生素的摄入。心功能较差的病人应限制饮水量,不宜进食大量稀饭和汤类,以免液体入量过多。

（3）药物:继续服用强心、利尿、抗凝血等药物,未经医生许可不得擅自停药或改变剂量。服用其他药物时,应注意其对抗凝血药药效的影响,及时复查。出院前医生已初步制订出病人的抗凝血药剂量,出院后按照初步剂量用药,每隔 3~5d 化验 1 次,并对照抗凝标准学会自己调整用量。抗凝血治疗以预防出血为重点,应学会观察出血或栓塞的征象。如出现皮肤黏膜瘀斑、牙龈出血、尿血、便血,或肢体疼痛、偏瘫、失语等异常情况,必须及时就医。抗凝血药剂量稳定后(约需 1 个月),每周化验 1 次;术后 2~3 个月抗凝效果进一步稳定,可间隔 2~4 周化验 1 次,最长可 3 个月化验 1 次。一般抗凝治疗对月经的影响不大。如出血量多,根据血液检查结果考虑注射维生素 K。如发生大出血,应及时就诊。

（4）避免劳累、受凉、发热、感冒:及时发现并治疗自身感染病灶,尤其是呼吸道感染、牙周炎、皮肤疖肿、泌尿系感染等。对不明原因的间歇或持续性发热,应及时就医,以免延误治疗。在接受牙科治疗或各种有创性检查和治疗时,应事先告知医生自己有风湿热病史及目前正在服用抗凝血药。

（5）复查与就诊:当出现下列情况之一时应及时就诊:自觉心功能不全症状加重,突然发生心律失常,身体某些部位出现感染病灶,某些症状和表现使病人怀疑抗凝血药过量或不足等。

【护理评价】

经过治疗和护理,评估病人是否能够达到:①了解本病的病因和严重程度;②合理休息、饮食和活动;③正确判断是否有并发症;④坚持用药治疗;⑤焦虑减轻,情绪稳定,能在身心最佳状况下接受手术;⑥术后生命体征稳定,心功能改善;⑦做到自我保健。

（张　敏）

URSING

第二十二章

感染性心内膜炎病人的护理

22章 数字内容

— 学 习 目 标 —

- 识记:
  1. 复述感染性心内膜炎的定义、分类和病因。
  2. 简述感染性心内膜炎病人的症状、体征。
  3. 列举感染性心内膜炎主要辅助检查的临床意义。
- 理解:
  1. 解释感染性心内炎的病理生理特点。
  2. 说明病理生理改变与临床表现之间的关系。
- 运用:
  结合案例为感染性心内膜炎病人进行护理评估,制订护理计划。

病人,男性,30岁,风湿性心脏病主动脉瓣狭窄10年,近3周出现乏力不适。体格检查:皮肤有少量瘀点,听诊主动脉瓣区有收缩期和舒张期杂音,触诊脾可触及。Hb 80g/L,诊断为风湿性心脏病合并感染性心内膜炎。

　　请思考:

　　(1) 在对该病人进行护理评估时,应关注的有助于确诊的实验室检查有哪些?

　　(2) 应注意观察病人可能的并发症有哪些?

　　感染性心内膜炎(infective endocarditis,IE)是心内膜表面感染微生物所导致的炎症病变,最常累及心瓣膜,但亦可发生在间隔缺损部位、腱索或心腔壁内膜等部位。细菌、真菌、分枝杆菌、立克次体、衣原体等均可引起感染性心内膜炎,但寄居于口腔和上呼吸道的链球菌、葡萄球菌、肠球菌和厌氧性革兰氏阴性杆菌是感染性心内膜炎的主要病菌。本病死亡率高、预后差。

　　感染性心内膜炎根据病程分为急性和亚急性。急性感染性心内膜炎表现为严重中毒症状,在数天至数周内发展为瓣膜破坏,少数可引起其他器官或组织(包括脾、肾、脑、脑膜、心包、骨等)的迁移性感染,主要由金黄色葡萄球菌引起。亚急性感染性心内膜炎的发展需数周至数月,仅有轻度中毒症状,很少引起迁移性感染,主要由草绿色链球菌、肠球菌、凝固酶阴性葡萄球菌或革兰氏阴性杆菌引起。根据获得途径,可分为卫生保健相关性、社区获得性、文身、静脉药物滥用等。据统计,欧洲最常见的感染细菌类型已由链球菌转变为葡萄球菌,美国以葡萄球菌感染增长率为最高,我国病例报告显示链球菌和葡萄球菌感染居前列。

　　近年,随着我国人口的老龄化,人工心瓣膜置换术、植入器械术(如永久性起搏器、植入型心律转复除颤器)及各种经血管的有创操作的增加,感染性心内膜炎(IE)呈显著增长趋势。静脉用药等又导致右心IE患病率增加。IE患病率在我国尚缺乏确切的流行病学数据,欧洲的数据为每年3/10万~10/10万,美国约为每年15/10万,随年龄增长而升高,70~80岁老年人为每年14.5/10万,男女之比大于2∶1。

【病因】

　　1. 自体瓣膜心内膜炎(native valve endocarditis)　约3/4的感染性心内膜炎病人有基础心脏病。先天性心脏病、风湿性心脏病、二尖瓣脱垂及心脏手术后的成人易发生感染性心内膜炎。链球菌和金黄色葡萄球菌是最常见的两大致病菌。75%~90%发生感染性心内膜炎的儿童为先天性心脏病患儿,其中50%在接受心脏外科手术后发生感染性心内膜炎。其余发病因素可能与静脉穿刺、行右心导管检查等有关。

　　2. 静脉药瘾者心内膜炎(endocarditis in intravenous drug abusers)　指发生在静脉注射毒品的病人,尤其是同时伴有人类免疫缺陷病毒(HIV)抗体阳性或免疫功能不全病人中的一种主要累及右心系统的IE。致病菌来源于感染的皮肤、污染的药物及各种注射器。金黄色葡萄球菌为最常见的致病菌,占50%以上,其次为链球菌、革兰氏阴性杆菌和真菌。大多累及正常心瓣膜,三尖瓣受累占50%以上,其次为肺动脉瓣。出现感染性心内膜炎的表现,有明显的中毒症状且有迁移感染。

　　3. 人工瓣膜心内膜炎(prosthetic valve endocarditis,PVE)　是一种累及人工心脏瓣膜及其周围组织的病原微生物感染性疾病。资料显示,我国人工瓣膜心内膜炎占感染性心内膜炎的2%~4%。瓣膜置换术后1年内出现症状者为早期人工瓣膜心内膜炎,常由瓣膜手术并发症引起。1年以后发生者为晚期人工瓣膜心内膜炎,病原菌可能来自牙科、胃肠道和泌尿系统的操作,以及皮肤破损和间歇性感染所致的菌血症。术后1年内的人工瓣膜心内膜炎致病菌主要为表皮葡萄球菌、金黄色葡萄球菌、革兰氏阴性杆菌和真菌等。术后1年以上的人工瓣膜心内膜炎致病菌主要为链球菌、金黄色葡萄球菌、肠球菌、革兰氏阴性杆菌等。

【病理生理和发病机制】

当体内出现3种血流动力学状态时可损伤心内膜:①高速喷射血流冲击内膜;②血流从高压腔室流向低压腔室;③血液高速流经狭窄的瓣口。实验研究证实,当心内膜受损,内膜的内皮受损暴露其下结缔组织的胶原纤维时,血小板在该处聚集,形成血小板微血栓和纤维蛋白沉着,成为结节样无菌性赘生物,称非细菌性血栓性心内膜炎,是细菌定居瓣膜的重要因素。细菌通过各种途径进入血流,黏附在无菌性赘生物上,持续存活并迅速繁殖,促使血小板进一步聚集和纤维蛋白沉积,形成血栓和感染性赘生物,发生感染性心内膜炎。赘生物脆性高,易脱落导致外周血管栓塞。受累瓣膜可形成溃疡、变形甚至穿孔或发生邻近组织的脓肿,严重者可导致瓣膜脱落,累及腱索和乳头肌时可导致断裂。持续的菌血症还可导致迁移性感染。发生感染性心内膜炎时,由于免疫系统被激活,可出现脾大、肾小球肾炎、关节炎、腱鞘炎、心包炎及皮肤、黏膜的各种病变。

【护理评估】

(一)健康史

1. 病人有无先天性心脏病、风湿性心脏病等器质性心脏病史,是否接受过心脏手术,有无人工心脏瓣膜,手术时间及医疗机构名称。

2. 病人有无皮肤和其他组织器官的感染,感染时间及治疗情况。

3. 病人是否接受过口腔科检查和治疗,是否接受过其他创伤性检查和治疗,具体时间及用药情况。

4. 病人是否有静脉滥用药物史。

5. 病人是否有全身不适、厌食、疲倦乏力,高热伴寒战的病史,是否出现体重下降等,是否有身体其他部位栓塞病史。

6. 病人以往就诊的检查资料。

7. 病人的生活居住环境、工作环境、经济状况、家庭关系及精神压力状况等。

(二)身体状况

感染性心内膜炎的临床表现最常见为感染引起的发热等症状,其次为栓塞和慢性心力衰竭等。

1. **感染** 大部分病人菌血症可持续存在。感染可通过赘生物导致的心瓣膜脓肿形成。细菌感染的迁移性损害可见于脾、肾、脑、脑膜、心包、骨等组织和器官。

(1)发热:发热为感染性心内膜炎的最常见症状。急性感染性心内膜炎起病急骤,呈暴发性败血症过程,体温较高且难以控制,病人常伴有寒战、全身不适、盗汗、头痛、食欲缺乏、体重下降等非特异性症状。但老年人、充血性心力衰竭及肾衰竭等病人无发热症状或仅有轻微发热。亚急性感染性心内膜炎起病隐匿,伴有非特异性症状。可有弛张热,一般不超过39℃,常伴有头痛、背痛和肌肉关节痛。

(2)贫血:由于感染抑制骨髓造血功能,病人多呈轻至中度贫血,晚期病人亦可出现重度贫血。红细胞和血红蛋白计数进行性下降,病人表现为全身营养不良、软弱无力、面色苍白或皮肤干燥,呈现恶病质。

(3)杵状指:20%~40%的感染性心内膜炎病人在晚期可出现杵状指而无发绀。

(4)脾大:发生率为50%~70%。脾大但质地软。

2. **栓塞** 栓塞是常见的临床表现,各组织器官均可发生,1/3的病人栓塞为首发症状。

(1)脑栓塞:可引起各种短暂或持久性神经系统损害,如剧烈头痛、偏瘫、失明、失语、癫痫等。

(2)肾栓塞:表现为肾区疼痛、血尿、蛋白尿,甚至出现肾衰竭。

(3)脾栓塞:表现为左上腹痛、左肩部疼痛和左侧胸膜少量渗出。

(4)肺栓塞:表现为突发性胸痛、呼吸困难、发绀、咯血等症状。

(5)冠状动脉栓塞:突然发生胸痛、休克、心力衰竭或严重心律失常等心肌梗死的表现。

(6)四肢动脉栓塞:栓塞部位以下的皮肤变白、发冷、肢体无力和疼痛。

Note:

（7）肠系膜动脉栓塞：表现为腹痛、肠绞痛和粪便隐血试验阳性。

3. **心力衰竭**　是感染性心内膜炎最常见的并发症，可发生在病程的任何阶段，主要原因为瓣膜破坏或变形、腱索断裂、冠状动脉栓塞及基础心脏疾病等。如不采用外科手术治疗纠正瓣膜功能不全，死亡率很高。

4. **体征**

（1）心脏杂音：绝大多数病人听诊有病理性杂音，可由基础心脏病和/或心内膜炎导致瓣膜损害所致。急性者比亚急性者更易出现杂音强度和性质的变化，或出现新的杂音。

（2）周围体征：多为非特异性，近年已不多见，可能的原因是微血管炎或微栓塞，包括①瘀点：可出现在任何部位，以锁骨以上皮肤、口腔黏膜和睑结膜多见；②指/趾甲下线状出血；③Osler 结节：常见于亚急性者，在指和趾垫出现豌豆大的红或紫色痛性结节，直径 5~15mm，略高于皮面，有压痛；④Roth 斑：视网膜的卵圆形出血斑，中心呈白色；⑤Janeway 损害：为手掌和足底处直径 1~4mm 的无痛性出血红斑。

（三）辅助检查

1. **血培养**　最重要的诊断方法，药敏试验可为治疗提供依据。近期未接受过抗生素治疗的病人阳性率可高达 95% 以上，2 周内用过抗生素或采血、培养技术不当，常降低血培养的阳性率。凡原因不明的发热持续 1 周以上，且有心脏病病史或心脏手术史者均应反复多次进行血培养。为提高血培养的阳性率，应在抗生素治疗开始前在严格无菌操作下采集血标本，每次取血 10~15ml。血培养阴性时应调整检测方法。

2. **尿液检查**　可见镜下血尿和轻度蛋白尿，肉眼血尿提示肾梗死。红细胞管型和大量蛋白尿提示弥漫性肾小球性肾炎。晚期病人可出现肾功能不全表现。

3. **血常规检查**　进行性贫血较常见，白细胞计数正常或轻度升高，分类计数中性粒细胞核轻度左移。血小板多正常，偶有严重血小板减少伴出血倾向。活动期红细胞沉降率升高。

4. **组织学、免疫学及分子生物学检查**　瓣膜或栓子的病理学检查是诊断 IE 的"金标准"。直接免疫荧光及酶联免疫吸附试验也可检测病原体，但有待进一步试验确定其诊断意义。应对外科切除的瓣膜或赘生物进行组织培养以检测细菌种类。组织培养阴性的病人可应用聚合酶链反应（PCR）技术，因其具有在组织切片上直接对病原菌定位、定性检测的优点。

5. **超声心动图**　经胸超声可诊断出 40%~63% 的赘生物，经食管超声可检出 <5mm 的赘生物，敏感性高达 90% 以上。未发现赘生物时需密切结合病人临床表现。

6. **其他**　X 线检查可了解心脏外形、肺部表现等。心电图可发现心律失常。磁共振成像能发现瓣周感染的范围、主动脉根部动脉瘤等。

（四）心理-社会状况

感染性心内膜炎病人病情危重，病人全身状况恶化，甚至出现器官功能衰竭、全身多处动脉栓塞等并发症。病人容易出现悲观、失望甚至绝望等情绪反应，表现为拒绝治疗、不合作等行为。大多数病人家属难以接受现实，常感到无能为力而陷入痛苦。对于有机会接受心脏手术的病人，担心手术后的效果、惧怕心脏手术危险而产生焦虑、恐惧等情绪反应。若术后出现新的并发症或感染性心内膜炎复发，对病人会造成更大的心理压力，甚至会丧失进一步治疗的信心。高额的医疗费用给大多数家庭造成一定的经济压力。

【常见护理诊断/问题】

1. **体温过高**　与感染有关。
2. **心输出量减少**　与疾病晚期出现心力衰竭有关。
3. **营养失调：低于机体需要量**　与发热、能量消耗和营养摄入不足有关。
4. **潜在并发症：栓塞和梗死、脾大、贫血、肾衰竭。**
5. **焦虑**　与缺乏诊断、治疗及预后的相关知识等有关。

Note:

【计划与实施】

感染性心内膜炎侵害心瓣膜、腱索和乳头肌,很多病人最终发展为严重充血性心力衰竭,故在积极、有效、合理地使用抗生素控制感染的同时,应积极维护病人的心脏功能。对抗生素治疗无效、严重心脏并发症、有瓣膜再置换适应证者应早期手术治疗。经过治疗和护理,评估病人是否能够达到:①有效控制感染症状;②心脏功能改善;③营养状态改善;④及时发现并处理潜在的并发症;⑤手术后恢复顺利;⑥焦虑程度减轻。

(一) 维持机体正常体温

1. **观察体温及皮肤黏膜变化** 动态监测病人体温变化,每4~6h测量体温1次并准确绘制体温曲线,判断病情进展及治疗效果。

2. **正确采集血标本** 告知病人及其家属为提高血培养结果的准确率,须多次采血且采血量较多,在必要时甚至须暂停抗生素,以取得其理解和配合。对于未经治疗的亚急性病人,应在第1日每间隔1h采血1次,共3次。如次日未见细菌生长,重复采血3次后,开始抗生素治疗。已用过抗生素者,停药2~7d后采血。急性病人应在入院后立即安排采血,在3h内每隔1h采血1次,共取3次血标本后,遵医嘱开始治疗。

3. **高热病人处理** 卧床休息,注意病室的温度和湿度。可予以病人冰袋物理降温,并记录降温后的体温变化。出汗较多时及时更换衣物,避免病人受凉。

(二) 加强营养支持

感染性心内膜炎病人由于发热、贫血及其他感染中毒症状的影响,多数处于营养不良、虚弱无力的状态。护士应注意保持病人口腔清洁,为其创造良好的进餐环境。鼓励病人进食高能量、高蛋白、高维生素、易消化的食物并摄取足够的水分,同时注意补充各种维生素和矿物质。必要时遵医嘱给予白蛋白、丙种球蛋白、新鲜血/血浆等静脉输入。

(三) 药物治疗及护理

感染性心内膜炎的核心问题是各种致病菌的感染,有效的抗生素治疗是控制疾病进展的关键。

1. **抗生素应用** 2014年我国首部《成人感染性心内膜炎预防、诊断和治疗专家共识》指出,抗生素的选择原则为:①杀菌剂;②联合应用,包括至少2种具有协同作用的抗菌药;③大剂量;④静脉给药;⑤长疗程,一般为4~6周,人工瓣膜心内膜炎需6~8周或更长。严格按时间用药,以确保维持有效的血药浓度。注意保护病人静脉,可使用静脉留置针,避免多次穿刺增加病人痛苦。及早发现长期大量使用抗生素可能带来的真菌感染,做好口腔护理。

2. **维护心脏功能** 每日听诊心脏杂音,听诊心脏杂音是否有改变或出现新杂音。如病人已出现心功能不全,应积极遵医嘱用药,并做好用药期间的观察与护理(参照第二十章"心力衰竭病人的护理")。

(四) 手术治疗及护理

外科手术的目的主要是清理心脏内的感染病灶,清除赘生物及与其相连的组织,切开脓肿;修复或更换心瓣膜、闭合缺损,同时矫正心脏的其他病变或感染并发症等。

1. **手术前护理** 参照第二十八章第一节"心脏血管手术前病人的护理",应准备好术中做血和赘生物等组织细菌培养的容器,以便选用合适的抗生素。

2. **手术时机及手术指征** 主要适用于左心瓣膜IE(病变累及二尖瓣或主动脉瓣),其中约50%的病人存在严重的并发症而需手术治疗。活跃期(病人仍在接受抗生素治疗阶段)病人的手术指征是心力衰竭、感染无法控制及预防栓塞,但在活跃期进行手术存在很大的风险。是否选择手术治疗,如手术是选择急诊、限期还是择期手术,应在权衡外科手术的获益与风险,并个体化评价病人的一般状况及合并症的基础上,再确定治疗方案。

3. **手术方法** 包括病灶清除后瓣膜成形术和病灶清除后瓣膜置换术2大类。根据不同瓣膜及受损瓣膜的具体情况,选择相应的术式。

(1) 二尖瓣病变:应尽可能做二尖瓣成形术。首先必须切除感染组织,二尖瓣前叶缺损可用自

Note:

体心包修复；二尖瓣前叶游离边缘缺损，可将后叶腱索转移至前叶；二尖瓣后叶缺损，可视病变范围大小，修整瓣叶后直接缝合，也可用自体心包修补成形，如无法成形，瓣膜置换仍是治疗感染性心内膜炎的主要方法。

（2）主动脉瓣病变：主动脉瓣感染心内膜炎后，除瓣叶组织损害之外，还经常在瓣环附近形成脓肿，难以施行成形术，必须施行主动脉瓣置换。常见的有主动脉瓣周脓肿和主动脉瓣上脓肿。瓣周脓肿多损伤主动脉瓣环和二尖瓣前叶；主动脉瓣上脓肿可向主动脉壁外突出，形成假性动脉瘤，随时有主动脉大出血的危险，应在清除感染组织后修补主动脉壁缺损。最为严重的是主动脉根部脓肿，感染可累及主动脉瓣叶、瓣环和升主动脉，甚至心脏支架结构，应在彻底清除病灶后采用低温保存的同种带瓣主动脉或人工带瓣外管道行主动脉根部替换，然后移植左、右冠状动脉。手术中应避免伤传导束。

（3）三尖瓣损害：三尖瓣区心内膜炎，病变多局限于瓣叶，应争取做瓣膜成形术。由于静脉药瘾所致的右心感染，三尖瓣往往损害很重，须行三尖瓣置换术。

4. 手术后护理　参照第二十八章第三节"心脏血管手术后病人的护理"。重点监测病人体温、血常规及全身感染征象，以了解感染是否控制。可间断输新鲜血、丙种球蛋白或白蛋白等，以增强机体抵抗力和加快术后恢复。

5. 手术并发症　出血、心脏压塞、低心排血量综合征、肾衰竭、卒中、肺部感染、瓣周漏等。

（五）并发症的观察与护理

心脏超声可见巨大赘生物的病人，应绝对卧床休息，防止赘生物脱落。观察病人有无栓塞征象，重点观察瞳孔、神志、肢体活动及皮肤温度等。当病人突然出现胸痛、气急、发绀和咯血等症状，要考虑肺栓塞的可能；出现腰痛、血尿等应考虑肾栓塞的可能；当病人出现神志和精神改变、失语、吞咽困难、肢体功能障碍、瞳孔大小不对称，甚至抽搐或昏迷征象时，警惕脑血管栓塞的可能；当出现肢体突发剧烈疼痛，局部皮肤温度下降，动脉搏动减弱或消失，要考虑外周动脉栓塞的可能。出现可疑征象，应及时报告医生并协助处理。

（六）心理护理

由于受较长时间疾病的困扰及治疗效果的不确定性和家庭经济方面的压力等因素影响，病人存在着一定的心理问题。观察并了解病人的心理状态，评估焦虑的等级，稳定病人和家属的情绪，调动其家属的积极性，与护士共同鼓励病人，增强其战胜疾病的信心。

（七）健康指导

1. 疾病知识指导　向病人和家属讲解本病的病因与发病机制、致病菌侵入途径、坚持足够剂量和足够疗程抗生素治疗的重要性。病人在施行口腔手术如拔牙、扁桃体摘除术、上呼吸道手术或操作、其他侵入性诊治或外科手术治疗前，应告知自己患有心脏瓣膜疾病、心内膜炎等病史，以预防性使用抗生素。

2. 生活指导　嘱病人平时注意防寒保暖，避免感冒，加强营养，增强机体抵抗力，合理安排休息。保持口腔和皮肤清洁，少去公共场所。勿挤压痤疮、疖、痈等感染病灶，减少病原体入侵的机会。

3. 病情自我监测指导　对已经发生感染性心内膜炎的病人，应教会病人自我监测体温变化；告诉病人及其家属按时按量遵医嘱服药的重要性，不可擅自停药；用药期间可能出现的不良反应，出现异常及时报告医生；有无心力衰竭、身体其他器官组织栓塞的临床表现；定期门诊复查。

4. 与病人和家属一起探讨制订合理的营养丰富、易消化的食谱。

【护理评价】

经过治疗和护理，评估病人是否能够达到：①学会自测体温和降温促进舒适的方法；②了解抗生素的作用、副作用和使用注意事项并遵医嘱服药；③心功能状态改善；④选择适当的食物提高机体免疫力；⑤手术后康复过程顺利；⑥情绪稳定，焦虑减轻或消失，积极配合治疗和护理；⑦能够自述有关疾病和保健的知识。

（张　　敏）

第二十三章

心包疾病病人的护理

23章 数字内容

学 习 目 标

- 识记：
  1. 陈述心包疾病的分类、概念、常见病因。
  2. 概述急性心包炎、心包积液和心脏压塞、缩窄性心包炎的临床表现。
- 理解：
  1. 比较各种急性心包炎、缩窄性心包炎临床表现的异同点。
  2. 说明心包疾病相关辅助检查的临床意义。
- 运用：
  为心包疾病病人进行护理评估,制订相应的护理计划。

病人,女性,35岁,1周前突发胸骨后尖锐痛,平卧和深呼吸时加重,坐位身体前倾时稍缓解,无大汗、恶心、呕吐。体格检查:T 37.0℃,P 106次/min,R 22次/min,BP 94/62mmHg。听诊双肺呼吸音清,未闻及干、湿啰音。胸骨左缘第3~4肋间隙可闻及心包摩擦音,各瓣膜听诊区未闻及杂音。心电图示:窦性心动过速,广泛导联ST段抬高,P-R段压低。心肌酶正常。

　　请思考:

　　(1) 结合病例资料,考虑该病人的临床诊断是什么?

　　(2) 目前该病人首优的护理诊断/问题是什么? 主要护理措施有哪些?

　　心包疾病是由感染、肿瘤、代谢性疾病、尿毒症、自身免疫病、外伤等引起的心包病理性改变。按临床表现可分为急性心包炎、持续性和慢性心包炎、复发性心包炎、心肌心包炎、心包积液和心脏压塞、缩窄性心包炎。本章重点介绍急性心包炎、心包积液和心脏压塞、缩窄性心包炎。

　　急性心包炎(acute pericarditis)为心包脏层和壁层的急性炎症性疾病。以胸痛、心包摩擦音、心电图改变及心包渗出后心包积液为特征。

　　心包疾病或其他病因累及心包可造成心包渗出和心包积液(pericardial effusion),当积液迅速或积液量达到一定程度,可造成心输出量和静脉回心血量明显下降而产生临床症状,即心脏压塞(cardiac tamponade)。心脏压塞表现为贝克(Beck)三联征,即:①颈静脉怒张;②低血压;③心音低弱。

　　缩窄性心包炎(constrictive pericarditis)是指心脏被致密厚实的纤维化或钙化心包所包围,使心室舒张期充盈受限而产生的一系列循环障碍的疾病,多为慢性。

【病因】

(一) 急性心包炎

　　最常见病因为病毒感染,其他包括细菌感染、自身免疫病、肿瘤、尿毒症、急性心肌梗死后心包炎、主动脉夹层、胸壁外伤及心脏手术后。经检查仍无法明确病因者,称为特发性急性心包炎或急性非特异性心包炎。

(二) 心包积液和心脏压塞

　　各种病因的心包炎均可能伴有心包积液。常见的病因是肿瘤、特发性心包炎和肾衰竭,严重的体循环淤血也可产生漏出性心包积液;穿刺伤、心室破裂、心胸外科手术及介入操作造成的冠状动脉穿孔等可造成血性心包积液。迅速或大量心包积液可引起心脏压塞。

(三) 缩窄性心包炎

　　缩窄性心包炎几乎可伴生于任何心包疾病,在我国主要病因是结核分枝杆菌感染,其次为急性非特异性心包炎、化脓性或创伤性心包炎演变而来。近年来放射性心包炎和心脏直视手术后引起者也逐渐增多。其他少见的病因包括自身免疫病、恶性肿瘤、尿毒症、药物等。

【护理评估】

(一) 健康史

　　1. 评估病人的年龄、性别、患病的起始时间、患病后是否进行过治疗、治疗的经过和效果、目前的主要症状及其对日常活动、饮食、睡眠等的影响。

　　2. 评估病人有无病毒、细菌、真菌、寄生虫、立克次体等感染史;原发性或继发性肿瘤;自身免疫病:风湿热、其他结缔组织病;代谢性疾病;物理因素;邻近器官疾病。

（二）身体状况

1. 急性心包炎

（1）症状：胸痛为主要症状，常见于炎症变化的纤维蛋白渗出期。疼痛可位于心前区，可放射到颈部、左肩、左臂，也可达上腹部，性质尖锐，与呼吸运动有关，常因咳嗽、深呼吸、变换体位或吞咽动作而加重。疼痛也可为压榨性，位于胸骨后，须注意与心肌梗死相鉴别。随着病程发展，部分病人可因中、大量心包积液造成心脏压塞，从而出现呼吸困难、水肿等症状。感染性心包炎可伴发热、乏力等。

（2）体征：心包摩擦音是纤维蛋白性心包炎的典型体征，呈抓刮样粗糙音，与心音的发生无相关性。多位于心前区，以胸骨左缘第3、4肋间隙最为明显，坐位时身体前倾、深吸气或将听诊器胸件加压更易听到。心包摩擦音可持续数小时、数天甚至数周，当积液增多将2层心包分开时，摩擦音即可消失。

2. 心包积液和心脏压塞

（1）症状：呼吸困难是最突出的症状，严重时病人可被迫坐起并取前倾位、呼吸浅快、面色苍白，可有发绀。也可因压迫气管、食管而产生干咳、声音嘶哑及吞咽困难。全身症状可表现为发冷、发热、乏力、烦躁、上腹胀痛等。

（2）体征：触诊心尖搏动减弱。心脏叩诊浊音界向两侧增大，均为绝对浊音区；听诊心音低而遥远，积液量大时可于左肩胛骨下出现叩浊音，左肺受压迫听诊可闻及支气管呼吸音，称心包积液征（Ewart 征）。大量心包积液可使病人收缩压降低，而舒张压变化不大，脉压变小。大量心包积液影响静脉回流，出现体循环淤血表现，如颈静脉怒张、肝大、肝-颈静脉回流征阳性、腹水及下肢水肿等。

（3）心脏压塞：短期内出现大量心包积液可引起急性心脏压塞，表现为窦性心动过速、血压下降、脉压变小和静脉压明显升高。如果心排血量显著下降，可造成急性循环衰竭和休克。如果液体积聚较慢，则出现亚急性或慢性心脏压塞，产生体循环静脉淤血征象，表现为颈静脉怒张、Kussmaul 征（吸气时颈静脉充盈更明显）。还可出现奇脉，表现为桡动脉搏动呈吸气性显著减弱或消失，呼气时恢复。

3. 缩窄性心包炎

（1）症状：部分病人起病隐匿，早期无明显临床症状。常见症状为劳力性呼吸困难，主要与心排血量降低有关，可伴有疲乏、食欲缺乏、上腹胀满或疼痛等症状。

（2）体征：出现静脉回流受限的表现，如颈静脉怒张、肝大、腹水、下肢水肿，可见 Kussmaul 征。心率增快，脉搏细弱。心浊音界正常或稍大，心尖搏动减弱或消失，心音减弱而遥远，部分病人在胸骨左缘第3~4肋间隙可闻及心包叩击音。动脉收缩压降低，脉压变小。

（三）辅助检查

1. 急性心包炎、心包积液和心脏压塞

（1）实验室检查：取决于原发病，如感染性心包炎常有外周血白细胞计数增加、红细胞沉降率增快、C 反应蛋白升高等；自身免疫病可有免疫指标阳性；尿毒症病人可见肌酐明显升高等。此外，还应检查肝、肾功能和心肌损伤标志物等。

（2）胸部 X 线检查：心包积液较多时可见心影向两侧增大呈烧瓶状。特别是肺野清晰而心影显著增大常是心包积液的有力证据，有助于鉴别心力衰竭。

（3）心电图：除 aVR 和 V_1 导联以外，所有常规导联可能出现 ST 段呈弓背向下型抬高，一至数日后，随着 ST 段回到基线，逐渐出现 T 波低平及倒置，数周至数月后恢复正常，也可长期存在。积液量较大时可见 P 波、QRS 波、T 波电交替，常伴窦性心动过速。

（4）超声心动图：可确诊有无心包积液、判断积液量，还可用于引导心包穿刺引流。

（5）心脏磁共振成像（MRI）：能清晰显示心包积液容量和分布情况，并可分辨积液的性质，可测量心包厚度，还有助于判断心肌受累情况。

（6）心包穿刺：当出现心脏压塞和未能明确病因的渗出性心包炎时，可抽取心包积液进行常规、

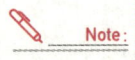
Note：

生化、病原学、细胞学相关检查,有助于了解心包积液的性质,明确病因。

2. 缩窄性心包炎

(1) 胸部 X 线检查:多数心影轻度增大呈三角形或球形,左右心缘变直,主动脉弓小或难以辨认。部分病人心影大小正常,可有心包钙化。

(2) 心电图:常见心动过速、QRS 波群低电压、T 波低平或倒置。部分病人可见 P 波增宽有切迹。在病程长和高龄病人中有时可见心房颤动。

(3) 超声心动图:可见心包增厚、粘连,心脏变形,室壁活动减弱,室间隔舒张期矛盾运动,即室间隔抖动征。

(4) 心脏 CT 和磁共振成像(MRI):对慢性缩窄性心包炎的诊断价值优于超声心动图。

(5) 右心导管检查:当非侵入性检查手段不能明确诊断时或拟行心包切除术前可行右心导管检查。

(6) 活组织检查:心包腔纤维内镜探查和活组织检查有助于了解病因。

(四) 心理-社会状况

病人常因心前区疼痛、呼吸困难或需做心包切开术而出现紧张、焦虑甚至恐惧等心理反应,同时病人及其家属也会面临一定的经济压力。

【护理诊断/问题】

1. **气体交换受损**　与肺淤血、肺或支气管受压有关。
2. **疼痛:胸痛**　与心包炎症有关。
3. **体液过多**　与渗出性、缩窄性心包炎有关。
4. **体温过高**　与心包炎症有关。
5. **活动耐力下降**　与心排血量减少有关。
6. **焦虑**　与病因诊断不明、病情重、疗效不佳有关。

【计划与实施】

(一) 改善呼吸困难状况

1. **环境**　保持环境安静,温、湿度适宜,注意防寒保暖,以免病人发生呼吸道感染而加重呼吸困难。

2. **休息与体位**　症状严重者应卧床休息,衣着应宽松,以免妨碍胸廓运动。协助病人取舒适卧位,如半卧位或坐位,心脏压塞病人往往被迫采取前倾坐位,应提供跨床小桌,上垫软枕,增强病人舒适度,并拉起床挡,防止其坠床。

3. **饮食**　少食产气食物,多吃富含膳食纤维的食物,避免病人腹胀、便秘导致膈肌上抬而加重呼吸困难。

4. **遵医嘱用药**　控制输液量及输液速率,防止加重心脏负荷。胸闷气急者给予氧气吸入。

5. **加强呼吸状况监测**　观察病人呼吸困难的程度,有无呼吸浅快、发绀,监测动脉血气分析结果。

(二) 疼痛的护理

1. **疼痛评估**　评估病人疼痛的部位、性质、程度、加重或缓解的因素,及其变化情况,是否可闻及心包摩擦音。

2. **休息与体位**　指导病人卧床休息,勿用力咳嗽、深呼吸或突然改变体位,以免引起疼痛加重。待症状消失后,可逐渐增加活动量。

3. **药物止痛**　疼痛明显者给予镇痛药,以减轻疼痛对呼吸功能的影响。可遵医嘱给予非甾体抗炎药如阿司匹林,效果不佳可给予布洛芬、吲哚美辛或秋水仙碱,亦可给予糖皮质激素治疗,必要时可使用阿片类药物。根据病因应用抗生素、抗结核药物、化疗药物等治疗,并做好相应副作用的观察与护理。

（三）心包穿刺术的配合与护理

1. **术前护理**　备齐物品,向病人说明手术的意义和必要性,解除其思想顾虑,必要时应用少量镇静药。询问病人是否有咳嗽,必要时给予可待因镇咳治疗。提供屏风或隐蔽的空间以维护病人隐私,并注意保暖。操作前开放静脉通路,准备抢救药如阿托品等以备急用。进行心电、血压监测。术前须行超声检查,以确定积液量和穿刺部位,并对最佳穿刺点做好标记。

2. **术中配合**　嘱病人勿剧烈咳嗽或深呼吸,穿刺过程中有任何不适应立即告知医护人员。严格无菌操作,抽液过程中随时夹闭导管,防止空气进入心包腔。抽液要缓慢,每次抽液量不超过 1L,以防心脏急性扩张。一般第 1 次抽液量不宜超过 200～300ml,若抽出新鲜血,立即停止抽吸,密切观察病人有无心脏压塞症状。术中密切观察病人的反应,如面色、呼吸、血压、脉搏、心电等变化,如有异常,及时协助医生处理。

3. **术后护理**　术毕拔除穿刺针后,穿刺部位覆盖无菌纱布,用胶布固定;穿刺后 2h 内继续心电及血压监测,嘱病人休息,并密切观察其生命体征变化。心包引流者须做好引流管的护理,待心包引流液<25ml/d 时拔除导管。记录抽液量、颜色、性质,按要求及时送检。

（四）心包切除术的护理

顽固性复发性心包炎病程超过 2 年、心包积液反复穿刺引流无法缓解、激素无法控制,或伴严重胸痛的病人可考虑外科心包切除术治疗。慢性永久性缩窄性心包炎最主要的治疗方法是心包切除术。手术前、后护理参照第二十八章第一节、第三节相关内容。

（五）健康指导

1. **饮食指导**　嘱病人加强营养,增强机体抵抗力。进食高能量、高蛋白、富含维生素、易消化饮食;心脏压塞或心功能不全者应限制钠盐摄入,尿毒症引起的心包炎病人应限制蛋白质摄入。

2. **休息与活动指导**　嘱病人合理安排休息与活动,非运动员急性心包炎病人应严格限制运动,直至症状完全缓解,C 反应蛋白、心电图和超声心动图检查结果完全恢复正常;运动员急性心包炎病人,除需要达到上述标准外,还要求至少休息 3 个月。根据病人的活动耐力,与病人及其家属共同制订个体化的运动方案,并做好活动过程中的病情监测。

3. **用药指导**　告知病人坚持联合、足量、长程和缓慢减量药物治疗原则的重要性,不可擅自停药,防止复发;注意观察药物不良反应,定期随访检查肝、肾功能。

【护理评价】

经过治疗和护理,评估病人是否能够达到:①了解心包炎发生的病因;②维持正常的呼吸;③疼痛减轻;④体温正常;⑤按照计划活动,活动耐力增强;⑥用药安全有效;⑦营养均衡;⑧焦虑减轻,感觉平静。

（徐江华）

思考题

1. 心脏压塞病人有哪些典型的症状和体征?
2. 如何护理心包穿刺引流术后病人?

Note:

NURSING

第二十四章

心肌疾病病人的护理

24 章　数字内容

　　心肌疾病（heart muscle disease）是指除心脏瓣膜疾病、冠心病、高血压心脏病、肺源性心脏病、先天性心血管病和甲状腺功能亢进性心脏病等以外的以心肌病变为主要表现的一组疾病。心肌炎是指以心肌炎症为主的心肌疾病，其与心肌病关系密切。

　　本章主要介绍心肌炎和心肌病病人的护理。

第一节　心肌炎病人的护理

─────── 学 习 目 标 ───────

- 识记：
  1. 复述心肌炎及病毒性心肌炎的概念、症状。
  2. 列出病毒性心肌炎辅助检查的主要内容。
- 理解：
  1. 阐明病毒性心肌炎的病因和发病机制。
  2. 阐述病毒性心肌炎的常用药物治疗方法。
- 运用：
  对病毒性心肌炎病人进行护理评估，并根据护理评估资料准确提出护理诊断、制订相应护理措施。

导入情境与思考

病人,男性,19岁,2周前出现咽痛、咳嗽、发热,近1周出现活动后气短、乏力。近2d疲乏感加剧,略微走动后即感头晕、疲倦。体格检查:T 36.9℃;HR 99次/min,心律齐;BP 105/70mmHg。红细胞沉降率40mm/h。诊断为病毒性心肌炎。

请思考:

(1)请判断该病人目前存在的主要护理问题是什么?应实施哪些护理措施?

(2)病人担心长期卧床会影响今后的学业,经常询问何时能正常活动。请问护士应如何对其进行指导?

心肌炎(myocarditis)是指心肌的炎症性疾病,以心肌细胞坏死和间质炎症细胞浸润为主要表现,分为感染性和非感染性。感染性可由病毒、细菌、螺旋体、立克次体、真菌、原虫和蠕虫等引起,其中以病毒感染最为常见;非感染性包括免疫介导、药物、毒性物质和放射照射等。临床上分为急性、亚急性或慢性心肌炎。其中,病毒感染是心肌炎的最常见原因。故本节重点叙述病毒性心肌炎。

病毒性心肌炎(viral myocarditis)是指由病毒感染所致的局限性或弥漫性心肌炎性病变。可发生于各个年龄段,以儿童和40岁以下成人居多,通常可以自愈,少数可演变为扩张型心肌病。

【病因及发病机制】

很多RNA和DNA病毒被证实与心脏炎症有关,包括肠道病毒、腺病毒、流行性感冒病毒、人类疱疹病毒6型、EB病毒、人类细小病毒B19、人类免疫缺陷病毒等,其中RNA的肠道病毒是致心肌炎的常见病毒,主要包括柯萨奇A病毒、柯萨奇B病毒、腺病毒、埃可病毒、脊髓灰质炎病毒、肝炎病毒等,其中尤以柯萨奇B病毒多见。

病毒性心肌炎的发病机制至今尚未完全阐明。多数研究认为,发病机制包括病毒的直接作用和免疫反应。病变早期以病毒直接侵犯心肌为主,造成心肌细胞的溶解,间质水肿及功能障碍;后期通过病毒介导的免疫损伤作用(主要是T细胞免疫),导致心肌损害和微血管损伤而致病。多数病人病原体会被清除,几乎没有后遗症;部分病人病毒未被清除并引起持久性心肌细胞损伤,心脏特异性炎症有可能持续存在。

【护理评估】

(一)健康史

询问病人在发病前1~3周有无病毒感染史,表现为发热、乏力、全身酸痛、流涕等"感冒"样症状和呕吐、腹泻等消化道症状。部分病人因症状轻微而忽略。此外,细菌感染、过度疲劳、受凉、营养不良、酗酒、妊娠及缺氧等情况下,易导致病毒感染而发病。

(二)身体状况

临床表现差异很大,轻者可无明显症状,重者呈暴发性过程,引起急性心力衰竭、心源性休克或猝死。

1. **症状** 常出现心悸、胸闷、气急、胸痛,乏力等心脏受累表现,部分病人可有心功能不全表现。重症者可出现心源性休克及猝死。

2. **体征** 出现各种心律失常,以期前收缩最常见,其次为房室传导阻滞;心率改变,可见与体温不成比例的持续性窦性心动过速;听诊第一心音减弱,出现第三心音或第四心音;心脏不同程度扩大。危重者血压下降,出现肺部湿啰音等体征。

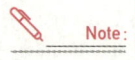

（三）辅助检查

1. **炎性标志物**　红细胞沉降率增大,C 反应蛋白增高。

2. **心肌损伤的血清学指标**　血清心肌肌钙蛋白 I 或肌钙蛋白 T(强调定量测定)、肌红蛋白、肌酸激酶及其同工酶、BNP 水平增高。

3. **病毒学检查**　由于病毒血清学与心内膜活检之间缺乏相关性,不推荐常规进行检测。

4. **心电图检查**　窦性心动过速,有 2 个以上导联 ST-T 改变,房室传导阻滞,各种心律失常特别是室性心律失常。

5. **超声心动图**　可出现广泛的心室功能障碍、局部的室壁运动异常及射血分数保留的心脏舒张功能障碍。

6. **心血管磁共振成像**　为心肌的组织特点描述提供了一种无创性手段,对诊断心肌炎有较大价值。

7. **心内膜心肌活检**　可以确诊心肌炎并提示心肌炎的潜在病因及炎症类型(如巨细胞性、嗜酸性粒细胞性、结节病),对心肌炎的治疗及预后判断有帮助。

（四）心理-社会状况

病人起病急骤,可能影响其生活、工作或学习,尤其病情严重时,病人可能会出现烦躁或恐惧情绪。部分病人可能担心自己会发展为扩张型心肌病,非常紧张、焦虑。

【常见护理诊断/问题】

1. **活动耐力下降**　与心肌受损,心律失常有关。

2. **有心输出量减少的危险**　与心肌受损,心功能不全有关。

3. **恐惧**　与缺乏相关疾病知识,担心疾病预后、学习和前途等有关。

4. **潜在并发症:心力衰竭,心律失常,心源性休克。**

【计划与实施】

病毒性心肌炎的处理原则有卧床休息以减低心脏负荷,降低氧耗;对症治疗,维持血流动力学稳定,处理心力衰竭和心律失常,减轻心肌炎症反应程度和心肌损伤,减少并发症发生;有证据支持的病原学治疗;教育和管理病人。经过治疗和护理,评估病人是否能够达到:获得有效的休息和适当的活动;合理饮食,保证充足的营养;不发生心力衰竭、心律失常和心源性休克或发生时得到及时救治;了解疾病相关知识,做好自我护理。

（一）休息与活动

1. 心肌炎急性期应限制体力活动至少 6 个月。

2. 向病人解释严格卧床休息和病情稳定后逐渐增加活动量的重要性,帮助病人卧床期间进行床上康复运动。

3. 休养环境应安静、舒适,限制探视,减少不必要的干扰,保证病人获得充足的休息和睡眠。

4. 准备床旁坐便器,与卧位大小便相比,起床大小便对心脏负荷的影响较小。必要时协助病人床上洗澡。

5. 让病人表达自己对限制活动的担忧,减轻病人的焦虑;告知病人只是暂时性的限制活动。

6. 病情稳定后,制订并实施每日活动计划。指导病人及其家属在活动过程中,要注意病人心率、心律和血压的变化,出现胸闷、气急、心悸等应停止活动。

（二）饮食护理

1. 摄取易消化、富含蛋白质和维生素的食物。

2. 进食不宜过饱。禁烟酒,禁用浓茶、咖啡及其他刺激性食物。

（三）药物治疗与护理

由于病毒性心肌炎的发病机制仍未彻底阐明,因此目前尚无特效治疗方法,仍以对症治疗为主。

Note:

1. 使用改善心肌营养与代谢的药物,如维生素 C、复合维生素 B、肌苷、辅酶 Q10 等,遵医嘱正确使用药物,并观察效果。

2. 心肌炎病人易发生洋地黄中毒,应慎用,使用过程中应注意其毒性反应及其他可能加重毒性的因素,如电解质紊乱及缺氧。

3. 出现严重血毒症症状、心源性休克、严重心衰或严重恶性心律失常时,可以使用激素,抑制抗原抗体作用,保护心肌细胞,减轻水肿,控制并发症进一步发展。

4. 经心内膜心肌活检明确诊断的病毒性心肌炎病人,心内膜心肌持续有病毒相关基因、抗原检出,建议给予特异性抗病毒治疗。

(四)并发症的观察与护理

护理过程中应密切观察病情变化,准备好抢救药品和物品。

1. 吸氧,指导病人尽量避免呼吸道感染、剧烈运动、情绪激动、饱餐、用力排便等诱发因素。

2. 选用利尿药、ACEI 或 ARB、β 受体拮抗剂和醛固酮受体拮抗剂,以减轻心脏负荷。使用过程中应注意观察药物疗效和不良反应。

3. 持续心电监测,如出现严重心律失常,应立即与医生联系,备好除颤器或临时起搏器。

4. 观察病人生命体征、神志、尿量、皮肤黏膜颜色、中心静脉压和血氧饱和度变化,注意有无急性心力衰竭表现,准确记录病人 24h 出入量。

5. 发现病人病情变化,协助其绝对卧床,报告医生,建立静脉通路。

6. 如病人经常规治疗后病情进一步恶化、伴有心源性休克或严重心室功能障碍,应协助医生备好其他抢救药品和设备,如血管活性药、呼吸机和主动脉内球囊反搏机、心室辅助装置或体外膜氧合设备等。

(五)心理护理

心肌炎的临床结局和预后决定于其病因、临床表现和疾病阶段。约50%的急性心肌炎病例在 2～4 周恢复,但是约25%的病例发展为持续的心功能不全,12%～25%的病例会急剧恶化或者死亡。因此,病人可能会出现担忧、烦躁、恐惧等心理变化,护士应对他们进行耐心的康复指导,介绍治疗方法和进展情况,告知他们大多数病人经治疗后可痊愈,并进行相关健康指导,解除其思想顾虑,利于恢复。

(六)健康指导

1. 讲解本病有关知识,强调抗感染、遵医嘱服用处方药、限制活动、适当锻炼和加强营养的重要性。

2. 指导病人进食营养丰富、易消化、富含维生素的食物,戒烟、酒、浓茶和咖啡。

3. 和家属一起讨论家庭环境及生活方式等可能与心肌炎有关的因素,积极避免各种诱因。

4. 定期随访,接受临床评估、心电图和超声心动图的长期随诊;病情变化时应及时就医。

5. 说明病毒性心肌炎经适当治疗大多可以治愈,病人出院后需继续休息,避免劳累。在恢复期,可逐渐恢复正常活动,不要急于求成,避免竞赛类运动。在临床表现消失后(起病以后至少 6 个月),可逐步开始日常活动。

6. 运动员参加竞赛运动之前进行临床评估,以后每 6 个月进行普查。

【护理评价】

经过治疗和护理,评估病人是否能够达到:①有效的休息和恰当活动;②维持正常心输出量;③不发生并发症,或发生时得到及时救治;④了解疾病相关知识,情绪平稳,主动配合治疗和护理。

(刘　庚)

思　考　题

1. 病毒性心肌炎的常见病因有哪些?

2. 如何对心肌炎病人进行运动康复指导?

Note:

第二节　心肌病病人的护理

学习目标

● 识记：
1. 列举心肌病的常见分类。
2. 复述各类常见心肌病的概念。
3. 陈述扩张型心肌病和肥厚型心肌病的典型症状，X线检查、超声心动图的特点。

● 理解：
1. 阐明扩张型心肌病和肥厚型心肌病的病因和发病机制。
2. 概述扩张型心肌病和肥厚型心肌病的常用药物和非药物治疗方法。
3. 解释扩张型心肌病和肥厚型心肌病的病理生理改变。

● 运用：
对扩张型心肌病和肥厚型心肌病的病人进行护理评估，并根据护理评估资料准确提出护理诊断、制订相应护理措施。

导入情境与思考

病人，男性，48岁，活动后呼吸困难、胸痛1年。在家中排便时突发晕厥，摔倒在地，几秒后恢复神志，遂来院就诊。超声心动图提示，室间隔厚度2.0cm，左心室后壁厚度1.0cm，收缩期见二尖瓣前叶向前移动。诊为梗阻性肥厚型心肌病。

请思考：
(1) 请判断该病人目前存在的主要护理问题是什么？应实施哪些护理措施？
(2) 如该病人出现胸痛，护士应采取哪些护理措施？

心肌病（cardiomyopathy）是一组异质性心肌疾病，由不同病因（遗传性病因较多见）引起的心肌病变导致心肌机械和/或心电功能障碍，常表现为心室肥厚或扩张。目前心肌病的分类具体包括：遗传性心肌病（如肥厚型心肌病、右心室发育不良心肌病、左心室致密化不全、先天性传导阻滞及离子通道病等），混合性心肌病（如扩张型心肌病、限制型心肌病等），获得性心肌病（感染性心肌病、心动过速性心肌病、心脏气球样变性及围生期心肌病等）。临床中以扩张型心肌病、肥厚型心肌病和限制型心肌病最为常见（图24-2-1）。

扩张型心肌病（dilated cardiomyopathy，DCM），是指无引起整体收缩功能障碍的异常负荷因素或冠状动脉疾病而发生的左心室扩张合并左心室收缩功能障碍性疾病，伴或不伴右心室扩张和功能障碍，是引起心力衰竭、心律失常和猝死的常见疾病之一。中国的DCM患病率为（13~84）/10万。多数病例为遗传性，称为家族性扩张型心肌病，可能占所有扩张型心肌病的20%~48%。报道显示，DCM随访52个月的病死率为42.24%，给社会和家庭带来沉重负担。

肥厚型心肌病（hypertrophic cardiomyopathy，HCM），是指排除疾病导致的负荷因素而发生的心室壁增厚或质量增加。根据左心室流出道有无梗阻，又可分为梗阻性和非梗阻性。中国HCM患病率为80/10万，粗略估算中国成年HCM病人超过100万。在三级医疗中心就诊的HCM病人年死亡率为2%~4%，心源性猝死是最常见的死因之一。

Note：

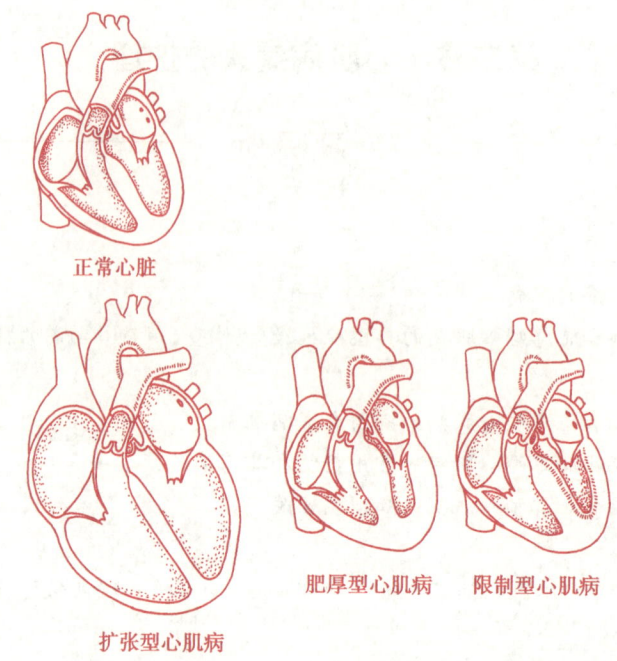

正常心脏

肥厚型心肌病　限制型心肌病

扩张型心肌病

图 24-2-1　心肌病常见分类

限制型心肌病(restrictive cardiomyopathy,RCM),是指在收缩容积正常或降低(单/双心室)、舒张容积正常或降低及室壁厚度正常的情况下发生的限制性左心室生理学异常。RCM 发病率较低,约占心肌疾病 4.5%,但预后差。大多数 RCM 病人发病年龄较早。

【病因与发病机制】

心肌病的病因和发病机制,因分类不同而不同。

遗传易感性在原发性 DCM 和继发性 DCM 的形成中可能起决定性作用。DCM 除家族性(肌原纤维结蛋白变异、细胞骨架基因突变等)外,心肌炎(感染性/中毒性/免疫性)、病毒持续感染、药物、酒精、妊娠、营养不良等是其常见病因。上述因素除直接引起心肌细胞损伤外,尚通过免疫反应(包括细胞因子和抗体)损伤心肌细胞,还会累及心脏纤维支架系统,影响心肌顺应性,从而参与心室扩大的发生与发展。

绝大部分 HCM 呈常染色体显性遗传,约 60% 的成年 HCM 病人可检测到明确的致病基因突变。其中 40%~60% 为编码肌小节结构蛋白的基因突变,5%~10% 是由其他遗传性或非遗传性疾病引起。另外还有 25%~30% 为不明原因的心肌肥厚。

RCM 除家族性因素外,非家族性因素常见有淀粉样变、结节病、辐射性心肌炎、心内膜心肌纤维化、血色素沉着病和糖原贮积病等。

【病理生理】

扩张型心肌病以心腔扩大为主,以左心室为显著。心内膜增厚及纤维化,心肌纤维不均匀性肥大,并发生非特异性退行性变,心肌细胞变性、坏死、纤维化,导致心室收缩性下降、顺应性降低,可发生各种心律失常,扩大的心房和心室易致血栓形成。

肥厚型心肌病以心脏质量增加和心肌肥厚为特征,以室间隔肥厚最常见。肥厚的室间隔于收缩期突向左心室流出道及二尖瓣前叶前移靠近室间隔,是造成左心室流出道狭窄的主要原因。流出道梗阻导致左心室与流出道之间于收缩期出现压力阶差,此压力阶差增高可使心排血量降低及心室充盈压升高,引起活动后气短、反射性晕厥。心肌细胞排列紊乱引起严重室性心律失常,亦可发生晕厥。

Note:

冠状动脉血流的增加不能满足肥厚心肌的需氧量,导致相对性心肌缺血,故心绞痛相当常见。

限制型心肌病主要是心内膜及心内膜下有数毫米的纤维性增厚,心室内膜硬化,可使心室顺应性降低,心室舒张充盈明显受限。

【护理评估】

（一）健康史

询问病人家族中是否有人被诊断或被怀疑有心肌病,是否接受过家系筛查或基因检测;了解病人出现症状前是否有感冒、发热及腹泻病史,症状的出现与妊娠、生育是否有关,是否有长期大量的饮酒史,是否服用相关药物等;了解有无劳累和应激因素,是否患有内分泌代谢性疾病等。

知 识 链 接

重视肥厚型心肌病的遗传咨询

遗传咨询是肥厚型心肌病管理的基石之一。建议肥厚型心肌病病人的一级亲属通过基因检测或影像学检查进行筛查,可从任何年龄开始,可能受到病人/家族史的影响。由于对家庭成员的筛查建议取决于检测到基因变异的致病性,报告的致病性应每2~3年重新确认一次。基因面板通常包括8个基因,中国人群中,*MYH7*、*MYBPC3*、*TNNT2* 和 *TNNI3* 突变频率分别为26.0%、18.0%、4.0%和3.5%,9.5%的病人为多基因突变,60%的病人有明确的致病基因突变。基因型阳性但表型阴性(正常)是指一类携带致病或可疑致病的突变基因,但无临床症状及影像学左心室肥厚证据的人群,也被称作是临床前 HCM。他们需要持续监测 HCM 是否发病及是否发展至临床阶段。

（二）身体状况

1. **扩张型心肌病**　以心力衰竭为主要表现,常有活动后气急、心悸、胸闷、乏力、夜间阵发性呼吸困难、水肿等。严重者出现急性左心衰竭。常合并各种心律失常,晚期常因发生室性心动过速、心室颤动而发生阿-斯综合征或猝死。部分病人可发生脑、心、肾等器官的栓塞。体格检查多数病人出现奔马律。

2. **肥厚型心肌病**　心悸、心绞痛、劳力性呼吸困难是常见症状,伴有流出道梗阻的病人可有晕厥、意识障碍等表现,可发生猝死。部分病人可完全无自觉症状,因猝死或体格检查才被发现。体格检查时部分病人可在胸骨左缘或心尖部闻及收缩中、晚期粗糙的吹风样杂音,含服硝酸甘油时杂音增强。

3. **限制型心肌病**　以发热、全身倦怠为初发症状,以后逐渐出现心悸、呼吸困难、水肿、肝大、颈静脉怒张、腹水等心力衰竭的表现,终末期出现右心衰竭为主,部分可出现左心衰竭,酷似缩窄性心包炎。

（三）辅助检查

1. **扩张型心肌病**　X 线检查可见心影明显增大、心胸比例>50%,肺淤血;心电图可见各种心律失常、ST-T 改变、病理性 Q 波、宽 QRS 波、低电压等;超声心动图示左心室扩张,左心室流出道扩大,室壁运动减弱等;心脏磁共振成像可鉴别缺血性与非缺血性心肌病。

2. **肥厚型心肌病**　X 线检查心影增大不明显;心电图常见 ST-T 改变、巨大倒置 T 波及病理性 Q 波;超声心动图对诊断本病有重要意义,左心室心肌任何节段或多个节段室壁厚度≥15mm。

3. **限制型心肌病**　心电图示窦性心动过速、心房肥大、T 波低平或倒置;超声心动图显示左、右心房明显增大,可见心内膜增厚;心导管检查示舒张期心室压力曲线呈早期下陷,收缩面积指数较低。

（四）心理-社会状况

心肌病具有病程长、易反复、预后不良、突发猝死等特点,影响了病人的遵医行为、睡眠质量和生活质量,使病人易发生严重心理问题(常见包括抑郁、焦虑、愤怒、社交孤独、药物成瘾、心理-生理-社会应激等),很多病人及其家属会面对适应疾病和康复的挑战。

【常见护理诊断/问题】

1. **心输出量减少**　与心肌受损、心功能不全有关。
2. **活动耐力下降**　与心力衰竭、心律失常有关。
3. **有受伤的危险**　与梗阻性肥厚型心肌病致晕厥有关。
4. **恐惧/焦虑**　与身体不舒适、担心预后等有关。
5. **潜在并发症**:栓塞,心绞痛,阿-斯综合征,猝死。

【计划与实施】

扩张型心肌病的防治宗旨是阻止基础病因介导心肌损害,有效控制心衰和心律失常,预防猝死和栓塞,提高病人的生活质量及生存率。肥厚型心肌病的治疗原则是改善心脏舒张功能,减少加重左心室流出道梗阻的危险因素,防止心律失常发生。除药物治疗外,对重症梗阻病人可行手术治疗。限制型心肌病主要是对症治疗,心力衰竭的治疗效果差。

经过治疗和护理,病人能够获得有效的休息和适当的活动;发生栓塞、心律失常、晕厥、心绞痛时得到及时救治;适应患病的现实,不良情绪改善;了解疾病相关知识,配合治疗和护理。

（一）限制活动

症状较轻者应避免过劳,症状明显者应卧床休息。嘱病人避免刺激,以防诱发心力衰竭或心绞痛。肥厚型心肌病病人应避免突然屏气、提取重物等动作,避免较强的活动,如跑步、打球等,以免加重左心室流出道梗阻或诱发心室颤动,减少晕厥和猝死的危险。

（二）合理饮食

予以病人低盐、高蛋白、维生素和纤维素丰富、营养易消化的饮食,少量多餐。避免摄入高能量和刺激性食物,防止因饮食不当造成水钠潴留、心肌耗氧增加及便秘等。建议戒烟戒酒,饮酒能够使流出道梗阻加重或者激惹静息状态下没有流出道梗阻的病人出现梗阻。

（三）加强心理疏导

倾听病人感受(尤其关注经历过电除颤及心脏按压的病人),反复耐心地进行教育指导,必要时给予适当的控制和监督,介绍治疗方法和进展,消除其焦虑、恐惧情绪。关注病人睡眠问题,必要时提供辅助措施提高其睡眠质量。在病人住院期间及定期随访过程中结合临床诊疗、护理和社会心理筛查工具,及时发现其具有临床意义的心理社会不适。协助指导、联系康复专业人员进行治疗,提供个性化心理干预、行为治疗和社会支持等疗法。

（四）密切观察病情

密切观察病人心率、心律、血压、呼吸的变化,必要时进行心电监护,警惕恶性心律失常的发生。监测病人周围血管灌流情况,如脉搏、皮肤温度、皮肤颜色、毛细血管充盈等。监测心力衰竭的征象,注意病人有无心输出量减少、体液潴留的表现,发生头晕、黑矇时应立即下蹲或平卧,防止发生晕厥,一旦出现明显胸痛,应立即休息或使用β受体拮抗剂。

（五）药物及手术治疗与护理

1. **扩张型心肌病**　以控制心力衰竭和心律失常为主,选用血管紧张素转化酶抑制剂、β受体拮抗剂、利尿药、血管扩张药和洋地黄制剂。因心肌病病人对洋地黄敏感性增强、易致中毒,需慎用,使用时应密切观察,剂量宜小。如无禁忌证,宜口服阿司匹林预防心房、心室腔内附壁血栓形成。对于已有附壁血栓形成或发生血栓栓塞的病人,须口服华法林或利伐沙班、达比加群等。对于充分抗心衰

药物治疗后,心功能分级仍为Ⅲ级或Ⅳ级,左室射血分数≤35%,QRS波时限≥120ms的病人,可采用心脏再同步化治疗(图24-2-2)。少数病人有严重的心律失常,危及生命,药物治疗不能控制,临床状态预后尚好,可植入植入型心律转复除颤器,预防猝死发生。对长期严重心力衰竭,内科治疗无效的病人,可考虑进行心脏移植。

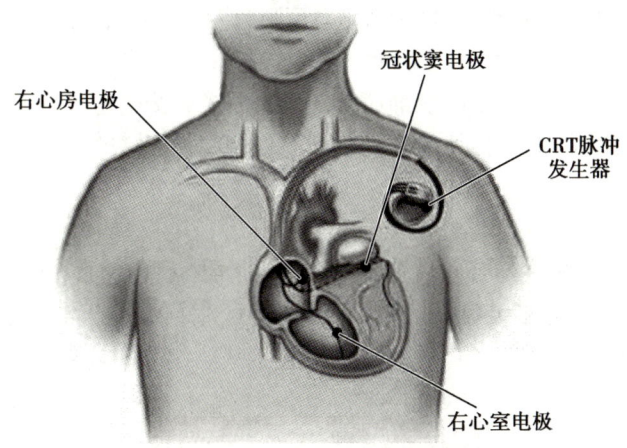

图24-2-2　心脏再同步化治疗

2. **肥厚型心肌病**　主要是长期应用β受体拮抗剂、钙通道阻滞剂。当病人心力衰竭时应慎用洋地黄制剂和利尿药,因可使心室收缩力加强及减少心室充盈量,加重流出道梗阻,使病情加重。心绞痛发作时,不宜用硝酸酯类制剂,以免加重左心室流出道梗阻。对于NYHA心功能分级Ⅲ~Ⅳ级、静息或刺激后最大左心室流出道压差≥50mmHg而反复发作劳力性晕厥的病人,建议接受室间隔消融术(图24-2-3)或室间隔切除术。对于部分难治性HCM病人,应考虑进行心脏再同步化治疗或心脏移植。

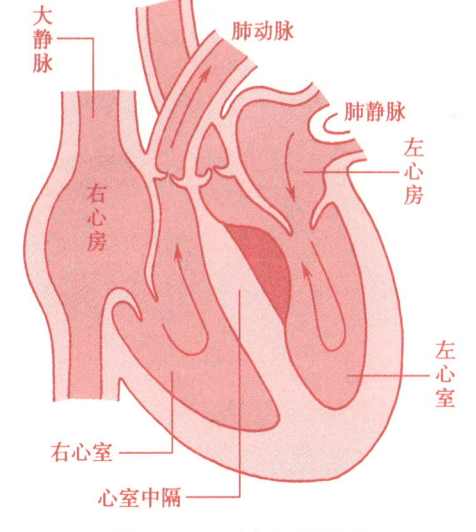

图24-2-3　室间隔消融术

（六）并发症的观察与护理

1. **栓塞**　遵医嘱给予病人抗凝血药,以防血栓形成。心脏附壁血栓脱落则致动脉栓塞,发生栓塞之前一般无预兆,因此须随时观察病人有无偏瘫、失语、血尿、胸痛、咯血等症状出现,以便及时处理。

2. **晕厥/心绞痛**　肥厚型心肌病病人发生晕厥时应立即取平卧位,抬高下肢,使心室充盈增加,从而增加心搏出量。安慰病人,解除其紧张情绪。如有心绞痛应及时报告医生,做心电图检查,不宜用硝酸酯类制剂,必要时给予病人β受体拮抗剂和持续吸氧。

3. **阿-斯综合征/猝死**　有心律失常者发生阿-斯综合征或猝死率高,应备好抢救用物和药品。

（七）健康指导

1. 根据病人情况合理安排活动和休息。心肌病病人出现心力衰竭症状时,限制其体力活动甚为重要。当心力衰竭控制后,仍应限制活动量。有晕厥史者应避免独自外出活动,以免发生意外。适当规律的运动训练可以改变疾病的自然进程,减少发病率和病死率,提高心肌病病人的生活质量,应根据各指标评估结果,制订有效、安全的运动方案。

2. DCM病人强调避免病毒感染、酒精中毒及其他毒素对心肌的损害。HCM病人须避免剧烈运动、情绪激动、屏气、登楼梯、突然用力或提起重物,以免心肌收缩力增加,加重流出道梗阻而发生猝死。

3. 向病人及其家属说明药物的名称、剂量、用法,教会他们观察药物的疗效和副作用。

4. 教会病人如何计算食物的含水量及准确记录出入量和体重。

5. 严密注意病情变化,症状加重时立即就医。

6. 嘱病人戒烟、戒酒,少食多餐,控制总入量。原则为入量不应大于出量。

7. 指导病人配合医生、营养师及康复治疗师等完成心脏二级预防、康复促进和长期随访。

8. 告知病人基因检测的重要意义,协助医生完成家族成员接受遗传咨询和基因检测,对于女性在妊娠前应当进行风险评估和咨询,所有男性和女性在生育前应当咨询疾病遗传的风险。

【护理评价】

经过治疗和护理,评估病人是否能够达到:①维持正常心输出量;②限制体力活动,获得休息;③发生并发症时得到及时救治;④情绪平稳;⑤获得疾病相关知识,主动配合治疗和护理。

（刘　庚）

思 考 题

1. 扩张型心肌病和肥厚型心肌病的常见病因有哪些?

2. 如何预防和缓解梗阻性肥厚型心肌病病人晕厥或心绞痛发作?

第二十五章

冠状动脉粥样硬化性心脏病病人的护理

25章 数字内容

───── 学 习 目 标 ─────

- 识记：

  1. 复述冠心病的概念、危险因素、临床症状。

  2. 列举冠心病病人主要治疗药物的种类、用药途径和护理要点。

  3. 陈述冠心病健康教育要点。

- 理解：

  1. 解释冠心病的发病机制、严重程度分级。

  2. 说明冠心病病人相关辅助检查的临床意义。

- 运用：

  结合案例为冠心病病人进行护理评估、制订护理计划、提供健康指导。

导入情境与思考

病人，男性，56 岁。晚饭饱餐后突然感到胸骨后疼痛，伴呕吐、冷汗和濒死感，持续 1h，口服硝酸甘油不缓解而入急诊。体格检查：T 37.6℃，HR 46 次/min，RR 16 次/min，BP 90/55mmHg。大汗淋漓，面色苍白，口唇轻度发绀，听诊两肺呼吸音清晰，各瓣膜听诊区无病理性杂音，叩诊心界不大，心律齐。腹部平软，肝、脾未及，双下肢无水肿。辅助检查：血白细胞 10.0×10^9/L，中性粒细胞 67%，淋巴细胞 23%。ECG 示 Ⅱ、Ⅲ、aVF 导联 ST 段弓背向上抬高，并有深而宽的 Q 波，Ⅰ、aVL 导联 ST 段压低，偶见室性期前收缩。

请思考：

（1）该病人可能出现了什么问题？

（2）目前该病人的主要护理问题和护理措施有哪些？

（3）病人经 PCI 治疗后好转，出院时询问护士如何预防心绞痛发作？如无症状是否可以停药？应如何回答病人上述问题？

第一节　概　述

冠状动脉粥样硬化性心脏病（coronary atherosclerotic heart disease），是由于冠状动脉粥样硬化引起血管腔狭窄或闭塞，导致心肌缺血缺氧或坏死而引起的心脏病，简称冠心病（coronary heart disease，CHD），亦称缺血性心脏病（ischemic heart disease）。

【病因】

本病病因尚未完全确定，引起冠状动脉粥样硬化的原因是多方面的，即多种因素作用于不同环节，这些因素称为危险因素或易感性因素。主要的危险因素有：

（一）年龄、性别

临床上多见于 40 岁以上成人，男性发病早于女性。女性更年期后发病率增加。近年来，发病年龄有年轻化趋势。年龄和性别属于不可改变的危险因素。

（二）血脂异常

脂质代谢异常是动脉粥样硬化形成最重要的因素。血脂异常为总胆固醇（TC）、甘油三酯（TG）、低密度脂蛋白胆固醇（LDL-C）或极低密度脂蛋白胆固醇（VLDL-C）增高。高密度脂蛋白尤其是它的亚组分 Ⅱ（HDL Ⅱ）减低，载脂蛋白 A（ApoA）降低和载脂蛋白 B（ApoB）增高也被认为是致病因素。新近研究认为脂蛋白（a）增高是独立的致病因素。在临床实践中，以 TC 及 LDL-C 增高最受关注。

（三）高血压

血压增高与本病关系密切。60%～70%的冠状动脉粥样硬化病人有高血压，高血压病人患本病的概率较血压正常者高 3～4 倍。收缩压和舒张压增高都与本病密切相关。

（四）吸烟

吸烟者与不吸烟者比较，前者的发病率和病死率增高 2～6 倍，且与每日吸烟的支数成正比。被动吸烟也是危险因素之一。

（五）糖尿病和糖耐量异常

糖尿病病人多伴有高脂血症，如再伴有高血压，则动脉粥样硬化的发病率明显增加。糖尿病病人动脉粥样硬化的发病率较非糖尿病病人高数倍。

（六）肥胖

肥胖是动脉粥样硬化的危险因素。肥胖可导致血浆甘油三酯及胆固醇水平的增高，并常伴发高

血压或糖尿病。近年研究认为肥胖者常有胰岛素抵抗,导致动脉粥样硬化的发病率明显增高。

（七）家族史

家族史中有早发冠心病者,比无此家族史者患病危险性增高 5 倍。

次要的危险因素如 A 型性格、缺少体力活动,进食过多的动物脂肪、胆固醇、糖和钠盐,长期口服避孕药等。

【分型】

由于病理解剖范围和病理生理变化的不同,冠心病病人有不同的临床表现。近年来,趋向根据发病特点和治疗原则不同分为两大类:①慢性冠脉疾病(chronic coronary artery disease,CAD),也称慢性心肌缺血综合征(chronic ischemic syndrome,CIS),包括隐匿型或无症状性冠心病、稳定型心绞痛和缺血性心肌病等。②急性冠脉综合征(acute coronary syndrome,ACS),包括不稳定型心绞痛(unstable angina,UA)、非 ST 段抬高心肌梗死(non-ST segment elevation myocardial infarction,NSTEMI)、ST 段抬高心肌梗死(ST segment elevation myocardial infarction,STEMI),也有将冠心病猝死包括在内。

本章将重点讨论稳定型心绞痛和急性冠脉综合征。

（张　　敏）

第二节　稳定型心绞痛病人的护理

稳定型心绞痛(stable angina pectoris)亦称劳力性心绞痛,是在冠状动脉狭窄的基础上,由于心肌负荷的增加而引起心肌急剧的、暂时的缺血与缺氧的临床综合征。本病的重要临床特征是病人在数周至数月内,疼痛发作的程度、频率、性质和诱因无明显变化。

【发病机制】

稳定型心绞痛的基本病因是冠状动脉粥样硬化。正常情况下,机体在剧烈体力活动、情绪激动等对氧的需求量增加时,冠状动脉适当扩张,血流量增加,达到供求平衡。当冠状动脉因粥样硬化狭窄或部分分支闭塞时,其扩张性减弱,血流量减少,如果血供尚能满足机体需求,则休息时无症状。一旦机体劳累、激动、心力衰竭、饱餐、寒冷等情况下,心脏负荷突然增加,心肌耗氧量增加,但冠状动脉的供血不能相应增加,即可引起心绞痛。

在缺血缺氧的情况下,心肌内积聚过多的代谢产物,如乳酸、丙酮酸等酸性物质或类似激肽的多肽类物质,刺激心脏内自主神经的传入纤维末梢,经 1~5 胸交感神经节和相应的脊髓段,传至大脑,产生疼痛感觉。这种痛觉也会出现在与自主神经进入水平相同脊髓段的脊神经所分布的区域,即胸骨后及两臂的前内侧与小指,尤其是在左侧产生放射痛。

【护理评估】

（一）健康史

1. 护士需了解病人是否有高血压、高脂血症等稳定型心绞痛的危险因素,了解发作前的诱因。

2. 询问病人一般资料,包括年龄、职业、工作、环境、家庭情况,既往史及家族史。

（二）身体状况

1. **症状**　以发作性胸痛为主要临床表现,典型的疼痛特点有:

（1）部位:主要在胸骨体中段、上段之后,或心前区,手掌范围大小,界限不很清楚,常放射至左肩、左臂内侧达环指和小指,或至咽、颈、背、上腹部等。

（2）性质:常为压迫性不适或憋闷、紧缩样感,也可为烧灼感,但无针刺或刀割样锐痛,偶伴濒死感。有些病人仅有胸闷。发作时,病人往往不自觉地停止原来的活动,直至症状缓解。

Note:

（3）诱因：常因体力劳动或情绪激动诱发，也可在饱餐、寒冷、吸烟、心动过速、休克等情况下发作。其疼痛往往是在劳力或情绪激动的同时发作，而不是在其之后。

（4）持续时间：疼痛出现后常逐渐加重，一般持续3~5min，休息或舌下含服硝酸甘油可缓解。

2. **体征** 平时无明显体征。在心绞痛发作时，常见面色苍白、表情焦虑、出冷汗、血压升高、心率增快，有时听诊心尖部可闻及第四或第三心音奔马律，也可有心尖部一过性收缩期杂音。

（三）辅助检查

1. **心电图** 是发现心肌缺血、诊断心绞痛最常用的检查方法。主要包括静息心电图、心电图负荷试验和24h动态心电图。行静息心电图检查约有半数病人为正常，亦可出现非特异性ST段和T波异常，也可能有陈旧性心肌梗死的改变。心绞痛发作时，多数病人出现暂时性心内膜下心肌缺血引起的ST段压低（≥0.1mV），T波低平、平坦甚至倒置；在平时有T波持续倒置的病人，发作时可变为直立（"假性正常化"）。心电图负荷试验、24h动态心电图可明显提高病人心肌缺血性改变的检出率，目前已作为常用的心电图检查方法。

2. **实验室检查** 血糖和血脂检查可以了解冠心病危险因素；胸痛明显的病人需要查血清心肌损伤标志物，包括心肌肌钙蛋白、肌酸激酶（CK）和同工酶（CK-MB）。

3. **多层螺旋CT冠状动脉成像（CTA）** 通过冠状动脉二维或三维重建，用于判断冠状动脉管腔狭窄程度和管壁钙化情况，对判断管壁内斑块分布范围和性质也有一定意义。若未发现钙化及狭窄病变者，一般可不进行有创检查。但管壁钙化存在时，对管腔狭窄严重程度的判断有一定的局限性。

4. **冠状动脉造影** 为有创性检查。可使冠状动脉各主干及分支得到清楚的显影，可显示狭窄性病变的部位并估计其严重程度，对明确诊断、指导治疗和预后判断意义重大。是目前冠心病临床诊断的金指标（详见第十八章第三节中"冠状动脉介入性诊断及治疗技术"内容）。

5. **放射性核素检查** 主要包括放射性核素心肌显像和负荷试验、放射性核素心腔造影和心肌正电子发射断层显像（PET）。前者利用放射性铊心肌显像所示灌注缺损提示心肌供血不足或血供消失，对心肌缺血诊断较有价值；后者通过心肌血流灌注和代谢显像匹配分析评估心肌活力。

6. **超声心动图** 多数稳定型心绞痛病人超声心动图检查无异常，有陈旧性心肌梗死或严重心肌缺血时可探测到缺血区心室壁的运动异常。

7. **其他检查** 冠状动脉血管内超声成像（IVUS）、冠状动脉内光学相干断层扫描（OCT）、冠状动脉血流储备分数测定（QFR）等也可用于冠心病的诊断，并有助于冠脉介入治疗。

（四）诊断标准

根据冠心病的各种危险因素、典型的发作性胸痛和心肌缺血的检查证据，除外其他原因引起的心绞痛，一般即可建立诊断。

（五）分级

根据加拿大心血管病学会（Canadian Cardiovascular Society，CCS）分级，可将心绞痛严重程度分为4级（表25-2-1）。

表25-2-1 心绞痛严重程度分级

分级	分级标准
Ⅰ级	一般体力活动（如步行和登楼）不受限，仅在强、快或持续用力时发生心绞痛
Ⅱ级	一般体力活动轻度受限；快步、饭后、寒冷或刮风时、精神应激或醒后数小时内发作心绞痛；一般情况下平地步行200m以上或登楼一层以上受限
Ⅲ级	一般体力活动明显受限，一般情况下平地步行200m内，或登楼一层引起心绞痛
Ⅳ级	轻微活动或休息时即可发生心绞痛

Note:

（六）心理-社会状况

稳定型心绞痛病人大多数病情稳定,但有发生急性心肌梗死或猝死的危险,所以很多病人会产生焦虑、恐惧或认知不足的情形。研究提示,一些冠心病病人的性格特征是性情急躁、进取心和竞争性强的 A 型性格。这些不良的心理反应与状态直接或间接地影响着病人的治疗、护理与预后。护士应耐心、细致地分析病人的心理状态,以及家庭、工作背景等影响因素,加强保健指导,实施有效的心理护理。

【常见护理诊断/问题】

1. **疼痛**　与心肌缺血、缺氧有关。
2. **活动耐力下降**　与心肌氧的供需失调有关。
3. **焦虑**　与稳定型心绞痛发作,害怕心肌梗死有关。
4. **不依从行为**　与缺乏自我保健知识有关。
5. **潜在并发症**:心肌梗死。
6. **知识缺乏**:缺乏纠正危险因素、控制诱发因素及预防心绞痛发作的知识。

【计划与实施】

稳定型心绞痛病人的治疗原则是改善冠状动脉的血供和减轻心肌的耗氧,减轻症状,改善生活质量。同时治疗冠状动脉粥样硬化,积极处理危险因素,预防心肌梗死和猝死。在选择治疗药物时,应首先考虑预防心肌梗死和死亡。此外,应积极处理危险因素。经过治疗和护理,评估病人是否能够达到:①胸痛缓解;②并发症能及时被发现并处理;③活动耐力增加;④有关冠心病危险因素的知识增加。

（一）发作时缓解疼痛,预防并发症

1. **休息与活动**　心绞痛发作时病人立即停止活动,卧床休息。
2. **心理护理**　安慰病人,解除其紧张不安情绪,以减少心肌耗氧量。
3. **给氧**　必要时给予病人氧气吸入。
4. **疼痛观察**　评估病人疼痛的部位、性质、程度、持续时间及诱发因素,严密观察其血压、心率、心律变化,病人有无面色苍白、大汗、恶心、呕吐等伴随症状。疼痛发作时测血压、心率,做心电图,为判断病情提供依据。

5. **用药护理**　心绞痛发作时给予病人舌下含服硝酸甘油或硝酸异山梨酯,也可使用硝酸甘油喷雾,用药后注意观察病人胸痛变化情况,如服药后 3~5min 仍不缓解可重复使用。对于心绞痛发作频繁者,可遵医嘱给予硝酸甘油静脉滴注或注射泵泵入,使用时需避光,并监测病人血压及心率的变化,严格控制滴速或泵速,以免造成低血压。部分病人用药后出现面部潮红、头部胀痛、头晕、心动过速、心悸等不适,应告知病人是由于药物导致血管扩张造成的,以解除其顾虑。

（二）缓解期积极处理危险因素,降低心肌耗氧量,增加活动耐力

缓解期病人一般不需卧床休息。应尽量避免各种明确的诱因。选择减轻症状、改善缺血及预后的药物治疗。非药物治疗包括运动锻炼疗法、血管重建治疗等。

1. **减轻症状的药物**　硝酸酯类药物为非内皮依赖性血管扩张药,能减少心肌需氧和改善心肌灌注,从而减低心绞痛发作的频率和程度。缓解期主要为口服给药,常用的硝酸酯类药物是单硝酸异山梨酯。每日用药时应注意给予病人足够的无药间期,以减少耐药性的发生。硝酸酯类药物的不良反应包括头痛、面色潮红、心率反射性加快和低血压等。

2. **改善预后的药物**

（1）阿司匹林:该药通过抑制血小板环氧化酶（cycloxygenase,COX）活性进而阻断血栓素 A_2（TXA_2）的合成,达到抗血小板聚集的作用。稳定型心绞痛病人服用阿司匹林可降低心肌梗死、脑卒

中或心血管性死亡的风险。阿司匹林的最佳剂量范围为75~150mg/d。其主要不良反应为胃肠道出血或对阿司匹林过敏。不能耐受的病人可以服用氯吡格雷或替格瑞洛作为替代治疗。

（2）氯吡格雷或替格瑞洛：主要用于支架植入以后及阿司匹林有禁忌证的病人。该药起效快，氯吡格雷顿服300mg后2h即能达到有效血药浓度，常用维持剂量为75mg/d，1次口服。替格瑞洛顿服180mg后30min即能达到有效血药浓度，常用维持剂量为180mg/d，2次口服。氯吡格雷或替格瑞洛最常见的不良反应是出血，应注意观察病人有无紫癜、鼻出血、消化道出血等出血现象。有出血倾向（如近期创伤、近期手术、凝血功能障碍、活动性或近期胃肠道出血）的病人慎用，有活动性病理性出血、颅内出血病史及中-重度肝损害的病人禁用。

（3）β受体拮抗剂：能抑制心脏β肾上腺素受体，从而减慢心率、减弱心肌收缩力、降低血压，以减少心肌耗氧量，减少心绞痛发作和增加运动耐量。长期应用还能降低心绞痛病人心肌梗死和死亡的风险。推荐使用无内在拟交感活性的β受体拮抗剂，如美托洛尔、比索洛尔等，只要无禁忌证（严重心动过缓和高度房室传导阻滞，窦房结功能紊乱，支气管痉挛或支气管哮喘），应作为稳定型心绞痛的初始治疗药物。β受体拮抗剂的使用剂量应个体化，从较小剂量开始，逐级增加剂量，以能缓解症状，心率不低于50次/min为宜。

（4）调血脂药物：常选用他汀类药物，如洛伐他汀、辛伐他汀。他汀类药物能有效降低TC和LDL-C，延缓斑块进展，使斑块稳定。服用他汀类药物时应根据目标LDL-C水平调整剂量，严密监测转氨酶及肌酸激酶等生化指标，及时发现药物可能引起的肝损害和肌病。采用强化降脂治疗时，更应注意监测药物的安全性。

（5）血管紧张素转化酶抑制剂（ACEI）或血管紧张素受体拮抗剂（ARB）：在稳定型心绞痛病人中，合并糖尿病、心力衰竭或左心室收缩功能不全的高危病人应该使用ACEI，常用药物有卡托普利、依那普利、福辛普利等。若病人发生刺激性干咳等情况不能耐受ACEI，可服用ARB，常用药物有氯沙坦、缬沙坦等。

（6）钙通道阻滞剂：该类药物通过改善冠状动脉血流和减少心肌耗氧，缓解心绞痛症状，对变异型心绞痛或以冠状动脉痉挛为主的心绞痛，钙通道阻滞剂是一线药物。常用药物有维拉帕米、硝苯地平缓释制剂、地尔硫䓬。外周水肿、便秘、心悸、面部潮红是钙通道阻滞剂常见的副作用，低血压也会发生，其他不良反应还包括头痛、头晕、虚弱无力等。

（7）其他：曲美他嗪可优化心肌能量代谢，改善心肌缺血及左心功能，缓解心绞痛。可与β受体拮抗剂等抗心肌缺血药物联用。中医中药治疗目前以"活血化瘀""芳香温通"和"祛痰通络"法为常用。此外，针刺或穴位按摩治疗也可能有一定疗效。

3. 非药物治疗

（1）运动锻炼疗法：①制订活动原则：鼓励病人参加适当的体力劳动和体育锻炼，最大活动量以不致发生疼痛症状为度。一般不需卧床休息，适当运动有利于侧支循环建立，从而提高病人的活动耐力。建议稳定型心绞痛病人每日运动30min，每周运动不少于5d。但对于初发型、恶化型、卧位型、变异型、梗死后心绞痛及急性冠状动脉功能不全，应予以卧床休息一段时间，并严密观察。避免重体力劳动、竞赛性运动和屏气用力动作如推、拉、抬、举、用力排便等；避免精神过度紧张的工作或过长的工作时间，以免诱发心绞痛。②活动中不良反应的观察与处理：观察病人在活动中有无呼吸困难、胸痛、脉搏过快伴出冷汗等反应，一旦出现上述症状，应立即停止活动，并给予积极的处理，含服硝酸甘油、吸氧等。

（2）血管重建治疗：稳定型心绞痛病人可择期进行血管重建治疗。常用方法包括：①经皮冠状动脉介入治疗（percutaneous coronary intervention，PCI），详见第十八章第三节中"冠状动脉介入性诊断及治疗技术"。②冠状动脉旁路移植术（coronary artery bypass graft，CABG）：通过选取病人自身的大隐静脉作为旁路移植材料，一端吻合在主动脉，另一端吻合在有病变的冠状动脉段的远端；或游离内乳动脉与病变冠状动脉远端吻合，引主动脉的血流以改善病变冠状动脉所供心肌的血流供应。

Note:

PCI 或 CABG 的选择需要根据冠状动脉病变的情况、病人对开胸手术的耐受程度和病人的意愿等综合因素而定。但是,对全身情况能够耐受开胸手术的病人,左主干合并 2 支以上冠状动脉病变,或多支血管病变合并糖尿病的病人,首选 CABG。

（三）健康指导

1. 控制冠心病危险因素　生活方式的改变是冠心病治疗的基础。应指导病人:合理膳食包括摄入低能量、低脂、低胆固醇、低盐、高纤维素饮食,肥胖者控制体重;保持排便通畅;戒烟酒;适量运动:适当参加体力劳动和身体锻炼,运动方式应以有氧运动为主,必要时需要在监测下进行;心理平衡:调整心态,减轻精神压力,逐渐改变急躁易怒性格,保持心理平衡、可采取放松技术或与他人交流的方式缓解压力。

2. 避免诱发因素　告知病人及其家属注意避免过劳、情绪激动、饱餐、用力排便、寒冷刺激等心绞痛发作的诱因。洗澡不宜在饱餐或饥饿时进行,水温勿过冷、过热,时间不宜过长,有人照护,以防发生意外。

3. 用药指导　指导病人坚持遵医嘱服药,自我监测药物副作用,不要擅自增减药量。如服用降血脂药物时,要注意监测肝功能,β 受体拮抗剂与钙通道阻滞剂合用时有过度抑制心脏的危险,应密切注意病人脉搏,发生心动过缓时应暂停服药并到医院就诊。外出时随身携带硝酸甘油以应急;在家中,硝酸甘油应放在易取之处,用后放回原处,家人也应知道药物的位置,以便需要时能及时找到。此外,硝酸甘油见光易分解,应放在棕色瓶中,6 个月更换 1 次,以防药物受潮、变质而失效。

4. 病情监测指导　告知病人定期复查心电图、血糖、血脂、肝功能等。积极治疗高血压、糖尿病、高脂血症。教会病人及其家属心绞痛发作时的缓解方法。嘱病人如出现疼痛较以往频繁、程度加重、服用硝酸甘油不易缓解等情况时,应即刻由家属护送到医院就诊,警惕心肌梗死的发生。

【护理评价】

经过治疗和护理,评估病人是否能够达到:①心绞痛次数减少,程度减轻;②病人活动时不出现缺氧的体征;③了解心绞痛的诱发因素;④服药依从性好。

（张　敏）

第三节　急性冠脉综合征病人的护理

急性冠脉综合征(ACS)是一组由急性心肌缺血引起的临床综合征,主要包括不稳定型心绞痛(UA)、非 ST 段抬高心肌梗死(NSTEMI)及 ST 段抬高心肌梗死(STEMI)。动脉粥样硬化不稳定斑块破裂或糜烂导致冠状动脉内急性血栓形成,被认为是大多数 ACS 发病的主要病理基础。血小板激活在其发病过程中起着非常重要的作用。

一、不稳定型心绞痛/非 ST 段抬高心肌梗死

UA/NSTEMI 是由于动脉粥样斑块破裂或糜烂,伴有不同程度的表面血栓形成、血管痉挛及远端血管栓塞所导致的一组临床症状,合称为非 ST 段抬高型急性冠脉综合征(NSTE-ACS)。UA/NSTEMI 的病因和临床表现相似,主要不同表现在缺血严重程度及是否导致心肌损害。

【病因与发病机制】

UA/NSTEMI 的基本病因亦为冠状动脉粥样硬化,与稳定型心绞痛的差别主要在于冠状动脉内不稳定的粥样斑块继发的病理改变,如斑块内出血、斑块纤维帽出现裂隙、表面有血小板聚集和/或刺激冠状动脉痉挛,使局部的心肌血流量明显下降,导致缺血性心绞痛,虽然也可因劳力负荷诱发,但劳力负荷终止后胸痛并不能缓解。其中,NSTEMI 常因心肌严重的持续性缺血导致心肌坏死,病理上出现

Note:

灶性或心内膜下心肌坏死。

少数 UA 病人心绞痛发作有明确的诱发因素，称为继发性 UA：①心肌氧耗增加：感染、甲状腺功能亢进、心律失常；②冠状动脉血流减少：低血压；③血液携氧能力下降：贫血、低氧血症。

【护理评估】

（一）健康史

1. 护士须了解病人是否有 UA/NSTEMI 的危险因素，了解发作前的诱因。

2. 询问病人一般资料，包括年龄、职业、工作、环境、家庭情况，既往史及家族史。

（二）身体状况

1. 症状　胸痛部位、性质与稳定型心绞痛相似，但具有以下特点之一：①原有稳定型心绞痛在 1 个月内疼痛发作的频率增加、程度加重、时限延长、诱因发生改变，硝酸酯类药物缓解作用减弱。②12 个月之内新发生的较轻负荷所诱发的心绞痛。③休息状态下、夜间发作心绞痛或较轻微活动即可诱发；胸痛放射至新的部位；发作时出现新的症状，如出汗、恶心、呕吐、呼吸困难或心悸。

2. 体征　体格检查时听诊能听到一过性第三心音或第四心音，以及由于二尖瓣反流引起的一过性收缩期杂音，不具有特异性。

（三）辅助检查

1. 心电图　在帮助诊断的同时还可以根据其异常的严重程度和范围提供预后信息。症状发作时的心电图和之前的心电图对比，可提高心电图异常的诊断价值。大多数病人胸痛发作时有一过性 ST 段压低或抬高、T 波低平或倒置。ST 段的动态改变（≥0.1mV 的抬高或压低）是严重冠状动脉疾病的表现，可能会发生急性心肌梗死或猝死。通常心电图动态改变可随着心绞痛的缓解而完全或部分消失。若心电图改变持续 12h 以上，则提示 NSTEMI 的可能。

2. 实验室检查　心肌肌钙蛋白（cTn）I 及 T 较传统的 CK 和 CK-MB 更为敏感、更可靠，如 cTn 阳性意味着该病人已发生少量心肌损伤，相比阴性的病人其预后较差。

3. 连续心电监护　连续的心电监测可发现无症状或心绞痛发作时的 ST 段改变。连续 24h 心电监测发现 85%~90% 的心肌缺血病人可不伴有心绞痛症状。

4. 冠状动脉造影　能提供详细的血管相关信息，帮助指导治疗并评价预后。

5. 其他检查　超声心动图和放射性核素等检查的结果与稳定型心绞痛相似，但阳性发现率会更高。

（四）诊断标准

综合临床表现、心电图（以新发或一过性 ST 段压低≥0.1mV，或 T 波倒置≥0.2mV 为特点）及心肌损伤标志物（cTnT，cTnI，CK-MB）测定，并排除稳定型心绞痛，可建立诊断。临床诊断分低危组、中危组和高危组，见表 25-3-1。

表 25-3-1　UA 危险度分组诊断

组别	诊断依据	
	临床表现	心电图特征
低危组	新发的或是原有劳力性心绞痛恶化加重，持续时间<20min，达 CCS Ⅲ级或Ⅳ级	发作时 ST 段下移≤0.1mV，胸痛间期心电图正常或无变化
中危组	就诊前 1 个月内（但 48h 内未发）发作 1 次或数次，静息心绞痛及梗死后心绞痛，持续时长<20min	T 波倒置>0.2mV，或有病理性 Q 波
高危组	就诊前 48h 内反复发作，静息心绞痛，持续时间>20min	伴一过性 ST 段改变（>0.05mV），新出现束支传导阻滞或持续性室性心动过速

Note:

（五）分类和严重程度分级

UA 根据临床表现可分为静息心绞痛（rest angina pectoris）、初发型心绞痛（initial onset angina pectoris）和恶化型心绞痛（crescendo angina pectoris），见表 25-3-2。

表 25-3-2　三种临床表现的 UA

分类	临床表现
静息心绞痛	发作于休息时,持续时间通常>20min
初发型心绞痛	通常在首发症状 1~2 个月,很轻的体力活动可诱发（程度至少达 CCS Ⅲ级）
恶化型心绞痛	在相对稳定的劳力性心绞痛基础上,心绞痛逐渐增强（疼痛更剧烈、时间更长或更频繁,按 CCS 分级,至少增加 1 级水平,程度至少达 CCS Ⅲ级）

UA 病人由于基础的冠状动脉粥样病变的严重程度和病变累及范围不同,临床表现严重程度不一,同时形成急性血栓（进展为 STEMI）的危险性不同,为选择个体化的治疗方案,必须尽早进行危险分层。Braunwald 根据心绞痛的特点和基础病因,对 UA 提出 Braunwald 分级,见表 25-3-3。

表 25-3-3　不稳定型心绞痛严重程度分级（Braunwald 分级）

分类	临床表现	1 年内死亡或心肌梗死发生率/%
严重程度		
Ⅰ级	严重的初发型心绞痛或恶化型心绞痛,无静息疼痛	7.3
Ⅱ级	亚急性静息心绞痛（1 个月内发生过,但 48h 内无发作）	10.3
Ⅲ级	急性静息心绞痛（在 48h 内有发作）	10.8
临床环境		
A	继发性心绞痛,在冠状动脉狭窄基础上,存在加剧心肌缺血的冠状动脉以外的疾病	14.1
B	原发性心绞痛,无加剧心肌缺血的冠状动脉以外的疾病	8.5
C	心肌梗死后心绞痛,心肌梗死后两周内发生的不稳定型心绞痛	18.5

（六）心理-社会状况

同稳定型心绞痛。

【常见护理诊断/问题】

1. **疼痛**　与心肌缺血、缺氧有关。
2. **活动耐力下降**　与心肌缺血、缺氧有关。
3. **潜在并发症**：心律失常、心源性休克、猝死。
4. **知识缺乏**：缺乏疾病及配合治疗的相关知识。

【计划与实施】

（一）心绞痛发作时的护理

1. **一般处理**　卧床休息,24h 心电监护,密切观察病人心律、心率、脉搏、呼吸、血压的变化。
2. **给氧**　有呼吸困难、发绀者应给氧,维持其血氧饱和度在 95% 以上。
3. **疼痛的观察**　根据疼痛持续的时间、有无诱因、心电图改变、心肌损伤标志物变化动态判断病人病情危险程度。对于高危病人,须备好抢救器材与药品或做好急诊血管重建的准备,警惕病情演变为急性心肌梗死。必要时可给予病人吗啡止痛。

4. 药物治疗与护理

（1）硝酸酯类药物：UA 病人单次含化或喷雾吸入硝酸酯类制剂往往不能缓解症状，一般建议每隔 3～5min 使用 1 次，可以连用 3 次，无效的情况下，可经静脉用硝酸甘油或硝酸异山梨酯。经静脉用硝酸甘油，直至症状缓解或出现血压下降（头痛或低血压，收缩压低于 90mmHg 或相比用药前平均动脉压下降 30mmHg）。

（2）β 受体拮抗剂：无低血压等禁忌证者，应及早开始用 β 受体拮抗剂，如美托洛尔和比索洛尔。少数情况下，如伴血压明显升高，心率增快者可静脉滴注艾司洛尔，停药后 20min 内作用消失。

（3）钙通道阻滞剂：可有效减轻心绞痛症状，可作为治疗持续性心肌缺血的次选药物。

（4）抗凝血/溶血栓药：除非有禁忌证，所有病人均应在抗血小板治疗基础上常规接受抗凝治疗，根据治疗策略及缺血、出血事件风险选择不同药物。常用的抗凝血药包括普通肝素、低分子量肝素、磺达肝癸钠和比伐卢定。

（5）抗血小板药：常用的抗血小板药有阿司匹林、氯吡格雷和替格瑞洛。

（6）调脂药物：无论血脂水平如何，UA/NSTEMI 病人均应尽早（24h 内）开始使用他汀类药物。

（7）ACEI 或 ARB：对 UA/NSTEMI 病人，长期应用 ACEI 能降低心血管事件发生率，如果不存在低血压（收缩压<100mmHg 或较基线下降 30mmHg 以上）或其他已知的禁忌证（如肾衰竭、双侧肾动脉狭窄和已知的过敏），应该在 24h 内给予口服 ACEI，不能耐受 ACEI 者可用 ARB 替代。

药物护理见本章第二节"稳定型心绞痛病人的护理"。

5. 冠状动脉血管重建治疗

非 ST 段抬高型急性冠状脉综合征（NSTE-ACS）的血运重建治疗取决于病人的危险分层，见图 25-3-1。对所有发生缺血症状<12h 且 ST 段持续抬高病人均推荐再灌注治疗；对症状发生超过 12h 的病人，若持续存在症状或提示缺血体征、血流动力学不稳定或危及生命的心律失常，推荐行 PCI；症状发生 12～48h 的病人可考虑常规急诊 PCI；对于 STEMI，存在院外心搏骤停现象者，须立即行冠状动脉造影及 PCI。

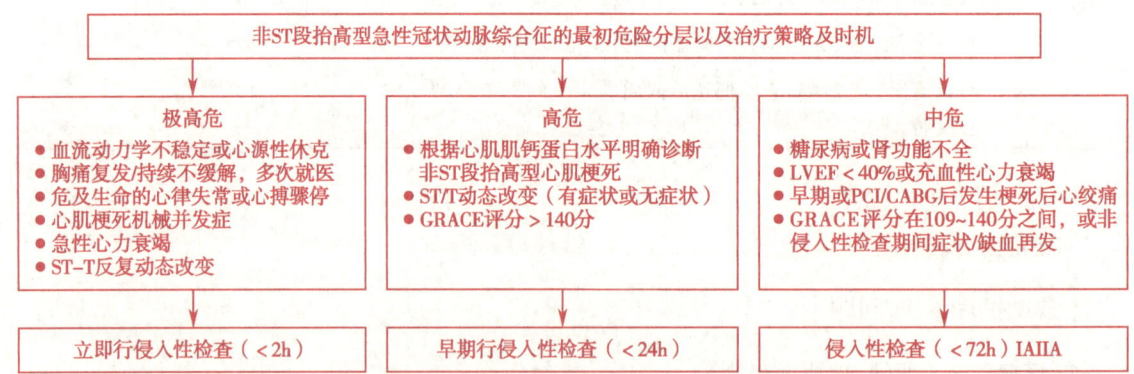

图 25-3-1　NSTE-ACS 的血运重建治疗危险分层

（二）缓解期护理

UA 经治疗病情稳定的病人，出院后应继续强调抗凝和调脂治疗，特别是应用他汀类药物以促使斑块稳定，做好用药护理。缓解期的随访与稳定型心绞痛相同。

（三）健康指导

同稳定型心绞痛。

【护理评价】

UA/STEMI 有进展为急性心肌梗死或死亡的风险。病人须坚持长期的药物治疗，严格控制危险因素以延缓病情进展，改善预后。

二、急性 ST 段抬高心肌梗死

STEMI 是指在冠状动脉病变的基础上,发生冠状动脉供血急剧减少或中断,使相应的心肌严重而持久地缺血导致心肌坏死。通常在冠状动脉不稳定斑块破裂、糜烂基础上继发血栓形成,导致冠状动脉血管持续、完全闭塞。临床上表现为持久的胸骨后剧烈疼痛、发热、白细胞计数及血清心肌坏死标志物增高、心电图进行性改变。可发生心律失常、休克或心力衰竭,属 ACS 的严重类型。

本病男性多于女性,男女之比为(2~5)∶1,40 岁以上占绝大多数。冬春两季发病较多,北方地区较南方地区为多。其发病的危险因素有原发性高血压、高脂血症、糖尿病、吸烟等。

【病因与发病机制】

STEMI 的基本病因是冠状动脉粥样硬化基础上 1 支或多支血管管腔急性闭塞,绝大多数 STEMI 是由于不稳定的粥样斑块溃破、出血,管腔内血栓形成或血管持续痉挛,使管腔闭塞,而侧支循环未完全建立;在此基础上,心排血量下降,冠状动脉血流量锐减,导致心肌严重而持久地急性缺血达 20min 以上,即可发生急性心肌梗死(AMI)。

促使粥样斑块破溃出血及血栓形成的诱因有:①晨起 6 时至 12 时交感神经活动增加,机体应激反应增强,心肌收缩力、心率、血压增高,冠状动脉张力增高;②饱餐,特别是进食多量高脂饮食后,血脂增高,血黏度增高;③重体力活动、情绪过分激动、血压剧升或用力排便时,左心室负荷明显加重,心肌需氧量猛增;④休克、脱水、出血、外科手术或严重心律失常,使心排血量骤降,冠状动脉灌流量锐减。

【病理】

1. 冠状动脉病变　绝大多数 STEMI 病人的冠状动脉内均可见在粥样斑块的基础上有血栓形成,使管腔闭塞,但是由冠状动脉痉挛引起管腔闭塞病人中,个别病人可无明显粥样硬化病变。此外,梗死的发生与原来冠状动脉受粥样硬化病变累及的支数及所造成的管腔狭窄程度之间未必呈平行关系。

(1) 左冠状动脉前降支闭塞,引起左心室前壁、心尖部、下侧壁、前间隔和二尖瓣前乳头肌梗死。

(2) 右冠状动脉闭塞,引起左心室膈面(右冠状动脉占优势时)、后间隔和右心室梗死,并可累及窦房结和房室结。

(3) 左冠状动脉回旋支闭塞,引起左心室高侧壁、膈面(左冠状动脉占优势时)和左心房梗死,可能累及房室结。

(4) 左冠状动脉主干闭塞,引起左心室广泛梗死。

2. 心肌病变

冠状动脉闭塞后 20~30min,受其供血的心肌即有少数坏死,开始急性心肌梗死的病理过程。1~2h 绝大多数心肌呈凝固性坏死,心肌间质则充血、水肿,伴多量炎症细胞浸润。之后,坏死的心肌纤维逐渐溶解,形成肌溶灶,随后渐有肉芽组织形成。大块的心肌梗死累及心室壁的全层或大部分者,心电图常相继出现 ST 段抬高、T 波倒置和 Q 波,称为 Q 波性心肌梗死。它可波及心包引起心包炎症;波及心内膜诱致心室腔内附壁血栓形成。心电图上不出现 Q 波的称为非 Q 波性心肌梗死,较少见,包括冠状动脉闭塞不完全或自行再通形成小范围心肌梗死,呈灶性分布,但急性期心电图上仍有 ST 段抬高者;缺血坏死仅累及心室壁的内层,不到心室壁厚度的一半伴有 ST 段压低,过去称为心内膜下心肌梗死者;范围更小的心肌梗死可无 ST 段变化,而只有动态的 T 波变化。

继发性病理变化在心腔内压力的作用下,坏死心壁向外膨出,可产生心壁破裂(心室游离壁破裂、心室间隔穿孔或乳头肌断裂)或逐渐形成心室壁瘤。坏死组织 1~2 周后开始吸收,并逐渐纤维化,在 6~8 周形成瘢痕愈合,称为陈旧性心肌梗死(old myocardial infarction,OMI)或愈合性心肌梗死(healed myocardial infarction,HMI)。

Note:

【护理评估】

（一）健康史

应重点评估冠心病的危险因素,如病人的性别、年龄、职业;工作环境、家庭情况;有无高脂血症、高血压、糖尿病、吸烟、肥胖等危险因素。询问此次胸痛发作的特征,并与以往心绞痛发作相比较,尤其是其剧烈程度、持续时间,有无伴随症状。

（二）身体状况

与梗死的大小、部位、侧支循环情况密切相关。

1. **先兆** 大多数病人在起病前数日至数周有乏力、胸部不适、活动时心悸、气急、烦躁等前驱症状,其中以初发型心绞痛或恶化型心绞痛最为突出。心绞痛发作较以往频繁,程度较重,时间较长,硝酸甘油疗效较差,诱发因素不明显。心电图呈现明显缺血性改变。

2. **症状**

（1）疼痛:为最早出现的症状。其性质和部位与心绞痛相似,但多无明显诱因,且常发生于安静时,程度更剧烈,呈难以忍受的压榨、窒息或烧灼样,伴有大汗、烦躁不安、恐惧及濒死感,持续时间可长达数小时或数天,休息和服用硝酸甘油多不能缓解。部分病人疼痛可向上腹部、下颌、颈部、背部放射而被误诊。少数急性心肌梗死病人可无疼痛,一开始即表现为休克或急性心力衰竭。部分病人疼痛位于上腹部,被误认为胃穿孔、急性胰腺炎等急腹症,部分病人疼痛放射至下颌、颈部、背部上方,被误认为牙痛或骨关节痛。

（2）全身症状:有发热,体温一般在38℃左右,持续约1周。伴心动过速或过缓。

（3）胃肠道症状:疼痛剧烈时常伴有频繁的恶心、呕吐和上腹胀痛,肠胀气亦不少见。重症者可发生呃逆。

（4）心律失常:见于75%~95%的病人,多发生在起病的1~2d,24h内最多见。各种心律失常中以室性心律失常最多,尤其是室性期前收缩。频发的(每分钟5次以上)、成对出现的、多源性或呈R-on-T现象的室性期前收缩及短阵室性心动过速常为心室颤动的先兆。心室颤动是STEMI早期,特别是入院前的主要死因;下壁梗死易发生房室传导阻滞。

（5）低血压和休克:一般多发生在起病后数小时至1周内,急性心肌梗死时由于剧烈疼痛可引起低血压,但未必是休克。如疼痛缓解但收缩压仍低于80mmHg,有烦躁不安、面色苍白、皮肤湿冷、脉搏细而快、大汗淋漓、尿量减少(<20ml/h)、神志迟钝甚至晕厥者,则为休克表现。休克多在起病后数小时至数日内发生,见于约20%的病人,主要是心源性,为心肌广泛坏死(梗死面积大于40%)时心排血量急剧减少所致。

（6）心力衰竭:主要是急性左心衰竭,在起病的最初几小时内易发生,也可在发病数日后发生,表现为呼吸困难、咳嗽、发绀、烦躁等症状。严重者可发生肺水肿,随后可发生颈静脉怒张、肝大、水肿等右心衰竭体征。

根据有无心力衰竭表现及其相应的血流动力学改变严重程度,AMI引起的心力衰竭按Killip分级法可分为:

Ⅰ级:尚无明显心力衰竭;

Ⅱ级:有左心衰竭,肺部啰音<50%肺野;

Ⅲ级:有急性肺水肿,全肺大、小、干、湿啰音;

Ⅳ级:有心源性休克等不同程度或阶段的血流动力学变化。

3. **体征**

（1）心脏体征:心脏浊音界可正常或轻至中度增大。心率多增快,也可减慢;心律不齐;听诊心尖部第一心音减弱,可闻及第四心音奔马律;部分病人在心前区可闻及收缩期杂音或喀喇音,为二尖瓣乳头肌功能失调或断裂所致;亦有部分病人在起病2~3d出现心包摩擦音,为反应性纤维性心包炎所致。

（2）血压:除极早期血压可增高外,几乎所有病人都有血压降低。

（3）其他:当伴有心律失常、休克、心力衰竭时可出现相应的体征。

4. 并发症

（1）乳头肌功能失调或断裂:主要为二尖瓣乳头肌因缺血、坏死等使收缩无力或断裂,造成二尖瓣脱垂并关闭不全,听诊心尖区有响亮的吹风样收缩期杂音,并易引起心力衰竭。

（2）心脏破裂:为早期少见但严重的并发症,常在发病1周内出现,多为心室游离壁破裂,造成心包积血引起急性心脏压塞而猝死。偶为心室间隔破裂造成穿孔,可引起心力衰竭和休克而在数日内死亡。

（3）栓塞:为心室附壁血栓或下肢静脉血栓破碎脱落所致,见于起病后1~2周。如栓子来自左心室,可产生脑、肾、脾或四肢等动脉栓塞;如栓子来自下肢深静脉,可产生肺栓塞。

（4）心室壁瘤:主要见于左心室,常于起病数周后才被发现。体格检查可见右心界扩大,心脏搏动较广泛,听诊可有收缩期杂音。发生附壁血栓时,心音减弱。心电图示ST段持续抬高。X线检查可见心缘有局部膨出,可显示膨胀瘤。超声心动图检查可显示室壁膨胀瘤的异常搏动。并发室壁膨胀瘤易发生心力衰竭、心律失常或栓塞,但在心肌梗死愈合后少有破裂的危险。

（5）心肌梗死后综合征:于心肌梗死后数周至数月内出现,偶可发生于数天后,可反复发生。表现为心包炎、胸膜炎或肺炎,有发热、胸痛、气急、咳嗽等症状,可能为机体对坏死物质产生过敏反应所致。

（三）辅助检查

1. 心电图　心电图常有特征性改变及动态演变过程。

（1）特征性改变:①ST段抬高呈弓背向上型;②宽而深的Q波(病理性Q波);③T波倒置。在背向心肌梗死(MI)区的导联则出现相反的改变,即R波增高、ST段压低和T波直立并增高。

（2）动态演变:①起病数小时内,可尚无异常或出现异常高大两肢不对称的T波,为超急性期改变。②数小时后,ST段明显抬高,弓背向上,与直立的T波连接,形成单相曲线。数小时至2d内出现病理性Q波,同时R波减低,是为急性期改变,Q波在3~4d稳定不变,以后70%~80%永久存在。③在早期如不进行治疗干预,ST段抬高持续数日至2周左右,逐渐回到基线水平,T波则变为平坦或倒置,是为亚急性期改变。④数周至数月后,T波呈V形倒置,两肢对称,波谷尖锐,是为慢性期改变。T波倒置可永久存在,也可在数月至数年内逐渐恢复。

此外,可根据特征性心电图改变的导联位置来进行心肌梗死的定位诊断。如V_1、V_2、V_3导联示前间壁心肌梗死;V_1~V_5导联示广泛前壁心肌梗死;Ⅱ、Ⅲ、aVF导联示下壁心肌梗死;Ⅰ、aVL导联示高侧壁心肌梗死。

2. 超声心动图　可了解心室各壁的运动情况,评估左心室梗死面积,测量左心功能,诊断心室壁瘤和乳头肌功能不全,为临床治疗及判断预后提供重要依据。

3. 放射性核素检查　可显示心肌梗死的部位与范围,观察左心室壁的运动和左心室的射血分数。目前多用单光子发射计算机体层摄影(SPECT)来检查;正电子发射计算机体层扫描术(PET)可观察心肌的代谢变化,是目前唯一能直接评价心肌存活性的影像技术。

4. 实验室检查

（1）白细胞总数增高,红细胞沉降率增高,可持续1~3周。

（2）血清心肌损伤标志物增高:心肌损伤标志物增高水平与心肌坏死范围及预后明显相关。①肌红蛋白起病后2h内升高,12h内达高峰;24~48h恢复正常。②心肌肌钙蛋白I(cTnI)或T(cTnT)起病3~4h后升高,于11~24h达高峰,7~10d降至正常,cTnT于24~48h达高峰,10~14d降至正常。这些心肌结构蛋白含量的增高是诊断MI的敏感指标。③肌酸激酶同工酶CK-MB升高,在起病后4h内增高,16~24h达高峰,3~4d恢复正常,其增高的程度能较准确地反映梗死的范围,其高峰出现时间是否提前有助于判断溶栓治疗是否成功。

对心肌坏死标志物的测定应进行综合评价,肌红蛋白出现最早,也十分敏感,但特异性不高;cTnT和 cTnI 出现稍延迟,但特异性很高,其缺点是持续时间可长达 10~14d,对在此期间判断是否有新的梗死不利。CK-MB 虽不如 cTnT、cTnI 敏感,但对早期(<4h)AMI 的诊断有较重要价值。

(3)血清心肌酶:包括肌酸激酶(CK)、谷草转氨酶及乳酸脱氢酶(LDH)敏感性与特异性均远不如心肌坏死标志物,已不再用于 AMI 的诊断。

(四)心理-社会状况

STEMI 时胸痛程度异常剧烈,可伴有濒死感,由此产生恐惧心理;由于心肌坏死使病人自理能力和活动耐力大大下降,病人易产生焦虑。此外,病人入院后住冠心病监护病房,常须在短时间内进行一系列检查和治疗,如心电监护、吸氧、多次抽血、静脉给药等,进一步增加了病人的焦虑或恐惧。

【常见护理诊断/问题】

1. **疼痛** 与心肌缺血坏死有关。
2. **活动耐力下降** 与氧的供需失调有关。
3. **焦虑** 与害怕死亡、担心预后有关。
4. **潜在并发症**:心律失常、心力衰竭、心源性休克。

【计划与实施】

STEMI 的治疗原则是保护和维持心脏功能,以挽救濒死的心肌、防止梗死范围扩大或缩小心肌缺血范围,尽快恢复心肌的血液灌注,及时发现和处理各种并发症,防止猝死。经过治疗和护理,评估病人是否能够达到:①在急性期,并发症能被及时发现和处理;②胸痛症状迅速缓解或减轻;③可按照活动计划进行活动,活动耐力逐渐增加;④能采取正确的方法应对焦虑或恐惧;⑤能了解 STEMI 的预防知识和康复知识,以提高生活质量。

1. 恢复心肌的血液灌注,保护和维持心脏功能

(1)缓解疼痛,减轻心肌耗氧

1)迅速建立静脉通道,保持输液通畅。遵医嘱给予病人吗啡或哌替啶止痛,给予硝酸甘油或硝酸异山梨酯,烦躁不安者可肌内注射地西泮,并及时询问病人疼痛及其伴随症状的变化情况,注意病人有无呼吸抑制、脉搏加快等不良反应,随时监测血压的变化。

2)给氧:病人若有呼吸困难或血氧饱和度降低,可经鼻导管或面罩间断或持续给氧。

3)休息:绝对卧床休息,包括精神和体力休息。

(2)严密监护,及早发现并发症:急性期病人持续心电监护,及时发现和评估心律失常的性质,如频发室性期前收缩,多源性的、成对的呈 R-on-T 现象的室性期前收缩或严重的房室传导阻滞时,应立即通知医生,警惕心室颤动或心脏停搏的发生。准备好急救药物和抢救设备如除颤器、起搏器等,随时准备抢救。

(3)抗血小板治疗:STEMI 病人抗血小板药的选择和用法与 NSTE-ACS 相同,见本节的 UA/NSTEMI 部分。

(4)再灌注心肌治疗与护理:再灌注治疗包括静脉溶栓、急诊 PCI、CABG 3 种方法,因外科手术不可能达到适时再灌注,现代临床实践中占主导地位的主要为前 2 种。

1)溶栓疗法(thrombolytic therapy)的护理:①常用的溶栓剂:尿激酶(UK)、链激酶(SK)和组织型纤溶酶原激活物(t-PA)。其护理包括询问病人是否有脑血管病病史、活动性出血、消化性溃疡、近期大手术或外伤史等溶栓禁忌证;溶栓前先检查血常规、血小板、出凝血时间和血型,配血备用;准确、迅速地配制并输注溶栓药物;观察病人用药后有无寒战、发热、皮疹等过敏反应,是否发生皮肤、黏膜及内脏出血等副作用,一旦出血严重应立即中止治疗,紧急处理。使用溶栓药物后,应定时描记病人心电图、抽血查心肌酶,询问病人胸痛有无缓解。②溶栓后可根据下列指标间接判断溶栓是否成功:胸痛 2h 内基本消失;心电图抬高的 ST 段于 2h 内回降>50%;2h 内出现再灌注性心律失常;血清 CK-MB 酶峰值提前出现(14h 以内),或根据冠状动脉造影直接判断冠脉是否再通。

2)介入治疗(PCI)及护理:详见循环系统概论相关章节。

(5)饮食护理:进食不宜过饱,可少量多餐,食物以含必需的热量和营养、易消化、低钠、低脂的流质或半流质为宜。

(6)排便护理:首先评估病人排便状况,如排便次数、性状、排便难易程度等。指导病人采取通便措施,如进食清淡、易消化、含纤维素丰富的食物;适当腹部按摩(按顺时针方向)以促进肠蠕动;遵医嘱给予病人通便药物,如乳果糖口服溶液、通便灵胶囊等。嘱病人勿用力排便,病情允许时,尽量使用床边坐便器,必要时含服硝酸甘油,使用开塞露。向病人解释床上排便对控制病情的重要意义。

2. 并发症的观察与护理

(1)心律失常:见于 75%~95% 的病人,多发生在起病 1~2d,尤以 24h 内最多见,因电解质紊乱或酸碱平衡失调时更容易并发心律失常。行心电、血压监护,密切观察病人有无乏力、头晕、晕厥等症状,监测电解质水平和酸碱平衡状况,对症处理。

(2)低血压和休克:休克多在起病后数小时至 1 周内发生,发生率约为 20%,主要是心源性休克。病人表现为面色苍白、皮肤湿冷、收缩压低于 80mmHg、脉搏细而快、大汗淋漓、烦躁不安、尿量减少,严重者可出现昏迷。近年来由于早期采用冠状动脉再通的措施,从而使休克的发生率大幅度下降。如发生,进行再灌注心肌治疗与护理。

(3)心力衰竭:主要为急性左心衰竭,可在起病最初几天内发生,或在疼痛、休克好转阶段出现,为梗死后心肌收缩力显著减弱或不协调所致。病人表现为呼吸困难、咳嗽、烦躁、发绀等,其发生率为 32%~48%。右心室心肌梗死者可一开始即出现右心衰竭表现,伴血压下降。密切观察病人有无呼吸困难、咳嗽、咳痰、尿少等表现,听诊肺部有无湿啰音;避免情绪烦躁、饱餐、用力排便等可加重心脏负担的因素。

(4)乳头肌功能失调或断裂:总发生率可高达 50%。二尖瓣乳头肌因缺血、坏死等使收缩功能发生障碍,造成二尖瓣脱垂及关闭不全。轻者可以恢复,重者可严重损害左心功能致使发生急性左心衰竭,最终导致死亡。一旦发生,则按急性心力衰竭进行护理:①立即让病人端坐或半卧位,两腿下垂,以减少静脉回流;②密切观察病人神志、生命体征、发绀、尿量及末梢循环情况,随时报告病情变化;③遵医嘱给予药物治疗,严格掌握输液速率,准确记录出入量。

(5)栓塞:发生率 1%~6%,见于起病后 1~2 周,如为左心室附壁血栓脱落所致,则引起脑、肾、脾或四肢等动脉栓塞。由下肢静脉血栓脱落所致,则产生肺栓塞。为预防静脉血栓形成和肺栓塞,可用肝素抗凝治疗。使用前要注意病人是否有出血病史、消化性溃疡或肝功能不全。使用过程中监测病人出凝血时间,注意有无黏膜出血等。

3. 心理护理　当病人胸痛剧烈时,应有一名护士陪伴在病人身旁,允许病人表达出内心的感受,接受病人的行为反应如呻吟、易激怒等。向病人介绍 CCU 的环境、监护仪的作用等,解释不良情绪会增加心脏负荷和心肌耗氧量,帮助病人树立战胜疾病的信心。

4. 活动及康复训练指导,促进心脏康复

(1)心脏康复活动前的评估:①无胸痛和呼吸困难等不适主诉,穿刺部位无出血、血肿;②心率 50~90 次/min,血压(90~150)/(60~100)mmHg,呼吸 16~24 次/min,血氧饱和度 95% 以上。

(2)解释合理活动的意义:向病人解释急性期卧床休息可减轻心脏负荷,减少心肌氧耗量,缩小梗死范围,有利于心功能的恢复;病情稳定后逐渐增加活动量可促进侧支循环的形成,提高活动耐力,防止深静脉血栓形成、便秘、肺部感染等并发症。活动耐力的恢复是一个渐进的过程。

(3)指导病人进行康复训练:必须在心电、血压监护下进行。根据病情和病人活动过程中的反应,逐渐增加活动量、活动持续时间和次数。运动量宜控制在较静息心率增加 20 次/min 左右,同时病人感觉不大费力(Borg 评分<12 分)。如果运动后心率增加大于 20 次/min,血压升高 40mmHg 或血压

Note:

下降 10mmHg,病人感觉费力,宜减少运动量。使用胰岛素的糖尿病病人注意低血糖现象。若有并发症,则应适当延长卧床时间。

5. 健康指导

(1) 指导病人掌握积极预防和控制冠心病危险因素的预防保健知识,如控制高脂血症、高血压,提倡低脂、低胆固醇饮食,控制体重,肥胖者限制能量摄入,减轻体重;调整生活方式,戒烟酒;克服急躁、焦虑情绪,保持乐观、平和的心情;平时避免饱餐,防止便秘;坚持服药,定期复查等。

(2) 用药指导与监测　指导病人遵医嘱服用 β 受体拮抗剂、血管扩张药、钙通道阻滞剂、降血脂药及抗血小板药等。

(3) 指导病人出院后继续康复门诊随访,进行康复治疗。一般分阶段循序渐进地增加活动量,提倡小量、重复、多次运动,适当的间隔休息,可以提高运动总量而避免超过心脏负荷。活动内容包括个人卫生、家务劳动、娱乐活动、步行活动(是应用最广泛的方法),避免剧烈运动、竞技性活动、举重或活动时间过长。病人在上下两层楼或步行 2km 而无任何不适时,可以恢复性生活。经 2~4 个月的体力活动锻炼后,酌情恢复部分或轻工作,以后部分病人可恢复全天工作,但对重体力劳动、驾驶、高空作业及其他精神紧张或工作量过大的工种应予更换。

(4) 照顾者指导,病人生活方式的改变需要家人的积极配合与支持,家属应给病人创造一个良好的身心休养环境。学会识别心绞痛和心肌梗死的简单知识。指导病人和家属备有医院急救电话,知道心肌梗死发作时的救助方法,宜立即将病人送到最近的医院或叫救护车运送。运送过程中尽可能不让病人用力。应教会家属心肺复苏的基本技术,以备急用。

【护理评价】

经过治疗和护理,评估病人是否能够达到:①病人主诉疼痛程度减轻或消失;②焦虑程度减轻,积极配合治疗;③心律失常、心力衰竭、心源性休克等并发症能被及时发现和救治;④能按照活动计划进行活动,主诉进行活动时耐力逐步增加;⑤病人能说出心肌梗死的预防保健知识,治疗用药的作用、副作用和注意事项。

(张　敏)

NURSING

第二十六章

高血压病人的护理

26章 数字内容

- 识记：
  1. 复述高血压的概念、诊断标准，高血压急症的表现及护理要点。
  2. 陈述抗高血压药的种类及观察要点，健康指导要点。
- 理解：
  1. 列举原发性高血压和继发性高血压的病因。
  2. 解释高血压对重要靶器官的影响。
- 运用：
  结合案例为高血压病人进行护理评估，制订护理计划。

导入情境与思考

病人,男性,58 岁,血压高 20 余年,心悸、头晕 1d。病人于 20 余年前测血压发现血压高,最高血压达 200/110mmHg。病人长期不规律服用氨氯地平、美托洛尔降血压,血压控制不详。近期病人自觉血压控制,自行停用抗高血压药。1d 前病人乘车过程出现心悸、头晕,伴视物模糊、恶心、出汗。体格检查:T 36.6℃,P 101 次/min,R 20 次/min,BP 207/142mmHg,神志清楚,精神一般。

请思考:

(1) 目前该病人首优的护理诊断/问题是什么? 主要护理措施有哪些?

(2) 如何对该病人进行用药指导?

第一节　原发性高血压病人的护理

高血压(hypertension)是以体循环动脉压升高为主要临床表现的心血管综合征,可分为原发性高血压(essential hypertension)和继发性高血压(secondary hypertension)。原发性高血压又称为高血压病,是最常见的慢性病之一,也是心脑血管病最重要的危险因素,可损伤心、脑、肾等重要器官,最终导致这些器官的功能衰竭,严重影响病人的生存质量。

我国高血压患病率近几十年来一直呈现上升趋势。2012—2015 年我国 18 岁及以上居民高血压患病率为 27.9%。人群高血压患病率随年龄增加而显著增高。随着社会经济的发展和生活方式的改变,患高血压病的人群已呈现出年轻化趋势。

【病因】

原发性高血压是多因素、多环节、多阶段和个体差异性较大的疾病,是遗传和环境因素交互作用的结果。流行病学研究发现,高血压与下列因素有关:

(一) 遗传因素

原发性高血压具有明显的家族聚集性,若父母均有高血压,子女的发病率高达 46%,约 60% 的高血压病人有高血压家族史。

(二) 环境因素

1. 饮食 饮食对高血压的影响是多种因素综合作用的结果。食物中不仅有升压的因素,也有对抗升压的因素。高钠、低钾膳食是我国人群重要的高血压发病危险因素之一。摄盐过多导致血压升高主要见于对盐敏感的人群。钾摄入量与血压呈负相关。高蛋白质摄入属于升压因素,动物和植物蛋白质均能升压。饮食中饱和脂肪酸或饱和脂肪酸/不饱和脂肪酸比值较高也属于升压因素。饮酒量与血压水平线性相关,尤其与收缩压相关性更强,每日饮酒量超过 50g 乙醇者高血压发病率明显增高。研究表明,我国人群叶酸普遍缺乏,导致血浆同型半胱氨酸水平增高,与高血压发病呈正相关,尤其增加高血压引起脑卒中的风险。

2. 精神应激 精神紧张可激活交感神经从而使血压升高,从事精神紧张度高的职业者发生高血压的可能性较大,脑力劳动者高血压患病率超过体力劳动者,长期生活在噪声环境中听力敏感性减退者患高血压也较多。

3. 吸烟 可使交感神经末梢释放去甲肾上腺素增加而使血压增高,同时吸烟所引发的氧化应激可通过损害一氧化氮介导的血管舒张而引起血压增高。

(三) 其他因素

1. 体重 肥胖是高血压的重要危险因素。体重是衡量肥胖程度的常用指标,一般采用体重指数(BMI),即体重(kg)/[身高(m)]^2,血压与 BMI 呈显著正相关。高血压病人约 1/3 有不同程度肥胖,

肥胖与高血压的关系不仅取决于总体重,还与脂肪的分布有很大关系。成人的肥胖主要表现为向心性肥胖,其高血压患病率较高。

2. **药物**　一些药物可能会引起血压升高,如避孕药、麻黄碱、肾上腺皮质激素、非甾体抗炎药、甘草等。

3. **睡眠呼吸暂停低通气综合征(SAHS)**　是指睡眠期间反复发作性呼吸暂停。50%的SAHS病人有高血压,血压升高程度与SAHS病程和严重程度有关。

【发病机制】

原发性高血压的发病机制尚不完全清楚。目前多认为是在一定的遗传背景下由多种环境因素的相互作用,使正常血压调节机制失代偿所致。

1. **神经机制**　交感神经系统分布于各种组织和器官,与血压调节相关的主要器官是心脏、血管、肾和肾上腺。各种原因使大脑皮质下神经中枢功能发生变化,各种神经递质浓度与活性异常,导致交感神经活性亢进,血浆儿茶酚胺浓度升高,阻力小动脉收缩增强而导致血压升高。

2. **肾脏机制**　各种原因引起肾性水、钠潴留,增加心排血量,通过全身血流自身调节使外周血管阻力和血压升高,启动压力-利尿钠机制再将潴留的水、钠排泄出去。也可能通过排钠激素分泌释放增加,在排泄水、钠的同时使外周血管阻力增高而使血压升高。

3. **激素机制**　肾素-血管紧张素-醛固酮系统(RAAS)激活:肾小球入球小动脉球旁细胞分泌肾素,可作用于肝脏合成的血管紧张素原(AGT),生成血管紧张素Ⅰ(ATⅠ),经血管紧张素转化酶(ACE)的作用转变为血管紧张素Ⅱ(ATⅡ)。ATⅡ可使小动脉平滑肌收缩,刺激肾上腺皮质球状带分泌醛固酮,通过交感神经末梢突触前膜的正反馈使去甲肾上腺素分泌增加,这些作用使血压升高。

4. **血管机制**　血管内皮细胞通过代谢、生成、激活和释放各种血管活性物质,包括血管舒张物质如前列环素(PGI_2)、内皮源性舒张因子(EDRF)及收缩物质如内皮素(ET-1)、内皮源性收缩因子(EDCF)、血管紧张素Ⅱ等,调节心血管功能。年龄增长及各种心血管危险因素,例如血脂异常、血糖升高、吸烟、高同型半胱氨酸血症等,导致血管内皮细胞功能异常,影响动脉的弹性功能和结构。

5. **胰岛素抵抗**　胰岛素抵抗(insulin resistance,IR)是指必须以高于正常的血胰岛素释放水平来维持正常的糖耐量,表示机体组织对胰岛素处理葡萄糖的能力减退。约50%原发性高血压病人存在不同程度的胰岛素抵抗,在肥胖、血甘油三酯升高、高血压及糖耐量减退同时并存的四联症病人中最为明显。IR如何导致血压升高目前尚未有肯定解释。多数认为是由于IR造成继发性高胰岛素血症,从而使肾脏水、钠重吸收增强,交感神经系统活性亢进,动脉弹性减退,从而使血压升高。

【护理评估】

(一)健康史

1. **现病史**　评估病人发病年龄,初次发现或诊断高血压的时间、场合,血压最高水平和一般水平及其伴随症状,是否伴有靶器官损害。如已接受抗高血压药治疗,询问既往及目前使用的抗高血压药种类、剂量、疗效及有无不良反应。

2. **个人史**　评估病人生活方式(包括饮食习惯,吸烟、饮酒情况等),体力活动量,体重变化,睡眠习惯等;已婚女性注意询问避孕药的使用情况。

3. **既往史**　评估病人有无冠心病、心力衰竭、脑血管疾病、外周血管疾病、糖尿病、痛风、血脂异常、支气管哮喘、睡眠呼吸暂停综合征、肾疾病、甲状腺疾病等病史及治疗情况。

4. **家族史**　评估病人有无高血压、糖尿病、冠心病、脑卒中、血脂异常或肾病的家族史,包括一级亲属发生心脑血管病事件时的年龄。

(二)身体状况

1. **症状**　原发性高血压通常起病缓慢,早期多无症状,可偶于体检时发现血压升高,少数病人则

Note:

在出现心、脑、肾等并发症后才被发现。常见症状包括头痛、头晕、颈项板紧、心悸、耳鸣、失眠、疲劳等,但并不一定与血压增高程度一致。典型的高血压头痛多为清晨加剧,日间减轻,常位于前额、枕部或颞部,在血压下降后即可消失。其疼痛性质多为胀痛、搏动性痛,少数病人可有剧烈疼痛。高血压病人还可出现受累器官的症状,如胸闷、气短、心绞痛、多尿等。

2. 体征 一般较少,听诊时可闻及主动脉瓣区第二心音亢进、收缩期杂音或收缩早期喀喇音,少数在颈部、背部两侧肋脊角、上腹部脐两侧、腰部肋脊处可听到血管音。当并发心、脑、肾、血管等靶器官受损时有相应体征。

3. 并发症

(1) 心脏疾病:冠心病、心力衰竭等。

(2) 脑血管疾病:缺血性脑卒中、出血性脑卒中、短暂性脑缺血发作等。

(3) 肾疾病:肾动脉硬化、慢性肾衰竭。

(4) 血管疾病:视网膜病变、下肢动脉粥样硬化、主动脉夹层等。

4. 高血压急症和亚急症 高血压急症(hypertensive emergencies)是指原发性或继发性高血压病人在某些诱因作用下,血压突然和显著升高(一般超过 180/120mmHg),同时伴有进行性心、脑、肾等重要靶器官功能不全的表现。高血压急症包括:①高血压脑病;②急进性或恶性高血压伴有心、脑、肾、眼底的损害;③高血压合并颅内出血或蛛网膜下腔出血;④高血压伴有急性肾损伤;⑤高血压合并急性心衰或肺水肿;⑥高血压合并不稳定型心绞痛后急性心肌梗死;⑦急性主动脉夹层;⑧子痫;⑨嗜铬细胞瘤危象等。应注意血压水平的高低与急性靶器官损害的程度并非成正比,如并发急性肺水肿、主动脉夹层、心肌梗死等,血压仅为中度升高,但对靶器官功能影响重大,也应视为高血压急症。高血压亚急症(hypertensive urgencies)是指血压显著升高但不伴急性靶器官损害。病人可以有血压明显升高造成的症状,如头痛、胸闷、鼻出血和烦躁不安等。相当多的病人有服药依从性不好或治疗不足的问题。

区别高血压急症与高血压亚急症的标准不是血压升高的程度,而是有无新近发生的急性进行性靶器官损害。

5. 老年高血压 年龄≥60 岁,并达高血压诊断标准者。临床特点有:

(1) 半数以上以收缩压升高为主,即单纯收缩期高血压。由于收缩压升高,舒张压降低,导致脉压增大。

(2) 易出现血压波动,如直立性低血压、餐后低血压和血压昼夜节律异常等。

(3) 靶器官明显损害前,大部分老年人无明显症状,随着病情进展,易出现心、脑、肾的并发症。

(4) 常与多种疾病如冠心病、心力衰竭、脑血管疾病、肾功能不全、糖尿病等并存,使治疗难度增加。

(5) 可见假性高血压。

6. 中青年高血压 年龄≥18 岁且<60 岁,并达高血压诊断标准者。临床特点有:

(1) 多以舒张压升高为主,收缩压正常,或仅轻度升高;脉压减少。

(2) 轻度高血压居多。

(3) 多呈“隐匿性”,早期常无明显症状,多于体格检查或偶然测量时发现。

(4) 不健康的生活方式相关疾病,如超重/肥胖、血脂异常、糖代谢紊乱、高尿酸血症等发生率高。

(5) 相对于老年人群,高血压知晓率、治疗率、控制率低下。

(三) 辅助检查

1. 基本项目 血生化(血钾、血钠、空腹血糖、血脂、尿酸和肌酐)、血常规、尿液分析(尿蛋白、尿糖和尿沉渣镜检)、心电图等。

2. 推荐项目 动态血压监测、超声心动图、颈动脉超声、口服葡萄糖耐量试验(空腹血糖升高者)、糖化血红蛋白(合并糖尿病的病人)、血清高敏 C 反应蛋白、尿白蛋白/肌酐比值、尿蛋白定量(尿蛋白定性阳性者)、眼底检查、胸部 X 线影像、脉搏波传导速度(PWV)及踝臂血压指数(ABI)等。

3. 选择项目 对怀疑继发性高血压病人,根据需要可以选择以下检查项目:血浆肾素活性或肾

Note:

素浓度、血和尿醛固酮、血和尿皮质醇、血浆游离甲氧基肾上腺素及甲氧基去甲肾上腺素、血/尿儿茶酚胺、肾动脉超声和造影、肾和肾上腺超声、CT/MRI、肾上腺静脉采血及睡眠呼吸监测等。对有合并症的高血压病人,进行相应的心功能、肾功能和认知功能等检查。

（四）高血压分类与分层

1. 按血压水平分类　高血压定义:在未使用抗高血压药的情况下,非同日3次测量诊室血压,收缩压(SBP)≥140mmHg 和/或舒张压(DBP)≥90mmHg。根据血压升高水平,将高血压分为1级、2级和3级,见表26-1-1。

表26-1-1　血压水平分类和定义（引自2018年中国高血压防治指南）

分类	SBP/mmHg		DBP/mmHg
正常血压	<120	和	<80
正常高值	120~139	和/或	80~89
高血压	≥140	和/或	≥90
1级高血压（轻度）	140~159	和/或	90~99
2级高血压（中度）	160~179	和/或	100~109
3级高血压（重度）	≥180	和/或	≥110
单纯收缩期高血压	≥140	和	<90

注:当SBP和DBP分属于不同级别时,以较高的分级作为标准。以上分类适用于18岁以上任何年龄的成人。

知 识 链 接

国际高血压学会对高血压的界限和分级调整

2020国际高血压学会（ISH）指南将正常血压界限调整为130/85mmHg,与多部指南推荐的120/80mmHg相比,进一步放宽了正常血压限值。2020 ISH指南将高血压分级由原来的3级合并为2级,即原来的1级高血压诊断标准不变,原来的2、3级高血压合并为2级高血压。如此改动,使高血压分级更加简单,可操作性更强,有利于使治疗方法与血压水平相匹配,从而优化治疗策略。

2. 按心血管风险分层　根据血压水平、心血管危险因素、靶器官损害、临床并发症和糖尿病进行心血管风险分层,分为低危、中危、高危和很高危4个层次,见表26-1-2。用于分层的其他心血管危险因素、靶器官损害和并发症,见表26-1-3。

表26-1-2　血压升高病人心血管风险水平分层

其他心血管危险因素和疾病史	血压/mmHg			
	SBP 130~139 和/或 DBP 85~89	SBP 140~159 和/或 DBP 90~99	SBP 160~179 和/或 DBP 100~109	SBP≥180 和/或 DBP≥110
无		低危	中危	高危
1~2个其他危险因素	低危	中危	中/高危	很高危
≥3个其他危险因素,靶器官损害,或CKD 3期,无并发症的糖尿病	中/高危	高危	高危	很高危
临床并发症,或CKD≥4期,有并发症的糖尿病	高/很高危	很高危	很高危	很高危

注:CKD:慢性肾脏病。

Note:

表26-1-3　影响高血压病人心血管预后的重要因素

心血管危险因素	靶器官损害	伴发临床疾病
①高血压（1~3级）	①左心室肥厚	①脑血管病：脑出血、缺血性脑卒
②男性>55岁；女性>65岁	心电图：Sokolow-Lyon电压>3.8mV或	中、短暂性脑缺血发作
③吸烟或被动吸烟	Cornell乘积>244mV·ms；超声心动图	②心脏疾病：心肌梗死史、心绞
④糖耐量受损（2h血糖7.8~	LVMI：男性≥115g/m²，女性≥95g/m²	痛、冠状动脉血运重建、慢性心力
11.0mmol/L）和/或空腹	②颈动脉超声IMT≥0.9mm或动脉粥样	衰竭、心房颤动
血糖异常（6.1~6.9mmol/L）	硬化斑块	③肾疾病：糖尿病肾病、肾功能受
⑤血脂异常：TC≥5.2mmol/L、	③颈-股动脉脉搏波速度≥12m/s（ * 选择	损（eGFR<30ml·min⁻¹·1.73m⁻²）、
LDL-C≥3.4mmol/L或HDL-C	使用）	血肌酐升高（男性≥133μmol/L，
<1.0mmol/L	④踝臂血压指数<0.9（ * 选择使用）	女性≥124μmol/L）、蛋白尿（≥
⑥早发心血管病家族史（一级	⑤估算的肾小球滤过率降低	300mg/24h）
亲属发病年龄<50岁）	［eGFR 30~59ml/（min·1.73m²）］或	④外周血管疾病
⑦腹型肥胖（腰围：男性≥	血清肌酐轻度升高：男性115~133μmol/L;女	⑤视网膜病变：出血或渗出，视神
90cm，女性≥85cm）或肥胖	性107~124μmol/L	经乳头水肿
（BMI≥28kg/m²）	⑥微量白蛋白尿：30~300mg/24h或白蛋	⑥糖尿病
⑧高同型半胱氨酸血症（≥	白/肌酐：≥30mg/g（3.5mg/mmol）	
15μmol/L）		

注：TC:总胆固醇;LDL-C:低密度脂蛋白胆固醇;HDL-C:高密度脂蛋白胆固醇;LVMI:左心室质量指数;IMT:颈动脉内膜中层厚度;BMI:体重指数。

（五）心理-社会状况

了解病人的性格特点、文化程度、职业、工作环境、经济状况、心理状况、有无精神创伤史等；了解病人对高血压知识的认知程度；了解病人的家庭关系及社会支持情况。

【常见护理诊断/问题】

1. 潜在并发症：高血压急症。
2. 疼痛　与血压升高导致头痛有关。
3. 舒适度减弱　与血压升高致头痛、头晕、恶心、呕吐有关。
4. 有受伤的危险　与头晕、急性低血压反应、视物模糊或意识改变有关。
5. 知识缺乏：缺乏原发性高血压饮食、药物治疗有关知识。
6. 焦虑　与血压控制不满意及发生并发症有关。

【计划与实施】

高血压治疗应采取综合干预策略，包括全方位生活方式干预（营养指导、运动处方、心理干预等）和药物治疗，使血压达标，提高高血压的治疗率和控制率，降低发生心、脑、肾及血管并发症和死亡的总危险。经过治疗和护理，病人达到：并发症及时发现，可主动寻求健康帮助，能够明确高血压的危害，明确药物治疗的重要性，了解药物的作用、副作用，服药依从性好。

（一）治疗性生活方式干预

1. 合理饮食

（1）限制钠盐摄入，增加钾摄入　钠盐摄入过多和/或钾摄入不足，以及钾钠摄入比值较低是我国高血压发病的重要危险因素。适度减少钠盐摄入，增加钾摄入量，可有效降低血压。主要措施包括：①减少烹调用盐及含钠高的调味品（包括味精、酱油）、加工食品（如咸菜、火腿、各类炒货和腌制品）。一般每日摄入食盐量以不超过6g为宜。②增加富钾食物（如新鲜蔬菜、水果和豆类）的摄入量。③肾功能良好者可选择低钠富钾替代盐。

（2）平衡膳食　饮食以水果、蔬菜、低脂奶制品、富含食用纤维的全谷物、植物来源的蛋白质为主，减少饱和脂肪酸和胆固醇摄入。

（3）戒烟限酒　吸烟是心血管病的主要危险因素之一，被动吸烟亦会显著增加心血管病风险。应指导病人戒烟，必要时应用戒烟药物。过量饮酒可增加血压升高的风险，建议高血压病人不饮酒。如饮酒，每日酒精摄入量男性不超过 25g，女性不超过 15g；每周酒精摄入量男性不超过 140g，女性不超过 80g。

2. 控制体重　建议所有超重和肥胖病人减重。在膳食平衡基础上可通过降低每日能量的摄入，进行规律的有氧运动等方法达到减轻体重的目的。推荐将体重维持在健康范围内（BMI：18.5～23.9kg/m²，男性腰围<90cm，女性腰围<85cm）。

3. 增加运动　运动不仅有利于血压下降，且对减轻体重、增强体力、降低胰岛素抵抗有利。运动形式以有氧运动为主，无氧运动作为补充。运动强度须因人而异，常用运动时最大心率来评估运动强度，建议中等强度更有效、更安全。中等强度运动为能达到最大心率[最大心率（次/min）= 220−年龄]的 60%～70% 的运动，如步行、慢跑、骑自行车、游泳等。运动频度为每周 4～7d，每日累计 30～60min。高危病人运动前须进行评估。

4. 减轻精神压力，保持心理平衡　精神紧张可激活交感神经从而使血压升高。高血压病人应注意控制紧张情绪，避免过于紧张的脑力劳动。指导病人使用放松技术，如心理意向、音乐治疗、呼吸放松等。必要时可联合药物治疗缓解焦虑和精神压力。

（二）药物治疗与护理

1. 抗高血压药治疗对象及控制目标

（1）治疗对象：①高血压 2 级（血压≥160/100mmHg）或以上者；②合并心血管疾病、慢性肾脏病（CKD）、糖尿病或高血压介导的靶器官损害（HMOD）的 1 级高血压（血压为 140～159/90～99mmHg）病人；③对于不合并心血管疾病、CKD、糖尿病和 HMOD 的低至中危的 1 级高血压病人，如果生活方式干预 3～6 个月后血压仍未得到有效控制者。

（2）血压控制目标：目前一般主张血压控制目标值应<140/90mmHg。理想标准：①年龄<65 岁，目标血压<130/80mmHg，但应>120/70mmHg；②年龄≥65 岁，目标血压<140/90mmHg，应根据病人个体情况设定个体化血压目标值。

2. 抗高血压药应用基本原则

（1）起始剂量：一般采用常规剂量，老年人及高龄老年人初始治疗时通常应采用较小的有效治疗剂量。根据需要，可考虑逐渐增加至足剂量。

（2）优先选择长效药：为有效控制 24h 血压，有效预防心脑血管并发症发生，积极推荐使用 1d 给药 1 次而药效能持续 24h 的长效药物。若使用中效或短效药，每日须用药 2～3 次，以达到平稳控制血压。

（3）联合用药：为使降压效果增大而不增加不良反应，可以采用 2 种或多种不同作用机制的抗高血压药联合治疗。2 级以上高血压或高危病人要达到目标血压，或单药治疗未达标的高血压病人应进行联合降压治疗，包括自由联合或单片复方制剂。

（4）个体化治疗：根据病人合并症的不同和药物疗效及耐受性，以及病人个人意愿或长期承受能力，选择适合病人个体的抗高血压药。

3. 常用抗高血压药及不良反应观察　目前常用抗高血压药包括钙通道阻滞剂（CCB）、血管紧张素转化酶抑制剂（ACEI）、血管紧张素 Ⅱ 受体拮抗剂（ARB）、利尿剂和 β 受体拮抗剂 5 类，以及由上述药物组成的固定配比复方制剂。此外，α 受体拮抗剂或其他种类抗高血压药有时亦可应用于某些高血压人群，见表 26-1-4。

Note：

表26-1-4　常用抗高血压药（中国高血压防治指南，2018年修订版）

药物分类	药物名称	药物分类	药物名称
钙通道阻滞剂（CCB）		β受体拮抗剂	阿替洛尔
二氢吡啶类CCB	硝苯地平		普萘洛尔
	硝苯地平缓释片		倍他洛尔
	硝苯地平控释片	α、β受体拮抗剂	拉贝洛尔
	氨氯地平		卡维地洛
	左旋氨氯地平		阿罗洛尔
	非洛地平	ACEI	卡托普利
	非洛地平缓释片		依那普利
	拉西地平		贝那普利
	尼卡地平		赖诺普利
	尼群地平		雷米普利
	贝尼地平		福辛普利
	乐卡地平		西拉普利
	马尼地平		培哚普利
	西尼地平		咪哒普利
	巴尼地平	ARB	氯沙坦
非二氢吡啶类CCB	维拉帕米		缬沙坦
	维拉帕米缓释片		厄贝沙坦
	地尔硫草胶囊		替米沙坦
利尿药			坎地沙坦
噻嗪类利尿药	氢氯噻嗪		奥美沙坦
	氯噻酮		阿利沙坦酯
	吲达帕胺	α受体拮抗剂	多沙唑嗪
	吲达帕胺缓释片		哌唑嗪
袢利尿药	呋塞米		特拉唑嗪
	托拉塞米	中枢作用药物	利血平
保钾利尿药	氨苯蝶啶		可乐定
	阿米洛利		可乐定贴片
醛固酮受体拮抗剂	螺内脂		甲基多巴
	依普利酮	直接血管扩张药	米诺地尔
β受体拮抗剂	比索洛尔		肼屈嗪
	美托洛尔平片	肾素抑制剂	阿利吉仑
	美托洛尔缓释片		

（1）钙通道阻滞剂（CCB）：又称钙拮抗剂，主要通过阻断血管平滑肌细胞上的钙离子通道发挥扩张血管、降低血压的作用。包括二氢吡啶类CCB和非二氢吡啶类CCB。二氢吡啶类CCB可与其他4类药联合应用，尤其适用于老年高血压、单纯收缩期高血压、伴稳定型心绞痛、冠状动脉或颈动脉粥

Note：

样硬化及周围血管病病人。常见不良反应包括反射性交感神经激活导致心搏加快、面部潮红、脚踝部水肿、牙龈增生等。二氢吡啶类 CCB 没有绝对禁忌证，但心动过速与心力衰竭病人应慎用。非二氢吡啶类 CCB 常见不良反应包括抑制心脏收缩功能和传导功能，二度至三度房室传导阻滞；心力衰竭病人禁忌使用。

（2）血管紧张素转化酶抑制剂（ACEI）：通过抑制血管紧张素转化酶，阻断肾素-血管紧张素Ⅱ的生成，抑制激肽酶的降解而发挥降压作用。尤其适用于伴慢性心力衰竭、心肌梗死后心功能不全、心房颤动、糖尿病肾病、非糖尿病肾病、代谢综合征、蛋白尿或微量白蛋白尿病人。常见不良反应包括干咳、低血压、皮疹、血钾升高，偶见血管神经性水肿及味觉障碍。禁忌证为双侧肾动脉狭窄、高钾血症及妊娠妇女。

（3）血管紧张素Ⅱ受体拮抗药（ARB）：通过阻断血管紧张素Ⅱ受体亚型 AT_1 而发挥降压作用。尤其适用于伴左心室肥厚、心力衰竭、糖尿病肾病、冠心病、代谢综合征、微量白蛋白尿或蛋白尿病人及不能耐受 ACEI 的病人，并可预防心房颤动。不良反应少见，偶有腹泻，长期应用可升高血钾，应注意监测血钾及肌酐水平变化。双侧肾动脉狭窄、妊娠妇女、高钾血症者禁用。

（4）利尿药：主要通过利钠排尿、降低容量负荷而发挥降压作用。用于控制血压的利尿药主要是噻嗪类利尿药，适用于老年高血压、单纯收缩期高血压或伴心力衰竭病人，可引起低钾血症，对高尿酸血症及明显肾功能不全者慎用，后者如须使用利尿药，应使用袢利尿药，如呋塞米等。保钾利尿药可引起高钾血症，不宜与 ACEI、ARB 合用，肾功能不全者慎用。螺内酯长期应用有可能导致男性乳房发育。

（5）β受体拮抗剂：主要通过抑制过度激活的交感神经活性、抑制心肌收缩力、减慢心率而发挥降压作用。适用于伴快速型心律失常、冠心病、慢性心力衰竭、交感神经活性增高及高动力状态的高血压病人。常见不良反应包括心动过缓、疲乏、四肢发冷、激动不安、胃肠不适等，还可能影响糖、脂代谢。二度或三度房室传导阻滞、哮喘病人禁用。

（三）头痛护理

1. **评估病人头痛情况** 如疼痛程度，持续时间，是否伴有头晕、恶心、呕吐等症状。

2. **减少引起或加重头痛的因素** 保持病室安静，光线柔和，尽量减少探视，保证充足的睡眠。护理人员操作应相对集中，动作轻巧，防止过多干扰病人。嘱病人头痛时卧床休息，抬高床头，改变体位时动作要慢。避免劳累、情绪激动、精神紧张、吸烟、酗酒、环境嘈杂、不规律服药等不良因素。向病人解释头痛主要与血压升高有关，血压恢复正常且平稳后可减轻或消除。

3. 密切观察病人血压、脉搏、呼吸、瞳孔及意识状态，注意有无脑疝的前驱症状。必要时遵医嘱给予镇痛药、抗高血压药、镇吐药及利尿药等。

（四）直立性低血压的预防及处理

直立性低血压（orthostatic hypotension，OH）又称体位性低血压（postural hypotension，PH），是指在体位由仰卧位变为直立位的 3min 内，收缩压下降≥20mmHg 和/或舒张压下降≥10mmHg。表现为与体位改变相关的头晕、黑矇、乏力、恶心、视物模糊、面色苍白、出冷汗等。高血压病人易发生直立性低血压，预防方法包括：①避免长时间站立，尤其在服药后最初几小时，因为长时间站立会使腿部血管扩张，血液淤积于下肢，脑部血流量减少；②改变姿势，特别是从卧位、坐位起立时动作宜缓慢；③选择在平静休息时服药，且服药后应休息一段时间再下床活动；④避免用过热的水洗澡或蒸汽浴，防止周围血管扩张导致晕厥；⑤不宜大量饮酒。发生直立性低血压的处理方法：立即平卧，头低足高位，以促进静脉回流，增加脑部血流量。

（五）防治高血压急症

1. **高血压急症的预防** ①避免诱因：指导病人应避免情绪激动，保持情绪平和、轻松、稳定；避免劳累、寒冷刺激；遵医嘱服用抗高血压药，不可随意增减药量，更不可突然停药。②加强病情监测：密切监测病人生命体征、瞳孔、意识状态及肢体活动情况，发现血压急剧升高、剧烈头痛、呕吐、大汗、视物模糊、面色及神志改变、肢体运动障碍等症状,立即通知医生。

2. 高血压急症的治疗和护理

（1）病人应绝对卧床休息,避免一切不良刺激和不必要的活动,协助生活护理。对昏迷或抽搐的病人应加强护理,保持其呼吸道通畅,防止咬伤、窒息或坠床。安抚病人情绪,必要时应用镇静药。

（2）给予持续低浓度吸氧。

（3）进行心电、血压、呼吸监护。

（4）迅速建立静脉通路,遵医嘱尽早应用抗高血压药进行控制性降压,初始阶段(一般数分钟至1h内)降压的目标为平均动脉压的降低幅度不超过治疗前水平的25%;在其后2~6h应将血压降至安全水平(一般为160/100mmHg左右)。如果可耐受,在之后的24~48h逐步将血压降至正常水平。同时,针对不同的靶器官损害进行相应处理。常用药物为:①硝普钠:为首选药物,能同时直接扩张动脉和静脉,降低心脏前、后负荷,降压效果迅速;②硝酸甘油:能扩张静脉和选择性扩张冠状动脉与大动脉,降低动脉压作用不及硝普钠;③尼卡地平:降压的同时还能改善脑血流量。用药过程注意监测病人血压变化,避免出现血压骤降。应用硝普钠和硝酸甘油时,应注意避光,严格遵医嘱控制滴速,密切观察药物的不良反应。

（六）健康指导

1. 疾病知识指导　向病人及其家属解释病情,并告知积极预防和控制高血压危险因素的重要性及原发性高血压对健康的危害,以引起病人足够的重视。倡导健康生活方式,坚持合理膳食、适量运动、戒烟限酒、心理平衡,以降低血压和心血管危险。

2. 饮食指导　指导病人坚持低盐、低脂、低胆固醇饮食,限制饮酒。限制动物脂肪、内脏、鱼子、软体动物、甲壳类食物,补充适量蛋白质,多吃新鲜蔬菜、水果,防止便秘。肥胖者控制体重,减少每日总能量摄入,养成良好的饮食习惯,细嚼慢咽,避免过饱,少吃零食等。

3. 戒烟指导　向病人及其家属解释吸烟及被动吸烟的危害,督促病人戒烟。指导病人应用戒烟药物对抗戒断症状,如尼古丁贴片、尼古丁咀嚼胶(非处方药)、盐酸安非他酮缓释片和伐尼克兰;对戒烟成功者进行随访和监督,避免复吸。

4. 运动指导　根据病人年龄及病情选择慢跑、快步走、太极拳、骑自行车、游泳等运动。当运动中出现头晕、心慌、气急等症状时应就地休息,避免竞技性运动和力量型运动如球类比赛、举重、俯卧撑等。

5. 心理指导　指导病人通过合理调整工作、生活节奏或反复练习冥想、深呼吸放松减压训练等,以减缓压力、舒缓紧张心情。

6. 用药指导　①强调长期药物治疗的重要性,用抗高血压药使血压降至理想水平后,应继续服用维持量,以保持血压相对稳定,对无症状者更应强调;②告知有关抗高血压药的名称、剂量、用法、作用及不良反应,并提供书面材料。强调定时、定量服药的重要性;③如有不良反应,应及时去医院就诊,不能擅自突然减药、停药。经治疗血压得到满意控制后,可遵医嘱逐渐减少剂量。如果突然停药,可导致停药综合征,表现为血压突然升高、心悸、烦躁、多汗、心动过速等。

7. 病情监测指导　应指导病人及其家属选择合适的血压测量仪器正确监测血压,并指导病人定期随访,以便有效控制血压,并根据降压效果和药物不良反应及时调整治疗方案。病人的随访时间依据心血管风险分层及血压水平决定,正常高值或高血压1级,危险分层属低危、中危或仅服1种药物治疗者,每1~3个月随诊1次;新发现的高危及较复杂病例随诊的间隔应较短,高危病人血压未达标或临床有症状者,可考虑缩短随诊时间(2~4周);血压达标且稳定者,每月1次或者延长随访时间。

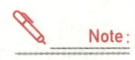
Note:

【护理评价】

经过治疗和护理,评估病人是否能够达到:①高血压急症得到有效救治和预防;②主诉头痛减轻或消失;③未发生外伤;④能够陈述高血压的非药物治疗方法;⑤能够解释常用抗高血压药的剂量、用法、副作用和使用注意事项。

(徐江华)

第二节　继发性高血压病人的护理

继发性高血压(secondary hypertension)是指由某些确定的疾病或病因引起的高血压,约占高血压人群的10%,在住院的高血压病人中约占14%。

【病因】

新诊断高血压病人应该进行常见的继发性高血压筛查,难治性高血压应考虑继发性高血压的可能性,必要时建议到相关专科就诊,及早找到病因能明显提高治愈率或阻止病情发展。

继发性高血压的主要病因有:

1. **肾疾病**　肾小球肾炎、慢性肾盂肾炎、先天性肾病变(多囊肾)、继发性肾病变(结缔组织病、糖尿病肾病、肾淀粉样变性等)、肾动脉狭窄、肾肿瘤。

2. **内分泌疾病**　Cushing综合征、嗜铬细胞瘤、原发性醛固酮增多症、肾上腺性变态综合征、甲状腺功能亢进、甲状腺功能减退、甲状旁腺功能亢进、腺垂体功能亢进、围绝经期综合征。

3. **心血管病变**　主动脉瓣关闭不全、完全性房室传导阻滞、主动脉缩窄、多发性大动脉炎。

4. **颅脑病变**　脑肿瘤、脑外伤、脑干感染。

5. **其他**　睡眠呼吸暂停综合征、妊娠高血压综合征、红细胞增多症、药物(糖皮质激素、拟交感神经药、甘草)。

【治疗措施】

继发性高血压因病因不同,治疗和护理的目标要根据原发疾病的具体情况而定,相应的疾病病人护理在相关章节详述。本节简介主要治疗措施。

1. **肾实质性高血压**　应予以病人低盐饮食(NaCl<6.0g/d,Na$^+$<2.3g/d)。肾功能不全者,宜选择高生物价优质蛋白[0.3~0.6g/(kg·d)],保证足够能量摄入,配合α-酮酸治疗;有蛋白尿的病人首选ACEI或ARB作为抗高血压药。

2. **肾血管性高血压**　可行外科治疗,经皮肾动脉成形术(PTA)和药物治疗。手术治疗可根据狭窄部位、肾功能等选用血流重建、自体肾移植或肾切除术。常用药物为钙通道阻滞剂,而双侧肾动脉狭窄或肾功能受损者,不宜服用血管紧张素转化酶抑制剂以防止肾功能恶化。

3. **主动脉狭窄**　根据具体病情选择腔内治疗或开放手术。活动期大动脉炎须给予糖皮质激素及免疫抑制剂治疗。

4. **原发性醛固酮增多症**　如无手术禁忌证,要考虑手术治疗。手术前一般采用低盐饮食,使用螺内酯治疗,使血压明显下降或恢复正常;适量补充氯化钾等纠正低钾血症,血钾恢复正常时再手术。

5. **嗜铬细胞瘤**　一般首选手术切除肿瘤,只有当临床已确诊为恶性嗜铬细胞瘤,或疾病不能耐受手术,或手术难以切除肿瘤时,才进行内科治疗;选择α受体拮抗剂和β受体拮抗剂联合降压治疗。

6. **库欣综合征**　治疗主要采用手术、放疗和药物方法根治病变本身,降压治疗可采用利尿药或与其他抗高血压药联合应用。

(徐江华)

Note:

思　考　题

1. 高血压病人日常生活应注意什么?
2. 高血压病人应如何正确服用抗高血压药?
3. 如何预防高血压急症的发生?

血管疾病病人的护理

27章　数字内容

───── 学 习 目 标 ─────

- 识记：
  1. 复述间歇性跛行、深静脉血栓形成的概念。
  2. 陈述下肢动脉硬化闭塞症、深静脉血栓、主动脉夹层的症状及体征。
- 理解：
  1. 识别下肢动脉硬化闭塞症、深静脉血栓、下肢静脉曲张、主动脉夹层的易患因素。
  2. 解释常见血管疾病发生机制和常用辅助检查的临床意义。
  3. 比较不同血管疾病治疗原则的异同。
- 运用：
  1. 制订常见血管疾病病人的护理措施。
  2. 制订不同血管疾病病人的健康教育计划。

导入情境与思考

病人,男性,60 岁,7d 前车祸致左侧胫骨骨折,在当地医院行左侧胫骨骨折手法复位+支具外固定术。2d 前出现左小腿明显肿胀、疼痛,今日突发胸闷、憋喘,急诊以下肢深静脉血栓形成、肺栓塞收入院。体格检查:T 38.1℃、P 110 次/min、R 28 次/min,左下肢肿胀明显,未见浅静脉迂曲扩张,未见溃疡湿疹,压痛明显,皮温高,双侧股、腘动脉及足背、胫后动脉搏动良好。

请思考:

(1) 病人发生下肢深静脉血栓形成的原因及危险因素有哪些?

(2) 病人还需要做哪些辅助检查?

(3) 病人发生肺栓塞的急救措施有哪些?

第一节　下肢动脉硬化闭塞症病人的护理

下肢动脉硬化闭塞症(arteriosclerosis obliterans,ASO)是由于动脉硬化造成下肢的供血动脉内膜增厚、管腔狭窄或闭塞,病变肢体血液供应不足,引起下肢间歇性跛行、皮温降低、疼痛,甚至发生溃疡或坏死等临床表现的慢性进展性疾病。常为全身性动脉硬化血管病变在下肢动脉的表现。发病率随年龄增长而上升,70 岁以上人群的发病率在 15%~20%。男性发病率略高于女性。

【病因与病理】

病因与发病机制目前尚不清楚,与动脉内膜损伤、脂质代谢紊乱、动脉分叉处血流动力学改变有一定关系。流行病学研究提示,吸烟、糖尿病、高血压是主要易患因素,高脂血症、慢性肾功能不全、C 反应蛋白增高者发病率明显增高。主要病理变化为动脉内膜损伤后,血小板和纤维蛋白聚集形成血栓,或因内膜通透性增加,低密度脂蛋白和胆固醇聚集在内膜下形成粥样斑块,并不断沉积,使病变处血管壁逐渐增厚,管腔狭窄,最后闭塞或因硬化斑块脱落导致远端细小动脉栓塞,出现缺血坏死。动脉硬化斑块形成易发生在大动脉分叉处,其中腹主动脉、髂总动脉、股动脉及腘动脉分叉处是病变集中部位。阻塞肢体的缺血程度与病变部位、狭窄程度及有无侧支循环形成等因素有关。

【护理评估】

(一) 健康史

1. **一般情况**　了解病人的年龄、性别,有无长期高脂饮食、吸烟等不良生活习惯。有无长期处于寒冷、潮湿环境的情况。

2. **既往史**　了解病人有无高血压、糖尿病、高脂血症、高胆固醇及感染和外伤等病史。既往应用镇痛药的情况。

(二) 身体状况

1. **症状**　轻重与动脉闭塞程度、侧支循环建立情况紧密相关。疾病严重程度根据 Fontaine 分期划分为 4 期。

(1) Ⅰ期(症状轻微期):病人症状轻微,表现为患肢怕冷、发凉,行走后患肢有疲劳、沉重感。

(2) Ⅱ期(间歇性跛行期):由于动脉狭窄,患肢缺血缺氧,行走一段距离后,患肢出现疲乏、疼痛或痉挛,被迫休息后症状缓解,当再次运动时又出现相同症状,这种"行走-疼痛-休息-缓解"反复出现的现象称为间歇性跛行(intermittent claudication),它是下肢动脉硬化闭塞症的特有典型症状。根据病人跛行距离又分为Ⅱa 期和Ⅱb 期。Ⅱa 期为轻度间歇性跛行,一次性步行距离≥200m;Ⅱb 期为中至重度间歇性跛行,一次性步行距离<200m。

（3）Ⅲ期（静息痛期）：随着病情加重，患肢处于休息状态时仍处于缺血缺氧状态，出现持续性缺血性疼痛。疼痛部位多在前足或足趾，夜间和平卧时为甚。病人通过屈膝护足而坐或将患肢下垂床边来缓解疼痛，疼痛致使病人彻夜难眠。静息痛出现预示患肢存在缺血坏死风险。

（4）Ⅳ期（溃疡和坏死期）：患肢缺血缺氧症状进一步加重，指/趾端坏死发黑或发生缺血性溃疡或坏疽。继发感染者出现发热、烦躁等全身中毒症状。如粥样斑块或血栓脱落，发生急性动脉栓塞，则有患肢疼痛、苍白、无脉、麻痹和感觉异常的缺血 5P 征。

2. **体征**　缺血早期，患肢出现麻木、肢端皮温下降、皮肤菲薄、毛发脱落等营养障碍性改变，下垂时因继发性充血而发红，运动后动脉搏动减弱。严重缺血时，病变远端动脉搏动明显减弱或消失，肢端冰凉、苍白，近端闻及血管杂音，指/趾端溃疡、坏疽。

（三）辅助检查

1. **实验室检查**　包括红细胞计数、血糖、血脂和肾功能检查，以便发现易患因素和评价器官功能状态。

2. **ABI 指数测定**　ABI 指数（ankle/brachial index，ABI）即踝部动脉收缩压与同侧上臂收缩压的比值。正常值为 1.00~1.40，如 ABI≤0.9 提示下肢缺血，ABI<0.4 表明有严重缺血。有资料显示，病人的 ABI 值与脑动脉硬化也有一定关系。

3. **多普勒超声检查**　能显示动脉形态，测量管壁厚度及斑块大小，可以明确动脉狭窄或闭塞的部位、程度。超声检查是目前临床筛查 ASO 的首选方法。

4. **CT 血管成像（CTA）和磁共振血管成像（MRA）检查**　因其具有无创、血管显影清晰和可以反复检查的优点，现已成为 ASO 常规检查手段。

5. **数字减影血管造影（DSA）检查**　是诊断 ASO 的一种有创检查方法，可以准确显示病变部位、性质、范围和程度，是目前诊断 ASO 的"金标准"。

（四）心理-社会状况

由于患肢疼痛，行走受限，病人生活质量下降，常存在明显的焦虑、抑郁情绪。应评估病人心理状态，对疾病知识掌握程度，家庭的支持帮助能力等心理和社会因素。

【常见护理诊断/问题】

1. **慢性疼痛**　与患肢血管收缩、闭塞致组织缺血缺氧有关。
2. **皮肤完整性受损**　与患肢坏死或溃疡有关。
3. **焦虑/恐惧**　与长期病人疼痛、患肢溃疡、坏死有关。
4. **潜在并发症**：术后出血、感染、远端血管栓塞、吻合口假性动脉瘤。

【计划与实施】

下肢动脉硬化闭塞症好发于老年人，并发症多，治疗比较困难。治疗方法包括：①非手术治疗，目的是通过降血脂、降血压、降血糖来改善血液高凝状态，使用血管扩张药，促进患肢侧支循环建立，延缓疾病发展，尽可能保存肢体。②手术治疗，根据病变部位、疾病严重程度、病人的全身情况，选择不同的手术方式，包括血管介入术（经皮腔内血管成形术+支架植入术），动脉旁路手术和血栓内膜切除术等重建血管手术，主要目的是恢复患肢血流通畅。患肢已大片坏疽者则需要行截肢术。通过治疗和护理，病人能够控制易患因素，改善患肢血液循环，疾病症状减轻，病情发展延缓。

（一）非手术治疗护理

1. **疼痛护理**　①绝对戒烟，消除烟碱对血管的收缩作用。②鼓励适量步行，每日坚持做 Buerger 运动，即平卧，抬高患肢 45°，维持 2~3min；坐起，下肢水平放置，转动踝部，伸曲脚趾约 2min；患肢垂于床旁 2~5min；再平卧，如此重复 5 个循环，每日锻炼 5 次。休息时采取头高足低位，以促进侧支循环建立。③遵医嘱使用血管扩张药，解除血管痉挛。④疼痛剧烈者，遵医嘱使用镇痛药。

2. **患肢护理**　①肢体保暖，避免受寒冷刺激，因寒冷可使血管收缩，加重肢体缺血缺氧。②禁用

Note:

热水袋、电热毯、热敷等热疗方法。因热疗可以增加局部组织耗氧量,加重患肢缺血、缺氧。③保持足部清洁舒适,选择宽松、舒适的鞋、袜,不穿高跟鞋、紧身裤,以免影响患肢血流。④患肢涂抹保湿霜,防止外伤,避免烫伤。⑤坏死肢端或溃疡创面应保持清洁、干燥,加强创面换药,必要时使用抗生素治疗。

3. 饮食护理 病人进食低脂肪、低胆固醇、高蛋白、易消化、低盐饮食。

4. 心理护理 因慢性疼痛,病情反复发作,病人焦虑、烦躁、恐惧等负性情绪明显,应鼓励和安慰病人,争取其家属支持,遵医嘱积极配合治疗。

（二）围手术期护理

1. 术前准备 在非手术治疗护理的基础上,协助完成实验室检查,指导病人进行呼吸功能锻炼,练习床上排便等术前准备工作。

2. 术后护理

（1）生命体征监测:ASO 病人术前多有高血压、糖尿病等合并症,术后容易发生出血、感染等并发症,应观察病人切口、穿刺点渗血或血肿情况。严密监测血压、脉搏、呼吸及体温。

（2）体位:血管造影或介入手术后,病人平卧位,穿刺点加压包扎 24h,患肢制动 6~8h。使用闭合器的病人制动 6h 左右,如果没有使用闭合器的病人制动时间为 24h 左右;动脉重建术后应卧床制动 2 周。卧床期间鼓励并协助病人做跖屈背伸活动,防止深静脉血栓形成。

（3）患肢远端血流通畅情况观察:注意比较病人健侧肢体和患肢的皮肤温度、色泽、感觉和脉搏强度,若出现患肢疼痛、麻木、苍白、皮温降低、动脉搏动减弱或消失,可能系血管痉挛或继发性血栓形成所致,应严密观察,及时通知医生处理。

（三）健康教育

1. 去除易患因素 严格戒烟;保持低脂、低糖、低胆固醇和高维生素的饮食习惯;控制体重,治疗高血压、高脂血症、糖尿病等。

2. 适度功能锻炼 鼓励有规律地进行步行锻炼,每日坚持 Buerger 运动。

3. 保护患肢 切勿赤脚行走,避免外伤。鞋、袜、裤应宽松舒适。保持足部清洁。行血管旁路手术后 6 个月内,应避免吻合口附近关节过屈、过伸、避免移植血管受压等,防止移植血管再闭塞或吻合口撕裂。

4. 用药指导 遵医嘱使用降血糖、降血脂及抗凝血药的病人,应定期门诊随访,复查血糖、血脂和凝血功能。

【护理评价】

经过治疗和护理,评估病人是否能够达到:①患肢疼痛程度减轻或得到及时有效的镇痛;②皮肤无破损、无溃疡或感染发生;③病人情绪稳定,配合治疗;④并发症得到及时发现和处理。

（牟绍玉）

第二节　深静脉血栓形成病人的护理

深静脉血栓形成(deep venous thrombosis,DVT)是指血液在深静脉腔内不正常凝结,阻塞管腔,导致静脉回流障碍,并且引起静脉壁的炎性改变。全身主干静脉均可发病,以下肢静脉多见,如未及时治疗,将造成慢性深静脉功能不全,影响生活和工作,甚至致残。急性期静脉血栓脱落可发生严重并发症肺栓塞,是病人死亡的主要原因。

【病因与发病机制】

血流缓慢、血管壁损伤和血液高凝状态是造成深静脉血栓形成的三大因素。其中血流缓慢是最常见的因素。①静脉血流缓慢:急性心肌梗死、心力衰竭、脑卒中、大型手术后及肢体固定等原因,使病人长期卧床休息而致血流缓慢。②血管壁损伤:静脉内注射强刺激性或高渗性液体导致静脉炎和

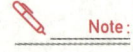

静脉血栓形成。手术、外伤等因素可导致静脉壁挫伤而诱发静脉血栓形成,如骨与关节手术、腹部手术及经静脉介入诊断或治疗等。③血液高凝状态:如抗凝血酶Ⅲ、C蛋白或S蛋白的缺乏、恶性肿瘤、弥散性血管内凝血、长期服用避孕药、过量使用止血药物等情况均可使血液处于高凝状态。深静脉血栓形成后,血栓与血管壁之间仅有轻度粘连,容易脱落成为栓子,并随血液循环进入肺动脉,造成急性肺栓塞,甚至出现猝死。

【护理评估】

(一)健康史

1. **一般情况**　病人的年龄、性别、婚姻和职业。

2. **血栓形成的诱因**　了解近期有无外伤、手术、妊娠、分娩、感染等病史或长期处于卧床休息、肢体制动等状态。是否输注高渗性、强刺激性药物或止血药物。

3. **既往史**　有无肿瘤或血液系统疾病,是否长期服用避孕药物。

(二)身体状况

主要表现为患肢突发性肿胀、疼痛,部分病人以肺栓塞为首发症状。

1. **下肢深静脉血栓形成**　根据发病部位和病程分为3型:①中央型,即髂-股深静脉血栓形成。常为单侧,左侧多于右侧。主要临床特征为起病急骤,患肢明显肿胀,皮温升高,患侧髂窝、股三角区疼痛和压痛,浅静脉扩张。②周围型,包括腘静脉和小腿静脉丛血栓形成。前者的主要特征为大腿肿痛,但小腿肿胀不明显;后者的临床特点为突然出现的小腿剧痛,肿胀,有深压痛,行走时症状加重。③混合型,即全下肢深静脉血栓形成。主要表现为全下肢肿胀、疼痛、严重时可出现剧烈疼痛,患肢皮肤发亮,常有体温升高,若继续发展,肢体肿胀可使下肢动脉受压导致血供障碍,出现足背和胫后动脉搏动消失,进而小腿和足背出现水疱,皮肤温度明显降低并呈青紫色(股青肿),若不及时处理,将发生肢体坏死。股青肿是下肢静脉血栓最严重一种情况。

2. **上肢深静脉血栓形成**　由于锁骨下静脉穿刺及导管置入操作日益增多,上肢深静脉血栓形成病例逐渐增多。主要表现为患侧前臂和手部肿胀、疼痛,手指活动受限等。

3. **上、下腔静脉血栓形成**　上腔静脉血栓形成多因纵隔器官或肺部肿瘤引起。表现为上肢静脉回流障碍,面部肿胀,球结膜充血,眼睑肿胀。颈部、前胸壁、肩部浅静脉扩张等。下腔静脉血栓多系下肢深静脉血栓向上蔓延所致,表现为下肢深静脉回流障碍,躯干浅静脉扩张。

(三)辅助检查

诊断深静脉血栓形成的主要依据是突发的下肢肿胀、疼痛,并结合病史和相应体征。辅助检查有助于确诊和了解病变范围。

1. **彩色多普勒超声检查**　可显示下肢静脉内有无血栓形成,血栓所在的部位。有助于区别静脉阻塞是来自静脉内的血栓形成还是静脉外的压迫所致。

2. **深静脉造影**　能显示下肢静脉是否存在闭塞、中断或充盈缺损,明确阻塞部位,静脉是否再通或有无侧支循环形成。静脉造影是定性及定位诊断指标。

3. **放射性核素检查**　注入放射性核素后48~72h显示结果。对腓肠肌内的深静脉血栓形成的检出率高达90%,而对近端深静脉血栓诊断的特异性较差。

4. **血液D-二聚体(D-dimer)浓度测定**　D-二聚体是纤维蛋白复合物溶解时产生的降解产物。下肢静脉血栓形成同时纤溶系统也被激活,血液中D-二聚体浓度上升。血液D-二聚体(D-dimer)浓度测定在临床上有一定的实用价值,敏感性较高,但特异性差。

5. **肺动脉CTA检查**　有助于明确是否存在肺栓塞。

【常见护理诊断/问题】

1. **急性疼痛**　与深静脉回流障碍所致肢体肿胀和静脉炎或手术创伤有关。

2. **沐浴、如厕自理缺陷** 与急性期需绝对卧床休息有关。

3. **潜在并发症**：出血、肺栓塞。

【计划与实施】

治疗方法包括非手术治疗、手术取栓、介入治疗等。急性期以血栓消融为主，中晚期则以减轻下肢静脉淤血和改善生活质量为主。通过治疗与护理，病人：①自诉患肢疼痛减轻或消失；②绝对卧床期间，其基本需求得到满足；③并发症能得到预防、及时发现和处理。

（一）缓解疼痛

1. **观察和记录患肢情况** 评估患肢疼痛情况，患肢适当予以保暖，禁止按摩、热敷。密切观察患肢疼痛的部位、性质、持续时间、程度。注意对比两侧肢体的皮温、皮肤颜色、末梢动脉搏动、感觉和肿胀程度的差异。每日测量患肢与健侧肢体不同位置同一平面的周径并记录周径差。若为双侧血栓则测量并记录双侧患肢不同平面周径情况。测量方法见第十五章第一节相关内容。

2. **卧床休息** 抬高患肢，使患肢高于心脏平面20~30cm，以促进静脉血液回流，防止静脉淤血，并降低患肢静脉压，减轻水肿与疼痛。

3. **镇痛** 疼痛剧烈或术后切口疼痛的病人，可遵医嘱给予其有效的镇痛措施，如口服镇痛药、间断肌内注射哌替啶或术后应用病人自控镇痛泵镇痛。注意观察镇痛效果，依病情调整。

（二）药物治疗

根据病人情况使用抗凝、溶栓和抗血小板聚集等药物治疗，其中使用链激酶、尿激酶等抗凝溶栓是DVT最基本的治疗方法。

溶栓期间护理：①尿激酶等溶栓药物应现配现用；②根据医嘱应用输液泵输注溶栓药物，正确设置输液速率和总量，输注溶栓药物过程中要注意观察输液泵输注速率及输注量变化，保证药物按时、按量、准确输入；③输液泵报警应立即检查故障发生原因，如阻塞、气泡等，及时排除故障，以免影响药物血药浓度；④溶栓治疗期间注意观察病人穿刺处、皮肤、黏膜、消化道、泌尿系统、神经系统等有无出血和全身出血现象（早期多为穿刺部位瘀斑、血肿，严重时发生颅内出血，出现头痛、呕吐、意识障碍、视物模糊等表现）；⑤正确留取血、尿、粪标本，定时监测病人凝血功能。

（三）介入治疗

下肢DVT介入治疗方法包括：①下腔静脉滤器（inferior vena cava filter，IVCF）置入术、取出术；②溶栓治疗，经足背浅静脉置入留置针行患肢浅静脉顺行溶栓、导管接触溶栓（catheter directed thrombolysis，CDT）；③经皮腔内机械性血栓清除术（percutaneous mechanical thrombectomy，PMT）；④经皮腔内血管成形术（percutaneous transluminal angioplasty，PTA）和支架植入术。

知 识 链 接

中国介入治疗的发展征程

介入医学是现代临床医学中一门新兴学科，现已成为继内科治疗和外科治疗之后的第三大临床治疗手段，广泛应用于心脑血管疾病、肿瘤等。

1964年美国医生首次应用介入技术治疗下肢动脉狭窄，成为现代介入医学理论和实践的奠基石，但直至20世纪70年代末，介入技术才传入中国。我国老一辈医学家克服了介入放射设备及器械极其缺乏的困难，不顾放射线对健康的损害，面对病人对介入诊疗不理解、不认识而发出责难等问题，逐渐推动我国介入医学事业发展。经过几代人的努力，我国介入医学在诊疗技术应用、临床疗效提高和专业学科建设等方面已走在国际前列，陆续推出了一些国产化创新产品和介入治疗策略，实现了我国医学创新从跟跑、并跑到领跑的跨越，使中国逐渐由心血管介入治疗大国步入世界强国之列。

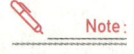

Note:

（四）并发症的观察与护理

1. 出血

（1）观察出血倾向:抗凝治疗期间,每日检查病人凝血时间或凝血酶原时间,判断有无全身性出血倾向,观察切口渗血情况,有无皮下青紫及瘀斑发生。详细记录抗凝血药的名称、剂量、给药时间、给药途径。常用的肝素抗凝剂,静脉注射 10min 后即产生抗凝作用,但作用时间短,维持 3~6h。应维持凝血时间超过正常值(试管法,4~12min)约 2 倍为宜。

（2）处理出血并发症:若因肝素、香豆素类药物用量过多引起凝血时间延长或出血,应及时报告医生,立即停用抗凝血药,遵医嘱给予病人拮抗剂鱼精蛋白治疗或肌内注射维生素 K_1,必要时输注新鲜血。

2. 肺栓塞

（1）卧床休息:深静脉血栓形成急性期病人应绝对卧床休息 10~14d,床上活动时避免动作幅度过大,禁止按摩患肢,以防血栓脱落。

（2）病情观察与处理:监测病人生命体征和血氧饱和度,询问是否有呼吸困难、胸闷、咳嗽、咯血、心慌、气促等症状。备好急救所需药品和物品。病人出现肺栓塞症状时,立即将其平卧,避免搬动;给予高流量氧气吸入,4~6L/min;快速建立静脉通路等对症处理。严密观察病人病情变化,通知医生积极抢救。

（五）健康指导

1. 戒烟　告诫病人要绝对戒烟,避免烟草中的尼古丁刺激引起血管收缩。

2. 饮食　进食低脂、富含纤维素的食物,以保持排便通畅,避免因排便困难引起腹内压增高,影响下肢静脉回流。

3. 适当活动　手术、分娩、长期卧床等是引发深静脉血栓形成的重要因素。因此,对长期卧床、手术后的病人和产妇,应指导和鼓励其早期活动,包括深呼吸,下肢的被动和主动活动,病情允许时应尽早离床活动。加强日常锻炼,勿膝下垫硬枕压迫腘窝、过度屈髋,穿紧身衣裤等影响下肢静脉血液回流。

4. 复诊　出院后 6 个月以内应定期复诊。若突然出现下肢剧烈胀痛、浅静脉曲张伴有发热等情况,应警惕下肢深静脉血栓形成的可能,及时到医院就诊。

【护理评价】

经过治疗和护理,评估病人是否能够达到:①患肢胀痛程度减轻或疼痛消失;②生理需求得到满足;③并发症得到预防或及时发现和处理;④认识深静脉血栓形成的危险因素,掌握预防复发的方法。

（牟绍玉）

第三节　下肢静脉曲张病人的护理

下肢静脉由浅静脉、深静脉、肌间静脉和连接深-浅静脉之间的交通支静脉组成。静脉血液回流主要依赖于静脉瓣膜向心单向开放功能、小腿肌肉的挤压作用(肌肉泵)、胸腔内负压和心脏舒缩搏动等因素的共同作用。下肢静脉曲张(varix of lower limb)是指下肢浅静脉因血液回流障碍而引起的以静脉扩张和迂曲为主要表现的周围血管疾病。好发于长期从事重体力劳动和久站久坐的人群。成人患病率为 10% 左右,男女患病率接近,女性略高。

【病因与发病机制】

先天性或后天性因素所致的静脉壁薄弱、静脉瓣膜结构缺陷是引起静脉曲张的主要原因。下肢静脉曲张分为原发性和继发性两大类,原发性又称单纯性下肢静脉曲张,临床上最多见。

Note:

1. 原发性下肢静脉曲张

（1）先天因素：静脉壁薄弱和静脉瓣膜缺陷是全身结缔组织薄弱的一种表现，与遗传因素有关。有些病人下肢静脉瓣膜稀少，有的甚至完全缺如，造成静脉血逆流。

（2）后天因素：长期站立工作、重体力劳动、妊娠、慢性咳嗽、习惯性便秘等，都可使静脉瓣膜承受过度的压力，逐渐松弛而关闭不全，血液反流，导致下肢浅静脉循环血量超负荷，静脉内压力升高，静脉扩张迂曲。

2. 继发性下肢静脉曲张　下肢深静脉的病变，使深静脉回流受阻，血液逆流入浅静脉所致，如下肢深静脉瓣膜功能不全、深静脉炎症、深静脉血栓形成后综合征等；其他原因则继发于深静脉外的病变，如盆腔内肿瘤及妊娠子宫压迫髂外静脉或先天性动静脉瘘，均可引起下肢浅静脉曲张。

【护理评估】

（一）健康史

1. 一般情况　评估病人的生活习惯、职业及工作特点。了解是否存在长时间站立、久坐或长期从事重体力劳动等发病因素。

2. 患肢情况　是否存在长时间站立后患肢小腿沉重、酸胀、乏力和疼痛等情况。是否出现过曲张静脉破裂出血，患肢经久不愈的溃疡。

3. 既往史　是否有长期慢性咳嗽、习惯性便秘、终末期肝病或大量腹水等情况。

（二）身体状况

1. 小腿静脉曲张的部位和程度。

2. 患肢有无酸胀、沉重、乏力等感觉。

3. 局部皮肤的营养状态　患肢足靴区皮肤常有萎缩、脱屑、瘙痒、色素沉着和硬结。

4. 局部有无并发症，如血栓性浅静脉炎、湿疹和溃疡、曲张静脉破裂出血等。

5. 患肢血液循环，包括患肢远端皮肤的温度、色泽、动脉搏动、感觉有无异常。

6. 局部伤口有无渗血，有无红、肿、压痛等感染征象。

（三）辅助检查

1. 特殊检查　为了鉴别下肢静脉曲张的性质，了解浅静脉瓣膜功能、深静脉回流和交通支静脉瓣膜功能情况，常需要做静脉瓣膜功能试验（图 27-3-1）。

（1）大隐静脉瓣功能试验（Brodie-Trendelenburg test）：病人平卧，抬高患肢使静脉排空，在大腿根

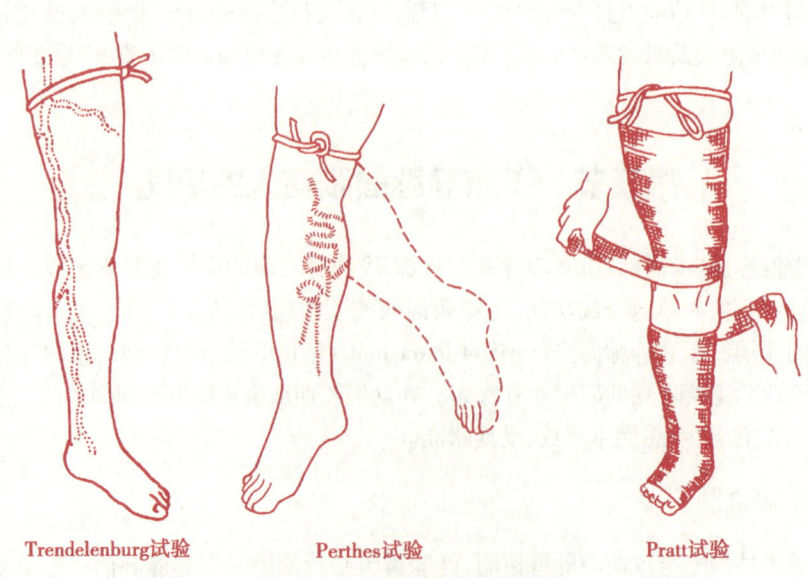

Trendelenburg试验　　　　Perthes试验　　　　Pratt试验

图 27-3-1　静脉瓣膜功能试验

部扎止血带以阻断大隐静脉,然后病人站立,迅速松开止血带,如出现自上而下的静脉逆向充盈,提示瓣膜功能不全;如在未松开止血带前,止血带下方的静脉在 30s 内已充盈,则表明交通支静脉瓣膜关闭不全。

(2) 深静脉通畅试验(Perthes test):病人取站立位,用止血带阻断大腿浅静脉主干,嘱病人用力踢腿或做下蹲活动连续 10 余次,迫使浅静脉血液向深静脉回流,使曲张静脉排空。如曲张的静脉迅速消失或明显减轻,且无下肢坠胀感时,即表示深静脉通畅且交通支静脉完好。如在活动后浅静脉曲张更为明显,张力增高,甚至有胀痛,则表明深静脉不畅通。

(3) 交通支静脉瓣膜功能试验(Pratt test):病人平卧,抬高患肢,在大腿根部扎止血带,由足趾端向腘窝缚缠第一根弹力绷带,再自止血带处向下缚缠第二根弹力绷带;让病人站立,一边向下解开第一根弹力绷带,一边向下继续缚缠第二根弹力绷带,如果在两根绷带之间的间隙内出现曲张静脉,即表明该处的交通静脉瓣膜功能不全。

2. 影像学检查

(1) 彩色多普勒超声检查:血管超声检查可以同时明确下肢深、浅静脉功能,判断有无反流或血栓形成。该检查安全无创、简便快捷、准确率高。操作时还可增加屏气试验、挤压试验等,以进一步明确大隐静脉是否存在反流。其检查结果准确、可靠,同时可以为手术提供直接引导和辅助,是目前诊断下肢静脉曲张首选的辅助检查方法。

(2) 数字减影血管造影顺行/逆行性静脉造影:随着介入技术的发展,数字减影血管造影(digital substraction angiography,DSA)的应用日益广泛。顺行性静脉造影被认为是诊断下肢静脉曲张的“金标准”,但由于是有创性检查,目前常规诊断仍然以功能日益完善的彩色多普勒超声检查为主。

(3) CT 静脉成像(computed tomography venography,CTV)/磁共振静脉成像(magnetic resonance venography,MRV):CTV/MRV 可用于静脉阻塞性疾病和先天性静脉疾病的诊断,适用范围类似静脉造影,但准确率稍低,对于肿瘤性病变或外源性压迫尤其适用。

(四)心理-社会状况

下肢静脉曲张是否影响生活与工作。病人是否因慢性溃疡或创面经久不愈而焦虑。病人对本病防治知识的了解程度。

【常见护理诊断/问题】

1. **活动耐力下降**　与下肢静脉曲张致血液淤滞有关。
2. **皮肤完整性受损**　与患肢皮肤营养障碍、发生慢性溃疡有关。
3. **知识缺乏**：缺乏疾病的预防和康复知识。
4. **潜在并发症**：小腿慢性溃疡、出血、血栓性浅静脉炎。

【计划与实施】

治疗原则是促进静脉回流、及时处理并发症。治疗方法包括非手术治疗和手术治疗 2 类方式。对于病程短、症状轻的病人或有手术禁忌,深静脉功能不全及妊娠期妇女宜采取非手术治疗。手术是治疗下肢静脉曲张的根本方法,主要目的是切除曲张静脉,防止复发。经过治疗和护理,病人达到:①活动耐力逐渐增加;②创面无继发感染,溃疡逐渐愈合;③能正确应用弹性绷带或穿弹力袜,掌握预防措施;④并发症被及时发现与处理。

(一)促进下肢静脉回流,改善活动能力

1. 穿弹力袜或扎弹力绷带　指导病人行走时坚持穿弹力袜或使用弹力绷带,以促进静脉回流。穿弹力袜时,应先平卧并抬高患肢,待曲张静脉的血液充分回流后再穿戴,注意弹力袜的厚薄、压力及长短应符合病人的腿部情况。弹力绷带应自下而上包扎,注意保持合适的松紧度,以不妨碍关节活动、能扪及足背动脉搏动和保持足部正常皮肤温度为宜。手术后弹力绷带一般需维持 2 周。

2. **保持合适的体位** 维持良好的姿势,坐时双膝交叉不宜过久;避免久站久坐,适当进行运动;休息时抬高患肢,以利于静脉回流。术后 24~48h 开始早期下床活动。

3. **去除腹内压升高的因素** 避免长期站立,保持排便通畅,及时治疗慢性咳嗽和大量腹水,降低腹内压,有利于下肢静脉回流。

(二)预防或处理创面感染

1. **观察患肢情况** 观察患肢远端皮肤的温度、颜色、是否有肿胀、渗出,局部有无感染征象。

2. **加强皮肤的护理** 预防下肢创面继发感染,做好皮肤湿疹、溃疡的治疗和换药,促进创面愈合。

(三)去除曲张静脉,防止复发

手术治疗适用于深静脉畅通,无手术禁忌的病人。传统常用的手术方法是行大隐静脉或小隐静脉高位结扎并曲张静脉剥脱术。近年来,根据病人病情可以选择使用静脉旋切刨吸术,腔内激光闭合术或采用射频、电凝、静脉硬化治疗等方法。如下肢浅静脉曲张的硬化剂注射治疗是利用硬化剂注入曲张静脉腔内,刺激静脉内膜使其粘连,导致纤维化,从而消除或减轻局部的静脉高压,被推荐应用于所有类型的下肢静脉曲张病人。轻症静脉曲张可以单独使用该方法,一般作为手术的辅助治疗,处理术后残留的曲张静脉尤为合适,还适用于不能耐受手术的病人。与传统手术比较具有安全、有效、微创的优势。

(四)并发症的观察与护理

1. **血栓性静脉炎** 曲张静脉内血流缓慢,容易引起血栓,一旦发生后应卧床休息,抬高患肢,局部热敷,同时应用有效抗生素,严禁按摩局部。

2. **出血** 大多发生于足靴区及踝部。曲张静脉在受到轻微外伤时就会破裂出血。因静脉内压力较高而出血速度快,须抬高患肢和加压包扎止血。

3. **溃疡形成** 有溃疡者,保持创面清洁,加强换药,控制感染。避免皮肤损伤,皮肤出现湿疹样改变时,应积极药物治疗,尽量防止抓伤皮肤。

4. **肺栓塞** 对于继发下肢深静脉血栓形成的病人,应警惕发生肺栓塞,积极采取预防措施:①非手术治疗者,从发病之日起应严格卧床 2 周;②严禁按摩患肢;③禁止使用对患肢有压迫的检查。

(五)健康指导

1. **避免久站久坐** 平时保持良好的姿势,从事长期站立、重体力劳动职业者,休息时应抬高下肢。进行适当的体育锻炼,不用过紧的腰带、穿过紧的内裤,以促进静脉回流和侧支循环建立。

2. **坚持使用弹力袜** 非手术治疗的病人应长期坚持使用弹力袜;术后病人应继续使用弹力袜 1~3 个月。

3. **保护患肢** 活动时,尽量避免外伤引起曲张静脉破裂出血。

4. **其他** 养成良好的饮食习惯,保持排便通畅,控制体重。

【护理评价】

通过治疗与护理,评估病人是否能够达到:①下肢活动耐力逐渐增强,活动量逐渐增加;②能复述疾病的相关知识,正确使用弹性绷带或穿弹力袜;③小腿溃疡得到有效的处理并愈合;④并发症得到预防或及时发现和处理。

(牟绍玉)

第四节 主动脉夹层病人的护理

主动脉夹层(dissection of aorta)由于各种原因导致的主动脉内膜、中膜撕裂,主动脉内膜与中膜分离,血液流入,致使主动脉腔被分隔为真腔和假腔。主动脉夹层好发于 40 岁以上的中老年男性。

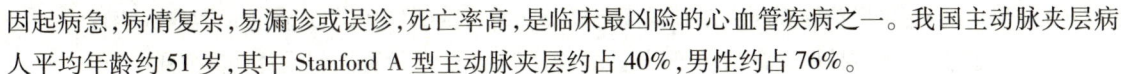

因起病急,病情复杂,易漏诊或误诊,死亡率高,是临床最凶险的心血管疾病之一。我国主动脉夹层病人平均年龄约 51 岁,其中 Stanford A 型主动脉夹层约占 40%,男性约占 76%。

【病因与发病机制】

主动脉夹层是主动脉壁中膜结构异常和血流动力学异常相互作用的结果。当主动脉结构异常时,容易发生主动脉壁的撕裂。由于各种原因导致主动脉内膜与中层之间附着力下降,在血流冲击下,内膜破裂,血液进入中层形成夹层,或由于动脉壁滋养血管破裂导致壁内血肿,逐渐向近心端和/或远心端扩展形成主动脉夹层。

主动脉夹层发病主要与下列危险因素有关:①增加主动脉壁张力的各种因素,如高血压、主动脉缩窄、外伤等;②导致主动脉壁结构异常的因素,如动脉粥样硬化、遗传性结缔组织病[如马方(Marfan)综合征]、家族性遗传性主动脉夹层或主动脉瘤、大动脉炎等;③其他因素如妊娠、医源性主动脉夹层等。国内多中心研究表明,高血压、Marfan 综合征、吸烟、饮酒、主动脉瓣二叶畸形、动脉粥样硬化等是我国主动脉夹层发病的主要独立危险因素。

【分型】

1. **Stanford 法**　根据内膜撕裂部位和主动脉夹层扩展范围,可分为 2 型。

(1) Stanford A 型:内膜撕裂口位于升主动脉、主动脉弓或近段降主动脉,也可延及降主动脉甚至腹主动脉。

(2) Stanford B 型:内膜撕裂口位于主动脉峡部,扩展仅累及降主动脉或延伸至腹主动脉,但不累及升主动脉。

2. **De Bakey 法**　根据病变部位和扩展范围将本病分为 3 型。

(1) Ⅰ 型:夹层累及大部或全部胸升主动脉、主动脉弓、胸降主动脉、腹主动脉,较常见。

(2) Ⅱ 型:夹层累及升主动脉,少数可累及主动脉弓。

(3) Ⅲ 型:夹层范围局限于胸降主动脉为 Ⅲa 型,向下同时累及腹主动脉为 Ⅲb 型。

Daily 和 Miller 提出凡升主动脉受累者为 A 型(包括 Ⅰ 型和 Ⅱ 型),又称近端型;凡病变始于降主动脉者为 B 型(相当于 De Bakey Ⅲ 型),又称远端型。A 型约占全部病例的 2/3,B 型约占 1/3。

【护理评估】

(一) 健康史

重点了解病人的生活习惯、询问有无高血压、糖尿病及其他遗传性疾病史。

(二) 身体状况

1. **疼痛**　为本病突出而有特征性的症状,90% 以上的病人有突发、急起、撕裂样剧烈而持续的疼痛,大汗淋漓,烦躁不安。疼痛与夹层累及的部位和病变程度有关,升主动脉夹层多为胸前区疼痛;胸降主动脉夹层多为肩胛区和背部疼痛;腹主动脉夹层疼痛常位于腰部。

2. **血压**　多数病人常有高血压病史,但发病后血压可正常或升高。有面色苍白、大汗、皮肤湿冷、气促、脉速、脉弱或消失等表现。严重的休克仅见于夹层动脉瘤破入胸膜腔大量内出血时。低血压多数是心脏压塞或急性重度主动脉瓣关闭不全所致。如病人的两侧肢体血压及脉搏明显不对称,应首先考虑本病。

3. **夹层破裂或压迫症状**　由于夹层血肿的扩展可压迫邻近组织或波及主动脉大分支,从而出现多系统受损的临床表现。

(1) 心血管系统:可有主动脉瓣关闭不全、心力衰竭、心肌梗死或心脏压塞的症状和体征。

(2) 神经系统:夹层压迫脑、脊髓的动脉可引起神经系统症状,出现昏迷、瘫痪等,如夹层压迫喉返神经可出现声音嘶哑。

Note:

（3）消化系统：夹层扩展到腹主动脉或肠系膜动脉时可致肠坏死，出现严重的急腹症表现。

（4）泌尿系统：夹层扩展到肾动脉可引起急性腰痛、血尿、急性肾损伤或肾性高血压。

（5）呼吸系统：夹层破入胸、腹腔可致血胸、腹腔积血。破入气管、支气管或食管可导致大量咯血或呕血，发生这种情况，病人常在数分钟内死亡。

（三）辅助检查

1. **心电图检查** 可示左心室肥大，非特异性 ST-T 改变。病变累及冠状动脉时，可出现急性心肌缺血甚至急性心肌梗死改变。心包积血时可出现急性心包炎的心电图改变。

2. **X 线检查** 胸部 X 线影像显示上纵隔或主动脉弓影增大，主动脉外形不规则，有局部隆起。

3. **CT 检查** 可显示病变的主动脉扩张，增强 CT 或电子束 CT 最为常用。

4. **超声心动图检查** 对诊断升主动脉夹层分离具有重要意义，且易识别并发症，如心包积血、主动脉瓣关闭不全和血胸等。

5. **MRI 检查** 能直接显示主动脉夹层的真假腔，清楚显示内膜撕裂的位置和剥离的内膜片或血栓。能确定夹层的范围和分型及与主动脉分支的关系，是目前临床诊断主动脉夹层的"金标准"。

6. **DSA 检查** 无创伤性 DSA 对 B 型主动脉夹层分离的诊断较准确，可发现夹层的位置及范围，有时还可见撕裂的内膜片，但对 A 型病变诊断价值较小。DSA 还能显示主动脉的血流动力学和主要分支的灌注情况，易于发现血管造影不能检测到的钙化。

7. **血、尿常规检查** 血、尿常规检查发现白细胞计数迅速增高，可出现溶血性贫血和黄疸。尿中可有红细胞，甚至肉眼血尿。

【常见护理诊断/问题】

1. **急性疼痛** 与动脉内膜撕裂致急性缺血、缺氧有关。
2. **潜在并发症**：血管破裂出血、栓塞。
3. **恐惧** 与剧烈疼痛，对疾病知识缺乏了解有关。

【计划与实施】

一旦怀疑存在主动脉夹层，应分秒必争地快速诊断和治疗。治疗原则是控制疼痛，降低血压和心率，对症处理保护受累的靶器官，减少并发症，降低病死率。治疗手段主要包括保守治疗、介入治疗和外科手术治疗。经过治疗和护理，病人达到：①疼痛症状缓解或消失；②血压和心率得到有效的控制，防止主动脉夹层继续撕裂和栓塞的发生；③了解疾病相关知识，紧张、恐惧的情绪得到缓解或消失。

（一）疼痛护理

1. 观察记录疼痛的部位、性质及程度，为明确诊断提供依据。

2. 及时有效缓解疼痛，遵医嘱给予病人吗啡或哌替啶镇痛，并注意观察药物对心率、血压的影响，有无呼吸抑制、瞳孔、神志改变等药物的不良反应发生。

3. 协助病人采取舒适的体位，创造安静，便于休息的病房环境，消除病人恐惧和紧张情绪。

（二）并发症的观察及护理

1. **病情观察**

（1）血压：积极控制血压是防止主动脉夹层进一步撕裂、改善预后的重要环节。发病早期血压正常或升高，由于动脉血进入夹层造成一侧血压降低或上肢血压高于下肢，形成四肢血压不对称，所以应严密监测四肢血压变化并详细记录，在测血压时应左、右、上、下肢血压同时测量，为医生提供诊断及鉴别依据。

（2）心率：将病人心率控制在静息时<70 次/min。常用药物为 β 受体拮抗剂（美托洛尔）。拉贝洛尔兼有阻断 α 受体和 β 受体的作用，除了能降低血压外，也能较好地控制心率。

（3）动脉搏动：观察病人双侧足背、桡、股动脉搏动情况。出现任何异常情况，随时向医生报告。

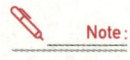
Note:

根据血管撕裂的程度不同、累及的部位不同,可出现不同情况的动脉搏动征。如病变累及头臂干、左颈总动脉、左锁骨下动脉可出现双侧颈动脉、桡动脉搏动不对称、意识障碍。术后密切监测病人下肢足背动脉的搏动情况,观察是否有动脉血栓形成。

（4）体温:术后常规行预防感染治疗5~7d,每日测量体温4次,连续3d,无发热后可改为每日测量1次。如仍有发热症状,须联合使用其他药物。

（5）休息和活动:主动脉夹层急性期病人,应绝对卧床休息,保证睡眠时间。进食、大小便均在床上进行,避免增加腹内压和胸腔内压,可在床上轻微活动,改变卧位时应由他人协助,避免剧烈翻身诱发动脉破裂或加重破口撕裂。因病人长期用药可能会出现直立性低血压,应注意观察病人的血压,有无眩晕、黑矇等症状。

2. 降压治疗与护理

（1）使用抗高血压药。静脉输注美托洛尔、艾司洛尔等 β 受体拮抗剂是主动脉夹层病人最基础的药物治疗方法,但应保证心、脑、肾等器官的有效灌注。血压升高者以静脉持续输入硝普钠为主,同时配合应用 β 受体拮抗剂或钙通道阻滞剂,将收缩压控制在 100~120mmHg、心率 60~80 次/min。需注意的是,若病人心率未得到良好控制,不能首选硝普钠降压。因硝普钠可引起反射性儿茶酚胺释放,使左心室收缩力和主动脉壁切应力增加,会加重主动脉夹层病情。

（2）抗高血压药应单独输注,现用现配,小剂量开始,并根据病人血压变化情况调节药物剂量。注意监测血压,防止血压波动过大。

（3）硝普钠连续输入72h以上应监测血中氰化物浓度,注意观察病人有无恶心、呕吐、头痛、精神错乱、震颤、嗜睡、昏迷等药物不良反应。

（三）心理护理

对极度紧张、恐惧的病人,应及时采取镇痛、镇静措施。向病人解释不良情绪会增加机体耗氧量,加重疾病程度,避免情绪激动。争取其家属的配合支持,消除紧张、担忧等负性情绪。

（四）健康指导

1. 坚持低盐、低脂、低胆固醇饮食,多吃新鲜蔬菜水果,少食多餐。严格戒烟、控制体重。

2. 保持排便通畅,避免用力排便。保持情绪稳定,避免过度激动。避免剧烈运动,防止诱发或加重疾病。

3. 应积极治疗高血压,根据医嘱合理应用抗高血压药,不可随意增减药物剂量,擅自停药、换药。教会病人自我测量血压和心率。

4. 嘱病人按时复查,若出现腰、腹部疼痛症状及时就诊。术后1~3个月复查CT。

5. 指导病人家属给病人创造良好的身心休养环境,有利于术后康复。

【护理评价】

经过治疗和护理,评估病人是否达到:①疼痛减轻或消失;②并发症能得到预防或及时发现和处理;③恐惧、担忧等不良情绪得到控制;④了解疾病有关知识,病人及其家属的保健意识和行为增强。

（牟绍玉）

思 考 题

1. 病人腹部术后下肢出现肿胀、疼痛时,应如何鉴别肿胀、疼痛的原因?

2. 下肢静脉曲张病人如何正确使用弹力袜?

3. 主动脉夹层病人的健康指导包括哪些内容?

URSING

第二十八章

心脏血管手术病人的护理

28 章　数字内容

病人，男性，38岁。头痛、头晕伴头颈部肿胀1个月入院。体格检查：颜面及颈部水肿，结膜充血水肿，舌下静脉怒张，颈静脉怒张。在全麻下行上腔静脉血管瘤切除术。术中见上腔静脉近心段有一大小2.0cm×2.5cm灰红色近圆形肿物，蒂部直径约1.8cm，位于上腔静脉后壁，质脆，表面不光滑，肿物大部分阻塞静脉管腔，上腔静脉扩张，手术沿蒂根部完整切除肿瘤，同时缝扎其根部供应血管，彻底止血后关闭胸腔。

请思考：

（1）该病人术后可能出现哪些并发症？

（2）该病人的术后护理重点是什么？

心血管病是威胁我国居民生命和健康的重大公共卫生问题，是伤残和寿命损失的重要原因。目前，心脏血管外科技术的发展使越来越多的心脏和血管疾病得到有效的治疗，如心肌血运重建、瓣膜修复和置换、先天性心脏畸形的矫治、人工血管置换等。通过手术治疗可以延长病人寿命、提高生活质量、增强活动能力。心脏血管疾病病人均存在不同程度的循环功能障碍，手术创伤、麻醉和体外循环对循环系统造成的严重影响，血压或血流动力学改变常可造成供血、供氧不足，导致严重的功能损害，因此心脏血管手术具有较大的手术风险。心脏、血管手术的成功不仅取决于对手术适应证的慎重考虑和优良的手术操作，充分的术前准备、严密的术后监护和及时、正确的处理是保证手术成功的关键。

第一节　心脏血管手术前病人的护理

【护理评估】

护士通过评估健康史、检查身体状况、查阅有关的辅助检查结果、评估心理-社会状况等，可以全面了解病人的病理生理变化、各器官的功能状态和病人的心理活动，发现和处理手术危险因素，以保证病人能够以良好的身心状态接受手术。

（一）健康史

除评估常规健康史外，根据心脏血管手术的特殊性，手术前重点评估病人须做哪些术前准备，手术的危险因素等，以便有针对性地治疗和护理。

1. **心功能状态**　评估病人心功能状态，了解病情的严重程度，有助于其劳动能力的评定，治疗、护理措施的选择及病人预后的判断。

2. **心律失常史**　心脏血管疾病病人心律失常发生率较高，如心房颤动、室性期前收缩、传导阻滞等。应注意评估心律失常的诱因、类型、持续时间、治疗情况、治疗效果等。安装永久起搏器的病人应了解起搏器的类型、工作状态、电池电量等。

3. **凝血机制及抗凝血药用药史**　如长期心功能不全或酗酒会导致肝功能异常从而影响凝血功能，评估病人住院期间是否仍服用阿司匹林或华法林等抗凝血药，合并血液系统疾病等情况。护士收集到这些资料，有助于观察病人有无出血倾向。

4. **吸烟史**　吸烟病人术后肺部并发症是非吸烟病人的4倍，术前应戒烟2周以上。

5. **既往史**

（1）糖尿病史：糖尿病是导致大动脉和微血管动脉硬化的主要原因，心血管外科病人中有10%~40%患有糖尿病。病人合并糖尿病会增加术后感染的可能性。术前应以饮食和药物控制血糖稳定。

（2）高血压病史：高血压病人术中、术后易发生突发性高血压危象或危及生命的低血压。手术前应尽快调整血压，使之维持在满意水平。

（3）神经系统疾病病史：脑血管疾病和既往脑卒中病史等对于术后判断神经系统并发症有重要意义。术前可请专科会诊，明确是否会影响心脏血管手术。

（4）消化道出血病史：术中、术后应积极采取措施预防消化道出血，尤其是术后需要长期抗凝治疗的病人。

（5）肾病史：心脏血管手术中可能发生大出血，或因手术需要暂时阻断肾血流及手术操作造成肾损伤，均可引起急性肾损伤。因此术前检查肾功能十分重要。

（6）其他：药物过敏史、输血史（尤其输血反应史）、既往手术史（尤其心脏手术史）等。

（二）身体状况

1. 生命体征

（1）体温：体温升高提示有感染、炎症存在或散热不好；体温过低则提示循环功能不良或保温不够。

（2）心率和脉率：心率过快时应注意是否有发热或心力衰竭；过缓时则应注意心律失常、药物影响等；脉搏短绌时提示心房颤动，注意有无血栓栓塞并发症。

（3）呼吸：呼吸加快时应注意是否有缺氧、心力衰竭或呼吸道感染；呼吸浅慢时应注意是否有呼吸抑制或呼吸衰竭。

（4）血压：病人血压过高时应提醒医生调整药物控制血压。血压过低应警惕心力衰竭的可能。上肢血压高于下肢血压，应注意排除主动脉弓缩窄或主动脉弓中断畸形等。双上肢血压不同，可能提示一侧锁骨下动脉狭窄，为内乳动脉搭桥手术禁忌。

2. 营养状态 根据病人的皮肤、毛发、皮下脂肪、肌肉发育等情况进行综合判断，病人术前营养状态与术后呼吸道并发症、伤口愈合不良、术后感染的发生率密切相关。心脏手术创伤大，术后机械通气时间及 ICU 住院时间长，营养支持治疗是促进病人术后康复的重要环节。

3. 体重和身高 手术前需要准确测量病人体重和身高，并计算出体表面积。体重应以病人空腹、卸除厚重衣物并且排尿后测定。体重和体表面积的测定不可忽视，除可评价病人的发育和营养状态外，还对体外循环灌注量及病人的补液量和用药剂量等有重要意义。

4. 面容和表情、全身皮肤 面容和表情能反映机体各种不同状态，如病人面容晦暗、口唇微绀，两面颊呈淤血性发红，提示为"二尖瓣面容"；病理状态下所致疾病，可引起皮肤黏膜颜色的改变，如先天性心脏病，心肺功能不全的病人，易在舌、唇、面颊、肢端出现青紫色。观察病人皮肤、黏膜有无出血点。

5. 胸部 既往乳房切除手术（尤其是左侧）可能影响胸廓的血供，因此不能用内乳动脉做源血管，否则通畅性差且影响胸骨愈合。

6. 心脏血管 如听诊主动脉瓣有反流杂音，则禁忌主动脉内球囊反搏。下肢动脉搏动细弱、下肢血压低，要考虑股动脉病变的可能。

7. 腹部 如有包块提示恶性肿瘤或腹主动脉瘤。颈静脉怒张、肝-颈静脉回流征阳性和腹水提示右心功能不全或舒张期充盈受限。

8. 四肢 常规检查下肢静脉，因为有时可能需要计划外的冠状动脉旁路移植手术。

9. 神经系统 颈部血管杂音是颅外血管闭塞病变的重要体征，应仔细询问脑卒中和短暂性脑缺血发作的病史，并考虑行非创伤性颈部血流的扫描检查。如存在神经系统病变，应详细注明，因为这些病变在术后可能加重。

（三）辅助检查

1. 实验室检查 包括全血细胞计数、凝血功能、血清电解质水平、肝功能、肾功能、血气分析、红细胞沉降率、血脂、血糖、心肌酶、尿液分析、粪便隐血试验、血型检测和交叉配血等。

2. **心电图检查**　评价心率、心律、心电轴、心肌肥厚、传导异常及心肌梗死等。

3. **影像学检查**

（1）胸部X线影像：胸部后前位和侧位X线影像检查是重要的术前检查，可提示心室扩张、肺水肿、主动脉位置、肺内肿物、人工假体（人工瓣膜、心脏起搏器等）及主动脉、心肌、瓣膜钙化。二次心脏手术者，通过胸部侧位X线影像可了解心脏和主动脉与胸骨后的关系，以指导开胸手术。

（2）超声心动图：可提供心腔大小和功能、瓣膜形态和功能、心脏缺损或畸形等资料。

（3）心脏导管检查：利用导管进入心脏和大血管，确定解剖关系和心室功能，记录各心腔压力和氧饱和度。

（4）冠状动脉造影：有心绞痛病史或年龄大于50岁的病人，术前常规进行冠状动脉造影检查。

（5）CT和磁共振：对于大血管病变、心脏肿瘤、脑部病变、肺内占位性病变有诊断意义。

（四）心理-社会状况

心脏血管手术大多数都是在全麻、低温、体外循环下行择期心内直视手术。某些病变复杂、病情危重的病人需要分期进行手术治疗，也有一些病人须急诊手术。上述有关心脏手术治疗的复杂性和技术难题，都会使病人和家属产生不良心理反应和焦虑，但又希望通过手术治愈疾病。针对病人的不同心态，护士应给予病人鼓励和疏导，稳定病人和家属的情绪，减轻病人的压力，使他们以良好的心态接受手术治疗。

【常见护理诊断/问题】

1. **心输出量减少**　与心脏血管疾病导致循环功能障碍有关。
2. **营养失调：低于机体需要量**　与心功能不全、消化系统淤血有关。
3. **知识缺乏：缺乏手术前准备的内容、自身如何配合等方面的知识。**
4. **焦虑**　与担心手术效果、手术并发症和预后，担心社会形象和生活方式发生改变等有关。

【计划与实施】

通过手术前准备和护理，病人达到：①心脏功能、营养状态改善；②自觉配合各项术前准备；③主诉焦虑程度减轻，以较好的身心状态接受手术。

（一）改善心脏功能

心脏血管手术应争取在病人心功能代偿期间进行。因此凡有呼吸困难、心悸、肝大、水肿、尿少等心衰症状和体征的病人，均应采取积极的治疗和护理。

1. **活动与休息**　根据病人心功能分级决定其活动量，病人应卧床休息，尽量减少体力消耗，根据病情为病人提供生活照顾，以减轻心脏负荷。

2. **限制水、钠摄入**　限制含钠高的食品，如腌制食品、海产品、罐头、碳酸饮料等。每日食盐摄入量少于5g。限制饮水量，高度水肿或伴有腹水者24h饮水量不超过800ml，应尽量安排在白天间歇饮水。待心脏功能改善、稳定后，再考虑手术治疗。

（二）改善营养状态

对于营养状况欠佳或有恶病质的病人，须加强营养，改善体质。如食欲不佳，可静脉补充白蛋白、脂肪乳、氨基酸和维生素等，以增强手术耐受能力，减少术后并发症。贫血者输血治疗时应少量多次输入，以免因循环负担过重而引起心力衰竭。发绀病人血液中红细胞增多，宜多饮水。同时应注意监测水、电解质的变化，预防低钠、低钾血症和血容量不足。应给予病人高蛋白、高维生素、易消化清淡饮食，少量多餐，避免过饱。

（三）术前指导

1. **协助病人接受各项术前检查。**向病人讲解各项术前检查的目的、意义，检查前、后的注意事项，检查时如何配合等。

2. 为病人简单讲解手术的方法、手术过程；介绍监护室的环境及术后探视制度；告知病人术后留置气管插管期间不能饮水，不能说话，必要时会给一些镇静、镇痛药减轻痛苦。术后将限制液体入量，因此会有口渴的感觉但不能多喝水。

3. 功能锻炼和术后活动的指导

（1）深呼吸训练：在深而慢的吸气后缩唇呼气；手术后由于胸部伤口疼痛，病人不敢用力呼吸，使用腹式呼吸可提高呼吸效率，吸气时腹部鼓起，呼气时腹部收缩。指导病人在手术后拔除气管插管后用以上方法进行深呼吸锻炼，每小时 5~10 次。

（2）咳嗽训练：病人取坐位或半卧位，双手交叉按在胸壁切口部位，咳嗽时用手支托伤口，令病人做一个深吸气，在呼气时用力咳嗽 1~2 次。有效的咳痰可促进手术后肺扩张，预防肺不张和肺部感染。

（3）腿部运动：收缩小腿和大腿肌肉持续几秒钟后再放松，如此重复至少 10 次为一组。膝关节弯曲 90° 至足掌平踏在床面上，再将腿部伸直置于床上，至少重复 5 次为一组。肢体活动不仅可维持关节的正常活动范围，还可促进血液循环，预防关节挛缩、血栓性静脉炎和肌肉无力。

（4）练习床上翻身和起床：手术后身上有各种管道，活动受限。但是翻身可促进呼吸道分泌物引流，促进胸腔引流，促进肠蠕动及预防皮肤压力性损伤。指导病人利用床栏翻身和坐起。

（5）教给病人气管插管期间的沟通方法，除了用点头、摇头、手势外，还可用笔谈表达其需求。

（四）术前药物使用注意事项

1. 抗生素　手术前合并上呼吸道感染、口腔感染、尿路感染或其他感染灶的病人，或年龄>60 岁伴咳痰、长期吸烟史的病人，术前遵医嘱给予其抗生素治疗。

2. 洋地黄类药物　手术前不需常规使用洋地黄。对心功能差，须服用洋地黄类药物控制心力衰竭的病人，当其脉搏<60 次/min 或节律不规则时应暂停服药并通知医生。如拟行体外循环心内直视手术，于术前 2d 停用洋地黄类药物，以避免体外循环过程中低钾血症致洋地黄中毒引起严重心律失常。用药期间应注意观察病人有无洋地黄中毒表现，详见第二十章"心力衰竭病人的护理"。

3. 抗凝治疗　术前长期服用抗凝血药如阿司匹林、华法林者，应在手术前 1 周停用。如果必须持续抗凝者，可改用肝素或低分子量肝素抗凝。

4. 降血糖药　因术前禁食，为避免低血糖，口服降血糖药于术前 12h 停用。

5. 抗高血压药　强调长期药物治疗的重要性，可用到手术前，尤其对严重高血压病人不能轻易停药，以免引起意外。

6. 维生素 K　如有心力衰竭、肝淤血、凝血功能异常或缺乏凝血因子，术前可肌内注射维生素 K，必要时输入新鲜冷冻血浆。

7. 利尿药　遵医嘱正确使用利尿药，并注意有关不良反应的观察和预防。监测病人血钾及有无乏力、腹胀、肠鸣音减弱等低钾血症的表现，同时多补充含钾丰富的食物，如深色蔬菜、瓜果、红枣、豆类等，必要时补充钾盐。应用留钾利尿药须注意有无胃肠道反应、嗜睡、乏力等。

（五）心理护理

病人对心脏血管手术大多存在恐惧心理，考虑各种问题，如心脏手术复杂、危险性大、并发症多；是否适宜手术、能否避免手术、手术的安全性、手术效果、今后的工作和生活、家庭经济负担等。有的病人出现失眠、心律失常等症状。因此病人的心理护理是术前护理的重要一环，护士应根据每个病人的心理特点加以心理疏导。

1. 鼓励病人叙述焦虑、紧张的心理感受。

2. 促使其与手术成功病人多交谈，听取他人的切身体验，以增加对手术的信心。

3. 帮助病人熟悉术后监护室的环境，了解各种仪器、呼吸机等设备在使用时所发出的声音，以减轻其术后焦虑。

手术前其他常规准备见第七章围手术期病人的护理相关内容。

【护理评价】

通过治疗和护理,评估病人是否能够达到:①心功能得到改善;②营养状态改善;③能自觉配合各项术前准备;④焦虑减轻,对手术治疗充满信心。

(张志刚)

第二节　体外循环及低温技术的应用和对机体的影响

一、体外循环

体外循环(extracorporeal circulation)是指使用特殊装置将静脉血引出体外,进行人工气体交换、温度调节和过滤等处理,再输回人体动脉内的一项生命支持技术。其目的是暂时取代人体的心、肺功能,维持全身重要组织器官的血液供应和气体交换。为外科医生创造了切开心脏进行直视手术的条件。体外循环标准是体外循环及心血管外科手术安全的重要保障,是体外循环质量控制的基石(图28-2-1)。

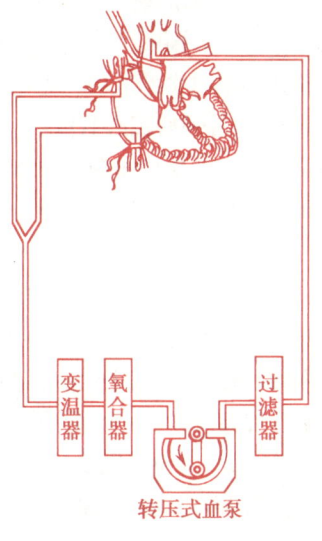

图28-2-1　心肺体外循环图解

(一)发展史

早在1812年,Le Gallois就提出人工循环的概念,预言利用某种装置代替心脏泵血功能以维持人体器官的生理需要,其后各国科学家从基础研究到科学实践对体外循环技术进行了不懈的探索。1939年,John Gibbon用猫做体外循环试验获得成功,并于1953年首次成功为一女孩用体外循环法进行了房间隔缺损修补术。此后,体外循环技术逐渐在临床得到应用并推广开来。1957年,Sealy和Brown等将低温和体外循环两者合并应用,对体外循环的发展又迈进了一步。1958年,我国苏鸿熙教授在国内首次成功地应用体外循环技术为一例6岁男孩实施了室间隔缺损修补术。从此,我国的心血管外科进入了发展阶段。

(二)体外循环装置

1. **血泵**　又称人工心脏,用于暂时代替人体心脏泵血功能的装置。目前,临床常用的血泵有转压泵和离心泵2种。

2. **氧合器**　又称人工肺,它可使静脉血氧合成动脉血,并排出血液中的二氧化碳,以完成血液在体外的气体交换,在体外循环手术中暂时代替人体肺的功能。目前临床常用的氧合器是膜式氧合器。

3. **变温器**　将水箱内的水温调节至设定值,通过管道输入与氧合器为一体的冷热交换器,从而升高或降低氧合器内的血液温度。在变温尤其是复温过程中,变温器内水温与血温温差应小于10℃,否则容易产生微气栓。复温时水温不能超过42℃,以防溶血和血液蛋白变性。

4. **微栓过滤器**　一般为直径20~40μm微孔的高分子材料滤网装置,置于动脉端管路,滤除各种微栓子,如微气栓、血栓、脂肪栓及微小组织块等。

5. **附属装置**　包括各种连接管道、血管插管、贮血器及监测系统等。

(1)管道:体外循环的管道应以安全、简单为原则,尽量减少接头和管道长度,这样既可以减少预充量和血液接触异物的表面积,又可以减少血液破坏,增加安全性。最基本的体外循环手术应具备以下几种管道:动脉灌注管、静脉引流管、泵管、排气管、给氧管、连接管等。

(2)插管:分为动脉插管和静脉插管两大类。动脉插管可经升主动脉、股动脉或腋动脉插入,常规采用升主动脉插管。静脉插管可经上、下腔静脉,右心房、右心室流出道、股静脉插入,常规采用经

Note:

右心耳和右心房壁分别插入上、下腔静脉。

（3）监测系统

1）压力监测系统：主要监测动脉管道内的压力变化，以及早发现问题及早处理。

2）温度监测系统：现代体外循环机均带有热敏电阻探头的远距离温度探测仪，可同时监测4~6个温度。主要监测动静脉血温、心肌温度等。

3）连续血氧饱和度监测：体外循环中通过监测血氧饱和度变化可及时增减氧浓度和及时增减动脉灌注流量，以满足机体的需要。

（三）体外循环实施中的问题

1. **抗凝**   当体外循环进行时须应用肝素抗凝，使激活全血凝固时间（activated clotting time of whole blood）>480s。因肝素的作用，血液在一段时间内不致凝固，但会引起手术中和手术后组织渗血。为拮抗肝素的作用，在体外循环结束后，用鱼精蛋白中和肝素，使凝血恢复正常。

2. **灌注血流量**   选择合适的灌注血流量可保证组织器官不会因灌注时间过长而产生缺氧或其他生理生化方面的变化。在体外循环时血液的输入和引出必须严格控制，保持平衡，避免病人体内血容量过多或过少产生的严重后果。

3. **心脏停搏和心肌保护**   施行心内直视手术须使心脏停搏，使手术野清晰、便于操作。心脏停搏后由于血液供应阻断，可能产生复苏困难、术后左心衰竭等严重并发症，因此手术中的心肌保护非常重要。目前在阻断主动脉血流后，采用心肌保护液自主动脉根部冷灌注结合血液降温，可使主动脉阻断时间达180min以上。

4. **栓塞**   是体外循环的最大威胁，往往由血块、脂肪、空气、骨碎片、钙化斑块等引起。为防止栓塞的发生，使用的各种管道器械内壁必须极度光滑，注意各项操作，对回收的心内吸引血液再回心肺机前可用微孔过滤网过滤，避免栓子进入体内。

5. **血液稀释**   血液稀释法在体外循环中的临床应用使术后并发症大大减少，其主要优点为：①减少输血，避免或减少因输血而引起的并发症，如肝炎等；②在低温或深低温时由于血液黏稠度增加、血流缓慢而易产生微循环阻塞，血液稀释能降低血液黏稠度，改善微循环，减少对氧合功能的影响；③低温有时会抑制肾功能，使尿量减少，而血液稀释有利尿的作用。

但是对心、肾功能欠佳的病人，由于血液稀释病人术后可产生组织水肿，影响器官功能，此时可考虑在体外循环中或停止体外循环后使用超滤器，能在短期内提高血细胞比容及血红蛋白含量，同时亦清除残留肝素和某些炎症介质。

（四）体外循环对机体的影响

体外循环是非生理性过程，在体外循环和低温的过程中，机体可释放大量炎症介质，某些炎症介质可导致器官和组织尤其是心、肺、血液系统不同程度的损害。体外循环过程中阻断、开放升主动脉，可导致心肌缺血再灌注损伤，再加上手术本身对心脏结构和功能的改变，可使心脏术后出现不同程度的水肿，严重者可导致收缩力减低，舒张功能减退，在12~24h达高峰，48~72h慢慢消退。在体外循环过程中，机体由搏动性血流改变成为近乎平流，一些敏感器官会有影响，如脑、肾等器官。体外循环后的主要病理生理变化表现为：

1. **血液变化**   最明显为红细胞破坏、游离血红蛋白升高、溶酶激活、纤维蛋白原和血小板减少等。后者常引起凝血机制紊乱，造成术后大量渗血。

2. **代谢变化**   因体外循环过程中组织灌流不良、代谢产物堆积可引起代谢性酸中毒，若术中过度换气可出现呼吸性碱中毒，通气不足则出现呼吸性酸中毒。

3. **电解质紊乱**   常见的有低钾血症，主要原因为术前长时间服用强心、利尿药及转流过程中大量稀释性利尿导致钾的排出增加。

4. **肾、肺等器官功能减退**   长时间的低血压、低灌注量、酸中毒和大量游离血红蛋白等都影响肾的排泄功能，甚至导致肾衰竭。急性肾损伤是体外循环技术常见的严重并发症，导致病人不良预后

的风险大大增加,且急性肾损伤程度越重,对病人未来长期生存率的影响越明显。肺也可因微血栓、氧自由基等毒性物质的释放及间质水肿、出血和肺泡萎缩等导致呼吸功能不全,甚至呼吸衰竭。

二、低温简介

(一)发展史

降低体温可以使组织细胞代谢率降低,这一生理现象早在希波克拉底时代就被人们认识,并用于治疗一些疾病。1950 年 Bigelow 报道将犬直肠温度降至 20℃时阻断血液循环 15min,不致造成全身性生理损害。1953 年 Lewis 和 Swan 等应用体表降温至 30℃时阻断血液循环进行房间隔缺损修补和肺动脉狭窄切开,都获得成功。从此低温开始被广泛地应用于心内直视手术。我国于 1956 年开始应用低温麻醉施行心内直视手术,目前在全国各地普遍应用。

(二)低温的分类

降低温度的深度与细胞代谢率的降低成正比,因此,不同的低温深度对停止循环的安全时限也不相同,如在 30℃时为 8min,25℃时为 14min,20℃时为 21min,15℃时为 31min。一般将低温分为 3 类,即浅低温(32~35℃)、中低温(26~31℃)、深低温(20~25℃)、超深低温(15~20℃)。低温时,全身各系统器官功能减退,耗氧量降低,对缺血缺氧的耐受性增强,有利于在阻断循环下行心脏血管手术。复温后各系统器官功能逐渐恢复正常。

(三)低温的并发症

1. **严重心律失常**　低温下心肌应激性显著增强,冷刺激和代谢率降低能改变心肌的兴奋性,降低心肌纤维颤动的阈值。当体温低于 30℃时,心律失常包括心室颤动的发生率增大。低温麻醉时如能防止寒战反应和高度血管收缩,心肌供氧充足,体内酸碱平衡和钾离子浓度保持正常,对心室颤动可有预防作用。

2. **皮肤损害**　温度低的皮肤受到机械性压迫容易产生损伤。

3. **胃肠道功能紊乱**　低温时胃肠道血液淤滞,影响胃肠道功能,以致手术后病人食欲减退,肠蠕动减弱,肠道充气、腹胀。

(张志刚)

第三节　心脏血管手术后病人的护理

【护理评估】

对心脏血管手术后病人的护理评估目的在于了解手术过程是否顺利,判断病人各系统器官功能是否正常,是否有发生术后并发症的危险因素,了解体外循环手术给病人造成的影响,发现及解决护理问题。评估内容包括健康史、常用监测设备和监测指标、辅助检查及心理-社会状况。

(一)健康史

病人手术完毕送入监护室,护士应注意了解以下情况:

1. **一般情况**　病人姓名、年龄、性别、民族、婚姻状况、文化程度、家属的联系方式等。

2. **手术中情况**　术前诊断与术后诊断是否相符,手术方式,手术矫治是否满意,手术中有无意外情况(心肌缺血、心律失常等)及处理过程;手术中麻醉是否平稳,血压和呼吸有无异常波动,气管插管的型号,术中呼吸机参数的设置、麻醉中吸痰的量和性质,胸膜腔和肺是否完整;体外循环预充情况,升主动脉阻断时间,停循环时间,体外循环机运转时间,手术过程中失血量、尿量,转后血清钾数值,血气分析结果,鱼精蛋白中和肝素情况;血管活性药应用及输注部位情况,其他液体的成分和浓度等。

3. **既往史**　了解病人术前心、肺功能状态,有无心律失常病史、糖尿病史、高血压病史、神经系统

疾病病史、消化道出血病史、肾病史及术前用药情况、药物过敏史、输血史(尤其输血反应史)、既往手术史(尤其心脏手术史)等。

（二）身体状况

根据手术的复杂程度和过程,有效利用心脏血管术后各种常用监测设备(图28-3-1),对病人的全身各器官功能状态进行全面的监护和评估。

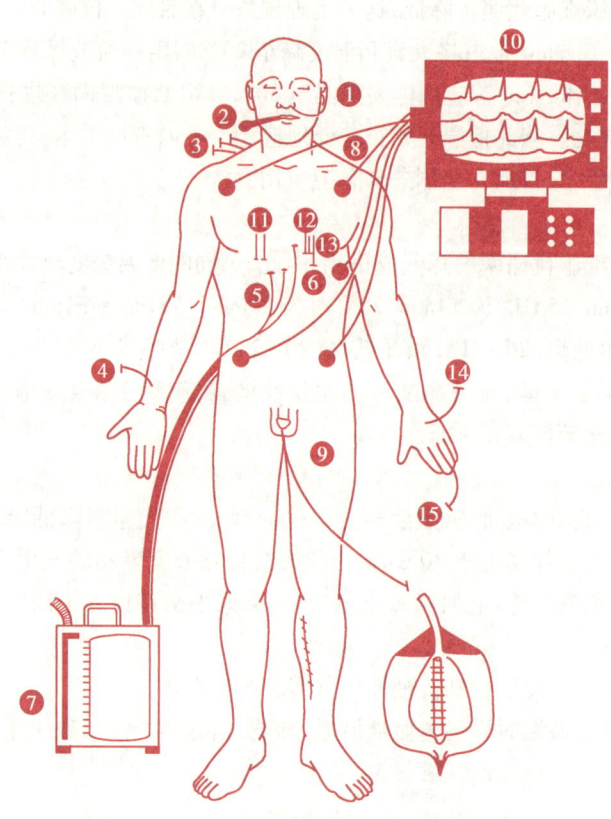

图 28-3-1　心脏血管术后各种常用监测设备

①鼻饲胃管;②气管插管;③中心静脉管,可以同时有多个管腔用于测定中心静脉压、肺动脉压和肺毛细血管楔压,还可作为给药和高营养途径;④桡动脉监测动脉血压通道;⑤纵隔胸管;⑥左胸腔管(CABG 手术时,因游离左内乳动脉而打开左胸腔);⑦胸管引流瓶;⑧多导联心电图导线;⑨导尿管;⑩多功能监测仪;⑪右心房起搏电极;⑫右心室起搏电极;⑬正中切开的胸骨已用不锈钢缝线缝合,胸部正中及取大隐静脉处(图示左腿)的皮肤在术后几天内用无菌敷料包扎;⑭外周静脉内插管;⑮脉搏血氧饱和度监测导线。

1. 循环功能监测

（1）心电图:是心脏血管手术后重要监护项目之一。术后常发生不同类型的心律失常,应及时发现并准确地判断心律失常的性质,为治疗提供依据。对安装起搏器的病人应用心电图监测,可以确认是否有效起搏和起搏方式是否正确。临床常用多导联心电图监测,连接监护导联与电极片,将电极片贴于病人胸部正确位置。右上:右锁骨中线第 1 肋间隙;左上:左锁骨中线第 1 肋间隙;右下:右锁骨中线剑突水平处;左下:左锁骨中线剑突水平处;胸导:胸骨左缘第 4 肋间隙,避开伤口,必要时避开除颤位置。电极片应与皮肤表面接触良好。选择适当监测导联、振幅,保证监测波形清晰、无干扰,设置合理的报警界限。

（2）动脉压:是评判循环功能的重要指标之一,可以反映心脏后负荷、心肌氧耗与做功。测量动脉压的方法包括无创血压间接监测和有创动脉压直接监测。前者用袖带式血压计间接测压;后者为穿刺桡动脉、股动脉、足背动脉或肱动脉插管直接测压法,经皮直接穿刺动脉插管,连接压力感受器,并与监测仪连接可测量动脉收缩压、舒张压和平均压,瞬时血压的振幅高低一目了然,准确性高。

（3）中心静脉压(CVP):是判断血容量和右心功能的重要指标,正常值为 5~12cmH$_2$O。<5cmH$_2$O

表示心脏充盈欠佳或血容量不足,>15~20cmH$_2$O 提示右心功能不全。CVP 测压部位有颈内静脉、锁骨下静脉和股静脉等。CVP 升高常见于右心衰竭、心房颤动、心脏压塞、缩窄性心包炎等;CVP 降低常见于失血、大剂量利尿等引起的血容量不足。须注意不要孤立地观察其变化,必须结合动脉血压、脉搏、毛细血管充盈度、尿量及临床征象进行综合分析。

(4)漂浮导管监测:利用 Swan-Ganz 漂浮导管经中心静脉插入心脏右心系统和肺动脉进行心脏、肺血管压力及心排血量等参数的测定。

(5)末梢循环的监测:皮肤与末梢循环的温度、湿度、颜色、弹性、毛细血管的充盈度等均可反映外周循环的状态。压迫指端甲床后立即放松,颜色由白转红的正常时间为 2~3s。若充盈时间延长,同时有口唇和甲床青紫、皮肤湿冷、颜色苍白、有花斑,表示周围血管收缩、微循环供血不足和血液淤滞,常见于休克和心力衰竭的病人。

2. 呼吸功能监测

(1)动脉血氧饱和度(SaO$_2$)监测:监测 SaO$_2$ 能反映动脉血的氧合状态。将经皮血氧饱和度监测仪的红外线探测传感器夹在病人指端或耳垂,可连续监测动脉血氧饱和度和脉率。该监测方法具有无创、安全、连续、反应迅速和使用方便等优点,但也有其局限性:如贫血(血红蛋白<70g/L)、皮温低、低血压(平均动脉压<50mmHg)、末梢循环差、应用血管收缩药、周围动脉搏动减弱等,其准确性受到一定的影响。

(2)呼吸机参数的监测:通过对呼吸机各项参数的监测可以了解肺的一般情况。如通过监测肺的呼吸力学指标可以了解病人肺的顺应性、气道阻力;通过监测病人自主呼吸的潮气量和呼吸频率可以了解病人肺的通气功能等。

(3)体温监测:体温增高使心率增快,心肌耗氧量增加和呼吸困难。因此术后应严密观察病人体温变化。用监护仪持续监测病人体温,体温应保持在 37.5℃以下。体温监测常用的部位是肛门、膀胱和腋下。

(4)尿量监测:严密监测病人每小时尿量,计算累计尿量,有助于判断肾功能和组织灌注量是否充足,也是输血补液的重要依据。临床上如发现少尿或无尿,应结合病人全身情况进行处理。

3. 全面体格检查

(1)生命体征:体温、脉搏、呼吸、血压。

(2)神志:判断病人意识状态是否清醒,对刺激有无反应,肢体有无定向运动能力,对时间、空间等的认知能力等。

(3)皮肤:观察全身皮肤包括颜色、温度、湿度、有无发绀、花斑、肿胀、破损、色素沉着、皮疹、瘢痕,观察有无压伤、烫伤、冻伤、擦伤等,观察手术切口敷料是否干燥、有无渗血、渗液等。

(4)头部

1)眼:检查结膜有无充血水肿、巩膜有无黄染、瞳孔是否等大等圆、对光反射是否灵敏。

2)鼻:检查鼻腔黏膜有无充血、水肿、出血,鼻中隔有无偏曲。鼻胃管是否固定妥当。

3)口腔:检查有无义齿,牙齿有无松动,口腔黏膜有无出血、溃疡等,口腔有无异味,口唇颜色是否红润、苍白、发绀,气管插管是否固定妥当。

(5)颈部:主要检查气管是否居中,有无颈静脉怒张,颈静脉穿刺口有无渗血、红肿、分泌物,周围有无血肿或皮下气肿等。

(6)胸部:检查胸廓有无畸形,听诊时注意心率、心律、杂音和心包摩擦音及双肺呼吸音。检查手术切口的位置、大小,观察敷料是否干燥,有无渗血、渗液,切口对合是否良好,周围皮肤有无红、肿、热。检查起搏器导线的位置,是否固定妥当。检查胸腔引流管的位置,是否通畅,引流液的颜色、性质和量等。

(7)腹部:检查腹部是否平坦,是否柔软,有无压痛;腹部有无包块、肝是否肿大、质地是否柔软,有无触痛,有无肝-颈静脉回流征。脾是否肿大,质地是否柔软。听诊肠鸣音是否正常。

（8）四肢：四肢关节活动度，有无肿胀、压痛。四肢动脉血压有无异常。手术伤口敷料是否干燥，有无红、肿、热、痛。肢体末梢皮肤的颜色、温度、湿度、弹性及毛细血管充盈程度等。

（三）辅助检查

1. 实验室检查

（1）血气分析：通过血气分析检测，可快速完成血液酸碱平衡分析，动态观察机体内环境变化，在围手术期和危重病人处理中具有重要的临床意义。

（2）凝血功能：激活全血凝固时间是对凝血状态和抗凝效果进行监测最常用和有效的指标之一。若激活全血凝固时间正常，胸腔引流管内仍有较多引流液时，则应寻找其他出血的原因。瓣膜置换术后病人需测量凝血酶原时间（PT）、凝血酶原活动度（PTA）和国际标准化比值（INR），以指导抗凝治疗。

（3）血清电解质：如钾、钠、钙、镁等与机体内环境的稳定密切相关，因此应严密监测，及时调整。

（4）全血细胞计数：可帮助评估和了解是否需要输血治疗、是否合并感染、血小板的数量等。

（5）其他：肝功能、肾功能、红细胞沉降率、血脂、血糖、心肌酶、尿液分析、粪便隐血试验等。

2. 心电图

术后返回病室后立即行全导联心电图检查并与术前心电图对比，评价心率、心律、心电轴、心肌肥厚、传导异常等。

3. 影像学检查

（1）胸部X线影像：手术后早期一般采用胸部前后位X线影像，可了解心脏大小、气管插管和其他监测导管的位置，判断有无心包积液、胸腔积液、气胸、肺水肿、肺部感染等并发症，还可观察有无胃胀气、肠胀气等。

（2）超声心动图：可提供心腔大小和功能、瓣膜形态和功能、心脏缺损或畸形矫治情况、有无心包积液、胸腔积液等资料。

（四）心理-社会状况

病人手术后意识恢复后，急于知道手术是否成功、效果是否满意，于是情绪急躁、焦虑不安，进而抑郁、淡漠、孤独，完全处于被动状态。护士要针对病人的社会、人际关系及性格特征等，寻找合适的心理对策，争取病人家属和朋友的合作，并表示关心、同情，使病人树立战胜疾病的信心，积极配合治疗护理。必要时建议病人和家属接受心理医生的治疗。

【常见护理诊断/问题】

1. **体液不足** 与术中、术后失血，利尿等有关。
2. **潜在并发症** 低心排血量综合征，水、电解质紊乱，酸碱平衡失调，切口感染，疼痛等。
3. **气体交换受损** 与术前肺功能状态、体外循环、痰液黏稠、咳嗽无力等有关。
4. **体温过低/过高** 与术后复温不足、环境温度低、机体循环灌注不良，机体炎症反应或感染有关。
5. **活动耐力下降** 与手术后体质虚弱、心输出量减少、切口疼痛等有关。

【计划与实施】

通过术后治疗与护理，评估病人是否能够达到：①血容量充足；②不出现低心排血量综合征；③保持水、电解质、酸碱平衡；④维持正常气体交换；⑤维持正常体温；⑥维持身体其他器官系统的功能正常；⑦手术切口无感染；⑧疼痛得到控制；⑨活动耐力逐渐增强。

（一）补足血容量

1. 评估病人发生血容量不足的危险因素

（1）胸腔引流液的观察：保持引流管通畅，注意观察引流液颜色、性质和量并记录。术后病人应半卧位，定时挤压引流管道，以免血块阻塞影响引流效果。术后早期或引流量多时，应每15~30min

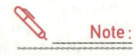

计量一次,并阶段性计算累积量。引流管如有气体逸出,须检查引流管侧孔是否脱出体外或引流管过细与皮肤切口四周是否密封不严。一般术后 24~48h 引流液逐渐减少(<50ml/d),引流液呈淡红色或淡黄色。遵医嘱拔出引流管后,注意观察病人的呼吸状态及听诊肺部呼吸音。如果发现以下情况及时报告医生:胸腔积液量超过 4ml/(kg·h),应尽早手术。如胸腔积液量 2~4ml/(kg·h),还可严密观察 2~3h;胸腔积液量突然减少,伴中心静脉压增高、血压下降、少尿、呼吸困难,应怀疑心脏压塞,应开胸探查。

(2) 尿量的观察:严密监测每小时尿量、尿色,计算累计尿量。正常尿量>1ml/(kg·h),如尿量<0.5ml/(kg·h)为少尿。临床上如发现少尿、无尿,应综合其他临床表现判断是否存在血容量不足,应警惕。

(3) 周围循环状态的观察:肢体末梢皮肤的颜色、温度、湿度、弹性及毛细血管充盈程度等可反映外周的循环状态。如术后早期收缩的血管床随着体温的恢复或使用硝普钠等血管扩张药后逐渐扩张,会出现血容量相对不足。

2. 严密监测反映血容量的各项指标和临床表现,及早发现低血容量。血容量不足时,病人常出现心率增快、心律失常、动脉血压下降或不稳定、CVP 降低、尿量减少、颈静脉塌陷、皮肤湿冷、颜色发白、花斑等。

3. 根据各项监测指标和临床表现补充血容量。每小时记录液体入量,根据出入量及各项临床指标判断血容量是否充足。如病人胸腔引流量多且出现心率增快、CVP 降低等临床表现,应加快输液、输血速度,甚至加压输血输液。而一般情况则不宜过快(尤其在血容量已接近平衡时),防止因循环负担过重引起急性心力衰竭。对于血压平稳、渗血不多的病人,可根据测定的血细胞比容,少量多次输血予以纠正,使血细胞比容升至 30% 为宜。

(二) 预防和纠正低心排血量综合征

1. 评估病人发生低心排血量综合征(low cardiac output syndrome, LCOS)的危险因素　心排血指数(cardiac index, CI)常用来反映心排血量,正常值为 2.5~4.2L/(min·m²)。如心排血指数低于 2.5L/(min·m²),病人出现周围血管收缩、组织灌注不足的临床表现时称低心排血量综合征。低心排血量综合征发生的危险因素有:

(1) 心脏的前负荷过低:常见原因为血容量不足或因心脏受压影响心室的充盈引起。

(2) 心脏的后负荷增高:如肺动脉高压、肺循环阻力增高、周围血管阻力增大,增加心脏后负荷。

(3) 心肌收缩减弱或不协调:心肌的病变、切除、损伤及缺血、缺氧、代谢异常等均使心肌收缩力减退,心律失常使心脏收缩不协调也会导致低心排血量综合征。

2. 严密观察病人有无低心排血量综合征的临床表现,如心率增快、脉压变小、血压下降(收缩压低于 90mmHg),CVP 上升,桡动脉、足背动脉搏动细弱,四肢发冷、苍白或发绀,尿量显著减少等。

3. 及早发现和纠正诱因,改善心脏功能

(1) 密切观察,及时治疗心律失常:术后心律失常的常见原因是血容量不足、体温高、手术创伤、伤口疼痛、缺氧、电解质紊乱、酸中毒、药物作用等。如出现心律失常首先应及时纠正诱因,分析心律失常的性质后遵医嘱给予病人抗心律失常药物、临时心脏起搏器或电复律术等,及时转复心律失常。

(2) 补充血容量,增加心室充盈压。但应注意如血容量补充过多反而可致低心排血量综合征恶化。

(3) 增强心肌收缩力:遵医嘱静脉泵入多巴胺、多巴酚丁胺、肾上腺素等正性肌力药物,注意药物的配制、浓度、剂量、效果和副作用等。

(4) 扩张血管,降低血管阻力,减轻心脏后负荷:遵医嘱静脉泵入硝普钠、硝酸甘油等血管扩张药,根据血流动力学各参数的变化调整药物剂量,注意药物的配制、浓度、使用效果和副作用等。同时护理上应注意病人肢体保暖,促进外周血管扩张。

(5) 其他:监测血液电解质、酸碱平衡状态,及时纠正各种代谢紊乱;保证心肌氧供/氧需平衡,维持动脉血氧分压处于较高水平。

（三）维持水、电解质和酸碱平衡

1. 监测血气和电解质的变化，准确记录液体出入量。

2. **补液** 心血管手术后病人于拔除气管插管后 4h 左右可饮水，观察其无呛咳、呕吐，吞咽功能良好方可进食。术前心功能状态欠佳的病人，为预防肺水肿，术后应严格控制液体入量，根据尿量、出汗量和肺部情况予以增减。

3. **纠正电解质紊乱**

（1）钾：心内直视手术后病人最常见低钾血症，容易诱发室性期前收缩、室性心动过速或心室颤动等严重心律失常，因此应及时补钾。在补钾过程中，须根据尿量及血钾结果调整用量。高浓度钾溶液必须由中心静脉输入，同时应注意速率，以防引起高钾血症使心脏停搏。

（2）钠：体外循环手术后可出现钠潴留，术后 2~3d 不需要补充钠，但如出汗、呕吐等损失较多者，应注意监测血清钠，并相应补充。

（3）钙：术中、术后大量输血的病人，可出现低钙血症，影响凝血机制和心肌收缩力，故应根据血钙监测结果给予补充。

（4）镁：术前长期应用利尿药的病人可出现低镁血症。术后适当补充镁离子可减少心律失常的发生。

4. **纠正酸碱平衡失调** 首先应寻找引起酸碱平衡失调的原因，然后针对原因进行处理。参阅第二章"水、电解质紊乱及酸碱平衡失调病人的护理"。

（四）维持有效的气体交换

1. **呼吸机及人工气道管理**

（1）病人返回 ICU 后，护士应与麻醉医生共同检查气管插管的位置是否正确，听诊肺部判断气管插管是否在气道内。测量气管插管距门齿及鼻尖的距离，便于及时发现气管插管是否脱位。必要时摄胸部 X 线片，了解气管插管在气道内的位置。妥善固定，松紧要适度，如过紧可造成人为的气道阻塞，过松则起不到固定的作用，同时注意防止气管插管扭曲、打折、移位和脱出。

（2）观察呼吸机的工作情况，血气分析能更直观地反映肺的通气及氧合功能，根据血气分析结果调节呼吸机的参数设置，以维持病人血气分析结果处在正常范围。

（3）严密观察病人的呼吸频率、节律、胸廓的活动度、听诊双侧呼吸音是否对称，有无干、湿啰音等。保持病人呼吸道通畅，及时清除气道内分泌物。吸痰时严格执行无菌操作，观察病人痰液的颜色、性质和量，并记录于护理记录单上。注意口腔和鼻腔的清洁。

（4）生命体征平稳时，加强肺部物理治疗、翻身。

2. **脱机后呼吸道的护理**

（1）当病人心肺功能稳定、无出血指征时可脱离呼吸机，用氧气面罩或鼻导管吸氧。

（2）每 2h 行有效的肺部物理治疗，以利于痰液的引流及排出。

（3）密切观察病人有无呼吸困难，如鼻翼翕动、呼吸急促、烦躁不安、氧饱和度降低、口唇甲床发绀等缺氧现象，肺部听诊情况及血气分析结果等，综合判断有无缺氧或 CO_2 潴留，及时处理肺部并发症。

（五）维持正常体温

1. **保暖** 由于术中复温不足、环境温度较低等原因，术后早期病人返回监护室时体温低。低温可导致心律失常的发生，外周血管收缩、加重心脏负荷，病人寒战导致耗氧量增加，抑制凝血机制导致引流液多。可采取电热毯、热水袋保暖。

2. **降温** 术后 2~4d 体温会较正常高 2~3℃，是机体的正常反应，可用冰袋、酒精擦浴等物理方法降温。如体温异常增高，可能是由于感染、脱水、低心排血量综合征等原因，应及时报告医生采取措施。

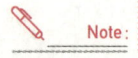

（六）其他系统的监测和护理

1. 泌尿系统功能的监测

（1）严密监测每小时尿量并记录。如病人发生少尿或无尿,应积极寻找诱因,如血容量不足、心排血量低或脱水等,如排除以上原因,应警惕急性肾损伤的可能。

（2）观察尿色:正常尿色为淡黄色,尿少时尿色较深,利尿后可变浅。发现尿色发红或酱油色应及时报告医生。

（3）监测尿比重:尿比重正常值为 1.012~1.025。尿比重增高的原因有血容量不足,高热及呕吐等导致的尿浓缩。体外循环手术后血液稀释性利尿及大量应用利尿药的作用,使尿比重下降。如尿量少,且尿比重低于 1.010 时,应警惕急性肾损伤。

（4）监测血清尿素氮和肌酐浓度。

2. 神经系统功能的观察

（1）瞳孔:护士应密切观察和记录病人双侧瞳孔的大小、是否对称,有无瞳孔对光反射等,发现异常及时报告医生。

（2）神志:护士应密切观察和记录病人清醒的时间,清醒后对周围事物、人物、时间、位置的定向力和肢体活动感觉能力,是否有头痛、嗜睡、昏迷、谵妄、抽搐、肌张力下降、肢体活动障碍等临床表现。

（3）并发症:心脏血管手术后神经系统并发症主要为脑血管出血或栓塞,具体护理措施参阅本书相关章节。

3. 消化系统的观察和护理　体外循环术后,可能胃肠过度胀气,导致膈肌上升而影响呼吸。为了减轻胃胀气或者为了避免误吸而引起肺内感染甚至窒息,常规留置胃管。

（1）保持胃管的正常位置并定时抽吸胃液。若抽不出胃液时,应及时调整胃管的位置,检查胃管是否打折、扭曲或盘在口腔内。

（2）观察并记录胃液的颜色、量,听诊肠鸣音的强弱。如发现胃液为咖啡色应警惕发生术后应激性溃疡或出血,应及时报告医生,并遵医嘱给予病人止血药。

（3）如病情允许,一般拔除气管插管后也可拔除胃管。拔管后要清理鼻咽腔。拔除气管插管后 4h 后评估病人,可开始进食流食,逐渐改为半流食或普食,鼓励摄取高能量、高蛋白、高维生素饮食。

（七）术后早期活动

心脏外科术后由于手术创伤大,以及体外循环、长时间机械通气、感染、营养不良等因素导致病人预后不良。应该促进病人的早期活动,手术后循环稳定的病人一般 2~3h 翻身和被动活动肢体 1 次,预防压力性损伤和静脉栓塞。拔除气管插管的病人,术后第 1 日可根据心功能情况床上坐起,术后第 2 日可床边坐,第 3~4 日可床边活动,第 5~7 日可在病室或走廊活动。注意要遵循循序渐进的原则,以病人不感到过分疲倦为宜。医护人员可以指导病人根据自身情况设置合适的身体活动水平(身体活动强度、时间和频率),并且告知不活动的危害,建议适当的活动类型,最好能与日常生活方式相结合(如徒步、骑自行车等),以便长期坚持进行。心脏外科术后病人早期康复锻炼对预后指标有一定改善。能缩短机械通气时间,减少镇静药使用,降低谵妄发生率,降低肠道功能紊乱发生率,降低营养不良风险等。

其他术后护理措施详见第七章"围手术期病人的护理"。

【护理评价】

经过治疗和护理,评估病人是否能够达到:①生命体征平稳,维持适当的心血管系统功能及组织灌注;②维持水、电解质及酸碱平衡;③维持适当的呼吸功能;④体温恢复正常;⑤其他系统器官功能正常;⑥基本生活需要得到满足,伤口愈合良好,根据计划渐进运动等。

（张志刚）

思 考 题

1. 心脏血管手术病人手术前应做哪些准备？

2. 心脏血管手术病人术后危险因素有哪些？如何预防低心排血量综合征？

第四篇

血液系统疾病病人的护理

NURSING

第二十九章

概　论

29 章　数字内容

血液系统疾病病人的护理

学习目标

- 识记：
  1. 复述血液的成分和功能、血液病的概念及分类。
  2. 陈述常用血液制品的种类、输血反应的类型及相关处理措施。
  3. 简述骨髓穿刺术的适应证与禁忌证。
- 理解：
  1. 解释血细胞的生成过程。
  2. 比较不同血细胞的生理功能及其临床意义。
  3. 概括血液系统疾病病人护理评估的要点。
- 运用：
  运用所学知识对血液系统疾病病人进行全面的护理评估。

病人,女性,65岁,诊断急性白血病2月余。病人主诉"四肢关节疼痛进行性加重,不能下地活动"。体格检查:T 37.0℃,P 82次/min,R 20次/min,BP 119/82mmHg。病人呈贫血面容,下肢可见散在瘀点、瘀斑。查 WBC $3.5×10^9$/L,PLT $50×10^9$/L,Hb 58g/L。遵医嘱给予去白细胞悬浮红细胞4U静脉输注,30min后,病人出现寒战、心悸、气短、腰背痛。

　　请思考:

　　(1) 目前该病人存在血液系统疾病的哪些症状与体征?

　　(2) 请问病人发生了何种输血反应?如何防治?

第一节　血液成分与功能

　　血液系统由造血器官和血液组成。造血器官包括骨髓、胸腺、肝、脾和淋巴结。胚胎早期,肝、脾为主要造血器官,胚胎后期至出生后,骨髓为主要造血器官。血液(blood)由血浆(plasma)及悬浮在其中的血细胞(blood cell)组成。

一、造血器官及血细胞的生成

　　骨髓位于骨髓腔内,是人体最主要的造血器官,分为红骨髓和黄骨髓。红骨髓为造血组织,黄骨髓为脂肪组织。胎儿及婴幼儿时期,所有骨髓均为红骨髓,造血功能活跃。随着年龄的增长,除了四肢长骨的骨骺端及躯干骨,其余骨髓腔内的红骨髓逐渐被黄骨髓取代。黄骨髓内仅有少量的幼稚血细胞,仍保持着造血潜能,当机体需要大量血细胞时(如大出血或溶血等),黄骨髓可转变为红骨髓参与造血。

　　血细胞的生成是造血干细胞经增殖、分化直至成为各种成熟血细胞的过程。造血干细胞(hematopoietic stem cell,HSC)是各种血细胞的起始细胞,具有不断自我更新、多向分化与增殖的能力。HSC包括定向多能造血干细胞及由其分化的髓系多向造血祖细胞和淋巴系祖细胞,在具有细胞系特征性的造血生长因子的参与调控下,诱导干细胞向各系祖细胞分化。髓系多向造血祖细胞可分化为红系、粒-单核系、巨核系、嗜酸系等祖细胞,这些祖细胞进而再分别分化为形态可辨认的各种幼稚血细胞。淋巴系祖细胞可分化为T淋巴细胞、B淋巴细胞和NK细胞,造血干细胞分化及增殖见图29-1-1。HSC最早起源于胚胎期第3周初的卵黄囊中的血岛,后经血流迁移到胚胎的肝、脾和骨髓。脐带血和胎盘血是胎儿期外周血的一部分,也含有较多的HSC。出生后,HSC主要存在于红骨髓,外周血中含量明显减少。HSC的增殖和分化受造血微环境、造血细胞生长因子、白细胞介素及神经和体液因子的调控,使其分化与自我复制之间保持着动态平衡,故HSC可终身保持恒定的数量。当某些致病因素致使HSC受损时,造血系统将发生严重的疾病,如再生障碍性贫血、骨髓增生异常综合征、急性非淋巴细胞白血病、阵发性睡眠性血红蛋白尿、原发性血小板增多症等。

二、血液组成及血细胞功能

　　血液由血细胞和血浆组成。血细胞约占血液容积的45%,均为成形细胞,包括红细胞、白细胞和血小板。其余55%为血浆,是一种淡黄色的透明液体。

(一) 血细胞

在正常生理情况下,血细胞有一定的形态结构,并有相对稳定的数量。

　　1. 红细胞(erythrocyte,red blood cell,RBC)　呈双凹圆盘状,具有较大的表面积,有利于气体交换。正常成人红细胞计数,男性为$(4.0~5.5)×10^{12}$/L,女性为$(3.5~5.0)×10^{12}$/L。成熟红细

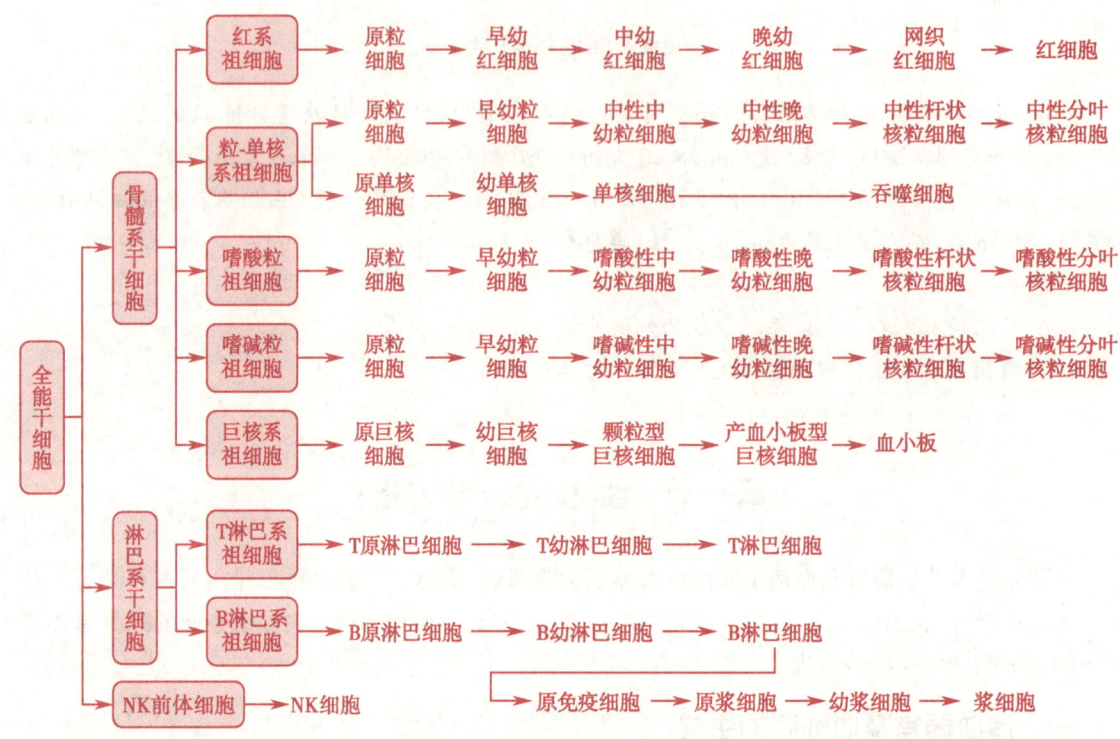

图 29-1-1　造血干细胞分化及增殖

胞内无细胞核和细胞器,胞质内充满血红蛋白(hemoglobin,Hb)。血红蛋白是含铁的蛋白质,约占红细胞质量的33%。正常成人血红蛋白,男性为120~160g/L,女性为110~150g/L。血红蛋白具有结合与输送 O_2 和 CO_2 的功能,因此红细胞能通过血红蛋白将吸入肺泡的氧运送给组织,而组织中新陈代谢产生的 CO_2 则可通过红细胞运送到肺部,通过肺泡与体外的 O_2 进行气体交换,将 CO_2 排出体外。

2. 白细胞(leukocyte, white blood cell, WBC)　白细胞的种类多,形态和功能各异。包括中性粒细胞、嗜酸性粒细胞、嗜碱性粒细胞、单核细胞和淋巴细胞。正常成人白细胞计数为 $(4~10)×10^9/L$,婴幼儿稍高于成人。白细胞的数值可受各种生理因素影响,如运动、饮食及妇女月经期可略有增高。在疾病状态下,白细胞总数及各种白细胞的百分比值皆可发生改变。白细胞具有变形、趋化、游走与吞噬等生理特性,是机体防御系统的重要组成部分。当白细胞数量减少,尤其是粒细胞减少时,易诱发各种感染。

(1) 中性粒细胞(neutrophil,N):是白细胞中数量最多的一种,占50%~70%。其吞噬对象以细菌为主,是机体抵御细菌入侵的第一道防线。当机体某一部位受到细菌侵犯时,中性粒细胞对细菌产物及受感染组织释放的某些化学物质具有趋化作用,能以变形运动穿出毛细血管,聚集到细菌侵犯部位,大量吞噬、分解并消化杀死细菌。中性粒细胞在吞噬、处理了大量细菌后,自身也常坏死,成为脓细胞。

(2) 单核细胞(monocyte,M):是白细胞中体积最大的细胞,占白细胞的3%~8%,是巨噬细胞的前身,它在血流中停留1~5d后,穿出血管进入组织和体腔,分化为巨噬细胞。单核细胞和巨噬细胞都能消灭侵入机体的细菌,吞噬异物颗粒,消除体内衰老损伤的细胞,并参与免疫,是机体抵御细菌入侵的第二道防线。

(3) 嗜酸性粒细胞(eosinophil,E):占白细胞的0.5%~5%,它能吞噬抗原-抗体复合物,释放组胺酶灭活组胺,从而减弱过敏反应。嗜酸性粒细胞还能借助抗体与某些寄生虫表面结合,释放颗粒内物质,杀灭寄生虫。故嗜酸性粒细胞具有抗过敏和抗寄生虫作用。

(4) 嗜碱性粒细胞(basophil,B):数量最少,占0%~1%。可释放肝素和组胺,肝素具有抗凝血作用,组胺参与变态反应。

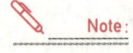
Note:

(5) 淋巴细胞(lymphocyte,L):呈圆形或椭圆形,大小不等,占白细胞的 20%~40%。其中 T 淋巴细胞约占淋巴细胞的 75%,参与细胞免疫(如排斥异体移植物、抗肿瘤等),并具有调节免疫的功能。B 淋巴细胞占淋巴细胞的 10%~15%,受抗原刺激后增殖分化为浆细胞,产生抗体,参与体液免疫。

3. **血小板(platelet,PLT)** 血小板是骨髓中巨核细胞胞质脱落下来的小块,无细胞核,表面有完整的细胞膜,呈双凸扁盘状,具有黏附、释放、聚集、收缩与吸附的生理特性,正常值为 $(100~300)×10^9/L$,在止血和凝血过程中起重要作用。当血管受损害或破裂时,血小板受刺激,由静止相变为机能相,迅即发生变形,表面黏度增大,凝聚成团。同时在表面第Ⅲ因子的作用下,使血浆内的凝血酶原变为凝血酶,后者又催化纤维蛋白原变成丝状的纤维蛋白,与血细胞共同形成凝血块止血。

(二)血浆

血浆是血液的液体成分,主要功能是维持血容量,其中水约占 90%,其余以血浆蛋白为主,包括白蛋白、球蛋白、纤维蛋白原、脂蛋白,其次为电解质、酶、激素、胆固醇、维生素和各种代谢产物。

(郭锦丽)

第二节 血液系统疾病病人的评估

血液系统疾病(blood disease,hematological disorder)指原发或主要累及血液和造血器官的疾病,简称血液病,包括红细胞疾病、粒细胞疾病、单核细胞和吞噬细胞疾病、淋巴细胞和浆细胞疾病、造血干细胞疾病、脾功能亢进、出血及血栓性疾病,其共同特点多表现为外周血中的细胞和血浆成分的病理性改变,机体免疫功能低下及出、凝血机制的功能紊乱,还可出现骨髓、脾、淋巴结等造血器官和组织的结构与功能异常。血液系统疾病病人的护理评估重点内容归纳如下:

【健康史】

(一)患病情况及治疗经过

详细询问病人主要症状出现的缓急及其特点、持续时间、有无明确的病因与诱因等。了解病人相关辅助检查及其结果,特别是血象和骨髓检查。此外,还须了解主要的治疗方法,疗效和药物的不良反应,病人对治疗的依从性,患病后病人的体重、食欲、睡眠、排便习惯等的变化及其营养支持状况等。

(二)既往史

主要了解与血液病相关的疾病史及可能影响病人康复和治疗效果的相关疾病史,如消化性溃疡或痔疮引起的出血、功能失调性子宫出血(简称功血)或严重的子宫肌瘤等可能因慢性失血导致贫血;慢性萎缩性胃炎、胃体部切除术后的病人可能发生巨幼细胞贫血等。

(三)家族史及个人史

询问病人家族中有无类似疾病或相关病史,如血友病、遗传性球形红细胞增多症等有明显的家族遗传性。询问病人居住地空气质量及水源污染情况,了解病人是否有放射性物质或化学毒物接触史,有无特殊药物(如氯霉素、阿司匹林、保泰松等)摄入史。了解病人的饮食习惯,如有无挑食、偏食或素食习惯。不良的饮食习惯是导致各类营养学贫血的主要原因之一,特别是缺铁性贫血与巨幼细胞贫血。询问女性病人的月经史和妊娠分娩史有助于贫血原因的诊断。

【身体状况】

血液系统疾病常见的症状和体征包括:

1. **贫血(anemia)** 根据贫血的病因及其发病机制,贫血分为红细胞生成减少性贫血、红细胞破坏过多性贫血和失血性贫血三大类。贫血症状的有无或轻重,取决于贫血的程度、贫血发生的速度、循环血量的改变、病人的年龄及心血管系统的代偿能力等。贫血发生缓慢,机体能逐渐适应,即使贫血较重,尚可维持生理功能;反之,如短期内发生贫血,即使贫血程度不重,也可出现明显症状。年

老体弱或心、肺功能减弱者,症状较明显。贫血者常伴随的症状有疲乏、困倦、头晕、心悸、气急、皮肤及黏膜苍白、食欲减退、月经失调,成人贫血诊断标准见表29-2-1。

表29-2-1　贫血的实验室诊断标准

性别	血红蛋白浓度(Hb)/(g·L⁻¹)	红细胞计数(RBC)/L	血细胞比容(HCT)
男性	<120	<4.5×10¹²	0.42
非妊娠女性	<110	<4.0×10¹²	0.37
妊娠期女性	<100	<3.5×10¹²	0.30

2. 出血(bleeding,hemorrhage)　病人多表现为自发性出血或轻度受伤后出血。出血部位可遍及全身,以皮肤、牙龈及鼻腔出血最为多见。此外,还可发生关节腔、肌肉和眼底出血。内脏出血多为重症,可表现为消化道出血(呕血、便血)、泌尿系统出血(血尿)及女性生殖系统出血(月经量过多)等,严重者可发生颅内出血而导致死亡。主要与机体血小板数目减少和/或功能异常、毛细血管脆性或通透性增加、血浆中凝血因子缺乏及循环血液中抗凝物质增加有关。评估时要特别注意出血的部位、出血量、出血能否停止及伴随的症状与体征。

3. 发热(fever)　血液病病人发热具有持续时间长,热型不一,一般抗生素治疗效果不理想的特点。其主要原因是白细胞数量减少和/或功能缺陷、免疫抑制剂的应用及贫血或营养不良等致机体抵抗力下降,易继发各种感染,且感染不易控制。感染部位常见于呼吸道、泌尿系统、口腔黏膜及肛周皮肤,严重者可发生败血症而危及生命。此外,肿瘤细胞所产生的内源性致热原也是导致血液病病人持续发热的原因之一。评估时要了解病人发热的缓急、热度及其热型特点,有无感染诱因,如过度疲劳等;有无留置管路,如PICC等;有无感染灶,如牙龈炎等。

4. 骨、关节疼痛　常见于恶性血液病,如白血病、多发性骨髓瘤等。主要与白血病细胞的过度增生或局部浸润导致骨髓腔压力增高、局部瘤块形成及压迫、骨质疏松或溶骨性破坏、病理性骨折等有关。可表现为局部或全身骨、关节疼痛及压痛或叩击痛;发生骨折者,局部还可出现畸形等临床表现。多发性骨髓瘤多以骨痛为首发症状,白血病的典型表现有胸骨压痛。

【辅助检查】

1. 血象　是临床血液病诊断和病情观察最基本的实验室检查方法,主要包括血细胞计数、血红蛋白测定、网织红细胞计数及血涂片等检查。外周血细胞质和量的改变常可反映骨髓造血的病理变化。

(1) 红细胞计数和血红蛋白测定:主要用于评估病人有无贫血及其严重程度。

(2) 白细胞计数及分类:主要用于判断有无感染及其原因,也有助于某些血液病的诊断。白细胞计数>10×10⁹/L称白细胞增多,常见于急性感染、白血病等。白细胞计数<4×10⁹/L称白细胞减少,其中以中性粒细胞减少为主。当中性粒细胞绝对值<1.5×10⁹/L时称粒细胞减少症,<0.5×10⁹/L时称粒细胞缺乏症(agranulocytosis),常见于病毒感染、再生障碍性贫血、粒细胞减少症等。正常白细胞分类中不应出现或偶尔可见少许幼稚细胞,若出现大量幼稚细胞,则应警惕白血病或类白血病,应做进一步检查以明确诊断。

(3) 网织红细胞计数:正常成人的网织红细胞在外周血中占0.5%~1.5%。网织红细胞增多,表示骨髓红细胞增生旺盛,可见于溶血性贫血、急性失血性贫血或贫血的有效治疗后。网织红细胞减少,表示骨髓造血功能低下,常见于再生障碍性贫血。

(4) 血小板计数:是出血性疾病首选的筛查项目之一。血小板数<100×10⁹/L称血小板减少,通常在<50×10⁹/L时病人即有出血症状,见于再生障碍性贫血、急性白血病、原发免疫性血小板减少症等。血小板>400×10⁹/L为血小板增多,可见于骨髓增生性疾病、慢性髓细胞性白血病早期等。

Note:

2. 骨髓细胞学检查 主要用于了解骨髓造血细胞生成的质与量的变化,对多数血液病的诊断和鉴别诊断起决定性作用。

(1)骨髓检查:包括骨髓涂片分类(骨髓象)和骨髓活检。涂片分类反映骨髓细胞的增生程度、细胞成分、比例和形态变化。活检反映骨髓造血组织的结构、增生程度、细胞成分和形态变化。按骨髓中有核细胞数量,骨髓的增生程度分为增生极度活跃、明显活跃、活跃、减低和明显减低 5 个等级。骨髓中各系列细胞及其各发育阶段细胞的比例,有助于各系列细胞增生程度的判断,粒红比例为最常用的评价指标。

(2)血细胞化学染色:通过对血细胞的各种生化成分、代谢产物的测定,了解血细胞的类型,对某些血液病的诊断和疗效评价有重大意义。如过氧化物酶染色、苏丹黑 B 染色和中性粒细胞碱性磷酸酶染色,均可用于白血病与类白血病反应的鉴别诊断。其中过氧化物酶染色对粒细胞白血病与淋巴细胞白血病的鉴别诊断最有价值。铁染色则主要用于缺铁性贫血的诊断及指导铁剂治疗。

3. 止血、凝血功能检查

(1)毛细血管抵抗力试验(capillary resistance test,CRT):又称毛细血管脆性试验或束臂试验。其方法是用血压计袖带缚于上臂后充气,并使压力维持在收缩压与舒张压之间,以对毛细血管壁施加压力。持续 8min 后放松袖带,5min 后记录前臂屈侧直径为 5cm 圆周内的新出血点数目。新出血点超过 10 个为阳性,提示毛细血管脆性增加,见于血小板减少、血小板功能缺陷、遗传性毛细血管扩张症、过敏性紫癜等。

(2)活化部分凝血活酶时间(activated partial thromboplastin time,APTT)测定:本试验须设正常对照值,测定值与对照值比较,延长 10s 以上为异常,它是内源性凝血途径较为灵敏和最为常用的筛选试验。APTT 延长常见于部分凝血因子和纤维蛋白原缺乏,APTT 缩短常见于血栓性疾病和血栓前状态。

(3)血浆凝血酶原时间(prothrombin time,PT)测定:测定值超过正常对照值 3s 为异常。它是外源性凝血途径较为灵敏和最为常用的筛选试验。PT 延长见于先天性凝血因子 Ⅰ、Ⅱ、Ⅴ、Ⅶ、Ⅹ 缺乏;获得性凝血因子缺乏,如严重肝病、维生素 K 缺乏、纤溶亢进、DIC、使用抗凝血药和异常抗凝血物质等。PT 缩短见于血液高凝状态,如 DIC 早期、心肌梗死、脑血栓形成、深静脉血栓形成、多发性骨髓瘤等,但敏感性和特异性差。

除上述检查外,还有凝血时间、纤维蛋白原测定、出血时间测定等检查项目。

【心理-社会状况】

由血液和造血器官本身特点决定,其表现多为全身性、临床症状与体征复杂多样、缺乏特异性,病情迁延不愈,若是恶性疾病治疗还需高额费用且预后较差。因此,血液病病人通常具有许多与其他疾病病人不同的心理问题,表现为焦虑、恐惧、抑郁、预感性悲哀和绝望。这些消极的情绪不仅会加重疾病症状,也会影响治疗和护理工作。护士应高度关注病人的心理问题,通过与病人建立良好的护患关系,了解病人内心感受,发现病人主要的心理问题及其原因,有针对性地进行心理护理。同时要评估病人的社会支持系统,帮助病人寻求支持。

(郭锦丽)

第三节 血液系统常见诊疗技术与护理

一、骨髓穿刺术

骨髓穿刺术(bone marrow aspiration)是采取骨髓血的一种常用诊疗技术,检查内容包括细胞形态学检查、寄生虫和细菌学等几方面,以协助诊断血液病、传染病和某些寄生虫病。骨髓移植时经骨髓穿刺采集骨髓血。

【适应证】

1. 血液系统疾病的诊断和鉴别诊断,如再生障碍性贫血、巨幼细胞贫血、白血病等。
2. 了解有无骨髓病变,协助诊断实体瘤有无骨转移。
3. 病情评估和治疗效果评价。
4. 骨髓造血干细胞的分离、培养和骨髓移植。

【禁忌证】

有出血倾向者,如血友病等。

【操作前准备】

1. **用物准备**　①常规消毒治疗盘 1 套;②无菌骨髓穿刺包 1 个(5ml 无菌注射器、20ml 无菌注射器、无菌棉球、无菌手套、玻片若干、纱布、镊子、穿刺针等);③其他用物:2%利多卡因等。
2. **病人准备**　向病人解释骨髓穿刺的目的、过程及如何配合等,取得病人的合作。
3. **辅助检查和皮试**　术前做血小板、出血时间和凝血时间检查,评估病人有无出血倾向。若用普鲁卡因局部麻醉,术前须做皮试。

【操作过程】

1. **选择穿刺部位**　穿刺部位可选择髂前上棘、髂后上棘、胸骨和腰椎棘突穿刺点。
常规皮肤消毒、铺巾,用 2%利多卡因溶液局麻至骨膜。
2. **穿刺方法**
(1) 髂前上棘穿刺:病人仰卧,穿刺点位于髂前上棘后 1~2cm,该部位骨面较平,易于固定,操作方便安全。术者以左手拇指和示指固定局部皮肤,右手持针垂直骨面刺入皮肤,当针尖接触骨质后则将穿刺针左右旋转,缓慢钻刺骨质,进针深度约 1.5cm,当阻力感消失、穿刺针固定时,表示已进入骨髓腔。穿刺针头进入骨质后避免摆动过大,以免针头折断。穿刺成功后取出针芯,接干燥注射器,抽吸骨髓血 0.2ml。抽吸液量要少,避免骨髓血稀释,影响细胞学检查的准确性。如未能抽出骨髓血,则可能是针腔被皮肤或皮下组织堵塞,此时,应重新插上针芯,稍加旋转、再进少许或退出少许后拔出针芯,如见针芯带有血迹时,再行抽吸即可取得骨髓血。如果有"干抽"现象,可多部位穿刺。
(2) 髂后上棘穿刺:病人俯卧或侧卧,穿刺点位于骶椎两侧、臀部上方骨性突出部位,是最安全、最常用的穿刺部位。穿刺步骤同髂前上棘穿刺。
(3) 胸骨穿刺:病人仰卧,用枕头垫高上背部,术者以左手拇指和示指固定于第 2~3 肋间胸骨两侧,在该肋间胸骨中线处做一标记,针体与骨面约成 45°缓慢进针,穿刺深度为 0.8~1cm。胸骨较薄,其后方为心房和大血管,严防穿透胸骨发生意外。
(4) 腰椎棘突穿刺:病人侧卧,穿刺点位于腰椎棘突突出处。穿刺步骤同髂前上棘穿刺。
3. 抽吸完毕,左手取无菌纱布置于针孔处,右手将穿刺针拔出,随即将纱布盖于穿刺点上,并按压 1~2min,再用胶布将纱布加压固定。
4. 骨髓血取出后应立即涂片,否则会很快发生凝固,使涂片失败。将抽取的骨髓血滴于载玻片上,迅速做有核细胞计数及涂片,以备做形态学及细胞化学染色检查。

【操作后护理】

1. **止血**　拔针后局部加压,有出血倾向者要延长压迫时间,直至无渗血为止。
2. **卧床休息**　穿刺局部会有轻微疼痛。病人多卧床休息,避免剧烈活动。

3. 防止感染　72h 内保持穿刺局部皮肤的清洁、干燥,避免淋浴或盆浴,若纱布被血液或汗液浸湿,要及时更换。穿刺点出现红、肿、热、痛时,可用 2% 碘酊或 0.5% 碘伏等局部涂抹。

二、输血

输血(blood transfusion)指将全血、血液成分和血液制品输入病人循环系统的治疗过程,是临床上一项重要的抢救和治疗措施,对改善病情、提高疗效和减少死亡率有重大意义。

【常用血液制品的种类及适应证】

(一)红细胞制剂

1. 悬浮红细胞　又称添加剂红细胞,是将全血中的大部分血浆在全封闭的条件下分离后并向剩余物中加入红细胞添加剂制成的红细胞成分血。适用于大多数需要补充红细胞、提高携氧能力的病人,如慢性贫血的儿童或血容量正常的慢性贫血病人。一般可保存 21~42d。

2. 去白细胞悬浮红细胞　是采用白细胞滤器在悬浮红细胞的基础上滤去白细胞制备的红细胞制剂。适用于:①由于反复输血已产生白细胞抗体或血小板抗体引起非溶血性发热性输血反应(FNHTR)等输血不良反应的病人;②准备行器官移植的病人,防止产生白细胞抗体;③需要反复输血的病人,如再生障碍性贫血、白血病等,可从第一次输血起就选用本制剂。

3. 洗涤红细胞　将全血经离心去除白细胞和血浆后,再用生理盐水洗涤红细胞数次,最后加生理盐水或细胞保存液悬浮所得,保存期为 24h。适应证:①对血浆蛋白有过敏反应如荨麻疹、血管神经性水肿、过敏性休克等的病人;②阵发性睡眠性血红蛋白尿病人;③高钾血症、肝、肾功能障碍需要输血的病人;④由于反复输血已产生白细胞抗体或血小板抗体引起 FNHTR 的病人也可使用本制剂。

4. 辐照红细胞　不是单独的红细胞制品,而是对各种红细胞制品进行辐照处理,杀灭有免疫活性的淋巴细胞,目的是预防输血相关性移植物抗宿主病。辐照红细胞适用于有免疫缺陷或免疫抑制病人的输血、新生儿换血、宫内输血等。

除上述制剂外,红细胞制剂还有浓缩红细胞、冰冻红细胞、年轻红细胞等。

(二)血小板制剂

血小板制剂包括浓缩血小板、单采血小板和辐照血小板。适用于:①各种原因所致的血小板计数小于 $20×10^9/L$,伴严重出血者;②血小板功能异常所致的严重出血或需要外科手术者;③大量输血所致的稀释性血小板减少,伴有严重出血者;④血小板计数小于 $5×10^9/L$,用作预防性输注。

(三)血浆制剂

1. 新鲜冷冻血浆　在采血后 6h 内分离制成,并在 1~2h 于 -30℃ 冷冻成块,于 -30~-20℃ 保存,能有效地保存各种凝血因子,包括不稳定的凝血因子 V、Ⅷ。适用于:①多种凝血因子缺乏引起的出血;②需要补充血容量或血浆蛋白的病人,如严重创伤、大手术出血、血浆置换、低蛋白血症等。

2. 普通冷冻血浆　是全血在保存期内或过期 5d 内经自然沉降或离心后分出的血浆,立即放入 -30℃ 冰箱冷冻成块,即为普通冷冻血浆。冷冻状态一直持续到使用之前,有效期为 5 年。该制品内含有全部稳定的凝血因子,但缺乏不稳定的凝血因子 V、Ⅷ。主要用于凝血因子 V 和Ⅷ以外凝血因子缺乏症病人的治疗。

3. 病毒灭活血浆　分离制备或单采出的新鲜液体血浆进一步采用病毒灭活和/或滤除白细胞等处理,达到减少白细胞和灭活病毒的目的,提高血浆输注的安全性。

(四)冷沉淀凝血因子

冷沉淀凝血因子是将保存期内的新鲜冰冻血浆在 1~6℃ 融化后,分离出大部分的血浆,并将剩余的冷不溶解物质在 1h 内速冻呈固态的成分血,含有纤维蛋白原、凝血因子Ⅷ、血管性血友病因子、纤维粘连蛋白等成分。适用于儿童及成人轻型血友病 A、血管性血友病、先天性或获得性纤维蛋白原缺乏症及因子ⅩⅢ缺乏症病人。有时冷沉淀也用于手术后出血、严重外伤及 DIC 等病人的替代治疗。

（五）血浆蛋白质制剂

1. **白蛋白** 是从乙型肝炎疫苗全程免疫后的健康人血浆中，用低温乙醇法制备。白蛋白溶液的pH为中性，它的钠离子含量与血浆相同或略高，但钾离子含量较低，不含任何防腐剂，于2~6℃保存，有效期5年。适用于白蛋白丢失、体外循环、手术或创伤及低血容量性休克的病人。

2. **免疫球蛋白** 含IgG和少量的IgA或IgM。适用于预防水痘、破伤风、抗狂犬病、抗乙型肝炎、抗带状疱疹等感染，也可用于新生儿溶血及低丙种球蛋白血症。

【禁忌证】

对急性肺水肿、充血性心力衰竭、肺栓塞、恶性高血压、真性红细胞增多症、肾功能极度衰竭及对输血有变态反应的病人应禁忌输血。

【操作前准备】

1. **签署知情同意书** 向病人解释输血的目的、过程及如何配合等，取得病人的合作，并签署知情同意书。

2. **备血** 根据医嘱核对输血申请单，并抽取病人静脉血标本2ml，将血标本和输血申请单一起送至医院输血科做血型鉴定和交叉配血试验。

3. **取血** 护士凭取血单到输血科取血，与发血者共同认真做好"三查八对"，核对完毕确认无误后，护士在配血单上签字后方可取血，交叉配血结果若为"主侧无凝集无溶血，次侧有凝集无溶血"，须经医生同意后，方可取血。取血后勿剧烈振荡，在室温下放置15~20min后再输入。

【操作过程】

1. 输血前，需双人再次进行核对，检查血液质量并确保无误后方可输血。

2. 输注血液制品过程中，除必要时加入生理盐水外，不允许在输注过程中加入任何药物及其他物质。

3. 血液制品出库后，30min内输入病人体内，开始输注时速率宜慢，不超过20滴/min，观察15min左右，如病人无不良反应后再根据病情、年龄及血液成分调节滴速，输注过程中监测和记录病人生命体征，至少包括输血前60min内、输血开始后15min、输血结束后60min内，严密观察病人有无新出现的症状和体征，及时发现并处理。

4. 病人疑似发生输血反应时，应立即停止输血，用0.9%氯化钠溶液维持静脉通路，监测病人生命体征，观察病人临床症状及体征，通知医生，迅速查明原因并做相应处理。之后，填写输血反应回报单。

5. 血管通路可以用于分阶段输注多种血液制剂，如顺次输注血小板、红细胞、血浆，但不能同时输注2种血液制剂。输血前后及输注2个以上供者的血液制剂时，应间隔输入适量0.9%氯化钠溶液。

6. 用于输注全血、成分血或生物制剂的输血器宜4h更换1次。

【操作后护理】

输血结束后，保留血袋24h，以备病人在输血后发生输血反应时检查、分析原因。观察穿刺部位有无血肿或渗血，并对症处理。

【输血反应】

输血反应（transfusion reaction）又称输血并发症，是与输血具有时序相关性的不良反应，不良反应的原因可能是不良事件，也可能是病人与所输注血液的相互作用。

1. **急性溶血性输血反应（acute hemolytic transfusion reaction，AHTR）** 又称速发型溶血性输血反应，指在输血过程中、输血终止后即刻或输血后 24h 内，由于输入血液与受血者之间的免疫不相容导致的红细胞裂解或清除加速，多为血管内溶血。病人表现为高热、寒战、心悸、气短、腰背痛、血红蛋白尿甚至尿闭、急性肾损伤和 DIC 表现等，严重者可导致死亡。

防治措施：①预防溶血反应的关键是输血前严格执行"三查八对"制度及操作规程。②发现或怀疑溶血反应时，立即停止输血，并通知医生。保留静脉输液通路，密切监测病人生命体征和观察尿色、尿量的变化，准确记录出入量，警惕少尿或无尿，必要时留置尿管准确记录每小时尿量。③积极寻找溶血原因，如迅速核对病人及供血者血型、交叉配血报告单及血袋号等有无差错。④遵医嘱应用糖皮质激素，碱化尿液、利尿，保证血容量和水、电解质平衡，纠正低血压，防治肾衰竭和 DIC，必要时行血液透析、血浆置换或换血疗法等。

2. **慢性溶血性输血反应（chronic hemolytic transfusion reaction，CHTR）** 又称迟发型溶血性输血反应，是在输血 24h 后或数天后才发生的溶血反应，主要由记忆性免疫应答引起，常表现输血数日后出现黄疸、网织红细胞计数升高等。多见于稀有血型不合或首次输血后致敏产生同种抗体，再次输注该供血者红细胞后发生同种免疫性溶血。处理基本同急性溶血性输血反应。

3. **非溶血性发热反应（febrile non-hemolytic transfusion reaction，FNHTR）** 是最常见的输血反应，是在输血过程中或输血终止后 4h 内以发热和/或寒战为临床表现，体温较基础体温升高 1℃ 以上，且能排除溶血、细菌污染、严重过敏及原发病等原因所导致的一类输血反应。见于：①血液或血液制品中有致热原；②受血者多次受血后产生同种白细胞和/或血小板抗体。

防治措施：①立即停止输血并通知医生，同时密切观察病情，监测生命体征，每 15~30min 测体温、血压 1 次；②注意保暖，遵医嘱应用解热镇痛药或糖皮质激素；③常用的预防方法是输血前滤去血液中所含致热原、白细胞及其碎片；④输血开始的 15min 输入速率应缓慢。

4. **过敏反应** 输血过程中或之后，受血者出现皮肤瘙痒、荨麻疹、血管神经性水肿，重者为全身皮疹、喉头水肿、支气管痉挛、过敏性休克等。原因：①所输血液或血液制品含变应原；②受血者本身为高过敏体质或多次受血而致敏。

防治措施：①轻者可减慢输血速率，遵医嘱给予抗组胺药，如苯海拉明、异丙嗪等；②反应严重者立即停止输血，皮下注射肾上腺素或同时静脉滴注糖皮质激素；③呼吸困难者给予吸氧，发生支气管痉挛时需解痉治疗、严重喉头水肿者行气管插管或气管切开，以防窒息；④对过敏体质者，在输血前 30min 肌内注射苯海拉明或异丙嗪，可减轻或避免过敏反应。

5. **其他** 输血相关循环超负荷是由于输血速率过快和/或输血量过大或受血者有潜在心肺疾病，输注的容量不能有效地被受血者所接受。大量输血相关并发症是由输入大量血液引起的，包括低体温、凝血功能异常、枸橼酸中毒、低钙与低镁血症、酸碱平衡失调、高钾血症、高血氨症和空气栓塞等，与血液保存液中的抗凝剂枸橼酸钠、血清钾，以及输入大量低温储存血液有关。血小板输注无效，是指病人接受足够剂量的血小板输注后，未达到预期的治疗效果，即血小板计数未见有效提高和/或临床出血症状未见改善。除此之外，还有输血相关性低血压、输血相关性急性肺损伤等输血反应。

【输血传播感染】

感染或疾病有可能经输血传播，而无论其通过输血传播实际发生可能性的大小，这些感染或疾病称为可经输血传播的感染，即病原体通过输血过程从献血者体内进入受血者体内并引起相应的感染或疾病。当感染的病原体为病毒时，称为输血传播的病毒感染，如各型病毒性肝炎、艾滋病、巨细胞病毒感染等；当感染的病原体为寄生虫时，称为输血传播的寄生虫感染，如疟疾；当感染的病原体为细菌时，称为输血传播的细菌感染，如梅毒。预防措施主要是监控献血者资质及血液采集、贮存、运输、质检、输注等环节的无菌化。

（郭锦丽）

Note：

思 考 题

1. 急性溶血性输血反应有何临床表现？应如何防治？
2. 输注去白细胞悬浮红细胞的过程中有何注意事项？

NURSING

第三十章

贫血病人的护理

30章　数字内容

第一节　概　述

————————————— 学 习 目 标 —————————————

- 识记：
  1. 陈述贫血的概念、分类和诊断标准。
  2. 说出常见贫血病人相关辅助检查的临床意义。
  3. 概述贫血病人健康指导主要内容。
- 理解：
  1. 解释贫血对各系统的影响。
  2. 识别贫血病人的主要护理诊断/问题。
- 运用：
  对贫血病人进行正确的护理评估,制订护理计划。

439

贫血(anemia)是指人体外周血红细胞容量减少,低于正常范围下限,不能运输足够的氧至组织而产生的综合征。由于红细胞容量测定较为复杂,临床上常以血红蛋白浓度来代替。贫血本身并不是一种独立的疾病,几乎各系统疾病均可引起贫血,是临床上最为常见的症状之一。一般认为成人在海平面地区的贫血标准为男性 Hb<120g/L;女性(非妊娠)Hb<110g/L;妊娠期女性 Hb<100g/L。

【分类】

贫血有各种不同的分类方法,主要包括:

(一)按细胞学分类

可分为 3 类。①大细胞性贫血:红细胞平均体积(mean red cell volume, MCV)>100fl,红细胞平均血红蛋白浓度(mean corpuscular hemoglobin concentration, MCHC)32%~35%,常见于巨幼细胞贫血、伴网织红细胞大量增生的溶血性贫血、骨髓增生异常综合征、肝病等。②正常细胞性贫血:MCV 80~100fl,MCHC 32%~35%,常见于再生障碍性贫血、纯红细胞再生障碍性贫血、溶血性贫血、骨髓病性贫血、急性失血性贫血等。③小细胞低色素性贫血:MCV<80fl,MCHC<32%,常见于缺铁性贫血、铁粒幼细胞贫血、珠蛋白生成障碍性贫血等。

(二)按血红蛋白浓度分类

根据血红蛋白浓度将贫血严重程度划分为轻度(Hb 低于正常值,但高于 90g/L)、中度(Hb 60~90g/L)、重度(Hb 30~59g/L)、极重度(Hb<30g/L)。

(三)按骨髓红系增生情况分类

根据骨髓红系增生情况可分为增生不良性贫血和增生性贫血,前者见于再生障碍性贫血,后者见于除再生障碍性贫血以外的贫血。

(四)按病因与发病机制分类

1. 红细胞生成减少性贫血 红细胞的生成主要取决于造血干细胞、造血调节、造血原料 3 大因素。3 个因素的任何一种发生异常都会导致红细胞生成减少,引发贫血。

(1)造血干细胞异常所致贫血:包括再生障碍性贫血、纯红细胞再生障碍性贫血、先天性红细胞生成异常性贫血、造血系统恶性克隆性疾病。

(2)造血调节异常所致贫血:包括骨髓基质细胞受损所致贫血、淋巴细胞功能亢进所致贫血、造血调节因子水平异常所致贫血、造血细胞凋亡亢进所致贫血。

(3)造血原料不足或利用障碍所致贫血:包括由于叶酸或维生素 B_{12} 缺乏或利用障碍所致贫血(如巨幼细胞贫血)、缺铁或铁利用障碍性贫血(如缺铁性贫血)。

2. 红细胞破坏过多性贫血 即溶血性贫血。红细胞寿命为 120d,每日有约 1/120 的红细胞被破坏,也有相等数量的红细胞生成,维持着动态平衡状态。当红细胞寿命缩短超过骨髓代偿能力时就会发生溶血性贫血。红细胞本身内在因素,如红细胞膜通透性异常增高、红细胞内酶活力异常等因素;红细胞外在因素,如化学、物理、机械、毒素、感染、免疫等因素,均可造成红细胞破坏过多,引起溶血性贫血。

3. 失血性贫血 按失血速度分为急性和慢性,按失血量分为轻、中、重度,根据失血原因分为凝血性疾病(如血友病、原发免疫性血小板减少症等)和非凝血性疾病(如外伤、肿瘤、结核等)。

【护理评估】

(一)健康史

了解贫血对病人日常生活的影响;病人何时、何地接受过何种治疗,应用过何种药物,既往曾患过何种疾病;是否有饮食的偏好与禁忌,平时营养的摄入状况如何;病人从事何种职业;家庭成员中有无

Note:

贫血病人等。

（二）身体状况

贫血的共同特征是红细胞携氧能力的降低导致组织缺氧，从而使病人出现一系列临床表现。但贫血病人是否出现症状及症状的轻重取决于贫血的严重程度、贫血发生发展的速度、个体的代偿能力及其对缺氧的耐受性（如发病年龄、有无心肺疾病等）等方面。贫血病人常有以下表现：

1. **皮肤黏膜** 皮肤黏膜苍白是贫血最常见的体征，如甲床、结膜、口唇等部位。因为贫血病人体内有效循环血量重新分布，为了保证重要器官（如脑、心、肾、肝、肺等）供血而减少相对次要器官（如皮肤、黏膜）供血。此外，单位体积血液内红细胞和血红蛋白含量减少，也导致病人皮肤、黏膜颜色变淡，显得苍白。由于病人所处的环境、温度、情绪状态等因素都会影响到病人末梢血管的收缩与舒张状态，因此评估病人时应注意上述情况与贫血改变相鉴别。除苍白外，皮肤黏膜还会出现粗糙、缺乏光泽，甚至溃疡形成。

2. **神经系统** 贫血导致脑组织缺氧，脑细胞缺氧时病人会出现头痛、眩晕、萎靡、失眠、多梦、眼花、记忆力减退、注意力不集中等症状。贫血还可引起病人周围神经损害、四肢远端感觉麻木和刺痛感。

3. **呼吸系统** 轻度贫血时机体可以代偿，平静时病人一般没有临床症状，在活动后可引起呼吸加快、加深；重度贫血时病人在平静状态下就会出现气短、端坐呼吸甚至呼吸困难。

4. **循环系统** 活动后感觉气促、心悸是贫血病人突出的临床表现，在贫血严重或伴有心衰时，休息状态下就会出现上述症状。长期贫血会导致贫血性心脏病，病人出现心悸、心律失常、心功能不全，听诊心尖区或心底部听到柔和的收缩期杂音，心电图 ST 段降低，T 波平坦或倒置。

5. **消化系统** 某些消化系统疾病（如消化系统炎症、溃疡，慢性腹泻等）可引起贫血，贫血本身也可影响消化系统。贫血病人会出现消化功能减低、消化不良、腹胀、食欲下降、恶心、呕吐、排便规律及粪便性状改变，可能与胃肠黏膜缺氧致消化液分泌减少和胃肠功能紊乱有关。

6. **泌尿系统** 由于肾缺氧，病人会出现多尿、低比重尿、蛋白尿，严重者可出现少尿、无尿、急性肾损伤。

7. **血液系统** 外周血的改变主要表现在血细胞量、形态和生化成分上，病人会出现红细胞减少，血红蛋白、血细胞比容减低，白细胞或血小板异常。造血器官的改变主要在骨髓，出现骨髓有核细胞、粒细胞、红细胞、单核细胞等细胞系的改变。贫血还会合并肝、脾、淋巴结的肿大。

8. **内分泌系统** 长期贫血会影响甲状腺、性腺、肾上腺、胰腺功能，红细胞生成素和胃肠激素的分泌也会受到影响。

9. **生殖系统** 长期贫血会使睾丸缺血、细胞坏死，雄激素减少，男性特征减弱。女性常伴有月经不调、继发闭经。

10. **免疫系统** 免疫系统疾病可继发贫血，贫血本身或治疗贫血的药物也会引起免疫系统功能的改变。

（三）辅助检查

1. **血常规检查** 可以确定有无贫血，MCV、MCHC 有助于判定贫血的类型，同时能够发现是否伴有白细胞、网织红细胞、血小板计数的变化及有无幼稚细胞及其比例。

2. **骨髓检查** 骨髓细胞涂片分类反映骨髓细胞的增生程度、细胞成分等，骨髓活检可以反映骨髓造血组织的结构、增生程度和形态变化等。

3. **其他检查** 根据贫血的发病机制进行检查，如缺铁性贫血进行缺铁相关疾病，如胃肠道慢性疾病等的检查；巨幼细胞贫血进行血清叶酸和维生素 B_{12} 的测定及相关疾病的检查。

Note:

（四）心理-社会状况

轻度贫血病人可在门诊治疗,如病情严重时需住院治疗,此时病人都有较重的心理负担,对治疗丧失信心,悲观失望,急性发作时更会产生恐惧感。这些不健康的心理因素会影响病人的治疗效果,护士要评估病人的心理状态,了解病人的内心感受。此外,还要注重评估病人的社会、家庭支持系统,了解病人工作、家庭情况和社会地位与角色。

【常见护理诊断/问题】

1. **活动无耐力**　与贫血引起全身组织缺氧有关。
2. **营养失调:低于机体需要量**　与体内铁、叶酸、维生素 B_{12} 不足有关。
3. **潜在并发症:感染。**

【计划与实施】

贫血的处理原则是对症治疗,去除和纠正引起贫血的原因,或针对贫血的发生机制治疗。通过治疗和护理,病人的贫血得到纠正,能维持有效的组织供氧,缺氧状态得到改善。

1. **病情观察**　详细了解病人当前的症状与体征,根据医嘱进行相关检查。有异常情况及时与医生沟通。

2. **限制活动**　限制贫血病人的活动,指导病人卧床休息,减轻组织耗氧和缓解临床症状,特别注意告知病人不要进行突然改变体位的活动,如蹲下后突然站起或卧床较长时间突然起床,这些都会引起病人不适,严重者可出现晕厥或跌倒。病人的活动量应根据其贫血程度来决定,轻至中度贫血病人可适当活动,不要做剧烈活动,以平稳、缓慢、不引起病人心率增快的程度为宜。重度贫血病人需卧床休息,给予生活护理,病人离床时注意加强保护,以防止意外发生。

3. **吸氧**　贫血病人可根据医嘱给予吸氧,注意观察病人缺氧缓解情况,如效果不明显,通知医生适当调整。

4. **输血、补液**　遵医嘱进行输血、补液治疗。注意输注的速率不宜过快,并注意观察病人有无咳嗽、胸闷、气促、脉搏增快等表现。输血宜输入新鲜血制品,在输血过程中注意观察病人有无输血反应,如发热反应、变态反应等。

5. **饮食**　病人进食高能量、高蛋白、高维生素、易消化饮食,缺铁性贫血病人应增加含铁丰富的食物(如动物肝、蛋黄),营养性巨幼细胞贫血者应多补充绿色蔬菜和水果。

6. **预防感染**　病室每日空气消毒,保持床单位的清洁与干燥,减少病人皮肤因摩擦而造成的损伤,减少感染的机会。指导病人每日用漱口水漱口,清洁口腔,用软毛刷刷牙,护士每班检查病人口腔黏膜有无溃疡、出血。指导病人保持皮肤清洁,每日清洗会阴。

7. **健康指导**　护士应向病人讲明所患贫血的类型及相关的疾病知识,让病人掌握贫血的饮食与药物治疗,同时指导病人药物治疗的注意事项与如何观察副作用。告诉病人治疗需要较长的时间,要有信心,坚持治疗。指导病人要养成良好的卫生习惯,有任何不适症状应及时就诊,向医生咨询。

【护理评价】

经过治疗和护理,评估病人是否能够达到:①对治疗有信心并积极配合;②缺乏的营养物质得到补充;③血细胞上升接近正常值;④没有并发症发生;⑤疲乏感消失;⑥掌握疾病的相关知识。

（闫贵明）

第二节 缺铁性贫血病人的护理

学习目标

- 识记：
  1. 陈述缺铁性贫血的概念、病因。
  2. 说出缺铁性贫血的发病机制、辅助检查及意义。
  3. 叙述缺铁性贫血病人饮食指导的内容。
- 理解：
  1. 解释铁代谢的过程和缺铁性贫血病人的临床表现。
  2. 解释缺铁性贫血病人药物治疗方案及护理要点。
- 运用：
  1. 对缺铁性贫血病人进行护理评估，制订护理计划。
  2. 对缺铁性贫血病人进行饮食及药物治疗的指导。

导入情境与思考

病人，女性，25岁，因头晕、乏力加重1个月入院。病人1年前无明显诱因出现头晕、乏力，家人发现其面色不如以前红润，但能正常工作，近1个月以来症状加重伴活动后心慌。主诉经常出现胃部不适，进食量较少。体格检查：T 36℃，P 102次/min，R 17次/min，BP 110/70mmHg；贫血面容，皮肤黏膜无出血点，浅表淋巴结无肿大，口唇苍白，心肺无异常，肝脾不大。实验室检查：Hb 68g/L，RBC $3.1×10^{12}$/L，MCV 70fl，MCHC 30%，WBC $6.5×10^9$/L，PLT $265×10^9$/L，网织红细胞1.5%，血清铁7.93μmol/L。临床考虑为缺铁性贫血。

请思考：

（1）该病人发病的可能原因有哪些？

（2）治疗时选择口服铁剂，如在家服药过程中出现黑便，应如何处理？

缺铁性贫血（iron deficiency anemia，IDA）是指机体对铁的需求与供给失衡，导致体内贮存铁耗尽，从而继发红细胞内的铁缺乏，最终引起的小细胞低色素性贫血。IDA是贫血中最常见的一种类型，广泛影响世界各国，可发生在各年龄段，在生长发育期的儿童和育龄期妇女中发病率较高。人体内铁总量在正常成年男性为50～55mg/kg，女性35～40mg/kg。铁的缺乏主要与以下因素有关：铁摄入不足（食物缺铁）、供不应求（孕妇）、吸收不良（胃肠道疾病）、转运障碍（肝病、慢性炎症、先天性转铁蛋白缺乏症）、丢失过多（各种失血）及利用障碍（铁粒幼细胞贫血、铅中毒、慢性病性贫血）等。

【铁代谢】

（一）铁的分布

铁是人体不可缺少的物质，在体内广泛分布于各组织中，是血红蛋白重要的组成部分。铁在人体内分为两种状态：功能状态铁和贮存铁。功能状态铁包括血红蛋白铁（占体内铁的67%）、肌红蛋白铁（占体内铁的15%）、转铁蛋白铁（3～4mg）、乳铁蛋白、酶和辅因子结合的铁。贮存铁（男性1000mg，女性300～400mg）包括铁蛋白和含铁血黄素，贮存于单核巨噬细胞系统中。

（二）铁的来源、吸收和运输

正常人每日从食物中摄入1～1.5mg铁即可满足身体新陈代谢所需要的铁量，维持机体内部的平衡。铁主要的吸收部位在十二指肠及空肠上段,但影响铁吸收的因素较多,如胃内胃酸水平、体内铁贮存量、骨髓造血功能及某些药物(如维生素 C)等均可影响铁的吸收。红细胞在生存约 120d 后会自然衰老而破坏,破坏后的血红素铁几乎全部被用于制造相等数量的新鲜红细胞的血红素。进入血浆中的二价铁被氧化为三价铁后,部分与血浆中的转铁蛋白结合成为转铁蛋白复合体,并将铁运送到骨髓和其他组织中,被幼红细胞和其他需铁的组织摄取。

(三)铁的排泄

正常男性每日排铁不超过 1mg,女性每日排铁 1~1.5mg,主要通过肠黏膜脱落的细胞随粪便排出,少量可通过尿液与汗液排出。育龄妇女主要由于月经、妊娠、哺乳等丢失铁。

【病因与发病机制】

(一)病因

1. **机体对铁的需要量增加而摄入不足** 多见于生长发育期儿童、女性妊娠期与哺乳期。

2. **铁吸收障碍** 主要见于胃大部切除术后,由于胃酸分泌较少,而食物又较快进入空肠,在铁吸收的主要部位(十二指肠)停留时间很短,因此造成铁吸收障碍。胃肠道的某些疾病,如胃肠功能紊乱、慢性肠炎、长期腹泻、克罗恩病等均可减少铁的吸收,导致缺铁性贫血。

3. **铁丢失过多** 长期慢性丢失铁而机体摄入并未增加,当贮存铁被耗尽,可导致缺铁性贫血。慢性失血是成人缺铁性贫血最多见、最重要的原因,尤以消化道慢性失血(消化性溃疡、消化道肿瘤、食管静脉曲张出血、痔出血)或妇女月经量过多为多见,其他如钩虫病、服用阿司匹林后出血、反复发作的阵发性睡眠性血红蛋白尿等也可引起。

(二)发病机制

铁缺乏时机体会动用贮存铁,但当贮存铁耗尽时,体内铁的代谢便会受到影响。此外,缺铁对造血系统、组织细胞的代谢都会产生影响。

1. **缺铁对铁代谢的影响** 当贮存铁不能满足机体铁的正常代谢时,则可出现体内铁含量减少,包括贮存铁含量减少、血清铁和转铁蛋白饱和度减低、总铁结合力和未结合铁的转铁蛋白升高、组织内和红细胞内缺铁。

2. **缺铁对造血系统的影响** 红细胞内缺铁,原卟啉不能与铁结合成血红素,血红素合成障碍,血红蛋白生成减少,红细胞胞质减少、体积变小,形成小细胞低色素性贫血,若进行性发展时,粒细胞、血小板生成也会受到影响。

3. **缺铁对组织细胞代谢的影响** 组织缺铁,细胞内含铁的酶和铁依赖的酶活性降低,影响病人的精神、体力、行为及免疫功能,还能引起黏膜的病变和外胚叶组织(如毛发、指/趾甲、皮肤等)的营养障碍。

【护理评估】

(一)健康史

重点了解疾病对病人饮食、睡眠、大小便等日常生活的影响;了解病人的既往史、用药史、疾病治疗史;病人饮食的偏好与禁忌,日常营养的摄入情况;家庭成员中有无类似贫血病人等。

(二)身体状况

1. **贫血的表现** 贫血的发生较为缓慢,病人常能较好适应,早期没有症状或症状很轻,可能会出现头晕、头痛、面色苍白、乏力、易倦、心悸、活动后气短、眼花及耳鸣等。

2. **组织缺铁的表现** 儿童、青少年发育迟缓、体力下降、智商低、容易兴奋、注意力不集中、烦躁、易怒或淡漠、异食癖和吞咽困难(Plummer-Vinson 综合征)。

3. **体征** 除皮肤黏膜苍白外,病人还可出现口腔炎、舌炎、毛发干燥、指甲扁平无光泽、易碎裂,部分病人指甲呈勺状(反甲)或脾轻度肿大。

（三）辅助检查

1. **血象**　典型的血象表现呈小细胞低色素性贫血。外周血涂片可发现红细胞体积小、中央淡染区扩大。严重贫血者红细胞内血红蛋白呈一圈狭窄的环,可见很小的红细胞、靶形细胞、椭圆形细胞、不规则细胞。网织红细胞计数大多正常或轻度增高。白细胞和血小板计数正常或减低。

2. **骨髓象**　骨髓增生活跃或明显活跃,以红系增生为主,粒系、巨核系无明显异常。在红系中以中、晚幼红细胞为主,体积小、核染色质致密、胞质少、边缘不整齐,即"核老质幼"现象。骨髓涂片经亚铁氰化钾染色(普鲁士蓝染色)后,见不到深蓝色的含铁血黄素颗粒,红细胞内铁幼粒细胞减少或消失。

3. **铁代谢**　血清铁低于 8.95μmol/L。总铁结合力升高,大于 64.44μmol/L。转铁蛋白饱和度降低,小于 15%,血清可溶性转铁蛋白受体(sTfR)浓度超过 8mg/L。血清铁蛋白低于 12μg/L。

4. **红细胞内卟啉代谢**　红细胞内的游离原卟啉(FEP)增高,大于 0.9μmol/L,FEP/Hb 大于 4.5μg/gHb。

（四）心理-社会状况

发病人群中以儿童和妇女多见,病人和家属多有一定的心理负担,病情严重时更会产生恐惧感,这些心理因素会影响其治疗的效果。护士要评估病人的心理状态,了解病人的内心感受,及时给予其心理护理。此外,还要注重评估病人的社会、家庭支持系统,了解病人工作、家庭情况和社会地位与角色。

【常见护理诊断/问题】

1. **营养失调：低于机体需要量**　与体内铁不足有关。
2. **活动无耐力**　与贫血引起全身组织缺氧有关。
3. **知识缺乏：缺乏营养、用药相关知识。**

【计划与实施】

缺铁性贫血的治疗原则是去除原发病因,补充缺失的铁,重建机体铁代谢的平衡。经过治疗和护理,病人达到:①保证营养物质的摄入;②口腔黏膜完整无炎症发生;③能进行一般活动,日常生活能自理;④掌握疾病相关知识。

1. **改善缺铁状态,维持营养摄入**

(1) 饮食:加强营养的摄入,纠正偏食,给予病人含铁丰富、易消化的食物,告知病人偏食是造成 IDA 的主要原因之一,强调均衡饮食的重要性,病人可采用少量多餐、增加食物种类、变换食物口味的方法促进饮食加强营养。谷类、乳类和茶等会抑制铁剂的吸收,而维生素 C、鱼类、肉类可加强铁剂的吸收,因此在服用铁剂的治疗过程中注意饮食种类的摄入。动物性食物中铁的吸收率较高,是食物中铁的主要来源,其中铁含量最高的有内脏(如肝和肾)、牛肉、鸡肉、海鲜(尤其是煮熟的蚌类)、蛋黄、干的青豆及豆荚、水果干、绿叶蔬菜、海带、紫菜、木耳等。富含铁质的菠菜和扁豆,由于含有植酸(小麦粉和麦麸中也有),会阻碍肠道吸收铁质,因此被人体吸收的铁质相当少。富含维生素 C 的蔬菜,如番茄、花椰菜、绿花椰菜、马铃薯、包心菜,都会增加人体对铁质的吸收,可增加摄入量。对于患有口腔炎或舌炎的病人,饮食上忌食过热或过辣的刺激性食物,进食后清洁口腔或给予病人口腔护理。

(2) 药物治疗与护理:①口服铁剂:口服制剂为首选,目前常用的有右旋糖酐铁、琥珀酸亚铁和富马酸亚铁等,每日口服元素铁 150~200mg 即可。由于口服铁剂对胃肠道有一定的刺激,因此进餐时或饭后吞服可减少胃肠道反应,利于病人适应与耐受。因茶叶中含有鞣酸,可与铁形成络合物,影响铁剂的吸收,而牛奶里含磷较高,影响铁的吸收,因此在服用铁剂时禁止与茶水、牛奶同时服用。服用铁剂后可使病人粪便变成黑色,属正常反应,是由于铁与肠内硫化氢相互作用生成硫化铁所致。另外长期服用液体铁剂,可使牙齿染色,因此指导病人服药时用吸管,避免牙齿与药物接触。②注射铁剂:常用的注射铁剂是右旋糖酐铁。首次给药须 0.5ml 作为试验剂量,1h 后无过敏反应可给足量治疗。用药前须计算总剂量:所需补充铁总量(mg)=[需达到的血红蛋白浓度−实际血红蛋白浓度(g/L)]×体重(kg)×0.33。注射铁剂时采用深部肌内注射的方法,并经常更换注射部位,避免硬结形成。为避免药

液溢出而引起皮肤染色,抽取药液后更换注射针头,并采用 Z 形注射法或留空气注射法。注射铁剂可发生局部疼痛、头痛、头晕、发热、荨麻疹、关节痛、肌肉痛、低血压等,严重者可出现变态反应,因此在用药过程中注意观察病人是否出现这些反应。注射后可给予热敷,以防止硬结形成;对于症状明显,甚至出现过敏性休克的病人,应及时通知医生,停止用药,同时给予其抗过敏和抗休克治疗。③静脉铁剂:对于不能或不愿忍受口服铁剂引起的胃肠道不良反应(如老年人、妊娠女性及现有胃肠道疾病可能会加重口服铁剂不良反应)的病人,静脉铁剂已成为常用的治疗方案,有多种静脉铁剂可供使用,包括低分子右旋糖酐铁、羧基麦芽糖铁和蔗糖铁等,其中低分子量右旋糖酐铁是目前唯一可以单次大剂量输注的静脉铁剂,可减少病人输注次数,输注时须注意过敏反应。

2. 活动指导　严重贫血病人应嘱其卧床休息,避免剧烈活动,下蹲站起时动作一定要缓慢,防止其出现晕厥或跌倒。由于轻微的活动可增进病人的食欲,因此指导病人适当进行活动,以不引起疲劳为宜。

3. 健康指导

(1) 疾病知识的指导:告知病人了解缺铁性贫血的病因、表现,认识长期贫血对自身的危害,提高病人及其家属对治疗和护理的依从性,使其能积极主动地参与疾病的治疗与康复。

(2) 预防指导:①饮食指导:提倡均衡饮食,荤素搭配;②高危人群预防性补充铁:婴儿、生长发育期的青少年、妊娠与哺乳期的女性,应增加食物铁的补充,必要时可考虑预防性补充铁剂;③预防和治疗相关疾病:如消化性溃疡、痔出血、长期腹泻、肠道寄生虫感染等,应尽量避免或及早治疗,可预防 IDA 的发生。

(3) 自我监测:应及时监测自觉症状(贫血的症状及 IDA 的特殊表现)、呼吸的变化、心率的变化、能否平卧、有无水肿及尿量变化等,如自觉异常,及时就医。

【护理评价】

经过治疗和护理,评估病人是否能够达到:①对治疗有信心并积极配合;②缺乏的营养物质得到补充;③血象接近正常标准;④没有并发症发生;⑤疲乏感消失;⑥掌握疾病的相关知识。

(闫贵明)

思　考　题

1. 什么人群应考虑预防性补充铁剂? 有无明确标准?

2. 注射铁剂 2d 后如病人出现荨麻疹,护士应如何处理?

第三节　再生障碍性贫血病人的护理

学 习 目 标

- 识记:
  1. 复述再生障碍性贫血的概念、病因与发病机制。
  2. 陈述再生障碍性贫血病人的典型表现和辅助检查。
  3. 列出再生障碍性贫血的主要护理诊断。
- 理解:
  1. 概述再生障碍性贫血病人药物治疗及护理要点。
  2. 解释再生障碍性贫血病人预防出血和感染措施的依据。
- 运用:
  运用所学知识对再生障碍性贫血病人进行全面的护理评估、制订护理计划。

Note:

病人,男性,20岁,因发热4d,发现皮肤出血点2d入院。病人4d前无明显诱因出现发热,体温最高39℃,伴咽痛、咳嗽、乏力。自服阿司匹林后体温下降,但维持不到12h又升高。体格检查:T 38.2℃,P 91次/min,R 20次/min,BP 118/73mmHg;重度贫血面容,全身皮肤散在出血点,浅表淋巴结无肿大,巩膜无黄染,心肺无异常,肝脾肋缘下未触及,双下肢无水肿。实验室检查:Hb 65g/L,RBC 1.9×10^{12}/L,MCV 90fl,MCHC 34%,WBC 1.2×10^9/L,PLT 18×10^9/L。以全血细胞减少待查(重型再生障碍性贫血?)收入院治疗。

请思考:

（1）护士病情观察要点有哪些?

（2）为预防更严重的出血发生,护士应该做哪些工作?

再生障碍性贫血(aplastic anemia,AA),简称再障,是一种可能由不同病因和机制引起的骨髓造血功能衰竭症,临床主要表现为骨髓造血功能低下、全血细胞减少、贫血、出血和感染。我国再障的年发病率为0.74/10万,可发生于各年龄段,但老年人的发病率有增高趋势,男女发病率无明显差别。

根据病人的病情可分为重型再障(severe aplastic anemia,SAA)和非重型再障(non severe aplastic anemia,NSAA),根据病因可分为先天性(遗传性)和后天性(获得性)。

【病因与发病机制】

（一）病因

约半数以上病例无法找到明显诱因,但可能与下列因素有关:

1. **生物因素**　特别是肝炎病毒、微小病毒B19等感染。

2. **化学因素**　药物如氯霉素类抗生素、磺胺类药物、抗肿瘤化疗药物、解热镇痛药、镇静催眠药等,都与再生障碍性贫血的发生有关。

3. **物理因素**　长期接触X射线、镭及放射性核素等。

4. **其他**　少数阵发性睡眠性血红蛋白尿、系统性红斑狼疮、慢性肾衰竭等疾病可引发再障,部分病人还可能与遗传因素有关。

（二）发病机制

再生障碍性贫血的发病机制有3类:原发或继发性造血干细胞缺陷、造血微环境及免疫异常。

1. **造血干细胞缺陷**　再生障碍性贫血病人骨髓CD34$^+$细胞较正常人明显减少,减少程度与其病情相关。同种异基因骨髓移植成功后,可使再生障碍性贫血病人造血功能重建。

2. **造血微环境异常**　骨髓微环境包括微循环和基质。骨髓的造血活动与其微环境有着密切的关系,在放射等因素的影响下骨髓微环境受到损害,从而影响造血干细胞的生长。再生障碍性贫血病人骨髓活检时可发现造血细胞减少,骨髓"脂肪化",静脉窦壁水肿、出血,毛细血管坏死等改变。

3. **免疫异常**　再生障碍性贫血病人外周及骨髓淋巴细胞比例增高,T细胞亚群失衡,T辅助细胞Ⅰ型、CD8$^+$T抑制细胞等比例增高,由T细胞分泌的造血负调控因子(IFN-γ、TNF、IL-2)也明显增多,髓系细胞凋亡亢进。通过免疫抑制治疗,多数病人能有一定效果。

在以往的研究中都认为造血干细胞缺陷是再生障碍性贫血重要的发病机制,但近年来,多数学者认为免疫异常是再生障碍性贫血的主要发病机制,而造血微环境与造血干细胞量的改变是异常免疫损伤所致。

【护理评估】

（一）健康史

除一般贫血病人需要了解的内容外，还要详细询问病人有无病毒感染史（如肝炎）、抗生素或抗肿瘤药物治疗史，是否接触苯、镭及放射性物质，既往有无血液系统或其他系统疾病史。

（二）身体状况

1. **重型再生障碍性贫血** 起病急、进展快、病情重，临床表现主要为贫血、感染和出血三大症状。

（1）贫血：呈进行性加重，病人可有皮肤黏膜苍白、乏力、头晕、心悸和气短等症状。

（2）感染：以呼吸道感染最多见，其次有消化道、泌尿生殖系统及皮肤、黏膜等。感染主要以革兰氏阴性杆菌、金黄色葡萄球菌和真菌为主。表现为体温高，多数在39℃以上，少数病人采用各种方法均难以降低体温。

（3）出血：病人有不同程度的皮肤、黏膜及内脏出血，表现为皮肤出血点或大片瘀斑，鼻出血、牙龈出血、结膜出血等；内脏出血时表现为咯血、呕血、便血、血尿、阴道出血、眼底和颅内出血，此时病人病情危重，常危及生命。

2. **非重型再生障碍性贫血** 同SAA相比，起病缓、进展慢、病情相对较轻。临床表现也主要为贫血、出血和感染三大症状，但均较SAA程度轻，并呈慢性进展。症状较易控制，经输血、抗感染治疗后病人症状可缓解，但长期反复发作也可危及病人生命。

（三）辅助检查

1. **血象** SAA病人血象呈重度全血细胞减少：重度正细胞正色素性贫血，网织红细胞百分数多在0.005以下，绝对值<15×10^9/L。白细胞计数<2×10^9/L，中性粒细胞<0.5×10^9/L，淋巴细胞比例增高，血小板计数<20×10^9/L。NSAA血象也呈全血细胞减少，但程度较SAA轻。

2. **骨髓象** SAA呈多部位骨髓增生重度减低，NSAA呈多部位骨髓增生减低。穿刺骨髓中颗粒很少，脂肪滴增多。大多数病人多部位穿刺涂片呈现增生不良，粒系及红系细胞减少，淋巴细胞、浆细胞、组织嗜碱性粒细胞相对增多，巨核细胞很难找到或缺如。

3. **发病机制检查** CD4$^+$细胞与CD8$^+$细胞比值减低，Th1与Th2细胞比值增高，CD8$^+$T抑制细胞、CD25$^+$T细胞和γδTCR$^+$T细胞比例增高，血清IL-2、IFN-γ、INF水平增高，骨髓细胞染色体核型正常，骨髓铁染色示贮铁增多，中性粒细胞碱性磷酸酶染色强阳性，溶血检查均为阴性。

（四）心理-社会状况

详见本章第一节。

【常见护理诊断/问题】

1. 潜在并发症：出血、感染。

2. 体像紊乱 与服用雄激素有关。

3. 知识缺乏：缺乏疾病相关知识。

【计划与实施】

再障病人首先要进行支持治疗，保护病人，预防感染，防止出血，避免接触各类危险因素，根据情况输注浓缩红细胞和血小板，有出血者应用促凝药（止血药），凝血因子低时应及时纠正。有感染者可先应用广谱抗生素治疗，待细菌培养及药敏试验结果出来后再应用敏感抗生素治疗。其次，对再障病人须行针对发病机制的治疗、免疫抑制治疗和促进造血治疗。其中，促进造血的常用药物包括雄激素和造血生长因子。

经过治疗和护理，病人达到：①了解再障的疾病知识，说出药物治疗的作用及副作用；②自觉采取有效措施，减少或避免出血和感染的发生；③正确面对自身形象的改变，坚持服用雄激素治疗。

（一）病情观察

及时观察血象及骨髓象。注意观察病人出血倾向,皮肤、黏膜、牙龈等处有无出血点、瘀斑,同时注意观察病人有无血尿、便血及头痛、视物模糊等颅内出血的症状。监测病人体温变化,注意有无感染发生。

（二）并发症的预防

1. 预防出血

（1）防止皮肤黏膜出血:①指导病人活动时注意安全,避免磕碰。②保持床单位的清洁、干燥、平整。③指导病人使用柔软的手巾、穿着柔软合体的衣物。刷牙时要用软毛牙刷,不要剔牙,必要时给予病人口腔护理。便后用软手纸擦拭。④护理操作轻柔,注意保护病人,静脉穿刺或肌内注射时按压止血时间要长,止血带、血压计袖带捆扎时间要短,协助病人翻身时避免托、拉、拽等粗暴动作。⑤保持病室温度与湿度,防止病人因空气过于干燥导致鼻黏膜干燥、出血及皮肤黏膜受损。

（2）防止消化道出血:指导病人进食较软易消化的食物,避免干硬、刺激性食物,避免过热食物。

（3）遵医嘱输注血小板。

（4）防治脑出血:嘱病人保持情绪稳定,避免情绪激动;避免剧烈咳嗽、用力排便等过度增加腹压的行为,必要时可给予病人开塞露或口服缓泻剂、镇咳药。保证充足睡眠和休息。一旦发生颅内出血,应做好抢救配合:①立即去枕平卧,头偏向一侧;②及时吸出呕吐物,保持病人呼吸道通畅;③吸氧;④迅速建立两条静脉通道,遵医嘱快速静脉滴注或静脉注射 20% 甘露醇、50% 葡萄糖、呋塞米、地塞米松等药物,以降低颅内压,同时进行输血或成分输血;⑤观察并记录病人的生命体征、意识状态及瞳孔、尿量的变化,做好交接班。

2. 预防感染

（1）防止皮肤黏膜感染:①保持病人皮肤清洁,定期沐浴、更换衣服;②保持病人口腔清洁,指导病人饭后用漱口水漱口,必要时可行口腔护理;③保持病人会阴清洁,每日用清水清洗会阴;④严格执行无菌操作,防止医源性感染。

（2）防止呼吸系统感染:病室每日空气消毒,定时通风换气;限制探视人数,外来人员需戴口罩;指导病人尽量减少出入公共场合。

（3）防止消化道感染:指导病人注意饮食卫生,饭前便后要洗手,禁食生、冷及不干净的食物。

（4）粒细胞$<0.5\times10^9$/L 者,应给予保护性隔离。

（三）药物治疗与护理

1. 输血护理 通常认为血红蛋白低于 60g/L 且病人对贫血耐受较差时,可选择输血,但应防止输血过多。输注血小板、浓缩红细胞、白细胞混悬液时按照护理常规执行,同时注意观察病人输血反应的发生。详见第二十九章第三节相关内容。

2. 重型再障病人应用免疫抑制剂的护理 免疫抑制剂有抗淋巴/胸腺细胞球蛋白（ALG/ATG）、环孢素 A（cyclosporin A,CsA）、吗替麦考酚酯（MMF）等,注意观察药物的不良反应,如 ALG/ATG 可出现超敏反应、出血加重、血清病等不良反应,用药前应有应急措施,用药期间经常询问病人的反应,如有不适症状及时通知医生调整用药。

3. 非重型再障病人应用雄激素的护理 雄激素以丙酸睾酮为代表,其他还有司坦唑醇（康力龙）、达那唑等。药物的副作用主要有男性化和肝功能损害。女性病人长期应用雄激素会出现痤疮、须毛增多、声音变粗、闭经、乳房缩小等男性化表现;肝功能损害病人会出现黄疸;此外,水钠潴留会导致病人水肿和心衰。护士应注意观察病人用药的不良反应,监测病人的肝功能。在病情允许的情况下告诉病人坚持治疗的重要性,停药后副作用可逐渐消失,坚定病人治疗的信心。丙酸睾酮为油剂,注射后不易吸收,可形成硬结,严重者可形成坏死,因此注射时须采用深部肌内注射法,并轮流更换注射部位,每日检查注射局部有无硬结形成,如出现可行理疗。

4. 造血细胞因子 多作为一种辅助药物,单用无效,主要用于重型再障,可促进骨髓功能恢复。

常用药物包括粒细胞集落刺激因子（G-CSF）、粒细胞-巨噬细胞集落刺激因子（GM-CSF）、促红细胞生成素（EPO）和白细胞介素-3（IL-3）。

（四）健康指导

1. **疾病知识教育** 向病人讲解疾病临床表现及用药不良反应的表现，便于病人自我监护，如有异常及时就医。

2. **生活指导** 指导病人注意个人卫生及饮食卫生，进食高蛋白、高能量、富含维生素及纤维素的食物，注意营养搭配；注意保暖，防止受凉；注意安全，防止受伤；不到公共场合；保持心情稳定；注意劳逸结合，可进行轻柔的活动，如散步、打太极拳等。

3. **心理调适** 再障病人常可出现焦虑、抑郁甚至绝望等负性情绪，会影响病人的康复或治疗效果。因此应指导病人学会自我调整，指导家属理解和支持病人。

4. **用药与随访指导** 临床常应用雄激素、免疫抑制剂等治疗本病，须向病人及其家属详细介绍药物的名称、用量、用法及其不良反应，遵医嘱按时、按量、按疗程用药。同时应定期复查，以便及时了解病情变化及其疗效。

5. **预防疾病的发生或复发** 尽量避免或减少接触与再障发病相关的药物和理化物质，如氯霉素、磺胺、保泰松、阿司匹林、苯及其衍生物、农药或杀虫剂等。

【护理评价】

经过治疗与护理，评估病人是否能够达到：①活动后无心悸、气短等症状，能进行一般活动，生活自理；②了解疾病的相关知识及药物不良反应的处理，积极配合治疗；③正确面对自身形象的改变，坚持用药；④没有感染和出血的发生，或出现后得到及时、有效的治疗。

知 识 链 接

临床护理工作中的人文关怀

保护性隔离（protective isolation）亦称反向隔离，是将高度易感人群安置在指定地方，暂时避免与周围人群接触，防止其受到感染的一种隔离。重型再生障碍性贫血病人常出现比较严重的感染，当其粒细胞 $< 0.5 \times 10^9/L$ 时，应给予其保护性隔离。由于隔离通常选择单人病房，使得这些病人原来的生活被打乱，而且会受到更多的心理压力，导致情绪或行为异常，如孤单、情绪起伏、压抑并感到不光彩等。有些病人会说："当医生或护士进病房给我诊断的时候，身穿隔离服、戴着手套接触我的时候，我觉得自己是肮脏的、不干净的人。"一旦这些情况出现，病人更需要的是关怀。爱与关怀是护理的本质与核心，重型再障病人面临被感染、保护性隔离、担心疾病恶化等变故，需要护士的关怀。护理人文关怀就是在护理中体现"以人为本"的关怀理念。

（闫贵明）

思 考 题

1. 如何预防重型再障的感染问题？

2. 再障病人出现颅内出血应如何急救？

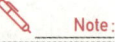
Note:

第三十一章

白血病病人的护理

31章　数字内容

学 习 目 标

- 识记：
  1. 复述白血病的概念和分类。
  2. 简述白血病的病因和发病机制、临床表现、辅助检查的临床意义。
  3. 列出急、慢性白血病的护理诊断。
- 理解：
  1. 比较急、慢性白血病临床表现的异同点。
  2. 概述急、慢性白血病药物治疗与护理的观察要点。
- 运用：
  为急、慢性白血病病人进行护理评估，制订护理计划。

白血病(leukemia)是一类造血干细胞的恶性克隆性疾病。因白血病细胞自我更新增强、增殖失控、分化障碍、凋亡受阻,而停滞在细胞发育的不同阶段。在骨髓和其他造血组织中,白血病细胞大量增生累积,使正常造血受抑制并浸润其他器官组织。

我国白血病发病率为3/10万~4/10万,与亚洲其他国家接近,低于欧美国家。在我国恶性肿瘤所致的死亡率中,白血病在儿童及35岁以下成人中居第1位。

第一节　概　述

【分类】

根据白血病细胞的成熟程度和自然病程,可分为急性和慢性两大类。急性白血病的细胞分化停滞在较早阶段,多为原始细胞及早期幼稚细胞,病情发展迅速,自然病程仅数月。慢性白血病的细胞分化停滞在较晚阶段、多为成熟和较成熟的细胞,病情发展慢,自然病程可为数年。

根据主要受累的细胞系列,可将急性白血病分为急性淋巴细胞白血病(acute lymphoblastic leukemia,ALL)与急性髓细胞性白血病(acute myelogenous leukemia,AML)。ALL 又分为 L_1、L_2、L_3 3 种亚型,AML 分为 M_0~M_7 8 种亚型。慢性白血病临床主要分为慢性髓细胞性白血病(chronic myelogenous leukemia,CML)和慢性淋巴细胞白血病(chronic lymphocytic leukemia,CLL)两大类。

【病因与发病机制】

白血病的病因尚不完全清楚,其中病毒可能是主要的因素,此外尚有遗传因素、放射线、化学毒物和药物等综合因素。

(一) 病毒

目前认为 C 型 RNA 病毒与人类白血病发病有关。人类嗜 T 淋巴细胞病毒-1(HTLV-1)能引起成人 T 细胞性白血病(ATL),EB 病毒、HIV 病毒也与人类淋巴细胞白血病的发生有一定关系。

(二) 放射因素

放射性核素有致白血病的作用,其作用与放射剂量的大小及放射部位有关。病人多为急性淋巴细胞、急性非淋巴细胞白血病或慢性髓细胞性白血病。放射线可导致骨髓抑制、机体免疫力缺陷及染色体发生断裂和重组、染色体双股 DNA 可逆性断裂等改变。

(三) 化学因素

多种化学物质或药物可诱发白血病,苯及其衍生物、氯霉素、保泰松、烷化剂、细胞毒性药物均可致白血病。由于药物治疗所继发的白血病,称为治疗相关性白血病,多为急性髓细胞性白血病。在出现白血病前,常有一个白血病的前期阶段,表现为全血细胞减少。

(四) 遗传因素

家族性白血病约占白血病的 0.7%。某些遗传性疾病有较高的白血病发病率,如唐氏综合征有 21 号染色体三体改变,其白血病的发病率达 50/10 万,较正常儿童高 15~20 倍。其他伴有染色体异常的先天性疾病,如 Bloom 综合征、Fanconi 贫血等白血病的发生率均较高。单卵孪生子如果其中一人发生白血病,另一人的发病率达 1/5,比双卵孪生子高 12 倍。

(五) 其他血液病

骨髓增生异常综合征、淋巴瘤、多发性骨髓瘤等血液病最终可能发展成急性白血病。

(闫贵明)

第二节 急性白血病病人的护理

导入情境与思考

病人,女性,26岁,因月经间断出血不止3个月,发热2周入院。3个月前无明显诱因出现面色苍白,逐渐加重,月经间断出血,未予重视及治疗,2周前出现发热,体温39~40℃,伴寒战,抗炎、降温效果不佳。体格检查:T 38.6℃,P 108次/min,R 24次/min,BP 110/64mmHg。贫血面容,巩膜无黄染,结膜苍白;口腔黏膜有一处溃疡,牙龈轻度肿胀,咽红,扁桃体I度肿大;听诊心前区可闻及II级收缩期吹风样杂音;腹部较膨隆,肝脾大;全身浅表淋巴结未触及肿大。血常规:Hb 50g/L,RBC 1.68×10^{12}/L,PLT 27×10^9/L,WBC 1.5×10^9/L,中性粒细胞比例22%,淋巴细胞比例46%,单核细胞比例22%,原始单核细胞+幼稚单核细胞>64%。

请思考:

(1)根据该病人目前的情况,其主要护理问题有哪些?

(2)病人入院后如何预防和控制感染?

急性白血病(acute leukemia)是骨髓中异常的原始细胞及幼稚细胞(白血病细胞)大量增殖并抑制正常造血,可广泛浸润肝、脾、淋巴结等器官。

【护理评估】

(一)健康史

了解病人的年龄、职业和居住环境,是否有长期接触放射性物质或化学毒物史,如X线、苯及其衍生物、氯乙烯等;是否用过细胞毒性药物,如氯霉素、保泰松等;家族中是否有类似疾病者等。询问病人就诊的原因及主要症状,主要症状的持续时间;了解病人日常休息及活动量、活动耐力及饮食和睡眠等情况。

(二)身体状况

起病急缓不一。急者可以是突然高热,也可以是严重的出血或全身衰竭。缓慢者常为面色苍白、疲乏或轻度出血,少数病人因皮肤紫癜、月经量过多或拔牙后出血不止而就医。病人主要表现为贫血、出血、发热和感染,以及各器官浸润等症状和体征。

1. **发热** 多数病人以发热为早期表现,可低热,亦可高热达39~40℃以上,常伴有畏寒、出汗。虽然白血病本身可以发热,但较高的发热往往提示有继发感染。感染是急性白血病病人的主要死因,以口腔炎、牙龈炎、咽峡炎最为常见,也可见肺部感染、肛周感染,严重时可致菌血症或败血症。最常见的致病菌为革兰氏阴性菌,如肺炎克雷伯菌、铜绿假单胞菌、硝酸盐不动杆菌等,革兰氏阳性菌的发病率有所上升,如金黄色葡萄球菌、大肠埃希菌、表皮葡萄球菌、粪链球菌等。疾病后期常伴有真菌感染,这与长期使用广谱抗生素、糖皮质激素、化疗药物有关。病人免疫功能缺陷也可引起病毒感染,如带状疱疹等。

2. **出血** 以出血为早期表现的白血病病人约占40%。出血可发生在全身各部位,以皮肤瘀点、瘀斑、鼻出血、牙龈出血、女性病人月经量过多多见。急性早幼粒细胞白血病易并发DIC而出现全身广泛出血。眼底出血可致视力障碍,严重时发生颅内出血,常导致病人死亡。出血的主要原因为大量白血病细胞在血管内淤滞和浸润、血小板减少、凝血异常及感染。

3. **贫血** 早期不明显,病情呈进行性发展,2/3的病人就诊时已有中至重度贫血。贫血原因与正常红细胞生成减少、无效性红细胞生成、溶血和出血等因素有关。

Note:

4. 白血病细胞浸润器官和组织的表现

（1）肝、脾、淋巴结肿大：白血病细胞浸润多发生在肝、脾，以急性淋巴细胞白血病多见，表现为轻到中度的肝、脾肿大，表面光滑，偶伴轻度触痛。淋巴结轻到中度肿大，无压痛；纵隔淋巴结肿大常见于急性 T 淋巴细胞白血病。

（2）骨骼和关节疼痛：常有胸骨下端局部压痛，提示骨髓腔内白血病细胞过度增生。可出现明显骨痛和四肢关节疼痛，尤以儿童多见。如有剧烈骨痛，则考虑骨髓坏死。

（3）皮肤及黏膜浸润：白血病细胞浸润可使牙龈增生、肿胀，皮肤出现粒细胞肉瘤、弥漫性斑丘疹、皮下结节、多形红斑、结节性红斑等，多见于急性单核细胞和急性粒-单核细胞白血病。

（4）中枢神经系统白血病（central nervous system leukemia，CNSL）：中枢神经系统是白血病最常见的髓外浸润部位。由于化学药物难以通过血-脑屏障，隐藏在中枢神经系统的白血病细胞不能有效地被杀灭，因而引起中枢神经系统白血病，是白血病髓外复发的根源。中枢神经系统白血病可发生在疾病的各个时期，但多数病人的症状出现较晚，常发生在缓解期，以急性淋巴细胞白血病最常见，儿童尤甚。其主要表现为头痛、头晕，重者有呕吐、颈强直，甚至抽搐、昏迷，病人脑脊液压力增高，但不发热。

（5）其他部位：眼部常见白血病细胞浸润眶骨膜（称粒细胞肉瘤或绿色瘤），可引起眼球突出、复视或失明。睾丸受浸润时多表现为一侧无痛性肿大，常见于急性淋巴细胞白血病化疗缓解后的男性幼儿或青年。此外，尚可累及心、肺、胃肠道等部位，但多无症状或为非特异性症状。

（三）辅助检查

1. **血象** 多数病人白细胞计数增高，多在（10~50）×10⁹/L，少数<5×10⁹/L 或>100×10⁹/L。分类检查可见相当数量的原始和/或幼稚细胞，一般占 30%~90%，白细胞不增多型则很难找到原始细胞。病人有不同程度的正常细胞性贫血，少数病人血涂片检查红细胞大小不等，可找到幼红细胞。半数病人血小板低于 60×10⁹/L，晚期血小板常极度减少。

2. **骨髓象** 骨髓检查是确诊白血病及其类型的重要依据。骨髓有核细胞显著增生，多为明显活跃或极度活跃；主要为白血病原始细胞，占非红系细胞的 30%以上，缺少较成熟的中间阶段细胞，而残留少量的成熟细胞，形成所谓"裂孔"现象。约有 10%急性非淋巴细胞白血病病人骨髓增生低下，称为低增生性急性白血病。胞质中出现红色杆状小体，称奥尔小体（Auer 小体），仅见于急性非淋巴细胞白血病。正常的幼红细胞和巨核细胞减少。

3. **细胞化学染色** 常见白血病（急性淋巴细胞、急性粒细胞及急性单核细胞白血病）的原始细胞形态相似，因此用组织化学染色帮助区分。常用方法有过氧化物酶染色、苏丹黑脂质染色、中性粒细胞碱性磷酸酶染色、糖原染色等。

4. **免疫学检查** 可用于急性淋巴细胞白血病与急性非淋巴细胞白血病的区别，以及 T 细胞与 B 淋巴细胞（简称 B 细胞）白血病的区别。单克隆抗体还可将急性淋巴细胞白血病分为若干亚型。

5. **染色体和基因检查** 某些白血病常伴有特异的染色体和基因异常改变。

6. **其他** 各型白血病病人血液中尿酸浓度及尿液中尿酸排泄均增加，特别是在化疗期，这是由于大量细胞被破坏所致。急性单核细胞白血病病人血清和尿溶菌酶活性增高，而急性淋巴细胞白血病常降低。中枢神经系统白血病发生时，病人脑脊液压力增高，白细胞计数增多，蛋白质增多，葡萄糖定量减少，涂片可找到白血病细胞。

（四）心理-社会状况

白血病是造血系统恶性疾病，一旦患病，对病人及其家属均是沉重的打击，加之治疗过程中种种并发症及经济负担的日趋加重，常引起病人及其家属的负性情绪。评估时应注意病人对自己所患疾病了解的程度及其心理承受能力，是否产生恐惧或震惊、否认。了解以往的住院经验，所获得的心理支持；家庭成员及亲友对疾病的认识，对病人的态度；家庭应对能力，以及家庭经济情况，有无医疗保障等。

Note:

【常见护理诊断/问题】

1. **有感染的危险**　与正常粒细胞减少、化疗有关。
2. **潜在并发症：出血，化疗药物的副作用。**
3. **活动无耐力**　与长期化疗,白血病引起代谢增高及贫血有关。
4. **无望感**　与疾病预后有关。

【计划与实施】

急性白血病的治疗须根据病人意愿和疾病特点,选择最佳、完整系统的方案,使病情得到控制。通过治疗和护理,病人达到:①采取正确有效的措施预防感染和出血,积极配合医务人员,坚持化疗;②化疗期间保证营养摄入;③找到不良情绪的应对方法。

（一）感染的预防和控制

要严密观察病人有无感染灶,做到早期发现,及时控制感染。

1. 监测病人白细胞计数和生命体征的变化。

2. 病室定时通风,保持空气新鲜,并每日用紫外线进行空气消毒,用消毒液擦拭家具及地面。

3. 限制陪住和探视人员,减少交叉感染的机会,若病人粒细胞<$0.5×10^9$/L 时,实行保护性隔离;探视者佩戴口罩、穿上鞋套等。

4. 指导病人养成良好的个人卫生习惯,经常洗澡,保持皮肤的清洁,预防皮肤感染。

5. 保持口腔的清洁、舒适。口腔是最容易感染和出血的部位,可出现口腔黏膜肿胀和溃疡。餐前、餐后、睡前、醒后要漱口。应用广谱抗生素或化疗药时易发生真菌感染,可用4%碳酸氢钠溶液漱口,预防口腔感染。

6. 保持会阴部及肛周皮肤的清洁,每日便后清洗肛周,并用温水坐浴,注意保持排便通畅,以免发生肛裂或肛周感染。

7. 根据室内外温度的变化调整衣着,防止受凉感冒和呼吸道感染。

8. 遵医嘱应用抗生素,现用现配;严格执行无菌操作技术规程,避免医源性感染。

（二）出血的预防与护理

因血小板计数过低而出血者,输注浓缩血小板悬液是最有效的方法。外周血中血小板计数<$50×10^9$/L 或呈进行性下降时,应提高警惕,注意观察病人有无出血倾向。

1. 检查病人全身皮肤有无瘀点、瘀斑,于穿刺后针眼处按压 5min 以上以预防出血。保护皮肤黏膜,避免外力碰撞。

2. 勿用普通牙刷刷牙或用牙签剔牙,以防牙龈出血,可用柔软棉签擦拭牙龈。勿进食粗糙食物,以免刺破口腔黏膜,宜进流质或半流质饮食。

3. 保持鼻腔黏膜的清洁湿润,每日用湿棉签清洁鼻腔和复方薄荷滴鼻液滴鼻,不用力擤鼻或挖鼻,防止鼻出血。

4. 避免活动过度,当血小板计数<$20×10^9$/L 时病人有自发性出血的可能,应绝对卧床休息,以防颅内出血。若病人剧烈头痛、呕吐、视物模糊等,要及时通知医生迅速给予处理。发生 DIC 者须做相应处理。

（三）贫血的观察与护理

1. 注意观察病人贫血的症状、体征,如口唇、甲床是否苍白;评估其活动的耐受能力。了解病人检查结果,以判断病人贫血程度。

2. **成分输血**　严重时输浓缩红细胞维持 Hb>80g/L,白细胞淤滞时不宜马上输注红细胞,以免进一步增加血黏度。为防止异体免疫反应所致无效输注和发热反应,可用白细胞滤器去除成分血中的白细胞。

（四）化学药物治疗与护理

急性白血病的化疗过程分为2个阶段,即诱导缓解和巩固强化治疗。

1. **诱导缓解** 是指从化疗开始到完全缓解阶段。其目的是迅速、大量地杀灭白血病细胞,恢复机体正常造血,使病人的症状和体征消失,血象和骨髓象基本恢复正常,即达到完全缓解(complete remission,CR)。CR即临床症状和体征消失,血象和骨髓象恢复正常,无髓外白血病。目前临床多采用联合化疗,可提高疗效及延缓抗药性的发生。药物的组合应符合:作用于细胞周期不同阶段的药物;各药物间有相互协同作用,以最大限度地杀灭白血病细胞;各药物的副作用不重叠,对重要器官损伤小。第一次缓解越彻底,则缓解期越长,生存期亦越长。

成人ALL首选VDLP方案,即长春新碱、柔红霉素、门冬酰胺酶和泼尼松,也可用VLP(VP加门冬酰胺酶)或VDP(VP加柔红霉素)方案。AML常用DA方案,即柔红霉素和阿糖胞苷,或使用HOAP(高三尖杉酯碱、长春新碱、阿糖胞苷、泼尼松)方案,近年来常使用HA(高三尖杉酯碱和阿糖胞苷)方案。总之,应根据病人血象、骨髓象、身体状况、年龄、对药物的反应和毒性反应,选用化疗方案和调整剂量(表31-2-1)。

表31-2-1 急性白血病常用诱导缓解方案

治疗方案	药物	剂量与用法
AML诱导缓解方案		
DA	柔红霉素(DNR)	40~60mg/d,静脉注射,第1~3日
	阿糖胞苷(Ara-C)	150~200mg/d,静脉滴注,第1~7日
HA	高三尖杉酯碱(HHT)	4~6mg/d,静脉滴注,第5~7日
	阿糖胞苷(Ara-C)	150~200mg/d,静脉滴注,第1~7日
IA	去甲氧柔红霉素(IDA)	10~15mg/d,静脉注射,第1~3日
	阿糖胞苷(Ara-C)	150~200mg/d,静脉滴注,第1~7日
维A酸	维A酸(全反式)(ATRA)	25~45mg/($m^2 \cdot$ d),口服,直至缓解
ALL诱导缓解方案		
VP	长春新碱(VCR)	2mg/d,静脉注射,每周第1日
	泼尼松(Pred)	40~60mg/d,分次口服,连用2~3周
VDLP	长春新碱(VCR)	1.5mg/($m^2 \cdot$ d),静脉注射,第1、8、15、22日
	柔红霉素(DNR)	30~40mg/($m^2 \cdot$ d),静脉注射,第1~3、15~17日
	门冬酰胺酶(L-ASP)	5 000~10 000U,静脉滴注,第19~28日
	泼尼松(Pred)	40~60mg/d,口服,第1~28日,第15日起减量
VDCP	长春新碱(VCR)	1.5mg/($m^2 \cdot$ d),静脉注射,第1、8、15、22日
	柔红霉素(DNR)	30~40mg/($m^2 \cdot$ d),静脉注射,第1~3、15~17日
	环磷酰胺(CTX)	600mg/($m^2 \cdot$ d),静脉注射,第1、15日
	泼尼松(Pred)	40~60mg/d,口服,第1~28日,第15日起减量

2. **巩固强化治疗** 达到完全缓解后,病人体内尚有残存白血病细胞,且在髓外某些部位仍可有白血病细胞浸润。缓解后巩固和强化治疗的目的是继续消灭体内残存的白血病细胞,防止复发,延长缓解期和无病存活期,争取治愈。急性淋巴细胞白血病病人可早期用原诱导缓解方案2~4个疗程,也可采用其他强力化疗方案,以后每个月强化治疗一次,共计治疗3~4年,除巩固强化外,间歇期应维持治疗,常用巯嘌呤和甲氨蝶呤交替长期口服。

Note:

急性非淋巴细胞白血病病人可用原诱导缓解方案巩固4~6个疗程,或用中剂量阿糖胞苷为主的强化治疗,或用与原诱导治疗方案无交叉耐药的新方案(如依托泊苷+米托蒽醌等)。每1~2个月1次,共计1~2年,以后随访观察。老年或过度虚弱的病人对化疗的耐受性差,宜采用小剂量阿糖胞苷(或高三尖杉酯碱)静脉滴注治疗,直至缓解。对高白细胞白血病病情危重者,应立即用血细胞分离机清除血中过多的白细胞,然后再进行化疗。

　　3. **化疗期间护理**　白血病病人化疗期间常用的化疗药物及其不良反应见表31-2-2,在病人化疗期间,须做好以下护理工作:

　　(1) 遵医嘱应用化疗药物:某些化疗药对局部组织刺激性大,如柔红霉素、多柔比星、阿克拉霉素等易引起化学性静脉炎。为避免化学性静脉炎的发生,静脉注射或静脉滴注前、后均要用生理盐水冲洗静脉管路,以减轻化疗药对局部的刺激,或为病人放置经外周静脉穿刺的中心静脉导管(PICC)。

　　(2) 病人在化疗期间出现脱发时,主动向其讲明原因,并告知头发可以再生,不必为此担忧。

　　(3) 注意观察病人用药后的反应:如长春新碱可致上睑下垂、感觉异常等神经系统损伤;泼尼松可致精神性格改变、高血压和消化性溃疡;柔红霉素可引起心律不齐等心肌损害;环磷酰胺可导致出血性膀胱炎、血尿等,嘱病人多饮水,每日饮水量在3L以上;甲氨蝶呤可引起口腔黏膜及消化道黏膜溃疡,嘱病人勤用亚叶酸钙(甲酰四氢叶酸钙)含漱。

表31-2-2　治疗白血病常用的化疗药物及其不良反应

药名	缩写	给药途径	主要不良反应
柔红霉素	DNR	静脉注射	骨髓抑制、心脏损害
多柔比星	ADM	静脉注射	骨髓抑制、心脏损害
去甲氧柔红霉素	IDA	静脉注射	消化道反应、骨髓抑制
阿糖胞苷	Ara-C	静脉滴注/皮下注射/鞘内注射	消化道反应、骨髓抑制、口腔溃疡
高三尖杉酯碱	HHT	静脉滴注/肌内注射	骨髓抑制、心脏损害、消化道反应
米托蒽醌	NVT	静脉滴注	骨髓抑制、消化道反应、心脏毒性
6-巯基嘌呤	6-MP	口服	骨髓抑制、消化道反应、肝损害
氟达拉滨	FLU	静脉滴注	神经毒性、骨髓抑制、免疫抑制
羟基脲	HU	口服	消化道反应、骨髓抑制
环磷酰胺	CTX	口服/静脉注射	骨髓抑制、消化道反应、出血性膀胱炎、脱发
苯丁酸氮芥	CLB	口服	骨髓抑制、消化道反应
阿克拉霉素	ACM	静脉滴注	骨髓抑制、消化道反应
甲氨蝶呤	MTX	口服/静脉注射/鞘内注射	口腔溃疡、肝损害、骨髓抑制
长春新碱	VCR	静脉注射	末梢神经炎、便秘、脱发
门冬酰胺酶	L-ASP	静脉滴注	肝损害、过敏反应
泼尼松	Pred	口服	类库欣综合征、高血压、糖尿病等
全反式维A酸	ATRA	口服	皮肤黏膜干燥、消化道反应、肝损害

　　(4) 预防感染:化疗药物的作用不仅是杀伤白血病细胞,正常细胞同样要受到杀伤,因此病人在诱导缓解期间很容易发生感染。当病人成熟粒细胞绝对值<0.5×10^9/L时,发生感染的可能性更大,此时应行保护性隔离,若没有层流生物洁净病房则置病人于单人病房,保证室内空气新鲜,定时空气和地面消毒,谢绝探视以避免交叉感染。加强口腔、皮肤及肛周护理。若病人生命体征显示有感染征象,应协助医生做血液、咽部、尿液、粪便和伤口分泌物的培养。一旦有感染,遵医嘱用强有力的抗生

Note:

素,常用第三代头孢类药物,如头孢哌酮、头孢曲松及头孢他啶等。

（5）高白细胞血症的护理:当病人循环血液中白细胞计数超过 $100\times10^9/L$,尤其达 $200\times10^9/L$ 时,可发生"白细胞淤滞症",表现为呼吸困难、低氧血症、呼吸窘迫、反应迟钝、言语不清、颅内出血等。应嘱病人多饮水,注意观察,有异常及时报告医生并协助处理。

（6）营养支持:急性白血病系严重消耗性疾病,特别是化疗、放疗期间,故应给予病人高蛋白、高维生素、高能量饮食,必要时经静脉补充营养,提高对化疗的耐受性。

（五）中枢神经系统白血病的防治

由于化疗药物难以通过血-脑屏障,因此隐藏在中枢神经系统内的白血病细胞常是白血病复发的根源。防治中枢神经系统白血病是治疗急性白血病中减少复发的关键,尤其是急性淋巴细胞白血病。常在缓解后鞘内注射甲氨蝶呤,每次 10mg。为减轻药物刺激引起的蛛网膜炎,可同时加用地塞米松 $5\sim10mg$,每周 2 次,共 3 周。亦可用阿糖胞苷鞘内注射,同时做头颅和脊髓放射治疗。鞘内注射化疗药时,应协助病人取屈颈抱膝侧卧位;推注药物时速率宜慢,边回抽脑脊液边推药,以减少其对局部的刺激;注射完毕,嘱病人去枕平卧 $4\sim6h$,注意观察病人有无头晕、头痛、呕吐、局部渗血等。

（六）骨髓或外周血干细胞移植

目前主张除儿童急性淋巴细胞白血病外,所有年龄在 50 岁以下的急性白血病病人应在第一次完全缓解时进行骨髓或外周血干细胞移植。详见第三十四章"造血干细胞移植病人的护理"。

（七）心理护理

1. 评估病人不同时期的心理反应　护士应了解白血病病人不同时期的心理反应。未确诊的病人主要表现为由怀疑而引起的焦虑;一旦确诊,多数病人认识到疾病预后不良的事实,由此产生强烈的恐惧、焦虑、忧伤、悲观、失望等负性情绪,甚至企图轻生;随着治疗的进行,病人感觉好转,负性情绪逐渐消失,希望感增加,此时可较坦然地正视自己的疾病,但由于疾病的反复,病情迁延不愈,病人情绪易激动,遇小事易发怒,常感孤独等。根据不同时期的心理反应,进行针对性的护理。

2. 帮助病人认识到不良的心理状态对身体的康复不利　说明长期情绪低落、焦虑、抑郁等可造成内环境的失衡,并引起食欲下降、失眠、免疫功能低下,反过来加重病情,对康复极为不利。

3. 指导病人和家庭成员正确对待疾病　护士倾听病人诉说,采取多种形式因势利导。嘱其亲友给予病人物质和精神的支持与鼓励,或组织病友交流康复经验,帮助病人克服恐惧心理。化疗导致的脱发对病人的心理影响很大,常常损伤病人的自尊和自信心。对易引起脱发的药物,化疗前对病人说明,可建议病人戴假发,冬季外出时可戴帽。帮助病人建立良好的生活方式,化疗间隙期坚持每日适当活动、散步、打太极拳,饮食起居规律,保证充足的休息、睡眠和营养,根据病人情况从事力所能及的事情,使病人感受到生命的价值,提高生存的信心。

（八）健康指导

1. 活动与饮食指导　缓解期病人应保持良好的生活方式,要作息规律,保证充足的休息和睡眠,每日睡眠时间以 $8\sim10h$ 为宜。适当进行健身活动,如散步、体操、慢跑、游泳、太极拳等,以提高机体免疫能力,减少复发。饮食应营养丰富,清淡、少刺激,忌辛辣食物。

2. 预防感染和出血的指导　注意个人卫生,避免去人群拥挤的地方,注意保暖,以免受凉;经常检查口腔、咽部有无感染,学会自测体温,勿用牙签剔牙、用手挖鼻孔,避免创伤等。定期门诊复查血象,发现出血、发热及骨、关节疼痛要及时去医院检查。

3. 用药指导　指导病人遵医嘱用药,避免使用对骨髓造血系统有损害的药物。

4. 其他　避免使用含苯的染发剂,长期接触放射性核素或苯类化学物质的工作人员,必须严格遵守劳动保护制度。

【护理评价】

经过治疗和护理,评估病人是否能够达到:①能说出活动无耐力的原因,合理安排休息和饮食,体

重维持在正常范围;②能说出预防感染的重要性,积极配合治疗与护理,减少或避免感染的发生;③能采取正确、有效的预防措施,减少或避免出血;④能说出化疗可能出现的不良反应,主动配合治疗,并能积极应对;⑤能正确对待疾病,悲观情绪减轻或消除。

(闫贵明)

思 考 题

1. 如何对急性白血病化学药物治疗期间的病人进行护理?
2. 造血干细胞移植治疗急性白血病起效后病人出院,护士应重点进行哪些健康指导?

第三节 慢性白血病病人的护理

导入情境与思考

病人,女性,37 岁,因反复发热、咽喉肿痛 7d 就诊入院。病人 3 个月前无明显诱因出现发热、咽喉肿痛,自行服用头孢类抗生素后缓解。7d 前自觉又出现上呼吸道感染,症状反复,自行服药不缓解。体格检查:T 37.7℃,P 87 次/min,R 16 次/min,BP 120/76mmHg;胸骨中下段轻压痛,肋缘下触及脾,质硬、无压痛;淋巴结无肿大。血常规:WBC $18×10^9$/L,Hb 122g/L,RBC $3.82×10^{12}$L,PLT $433×10^9$/L。入院后经骨髓检查确诊为慢性髓细胞性白血病,予甲磺酸伊马替尼、抗感染等治疗,好转后出院。

请思考:

(1) 该病人住院期间主要的护理问题有哪些?
(2) 护士进行出院指导时,重点应关注的指导要点是什么?

慢性白血病(chronic leukemia)按细胞类型主要分为慢性髓细胞性白血病和慢性淋巴细胞白血病。我国以慢性髓细胞性白血病多见,慢性淋巴细胞白血病较少见。

一、慢性髓细胞性白血病病人的护理

慢性髓细胞性白血病(chronic myelogenous leukemia,CML)是一种发生在多能造血干细胞上的恶性骨髓增生性疾病,其临床特点为粒细胞显著增多且不成熟,脾大,病程较缓慢,大多因急变而死亡。本病在我国年发病率为 0.39/10 万~0.99/10 万,全球年发病率为 1.6/10 万~2/10 万,各年龄组均可发病,以中年最多见。

【护理评估】

(一) 健康史

重点了解病人全身症状及既往病史,其他见本章第二节。

(二) 身体状况

整个病程可分为慢性期(chronic phase,CP)、加速期(accelerated phase,AP)和急变期(blastic phase or blast crisis,BP/BC)。

1. **慢性期** 起病缓慢,早期常无自觉症状,随着病情的发展,可出现乏力、低热、多汗或盗汗、体重减轻等代谢亢进的表现。脾大为最突出的体征,可达脐平面,甚至可伸入盆腔,质地坚实、平滑,无压痛。但如发生脾梗死,则压痛明显。半数病人肝中度肿大,浅表淋巴结多无肿大。大多数病人可有胸骨中下段压痛,为重要体征。慢性期可持续 1~4 年。当白细胞计数极度增高时可发生"白细胞淤滞症"。

Note:

2. **加速期和急变期** 起病后1~4年,70%的病人进入加速期,主要表现为原因不明的高热、虚弱、体重下降,脾迅速肿大,骨、关节痛及逐渐出现贫血、出血。白血病细胞发生耐药后疾病加速,加速期从几个月到1~2年即进入急变期,急变期表现同急性白血病类似,病人预后较差。

（三）辅助检查

1. **血象** 白细胞计数早期即增高,常超过$20×10^9/L$;晚期增高明显,可达$100×10^9/L$以上。中性粒细胞显著增多,可见各阶段的粒细胞,以中性中幼、晚幼和杆状核细胞为主,原始细胞不超过10%,嗜酸、嗜碱性粒细胞增多。晚期血小板和血红蛋白均可明显减少。

2. **骨髓象** 骨髓增生明显或极度活跃,以粒细胞为主,红系细胞相对减少,粒：红比例可增至(10~50)：1,中性中幼、晚幼和杆状核细胞明显增多,原粒细胞<10%。嗜酸、嗜碱性粒细胞增多,巨核细胞正常或增多,晚期减少。

3. **染色体检查** 90%以上的病人血细胞中出现Ph染色体,Ph染色体亦可存在于粒细胞、红细胞、巨核细胞及单核细胞中。

4. **血液生化** 血清及尿中尿酸浓度增高,与化疗后大量白细胞破坏有关。

（四）心理-社会状况

病人经历过多次住院、疾病痛苦及化疗副作用的折磨、昂贵的医疗花费等,易产生焦虑、绝望等负性情绪。注意及时了解其心理变化,随时与其沟通疏导,鼓励坚持治疗,尽量减少其心理压力。

【常见护理诊断/问题】

1. **疼痛** 与脾大、脾梗死有关。
2. **潜在并发症：高尿酸血症肾病、脾破裂。**
3. **活动无耐力** 与虚弱、贫血有关。
4. **营养失调：低于机体需要量** 与机体代谢亢进有关。

【计划与实施】

慢性髓细胞性白血病的治疗原则着重于慢性期的治疗,并力争分子水平的缓解和治愈。异基因造血干细胞移植是目前普遍认可的根治性标准治疗。经过治疗和护理,病人达到：①疼痛减轻,舒适感增加；②化疗不良反应少；③并发症能被及时发现或预防。

（一）病情监测

注意病人脾区有无压痛,观察有无脾栓塞或脾破裂的表现。脾栓塞或脾破裂时,病人突感脾区疼痛,发热、多汗以致休克,脾区拒按,有明显触痛,脾可进行性肿大,听诊脾区可闻及摩擦音,甚至产生血性腹水。

（二）缓解脾胀痛

1. 置病人于安静、舒适的环境中,减少活动,尽量卧床休息,并取左侧卧位,以减轻不适感。
2. 鼓励病人少量多次进食水以减轻腹胀,尽量避免弯腰和碰撞腹部,预防脾破裂。
3. 遵医嘱协助病人做脾放射治疗,以减轻脾胀痛。
4. 每日测量并记录脾的大小和质地,注意有无压痛。
5. 有疼痛时,可采用放松技术(如缓慢深呼吸)和转移注意力(如听音乐)等非药物疗法缓解,必要时用镇痛药。
6. 若脾区突发剧痛或疼痛突然加重、拒按,明显触痛,听诊有摩擦音,出现发热、多汗甚至休克,警惕脾梗死、脾破裂的可能。

（三）化学治疗与护理

1. **常用治疗药物**

（1）甲磺酸伊马替尼：是第一代酪氨酸激酶抑制剂,能抑制BCR-ABL阳性细胞的增殖,是首个可

Note:

以使慢性髓细胞性白血病的治疗达到分子水平的药物,2008 年被美国 CML 治疗指南推荐作为 CML 治疗的一线药物,需终身服用。

（2）干扰素:是分子靶向药物出现之前的首选药物,缓解率约 70%,300 万~900 万 U/d,肌内注射或皮下注射,每周 3~7 次,持续数月至 2 年不等。约 1/3 病人的血细胞 Ph 染色体减少或消失。该药与小剂量 Ara-C 联合应用,可提高疗效。干扰素不良反应有发热、恶心、食欲缺乏、血小板减少及肝功能异常,病人应定期检查血象和肝功能。

（3）羟基脲:药效作用迅速,但持续时间短,用药后 2~3d 白细胞数下降,停药后很快回升。常用剂量为 3g/d(分 2 次口服),待白细胞减至 $20×10^9/L$ 时剂量减半,降至 $10×10^9/L$ 时改为 0.5~1g/d 维持治疗。病人用药期间经常检查血象以调整药量。

（4）白消安(马利兰):缓解率高但副作用较大。白消安的不良反应主要是骨髓抑制、血小板或全血细胞减少及皮肤色素沉着、阳痿、停经,用药前应向病人说明,用药期间经常复查血象,不断调整剂量。

（5）小剂量阿糖胞苷:不仅可控制病情发展,而且可使 Ph 染色体阳性细胞减少或转阴。

2. 病情监测　病人化疗期间定期检查白细胞计数、血尿酸和尿尿酸含量及尿沉渣检查等。记录病人 24h 出入量,注意观察有无血尿或腰痛发生。

3. 供给充足的水分　鼓励病人多饮水,每日饮水量 3L 以上,以利于尿酸和化疗药降解产物的稀释和排泄,减少对泌尿系统的化学刺激。

（四）造血干细胞移植

异基因造血干细胞移植是目前公认的根治 CML 的方法,应在慢性期血象和体征控制后尽早进行。详见第三十四章"造血干细胞移植病人的护理"。

（五）急变期的治疗

同急性白血病。

（六）健康指导

本病呈慢性,病人经过适量药物控制可使病情好转,药物过量可引起骨髓抑制,减药或停药后又有恶化可能。故要长期治疗观察,及时调整药量,因此让病人了解药物的作用和副作用及定期门诊复查的必要性。告诉病人一旦出现出血、发热或脾区疼痛加重时,要及时来院检查,以防急变发生。

【护理评价】

经过治疗和护理,评估病人是否能够达到:①主诉疼痛程度减轻;②未发生高尿酸血症肾病;③了解药物的作用和副作用;④对预后有所了解。

二、慢性淋巴细胞白血病病人的护理

慢性淋巴细胞白血病(chronic lymphocytic leukemia,CLL)是一种进展缓慢的 B 淋巴细胞增殖性肿瘤,以外周血、骨髓、脾和淋巴结等淋巴组织中出现大量克隆性 B 淋巴细胞为特征。这类细胞形态上类似成熟淋巴细胞,但是免疫学上不成熟、功能异常。本病是西方国家最常见的成人白血病,90%的病人于 50 岁以上发病,男性略多于女性。亚洲地区少见。

【护理评估】

（一）健康史

同急性白血病。

（二）身体状况

临床表现多样化。比慢性髓细胞性白血病起病更缓慢,常因无痛性淋巴结肿大或不明原因的淋巴细胞绝对值升高而就诊。

1. 淋巴结肿大常为就诊的首发症状,以颈部、腋下、腹股沟淋巴结为主,肿大的淋巴结无压痛、较坚实、可移动,偶有纵隔淋巴结及腹膜后、肠系膜淋巴结肿大而引起的症状。

2. 50%~70%的病人有肝、脾轻至中度肿大。

3. 病人早期可出现疲乏、无力,随后出现食欲减退、消瘦、低热和盗汗等,晚期易发生贫血、出血、感染,尤其是呼吸道感染,这与免疫功能减退有关。

4. 皮肤可出现结节、发红、荨麻疹、瘙痒等,带状疱疹较常见。

5. 约10%的病人可并发自身免疫性溶血性贫血。

(三) 辅助检查

1. **血象** 持续淋巴细胞增多。白细胞计数多>$10×10^9$/L,淋巴细胞占50%以上,晚期可达90%,以小淋巴细胞为主。晚期血红蛋白、血小板减少,发生溶血时贫血明显加重。

2. **骨髓象** 骨髓有核细胞增生明显活跃。红系、粒系及巨核细胞均减少,淋巴细胞比例≥40%,以成熟淋巴细胞为主,可见幼稚淋巴细胞或不典型淋巴细胞,发生溶血时幼红细胞增多。

3. **免疫学检查** 约半数病人的血清丙种球蛋白含量减少。淋巴细胞具有单克隆性。绝大多数病例的淋巴细胞为B淋巴细胞,20%的病人抗球蛋白试验阳性,晚期T细胞功能障碍。

(四) 心理-社会状况

见急性白血病。

【常见护理诊断/问题】

1. **活动无耐力** 与虚弱或贫血有关。
2. **潜在并发症:口腔溃疡/口腔感染。**
3. **有皮肤完整性受损的危险** 与放疗有关。

【计划与实施】

早期病人无须治疗,定期观察即可,晚期病人均须治疗,在缓解期自体干细胞移植治疗可获得较理想的结果。主要死亡原因为骨髓衰竭导致的严重贫血、出血或感染。

1. **化学治疗与护理** 最常用的药物是苯丁酸氮芥,剂量每日口服6~10mg,1~2周后减至每日2~6mg。根据血象调整药物剂量,防止骨髓过度抑制。一般用药2~3周后开始显效,2~4个月疗效明显;维持治疗6个月停药,复发后再用药,有效率约50%,15%~25%的病人可完全缓解。必要时须加用泼尼松10~20mg/d。其他药物如氟达拉滨、利妥昔单抗也有一定的治疗效果。

2. **放射治疗与护理** 对淋巴结肿大伴有局部压迫症状者或化疗后淋巴结、脾缩小不佳者可采取局部放射治疗,注意观察放疗部位皮肤,必要时用药外涂,以防干裂、破溃、感染。

3. **预防和控制感染** 以上呼吸道感染为主。保持病人口腔卫生,清晨及饭后可用淡盐水漱口,反复感染者可注射丙种球蛋白;并发自身免疫性溶血性贫血或血小板减少,可用较大剂量肾上腺糖皮质激素。

4. **健康指导** 告诉病人有关疾病的知识,使病人了解定期复查及服药的重要性。

【护理评价】

经过治疗和护理,评估病人是否能够达到:①合理活动与休息;②未发生口腔溃疡或感染;③放疗期间皮肤未发生破损及感染。

(闫贵明)

思　考　题

1. 慢性髓细胞性白血病病人突发腹部疼痛应如何处理?
2. 慢性白血病病人是否应该给予高蛋白、高能量、高维生素饮食?

NURSING

第三十二章

出血性疾病病人的护理

32章 数字内容

第一节 概 述

人体血管受到损伤时,血液可自血管外流或渗出。此时,机体通过一系列复杂的生理、生化反应使出血停止,称为止血。因先天性或遗传性及获得性因素导致血管、血小板、凝血、抗凝及纤维蛋白溶解等止血机制的缺陷或异常而引起的以自发性或轻度损伤后过度出血为特征的疾病,称为出血性疾病(hemorrhagic disease)。

【正常止血、凝血、抗凝与纤维蛋白溶解机制】

(一)止血机制

正常人体局部小血管受损后引起出血,几分钟内可自然停止的现象,称为生理性止血。生理性止血是机体重要的保护机制,其过程主要包括血管收缩、血小板黏附及血栓形成、血液凝固 3 个环节,其中以血小板的作用最为重要(图 32-1-1)。任何原因造成血管壁通透性增加、血小板数目减少及其功能异常和凝血功能障碍时,均可导致出血性疾病的发生。

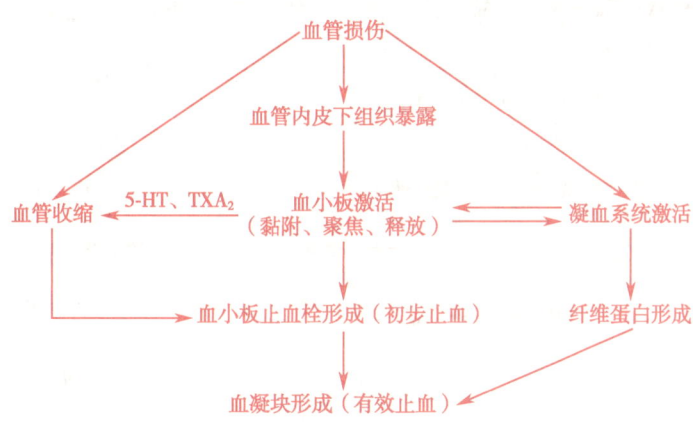

图 32-1-1　生理性止血过程示意图
5-HT:5-羟色胺;TXA$_2$:血栓素 A$_2$。

(二)凝血机制

血液凝固是各种无活性的凝血因子(酶原)被有序、逐级放大激活而生成凝血酶,最终使纤维蛋白原转变为纤维蛋白,以致血液由流动的液体转变成不能流动的凝胶状态的过程。目前已知直接参与人体凝血过程的凝血因子有 14 个,见表 32-1-1。凝血过程可分为 3 个阶段:凝血活酶生成、凝血酶生成、纤维蛋白形成。

1. **凝血活酶生成**　包括两条途径。①外源性凝血途径:血管损伤时,内皮细胞表达组织因子

表 32-1-1　血浆凝血因子及常用名称

凝血因子(F)	常用名称	凝血因子(F)	常用名称
I	纤维蛋白原	IX	血浆凝血活酶成分(PTC)
II	凝血酶原		Christmas 因子
III	组织因子,组织凝血活酶	X	Stuart-Prower 因子
IV	钙离子	XI	血浆凝血活酶前质(PTA)
V	易变因子(前加速素)	XII	接触因子,Hageman 因子
VII	稳定因子(前转变素)	XIII	纤维蛋白稳定因子
VIII	抗血友病球蛋白(AHG)	PK	激肽释放酶原(前激肽释放酶)
		HMWK	高分子量激肽原

Note:

（tissue factor，TF）并释放入血流而启动的凝血过程，参与该凝血途径的凝血因子主要包括Ⅲ、Ⅶ、Ⅹ。②内源性凝血途径：血管损伤时，内皮下胶原暴露，FⅫ与带负电荷的胶原接触而启动的凝血过程，参与该凝血途径的凝血因子主要包括Ⅷ、Ⅸ、Ⅺ、Ⅻ。上述2条途径激活FⅩ后，凝血过程进入共同途径。在钙离子存在的条件下，FⅩa、FⅤ与磷脂形成复合物，此即凝血活酶。

2. 凝血酶生成　血浆中无活性的凝血酶原在凝血活酶的作用下，转变为凝血酶。

3. 纤维蛋白形成　在凝血酶作用下，纤维蛋白原裂解形成纤维蛋白单体，单体自动聚合，形成不稳定性纤维蛋白，再经FⅩⅢa的作用，形成稳定性交联纤维蛋白。血液凝血过程见图32-1-2。

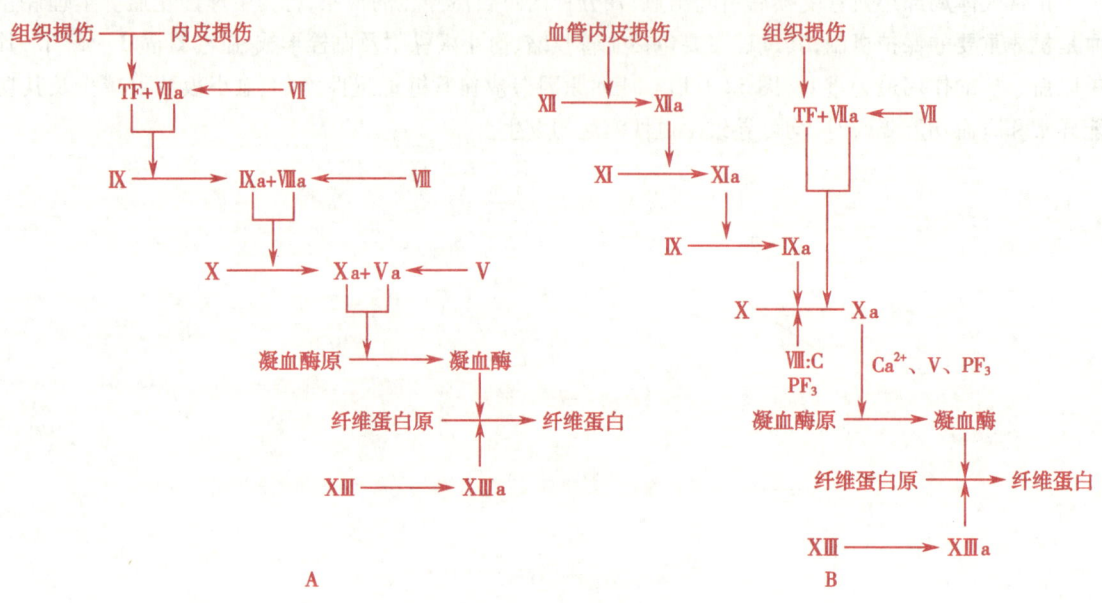

图 32-1-2　血液凝血过程示意图
A. 传统的瀑布式凝血反应模式图；B. 新的凝血反应模式图。

现代凝血学说认为凝血过程分为2个阶段，首先是启动阶段，这是通过外源性凝血途径TF实现的，由此生成少量凝血酶。然后是放大阶段，即少量凝血酶发挥正反馈作用：激活血小板，磷脂酰丝氨酸由膜内移向膜外发挥磷脂作用；激活FⅤ、FⅧ；在磷脂与凝血酶原存在条件下激活FⅪ（FⅪ作为TF途径与内在途径连接点），从而生成足量凝血酶，以完成正常的凝血过程。

（三）抗凝与纤维蛋白溶解机制

在正常情况下，循环血液中凝血系统和抗凝系统维持动态平衡，以保持血流的通畅。

1. 抗凝系统的组成及作用

（1）抗凝血酶（antithrombin，AT）：由肝及血管内皮细胞生成，是人体内最重要的抗凝血物质，约占血浆生理性抗凝血物质的75%，其主要功能是灭活FⅩa和凝血酶，对其他丝氨酸酯酶如FⅨa、FⅪa、FⅫa等也有一定的灭活作用。其抗凝作用与肝素密切相关，若缺乏肝素，AT的抗凝作用减弱，反之可明显增强。

（2）蛋白质C系统：由蛋白质C、蛋白质S及凝血酶调节蛋白等组成。蛋白质C、蛋白质S为维生素K依赖性因子，在肝内合成。凝血酶调节蛋白是血管内皮细胞表面的凝血酶受体。当凝血酶与内皮细胞表面的凝血酶调节蛋白形成复合物后，可激活蛋白质C，并在蛋白质S的促进效应作用下灭活FⅤa和FⅧa，并抑制纤溶酶原的激活。此外，活化的蛋白质C还有促进纤维蛋白溶解的作用。

（3）组织因子途径抑制物（tissue factor pathway inhibitor，TFPI）：血管内皮细胞可能是其主要生成部位，有直接抗FⅩa的作用，在钙离子存在的条件下，有抗TF/FⅦa复合物的作用。

（4）肝素：存在于肺和肠黏膜肥大细胞中，抗凝作用主要表现为抗FⅩa和凝血酶，并可刺激血管

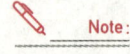

内皮细胞释放 TFPI,使其在体内的抗凝作用更强。此外,肝素还有促进内皮细胞释放组织型纤溶酶原激活物(tissue-type plasminogen activator,t-PA),增强纤溶活性等作用。

2. **纤维蛋白溶解系统**　纤溶系统主要由纤溶酶原、t-PA、尿激酶型纤溶酶原激活物和纤溶酶相关抑制物组成,通过内源性途径与外源性途径,纤溶酶原转化为纤溶酶,后者将纤维蛋白或纤维蛋白原分解为纤维蛋白降解产物(fibrin degradation product,FDP),即降解碎片,可被单核巨噬细胞系统清除,即血块溶解。

【出血性疾病分类】

按病因与发病机制,可分为:

(一)血管壁异常

1. **先天性或遗传性**　如遗传性出血性毛细血管扩张症、家族性单纯性紫癜、先天性结缔组织病(血管及其支持组织异常)等。

2. **获得性**　①重症感染:如败血症。②过敏:如过敏性紫癜。③化学物质及药物:如药物性紫癜。④营养不良:如维生素 C 及维生素 PP 缺乏症。⑤代谢及内分泌障碍:如糖尿病、库欣病。⑥其他:如结缔组织病、动脉粥样硬化、机械性紫癜、体位性紫癜等。

(二)血小板异常

1. **血小板数量减少**　①生成减少:如再生障碍性贫血、白血病、放疗及化疗后的骨髓抑制等。②破坏过多:如原发免疫性血小板减少症。③消耗过多:如弥散性血管内凝血。④分布异常:如脾功能亢进等。

2. **血小板数量增多(伴功能异常)**　①原发性:如原发性血小板增多症。②继发性:如慢性髓细胞性白血病、感染、创伤及脾切除后。

3. **血小板质量异常**　①遗传性:如血小板无力症、巨大血小板综合征、血小板颗粒性疾病。②获得性:如药物、感染、尿毒症、异常球蛋白血症等引起,临床上多见。

(三)凝血异常

1. **遗传性**　如各型血友病、遗传性凝血酶原缺乏症、遗传性纤维蛋白原缺乏症等。

2. **获得性**　如严重肝病、维生素 K 缺乏症、尿毒症等。

(四)抗凝及纤维蛋白溶解异常

以获得性疾病常见,如肝素使用过量,溶栓药物过量,蛇咬伤、水蛭咬伤,香豆素类药物过量,免疫相关性抗凝物增多。

(五)复合性止血机制异常

1. **遗传性**　如血管性血友病。

2. **获得性**　如弥散性血管内凝血。

【护理评估】

(一)健康史

重点询问病人出血发生的年龄、部位、出血量、持续时间,同一部位有无反复出血等,有无皮肤、黏膜出血点。紫癜提示血管、血小板异常。深部血肿、关节腔出血提示可能与凝血障碍有关。询问有无出血的诱因,如手术、创伤、使用药物等,还是自发性出血。有无基础疾病如肾病、消化系统疾病、免疫性疾病、糖尿病、严重感染等。家族成员有无出血病史或类似疾病,病人饮食及营养状况等。

(二)身体状况

出血性疾病由于类型不同,其出血特点有所不同,见表32-1-2。

Note:

表 32-1-2 常见出血性疾病的临床表现

项目	血管性疾病	血小板疾病	凝血障碍性疾病
出血的部位	以皮肤黏膜为主,偶有内脏出血	以皮肤黏膜为主,常有内脏出血、牙龈出血	常见深部组织和内脏出血
皮肤黏膜出血	皮肤瘀点、紫癜	皮肤瘀点、紫癜,常见大片瘀斑	罕有瘀点、紫癜,可见大片瘀斑
血肿	罕见	可见	常见
关节腔出血	罕见	罕见	多见
内脏出血	偶见	常见	常见

（三）辅助检查

1. **筛选试验** ①血管异常:常用的有出血时间(bleeding time,BT)、毛细血管抵抗力试验(capillary resistance test,CRT);②血小板异常:常用的有血小板计数、血块收缩试验、BT、CRT;③凝血异常:常用的有凝血时间(clotting time,CT)、活化部分凝血活酶时间(activated partial thromboplastin time,APTT)、凝血酶时间(thrombin time,TT)、凝血酶原时间(prothrombin time,PT)、凝血酶原消耗时间(prothrombincon-sumption time,PCT)。

2. **确诊试验** ①血管异常:血管性血友病因子测定、内皮素-1 测定等;②血小板异常:血小板黏附试验、血小板聚集试验,血小板形态、平均体积,血小板第Ⅲ因子有效性测定,血小板相关抗体等;③凝血异常:可做凝血活酶时间纠正试验、凝血酶原时间纠正试验,测定凝血因子的含量及活性,以检出缺乏的凝血因子。

（四）心理-社会状况

血友病、血栓性血小板减少性紫癜等由于反复发作或病情凶险,病人往往会出现绝望、悲观等心理,使家庭生活受到影响。由于治疗费用较高常给病人带来一定的经济负担。如果出血导致失语、活动受限等,可造成交流困难、社交障碍等。因此,护士应经常了解病人的心理状况,了解其家庭、社会支持情况,多与病人交流,解除其思想顾虑,增强战胜疾病的信心。

【常见护理诊断/问题】

1. **有出血的危险** 与血小板减少或凝血功能障碍有关。
2. **疼痛** 与出血致关节疼痛等有关。
3. **恐惧** 与血小板过低或凝血因子缺乏导致随时出血有关。
4. **潜在并发症**:颅内出血。

【计划与实施】

治疗原则为根据不同病因进行防治,根据病人病情给予止血和其他治疗。经过治疗和护理,病人达到:①了解出血的预防措施;②预防并发症的出现,或并发症能及时发现;③正确对待疾病。

（一）病因的防治及护理

出血性疾病应针对病因进行防治。向病人讲解疾病的主要表现、治疗方式及预防措施,使病人能主动预防出血,避免人为损伤而诱发或加重出血。对血管性及血小板异常的病人应避免使用扩张血管及抑制血小板聚集的药物,如阿司匹林、保泰松、双嘧达莫、吲哚美辛等。血友病病人应慎用肝素、华法林等抗凝血药。遗传性出血性疾病应防止外伤,尽可能避免深部肌内注射和手术等,如必须手术时,术前应做好充分准备,补充缺乏的凝血因子,术中、术后密切观察出血情况。

（二）止血的治疗及护理

1. **补充相关凝血因子或血小板** 因凝血因子缺乏而引起的遗传性出血性疾病可补充相应的凝血

Note:

因子,如纤维蛋白原、凝血酶原复合物、冷沉淀凝血因子、凝血因子Ⅷ等。紧急情况下输入新鲜血浆或新鲜冷冻血浆也是一种行之有效的补充或替代疗法。此外,也可根据病人病情需要输注血小板悬液等。

2. **止血药物的应用** 止血药物使用的过程中,应严格遵医嘱用药,及时观察止血效果。目前临床上常用的止血药物有以下几类:①增加毛细血管致密度、改善其通透性的药物,如维生素 C、卡巴克络、曲克芦丁、垂体后叶素、糖皮质激素等,常用于血管性疾病;②合成凝血相关成分所需的药物:如维生素 K 等,常用于重症肝病所致出血;③抗纤溶药:如氨基己酸、氨甲苯酸、氨甲环酸等;④促进凝血因子释放的药物:如去氨加压素;⑤局部止血药,如凝血酶、注射用矛头蝮蛇血凝酶等。

3. **促进血小板生成的药物** 如血小板生成素、白介素-11(IL-11)等。

4. **局部处理** 包括局部加压包扎、固定、手术结扎局部血管及吸收性明胶海绵贴敷等。如肌肉、关节腔明显出血时可用弹性绷带压迫止血,必要时进行关节固定以限制活动。

(三)其他治疗与护理

包括免疫治疗、血浆置换、脾切除、关节成形与置换术、中医中药和基因治疗等。对某些免疫因素相关的出血性疾病,如原发免疫性血小板减少症、有高滴度抗体的重型血友病 A 和血友病 B 等,可应用抗 CD20 单抗体免疫治疗。对重症原发免疫性血小板减少症等,可通过血浆置换去除抗体或相关致病因素。先天性出血性疾病如血友病可应用基因治疗。对某些消耗性出血性疾病如弥散性血管内凝血,可考虑用肝素抗凝治疗。

(四)心理护理

加强与病人及其家属的沟通,及时了解他们的需求与忧虑,并能给予必要的解释与疏导。如解释出血的原因、减轻出血或避免出血加重的方法、目前治疗与护理的主要措施及配合要求等,特别要强调紧张与恐惧不利于病情控制。还可通过介绍治疗效果较好的成功病例,增强病人战胜疾病的信心,减轻恐惧感。同时,应注意为病人营造良好的住院环境,尽可能避免不良刺激的影响。当病人出血突然加重时,护士应保持冷静,迅速通知医生并配合做好各种止血、救治工作,及时清除血迹,以免对病人造成不良刺激。

【护理评价】

经过治疗和护理,评估病人是否能够达到:①无出血或出血停止;②主诉疼痛或不适减轻;③主动配合治疗和护理;④了解预防出血的方法。

(郭锦丽)

第二节 原发免疫性血小板减少症病人的护理

─── 学 习 目 标 ───

- 识记:
  1. 复述原发免疫性血小板减少症的概念。
  2. 陈述原发免疫性血小板减少症发病的相关因素。
- 理解:
  1. 解释原发免疫性血小板减少症的发病机制。
  2. 概述原发免疫性血小板减少症临床表现。
  3. 说明原发免疫性血小板减少症相关辅助检查的临床意义。
- 运用:
  评估原发免疫性血小板减少症病人,提出护理诊断/问题,制订护理计划。

Note:

导入情境与思考

病人,男性,26岁,因感冒、咽痛、发现皮肤出血点就诊,为求进一步治疗入院。体格检查:T 36.5℃,BP 100/60mmHg,R 18次/min,P 90次/min。血常规:PLT 47×10⁹/L。骨髓穿刺报告:全片巨核细胞405个,分类25个,其中幼稚巨核细胞4个,成熟无血小板巨核细胞23个,血小板少见,提示原发免疫性血小板减少症。住院期间,给予泼尼松治疗,治疗1周后复查血象,血小板计数已上升至80×10⁹/L,病人情况好转出院。根据医生要求,病人须继续服用泼尼松3~6个月。

请思考:

(1)该病人在治疗期间使用泼尼松治疗,请问其作用是什么?护理上需要注意哪些事项?

(2)该病人出院时应重点做好哪些健康指导?

原发免疫性血小板减少症(primary immune thrombocytopenia,ITP)旧称特发性血小板减少性紫癜,是一种因血小板免疫性破坏,致外周血中血小板计数减少的出血性疾病。发病率为(5~10)/10万,育龄期女性发病率高于同年龄段男性,60岁以上老年人是该病的高发群体。临床以皮肤黏膜出血为主,严重者可发生内脏出血,甚至颅内出血,出血风险随年龄增长而增加。部分病人仅有血小板减少而没有出血症状,部分病人可有明显的乏力症状。

【病因与发病机制】

病因未明,发病机制有:

(一)体液免疫和细胞免疫介导的血小板过度破坏

将原发免疫性血小板减少症病人血浆输给健康受试者,可造成后者一过性血小板减少。50%~70%的原发免疫性血小板减少症病人血浆和血小板表面可检测到抗血小板膜糖蛋白自身抗体。自身抗体致敏的血小板被单核巨噬细胞系统过度破坏。另外,原发免疫性血小板减少症病人的细胞毒性T细胞可直接破坏血小板。

(二)体液免疫和细胞免疫介导的巨核细胞数量和质量异常致血小板生成不足

自身抗体还可损伤巨核细胞或抑制巨核细胞释放血小板,造成原发免疫性血小板减少症病人血小板生成不足;另外,CD8⁺细胞毒性T细胞可通过抑制巨核细胞凋亡,使血小板生成障碍。血小板生成不足是原发免疫性血小板减少症发病的另一重要机制。阻止血小板过度破坏和促进血小板生成已成为原发免疫性血小板减少症现代治疗不可或缺的重要方向。

【护理评估】

(一)健康史

重点询问病人本次发病的主要表现,病人起病的急缓,出血的情况(如出血量、部位,有无呕血、咯血、便血、血尿等);有无呼吸道感染史;治疗经过及其疗效等。

(二)身体状况

1. 临床表现

(1)起病:成人原发免疫性血小板减少症一般起病隐匿。

(2)出血:多数较轻而局限,但易反复发生。可表现为皮肤、黏膜出血,如瘀点、紫癜、瘀斑及外伤后出血不止、鼻出血、牙龈出血等。严重的内脏出血较少见,但女性月经量过多较常见,在部分病人可为唯一的临床症状。病人病情可因感染等导致病情加重,出现广泛而严重的皮肤黏膜及内脏出血。反复发作或病程较长者可有贫血和轻度脾大。部分病人通过偶然的血常规检查发现血小板减少,无出血症状。

（3）乏力：原发免疫性血小板减少症病人可出现明显的乏力。

（4）其他：病人长期的月经量过多，可出现不同程度的贫血；出血量过多可引起血压降低，严重者发生失血性休克；原发免疫性血小板减少症不仅是一种出血性疾病，也是一种血栓前疾病，部分病人有血栓形成倾向。

2. 临床分型与分期

（1）新诊断的原发免疫性血小板减少症：指确诊后 3 个月以内的原发免疫性血小板减少症。

（2）持续性原发免疫性血小板减少症：指确诊后 3~12 个月血小板持续减少的原发免疫性血小板减少症。

（3）慢性原发免疫性血小板减少症：指血小板减少持续超过 12 个月的原发免疫性血小板减少症。

（4）重症原发免疫性血小板减少症：指血小板<$10×10^9$/L，且就诊时存在需要治疗的出血症状或常规治疗中发生了新的出血症状，需要其他升高血小板药物治疗或增加现有药物治疗的药物剂量。

（5）难治性原发免疫性血小板减少症：指满足以下所有 3 个条件的原发免疫性血小板减少症：①脾切除后无效或者复发；②仍需要治疗以降低出血的危险；③除外了其他引起血小板减少症的原因，确诊为原发免疫性血小板减少症。

（三）辅助检查

1. **血常规**　血小板计数减少。血小板平均体积偏大，易见大型血小板。血小板功能多正常。

2. **骨髓象**　骨髓巨核细胞正常或增加。巨核细胞发育成熟障碍，表现为体积变小，胞质内颗粒减少，幼稚巨核细胞增加。可产生血小板的巨核细胞显著减少（<30%）。红系、粒系及单核系正常。

3. **其他**　束臂试验阳性、出血时间延长、血块收缩试验显示血块收缩不良。大部分原发免疫性血小板减少症病人血小板相关抗体和血小板相关补体增高，缓解期可降至正常。90%以上的病人血小板生存时间明显缩短。

（四）心理-社会状况

由于皮肤黏膜出血及其他部位出血，病人往往会出现恐惧、焦虑等心理。如为慢性，更由于担心预后及对家庭、工作、学习带来的影响等，会出现抑郁等不良情绪。因此，护士应与病人经常交流，了解其产生负性情绪的原因，尽可能帮助病人解决心理问题。

【常见护理诊断/问题】

1. **有出血的危险**　与血小板减少有关。
2. **有感染的危险**　与应用糖皮质激素治疗有关。
3. **恐惧**　与血小板过低，随时有出血的危险有关。
4. **潜在并发症：**颅内出血。

【计划与实施】

目前认为，原发免疫性血小板减少症的治疗是使病人血小板计数提高到安全水平，防止严重出血，降低病死率，而不是追求血小板计数达到正常。因此，对原发免疫性血小板减少症病人应避免过度治疗。

本病以出血为主要表现，病程中应注意观察病人有无明显出血倾向，根据病人具体情况采取相应预防和治疗措施，如告知病人注意休息，避免从事可增加病人出血危险的工作或活动，必要时选用糖皮质激素、脾切除或免疫抑制剂及对症治疗。经过治疗和护理，病人达到：①了解预防受伤和出血的方法；②生命体征平稳，出血症状消失；③正确对待疾病。

（一）出血的预防与护理

1. **病情监测**　注意出血部位和出血量，监测血小板计数、出血时间等。严密观察病人生命体征及神志变化,若有烦躁不安、嗜睡、头痛、呕吐,甚至惊厥等症状,提示颅内出血;血压突然下降提示有内脏出血的可能;关节肌肉肿痛为关节腔积液、积血的重要指标。

2. **预防或避免加重出血** 避免造成人为损伤的因素,如剪短指甲,以免抓伤皮肤;避免扑打、拳击;禁用牙签剔牙或用硬毛牙刷刷牙等;保持皮肤清洁,穿棉织宽松衣物;不要使用可能引起血小板减少或抑制其功能的药物,如阿司匹林、双嘧达莫、吲哚美辛、保泰松、右旋糖酐等;依据病情选用流质、半流质少渣饮食;保持排便通畅,因便秘、剧烈咳嗽会引起颅内压增高,可导致颅内出血,要及时处理。便秘者可口服液体石蜡或外用开塞露。剧烈咳嗽可用镇咳药、抗生素治疗。出血严重者或血小板<20×10^9/L,应卧床休息。有内脏及颅内出血时对症护理。

3. **药物治疗与护理**

(1) 糖皮质激素:为首选药物,近期有效率约为80%。其作用是减少自身抗体生成及减轻抗原-抗体反应;抑制单核吞噬细胞系统对血小板的破坏;改善毛细血管通透性;刺激骨髓造血及促进血小板向外周血的释放等。常用泼尼松 1mg/(kg·d),分次或顿服,待血小板升至正常或接近正常后,1个月内逐渐减至最小维持剂量(≤15mg/d),无效者4周后停药。或者大剂量地塞米松(HD-DXM)40mg/d×4d,口服给药,无效病人可在半个月后重复一次。应用激素治疗期间注意监测病人血压、血糖变化,预防感染,保护胃黏膜。

(2) 丙种球蛋白:主要用于:①紧急治疗;②糖皮质激素不耐受或有禁忌证的病人;③妊娠或分娩前。推荐 400mg/(kg·d)×5d 或 1g/(kg·d)×2d。有条件者可行抗血小板膜糖蛋白自身抗体检测,有助于静脉注射免疫球蛋白(IVIg)的疗效预判。IgA 缺乏和肾功能不全病人应慎用。

(3) 免疫抑制剂:一般不作首选治疗,用于糖皮质激素及脾切除疗效不佳者,可与糖皮质激素合用以提高疗效及减少糖皮质激素的用量。常用药物有利妥昔单抗、长春新碱、环磷酰胺、硫唑嘌呤,环孢素等。其中环孢素常用于难治性原发免疫性血小板减少症,使用时应注意观察药物的副作用。

(4) 其他药物:合成雄激素药物达那唑,有免疫调节及抗雌激素的作用;促血小板生成药物:包括 rhTPO、艾曲泊帕等。

4. **脾切除** 可减少血小板相关抗体产生及减轻血小板的破坏,实践证明,脾切除治疗的近期有效率为70%~90%,长期有效率为40%~50%,无效者对糖皮质激素的用量亦可减少。主要适应证:糖皮质激素治疗无效者;出血明显,危及生命者;泼尼松有效,但维持剂量必须大于30mg/d 者;不宜使用糖皮质激素治疗者;^{51}Cr 扫描脾区放射指数增高者。禁忌证:年龄小于2岁;妊娠期或因其他原因不能耐受手术者。近年以脾动脉栓塞替代脾切除亦有疗效。

5. **急症护理** 急症主要包括:①血小板<20×10^9/L 者;②出血严重、广泛者;③疑有或已发生颅内出血者;④近期实施手术后分娩者。处理方法:血小板输注;静脉输注丙种球蛋白;血浆置换;大剂量甲泼尼龙静脉滴注。

(二) 感染的预防与护理

注意病人体温的变化,尤其要观察有无感染的表现,定期检查病人有无咽痛、咳嗽、胸痛、尿痛及肛周疼痛等症状。了解病人有无痰液、尿液及粪便性质的改变等。定期监测病人白细胞总数/分类及尿常规结果。若以上各项提示有感染的迹象,应及时通知医生并协助进行处理。如做好各种检验标本的采集及送检工作,遵医嘱正确配制和输注抗生素等药物,并注意其疗效与不良反应的观察与护理。

(三) 心理护理

护理措施见本章第一节。

(四) 健康指导

1. **疾病知识指导** 向病人讲解本病的相关知识,避免其情绪紧张,保持积极乐观的态度,配合治疗。注意休息和营养,增强机体抵抗力。血小板<20×10^9/L 者,应严格卧床休息,避免外伤,及时应用止血药物。病人无明显出血倾向,血小板计数高于 30×10^9/L,避免从事增加出血危险的工作或活动。

Note:

2. **用药指导**　长期服用糖皮质激素者应告知遵医嘱服药,不可自行减量或突然停药,否则易出现反跳现象。服药期间注意个人卫生,预防感染,如出现发热等感染表现应及时就医,并注意观察其他不良反应。

3. **复查**　定期门诊复查血象,出现出血征象应及时就医。

【护理评价】

经过治疗和护理,评估病人是否能够达到:①无出血或出血停止;②无感染的发生;③能主动配合治疗和护理。

(郭锦丽)

第三节　弥散性血管内凝血病人的护理

学习目标

● 识记:
正确陈述弥散性血管内凝血的概念、病因及临床表现。
● 理解:
解释弥散性血管内凝血的发病机制、辅助检查项目及其临床意义。
● 运用:
运用所学知识,正确评估弥散性血管内凝血病人,制订护理计划,提供健康指导。

弥散性血管内凝血(disseminated intravascular coagulation,DIC)是由多种致病因素激活机体的凝血系统,导致机体弥散性微血栓形成、凝血因子大量消耗并继发纤溶亢进,从而引起全身性出血、微循环障碍乃至多器官功能衰竭的一种临床综合征。

【病因与发病机制】

(一)病因

1. **感染性疾病**　最多见,占 DIC 总发病数的 31%～43%。包括革兰氏阴性菌或阳性菌引起的感染及败血症,如脑膜炎球菌、铜绿假单胞菌和金黄色葡萄球菌等。病毒感染,如肾综合征出血热、重症肝炎和麻疹等。立克次体感染,如斑疹伤寒、恙虫病等。其他病原体感染,如系统性真菌感染、钩端螺旋体病和脑型疟疾等。

2. **恶性肿瘤**　是诱发 DIC 的主要病因之一,占 DIC 总发病数的 24%～34%,常见的有急性早幼粒细胞白血病、淋巴瘤、前列腺癌、胰腺癌、肝癌、肾癌、脑肿瘤等。

3. **病理产科**　占 DIC 总发病数的 4%～12%,常见于羊水栓塞、胎盘早剥、感染性流产、死胎滞留、重症妊娠高血压等。

4. **手术及创伤**　占 DIC 总发病数的 1%～5%,如大面积烧伤、严重创伤、毒蛇咬伤,富含组织因子的器官手术及创伤,如脑、前列腺、胰腺、子宫及胎盘等。

5. **医源性疾病**　占 DIC 总发病数的 4%～8%,其发病率日趋增高。主要与药物、手术、放疗、化疗及不正常的医疗操作有关。

6. **其他**　包括全身各系统多种疾病,如肺源性心脏病、急性胰腺炎、异型输血、糖尿病酮症酸中毒、系统性红斑狼疮、移植物抗宿主病等。

(二)发病机制

1. **组织损伤**　感染、肿瘤溶解、严重或广泛创伤、大型手术等因素导致组织因子或组织因子类物

Note:

质释放入血,激活外源性凝血系统。蛇毒等外源性物质亦可激活此途径,或直接激活FX及凝血酶原。

2. 血管内皮损伤　感染、炎症及变态反应、缺氧等引起血管内皮损伤,导致FXII激活及组织因子的释放,启动外源或内源性凝血途径。

3. 血小板活化　各种炎症反应、药物、缺氧等可诱发血小板聚集及释放反应,通过多种途径激活凝血。

4. 纤溶系统激活　上述致病因素亦可同时通过直接或间接方式激活纤溶系统,致凝血-纤溶平衡进一步失调。

在DIC发生过程中,促使各种细胞中组织因子的异常表达和释放,是DIC最重要的启动机制。凝血酶与纤溶酶的形成是引发血管内微血栓形成、凝血因子减少及纤溶亢进等病理生理改变的关键及主要机制。

从病理生理角度来看,DIC的发生与发展过程可分为高凝血期(DIC早期)、消耗性低凝血期、继发性纤溶亢进期(DIC后期)3个阶段。但临床上各期可能有部分交叉或重叠,特别是消耗性低凝血期与继发性纤溶亢进期,常难以截然分开。

【护理评估】

(一)健康史

询问病人既往病史,评估是否存在易诱发DIC的基础疾病。了解病人本次发病的主要表现,如有无出血、面色苍白、皮肤湿冷、少尿或无尿、黄疸等表现。了解病人治疗与护理经过及其疗效等。

(二)身体状况

DIC的临床表现因原发病不同而差异较大,与DIC病理生理过程相关的临床表现有:

1. 出血倾向　发生率为84%～95%,是DIC最常见的症状之一。特点为自发性、多发性出血,部位可遍及全身,多见于皮肤、黏膜、伤口及穿刺部位。其次为内脏出血,如咯血、呕血、尿血、便血、阴道出血,严重者可发生颅内出血。

2. 低血压、休克或微循环障碍　发生率为30%～80%。为一过性或持续性血压下降,早期出现肾、肺、大脑等器官功能不全,表现为肢体湿冷、少尿或无尿、呼吸困难、发绀及神志改变等。休克程度与出血量常不成比例。顽固性休克是DIC病情严重、预后不良的征兆。

3. 微血管栓塞　发生率为40%～70%。与弥散性微血栓的形成有关。皮肤黏膜栓塞可使浅表组织缺血、坏死及局部溃疡形成。内脏栓塞常见于肾、肺、脑等,可引起急性肾损伤、呼吸衰竭、颅内压增高等,从而出现相应的症状与体征。

4. 微血管病性溶血　约见于25%的病人。DIC时微血管管腔变窄,当红细胞通过腔内的纤维蛋白条索时,可引起机械性损伤和破裂,产生溶血,称为微血管病性溶血。溶血一般较轻,早期不易察觉,大量溶血时可出现黄疸。

(三)辅助检查

1. 消耗性凝血功能障碍方面的检测　指血小板及凝血因子消耗性减少的相关检查及结果。DIC时,血小板计数减少;凝血酶原时间延长,纤维蛋白原定量减少;抗凝血酶III含量及活性降低;FVIII:C降低;活化部分凝血活酶时间延长。

2. 继发性纤溶亢进方面的检测　指纤溶亢进及纤维蛋白降解产物生成增多的检测。DIC时,纤溶酶及纤溶酶原激活物的活性增高;纤维蛋白/原的降解产物明显增多;血浆鱼精蛋白副凝试验(3P试验)阳性;D-二聚体定量增高或定性阳性。

3. 其他监测　DIC时,周围血涂片红细胞形态常呈盔形、多角形、三角形或碎片等改变。检测组织因子活性或抗原浓度、凝血酶调节蛋白、血浆纤溶酶原激活剂抑制物的活性和组织型纤溶酶原激活物的活性等有助于对DIC的早期诊断、病情观察及疗效判断。

（四）心理-社会状况

由于病情变化突然,病人往往会出现焦虑、恐惧等心理,护士应鼓励、安慰病人,给予其心理支持,使病人主动配合治疗。同时向病人及其家属讲解疾病相关知识,以争取家属的理解与支持,缓解病人紧张、恐惧等负性情绪。

【常见护理诊断/问题】

1. **有出血的危险**　与 DIC 导致的凝血因子被消耗、继发性纤溶亢进、肝素应用等有关。
2. **恐惧**　与疾病凶险危及生命有关。
3. **潜在并发症**：休克、急性肾损伤、呼吸衰竭、多器官功能衰竭等。

【计划与实施】

DIC 病人多病情凶险,进展迅速,必须积极抢救,否则病情即可发展为不可逆性。原发病与 DIC 两者互为因果,治疗中必须同时兼顾。去除诱因、治疗原发病是有效救治 DIC 病人的前提和基础,包括积极控制感染性疾病、病理产科及外伤处理、治疗肿瘤、防治休克、纠正电解质紊乱和酸碱平衡失调等。经过治疗和护理,病人达到:①了解可引起损伤的危险因素,并积极采取预防措施;②未发生休克、栓塞等并发症。

（一）出血的观察与护理

观察病人有无出血的症状,如瘀点、紫癜、血肿、黏膜出血、消化道出血、泌尿系统出血等。持续多部位的出血或渗血,特别是手术伤口、穿刺点和注射部位的持续性渗血,是发生 DIC 的特征。应注意各项实验室化验指标的监测,并关注化验结果,及时报告医生。

（二）药物治疗与护理

1. **抗凝疗法**　是终止 DIC 病理过程、减轻器官功能损伤、重建凝血-抗凝血功能平衡的重要措施。一般应在有效治疗基础疾病的前提下,与补充凝血因子的治疗同时进行。

（1）普通肝素:是 DIC 首选的抗凝疗法。急性或暴发型 DIC 通常选用肝素钠 $10\,000 \sim 30\,000 U/d$,一般为 $12\,500 U/d$ 左右,静脉滴注,每 6h 用量不超过 $5\,000 U$,根据病人病情可连用 $3 \sim 5d$。

（2）低分子量肝素:与肝素钠相比,其抑制 FXa 的作用较强,较少依赖 AT,较少引起血小板减少及出血,且半衰期较长,生物利用度较高。常用剂量为 $75 \sim 150 IU\,AXa$（抗活化因子 X 国际单位）/$(kg \cdot d)$,1 次或分 2 次皮下注射,连续用药 $3 \sim 5d$。

抗凝治疗的指征包括:①DIC 早期（高凝期）;②血小板及凝血因子急剧或进行性下降,迅速出现紫癜、瘀斑及其他部位的出血;③微血管栓塞表现明显的病人（如出现器官功能衰竭）;④消耗性低凝状态但基础病变短期内不能被去除者,在补充凝血因子的情况下使用。下列情况应慎用肝素:①DIC 晚期,病人有多种凝血因子缺乏及明显纤溶亢进;②蛇毒所致 DIC;③近期有肺结核大量咯血或消化性溃疡活动性大出血;④手术后或损伤创面未经良好止血者。

2. **补充凝血因子和血小板**　适用于血小板及凝血因子明显减少,且已进行基础病变及抗凝治疗,但 DIC 仍未能有效控制的病人。对于 APTT 显著延长者可输新鲜全血、新鲜血浆或冷沉淀凝血因子,以补充凝血因子。对于纤维蛋白原显著降低（<1g/L）或血小板显著减少者,可分别输注纤维蛋白原浓缩剂或血小板悬液。

3. **抗纤溶治疗**　适用于继发性纤溶亢进为主的 DIC 晚期病人,一般应在已进行有效原发病治疗、抗凝治疗及补充凝血因子的基础上应用。常用药有氨基己酸、氨甲苯酸等。

4. **其他**　尿激酶溶栓治疗适用于 DIC 后期病人,器官功能衰竭明显而经上述治疗无效者,可用糖皮质激素治疗,但不作为常规应用。重组人活化蛋白 C 已成功应用于败血症等引起的 DIC 病人的治疗,因可降低疾病相关的死亡率,值得关注。

5. **护理要点**　护士应熟悉 DIC 救治过程中各种常用药物的名称、给药方法、主要不良反应及其

Note:

预防和处理,遵医嘱正确配制和使用有关药物,尤其是抗凝血药的应用,如肝素。肝素的主要不良反应是出血。在治疗过程中,要注意观察病人的出血状况,监测各项实验室指标,如凝血时间、凝血酶原时间或活化部分凝血活酶时间。普通肝素治疗时,APTT 较正常参考值延长 1.5~2.0 倍为合适剂量。若肝素过量而致出血,可采用鱼精蛋白静脉注射,鱼精蛋白 1mg 可中和肝素 100U。低分子量肝素常规剂量下无须严格血液学监测。

(三) 并发症的预防与护理

严密观察病情变化,及时发现病人休克或重要器官功能衰竭的征象。定时监测病人的生命体征、神志和尿量变化,记录 24h 出入量;观察病人皮肤的颜色与温、湿度;有无皮肤黏膜和重要器官栓塞的症状和体征,如肺栓塞表现为突然胸痛、呼吸困难、咯血;脑栓塞引起头痛、抽搐、昏迷等;肾栓塞可引起腰痛、血尿、少尿或无尿,甚至发生急性肾损伤;胃肠黏膜出血、坏死可引起消化道出血;皮肤栓塞可出现手指、足趾、鼻、颈、耳部发绀,甚至引起皮肤干性坏死等。此外,应同时加强病人原发病的观察与监测。

(四) 健康指导

1. 向病人及其家属,尤其是家属讲解本病的相关知识,告知反复进行实验室检查的重要性和必要性,特殊治疗的目的、意义及不良反应。劝导其家属多关心和支持病人,以缓解病人的不良情绪,提高战胜疾病的信心,主动配合治疗。

2. 指导病人保证充足的休息和睡眠;根据病人的饮食习惯,提供可口、易消化、易吸收、富含营养的食物,少量多餐;循序渐进地增加运动,促进身体康复。

【护理评价】

经过治疗和护理,评估病人是否能够达到:①无出血或出血停止;②无休克和栓塞的发生;③主动配合治疗和护理。

(郭锦丽)

第四节 血友病病人的护理

学习目标

识记:
复述血友病的概念、病因、临床表现及并发症。

理解:
解释血友病的遗传规律、辅助检查项目及其临床意义。

运用:
正确评估血友病病人,制订护理计划,提供健康指导。

导入情境与思考

病人,男性,16 岁,因 10d 前运动时膝部扭伤,导致左膝关节肿胀、疼痛,伴膝关节屈伸受限急诊入院。完善相关检查后,11 月 2 日病人在椎管内麻醉下行"左膝髌骨外侧支持带松解,内侧支持带紧缩,髌腱止点移位术"。术后切口处引流血性液量较多。复查血象、凝血系列结果示,WBC $3.84×10^{12}$/L,Hb 115g/L,活化部分凝血活酶时间 40.1s,血浆凝血酶原时间 15.8s。请血液科会诊,行凝血因子Ⅷ(FⅧ)凝血因子活性检查。结果回报凝血Ⅷ因子活性(FⅧ:C)30.20%(正常值 50.00%~150.00%),诊断为血友病 A。

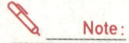
Note:

请思考:
(1) 该病人术后引流血性液量较多的原因是什么? 应如何有效减少该病人的出血?
(2) 护士对该病人出院指导的重点内容有哪些?

血友病(hemophilia)是一组遗传性凝血因子缺乏而引起的出血性疾病,主要包括血友病 A 和血友病 B,其中以血友病 A 最为常见,占血友病的 80%~85%。血友病以阳性家族史、幼年发病、自发或轻度外伤后出血不止、血肿形成及关节腔出血为特征。血友病的社会人群发病率为(5~10)/10 万。

【病因与遗传规律】

血友病 A 和血友病 B 均为典型的性染色体(X 染色体)连锁隐性遗传性疾病。其遗传规律见图 32-4-1。血友病 A 又称 FⅧ缺乏症,血友病 B 又称遗传性 FⅨ缺乏症。FⅧ基因位于 X 染色体长臂末端(Xq28),FⅨ基因位于 X 染色体长臂末端(Xq26-q27),遗传或突变使之缺陷时,人体不能合成足量的 FⅧ或 FⅨ,导致内源性凝血途径障碍及出血倾向的发生。

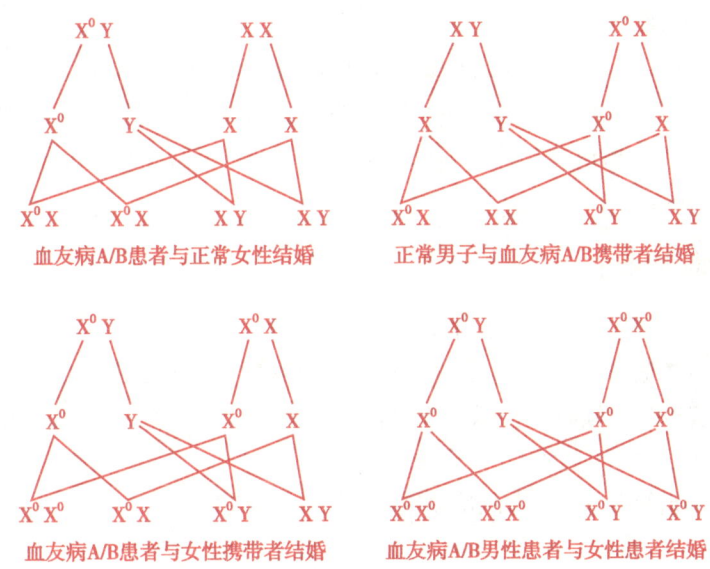

图 32-4-1 血友病 A、B 遗传规律

注:XY 为正常男性;XX 为正常女性;X^0Y 为血友病 A/B 男性病人;X^0X 为血友病 A/B 女性携带者;X^0X^0 为血友病 A/B 女性病人。

【护理评估】

(一)健康史

重点询问病人出血的特征,如出血部位、持续时间、是否为同一部位反复出血等;出血的诱因,是自发性还是手术/创伤相关、是否与接触和使用药物有关;基础疾病情况;家族史,母系及近亲家族有无出血性疾病史等。

(二)身体状况

1. 出血 是最主要的临床表现。其中以血友病 A 最为严重,血友病 B 次之。其特征为幼年起病的自发性出血或轻微损伤、小手术后出现局部延迟性、持久性、缓慢的渗血,罕有急性大出血。手术伤口的延迟性出血,可危及病人生命。出血部位以皮下软组织及肌肉出血最为常见,关节腔内出血次之,内脏出血较少见,颅内出血是病人死亡的主要原因。肌肉及关节腔内出血是血友病病人的特征。前者以下肢、前臂和臀部肌肉出血多见,多伴局部血肿形成;后者初期主要表现为关节腔内蚁咬感或

Note:

针刺感,常反复出现并可因关节腔内积血吸收不完全而机化或刺激滑膜增生,最终导致关节纤维化,表现为关节强直、僵硬、畸形而致残。罕有出生时脐带出血和皮肤紫癜。

2. **血肿压迫的表现** 血肿形成造成周围神经受压,可出现局部肿痛、麻木及肌肉萎缩;血管受压可造成相应部位组织的淤血、水肿或缺血、坏死;颈部、咽喉部软组织出血及血肿形成,压迫或阻塞气道,可引起呼吸困难甚至窒息;输尿管受压可引起排尿障碍。

(三)辅助检查

1. **筛查试验** 红细胞、白细胞及血小板功能与计数大致正常;出血时间、凝血酶原时间正常,凝血时间(CT)和活化部分凝血活酶时间(APTT)延长,凝血酶原消耗(PCT)不良及简易凝血活酶生成试验(STGT)异常。

2. **确诊试验** 根据 FⅧ活性测定辅以 FⅧ:Ag 测定和 FⅨ活性测定辅以 FⅨ:Ag 测定结果对血友病进行临床分型,可以确诊血友病 A 和血友病 B。

3. **基因诊断试验** 主要用于携带者的产前诊断,诊断时间是妊娠第 10 周左右做绒毛膜活检检查,妊娠 16 周左右做羊水穿刺检查。目前常用的方法有 DNA 印迹法、限制性内切酶片段长度多态等。

(四)心理-社会状况

由于血友病病人需要终身治疗,病人及其家属往往会出现焦虑、恐惧等心理,护士应讲解疾病相关知识,以消除病人与家属的负性情绪。为病人提供有关血友病社会团体的信息,鼓励病人及其家属参与相关的社团及咨询活动,通过与医护人员或病人间的信息交流,相互支持,共同应对这一慢性病给病人带来的困难与烦恼。

【常见护理诊断/问题】

1. **有出血的危险** 与凝血因子缺乏有关。
2. **有废用综合征的危险** 与反复多次关节腔出血导致关节功能失用有关。
3. **焦虑** 与终身性出血倾向、担心丧失劳动能力有关。
4. **恐惧** 与害怕出血不止,危及生命有关。
5. **疼痛** 与深部组织血肿或关节腔出血压迫组织/神经有关。

【计划与实施】

血友病病人应该在血友病中心接受综合关怀团队的诊疗与随访。早期治疗可以减少疼痛、功能障碍及远期残疾,并显著减少因并发症导致的住院。家庭治疗必须由血友病中心的专业人员密切监管,且只有在病人及其家属得到充分的教育和培训后才能开始进行。病人急性出血时应及早到附近的专业医疗机构接受治疗。经过治疗和护理,病人达到:①了解可引起出血的危险因素,并积极采取预防措施;②不发生关节功能障碍等并发症。

(一)局部出血的治疗与护理

皮肤表面的出血,局部可采用压迫止血法;鼻黏膜出血,可用凝血酶、注射用矛头蝮蛇血凝酶(巴曲酶)、止血海绵等药物加压或堵塞止血;出血较多的伤口或拔牙后出血不止者,可采用含相关凝血因子的粘贴物覆盖伤口或创面。对于咽喉部出血或血肿形成者,避免血肿压迫呼吸道引起窒息,应协助病人取侧卧位或头偏向一侧,必要时用吸引器将血吸出,并做好气管插管或切开的准备。一旦病人出现颅内出血,遵医嘱紧急输注凝血因子,配合做好其他抢救工作。RICE 方法是局部深层组织血肿形成和关节腔出血病人最重要的非药物性治疗措施,包括休息、局部压迫、冷敷及抬高患肢,出血的肌肉和关节可使用夹板、模具、拐杖或轮椅等使病人肢体处于休息位;局部予以冰敷或冷湿敷,约 20min/次,每 4~6h 1 次,直至局部肿胀或疼痛减轻。肌肉出血常为自限性,不主张进行血肿穿刺,以防感染。

（二）补充凝血因子

是目前防治血友病病人出血最重要的替代性治疗。原则是根据 FⅧ或 FIX 的半衰期、出血的严重程度或所需手术的大小及范围，针对性地选择合适的血液制品、剂量和给药方法。

（1）常用制剂：FⅧ制剂主要有冷沉淀凝血因子、FⅧ的浓缩剂或基因重组的纯化 FⅧ；FIX 制剂主要有凝血酶原复合物、FIX 浓缩剂或基因重组的纯化 FIX。新鲜全血或血浆（新鲜/冷冻）虽含所有的凝血因子，但因输注用量较大且易于感染血液传播性疾病，现已少用。

（2）常用剂量及用法：正常人每毫升新鲜血浆中含 FⅧ或 FIX 为 1 个国际单位（IU），每千克体重输注含 1IU 的 FⅧ或 FIX，可提高凝血因子水平 1%~2%。最低止血水平要求 FⅧ:C 或 FIX 的活性>20%，中度以上出血如关节腔出血、颅内出血或须行中型以上手术者，应提高到 50% 以上。

对于中重症病人在初始治疗的基础上必须给予维持性治疗，由于 FⅧ和 FIX 半衰期分别为 8~12h 与 18~30h，为达到良好的治疗效果，FⅧ须持续输注或每 8~12h 输注 1 次，FIX 则每日输注 1 次即可。维持时间因病情不同而定，自发性出血一般需要维持 2~4d，外伤或手术则须维持至伤口愈合。

（3）正确输注各种凝血因子制品：做好常规的核对工作，凝血因子取回后，应立即输注。输注冷冻血浆或冷沉淀物者，输注前应将冷冻血浆或冷沉淀物置于 37℃温水（水浴箱）中解冻、融化，并以病人可耐受的速率快速输入。输注过程中密切观察其有无输血反应。

（三）药物治疗与护理

（1）去氨加压素（desmopressin，DDAVP）：该药系一种人工合成的抗利尿激素类物质，有抗利尿和动员体内贮存 FⅧ释放的作用，可用于轻症血友病 A 病人，对血友病 B 病人无效。常用剂量为 0.3μg/kg，用生理盐水 30~50ml 稀释后在 20~30min 快速静脉注射完，也可分次皮下注射或鼻腔滴入。该药可暂时性提高病人 FⅧ:C 水平 3~4 倍，若反复注射可因体内贮存 FⅧ"耗竭"而迅速出现反应耐受。快速静脉注射 DDAVP 可出现心率加快、颜面潮红、血压升高、少尿及头痛等不良反应，要密切观察，必要时遵医嘱对症处理。为了更好地预测该药的治疗效果，还应配合医生做好治疗前后血浆 FⅧ水平检测的标本采集及送检工作。

（2）其他药物：达那唑对轻中型者效果较好。糖皮质激素通过改善血管通透性及减少抗 FⅧ:C 抗体产生而发挥作用，适用于接受 FⅧ:C 治疗效果差者。抗纤溶剂能保护已形成的血凝块不溶解，可用于血友病病人口腔伤口及拔牙时止血。

（四）其他治疗与护理

目前对血友病病人已开始试用基因治疗。对于关节强直、畸形的病人，可在补充足量相应凝血因子的基础上行关节成形术或置换术。针对血友病的发病特征可实施"家庭治疗"模式，即对病人及其亲属进行有关知识的教育和注射培训等，使病人在出血早期就能得到及时治疗。从而迅速止血，减轻出血对周围组织的压迫及防止继发性损伤。

（五）预防出血

由于本病目前尚无根治方法，因此预防更重要。血友病的出血多与损伤有关，预防损伤是防止出血的重要措施之一。告知病人不要过度负重或进行剧烈的接触性运动（拳击、足球、篮球）；不要穿硬底鞋或赤脚走路；使用刀、剪、锯等工具时，应小心操作，必要时佩戴防护性手套；尽量避免手术治疗，必须手术时，术前应根据手术规模大小常规补充足够量的凝血因子；尽量避免或减少各种不必要的穿刺或注射，必须时，拔针后局部按压 5min 以上，直至出血停止；避免长期使用静脉留置针，以免穿刺点渗血；注意口腔卫生，防龋齿；遵医嘱用药，避免使用阿司匹林等有抑制凝血机制作用的药物。

（六）并发症的预防与护理

1. 评估关节腔出血与关节功能　经常评估病人关节外形、局部有无压痛、关节活动能力有无异常等，以判断关节病变处于急性出血期、慢性炎症期还是已发生纤维强直。急性期局部可有红、肿、热、痛及功能障碍；慢性炎症期多与关节反复出血或积血吸收不完全、刺激局部产生持续性炎症反应有关，可表现为关节持续性肿胀及功能障碍；病情进一步发展可导致关节纤维强直、畸形以致功能丧失。

2. 科学合理的康复训练　是预防血友病病人发生关节废用的重要措施。应向病人及其家属解释康复训练的目的、意义、主要方法、注意事项及配合要点等。急性期病人为避免出血加重,应给予局部制动并保持肢体功能位,切勿患肢负重,适当增加卧床时间,避免过早行走。在肿胀消退、肌肉力量恢复时,指导病人循序渐进地进行受累关节的被动或主动活动,可给予理疗以促进受累关节功能的康复。

(七) 健康指导

1. 优生优育指导　重视遗传咨询、婚前检查和产前诊断,是减少血友病发病率的重要措施。对于有家族史的病人,婚前应常规进行血友病的遗传咨询。血友病病人及女性携带者应避免生育,以减少本病的遗传。为了减少血友病患儿的出生,女性携带者均应进行产前诊断,一般可于妊娠第 13~16 周进行羊水穿刺,确定胎儿性别及基因表型,若明确胎儿为血友病患儿,应及时终止妊娠。

2. 疾病知识指导　向病人及其家属介绍疾病的原因、遗传特点、主要表现、诊断与治疗的主要方法与预防等;说明本病为遗传性疾病,需终身治疗,并应预防出血的发生。

3. 病情监测指导　包括出血症状与体征的自我监测,如碰撞后出现关节腔出血表现,外伤后伤口的渗血情况等。一旦发生出血,常规处理效果不好或出现严重出血,如关节腔出血等,应及时就医。

4. 出血的应急处理指导　包括常见出血部位的止血方法。有条件者,可教会病人及其家属注射凝血因子的方法,以利于应急处理严重出血。告诉病人若外出或远行时,携带血友病病历卡,以备发生意外时得到及时救助。

【护理评价】

经过治疗和护理,评估病人是否能够达到:①了解可引起出血的危险因素,并积极采取预防措施;②未发生关节功能障碍等并发症。

(郭锦丽)

思　考　题

1. 在护理血友病病人的过程中,护士应主要考虑哪些方面?
2. 血友病病人平时生活中应注意哪些问题?

NURSING

第三十三章

淋巴瘤病人的护理

33章 数字内容

病人,男性,50岁,因右侧睾丸无痛性肿大入院。既往无其他疾病史。体格检查:T 36.2℃,P 80次/min,R 17次/min,BP 130/85mmHg。病人入院后行右侧睾丸根治性切除术,病理示外周T细胞性非霍奇金淋巴瘤。术后行化疗3个疗程及鞘内注射3次,脑脊液常规及生化正常,脑脊液涂片未找到癌细胞。化疗过程顺利,建议在全身化疗同期予以左侧睾丸放射治疗,病人因畏惧放疗的副作用而放弃,之后亦未复查。

请思考:

(1) 该病人化疗后可能出现何种不良反应?

(2) 若病人放弃放疗,作为护士应如何应对?

淋巴瘤(lymphoma)是起源于淋巴结和淋巴组织的恶性肿瘤。按组织病理学改变可分为霍奇金淋巴瘤(Hodgkin lymphoma,HL)和非霍奇金淋巴瘤(Non-Hodgkin lymphoma,NHL)两大类。淋巴瘤可发生在身体的任何部位,其中以淋巴结、扁桃体、脾及骨髓最易受累。近年来我国淋巴瘤发病率呈上升趋势,目前发病率为(6~7)/10万,发达城市和地区发病率高于农村及偏远地区。HL发病率较低,NHL发病率高,约占所有淋巴瘤的91%。临床以无痛性进行性淋巴结肿大为首发症状。

【病因与发病机制】

目前对淋巴瘤的病因及发病机制尚不完全清楚,但病毒学说颇受重视。此外,感染、免疫因素起着重要的作用,理化及遗传因素可能也与疾病发生相关。

1. **病毒、细菌因素**　用荧光免疫法检查部分HL病人的血清,可发现高效价抗Epstein-Barr(EB)病毒抗体;淋巴结在电镜下可见EB病毒颗粒。好发于非洲儿童的Burkitt淋巴瘤组织中可分离出EB病毒,且血清中EB病毒抗体滴度明显增高。体外试验表明,EB病毒是潜在致癌病毒,可促使B淋巴细胞永生化。

人类嗜T淋巴细胞病毒Ⅰ型(HTLV-Ⅰ)与高发于日本等地区的成人T细胞白血病/淋巴瘤密切相关,人类嗜T淋巴细胞病毒Ⅱ型(HTLV-Ⅱ)与T细胞皮肤淋巴瘤(蕈样肉芽肿)有关。Kaposi肉瘤病毒被认为是原发于体腔的淋巴瘤的病因。胃黏膜相关淋巴组织淋巴瘤的发病,与幽门螺杆菌感染有密切关系。

2. **免疫因素**　艾滋病、某些自身免疫病(如类风湿关节炎、系统性红斑狼疮)、长期接受免疫抑制剂治疗等,均为NHL的高危因素。

3. **理化因素**　核辐射的幸存者、接受放疗和化疗的病人、长期服用苯妥英钠等药物的病人,淋巴瘤发病危险增加。

【病理和分型】

1. **非霍奇金淋巴瘤(non-Hodgkin lymphoma,NHL)**　病理组织学特点为病变部位正常淋巴组织结构全部或部分破坏,呈现大量单一异型淋巴细胞,浸润、破坏被膜及邻近正常组织,出现较多病理核分裂象。

1982年美国国家癌症研究所依据苏木精-伊红染色(HE染色)的形态学特征对NHL进行分类,2016年WHO结合病理组织学、免疫学表型、细胞遗传学等进行分类,主要分为前驱淋巴性肿瘤、成熟B细胞肿瘤和成熟T/NK细胞瘤三大类。

2. **霍奇金淋巴瘤(Hodgkin lymphoma,HL)**　病理组织学特点为病变部位正常淋巴组织结构全部或部分破坏,在肿瘤组织中存在R-S(Reed-Sternberg)细胞。R-S细胞来源于B淋巴细胞,

大小不一,为双核或多核巨细胞,核仁嗜酸、大而明显,胞质丰富。

根据 2016 年 WHO 淋巴造血系统肿瘤分类,分为结节性淋巴细胞为主型 HL 和经典型 HL 两大类,其中经典型占 HL 的 95% 左右,包括结节硬化型、淋巴细胞丰富型、混合细胞型和淋巴细胞减少型 4 种类型。

【护理评估】

（一）健康史

了解病人的年龄、职业和居住环境;既往有无病毒感染史及其他疾病史,有无放射性物质的接触史及长期用药史;家族中有无类似疾病者。询问病人日常休息及活动量、活动耐力及饮食和睡眠等情况。

（二）身体状况

无痛性进行性淋巴结肿大是淋巴瘤共同的临床表现,可发生在机体的任何部位。此外,常伴全身症状,如发热、消瘦、盗汗等,最终可出现恶病质。

1. 非霍奇金淋巴瘤　NHL 随年龄增长而发病率增加,除惰性淋巴瘤外,一般发展迅速。以颈部及锁骨上淋巴结肿大为首发表现者较 HL 少见,对各器官的压迫和浸润较 HL 多见,约 1/3 原发于淋巴结外器官的淋巴组织,尤以原发胃肠道淋巴瘤最常见。NHL 常以高热或各器官系统症状为主要临床表现,如胃肠道受累表现为腹痛、呕吐、腹泻等,呼吸道受累表现为胸痛、咳嗽、咯血、呼吸困难等,咽淋巴环受累表现为鼻塞、血涕、耳鸣、咽部不适等,中枢神经系统受累表现为头痛、呕吐、麻痹、意识障碍等,肾受累表现为肾肿大、高血压、肾功能不全等,骨骼受累表现为骨痛、活动受限或病理性骨折,骨髓受累表现为贫血、出血,甚至发展成急性淋巴细胞白血病,皮肤受累表现为斑丘疹、肿块、皮下结节、溃疡等。

NHL 易发生早期远处扩散,可以越过邻近淋巴结向远处淋巴结跳跃式转移,并且常早期发生血行播散。

2. 霍奇金淋巴瘤　HL 多见于青年,90% 的病人以淋巴结肿大就诊,70% 表现为颈部及锁骨上淋巴结肿大,其次为腋下淋巴结和纵隔淋巴结。肿大的淋巴结可以活动,也可互相粘连融合成块,质硬无压痛。17%~20% 的病人在饮酒后 20min 病变局部(淋巴结)发生疼痛,称为"酒精疼痛",是 HL 特有的表现。当病变缓解后,酒精疼痛即行消失,复发时又重现,机制目前尚不清楚。淋巴结外器官受累症状较 NHL 少见,如纵隔淋巴结肿大可致咳嗽、胸闷、上腔静脉压迫等。全身症状多见发热、盗汗、瘙痒、消瘦、带状疱疹等。

HL 通常从原发部位沿淋巴管向邻近淋巴结有规律地依次播散,晚期发生血行播散。

3. 淋巴瘤分期　1971 年 Ann Arbor 会议确定,根据病变范围不同,可将淋巴瘤分为 4 期(表 33-0-1),对于治疗方案选择及预后判断有帮助。

以上各期又可按病人有无全身症状[不明原因发热(T>38℃)、盗汗、半年内体重下降 10% 以上]

表 33-0-1　淋巴瘤分期

分期	临床表现
Ⅰ期	病变仅限于 1 个淋巴结区(Ⅰ)或淋巴结以外单一器官(ⅠE)
Ⅱ期	病变累及横膈同侧 2 个或更多淋巴结区(Ⅱ),或病变局限侵犯淋巴结以外器官及横膈同侧 1 个以上淋巴结区(ⅡE)
Ⅲ期	横膈两侧均有淋巴结病变(Ⅲ),或伴有 1 个结外器官局限受累(ⅢE),脾累及标记为(ⅢS),两者均受累标记为(ⅢSE)
Ⅳ期	广泛侵犯淋巴结以外的部位,伴或不伴淋巴结肿大

Note:

分为 A、B 两组，A 组表示无全身症状，B 组表示有全身症状之一。

（三）辅助检查

1. **病理学检查** 选取较大淋巴结，行细胞病理形态学检查和组织病理学检查，是诊断淋巴瘤的基本方法。

2. **免疫学表型检测** 组织切片免疫组化染色方法或流式细胞术，应用单克隆抗体测定淋巴瘤细胞的免疫学表型，可用于 HL 和 NHL 的诊断。

3. **细胞遗传学检测** NHL 是发生于单一亲本细胞的单克隆恶性增殖，瘤细胞的基因重排高度一致。因此，应用 PCR 技术检测单克隆性基因重排具有高度敏感性。

4. **血象、骨髓象** HL 常有轻或中度贫血，骨髓中如能找到 R-S 细胞是诊断 HL 骨髓浸润的依据。NHL 早期血象多正常，伴有淋巴细胞增多。如晚期并发白血病，则呈现白血病样血象、骨髓象特点。

5. **生化检查** NHL 疾病活动期红细胞沉降率加快，血清乳酸脱氢酶升高提示预后不良。

6. **影像学检查** 胸部 X 线、腹部超声或 CT 检查有助于对纵隔淋巴结、肺门淋巴结、腹腔内及腹膜后淋巴瘤进行诊断。

（四）心理-社会状况

在长期的治疗过程中，病人可能出现抑郁、悲观等负性情绪，甚至放弃治疗。因此护士应及时发现并解决病人的心理反应，同时与其家属共同努力，营造轻松的治疗环境，解除病人的紧张和不安，保持心情舒畅。

【常见护理诊断/问题】

1. **有皮肤完整性受损的危险** 与放疗引起局部皮肤损伤有关。
2. **潜在并发症：化疗药物不良反应。**
3. **营养失调：低于机体需要量** 与肿瘤对机体的消耗或放、化疗有关。

【计划与实施】

目前淋巴瘤治疗的基本策略是以化疗为主、化疗与放疗相结合的综合处理。经过治疗和护理，病人达到：①保持放疗部位皮肤完好；②放、化疗并发症能被及时发现并处理；③体重维持正常水平；④积极采取预防措施，主动接受各种治疗。

（一）放射治疗与护理

1. **非霍奇金淋巴瘤** NHL 具有多中心发病的特点，使其扩大照射的治疗作用不如 HL。对于惰性 NHL 早期病人，多推荐区域照射，即照射受累淋巴结区及其两侧各一邻近未受累淋巴结区，存活可达 10 年。对于侵袭性 NHL，有化疗残留肿块、局部巨大肿块或中枢神经系统累及者，可行局部放疗扩大照射，作为化疗的补充。

2. **霍奇金淋巴瘤** 适用于早期病例。剂量为 20~36Gy，3~4 周为 1 个疗程。为预防病灶转移，常采取扩大野照射技术（照射野包括病变淋巴结区及可能侵及的淋巴结区）。如病变位于横膈以上，常采用斗篷野（两侧从乳突端至锁骨上下、腋下、肺门、纵隔至横膈的淋巴结）；横膈以下病变采用倒 Y 野（从横膈下至腹主动脉旁、盆腔及腹股沟淋巴结，同时照射脾区）。全淋巴结照射则包括斗篷野和倒 Y 野。对于晚期巨大肿块或化疗后残留肿块，可加用局部放疗。

放疗期间，病人易出现疲劳、恶心、呕吐、脱发、食欲减退、皮肤受损、放射性肺炎等不良反应，应遵医嘱对症处理，上述症状在放疗停止后会逐渐恢复。

放射性皮炎的护理措施：

（1）预防放射性皮炎：注意保持病人放疗局部皮肤的干燥；避免冷、热刺激；外出时避免阳光直射；忌用刺激性化学物品；擦洗放射区皮肤时应动作轻柔，减少摩擦。

Note：

（2）发生放射性皮炎:判断分期。若皮肤为干反应（Ⅰ度），表现为局部皮肤灼痛,可给予皮肤保护膜、1%冰片滑石粉或薄荷滑石粉涂撒。若皮肤为湿反应（Ⅱ度），表现为局部皮肤刺痒、渗液、水疱,可用比亚芬乳膏、康复新液或德莫林皮肤创面无机诱导活性敷料外涂,暴露创面,必要时暂停放疗。若合并感染（Ⅲ度或Ⅳ度），表现为皮肤皱褶以外部位融合的湿性脱皮,凹陷性水肿,甚至溃疡、出血、坏死,应停止放疗,运用湿性愈合理论处理创面,必要时全身抗感染治疗。

（二）化学治疗与护理

1. **非霍奇金淋巴瘤**　NHL多中心发病的特点,决定了其治疗策略应以化疗为主。对于惰性NHL早期病人,化疗和放疗效果相近。对于晚期病人,多主张密切观察的姑息治疗原则,待病情恶化时开始化疗。化疗常采用单一药物,如苯丁酸氮芥4~6mg/d或环磷酰胺100mg/d,口服,连服2~3周,间歇应用;亦可应用COP（环磷酰胺、长春新碱、泼尼松）、COPP（环磷酰胺、长春新碱、丙卡巴肼、泼尼松）或CHOP（环磷酰胺、多柔比星、长春新碱、泼尼松）联合化疗方案。但晚期病人治疗过程中常反复发作,目前尚难治愈。

对于侵袭性NHL,标准化疗方案为CHOP方案,严重不良反应较少。每2~3周为1个疗程,力争达到完全缓解,再巩固2~3个疗程,就可结束治疗。本方案5年无病生存率达到41%~80%。R-CHOP方案（化疗前加用利妥昔单抗）,可获得更好的疗效,是弥漫大B细胞淋巴瘤（DLBCL）治疗的经典方案。

对于Burkitt淋巴瘤,应给予积极的强化联合化疗,包括大剂量环磷酰胺、甲氨蝶呤或阿糖胞苷及联合多柔比星、长春新碱、依托泊苷及泼尼松等,并予中枢神经系统预防治疗。

对于淋巴母细胞性淋巴瘤或已转化为白血病的病人,可采用治疗淋巴细胞白血病的化疗方案,如VDLP方案。

2. **霍奇金淋巴瘤**　首选方案为ABVD（多柔比星、博来霉素、长春碱、达卡巴嗪）,缓解率和5年无病生存率均优于传统的MOPP方案（氮芥、长春新碱、丙卡巴肼、泼尼松）,且对生育功能影响小,不引起继发性肿瘤。ABVD/MOPP交替方案可提高缓解率。由于维持治疗不延长生存期,且增加化疗毒性并抑制免疫功能,故主张完全缓解后巩固2个疗程,即结束治疗。

常用化疗药物丙卡巴肼及博来霉素,易引起胃肠道反应、皮炎、脱发、骨髓抑制,偶有肝、肾功能损害。出现上述反应及时告知医生,遵医嘱对症处理,给予胃黏膜保护剂、镇吐药及保肝药物。向病人解释脱发、皮炎在停药后可恢复。增加液体入量,以稀释药物浓度,减轻对肾的损害。其他化疗药物副作用的防治及护理,可参见第三十一章第二节"急性白血病病人的护理"。

（三）其他治疗与护理

1. **单克隆抗体**　NHL大部分为B细胞性,多表达CD20;HL的淋巴细胞为主型也高密度表达CD20。因此,均可用CD20单克隆抗体（利妥昔单抗）治疗。已有临床研究报告,化疗前加用利妥昔单抗,可明显提高完全缓解率和延长无病生存时间;造血干细胞移植前加用利妥昔单抗,可提高移植疗效。

2. **干扰素**　有生长调节及抗增殖效应,对蕈样肉芽肿等有部分缓解作用。

3. **抗幽门螺杆菌的药物**　应用于胃黏膜相关淋巴样组织（胃MALT）淋巴瘤可使部分病人症状改善,淋巴瘤消失。

4. **造血干细胞移植**　治疗时机和方式的选择受到疾病相关因素（淋巴瘤的病理组织亚型、危险度分层和移植前疾病状态等）和病人因素（年龄、体能状态、合并症及是否存在合适的供者等）两方面的影响,移植方式可以选择自体造血干细胞移植和异基因造血干细胞移植。

（四）健康指导

1. **饮食指导**　加强营养,忌食油腻和生冷食物,口腔溃疡者可进食流质及清淡食物。

2. **皮肤护理**　注意个人卫生,皮肤瘙痒者避免用指甲抓挠,沐浴时宜用温水,避免水温过高。

3. **休息与活动**　保证睡眠,适当锻炼,如快走、打太极拳等。

4. 用药指导　根据病情向病人解释治疗方法,详细讲解各种药物的用量、作用及不良反应,嘱病人遵医嘱用药。

【护理评价】

经过治疗和护理,评估病人是否能够达到:①合理安排休息和饮食,体重维持在正常范围;②积极配合治疗与护理,减少或避免放、化疗并发症的发生;③正确对待疾病,悲观情绪减轻或消除。

（闫贵明）

思 考 题

1. 淋巴瘤病人是否需要手术切除肿大的淋巴结?
2. 晚期淋巴瘤病人的护理重点是什么?

URSING

第三十四章

造血干细胞移植病人的护理

34章 数字内容

学 习 目 标

- 识记:
  1. 陈述造血干细胞移植的概念、分类和适应证。
  2. 列出造血干细胞输注的护理要点。
  3. 列举造血干细胞移植后常见的并发症及护理要点。
- 理解:
  1. 概述层流生物洁净病房的准备及其在造血干细胞移植中的作用。
  2. 总结病人入住层流病房前的准备要点。
  3. 解释造血干细胞移植病人预处理的目的。
- 运用:
  1. 对造血干细胞移植病人进行全面评估,制订护理计划。
  2. 运用所学知识为造血干细胞移植术后病人制订一份健康教育计划。

导入情境与思考

病人,男性,23 岁。因感冒后出现反复发热伴畏寒,双下肢乏力伴肌肉酸痛门诊入院。确诊为急性髓细胞性白血病 M_2 型(中危组),诱导化疗后达到完全缓解。巩固化疗 5 次,腰椎穿刺+鞘内注射 2 次,拟行自体造血干细胞移植术。完善术前准备,为病人留置 PICC,入住层流生物洁净病房。给予美法仑方案预处理。输注自体外周血造血干细胞 260ml。

请思考:

(1) 在入住层流生物洁净病房前,护士应能帮助该病人做哪些身体准备?

(2) 该病人在输注自体外周血造血干细胞时的观察和护理要点是什么?

造血干细胞移植(hematopoietic stem cell transplantation,HSCT)是指对病人进行全身照射、化疗和免疫抑制预处理后,将正常供体或自体的造血细胞经血管输注给病人,使之重建正常的造血和免疫功能。造血细胞包括造血干细胞和祖细胞,祖细胞来源于造血干细胞。造血干细胞具有增殖、分化为各系成熟血细胞的功能和自我更新能力,维持终身持续造血,存在于骨髓中。

【造血干细胞移植的分类】

根据细胞来源不同分为 2 类:异体造血干细胞移植和自体造血干细胞移植。异体造血干细胞移植根据基因是否相同又分为:①异基因造血干细胞移植:即将同胞供者(不包括同卵孪生)或无关供者的造血干细胞移植到受者体内,使其生长繁殖;②同基因造血干细胞移植:受者与供者基因完全相同的移植。按造血干细胞取自骨髓、外周血或脐带血,又分为骨髓移植、外周血造血干细胞移植和脐血干细胞移植。按供受者有无血缘关系而分为血缘移植和非血缘移植。按人白细胞抗原(human leukocyte antigen,HLA)配型相合的程度,分为 HLA 相合、部分相合和单倍型相合移植。

【适应证】

1. **急性白血病** 研究已证实,造血干细胞移植治疗急性白血病(除外 M_3)的疗效高于普通化疗,但其疗效受多种因素影响,主要包括:①时机选择:在完全缓解状态下或复发状态均可进行,第一次完全缓解后行造血干细胞移植术的疗效最佳,复发状态下行移植术的疗效较差。②疾病本身因素:急性淋巴细胞白血病移植后效果差于其他类型白血病,尤其是自体造血干细胞移植后急性淋巴细胞白血病的复发率较高。③移植物抗宿主病(GVHD)发生与否及严重程度:GVHD 有抗白血病作用,从而能降低复发率。但另一方面,严重的 GVHD 可导致移植相关死亡率的增加。④病人年龄及一般情况:年龄越大,主要器官功能相应减弱,使造血干细胞移植后易出现多种并发症,尤其是 GVHD,无病生存率下降。⑤预处理方案:移植过程中根据病人的病情和年龄选择不同的预处理方案,而预处理方案的差异对疗效有一定影响。

2. **慢性髓细胞性白血病** 异体造血干细胞移植是目前唯一可治愈慢性髓细胞性白血病的方法。以慢性期移植疗效最好,无病生存率可达 50%~90%。应根据病人的年龄和病情选择移植方式。

3. **恶性淋巴瘤** 对化疗、放疗敏感的晚期淋巴瘤有较好疗效。

4. **重型再生障碍性贫血** 对年龄<50 岁的重型或极重型再障有 HLA 相合同胞者,宜首选造血干细胞移植。

5. **其他** 如多发性骨髓瘤、骨髓增生异常综合征、阵发性睡眠性血红蛋白尿等血液疾病。理论上讲,HSCT 能够治疗所有先天性造血系统疾病和酶缺乏所致的代谢性疾病,如镰状细胞贫血、重型联合免疫缺陷病、戈谢病等;对严重获得性自身免疫病及实体瘤的治疗也在探索中。

【护理评估】

1. **健康史** 了解病人目前所患疾病及既往患病史;所用化疗方案及化疗次数,病人反应;用药史,过敏史等。

2. **身体状况** 评估病人的生命体征和营养状况;全身皮肤黏膜有无出血、破损及感染灶等;肝、脾及淋巴结有无肿大等。

3. **辅助检查** 移植前须进行全面检查,如复查血象、骨髓象、血型,检查乙型肝炎病毒、丙型肝炎病毒、梅毒、巨细胞病毒等实验室检查,检查心、肺、肝和肾功能,做咽部、体表和肛周细菌培养等。

4. **心理-社会状况** 了解移植病人的心理状况,对造血干细胞移植的态度,有无充分的思想准备接受造血干细胞移植;了解病人和家属对所患疾病及造血干细胞移植目的、方法、过程、并发症等知识的掌握程度;病人的经济状况和社会支持情况等。

【常见护理诊断/问题】

1. **有出血的危险** 与血小板减少和/或凝血功能障碍有关。
2. **营养失调:低于机体需要量** 与放、化疗或移植物抗宿主病所致的胃肠道反应有关。
3. **知识缺乏:缺乏造血干细胞移植程序、治疗方案、并发症及出院后的护理等知识。**
4. **潜在并发症:感染、植入综合征、移植物抗宿主病、肝静脉阻塞症等。**
5. **恐惧/孤独** 与出血、感染或保护性隔离下缺乏亲属陪伴有关。

【计划与实施】

通过治疗与护理,病人达到:①了解造血干细胞移植的程序、可能的不良反应、感染的危险因素及预防措施;②无并发症发生或并发症被及时发现并处理;③维持躯体活动的最佳水平,营养状况良好;④移植期间情绪稳定,主动配合治疗和护理。

(一)入层流生物洁净病房前的护理

1. **供者选择**

(1) 自体 HSCT:供体是病人本人,经过大剂量放、化疗后,动员采集到不被肿瘤细胞污染的足量造血干细胞。

(2) 异体 HSCT:供体是与受者的 HLA 配型相合的健康供者。首选有血缘关系的兄弟姐妹,非血缘关系的供体为候选。如有多个 HLA 相合者,宜选择年轻、男性、ABO 血型相合和巨细胞病毒阴性者。脐血干细胞移植除了配型,还应确定新生儿无遗传性疾病。

2. **供者准备** 根据造血干细胞采集方法及需要量的不同,安排供者短期留观或住院,多数供者担心采集造血干细胞对身体健康造成影响,会有紧张、矛盾或恐惧的心理反应,护士应及时发现供者的不良情绪,给予心理疏导,讲明造血干细胞采集过程安全,不影响健康。可介绍医院现有医疗设备与安全措施及医务人员素质水平,以提高供者的安全感和信任感。若采集外周血造血干细胞,需在采集前 3~5d 为供者皮下注射动员剂,一般为粒细胞集落刺激因子,目的是促使造血干细胞进入外周血,方便采集。注射动员剂后供者的白细胞计数会升高,部分供者有关节酸痛的感觉或低热,但这些反应是暂时的,停药后血细胞在数天内恢复正常,不适感消失。

3. **层流生物洁净病房**(laminal air flow bio-clean room,LAFR)**准备** 层流生物洁净病房是通过空气净化设备保持室内无菌的病房,是有效预防造血干细胞移植术后病人继发感染的重要保障。共分为 4 室,1、2 室为缓冲区,3 室为千级层流生物洁净病房,作为过渡病房,4 室为百级层流生物洁净病房,装有高效过滤器,为病人病房。病人在移植期间,经过超大剂量放、化疗及应用大剂量免疫抑制剂,导致免疫功能极度低下。在这种情况下,将病人置于 LAFR,进行严密的保护性隔离,可以预防各类严重感染的发生。使用前要在室内不同空间位置采样,样本行空气细菌学监测,同时室内一切用物及空间均须经严格的清洁、消毒、灭菌处理,完全合格后病人方可进入。

Note:

4. 病人准备

（1）心理护理：病人接受造血干细胞移植期间须入住层流生物洁净病房，进行保护性隔离，且治疗过程中会产生较严重的反应，使病人产生强烈的焦虑、孤独感。护士应给病人详细介绍层流生物洁净病房的环境、规章制度和探视方法等；讲解造血干细胞移植的相关知识和并发症的预防措施，并适时介绍以往成功的病例，从而降低或消除病人的疑虑和孤独感，使其处于接受治疗的最佳生理、心理状态。

（2）身体准备：入室前 3d，开始食用肠道不易吸收的抗生素，如诺氟沙星胶囊、庆大霉素等，进行肠道消毒。氯霉素或卡那霉素等眼药水滴眼、甘露醇导泻等。清除全身感染病灶，尤其注意口腔、咽喉、肛周皮肤等处的感染灶，感染未清除前，不可进入层流生物洁净病房。入室前一天剪指/趾甲、剃毛发（头发、腋毛、阴毛）后清洁全身。入层流病房当日用醋酸氯己定水药浴 20min。药浴时着重清洗肚脐、外耳道、外阴及肛周，更换无菌衣物后入住层流生物洁净病房。

（二）造血干细胞采集

1. 骨髓采集　在无菌条件下进行，供者行全麻或持续硬膜外麻醉。自髂前或髂后上棘多位点穿刺抽取骨髓，所采的骨髓血中含有一些骨髓小颗粒，须采用过滤措施将其去除，国内多采用二次针头过滤法。采集术中、术后主要不良反应有低血压、骨痛和发热，无严重并发症。

2. 外周血造血干细胞采集　具有采集方便、安全、痛苦小，不需要麻醉，不易沾染异常细胞，造血和免疫重建恢复快等优点。外周血造血干细胞是通过血细胞分离机由静脉采集而获得的，采集过程中要注意低血压、枸橼酸盐反应、低钙血症等并发症的预防、观察与处理。

3. 脐血采集　脐血采集是在分娩时结扎脐带移去胎儿后娩出胎盘前，于无菌条件下直接从脐静脉采集，每份脐血量 60~100ml。脐血干细胞由特定的脐血库负责采集和保存。

骨髓血、外周血干细胞或脐血还可以置于 4℃ 保存 72h 或用液氮（-196℃）长期保存。

（三）入层流生物洁净病房后的护理

1. 预处理　目的是清除恶性肿瘤或病变细胞，为供者的干细胞植入提供生长空间；杀灭受者的免疫活性细胞，以利于供体 HSC 在受者体内植活及预防 GVHD。预处理根据强度不同目前大致分为 3 类：清髓性方案（MAC）、非清髓性方案（NMAC）和减低强度的预处理方案（RIC）。预处理早期毒副作用通常有恶心、呕吐、黏膜炎等消化道反应，急性肝、肾功能受损及心血管系统毒性作用。移植后长期存活的病人可因预处理发生晚期并发症，主要包括①白内障：主要与全身照射有关，糖皮质激素可促进其发生；②白质脑病：主要见于合并中枢神经系统白血病而又接受反复鞘内化疗和全身高剂量放、化疗者；③内分泌紊乱：甲状腺和性腺功能降低、闭经、无精子生成、不育、儿童生长延迟；④继发肿瘤：少数病人几年后继发淋巴瘤或其他实体瘤，也可继发白血病或骨髓增生异常综合征。

2. 造血干细胞输注的护理

（1）骨髓血的输注：ABO 血型相合的骨髓血可直接回输，血型不相合的需要体外去除供者骨髓血中的红细胞，处理后再回输。回输前必须悬挂 15~30min，使其中的脂肪颗粒上浮，以避免将其输入病人体内造成脂肪栓塞。输注骨髓血时，可以同步输入适量鱼精蛋白，以中和骨髓血中的肝素。骨髓血最好在 6h 内输完，以免时间过长导致干细胞损失过多。每袋骨髓血最后约 5ml 应留在输血袋内弃去，避免将脂肪颗粒输入血管。

（2）外周血造血干细胞的输注：自体外周血造血干细胞回输时，须将深低温冻存的造血干细胞从液氮中取出后，置于 37.8~41.0℃ 水浴中迅速解冻。异基因外周血造血干细胞回输为当天采集后立即回输，回输时速率以病人不出现心慌为标准，以免在室温中放置过久，造成造血干细胞损失。自体造血干细胞保存因使用的保养液中含有二甲亚砜，可引起病人恶心、呕吐、暂时性高血压，个别病人出现房室传导阻滞。可采用增加输液量的方法保证病人尿量，同时碱化尿液以利于二甲亚砜的迅速排出。

（3）脐血干细胞的输注：脐带血回输量一般为 100ml 左右，因此，要注意回输过程中勿出现漏液现象。输注的同时密切注意病人的心率变化，随时调整输注速率。

3. 病人的护理

（1）基础护理：各种食物（如饭菜、点心、汤类等）须经微波炉消毒后食用。口腔护理，每日 3~4

Note:

次;进食前后漱口液交替漱口。氯霉素或卡那霉素、0.1%利福平、阿昔洛韦等眼药水交替滴眼,每日2~3次。便后擦洗肛周或坐浴。

(2)出血的护理:监测病人血小板计数,观察其有无出血倾向,如皮肤黏膜有无瘀点、瘀斑、口腔黏膜及牙龈有无出血,尿、便颜色及有无头痛、呕吐等颅内出血的症状,遵医嘱正确使用止血药或输注浓缩血小板等。

(3)用药护理:护士应严密监测病人用药后的毒副作用,及时发现并处理不良反应。预处理后病人常出现恶心、呕吐、腹泻、发热、口腔黏膜炎等,遵医嘱给予其镇吐药,减轻病人的胃肠道反应,并严格执行消毒隔离制度和无菌护理措施。预处理方案中的大剂量环磷酰胺(CTX),其代谢产物丙烯醛刺激膀胱可引起出血性膀胱炎,美司钠静脉注射、充分水化、碱化尿液、膀胱冲洗等可以防治大剂量CTX导致的出血性膀胱炎。白消安可通过血-脑屏障诱发癫痫,氯硝西泮或苯妥英钠能有效预防白消安所致的药物性惊厥。甲氨蝶呤是预防急性GVHD的主要药物,但极易引起口腔黏膜炎,病人在输注甲氨蝶呤期间,用亚叶酸钙原液含漱可以促进口腔黏膜炎的修复。慢性GVHD主要采用大剂量肾上腺皮质激素和小剂量免疫抑制剂治疗,大剂量激素易诱发消化道出血及感染的发生,故应观察病人粪便颜色及有无感染灶。

(4)输注成分血的护理:为促进HSCT病人的造血重建,必要时根据病情遵医嘱输注浓缩红细胞或血小板等成分血。为预防输血相关的GVHD,血制品在输入前必须经过照射,以灭活具有免疫活性的T淋巴细胞。

(5)中心静脉导管的护理:多采用PICC静脉置管、锁骨下中心静脉导管(CVC)置管或输液港(PORT)。每日观察病人穿刺点及周围皮肤的完整性。无菌透明敷料应至少每5~7d更换一次,无菌纱布敷料应至少每2d更换一次;若穿刺部位发生渗液、渗血、敷料松动、污染等完整性受损时应及时更换敷料。经PICC、CVC、PORT输注药物前宜回抽血液来确定导管是否在静脉内。给药前、后宜用生理盐水脉冲式冲洗导管,如遇到阻力或者抽吸无回血,应进一步确定导管的通畅性,不应强行冲洗导管。PICC、CVC、PORT的冲管和封管应使用10ml及以上注射器或一次性专用冲洗装置。输液完毕应用导管容积如延长管容积2倍的生理盐水或肝素盐水正压封管。连接PORT时应使用专用的无损伤针穿刺,持续输液时无损伤针应每7d更换一次。PORT在治疗间歇期应至少每4周维护一次。PICC在治疗间歇期应至少每周维护一次。

(6)心理护理:虽然病人及其家属在治疗前已有一定的思想准备,但对治疗过程可能出现的并发症仍有恐惧心理,同时伴有失眠、多虑等问题。另外,由于层流生物洁净病房与外界基本隔绝,空间小,娱乐少,病人多有较强的孤独感。根据病人的兴趣和爱好提供经灭菌处理的书籍和音像设备,并固定探视时间,可以减轻病人的孤独感,提高对治疗的依从性。

4.并发症的预防和护理

(1)感染:是最常见的并发症之一,也是移植成败的关键。移植后早期、血象恢复之前极易出现细菌感染,革兰氏阴性致病菌和革兰氏阳性致病菌均可见。移植中期,病毒感染为常见并发症,常见单纯疱疹、口腔黏膜炎、巨细胞病毒性肺炎。移植后期,肺炎病毒感染多见,且感染常与移植物抗宿主病有关。预防措施:①严格执行消毒隔离制度及各项无菌操作,加强易感部位(如口腔、肛周等)的护理,密切观察有无新发感染灶,如有异常及时通知医生;②遵医嘱定期输注免疫球蛋白;③严密观察病人生命体征及病情变化。

(2)植入综合征(engraftment syndrome,ES):是HSCT后中性粒细胞恢复初期发生的一种临床综合征,其临床表现包括发热(T>38.0℃)、皮疹、体重增加、弥漫性肺实质浸润。ES一般为自限性疾病,轻症病人不治疗可自行恢复,但其与急性GVHD的表现接近,在其诊断及鉴别诊断方面有一定困难。因此,病人出现上述症状后,应立即通知医生,协助医生对症处理。

(3)移植物抗宿主病(graft versus host disease,GVHD):是异基因HSCT后最严重的并发症,由供体T淋巴细胞攻击受者同种异型抗原所致。临床表现有急、慢性2种。急性GVHD在骨髓移植后3个月内发生,其中在1~2周发生的又称为超急性GVHD,主要表现为广泛性斑丘疹、皮疹、腹泻、肝功能异常等。3 个月以后发生的称为慢性 GVHD,表现为局限性或全身性硬皮病、眼或口腔干燥、关节挛缩、胆管变性和胆汁淤积等。发生 GVHD 后死亡率较高,应密切观察病人全身皮肤有无斑丘疹、水疱、脱屑;每日排便次数及性状;巩膜有无黄染等,了解肝功能化验结果。若发现 GVHD 的临床表现,应立即通知主管医生。

(4) 肝静脉阻塞症(hepatic veno-occlusive disease,VOD):指肝内小静脉阻塞伴小叶中心及窦状隙内皮细胞损伤,临床表现为肝大、黄疸、腹水及体重增加。一般在 1 个月内发病,发病高峰时间为移植后 2 周。因此,移植期间病人应每日测体重和腹围,观察病人有无腹胀、肝区疼痛等症状,并注意监测肝功能和凝血功能。

(5) 高尿酸血症肾病(hyperuricemic nephropathy):在预处理期间,由于大量肿瘤细胞被破坏,核酸代谢亢进,嘌呤代谢产物尿酸增加,容易产生高尿酸血症,继而造成高尿酸血症肾病。护士应鼓励病人多饮水,保证足够的摄入量,避免高尿酸血症肾病的发生。

5. **无菌环境的保持** 经过预处理后,病人的骨髓造血及免疫功能严重损害,极易发生感染等危及病人生命的并发症。层流生物洁净病房为造血干细胞移植病人预防感染提供有效而可靠的环境条件。保持无菌环境的措施主要有:①限制入室人员,医护人员入室前用洗手液洗手,清水冲净后穿无菌衣、裤,戴无菌帽子、口罩,更换拖鞋进入层流生物洁净病房;②地板、墙壁、门窗、室内物品每日用含有效氯 500mg/L 消毒液擦拭;③拖鞋、痰盂、便器每周在含有效氯 500mg/L 消毒液中浸泡 30min 后使用;④病人床单、被褥、衣裤、毛巾高压消毒,每周更换,有污渍血迹时随时更换;⑤接触病人前、后均应用流动水或手消液清洁、消毒双手,穿隔离衣,护理病人根据感染的程度先轻后重进行;⑥定期对物体表面和空气进行细菌监测。

(四)健康指导

1. **休息与活动** 保证病人充足的休息、睡眠,每日睡眠应保证在 8h 以上。同时进行适宜的活动和锻炼,如散步、听音乐、太极拳等。自体造血干细胞移植术后 3~6 个月避免工作和上学,异体造血干细胞移植术后则需要休息更长时间。

2. **饮食指导** 食物要新鲜,不可食用久置和隔夜食物。可摄入高蛋白、高维生素、易消化、无渣、清淡的食物,如鸡、牛、羊、猪肉等优质蛋白,可多吃水果,如苹果、梨、橙子等,但必须洗净削皮后食用。不宜摄入烤鸭、油炸及腌制等食品。

3. **预防感染** 避免接触患病的人和家畜及其分泌物;避免在公共游泳池游泳;避免去人多拥挤的地方;注意保暖,防感冒;注意口腔和皮肤护理,勤洗澡、勤更衣,保持排便通畅,每次便后用温水或千玉洁等坐浴。

4. **戒烟** 移植后病人肺部损伤的风险增加,因此,要求病人戒烟,同时也要避免被动吸烟。

5. **复查** 告知病人按时复查血常规和骨髓检查的重要性。若出现疲乏、皮肤黏膜出血、感染、发热、不适等症状时,及时就医。

【护理评价】

通过治疗和护理,评估病人是否能够达到:①了解造血干细胞移植的程序、可能的不良反应、感染的预防措施;②移植期间情绪稳定,主动配合治疗和护理;③全身皮肤黏膜完整,口腔和肛周等皮肤黏膜无破损;④未发生局部或全身感染,并发症能及时发现并处理或未发生并发症;⑤能够维持躯体活动的最佳水平,营养状况良好。

(郭锦丽)

思 考 题

1. 对造血干细胞移植病人进行预处理的目的是什么?
2. 造血干细胞移植后病人的主要护理问题有哪些?

第五篇

消化系统疾病病人的护理

NURSING

第三十五章

概 论

35章 数字内容

学习目标

- 识记：
  1. 描述消化系统的结构与功能。
  2. 说出消化系统常用诊疗技术的适应证及禁忌证。
  3. 列出消化系统常用检查方法。
  4. 简述消化系统常用诊疗技术的检查前、后护理。
- 理解：
  归纳消化系统不同诊疗技术的适用范围。
- 运用：
  能对实施消化系统诊疗的病人进行恰当的护理。

消化系统(digestive system)是将摄取的食物进行物理性和化学性消化,吸收营养物质,并将食物残渣排出体外的系统。消化系统疾病十分常见,消化道及消化腺的各个器官都可发生病变。

第一节 消化系统的结构与功能

消化系统由消化道及消化腺两部分组成。消化道是由口腔至肛门的长约9m的管道样器官,包括口腔、咽、食管、胃、小肠、大肠及肛门。通常以十二指肠悬韧带(Treitz韧带)为界,将消化道分为上消化道和下消化道。消化腺包括口腔腺、肝、胰及消化道壁内的小消化腺(图35-1-1)。

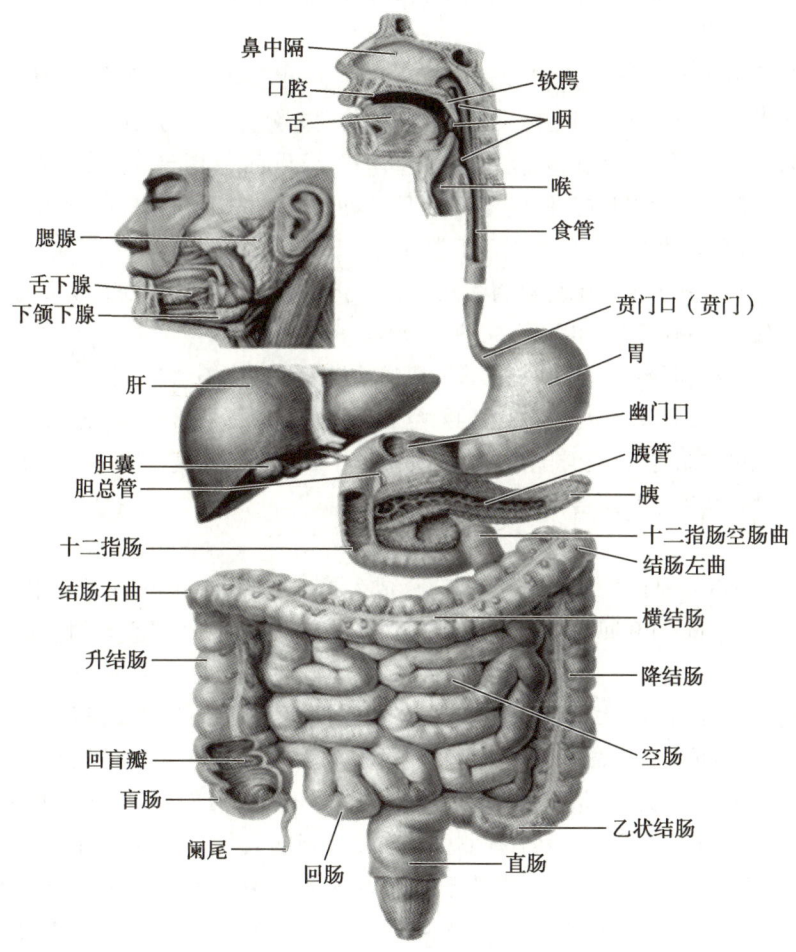

图 35-1-1 消化系统组成

一、消化道

(一)口腔

口腔(oral cavity)是消化道的起始部,前部经口裂与外界相通,向后经咽峡与咽相通。口腔的前壁为上、下唇,侧壁为颊,上壁为腭,下壁为口腔底。口腔器官包括唇、颊、腭、舌、牙、口腔腺等。口腔内各器官共同作用将食物切碎、研磨、搅拌,使食物与唾液混合而成食团,便于吞咽,为食物在胃肠内进一步消化做好准备。

(二)咽

咽(pharynx)是消化道上端扩大的部分,是消化道和呼吸道的共同通道。咽为上宽下窄、前后略扁的漏斗状肌性管道,长约12cm。咽腔不甚规则,以软腭下缘和会厌上缘为界,可分为鼻咽、口咽和

喉咽三部。咽吞咽时,食团刺激咽部感受器,反射性地引起咽部肌群的有序收缩,关闭声门并封闭咽与气管之间的通道,从而避免食物进入呼吸道。

(三)食管

食管(esophagus)位于脊柱前方,气管后方,为前后略扁的肌性管道,全长约25cm。上自第6颈椎体下缘水平,与咽相接,下至第11胸椎体的左侧穿过膈肌的食管裂孔,与胃的贲门连接。功能是把食物和唾液等送到胃内,食管下括约肌可阻止胃内容物逆流入食管。食管有3处生理性狭窄:①食管起始处,相当于第6颈椎体下缘水平,距中切牙约15cm。②食管在左主支气管的后方与其交叉处,相当于第4、5胸椎体之间水平,距中切牙约25cm。③食管穿过膈肌食管裂孔处,相当于第10胸椎水平,距中切牙约40cm。上述狭窄部是食管内异物易滞留和食管癌的好发部位。

(四)胃

胃(stomach)位于腹腔左上方,是消化道中最膨大的中空性囊状器官,在完全空虚时略呈管状,高度充盈时可呈球囊形。分为贲门部、胃底、胃体及幽门部四部分。入口为贲门,与食管相接;出口为幽门,与十二指肠相接。上缘凹陷朝向右上方,为胃小弯;下缘凸而长,朝向左下方,称胃大弯。

胃壁由外向内依次分为浆膜层、肌层、黏膜下层和黏膜层。黏膜层有丰富的腺体,含主细胞、壁细胞、黏液细胞及G细胞等功能不同的细胞。正常成人每日分泌1 500~2 500ml胃液,主要成分为胃酸、酶、黏液、电解质和水。其中主细胞分泌胃蛋白酶,参与蛋白质的消化;壁细胞分泌盐酸和抗贫血因子;黏液细胞分泌碱性黏液,可中和胃酸,保护胃黏膜。

胃的运动包括容纳、研磨和输送功能。胃的肌肉通过紧张性收缩、容受性舒张及蠕动完成食物在胃内的储藏、混合、搅拌,形成食糜及有规律的排空。且将食物中蛋白质初步分解;最后由胃排入十二指肠。幽门括约肌可控制胃内容物排空的速度,并阻止十二指肠液反流入胃。一餐含有糖类、蛋白质和脂肪的混合型食物从胃排空需要4~6h。

(五)小肠

小肠(small intestine)是消化道中最长的部分,成人长5~7m。上接幽门,下续盲肠,分十二指肠(duodenum)、空肠(jejunum)和回肠(ileum)三部分。是食物消化和吸收的重要的器官,并具有某些内分泌功能。

1. **十二指肠** 介于胃与空肠之间,由于相当于十二个横指并列的长度而得名,全长约25cm,呈C形弯曲包绕胰头,是小肠中长度最短、管腔最粗、位置最深且最固定的部分。可分为四部分:①上部,又称球部,长4~5cm,表面形成球形膨大,活动度较大,是溃疡及穿孔的好发部位;②降部,长7~8cm,与球部呈锐角下行,固定于后腹壁。其后内侧中部有十二指肠大乳头,是肝胰壶腹的开口,有时可见到十二指肠小乳头,是副胰管的开口处;③横部,又称水平部,长约7.5cm,自降部向左走行,完全固定于腹膜后;④升部,长3~5cm,为横部的延续,先向左上,然后转向前下,以锐角弯曲续于空肠,此弯曲称十二指肠空肠曲。十二指肠接受胃内食糜及胆汁、胰液,其黏膜内腺体可分泌含有多种消化酶的碱性十二指肠液;同时它还可分泌促胃液素、抑胃肽、胆囊收缩素、促胰液素等多种肠道激素。

2. **空肠与回肠** 起始于十二指肠空肠曲,近侧2/5为空肠,远侧3/5为回肠,两者之间无明显界限。小肠在腹腔内活动度大,仅通过小肠系膜连于腹后壁。肠管迂回盘曲于腹腔中,前面覆盖大网膜,周围有结肠环绕。空肠位于左上腹,长约2m,管径较大,管壁较厚,血管较多,颜色较红,呈粉红色,肠黏膜皱襞高而密集,黏膜下有散在性孤立淋巴小结。回肠位于右下腹,长约3m,管径较小,肠壁较薄,血管较少,颜色较浅,呈粉灰色,黏膜皱襞低而稀疏,黏膜下有淋巴集结。小肠肠壁由外向内分为浆膜层、肌层、黏膜下层和黏膜层。黏膜可分泌含多种酶的弱碱性肠液,成人每日分泌量为1~3L,使食糜在小肠内分解并经小肠黏膜吸收。

(六)大肠

大肠(large intestine)全长约1.5m,分为盲肠(cecum)、阑尾(vermiform appendix)、结肠(colon)、直肠(rectum)和肛管(anal canal)5部分。其主要功能是暂时贮存经消化吸收后剩余的食物残渣,吸收

Note:

水分、维生素和无机盐,并将食物残渣形成粪便,排出体外。

1. **盲肠**　位于右髂窝,是大肠的起始部,其下端为盲端,上续升结肠,左侧与回肠相连接。回肠末端向盲肠的开口处环行肌增厚,并覆以黏膜,形成上、下 2 片半月形的皱襞,称回盲瓣。

2. **阑尾**　是位于右髂窝部的蚯蚓状突起,长 5~10cm,直径 0.5~0.7cm。其根部的体表投影约在脐与右髂前上棘连线的外、中 1/3 交界处,称为麦克伯尼点(McBurney point)(简称麦氏点)。阑尾远端游离为一盲管,近端有开口与盲肠相通。阑尾系膜为两层腹膜包绕阑尾形成的一个三角形皱襞,内含血管、淋巴管和神经。阑尾动脉是一种无侧支的终末动脉,当血运障碍时,易导致阑尾坏死。阑尾静脉汇入门静脉,当阑尾发生炎症时,菌栓脱落可引起门静脉炎和细菌性肝脓肿。阑尾神经由交感神经纤维经腹腔丛和内脏神经传入胸 10、11 脊髓节段,所以在急性阑尾炎发病初期,常表现为脐周的牵涉痛,属内脏性疼痛。

阑尾的组织结构与结肠相似,阑尾黏膜上皮细胞可分泌少量黏液。黏膜和黏膜下层中含有较丰富的淋巴组织。现基本公认阑尾是一个淋巴器官,参与 B 淋巴细胞的产生和成熟,具有一定的免疫功能。

3. **结肠(colon)**　是介于盲肠与直肠之间的一段大肠,整体呈 M 形,包绕在空、回肠周围,分为升结肠、横结肠、降结肠和乙状结肠四部分。升结肠与横结肠延续段称结肠右曲(肝曲),横结肠与降结肠延续段称结肠左曲(脾曲),肝曲和脾曲是结肠相对固定的部位。横结肠和部分乙状结肠完全被腹膜覆盖,具有系膜,活动度较大。

结肠的主要功能是吸收水分,储存和转运粪便,也能吸收葡萄糖,电解质和部分胆汁酸。结肠内含有大量细菌,可利用肠内物质合成维生素 K、维生素 B 复合物、短链脂肪酸等,供体内代谢需要。

4. **直肠(rectum)**　长 12~15cm,位于盆腔后部,上接乙状结肠,向下在齿状线处移行为肛管。直肠管径的粗细变化较大,上部和乙状结肠相似,下部管腔扩张称直肠壶腹,是粪便排出前暂存的部位。壶腹腔内有上、中、下 3 个半月形皱襞,称直肠瓣,又称 Houston 瓣。直肠有排便、吸收和分泌功能,可吸收少量的水、盐、葡萄糖和部分药物,也可分泌黏液以利排便。

5. **肛管(anal canal)**　是消化道的末端,长 3~4cm,上与直肠相接,下端终于肛门。肛管内面有 8~10 条纵行的黏膜皱襞,称肛柱。肛柱的下端形成相互连接的半月形黏膜皱襞,称肛瓣。肛柱下端与肛瓣相连围成的小隐窝,称肛窦。肛柱下端与肛瓣连成的锯齿状环行线,称齿状线(dentate line),是直肠与肛管的分界线。其上、下的组织结构、血液供应及回流、神经支配及淋巴引流都不同。肛门括约肌分为肛门内括约肌和肛门外括约肌,肛门内括约肌属不随意肌,可辅助排便;肛门外括约肌属随意肌,对肛门起主要的括约作用。肛管的主要功能是排泄粪便。

二、消化腺

(一)肝及胆道

1. **肝(liver)**　是人体内最大的消化腺,也是人体最大的实质性器官。大部分位于右季肋区和腹上区,小部分位于左季肋区。肝的上面膨隆与膈相贴,又称膈面,其前部借镰状韧带与前腹壁相连,并将肝的上面分成左、右两叶。肝的下面朝向后下方,与腹腔内脏贴邻,又称脏面,此面中部有 H 形的 3 条沟。右纵沟的前半为胆囊窝,容纳胆囊,后半有腔静脉沟,通过下腔静脉。横沟是肝固有动脉、门静脉、肝管、淋巴管和神经出入肝的部位,称肝门。在腔静脉沟的上方,有肝左、中、右静脉注入下腔静脉,此处称为第二肝门。

肝的血液供应 25%~30% 来自肝动脉,供给肝所需氧量的 40%~60%。70%~75% 来自门静脉,门静脉由肠系膜上静脉和脾静脉汇合而成,血液中含有从胃肠道吸收的营养物质及有害物质,可带入肝内进行物质代谢或解毒。门静脉与肝动脉的小分支进入肝后汇合于肝小叶的肝血窦,然后汇入肝小叶的中央静脉,再经肝静脉汇入下腔静脉。门静脉和腔静脉系统之间存在胃底-食管下段、直肠下端-肛管、前腹壁、腹膜后 4 个交通支。正常情况下,这些交通支血流量很小。

肝具有重要而复杂的生理功能,包括:①每日分泌胆汁 0.6~1.0L,以帮助脂肪消化及脂溶性维生素的吸收、刺激肠道蠕动并中和胃酸;②参与糖、脂肪、蛋白质和维生素及一些激素的代谢、转化和分解;③合成纤维蛋白原、凝血酶原、凝血因子 Ⅴ、凝血因子 Ⅶ、凝血因子 Ⅸ、凝血因子 Ⅹ 等凝血物质;④通过分解、氧化、结合等方式代谢毒物,达到解毒的功能;⑤吞噬和免疫作用;⑥造血和调节血液循环。

2. 胆囊(gall bladder)　呈长梨形的囊状器官,位于肝面的胆囊窝内,借结缔组织与肝相连。胆囊分底、体、颈、管四部分。底部圆钝为盲端,向左上方延伸形成体部,体部向上弯曲变窄形成胆囊颈,胆囊颈延伸形成长 2~3cm 的胆囊管。胆囊颈起始部略膨大,称 Hartmann 囊,胆结石常滞留于此。胆囊三角(Calot triangle)是由胆囊管、肝总管和肝下缘构成的三角形区域,胆囊动脉、肝右动脉、副肝右管在此区穿过,是手术时易发生误伤的部位。

胆囊具有浓缩、储存并排出胆汁的功能。胆囊黏膜每日可分泌约 20ml 黏液样物质,以润滑和保护胆囊黏膜。

3. 输胆管道　肝内胆管起始于肝内毛细胆管,各级胆管最终合成肝左管和肝右管,在肝门处汇合成肝总管;肝总管与胆囊管汇合成胆总管。胆总管长 7~9cm,直径 0.6~0.8cm,可分为十二指肠上段、十二指肠后段、胰腺段和十二指肠壁内段。80%~85% 个体的胆总管下端与主胰管汇合,两者汇合处的膨大部位,称肝胰壶腹(Vater 壶腹),开口于十二指肠大乳头。在胆总管和胰管的末端及肝胰壶腹周围,均有环行平滑肌增厚,形成 Oddi 括约肌,以控制胆汁和胰液的排放。

肝细胞分泌的胆汁经肝左管、肝右管、肝总管、胆囊管进入胆囊,浓缩 5~10 倍后储存于胆囊中。进食后,肠黏膜释放胆囊收缩素,使胆囊收缩、Oddi 括约肌舒张,胆囊内的胆汁经胆囊管、胆总管、肝胰壶腹、十二指肠大乳头排入十二指肠。

(二)胰腺

胰腺(pancreas)是人体第二大消化腺,位于胃的后方,是一个狭长的腺体,在第 1~2 腰椎平面横位于腹后壁。正常成人胰腺长 15~20cm,分头、颈、体、尾四部分。胰头向右侧膨大,被包于十二指肠的 C 形弯曲内,胰尾向左上方抵达脾门。胰管是胰腺的输出管道,纵贯胰腺的全长。近端多与胆总管汇合成肝胰壶腹,开口于十二指肠大乳头。有时胰管上方有副胰管,开口于十二指肠副乳头。

胰腺具有外分泌和内分泌 2 种功能。胰腺的外分泌结构为腺泡细胞和导管细胞,分泌胰液,每日分泌量 750~1 500ml。胰液中含多种消化酶,包括胰淀粉酶、胰脂肪酶、胰蛋白酶等,参与糖、脂肪和蛋白质的分解消化。胰腺的内分泌来源于胰岛。胰岛主要分布在胰体、胰尾部,由多种细胞构成,可分泌胰岛素、胰高血糖素等激素,调整和维持血糖的浓度。

(赵慧杰)

第二节　消化系统疾病病人的评估

【健康史】

(一)一般情况

了解病人的年龄、婚姻、职业与工作条件、经济情况、生活地域,是否有传染病疫区逗留史等。

(二)生活方式

询问病人日常生活是否规律;生活或工作的负担及承受能力如何;有无过度紧张、焦虑等负性情绪,睡眠质量如何等;有无应激性事件的发生;有无定时排便的习惯及条件;有无烟酒嗜好等。

(三)饮食习惯

询问病人平常的饮食习惯及饮食结构,如每日的餐次及每次进餐的时间、进食食物的组成及量、有无特殊的食物喜好或禁忌、有无食物过敏。注意了解病人的食欲及其对饮食营养知识的掌握情况。

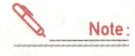

（四）患病及治疗经过

询问病人患病的起始情况、有无诱因、主要的症状及其特点，以及患病的检查治疗经过与效果。

（五）既往疾病

询问病人既往是否患有消化系统疾病，是否有传染病及寄生虫病史，既往用药史，应用的药物种类、剂量、方法、持续时间、副作用等。

【身体状况】

（一）全身表现

消化系统疾病因消化吸收功能异常或代谢增高，病人可有营养不良的表现，如消瘦、体重下降、皮脂厚度减少、皮肤缺乏弹性，毛发无光等。消化道急性出血、频繁呕吐或腹泻可有低血容量性休克表现，如头晕、心悸、出冷汗、脉搏弱、血压下降等；长期慢性出血、胃酸缺乏等可有贫血表现，如皮肤苍白、干燥、毛发干枯易脱落、指甲薄脆易裂或反甲、舌炎等。感染性疾病可出现体温升高，严重者可引起意识改变等。胆道梗阻可出现皮肤黄染、瘙痒等。肝衰竭可出现肝性脑病、意识障碍等。

（二）消化系统症状

1. **腹痛（abdominal pain）**　胃肠道疾病、消化腺肿瘤及炎症、急腹症等可引起急性或慢性腹痛。要了解病人腹痛发生的时间、部位、范围、性质、程度、与体位的关系、与进食的关系、是否有规律，有无发热、腹泻、休克等伴随症状。

2. **食欲缺乏（anorexia）**　消化系统肿瘤、慢性胃炎、肝炎等可引起食欲缺乏。应注意评估病人食欲缺乏的持续时间、引起食欲缺乏的相关食物等。

3. **吞咽困难（dysphagia）**　咽、食管及食管周围疾病，神经系统疾病及纵隔肿瘤，主动脉瘤压迫食管等可引起吞咽困难。应注意评估病人吞咽困难的严重程度、有无营养不良等。

4. **嗳气（eructation）和反酸（acid regurgitation）**　嗳气是胃内气体自口腔逸出，提示胃内气体较多，可与精神因素、进食过快等有关，也可由于胃食管反流病、胃十二指肠或胆道疾病等引起。反酸是酸性胃内容物反流至口腔，由食管下括约肌功能不全引起。应注意评估病人嗳气、反酸的频次及伴随症状等。

5. **恶心（nausea）和呕吐（vomiting）**　胃肠疾病如胃炎、肠梗阻、阑尾炎，腹腔器官疾病如肝炎、胆囊炎、胰腺炎、腹膜炎等都可引起恶心、呕吐。要了解病人呕吐发生的时间，与饮食的关系，呕吐物的性质、量、次数，有无腹痛、呼吸、意识改变等伴随症状。

6. **腹泻（diarrhea）**　胃肠道炎症、一些消化道传染病及不洁饮食可引起腹泻。应注意评估病人腹泻的次数、每次的量、粪便的性质、有无引起水、电解质紊乱等。

7. **呕血（hematemesis）、黑便（melena）、血便（bloody stool）**　上消化道小量出血可引起便中带血，大量出血可引起呕血或呕吐咖啡渣样物及黑便或柏油便。下消化道出血可引起粪便呈暗红色；阿米巴痢疾、肠套叠可使粪便呈果酱色；直肠息肉、痔疮可见便上有鲜血；下段肠道溃疡、炎症、肿瘤可引起脓血便。应注意评估病人粪便的颜色，出血的量、程度，有无头晕、心悸、冷汗、烦躁等伴随症状，有无生命体征的改变。

8. **便秘（constipation）**　胃肠道功能减退、肠梗阻、肛管疾病等可以引起便秘。应注意评估病人排便次数、粪便性状，有无伴发腹痛、腹胀、腹部包块、便血、腹泻等其他表现。

9. **黄疸（jaundice）**　是一种由于血清中胆红素升高致使皮肤、黏膜及巩膜发黄的症状和体征。肝、胆疾病及胰腺疾病引起胆道梗阻时可引起黄疸。应注意评估病人黄疸的严重程度，血液、尿及粪便胆红素水平，有无肝区不适、乏力、厌食、恶心、呕吐、腹泻、瘙痒、发热等伴随症状。

（三）身体评估

1. **视诊**　注意病人皮肤和黏膜有无黄染、出血倾向、蜘蛛痣、肝掌等肝胆疾病的表现。观察其腹部的轮廓，有无膨隆或凹陷；有无胃型、肠型及蠕动波；有无腹壁静脉显露或曲张及其分布与血流

 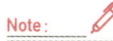

方向。

2. **触诊** 评估病人有无腹膜刺激征(腹肌紧张、压痛、反跳痛)及其部位、程度、范围;肝脾是否肿大,其大小、硬度和表面情况;有无腹部包块,其部位、大小、质地、与周围关系等。

3. **听诊** 评估病人肠鸣音的次数及声调,腹部有无血管杂音、振水音。

4. **叩诊** 腹部大部分区域叩诊为鼓音,注意病人有无移动性浊音。

5. **直肠指诊** 检查病人肛门括约肌的松紧度;注意直肠壁有无触痛、波动、肿块及狭窄,若有包块应注意其部位、大小、形态、范围及与周围组织关系如何;注意有无直肠前凹饱满、触痛等;抽出指套后观察指套有无血液、脓液、黏液等。

【辅助检查】

(一)实验室检查

1. 常规检查

(1)血常规:消化道出血者可有红细胞、血红蛋白、血细胞比容的降低,消化道及消化腺的感染可有白细胞计数增高及分类比例改变。

(2)粪便常规及粪便隐血试验:肉眼观察粪便的量、性状、颜色和气味。镜下观察应注意有无寄生虫及虫卵。做隐血试验应在素食 3d 后留取粪便。

(3)红细胞沉降率:可反映胃肠道炎症性疾病的活动性。

2. 器官功能检查

(1)肝功能检查:血清胆红素、血清酶学、血清总蛋白、白蛋白和球蛋白及其比值、凝血酶原时间等可用于肝胆疾病的诊断。

(2)胃液分析:可测定胃壁细胞的泌酸功能,对消化性溃疡、胃泌素瘤、胃炎有辅助检查的作用。

(3)小肠吸收功能检查:脂肪平衡试验、维生素 B_{12} 吸收试验、D-木糖试验等可用于测定小肠吸收功能。

(4)胃肠运动功能检查:包括食管、胃、胆道、直肠等处的压力测定、食管下端和胃内 pH 测定或 24h 持续监测、胃排空测定等。

3. 腹水检查 对肝硬化、腹腔细菌性感染、腹膜结核、腹内肿瘤、腹部损伤等有鉴别意义。

4. 生化检查

(1)水、电解质检查:许多消化系统疾病可引起水、电解质紊乱,通过检查可了解水、电解质是否发生紊乱及紊乱的种类、程度。

(2)病毒标志物:病毒性肝炎各型病毒标志物的测定用于确定肝炎的类型。

(3)肿瘤标志物:甲胎蛋白(AFP)用于原发性肝癌的诊断,癌胚抗原(CEA)等用于结肠癌和胰腺癌的诊断。

(4)淀粉酶:血清淀粉酶、尿液淀粉酶测定用于急性胰腺炎的诊断。

(二)内镜检查

内镜检查包括食管镜、胃镜、十二指肠镜、胆道镜、小肠镜、结肠镜和腹腔镜等。可以直接观察消化道管腔情况,检出肿瘤、溃疡、炎症和血管病变等,并取活组织进行病理学检查。腹腔镜对确定腹腔肿块的性质、腹水的病因很有帮助。

(三)影像学检查

1. X 线检查

(1)X 线影像:膈下游离气体提示腹腔内空腔器官穿孔或腹腔有开放性损伤,腹腔内各器官的轮廓改变提示器官的异常,15%的胆道结石可在 X 线片显影,多个气液平面及肠腔内胀气提示肠梗阻。

(2)消化道造影检查:包括钡餐检查及气钡双重对比检查。上消化道检查常用 X 线钡餐检查,结肠病变除用钡餐检查外,还可行钡剂灌肠检查。气钡双重造影能够更清楚地显示较小的病变。

Note:

（3）胆道造影检查：包括口服胆囊造影、静脉胆囊造影、经皮经肝胆管造影（PTC）、内镜逆行胰胆管造影（ERCP）、术中及术后胆管造影。造影检查可显示结石及其他胆囊、胆道病变。检查前应做碘过敏试验。

2. **B超检查**　对于肝、胆囊、胰腺的病变,特别是占位性病变的诊断较有价值。

3. **CT检查**　对肝、胆、胰的囊肿、脓肿、肿瘤、结石等占位性病变,对脂肪肝、肝硬化、胰腺炎等弥漫性病变,以及对消化道肿瘤分期均很有价值。

4. **其他影像学检查**　放射性核素检查、磁共振成像（MRI）对于消化道和消化腺疾病也有一定的诊断价值。

（四）病理学检查

病理学检查包括细胞学检查及活组织检查。细胞学检查如食管拖网检查,活组织检查可在内镜直视下采取标本或穿刺采取标本,或在手术中切除组织进行检查。病理学检查可确诊疾病并帮助确定治疗方式。

（五）细菌检查

对十二指肠引流液、腹腔穿刺液等进行细菌学检查可明确感染病因并指导治疗。

【心理-社会状况】

（一）心理状况

应了解病人的性格、精神状态、有无焦虑、抑郁、悲观等负性情绪及其程度。了解患病对病人日常生活及工作的影响。消化系统疾病可使病人产生食欲缺乏、呕吐、腹痛、腹胀等不适,易使病人产生不良情绪;若疾病反复发作,可使病人焦虑加重。病人对治疗不了解、对手术及预后的恐惧都可能加重病人的心理压力,从而影响疾病的发生、发展。

（二）疾病知识水平

应了解病人及其家属对疾病的病因、性质、过程、预后及防治知识的掌握情况;了解他们对治疗方式、方法,用药的剂量、方法、作用、副作用,手术的准备、术后恢复及护理知识的认识等。

（三）社会支持系统

应评估病人的社会支持系统组成及其所能够给病人提供的支持及其程度,如物质支持、信息支持、心理情感支持等。另外应评估病人出院后的继续就医条件、居住地的初级卫生保健或社区保健设施等。

（赵慧杰）

第三节　消化系统常见诊疗技术与护理

一、腹腔穿刺及腹腔灌洗

腹腔穿刺（abdominocentesis）是通过穿刺的方法获得腹腔内液体,以辅助诊断腹腔内疾病,或者通过穿刺放出部分液体进行治疗的方法。在诊断性腹腔穿刺结果阴性,且怀疑病人腹腔内器官损伤时,可采用腹腔灌洗（peritoneal lavage）辅助诊断。

【适应证】

1. 辅助诊断腹腔内器官损伤、感染、肿瘤等疾病,并确定疾病的种类、病因等。

2. 腹水引起腹内压增高,导致胸闷、呼吸困难、腹部胀痛等压迫症状。

3. 腹腔内注入药物,达到直接治疗和提高治疗效果的作用。

【禁忌证】

1. 严重腹腔内胀气、腹内广泛粘连者。
2. 中、晚期妊娠,卵巢肿瘤。
3. 既往有腹部手术、炎症、囊虫病、动脉瘤病史者。
4. 躁动不能合作者。
5. 肝硬化腹水有肝性脑病先兆者。

【操作前准备】

1. 向病人解释操作的方法、意义、注意事项及配合方法。
2. **穿刺及灌洗用物准备**   诊断性穿刺可采用 7 号针头进行穿刺,直接用 20ml 或 50ml 无菌注射器抽取腹水;大量放液时,可用针尾连接延长管的 8 号或 9 号针头,并准备血管钳。
3. 做好局部皮肤消毒。
4. 嘱病人排尿,以免穿刺时损伤膀胱。
5. 对放腹水病人穿刺前测量其腹围、脉搏、血压及评估腹部体征。

【操作过程】

1. 病人取穿刺侧卧位。
2. 在局麻下选择脐和髂前上棘连线的中、外 1/3 交界处或经脐水平线与腋前线相交处作为穿刺点(图 35-3-1),缓慢进针,刺穿腹膜后有落空感。
3. 进行抽吸,抽到液体后观察其性状,必要时做涂片或生化检查(图 35-3-2)。

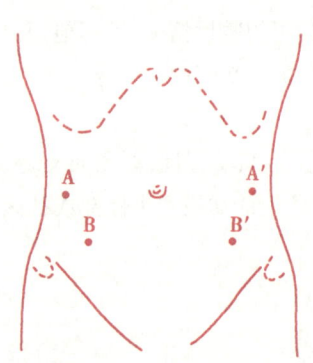

图 35-3-1   腹腔穿刺点
A 与 A′为经脐水平线与腋前线交点;B 与 B′为髂前上棘与脐连线中、外 1/3 交点。

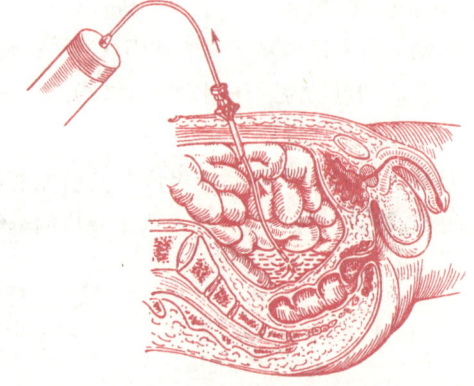

图 35-3-2   诊断性腹腔穿刺抽液方法

4. 若诊断性穿刺抽不到液体,可反复穿刺,或改行腹腔灌洗。
（1）经穿刺针置入细管。
（2）经细管向腹腔内缓慢灌入 0.5~1.0L 无菌生理盐水,然后借虹吸作用使腹内灌洗液流回输液瓶中。
（3）观察灌洗液,必要时行涂片、培养或生化检查。
5. 若放腹水,则用血管钳固定针头并夹持延长管,将腹水引流出体外。注意放液速率不可过快,防止腹内压骤降引起病人血压下降甚至休克。肝硬化病人一次放腹水一般不超过 3L。放液后拔出穿刺针,穿刺部位以无菌纱布按压 5~10min,再以胶布固定。
6. 穿刺过程中应注意观察病人有无心悸、头晕、恶心等情况,一旦发生应立即停止操作,并对症

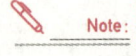
Note:

处理。

【操作后护理】

嘱病人卧床休息,注意病人的病情变化,注意其穿刺点有无渗血、渗液、感染等情况。对于放腹水病人应用多头腹带束紧腹部,并测量腹围、观察腹水消长情况。

二、消化道内镜检查

消化道内镜检查(endoscopy)包括胃镜、肠镜、胆道镜、超声内镜及胶囊内镜等检查。

胃镜检查

胃镜(gastroscope)检查通过直视检查食管、胃及十二指肠黏膜有无炎症、溃疡、肿瘤等疾病,同时还可在直视下钳取组织行病理检查和治疗。随着内镜设备的不断改进,对病变的观察逐渐增加了色素对照、放大观察、窄带光成像及激光共聚焦内镜等,提高了早期肿瘤的检出率(图 35-3-3)。

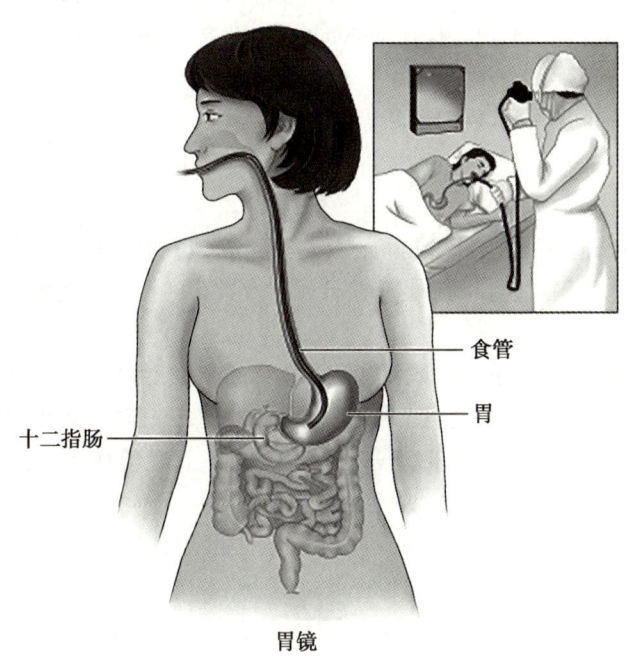

食管

胃

十二指肠

胃镜

图 35-3-3　胃镜检查

【适应证】

适应证比较广泛,主要用于上消化道的辅助检查及治疗,具体有:

1. 有明显消化道症状,但不明原因者。
2. 上消化道出血需查明原因者。
3. 疑有上消化道肿瘤者。
4. 需要随访观察的病变,如溃疡、萎缩性胃炎、胃手术后等。
5. 须做内镜下治疗者,如摘取异物、急性上消化道出血的止血、食管静脉曲张的套扎术、食管狭窄的扩张等。

【禁忌证】

1. 严重心、肺疾病,如严重心律失常、心力衰竭、严重呼吸功能不全及哮喘发作等。

Note：

2. 各种原因所致休克、昏迷、癫痫发作等危重状态。

3. 急性食管、胃、十二指肠穿孔,腐蚀性食管炎的急性期。

4. 严重食管-胃底静脉曲张者。

5. 严重咽喉部疾病、主动脉瘤及严重的颈胸段脊柱畸形等。

6. 神志不清、精神失常不能配合检查者。

【操作前准备】

1. 向病人仔细介绍检查的目的、方法、如何配合及可能出现的问题,使病人能主动配合检查。

2. 仔细询问病人病史和体格检查,以排除检查禁忌证。

3. 检查前须停服抗凝血或抗血小板药 1 周,防止出血发生。

4. 检查前禁食、禁饮 8h,估计有胃排空延缓者须禁食更长时间,有幽门梗阻者须先洗胃再检查。已行胃肠道钡餐检查者,3d 内不宜做胃镜检查。

5. 指导病人取出义齿,以免操作中误吸或误咽。

6. 如病人过分紧张,可遵医嘱给予其地西泮 5~10mg 肌内注射或静脉注射。

7. 为减少胃蠕动和胃液分泌,可于操作前 30min 遵医嘱给予病人山莨菪碱 10mg 或阿托品 0.5mg 静脉注射。

8. 准备好检查仪器、消毒用品、麻醉用品等。

【操作过程】

1. 检查前 5~10min 用 2% 利多卡因喷雾喷咽部 2~3 次,或吞服 1% 丁卡因糊剂 10ml。

2. 病人取左侧卧位,头稍后仰,与肩同高,松开领口及腰带。病人口边置弯盘,嘱其咬紧牙垫,身体及头部不能活动。

3. 配合医生将纤维内镜应用单人法或双人法从病人口腔缓缓插入。帮助病人保持头部位置不动;当胃镜插入 15cm 到达咽喉部时,嘱病人做吞咽动作。注意让唾液流入弯盘或用吸管吸出。检查过程中嘱病人深呼吸,放松全身肌肉;随时观察病人生命体征、面色等变化,出现异常情况应及时协助医生做相应处理。

4. 当胃镜进入胃腔内时,适量注气,使胃腔张开至视野清晰为止。注意观察上消化道的情况。根据观察的情况可摄像、取活组织行细胞学检查等。

5. 检查后退出胃镜时尽量抽气,防止腹胀,并手持纱布将镜身外黏附的黏液、血迹擦净。

【操作后护理】

1. 术后嘱病人不要吞咽唾液,勿进食、饮水,以免因咽喉部麻醉作用未消退引起呛咳。

2. 麻醉作用消失后,可先饮少量水,如无呛咳可进饮食。当日饮食以流质、半流质为宜,行活检的病人应进食温凉的饮食。

3. 检查后少数病人出现咽痛、咽喉部异物感,一般 1~2d 症状可自行消失。嘱病人不要用力咳嗽,以免损伤咽喉部黏膜;可用温水含漱。

4. 若病人出现腹痛、腹胀,可进行按摩,促进排气。

5. 检查后数日内应密切观察病人有无消化道穿孔、出血、感染等并发症,一旦发现应及时协助医生进行对症处理。

结肠镜检查

结肠镜(colonoscopy)检查主要用于观察从肛门到回盲瓣的所有结直肠病变,常用的为电子结肠镜。如结直肠肿瘤、息肉、出血、溃疡性结肠炎等,并可行镜下切除息肉、钳取异物等治疗(图 35-3-4)。

Note:

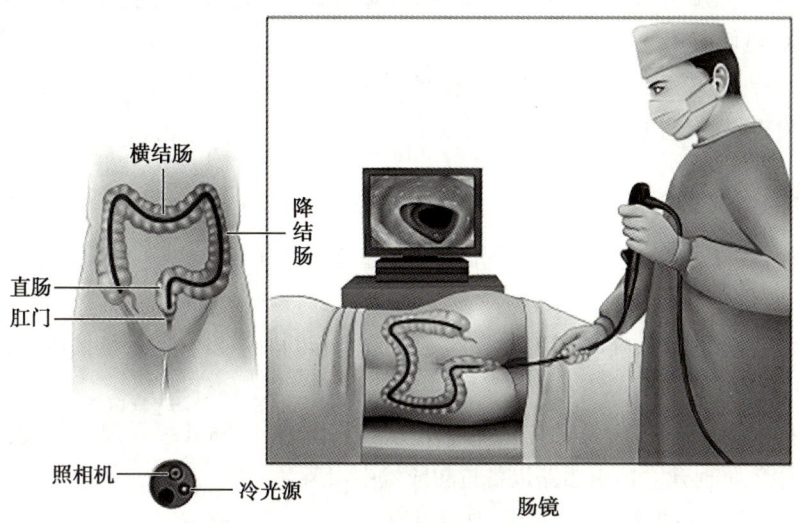

横结肠

降结肠

直肠

肛门

照相机　冷光源

肠镜

图 35-3-4　电子结肠镜检查

【适应证】

1. 原因不明的慢性腹泻、便血、下腹疼痛及粪便隐血试验持续阳性。

2. 钡剂灌肠有可疑病变需进一步明确诊断者。

3. 结肠息肉性质待定或须做止血及结肠息肉摘除等治疗者。

4. 结肠癌术前诊断、术后随访,息肉摘除术后随访观察。

5. 药物或手术治疗后复查及随访。

6. 大肠肿瘤普查。

【禁忌证】

1. 严重心肺功能不全、休克及精神病病人。

2. 腹主动脉瘤、急性弥漫性腹膜炎、肠穿孔者。

3. 肛门、直肠严重狭窄、急性感染者。

4. 急性重度结肠炎,如重症痢疾、溃疡性结肠炎及憩室炎等。

5. 肠道准备不完全者。

6. 精神或心理原因不能合作者。

7. 月经期及妊娠妇女。

【操作前准备】

1. 向病人解释检查的目的、方法、注意事项等,取得配合。

2. 检查前须停服抗凝血或抗血小板药 1 周,防止出血发生。

3. 嘱病人检查前 2~3d 开始进少渣的半流质饮食,检查前 1d 进流质饮食,检查当日晨空腹或饮少量糖水。

4. 做好肠道准备。根据病人情况可采用不同准备方法。

(1) 临床推荐检查前 6h 口服复方聚乙二醇电解质散:规格 I (68.56g/袋)配制成 1L 的溶液;规格 II (137.15g/袋)配制成 2L 的溶液。成人 1 次量 2~4L,以每小时约 1L 的速率口服,在排出液变为透明液体时可结束给药;总给药量不能超过 4L。同时处方中的无机盐成分与服用的适量水分,保证了肠道与体液之间的水、电解质交换平衡。

（2）检查前 4h 口服用 20%甘露醇 500ml 和 5%葡萄糖生理盐水 1L 混合液，产生渗透性腹泻，须注意病人有无水、电解质紊乱。

5. 检查前先行直肠指诊，了解有无肿瘤、狭窄、痔疮、肛裂等。

6. 准备好检查仪器、消毒用品等用物。

【操作过程】

1. 病人穿检查裤后取膝胸卧位或左侧卧位，腹部放松并屈膝。嘱病人尽量在检查中保持身体不动。

2. 镜前端涂上润滑剂后，嘱病人张口呼吸，放松肛门括约肌。以右手示指按镜头，使镜头滑入肛门，逐渐缓慢插入肠镜。

3. 检查过程中，密切观察病人反应，如病人出现腹胀不适，可嘱其缓慢深呼吸；发现生命体征异常应随时停止插镜，同时建立静脉通路以备抢救或术中用药。

4. 根据观察的情况可摄像、息肉摘除、取活组织行细胞学等检查。

5. 检查结束退镜时，应尽量抽气以减轻腹胀。

【操作后护理】

1. 病人检查后观察 15~30min 再离去。

2. 嘱病人注意卧床休息，做好肛门清洁。术后 3d 进少渣饮食。如行息肉摘除、止血治疗者，应给予半流质饮食和适当休息 3~4d。

3. 注意观察病人腹胀、腹痛及排便情况，必要时行粪便隐血试验。发现剧烈腹痛、腹胀、面色苍白、心率增快、血压下降、排便次数增多且粪便呈黑色，提示并发肠出血、肠穿孔，应及时报告医生，协助处理。

胆道镜检查

胆道镜（choledochoscope）是检查和治疗胆道疾病的重要方法之一。包括术中、术后和经口胆道镜检查。检查中可直视胆道内部情况，了解 Oddi 括约肌功能，辅助诊断胆道疾病并进行治疗。

【适应证】

1. 辅助诊断胆道系统梗阻、狭窄、结石、肿瘤、异物等疾病。

2. 辅助诊断梗阻性黄疸、严重胰腺炎或胆石性胰腺炎。

3. 各种检查显示肝内、外胆管有异常但不能确诊者。

4. 对术中疑有胆管内结石残留、肿瘤及胆管分支开口狭窄者进行核实。

5. 利用网篮、冲洗等取出结石或进行活检。

6. 术后进行取石、冲洗、灌注药物等。

7. 进行 Oddi 括约肌成形术、安装胆道支撑架。

【禁忌证】

1. 因胆总管太细，以致镜身难以进入胆总管者。

2. 胆道镜下见解剖结构不为炎性狭窄者。

3. 十二指肠乳头腺瘤或憩室者。

4. 胆道感染或有出血倾向者。

5. 严重心功能不全者。

【操作前准备】

1. 向病人解释检查的意义、方法及注意事项,使病人能够配合检查。
2. 根据病人情况准备胆道镜检查所需物品。
3. 若为术后胆道镜检查,应在术后 6 周,T 形管周围形成瘘道后进行。检查前应行 T 形管造影。
4. 术前 4h 禁食,以防术中呕吐。

【操作过程】

1. 术中胆道镜检查时,可切开胆总管,取尽结石,并用生理盐水冲洗胆道后插管。术后胆道镜检查时,可经 T 形管瘘道插入胆道镜。经口检查者须用纤维十二指肠镜行十二指肠乳头切开术,再把子镜从母镜器械孔穿入胆总管进行检查。
2. 沿胆总管方向置入胆道镜,逐一观察肝内胆管、肝外胆管、胆总管下端及十二指肠乳头部。
3. 若须取石或活检,可应用相应器械在直视下进行操作。

【操作后护理】

1. 维持胆道引流 1~2d,再次胆道造影,观察有无异常。
2. 保持引流管固定、通畅,防止滑脱。
3. 观察胆汁引流情况,有无发热、腹泻、胆道出血、腹膜炎等情况。
4. 进低脂饮食,忌食油腻、油炸食品。
5. 口服利胆消炎药 3~6 个月,定期门诊随访。

超声内镜

超声内镜检查术(EUS)是将微型高频超声探头安置在内镜顶端或通过内镜孔道插入微型探头,在内镜下直视观察腔内病变,同时进行实时超声扫描,了解病变来自管道壁的某个层次及周围邻近器官的情况。与体表超声相比较,它缩短了超声源与成像器官之间的距离及声路,降低了声衰减,并排除了骨骼、脂肪、含气部位的妨碍,可以获得最清晰的回声成像。在超声内镜的引导下,可对病灶穿刺活检、肿瘤介入治疗、囊肿引流及施行腹腔神经丛阻断术。操作前后护理同胃肠镜检查。

胶囊内镜

胶囊内镜是由智能胶囊、数据记录仪和影像工作站组成一种新的消化道检查手段。检查时,病人吞下一个含有微型照相装置的胶囊,随胃肠道蠕动,以 2 张/s 的速率不间断拍摄,所获取的消化道腔内图像信息被同时传给信号接收系统,然后在工作站上读片。胶囊内镜能动态、清晰地显示小肠腔内病变,突破了原有的小肠检查盲区,且具有无痛苦、安全等优点,已成为疑诊小肠疾病的一线检查方法。

【适应证】

1. 其他检查提示的小肠影像学异常。
2. 原因不明的腹痛、腹泻。
3. 不明原因的消瘦、缺铁性贫血。
4. 小肠肿瘤。
5. 各种炎症性肠病、肠营养吸收不良综合征(乳糜性腹泻或炎性腹泻)等。
6. 健康体检。

Note:

【禁忌证】

1. 经检查证实(或怀疑)患有消化道畸形、肠梗阻、消化道穿孔、消化道狭窄或瘘管者。
2. 体内植入心脏起搏器或其他电子仪器者。
3. 有严重吞咽困难者。
4. 各种急性肠炎、严重的缺血性疾病及放射性结肠炎,如细菌性痢疾活动期、溃疡性结肠炎急性期。

【操作前准备】

1. 向病人解释检查的目的、方法、注意事项等,取得其配合。
2. 指导病人检查前 1d 保持充分的休息。
3. 嘱病人检查前 2d 勿行钡餐或钡灌肠检查,以免钡剂残留影响检查结果。检查前 1d 避免使用 H_2 受体拮抗剂等抑酸剂,以免影响检查效果。检查前 24h 禁烟,以免咳嗽影响检查。
4. 检查前 1d 进无渣饮食,晚餐进流质饮食。晚 10 点后至检查前禁食,检查当日清晨口服泻剂。
5. 着装宽松,以利于穿戴记录仪,并保证传感效果。
6. 胶囊内镜是一种新型检查方法,且费用昂贵。须要做好病人心理护理,取得其信任,消除病人紧张、焦虑、恐惧等不良心理,以积极配合检查。
7. 准备好物品,如电池充电、数据记录仪初始化,检查胶囊背心、胶囊内镜及电池质量等。

【操作过程】

1. 将数据记录仪背心穿戴于病人身上并连接好传感器。
2. 嘱病人吞下智能胶囊,温开水送服。
3. 病人平卧 10min 后可自由活动,但避免剧烈运动、屈体、弯腰及移动背心,切勿撞击背心上的数据记录仪,避免受外力的干扰。
4. 在检查过程中不能接近任何电磁波区域,不能接受其他电子仪器检查,应关闭手机等通信设施。
5. 吞服胶囊 2h 内禁水,4h 内禁食。4h 后可进少量简餐,如面包、蛋糕等,并告知病人须等检查全部结束后方可恢复正常饮食。
6. 检查期间要观察病人有无异常情况,如腹痛、恶心、呕吐或低血糖反应等。若发生应立即通知医生,及时予以处理。
7. 检查期间应每 15min 观察 1 次记录仪上的指示灯。如闪烁变慢或停止,则立即通知医生,并记录当时的时间。

【操作后护理】

1. 检查结束时,取下传感器和数据记录仪,下载数据至影像工作站,由医生分析图像。注意将数据记录仪和电池包分开,妥当放置。在拆除设备及运送过程中要避免撞击及强光照射。
2. 胶囊内镜在胃肠道内 8~72h 后随粪便排出体外,密切注意胶囊是否排出,必要时行腹部 X 线透视以观察核定。

三、X 线造影检查

消化道造影

消化道造影指用硫酸钡作为造影剂,在 X 线照射下显示消化道有无病变的一种检查方法。分为

Note:

普通硫酸钡造影、气钡双重造影及气钡灌肠造影 3 种。临床上把食管、胃及十二指肠造影称为上消化道钡餐,食管、胃至升结肠的钡餐造影称为全消化道钡餐。

【适应证】

1. 辅助诊断消化性溃疡、肿瘤、憩室、异物、畸形等。
2. 辅助诊断可能推移或压迫胃肠道的腹腔内或腹膜后病变。
3. 了解消化道运动情况。

【禁忌证】

1. 疑有胃肠道穿孔、肠梗阻、2 周内有消化道大量出血者。
2. 急性呼吸道感染病人,严重心、肝、肾功能不全病人。
3. 怀孕 3 个月以内的孕妇。
4. 急性阑尾炎、急性肠炎、结肠坏死穿孔者禁忌钡剂灌肠。

【操作前准备】

1. 检查前 2d 进低渣饮食,前 1d 晚饭后禁食。
2. 检查前 1~2d 停服不透 X 线或影响胃肠功能的药物,如碱式碳酸铋、葡萄糖酸钙。
3. 胃潴留的病人检查前一晚洗胃,清除胃内容物。
4. 行全消化道钡餐检查者,于检查日凌晨 2 时服硫酸钡粉剂 100g,用温开水 200~300ml 调服。
5. 行消化道钡剂灌肠病人检查前一晚服泻药,检查当日早晨禁食并行清洁灌肠。
6. 向病人解释钡剂不会被吸收,可随粪便排出体外。钡餐检查后 1~3d 才能完全排出,粪便可呈黄白色。

【操作过程】

1. **钡餐检查** 嘱病人口服硫酸钡糊剂(医用硫酸钡 100~120g,加水 200ml 和阿拉伯胶适量调匀),在不同时间段先透视后进行摄片:疑有小肠病变者,应每隔 30~60min 复查一次;疑有回盲部病变,可在服钡后 4~6h 复查。摄片过程中遵医嘱取不同体位。
2. **钡剂灌肠** 将钡剂用肛管经肛门逆行注入直肠、乙状结肠、降结肠、横结肠及升结肠内,进行透视,必要时摄片检查。拔出肛管,嘱病人排出大部分钡剂后,观察肠黏膜。必要时注入适量空气,行双重对比造影检查。

【操作后护理】

1. 行钡餐检查后,应予病人清洁口腔。若病人无不适感觉,可进食。
2. 检查完后,鼓励病人多饮水,以利于钡剂的排出。
3. 检查后观察病人的排便情况。有便秘者可用缓泻剂。

口服胆囊造影

口服胆囊造影(oral cholecystography,OC)是一种胆囊造影的方法。口服碘番酸经肠道吸收后进入肝并随胆汁排入胆囊,胆汁浓缩后在 X 线下显影;脂肪餐后可见胆囊收缩情况。

【适应证】

1. 辅助检查慢性胆囊炎症、结石、肿瘤、息肉等疾病。
2. 了解胆道、胆囊的结构及功能。

Note:

【禁忌证】

1. 急性胆囊炎病人。
2. 严重肝功能损害病人。

【操作前准备】

1. 给病人解释造影的目的、方法及注意事项,使病人配合。
2. 造影前 2~3d 少食产气食物。造影前一天午餐进高脂饮食,晚餐进无脂饮食。
3. 造影前一晚 8 时起服碘番酸片 1 片(0.5g),以后每隔 5min 服 1 片,共 6 片。服药后禁食,可少量饮水。
4. 检查日晨禁早餐,检查前排便。

【操作过程】

1. 服造影剂后 12h 开始拍摄第 1 片,观察胆囊显影情况。
2. 服造影剂后 14h 拍摄第 2 片,观察胆汁浓缩情况。若不显影则结束检查。
3. 进食油煎鸡蛋 2 个。
4. 进餐后 30~60min 拍摄第 3 片,观察胆囊收缩功能。

【操作后护理】

嘱病人休息,不要过度疲劳,进食清淡饮食,禁忌高脂饮食。

内镜逆行胰胆管造影

内镜逆行胰胆管造影(endoscopic retrograde cholangiopancreatography,ERCP)是在十二指肠镜直视下,经十二指肠乳头向胆总管或胰管插入造影导管,逆行注入造影剂后,在 X 线下显示胆系和胰管形态的诊断方法。除诊断外,目前 ERCP 技术已更多用于治疗胰胆管疾病,包括内镜下乳头肌切开、胆总管取石、狭窄扩张、植入支架、鼻胆管引流术等,其微创、有效及可重复的优势减少了对传统外科手术的需求。

【适应证】

1. 原因不明的梗阻性黄疸,无法行一般的胆道、胆囊造影者。
2. 怀疑有胆石症而 X 线未能证实者。
3. 怀疑有肝、胆、胰系统的恶性肿瘤、囊肿者。
4. X 线或内镜检查疑有来自胃或十二指肠外部压迫者。
5. 可经内镜进行治疗的胆管及胰腺疾病。

【禁忌证】

1. 急性胰腺炎或慢性胰腺炎急性发作。
2. 严重胆道感染。
3. 碘过敏者。
4. 有心肺功能不全及其他内镜检查禁忌证者。

【操作前准备】

1. 检查前行碘过敏试验。

Note:

2. 其他准备同纤维胃十二指肠镜检查。

【操作过程】

1. 按照胃十二指肠镜检查插入胃镜,寻找到十二指肠乳头。

2. 由活检孔道插一塑料造影管进入乳头开口部,注入造影剂,显示肝内胆管。

3. 胆管显影后,可头低足高位、俯卧位,使肝内胆管充分被造影剂灌注和显影。

4. 若导管带气囊,胆管显影后,用气囊堵住乳头,使造影剂不流入肠道,肝内胆管充分显示。

【操作后护理】

1. 造影后 2h 方可进食。

2. 造影过程中若发现异常情况,应留观并做相应处理。

3. 造影后 1~3h 及第 2 日检测血淀粉酶,并观察体温、白细胞计数及分类,及早发现急性胆管炎或急性胰腺炎等并发症。

4. 遵医嘱应用抗生素。

经皮经肝胆管造影术

经皮经肝胆管造影(percutaneous transhepatic cholangiography,PTC)是在 X 线透视或 B 超引导下,利用穿刺针经皮肤经肝穿刺将造影剂直接注入肝内胆管,显示整个胆道系统的方法。同时,可以行经皮肝穿刺胆管胆汁引流(percutaneous transhepatic cholangiography drainage,PTCD)。

【适应证】

1. 原因不明的梗阻性黄疸而 ERCP 失败者。

2. 术后黄疸,怀疑有残余结石或胆道狭窄者。

3. B 超提示肝内胆管扩张者。

【禁忌证】

1. 出凝血时间延长、碘过敏、心功能异常者。

2. 急性胆道感染者。

3. 全身情况差,不能配合检查者。

【操作前准备】

1. 检查出凝血时间、血小板计数、凝血酶原时间。

2. 有出血倾向者遵医嘱应用维生素 K_1,待纠正后再行检查。

3. 检查前行泛影葡胺过敏试验、普鲁卡因过敏试验。

4. 检查前一晚服用缓泻剂,检查晨禁食。

【操作过程】

1. 经肋间穿刺者取仰卧位,经腹膜外肝穿刺时取俯卧位。

2. 利用穿刺针经皮肤及肝穿刺入肝内胆管。嘱病人在穿刺过程中平稳呼吸,避免憋气或深呼吸。

3. 经穿刺针注入造影剂,摄片检查,观察有无胆道系统异常。

4. 需要置管引流者,待穿刺成功后拔出针芯,插入导丝,引导多侧孔导管插入至梗阻端或狭窄段。固定导管,引流胆汁。

Note:

【操作后护理】

1. 术后平卧 4~6h,监测病人生命体征至平稳。
2. 密切观察术后有无胆汁瘘、出血、胆道感染等并发症。
3. 有引流者注意保持引流通畅,必要时生理盐水冲洗。
4. 遵医嘱应用止血药及抗生素。

四、消化道病理学检查

食管拉网细胞学检查

食管拉网细胞学检查是通过拉网器与食管摩擦,使食管壁组织及细胞脱落,进行病理学检查,以确定食管病变的方法。

【适应证】

1. 收集食管黏膜细胞,进行细胞学检查。
2. 协助确定病变的性质,部位。

【禁忌证】

1. 上消化道出血。
2. 食管静脉曲张。
3. 食管溃疡者。

【操作前准备】

1. 向病人解释检查的意义和方法,以取得病人配合。
2. 根据病情选择不同型号的拉网器,检查有无漏气。
3. 检查前一晚餐后,禁食禁饮、禁吸烟,术晨空腹进行检查。
4. 拉网前,宜先行钡餐检查,隔48h方可进行拉网检查。
5. 检查前排尽鼻腔分泌物及痰液,温水漱口。有义齿者取下。

【操作过程】

1. 协助病人取坐位,抬头,尽量使舌根凹下,嘱病人在检查中不出声、不说话。
2. 配合医生将气囊管插到病人胃内。操作中让病人吞咽,协助管道送入。
3. 取无菌注射器按气囊大小充气 20~40ml 后慢慢向上牵引。牵引过程中应注意保持气囊对食管壁的摩擦。
4. 当气囊管被牵拉到 15cm 时,须将空气抽尽,迅速取出拉网器。
5. 气囊取出后仔细检查网上有无血迹和可见碎片,送病理检查。

【操作后护理】

1. 协助病人漱口。
2. 清洗、晾干、消毒用过的网囊,并检查有无漏气、是否通畅,以备下次使用。

肝活体组织检查

肝活体组织检查(liver biopsy)简称肝活检,是经穿刺采取肝组织标本进行组织学检查或制成涂

Note:

片做细胞学检查的方法,以明确肝病诊断,或了解肝病演变过程、观察治疗效果及判断预后。

【适应证】

1. 原因不明的肝大、肝功能异常者。
2. 原因不明的黄疸及门静脉高压者。
3. 经过各种检查仍不能确诊,但又高度怀疑肝癌者。
4. 帮助判断肝病的疗效及预后。

【禁忌证】

1. 全身情况衰竭者。
2. 重度黄疸、肝功能严重障碍、腹水者。
3. 肝棘球蚴病、肝血管瘤、肝周化脓性感染、肝外阻塞性黄疸者。
4. 严重贫血、有出血倾向、肝性昏迷者。

【操作前准备】

1. 遵医嘱检测病人肝功能,出血时间、凝血时间,凝血酶原时间及血小板计数。若发现异常应遵医嘱应用维生素 K_1 10mg,连用 3d 后复查,正常者方可穿刺活检。
2. 行胸部 X 线检查,观察病人有无肺气肿、胸膜肥厚。
3. 验血型,以备必要时输血。
4. 向病人解释穿刺的目的、意义、方法。
5. 训练病人深呼吸及屏气,以利于术中配合。
6. 穿刺前测量病人血压、脉搏。
7. 准备好穿刺用物。

【操作过程】

1. 病人取仰卧位,身体右侧靠近床沿,右手置于枕后,嘱病人保持固定的体位。
2. 确定穿刺点,一般取右侧腋中线 8~9 肋间隙肝实音处穿刺,如疑为肝癌、肝脓肿者,在 B 超引导下确定穿刺点。
3. 常规消毒穿刺部位皮肤,铺无菌孔巾,以 2%利多卡因由皮肤至肝被膜进行局部麻醉。
4. 备好快速穿刺套针,根据穿刺目的不同,选择 12 号或 16 号穿刺针。取 10~20ml 注射器,吸取 3~5ml 生理盐水后与穿刺针连接。
5. 先用穿刺锥在穿刺点皮肤上刺孔,由此孔将穿刺针沿肋骨上缘与胸壁垂直方向刺入 0.5~1.0cm,然后将注射器内液体推注 0.5~1.0ml,冲出存留在穿刺针内的组织,以免针头堵塞。
6. 将注射器抽吸成负压并保持,同时嘱病人深吸气后屏气。
7. 迅速将穿刺针刺入肝内,穿刺深度不超过 6cm,抽吸标本后,立即拔出。
8. 穿刺部位以无菌纱布按压 5~10min,胶布固定,压沙袋并以多头腹带束紧。
9. 将抽吸的肝组织标本固定并送检。

【操作后护理】

1. 术后病人应卧床 24h,测量其血压、脉搏,开始 4h 内每 15~30min 测一次。
2. 注意观察病人有无脉搏弱、血压下降、烦躁不安、面色苍白、出冷汗等内出血征象,若出现上述表现应立即通知医生紧急处理。
3. 注意观察病人穿刺部位,注意有无伤口渗血、红肿、疼痛。

Note:

4. 注意观察病人有无气胸、胸膜休克或胆汁性腹膜炎等并发症发生,若发现应及时报告医生并协助处理。

五、胃肠减压

胃肠减压(gastrointestinal decompression)是利用负压吸引原理,通过置入胃或肠腔内的引流管,将胃肠道内容物吸出,以降低胃肠道内压力的方法。

【适应证】

1. 减低胃肠胀气、梗阻、炎症病人胃肠道内的压力,解除腹胀,减轻病人痛苦。
2. 用于消化道手术病人,以减少胃内张力,利于胃肠道吻合口的愈合,降低消化道瘘的危险。
3. 用于急性胰腺炎、胆囊炎病人,减少胰酶分泌、胆囊收缩等。
4. 各种中毒的洗胃。
5. 抽出胃肠道内容物送检以辅助诊断。

【禁忌证】

1. 严重咽喉部疾病。
2. 食管静脉曲张或溃疡。
3. 神志不清、精神失常不能配合治疗者。

【操作前准备】

1. 向病人解释操作目的和方法,以取得合作。
2. 准备好胃管或鼻肠减压管、胃肠减压器。
3. 检查胃管、鼻肠减压管是否通畅。
4. 检查胃肠减压装置是否有效。

【操作过程】

1. 将胃管或鼻肠减压管插入胃腔或肠道。
2. 检查胃管或鼻肠减压管是否插入胃内或肠内。
3. 如行肠减压,当导管吞至 75cm 时,由管内抽出少量液体,测试酸碱度。如为碱性者,表明导管已通过幽门进入肠内,此时向气囊内注入 20~30ml 空气,夹闭其外口,使导管随肠蠕动移行至预期位置。
4. 抽尽胃肠道内容物,用胶布固定胃管或鼻肠减压管于鼻尖部,接上胃肠减压器。
5. 每 4h 用生理盐水冲洗胃管、鼻肠减压管 1 次。
6. 注意观察抽出液的性质、颜色和量并详细记录。

【操作后护理】

1. 妥善固定,注意防止管腔堵塞或导管屈曲,保持引流通畅。
2. 应用电动胃肠减压器时,负压不要超过 6.67kPa(50mmHg)。
3. 在胃肠减压过程中,如给予病人口服药物,应停止吸引 1h。
4. 注意病人口腔护理,每日给予其雾化吸入以减少管路对咽喉的刺激。
5. 注意加强病人营养,维持水、电解质及酸碱平衡。

(郭淑丽)

思　考　题

1. 消化系统疾病病人的常见症状有哪些？
2. 腹腔穿刺及腹腔灌洗的适应证及禁忌证是什么？
3. 如何进行肠镜检查前的肠道准备？

URSING

第三十六章

上消化道疾病病人的护理

36章 数字内容

第一节　口腔疾病病人的护理

学 习 目 标

- 识记：
  1. 陈述龋病、牙髓炎、牙龈炎、牙周炎、根尖周炎、复发性口腔溃疡的概念。
  2. 介绍牙痛镇痛方法、保持口腔卫生及正确刷牙方法。
  3. 列举常见口腔疾病的临床表现，列表各类龋病、复发性口腔溃疡临床特点。
- 理解：
  1. 阐明龋病、牙髓病、根尖周炎病情的演变和护理。
  2. 说明牙体牙髓病、牙周疾病等诊疗技术的配合。
  3. 解释牙拔除术禁忌证，比较3种拔牙创面感染临床特点。
- 运用：
  1. 运用护理程序对口腔疾病病人进行健康评估。
  2. 指导口腔疾病病人治疗后并发症防护。
  3. 制订口腔疾病病人护理计划，准确实施护理措施。

病人,男性,26岁,喜食甜食。10年前牙齿出现浅棕色龋损,无自觉症状,牙齿对冷、热刺激不敏感;近5年龋损颜色加深,有龋洞形成,当食物嵌顿或患牙遇冷、热刺激时出现疼痛,去除刺激后症状立即消失;近2日右上后牙出现自发性、阵发性剧痛,疼痛不能定位,呈放射性痛,向右耳颞部放散,热刺激疼痛,冷刺激缓解。检查:右上颌第一磨牙可见深大龋洞,近髓腔,明显化脓灶,探痛(+);X线检查示牙体组织低密度影累及牙本质深层。考虑为龋病、急性牙髓炎。

请思考:

(1) 该病人入院后应该重点评估哪些方面?

(2) 该病人目前的主要护理诊断/问题有哪些?

(3) 该病人的牙痛如何治疗和护理?如何预防口腔疾病的发生?

口腔是消化道的开端。成人常见口腔疾病包括牙体牙髓病、牙周疾病、口腔黏膜病、口腔颌面部感染等。

一、常见口腔疾病及护理

牙体牙髓病是发生在牙体硬组织、牙髓根尖周组织的多种疾病的统称,包括龋齿(dental caries)、牙髓病和根尖周炎(periapical periodontitis),是口腔常见病和多发病,也是病人就诊的主要原因。龋病是在以细菌为主的多种因素影响下,牙体硬组织发生慢性进行性破坏的一种疾病。患龋病的牙齿称为龋齿。成人龋齿大多进展缓慢,从仅有色泽改变的初期龋发展到形成有实质性缺损的龋洞需要1.5~2.0年时间,龋洞一旦形成,在向牙体深部发展的过程中,可引发牙髓病、根尖周炎。牙髓病是指牙髓组织的疾病,包括牙髓炎(pulpitis)、牙髓坏死及牙内吸收等,其中牙髓炎最常见。牙髓炎又分为急性牙髓炎与慢性牙髓炎。根尖周炎是发生在根尖周围组织的炎症性疾病,包括牙骨质、牙周膜和牙槽骨发生的病变。牙髓组织和根尖周组织通过根孔密切相连,牙髓组织中的病变产物、细菌及其毒素等可通过根尖孔扩散到根尖组织,引起根尖周炎。牙髓病和根尖周炎的病因相似,治疗方法也一致,治愈牙髓病变,根尖周炎即可痊愈。

牙周疾病以牙龈炎(gingivitis)和牙周炎(periodontitis)最常见。牙龈炎是指只局限于龈乳头和龈缘的炎症,严重时可累及附着龈。牙周炎是由牙菌斑生物膜引起的牙周组织的慢性感染性疾病,导致牙周支持组织的炎症、牙周袋形成、进行性附着性丧失和牙槽骨吸收,最后可导致牙齿松动拔除,是我国成人丧失牙齿的首位因素。慢性牙周炎(chronic periodontitis,CP)约占95%,患病率在35岁以后增高。牙龈炎和牙周炎之间虽有明确的病理学区别,但在临床上两者是逐渐、隐匿的过渡,因此早发现和诊断牙周炎很重要。

口腔黏膜病是涵盖主要累及口腔黏膜组织各类疾病总称。一些全身性疾病会有口腔黏膜的表现,为其重要的诊断依据。口腔黏膜病变主要见于复发性口腔溃疡(recurrent oral ulcer,ROU)、口腔白斑症(oral leukoplakia,OLK)等。

口腔颌面部感染对口腔功能和生活质量影响很大,主要包括冠周炎、颌面部间隙感染、颌骨骨髓炎等。

【病因与发病机制】

口腔疾病的原因包括口腔卫生不良、微生物因素、理化因素等。不同口腔疾病有时互为病因。

(一) 口腔卫生不良

口腔卫生不良是牙周疾病最常见的原因,如牙菌斑、牙垢和牙石堆积,以及食物嵌塞等局部刺激。

早期发生牙龈炎,如未能及时治疗,则可能发展为牙周炎。

（二）微生物因素

口腔微生物是牙髓病的主要致病因素。牙髓炎多由细菌感染引起,感染主要来自深龋,龋洞内的细菌及毒素可通过牙质小管侵入牙髓组织或经龋洞直接进入牙髓,其次是牙周疾病引起的逆行感染。口腔颌面部炎症多由口腔内潜在的细菌或口腔外部的细菌侵入引起,前者多为牙源性感染,后者多与腺源性感染有关。根尖周炎多由感染的牙髓通过根尖孔刺激根尖周围组织引起病变。

（三）理化因素

理化因素如温度、电流刺激可引起牙髓炎;急、慢性创伤或药物渗出根尖孔也能引起根尖周组织病变。

（四）全身因素

牙周疾病可能是某些系统性疾病的危险因素,与营养代谢障碍、内分泌紊乱等有关;ROU与胃十二指肠溃疡、溃疡性结肠炎、肝胆疾病密切相关。B族维生素缺乏、叶酸摄入不足与复发性口腔溃疡有关;维生素A和维生素B缺乏、内分泌紊乱等因素能影响上皮角化,与口腔黏膜白斑的发生有关。

（五）环境与遗传因素

ROU的发病具有遗传倾向,工作环境、社会环境、心理环境等与ROU有很大关系。

（六）多因素联合作用

口腔疾病往往多因素联合致病。龋病的发生是由微生物、食物、宿主与时间等因素共同作用的结果,即龋病四联因素理论(图36-1-1);各种因素造成口腔微

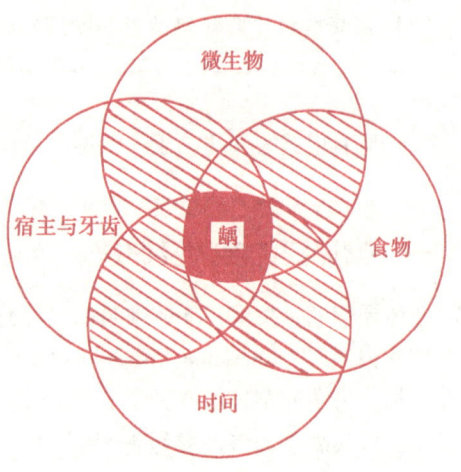

图 36-1-1　龋病病因的四联因素学说

生态平衡破坏,使口腔常驻菌的生理性组合改变为病理性组合,成为优势菌或条件致病菌,即口腔微生态学说(图36-1-2)。

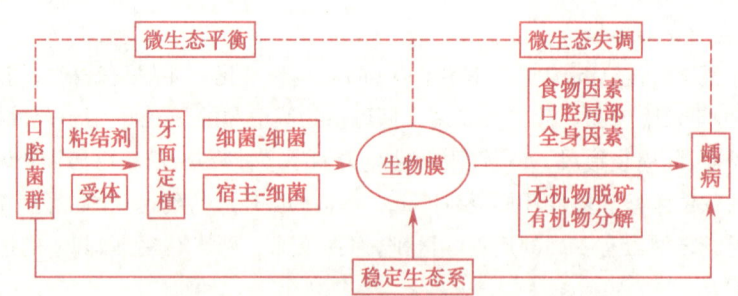

图 36-1-2　龋病病因的口腔微生态学说

产生龋齿的主要致病菌是变异链球菌,其次是乳杆菌属和放线菌属。这些细菌均具有黏附能力,龋病必须在牙面有牙菌斑时才能产生。牙菌斑是以寄居在牙面的细菌为主体的生态环境。食物中与龋病发生关系最密切的是糖类,尤以蔗糖及低分子糖的作用最明显,其被致龋细菌分解成酸,成为致龋基质,因为牙菌斑深度缺氧,碳水化合物的代谢不完全,糖类食物被致龋细菌分解,产生乳酸、乙酸、丙酸和其他低级脂肪酸,在这些酸的作用下,牙齿硬组织发生脱钙,组织崩解而形成龋病。牙齿的窝、沟和点隙是龋病的好发部位。龈沟液中微量元素的含量与牙齿的抗酸性有关。唾液的性质、成分及量也与龋病发生有关。从牙菌斑形成到具有致龋力需要一定时间,是一个不断发展、慢性的过程(图36-1-3)。

Note:

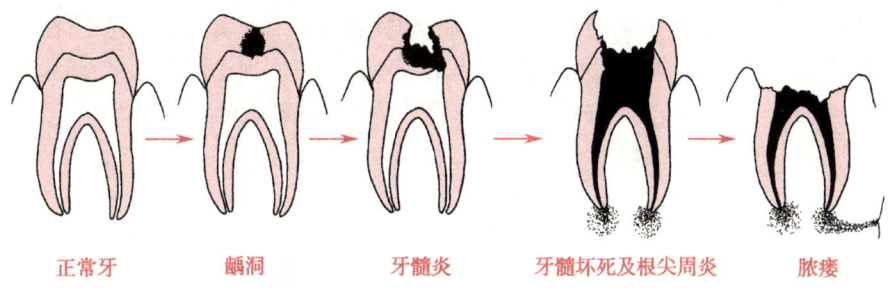

图 36-1-3　龋病的发展过程示意图

正常牙　　龋洞　　牙髓炎　　牙髓坏死及根尖周炎　　脓瘘

【护理评估】

（一）健康史

询问病人是否有牙痛史及牙齿对冷、热、酸、甜等刺激敏感程度；了解病人的口腔卫生习惯，如是否饭后漱口、每日刷牙等；询问病人的饮食习惯，如蔬菜、水果、含钙食物的摄入情况；了解病人失眠、疲劳等因素和工作压力与口腔疾病的关系；了解其系统性疾病患病情况。

（二）身体状况

1. **龋病**　发生发展总是自外向内进行的，最先侵蚀的部分是覆盖牙齿表面的牙釉质或牙骨质。根据侵蚀的深度，临床上将龋病分为浅龋、中龋和深龋（图 36-1-4）。

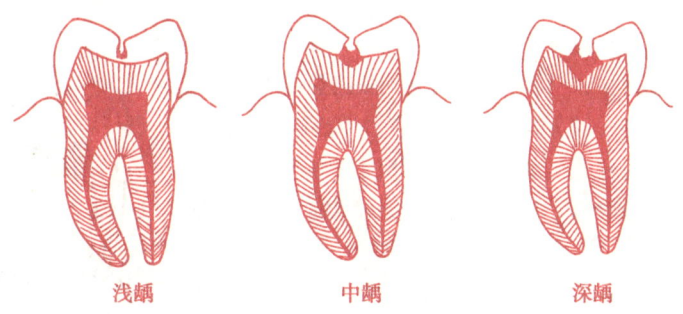

浅龋　　中龋　　深龋

图 36-1-4　龋病的临床类型

（1）浅龋：病变只限于牙釉质或牙骨质，初期牙表面可因脱钙而失去固有色泽，呈白垩状，继之成黄褐色或黑色，探诊有粗糙感，无自觉症状。

（2）中龋：病变已进展到牙本质浅层，形成龋洞，龋洞内有变色软化的牙本质和食物残渣，遇冷、热、酸、甜等刺激较为敏感。

（3）深龋：病变已达牙本质深层，龋洞深大，对温度变化及化学刺激敏感，实物嵌入洞内压迫发生疼痛，但无自发痛，检查时酸痛明显。位于邻面的深龋，外观略有色泽改变，洞口小而病损破坏深，不易发现，可借助 X 线探查。用光导纤维装置进行透照检查，能直接看到病损部位及病变深度、范围。

2. **牙髓炎**　难以忍受的疼痛是急性牙髓炎最大的特点，主要特征是自发性、阵发性剧烈疼痛，夜间及冷、热刺激疼痛加重。当牙髓化脓时对热刺激极为敏感，而遇冷刺激则能缓解，疼痛不能定位，呈放射性痛，病人不能准确指出患牙位置。检查常见患牙有深的龋洞、探痛明显；慢性牙髓炎最为常见，临床症状不典型，一般有自发痛病史，长期温度刺激或食物嵌入龋洞中可产生疼痛，患牙有咬合不适，多可定位患牙。患牙对温度测试反应异常，叩诊反应可作为重要参考指标。

3. **根尖周炎**　多由牙髓病发展而来，分为急性和慢性 2 种，慢性多见，急性多为慢性病急性发作所致。炎症初期，患牙有浮起感，咀嚼时疼痛，病人能指出患牙。检查时有叩痛。当形成化脓性根尖周炎时可出现根尖周脓肿、骨膜下脓肿和黏膜下脓肿 3 个阶段（图 36-1-5），表现为患牙跳痛，颌下淋巴结肿大,颌面部肿胀,伴有体温升高;其中骨膜下脓肿时症状最明显,病人感到极度痛苦,影响睡眠和进食。当脓肿达骨膜及黏膜下时,可触及波动感。脓肿破溃或切开引流后,急性炎症可缓解,转为慢性,此时多无明显自觉症状,常有反复肿胀、疼痛史。检查时可发现患牙变色,牙髓坏死,无探痛但有轻微叩痛,根尖区牙龈可有瘘管。慢性根尖周炎 X 线检查显示根尖区骨质破坏。

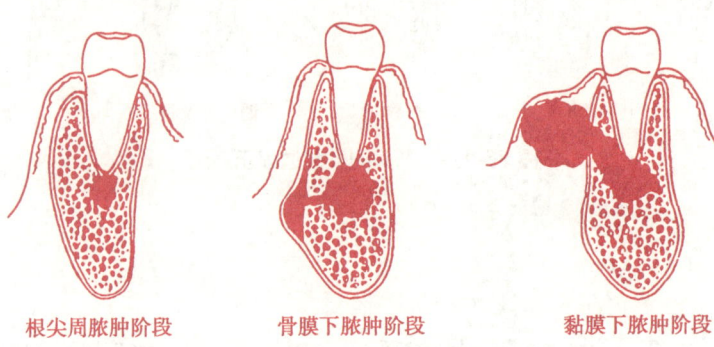

根尖周脓肿阶段　　骨膜下脓肿阶段　　黏膜下脓肿阶段

图 36-1-5　急性化脓性根尖周炎发展的 3 个阶段

4. **牙龈炎**　一般无明显症状,偶有牙龈发痒、发胀感。病人往往因机械性刺激,如刷牙、咀嚼、吸吮等引起出血而就诊。检查可见口腔卫生不良,牙垢堆积,有口臭。牙龈充血、红肿,质地松软。牙垢沉积区出现溃疡糜烂面,严重者波及附着龈,肿胀局部点彩消失。龈乳头肥大,形成假性牙周袋,挤压有炎性分泌物。但牙齿无松动,牙槽骨无破坏,无真性牙周袋形成。

5. **牙周炎**　有牙龈红肿、出血、口臭、牙齿松动等症状。如形成牙周脓肿,病人可出现全身不适,体温升高,局部淋巴结肿大。检查可见牙面大量牙石,一组或数个牙齿牙龈充血、水肿,颜色变红,点彩消失,易出血。晚期牙周袋形成后,牙齿松动,不能咀嚼。牙周脓肿形成时可见近龈缘处局部呈卵圆形突起,探诊检查有深牙周袋。X 线检查可显示牙槽骨破坏,呈水平型或垂直型吸收,牙周膜变厚。

6. **下颌第三磨牙冠周炎**　又名智牙冠周炎,多见于 18~25 岁,常急性发作,可由阻生或正在萌出的第三磨牙牙冠被牙龈覆盖,构成较深盲袋(图 36-1-6),食物残渣进入、细菌繁殖所致。早期仅感磨牙后区不适,咀嚼、吞咽时加重;炎症加重时局部跳痛并

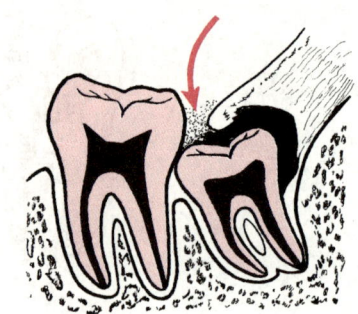

图 36-1-6　下颌第三磨牙牙冠被龈瓣覆盖,形成盲袋

可放射到耳颞区,炎症波及咀嚼肌则出现张口受限;可伴全身炎症症状。检查见多数下颌智牙萌出不全,冠周软组织红肿、糜烂、触痛。探针可探及阻生牙(牙完全埋伏在骨内),并可见牙龈瓣下溢出脓性分泌物,颌下淋巴结肿大、触痛。慢性第三磨牙冠周炎多无明显症状,局部可有轻度压痛。

7. **急性牙槽脓肿**　有自发性、持续性跳动,发展为骨膜下脓肿时疼痛剧烈,形成黏膜下脓肿时,疼痛则减轻。可有牙齿松动及叩击痛。X 线显示根尖周有弥漫性透影区,边缘不整齐。

8. **口腔颌面部间隙感染**　亦称颌周蜂窝织炎。以溶血性链球菌感染为主,急性多见。局部表现为红、肿、热、痛、功能障碍,重者高热、寒战。因感染部位不同,可有其他特殊表现。如咀嚼肌受累,可出现张口受限。炎症侵及喉头、咽旁、口底可引起局部水肿,造成不同程度的呼吸和吞咽困难。腐败坏死性感染局部红、热不明显,但有广泛性水肿,全身中毒症状严重,易出现脓毒症休克等。浅层间隙感染炎症局限时可扪及波动感;深层间隙感染则局部有凹陷性水肿及压痛。化脓性感染穿刺检查脓液呈黄色稠脓或桃花样脓液,腐败坏死性感染则脓稀薄呈暗灰色,常有恶臭。

9. **复发性口腔溃疡**　亦称复发性阿弗他溃疡,往往是多种因素综合作用的结果,为最常见的口腔黏膜疾病,具有周期性、复发性及自限性特点。初起唇、颊、舌尖、舌缘、前庭沟等处黏膜充血、水肿,随即出现单个或多个粟粒大小的红点或疱疹,很快破溃成圆形或椭圆形溃疡,直径 2~4mm,中央稍

凹,表面覆以灰黄色假膜,周围红晕,有烧灼感。遇刺激则疼痛加剧,影响病人说话与进食。经7~10d溃疡面假膜消失,出现新生上皮,溃疡底变平,疼痛减轻,愈合不留瘢痕。一般无明显全身症状。若溃疡数目不超过5个,称轻型口腔溃疡;若溃疡数目极多,并累积口腔各部位,称口炎型口腔溃疡;若溃疡逐渐扩大至直径1~2cm,并向深层发展,累及黏液腺,形成中央凹陷,边缘不规则而隆起的"弹坑状"损害,病程长,持续数月之久,愈合后有瘢痕,这种溃疡称腺周口疮;如同时或先后交替出现眼(结膜炎,虹膜睫状体炎等)、外生殖器(溃疡)及皮肤(毛囊炎、疖等)的病变,则称白塞综合征。

10. 口腔白斑症 多见于40岁以上中老年男性,发病率随年龄增长而增加。颊黏膜最多见,舌部次之,也可发生于唇、腭、口底、牙龈等部位。损害呈乳白色斑块状,稍高于黏膜,界限清楚,不能被擦掉。初起色浅,表面光滑,后逐渐扩大、变厚、变粗糙,触之较硬,有粗糙感。斑块表面形成皱褶,称皱纹纸型白斑;黏膜上出现粟粒大小、形状不规则的散在白色颗粒,易发生糜烂或溃疡,疼痛明显,称颗粒型白斑;表面出现大小不等多个乳头突起,出现皲裂或溃疡,称疣状型白斑;其他还有溃疡型白斑等。通过脱落细胞检查及甲苯胺蓝染色,可辅助诊断。

(三)心理-社会状况

急性牙髓炎、急性根尖周炎、急性牙槽脓肿会出现难以忍受的疼痛,复发性口腔溃疡发作期间,进食、咀嚼时疼痛加剧,病人惧怕进食,严重影响病人的正常工作及生活,病人要求立即为其解除疼痛;病人对钻牙、拔牙等治疗措施普遍存在惧怕心理,且总希望一次治疗便能解决问题,缺乏治疗耐心;颌周蜂窝织炎所致局部及全身症状严重,了解到口腔白斑为癌前病变时,病人感到紧张、焦虑或恐惧,对疾病的预后十分担忧;复发性口腔溃疡因溃疡此起彼伏,反复发作,虽然全身征象不明显,但病人感到十分痛苦;牙髓炎、牙周炎可引起口臭,导致病人自我形象紊乱,产生自卑心理,影响病人的正常生活及社会交往。

【护理诊断/问题】

1. **急性疼痛** 与牙髓感染或牙槽脓肿未引流、颌面部炎症和脓肿、口腔黏膜病损、进食刺激等有关。
2. **口腔黏膜完整性受损** 与复发性口腔溃疡、口腔白斑症等有关。
3. **有感染的危险** 与疾病演变,口腔诊治操作消毒不当有关。
4. **营养失调:低于机体需要量** 与牙痛、颌面部损伤、张口受限等有关。
5. **焦虑** 与拔牙、复发性口腔溃疡病情反复发作、惧怕口腔黏膜白斑癌变等有关。
6. **社会交往障碍** 与口臭、牙体缺损、咬合错乱及面部畸形等有关。
7. **知识缺乏:**缺乏口腔卫生保健知识及疾病预防护理知识。

【计划与实施】

口腔疾病以局部治疗为主。龋齿采用充填术修复缺损,牙髓病行保牙髓治疗(如盖髓术、活髓切断术等)或保存牙体治疗(根管治疗及牙髓塑化治疗等),根尖周炎进行根管治疗或牙髓塑化治疗。

牙周组织病的治疗原则是去除局部致病因素,手术包括龈上洁治术和龈下刮治术,清除牙石和牙菌斑,缓解牙周袋形成。必要时行龈切除术及龈翻瓣术消除牙周袋。

颌周蜂窝织炎的治疗原则主要是保持口腔清洁,应用有效抗生素,治疗原发病灶。对于病情严重者给予全身支持疗法,维持体液平衡。

口腔黏膜疾病治疗原则是全身支持疗法、抗生素治疗及局部外用药物。复发性口腔溃疡病人采用止痛、补充维生素B,必要时使用糖皮质激素贴膜。

经过治疗和护理,病人达到:①牙痛减轻或无牙痛;②口腔黏膜保持完整;③不发生交叉感染;④获得足够营养;⑤焦虑减轻;⑥保持口腔卫生,去除口臭,从容参加社会活动;⑦了解口腔卫生知识。

（一）疼痛管理

1. 减少刺激　复发性口腔溃疡者食物宜清淡,不宜进食酸、辣等刺激食物,不可过热,以减轻对溃疡的刺激;急性牙髓炎病人嘱其勿食过冷、过热和较硬的食物,以免刺激牙髓。

2. 对症处理

（1）急性牙髓炎疼痛:协助医生开髓减压止痛,用温盐水冲洗髓腔,备丁香油或牙痛水小棉球置于龋洞内,开放引流;遵医嘱服用镇痛药,感染控制后及时处理病灶牙。

（2）急性根尖周炎疼痛:协助医生打开髓腔,拔除牙髓,通畅根尖孔,充分引流,缓解根尖压力,减轻疼痛。

（3）急性牙槽脓肿疼痛:若脓肿成熟,协助医生切开引流;若脓肿未成熟,可清除大块牙石,冲洗牙周袋。

（4）复发性口腔溃疡疼痛:遵医嘱用1%丁卡因或0.5%达克罗宁涂于溃疡面,也可用0.5%~1%普鲁卡因含漱,可暂时缓解疼痛。

（二）控制交叉感染

口腔疾病诊疗专业性极强,大多在门诊进行诊治,病人多、周转快。口腔是一个有菌环境,就诊的病人中可能有乙型肝炎病毒感染、HIV 感染等,在诊治时容易造成口腔器械和医护人员的双手污染,若处理不当,可能造成交叉感染或医源性感染,应严格执行消毒隔离制度。

1. 手清洁与消毒　治疗、护理前后均应用肥皂和流动清水充分洗双手,必要时应用高效消毒液浸泡消毒后再洗手。

2. 器械、物品消毒　所需的器械和物品必须严格清洗和消毒,采用一次性牙科检查器械,做到一人一副手套,真正做到器械、漱口杯一人一份,一用一消毒,机头、钻头有效消毒。

3. 敷料处理　污染敷料装入密封袋,集中焚烧处理。

（三）营养支持

对牙周疾病、严重的复发性口腔溃疡病人,应加强营养,适当补充维生素 A、维生素 B、维生素 C,以利组织愈合。对病情严重的颌面部炎症者,给予高营养、易消化的流质饮食,张口受限者采取吸管进食。必要时给予全身支持疗法,维持体液平衡。

（四）心理护理

为病人提供安静、舒适的环境,减少不良刺激;进行开髓、拔牙等治疗前,说明治疗目的,稳定情绪,取得病人的合作。治疗中,用非语言沟通形式进行交流,体察病人的需要。给予病人充分的理解,进行心理疏导,鼓励正常社会交往。

（五）椅旁护理

椅旁护理是指病人在牙科椅上接受医生诊治时,护士在椅旁对医生的操作配合。手术椅的高低应调至与检查者高度相适宜。常用体位为坐式和仰卧式 2 种。坐式时,一般应使手术椅背靠上缘与病人的肩胛相平,头靠应支持在枕骨部位,保持头、颈、背成一直线;仰卧式时,应调节椅位使病人半卧或平卧于椅上。在诊治过程中,根据治疗部位调整合适的椅位和灯光;准备好检查器械和特殊治疗器械;及时配合医生操作,如调拌出质量好、数量适当的充填材料,拔阻生牙时协助劈牙或增隙敲锤;随时注意医生和病人的需求。

（六）口腔局部用药护理

1. 含漱法　用漱口液如0.1%氯己定、1%~3%过氧化氢等含漱,每日 2 次;适用于牙周手术及其他口腔内手术或长期卧床不能处理口腔卫生者。可减少口腔的细菌数目及菌斑形成,预防伤口感染。

2. 擦洗法　用1%~3%过氧化氢液浸泡湿棉球,无菌口镊夹取棉球,将病人口腔各部擦洗干净,再用生理盐水棉球擦洗一遍;根据病情每日 2~3 次。

3. 涂、喷药法　将药物直接涂或喷到口腔病变处以发挥治疗作用。如复方碘液、碘甘油涂于牙周袋内;用10%硝酸银涂在初起的溃疡面上;维 A 酸鱼肝油糊剂涂黏膜白斑、扁平苔藓黏膜;5%氟尿

Note:

嘧啶霜剂涂黏膜白斑;菠萝蛋白酶糊剂涂在腺周口疮的溃疡面上等。

4. 牙周袋和冠周炎盲袋冲洗法 钝弯针头插入盲袋或牙周袋内(颊侧和远中盲袋内)进行冲洗,反复2~3次,冲洗后擦干局部再于盲袋内涂上碘甘油,这是一种实用有效的治疗牙周炎和冠周炎的方法。常用冲洗液有1%~3%过氧化氢、1:5 000呋喃西林液等。

(七)健康教育

一些发达国家由于龋病、牙周病的防治,使牙龄与寿龄大致相等。在我国,由于对口腔健康的重要性认识不足,加之城乡差别,专业人员缺乏,一些常见的口腔疾病不能得到及时防治。要提高公众的口腔和牙齿健康水平,首先做好口腔健康指导。

1. 保持口腔卫生 口腔卫生的重点是控制牙菌斑、消除软垢和食物残渣,增强生理刺激,创造一个清洁健康的环境。主要措施有:

(1) 漱口:养成饭后漱口的习惯。漱口的效果与漱口水量、含漱力量和漱口次数有关。温度要适宜,不可太冷和过热。可选不同药物溶液漱口水漱口。

1) 氟水:是一种局部用氟防龋方法,适合于低氟区及适氟区的地区。使用氟化钠溶液漱口可使患龋率降低20%~50%。

2) 氯己定:又称洗必泰,主要用于含漱和冲洗,能抑制龈上牙菌斑的形成和牙龈炎。使用0.12%或0.2%氯己定含漱液,每日2次,每次10ml,每次1min,约有30%药物被口腔上皮吸收和牙面吸附,可于8~12h缓慢释放。注意事项有:①牙易染成棕黄色,可通过打磨、刷牙去除;②氯己定味苦,须加入调味剂;③对黏膜有轻度刺激。

3) 甲硝唑:属抗厌氧菌感染药,对牙周病致病菌有明显抑制作用。它能有效控制牙菌斑,每日含漱2~3次,对防治牙龈炎、牙龈出血、口臭、牙周炎均有良好的效果。

(2) 刷牙:是保持口腔卫生的有效方法,能清除口腔内的食物残渣、牙菌斑,消除口臭,又能按摩牙龈,使牙周得到良好的刺激,促进血液循环。但如刷牙方法不正确,常会对牙体和牙周组织造成损伤。

1) 刷牙方法:竖刷法是一种方便、合理的刷牙方法。刷牙时先将牙刷斜向牙龈,刷毛贴附在牙龈上,稍加压力,顺牙间隙刷向冠方。刷牙时间过短不足以清除牙菌斑,保持每次3min。拉锯式的横刷法会导致牙龈萎缩及楔状缺损。含氟牙膏可提高病人抗龋齿能力,牙膏不宜常用一种,应轮换使用。

2) 刷牙次数和时间:餐后和睡前要刷牙,确保早、晚各刷牙1次,尤其是睡前刷牙可以减少牙菌斑及食物残渣的滞留时间。

3) 注意事项:①保持牙刷清洁,用后彻底洗净,甩干水分,向上放置,以免细菌滋生;②3个月更换一次牙刷,刷毛弯曲及时更换;③不用沸水烫洗牙刷,以免高温损伤牙刷。

(3) 清洁牙间隙:牙间隙是藏污纳垢和牙菌斑易形成的场所,特别是牙列不齐者。目前常用牙签和牙线清洁牙间隙。

1) 牙签:可用于牙龈乳头退缩或牙周治疗后牙间隙增大者。使用方法:牙签成45°进入牙间隙,尖端指向牙合面,侧面紧邻牙颈部,向牙合方剔起,清除邻面牙菌斑和嵌塞的食物,并磨光牙面,然后漱口。使用时勿将牙签压入健康的牙龈乳头区,避免形成人为的牙间隙;动作要轻,避免损伤、破坏上皮附着。

2) 牙线:用棉、麻、丝、尼龙或涤纶制成牙线,粗细合适;含蜡牙线一般用来去除牙间隙的食物残渣和软垢,不含蜡牙线上有细小纤维与牙面接触,有利于去除牙菌斑。可用手指持线或用持线柄固定牙线后(图36-1-7),通过接触点,清洁邻面,刮除牙菌斑及软垢。每个牙面剔刮4~6次,直至牙面清洁。勿遗漏最后一个牙的远中面,每处理完一个区段的牙后,以清水漱口。

(4) 牙龈按摩:按摩牙龈,可使上皮增厚,角化增强,促进牙龈组织的血液循环,改善营养及氧的供给。按摩可用手指或按摩器进行。刷牙或漱口后,用拇指、示指分别置于牙齿的唇/颊、舌/腭侧牙龈上,由牙根方向移向牙冠,再沿牙龈水平方向前后按摩约5min。

Note:

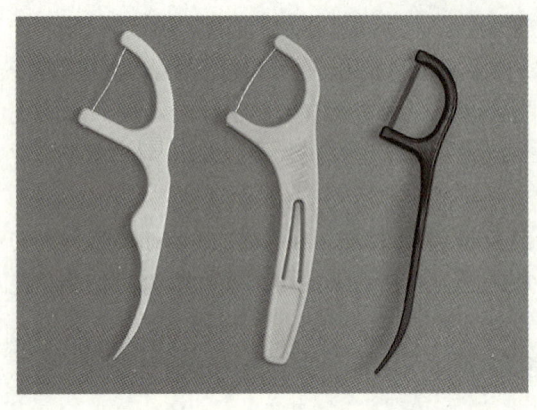

图 36-1-7　带持线柄的牙线

2. **建立良好的饮食习惯**　限制蔗糖的摄入频率,临睡前禁食甜食。多吃一些较粗糙和有硬度的食品,以增加口腔自洁作用和对牙龈的按摩作用,同时强化通过咀嚼所产生的生理性刺激,增强牙周组织的抗病能力。

3. **纠正不良习惯**　如长期只用一侧牙齿咀嚼食物,两侧的生理刺激不均衡,可造成非咀嚼组织衰退,发育不良,且缺乏自洁作用,易堆积牙石,导致牙周疾病的发生。不要用牙咬坚硬带壳的食物及开启瓶盖,防止牙损伤。

4. **定期进行口腔检查**　WHO 制定的口腔健康标准是"牙清洁、无龋洞、无疼痛感,牙龈颜色正常、无出血现象"。口腔健康应包括三方面内容,即具有良好的口腔卫生、健全的口腔功能及没有口腔疾病。成人应每年检查口腔一次,早期发现口腔疾病,及时治疗。

【护理评价】

通过治疗和护理,病人是否达到:①疼痛缓解或消失;②口腔黏膜恢复正常;③无交叉感染;④摄入的营养能满足机体需要;⑤情绪稳定;⑥口臭消失,能正常与人交往;⑦能陈述口腔卫生知识。

二、常用口腔诊疗技术及护理

1. **活髓切断术与护理**　适用于根尖未发育完成的年轻恒牙,无论龋源性、外伤性或机械性露髓,均可行牙髓切断术以保存活髓,直到牙根发育完成。

(1) 术前备好无菌器械及局麻药剂、暂封剂等。

(2) 协助医生用橡皮障或棉条隔湿,备 2% 碘酊和 75% 乙醇棉球消毒牙面及窝洞,严格无菌操作。

(3) 医生用牙钻去腐,制备洞型,揭开髓室顶,用锐利挖器切除冠髓,护士协助用生理盐水冲洗髓腔,备 0.1% 肾上腺素棉球止血。

(4) 遵医嘱调制盖髓剂(如氢氧化钙糊剂)覆盖牙髓断面,调拌用具(玻板及调拌刀)必须严格消毒,无菌操作。盖髓完成后,调制氧化锌丁香油黏固粉封窝洞。术中避免温度刺激及加压。预约病人 2~4 周复诊,无自觉症状后可永久性充填。

2. **根管治疗术与护理**　用机械和化学处理的方法,消除髓腔内,特别是根管内的感染源,经过根管制备、冲洗、消毒、充填密封根管,以去除根管内病变对根尖周组织的不良刺激,达到治疗和预防根尖周炎的目的。适用于:①各型牙髓炎、根尖周炎,其牙周病损坏不超过根长 2/3 者;②各种牙髓治疗后失败者;③有系统性疾病不宜拔牙而需治疗或暂时保留患牙者。

(1) 准备无菌器械和用物,如拔髓针、根管充填器、根充材料、消毒棉捻或纸捻等。

(2) 对活髓牙,在局麻下拔除牙髓,用生理盐水冲洗根管,消毒、吹干后进行根管充填;对感染根管,除去牙髓后用 2% 氯胺 T 钠和 3% 过氧化氢液交替冲洗,再用生理盐水冲净余液,用根管扩锉针反复扩锉管壁,冲洗拭干后,将蘸有消毒药液的棉捻置于根管内,用氧化锌丁香油糊剂暂封窝洞;根管充填须在无菌操作下进行,常用的充填材料有氧化锌丁香油糊剂、碘仿糊剂等。方法是先将根管充填材料调成糊状送入根管内,再将消毒后的牙胶尖插入根管。

(3) 护士按以上步骤,及时、准确地提供所需器械及用物,调剂各类充填材料。

3. **塑化治疗术与护理**　将未聚合的液态塑化液注入根管内,使其与根管内残存的牙髓组织及感染物质共同聚合,固定成为无害物质留于根管中,并严密封闭根管,使根尖周组织的慢性炎症逐渐消

除。适用于①根尖孔形成的后恒牙的各型牙髓炎、根尖周炎；②根管治疗时器械折断在根管中，尚未超出根尖孔，又难以取出者。

（1）治疗前准备好所需器械及塑化剂。协助医生进行消毒、隔湿、冲洗，保持术野清晰。

（2）配制塑化剂。往髓腔送塑化剂时，注意防止液体外溢，以免病人烧伤。若发现有塑化剂流失到髓腔外，立即用干棉球擦洗或冲洗，并用碘甘油棉球涂敷患处。

（3）塑化上颌牙时，调整椅位使病人平卧，头部后仰，以利塑化液进入根管，注意防止器械掉入病人咽喉部、药液流向咽部黏膜等事故发生。

（4）塑化上颌邻面洞时，协助医生用暂封材料在远中做好临时洞壁后再行塑化治疗。

（5）各液滴管口径大小要一致，否则导致调配比例不当，影响塑化效果。

（6）用干燥的注射器盛塑化液，使用后须立即冲洗干净，以免塑化剂凝固。

（7）塑化后，调制氧化锌丁香油黏固粉、磷酸锌黏固粉双层垫底，再用银汞合金或复合树脂作永久充填。

4. 龈上洁治术和龈下刮治术与护理　采用专用的牙周器械或超声波洁牙机除去牙石，消除牙石和牙菌斑对牙周组织的刺激。适用于：①龈上牙石、龈袋和牙周袋内存在龈下牙石者；②较深牙周袋或骨下袋的初步治疗；③牙龈炎、牙周炎的基础治疗。

（1）术前准备：①说明手术的目的和方法，取得病人合作。②行血常规、出凝血时间、血小板计数等检查，如有血液疾病或局部急性炎症者，应停止手术。③准备用物。龈上洁治器包括镰形器、锄形器。龈下刮治器包括匙形器、锉性器等。另备磨光用具，包括电机、橡皮磨光杯、磨光粉等。④用氯己定含漱1min。

（2）术中配合：①用碘酊消毒手术区；②根据洁治术的牙位及医生使用器械的习惯，摆放好所需的洁治器；③术中协助牵拉口角，吸净冲洗液，若出血多，用肾上腺素棉球止血；④牙石去净后，备橡皮杯蘸磨光粉或脱敏剂打磨牙面，龈下刮治则用锉形器磨光根面；⑤用过氧化氢液及生理盐水交替冲洗，拭干手术区，用镊子夹持碘甘油置于龈沟内。全口洁治应分区进行。

5. 龈翻瓣术与护理　切开牙龈翻转龈瓣，彻底消除病理组织至根面光滑后再将牙龈缝合。适用于：①前牙或后牙牙周袋较深，不宜作龈切者；②骨下袋、复合袋；③牙周袋较深，且病变范围较大，用龈下刮治及袋内壁刮治术，不能消除牙周病损者；④须行牙周植骨或截根术者。

（1）准备器械用物。包括牙周探针、刮治器、小骨锉、龈切刀、缝合器械，另备牙周塞制剂及丁香油。

（2）术前用氯己定漱口，乙醇消毒口周皮肤。

（3）术中牵拉口唇协助止血，用生理盐水冲洗创面，保持术野清晰。

（4）调拌牙周塞治剂，将长条状塞治剂置于创面，用棉签蘸水轻轻加压，覆盖整个术区，保护创面。

（5）嘱病人24h内禁漱口、刷牙，服抗生素防感染。术后1周拆线，术后6周内勿探测牙周袋。

6. 充填术与护理　牙齿硬组织遭破坏后无法自身修复，要依靠人工方法。对龋齿的治疗一般采用充填术恢复缺损。先用牙钻扩大开口，使龋洞充分暴露，然后去除腐质，根据需要制备洞型，再选用适当充填材料进行充填。

（1）术前准备：①器械及用物：双头挖匙、黏固粉充填器、各型车针、成型片及成型片夹、银汞充填器、咬合纸、橡皮轮；②药品：25%麝香草酚酊、樟脑酚合剂、50%酚甘油、75%乙醇、丁香油；③修复、垫底材料：白合金粉及水银（汞）、复合树脂、玻璃离子黏固体。

（2）术中配合：①合适体位，做好解释，消除病人对钻牙的恐惧心理；②协助牵拉口角，用吸唾器及时吸净冷却液，保持术野清晰；③隔湿、消毒：准备好棉球及窝洞消毒棉球，消毒药物根据龋洞状况选择；④遵医嘱调拌垫底及充填材料。浅龋不需垫底；中龋用磷酸锌黏固粉或玻璃离子黏固体单层垫底；深龋则须用氧化锌丁香油黏固粉及磷酸锌黏固粉双层垫底，再选用永久性充填材料充填。后牙多采用银汞合金，前牙可选用复合树脂或玻璃离子黏固体。

（3）术后指导：银汞合金充填的牙齿24h内不能咀嚼食物，以免脱落。

7. 牙拔除术与护理 通过分离牙龈、挺松牙齿、安放牙钳及脱位运动等步骤将牙拔除。适用于：①牙体病：无法修复的龋齿；②牙周病：Ⅲ度以上松动的牙，牙周骨组织大部分已破坏，反复感染者；③根尖周炎：根尖破坏严重，无法用根管治疗术者；④阻生牙：反复感染，引起邻牙龋变者；⑤外伤牙：牙根折断者；⑥滞留乳牙：影响恒牙正常萌出者；⑦病灶牙：引起颌面部炎症，可能与某些全身性疾病有关的病灶牙；⑧多生牙、错位牙：正畸需要拔除，妨碍义齿修复者。

牙拔除术的禁忌证主要为相对禁忌证，有些疾病病人经过积极治疗后仍可拔牙。①血液系统疾病：如血友病、白血病等。②心血管系统疾病：如心绞痛频繁发作、心功能分级Ⅲ～Ⅳ级者；术前血压控制应≤160/100mmHg。③甲状腺功能亢进：术前病人基础代谢率（BMR）控制在+20%以下，脉搏不超过100次/min。④糖尿病：术前控制病人空腹血糖8.88mmol/L以下。⑤孕妇，妊娠期前3个月、后3个月不宜拔牙。⑥颌面部急性炎症全身情况差。⑦严重的慢性病，如肾衰竭、肝功能损害严重者。此外，口腔恶性肿瘤灶区的牙不宜拔除，放射治疗时及放射治疗后3~5年慎重拔牙。

（1）术前准备

1）耐心解释，解除病人恐惧心理。

2）询问病人疾病及药敏史，避免空腹拔牙。

3）做好口腔卫生并漱口，用碘酊消毒。

4）准备器械和用物，如牙钳、牙挺和棉球等。

5）体位多采用坐位。拔上颌牙，病人张口时上颌牙的平面与地面成45°~60°角。拔下颌牙，病人张口时下颌牙的平面与地平面平行，下颌与术者的肘部平齐。

（2）术中配合

1）保持术野干净，准确传递器械。需劈冠时，护士应一手托住病人下颌角、一手拿骨锤，看清部位，用手腕闪击，争取一次劈开。击锤时击两下，第一下轻，为开始的信号，第二下用力快而脆。

2）做好创面处理，确保患牙完整，避免断根现象。

3）术中并发症护理。牙根折断、牙槽骨损伤、口腔上颌窦瘘等并发症观察和护理。

（3）术后护理

1）拔牙后出血护理：咬棉球压迫止血，30min后吐出，出血较多可延长至1h；24h内不漱口，勿用患侧咀嚼，不用舌舔伤口；出血明显时做好冲洗、填塞，必要时输鲜血或输凝血因子。

2）做好拔牙创面感染护理。①急性感染：术后2d多见，可用坚持无菌技术，减少手术创伤，术前、后给予抗生素治疗等方法防治。②干槽症：急性感染另一种类型，术后2~3d多见，病人表现为剧烈疼痛，向耳颞部或头顶部放射，镇痛药不能缓解，多见于下颌阻生第三磨牙拔除术后；采用彻底清创及隔离外界对牙槽窝的刺激等方法防治，其他防治措施与急性感染类似。③慢性感染：主要表现为拔牙创面经久不愈，有少量脓液排出或有肉芽组织增生，疼痛不明显；采用清理牙槽窝，刮干净病灶，防止残根遗留，口服抗生素等方法防治；一旦确诊，须进行牙槽刮治。

3）饮食护理：2h后对侧可进温凉软食或流质饮食。

4）疼痛护理：术后1~2d有轻微疼痛均属正常；如剧烈疼痛、肿胀、发热、张口困难等应及时复诊。

5）用药护理：根据病情使用抗炎、镇痛药，做好用药指导。

6）伤口护理：伤口有缝线者，嘱病人术后5~7d拆线。

（徐水琴）

思 考 题

1. 龋病的病因和发病机制有哪些？

2. 如何做好口腔疾病疼痛护理？

3. 如何护理牙拔除术病人？

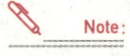

第二节　食管癌病人的护理

导入情境与思考

病人,男性,65 岁,好吸烟,喜食腌制海鲜。进食梗噎 4 月余。4 个月前进干食物梗噎伴胸骨后灼痛,1 个月前仅能吃半流食,近 2 周吃稀饭困难。有时梗噎后呕吐,无呛咳,无声嘶;食欲差,体重减轻 3kg,感觉乏力。体格检查:T 36.2℃,BP 100/75mmHg;神清,偏瘦,体重 60kg,全身皮肤、黏膜未见黄染。辅助检查:食管钡餐检查示主动脉弓以下约 7cm 食管充盈缺损,黏膜中断;超声内镜检查示肿瘤侵犯前 3 层,为 T_1 分期;病理切片显示鳞癌。

请思考:

(1) 该病人入院后应该重点评估哪些方面?

(2) 入院治疗方案:术前 40Gy 放疗+左胸路径胃代食管根治术+术后顺铂化疗。术前准备:戒烟、指导腹式呼吸、有效咳嗽;术前 3 日改流质饮食,术前置胃管并给予生理盐水+抗生素冲洗。术后第 2 日:病人生命体征平稳,述切口疼痛,禁食,胸管引流 100ml 血性液体。术后第 5 日:肛门排气,胃管拔除,进少量水;傍晚私自偷食海鲜面后,出现呼吸困难、剧烈疼痛,高热等现象,疑吻合口破裂,予以抢救治疗。该病人围手术期主要护理诊断/问题有哪些?如何护理及开展健康教育?

食管癌(esophageal carcinoma)是一种常见的上消化道恶性肿瘤。食管癌的发病率和死亡率各国差异很大,高发地区包括亚洲、南非、东非及法国北部。我国是食管癌高发地区之一,食管癌的死亡率为消化道恶性肿瘤的第 2 位,仅次于胃癌;发病率以河南省为最高,尤其是河南林县(林州市),此外江苏、山西、河北、福建、陕西、安徽、湖北、山东、广东等省均为高发区。食管癌发病年龄多在 40 岁以上,以 60~64 岁年龄组发病率最高,男性多于女性。

【病因】

病因至今不明,可能与下列因素有关:

1. **化学物质** 长期进食亚硝胺含量较高的食物,亚硝胺及其前体在自然界分布很广,致癌性强。

2. **生物因素** 长期进食发霉、变质的含有真菌的食物,有些真菌自身有致癌作用,有些真菌能促使亚硝胺及其前体形成。

3. **营养因素** 营养不良,饮食缺乏动物蛋白、水果、蔬菜等;维生素 A、维生素 B_1、维生素 B_2、维生素 C 摄入少;钼、铜、铁、锌、氟、硒等微量元素在食物、饮水中含量偏低。

4. **饮食习惯** 长期饮烈性酒、吸烟,食物过热、过硬、过辣,进食过快,易致食管上皮损伤,提高其对致癌物的敏感性。

5. **遗传因素** 食管癌的发病呈家庭聚集现象。

6. **食管自身疾病** 慢性食管炎症、食管上皮增生、食管黏膜损伤、Plummer-Vinton 综合征、食管憩室、食管溃疡、食管黏膜角化、食管瘢痕狭窄、食管裂孔疝、贲门失弛缓症、巴雷特(Barrett)食管(食管黏膜上皮柱状细胞化)等均被认为有癌变的危险。

其中,吸烟和重度饮酒已经被证明是食管鳞癌的重要致病原因。

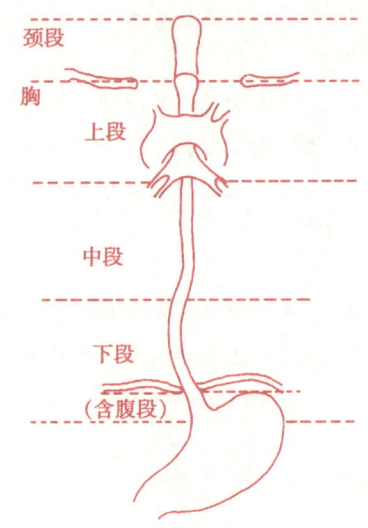

图 36-2-1 食管的分段

【病理】

根据国际抗癌联盟的食管分段标准(图 36-2-1),将食管分为颈段、胸段(胸廓入口至食管裂孔,胸上段从胸骨切迹至奇静脉弓,胸中段从奇静脉弓至下肺静脉,胸下段从下肺静脉至食管裂孔)、腹段。其中胸中段食管癌较多见,其次为下段,上段较少。

1. **组织学分型** 在食管癌高发区以鳞癌最常见,在食管癌非高发区,腺癌最常见,贲门部腺癌可向上延伸累及食管下段。

2. **大体分型** 早期食管癌包括隐伏型、糜烂型、斑块型和乳头型。

中晚期食管癌可分为 5 型。

(1) 髓质型:最常见,约占 60%,恶性程度高。

(2) 蕈伞型:约占 15%,向腔内呈蘑菇样突起,瘤体表面多有浅表溃疡。

(3) 溃疡型:约占 10%,瘤体黏膜面呈深陷而边缘清楚的溃疡,深入肌层,梗阻程度较轻。

(4) 缩窄型:也称硬化型,约占 10%,瘤体形成环行狭窄,累及食管全层,最易出现梗阻症状。

(5) 腔内型:占 2%~5%,肿块呈息肉样向腔内突出。

3. **转移途径**

(1) 直接扩散:癌肿先向黏膜下层扩散,继而向上、下及全层浸润,容易穿过疏松的外膜侵入邻近器官。

(2) 淋巴转移:为主要途径。首先经黏膜下淋巴管,通过肌层到达与肿瘤部位相应的区域淋巴结。颈段癌可转移至咽后、颈深和锁骨上淋巴结;胸段癌转移至肺食管旁淋巴结后,可向上转移至纵隔淋巴结,向下累及贲门周围的膈下及胃淋巴结,或沿气管、支气管至气管分叉及肺门。

(3) 血行转移:发生较晚,肝转移最多见,主要转移至肝、肺、肋骨等。

4. **临床分期** 对食管癌进行临床分期,可以分析病人病情,设计干预方案和比较防治效果。新版食管癌分期标准分别对临床(cTNM)、病理(pTNM)及新辅助治疗后(ypTNM)进行分期;同时,鳞癌和腺癌的各类分期系统存在差异。第 8 版食管癌国际 TNM 分期标准(TNM)和临床分期(cTNM)如表 36-2-1、表 36-2-2。

Note:

表 36-2-1 第 8 版食管癌国际 TNM 分期标准

分类	标准
T 分期	原发肿瘤
T_X	肿瘤不能确定
T_0	无原发肿瘤证据
T_{is}	重度不典型增生
T_1	侵犯黏膜固有层、黏膜肌层或黏膜下层:T_{1a} 侵犯黏膜固有层或黏膜肌层,T_{1b} 侵犯黏膜下层
T_2	侵犯食管肌层
T_3	侵犯食管外膜
T_4	侵犯食管周围结构:T_{4a} 侵犯胸膜、心包、奇静脉、膈肌或腹膜,T_{4b} 侵犯其他邻近结构如主动脉、椎体、气管等
N 分期	区域淋巴结
N_X	区域淋巴结转移不确定
N_0	无区域淋巴结转移
N_1	1~2 枚区域淋巴结转移
N_2	3~6 枚区域淋巴结转移
N_3	≥7 枚区域淋巴结转移
M 分期	远处转移
M_0	无远处转移
M_1	有远处转移
腺癌 G 分期	
G_X	分化程度不能确定
G_1	高分化癌,>95% 的肿瘤组织由分化好的腺体组成
G_2	中分化癌,50%~95% 的肿瘤组织显示腺体形成
G_3	低分化癌,肿瘤组织由片状和巢状细胞组成,其中形成腺体结构的细胞成分<50%
鳞癌 G 分期	
G_X	分化程度不能确定
G_1	高分化癌,有明显的角化珠结构及较少量的非角化基底样细胞成分,肿瘤细胞呈片状分布,有丝分裂少
G_2	中分化癌,呈现出各种不同的组织学表现,从角化不全到角化程度很低再到角化珠基本不可见
G_3	低分化癌,主要由基底样细胞组成的大小不一的巢状结构,内有大量中心性坏死;由片状或铺路石样肿瘤细胞组成的巢状结构,其中偶见少量的角化不全细胞或角化的细胞

Note:

表36-2-2　第8版食管癌国际TNM临床分期（cTNM）

	鳞癌					腺癌				
	N_0	N_1	N_2	N_3	M_1	N_0	N_1	N_2	N_3	M_1
T_{is}	0					0				
T_1	I	I	III	IVA	IVB	I	IIA	IVA	IVA	IVB
T_2	II	II	III	IVA	IVB	IIB	III	IVA	IVA	IVB
T_3	II	III	III	IVA	IVB	III	III	IVA	IVA	IVB
T_{4a}	IVA	IVA	IVA	IVA	IVB	III	III	IVA	IVA	IVB
T_{4b}	IVA	IVA	IVA	IVA	IVB	IVA	IVA	IVA	IVA	IVB

【护理评估】

（一）健康史

评估病人的居住地是否为食管癌的高发地区，有无家族史。了解病人的饮食习惯，有无长期进食含有亚硝胺、真菌的食物，有无饮食过硬、过热、过辣、进食过快的喜好；有无吸烟、饮酒等习惯。有无食管癌前病变等。

（二）身体状况

1. 症状

（1）早期：症状不明显，仅在吞咽粗硬食物时偶有不适，包括哽噎感、胸骨后烧灼样、针刺样或牵拉摩擦样疼痛。食物通过有停滞感或异物感，饮水后可使症状缓解或消失。症状间歇出现，时轻时重。

（2）中晚期：典型症状表现为进行性吞咽困难（dysphagia），最先是难咽干硬食物，继而只能进半流质、流质饮食，最后水和唾液也难以下咽。病人逐渐消瘦、乏力、贫血，出现明显脱水及营养不良症状，最后出现恶病质。癌肿侵入邻近组织或向远处转移，出现相应晚期症状。侵犯喉返神经可发生声音嘶哑；侵犯气管、支气管可形成气管食管瘘或支气管食管瘘，吞咽食物和水产生剧烈呛咳，还可因食管梗阻致食物反流入呼吸道引起肺部感染；侵犯大血管可出现致死性大呕血；压迫颈交感神经节，可产生霍纳综合征（Horner syndrome）。若发生肝、脑等器官转移，还可出现黄疸、昏迷等症状。

2. 体征　中晚期病人可有锁骨上淋巴结肿大。其他还有肝肿块、腹水、胸腔积液等远处转移体征。

（三）辅助检查

1. 食管黏膜脱落细胞检查　我国自创带网气囊食管细胞采集器进行食管黏膜脱落细胞检查，是一种简便易行的普查筛选诊断方法，早期病变阳性率可达90%~95%。

2. X线检查　食管吞钡X线双重对比造影是可疑病例首选的影像学检查方法。早期食管癌可见局限性食管黏膜皱襞增粗、中断，小的充盈缺损或龛影，病变管壁僵硬、蠕动中断；中晚期有明显的不规则充盈缺损、管腔狭窄、管壁僵硬。

3. 纤维食管镜检查　对临床已有症状或怀疑而又未能明确诊断者，应早行纤维食管镜检查，可直视下钳取活组织做病理组织学检查；食管镜检查是目前明确诊断首选的检查方法。

4. 超声内镜检查　近年来采用超声内镜检查，可通过确定食管癌的浸润深度及有无纵隔淋巴结转移进行术前T分期和N分期，对评估是否可行手术有帮助。

5. CT检查　能够观察肿瘤有无扩展与转移，是排除远处转移最常用的方法，用于食管癌的临床分期、治疗方案选择和治疗后随访手段。

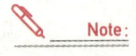
Note:

（四）心理-社会状况

食管癌病人由于进行性加重的进食困难、强烈的食欲和日渐减轻的体重而焦虑不安。评估病人对疾病的认知程度，有哪些不良的心理反应，如恐惧、悲伤、焦虑等。评估病人支持系统，其朋友家属关心、支持情况。评估病人经济情况，家庭对治疗费用承受能力。

【护理诊断/问题】

1. **营养失调：低于机体需要量**　与食量减少或不能进食、肿瘤消耗等有关。
2. **体液不足**　与水、电解质摄入不足，吞咽困难有关。
3. **恐惧**　与面对恶性肿瘤的威胁，担心手术及预后有关。
4. **潜在并发症：吻合口瘘、乳糜胸、肺部感染、出血等。**

【计划与实施】

食管癌的治疗原则以手术为主，放射治疗、化学治疗为辅的多学科综合治疗。经过治疗和护理，病人达到：①获得足够营养支持；②维持体液平衡；③正确面对疾病，积极配合治疗；④预防并发症，早发现、早处理。

（一）手术治疗与护理

手术是首选方法。手术路径常用左胸切口，中段食管癌可经右胸切口，联合切口有胸腹联合切口或颈胸腹三切口。手术方法应根据病变部位和病人的具体情况而定，根治性切除原则上应切除食管大部分，因食管缺乏浆膜层，故而须用代食管与食管吻合，最常用的代食管是胃（图 36-2-2），其次是结肠或空肠（图 36-2-3）。

对晚期食管癌，不能根治或放射治疗、进食有困难者，可行姑息性减状手术，如食管腔内置管术、食管胃转流术、食管结肠转流术或胃造口术等，也可经内镜姑息治疗吞咽困难，达到延长生命、改善营养的目的。

目前，胸/腹腔镜微创手术也应用到食管癌治疗中，主要适用于较早期的食管癌和心肺功能较差不能耐受开胸手术者。

1. 术前护理

（1）改善营养状况：食管癌病程进展缓慢，因长期吞咽困难而出现营养不良，水、电解质紊乱，病人手术的耐受力下降，所以在术前应积极改善病人的营养状况。指导病人进食高能量、高蛋白、维生素丰富的流质或半流质饮食，如鱼汤、肉汤、米汤、牛奶、鸡蛋羹等，避免刺激性饮食。对梗阻严重甚至

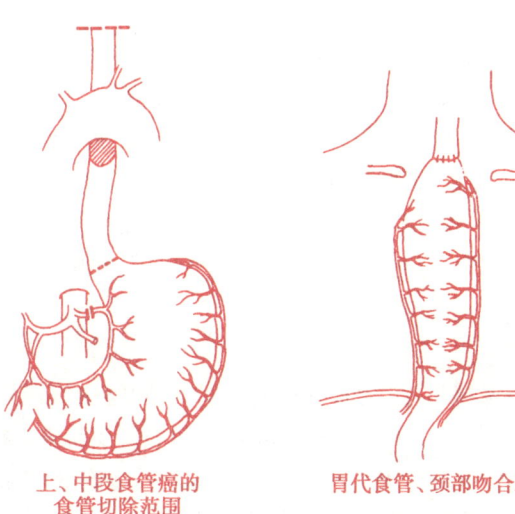

上、中段食管癌的　　　　胃代食管、颈部吻合术
食管切除范围

图 36-2-2　食管癌切除术后胃代食管术

Note：

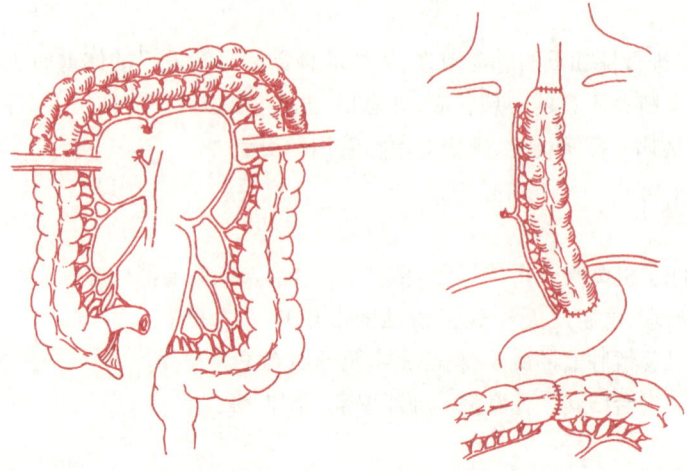

图 36-2-3　横结肠代食管术

饮水困难的病人,可给予静脉高营养或空肠造口补充营养。合并低蛋白血症或贫血的病人,静脉输白蛋白制剂或输成分血。

（2）心理护理:食管癌病人迫切希望能早日手术切除病灶、恢复进食。但又对手术疗效、术后生活质量、手术意外、术后并发症等担心恐惧,出现情绪低落和失眠等现象。护士应倾听病人和家属的内心感受,分析病人的心理状况、对疾病和手术治疗等认知程度。根据具体情况,向其耐心讲解治疗和护理的方法与注意事项。为病人提供舒适的环境,保证病人充分休息。争取其家属的经济和心理支持,解除病人后顾之忧。

（3）术前准备

1）呼吸道准备:吸烟者,术前严格戒烟 2 周。指导并训练病人有效咳嗽、排痰和腹式深呼吸。必要时使用抗生素控制感染。

2）食管准备:食管有不同程度的炎症和水肿,术前 1 周病人分次口服抗生素溶液,术前 3d 餐后饮温开水,可起到局部抗感染和减轻水肿的作用。对食管梗阻病人,则术前 3d 每晚遵医嘱予生理盐水 100ml 加抗生素经鼻胃管冲洗食管及胃,以减轻水肿,降低术后感染及吻合口瘘的发生率。

3）胃肠道准备:术前 3d 改流质饮食,术前禁食 12h,禁饮 8h。结肠代食管手术病人参照大肠癌手术,术前要做好充分的肠道准备:①术前 3d 进食少渣饮食;②口服抗生素;③术前晚行清洁灌肠或全肠道灌洗。手术日晨常规置胃管,注意不可强行通过梗阻部位,可置于梗阻部位上端,待手术中调整。

2. 术后护理

（1）病情观察:术后 2~3h,行心电监护严密监测病人的生命体征。

（2）呼吸道护理:术后病人易发生呼吸困难、缺氧,并发肺不张、肺炎,甚至呼吸衰竭,与术后迷走神经兴奋、胃拉入胸腔使肺扩张受限、开放性手术长切口使呼吸受限及切口疼痛等因素有关。护理措施包括:①术后病人生命体征平稳后,取半卧位;②密切观察病人有无呼吸困难、缺氧征兆,注意其呼吸频率和节律观察;③术后第 1 日,每 1~2h 鼓励病人进行深呼吸、吹气球等,促使肺膨胀;④痰多、咳痰无力的病人应协助其翻身叩背,定时雾化吸入,必要时经鼻导管吸痰,也可行纤维支气管镜吸痰、气管切开吸痰等。

（3）引流管护理

1）胸腔闭式引流管护理:保持引流通畅,维持密封状态,观察引流液量、性状并记录。术后 2~3d,引流液由暗红色血性液逐渐变淡,24h 引流量<50ml 时,可拔除引流管。拔管后注意是否有积液残留,病人置管伤口处是否密封,发现异常及时报告医生。若术后引流量>200ml/h,连续 3h,颜色为鲜红色并有较多血凝块,病人出现烦躁不安、脉搏增快、血压下降、尿少等现象,提示活动性出血;若引流液中有食物残渣,或者禁食期间引流液中出现消化液,要警惕是否出现食管吻合口瘘;引流液量增多,由清亮渐转混浊变成乳白色,提示有乳糜胸。

2）胃肠减压护理:术后持续胃肠减压,应保持引流通畅,妥善固定,防止脱出,严密观察并记录引流液的颜色、量、性状。术后6~12h可从胃管内抽吸出少量血性液或咖啡色液,以后颜色将逐渐变浅,转为正常胃液。待病人肠蠕动恢复、肛门排气后,可拔除胃管。及时发现并处理下列情况:①吻合口出血,引流出大量鲜血或血性液,病人出现烦躁不安、血压下降、脉搏增快、尿量减少等,须立即通知医生并配合处理;②胃管堵塞,可导致吻合口张力增加而并发吻合口瘘,可用少量生理盐水低压冲洗并及时回抽;③胃管脱出,应立即通知医生,严密观察病人病情,不应盲目重新置管,如需重新置管,应动作轻柔,避免损伤吻合口。

3）胃肠造口管护理:应妥善固定,防止造口管脱出、阻塞。造口管周围如有胃液漏出,应及时更换敷料,在瘘口周围涂氧化锌软膏或覆凡士林纱布保护皮肤,防止皮炎发生。

（4）饮食护理:①食管解剖特点导致吻合口愈合较慢,又因早期吻合口处于水肿期,故而术后应严格禁饮禁食3~4d,病人禁食期间持续胃肠减压,可遵医嘱行肠内和肠外营养。②拔除胃管24h后,没有吻合口瘘征象时,方可进食。先饮水少量,如无不适,可进流质饮食。术后5~6d可给予全清流质饮食,如水、果汁、菜汤等,每2h给予100ml,每日6次;逐渐转变为半流质饮食,如蛋花汤、烂面条、粥等;至术后2周改为软食;术后3周后病人若无特殊不适可进普食。③饮食原则应遵循循序渐进,由少到多,由稀到干,细嚼慢咽,不宜过多,不宜过快,避免进食生、冷、硬、产气的食物,以防吻合口瘘发生。④食管癌、贲门癌手术后,特别是贲门切除病人容易出现食物反流,嘱病人进食后2h内勿平卧,睡眠时将枕头垫高。⑤胃代食管术后病人,由于胃拉入胸腔出现进食后呼吸困难现象,应指导病人少食多餐,1~2个月后症状多可缓解。⑥术后3~4周可再次出现吞咽困难,应考虑吻合口狭窄,必要时行食管扩张术。

（5）结肠代食管病人的护理:①注意观察病人腹部体征,保持置于结肠襻内的减压管通畅;②若从减压管内吸出大量血性液或呕吐大量咖啡色液,并伴有全身中毒症状,应考虑代食管的结肠襻坏死,应立即通知医生并配合抢救;③病人因结肠蠕动,术后常嗅到粪臭味,须向病人解释原因,做好心理指导,一般半年后能缓解。

（6）并发症护理

1）吻合口瘘:好发于术后5~7d,是食管癌手术后最严重的并发症,死亡率高达50%。引起吻合口瘘的原因包括:①解剖因素,食管缺乏浆膜层,肌纤维纵形走向,血供呈节段性,主动脉弓以上血供差等,容易导致食管撕裂、吻合口缺血;②局部因素,吻合口内翻过多,张力太大,局部感染等;③全身因素,病人营养不良、贫血、低蛋白血症等。应采取下列措施预防吻合口瘘的发生:①指导病人术后禁食期间不下咽唾液,以免感染;②保持胃管、结肠襻内的减压管通畅和负压引流持续有效,避免胃肠道功能恢复前脱管;③胃管脱出后,不可盲目重新置管;④指导病人遵循循序渐进饮食原则。

吻合口瘘的临床表现为呼吸困难、胸痛、胸腔积液、全身中毒症状,严重者出现脓毒症、感染性休克、多器官功能衰竭等。护士应密切观察病人有无上述症状,一旦出现,应立即通知医生配合抢救,包括:①立即禁饮禁食;②协助医生行胸腔闭式引流,做好相应护理;③鼓励病人有效咳嗽和深呼吸;④遵医嘱及时抗感染及营养支持;⑤严密观察病人生命体征、肺部及全身情况,若出现休克症状,应积极行抗休克治疗;⑥需再次手术者,应配合完善术前准备。

2）乳糜胸:多因术中伤及胸导管所致。乳糜胸多发生在术后2~10d,少数可在2~3周后出现。病人若未进食,乳糜液含脂肪少,引流液可为淡血性或淡黄色液,量不多,而进食后乳糜液则为乳白色,量多可达数千毫升。由于乳糜液95%以上是水,并含有大量脂肪、蛋白质、胆固醇、酶、抗体和电解质,如果不及时治疗,短时间内可造成病人严重脱水,最终全身消耗、衰竭而亡。病人的表现主要为两大症状:一是压迫症状,乳糜液积聚在胸腔内,可压迫肺及纵隔并向健侧移位,病人出现胸闷、气促、心悸,甚至呼吸困难;二是严重脱水及消耗症状。

护士应密切观察,一旦出现乳糜胸,应迅速处理,包括:①保持胸管持续吸引,及时引流乳糜液,促肺膨胀;②禁饮禁食,给予病人肠外营养支持;③严密观察、抗感染治疗;④纠正病人水、电解质紊乱及

酸碱平衡失调,积极抗休克治疗;⑤若 10~14d 未愈,应做好术前准备。

3）肺部感染:由于术后胃上提至胸腔,使肺受压,同时术后疼痛限制病人的呼吸和咳嗽等原因,出现肺不张、肺部感染等。术前病人应戒烟,术后应加强呼吸道护理,指导病人有效咳嗽、深呼吸等。

4）出血:观察记录病人引流液的性状、量。若术后出现活动性出血,应及时报告医生,做好剖胸探查的准备。

（二）放射治疗与护理

可采用术前放疗再行手术的综合治疗,以增加手术的切除率,提高病人远期生存率,一般放疗结束 2~3 周后再手术;对术中切除不完全的残留癌组织处做金属标记,可在术后 3~6 周开始术后放疗;也可对不宜手术的颈段或胸上段食管癌病人行单纯放射疗法;三维适形放疗是一种高精度的放疗照射,应用较多。放射治疗护理详见第六章"肿瘤病人的护理"。

（三）化学治疗与护理

食管癌化疗分为姑息性化疗、新辅助化疗（术前）、辅助化疗（术后）。食管癌对化学治疗敏感性差,但可但可提高其他治疗方法疗效,常用的药物为顺铂（PDD）、博来霉素（bleomycin）、紫杉醇。目前提倡手术、放疗、化疗三者结合的综合治疗,达到彻底治疗,取得更好局部控制和提高远期生存率的目的。化学治疗护理详见第六章"肿瘤病人的护理"。

（四）健康教育

1. **疾病预防** 避免各种诱因,如防止食物霉变。减少饮食中亚硝胺的摄入,补充营养,增加维生素和微量元素摄入。避免热食、热饮。防止食管炎症和受损,积极治疗癌前病变。加大高发地区人群筛查力度等。

2. **饮食指导** 解释术后早期禁食的原因。指导病人遵循饮食原则,逐渐恢复正常饮食,避免因饮食不当引起吻合口瘘等情况。指导病人餐后适当活动,促进胃肠蠕动。

3. **活动锻炼** 根据病人的耐受情况指导病人术后早期活动,以达到减少肺部并发症、促使肠蠕动恢复、减少下肢静脉栓塞等目的。切除贲门者,避免进食后 2h 内平卧。开胸手术病人加强功能锻炼,防止肌肉粘连,预防术侧肩关节强直及肌肉失用性萎缩。

4. **复查指导** 定期复查,遵医嘱坚持后续放射治疗或化学治疗;若出现吞咽困难等食管狭窄情况,应及时就诊。

【护理评价】

经过治疗和护理,评估病人是否能够达到:①营养状况改善;②无水、电解质紊乱的现象;③恐惧消失,积极配合治疗和护理;④并发症得到预治。

知 识 链 接

食管癌防治的"林州样本"

林州食管癌防治现场始建于1959年,是我国建立的第1个肿瘤防治现场。60年来,在党和各级政府的关怀下,在北京医疗队和河南省医疗队帮助支持下,为林州培养了大批临床医疗人才,真正为林州留下了一支带不走的医疗队。林州肿瘤防治体系在食管癌的流行病学、病因学、早诊早治方面取得了举世瞩目的重大科研成果,形成了"政府-专家-群众"相结合的林州肿瘤防治模式,在国内影响极大。提出了"防霉、去胺、治增生、施钼肥、改变不良生活习惯"的五项防癌措施;通过改水、改厕、合理施肥、修建粮仓和倡导良好饮食习惯等,群防群治,努力降低食管癌的发病率。经过几代科学家和林州肿瘤防治工作者的不懈努力,林州食管癌的发病率和死亡率下降了50%。

（徐水琴）

1. 晚期食管癌病人有哪些临床表现？
2. 食管癌术前有哪些特殊的食管和胃肠道准备？
3. 如何预防和护理食管癌术后病人出现吻合口瘘现象？

第三节　胃和十二指肠疾病病人的护理

学 习 目 标

● **识记：**
1. 复述急性胃炎、慢性胃炎、消化性溃疡、胃癌的定义。
2. 描述急性胃炎、慢性胃炎、消化性溃疡、胃癌病人的典型临床表现。
3. 概括消化性溃疡的治疗药物及护理要点。
4. 概述消化性溃疡、胃癌手术治疗的适应证、手术方式及护理要点。

● **理解：**
1. 比较胃溃疡与十二指肠溃疡临床特点，说明它们之间的异同点。
2. 概述胃炎、消化性溃疡、胃癌的发病原因、发病机制及病理特点。
3. 解释胃部疾病相关检查的临床意义。

● **运用：**
为胃炎、消化性溃疡、胃癌病人进行护理评估，制订护理计划。

导入情境与思考

病人，男性，43岁，3年来周期性发作上腹痛，疼痛多在餐后0.5~1h出现，进食后疼痛缓解不明显。4h前饱食后突发右上腹持续刀割样疼痛，迅速转移至右下腹和下腹部，伴有恶心、呕吐，吐后腹痛不减轻，送急诊室。体格检查：T 37.7℃，P 120 次/min，R 18 次 min，BP 100/60mmHg。腹式呼吸消失。全腹肌紧张，压痛、反跳痛明显，以上腹部为重。肝浊音界缩小，肠鸣音消失。

请思考：
（1）该病人可能的医疗诊断是什么？
（2）目前应如何对该病人进行术前准备及非手术治疗？
（3）若对该病人急诊行胃大部切除术，术后早期并发症有哪些？

一、胃炎病人的护理

胃炎（gastritis）是指不同病因所致的胃黏膜炎症，常伴有上皮损伤和细胞增生，是最常见的消化道疾病之一。按临床发病的缓急及病程长短，一般分为急性胃炎和慢性胃炎两大类。另有其他特殊类型胃炎，如感染性胃炎、化学性胃炎等。

急性胃炎（acute gastritis）是由多种病因引起的急性胃黏膜炎症，表现为胃黏膜充血、水肿、出血、糜烂等一过性病变。主要包括急性幽门螺杆菌感染引起的急性胃炎、除幽门螺杆菌之外的病原体感染及其毒素对胃黏膜损害引起的急性胃炎及急性糜烂性出血性胃炎。

慢性胃炎（chronic gastritis）是由多种原因引起的胃黏膜慢性炎症性病变。根据国际上新悉尼系

Note:

统的分类方法,慢性胃炎可分为非萎缩性(non-atrophic,以往称浅表性)、萎缩性(atrophic)和特殊类型(special forms)三大类。

【病因与发病机制】

(一)幽门螺杆菌感染

幽门螺杆菌(Helicobacter pylori,Hp)感染可引起急性胃炎的发生。但由于急性胃炎的一过性上腹部症状多不为病人注意,若不抗菌治疗,感染可长期存在并发展成为慢性胃炎。其机制是:①幽门螺杆菌具有鞭毛,可在胃内穿过黏液层移向胃黏膜,并依靠其黏附素紧贴胃黏膜上皮细胞,直接侵袭胃黏膜;②释放尿素酶,能分解尿素产生 NH_3,中和胃酸,有利于幽门螺杆菌在胃黏膜表面定植及繁殖,同时损伤胃黏膜上皮细胞膜;③分泌空泡细胞毒素,造成上皮细胞空泡变性,造成黏膜损害及炎症反应;④细胞毒素相关基因蛋白可引起强烈炎症反应;⑤菌体胞壁可作为抗原诱导免疫反应,造成免疫损伤。

(二)饮食和环境因素

乙醇具有亲脂性和溶脂性能,高浓度乙醇可直接破坏胃黏膜屏障,引起上皮细胞损害、黏膜出血和糜烂,导致急性胃炎发生。长期饮浓茶、烈酒、咖啡,食用过热、过冷、过于粗糙的食物,可反复损伤胃黏膜,引起慢性胃炎。饮食中高盐和缺乏新鲜水果、蔬菜可使胃黏膜萎缩、肠化生,形成慢性胃炎。

(三)药物

常见的可引起胃黏膜炎症的药物包括非甾体抗炎药(nonsteroidal anti-inflammatory drug,NSAID),如阿司匹林、吲哚美辛等,以及某些抗肿瘤药物、抗生素、口服氯化钾或铁剂等。NSAID 可能抑制胃黏膜的前列腺素合成,削弱其对胃黏膜的保护作用。其他药物可直接损伤胃黏膜上皮层,导致急性炎症。若反复损伤胃黏膜则可导致慢性胃炎。

(四)应激

各种严重疾病,如严重创伤、大面积烧伤、大手术、颅脑病变、败血症、严重器官病变或多器官功能衰竭等,甚至精神心理应激都可引起急性胃黏膜糜烂、出血。一般认为应激状态下胃黏膜微循环不能正常运行而造成黏膜缺血、缺氧、黏液分泌减少、局部前列腺素合成不足,导致胃黏膜屏障损害,H^+ 反弥散进入黏膜,引起急性胃黏膜炎症。

(五)创伤、物理因素

放置鼻胃管、剧烈恶心或干呕、胃内异物、胃镜下各种止血技术(如激光、电凝)、息肉摘除等微创手术及放疗等均可导致胃黏膜糜烂甚至溃疡。

(六)其他

各种原因引起的十二指肠液反流,会减弱胃黏膜的屏障功能。胃黏膜退行性变性可使黏膜营养不良、分泌功能下降,从而降低胃黏膜屏障功能。此外,某些疾病如心力衰竭、肝性门静脉高压症、尿毒症及营养不良等也使胃黏膜易于受损,而发生胃炎。

【病理】

急性胃炎病理表现为胃黏膜充血、出血、水肿、糜烂及胃黏膜轻度坏死等病理变化。

胃黏膜上皮遭受反复损害后,黏膜发生改建,导致不可逆的固有胃腺体的萎缩、消失是慢性胃炎的主要改变。在慢性胃炎的进展中,炎症细胞(主要是浆细胞、淋巴细胞)浸润仅累及黏膜固有层的表层,胃腺体则完好无损,不伴有胃黏膜萎缩,称为慢性非萎缩性胃炎。若有中性粒细胞浸润,有活动性炎症时,称为慢性活动性胃炎。当病变进一步发展,累及腺体时,固有腺体萎缩、消失,胃黏膜变薄,常伴有肠化生,称为慢性萎缩性胃炎。

慢性胃炎常伴有肠上皮化生,或假性幽门腺化生和增生。增生的上皮和肠化的上皮形成不典型增生(又称为异型增生),中度以上的不典型增生被认为是胃癌的癌前病变,可能癌变。

Note:

不同类型胃炎的病理改变在胃内分布不同。幽门螺杆菌引起的胃炎,炎症弥漫性分布,以胃窦部为重;多灶萎缩性胃炎的萎缩及肠化生成多灶性分布,多起始于胃小弯侧,逐渐波及胃窦,继而累及胃体,病变逐渐融合;自身免疫性胃炎的萎缩及肠化生主要局限于胃体。

【护理评估】

（一）健康史

应注意询问急性胃炎病人有无服用 NSAID、口服氯化钾或铁剂、服用抗肿瘤等药物,有无各种严重疾病史,有无精神、心理急性应激事件发生,有无饮酒史。

应注意询问慢性胃炎病人的饮食习惯和方式,有无经常食用刺激、粗糙、过冷或过热食物;询问有无服用损伤胃黏膜药物史;有无急性胃炎反复发作病史;有无口鼻、咽喉部的慢性炎症、心衰、营养不良等病史。

（二）身体状况

1. **消化道症状**　多数病人症状轻微或无症状,少数有上腹不适或隐痛、腹胀、食欲减退、早饱、嗳气、恶心、消化不良等表现。

2. **出血表现**　部分急性胃炎病人有少量、间歇性胃出血,可自行停止,也可发生大出血而致呕血和/或黑便。

3. **贫血表现**　急性胃炎持续少量出血和慢性自身免疫性胃炎可伴有贫血表现,如面色苍白、乏力、食欲差等。恶性贫血时还可有维生素 B_{12} 缺乏的其他临床表现。

4. **体征**　多不明显,上腹部可有不同程度的压痛。

（三）辅助检查

1. **粪便检查**　急性胃炎病人粪便隐血试验多呈阳性。

2. **胃镜检查**　急性出血性胃炎病人一般应在出血后 24~48h 进行胃镜检查。内镜下急性胃炎可见弥散分布的多发性糜烂、出血和浅表溃疡,表面附有黏液和炎性渗出物,发病后短期内消失。慢性非萎缩性胃炎可见红斑(点、片状或条状)、黏膜粗糙不平、出血点或斑。慢性萎缩性胃炎可见黏膜呈颗粒状、黏膜血管显露、色泽灰暗、皱襞细小。慢性胃炎可伴有糜烂、胆汁反流。

3. **幽门螺杆菌测验**　胃镜检查时可同时取活组织做快速尿激酶检查以确定有无幽门螺杆菌感染。另外 ^{13}C 或 ^{14}C 呼气试验及涂片也可帮助诊断。

4. **其他检查**　疑为自身免疫性胃炎者应检测壁细胞抗体和内因子抗体。血清维生素 B_{12} 浓度测定和吸收试验有助于明确有无恶性贫血。萎缩性胃炎病人胃液分析显示胃酸分泌缺乏。

（四）心理-社会状况

1. **急性胃炎**　心理应激状态可引起急性胃炎发生。由于发病较急,病人及其亲属可能对疾病缺乏了解,而引起焦虑、不安。当病人持续呕血、黑便,且出血量较大时,可能引起病人紧张、恐惧。另外,病人的紧张、焦虑情绪还可加重病情。

2. **慢性胃炎**　由于病程迁延,症状反复发作,病人可有紧张、焦虑心理,有些病人担心疾病发展成为胃癌而发生恐惧、悲观心理。一些病人四处求医,服用各种药物,但不注意防治致病因素,而引起病情反复、经济负担增加,进而增加了病人及其家属的精神压力。

【常见护理诊断/问题】

1. **舒适度减弱**　与胃黏膜炎症有关。
2. **营养失调:低于机体需要量**　与胃黏膜损伤,影响食物消化、吸收有关。
3. **知识缺乏:**缺乏有关疾病病因和预防的知识。
4. **潜在并发症:**上消化道出血、贫血。
5. **焦虑**　与消化道出血及病情反复发作有关。

Note:

【计划与实施】

急性糜烂性出血性胃炎应针对原发病和病因采取预防措施。伴有消化不良症状、胃癌家族史的幽门螺杆菌引起的慢性胃炎应常规根除幽门螺杆菌。经过治疗和护理,病人达到:①自觉各种消化道症状减轻或消失;②摄入足够能量,体重维持正常范围;③掌握疾病相关知识,配合治疗护理;④并发症被及时发现并正确处理;⑤情绪稳定。

(一)休息与活动

1. **休息** 急性胃炎及慢性胃炎急性发作时,病人应减少活动、卧床休息,并通过转移注意力等方法来减轻不适。

2. **环境** 保持环境清洁,空气新鲜,温度适宜,避免环境中的不良刺激。

3. **心理护理** 护士应做好病人的心理护理,缓解其精神紧张,保证身心得以充分松弛和休息。

4. **活动** 指导病人日常生活要有规律,注意劳逸结合,适当进行锻炼,增强机体抵抗力,注意避免过度劳累。

(二)合理饮食,维持营养摄入

1. 向病人说明摄取足够营养的重要性,指导病人定时、有规律地进食,不可暴饮暴食,并养成细嚼慢咽的习惯。

2. 鼓励病人少量多餐,以高能量、高蛋白、高维生素、少渣、温凉、易消化的饮食为原则。避免摄入过咸、过甜、过辣的刺激性食物。禁忌饮用烈性酒。

3. 注意饮食卫生,指导病人及其家属改进烹饪技巧,增加食物的色、香、味,刺激病人食欲。

4. 胃酸分泌量低者,应将食物完全煮熟后食用,以利于消化吸收,并可给予刺激胃酸分泌的食物,如肉汤、鸡汤等;胃酸分泌量多者,应避免进食酸性、高脂肪食物。

5. 急性炎症少量出血者可食用牛奶、米汤等以中和胃酸,有利于黏膜的修复。大出血或呕吐频繁时应禁食。

6. 鼓励病人晨起、睡前及进食前、后刷牙、漱口,保持口腔内清洁舒适。

(三)药物治疗与护理

遵医嘱指导病人应用药物治疗。急性胃炎病人可用质子泵抑制剂或 H_2 受体拮抗剂及胃黏膜保护剂等。有急性应激者在积极治疗原发病的同时,可使用抑制胃酸分泌或保护胃黏膜的药物。对于幽门螺杆菌引起的慢性胃炎,可遵医嘱应用抗幽门螺杆菌三联治疗,具体内容见后文"消化性溃疡病人的护理"中相关内容。对于胆汁反流病人,可应用氢氧化铝凝胶吸附胆汁并使用促进胃肠蠕动药物如多潘立酮、西沙必利等。对于黏膜出血病人,可应用胃黏膜保护剂如硫糖铝、胶体铋等。用药过程中指导病人注意观察药物副作用,并及时报告医护人员。

(四)健康教育

1. 向病人及其家属介绍急、慢性胃炎的病因,根据病人的具体情况进行教育。

2. 教育病人注意起居及饮食要有规律,注意饮食卫生及营养。

3. 养成良好的饮食习惯,定时定量,细嚼慢咽;避免过冷、过热、辛辣等刺激性食物及浓茶、咖啡等饮料;嗜酒者应戒酒。

4. 教育病人避免使用对胃黏膜有刺激的药物,必须使用时应同时服用胃酸分泌抑制剂。禁用或慎用 NSAID 等药物。

5. 向病人及其家属介绍常用的药物、用药方法、剂量、疗程、作用及副作用。若发现异常应及时门诊复查。

6. 教育病人加强体育锻炼,增强机体抵抗力。

7. 教育病人保持良好心态,保证充足的睡眠,避免过劳。

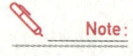

【护理评价】

经过治疗和护理,评估病人是否能够达到:①不适感减轻;②体重能够维持在正常范围;③了解疾病相关知识;④无并发症或并发症被及时发现和处理;⑤情绪稳定。

二、消化性溃疡病人的护理

消化性溃疡(peptic ulcer)是指在各种致病因子的作用下,胃肠黏膜发生的炎症与坏死性病变,病变深达黏膜肌层,常发生于与胃酸分泌有关的消化道黏膜,其中以胃、十二指肠为最常见,即胃溃疡(gastric ulcer,GU)和十二指肠溃疡(duodenal ulcer,DU),是极为常见的疾病,多见于男性,男女比例(2~5):1。十二指肠溃疡与胃溃疡的比例为(3~4):1,约1%的胃溃疡发生癌变。十二指肠溃疡好发于青壮年,胃溃疡的发病时间较晚,平均晚10年。大部分病人经内科治疗可以痊愈,但部分病人仍需手术治疗。

【病因与发病机制】

幽门螺杆菌感染、胃酸分泌过多和胃黏膜保护作用减弱等因素是引起消化性溃疡的主要因素。这些因素可以增强对胃、十二指肠黏膜的损害作用并降低黏膜自身的防御修复作用,从而导致溃疡发生。胃溃疡的发生主要与黏膜的防御修复作用减弱有关,十二指肠溃疡的发生主要与侵害因素增强有关。

(一)幽门螺杆菌感染

幽门螺杆菌感染是消化性溃疡的主要病因。大量研究表明消化性溃疡病人的 Hp 检出率显著高于普通人群,且成功根除幽门螺杆菌后溃疡复发率明显下降。其致病机制尚未明确,目前认为幽门螺杆菌感染导致的消化性溃疡的可能机制包括:①可直接或间接作用于胃黏膜的 G、D 细胞及壁细胞,引起胃酸分泌增加;②十二指肠球部过度酸化引起十二指肠胃上皮化生,促进幽门螺杆菌定植;③可使碳酸氢盐分泌减少,从而削弱黏膜屏障的保护作用;④可引起黏膜上皮局部炎症反应,破坏胃黏膜屏障,导致消化性溃疡。

(二)胃酸分泌异常

消化性溃疡的形成与胃酸分泌异常关系密切。胃酸浓度过高,激活胃蛋白酶原,侵害黏膜使其产生自身消化,是胃、十二指肠溃疡的主要发病机制。十二指肠溃疡病人的基础胃酸分泌和食物刺激后的胃酸分泌均高于健康人。这主要与下列因素有关:壁细胞总数增多,壁细胞对促胃液素、组胺、迷走神经的刺激敏感性增强;胃酸分泌的负反馈机制缺陷及迷走神经张力增高。胃溃疡病人的胃酸分泌量改变不明显,溃疡的发生可能与胃排空迟缓有关。

(三)胃黏膜屏障受损

胃、十二指肠黏膜具有一系列防御和修复机制,主要包括三方面:黏液-碳酸氢盐屏障、黏膜上皮紧密连接屏障及黏膜血流屏障。另外,细胞更新、表皮生长因子及前列腺素也可以帮助抵抗胃酸、胃蛋白酶的侵蚀。一些非甾体抗炎药物及肾上腺皮质激素、胆盐、乙醇等都造成胃黏膜屏障的破坏,胆汁反流、胃壁缺血、营养不良及进食粗糙食物等可以削弱胃黏膜的抵抗力。

(四)应激

当病人处于危重情况,如严重创伤,大面积烧伤,大手术,休克状态,严重感染,肝、肺、肾等器官功能衰竭等情况时,也是处于应激状态下。胃是对应激反应最为敏感的器官,情绪波动可抑制胃酸的分泌和胃的蠕动。急性应激情况下,中枢神经系统可以通过 3 条通路影响胃酸分泌及胃动力:①下丘脑前部-迷走神经系统,迷走神经兴奋,导致胃酸分泌增加,同时通过调节促胃液素水平进一步增加胃酸分泌;②下丘脑后部-交感神经系统,交感神经兴奋,使得胃黏膜血流减少,引起胃黏膜缺血、低灌注,削弱胃黏膜屏障;③下丘脑后部-垂体-肾上腺系统,通过体液调节促使内脏血流减少,也可引起胃黏膜缺血改变。同时在应激状态下,特别是胃黏膜血流灌注不良和缺氧的情况下,前列腺素减少的同时,花生四烯酸、血小板激活因子等促进血管收缩及促进血小板聚集的细胞因子及炎症介质更进一步加重了胃黏膜的缺血损伤。另外,危重病人大多不能正常进食,胃肠活动迟滞,胃内容物滞留,容易使细菌滋生,尤其是幽门螺杆菌,均能损害胃黏膜。

(五)其他

除上述因素外,许多其他因素,如吸烟、遗传因素及十二指肠运动异常可能与消化性溃疡的发病有不同程度的关系。长期精神紧张、焦虑、过劳及情绪易波动可以使溃疡发作或加重。

【病理生理】

胃溃疡多发于胃角、胃窦及胃小弯处,十二指肠溃疡多发于球部,前壁较常见。溃疡多为单发。溃疡浅者累及黏膜肌层,深者则可贯穿肌层。应激性溃疡一般以胃底部最重,胃体部次之,然后才是胃窦部,甚至胃黏膜广泛病变,溃疡可多发,也可与糜烂掺杂并存。

溃疡向深层侵蚀可穿破浆膜层导致穿孔(perforation)。穿孔可分为急性穿孔和慢性穿透性溃疡。急性穿孔后,胃、十二指肠液及食物进入腹腔,引起化学性腹膜炎。数小时后因细菌繁殖则转变为细菌性腹膜炎,细菌毒素被吸收后,病人可在原有低血容量的基础上出现脓毒症休克。慢性穿透性溃疡因邻近组织或大网膜封闭包盖,阻止了消化道内容物进入腹膜腔。

溃疡基底的血管壁被侵蚀可引起出血,多数为动脉出血。若为动脉侧壁破裂则更不易自止。大出血后病人血容量减少,血压降低,血流减慢,可在血管破裂处形成血凝块而暂时止血。由于胃肠蠕动及病灶与食糜接触,可引起再次出血。

十二指肠球部溃疡或幽门管溃疡反复发作形成瘢痕狭窄,合并幽门痉挛、水肿可造成幽门梗阻(pyloric obstruction)。炎性水肿和幽门痉挛引起的暂时性梗阻可随炎症的好转而缓解;瘢痕收缩引起的慢性梗阻呈持久性。梗阻初期胃蠕动增强,胃壁肥厚,胃轻度扩大;后期胃代偿功能渐弱,失去张力,高度扩张,蠕动消失。胃内容滞留胃内,刺激胃酸分泌亢进,引起胃黏膜糜烂、充血、水肿、溃疡;胃内容不能进入肠道,可引起病人营养不良、贫血;呕吐引起水、电解质紊乱,病人可出现脱水及低钾低氯性碱中毒。

【护理评估】

(一)健康史

应注意询问病人有无饮食不规律、暴饮暴食、喜食刺激性及粗糙食物的习惯,有无非甾体抗炎药及糖皮质激素的使用,有无吸烟、饮酒史。询问病人的工作及生活负担情况,有无过度劳累,有无过度紧张、焦虑、抑郁等心理问题。注意家族中有无消化性溃疡病人。病情危重的病人应该注意有无应激性溃疡发生的可能。

(二)身体状况

1. 症状　消化性溃疡临床表现不一,少数病人可无症状,或以出血、穿孔等并发症为首发症状。典型的消化性溃疡表现为慢性周期性发作的上腹部节律性疼痛。

(1)腹痛:上腹部疼痛是消化性溃疡的主要症状。疼痛性质可为钝痛、灼痛、胀痛甚至剧痛,或呈饥饿样不适感,一般为轻至中度持续性疼痛。疼痛部位多位于上腹中部、偏右或偏左。多数病人疼痛有典型的节律,发作-缓解周期性交替,与进食有关。十二指肠溃疡的疼痛常在餐后 3~4h,或在两餐之间开始出现,又称饥饿痛、空腹痛。疼痛持续不减至下餐进食后缓解,表现为疼痛-进食-缓解。部分病人出现"午夜痛"。胃溃疡的疼痛多在餐后 0.5~1h 出现,持续 1~2h 自行消失,表现为进餐-疼痛-缓解。较少发生"午夜痛"。部分病人无典型节律,仅表现为无规律性的上腹隐痛不适。

(2)其他:可有反酸、嗳气、恶心、呕吐、腹胀、食欲减退等消化不良症状,也可有失眠、多汗、脉缓等自主神经功能失调表现。

2. **体征**　溃疡活动期无并发症时可有上腹部固定而局限的压痛点,缓解期则无明显体征。

3. **特殊类型消化性溃疡的临床表现**

（1）无症状性溃疡:约15%的消化性溃疡病人无任何症状,尤以老年人多见。

（2）老年人消化性溃疡:临床表现多不典型,常无任何症状或症状不明显,疼痛多无规律,食欲缺乏、恶心与呕吐、消瘦、贫血等症状较突出。

（3）幽门管溃疡:上腹痛的节律不明显,呕吐较多见,对抗酸药反应差,易出现幽门梗阻、穿孔、出血等并发症。

（4）球后溃疡:指发生于十二指肠球部以下的溃疡,多位于十二指肠大乳头的近端。具有十二指肠溃疡的特点,夜间痛和背部放射性疼痛更为多见,并发大量出血者亦多见。

（5）复合性溃疡:指胃与十二指肠同时存在溃疡,其临床症状并无特异性,但幽门梗阻的发生率较高。

（6）应激性溃疡:多在严重创伤或大手术后2~3d发生,病情危重的非创伤病人,如2~3d症状不改善,则随时可能发生应激性溃疡。其主要表现是病人突发呕血,量可大可小,可出现黑便。但出血严重时,病人可出现心悸、烦躁、血压下降等低血容量性表现。

4. **并发症的临床表现**

（1）出血:是消化性溃疡最常见的并发症,病人出现柏油样便及呕血。出血不伴腹痛,呕血前多感觉心慌、恶心;便血前多突然有便意。全身表现取决于出血的速度和量。失血量在400ml时出现休克代偿期表现,如面色苍白、口渴、脉搏快、血压正常而脉压减小;失血量大于800ml时出现休克表现,如出冷汗、脉搏弱、呼吸浅快、血压下降、烦躁不安。病人腹部稍胀,上腹部可有轻压痛,听诊肠鸣音亢进。

（2）穿孔:急性穿孔表现为突发上腹部刀割或撕裂样剧痛,消化液沿升结肠旁沟向下流动,引起右下腹痛,很快扩散至全腹,但以上腹部为重。常伴有恶心、呕吐,甚至面色苍白,四肢湿冷,发生休克。病人呈急性痛苦病容;腹式呼吸减弱;全腹明显压痛、反跳痛,以右上腹明显;腹肌紧张呈"木板样"强直;叩诊肝浊音界缩小或消失;腹膜大量渗出,可叩出移动性浊音;听诊肠鸣音减弱或消失。慢性穿孔常表现为腹痛规律发生改变,变得顽固而持久。当穿孔邻近后壁或穿孔较小,可仅引起局限性腹膜炎,症状较急性穿孔轻且体征较局限。

（3）幽门梗阻:见于2%~4%的病例。表现为进食后上腹饱胀不适及阵发性胃痉挛性疼痛,伴有恶心、嗳气,且有反复大量呕吐。呕吐物呈酸腐味的宿食,不含胆汁,大量呕吐后疼痛可暂缓解。严重频繁呕吐病人常出现失水和低氯低钾性碱中毒、消瘦及营养不良。体格检查可见上腹膨隆、胃型及逆向胃蠕动波。空腹时检查胃内有振水音、抽出胃液量>200ml。

（4）癌变:少数胃溃疡可发生癌变,癌变率在1%以下;十二指肠溃疡极少癌变。对粪便隐血试验持续阳性者,应警惕癌变。

（三）辅助检查

1. **胃镜检查和胃黏膜活组织检查**　是确诊消化性溃疡的首选方法。可直接观察溃疡部位、病变大小、性质,及出血的原因和部位,并可在直视下取活组织做病理检查和Hp检测。

2. **上消化道钡餐检查**　溃疡无并发症时,X线钡餐下可见在胃、十二指肠部位显示一周围光滑、整齐的龛影及钡斑;有时可见到十二指肠球部激惹或变形、胃大弯痉挛性切迹的征象。多数溃疡并发穿孔病人在X线影像下可见膈下游离气体。溃疡并发幽门梗阻病人服用水溶性造影剂后,可见胃扩大,张力减低,排空延迟。

3. **幽门螺杆菌检测**　Hp感染的检测方法主要包括快速尿素酶试验、组织学检查、^{13}C或^{14}C尿素呼气试验和血清学试验等。

4. **胃酸测定**　正常人的胃酸分泌量为2mmol/h,胃溃疡病人的胃酸分泌正常或低于正常,部分十二指肠溃疡病人分泌量为4mmol/h,但与正常人有很大重叠。溃疡病人做迷走神经切断术前、后须测定胃酸,以帮助评估手术效果。

5. **血常规检查** 溃疡并发大出血时,红细胞、血红蛋白、血细胞比容均下降。在出血早期,由于血液浓缩,这些指标的下降不明显;若短期内反复测定可见进行性下降。溃疡穿孔,腹腔感染后可有血白细胞计数及中性粒细胞比例增高。

6. **粪便隐血试验** 粪便隐血试验阳性提示溃疡有活动,如胃溃疡病人持续阳性,应怀疑癌变的可能。

7. **腹腔穿刺** 溃疡并发穿孔病人行腹腔穿刺可抽出白色或黄色混浊液体。

(四)心理-社会状况

临床观察表明长期精神紧张、焦虑或情绪波动的人易患消化性溃疡。如不重视预防和正规治疗,病情可反复发作并产生并发症,从而影响病人的学习和工作,使病人产生焦虑急躁情绪,加重溃疡复发。急性穿孔及大出血可引起病人紧张、恐惧;幽门梗阻病人因不能进食、频繁呕吐,可引起焦虑;癌变病人对预后有很大顾虑,常有悲观情绪。应评估病人及其家属对疾病的认识程度,评估病人有无焦虑或恐惧等心理,了解病人家庭经济状况和社会支持情况如何,病人所能得到的社区保健资源和服务如何。

【常见护理诊断/问题】

1. **急性疼痛** 与胃酸刺激溃疡面,引起化学性炎症反应及手术切口有关。
2. **营养失调:低于机体需要量** 与摄入量减少及消化吸收障碍有关。
3. **潜在并发症:上消化道出血、穿孔、幽门梗阻、癌变。**
4. **焦虑** 与疾病反复发作、担心手术危险及并发症发生有关。
5. **知识缺乏:缺乏有关消化性溃疡病因、预防及手术前、后配合的知识。**

【计划与实施】

消化性溃疡治疗的原则是消除病因、缓解症状、愈合溃疡、防止复发和防治并发症。经过治疗和护理,病人达到:①自觉疼痛减轻;②摄入足够热量,体重维持正常范围;③并发症被及时发现并正确处理;④情绪稳定;⑤掌握疾病相关知识,配合治疗护理。

(一)疼痛护理

1. **去除病因** 帮助病人认识病因并指导其减少或去除诱因。对服用 NSAID 者应停药。避免暴饮暴食和食用刺激性食物,以免加重黏膜的损伤。对嗜烟酒者,应与病人共同制订切实可行的戒烟酒计划,并督促其执行。注意防止突然戒断烟酒,引起病人焦虑、烦躁,导致胃酸分泌增加。

2. **监测疼痛** 观察并记录病人腹痛的部位、性质及程度、发作的时间、频率,持续时间、与饮食的关系、伴随症状及诱发因素。注意疼痛的规律和特点。若疼痛性质突然发生改变,须警惕溃疡穿孔引起弥漫性腹膜炎等并发症。

3. **缓解疼痛**

(1)按疼痛特点指导病人缓解疼痛:如十二指肠溃疡病人表现为空腹痛或午夜痛,指导病人准备抑酸性食物(苏打饼干等)在进食后 2~4h 进食,或服用胃酸分泌抑制剂以防疼痛。

(2)非药物性缓解疼痛的方法:具体方法包括指导式想象、行为疗法,如放松训练、音乐疗法、生物反馈、分散注意力、局部热疗法等,以缓解病人焦虑、紧张,提高痛阈。

(3)针灸止痛:可针灸合谷、足三里达到镇痛目的。

(4)休息与活动:在溃疡活动期,症状较重时,嘱病人卧床休息。情况许可的病人则应鼓励适当下床活动。注意劳逸结合,活动以不感到劳累和诱发疼痛为原则。进餐后避免剧烈活动。

(二)合理饮食

指导病人建立合理的饮食习惯和结构,以减轻溃疡症状,防止溃疡复发。

Note:

1. 建立合理饮食习惯

（1）定时定量进食，避免餐间零食和睡前进食，以维持正常消化活动的节律，加速溃疡愈合。

（2）进食避免过饱，以免胃窦部过度扩张而刺激胃酸分泌。

（3）进食时注意细嚼慢咽，以增加唾液分泌，稀释、中和胃酸，提高黏膜屏障作用。

（4）维持安静、不受干扰且无压力的进餐环境，避免仓促进食。

（5）调节进餐时情绪，避免紧张、激动。

（6）急性活动期以少量多餐为宜，每日进餐 4~5 次，以保持胃内适量食物中和胃酸。一旦症状得到控制，应鼓励恢复正常的饮食规律。

2. 建立合理饮食结构

（1）选择营养丰富，易消化的食物。除病人并发出血或症状较重外，一般无须规定特殊食谱。

（2）症状较重病人的主食可以面食为主，因面食较柔软、易消化，且其含碱能有效中和胃酸，不习惯面食者则以软米饭或米粥替代。

（3）适量食用牛奶及脂肪。由于蛋白质类食物具有中和胃酸作用，但牛奶中的钙质吸收反过来刺激胃酸分泌，故可在两餐之间适量摄取脱脂牛奶。脂肪到达十二指肠时虽能刺激小肠分泌肠抑胃素，抑制胃酸分泌，但同时又可引起胃排空减慢，胃窦扩张，致胃酸分泌增多，故脂肪摄取应适量。

（4）避免食用生、冷、硬、粗纤维多的蔬菜、水果及刺激性强的食物，如香料、浓茶、辣椒、生姜、生蒜、咖啡、油煎食物等，以减少机械性和化学性刺激。

（5）烹调方法宜选用蒸、煮、炖、烩等方法，食材须切细。

（三）药物治疗与护理

对无严重并发症的消化性溃疡病人以药物治疗为主。

1. 抗酸药　即碱性药物，常用氢氧化铝、氢氧化镁及其复方制剂等。应在饭后 1h 和睡前服用。服用片剂时应嚼服，乳剂给药前应充分摇匀。抗酸药应避免与奶制品及酸性的食物、饮料同时服用。氢氧化铝凝胶可引起磷缺乏症，甚至可导致骨质疏松。长期大量服用还可引起严重便秘、代谢性碱中毒与钠潴留，甚至造成肾损害。

2. 抑制胃酸分泌的药物

（1）质子泵抑制剂（proton pump inhibitor，PPI）：抑酸作用强，缓解疼痛症状迅速，是抑酸首选药物。常用药物有奥美拉唑、兰索拉唑和泮托拉唑。奥美拉唑可引起病人头晕，特别是用药初期，应嘱病人用药期间避免开车或做其他需要注意力高度集中的事。奥美拉唑可延缓地西泮及苯妥英钠的代谢及排泄，与这些药物合用时需慎重。兰索拉唑可引起荨麻疹、皮疹、瘙痒、头痛、口苦、肝功能异常等不良反应，反应较严重时应及时停药。泮托拉唑的不良反应较少，偶尔可引起病人头痛和腹泻。

（2）H_2 受体拮抗剂：常用药物有西咪替丁，雷尼替丁，法莫替丁，三者的一天药量可分 2 次在餐中或餐后即刻口服，也可把一天剂量在睡前顿服。如须同时服用抗酸药，则两药应间隔 1h 以上服用。静脉给药时应注意控制速率，防止病人发生低血压和心律失常。因药物可从母乳排出，哺乳期应停止用药。长期大量服药时不能突然停药，以防反跳，故完成治疗后仍须继续服药 3 个月。西咪替丁可产生男性乳腺发育、阳痿、性功能紊乱及肾功能损害，少数病人还可出现一过性肝功能损害和粒细胞缺乏，亦可出现头痛、头晕、疲倦、腹泻及皮疹等反应。雷尼替丁的不良反应较少，静脉注射后病人可出现头晕、恶心等。法莫替丁偶见过敏反应。如出现上述反应及时协助医生进行处理。

3. 保护胃黏膜药物　常用药物包括硫糖铝和枸橼酸铋钾。硫糖铝和枸橼酸铋钾能黏附覆盖在溃疡面上形成一层保护膜，且可促进上皮重建和增加黏液/碳酸氢盐分泌。此外，前列腺素类药物米索前列醇亦具有增加胃黏膜防卫能力的作用。硫糖铝宜在餐前 1h 服用，不良反应较少，主要有便秘、口干、嗜睡等；因其含糖量较高，糖尿病病人应慎用；不能与多酶片同服。枸橼酸铋钾短期服用可出现舌、齿发黑,可用吸管直接吸入;可出现粪便呈黑色,停药后可自行消失;连续长期服用可在体内蓄积中毒,因此连续应用不宜超过 8 周。米索前列醇的主要不良反应是腹泻,另外可引起子宫收缩,孕妇忌服。

4. **抗幽门螺杆菌药物** 对于幽门螺杆菌阳性的消化性溃疡病人,应首先给予抗幽门螺杆菌治疗。目前尚无单一用药可有效根除幽门螺杆菌,因此必须联合用药。目前常以质子泵抑制剂和胶体铋剂为基础加上克拉霉素、阿莫西林、甲硝唑 3 种抗菌药中的 2 种,组成四联疗法(表 36-3-1)。最常用的方案是质子泵抑制剂、胶体铋剂、阿莫西林、克拉霉素。根据溃疡面积及疗效决定根除幽门螺杆菌治疗结束后是否继续抗溃疡治疗。治疗过程中需要注意药物的耐受性及抗生素的副作用。在根除幽门螺杆菌治疗疗程结束后,继续给予方案中所含抗溃疡药物常规剂量完成 1 个疗程。结束后至少 4 周后应进行幽门螺杆菌复查。

表 36-3-1 根除幽门螺杆菌的四联疗法方案

PPI+胶体铋	抗菌药(选择 2 种)
PPI 标准剂量,2 次/d	克拉霉素 500mg,2 次/d
(如奥美拉唑 20mg,2 次/d)	阿莫西林 1 000mg,2 次/d
枸橼酸铋钾 220mg,2 次/d	甲硝唑 400mg,3 次/d 或 4 次/d

注:疗程 10~14d。

(四)并发症的观察和护理

1. **溃疡穿孔** 对于一般情况良好、症状体征较轻的空腹小穿孔,穿孔超过 24h,腹膜炎已经局限;或穿孔已经封闭的无其他并发症的病人,可采用非手术治疗。护理中应注意:①严密观察病人生命体征、腹痛、腹膜刺激征、肠鸣音变化等;②禁食、禁饮、持续胃肠减压,减少胃肠内容物继续流入腹腔;③伴有休克者应平卧,无休克或休克改善后改半卧位,利于胃肠道漏出物向下腹部及盆腔处引流,减轻腹痛和减少有毒物质的吸收;④迅速建立静脉通路,输液,维持水、电解质平衡并给予营养支持;⑤遵医嘱应用抗菌药以控制感染。对于非手术治疗 6~8h 后病情加重或急性穿孔病人,应立即行手术治疗。术前注意做好急症手术准备。

2. **大出血** 对于大出血病人应该补充血容量、防止失血性休克、采取有效止血措施。护理包括:①观察并记录病人呕血、便血情况,定时测量其脉搏、血压,观察有无口渴、肢端冰冷、尿少等循环血量不足的表现,判断失血量。②取平卧位、给氧、镇静、暂禁食。③建立静脉通道,根据失血量补充血容量,必要时可行深静脉穿刺输液。失血量达全身总血量的 20% 时,应遵医嘱输注羟乙基淀粉、右旋糖酐或血浆代用品 0.5~1L。出血量较大时遵医嘱输注浓缩红细胞或全血,以保持血细胞比容不低于30%。输入液体中晶体与胶体之比为 3∶1。④暂禁食,出血停止后可进流食或无渣半流食。⑤留置鼻胃管,用生理盐水冲洗胃腔,清除血凝块,直至胃液变清,持续低负压吸引。可经胃管灌注冰生理盐水200ml 加去甲肾上腺素 8mg,每 4~6h 一次。⑥做好胃镜检查的准备。急诊胃镜可明确诊断,并采用电凝、激光、注射或喷洒药物、钛夹夹闭血管等局部止血。⑦按时应用止血、抑酸药物,以治疗休克和纠正贫血。⑧若出血量大,短期发生休克,经止血、输血而出血仍在继续,或止血后又复发,60 岁以上伴血管硬化,近期发生过类似大出血或合并其他并发症,以及再次出血危险大者,应做好急症手术准备。

3. **幽门梗阻** 对于幽门梗阻病人应解除梗阻,使食物和胃液进入小肠。①观察病人呕吐物的量、性质、气味,准确记录出入液量,并注意监测电解质变化;②完全梗阻者手术前禁食;非完全性梗阻者可予无渣半流质饮食、以减少胃内容物潴留,也可放置经鼻空肠营养管或三腔喂养管进行肠内营养(图 36-3-1);③静脉输液,每日 2~3L,纠正营养不良及低氯、低钾性碱中毒;④留置鼻胃管或三腔喂养管,术前 3d 每晚用 300~500ml 温生理盐水洗胃,至洗出液澄清,以减轻胃壁水肿和炎症,缓解梗阻症状;⑤非完全性梗阻者,若经上述处理后仍无缓解应做好手术准备。

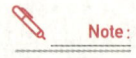
Note:

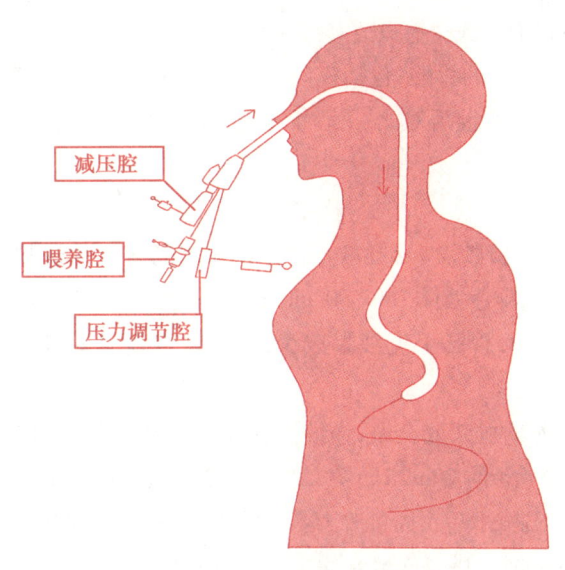

图 36-3-1　三腔喂养管示意图

4. **癌变**　参见本节"胃癌病人的护理"。

（五）手术治疗病人的护理

经规范药物治疗无效的顽固性溃疡，或出现严重并发症，如并发大出血、急性穿孔、瘢痕性幽门梗阻及胃溃疡疑有癌变者，可考虑手术治疗。手术方法包括胃大部切除术和迷走神经切断术。

胃大部切除术是治疗消化性溃疡的首选手术方法。手术切除胃的远侧 2/3~3/4，包括胃体的远侧部分、胃窦部、幽门和十二指肠球部的近侧。其理论基础是：①切除胃窦部，消除了由于促胃液素引起的胃酸分泌；②切除大部分胃体，减少了分泌胃酸、胃蛋白酶的腺体数量；③切除了溃疡的好发部位；④切除了溃疡本身。手术方式很多，主要包括：①毕Ⅰ式胃大部切除术，即切除远端胃大部后，将残胃与十二指肠吻合（图 36-3-2）。多适用于治疗胃溃疡。②毕Ⅱ式胃大部切除术，即切除远端胃大部后，将十二指肠残端封闭，残胃与上段空肠吻合（图 36-3-3）。适用于治疗各种消化性溃疡，尤其是十二指肠溃疡。

迷走神经切断术治疗溃疡的原理是既消除了神经性胃酸分泌，又消除了迷走神经引起的促胃液素分泌，从而阻断了体液性胃酸分泌。迷走神经切断术有 3 种类型：迷走神经干切断术、选择性迷走神经切断术和高选择性迷走神经切断术。

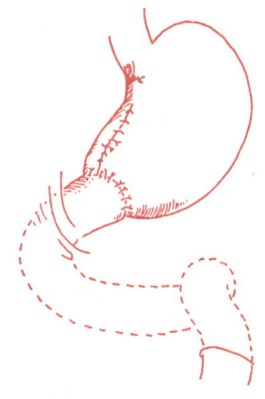

图 36-3-2　毕Ⅰ式胃大部切除手术方式

对于有严重并发症的病人，若病情不允许，可先行较简单的手术。对于急性穿孔时间超过 8h，腹腔内感染、水肿严重，以往无溃疡等其他并发症病史或全身情况差，不能耐受手术的病人，可行单纯穿孔修补缝合术。若病人一般情况好，以往有梗阻或出血史，穿孔在 8h 以内，污染不严重，则可行彻底性溃疡切除手术。大出血，病情危急病人可行贯穿缝扎术。年龄较大、身体状况极差的瘢痕性幽门梗阻病人可行胃空肠吻合术加迷走神经切断术治疗。

1. **手术前护理**　术前护理执行一般手术前护理常规，其他主要护理：

（1）心理护理：关心、了解病人，告知有关疾病和手术的知识及手术前、后的配合。根据病人的病情给病人提供适当信息，帮助其分析手术的利弊，增强其信心，使其能够积极配合。

（2）饮食护理：无严重并发症的择期手术病人应少量多餐，给予高能量、高蛋白质、高维生素饮食，避免酸辣、生冷、浓茶、烟酒等刺激性食物。有并发症者须根据情况给予禁饮食。对于禁饮食病人

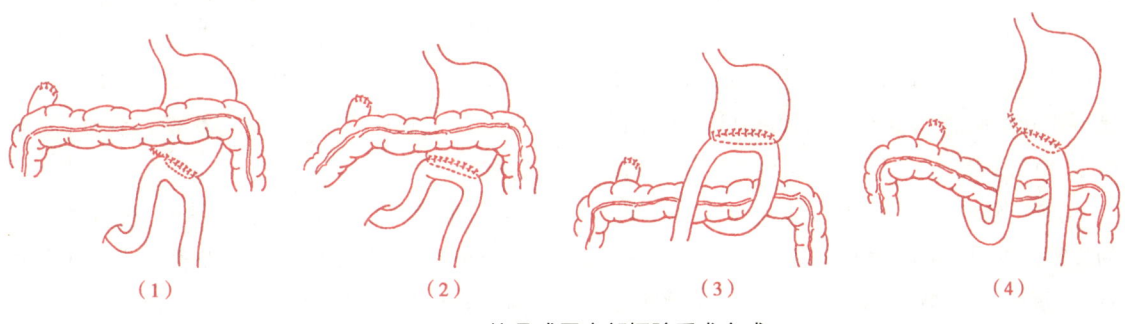

（1）　　　　　　（2）　　　　　　（3）　　　　　　（4）

图 36-3-3　毕Ⅱ式胃大部切除手术方式

Note:

应遵医嘱给予静脉输液,补充足够的能量,必要时输血浆或全血以改善病人营养状况。

（3）准备行迷走神经切断术病人:手术前测定病人的胃酸,包括夜间 12h 分泌量、最大分泌量及胰岛素胃酸分泌量,作为选择手术方式的参考、便于手术前后对比、了解手术效果。

2. 手术后护理

（1）体位:病人术后取平卧位,血压平稳后取低半卧位。

（2）禁食、胃肠减压:手术后肠蠕动未恢复前需要禁食、胃肠减压。除按照胃肠减压常规护理外,应注意术后 24h 内可由胃管引流出少量血液或咖啡色液体 100~300ml。若有较多鲜血,应警惕有吻合口出血,须及时与医生联系并处理。术后 3~4d,胃肠引流液量减少,肠蠕动恢复后即可拔除胃管。

（3）营养管理:禁食期间静脉补充液体,必要时输血浆或全血,详细记录病人 24h 出入量。肠蠕动恢复后可拔除胃管,拔胃管后当日可少量饮水或米汤约 20ml/2h;第 2 日进流质饮食 50~80ml/2h,第 3 日增加为全量流食;若进食后无腹痛、腹胀等不适;术后 1 周可改为半流质饮食;第 10~14 日可进软食。注意少量多餐,开始时每日 5~6 餐,以后逐渐减少进餐次数并增加每次进餐量,逐步恢复正常饮食。对于术中放置空肠营养管的病人,术后早期可经空肠营养管实施肠内营养,对改善病人的全身营养状况、维护肠屏障结构和功能、促进肠功能早期恢复、增加机体的免疫功能、促进伤口和肠吻合口的愈合等都有益处。根据病人的个体状况,合理制订肠内营养支持方案。护理时注意:①妥善固定空肠营养管;②保持空肠营养管的通畅;③控制营养液的温度、浓度和速率;④观察病人有无恶心、呕吐、腹痛、腹胀、腹泻和水、电解质紊乱等并发症的发生。

饮食结构注意少食牛奶、豆类等产气食物,忌生、冷、硬和刺激性食物,饮食不可过甜、过咸。

（4）活动:卧床期间每 2h 翻身 1 次。除年老体弱或病情较重者,一般术后第 1 日可协助病人床边活动,第 2 日室内活动,第 3 日可在室内外活动。病人活动量根据个体差异而定,早期活动可促进肠蠕动恢复,预防术后肠粘连和下肢深静脉血栓等并发症的发生。

（5）术后并发症的观察和护理

1）胃大部切除术后并发症护理:胃大部切除术后的早期并发症包括术后胃出血、十二指肠残端破裂、胃肠吻合口破裂或瘘、胃排空障碍及术后梗阻;其远期并发症包括倾倒综合征、碱性反流性胃炎、吻合口溃疡、消瘦、贫血等营养障碍及残胃癌等。

出血:术后 24h 内可有少量暗红色或咖啡色液体从胃管引出,一般不超过 300ml,以后胃液逐渐转清。术后短期内从胃管引流出大量鲜血,甚至呕血和黑便,尤其是在 24h 后仍继续出血者,无论血压是否下降,皆可定为术后胃出血。术后胃出血病人应被严密观察、禁食、应用止血药物并输新鲜血,或用冰生理盐水洗胃。若以上方法不能达到止血效果或病人出现休克征象不能改善,应积极做好术前准备,再次行手术止血。

十二指肠残端破裂:是毕Ⅱ式胃大部切除术后近期最严重的并发症。一般多发生在术后 3~6d,也有早在术后 1~2d。病人表现为右上腹突发剧痛、发热、腹膜刺激征及白细胞计数增加,腹腔穿刺可有胆汁样液体。一旦确诊应立即手术处理,关闭十二指肠残端并行十二指肠造口和腹腔引流。手术后护理:①持续减压引流并做好引流管护理;②局部应用氧化锌软膏或造口护肤粉及皮肤保护膜加以局部皮肤保护,防止消化液的侵蚀;③通过静脉补充营养或经空肠造口给予病人管饲肠内营养,以维持水、电解质的平衡、补充营养;④遵医嘱应用抗生素抗感染。

胃肠吻合口破裂或瘘:多发生在术后 1 周左右。吻合口破裂常引起病人高热、脉速、腹痛及明显的腹膜炎表现,须立即手术。若发生较晚可形成局限性脓肿或向外穿破而发生腹外瘘。护理时应注意:①禁食、胃肠减压;②充分引流;③给予肠外营养;④遵医嘱应用抗生素。一般在数周后吻合口瘘常能自行愈合。若经久不愈,则须再次手术。

胃排空障碍：是指术后拔除胃管后，病人出现上腹持续性饱胀、钝痛，并呕吐带有胃液和胆汁的食物，X 线造影可见残胃扩张、无张力、蠕动波少而弱，胃肠吻合口通过欠佳。多数病人经保守治疗可以好转。护理包括：①禁食、胃肠减压；②肠外营养支持，纠正低蛋白血症，维持水、电解质和酸碱平衡；③遵医嘱应用促胃动力药物。

吻合口梗阻：根据梗阻部位，术后梗阻分为吻合口梗阻、输入袢梗阻和输出袢梗阻，后两者见于毕Ⅱ式胃大部切除术后。①吻合口梗阻主要表现为进食后上腹胀痛、呕吐，呕吐物为食物，多无胆汁。须暂时禁食、胃肠减压、静脉输液，保持水、电解质平衡和营养供给。若病人经过 2 周治疗无改善，可手术解除梗阻。②输入袢梗阻有急、慢性 2 种类型。急性梗阻病人突然发生上腹部剧痛、频繁呕吐，多不含胆汁，呕吐后症状不缓解。上腹部有压痛，有时可扪及包块。因其易发生绞窄，应紧急手术治疗。慢性梗阻病人进食后 0.5h 左右上腹胀痛或绞痛，并喷射状呕吐大量含胆汁液体，几乎不含食物，呕吐后症状消失。此类病人应给予禁食、胃肠减压及营养支持，若观察病情无缓解，可再次行手术治疗。③输出袢梗阻表现为上腹饱胀，呕吐含有胆汁的胃内容物。钡餐检查可明确梗阻部位。可应用上述非手术方法治疗，若不能自行缓解，应手术解除梗阻。

倾倒综合征（dumping syndrome）：为胃大部切除术后较常见的并发症，临床上根据症状发生的时间可分为早期倾倒综合征和晚期倾倒综合征，部分病人也可以同时出现。①早期倾倒综合征多发生在餐后 0.5h 内，与餐后高渗性食物快速进入肠道引起肠道内分泌细胞大量分泌肠源性血管活性物质有关，病人可出现心悸、心动过速、出汗、无力、面色苍白等一过性血容量不足表现，并有恶心、呕吐、腹部绞痛、腹泻等消化道症状。应教育病人应用饮食调整疗法：少量多餐；避免过甜、过咸、过浓食物；餐时限制饮水喝汤，并减低渗透浓度；进食固体食物 0.5h 后饮液体；进食后立即平卧 20~30min；避免过热的流质饮食。症状多于半年到 1 年内逐渐消失。②晚期倾倒综合征又称餐后低血糖症（postprandial hypoglycemia）。与高渗食物迅速进入小肠，刺激胰岛素大量释放，继而发生反应性低血糖有关。表现为餐后 2~4h，病人出现心慌、头晕、苍白、无力、出冷汗、脉搏细弱甚至晕厥等。病人在出现症状时稍进饮食，尤其是糖类即可缓解。饮食中减少碳水化合物含量，增加蛋白质比例，添加果胶以延缓碳水化合物的吸收，少量多餐可防止其发生。

碱性反流性食管炎：多于术后数月至数年发生。主要临床表现为上腹或胸骨后持续性烧灼痛，进食后加重、呕吐胆汁液体、体重减轻或贫血。症状轻者可遵医嘱应用胃黏膜保护剂、胃动力药及胆汁酸结合药物进行治疗，严重者需手术治疗。

残胃癌：行胃大部切除术 5 年以上，残余胃发生的原发癌称为残胃癌。多发生于术后 20~25 年。病人有上腹不适、进食后饱胀、消瘦、贫血等症状，胃镜及活检可明确诊断，需手术治疗。

2）迷走神经切断术后并发症：包括吞咽困难、胃潴留、腹泻及胃小弯坏死穿孔。

吞咽困难：多见于迷走神经干切断术后，因食管下段运动失调或食管炎所致。常出现于术后早期开始进固体食物时，下咽时有胸骨后疼痛。X 线钡餐可见食管下段狭窄，贲门痉挛。多于术后 1~2 个月能自行缓解。

胃潴留：手术后胃失去神经支配，张力减退，蠕动消失可引起胃潴留。表现为拔除胃管后出现上腹不适、饱胀、呕吐含胆汁食物。X 线钡餐造影见胃扩张、潴留、无蠕动波。通过禁食、持续胃肠减压、用温热高渗盐水一日多次洗胃、输血、输液，症状多可好转。

腹泻：为迷走神经切断术后较常见的并发症。表现为进食后肠蠕动亢进、腹痛、腹泻，排出水样便而自行缓解。应保持病人水、电解质平衡，注意饮食调节，可服用助消化的药物及收敛剂，以改善症状。对于腹泻频繁者应做好肛门周围皮肤护理。

胃小弯坏死穿孔：见于高选择性迷走神经切断术后，多与手术因素及胃小弯无黏膜下血管丛有关。表现为突然发生上腹部剧烈疼痛和急性弥漫性腹膜炎症状。一旦发生，须立刻进行手术修补，应

尽快做好手术前准备。

（六）健康教育

1. 教育病人保持乐观的情绪、规律的生活，避免过度紧张与劳累，注意劳逸结合。

2. 教育病人建立合理的饮食习惯和结构，戒除烟酒，饮食宜定时定量，充分咀嚼，少食腌制、烟熏食品，避免摄入过冷、过烫、过辣等刺激性食物。胃大部切除术后病人应进食营养丰富饮食，少量多餐，逐渐过渡到正常饮食。

3. 教育病人遵医嘱正确服用治疗溃疡药物，学会观察药效及不良反应，不随便停药，以减少复发。嘱病人慎用或勿用致溃疡药物，如阿司匹林、咖啡因、泼尼松等。同时指导病人用药的时间、方法、剂量及副作用等。

4. 向病人及其家属讲解手术后可能的并发症表现及防治方法。

5. 嘱病人定期复诊，以促进溃疡愈合，预防并发症的发生。

【护理评价】

经过治疗和护理，评估病人是否能够达到：①疼痛或不适减轻；②维持水、电解质平衡及正常营养状态；③未发生并发症或并发症被及时发现和处理；④焦虑减轻；⑤了解相关知识，并有一定维持健康的能力。

三、胃癌病人的护理

胃癌（gastric carcinoma）是我国常见的消化道肿瘤之一，发病率和死亡率居我国恶性肿瘤第 3 位。胃癌的发病率与死亡率男性均高于女性，男女比例约为 2∶1，发病年龄以 50～70 岁多见。我国年发病率约为 29/10 万，不同地区有很大差异，我国西北与东部沿海地区发病率明显高于南方地区。

【病因与发病机制】

胃癌的发生是一个复杂的、多因素进行性发展的过程。其确切病因不十分明确，主要与以下因素有关：

（一）饮食与环境因素

不同国家和地区发病率的明显差异，说明本病与环境因素有关。流行病学研究结果表明，长期食用霉变食品、咸菜、烟熏和腌制及高盐食品，可增加胃癌发生的危险性。烟熏和腌制食品中所含高浓度的硝酸盐可在胃内转化成亚硝酸盐，再与胺结合成致癌的亚硝胺。熏制食品中多含有多环芳烃化合物，可以引起胃癌发生。高盐饮食可造成胃黏膜损伤，使黏膜易感性增加。新鲜蔬菜、水果具有预防胃癌的保护性作用。

（二）幽门螺杆菌感染

幽门螺杆菌感染是引发胃癌的主要因素之一。其主要原因是幽门螺杆菌可引起胃黏膜慢性炎症，并加速黏膜细胞过度增殖、畸变；其毒性产物有促癌作用；幽门螺杆菌还是一种硝酸盐还原剂，具有催化亚硝化反应而致癌。

（三）癌前状态

胃的癌前状态指使胃癌发病危险性增高的良性胃疾病（癌前疾病）和病理改变（癌前病变）。癌前疾病包括：①慢性萎缩性胃炎；②腺瘤性胃息肉，特别是直径>2cm 的广基息肉；③残胃炎，特别是行毕Ⅱ式胃切除术后者；④恶性贫血伴胃体黏膜有显著萎缩者；⑤少数胃溃疡。这些疾病都可能伴有不同程度的慢性炎症、肠上皮化生或不典型增生，时间长则可能转变为癌。

Note:

（四）遗传和基因改变

从胃癌发病具有家族聚集倾向和可发生于同卵同胞的现象，认为其发生与遗传密切相关。目前资料表明，胃癌的发展过程涉及癌基因、抑癌基因、凋亡相关基因等的改变，且基因的改变形式多种多样。遗传因素使易感者对于致癌物质更加敏感。

【病理】

（一）大体分型

1. **早期胃癌**　指癌组织浸润深度仅限于黏膜或黏膜下层，且不论其有无局部淋巴结转移。根据形态类型可分为隆起型、浅表型和凹陷型3类。

2. **进展期胃癌**　指癌组织已浸润到黏膜下层，进入肌层或已穿过肌层达浆膜者。进展期胃癌深度超过黏膜下，癌组织侵入胃壁肌层者称中期胃癌，病变达浆膜下层或浆膜层外浸润到邻近器官或有转移者称晚期胃癌。国际上通常采用 Borrmann 分型法分为4型：Borrmann Ⅰ型（蕈伞型）：局限性充盈缺损，直径多在3cm以上，外形不整，表面凹凸不平，基底宽，与正常胃壁边界清楚。Borrmann Ⅱ型（非浸润溃疡型）：正位为外形不规则龛影，周围有比较完整的环堤，外缘竖起，与正常胃壁边界清楚，局部蠕动消失，侧位缘呈典型的半月征（meniscus sign）。Borrmann Ⅲ型（浸润溃疡型）：溃疡大，外形不规则，环堤宽窄不规则，外缘呈斜坡状隆起，边界不清楚，邻近胃壁僵硬，部分环堤消失破坏。Borrmann Ⅳ型（弥漫浸润型）：胃腔局限或全胃缩小变形，胃壁僵硬，不能扩展，病变边界不清楚，胃腔内不见明显隆起或凹陷，黏膜面有小溃疡，结节与黏膜皱襞平坦或增粗硬化变形。

（二）组织学分型

世界卫生组织将胃癌组织学分型分为上皮性肿瘤和类癌。上皮性肿瘤包括腺癌（乳头状腺癌、管状腺癌、低分化腺癌、黏液腺癌、印戒细胞癌）、鳞腺癌和未分化癌等。

（三）转移与扩散

1. **直接浸润**　胃癌可由原发部位向纵深浸润发展。可直接侵犯食管、肝、大网膜、胰腺等周围邻近组织、器官。

2. **淋巴转移**　是胃癌的主要转移途径，早期胃癌亦可发生淋巴转移。胃癌的淋巴结转移通常由近及远循序逐步进行，也可发生跳跃式淋巴结转移。晚期的胃癌可经胸导管转移到左锁骨上淋巴结，或经肝圆韧带转移到脐部。

3. **血行转移**　多发生于晚期，癌细胞经门静脉或体循环转移到其他部位。最常见的是肝转移，其次是肺和腹膜，其他如脑、肾、骨等。

4. **腹膜种植转移**　癌组织浸润并穿透浆膜层后，癌细胞可脱落种植于腹膜、大网膜或其他器官表面，形成转移结节。胃癌易发生卵巢转移，即 Krukenberg 瘤。癌细胞广泛播散可形成癌性腹水。

【护理评估】

（一）健康史

应注意询问病人有无特殊饮食习惯，如长期进食烟熏、腌制、烧烤、高盐食物；既往有无胃息肉、慢性萎缩性胃炎、胃溃疡等疾病史，是否感染过幽门螺杆菌，是否进行治疗及疗效如何；家族中有无其他人患有类似疾病。

（二）身体状况

1. **症状**

（1）早期胃癌：多无明显症状，少数病人可出现恶心、呕吐等消化道症状，无特异性。

（2）进展期胃癌：疼痛和体重减轻是最常见的症状。病人最早出现上腹痛，可急可缓，餐后加重。继之有隐痛不适，最后逐渐加重而不能缓解。常同时有食欲减退、体重进行性下降、乏力等症状。

（3）不同部位胃癌：胃壁受累时可有易饱感；贲门胃底癌累及食管下端时可出现胸骨后疼痛及

进行性吞咽困难;幽门附近胃癌可引起幽门梗阻而出现严重恶心、呕吐;肿瘤破坏血管可出现黑便或呕血。

（4）转移症状:胃癌转移至骨骼时,可有全身骨骼剧痛;胰腺转移则会出现持续性上腹痛并放射至背部等。

2. 体征

（1）一般体征:早期胃癌多无明显体征,进展期主要体征为腹部肿块,多位于上腹部偏右,呈坚实可移动结节状,有压痛。

（2）转移体征:远处淋巴结转移时可在左锁骨上内侧触到质硬而固定的淋巴结,称为 Virchow 淋巴结。肝转移可出现肝大,并扪及坚硬结节,常伴黄疸。腹膜转移时可发生腹水,叩诊出现移动性浊音。直肠指诊时在直肠前凹可触及肿块。

（3）伴癌综合征:部分病人出现反复发作性血栓性静脉炎、黑棘皮病（皮肤皱褶处有色素沉着,尤其在两腋）和皮肌炎等,可有相应的体征,有时可在胃癌被察觉前出现。

3. 并发症 病人可并发胃出血、贲门或幽门梗阻、胃穿孔等。

（三）辅助检查

1. 电子胃镜检查 诊断胃癌的最有效方法。可直接观察病变的部位和范围,并可直接取病变组织做病理学检查。采用带超声探头的电子胃镜,可了解肿瘤浸润深度及周围器官和淋巴结有无转移,有助于确定胃癌的术前临床分期,以便决定病变是否适合进行内镜下切除。

2. X 线钡餐检查 仍为诊断胃癌的常用方法。X 线气钡双重造影可发现较小而表浅的病变。蕈伞型胃癌表现为凸向腔内的充盈缺损;溃疡型胃癌显示胃壁内龛影,黏膜集中、中断、紊乱和局部蠕动波不能通过;浸润型胃癌可见胃壁坚硬、蠕动波消失。

3. 腹部超声检查 可观察胃的邻近器官有无受浸润及有无淋巴结转移的情况。

4. 螺旋 CT 检查 多排螺旋 CT 扫描结合三维立体重建,在评价胃癌病变范围、局部淋巴结转移和远处转移（肝、卵巢等）情况等方面具有较高的价值,是手术前判断肿瘤 N 分期和 M 分期的首选方法。

5. 正电子发射计算机体层扫描（PET） 可辅助胃癌分期,但不做常规推荐。如 CT 怀疑有远处转移,可采用正电子发射计算机体层扫描术（PET）评估病人全身状况。

6. 实验室检查 粪便隐血试验常呈持续阳性。肿瘤标志物癌胚抗原（CEA）、CA19-9、CA12-5 在部分胃癌病人中可见持续升高,但目前认为仅作为判断肿瘤预后和治疗效果的指标,但无助于胃癌的诊断。

（四）心理-社会状况

确诊胃癌时,病人常表现出焦虑、恐惧甚至悲观、绝望;进行检查、治疗时,病人及其家属常担心治疗的效果及预后;疾病晚期的恶病质时,病人可发生应对无效等问题。另外应注意评估病人及其家属对疾病知识的了解程度、经济承受能力、社会支持系统等可影响病人心理反应的因素。

【常见护理诊断/问题】

1. **疼痛** 与癌细胞浸润造成组织损伤有关。
2. **营养失调:低于机体需要量** 与胃癌造成食欲减退、消化吸收障碍及消耗增加等有关。
3. **知识缺乏:缺乏胃癌的癌前病变防治、胃癌治疗及康复等知识。**
4. **预感性悲哀** 与病人知道疾病的预后有关。
5. **潜在并发症:出血、十二指肠残端破裂、吻合口瘘、消化道梗阻、倾倒综合征等。**

【计划与实施】

手术治疗是胃癌病人最主要的治疗方法,术前或术后辅以化疗和支持治疗。通过治疗和护理,病

Note:

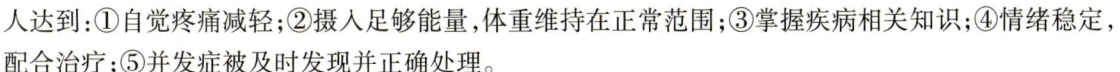

人达到:①自觉疼痛减轻;②摄入足够能量,体重维持在正常范围;③掌握疾病相关知识;④情绪稳定,配合治疗;⑤并发症被及时发现并正确处理。

(一) 疼痛的护理

1. **观察疼痛特点**　注意评估病人疼痛的性质、部位,是否伴有严重的恶心和呕吐、呕血及黑便等症状。若疼痛性质发生改变,应及时协助医生进行有关检查或治疗。

2. **药物镇痛**　可遵医嘱并遵循 WHO 推荐的三阶梯疗法给予病人相应的镇痛药,可采取复合用药的方式达到镇痛效果。也可应用病人自控镇痛,根据病人需要提供准确的镇痛药,做到个体化给药。

3. **指导病人缓解疼痛**　为病人提供舒适的环境,减少不良刺激,保证病人的休息。同时教病人采用松弛方法、深呼吸及转移注意力等方法来减轻疼痛。

4. **精神支持**　及时了解并设法满足病人及其家属的需要,给予他们精神上的支持,以减轻焦虑和疼痛。

(二) 饮食与营养

1. 给病人讲解充足的营养支持对机体恢复的重要性。

2. 鼓励能进食者进食易消化、高能量、高蛋白、高维生素饮食。提供良好的进食环境,注意食物的色、香、味,以增进病人的食欲。对于存在营养风险或轻度幽门梗阻的病人,鼓励口服营养补充。

3. 对有幽门梗阻的病人或胃癌中晚期不能进食的病人,可放置经鼻空肠营养管或三腔喂养管进行肠内营养或遵医嘱给予静脉输液,同时注意补充微量元素及电解质,必要时输入蛋白或全血,纠正病人营养不良、贫血和低蛋白血症,以改善其营养状况,提高手术的耐受性。

4. 定期测量体重,监测血清白蛋白和血红蛋白等营养指标。

(三) 手术治疗的护理

手术治疗是首选的治疗方法。对中晚期胃癌病人可辅以化疗、放疗、免疫疗法等提高疗效。手术包括根治性手术和姑息性手术两大类。根治性手术为整块切除包括肿瘤和可能受浸润的胃壁在内的部分或全部胃,并按临床分期清除胃周围淋巴结,重建消化道。姑息性手术则包括姑息性胃切除术、胃肠吻合、空肠造口术等。

部分胃及全胃切除手术前、后护理参见本节"消化性溃疡"部分。

(四) 化学治疗及其他治疗的护理

化疗是最主要的一种辅助治疗方法,用于根治手术的术前、术中、术后,以延长病人生存期。常用的给药途径包括口服给药、静脉给药、腹膜腔给药、动脉插管区域灌注给药等。为提高化疗效果、减轻化疗毒副作用,常选用多种化疗药物联合用药。胃癌病人的其他治疗包括放疗、免疫治疗、热疗、中医中药治疗等。具体护理措施参见第六章"肿瘤病人的护理"。

(五) 健康教育

1. 教育病人及其家属多食新鲜水果、蔬菜,多食肉类、鱼类、豆制品和乳制品。避免大量进食烟熏、腌制、烧烤、高盐食物。食物应科学储存,不食霉变食物。

2. 对患有胃息肉、萎缩性胃炎、胃溃疡的病人应教育其定期检查,及时治疗,防止癌变发生或做到早发现早治疗。

3. 胃癌术前幽门螺杆菌(Hp)检测阳性者,行胃大部切除术出院后应积极进行抗幽门螺杆菌药物治疗,消除诱发胃癌的主要因素。

4. 指导病人保持乐观、情绪稳定,以积极的态度面对疾病。

5. 坚持锻炼身体,适量活动,以增强机体抵抗力。注意个人卫生,防止继发性感染。

6. 指导病人规律生活,保证充足睡眠。

Note:

7. 定期复诊,以监测病情变化、及时调整治疗方案。

【护理评价】

经过治疗和护理,评估病人是否能够达到:①不适减轻;②营养不良得到改善,维持水及电解质平衡;③了解有关疾病与康复的相关知识,能够具有一定自理能力;④恐惧、悲哀等不良情绪减轻;⑤未发生并发症或并发症被及时发现和处理。

（郭淑丽）

思 考 题

1. 胃溃疡与十二指肠溃疡临床特点的异同点有哪些?
2. 根除幽门螺杆菌的四联疗法方案是什么?
3. 消化性溃疡并发症大出血的护理要点有哪些?

第四节　上消化道出血病人的护理

学 习 目 标

识记:

1. 说出上消化道出血的概念、典型症状、上消化道出血量程度分级。
2. 列出上消化道出血的主要护理诊断。
3. 说出上消化道出血量的估计及出血是否停止的判断标准。

理解:

1. 比较不同病因引起上消化道出血的护理措施异同点,用实例说明其止血措施的不同。
2. 解释上消化道出血相关检查的临床意义。

运用:

为上消化道出血病人进行护理评估,制订护理计划。

导入情境与思考

病人,男性,56岁,有肝硬化病史10余年。近日食欲明显减退,黄疸加重。今晨因剧烈咳嗽突然呕吐咖啡色液体1 200ml,黑便2次,伴头晕、眼花、心悸,急诊入院。体格检查:神志清楚,面色苍白,BP 80/60mmHg,HR 110次/min。

请思考:

（1）该病人上消化道出血最可能的原因是什么?

（2）对该病人紧急处理的首要措施是什么?

（3）该病人目前主要的护理诊断/问题包括哪些?

上消化道出血(upper gastrointestinal bleeding)是临床常见急症,指Treitz韧带以上的消化道出血,主要包括食管、胃、十二指肠、胆道引起的出血,胃空肠吻合术后的空肠病变出血亦属此范围。上消化道大量出血一般指在数小时内失血量超过1L或循环血量的20%,主要表现为呕血(hematemesis)和/或黑便(melena)。

【病因】

上消化道出血的病因很多,消化性溃疡(文末彩图 36-4-1、文末彩图 36-4-2)、食管-胃底静脉曲张破裂(文末彩图 36-4-3)、急性糜烂性出血性胃炎和胃癌是最常见的病因。

1. **胃、十二指肠溃疡**　约占 50%,其中 75% 是十二指肠溃疡。

2. **门静脉高压症**　食管-胃底静脉曲张破裂出血多是肝硬化门静脉高压的并发症,约占 25%,上消化道大出血是最常见死因。

3. **急性糜烂性出血性胃炎**　又称应激性溃疡,约占 5%。病人多有酗酒,服用非甾体抗炎药(NSAID),如吲哚美辛、阿司匹林等或肾上腺糖皮质激素药物史,也可由严重感染、休克、创伤、大手术、脑血管意外或其他颅内病变等引起的应激状态所致。

4. **胃癌**　占 2%~4%,肿瘤表面发生糜烂或溃疡侵蚀血管而引发大出血。

5. **其他病因**　①食管疾病,如食管贲门黏膜撕裂综合征(又称马洛里-魏斯综合征,Mallory-Weiss syndrome)、食管癌、食管损伤(器械检查、异物或放射性损伤;强酸、强碱等化学剂所致损伤)、食管炎、食管憩室炎、主动脉瘤破入食管等;②胃十二指肠疾病,如息肉、黏膜下恒径动脉破裂出血(Dieulafoy 病变)、胃间质瘤、门静脉高压性胃病、血管瘤、异物或放射性损伤、吻合口溃疡、十二指肠憩室、胃泌素瘤等;③胆道出血,如胆管或胆囊结石,胆道蛔虫病,胆囊或胆管癌,胆道术后损伤,肝癌、肝脓肿或肝血管瘤破入胆道;④胰腺疾病累及十二指肠,如胰腺癌或急性胰腺炎并发脓肿溃破。

【护理评估】

(一) 健康史

评估病人既往是否有上述疾病史;是否有酗酒、服用非甾体抗炎药、肾上腺糖皮质激素药物史;是否存在严重感染、休克、创伤等应激状态;是否存在出血的诱发因素,如剧烈运动,用力排便、剧烈咳嗽、提举重物等致腹压增高,进食粗糙、不洁饮食等。

评估病人是否存在鼻咽部、肺部、小肠、结直肠疾病等,以判断出血是来自鼻咽部咽下的血液、肺部的咯血,还是下消化道的出血等。评估病人是否因进食动物血液、服用铁或铋制剂等使粪便变黑。

(二) 身体状况

1. **呕血和/或黑便**　是上消化道出血的特征性表现,主要取决于出血的速度和量的多少。若出血速度很快、量很大,则既有呕血,又有便血,且颜色均鲜红;如果出血速度慢、出血量小,则多出现黑便,少见呕血,且便色多为柏油样或紫黑色,呕血的颜色多为棕褐色或咖啡色。因此上消化道出血者均有黑便,但不一定有呕血。

护士可以通过评估呕血和黑便是否存在及其颜色初步判断出血的速度和量:①一般情况下,粪便隐血试验阳性提示每日出血量>5ml;②出现黑便表明出血量>50ml;③胃内积血量>250ml 可引起呕血;④一次出血量在<400ml,因轻度血容量减少可由组织液及脾贮血所补充,多不引起全身症状;⑤出血量>400ml,可出现头晕、心悸、乏力等症状;⑥短时间内出血量超过 1L,可出现急性周围循环衰竭的表现,严重者引起失血性休克。

2. **失血性周围循环衰竭**　周围循环衰竭的程度因出血量大小和失血速度快慢而异。当失血量短期内超过全身血量的 20%,通过代偿机制,有效循环血量得以维持,但病人稍活动即可出现心搏加快,血压下降的趋势。此时如果出血持续或未补充血容量,病人可出现头晕、心悸、乏力、出汗、口渴、烦躁、精神萎靡等一系列组织缺血的表现,甚至发生休克,表现为烦躁不安或神志不清、面色苍白、四肢湿冷、脉搏弱(120 次/min 以上)、尿量减少等。

3. **发热**　多数病人在大量出血后 24h 内发热,一般体温不超过 38.5℃,可持续 3~5d。护士应评估病人的体温变化,并注意评估引起发热的因素,如有无并发肺部感染或其他部位感染。上消化道出血病人发热的原因有:①出血导致循环血量减少,使周围循环衰竭,引起体温调节中枢的功能障碍;②出血也可引起出血性贫血,使体表循环不良,皮肤散热能力减少或使病人基础代谢率增高;③出血后,肠道内积血的分解产物被吸收也可引起发热;④另外出血后诱发细菌感染机会较多,如呼吸道及肠道感染。

由于上消化道出血的病因不同,临床表现也各有特点(表36-4-1)。

表36-4-1　不同病因的上消化道出血的比较

病因	每次出血量	呕血和黑便	休克	非手术疗效
曲张静脉出血	0.5~1L	同时存在,呕血多见	多见	有效,短期内可反复呕血
溃疡、胃癌、出血性胃炎	<500ml	可呕血或黑便,黑便为主	较少	有效,日后可再出血
肠道出血	200~300ml	便血为主	很少	有效,常周期性复发(一般1~2周)

(三)辅助检查

1. **实验室检查**　检测血红蛋白、红细胞计数、血细胞比容、网织红细胞计数、凝血功能、粪便隐血试验等,有助于估计病人失血量及动态观察有无活动性出血,判断治疗效果及协助病因诊断。

(1)血常规:上消化道大量出血后出现急性失血性贫血。出血早期血红蛋白浓度、红细胞计数与血细胞比容的变化可能不明显。3~4h后,因组织液渗入血管后使血液稀释,才出现失血性贫血的血象变化。出血24h内网织红细胞即见增高,出血停止后逐渐降至正常,如出血不止则可持续升高。白细胞计数在出血后2~5h升高,可达(10~20)×10⁹/L,血止后2~3d恢复正常。肝硬化脾功能亢进者白细胞计数可不升高。

(2)氮质血症:上消化道大量出血后,肠道中血液的蛋白质消化产物被吸收,引起血中尿素氮浓度增高,称为肠源性氮质血症。血尿素氮多在一次出血后数小时上升,24~48h达到高峰,一般不超过14.3mmol/L,3~4d恢复正常。如病人血容量已基本补足且出血前肾功能正常,血尿素氮持续增高超过3~4d,则提示有上消化道继续出血或再次出血。如无活动性出血的证据,且血容量已基本补足而尿量仍少,血尿素氮不能降至正常,则应考虑是否因严重而持久的休克造成急性肾损伤。

2. **内镜检查**　出血后早期行内镜检查是明确大多数上消化道出血的首选方法。出血后24~48h进行急诊内镜检查,能够直视出血部位,同时对出血灶进行止血治疗。

3. **影像学检查**　选择性腹腔动脉或肠系膜上动脉造影适用于内镜检查未能确诊者,对出血部位定位有重要意义,同时可经动脉导管注入血管升压素控制出血。放射性核素检查适用于选择性腹腔动脉造影前的筛查。X线钡餐检查适用于没有内镜检查条件、内镜检查未发现或为明确出血病变时,在出血停止36~48h后进行。

(四)心理-社会状况

上消化道大出血起病急,病情凶险,病人往往产生紧张、恐惧等心理反应;慢性疾病或全身性疾病反复出血的病人,还可能出现焦虑、悲观、沮丧等反应;如果少量出血,病人有可能忽视症状,不及时治疗。护士应评估病人及其家属是否接受疾病和治疗,是否对治疗失去信心,不合作;对上消化道出血的预防、治疗、康复情况的了解程度。评估家属对病人的支持照顾情况,家庭的经济情况等。

【常见护理诊断/问题】

1. **体液不足**　与上消化道大出血有关。
2. **活动耐力下降**　与失血性周围循环衰竭有关。
3. **恐惧**　与担心治疗、预后有关。
4. **知识缺乏**:缺乏上消化道出血防治的知识。
5. **有受伤的危险**　与窒息、误吸、创伤等有关。

【计划与实施】

呕血和黑便视为临床急症,积极采取措施抢救,抗休克、迅速补充血容量,同时尽快明确病因,对

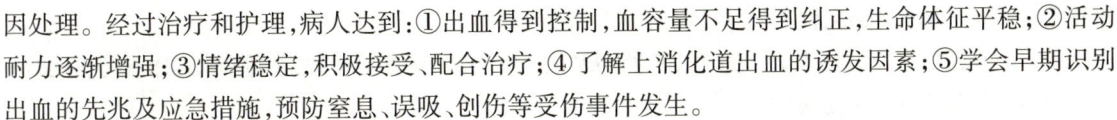

因处理。经过治疗和护理,病人达到:①出血得到控制,血容量不足得到纠正,生命体征平稳;②活动耐力逐渐增强;③情绪稳定,积极接受、配合治疗;④了解上消化道出血的诱发因素;⑤学会早期识别出血的先兆及应急措施,预防窒息、误吸、创伤等受伤事件发生。

（一）非手术治疗病人的护理

由于止血方法的改进,约80%的上消化道出血病人可经非手术疗法止血。对各种病因引起的上消化道出血均应积极救治,迅速补充血容量。给予止血治疗,积极预防和治疗失血性休克。

1. 迅速补充血容量,纠正体液不足

（1）建立静脉通道:上消化道大出血的病人出现低血容量性休克时,应迅速建立两条静脉通道,其中一条最好为颈内静脉或锁骨下静脉等中心静脉置管,以便于测量中心静脉压。同时鉴定血型、交叉配血。

（2）纠正体液不足:可先输入平衡液或葡萄糖盐水、右旋糖酐或其他血浆代用品,若病人血压、脉搏仍不稳定,提示失血量大或继续出血,应同时尽早输入胶体溶液（如全血、血浆、血浆代用品等）。输液开始宜快,根据中心静脉压调整输液量和速率,避免因输液、输血过多、过快而引起急性肺水肿。肝硬化门静脉高压症病人宜输新鲜血。

2. 止血治疗及护理

（1）消化性溃疡引起的出血:详见本章第三节"胃和十二指肠疾病病人的护理"。

（2）门静脉高压症引起的食管-胃底静脉曲张破裂出血:详见第三十八章第二节"肝硬化病人的护理"。

（3）出血性胃炎引起的出血:绝大多数可经非手术治疗止血。静脉用药、口服用药同消化性溃疡出血。

（4）胆道出血:多数病人经非手术治疗有效。一般出血量不大,经抗感染和应用止血药物,出血多可自止。若上述方法不能止血,可在肝动脉造影后行选择性肝动脉栓塞。

3. 预防窒息和误吸　保持病人呼吸道通畅,及时清除口鼻腔内的血液或呕吐物、痰液,必要时用负压吸引器清除气道内的分泌物、血液或呕吐物,保持呼吸道通畅,给予吸氧。嘱病人绝对卧床休息,呕吐时头偏向一侧,防止窒息或误吸。准备好急救用品、药品。

4. 观察病人有无出血和再出血的发生

（1）观察要点:大出血时严密监测病人的生命体征和神志变化。准确记录24h出入量,对休克病人还须记录每小时尿量。观察病人呕吐物和粪便的性质、颜色及量。定期复查红细胞计数、血细胞比容、血红蛋白、网织红细胞计数、血尿素氮、血清电解质等的变化,以了解病人贫血程度、出血是否停止、有无电解质紊乱。病人的面色、皮肤改变提示微循环血液灌注情况,面色苍白、皮肤湿冷提示灌注不足,面色好转、皮肤转暖则提示血液灌注好转。

（2）继续或再出血的判断:在积极救治的基础上,出现下列情况提示病人有活动性出血或再次出血:①经补液、输血治疗后,病人血压、脉搏异常且未改善,或好转后又恶化;②反复呕血,甚至呕吐物由咖啡色转为鲜红色;③黑便次数增多,且粪质稀薄,色泽转为暗红色,伴肠鸣音亢进;④红细胞计数、血细胞比容、血红蛋白值不断下降,网织红细胞计数持续升高;⑤血尿素氮持续或再次增高;⑥门静脉高压的病人原有脾大,在出血后暂时缩小,如脾未恢复肿大,提示出血未止。

5. 增强病人的活动耐力,预防受伤

（1）休息与活动:少量出血者应卧床休息,大量出血者应绝对卧床,休克病人取仰卧中凹位。避免病人精神紧张和剧烈的体位变动,以免加重或诱发出血。注意保暖,治疗和护理时间合理安排,提供安静、舒适的环境,以保证病人充分休息和睡眠。病情稳定后,逐渐增加其活动量。

（2）安全护理:注意保证病人安全,轻症病人可起身稍事活动,自行如厕。但应注意有活动性出血时,病人常因有便意而至厕所,在排便时或便后起立时晕厥。指导病人坐起、站立时动作缓慢,出现头晕、心慌、出汗时立即卧床休息并告知护士,必要时由护士陪同如厕或暂时改为在床上排泄。应多巡视重症病人,用床栏加以保护。

（3）加强生活护理:协助病人进餐、口腔清洁、皮肤清洁、排泄。呕吐、排便后及时清理,协助病人漱口,清洁和保护肛周皮肤。

6. 饮食护理　急性大出血伴恶心、呕吐者应禁食,给予完全肠外营养。出血量少无呕吐者,可进温凉、清淡流质饮食,这对消化性溃疡病人尤为重要,因进食可以中和胃酸且可减少胃的收缩性运动,促进溃疡的愈合。出血停止后改为营养丰富、易消化的半流质饮食,少量多餐,逐步过渡到正常饮食。

7. 心理护理　观察病人有无紧张、恐惧、悲观或沮丧等心理反应,特别是慢性病或全身性疾病反复出血者,有无对治疗失去信心,不合作。解释安静休息有利于止血。抢救工作有序进行,关心、安慰病人,听取并解答病人或其家属的提问,经常巡视,说明各项检查、治疗护理措施的目的,使病人和家属明确有关知识及配合,以减轻病人紧张情绪,增加安全感。呕血和排黑便后及时清除血迹、污物,以减少对病人的不良刺激。

（二）手术病人的护理

对原因不明的上消化道大出血,经过积极处理后仍不能控制出血,且血压、脉率不稳定者,应尽早急诊行剖腹探查。急诊手术的目标是止血,若条件允许,可对原发病进行治愈性手术。

1. 消化性溃疡引起的出血　切除出血的溃疡是最可靠的止血方法,还可根据病人的情况选择溃疡旷置手术、胃大部切除术、出血点缝扎、迷走神经切断加幽门成形术等。

2. 门静脉高压症引起的食管-胃底静脉曲张破裂出血　对肝功能较好、没有黄疸、没有严重腹水的病人,应积极采取手术治疗,根据病情可采用分流术、断流术。

3. 出血性胃炎引起的出血　对非手术治疗无效的病人可采用胃大部切除术,或加行选择性迷走神经切断术。

4. 胃癌引起的出血　根据局部情况采用根治性胃大部切除术或全胃切除术。

5. 胆道出血　可行胆道探查明确出血部位,根据具体情况采取相应术式。

一旦确定急诊手术,护士应协助医生积极进行术前准备,手术后的护理参见相关章节的内容。

（三）健康教育

1. 应教育病人和家属积极治疗原发病,针对不同病因避免出血的诱发因素。

2. 合理饮食,进食营养丰富、易消化的食物,避免过饥或暴饮暴食,避免粗糙、干硬、生冷、过热、刺激性食物。

3. 生活规律,劳逸结合,避免长期精神紧张,过度劳累。戒烟、戒酒。

4. 病人及其家属应学会早期识别出血的先兆及应急措施:头晕、恶心等常是呕血的先兆,腹胀、听诊肠鸣音增强常是便血的先兆,病人应立即卧床休息,保持安静;呕吐时避免误吸,取侧卧位或头偏向一侧;立即就诊。

5. 指导病人遵医嘱服用治疗消化性溃疡或肝病的药物,定期复查。

【护理评价】

经过治疗和护理,评估病人是否能够达到:①血容量不足得到纠正,生命体征平稳;②活动耐力逐渐增强;③恐惧感减轻;④能够叙述避免上消化道出血的诱发因素;⑤无窒息、误吸、创伤等受伤事件发生。

（郭淑丽）

思 考 题

1. 如何通过评估呕血和黑便是否存在及颜色来初步判断出血的速度和量?

2. 在积极救治的基础上出现哪些情况提示有活动性出血或再次出血?

Note:

NURSING

第三十七章

下消化道疾病病人的护理

37章 数字内容

第一节 急性腹膜炎病人的护理

———— 学 习 目 标 ————

- 识记:
  1. 描述急性腹膜炎分类及临床表现。
  2. 概括急性腹膜炎病人的处理原则和护理要点。
- 理解:
  举例说明继发性腹膜炎的常见病因及病理生理变化。
- 运用:
  1. 识别急性腹膜炎病人的病情变化。
  2. 为急性腹膜炎病人进行护理评估,制订护理计划并实施。

导入情境与思考

病人,男性,37岁,5d前因急性化脓性阑尾炎穿孔导致急性腹膜炎,经手术治疗后病情逐渐好转,今晨体温升高至38℃,伴腹泻、里急后重。体格检查:T 38.3℃,P 108 次/min,R 25 次/min,BP 115/75mmHg。腹部检查无明显异常。

请思考:

（1）为了进一步确诊,应进行哪些辅助检查?

（2）护士应从哪几个方面对该病人进行病情评估?

（3）根据该病人的情况,护士应采取哪些护理措施?

　　腹膜为覆盖于腹、盆腔壁内和腹、盆腔器官表面的一层薄而光滑的浆膜,呈半透明状。分为相互连续的壁腹膜和脏腹膜两部分,两者之间的潜在间隙,构成人体最大的体腔——腹膜腔。男性腹膜腔是封闭的,女性腹膜腔经输卵管、子宫、阴道与外界相通(图37-1-1)。壁腹膜贴附于腹壁、横膈脏面和盆壁的内面,主要受躯体神经纤维的支配,对各种刺激敏感,痛觉定位准确,因此,腹前壁腹膜受炎症刺激后,可引起局部疼痛、压痛及反射性腹肌紧张,是诊断腹膜炎的主要临床依据。脏腹膜覆盖于内脏表面,成为其浆膜层,受自主神经支配,对牵拉、胃肠腔内压力增高及炎症、压迫等刺激较为敏感,表现为钝痛,定位性较差,感觉多局限于脐周腹中部。腹膜具有润滑、吸收、渗出、防御和修复等功能。腹膜有很强的吸收能力,在严重腹膜炎时,可吸收大量毒性物质而引起感染性休克。而上腹部,特别是膈下区的腹膜吸收能力较强,所以腹腔炎症或手术后的病人多采取半卧位,使有害液体流至下腹部,以缓解腹膜对有害物质的吸收。

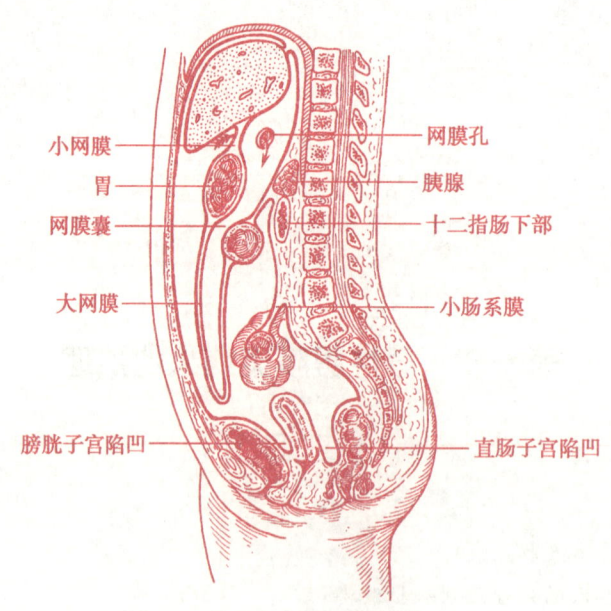

图 37-1-1　腹膜解剖模式图

（小网膜　网膜孔　胃　胰腺　网膜囊　十二指肠下部　大网膜　小肠系膜　膀胱子宫陷凹　直肠子宫陷凹）

　　腹膜炎(peritonitis)是指由细菌感染、化学刺激(如胃液、胆汁、血液)或物理损伤等因素引起的腹膜或腹膜腔的炎症。腹膜炎按病因可分为细菌性和非细菌性;按发病机制可分为原发性和继发性;按临床经过可分为急性、亚急性和慢性;按累及范围可分为局限性和弥漫性。临床所称的急性腹膜炎(acute peritonitis)多指继发性化脓性腹膜炎,是一种常见的外科急腹症。

【病因】

（一）继发性腹膜炎

继发性腹膜炎（secondary peritonitis）是指继发于腹内器官疾病、损伤或腹腔手术污染等引起的大量消化液及细菌进入腹膜腔所导致的急性炎症，约占腹膜炎的98%。致病菌多为胃肠道内的常驻菌群，其中以大肠埃希菌最常见，其次为厌氧拟杆菌、链球菌、变形杆菌等，大多为混合感染，故毒性较强。继发性腹膜炎的常见病因有（图37-1-2）：

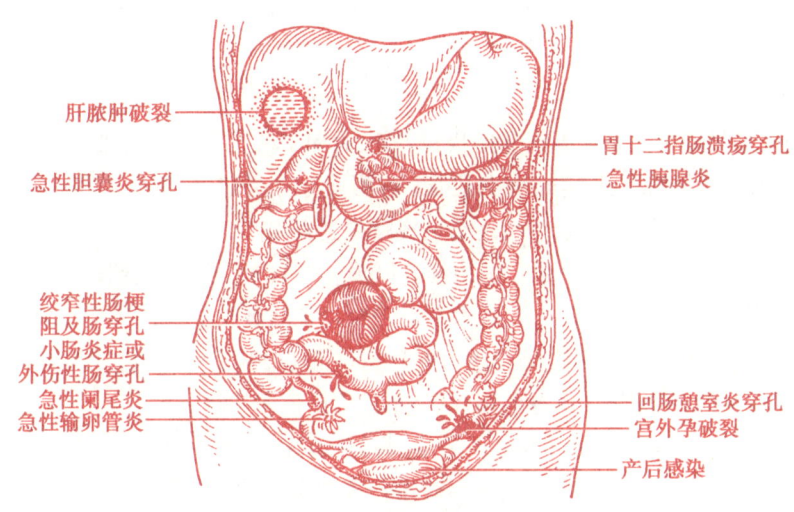

图 37-1-2　继发性腹膜炎的常见病因

1. **腹内器官穿孔或破裂**　是急性继发性腹膜炎最常见的原因。如胃、十二指肠溃疡急性穿孔，胃肠内容物流入腹腔，先引起化学性刺激，产生化学性腹膜炎，继发感染后导致化脓性腹膜炎；急性坏疽性胆囊炎发生胆囊穿孔后常引起严重的胆汁性腹膜炎；腹部损伤引起的内脏破裂，其腔道内容物及血液流入腹腔也会很快形成急性腹膜炎。

2. **腹内器官缺血及炎症扩散**　常见于绞窄性肠梗阻、绞窄性疝、急性胰腺炎、急性阑尾炎、输卵管炎等。

3. **其他病因**　如腹部手术中污染腹腔，细菌经腹壁伤口进入腹膜腔，腹前、后壁严重感染也可引起腹膜炎。

（二）原发性腹膜炎

原发性腹膜炎（primary peritonitis）又称自发性腹膜炎，腹腔内无原发病灶，多因机体其他部位细菌经血液循环、泌尿系统、生殖系统或直接扩散等途径播散至腹膜腔所致，临床较少见。常见的致病菌多为溶血性链球菌、肺炎球菌或大肠埃希菌等。肝硬化腹水、肾病或营养不良等机体抵抗力低下时，细菌可经肠壁渗透至腹膜腔，引起腹膜炎。

【病理生理】

急性腹膜炎的病理变化及转归取决于病人全身和腹膜局部的防御能力，污染病菌的性质、数量及感染时间，治疗和护理措施的及时性和有效性等多方面因素。

当损伤因素或细菌波及腹膜时，腹膜出现炎症反应，充血、水肿、渗出，失去原有光泽，继而产生大量浆液性渗出液，以稀释腹腔内的毒素。其中大量的巨噬细胞、中性粒细胞，以及坏死组织、细菌及凝固的纤维蛋白使渗出液变混浊而成为脓液。感染扩散时，脓液波及的范围扩大，则引起急性弥漫性腹膜炎；控制有效时，渗出液逐步被吸收，炎症消散，修复痊愈；炎症局限于腹腔的某一部位时，则形成局限性腹膜炎，如为化脓性感染，则可形成局限性腹腔脓肿，如膈下、肠袢间或盆腔脓肿等。

Note:

腹膜炎可引起大量渗液、呕吐、麻痹性肠梗阻等,导致水、电解质紊乱及酸碱平衡失调,有效循环血量锐减,细菌或其毒素入血可导致感染性休克或败血症,严重者可导致死亡。腹膜炎治愈后,腹腔内多有不同程度的纤维性粘连,大多数粘连无不良后果,若肠管粘连成角可引起粘连性肠梗阻。

【护理评估】

(一)健康史

询问病人有无胃十二指肠溃疡、慢性阑尾炎、胆囊炎、胰腺炎等病史及其他腹部器官疾病和手术史,了解近期有无腹部外伤史等。对于女性病人,还应了解有无生殖器官化脓性炎症史,以及是否怀孕,以排除异位妊娠破裂。

(二)身体状况

急性腹膜炎发病早期主要表现为腹部症状和体征,后期出现全身中毒症状。

1. **症状** 因病因不同而有所差异,由空腔器官破裂或穿孔引起者,发病较突然。由急性阑尾炎、胆囊炎等引起者,多先有原发病症状,以后逐渐出现腹膜炎表现。

(1)腹痛:是腹膜炎最主要的症状。呈持续性剧痛,常难以忍受。在变换体位或腹压增加时加剧,屈曲位减轻。腹痛范围多起始于原发病变部位,随炎症扩散波及全腹,但仍以原发病灶处最显著。

(2)恶心、呕吐:早期主要因腹膜受刺激引起反射性恶心、呕吐,呕吐物多为胃内容物。麻痹性肠梗阻时,呕吐呈持续性,呕吐物含黄绿色胆汁,甚至为棕褐色粪样物。

(3)全身中毒症状:随病情发展,可出现寒战、高热、脉速、呼吸浅快、血压下降、乏力、意识障碍等感染中毒症状,还可出现少尿、脱水征及休克表现。多数病人的脉搏会随体温升高而加快,但如果脉搏快时体温反而下降,是病情恶化的征象之一。

2. **体征**

(1)一般表现:病人呈急性病容,面部表情痛苦,常静卧不动,多采取能缓解腹壁张力的体位,如膝关节屈曲位,且不愿变换体位,腹部拒按。体征随腹膜炎的程度、病情变化及原发病因的不同而不同。

(2)腹部体征为:①视诊:腹胀,腹式呼吸减弱或消失。腹胀加重是病情恶化的重要标志。②触诊:腹部压痛、反跳痛和肌紧张,是急性腹膜炎的标志性体征,称为腹膜刺激征(peritoneal irritation sign),以原发病灶处最明显。腹肌紧张程度根据病因和病人全身状况不同而有差异,胃肠、胆囊穿孔或急性坏死性胰腺炎时,可呈"木板样"强直;幼儿、老年人或极度衰弱的病人腹肌紧张不明显,易被忽视。③叩诊:胃肠胀气时呈鼓音;胃肠穿孔时胃肠道内气体聚集于膈下,使肝浊音界缩小或消失;腹腔内积液较多时,移动性浊音呈阳性。④听诊:肠麻痹导致肠鸣音明显减弱或消失。

(三)辅助检查

1. **实验室检查** 白细胞计数及中性粒细胞比例增高,病情险恶或机体反应能力低下的病人,白细胞计数可不增高,仅中性粒细胞比例增高,甚至可出现中毒颗粒。

2. **影像学检查** 腹部 X 线检查可见小肠普遍胀气并有多个小液平面的肠麻痹征象;膈下游离气体提示胃肠道穿孔。B 超检查可显示腹腔内不等量积液或积脓。CT 检查对腹腔内实质性器官病变(如急性胰腺炎)的诊断帮助较大,可帮助评估腹腔内渗液量,提供腹部 X 线检查无法提供的定位及病理信息。

3. **诊断性腹腔穿刺抽液或腹腔灌洗** 根据抽出液的性状、气味、混浊度帮助判断病因。抽出液需要进行穿刺液常规及生化化验,并及时做涂片镜检、革兰氏染色检查、细菌培养及药敏试验。

(四)心理-社会状况

急性腹膜炎常发病突然,腹痛剧烈,且感染中毒症状较重,病人及其家属常有对疾病和治疗的恐惧及担心。护士应评估其情绪反应及对疾病的认知程度和心理承受能力。

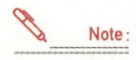
Note:

【常见护理诊断/问题】

1. **急性疼痛**　与壁腹膜受炎症刺激、手术创伤、引流管牵拉等有关。
2. **体液不足**　与高热、呕吐、大量腹腔渗出液、引流液丢失过多有关。
3. **体温过高**　与毒素吸收有关。
4. **焦虑**　与突然发病、病情严重、担心预后等有关。
5. **潜在并发症**：腹腔脓肿、粘连性肠梗阻等。

【计划与实施】

急性腹膜炎的处理原则是积极处理原发病灶,消除病因,控制炎症,清理或引流腹腔渗液;脓肿形成时做脓腔引流,可采取非手术或手术2种治疗方法。经过治疗和护理,病人达到:①疼痛减轻、舒适度增加;②维持体液平衡;③体温维持正常,生命体征稳定;④并发症得到预防或及时处理;⑤情绪稳定。

（一）减轻疼痛，增加舒适度

1. **体位**　一般取半卧位,有利于腹腔炎性渗出液流向盆腔,减少毒素吸收和减轻中毒症状,有利于脓液的局限和引流;还可促使腹内器官下移,降低腹壁张力,减轻腹痛,提高舒适度。休克病人取平卧位或仰卧中凹位。

2. **禁食、胃肠减压**　病人必须禁食并行胃肠减压,以吸出胃肠道内容物和气体,减轻腹胀和腹痛,有利于炎症的局限和吸收。胃肠减压应维持到肠蠕动恢复、肛门排气为止,病人在拔除胃管后方可开始进食。

3. **疼痛护理**　评估病人腹痛的程度、部位及性质,在未明确诊断之前应禁用镇痛药,以免掩盖症状和体征,延误诊断。一旦确诊,可遵医嘱使用镇痛药以缓解疼痛、增加舒适度和休息。

（二）维持体液平衡，加强支持治疗与护理

1. **密切观察病情变化**　严密监测病人意识、生命体征、尿量,记录24h出入液量,观察其黏膜及皮肤弹性、色泽和温度等,判断是否发生脱水或体液不足。

2. **遵医嘱补液**　补充液体及电解质,必要时输血或血浆。根据临床表现、出入液量和检查结果等及时调整输液的成分和速率。

3. **支持疗法**　根据病人的呼吸状况,可给予氧气吸入,以促进细胞代谢和身体康复。高热病人予以降温。长期不能进食的病人应尽早给予肠外营养支持,直至病人恢复进食。

（三）药物治疗与护理

在确定致病菌前,使用有效对抗腹膜炎常见致病菌的广谱抗菌药治疗。一旦获得细菌培养及药敏试验结果,应调整为对致病菌敏感的抗菌药。护士应观察抗菌药的疗效,如病人体温等全身中毒症状、腹部症状及体征的改善等,还要注意观察用药的不良反应。

（四）手术病人的护理

腹部手术是确定和去除腹膜炎致病因素的常用治疗方法,多数继发性腹膜炎病人需手术治疗。手术治疗以抢救生命为目的,包括腹腔探查、处理原发病灶、彻底清洁腹腔、充分引流等。其适应证包括:①经非手术治疗6~8h后,症状不缓解或反而加重者;②由腹内空腔器官破裂或穿孔所致的严重腹膜炎者;③腹腔炎症较重,出现严重肠麻痹或中毒症状,或有休克表现者;④病因不明,且无局限趋势者。

1. **手术目的**　①消除原发病灶:由器官穿孔、破裂等引起的腹膜炎,应采取剖腹探查术(exploratory laparotomy),消除引起腹膜炎的病因;②彻底清洁腹腔:吸尽脓液,清除异物,用甲硝唑和大量温生理盐水冲洗腹腔至清洁;③充分引流:引流残留液和继续产生的渗出液,促进炎症控制,防止形成腹腔脓肿。

Note:

2. **术前护理** 遵医嘱行禁食、胃肠减压、补液、应用抗菌药和对症处理。观察病人病情变化和心理情绪反应,把握手术时机。

3. **术后护理** 护士应了解手术的麻醉方式、类型,重点了解腹腔引流管放置的部位、切口的位置等。

(1) 体位与活动:全麻清醒或硬膜外麻醉病人平卧 6h,生命体征平稳后改为半卧位,以促进腹腔内容物引流,增加舒适度、利于呼吸。卧床期间指导病人深呼吸和有效咳嗽,鼓励其勤翻身和活动肢体,病情允许时尽早下床活动,以促进肠功能恢复、预防肠粘连。

(2) 观察病情变化:密切监测病人生命体征变化,对于危重病人,尤其应注意循环、呼吸、肾功能的监护。观察腹部症状、体征和全身症状的变化,判断有无膈下、盆腔脓肿的发生。

(3) 继续抗感染和支持治疗:遵医嘱应用有效抗菌药;继续禁食、胃肠减压,待肠蠕动恢复后,拔除胃管,逐步恢复经口进食;合理补充水、电解质,维持体液平衡;继续做好肠内、外营养支持的护理,提供足够的能量和蛋白质,以保证切口顺利愈合,预防术后并发症。

(4) 切口护理:保持病人切口敷料干燥,渗血、渗液较多时及时更换敷料;观察切口愈合情况,及早发现切口感染征象。

(5) 引流管护理:正确连接各引流装置,引流管应贴上标签,注明各管位置;妥善固定引流管,防止脱出、滑入或受压;经常挤捏引流管以防止血块或脓痂堵塞,保持引流通畅,对负压引流者,调整适宜压力以维持有效引流;记录引流液的量、性质和颜色;当引流液量少、色清,病人体温及白细胞计数恢复正常时,可考虑拔管。

(五) 心理护理

做好病人及其家属的解释和安慰工作,鼓励其表达内心感受和担忧,指导并协助其采取放松技巧。稳定病人情绪,减轻焦虑和恐惧程度,使其能以积极、平静的心态配合治疗和护理。

(六) 健康指导

1. **疾病知识指导** 提供疾病护理和治疗知识,告知腹部异常症状和体征,指导病人及时报告发热、腹痛等异常征象。解释禁食、胃肠减压及半卧位的重要性,指导其观察引流物异常情况。

2. **饮食指导** 讲解术后饮食要求,告知病人少量多餐、循序渐进、进食清淡易消化、富含营养的食物。

3. **活动指导** 解释术后早期活动的重要性,鼓励病人尽早床上和下床活动,促进肠功能恢复,防止肠粘连,促进术后康复。

4. **随访指导** 告知病人出院后允许的活动范围,强调 3 个月内避免提举重物,鼓励其进行可耐受的活动并适当休息;告知带引流管出院的病人注意观察引流液的量、颜色和性质,防止脱管或受压,定期复诊。

【护理评价】

经过治疗和护理,评估病人是否能够达到:①疼痛或不适缓解;②体液维持平衡;③体温维持正常,无局部和全身感染征象;④无休克、腹腔脓肿和粘连性肠梗阻等并发症发生,或得到及时处理;⑤情绪稳定。

(赵慧杰)

思 考 题

1. 急性继发性腹膜炎的常见病因有哪些?
2. 急性腹膜炎病人非手术治疗的护理措施有哪些?

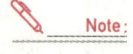

第二节　肠梗阻病人的护理

---- 学习目标 ----

- 识记:
  1. 陈述肠梗阻的概念、分类、临床表现。
  2. 概括肠梗阻病人非手术治疗措施及护理要点。
- 理解:
  1. 比较几种不同类型肠梗阻的病因、临床表现。
  2. 解释肠梗阻的病理生理变化。
- 运用:
  对肠梗阻病人进行评估,制订护理计划和健康教育。

导入情境与思考

病人,男性,32 岁,突发性腹痛 3h 急诊入院。病人 3h 前突然出现腹痛,呈阵发性绞痛,伴呕吐,急诊收入病房,给予其禁食,胃肠减压。4h 后病人腹痛加剧,呈持续性,胃肠减压引流出血性液体。体格检查:T 37.6℃,P 94 次/min,R 20 次/min,BP 90/55mmHg,触诊右下腹包块,边界不清,压痛,反跳痛,白细胞升高。既往史:3 年前因急性坏疽性阑尾炎行阑尾切除术。诊断:急性肠梗阻。

请思考:
(1) 护士在病情观察时应注意哪些问题?
(2) 提出对该病人 2 个主要的护理诊断及相应的护理措施。

各种原因造成肠腔内容物不能正常运行或通过障碍的情况称为肠梗阻(intestinal obstruction)。肠梗阻是外科常见的急腹症,可造成肠管局部甚至全身性的变化,病程进展迅速,尤其是绞窄性肠梗阻,常危及病人的生命,需要紧急处理。其中以粘连性肠梗阻最为常见,占各类肠梗阻的 40%~60%。

【病因与分类】

(一) 按肠梗阻发生的基本原因可分类

1. **机械性肠梗阻**(mechanical intestinal obstruction)　最常见。由于肠腔变窄,肠内容物通过障碍所致。
   (1) 肠腔受堵:粪块、蛔虫、结石、异物等阻塞肠腔。
   (2) 肠管受压:肠扭转、嵌顿疝或粘连带及肿瘤等压迫肠管。
   (3) 肠壁病变:先天性肠道闭锁、狭窄、肿瘤等。

2. **动力性肠梗阻**(dynamic ileus)　较少见。由神经反射或毒素刺激引起肠壁肌肉功能紊乱而导致的肠内容物不能正常运行,肠壁没有器质性病变。
   (1) 麻痹性肠梗阻(paralytic ileus):肠管丧失蠕动功能所致,常见于腹膜炎、腹部大手术后感染等。
   (2) 痉挛性肠梗阻(spastic intestinal obstruction):较少见,是肠壁肌肉收缩所致,见于急性肠炎、慢性铅中毒等。

3. **血运性肠梗阻**　较少见。由于肠系膜血管受压、栓塞或血栓形成,使肠管血运障碍,继而出现

肠麻痹,导致肠内容物通过障碍。

（二）按肠管有无血运障碍分类

1. **单纯性肠梗阻**（simple intestinal obstruction）　肠管没有血运障碍,仅表现为肠内容物通过受阻。

2. **绞窄性肠梗阻**（strangulated intestinal obstruction）　肠内容物通过障碍并伴有肠管血运障碍,常见于肠系膜血管受压、血栓形成或栓塞等。

此外,按肠梗阻发生的部位分为高位（如空肠上段）和低位（如回肠末段和结肠）肠梗阻;按肠梗阻发生的快慢分为急性和慢性肠梗阻;按肠梗阻的程度分为完全性肠梗阻和不完全性肠梗阻。如果一段肠袢两端完全受阻,则称为闭袢性肠梗阻,见于肠扭转、结肠肿瘤等。

以上各种情况在一定条件下可以发生转换,如单纯性肠梗阻因病情进展可以发展成绞窄性肠梗阻。因此,早期明确诊断和有效治疗、严密观察病情变化对肠梗阻的治愈至关重要。

【病理生理】

（一）肠管局部的病理生理变化

单纯性肠梗阻一旦发生,为了克服肠内容物通过障碍,梗阻以上部位肠管蠕动增强。随着病情进展,肠腔内积气、积液,肠管逐渐扩张。积气主要来自咽下的空气,还有血液弥散及肠道细菌分解、发酵肠内容物产生的气体;积液主要来源于胃肠道分泌液。病情随梗阻时间延长而加剧,梗阻近端肠腔内压力不断升高而压迫肠壁,使肠壁血运发生障碍。最初静脉回流受阻,肠壁淤血、水肿,呈暗红色。因组织缺氧,毛细血管通透性增强,肠壁可见出血点,有血性渗出液进入肠腔和腹腔。如果肠腔内压力继续增高,小动脉血流也受阻,肠管可因缺血坏死而穿孔。

（二）全身性的病理生理变化

1. **水、电解质紊乱与酸碱平衡失调**　肠梗阻时胃肠道所分泌液体的回吸收停止,血性渗出液进入肠腔和腹腔,加上病人频繁呕吐丢失大量胃肠液、不能进食,使得体液丧失,血容量减少。体液的丢失多伴随电解质的丢失。高位肠梗阻病人因呕吐严重丢失了大量的胃酸和氯离子,可致代谢性碱中毒。低位肠梗阻病人,丢失大量碱性消化液加之组织灌注不良,酸性代谢产物剧增,可引起严重的代谢性酸中毒。严重的体液丢失和酸碱平衡失调,可导致血容量不足和微循环障碍。

2. **感染和中毒**　梗阻部位以上的肠腔内细菌大量繁殖并产生多种毒素;同时肠壁血运障碍,肠壁通透性增高,细菌和毒素渗透至腹腔,引起腹膜炎和中毒。

3. **呼吸和循环功能障碍**　肠腔膨胀使腹压增高、膈肌升高、腹式呼吸减弱,影响气体交换;并且影响了下腔静脉血液的回流,导致呼吸、循环功能障碍。

4. **休克**　严重的体液丧失、酸碱平衡失调、感染和中毒等,均可引起休克,最后可因急性肾功能、呼吸和循环功能衰竭导致病人死亡。

【护理评估】

（一）健康史

了解病人发病前是否存在诱发因素,如感染、过劳、饮食不当、剧烈活动、体位突然变动等。询问病人既往病史,尤其有无腹部手术、腹部外伤、疝、腹腔内感染、肠道肿瘤等病史。

（二）身体状况

1. **症状**　尽管肠梗阻的原因和分类不同,但有一些共同的表现,即腹痛、呕吐、腹胀、停止排气排便。

（1）腹痛:随病情的进展,各种类型的肠梗阻可以互相转换,腹痛呈现不同的特点。单纯性机械性肠梗阻的特点是阵发性绞痛,疼痛多位于腹中部或偏于梗阻部位,病人自觉有"气块"在腹腔游走,于某一部位受阻,绞痛更加剧烈。当腹痛间歇缩短并成为剧烈的持续性腹痛时,提示绞窄性肠梗阻的

Note:

可能。麻痹性肠梗阻时,为持续性胀痛。

（2）呕吐:早期呕吐呈反射性,呕吐物为食物或胃液。高位肠梗阻病人呕吐出现早、频繁,呕吐物主要为胃液、十二指肠液和胆汁;低位肠梗阻呕吐出现较晚,呕吐物常为粪样物。绞窄性肠梗阻呕吐物为血性或棕褐色液体。

（3）腹胀:出现较晚,腹胀的程度一般与梗阻部位有关。高位肠梗阻腹胀不明显;低位或麻痹性肠梗阻腹胀明显,遍及全腹;绞窄性肠梗阻腹胀不对称。

（4）停止排气排便:不完全性肠梗阻可有多次少量排气排便,完全性肠梗阻时多停止排气排便,绞窄性肠梗阻时可排出黏液性血便。但肠梗阻早期,尤其高位肠梗阻时,残存在梗阻以下肠腔内的气体和粪便仍可排出。

2. 体征

（1）腹部:视诊单纯性肠梗阻病人可见腹胀、肠型和异常蠕动波,麻痹性肠梗阻时全腹胀,肠扭转时腹胀不对称。触诊单纯性肠梗阻病人可有轻度压痛,绞窄性肠梗阻时可有固定压痛,腹膜刺激征明显。绞窄性肠梗阻病人腹腔出现渗液,叩诊呈移动性浊音。听诊机械性肠梗阻病人可闻及气过水声或金属音、肠鸣音亢进,麻痹性肠梗阻病人肠鸣音减弱或消失。

（2）全身情况:肠梗阻晚期或绞窄性肠梗阻病人可见口唇干燥、眼窝凹陷、皮肤弹性差、尿少等脱水体征。或面色苍白、四肢发凉、脉搏弱、血压下降等中毒及休克征象。

护士在评估时应注意各种肠梗阻的特点:①粘连性肠梗阻(图 37-2-1)是肠粘连或腹腔内粘连带所致的肠梗阻,常由于腹腔内手术、炎症、创伤、出血、异物等引起,以肠道功能紊乱、暴饮暴食、突然变动体位等为诱发因素,一般发生在小肠,结肠梗阻少见,主要是机械性肠梗阻的表现,多为单纯性和不完全性,在间歇期并没有症状,少数初次发作即为绞窄性。②肠扭转(volvulus)常发生于小肠和乙状结肠,是一段肠袢沿其系膜长轴旋转形成的,肠袢两端完全阻塞,属于闭袢性肠梗阻(图 37-2-2,图 37-2-3),肠系膜血管同时受压,短期内可发生肠绞窄、肠坏死;肠内容物骤增、肠管动力异常及突然改变体位等因素易诱发肠扭转;肠扭转好发部位为小肠和乙状结肠,临床表现各异(表 37-2-1)。③肠蛔虫堵塞是由于蛔虫结聚成团并引起局部肠管痉挛而致,属单纯性机械性肠梗阻(图 37-2-4),驱虫不当是常见的诱因,多见于儿童,农村发病率较高;堵塞部位常见于回肠,梗阻多为不完全性;特点为阵发性脐周腹痛,腹部常可扪及变形、变位的条索状团块;少数病人可并发肠扭转、肠壁坏死穿孔、腹膜炎。

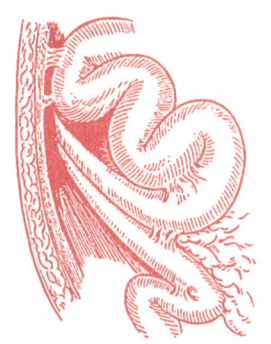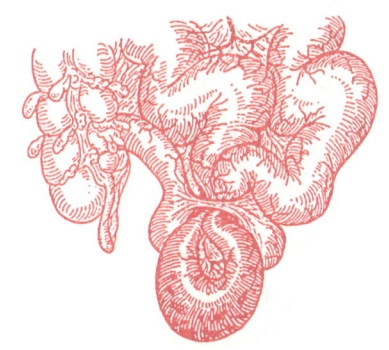

粘连牵扯肠管成角　　　　　　粘连带压迫肠管

图 37-2-1　粘连性肠梗阻

表 37-2-1　小肠扭转和乙状结肠扭转的对比

部位	好发年龄	诱因	腹痛	呕吐	腹胀	肠袢 X 线
小肠扭转	青壮年	饱食后立即剧烈活动	绞痛	频繁	不明显	孤立、突出、胀大
乙状结肠扭转	老年男性	便秘	绞痛	不明显	明显	马蹄形双腔充气

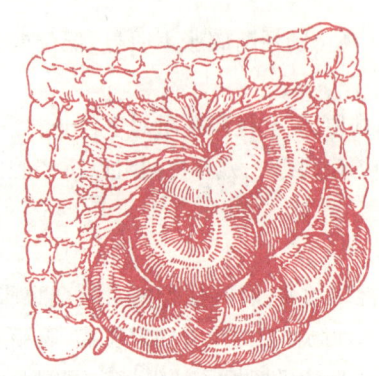

图 37-2-2　全小肠扭转（已坏死）

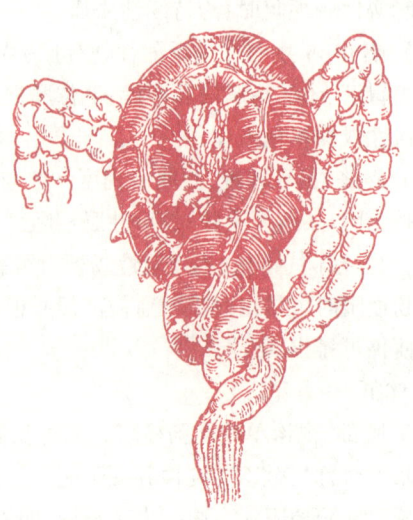

图 37-2-3　乙状结肠扭转

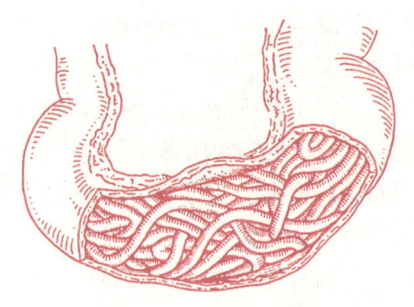

图 37-2-4　蛔虫团性肠梗阻

（三）辅助检查

1. 实验室检查　肠梗阻后期，因脱水而出现血红蛋白值及血细胞比容升高，尿比重增高。电解质紊乱、酸碱平衡失调时可有血清 Na^+、K^+、Cl^-、肌酐、尿素氮及血气分析的变化。绞窄性肠梗阻可见白细胞计数及中性粒细胞比例升高，呕吐物、粪便检查见红细胞或隐血试验阳性。

2. X 线检查　梗阻发生 4~6h 后，立位或侧卧位 X 线影像可见多个胀气肠祥及阶梯状气液平面。绞窄性肠梗阻可见孤立、突出、胀大的肠祥，不受体位及时间影响。肠蛔虫堵塞时腹部 X 线影像有时可见肠腔内成团的蛔虫成虫体阴影。肠套叠病人 X 线空气或钡剂灌肠检查可见空气或钡剂在结肠受阻呈"杯口"状。

3. 其他　怀疑肠套叠、结肠肿瘤、乙状结肠扭转时，可行 CT 或钡剂灌肠。

（四）心理-社会状况

肠梗阻的急性发病影响了病人和家属的正常生活秩序，呕吐频繁、腹痛和腹胀剧烈、不能进食等常使病人感到焦虑和恐惧。护士应鼓励病人说出自己的情绪和身体的不适，评估病人对病情发展、治疗护理方法等的了解程度和心理承受能力。

【常见护理诊断/问题】

1. **急性疼痛**　与肠内容物通过障碍、肠管痉挛有关。
2. **体液不足**　与呕吐、肠腔积液、禁食有关。
3. **焦虑**　与急性发病、身体疲倦、不了解治疗护理有关。
4. **潜在并发症：肠坏死、腹腔感染、肠瘘。**

【计划与实施】

肠梗阻的处理原则是纠正梗阻引起的全身性生理紊乱和解除梗阻，包括基础治疗、非手术或手术方法解除梗阻。

基础治疗是非手术治疗和手术治疗均应采用的基本处理方法，包括胃肠减压，纠正水、电解质紊乱和酸碱平衡失调，抗感染，吸氧，应用生长抑素减少胃肠液的分泌，镇痛。

经过治疗和护理，病人达到：①主诉疼痛减轻或缓解；②生命体征平稳，无脱水征象；③以最佳的

Note:

身心状态接受治疗;④并发症得到预防或及时发现和处理。

（一）非手术治疗病人的护理

非手术治疗适用于麻痹性或痉挛性肠梗阻、单纯性粘连性肠梗阻、蛔虫或粪块阻塞引起的肠梗阻。护士在非手术治疗期间应严密观察病人病情,原有症状、体征不见好转或加重时,应立即通知医生,协助医生做好术前准备。

1. 缓解腹痛和腹胀　注意观察病人腹痛和腹胀的情况,注意程度有无加重、范围有无扩散,及时发现病情变化。

（1）饮食:入院后病人应禁食,待病情好转、梗阻解除(病人排气、排便),12h可进少量流质饮食,忌食产生胀气的甜食和牛奶等。

（2）胃肠减压:作用在于减少胃肠道内的积气、积液,减轻肠管的膨胀,减少肠腔内毒素吸收,从而改善肠壁血运,缓解肠壁水肿;还可以减轻腹胀;有的肠梗阻可以通过胃肠减压得到缓解,扭曲不重的肠袢在减压后可以复位。保持胃管通畅,保持胃肠减压持续有效,出现堵塞可以挤压胃管或用生理盐水冲洗;胃管妥善固定,避免扭曲、受压、打折而影响减压效果;胃肠减压期间做好病人口腔护理;观察和记录引流液的颜色、性状和量。若发现有血性液,应考虑有绞窄性肠梗阻的可能,及时通知医生处理。

（3）体位:协助病人采用半卧位,双膝屈曲。半卧位可使膈肌下降,减轻腹胀对呼吸、循环系统的影响;双膝屈曲可使腹壁放松。

（4）解除梗阻:如无绞窄性肠梗阻,也可从胃管注入植物油或中药润滑肠管、刺激肠蠕动,每次100ml左右,注药后夹管1~2h,注药后注意观察病人的反应,如果出现腹胀、恶心、呕吐等不适,应随时开放胃管。还可采用针刺疗法、腹部按摩、低压空气或钡灌肠等。对单纯性蛔虫堵塞可口服生植物油,也可口服枸橼酸哌嗪等驱虫,或胃管注入氧气驱虫。

（5）解痉、镇痛:排除肠绞窄或肠麻痹后,可应用抗胆碱药(如阿托品)解除胃肠道平滑肌痉挛,缓解腹痛。但不可随意应用吗啡等镇痛药,以免掩盖病情。用药后注意观察药物的疗效和副作用。

2. 纠正体液不足

（1）合理补液:迅速建立静脉通道,及时补充水分和电解质,纠正酸碱平衡失调,必要时在中心静脉压监测下应用升压药物,结合血清电解质和血气分析结果决定静脉补液的量和种类,合理安排输液顺序和调节输液速率,必要时输全血或血浆。补液期间记录液体出入量,观察和记录病人呕吐量、胃肠减压量和尿量等。

（2）呕吐的护理:监测生命体征,病人因大量频繁呕吐,导致血容量不足,可出现脉搏加快、血压下降、呼吸急促等表现;当呼吸浅慢时,提示大量酸性胃液丢失导致代谢性碱中毒。要密切观察病人脉搏、血压、呼吸等的变化,注意直立性低血压。观察有无脱水的表现,根据脱水程度不同,病人可有乏力、口渴、皮肤黏膜干燥,尿量减少、尿比重增高,甚至神志不清、昏迷等表现。观察呕吐的先兆,病人呕吐前可有恶心、呼吸紧迫、心搏加快等先兆。可以鼓励病人采用深呼吸(用鼻吸气,张口慢慢呼气)、转移注意力等放松技术,减少呕吐的发生。准备好清洁的容器,放在病人易于取用的地方。呕吐时协助病人采取坐位;若病情不允许可以侧卧位或仰卧头侧位,避免呕吐物呛入呼吸道而发生窒息或吸入性肺炎,同时两膝弯曲放松腹肌。做好呕吐后的处理,及时清除口腔内呕吐物,给予漱口或口腔护理,保持口腔清洁;及时更换污染的被服,开窗通风驱除异味;观察记录呕吐物的气味、颜色、性状和量,呕吐的次数。加强生活护理,呕吐和禁食使病人活动耐力下降,协助病人进行日常生活护理,指导病人坐起和站立时动作减缓,防止出现头晕、心悸等直立性低血压的表现。

3. 心理护理　以和蔼的态度和病人交流,针对不同原因采取有效的护理措施,如向病人解释有关治疗护理的知识和配合、提供生活照顾、帮助病人协调工作和家庭的安排等,减轻病人的不良心理反应。

4. 防治感染和中毒　应用抗肠道细菌包括抗厌氧菌的抗生素以防治感染和中毒。注意观察用药效果和副作用。

5. 病情观察，及时发现绞窄性肠梗阻　定时测量、记录病人生命体征,严密观察其腹痛、腹胀、呕吐及腹部体征等情况。出现下列情况可考虑有绞窄性肠梗阻的可能:腹痛持续、加剧,疼痛间歇期缩短,持续性疼痛;有明显腹膜刺激征,白细胞计数和中性粒细胞比例升高;腹胀不对称,局部隆起或触及有压痛性肿块;出现血性的呕吐物、胃肠减压抽出液、肛门排出物;经积极非手术治疗后症状、体征无明显改善。对此类病人应严密观察病情变化,积极做好术前准备。

（二）手术治疗病人的护理

手术治疗适用于绞窄性肠梗阻,先天性肠道畸形、肿瘤引起的肠梗阻,以及经非手术治疗无效的肠梗阻病人。手术方法包括粘连松解术、肠切开取除异物、肠扭转或肠套叠复位术、肠切除吻合术、短路手术和肠造口或肠外置术等。

1. 病情观察　观察病人腹痛、腹胀的变化,观察其生命体征、呕吐及肛门排气、排便情况等。

2. 体位与活动　术后血压平稳者可给予半卧位,若病情允许,应早期下床活动,促进肠蠕动恢复,防止肠粘连。

3. 饮食　禁食期间给予病人静脉补液。待肛门排气后可由少量流质饮食开始逐步过渡至半流质饮食。

4. 胃肠减压和腹腔引流管的护理　妥善固定引流管,保持引流持续有效,避免受压、扭曲,保持通畅。观察和记录引流液的颜色、性状及量。

5. 并发症的观察和护理

（1）腹腔内感染:病人出现持续发热、腹胀、腹痛,白细胞计数增高。注意保持腹腔引流通畅,严格无菌更换引流袋,避免逆行感染发生。

（2）肠瘘:可见腹腔引流管引流出粪样液体,也可见腹腔引流管周围流出粪臭味的液体。应及时报告医生,并协助处理。

（三）健康教育

向病人讲解胃肠减压、禁食是重要的治疗和护理措施,取得病人的理解和配合。使病人认识到及时、正确治疗腹腔炎症和术后早期活动对预防粘连性肠梗阻的发生有重要意义。指导病人消除肠梗阻的诱发因素,如注意饮食卫生,避免暴饮暴食,避免突然改变体位,避免腹部受凉和饭后剧烈活动,保持排便通畅等。出院后有腹痛、腹胀、停止排气排便等及时就诊。

【护理评价】

经过治疗和护理,评估病人是否能够达到:①主诉疼痛减轻或缓解;②生命体征平稳,无脱水征象;③以最佳的身心状态接受治疗或手术;④并发症得到预防或及时发现和处理。

（尹　兵）

第三节　炎性肠病病人的护理

───────── 学 习 目 标 ─────────

- 识记:
  1. 概述炎性肠病的概念、病因、病理。
  2. 概括炎性肠病的症状、体征、辅助检查。
- 理解:
  比较2种常见类型的炎性肠病治疗与护理要点的异同点。
- 运用:
  根据炎性肠病病例提出护理诊断、护理措施和健康教育的主要内容。

Note:

病人，男性，32 岁，腹痛、黏液脓血便反复发作 6 年，复发 2d 入院。病人 6 年前开始无明显诱因出现下腹痛，腹泻，为黏液脓血便，伴里急后重，每日 6~7 次，经治疗后好转，此后，上述表现反复发作，并多次入院治疗。2d 前，因进食冷饮后出现腹痛，呈阵发性，腹泻，为黏液脓血便，每日 7~8 次，便后疼痛缓解，并伴有发热，今为系统诊治入院。体格检查：T 38℃、P 84 次/min、R 18 次/min、BP 120/70mmHg，神清、精神尚可，腹平软，左侧腹部压痛，尤以左下腹部明显，无反跳痛及肌紧张，听诊肠鸣音 6 次/min。辅助检查：粪便常规检查外观呈黏液状样，隐血阳性，结肠镜检查为溃疡性结肠炎。

请思考：

（1）该病人入院后病情观察的要点是什么？

（2）如何指导该病人服药？

炎性肠病（inflammatory bowel disease，IBD）专指原因未明的炎性肠病，包括克罗恩病（Crohn disease）和溃疡性结肠炎（ulcerative colitis）。

克罗恩病又称肉芽肿性结肠炎、节段性回肠炎或局限性肠炎，是病因未明的胃肠道慢性炎性肉芽肿性疾病。病变多见于末段回肠和邻近结肠，但从口腔至肛门均可受累，呈节段性或跳跃式分布。临床上以腹痛、腹泻、腹部肿块、瘘管形成和肠梗阻为特点，可伴有肠外损害。发病年龄多在 15~30 岁，首次发病可出现在任何年龄组，无性别差异。本病在欧美国家多见，且有增多趋势，国内以往少见，但近年也有增多趋势。本病有终生复发倾向，重症病人迁延不愈，预后不良。

溃疡性结肠炎又称非特异性溃疡性结肠炎，是一种病因不明的直肠和结肠慢性炎性疾病。病变主要局限于大肠黏膜与黏膜下层。临床上以腹泻、黏液脓血便、腹痛为特点。本病可发生在任何年龄，多见于 20~40 岁，发病率无明显性别差别，多反复发作，病情轻重不等。本病在我国比欧美国家少见，且病情一般较轻，近年患病率有增加。

【病因】

（一）克罗恩病

病因尚未完全明确，可能与下列因素有关：

1. **感染因素**　一般认为病原微生物、食物及其他抗原均可成为克罗恩病的促发因素，而其中病原微生物最为重要，有研究人员在病变组织中分离出副结核分枝杆菌、麻疹病毒，但研究结果很不一致，故是否存在特异性病原微生物及其作用如何，尚有待于进一步研究。

2. **遗传因素**　大量研究资料表明本病符合多基因病的遗传规律，是由许多对等位基因共同作用的结果，在一定环境因素作用下由于遗传易感性而发病。

3. **免疫因素**　认为克罗恩病与免疫反应异常有关，目前已知参与本病免疫反应的主要细胞因子有 IL-1、IL-2、IL-8、TNF 等。研究表明免疫下调机制异常可能在发病中起重要作用。

总的来说，克罗恩病的发病机制假设为环境因素，特别是感染因素，作用于遗传易感者，促发免疫反应亢进。

（二）溃疡性结肠炎

病因尚未完全明确，目前认为其发病与下列因素有关：

1. **感染因素**　迄今未检出某一特异病原微生物与本病有特定关系，故认为病原微生物乃至食物抗原可能是本病的非特异性促发因素。

2. **遗传因素**　本病发病率在种族之间有明显差别；欧美文献统计病人直系亲属中有 10%~20% 患有本病，提示本病有一定的遗传性。近年对 HLA-DR2、HLA-B27 的研究为此提供了新的证据。

3. **免疫因素** 一般认为本病为促发因素作用于易感者,激发肠黏膜免疫反应亢进。但对免疫反应的促发和持续的原因,尚不明确。

4. **精神因素** 在本病发病中的作用尚有争议,一般认为精神因素可以是本病的诱因,也可以是病情反复的继发表现。临床可见在经历生活中的应激事件和遭受重大精神创伤后而诱发本病的病人,患病后病人常有精神抑郁和焦虑表现。

【病理】

(一)克罗恩病

病变呈节段性分布,和正常肠壁的分界清楚。病变同时累及回肠末段与邻近右半结肠的病人,占比>50%;其次为病变只涉及小肠,主要在回肠,少数见于空肠;局限在结肠者约占10%,又称为肉芽肿性结肠炎,以右半结肠为多见,但可涉及阑尾、直肠、肛门;病变在口腔、食管、胃、十二指肠者少见。

可有淋巴管闭塞、淋巴液外漏、黏膜下水肿、肠壁肉芽肿性炎症等病理特征。在病变早期,受累肠段有黏膜充血、水肿,浆膜有纤维素性渗出物,相应的肠系膜充血、水肿,肠系膜淋巴结肿大。组织学表现呈全壁性炎症。随着病变的发展,肠黏膜表面形成溃疡,有时可见散在的炎性息肉,肠黏膜呈铺路卵石状隆起。受累肠段常和邻近肠段、其他器官或腹壁粘连。肠壁增厚、肠腔狭窄,其近端肠腔明显扩张。肠系膜也增厚,淋巴结肿大变硬,腹膜粘连并形成不规则肿块。溃疡可穿孔引起局部脓肿,或穿透至其他肠段、器官、腹壁而形成内瘘或外瘘。组织学改变为肠壁各层炎症细胞浸润,并可见有诊断意义的非干酪样肉芽肿。

(二)溃疡性结肠炎

病变呈连续性非节段分布,主要位于直肠和乙状结肠,可扩展至降结肠、横结肠,少数可累及全结肠。偶见涉及回肠末段,称为"倒灌性回肠炎"。

病变一般仅局限于黏膜和黏膜下层,少数重症者可累及肌层。病变早期有黏膜弥漫性炎症改变,组织变脆,触之易出血。肠腺隐窝形成小的隐窝脓肿,当隐窝脓肿融合、溃破,黏膜随即出现广泛的浅小不规则溃疡,逐渐融合成不规则的大片溃疡。少数病人的病变累及全结肠,可发生中毒性巨结肠,肠腔膨大,肠壁变薄。溃疡累及肌层甚至浆膜层,常并发急性穿孔。结肠炎症反复发作,常出现炎性息肉。黏膜失去正常结构,腺体出现变形、排列紊乱、数目减少等萎缩性改变。溃疡愈合形成瘢痕,结肠变形缩短、结肠袋消失,甚至肠腔变窄。少数病例可有结肠癌变,以恶性程度高的未分化型为多见。

【护理评估】

(一)健康史

评估病人的家族史、饮食情况、排泄情况,有无精神刺激、劳累、饮食失调、感染等诱发因素。评估病人本病的既往史:克罗恩病起病隐匿、缓慢,往往发病后数月或数年才得以确诊,病程较长,长短不等的活动期与缓解期交替,终生有复发倾向,少数呈急性起病;溃疡性结肠炎起病多数缓慢,少数可急性起病,偶见急性暴发起病。病程迁延数年至10余年,发作期与缓解期交替,或持续性逐渐加重。

(二)身体状况

1. **克罗恩病** 不同病人的症状、体征、病情轻重、病程发展差别较大,多和病变部位、患病时长及有无并发症有关。

(1)腹痛:为最常见症状,常于进餐后加重,排便或肛门排气后缓解。腹痛常位于右下腹或脐周,为痉挛性阵痛,伴有肠鸣音增加。出现持续性腹痛和明显压痛,提示炎症波及腹膜或有腹腔内脓肿形成。有时全腹剧痛,伴有腹肌紧张,系病变肠段急性穿孔所致。腹痛也常由部分或完全性肠梗阻引起。

(2)腹泻:为本病常见症状。腹泻先是间歇性发作,病程后期转为持续性。粪便呈糊状,多无脓血或黏液;当病变累及结肠下段或肛门直肠时,则出现黏液血便及里急后重。

Note:

（3）瘘管形成：是本病区别于溃疡性结肠炎的特征表现。溃疡穿孔至肠外组织或器官，形成瘘管。内瘘可通向其他肠管、肠系膜、腹膜后、膀胱、输尿管、阴道等处，外瘘则通向腹壁或肛周皮肤。肠管间瘘形成可导致腹泻加重，营养不良及全身情况恶化。瘘管形成后可引起继发性感染。外瘘或通向膀胱、阴道的瘘均可见粪便与气体排出。

（4）腹部肿块：多位于右下腹与脐周，边界不清，质地中等硬度，有压痛。固定的腹部肿块提示有粘连，多已有内瘘形成。

（5）肛门直肠周围病变：这些病变有时可为本病的首发或突出的临床表现，包括肛门直肠周围瘘管，脓肿形成及肛裂等病变。

（6）全身性表现

1）发热：为常见的全身表现之一，以间歇性低热或中度热常见，少数为弛张热，伴脓毒症。少数病人以发热为首发症状，之后才出现消化道症状。

2）营养障碍：严重病人可出现消瘦、贫血、低蛋白血症、维生素缺乏和骨质疏松等，青春期前病人常有生长发育迟滞。

（7）肠外表现：包括杵状指、关节炎、结节性红斑、坏疽性脓皮病、口腔黏膜溃疡、虹膜睫状体炎、葡萄膜炎、小胆管周围炎、硬化性胆管炎、血管炎、慢性肝炎或脾大等。偶有淀粉样变性或血栓栓塞性疾病。

（8）并发症：肠梗阻最常见，其次是腹腔内脓肿，可出现吸收不良综合征，偶可并发急性肠穿孔或大量便血，中毒性巨结肠罕见，直肠或结肠受累者有时可发生癌变。肠外并发症有尿路结石、胆石症，脂肪肝颇常见。

2. 溃疡性结肠炎　多数病人起病缓慢，病程长，可迁延数年，常有发作期和缓解期的交替，感染、精神刺激、劳累、饮食失调多为本病的发作诱因。根据病程经过可分为初发型、慢性复发型、慢性持续型、急性暴发型；根据腹泻、排便、全身表现和实验室检查等病情情况，分为轻型、中型、重型；根据病变范围分为直肠炎、直肠乙状结肠炎、左半结肠炎、广泛性或全结肠炎、区域性结肠炎；根据病期分为活动期、缓解期。

（1）消化系统表现

1）腹泻：为最主要症状，活动期病人有黏液脓血便。排便次数、便血程度和粪质改变反映病情严重程度，轻者每日排便 2~4 次，粪便呈糊状，没有或少量便血；重者排便可达每日 10 次以上，呈稀水样，大量黏液、脓血。病变局限在直肠和乙状结肠的病人，偶有腹泻与便秘交替的现象。

2）腹痛：位于左下腹或下腹，亦可累及全腹，呈阵发性，有疼痛-便意-排便后缓解的规律。轻者或缓解期病人多无腹痛或仅有腹部不适，活动期有轻度或中度腹痛，若并发中毒性巨结肠或腹膜炎，则为持续性剧烈腹痛。

3）其他症状：常有腹胀，严重病例可有食欲缺乏、恶心、呕吐。

4）体征：轻、中型病人仅左下腹有轻度压痛，重症和暴发型病人可有明显的腹胀、压痛。若出现腹肌紧张、反跳痛、听诊肠鸣音减弱，提示并发肠穿孔、中毒性巨结肠等。有些病人可触及乙状结肠或降结肠。

（2）全身表现：中、重型病人活动期有低热或中等程度发热，高热多提示有并发症或见于急性暴发型。重症或活动期病人出现衰弱、消瘦、贫血、水与电解质平衡紊乱、低白蛋白血症等营养障碍表现。

（3）肠外表现：同克罗恩病的肠外表现，但在本病的发生率较低。

（4）并发症：中毒性巨结肠少见，国内报告约占 2.5%，多发生在暴发型或重型病人；结肠病变广泛，以横结肠最严重；常因低钾血症、钡灌肠、使用抗胆碱药或阿片类制剂而诱发；可见病人病情急剧恶化，脓毒症明显，有脱水和电解质紊乱，肠管扩张、腹部压痛，听诊肠鸣音消失；血常规示白细胞计数显著升高；腹部 X 线影像可见结肠扩张，结肠袋形消失。预后很差，易引起急性肠穿孔。其他并发症包括直肠癌变、结肠癌变、直肠大出血、结肠大出血、急性肠穿孔、肠梗阻、肛门直肠周围脓肿等。

（三）辅助检查

1. 克罗恩病

（1）实验室检查：贫血常见；活动期外周血白细胞增多、红细胞沉降率加速；严重者血清白蛋白、钾、钠、钙等均降低；粪便隐血试验常呈阳性；吸收不良综合征者的粪便脂肪含量增加。

（2）X线检查：可行胃肠钡餐或钡灌肠检查小肠或结肠的病变。主要 X 线表现是肠道炎性病变，呈节段性分布。病变的肠段激惹或痉挛使钡剂很快通过而不停留该处呈"跳跃征"；若遗留一细条状影呈"线样征"，也可能因肠腔狭窄所致。病变肠壁和肠系膜水肿增多，可见肠袢分离。

（3）结肠镜检查：病变节段性分布，可见纵行或匐行性溃疡，周围黏膜正常或鹅卵石样改变，肠腔狭窄，存在炎性息肉，病变肠段间黏膜正常。结肠镜可检查全结肠及回肠末端，遇肠粘连或肠腔狭窄时可有一定困难。通过直视病变，可对克罗恩病早期识别、判断病变特征、估计病变范围及严重程度，并作组织活检。可与 X 线检查结合互补。

2. 溃疡性结肠炎

（1）血液检查：可有不同程度的贫血。红细胞沉降率和 C 反应蛋白增高是活动期的标志，白细胞计数也可增高。严重和病程持续的病人可有血清白蛋白下降、电解质紊乱、凝血酶原时间延长。

（2）粪便检查：常有黏液脓血便，显微镜检有红、白细胞与巨噬细胞。须反复多次进行粪便病原学检查，排除特异病原体，如痢疾志贺菌、沙门菌、阿米巴滋养体及包裹、血吸虫等。

（3）结肠镜检查：可以直视肠黏膜变化，取活组织检查，明确病变范围，是最有价值的诊断方法。特征性病变有黏膜表面多发性浅溃疡，弥漫性充血、水肿；黏膜粗糙呈细颗粒状，血管脆性增加，轻触易出血；可见炎性息肉形成，结肠袋变钝或消失。一般经结肠镜做全直肠结肠检查，必要时须检查回肠末段。

（4）X线钡剂灌肠检查：应用气钡双重对比造影，有利于观察黏膜形态。X 线征主要有多发性浅溃疡表现，也可见炎症息肉表现；黏膜粗乱或细颗粒改变；结肠袋消失，肠壁变硬，肠管变短、变细，成铅管状。重型或暴发型病人慎行钡剂灌肠检查，以免加重病情或诱发中毒性巨结肠。

（四）心理-社会状况

炎性肠病呈慢性过程，病情反复，预后不良，这些都对病人造成巨大的心理压力，也给家庭带来不幸。发病时多次、频繁的腹泻，严重影响病人甚至其家属的生活；尤其是便血，常使病人更加恐惧，对治疗失去信心，非常担心预后。护士要鼓励病人表达自己的情绪、想法，评估病人对疾病的认识，评估疾病对病人及其家庭生活的影响、家庭对病人的支持情况，还要注意评估情绪因素对疾病的影响。

【常见护理诊断/问题】

1. **腹泻** 与肠黏膜的炎症有关。
2. **慢性疼痛** 与肠黏膜的炎症、溃疡有关。
3. **营养失调：低于机体需要量** 与腹泻和吸收不良有关。
4. **知识缺乏**：缺乏疾病的预防与治疗方面的知识。

【计划与实施】

炎性肠病的治疗目的是控制病情活动、维持在缓解期、减少复发、防治并发症。经过治疗和护理，病人达到：①腹泻、腹痛等症状减轻或消失；②摄入充足的营养，营养状态得以改善；③进行良好的自我护理，预防疾病复发。

（一）非手术病人的护理

1. 腹泻的护理

（1）观察排便情况：观察病人排便的次数、量、气味，有无里急后重，观察粪便中有无血液、黏液、

脓液等。

（2）观察体液平衡状态：急性严重的腹泻使病人水分和电解质大量丢失，可引起脱水和电解质紊乱，甚至休克。观察病人的生命体征、神志、尿量等变化，注意有无脱水、休克的表现；有无腹胀、肌无力、肠鸣音减弱等低钾血症表现。

（3）稳定情绪：精神紧张可以使肠蠕动增加，可以通过安慰、解释病情等稳定病人的情绪。同时提供整洁、舒适的环境，使病人心情舒畅，安静休息。及时给予便器，减轻病人的顾虑。排泄物和污染的衣物等及时更换，避免对病人的不良刺激。

（4）休息与活动：急性腹泻和有全身症状者应卧床休息，注意腹部保暖；轻症或腹泻缓解期病人可适当活动。

（5）饮食疗法：给予病人营养丰富的低渣饮食，避免生冷、多纤维、不易消化、高脂肪、刺激性、易产气的食物。病情严重者应禁食。

（6）保护肛门周围的皮肤：频繁的排便可以使病人肛门周围的皮肤受刺激，出现糜烂、感染，引起瘙痒、疼痛。指导病人排便后用柔软的布清洗肛门，保持干燥，必要时涂抹凡士林油或抗生素软膏。

（7）对腹泻病人对症治疗使用止泻药应慎重，尤其对重症溃疡性结肠炎的病人，容易诱发中毒性巨结肠。

（8）正确留取便标本：粪便标本应新鲜，不可混入尿液，选择带脓血或黏液部分，多点留取；检查阿米巴原虫时应加温便器，立即送检；细菌培养标本注意无菌留取；粪便隐血试验前 3d 病人避免服用铁剂、肉类、肝类、血类、大量绿叶蔬菜等。

2. 缓解腹痛

（1）了解病人腹痛的性质、部位、范围等的变化，一旦发生腹痛性质的改变，应警惕是否发生肠梗阻、肠穿孔、中毒性巨结肠、大出血等并发症。

（2）给予病人解痉药物后注意观察疗效和副作用，注意溃疡性结肠炎的病人有无诱发中毒性巨结肠的发生。

3. 改善营养状况　急性发作期和有活动性病变者宜卧床休息，减少消耗。能进食者给予高营养的低渣流质或半流质饮食或软食，禁食生冷食物及纤维素含量多的水果、蔬菜，禁食牛奶和乳制品。病情严重者禁食期间给予肠外营养治疗，逐步过渡到口服要素饮食。贫血病人宜补充维生素、输血，低白蛋白血症者可输白蛋白制剂或血浆。

4. 药物治疗与护理

（1）氨基水杨酸制剂：具有抗炎作用，如柳氮磺吡啶（salicylazosulfapyridine，SASP）、美沙拉秦等。注意观察药物的副作用，如恶心、呕吐或过敏反应（如皮疹、粒细胞减少、再生障碍性贫血等）。可以饭后服用，定时监测病人血象。病变局限于直肠者可用睡前保留灌肠，5-ASA 灌肠液应现用现配。

（2）肾上腺皮质激素：适用于克罗恩病活动期的病人；适用于溃疡性结肠炎的急性发病期，尤其是重型活动期及暴发型病人。可以口服或静脉给药。用药期间注意观察激素的副作用，指导病人不可随意停药、突然减量。病变以左半结肠为主的克罗恩病或局限于直肠、乙状结肠的溃疡性结肠炎病人可用激素保留灌肠。

（3）免疫抑制剂：硫唑嘌呤或硫嘌呤适用于糖皮质激素疗效不佳或对糖皮质激素依赖的慢性活动期病人。甲氨蝶呤用于上述两药无效的病例。应注意药物不良反应，包括胃肠道反应、白细胞减少等骨髓抑制表现。

（4）抗生素：为控制肠道继发感染，应遵医嘱及时使用广谱抗生素，对肠道厌氧菌感染可加甲硝唑治疗。

5. 瘘管的护理　克罗恩病常有瘘管形成，给病人带来感染，皮肤营养不良，水、电解质紊乱等问题。护士要认真评估瘘管的部位、记录流出物的量和性状，有无脱水、低钾血症、发热等表现。做好外瘘口周围皮肤的保护，协助医生进行瘘口的冲洗。

（二）手术病人的护理

克罗恩病手术后复发率高,故手术的适应证主要限于并发症,包括完全性肠梗阻、瘘管与脓肿形成、急性穿孔或不能控制的大量出血、经内科治疗无效的顽固病例。手术方式一般采用病变肠段与相应肠系膜、淋巴结病灶的切除。

溃疡性结肠炎病人并发大出血、肠穿孔、内科治疗无效的中毒性巨结肠等可急诊手术。择期手术适用于并发结肠癌变、内科治疗无效的慢性活动期病人。一般采用全结肠切除术加回肠造瘘术,近年来采用的回肠肛门小袋吻合术可以避免回肠造瘘,大大提高了病人的生活质量。

手术前应配合医生积极做好术前准备,尽量将病人的营养和心理调整维持到最佳状态。手术治疗病人的护理参见相关疾病的手术护理。

（三）健康教育

指导病人及其家属保持积极、稳定的情绪,勇于面对和战胜疾病。强调良好的自我护理是防止复发的关键,指导病人控制诱发因素、识别复发表现。指导病人合理饮食,进食营养丰富、易消化的食物,注意饮食卫生,避免生冷、硬、刺激性、产气食物。指导病人合理休息与活动,在急性发作期或病情严重时均应卧床休息,缓解期适当休息,劳逸结合,避免劳累。指导病人坚持治疗,定期复诊,不可随意更换或者停药,并注意识别药物的不良反应,以便及时就诊。

【护理评价】

经过治疗和护理,评估病人是否能够达到:①腹泻减轻或消失;②腹痛减轻或消失;③营养状态改善;④能够进行良好的自我护理,预防疾病复发。

（尹　兵）

第四节　阑尾炎病人的护理

学 习 目 标

- 识记:
  1. 概述阑尾炎的病因、病理。
  2. 概括阑尾炎的症状、体征、辅助检查的意义。
- 理解:
  比较不同类型急性阑尾炎的病理和腹痛特点。
- 运用:
  根据阑尾炎病例提出护理诊断、护理措施和健康教育的主要内容。

　导入情境与思考

病人,女性,29 岁,因转移性右下腹痛 22h 来诊。体格检查:T 38.8℃;右下腹有固定压痛,肌紧张和反跳痛明显。血常规:WBC $14.5 \times 10^9/L$,N 90%。诊断:急性阑尾炎。

请思考:

（1）该病人最主要的护理诊断是什么? 应采取哪些护理措施?

（2）若急诊手术治疗,应做好哪些术前准备?

一、急性阑尾炎病人的护理

急性阑尾炎(acute appendicitis)是最常见的急腹症,好发于青年男性,大多数病人能够早期就医、早期诊断、早期手术,治疗效果良好。

【病因】

阑尾自身的解剖特点导致阑尾容易发生炎症,包括阑尾是一个细长的盲管,阑尾腔内富含微生物,肠壁内淋巴组织丰富。

1. **阑尾管腔阻塞**　是急性阑尾炎最常见的病因,原因包括淋巴滤泡明显增生,最常见,约占60%,年轻人多见;粪石,约占35%;异物、炎性狭窄、食物残渣、蛔虫、肿瘤等则较少;阑尾管腔细、开口狭小,而且系膜短使之呈卷曲状,这是阑尾自身的解剖因素。阑尾黏膜在阑尾管腔发生阻塞后仍然继续分泌黏液,管腔内压力上升导致血运障碍,使得阑尾炎症加剧。

2. **细菌入侵**　致病菌多为肠道内的各种革兰氏阴性杆菌和厌氧菌。阑尾管腔阻塞后细菌大量繁殖,分泌的内毒素和外毒素使黏膜上皮损伤并形成溃疡面,细菌由此进入阑尾肌层,进而导致阑尾间质内压力升高,动脉血流受阻,阑尾梗死和坏疽。此外,还可因肠道其他部位炎性疾病蔓延至阑尾。

3. **其他**　阑尾先天畸形,胃肠道功能发生障碍,引起内脏神经反射,肠管出现肌肉和血管的痉挛,黏膜受损,细菌入侵而产生急性炎症。

【病理】

根据急性阑尾炎的临床进程和病理解剖学变化,分为 4 种病理类型。

1. **急性单纯性阑尾炎**　为早期病变,此时临床症状和体征均较轻。病变局限在黏膜和黏膜下层。阑尾外观轻度肿胀,浆膜充血并失去光泽,表面有少量纤维性渗出物。镜下各层均有充血、水肿、中性粒细胞浸润,黏膜表面有小溃疡和出血点。

2. **急性化脓性阑尾炎**　由急性单纯性阑尾炎发展而来,临床症状和体征加重。又称急性蜂窝织炎性阑尾炎。阑尾高度肿胀,浆膜高度充血,表面有脓性渗出物。镜下管壁各层均有小脓肿,腔内也有积脓。

3. **坏疽性及穿孔性阑尾炎**　若病变继续进展,阑尾管壁坏死或部分坏死,呈暗紫色或黑色。阑尾根部和尖端好发穿孔,感染扩散则可引起急性弥漫性腹膜炎。

4. **阑尾周围脓肿**　阑尾发生坏疽或穿孔后,如果病程进展较慢,大网膜可移至右下腹将阑尾包裹并形成粘连,出现炎性肿块或阑尾周围脓肿。

急性阑尾炎的转归:①炎症消退。急性单纯性阑尾炎经积极药物治疗后炎症消退,但大部分会转变为慢性阑尾炎,易复发。②炎症局限。急性化脓性、坏疽性及穿孔性阑尾炎若被大网膜包裹可形成阑尾周围脓肿,炎症局限化。③炎症扩散。阑尾炎症重,进展快,未予及时手术切除,未被大网膜包裹,可使炎症扩散,进展为弥漫性腹膜炎、化脓性门静脉炎、感染性休克等。

【护理评估】

(一) 健康史

了解病人发病前是否有诱因,如饱食后剧烈活动、不洁饮食等。注意有无肠道其他炎性疾病直接蔓延至阑尾,如急性肠炎、炎性肠病、血吸虫病等,有无胃十二指肠溃疡穿孔、右侧输尿管结石、右侧异位妊娠破裂、右侧卵巢滤泡或黄体破裂、胆道系统感染性疾病等须与阑尾炎鉴别的疾病。

(二) 身体状况

1. **症状**

(1) 腹痛:70%~80%的病人呈现典型的转移性右下腹痛,即发作开始于上腹,逐渐移向脐部,6~8h 后转移并固定于右下腹。这是由于炎症侵及浆膜,壁腹膜受到刺激而引起的躯体神经定位性疼痛。部分病人发病开始即出现右下腹痛。不同类型阑尾炎的腹痛特点有所差别,如单纯性阑尾炎腹痛轻微,隐痛;化脓性阑尾炎腹痛剧烈,阵发性胀痛;坏疽性阑尾炎腹痛呈持续性且剧烈;阑尾炎穿孔后腹痛可暂时减轻,主要由于穿孔后阑尾管腔压力骤减,但随着腹膜炎的出现,腹痛会波及中下腹或全腹。

(2) 胃肠道症状:早期可有轻微的厌食、恶心、呕吐,弥漫性腹膜炎可致麻痹性肠梗阻,出现腹胀和呕吐等。盆腔位阑尾炎可刺激直肠和膀胱,引起便次增多、里急后重、尿痛等症状。

(3) 全身症状:早期可有乏力。随病情发展,病人可出现脉速、发热,体温在 38℃ 左右;阑尾穿孔时有寒战,体温可明显升高;出现轻微黄疸提示发生门静脉炎。

2. 体征

(1) 右下腹固定压痛:是急性阑尾炎的重要体征,压痛点位于麦克伯尼点(McBurney point,简称麦氏点),即脐与右髂前上棘连线中外 1/3 交界处,可因阑尾位置的变异而不同,但始终固定在阑尾所在的位置上(图 37-4-1)。炎症加重压痛的程度加重,范围也随之扩大。

(2) 腹膜刺激征:反跳痛、肌紧张、肠鸣音减弱或消失,提示阑尾出现化脓、穿孔或坏疽等改变。

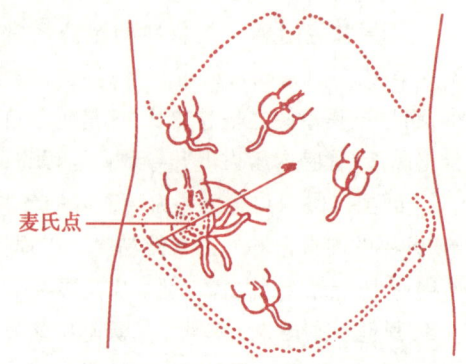

麦氏点

图 37-4-1 阑尾炎压痛点及阑尾位置变异

(3) 右下腹包块:阑尾周围脓肿时可在右下腹扪及压痛性包块,固定,边界不清。

(4) 其他体征:有助于明确位于盲肠后或盆腔阑尾的位置。

1) 结肠充气试验:病人仰卧位,检查者先用一手压降结肠,再以另一手压近侧结肠,逐步向近侧结肠移动,将结肠内气体赶向盲肠和阑尾,引起右下腹痛为阳性。

2) 腰大肌试验:病人左侧卧位,右下肢向后过伸,引起右下腹痛为阳性。表明病人阑尾位置深在盲肠后近腰大肌前方、盲肠后位或腹膜后位。

3) 闭孔内肌试验:病人仰卧位,将右髋和右膝均屈曲 90° 并向内旋转,引起右下腹痛者为阳性。提示阑尾靠近闭孔内肌。

4) 直肠指诊:可引起炎症阑尾所在位置压痛,一般在直肠后前方。阑尾穿孔时直肠前壁广泛压痛,当形成阑尾周围脓肿时则可触及痛性肿块。

(三)辅助检查

急性阑尾炎病人大多数出现血白细胞计数和中性粒细胞比例升高。阑尾穿孔时腹部 X 线影像可见液气平面,B 超和 CT 扫描可发现阑尾肿大和阑尾周围脓肿。护士应了解病人血常规、腹部 X 线等与手术耐受性有关的辅助检查结果。

(四)心理-社会状况

急性阑尾炎发病急,须行急诊手术治疗,对家庭、工作或学习情况毫无安排可使病人感到焦虑。护士应帮助病人解除后顾之忧尽快适应病人角色;术前应了解病人的心理状态,对疾病、麻醉及手术方式的认知程度和心理承受能力;对配合术前准备、进行术后康复的了解程度。

【常见护理诊断/问题】

1. **急性疼痛** 与炎症刺激、腹胀、手术创伤有关。
2. **营养失调:低于机体需要量** 与恶心、呕吐、禁食、手术有关。
3. **焦虑** 与急性起病,缺乏术前准备和术后康复等知识有关。
4. **潜在并发症:**出血、切口感染、粘连性肠梗阻、阑尾残株炎、粪瘘等。

【计划与实施】

急性阑尾炎的治疗有非手术治疗和手术治疗。病人的总体治疗和护理目标是病人达到:①主诉疼痛减轻或缓解;②以最佳的身心状态接受手术;③并发症得到预防或及时发现和处理。

Note:

（一）非手术治疗病人的护理

非手术治疗适用于单纯性阑尾炎和急性阑尾炎的早期阶段。主要措施是选用有效抗生素和补液治疗。非手术治疗病人的护理同手术前病人的护理。

（二）手术治疗病人的护理

手术治疗可根据急性阑尾炎的临床类型，选择不同的手术方法。急性单纯性阑尾炎，行阑尾切除术（appendectomy），也可采用经腹腔镜阑尾切除术。急性化脓性、坏疽性、穿孔性阑尾炎，行阑尾切除术，清除腹腔脓液，置管引流，也可采用经腹腔镜阑尾切除术。阑尾周围脓肿，尚未破溃穿孔时应按急性化脓性阑尾炎处理；如阑尾穿孔已被包裹，病情较稳定，宜非手术治疗；如脓肿扩大，无局限趋势，宜切开引流为主，术后加强支持治疗，合理使用抗生素。

1. 手术前病人的护理

（1）缓解疼痛：病人取半卧位，下肢屈曲使腹肌松弛，可减轻疼痛。疾病观察期间，病人禁食水，必要时给予胃肠减压。遵医嘱及时使用抗生素控制炎症，注意观察药物的副作用和疗效。在诊断明确之前禁止使用吗啡、哌替啶等镇痛药，以免掩盖病情。

（2）增加手术耐受性：禁食期间，遵医嘱静脉补液，维持水、电解质平衡。提供安静、舒适的环境促进病人休息。

（3）心理护理：了解病人及其家属的心理反应和突然发病对工作、生活等的影响，争取病人信任，做好解释安慰工作，使病人尽快适应角色转换。根据病情，向病人和家属介绍有关疾病的治疗知识和手术的有关事项，如术前准备的配合、麻醉方式、手术大致经过、术后康复情况等，使之积极主动配合治疗和护理。同时护士积极、紧张的工作和对病人和蔼、关心的态度是对病人和家属巨大的心理安慰。

（4）观察病情变化：定时测量生命体征；病人体温升高常提示炎症较重。观察病人腹部症状和体征，加强巡视，观察病人的腹痛和腹膜刺激征的变化；若病人腹痛加剧，范围扩大，压痛、反跳痛等腹膜刺激征更明显，应及时通知医生。观察期间禁用镇静、镇痛药，以免掩盖病情。

（5）并发症的观察和处理

1）阑尾穿孔：禁服泻药和灌肠，以免促进肠蠕动，导致阑尾穿孔。

2）腹腔脓肿：阑尾炎未经及时治疗，可并发腹腔脓肿。阑尾周围脓肿所致最常见，脓肿还可出现在盆腔、膈下、肠间隙等处。腹腔脓肿病人可出现压痛性肿块、全身感染中毒症状等。如病人出现右下腹肿块逐渐增大，压痛范围有所扩大，体温持续升高，应警惕是否存在脓肿穿破的可能。超声和 CT 可以定位脓肿位置。确诊后即应行超声引导下穿刺抽脓、冲洗或置管引流，也可以手术切开引流；中药治疗对阑尾周围脓肿有较好的效果。腹腔脓肿治愈后 3 个月左右再择期切除阑尾，比急诊手术效果好。

3）化脓性门静脉炎（pylephlebitis）：由阑尾静脉内的菌栓沿肠系膜上静脉进入门静脉所致。病人表现为寒战、高热、肝大、剑突下压痛、轻度黄疸等。严重者可导致感染性休克、脓毒症，引起细菌性肝脓肿。行阑尾切除术并且大剂量抗生素治疗有效。

2. 手术后病人的护理

（1）体位与活动：病人全麻术后清醒或硬膜外麻醉平卧 6h 后，血压、脉搏平稳者改为半卧位，以利于引流。如无禁忌可以协助病人尽早下床活动，以促进肠蠕动恢复；对病情较重的病人，可延缓下床活动，可以在床上翻身、活动肢体。活动中注意保护病人，避免意外。活动量应根据病人的耐受情况逐渐增加。

（2）监测生命体征：定时测量病人生命体征，直至平稳。对于术前已有发热的病人应注意其体温的变化。

（3）饮食：病人术后禁食、胃肠减压，静脉补液。待肠蠕动恢复，肛门排气后，由流质饮食开始逐步恢复经口饮食。

（4）引流管的护理：妥善固定引流管，防止打折、受压，保持通畅；经常挤压引流管，防止血块或脓液堵管;观察并记录引流液的颜色、性状及量。当引流液逐渐减少、颜色逐渐变淡至浆液性,做好拔管准备。

（5）药物治疗与护理:术后继续应用有效抗生素,控制感染,防止并发症。病人切口疼痛可适当给予镇痛药,用药后注意观察镇痛效果和药物的副作用,如抑制肠蠕动和发生尿潴留。使用镇痛药后应注意鼓励、协助病人活动,促进肠蠕动的恢复;对尿潴留的病人可采用诱导排尿的方法,必要时可留置导尿。

（6）并发症的观察与护理

1）内出血:阑尾系膜结扎线松脱可引起系膜血管出血,病人表现为腹痛、腹胀和失血性休克等。护士应注意观察其有无腹部隆起,血压进行性下降,脉快,面色苍白,引流管引出血性液等。一旦发生出血,应立即建立静脉通路,遵医嘱输血、补液,积极术前准备。

2）切口感染:是阑尾切除术后最常见的并发症,多见于化脓性或穿孔性阑尾炎。表现为术后 2～3d 体温升高,切口局部胀痛或跳痛、红肿、压痛等。通过排出脓液,放置引流管,定期换药,一般于短期内可愈合。术后应注意切口的情况,倾听病人有无切口疼痛的主诉,观察切口敷料有无血性或脓性渗出,及时通知医生查找原因。

3）粘连性肠梗阻:与局部炎性渗出、手术损伤和术后长期卧床等因素有关。鼓励病人术后早期活动,促进肠蠕动恢复,预防肠粘连的发生。完全性肠梗阻者应积极配合医生做好手术治疗的准备。

4）阑尾残株炎:阑尾切除时若残端保留过长超过 1cm,术后残株易炎症复发,仍为阑尾炎的表现。症状较重应再次手术切除阑尾残株。

5）粪瘘:原因多见于残端结扎线脱落、盲肠原有结核或癌肿、手术时盲肠组织水肿易损伤。可有类似阑尾周围脓肿的表现。经非手术治疗多可自行闭合,少数需手术治疗。如果引流管或切口流出粪便样物,应及时通知医生。

（三）健康教育

1. 对非手术治疗的病人,应向其解释禁食的目的,教会病人观察腹部症状和体征的变化,如果出现腹痛加重等情况应及时通知医护人员。

2. **指导病人术后饮食**　鼓励病人摄入蛋白质、纤维素丰富的食物,以利于切口的愈合并促进肠蠕动恢复。恢复饮食时应循序渐进,由流质饮食开始逐渐向普食过渡;避免暴饮暴食;注意饮食卫生,避免进食不洁、变质的食品。

3. 向病人介绍术后早期离床活动的意义,协助病人尽早下床活动。

4. 病人出院后,若出现腹痛、腹胀等不适,应及时就诊。

【护理评价】

经过治疗和护理,评估病人是否能够达到:①主诉疼痛或不适减轻;②能够耐受手术;③主动配合治疗和护理;④并发症得到预防或及时发现。

二、慢性阑尾炎病人的护理

慢性阑尾炎（chronic appendicitis）具有以下特点:①大多数病人由急性阑尾炎转变而来,少数开始即呈慢性过程,主要病变为阑尾壁不同程度的纤维化和慢性炎症细胞浸润;②病人既往常有急性阑尾炎发作史,症状可能不重或不典型;③经常有右下腹局限性压痛,位置较固定,部分病人左侧卧位时可触及条索状阑尾;④X 线钡剂灌肠透视检查可见阑尾不显影或排空延迟,72h 透视复查见阑尾腔内有钡剂残留。

诊断明确后可手术切除阑尾,并行病理检查证实诊断。慢性阑尾炎的手术前、后护理同急性阑尾炎,应根据其的特点制订相关的护理措施。

（尹　兵）

第五节　结直肠癌病人的护理

导入情境与思考

病人,女性,25 岁,因排便次数增多,黏液血便 10 个月就诊,体格检查:T 37.2℃,BP 110/70mmHg,消瘦,面色苍白,直肠指诊:距肛缘 4~5cm 触及质硬肿物,活动度差,指套染血。诊断:直肠癌,入院拟行手术治疗。病人担心术后造口影响生活,犹豫不决。

请思考:

(1) 该病人术前准备的重点是什么?

(2) 该病人目前存在哪些护理问题?

(3) 术后应如何指导该病人进行排便的自我护理?

结肠癌(colon cancer)和直肠癌(rectal cancer)统称为大肠癌,是胃肠道常见的恶性肿瘤,发病率仅次于肺癌、胃癌、肝癌,位于恶性肿瘤发病率的第 4 位。

结肠癌好发于乙状结肠,癌肿多为单个。41~65 岁发病率最高,我国近 20 年来的发病率明显上升,且有多于直肠癌的趋势。

直肠癌发生在乙状结肠直肠交界处至齿状线之间。在我国直肠癌发病年龄中位数在 45 岁左右,青年人(<30 岁)发病率有增高趋势,低位直肠癌占直肠癌的 65%~75%。近年来随着消化道吻合器的应用,许多直肠癌病人免去了人工肛门(artificial anus)的苦恼,极大地提高了病人的生活质量。

【病因】

大肠癌的确切病因尚未明确,目前主要认为是环境和遗传因素综合作用的结果。许多高危因素已经被逐渐认识:①缺乏新鲜蔬菜及纤维素食品,使肠蠕动减慢,增加了粪便和肠黏膜的接触时间;②过多的动物脂肪及动物蛋白摄入,在肠道产生致癌物质;③缺少适度的体力活动,肠道蠕动减少,菌群改变,胆酸和胆盐含量增加,导致肠黏膜损害;④遗传易感性,如遗传性非息肉性结肠癌家族成员是结肠癌的高危人群;⑤癌前期疾病,如家族性肠息肉病、结肠腺瘤、溃疡性结肠炎、结肠血吸虫病肉芽肿、克罗恩病等。

在结肠癌中,有半数以上来自腺瘤癌变,随着生物技术的发展,发现从腺瘤到癌的演变过程会经历 10~15 年,有多个基因参与遗传突变。

【病理】

（一）大体分型

大肠癌分早期大肠癌和进展期大肠癌。进展期大肠癌大体可分为：①隆起型（图 37-5-1）：肿瘤向肠腔内生长，恶性程度较低，结肠癌中好发于右侧结肠，尤其是盲肠。②浸润型（图 37-5-2）：肿瘤沿肠壁浸润，易致肠腔狭窄和肠梗阻，结肠癌中好发于左侧结肠。③溃疡型（图 37-5-3）：肿瘤向肠壁深层生长，并向周围浸润，早期易出血，转移较早，恶性程度高，是大肠癌最常见的类型。

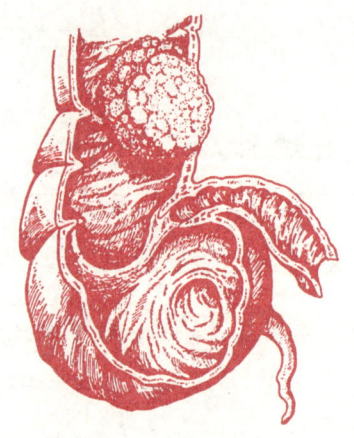

图 37-5-1 隆起型结肠癌

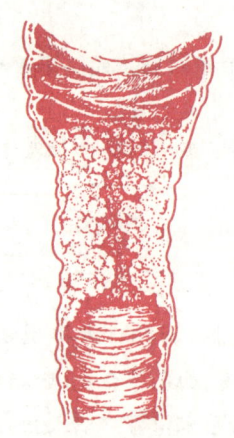

图 37-5-2 浸润型结肠癌

（二）组织学分型

结肠癌按组织学分型较常见的有：①腺癌：占结肠癌的大多数；②黏液癌：预后较腺癌差；③未分化癌：易侵入小血管和淋巴管，预后最差。

直肠癌组织学分型有：①腺癌：可进一步分类，管状腺癌和乳头状腺癌最多见，其次为黏液腺癌，印戒细胞癌、未分化癌较少且预后差；②腺鳞癌：也称腺棘细胞癌，中度及低度分化，主要见于直肠下段和肛管，较少见。

（三）转移途径

淋巴转移是大肠癌主要的转移途径。血行转移多见于肝，其次是肺、骨等；肿瘤导致肠梗阻和手术时挤压，易造成血行转移。癌肿可直接浸润邻近器官如乙状结肠癌常侵犯膀胱、子宫、输尿管；横结肠癌可侵犯胃壁，甚至形成内瘘；直肠癌可侵入子宫、膀胱等。癌细胞脱落，可在腹膜种植转移。直肠癌种植转移较少见，仅偶见于上段直肠癌。

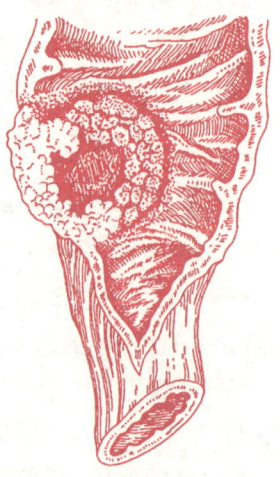

图 37-5-3 溃疡型结肠癌

【护理评估】

（一）健康史

评估病人的饮食、活动等生活习惯，既往有无癌前期疾病，是否有结直肠癌的家族史。

（二）身体状况

1. 结肠癌

（1）症状：在结肠癌早期，病人多无特殊症状，随着病程的发展产生下列症状：

1）排便习惯、粪便性状改变：常为最早出现的症状，可表现为排便次数增多、腹泻、便秘、便中带血、脓或黏液。

2）腹痛：出现较早，呈持续性隐痛，定位不确切，发生肠梗阻时腹痛加剧或为阵发性绞痛。

Note:

3）肠梗阻症状：一般属结肠癌的晚期症状，主要表现为腹胀和便秘，完全性梗阻时，症状加剧。

4）全身症状：出现贫血、消瘦、乏力、低热等，晚期可出现肝大、黄疸、腹水、水肿、锁骨上淋巴结肿大及恶病质等。

（2）体征：腹部可触及肿块，大多坚硬，呈结节状，多为癌肿本身，有时为肠梗阻近侧肠腔内的积粪。右、左半结肠癌因癌肿病理类型和部位不同，临床表现也有区别（表37-5-1）。

表37-5-1　右、左半结肠癌临床表现比较

	右半结肠癌	左半结肠癌
生长方式	突出于肠腔，呈菜花状	浸润生长，引起环状狭窄
血便	血与粪便混合	粪便表面染有鲜血
肠梗阻	较少见	多见
主要表现	消瘦、贫血、腹部包块	便秘、腹泻、便血

2. **直肠癌**　早期多无明显症状，癌肿破溃形成溃疡或感染时才出现症状。

（1）癌肿破溃感染症状：粪便表面带血及黏液，甚至脓血便。80%~90%的直肠癌病人会出现便血。

（2）直肠刺激症状：便意频繁，排便习惯改变，排便前肛门下坠感、里急后重、排便不尽感，晚期有下腹疼痛。便频发生率为60%~70%。

（3）肠腔狭窄症状：随着癌肿的生长肠腔狭窄，便条变细、变形。当癌肿造成肠管部分梗阻后则有腹痛、腹胀、排便困难等不完全肠梗阻的表现。

（4）晚期症状：癌肿侵犯邻近器官产生相应症状，侵犯膀胱可有尿频、尿痛、血尿，侵犯骶前神经可有骶尾部剧烈疼痛。肝转移时出现恶病质表现。

（三）辅助检查

1. **粪便常规**　注意有无红细胞、脓细胞。

2. **粪便隐血试验**　可用于大规模普查或高危人群的初筛，阳性者可进一步检查。发病早期即可能有少量出血，粪便隐血试验阳性有助于早期诊断。试验前3d禁食大量绿色蔬菜、肉类、肝、血类食品、含铁药物，第4日起连续留取粪便标本3d，每次从粪便的不同部位留取，做2次试验，共6次隐血检查，持续阳性者恶性肿瘤可能性大。

3. **直肠指诊和直肠镜检查**　低位直肠癌在我国占直肠癌总患病人数的60%~70%，能在直肠指诊时触及，可以明确癌肿距肛缘距离，癌肿大小、范围、固定程度、与周围器官的关系等。直肠镜检查是明确直肠癌最有效、可靠的方法，同时可取活组织进行病理检查。

4. **纤维结肠镜、X线钡剂灌肠或气钡双重对比造影检查**　可显示结肠癌癌肿的部位和形态。纤维结肠镜尚可取活组织进行病理检查明确诊断。

5. **超声和CT扫描**　有助于了解有无肝内转移，肿大淋巴结和腹部肿块的情况，盆腔内扩散情况，以及有无侵犯胃、膀胱、子宫、输尿管等邻近器官。

6. **血清癌胚抗原（carcinoembryonic antigen，CEA）**　特异性不高，但有助于判断结直肠癌预后和是否复发。CA19-9也是对直肠癌诊断和术后监测有意义的肿瘤标志物。

（四）心理-社会状况

结直肠癌的症状涉及排泄等个人隐私，病人往往羞于启齿，加之检查时的尴尬和不适，常使病人逃避就诊而失去早期发现、早期诊断的机会。延误诊治会极大降低病人生存率，造成病人和家庭的遗憾和极大的痛苦。

病人得知病情后，会感到难以承受和孤立无助，诊疗费用又比较昂贵，易使病人产生严重的焦虑和烦恼。若病情需要行结肠造口术（colostomy）时，病人将备受打击，感到失去自尊，影响自我形象，严

Note:

重者失去生活的信心。

因此,护士应鼓励病人表达自己的想法,注意病人的切身感受和疾病对病人、家庭的影响,评估病人和家属对疾病的认识,对手术的接受程度,对手术前配合知识的了解程度,对结肠造口的心理承受能力,家庭对病人诊疗经费的经济承受能力。

【常见护理诊断/问题】

1. **焦虑**　与惧怕癌症、手术及顾虑人工肛门的影响有关。
2. **知识缺乏**：缺乏有关肠道准备及人工肛门的护理知识。
3. **体象紊乱**　与腹部建立结肠造口、排便方式改变有关。
4. **潜在并发症**：出血、感染、吻合口瘘。

【计划与实施】

对结肠癌病人采用以手术切除为主,辅以化学药物治疗的方法。结肠癌根治性手术可根据癌肿不同位置决定切除范围,包括癌肿所在的肠袢及其系膜和区域淋巴结。右半结肠切除术(图 37-5-4)适用于盲肠、升结肠、结肠右曲的癌肿,横结肠切除术(图 37-5-5)适用于横结肠癌,左半结肠切除术(图 37-5-6)适用于结肠左曲和降结肠癌,乙状结肠癌的根治切除术(图 37-5-7)要根据乙状结肠的长短和癌肿的部位决定切除范围。结肠癌并发急性肠梗阻,应在对病人胃肠减压,纠正水、电解质紊乱和酸碱平衡失调等准备后及早手术。根据癌肿的部位和病人的情况采用一期肠吻合,或结肠造口,二期手术根治性切除;对肿瘤不能切除者,则行姑息性结肠造口。

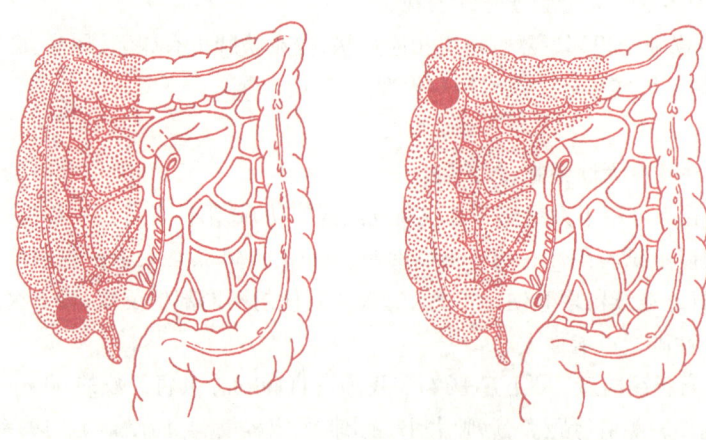

图 37-5-4　右半结肠切除范围

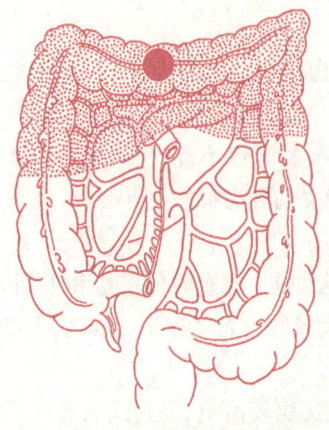

图 37-5-5　横结肠切除范围

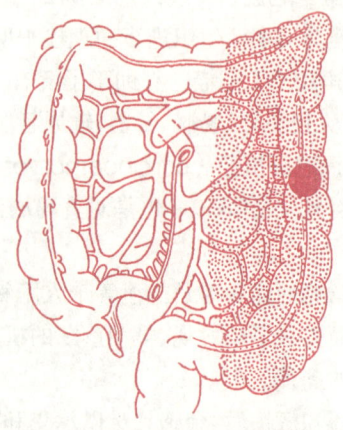

图 37-5-6　左半结肠切除范围

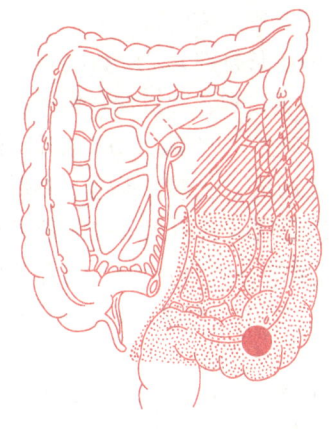

图 37-5-7　乙状结肠切除范围

直肠癌以手术切除为主,术前、术后辅以放疗和/或化疗。其他治疗有基因治疗、靶向治疗、免疫治疗等,靶向治疗已经有较好的临床治疗效果。低位直肠癌形成肠腔狭窄且不能手术者,可采用电灼、液氮冷冻和激光凝固、烧灼等局部治疗或放置金属支架改善症状。

根据癌肿在直肠的位置不同,常用的术式有:①局部切除术:适用于瘤体小、局限于黏膜或黏膜下层、高分化的直肠癌,主要方法有经肛局部切除术、经骶尾径路直肠肿瘤局部切除术;②经腹会阴直肠切除术(Miles 手术)(图 37-5-8):适用于腹膜反折以下的直肠癌,在左下腹做乙状结肠永久性单腔造口;③经腹直肠癌切除术(直肠低位前切除术,Dixon 手术)(图 37-5-9):适用于距齿状线 5cm 以上的直肠癌,保留正常肛门;④经腹直肠癌切除、近端造口、远端封闭手术(Hartmann 手术)(图 37-5-10):适用于一般情况差,不能耐受 Miles 手术或急性肠梗阻不宜行 Dixon 手术的病人。直肠癌根治术有多种手术方式,腹腔镜下施行 Miles 手术和 Dixon 手术具有创伤小、恢复快的优点。晚期,直肠癌侵犯子宫时行后盆腔器官清扫,一并切除子宫;侵犯膀胱时,行全盆腔清扫,一并切除膀胱(男性)或子宫、膀胱(女性)。直肠癌根治术有多种手术方式,以 Miles 手术和 Dixon 手术为经典,目前可以采用腹腔镜下施行手术,具有创伤小、恢复快的优点,但对须行盆腔淋巴结清扫、周围侵犯器官处理时有困难。

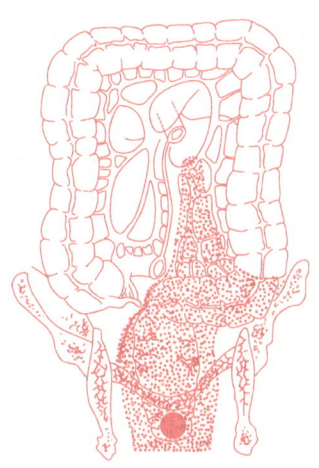

图 37-5-8　Miles 手术

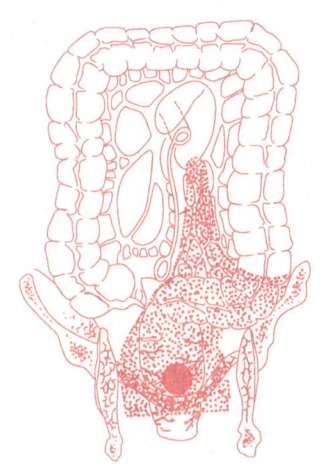

图 37-5-9　Dixon 手术

经过治疗和护理,病人达到:①正视疾病和手术,积极配合术前准备;②恢复一定的排便能力,学会人工肛门的自我护理;③并发症得到预防或及时发现和处理。

(一)术前护理

1. **心理护理**　检查和术前准备时注意保护病人的隐私。对须做结肠造口的病人,说明手术的必要性,可以结合图片、实物等向病人介绍结肠造口的部位、功能等,说明如果学会正确的处理方法,仍能正常生活、工作。也可通过成功的病例帮助病人增强治疗的信心,同时取得其家属的支持与配合。帮助病人寻找社会支持资源,如造口联谊会,帮助病人适应今后的生活和尽快康复。

2. **加强营养**　给予病人高蛋白、高能量、高维生素、易于消化的少渣饮食。肠道准备时可给予其静脉输液补充营养。

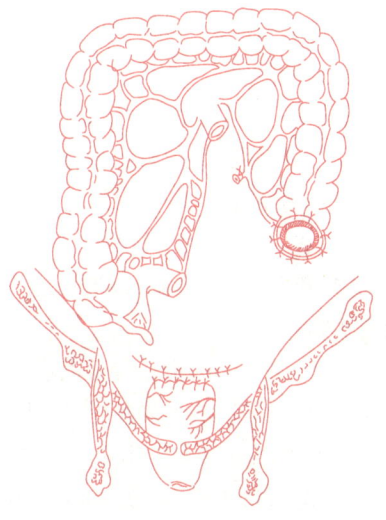

图 37-5-10　Hartmann 手术

对出现肠梗阻的病人应及时纠正体液失衡,补充适量的水和电解质,提高手术的耐受性。

3. **肠道准备**　结直肠癌手术的术前准备十分重要,通过肠道准备使结肠排空,无胀气,尽量减少肠道内的细菌数量,达到减少术中污染、防止术后腹胀、切口感染,利于吻合口愈合的目的。包括排空肠道和适量肠道抗生素的应用。排空肠道有多种方法,如术前 12~24h 口服复方聚乙二醇电解质散 2~3L,也有术前 1d 服用泻剂,除非有肠梗阻,目前很少使用反复清洁灌肠的方法清洁肠道。进行肠道准备时应注意:①评价肠道准备的效果,根据病人的排便情况调节灌肠次数或服用泻剂的种类和量;②保证病人安全,避免因虚脱而跌倒等意外;③有肠梗阻症状者,肠道准备时间须延长;④直肠癌病人肠腔有狭窄时,行清洁灌肠时应选择粗细合适的肛管,动作轻柔;⑤禁用高压灌肠,以防癌细胞扩散。

4. **造口定位**　造口位置对病人术后康复非常重要,术前由医生、造口治疗师和病人共同选择造口位置,乙状结肠造口在左下腹,位于腹直肌上。要求病人能够看到、方便自己护理造口,有足够的粘贴面积,位置隐蔽,不影响衣着、腰带等。应在病人平卧、坐位、站位、下蹲等体位时确定造口位置,并试戴造口袋。

5. **其他准备**　手术日晨放置胃管和留置导尿管。有肠梗阻症状的病人应及早放置胃管,减轻腹胀。留置导尿管主要是排空膀胱,预防手术时损伤,另外因手术切除直肠使膀胱后倾或骶神经损伤可引起尿潴留。女病人若肿瘤已侵犯阴道后壁,术前 3d 每晚须阴道冲洗。

（二）术后护理

1. **一般护理**　密切观察病人生命体征,术后应每 30min 测量一次,4~6 次以后改为每小时一次,病情平稳后延长间隔时间。病情平稳者,可改半卧位。

2. **饮食**　术后禁食,经静脉输液补充营养。术后 2~3d 病人肠蠕动恢复或结肠造口开放后可拔除胃管,由流质饮食开始逐渐过渡,术后 1 周可进少渣饮食,术后 2 周可进普食,以高热量、高蛋白、高维生素、低渣的饮食为宜。

3. **引流管的护理**

（1）腹腔、骶前引流管:保持其通畅,防止渗血、渗液残留,妥善固定引流管,观察并记录引流液的颜色、性状、量。

（2）留置导尿管:每日两次尿道口常规护理,约放置 2 周。拔管前先试行夹管,当病人有尿意时或每 4~6h 开放一次,训练膀胱舒缩功能,防止排尿功能障碍。

4. **结肠造口护理**

（1）保护腹壁切口:术后第 1 日开放造口,开放后病人取侧卧位,避免粪便污染腹部切口。

（2）保护造口及周围皮肤:注意观察病人造口肠黏膜的血运情况,有无血运障碍、出血、坏死等,注意有无造口肠段回缩。每次更换造口袋时用棉球、湿纸巾和温水清洁造口和周围皮肤,也可以使用专业造口清洁液,干燥后涂造口护肤粉、皮肤保护膜,防止皮炎和糜烂。长期服用抗生素、免疫抑制剂和激素的病人,尤其注意有无肠造口部位真菌感染。

（3）正确使用造口袋:根据结肠造口情况选择合适的造口袋,以轻便、防臭、防漏和保护周围皮肤的性能为主要标准,常用的造口袋有一件式、两件式和闭口袋、开口袋之分;术后早期建议使用底盘柔软的、透明、无碳片、开口袋,方便清洁和护理。使用过的造口袋可用中性洗涤剂和清水洗净,或用 1:1 000 氯己定(洗必泰)溶液浸泡 30min 晾干后备用。造口袋内充满 1/3 排泄物或发生渗漏时,均应及时更换。

（4）心理护理:护士应帮助病人正确认识并参与造口的自我护理,使病人认识到经过一段时间的实践,可逐渐适应并掌握造口的排便习惯,以后逐渐恢复日常生活,参加适量的运动和社交。

（5）结肠造口常见并发症及护理

1）肠造口坏死:是由血液循环受损导致的造口肠黏膜组织坏死。手术导致的血运不良或张力过大,术后护理不当(底盘开口过小、造口受压等)等均可导致。病人造口黏膜色泽发暗,呈暗紫、黑色;

黏膜局部或完全干瘪,甚至出现腐肉。护士应注意观察病人造口黏膜血运,避免局部压迫。部分坏死可以清创,完全坏死须手术重建造口。

2）肠造口水肿:术后最常见,一般6~8周自然消退。术后早期、远期均可发生。原因有手术创伤、肠道应激(肠管从腹腔内到腹腔外)、低蛋白血症、血液淋巴回流受阻(如底盘过小、瘢痕压迫、造口狭窄)等。应观察肠造口水肿、排便、排气情况,造口底盘修剪稍大,有低蛋白血症的病人应积极纠正。

3）皮肤黏膜分离:是肠造口边缘与周围皮肤的分离。原因有缝线脱落、黏膜坏死、造口周围感染等。分离范围不等,分离可局限于某一处到沿着造口周围一整圈。表浅的分离达真皮部分,较深的达深部组织。分离处可用具有吸收性的敷料填塞,外用防漏膏遮盖,再贴造口袋。

4）肠造口黏膜出血:原因多样,手术血管处理不当,外伤(如护理用品粗糙、用力过猛,去除造口周围毛发时损伤,近身碰撞损伤),原发病(如门静脉高压、肿瘤复发、服用抗凝血药)等均可造成黏膜出血。护士应嘱病人保护造口、避免造口外伤。表浅出血可用柔软的棉球、纱布等压迫,无效时可用造口粉或藻酸盐敷料再压迫。较多而频繁的出血可用1‰肾上腺素纱布压迫,或云南白药外敷后纱布压迫。

5）肠造口狭窄:指肠造口管腔的缩窄,或者外观正常但指诊时造口紧拉或缩窄。表现为肠造口周径小于本人小指前段,且出现排便困难。原因包括手术因素(腹壁开口过小、筋膜层缝合不当)、肠造口水肿、周围瘢痕形成、其他疾病本身导致的肠腔狭窄等。病人应避免难消化的饮食。轻度狭窄者(尚自行排便)可扩肛,3~5min/次,每日1次。中度(须辅助排便)、重度者(辅助无效、出现肠梗阻症状)用药软化粪便,必要时手术治疗。

（6）结肠造口周围常见并发症及护理

1）刺激性皮炎:肠造口周围皮肤受到浸润性损伤及化学刺激引起,如粪水性皮炎。各种原因导致的排泄物经底盘处渗漏到造口周围皮肤处,均可引起皮肤损伤,如肠造口高度、位置不当,周围皮肤不平整,底盘修剪过大、使用时间过长,排放不及时,体位变化等。每次更换时均应检查病人底盘并分析渗漏原因,这点非常重要。根据病人皮肤损伤情况使用造口粉、保护膜、亲水性或藻酸盐敷料,促进皮肤愈合。根据原因采取相应的处理,如使用防漏膏等产品使底盘处皮肤平整、选用造口腹带或腰带、重新评估病人的护理技能并及时指导。

2）过敏性皮炎:由肠造口周围皮肤对接触的化学成分产生的超敏反应而致的皮肤炎症。有红斑、瘙痒感,特点为皮损范围与接触物形状一致。各种接触皮肤的造口产品均有可能引起过敏,其中底盘粘胶过敏最常见。应立即停止使用过敏产品,更换其他品牌产品。可内服、外用抗过敏药物,清洁皮肤后涂药,涂完10min后,再用清水洗净,再贴造口袋。

3）造口旁疝:是各种原因导致的肠管经肠造口侧方脱出,多发生于术后2年内。原因有腹内压增高、年龄、营养不良、手术技术不当等。应预防腹内压增高的各种因素,使用造口腹带加强腹壁。出现旁疝者宜选用底盘柔软的一件式造口袋,必要时可手术治疗。

5. 并发症的观察和处理

（1）切口感染及裂开:观察病人体温变化及局部切口有无红、肿、热、痛,术后遵医嘱应用抗生素。Miles手术后病人,下肢避免外展,以免引起会阴部伤口裂开。对会阴部切口,可于术后4~7d开始用1:5 000高锰酸钾温水坐浴,每日2次。

（2）出血:观察病人血压、脉搏的变化,腹部、会阴部切口敷料有无渗血,以及腹部、骶尾部引流情况,及时发现出血。

（3）吻合口瘘:观察病人腹腔引流和腹部的情况,术后7~10d不可灌肠。若发生瘘,病人应禁食水,经静脉补充营养,保持引流通畅,盆腔持续滴注、吸引。必要时可行横结肠造口转流粪便。

Note:

知 识 链 接

中国加速康复外科临床实践指南（2021）（五）结直肠手术

加速康复外科(enhanced recovery after surgery，ERAS)采用有循证医学证据的围手术期处理的一系列优化措施，以减少手术病人的生理及心理的创伤应激，达到快速康复。加速康复外科在结直肠外科领域的应用，最早可追溯到20世纪90年代。该指南强烈推荐且与护理工作相关性较大的主要措施列举如下：①采用多学科协作形式，对病人进行有针对性的术前咨询与指导，尤其是对于拟行肠造口的病人，需行包括造口护理及相关并发症处理等内容的宣教，以缓解病人焦虑紧张情绪，提高依从性。②全面评估和改善病人术前营养及器官系统功能状态，减轻焦虑，调整睡眠。③术前康复训练是ERAS的重要措施。术前针对性康复训练有助于提高功能储备，降低术后并发症，促进病人术后康复。预康复措施应贯穿至围手术期全程。④术前采用Caprini评分对结直肠癌手术病人进行静脉血栓栓塞症风险评估，通过机械性措施预防静脉血栓栓塞症直至出院。对中高危病人，建议采用机械联合围术期药物进行预防。⑤根据具体情况选择术前肠道准备方式。行机械性肠道准备时，建议联合口服抗生素择期。⑥无消化道梗阻的病人，麻醉诱导前6h可进食不含油炸脂肪及肉类的固体食物，术前2h可口服无渣碳水化合物饮料。⑦结直肠手术应在手术前30~60min预防性静脉输注抗生素。⑧择期结直肠手术后无需常规留置鼻胃管。⑨术中常规监测体温，并采取必要的体温调节措施，预防术中低体温。⑩结直肠手术后，早期拔出导尿管(术后24h)，并口服α受体拮抗剂可较好的预防术后尿潴留的发生。对于直肠手术病人，可根据术中盆腔自主神经保护情况，酌情延长导尿管留置时间。⑪采用多模式镇痛、腹腔镜手术、避免液体负荷过重、避免鼻胃管等综合措施，预防术后常麻痹。⑫围术期应常规评估病人营养状态，若术前存在营养不良，应提前7~10d进行营养支持治疗，首选口服营养补充。术后尽早恢复正常饮食，营养不良者出院后应继续口服补充辅助营养物。⑬术后一天鼓励病人在陪护下下床活动，并注意防范跌倒。康复训练应前移至术前并延伸至术后日常生活中。

（三）健康教育

1. 保持心情舒畅，劳逸结合，尽快恢复以往的生活和社交。

2. 积极预防和治疗与结直肠癌相关的疾病，定期检查，防止癌变。

3. **饮食护理**　指导结肠造口病人饮食与普通人基本一致，基本不需要忌口，要均衡饮食。关注哪些食物易产气、产生异味、易致便秘和腹泻即可。如生冷、辛辣食物易致腹泻，洋葱、萝卜、豆类、空心菜、啤酒等产气或有刺激性气味；瘦牛肉、油炸花生、柿子等容易引起便秘。

4. 指导病人出院后扩张造口，戴手套后将手指蘸取润滑剂伸入造口内，每1~2周1次，每次20min，持续2~3个月。若发现造口狭窄、排便困难应及时就诊。指导病人采用一件式或两件式造口袋自然排便，或采用造口灌洗(38~41℃温水0.5~1L)，以减少自然排便的次数，训练有规则的肠道蠕动，逐渐建立近似正常人的排便行为。向病人介绍各类造口产品及使用方法，帮助病人安全的处理肠造口排便问题。

5. 术后3个月内避免重体力劳动，以免腹压增加导致肠管脱出。

6. 结直肠癌病人出院后一般3~6个月复查1次，共2年，然后每6个月1次，总共5年，5年后每年1次。化疗的病人，要定期检查血常规，注意白细胞和血小板计数。

【护理评价】

经过治疗和护理，评估病人是否能够达到：①焦虑减轻；②掌握与疾病有关的治疗护理配合方面的知识；③正视并参与结肠造口的护理；④术后并发症得到预防或及时发现和处理。

（尹　兵）

第六节　肛管疾病病人的护理

学习目标

- 识记：
  1. 描述概念：肛裂、肛瘘、痔。
  2. 概述肛管疾病的病因、病理特点。
  3. 概括肛管疾病的症状、体征、辅助检查。
- 理解：
  比较几种常见肛管疾病的临床表现特点。
- 运用：
  根据肛管疾病病例提出护理诊断、护理措施和健康教育的主要内容。

导入情境与思考

病人，男性，64 岁，排便后常滴鲜血，用力提重物后有软块从肛门露出，近几日便血减少，便后有肿物脱出，不能自行回缩，有疼痛。体格检查：肛门外见一暗红色肿物，大小 1.5cm×2.0cm，触疼。既往便秘 4 年。入院后准备行手术治疗。

请思考：

（1）该病人手术前应做好哪些准备？

（2）术后如何对该病人进行健康教育？

肛管疾病发病率较高，常见的有肛裂、肛瘘和痔。肛裂（anal fissure）是齿状线下肛管皮肤层裂伤形成的溃疡。多见于青中年人，大多数肛裂位于肛管的后正中线，其次为前正中线，侧方较少见。肛瘘（anal fistula）是肛门周围的肉芽肿性管道，由内口、瘘管、外口三部分组成。任何年龄均可发病，多见于青壮年男性。痔（hemorrhoid）是直肠下段黏膜和肛管的静脉丛淤血、扩张和屈曲所形成的静脉团。痔是最常见的肛肠疾病，也是成人常见病，发病率随年龄增长而增高。

【病因与病理】

（一）肛裂

肛裂形成可能与多种因素有关，长期便秘、粪便干结引起排便时的机械性创伤是多数肛裂形成的直接原因。

肛裂为纵向、椭圆形、梭形溃疡或感染的裂口，急性和慢性肛裂的裂口外观不同（表 37-6-1）。裂口上端的肛门瓣和肛乳头水肿，形成肥大乳头；下端皮肤形成突出于肛门外的袋状反垂，称"前哨痔"（图 37-6-1）。肛裂、乳头肥大和"前哨痔"常同时存在，称为肛裂"三联征"。

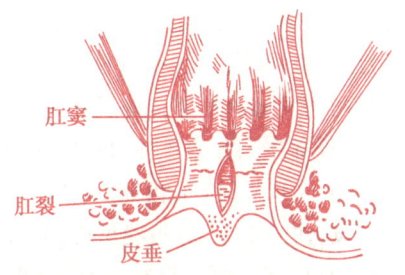

图 37-6-1　肛裂

表 37-6-1　急性肛裂和慢性肛裂的裂口情况对比

病程	边缘	底部	颜色	瘢痕
急性肛裂	整齐	浅而有弹性	鲜红	无
慢性肛裂	不整齐	深而质硬	灰白	纤维化增厚

Note：

（二）肛瘘

大部分肛瘘由直肠肛管周围脓肿引起，炎性肠病、恶性肿瘤、肛管外伤感染也可引起肛瘘，但较少见。肛瘘的内口多在齿状线上肛窦处，多为 1 个；外口在肛周皮肤上，可为 1 个或多个，因生长较快脓肿常假性愈合；瘘管由纤维组织和肉芽组织增生形成。

按瘘口和瘘管的数量可分为：①单纯性肛瘘，只有 1 个瘘管；②复杂性肛瘘，有多个瘘口和瘘管。按瘘管位置高低分为：①低位肛瘘，瘘管位于肛门外括约肌深部以下；②高位肛瘘，瘘管位于肛门外括约肌深部以上。按瘘管与括约肌的关系可分为肛管括约肌间型、经肛管括约肌型、肛管括约肌上型、肛管括约肌外型（图 37-6-2）。

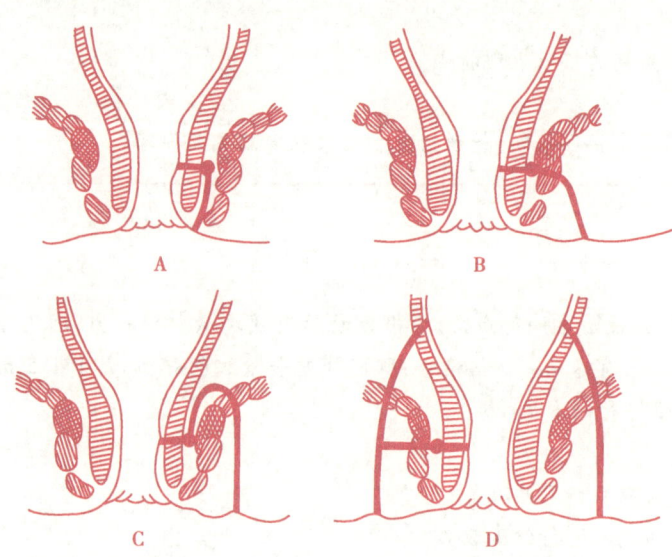

图 37-6-2　肛瘘的 4 种解剖类型
A. 肛管括约肌间型；B. 经肛管括约肌型；C. 肛管括约肌上型；D. 肛管括约肌外型。

（三）痔

痔的病因尚未完全明确，目前有以下学说。

1. 肛垫下移学说　肛垫是位于直肠末端的组织垫，排便时被推向下，排便后依靠自身收缩回到肛管内，反复便秘、腹压增高等因素使肛垫的回缩作用减弱，出现充血、下移而形成痔。

2. 静脉曲张学说　认为痔的形成主要因静脉扩张淤血形成。直肠静脉自身的解剖因素是出现血液淤积和静脉扩张的基础；长期坐立、便秘、妊娠、腹水、排尿困难、长期咳嗽及盆腔巨大肿瘤等许多腹内压增高因素可致直肠静脉扩张淤血而形成痔。

此外，肛周感染、长期饮酒、刺激性食物、营养不良等可诱发痔的发生。痔所在的部位不同，可分为内痔、外痔和混合痔 3 种（图 37-6-3）。内痔由直肠上静脉丛形成，位于齿状线以上。内痔分为 4 度。Ⅰ度：便时出血，痔不脱出肛门；Ⅱ度：常便血，便时痔脱出肛门，便后自行回纳；Ⅲ度：偶便血，痔在腹内压增加时脱出肛门，须用手回纳；Ⅳ度：偶便血，痔长期脱出肛门，不能回纳或回纳后又脱出。外痔由直肠下静脉丛形成，位于齿状线下方。表现为肛管皮肤下有 1 个至数个椭圆形突出。血栓性

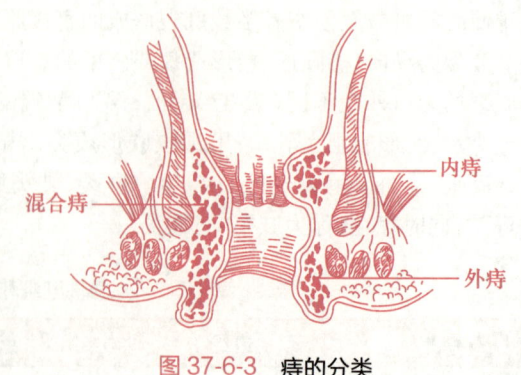

图 37-6-3　痔的分类

外痔最常见，结缔组织外痔（皮垂）及炎性外痔较常见。混合痔因直肠上下静脉丛互相吻合，齿状线

Note：

上、下静脉丛同时曲张形成。可由Ⅲ度以上的内痔发展而来。

【护理评估】

（一）健康史

1. **肛裂**　了解病人的饮食习惯、排便习惯，是否经过治疗，有无其他伴随疾病，如心血管疾病、糖尿病等。

2. **肛瘘**　询问病人有无直肠肛管周围脓肿、结核、溃疡性结肠炎、克罗恩病、恶性肿瘤、肛管外伤感染等疾病史。

3. **痔**　了解病人有无长期坐立、便秘、妊娠、排尿困难、长期咳嗽等腹内压增高因素，有无盆腔巨大肿瘤、腹水、前列腺肥大等疾病史。是否存在肛周感染、长期饮酒、进食大量刺激性食物、营养不良等可诱发因素。

（二）身体状况

1. **肛裂**　病人常有便秘史，典型表现为疼痛、便秘和出血。

（1）疼痛：排便时干硬的粪便直接刺激裂口产生排便时疼痛，持续数分钟；排便后肛门括约肌较长时间的反射性痉挛产生排便后疼痛，持续 30min 到数小时。

（2）便秘：形成肛裂后病人因疼痛惧怕排便，久之形成便秘，便秘又加重肛裂，形成恶性循环。

（3）出血：鲜血见于粪便表面、便纸上或便时滴出。

2. **肛瘘**

（1）症状：肛瘘外口流出少量脓性、血性或黏液性分泌物为主要症状。分泌物刺激肛门周围皮肤引起瘙痒，有时形成湿疹。当瘘管形成脓肿时，可出现明显的疼痛，并伴有发热、寒战、乏力等全身感染症状；随着脓肿的破溃症状得到缓解。反复形成脓肿是肛瘘的特点。

（2）体征：检查时可见肛周皮肤上单个或多个外口，为红色乳头状突起，压之可见分泌物流出。直肠指检时内口处有轻压痛，有时可扪及硬结样内口及条索样瘘管。

3. **痔**

（1）症状：便血在内痔和混合痔最常见，其特点是间歇无痛性便后出血，表现为便时带血、滴血或喷射状出血，可自行停止，长期便血可导致贫血。当内痔或混合痔合并血栓形成、嵌顿、感染时可出现剧烈疼痛。脱出的痔块常有黏液分泌物，可刺激肛门周围皮肤引起瘙痒或湿疹。

（2）体征：外痔在肛门表面可见，为红色或暗红色硬结，大小不一。Ⅱ度以上的内痔或混合痔可脱出肛门，较大的痔块若被嵌顿，可致水肿、淤血甚至坏死，成为嵌顿性痔或绞窄性痔。

（三）辅助检查

肛门镜检查有时可发现肛瘘的内口，由外口注入亚甲蓝溶液可判断内口位置，可通过肛门镜检查了解内痔痔块情况。碘油瘘管造影检查可明确瘘管走向。

（四）心理-社会状况

由于病变部位隐私，病人常常不愿意及时就诊；剧烈的疼痛常常严重影响病人的生活质量，可以导致病人焦虑、不能专心工作和学习等。护士应了解病人的心理感受和疾病对生活、工作等的影响程度；对疾病预防、治疗效果、术后康复的了解程度；对手术治疗、护理配合的认知程度和接受程度。

【常见护理诊断/问题】

1. **急性疼痛**　与肛管疾病或手术切口有关。

2. **便秘**　与肛周疼痛惧怕排便有关。

3. **知识缺乏**：缺乏有关疾病治疗的知识及预防康复知识。

4. **潜在并发症**：切口感染、出血、尿潴留、肛门失禁、肛门狭窄。

【计划与实施】

急性或初次发作的肛裂可用坐浴、软化粪便的方法治疗;慢性肛裂还要加以扩肛的方法。手术治疗适用于上述方法无效、反复发作且症状较重者;术式包括肛裂切除术、肛门内括约肌切断术。

肛瘘不能自愈,必须手术治疗。治疗原则是切开瘘管形成敞开的创面,促进愈合。术式根据内口位置、瘘管与括约肌的关系来选择,可采用瘘管切开术、挂线疗法、肛瘘切除术。手术关键在于避免损伤肛门括约肌,防止肛门失禁。

痔的治疗应遵循下列原则:①保守治疗为主;②无症状的痔不必治疗;③有症状的痔以减轻、消除症状为主,并非根治。保守疗法可通过改善病人饮食结构、坐浴、局部用药等方法对症治疗,注射疗法和胶圈套扎疗法为痔的主要治疗方法。手术疗法主要适用于病程迁延、出血重、痔核脱出、混合痔及血栓性外痔等非手术治疗无效者;术式有痔单纯切除术、痔上黏膜环切术、血栓外痔剥离术。

经过治疗和护理,病人达到:①疼痛减轻或缓解;②以最佳的身心状态接受手术;③并发症得到预防或及时发现和处理。

(一) 手术前病人的护理

1. 排便的护理

(1) 保持排便通畅:多吃新鲜蔬菜、水果及多饮水,避免饮酒和刺激性食物。便秘者,可服用缓泻剂,如蓖麻油、液体石蜡等。

(2) 活动:适当增加运动量,促进肠蠕动,避免长期保持一种姿势,如久站、久坐、久蹲。

(3) 避免跌倒:因便秘使病人长时间下蹲及痔反复便血导致的贫血,病人容易头晕而跌倒受伤,排便时可采用坐便或有人陪伴。

2. 坐浴　每日用 1∶5 000 高锰酸钾溶液 3 000ml 坐浴 2~3 次,包括便后坐浴,每次 20~30min,温度为 43~46℃。注意使用消毒的盆具,避免烫伤。

3. 术前准备

(1) 肠道准备:术前 3d 进少渣饮食,并口服缓泻剂和肠道杀菌剂,术前 1d 全流质饮食,术前晚或术日晨清洁灌肠。

(2) 皮肤准备:做好肛周术野皮肤准备,保持肛门皮肤干净,女性已婚病人术前冲洗阴道。

(二) 手术后病人的护理

1. 疼痛的护理　手术后肛门疼痛,可适当应用镇痛药,必要时放松填塞物。仰卧位时,臀部垫气圈,防止伤口受压。

2. 饮食　术后 2~3d 进流质饮食,以后改为无渣或少渣饮食。

3. 排便护理　术后 48h 内服用阿片酊控制排便,尽量避免术后 3d 内排便,利于切口愈合。排便时防止用力,避免崩裂伤口。病人若有便秘,可口服缓泻剂,禁忌灌肠。

4. 温水坐浴　术后每次排便后或更换敷料前用坐浴,方法同术前。

5. 预防并发症

(1) 切口感染:注意观察病人切口敷料有无脓性分泌物,监测病人体温变化,遵医嘱及时给予抗生素预防感染。

(2) 切口出血:门诊病人应做好观察,住院病人注意严密观察其血压、脉搏、呼吸及伤口渗血情况。如果病人有面色苍白、头晕、心慌、脉速等内出血表现,或有急迫便意和肛门坠胀感,排便出现大量鲜血和血块等情况应及时通知医生,立即建立静脉通路快速输液。

(3) 尿潴留处理:手术、麻醉、疼痛和肛管内填塞敷料等原因可造成病人尿潴留。术后 24h 内,可每 4~6h 嘱病人排尿一次。一旦发生尿潴留,可通过诱导、针刺或导尿等方法处理。

(4) 肛门狭窄、肛门失禁:注意病人有无便条变细或大便失禁等现象。术后 5~10d 可用示指扩肛,每日 1 次,防止肛门狭窄;并指导病人有便意时即应排便。肛门括约肌松弛者术后 3d 可做肛门收

Note:

缩舒张运动。

（三）健康教育

1. **养成良好的排便习惯**　养成每日定时排便的习惯。避免排便时阅读,以免延长蹲坐时间,引起肛管持续下坠、加剧局部静脉扩张淤血。粪便干结时及时采取措施,避免便秘。

2. 注意饮食调节,多吃蔬菜、水果,多饮水,避免辛辣等刺激性食物和大量饮酒。

3. 长期坐、站位工作的人,提倡做保健操。

4. 若创面未完全愈合,出院后坚持便后坐浴。

5. 出现便条变细或大便失禁时,指导病人进行肛门扩张或肛门舒缩练习。

6. 出现排便困难等情况及时就诊。

【护理评价】

经过治疗和护理,评估病人是否能够达到:①疼痛减轻;②排便正常;③掌握有关疾病知识;④并发症得到预防,或被及时发现和处理。

（尹　兵）

思 考 题

1. 比较常见肠梗阻临床表现的异同是什么?

2. 简述炎性肠病病人腹泻的护理措施有哪些。

3. 阑尾切除术后有哪些并发症? 护士应如何观察?

4. 结肠造口病人健康教育的内容是什么?

5. 内痔的分度是什么?

肝病病人的护理

38章　数字内容

第一节　肝炎病人的护理

───── 学 习 目 标 ─────

● 识记：

1. 陈述病毒性肝炎的概念、流行病学特点。

2. 概述急性肝炎、慢性肝炎、重型肝炎、淤胆型肝炎的临床表现与治疗护理要点。

3. 列举病毒性肝炎肝功能检查的内容、乙型肝炎病毒标志物检测的内容和临床意义。

4. 说出病毒性肝炎的主要护理诊断。

● 理解：

比较急性肝炎、慢性肝炎、重型肝炎、淤胆型肝炎、肝炎肝硬化的临床表现及治疗护理之间的异同点。

● 运用：

运用护理程序对各型肝炎病人进行评估、制订护理计划、提供健康指导。

病人,男性,20 岁,学生。因皮肤发黄 1 周,恶心,食欲下降,腹胀伴乏力 3d 入院。2 年前体检发现乙肝"大三阳",否认其他病史。今入院体格检查:全身皮肤中度黄染,巩膜重度黄染。肝功能检查:丙氨酸转氨酶(ALT)845.2U/L,总胆红素(TBIL)420.2μmol/L,直接胆红素(DBIL)330.4μmol/L,乙肝两对半:表面抗原[HBsAg(+)],e 抗原[HBeAg(+)],表面抗体[抗 HBs(+)]。HBV-DNA(+)。诊断为慢性乙型肝炎。

请思考:

(1) 该病人临床诊断依据是什么?

(2) 该病人目前的主要护理问题有哪些?如何护理?

肝炎的种类很多,其中最常见的是病毒性肝炎,本节主要介绍病毒性肝炎病人的护理。

病毒性肝炎(viral hepatitis)是指由嗜肝病毒引起的肝感染性疾病,以急性肝细胞坏死、变性和炎症反应为主要特点。目前按病原学明确分类的有甲型、乙型、丙型、丁型及戊型 5 型肝炎病毒。各型病毒性肝炎临床表现相似,以疲乏、食欲减退、厌油腻、肝功能异常为主,部分病例可出现黄疸,无症状感染常见。甲型肝炎及戊型肝炎主要表现为急性感染,经粪-口途径传播;乙型、丙型及丁型肝炎主要表现为慢性感染,少数病例可发展为肝硬化或肝细胞癌,主要经血液、体液等胃肠外途径传播。

【病原学】

目前已证实,导致病毒性肝炎的病毒有甲、乙、丙、丁、戊 5 型。除乙型肝炎病毒属 DNA 病毒外,其余均属 RNA 病毒。

(一)甲型肝炎病毒

甲型肝炎病毒(hepatitis A virus,HAV)属于嗜肝 RNA 病毒属,呈球形,直径 27~32nm,无包膜。电镜下可见实心和空心 2 种颗粒,前者为完整的 HAV,有传染性,后者为未成熟的不含 RNA 的颗粒,具有抗原性,但无传染性。HAV 对外界抵抗力较强,耐酸碱,室温下可生存 1 周,经 60℃ 30min,80℃ 5min 或 100℃ 1min 才能使之完全灭活。对紫外线、氯、甲醛等敏感。感染后 HAV 主要在肝细胞内复制,通过胆汁从粪便中排出。

(二)乙型肝炎病毒

乙型肝炎病毒(hepatitis B virus,HBV)属嗜肝 DNA 病毒,有包膜。在电镜下可见 3 种病毒颗粒:①Dane 颗粒,是完整的 HBV 颗粒,直径为 42nm,分为包膜和核心两部分,包膜内含乙型肝炎表面抗原(HBsAg)、糖蛋白与细胞脂质。核心部分含有环状双股 DNA、DNA 聚合酶(DNAP)和乙型肝炎核心抗原(HBcAg),是病毒复制的主体。②小球形颗粒。③丝状或核状颗粒。后 2 种不是完整的病毒颗粒,是 HBV 的一部分,仅含包膜蛋白。HBV 抵抗力很强,对热、低温、干燥、紫外线及一般浓度的消毒剂均能耐受。在 37℃ 可存活 7d,在血清中 30~32℃ 可保存 6 个月。加温至 100℃ 10min、65℃ 10h 或高压蒸汽消毒可使之灭活。

(三)丙型肝炎病毒

丙型肝炎病毒(hepatitis C virus,HCV)为黄病毒科丙型肝炎病毒属。HCV 呈球形病毒颗粒,直径为 30~60nm,外有脂质的外壳、囊膜和棘突结构,内由核心蛋白、核酸组成核衣壳。基因组为线状单股正链 RNA。HCV 对有机溶剂敏感,10%三氯甲烷可杀灭 HCV。煮沸、紫外线等可灭活。血清经 60℃ 10h 或 1:1 000 甲醛溶液 37℃ 6h 可使其传染性丧失。血制品中的 HCV 可用干热 80℃ 72h 或加变性剂使之灭活。

(四)丁型肝炎病毒

丁型肝炎病毒(hepatitis D virus,HDV)是一种缺陷 RNA 病毒,呈球形,直径为 35~37nm。在血液中必须与 HBV 或其他嗜肝 DNA 病毒共生才能复制、表达抗原及引起肝损害。

（五）戊型肝炎病毒

戊型肝炎病毒（hepatitis E virus，HEV）为无包膜球形颗粒，直径为 27~34nm，是单股正链 RNA 病毒。HEV 主要在肝细胞内复制，通过胆道排出。HEV 在碱性环境下较稳定，对高热、三氯甲烷、氯化铯敏感。

【流行病学】

我国是病毒性肝炎的高发区。全球约有 2.57 亿慢性 HBV 感染者，我国约有 7 000 万，全球 HCV 感染者约 1.85 亿，我国约 1 000 万。

（一）传染源

甲型、戊型肝炎传染源为急性期病人和隐性感染者，后者数量较前者为多。甲型肝炎病人在发病前 2 周至起病后 1 周从粪便排出的 HAV 数量最多。乙型、丙型、丁型肝炎的传染源主要是急、慢性病人和无症状病毒携带者，其中慢性病人和无症状携带者作为传染源的意义最大。

（二）传播途径

1. **甲型肝炎**　主要经粪-口途径传播。粪便污染饮用水源、食物、蔬菜、玩具等可引起流行，水源或食物污染可致暴发流行。日常生活密切接触多为散发性发病，极少见输血传播。

2. **乙型肝炎**　①血液、体液传播：血液中 HBV 含量很高，微量的污染血进入人体即可造成感染，如输血及血制品、注射、手术、针刺、共用剃刀和牙刷、血液透析、器官移植等均可传播。②垂直传播：主要经胎盘、产道分娩、哺乳喂养等方式传播。③性传播：与 HBV 阳性者发生无防护的性接触。

3. **丙型肝炎**　类似乙型肝炎。①血液传播：是 HCV 感染的主要途径。②性传播：多个性伴侣及同性恋者更易感染。③垂直传播。

4. **丁型肝炎**　类似乙型肝炎。与 HBV 以重叠感染或同时感染形式存在。

5. **戊型肝炎**　类似甲型肝炎。隐性感染多见，显性感染多发生于成人。

（三）易感人群

1. **甲型肝炎**　抗 HAV 阴性者。感染后可产生持久免疫。以学龄前儿童发病率最高，其次为青壮年。

2. **乙型肝炎**　抗 HBs 阴性者。新生儿普遍易感，婴幼儿时期是获得性 HBV 感染的最危险时期。高危人群包括 HBsAg 阳性母亲的新生儿、HBsAg 阳性者的家属、反复输血及血制品者、血液透析病人、多个性伴侣者、静脉药瘾者、接触血液的医务工作者等。

3. **丙型肝炎**　各个年龄组人群普遍易感，受血者、静脉药瘾者、血液透析病人和接触血液的医务工作者是高危人群，多见于成人。

4. **丁型肝炎**　人类对 HDV 普遍易感，目前仍未发现对 HDV 的保护性抗体。

5. **戊型肝炎**　普遍易感，感染后免疫力不持久。发病以青壮年多见，男性多于女性，孕妇发病率高，病死率高。

（四）流行特征

乙型、丙型、丁型肝炎以散发性发病为主。流行暴发常见于甲型和戊型肝炎。我国甲型肝炎以秋冬季为发病高峰，戊型肝炎多发生于雨季或洪水后。乙、丙、丁型肝炎主要为慢性经过，无明显季节性。我国属于乙型肝炎的高流行区，发病率乡村高于城市，南方高于北方。丁型肝炎以西南地区感染率高。

【发病机制】

各型病毒性肝炎的发病机制目前尚未明确。

1. **甲型肝炎**　HAV 经口由肠道进入血液，引起短暂的病毒血症，约 1 周后进入肝细胞内复制，2

Note:

周后通过胆汁排出体外。HAV 引起肝细胞损伤的机制可能与免疫反应有关。

2. **乙型肝炎**　发病机制非常复杂。肝细胞病变主要取决于机体的免疫应答,尤其是细胞免疫应答。当机体处于免疫耐受状态,不发生免疫应答,多成为无症状携带者;当机体免疫功能正常时,多表现为急性肝炎;当机体免疫功能低下、不完全免疫耐受、自身免疫反应产生等情况下,可导致慢性肝炎;当机体处于超敏反应时,可导致大片肝细胞坏死,发生重型肝炎。乙型肝炎的肝外损伤主要由免疫复合物引起。乙型肝炎慢性化可能与免疫耐受有关系,成人慢性化率约为 10%。

3. **丙型肝炎**　HCV 进入机体后,首先引起病毒血症,病毒血症间断地出现于整个病程。目前认为 HCV 对肝细胞有直接杀伤作用,同时可能有宿主免疫、自身免疫、细胞凋亡等因素参与,导致了 HCV 对肝细胞的损伤。HCV 感染后,由于 HCV 的高度变异性、对肝外细胞的泛嗜性及机体对 HCV 的免疫应答水平低等因素,易致 HCV 感染慢性化,慢性化率为 60%~85%。

4. **丁型肝炎**　目前认为 HDV 本身及其表达产物对肝细胞有直接损伤作用,但尚缺乏确切证据。

5. **戊型肝炎**　细胞免疫是引起肝细胞损伤的主要原因,同时病毒进入血液也可导致病毒血症。

【病理生理】

1. **黄疸**　以肝细胞性黄疸为主。肝细胞膜通透性增加及胆红素的摄取、结合、排泄等功能障碍可引起黄疸。

2. **肝性脑病（hepatic encephalopathy，HE）**　是一种由严重肝病引起的、以代谢紊乱为基础的中枢神经系统功能失调综合征。可能与血氨及其他毒性物质蓄积、氨基酸比例失调(芳香族氨基酸增加、支链氨基酸正常或轻度减少)、某些胺类物质(如羟苯乙醇胺)不能被清除等有关。

3. **出血**　肝功能严重受损时,肝合成凝血因子减少;肝硬化伴脾功能亢进致血小板减少;DIC 导致凝血因子减少和血小板消耗。

4. **肝肾综合征**　重型肝炎或肝硬化时,由于内毒素血症、肾血管收缩、肾血流减少、有效循环血量下降等因素导致肾小球滤过率下降,引起急性肾损伤。

5. **肝肺综合征**　重型肝炎和肝硬化时,由于肺内毛细血管扩张,出现动静脉分流,严重影响气体交换功能,导致出现肺水肿、间质性肺炎、盘状肺不张、胸腔积液和低氧血症等改变,统称为肝肺综合征。

6. **腹水**　重型肝炎和肝硬化时,由于醛固酮分泌过多、抗利尿激素灭活减少,导致水、钠潴留。钠潴留是早期腹水产生的主要原因。门静脉高压、低蛋白血症和肝淋巴液生成增多是后期腹水的主要原因。

【护理评估】

（一）健康史

询问病人起病前是否进食未煮熟的海产品,或有饮用受污染水和食用不洁食物史。是否有与乙型肝炎病人或 HBsAg 携带者密切接触史,是否有多个家庭成员发病史,有无输血或应用血制品史,是否有不安全注射、文身等其他明确的血液暴露史,有无职业暴露史。询问病人起病急缓,主要症状,疫苗接种情况,有无肝炎病史,是否接受治疗,效果如何。

（二）身体状况

不同类型病毒引起的肝炎潜伏期不同,甲型肝炎 2~6 周,平均 4 周;乙型肝炎 1~6 个月,平均 3 个月;丙型肝炎 2 周至 6 个月,平均 40d;丁型肝炎 4~20 周;戊型肝炎 2~9 周,平均 6 周。根据其临床表现可分为急性肝炎、慢性肝炎、重型肝炎、淤胆型肝炎和肝炎肝硬化。

1. **急性肝炎**　包括急性黄疸性肝炎和急性无黄疸性肝炎。各型病毒均可引起。

（1）急性黄疸性肝炎:临床经过的阶段性较为明显,可分为 3 期,总病程 2~4 个月。

Note:

1）黄疸前期：甲型及戊型肝炎起病急，发热多在38℃以上。乙型、丙型、丁型肝炎起病较慢，常无发热或发热不明显。病人有全身乏力、食欲减退、厌油、恶心、呕吐、腹胀、肝区痛、尿色加深等症状。肝功能改变主要为丙氨酸转氨酶（alanine aminotransferase，ALT）升高。本期持续5~7d。

2）黄疸期：发热减退，但尿色继续加深，巩膜和皮肤出现黄疸，约2周达高峰，部分病人可有一过性粪色变浅、皮肤瘙痒、心动过缓等梗阻性黄疸表现。肝大至肋下1~3cm，质软，有压痛及叩痛。部分病例有轻度脾大。肝功能改变主要为ALT和胆红素升高，尿胆红素阳性。本期持续2~6周。

3）恢复期：黄疸逐渐消退，症状减轻以至消失，肝脾回缩，肝功能逐渐恢复至正常。本期持续1~2个月。

（2）急性无黄疸性肝炎：较急性黄疸性肝炎常见，通常起病较缓慢，症状较轻，表现为乏力、食欲减退、恶心、肝区疼痛、肝大、肝区有轻压痛及叩痛等。肝功能呈轻、中度异常。病程多在3个月内。有些病例无明显症状，易被忽视。

2. **慢性肝炎**　见于乙型、丙型和丁型肝炎。急性肝炎病程超过半年，或原有乙型、丙型、丁型肝炎或有HBsAg携带史因同一病原再次出现肝炎临床表现及肝功能异常，即为慢性肝炎。另外，发病日期不明确或者虽无肝炎病史，但根据症状、体征、实验室及影像学检查结果综合分析，亦可诊断。根据病情轻重可分为轻、中、重3度。

（1）轻度：病情较轻微，病人反复出现疲乏、头晕、食欲减退、肝区不适、肝稍大有轻压痛，可有轻度脾大。部分病例症状、体征缺如。肝功能指标仅1或2项轻度异常。

（2）中度：症状、体征、实验室检查介于轻度与重度之间。

（3）重度：有明显或持续的肝炎症状，如乏力、食欲缺乏、腹胀、尿黄、腹泻等，伴有肝病面容、肝掌、蜘蛛痣、脾大等表现。ALT和/或天冬氨酸转氨酶（aspartate aminotransferase，AST）反复或持续升高，白蛋白降低、丙种球蛋白明显升高。凡白蛋白（A）≤32g/L，总胆红素（TBIL）>5倍正常值上限，凝血酶原活动度（PTA）40%~60%，胆碱酯酶（ChE）<2 500U/L，4项中有1项者，即为重度慢性肝炎。

3. **重型肝炎**　又称肝衰竭，是病毒性肝炎中最严重的一种类型，各型肝炎病毒均可引起，病死率高。病因及诱因复杂，包括重叠感染、机体免疫功能低下、妊娠、过度劳累、精神刺激、嗜酒、服用损害肝的药物、合并细菌感染、伴有甲状腺功能亢进等其他疾病。可有一系列临床表现：极度乏力，严重消化道症状，嗜睡、性格改变、烦躁不安、昏迷等神经、精神症状，有明显出血现象，凝血酶原时间（PT）显著延长及凝血酶原活动度（PTA）<40%。黄疸进行性加深，血总胆红素（TBIL）每日上升≥17.1μmol/L或大于正常值10倍。可出现中毒性鼓肠、肝臭、肝肾综合征等。可见扑翼样震颤及病理反射，叩诊肝浊音界进行性缩小。胆酶分离，血氨升高等。根据病理组织学特征和病情发展速度，可分为4类。

（1）急性肝衰竭（acute liver failure，ALF）：亦称急性重型肝炎（acute severe hepatitis）。特征是起病急，发病2周内出现Ⅱ度及以上肝性脑病为特征的肝衰竭症状。发病多有诱因。本型病死率高，病程不超过3周。

（2）亚急性肝衰竭（subacute liver failure，SALF）：又称亚急性重型肝炎。起病较急，发病15d至26周内出现肝衰竭症状。首先出现Ⅱ度以上肝性脑病者，称为脑病型；首先出现腹水及其相关症状者，称为腹水型。晚期可有难治性并发症，如脑水肿、消化道大出血、严重感染、电解质紊乱及酸碱平衡失调、白细胞计数升高、血红蛋白下降、低血糖、低胆固醇血症、低胆碱酯酶。一旦出现肝肾综合征，预后极差。本型病程较长，常超过3周至数月，容易转为慢性肝炎或肝硬化。

（3）慢加急性肝衰竭（acute-on-chronic liver failure，ACLF）：是在慢性肝病基础上出现的急性肝功能失代偿。

（4）慢性肝衰竭（chronic liver failure，CLF）：是在慢性肝炎或肝炎后肝硬化基础上，肝功能进行性减退导致的以腹水或门静脉高压、凝血功能障碍和肝性脑病等为主要表现的慢性肝功能失代偿。

4. **淤胆型肝炎（cholestatic hepatitis）**　是以肝内淤胆为主要表现的一种特殊临床类型，亦称

Note:

毛细胆管性肝炎。其病程较长,可达 2~4 个月或更长时间。主要表现类似急性黄疸性肝炎,但自觉症状较轻,黄疸较深且具有以下特点:①"三分离"特征:黄疸深、但消化道症状轻,ALT 升高不明显,PTA 下降不明显;②"梗阻型特征":在黄疸加深的同时,出现全身皮肤瘙痒、粪便颜色变浅或灰白;③血清碱性磷酸酶(ALP)、谷胺酰转肽酶(γ-GT)和胆固醇显著升高,尿胆红素增加,尿胆原明显较少或消失。

5. 肝炎肝硬化　根据肝炎症状分为活动性与静止性 2 型,根据肝组织病理及临床表现分为代偿性肝硬化和失代偿性肝硬化。

(三) 辅助检查

1. 血常规　急性肝炎初期白细胞总数正常或略高,黄疸期白细胞总数正常或稍低。重型肝炎时白细胞可升高,红细胞及血红蛋白可下降。肝炎肝硬化伴脾功能亢进者可有血小板、红细胞、白细胞减少的"三少"现象。

2. 尿常规　黄疸性肝炎尿胆原和尿胆红素明显增加,淤胆型肝炎时尿胆红素增加,尿胆原减少或阴性。

3. 肝功能检查

(1) 血清酶测定:ALT 是目前反映肝功能的最常用指标。AST 意义与 ALT 相同,但特异性较 ALT 低。急性肝炎时,ALT 常明显升高;慢性肝炎和肝硬化时 ALT 轻度或中度升高或反复异常。重型肝炎病人如黄疸迅速加深而 ALT 反而下降,则表明肝细胞大量坏死,称"胆酶分离"现象。急性肝炎时 AST/ALT 常小于 1,慢性肝炎和肝硬化时 AST/ALT 常大于 1;两者比值越高,预后愈差,病程中 AST/ALT 比值降低,预后较佳。在其他血清酶中,血清碱性磷酸酶(ALP)和谷氨酸转肽酶(γ-GT)的显著升高,提示胆汁淤积性黄疸。血清 ChE 活性明显降低提示肝损害严重。

(2) 血清白蛋白:在急性肝炎时,血清白蛋白可在正常范围内。慢性肝炎中度以上、肝硬化、重型肝炎时出现白蛋白下降,血清球蛋白浓度上升,从而导致白/球(A/G)比值下降甚至倒置。

(3) 血清胆红素:血清胆红素检查包括总胆红素、结合胆红素和非结合胆红素。黄疸性肝炎时,结合和非结合胆红素均升高。淤胆型肝炎以结合胆红素升高为主。

(4) 凝血酶原活动度(PTA):PTA 高低与肝损伤程度成反比。PTA 愈低,预后愈差,PTA<40% 是诊断重型肝炎的重要依据,亦是判断重型肝炎预后的最敏感实验室指标。

(5) 血氨:肝衰竭时清除氨的能力减弱或丧失,导致血氨升高,常见于重型肝炎、肝性脑病病人。

4. 病原学检查

(1) 甲型肝炎:①血清抗 HAV IgM 阳性表明有近期感染,是确诊甲型肝炎最主要的标志物;②血清抗 HAV IgG 在急性期后期及恢复期出现,2~3 个月达到高峰,持续多年或终身,为保护性抗体。

(2) 乙型肝炎

1) HBsAg 与抗 HBs:HBsAg 在感染 2 周后即可呈阳性,阳性表明存在 HBV 感染,但阴性不能排除 HBV 感染。抗 HBs 为保护性抗体,阳性表示对 HBV 有免疫力,见于乙型肝炎恢复期、过去感染及乙肝疫苗接种后。

2) HBeAg 与 e 抗体(抗 HBe):急性 HBV 感染时 HBeAg 的出现时间略晚于 HBsAg。HBeAg 与 HBV-DNA 有良好的相关性。HBeAg 阳性,提示 HBV 复制活跃且有较强传染性。HBeAg 消失而抗 HBe 产生称为血清转换。抗 HBe 阳转后,病毒复制多处于静止状态,传染性降低。

3) HBcAg 与核心抗体(抗 HBc):HBcAg 阳性提示 HBV 处于复制状态,有传染性。抗 HBc IgM 是 HBV 感染后较早出现的抗体,高滴度的抗 HBc IgM 对诊断急性乙型肝炎或慢性乙型肝炎急性发作有意义;低滴度的抗 HBc IgM 应注意假阳性。抗 HBc IgG 在血清中可长期存在,高滴度的抗 HBc IgG 表示现正感染 HBV,常与 HBsAg 并存;低滴度的抗 HBc IgG 是过去感染 HBV 的指标,常与抗 HBs 并存。单一抗 HBc IgG 阳性提示过去感染或是低水平感染。

4) HBV-DNA 和 HBV-DNAP:是病毒复制和有传染性的直接标志。HBV-DNA 定量对于判断病毒

Note:

复制程度、传染性、抗病毒药物疗效等有着重要意义。

（3）丙型肝炎：HCV 在血液中含量很少，HCV RNA 阳性是病毒感染和复制的直接标志。抗 HCV IgM 和抗 HCV IgG，不是保护性抗体，是 HCV 感染的标志。抗 HCV IgM 阳性提示现正 HCV 感染；低滴度抗 HCV IgG 提示病毒处于静止状态，高滴度抗 HCV IgG 提示病毒复制活跃。抗 HCV 阴转不能作为判断抗病毒疗效的指标。

（4）丁型肝炎：血清或肝组织中 HDV RNA 阳性是判断 HDV 感染最直接的依据。HDAg 阳性是诊断急性 HDV 感染的直接证据。抗 HD IgM 阳性是现正感染 HDV 的标志；抗 HD IgG 不是保护性抗体，高滴度提示 HDV 感染的持续存在，低滴度表示感染静止或终止。

（5）戊型肝炎：在粪便和血液标本中检测到 HEV-RNA，是判断 HEV 感染最直接的依据。抗 HEV IgM 阳性是近期 HEV 感染的标志；抗 HEV IgG 在急性期滴度较高，恢复期则明显下降。

5. **影像学检查**　B 超在重型肝炎中可动态观察肝大小变化，彩超尚可观察到血流变化。MRI、CT 的价值基本同 B 超，但若使用增强剂，可加重肝损害。

6. **肝组织病理检查**　对于明确诊断、衡量炎症活动度及评估疗效有重要价值，还可在肝组织中原位检测病毒抗原或核酸，以协助判断病毒复制状态。

（四）心理-社会状况

评估病人对肝炎知识的了解程度，对预后的认识及各种心理反应。了解病人是否有被歧视、嫌弃和孤独感；患病后对工作、学习、家庭的影响，家庭经济情况、社会支持情况、应对能力等。

【常见护理诊断/问题】

1. 活动耐力下降　与肝功能受损、能量代谢障碍有关。
2. 营养失调：低于机体需要量　与肝功能受损致食欲下降、呕吐、消化和吸收障碍有关。
3. 体温过高　与肝炎病毒感染有关。
4. 潜在并发症：肝性脑病、出血、感染、肝肾综合征。
5. 有皮肤完整性受损的危险　与胆盐沉积刺激皮肤神经末梢引起瘙痒有关。
6. 知识缺乏：缺乏肝炎的相关知识。

【计划与实施】

病毒性肝炎的治疗应根据病原、临床类型的不同及组织学损害区别对待。经过治疗和护理，病人达到：①注意休息，适当活动；②合理饮食，保证机体需要；③控制诱因，无并发症发生或并发症被及时发现和处理；④正确皮肤自我护理；⑤配合治疗与护理；⑥知晓预防措施。

（一）急性肝炎护理

急性肝炎一般为自限性，多数病例 3~6 个月临床治愈。

1. **休息和活动**　急性期病人应住院或居家隔离。急性肝炎早期、症状明显且有黄疸者应强调卧床休息，停止体力及脑力劳动。当症状好转、黄疸减轻、肝功能改善后，可每日轻微活动 1~2h，以不感到疲劳为度，以后可逐渐增加活动量，至肝功能正常 1~3 个月后可恢复日常活动及工作，但仍应避免过度劳累及重体力劳动。

2. **适当营养**　早期饮食应清淡易消化，热量足够，进食少者予静脉补充葡萄糖，蛋白质 1~1.5g/（kg·d），碳水化合物 250~400g/d，多吃水果、蔬菜等富含维生素食物，禁饮酒。

3. **皮肤护理**　保持皮肤及床单元清洁、干燥；每日用温水清洗、擦拭皮肤，禁用刺激性洗浴用品；严重瘙痒者可局部涂止痒剂，或口服抗组胺药；避免搔抓，如病人已有皮肤破损应注意保持局部清洁、干燥，可涂碘伏，防止感染。

4. **心理护理**　应指导病人正确对待疾病，保持稳定、乐观情绪。

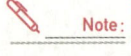

5. **药物治疗与护理**　根据医嘱给予病人对症及恢复肝功能药物,避免应用损害肝的药物,且药量不宜太多,以免加重肝负担。一般不采用抗病毒治疗。急性丙型肝炎只要检查 HCV RNA 阳性,应尽快开始抗病毒治疗。

（二）慢性肝炎护理

1. **休息和活动**　症状明显或病情较重者须严格卧床休息,病情轻者以活动后不感到疲乏为度。

2. **合理饮食**　适当高蛋白、高能量、高维生素易消化饮食,避免高营养,以防发生脂肪肝,避免饮酒。蛋白质应以优质蛋白为主,如牛奶、鸡蛋、鱼、瘦肉等,以 $1.5 \sim 2.5 g/(kg \cdot d)$ 为宜。

3. **心理护理**　帮助病人树立正确的疾病观,切勿乱投医,以免延误治疗。

4. **药物治疗与护理**

（1）改善和恢复肝功能药物:①非特异性护肝药:维生素类,葡醛内酯,还原型谷胱甘肽,肌苷,ATP,辅酶 A 等。②降酶药:五味子类(联苯双酯等),山豆根类(苦参碱等)。部分病人应用降酶药停药后有 ALT 反跳现象,故显效后逐渐减量至停药为宜。③退黄药:丹参、门冬氨酸钾镁、低分子右旋糖酐、糖皮质激素等。糖皮质激素须慎用,症状较轻,肝内淤胆严重,其他退黄药物无效,无禁忌证时可选用。

（2）免疫调节药物:可选用胸腺肽、转移因子、猪苓多糖、特异性免疫核糖核酸等。胸腺肽每日 $100 \sim 160 mg$,静脉滴注,3 个月为 1 个疗程。

（3）抗肝纤维化药物:可选择丹参、冬虫夏草、γ 干扰素等。丹参能够提高肝胶原酶活性,抗纤维化作用较明确。

（4）抗病毒治疗:目的是抑制病毒复制,减少传染性;改善肝功能;减轻肝组织病变;减少或延缓肝硬化、肝衰竭和肝癌的发生;提高病人生活质量和延长生存时间。对部分适合病人应尽可能追求临床治愈。

1）α 干扰素(IFN-α):可用于慢性乙型肝炎和丙型肝炎病人抗病毒治疗。

治疗慢性乙型肝炎时,普通 IFN-α 每次 $3 \sim 5 MU$,皮下或肌内注射,每周 3 次,疗程 6 个月,根据病情可延长至 1 年。聚乙二醇干扰素(PEG-IFN)每周 1 次,疗程 1 年。用药期间应注意观察干扰素不良反应并给予相应护理:①类流感综合征,如发热、头痛、肌肉痛等症状。嘱病人多饮水,卧床休息,必要时遵医嘱给予解热镇痛药。多数病人体温在 24h 内能恢复正常,不必停药。②骨髓抑制,表现为粒细胞及血小板计数减少,遵医嘱监测病人血常规,如有异常,可根据医嘱调整使用干扰素治疗剂量。③神经精神症状,如焦虑、抑郁、兴奋、易怒、精神病。出现抑郁及精神症状应停药并密切监护。④失眠、恶心、呕吐、食欲减退、ALT 增高、黄疸、脱发等,大多不需停药,待治疗终止后,肝功能恢复,可逐渐好转;出现癫痫、肾病综合征和心律失常等少见不良反应时,应遵医嘱停药。⑤大剂量干扰素皮下注射时,部分病人可出现局部触痛性红斑,一般 $2 \sim 3 d$ 后可消失,用药时可增加溶媒的量,缓慢推注,可减轻或避免上述反应发生。⑥诱发自身免疫病,如甲状腺炎、血小板减少性紫癜、溶血性贫血、类风湿关节炎、糖尿病等应停药。

应用 IFN-α 治疗前、治疗期间及治疗结束后,都应遵医嘱定期监测生化学指标、病毒学标志等,随访中如有病情变化,应随时就诊。

2）核苷类似物(nucleotide analogue,NA):疗程依据病人的情况而定,对 HBeAg 阳性慢性乙型肝炎病人,HBeAg 血清转阴后继续用药 1 年以上;HBeAg 阴性慢性乙型肝炎病人至少用药 2 年;肝硬化病人须长期应用。核苷类抗病毒治疗无论在治疗中还是治疗结束时都不宜减量给药,不宜轻易停药。在治疗前、治疗期间及治疗结束后,都应坚持定期监测生化学指标、病毒学标志等。

3）干扰素和核苷类似物联合用药:理论上,NA 和 PEG-IFN 针对 HBV 发挥不同的抗病毒作用,联合治疗通过整合强效抑制病毒和恢复宿主免疫应答的效应,成为现阶段最可能实现临床治愈的有

Note:

前景的治疗策略。

（三）重型肝炎护理

重型肝炎病死率高,应根据病人病情发展的不同时相予以支持、对症和抗病毒等综合性治疗为基础,早期免疫控制,中、后期预防各种并发症及免疫调节为主。促进肝细胞再生,有条件时可采用人工肝支持系统,争取行肝移植。

1. 病情观察　密切观察病人生命体征,神志,黄疸是否进行性加重,有无出血表现,叩诊是否有肝浊音界进行性缩小,消化道症状有无变化,准确记录24h液体出入量,测量腹围。

2. 休息　绝对卧床休息,减少探视,防止医院感染。

3. 合理饮食和营养　给予病人低盐、低脂、高维生素、清淡易消化饮食,避免油腻。蛋白质摄入量小于0.5g/(kg·d)。能量摄入不足者,应给予以碳水化合物为主的营养支持治疗,减少脂肪和蛋白质的分解,并输注新鲜血浆、白蛋白或免疫球蛋白以加强支持治疗。可静脉滴注10%~25%葡萄糖溶液,补充维生素B、维生素C及维生素K,控制总液体量在1.5~2L/d,不宜过多,注意维持水、电解质平衡。禁用对肝和肾有损害的药物。

4. 促进肝细胞再生药物的使用

（1）肝细胞生长因子(HGF):静脉滴注120~200mg/d,疗程1个月或更长,可能有一定疗效。

（2）前列腺素E_1(PGE$_1$):可保护肝细胞,减少肝细胞坏死、改善肝血液循环,促进肝细胞再生。一般采用其脂微球载体制剂(Lipo-PGE$_1$),静脉滴注10~20μg/d。

5. 并发症的观察与护理

（1）肝性脑病:见本章第二节。

（2）出血:①预防出血。可用雷尼替丁等H$_2$受体拮抗剂来预防上消化道出血;有消化性溃疡者可用奥美拉唑;补充维生素K、维生素C;输注凝血酶原复合物、新鲜血液或血浆、浓缩血小板、纤维蛋白原等;降低门静脉压力,口服普萘洛尔等。②密切观察病人生命体征变化,监测凝血酶原时间、血小板计数、血红蛋白等指标,观察局部穿刺后是否出血难止,有无皮肤瘀点、瘀斑、牙龈出血、鼻出血、呕血、便血等。③避免诱发出血。嘱病人避免碰撞损伤,不用手挖鼻、牙签剔牙、硬毛牙刷刷牙等。④出血时采取相应止血措施。如刷牙后出血者,可改用水漱口或棉棒擦洗口腔;鼻出血者用0.1%肾上腺素棉球压迫止血或用吸收性明胶海绵填塞鼻道止血;局部穿刺、注射后压迫止血10~15min;上消化道出血的护理见第三十六章第四节上消化道出血病人的护理。

（3）继发感染:①及时发现感染。重症肝炎病人极易合并感染。注意观察其体温、血常规及相应的症状体征的变化。②严格消毒隔离。加强病房环境消毒,每日常规地面、家具、空气消毒,保持空气流通,减少探视,避免交叉感染;加强饮食卫生及餐具清洁消毒,防止肠道感染;做好病人口腔护理,定时翻身,及时清除其呼吸道分泌物,防止口腔与肺部感染;衣服、床单位保持清洁整齐,防止皮肤感染;加强无菌操作,防止医源性感染。③一旦出现感染,应尽早遵医嘱使用抗菌药物,根据细菌培养结果及临床经验选择抗生素。

（4）肝肾综合征:①预防肝肾综合征。避免引起血容量降低的各种因素,避免使用损伤肾的药物。②密切观察病人病情变化。严格记录24h出入量,监测尿常规、尿比重及血尿素氮、肌酐、电解质的变化。对于上消化道出血、大量利尿、大量或多次放腹水、严重感染等的病人更应严密观察,因上述因素极易诱发功能性肾衰竭。③目前肝肾综合征尚无有效治疗方法,可用多巴胺静脉滴注并配合使用利尿药,使24h尿量不低于1L,大多不适宜透析治疗的病人,可尽早争取肝移植。

6. 重型肝炎的抗病毒治疗　重型肝炎病人HBV复制活跃时,应尽早采用抗病毒治疗;药物选择以核苷类药物为主,一般不主张使用干扰素;抗病毒治疗对病人近期病情改善不明显,但对治疗及预后有重要意义。

Note:

7. 人工肝支持系统（artificial liver support system，ALSS） 简称人工肝,是借助体外机械、理化或生物性装置,清除病人血液中的毒性物质并补充生物活性物质,暂时替代衰竭肝的部分功能,治疗后可使血清胆红素明显下降,凝血酶原活动度升高(图 38-1-1)。人工肝分为非生物型人工肝、生物型人工肝及混合型人工肝。非生物型人工肝(non-bioartificial liver,NBAL)目前临床应用较为成熟,对早期重型肝炎有较好疗效,对于晚期重型肝炎亦有助于争取时间让肝细胞再生或为肝移植做准备。

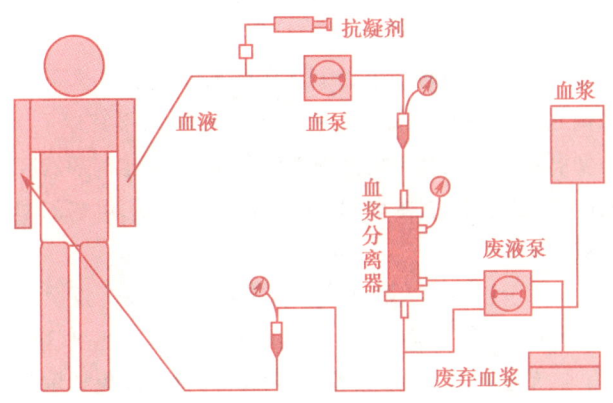

图 38-1-1 人工肝（血浆置换）示意图

8. 肝移植 目前该技术基本成熟,是晚期肝炎病人的主要治疗手段。由于价格昂贵,供肝来源困难,排斥反应等限制其广泛应用。

（四）淤胆型肝炎护理

早期治疗与护理同急性黄疸性肝炎,黄疸持续不退时可加用泼尼松 40~60mg/d 口服或静脉滴注 10~20mg/d,2 周后如血清胆红素显著下降,则遵医嘱逐步减量。

（五）肝炎肝硬化病人的护理

参照慢性肝炎和重型肝炎的治疗与护理。

知 识 链 接

非生物型人工肝血浆置换的原理

血浆置换(plasma exchange,PE)是临床最常应用的人工肝技术,分为离心式和膜性两类,多采用后者。膜性 PE 的原理是将病人血液引出体外,经过大孔径($\emptyset=0.30\mu m$)中空纤维膜分离技术将血液中含有毒素的血浆成分(主要为蛋白结合毒素)滤出膜外弃去,同时将等量的新鲜血浆或新鲜冰冻血浆与膜内扣留的血液有形成分一起回输体内。血浆置换法可清除肝衰竭代谢毒素及某些致病因子(如病毒、蛋白结合性药物或毒物等),同时又可补充体内所缺乏的白蛋白、凝血因子等必需物质,较好地替代了肝的某些功能。PE 不足之处在于不能有效清除中小分子的水溶性溶质。

（六）健康教育

1. 疾病知识及预防指导

(1) 控制传染源:①隔离和消毒。急性甲型肝炎病人隔离期自发病日起 3 周。乙型肝炎病人可不定隔离期,如需住院治疗,也不宜以 HBsAg 阴转或肝功能完全恢复正常为出院标准,只要病情稳定,可以出院。对恢复期 HBsAg 携带者应定期随访。对丙型和丁型肝炎病人的处理同乙型肝炎。戊型肝炎病人隔离期暂同甲型肝炎。各型病毒性肝炎病人可住院或留家隔离治疗。病人隔离后,对其居住和活动场所应尽早进行终末消毒。病人的食具、用具和洗漱用品应专用,定时消毒,病人的排泄物、分泌物可用 3% 漂白粉消毒后弃去。对 HBsAg、HBeAg、HBV-DNA、抗 HCV 和 HCV-RNA 阳性者应禁止献血和从事托幼、餐饮业工作。②HBsAg 携带者不应按现症肝炎病人处理,可照常工作和学习,但要加强随访。

（2）切断传播途径:对于甲型肝炎和戊型肝炎要搞好卫生,加强粪便管理,保护水源,严格饮用水消毒,加强食品卫生和食具消毒。对于乙、丙、丁型肝炎病人,重点在于防止通过血液、体液传播。推广一次性注射用具,重复使用的医疗器械要严格消毒灭菌。接触病人后用肥皂和流动水洗手。

（3）保护易感人群:①甲型肝炎疫苗,用于幼儿、学龄前儿童及其他高危人群。②人血丙种球蛋白,主要用于接触甲型肝炎病人的易感儿童。注射时间越早越好,不宜迟于接触后 14d。③乙型肝炎疫苗,重点做好新生儿乙型肝炎疫苗常规免疫接种工作,提高新生儿首剂乙肝疫苗 24h 内及时接种率和全程接种率。④乙型肝炎免疫球蛋白,主要用于垂直传播的阻断,可与乙型肝炎疫苗联合作用。此外,还可用于意外事故的被动免疫。

2. 自我保健知识宣教　对于慢性病人和无症状携带者应注意:①正确对待疾病,保持乐观情绪;②生活规律,劳逸结合,戒烟酒;③合理营养,适当增加蛋白质摄入,注意避免长期高能量、高脂肪饮食;④避免滥用药物,如吗啡、苯巴比妥类、磺胺类、氯丙嗪等药物,以免加重肝损害;⑤做好家庭隔离,家中密切接触者应预防接种;⑥定期复查,病人出院后第 1 个月,每半月复查 1 次,以后每 1~2 个月复查 1 次,半年后每 3 个月复查 1 次,定期复查 1~2 年。

3. 指导接受输血、大手术应用血制品的病人,定期检测肝功能及肝炎病毒标志物。

【护理评价】

经过治疗和护理,评估病人是否能够达到:①能根据病情进行合理的休息与活动;②能根据病情合理饮食,保证足够的营养;③无并发症的发生或并发症能被及时发现并处理;④体温正常;⑤主动配合治疗和护理;⑥无继发感染的发生。

知 识 链 接

中国肝炎防控成就及展望

病毒性肝炎是我国法定报告乙类传染病中报告病例数最多的疾病。近 20 年来,通过大规模免疫接种和补种疫苗,特别是乙肝疫苗列入新生儿计划免疫及母婴阻断技术的开展,把预防的关口前移,从源头上遏制了病毒感染。我国新生儿乙肝疫苗全程和首针及时接种率保持在 90% 以上,特别是 24h 之内的首针及时接种,对预防人群感染产生巨大效果。这一举世瞩目的巨大成功卓有成效地控制住了我国乙型肝炎病人的增量。我国目前已具备消除肝炎危害的条件,未来须在加强疫苗接种、促进肝炎诊疗等方面持续发力,多方合力共同推动 2030 年消除肝炎危害目标的实现。

（张　萍）

思 考 题

1. 各型病毒性肝炎的传播途径是什么?
2. 重型肝炎分为哪几类? 如何进行针对性护理?

Note:

第二节　肝硬化病人的护理

- 识记：
  1. 复述肝硬化的概念。
  2. 概述肝硬化的临床表现、治疗及护理措施。
  3. 简述肝硬化的健康教育要点。
- 理解：
  1. 理解肝硬化的病因及治疗原则。
  2. 阐述门静脉高压症和腹水的发生机制。
- 运用：
  运用护理程序对肝硬化病人进行评估、制订护理计划、进行健康指导。

　　　　　　　　　　导入情境与思考

病人，男性，42 岁。因全身乏力半月余入院。乙型肝炎病史 10 余年，否认其他病史。入院体格检查：全身皮肤黏膜黑黄色，巩膜黄染，可见肝掌。无腹壁静脉曲张，未见蜘蛛痣。肝肋下未触及，可触及脾Ⅲ度肿大，表面光滑，边缘钝，无压痛。叩诊无移动性浊音。辅助检查：WBC $11.34×10^9$/L，PLT $74×10^9$/L。TBIL 46.1μmol/L，总蛋白（TP）63.0g/L，白蛋白（ALB）30.6g/L，白/球比值（A/G）0.9。血浆凝血酶原时间（PT）16.8s。血浆氨（NH_3）91.1μmol/L。CT 示肝硬化，门静脉高压，食管-胃底静脉曲张，脾大。目前诊断：肝硬化，门静脉高压，脾功能亢进。

请思考：
(1) 该病人入院后，护士须重点评估哪些方面？
(2) 该病人目前的主要护理问题？应采取哪些护理措施？

肝硬化（cirrhosis of liver）是各种慢性肝病进展至以肝组织弥漫性纤维化、假小叶、再生结节和肝内外血管增殖为特征的病理阶段，代偿期无明显临床症状，失代偿期以门静脉高压和肝功能严重损伤为特征，病人常因并发腹水、消化道出血、脓毒症、肝性脑病、肝肾综合征和癌变等导致多器官功能衰竭而死亡。

【病因】

引起肝硬化的原因很多，我国目前仍以 HBV 感染为主，欧美国家以酒精及 HCV 感染多见。

1. **病毒性肝炎**　通常经过慢性肝炎阶段发展为肝硬化，或是急性、亚急性肝炎有大量肝细胞坏死和肝纤维化时直接演变为肝硬化，HBV 和 HCV 或 HDV 的重叠感染可加速病情进展；HAV 和 HEV 引起的肝炎一般不发展为肝硬化。

2. **慢性酒精中毒**　长期大量饮酒导致肝细胞损害、脂肪沉积及肝纤维化，逐渐发展为肝硬化。

3. **胆汁淤积**　任何原因引起肝内、外胆道梗阻，持续胆汁淤积时，高浓度胆酸和胆红素的毒性作用可损伤肝细胞，导致胆汁性肝硬化。

4. **药物或化学毒物**　长期服用甲基多巴、双醋酚汀、异烟肼等药物或长期反复接触四氯化碳、磷、砷等化学毒物，可引起药物性或中毒性肝炎，最终发展为肝硬化。

5. 循环障碍 肝静脉和/或下腔静脉阻塞、慢性充血性心力衰竭、缩窄性心包炎可致肝长期淤血、肝细胞变性及纤维化,最终发展为淤血性肝硬化。

6. 血吸虫病 反复或长期感染血吸虫病者,虫卵沉积于汇管区,引起纤维组织增生,导致窦前性门静脉高压。多见于我国长江流域血吸虫病流行区。

7. 其他 非酒精性脂肪性肝炎、遗传代谢性疾病、自身免疫性肝炎等可演变为肝硬化。部分病例无明确病因,称隐源性肝硬化。

【病理生理】

各种病因引起的肝硬化,其病理生理变化和发展过程基本一致。主要特征为广泛肝细胞变性坏死,结节性再生,且有结缔组织弥漫性增生及假小叶形成,导致肝内血管扭曲、受压甚至闭塞,血管床缩小,血液循环障碍。严重的肝内循环障碍一方面可加重肝细胞营养障碍,促使肝硬化病变进一步加重;另一方面也形成了门静脉高压的病理基础。门静脉高压和肝功能减退是失代偿期肝硬化的两大病理生理变化,临床上表现为由此引起的多系统、多器官受累所产生的症状和体征,进一步发展可产生一系列并发症。

(一)门静脉高压

门静脉压力正常值为 13~24cmH$_2$O,平均为 18cmH$_2$O。门静脉压力随门静脉血流量和门静脉阻力增加而升高。肝炎性肝硬化时,肝小叶内纤维组织增生形成的纤维索和肝细胞再生形成的肝细胞结节挤压肝窦,使窦状隙狭窄或闭塞,门静脉血流受阻于肝窦或窦后,门静脉压力随之增高;由于肝窦受压和受阻,门静脉和肝动脉小分支间交通支大量开放,致使压力较高的肝动脉血流直接反注入压力较低的门静脉小分支内,门静脉压力更加增高。门静脉高压造成的后果包括以下几方面:

1. 门体侧支循环开放 门静脉系统与腔静脉之间存在许多交通支(图 38-2-1),门静脉高压时门静脉回流受阻导致这些交通支开放,血流量增加,建立起侧支循环。主要侧支循环有:①食管和胃底静脉曲张,为门静脉系的胃左、胃短静脉与腔静脉系的奇静脉之间胃底和食管黏膜下静脉开放,最具临床意义;②腹壁静脉曲张,门静脉高压时脐静脉重新开放,通过腹壁静脉进入腔静脉,而形成腹壁静脉曲张;③痔静脉扩张,为门静脉系的直肠上静脉与下腔静脉系的直肠中、下静脉交通支开放,可扩张形成痔核。侧支循环开放不仅可引起消化道出血,而且可因大量门静脉血流不经肝而直接流入体循环,而致肠内吸收的有毒物质不经肝解毒进入体循环,是参与肝性脑病发病的重要因素。

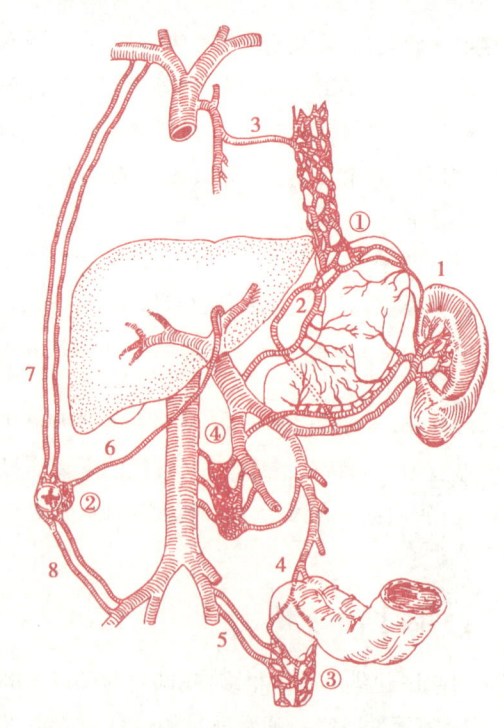

图 38-2-1　门静脉和腔静脉之间的交通支

2. 脾大(splenomegaly)、脾功能亢进(hypersplenism) 门静脉血流受阻时,引起脾充血、肿大,脾窦长期充血使脾内纤维组织增生,脾髓细胞再生,脾破坏血细胞功能增强而致脾功能亢进,表现为外周血白细胞、红细胞和血小板减少。

3. 腹水形成

(二)腹水

腹水形成是门静脉高压和肝功能减退共同作用的结果,为肝硬化肝功能失代偿期最突出的临床表现,涉及多种因素,主要有以下几方面:

1. **门静脉压力升高**　门静脉压增高时腹腔内脏血管床静水压增高,组织液体回收减少而漏入腹腔。

2. **血浆胶体渗透压下降**　肝硬化后肝功能减退,肝合成白蛋白能力下降而发生低蛋白血症,血浆胶体渗透压降低,致使血管内液体进入组织间隙,在腹腔可形成腹水。

3. **有效循环血量不足**　肝硬化时机体呈高心输出量、低外周阻力的高动力循环状态,此时内脏动脉扩张,大量血液滞留于扩张的血管内,导致有效循环血量下降(腹水形成后进一步加重),从而激活交感神经系统、肾素-血管紧张素-醛固酮系统等,导致肾小球滤过率下降及水、钠重吸收增加,而发生水、钠潴留。

4. **其他因素**　心房钠尿肽(ANP)相对不足及机体对其敏感性下降、抗利尿素分泌增加等可能与水、钠潴留有关。

【护理评估】

（一）健康史

1. **询问与发病原因有关的信息**　包括病人有无慢性肝炎、输血、心力衰竭及胆道疾病史。是否在血吸虫流行区域生活,有无长期应用损伤肝的药物或接触化学毒物史。有无长期大量饮酒史、酒量及饮酒时间。有无长期慢性肠道感染、消化不良、消瘦等情况。

2. **询问既往史及发病情况**　有无呕血、黑便史,具体出血时间、次数、量及治疗情况。有无脾区疼痛、发热、腹水、黄疸、肝性脑病史。饮食及消化情况,如食欲、进食量及食物种类、饮食习惯及嗜好,有无恶心、呕吐、腹胀,粪便颜色及量。日常休息及活动量、活动的耐力。既往检查、治疗及用药情况。

（二）身体状况

临床上将肝硬化分为肝功能代偿期和肝功能失代偿期。

1. **代偿期肝硬化**　症状轻且无特异性,主要表现为乏力和食欲缺乏,可伴恶心、厌油腻、腹胀、上腹不适及腹泻等。病人营养状况一般,肝轻度肿大,质地偏硬,可有轻度压痛,脾轻到中度肿大。肝功能检查正常或仅有轻度酶学异常。常在体格检查或手术中被偶然发现。

2. **失代偿期肝硬化**　临床表现明显,主要为肝功能减退和门静脉高压所致的症状和体征,可发生多种并发症。

（1）肝功能减退

1）全身症状和体征:一般情况及营养状况均较差,乏力、消瘦、不规则低热、面灰暗黝黑、皮肤干枯粗糙、水肿、口角炎及舌炎等。肝细胞有进行性或广泛性坏死时可出现黄疸。

2）消化道症状:食欲减退甚至厌食、上腹饱胀不适、恶心、呕吐,稍进食油腻肉食即会发生腹泻等。

3）出血倾向和贫血:由于肝合成凝血因子减少、脾功能亢进及毛细血管通透性增加,病人常出现鼻出血、牙龈出血、皮肤紫癜、胃肠道出血及贫血等。

4）内分泌失调:男性病人常表现为性欲减退、睾丸萎缩、毛发脱落及乳房发育。女性病人可有月经失调、闭经、不孕等,部分病人出现肝掌、蜘蛛痣和暴露部位皮肤色素沉着,是由于肝对雌激素、醛固酮和抗利尿激素的灭活功能减退,使体内雌激素、醛固酮和抗利尿激素水平增高;同时增高的雌激素反馈性抑制雄激素和肾上腺糖皮质激素分泌,并造成雌激素和雄激素比例失调所致。

（2）门静脉高压症(portal hypertension):是由于门静脉血流受阻,血液淤滞而致门静脉压力增高的一组综合征,主要表现为脾大、脾功亢进,食管-胃底静脉曲张,呕血、黑便和腹水等。

1）脾大、脾功亢进:可在左肋下扪到,巨脾下缘可达脐下,内侧可超过腹中线。早期肿大脾质软、活动,晚期因纤维组织增生、与周围粘连而质地变硬,活动受限。伴不同程度脾功能亢进,表现全血细胞减少,出现贫血和出血倾向。

2）呕血和黑便:食管下段胃底曲张静脉一旦破裂,立刻发生急性大出血,呕血量大,血色鲜红,常伴黑便或柏油样便。

3）腹水：是肝功能严重损害的表现。大量腹水时腹部膨隆，腹壁绷紧发亮，可发生脐疝、膈肌抬高、呼吸困难、心悸，部分病人可伴有肝性胸腔积液，以右侧多见。严重腹水者常伴低蛋白血症，出现双下肢水肿、腹胀、食欲减退等。

4）其他：早期肝增大，表面尚光滑，质地中等硬。晚期肝缩小，表面呈结节状，质地硬。肝功能严重受损的晚期病人可出现黄疸、肝掌、蜘蛛痣、腹壁静脉曲张等体征。

（3）并发症

1）食管-胃底静脉曲张出血（EGVB）：为门静脉高压最凶险的并发症，常引起失血性休克或诱发肝性脑病，死亡率高。

2）感染：门腔静脉侧支循环开放，加之病人抵抗力下降，增加了细菌繁殖机会，易并发肺炎、胆道感染、大肠埃希菌败血症及原发性腹膜炎等感染性疾病。

3）肝性脑病：为晚期肝硬化最严重的并发症，亦为最常见的死亡原因。大部分肝性脑病由各型肝硬化引起，此外还可见于重型肝炎、门体分流手术、原发性肝癌、妊娠期急性脂肪肝及严重胆道感染等。其发生常有明显诱因，常见的有上消化道出血、蛋白质摄入过多、大量排钾利尿和放腹水、感染、镇静药或麻醉药等药物应用、便秘及低血糖等。

肝性脑病的临床表现按照意识障碍程度、神经系统表现及脑电图改变分为 5 期（表 38-2-1）。

表 38-2-1　肝性脑病临床分期

分期	临床表现及检测
0 期 潜伏期	无行为、性格的异常，无神经系统病理征，只在心理测量或智力测试时有轻微异常，脑电图正常
1 期 前驱期	轻度性格改变和行为异常，如焦虑、欣快激动、淡漠、睡眠倒错、健忘等，可有扑翼样震颤。有时症状不明显，易被忽视。此期一般历时数日至数周。脑电图多无异常
2 期 昏迷前期	嗜睡、行为异常（衣冠不整或随地解便）、言语不清、书写障碍及定向力障碍。有腱反射亢进、肌张力增强、踝阵挛、Babinski 征阳性等神经系统病理征。扑翼样震颤存在。可出现不随意运动及运动失调。脑电图异常
3 期 昏睡期	以昏睡和精神错乱为主，大部分时间呈昏睡状态，可以唤醒，醒来尚可应答，但常有神志不清和幻觉。扑翼样震颤仍可引出，肌张力增加。神经系统体征持续或加重，常有锥体束征阳性。脑电图异常
4 期 昏迷期	意识完全丧失，不能唤醒。浅昏迷时，对疼痛等刺激尚有反应，腱反射和肌张力亢进，由于病人不能合作，所以扑翼样震颤不能引出。深昏迷时，各种腱反射消失、肌张力降低、瞳孔散大，可出现阵发性惊厥、踝痉挛和换气过度。脑电图明显异常

4）原发性肝癌：见本章第三节肝癌病人的护理。

5）肝肾综合征：病人肾无器质性损害，主要由于严重门静脉高压，内脏高动力循环使有效循环血量的减少、肾血管收缩和肾内血液重新分布，导致肾皮质缺血和肾小球滤过率下降，故又称功能性肾衰竭。表现为少尿或无尿及氮质血症。

6）电解质及酸碱平衡紊乱：长期低钠饮食、利尿及大量放腹水而致。低钾、低氯血症及代谢性碱中毒容易诱发 HE。

（三）辅助检查

1. **实验室检查**　①血常规：失代偿期病人常有不同程度贫血。脾功亢进时表现全血细胞计数减少，尤以白细胞和血小板减少为甚。②肝功能：肝功能损害时表现为白蛋白降低、球蛋白增高、A/G 降低或倒置，严重者可出现血清转氨酶和胆红素增高，凝血酶原时间延长。临床常用 Child-Pugh 评分（表 38-2-2）对肝功能进行分级评估，判断预后。另外，吲哚氰绿排泄试验可用于评价肝硬化病人肝储

备功能,特别是应用于肝硬化病人术前手术风险的评估。③其他:腹水检查可帮助诊断是否并发自发性腹膜炎及原发性肝癌。血清 IgG 显著增高,提示病毒性肝炎。

表 38-2-2　肝功能 Child-Pugh 评分

观测指标	分数		
	1	2	3
总胆红素/(mmol·L⁻¹)	<34	34~51	>51
血浆白蛋白/(g·L⁻¹)	>35	28~35	<28
凝血酶原延长时间/s	<4	4~6	>6
腹水	无	轻度	中重度
肝性脑病/期	无	Ⅰ~Ⅱ	Ⅲ~Ⅳ

注:肝功能 A 级(5~6分),B 级(7~9分),C 级(10~15分)。

2. **影像学检查**　①X 线检查:食管静脉曲张时行食管吞钡 X 线检查,显示虫蚀样或蚯蚓状充盈缺损,纵行黏膜皱襞增宽;胃底静脉曲张时胃肠钡餐可见菊花样充盈缺损。②超声检查:超声显像可显示肝、脾大小、门静脉高压、腹水。早期肝增大,晚期肝萎缩,肝实质回声增强、不规则、反射不均。门静脉高压症时可见脾大、门静脉直径增宽、侧支血管存在,有腹水时可见液性暗区。③CT 和 MRI:可显示肝、脾、肝内门静脉、肝静脉、侧支血管形态改变、腹水。④血管造影检查:腹腔动脉造影的静脉相或直接肝静脉造影,可使门静脉系统和肝静脉显影,以确定静脉受阻部位及侧支回流情况,可为手术方式选择提供参考。

3. **内镜检查**　①上消化道内镜检查:可观察食管、胃底静脉有无曲张及曲张的程度和范围。在并发上消化道出血时,急诊内镜检查可判断出血部位和病因,并进行止血治疗。②腹腔镜检查:可直接观察肝、脾情况。

（四）心理-社会状况

应注意了解病人情绪变化、家庭经济情况,病人及其家属对疾病知识的了解程度。

【常见护理诊断/问题】

1. **体液不足**　与曲张静脉破裂大量出血、术后出血有关。
2. **营养失调:低于机体需要量**　与低蛋白血症、食欲减退、贫血有关。
3. **体液过多**　与肝功能损害、门静脉高压有关。
4. **有皮肤完整性受损的危险**　与营养不良、水肿、皮肤干燥、瘙痒、长期卧床有关。
5. **潜在并发症:**上消化道出血、术后出血、肝性脑病、静脉血栓形成、食管胃底黏膜及鼻黏膜损害等。
6. **恐惧**　与突然大量出血、担心预后、惧怕死亡、担忧体力下降影响工作和生活、容貌改变及需长期照顾有关。
7. **知识缺乏:**缺乏上消化道出血预防、饮食要求、出院后自我保健的知识。

【计划与实施】

肝硬化病人治疗原则是早期诊断,加强病因治疗,对于代偿期病人,以延缓肝功能失代偿、预防肝细胞癌为目标;对于失代偿期病人,以改善肝功能、治疗并发症、延缓或减少肝移植需求为目标。若药物治疗欠佳,可考虑胃镜、血液净化(人工肝)、介入治疗、手术或肝移植。经过治疗与护理,病人达到:①维持生命体征稳定,尿量正常;②肝功能和营养状况改善;③腹水减少;④减少或不发生并发症或并发症被及时发现和处理;⑤恐惧感解除或减轻;⑥掌握出血的预防、饮食要求及出院后自我保健相关知识。

（一）营养支持及保肝治疗

1. 动态评估病人饮食和营养状况 包括每日进食量、体重和实验室检查有关指标的变化。

2. 营养支持 ①肝功能损害较轻者，进食高蛋白、高能量、高维生素、低脂饮食，维持每日摄入2~3kcal（1kcal＝41.8kJ）能量；肝功能严重受损及分流术后病人，限制蛋白质及含氨食物摄入；腹水病人限制水和钠摄入。②养成规律进食习惯，少量多餐，以糖类为主。③进无渣饮食，避免粗糙、干硬、带骨渣或鱼刺、过烫、油炸及辛辣食品，防止食管黏膜损伤，诱发大出血。必要时予以全肠外营养支持。严重贫血或凝血机制障碍者可输注新鲜全血和注射维生素 K；低蛋白血症者，可静脉补充人血白蛋白。

3. 保护肝 遵医嘱予以肌酐、乙酰辅酶 A、维生素 C 等保肝药物，避免使用红霉素、巴比妥类、盐酸氯丙嗪等损害肝的药物。肝功能严重受损者，补充支链氨基酸，限制芳香族氨基酸的摄入。

（二）EGVB 的防治

应根据病人的具体情况，采取药物、内镜、介入放射和外科手术的综合性治疗措施。近年来倾向于对 EGVB 不做预防性手术治疗，重点应是内科保肝治疗。

1. 非手术治疗与护理 对有黄疸、大量腹水、肝功能严重损害并发上消化道大出血的病人，原则上尽量以非手术疗法为主。

（1）补充血容量：遵医嘱及时输血、输液，补充血容量。应注意避免因输液过快、过多而引起肺水肿，原有心脏病或老年病人必要时可根据中心静脉压调节输液量。输血量以使血红蛋白达到 70g/L 左右为宜。

（2）药物止血：尽早给予血管升压素及其类似物（例如特利加压素）、生长抑素及其拟似物（例如奥曲肽），减少门静脉血流量，降低门静脉压。

（3）内镜治疗：内镜直视下注射硬化剂或组织黏合剂至曲张的静脉（前者用于食管曲张静脉、后者用于胃底曲张静脉），或用皮圈套扎曲张静脉，不仅能达到止血目的，而且可有效防止早期再出血，是目前治疗食管-胃底静脉曲张破裂出血的重要手段。一般经药物治疗（必要时加气囊压迫）大出血基本控制，病人基本情况稳定，在进行急诊内镜检查同时进行治疗。并发症主要有局部溃疡、出血、穿孔、瘢痕狭窄、术后感染等，注意操作及术后处理可使这些并发症大为减少。

1）硬化剂注射疗法：常用于三腔双囊管压迫止血无效的情况下，经内镜将硬化剂直接注射到曲张静脉内，使曲张静脉闭塞，其黏膜下组织硬化以治疗食管静脉曲张破裂出血和预防再出血，硬化剂可选用无水乙醇、鱼肝油酸钠、乙氧硬化醇等。近期疗效虽较好，但再出血率较高。

2）食管曲张静脉套扎术：是一种较硬化剂注射疗法更简单而安全的治疗手段，方法是经内镜将要结扎的曲张静脉吸入结扎器内，用橡胶圈套扎在曲张静脉基底部。该疗法是目前公认的控制急性出血的首选方法，成功率可达 80%~100%。

以上 2 种方法对胃底曲张静脉破裂出血无效，且常须多次进行。

3）组织黏合剂止血治疗：对胃底曲张静脉出血的最好止血方法为内镜下注射组织黏合剂 Histo-acryl 或 Burcrylate，这是一种快速固化的水样物质，与血液接触后几乎即刻产生聚合和硬化，能有效地闭塞血管和控制曲张静脉出血。

（4）经颈静脉肝内门腔内支架分流术（transjugular intrahepatic portosystemic stent-shunt, TIPSS）：是在肝内门静脉属支与肝静脉间植入特殊覆膜的金属支架，建立肝内门体分流，以降低门静脉压力。主要用于药物和内镜治疗无效、肝功能差的曲张静脉破裂出血病人和等待肝移植的病人。

（5）三腔双囊管压迫止血：该管有三腔，其中两腔分别与压迫食管的椭圆形气囊和压迫胃底的圆形气囊相通；一腔与胃腔相通，经此腔可行吸引、冲洗和注入止血药物。在药物治疗无效、且不具备内镜和 TIPSS 操作的大出血时暂时使用，通过充气的气囊分别压迫食管和胃底下段曲张静脉，达到止血目的（图38-2-2）。

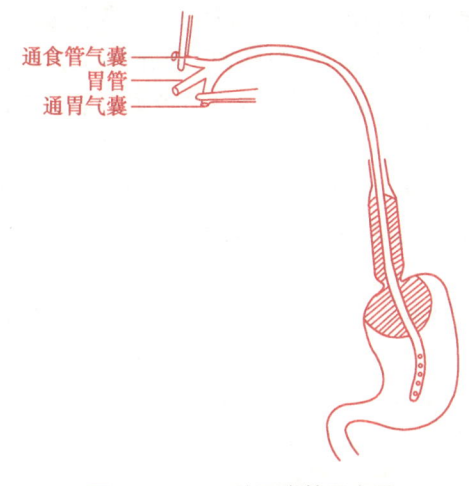

图 38-2-2　三腔双囊管示意图

（6）预防出血

1）预防首次出血：对中至重度静脉曲张红色征的病人，须采取措施预防首次出血。普萘洛尔是目前最佳选择之一，目的是降低肝静脉压力梯度，使其＜12mmHg。如果普萘洛尔无效、不能耐受或有禁忌证者，可以慎重考虑采取内镜下食管曲张静脉套扎术或硬化剂注射治疗。

2）预防再次出血：在第一次出血后，约70%的病人会再出血且死亡率高，因此在急性出血控制后，应采取措施预防再出血。可以在内镜下对曲张静脉进行套扎。如果无条件行套扎术，可以使用硬化剂注射。也可根据设备条件和医生经验，联合使用上述内镜治疗方法。无条件的医院可采用药物预防再出血。

2. **手术治疗与护理**　手术治疗的主要目的是紧急制止食管胃底曲张静脉破裂引起的上消化道出血，矫正脾功能亢进。食管下段胃底曲张静脉一旦破裂出血，常反复出血，且每次出血都会加重肝损害。故对于无黄疸及明显腹水的大出血病人，应积极争取手术，以防再出血和并发肝性脑病。手术治疗分2类。

（1）门体分流术：将门静脉和腔静脉连通，使压力较高的门静脉血流直接分流到压力较低的腔静脉内，从而降低门静脉压力，达到止血目的。其可分为非选择性分流、选择性分流两大类。

非选择性分流常用的手术方式有4种（图38-2-3）：①脾肾静脉分流术：脾切除后，行脾静脉与左肾静脉端侧吻合；②门腔静脉分流术：将门静脉与下腔静脉直接行侧侧或端侧吻合；③脾腔静脉分流术：脾切除后，将脾静脉与下腔静脉作端侧吻合；④肠系膜上、下腔静脉分流术：将下腔静脉与肠系膜上静脉做侧侧或端侧吻合，也可将自体静脉（右侧颈内静脉一段）移植，吻合于肠系膜上静脉和下腔静脉间，即桥式（H型）吻合。

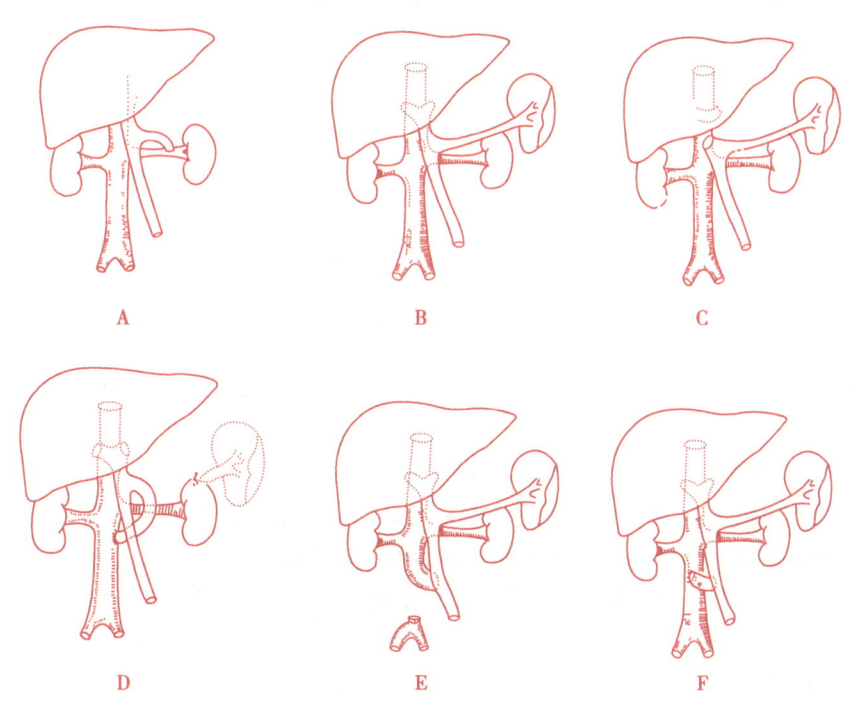

图 38-2-3　分流手术示意图

Note：

选择性门体分流术的代表术式是远端脾肾静脉分流术,即将脾静脉远端与左肾静脉进行端侧吻合,并离断门-奇静脉侧支,包括胃冠状静脉和胃网膜静脉。目的是保存门静脉的入肝血流,同时降低食管胃底曲张静脉的压力。该术式的优点是病人肝性脑病发生率低,但对有大量腹水及脾静脉口径较小的病人,一般不选择这一术式。

虽然分流术降低门静脉压力作用较大,但由于未切除脾,故不能消除脾功能亢进。此外,经肠道吸收的部分或全部氨直接进入血液循环而未经肝转为尿素解毒,将影响大脑能量代谢,易致肝性脑病,甚至昏迷,故死亡率较高。

(2)断流术:即脾切除,同时阻断门奇静脉间反常血流达到止血目的。断流手术方式很多,但常用且最为有效的方式是脾切除加贲门周围血管离断术,在脾切除的同时,彻底结扎、切断贲门周围血管(图38-2-4)。

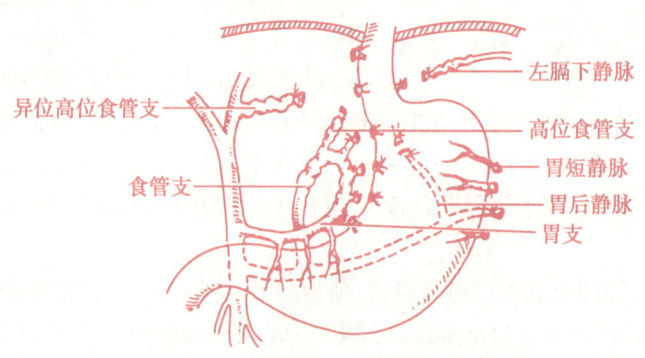

左膈下静脉
异位高位食管支
高位食管支
胃短静脉
食管支
胃后静脉
胃支

图38-2-4 贲门周围血管离断术示意图

该术式不仅能离断食管胃底的静脉侧支,还可保存门静脉入肝血流,故病人肝性脑病发生率较低。可用于门静脉系统中无可供与体静脉吻合的通畅静脉、肝功能差、既往做过分流手术和其他手术疗法失败而不适合行分流手术的病人。

(3)脾切除术:可升高外周血白细胞、血红蛋白和血小板水平,但适应证尚存争议。无消化道出血史者不建议行预防性脾切除。

(三)腹水治疗及护理

1. 限制水、钠摄入　钠摄入量限制在60~90mmol/d(相当于食盐1.5~2g/d)。有高容量性低钠血症(<125mmol/L)者,应同时限制水摄入,摄入水量在0.5~1L/d。

2. 增加水、钠排出

(1)利尿药:临床常用的利尿药为螺内酯和呋塞米。利尿速度不宜过快,以免诱发肝肾综合征、肝性脑病等。

(2)导泻:口服甘露醇,通过肠道排出水分。

(3)腹腔穿刺放液:大量腹水引起高度腹胀并影响心肺功能时,可行腹腔穿刺放液,以减轻症状。

3. 提高血浆胶体渗透压　输注新鲜全血、血浆、白蛋白等,可促进腹水消退。

4. 自身腹水浓缩回输　将抽出的腹水经浓缩处理(超滤或透析)后再经静脉回输,起到清除腹水,保留蛋白,增加有效血容量的作用,对难治性腹水有一定疗效。

5. TIPS　可有效降低门静脉压力,增加肾血流灌注,减少或消除腹水和食管-胃底静脉曲张出血。

6. 腹水病人护理

(1)每日1次测腹围,每周1次测体重。腹围测定部位做标记,注意每次在同一时间、采取同一体位、在相同部位测量。

（2）当因腹水、疼痛等致呼吸困难或不能平卧时,应协助采取半卧位,以利于呼吸。

（四）肝性脑病的观察与处理

1. **避免诱因**　如上消化道出血、高蛋白饮食、感染、便秘、应用麻醉药、应用镇静催眠药及手术等。

2. **密切观察病人意识及行为改变**　发现嗜睡、精神欣快、行为反常及血氨增高等异常征象及时报告医生处理。

3. **减少肠内氨源性毒物的生成与吸收**　①灌肠或导泻,生理盐水或弱酸性溶液灌肠使肠道 pH 保持为酸性,禁用肥皂水灌肠;②抑制肠道细菌生长,口服肠道抗生素,如新霉素或卡那霉素,以抑制肠道细菌繁殖,减少氨的产生;③口服乳果糖,促使肠道内氨的排出;④限制蛋白质摄入,以减少血氨的来源。

4. **促进体内氨的代谢**　谷氨酸钾或谷氨酸钠等静脉滴注。

（五）其他并发症的治疗和护理

1. **肝肾综合征**　密切观察病人尿量变化、定期检测血钠,发现异常应及时报告医生处理。

2. **电解质及酸碱平衡失调**　动态监测病人血电解质及血气分析,发现异常应及时报告,并遵医嘱补充电解质溶液等。

3. **原发性肝癌**　参见本章第三节肝癌病人的护理。

4. **感染**　密切观察,一旦病人出现感染征象,应及时进行病原学检查,尽快开始经验性抗感染治疗。获得病原学检测及药敏结果后,尽快转化为目标性抗感染治疗。

（六）肝移植

肝移植是治疗终末期肝病并发门静脉高压、食管-胃底静脉曲张出血病人的理想方法,既可替换病肝,又能使门静脉系统血流动力学恢复正常。

（七）心理护理

详细解释疾病有关知识、检查、治疗及手术目的、程序、效果、常见不适等,使病人有充分的思想准备,提高其心理安全感,缓解其焦虑和恐惧感,争取积极配合治疗和护理,促进康复。

（八）健康教育

1. **疾病知识指导**　讲解疾病的相关知识和自我护理的方法。

2. **休息与活动指导**　代偿期病人无明显精神、体力减退,可参加轻体力工作,避免过度疲劳;失代偿期病人以卧床休息为主,活动量以不加重疲劳感为度。保持充足睡眠,生活起居有规律。保持情绪稳定。

3. **皮肤护理指导**　沐浴时水温不宜过高,勿使用刺激性洗浴用品;勿用手抓搔皮肤。用软毛牙刷刷牙,告知病人出血先兆及出血后的基本处理方法。

4. **用药指导**　按医生处方用药,避免加重肝负担和肝功能损害。病人应了解所服药物的名称、剂量、服药时间和方法,观察药物的疗效和不良反应。

5. **饮食指导**　保证营养摄入,防止食管黏膜损伤,诱发大出血。

6. **定时复诊**　详细告知病人复诊时间及重要性、大出血时紧急就诊的途径及方法。

【护理评价】

经过治疗和护理后,评估病人是否能够达到:①生命体征稳定;②肝功能和营养状况得到改善;③腹水减少、腹围缩小;④不发生严重并发症,或发生的并发症被及时发现和处理;⑤焦虑或恐惧感解除或减轻;⑥能正确说出预防出血、饮食要求及出院后自我保健相关知识。

（张　萍）

Note：

思 考 题

1. 食管-胃底静脉曲张产生的机制是什么?
2. 如何对肝性脑病病人进行护理?

第三节　肝癌病人的护理

学习目标

识记:
1. 复述原发性肝癌的概念。
2. 概述原发性肝癌的病因及临床表现。
3. 简述原发性肝癌病人的常用治疗与护理措施。
4. 简述原发性肝癌病人健康教育的主要内容。

理解:
1. 理解原发性肝癌的转移途径、主要护理诊断及并发症的预防和处理原则。
2. 解释原发性肝癌的病理特点、辅助检查的临床意义。

运用:
运用护理程序对原发性肝癌病人实施护理。

 导入情境与思考

　　病人,男性,46 岁。1 个月前无明显诱因出现腹胀,伴腹泻。既往乙型肝炎病史 10 余年,否认其他病史。体格检查:巩膜无黄染,无肝掌、蜘蛛痣。腹平坦,无压痛,未触及包块。肝脾肋下未触及,无移动性浊音。血检示"小三阳"。肝功能:TBIL 36.2μmol/L,白蛋白 30.4g/L,A/G 0.9,PT 16.4s。AFP>1mg/L。B 超示肝右前叶一约 7.0cm×9.0cm 的实质性肿块,MRI 示右肝实质性占位,肝硬化。入院诊断:原发性肝癌、肝硬化。拟全麻下行右三叶切除术。

　　请思考:

　　(1) 为保证手术安全,对该病人术前应采取哪些护理措施?

　　(2) 术后 8h,病人出现烦躁,腹腔引流管引流出血性液体共 1L,血压 95/44mmHg,脉搏 144 次/min,呼吸 28 次/min,氧饱和度 90%。腹部叩诊呈浊音。此时护士应采取哪些护理措施?

　　肝癌分原发性肝癌(primary carcinoma of liver)和转移性肝癌(metastatic hepatic carcinoma)。原发性肝癌简称肝癌,是指由肝细胞或肝内胆管上皮细胞发生的恶性肿瘤,主要包括肝细胞癌(hepatocellular carcinoma,HCC)、肝内胆管癌(intrahepatic cholangiocarcinoma,ICC)和 HCC-ICC 混合型 3 种不同病理学类型,其中 HCC 占 85%～90%,平常所称的"肝癌"指 HCC。本节重点介绍原发性肝癌。

【病因】

(一) 病毒性肝炎

　　在我国,肝癌的主要病因是 HBV 感染,西方国家以 HCV 感染常见。其致癌机制可能与肝长期炎症,肝细胞坏死和反复再生,从而引起基因突变,破坏细胞增殖的平衡,导致细胞癌变。

 Note:

（二）肝硬化

各种原因导致的肝硬化是肝细胞癌发生过程中最重要的环节,85%～95%的肝细胞癌病人具有肝硬化背景。在我国,大部分肝癌病人经历了由慢性肝炎、肝硬化等慢性肝病直至肝癌的长期发展过程,受年龄、性别、病因、肝癌家族史和糖尿病等相关因素影响。

（三）黄曲霉毒素

流行病学发现,粮食受到黄曲霉毒素污染严重的地区,人群肝癌发病率高。饮食中黄曲霉毒素B_1有强烈的致癌作用,它可能通过影响某些基因的表达而引起肝癌的发生。

（四）遗传因素

不同种族人群肝癌发病率不同。在同一种族中,肝癌的发病率也存在着很大差异,常有家族聚集现象,但是否与遗传有关,尚待进一步研究。

（五）其他因素

饮池塘水的居民肝癌发病率高,可能是饮用水被池塘中生长的蓝绿藻产生的藻类毒素污染所致。一些化学物质如亚硝胺类、偶氮芥类、有机氯农药、酒精等均是可疑的致肝癌物质。此外,寄生虫感染、营养等因素也可能与肝癌的发病有一定关系。

【病理】

（一）病理类型

1. **大体病理类型**　可分为 3 类:块状型、结节型和弥漫型。按肿瘤大小可分为 4 类:微小肝癌（直径≤2cm）,小肝癌（>2～5cm）,大肝癌（>5～10cm）和巨大肝癌（>10cm）。

2. **组织病理类型**　可分为 3 类:肝细胞癌、胆管细胞癌和混合型肝癌。我国以肝细胞肝癌为主,约占原发性肝癌的 90%。

（二）转移途径

1. **肝内转移**　易侵犯门静脉及分支并形成癌栓,脱落后在肝内引起多发性转移灶。

2. **肝外转移**　①血行转移:最常见转移部位为肺,亦可引起胸、肾上腺、肾、骨及脑等部位的转移;②淋巴转移:肝癌经淋巴转移者相对少见,可转移至肝门淋巴结及胰周、脾、腹膜后、主动脉旁淋巴结,晚期可至锁骨上淋巴结;③种植转移:少见,从肝表面脱落的癌细胞可种植在腹膜、横膈、盆腔等处,引起血性腹水、胸腔积液。女性可有卵巢转移。

【护理评估】

（一）健康史

收集一般资料,包括病人性别、年龄、婚姻、职业、居住史、饮食和生活习惯、是否进食含黄曲霉的食品、有无亚硝胺类致癌物的接触史等;近期是否有乏力、食欲减退;有无用药史、过敏史;询问病人家族中有无患肝癌或其他肿瘤的病人;询问既往患病史,有无肝炎、肝硬化、其他部位肿瘤病史或手术治疗史等。

（二）身体状况

原发性肝癌起病隐匿,早期缺乏特异性表现,多数病人在普查或体检时被发现,中、晚期病人临床症状明显。常见临床表现有:

1. **肝区疼痛**　是肝癌最常见的症状,半数以上病人有肝区疼痛,多为持续性钝痛、刺痛或胀痛,主要由于肿瘤生长迅速使肝包膜张力增加所致。疼痛部位与癌肿部位密切相关,如病变侵犯膈,疼痛可牵涉右肩或右背部。若肝癌结节坏死、破裂引起腹腔内出血时,则表现为突发性右上腹剧痛,并产生腹膜刺激征等急腹症表现,出血量大时,则可引起晕厥和休克。

2. **全身性表现**　乏力、食欲减退、体重减轻、腹胀等,晚期则体重呈进行性下降,并出现贫血、黄疸、腹水、下肢水肿、皮下出血、营养不良及恶病质等表现。

3. **肝大**　为中、晚期肝癌最常见的主要体征。肝呈进行性增大、质地坚硬、表面凹凸不平,常有大小不等的结节或巨块、边缘钝而不规则,时有病人自己偶然扪及而成为肝癌的首发症状。

4. **其他**　当发生肺、骨、脑等肝外转移时,可出现相应的临床症状和体征。部分病人由于癌肿本身代谢异常或癌组织对机体产生影响而引起内分泌或代谢异常,而出现自发性低血糖症、红细胞增多症、高钙血症、高脂血症等伴癌综合征。

5. **并发症**　主要有肝性脑病、上消化道出血、癌肿破裂出血及继发性感染。肝性脑病常是原发性肝癌终末期的最严重并发症。因长期消耗或化疗、放射治疗等,病人抵抗力减弱,容易并发肺炎、败血症、肠道感染、压力性损伤等。

（三）辅助检查

1. 肝癌血清标志物检测

（1）血清甲胎蛋白（AFP）测定:是当前诊断肝癌和疗效监测常用且重要的指标。血清 AFP ≥ 400μg/L,排除妊娠、慢性或活动性肝病、生殖腺胚胎源性肿瘤及消化道肿瘤后,高度提示肝癌。血清 AFP 轻度升高者,应做动态观察,并与肝功能变化对比分析,有助于诊断。

（2）血清酶学及其他肿瘤标志物检查:肝癌病人血清中血清碱性磷酸酶、γ 谷氨酰转肽酶及其同工酶、异常凝血酶原等可高于正常。有助于 AFP 阴性的肝癌病人的诊断和鉴别诊断。

2. 影像学检查

（1）B 超:是目前筛查和监测肝癌的首选检查方法。该检查能确定肝内有无占位性病变,显示肿瘤的部位、大小、形态及肝静脉或门静脉有无栓塞等,分辨率高的仪器可发现直径 1cm 左右的癌灶,可以提示病变的可能性质,确诊率可达 90% 左右。

（2）CT:分辨率高,对肝癌的诊断符合率可达 90% 以上,是诊断肝癌的重要手段,兼具定位与定性的诊断价值,能显示病变范围、数目、大小及其与邻近器官和重要血管的关系等,临床上多作为疑诊肝癌者和确诊为肝癌拟行手术治疗者的常规检查。

（3）MRI:诊断价值与 CT 相仿,能获得横断面、冠状面和矢状面 3 种图像,对良、恶性肝内占位性病变,尤其是与肝血管瘤的鉴别优于 CT,且可进行肝静脉、门静脉、下腔静脉和胆道重建成像,可显示这些管腔内有无癌栓。

（4）选择性腹腔动脉或肝动脉造影检查:选择性肝动脉造影可显示癌肿的部位、大小、数目和范围,是肝癌诊断的重要补充手段。对血管丰富的癌肿,其分辨率低限约为直径 1cm;对直径<2.0cm 的小肝癌诊断正确率可达 90%。该项检查为有创性,故仅在非侵入检查未能确定肝内占位性病变性质者、疑为肝癌而非侵入检查未能明确定位者或拟行肝动脉栓塞治疗者时方考虑选用。

（5）放射性核素肝扫描:近年来采用放射性核素发射计算机体层扫描（ECT）可提高分辨率和诊断符合率。

3. 肝组织切片检查

（1）肝穿刺活体组织检查:超声或 CT 引导下细穿刺针吸细胞行组织学检查是确诊肝癌的最可靠方法,癌细胞阳性者即可确诊。因属侵入性检查,偶有引起出血、肿瘤破裂和肿瘤沿针道转移的风险,故仅在各种非侵入性检查不能确诊下视情况考虑应用。

（2）腹腔镜检查或剖腹探查:经各种检查不能确诊而临床又高度怀疑肝癌者,视病人情况,可选择腹腔镜检查或剖腹探查,以明确诊断。

（四）心理-社会状况

评估病人对疾病的认知程度,了解病人的心理状态,家庭对病人医疗费用的经济承受能力、支持程度等。

【常见护理诊断/问题】

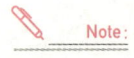

1. **疼痛**　与肿瘤生长迅速,肝包膜被牵拉或肝动脉栓塞术后综合征有关。

2. **恐惧**　与得知癌症诊断、担心手术和预后、害怕死亡有关。

3. **营养失调：低于机体需要量**　与食欲减退、出血、发热及肿瘤高代谢状态有关。

4. **潜在并发症：**肝性脑病、肝癌破裂出血、上消化道出血、感染、术后出血、胆瘘、膈下脓肿等。

【计划与实施】

治疗原则是早期诊断、早期治疗,视病情不同采取以手术治疗为主的综合治疗模式,早期肝癌实施手术切除是目前首选且最有效的治疗方法。经过治疗和护理,病人疼痛减轻;悲伤情绪减轻;维持营养均衡;未出现肝性脑病、肝癌破裂出血、上消化道出血、感染、术后出血及胆瘘、膈下脓肿等并发症,或并发症被及时发现和处理。

（一）手术治疗

手术治疗是目前治疗肝癌的最佳方法。对于一般情况较好,无明显心、肺、肾等重要器官质性病变,肝功能正常或仅有轻度损害,肝外无广泛转移性肿瘤的病人,可积极考虑行肝切除手术。手术方式视病人全身情况、肝硬化程度、肿瘤大小、部位及肝代偿功能而定。可以通过传统开腹施行手术,也可视情况采用腹腔镜或机器人辅助下进行手术。

在术前应对病人的全身情况及肝储备功能进行全面评价,采用肝功能 Child-Pugh 评分、吲哚菁绿(ICG)清除实验评价肝储备功能情况。通常认为肝功能 Child-Pugh A 级、ICG-R15<30% 是实施手术切除的必要条件;剩余肝体积须占标准肝体积的 40% 以上(肝硬化病人),或 30% 以上(无肝硬化病人)也是实施手术切除的必要条件。

1. **术前护理**

（1）心理护理:护士应了解病人情绪的变化,尊重病人的感受并表达同情和理解,介绍一些能缓解焦虑、恐惧情绪的方法。介绍各项检查和治疗目的、方法、常见并发症和配合方法,消除或减轻病人不安全感。

（2）协助做好全面术前检查:包括肝功能和凝血功能等。

（3）改善营养状况:进食富含蛋白质、能量、维生素和纤维素食物,遵医嘱给予病人全身支持和保肝治疗,补液、输血、补充蛋白、补充新鲜血浆和凝血因子、补充血小板,并给予维生素 K_1 和保肝药物等。

（4）保证病人充分的睡眠和休息,尽量避免剧烈咳嗽、用力排便等诱发出血的因素。

（5）疼痛护理:充分评估病人疼痛程度,遵医嘱按照三阶梯止痛原则给予镇痛药,并观察疗效及不良反应,同时指导病人缓解疼痛的方法。

（6）肠道准备:术前 3d 遵医嘱口服肠道抗生素,术前 1d 予以弱酸性溶液保留灌肠,减少术后血氨来源。

2. **术后护理**

（1）卧位与休息:肝癌手术创面大,为防止手术后肝断面出血,一般不鼓励病人早期离床活动。应嘱病人术后 24h 内卧床休息,避免剧烈咳嗽。术后第 2 日,若生命体征稳定,病情允许,可取半卧位。

（2）病情观察:术后 48h 内应密切观察病人生命体征、意识、尿量等变化,警惕腹腔内出血和肝性脑病等异常征象。注意有无发热、腹痛、呃逆等膈下脓肿征象发生。发现异常应及时报告医生处理,必要时做好术前准备。

（3）保护肝功能:常规持续低流量吸氧 24~48h,半肝以上切除者,应间歇给氧 3~4d,预防肝细胞缺氧引起肝功能损害。

（4）营养支持：应根据病人病情提供肠外和肠内营养支持，或补充氨基酸和白蛋白等，以促进伤口愈合和身体康复。肛门排气、停止胃肠减压后方开始进流质饮食，逐渐过渡到正常饮食。

（5）伤口及引流管护理：观察病人伤口渗出物和引流情况，注意有无活动性出血及胆瘘征象。若血性引流液呈持续性增加，应警惕腹腔内活动性出血；若伤口敷料被胆汁样液体浸湿，或引流管引出胆汁样液体，应警惕胆瘘。出现以上异常征象应及时通知医生处理，必要时及时做好术前准备。

（6）疼痛护理：肝叶和肝局部切除术后疼痛剧烈者，应遵医嘱予以镇痛药镇痛。术后 48h，若病情允许，可取半卧位，以降低切口张力，减轻伤口疼痛。

（7）维持体液平衡：准确记录 24h 出入量。对肝功能不良伴腹水者，严格控制水和钠盐的摄入量，每日观察、记录体重及腹围变化。

（8）并发症护理：肝切除术后常见并发症有出血、膈下积液及脓肿、胆汁漏及肝性脑病。

1）出血：一般情况，术后当日可引流出鲜红色血性液体 100~300ml，若血性液体增多，应警惕病人腹腔内出血。术后密切观察，若明确为凝血机制障碍性出血，可遵医嘱给予凝血酶原复合物、纤维蛋白原、输新鲜血、纠正低蛋白血症，若短期内或持续引流较大量的血性液，或经输血、输液，病人血压、脉搏仍不稳定时，应做好再次手术止血的准备。

2）膈下积液及脓肿：多发生于术后 1 周左右。术后体温下降后再度升高，或术后发热持续不退；同时伴有右上腹部胀痛、呃逆、脉快、白细胞计数升高，中性粒细胞达 90% 以上等，应疑有膈下积液或膈下脓肿，B 超等影像学检查可明确诊断。术后严密观察病人体温变化，保持引流管通畅。若已形成膈下脓肿，必要时协助医生行 B 超定位引导下穿刺抽脓或置管引流管，并做好相应护理。加强营养支持治疗和抗菌药物的应用护理。

3）胆汁漏：术后注意观察病人有无腹痛、发热和腹膜刺激征，切口有无胆汁渗出和/或腹腔引流液有无含胆汁。如有上述表现，应高度怀疑胆汁漏，即予调整引流管，保持引流通畅，并注意观察引流液的量与性质变化；如发生局部积液，应尽早 B 超定位穿刺置管引流；如发生胆汁性腹膜炎，应尽早手术。

4）肝性脑病：见本章第二节相关内容。

（二）化疗

用于不可切除的肝癌或作为肝癌切除术后的辅助治疗，可行肝动脉栓塞化疗（transcatheter arterial chemoembolization，TACE），可控制肿瘤生长，缓解病人症状，提高其生存率。

TACE 的主要步骤是经皮穿刺股动脉，在 X 线透视下选择性将导管插至肝固有动脉或其分支，注射抗肿瘤药和/或栓塞剂（如碘化油和明胶海绵碎片），进行化疗栓塞，发挥持久的抗肿瘤作用。常用药物有氟尿嘧啶、丝裂霉素、顺铂、卡铂、表柔比星和多柔比星等。TACE 应反复多次治疗，一般每 4~6 周重复 1 次，经 2~5 次治疗，许多肝癌明显缩小，可获得进行手术切除的机会。

1. TACE 术前护理

（1）向病人及其家属解释治疗目的、方法及注意事项，争取其主动配合。

（2）完善术前检查，注意出凝血时间、血常规、肝功能、肾功能、心电图等检查结果，判断有无手术禁忌证。

（3）指导病人术前 4h 禁食，做好穿刺处皮肤准备，备好所需物品和药品，尤其要检查导管质量，防止术中出现断裂、脱落或漏液等。

2. TACE 术后护理

（1）预防出血：术后嘱病人平卧，穿刺处加压包扎 1h，穿刺侧肢体制动 6h，密切观察穿刺侧肢体皮肤的颜色、温度及足背动脉搏动，注意穿刺点有无出血。拔除肝动脉导管后，应予以压迫穿刺点局部 15min，并嘱病人卧床休息 24h，防止局部血肿形成。

（2）导管护理：①妥善固定导管。②严格遵守无菌操作原则。每次注药前、后均消毒导管接头或微泵表面皮肤，注射后用无菌纱布包扎，防止沿导管发生逆行性感染。③保持导管通畅，防止血凝块堵塞导管，每次注药后或发现管道内有较多回血时，均应用肝素稀释液 2～3ml（浓度 25U/ml）冲洗导管。

（3）栓塞后综合征的观察与护理：TACE 后多数病人可出现发热、肝区疼痛、恶心、呕吐、心悸、白细胞计数下降等，称为栓塞后综合征。应注意观察病人的不良反应，并及时做好相应处理：①若体温高于 38.5℃，可遵医嘱给予药物和物理降温；②肝区疼痛者可适当给予镇痛药；③恶心、呕吐者可遵医嘱给予药物止吐和心理疏导，若症状严重，应建议医生减少化疗药物使用量；④白细胞计数下降，可应用升白细胞药物治疗，当白细胞计数<4×10⁹/L 时应暂停化疗；⑤TACE 术后，嘱病人大量饮水，减轻化疗药物肾毒性，观察排尿情况。

（4）并发症防治：密切观察病人生命体征和腹部体征变化，若发现有上消化道出血及胆囊坏死等胃、胆、胰、脾动脉栓塞并发症时，须及时通知医生协助处理。

（三）放射治疗

对一般情况较好，病灶较为局限，肝功能较好，不伴肝硬化、黄疸、腹水及脾功能亢进和食管静脉曲张，肿瘤较小且局限，尚无远处转移但又不适于手术切除，或手术切除后肿瘤复发者，可采用放射治疗为主的综合治疗。治疗过程中应注意观察病人对放疗的不良反应，并采取相应措施预防和处理。详见第六章"肿瘤病人的护理"。

（四）肝移植

肝移植是肝癌根治性治疗手段之一，尤其适用于肝功能失代偿、不适合手术切除及局部消融的早期肝癌病人。

（五）其他治疗

其他治疗方法包括生物和免疫治疗、射频消融、中医中药治疗、基因治疗等。

（六）并发症的预防和处理

1. **癌肿破裂出血** 少数病人出血可自止，多数病人需手术止血。对不能手术的晚期病人，可采用补液、输血、应用止血药、全身支持治疗等综合性方法处理，但预后较差。应叮嘱病人尽量避免致肿瘤破裂的诱因，如剧烈咳嗽、用力排便等，并注意避免受外力冲击或压迫的因素。一旦发现突然的腹部剧痛且伴腹膜刺激征，应高度怀疑癌肿破裂，并立即通知医生，积极配合抢救，同时积极做好急诊手术的准备。

2. **上消化道出血** 见本章第二节。

3. **肝性脑病** 常发生于肝功能失代偿或濒临失代偿的原发性肝癌者，见本章第二节。

（七）健康教育

1. **疾病指导** 注意防治肝炎，不进食霉变食物。有肝炎、肝硬化病史和肝癌高发区人群应定期做 AFP 检测或 B 超检查，以早期发现。

2. **休息与活动指导** 注意休息，避免劳累，在病情和体力允许的情况下可适量活动，但切忌过量、过度运动。

3. **饮食指导** 严格禁酒。多进食高糖、高能量、高维生素、适量蛋白、低脂肪食物；以清淡、易消化为宜。伴有腹水、水肿者，应严格控制水和食盐的摄入量。

4. **用药指导** 注意保肝，避免使用损害肝功能的药物。肝功能失代偿者，可适量应用缓泻剂保持排便通畅，以免肠腔内氨吸收过多导致肝性脑病。

5. **定期复诊** 遵医嘱定期复查，发现异常，及时就诊。

6. **放、化疗相关知识指导** 介绍放、化疗及护理相关知识，指导病人及其家属学会管理肝动脉插管或微泵的观察和自我护理方法,鼓励坚持并配合综合治疗。

【护理评价】

经过医疗护理干预后,评估病人是否能够达到:①恐惧、忧伤情绪减轻或情绪恢复正常;②不适感减轻或无不适感;③体重恢复正常或无体重减轻;④未出现并发症,或并发症被及时发现和处理。

（张　萍）

─────────── 思　考　题 ───────────

1. 肝癌术后需重点预防和处理哪些并发症?
2. 如何对 TACE 栓塞后综合征病人进行观察和护理?

URSING
第三十九章

胆道疾病病人的护理

39章　数字内容

学习目标

- 识记：
1. 概述胆石症及胆道感染的病因和分类。
2. 复述胆石症、胆道感染、胆道肿瘤的症状与体征。
3. 简述 T 形管引流的护理措施。
- 理解：
解释胆石症与胆道肿瘤病人常用辅助检查的临床意义。
- 运用：
运用护理程序对胆石症与胆道肿瘤的病人进行护理、健康指导。

第一节 胆石症与胆道感染病人的护理

 ———————————— 导入情境与思考 ————————————

病人,女性,45岁,反复右上腹疼痛3年,经腹部超声检查证实为胆囊结石,但未正规治疗,10h前疼痛逐渐加重,并伴寒战、高热不能缓解就诊,考虑"胆结石"急性发作住院治疗。体格检查:病人神志清楚,痛苦面容,右上腹及剑突下压痛,轻度腹肌紧张及反跳痛,墨菲(Murphy)征(+),腹稍胀,未见肠型及蠕动波,听诊肠鸣音正常。T 39.6℃,P 122次/min,R 26次/min,BP 82/60mmHg。实验室检查:血红蛋白156g/L,白细胞计数29.8×10^9/L,总胆红素31μmol/L,结合胆红素25.0μmol/L。

请思考:

（1）该病人目前主要的护理诊断/问题有哪些?

（2）护士接诊后,针对该病人病情应配合医生采取哪些护理措施?

胆石症(cholelithiasis),是指发生在胆囊和胆管的结石,是常见病和多发病。我国胆囊结石患病率高于胆管结石。胆道感染是指胆囊壁和/或胆管壁受到细菌的侵袭而发生炎症反应,胆汁中有细菌生长。胆道感染与胆石症常互为因果关系,胆石症可引起胆道梗阻、胆汁淤滞,细菌繁殖,从而导致胆道感染;胆道反复感染可促进胆结石形成,加重胆道梗阻。

【病因与分类】

1. **胆囊结石（cholecystolithiasis）与急性胆囊炎（acute cholecystitis）** 胆囊结石常与急性胆囊炎并存,主要与脂类代谢异常、胆囊管梗阻、致病菌入侵致胆道感染、创伤、化学性刺激等有关。

2. **慢性胆囊炎** 胆囊受炎症和结石的反复刺激,胆囊壁炎症细胞浸润和纤维组织增生,胆囊壁增厚,失去收缩和浓缩胆汁的功能甚至与周围组织粘连,出现胆囊萎缩。

3. **胆管结石与胆管炎（cholangitis）** 主要与胆汁淤滞、胆管梗阻、肝内感染等有关。肝外胆管结石的形成除上述原因外,胆道内异物,如虫卵和蛔虫尸体亦可成为结石的核心;胆管炎常与胆管结石相关联,系细菌入侵胆管,为胆管的感染性病变。

4. **急性梗阻性化脓性胆管炎（acute obstructive suppurative cholangitis，AOSC）** 是在胆道梗阻基础上并发的胆道系统的急性化脓性细菌感染,亦称急性重症胆管炎(acute cholangitis of severe type,ACST)。急性胆管炎(acute cholangitis)和AOSC是同一疾病发展的不同阶段。

【病理生理】

胆石的形成可能与过量胆盐丢失、胆汁内胆固醇过饱和状态、胆囊排空速度减慢及胆汁淤滞等有关。

（一）胆石的种类

胆石按所在部位及组成成分不同,有不同的分类方法(图39-1-1)。

1. **按结石的部位分类** 可分为胆囊结石、肝内胆管结石和肝外胆管结石3类。

2. **按结石的组成成分分类**

（1）胆固醇结石:主要成分为胆固醇。由胆固醇和胆盐代谢失调引起,X线下不显影,是我国常见的一类胆结石。

（2）胆色素结石:主要由胆红素构成。因非结合胆红素代谢失调,常为多发性结石,X线下不能显影。

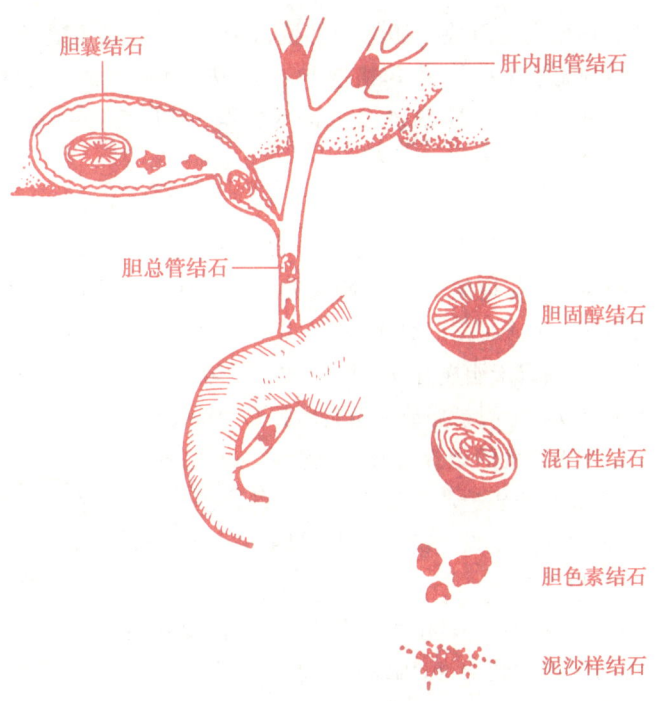

图 39-1-1　胆石的种类

（3）混合性结石：主要由胆红素、胆固醇和胆盐构成。因其含钙盐较多，X 线下可显影。

（二）胆囊结石与胆囊炎

胆囊结石可以在胆囊内静止不动或转移到胆管其他部位，当胆囊不能排出胆汁时，结石引起的局部刺激和胆汁淤滞会引起胆囊炎。若胆囊结石长期嵌顿或阻塞胆囊管而未合并感染时，胆汁中的胆色素被胆囊黏膜吸收，并分泌黏性物质形成胆囊积液，积液呈透明无色，称为白色胆汁。

胆囊炎常由引起水肿和炎症的胆囊管或胆总管梗阻所致。急性胆囊炎系潴留的胆汁被再吸收并作为有毒性作用的化学刺激物作用于胆囊壁，胆汁潴留、胆囊肿大及循环障碍可以导致胆囊壁缺血，引起组织坏死，甚至胆囊穿孔。慢性胆囊炎大多继发于急性胆囊炎，胆囊壁有炎症细胞浸润和纤维组织增生，胆囊壁增厚，甚至发生胆囊萎缩。

（三）胆管结石与胆管炎

胆管结石所致的病理生理改变与结石的部位、大小及病史长短有关。胆管结石可引起胆道不同程度的梗阻，梗阻可使近端胆管呈现不同程度扩张、管壁增厚，胆汁滞留在胆管内；胆管壁充血、水肿进一步加重梗阻，使之从不完全性梗阻变为完全性梗阻而出现梗阻性黄疸。

胆管炎常与胆管结石相关联，胆石症引起的梗阻可造成胆汁淤滞、细菌繁殖而致胆道感染；胆道反复感染又是胆石形成的致病因素和促发因素。

AOSC 的基本病理改变是肝实质及胆道系统胆汁淤滞和化脓性感染。大量细菌和毒素可经肝静脉进入体循环，引起全身化脓性感染和多器官功能损害，甚至引起全身脓毒症或感染性休克，严重者可导致多器官功能障碍综合征（multiple organ dysfunction syndrome，MODS）。

【护理评估】

（一）健康史

了解病人的年龄、性别、饮食习惯、营养状况、工作环境等。详细询问病人发病时间、主要症状及其特点、有无进食油腻食物等诱发因素等，如有无胆囊结石反复发作史；有无胆道感染史；有无肝内、外胆管结石或胆管炎反复发作史；有无胆道手术史等。了解病人患病后的检查和治疗经过等。

(二) 身体状况

胆石症与胆道感染的临床表现取决于胆结石部位,以及是否造成胆道梗阻和感染等因素。约30%的胆囊结石病人可终身无临床症状,在体格检查、手术或尸解时被偶然发现,称为静止性胆囊结石。病人是否出现临床症状与结石大小、部位,是否合并感染、梗阻及胆囊功能有关。

1. 症状

(1) 胆囊结石与胆囊炎

1) 消化道症状:多数胆囊结石病人仅在饱餐或进食油腻食物后出现上腹部或右上腹部隐痛、饱胀不适、嗳气、呃逆等非特异性消化道症状;急性胆囊炎病人常伴恶心、呕吐。

2) 腹痛:胆囊结石引起的上腹部疼痛又称"胆绞痛",表现为持续上腹部疼痛并放射至右肩胛部或右肩部。变换体位时,结石堵塞于胆囊管导致胆管暂时梗阻而发生右上腹疼痛,因此,部分胆囊结石病人常有夜间痛。胆囊炎以右上腹绞痛放射至右肩胛部为特征。

3) Mirizzi 综合征:是特殊类型的胆囊结石。胆囊管与肝总管平行时,胆囊内较大结石持续嵌顿和压迫胆囊壶腹部或颈部,可引起肝总管狭窄或胆囊胆管瘘,表现为反复发作的胆囊炎、胆管炎及梗阻性黄疸,称 Mirizzi 综合征(图 39-1-2)。

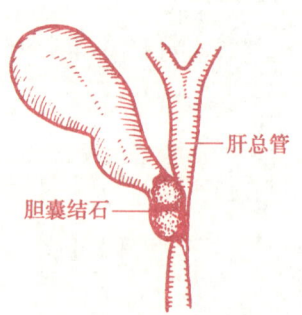

图 39-1-2　Mirizzi 综合征

4) 其他:进入胆总管的结石通过 Oddi 括约肌可造成损伤或嵌顿于壶腹部引起胰腺炎,称为胆源性胰腺炎;因结石压迫引起胆囊炎症慢性穿孔,可致胆囊十二指肠瘘。

(2) 胆管结石与胆管炎:典型的急性胆管炎症状包括腹痛、寒战高热和黄疸,称为查科(Charcot)三联征。

1) 腹痛:发生在剑突下或右上腹部,呈阵发性绞痛,或持续性疼痛阵发性加剧,并向右肩胛下及腰背部放射,多系结石嵌顿于胆总管下端或壶腹部,刺激胆管平滑肌,引起 Oddi 括约肌痉挛收缩所致。腹痛程度可因梗阻部位的不同而有差异,肝外胆管梗阻者症状明显,肝内胆管梗阻者疼痛较轻。

2) 寒战、高热:胆管梗阻继发感染后,细菌及毒素经毛细胆管进入肝窦至肝静脉,再进入体循环引起全身性中毒症状。AOSC 病人寒战、高热多发生于剧烈腹痛后,体温可达 39～40℃,呈弛张热。

3) 黄疸:系胆管梗阻后胆红素逆流入血所致。黄疸的程度和持续时间取决于胆管梗阻的程度、部位和是否继发感染有关。若梗阻不完全或结石有松动,则黄疸程度轻,呈波动性;若为完全性梗阻,则黄疸呈进行性加深,病人可有尿色变深、粪色变浅和皮肤瘙痒等症状。

4) 消化道症状:病人腹痛发作时常伴有腹胀、恶心、呕吐、厌食等消化道症状。

AOSC 发病急骤,病情进展快,除具有 Charcot 三联征外,还出现休克、中枢神经系统受抑制的表现,即 Reynolds 五联征。

2. 体征

(1) 胆囊结石与胆囊炎

1) 胆绞痛或 Murphy 征阳性:胆囊结石时病人表现为胆绞痛;急性胆囊炎时病人可出现 Murphy 征阳性,表现为:当检查者将左手平放于病人右肋部,拇指置于右腹直肌外缘与肋弓交界处,嘱病人缓慢深吸气,使肝下移,病人因拇指触及肿大的胆囊引起疼痛而突然屏气。

2) 黄疸:多数病人可不出现黄疸,若胆囊结石引起胆总管梗阻可致黄疸。

(2) 胆管结石与胆管炎

1) 腹部压痛或腹膜刺激征:剑突下或右上腹部可有不同程度的压痛或腹膜刺激征,部分病人可有肝大,肝区压痛、叩痛。

2) 黄疸:多数病人可出现不同程度的黄疸,若为一侧胆管梗阻,可不出现黄疸。

3) 休克表现:病人神志淡漠、烦躁、嗜睡甚至昏迷,出冷汗,脉搏弱,可在 120 次/min 以上,血压

Note:

短时间内迅速下降,可出现全身发绀或皮下瘀斑。

(三) 辅助检查

1. 实验室检查

(1) 血清学检查:白细胞计数及中性粒细胞比例明显升高,可有血清胆红素升高,血清转氨酶和/或碱性磷酸酶升高。

(2) 尿常规:尿中胆红素升高,尿胆原降低或消失。

2. 影像学检查

(1) B超:为首选方法。急性胆囊炎病人B超检查可显示胆囊增大,胆囊壁增厚,大部分病人可见胆囊内有结石影像。慢性胆囊炎病人B超检查显示胆囊壁增厚,胆囊腔缩小或萎缩,常伴胆囊结石。B超检查亦可显示胆道梗阻的部位和病变性质,以及肝内、外胆管扩张等情况。

(2) 腹部X线:X线影像上多数结石不显影或显影过于模糊,不能用于明确诊断。

(3) CT、MRI或磁共振胰胆管成像(magnetic resonance cholangiopancreatography,MRCP):能清晰显示肝内、外胆管扩张的范围和程度、结石分布、结石部位、胆管梗阻情况及胆囊病变等。主要用于B超诊断不清,怀疑有肿瘤的病人。

(4) 经皮经肝胆管造影(PTC):在X线透视或B超引导下,利用特制穿刺针经皮肤经肝穿刺胆管,成功后将造影剂直接注入肝内胆管,使整个胆道系统显影,了解胆道梗阻情况及病变部位,必要时可行胆管引流。

(5) 内镜逆行胰胆管造影(ERCP):能较准确地显示结石的部位、数量、大小及胆管梗阻的部位和程度。但它是有创性检查,可引起急性胆管炎和胰腺炎等并发症,应密切观察,ERCP也可用于胆道疾病的治疗。如胆道感染时行鼻胆管引流,十二指肠乳头狭窄可行Oddi括约肌切开或成形术,胆总管取石或取蛔虫等。

(6) 术中及术后胆管造影:胆道手术时,可经胆囊管插管至胆总管做胆道造影。术后拔除T形管前,应常规行T形管造影,检查胆道有无残余结石、狭窄,了解胆总管下端或胆肠吻合口通畅情况。

(7) 核素扫描检查:适用于肝内胆管结石、胆道畸形、胆道术后观察及黄疸的鉴别诊断。

(8) 纤维胆道镜检查:用于协助诊断和治疗胆道结石,了解胆道有无狭窄、畸形、肿瘤、蛔虫等。①术中胆道镜(intraoperative choledochoscopy,IOC):术中经胆总管切口直接置入胆道镜进行检查和治疗;②术后胆道镜(postoperative choledochoscopy,POC):术后单纯胆道镜检查应于术后4周进行;③胆道镜取石术(cholangioscopic lithotomy):术后6周方可进行。

(四) 心理-社会状况

评估病人及其家属对即将面临的手术、诊断性检查、严重病情等的心理承受能力及病人的情绪反应,了解病人家庭经济状况及对病人的支持程度等。

【常见护理诊断/问题】

1. **急性疼痛**　与胆道痉挛、手术创伤、胆道梗阻和感染致腹膜刺激征等有关。
2. **体温过高**　与胆道感染和炎症反应有关。
3. **营养失调:低于机体需要量**　与胆道疾病致长时间发热、恶心、呕吐、食欲缺乏、感染、肝功能损害及手术创伤等有关。
4. **体液不足**　与禁食、胃肠减压、T形管引流和感染性休克等有关。
5. **有皮肤完整性受损的危险**　与胆道梗阻、胆盐沉积引起皮肤瘙痒及引流液刺激等有关。
6. **焦虑/恐惧**　与胆道疾病反复发作,担心预后等有关。
7. **潜在并发症**:胆道出血、胆瘘、黄疸、胆囊穿孔。

【计划与实施】

胆石症的治疗原则为取出结石,解除梗阻或狭窄,去除感染灶;胆道感染治疗原则是手术解

Note:

除胆道梗阻并充分引流,及早而有效地降低胆管内压力,挽救病人生命。通过治疗和护理,病人能达到:①疼痛缓解;②体温正常;③营养平衡;④体液充足;⑤皮肤完整;⑥以最佳的身心状态接受手术和度过围手术期;⑦无胆道出血、胆瘘、黄疸、胆囊穿孔等并发症发生或发生后得到及时处理。

(一)非手术治疗

胆结石直径较小或病情严重、手术风险性较高及胆固醇结石病人,可应用鹅去氧胆酸或熊去氧胆酸等药物排石治疗。

在手术解除梗阻、去除病灶及通畅引流的基础上,亦可配合针灸及服用消炎利胆中药,对控制炎症、排出结石有一定作用。

(二)手术治疗

胆石症病人的手术治疗方式取决于结石的部位及并发症的严重程度。若结石局限于胆囊内,则施行单纯胆囊切除术,即开腹胆囊切除术或腹腔镜胆囊切除术。胆囊造口术的目的是减压和引流胆汁,主要适用于病情危重、不能耐受长时间手术的病人,或局部炎性水肿、粘连严重者。

胆道术后常放置 T 形引流管,单纯胆管结石,胆管上、下端通畅,无狭窄或其他病变者,可行胆总管切开取石术。

胆总管扩张直径大于 2cm,胆总管远端有炎性狭窄等梗阻性病变且难以用手术方法解除或胆胰汇合部异常,胰液直接流入胆管者,可行胆管空肠 Roux-en-Y 吻合术(图 39-1-3)。

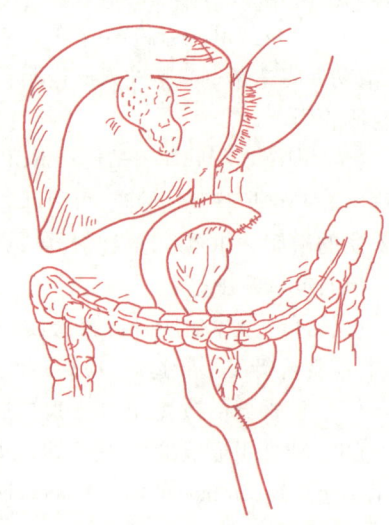

图 39-1-3 胆管空肠 Roux-en-Y 吻合术

(三)术前护理

1. 病情观察 密切观察病人全身情况,若出现寒战、高热、腹痛加重、黄疸加深、腹膜炎体征、血压下降及意识障碍等异常征象,护士应及时报告医生,并配合抢救和治疗。

2. 疼痛护理

(1)加强观察:观察病人疼痛的部位、程度、性质、发作时间、诱因及缓解和加重的因素;与饮食、体位、睡眠的关系;有无腹膜刺激征及 Murphy 征是否阳性等,为进一步治疗和护理提供依据。

(2)休息:协助病人取舒适体位,指导其有节律地深呼吸,达到放松和减轻疼痛的效果。

(3)合理饮食:根据病情指导病人进清淡饮食,忌油腻食物;病情严重者予禁食、胃肠减压,以减轻腹胀和腹痛。

(4)药物止痛:对诊断明确的剧烈疼痛者,可遵医嘱通过口服、注射等方式给予消炎利胆、解痉或镇痛药,以缓解疼痛。

(5)控制感染:使用抗生素预防和控制感染,减轻胆囊肿胀和胆囊压力,以减轻疼痛。

3. 体温过高护理

(1)物理降温:根据病人体温升高程度,采用温水擦浴等物理方法,防止体温继续升高。

(2)药物降温:在物理降温的基础上,可根据病情遵医嘱给予药物降温。

(3)控制感染:遵医嘱应用抗生素以控制感染,使体温恢复正常。

4. 维持营养状态

(1)对梗阻未解除的禁食病人,可通过胃肠外途径补充足够的能量、氨基酸、维生素、水、电解质等,以维持病人良好的营养状态。

(2)对梗阻已解除、进食量不足者,指导和鼓励病人进食高蛋白、高碳水化合物、高维生素和低脂饮食。

Note:

5. 维持体液平衡

（1）加强观察：严密监护病人生命体征和循环状况，如脉搏、血压、每小时尿量等，准确记录其24h出入量，为静脉补液提供依据。

（2）补液：对于休克病人应迅速建立静脉通路，尽快恢复血容量；必要时应用血管活性药，以改善和保证组织器官的血液灌注。

（3）纠正水、电解质紊乱及酸碱平衡失调：根据病人病情、中心静脉压及每小时尿量等情况，确定补液的种类和补液量，合理安排输液顺序和速率，维持水、电解质及酸碱平衡。

6. 心理护理

（1）鼓励并指导病人保持乐观的情绪体验。

（2）告知病人正确对待疾病与预后，给予心理上的关注与开导，生活上给予关心与照顾。

（3）耐心倾听病人及其家属的诉说，满足病人基本层次的需要。

（四）术后护理

1. 病情观察　监测病人生命体征，观察腹部体征及症状，观察伤口情况，及时发现病人有无出血或胆汁渗漏等并发症。观察黄疸程度及消退情况，记录粪便颜色，了解胆汁是否流入十二指肠，若黄疸加重，可能有胆汁引流不畅的情况，应及时报告医生处理。

2. 饮食　术后禁食，待病人肛门排气、无腹痛及腹胀等不适，生命体征平稳，可由流质饮食逐步过渡到正常饮食，食物应清淡易消化、低脂，忌油腻食物及饱餐。

3. T形管引流的护理　T形管引流的目的：①引流胆汁和减压：防止胆总管切开后，因胆道水肿、胆汁排出受阻、胆总管内压力增高、胆汁外漏而引起胆汁性腹膜炎等并发症；②引流残余结石：将胆囊管及胆囊内残余结石，尤其是泥沙样结石排出体外；③支撑胆道：避免术后胆总管切口瘢痕狭窄、管腔变小、粘连狭窄等；④经T形管溶石或造影等。

（1）妥善固定：用缝线或胶布将其妥善固定于腹壁皮肤，以防病人在翻身或活动时被牵拉而脱出。对躁动及不合作的病人，应专人守护或适当约束，防止管道脱出。

（2）维持有效引流：避免T形管扭曲、折叠及受压，定期从引流管的近端向远端挤捏，以保持引流通畅。平卧位时引流管的远端不可高于腋中线，坐位、站立或行走时不可高于腹部手术切口，以防止胆汁逆流引起感染。

（3）观察引流情况：观察并记录引流出的胆汁的量、颜色及性状。正常成人每日分泌胆汁的量为800~1 200ml，呈黄绿色、清亮、无沉渣。术后24h内引流量为300~500ml，恢复进食后，每日可有600~700ml，以后逐渐减少至每日约200ml。术后1~2d胆汁的颜色可呈淡黄色混浊状，以后颜色逐渐加深、清亮。若胆汁突然减少甚至无胆汁引出，提示引流管阻塞、受压、扭曲、折叠或脱出；若引流胆汁量过多，常提示胆管下端梗阻，应及时查找原因，通知医生处理。

（4）预防感染：每日清洁、消毒腹壁引流管口周围皮肤，管周包裹无菌纱布，防止胆汁浸润皮肤引起发炎、红肿。严格执行无菌技术，每周更换引流袋。

（5）拔管：T形管引流出的胆汁颜色正常，且引流量逐渐减少，术后7~10d，根据病人情况，如无腹痛、发热，黄疸消退，血象、血清黄疸指数正常，可于进食前后试行夹管1~2h。夹管期间注意观察病人病情，病人若无发热、腹痛、黄疸等症状，经T形管做胆道造影，提示胆管通畅，无狭窄及异物等，一般可于术后2周左右拔管。若胆道造影发现有结石残留，则须保留T形管6周以上，再做取石或其他处理。

4. 维持皮肤完整性

（1）提供相关知识指导：胆道结石病人常因胆道梗阻致胆汁淤滞、胆盐沉积而引起皮肤瘙痒等。应告知病人相关知识，剪短指甲，防止抓破皮肤。

（2）保持皮肤清洁：可用温水擦洗以减轻瘙痒。

（3）瘙痒剧烈者，可遵医嘱应用药物如盐酸苯海拉明等进行治疗，必要时可以请皮肤科相关医

Note:

生协助处理。

5. 并发症的预防和护理

（1）胆道出血的预防和护理：术后早期出血的原因多由于术中止血不彻底或结扎血管线脱落所致，应加强预防和观察。

1）卧床休息：嘱病人充分休息，以利于病情恢复。

2）遵医嘱预防性使用止血药物，如酚磺乙胺、氨甲苯酸、维生素 K_1 等。

3）病情观察：严密监测病人生命体征，若病人出现腹胀、腹围增大，伴面色苍白、脉搏弱、血压下降等休克征象时，提示病人可能有腹腔内出血，应立即报告医生，并配合医生进行相应急救和护理。

（2）胆瘘的预防和护理：胆管损伤、胆总管下端梗阻、T 形管引流不畅、T 形管脱出等均可引起胆瘘。

1）病情观察：观察病人有无发热、腹胀和腹痛等腹膜炎表现，记录腹腔引流液情况，若腹腔引流液呈黄绿色胆汁样，应疑有胆瘘，立即与医生联系并协助其处理。

2）保持引流通畅：避免腹腔引流管或 T 形管扭曲、折叠及受压，定期从引流管的近端向远端挤捏，以保持引流通畅。

3）营养支持：长期大量胆瘘者，遵医嘱及时补充水和电解质，以维持平衡。长时间胆汁丢失将影响脂肪消化和吸收，可引起营养障碍和脂溶性维生素缺乏，应补充能量和维生素。能进食者鼓励进低脂、高蛋白、高维生素饮食，少量多餐。

（3）黄疸：术前伴有慢性肝炎或肝功能损害者，术后可出现黄疸。一般于术后 3~5d 消退。护理时应注意：密切观察病人皮肤黄染的程度及血清胆红素浓度，发现异常及时报告医生，剪短病人指甲，防止因胆盐沉积致皮肤瘙痒时抓破皮肤。

（4）胆囊穿孔：穿孔部位以胆囊底部常见，颈部次之。3%~10% 的急性胆囊炎病人可发生胆囊穿孔，多发生在伴有胆囊结石嵌顿者。胆囊急性穿孔须紧急手术治疗，并尽可能一期切除胆囊。

1）病情观察：严密监测病人生命体征及腹痛的程度、性质和腹部体征的变化。若病人腹痛进行性加重，出现腹部压痛、反跳痛、腹肌紧张等，应立即报告医生，并配合医生进行相应的急救和护理。

2）减轻胆囊内压力：遵医嘱应用抗生素，控制感染，减轻炎性渗出。

（五）健康指导

1. 饮食指导 指导病人养成良好的饮食习惯，选择低脂、高蛋白、高维生素、易消化的饮食，忌油腻食物。

2. 定期复查 非手术治疗的病人，应遵医嘱坚持治疗，按时服药，避免劳累及精神高度紧张，定期复查。若出现腹痛、黄疸、发热、厌油等症状，应立即到医院就医。

3. 指导 T 形管引流自我护理 向带 T 形管出院的病人解释 T 形管的重要性，告知出院后的注意事项：①尽量穿宽松柔软的衣服，以防止引流管受压；②洗澡时采用淋浴，用塑料薄膜覆盖引流管处，以防增加感染的机会；③日常生活中避免提取重物或过度活动，以免牵拉 T 形管而致其脱出；④在 T 形管上标明记号，以便观察其是否脱出；⑤若敷料渗湿，应立即更换，引流管口周围皮肤涂氧化锌软膏加以保护；⑥每日记录引流液的颜色、量和性状。若发现引流液异常或身体不适等，应及时就诊。

【护理评价】

通过治疗和护理，评估病人是否能够达到：①疼痛缓解或消除；②体温恢复正常；③营养状况得到改善；④维持体液平衡，生命体征平稳；⑤皮肤完好，无破损和感染；⑥焦虑或恐惧等负性情绪得到消除；⑦未发生并发症或发生后得到及时处理。

（朱姝芹）

1. 胆囊结石病人应从哪些方面进行护理评估?
2. 如何做好 T 形管引流的护理?

第二节　胆道肿瘤病人的护理

导入情境与思考

病人,女性,58 岁,半年前开始出现间断右上腹痛,近 10d 以来出现黄疸,食欲减退,伴体重下降。体格检查:巩膜及全身皮肤黄染,右上腹扪及 5cm×5cm 大小的肿块,固定,B 超显示胆囊部位有一实质性占位性病变,肝内、外胆管扩张,并伴强光团和声影。请思考:

(1) 该病人目前的主要护理问题有哪些?
(2) 若该病人拟行手术治疗,术前应采取哪些护理措施?

胆道肿瘤分为胆囊肿瘤和肝外胆道肿瘤 2 种。良性肿瘤多为腺瘤,较少见;恶性肿瘤主要是腺癌,临床上常见的有胆囊癌和胆管癌。近年来,我国城市中胆管癌和胆囊癌的发病率呈现上升趋势。

【分类】

1. **胆囊息肉样变（polypoid lesion of gallbladder）**　为胆囊壁向胆囊腔内突出或隆起的局限性息肉样病变的总称,形状多样,多为良性。

2. **胆囊癌（carcinoma of gallbladder）**　指发生在胆囊的癌性病变,约占胆道恶性肿瘤的25%。发病年龄多集中在大于 50 岁的老年人,女性发病率高于男性。胆囊癌多发生在胆囊体和底部,癌细胞浸润可使胆囊壁呈弥漫性增厚,乳头状癌突出于囊腔内可阻塞胆囊颈和胆囊管而引起胆囊积液。胆囊癌以腺癌多见,其次是未分化癌、鳞状细胞癌和混合性癌。

3. **胆管癌（carcinoma of bile duct）**　指原发于肝左、右管至胆总管下端的肝外胆管癌。以50~70 岁的男性多见。根据肿瘤生长部位,胆管癌分为上段、中段、下段胆管癌,上段胆管癌又称肝门部胆管癌,位于肝左、右管至胆囊管开口以上部位,占 50%~75%;中段胆管癌位于胆囊管开口至十二指肠上缘,占 10%~25%;下段胆管癌位于十二指肠上缘至十二指肠乳头,占 10%~20%。

【病因】

约 85% 的胆囊癌病人合并胆囊结石,可能与胆囊黏膜长期受结石物理性刺激、慢性炎症及细菌代谢产物中的致癌物质等因素作用而导致细胞异常增生有关。胆囊空肠吻合术后、完全钙化的"瓷化"胆囊、胆胰管结合部异常和溃疡性结肠炎等亦可能成为致癌因素。

胆管癌与胆管结石、原发性硬化性胆管炎、先天性胆管扩张症、慢性炎性肠病、胆管空肠吻合术后及肝吸虫病等有关。近年的研究发现,胆管癌的发生还与乙型肝炎病毒、丙型肝炎病毒感染有关。

【病理】

1. **胆囊癌的病理分期**　目前多采用美国癌症联合委员会（AJCC）和国际抗癌联盟（UICC）联合发布的第 8 版 TNM 分期（表 39-2-1）。

Note:

表 39-2-1 AJCC 第 8 版胆囊癌 TNM 分期标准

表现	分期
原发肿瘤（T）	$0:T_{is}$、N_0、M_0
T_{is}：原位癌	$I:T_1$、N_0、M_0
T_{1a}：侵及固有层	$IIA:T_{2a}$、N_0、M_0
T_{1b}：侵及基层	$IIB:T_{2b}$、N_0、M_0
T_{2a}：腹腔侧肿瘤侵及肌周结缔组织，未超出浆膜	$IIIA:T_3$、N_0、M_0
T_{2b}：肝侧肿瘤侵及肌周结缔组织，未超出浆膜	$IIIB:T_{1-3}$、N_1、M_0
T_3：穿透浆膜和/或直接侵入肝和/或 1 个邻近器官或结构	$IVA:T_4$、N_{0-1}、M_0
T_4：侵及门静脉或肝动脉主干，或直接侵入 2 个或更多肝外器官或结构	IVB：任何 T、N_2、M_0
局部淋巴结（N）	任何 T、任何 N、M_1
N_0：无区域淋巴结转移	
N_1：1~3 枚区域淋巴结转移	
N_2：≥4 枚区域淋巴结转移	
远处转移（M）	
M_0：无远处转移	
M_1：有远处转移	

2. 胆管癌的病理分期 根据 Bismuth-Corlett 分型，上段胆管癌分为 4 型（图 39-2-1），I 型，肿瘤位于肝总管，未侵犯肝左、右管汇合部；II 型，肿瘤侵犯汇合部，未侵犯肝左或右管；IIIa 型，已侵犯肝右管；IIIb 型，已侵犯肝左管；IV 型，同时侵犯肝左、右管。

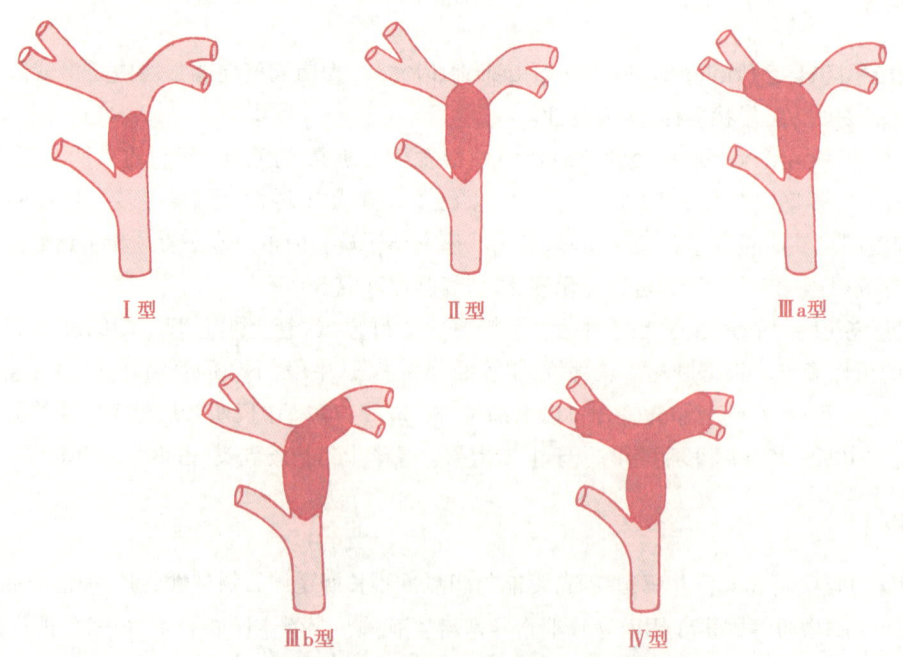

I 型　　　　II 型　　　　IIIa型

IIIb型　　　　IV型

图 39-2-1 上段（肝门部）胆管癌 Bismuth-Corlett 分型

3. 转移方式

（1）胆囊癌：胆囊癌可直接侵犯周围组织，亦可通过淋巴、血液循环、种植等途径转移，其中以淋巴转移为多见。

（2）胆管癌：胆管癌癌肿生长缓慢，主要沿胆管壁向上、下浸润。淋巴转移为主要转移方式，血行转移较少见。

知识链接

胆囊癌诊断和治疗指南（2019版）

　　胆囊癌是胆道系统常见的恶性肿瘤,其恶性程度高、早期诊断困难,70%~80%的病人发现时已是晚期,放、化疗等综合治疗效果不佳,预后极差,5年生存率仅5%~15%。

　　为提高我国胆囊癌总体治疗效果,中华医学会外科学分会胆道外科学组、中国医师协会胆道外科专业委员会制订并发布了《胆囊癌诊断和治疗指南(2019版)》,指南明确了胆囊癌发病的危险因素、干预方法、随访流程、TNM最新分期、临床分型等;并提出基于现代高质量影像技术和内镜技术精准评估胆囊癌分期和分型,对进展期胆囊癌贯彻综合治疗,进行多学科讨论,科学进行决策等理念,为实施规范化治疗,综合应用多种治疗手段,改善胆囊癌病人预后提供了依据。

【护理评估】

（一）健康史

　　了解病人年龄、性别、饮食习惯、营养状况、手术史等。询问病人发病时间、主要症状及其特点,如有无肝内、外胆管结石史或胆管炎反复发作史等。了解患病检查和治疗经过等。

（二）临床表现

1. 症状

　　（1）胆囊息肉样变:常无特殊临床表现。部分病人有右上腹疼痛或不适,偶有恶心、呕吐、食欲减退、消化不良等症状。

　　（2）胆囊癌:早期无典型和特异性症状,不同病变部位及病程可有不同临床表现。合并结石或慢性胆囊炎者,早期多表现为类似胆囊炎或胆石症的症状,如上腹部持续性隐痛、食欲减退、恶心、呕吐等。当肿瘤侵犯到浆膜层或胆囊床时,可有类似急性胆囊炎和胆囊结石的症状,如右上腹痛、发热、黄疸等。晚期胆囊癌病人可出现腹胀、腹痛、黄疸、贫血或恶病质等表现。

　　（3）胆管癌

　　1）黄疸:大部分病人表现为进行性加重的梗阻性黄疸,常伴有全身皮肤瘙痒,尿色深黄;粪便颜色灰白或呈白陶土色。

　　2）腹痛:表现为上腹部隐痛、胀痛或绞痛,可向腰背部放射,常伴恶心、厌食、消瘦、乏力等症状。

　　3）胆道感染:出现典型胆管炎表现,即右上腹疼痛、寒战高热、黄疸,甚至出现休克。

2. 体征

　　（1）胆囊息肉样变:右上腹深部压痛。若胆囊管梗阻,可扪及肿大的胆囊。

　　（2）胆囊癌:胆囊管梗阻时可触及肿大的胆囊。晚期胆囊癌病人,可能在右上腹触及肿块。若肿瘤穿透浆膜,可导致胆囊急性穿孔而引起急性腹膜炎。

　　（3）胆管癌

　　1）黄疸:皮肤、巩膜黄染。

　　2）肝大:部分病人可出现肝大,肋缘下可触及肝,质硬,有触痛或叩痛;晚期病人可在上腹部触及肿块,可伴有腹水和下肢水肿。

　　3）胆囊改变:肿瘤发生在胆囊中、下段胆管时,常触及肿大的胆囊,Murphy征可能呈阴性;当肿瘤发生在胆囊以上胆管和肝门部胆管时,胆囊常缩小而不能触及。

（三）辅助检查

1. 实验室检查

　　（1）血生化检查:血清总胆红素、结合胆红素、AKP和转氨酶升高。

（2）肿瘤标志物：癌胚抗原（CEA）、CA19-9、CA12-5可呈阳性表现。

2. 影像学检查

（1）B超检查：为首选方法。胆囊癌可见回声不均匀、不伴声影；胆管癌可见肝内、外胆管扩张及肿瘤位置、大小。

（2）CT、MRI检查：显示胆道梗阻的部位及肿瘤大小等，磁共振胆胰管成像（MRCP）在显示胆管扩张方面优于CT。

（3）内镜逆行胰胆管造影：可协助诊断下段胆管癌。

（4）核素扫描显影和血管造影：有助于了解癌肿与血管的关系。

（四）心理-社会状况

1. 心理状况 病人精神状态及疾病对病人日常生活、工作的影响。有无焦虑、抑郁、悲观等负性情绪及其影响程度。

2. 社会支持系统 病人家庭经济状况、教育背景；家属对病人所患疾病的认识、对病人的关怀和支持程度等。

【常见护理诊断/问题】

1. **急性/慢性疼痛** 与肿瘤浸润、局部压迫及手术创伤有关。
2. **营养失调：低于机体需要量** 与肿瘤所致高代谢状态、摄入减少及吸收障碍有关。
3. **焦虑/恐惧** 与担心肿瘤预后及患病后家庭、社会地位改变有关。

【计划与实施】

胆道肿瘤病人的主要治疗方法是手术治疗，可根据病情和病理分期采取不同手术方式。通过治疗和护理，病人达到：①自觉疼痛减轻或缓解；②营养平衡，体重维持正常；③以最佳的身心状态接受手术和度过围手术期。

（一）非手术治疗

良性病变者，可定期随访观察，视病情发展选择相应的治疗方法。

（二）手术治疗

1. **单纯胆囊切除术** 适用于胆囊息肉样变、AJCC 0期和Ⅰ期胆囊癌。

2. **胆囊癌根治性切除术** 适用于ⅡA、ⅡB、ⅢA期的胆囊癌。

3. **胆囊癌扩大根治术** 可用于AJCC ⅢB、ⅣA或ⅣB期胆囊癌。

4. **胆管癌切除手术** 中、上段胆管癌在切除肿瘤后行胆管空肠吻合术，下段胆管癌多须行胰十二指肠切除术。如幽门上、下组淋巴结无转移，可行保留幽门的胰十二指肠切除，以便保留胃的贮存和消化功能。

5. **姑息性手术** 解除胆道梗阻，达到缓解黄疸、瘙痒等症状的目的，用于癌肿晚期不能手术切除者。术式包括肝总管空肠吻合术，内镜逆行胰胆管造影术（ERCP）及在ERCP的基础上行经内镜Oddi括约肌切开（EST），鼻胆管引流（ENBD），胆汁内引流术（ERBD），经皮肝穿刺胆道引流术（PTCD），经皮肝胆道镜（PTCS），胆总管、肝总管内支架植入术等。

（三）术前护理

详见本章第一节"胆石症与胆道感染病人的护理"中的术前护理。

（四）术后护理

1. 详见本章第一节"胆石症与胆道感染病人的护理"中的术后护理。

2. **ERCP术后护理**

（1）引流管护理：鼻胆管不仅能直接引出感染的胆汁，消除胆胰反流，而且便于胆道冲洗和术后胆道造影。应妥善固定，防止意外脱出。在鼻胆管出鼻腔处做一标记，以便及时发现有无脱出，如有

Note:

怀疑,不应强行回送,应妥善固定,观察胆汁引流情况,并报告医生处理。

(2) 胆汁观察:保持充分引流,每日观察并记录引流液的量、颜色、性状。一般每日引流量在200~800ml,如引流量减少或无胆汁引出,应疑为导管堵塞或脱出,经 X 线透视证实,予冲洗通畅或重新置管。冲洗时应严格无菌操作,控制冲洗的速度及压力。置管期间注意维持病人水、电解质和酸碱平衡。引流数日后,临床症状改善,各项指标恢复正常后可拔除鼻胆管。

(3) 饮食护理:术后病人卧床休息,禁食 24h,术后 2h 及次日晨分别查血、尿淀粉酶。若淀粉酶正常,无腹痛、腹胀、发热等情况,方可进食。由清流质过渡到低脂流质饮食,再到低脂半流质饮食,避免粗纤维食物摄入,防止对术后十二指肠的摩擦而导致渗血。

(4) 并发症及预防:ERCP 术后常见的并发症有急性胰腺炎、急性胆管炎、出血、穿孔、低血糖等,护理同相应的护理常规。

(五) 健康指导

1. 对于非手术治疗病人应告知定期随访观察,视病情发展选择相应治疗方法。

2. 做胆道引流并带 T 形管出院的病人应告知其自我护理的方法,鼓励其主动配合治疗,提高病人生活质量。

【护理评价】

经过治疗和护理,评估病人是否能够达到:①疼痛减轻;②营养状况得到改善;③情绪稳定,主动配合治疗和护理。

(朱姝芹)

思 考 题

1. 胆道肿瘤的临床表现有哪些?

2. 对 ERCP 术后病人如何做好护理?

NURSING

第四十章

胰腺疾病病人的护理

40 章　数字内容

───── 学 习 目 标 ─────

- 识记：
  1. 复述概念：急性胰腺炎、慢性胰腺炎、格雷特纳(Grey-Turner)征、卡伦(Cullen)征、胰腺癌。
  2. 概述急性胰腺炎的主要病因、临床特点、血淀粉酶改变及护理要点。
  3. 概括胰腺癌病人术后并发症的观察要点和护理措施。
- 理解：
  比较急性胰腺炎和慢性胰腺炎病因、临床表现的异同点。
- 运用：
  运用护理程序对胰腺炎病人及胰腺癌病人评估、制订护理计划，并进行健康指导。

第一节　胰腺炎病人的护理

导入情境与思考

　　病人,男性,46 岁,4h 前与朋友聚会,饮酒饱餐后突发右上腹持续刀割样疼痛,并向腰背部放射,伴有恶心、呕吐,呕吐后腹痛不减轻,急送急诊室。体格检查:T 37.7℃,P 120 次/min,R 18 次/min,BP 100/60mmHg。全腹肌紧张,压痛、反跳痛明显,以上腹部为重。肝浊音界缩小,听诊肠鸣音消失。

请思考:

(1) 该病人可能的医疗诊断是什么?

(2) 目前应如何对该病人进行术前准备及非手术治疗?

一、急性胰腺炎病人的护理

　　急性胰腺炎(acute pancreatitis,AP)是多种病因引起的胰酶激活,继以胰腺局部炎症反应为主要特征,伴或不伴有其他器官功能改变的疾病,临床以急性上腹痛及血淀粉酶或脂肪酶升高为特点。AP 是一种常见的急腹症,病情严重程度不等,轻者仅表现为胰腺水肿,大多数病程呈自限性,重者出现胰腺坏死,同时并发腹膜炎、休克,继发全身多器官功能衰竭,病死率高。

【病因】

(一) 胆道疾病

　　我国 50% 以上的急性胰腺炎为胆道疾病所致。约 85% 的主胰管和胆总管汇合成共同通道开口于十二指肠乳头(图 40-1-1)。发生梗阻时,胆汁逆流进入胰管,激活胰酶,导致胰腺组织受损。常见的原因有胆石症、胆道蛔虫、炎症或手术引起十二指肠乳头水肿或狭窄及 Oddi 括约肌痉挛等。由胆道疾病引起的急性胰腺炎称为胆源性胰腺炎。

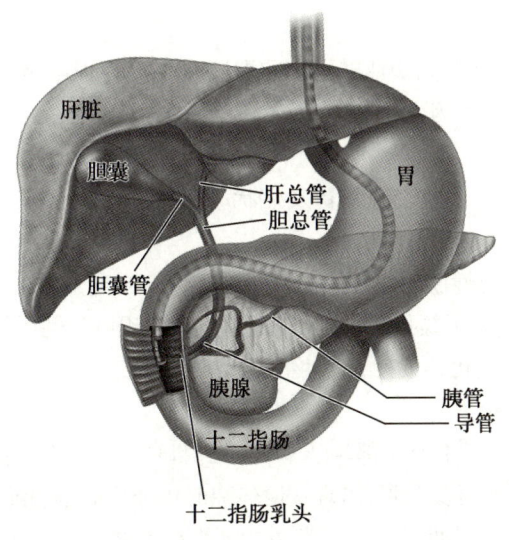

图 40-1-1　胰管、胆总管共同开口于十二指肠乳头

(二) 酒精

　　酒精可促进胰液分泌,当胰管流出道不能充分引流大量胰液时,胰管内压升高,引发腺泡细胞损伤。此外,酒精在胰腺内氧化代谢时产生大量活性氧,也有助于激活炎症反应。引发急性胰腺炎的酒

精量存在较大的个体差异。此外,应注意酒精常与胆道疾病共同导致急性胰腺炎。

（三）胰管阻塞

胰管结石、蛔虫、狭窄、肿瘤(壶腹周围癌、胰腺癌)可引起胰管阻塞和胰管内压升高。胰腺分裂是一种胰腺导管的先天发育异常,即主、副胰管在发育过程中未能融合,大部分胰液经狭小的十二指肠小乳头引流,容易发生引流不畅,导致胰管内高压。

（四）代谢障碍

血甘油三酯($>11.3mmol/L$)与急性胰腺炎有病因学关联,可能与脂球微栓影响微循环及胰酶分解甘油三酯致毒性脂肪酸损伤细胞有关。甲状旁腺肿瘤、维生素 D 过多等所致的高钙血症可致胰管钙化、促进胰酶提前活化而促发本病。

（五）其他

各种原因引起的十二指肠内压力增高,反流的十二指肠液激活胰酶,可导致急性胰腺炎。球后穿透溃疡、邻近十二指肠乳头的憩室炎等可直接波及胰腺。胰腺外伤、胰腺附近手术损伤或内镜逆行胰胆管造影术等可并发急性胰腺炎。其他致病危险因素还包括感染及全身炎症反应时,作为受损的靶器官之一,胰腺也可有急性炎性损伤。某些药物(如雌激素、糖皮质激素、噻嗪类利尿药)和毒性物质、特异性感染、胰腺血液循环障碍等。

【病理生理】

虽然急性胰腺炎可由多种原因引起,但其病理生理变化相同,各种致病因素导致胰管内高压,腺泡细胞内 Ca^{2+} 水平显著上升,溶酶体在腺泡细胞内提前激活酶原,大量活化的胰酶消化胰腺自身:①损伤腺泡细胞,激活炎症反应的枢纽分子 NF-κB,它的下游系列炎症介质如肿瘤坏死因子-α（TNF-α）、白介素-1、花生四烯酸代谢产物(前列腺素、血小板活化因子)、活性氧等均可增加血管通透性,导致大量炎性渗出;②胰腺微循环障碍使胰腺出血、坏死。炎症过程中参与的众多因素可以正反馈方式相互作用,使炎症逐级放大,当超过机体的抗炎能力时,炎症向全身扩展,出现多器官炎性损伤及功能障碍。

【护理评估】

（一）健康史

评估病人饮食习惯,发病前有无嗜油腻饮食和酗酒,既往有无胆道疾病史,高脂血症,近期有无腹部手术、外伤、感染及用药等诱发因素等。

（二）身体状况

1. **腹痛**　是急性胰腺炎的主要表现和首发症状。疼痛位于上腹部,常向背部放射,多为急性发作,疼痛剧烈,呈持续性、阵发性加重。

2. **恶心、呕吐、腹胀**　急性胰腺炎发病初期即有频繁、剧烈的恶心、呕吐,呕吐物为胃内容物、胆汁或咖啡色液体,吐后腹痛多无缓解。常伴有腹胀,甚至出现麻痹性肠梗阻,是病情恶化的征兆。

3. **发热**　轻症急性胰腺炎可不发热或轻度发热,一般持续 3~5d。重症急性胰腺炎可有持续性高热,体温常超过 39℃,提示继发感染。

4. **腹膜刺激征**　轻症时,仅中上腹部轻压痛,多无明显的肌紧张。重症者,腹部压痛明显,并伴有肌紧张、反跳痛,范围较广或延及全腹,出现重度休克时体征反而不明显。

5. **低血压与休克**　是重症急性胰腺炎早期主要死亡原因之一。病人早期即出现血压下降、脉搏弱、呼吸加快、神志淡漠等休克表现。有的病人则以突发性休克为主要临床表现。

6. **多器官功能衰竭**　为重症急性胰腺炎主要死因之一。最常见的是肺功能衰竭,其次是肾衰竭、肝衰竭、心力衰竭、消化道出血,DIC、脑损害较少见。

7. **其他**　呕吐频繁者可伴有代谢性碱中毒。合并胆道系统疾病及胰头水肿压迫胆总管均可引

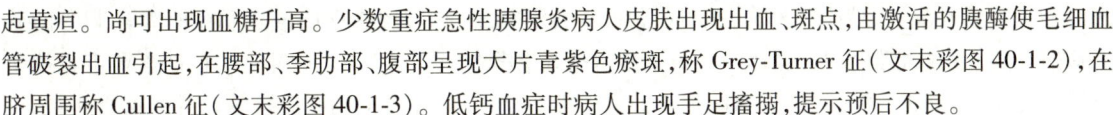

起黄疸。尚可出现血糖升高。少数重症急性胰腺炎病人皮肤出现出血、斑点，由激活的胰酶使毛细血管破裂出血引起，在腰部、季肋部、腹部呈现大片青紫色瘀斑，称 Grey-Turner 征（文末彩图 40-1-2），在脐周围称 Cullen 征（文末彩图 40-1-3）。低钙血症时病人出现手足搐搦，提示预后不良。

（三）辅助检查

1. 实验室检查

（1）胰酶测定：血清、尿淀粉酶测定是最常用的诊断方法。血清淀粉酶于起病 2~12h 开始升高，24h 达高峰，持续 3~5d；尿淀粉酶 24h 才开始升高，48h 到高峰，下降缓慢，1~2 周后恢复正常。血清脂肪酶明显升高（比色法正常值 0~79U/L）具有特异性，此外，血清淀粉酶、脂肪酶升高程度和病情程度无确切关联，两者的联合测定可增加诊断的准确性。

（2）血清标志物测定：发病 48h 后，C 反应蛋白（CRP）>150mg/L 提示病情较重；动态测定血清 IL-6 水平增高提示预后不良。

（3）其他项目：包括白细胞增高、高血糖、肝功能异常、低钙血症、血气分析异常等。诊断性腹腔穿刺若抽出血性渗出液，且淀粉酶值升高对诊断有帮助。

2. 影像学检查
腹部 B 超可发现胰腺肿大和胰周渗液，同时检查有无胆道病变。增强 CT 和 MRI 检查有助于判断急性胰腺炎的程度和胰周侵及的范围。推荐 CT 扫描作为诊断急性胰腺炎的标准影像学方法。

（四）心理-社会状况

由于本病发病急，急性期须严格禁食禁水，导致病人紧张不安。尤其重症胰腺炎病人病情凶险、预后差，较长时间在重症监护病房治疗，花费大，常会产生恐惧、悲观、孤独等消极情绪。评估病人对疾病、治疗、护理的配合知识，尤其是对长期饮食控制的理解与配合，对防止胰腺炎复发和有关疾病康复知识的掌握情况；评估家属的配合情况，病人的社会支持情况及家庭经济条件能否承担治疗费用等。

【常见护理诊断/问题】

1. **急性疼痛**　与胰腺及周围组织炎症、水肿或出血坏死有关。
2. **营养失调：低于机体需要量**　与呕吐、禁食、应激性消耗有关。
3. **有体液不足的危险**　与腹腔渗液、出血、呕吐、禁食有关。
4. **知识缺乏：** 缺乏疾病预防和康复方面的知识。
5. **潜在并发症：** 休克、感染、多器官功能衰竭、出血、胰瘘、肠瘘、胆瘘。

【计划与实施】

根据急性胰腺炎的分型和病因等选择治疗方法，主要有非手术治疗和手术治疗。经过治疗和护理，病人达到：①疼痛减轻或消失；②维持营养状态；③维持体液平衡；④能说出有关疾病预防和康复相关的知识，配合治疗和护理；⑤并发症得到预防或及时发现和处理。

（一）非手术病人的护理/术前护理

非手术治疗适用于轻症急性胰腺炎、无感染的重症急性胰腺炎。

1. 疼痛管理

（1）**严格禁食、胃肠减压**：防止呕吐、减少胰酶和胰液的分泌，同时减轻腹胀、降低腹内压。向病人解释禁食的重要性，使病人能够主动配合治疗和护理，病人口渴时可含漱或湿润口唇，并做好口腔护理。胃肠减压按照常规进行护理。

（2）**休息与体位**：病人应绝对卧床休息，以降低机体代谢率，增加器官血流，促进组织修复和体力恢复。协助病人取舒适的体位，弯腰、屈膝侧卧可以缓解腹痛。还可指导和协助病人按摩背部，增加舒适感。

（3）药物止痛：天然生长抑素由胃肠黏膜 D 细胞合成，它可抑制促胰液素和缩胆囊素刺激的胰液基础分泌。急性胰腺炎时，循环中生长抑素水平显著降低，可予以外源性补充生长抑素或生长抑素类似物奥曲肽。多数病人在静脉滴注生长抑素或奥曲肽后，腹痛可得到明显缓解。对严重腹痛者，可肌内注射哌替啶止痛，每次 50～100mg。由于吗啡可增加 Oddi 括约肌压力，抗胆碱药如阿托品可诱发或加重肠麻痹，故均不宜使用。

（4）抑制胃酸：胃液也可促进胰液分泌，适当抑制胃酸可减少胰液量，缓解胰管内高压，减轻腹痛。首选质子泵抑制剂，如奥美拉唑，也可选择 H_2 受体拮抗剂，如法莫替丁等。

2. 预防和抗感染　急性胰腺炎本是化学性炎症，但在病程中极易感染，使病情向重症发展甚至死亡。感染源多来自肠道，预防胰腺感染可采取：①导泻，清洁肠道，可减少肠腔内细菌过度生长，促进肠蠕动，有助于维护肠黏膜屏障。可给予病人 33% 硫酸镁每次 30～50ml。在此基础上，口服抗生素可进一步清除肠腔内及已进入门静脉系统的致病菌。②尽早肠内营养，有助于受损的肠黏膜修复，减少细菌移位。

胰腺感染后，应选择针对革兰氏阴性菌和厌氧菌的、能透过血胰屏障的抗生素，如喹诺酮类或头孢类联合抗厌氧菌的甲硝唑。严重败血症或上述抗生素无效时应使用亚胺培南等。此外，如疑有真菌感染，可经验性应用抗真菌药。

3. 营养支持　在短期禁食期间通过静脉补液提供能量即可。重度急性胰腺炎病人在肠蠕动尚未恢复前，应先予肠外营养。根据血电解质水平补充钾、钠、氯、钙、镁、磷等，注意补充水溶性和脂溶性维生素，采用全营养混合液方式输入。当病情缓解时，应尽早过渡到肠内营养。恢复饮食应从少量、无脂、低蛋白饮食开始，逐渐增加食量和蛋白质，直至恢复正常饮食。

4. 预防和纠正体液不足

（1）病情观察：观察呕吐物和胃肠减压引流液的量、性质，注意有无胃肠道出血。观察病人血压、脉搏、尿量、神志的变化，皮肤黏膜弹性、色泽，判断有无脱水、低血容量性休克的表现。准确记录 24h 出入量。遵医嘱及时、正确留取标本，监测血细胞比容、尿比重、血清电解质等的变化。

（2）补充液体：禁食期间病人每日补液量达 3L 以上，因此应迅速建立有效的静脉通路补充液体和电解质，根据病人年龄和病情调节输液速率，及时补充所丢失的液体和电解质，纠正酸碱平衡失调。

（3）防治休克：详见第五章第二节"休克病人的护理"。

5. 降低体温　发热病人给予物理降温，如冰袋降温、温水擦浴等，必要时予以药物降温，同时密切观察其体温变化。

6. 并发症的观察和处理

（1）呼吸衰竭：观察病人呼吸次数，有无呼吸困难、发绀等，监测血气分析。病人出现严重呼吸困难和缺氧症状时，应准备气管插管或气管切开，应用呼吸机辅助呼吸。

（2）肾衰竭：记录每小时尿量、尿比重及 24h 出入量。出现肾衰竭表现按照常规进行护理。

（3）感染：早期应用对革兰氏阴性菌和厌氧菌敏感的抗生素，预防和控制感染。观察病人体温变化，监测血常规白细胞计数和分类变化。保持空气新鲜，每日通风 2 次，15～30min/次。更换引流管时注意无菌操作。大剂量抗生素的应用容易并发真菌感染，注意加强口腔护理。对高热病人按常规进行护理。

（4）消化道出血：观察病人的排泄物、呕吐物、胃肠减压引流液的色泽，定时监测其血压、脉搏。出现胃肠道糜烂、穿孔、出血，应立即做好急诊手术止血的准备。

（二）手术病人的护理

手术治疗适用于：①急性腹膜炎不能排除其他急腹症时；②胰腺和胰周坏死组织继发感染；③伴胆总管下端梗阻或胆道感染者；④合并肠穿孔、大出血或胰腺假性囊肿。手术治疗原则是清除胰腺及其周围的坏死组织、渗出液，处理胆道梗阻性病变，去除原发病灶。最常用的术式是坏死组织清除加引流术，同时进行胃造口、空肠造口、胆道引流，术后可经腹腔双套管灌洗和引流。若继发肠瘘，可将瘘口外置或行近端肠管造口术。形成假性囊肿者,可酌情行内、外引流术。处理胆源性胰腺炎,手术目的是取出胆管结石,解除梗阻,畅通引流,依据是否有胆囊结石及胆管结石处理方法不同。

1. **一般护理**　术后病人生命体征平稳后给予半卧位,肠蠕动恢复前严格禁食禁水,进行胃肠减压。禁食期间营养支持同非手术病人的护理。

2. **腹腔灌洗引流的护理**　在腹腔和盆腔分别置进水管和出水管,使用腹腔灌洗液将含有大量胰酶和有害物质的腹腔渗液引流至体外,适用于重症胰腺炎病情不稳定者或手术后治疗。

（1）持续腹腔灌洗:冲洗液速度一般以每分钟20~30滴为宜,现用现配,根据引流液的性质调节滴速,维持管道通畅,注意无菌操作。

（2）观察记录引流液:观察引流液的颜色、性质、量,灌洗引流2~3d后,引流液逐渐由暗红色混浊液体变清淡。注意记录冲洗量和引流量,维持冲洗和引流量的平衡。

（3）遵医嘱留取引流液,监测引流液的淀粉酶值。

（4）保护局部皮肤:及时更换浸湿的敷料,必要时涂抹氧化锌软膏、用凡士林油纱布或水胶体敷料等保护引流管周围皮肤,避免腹腔渗液外溢腐蚀皮肤。

3. **术后其他引流管的护理**　重症胰腺炎病人术后留置多根引流管,包括胃管、腹腔双套管、T形管、胃造口式空肠造口管、胰引流管、导尿管等。

（1）维持有效引流:分别标记每根导管的名称,明确导管放置的部位及作用。防止各导管扭曲、堵塞和受压,妥善固定,尤其病人更换体位时,避免引流管脱出。定时更换引流袋,严格执行无菌操作,观察记录各引流液的颜色、性质、量。

（2）腹腔双套管:术后接负压吸引,若有管腔堵塞,可用20ml生理盐水缓慢冲洗导管。若引流液持续呈血性液,应立即通知医生,考虑是否有继发性出血发生;若引流液含有胆汁、胰液或肠液,应考虑胆瘘、胰瘘或肠瘘。其余同腹腔灌洗引流的护理。

（3）T形管:按照常规进行护理,具体内容参见第三十九章"胆道疾病病人的护理"。

（4）胃造口、空肠造口管:保持造口管通畅,如有堵塞,可用生理盐水冲洗;保持瘘口周围的皮肤干燥清洁,可用凡士林纱布保护。经胃式空肠造口管,进行要素饮食时,按照常规护理,具体内容参见第三章第三节"肠外营养支持病人的护理"。

4. **并发症的观察和护理**

（1）肠瘘:术后注意观察病人腹部症状,保持胃肠减压持续有效,待肠蠕动恢复后尚可拔除。如术后1周左右病人出现腹胀、发热及腹膜炎症状,腹壁切口或腹腔引流管流出较多带有粪臭味的液体,应警惕肠瘘的发生,及时通知医生。对发生肠瘘者,应禁食、行胃肠减压,腹壁切口内或腹腔引流管负压吸引,及时清除溢出的肠液,保持引流管通畅,避免脱落。禁食期间遵医嘱给予病人静脉输液,维持营养及水、电解质及酸碱平衡。

（2）胰瘘:术后注意观察病人腹部症状,如出现腹痛、腹胀、发热症状,引流液淀粉酶明显增高,应警惕胰瘘的发生,及时通知医生。长期大量胰瘘常伴有不同程度的营养障碍及水、电解质紊乱,遵医嘱静脉补充营养、水和电解质。同时给予抑制胰腺分泌的药物,以减少胰腺的分泌和降低胰酶的活性。

（3）胆瘘:可见胆汁自腹腔引流管内或腹壁切口流出,而T形管引流突然减少,病人出现发热、腹痛、胆汁性腹膜炎症状,瘘口周围皮肤出现疼痛、糜烂。术后应保持T形管引流通畅,观察病人腹壁切口、腹腔引流管是否有胆汁样液。如已发生胆瘘,局部涂复方氧化锌油膏保护瘘口周围皮肤。采用轻度持续负压吸引,维持引流通畅,一般可自愈;长期大量胆瘘者,应禁食,行胃肠减压,给予完全肠外营养,并结合空肠内营养。必要时可考虑行手术治疗。

（三）健康指导

1. **生活指导**　指导病人及其家属掌握饮食卫生知识,养成规律进食习惯,避免暴饮暴食,腹痛缓

Note:

解后,应从少量低糖饮食开始逐渐过渡到低脂饮食,直至恢复正常饮食。避免高脂肪、高蛋白、刺激性、产气多的饮食。

2. **疾病知识指导**　教育病人积极治疗胆道疾病,注意防治胆道蛔虫。出院后 4~6 周,避免过度疲劳和提举重物。保持良好的精神状态,注意劳逸结合。告知病人出现突发左上腹剧烈疼痛、腹胀、恶心、呕吐等,应及时就诊。

3. **预防复发**　帮助病人认识胰腺炎有复发的特性。告知病人注意避免诱发急性胰腺炎的因素,如胆道疾病、大量饮酒、暴饮暴食、高脂血症、某些药物等。

【护理评价】

经过治疗和护理,评估病人是否能够达到:①疼痛减轻或消失;②营养状态改善;③体液维持平衡;④掌握有关的疾病预防和康复知识;⑤并发症得到预防或及时发现和处理。

二、慢性胰腺炎病人的护理

慢性胰腺炎(chronic pancreatitis)为胰腺炎症性疾病,以胰腺实质发生慢性持续性炎性损害、纤维化及可能导致的胰管扩张、胰管结石或钙化等不可逆性形态改变为其特征,可引起顽固性疼痛和永久性内、外分泌功能丢失。

【病因】

主要病因是长期酗酒,我国胆石性疾病占了相当比例。所有自身免疫病的病理机制均可成为自身免疫性胰腺炎的病因,如干燥综合征、硬化性胆管炎等自身免疫病合并胰腺炎。慢性胰腺炎可由急性胰腺炎迁延所致。此外,高脂血症、遗传因素、营养不良、高钙血症、血管因素等也可导致慢性胰腺炎。

【护理评估】

(一)健康史

评估病人的营养和饮食情况,是否酗酒、高脂肪饮食,评估病人既往有无急性胰腺炎、胆道疾病、高钙血症等。

(二)身体状况

通常将腹痛、体重下降、糖尿病和脂肪泻称为慢性胰腺炎的"四联征"。

1. **腹痛**　常呈反复发作的上腹痛,初为间歇性,以后可转为持续性上腹痛,平卧位时加重,前倾坐位、弯腰、侧卧蜷曲时疼痛可减轻。有时腹痛部位不固定,累及全腹,亦可放射至背部或前胸。腹痛程度轻重不一,严重者须用镇痛药才能缓解疼痛。腹痛常因饮酒、饱食或高脂食物诱发,急性发作时常伴有血淀粉酶及脂肪酶升高。腹痛的发病机制可能主要与胰管梗阻与狭窄等原因所致的胰管高压有关,其次是胰管本身的炎症、胰腺缺血、假性囊肿及合并的神经炎等。

2. **吸收不良综合征**　病人由于胰腺外分泌功能不全,对脂肪、蛋白质、碳水化合物吸收障碍,其中以脂肪吸收不良最早出现。轻者仅有餐后上腹部饱胀、嗳气、不耐受油腻食物等症状,病人胰脂肪酶分泌量下降至正常的 10% 以下,发生脂肪泻,排便不成形,并可见油滴悬浮。严重者出现消瘦和营养不良。

3. **糖尿病表现**　胰腺内分泌功能不全首先表现为糖耐量异常,后期有明显糖尿病表现,病人可出现多饮、多尿、消瘦等。长期饮酒导致的慢性胰腺炎更易并发糖尿病。

4. **其他**　腹部压痛与腹痛不相称,多数病人仅有腹部轻压痛。当并发胰腺假性囊肿时,腹部可扪及表面光滑的包块。当胰头肿大、胰管结石及胰腺囊肿压迫胆总管时,可出现黄疸。慢性胰腺炎急

性发作时,临床表现与急性胰腺炎相似。

（三）辅助检查

1. **实验室检查**　血、尿淀粉酶在慢性胰腺炎急性发作时可显著增高。粪便在显微镜下有脂肪滴和未消化的肌纤维等。部分病人尿糖和糖耐量试验阳性。

2. **影像学检查**　是慢性胰腺炎诊断的主要依据。B 超、CT 可显示胰腺体积、胰石、胰腺囊肿等。腹部 X 线影像可显示胰腺的钙化或胰石。ERCP 可见胰管和胆总管的改变。

（四）心理-社会状况

由于病情反复,病人常有消极、焦虑等表现。评估病人对疾病治疗的信心,是否了解发病原因和治疗方法,是否能够改变不良的饮食习惯等。评估家属对病人的支持情况和家庭经济条件。

【常见护理诊断/问题】

1. **急性疼痛：腹痛**　与胰腺炎症刺激和胰管内压力增高有关。
2. **知识缺乏**：缺乏疾病预防与治疗方面的知识。
3. **潜在并发症**：糖尿病。

【计划与实施】

慢性胰腺炎的治疗主要是非手术对症治疗,包括戒酒,镇痛,补充胰酶,控制糖尿病和营养支持。手术治疗难以改善胰腺功能和缓解胰腺病变的进程,可以手术解除胆道疾病的病因,对疾病本身可采用胰管引流术、胰腺切除术,顽固性疼痛可行内脏神经切除术、内脏神经节封闭等。经过治疗和护理,病人达到：①疼痛减轻或得到控制；②掌握疾病预防和治疗的有关知识,生活质量提高；③并发症得到及时发现和处理。

（一）非手术病人的护理

1. **疼痛护理**　同急性胰腺炎病人疼痛管理。
2. **饮食护理**　指导病人饮食清淡,可进食适量、易吸收的脂肪,如植物油；严格戒酒,限制刺激性食物,避免暴饮暴食。进食蛋白质和碳水化合物丰富的饮食,保证足够能量。对伴糖尿病病人,应按糖尿病饮食进餐。消化不良者,给予其胰酶制剂。脂肪泻者补充脂溶性维生素。

（二）手术病人的护理

见急性胰腺炎病人手术的护理。

（三）健康指导

1. 指导病人去除胰腺炎的病因,学会控制方法,防止急性发作。
2. 向病人讲解饮食控制的重要性,指导病人改变不良的饮食习惯。

【护理评价】

经过治疗和护理,评估病人是否能够达到：①疼痛减轻或得到控制；②掌握疾病预防和治疗的有关知识；③并发症得到及时发现和处理。

（朱姝芹）

思 考 题

1. 急性胰腺炎的典型临床表现有哪些?
2. 急性胰腺炎术后并发症有哪些? 如何处理?

第二节　胰腺癌病人的护理

　　病人，男性，58 岁，近 2 个月来上腹部隐痛，巩膜、皮肤发黄并瘙痒，且日益加深，伴乏力，食欲欠佳，近期体重下降 6kg。体格检查：T 37.0℃，P 78 次/min，R 18 次/min，BP 120/80mmHg。体形消瘦，巩膜、皮肤明显黄染，触诊肝肋下 5cm，边缘钝，质中，无结节，无触痛，胆囊及脾均未触及。初步诊断为"胰头癌"收住入院。

　　请思考：

　　（1）该病的典型症状是什么？

　　（2）若为该病人行手术治疗，术后须注意哪些并发症的观察和护理？

　　胰腺癌（pancreatic carcinoma）指胰外分泌腺的恶性肿瘤，是较常见的消化系统恶性肿瘤，近年来其发病率有明显增高趋势，多好发于 40 岁左右人群，男性多于女性。由于该病早期诊断困难，且恶性度高、发展快，预后较差。目前，胰腺癌居我国和美国常见癌症死因的第 6 位和第 4 位，5 年生存率仅5%，近年其发病率呈逐年升高的趋势，预计到 2030 年胰腺癌将成为恶性肿瘤的第 2 大死因。

【病因与病理】

　　胰腺癌的病因和发病机制不明，流行病学调查显示，在胰腺癌致癌因素中，吸烟是唯一公认的危险因素，但是，吸烟增加胰腺癌发病危险性的机制尚不完全清楚，可能与烟草特异性 N-亚硝酸盐对器官的特异作用，或是 N-亚硝酸盐分泌到胆管，随后反流到胰管有关。近年发现，胰腺癌病人存在染色体异常。其他危险因素有长期大量饮酒、高脂肪和高蛋白饮食、遗传、糖尿病、慢性胰腺炎、胆石症、某些化学致癌物、内分泌改变等。90%的胰腺癌为导管腺癌，少见黏液性囊腺癌和腺泡细胞癌。

　　胰腺癌包括胰头癌、胰体癌、胰尾癌，但胰头最多见，占 70%~80%，胰体占 5%~10%，胰尾占 10%~15%，弥漫性病变约占 10%。组织学分型中导管腺癌占 90%，黏液性囊腺癌和腺泡细胞癌较少见。常见淋巴结转移和直接浸润邻近器官，部分经血行转移至肝、肺、骨、脑等部位，还可发生腹腔种植。

【护理评估】

（一）健康史

　　评估病人有无不良嗜好，如吸烟（时间和数量）、饮酒；病人饮食习惯，是否长期高蛋白、高脂肪饮食；是否长期接触污染环境和有毒物质；有无其他疾病，如糖尿病、慢性胰腺炎；家族中有无胰腺肿瘤或其他肿瘤病人。

（二）身体状况

　　1. 腹痛　约 60% 的病人以腹痛为首发症状，病程中约 90% 的病人出现腹痛且上腹压痛明显。早期腹痛常位于中上腹，其次为右侧季肋部。胰头癌常向右腰背部放射，胰体癌和胰尾癌则多向左侧腰背部放射。仰卧与脊柱伸展时加重，弯腰前倾或屈膝卧位时可稍缓解。病程中晚期病人腹痛逐渐加重，夜间严重，病人常呈蜷曲坐位，后期常伴有腰背部放射性疼痛，不易被一般镇痛药物控制。

　　2. 黄疸　进行性加重，常因胆汁淤积而有肝大，其质硬、表面光滑。可扪及囊状、无压痛、表面光滑并可推移的肿大胆囊，称库瓦西耶（Courvoisier）征，是诊断胰头癌的重要体征。黄疸出现的早晚和肿瘤的位置密切相关，癌肿距胆总管越近，黄疸出现越早。胆道梗阻越完全，黄疸越深。多数病人出

现黄疸时已属中晚期。伴皮肤瘙痒,久之可有出血倾向。尿液颜色深黄,粪便呈陶土色。

3. 消化道症状　由于胰液和胆汁排出受阻,病人常有食欲缺乏、腹胀、恶心、呕吐、腹泻或便秘等。晚期因癌肿侵及十二指肠,可出现上消化道梗阻或消化道出血。

4. 其他　病人在短期内就可以出现消瘦和乏力,后期消瘦更加明显。病人还可有发热、上腹部肿块、腹水、血糖增高等表现。

（三）辅助检查

1. 实验室检查　可有血、尿淀粉酶和空腹血糖升高。胆道梗阻时,血清总胆红素和结合胆红素升高,碱性磷酸酶、转氨酶也可升高。血清癌胚抗原(CEA)、胰癌抗原(pancreatic oncofetal antigen,POA)及糖类抗原 19-9(CA19-9)等胰腺癌血清学标志物可升高,其中 CA19-9 是最常用的辅助诊断和随访项目。

2. 影像学检查　B 超主要用于常规检查,对胰胆管扩张比较敏感,可观察有无肝和腹腔淋巴结肿大,但对胰腺常显示不清。CT 能清楚显示肿瘤部位与之毗邻器官的关系。PTC 可显示胆道的变化,造影后可置管引流胆汁,减轻黄疸。ERCP 可显示胰管和胆管,同时在胆管内置入内支撑管术前引流胆汁。

（四）心理-社会状况

由于病人表现缺乏特异性,不易引起病人和医生重视,是胰腺癌延误诊治的重要原因。大多数病人是 40 岁左右的中年人,家庭负担较重,当确诊时往往已非早期,病人很难接受诊断,常出现否认、悲哀、畏惧等情绪,家属亦可出现懊悔、急躁等不良情绪反应。由于病人手术机会小,预后差,往往缺乏治疗信心。

知 识 链 接

胰腺癌高危因素筛查

《中国胰腺癌综合诊治指南(2020 版)》推荐以下有高危因素的人群定期开展胰腺癌筛查。

1. 存在已知的胰腺癌易感基因,如 *ATM*、*BRCA1*、*BRCA2*、*CDKN2A*、*MLH1*、*MSH2*、*MSH6*、*EP-CAM*、*PALB2*、*STK11*、*TP53* 等致病和/或可能致病胚系突变,以及存在与胚系致病或可能致病突变的胰腺癌家族史(一级或二级亲属)的人群。

2. 家族内有 2 名及以上一级亲属罹患胰腺癌的人群(即使没有已知致病/可能致病的胚系变异)。

3. 家族内有 3 名及以上一级和/或二级亲属罹患胰腺癌的人群(即使没有已知致病或可能致病胚系变异)。

4. 推荐在具有丰富临床经验及研究条件的大型胰腺中心开展胰腺癌筛查。

5. 筛查方式及间隔　每年进行一次增强 CT、MRI、MRCP 和/或 EUS 检查;对筛查发现可疑个体,可以缩短筛查间隔时间。

6. 筛查起始年龄

(1) 对于携带 *STK11* 或 *CDKN2A* 致病或可能致病胚系突变的个体,筛查年龄提早为 30~40 岁(同时具有明确家族史的个体,将家族中最早诊断胰腺癌的病人年龄提前 10 年,两者中选取更年轻的成员开始胰腺癌筛查)。

(2) 对于携带其他胰腺癌易感基因,如 *ATM*、*BRCA1*、*BRCA2*、*MLH1*、*MSH2*、*MSH6*、*EPCAM*、*PALB2*、*TP53* 等致病或可能致病胚系变异的个体,筛查初始年龄一般定为 50 岁(同时具有明确家族史的个体,从家族中最早诊断胰腺癌的年龄提前 10 年,两者中选取更年轻的成员,开始胰腺癌筛查)。

【常见护理诊断/问题】

1. **急性疼痛**　与癌肿压迫或侵犯腹膜后神经丛、手术创伤有关。
2. **营养失调：低于机体需要量**　与食欲下降、呕吐及肿瘤消耗有关。
3. **潜在并发症：出血、感染、胰瘘、胆瘘、糖尿病。**

【计划与实施】

手术切除是治疗胰头癌的有效方法，对不能切除者应行姑息性短路手术，辅以放疗或化疗。常用手术方式有胰头十二指肠切除术（Whipple 手术）（图 40-2-1）；保留幽门的胰头十二指肠切除术（pylorus-preserving pancre-atoduodenectomy，PPPD）；姑息性手术可以采用胆肠吻合术、空肠吻合术，术中可在内脏神经节周围注射无水乙醇或行腹腔神经节切除术，以减轻疼痛。经过治疗和护理，病人达到：①疼痛减轻或得到控制。②维持适当的营养状况。③并发症得到预防或及时发现和处理。

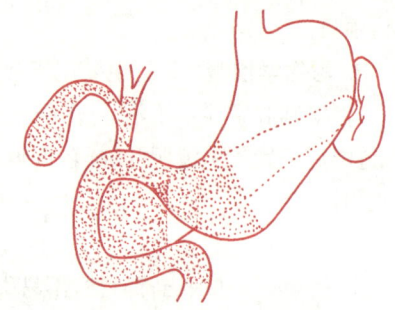

图 40-2-1　胰头十二指肠切除术（Whipple 手术）切除范围

晚期病人或手术前、后可进行化疗、放疗和各种对症支持治疗。胰腺癌对化疗药物不敏感，单药治疗有吉西他滨、氟尿嘧啶、丝裂霉素、表柔比星、链佐星、紫杉醇、多西他赛及卡培他滨等。吉西他滨为转移的胰腺癌病人一线治疗药物，联合化疗优于单药化疗。靶向药物治疗，如贝伐单抗、利妥昔单抗和厄罗替尼可与化疗药物合并使用或单用。胰腺癌经动脉局部灌注化疗优于全身静脉化疗，而且能减少化疗药物的毒副作用。

（一）疼痛管理

按肿瘤病人进行管理，详见第六章"肿瘤病人的护理"。

（二）改善营养

给予病人高蛋白、低脂、丰富维生素的饮食，必要时行肠外营养改善营养状态。有黄疸者，胆汁淤积影响肝功能，易出血，补充维生素 K 改善凝血功能。

（三）常见并发症护理

1. **出血**　多见于术后 1~2d 和术后 1~2 周。表现为呕血、便血、腹痛，可给予止血药、输血等治疗。出血量大时可有出汗、脉速、血压下降等休克表现，应手术探查止血。

2. **防治感染**　术前 3d 口服抗生素以抑制肠道细菌，预防术后感染。术后合理使用抗生素控制感染。及时更换伤口敷料，注意无菌操作。若术后放置引流管，除妥善固定、保持引流通畅外，应注意观察引流液的性质和量，如出现混浊或脓性液体，可能出现吻合口感染，要及时通知医生并协助处理。

3. **胰瘘和胆瘘**　参见本章第一节"胰腺炎病人的护理"。

4. **控制血糖**　监测病人血糖变化。对合并高血糖者遵医嘱给予胰岛素，控制血糖在 8.4~11.2mmol/L。发生低血糖时应立即进甜食或静脉补充葡萄糖。

（四）健康指导

1. 对 40 岁以上男性，出现持续性上腹部不适、疼痛、食欲减退、消瘦等表现，应引起重视，注意对胰腺做进一步检查。

2. 指导病人饮食，宜少量多餐，以均衡为主。定期监测血糖，手术后每 3~6 个月进行复查一次。

3. 指导病人放、化疗护理。放、化疗期间定期复查血常规，一旦血白细胞计数小于 4×10^9/L，应暂停放、化疗。

Note:

【护理评价】

经过治疗和护理,评估病人是否能够达到:①疼痛减轻或得到控制;②营养状况得到适当维持;③并发症得到预防或及时发现和处理。

（朱姝芹）

思 考 题

---

1. 胰腺癌病人出现的疼痛有什么特征？
2. 胰腺癌术后并发症有哪些？如何护理？

URSING

第四十一章

腹外疝病人的护理

41章 数字内容

学习目标

- 识记：
  1. 说出腹外疝的概念、分类。
  2. 描述腹外疝的临床表现。
- 理解：
  1. 解释腹外疝的病因和发病机制。
  2. 比较腹股沟斜疝和直疝的临床特点。
- 运用：
  运用护理程序对腹外疝病人进行护理，提供健康指导。

导入情境与思考

病人,男性,55岁,右腹股沟可复性包块3年余,站立时包块明显,平卧时消失。该病人长期便秘,某次在家用力排便后包块变大,回纳困难,行走时有坠胀感伴疼痛。体格检查:右腹股沟区和阴囊可见8cm×10cm大小肿块,质地柔软,不能回纳。请思考:

（1）该病人目前可能的诊断是什么?

（2）该病人目前有效的处理措施是什么?

腹外疝(external abdominal hernia)是指腹腔内任何器官或组织离开其正常解剖位置,连同壁腹膜通过先天或者后天形成的腹壁薄弱点、缺损或孔隙,向体表突出所形成的包块。

【病因】

腹壁强度降低和腹内压力增高是腹外疝发生的两个主要原因。

（一）腹壁强度降低

属于解剖结构原因,是疝发生的基础。分为先天性和后天性两种。

1. 先天性原因

（1）某些组织穿过腹壁的部位:如精索或子宫圆韧带穿过腹股沟管,股动静脉穿过股管区、脐血管穿过脐环等造成的该处腹壁强度减弱。

（2）异常解剖现象:如腹膜鞘状突未闭,腹内斜肌下缘高位,宽大的腹股沟三角,脐环闭锁不全,腹白线发育不全等。

2. 后天性原因　包括手术切口愈合不良、腹壁神经损伤、外伤、炎症、感染等因素,肥胖者过多的脂肪浸润,老年人肌肉退化萎缩及胶原代谢异常,均可使腹壁强度降低。

（二）腹内压力增高

腹内压力增高既可引起腹壁解剖结构的病理性变化,又可推动和促使腹腔内器官经腹壁薄弱区域或缺损处向体表突出,形成腹外疝。慢性咳嗽、长期便秘、排尿困难(如前列腺增生症、膀胱结石)、腹水、晚期妊娠、搬运重物等是引起腹内压力增高的常见原因。若腹壁强度降低,又出现腹内压增高的情况,则有可能发生疝。

【病理解剖】

典型的腹外疝由疝环、疝囊、疝内容物和疝外被盖四部分组成。疝环又称疝门,是疝突向体表的门户,亦是腹壁薄弱区或缺损所在。疝囊是壁腹膜经疝环向外突出的囊袋,是疝内容物的包裹,由疝囊颈和疝囊体组成,疝囊颈是指疝囊与腹腔相连接的狭窄部,位置相当于疝门。囊体是疝囊的膨大部分。疝内容物是进入疝囊的腹内器官或组织,以小肠最为多见,大网膜次之。其他如盲肠、阑尾、乙状结肠、横结肠、膀胱、卵巢、输卵管等均可进入疝囊,但较少见。疝外被盖是指疝囊以外的各层组织,包括筋膜、肌肉、皮下组织和皮肤。腹外疝的命名常以腹壁薄弱或缺损处即疝环所在的部位命名,如腹股沟疝、股疝、脐疝等。

【分类】

（一）按疝内容物还纳的难易程度和血液供应情况分类

1. 可复性疝（reducible hernia）　凡腹外疝在病人站立、行走、咳嗽等致腹内压增高时突出,平卧、休息或用手向腹腔推送时疝内容物很容易回纳入腹腔的,称为可复性疝。

2. 难复性疝（irreducible hernia）　疝内容物不能或不能完全回纳入腹腔但并不引起严重症状

者,称难复性疝。主要因疝内容物反复突出,致疝囊颈受摩擦损伤,与疝囊壁产生粘连所致,此类疝内容物多数为大网膜。有些病程长、腹壁缺损大的巨大疝,因内容物较多,腹壁已完全丧失抵挡内容物突出的作用,也常难以回纳。此外,腹腔后位的器官,如右侧的盲肠,左侧的乙状结肠与降结肠,前位的膀胱等,可因内容物进入疝囊时产生的下坠力量,将囊颈上方的壁腹膜逐渐推向疝囊,滑经疝门,构成疝囊的一部分,称为滑动性疝。滑动性疝在滑动过程容易发生粘连,也属难复性疝。

3. 嵌顿性疝(incarcerated hernia)　疝环较小而腹内压骤增时,疝内容物可强行扩张囊颈而进入疝囊,随后因囊颈的弹性回缩将内容物卡住,使其不能回纳,称为嵌顿性疝。疝发生嵌顿后,若其内容物为肠管,肠壁及其系膜可在疝环处受压,先是静脉回流受阻,导致肠壁淤血和水肿,肠壁颜色由正常的淡红逐渐转为暗红,囊内可有淡黄色渗液积聚,加重了肠管受压,使其更难以回纳。此时肠系膜动脉搏动尚能打到,若能及时解除嵌顿,病变肠管可恢复正常。发生于儿童的嵌顿疝,因其疝环组织柔软,在嵌顿后很少发生绞窄。

4. 绞窄性疝(strangulated hernia)　嵌顿若不及时解除,肠管及其系膜受压程度不断加重,可使动脉血流减少,最后导致完全阻断,即为绞窄性疝。此时肠系膜动脉搏动消失,肠壁逐渐失去原有光泽、弹性和蠕动能力,最终变黑坏死,疝囊内渗液变为淡红色或暗红色血水,若继发感染,疝囊内渗液则为脓性。嵌顿性疝和绞窄性疝实际是一个病理过程的两个阶段,两者的区别在于疝内容物有无坏死,但在手术证实之前很难截然区分。

(二)按疝环所在部位分类

1. 腹股沟疝(inguinal hernia)　凡发生在腹股沟区的腹外疝统称为腹股沟疝,是最常见的腹外疝。男性多见,右侧较左侧常见。腹股沟疝分为腹股沟斜疝和腹股沟直疝两种。

(1)腹股沟斜疝(oblique inguinal hernia):腹股沟斜疝系疝囊经过腹壁下动脉外侧的腹股沟管深环(腹股沟管腹环)突出,向内、向下、向前斜行经过腹股沟管,再穿出腹股沟管浅环(腹股沟管皮下环),并可进入阴囊(图41-0-1)。斜疝是最多见的腹外疝,发病率占全部腹外疝的75%~90%,占腹股沟疝的85%~95%。多见于小儿和青壮年男性病人。

(2)腹股沟直疝(direct inguinal hernia):指腹内器官经

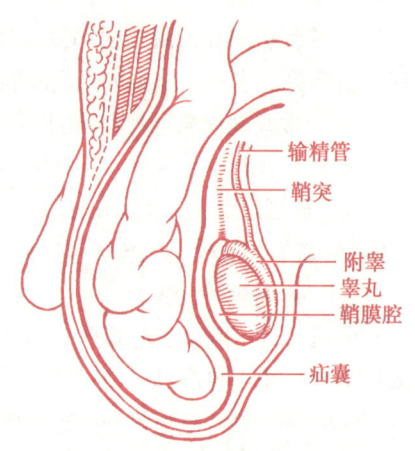

图41-0-1　后天性腹股沟斜疝结构

直疝三角(图41-0-2)突出而形成的疝,常见于年老体弱者,临床表现为当病人直立时,在腹股沟内侧端、耻骨结节上外方出现一半球形肿块,不伴疼痛或其他症状。因直疝囊颈宽大,疝内容物直接从后向前突出,故平卧后肿块多能自行回纳腹腔而消失,不须用手推送复位。直疝很少进入阴囊,极少发生嵌顿。腹股沟斜疝与腹股沟直疝的区别见表41-0-1。

表41-0-1　腹股沟斜疝与腹股沟直疝的比较

	腹股沟斜疝	腹股沟直疝
发病年龄	多见于儿童及青壮年	多见于老年人
突出途径	经腹股沟管突出,可进入阴囊	由直疝三角突出,不进入阴囊
疝块外形	椭圆或梨形,上部呈蒂柄状	半球形,基底较宽
回纳疝块后压住腹股沟管深环	疝块不再突出	疝块仍可突出
精索与疝囊关系	精索在疝囊后方	精索在疝囊前外方
疝囊颈与腹壁下动脉关系	疝囊颈在腹壁下动脉外侧	疝囊颈在腹壁下动脉内侧
嵌顿机会	较多	极少

Note:

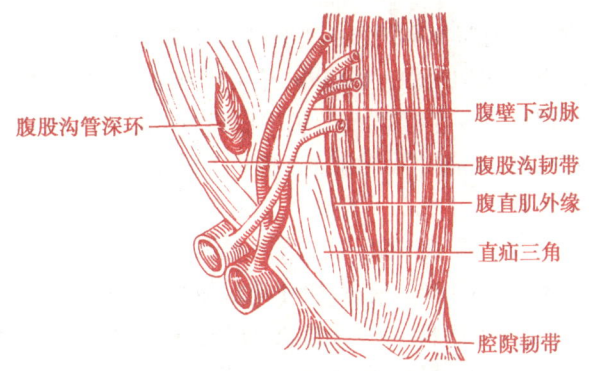

图 41-0-2　直疝三角（后面观）

2. 股疝（femoral hernia）　腹腔内器官或组织通过股环，经股管向卵圆窝突出者称为股疝。股管是一个狭长的漏斗形间隙，上口为股环，下口为卵圆窝，前缘为腹股沟韧带，后缘为耻骨梳韧带，内缘为腔隙韧带，外缘为股静脉。股疝发病率占腹外疝的 3%~5%，40 岁以上的经产妇多见。原因是女性骨盆宽大，联合肌腱和腔隙韧带较薄弱，股管上口大而松弛，腹内压增高（如妊娠）时容易引起腹腔或盆腔内组织突向体表。该疝容易嵌顿，是腹外疝中嵌顿最多者，高达 60%；一旦嵌顿，可迅速发展为绞窄性疝。因此，股疝诊断确定后，应及时手术治疗。

3. 切口疝（incisional hernia）　是发生于腹壁手术切口处的疝，指腹腔器官或组织自腹壁手术切口突出形成的疝。最常见的腹壁切口疝是经腹直肌切口疝，其次为正中切口和旁正中切口疝。多见于腹部纵向切口者，纵向切口切断除腹直肌外的腹壁各层肌肉及筋膜、鞘膜等组织的纤维；缝合时，缝线易在纤维间滑脱；已缝合的组织因常受到肌肉的横向牵引力而易发生切口裂开。另外切口留置引流物过久、切口过长及切断肋间神经过多、腹壁切口缝合不严密、缝合时强行拉拢创缘而致组织撕裂、腹内压升高、切口感染、肥胖、老龄、营养不良等，均是切口疝的易发因素。切口疝的疝环一般比较宽大，很少发生嵌顿，治疗原则是手术修补。

4. 脐疝（umbilical hernia）　腹腔内器官或组织通过脐环突向体表者称为脐疝。脐疝分小儿脐疝和成人脐疝，两者发病原因及处理原则不同。小儿脐疝的发病原因是脐环闭锁不全或脐部瘢痕组织不够坚强，通常在啼哭、便秘等导致腹内压增高的情况下发生，临床表现为啼哭时脐疝脱出，安静时肿块消失，多属于可复性疝，极少发生嵌顿和绞窄。成人脐疝多发生于肥胖的中年经产妇，属后天性疝，较为少见。因疝环狭小，容易发生嵌顿和绞窄，故应采取手术治疗。

【护理评估】

（一）健康史

了解病人的一般情况，有无慢性咳嗽、长期便秘、排尿困难、大量腹水、多次妊娠、从事重体力劳动、婴儿经常啼哭等引起腹内压增高的情况；有无腹部手术、外伤、切口感染、年老体弱和过度肥胖等引起腹壁强度受损的因素。

（二）身体状况

1. 症状

（1）突出体表的疝块：了解发病时疝块的大小、质地、有无压痛、能否回纳、有无肠梗阻或肠绞窄征象。

1）腹股沟疝：腹股沟斜疝病人腹内压增高时可见腹股沟区呈带蒂柄的梨形肿块。腹股沟直疝病人站立时可在腹股沟内侧端、耻骨结节外上方出现一半球形肿块，平卧时肿块多能回纳而消失。

2）股疝：腹股沟韧带下方卵圆窝处出现半球形疝块，容易嵌顿和绞窄。

3）切口疝：腹壁切口处有肿块出现。肿块通常在站立位或用力时更为明显，平卧休息时则缩小或消失。

4）脐疝：站立、咳嗽和用力时脐部有圆形疝块突出，平卧时消失。

（2）疼痛：易复性斜疝除腹股沟区偶有胀痛外，并无其他症状；嵌顿性疝多发生于强体力劳动或用力排便等腹内压骤增时，伴有明显疼痛；股疝若发生嵌顿则引起局部明显疼痛；绞窄性疝临床症状多较严重，但在肠祥坏死穿孔时，疼痛可因疝内压力骤降而暂时有所缓解。因此，疼痛减轻而肿块仍存在者，不可轻易认为是病情好转。

（3）消化道症状：滑动性斜疝除了疝块不能完全回纳外，还有消化不良和便秘等症状；嵌顿内容物若为肠祥，可伴有腹部绞痛、恶心、呕吐、便秘、腹胀等机械性肠梗阻的临床表现；股疝若发生嵌顿，常伴有较明显的急性机械性肠梗阻症状，严重者甚至可以掩盖股疝的局部症状而导致股疝漏诊；较大的切口疝有腹部牵拉感，伴食欲减退、恶心、便秘、腹部隐痛等表现。

2. 体征　检查时，以手指通过表面皮肤伸入浅环，可感浅环扩大、腹壁软弱；此时嘱病人咳嗽，指尖有冲击感。用手指紧压腹股沟管深环，让病人起立并咳嗽，疝块并不出现；一旦移去手指，则可见疝块由外上向内下鼓出。疝内容物若为肠祥，肿块柔软、光滑、叩之呈鼓音，并常在肠祥回入腹腔时发出咕噜声；若为大网膜，则肿块坚韧，叩诊呈浊音，回纳缓慢。

（三）辅助检查

腹外疝的诊断通常不需要特殊检查。当发生疝嵌顿或绞窄导致肠梗阻时，腹部 X 线影像可见孤立胀大的肠祥或阶梯样气液平面。如继发感染，血常规检查提示白细胞增多。

（四）心理-社会状况

评估病人的心理情况，有无接受手术治疗的心理准备；有无过度焦虑或恐惧；是否了解围手术期的相关知识。了解病人的家庭、社会支持情况，包括家属对腹外疝相关知识的掌握程度，对病人经济和心理的支持情况等。

【常见护理诊断/问题】

1. **急性疼痛**　与疝内容物嵌顿、肠蠕动受限或肠壁缺血有关。
2. **活动受限**　与疼痛、疝块脱出等有关。
3. **知识缺乏**：缺乏预防腹内压增高及促进术后康复的有关知识。
4. **潜在并发症**：切口出血、腹腔感染、阴囊水肿。

【计划与实施】

腹外疝的治疗原则是避免腹内压增高、及早手术回纳疝块、预防复发。具体治疗方法要根据腹外疝的病因、部位、全身情况和病情严重程度而定。通过治疗和护理，病人能达到：①疼痛得到缓解或消除；②活动自如；③获得腹外疝相关健康知识；④未发生并发症或发生后得到及时处理。

（一）非手术治疗

1. **适应证**　年老体弱或伴有严重疾病如心肌梗死、肝衰竭、肾衰竭等不能耐受手术者。
2. **方法**　年老体弱或伴有严重疾病者可在回纳疝块后，将医用疝带的软压垫顶住疝环，阻止疝块突出。嵌顿时间在 3~4h，局部压痛不明显，也无腹部压痛或腹肌紧张等腹膜刺激征的腹外疝可采用手法复位。具体做法是让病人取头低足高卧位，注射吗啡或哌替啶以镇痛和镇静并松弛腹肌，用手持续缓慢地将疝块推向腹腔。手法复位后 24h 内，必须严密观察病人腹部体征。一旦出现腹膜炎或肠梗阻的表现，应尽早手术探查。原则上应紧急手术治疗，解除肠梗阻，以防疝内容物坏死。

（二）手术治疗

大多数腹外疝需要手术治疗，手术的目的是修补腹壁薄弱点、孔隙。手术方法包括以下几种：

1. **疝囊高位结扎术**　为单纯疝囊颈高位结扎，并切去疝囊。仅适用于绞窄性斜疝因肠坏死而局部有严重感染、暂不宜行疝修补术者。

2. **传统疝修补术** 加强或修补腹股沟管管壁,是最常用的治疗方法。成年腹股沟疝病人都存在程度不同的腹股沟管前壁或后壁的薄弱或缺损,单纯疝囊高位结扎不足以预防腹股沟疝的复发,只有在薄弱或缺损处得到加强或修补之后,才有可能得到彻底的治疗。

3. **无张力疝修补术** 该方法利用人工高分子修补材料填补到腹壁缺损区,不影响腹股沟区的正常解剖层次,强调在无张力的情况下进行疝的缝合修补。具有局部张力低、无牵扯感、创伤小、疼痛轻、复发率低等优点。

4. **经腹腔镜疝修补术** 基本原理是从腹腔内部用合成纤维网片加强腹壁缺损处或用钉(缝线)使腹股沟管深环缩小。

（三）术前护理

1. **休息与活动** 疝块较大者应减少活动,多卧床休息;离床活动时使用疝带压住疝环口,避免腹腔内容物脱出而造成嵌顿疝。

2. **消除致腹内压升高的因素** 有慢性咳嗽、便秘、排尿困难等腹内压升高因素者,应积极治疗原发病,控制症状。术前2周戒烟;注意保暖,预防受凉感冒;多饮水、多吃蔬菜等粗纤维食物,以保持排便通畅。

3. **心理护理** 向病人讲解腹外疝的预防和治疗方法及手术治疗的必要性,以减轻病人对手术的恐惧心理,使之积极配合治疗和护理。

4. **术前训练** 年老、腹壁肌薄弱者或切口疝、复发疝的病人,术前应加强腹壁肌锻炼,练习卧床排便、使用便器等。

5. **皮肤准备** 手术切口距会阴部较近,容易污染。手术当天为病人清洁手术区域皮肤的毛发和污垢,特别注意彻底清洁老年病人脐孔内的污物,避免手术后切口感染。

6. **嵌顿性及绞窄性疝的术前护理**
（1）观察病人的生命体征、疼痛部位、性质及伴随症状。
（2）禁食,胃肠减压。
（3）静脉输液,纠正水、电解质紊乱及酸碱平衡失调。
（4）遵医嘱使用抗感染药物。
（5）做好急诊手术的各项准备工作,如备皮、配血、抗生素皮试等。

（四）术后护理

1. **病情观察** 观察病人生命体征的变化;观察伤口敷料外观是否干燥,有无渗血,保持会阴部清洁干燥,如伤口有渗血,须及时更换浸湿的敷料,防止伤口感染。

2. **体位** 传统疝修补术后当日病人呈去枕仰卧位,生命体征平稳后取低半卧位,膝下垫一软枕,使髋关节和膝关节微屈,以降低腹股沟区切口张力,减轻腹腔内压力,有利于缓解切口疼痛,促进切口愈合。

3. **活动** 术后活动时间因人而异,卧床期间鼓励病人床上翻身及活动肢体,一般术后3~5d能离床活动。采用无张力疝修补术的病人一般术后当日或次日即可下床活动,年老体弱、复发性疝、绞窄性疝、巨大疝病人可适当延迟下床活动时间。

4. **饮食护理** 根据麻醉方式及病人情况给予饮食指导,一般病人于术后6~12h若无恶心、呕吐可进流质,次日可进软食或普食;术中发现肠管充血、肿胀明显或已行肠切除、肠吻合术的病人术后应禁食,待肠道功能恢复后,方可进流质饮食,再逐渐过渡为半流质饮食。

5. **排尿护理** 病人术后因麻醉或手术刺激引起尿潴留时,可给予提供隐蔽环境、听流水声诱导排尿,口服药物、肌内注射醋甲胆碱或针灸,以促进膀胱平滑肌的收缩促进排尿,必要时导尿。

6. **术后并发症的预防和护理**
（1）切口出血:术后切口一般不须加沙袋压迫,但应注意是否有出血发生,有切口血肿时可适当加压,并给予止血药。

（2）切口感染：切口感染是引起疝复发的主要原因之一。绞窄性疝行肠切除、肠吻合术后，易发生切口感染，术后须应用抗生素；保持敷料清洁、干燥，避免大小便污染；若发现敷料污染或脱落，应及时更换。注意观察病人体温和脉搏的变化及切口有无红、肿、疼痛，一旦发现切口感染，应尽早处理。

（3）阴囊水肿：因阴囊比较松弛、位置较低，渗血、渗液易积聚于阴囊。为避免阴囊内积血、积液和促进淋巴回流，术后可用丁字带将阴囊托起，并密切观察阴囊肿胀情况。

7. 防止腹内压升高 术后剧烈咳嗽和用力大小便等均可引起腹内压升高，不利于切口愈合。因此术后须注意保暖，防止受凉而引起感冒；指导病人在咳嗽时应注意用手掌按压、保护切口，以免缝线撕脱造成切口裂开。保持排便通畅，便秘者给予通便药物，嘱病人避免用力排便。

（五）健康指导

1. 避免腹内压增高的因素，如慢性咳嗽、排尿困难（如前列腺增生症、膀胱结石）、腹水、妊娠等。术后注意休息，逐渐增加活动量，术后 2 周可从事一般活动，但 3 个月内都应避免重体力劳动或提举重物。

2. 少食用辛辣刺激性食物，宜食用营养丰富、高维生素、富含粗纤维素的食物；养成良好的排便习惯，避免便秘。便秘者应注意通过调整饮食、腹部按摩等方法保持排便通畅，无效者可适当予以口服缓泻剂，避免用力排便。

【护理评价】

经过治疗和护理，评估病人是否能够达到：①疼痛得到缓解或消除；②活动自如；③掌握了腹外疝相关健康知识；④并发症未发生或发生后得到及时处理。

（朱姝芹）

思 考 题

1. 发生腹外疝的病理基础有哪些？
2. 如何区分不同类型的腹股沟疝？

URSING

第四十二章

腹部损伤病人的护理

42 章　数字内容

病人,男性,25岁,因腹部刀伤伴伤口出血2h入院。2h前病人因与他人发生冲突,被对方用刀刺伤右上腹部,伤口出血,腹痛剧烈,急诊入院。体格检查:T 36.8℃,P 105次/min,R 30次/min,BP 95/65mmHg。面色苍白,烦躁,呼吸急促。右上腹壁有长约6cm的伤口,仍不断出血,腹部拒按。辅助检查:血常规示 RBC $4.32×10^{12}/L$,WBC $7.8×10^9/L$,Hb 110g/L,血细胞比容 32.5%。

请思考:

(1) 根据以上情况介绍,目前该病人最可能受累的腹腔内器官是什么?

(2) 对该病人进行护理评估时,应重点关注哪些内容?

(3) 为了缓解该病人的疼痛,护士应提供哪些护理措施?

腹部损伤(abdominal injury)是指由各种原因所致的腹壁和/或腹腔内器官的损伤。腹部损伤是临床常见的急症,其发病率占平时各种损伤的0.4%~1.8%,战时可高达50%。腹部损伤常伴有内脏损伤,腹腔实质性器官或大血管损伤时,可因大出血导致死亡;空腔器官受损破裂时,常因并发严重的腹腔感染而威胁生命。

【分类与病因】

(一) 根据腹部有无伤口分类

1. **开放性损伤** 腹部开放性损伤根据腹膜是否破损,又分为穿透伤和非穿透伤。有腹膜破损者称为穿透伤,常合并内脏损伤,多由利器或火器所致,如刀刺、枪弹等。只有腹壁伤口而无腹膜破损者称为非穿透伤,偶有内脏损伤,多由间接致伤力所致,如坠落、碰撞、冲击、挤压等钝性暴力所致。开放性损伤中,致伤物有入口和出口者为贯通伤,有入口无出口者为非贯通伤。腹部开放性损伤因有伤口和出血,可根据伤口部位、伤口渗出物的性质(血液、胆汁、胃肠内容物、粪便)和腹腔脱出组织等而被早期发现和处理。

2. **闭合性损伤** 闭合性损伤可仅限于腹壁,也可同时合并内脏损伤。腹部闭合性损伤因体表无伤口,要确定是否合并内脏损伤较为困难,容易漏诊而贻误手术时机。

(二) 根据损伤的腹内器官性质分类

1. **实质性器官损伤** 常见受损的器官依次是脾、肾、肝、胰,这些器官位置比较固定,组织结构脆弱,血供丰富,受到暴力打击后,比其他内脏器官更容易破裂。

2. **空腔器官损伤** 常见受损的器官依次是小肠、胃、结肠、膀胱等,十二指肠和直肠因位置较深,因而损伤的发生率较低。

腹部损伤的严重程度、是否涉及内脏、涉及哪些内脏等主要取决于暴力的强度、速度、着力部位和作用方向,同时还受内脏解剖特点、原有病理情况和功能状态等内在因素的影响。如肝和脾结构脆弱、血供丰富、位置较固定,受暴力打击易破裂;胃窦、十二指肠和胰腺在上腹受挤压时,可被压在脊柱上而断裂;肠道的固定部分比活动部分更易受损;充盈的空腔器官比排空者更易破裂。

【护理评估】

(一) 健康史

详细了解病人受伤的原因、时间、地点、部位、姿势,作用于腹部暴力的性质、强度、速度、着力部位和作用方向,病人的受伤类型、程度、是否多处内脏损伤、是否合并腹部以外损伤(如颅脑损伤、胸部损伤等)、受伤至就诊之间的伤情变化、就诊前的急救处理等。若病人已有意识障碍或不能回答问话,可询问现场目击者或护送人员以判断。

（二）身体状况

腹部损伤因致伤原因、损伤的部位及程度、腹内器官的损伤情况,有无腹部以外的组织器官损伤等情况的不同,临床表现差异很大。一般单纯腹壁伤病人的症状和体征较轻;内脏挫伤多表现为腹痛,有轻微或不明显体征;但严重腹腔器官损伤者则主要表现为腹腔内出血和/或弥漫性腹膜炎,出现休克甚至处于濒死状态。

1. 单纯腹壁损伤 症状和体征较轻,仅表现为受伤部位疼痛,局限性腹壁肿胀和压痛,有时可见皮下瘀斑,其程度和范围通常逐渐缓解和缩小。若为开放性损伤则腹壁有伤口和出血。

2. 实质性器官或大血管损伤

（1）出血或失血性休克:肝、脾、胰、肾等腹腔内实质性器官因组织脆弱,血供丰富,位置比较固定,当腹部受到暴力打击后容易发生破裂出血,尤其在原来已有病理性改变(门静脉高压致肝脾大)的基础上更容易受损破裂。其临床表现为腹腔内(或腹膜后)出血,病人面色苍白、心率增快,严重者脉搏微弱、血压不稳,甚至出现失血性休克。叩诊移动性浊音是内出血的有力证据,但早期不明显。

（2）腹痛:多呈持续性,一般不剧烈。肩部放射痛提示肝或脾损伤;肝、脾包膜下破裂或肠系膜、网膜内出血可表现为腹部包块;肾损伤时可有血尿。一般来说大量出血者腹膜刺激征并不明显,但肝破裂(liver rupture)伴有较大的肝内胆管断裂或胰腺损伤(pancreatic injury)伴有胰管断裂时,因胆汁或胰液流入腹腔,可伴有剧烈腹痛和腹胀、腹部压痛、肌紧张等腹膜刺激征的表现。

3. 空腔器官损伤 胃、肠、胆囊及膀胱等空腔器官损伤时,临床表现以急性弥漫性腹膜炎为主,有典型的腹膜刺激征。胃液、肠液、胆汁、尿液、粪便等流入腹腔,其腹膜刺激程度因空腔器官内容物不同而异,通常胃液、胆汁、胰液刺激性最强,肠液次之,血液最轻。病人出现恶心、呕吐,持续性剧烈腹痛,听诊肠鸣音减弱或消失,腹部压痛、反跳痛和肌紧张明显,严重时表现为板状腹。全身中毒症状明显,甚至发生感染性休克。空腔器官破裂的出血量一般不大,除非邻近大血管有合并伤。

4. 腹膜后血肿 外伤性腹膜后血肿多因高处坠落、挤压或车祸等导致腹膜后血管或器官(胰、肾、十二指肠)损伤、骨盆骨折而引起,出血淤积在腹膜后间隙并广泛蔓延形成巨大血肿,并可渗入肠系膜间,出血量可多达2~4L。因原发损伤器官不同、损伤的严重程度不同,其临床表现缺乏固定的典型症状:少量出血形成较小的血肿常无明显症状和体征而自行吸收;较大血肿可有血肿压迫症状,腹痛和肠麻痹等。如果血肿渗入盆腔刺激直肠,可有里急后重感,直肠指检可触及直肠后方膨起的囊性肿物。

（三）辅助检查

1. 实验室检查

（1）血常规:腹腔内实质性器官破裂时,血常规提示红细胞计数、血红蛋白含量、血细胞比容均进行性下降,白细胞计数略有升高;空腔器官损伤时则白细胞计数和中性粒细胞比例明显增高。

（2）淀粉酶:当胰腺、胃或十二指肠受损时,血、尿或腹腔穿刺液的淀粉酶指标均升高。

（3）尿常规:血尿提示泌尿系统损伤。

2. 影像学检查

（1）X线检查:可明确有无气胸、肋骨骨折、骨盆骨折等,骨折时可能有邻近器官损伤;膈下有游离气体,提示胃肠道损伤;腹膜后积气提示腹膜后十二指肠或结、直肠穿孔;腰大肌影消失提示腹膜后血肿;胃右移、横结肠下移,胃大弯有锯齿形压迹是脾破裂的征象;右膈升高,肝正常外形消失及右下胸肋骨骨折,提示肝破裂可能。

（2）B超检查:能较好地显示损伤器官部位,腹腔积血、积液的量,对肝、脾、胰、肾等实质性器官破裂的确诊率高达90%,对腹腔积液诊断敏感。若发现腹腔大量积气,常提示空腔器官破裂或穿孔。

（3）CT检查:能清楚显示腹腔器官的形态、有无器官损伤、损伤的部位、出血量等。对实质性器官损伤及其范围、程度有重要的诊断价值,较B超更精确,但对空腔器官损伤检查意义不大。

（4）其他:MRI检查对血管损伤和特殊部位的血肿,如十二指肠肠壁间血肿具有较高诊断价值。

Note:

3. **诊断性腹腔穿刺和腹腔灌洗术**　腹腔穿刺术阳性率可达90%以上,对判断腹腔内有无器官损伤和是哪一类器官损伤有很大帮助。当腹腔穿刺抽出不凝固血液,提示实质性器官或大血管损伤,因为腹膜的去纤维蛋白作用会使得腹腔内的血液不凝固。若抽得血液迅速凝固,多为误入血管或血肿所致。若抽出物为消化液、含食物、胆汁、粪便、尿液或为混浊液体,则提示有相应的空腔器官破裂。对腹腔内出血较少,诊断性腹腔穿刺没有液体抽出而又怀疑腹腔内损伤时,不排除内脏器官损伤可能,仍应继续严密观察,必要时可重复穿刺或改行腹腔灌洗术。

腹腔灌洗术较诊断性腹腔穿刺更可靠,有助于早期诊断并提高确诊率。腹腔灌洗出现:肉眼可见血液、胆汁、胃肠内容物或证明是尿液;显微镜下 RBC 计数超过 100×10^9/L 或 WBC 计数超过 0.5×10^9/L;淀粉酶超过 100U/L(Somogyi 法);灌洗液中发现有细菌。只要符合以上任何一项即为阳性。

4. **腹腔镜检查**　经上述检查仍不能确诊者,条件具备时可行腹腔镜检查,它能直接观察损伤器官的部位、性质及程度,判断出血来源,阳性率达90%以上。

（四）心理-社会状况

由于遭受意外损伤,病人和家属表现为烦躁不安、过度紧张、恐惧、睡眠质量下降。医疗过程中,病人和家属由于恐慌、焦虑容易失去理智,难以与医护人员交流配合,产生强烈的负性心理反应。应了解病人及其家属对腹部损伤的认知程度、心理承受能力及家庭经济状况等。

【常见护理诊断/问题】

1. **体液不足**　与损伤所致的腹腔内出血、严重腹膜炎症、腹腔内大量渗液、呕吐和禁食有关。
2. **急性疼痛**　与腹腔内器官破裂及消化液刺激腹膜有关。
3. **焦虑**　与剧烈疼痛、出血、腹腔内组织脱出、手术和担心预后等有关。
4. **潜在并发症**:损伤器官再出血、腹腔内感染或腹腔脓肿等。

【计划与实施】

腹部损伤的治疗原则根据损伤的性质、部位及程度而决定。单纯的腹壁损伤者,按软组织损伤治疗原则处理;腹部损伤合并腹内器官或腹以外的其他器官损伤而危及生命的情况者应立即抢救,首先保障生命安全;对暂时不明确有无内脏损伤或明确有内脏损伤但较轻、生命体征平稳者应采用非手术治疗;凡开放性损伤、有明确内脏破裂的闭合性损伤或非手术治疗期间病情加重者,均应急诊手术治疗。通过治疗和护理,病人达到:①维持体液平衡,生命体征平稳;②疼痛得到缓解或消除;③焦虑或恐惧等负性情绪消除;④并发症未发生或发生后得到及时处理。

（一）急救护理

1. **抢救生命**　腹部损伤常合并多发性损伤,在急救时应分清轻重缓急。首先处理可危及生命的心搏骤停、窒息、开放性或张力性气胸、严重的骨折及大出血者,迅速进行心肺复苏,协助建立人工气道,安置胸腔闭式引流装置,保持其呼吸道通畅;快速建立静脉通道,输液、输血,纠正休克;严重骨折大出血时应立即包扎固定。

2. **处置开放性腹部损伤**　若发生开放性损伤,应及时止血并用干净的纱布、毛巾、被单等包扎腹部伤口并固定。如部分肠管脱出,可用消毒或清洁的敷料、碗、盆等器皿或用温开水浸湿的干净纱布覆盖保护,以免更多的肠管脱出后因受压而缺血坏死,切忌现场将脱出的肠管还纳入腹腔,以免加重腹腔污染。如大量肠管脱出,则应先将其回纳后暂行包扎,避免腹部伤口收缩导致肠管受压缺血或因肠系膜过度牵拉而加重休克。

（二）非手术治疗/术前护理

非手术治疗适用于:①暂时不能确定有无腹腔内器官损伤者;②无腹膜炎体征者;③未发现其他内脏器官合并伤者;④已证实为轻度实质性器官损伤,生命体征稳定者。

1. **休息与体位**　病人绝对卧床休息10~14d,禁止随意搬动病人或让其下床大小便,以免加重病

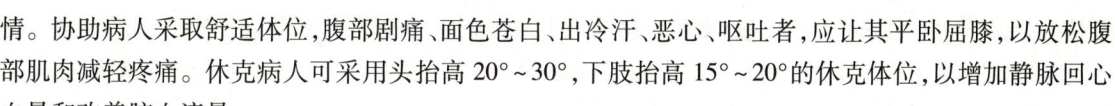

情。协助病人采取舒适体位，腹部剧痛、面色苍白、出冷汗、恶心、呕吐者，应让其平卧屈膝，以放松腹部肌肉减轻疼痛。休克病人可采用头抬高 20°～30°，下肢抬高 15°～20° 的休克体位，以增加静脉回心血量和改善脑血流量。

2. **病情观察** 监测病人脉搏、呼吸、血压；每 30min 检查一次腹部体征，尤其注意腹膜刺激征的范围和程度、移动性浊音、肠鸣音等的变化；每 30～60min 复查 1 次血常规，判断腹腔内有无活动性出血；准确记录病人 24h 的尿量、输液量、呕吐量及胃肠减压量等；必要时协助进行 B 超、诊断性腹腔穿刺和腹腔灌洗等检查。

3. **"四禁"措施** "四禁"指腹部损伤者在未明确诊断前禁饮、禁食、禁灌肠和禁镇痛。因腹部损伤可能存在胃肠破裂或肠麻痹，进饮、进食可能造成肠内容物漏出，污染腹腔并加重腹痛，病情恶化。全身损伤情况不明时，禁用镇痛药，因为盲目应用镇痛药可能掩盖病情，贻误治疗。如诊断明确，病情稳定，对疼痛剧烈者可给予：①非药物止痛：嘱病人做深呼吸、听音乐等以分散其注意力，或采用暗示疗法和安慰剂疗法等；②药物止痛：对疼痛剧烈者，遵医嘱使用镇痛药或病人自控镇痛（patient-controlled analgesia，PCA）泵，以减轻损伤所致的不良刺激并防止发生神经源性休克。

4. **胃肠减压** 对疑有空腔器官损伤者，应遵医嘱尽早安置胃肠减压装置，以减少胃肠内容物外漏，缓解腹痛、腹胀。

5. **维持体液平衡和预防感染** 禁食期间遵医嘱经静脉途径补充足量的水、电解质和能量物质，以纠正水、电解质紊乱和酸碱平衡失调。对有休克早期症状或休克者，快速建立 2～3 条有效的静脉输液通路。遵医嘱合理使用抗生素。

6. **心理护理** 因腹部损伤多在意外情况下突然发生，出现出血、肠管脱出和剧烈疼痛，病人易出现紧张、焦虑和恐惧，慌乱不知所措，担心病情和预后。鼓励病人说出自身感受，耐心倾听，给予其鼓励和同情，并及时给予帮助。主动与病人和家属沟通交流，及时解释各项检查目的、配合要点，腹部损伤可能出现的病情变化、腹部症状和体征、注意事项等，以免病人和家属在疾病发展过程中出现不良情绪。

7. **做好急症手术准备** 一旦决定手术，应立即进行皮肤准备，交叉配血，留置胃管、尿管，药物过敏试验等术前准备。对已出现休克的病人，做好必要的术前准备的同时应快速输液、输血，补充血容量，避免因反复检查或进行一些不必要的准备而延误手术时机。

（三）术后护理

手术治疗适用于：①已确诊为腹腔内空腔器官破裂者；②非手术治疗期间病情加重者；③有明显腹膜刺激征表现或腹膜刺激征进行性加重和范围扩大者；④出现烦躁、脉率增快、血压不稳定或休克表现者；⑤膈下有游离气体或腹腔穿刺抽出不凝固血液、胆汁或胃肠内容物者。手术方法主要为剖腹探查术，待明确损伤部位或器官后再做针对性处理。剖腹探查手术包括探查、止血、修补、切除、清除腹腔内残留液和引流。

1. **体位与活动** 全麻未清醒者采取平卧位，头偏向一侧。全麻清醒或硬膜外麻醉病人平卧 6h后，改为半卧位，有利于腹腔引流、减轻腹痛，改善呼吸、循环功能。术后病人多翻身，尽早下床活动，促进肠蠕动恢复，预防肠粘连。

2. **病情观察** 密切监测病人的意识状态和生命体征变化。

3. **禁食、胃肠减压** 做好胃肠减压的护理。肠蠕动恢复、肛门排气后停止胃肠减压，无腹胀不适者可拔除胃管。饮食从流质饮食、半流质饮食，逐步过渡到普食。

4. **并发症的观察与护理**

（1）再出血：①多取平卧位，禁止随意搬动病人或让病人下床活动，以免因剧烈的体位变动使肝包膜或脾包膜下积血突然破裂而大出血。②密切监测和观察病人的生命体征和腹部情况。③协助医生进行血常规、腹部 B 超、腹腔穿刺或腹腔灌洗术等动态检查。④活动性出血的观察：病人全身情况恶化，出现口渴、烦躁、呼吸及脉搏增快、血压不稳或下降、面色苍白等失血性休克的表现；腹腔引流管

Note：

间断或持续引流出大量鲜红色血液;腹腔穿刺抽得不凝固血液;腹部叩诊有移动性浊音,出现便血、呕血或血尿;红细胞计数进行性下降,血压由稳定转为不稳定或下降。以上症状有 1 项出现常提示病人有活动性出血,须立即报告医生并协助处理。

(2)腹腔内感染或脓肿:①术后病人麻醉清醒,血压平稳后取半坐卧位,使腹腔的渗血、渗液引流到盆腔,防止形成膈下脓肿。若膈下脓肿已形成但较小时,病人取半卧位。②密切观察病人体温、脉搏和腹膜刺激征、肠蠕动、腹胀等腹部体征。术后数日若病人体温持续不退或下降后又升高,辅助检查显示白细胞计数和中性粒细胞比例明显升高,同时有压痛、反跳痛和肌紧张等腹膜刺激征表现或加重,出现腹胀、呃逆、直肠或膀胱刺激症状时,多提示腹腔脓肿形成。③检查胃肠减压和腹腔引流管道是否通畅并妥善固定,观察记录引流液的量、颜色和性质,定时挤压引流管并及时更换引流袋。若发现腹腔引流管引流出较多混浊液体或有异味,提示发生腹腔感染,须及时报告医生并协助处理。④遵医嘱使用抗生素防治腹腔感染;脓肿穿刺抽脓或切开引流,较大脓肿时多采用经皮穿刺置管引流或手术切开引流;盆腔脓肿较小或未形成时,可用 40~43℃ 的温水保留灌肠或物理透热等疗法。

(四)健康指导

1. 社区宣传 腹部损伤常发生于交通事故或建筑工地,因此,应加强劳动保护、宣传安全生产、遵守交通规则,减少意外损伤的发生。

2. 普及急救知识 普及各种急救知识,发生意外时能正确进行简单急救或自救。

3. 及时就诊 一旦发生腹部损伤应立即到医院救治,不能因为腹部无伤口、无出血而忽略,耽误治疗。

4. 出院指导 术后病人应加强营养,出院后适当休息和体育锻炼可促进康复。因腹部手术后可能发生肠粘连,如出现腹痛、腹胀、肛门停止排气排便等症状,应及时返院就诊。

【护理评价】

经过治疗和护理,评估病人是否能够达到:①体液平衡恢复正常,生命体征稳定;②疼痛减轻,舒适度增加;③情绪稳定,主动配合治疗和护理;④出血、感染等并发症未发生或发生后及时得到发现和处理。

(赵慧杰)

思 考 题

1. 腹部实质性器官与空腔器官损伤的临床特点有哪些异同?
2. 腹部损伤病人"四禁"措施是指什么?为什么?
3. 腹部损伤病人手术治疗的适应证是什么?

K

[1] 白松杰,曾冰,黄志勇.2019 年欧洲加速康复外科协会《心脏手术围术期管理指南》解读[J].中国胸心血管外科临床杂志,2020,27(2):206-208.

[2] 蔡吉,赵慧华,张育红,等.微量泵输注高浓度氯化钾临床应用的护理进展[J].护理学杂志,2012,27(22):93-96.

[3] 陈孝平,汪建平,赵继宗.外科学[M].9 版.北京:人民卫生出版社,2018.

[4] 崔瀚之,杜丽文,樊梦娇,等.晚期胰腺癌治疗现状与进展[J].解放军医学院学报,2020,41(9):926-929.

[5] 丁淑贞.外科护理学习题集[M].北京:中国协和医科大学出版社,2018.

[6] 丁淑贞,郝春燕.血液科临床护理[M].北京:中国协和医科大学出版社,2016.

[7] 丁炎明.造口护理学[M].北京:人民卫生出版社,2017.

[8] 段瑞.WHO 造血与淋巴组织肿瘤分类(2016)[J].诊断病理学杂志,2017,24(12):956-958.

[9] 付佳禄,李起,张东,等.《胆囊癌诊断和治疗指南》(2019 版)更新解读[J].肝胆胰外科杂志,2020,32(11):659-663,666.

[10] 葛均波,徐永健,王辰.内科学[M].9 版.北京:人民卫生出版社,2018.

[11] 郭爱敏,周兰姝.成人护理学[M].3 版.北京:人民卫生出版社,2017.

[12] 郭锦丽,高朝娜,韩云.临床骨科护理[M].北京:科学技术文献出版社,2020.

[13] 郭滢琦,蒋玥蒂,甘林望,等.成人体外循环心脏手术后急性肾损伤发生的危险因素及其早期预测价值[J].中国急救医学,2021,41(2):149-153.

[14] 胡夕春,王杰军,常建华,等.癌症疼痛诊疗上海专家共识(2017 年版)[J].中国癌症杂志,2017,27(4):312-319.

[15] 靳雁,张敏,路伟,等.微量泵静脉注射补钾 3 种缓解疼痛方法的比较[J].护理学报,2011,18(6):1-3.

[16] 国家消化系统疾病临床医学研究中心上海,国家消化道早癌防治中心联盟,中华医学会消化病学分会幽门螺杆菌学组,等.中国幽门螺杆菌根除与胃癌防控的专家共识意见(2019 年,上海)[J].中华健康管理学杂志,2019,13(4):285-291.

[17] 国家心血管病中心,中国医师协会心力衰竭专业委员会,北京护理学会.成人急性心力衰竭护理实践指南[J].中国护理管理,2016,16(9):1179-1188.

[18] 国家卫生健康委员会疾病预防控制局,国家心血管病中心,中国医学科学院阜外医院,等.中国高血压健康管理规范(2019)[J].中华心血管病杂志,2020,48(1):10-46.

[19] 侯晓彤,章晓华,李欣.《中国体外循环专业技术标准》——体外循环质量控制的基石[J].中国体外循环杂志,2021,19(2):65-66,72.

[20] 胡丽华.临床输血学检验[M].4 版.北京:中国医药科技出版社,2019.

[21] 胡盛寿,高润霖,刘力生,等.《中国心血管病报告 2018》概要[J].中国循环杂志,2019,34(3):209-220.

[22] 李乐之,路浅.外科护理学[M].6 版.北京:人民卫生出版社,2017.

[23] 胡雁,郝玉芳.循证护理学[M].2 版.北京:人民卫生出版社,2017.

[24] 黄晓军.实用造血干细胞移植[M].2 版.北京:人民卫生出版社,2019.

[25] 黄晓军,吴德沛.内科学血液内科分册[M].北京:人民卫生出版社,2019.

[26] 中国老年医学学会烧创伤分会.烧伤休克防治全国专家共识(2020版)[J].中华烧伤杂志,2020,36(9):786-792.

[27] 李茂岚,刘颖斌.胆道恶性肿瘤临床研究进展与展望[J].中国实用外科杂志,2020,40(2):167-170.

[28] 李小寒,尚少梅.基础护理学[M].6版.北京:人民卫生出版社,2019.

[29] 李永盛,李茂岚,刘颖斌.胆囊癌相关基础研究现状与展望[J].中国实用外科杂志,2021,41(1):52-55.

[30] 刘靖,卢新政,陈鲁原,等.中国中青年高血压管理专家共识[J].中华高血压杂志,2020,28(4):316-324.

[31] 刘玉村.外科学[M].6版.北京:北京大学医学出版社,2020.

[32] 中国医师协会急诊分会,中国人民解放军急救医学专业委员会,中国医师协会急诊医师分会急诊外科专业委员会.止血带的急诊应用专家共识(2020版)[J].感染、炎症、修复,2020,21(2):67-74.

[33] 石炳毅,郑树森,刘永峰.中国器官移植临床诊疗指南[M].北京:人民卫生出版社,2018.

[34] 中华医学会医学遗传学分会遗传病临床实践指南撰写组.遗传性心肌病的临床实践指南[J].中华医学遗传学杂志,2020,37(3):300-305.

[35] 孙玉梅,张立力.健康评估[M].4版.北京:人民卫生出版社,2017.

[36] 谭琛.《2020 ECS/EACTS心房颤动诊断和管理指南》解读[J].中国循证心血管医学杂志,2021,13(2):129-132.

[37] 万丽,赵晴,陈军,等.疼痛评估量表应用的中国专家共识(2020版)[J].中华疼痛学杂志,2020,16(3):177-187.

[38] 万学红,卢雪峰.诊断学[M].9版.北京:人民卫生出版社,2018.

[39] 王辰,席修明.危重症医学[M].北京:人民卫生出版社,2017.

[40] 王骏.2015欧洲心脏病学会心包疾病诊断和治疗指南解读[J].世界临床药物,2016,37(5):293-299.

[41] 王书鹏,孟树萍,陈会娟,等.早期康复锻炼对心脏外科术后患者预后的影响[J].中国循环杂志,2019,34(5):498-502.

[42] 王庭槐.生理学[M].9版.北京:人民卫生出版社,2018.

[43] 王秋,王玉,王伟.微量泵推注心血管药物的常见问题与护理[J].中国误诊学杂志,2011,11(17):4272.

[44] 中华医学会血液学分会红细胞疾病(贫血)学组.铁缺乏症和缺铁性贫血诊治和预防多学科专家共识[J].中华医学杂志,2018,98(28):2233-2237.

[45] 徐瑞华,陈国强.肿瘤学[M].北京:人民卫生出版社,2020.

[46] 郁莉莉,钱何布,吴允孚,等.无创心输出量监测的临床应用进展[J].临床急诊杂志,2020,21(11):923-926.

[47] 尤黎明,吴瑛.内科护理学[M].6版.北京:人民卫生出版社,2017.

[48] 余佩武,钱峰.机器人胃肠手术学[M].北京:人民卫生出版社,2017.

[49] 于生元,万琪,王伟,等.偏头痛非药物防治中国专家共识[J].神经损伤与功能重建,2021,16(1):1-5.

[50] 中国高血压防治指南修订委员会,高血压联盟(中国),中华医学会心血管病学分会中国医师协会高血压专业委员会,等.中国高血压防治指南(2018年修订版)[J].中国心血管杂志,2019,24(1):24-56.

[51] 中国抗癌协会胰腺癌专业委员会.中国胰腺癌综合诊治指南(2020版)[J].中华外科杂志,2021,59(2):81-100.

[52] 中国临床肿瘤学会指南工作委员会.胃癌诊疗指南2020[M].北京:人民卫生出版社,2020.

[53] 中国康复医学会心血管病专业委员会.中国心脏康复与二级预防指南(2018版)[M].北京:北京大学医学出版社,2018.

[54] 中国心血管病风险评估和管理指南编写联合委员会.中国心血管病风险评估和管理指南[J].中国循环杂志,2019,34(1):4-28.

[55] 中国心血管病预防指南(2017)写作组,中华心血管病杂志编辑委员会.中国心血管病预防指南(2017)[J].中华心血管病杂志,2018,46(1):10-25.

[56] 中国心血管健康与疾病报告编写组.中国心血管健康与疾病报告2019概要[J].中国循环杂志,2020.35(9):833-854.

[57] 中国心血管健康与疾病报告编写组.中国心血管健康与疾病报告2019[J].心肺血管病杂志,2020,39(10):1145-1162.

[58] 中国心血管健康与疾病报告编写组.中国心血管健康与疾病报告2020概要[J].中国循环杂志,2021,36(6):521-545.

[59] 中国医师协会心血管内科医师分会高血压学组.《2020国际高血压学会全球高血压实践指南》解读[J].中

国医学前沿杂志(电子版),2020,12(5):54-60.

[60] 曾因明,杨拔贤.麻醉学[M].北京:人民卫生出版社,2018.

[61] 张波,桂莉.急危重症护理学[M].4版.北京:人民卫生出版社,2017.

[62] 张清.内外科护理学[M].北京:清华大学出版社,2020.

[63] 张志愿.口腔科学[M].9版.北京:人民卫生出版社,2018.

[64] 赵珩,高文.胸外科手术学[M].北京:人民卫生出版社,2017.

[65] 赵雪梅,张宇辉,张健.2020美国心脏协会(AHA)/美国心脏病学会(ACC)肥厚型心肌病诊疗指南解读[J].中华心力衰竭和心肌病杂志,2020,04(4):272-274.

[66] 中国医学装备协会呼吸病学专委会吸入治疗与康复学组,中国慢性阻塞性肺疾病联盟.稳定期慢性气道疾病吸入装置规范应用中国专家共识[J].中华结核和呼吸杂志,2019,42(4):241-253.

[67] 中华医学会,中华医学会临床药学分会,中华医学会杂志社,等.成人社区获得性肺炎基层合理用药指南[J].中华全科医师杂志,2020,19(9):783-791.

[68] 中华医学会肠外肠内营养学分会,加速康复外科协作组.结直肠手术应用加速康复外科中国专家共识(2015版)[J].中国实用外科杂志,2015,35(8):841-843.

[69] 中华医学会肝病学分会,中华医学会感染病学分会.丙型肝炎防治指南(2019年版)[J].临床肝胆病杂志,2019,35(12):2670-2686.

[70] 中华医学会感染病学分会,中华医学会肝病学分会.慢性乙型肝炎防治指南(2019年版)[J].临床肝胆病杂志,2019,35(12):2648-2669.

[71] 中华医学会感染病学分会肝衰竭与人工肝学组.非生物型人工肝治疗肝衰竭指南(2016版)[J].中华临床感染病杂志,2016,9(2):97-103.

[72] 中华医学会外科学分会胆道外科学组,中国医师协会外科医师分会胆道外科专业委员会.胆囊癌诊断和治疗指南(2019版)[J].中华外科杂志,2020,58(4):243-251.

[73] 中华医学会呼吸病学分会肺栓塞与肺血管病学组,中国医师协会呼吸医师分会肺栓塞与肺血管病工作委员会,全国肺栓塞与肺血管病防治协作组.肺血栓栓塞症诊治与预防指南[J].中华医学杂志,2018,98(14):1060-1087.

[74] 中华医学会呼吸病学分会慢性阻塞性肺疾病学组,中国医师协会呼吸医师分会慢性阻塞性肺疾病工作委员会.慢性阻塞性肺疾病诊治指南(2021年修订版)[J].中华结核和呼吸杂志,2021,44(3):170-205.

[75] 中华医学会呼吸病学分会哮喘学组.支气管哮喘防治指南(2020年版)[J].中华结核和呼吸杂志,2020,43(12):1023-1048.

[76] 中华医学会呼吸病学分会哮喘学组.支气管哮喘患者自我管理中国专家共识[J].中华结核和呼吸杂志,2018,41(3):171-178.

[77] 中华医学会外科学分会,中华医学会麻醉学分会.加速康复外科中国专家共识及路径管理指南(2018版)[J].中国实用外科杂志,2018,38(1):1-20.

[78] 中华医学会消化病学分会幽门螺杆菌和消化性溃疡学组,全国幽门螺杆菌研究协作组,刘文忠,等.第五次全国幽门螺杆菌感染处理共识报告[J].胃肠病学,2017,22(6):346-360.

[79] 中华医学会心电生理和起搏分会,中国医师协会心律学专业委员会.2020室性心律失常中国专家共识(2016共识升级版)[J].中国心脏起搏与心电生理杂志,2020,34(3):189-253.

[80] 中华医学会心血管病学分会,中国成人肥厚型心肌病诊断与治疗指南编写组,中华心血管病杂志编辑委员会.中国成人肥厚型心肌病诊断与治疗指南[J].中华心血管病杂志,2017,45(12):1015-1032.

[81] 中华医学会心血管病学分会,中国康复医学会心脏预防与康复专业委员会,中国老年学和老年医学会心脏专业委员会,等.中国心血管病一级预防指南[J].中华心血管病杂志,2020,48(12):1000-1038.

[82] 中华医学会心血管病学分会心力衰竭学组,中国医师协会心力衰竭专业委员会,中华心血管病杂志编辑委员会.中国心力衰竭诊断和治疗指南2018[J].中华心血管病杂志,2018,46(10):760-789.

[83] 中华医学会心血管病学分会,中国心肌炎心肌病协作组.中国扩张型心肌病诊断和治疗指南[J].临床心血管病杂志,2018,34(5):421-430.

[84] 中华医学会血液学分会.慢性髓性白血病中国诊断与治疗指南(2020年版)[J].中华血液学杂志,2020,41(5):353-364.

[85] 中华医学会血液学分会红细胞疾病(贫血)学组.静脉铁剂应用中国专家共识(2019年版)[J].中华血液学杂志,2019,40(5):358-362.

[86] 中华医学会血液学分会血栓与止血学组.成人原发免疫性血小板减少症诊断与治疗中国指南(2020年版)

［J］. 中华血液学杂志,2020,41(8):617-623.

［87］ 中国抗癌协会血液肿瘤专业委员会,中华医学会血液学分会白血病淋巴瘤学组,中国临床肿瘤学会抗淋巴瘤联盟. 造血干细胞移植治疗淋巴瘤中国专家共识(2018 版)［J］. 中华肿瘤杂志,2018,40(12):927-934.

［88］ 中华医学会血液学分会血栓与止血学组,中国血友病协作组. 血友病治疗中国指南(2020 年版)［J］. 中华血液学杂志,2020,41(4):265-271.

［89］ WANG A,GACA J G,CHU V H. Management Considerations in Infective Endocarditis:A Review［J］. JAMA,2018,320(1):72-83.

［90］ COLLET J P,THIELE H,BARBATO E,et al. 2020 ESC Guidelines for the management of acute coronary syndromes in patients presenting without persistent ST-segment elevation［J］. Eur Heart J,2021,42(14):1289-1367.

［91］ MERCHANT R M,TOPJIAN A A,PANCHAL A R,et al. Part 1:executive summary:2020 American Heart Association Guidelines for Cardiopulmonary Resuscitation and Emergency Cardiovascular Care［J］. Circulation,2020,142(16 suppl 2):s337-s357.

［92］ NEUMANN F J,SOUSA-UVA M,AHLSSON A,et al. 2018 ESC/EACTS Guidelines on myocardial revascularization［J］. Eur Heart J,2019,40(2):87-165.

［93］ OTTO C M,NISHIMURA R A,BONOW R O,et al. 2020 ACC/AHA Guideline for the Management of Patients With Valvular Heart Disease:Executive Summary:A Report of the American College of Cardiology/American Heart Association Joint Committee on Clinical Practice Guidelines［J］. Circulation,2021,143(5):e35-e71.

［94］ CAHILL T J,PRENDERGAST B D. Infective endocarditis［J］. Lancet,2016,387(10021):882-893.

［95］ THYGESEN K,ALPERT J S,JAFFE A S,et al. Fourth Universal Definition of Myocardial Infarction(2018)［J］. Circulation,2018,138(20):e618-e651.

［96］ FALK V,BAUMGARTNER H,BAX J J,et al. 2017 ESC/EACTS Guidelines for the management of valvular heart disease［J］. European Journal of Cardio-Thoracic Surgery,2017,52(4):616-664.

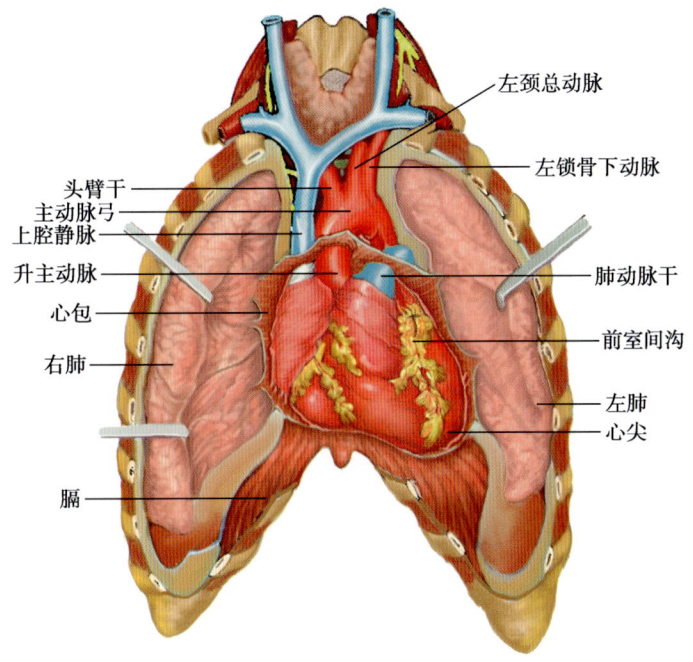

图 18-1-1　心脏的位置

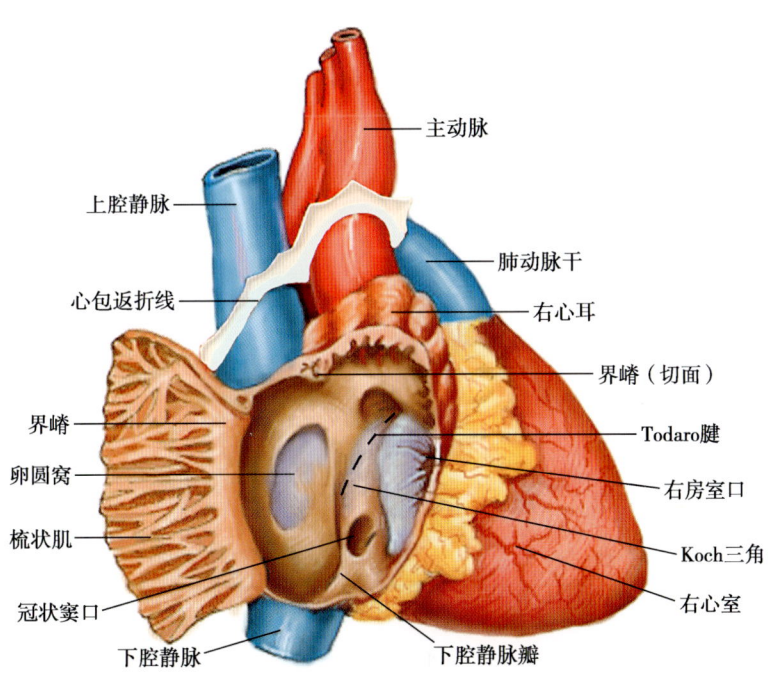

图 18-1-2　右心房内面观

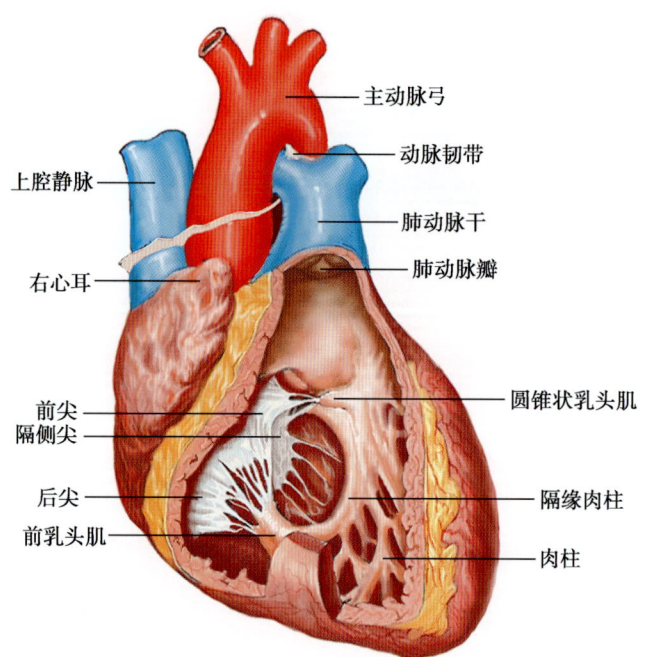

主动脉弓

动脉韧带

上腔静脉

肺动脉干

肺动脉瓣

右心耳

前尖
隔侧尖

圆锥状乳头肌

后尖

隔缘肉柱

前乳头肌

肉柱

图 18-1-3 右心室内面观

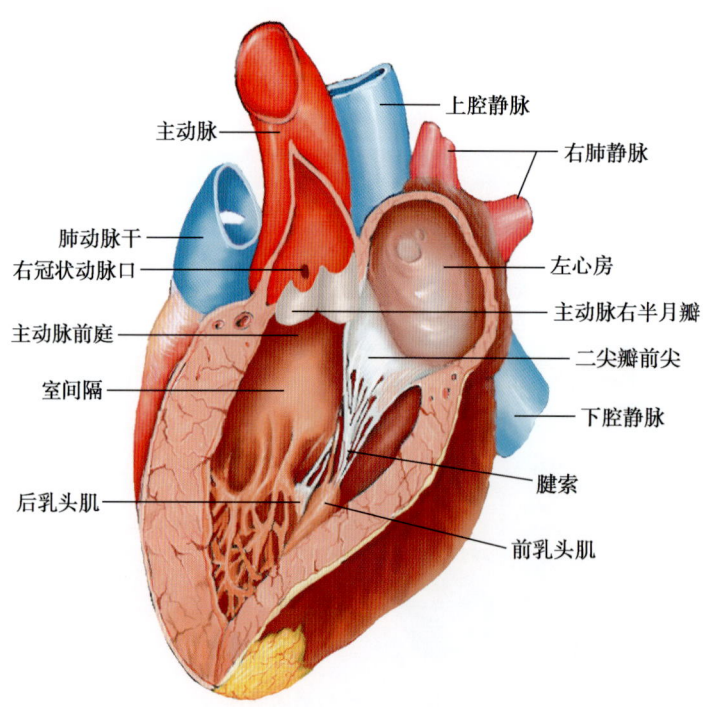

上腔静脉

主动脉

右肺静脉

肺动脉干

右冠状动脉口

左心房

主动脉前庭

主动脉右半月瓣

室间隔

二尖瓣前尖

下腔静脉

后乳头肌

腱索

前乳头肌

图 18-1-4 左心房和左心室

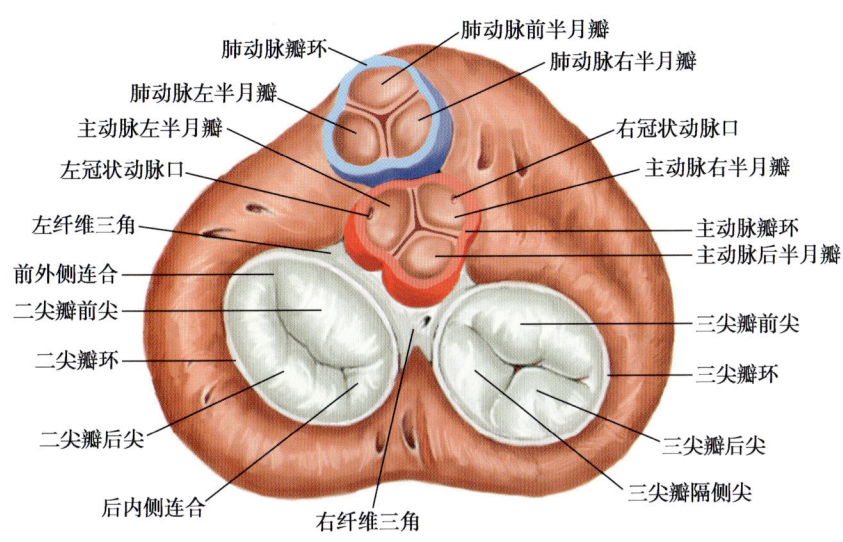

图 18-1-5　心瓣膜和纤维环（上面观）

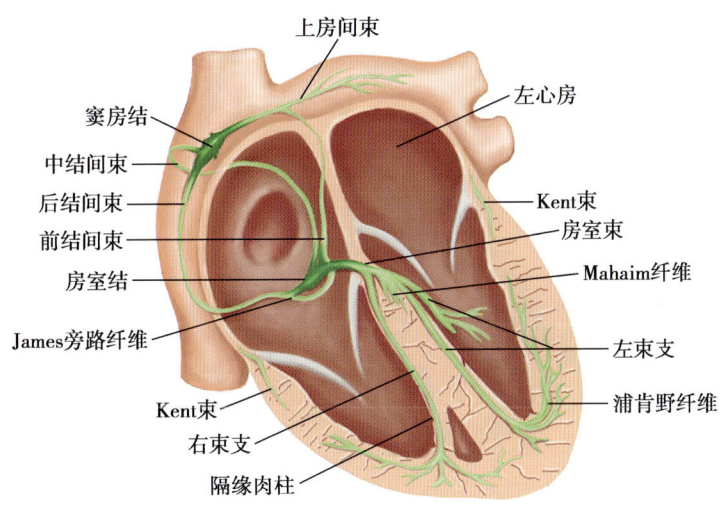

图 18-1-7　心脏传导系统示意图

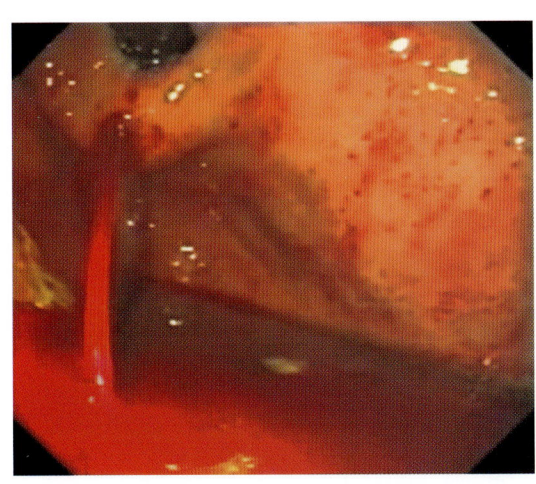

图 36-4-1　胃溃疡侵及肌层小动脉导致出血

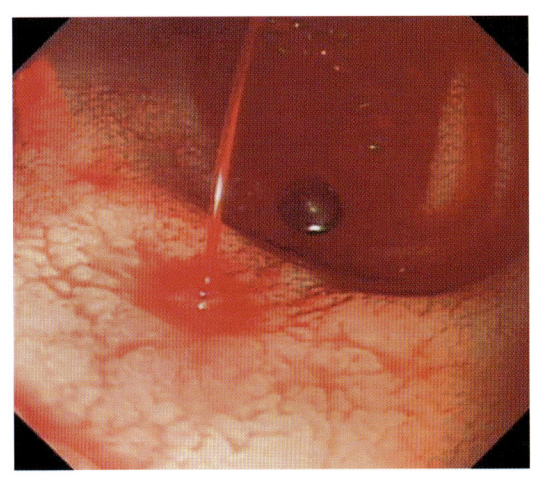

图 36-4-2　十二指肠溃疡并发出血

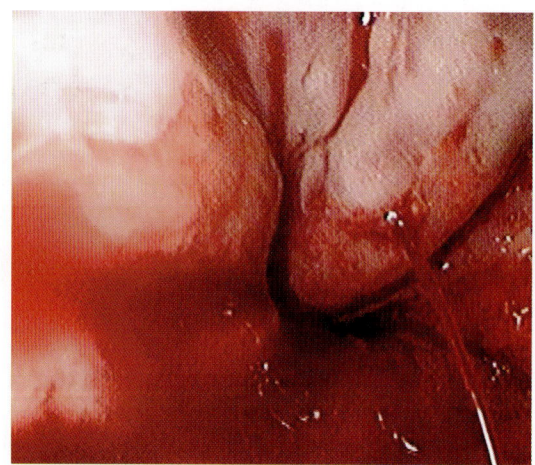

图 36-4-3 肝硬化食道下段曲张破裂出血

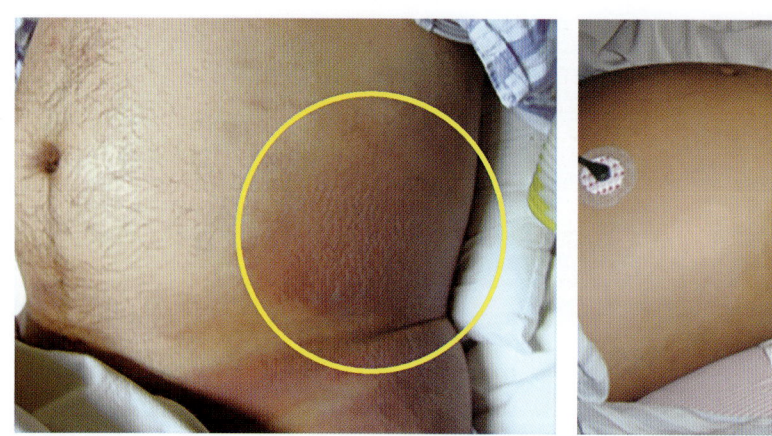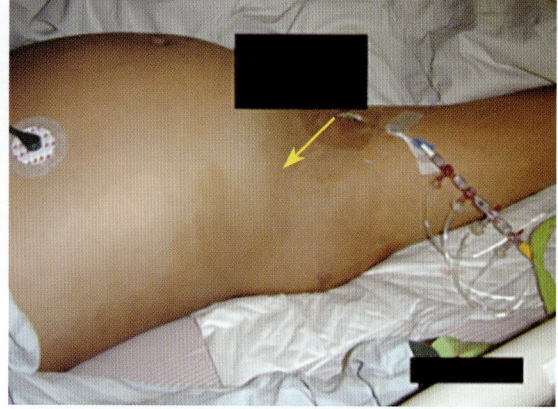

图 40-1-2 Grey-Turner 征

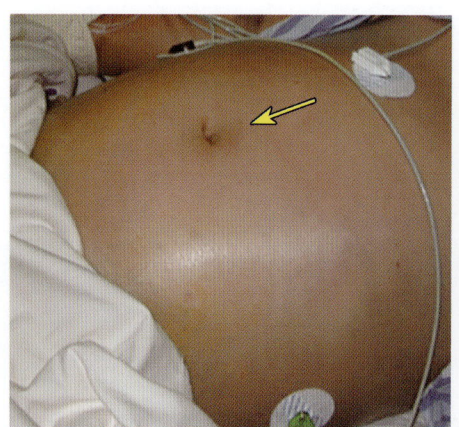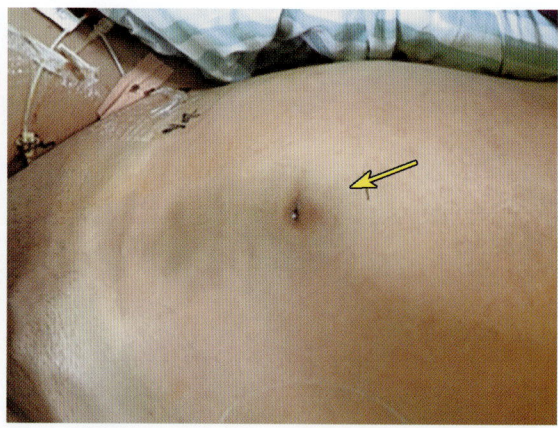

图 40-1-3 Cullen 征

国家卫生健康委员会"十四五"规划教材

全国高等学校教材

供本科护理学类专业用

成人护理学（下册）

第 **4** 版

主　编　郭爱敏　周兰姝　王艳玲

副主编　陈　红　何朝珠　牟绍玉　郭锦丽

编　者（按姓氏笔画排序）

王艳玲（首都医科大学护理学院）　　　　张　敏（山东大学齐鲁医院）

王笑蕾（山东第一医科大学护理学院）　　张志刚（兰州大学第一医院）

仇晓霞（上海交通大学医学院附属仁济医院）张标新（安徽医科大学第一附属医院）

尹　兵（大连医科大学护理学院）　　　　陈　红（四川大学华西护理学院／四川

朱姝芹（南京医科大学护理学院）　　　　　　　　大学华西医院）

刘　庚（中国医学科学院阜外医院）　　　陈华蓉（温州医科大学附属眼视光医院）

闫贵明（天津医科大学护理学院）　　　　陈运香（桂林医学院护理学院）

许　莹（北京大学第一医院）　　　　　　周兰姝（海军军医大学护理学院）

孙龙凤（中国医科大学附属第一医院）　　赵慧杰（河南大学护理与健康学院）

牟绍玉（重庆医科大学护理学院）　　　　胡　娟（四川大学华西第二医院）

李　青（承德医学院护理学院）　　　　　顾妙娟（复旦大学附属华山医院）

李　娟（复旦大学附属华山医院）　　　　徐　蓉（华中科技大学同济医学院附属同济医院）

李　越（首都医科大学附属北京同仁医院）徐水琴（绍兴文理学院医学院）

李玉霞（上海中医药大学护理学院）　　　徐江华（湖北医药学院护理学院）

李同莲（西南医科大学附属中医医院）　　郭　莹（哈尔滨医科大学附属第四医院）

李晓飞（中国医科大学附属第一医院）　　郭爱敏（中国医学科学院北京协和医学院

何朝珠（南昌大学护理学院）　　　　　　　　　　护理学院）

邹艳波（中南大学湘雅医院）　　　　　　郭淑丽（中国医学科学院北京协和医院）

沙凯辉（滨州医学院护理学院）　　　　　郭锦丽（山西医科大学护理学院）

宋英茜（大连医科大学附属第一医院）　　崔慧霞（锦州医科大学护理学院）

张　萍（南方医科大学护理学院）　　　　韩　晶（青岛大学护理学院）

编写秘书　孙　柳（首都医科大学护理学院）
　　　　　李小雪（中国医学科学院北京协和医学院护理学院）
　　　　　陈雪梅（海军军医大学护理学院）

人民卫生出版社

·北　京·

图书在版编目（CIP）数据

成人护理学：全2册/郭爱敏，周兰姝，王艳玲主编. —4版. —北京：人民卫生出版社，2023.6（2024.9重印）
ISBN 978-7-117-34820-1

Ⅰ.①成… Ⅱ.①郭…②周…③王… Ⅲ.①护理学-高等学校-教材 Ⅳ.①R47

中国国家版本馆 CIP 数据核字（2023）第 092501 号

人卫智网	www.ipmph.com	医学教育、学术、考试、健康，购书智慧智能综合服务平台
人卫官网	www.pmph.com	人卫官方资讯发布平台

成人护理学
Chengren Hulixue
（上、下册）
第 4 版

主　　编：郭爱敏　周兰姝　王艳玲
出版发行：人民卫生出版社（中继线 010-59780011）
地　　址：北京市朝阳区潘家园南里 19 号
邮　　编：100021
E - mail：pmph @ pmph.com
购书热线：010-59787592　010-59787584　010-65264830
印　　刷：人卫印务（北京）有限公司
经　　销：新华书店
开　　本：850×1168　1/16　　总印张：82.5　　总插页：6
总 字 数：2441 千字
版　　次：2005 年 9 月第 1 版　　2023 年 6 月第 4 版
印　　次：2024 年 9 月第 2 次印刷
标准书号：ISBN 978-7-117-34820-1
定价(上、下册)：258.00 元

打击盗版举报电话：010-59787491　E-mail：WQ @ pmph.com
质量问题联系电话：010-59787234　E-mail：zhiliang @ pmph.com
数字融合服务电话：4001118166　　E-mail：zengzhi @ pmph.com

第七轮修订说明

2020年9月国务院办公厅印发《关于加快医学教育创新发展的指导意见》(国办发〔2020〕34号)，提出以新理念谋划医学发展、以新定位推进医学教育发展、以新内涵强化医学生培养、以新医科统领医学教育创新，并明确提出"加强护理专业人才培养，构建理论、实践教学与临床护理实际有效衔接的课程体系，加快建设高水平'双师型'护理教师队伍，提升学生的评判性思维和临床实践能力。"为更好地适应新时期医学教育改革发展要求，培养能够满足人民健康需求的高素质护理人才，在"十四五"期间做好护理学类专业教材的顶层设计和规划出版工作，人民卫生出版社成立了第五届全国高等学校护理学类专业教材评审委员会。人民卫生出版社在国家卫生健康委员会、教育部等的领导下，在教育部高等学校护理学类专业教学指导委员会的指导和参与下，在第六轮规划教材建设的基础上，经过深入调研和充分论证，全面启动第七轮规划教材的修订工作，并明确了在对原有教材品种优化的基础上，新增《护理临床综合思维训练》《护理信息学》《护理学专业创新创业与就业指导》等教材，在新医科背景下，更好地服务于护理教育事业和护理专业人才培养。

根据教育部《关于加快建设高水平本科教育 全面提高人才培养能力的意见》等文件要求以及人民卫生出版社对本轮教材的规划，第五届全国高等学校护理学类专业教材评审委员会确定本轮教材修订的指导思想为：立足立德树人，渗透课程思政理念；紧扣培养目标，建设护理"干细胞"教材；突出新时代护理教育理念，服务护理人才培养；深化融合理念，打造新时代融合教材。

本轮教材的编写原则如下：

1. **坚持"三基五性"** 教材编写坚持"三基五性"的原则。"三基"：基本知识、基本理论、基本技能；"五性"：思想性、科学性、先进性、启发性、适用性。

2. **体现专业特色** 护理学类专业特色体现在专业思想、专业知识、专业工作方法和技能上。教材编写体现对"人"的整体护理观，体现"以病人为中心"的优质护理指导思想，并在教材中加强对学生人文素质的培养，引领学生将预防疾病、解除病痛和维护群众健康作为自己的职业责任。

3. **把握传承与创新** 修订教材在对原有教材的体系、编写体裁及优点进行继承的同时，结合上一轮教材调研的反馈意见，进一步修订和完善，并紧随学科发展，及时更新已有定论的新知识及实践发展成果，使教材更加贴近实际教学需求。同时，对于新增教材，能体现教育教学改革的先进理念，满足新时代护理人才培养在知识结构更新和综合能力提升等方面的需求。

4. **强调整体优化** 教材的编写在保证单本教材的系统和全面的同时，更强调全套教材的体系性和整体性。各教材之间有序衔接、有机联系，注重多学科内容的融合，避免遗漏和不必要的重复。

5. 结合理论与实践　针对护理学科实践性强的特点,教材在强调理论知识的同时注重对实践应用的思考,通过引入案例与问题的编写形式,强化理论知识与护理实践的联系,利于培养学生应用知识、分析问题、解决问题的综合能力。

6. 推进融合创新　全套教材均为融合教材,通过扫描二维码形式,获取丰富的数字内容,增强教材的纸数融合性,增强线上与线下学习的联动性,增强教材育人育才的效果,打造具有新时代特色的本科护理学类专业融合教材。

全套教材共 59 种,均为国家卫生健康委员会"十四五"规划教材。

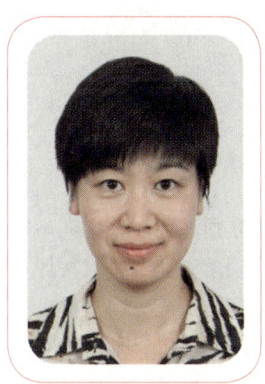

郭爱敏，北京协和医学院护理学院教授，博士，硕士生导师。现任中华护理学会继续教育工作委员会副主任委员，北京护理学会社区护理专业委员会副主任委员，中华医学会结核病学分会护理专业委员会副主任委员。主要研究方向为呼吸及危重症护理、社区慢病护理。主持及参加多项教育部、北京市、CMB及院校教育教学及科研项目，曾获北京市教育教学成果奖二等奖2项，中华护理学会科技奖一等奖1项、二等奖1项。以第一或通讯作者身份在国内外学术期刊发表学术论文百余篇。主编全国护理学类本科规划教材4部，参编研究生规划教材4部。《中国护理管理》《中华护理教育》《中华现代护理杂志》等编委及审稿人。多次获得北京协和医学院优秀教师称号，2022年获北京市优秀教师称号。

周兰姝，海军军医大学护理学院教授，博士，博士生（后）导师。现任上海市健康科技协会护理健康科技专业委员会主任委员，中国研究型医院学会护理教育专业委员会副主任委员，《军事护理》杂志主编。研究方向为健康管理与老年护理，获批首个护理领域的国家社科基金重大项目和首个护理学教育部重点实验室。以第一完成人身份获康复科技进步奖二等奖、军队科技进步奖、全国护理科技进步奖及上海市护理科技进步奖各1项。申请专利12项，发表文章200余篇（含SCI文章30余篇）。主编"十二五""十三五"规划教材等8部，专著20余部。获总后优秀教师、上海市高校优秀青年教师、军队育才奖银奖等称号，荣立三等功3次。上海市高峰学科护理学带头人，唯一入选上海市卫计委优秀学科带头人计划和上海市卫生系统第二批优秀学科带头人培养计划的护理专家。

王艳玲，首都医科大学护理学院成人护理学学系，副教授，硕士生导师。现任中华护理学会继续教育工作委员会副主任委员，中华护理教育杂志编委。从事护理教学及科研工作20余年，教学和科研管理工作10余年。主要研究方向为危重症及延续性护理、居家护理，近年承担及参与国家级、市级、局级科研课题、教育教学改革项目多项，在国内外核心期刊发表文章40余篇，研究成果在国际学术会议进行交流。先后获得中华护理学会科技奖、北京市教育改革成果奖、教育部中国大学生医学技术技能大赛优秀指导教师称号。

　　陈红，四川大学华西护理学院原副院长、华西医院护理部原副主任，教授，博士，博士生导师，博士后合作导师。现任教育部高等学校护理学类专业教学指导委员会委员、全国高等学校护理学类专业教材评审委员会委员、中国卫生信息与健康医疗大数据学会护理学分会副主任委员等。主要研究方向为慢病管理和护理教育。主持各类科研项目20余项；编写教材6部、专著8部；发表学术论文160余篇（含SCI论文30余篇）；获四川省高等教育优秀教学成果二等奖2项、成都市科技进步奖一等奖1项、中华护理学会科技进步奖二等奖1项。

　　何朝珠，南昌大学护理学院院长，教授，博士，博士生导师。现任教育部高等学校护理学类专业教学指导委员会委员、全国高等学校护理学专业本科教材评审委员会委员、江西省护理教育专业指导委员会主任委员等职。研究方向为护理教育、老年慢病护理。先后主持各类科研项目20余项；发表论文60余篇（含SCI 8篇）；副主编或参编教材5部；获省级教学成果奖二等奖1项，校级教学成果奖一等奖2项；获全省优秀护理工作者荣誉称号。

　　牟绍玉，重庆医科大学护理学院副院长，教授，主任护师，硕士生导师。现任教育部护理专业认证委员会委员，重庆市护理学会教育专业委员会副主任委员。《军事护理》《重庆医学》《现代医药卫生》杂志编委。主要研究方向为消化道疾病延续护理、高等护理教育。主持各级教研、科研课题13项，发表学术论文70余篇，编写、出版教材8部。获重庆市教学成果二等奖1项，重庆市教委研究生教学科研成果奖3项，重庆医科大学教学成果奖2项。

　　郭锦丽，山西医科大学护理学院副院长、山西医科大学第二医院护理部主任，教授，主任护师，博士生导师。现任中华医学会创伤学分会护理学组委员、中华护理学会骨科护理专业委员会委员、山西省护理学会副理事长、山西省护理学会骨科护理专业委员会主任委员等。主要研究方向为骨科护理和伤口治疗。近年发表论文80余篇，其中SCI收录3篇，主编、副主编著作10部；承担省部级课题10项；山西省科学技术进步奖三等奖1项。

前　言

　　本教材是在第3版基础上修订而成,是以人的生命周期为主线的护理学专业本科生教材,阐述18岁以上成人的主要健康问题及其护理。全书包括上、下两册,分为11篇82章,内容涵盖传统教材中内科护理学、外科护理学、妇科护理学、五官科和皮肤科护理学的主要内容。本教材修订立足"立德树人"的根本任务,体现"以本为本"的指导思想,强调"课程思政"的重要意义,满足护理本科教学的多元性需求。第4版教材保留了上版教材的基本结构,以器官、系统和功能为主线编排教材内容,包含成人常见健康问题的护理。各章节以护理程序为框架组织编写,突出护理专业特色和学科的发展。继续坚持教材编写的"三基五性"原则,在强调基本知识、基本理论和基本技能的基础上,反映知识的更新和学科的进展。同时体现高阶性、创新性和挑战度,强调知识和能力的融合,兼具先进性和实用性。

　　在修订过程中,本教材做了几方面的调整:①内容整体优化,章节编排更合理。总论部分增加"成人护理中的循证实践"一节。删减上版教材中传染病病人的护理相关章节。②体现临床前沿进展,满足护理本科教学需要。基于相关领域的最新证据及诊疗指南更新内容。③完善各章节护理程序的逻辑性,内容的科学性、实用性和先进性,文字删繁就简。④每章节增加"导入情境与思考"及思考题,利于学生对重点内容的理解和掌握。以BOX形式体现学科前沿、科学证据及循证实践等内容,以BOX及课后思考题形式呈现思政元素。⑤融合数字内容,包含教学课件、临床案例及解析、微视频、目标测试等,便于学生自主学习。本教材不仅适用于护理本科层次教学,也可作为临床护理工作者的参考书。

　　本版教材编者来自全国30余所高等院校的护理教学和临床一线,各位编者以严谨认真的态度,团结协作,保证了教材顺利完成。编写工作得到各参编高校和临床医院的大力支持,在此一并感谢。同时,感谢第1版至第3版的所有编者为本教材所作的贡献。

　　由于时间及能力所限,教材难免存在问题和不足,敬希护理界同仁和广大读者不吝赐教并指正。

郭爱敏　周兰姝　王艳玲

2023年2月

目录

上　册

第一篇　总　论

第二篇　呼吸系统疾病病人的护理

下　　册

第六篇　泌尿系统疾病病人的护理

第八篇 内分泌与代谢性疾病病人的护理

第九篇 神经系统疾病病人的护理

第十篇　感觉系统疾病病人的护理

第六篇

泌尿系统疾病病人的护理

NURSING
第四十三章

概　论

43章　数字内容

── 学习目标 ──

- 识记：
  1. 陈述泌尿系统主要器官及其生理功能。
  2. 复述概念：膀胱刺激征、排尿困难、尿流中断、尿潴留、尿道松弛型尿失禁、充溢性尿失禁、急迫性尿失禁、压力性尿失禁、少尿、无尿、多尿、血尿、蛋白尿、白细胞尿、菌尿。
- 理解：
  1. 比较肾炎性水肿和肾病性水肿、容量依赖性高血压和肾素依赖性高血压。
  2. 解释泌尿系统常用诊疗技术的适应证及目的。
- 运用：
  运用所学的知识，指导病人正确留取检验标本，为实施泌尿系统检查、诊疗技术的病人提供护理和指导。

第一节　泌尿系统的结构与功能

泌尿系统由肾(kidney)、输尿管(ureter)、膀胱(bladder)、尿道(urethra)及有关的血管、神经等组成(图43-1-1),其主要功能是生成并排泄尿液,调节水、电解质和酸碱代谢平衡,维持机体内环境稳定。

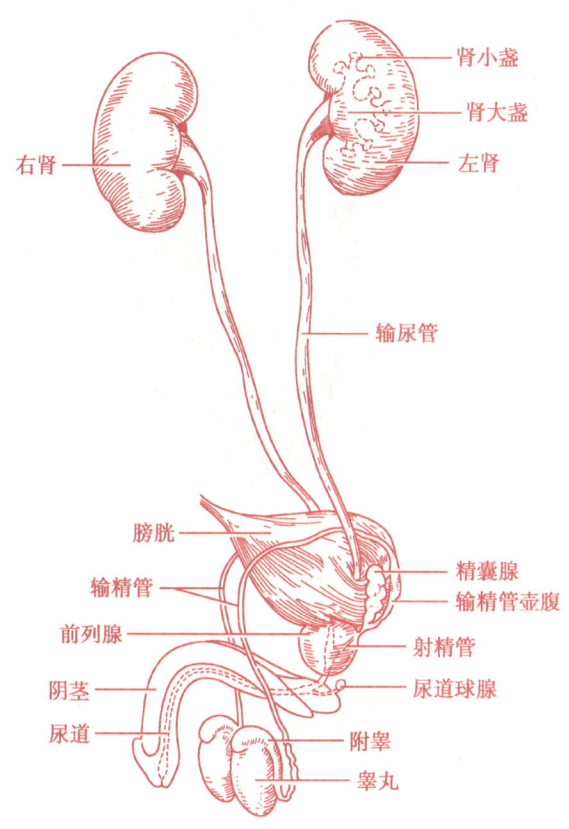

图 43-1-1　**男性泌尿生殖系统结构**

【肾】

1. 位置及结构　肾位于腹膜后脊柱两侧,左、右各一。左肾上端约平第11胸椎,右肾位置较左肾低2~3cm。分为肾实质和肾盂两部分。肾实质包括皮质和髓质。皮质位于外层,由肾小体(renal corpuscle)和肾小管(renal tubule)构成。髓质位于内侧,由肾锥体构成,主要为髓袢和集合管,2~3个肾锥体尖端合并成肾乳头,突入肾小盏。尿液经集合管在肾乳头开口处流入肾小盏、肾大盏和肾盂,最后经输尿管进入膀胱。肾结构和功能的基本单位是肾单位。每个肾有80万~100万个肾单位。肾单位由肾小体和肾小管组成。肾小体由肾小球(glomerulus)和肾小囊(renal capsule)组成(图43-1-2)。

2. 肾的生理功能

(1) 生成尿液:血液经肾小球毛细血管滤过形成超滤液后,又经肾小管和集合管的选择性重吸收和分泌,最后形成终尿,排泄出各种代谢产物,如尿素、肌酐等。

(2) 调节水、电解质和酸碱平衡:肾小球滤过的原尿流经肾小管和集合管时,大部分的水、Na^+、K^+、HCO_3^-等物质被重吸收回血液。肾小管上皮细胞还可将K^+、H^+、有机酸、NH_4^+等排入尿中。此外肾还受到抗利尿激素、RAAS等神经体液机制调节,维持水、电解质和酸碱的平衡。

(3) 内分泌功能:肾能产生多种具有生物活性的物质,例如肾素、血管紧张素、前列腺素族等,调

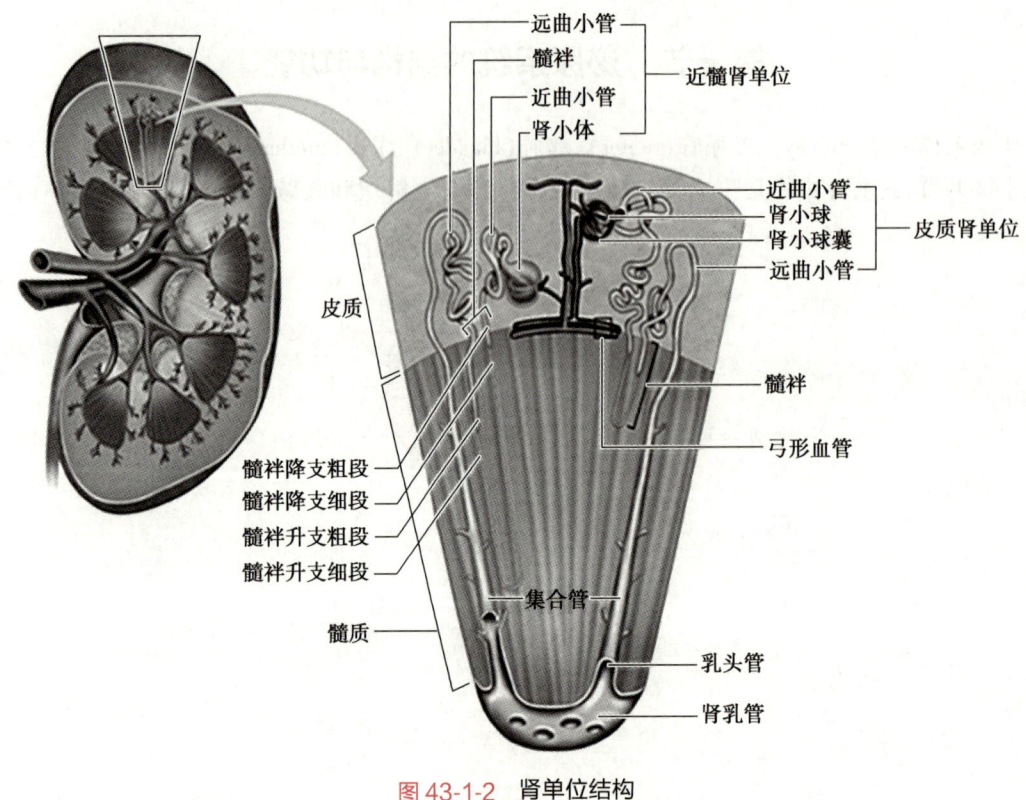

图 43-1-2　肾单位结构

节血压和水盐代谢。还可分泌促红细胞生成素和 1α-羟化酶等,调节红细胞的生成和钙、磷代谢。

【输尿管】

输尿管为一对细长的肌性管道,全长为 20~30cm,通过规律性蠕动,将尿液引入膀胱。输尿管有 3 个生理狭窄:即肾盂输尿管连接处、输尿管跨过髂血管处、输尿管膀胱壁内段(图 43-1-3)。狭窄处口径只有 0.2~0.3cm。

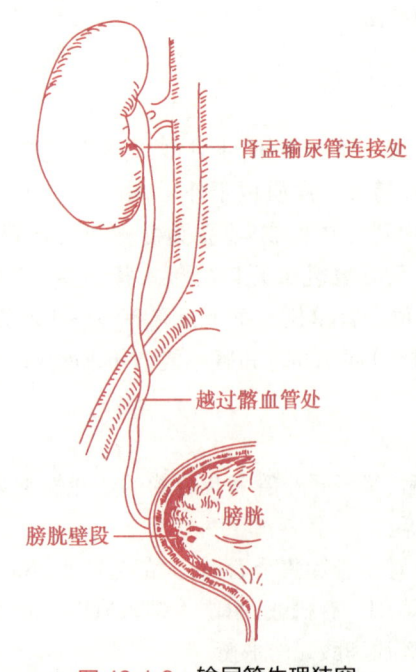

图 43-1-3　输尿管生理狭窄

【膀胱】

膀胱是储存尿液的肌性囊状器官。空虚的膀胱呈三棱锥体型,可分为尖部、体部、底部和颈部。膀胱底的内面有膀胱三角,位于两输尿管口与尿道内口三者连线之间,该区域无黏膜下层,是肿瘤、结核和炎症的好发部位。

【尿道】

男性尿道细长,可分为前列腺部、膜部和阴茎海绵体部三部分,兼有排尿和排精功能。尿道有 3 个狭窄,分别为尿道内口、尿道膜部及尿道外口,尿道结石易嵌顿在这些狭窄处。女性尿道较男性尿道粗而短,起于尿道内口,开口于阴道前庭。

【男性生殖系统】

男性生殖系统包括内生殖器和外生殖器两部分。内生殖器由睾丸、输精管道(附睾、输精管、射精管和尿道)和附

属腺(精囊腺、前列腺、尿道球腺)组成。外生殖器包括阴囊和阴茎。前列腺(prostate gland)呈栗子形,位于膀胱底和尿生殖膈之间,内部有尿道前列腺部穿过。分为前叶、中叶、后叶及两侧叶,后叶是前列腺肿瘤好发部位。

(王笑蕾)

第二节　泌尿系统疾病病人的评估

【健康史】

了解病人的起病时间、诱因、有无泌尿系统疾病病史和家族史,询问有无高血压、糖尿病、过敏性紫癜、结核等病史及是否长期服用对肾有损害的药物。

【身体状况】

泌尿系统疾病常见的症状有疼痛、排尿异常、尿液异常、水肿、肾性高血压等。

(一)疼痛

1. **肾及输尿管痛**　肾盂、输尿管内张力增高或肾肿胀导致包膜被牵拉时,可引起肾疼痛,表现为肾区胀痛、钝痛、隐痛,压痛或叩击痛阳性,多为持续性,主要位于肋脊角、腰部和上腹部。输尿管发生梗阻或扩张时可引起肾绞痛(renal colic),常突然发生,剧痛难忍,伴大汗、恶心、呕吐,并可向腰部、下腹部、大腿内侧和外生殖器等部位放射。

2. **膀胱痛**　急性尿潴留时可因膀胱过度膨胀引起耻骨上区疼痛。膀胱炎症引起的疼痛常为烧灼样疼痛,常伴膀胱刺激征,可向尿道及阴茎头部放射。

3. **前列腺痛**　炎症可致前列腺水肿、背膜牵拉而引起会阴区、直肠、腰骶部等疼痛与不适感。

4. **阴囊痛**　睾丸及附睾的病变可引起阴囊不适、疼痛、坠胀感等,睾丸扭转和急性炎症时可出现剧烈疼痛;鞘膜积液、精索静脉曲张亦可引起阴囊不适、坠胀感,但疼痛多不严重。

(二)排尿异常

1. **膀胱刺激征(irritation sign of bladder)**　是指膀胱颈、膀胱三角区受炎症或机械刺激而引起的尿频、尿急、尿痛,是泌尿系统感染时的典型症状。尿频(frequent micturition)指单位时间内排尿次数增加而每次尿量不多,严重者几分钟排尿一次,每次尿量仅几毫升,伴随不尽感。尿急(urgent micturition)指一有尿意就迫不及待要排尿而难以控制的情况,每次排出的尿量却很少,常与尿频同时存在。尿痛(dysuria)指排尿时尿道有烧灼感或针刺样痛感。

2. **梗阻症状**

(1) 排尿困难(difficulty of urination):尿液排出受阻或不通畅,表现为排尿踌躇、费力、排尿等待或间断、排尿不尽感、排尿滴沥、尿线变细、无力等。男性多见于良性前列腺增生、尿道狭窄,女性常由于膀胱颈纤维化或心理因素所致。

(2) 尿流中断(interruption of urinary stream):排尿过程中尿流不自主地突然中断,可伴有放射至远端尿道的疼痛,多见于膀胱结石。

(3) 尿潴留(urinary retention):指尿液在膀胱内不能排出。急性尿潴留发作急,表现为尿液突然不能排出,膀胱胀痛,常见于膀胱颈部以下尿路严重梗阻。慢性尿潴留发生缓慢,表现为膀胱充盈,常无疼痛,严重时可出现充溢性尿失禁,常见于膀胱颈部以下尿路不完全梗阻或神经源性膀胱。

3. **尿失禁**　由于膀胱括约肌损伤或神经功能障碍而丧失排尿自控能力,使尿液不自主地流出称为尿失禁(urinary incontinence)。尿失禁可分为以下4类。

(1) 尿道松弛型尿失禁:又称真性压力性尿失禁,指尿液持续不断地从膀胱中流出,膀胱始终呈空虚状态,几乎无正常排尿。常见于外伤、手术所致的膀胱颈和尿道括约肌损伤等。

（2）充溢性尿失禁：又称假性尿失禁，指膀胱过度充盈而造成的尿液不自主排出的现象，见于各种慢性尿潴留。

（3）急迫性尿失禁：指严重的尿频、尿急而膀胱不受意识控制导致尿液排出的现象，常继发于膀胱炎、神经源性膀胱等。

（4）压力性尿失禁：指平时能控制排尿，当腹压突然增加时（如咳嗽、打喷嚏时），由于腹压超过尿道的阻力导致少量尿液漏出的现象。多见于老年女性、多次分娩者，与盆底肌松弛有关。

（三）尿液异常

1. 尿量异常 正常人 24h 尿量为 1 000~2 000ml。少尿指 24h 尿量少于 400ml；无尿指 24h 尿量少于 100ml。可由肾前性、肾性、肾后性因素引起。多尿指 24h 尿量超过 2 500ml，见于肾小管功能不全、糖尿病、尿崩症等。

2. 尿液性质异常

（1）血尿（hematuria）：可分为镜下血尿和肉眼血尿。镜下血尿指尿中混有红细胞，新鲜尿沉渣每高倍镜视野红细胞>3 个。肉眼血尿指肉眼能看到的血尿，尿液外观呈血样、洗肉水样、酱油样。可由泌尿系统肿瘤、结石或创伤、血液病等引起。血尿伴排尿疼痛多与膀胱炎或尿石症有关，而间歇性无痛血尿常提示泌尿系统肿瘤，尤其是中老年人。根据排尿过程中血尿出现的时间，可分为初始血尿、终末血尿和全程血尿。①初始血尿：血尿出现在排尿的初始阶段，而后段尿液正常，提示出血部位在尿道；②终末血尿：排尿开始正常，快结束时出现血尿，提示病变位于膀胱颈部、膀胱三角或尿道前列腺部；③全程血尿：指排尿全程都是血尿，提示出血的部位在膀胱或上尿路。

（2）蛋白尿（proteinuria）：24h 尿蛋白定量>150mg，常规尿蛋白定性试验呈阳性，称为蛋白尿。若每日尿蛋白持续超过 3.5g/1.73m² 体表面积，称大量蛋白尿。按其发生机制，可分为 5 类：①肾小球性蛋白尿：由于肾小球滤过膜受损，通透性增加，血浆蛋白质大量滤出，超过肾小管重吸收能力而引起，见于急性肾炎、糖尿病肾病等；②肾小管性蛋白尿：肾小管结构或功能损伤，导致肾小管对滤过的小分子量蛋白质（如 β_2 微球蛋白等）重吸收障碍而引起的蛋白尿，见于肾盂肾炎、间质性肾炎等；③混合性蛋白尿：病变同时累及肾小球及肾小管时产生的蛋白尿，见于各种肾小球疾病的后期；④溢出性蛋白尿：某些肾外疾病引起血中异常蛋白如血红蛋白、免疫球蛋白轻链等增加，经肾小球滤过后不能被肾小管全部重吸收而引起的蛋白尿；⑤生理性蛋白尿：肾无器质性病变，因剧烈运动、发热、精神紧张和应激、直立体位等所致，表现为一过性蛋白尿。

（3）尿液混浊：①脓尿，指新鲜尿液离心每高倍镜视野白细胞>5 个，主要见于泌尿系统感染；②菌尿，指中段尿涂片镜检，每个高倍镜视野均可见细菌，或尿细菌培养菌落计数超过 10⁵/ml，提示泌尿系统细菌性感染。③乳糜尿，指尿液中混有淋巴液、脂肪、蛋白质等而使尿液呈乳白色或米汤样。若同时含有血液，则尿呈红褐色，称乳糜血尿，常见于丝虫病、腹膜后肿瘤、结核、创伤等。④晶体尿，由尿中盐类呈过饱和状态，结晶析出所致，尿液呈黄白色、灰白色等。

（四）肾性水肿

根据其发病机制可分为：①肾病性水肿：由于长期大量蛋白尿造成血浆蛋白质减少，血浆胶体渗透压降低，液体从血管内进入组织间隙，产生水肿。此外，有效血容量减少激活 RAAS，抗利尿激素分泌增多，可进一步加重水肿。肾病性水肿一般较严重，常从下肢部位开始，常为全身性、体位性和凹陷性水肿。②肾炎性水肿：由于肾小球滤过率下降，而肾小管重吸收功能相对正常，导致"球-管失衡"和肾小球滤过分数下降，水钠潴留，产生水肿。水肿多从颜面部开始，指压凹陷不明显。

（五）肾性高血压

肾病常伴高血压，按其病因可分为肾实质性和肾血管性 2 类。根据其发生机制可分为：①容量依赖性高血压：由于各种原因导致水钠潴留、血容量增加引起。②肾素依赖性高血压：肾实质缺血刺激肾素-血管紧张素-醛固酮分泌增加，小血管收缩，外周阻力增加引起，多见于肾血管疾病和少数慢性肾衰竭晚期病人。肾实质性高血压多数为容量依赖性，少数为肾素依赖性，部分病例同时存在两种因素。

【辅助检查】

（一）尿液检查

包括尿液常规检查、尿细菌学检查、尿三杯试验、尿细胞学检查等。任何时间段的新鲜尿液均可用于尿液检查，但最好是清晨第 1 次尿。收集尿标本的容器应清洁干燥，避免细菌污染。女性病人应避开月经期，防止经血和阴道分泌物混入尿液，男性病人避免混入精液。尿蛋白定量试验须留取 24h 尿标本，并加防腐剂。尿细菌学培养须用无菌试管留取清晨第 1 次清洁中段尿，并须注意以下事项：①应用抗菌药之前或停用抗菌药 7d 之后留取标本；②应确保尿液在膀胱内停留至少 4h；③留取尿标本时严格执行无菌操作，先充分清洁外阴或包皮，消毒尿道口后，再留取中段尿液；④尿标本留取后须在 1h 内进行细菌培养，否则应冷藏保存。尿三杯试验用于判断血尿或脓尿的病变部位。排尿初期5~10ml 尿为第 1 杯，排尿最后 5~10ml 为第 3 杯，中间部分为第 2 杯。第 1 杯异常提示病变在尿道；第 3 杯异常提示病变在膀胱颈部、膀胱三角区或后尿道的前列腺和精囊腺；3 杯尿均异常，提示病变来自膀胱、输尿管和肾。

（二）肾功能检查

1. 肾小球滤过功能　可以用肾小球滤过率（glomerular filtration rate，GFR）评价。内生肌酐清除率（endogenous creatinine clearance rate，Ccr）是评估肾小球滤过功能最常用的指标。检验前须连续 3d 低蛋白饮食（蛋白质<40g/d，禁食鱼、肉），禁饮咖啡、茶等饮料，避免剧烈运动，在第 4 日早晨排尽尿液后收集 24h 尿液，并在同一天采血 2~3ml，测定尿液和血肌酐，并根据相应公式计算 Ccr。此法较为复杂，不适用于门诊长期随访病人。目前多将血肌酐代入某些公式来计算 GFR 估算值。临床上也常用血尿素氮（BUN）和血肌酐值（Scr）来判断肾小球的滤过功能，但两者均在肾功能严重受损时才明显升高，不能作为早期诊断指标。

2. 肾小管功能测定　包括近端和远端肾小管功能测定。近端肾小管功能常用尿 β_2-微球蛋白测定。远端小管功能常采用尿浓缩稀释试验和尿渗量（尿渗透浓度）测定。

（三）肾病理学检查

经皮肾穿刺活检组织病理检查可确定肾病的病理类型，对肾病的诊断、病情评估、预后判断及治疗指导有重要意义。病理检查一般包括光镜、免疫荧光、电镜 3 项检查。

（四）免疫学检查

许多原发性肾病的发生及进展与免疫炎症反应有关，故免疫学检查有助于判断疾病类型和病因。常用的检查项目包括血清补体成分测定、血清抗链球菌溶血素"O"的测定等。

（五）影像学检查

1. X 线检查

（1）尿路平片（kidney-ureter-bladder，KUB）：是诊断肾和尿路病变常用的检查手段之一。病人检查前 1d 应进食少渣饮食，检查前一晚服缓泻剂，以清除肠道内的气体和粪便。

（2）静脉尿路造影（intravenous urography，IVU）：也称排泄性尿路造影，从静脉注射造影剂，于注射后 5、15、30、45min 摄片，可清晰显示尿路形态。病人检查前 1d 应进食少渣饮食，做碘过敏试验，检查前一晚口服缓泻剂清洁肠道，造影前 12h 禁水，检查当日禁食，检查后嘱病人多饮水，促进造影剂尽快排出。

（3）逆行肾盂造影（retrograde pyelography，RP）：通过膀胱尿道镜行输尿管插管后注入造影剂进行检查。适用于 IVU 显影不清晰或有禁忌者。检查前肠道准备同 IVU。检查后口服抗菌药 1 周。

（4）膀胱造影（cystography）：经导尿管将造影剂注入膀胱，显示膀胱形态及病变。

（5）血管造影（angiography）：可显示动脉血管形态，有助于发现肾实质内小动脉瘤及动静脉畸形等血管异常。

（6）CT 扫描：可确定肾损伤的范围和程度，协助诊断肾、肾上腺、膀胱等泌尿系统肿瘤。

2. **磁共振成像（MRI）** 能显示被检查器官组织的功能和结构,有助于肾良、恶性肿瘤的鉴别及肿瘤浸润和分期的判定。体内有起搏器或金属植入物的病人不能进行该检查。

3. **超声检查** B超检查是最常用的首选检查方法。可帮助诊断肾肿块的性质、结石及其定位、肾积水,测定膀胱内残余尿量,测量前列腺体积等。泌尿系统 B 超检查前要求病人憋尿。多普勒超声检查可用于评估肾血流情况,包括评估肾动脉狭窄、肾静脉血栓形成和肾梗死。

4. **放射性核素检查** 包括肾图、肾显像、肾上腺显像等,可提供功能方面的定量数据,有助于疾病的诊断、治疗评价和随访。

【心理-社会状况】

许多泌尿系统疾病起病隐蔽,有时迁延不愈,甚至威胁生命。因此应评估病人有无焦虑、抑郁、绝望等负性情绪。还应评估病人及其家属对疾病的了解程度、家庭经济状况、医疗保险情况、社会支持系统等。

（王笑蕾）

第三节　泌尿系统常见诊疗技术与护理

一、肾穿刺活检术

肾穿刺活检可以提供肾病理标本,有助于确定肾病的病理类型,对肾病的诊断、治疗与预后判断有重要的意义。

【适应证】

各种类型的原发性肾小球肾炎、肾小球肾病、肾病综合征,继发性肾病如狼疮性肾病、糖尿病肾病等,急性肾小管及间质性病变,原因不明的急性肾损伤、持续性无症状蛋白尿和血尿、高血压,肾移植后。

【禁忌证】

绝对禁忌证包括:明显出血倾向,重度高血压,精神病或不配合操作者,孤立肾;小肾。

【操作前准备】

1. 术前向病人解释穿刺的目的与意义,操作方法与安全性,减轻病人恐惧心理。
2. 训练病人俯卧位吸气末屏气(>15s)和床上排尿。
3. 遵医嘱做好各项术前检查,如血常规、凝血功能及肾功能等。女性病人应避开月经期。

【操作过程】

1. 病人排尿后取俯卧位,双臂前伸,头偏向一侧,腹部垫一个 5~10cm 棉枕,保持腰部平整。
2. 常规消毒铺巾,用2%利多卡因沿穿刺路径逐步局麻至肾包膜外。
3. 尖刀切开穿刺点皮肤,在超声引导下穿刺针穿刺到达肾下极肾包膜外,嘱病人吸气后屏气,发射活检枪,迅速拔针。肉眼观察标本,确定为肾组织。一般穿刺 2~3 次。
4. 敷料覆盖穿刺点,按压 3~5min,必要时腹带加压包扎,平车送病人回病房。

【操作后护理】

1. 术后 4~6h 必须平卧,腰部严格制动,严禁翻身、坐起、抬头、扭腰等动作,四肢可缓慢小幅度活

动。术后 24h 可下床轻微活动。

2. 监测病人血压、脉搏,观察术后前 3 次尿液,并送检尿常规。

3. 若病情允许,嘱病人多饮水,以预防出血形成血凝块堵塞尿路。

4. 观察病人有无血尿、肾周血肿、尿潴留等并发症,并协助处理。

二、泌尿内镜

(一) 膀胱尿道镜检查

膀胱尿道镜检查(cystourethroscopy)是在表面麻醉或硬膜外间隙阻滞下,经尿道将膀胱镜插入膀胱内,显示尿道和膀胱内壁结构,也可经此进行逆行性上尿路造影、安置输尿管支架等,是膀胱、尿道肿瘤确诊的重要方法。

【适应证】

诊断并治疗膀胱疾病如膀胱肿瘤、异物、结石等,调查血尿原因及出血部位,不明原因尿路感染、排尿异常等。

【禁忌证】

尿道狭窄,膀胱容量<50ml,膀胱、尿道急性感染或全身感染,全身出血性疾病等。

(二) 输尿管镜检查、肾镜检查

输尿管镜检查(ureteroscopy)是将输尿管镜经尿道、膀胱置入输尿管及肾盂。肾镜检查(nephroscopy)是通过经皮肾造瘘进入肾盂。可直接窥查输尿管、肾盂有无病变,并可对直视下的结石、肿瘤、息肉等进行治疗,或取活体组织检查。

【适应证】

特发性血尿,上尿路结石、异物的取出,尿路造影发现肾盂、输尿管有充盈缺损不能确诊者,输尿管狭窄或梗阻的扩张或狭窄段切除,上尿路肿瘤、息肉治疗,取活体组织做病理学检查。

【禁忌证】

泌尿系统感染急性期,严重的尿道/输尿管狭窄、前列腺增生、膀胱挛缩等导致输尿管镜不能插入者,盆腔外伤、手术、放射治疗导致输尿管固定、扭曲、纤维化者,未纠正的全身出血性疾病,严重的心肺功能不全。

(三) 泌尿内镜护理

【操作前准备】

1. 术前向病人解释操作的目的与意义、操作方法等,减轻病人焦虑和恐惧。

2. 遵医嘱进行心电图、凝血功能以及 KUB、IVP 等检查。

3. 病人提前清洗会阴,特别是清洗包皮垢,排空膀胱。

【操作后护理】

1. 术后多饮水。检查后病人常有尿道灼痛和肉眼血尿,多饮水后可自愈。

2. 输尿管镜检查需硬膜外麻醉或全身麻醉,按一般手术病人护理常规。

3. 输尿管镜检查术后多留置尿管和双 J 管,保持引流通畅,做好管道护理。双 J 管全名输尿管支架管(图 43-3-1),是一种放置在输尿管内的空心支架管,其上端置于肾盂内,下端位于在膀胱内,具有内引流及支架作用,可解除输尿管炎症、水肿造成的暂时性梗阻。

Note:

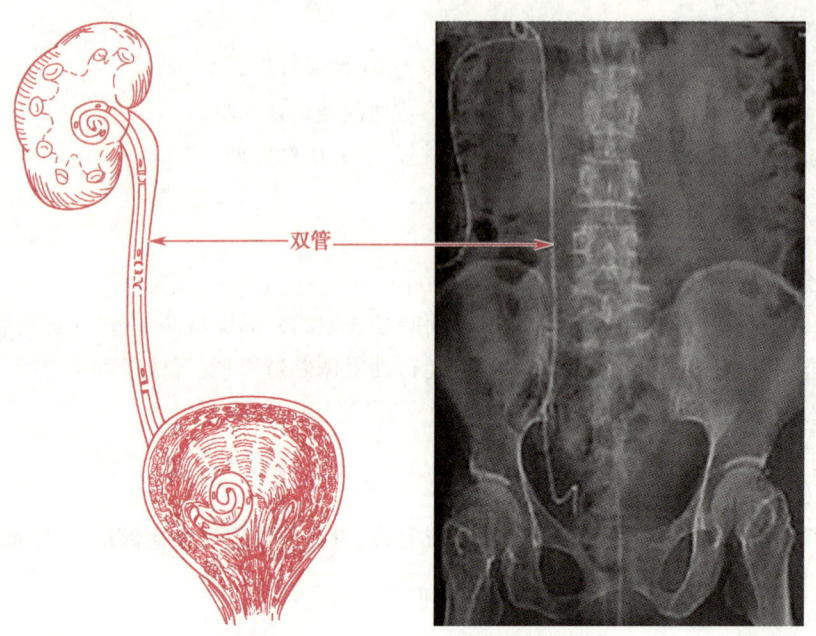

双管

图 43-3-1　输尿管内安置双 J 管

4. 并发症的观察与护理　①血尿:多饮水后可自愈;②发热:监测病人体温变化,必要时遵医嘱应用抗生素;③腰痛:常发生于逆行造影的病人,必要时给予镇痛药;④其他:尿道损伤、膀胱损伤、输尿管穿孔等。

三、尿道探子检查及尿道扩张术

采用尿道硬性探条探测尿道是否通畅及尿道狭窄的部位与程度,也用于尿道狭窄的扩张治疗。适用于探测尿道有无狭窄及狭窄的部位和程度,各种原因所致的尿道狭窄及膀胱颈部梗阻,了解尿道内有无结石或异物。

四、尿流动力学检查

尿流动力学检查是依据流体力学和电生理学的基本原理和方法,通过检测尿路各部压力、流率及生物电活动,了解尿路排送尿液的功能及机制,分析排尿障碍的原因。适用于膀胱功能障碍性疾病的诊断、鉴别诊断及病因分析;膀胱生理学、疾病病理生理学实验研究,膀胱功能障碍的治疗方法选择和效果评价。

五、血液透析

血液透析(hemodialysis,HD)简称血透,是指通过半透膜(人工肾),利用弥散、对流及吸附等原理清除血液中的溶质与水分,并向体内补充溶质的方法。其目的是清除体内代谢废物或毒素,纠正水、电解质紊乱与酸碱平衡失调。

【适应证】

急性肾损伤,慢性肾衰竭,急性药物或毒物中毒,难治性充血性心力衰竭,急性肺水肿,严重水、电解质紊乱及酸碱平衡失调等。

【设备与装置】

透析装置主要包括透析器、透析液、血液透析机与水处理系统等(图 43-3-2)。

Note:

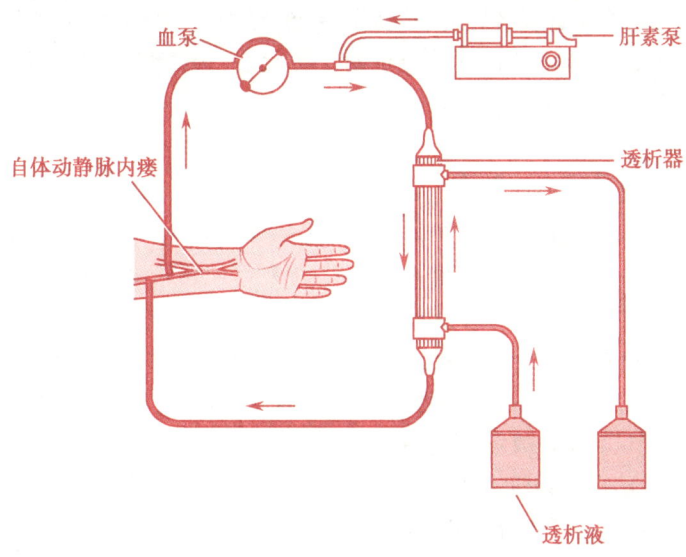

图 43-3-2　血液透析示意图

1. **透析器**　是血液透析实现溶质交换和水分清除的场所,主要由透析膜和支撑结构组成。透析膜是人工合成的半透膜。透析膜孔径大小在一定范围内,使得膜两侧溶液中的小分子溶质和水分子可自由通过,而蛋白质、血细胞、细菌等大分子则不能通过。透析时,血液中的尿素氮、肌酐、K^+、H^+ 等弥散到透析液中,而病人所需的物质如碳酸氢根、醋酸根等从透析液弥散到血液中。

2. **透析液**　是一类含有多种离子和非离子物质的溶液,其成分与人体内环境成分相似。透析液可分为醋酸盐透析液和碳酸氢盐透析液,目前广泛使用的是碳酸氢盐透析液。

3. **血液透析机与水处理系统**　浓缩透析液需要用透析用水来稀释。水处理的目的是去除自来水中的杂质及各种离子,将透析用水对人体和设备的损害降到最低程度。

【操作前准备】

1. **建立血管通路**　血管通路是指将血液从人体引出至透析机,进行透析,透析后再返回到体内的通路。建立有效而通畅的血管通路是血液透析病人得以有效透析、长期存活的基本条件。血管通路分为两大类。

（1）临时性血管通路:包括动静脉直接穿刺、中心静脉留置导管。主要适用于急性肾损伤病人;慢性肾衰竭病人还未建立永久性血管通路,动静脉内瘘未成熟或因阻塞、感染等暂时不能使用的情况。

（2）永久性血管通路:适于慢性肾衰竭需长期透析的病人。动静脉内瘘是目前最常用的一种,包括自体动静脉内瘘和移植血管内瘘。

1）自体动静脉内瘘:是利用自体动静脉血管经外科手术直接吻合而成的内瘘,使动脉血液流至浅表静脉,使静脉血管血流量增加,管壁动脉化,达到透析所需要求。常用的血管有桡动脉-头静脉、尺动脉-贵要静脉等。内瘘术后护理包括:①术后抬高患肢,以利于静脉回流,减轻水肿。密切监测血管杂音,观察伤口有无渗血及肢端有无苍白、皮温降低等。②术肢勿测血压,禁止输液、输血及抽血。③术后第 3d 起可通过握拳或手捏握皮球、橡皮圈等进行功能训练,促使动静脉内瘘尽快"成熟"。

2）移植血管内瘘:是在动静脉间插入一段移植血管或人造血管制成的内瘘,为自体动静脉内瘘无法建立时的次要选择。其护理同自体动静脉内瘘。

2. **血液透析前准备**　①向病人介绍透析的相关知识,取得病人配合。嘱病人上机前用肥皂和清水清洗穿刺侧手臂,保持手臂清洁干燥。②评估病人的症状、体征,准确测量并记录体重,评估病人的一般状况,如心、肺、肾功能,血电解质及酸碱平衡情况,凝血功能,肝炎、HIV 等指标。③询问病人的

透析次数、透析时间等；检查血管通路的类型及是否通畅、穿刺或置管处的皮肤情况及病人瘘管的血流量。④检查透析机及透析管路是否进入透析前准备状态，透析管路与透析器连接处是否紧密。⑤遵医嘱设定透析参数，协助病人取合适体位。

【操作过程】

1. **穿刺** 消毒瘘管处，进行穿刺，穿刺针应距吻合口 3cm 以上，针尖呈离心或向心方向穿刺，如静脉与动脉在同一血管上，穿刺时至少相距 8~15cm。穿刺部位要轮流更换，沿着内瘘血管走向由上至下或由下至上交替进行穿刺，每个穿刺点相距 1cm 左右，以免形成假性动脉瘤及血栓。

2. **抗凝治疗** 血液透析时，必须将病人的血液引出，通过体外循环完成治疗过程，而体外循环很容易导致凝血甚至血栓形成。①普通肝素抗凝：常规肝素化，即全身肝素化，适用于无出血倾向和无心包炎的病人；②低分子量肝素抗凝：适用于中、高危出血倾向病人血液透析的抗凝需要；③局部枸橼酸抗凝：适用于有活动性出血不宜使用肝素的病人；④无抗凝剂抗凝：又称为无肝素透析，适用于有活动性出血、凝血功能障碍、应用肝素有禁忌证者。

3. **病情观察** 透析过程中护士应每 30min 巡视一次，观察机器运转及超滤状况；观察病人穿刺部位有无出血，穿刺针有无脱出移位；观察透析器和透析血管通路内血液的颜色，有无凝血；观察病人生命体征、跨膜压与静脉压变化，如有异常及时处理。

4. **并发症的观察与护理**

（1）低血压：是最常见并发症之一，病人收缩压下降>20mmHg，或平均动脉压降低>10mmHg，表现为恶心、呕吐、胸闷、冷汗、面色苍白甚至一过性意识丧失。处理措施包括：①停止超滤；②给予头低脚高位；③立即快速静脉注射生理盐水或高渗葡萄糖等；④监测病人血压变化，必要时使用升压药物。

（2）失衡综合征：轻者表现为头痛、恶心、呕吐及躁动，重者出现抽搐、意识障碍甚至昏迷。易发生于首次透析、透析前尿素氮和肌酐高的病人。轻者给予吸氧，减慢血流速度，缩短透析治疗时间，静脉注射高渗溶液，酌情给予镇静药。重者应立即终止透析，静脉滴注 20%甘露醇并进行抢救。

（3）肌肉痉挛：多出现在透析的中后期，病人主诉腓肠肌、足部、上肢及腹部肌肉疼痛。轻者不必处理，重者可用快速输注生理盐水、50%葡萄糖溶液或 20%甘露醇溶液，低钙血症者可静脉注射葡萄糖酸钙，对痉挛肌肉挤压按摩也有一定疗效。

（4）透析器反应：分为 A 型反应与 B 型反应。A 型反应发病机制为快速的变态反应，透析开始 5min 内，表现为皮肤瘙痒、荨麻疹、咳嗽、流涕等，严重者可出现呼吸困难、休克，甚至死亡。一旦发生立即停止透析、吸氧，给予抗组胺药或肾上腺素药物，必要时行心肺复苏。B 型反应常于透析开始后 20~60min 出现，多表现为胸痛和背痛，在排除其他器质性疾病后给予吸氧对症处理。

（5）其他：如发热、出血、心律失常、空气栓塞、溶血、失血等。

【操作后护理】

1. 透析针拔除后指导病人按压针眼处 20~30min，直至彻底止血后缓慢放松。针眼处覆盖无菌敷料。

2. 再次测量病人的生命体征及体重。嘱病人休息 10~20min，血压正常后再起床，确保其安全离开透析室。

【健康教育】

主要针对维持性透析期病人。

1. **透析相关指导** 指导病人学会监测并记录每日尿量、体重、血压情况。保持健康生活方式，戒烟、戒酒，保持排便通畅，适当运动，参与力所能及的活动与工作，回归社会。

Note:

2. **血管通路护理指导** ①指导病人每日判断内瘘是否通畅，用手触摸吻合口的静脉端，若扪及

震颤表示通畅;②保持内瘘皮肤清洁,每次透析前须清洁手臂,透析结束保持穿刺部位清洁干燥;③内瘘侧肢体避免受压、负重,禁止戴手表、穿紧袖衣服,睡眠时注意避免压迫该侧肢体,并避免暴露于过冷或过热的环境中;④活动时注意避免碰撞内瘘肢体,防止受伤影响内瘘寿命。

3. **饮食指导** 指导病人合理饮食。①能量:透析病人在轻度活动状态下,能量供给为30~35kcal/(kg·d),其中碳水化合物占60%~65%,以多糖为主;脂肪占35%~40%。②蛋白质:目标蛋白质供给量为1.2g/(kg·d),其中优质蛋白应大于50%。③水分:2次透析之间体重增长以不超过干体重的3%~5%为宜。干体重是指身体无多余水分潴留,同时又不脱水时的体重,是血液透析治疗结束时希望达到的标准体重。每日摄入液体量为前一日尿量加500ml。④限制钠、钾、磷的摄入:给予病人低盐饮食,无尿时应控制在2g/d以内。慎食含钾高的食物,如海带、橘子等。避免含磷高的食物,如全麦面包、动物内脏、蛋黄、干豆类等。烹调前将食物浸泡,沸水后捞出可去除部分钾和磷。⑤增加维生素及钙的摄入:钙摄入量应达到1 500mg/d。

六、腹膜透析

腹膜透析(peritoneal dialysis,PD)简称腹透,是利用人体天然的半透膜腹膜作为透析膜,反复向腹腔灌入透析液,通过弥散和超滤的原理,使腹膜毛细血管内血液和腹腔透析液之间进行水和溶质交换的过程(图43-3-3)。

常见的腹膜透析方式包括间歇性腹膜透析(IPD)、持续不卧床腹膜透析(CAPD)、连续循环腹膜透析(CCPD)、夜间间歇性腹膜透析(NIPD)、潮式腹膜透析(TPD)。由自动循环式腹膜透析机操作时,称为自动腹膜透析(APD)。

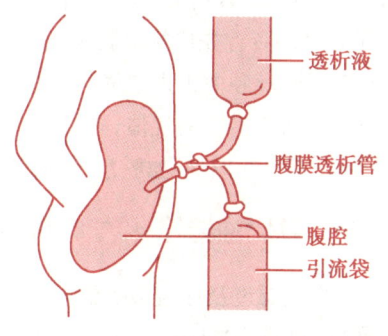

图43-3-3 腹膜透析示意图

【适应证】

血液透析的适应证亦是腹膜透析的适应证,但具有以下情况的病人应优先考虑腹膜透析:有较好残余肾功能、儿童及老年肾衰竭病人;有严重的心血管疾病病人,如心力衰竭、严重高血压等;有出血倾向不适于肝素化者;建立血管通路有困难者;血液透析中发生严重并发症者。

【禁忌证】

绝对禁忌证:腹膜后手术导致严重腹膜缺损;各种腹部病变导致腹膜清除率降低者;外科无法修补的疝。

【设备及材料】

1. **腹膜透析管** 小孔硅胶管,分为两种类型:①临时性腹膜透析管:用于急性短时间的腹膜透析;②永久性腹膜透析管:包括Tenkhoff直管/卷曲管、鹅颈直管/卷曲管等。其中Tenkhoff直管应用最广泛。

2. **腹膜透析液** 基本要求:电解质的组成和浓度与正常血浆相近,渗透压一般不低于血浆渗透压。

【腹膜透析的护理】

1. **饮食与运动** 腹膜透析时,体内各种蛋白质会丢失,因此蛋白质的摄入量为1.0~1.2g/(kg·d),其中50%以上为优质蛋白;每日的摄水量一般为前一日尿量、腹膜透析超滤量加500ml。病人可适当体育锻炼,以不感疲劳为宜。锻炼前要妥善固定好透析导管。

2. **操作注意事项** 包括:①掌握各种管道连接系统,连接和分离各种管道时要注意严格无菌操作；②透析液输入腹膜腔前应加热至 37℃；③密切观察透析液灌入和排出情况,定期送检腹透透出液；④观察透析管皮肤出口处有无渗血、漏液及红肿等；⑤做好腹膜透析病人记录,如干体重、血压、超滤量、24h 尿量、饮水量等重要指标；⑥病人可以在洗澡袋的保护下淋浴,导管用肛袋保护好,淋浴后将周围皮肤轻轻拭干,消毒后重新包扎。

3. 常见并发症的观察及护理

（1）透析液引流不畅或腹膜透析管堵塞:为常见并发症。处理方法为:①排除腹膜透析管扭曲、受压等；②改变病人体位,增加活动；③服用导泻药或灌肠,促使病人肠蠕动；④排空膀胱；⑤透析管内注入肝素、尿激酶、生理盐水等溶解堵塞透析管的纤维块；⑥必要时 X 线透视下调整透析管的位置或拔管重新置管。

（2）腹膜炎:是最主要的并发症。病人可表现为发热、腹痛、反跳痛、透析液引流不畅、透析液混浊。处理方法:①及时正确地保存透出液并送检,进行细菌和真菌等培养；②在腹透液中加入抗生素及肝素,感染严重者同时全身应用抗生素；③必要时考虑拔除透析导管。

（3）导管出口处感染和隧道感染:是导致腹膜炎和拔管的主要原因之一。表现为导管出口处发红、水肿、疼痛、出现脓性分泌物,皮下隧道触痛等。处理方法:①局部每日换药,使用抗生素软膏；②应用敏感抗生素；③必要时拔管。

（4）腹痛:首先应排除腹膜炎。在输入透析液时出现的腹痛,往往与透析液温度过低、流入或流出速度过快、腹腔内进入空气等因素有关。因此腹透时透析液的温度应接近体温,减慢透析液流入速度,排出透析管道中的气体,必要时应用镇痛药和镇静药。

（5）其他并发症:如脱水、低血压、肠粘连、腹膜硬化等。

七、其他血液净化技术的护理

1. 血液滤过及血液透析滤过

（1）血液滤过（hemofiltration,HF）:是通过模拟正常人肾小球的滤过原理,以对流的方式清除血液中的水分、代谢产物和毒素。与血液透析相比,其对血流动力学影响更小,对中分子物质清除率更高。

（2）血液透析滤过（hemodiafiltration,HDF）:是血液透析（HD）和血液滤过（HF）的结合,兼具两者的优点,可通过弥散和对流两种机制清除溶质。

2. 连续性肾脏替代治疗（continuous renal replacement therapy，CRRT） 又称连续性血液净化,是一种每日连续 24h 或接近 24h 进行溶质、水分的缓慢、连续清除的治疗方法,以替代受损的肾功能。CRRT 具有血流动力学稳定、溶质清除率高、补充液体和肠外营养不受限制及能清除炎症介质和细胞因子等优点,目前已扩展到常见危重疾病病人的急救,成为各种危重病病人救治中最重要的支持治疗措施之一。

（王笑蕾）

思 考 题

1. 肾炎性水肿和肾病性水肿有何不同?

2. 什么是蛋白尿? 按发病机制可以分为哪几类?

3. 血液透析常见的并发症有哪些?

4. 肾实质没有感觉神经分布,生病时不会叫苦也不会喊痛,所以被称为沉默的器官。据统计,我国成人慢性肾脏病患病率高达 10.8%,而知晓率仅为 12.5%。护士作为健康教育和健康促进者,可通过哪些途径唤起民众对肾病的警惕? 哪些检查可以早期发现肾病?

NURSING

第四十四章

肾小球疾病病人的护理

44章 数字内容

第一节 概　　述

———— 学 习 目 标 ————

- 识记：
  陈述肾小球疾病的概念。
- 理解：
  1. 阐述肾小球疾病的发病机制。
  2. 阐述肾小球性蛋白尿的发病机制。
- 运用：
  分析肾小球疾病血尿红细胞的来源。

导入情境与思考

病人,男性,28岁,2周前低热,咽痛,近1周晨起眼睑及面部水肿,伴双下肢水肿,既往无高血压史。体格检查:BP 180/110mmHg,颜面及双下肢轻度水肿。查血示血常规 WBC $5.5×10^9$/L,RBC $3.55×10^{12}$/L,Hb 118g/L。尿常规:蛋白(++),红细胞5~10个/HP。

请思考:

(1) 目前对该病人的主要护理问题有哪些?

(2) 该病人主要的护理治疗要点有哪些?

肾小球疾病是指一组有相似的临床表现(如血尿、蛋白尿、水肿、高血压等),但病因、发病机制、病理改变和预后不尽相同,病变主要累及双肾肾小球的疾病。可分为原发性、继发性和遗传性;原发性肾小球疾病病因不明,继发性肾小球疾病是指全身性疾病中的肾小球损害,遗传性肾小球病为遗传变异基因所致的肾小球疾病。本章重点介绍原发性肾小球疾病,它占肾小球疾病中的大多数,病程呈慢性进展,是导致慢性肾衰竭最常见的病因之一。

【发病机制】

引发肾小球功能异常有多种机制。多数肾小球疾病是免疫介导性炎症疾病,在慢性进展过程中也有非免疫非炎症机制参与。

(一) 肾病免疫学发病机制

1. 肾损伤的体液免疫机制

(1) 循环免疫复合物(circulating immune complex,CIC)沉积:外源性或内源性抗原刺激机体产生相应抗体,在血液中形成CIC,CIC在某些情况下沉积于肾小球或为肾小球所捕捉(主要位于肾小球系膜区和基底膜的内皮细胞下),激活有关介质系统,引起肾小球损伤,如系统性红斑狼疮等疾病。

(2) 原位免疫复合物(original site immune complex)形成:原位免疫复合物包括肾性抗原和非肾性抗原2类。肾性抗原是指抗原来自肾小球结构成分,如肾小球基膜(glomerular basement membrane,GBM)内的胶原纤维等,在病理状态下这些抗原诱导生成自身抗体后与之结合,形成原位免疫复合物并激活补体系统,导致免疫损伤。非肾性抗原是指外源性抗原如阳离子铁蛋白等,因它们对肾组织具有某种特异的亲和力,与相应抗体在抗原原位结合形成免疫复合物,导致肾损伤。如膜性肾小球肾炎中的原位免疫复合物形成,或古德帕斯丘(Goodpasture)综合征中的抗GBM抗体局部作用。

2. 肾损害的细胞免疫机制　T淋巴细胞与固定于肾小球的抗原相互作用,导致一系列淋巴因子释放、趋化、激活吞噬细胞,发挥细胞毒作用。如新月体性肾小球肾炎和抗中性粒细胞胞质抗体(anti-neutrophil cytoplasmic antibody,ANCA)相关性血管炎中细胞免疫发挥了重要作用。

(二) 炎症介质和细胞因子的作用

临床及实验研究证实始发的免疫反应须引起炎症反应,才能导致肾小球损伤及其临床症状。炎症介导系统分为炎症细胞和细胞因子两大类,炎症细胞主要包括单核巨噬细胞、中性粒细胞、嗜酸性粒细胞及血小板等;炎症细胞可产生细胞因子如促炎因子白介素-1、肿瘤坏死因子,抗炎因子白介素-4、10、13,黏附分子、超氧化合物、前列腺素和血栓素等。细胞因子可趋化、激活炎症细胞,各种细胞因子间相互促进或制约,最终导致肾小球损害。

(三) 影响肾小球疾病进展的因素

在肾小球疾病慢性病程的进展过程中,疾病本身和非免疫因素介导的肾损害持续进展、高血压、

重型肾病综合征、药物肾毒性、高凝状态和肾静脉血栓形成、感染、过度疲劳等因素将影响肾小球疾病的进展。

【原发性肾小球疾病的临床分型】

原发性肾小球疾病包括肾炎性和肾病性。肾炎性又分为轻度肾炎型和重度肾炎型。轻度肾炎型疾病通常有不到 50% 的肾小球发生炎性病变（局灶性肾小球肾炎）。尿液分析显示有红细胞（常为畸形红细胞）、红细胞管型（偶见），以及轻度蛋白尿（通常<1.5g/d）。通常没有更晚期疾病的表现，如大量蛋白尿、水肿、高血压和肾功能不全。重度肾炎型为弥漫性肾小球肾炎，尿液分析结果与局灶性肾小球肾炎相似，但可能观察到大量蛋白尿（可能在肾病范围内）、水肿、高血压和/或肾功能不全。肾病型伴大量蛋白尿和脂肪尿，但少有细胞或管型，因此通常认为尿沉渣无明显异常。具体又包括：①急性肾小球肾炎（acute glomerulonephritis，AGN）；②急进性肾小球肾炎（rapidly progressive glomerulonephritis，RPGN）；③慢性肾小球肾炎（chronic glomerulonephritis，CGN）；④隐匿型肾小球肾炎（latent glomerulonephritis，LGN）（无症状性血尿和/或蛋白尿）；⑤肾病综合征（nephrotic syndrome，NS）。

【护理评估】

（一）健康史

了解病人有无全身性疾病（如系统性红斑狼疮、糖尿病等），近期有无感染史及家族史。

（二）身体状况

1. **蛋白尿**　可以由肾小球疾病（出现白蛋白尿）或其他疾病导致。这是存在肾小球疾病的敏感指标。正常的肾小球滤过膜对血浆蛋白有选择性滤过作用，能有效阻止绝大部分血浆蛋白从肾小球滤过，只有极少量会进入肾小球滤液。肾小球疾病时，肾小球滤过膜的通透性增加或所带电荷改变，导致尿中蛋白量超过肾小管的重吸收能力，形成蛋白尿。若病变导致滤过膜断裂或孔径异常增大，血浆中各种分子量的蛋白质均可无选择性地滤出，称非选择性蛋白尿；若病变仅使滤过膜上负电荷减少，则只有血浆白蛋白滤过增加，称为选择性蛋白尿。

正常情况下，人体排出尿白蛋白的量<30mg/d，超出此范围称为白蛋白尿。白蛋白定量 30～299mg/d 称为微量白蛋白尿。24h 尿白蛋白定量超过 300mg 称为大量白蛋白尿。蛋白尿分类参见第四十三章第二节相关内容。

正常人尿液中因蛋白质含量低，临床上尿常规的蛋白定性试验不能测出。在过去，异常蛋白尿通常被定义为总蛋白排泄量>150mg/d。然而，早期肾病可能表现为微量蛋白尿，特别是白蛋白尿量增加。

2. **血尿**　肾小球疾病导致的血尿常为无痛性全程血尿，肾小球性血尿的标志是存在异形红细胞（图 44-1-1），可伴或不伴红细胞管型。肾小球性血尿可能伴有其他表现，如蛋白尿、高血压、GFR 下降或上述系统性表现。而肾小球性血尿也可孤立存在，不伴这些其他异常。

肾小球性血尿可能由免疫介导所致的肾小球毛细血管壁损伤引起，或者在非炎性肾小球疾病中，如薄基底膜肾小球病，可能由肾小球毛细血管壁局部缺损导致。

肾小球性血尿的征象包括存在红细胞管

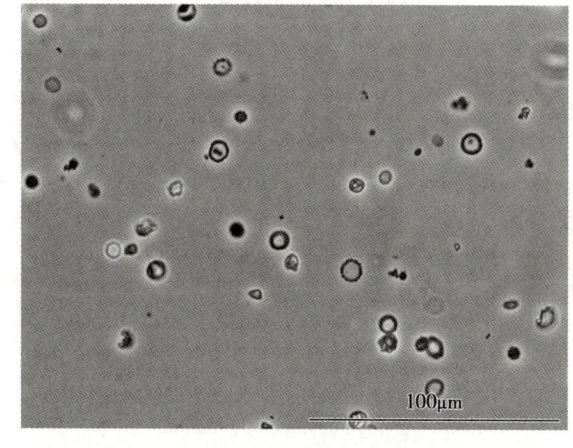

图 44-1-1　异形红细胞

Note：

型、部分红细胞的异形表现，以及一些肉眼血尿病人的尿液呈褐色或可乐色。蛋白尿与血尿的发生存在时间关联，且蛋白尿水平超过 500mg/d，提示有肾小球性血尿；然而，既往有长期蛋白尿的病人新发血尿应考虑血尿为非肾小球性或来自泌尿系统。若存在红细胞管型，几乎可以诊断为肾小球肾炎或血管炎，不过此类管型也偶见于急性间质性肾炎。然而，没有此管型也并不能排除肾小球性血尿。

红细胞形态学评估可能有助于确定血尿的原因。肾外出血时，红细胞通常呈圆形且形态均一（与外周血涂片中一样），而肾损伤时红细胞有外观变形，特别是肾小球疾病时，但不仅限于肾小球疾病。这种形态学改变表现为细胞膜小泡、出芽和节段性丢失，从而使红细胞形状的差异很大，以及平均红细胞体积变小。此时红细胞损伤可能是由细胞通过肾小球基膜裂口时受到机械性损伤，以及细胞流经肾单位时受到的渗透性损伤共同造成。

3. **水肿**　血尿或蛋白尿病人出现外周和/或眶周水肿，是肾小球疾病所致原发性水钠潴留的体征表现。

4. **高凝状态**　某些肾小球疾病可能会导致高凝状态，尤其是膜性肾病，其次是其他原因的肾病综合征。因此，肾小球疾病病人也可表现为血栓栓塞事件。

5. **高血压**　若既往血压正常者出现急性高血压，或既往高血压控制良好的病人出现高血压急性恶化，尤其是还存在血尿、水肿等其他表现时，则应考虑有无肾小球疾病。

6. **肾功能不全**　肾小球疾病病人常出现肾功能受损（急性或慢性）。急性肾损伤可见于急性肾炎综合征病人，尤其是在新月体性肾小球肾炎时，而急性肾损伤罕见于急性起病的肾病综合征病人中。慢性肾小球疾病病人可能出现 GFR 进行性下降及慢性肾脏病。

7. **系统性表现**　肾小球疾病可主要局限于肾，也可有其他各系统表现。因此，对于疑似肾小球疾病的病人，病史、体格检查和初始实验室检查应包括对病人系统性疾病的评估，例如全身：发热、寒战、体重减轻、盗汗、乏力；眼：视网膜炎或葡萄膜炎；耳鼻喉：出血、鼻窦炎、口腔溃疡；心血管：杂音、疼痛（心包炎）或心衰；肺：咯血、浸润或结节；腹部：小肠炎、结肠炎或胰腺炎；神经系统：抽搐或周围神经病变；四肢：指/趾缺血或梗死；皮肤：紫癜或皮疹；肌肉骨骼：关节炎、关节痛、肌痛；感染：特别是有葡萄球菌、链球菌、肝炎病毒、HIV 或梅毒的证据。

知 识 链 接

KDIGO 指南对于白蛋白/白蛋白尿检测的评价

鉴于白蛋白尿对 CKD 诊断的意义，KDIGO 推荐使用以下方法作为蛋白尿的初始检测，其排列顺序代表了推荐的优先次序，尿标本以晨尿为最佳（推荐等级 2B）：

1. 尿白蛋白/肌酐比值（ACR）。

2. 尿蛋白/肌酐比值（PCR）。

3. 采用自动读数的试纸条尿液分析方法检测总蛋白。

4. 采用人工读数的试纸条尿液分析方法检测总蛋白。

对随机非定时尿 ACR≥30 的结果，采用清晨尿标本进行确定（推荐等级未分级）对于试纸条法阳性的白蛋白尿和蛋白尿的结果，指南推荐须采用定量的方法进行确证，并尽可能表示为与肌酐的比值（推荐等级未分级）。

（许　莹）

第二节　急性肾小球肾炎病人的护理

学习目标

- 识记:
1. 复述概念:急性肾小球肾炎。
2. 说出急性链球菌感染后肾小球肾炎的常见病因。
3. 列举急性肾小球肾炎的症状与体征。
- 理解:
举例说明急性肾小球肾炎相关辅助检查的意义。
- 运用:
运用所学知识,针对急性肾小球肾炎病人的具体情况,提出相应的护理问题,制订有针对性的护理措施和健康指导。

导入情境与思考

病人,男性,9 岁,水肿、血尿 10d,进行性少尿 8d。病人 10d 前晨起发现双眼睑水肿,尿色发红。8d 前尿色变浅,但尿量进行性减少,每日 130~150ml,实验室检查血肌酐 498.6μmol/L,拟诊为"肾实质性肾功能不全",曾予扩容、补液、利尿、降压等处理,病情仍重。3d 前用甘露醇和中草药交替灌肠,口服氧化淀粉及呋塞米治疗,尿量增至 300~400ml/d。病人 2 个月来有咽部不适,无用药史,患病以来精神食欲稍差,大便正常,睡眠可。既往曾患气管炎、咽炎,无肾病史。

请思考:
（1）该病人主要的护理诊断是什么?
（2）该病人的主要护理要点有哪些?

急性肾小球肾炎（acute glomerulonephritis,AGN）,简称急性肾炎,是以急性肾炎综合征为主要临床表现的一组常见的肾病。以链球菌感染后引起的肾小球肾炎最为常见,其他细菌、病毒及寄生虫感染亦可引起。本节主要介绍急性链球菌感染后肾小球肾炎（acute poststreptococcal glomerulonephritis,APSGN）。急性链球菌感染后肾炎主要发生于儿童,成年病人,特别是老年病人病情较重。随着疾病的早期诊断和控制,本病患病率已明显下降。但在一些经济较落后的地区仍有较高患病率。

【病因】

本病由前驱感染 A 组乙型溶血性链球菌的特异性致肾炎菌株引起。APSGN 可为散发病例,也可在 A 组链球菌（group A streptococcal,GAS）感染（即皮肤和咽部感染）流行期间出现。对于在 GAS 流行期间感染的儿童,5%~10%的咽炎患儿和 25%的皮肤感染患儿存在临床可检出的 APSGN。

【发病机制】

APSGN 的主要发病机制为致肾炎性链球菌抗原沉积于肾小球形成原位免疫复合物。所诱发的肾小球免疫复合物疾病可触发补体激活和炎症。主要有两种链球菌抗原可导致 APSGN:肾炎相关纤溶酶受体（nephritis-associated plasmin receptor,NAPlr）和链球菌致热外毒素 B（streptococcal pyrogenic exotoxin B,SPE B）。NAPlr 具有纤溶酶样活性,可能促进发生局部炎症反应。SPE B 是一种阳离子半

Note:

胱氨酸蛋白酶,位于上皮下沉积物中,同样为致肾炎抗原。SPE B 和 NAPlr 均可激活补体替代途径并增强黏附分子的表达,而不依赖于免疫应答。

【病理】

急性期肾体积可较正常增大,病变主要累及肾小球。光学显微镜显示存在弥漫增生性和渗出性肾小球肾炎,伴显著的毛细血管内增生和大量中性粒细胞浸润;免疫荧光显微镜检查显示存在特征性表现,即 IgG 和 C3 在系膜和肾小球毛细血管壁内呈弥漫性颗粒状沉积;电子显微镜技术检测到的最具特征性的表现为上皮下圆顶状电子致密沉积物(称为驼峰)。

【护理评估】

(一)健康史

了解病人近期有无感染病史,特别是皮肤及上呼吸道感染,如皮肤脓疱疮、咽炎、扁桃体炎等;有无暴露于病毒、细菌、真菌或寄生虫的情况。此外,近期的手术或侵入性检查也会造成感染的发生。

(二)身体状况

急性肾炎病人多通常有皮肤或咽部 GAS 前驱感染史,这段时间相当于致病抗原初次免疫后诱导机体产生免疫复合物所需的时间。GAS 感染与 APSGN 之间的潜伏期取决于感染部位:GAS 咽炎后的潜伏期为 1~3 周,GAS 皮肤感染后的潜伏期为 3~6 周。

本病起病较急,病情轻重不一。临床表现各不相同,包括无症状的镜下血尿到典型的急性肾炎综合征。然而,大多数儿童没有症状。重者可有急性肾损伤、急性左心衰竭、高血压脑病等。本病大多预后良好,常可在数月内临床自愈,但是部分病人也可遗留慢性肾脏病。

1. **急性肾炎综合征** 表现为血尿、蛋白尿、水肿、高血压和一过性急性肾损伤。

(1)血尿:急性肾小球肾炎病人几乎均有肾小球源性血尿,约 40% 为肉眼血尿,尿色可呈洗肉水样,且常为首发症状。肉眼血尿持续 1~2 周,后转为镜下血尿。镜下血尿多数在 6 个月消失,也有的病人可持续 1~3 年才完全消失。

(2)蛋白尿:蛋白尿常为轻、中度,为 0.5~3.5g/d,并于数日或数周内转阴。仅不到 20% 的病例可呈大量蛋白尿(>3.5g/d),这部分病人常常病程迁延和/或预后不良。长期不愈的蛋白尿、血尿提示病变持续发展或发生了其他肾小球疾病。

(3)水肿:出现于 70%~90% 的病人,为起病早期症状,典型表现为晨起眼睑水肿,呈"肾病面容",严重时可延及全身,指压可凹性不明显。大部分病人 2~4 周自行利尿消肿。如水肿持续发展,常提示预后不良。水肿的主要原因是肾小球毛细血管病变及压迫血管,致肾小球滤过率下降,而肾小管重吸收功能相对正常,造成"球-管失衡"而导致水钠潴留。

(4)高血压:50%~90% 的病人会出现高血压,以老年人更多见。程度从轻度至重度不等。主要原因为水钠潴留、血容量增加。高血压与水肿的程度常平行一致。积极利尿后血压可很快恢复正常。少数病人可出现严重高血压,甚至发生高血压脑病。高血压脑病是一种罕见但严重的并发症。MRI 可能显示可逆性后部白质脑病。这些病人需要紧急干预。

(5)尿量减少:大部分病人起病时尿量<500ml/d。可由少尿引起氮质血症。尿量及肾功能可在 2 周左右恢复。无尿者少见。

(6)一过性急性肾损伤:表现为轻度氮质血症,血肌酐轻度升高。仅有极少数病人可表现为急性肾损伤,易与急进性肾小球肾炎相混淆。

2. **全身表现** 病人常有疲乏、厌食、恶心、呕吐、嗜睡、头晕、视力模糊(与高血压程度及脑缺血、脑水肿有关)及腰部钝痛症状。

3. **并发症** 少数急性肾炎病人可发生下列并发症,常发生于疾病早期病情急剧进展而未注意休息或治疗不当时。

Note:

（1）急性充血性心力衰竭：以老年人多见，多在起病后 1~2 周发生，但也可为首发症状，如表现为颈静脉怒张、第三心音奔马律和肺水肿症状等。病人病情危急，如不及时治疗可迅速致死，但经积极抢救后，症状常迅速好转。急性肾炎并发急性心力衰竭的原因主要是循环血量急剧增加，而不是心肌病及高血压。

（2）高血压脑病：以儿童多见，多发生于病程早期。表现为剧烈头痛、呕吐、嗜睡、神志不清、黑矇，严重者有阵发性惊厥及昏迷。本病是在全身高血压的基础上，脑内阻力血管自身调节紊乱，血压急剧升高，脑血管痉挛引起脑缺血和脑水肿所致。

（3）急性肾损伤：在 55 岁以上病人中约 60% 出现 GFR 下降，常伴高钾血症，而儿童和青年人中发生率较低。

（三）辅助检查

1. **尿液检查**　血尿为急性肾炎的重要表现，几乎所有病人均有镜下血尿，尿中红细胞为多形性红细胞。尿沉渣中查见红细胞管型具有诊断价值，此外也可见到少量白细胞、上皮细胞、透明管型及颗粒管型。尿蛋白多为 +~++，定量范围通常为 0.5~3.5g/d。应采用新鲜尿液样本进行尿液分析。

2. **血清补体测定**　血清总补体及 C3 在病程最初 2 周内出现显著降低，8 周内逐渐恢复至正常水平。血清 C3 的动态变化是 APSGN 的重要特征，对本病诊断意义很大。

3. **细菌培养**　APSGN 在前驱 GAS 感染后数周出现，因此仅约 25% 的病人出现皮肤或咽部细菌培养阳性。脓疱疮病人出现皮肤细菌培养结果阳性的可能性增加。

4. **血清学检测**　针对胞外链球菌产物的抗体滴度升高是病人近期 GAS 感染的证据。链球菌酶试验常用于检测不同的链球菌抗体。包括：①抗链球菌溶血素 O 抗体（anti-streptolysin O，ASO）；②抗透明质酸酶抗体（anti-hyaluronidase，AHase）；③抗链激酶抗体（anti-streptokinase，ASKase）；④抗烟酰胺腺嘌呤二核苷酸抗体（anti-nicotinamide-adenine dinucleotidase，anti-NAD）；⑤抗 DNA 酶 B 抗体。

咽部感染后，ASO、抗 DNA 酶 B 抗体、anti-NAD 及 AHase 的滴度通常会升高。而皮肤感染后通常仅抗 DNA 酶 B 抗体和 AHase 的滴度会升高。对 GAS 咽炎所致 APSGN 的病人，ASO 是一种有效的检测手段，但在部分情况下，对于已接受抗菌治疗的咽炎病人，ASO 滴度的升高程度可能不显著。

5. **肾功能检查**　可有轻度肾小球滤过率降低，血尿素氮和血肌酐升高。需透析的急性肾损伤并不常见。

（四）心理-社会状况

护士应评估病人的年龄、职业、既往史、婚姻状况、社会支持系统和常用的应对机制，以及由于急性肾小球肾炎的相关症状给病人带来的恐惧和焦虑。耐心听取病人及其家属的倾诉，以判断他们对患病的态度，评估病人对疾病的情感反应。

【常见护理诊断/问题】

1. **体液过多**　与肾小球滤过率下降、尿量减少、水钠潴留有关。
2. **有皮肤完整性受损的危险**　与皮肤水肿、营养不良有关。
3. **焦虑**　与缺乏诊断及治疗的相关知识或对治疗和预后不可知有关。
4. **潜在并发症：急性充血性心力衰竭、高血压脑病、急性肾损伤。**
5. **有活动耐力下降的危险**　与疾病所致水肿、高血压有关。

【计划与实施】

本病的处理原则以休息及对症治疗为主，积极预防并发症和保护肾功能。通过积极治疗与护理，病人达到：①表现出对治疗和预后的积极态度；②水肿减轻，水、电解质保持平衡；③维持皮肤完整性；④无并发症发生。

Note:

（一）减轻水肿，维持水、电解质及营养平衡

1. **观察病情**   观察病人水肿部位、程度、性质等有无变化。有无头晕、头痛等症状。评估病人的24h尿量及尿液性状，评估其可承受的活动量，密切观察病人的血压及体重改变情况。

2. **活动与休息**   急性期病人应绝对卧床休息，症状较明显者须卧床休息4~6周，待肉眼血尿消失、水肿消退及血压恢复正常后，可逐步增加活动量。病情稳定后可从事一些轻体力活动，但1~2年应避免重体力活动和劳累。

3. **饮食护理**   根据水肿、高血压及肾功能损害程度指导病人合理饮食。①低盐饮食（<6g/d），以减轻水肿和心脏负担。避免进食腌制食品、罐头食品、啤酒、汽水、味精、面包、豆腐干等含钠丰富的食物，可使用无钠盐、醋和柠檬等增进食欲。②钾盐：当病人出现少尿或高钾血症时，应限制富含钾的食物，如海带、紫菜、菠菜、山药、香蕉、枣、坚果、浓肉汤、菜汤等。③液体：根据水肿程度及每日尿量确定摄入的液体量。若每日尿量达1 000ml以上，一般不须严格限水，但不可过多饮水。若每日尿量小于500ml或有严重水肿者须限制水的摄入，重者应"量出为入"，每日液体入量不应超过前一个24h尿量加上非显性失水量（约500ml/d）。液体入量包括饮食、饮水、服药、输液等各种形式或途径进入体内的水分。④蛋白质：一般认为肾功能正常者蛋白质入量应保持正常，按1.0g/（kg·d）供给，但出现氮质血症及明显少尿阶段病人应限制蛋白质的摄入，按0.6~0.8g/（kg·d）供给，且应给予优质蛋白，即富含必需氨基酸的动物蛋白如牛奶、鸡蛋、瘦肉等，以达到既减轻肾排泄氮质的负担，又保证一定营养的目的，但不宜给予高蛋白饮食，避免因尿蛋白增多而加重病情。⑤能量：补充足够的能量以免引起负氮平衡，尤其低蛋白饮食的病人，每日的供给不应低于30kcal/（kg·d）。能量的主要来源是碳水化合物及脂肪，脂肪应以植物性脂肪为主。⑥另外应注意其他营养物质如维生素等的供给。

（二）药物治疗与护理

急性肾炎主要的病理生理改变是水钠潴留，细胞外液容量增大，发生水肿、高血压，致循环负荷，心功能不全，故利尿降压是对症治疗的重点。

1. **利尿药**   轻、中度水肿者，通过卧床休息、限制水钠摄入即可缓解。重度水肿者应使用利尿药，达到消肿、降压，预防心、脑并发症的目的。袢利尿药通常可快速利尿，从而降低血压和减轻水肿。长期使用利尿药应监测血清电解质和酸碱平衡情况，观察有无低钾血症、低钠血症、低氯性碱中毒等。

2. **抗高血压药**   积极而稳步地控制血压对于增加肾血流量，改善肾功能，预防心、脑并发症是很必要的。如果经过休息、控制水钠摄入、利尿后病人血压控制仍不满意时，可服用抗高血压药。偶有病人因重度高血压发生高血压脑病。应当对这些病人进行紧急治疗以降低其血压。口服硝苯地平或胃肠外给予尼卡地平有效，而ACEI具有引起高钾血症的风险，因此应慎用。

3. **抗生素**   如果诊断时仍然存在链球菌感染，应选用无肾毒性抗生素如青霉素（过敏者选用大环内酯类，如红霉素）、头孢菌素等治疗，一般不主张长期预防性用药。反复发作的慢性扁桃体炎，待肾炎病情稳定后可做扁桃体摘除，手术前、后2周须注射青霉素。

4. **中医中药**   急性肾小球肾炎多由于感受风寒、风热及湿邪所致。病变发展期有外感表证及水肿、尿少、血尿等症状，此期中医治疗往往采用清肺利水、清热凉血、解毒利湿等治疗法则，常用方剂如麻黄连翘赤小豆汤合越婢加术汤加减。

（三）维持皮肤完整性

做好皮肤护理，水肿较重者衣着应柔软、宽松。卧床期间应嘱病人经常变换体位，年老体弱者，可协助其翻身或用软垫支撑受压部位。由于水肿病人的皮肤较薄，易破损而致感染，故须协助病人做好全身皮肤护理，清洗时不可过分用力，避免损伤皮肤。此外，为病人做肌内注射时，应先将水肿皮肤推向一侧后进针，拔针后用无菌干棉球按压穿刺部位，以防进针口渗液而发生感染。严重水肿时，应避免肌内注射，可采用静脉途径以保证药物准确、及时地输入。

（四）透析治疗与护理

少数病人发生急性肾损伤而有透析指征时，应及时给予透析治疗。尤其是下列两种情况：①发生

高钾血症者(血钾>6.5mmol/L);②严重水钠潴留,引起左心衰竭者。由于本病具有自愈倾向,肾功能多可逐渐恢复,一般不需要长期维持透析。

（五）心理护理

给予病人心理支持,以增加其对疾病的心理防御能力。告知其绝大多数急性肾小球肾炎病人预后良好。病人一般于1~4周出现利尿、消肿、血压下降,仅6%~18%的病人遗留尿异常和高血压而转成慢性肾炎,只有不到1%的病人可因急性肾损伤救治不当而死亡。

（六）健康指导

1. 指导病人增强体质。出院后积极锻炼身体,改善身体防御能力。

2. 改善环境卫生,注意个人清洁卫生,预防上呼吸道及皮肤感染。积极治疗某些慢性疾病,如慢性扁桃体炎、咽炎、龋齿、鼻窦炎及中耳炎。

3. 一旦发生感染应及时遵医嘱应用抗菌药物。指导病人及其家属掌握有关药物的剂量、不良反应及用药注意事项。

4. 教会病人及其家属计算出入量、测量体重和血压的方法。

5. 活动与休息。急性期病人应绝对卧床休息,症状明显者须卧床休息4~6周,待肉眼血尿消失、水肿消退及血压恢复正常后,可逐步增加活动量。待病情稳定后可从事一些轻体力活动,但1~2年应避免重体力活动和劳累。

6. 应定期随访,监测病情。急性肾炎完全康复可能需要1~2年,当临床症状消失后,蛋白尿、血尿等可能仍然存在。

【护理评价】

经过治疗和护理,评估病人是否能够达到:①水肿减轻,水、电解质保持平衡;②皮肤完整;③无焦虑或焦虑减轻;④无并发症发生;⑤活动耐力增强。

（许　莹）

第三节　慢性肾小球肾炎病人的护理

学习目标

识记:

1. 复述概念:慢性肾小球肾炎。

2. 说出慢性肾小球肾炎的常见病因,导致肾功能恶化的因素。

3. 列举慢性肾小球肾炎的症状与体征。

理解:

1. 阐述肾小球疾病的发病机制。

2. 举例说明慢性肾小球肾炎相关辅助检查的意义。

运用:

运用所学知识,针对肾小球疾病病人的具体情况,提出相应的护理问题,制订有针对性的护理措施和健康指导。

导入情境与思考

病人,男性,47岁。主因发现血肌酐升高4个月入院。临床表现为蛋白尿,无血尿、水肿,伴肾功能不全,血白蛋白正常,伴乏力、腰痛,无恶心、呕吐、腹泻、发热等。既往高血压病史8年。入院后情绪低落,夜间服地西泮可入睡。

请思考:

(1) 该病人主要的护理问题是什么?

(2) 该病人有哪些护理要点?

慢性肾小球肾炎(chronic glomerulonephritis,CGN)简称慢性肾炎,指各种病因引起双肾肾小球弥漫性或局灶性炎症性或非炎症性改变,它是一组病情迁延、病变进展缓慢,最终将发展成为慢性肾衰竭的原发性肾小球疾病。本病可发生于任何年龄,以青、中年男性居多,临床上以水肿、高血压、蛋白尿、血尿及肾功能损害为基本表现。由于本组疾病的病理类型及病期不同,主要临床表现可各不相同,疾病表现呈多样化。

【病因】

慢性肾炎系由各种原发性肾小球疾病迁延不愈发展而成,病因大多尚不清楚,少数由急性肾小球肾炎发展所致。可能导致肾小球肾炎的疾病包括免疫球蛋白A(IgA)肾病,狼疮,血管炎,某些细菌和病毒感染(感染性肾小球肾炎),混合性冷球蛋白血症,膜增生性肾小球肾炎,奥尔波特(Alport)综合征,IgA血管炎(过敏性紫癜)等。在大部分发达国家中,IgA肾病是慢性肾小球肾炎的最常见原因。

【发病机制】

慢性肾炎病理类型多样,绝大多数由不同病因、不同病理类型的原发性肾小球疾病发展而来。其发病机制主要与免疫介导炎症损伤有关,多数病例肾小球内有免疫复合物沉积。此外,高血压、大量蛋白尿等非免疫因素亦参与其慢性化进程。主要表现为:①高血压引起缺血性改变,导致肾小动脉狭窄、闭塞,产生肾小动脉硬化性损伤;②健存肾单位代偿性肾小球毛细血管高灌注、高压力、高滤过,促使肾小球硬化;③长期大量蛋白尿导致肾小球及肾小管慢性损伤;④脂质代谢异常引起肾小血管和肾小球硬化;⑤原发病的免疫介导性炎症导致持续性进行性肾实质受损。

【病理生理】

慢性肾炎可由多种病理类型引起。肾小球病变可呈弥漫性(全部肾小球受累),或局灶性(仅部分肾小球受累,通常<50%)。就单个肾小球而言,若整个肾小球毛细血管丛均受累则为全球性病变,若仅有部分受累则为节段性病变(<50%)。组织学改变包括"增生"(肾小球内细胞数量增多)、"硬化"(存在瘢痕),以及"坏死"(细胞死亡)。增生可能主要发生在系膜区(系膜增生性肾小球肾炎)、毛细血管壁内(毛细血管内皮细胞增多)及毛细血管外区域。最终,控制不佳的肾小球疾病伴随间质纤维化,后者是预后不良的标志。疾病晚期肾体积缩小、肾皮质变薄,呈"固缩肾",所有病理类型均可转化为硬化性肾小球肾炎。

【护理评估】

(一) 健康史

应详细询问病人有无急性肾小球肾炎及其他肾病史,有无高血压、糖尿病、过敏性紫癜、系统性红斑狼疮等病史及是否长期服用对肾有害的药物;是否就诊过,曾服用过哪些药物;家族中有无同样或类似疾病的病人。

(二) 身体状况

慢性肾炎以中青年男性多见。多数起病缓慢、隐匿,可有一个相当长的无症状尿异常期。基本表现为肾炎综合征,即血尿、不同程度的蛋白尿,以及无尿路感染时的白细胞尿。病人还可能存在高血

压、肾功能不全,如果炎症不仅限于肾,还可存在其他器官系统受累的提示性表现,如肺出血、过敏性紫癜、关节炎。若病情迁延不愈,则可渐进性发展为慢性肾衰竭。

早期病人可有乏力、疲倦、腰部疼痛、食欲缺乏等表现,水肿时有时无,一般不严重。有的病人可无明显临床症状。肾功能正常或轻度受损(肌酐清除率下降或轻度氮质血症),这种情况可持续数年,甚至数十年。有的病人出现血压(特别是舒张压)持续性中等程度以上升高,病人可有眼底出血、渗出甚至视神经盘水肿,如血压控制不好,肾功能恶化较快,预后较差。

部分病人因感染、劳累、妊娠、应用肾毒性药物、预防接种及高蛋白、高脂或高磷饮食等,可导致肾功能急剧恶化,如能及时祛除诱因和适当治疗,病情可一定程度缓解,但也可能由此进入不可逆的慢性肾衰竭期。

(三) 辅助检查

1. **尿液检查**　尿蛋白为轻至中度增加,定性为 + ~ +++,定量常在 1 ~ 3g/d,由半定量试纸尿液干化学检测检出的蛋白尿通常反映肾小球性蛋白尿,因为该方法对白蛋白以外的蛋白并不敏感。肾小球性血尿的标志是存在异形红细胞,可伴或不伴红细胞管型。肾小球性血尿可能伴有其他表现,如蛋白尿、高血压、GFR 下降或系统性表现,也可孤立存在,不伴其他异常。

2. **血液检查**　早期多正常或轻度贫血,晚期红细胞计数和血红蛋白明显下降。疑似肾小球肾炎的病人应接受特定的实验室检查,包括血清补体 C3 和 C4 水平,ANCA、抗 GBM 抗体、抗核抗体、抗 ds-DNA 抗体、乙型肝炎病毒、丙型肝炎病毒及 HIV 血清学检查,血清游离轻链和血清免疫固定电泳等,以进行诊断和鉴别诊断。

3. **肾功能检查**　晚期血肌酐和尿素氮增高,内生肌酐清除率明显下降。

4. **影像学检查**　如果怀疑肾小球疾病,通常建议行肾超声检查,主要是为了排除尿液中其他血尿的原因和/或肾功能下降。超声还可以测量肾的大小,以提供有关肾病持续时间的线索。晚期双肾缩小,肾表面不平,肾皮质变薄或肾内结构紊乱。

5. **肾活检病理检查**　当无法单独通过血液检查或影像学检查诊断肾小球疾病的原因时,可行肾活检病理检查。对于晚期肾功能不全的病人,若影像学检查显示肾缩小(可能是纤维化),则可推迟肾活检。

(四) 心理-社会状况

评估病人对疾病的情感反应,是否有焦虑、悲观等。评估病人的年龄,职业,既往史,社会支持系统和常用的应对机制。询问病人及其家属有无坚持长期用药的思想准备,如病人最终发展为慢性肾衰竭,是否有足够的经济基础以保证其终身用药及透析治疗。应在诊断和治疗阶段给予病人及其家属支持。

【常见护理诊断/问题】

1. **营养失调:低于机体需要量**　与低蛋白饮食,长期蛋白尿致蛋白丢失过多有关。
2. **体液过多**　与肾小球滤过率下降导致水钠潴留等因素有关。
3. **活动耐力下降**　与低蛋白血症致水肿及晚期红细胞和血红蛋白减少有关。
4. **焦虑**　与疾病反复发作、预后不良有关。
5. **潜在并发症:慢性肾衰竭。**

【计划与实施】

慢性肾炎的处理原则应以防止或延缓肾功能进行性恶化、改善或缓解临床症状及防治严重并发症为目的,而不应以消除尿红细胞或轻微尿蛋白为目标。

通过积极治疗与护理,病人达到:①维持营养平衡;②水肿症状得到缓解;③遵医嘱按时、准确服用药物;④积极参与自我护理。

（一）维持营养平衡

1. 饮食护理 给予病人低盐、低脂、低磷、优质蛋白饮食。

慢性肾炎病人肾功能减退时应予以优质低蛋白饮食［<0.6g/（kg·d）且50%以上为优质蛋白］，以减轻肾小球毛细血管高灌注、高压力和高滤过状态，延缓肾小球硬化和肾功能减退。低蛋白饮食时，应适当增加碳水化合物的摄入，以满足机体生理代谢所需的能量，避免因能量供给不足加重负氮平衡。控制磷的摄入。同时注意补充多种维生素及锌元素，因锌有刺激食欲的作用。予以低盐饮食（<6g/d），除有明显水肿外，不必过分限制水分的摄入。

2. 静脉补充营养素 遵医嘱静脉补充必需氨基酸。

3. 营养监测 观察并记录病人的进食情况，评估膳食的营养成分结构是否合理，总能量是否足够。观察其口唇、指甲及皮肤色泽有无苍白；定期监测体重和上臂肌围；检测血红蛋白浓度和血清白蛋白浓度有无下降。

（二）用药治疗与护理

1. 积极控制高血压和减少尿蛋白 高血压和尿蛋白是加速肾小球硬化、促进肾功能恶化的重要因素，积极控制高血压和减少尿蛋白是两个重要的环节。

（1）利尿药：慢性肾炎时病人高血压的主要原因是水钠潴留引起的容量依赖性高血压，故大部分病人经过休息、限盐和使用利尿药即可达到降压效果。利尿药可清除身体多余盐和水，继而降低血压，用药后会大量排尿，尤其是在刚开始。限盐（钠）后，利尿药的效果会更好。当联合使用血管紧张素转化酶抑制剂和利尿药作为一线治疗时，须逐渐调整利尿药的剂量以避免出现低血压，因为利尿药可增强血管紧张素转化酶抑制剂的降压作用。

由于肾功能下降，病人通常存在血容量增加，因此需要更高剂量的利尿药。当GFR<30ml/min时，噻嗪类利尿药的疗效会降低。对于此类病人，优选袢利尿药作为初始治疗药物。可优选托拉塞米，其作用持续时间比呋塞米长。如果水肿持续存在，可在袢利尿药的基础上加用噻嗪类利尿药。对于存在水肿的病人，初始目标为消除水肿。如果水肿消除后高血压持续存在，则容量负荷可能仍然存在并加重高血压。因此，当治疗无显性水肿的高血压病人时，应在降压作用不充分时增加利尿药的剂量和/或用药频率。

（2）抗高血压药：应尽可能选择对肾有保护作用的抗高血压药，理想的血压控制水平视尿蛋白程度而定。

高质量证据支持将ACEI或ARB作为蛋白尿性肾病（即尿蛋白排泄>500mg/d）病人的一线治疗药物，因为这些药物除了降低血压还能减慢肾病的进展速度。两者起效方式相似，均可通过松弛血管而降低血压，也能降低肾内压力，以改善肾滤过作用。血管紧张素转化酶抑制剂包括依那普利和赖诺普利等。血管紧张素受体拮抗剂包括坎地沙坦和缬沙坦。

慢性肾炎病人中血管紧张素转化酶抑制剂的常见副作用包括GFR急性降低和高钾血症。此外，妊娠女性禁用ACEI和ARB。与血管紧张素抑制剂在蛋白尿性肾病病人中的肾保护作用不同，在非蛋白尿性肾病病人中，血管紧张素抑制剂似乎并不比其他抗高血压药更有益。在这类病人中，如果有水肿，推荐应用袢利尿药进行初始治疗。如果没有水肿，可开始时应用血管紧张素抑制剂，随后加用一种二氢吡啶类钙通道阻滞剂。

2. 抗血小板和抗凝治疗 大剂量双嘧达莫（300~400mg/d）、小剂量阿司匹林（40~300mg/d）有抗血小板聚集作用，对系膜毛细血管性肾小球肾炎有一定的降尿蛋白作用。

3. 糖皮质激素和细胞毒性药物 慢性肾小球肾炎一般不主张积极应用该类药物，如病人肾功能正常或仅轻度受损，肾体积正常，病理类型较轻，尿蛋白较多，无禁忌的前提下可试用，无效者逐步撤去。

（三）防治引起肾损害的各种因素

1. 防治各种感染 尤其是上呼吸道感染，因其可使慢性肾炎急性发作，导致肾功能急剧恶化。

Note:

2. 禁用肾毒性药物　常见的肾毒性药物有氨基糖苷类抗生素(包括新霉素、庆大霉素、妥布霉素、阿米卡星和链霉素等)、磺胺药、头孢菌素类、两性霉素、顺铂及造影剂等。

3. 及时治疗高脂血症、高尿酸血症等。

(四) 健康指导

1. 休息与饮食　嘱病人加强休息,以增加肾血流量,延缓肾功能减退。向病人解释优质低蛋白、低磷、低盐、高能量饮食的重要性,指导病人根据自己的病情选择合适的食物和量。

2. 避免加重肾损害的因素　向病人及其家属讲解影响病情进展的因素,指导其避免加重肾损害的因素,如感染、劳累、妊娠、接种疫苗、应用肾毒性药物等。

3. 用药指导　介绍各类抗高血压药的疗效、不良反应及用药注意事项。如告诉病人 ACEI、ARB 可致血钾升高,并告知高钾血症的表现等。务必谨遵医嘱用药,以便药物剂量无误。药片分装盒和用药提醒器会有所帮助,每次就诊时都带上用药清单可帮助医生了解病人的用药情况。

4. 自我病情监测与随访的指导　慢性肾炎病程长,须定期随访疾病的进展,包括肾功能、血压、水肿等的变化。嘱病人一旦出现水肿或水肿加重、尿液泡沫增多、血压增高或有急性感染时,及时到医院就诊。

【护理评价】

经过治疗和护理,评估病人是否能够达到:①能维持营养平衡;②水肿症状得到缓解,水、电解质基本能保持平衡;③遵医嘱按时、准确地服用药物;④正视自己的疾病,主动配合治疗和护理;⑤并发症得到及时发现和处理。

(许　莹)

第四节　肾病综合征病人的护理

学习目标

- 识记:
  1. 复述肾病综合征的概念。
  2. 说出肾病综合征的常见病因。
  3. 列举肾病综合征的症状与体征。
- 理解:
  1. 阐述肾病综合征的发病机制。
  2. 举例说明肾病综合征相关辅助检查的意义。
- 运用:
  运用所学知识,针对肾病综合征病人的具体情况,提出相应的护理问题,制订有针对性的护理措施和健康指导。

 导入情境与思考

病人,男性,54 岁,双下肢水肿半年,伴有大量蛋白尿、低白蛋白血症、高血压,肾病综合征诊断较为明确,进一步肾穿刺明确病因就诊。

体格检查:T 36℃,HR 78 次/min,BP 142/73mmHg,BMI 25.88kg/m²,听诊双肺呼吸音清,未闻及干、湿啰音,心音有力,心律齐,各瓣膜区未闻及病理性杂音。腹软,无压痛、反跳痛、肌紧张,叩诊移动性浊音(−),双下肢中度可凹性水肿。

请思考：

（1）目前对该病人的主要护理问题和护理措施有哪些？

（2）若病人经肾穿刺后出院，出院后的注意事项有哪些？

肾病综合征（nephrotic syndrome，NS）是指一系列独特的肾病临床特征和实验室特征，包括大量蛋白尿（尿蛋白定量>3.5g/24h）、低白蛋白血症（<30g/L）和外周水肿。也常观察到高脂血症和血栓性疾病。

【病因与发病机制】

（一）病因

肾病综合征可分为原发性及继发性两大类。原发性肾病综合征是指原发于肾本身的肾小球疾病，如在10岁以下的儿童中，90%的肾病综合征病例由微小病变性肾病（脂性肾病）引起，而在年龄较大的儿童中该比例超过50%。成人原发性肾病综合征最常见的原因是局灶节段性肾小球硬化（FSGS）和膜性肾病。FSGS不是一种独立的疾病而是肾损伤的特异性组织学表现，其特征为光学显微镜下有部分肾小球出现节段区系膜塌陷和硬化。继发性肾病综合征是指继发于全身性或其他系统的疾病，儿童见于过敏性紫癜肾炎、乙型肝炎病毒相关性肾炎、狼疮性肾炎，青少年见于狼疮性肾炎、过敏性紫癜肾炎、乙型肝炎病毒相关性肾炎，中老年见于糖尿病肾病、肾淀粉样变性、骨髓瘤性肾病、淋巴瘤或实体肿瘤性肾病。本节仅讨论原发性肾病综合征。

（二）发病机制

1. **大量蛋白尿** 肾病综合征中的蛋白丢失由肾小球性蛋白尿导致，其特征为大分子通过肾小球毛细血管壁的滤过增加。由于肾小球滤过膜分子屏障和电荷屏障作用受损，使原尿中蛋白含量增多，当超过肾近曲小管重吸收量时，形成大量蛋白尿。

2. **低白蛋白血症** 肾病病人发生低白蛋白血症的机制尚未完全知晓。大部分白蛋白丢失由尿液排泄所致。当肾小管分解蛋白增加，肝合成蛋白供应不足时，出现低白蛋白血症。另外，病人由于胃肠道黏膜水肿导致食欲减退、蛋白质摄入不足、吸收不良或丢失，也加重低白蛋白血症。

3. **水肿** 有两种机制解释肾病综合征病人水肿的发生。明显的低白蛋白血症通过使血浆胶体渗透压下降导致液体流出进入组织间隙。肾脏疾病本身导致的肾小管钠重吸收增加引起水钠潴留，亦可导致水肿。

4. **高脂血症和脂肪尿** 肾病综合征中最常见的两种脂质异常是高胆固醇血症和高甘油三酯血症。血浆胶体渗透压下降刺激肝合成脂蛋白，进而导致高胆固醇血症。脂质代谢受损是肾病性高甘油三酯血症的主要原因。肾病综合征病人常出现脂肪尿。尿脂质可能存在于沉渣中、包裹于管型中（脂肪管型）、被变性的上皮细胞的质膜所包裹（卵圆脂肪小体）或者游离于尿液中（图44-4-1）。

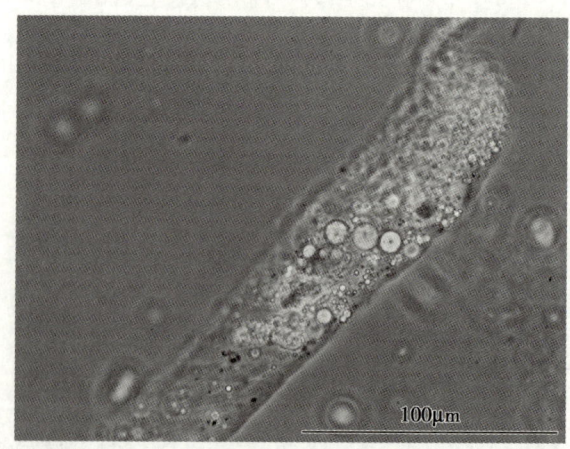

图44-4-1　尿沉渣呈脂肪堆积

【护理评估】

（一）健康史

关注病人年龄、性别，有无肾病史；了解病人有无其他疾病史，如系统性红斑狼疮、过敏性紫癜、糖尿病等；询问病人家族史，家族中有无类似疾病发生。

（二）身体状况

1. **主要临床表现** 原发性肾病综合征的发病年龄、起病缓急与病理类型有关。起病过程可急可缓，亦有隐匿性起病者。临床过程可自然缓解或经治疗而缓解，但易反复发作加重。肾病综合征的主要临床表现为蛋白尿和水肿。间质液体常积聚于重力依赖区，导致此处组织弹性降低。因此，晨间醒后眶周水肿，以及足部水肿常见。当进展为广泛性、全身性水肿时，水肿常伴有浆液性积液。

2. **并发症**

（1）蛋白质缺乏型营养不良：有显著蛋白尿的病人常常出现去脂体重下降伴负氮平衡，但上述变化可能因同时增加的水肿所致体重增加而被掩盖。继发于胃肠道水肿的胃肠道症状如厌食和呕吐可能加重蛋白质缺乏型营养不良。

（2）低血容量：肾病病人可出现症状性低血容量，通常由对血清白蛋白低于 15g/L 的病人过度利尿所致。未经治疗的儿童偶尔会表现出血容量不足的征象，这被认为由严重低白蛋白血症导致液体进入组织间隙引起。

（3）急性肾损伤：部分肾病综合征病人（尤其是有严重蛋白尿和低白蛋白血症者）可发生急性肾损伤。其发生机制与若干因素有关，包括低血容量、间质性水肿、缺血性肾小管损伤和使用 NSAID。因水肿引起有效血容量不足而致肾血流量下降，诱发肾前性氮质血症。经扩容、利尿后多可恢复，少数病例可发展为肾实质性肾衰竭，表现为少尿甚至无尿，扩容、利尿无效。其发生机制可能是肾间质高度水肿压迫肾小管和大量管型堵塞肾小管，引起肾小管高压，肾小球滤过率骤然减少，诱发肾小管上皮细胞损伤、坏死。

（4）血栓形成：肾病综合征病人中动脉和静脉血栓形成，尤其是深静脉和肾静脉血栓形成，肺栓子的发生率升高（10%～40%的病人出现）。膜性肾病病人中肾静脉血栓形成发生率更高，特别是在蛋白排泄>10g/d 的病人中。由于血液浓缩、有效血容量减少及高脂血症造成血液黏稠度增加；此外，某些蛋白质自尿中丢失，以及肝代偿性合成蛋白增加，引起机体凝血、抗凝和纤溶系统失衡；加之肾病综合征时病人血小板功能亢进，应用利尿药和糖皮质激素等均进一步加重高凝状态；因此易发生血栓、栓塞并发症，其中以肾静脉血栓最为常见，此外，肺血管血栓、栓塞，下肢静脉、下腔静脉、冠状血管血栓也较常见。血栓、栓塞并发症是直接影响 NS 治疗效果和预后的重要原因。肾静脉血栓可急性发作，但更常见慢性起病。急性发作的表现包括腰痛、肉眼血尿和肾功能下降。大多数病人无症状，只有在发生肺血栓栓塞时才会怀疑肾静脉血栓形成。

（5）感染：为肾病综合征常见并发症，也是导致本病复发和疗效不佳的主要原因。其发生与蛋白质缺乏型营养不良、免疫功能紊乱及应用糖皮质激素和细胞毒性药物治疗有关。肾病综合征的感染性并发症包括反复呼吸道感染、尿路感染、腹膜炎和脓毒症，尤其是肺炎链球菌等细菌荚膜引起的感染。

（6）其他并发症：部分肾病综合征病人出现近端肾小管功能障碍，近端肾小管功能障碍可导致糖尿、氨基酸尿、高磷酸盐尿、高碳酸氢盐尿及维生素 D 缺乏，这些都为近端肾小管性酸中毒的特征。当病人的甲状腺素结合球蛋白降低时，可引起各种甲状腺功能检测结果的显著改变。少数病人还会由于促红细胞生成素经尿液丢失或合成受损引起贫血。

（三）辅助检查

1. **尿液检查** 24h 尿蛋白定量>3.5g，尿蛋白定性一般为+++～++++。尿沉渣常含红细胞、颗粒管型等。

2. **血液检查** 血浆清蛋白<30g/L；总胆固醇、甘油三酯、低密度脂蛋白和极低密度脂蛋白均增高；转铁蛋白、补体均减少。

3. **肾功能检查** GFR 正常或降低，血肌酐、尿素氮可正常或升高。

4. **B 超检查** 双肾正常或缩小。

5. **肾活检** 肾活检是确定蛋白尿病因的标准操作。在持续性肾病范围蛋白尿的病因不明时需

Note:

要进行肾活检以确定治疗方案。

（四）心理-社会状况

应评估病人及其家庭对疾病的反应,诊断为肾病综合征的病人及其家人常见的心理反应是焦虑和恐惧。另外,病人还会因全身水肿而担心自己容貌、形象的改变。评估病人及其家庭的应对能力、支持系统及所承受压力的程度。

【常见护理诊断/问题】

1. **体液过多**　与低蛋白血症致血浆胶体渗透压下降、体内水钠潴留有关。
2. **营养失调:低于机体需要量**　与大量蛋白尿、食欲减退及吸收障碍有关。
3. **有感染的危险**　与机体抵抗力下降、应用激素和/或免疫抑制剂有关。
4. **有皮肤完整性受损的危险**　与水肿、营养不良有关。
5. **焦虑/恐惧**　与本病病程长、易反复发作有关。
6. **潜在并发症:血栓形成、急性肾损伤、心脑血管并发症。**

【计划与实施】

肾病综合征的治疗包括一般治疗、对症治疗(利尿消肿、减少尿蛋白、降脂治疗)、抑制免疫与炎症反应及预防并发症等。其中,抑制免疫与炎症反应为肾病综合征的主要治疗。

经过治疗和护理,病人达到:①水肿减轻或消退;②维持营养平衡;③无感染及其他并发症发生;④皮肤无损伤或发生感染;⑤焦虑感(或恐惧感)减轻,舒适感增强。

（一）缓解水肿,维持水、电解质平衡

1. 活动与休息　水肿的病人适当注意休息,以增加肾血流量和尿量,缓解水钠潴留。病情稳定的病人应保持适度的床上或床旁活动,以防止静脉血栓形成。

2. 病情观察与护理

（1）严格观察病人的生命体征变化。

（2）监测病人尿量、尿液的颜色及透明度的变化。如发现病人血压突然下降,尿量突然减少,甚至无尿应及时通知医生,警惕循环衰竭或急性肾损伤。

（3）监测病人体重变化,指导其正确测量体重的方法及重要性。

（4）观察病人水肿的发生时间、部位、程度、特点、消长情况,以及有无胸闷、气促、腹胀等胸腔、腹腔、心包积液的表现;皮肤有无破损、压疮;双下肢水肿程度、性质是否一致。水肿病人的护理:①水肿较重的病人应注意衣着柔软、宽松;②长期卧床的病人应协助其经常变换体位,防止发生压疮;③保持皮肤清洁干燥,保持床单位平整、无渣屑,嘱病人勿搔抓皮肤;④注意水肿病人的各项穿刺,如肌内注射时,应先将水肿皮肤推向一侧后进针,拔针后用无菌干棉签按压穿刺部位,以防进针口渗液而发生感染;⑤尽量由操作熟练、经验丰富的护士给水肿较重的病人进行静脉穿刺,并随时观察输液处皮肤情况,询问病人有无肿胀、疼痛等不适;⑥水肿病人应尽量卧床休息,严重水肿病人应经常改换体位,胸腔积液者应半卧位,下肢水肿病人应抬高双下肢30°~40°;⑦阴囊水肿病人应两腿自然分开,保持阴囊清洁干燥,局部使用滑石粉,用三角巾托起阴囊,避免局部水肿加重及摩擦导致皮肤破损;⑧指导病人及其家属使用芒硝外敷减轻水肿。

（二）维持营养平衡

1. 饮食护理　给予病人低盐饮食(食盐<6g/d)以减轻水肿。若病人肾功能正常,给予病人正常量[0.8~1.0g/(kg·d)]的优质蛋白(富含必需氨基酸的动物蛋白);当肾功能不全时,应根据GFR调整蛋白质的摄入量。供给足够的能量,每千克体重30~35kcal/d;少食富含饱和脂肪酸的动物脂肪,多食富含不饱和脂肪酸的植物油,并增加富含可溶性纤维素的食物如燕麦、豆类等以控制高脂血症;注意维生素及微量元素如铁、钙等的补充。

2. **营养监测**　记录病人的进食情况,评估饮食结构是否合理。定期测量血浆白蛋白、血红蛋白等指标,评估机体的营养状况。

（三）积极预防感染

1. **保持环境清洁**　保持病房环境清洁,定时通风换气,定期进行空气消毒,保持室内温、湿度适宜。同时要尽量减少病区的探访人次,限制上呼吸道感染者探访。

2. **指导病人预防感染**

（1）告知病人预防感染的重要性,指导病人注意自身体温变化,告知病人出现发热、咽痛、咳嗽、胸痛、尿痛等症状大多提示有感染存在。

（2）指导病人养成良好的卫生习惯。加强口腔护理,进餐后、睡前、晨起用生理盐水或氯己定溶液、碳酸氢钠溶液交替漱口,口腔黏膜有溃疡时,可增加漱口次数或遵医嘱用药;保持皮肤清洁,尽量穿柔软宽松的清洁衣裤,勤剪指甲,蚊虫蜇咬时应正确处理,避免抓伤皮肤;预防泌尿系感染,注意个人卫生,勤换内衣裤等。

（3）指导病人避免去人多的公共场所,减少与传染病病人接触;协助病人加强全身皮肤、口腔黏膜和会阴部等部位的护理,防止皮肤和黏膜损伤;指导病人加强营养和休息,增加机体抵抗力;遇寒冷季节注意保暖。

3. **病情观察**　密切监测病人生命体征,尤其注意有无体温升高;观察有无呼吸道、泌尿系统及皮肤感染的征象,如咳嗽、咳痰、肺部啰音、尿路刺激征、皮肤红肿等。

4. **无菌操作**　严格执行无菌操作,对白细胞或粒细胞严重低下的病人实行保护性隔离,向病人及其家属解释其必要性,使其自觉配合。

（四）维持皮肤完整性

具体护理措施参见本章第二节"急性肾小球肾炎病人的护理"。

（五）预防血栓和栓塞

血栓和栓塞是肾病综合征严重的、致死的并发症之一,常见的是肾静脉血栓及其脱落后形成的肺栓塞。

1. **病情观察**　观察病人有无一侧肢体突然肿胀,有无浅表静脉曲张;有无腰痛、肾绞痛、肉眼血尿;有无胸痛、胸闷、呼吸困难;有无口渴、烦躁等;观察病人皮肤颜色、温度,有无皮肤由暖变冷,甚至苍白;触摸肢体相关动脉搏动情况。

2. 每日测量病人双侧下肢肢体的腿围情况,观察足背动脉搏动情况。

3. 密切追踪病人的血、尿的各项检查结果,如尿蛋白突然升高,也应怀疑肾静脉血栓形成的可能性。

4. **预防血栓形成**　NS病人可以根据病情进行双下肢血液循环驱动泵的治疗,以促进血液循环,但是已存在下肢血栓的病人禁用。病人肢体水肿症状减轻时,在医生准许的情况下可适当下床活动,促进静脉回流,防止血栓形成。

（六）药物治疗与护理

1. **抑制免疫反应与炎症反应**　为肾病综合征的主要治疗。

（1）糖皮质激素:该药主要通过抑制炎症反应和免疫反应,抑制醛固酮和抗利尿激素分泌,影响肾小球基膜通透性等综合作用而发挥其利尿、消除尿蛋白的作用。使用原则和方案一般是:①起始足量:常用药物为泼尼松 1mg/(kg·d),口服 8 周,必要时可延长至 12 周;②缓慢减药:足量治疗后每 2~3 周减原用量的 10%,当减至 20mg/d 左右时症状易反复,应更加缓慢减量;③小剂量长期维持:最后以最小有效剂量(10mg/d)再维持半年左右。激素可采用全日量顿服或在维持用药期间两日量隔日一次顿服,以减轻激素的不良反应。水肿严重、有肝功能损害或泼尼松疗效不佳时,可更换为甲泼尼龙(等剂量)口服或静脉滴注。地塞米松因半衰期长,副作用大,现已少用。

根据病人对糖皮质激素的治疗反应,可将其分为"激素敏感型""激素依赖型"及"激素抵抗型"3

Note:

类。"激素敏感型"是指病人使用糖皮质激素8~12周症状即缓解的类型;"激素依赖型"是指激素减药到一定程度疾病即复发的类型;"激素抵抗型"则是指对糖皮质激素治疗无效的类型。

长期应用者可出现感染、胃溃疡、骨质疏松、血压和血糖紊乱等并发症,少数病人甚至还可发生股骨头无菌性缺血性坏死。因此,病人服药期间应补充钙剂和维生素 D_3,以防骨质疏松;定期监测病人体温、血压、血糖、尿糖的变化;做好皮肤、口腔护理;嘱病人不得自行减量或停药;询问病人有无骨痛、腹痛及黑便的症状;口服激素的病人应饭后服用,以减少对胃黏膜的刺激;因为长期口服激素的病人常会有"满月脸""水牛背"的改变,护士应耐心向病人讲解药物的不良反应,做好心理辅导。

(2)细胞毒性药物:用于"激素依赖型"或"激素抵抗型"肾病综合征。常与激素合用。若无激素禁忌,一般不作为首选或单独治疗用药。环磷酰胺(CTX)为国内外最常用的细胞毒性药物,应用剂量为 $2mg/(kg \cdot d)$,分1~2次口服,或200mg隔日静脉注射,累积量达6~8g后停药。静脉注射CTX时应选择粗大的血管且一定要保证药液在血管内,一旦有药液渗出应立即拔出针头,并进行局部封闭,避免产生静脉炎。使用该药物的病人易发生胃肠道反应、皮疹、脱发、出血性膀胱炎等症状,所以应密切观察病人尿液颜色,并鼓励病人多饮水,以促进药物从尿中排出,减少出血性膀胱炎的发生;观察病人有无恶心、呕吐、厌食等消化道不适症状,以及脱发、皮疹、腹痛等表现;定期监测病人血常规。

(3)环孢素:可选择性抑制辅助性T细胞及细胞毒性T细胞,已作为二线药物用于治疗激素及细胞毒性药物无效的难治性肾病综合征。常用量 $3~5mg/(kg \cdot d)$,分2次空腹口服,服药期间须监测并维持病人血药浓度谷值为 $100~200\mu g/L$。服药2~3个月后缓慢减量,共服半年左右。常见的不良反应为肝毒性、肾毒性、高血压、高尿酸血症、多毛及牙龈增生等,在服药期间护士应给予严密监测。

2. 对症治疗

(1)利尿消肿:利尿药的治疗原则是不宜过快、过猛。使用利尿药要预防水、电解质紊乱,特别是低钾、低钠血症,所以应当定时监测病人的生化检查中的各项指标变化。严格记录病人出入量,密切观察其尿液颜色、量和性状的变化,评估病人对利尿药的敏感程度。根据病人尿量的变化评估其血容量,避免过度利尿,加重血液高凝状态。

静脉输注血浆或白蛋白可提高血浆胶体渗透压,促进组织中水分回吸收并利尿,同时加用袢利尿药常有良好的利尿效果,但应严格掌握用药适应证,对严重低蛋白血症、高度水肿而又少尿的病人,在必须利尿的情况下方可考虑使用,但也要避免过频、过多,以免血容量不足,诱发血栓形成和肾损害。

(2)减少尿蛋白:应用 ACEI 或 ARB,除可有效控制高血压外,还可通过降低肾小球内压和直接影响肾小球基膜对大分子的通透性,有不依赖于降低全身血压的减少尿蛋白作用。用 ACEI 或 ARB 降尿蛋白时,所用剂量一般应比常规降压剂量大,才能获得良好的疗效。因此用药期间也应严密监测病人生命体征,尤其是血压,以防出现低血压。

(3)降脂治疗:高脂血症可加速肾小球疾病的发展,增加心、脑血管病的发生率,因此肾病综合征病人的高脂血症应予以治疗。大多数病人仅用低脂饮食难以控制血脂,须用调节血脂药。羟甲基戊二酰辅酶 A 还原酶(HMG-CoA)抑制剂如洛伐他汀为首选的调节血脂药。

3. 并发症的预防与治疗

(1)感染:不常规应用抗生素预防感染,但病人出现感染征象时应选择敏感、强效及无肾毒性的抗生素进行治疗。

(2)血栓及栓塞:当病人出现高凝状态时应给予抗凝血药,密切观察病人有无呼吸困难、肢体肿胀等症状,若出现血栓或栓塞时应积极给予溶栓药物。

(3)急性肾损伤:若出现急性肾损伤,利尿仍不能缓解时须进行透析治疗。

(七)心理护理

1. 向病人介绍疾病相关知识,强调积极配合治疗的重要性。讲解影响预后的因素,如劳累、感染等对病情进展的影响。使病人及其家属树立对疾病的正确认识,增强信心,稳定情绪,积极配合治疗和护理。

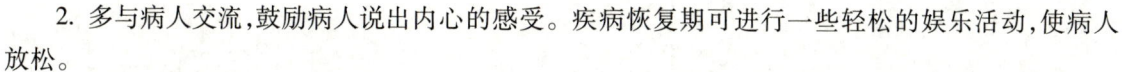

2. 多与病人交流,鼓励病人说出内心的感受。疾病恢复期可进行一些轻松的娱乐活动,使病人放松。

(八) 健康指导

1. **休息与运动**　嘱病人加强休息,避免劳累,尤其对于水肿病人。但长期卧床会增加血栓发生的概率,故应保持适度的床上及床旁活动;水肿减轻后病人可进行简单的室内活动,尿蛋白定量下降到 2g/d 以下时可恢复适量的室外活动。

2. **饮食指导**　告诉病人优质蛋白、高能量、低脂、高膳食纤维和低盐饮食的重要性,指导病人根据病情选择合适的食物,并合理安排每日的饮食。

3. **预防感染**　肾病综合征病人免疫功能低下,易发生感染,病人应注意保持床铺清洁,勤换内衣、剪短指/趾甲,保持个人卫生;女性病人注意会阴部清洁,每日用温水冲洗,男性病人应注意保持会阴局部清洁干燥;水肿严重时,保护皮肤,防止皮肤破溃造成感染。同时应避免受凉、感冒。

4. **用药指导**　嘱病人不可擅自减量或停用激素,介绍各类药物的服用方法、注意事项及可能的不良反应。

5. **自我病情监测与随访的指导**　监测水肿、尿蛋白和肾功能变化,定期随访。

【护理评价】

经过治疗和护理,评估病人是否能够达到:①水肿减轻;②维持营养平衡;③无感染发生;④焦虑感(或恐惧感)减轻,舒适感增强。

(许　莹)

思 考 题

1. 急性肾小球肾炎可能存在哪些护理诊断/问题?
2. 如何指导急性肾小球肾炎病人进行休息与活动?
3. 慢性肾小球肾炎病人的饮食指导要点有哪些?
4. 预防肾病综合征病人的血栓和栓塞并发症护理要点有哪些?
5. 护士应如何对肾病综合征病人进行激素治疗的用药护理?

URSING

第四十五章

肾衰竭病人的护理

45章 数字内容

第一节 急性肾损伤病人的护理

病人,男性,45 岁。自服鲤鱼鱼胆 1 枚,恶心、呕吐、腹痛、腹泻,伴腰痛 5d,黄疸 2d 入院。体格检查:皮肤、巩膜黄染。心、肺无异常发现,腹软,肝肋下 3cm,压触痛。实验室检查:血钾 5.4mmol/L,血糖 6.7mmol/L,血尿素氮(BUN)18.4mmol/L,血肌酐(SCr)158.6μmol/L,谷丙转氨酶(ALT)45U/L,谷草转氨酶(AST)41U/L。诊断:鱼胆中毒,急性肾损伤。

　　请思考:

　　(1) 该病人主要的护理问题是什么?

　　(2) 该病人主要的护理要点是什么?

　　急性肾损伤(acute kidney injury,AKI)是指肾功能突然下降,导致尿素和其他含氮废物潴留及细胞外液容量和电解质失调。AKI 这一术语已很大程度上取代了急性肾衰竭的说法,因为研究证实轻度肾功能急性减退即可导致病人病死率明显增加。

　　改善全球肾脏病预后组织(Kidney Disease:Improving Global Outcomes,KDIGO)的定义是最新且优选的定义。其他标准还常见 RIFLE 标准[风险(risk)、损伤(injury)、衰竭(failure)、肾功能丧失(loss of kidney function)及终末期肾病(end-stage renal disease)]。

　　根据 KDIGO 指南,AKI 定义为满足以下 3 项标准中的 1 项或多项:48h 内血清肌酐升高≥3mg/L(≥26.5μmol/L),或者血清肌酐升高至基线值的 1.5 倍及以上,并且这种升高已知或推测发生在之前 7d 内,或者尿量<0.5ml/(kg·h)持续 6h。AKI 的分期越高,并发症就越严重,危及生命的风险越大。

　　AKI 有广义和狭义之分,广义的 AKI 可分为肾前性、肾性和肾后性 3 类。狭义的 AKI 仅指急性肾小管坏死(acute tubular necrosis,ATN)。ATN 是 AKI 最常见的类型,占全部 AKI 的 75%~80%,通常由缺血或肾毒性因素所致。本节主要讨论 ATN。

【病因】

　　1. **肾前性**　指各种原因引起的肾血流灌注降低所致的缺血性肾损伤,又称为肾前性氮质血症,约占 AKI 的 55%,是 ATN 最常见的病因。

　　(1) 低血容量状态引起的肾灌注不足,如急性出血、腹泻或不显性失水且未充分补液。

　　(2) 有效循环血量较低状态导致肾灌注压降低,例如射血分数降低的严重收缩性心力衰竭、急性失代偿性肝硬化伴门静脉高压等。

　　(3) 药物导致的肾血流自动调节能力改变,如血管紧张素受体拮抗剂(ARB)或血管紧张素转化酶抑制剂(ACEI),这些药物常会加重肾前性 AKI;除此之外,非甾体抗炎药会引起入球小动脉血管收缩。

　　2. **肾性**　约占 AKI 的 40%,其有肾实质损伤,是由各种原因导致的肾小管、肾间质、肾血管和肾小球性损伤所致。以肾缺血和肾毒性物质导致肾小管上皮细胞损伤最为常见,其他还包括急性肾间质病变、肾小球和肾微血管疾病、肾大血管病、肾移植排斥反应等五大类。

　　3. **肾后性**　指由急性尿路梗阻,双侧尿路梗阻或孤立肾单侧尿路梗阻所致的 AKI,约占 AKI 的 5%。梗阻可发生在尿路从肾盂到尿道的任一水平。常见原因包括尿路结石、双侧肾盂积液、前列腺肥大、肿瘤等。肾后性因素多为可逆性,及时解除病因常可使肾功能恢复。

【发病机制】

　　1. **肾前性 AKI 的发病机制**

　　(1) 有效容量不足:原因包括胃肠道疾病导致的呕吐、腹泻、出血;利尿药、葡萄糖渗透性利尿导致的肾性失水;皮肤或呼吸道不显性失水、发汗、烧伤;以及挤压伤或骨折造成的第三间隙液体潴留。

（2）低血压:严重低血压可由休克引起,包括低血容量性休克、心源性休克或脓毒症休克,也可在严重的高血压经治疗后出现。

（3）体循环淤血:心力衰竭和肝硬化都可导致肾灌注显著下降。心力衰竭时心排血量减少,肝硬化时内脏静脉淤血及体循环血管舒张。可能促发 AKI 的机制包括肾灌注下降、肾小球通透性降低及过度利尿。

（4）选择性肾缺血:病人存在双侧肾动脉狭窄或功能性孤立肾单侧肾动脉狭窄时,ACEI、ARB 或直接肾素抑制剂治疗通常会加重病情。

（5）影响肾小球血流动力学的药物:可通过降低肾小球内压来降低 GFR,而肾小球内压是肾小球滤过作用的动力。其机制可为抑制入球(球前性)小动脉扩张,如使用非甾体抗炎药或钙调磷酸酶抑制剂;或抑制出球(球后性)小动脉收缩,如使用 ACEI 或 ARB。

在肾前性 AKI 早期,肾血流自我调节机制通过调节肾小球出球和入球小动脉的收缩,来维持 GFR 和肾血流量,可使肾功能维持正常。当血压过低,超过自我调节能力时将导致 GFR 降低,但短期内并无明显的肾实质损伤。如果肾灌注量减少能在 6h 内得到纠正,则血流动力学损害可以逆转,肾功能也可迅速恢复;但若低灌注持续,则可发生肾小管上皮细胞明显损伤,继而发展为 ATN。

2. **肾性 AKI** 按照损伤部位,肾性 AKI 可分为小管性、间质性、血管性和小球性。

（1）小管因素:肾小管间质性疾病常引起 AKI。缺血再灌注、肾毒性物质等可引起近端肾小管损伤,导致肾小管对钠的重吸收减少,管-球反馈增强,小管管型形成导致小管梗阻,管内压增加,GFR 下降。最常见的急性肾小管间质性疾病是 ATN,常见原因包括 ACEI/ARB 联合使用 NSAID、放射性造影剂或其他肾毒性物质、心脏手术、脓毒症、休克或肾前性疾病。

（2）血管因素:肾缺血既可通过血管作用使入球小动脉细胞内钙离子增加,从而使血管收缩和对肾自主神经刺激的敏感性增加,导致肾自主调节功能损害、血管舒缩功能紊乱、内皮损伤,也可产生炎症反应。这些变化可引起肾血浆流量下降、肾内血流重新分布、肾皮质血流量减少、肾髓质充血等血流动力学异常,导致 GFR 下降。主要累及小血管的急性肾性疾病包括小血管炎及可引起微血管病性溶血性贫血的疾病,如硬皮病、动脉粥样硬化栓塞性疾病和恶性高血压。累及较大血管并引起 AKI 的疾病包括肾梗死,原因是主动脉夹层、系统性血栓栓塞、肾动脉异常(如动脉瘤)及急性肾静脉血栓形成。

（3）炎症因子:肾缺血可通过炎症反应直接导致血管内皮细胞受损,也可通过小管细胞产生炎症介质使内皮细胞受损,导致肾组织进一步损伤,GFR 下降。

（4）小球性:肾炎引起活动性尿沉渣伴变形红细胞和白细胞,如颗粒管型、红细胞管型和其他细胞管型;以及不同程度的蛋白尿。急进性肾小球肾炎(RPGN)可引起 AKI。

3. **肾后性 AKI** 尿路梗阻时,尿路内反向压力首先传导到肾小球囊腔,由于肾小球入球小动脉扩张,早期 GFR 尚能暂时维持正常,如果梗阻持续未解除,将因肾皮质大面积无灌注或低灌注导致 GFR 逐渐降低。在没有基础肾病的病人中,GFR 的大幅降低提示双侧尿路梗阻;或只有 1 个肾具有功能的病人发生单侧尿路梗阻。这种情况最常由前列腺疾病(增生或癌)或转移癌引起。

【病理生理】

由于病因及病变严重程度不同,病理改变可有显著差异。肉眼见肾肿大、苍白、质量增加,剖面可见皮质肿胀,因缺血而呈苍白色,髓质呈暗红色。典型缺血性 AKI 常表现为肾小管上皮细胞片状和灶状坏死,从基底膜上脱落,肾小管管腔管型堵塞。肾缺血严重者,肾小管基底膜常遭破坏。

ATN 的病理特征是肾间质炎症细胞浸润,包括 T 淋巴细胞和单核细胞,偶有浆细胞及嗜酸性粒细

Note:

胞,其中嗜酸性粒细胞浸润是药物所致 ATN 的重要病理学特征。

【护理评估】

（一）健康史

应详细询问可能会导致急性肾损伤的原因,有无组织灌注降低的病因如呕吐、腹泻、出血或脓毒症、有无因周围血管扩张而导致有效循环血量不足;有无心肌病变所致的心排血量减少;询问病人有无服用过肾毒性药物或接触过肾毒性物质;了解病人过去有无慢性肾脏病史及肾病家族史等。

（二）身体状况

典型 ATN 的临床病程可分为起始期、维持期、恢复期 3 期。

1. **起始期**　此期病人经常遭受低血压、缺血、脓毒症和肾毒素等因素侵袭,但尚未发生明显的肾实质损伤,若及时治疗可避免急性肾小管坏死发生。但随着肾小管上皮细胞出现明显损伤,GFR 下降,则进入维持期。

2. **维持期**　又称少尿期。此期一般持续 7~14d,也可短至几天,长至 4~6 周。GFR 保持在低水平。许多病人可出现少尿(<400ml/d)和无尿(<100ml/d)。但也有病人尿量在 400ml/d 以上,称非少尿性急性肾损伤,其病情大多较轻,预后较好。随着病人肾功能减退,均可出现一系列临床表现。

（1）全身症状

1）消化系统症状:为最早出现的系统症状。表现为食欲减退、恶心、呕吐、腹胀、腹痛、腹泻等,严重者可发生消化道出血。

2）呼吸系统症状:除感染外,因容量负荷过重,可出现呼吸困难、咳嗽、憋气、胸痛等症状。

3）循环系统症状:因体液过多,病人可出现高血压、心力衰竭、肺水肿等表现;因毒素蓄积、电解质紊乱、贫血及酸中毒可引起各种心律失常、心肌病变等。

4）神经系统症状:可出现意识障碍、躁动、谵妄、抽搐、昏迷等尿毒症脑病症状。

5）血液系统症状:可有出血倾向及轻度贫血现象。

（2）水、电解质紊乱和酸碱平衡失调

1）代谢性酸中毒:主要由于肾排酸能力减低,同时又因合并高分解代谢状态,使酸性产物明显增多。表现为恶心、呕吐、疲乏、嗜睡和呼吸深长。

2）高钾血症:除排钾减少外,酸中毒、组织分解过快也可引起血钾升高。高钾血症是少尿期病人的重要死因。病人可出现恶心、呕吐、四肢麻木、烦躁、胸闷等症状,并可发生心率减慢、心律不齐,甚至室颤、心搏骤停。

3）低钠血症:主要由水钠潴留引起稀释性低钠血症。表现为急性中毒、脑水肿症状,并可加重酸中毒。

4）其他:还可有低钙血症、高磷血症,但远不如慢性肾衰竭时明显。

3. **恢复期**　又称多尿期。从肾小管细胞再生、修复,直至肾小管完整性恢复,称为恢复期。GFR 逐渐恢复或接近正常范围。少尿型病人开始出现利尿,可有多尿表现,每日尿量可达 3 000~5 000ml 或更多。通常持续 1~3 周,继而逐渐恢复。与 GFR 相比,肾小管上皮细胞功能(溶质和水的重吸收)的恢复相对延迟,常需数月后才能恢复。若肾功能持久不恢复,提示肾遗留有永久性损害。

（三）辅助检查

1. **血液检查**　可有轻度贫血,血肌酐和尿素氮进行性升高,血清钾浓度常>5.5mmol/L,血 pH 和碳酸氢根离子浓度降低,血清钠浓度正常或偏低,血钙降低,血磷升高。

2. **尿液检查**　尿液分析包括试纸尿液干化学检测和尿沉渣镜检。尿液外观混浊,尿蛋白多为 +~++。尿沉渣检查可见肾小管上皮细胞、颗粒管型及少量红、白细胞等;尿比重降低且较固定,多在

Note:

1.015 以下,因肾小管重吸收功能损害,尿液不能浓缩所致;尿渗透浓度低于 350mmol/L,尿与血渗透浓度之比低于 1∶1;尿钠含量增高,多在 20~60mmol/L;注意尿液指标检查须在输液、使用利尿药、使用高渗药物前进行,否则会影响结果。

3. **影像学检查** 最常用的是肾超声检查,安全、操作容易,对梗阻较为敏感。CT 平扫、CT 血管造影、MRI 或放射性核素检查对检查血管有无阻塞有帮助,但要明确诊断仍须行肾血管造影。

4. **肾活检** 是重要的诊断手段。在排除了肾前性及肾后性原因后,没有明确致病原因(肾缺血或肾毒素)的肾性急性肾损伤具有活检指征。此外,原有肾病出现 AKI 及肾功能持续不能恢复等情况,也须行肾活检明确诊断。

(四) 并发症

1. 肺水肿。

2. 高钾血症,是 AKI 主要死因之一,当血钾>6.0mmol/L,或心电图有高钾表现,或有神经、肌肉症状时需做紧急处理。

3. 尿毒症征象,如心包炎或其他原因无法解释的神志不清。

4. 重度代谢性酸中毒(pH<7.1)和血容量过多。

5. 急性中毒。

(五) 心理-社会状况

急性肾损伤是危重病之一,尤其在少尿期,病人可有濒死感、恐惧感,护士应仔细评估病人及其家属对疾病的反应、对疾病的了解程度、接受程度及应对方式。在诊疗过程中给予病人和家属支持。

【常见护理诊断/问题】

1. **营养失调:低于机体需要量** 与食欲减退、限制蛋白质摄入,透析和原发疾病等因素有关。

2. **有感染的危险** 与机体免疫力低下及侵入性操作等有关。

3. **潜在的并发症:水、电解质紊乱及酸碱平衡失调。**

4. **体液过多** 与肾功能损害、水钠潴留有关。

5. **焦虑** 与缺乏诊断及治疗的相关知识,或对治疗及预后不可知有关。

【计划与实施】

急性肾损伤首先要纠正可逆的病因,如各种严重外伤、心衰、急性失血、急性失液等;停用影响肾灌注或具有肾毒性的药物,存在尿路梗阻时,应及时采取措施祛除梗阻;维持液体平衡,纠正水、电解质紊乱和酸碱平衡失调;积极治疗心力衰竭、心律失常、应激性溃疡大出血等严重的并发症。

急性肾损伤病人的总体治疗和护理目标是病人达到:①维持营养平衡;②维持出入量及水、电解质和酸碱平衡;③无感染发生;④焦虑程度减轻。

(一) 合理饮食,维持营养平衡

维持机体的营养状况和正常代谢有助于损伤细胞的修复和再生,提高病人的存活率。急性肾损伤病人每日所需能量应为 30~35kcal/kg,主要由碳水化合物和脂肪供应,蛋白质的摄入量应限制为 0.8g/(kg·d),并且应给予优质蛋白,对于有高分解代谢或营养不良及接受透析的病人,蛋白质摄入量可适当放宽。饮食应以清淡流质或半流质食物为主,尽量减少钠、钾、氯的摄入。对不能口服的病人,需静脉补充必需氨基酸及葡萄糖或采用鼻饲。

对于有恶心、呕吐的病人,可遵医嘱对症用药,并做好口腔护理,增进食欲。同时要注意监测其血浆白蛋白等营养状况指标。

(二) 积极预防感染

1. **监测感染征象** 注意观察病人有无体温升高、寒战、疲乏无力、咳嗽、咳痰、尿路刺激征及白细

胞计数增高等感染的征象。准确留取各种标本送检。

2. **预防感染** 参见第四十四章第四节肾病综合征病人的护理中相关内容。

（三）维持液体平衡，预防水、电解质紊乱及酸碱平衡失调

1. 指导病人绝对卧床休息以减轻肾负担，抬高水肿下肢以促进血液回流，昏迷病人按照昏迷常规进行护理。

2. 坚持"量出为入"原则，严格记录病人 24h 出入量。严密观察其有无下列体液过多的表现：水肿；体重增加，若每日体重增加 0.5kg 以上提示补液过多；中心静脉压>12cmH$_2$O；胸部 X 线影像提示肺充血征象；无感染征象而出现心率快、呼吸急促和血压增高。

3. **监测并及时处理电解质、酸碱平衡失调**

（1）监测血清钠、钾、钙等电解质变化，发现异常及时通知医生处理。

（2）高钾血症的处理措施：高钾血症是急性肾损伤病人的主要死亡原因之一，因此应密切监测血清钾浓度。当血钾>6.5mmol/L，心电图出现异常变化（高而尖的 T 波，QRS 变宽，ST 压低）应予以紧急处理。包括：①钙剂（10%葡萄糖酸钙 10~20ml）稀释后静脉缓慢（≥5min）注射；②5% NaHCO$_3$ 或 11.2%乳酸钠 100~200ml 静脉滴注，可纠正酸中毒并同时促使钾离子向细胞内流动；③50%葡萄糖溶液 50~100ml 加普通胰岛素 6~12U 静脉缓慢注射，可促进糖原合成，使钾离子向细胞内移动；④口服离子交换（降钾）树脂（聚磺苯乙烯），15~30g，3 次/d；⑤以上措施无效，或为高分解代谢型 ATN 的高钾血症病人，血液透析是最有效的治疗方法。对于血钾升高而未达到高钾血症者应限制钾的摄入，积极预防和控制感染、及时纠正代谢性酸中毒、禁止输入库存血等。

（3）低钙血症的预防及处理：密切观察有无低钙血症的征象，如手指麻木、易激惹、腱反射亢进、抽搐等。如发生低钙血症，可摄入含钙量较高的食物如牛奶，并可遵医嘱使用活性维生素 D 及钙剂等。

（4）纠正代谢性酸中毒：严重酸中毒可加重高钾血症，应及时治疗。当血清 HCO$_3^-$ 浓度低于 15mmol/L 时，应给予病人 5%NaHCO$_3$ 100~250ml 静脉滴注，根据其心功能情况控制滴速，并动态监测血气分析。严重酸中毒病人，应立即开始透析。

4. **透析治疗** 透析技术应用于急性肾损伤后，病死率大大降低。明显尿毒症，包括心包炎、严重脑病、严重高钾血症（血钾>6.5mmol/L）、代谢性酸中毒（pH<7.15）、容量负荷过重且对利尿药治疗无效者，均是透析治疗的指征。透析目的包括：①尽早清除体内过多的水分，以免发生急性肺水肿或脑水肿；②尽早清除体内过多的代谢废物；③治疗和预防高钾血症和酸中毒，稳定机体内环境；④减少并发症和病死率；⑤放宽对液体、能量、蛋白质及其他营养物质摄入量的限制，有利于肾损伤细胞的修复和再生。

（四）多尿期的护理

虽然多尿期的开始标志着肾功能逐渐开始恢复，但肾小球滤过率尚未恢复，肾小管的浓缩功能仍然较差，治疗与护理的重点仍为维持水、电解质及酸碱平衡，控制氮质血症，治疗原发疾病和防治各种并发症。

（五）恢复期后的护理

一般无特殊处理，定期随访肾功能，避免使用肾毒性药物。待病情稳定后可恢复正常饮食，蛋白质供给量为 1.0g/(kg·d)，能量供给量为 30~35kcal/(kg·d)，此外应供给充分的维生素等。

（六）心理护理

急性肾损伤是危重病之一，病人可有濒死感、恐惧感，应鼓励病人表达对疾病的感受，了解病人对疾病的态度。在护理过程中，护士应向病人及其家属详细解释疾病发展过程及减轻其焦虑、不安的情绪。另外，当病人精神方面发生改变时，应向家属解释这是疾病导致的病理生理及心理上的改变，以解除家属的疑惑，并避免造成家属与病人间的隔阂。还应随时评估病人的悲伤情况，并给予情绪与心

Note:

理的支持。

（七）健康指导

1. **恢复期指导** 恢复期病人应加强营养,增强体质,适当锻炼;注意个人卫生,注意保暖,防止受凉等。定期门诊随访,监测肾功能。

2. **预防加重肾损伤** 指导教育病人增强自我保健意识,慎用氨基糖苷类抗生素等具有肾毒性的药物。尽量避免须使用大剂量造影剂的 X 线检查,预防感染等。

3. **出院指导** 出院前应明确病人及其家属的需求,给予相应指导,包括用药、饮食、活动方法等。告知病人定期门诊复查,检查尿液,出现症状立即就诊。

【护理评价】

经过治疗和护理,评估病人是否能够达到:①焦虑程度减轻;②无感染发生;③维持营养平衡;④维持出入量平衡;⑤维持水、电解质和酸碱平衡。

（许 莹）

第二节 慢性肾衰竭病人的护理

学 习 目 标

- **识记:**
1. 复述概念:慢性肾脏病、终末期肾病。
2. 列举慢性肾衰竭的症状与体征。

- **理解:**
1. 举例说明慢性肾衰竭相关辅助检查的意义。
2. 理解慢性肾衰竭的病因、治疗目的与原则。

- **运用:**
1. 运用所学的知识,分析不同病人慢性肾衰竭发生的病因。
2. 运用所学知识,针对慢性肾衰竭病人的具体情况,提出相应的护理问题,制订有针对性的护理措施和健康指导。

导入情境与思考

病人,女性,77 岁。因主诉泡沫尿 4 年,双下肢水肿 3 年,加重伴喘憋 9d 入院。体格检查:T 36.4℃,P 88 次/min,R 19 次/min,BP 152/87mmHg,表情痛苦,肾病面容。心、肺无异常发现,腹软。实验室检查:血红蛋白 83g/L,血白蛋白 26.8g/L,血肌酐 419.5μmol/L,血尿素氮 18.4mmol/L,血钾 5.1mmol/L,血糖 5.5mmol/L,BNP 448ng/L,尿红细胞计数 3.6/HP,管型计数 5.03/LP,尿 24h 蛋白定量 4.89g/24h。诊断:慢性肾脏病 5 期,肾性贫血,高血压病 3 级。

请思考:

(1) 该病人主要的护理问题是什么?

(2) 该病人主要的护理要点是什么?

慢性肾脏病(chronic kidney disease,CKD)是指各种原因引起的肾结构和功能障碍≥3 个月,伴或不伴有 GFR 下降,包括病理损伤、血液或尿液成分异常及影像学检查异常;或不明原因的 GFR 下降

（<60ml/min）超过 3 个月（表 45-2-1）。同时，根据 GFR 水平对 CKD 分为 1~5 期，对制订监测项目和治疗计划有重要的指导意义（表 45-2-2）。

表 45-2-1　慢性肾脏病的定义（KDIGO，2012）

下列任何一项指标持续 3 个月及以上	
肾损伤指标（具备至少 1 项）	白蛋白尿 尿沉渣异常 肾小管功能障碍导致的电解质异常及其他异常 组织病理学异常 影像学检查提示的肾异常 肾移植经历
GFR 降低	eGFR<60ml/$(min \cdot 1.73m^2)$

CKD 的危险因素包括遗传易感性和社会人口学易感性，或存在可以引发或加重肾病的疾病。肾衰竭是 CKD 的终末阶段，定义为肾功能严重下降或需要透析。终末期肾病（end-stage renal disease，ESRD）一般指需要透析或肾移植治疗的慢性肾衰竭。

表 45-2-2　CKD 的分期和治疗计划（NKF-K/DOQI，2002）

分期	特征	GFR/$(ml \cdot min^{-1})$	治疗计划
1	肾损害，GFR 正常或稍高	≥90	CKD 诊治；缓解症状；保护肾功能
2	肾损害，GFR 轻度降低	60~89	评估、延缓 CKD 进展；降低心血管病风险
3	GFR 中度降低	30~59	延缓 CKD 进展；评估、治疗并发症
4	GFR 重度降低	15~29	综合治疗；透析前准备
5	肾衰竭	<15（或透析）	如出现尿毒症，须及时替代治疗

注：NKF-K/DOQI：美国肾脏基金会肾脏病与透析病人生存质量指导指南（The National Kidney Foundation's Kidney Disease Outcomes Quality Initiative）。

【病因与发病机制】

（一）病因

CKD 的病因主要有原发性与继发性肾小球肾炎、高血压肾小动脉硬化、糖尿病肾病、肾小管间质疾病、肾血管病变、遗传性肾病等。在发达国家，糖尿病肾病、高血压肾小动脉硬化已成为慢性肾衰竭的主要病因；包括我国在内的发展中国家，这两种疾病在慢性肾衰竭各种病因中仍位居原发性肾小球肾炎之后，但近年也有明显升高的趋势，尤其在老年人群中。双侧肾动脉狭窄或闭塞所引起的缺血性肾病在老年慢性肾衰竭的病因中占有一定的比例。

（二）CKD 进展的危险因素

1. CKD 渐进性发展的危险因素　包括高血糖、高血压、蛋白尿、低蛋白血症、吸烟等。此外，贫血、高脂血症、高同型半胱氨酸血症、老年、营养不良，在 CKD 病程进展中也起一定作用。

2. CKD 急性加重的危险因素　主要有累及肾的疾病复发或加重，有效血容量不足，肾局部血供急剧减少，严重高血压未能控制，应用肾毒性药物，泌尿系统梗阻，其他如严重感染、高钙血症、肝衰竭、心力衰竭等。上述因素中，因有效血容量不足或肾局部血供急剧减少致残余肾单位低灌注、低滤过状态，是导致肾功能急剧恶化的主要原因之一，肾毒性药物的不当使用也是导致肾功能恶化的常见原因。

（三）发病机制

CKD 的发病机制复杂，至今尚未完全明了，其主要学说有：

1. CKD 进展的发生机制

（1）肾单位高滤过学说：有关研究认为，CKD 时残余肾单位的肾小球出现高灌注、高滤过状态是导致肾小球硬化和残余肾单位进一步丧失的重要原因。由于高滤过的存在,可促进系膜细胞增殖和基质增加,导致微动脉瘤形成、内皮细胞损伤和血小板聚集增强、炎症细胞浸润、系膜细胞凋亡等,因而肾小球硬化不断发展,肾单位进行性丧失。

（2）肾单位高代谢学说:CKD 时,残余肾单位肾小管高代谢状态是肾小管萎缩、间质纤维化和肾单位进行性损害的重要原因之一。高代谢所致肾小管氧耗增加和氧自由基增多,造成肾小管-间质损伤。

（3）肾组织上皮细胞表型转化学说:在某些生长因子或炎症因子的诱导下,肾小管上皮细胞、肾小球上皮细胞、肾间质成纤维细胞均可转变为肌成纤维细胞,在肾间质纤维化、局灶节段性或球性肾小球硬化过程中起重要作用。

（4）其他:CKD 的发生与某些细胞因子、生长因子、脂类代谢紊乱、肾内凝血异常、肾固有细胞凋亡增多等亦有关系。

2. 尿毒症症状的发生机制 目前一般认为,尿毒症的症状及体内各系统损害的原因,主要与尿毒症毒素的毒性作用有关,同时也与多种体液因子或营养素的缺乏有关。

【护理评估】

（一）健康史
询问病人及其家族成员是否患有肾或泌尿系统疾病,是否患有高血压、糖尿病、系统性红斑狼疮、肿瘤、关节炎、结核等可导致肾功能不全的疾病。护士要掌握病人既往用药史,包括医生处方用药和病人自己服用的药物,因许多药物都有肾毒性,可导致肾损害。

（二）身体状况
慢性肾脏病起病隐匿,1~2 期常无典型症状或明显症状,仅表现为基础疾病的症状,如尿液异常。当疾病发展到 3~5 期时,才会出现明显的临床症状,而当病人的多个系统功能紊乱时其疾病即进展至终末期。终末期时,可以出现循环系统、神经系统等严重症状,甚至出现生命危险。

1. 水、电解质代谢紊乱

（1）水钠代谢紊乱:主要表现为水钠潴留,或低血容量和低钠血症。肾功能不全时,肾脏对钠负荷过多或容量过多的适应能力逐渐下降。水钠潴留可表现为不同程度的皮下水肿和/或体腔积液;此时易出现血压升高、左心功能不全和脑水肿。低血容量主要表现为低血压和脱水。低钠血症的原因,既可因缺钠引起(真性低钠血症),也可因水过多或其他因素所引起(假性低钠血症),以后者更为多见。

（2）钾代谢紊乱:临床上表现为高钾血症,有时病人因钾摄入不足、胃肠道丢失过多或过度应用排钾利尿药时可出现低钾血症。

（3）磷代谢紊乱:主要表现高磷血症和继发性甲状旁腺功能亢进,临床表现有瘙痒、皮肤和皮下组织转移性钙化、骨营养不良(近端肌病、软组织钙化和骨病)。

（4）钙代谢紊乱:常有低钙血症,表现为神经肌肉应激性增加和手足搐搦,少数有高钙血症。

（5）高镁血症:高镁可引起食欲缺乏、血压下降、腱反射减弱和肌无力、言语障碍、嗜睡、昏睡、心动过缓,严重者可致心搏骤停等。

（6）代谢性酸中毒:急性酸中毒最主要的危害是心血管系统和中枢神经系统功能障碍,可产生致死性室性心律失常、心肌收缩力降低及儿茶酚胺反应性降低。部分轻中度慢性肾衰竭病人中可有高氯血症性代谢性酸中毒,病人可表现为食欲缺乏、呕吐、虚弱无力、呼吸深长等。

2. 蛋白质、糖类、脂肪和维生素的代谢紊乱 血糖紊乱,高甘油三酯血症、高胆固醇血症,蛋白质、氨基酸合成下降,蛋白质分解代谢增加及负氮平衡,如不纠正,儿童可出现生长发育迟缓,成人则表现为营养不良。

3. 各系统症状体征

（1）心血管系统表现:心血管病变是慢性肾脏病病人的常见并发症和最主要死因。

1) 高血压和左心室肥厚:多数病人有不同程度的高血压,多由水钠潴留、肾素-血管紧张素增高和/或某些血管舒张因子缺乏所致。高血压可引起动脉硬化、左心室肥厚和心力衰竭。

2) 心力衰竭:是尿毒症病人最常见的死亡原因。其原因大多与水钠潴留、高血压及尿毒症心肌病变有关。发生急性左心衰竭时病人可出现阵发性呼吸困难、不能平卧、肺水肿等症状,但一般无明显发绀。

3) 尿毒症心肌病:病因可能与代谢废物的潴留和贫血等因素有关,部分病人可伴有冠状动脉粥样硬化性心脏病。各种心律失常的出现,与心肌损伤、缺氧、电解质紊乱、尿毒症毒素蓄积等因素有关。

4) 心包病变:原因多与尿毒症毒素蓄积、低蛋白血症、心力衰竭等因素有关,少数情况下也可与感染、出血等因素有关。轻者可无症状,重者可有心音低钝、遥远,少数情况下还可有心脏压塞。心包炎多与透析相关,其心包积液多为血性。

5) 血管钙化和动脉粥样硬化:由于高磷血症、钙分布异常和"血管保护性蛋白"(如胎球蛋白 A)缺乏而引起的血管钙化,在心血管病变中亦起着重要作用。除冠状动脉外,脑动脉和全身周围动脉亦同样发生动脉粥样硬化和钙化。

(2) 呼吸系统症状:体液过多或酸中毒时病人均可出现气短、气促,严重酸中毒可致呼吸深长。体液过多、心功能不全可引起肺水肿或胸腔积液。由尿毒症毒素诱发的肺泡毛细血管通透性增加、肺充血,可引起"尿毒症肺水肿",此时肺部 X 线检查可出现"蝴蝶翼征"。

(3) 胃肠道症状:食欲缺乏是最常见的最早期表现。恶心、呕吐、腹胀、腹泻和口腔黏膜溃疡也很常见,晚期病人口腔有尿味。此外,慢性肾衰竭病人的消化道出血的发生率较正常人高,多由胃黏膜糜烂或消化性溃疡所致,尤以前者最为常见。

(4) 血液系统表现

1) 贫血:几乎所有病人均有轻、中度贫血,且多为正细胞正色素性贫血。导致贫血的原因主要为肾促红细胞生成素(EPO)生成减少,故称为肾性贫血。

2) 出血倾向:轻者表现为皮下或黏膜出血点、瘀斑、鼻出血、牙龈出血、月经量增多,重者则可发生胃肠道出血、脑出血等。其原因多与血小板功能降低有关,部分病人也可有凝血因子Ⅷ缺乏。

3) 白细胞异常:部分病人可有白细胞计数减少,中性粒细胞趋化、吞噬和杀菌的能力减弱,因而易发生感染。透析后可改善。

(5) 神经肌肉系统症状:包括中枢神经系统和周围神经病变。中枢神经系统异常称为尿毒症脑病。早期病人表现为疲乏、失眠、注意力不集中等精神症状,后期可出现性格改变、抑郁、记忆力下降、谵妄、惊厥、幻觉、昏迷等。周围神经病变也很常见,感觉神经障碍更为显著,最常见的是肢端袜套样分布的感觉丧失,也有肢体麻木、烧灼感或疼痛感、深反射迟钝或消失,并且还可以出现神经肌肉兴奋性增加,如肌肉震颤、痉挛、不宁腿综合征。

(6) 内分泌系统表现:内分泌功能紊乱,主要表现为:①肾本身内分泌功能紊乱:$1,25-(OH)_2D_3$、促红细胞生成素不足,肾内肾素-血管紧张素Ⅱ过多;②下丘脑-垂体内分泌功能紊乱:如催乳素、促黑色素激素、促黄体生成激素、促卵泡激素、促肾上腺皮质激素等水平增高;③外周内分泌腺功能紊乱:大多数病人均有继发性甲状旁腺功能亢进(血 PTH 升高)、胰岛素受体障碍、性功能减退等;④糖耐量异常和胰岛素抵抗:与骨骼肌及外周器官糖吸收能力下降、酸中毒、肾降解小分子物质能力下降有关。

(7) 骨骼系统:慢性肾脏病病人存在钙、磷等矿物质代谢及内分泌功能紊乱,导致矿物质异常、骨病、血管钙化等临床综合征。CKD 5 期病人可出现骨病如骨痛、自发性骨折、关节炎,还可出现肌病,表现为严重肌无力,亦可发生腰椎侧突或脊柱后突等骨骼畸形。

(8) 皮肤表现:病人常有皮肤瘙痒,面色深而萎黄,轻度水肿,呈"尿毒症"面容。与贫血、尿素霜的沉积等有关系。

4. **感染** 为主要死因之一,其发生与机体免疫功能低下、白细胞功能异常等有关。最常见肺部感染和尿路感染,而血液透析病人易发生动静脉瘘感染及肝炎病毒感染等。

5. **代谢失调** 可由体温过低、碳水化合物代谢异常、高尿酸血症和脂质代谢异常等引起。

(三)辅助检查

1. **血常规检查** 红细胞计数下降;血红蛋白浓度降低;白细胞计数可升高或降低;血小板数目正常或偏低,但功能下降。

2. **尿常规检查** 夜尿增多,尿渗透浓度减低,在 450mmol/L 以下,尿比重低多在 1.018 以下;尿蛋白多在+~++;尿沉渣检查可见红细胞、白细胞、颗粒管型及蜡样管型等。

3. **肾功能检查** GFR 降低,血肌酐、血尿素氮水平增高。如血清肌酐>133μmol/L,7.14mmol/L<血尿素氮≤8.93mmol/L,应考虑肾功能受损的可能性。

4. **血生化检查** 血浆白蛋白降低,血钙降低,血磷增高,血钾、血钠可增高或降低,可有代谢性酸中毒等。

5. **X 线或 B 超检查** 可见双肾缩小,皮质变薄,肾内结构紊乱。

(四)心理-社会状况

应评估病人对疾病的了解程度,其焦虑水平和应对机制。询问病人在社会活动、工作状态、自我形象、性生活等社会心理方面的改变。由于慢性肾衰竭治疗费用昂贵,常导致病人及其家属思想负担及经济负担过重,因此护士应了解病人及其家属的心理活动情况、家庭经济情况、社会支持系统及家属对疾病的认识、对病人的关怀、支持程度等。

【常见护理诊断/问题】

1. **营养失调:低于机体需要量** 与恶心、呕吐、食欲下降、饮食限制等有关。
2. **潜在的并发症:水、电解质紊乱及酸碱平衡失调,上消化道出血,心力衰竭,肾性骨病等。**
3. **有皮肤完整性受损的危险** 与体液过多致皮肤水肿、瘙痒、凝血机制异常、机体抵抗力下降有关。
4. **活动耐力下降** 与心血管并发症,贫血,水、电解质和酸碱平衡紊乱有关。
5. **有感染的危险** 与机体免疫力低下,白细胞功能异常、透析等有关。
6. **焦虑** 与社会经济状况变化、情景危机等有关。

【计划与实施】

目前在慢性肾衰竭的治疗中,主要有饮食疗法、对症治疗及血液净化疗法等。慢性肾衰竭病人的总体治疗目标是病人达到:①保持足够的营养物质摄入,身体营养状况有所改善;②维持水、电解质、酸碱平衡;③水肿减轻或消退,皮肤无破损;④无感染发生;⑤自诉活动能力增强;⑥无并发症发生;⑦自诉焦虑减轻。

(一)维持营养平衡

1. **饮食护理** 饮食治疗在 CKD 的治疗中具有重要的意义,合理的营养膳食调配不仅能减少体内氮代谢产物的积聚及体内蛋白质的分解,以维持氮平衡,而且还能在维持营养,增强机体抵抗力,减缓病情发展等方面发挥其独特的作用。营养治疗推荐量见表45-2-3。

(1)蛋白质:在代谢稳定的 CKD 3~5 期成年病人中采用限制蛋白质饮食以降低终末期肾病/死亡的风险,并提高其生活质量。我国建议至少蛋白质总摄入量的 50%来源于优质蛋白质,并明确优质蛋白质指的是动物蛋白质中的肉、蛋、奶,以及大豆类食物。因此,为了避免蛋白质摄入过量或优质蛋白质摄入不足,可适当选择低蛋白质主食代替传统主食,并注意将优质蛋白质合理分配于三餐中。

(2)能量:CKD 病人能量代谢可能受损。因此,保持充足的能量摄入对于预防蛋白质能量消耗非常必要。每日摄入 30~35kcal/(kg·d)能量,以维持正常的营养状态。

Note:

表 45-2-3　CKD 营养治疗推荐

每日摄入	CKD 1~2 期	CKD 3~5 期（非透析）
蛋白质/($g \cdot kg^{-1}$)	0.8（非大量蛋白尿）； 0.7（大量蛋白尿，同时加用酮酸治疗）	0.6，或 0.3 联合补充酮酸制剂（非糖尿病）； 0.6 联合补充酮酸制剂（糖尿病）
能量/($kcal \cdot kg^{-1}$)	30~35	30~35
钾/($mmol \cdot kg^{-1}$)	高钾血症者限钾	个体化调整维持正常血钾
钠/($g \cdot d^{-1}$)	<2.3（食盐 6g/d）	<2.3（食盐 6g/d）
钙/($mg \cdot d^{-1}$)	正常摄入	800~1 000（含钙剂）
磷	正常摄入	限磷饮食，维持正常血磷
维生素	正常摄入	适当补充缺乏的维生素：叶酸、维生素 C、维生素 D
其他	/	贫血者补铁；营养不良者考虑给予口服营养补充剂

（3）液体及无机盐：CKD 病人，饮食钠不超过 2.3g/d（食盐 6g/d），以降低血压和控制容量。高钾血症病人限制饮食钾的摄入。适当摄入水果和蔬菜。CKD 3~5 期病人限制饮食中磷的摄入以维持血磷在正常范围。长期接受治疗的 CKD 病人须适量补充天然维生素 D，以改善矿物质和骨代谢紊乱。必要时可选择推荐摄入量范围内的多种维生素制剂，以补充日常膳食之不足，防止维生素缺乏。

2. **改善病人食欲**　采取切实有效的措施改善病人食欲，如适当增加活动量，提供色、香、味俱全的食物和整洁的进餐环境。嘱病人少食多餐。同时，由于病人胃肠道症状较明显，加之口中常有尿味，应加强口腔护理。

3. **营养监测**　CKD 3~5 期病人受疾病和营养素摄入限制的影响易发生营养不良，应定期监测病人营养状态。在控制蛋白质摄入时，应对病人的依从性及营养状况进行密切监测，防止营养不良的发生。如果已有营养不良发生应每月监测 1 次。

（二）对症治疗及护理

1. 对高血压、糖尿病、肾小球肾炎等的长期治疗，避免疾病复发、感染、急性创伤、肾缺血及肾毒性药物使用。糖尿病病人控制血糖，CKD 1~3 期病人糖化血红蛋白<7%，4~5 期应<8.5%。降低尿蛋白量，使尿蛋白量控制在 0.5g/d 以内，或减轻微量白蛋白尿，可延缓肾功能的进一步恶化。

2. **纠正水钠平衡失调**　有明显水肿、高血压者，钠摄入量应限制在 2~3g/d。若水肿较重，可使用袢利尿药。如果水钠平衡严重失调致病情危重，用常规方法治疗无效，应选用透析治疗。

3. 严密监测血钾浓度，防止高钾血症的发生（高钾血症的处理措施见本章第一节"急性肾损伤病人的护理"）。

4. **纠正代谢性酸中毒**　一般可通过口服碳酸氢钠纠正，严重者静脉补碱。若经过积极补碱仍不能纠正者，应及时透析治疗。

5. **低钙血症、高磷血症和肾性骨病的治疗和护理**　密切监测病人血清中钙、磷值。一般进餐时嚼服碳酸钙 0.5~2g，3 次/d，既可供给机体钙，又可减少肠道内磷的吸收，同时还有利于纠正酸中毒。对明显高磷血症（血磷>70mg/L）或血清钙磷乘积>650mg/L 者，应暂停应用钙剂，以防转移性钙化的加重。若血磷正常，血钙低，继发性甲状旁腺功能亢进者，给予骨化三醇口服，有助于纠正低钙血症。

6. **改善贫血状况**　常用重组人红细胞生成素（recombinant human erythropoietin，rHuEPO），疗效显著。影响 rHuEPO 疗效的主要原因是功能性缺铁，因此在应用 rHuEPO 时，应同时重视补充铁剂。口服铁剂有琥珀酸亚铁、硫酸亚铁等，但部分病人口服铁剂吸收较差，常须经静脉途径补充铁。使用 rHuEPO 后病人会发生一些不良反应，如高血压、头痛及癫痫发作等，因此护士应严格监测病人的血

Note：

压,重视病人主诉。

7. 控制高血压和/或肾小球内高压力 严格控制血压是干预慢性肾脏病进展的最重要措施。CKD 1~4 期病人血压控制靶目标<130/80mmHg。针对 CKD 5 期病人目前建议病人血压控制靶目标<140/90mmHg。正确选择抗高血压药、严格控制高血压是治疗的关键。血管紧张素转化酶抑制剂（ACEI）、血管紧张素Ⅱ受体拮抗剂（ARB）、利尿药、钙通道阻滞剂（CCB）及 β 受体拮抗剂均可以作为一线抗高血压药。为有效地控制高血压常需要多种抗高血压药联合使用,最多见的联合用药是 ACEI 和/或 ARB+CCB+利尿药。

8. 预防心血管系统和呼吸系统并发症 ①尿毒症心包炎:透析可改善心包炎的症状,当出现心脏压塞时,应紧急心包切开引流;②心力衰竭:限制水钠摄入、使用利尿药、洋地黄类药物、血管扩张药等,但疗效较差,血液透析和血液滤过最为有效;③尿毒症肺炎:透析疗法能迅速获得疗效。

9. 保护皮肤,维持皮肤完整性

（1）评估皮肤情况:包括病人皮肤的颜色、弹性、温度、湿度及有无水肿、瘙痒,检查受压部位有无发红、水疱、感染、脱屑及尿素霜等。

（2）嘱病人以温和的香皂或沐浴液清洗皮肤,避免使用碱性肥皂或酒精,用温水洗浴,皮肤干燥者涂润肤露。避免皮肤损害,修剪指/趾甲并注意个人卫生,防止病人抓挠皮肤造成感染;水肿皮肤要做好保护,下肢水肿病人抬高下肢,严重水肿长期卧床者每 2h 改变一次体位,以避免水肿部位皮肤长期受压而发生压疮;进行肌内或皮下注射时须推开水肿后进行,避免针眼处渗液。

10. 预防感染 具体护理措施参见第四十四章第四节"积极预防感染"部分。

（三）合理休息与运动,增加病人舒适度

1. 评估病人活动的耐受情况 评估病人活动时有无疲劳感、胸痛、呼吸困难、头晕等;有无血压改变如舒张压升高等,以指导病人控制适当的活动量。

2. 休息与活动 慢性肾衰竭病人应卧床休息,避免过度劳累。

（四）心理护理,减轻病人焦虑

应为病人提供一个适当的环境,仔细倾听病人的感受,稳定其情绪。对于病人的病情,护士应以坦诚的态度,实事求是地帮助病人分析现实健康状况、有利条件及可能产生的预后,使病人认识到心理健康对身体康复的重要性,激发其生存的欲望,同时提高对疾病的认识,树立战胜疾病的信心。

（五）血液净化疗法

血液净化疗法是指应用物理、化学或免疫等手段,从各方面清除体内过多水分及血中代谢废物、毒物、自身抗体、免疫复合物等致病物质,同时补充人体所需的电解质和碱基,以维持机体水、电解质和酸碱平衡的一种方法。常用的血液净化疗法包括血液透析术和腹膜透析术(参见第四十三章第三节"泌尿系统常见诊疗技术与护理")。

（六）肾移植

同种肾移植是目前治疗终末期肾衰竭最有效的方法(参见本章第三节)。

（七）健康指导

1. 疾病知识指导 向病人及其家属讲解慢性肾衰竭的基本知识,使其理解本病虽然预后较差,但只要坚持积极治疗,消除或避免加重病情的各种因素,可以延缓病情进展,提高生存质量。指导家属参与病人的护理,给病人以情感支持,使病人保持积极稳定的情绪状态。

2. 用药指导 CKD 病人多服用多种药物,应注意药物配伍禁忌。观察促红细胞生成素、降血糖药等的药物不良反应,定期检查血常规。

3. 饮食指导

（1）低盐、低脂、优质蛋白质和足够能量饮食:参见本章第二节"饮食护理"部分。

（2）限磷饮食:肾功能恶化时,体内磷酸盐无法随尿液排出而滞留在体内,使血磷含量增高;而血钙浓度下降,促使甲状旁腺激素分泌增加,骨钙游离到血中,产生骨骼病变,骨痛、皮肤瘙痒、心血管

钙化等问题。食物中的磷分为有机磷和无机磷。富含有机磷的主要是蛋白类食物,又分为动物来源和植物来源,前者包括乳类、蛋、鱼和各种肉食,后者包括植物种子、谷物类、坚果和豆类。富含无机磷的主要是食物添加剂,主要见于加工类食物中的保鲜剂、膨松剂、防腐剂、调味剂、增色剂等,常见于饮料类、零食类、奶酪、加工及冷冻肉类等食品。

4. **预防感染**　指导病人根据自身病情和耐受力安排适当的活动,以增强机体抵抗力,但须避免劳累,做好防寒保暖措施。指导病人注意个人卫生,居室内经常开窗通风,避免与呼吸道感染者接触,尽量避免去公共场所。指导病人监测体温变化,及时发现感染征象并及时就诊。

5. **治疗指导**　为病人提供进一步治疗的相关指导,如血液净化疗法和肾移植等。向病人解释有计划地使用血管及尽量保护前臂、肘等部位的大静脉,对于以后进行血液透析治疗的重要性,使病人理解并配合。对已行透析治疗者,应指导其保护好动静脉瘘管或腹膜透析管道。定期复查肾功能、血清电解质等。

知 识 链 接

CKD 蛋白质能量消耗

营养不良可以由多种病因引起,临床上表现为疲劳、乏力、体重减轻、免疫力下降、血清白蛋白浓度下降等,但特异性差,且不能反映营养不良的全部发病机制。CKD 进展中发生的蛋白质代谢异常,尤其是肌肉蛋白质合成和分解异常是导致病人营养不良的重要因素。2008 年,国际肾脏病营养与代谢大会提出了蛋白质能量消耗(protein-energy wasting,PEW)的概念:机体摄入不足、需要增加或营养额外丢失,从而引起体内蛋白质和能量储备下降,不能满足机体的代谢需求,进而引起的一种营养缺乏状态,临床上表现为体重下降、进行性骨骼肌消耗和皮下脂肪减少等。

【护理评价】

经过治疗和护理,评估病人是否能够达到:①维持营养平衡;②维持水、电解质及酸碱平衡;③皮肤无破损;④无感染发生;⑤无并发症发生;⑥主诉活动能力加强;⑦主诉焦虑减轻。

知 识 链 接

防治慢性肾脏病"杭州倡议"

全世界有 8.5 亿因各种原因罹患慢性肾脏病,目前慢性肾脏病是全球死亡率中排第 11 位的疾病。慢性肾脏病造成的疾病负担正在迅猛增加,其致残、致死率增幅排在所有慢性病之首。预测到 2040 年,慢性肾脏病将成为全球第 5 位的致死病因。在中国,慢性肾脏病的患病率高达 10.8%,病人人数超过 1 亿,需要接受肾替代治疗的终末期肾病病人超过 150 万,并以每年新增 12 万~15 万的趋势持续上升。

2021 年 3 月 11 日,第 16 个世界肾脏日,中华医学会肾脏病学分会在杭州召开的年会上提出的目标为提高全社会对慢性肾脏病的认识,推动对慢性肾脏病知晓、预防和诊治的全程防控战略体系的实施、帮助病人积极面对肾病,拥有更高的生活质量。贯穿始终,树立慢性肾脏病防控全程理念;转变战略,创建慢性肾脏病防控新体系;全民动员,构建慢性肾脏病防控中国模式。实施健康中国战略,增进人民健康福祉,践行"杭州倡议",共筑健康中国梦。

(许　莹)

第三节 肾移植病人的护理

学 习 目 标

- **识记：**
  说出肾移植手术的适应证。
- **理解：**
  分析肾移植排斥反应的原因并提出相应的处理措施
- **运用：**
  运用所学知识，针对具体情况对肾移植病人进行术前、术中、术后护理。

导入情境与思考

病人，男性，35岁，6年前因慢性肾衰竭行血液透析治疗，经治疗以后，一般情况好，体内无潜在的感染病灶，能耐受肾移植手术。今日因与肾源的组织配型良好，拟施行同种异体肾移植术而入院。

请思考：

（1）该病人主要的护理诊断是什么？

（2）该病人主要的护理措施是哪些？

肾移植是将来自供体的肾通过手术植入受者体内，从而恢复肾功能。成功的肾移植可全面恢复肾功能，与透析相比，病人的生活质量最佳、维持治疗费用最低、存活率最高，故已成为终末期肾病病人的首选治疗方式。肾移植在临床各类器官移植中开展最早，疗效最显著。长期存活者在工作、生活、心理、精神状态方面均较好。亲属供肾肾移植效果明显优于尸体供肾。HLA 完全相同的兄弟姐妹间肾移植 1 年存活率达 95% 以上，病人存活率超过 97%。

肾移植手术基本采用异位移植，即髂窝内或腹膜后移植，以前者多见。将供肾动脉与髂内动脉吻合，供肾静脉与髂外静脉吻合，供肾输尿管与膀胱吻合。

【护理评估】

1. **健康史** 包括病人的肾病情况，心、肝、肺等器官功能情况及既往有无心血管系统、呼吸系统、泌尿系统疾病及糖尿病等情况。

2. **身体状况** 包括病人生命体征情况、营养状态、不适感觉、排尿情况、局部肾区有无疼痛、疼痛的情况及辅助检查等。

3. **心理状况** 包括病人的心理状态、认知程度及社会支持系统的情况。

【常见护理诊断/问题】

1. **焦虑** 与恐惧和担心手术及预后有关。

2. **有体液不足的危险** 与术前透析过度或术后多尿期体液排出过多有关。

3. **潜在并发症：** 出血、感染、急性排斥反应等。

4. **知识缺乏：** 缺乏有关肾移植的知识。

【计划与实施】

通过治疗与护理，病人达到：①情绪稳定，焦虑减轻或缓解；②未发生水、电解质紊乱及酸碱平衡

Note:

失调或发生后及时发现并纠正;③未发生并发症,或并发症得到及时发现和处理;④掌握肾移植的相关知识。

（一）术前护理

除常规术前准备外,还包括:

1. 改善病人的一般状态 术前病人须进行有效的透析,血压得到控制,贫血及离子紊乱得到纠正,进行输血治疗,使病人能耐受手术。

2. 做好配型。

3. 心理护理 根据病人的心理反应,有针对性地给予相应的心理护理,如介绍手术及相关的治疗方案,使之对肾移植及其治疗有科学的认识,把成功病例介绍给病人,以减少对其手术的恐惧和担心,能以积极的心态接受和配合手术。

（二）术后护理

1. 保护性隔离 肾移植受者长期尿毒症透析导致全身状况较差,移植手术创伤,水、电解质紊乱及酸碱平衡失调,接受免疫抑制治疗等因素,易罹患各种感染,因此受者术后应在专科病房监护7~10d,期间采取保护性隔离措施。

2. 术后监护 术后监护内容包括受者体温、血压、脉搏、呼吸。

（1）由于麻醉,移植肾新建立的侧支循环,水、电解质、酸碱代谢不稳定,移植肾的多尿或少尿等原因,移植术后早期受者生命体征易发生波动,需要监测其体温、血压、脉搏、呼吸等生命体征,持续心电监护。体温监测术后1~3d,每4h1次,此后每6~8h1次,出现异常随时监测,及时鉴别并处理。

（2）平稳的血压能够保证移植肾血液有效灌注,有利于肾功能恢复。术后早期血压应维持在较术前血压高10mmHg左右的水平,血压超过180/120mmHg应给予必要降压处理,血压过低时,排除出血等因素后,给予适当补液、维持胶体渗透压、输血、纠正酸中毒、补钠和使用升压药。血压监测手术后1~3d每小时1次,此后每4~6h1次。

（3）脉搏可提示有无心律失常、心血管疾病,能反映受者的心脏功能。呼吸频率、氧饱和度监测可反映有无肺部感染、肺水肿、肺不张等呼吸道病变及肺功能状况。脉搏和呼吸的监测可使用心电监护仪,术后7~10d内应24h持续监测,此后可改为每4~6h1次。

3. 维持体液和内环境平衡 详细记录病人出入液量,注意监测每小时尿量,并根据尿量及时调整输液速率和补液量,保持出入液量平衡。

（1）监测尿量:大部分受者术后会出现多尿,多者可达到1 000ml/h以上。留置尿管期间应记录每小时尿量并测尿比重,观察尿液的颜色、透亮程度、有无沉淀物等。拔除尿管后记录每次排尿尿量并测尿比重,准确记录24h尿量。当尿量<50ml/h时,应注意检查导尿管是否通畅,肾盂、输尿管有无血块阻塞,液体出入量是否平衡,有无低血压、肺水肿发生等。在排除液体入量不足的情况后,适当应用利尿药,观察尿量变化。

（2）监测引流量:肾移植术后伤口内常留置引流管,应随时观察记录病人引流情况,注意引流液量和颜色的变化,保持引流通畅,妥善固定引流管,按时更换引流管避免感染等并发症。

（3）合理静脉输液:①静脉的选择:原则上不在手术侧下肢及动静脉瘘肢体选择静脉穿刺点;②输液的原则:静脉输液应遵循"量出为入"的原则,根据病情确定输液的种类,合理安排输液顺序及速率;③保持静脉通路畅通。

4. 饮食指导 由于尿毒症病人营养状况差,加之手术创伤导致营养物质丢失,因此肾移植术后早期受者须加强营养,以促进一般状况的恢复,纠正低蛋白血症,加速伤口愈合。肠功能恢复前给予病人适当的氨基酸、脂肪乳等肠外营养支持治疗,肠功能恢复后即可依次给予半流食和普通饮食,饮食方式的过渡应循序渐进,同时逐渐减少或停止静脉补液。在术后早期恢复阶段加强高蛋白、高糖、高能量饮食(糖尿病病人除外),并注意药物和营养物质的交互作用和影响。一般状况恢复后应控制饮食,以免体重过快增长,导致免疫抑制剂量相对不足而引起排斥反应。减少高脂肪饮食,血脂过

Note:

高易引起血栓。

5. 并发症的预防和护理

（1）排斥反应的预防和护理：排斥反应可分为4种类型。①超急性排斥反应（hyperacute rejection, HAR）：为最剧烈且后果最严重的一类排斥反应，常发生于术后24~48h，病人出现血尿、尿量减少（少尿或无尿）、血肌酐上升，移植肾区剧痛，伴寒战、高热等。一旦发生应立即摘除移植肾。HAR关键在于预防。移植前常规进行交叉配型、补体依赖淋巴细胞毒性试验和群体反应抗体检测可有效地降低HAR的发生风险。②加速性排斥反应（accelerated rejection, AAR）：常发生在术后2~5d。如果在为术后移植肾功能恢复过程中病人突然出现少尿或无尿，体温上升，血压升高，移植肾肿胀、疼痛，并出现明显的血尿，原已下降的血清肌酐水平又迅速升高，病情严重，进展迅速，应立即通知医生采取措施。③急性排斥反应（acute rejection, AR）：是最常见的排斥反应类型，多数发生在移植后的前3个月内。各种原因导致的免疫抑制剂剂量不足是AR的常见原因。病人表现为尿量减少、水肿、持续高热、移植肾区闷胀感，应密切观察病人的生命体征、尿量、肾功能及移植肾区局部情况，及时给予甲泼尼龙进行冲击治疗，调整免疫抑制剂的用量。④慢性排斥反应（chronic rejection, CR）：一般发生于移植术3个月以后，持续6个月以上。病人出现不同程度的蛋白尿、血压升高、移植肾缩小等情况。可指导病人按照慢性肾衰竭的治疗方法进行治疗。在治疗期间，应严格遵医嘱用药，防止因免疫抑制剂用量不足或过量而引起排斥反应或免疫抑制。

（2）急性左心衰：是早期较常见的心血管并发症之一，临床表现为胸闷、气短、呼吸困难、脉搏加快及不同程度的肺水肿等，大部分受者咳粉红色泡沫痰、肺部可闻及湿啰音。预防重点在于移植术前充分透析、纠正贫血、控制高血压；移植术后科学管理出入量，维持血压稳定，加强生活及心理护理。

（3）出血的预防和护理

1）病情观察：观察手术切口有无渗血及引流液情况，移植肾区有无肿胀，生命体征等有无异常等，以及时发现病人可能出现的手术伤口或其他部位出血。

2）预防血管吻合口破裂：①体位，病人术后平卧24h，移植肾侧下肢制动，并禁忌突然改变体位，以减少血管吻合口的张力，防止血管吻合口破裂出血。②术后活动，术后第2日指导病人进行床上活动；术后第3日可根据病情协助其下床活动，活动量以逐渐增加为原则，以防血管吻合口破裂。③避免腹压增高，避免便秘，保持排便通畅，以免排便时因屏气引起腹压增高而致血管吻合口处张力增加。

3）及时处理：发现病人有出血的先兆，如伤口大量渗血、肿胀或心率加快、血压及CVP降低等，应及时报告医生，并配合进行相应的处理。

（4）感染的预防和护理

1）病情观察：肾移植术后常见感染部位有手术切口、肺部、尿道、口腔和皮肤等，应密切观察，及时发现感染的征象。若病人体温逐渐升高，不排除感染存在的可能，应警惕。

2）做好基础护理：为病人做好口腔护理、会阴护理及晨、晚间护理，严格按无菌技术操作。

3）做好病房的消毒隔离管理：①每日用消毒液擦拭病室地面和物体表面，定期进行空气消毒和空气细菌培养，确保病室符合器官移植病房的感染控制规范要求；②病人衣、被和床单，须经高压灭菌后使用；③医护人员进入病室前应洗手并穿戴隔离衣、鞋、帽和口罩。

4）预防交叉感染：术后早期，病人不宜外出。若必须外出进行检查或治疗，应做好防护工作，预防交叉感染，并注意勿着凉。

5）及时处理：发现病人有感染的表现，根据实验室及其他相关检查结果，查明感染的部位及病原体，给予病人及时、有效的治疗以控制感染。

6. 健康指导

（1）合理安排生活和活动：保持心情愉悦，做力所能及的事，术后半年可恢复正常工作。消除躯体和心理的差异感，避免不良情绪刺激，采取适当方式宣泄抑郁情绪，保持心理平衡。根据身体恢复情况进行适当的体育锻炼，其强度和运动幅度以渐进为宜，同时注意保护移植肾不被硬物挤压或

碰撞。

（2）正确服药：指导病人严格遵医嘱服用免疫抑制剂及其他药物，不能自行增减药物的剂量或服用替代药物；不宜服用对免疫抑制剂有拮抗作用的药品和食品。

（3）自我监测：指导病人自我监测体温、血压、尿量和体重等指标，以随时判断自身的健康状况，为进一步检查和治疗提供依据。

（4）预防感染指导：遵医嘱服用免疫抑制剂，避免交叉感染，术后早期外出时应戴口罩，尽量不到公共场所或人多的环境。注意保暖，预防感冒。保持衣裤、被褥清洁干燥，居室保持通风，注意个人卫生。不食冷、硬和不洁食物。

（5）定时复查，若病情有变化，应及时就诊。随访是肾移植术后移植肾长期存活的重要保证，随访频率视术后时间长短而定，原则上是先密后疏。一般情况下，术后1个月内，每周随访1~2次；术后1~3个月每1~2周随访1次；术后4~6个月，每2~4周随访1次；术后7~12个月每月随访1次；术后13~24个月每月随访1次或每季度随访2次；术后3~5年每1~2个月随访1次，术后5年以上至少每个季度随访1次。对于移植肾功能不稳定的受者，须酌情增加随访频率。

【护理评价】

经过治疗和护理，评估病人是否能够达到：①焦虑、恐惧减轻，以良好的心态配合手术；②体液代谢维持平衡，或已发生的代谢紊乱得到纠正；③术后并发症得到有效预防或及时发现与处理；④掌握肾移植的相关知识。

（许　莹）

思 考 题

1. 急性肾损伤病人可能的护理问题有哪些？
2. 如何进行慢性肾脏病病人的饮食护理？
3. 慢性肾衰竭病人的常见并发症有哪些？
4. 肾移植术后不同排斥反应类型的病人临床表现有哪些？

URSING

第四十六章

泌尿系统感染性疾病病人的护理

46章 数字内容

第一节　尿路感染病人的护理

 导入情境与思考

病人,女性,32 岁。1d 前出现发热、尿急伴恶心。体格检查:T 39℃,P 96 次/min,R 23 次/min,BP 115/80mmHg。两肾区叩击痛(+)。血常规:WBC 13.6×10⁹/L;尿常规:尿沉渣白细胞 7 个/HP,红细胞 0~1 个/HP。

请思考:

(1) 该病人最可能的临床诊断是什么?

(2) 哪项检查对确诊疾病最有帮助?

(3) 如何指导该病人预防疾病的再次发生?

尿路感染(urinary tract infection,UTI)简称尿感,是指各种病原体在尿路中生长繁殖所致的尿路急性或慢性炎症。多见于育龄女性、老年人、免疫功能低下及尿路畸形者。女性发病率明显高于男性,比例约为 8:1,与性生活、月经、妊娠等有关。根据感染发生的部位,可分为上尿路感染和下尿路感染,上尿路感染主要指肾盂肾炎(pyelonephritis),下尿路感染主要指膀胱炎(cystitis)。根据有无尿路功能或结构异常,又可分为复杂性尿路感染和非复杂性尿路感染。

【病因】

90% 以上的尿感由单一细菌引起,致病菌以革兰氏阴性杆菌为主。最常见的病原体为大肠埃希菌,占全部尿路感染的 85%,其次为克雷伯菌、变形杆菌、柠檬酸杆菌属等。

【发病机制】

1. 感染途径 ①上行感染:病原体经由尿道上行至膀胱,甚至输尿管、肾盂引起的感染称为上行感染,约占尿路感染的 95%;②血流感染:指病原菌通过血液循环到达肾和尿路其他部位引起的感染。较少见,多发生于患有慢性疾病或接受免疫抑制剂治疗的病人。

2. 机体防御功能 包括:①排尿的冲刷作用;②尿道和膀胱黏膜的抗菌能力;③尿液中高浓度尿素、高渗透压和低 pH 不利于细菌生长等;④前列腺分泌物中含有抗菌成分。

3. 易感性因素 ①尿路梗阻:结石、肿瘤、前列腺增生等均可导致尿液排泄不畅而致病。②泌尿系统畸形或功能异常:肾发育不全、多囊肾等,导致局部组织对细菌的抵抗力降低。③尿路器械检查:导尿、膀胱镜、逆行性尿路造影等侵入性操作,致尿路黏膜损伤,易引发尿路感染。④尿路的解剖生理因素:女性尿道短而宽,距离肛门较近,易被细菌污染。尿道周围的局部刺激(如月经期)、阴道炎等妇科疾病、性生活挤压、妊娠期生理变化、绝经后雌激素缺乏等均可导致尿道黏膜改变而利于致病菌入侵。包茎、包皮过长是男性尿感的诱发因素。⑤机体免疫力低下:长期使用免疫抑制剂、长期卧床、糖尿病、艾滋病等使机体的免疫力下降,尿感的发生率高。

【护理评估】

(一) 健康史

询问病人有无泌尿系统疾病家族史;是否经常更换内衣裤和清洗会阴,有无不洁性生活史;是否有泌尿系统畸形、尿路梗阻、前列腺增生,有无尿路器械操作史;有无妇科炎症、腹腔或盆腔脓肿等邻近组织感染。同时须关注病人的年龄、性别及是否处于妊娠或产褥期;有无长期使用免疫抑制剂;是

Note:

否患有糖尿病、艾滋病等。

（二）身体状况

1. **膀胱炎**　占尿路感染的60%以上。主要表现为尿频、尿急、尿痛，伴排尿不适和下腹部疼痛等。尿液常混浊并有异味，可出现血尿，一般无全身感染症状。致病菌多为大肠埃希菌。

2. **肾盂肾炎**

（1）急性肾盂肾炎：临床表现与感染程度有关，通常起病急骤。①全身症状：常有寒战、高热、头痛、全身酸痛、乏力、恶心、呕吐等。体温多在38℃以上，多表现为弛张热。②泌尿系统症状：尿频、尿急、尿痛、排尿困难、腰痛等。腰痛程度不一，多为钝痛或酸痛。可出现一侧或双侧肋脊角或输尿管点压痛和/或肾区叩击痛。部分病人可无明显的膀胱刺激症状。

（2）慢性肾盂肾炎：临床表现复杂多变，全身症状及泌尿系统局部表现多不典型，有时仅表现为间歇性无症状性菌尿。半数以上病人可有急性肾盂肾炎病史。病人常有长期或反复发作的尿感病史，可发展为慢性肾衰竭。

3. **无症状细菌尿**　又称无症状尿路感染，即尿标本中分离出细菌，而病人无尿路感染的症状或体征。多见于老年人、糖尿病病人。

4. **导管相关性尿路感染**　指留置导尿管或拔除导尿管48h内发生的泌尿系统感染。导管相关性尿路感染极为常见。全身应用抗生素、膀胱冲洗、局部应用消毒剂等均不能将其清除，最有效的方式是避免不必要的导管留置，并尽早拔除导尿管。

5. **并发症**　少见，可发生肾乳头坏死和肾周围脓肿。

知 识 链 接

导管相关性尿路感染的预防

预防措施主要包括：①严格掌握留置导尿的指征，尽量缩短留置导尿时间。②长期留置导管最好选择全硅胶导尿管。③置管时、维护导尿管时严格执行手卫生。④置管过程中严格遵循无菌原则；使用足够的润滑剂和尽可能小号的导管；常规使用封闭引流；确保足够的尿流。⑤导尿期间应保持引流装置的密闭性；保持尿液引流通畅，避免导尿管及引流管扭曲，集尿袋应始终低于膀胱水平，避免接触地面；集尿袋更换频率参照产品说明书。⑥不须常规消毒尿道口，只须每日洗澡或使用清水、0.9%NaCl、肥皂水清洗尿道口周围区域和导尿管表面。⑦集尿袋内尿液达到3/4容量即要排放，转运病人前应排空集尿袋中的尿液。

（三）辅助检查

1. **尿常规**　几乎所有尿路感染病人都有白细胞尿。部分病人有镜下血尿，少数可有肉眼血尿；尿蛋白多为阴性或微量。出现白细胞管型提示肾盂肾炎。

2. **尿细菌学检查**

（1）尿沉渣涂片染色检查：尿沉渣涂片做革兰氏染色镜检，多可找到细菌。

（2）尿细菌培养：采用新鲜清洁中段尿、导尿及膀胱穿刺尿做细菌定量培养，若培养菌落计数≥10^5/ml，排除假阳性，称为真性细菌尿，可确诊尿路感染；$10^4 \sim 10^5$/ml，为可疑阳性，须复查；如<10^4/ml，可能为污染。耻骨上膀胱穿刺尿细菌定性培养有细菌生长，即为真性菌尿。

3. **影像学检查**　可行B超、KUB、IVU、逆行肾盂造影等以确定尿路有无结石、梗阻、先天畸形和膀胱-输尿管反流等情况。

（四）心理-社会状况

评估病人是否有焦虑、烦躁等情绪。评估病人的年龄、既往史、社会支持系统等。

【常见护理诊断/问题】

1. **排尿障碍：尿频、尿急、尿痛**　与泌尿系统感染有关。
2. **体温过高**　与细菌感染有关。
3. **焦虑**　与缺乏尿路感染的相关知识,担心病情反复有关。
4. **潜在并发症：肾乳头坏死、肾周脓肿。**

【计划与实施】

通过积极的治疗与护理,病人达到:①尿频、尿急、尿痛症状得到缓解;②体温降至正常;③焦虑减轻;④并发症未发生,或得到有效处理。

(一) 缓解膀胱刺激征,促进病人舒适

急性期病人应卧床休息,多饮水、勤排尿。加强个人卫生,保持会阴部及肛周的清洁。指导病人进行膀胱区热敷或按摩以缓解局部肌肉痉挛,减轻疼痛。

(二) 维持体温正常

发热时护理:①注意休息,给予清淡、易消化食物。注意补充水分。②监测体温、尿液的变化,如持续高热,出现腰痛加剧、血尿等,应考虑肾周脓肿、肾乳头坏死等并发症,及时通知医生。③必要时行物理降温或药物降温。④遵医嘱给予抗生素治疗。

(三) 药物治疗与护理

抗菌治疗用药原则:①应根据细菌药敏试验的结果选用抗生素。无病原学结果前,首选对革兰氏阴性杆菌有效的抗生素,72h无效应根据药敏结果更改抗菌药物。②选用肾毒性小的抗生素。

1. **急性膀胱炎**　一般采用单剂量或短程疗法的抗菌药物治疗。对于女性非复杂性膀胱炎,复方磺胺甲噁唑(SMZ-TMP),呋喃妥因,磷霉素为一线药物。也可选用阿莫西林、头孢菌素类、喹诺酮类等,疗程一般3~7d。停服抗生素7d后,须进行尿细菌定量培养。如结果阴性标志急性细菌性膀胱炎已治愈,如仍有真性菌尿,应继续给予2周抗生素治疗。

2. **肾盂肾炎**　轻型肾盂肾炎病人可口服有效抗菌药物10~14d;严重肾盂肾炎有明显脓毒症状者须静脉用药,可于热退后继续用药3d再改为口服抗生素,疗程2周。抗生素可选用氟喹诺酮类(如左氧氟沙星)、半合成青霉素类(如阿莫西林)、头孢菌素类(头孢曲松等)等。

3. **无症状细菌尿**　一般认为妊娠期妇女、泌尿系手术操作出现无症状细菌尿的病人应予治疗。

用药护理:①遵医嘱用药,注意药物用法、剂量、疗程等;②注意观察抗生素疗效及不良反应;③磺胺类药物易形成结晶,服药期间应多饮水,并同时服用碳酸氢钠以增强疗效、减少结晶的形成。

(四) 心理护理

因膀胱刺激征明显,病人易产生焦虑、烦躁等情绪。护士应鼓励病人积极配合检查和治疗,及时纠正尿路梗阻、畸形等易感性因素,以免病情迁延不愈。

(五) 健康教育

①嘱病人按时、按量、按疗程服药,定期复查;②多饮水、勤排尿是最简便而有效的预防措施,每日摄水量应>2 000ml;③注意个人卫生,做好会阴及肛周皮肤的清洁,特别是在月经期、妊娠期、产褥期;④避免劳累,保证充足的休息和睡眠;⑤与性生活有关的尿路感染,嘱病人于性生活后立即排尿。膀胱-输尿管反流者,每次排尿后数分钟再排尿一次。

【护理评价】

经过治疗和护理,评估病人是否能够达到:①体温降至正常;②尿频、尿急、尿痛症状得到缓解;③焦虑减轻;④并发症未发生,或得到有效处理。

(王笑蕾)

Note:

1. 尿细菌学培养出现假阴性的原因有哪些？
2. 尿路感染的易感性因素有哪些？

第二节　泌尿系统结核病人的护理

导入情境与思考

病人，男性，45 岁，因反复尿频、尿急，伴肉眼血尿 1 年余就诊。尿常规：高倍镜下 WBC 满视野；尿沉渣涂片查抗酸杆菌阳性；B 超示左肾增大；静脉肾盂造影示左侧输尿管不显影。5 年前肺结核病史。

请思考：

（1）该病人最可能的临床诊断是什么？

（2）医嘱予手术治疗，其术后护理包括哪些方面？

泌尿系统结核是全身结核病的一部分，其中肾结核往往是最先发生的。当肾结核未及时治疗时，结核分枝杆菌可随尿液下行播散到输尿管、膀胱、尿道，还可引起前列腺、精囊、输精管、附睾等结核。因此泌尿生殖系统改其他器官结核，大多继发于肾结核。

肾结核（renal tuberculosis）是由结核分枝杆菌引起的肾慢性、进行性、破坏性病变。绝大多数起源于肺结核，约占肺外结核的 27%。肾结核常出现在皮质激素使用者、艾滋病、糖尿病、消耗性疾病病人中。由于泌尿系统结核在肺结核发生或愈合后 3~10 年或更长时间才出现症状，所以肾结核多见于 20~40 岁的青壮年，男性多于女性，约 90% 为单侧。

【病因与发病机制】

肾结核的病原菌主要来自肺结核。结核分枝杆菌传播至肾的途径包括：①血行播散；②尿路感染；③淋巴感染；④直接蔓延。其中血行播散是肾结核的主要感染方式。

【病理】

肾结核的早期病变主要是结核分枝杆菌经血行侵入肾皮质，导致双侧肾皮质形成的多发性微小结核病灶。随病变进展，侵入肾髓质，结核结节融合，形成干酪样脓肿，从肾乳头处破入肾盏肾盂形成空洞性溃疡，逐渐扩大蔓延累及全肾。肾盏颈或肾盂出口因纤维化发生狭窄，可形成局限的闭合性脓肿或结核性脓肾。结核钙化也是肾结核常见的病理改变。少数病人全肾广泛钙化时，肾功能完全丧失，输尿管常完全闭塞，含有结核分枝杆菌的尿液不能流入膀胱，膀胱结核病变好转并愈合，膀胱刺激症状随之缓解甚至消失，尿液检查趋于正常，称为肾自截。

输尿管结核表现为黏膜、黏膜下层结核结节、溃疡、肉芽肿和纤维化。病变修复后管壁纤维化增粗变硬，管腔呈节段性狭窄，尿流下行受阻，引起肾积水，加重肾功能损害。膀胱结核起初为黏膜充血、水肿，散在结核结节形成。病变愈合后因膀胱壁广泛纤维化和瘢痕收缩，膀胱失去伸张能力，容量显著减少，不足 50ml，称为膀胱挛缩。膀胱结核病变可使健侧输尿管口狭窄或闭合不全，导致肾盂尿液梗阻或膀胱尿液反流，引起对侧肾积水。尿道结核主要发生于男性，病理改变主要是结核溃疡、纤维化导致尿道狭窄、排尿困难，加剧肾功能损害。

【护理评估】

（一）健康史

了解病人有无结核病史或结核密切接触史；有无糖尿病等慢性病，有无长期服用免疫抑制剂史；评估病人居住情况、生活条件。

（二）身体状况

肾结核症状取决于肾病变范围及输尿管、膀胱继发结核病变的严重程度。随着病程进展，可出现下列典型临床表现：

1. **膀胱刺激症状**　肾结核的典型症状不表现在肾而在膀胱，病人通常表现为逐渐加重的顽固性膀胱刺激症状。尿频往往最常见，多是病人就诊时的主诉。当膀胱壁发生结核性炎症、溃疡后，尿频加剧，可伴有尿急、尿痛。晚期由于膀胱挛缩，容量显著缩小，尿频更加明显，每日排尿可达数十次，甚至出现尿失禁。

2. **血尿**　常为终末血尿。约发生于 2/3 的病人，多数为镜下血尿。

3. **脓尿**　典型的"结核性脓尿"特征是尿液混浊不清甚至呈淘米水样，内含有干酪样碎屑或絮状物，显微镜下可检出大量脓细胞。

4. **腰痛和肿块**　一般无明显腰痛。但当病变破坏严重或梗阻时，发生结核性脓肾或继发肾周感染，或血块、干酪样物质堵塞输尿管时可引起腰痛或肾绞痛。当较大肾积脓或对侧发生巨大肾积水时，可触及腰部肿块。

5. **全身症状**　多不明显，只有当全身其他器官出现活动性结核病灶，或肾结核破坏严重形成脓肾时，病人可出现全身结核病征象，如发热、盗汗、食欲减退、消瘦、贫血、红细胞沉降率增快等。

（三）辅助检查

1. **尿液检查**

（1）尿常规：尿呈酸性，有较多红细胞和白细胞，尿蛋白可为阳性。

（2）尿结核分枝杆菌检查：是诊断泌尿系统结核的关键。尿沉渣涂片查抗酸杆菌是最常用的方法。常留取清晨第一次尿进行检查，至少连续进行 3 次。尿结核分枝杆菌培养是诊断泌尿系统结核的"金标准"，但耗时长，需 4~8 周才出结果。

2. **影像学检查**

（1）KUB：可了解有无肾局灶或斑点状钙化影或全肾钙化。

（2）IVU：典型的肾结核表现为肾乳头和肾小盏边缘毛糙、不规则，呈虫蚀样改变；肾小盏变形、缩小或消失；严重时可见结核性空洞；若全肾破坏，形成脓肾，肾功能丧失则病肾表现为"无功能"而不显影。

（3）CT 和 MRI：在双侧肾结核或肾结核对侧肾积水，静脉尿路造影显影不良时，可做 CT 和 MRI。MRI 对诊断肾结核对侧肾积水有独到之处。

（4）B 超：作为常规筛查手段，对中晚期病例可初步确定病变部位，有助于发现肾实质变化、肾积水和膀胱黏膜变化。

3. **膀胱镜检查**　可见膀胱黏膜充血、水肿、浅黄色结核结节、结核性溃疡、肉芽肿及瘢痕等病变。当膀胱挛缩容量<50ml 或有急性膀胱炎时，不宜做此项检查。

（四）心理-社会状况

泌尿系统结核病人膀胱刺激症状明显，严重影响其生活质量，即使手术治疗后也需长时间药物治疗，加之抗结核药物的不良反应大，往往对病人造成沉重的心理负担，病人会产生焦虑、悲哀等情绪。此外其亲友还可能因担心被传染而疏远病人，因此要评估病人及其家人对结核病的认识、社会支持情况等。

Note:

【常见护理诊断/问题】

1. 焦虑/恐惧　与病程长、病肾切除、晚期并发症有关。
2. 营养失调：低于机体需要量　与疾病消耗和病人不能摄入足够营养有关。
3. 排尿障碍：尿频、尿急、尿痛　与结核性膀胱炎、膀胱挛缩有关。
4. 潜在并发症：细菌感染、出血、肾衰竭。

【计划与实施】

根据病人情况选择药物治疗与手术治疗。通过积极的治疗与护理,病人达到：①情绪稳定,对治疗有信心；②营养改善；③主诉膀胱刺激症状缓解或消失；④并发症未发生或发生后能及时发现和有效治疗。

（一）休息与营养

适当活动,避免劳累。提供高蛋白、高能量、高维生素饮食,鼓励病人多饮水。必要时遵医嘱给予白蛋白、血浆等,以改善其全身营养状况。

（二）促进排尿功能的恢复

遵医嘱应用碱性药物调节尿液 pH,应用解痉药物缓解膀胱刺激症状。

（三）药物治疗与护理

药物治疗的原则是早期、联合、适量、规律、全程。目前最常用的一线抗结核药物有异烟肼、利福平、吡嗪酰胺、乙胺丁醇和链霉素。具体治疗方案根据初治、复治、耐药而不同,疗程要足够长,早期病人用药 6~9 个月可能治愈。治疗中应每月检查尿常规和尿抗酸杆菌检查,连续半年尿中未找见结核分枝杆菌为稳定阴转。用药护理详见肺结核相关内容。

（四）手术病人护理

凡药物治疗 6~9 个月无效,肾结核破坏严重者,应在药物治疗的配合下行手术治疗。肾切除术前抗结核治疗应不少于 2 周。手术治疗主要包括肾切除术、肾部分切除术、解除输尿管狭窄的手术等。

1. 术前护理　包括：①协助病人做好术前检查,如 IVU、凝血检查、肝功能、肾功能等。②术前 1d 备皮、配血。一般术前 6h 禁食固体食物,术前 2h 禁饮,必要时口服泻药。③肾积水的病人须行经皮肾造瘘术,待造瘘术后 2~3 个月肾功能好转后再行手术治疗,其间做好引流管及皮肤护理。

2. 术后护理

（1）活动与饮食：术后病人麻醉未清醒时取平卧位,清醒后可取自主卧位,鼓励床上活动四肢。现多主张快速恢复进食和下床活动。全肾切除者,术后 24h 可鼓励病人下床活动。肾部分切除术后一般须平卧 2~3d,观察无并发症后才可下床活动。术后 2~6h,如无恶心、呕吐及腹胀即可试饮水、进流质饮食,逐渐过渡到半流质饮食及普通饮食,指导病人进食营养丰富、富含纤维素饮食,保持排便通畅。

（2）病情观察及并发症的监测：①术后监测病人生命体征,给予心电监护、吸氧。②监测有无感染：监测病人体温变化；遵医嘱应用抗生素；观察切口敷料情况,有渗出应及时更换,保持切口敷料清洁、干燥；保持引流通畅,适时拔管。③监测健侧肾功能：记录病人 24h 尿量。如术后 6h 无尿或 24h 尿量减少,可能发生健侧肾衰竭,及时通知医生。④监测有无尿漏：若肾窝引流管和导尿管的引流量减少、切口疼痛、渗尿、皮下触及波动感等情况,提示可能发生尿漏,应及时报告医生。

（3）管道护理：妥善固定引流管和导尿管,保持引流通畅。密切观察并记录引流液、尿液的颜色、性状和量。

（五）心理护理

护士应积极主动地关心病人,向病人讲解手术治疗的必要性,及时解答病人的问题,增强病人的

Note:

信心。

（六）健康指导

包括：①指导病人加强营养、保证睡眠和休息、保持乐观情绪、适当活动，避免劳累。②嘱病人严格遵医嘱用药，坚持完成全程化疗，不得随意减量或停药。定期复查肝、肾功能，测听力、视力等，出现异常及时就诊。③定期复查尿常规和尿结核分枝杆菌检查，必要时行静脉尿路造影。

【护理评价】

经过治疗与护理，评估病人是否能够达到：①情绪稳定，对治疗有信心；②营养改善；③主诉膀胱刺激症状缓解或消失；④并发症未发生或发生后能及时发现和有效治疗。

（王笑蕾）

思 考 题

1. 肾结核的典型症状有哪些？
2. 如何指导肾结核病人进行用药？

NURSING

第四十七章

尿路梗阻病人的护理

47章 数字内容

学习目标

- 识记:
  1. 陈述泌尿系统结石、前列腺增生与前列腺癌的概念、危险因素、临床表现和健康指导。
  2. 列举泌尿系统结石、前列腺增生与前列腺癌的治疗和护理措施。
- 理解:
  1. 解释泌尿系统结石、前列腺增生与前列腺癌的健康史评估。
  2. 说明泌尿系统结石、前列腺增生与前列腺癌相关辅助检查的临床意义。
- 运用:
  为泌尿系统结石、前列腺增生与前列腺癌病人进行护理评估,制订护理计划,实施护理措施和有效评价。

第一节　概　　述

尿路梗阻(urinary tract obstruction)在泌尿系统疾病中占重要地位。其本身不是独立的泌尿系统疾病,而是泌尿系统的某些疾病或泌尿系统以外的一些病变,引起泌尿系统管腔的阻塞,造成近端尿路的尿液潴留,最终导致肾积水、肾功能减退,甚至肾衰竭。

【病因】

引起尿路梗阻的原因很多,不同年龄和性别有所差异。青壮年以结石、损伤和炎性狭窄较多见,女性多与生育、妇科疾病有关,老年男性以良性前列腺增生最常见,其次为肿瘤。

按梗阻的病因性质分为:①机械性梗阻:因尿路阻塞引起梗阻,如结石、肿瘤、狭窄等;②动力性梗阻:因中枢或周围神经疾病造成某部分尿路功能障碍,影响尿液的排出而引起梗阻,如神经性膀胱功能障碍等。临床以机械性梗阻多见。

按梗阻的部位分为:①上尿路梗阻:指发生部位在输尿管膀胱开口以上的梗阻,由于缺乏膀胱的缓冲作用,直接影响肾,导致肾积水与肾单位破坏;②下尿路梗阻:指发生在膀胱及其以下部位的梗阻,因膀胱有缓冲作用,故肾功能损害多发生在长期梗阻后。

上尿路梗阻常见病因有:①肾部位梗阻:最常见原因是肾盂输尿管连接处先天性病变,如狭窄、异位血管和纤维束等,肾小管和集合管处梗阻可导致多囊肾、海绵肾及尿酸肾病等;后天性病因多见于结石、结核、肿瘤等;肾下垂时如移动位置过大也可引起梗阻。②输尿管梗阻:先天性病因常见输尿管异位开口、输尿管膨出、腔静脉后输尿管等;后天性病因以结石最常见,其他如输尿管炎症、肿瘤、结核和邻近器官病变的压迫或侵犯均可造成梗阻;医源性输尿管梗阻多见于输尿管镜检查治疗、盆腔手术时意外损伤输尿管、盆腔恶性肿瘤术后放射治疗损伤等,引起输尿管管腔狭窄或闭塞。

下尿路梗阻常见病因有:①膀胱梗阻:主要病变部位在膀胱颈部,即膀胱出口梗阻,常见的机械性梗阻有良性前列腺增生,前列腺肿瘤,膀胱颈纤维化,膀胱内结石、异物、肿瘤等;动力性梗阻由神经或逼尿肌功能障碍引起,如截瘫、脊椎麻醉术后等。②尿道梗阻:最常见原因为狭窄,常由尿道损伤引起。尿道结石、异物、结核、肿瘤、憩室等也可导致尿道梗阻。尿道周围组织肿瘤、炎症或阴道疾病,如盆腔脓肿、巨大子宫肌瘤等也可压迫尿道造成排尿困难。先天性后尿道瓣膜是男婴尿道梗阻的重要原因。

尿路梗阻常见病因见图47-1-1。

【病理生理】

基本病理改变是梗阻部位以上压力增高,尿路扩张积水,若长期不解除梗阻,最终导致肾积水和肾衰竭(图47-1-2)。

上尿路梗阻时,梗阻部位以上压力增高,输尿管则增加收缩力、增强蠕动,导致管壁平滑肌增生、管壁增厚。如梗阻不解除,后期失去代偿能力时,平滑肌逐渐萎缩,张力减退,管壁变薄,蠕动减弱甚至消失。肾盂内积水使压力升

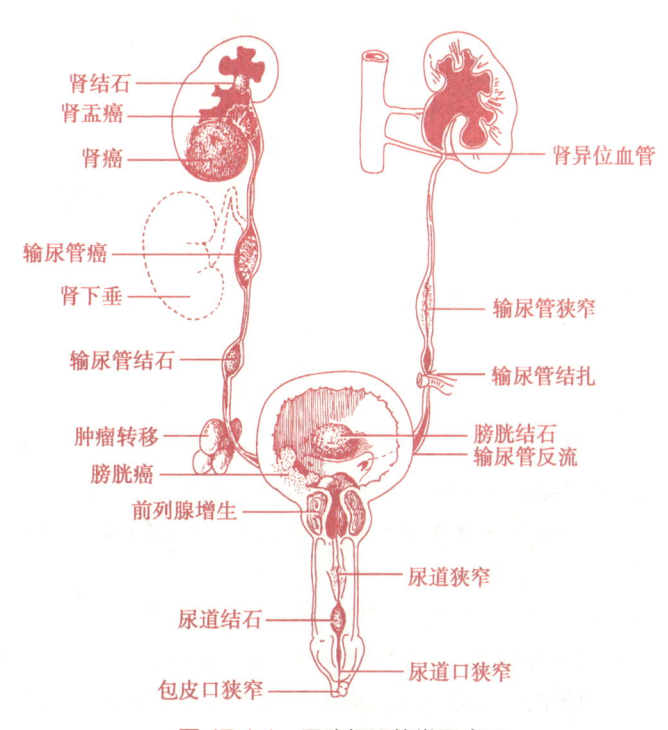

图 47-1-1　尿路梗阻的常见病因

肾结石
肾盂癌
肾癌
肾异位血管
输尿管癌
肾下垂
输尿管狭窄
输尿管结石
输尿管结扎
肿瘤转移
膀胱结石
输尿管反流
膀胱癌
前列腺增生
尿道狭窄
尿道结石
尿道口狭窄
包皮口狭窄

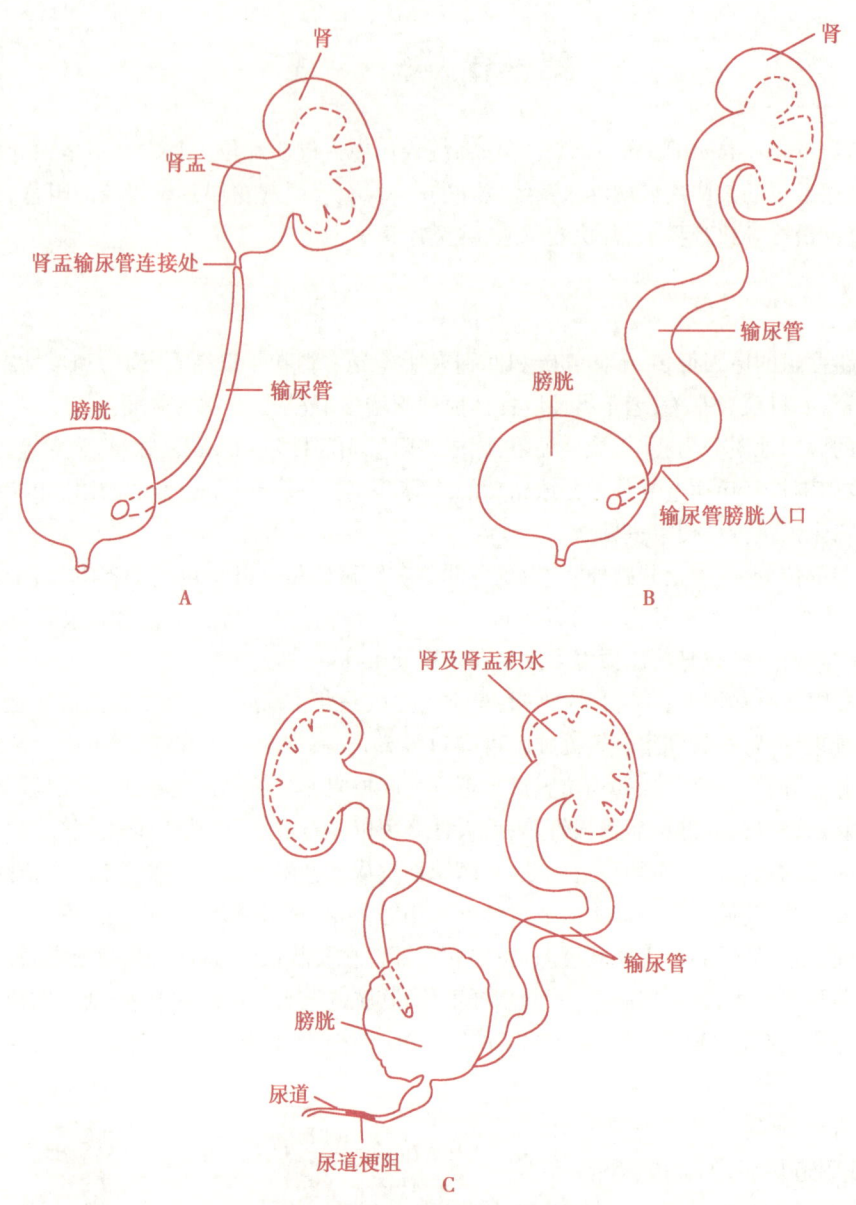

图 47-1-2 **尿路梗阻的基本病理改变**

A. 肾盂输尿管连接处梗阻后肾积水；B. 输尿管膀胱入口梗阻后输尿管及肾积水；C. 尿道梗阻后膀胱及膀胱以上双侧尿路积水。

高,压力经集合管传至肾小管、肾小球,当压力达到一定程度时,会使肾小球滤过压降低,肾小球滤过率减少,但此时肾内血液循环仍为正常。若梗阻不解除,肾积水加重,压迫肾小管、肾小球及周围血管,造成肾组织缺血、缺氧,肾实质逐渐萎缩、肾盂扩张、肾功能丧失。慢性部分梗阻可导致巨大的肾积水。

下尿路梗阻发生在膀胱颈部时,为克服阻力膀胱逼尿肌逐渐代偿增生,肌束纵横交叉形成小梁。梗阻若不解除,长期膀胱内高压,导致膀胱肌束间薄弱部分向外膨出形成小室或假性憩室。后期膀胱失去代偿能力,肌肉萎缩变薄、容积增大,输尿管口括约功能被破坏,尿液反流到输尿管、肾盂,导致肾积水和肾功能损害。

肾组织受损和尿外渗利于细菌侵入、繁殖和生长,引起感染,导致肾盂肾炎、肾周围炎和膀胱炎等病变。另外,细菌还可经过肾盏穹窿部裂隙进入血液循环,也可通过泌尿系统上皮进入血液,引起菌血症,故梗阻后常见并发症是感染。同时,梗阻造成的尿液停滞与感染亦可促进结石的形成。

(顾妙娟)

第二节　泌尿系统结石病人的护理

导入情境与思考

病人,男性,49 岁,因腰部胀痛,检查发现肾盏内有 1 个直径 2.6cm 的结石,完善术前检查后于全麻下行经皮肾镜碎石术,术后回病房。

请思考:

(1) 请说出该病人术后的护理措施。

(2) 该病人康复后,如何进行健康指导?

一、概述

泌尿系统结石,又称尿石症、尿路结石(urolithiasis),包括肾结石(renal calculus)、输尿管结石(ureteral calculus)、膀胱结石(bladder calculus)和尿道结石(urethral calculus),是泌尿系统的常见疾病之一。泌尿系统结石按部位可分为上尿路(肾和输尿管)结石和下尿路(膀胱和尿道)结石。

【病因】

我国尿路结石总的发病率为 1%～5%,其病因比较复杂,形成机制目前还不完全清楚,大量研究表明结石的形成是多因素影响的结果。如磷酸钙和磷酸镁铵结石与感染和梗阻有关,尿酸结石与尿酸代谢异常有关,胱氨酸结石是家族性遗传性疾病。

(一) 流行病学因素

1. **性别和年龄**　男女发病比例为(2～3):1,上尿路结石男女发病比例相近,下尿路结石男性多于女性。男性的高发年龄为 30～50 岁;女性有两个发病高峰,分别为 35 岁和 55 岁。老年男性病人发生膀胱结石与前列腺增生导致的尿路梗阻有关,女性病人易患感染性结石。

2. **种族**　有色人种比白种人患病率低。我国肾结石的新发病率随着生活水平的提高、饮食的不合理搭配、蛋白质和糖分摄入的过多,呈上升趋势。

3. **职业**　从事高温作业的人员尿路结石的发病率高,与其出汗过多、机体水分丢失有关。

4. **地理环境和气候**　南方地区和沿海诸省区市的发病率可高达 5%～10%,与日照时间长、机体产生较多维生素 D₃ 和高温出汗水分丢失有关。经济发达地区居民饮食中蛋白质和糖类比例较高,其肾结石的发生比例较高。

5. **饮食和营养**　饮食成分和结构对尿路结石的形成有着重要影响,大量摄入动物蛋白、精制糖可增加上尿路结石的形成。饮食成分如脂肪、尿酸、草酸、钙等对结石形成有一定的影响。谷类和食物纤维的摄入与尿石症的发病率成反比。

6. **饮水**　流行病学调查发现水质的软硬对结石的发病率没有影响。水分摄入过少或损失过多(如出汗)与尿路结石的形成有关。

7. **疾病**　常染色体隐性遗传病胱氨酸尿症和原发性高尿酸尿症、家族性黄嘌呤尿、先天性畸形(如马蹄肾、肾盂输尿管连接部狭窄等)、代谢性疾病(如甲状旁腺功能亢进等)与结石的形成有关。

(二) 尿液因素

1. 尿中形成结石的物质,如钙、草酸、尿酸等排出增加。长期卧床和甲状旁腺功能亢进病人尿中的钙排出量会增加;痛风病人尿中尿酸的排出量增加,内源性合成草酸增加或肠道吸收草酸增加会引起尿中草酸的排出量增加。

2. **尿 pH 改变**　尿液呈碱性时易形成磷酸镁铵及磷酸盐结石,尿液呈酸性时易形成尿酸和胱氨酸结石。

3. 尿量减少,尿中结石形成物质浓度增加,易形成结石。

4. 尿中抑制晶体形成和聚集的物质如枸橼酸、酸性糖胺聚糖等减少。

5. 尿路感染是尿石症的一个重要原因,又是尿石症的一种常见合并症,可形成磷酸镁铵结石。

(三)泌尿系统解剖结构异常

泌尿系统任何部位的梗阻、狭窄和憩室等都易形成结石。常见的先天性梗阻,如输尿管畸形、肾盂输尿管连接处狭窄等,后天性疾病如前列腺增生、尿道狭窄等也常合并结石。

此外,各种异物滞留于尿路内也可形成结石,如长期留置尿管、进入尿路的金属等都可诱发结石发生。

【病理生理】

主要病理改变是直接损伤、梗阻、感染、恶变,这些病理改变与结石部位、大小、数目、继发炎症和梗阻程度等因素有关。结石引起泌尿系统梗阻部位以上积水,长期可导致肾实质受损、萎缩、肾功能不全;结石、积水可继发感染,引起肾盂肾炎、肾积脓、肾周围炎。结石也可经肾盂或输尿管排出,或嵌顿于泌尿系统的任何部位。常停留或嵌顿的部位是输尿管的3个生理狭窄处,即肾盂输尿管连接处、输尿管跨过髂血管处、输尿管膀胱壁段(见图43-1-3),以输尿管下1/3处最多见。嵌顿可引起慢性不完全性尿路梗阻或急性完全性尿路梗阻。结石可合并感染,感染又可加速结石的增长和肾实质的损害。长期慢性炎症少数可发生恶变。

二、上尿路结石病人的护理

上尿路结石,男性比女性多见。

【护理评估】

(一)健康史

评估病人罹患结石的危险因素。询问既往史,了解病人有无尿路感染、前列腺增生、痛风、甲状旁腺功能亢进、长期卧床等疾患;询问用药史,了解病人是否曾用过治疗泌尿系统感染的药物、别嘌醇等;询问手术史或其他治疗史,了解病人采取过何种治疗方法(如导尿、碎石等);有肾结石家族史的病人其发病率较正常人高4倍,因此护士应注意询问病人的家族史、饮食偏好、生活方式等。此外,还要详细询问病人以前有无肾绞痛、恶心等不适症状,有无膀胱刺激征等情况。

(二)身体状况

1. **症状** 主要症状是与活动有关的疼痛和血尿,也有病人肾结石长期存在而无明显症状,特别是较大的鹿角形肾结石。

(1)疼痛:肾结石可引起肾区疼痛,部分病人平时无明显症状,在活动后出现腰部钝痛;较小的肾结石活动范围较大,进入肾盂输尿管连接部时引起输尿管的剧烈蠕动诱发肾绞痛。此外,输尿管结石也可刺激输尿管引起肾绞痛,并沿输尿管走行放射至同侧腹股沟、大腿内侧,乃至同侧睾丸或阴唇。若结石位于输尿管膀胱壁段或输尿管口,可伴有膀胱刺激症状及尿道和阴茎头部放射痛。肾绞痛一般于活动后突然出现,结石越小症状越明显,病人表现为疼痛剧烈、难以忍受、大汗,可伴有恶心和呕吐。

(2)血尿:表现为肉眼或镜下血尿,一般于活动后出现,与结石对尿路黏膜的损伤有关。镜下血尿更为常见。若结石固定不动时也可无血尿。

(3)恶心、呕吐:输尿管与胃肠道有共同的神经支配,因此输尿管结石病人引起的绞痛常引起剧烈的胃肠道症状,表现出恶心、呕吐等症状。易与胃肠道或胆囊疾病相混淆。

(4)膀胱刺激征:当结石伴有感染,或结石位于输尿管膀胱壁段时,可出现尿频、尿急和尿痛的症状。

（5）并发症:结石继发感染时可伴有急性肾盂肾炎或肾积脓,病人表现为发热、寒战等全身症状。结石引起一侧或双侧尿路梗阻时,可导致一侧肾功能受损、无尿甚至尿毒症。

2. 体征　肾结石病人肾区可有明显的叩击痛。

（三）辅助检查

1. 实验室检查　可见到肉眼或镜下血尿,伴有尿路感染时可为脓尿、细菌培养阳性。

2. 影像学检查　是确诊结石的主要方法。泌尿系统平片能发现95%以上的X线阳性结石;B超检查可以显示结石的大小、位置,以及肾积水、囊性病等病变;静脉尿路造影还可了解肾盂、肾盏的形态及肾功能的改变,有助于判定有无尿路异常结构改变;磷酸钙、磷酸镁铵结石X线可见分层现象,常形成鹿角形肾结石。纯尿酸结石和胱氨酸结石在X线下不显影。对于X线影像不显影的尿酸结石可以使用CT;放射性核素扫描及肾图不仅可以显示结石,而且也能表明梗阻和肾功能受损害的程度;逆行肾盂造影可显示梗阻的部位,一般只用在静脉尿路造影不确切时。

3. 内镜检查　对于不能确定的结石病人进行肾镜、输尿管镜和膀胱镜检查以确定有无结石存在,同时可进行治疗。

4. 结石成分分析　使用结石分析仪对结石成分进行分析,对不同成分的结石病人进行不同的健康指导,采取不同的预防措施。

（四）心理-社会状况

结石症状明显的病人会出现严重的不适症状,反复发作会使病人产生焦虑情绪,面对手术治疗,表现为情绪低落、对治疗缺乏信心。护士应仔细评估病人的心理状态,了解其家庭情况和支持系统,针对性地进行心理指导。

【常见护理诊断/问题】

1. **急性疼痛**　与结石刺激引起的炎症、损伤及平滑肌痉挛有关。
2. **焦虑**　与缺乏疾病知识、担心复发有关。
3. **排尿障碍**　与结石引起阻塞及手术后留置尿管、肾造瘘管有关。
4. **潜在并发症:感染、尿路梗阻。**

【计划与实施】

上尿路结石的治疗根据结石性质、形态、大小、部位、病人个体差异等因素的不同而选择不同治疗方案。由基础疾病形成的结石应针对病因治疗,如甲状旁腺功能亢进由甲状旁腺瘤引起,应行腺瘤切除术;尿路梗阻病人须针对梗阻原因来解除。

经过治疗和护理,病人达到:①主诉无疼痛或疼痛减轻;②焦虑减轻,能积极参与并配合治疗;③排尿功能正常;④并发症未出现或得到有效治疗。

（一）保守治疗护理

对于直径<0.6cm,光滑,无尿路梗阻、无感染的纯尿酸结石和胱氨酸结石病人可行保守治疗。

1. 饮食指导　根据结石成分,针对性地指导病人调整饮食,向病人讲明饮食疗法的重要性,增强其依从性。①草酸钙结石:宜低钙、低草酸、低脂肪饮食,多食含纤维素丰富的食物,避免大量服用维生素C,增加维生素B_6的摄取量。少食牛奶、乳制品、豆制品、肉类,以及巧克力、浓茶、菠菜、虾皮等。增加麦麸、米糠等粗纤维食物,增加富含维生素B_1、维生素B_6的食物,如谷物、干果、坚果等。②磷酸钙结石:宜低磷、低钙饮食,少食牛奶、乳制品、豆制品、虾皮等含钙丰富的食物;少食肉类、鱼类及骨头汤等高磷食物。③磷酸镁铵结石(感染性结石):宜采用酸性食物,如蛋类、肉类、鱼类、谷类及水果(如干梅、葡萄、南瓜等)。④尿酸结石:低嘌呤饮食,限制鱼虾与动物内脏等摄入。⑤胱氨酸结石:须限制含蛋氨酸的食物,如蛋、奶、肉的摄取,同时可多吃柑橘或果汁,利于保持尿呈中性或偏碱性。

2. 饮水指导　每日饮水量2 000~3 000ml,维持每日尿量在2 000ml以上。大量饮水可排出小的

结石,稀释尿液,防止尿石结晶形成,减少晶体沉积,延缓结石增长速度。若结石病人合并感染,大量尿液可冲洗尿路,促进感染控制。胱氨酸结石者须大量饮水,为了使水化作用达到最大化,液体摄入量白昼应均匀分布,使24h尿量超过3 000ml。

3. **活动** 可促进结石排出,如没有尿路梗阻,可让病人适当进行一些活动,如跳跃等体育运动。

4. **肾绞痛护理** ①评估病人疼痛的性质、时间、部位、程度等,加强护患沟通;②安抚病人,稳定其情绪,尽可能减少大幅度的运动,以缓解疼痛;③教会病人减轻疼痛的技巧,如深呼吸、局部热敷、分散注意力、音乐疗法等;④遵医嘱给予解痉与镇痛药,观察并记录疗效;⑤病人若伴有严重的恶心、呕吐时,遵医嘱补充液体和电解质。

5. **血尿护理** 有血尿的病人,护士应告诉其不必紧张,多饮水一般可减轻。

6. **心理护理** 结石的形成需要较长时间,故保守治疗也需要较长的时间才能见效。护士要向病人详细讲解疾病知识,告诉其坚持治疗的重要性,增强治疗信心。

(二)体外冲击波碎石病人的护理

直径≤2cm的肾结石及输尿管上段结石,肾功能正常,结石下段无狭窄,无感染者,可以选择行体外冲击波碎石术(extracorporeal shock wave lithotripsy,ESWL)。术前不需特殊准备,术后护理包括:

1. **饮食护理** 部分病人会出现头晕、恶心、呕吐等症状,可指导其卧床休息,适当禁食,静脉补充营养和水分。若没有上述症状,术后即可进食水。

2. **病情观察** 每次排尿后尿液留于玻璃瓶内,同时用滤过网或纱布滤过,以观察碎石的排出情况。

3. **活动与体位** 碎石后经常变换体位,适当活动可促进碎石排出。对于肾上盏结石病人可采取头低足高位,轻叩肾区可促进结石排出。

4. **并发症观察及护理** 并发症包括肾绞痛、血尿、尿路梗阻、发热、皮肤损伤等。部分巨大结石碎石后,细碎的结石迅速大量涌入输尿管,形成石街,引起尿路梗阻,严重者可引起肾功能改变。对巨大结石,一般采取多次碎石,碎石后48h指导病人卧床休息,多饮水,促进结石的排出。术后部分病人会出现发热,主要是由于术前感染扩散、术后出现梗阻合并感染所致,因此术后应监测病人体温变化,超过38.5℃可采用物理降温,若病人出现寒战、高热应急查血常规和血培养,并遵医嘱给予药物降温。碎石术后病人局部皮肤会出现发红、发热等皮肤损伤,指导病人不要用手搔抓,1~2d即可恢复。

知 识 链 接

石 街

石街是ESWL后大量碎石屑涌入输尿管,由于输尿管的塑形作用,结石进入输尿管后常形成圆柱形或枣核形,也可由于较多结石排入,形成结石串俗称"石街"。

(三)经皮肾镜取石术病人的护理

对于直径≥2cm的肾结石、完全性或不完全性鹿角形肾结石、有症状的肾盏或憩室内结石、体外冲击波难以粉碎的结石可采取经皮肾镜取石术(percutaneous nephrolithotomy,PCNL)或碎石术。

知 识 链 接

鹿角形肾结石

鹿角形肾结石是指充满肾盂或至少1个肾盏的结石。部分鹿角形肾结石仅填充部分集合系统,而完全性鹿角形肾结石则填充整个集合系统。新诊断的鹿角形肾结石应积极治疗。大多数情况下,PCNL应作为首选的治疗手段;若采取联合治疗,PCNL则是大多数能最终解决问题的治疗方法。

Note:

1. **术前护理**　重点是帮助病人建立战胜疾病的信心,稳定情绪,以提高对手术的耐受力。

（1）心理准备:术前做好宣教工作,向病人详细讲解 PCNL 技术的优越性,介绍成功康复病人的实例,消除其怀疑、恐惧的心理,鼓励病人积极配合,以利于术后康复。

（2）训练手术体位:病人在手术过程中分别需要采取截石位和俯卧位,患侧抬高 20°~25°,术前护士应指导病人进行手术体位的训练,尤其是俯卧位,一般病人难以耐受,且复杂的结石手术时间长,需 1.5~3.5h,体位的改变对病人呼吸及循环系统的影响较大,因此应指导病人从俯卧位 30min 开始练习,逐渐延长至 45min、1h、2h 等。通过训练使病人能忍受体位的改变,同时使呼吸及循环系统得到一定的适应,减少围手术期心血管意外事件的发生。

（3）控制疼痛与感染:上尿路结石病人多数有肾绞痛,应及时对症处理。术前预防性应用抗菌药物控制感染非常重要,如病人高热达 39℃ 以上应及时进行血培养及药敏试验,选择合适的药物,并配合物理及药物降温,直至体温平稳、血常规白细胞正常 3d 以上方可手术。

2. **术后护理**　重点是做好病情观察,协助病人顺利康复,及时发现并治疗并发症。

（1）监测病人生命体征:了解病人麻醉和手术方式、术中情况、切口和引流情况。术后给予病人去枕平卧位、禁食水 6h,心电监护。如果病人出现血压下降、心率增快、呼吸加快,应高度怀疑出血的可能,及时通知医生采取措施。监测病人体温变化,术中冲洗易导致尿路细菌或致热原通过肾血管吸收入血引起菌血症,病人术后出现体温升高,甚至达 39.5℃ 以上,因此应及时使用敏感抗菌药治疗并配合物理或药物降温。尽管术前使用抗生素,尿培养无细菌生长,仍有部分病人经 PCNL 取出感染性结石后出现菌尿,出现脓毒败血症以致休克,因此应注意观察病人有无感染性休克及 DIC 的表现。当体温超过 40℃,出现血压下降、心率加快、神志恍惚等休克症状,出现出血倾向,如胃出血、牙龈出血、穿刺点出血等时,如不及时处理,会导致病情恶化,危及生命。

（2）肾造瘘管及留置尿管护理:①严密观察肾造瘘管及尿管引流液的颜色、性状和量,准确做好记录。出血是经皮肾镜取石术最常见、最严重的并发症之一,若不及时处理,病人很快会出现休克。大部分病人术后出血量不多,逐渐减少,术后第 1 日转清,不需要特殊处理。若引流尿液颜色鲜红,量较大,则可能有出血,立即夹闭肾造瘘管,使血液在肾、输尿管内压力升高,形成压力性止血,5~10min 后再次观察有无进行性出血情况,6h 和 8h 后打开,引流液的颜色逐渐变淡,24h 后一般可转为淡红色。②妥善固定肾造瘘管,如出现造瘘管周围有渗尿,应考虑是否堵塞,可用手指向远端挤压造瘘管,或用注射器抽吸,或以无菌生理盐水少量、多次、低压反复冲洗。③注意观察病人腹部症状和体征,定期询问其有无腹胀、腹痛等症状,腹部体格检查有无压痛、反跳痛等体征,警惕尿漏引起的腹膜炎发生。④执行留置尿管的护理常规。

（3）活动指导:根据病人肾造瘘管及尿管引流尿液的情况指导病人活动,术后绝对卧床,给予病人肢体按摩,指导其双下肢被动和主动活动,防止下肢深静脉血栓形成,交接班时注意评估并记录病人双下肢有无肿胀、麻木与疼痛,皮肤温度有无升高,足背动脉搏动是否明显,一旦出现上述任何情况都应及时汇报给医生。如术后 5~7d 病人引流的尿液逐渐转清为淡粉色,甚至为黄色时,可以指导病人床上活动,注意观察引流尿液的情况,如无颜色加深,可指导病人增加活动量,从床边到离床活动。重点在于指导病人活动量从小到大逐渐过渡,防止突然增加活动后出现虚脱或直立性低血压,严重者会由于血液循环加速导致栓子脱落诱发肺梗死、脑梗死及心肌梗死发作。认真做好病人指导,使其正确认知,增加依从性,减少不良事件的发生。

（四）输尿管镜取石术或碎石术病人的护理

对于输尿管的中下段结石,可选择逆行经尿道输尿管镜取石或碎石术(transurethral ureteroscopic lithotripsy,URL),目前治疗肾结石以输尿管软镜为主。随着输尿管镜和激光技术的发展,逆行输尿管软镜配合钬激光治疗肾结石(<2cm)和肾盏憩室结石取得了良好效果。

术前准备同外科一般手术,术中需要携带泌尿系统平片或静脉肾盂造影的影像资料,利于术中结石的定位。术后护理内容包括:

1. **饮食护理**   术后 4~6h 可进食水,指导病人多饮水,24h 饮水量 2 000ml 以上,达到生理性冲洗尿路的目的,防止泌尿系统感染,促进结石的排出。

2. **尿管护理**   术后留置尿管,1~2d 即可拔除。留置尿管期间保持会阴部清洁,遵医嘱应用抗生素,预防感染。

3. **双 J 管护理**   输尿管镜取石或碎石术后须留置双 J 管。

(1)指导病人多饮水,保证每日尿量在 2 000ml 以上。

(2)疼痛:双 J 管刺激可引起输尿管平滑肌痉挛导致肾绞痛,嘱病人注意休息,运用放松技巧分散注意力,适当应用解痉、镇痛药。

(3)尿路刺激症状:由于双 J 管放置位置不当或双 J 管移动致使膀胱内导管过长刺激膀胱三角区或后尿道,如症状明显者给予解痉治疗,严重者须通过膀胱镜调整双 J 管的位置。

(4)防止尿液反流:术后要减少引起腹压增高的任何因素,预防粪便干燥,指导病人站立排尿,定时排空膀胱,不要憋尿,避免尿液反流。对排尿后腰痛不能缓解者,及时通知医生,检查是否由双 J 管引流不畅所致。

(五)开放手术病人的护理

开放手术治疗包括肾盂切开取石、肾实质切开取石、肾部分切除术、肾切除术和输尿管切开取石术等。

1. **尿管护理**   术后病人须留置尿管,除肾切除术外,肾盂切开取石术、输尿管切开取石术需要留置双 J 管,因此尿管留置时间较长,充分引流膀胱尿液,减轻膀胱张力,防止尿液反流。按护理常规进行尿管护理,指导病人多饮水以冲洗尿路,遵医嘱拔除尿管。

2. **休息与活动**   肾实质切开取石术后病人需要绝对卧床休息 2~4 周,以减少出血。护士应向病人讲明绝对卧床的重要性,使其配合治疗。防止增加病人活动的因素,如剧烈咳嗽会经常振动胸壁,因此应给病人进行雾化吸入,以稀释痰液利于咳出,减轻咳嗽的震动;同时指导病人正确的咳痰方法。

3. **引流管护理**   开放性手术一般均须留置引流管一根,应保持引流管通畅,充分引流渗出的液体。准确记录 24h 引流量,若引流量较多,颜色较淡,则可能有尿液漏出,保持尿管通畅,告诉病人不必紧张,减少活动、多休息,可逐渐恢复。

(六)健康指导

1. **饮食与饮水指导**   指导病人大量饮水,尿量保持在每日 2 000ml。结石病人的预防重于治疗,合理的饮食可以有效降低结石的复发率,护士应向病人讲明饮食的重要性与详细内容,根据结石成分、病人体质代谢状态等情况帮助调整其饮食构成,提高其遵医行为。

2. **用药指导**   遵医嘱做好用药指导。

3. **复查**   碎石后半个月复查 KUB,观察碎石排出情况。必要时,重复碎石,间隔不得少于 7d。有基础疾病的病人应指导其定期门诊随访。

4. **留置双 J 管的指导**   部分病人行碎石术后带双 J 管出院,期间若出现排尿疼痛、尿频、血尿时,多为双 J 管的膀胱端刺激所致,一般多饮水和对症处理后可缓解。嘱病人术后 4 周回院复查并拔除双 J 管。

【护理评价】

经过治疗和护理,评估病人是否能够达到:①主诉无疼痛或疼痛减轻;②焦虑减轻,能积极参与并配合治疗;③排尿功能正常;④并发症未出现或得到有效治疗。

三、膀胱结石病人的护理

膀胱结石,好发于男性,男女比例约为 10:1。原发性膀胱结石多由营养不良所致,现在除了少数发展中国家及我国一些边远地区外,其他地区该病已少见。继发性膀胱结石主要继发于下尿路梗阻、

膀胱异物等。

【病因】

1. 营养不良婴幼儿原发性膀胱结石主要发生于贫困饥荒年代,营养缺乏,动物蛋白摄入不足是其主要原因。足够的母乳或牛乳喂养可以预防婴幼儿膀胱结石。

2. **下尿路梗阻**　见于尿道狭窄、前列腺增生、膀胱颈部梗阻、肿瘤等情况,膀胱内尿盐沉积而形成结石,老年人多见。

3. **膀胱异物**　膀胱内异物,如线头、导管、金属物、发卡等均可使尿盐沉积在其周围而形成结石。

4. **感染**　继发于下尿路梗阻或膀胱异物的感染,使尿中 pH 升高,尿中磷酸钙、铵和镁盐沉积,形成膀胱结石。

5. 其他,见于代谢性疾病、膀胱全切回肠代膀胱术等。

【护理评估】

（一）身体状况

1. **症状**　典型症状为排尿突然中断,改变体位后可继续排尿。排尿中断时可伴有疼痛并放射至远端尿道及阴茎头部,尿流中断后若再继续排尿可伴有血尿。膀胱结石在膀胱内活动可刺激膀胱黏膜引起尿频和尿急、下腹部与会阴部钝痛。

2. **体征**　病人排尿中断后,须改变体位或摇晃身体才能继续排尿。

（二）辅助检查

1. **B 超检查**　可发现结石的大小及位置,同时还可发现膀胱憩室、前列腺增生等情况。

2. **X 线检查**　大多数结石能被显影。

3. **膀胱镜检查**　能直接看到膀胱内结石,还可发现膀胱内其他病变。

4. **直肠指检**　较大膀胱结石可被触及。

【常见护理诊断/问题】

同上尿路结石。

【计划与实施】

膀胱结石可行俯卧位冲击波碎石治疗,此外手术取出可采用经尿道膀胱镜取石术/碎石术或行耻骨上膀胱切开取石术。如存在前列腺增生、膀胱异物、尿道狭窄等形成结石的因素,应在取石的同时一并处理。

1. **经尿道膀胱镜取石或碎石术后**　按术后常规护理外,还应注意保持病人导尿管通畅、观察尿液的颜色,部分病人会出现尿液颜色较深,呈深红色或伴有血块,应及时通知医生,必要时进行膀胱高压冲洗冲出血块或膀胱持续冲洗,待病人尿色转清即可停止冲洗。遵医嘱拔除尿管。

2. **耻骨上膀胱切开取石术后**　病人须留置膀胱造瘘管、尿管及膀胱侧间隙引流管。保持尿管与膀胱造瘘管的引流通畅非常重要,否则会由于尿液潴留膀胱压力增高而导致尿液经造瘘管渗出至膀胱侧间隙,导致引流管内液体引流增多,且颜色为淡红色,影响切口的愈合,因此需要做好引流管与尿管的护理。根据病人病情,遵医嘱适时拔除引流管与尿管。最后拔除膀胱造瘘管,拔管前应先行闭管,如病人能自行经尿道排尿后方可拔除。

3. **健康指导**　①指导病人遵医嘱定期到门诊复查;②多喝水,勤排尿,不要憋尿,每日保持尿量在 2 000ml 左右;③及时治疗泌尿系统感染;④根据结石形成原因给予相关指导。

【护理评价】

同上尿路结石。

Note:

四、尿道结石病人的护理

尿道结石绝大多数来自肾和膀胱,当尿道有狭窄、憩室及异物时可致尿道结石。主要见于男性。

【护理评估】

(一)身体状况

1. **症状** 典型症状为排尿困难,可发生突然尿流中断,出现排尿困难甚至急性尿潴留,同时伴有尿痛和会阴部疼痛。

2. **体征** 前尿道结石可沿尿道扪及硬结,有压痛;后尿道结石通过直肠指诊可扪及硬结。

(二)辅助检查

1. 金属尿道探子可探及结石并能感到与结石摩擦感。

2. B超和X线检查可明确病变部位。

3. 尿道镜能直接观察到结石及尿道并发症等。

【计划与实施】

尿道结石应根据结石大小、形状、部位及尿道情况,以及有无并发症等情况决定治疗方式。小的结石可直接取出或轻轻向尿道远端推挤、钩出或钳出,注意操作温柔,避免损伤尿道。后尿道结石可用尿道探条将结石轻推入膀胱,再按膀胱结石进行处理。

1. 执行手术前、后护理常规。

2. **健康指导** 病人出院后多饮水、勤排尿,尤其不要憋尿,尿道结石取出后可发生尿道狭窄,因此出院后应注意观察排尿情况,需要时定期到医院进行尿道扩张。

(顾妙娟)

思 考 题

1. 尿路结石病人每日饮水量是多少?为何要多饮水?

2. 留置双J管病人的护理措施有哪些?

第三节 前列腺增生病人的护理

 导入情境与思考

病人,男性,76岁,进行性排尿困难6年,因急性尿潴留于急诊就医。

请思考:

(1)若对该病人导尿失败,行耻骨上膀胱穿刺造瘘术,请说出术后护理措施。

(2)对该病人留置导尿后收入院,确诊为前列腺增生,于硬膜外麻醉下行经尿道前列腺切除术(TURP),请说出术后护理措施及出院指导。

良性前列腺增生(benign prostatic hyperplasia,BPH)简称前列腺增生,是引起中老年男性排尿障碍最常见的一种良性疾病。BPH发病率随年龄增长而增加,组织学上BPH通常发生在40岁以后,60岁时发生率超过50%,80岁以上接近90%。

Note:

【病因】

BPH 的发生必须具备年龄的增长及有功能的睾丸两个重要条件。但目前 BPH 发生的具体机制尚不明确,可能是由上皮和间质细胞增殖和细胞凋亡的平衡性破坏引起。

【病理】

前列腺分为外周带(占70%)、中央带(占25%)和移行带(占5%)。移行带是前列腺增生的开始部位,外周带是前列腺癌最常发生的部位(图47-3-1)。

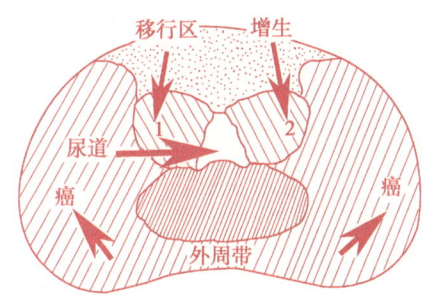

图 47-3-1　前列腺增生与前列腺癌好发部位

前列腺移行带的腺体、结缔组织和平滑肌增生,呈结节状,将外周腺体挤压萎缩形成前列腺"外科包膜",与增生的腺体分界清楚、易于分离。增生的腺体凸向后尿道,使前列腺尿道部伸长、弯曲、受压、变窄,造成膀胱出口梗阻,引起排尿困难。另外,围绕膀胱颈部的前列腺内的平滑肌富含 α 受体,这些受体的激活使尿道的阻力增加,更加重了排尿困难的症状。梗阻程度与增生的腺体大小可不成比例,而与增生腺体的位置和形态有直接关系。膀胱出口梗阻后,为克服阻力,逼尿肌增强收缩能力而逐渐代偿性肥大,肌束形成网状结构,加之膀胱长期的高内压,膀胱壁出现小梁小室改变或出现假性憩室。逼尿肌退变,顺应性差,出现不稳定收缩,病人会出现明显尿频、尿急和急迫性尿失禁。梗阻长期未解除会导致逼尿肌萎缩,收缩能力减退,失去代偿能力,膀胱收缩后不能完全排空尿液,出现残余尿。输尿管尿液排出阻力增大,引起上尿路扩张、积水。长期梗阻,逼尿肌萎缩随着残余尿量增加,膀胱壁变薄、张力下降,出现充溢性尿失禁或无症状的慢性尿潴留,尿液逆流引起上尿路积水及肾功能损害。此外尿潴留还可继发感染和结石。

【护理评估】

(一)健康史

详细询问病人是否服用过性激素类药物;评估病人营养状况、饮食习惯与性生活情况,重点询问病人排尿情况,如尿频、排尿困难等症状;曾采用过何种治疗方法,如药物治疗或手术治疗;评估病人有无腹股沟疝、内痔或脱肛等情况;有无其他慢性病。

(二)身体状况

1. 症状　症状多在50岁以后出现,与前列腺增生的体积可不成正比,而与梗阻程度、病变发展速度及是否出现并发症有关。临床上主要表现为膀胱刺激症状和梗阻症状。

(1)膀胱刺激症状:造成膀胱刺激症状的主要原因是逼尿肌不稳定。主要症状有尿频、尿急、夜尿增多及急迫性尿失禁。尿频是前列腺增生病人最常见、最早出现的症状,以夜间明显。早期由于增生的前列腺充血刺激引起,随着梗阻加重,逼尿肌功能改变,膀胱顺应性降低或逼尿肌不稳定,尿频则更加明显,此时会出现急迫性尿失禁。

(2)梗阻症状:造成梗阻的主要原因是逼尿肌收缩功能受损。主要症状有排尿踌躇、排尿费力、排尿时间延长、尿线变细、尿流无力、间断性排尿、尿潴留等。进行性排尿困难是前列腺增生最主要的症状,典型表现是排尿迟缓、断续、尿后滴沥、排尿费力、射程缩短、尿线细而无力,终呈滴沥状,排尿时间延长,有排尿不尽感。当梗阻程度严重,膀胱残余尿量增多,逐渐发展出现尿失禁。膀胱过度充盈致使少量尿液从尿道口溢出,称为充溢性尿失禁。

急性尿潴留:前列腺增生病人在气候变化、劳累、饮酒、便秘、久坐等因素下,会使前列腺突然充血、水肿导致急性尿潴留,病人出现不能排尿、膀胱胀满、下腹痛,需要到医院进行急诊处理。

（3）其他症状：前列腺增生合并感染或结石时,膀胱刺激症状加重。当前列腺增生腺体表面黏膜血管破裂时也可发生不同程度的无痛性肉眼血尿。当梗阻引起肾积水、肾功能受到损害时,病人可逐渐出现慢性肾功能不全的表现,如食欲缺乏、恶心、呕吐、贫血、乏力等症状。长期排尿困难导致腹压增高还可引起腹股沟疝、内痔与脱肛等。

国际前列腺症状评分表（international prostate symptom score,IPSS）是目前国际公认的判断 BPH 病人症状严重程度的最佳手段（表 47-3-1）。

表 47-3-1　国际前列腺症状评分表（IPSS）

在过去 1 个月,您有无以下症状?	没有	在 5 次中少于 1 次	在 5 次中少于半数	在 5 次中大约半数	在 5 次中多于半数	在 5 次中几乎每次	症状评分
1. 是否经常有尿不尽感?	0	1	2	3	4	5	
2. 两次排尿间隔是否经常短于 2h?	0	1	2	3	4	5	
3. 是否经常有间断性排尿?	0	1	2	3	4	5	
4. 是否经常有憋尿困难?	0	1	2	3	4	5	
5. 是否经常有尿线变细现象?	0	1	2	3	4	5	
6. 是否经常需要用力及使劲才能开始排尿?	0(没有)	1(1 次)	2(2 次)	3(3 次)	4(4 次)	5(≥5 次)	
7. 从入睡到早起一般需要起来排尿几次?	0	1	2	3	4	5	

IPSS 评分表总分为 0~35 分,轻度症状总分为 0~7 分,中度症状总分为 8~19 分,重度症状总分为 20~35 分。

生活质量（quality of life,QOL）评分是了解病人对其目前下尿路症状水平的主观感受,主要关心的是 BPH 病人受下尿路症状困扰的程度（表 47-3-2）。

表 47-3-2　生活质量评分（QOL）

	高兴	满意	大致满意	还可以	不太满意	苦恼	很糟
如果在您今后的生活中始终伴有现在的排尿症状,您认为如何?							
生活质量评分（QOL）=	0	1	2	3	4	5	6

2. **体征**　膀胱充盈时,耻骨上区叩诊呈浊音并可判断膀胱充盈情况。肛门指诊可触及增生前列腺的大小、质地、韧度,表面是否光滑,有无结节。检查病人有无疝、内痔或脱肛现象。

（三）辅助检查

1. **直肠指检（digital rectal examination，DRE）**　是针对前列腺疾病的重要检查,指检时多数病人可触到增大的前列腺,表面光滑、质韧、有弹性、边缘清楚、中央沟变浅或消失,同时还要注意肛门括约肌张力是否正常。Ⅰ度增生腺体为正常的 2 倍,估计重为 20~25g；Ⅱ度为 2~3 倍,估计重为 25~50g；Ⅲ度为 3~4 倍,中间沟消失,指诊可勉强触及前列腺底部,估计重为 50~75g；Ⅳ度腺体超过正常的 4 倍,指诊不能触及腺体的上缘,估计重在 75g 以上。

2. **B 超检查**　可经腹壁或直肠进行。经腹壁检查时膀胱需要充盈,可显示前列腺体积的大小,增生腺体是否突入膀胱,还可以测定膀胱残余尿量。残余尿正常应<10ml,一般残余尿达 50ml 以上即提示膀胱逼尿肌已处于早期失代偿状态,可作为手术指征之一。经直肠 B 超扫描更加清楚地显示前

Note:

列腺的内部结构。另外,B超还可发现膀胱内有无结石形成及上尿路有无积水改变。

3. **尿流率检查**　可确定前列腺增生病人梗阻程度,是真实反映尿道阻力的一项指标。50岁以上男性,排尿量应在150~200ml,最大尿流率$Q_{max} \geqslant 15ml/s$属正常,10~15ml/s可能有梗阻,<10ml/s表明梗阻较为严重,是手术指征之一。此外,尿动力检查可以发现排尿困难是由于膀胱出口梗阻还是由于逼尿肌功能失常引起。

4. **前列腺特异性抗原(prostate specific antigen,PSA)测定**　目的在于排除前列腺癌。正常为0~4μg/L。但PSA会受到直肠指诊、前列腺手术等因素的影响,直肠指检后需7~10d后才可测定。

5. **膀胱镜检查**　不作为推荐检查项目。在怀疑BPH合并尿道狭窄、膀胱内占位性病变时可行此项检查。伴有急性尿路感染者禁忌此检查。

(四)心理-社会状况

前列腺增生是一种进行性逐渐加重的疾病,在生理和心理上均给病人带来较大的阴影。如尿频,尤其是夜尿增加,严重影响病人休息与睡眠;随着病情的加重,给病人带来极大的身心痛苦,严重影响其生活质量。对老年人来说,他们不愿给儿女带来麻烦,又怕儿女嫌弃,甚至有些老年人儿女不在身边,老年人会有孤独感。护士应理解病人,关注病人的心理状况和社会家庭支持系统,给病人解释前列腺增生的主要治疗方法,鼓励其树立战胜疾病的信心。

【常见护理诊断/问题】

1. **排尿障碍**　与前列腺增生有关。
2. **焦虑**　与患病时间长、影响睡眠与活动有关。
3. **睡眠型态紊乱**　与尿频、夜尿增加有关。
4. **急性疼痛**　与手术或膀胱痉挛有关。
5. **潜在并发症:直立性低血压、出血、膀胱痉挛、感染、经尿道电切综合征、尿失禁。**

【计划与实施】

前列腺增生病人处理原则包括观察等待、药物治疗与手术治疗。

经过治疗和护理,病人达到:①排尿功能正常;②焦虑减轻,能积极参与并配合治疗;③晚上睡眠状态良好;④主诉无疼痛或疼痛减轻;⑤并发症未出现或得到有效治疗。

(一)观察等待治疗与护理

部分BPH病人症状轻微,不再进行性发展下去,不影响睡眠与生活,可以观察等待,但须密切定期随访。指导病人保持情绪平稳,注意天气变化,防止受凉,多食水果与蔬菜,少吃辛辣刺激的食物,防止便秘,预防急性尿潴留的发生。

(二)药物治疗与护理

1. **α_1受体拮抗剂**　其作用可使尿道平滑肌松弛而明显改善排尿困难症状。对于需要迅速减轻症状的前列腺增生病人是首选的药物,但其副作用有头晕、直立性低血压等,因此适合指导病人晚上临睡前服药,以防止晕倒的意外发生。监测病人血压变化,防止出现低血压。

2. **5α-还原酶抑制剂**　为激素类药物,它降低了体内雄激素双氢睾酮从而抑制了前列腺增生,使前列腺体积缩小,改善排尿困难症状,减少急性尿潴留的发生率及需要手术率。非那雄胺是有效的雄激素抑制剂,一般不会引起性欲减退及影响性功能,但须坚持服用4个月以上才能见效,因此护士对服药的病人应做好健康指导,减少病人的顾虑,增强依从性。此外,非那雄胺可减少TURP围手术期出血。临床上α_1受体拮抗剂和非那雄胺联用比单一用药的效果好。

3. **其他**　植物类制剂主要作用是减轻症状,由于无副作用、耐受性好、可长期服用,易被病人接受。

（三）非开放手术病人的护理

经尿道前列腺切除术（transurethral resection of prostate，TURP）被认为是 BPH 手术治疗的"金标准"。其他还包括经尿道外科治疗方法，如激光、微波消融、汽化电切、前列腺尿道支架等。

1. 术前护理

（1）尿潴留病人护理

1）指导病人记录排尿日记：让病人自己记录排尿次数（频率）、实际排尿时间、每次尿量、排尿伴随症状、饮水量等，一般连续记录 5~7d。排尿日记有助于确定病人排尿频率与饮水量的关系，为医生提供病情信息。

2）排尿困难护理：详细询问病人每日排尿情况，了解病人尿频及排尿困难的程度，安排离厕所近的病室，告诉病人气候变化、饮酒、劳累等可引起急性尿潴留，应注意避免。当出现尿潴留时，及时通知医生，采取留置导尿或膀胱穿刺造瘘等措施。

3）留置导尿或耻骨上膀胱造瘘管的护理：前列腺增生病人出现急性尿潴留时，应立即引流尿液、解除梗阻。导尿术是解除急性尿潴留最简便、常用的方法。留置导管时，如普通导尿管不易插入，可选择前端稍尖而弯曲的前列腺导尿管。如无法插入时，可行耻骨上膀胱穿刺或造瘘以引流尿液。①导尿或耻骨上膀胱造瘘引流尿液时应间歇、缓慢地将尿液放出，切忌快速排空膀胱，否则导致膀胱内压骤然降低而引起膀胱内大量出血；②执行留置尿管的护理常规；③耻骨上膀胱造瘘后应经常更换敷料，保持局部干燥，防止感染。术后 5d 内不必冲洗，时间长者采用低压冲洗，冲洗原则为无菌、微温、低压、少量、多次。拔除造瘘管之前应先行闭管，尿道通畅后方可拔除。拔管时间不得少于术后10d。过早拔除可引起耻骨后间隙感染。长期带管病人应间断闭管，以训练膀胱功能，避免发生膀胱肌无力。定期更换造瘘管及尿袋。

（2）血尿病人护理：前列腺局部充血及膀胱结石引起的血尿一般比较轻，前列腺表面血管破裂引起的血尿一般比较重，常混有大量血块，有时引起尿潴留，甚至出现生命体征的变化。一般肉眼血尿，无须给予特殊处置，指导病人多饮水，卧床休息；较严重的血尿，遵医嘱给予病人止血药，留置尿管行持续膀胱冲洗。若有血块堵塞尿管导致引流不畅时，可给予高压冲洗，及时冲出血块以保持尿路通畅、减轻病人的不适症状。并密切观察病人生命体征的变化。

（3）术前准备：遵医嘱备血，有尿路感染者应用抗生素治疗。其他准备同一般手术。

2. 术后护理

（1）体位：病人取平卧位，尿管牵拉固定在一侧大腿内侧，保持该肢体伸直，减少活动。根据病人冲洗的时间与出血情况决定肢体解除固定、进行活动的时间。在肢体限制活动期间应指导病人双下肢主动与被动活动，防止下肢深静脉血栓的形成。

（2）膀胱持续冲洗：病人术后回病房后应立即用无菌生理盐水持续膀胱冲洗，行耻骨上前列腺切除术的病人通过膀胱造瘘管进行，行 TURP 的病人可通过三腔尿管的一腔进行，目的是防止前列腺窝出血形成血凝块阻塞尿管。根据冲出液体的颜色来调整冲洗液冲洗的速度，重点是保持冲洗的通畅。膀胱冲洗时间一般为 3~5d。排出液转为淡红色时，可改为间断冲洗或停止冲洗。注意：①准确记录灌注液量和排出液量，严防液体潴留在膀胱内，使膀胱内压增高；②尿量＝排出液量－灌注液量；③根据血尿程度来调整灌注速度；④排液停止，说明尿管有血凝块堵塞，应立即停止灌注，行膀胱高压冲洗，冲出血凝块，尿路通畅后再接上生理盐水继续冲洗。

（3）术后并发症的护理

1）出血：原因有：①前列腺窝创缘止血不确实；②尿管气囊安放位置不当，气囊滑脱或破裂引起出血；③膀胱痉挛：膀胱痉挛可加重前列腺窝出血，而出血、血凝块堵塞导尿管又可加重膀胱痉挛。

护理措施：①固定气囊尿管于一侧大腿内侧，固定侧大腿要保持伸直、制动，使气囊压迫于尿道内口。②膀胱持续冲洗保持通畅，并根据血尿程度调整灌注速度。③密切观察病人血尿颜色及有无生命体征的变化；遵医嘱给予输血、补液、止血等治疗。

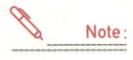
Note：

2）膀胱痉挛：病人表现为术后尿意频发，尿道及耻骨上区疼痛难忍，伴盆底及下肢肌阵挛，膀胱痉挛发作时可致冲洗管一过性受阻，有时因膀胱内压升高，导致膀胱内液体反流至冲洗管或从尿管周围流出。反复膀胱痉挛及其继发冲洗管引流不畅可加重出血，并可引起血压升高。原因有：①术前存在膀胱逼尿肌不稳定，即不稳定膀胱；②尿管位置不当及其气囊充盈过大，刺激膀胱三角区；③出血与膀胱痉挛两者互为因果；④膀胱冲洗液刺激。

护理措施：有效止痛是非常必要的。①术后遵医嘱给予镇痛药或解痉药，术后安置硬膜外病人自控镇痛（PCA）泵可以减少膀胱痉挛的发生；②调整尿管气囊的位置及牵拉强度和气囊内的液体量，争取在无活动性出血的情况下，早日解除牵拉和拔除尿管；③有血凝块堵塞时及时行高压反复冲洗，将血凝块清除，保持尿路通畅。

3）尿路感染：原因有：①术前尿路感染未控制。②术前尿培养无细菌生长，但尿路可能有细菌污染，最常见于有尿潴留曾经导过尿的病人。一般尿道内留置尿管 12h 后其表面就会有一层生物膜附着，主要是腐生葡萄球菌或其他一些无害的微生物，手术时难免会有菌血症，还有 20%~30% 的病人尿中无细菌，前列腺液中可培养出细菌。③留置尿管给细菌进入泌尿系统打开了一条通道，高压冲洗、更换引流袋等各种处置，若没有严格无菌操作会造成交叉感染。

护理措施：①遵医嘱应用抗生素；②严格无菌操作；③保持会阴部清洁，每日会阴护理 2 次；④可进食的病人指导每日饮水 2 000ml 以上，保证足够的尿量起到内冲洗的作用；⑤严防逆流或使用抗反流式引流袋；⑥注意观察病人体温的变化及有无睾丸和附睾肿胀、疼痛的临床表现，如有及时通知医生。

4）TUR 综合征：原因是术中低渗性灌洗液大量吸收入血使血容量急剧增加所致的稀释性低钠血症和水中毒，病人可在术后几小时内出现症状如烦躁不安、恶心、呕吐、抽搐、痉挛、昏睡，严重者可出现肺水肿、脑水肿和心力衰竭等症状。

护理措施：术后及时补充含钠液体可以预防病人术后出现 TUR 综合征；若病人出现上述症状则立即遵医嘱减慢输液速率，给予脱水药和利尿药并对症护理。

5）尿失禁：一般为一过性尿失禁，原因是气囊牵引后使尿道括约肌麻痹、水肿所致。

护理措施：做好心理护理，指导病人进行盆底肌群功能锻炼即缩肛练习，告诉病人不要成为负担，一般可恢复。如因膀胱功能障碍引起的尿失禁，需药物或手术治疗；如因手术损伤远端尿道括约肌时可引起完全性尿失禁，术后难以恢复。

（四）开放性手术病人的护理

开放性手术多采用耻骨上前列腺切除术或耻骨后前列腺切除术。术后留有尿管、膀胱造瘘管及引流管。除执行一般术后护理常规外，还包括：

1. **术后体位** 同 TURP。

2. **引流管护理** 保持引流管通畅，防止打折受压，注意观察引流液的颜色与性状，正常为血性，24h 引流量应在 200ml 以内，如引出淡红色液体，量较大时，须注意检查尿管及造瘘管是否通畅，有可能尿液经膀胱切口漏入耻骨后间隙，须及时与医生沟通，查找原因并采取措施。

3. **尿管及膀胱造瘘管护理** 尿管牵拉固定在一侧大腿的内侧，经膀胱造瘘管持续冲入生理盐水，经尿管排出，以稀释前列腺窝的出血，防止血凝块堵塞尿管。若冲出液体的速度小于冲入液体的速度或尿管无液体引出，须及时通知医生给予处理，用高压注射器冲出血凝块或冲入端接尿管，冲出端接造瘘管，观察冲洗液流出的情况，若处理不及时则膀胱压力增高，冲洗液会经膀胱切口流入耻骨后间隙，经引流管引出，造成耻骨后间隙感染及膀胱切口愈合延迟。保持病人会阴部与造口周围皮肤清洁与干燥，每日两次会阴护理，敷料有渗出时及时更换。及时清理尿道口血渍，防止感染。

4. **并发症护理** 病人可出现出血、膀胱痉挛、感染和拔除尿管后病人出现暂时尿失禁，护理内容同 TURP 术后。

Note：

（五）健康指导

1. 指导病人继续遵医嘱口服抗生素，防止感染。

2. **饮食指导**　以清淡、易消化食物为主，告诉病人多吃蔬菜、水果等含纤维丰富的食物，少食辛辣刺激性食物，戒烟、酒，保持排便通畅，避免不必要的灌肠。便秘、咳嗽或其他增加腹压的因素都可诱发再出血。多饮水、勤排尿以冲洗尿路，每日保证尿量维持在 2 000ml 以上。

3. **活动指导**　告诫病人 3 个月内切忌长时间坐着或憋尿，避免骑脚踏车和摩托车，避免温水坐浴或久坐潮湿的地方，防止长期会阴部充血诱发前列腺被膜水肿或膀胱过度充盈影响逼尿肌功能，再度造成尿潴留。术后 2 个月内避免上下楼梯及跑步等较剧烈活动，嘱病人适当进行体育活动，以利于增强机体抵抗力，改善前列腺局部的血液循环。练习提肛运动，增强盆底会阴部肌肉的张力，尽快恢复尿道括约肌的功能，每日 10 次、每次 10min、每个动作持续 10s，增强盆底肌肉张力，尽快恢复尿道括约肌的功能。

4. 行 TURP 术后 1 个月之内在前列腺窝创面未完全愈合前，仍有可能继发出血，病人可出现轻微的血尿。告诉病人不必紧张，多饮水，每日饮水量最好不少于 3L，保证足够的尿量以起到内冲洗作用。若出血较多、有大量血凝块、排尿困难时，应到医院及时处理。

5. TURP 术后 1 个月、开放手术术后 2 个月可逐渐恢复性生活。

6. 最初排尿通畅，1 个月后又逐渐出现排尿困难是典型的尿道狭窄表现，应及时到医院就诊，定期进行扩张。

【护理评价】

经过治疗和护理，评估病人是否能够达到：①排尿功能正常；②焦虑减轻，能积极参与并配合治疗；③晚上睡眠状态良好；④主诉无疼痛或疼痛减轻；⑤并发症未出现或得到有效治疗。

（顾妙娟）

思　考　题

1. 急性尿潴留的诱因是什么？

2. 经尿道前列腺切除术后，病人膀胱痉挛疼痛的原因是什么？护理措施有哪些？

第四节　前列腺癌病人的护理

导入情境与思考

病人，男性，78 岁，因体检发现 PSA 74μg/L，B 超提示前列腺增大，有 2 个小结节，回声不均，怀疑为前列腺癌。

请思考：

（1）PSA 抽血化验时需要注意什么？

（2）若该病人行根治性前列腺切除术，请写出术后护理主要内容。

前列腺癌（prostate cancer）是目前全球男性发病率第 2 的恶性肿瘤。根据国际癌症研究机构的统计，2018 年全球前列腺癌新发病例估计 127.6 万例，约 35.9 万例病人死于前列腺癌。随着人口老龄化、饮食及生活方式的改变，我国前列腺癌的发病形势不容乐观。在 2015 年全国肿瘤登记地区中，前

列腺癌位于目前中国男性泌尿生殖系统恶性肿瘤发病第 1 位。

【病因】

（一）已知危险因素

1. **年龄**　前列腺癌的发病率在 50 岁以后随年龄增长呈指数的比例增加。

2. **遗传**　有家族史者发病率较普通人群高。

3. **种族**　欧美国家发病率高，亚洲国家发病率相对较低。

（二）发病危险因素

1. **饮食和环境因素**　重要的危险因素包括高动物脂肪饮食、红色肉类的消耗量、肥胖、吸烟量、白酒饮用量和低植物摄入量等。大豆及豆制品、绿茶、番茄、红葡萄酒等有可能降低前列腺癌发病率。前列腺癌与体内维生素 E、维生素 D、胡萝卜素、硒等水平低下关系密切。这些危险因素并不能确定为存在因果关系的病因，但重视这些危险因素，在降低前列腺癌的发生率上有一定的效果。

2. **职业因素**　性活动和职业性行为活跃者体内有较高的睾酮水平，或许促进了前列腺癌的发生。职业方面，如农民和从事镉职业的工人等，患前列腺癌的机会大。

【病理】

前列腺癌易发部位在前列腺外周带，只有小部分病例是源于前列腺移行带，即尿道周围和前叶部分。前列腺癌 98% 为腺癌，移行细胞癌、鳞癌等极少见。前列腺癌大多数为雄激素依赖性，其发生和发展与雄激素关系密切，雄激素非依赖性只占少数，雄激素依赖性最后可发展为雄激素非依赖性。

前列腺癌的转移途径包括：①直接蔓延：侵入腺周围组织，累及精囊；②血行播散：经血行传播至脊柱、骨盆最常见；③淋巴扩散：盆腔淋巴结转移较常见。

【临床分期】

前列腺癌分期是通过直肠指检、CT、MRI、骨扫描及淋巴结切除来明确分期，TNM 分期系统是临床应用最多的，2016 年国际抗癌联盟（UICC）对分期做了新规定：T 分期是指原发肿瘤的有无。N 分期是指有无淋巴结转移。M 分期是指有无远处转移。

【护理评估】

（一）身体状况

前列腺癌早期多数病人没有任何症状，随着癌肿的发展出现以下症状：

1. **下尿路梗阻症状**　尿频、尿急、尿流缓慢、尿流中断、排尿不尽，严重者可出现尿潴留或尿失禁，较少病人可出现血尿。老年人突然出现血精时应考虑前列腺癌的可能性。

2. **局部浸润性症状**　膀胱直肠间隙常是局部浸润性前列腺癌最先侵犯的区域，包括前列腺、精囊、输精管及输尿管下端等结构。病人表现为腰骶部疼痛，向髋部及下肢放射。

3. **转移部位症状**　骨转移会表现为骨痛、骨髓压迫神经症状及病理性骨折。

4. **晚期症状**　贫血、消瘦、下肢水肿、少尿、无尿，最终呈恶病质。

（二）辅助检查

1. **直肠指检（DRE）**　细致的 DRE 有助于前列腺癌的诊断和分期，但现在不推荐 DRE 作为前列腺癌筛查方法。DRE 会使 PSA 值升高，应在抽血检查 PSA 后进行。

2. **前列腺特异性抗原（PSA）**　血清 PSA 是目前诊断前列腺癌、评估各种治疗效果和预测预后的一种重要且可靠的肿瘤标志物，用于前列腺癌普查。正常为 $0\sim4\mu g/L$。男性应从 45 岁开始检查 PSA，有前列腺癌家族史可以从 40 岁开始。

3. **经直肠超声检查（TRUS）与前列腺穿刺活检术**　TRUS 可检查前列腺及周围组织结构寻找

可疑病灶,能初步判断肿瘤的体积大小,还能帮助进行前列腺可触及或不可触及病变的穿刺活检。

4. CT 和 MRI　CT 对于早期诊断前列腺癌的价值不大;MRI 优于其他影像学方法,在 T_2 加权像上如高信号的前列腺外周带内出现低信号结节或弥漫性信号减低区,可考虑前列腺癌的可能。

5. 放射性核素骨扫描(ECT)　显示骨转移情况。

【常见护理诊断/问题】

1. 排尿障碍　与前列腺癌有关。
2. 焦虑/恐惧　与对癌症的恐惧、害怕手术及术后引起性功能障碍等有关。
3. 潜在并发症:出血、感染等。

【计划与实施】

前列腺癌的治疗应根据病人年龄、全身状况、经济条件、临床分期及病理分级等综合因素考虑,方法包括随访观察、根治性前列腺切除术、放射治疗、冷冻治疗、内分泌治疗、综合治疗等。

经过治疗和护理,病人达到:①排尿功能正常;②心情平稳,能积极参与并配合治疗;③并发症未出现或得到有效治疗。

1. 内分泌治疗病人护理　包括手术去势即睾丸切除术,药物去势如促黄体素释放素类似物(LHRH-A),雌激素类药物和甾体抗雄激素类或非甾体抗雄激素药物的治疗。睾丸切除术术后指导病人上提睾带或指导病人穿紧身短裤,可起到压迫止血的作用。如术前有排尿困难、尿潴留者,须留置导尿或行膀胱造瘘术。长期带尿管的病人注意定期夹闭、定期放尿,训练膀胱功能。用药的病人注意观察用药后的反应,有的病人会出现潮热、身体不适等症状,轻者能自行消退,重者须通知医生采取支持疗法。

2. 根治性前列腺切除术护理

(1) 监测生命体征:病人多为老年人,注意其生命体征的观察,防止心、脑血管意外的发生。

(2) 留置尿管及造瘘管护理:保持尿管通畅,注意观察引流尿液的颜色、性状与量,若引出尿液颜色较深应及时通知医生处理。

(3) 引流管护理:监测引流管引出液体的量、颜色及性状,若引出量较多、颜色较浅,有可能发生尿道膀胱吻合口瘘,注意保持引流管及尿管的通畅,延长留置时间,防止翻身活动时牵拉或拽出。

(4) 防止感染:保持伤口及造瘘口局部敷料清洁与干燥,指导病人在排尿、排便时不要污染敷料,如有污染应及时予以更换;监测病人体温变化,若体温超过 38℃ 时采取物理或药物降温措施。

知 识 链 接

机器人腹腔镜根治性前列腺切除术

机器人前列腺根治术是近年来前列腺癌外科治疗的最近进展,2000 年首先在法国临床应用,目前已成为国内外许多大医院或中心治疗前列腺癌的主流术式。最大优点是机器人手臂不会颤动,所有时刻都保持稳定,故手术解剖更加精准,能够长时间进行复杂、高精度的手术。与开放手术相比,创伤更小、更美观,而且术后恢复快。机器人手术系统运用小器械,从而增加了活动范围。不足之处包括缺乏触觉反馈和最佳配套手术器械,技术故障,治疗和维护费用昂贵。

3. 健康指导

(1) 指导病人避免危险因素:尽可能避免潜在的环境危险因素,如高脂饮食、镉、除草剂等。

(2) 饮食:坚持低脂饮食、多食富含植物蛋白的大豆类食物、长期饮用绿茶、适当提高饮食中微量元素硒和维生素 E 的含量,可以预防前列腺癌的发生。

Note:

（3）并发症观察与预防：行根治性前列腺切除术的病人术后可能会有尿失禁和勃起功能障碍，指导病人正确面对，坚持进行盆底肌肉锻炼，对改善症状能够起到一定作用。

（4）复查：遵医嘱每3个月到半年复查一次。

【护理评价】

经过治疗和护理，评估病人是否能够达到：①排尿功能正常；②心情平稳，能积极参与并配合治疗；③并发症未出现或得到有效治疗。

（顾妙娟）

思　考　题

1. 前列腺特异性抗原（PSA）的正常值范围是多少？抽血化验 PSA 时有什么注意事项？
2. 前列腺癌病人的临床表现有哪些？
3. 前列腺癌病人行根治性前列腺切除术的术后护理有哪些？

NURSING

第四十八章

泌尿系统损伤病人的护理

48章 数字内容

学 习 目 标

- 识记：
  1. 陈述肾损伤、输尿管损伤、膀胱损伤和尿道损伤的概念、危险因素、临床表现和健康指导。
  2. 列举肾损伤、输尿管损伤、膀胱损伤和尿道损伤的治疗和护理措施。
- 理解：
  1. 解释肾损伤、输尿管损伤、膀胱损伤和尿道损伤的健康史评估。
  2. 说明肾损伤、输尿管损伤、膀胱损伤和尿道损伤的相关辅助检查的临床意义。
- 运用：
  为肾损伤、输尿管损伤、膀胱损伤和尿道损伤病人进行护理评估,制订护理计划,实施护理措施和有效评价。

泌尿系统损伤以男性尿道损伤最多见,其次为肾和膀胱,输尿管损伤最少见。由于泌尿系统受到周围组织和器官的良好保护,通常不易受到损伤,因此泌尿系统损伤多为胸、腹、腰部或骨盆严重损伤的合并伤。

第一节　肾损伤病人的护理

导入情境与思考

病人,男性,42 岁,与他人打架后腰部受伤,出现血尿。

请思考:

(1) 目前该病人病情观察要点与护理措施是什么?

(2) 病人出现哪些病情变化时需要紧急手术?

肾深藏于肾窝,上被膈肌所罩,前有腹壁和腹腔内器官,后有肋骨、脊椎和背部的长肌肉,受到较好的保护。正常肾有 1~2cm 的活动度,通常不易受到损伤。肾损伤(injury of kidney)发生率约为每年 5/100 000,72% 见于 16~44 岁的男性青壮年,男女比例约为 3:1。多为闭合性肾损伤,1/3 常合并其他器官损伤。当肾存在积水、结石、囊肿、肿瘤等病理改变时,损伤可能性更大。

【病因】

1. **开放性损伤**　因刀、枪弹等锐器致伤,常伴有胸、腹等其他器官的损伤,损伤严重而复杂。

2. **闭合性损伤**　因直接暴力(如撞击、跌打、挤压等)、间接暴力(如对冲伤、突然暴力扭转等)所致损伤。临床上闭合性肾损伤较多见。

3. **自发性肾破裂**(Wunderlich 综合征)　肾本身病变时更易发生损伤,如肾积水、肾肿瘤、肾结核或多囊肾病等,有时轻微创伤也可造成严重的自发性肾破裂。

4. **医源性肾损伤**　肾穿刺、腔内泌尿外科检查或治疗、开放性手术等情况下可发生肾损伤。

【病理分类】

根据肾损伤的程度可分为以下病理类型(图 48-1-1):

1. **肾挫伤**　是肾损伤中较轻的病理改变,损伤仅局限于部分肾实质,形成肾包膜下血肿或肾瘀斑,肾包膜及肾盂黏膜完整。一般症状轻微,多可自愈,若损伤累及集合系统可见轻微血尿。大多数病人属此类损伤。

2. **肾部分裂伤**　肾实质部分裂伤并伴有肾包膜破裂,可有肾周血肿或明显血尿。通常不需要手术,给予绝对卧床休息,止血、抗感染治疗,在密切观察病人生命体征的情况下多可自行愈合。

3. **肾全层裂伤**　肾实质深度裂伤,外及肾包膜,内达肾盂、肾盏黏膜,有广泛的肾周血肿、尿外渗和明显血尿,肾横断或碎裂时可导致部分肾组织缺血,需要紧急手术治疗,否则后果严重。

4. **肾蒂损伤**　较少见,易被忽略,常因失血性休克而失去救治的机会死亡。多见于突然减速或加速运动时,如车祸、高处坠落伤等,肾的急剧移位,肾蒂部位血管受到突然的牵拉,内膜断裂,形成血栓,导致肾功能丧失。此类损伤多发生于右侧肾,须紧急施行手术治疗。

晚期病理改变包括长期尿外渗而形成的尿性囊肿;血肿和尿外渗引起组织纤维化,压迫肾盂输尿管连接处导致肾积水;形成动静脉瘘或假性动脉瘤;部分肾实质缺血或肾蒂周围纤维化压迫肾动脉引起肾性高血压。

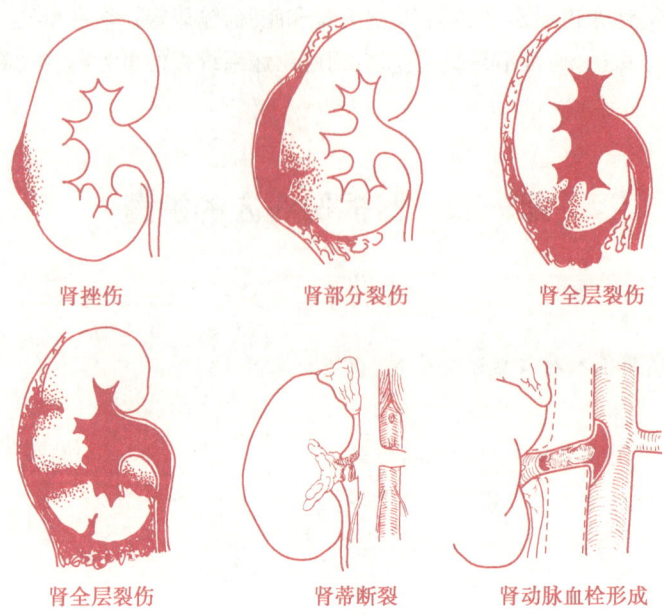

肾挫伤　　　　　肾部分裂伤　　　　　肾全层裂伤

肾全层裂伤　　　　肾蒂断裂　　　　肾动脉血栓形成

图 48-1-1　肾损伤类型

【临床分类】

国内一般将肾挫伤及肾部分裂伤归为轻度肾损伤,其他为重度肾损伤。

1996 年美国创伤外科协会器官外伤定级委员会(AAST)制订的肾损伤分级方法与治疗密切相关,已被大多数治疗机构采用(表 48-1-1)。

表 48-1-1　美国创伤外科协会肾损伤分级

级别	分型	临床表现
I	挫伤	镜下或肉眼血尿,泌尿系统检查正常
	血肿	无肾实质裂伤的包膜下血肿
II	血肿	腹膜后肾周血肿
	撕裂伤	<1.0cm 的肾皮质裂伤,无尿外渗
III	撕裂伤	>1.0cm 的肾皮质裂伤,无尿外渗及集合系统裂伤
IV	撕裂伤	肾皮质、髓质及集合系统全程裂伤
	血管	肾动脉或静脉主干损伤,伴有出血
V	撕裂伤	肾碎裂
	血管	肾蒂撕脱伤,肾无血供

【护理评估】

(一)健康史

重点询问病人受伤史,了解外力大小、作用部位、受伤时间、伤后排尿情况、有无血尿、昏迷、恶心及呕吐等情况,全面估计病人的伤情。如病人失血过多意识不清时,应在采取抢救措施的同时向陪同者了解相关情况。

(二)身体状况

1. 症状

(1)休克:休克是肾损伤后很重要的表现,可为创伤性和/或失血性休克。早期休克可能为剧烈

Note:

疼痛所致,但其后与大量失血有关。若短时间内迅速发生休克或快速输血400ml后仍不能及时纠正休克时,常提示有严重的内出血,会危及生命,需要立即手术治疗。一般多见于开放性肾损伤。

(2) 血尿:为肾损伤最常见、最重要的症状,90%以上的病人可出现肉眼血尿。肾挫裂伤者可出现少量血尿,严重肾裂伤者则呈大量肉眼血尿,并有血凝块阻塞尿路。但血尿与损伤程度不成比例。肾挫伤或轻微肾裂伤会导致肉眼血尿,而严重的肾裂伤,如肾蒂损伤、肾动脉血栓形成等,也可仅有轻微血尿或无血尿。

(3) 疼痛:病人患侧腰部、上腹部疼痛,可放射到同侧肩部、背部及下腹部。若腹膜破裂,大量尿液、血液流入腹腔,合并腹腔器官损伤时,可出现全腹压痛、肌紧张等腹膜刺激症状。当血凝块通过输尿管时可有剧烈的肾绞痛。

(4) 发热:出血、尿外渗容易继发感染,甚至形成肾周脓肿或化脓性腹膜炎,病人出现发热、寒战等全身中毒症状。

2. 体征　肾破裂时,血液、尿液渗入肾周围组织使局部肿胀,形成肿块,有明显的触痛和肌强直。从肿块增长的大小可以推测肾损伤的严重程度。

(三) 辅助检查

1. 实验室检查

(1) 尿常规:有镜下血尿或肉眼血尿。特别注意收集伤后第1次尿液进行检测。

(2) 血常规:肾损伤24h内须动态监测红细胞、血红蛋白与血细胞比容,若持续降低提示有活动性出血。白细胞增高提示有感染。

(3) 血清碱性磷酸酶:肾创伤后8h血中碱性磷酸酶开始上升,16~24h上升最明显,24h后下降,对早期肾损伤的诊断有意义。

(4) 肾功能:须反复测定肾功能,早期监测有无肾衰竭。

2. 影像学检查

(1) B超:诊断肾损伤具有快捷、无损伤、可重复等优点,能初步显示肾损伤的程度,包膜下和肾周血肿及尿外渗情况,并有助于了解对侧肾情况。

(2) CT:可清晰显示肾皮质裂伤、尿外渗、肾周血肿范围等,还可了解肾周围器官情况。作为首选检查。

(3) 静脉尿路造影:可评价肾损伤的范围、程度和健侧肾功能。

(4) 动脉造影:可了解伤肾血运及有无肾动脉损伤或栓塞。

(5) 腹部X线影像:可了解体内有无金属利器,断裂刀具及子弹或碎弹片的残留。

(四) 心理-社会状况

损伤使病人产生恐惧心理,担心损伤是否会给生命带来威胁、能否保住肾等问题,护士应评估病人的心理状态,了解病人家庭的经济情况,创伤对病人工作的影响程度。

【常见护理诊断/问题】

1. **恐惧**　与担心生命受到威胁或担心损失肾有关。
2. **急性疼痛**　与创伤、肾被膜膨胀有关。
3. **有体液不足的危险**　与肾损伤或合并其他器官出血有关。
4. **潜在并发症**:感染。

【计划与实施】

肾损伤的治疗目的:保存肾功能和降低死亡率。保守治疗为绝大多数肾损伤病人的首选治疗方法。90%以上的闭合性损伤病人可通过保守治疗获得治疗效果。《2019版中国泌尿外科和男科疾病诊断治疗指南》提出:在血流动力学稳定的前提下,Ⅰ级和Ⅱ级肾损伤推荐行保守治疗;Ⅲ级肾损伤倾向于保守治疗；Ⅳ级和Ⅴ级肾损伤少数可行保守治疗。

轻微肾挫伤病人经绝对卧床休息即可康复。病情稳定肾挫裂伤病人可采用保守治疗，通过绝对卧床、监测病人生命体征、给予输血、输液、应用抗菌药物等措施进行治疗。若有大出血、伴有休克的病人应立即实施抢救措施，同时做好手术准备。

经过治疗和护理，病人达到：①情绪平稳，能积极参与并配合治疗；②主诉无疼痛或疼痛减轻；③生命体征平稳；④并发症未出现或得到有效治疗。

（一）非手术治疗病人的护理

1. **维持组织灌注**　建立静脉通路，遵医嘱给予病人输血、补液、止血、镇静、镇痛等措施。保持足够尿量，观察并记录每小时尿量及尿的性状。监测病人生命体征，观察有无精神不振、躁动、面色苍白、呼吸增快、血压下降、尿量减少等休克的症状和体征。即使病人生命体征平稳，也应加以注意，保证输血和输液通畅，必要时可加压输血以维持病人的有效循环血量。对肾创伤大出血合并休克者，应迅速配合医生开展抢救工作，做好急诊手术前的准备。

2. **休息与活动**　绝对卧床2~4周，待病人病情稳定、血尿消失后方可离床活动。由于肾组织比较脆弱，若过早、过多离床活动可诱发再出血。肾挫伤需4~6周才趋于愈合，即使病人几天内尿色转清、局部症状减轻、尿液检查恢复正常，仍需继续卧床休息到规定时间。若病人血尿仍未消失，则需延长绝对卧床的时间。护士应告诉病人绝对卧床的意义，使其认识到绝对卧床的治疗同药物与手术治疗同样重要，使其坚定信心、配合治疗，以取得较好的效果。

3. **尿液观察**　每4h留一份尿标本，按顺序比色动态观察尿液颜色变化的趋势，以判断病情进展情况。记录24h尿量，尿量减少时应立即通知医生。

4. **腰部肿块观察**　观察病人腰部肿块肿胀的程度，可画出肿块的界限以便观察其有无增大。

5. **疼痛观察与护理**　评估病人疼痛的部位、性质、程度和伴随情况，必要时遵医嘱给予其镇痛和镇静药。单纯肾损伤病人如有腹膜刺激症状，须高度警惕腹内器官损伤或肾损伤严重，应及时通知医生。

6. **感染观察与预防**　遵医嘱应用广谱抗生素预防或控制感染，监测病人体温变化，超过38.5℃应采取降温措施。留置尿管按照护理常规进行。

7. **心理护理**　护士要及时评估病人的心理变化，针对其需求提供帮助。向病人讲解疾病相关知识，告诉绝对卧床的意义与重要性，解除其思想顾虑，配合治疗。绝对卧床期间可让病人听音乐、广播，给病人读书、读报，帮助其消磨时间。

（二）手术病人的护理

1. **手术适应证**　当闭合性肾损伤病人出现以下情况时需手术治疗：①经积极抗休克治疗后生命体征仍未改善，提示有活动性出血；②血尿逐渐加重，血红蛋白与血细胞比容继续降低；③腰部肿块明显增大；④合并腹腔其他器官的损伤。手术方法根据肾损伤的程度行肾修补术、肾部分切除术、肾切除术或肾动脉栓塞术等。开放性肾损伤均需要手术。

2. **术前护理**

（1）心理护理：病人受伤后情绪较焦虑，希望更多了解自己的病情，对手术更有恐惧心理，因此护士应向病人耐心讲解病情与疾病知识，做好术前的健康指导。

（2）术前准备：密切观察病人生命体征，遵医嘱给予输血、补液等抗休克治疗，减少搬动危重病人，以免加重损伤。其余同术前护理常规。

3. **术后护理**

（1）监测生命体征：闭合性肾损伤约40%合并休克，开放性肾损伤85%合并休克，加之手术创伤失血，病人更容易发生休克，因此手术后应严密监测病人生命体征、神志的变化，如病人出现血压下降、脉搏增快、呼吸浅快、神志模糊，应立即通知医生，遵医嘱给予输血，补液，维持水、电解质平衡治疗。

Note：

（2）活动：肾部分切除者绝对卧床至少2周。肾切除者术后生命体征平稳可给予半卧位，术后第1日开始逐渐增加活动，鼓励早期下床活动。卧床休息期间，指导病人进行床上主动运动与被动运动，预防下肢静脉血栓形成。

（3）监测尿量：尿量是观察病人有无休克及判断肾功能是否受损的重要指标，应准确记录24h尿量，必要时监测每小时尿量，若尿量减少应及时通知医生处理。

（4）引流管护理：观察引流液的量、颜色及性状，做好记录。有效固定引流管，指导病人在翻身活动时防止引流管脱落。保持引流通畅，每2h挤压引流管一次。防止引流管打折、受压和堵塞，禁止将引流管提到超过引流平面的位置，防止逆行感染。

（5）有效镇痛：创伤及手术使病人疼痛明显，遵医嘱应用镇痛药或使用病人自控镇痛（PCA）泵，采取与病人交流以转移其注意力、让病人听轻音乐等缓解疼痛的方法，并评价镇痛效果。镇痛药与PCA不可同时使用，除非有麻醉医嘱，否则会造成麻醉性镇痛药的副作用（呼吸抑制）增强，危及病人生命安全。

（6）预防感染：遵医嘱应用广谱抗生素；监测病人体温、引流液和尿液的情况；保持伤口敷料清洁与干燥，有渗出及时更换。留置尿管按照护理常规进行。

（三）健康指导

指导病人注意休息，2~3个月不宜参加体力劳动或竞技运动，防止发生肾创伤面再度撕裂出血。多饮水，保持尿路通畅。注意观察病人尿液的颜色、伤侧腰部有无肿胀感觉，出现异常情况及时到医院诊治。肾切除病人注意保护健侧肾功能，减少应用对肾功能有损伤的药物，如氨基糖苷类抗生素等。每年复查肾功能，及时发现并发症。

【护理评价】

经过治疗和护理，评估病人是否能够达到：①情绪平稳，能积极参与并配合治疗；②主诉无疼痛或疼痛减轻；③生命体征平稳；④并发症未出现或得到有效治疗。

（顾妙娟）

思 考 题

1. 什么是自发性肾破裂？
2. 肾损伤病人的术后护理有哪些？

第二节 输尿管损伤病人的护理

导入情境与思考

病人，男性，55岁，行输尿管镜检查后出现血尿。

请思考：

（1）请说出该病人输尿管损伤的类型。

（2）该病人经治疗留置双J管准备出院，如何进行健康指导？

输尿管是位于腹膜后间隙的细长管状器官，位于后腹膜腔深处，很好地被腰大肌、椎骨和骨盆等邻近组织所保护，因此外伤引起的损伤发生率很低。多为医源性损伤，其中50%以上发生于妇科腹腔镜手术中，89%发生在下段输尿管。

Note：

【病因】

1. **手术损伤** 多见于腹部或盆腔的手术,如根治性或子宫次全切除术、巨大卵巢囊肿或肿瘤切除术,直肠癌根治性切除术等。术中较难发现,一般在术后出现漏尿或无尿时才被发现。手术损伤多见于下段输尿管,因此部位解剖较复杂,手术野较深,不易辨清输尿管位置。

2. **腔内器械损伤** 经膀胱镜输尿管逆行插管、输尿管镜检查、取石或碎石时,当输尿管存在狭窄、扭曲、粘连、炎症时易发生输尿管撕裂、穿孔或拉断。

3. **放射性损伤** 见于宫颈癌、前列腺癌进行放射治疗后,输尿管出现水肿、出血、狭窄、坏死等。

4. **外伤** 较少见,可见于枪击伤、锐器刺伤等情况,一般都伴有大血管和腹腔器官的损伤。

【病理】

根据损伤类型和处理时间不同,可分为挫伤、穿孔、结扎、钳夹、切断或切开、撕裂、扭曲、缺血、坏死等。

轻微输尿管挫伤可自愈,不会引起输尿管狭窄。一侧输尿管被结扎或切断,会引起该侧肾积水,长期会使肾功能损伤,最终造成肾萎缩。双侧均被结扎,则会出现无尿。

【护理评估】

(一)健康史

同肾损伤。

(二)身体状况

1. 症状

(1)血尿:常见于器械损伤输尿管黏膜,随着损伤的修复血尿逐渐减轻和消失。当输尿管被结扎或完全切断时可无血尿出现,因此血尿有无和轻重与损伤程度不一致。

(2)尿外渗:可发生于输尿管损伤时或几天以后,尿量减少、腰痛、腹痛、腹胀,继发感染时,病人可出现高热、寒战等全身症状。

(3)尿漏:指尿液经瘘管从腹壁创口、阴道、肠道创口流出体外,长久不愈。

(4)梗阻症状:输尿管被缝扎或结扎后引起同侧输尿管的梗阻,造成肾积水,可伴有发热。输尿管损伤也可引起不完全梗阻,出现上述症状。

2. 体征 局部可扪及包块。若尿液渗入腹腔,会产生腹膜刺激症状。肾区可有叩击痛。

(三)辅助检查

手术怀疑输尿管损伤时,可静脉注射靛胭脂,见蓝色的尿液从输尿管裂口处流出。膀胱镜检查同时静脉注射靛胭脂,伤侧输尿管口无蓝色尿液喷出。逆行肾盂造影可明确损伤部位,了解有无尿外渗及外渗范围,需要时可以直接留置导管引流尿液。CT能显示输尿管的梗阻、尿外渗范围、尿瘘及肾积水等。B超可见尿外渗、肾积水改变。肾图可了解肾功能及尿路梗阻情况。

【常见护理诊断/问题】

1. **排尿障碍** 与输尿管损伤有关。
2. **急性疼痛** 与尿液外渗、肾积水有关。

【计划与实施】

输尿管损伤治疗原则为恢复输尿管连续性,避免尿液漏出,保护患侧肾功能。当输尿管穿孔或黏膜损伤时,应立即留置输尿管支架管(即双J管),待损伤愈合后在膀胱镜下拔除。若输尿管被结扎或缝扎,术中发现应立即解除结扎线,对于不完全离断的损伤,若为腔内手术,应争取成功留置双J管,

Note:

并监测病人病情变化,如病人出现腰痛、发热等症状,出现腹膜炎体征,应考虑有局部漏尿,可行手术探查,并行输尿管端端吻合或膀胱再植术;对于完全离断的输尿管损伤,应立即行手术恢复输尿管连续性,行输尿管端端吻合或膀胱再植术,并留置双 J 管。

【护理评价】

经过治疗和护理,评估病人是否能够达到:①排尿功能正常;②主诉无疼痛或疼痛减轻。其余护理同一般护理常规。

(顾妙娟)

思 考 题

1. 输尿管损伤病人的临床表现有哪些?
2. 输尿管损伤病人的检查有哪些?

第三节　膀胱损伤病人的护理

导入情境与思考

病人,男性,因酒后骑自行车摔进沟里后出现下腹部剧烈疼痛,不能排尿。
请思考:
(1) 该病人最可能发生哪种损伤? 如何确定?
(2) 若该病人行破裂修补术,请说出术后护理措施。

膀胱为囊性器官,位于腹膜外,当膀胱空虚时位于骨盆深处、耻骨联合后方,四周有骨盆保护,很少受到损伤;当膀胱充盈时高出耻骨联合至下腹部,且膀胱壁较薄,在外力作用下容易受到损伤,或当骨盆骨折时,骨折断端可能刺破膀胱,发生膀胱破裂。

【病因】

1. **开放性损伤**　由子弹、锐器贯通所致,常合并其他器官损伤。
2. **闭合性损伤**　膀胱充盈时遭到撞击、挤压等造成膀胱损伤。
3. **医源性损伤**　在膀胱镜检查或治疗时损伤到膀胱。

【病理】

无论何种原因,膀胱损伤病理上大体分为挫伤及破裂两类。前者伤及膀胱黏膜或肌层,后者根据破裂部位分为腹膜外型、腹膜内型(图 48-3-1)及两者兼有的混合型,从而有不同的临床表现。

当本身有病变的膀胱(如膀胱结核)过度膨胀、发生破裂,称为自发性膀胱破裂。膀胱破裂的分级按照美国创伤外科协会分级量表,把膀胱损伤分为 5 级:

Ⅰ级挫伤:膀胱壁血肿裂伤未穿透膀胱壁。

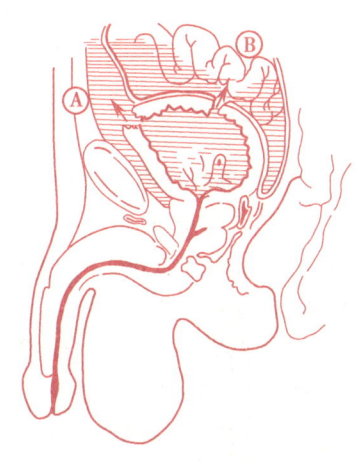

图 48-3-1　膀胱损伤
Ⓐ腹膜外损伤;Ⓑ腹膜内损伤。

Ⅱ级裂伤:腹膜外膀胱壁裂口<2cm。

Ⅲ级裂伤:腹膜外膀胱壁裂口≥2cm 或腹膜内膀胱壁裂口<2cm。

Ⅳ级裂伤:腹膜内膀胱壁裂口≥2cm。

Ⅴ级裂伤:腹膜外或腹膜内膀胱壁裂口扩大至膀胱颈或输尿管口。

【护理评估】

（一）健康史

同肾损伤。

（二）身体状况

1. 症状

（1）休克:骨盆骨折合并膀胱破裂时病人会出现休克,一般因骨盆骨折所致的剧烈疼痛、大出血、尿外渗引起的腹膜炎导致病人发生休克。

（2）腹痛:膀胱破裂时尿外渗引发腹痛及血肿。

（3）血尿:肉眼血尿最具有提示意义。

（4）无尿或排尿困难:膀胱壁全层破裂时由于尿外渗到膀胱周围或腹腔内,病人可有尿意,但不能排尿或仅排出少量血尿。

2. 体征 腹膜外膀胱破裂时可引起下腹部疼痛、压痛及肌紧张,腹膜内膀胱破裂时尿液流入腹腔引起急性腹膜炎症状,叩诊有移动性浊音。开放性损伤与体表伤口漏尿则形成尿瘘,如与直肠、阴道相通,经肛门、阴道漏尿。闭合性损伤长期感染后破溃亦可形成尿瘘。

（三）辅助检查

1. 导尿试验 在严格无菌操作下插入导尿管,膀胱损伤时,注入无菌生理盐水 200ml,片刻后吸出,液体外渗时吸出量会减少,若液体进出量差异很大时提示膀胱破裂。

2. 膀胱造影 是诊断膀胱破裂最具有价值的方法,尤其对于骨盆骨折合并肉眼血尿的病人。可根据造影剂有无外溢来确诊判断有无膀胱破裂、破裂类型和程度。

3. CT 及 MRI 当病人合并其他伤须行 CT 或 MRI 检查,有时可发现膀胱破口或难以解释的腹部积液,应考虑膀胱破裂的可能。

【常见护理诊断/问题】

1. **排尿障碍** 与留置导尿或膀胱造瘘有关。

2. **恐惧/焦虑** 与外伤打击、担心预后不良、害怕手术有关。

3. **有体液不足的危险** 与出血、体液丢失有关。

4. **潜在并发症**:感染、出血等。

【计划与实施】

损伤较小的膀胱破裂病人可留置尿管引流尿液 7~10d,待伤口愈合后拔除导尿管。较大膀胱破裂,病情严重者须立即施行手术修补。对尿潴留不能进行导尿和手术治疗的病人应协助医生行膀胱造瘘术以引流尿液。若病人病情危重,先进行输血、补液等抗休克治疗,同时应用抗菌药物防止感染发生。

经过治疗和护理,病人达到:①排尿功能正常;②焦虑/恐惧减轻,能积极参与并配合治疗;③能维持足够的循环血量;④并发症未出现或得到有效治疗。

（一）保守治疗护理

1. 心理护理 护士应主动关心、安慰病人,向病人详细解释病情及各项治疗、护理措施的目的及效果。骨盆骨折、疼痛和排尿困难等均使病人产生焦虑/恐惧心理,护士应了解病人受伤时的情况,多

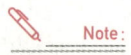

使用激励的语言、鼓励的目光,及时反馈其病情变化,尽可能消除或降低病人的焦虑与恐惧。

2. **病情观察**　监测病人生命体征,判断有无休克或感染表现;观察血尿有无逐渐加深、排尿困难的程度、腹部疼痛有无缓解等情况,了解病人病情变化;有骨盆骨折的病人须按照医嘱卧硬板床及输血、补液治疗,注意观察病人有无休克的发生。

3. **留置导尿管护理**　妥善固定,保持通畅,避免扭曲折叠,保持有效的引流。观察尿液的颜色、量及性质并记录。血尿较重的病人须定时挤压尿管以防止血凝块堵塞,如血尿较重,尿管无尿液流出,病人下腹部胀满时说明有血凝块堵塞尿管,应及时通知医生进行高压膀胱冲洗,及时冲出血凝块,确保通畅。同时膀胱内尿液潴留会延长损伤的愈合,且淤滞的尿液也会经创面流至膀胱侧间隙,诱发感染。其余按照护理常规进行。

（二）耻骨上膀胱造瘘病人的护理

1. **引流通畅**　正确固定引流管,防止过度牵拉或脱落;定时观察,确保引流通畅。

2. **预防感染**　造瘘口周围定期换药,保持局部干燥,渗出较多时应及时更换;每周行尿常规实验室检查及尿培养 1 次,造瘘 5d 内避免进行膀胱冲洗,5d 后根据病人病情酌情进行。

3. **拔管护理**　造瘘管留置 10~12d 后拔管,防止造瘘管从膀胱内脱出,过早拔除易造成耻骨后间隙感染,拔管前先夹管,观察病人排尿是否通畅后方可拔管。拔管后造瘘口可有少量渗出,可用油纱填塞。

（三）开放手术护理

包括一般手术病人护理、留置导尿护理及膀胱造瘘护理。

（四）健康指导

留置导尿和膀胱造瘘时应向病人及其家属做好相关指导,使其了解留置管道的意义和注意事项,能掌握自我护理的方法;部分骨盆骨折合并膀胱破裂病人可能发生阴茎勃起功能障碍,指导病人进行心理性勃起训练及采取辅助性治疗。

【护理评价】

经过治疗和护理,评估病人是否能够达到:①排尿功能正常;②焦虑/恐惧减轻,能积极参与并配合治疗;③能维持足够的循环血量;④并发症未出现或得到有效治疗。

（顾妙娟）

思 考 题

1. 耻骨上膀胱造瘘病人的护理措施有哪些?
2. 膀胱损伤病人的护理诊断有哪些?

第四节　尿道损伤病人的护理

　导入情境与思考

病人,男性,42 岁,右股骨骨折、骨盆骨折合并尿道膜部断裂伤,于急诊就医。

请思考:

（1）针对该病人,请列出相应的护理措施。

（2）若该病人术后康复出院,如何进行健康指导?

尿道损伤多见于男性,约占 97%。男性尿道以尿生殖膈为界,分为前、后两段。前尿道包括球部和阴茎部,后尿道包括前列腺部和膜部。前尿道损伤多发生在球部,80%~90%的后尿道损伤伴有骨盆骨折。早期处理不当,易产生尿道狭窄、尿瘘等并发症。

【病因】

1. **开放性损伤** 多因弹片、锐器伤所致,一般伴有阴囊、阴茎和会阴部的贯通伤。
2. **闭合性损伤** 多因外来暴力所致。会阴部骑跨伤即当伤者从高处跌落或摔倒时会阴部骑跨于硬物上面,致使尿道被挤压在硬物与耻骨联合后下缘,引起尿道球部损伤。骨盆骨折最常见于车祸或高处坠落时发生,引起后尿道损伤,即尿道膜部损伤。

腔内器械直接损伤多为医源性,可引起球膜部交界处尿道损伤。

【病理】

1. **尿道挫伤** 尿道黏膜或尿道海绵体部分损伤,而阴茎海绵体完整。仅有出血和水肿,可以自愈。
2. **尿道裂伤** 尿道部分全层断裂,仍有部分尿道壁完整,尿道的连续性未被完全破坏,尿道周围血肿和尿外渗,愈合后可引起瘢痕性尿道狭窄。
3. **尿道断裂** 尿道完全离断,断端退缩、分离,血肿较大,发生尿潴留,用力排尿时会发生尿外渗。
4. **尿外渗** 尿道球部损伤时,血液及尿液渗入会阴浅筋膜包绕的会阴浅袋,使会阴、阴囊、阴茎肿胀,向上可扩展至腹壁,但不会外渗到两侧股部。若不及时处理,可发生广泛的皮肤、皮下组织坏死,感染和脓毒症。尿道膜部断裂时,骨折及盆腔血管丛的损伤可引起大出血,尿液沿前列腺尖处外渗至耻骨后间隙和膀胱周围,若同时有耻骨前列腺韧带撕裂,前列腺向后上方移位。

【护理评估】

（一）健康史
同肾损伤。

（二）身体状况

1. 症状

(1) 休克:后尿道损伤是下尿路最严重的损伤,病人病情严重,常伴有复合伤,同时常发生休克,90%由于骨盆骨折引起。病人病情较危重,出血多,引起创伤性休克和失血性休克。对骨盆骨折的病人,可通过直肠指检来判定后尿道损伤的程度及是否合并直肠、肛门损伤等情况。

(2) 尿道滴血和血尿:前尿道受伤后可见尿道外口滴血,尿液可为血尿。后尿道破裂时,多表现为尿初及终末血尿,或尿终末滴血,尿道滴血或血尿常由导尿失败或因排尿困难用力排尿而加重,后尿道断裂伤可因排尿困难和肛门外括约肌痉挛而不表现为尿道滴血或血尿。

(3) 疼痛:前尿道损伤时局部有疼痛及压痛,排尿时疼痛加重向阴茎头及会阴部放射;后尿道损伤病人可放射至肛门、耻骨区及下腹部,直肠指检有明显压痛。

(4) 排尿困难和尿潴留:轻度挫伤病人可无排尿困难,严重挫伤或尿道断裂者,因局部水肿或肛门外括约肌痉挛而发生排尿困难,有时在数次排尿后出现完全尿潴留,尿道断裂者因尿道已完全失去连续性而完全不能排尿,膀胱充盈,有强烈尿意,下腹部膨隆。

(5) 尿外渗:尿道断裂后,病人用力排尿时尿液可从裂口处渗入周围组织形成尿外渗,继发感染可出现脓毒症。

2. 体征 骑跨伤前尿道损伤时常发生在会阴部,病人局部出现血肿,表现为阴囊处肿胀,出现瘀斑和蝶形血肿。

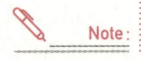
Note:

（三）辅助检查

1. **导尿**　可检查尿道是否连续、完整。如能顺利插入则说明尿道连续而完整,但不可轻易拔出,导尿管至少放置 7~14d。如导尿管插入困难则不要勉强反复试插,以免加重创伤和导致感染,应立即行耻骨上膀胱造瘘术。

2. **X线检查**　尿道造影可显示尿道损伤部位及程度,尿道断裂可有造影剂外渗,尿道挫伤则无外渗征象。

3. **尿道造影**　怀疑尿道损伤时逆行尿道造影是首选的诊断方法,可显示尿道损伤部位、程度和各种可能的并发症。

【常见护理诊断/问题】

1. **焦虑/恐惧**　与病人对损伤的恐惧、担心预后有关。
2. **急性疼痛**　与损伤有关。
3. **排尿障碍**　与尿道损伤有关。
4. **有体液不足的危险**　与损伤合并其他器官出血有关。
5. **潜在并发症**:感染、尿瘘、尿道狭窄。

【计划与实施】

对病情严重的病人立即实施抢救措施,保证其生命体征平稳,同时进行抗感染治疗。对于尿道挫伤及轻度裂伤病人留置导尿即可,对于导尿失败的病人可行耻骨上膀胱造瘘术。尿道断裂须行尿道修补术或断端吻合术。后尿道损伤早期行尿道会师术,若休克严重者只可先行膀胱造瘘术,二期再行尿道修复手术治疗。术后最常见并发症是尿道狭窄。

经过治疗和护理,病人达到:①焦虑/恐惧减轻,能积极参与并配合治疗;②主诉无疼痛或疼痛减轻;③排尿功能正常;④能维持足够的循环血量;⑤并发症未出现或得到有效治疗。

（一）术前护理

1. **心理护理**　尿道损伤病人常合并骨盆骨折、大出血,甚至休克,伤情重,故病人和家属的精神负担大,极易产生恐惧、焦虑心理。护士应关心、安慰病人,耐心解答有关尿道损伤的疑虑,介绍治疗、护理措施,有效缓解病人的焦虑、恐惧心理。

2. **维持组织灌注**

（1）严密监测病人的生命体征及意识状态,建立 2 条静脉通路,遵医嘱给予抗休克治疗,确保输液通畅。

（2）急救止血:迅速止血是抢救的关键。骨盆骨折后病人易出血,短时间内可出现失血性休克。有效止血,及时进行骨折复位固定,减少骨折断端的活动,防止进一步损伤血管。

3. **体位与活动**　对损伤合并休克的病人,须配合医生给予抢救措施,骨盆骨折病人应平卧位,勿随意搬动,以免加重损伤。

4. **留置尿管**按照护理常规进行。

5. **症状护理**　如有高热、疼痛、排尿困难和尿潴留等,护理同前述。

6. **术前准备**　需要手术的病人应遵医嘱做好术前准备。

（二）术后护理

1. **体位**　病人取平卧位,减少活动。

2. **保持尿管引流通畅**　充分引流尿液,如有血凝块阻塞应及时清除,以保持尿路通畅,减轻膀胱张力,利于伤口愈合。如有膀胱造瘘管,其护理见前述。

3. **预防感染**　监测病人体温变化,观察伤口敷料渗出情况与引流液体情况,有渗出及时通知医生更换。

Note：

4. 并发症观察与护理

（1）尿瘘：开放性损伤或长期尿外渗感染可形成尿瘘。应使用抗生素防止感染；保持引流通畅和局部清洁，加强换药，应用促进组织修复的药物；保持排便通畅；保护局部皮肤，防止尿液局部刺激引起皮炎；手术修补。

（2）尿道狭窄：尿道损伤病人拔除导尿管后因瘢痕形成导致尿道狭窄，须定期扩张尿道，以防止尿道狭窄。注意询问病人排尿改善的情况，给予鼓励，增强病人的自信心。

（3）出血：尿道口持续有新鲜血液流出，导尿管引流出血性尿液，腹腔器官内出血，伤口敷料有新鲜血液渗出。可给予病人止血、输血、补液等保守疗法，如保守疗法无效时，再次行手术治疗。

（4）尿外渗：病人会阴部或伤口渗出尿液，腹胀，B超见腹腔积液。可保持引流通畅，穿刺或手术和置管引流。

（三）健康指导

注意休息，尿道损伤病人须定期扩张尿道，护士应向病人讲明尿道扩张的必要性与重要性，让病人坚持并积极配合。有些病人需二期手术治疗，告诉病人第2次手术的具体时间。病人若发现排尿不畅、尿线变细、滴沥、尿液混浊等现象，可能为尿道狭窄，应及时就诊。

【护理评价】

经过治疗和护理，评估病人是否能够达到：①焦虑/恐惧减轻，能积极参与并配合治疗；②主诉无疼痛或疼痛减轻；③排尿功能正常；④能维持足够的循环血量；⑤并发症未出现或得到有效治疗。

（顾妙娟）

思 考 题

1. 尿道损伤的病理类型有哪些？
2. 尿道损伤病人的临床表现有哪些？

URSING
第四十九章

泌尿系统肿瘤病人的护理

49章 数字内容

学 习 目 标

- 识记：
  1. 叙述肾癌、膀胱癌的身体状况评估。
  2. 简述肾癌、膀胱癌的治疗原则。
- 理解：
  阐明肾癌、膀胱癌相关辅助检查的意义。
- 运用：
  为选择不同治疗方式的肾癌、膀胱癌病人制订相应的护理计划,并提供针对性的健康指导。

第一节　肾细胞癌病人的护理

 ———————————— 导入情境与思考 ————————————

　　病人,女性,48 岁,以左侧腰部疼痛不适为主诉就诊。肾 MRI 示左肾下极皮质内约 25mm×24mm× 32mm 囊实性包块,诊断为左肾肿瘤。

　　请思考:

　　(1) 该病人最佳的手术方式是什么?

　　(2) 若对该病人进行手术治疗,请列出相关的护理诊断与术后护理。

　　肾肿瘤(renal tumor)是泌尿系统较常见的肿瘤之一,多数为恶性。肾恶性肿瘤包括肾细胞癌、肾母细胞瘤及尿路上皮来源的肾盂癌、淋巴瘤和转移瘤。

　　肾细胞癌(renal cell carcinoma,RCC)简称肾癌,是起源于肾小管上皮的恶性肿瘤,占肾恶性肿瘤的 80%~90%。肾癌发病率在泌尿系统肿瘤中居第 3 位,仅次于前列腺癌及膀胱癌。肾癌高发年龄为 60~70 岁,男女发病比例为 2:1。根据 2018 年 2 月国家癌症中心发布的数据,2014 年中国肾癌发病率为 4.99/10 万。

【病因】

　　肾癌的病因尚不明确,可能与以下因素有关:吸烟、肥胖、高血压及抗高血压药物、饮酒、职业接触(三氯乙烯、石棉等)、遗传因素等。其中吸烟和肥胖是最公认的致肾癌危险因素。

【病理】

　　1. 肾癌常累及一侧肾,多为单发,少数为双侧。肿瘤为类圆形的实性肿瘤,外有假包膜与周围肾组织相隔。肾癌的组织病理类型多样,最常见的为肾透明细胞癌,其次为乳头状肾细胞癌、肾嫌色细胞癌等类型。

　　2. **肾癌分期**　目前多采用美国癌症分期联合委员会(American Joint Committee on Cancer Staging, AJCC)制定的 TNM 分期系统。

　　3. **转移途径**　局限在包膜内的肾癌恶性度较小。转移途径有 3 种方式:直接蔓延、血行转移、淋巴转移。经血行和淋巴途径转移至远处。最常见的转移部位是肺,其次为骨骼、肝、肾上腺、脑等。

【护理评估】

(一) 健康史

　　了解病人年龄、职业及吸烟史、家族史,有无石棉等致癌物质接触史。评估病人对疾病的发生、病程、预后等了解情况,以便明确如何对病人进行疾病知识的健康指导。

(二) 身体状况

　　肾癌临床表现多变,出现症状时多为晚期。体格检查和检查其他疾病时发现的肾癌多为早期。

　　1. **肾癌三联征**　即血尿、疼痛、肿块,是肾癌典型的临床表现,出现时多提示病变发展到较晚期。血尿的特点为间歇性、无痛、全程肉眼血尿。疼痛常表现为腰部钝痛或隐痛,多由于肿瘤生长牵张肾包膜或侵及腰大肌、邻近器官所致。肿瘤较大时在腹部或腰部可被触及。

　　2. **副瘤综合征**　也称肾外表现,见于 10%~20% 的病人,由肿瘤分泌的产物引起或其他原因引起,表现为发热、高血压、红细胞沉降率增快、红细胞增多症、高钙血症、高血糖等。

　　3. **转移症状**　转移症状包括骨痛、咯血、咳嗽、神经麻痹等。若男性精索静脉曲张,平卧后不能

消失,提示肾静脉或下腔静脉内癌栓形成可能。

（三）辅助检查

1. B超　超声检查是发现肾肿瘤最简便和常用的方法。典型 B 超表现为不均质的中低回声实性肿块（图 49-1-1）。

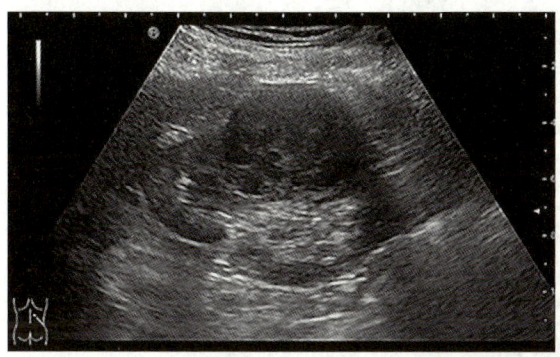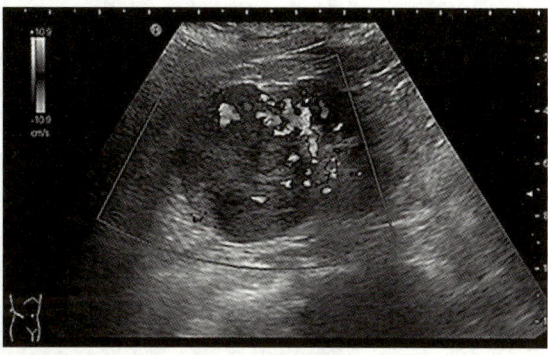

图 49-1-1　肾癌 B 超检查

2. X 线检查

（1）KUB:可见肾的外形增大,肿瘤内有时可见钙化影。

（2）IVU:可见肾盂、肾盏受压变形,出现不规则形、狭窄、拉长、移位或充盈缺损。肿瘤较大、破坏严重时患肾不显影。IVU 还可了解双肾功能,尤其是健侧肾功能情况（图 49-1-2）。

3. CT　可对大多数肾肿瘤进行定性诊断,能明确显示肿瘤的大小、部位、与邻近器官的关系（图 49-1-3）。

4. MRI　可用于对 CT 造影剂过敏、孕妇或其他不适宜进行 CT 检查的病人。对肾静脉和下腔静脉内有无癌栓的辨别、显示囊性病变内结构优于 CT。

5. 血管造影　肾动脉造影（图 49-1-4）常用于较大的或手术困难的肾癌,术前进行造影和动脉栓塞,可以减少手术出血量,也用于晚期肾癌病人进行动脉栓塞化疗的姑息治疗。

6. 放射性核素检查　放射性核素骨显像用于检查是否有骨转移及转移灶的治疗随访。放射性核素肾动态显像能准确评价病人术前肾功能,有助于指导手术方案的决策。

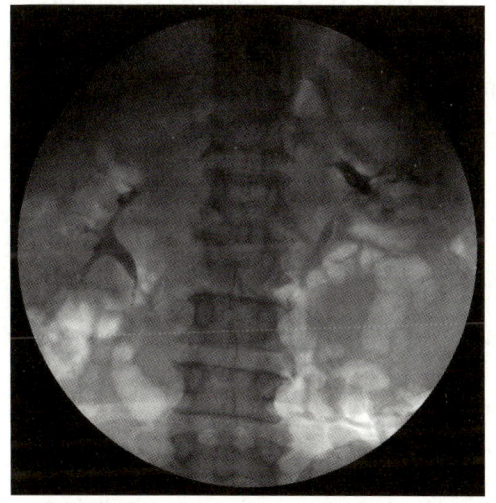

图 49-1-2　静脉尿路造影
左侧肾门水平输尿管受压,肾盂、肾盏受压、移位变形。

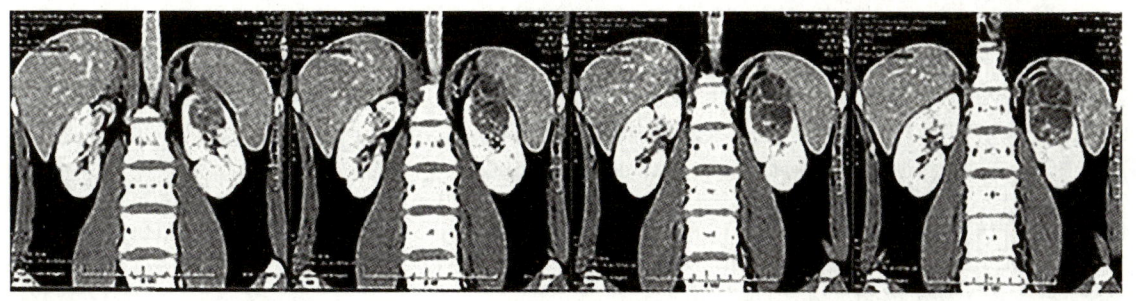

图 49-1-3　肾癌增强 CT 检查
左肾上极囊实混杂性占位,边界清楚,大小约 54mm×42mm,增强扫描不均匀强化,与邻近左侧膈肌局部分界欠清;于双肾肾实质内未见异常密度影。

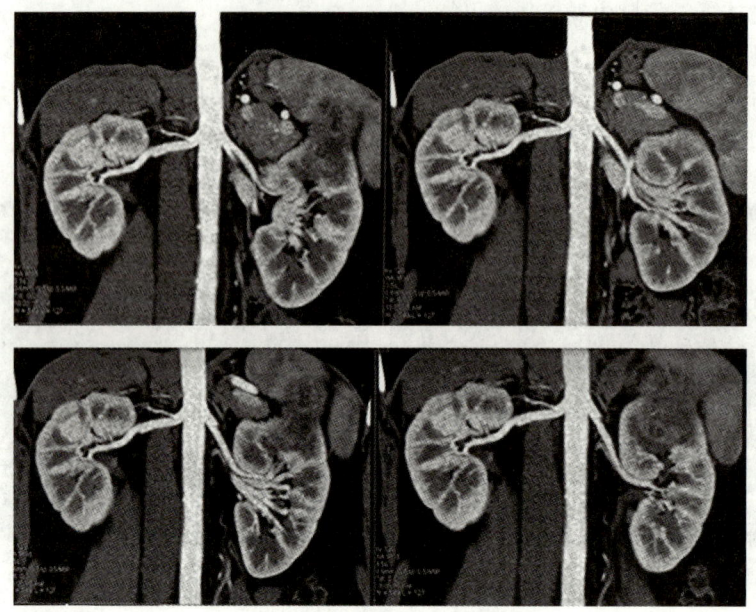

图 49-1-4　肾癌血管造影

（四）心理-社会状况

护士须尊重病人的知情权，详细了解家属的要求与病人的真实想法。全面评估病人的心理状态，评估其有无焦虑、恐惧、抑郁等心理状况。了解病人的经济状况及其家庭和社会支持情况、医疗费用负担情况等。

【常见护理诊断/问题】

1. **焦虑/恐惧**　与缺乏疾病的相关知识、担心手术和预后有关。
2. **急性/慢性疼痛**　与肿瘤压迫、手术所致组织损伤有关。
3. **营养失调：低于机体需要量**　与血尿、癌症消耗、手术创伤等有关。
4. **潜在并发症：出血、感染、肾功能不全。**

【计划与实施】

根据临床分期并结合病人自身情况，选择恰当的治疗方式。对于局限性和局部进展性肾癌，外科手术仍然是首选的治疗方式。晚期肾癌病人应以内科治疗为主。肾癌对放疗及化疗均不敏感，可行栓塞治疗、消融治疗、分子靶向药物治疗、细胞因子治疗等。

经过治疗和护理，病人达到：①情绪稳定，积极配合治疗与护理；②疼痛等症状减轻或消失；③病人营养良好，基本满足身体需求；④并发症未发生或得到及时治疗。

（一）手术治疗及护理

主要的手术方式有根治性肾切除术（radical nephrectomy，RN）和保留肾单位手术（nephron sparing surgery，NSS）。根治性肾切除术适用于不宜行保留肾单位手术的 T_1 期肾癌，以及 $T_2 \sim T_4$ 期肾癌。保留肾单位手术适用于 T_1 期肾癌、先天性孤立肾、对侧肾功能不全或无功能者及双侧肾癌病人、根治性肾切除术将会导致肾功能不全或尿毒症的病人。手术方式可选择开放手术、腹腔镜手术、机器人腹腔镜手术等。

1. 术前护理

（1）心理护理：护士应关心体贴病人，倾听病人的感受，向知道诊断的病人详细讲解疾病的相关知识，减轻病人的焦虑和恐惧。

（2）营养支持：给予病人清淡、易消化、营养丰富的食物。必要时给予肠外营养，贫血者可予少量多次输血。一般术前 6h 禁食，术前 2~3h 口服含碳水化合物的无渣饮品后禁饮。

2. 术后护理

（1）饮食与活动：术后病人意识清醒后即可取自主卧位,鼓励其床上活动四肢。根治性肾切除术后 24h 可鼓励病人下床活动。肾部分切除术后可遵医嘱指导病人术后 2~3d 离床活动。术后 2~6h,如无恶心、呕吐及腹胀即可试饮水、进流质饮食,逐渐过渡到半流质饮食及普通饮食,指导病人进食蛋白质、纤维素丰富的食物,保持排便通畅。

（2）出血的观察与引流管护理：①术后监测病人的生命体征,如脉搏、血压等的变化。②观察伤口敷料渗出情况,及时更换渗湿敷料,同时评估渗出量并记录。③观察并记录引流液的颜色和量,保持引流通畅,每 2h 挤压引流管一次,并检查引流管有无打折、受压等情况,若引流量较多,色鲜红,同时伴血压下降、脉搏增快,说明有活动性出血,应及时通知医生并协助处理。

（3）疼痛的护理：术后积极镇痛,是加速病人早期康复的重要内容。注意观察其有无恶心、呕吐、肠麻痹、呼吸抑制等镇痛药不良反应。

（4）监测肾功能：观察并记录 24h 尿量,若尿量较少时应及时通知医生。

（5）预防感染：①监测病人体温及血常规变化。②确保各种引流管引流通畅,尤其要保证引流管在引流平面以下,防止逆流引起感染。③定时翻身、叩背排痰。

（二）药物治疗及护理

目前已有多种分子靶向治疗药物用于转移性肾癌的治疗。如舒尼替尼、培唑帕尼、索拉非尼、依维莫司、替西罗莫司、贝伐珠单抗、伊匹单抗、纳武利尤单抗等。靶向药物常见不良反应包括高血压、中性粒细胞减少等血液学毒性、手足综合征与皮肤毒性及腹泻等胃肠道不良反应。服药过程中密切监测病人血压、血常规,注意感染和皮肤症状。

（三）健康指导

注意休息,适度活动,术后 3 个月内避免剧烈运动。健康饮食,忌高脂饮食,戒烟,加强职业防护,避免药物对肾功能的损害。定期复查 B 超、CT 等。

【护理评价】

经过治疗和护理,病人是否达到：①情绪稳定,积极配合治疗与护理。②疼痛减轻或消失。③病人营养良好,基本满足身体需求。④并发症未发生或得到及时治疗。

（王笑蕾）

思 考 题

1. 不同临床分期的肾癌病人,治疗方案有何不同?
2. 肾癌术后病人如何观察有无出血?

第二节　膀胱癌病人的护理

 导入情境与思考

病人,男性,66 岁,间断反复无痛性肉眼血尿 4 个月,加重 1 周。B 超检查发现膀胱内有一 1.2cm×1.1cm 大小的乳头状肿瘤。

请思考：

（1）对诊断该疾病最有价值的检查是什么?

（2）该病人诊断为膀胱肿瘤,行经尿道膀胱肿瘤切除术,请列出相关的护理诊断与术后护理措施。

Note：

膀胱肿瘤(tumor of bladder)是泌尿系统最常见的肿瘤,绝大多数来自上皮组织,其中90%以上为尿路上皮癌,少数为鳞癌和腺癌;另有少数来自间叶组织,多为肉瘤。膀胱癌(bladder cancer)是指起源于膀胱尿路上皮的恶性肿瘤。根据WHO公布的数据,2020年全球新增膀胱癌57万,发病率位居所有恶性肿瘤第10位。膀胱癌的特点是恶性度低、复发率高。

【病因】

与膀胱肿瘤发生有关的因素包括:

1. **长期接触某些工业化学产品** 染料、纺织物、橡胶、塑料、油漆等含有联苯胺、β-萘胺、4-氨基双联苯等致癌物质,长期接触使膀胱癌发生的危险性显著增加。

2. **吸烟** 是膀胱癌最确定和最主要的致病危险因素。吸烟量越大、吸烟史越长,发生膀胱癌的危险性就越大。

3. **膀胱慢性炎症与长期异物刺激** 膀胱结石、长期留置导尿管、膀胱憩室、血吸虫病、膀胱炎等膀胱的长期异物刺激与慢性炎症可诱发膀胱癌。

4. **其他** 长期大量服用非那西丁、亚硝酸盐,放疗,遗传及基因异常等,均与膀胱癌的发生有一定关系。

【病理】

1. **组织学分类** WHO 2004分级法将膀胱癌分为乳头状瘤、低度恶性潜能的乳头状尿路上皮肿瘤、低级别乳头状尿路上皮癌和高级别乳头状尿路上皮癌。2016年《WHO(2016)泌尿系统及男性生殖器官肿瘤分类》中又新增乳头状尿路上皮癌伴内翻性结构、恶性潜能未定的尿路上皮增生、尿路上皮异型增生。

2. **分化程度** 目前有两种同时在使用的分级标准,如表49-2-1所示。

表49-2-1 WHO膀胱尿路上皮癌恶性程度分级系统

WHO 1973分级法	WHO 2004分级法
乳头状瘤	乳头状瘤
尿路上皮肿瘤Ⅰ级,分化良好	低度恶性潜能的乳头状尿路上皮肿瘤
尿路上皮癌Ⅱ级,中度分化	低级别乳头状尿路上皮癌
尿路上皮癌Ⅲ级,分化不良	高级别乳头状尿路上皮癌

3. **生长方式** 分为原位癌、乳头状癌及浸润性癌。原位癌局限在黏膜内,无乳头亦无浸润基底膜现象。尿路上皮癌多为乳头状,鳞癌和腺癌为浸润性癌。不同生长方式可单独或同时存在。

4. **分期** 目前采用2017年AJCC制订的TNM分期系统(图49-2-1)。根据肿瘤是否浸润膀胱肌层分为非肌层浸润性膀胱癌(non-muscle-invasive bladder cancer,NMIBC)和肌层浸润性膀胱癌(muscle-invasive bladder cancer,MIBC)。临床上习惯将T_{is}、T_a和T_1期肿瘤称为表浅膀胱癌,即非肌层浸润性膀胱癌,T_2以上则称为肌层浸润性膀胱癌。

5. **转移途径** 膀胱癌的扩散方式有直接蔓延、淋巴转移、血行转移。其中淋巴转移是最主要的转移途径,主要转移到盆腔淋巴结;血行转移多在晚期,主要转移至肝、肺、骨等处。

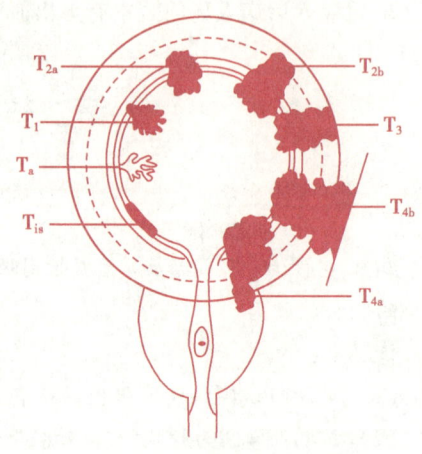

图49-2-1 膀胱肿瘤分期

【护理评估】

（一）健康史

了解病人的工作及生活情况,评估其有无长期接触染料、纺织物、皮革、橡胶、塑料、油漆等,有无长期吸烟史、长期大量服用非那西丁的病史,有无长期留置导尿、慢性膀胱炎病史等危险因素。有无泌尿系统肿瘤的家族史。

（二）身体状况

膀胱肿瘤病人发病年龄多在50~70岁,男性发病率显著高于女性,男女之比约为4:1。

1. 症状

（1）血尿:是膀胱癌最常见和最早出现的症状,也是病人就诊的主要原因。血尿的特点为间歇性无痛性全程肉眼血尿。尿色呈淡红色或深褐色不等,可形成血凝块。血尿可自行减轻或停止。

（2）膀胱刺激症状:尿频、尿急、尿痛,多是膀胱癌晚期的表现,与肿瘤坏死、破溃或继发感染有关。常见于肌层浸润性膀胱癌或原位癌。

（3）排尿困难:当肿瘤位于膀胱三角区或膀胱颈部时会出现排尿困难,甚至出现尿潴留。当出血量大、混有大量血凝块时可发生膀胱填塞。

（4）晚期表现:可出现腰骶部疼痛、肾积水、肾功能不全、贫血、体重下降等症状。

2. 体征

膀胱癌初期病人没有典型的体征,当出现血凝块堵塞、排尿困难时可在下腹部触及胀满的膀胱,伴有压痛。

（三）辅助检查

1. 尿液检查

包括尿脱落细胞学检查和尿肿瘤标志物的检测。尿液或膀胱冲洗标本的尿细胞学检查是膀胱癌诊断和术后随诊的主要方法之一。膀胱肿瘤抗原(BTA)、核基质蛋白22(NMP22)等尿液肿瘤标志物可应用于膀胱癌的早期诊断,敏感度较高,但特异性低于尿细胞学检查。

2. 影像学检查

B超是最常用、最基本的检查项目,可发现直径在0.5cm以上的肿瘤(图49-2-2)。增强CT(图49-2-3)、MRI可进一步确定膀胱肿瘤浸润深度及有无淋巴结转移等情况。IVU可了解肾盂、输尿管内有无肿瘤并可了解肾的功能,其诊断上尿路肿瘤漏诊风险比较高,计算机体层摄影尿路造影(CTU)、磁共振水成像(MRH)检查可获得更清晰的图像,已逐步替代IVU检查。

3. 膀胱镜检查及活检

是诊断膀胱癌最可靠的方法,也是术后复发监测的主要手段之一。膀胱镜检查可直接观察到肿瘤的大小、形态、数目、有无蒂等情况(图49-2-4)。还可在膀胱镜直视下取活检送病理。

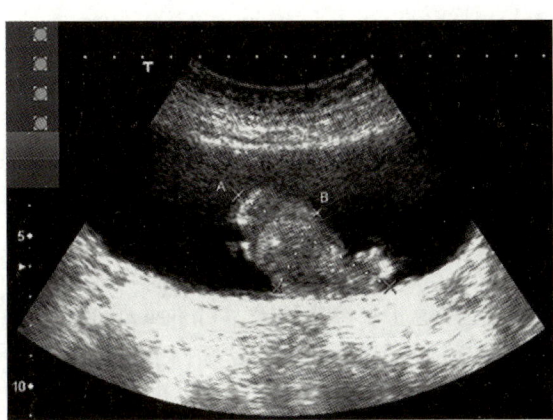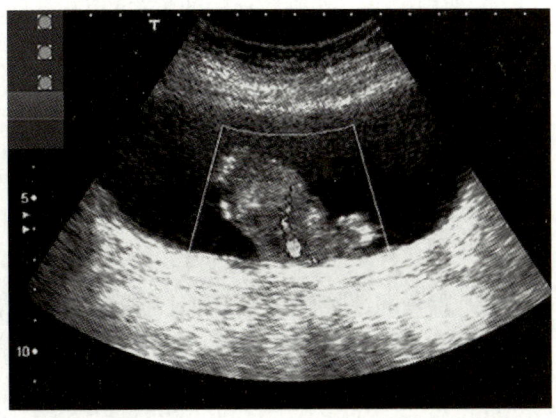

图 49-2-2　膀胱肿瘤 B 超检查

膀胱 B 超提示:膀胱充盈良好,壁不光滑,后壁偏上可见不规则低回声,大小约 6.1cm×2.9cm,内见略丰富血流,测及动脉频谱。

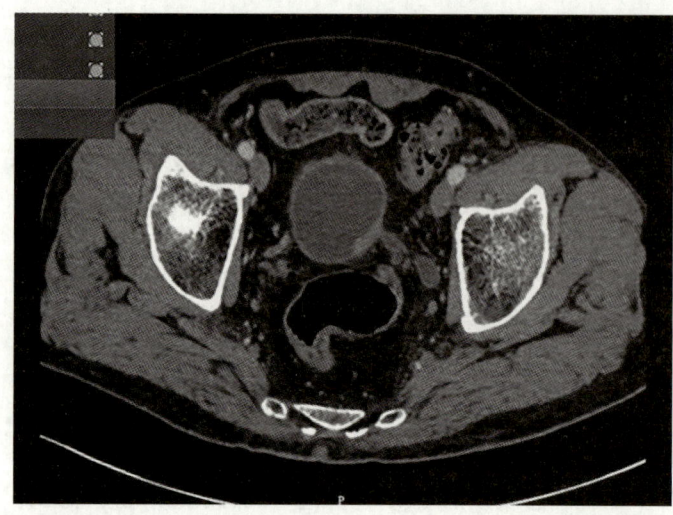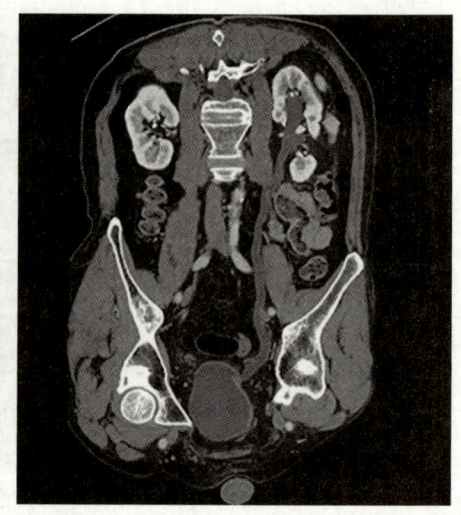

图 49-2-3 膀胱肿瘤增强 CT 检查

膀胱增强 CT 提示膀胱充盈可,左侧输尿管入口上方膀胱壁见一结节影,约 2.3cm×1.5cm,宽基底,平扫 CT 值 14Hu,增强扫描明显强化,CT 值 75Hu。

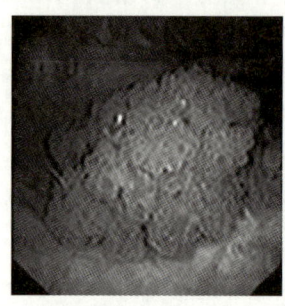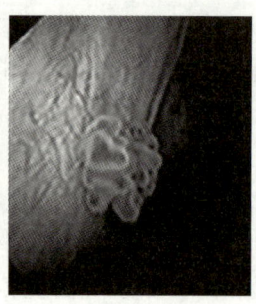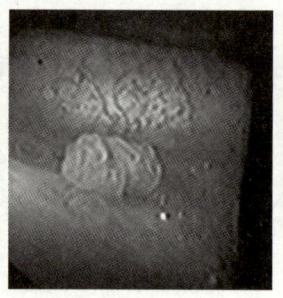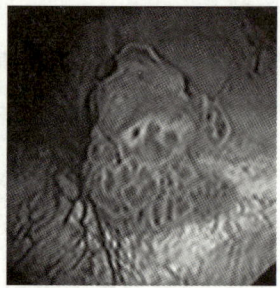

图 49-2-4 膀胱镜检查

(四)心理-社会状况

应评估病人及其家属对疾病、手术方式、尿流改道、手术并发症的认知与接受情况。行膀胱全切除术的病人因要面临身体形象的改变,易产生焦虑和恐惧情绪。须评估病人的社会支持系统及其应对机制。

【常见护理诊断/问题】

1. **焦虑/恐惧** 与缺乏疾病的相关知识、担心手术和预后有关。
2. **急性疼痛** 与手术所致组织损伤有关。
3. **营养失调:低于机体需要量** 与肿瘤消耗有关。
4. **体像紊乱** 与尿流改道术改变正常的生理结构有关。
5. **潜在并发症:感染、出血、瘘口梗阻、尿瘘、膀胱穿孔等。**

【计划与实施】

非肌层浸润性膀胱癌(NMIBC)的标准治疗手段首选经尿道膀胱肿瘤切除术(transurethral resection of bladder tumor,TURB)。术后为预防复发,所有 NMIBC 病人如无穿孔等并发症,术后 24h 内行即刻膀胱灌注化疗,并根据风险分组完成膀胱灌注治疗方案。

肌层浸润性膀胱癌、鳞状细胞癌、腺癌等采用以外科手术为主的综合治疗。根治性膀胱全切除术同时行盆腔淋巴结清扫术是肌层浸润性膀胱癌的标准治疗方法。部分病人可选择行膀胱部分切除术。目前大多通过腹腔镜或机器人辅助腹腔镜下完成。根治性膀胱切除应同期行永久性尿流改道术

Note:

和膀胱替代,包括原位新膀胱术、回肠膀胱尿流改道术(图 49-2-5)或结肠流出道术、输尿管皮肤造口术、利用肛门控尿术式等。

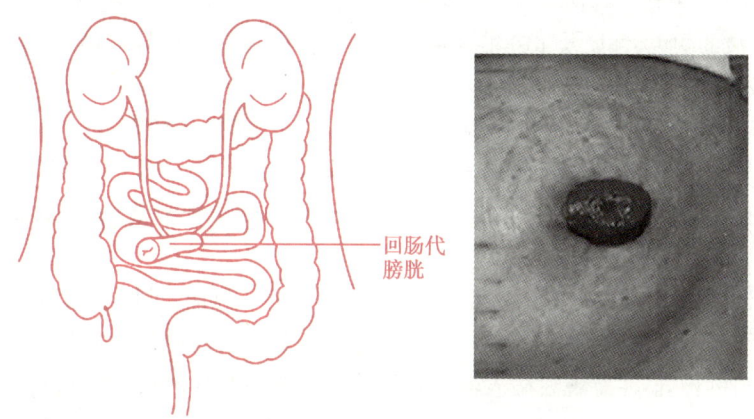

回肠代膀胱

图 49-2-5　膀胱全切回肠代膀胱造口

化疗主要是以铂类为主的联合化疗,包括顺铂、吉西他滨、紫杉醇和多柔比星等。放疗可单独或联合化疗一起应用。

经过治疗和护理,病人达到:①情绪稳定,接受并配合治疗;②主诉疼痛减轻或无痛;③全身营养状况良好;④接受尿流改道术对身体形象的改变,适应排尿方式的改变;⑤并发症未发生或发生后得到及时处理。

(一) 术前护理

1. 心理护理应针对不同尿流改道方式,给予病人相应的宣教与指导。鼓励家属积极地参与,使病人及其家属共同认识到术后需要面对的问题,增强病人治疗的信心。

2. 术前准备　①肠道准备:行肠道代膀胱术的病人术前 3 日进少渣半流质饮食,口服肠道不吸收的抗生素(如甲硝唑,链霉素),术前 1d 口服泻药清洁肠道,术日晨清洁灌肠,留置胃管。加速康复外科专家共识推荐行膀胱切除尿流改道病人在术前 1d 服用甘露醇质等泻药,行清洁灌肠,不使用肠道抗生素。但对于严重便秘者,术前应予以充分的机械性肠道准备,并联合口服抗生素。②皮肤准备:行肠道代膀胱术的病人术前除应备会阴部的皮肤外,还应彻底清洁腹壁皮肤,以利于成形皮肤乳头的存活。③病人、造口师与医生共同进行造口定位。④其他术前准备同一般手术。

(二) 术后护理

1. TURB/膀胱部分切除术后护理

(1) 病情观察:密切观察病人生命体征、意识与尿量的变化。

(2) 饮食:一般术后 2~6h 无恶心、呕吐,即可进流质饮食,给予易消化、富含营养与纤维素的食物,鼓励病人多饮水,每日饮水量>2 000ml。

(3) 引流管护理:①尿管护理:术后妥善牵拉固定尿管,保持尿管引流通畅、无血凝块阻塞。准确记录病人 24h 尿量,观察尿液颜色。若尿管引流不畅或伴有血凝块时,可使用高压注射器冲出血凝块。若尿液颜色鲜红,及时通知医生,遵医嘱行膀胱持续冲洗,并给予止血、输血和补液治疗。②盆腔引流管护理:膀胱部分切除术后留置盆腔引流管。保持引流通畅,观察引流液的性状及颜色,准确记录引流量。避免引流管打折、受压。保持引流袋低于引流部位,防止逆行感染。一般留置 2~3d 拔除。

2. 根治性膀胱全切除术后护理

(1) 病情观察与体位:术后严密监测病人生命体征、意识,一般生命体征平稳即可采取半坐卧位,利于伤口和尿液引流,鼓励适量床上活动。鼓励病人术后 24h 下床活动。

(2) 饮食指导:肠道代膀胱病人术后须排气后方可拔除胃管,术后咀嚼口香糖可缩短首次排气时间。病人排气后须再观察胃肠道蠕动情况 1~2d,若无特殊情况,可遵医嘱指导病人进全流半量饮

Note:

食-全流全量饮食-半流半量饮食-半流全量饮食-软食-普食,逐渐过渡、增加饮食量。禁食期间给予肠外营养,保证充足能量及水分,每日补液 2 000～3 000ml。

(3) 引流管护理:所有引流管均应准确标识,妥善固定,保持引流通畅,无受压、扭曲、阻塞和脱落,严密观察引流液的颜色、性质及量并准确记录。①盆腔引流管:可引流盆腔内积血、积液,同时可观察代膀胱有无漏尿。多于术后 3～5d 拔除。②输尿管支架管:可支撑输尿管,引流尿液。引流袋位置要低于膀胱,以防尿液反流。一般术后 10～14d 拔除。③代膀胱造瘘管:目的是引流尿液和肠液,利于新膀胱修复及愈合。术后 2～3 周,如无新膀胱尿瘘或吻合口狭窄即可拔出。④三腔导尿管:可引流尿液、代膀胱冲洗并训练新膀胱容量。须定时挤压,防止血液或黏液堵塞,新膀胱容量达 150ml 以上即可拔除。

(4) 新膀胱冲洗的护理:代膀胱大多是回肠所制,会分泌小肠液,易堵塞新膀胱各出口。为预防堵塞,一般术后第 3 日开始用生理盐水或 5% 的碳酸氢钠液低压缓慢冲洗新膀胱。

(5) 皮肤造口的护理:注意观察病人输尿管皮肤造口或回肠代膀胱皮肤造口黏膜的血运情况,如出现苍白、青紫或发黑,应立即通知医生。保持造口周围皮肤的清洁与干燥,及时清理尿液。如发现造口周围皮肤出现白色粉末状结晶物,乃细菌分解尿酸所致,可先用白醋清洗再用清水清洗。

(6) 并发症的观察与护理:①感染:术后监测病人体温变化,观察引流液的颜色与气味,若有脓性引流物或引流液呈恶臭味,及时通知医生,遵医嘱应用抗生素。②出血:监测引流液的颜色、性状及量。若引流管引出鲜血,每小时超过 100ml,且病人血压下降、脉搏加快,提示可能发生活动性出血,应及时通知医生,遵医嘱给予快速补液、止血等措施。③瘘口狭窄:每日监测造口引出尿液量,若有减少的趋势,及时就诊,必要时由医生进行扩张。④尿瘘:若发现盆腔引流管引流出尿液、切口部位渗出尿液、导尿管引流量减少,病人体温升高,白细胞计数升高等情况时应怀疑发生尿瘘。嘱病人取半卧位,保持各引流管引流通畅,遵医嘱应用抗生素,多能愈合。⑤尿失禁:见于新膀胱术后,夜间较重,多数是暂时的。指导病人睡前完全排空膀胱,夜间定时唤醒排尿 2～3 次。

(7) 心理护理:尿流改道术留置腹壁造口的病人需终生佩戴集尿袋,病人初期多不能接受自己的身体形象,因此护士需要耐心疏导病人,经常鼓励病人,使其逐渐适应身体的改变。

（三）术后辅助性膀胱灌注治疗病人的护理

膀胱灌注治疗包括膀胱灌注化疗和膀胱灌注免疫治疗,可预防术后复发,延迟肿瘤进展。常用灌注化疗药物包括吡柔比星、羟喜树碱、丝裂霉素、吉西他滨等。卡介苗(BCG)是一种免疫制剂,是膀胱原位癌、高危非肌层浸润性膀胱癌 TURB 后首选的辅助治疗药物。嘱病人灌注前尽量少饮水,排空膀胱内尿液。膀胱内药液保留 0.5～2h。若术后 24h 内进行膀胱灌注,灌注时间应在 30min 左右。灌注后嘱病人大量饮水,减少化疗药物对尿道黏膜的刺激。膀胱灌注最主要的不良反应是化学性膀胱炎,表现为尿频、尿急、尿痛,严重者可伴有肉眼血尿或尿中排出脱落的膀胱黏膜。轻者多饮水可自行缓解,重者须延长灌注间隔时间甚至须暂停膀胱灌注。

（四）健康指导

1. **造口护理**　防止造口狭窄,必要时定期进行扩张。集尿袋一般每周更换 1 次。更换尿袋时动作要迅速,准备足够纸巾吸收尿液,避免尿液外流。用生理盐水或温水清洁造口及周围皮肤,避免使用消毒剂或肥皂清洗。

2. **原位新膀胱的训练**　指导病人掌握有效排空新膀胱的技巧,并通过练习增加新膀胱排尿可控性,逐渐扩大膀胱容量。①膀胱储尿功能:定时夹闭、开放导尿管,锻炼膀胱的反射功能;②控尿能力:每日收缩、放松会阴及肛门的括约肌;③培养定时排尿的习惯,如餐前、晨起、睡前等,养成规律排尿;④排尿姿势:早期采用蹲位或坐位排尿。

3. **生活指导**　嘱病人清淡饮食,减少辛辣刺激食物摄入如葱、姜、蒜等。多喝水、勤排尿,不要憋尿。适当锻炼身体,避免劳累。

4. **定期复查**　保留膀胱者术后 3 个月内须进行膀胱镜检查,之后根据危险度分组确定复查情况。根治性膀胱手术者定期进行 B 超、CT 等检查,并随访尿流改道相关并发症。

【护理评价】

经过治疗和护理,评估病人是否能够达到:①情绪稳定,接受并配合治疗;②主诉疼痛减轻或无痛;③全身营养状况良好;④接受尿流改道术对身体形象的改变,适应排尿方式的改变;⑤并发症未发生或发生后得到及时发现并处理。

（王笑蕾）

思　考　题

1. 膀胱灌注的护理有哪些?
2. 如何指导膀胱全切造口的病人进行造口护理?

Note:

第七篇

生殖系统疾病病人的护理

NURSING

第五十章

概　论

50章　数字内容

─── 学 习 目 标 ───

- 识记：
  1. 陈述概念：月经、月经初潮、黄体、排卵。
  2. 描述女性、男性生殖系统的结构和功能。
- 理解：
  1. 解释月经生理和月经调节机制。
  2. 归纳性调节激素的主要功能及其周期性变化。
- 运用：
  为新入院女性生殖系统疾病病人进行护理评估。

第一节　生殖系统的结构与功能

一、女性生殖系统结构

女性生殖系统包括内、外生殖器官及其相关组织与邻近器官。

（一）外生殖器

女性外生殖器指生殖器官的外露部分,又称外阴,位于两股内侧之间,前面为耻骨联合,后面为会阴,包括阴阜、大阴唇、小阴唇、阴蒂和阴道前庭(图50-1-1)。

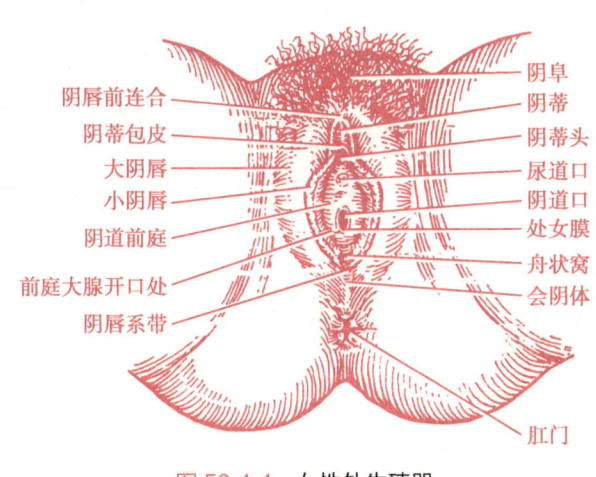

图 50-1-1　女性外生殖器

1. 阴阜（mons pubis）　即耻骨联合前面隆起的脂肪垫。青春期时该部皮肤开始生长阴毛,呈尖端向下的倒三角形分布。阴毛疏密、粗细和色泽可因个体或种族而异。

2. 大阴唇（labium majus）　为两股内侧的一对隆起的皮肤皱襞,起自阴阜,止于会阴。大阴唇皮下脂肪层含丰富的血管、淋巴管和神经。当局部受伤时,易出血形成大阴唇血肿。未婚妇女两侧大阴唇自然合拢,遮盖阴道口及尿道外口。经产妇受分娩的影响,大阴唇向两侧分开。绝经后大阴唇呈萎缩状,阴毛稀少。

3. 小阴唇（labium minus）　是位于大阴唇内侧的一对薄皱襞。表面湿润、褐色、无毛,富含神经末梢,极为敏感。两侧小阴唇前端相互融合后再分为两叶包绕阴蒂,前叶形成阴蒂包皮,后叶形成阴蒂系带。大、小阴唇后端会合,形成阴唇系带。

4. 阴蒂（clitoris）　位于两侧小阴唇顶端的联合处,相当于男性的阴茎海绵体,有勃起性。分为阴蒂头、阴蒂体和阴蒂脚三部分。仅阴蒂头外露,富含神经末梢,故极敏感。

5. 阴道前庭（vaginal vestibule）　为两侧小阴唇之间的菱形区域。前为阴蒂,后为阴唇系带。在此区域内,前方有尿道口,后方有阴道口,阴道口与阴唇系带之间有一浅窝,称舟状窝(又称阴道前庭窝)。此区域内有以下结构:

（1）前庭球（vestibular bulb）:又称球海绵体,位于前庭两侧,前端与阴蒂连接,后部与前庭大腺相邻,浅层为球海绵体肌覆盖,有勃起性。

（2）前庭大腺（major vestibular gland）:又称巴托兰腺（Bartholin gland）,位于大阴唇后部,浅层为球海绵体肌所覆盖,如黄豆大小,左、右各一。腺管细长,开口于前庭后方小阴唇与处女膜之间的沟内。性兴奋时分泌黄白色黏液,起润滑作用。正常情况下,检查时不能触及此腺。

（3）尿道外口（external orificeof urethra）:位于阴蒂和阴道口之间,略呈圆形。后壁上有一对并列的尿道旁腺开口。

（4）阴道口（vaginal orifice）及处女膜（hymen）:阴道口为阴道的开口,位于尿道口后方,阴道前庭的后部,其周边覆有处女膜,其间含结缔组织、血管和神经末梢。多在中央有一孔,孔的形状、大小及膜的厚薄因人而异。处女膜多在初次性交或剧烈运动时破裂,分娩后仅残留处女膜痕。

（二）内生殖器

女性内生殖器包括阴道、子宫、输卵管和卵巢(图50-1-2)。

1. 阴道（vagina）　位于真骨盆下部中央,为性交器官,也是月经血排出及胎儿娩出的通道。上

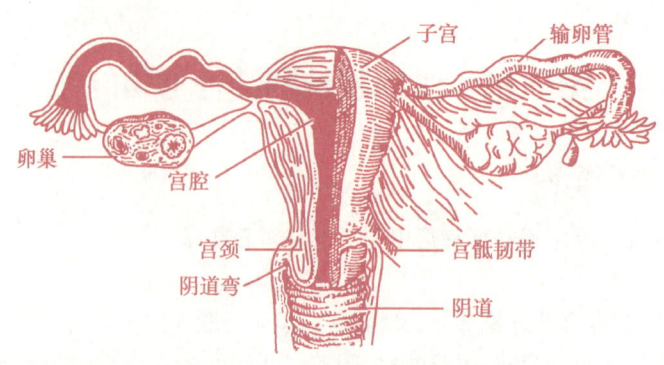

图 50-1-2 女性内生殖器

端包绕子宫颈,下端开口于阴道前庭后部,呈上宽下窄的管道。前壁长 7~9cm,与尿道和膀胱相邻,后壁长 10~12cm,与直肠贴近。环绕宫颈周围的部分称阴道穹隆,按其位置分为前、后、左、右四部分。其中后穹隆最深,与直肠子宫陷凹紧密相邻。

阴道壁由黏膜、肌层和纤维组织膜构成,黏膜由复层扁平上皮覆盖,无腺体,受性激素影响有周期性变化。肌层由内环、外纵两层平滑肌构成。

2. 子宫 (uterus)

(1) 解剖:子宫是一壁厚、腔小的肌性器官。腔内黏膜称子宫内膜,青春期后受卵巢激素影响,发生周期性改变并产生月经;性交后,子宫腔为精子到达输卵管的通道;受孕后为胎儿发育、成长的部位;分娩时子宫收缩,促使胎儿及其附属物娩出。

成人子宫呈前后扁平的倒置梨形,重 50~70g,长 7~8cm,宽 4~5cm,厚 2~3cm。宫腔为上宽下窄的三角形,容量约 5ml。子宫分子宫体和子宫颈部。上部较宽称子宫体,顶部隆凸部分称子宫底,宫底两侧为子宫角,与输卵管相通。下部较窄呈圆柱状称子宫颈。子宫体和子宫颈的比例因年龄和卵巢功能而异。子宫体与子宫颈之间较狭窄部分称子宫峡部,非孕期长约 1cm。其上端因解剖上较狭窄,称解剖学内口;其下端因在此处子宫内膜转变为宫颈黏膜,称组织学内口。子宫颈内腔呈梭形,称子宫颈管,成年妇女长 2.5~3cm,其下端称子宫颈外口,子宫颈下端伸入阴道内的部分称子宫颈阴道部,在阴道以上的部分称子宫颈阴道上部。未产妇的子宫颈外口呈圆形;经产妇的子宫颈外口受分娩影响而形成大小不等的横裂,将子宫颈分为前唇和后唇(图 50-1-3)。

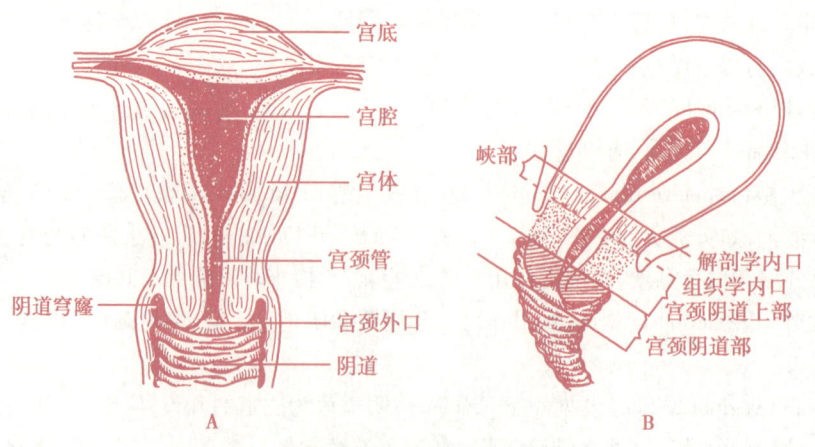

图 50-1-3 子宫各部
A. 子宫冠状断面;B. 子宫矢状断面。

(2) 组织结构:子宫体和子宫颈的组织结构不同。

1) 子宫体:子宫体壁由 3 层组织构成,外层为浆膜层(脏腹膜),中层为肌层,内层为子宫内膜。

Note:

子宫浆膜层为覆盖子宫底部及其前后面的脏腹膜,紧贴于肌层。子宫肌层较厚,由平滑肌束及弹力纤维所组成,分3层。外层纵行,内层环行,中层多围绕血管交织排列如网(图50-1-4)。肌层中含血管,当子宫收缩时血管壁受压,能有效制止子宫出血。子宫内膜为粉红色黏膜组织,分为功能层和基底层。表面2/3为功能层,从青春期开始,受卵巢激素影响而发生周期性变化。靠近子宫肌层的1/3内膜为基底层,不发生周期性变化。

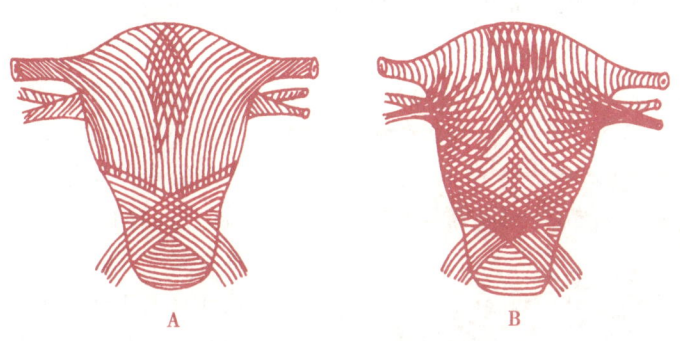

图 50-1-4　子宫肌层肌束排列
A. 浅层;B. 深层。

2) 子宫颈:主要由结缔组织构成,含少量平滑肌纤维、血管及弹力纤维。子宫颈管黏膜为单层高柱状上皮,黏膜内腺体分泌碱性黏液,形成黏液栓,将子宫颈管与外界隔开。子宫颈阴道部为复层扁平上皮覆盖,表面光滑。

(3) 子宫韧带:共有4对(图50-1-5),借此韧带及骨盆底肌和筋膜的支托作用,使子宫位于盆腔中央,呈轻度前倾前屈位。

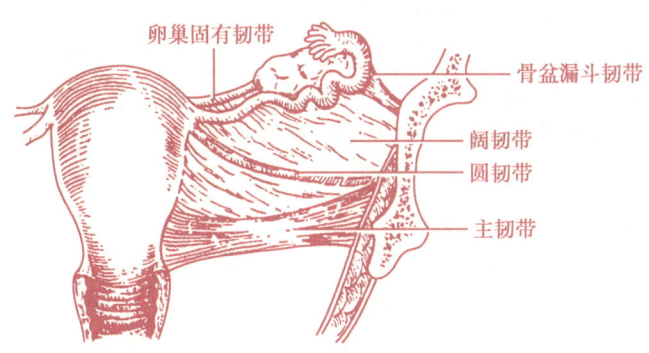

图 50-1-5　子宫各韧带

1) 子宫圆韧带:由平滑肌和结缔组织构成。起自两侧子宫角的前面、输卵管近端的下方,向前下方伸展达骨盆侧壁,穿过腹股沟管终止于大阴唇前端。有维持子宫前倾位置的作用。

2) 子宫阔韧带:覆盖在子宫前后壁的腹膜自子宫两侧向外延伸达骨盆壁,形成一对翼状的双层腹膜皱襞,维持子宫于盆腔中央位置。内侧2/3覆盖输卵管(伞部无腹膜覆盖),形成输卵管系膜,外侧1/3移行为骨盆漏斗韧带或称卵巢悬韧带,卵巢动静脉由此穿过。卵巢内侧与子宫角之间的阔韧带稍增厚,称卵巢固有韧带或卵巢子宫索。在子宫体两侧的阔韧带中有丰富的血管、神经、淋巴管、大量疏松结缔组织及中肾管遗迹,通称为子宫旁组织。

3) 子宫主韧带:在子宫阔韧带下部,横行于子宫颈两侧和骨盆侧壁之间,为一对坚韧的平滑肌与结缔组织纤维束,亦称宫颈横韧带,起固定子宫颈位置的作用。

4) 子宫骶韧带:从子宫体和子宫颈交界处后面的上侧方,向两侧绕过直肠,终止于第2、3骶椎前面的筋膜。韧带含平滑肌和结缔组织,短厚有力,外有腹膜覆盖,将宫颈向后向上牵引,间接地维持子宫于前倾位置。

Note:

3. **输卵管（fallopian tube）**　为一对细长而弯曲的管道，全长 8~14cm，位于子宫阔韧带的上缘，内侧与子宫角相连通，外侧端游离于腹腔，与卵巢接近。输卵管为卵子与精子相遇的场所，也是向子宫腔运送受精卵的管道。根据输卵管的形态，由内向外可分为四部分（图 50-1-6），分别为：①间质部：为通入子宫壁内的部分，狭窄而短，长约 1cm；②峡部：在间质部外侧的一段较窄的管腔，长 2~3cm；③壶腹部：在峡部外侧，管腔较宽大，是卵子受精的部位，长 5~8cm；④伞部：为输卵管的游离端，开口于腹腔，呈漏斗状，长 1~1.5cm，有许多指状突起，有"拾卵"作用。

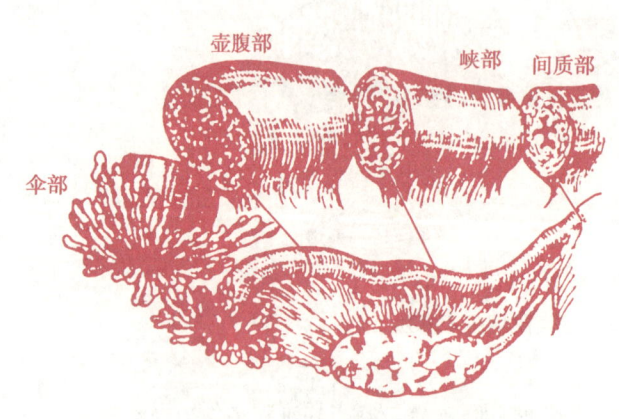

图 50-1-6　输卵管各部及其横断面

输卵管壁由 3 层组织构成，外层为浆膜层，是腹膜的一部分；中层为平滑肌层，由内环、外纵的两层平滑肌组成，输卵管平滑肌常有节奏地收缩，引起输卵管由远端向近端的蠕动；内层为黏膜层，由单层高柱状上皮组成，上皮细胞中纤毛细胞的摆动有助于运送卵子。输卵管肌肉的收缩和黏膜上皮细胞的形态、分泌及纤毛摆动均受卵巢性激素影响有周期性变化。

4. **卵巢（ovary）**　为一对扁椭圆形的性腺，具有生殖和内分泌功能。青春期前，卵巢无排卵，表面光滑；青春期开始排卵后，卵巢表面逐渐凹凸不平；绝经后卵巢萎缩变小变硬。

成年妇女的卵巢约 4cm×3cm×1cm 大小，重 5~6g，呈灰白色；位于输卵管的后下方，以卵巢系膜连接于子宫阔韧带后叶的部位称卵巢门，卵巢血管与神经即经此处出入卵巢。卵巢外侧以骨盆漏斗韧带连于骨盆壁，内侧以卵巢固有韧带与子宫连接。

卵巢表面无腹膜，由单层立方上皮覆盖，称表面上皮；其内为一层纤维组织，称卵巢白膜；再往内为卵巢组织，分皮质与髓质。皮质在外层，其中有数以万计的原始卵泡（又称始基卵泡）及致密结缔组织；卵巢的中心部位为髓质，不含卵泡，含丰富血管、淋巴、神经、疏松结缔组织及少量平滑肌纤维（图 50-1-7）。

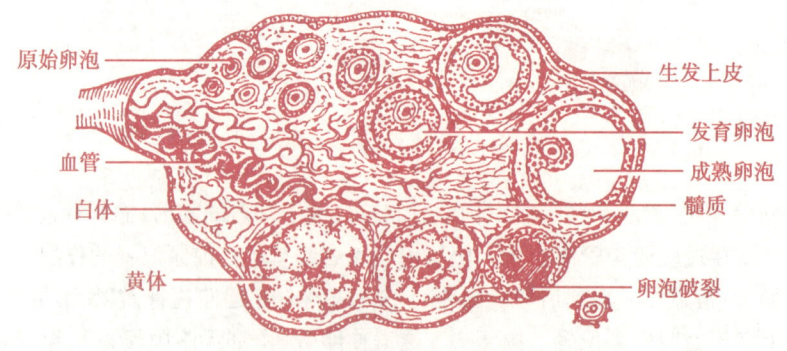

图 50-1-7　卵巢的构造（切面）

（三）血管、淋巴及神经

1. **血管**　女性内、外生殖器官的血液供应主要来自卵巢动脉、子宫动脉、阴道动脉及阴部内动脉（图 50-1-8）。盆腔静脉均与同名动脉伴行，并在相应器官及其周围形成静脉丛，且互相吻合，故盆腔静脉感染容易蔓延。

（1）卵巢动脉：是腹主动脉分支（左侧可来自左肾动脉）。在腹膜后沿腰大肌前下行至盆腔，跨过输尿管与髂总动脉下段，经骨盆韧带向内侧横行，再经卵巢系膜入卵巢门至卵巢髓质。卵巢静脉出

Note:

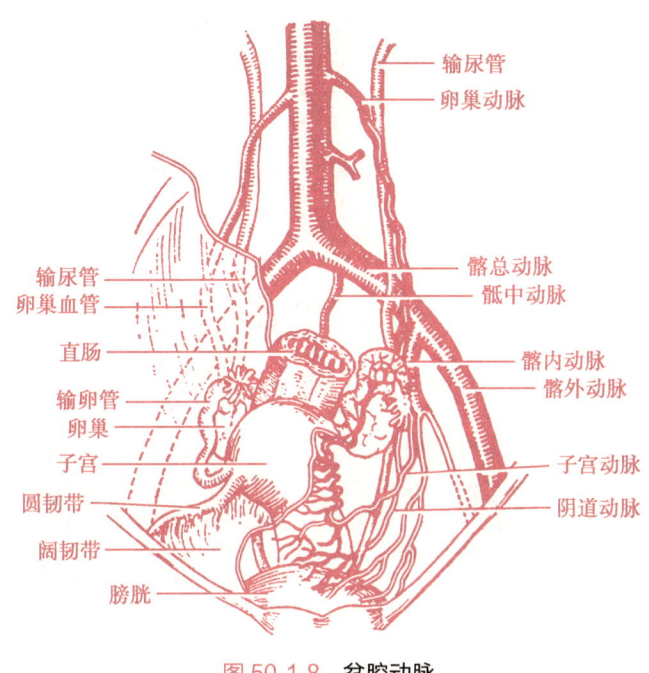

图 50-1-8 盆腔动脉

卵巢门后形成静脉丛,与同名动脉伴行,右侧汇入下腔静脉,左侧汇入左肾静脉,故左侧盆腔静脉曲张较多见。

(2)子宫动脉:是髂内动脉前干分支,在腹膜后沿骨盆侧壁向下向前行,经子宫阔韧带基底部向内行,在距子宫颈内口水平约2cm处横跨输尿管至子宫侧缘,此后分为上、下两支:上支较粗,称子宫体支;下支较细,称子宫颈-阴道支。

(3)阴道动脉:是髂内动脉前干分支,有许多小分支分布于阴道中、下段及膀胱顶、膀胱颈部。其终末小分支与子宫动脉子宫颈-阴道支、阴部内动脉分支和痔中动脉相吻合。

(4)阴部内动脉:是髂内动脉前干终支,经坐骨大孔的梨状肌下方穿出骨盆腔,绕过坐骨棘再经坐骨小孔到达会阴及肛门,并分出4支:痔下动脉、会阴动脉、阴唇动脉、阴蒂动脉。

2. 淋巴 女性生殖器官具有丰富的淋巴系统,淋巴结与淋巴管一般与相应血管并行,其数目、大小和位置均不恒定。主要分为外生殖器淋巴与盆腔淋巴两组(图50-1-9)。

(1)外生殖器淋巴:分为深、浅两部分。

1)腹股沟浅淋巴结:又分上、下两组,上组沿腹股沟韧带分布,收集外阴、阴道下段会阴及肛门部的淋巴;下组位于大隐静脉末端周围,收集会阴及下肢的淋巴。

2)腹股沟深淋巴结:位于股静脉的内侧,收集阴蒂、股静脉区与腹股沟浅淋巴,最终注入闭孔、髂内等淋巴结。

(2)盆腔淋巴:分为3组,分别为:①髂淋巴组,分髂内、髂外、髂总及闭孔四部分淋巴结;②骶前淋巴组,位于骶骨前面与直肠之间;③腰淋巴组,位于腹主动脉周围。

阴道下段淋巴主要回流入腹股沟淋巴结。阴道上段与子宫颈淋巴回流基本相同,大部分注入闭孔淋巴结和髂内淋巴结,小部分注入髂外淋巴结和骶前淋巴结。子宫体、子宫底、输卵管、卵巢淋巴均注入腰淋巴结。子宫体两侧淋巴沿子宫圆韧带注入腹股沟浅淋巴结。

3. 神经

(1)外生殖器神经支配:外阴部主要由阴部神经支配。由第Ⅱ、Ⅲ、Ⅳ骶神经分支组成,含感觉和运动神经纤维,在坐骨结节内侧下方分成3支,即阴蒂背神经、会阴神经及肛门神经(又称痔下神经),支配阴蒂、阴唇、会阴和肛门周围。

(2)内生殖器神经支配:由交感神经与副交感神经所支配。交感神经纤维自腹主动脉前神经丛

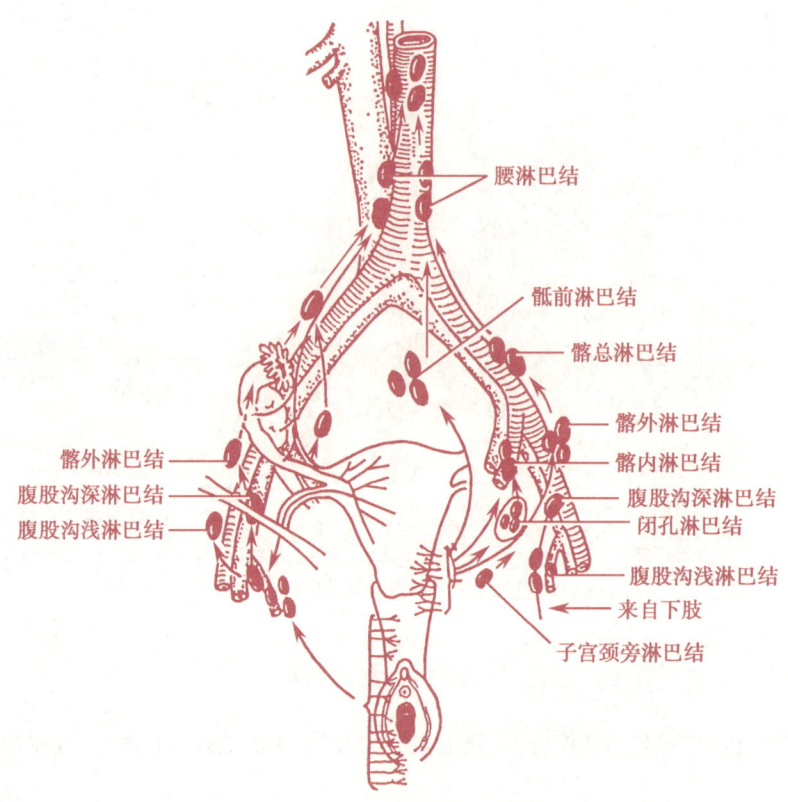

图 50-1-9　女性生殖器淋巴流向

分出,入盆腔分为两部分:①卵巢神经丛:支配卵巢和输卵管;②骶前神经丛:大部分在子宫阔韧带基底部的子宫颈旁形成骨盆神经丛,支配子宫体、子宫颈和膀胱上部。

(四)骨盆底

骨盆底(pelvic floor)由多层肌肉和筋膜所组成,封闭骨盆出口,承托盆腔器官并保持正常位置。骨盆底的前面为耻骨联合和耻骨弓,后面为尾骨尖,两侧为耻骨降支、坐骨升支及坐骨结节。两侧坐骨结节前缘的连线将骨盆底分为前、后两部:前部有尿道和阴道通过,为尿生殖区,又称尿生殖三角;后部有肛管通过,为肛区,又称肛三角。骨盆底由外向内分 3 层组织。

1. **外层**　在外生殖器、会阴皮肤及皮下组织的下面,有一层会阴浅筋膜,其深面由 3 对肌肉及一括约肌组成盆底的浅层肌肉。此层肌肉的肌腱汇合于阴道外口与肛门之间,形成会阴中心腱。耻骨阴道肌又称阴道括约肌,位于阴道两侧,覆盖前庭球及前庭大腺,向后与肛门外括约肌互相交叉、混合。坐骨海绵体肌从坐骨结节内侧沿坐骨升支内侧、耻骨降支向上,最终集合于阴蒂海绵体(阴蒂脚处)。会阴浅横肌自两侧坐骨结节内侧面中线会合于会阴中心腱。肛门外括约肌为围绕肛门的环行肌束,前端会合于会阴中心腱。

2. **中层**　即泌尿生殖膈,由上、下两层坚韧的筋膜及其间的一层薄肌肉组成,覆盖于由耻骨弓与两坐骨结节所形成的骨盆出口前部三角形平面上,又称三角韧带。其中有尿道与阴道穿过。

3. **内层**　即盆膈。为骨盆底最里面、最坚韧的一层,由肛提肌及其内、外面各覆一层筋膜所组成,尿道、阴道及直肠由此穿过。肛提肌有加强盆底托力、支撑盆腔器官的作用。

(五)会阴

广义的会阴(perineum)是指封闭骨盆出口的所有软组织。狭义的会阴是指阴道口与肛门之间的软组织,又称会阴体,包括皮肤、肌肉和筋膜,厚 3~4cm,由外向内逐渐变窄呈楔状,表面为皮肤及皮下脂肪。

(六)邻近器官

1. **尿道**　位于耻骨联合后方,阴道前壁的前方,长 4~5cm。女性尿道短而直,毗邻阴道,易引起

Note:

泌尿系统感染。

2. **膀胱**　位于耻骨联合后方、子宫前方。进行妇产科检查或手术前,应注意排空膀胱。

3. **输尿管**　起自肾盂,止于膀胱,在子宫阔韧带基底部向内向前,距子宫颈外侧约 2cm 处在子宫动脉的后方与之交叉,经子宫颈阴道上部向前方进入膀胱。施行子宫全切术或子宫次全切除术结扎子宫动脉时,应注意避免误扎或损伤输尿管。

4. **直肠**　上接乙状结肠,下连肛管,前为阴道及子宫,后为骶骨。妇科手术及分娩时应注意避免损伤肛管和直肠。

5. **阑尾**　上接盲肠,下接近右侧输卵管及卵巢的部位,故妇女患阑尾炎时有可能累及子宫附件。

二、女性生殖系统生理

（一）妇女一生各阶段的生理特点

1. **胎儿期**　胚胎 6 周后原始性腺开始分化。若胚胎细胞不含 Y 染色体,性腺分化缓慢,至胚胎 8~10 周性腺组织才出现卵巢结构。卵巢形成后,因无雄激素,无副中肾管抑制因子,所以中肾管退化,两条副中肾管发育成为女性生殖道。

2. **新生儿期**　出生后 4 周内为新生儿期。女性胎儿在母体内受到胎盘及母体卵巢所产生的雌激素影响,出生的新生儿外阴较丰满,乳房略隆起或少许泌乳。出生后脱离母体环境,血中雌激素水平迅速下降,可出现少量阴道流血。

3. **儿童期**　从出生 4 周到 12 岁左右为儿童期。8 岁以前,下丘脑-垂体-卵巢轴功能处于抑制状态,卵泡无雌激素分泌,性腺及生殖器官处于幼稚状态。8 岁以后,卵巢内的卵泡受垂体促性腺激素的影响,有一定发育并分泌性激素,但仍达不到成熟阶段。

4. **青春期**　从乳房发育等第二性征出现至生殖器官逐渐发育成熟,获得性生殖能力的一段生长发育期,称为青春期。世界卫生组织规定青春期为 10~19 岁。此期生理特点有:

（1）第一性征发育:即生殖器官发育。由于下丘脑与垂体促性腺激素分泌量增加及作用加强,卵巢发育与性激素分泌逐渐增加,内、外生殖器进一步发育。

（2）第二性征出现:除生殖器官以外,女性其他特有性征出现,包括音调变高、乳房丰满而隆起、阴毛及腋毛发育、骨盆横径发育大于前后径、胸及肩部皮下脂肪增多等。

（3）生长加速:青春期少女体格生长呈直线加速,月经初潮后生长减缓。

（4）月经初潮:女性第一次来月经称为月经初潮,是青春期的重要标志。

5. **性成熟期**　又称生育期,是卵巢生殖功能与内分泌功能最旺盛的时期。一般从 18 岁左右开始,约持续 30 年。这一时期女性卵巢功能成熟,有规律地周期性排卵,生殖器官各部分和乳房也有不同程度的周期性变化。

6. **绝经过渡期**　指从开始出现绝经趋势直至最后一次月经的时期。可始于 40 岁,历时 1~2 年,也可长达 10~20 年。此期卵巢功能逐渐衰退,生殖器官亦开始萎缩。我国妇女平均绝经年龄为 49.5 岁。围绝经期是指从卵巢功能开始衰退直至绝经后 1 年内的时期。

7. **绝经后期**　指绝经后的生命时期。一般 60 岁后妇女机体逐渐老化进入老年期。此期卵巢功能已完全衰竭,雌激素水平低落,不足以维持女性第二性征,生殖器官进一步萎缩老化。骨代谢失常引起骨质疏松,易发生骨折。

（二）月经及月经期的临床表现

1. **月经的定义**　月经(menstruation)是指随卵巢的周期性变化,子宫内膜发生周期性脱落及出血,是生殖功能成熟的重要标志。

2. **月经初潮**　年龄大多在 13~14 岁,但可早至 11 岁,或迟至 16 岁。月经初潮的早晚,受遗传、营养、体重等因素影响。

3. **月经周期**　出血的第 1 日为月经周期的开始,两次月经第 1 日的间隔时间称 1 个月经周期。

周期长短因人而异，一般为 21~35d，平均为 28d。

4. **月经持续时间及出血量**　每次月经持续时间称为月经期。正常妇女月经持续时间为 2~8d，多数为 4~6d。一般月经量 20~60ml，超过 80ml 即为月经过多。

5. **月经血的特征**　月经血一般呈暗红色，除血液外，还有子宫内膜碎片、宫颈黏液及脱落的阴道上皮细胞。月经血中含有前列腺素及来自子宫内膜的大量纤维蛋白溶酶。由于纤维蛋白溶酶对纤维蛋白的溶解作用，故月经血不凝。

6. **月经期的症状**　一般月经期无特殊症状。但由于月经期盆腔充血及前列腺素的作用，部分妇女可有下腹及腰骶部下坠感、子宫收缩痛或腹泻等症状。

（三）卵巢功能及其周期性变化

1. **卵巢功能**　卵巢是女性的性腺，主要功能为产生并排出卵子、合成并分泌性激素。

2. **卵巢的周期性变化**　胚胎 6~8 周时，原始生殖细胞不断有丝分裂，形成卵原细胞，约 60 万个。胚胎 16~20 周时，两侧卵巢共含 600 万~700 万个生殖细胞。胚胎 16 周至生后 6 个月，原始卵泡形成，这是女性的基本生殖单位，也是卵细胞储存的唯一形式。新生儿出生时卵巢约有 200 万个卵泡，儿童期多数卵泡退化，至青春期只剩下约 30 万个。

从青春期开始到绝经前，卵巢在形态和功能上发生周期性变化，称为卵巢周期。

（1）卵泡的发育及成熟：生育期只有 400~500 个卵母细胞发育成熟，并经排卵过程排出。其余的卵泡发育到一定程度自行退化，称卵泡闭锁。当卵泡发育为成熟卵泡时，体积显著增大，直径可达 10~20mm，卵泡移行向卵巢表面突出。成熟卵泡的结构从外向内依次为卵泡外膜、卵泡内膜、颗粒细胞、卵泡腔、卵丘、放射冠及透明带（图 50-1-10）。

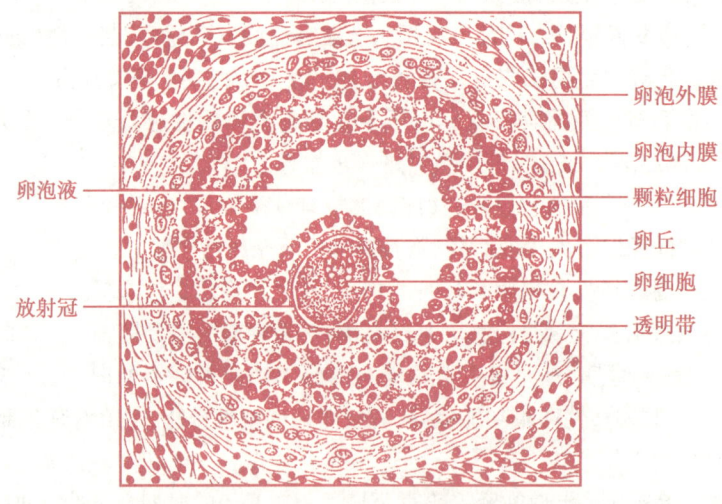

卵泡液　卵泡外膜　卵泡内膜　颗粒细胞　卵丘　卵细胞　透明带　放射冠

图 50-1-10　成熟卵泡

一般认为，正常妇女生育期每个周期中有数个卵泡发育。其中只有 1 个卵泡发生成熟并排卵，其余卵泡发育到一定程度后通过细胞凋亡机制而退化。

（2）排卵：卵细胞和它周围的卵冠丘复合体一起被排出的过程称排卵（ovulation）。排卵时随卵细胞同时排出的有透明带、放射冠及小部分卵丘内的颗粒细胞。

排卵多发生在下次月经来潮前 14d 左右，卵子可由两侧卵巢轮流排出，也可由一侧卵巢连续排出。卵子排出后，经输卵管伞部捡拾、输卵管壁蠕动及输卵管黏膜纤毛活动等协同作用进入输卵管，并沿管腔向子宫侧运行。

（3）黄体形成及退化：排卵后，卵泡液流出，卵泡腔内压下降，卵泡壁塌陷，形成许多皱襞，卵泡壁的卵泡颗粒细胞和内膜细胞向内侵入，周围有结缔组织的卵泡外膜包围，共同形成黄体（corpus luteum）。黄体化后形成颗粒黄体细胞及卵泡膜黄体细胞。排卵后 7~8d（相当于月经周期第 22 日左

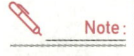
Note:

右）黄体体积达最高峰，直径1~2cm。外观色黄（图50-1-11）。

若卵子未受精，黄体在排卵后9~10d开始退化。退化时黄体细胞逐渐萎缩变小，周围的结缔组织及成纤维细胞侵入黄体，逐渐由结缔组织所代替，组织纤维化，外观色白，称白体（corpus albicans）。黄体衰退后月经来潮，卵巢中又有新的卵泡发育，开始新的周期。

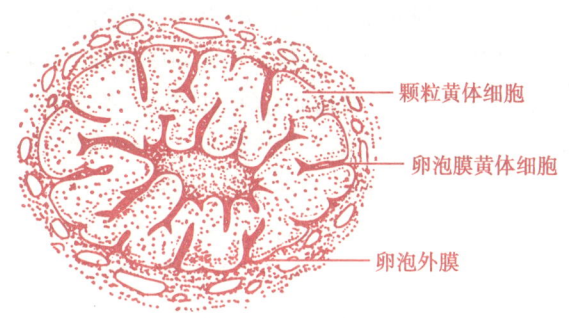

图50-1-11 黄体

3. **卵巢分泌的甾体激素** 卵巢合成及分泌的性激素，主要为雌激素（estrogen）、孕激素（progestogen）和雄激素（androgen）等甾体激素。

（1）雌激素的生理作用：促进卵泡和子宫发育，增加子宫平滑肌对缩宫素的敏感性；使子宫内膜增生；使子宫颈口松弛，宫颈黏液分泌增加，性状变稀薄，易拉丝；促进输卵管发育，加强输卵管节律性收缩的振幅；使阴道上皮细胞增生和角化；使黏膜变厚并增加细胞内糖原含量，使阴道维持酸性环境；乳腺腺管增生，乳头、乳晕着色；促进其他第二性征的发育；通过对下丘脑的正、负反馈调节，控制垂体促性腺激素的分泌；促进水、钠潴留及骨基质代谢。

（2）孕激素的生理作用：使肌纤维松弛，同时降低妊娠子宫对缩宫素的敏感性，抑制子宫收缩，有利于胚胎及胎儿在子宫腔内生长发育；使增生期子宫内膜转化为分泌期内膜；使子宫颈口闭合，黏液减少、变稠；抑制输卵管肌节律性收缩的振幅；使阴道上皮细胞脱落加快；促进乳腺腺泡发育；通过对下丘脑的负反馈作用，抑制垂体促性腺激素的分泌；兴奋下丘脑体温调节中枢，使基础体温在排卵后升高0.3~0.5℃；促进水、钠排泄。

（3）雄激素的生理作用：卵巢能分泌少量雄激素，包括睾酮、雄烯二酮和脱氢表雄酮。从青春期开始，雄激素分泌增加，促进阴蒂、阴唇和阴阜的发育，促进阴毛、腋毛的生长。促进蛋白质合成，促进肌肉生长。

（四）子宫内膜及生殖器其他部位的周期性变化

1. **子宫内膜的周期性变化** 1个月经周期以28d为例，子宫内膜功能层受卵巢激素的影响，其组织形态的周期性改变可分为以下3期：

（1）增殖期：在月经周期第5~14日，相当于卵泡发育成熟阶段。在雌激素作用下，子宫内膜上皮腺体和间质细胞呈增殖状态。

（2）分泌期：月经周期第15~24日，相当于黄体期。黄体分泌的孕激素、雌激素使增殖期内膜继续增厚，腺体更增长弯曲，出现分泌现象。血管迅速增加，更加弯曲，间质疏松水肿。内膜松软，含有丰富的营养物质，有利于受精卵着床发育。

（3）月经期：月经周期第1~4日。此时雌、孕激素水平下降，内膜螺旋动脉持续痉挛性收缩，导致远端血管壁及组织缺血坏死、剥脱。脱落的内膜碎片与血液相混而排出，形成月经血。

2. **生殖器其他部位的周期性变化**

（1）阴道黏膜的周期性变化：排卵前，阴道上皮在雌激素的影响下，底层细胞增生，逐渐演变为中层与表层细胞，阴道上皮增厚，表层细胞出现角化，其程度在排卵期最明显。排卵后，在孕激素的作用下，主要为表层细胞脱落。临床上常借助阴道脱落细胞的变化，间接了解卵巢功能。

（2）宫颈黏液的周期性变化：月经干净后，体内雌激素水平降低，宫颈管分泌的黏液量很少。随着雌激素水平不断提高，至排卵期黏液分泌量增加，黏液稀薄、透明，拉丝度可达10cm以上。若将黏液做涂片检查，干燥后可见羊齿植物叶状结晶，这种结晶在月经周期第6~7日开始出现，到排卵期最为清晰而典型。排卵后，受孕激素影响，黏液分泌量逐渐减少，质地变黏稠而混浊，拉丝度差，易断裂。涂片检查时结晶逐步模糊，至月经周期第22日左右完全消失，代之以排列成行的椭圆体。

（3）输卵管的周期性变化：在雌激素的作用下，输卵管黏膜上皮纤毛细胞生长，体积增大；非纤毛细胞分泌增加，为卵子提供运输和种植前的营养物质；输卵管发育，输卵管肌层节律性收缩的振幅增强。孕激素则能抑制输卵管收缩的振幅，抑制输卵管黏膜上皮纤毛细胞的生长，降低分泌细胞分泌黏液的功能。雌、孕激素的协同作用，保证受精卵在输卵管内的正常运行。

（五）下丘脑-垂体-卵巢轴的相互关系

下丘脑-垂体-卵巢轴又称下丘脑-垂体-性腺轴，是一个完整而协调的神经内分泌系统。

下丘脑神经内分泌细胞分泌促性腺激素释放激素（GnRH），通过下丘脑与垂体之间的门静脉系统进入腺垂体，垂体在其作用下分泌并释放卵泡刺激素（FSH）与黄体生成素（LH），促进卵泡发育成熟，刺激成熟卵泡排卵，促使排卵后的卵泡变成黄体，并产生孕激素与雌激素。卵巢性激素依赖于FSH和LH的作用，而子宫内膜的周期变化又受卵巢分泌的性激素调控（图50-1-12）。

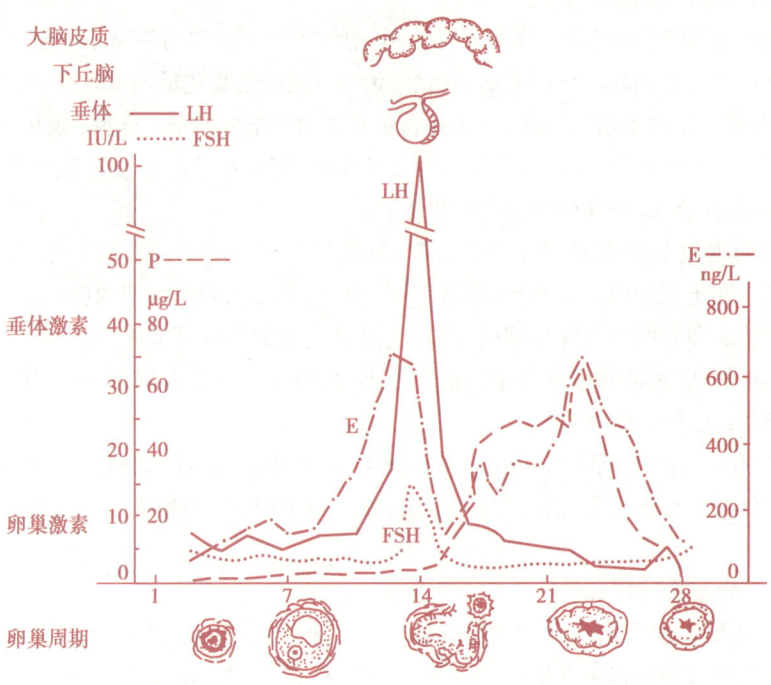

图 50-1-12　下丘脑-垂体-卵巢轴

性腺轴的功能调节是通过神经调节和激素反馈调节实现的。当下丘脑因受卵巢性激素负反馈作用的影响而使GnRH分泌减少时，垂体的促性腺激素释放也相应减少，黄体失去支持而萎缩，由其产生的雌、孕激素也随之减少，子宫内膜萎缩、坏死、出血、剥脱，月经来潮。雌、孕激素水平降至最低水平，对下丘脑和垂体的负反馈抑制解除，开始下一个月经周期，如此周而复始。

三、男性生殖系统结构

男性生殖系统包括内生殖器和外生殖器，外生殖器官包括阴茎、阴囊和精索，内生殖器包括生殖腺、输精管道及附属腺体（图50-1-13）。

（一）外生殖器

1. **阴茎（penis）**　分根、体及头三部分。阴茎根部附着于耻骨弓，中部为阴茎体，呈圆柱状，悬垂于耻骨联合前下方，可以活动。阴茎前端膨大形成阴茎头，又称龟头。阴茎头的尖端有尿道外口，阴茎头和体的移行部为阴茎颈。阴茎的主要功能是排尿、排精液和进行性交，是性行为的主要器官。

2. **阴囊（scrotum）**　为一皮肤囊袋，位于阴茎根与会阴区之间。阴囊的皮肤薄而柔软，含大量的弹力纤维及丰富的汗腺和皮脂腺，富于伸展性，可随外界温度呈反射性舒缩，收缩时保温，松弛时降

Note:

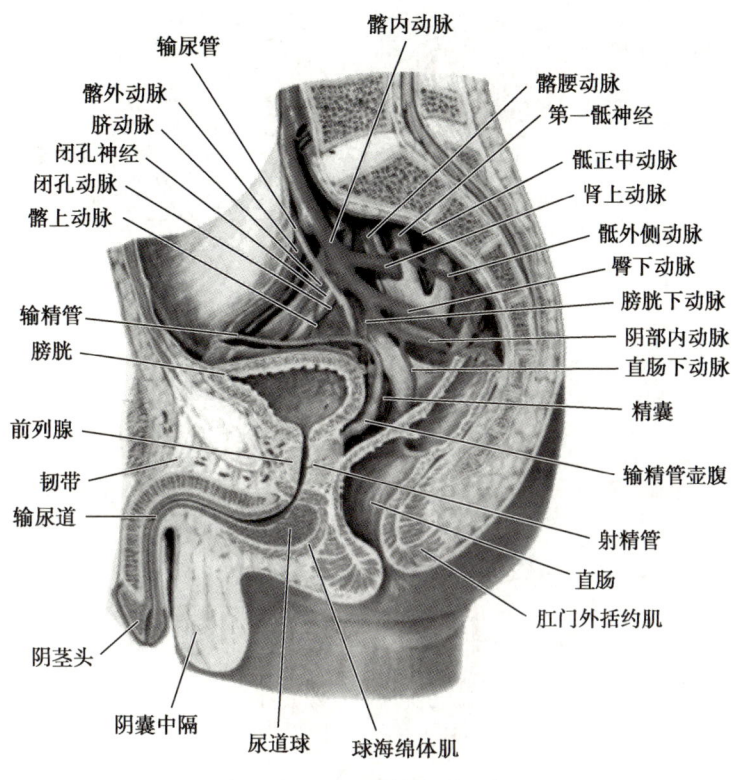

图 50-1-13 男性生殖系统

温,以调节阴囊内的温度,有利于精子的生成和发育。阴囊分为左、右两部分,分别容纳两侧的睾丸和附睾。

3. **精索(spermatic cord)** 是一对柔软圆索状结构,由腹股沟管深环开始,经腹股沟管出腹股沟管浅环,终于睾丸上端。精索全长 11~15cm,直径 0.5cm。精索内包含输精管、动脉、静脉、神经及蜂窝组织。精索是睾丸、附睾及输精管血液、淋巴液循环通路,也是保证睾丸的生精功能及成熟精子输送的主要途径。

(二)内生殖器

1. **睾丸(testis)** 是男性生殖腺,左、右各一,呈卵圆形,由精索将其悬吊于阴囊内,长 3~4cm,厚 1~2cm,各重 10~15g。是产生精子的器官,也是产生雄性激素的主要内分泌腺。

2. **输精管道** 包括附睾(epididymis)、输精管(ductus deferens)和射精管(ejaculatory duct)(图 50-1-14)。

(1)附睾:外形似半月形,左、右各一,长约 5cm,附于睾丸的后侧面,主要由附睾管弯曲缠绕形成,最后移行为输精管。附睾具有储存精子和使精子最终完全成熟的功能。

(2)输精管:是附睾管的直接延续,长约 50cm,直径 2~3mm。起于附睾尾部,经腹股沟管入骨盆腔。输精管于输尿管与膀胱之间向正中走行,其末端膨大扩张形成输精管壶腹,最后与精囊管汇合成射精管,穿过前列腺,开口于尿道。射精时,精子通过上述管道后,再经尿道最终排出体外。

(3)射精管:是输精管壶腹与精囊管汇合之后的延续。射精管很短,长仅为 2cm 左右。射精管平时处于关闭状态,性生活时,来自睾丸、附睾、输精管的精子及来自精囊和前列腺的液体集中到射精管里,射精管收缩,将精液射向尿道。

3. **附属腺体** 包括精囊腺、前列腺和尿道球腺。

(1)精囊腺:为一对扁平长囊状腺体,左、右各一,表面凹凸不平呈结节状,位于输精管末端外侧和膀胱的后下方,长 4~5cm,宽约 2cm,容积约 4ml。精囊腺分泌黄色黏稠液体,组成精液的一部分,对精子的存活有重要作用。

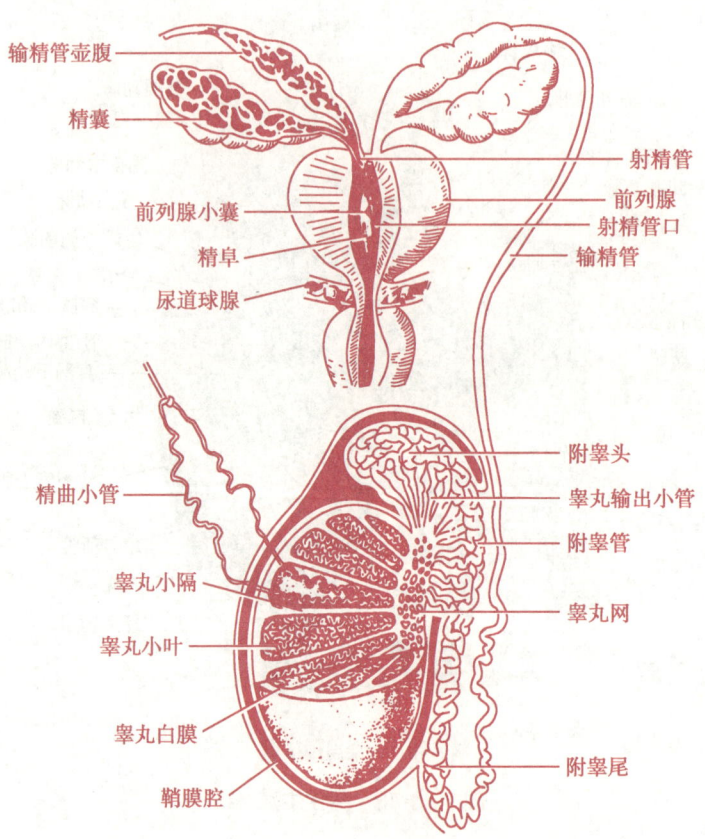

图 50-1-14 睾丸和附睾的结构及排精路径

（2）前列腺：位于膀胱下部，直肠前方。呈前后扁平的栗子状，底向上与膀胱连接，尖向下抵尿生殖膈上筋膜。平均重 8~20g。前列腺能分泌前列腺液，为精液的主要成分。

（3）尿道球腺：左、右各一，位于尿生殖膈上、下筋膜之间的会阴深横肌内，开口于尿道球部近端。可分泌少量液体，为精液的成分之一。

四、男性生殖系统生理

（一）生殖器官

1. **睾丸** 主要功能是产生精子和分泌雄性激素（睾酮）。

2. **附睾** 主要功能是促进精子发育和成熟，以及贮藏和运输精子。附睾分泌的附睾液直接促使精子成熟。一般来说，附睾贮存约 70% 的精子（2% 贮存在输精管中），周期 5~25d，平均 12d。性交时，附睾中的精子通过附睾管、输精管、射精管及尿道排出体外。

3. **输精管** 主要功能是运输和排泄精子。在射精时，交感神经末梢释放大量类去甲肾上腺素物质，使输精管发生互相协调而有力的收缩，将精子迅速输往射精管和尿道中。

4. **精囊** 主要功能是分泌一种碱性胶状黏液，含枸橼酸、果糖等，它们是精液的主要组成部分。果糖在射精后提供了精子活动的主要能源。当精囊发生炎症或身体健康不佳时，则影响精囊分泌功能，果糖含量减少，减弱精子活动力，造成男性不育症。

5. **精索** 主要功能是将睾丸和附睾悬吊于阴囊之内，保护睾丸和附睾不受损伤，同时随着温度变化而收缩或松弛，使睾丸适应外在环境，保持精子产生的最佳条件。当精索静脉曲张时，精索静脉内血液淤滞，则影响睾丸局部血液循环，致使睾丸内血氧减少，酸碱度改变，造成畸形精子增多，精子数量下降，精子活动度减退等。

6. **射精管** 主要功能是射精，射精管壁肌肉丰富，具有较强的收缩力。

7. **前列腺** 主要功能是分泌前列腺液。前列腺液是精液的组成成分之一，为乳白色黏性液体，

Note：

蛋白质含量少,主要含有高浓度的锌离子、酸性磷酸酶、蛋白水解酶、纤维蛋白酶、精胺等。当前列腺发生炎症或其他疾病时,影响前列腺液的分泌与排泄。

8. **尿道球腺** 主要功能是分泌少量透明略带灰白色的黏蛋白黏液,也是精液的组成部分。尿道球腺广泛分布于整个尿道,阴茎勃起时,尿道球腺受挤压分泌黏液,布满尿道黏膜表面,起润滑作用。

9. **尿道** 主要功能是排泄尿液和精液,是尿液和精液的共同通道。

(二)下丘脑-垂体-睾丸轴的相互作用

男性生殖系统结构和功能受神经和内分泌的调节。下丘脑释放和分泌促性腺激素释放激素(GnRH)刺激垂体分泌促性腺激素,在促性腺激素的作用下,睾丸分泌雄性激素和产生精子。下丘脑-垂体-睾丸轴通过正、负反馈作用调节内分泌激素,保持外周激素水平相对稳定,维持正常男性生殖功能。

(李 青)

第二节 生殖系统疾病病人的评估

一、女性生殖系统疾病病人的评估

(一)健康史

1. **一般项目** 询问病人的姓名、年龄、籍贯、职业、民族、教育程度等。

2. **主诉** 病人就诊的主要症状(或体征)及持续时间。妇科常见症状有外阴瘙痒、阴道流血、白带异常、下腹疼痛或包块等。

3. **现病史** 详细询问主要症状的发生、发展过程,了解病人检查与治疗的全过程,了解有无伴随症状,询问发病以来病人精神、情绪、饮食、睡眠、大小便、体重等变化。

4. **月经史** 询问病人初潮年龄,月经周期、月经期及月经量,有无血块及痛经史;询问末次月经时间;绝经后病人应询问绝经年龄,绝经后有无阴道流血等。

5. **婚育史** 询问结婚年龄,配偶健康状况;询问孕产次、分娩方式,有无难产、产褥感染或流产后感染、产后出血等异常情况;末次分娩或流产日期,采用避孕措施的方法、效果及有无并发症。

6. **既往史** 既往健康状况,有无传染病史、手术外伤史、药物过敏史等。

7. **个人史** 病人生活和居住情况,出生地和曾居住地区,有无烟酒等特殊嗜好。

8. **家族史** 直系亲属中有无遗传性、慢性疾病或传染性疾病。

(二)身体状况

1. **全身检查** 按体格检查顺序进行,尤其注意营养、发育、毛发疏密、甲状腺有无肿大、乳腺发育情况等。

2. **腹部检查** 同内科体格检查。腹部如触及包块,描述包块的部位、大小、形状、质地、活动度、表面是否光滑及有无压痛等。

3. **盆腔检查** 又称妇科检查。检查前,病人应排空膀胱,取膀胱截石位,检查者动作轻柔,部位准确,男医护人员检查应有第三人在场。

(1)外阴部检查:观察外阴发育、阴毛稀疏及分布情况,有无炎症、水肿、溃疡、肿块、畸形等,观察皮肤黏膜色泽情况,有无萎缩、增厚和变薄等。观察处女膜的完整性。

(2)阴道窥器检查:观察阴道前壁、后壁和侧壁的黏膜颜色、皱襞情况,有无阴道膈、先天性双阴道等畸形。观察子宫颈大小、颜色、外口形状,有无出血、糜烂、撕裂、外翻、腺囊肿、息肉、赘生物、畸形等,子宫颈管内有无出血或分泌物。

检查方法:将阴道窥器两叶合拢,旋紧中部螺丝,放松侧部螺丝。用肥皂水或液状石蜡润滑两叶,减轻插入阴道时的不适。左手拇指和示指分开小阴唇,暴露阴道口。右手持阴道窥器,避开敏感的尿道周围区域,直接沿阴道侧后壁缓慢插入阴道内,然后向上向后推进,边推边进将两叶转平。逐渐扩张两叶,直至完全暴露宫颈。取出窥器前,应旋松侧部螺丝,待两叶合拢后再取出(图50-2-1)。

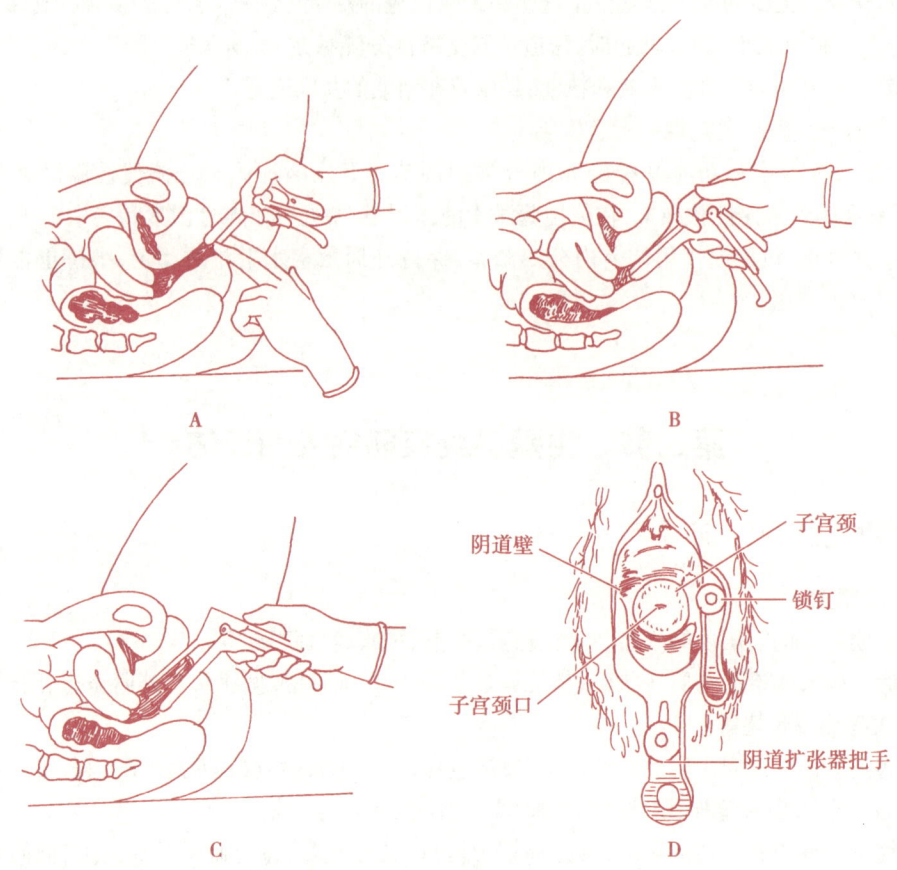

图50-2-1 插入阴道窥器的步骤
A. 将阴道扩张器叶片转成垂直方向,然后向下在会阴部稍施压力将其放入阴道内;B. 待阴道扩张器全部插入阴道后,即可将其叶片转到水平方向;C. 打开叶片,并以拇指旋紧螺丝固定叶片;D. 放入阴道扩张器后子宫颈的外观。

注意事项:根据病人阴道松弛情况,选择适当大小的阴道窥器;未婚者非经同意,禁用窥器检查;冬天室内气温低时,可将窥器前端置入40~50℃肥皂液中预先加温;若拟作宫颈刮片或阴道上1/3段涂片细胞学检查,则不宜用润滑剂,以免影响检查结果,可改用生理盐水润滑。

(3)双合诊:右手戴消毒手套,示指和中指涂润滑剂后,轻轻通过阴道口沿后壁放入阴道进行检查。将阴道内两指放在宫颈后方,另一手掌心朝下,手指平放在病人腹部平脐处。当阴道内两指向上向前方抬举宫颈时,腹部手指往下往后按压腹壁,并逐渐向耻骨联合部移动,通过内、外手指相互协调,逐步扪清子宫和附件(图50-2-2)。

注意事项:经期避免做此检查;异常出血必须检查者,检查前先消毒外阴,并使用无菌手套及器械,以防感染;未婚者一般禁做双合诊检查,如必要,须征得家属或本人同意。

(4)三合诊:即腹部、阴道、直肠联合检查。检查者一手示指放入阴道内、中指放入直肠以代替双合诊时阴道内的两指,其余具体检查步骤与双合诊时相同

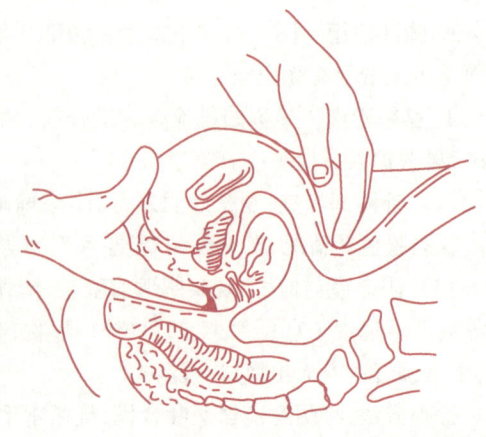

图50-2-2 双合诊

Note:

（图 50-2-3）。

　　三合诊检查可以清楚了解后倾后屈子宫的大小,发现子宫后壁、直肠子宫陷凹、子宫骶韧带及盆腔后壁情况,估计盆腔内病变范围,扪诊直肠阴道隔、骶骨前方或直肠内有无病变等。

　　（5）直肠-腹部诊:即检查者一手示指放入直肠,另一手在腹部配合检查。适用于无性生活史、阴道闭锁者等。

（三）辅助检查

　　血、尿、粪便常规及其他相关检查。白带多或手术前病人,检查阴道滴虫、假丝酵母菌及清洁度。30 岁以上已婚妇女,常规做宫颈刮片细胞学检查。

（四）心理-社会状况

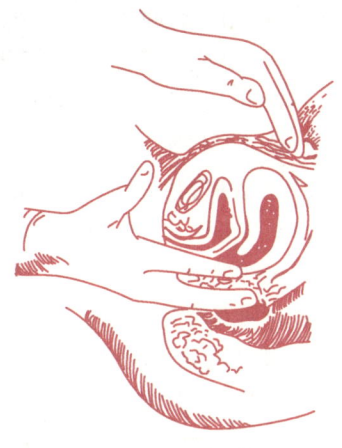

图 50-2-3　三合诊

　　妇科病人常因不同疾病或不同生理时期而有不同的心理-社会问题。与月经有关的心理问题有经前期综合征;害怕妇科手术,担心女性性征丧失或影响夫妻关系。某些疾病病程长、病情反复发作、治疗效果不明显,病人易焦虑。不孕症病人易产生自卑和自责心理。

二、男性生殖系统疾病病人的评估

（一）健康史

　　1. **一般情况**　包括姓名、年龄、职业、受教育程度、发病原因及诊治经过等。

　　2. **家族史**　询问父母、兄弟姐妹健康状况,是否近亲婚配,族中有无先天性遗传性疾病,如隐睾、尿道下裂等。

　　3. **个人史**　幼年时有无隐睾、睾丸下降异常等生殖系统畸形。青春期后阴茎及睾丸发育情况。有无可能影响生育的全身性疾病(如糖尿病、结核病等),有无生殖系统感染(如附睾炎),有无生殖器官外伤、精索静脉曲张等。了解服药史及外科手术史,了解环境与职业因素,有无毒物、化学药物、放射线接触及高温作业史;有无饮酒及毒品嗜好等。了解结婚年龄、生育情况及性生活史。

（二）身体状况

　　1. **一般检查**　注意病人皮肤、体形、骨骼及肌肉发育,有无喉结,胡须和体毛分布与疏密程度,青春期发育程度,以及有无男性乳腺发育等。

　　2. **男性生殖系统检查**　是重点检查部分,包括阴茎、睾丸、附睾、精索、输精管、前列腺、精囊和外生殖器局部,均应逐一检查。

　　（1）阴茎和尿道口:注意阴毛分布和阴茎发育情况,有无尿道下裂、尿道上裂、外伤瘢痕、包茎、包皮过长,注意阴茎头有无肿块或溃疡。包皮过长时应翻转包皮进行检查。尿道口位置、是否红肿、有无分泌物等。海绵体及尿道有无硬结或压痛。

　　（2）阴囊:取站立位。观察阴囊发育情况,阴囊皮肤有无红肿、增厚,阴囊有无肿块或精索静脉曲张。

　　（3）睾丸:检查睾丸的软硬程度、弹性及大小,必要时可测量睾丸体积。

　　（4）附睾:注意附睾的质地、形态,有无触痛与硬结。

　　（5）输精管:触感为质韧、平滑、粗细均匀,无触痛,若增粗、有结节或纤细则为异常。

　　（6）前列腺和精囊:注意前列腺的大小、质地、有无结节、压痛,中间沟是否变浅或消失。必要时用前列腺按摩法取前列腺液检查。正常情况下精囊不能触及,当梗阻或感染而精囊变大时可通过直肠指检触及。

（三）常用辅助检查

　　1. **实验室检查**

　　（1）精液分析:精液分析是评价男性生育力的重要依据。常规的精液分析包括颜色、量、酸碱

度、黏稠度、液化时间、精子数、精子活动度、精子形态及精液化学分析和细胞学检查。

（2）男性生殖系统细菌学和脱落细胞学检查：判断生殖系统感染和睾丸生精小管功能。

（3）内分泌检查：包括睾酮、黄体生成素、卵泡刺激素和催乳素等测定。

2. 影像学检查

（1）输精管精囊造影和尿道造影：用于检查输精管道的通畅性。

（2）头颅摄片：用于排除垂体肿瘤和颅内占位性病变。

3. 特殊检查

（1）阴囊探查术：为了鉴别是梗阻性无精子症或睾丸生精功能障碍无精子症，以及检查梗阻部位、范围及梗阻原因，可选用阴囊探查术。

（2）睾丸活检术：能直接判断精子发生的功能或精子发生障碍的程度。

（3）精子功能试验：包括精子穿透试验、精子顶体反应、精子低渗肿胀试验等。

（四）心理-社会状况

因涉及隐私，男性生殖功能异常者常有严重的心理负担。评估包括病人与配偶之间的关系，以及双方在家庭中的角色和地位；病人的性观念和性行为，对配偶、对生育的态度；病人家属对性及生育的态度；病人性功能异常时夫妻双方的关系。

（李　青）

思 考 题

作为妇科护士，在工作中应如何体现"以人为本"，依法帮助病人维护自身隐私权？

第三节　生殖系统常见诊疗技术与护理

一、生殖道脱落细胞学检查

生殖道脱落细胞学检查可以反映女性体内性激素水平，协助诊断生殖道不同部位的恶性肿瘤，并观察其治疗效果。

【适应证】

不明原因闭经、功能失调性子宫出血、流产、妇科肿瘤的筛查。

【禁忌证】

月经期、生殖器官急性炎症期。

【操作前准备】

1. **病人准备**　检查前 24h 内禁止性生活及阴道检查、阴道冲洗和上药。病人取膀胱截石位。
2. **用物准备**　无菌阴道窥器、棉签、棉球、宫颈刮板、载玻片、装有固定液的标本瓶等。

【操作过程】

1. **阴道涂片**　主要目的是了解卵巢或胎盘功能。对已婚妇女，一般在阴道侧壁上 1/3 处轻轻刮取分泌物及细胞，薄而均匀地涂于玻片上，置于 95% 乙醇内固定。对无性生活的妇女，可将消毒棉签先浸湿，然后伸入阴道在其侧壁上 1/3 处轻卷后取出棉签，在玻片上涂片并固定。
2. **宫颈刮片**　是宫颈癌筛查的重要方法。取材部位应在子宫颈外口鳞-柱上皮交界处，以子宫颈

Note:

外口为圆心,将木质刮板轻轻刮取一周,均匀地涂布于玻片上,放入盛有固定液的标本瓶中。若白带过多,应先用无菌干棉签轻轻擦净黏液,再刮取标本。

3. **宫颈管涂片**　用于筛查子宫颈管内病变。先将子宫颈表面分泌物拭净,将"细胞刷"置于子宫颈管内,达子宫颈外口上方 10mm 左右,在子宫颈管内旋转数圈后取出,旋转"细胞刷"将附着于小刷子上的标本均匀地涂布于载玻片上或洗脱于保存液中。

【操作后护理】

1. 评估检查后病人阴道流血情况,询问其有无其他不适,发现异常及时通知医生。
2. 做好载玻片标记,及时送检。

二、宫颈活组织检查

宫颈活组织检查是取部分子宫颈组织做病理学检查,以确定病变性质。临床上分为点切法、宫颈锥切术。

【适应证】

1. 宫颈刮片细胞检查巴氏Ⅲ级或Ⅲ级以上者;宫颈脱落细胞学涂片检查巴氏Ⅱ级经抗感染治疗后复查仍未好转者;宫颈细胞学-TBS 分类低级别鳞状上皮内病变及以上者。
2. 疑有宫颈癌或慢性特异性炎症者。
3. 阴道镜检查反复可疑或阳性者。

【禁忌证】

1. 妊娠期、月经期。
2. 各种原因引起的阴道炎。
3. 患血液病有出血倾向者。

【操作前准备】

1. **病人准备**　取膀胱截石位,常规消毒外阴及阴道。
2. **用物准备**　阴道窥器、活检组织钳、刮匙、无齿长镊、手术刀、装有固定液的标本瓶数个、带尾纱条、棉签、棉球、消毒液等。

【操作过程】

1. **点切法操作**　①窥器暴露子宫颈,用干棉球擦净子宫颈内黏液及分泌物,局部消毒;②用活检钳在子宫颈外口柱状上皮与鳞状上皮交接处取材,可疑宫颈癌者可选 3、6、9、12 点处多点取材,分别装入标本瓶内,注明取材部位;③钳取组织时要有一定深度,含足够间质,疑子宫颈管病变时,同时作宫颈管搔刮术;④10% 甲醛固定,送病检;⑤子宫颈局部填带尾纱条压迫止血。

2. **锥切术操作**　①月经干净后 3~7d 进行;②麻醉后常规消毒外阴和阴道,并导尿;③宫颈钳钳夹子宫颈前唇,在子宫颈病灶外 0.5cm 处做环形切口,根据病情,伸入子宫颈 1~2cm 作锥形切除,残端止血;④10% 甲醛固定,送病检;⑤子宫颈局部无菌纱布压迫止血,术后留置 24h 导尿管,持续开放。

【操作后护理】

1. 嘱病人 24h 后取出带尾纱布,注意观察其阴道出血量。出血量多、发热、腹痛时应及时就医。
2. 保持会阴局部清洁,点切法术后 1 个月内禁止盆浴及性生活,锥切术后禁性生活 2 个月,术后 6 周复查有无子宫颈管狭窄。

三、诊断性刮宫

诊断性刮宫目的是刮取子宫内膜做病理检查,以明确诊断。

【适应证】

1. 异常阴道出血或绝经后出血,须排除子宫内膜癌、子宫颈管癌或其他病变。
2. 无排卵性功能失调性子宫出血或怀疑子宫性闭经者。
3. 不孕症须了解有无排卵者。
4. 怀疑子宫内膜结核或子宫内组织有残留者。
5. 功能失调性子宫出血长期多量出血时,刮宫不仅有助于诊断,还有止血效果。

【禁忌证】

1. 急性、亚急性生殖道炎症。
2. 可疑妊娠者或急性严重全身性疾病。
3. 体温>37.5℃。

【采取时间及部位】

1. **了解卵巢功能** 在月经来潮前或月经来潮 6h 内,自子宫腔前、后壁各取一条内膜。闭经如能排除妊娠则随时可取。
2. 功能失调性子宫出血者,如果怀疑为子宫内膜增生,应于月经前 1~2d 或月经来潮 6h 内取材。怀疑子宫内膜不规则脱落时,应于月经第 5~7 日取材。
3. 原发不孕者应在月经来潮前 1~2d 取材。
4. 怀疑子宫内膜癌者随时可取。

【操作前准备】

1. **病人准备** 排尿后取膀胱截石位,常规消毒外阴及阴道。
2. **用物准备** 无菌刮宫包,内备:阴道窥器、宫颈钳、有齿卵圆钳、宫颈扩张器、刮匙、弯盘、纱布、棉签、棉球、盛有固定液的标本瓶 2~3 个等。

【操作过程】

常规消毒后,铺治疗巾,摸清子宫位置、大小及附件情况。暴露子宫颈,清除阴道分泌物,消毒子宫颈及颈管,钳夹子宫颈,探测子宫腔,扩张子宫颈。沿子宫屈向送入刮匙至子宫底部,分别自子宫前壁、侧壁、后壁及子宫底部刮取组织。进行分段诊刮时,先不探测子宫腔,以免将子宫颈管组织带入子宫腔混淆诊断。先以小刮匙自子宫颈内口至外口顺序刮一周,刮取子宫颈管组织后再探子宫腔深度并刮取子宫内膜。刮出子宫颈管及子宫腔组织分别装瓶、固定,送病理检查。

【操作后护理】

1. 术后注意观察病人阴道出血情况、有无头晕及血压下降。
2. 保持外阴部清洁,遵医嘱口服抗生素。
3. 禁性生活和盆浴 2 周,按时间取病理检查结果后复诊。

四、输卵管通液术

输卵管通液术是检查输卵管是否通畅的一种方法,具有一定的治疗功能。

Note:

【适应证】

1. 各种原发或继发不孕,疑有输卵管阻塞者。
2. 输卵管绝育术、输卵管复通术或输卵管成形术后,检验手术效果。
3. 疏通输卵管轻度粘连。

【禁忌证】

1. 生殖器官炎症急性期或慢性发作,药物治疗尚未控制。
2. 月经期或不规则阴道出血者。
3. 全身状况差,有严重心、脑、肺、肝、肾等重要器官病变,不能耐受手术者。
4. 可疑妊娠者。
5. 体温>37.5℃。

【操作前准备】

1. 时间选择在月经干净后 3~7d,术前 3d 禁性生活。
2. 病人准备 排空膀胱,取膀胱截石位。
3. 用物准备 子宫导管、阴道窥器、宫颈钳、卵圆钳、子宫腔探针、宫颈扩张器、弯盘、纱布、治疗巾、棉签、棉球等。

【操作过程】

1. 消毒外阴及阴道,铺无菌巾。双合诊检查了解子宫大小、方位。
2. 窥器暴露子宫颈,消毒阴道及子宫颈,用宫颈钳钳夹子宫颈前唇,向外牵拉,使子宫呈水平位。以子宫探针顺子宫方向轻轻探达子宫底,测其深度并证实其屈度及大小。
3. 检查通液装置无漏液。将子宫通液导管按探针检测方向插入颈管,固定于所需深度,用宫颈钳钳夹子宫颈前唇向外牵拉子宫颈,向内推进通液导管锥形头,使两者紧密套合。
4. 以装有 20ml 溶液的注射器缓推注入液体,压力不可超过 160mmHg。若 20ml 液体注入时无阻力感,子宫颈外无漏液,病人无明显不适,表示输卵管通畅;若遇阻力,稍加压力,病人稍有腹部不适即可顺利注入,子宫颈外口无漏液,说明原有的粘连已分离或痉挛解除;当感阻力大,液体自子宫外口溢出,腹胀难忍,多为输卵管完全不通。

【操作后护理】

1. 评估病人心理状况,做好心理护理。
2. 告知病人通液术后 2 周内禁性生活和盆浴,遵医嘱应用抗生素。

(李 青)

思 考 题

1. 维持子宫正常位置的韧带有哪些?
2. 雌、孕激素的生理作用有哪些?
3. 如何为妇科病人进行护理评估?

Note:

URSING

第五十一章

女性生殖系统炎症病人的护理

51章 数字内容

学 习 目 标

- 识记：
1. 复述概念：外阴炎、前庭大腺炎、前庭大腺脓肿、前庭大腺囊肿、宫颈肥大、子宫颈腺囊肿、慢性宫颈炎、子宫颈息肉、盆腔炎性疾病。
2. 准确概括各类阴道炎的临床表现、白带特点、治疗原则及护理要点。
3. 说明慢性子宫颈炎的病理类型及各型特点。
4. 列举盆腔炎性疾病的病因和护理要点。

- 理解：
1. 举例说明女性生殖道自然防御功能对女性的保护作用。
2. 比较并用自己的语言阐述以下疾病在好发人群、临床表现、护理要点方面的异同点：外阴炎、前庭大腺炎、滴虫阴道炎、外阴阴道假丝酵母菌病和老年性阴道炎；急性子宫颈炎和慢性子宫颈炎。

- 运用：
运用所学知识，对各类阴道炎、子宫颈炎及盆腔炎性疾病病人实施正确的护理评估，制订护理计划，提供护理措施。

第一节　外阴及阴道炎症病人的护理

导入情境与思考

病人,女性,26 岁,已婚,阴道分泌物增多伴外阴瘙痒 1 周。自诉 1 年前曾出现过类似症状 2 次,被诊断为滴虫阴道炎,给予口服甲硝唑治疗后好转。妇科检查见阴道后穹隆处有多量黄白色稀薄泡沫状分泌物,阴道黏膜有多处散在红色斑点,宫颈光滑。

请思考:

(1) 导致该病人反复发作的原因可能有哪些?

(2) 应对病人实施哪些健康指导?

外阴及阴道炎是妇科最常见疾病,各年龄组均可发病。外阴炎及阴道炎可单独或同时存在,其共同特点是阴道分泌物增多及外阴瘙痒,但因病原体不同,分泌物特点、性质及瘙痒会有所差异。

一、外阴炎病人的护理

外阴炎(vulvitis),指外阴部的皮肤与黏膜的炎症,以大、小阴唇为最多见。

【病因与发病机制】

女性外阴及阴道具有以下特点,使其具备自然防御功能:①两侧大阴唇自然合拢,遮掩阴道口及尿道口。②由于盆底肌的作用,阴道口闭合,阴道前后壁紧贴,可防止外界的污染,经产妇因阴道松弛,这种防御功能减弱。③阴道微生态平衡:正常阴道内虽有多种微生物存在,但这些微生物与宿主阴道之间相互依赖、相互制约,达到动态的生态平衡,并不致病。在维持阴道微生态平衡的因素中,雌激素、局部 pH、乳杆菌及阴道黏膜免疫系统起重要作用。雌激素使阴道上皮增生变厚并增加糖原含量,后者在乳杆菌作用下转化为乳酸,维持阴道正常的酸性环境(pH≤4.5,多在 3.8~4.4 之间),抑制其他病原体繁殖;此外,雌激素还可维持阴道黏膜免疫功能,尤其 T 细胞功能。若体内雌激素降低或阴道 pH 升高,如频繁性交、阴道灌洗等均可打破阴道微生态平衡,导致炎症发生。④子宫颈阴道部表面是抗感染能力较强的复层扁平上皮。

虽然外阴和阴道存在自然防御功能,但在下述因素作用下,使其易发生感染。

1. **局部易受污染**　外阴与尿道、阴道、肛门毗邻,局部潮湿,经常受经血、阴道分泌物、产后恶露、尿液、粪便的刺激,易受污染,而糖尿病病人尿糖刺激、粪瘘病人粪便刺激及尿瘘病人尿液长期浸渍等因素,更易引起炎症。

2. **局部易受损伤**　育龄妇女性生活频繁,且尿道、肛门疾病,分娩、宫腔操作损伤等容易使之受到外界病原体的感染。

3. **局部环境不良**　穿紧身化纤内裤,卫生巾、垫通透性差,局部潮湿,均可引起外阴炎。

4. **局部抵抗力下降**　绝经后妇女及婴幼儿雌激素水平低,局部抵抗力下降,也易导致感染。此外,长期应用抗生素抑制乳杆菌生长也可引起炎症。

【护理评估】

(一) 健康史

询问病人的年龄、发病可能的诱因,追问月经史、婚育史及糖尿病病史,询问病人外阴瘙痒程度,有无疼痛、肿胀、灼热感等,有无排尿、排便改变,了解个人卫生及月经期卫生保健情况。

（二）身体状况

主要症状表现为外阴皮肤瘙痒、疼痛、红肿、烧灼感，于活动、性交、排尿及排便时加重。如外阴溃疡形成可致行走不便。

妇科检查见外阴充血、肿胀、糜烂，常有抓痕，严重者形成溃疡或湿疹。慢性炎症可使皮肤增厚、粗糙、皲裂，甚至苔藓样变。

（三）辅助检查

1. **血常规、尿常规检查**　外阴严重溃疡伴感染者血白细胞总数可大于 $10 \times 10^9/L$。
2. **血糖、尿糖检查**　如合并糖尿病病人血糖及尿糖值高于正常。

（四）心理-社会状况

通过与病人接触、交谈，观察其行为、情绪和心理状态的变化。对于合并糖尿病等其他疾病的病人，评估其是否担心疾病预后。

【常见护理诊断/问题】

1. **组织完整性受损**　与炎症有关。
2. **舒适度减弱**　与外阴局部瘙痒、疼痛有关。
3. **知识缺乏**：缺乏治疗及预防保健知识。

【计划与实施】

外阴炎处理原则为病因治疗与局部治疗相结合。首先要积极寻找病因，由糖尿病的尿液刺激引起的，应治疗糖尿病。由尿瘘、粪瘘引起的则应及时修补。保持外阴局部清洁、干燥，大小便后及时清洗外阴。经过治疗和护理，病人达到：①组织完整性受到保护；②自觉舒适感增加；③能够叙述引起炎症的病因和防治措施。

1. **局部治疗**　可用 0.1% 聚维酮碘液或 1:5 000 高锰酸钾液坐浴，每日 1~2 次，每次 15~30min，5~10 次为 1 个疗程。坐浴后涂抗生素软膏或中成药药膏。也可选用中药水煎熏洗外阴部，每日 1~2 次。

2. **病因治疗**　积极寻找病因，若为糖尿病的尿液刺激引起应及时治疗糖尿病。若有尿瘘、粪瘘应及时修补。

3. **指导坐浴**　教会病人浴液的配制、温度、坐浴时间、方法及注意事项。如取高锰酸钾结晶加温开水配成 1:5 000 约 40℃ 溶液，肉眼观为淡玫瑰红色，浓度过浓易烧伤皮肤。坐浴时会阴部要全部浸没于溶液中，月经期禁止坐浴。

4. **健康指导**　指导病人注意个人卫生，勤清洗外阴和更换内裤，保持外阴清洁和干燥，做好月经期、孕期、分娩期及产褥期卫生。避免饮酒、食辛辣食物。局部严禁骚抓，勿使用肥皂或刺激性药物擦洗。外阴溃破病人须使用无菌透气会阴垫预防继发感染。

【护理评价】

通过治疗与护理，评估病人是否能够达到：①外阴保持清洁、干燥，养成良好卫生习惯；②局部皮肤保持完整，无抓痕；③舒适感增加；④说出治疗方法和预防保健措施。

二、前庭大腺炎病人的护理

前庭大腺炎（bartholinitis）是病原体侵入前庭大腺引起的炎症，包括前庭大腺脓肿和前庭大腺囊肿。前庭大腺位于两侧大阴唇后 1/3 深部，其直径为 0.5~1.0cm，出口管长 1.5~2.0cm，腺管开口于处女膜与小阴唇之间，性兴奋时分泌黏液。此病生育期妇女多见，幼女及绝经后妇女少见。

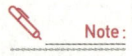

【病因与发病机制】

主要病原体为葡萄球菌、大肠埃希菌、链球菌、肠球菌等。随着性传播疾病发病率的增加,淋病奈瑟球菌及沙眼衣原体已成为常见病原体。在性交、流产、分娩等情况污染外阴部时易引发炎症。急性炎症发作时,病原体首先侵犯腺管,导致前庭大腺导管炎,腺管开口因肿胀或渗出物凝聚而阻塞,脓液不能外流、积存而形成脓肿,称前庭大腺脓肿(abscess of bartholin gland)。当前庭大腺脓肿消退后,腺管口粘连闭塞,分泌物排出不畅,脓液吸收后由黏液分泌物代替而形成前庭大腺囊肿(bartholin gland cyst)。

【护理评估】

(一)健康史

询问病人的年龄、发病诱因,追问月经史、婚育史,有无不洁性生活史,询问病人有无疼痛、肿胀、灼热感等伴随症状,有无排尿、排便改变,了解个人卫生及月经期卫生保健情况。

(二)身体状况

前庭大腺脓肿多为单侧发生,初起时局部肿胀、疼痛、灼热感,行走不便,有时致大小便困难,严重病人可出现发热等全身症状。

检查见局部皮肤红肿、发热、压痛明显,患侧前庭大腺开口处可见白色小点。当脓肿形成时,疼痛加剧,脓肿直径可达 3~6cm,呈鸡蛋大小肿块,表皮发红、变薄,局部可触及波动感,周围组织水肿,腹股沟淋巴结可呈不同程度增大。当脓肿内压增大致破溃时,可经大破孔自行引流,炎症消退和痊愈;若破孔小引流不畅,炎症持续不消退,并可反复急性发作。

前庭大腺囊肿多由小逐渐增大,多为单侧,也可为双侧。若囊肿小无感染时,病人无自觉症状;囊肿大者,可有外阴坠胀感或性交不适。

检查囊肿多呈椭圆形,大小不等,直径一般<6cm,位于外阴部后下方,向大阴唇外侧突起。

(三)辅助检查

1. **妇科检查**　检查外阴局部充血、肿胀、溃疡、皮肤薄弱情况,有无局部包块、压痛等。
2. **血常规、尿常规检查**　伴感染者血白细胞总数可>10×10^9/L。
3. **分泌物检查**　取前庭大腺开口处分泌物作细菌培养和药敏试验。

(四)心理-社会状况

评估病人是否因患处肿胀疼痛难忍而出现步态异常,害羞而不敢外出。由于治疗效果不佳或过分担心疾病产生焦虑和不安的心理。

【常见护理诊断/问题】

1. **疼痛**　与局部炎症刺激有关。
2. **有皮肤完整性受损的危险**　与手术或脓肿破溃有关。
3. **焦虑**　与治疗效果不佳、反复发作有关。

【计划与实施】

前庭大腺炎处理原则为局部和全身用药治疗。首先要注意休息,保持局部清洁,局部可热敷或坐浴,脓肿或囊肿形成须切开引流及行造口术。经过治疗与护理,病人达到:①积极配合治疗,控制情绪,使症状缓解,炎症控制;②自觉舒适感增加;③了解病因及预防保健措施。

1. **注意休息**　急性炎症发作时,嘱病人卧床休息,局部保持清洁、干燥。
2. **药物治疗与护理**　取前庭大腺开口处分泌物作细菌培养和药敏试验,根据确定的病原体选用口服或肌内注射抗生素。也可选用蒲公英、金银花、连翘等清热、解毒中药煎汤局部热敷或坐浴。对于疼痛难忍者,可遵医嘱给予镇痛药。

3. 切开术治疗与护理　脓肿或囊肿形成后须尽早切开引流并行造口术,放置引流条引流,引流条每日更换。外阴用 1∶5 000 氯己定(洗必泰)棉球擦洗,每日 2 次。伤口愈合后,改用 1∶8 000 呋喃西林坐浴,每日 2 次。目前临床还采用 CO_2 激光治疗,由于 CO_2 激光能量密度高,可用于病灶组织的气化、烧灼或切割。还可用微波行囊肿造口术治疗直径小于 3cm 的囊肿,治愈率较高,复发率极低。

【护理评价】

通过治疗与护理,评估病人是否能够达到:①症状缓解,炎症控制;②说出病因及预防保健措施;③情绪平稳,积极配合治疗。

三、滴虫阴道炎病人的护理

滴虫阴道炎(trichomonal vaginitis)是由阴道毛滴虫引起的常见阴道炎症,也是常见的性传播疾病。

【病因与发病机制】

滴虫阴道炎的病原体为阴道毛滴虫。滴虫适宜在温度为 25~40℃、pH 为 5.2~6.6 的潮湿环境中生长,滴虫滋养体生命力较强,能在 3~5℃环境中生存 21d,在 46℃时生存 20~60min,在半干燥环境中生存约 10h,在普通肥皂水中能生存 45~120min。在 pH 为 5.0 以下或 7.5 以上的环境中则不生长。

月经前后阴道 pH 发生变化,月经后接近中性,适应滴虫生长,故隐藏在腺体及阴道皱襞中的滴虫于月经前后得以繁殖,引发炎症。其次,妊娠期、产后等阴道环境改变也易发生滴虫阴道炎。滴虫能消耗或吞噬阴道上皮细胞内的糖原,阻碍乳酸生成,使阴道 pH 升高而有利于繁殖。滴虫不仅寄生于阴道,还常侵入尿道或尿道旁腺,甚至膀胱、肾盂及男性的包皮皱褶、尿道或前列腺中。

传染途径有:①直接传播:经性交传播,由于男性感染滴虫后常无症状,易成为传染源;②间接传播:经公共浴池、浴盆、浴巾、游泳池、坐式便器、衣物等传播;③医源性传播:通过污染的器械、敷料等传播。

【护理评估】

(一)健康史

询问病人局部瘙痒的严重程度,阴道分泌物的量、性状、颜色、气味,有无伴随症状。注意评估病人的月经史。本病潜伏期为 4~28d,25%~50% 的病人感染初期无症状,但约 1/3 的病人 6 个月内会出现轻重不等的症状。因此须重点询问病人及其性伴侣患病期间的感染因素和途径。

(二)身体状况

滴虫阴道炎的主要症状是稀薄的泡沫状白带增多及外阴瘙痒,间或有灼热、疼痛、性交痛等。分泌物因含白细胞则呈脓性,若合并其他感染则呈黄绿色,当滴虫无氧酵解糖类则呈泡沫状并产生腐臭味。瘙痒部位主要为阴道口和外阴,若合并尿路感染,可有尿频、尿痛、偶见血尿。阴道毛滴虫能吞噬精子,并能阻碍乳酸生成,影响精子在阴道内的存活而致不孕。少数滴虫感染者无临床症状,称为带虫者。

妇科检查时见阴道黏膜充血,严重者有散在出血点,甚至子宫颈有出血斑点,形成“草莓样”子宫颈,后穹隆有多量白带,呈灰黄色、黄白色稀薄液体或黄绿色脓性泡沫状分泌物。带虫者阴道黏膜常无异常改变。

(三)辅助检查

1. 悬滴法　是检查滴虫最简便的方法,敏感性达 60%~70%。具体方法是取温生理盐水 1 小滴

Note:

滴于玻片上,于阴道侧壁取典型分泌物混于生理盐水中,立即在低倍镜下寻找滴虫,可见滴虫波形运动并推移增多的白细胞。

2. 培养法　对可疑病人,若多次悬滴法未能发现滴虫,可送培养,准确率可达98%左右。注意取分泌物前24~48h避免性交、阴道灌洗或局部用药;取时阴道窥器不涂润滑剂;取后注意保暖并及时送检。

（四）心理-社会状况

病人由于疾病涉及隐私部位会产生害羞、恐惧致延误诊治。若病情反复发作,病人易产生焦虑心理。

【常见护理诊断/问题】

1. **组织完整性受损**　与局部皮肤瘙痒搔抓等有关。
2. **舒适度减弱**　与炎症刺激引起阴道分泌物增多、局部瘙痒有关。
3. **知识缺乏:** 缺乏与本病有关的治疗及相关防护知识。
4. **焦虑**　与治疗效果不佳,反复发作有关。

【计划与实施】

滴虫阴道炎处理原则为切断传染途径,全身用药杀灭阴道毛滴虫,恢复阴道正常pH,保持阴道自净状态。

经过治疗和护理,病人达到:①瘙痒症状缓解;②阴道分泌物减少,舒适感增加;③能够叙述自我防护的措施;④心态平稳并积极配合治疗。

1. 药物治疗与护理

（1）全身用药:因滴虫阴道炎可同时伴有尿道、尿道旁腺、前庭大腺滴虫感染,治愈该病需全身用药。初病者可单次口服甲硝唑或替硝唑2g;或甲硝唑400mg,每日2次,连服7d。口服药物的治愈率达90%~95%,服药后偶见食欲减退、恶心、呕吐等胃肠道反应,一旦发现头痛、皮疹、白细胞减少等情况应立即停药并报告医生。孕20周前和哺乳期妇女慎用,如若使用需注意甲硝唑在服药期间和停药后1周内,禁用含乙醇的饮料或药品,替硝唑在服药期间和停药后5d内禁酒。

（2）性伴侣的治疗:滴虫阴道炎主要由性接触传播,性伴侣应同时治疗,并做好健康教育,避免病人与性伴侣治愈前无保护性性行为。

2. 强调治愈标准和随访　滴虫阴道炎病人再感染率很高,常于月经后复发,应向病人解释坚持遵医嘱正规治疗的重要性。故治疗后检查滴虫虽为阴性仍应继续治疗,须每次月经后复查白带,若经3次检查均阴性,方可称为治愈。

3. 指导病人配合检查　告知病人取分泌物前24~48h避免性交、阴道灌洗或局部用药。取后应及时送检并注意保暖,否则滴虫活动力减弱,难辨认。

4. 指导病人避免重复感染　病人内裤及洗涤用物应煮沸消毒5~10min以消灭病原体,避免交叉和重复感染机会。

5. 做好健康指导　指导病人注意个人卫生,治疗期间应禁止性交、勤换内裤。滴虫病人或带虫者不去游泳池和公共浴室。医疗单位须做好消毒隔离,防止交叉感染。性伴侣应同时接受治疗可提高疗效。

【护理评价】

通过治疗与护理,评估病人是否能够达到:①局部皮肤保持完整,无抓痕;②阴道分泌物正常,无滴虫检出;③正确采取措施,避免交叉和重复感染;④正视所患疾病,积极配合治疗。

四、外阴阴道假丝酵母菌病病人的护理

外阴阴道假丝酵母菌病(vulvovaginal candidiasis,VVC)是一种常见的由假丝酵母菌引起的外阴、阴道炎,也称外阴阴道念珠菌病。国外资料显示,约75%的妇女一生中至少患过1次,45%的妇女患过2次或以上。

【病因与发病机制】

本病80%~90%的病原体为白假丝酵母菌,10%~20%为光滑假丝酵母菌、近平滑假丝酵母菌、热带假丝酵母菌等。白假丝酵母菌为双相菌,有酵母相和菌丝相,前者在无症状寄居及传播中起作用,后者则侵袭组织能力加强。白假丝酵母菌为条件致病菌,约10%~20%的非孕妇女及30%~40%的孕妇阴道中有此菌寄生,但菌量少且呈酵母相,并不引起症状。假丝酵母菌适宜在酸性环境生长,怕热,加热至60℃,1h即可死亡,对干燥、日光、紫外线及化学制剂的抵抗力较强。假丝酵母菌感染的阴道pH在4.0~4.7,通常<4.5。当阴道内糖原增加、酸度增高、局部细胞免疫力下降,假丝酵母菌可大量繁殖并转变成菌丝相而发病,故常见诱因有妊娠、糖尿病、大量应用免疫抑制剂如皮质激素或免疫缺陷综合征及服用含高剂量雌激素的避孕药。此外,长期应用抗生素会有利于假丝酵母菌生长。其他如穿紧身化纤内裤及肥胖者,因会阴局部的温度及湿度增加,适宜假丝酵母菌繁殖而引起感染。

感染途径主要为内源性,假丝酵母菌除寄生阴道外,还寄生于人的口腔和肠道,这3个部位的假丝酵母菌可相互传染,局部环境条件适合时易发病。少部分病人通过性交直接传染或接触感染衣物而间接传染。

【护理评估】

(一) 健康史

询问病人局部瘙痒和疼痛程度,阴道分泌物的量、颜色、性状,有无尿频、尿痛及性交痛等伴随症状。对顽固病例应考虑其有无糖尿病、服用含高剂量雌激素的避孕药或长期应用抗生素等病史,寻找诱因。

(二) 身体状况

主要症状表现为外阴部瘙痒、灼痛,还可伴有尿频、尿痛及性交痛,严重时坐卧不安。尿痛特点为排尿时尿液刺激水肿的外阴和前庭而致疼痛。急性期病人阴道分泌物增多,特征是白色稠厚呈凝乳或豆腐渣样。

妇科检查见外阴红肿,常有抓痕。阴道黏膜红肿,小阴唇内侧及阴道黏膜附有白色膜状物,擦除后呈现红肿黏膜面,急性期可见糜烂及浅表溃疡。

(三) 辅助检查

1. 湿片法　方法是取10%氢氧化钾或生理盐水1小滴滴于玻片上,将少许阴道分泌物混于其中,在光镜下找到假丝酵母菌孢子和假菌丝即可确诊。

2. 培养法　适用于有症状而多次湿片法检查均为阴性者。

3. pH值测定法　阴道分泌物pH<4.5,可能为单纯假丝酵母菌感染;pH>4.5且涂片中有白细胞,可能存在混合感染。

(四) 心理-社会状况

评估病人是否因局部剧烈瘙痒而影响休息、工作与学习,或病人是否倍感痛苦,其严重程度如何。对于妊娠或合并糖尿病等其他疾病的病人,评估其是否担心妊娠结局或疾病预后而焦虑。病情反复发作者,有无因治疗效果不佳而忧心忡忡。

【常见护理诊断/问题】

1. 组织完整性受损　与局部瘙痒搔抓等有关。

2. **舒适减弱**　与炎症刺激引起外阴瘙痒、疼痛有关。

3. **焦虑**　与易复发、担心预后有关。

4. **知识缺乏**：缺乏治疗和预防本病的知识。

【计划与实施】

假丝酵母菌病处理原则为消除诱因,根据病情选择全身或局部应用抗真菌药,以局部用药为主,改变阴道酸碱度以不利于假丝酵母菌繁殖。

经过治疗和护理,病人达到:①自觉无瘙痒症状;②阴道分泌物减少,舒适感增加;③能够叙述致病的诱因及自我防护的措施;④保持平和的心态,积极配合治疗。

1. **消除诱因**　有糖尿病者应予以积极治疗,及时停用广谱抗生素、雌激素、皮质激素等。指导病人勤换内裤,用过的内裤及洗涤用物均应开水烫洗。

2. **药物治疗与护理**

（1）局部用药:指导病人遵医嘱选用咪康唑栓剂、克霉唑栓剂或制霉菌素栓剂等药物,每晚 1 粒放于阴道内,连用 7d。对于复发或重度者,可延长 1~2 个疗程治疗时间,也可同时口服氟康唑。

（2）全身用药:适用于对局部用药效果差、未婚妇女及不愿采用阴道用药者。用药可选氟康唑、酮康唑或伊曲康唑等口服。密切监测疗效及药物不良反应,一旦发现立即停药。

3. **妊娠合并外阴阴道假丝酵母菌病的治疗和指导**　妊娠者为避免胎儿感染以局部治疗为主,连续 7d 治疗效果佳,禁口服氟康唑、克霉唑等唑类抗真菌药。

4. **性伴侣治疗**　无须对性伴侣行常规治疗。约 15% 的男性与女性病人接触后患有龟头炎,对有症状者行检查和治疗,无症状者可不治疗。

5. **随访指导**　若症状持续存在或治疗后复发者,须在月经前复查白带并作真菌培养及药敏试验。对复发原因进行分析,如有患糖尿病,大量使用抗生素、雌激素或甾体激素,穿紧身化纤内裤和肥胖等诱因存在,给予祛除并进行巩固治疗。

【护理评价】

通过治疗与护理,评估病人是否能够达到:①局部皮肤保持完整,无抓痕;②阴道分泌物正常,无假丝酵母菌检出;③正确治疗,消除诱因并预防感染;④正视所患疾病,心理负担减轻。

五、老年性阴道炎病人的护理

老年性阴道炎(atrophic vaginitis)常见于自然绝经或人工绝经后的妇女,也可见于产后闭经或药物假绝经治疗的妇女。

【病因与发病机制】

绝经后妇女由于卵巢功能衰退,雌激素水平降低,阴道壁萎缩,黏膜变薄,上皮细胞内糖原减少,阴道内 pH 增高,多为 5.0~7.0,乳杆菌不再为优势菌,局部抵抗力降低,其他致病菌易入侵和过度繁殖而引起炎症。

【护理评估】

（一）健康史

询问病人外阴局部瘙痒严重程度,阴道分泌物的量、颜色、性状,有无性交痛、尿痛等伴随症状。询问病人年龄、月经史、婚育史及绝经史等。

（二）身体评估

主要症状表现为外阴灼热不适、瘙痒和阴道分泌物增多,分泌物稀薄,呈淡黄色,感染严重者呈脓

Note:

血性白带。由于阴道黏膜萎缩可伴有性交痛。

妇科检查见阴道呈萎缩性改变,上皮皱襞消失,平滑,菲薄,阴道黏膜充血,伴散在出血点,偶见浅表溃疡。严重时溃疡面与对侧粘连致分泌物引流受阻而形成阴道脓肿或宫腔积液。

（三）辅助检查

1. **阴道分泌物检查** 取阴道分泌物,经显微镜可见大量基底层细胞和白细胞而无滴虫及假丝酵母菌,必要时可做细菌培养。

2. **宫颈刮片或分段诊刮术** 对有血性白带者,应行宫颈刮片或必要时行分段诊刮术与子宫恶性肿瘤鉴别。

3. **局部组织活检** 对出现阴道壁肉芽组织及溃疡者,须行局部组织活检,与阴道癌相鉴别。

（四）心理-社会状况

病人因局部疼痛、瘙痒常心理不安,对白带带血感到害怕,还可由于久治不愈而感到无助。

【常见护理诊断/问题】

1. **组织完整性受损** 与外阴局部瘙痒搔抓等有关。

2. **舒适度减弱** 与炎症刺激引起外阴瘙痒、疼痛有关。

3. **知识缺乏**：缺乏卵巢功能衰退后自我保健的知识。

4. **有感染的危险** 与阴道分泌物增多、黏膜受损有关。

【计划与实施】

老年性阴道炎处理原则为抑制细菌生长,补充雌激素,增加阴道抵抗力。

经过治疗和护理,病人达到:①瘙痒症状减轻,不搔抓外阴;②焦虑减轻并积极配合检查及治疗;③诉说舒适感增加。

1. **抑制细菌生长** 阴道局部应用抗生素如甲硝唑 200mg 或诺氟沙星 100mg 放于阴道深部进行局部治疗,每日 1 次,7~10d 为 1 个疗程。用药前指导病人注意洗净双手及会阴,以减少感染。若自己用药困难者,可由护士或指导其家属协助给药。

2. **补充雌激素** 针对病因行局部或全身雌激素补充治疗。局部涂抹可用雌三醇软膏,每日 1~2 次,连用 14d。全身用药可口服替勃龙 2.5mg,每日 1 次,也可选用其他雌、孕激素制剂连续联合用药。

3. **加强健康指导** 指导病人注意保持会阴部清洁,勤换内裤。教会病人正确用药的方法及禁忌证,如乳腺癌或子宫内膜癌病人慎用雌激素制剂。

【护理评价】

通过治疗与护理,评估病人是否能够达到:①局部皮肤保持完整,无抓痕;②描述自己的焦虑,经医护人员指导后,焦虑缓解;③接受治疗后舒适感增加;④主动实施促进健康的行为,养成良好的卫生习惯。

（何朝珠）

第二节　子宫颈炎症病人的护理

导入情境与思考

病人,女性,已婚,24 岁,有不洁性生活史,性交后出血 1 周。检查见阴道内分泌物量多,子宫颈充血、水肿明显呈糜烂样改变,子宫颈口有黏液脓性分泌物,触之易出血,子宫体大小正常,没有压痛,附件区检查正常。实验室检查:子宫颈管分泌物培养报告淋病奈瑟球菌阳性。

请回答：

（1）该病人最可能为何种疾病？对该病人应如何进行处理？

（2）对该病人应实施哪些健康指导？

子宫颈炎症是常见的妇科疾病之一，包括子宫颈阴道部炎症和子宫颈管黏膜炎症，分急性和慢性2种，临床上以急性多见。正常情况下，子宫颈具有多种防御功能：①子宫颈阴道部表面覆以复层扁平上皮，具有较强的抗感染能力；②子宫颈内口紧闭，子宫颈管黏膜为分泌黏液的单层柱状上皮所覆盖，黏膜形成皱褶、嵴突或陷窝，从而增加黏膜表面积；③子宫颈管分泌大量黏液形成黏液栓，内含溶菌酶等，预防生殖器被感染，是阻止下生殖道病原体进入上生殖道的重要防线。但子宫颈易受性交、分娩、宫腔操作的损伤，且子宫颈管单层柱状上皮抗感染能力较差、子宫颈管黏膜皱襞多，一旦发生感染，很难完全清除病原体，易导致慢性子宫颈炎症的发生。

一、急性子宫颈炎病人的护理

【病因与发病机制】

急性子宫颈炎（acute cervicitis），习称急性宫颈炎，主要见于流产、分娩、性交或子宫颈损伤后，病原体侵入而致感染。常见病原体主要有性传播疾病病原体和内源性病原体。性传播疾病常见病原体为淋病奈瑟球菌和沙眼衣原体，主要发生于性传播疾病的高危人群，而内源性病原体与细菌性阴道病病原体、生殖支原体感染有关。淋病奈瑟球菌和沙眼衣原体均感染子宫颈管柱状上皮，沿黏膜面扩散引起浅层感染，病变以子宫颈管明显。此外，淋病奈瑟球菌还常侵袭尿道变移上皮、尿道旁腺及前庭大腺。

【病理】

肉眼见子宫颈红肿，子宫颈管黏膜充血、水肿。光镜下见血管充血，宫颈黏膜、黏膜下组织及腺体周围见大量中性粒细胞浸润，腺腔内可见脓性分泌物，分泌物可经子宫颈外口流出，表现为急性炎症改变。

【护理评估】

（一）健康史

询问病人月经史、婚育史，有无感染性流产、产褥感染、子宫颈损伤史，有无不洁性生活史，询问病人白带增多的时间、程度、治疗经过，有无尿急、尿频、尿痛、经血增多、性交后出血等其他伴随症状。

（二）身体状况

病人主要症状为阴道分泌物增多，呈黏液脓性，阴道分泌物的刺激引起外阴瘙痒和灼热感，伴腰酸及下腹坠痛。可出现月经量增多、月经间期出血、性交后出血等症状。若合并尿路感染，可出现尿急、尿频、尿痛等症状。

妇科检查可见子宫颈充血、水肿、黏膜外翻，有黏液脓性分泌物附着甚至从子宫颈管流出。子宫颈管黏膜质脆，容易诱发出血。若为淋病奈瑟球菌感染，因尿道旁腺、前庭大腺受累，可见尿道口、阴道口黏膜充血、水肿及多量脓性分泌物。

（三）辅助检查

1. 实验室检查

（1）淋病奈瑟球菌的实验室检查方法：①子宫颈分泌物涂片革兰氏染色：查找中性粒细胞中有

无革兰氏阴性双球菌,因分泌物涂片的敏感性和特异性差,不推荐用于女性淋病的诊断方法;②分泌物的细菌培养,是诊断淋球菌宫颈炎的"金标准";③PCR 技术检测:对诊断淋病奈瑟球菌感染的敏感性和特异性较强;④酶联免疫吸附分析(ELISA)法检测:用于分泌物的直接检测或淋病奈瑟球菌培养物的鉴定,具有快速、敏感、特异、稳定的特点。

（2）沙眼衣原体的检查方法:①直接培养法,因方法复杂,临床少用;②ELISA 法,临床常用于检测沙眼衣原体抗原;③单克隆抗体免疫荧光技术,可直接检测沙眼衣原体;④PCR 及 DNA 杂交技术可应用。

2. **阴道镜检查**　子宫颈呈急性充血状,黏膜潮红,布满网状血管或点状、螺旋状血管。合并腺体感染,则子宫颈表面散在分布多个黄色小泡状脓点,腺体开口被脓液充满。低倍镜下在子宫颈急性充血的背景下,布满多个黄色小米样泡状隆起。子宫颈管内充满脓性栓子。

（四）心理-社会状况

有不洁性生活史的病人常难以启齿,害怕遭人耻笑转而寻求不正规治疗。部分病人担心疾病会给女性生殖健康带来永久损害。

【常见护理诊断/问题】

1. **组织完整性受损**　与宫颈黏膜上皮受损有关。
2. **舒适度减弱**　与炎症刺激引起阴道分泌物增多有关。
3. **排尿障碍**　与炎症刺激有关。
4. **焦虑**　与担心疾病治疗效果及预后有关。

【计划与实施】

急性子宫颈炎处理原则为针对病原体选择抗生素治疗。

经过治疗和护理,病人达到:①在医生指导下,根据病情合理用药;②消除顾虑,正规治疗;③了解病因及预防保健措施。

1. **药物治疗与护理**　对于单纯急性淋球菌宫颈炎病人主张大剂量、单次给药,常用药物有第三代头孢菌素(如:头孢曲松钠、头孢克肟)和氨基糖苷类抗生素(如:大观霉素)。治疗沙眼衣原体所致子宫颈炎的药物有四环素类(如:多西环素)、大环内酯类(如:阿奇霉素)及喹诺酮类(如:左氧氟沙星)。由于淋病奈瑟球菌感染常伴衣原体感染,因此治疗淋球菌宫颈炎时,应同时应用抗衣原体感染药物,并且性伴侣须同时治疗。

2. **心理指导**　因不洁性生活而染病,病人心理负担重,护士应消除病人顾虑,鼓励其接受正规治疗。

3. **健康指导**　加强日常清洁卫生并重视洁身自好,避免性传播疾病。特别是在机体抵抗力低时加强自我保健和预防措施。

【护理评价】

通过治疗与护理,评估病人是否能够达到:①正确合理用药;②正视疾病,积极配合治疗;③能说出病因及预防保健措施;④病人焦虑减轻。

二、慢性子宫颈炎病人的护理

【病因与发病机制】

慢性子宫颈炎(chronic cervicitis),习称慢性宫颈炎,指子宫颈间质内有大量淋巴细胞、浆细胞等慢性炎症细胞浸润,可伴有子宫颈腺上皮及间质的增生和鳞状上皮化生。慢性子宫颈炎大多由

Note:

于急性子宫颈炎治疗不彻底导致病原体隐藏于皱襞较多的宫颈黏膜内形成慢性炎症,常见于分娩、流产或手术损伤子宫颈后。也有病人无急性子宫颈炎症状,直接发生慢性子宫颈炎。同时卫生不良或雌激素缺乏,局部抗感染能力差,也易引起慢性子宫颈炎。病原体与急性子宫颈炎相似。

【病理】

1. **慢性子宫颈管黏膜炎（chronic cervical canal mucositis）** 由于子宫颈管黏膜皱襞较多,感染后容易形成持续性子宫颈黏膜炎,表现为子宫颈管黏液及脓性分泌物,反复发作。

2. **宫颈肥大（cervical hypertrophy）** 慢性炎症的长期刺激导致腺体和间质增生。此外,子宫颈深部的腺体有黏液潴留形成腺囊肿,均可使子宫颈呈不同程度的肥大、子宫颈硬度增加,但表面大多光滑,有时还可见潴留腺囊肿突起。

3. **子宫颈息肉（cervical polyp）** 是子宫颈管腺体和间质的局限性增生,并向子宫颈外口突出形成息肉（图51-2-1）,子宫颈息肉通常为单个,也可为多个,红色,质软而脆,呈舌型,可有蒂,蒂宽窄

图51-2-1　子宫颈息肉示意图

不一,根部大多附着于子宫颈管外口,少数附着于子宫颈管内。光镜下见息肉中心为结缔组织伴有充血、水肿及慢性炎症细胞浸润,表面覆盖一层高柱状上皮,与子宫颈管上皮相同。由于炎症存在,除去息肉后仍可复发。子宫颈息肉极少恶变,但应与子宫的恶性肿瘤鉴别。

4. **子宫颈柱状上皮异位（cervical columnar epithelium heterotopic）** 除慢性子宫颈炎外,子宫颈的生理性柱状上皮异位也可使子宫颈呈现糜烂样改变。生理性柱状上皮异位即子宫颈外口处的子宫颈阴道部呈现细颗粒状的红色区,过去曾将这种情况称为"宫颈糜烂",并认为是慢性子宫颈炎最常见的病理类型之一。随着阴道镜的发展及对子宫颈病理生理认识的提高,明确"宫颈糜烂"并不是病理学上的上皮溃疡、缺失所致的真性糜烂,也不等同于病理学上的慢性子宫颈炎的诊断标准。因此,"宫颈糜烂"作为慢性子宫颈炎症的诊断术语已不恰当。子宫颈糜烂样改变只是一个临床征象,可为生理性改变,也可为病理性改变。子宫颈生理性柱状上皮异位多见于青春期、生育期、口服避孕药或妊娠期。此外,子宫颈上皮内瘤变及早期宫颈癌也可使子宫颈呈糜烂样改变,须注意鉴别。

5. **子宫颈腺囊肿（naboth cyst）** 子宫颈腺囊肿绝大多数情况下是子宫颈的生理性变化。子宫颈转化区内鳞状上皮取代柱状上皮过程中,新生的鳞状上皮覆盖子宫颈腺管口或伸入腺管,将腺管口阻塞;腺管周围的结缔组织增生压迫腺管,使腺管变窄甚至阻塞,腺体分泌物引流受阻、潴留形

图51-2-2　子宫颈腺囊肿示意图

成囊肿（图51-2-2）。浅部的子宫颈腺囊肿检查见子宫颈表面突出单个或多个青白色小囊泡,容易诊断,而且通常不需处理。

【护理评估】

（一）健康史

询问病人月经史、婚育史,有无分娩、流产或手术损伤子宫颈史,阴道分泌物的量、颜色、性状、气味,发病时间、程度、治疗经过,有无腰骶疼痛、下腹坠痛等伴随症状。

（二）身体状况

慢性子宫颈炎的主要症状是阴道分泌物增多,根据病原体类型和炎症程度不同,分泌物可呈乳白色黏液状或淡黄色脓性,伴有息肉时呈血性白带或性交后出血。当炎症沿子宫骶韧带扩散到盆腔时,可有腰骶部疼痛和盆腔部坠痛等。子宫颈黏稠脓性分泌物不利于精子穿过,可造成不孕。

妇科检查可见子宫颈呈不同程度糜烂、肥大、充血,有时质较硬或可见息肉、裂伤、外翻及子宫颈腺囊肿。

（三）辅助检查

1. **常规宫颈刮片检查** 肉眼可见脓性或黏液脓性分泌物。
2. **病原体检查** 作衣原体及淋病奈瑟球菌的检测以区别细菌性阴道病及滴虫阴道炎。
3. **阴道镜检查或活体组织检查** 以鉴别宫颈上皮内瘤变或早期宫颈癌。

（四）心理-社会状况

评估病人是否缺乏慢性子宫颈炎的正规治疗信息;是否因治疗效果不理想或过分担心疾病的预后,产生焦虑和不安心理。

【常见护理诊断/问题】

1. **舒适度减弱** 与炎症刺激引起阴道分泌物增多、局部瘙痒有关。
2. **焦虑** 与治疗效果不理想或过分担心疾病预后有关。
3. **知识缺乏**:缺乏治疗及预防保健知识。

【计划与实施】

慢性子宫颈炎的处理原则以局部治疗为主,物理疗法最常用,也可采用药物治疗及手术治疗。但各种方法治疗前应常规行宫颈刮片检查,排除早期宫颈癌。

经过治疗和护理,病人达到:①选择适宜的治疗方法,积极配合治疗;②了解慢性子宫颈炎的发生、发展过程,能正确对待疾病;③能说出慢性子宫颈炎的预防措施。

1. **帮助病人了解并选择合适的治疗方法**

（1）物理疗法:是最常用的有效治疗方法。通过物理方法将子宫颈糜烂样改变面破坏,使其坏死脱落后由新生鳞状上皮覆盖,创面愈合需3~4周,病变较深者需6~8周,子宫颈可恢复光滑。临床常用的方法有激光治疗、冷冻治疗、红外线凝结疗法及微波疗法等。

（2）药物治疗:适用于糜烂面积小和炎症浸润较浅的病人。子宫颈管内有脓性排液者局部用药疗效较差,须全身治疗。治疗前须取子宫颈管分泌物作细菌培养及药敏试验,同时查找淋病奈瑟球菌及沙眼衣原体,根据结果选择抗感染药物。目前临床多用保妇康栓剂行阴道给药治疗。

（3）手术治疗:有子宫颈息肉者行息肉摘除术并送组织学检查。对宫颈肥大者,一般无须治疗。

2. **物理疗法术前、后的护理** 治疗前,常规做宫颈刮片行细胞学检查,急性生殖器炎症者禁忌。治疗应选在病人月经干净后3~7d内进行。治疗术后均有阴道分泌物增多,子宫颈创面痂皮脱落前,阴道有大量水样排液,术后1~2周脱痂时可有少许出血。创面尚未完全愈合期间(4~8周)禁盆浴、性交和阴道冲洗。应每日清洗外阴2次,保持外阴清洁,须于两次月经后3~7d内定期复查,观察创面愈合情况。

3. **健康指导** 积极治疗急性子宫颈炎;定期进行妇科检查,采取预防措施;避免分娩时或器械损伤子宫颈;发现子宫颈裂伤应及时缝合。

【护理评价】

通过治疗与护理,评估病人是否能够达到:①积极配合治疗;②正确对待疾病,定期复查;③采取有效的预防措施。

（何朝珠）

第三节　盆腔炎性疾病病人的护理

导入情境与思考

　　病人，女性，已婚，31 岁，人工流产术后 1 周，发热 3d，右下腹部疼痛 2d 来就诊。询问病史有术后性交史。体格检查：体温 38.8℃，血压正常，心率 101 次/min，右下腹有压痛、反跳痛。妇科检查：阴道有红色分泌物，宫颈举痛明显，子宫口闭，子宫正常大，有压痛，右附件稍增厚，压痛。实验室检查：白细胞总数为 $16×10^9/L$，中性粒细胞比例 85%。

　　请思考：

　　(1) 该病人考虑为何种疾病？感染该疾病的途径有哪些？

　　(2) 对该病人应实施哪些健康指导？

　　女性上生殖道的一组感染性疾病称盆腔炎性疾病(pelvic inflammatory disease，PID)，包括子宫内膜炎、输卵管炎、输卵管卵巢脓肿和盆腔腹膜炎。炎症可局限于一个部位，也可同时累及几个部位，以输卵管炎、输卵管卵巢脓肿最常见。盆腔炎性疾病多发生于性活跃期的生育期妇女，而初潮前、绝经后或未婚妇女则少发生，即使发生也常常是邻近器官炎症扩散所致。盆腔炎性疾病若未得到及时、彻底治疗，可导致不孕、输卵管妊娠、慢性盆腔痛，炎症反复发作，从而严重影响妇女的生殖健康，加重家庭与社会的经济负担。

【病因与发病机制】

　　女性生殖道的解剖、生理、生化及免疫学特点具有比较完善的自然防御功能，抗感染力强。除外阴、阴道、子宫颈的自然防御功能外，育龄妇女子宫内膜的周期性剥脱，输卵管黏膜上皮细胞的纤毛向宫腔方向摆动及输卵管的蠕动，还有生殖道自身免疫系统均能阻止病原体侵入子宫腔。但当自然防御功能遭破坏，或机体免疫功能下降、内分泌发生变化或外源性致病菌侵入，均可导致炎症的发生。

　　引起盆腔炎性疾病的病原体有外源性及内源性两个来源。其中内源性病原体是来自原寄居于阴道内的微生物群，包括需氧菌及厌氧菌，如金黄色葡萄球菌、大肠埃希菌等；外源性病原体主要是来自外界的性传播疾病的病原体，如淋病奈瑟球菌、沙眼衣原体、支原体等。两种病原体可单独存在，但以混合感染多见。

　　盆腔炎性疾病的感染途径有：

　　1. 沿生殖道黏膜上行蔓延　是非妊娠期、非产褥期病人盆腔炎性疾病的主要感染途径。侵入外阴、阴道后或阴道内的病原体沿宫颈黏膜、子宫内膜、输卵管黏膜，蔓延至卵巢和腹腔。病原体常有淋病奈瑟球菌、沙眼衣原体及葡萄球菌等(图 51-3-1)。

　　2. 经淋巴系统蔓延　是产褥感染、流产后感染及放置宫内节育器后感染的主要感染途径。病原体经外阴、阴道、子宫颈及子宫体创伤处的淋巴管侵入盆腔结缔组织及内生殖器其他部分。链球菌、大肠埃希菌、厌氧菌多沿此途径蔓延(图 51-3-2)。

　　3. 经血液循环传播　是结核分枝杆菌感染的主要途径。病原体先侵入人体的其他系统，再经血液循环感染生殖器(图 51-3-3)。

　　4. 直接蔓延　腹腔其他器官感染后，直接蔓延到

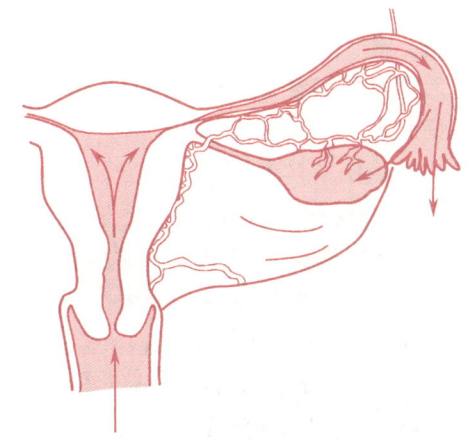

图 51-3-1　炎症经黏膜上行蔓延示意图

Note：

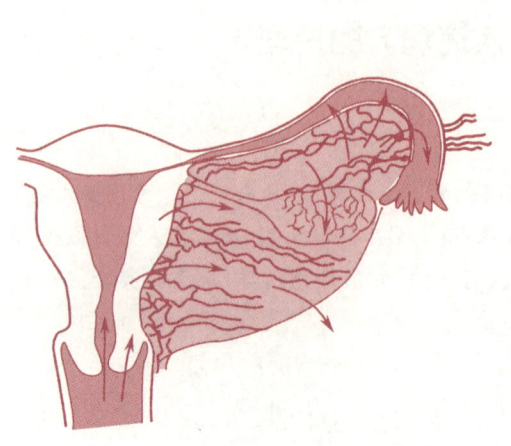

图51-3-2 炎症经淋巴系统蔓延示意图

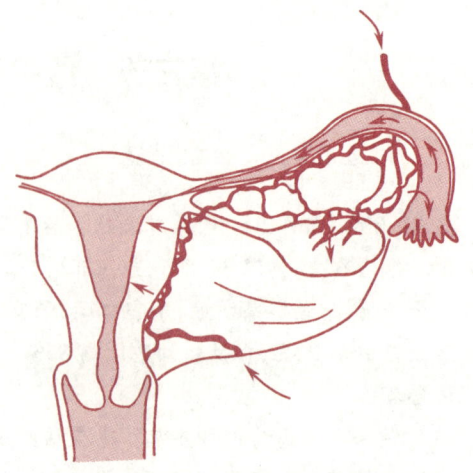

图51-3-3 炎症经血液循环传播示意图

内生殖器,如阑尾炎可引起右侧输卵管炎。

【高危因素】

了解高危因素有利于盆腔炎性疾病的正确诊断、护理及预防。

1. 年龄 据文献报告,盆腔炎性疾病的高发年龄为15~25岁。年轻妇女容易发生盆腔炎性疾病可能与性活动频繁、子宫颈柱状上皮异位、宫颈黏液机械防御功能较差有关。

2. 性活动 盆腔炎性疾病多发生在性活跃期妇女,尤其是有多个性伴侣、初次性交年龄小或性交过频者及性伴侣有性传播性疾病者。

3. 下生殖道感染 如淋球菌宫颈炎、衣原体性子宫颈炎及细菌性阴道病与盆腔炎性疾病的发生密切相关。

4. 宫腔内手术操作后感染 如刮宫术、输卵管通液术、子宫输卵管造影术、宫腔镜检查、宫内节育器的放置等,由于手术所致生殖道黏膜损伤、出血和坏死均可引发上行感染。

5. 月经期卫生不良 使用不洁的月经垫、月经期性交等均可使病原体侵入而致病。

6. 邻近器官炎症直接蔓延 如阑尾炎、腹膜炎等蔓延至盆腔,导致炎症发作。

7. 盆腔炎性疾病再次急性发作 盆腔炎性疾病所致的盆腔广泛粘连、输卵管损伤、输卵管防御能力下降易造成再次感染可导致急性发作。

【病理及发病机制】

1. 急性子宫内膜炎及子宫肌炎 子宫内膜充血、水肿,有炎性渗出物,严重者内膜坏死、脱落形成溃疡。镜下见大量白细胞浸润,炎症向深部侵入形成子宫肌炎。

2. 急性输卵管炎、输卵管积脓、输卵管卵巢脓肿 急性输卵管炎症因病原体传播途径不同而有不同的病变特点。

(1) 炎症经子宫内膜向上蔓延:首先引起输卵管黏膜炎,严重者输卵管上皮发生退行性变或成片脱落,引起输卵管黏膜粘连,导致输卵管管腔及伞端闭锁,若有脓液积聚于管腔内则形成输卵管积脓。淋病奈瑟球菌及大肠埃希菌、类杆菌及普雷沃菌,除直接引起输卵管上皮损伤外,其细胞壁脂多糖等内毒素引起输卵管纤毛大量脱落,导致输卵管运输功能减退、丧失。衣原体感染后引起交叉免疫反应可损伤输卵管,导致严重的输卵管黏膜结构及功能破坏,并引起盆腔广泛粘连。

(2) 病原体通过子宫颈的淋巴播散:通过子宫旁结缔组织,首先侵及浆膜层,发生输卵管周围炎,然后累及肌层,而输卵管黏膜层可不受累或受累极轻。病变以输卵管间质炎为主,其管腔常可因肌壁增厚受压变窄,但仍能保持通畅。轻者输卵管轻度充血、肿胀、略增粗;严重者输卵管明显增粗、弯曲,纤维素性脓性渗出物增多,造成与周围组织粘连。

卵巢白膜层是良好的防御屏障,因此卵巢很少单独发炎,卵巢常与发炎的输卵管伞端粘连而发生卵巢周围炎,称为输卵管卵巢炎,也称为附件炎。炎症可通过卵巢排卵的破孔侵入卵巢实质形成卵巢脓肿,脓肿壁与输卵管积脓粘连并穿通,形成输卵管卵巢脓肿。输卵管卵巢脓肿多位于子宫后方或子宫、子宫阔韧带后叶及肠管间粘连处,可破入直肠或阴道,若破入腹腔则引起弥漫性腹膜炎。

3. **急性盆腔腹膜炎** 盆腔内器官发生严重感染时,往往蔓延到盆腔腹膜,发炎的腹膜充血、水肿,并有少量含纤维素的渗出物,形成盆腔器官粘连。当有大量脓性渗出液积聚于粘连的间隙内,可形成散在小脓肿;当积聚于直肠子宫陷凹处形成盆腔脓肿。脓肿可破入直肠而使症状突然减轻,也可破入腹腔引起弥漫性腹膜炎。

4. **急性盆腔结缔组织炎** 病原体经淋巴管进入盆腔结缔组织而引起结缔组织充血、水肿及中性粒细胞浸润,以宫旁结缔组织炎最常见,开始局部增厚,质地较软,边界不清,以后向两侧盆腔呈扇形浸润。若组织化脓形成盆腔腹膜外脓肿,可自发破入直肠或阴道。

5. **败血症及脓毒血症** 当病原体毒性强、数量多、病人抵抗力降低时,通常会发生败血症。盆腔炎性疾病发生后,若在病人身体其他部位发现多处炎症病灶或脓肿者,考虑有脓毒血症存在,但须经血培养证实。

6. **肝周围炎(Fitz-Hugh-Cutis 综合征)** 是指肝包膜炎症而无肝实质损害的肝周围炎。淋病奈瑟球菌及衣原体感染均可引起。由于肝包膜水肿,吸气时右上腹疼痛。肝包膜上有脓性或纤维渗出物,早期在肝包膜与前腹壁腹膜之间形成松软粘连,晚期形成琴弦样粘连。5%~10%的输卵管炎可出现肝周围炎,临床上表现为继下腹痛后出现右上腹痛,或下腹疼痛与右上腹疼痛同时出现。

7. **盆腔炎性疾病后遗症(sequelae of PID)** 是指急性盆腔炎性疾病未得到及时正确的诊断、治疗或病人体质较差病程迁延所致,既往称慢性盆腔炎,但也可无急性盆腔炎症病史。主要病理改变为组织破坏、广泛粘连、增生及瘢痕形成,导致输卵管阻塞、输卵管增粗、输卵管卵巢肿块、输卵管积水、输卵管积脓、输卵管卵巢囊肿,盆腔结缔组织炎表现为主,子宫主韧带、骶韧带增生、变厚,若病变广泛可使子宫固定。

【护理评估】

(一)健康史

询问病人月经史、婚育史、既往史,有无子宫腔内手术操作史,本次发病的可能原因。

(二)身体状况

可因炎症轻重及范围大小出现不同的临床表现。轻者无症状或症状轻微。常见症状为下腹痛伴发热,阴道分泌物增多,腹痛为持续性,劳累、性交及月经前后加重。病情严重者可有寒战、高热、头痛、食欲缺乏等。严重病人呈急性病容,体温升高,心率加快,腹胀,下腹部有压痛、反跳痛及肌紧张,听诊肠鸣音减弱或消失。若盆腔炎性疾病未能得到及时治疗,病人可能会发生盆腔炎性疾病后遗症的表现,病人常有下腹部坠胀、疼痛及腰骶部酸痛。因输卵管粘连阻塞时可致不孕、异位妊娠、慢性盆腔痛及盆腔炎性疾病反复发作。

盆腔检查可见子宫颈充血、水肿,将子宫颈表面的分泌物拭净,若有脓性分泌物从子宫颈口流出,说明宫颈黏膜或子宫腔有急性炎症;穹隆触痛明显,须注意阴道后穹隆是否饱满;宫颈举痛明显;子宫体稍大,有压痛,活动受限;后遗症病人子宫常呈后倾后屈位,活动受限或粘连固定,在子宫一侧或两侧触及增粗的呈索条状的输卵管、囊性肿物,子宫骶韧带增粗、变硬,压痛明显。如果子宫被固定或封闭于周围瘢痕化组织中,则呈"冰冻骨盆"状态。

(三)辅助检查

1. **血常规、尿常规、红细胞沉降率和血 C 反应蛋白检查** 血白细胞总数>$10×10^9$/L,红细胞沉降率和血 C 反应蛋白升高。

2. **子宫颈或阴道分泌物检查** 宫颈黏液脓性分泌物或阴道分泌物生理盐水涂片中见到白细胞，必要时做细菌培养或药敏试验。

3. **阴道后穹隆穿刺物检查** 阴道后穹隆穿刺抽出脓性液体。

4. **B超检查或磁共振检查** 显示输卵管增粗、积液，伴或不伴盆腔积液及输卵管卵巢肿块等。

5. **腹腔镜检查** 可以直视子宫、输卵管及子宫旁组织的炎性病理改变。

（四）心理-社会状况

评估病人是否因疾病发作突然，或症状严重而产生焦虑心理。病因起源不同，病人是否产生憎恨、气愤及自责等不同心理反应。如因疾病造成不孕，病人则易产生自卑和自责心理。病人可有精神不振、失眠等神经衰落症状，影响工作甚至夫妻关系。

【常见护理诊断/问题】

1. **疼痛** 与急性盆腔感染有关。

2. **体温过高** 与急性盆腔感染有关。

3. **舒适度减弱** 与下腹部坠胀、隐痛等不适有关。

4. **焦虑** 与病程长、反复发作、治疗效果不明显有关。

5. **知识缺乏**：缺乏治疗及预防保健知识。

【计划与实施】

盆腔炎性疾病急性期处理原则是及时、足量的抗生素治疗为主，支持疗法、中药治疗及手术治疗为辅。对于盆腔炎性疾病后遗症病人，采用中药、物理、药物及手术的综合治疗方法，同时注意增强病人的抵抗力。

经过治疗和护理，病人达到：①积极配合治疗，症状缓解，炎症控制；②了解盆腔炎性疾病病因、治疗方法和预防保健措施。

1. **支持疗法** 嘱病人卧床休息，因半卧位有利于脓液积聚于直肠子宫陷凹而使炎症局限。给予病人高能量、高蛋白、高维生素流食或半流食，注意补充液体，纠正电解质紊乱及酸碱平衡失调。高热时采取物理降温。尽量避免不必要的妇科检查以免引起炎症扩散，有腹胀者应行胃肠减压。

2. **药物治疗与护理** 根据药敏试验结果选用抗生素治疗，抗生素使用时要按经验性、广谱、及时及个体化的原则，同时注意用量、毒性反应及临床治疗反应，随时予以调整。给药途径以静脉滴注收效快。有附件粘连增厚者，配合松解粘连的药物，以利粘连分解和炎症的吸收。

3. **中药治疗的护理** 主要为活血化瘀、清热解毒药物，如银翘解毒汤、安宫牛黄丸及紫血丹等。

4. **物理疗法** 温热能促进盆腔局部血液循环，改善组织营养状态，提高新陈代谢，以利炎症吸收和消退。常用的有短波、超短波、微波、激光、离子透入等。

5. **手术治疗的护理** 当抗生素治疗输卵管脓肿或盆腔脓肿效果不满意时应行手术治疗，以免发生脓肿破裂。有输卵管积水、输卵管卵巢囊肿或反复引起炎症急性发作者也应行手术治疗。手术范围应根据病变范围、年龄、一般状态等条件全面考虑，原则以切除病灶和彻底治愈为主，避免遗留病灶有再复发的机会，可行附件切除术或子宫全切加双侧附件切除术。年轻妇女应尽量保留卵巢功能。

6. **健康指导** ①做好月经期、孕期及产褥期的卫生教育，指导性生活卫生，禁止月经期性交；②根据手术指征，做好人工流产、放置宫内节育器、诊断性刮宫术等手术围手术期的护理，注意无菌操作，预防感染；③向病人讲解急性盆腔炎的预防措施，教会病人正确清洁会阴的方法，便后清洗及会阴擦洗时遵循由前向后，从尿道到阴道，最后至肛门的原则，以保持会阴部清洁；④及时治疗急性盆腔炎，彻底治愈，防止转为盆腔炎性疾病后遗症；⑤增加营养，锻炼身体，注意劳逸结合，提高机体抵抗力。

7. **心理护理** 关心病人的疾苦，耐心倾听病人的诉说，解除病人思想顾虑，在治疗上要取得病人

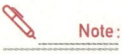
Note:

的配合,增强其对治疗的信心。

【护理评价】

通过治疗与护理,评估病人是否能够达到:①缓解症状,炎症得到控制;②情绪稳定,积极配合治疗;③了解盆腔炎性疾病的病因、治疗方法和预防保健措施。

（何朝珠）

思　考　题

1. 女性生殖器有哪些自然防御功能?
2. 简述外阴阴道假丝酵母菌病病人的护理要点。
3. 简述慢性子宫颈炎的护理要点。
4. 简述盆腔炎性疾病病人的护理要点。

NURSING
第五十二章

生殖内分泌疾病病人的护理

52章　数字内容

―――――― 学 习 目 标 ――――――

- 识记：
  1. 复述概念：异常子宫出血、闭经、围绝经期综合征、痛经。
  2. 概括以下疾病的病因和临床表现：异常子宫出血、闭经、围绝经期综合征、痛经。
- 理解：
  1. 比较以下疾病在激素水平改变、护理评估要点、计划与实施方面的异同点，并用自己的语言
     阐述：无排卵性功能失调性子宫出血和排卵性功能失调性子宫出血；下丘脑性闭经、垂体性
     闭经、卵巢性闭经、子宫性闭经。
  2. 举例说明围绝经期综合征激素水平变化及其产生的症状和体征。
- 运用：
  1. 测量1个月的基础体温，绘制成示意图，在图上画出激素周期性变化趋势图。
  2. 运用所学知识，根据异常子宫出血、闭经、围绝经期综合征病人的具体情况，提供相应的护理
     措施和健康指导。

女性生殖内分泌疾病是妇科常见病,通常由于调节生殖的性腺轴功能异常或靶器官效应异常所致,部分涉及遗传因素、女性生殖器官发育异常等,临床主要表现为月经周期、月经期或出血量的异常。

第一节　异常子宫出血病人的护理

 导入情境与思考

病人,女性,49岁,近1年来月经周期缩短,月经期延长。此次血量多且持续15d,伴头昏、心悸。体格检查:轻度贫血面容,子宫稍大、稍软,附件正常。

请思考:

(1) 初步判断该病人出现了什么情况?

(2) 为进一步明确诊断须做哪些辅助检查?

(3) 该病人诊断为"围绝经期无排卵性功能失调性子宫出血",即将行性激素治疗,护理要点有哪些?

异常子宫出血(abnormal uterine bleeding,AUB)是妇科常见的症状和体征,是一种总的术语,指与正常月经的周期频率、规律性、月经期长度、月经期出血量中的任何一项不符合、源自子宫腔的异常出血。异常子宫出血从月经初潮至绝经间的任何年龄均可发生,约50%的病人发生在绝经前期,约30%的病人发生在育龄期,约20%的病人发生在青春期。异常子宫出血可分为两大类,一类为无排卵性功能失调性子宫出血,占70%~85%;另一类为有排卵性功能失调性子宫出血,占15%~30%。

【病因与发病机制】

(一) 无排卵性功能失调性子宫出血

无排卵性功能失调性子宫出血(anovulatory dysfunctional uterine bleeding,ADUB)好发于青春期和围绝经期(绝经过渡期),也可发生于育龄期。当机体受到内、外环境不良影响因素刺激时,诸如精神紧张、营养不良、代谢紊乱、慢性疾病、环境及气候骤变、饮食紊乱、运动过度、酗酒及某药物的使用等,可通过大脑皮质和中枢神经系统,引起下丘脑-垂体-卵巢轴功能调节或靶器官效应异常而导致月经失调。在青春期,下丘脑-垂体-卵巢轴激素间的反馈调节尚未成熟,大脑中枢对雌激素的正反馈作用缺陷,卵泡刺激素(FSH)呈持续低水平,无促排卵性黄体生成素(LH)陡直高峰形成而不能排卵;在围绝经期,因卵巢功能不断衰退,卵巢对垂体促性腺激素的反应性降低,卵泡发育受阻而无排卵;在育龄期,应激、肥胖或多囊卵巢综合征(PCOS)等因素影响,也可导致无排卵。各种原因引起的无排卵均可导致子宫内膜受单一雌激素刺激却无孕酮对抗,从而发生雌激素突破性出血或撤退性出血。雌激素突破性出血包括两种类型,一是低水平雌激素,雌激素维持在阈值水平,可发生间断少量出血,内膜修复慢,出血时间延长;二是高水平雌激素,雌激素维持在有效浓度,引起长时间的闭经,因无孕酮对抗,内膜增厚但不牢固,容易引起急性突破性出血。雌激素撤退性出血是子宫内膜在单一雌激素的刺激下持续增生,此时多数生长卵泡退化闭锁,导致雌激素水平突然急剧下降,内膜失去激素支持而剥脱出血。

无排卵性功能失调性子宫出血还与子宫内膜出血自限机制缺陷有关,主要表现:①子宫内膜组织脆性增加,容易自发破溃出血;②子宫内膜脱落不完全致修复困难;③血管结构与功能异常;④子宫内膜纤溶亢进,凝血功能缺陷;⑤血管舒张因子前列腺素 E_2(PGE$_2$)含量及敏感性增加。

(二) 排卵性功能失调性子宫出血

排卵性功能失调性子宫出血(ovulatory dysfunctional uterine bleeding,ODUB)好发于育龄期,较无

排卵性少见。病人有周期性排卵,且临床上有可辨认的月经周期。可分为月经量过多和月经周期间出血两种类型。

1. **月经量过多** 指月经周期规则、月经期正常,但月经量增多。发病机制复杂,可能是因为子宫内膜纤溶酶活性过高或血管舒缩因子前列腺素分泌比例失调所致,也可能与晚分泌期子宫内膜雌激素受体(ER)和孕激素受体(PR)高于正常有关。

2. **月经周期间出血** 分为黄体功能异常和围排卵期出血,其中黄体功能异常又可分为黄体功能不足和子宫内膜不规则脱落2类。

(1) 黄体功能不足:由于神经内分泌调节功能紊乱导致卵泡期FSH缺乏,卵泡发育缓慢,使雌激素分泌减少,从而对垂体及下丘脑正反馈不足;LH脉冲峰值不高及排卵峰后LH低脉冲缺陷,使排卵后黄体功能不全,孕激素分泌减少;卵巢本身发育不良,卵胞期LH受体缺陷,孕激素分泌减少,导致子宫内膜分泌反应不良。有时黄体分泌功能正常,但维持时间短。此外,生理性因素如初潮、分娩后、绝经过渡期、内分泌疾病、代谢异常等,也可出现黄体功能不足。

(2) 子宫内膜不规则脱落:由于下丘脑-垂体-卵巢轴调节功能紊乱,或溶黄体机制异常,引起黄体萎缩不全,内膜持续受孕激素影响,导致子宫内膜不能如期完整脱落。

(3) 围排卵期出血:在排卵期,由于雌激素水平短暂下降,使子宫内膜失去激素的支持而出现部分子宫内膜脱落引起有规律性阴道流血。原因不明,可能与排卵前、后激素水平波动有关。出血期多数持续1~3d,量少,时有时无。

【护理评估】

(一)健康史

详细询问病人的年龄、月经史、婚育史、避孕措施及全身有无相关疾病如肝病、血液病、糖尿病、甲状腺功能亢进或减退症、肾上腺或垂体病变等,了解病人发病前有无引起月经紊乱的诱发因素存在,如精神紧张、情绪打击、环境或气候骤变、激素类药物使用史等。收集本次发病经过如发病时间、诊治经过、目前出血情况、出血前有无停经史、以往治疗经过及诊断性刮宫的病理结果等。

(二)身体状况

1. **症状** 无排卵性功能失调性子宫出血的病人可有各种不同的临床表现,临床最常见症状是子宫不规则出血,表现为月经周期紊乱,月经期长短不一,月经量不定,时多时少,量可少至点滴淋漓,或可多至大量出血。排卵性功能失调性子宫出血的病人常表现为月经周期缩短,或周期正常,但月经期延长。也有月经期正常,月经量增多的情况,出血期间一般无腹痛或其他不适。

(1) 异常子宫出血:根据出血的特点,异常子宫出血可表现为:①月经过多:月经周期规则,但月经期延长(>7d)或月经量过多(>80ml);②子宫不规则过多出血:月经周期不规则,月经期延长,月经量过多;③子宫不规则出血:月经周期不规则,月经期延长而月经量正常;④月经过频:月经频发,周期缩短,少于21d。

(2) 不孕或早孕流产:黄体功能不足的病人因卵泡期延长、黄体期缩短,以致病人不易受孕或在孕早期流产发生率高。

(3) 继发性贫血或休克:出血量多或时间长时常伴继发性贫血,大量出血者可导致休克。

2. **体征** 重点评估病人精神状况和营养状态,有无贫血面容,皮肤黏膜有无紫癜、黄疸等,了解有无甲亢、甲状腺功能减退、多囊卵巢综合征、乳房发育、腹部异常等阳性体征。妇科检查和全身检查,排除生殖器官及全身性器质性病变。

(三)辅助检查

1. **诊断性刮宫手术** 既可止血又可明确子宫内膜病理诊断。年龄大于35岁、药物治疗无效或存有子宫内膜癌高危因素的异常子宫出血病人,应行诊断性刮宫手术以明确子宫内膜病变。诊断性刮宫手术时间一般选择在月经前期或月经来潮6h内,以确定卵巢排卵和黄体功能。排卵性功能失调

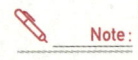
Note:

性子宫出血的病人刮宫时宜选择在月经第 5~7 日;不规则阴道流血或大量出血时随时刮宫。行诊断性刮宫手术时注意子宫腔大小、形态、子宫壁是否光滑,刮出物的性质和数量。疑有子宫内膜癌时,应行分段诊刮。无性生活史病人若激素治疗无效或疑有器质性病变,应经病人或其家属知情同意后方可进行。

2. **超声检查**　经阴道 B 超检查以了解子宫大小、形状,子宫内膜厚度及子宫腔内病变等。

3. **宫腔镜检查**　在宫腔镜直视下,观察子宫内膜情况,选择可疑区或病变区进行活检以诊断各种子宫腔内病变。

4. **基础体温测定**　是测定排卵简易可行的方法。无排卵性功血病人基础体温呈单相型(图 52-1-1);黄体功能不足病人基础体温表现为双相型(图 52-1-2),但高温相小于 11d;子宫内膜不规则脱落病人基础体温表现为双相型,但高温相下降缓慢(图 52-1-3)。

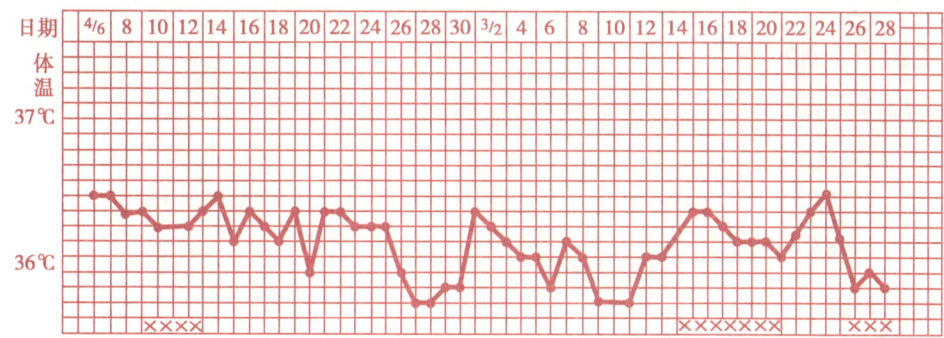

图 52-1-1　基础体温单相型（无排卵型异常子宫出血）示意图

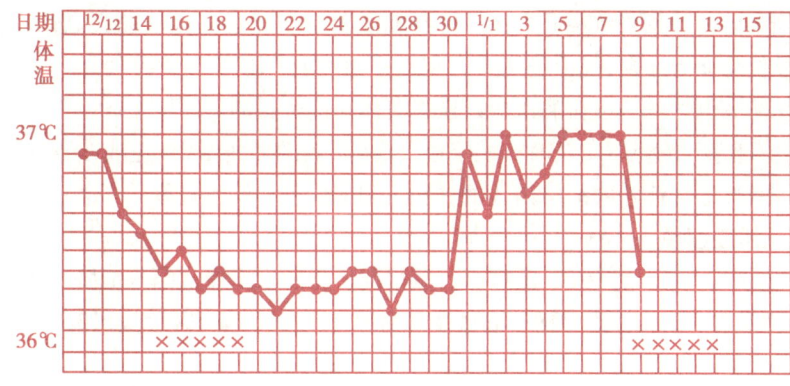

图 52-1-2　基础体温双相型（黄体期短）示意图

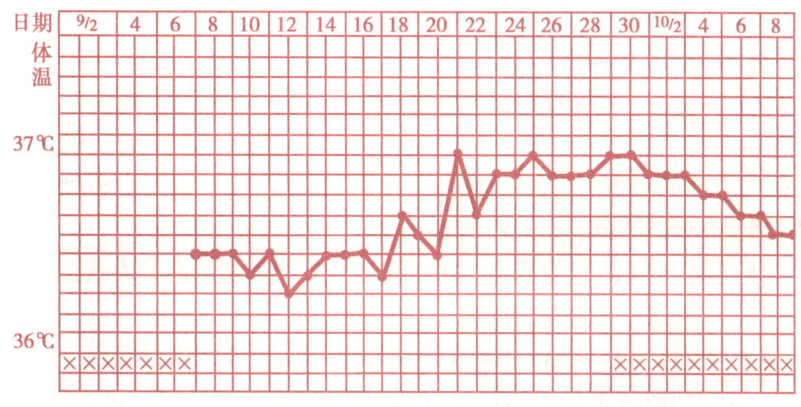

图 52-1-3　基础体温双相型（黄体萎缩不全）示意图

5. **激素测定**　月经前检测血清性激素孕酮水平以确定有无排卵及黄体的功能,但常因病人出血频繁,难以选择检测孕酮的时间。检测血睾酮、催乳素和甲状腺激素水平以排除其他内分泌疾病。

6. **宫颈黏液结晶检查**　若月经前宫颈黏液出现羊齿植物叶状结晶则提示无排卵。目前已较少应用。

7. **尿妊娠试验或血 HCG 检测**　有性生活史者,应排除妊娠及妊娠相关疾病。

8. **子宫颈细胞学检查**　排除宫颈癌。

9. **全血细胞计数及凝血功能检查**　以了解病人贫血、出凝血情况。

(四) 心理-社会状况

异常子宫出血病人常因年龄、临床表现、对疾病的认知程度及社会支持系统等情况不同而表现出不同的心理状况。年轻病人常因羞怯、缺乏正常月经知识或因其他顾虑难及时就诊,影响止血效果;育龄期病人常因不孕或早孕流产而产生自卑或自责心理;围绝经期病人常因"恐癌"而焦虑不安。

【常见护理诊断/问题】

1. **活动耐力下降**　与子宫异常出血导致的继发性贫血有关。
2. **知识缺乏**:缺乏有关性激素使用的相关知识。
3. **有感染的危险**　与子宫异常出血时间长、个体缺乏卫生知识、机体抵抗力下降有关。
4. **焦虑**　与反复阴道出血,担心预后、治疗费用等有关。

【计划与实施】

异常子宫出血的治疗原则是出血期间迅速有效地止血和纠正贫血,止血后应尽可能明确病因,根据病因选择合适的方案进行治疗,预防复发及远期并发症。异常子宫出血的一线治疗是性激素药物治疗,应根据不同年龄的对象采取不同方法。青春期及育龄期无排卵性功能失调性子宫出血病人以止血、调整周期及促排卵为原则;围绝经期病人则以止血、调整周期、减少月经量、防止子宫内膜病变为原则;排卵性功能失调性子宫出血病人应以恢复黄体功能为目的。

经过治疗与护理,病人达到:①及时有效止血,维持有效循环血量,纠正或改善贫血;②遵医嘱正确使用性激素等药物;③保持外阴部清洁;④积极、主动配合各种诊治过程。

(一) 维持正常血容量

密切观察并记录病人的生命体征、阴道出血量情况。急性大出血的病人应卧床休息,避免劳累和剧烈活动。贫血严重者,做好给氧、输液、输血及各种手术止血准备,执行医嘱以维持病人正常循环血量。

(二) 性激素治疗及护理

1. **治疗原则**　临床采用性激素治疗以达到止血和调整周期的目的。治疗前应周密计划,制订合理方案,尽可能使用最低有效剂量,以免性激素使用不当而引起医源性出血。

(1) 止血:大量出血病人,要求在性激素治疗 6h 内见效,24~48h 出血基本停止,若 96h 以上仍不止血,应考虑器质性病变存在。常用的性激素止血药物有雌激素、孕激素、雄激素及其他止血药如抗前列腺素、卡巴克络、酚磺乙胺等。

1) 雌激素:主要用于青春期病人,此类病人内源性雌激素不足。大剂量雌激素可迅速促进子宫内膜生长,短期内修复创面而止血。用药的最后 7~10d 要加用孕激素,停药后 3~7d 发生撤退性出血。一般常用雌激素有妊马雌酮、己烯雌酚、苯甲酸雌二醇等。有血液高凝或血栓性疾病史的病人禁忌使用。

2) 孕激素:主要用于体内有一定雌激素水平的功血病人。孕激素可使雌激素作用下持续增生的子宫内膜转化为分泌期,从而达到止血效果。停药后子宫内膜脱落较完全,起到药物性刮宫的作用。常用合成孕激素有甲羟孕酮、甲地孕酮和炔诺酮等。

Note:

3）雄激素:可对抗雌激素,增强子宫平滑肌及血管张力,减轻盆腔充血而减少出血量。适用于围绝经期病人,单用效果不佳。病人用孕激素止血时,为减少撤退性出血量可酌情加用雄激素。

4）联合用药:止血效果优于单一药物。对于出血量不太多的青春期病人,可以口服复方低剂量避孕药。对于急性大出血病人,可以口服复方短效避孕药或使用三合激素(孕酮 12.5mg,苯甲酸雌二醇 1.25mg,丙酸睾酮 25mg)以达到迅速止血的目的。

5）其他:抗前列腺素药物(氟芬那酸)及其他止血药(卡巴克络、云南白药、酚磺乙胺)有减少出血量的辅助作用,但不能赖以止血。

(2)调整月经周期:使用性激素止血后须继续调整月经周期,调整月经周期是巩固疗效、避免复发的关键。青春期及育龄期无排卵性功能失调性子宫出血病人须恢复正常内分泌功能,以建立正常月经周期;围绝经期病人须控制出血及预防子宫内膜增生的发生。一般连续用药 3 周。常用方法有 3 种:①雌、孕激素序贯法;②雌、孕激素联合法;③后半周期疗法;④促进排卵。

1）雌、孕激素序贯法:即人工周期。模拟自然月经周期中雌、孕激素的变化,将雌、孕激素序贯应用,使子宫内膜发生相应变化,引起周期性脱落(图 52-1-4)。使用 2~3 个周期后,病人常能自发排卵。适应于青春期及生育年龄异常子宫出血内源性雌激素水平较低者。

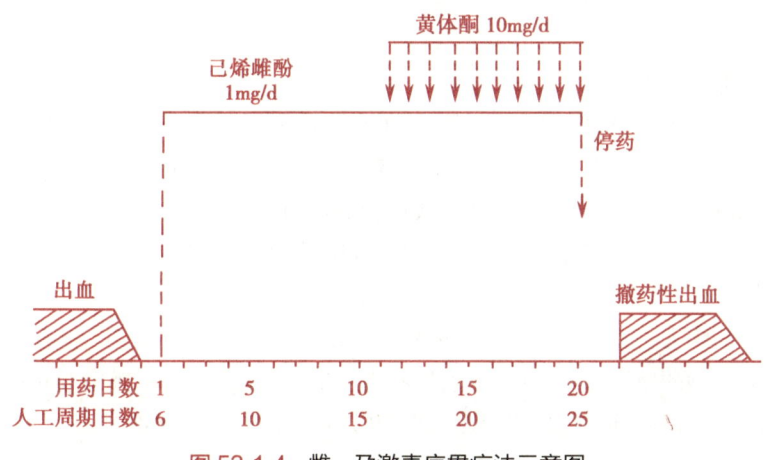

图 52-1-4　雌、孕激素序贯疗法示意图

2）雌、孕激素联合法:该方法开始即用孕激素,可以限制雌激素促内膜生长作用。雌激素用以预防治疗过程中孕激素的突破性出血,适用于育龄期异常子宫出血内源性雌激素水平较高者或围绝经期异常子宫出血病人。

3）后半周期疗法:适用于青春期或围绝经期异常子宫出血病人。可于月经周期后半期(撤药性出血的第 16~25 日)服用甲羟孕酮或肌内注射孕酮,连用 10~14d 为 1 个周期,共 3 个周期为 1 个疗程。

4）促进排卵:异常子宫出血病人经上述调整周期药物治疗几个疗程后,部分可恢复自发排卵。对青春期病人一般不提倡使用促排卵药物,育龄期异常子宫出血尤其是不孕病人,可针对病因采用。常用的药物有氯米芬(CC,克罗米芬)、人绒毛膜促性腺激素(HCG)、尿促性素(hMG)。

2. 护理要点　性激素治疗是异常子宫出血治疗中非常重要的环节。护士作为给药执行者和药效观察者,应引起重视,履行好职责,促进病人早日康复。要点包括:①严格三查八对,按时按量给药,以保持药物稳定的血药浓度。不可随意停药或漏药。②药物减量必须按规定在血止后才能开始,每 3 日减量 1 次,每次减量不可超过原剂量的 1/3,直至减到维持量。③用药期间密切观察病人阴道流血情况,止血效果不理想者应及时通知医生做适当处理。同时观察有无药物副作用出现,如消化道反应等,重者须做相应对症处理。

(三)手术治疗

1. 刮宫术　最常用,既能明确诊断,又能迅速止血。适用于急性大出血或存在子宫内膜癌高危因素的功血病人。青春期异常子宫出血病人刮宫应持谨慎态度。刮宫时间的选择,如出血多应立即进行,出血少者可先服用 3d 抗生素后进行。

2. 子宫内膜切除术　此法治疗异常子宫出血临床很少用。适用于月经量多的围绝经期妇女和经激素治疗无效且无生育要求的育龄期病人。优点是微创、有效,可减少月经量,部分病人可达到闭经效果。缺点是组织受热效应破坏影响病理诊断。

3. 子宫全切术　病人经各种方案治疗效果不佳或无效,并了解所有治疗异常子宫出血的可行方法后,由病人和其家属知情选择接受子宫切除。

（四）预防感染

指导协助病人保持局部清洁卫生,勤换月经垫和内裤。出血期间禁止盆浴和性生活。尽量减少不必要的经阴道检查和治疗。严密观察病人有关感染征象,如体温、脉搏、子宫体压痛、阴道出血性状和气味改变、白细胞计数和分类情况等。如有感染征象,应及时联系医生并遵医嘱进行抗生素治疗。

（五）营养支持和活动指导

1. 营养支持　加强营养,改善病人全身状况,给予高蛋白、高维生素、易消化、富铁食物的摄入。贫血严重者,遵医嘱补充铁剂、维生素 C,甚至输血。

2. 活动指导　病人出血期间避免剧烈运动,以免过度疲劳,保证充分的休息。贫血严重者,应卧床休息,注意安全。

（六）心理护理

异常子宫出血病人因月经淋漓不尽、不孕、贫血及性激素使用等影响病人身心健康。针对不同的病人给予相应的心理疏导。护士应鼓励病人充分表达对病情、诊治和预后的感受,为病人提供正确的相关信息,澄清有关性激素应用等方面的错误认识,减轻其焦虑程度。条件许可时,介绍同类已康复病人以增强其治疗信心。同时充分调动其家属的积极性,给予病人精神支持。

（七）健康指导

针对不同年龄的病人,介绍并让病人了解疾病相关知识及治疗方案,树立信心,积极配合治疗。向病人讲解性激素药物的使用方法,可能出现的不良反应,并要求其严格遵医嘱正确用药,不得随意停服和漏服,如出现不规则阴道流血,应及时随诊,并讲解随诊的目的及意义。

【护理评价】

经过治疗和护理,评估病人是否能够达到:①生命体征平稳,贫血纠正或改善,血红蛋白及红细胞计数上升;②遵医嘱正确使用性激素等药物;③外阴部保持清洁,无感染发生;④手术者能顺利度过围手术期;⑤积极主动配合各种诊治过程。

（何朝珠）

第二节　闭经病人的护理

导入情境与思考

病人,女性,18 岁,因近半年无月经来潮而就诊。平时月经周期规律,30~32d。月经期 5~7d,月经量正常,无痛经。既往史:无特殊。半年前离开家乡,异地求学后,一直没有行经。体格检查和盆腔检查未见异常。

请思考:

（1）该病人发生闭经的可能原因是什么?

（2）护士要如何对该病人进行护理和健康教育?

闭经（amenorrhea）是妇科疾病中的一种常见症状，而不是疾病名称。根据既往有无月经来潮，分为原发性和继发性两类。原发闭经指年龄超过 14 岁，第二性征仍未发育；或年龄超过 16 岁，第二性征已发育，月经还未来潮者，约占 5%。继发闭经指正常月经建立后，因某种病理性原因月经停止 6 个月，或按自身原有月经周期计算停止 3 个周期以上者，约占 95%。青春期前、妊娠期、哺乳期及绝经后的月经不来潮均属生理现象，本节不讨论。

【病因及分类】

正常月经的建立和维持有赖于下丘脑-垂体-卵巢轴的神经内分泌调节、靶器官子宫内膜对性激素的周期性反应和下生殖道通畅，其中任何一个环节发生障碍均可导致闭经。原发闭经较少见，往往由于遗传学原因或先天发育缺陷引起，如米勒管发育不全综合征、雄激素不敏感综合征、对抗性卵巢综合征、促性腺激素功能低下型性腺功能减退症、高促性腺素性功能减退症、生殖道闭锁和真两性畸形。继发闭经发生率明显高于原发闭经，病因复杂，根据控制正常月经周期的 5 个主要环节，以下丘脑性最常见，依次为垂体、卵巢、子宫性及下生殖道发育异常闭经。

（一）下丘脑性闭经

下丘脑性闭经为最常见的一类闭经，由中枢神经系统下丘脑功能和器质性疾病引起的闭经，以功能性原因为主。

1. 精神应激因素　精神创伤、紧张忧虑、环境改变、过度劳累、情感变化、气候变化等，均可引起神经内分泌障碍而导致闭经。闭经多为一时性，通常很快自行恢复，也可持续时间较长。

2. 体重下降和神经性厌食　中枢神经对体重急剧下降极为敏感，单纯性体重下降或真正的神经性厌食均可诱发闭经。若体重减轻 10%~15%，或体脂丢失 30% 时将出现闭经。神经性厌食者通常由于内在情感的剧烈矛盾或为保持体型而强迫节食引起下丘脑功能失调、促性腺激素释放激素、促性腺激素和雌激素水平均低下，继而引起闭经。

3. 运动性闭经　长期剧烈运动如长跑、芭蕾舞、现代舞训练等易致闭经。初潮发生和月经的维持有赖于一定比例（17%~22%）的机体脂肪，肌肉/脂肪比率增加或总体脂肪减少，均可使月经异常。运动剧增后 GnRH 释放受抑制，使 LH 释放受抑制而引起闭经。

4. 药物性闭经　长期应用甾体类避孕药及吩噻嗪衍生物（奋乃静、氯丙嗪）、利血平等，可引起继发闭经，其机制是药物抑制下丘脑分泌 GnRH 或通过抑制下丘脑多巴胺，使垂体分泌催乳素增加。药物性闭经通常是可逆的，停药后 3~6 个月月经多能自然恢复。

5. 颅咽管瘤　瘤体增大可压迫下丘脑和垂体柄引起闭经、生殖器萎缩、肥胖、颅内压增高、视力障碍等症状，也称为肥胖生殖无能综合征。

（二）垂体性闭经

垂体性闭经主要病变在垂体。垂体前叶器质性病变或功能失调可影响促性腺激素的分泌，继而影响卵巢功能引起闭经。如垂体肿瘤、垂体梗死、垂体前叶功能减退（希恩综合征）和空蝶鞍综合征等。

（三）卵巢性闭经

卵巢性闭经是指闭经原因在卵巢。卵巢分泌的性激素水平低下，子宫内膜不发生周期性变化而导致闭经。如先天性卵巢发育不全或缺如，由于遗传因素、自身免疫因素或医源性因素等引起的卵巢早衰，卵巢功能性肿瘤（如卵巢支持-间质细胞瘤、颗粒卵泡膜细胞瘤）和多囊卵巢综合征等。

（四）子宫性闭经

子宫性闭经的闭经原因在于子宫。月经调节功能正常，第二性征发育也正常，由于子宫内膜受到破坏或对卵巢激素不能产生正常的反应，从而引起闭经。如先天性无子宫、阿谢曼（Asherman）综合征、子宫内膜炎、子宫切除后或子宫腔内放射治疗后。

Note：

（五）其他内分泌功能异常

肾上腺、甲状腺、胰腺等功能异常也可引起闭经。常见疾病有甲状腺功能减退或亢进、肾上腺皮质功能亢进或肾上腺皮质肿瘤、糖尿病等均可通过下丘脑影响垂体功能而造成闭经。

【护理评估】

（一）健康史

对原发闭经病人应详细询问病人婴幼儿期生长发育过程,有无先天性缺陷或其他疾病,第二性征发育情况及家族史。继发闭经病人应详细询问月经史,包括初潮年龄、月经周期、月经期、月经量及伴随症状,闭经期限。已婚妇女询问其生育史及产后并发症。有无引起闭经的各种诱因存在,如精神创伤、环境改变、严重营养不良、剧烈运动、各种疾病及特殊用药等。

（二）身体状况

根据病人的年龄和月经史不难区分原发闭经和继发闭经。因闭经是疾病的一种症状,所以身体状况评估目的是确定病变环节,寻找引起闭经的疾病,从而给予恰当的治疗和护理。

1. **症状**　询问病人月经情况,闭经的期限,有无提示疾病的伴随症状存在。已婚妇女须排除妊娠的可能。

2. **体征**　检查病人全身发育状况,注意病人胖瘦及智力情况,测量身高、体重;观察女性第二性征发育程度:毛发分布情况,乳房发育是否正常、有无乳汁分泌;妇科检查注意内、外生殖器官的发育情况;同时须排除因妊娠引起的闭经。

（三）辅助检查

辅助检查的目的是在病史和体格检查的基础上通过选择性辅助检查以明确引起闭经的真正原因。

1. **子宫功能检查**　主要了解子宫、子宫内膜状态及功能。

（1）盆腔B超检查:了解盆腔有无子宫、子宫形态、大小及内膜的厚度及卵巢大小、形态、卵泡发育情况等。

（2）子宫输卵管碘油造影检查:了解子宫腔的形态、大小及输卵管的情况,诊断生殖系统发育不良、畸形、结核及子宫腔粘连等病变。

（3）诊断性刮宫:适用于已婚妇女。了解子宫腔深度和宽度,子宫颈管或子宫腔有无粘连。刮取子宫内膜做病理学检查,了解子宫内膜对卵巢激素的反应。

（4）宫腔镜检查:可了解子宫腔及内膜有无粘连及其他病变。

（5）药物撤退试验:常用孕激素试验和雌、孕激素序贯试验。

1）孕激素试验:评估内源性雌激素水平。连用孕激素(孕酮或醋酸甲羟孕酮)5d,停药3~7d后出现撤药性出血(阳性反应),提示子宫内膜已受一定水平的雌激素影响,但无排卵;如无撤药性出血(阴性反应),说明病人体内雌激素水平低下,对孕激素无反应,应进一步做雌、孕激素序贯试验。

2）雌、孕激素序贯试验:适用于孕激素试验阴性的闭经病人。服用雌激素连续20d,最后10d加用孕激素,两药停药后3~7d发生撤药性出血为阳性,提示子宫内膜功能正常,排除子宫性闭经,闭经是由于病人体内雌激素水平低落所致,应进一步寻找原因。若无撤药性出血为阴性,可再重复试验一次,若两次试验均无出血,提示子宫内膜有缺陷或被破坏,可诊断为子宫性闭经。

2. **卵巢功能检查**　主要了解卵巢产生卵子和分泌性激素的功能。

（1）基础体温测定:正常月经周期基础体温呈双相型,即月经周期后半期的基础体温较前半期上升0.3~0.6℃,提示卵巢功能正常,有排卵或黄体形成。

（2）血甾体激素测定:包括雌二醇、孕酮及睾酮测定。血孕酮水平升高,提示排卵。雌激素水平低,提示卵巢功能不正常或衰竭。睾酮水平高,提示有多囊卵巢综合征或卵巢支持-间质细胞瘤等。

（3）B超监测:从月经周期第10日开始用B超动态监测卵泡发育及排卵情况。卵巢直径达18~

20mm 时为成熟卵泡,估计约在 72h 内排卵。

（4）腹腔镜检查:能直视下观察卵巢形态、子宫大小,对诊断多囊卵巢综合征等有价值。

（5）阴道脱落细胞和宫颈黏液结晶检查:涂片检查可反映病变的部位,涂片见有正常周期性变化,提示闭经原因在子宫。涂片无周期性变化,若 FSH 升高,提示病变在卵巢。若 FSH、LH 均低,提示垂体或以上中枢神经功能失调引起的闭经。

3. 垂体功能检查　雌激素试验阳性提示病人体内雌激素水平低落,为确定原发病因在卵巢、垂体或下丘脑,故须进一步检查垂体的功能。

（1）血催乳素（PRL）、FSH、LH 测定:放射免疫测定血 PRL 水平升高,提示高催乳素血症,PRL 升高者应进一步行头颅 MRI 或 CT 检查,排除垂体肿瘤。FSH 水平升高提示卵巢功能衰竭,LH 水平升高高度怀疑多囊卵巢,而 FSH、LH 水平均低下,提示垂体功能减退,病变可能在垂体或下丘脑。

（2）垂体兴奋试验:又称 GnRH 刺激试验,了解垂体对 GnRH 的反应性。病人静脉注射 LHRH 15~60min 后 LH 较注射前高 2~4 倍以上,说明垂体功能正常,病变在下丘脑;经多次重复试验 LH 值无升高或升高不显著,说明垂体功能减退。

4. 其他检查　疑有性腺发育不全者,应行性染色体检查。考虑闭经与甲状腺功能异常有关者应检测血 T_3、T_4、促甲状腺激素（TSH）。闭经与肾上腺功能有关者可行尿 17-酮、17-羟皮质类固醇或血皮质醇检测。闭经与中枢神经系统病变及盆腔肿瘤有关者可行 CT 或磁共振成像（MRI）检查。

（四）心理-社会状况

闭经给病人和家属带来巨大的心理压力。原发闭经病人,担心生殖道畸形或有不可逆性月经调节系统病变影响结婚和生育。继发闭经病人担心存在生殖道或其他部位器质性病变影响性生活、生育能力。部分病人会产生自卑心理,尤其病程较长者。护士应正确评估病人和家属的焦虑程度,压力产生的具体原因,鼓励并树立其治疗的信心。

【常见护理诊断/问题】

1. **焦虑**　与担心闭经对健康、性生活、生育有影响或病程长,治疗效果不理想等有关。

2. **长期低自尊**　与女性第二性征缺如、无月经来潮等正常女性性征缺乏有关。

3. **知识缺乏:** 缺乏有关各种诊断检查、用药等方面知识。

【计划与实施】

闭经的治疗原则是纠正全身健康状况,进行心理和病因治疗。积极治疗全身性疾病,提高机体体质,维持良好的营养状态和正常体重,进行适当的运动锻炼;促使病人保持心态平稳,积极配合各项诊治活动。生殖器畸形、Asherman 综合征、卵巢或垂体肿瘤等引起的闭经者可行手术治疗。因下丘脑-垂体-卵巢轴功能紊乱导致机体激素不足或过多可用激素替代或拮抗治疗。

经过治疗和护理,病人达到:①心态平稳,接受闭经的事实,积极配合各项诊治活动;②保持自尊;③获得有关诊治知识。

1. **全身治疗**　闭经的发生与神经内分泌的调控密切相关,因此,全身治疗在闭经治疗中占据重要地位。闭经是因全身急、慢性疾病引起者首先考虑全身性治疗。单纯性营养不良者增加营养保持标准体重;肥胖、体重过重者,应给予低能量饮食,加强锻炼。

2. **心理护理**　良好的护患关系有助于护患之间的沟通交流,有助于了解病人和家属的真实心理。护士应鼓励、倾听病人表达自己的感受,向其提供正确的诊疗信息,澄清错误观念,充分调动亲属朋友的力量,关心和帮助病人减轻心理压力。

3. **健康指导**

（1）检查指导教育:闭经病人为明确病因需要做许多检查,护士应向病人提供各种检查方面的知识,使病人能够按时、按规定接受有关检查,取得准确的检查结果,获得满意的治疗效果。

Note:

（2）治疗指导教育：药物治疗是闭经治疗中的重要内容，如性激素替代治疗、促排卵药物治疗、抗结核药物治疗等。护士应针对不同的病人给予相应的指导，如门诊病人应详细交代药物名称、作用、用药方法、剂量、服药注意事项、不良反应及复诊时间。对住院病人应遵医嘱正确给药，及时与医生联系，做好疗效观察与不良反应处理。病人如须进行手术治疗或其他治疗，护士则应做好相应的护理。

（3）饮食与运动指导教育：指导病人体格锻炼与合理营养，提高机体体质。运动性闭经病人应适当减少运动量；为极度消瘦和肥胖病人提供相关的专业指导和信息；指导神经性厌食症者及时治疗。

【护理评价】

经过治疗和护理，评估病人是否能够达到：①心态平和，接受闭经事实；②保持自尊；③主动配合诊断检查和治疗，维持性征和月经。

（何朝珠）

第三节　围绝经期综合征病人的护理

导入情境与思考

病人，女性，49岁，潮热、出汗加重半年。1年前无明显诱因出现月经周期延长为60~85d，继而出现颈部，颜面部发热，伴出汗等症状，每日3~5次，未经治疗。近半年来症状较前有所加重，每日可达20余次，今来就诊。平时月经周期规律，28~30d。月经期4~6d，量中，无痛经。生育史：1-0-1-1，安全套避孕。既往无高血压、糖尿病等病史。妇科检查：外阴已婚已产型，宫颈有糜烂样改变，子宫前位，大小如常，质地软，活动度好，无压痛，双侧附件无异常。实验室检查：FSH 32U/L，E_2 15ng/L。

请思考：

（1）该病人可能患有何种疾病？

（2）发生该疾病的主要原因是什么？

（3）护士在对病人做健康教育时要注意什么？

长期以来人们习惯用"更年期"来形容卵巢功能衰退的过程。1994年WHO提出废除"更年期"术语，推荐采用围绝经期（perimenopausal period）一词，并将其定义为从卵巢功能开始衰退直至绝经后1年的时期。围绝经期综合征（perimenopausal syndrome，PMS）指妇女绝经前后由于性激素水平波动或下降所致的以自主神经系统功能紊乱为主，伴有精神心理症状的一组综合征。除自然绝经外，因双卵巢手术切除或医源性功能丧失（如化学治疗或放射治疗）导致的人工绝经妇女更易发生围绝经期综合征。

【病因与发病机制】

1. **内分泌因素**　卵巢功能衰退，血中雌、孕激素分泌减少，使正常的下丘脑-垂体-卵巢轴之间平衡失调，影响了自主神经中枢及其支配下的各器官功能，从而出现一系列自主神经功能失调的症状。在卵巢切除或放疗后雌激素急剧下降，症状更为明显，而雌激素补充后可迅速改善。

2. **神经递质**　血β-内啡肽及其自身抗体含量明显降低，引起神经内分泌调节功能紊乱。情绪变化与神经递质5-羟色胺（5-HT）水平异常密切相关。

3. **种族及遗传因素**　个体人格特征、神经类型、种族、职业、家庭和社会环境改变等也可能与围绝

经期综合征的发生有关。围绝经期综合征病人大多神经类型不稳定,且有精神压抑或精神上受过较强烈刺激的病史。长期从事体力劳动的人发生围绝经期综合征的较少,即使发生症状也较轻,消退较快。

【围绝经期的内分泌变化】

绝经前后最明显的变化是卵巢功能衰退,随后表现为下丘脑-垂体功能退化。

1. **雌激素**　绝经后由于卵巢功能衰退,循环血中雌激素水平逐渐下降,而雌二醇水平降低明显。

2. **孕激素**　绝经过渡期卵巢尚有排卵功能,仍有孕激素分泌。因卵泡期延长,黄体功能不良,导致孕激素分泌减少。绝经后无孕激素分泌。

3. **雄激素**　雄烯二酮血中含量约为绝经前的50%,主要来源于肾上腺。

4. **促性腺激素**　绝经后雌激素水平降低,诱导下丘脑释放促性腺激素释放激素增加,刺激垂体释放 FSH 和 LH 增加。

5. **促性腺激素释放激素**　绝经后 GnRH 分泌增加,并与 LH 水平相平衡。

6. **抑制素(inhibin)**　是一种主要由性腺分泌的糖蛋白激素。围绝经期女性血抑制素水平下降,较雌二醇下降早且明显,可成为反映卵巢功能衰竭敏感的指标。绝经后卵泡抑制素极低,而 FSH 升高。

7. **其他激素**　生长激素、降钙素、β-内啡肽绝经后水平降低,甲状旁腺激素则增加。

【护理评估】

(一)健康史

询问病人的年龄、月经史、生育史,了解既往有无生殖系统及其他内分泌系统疾病史,包括其诊治情况如何,了解病人母亲或姐妹围绝经期情况等。

(二)身体状况

围绝经期综合征主要表现为月经改变、精神神经症状及因性激素水平下降所致的相关症状。

1. **月经紊乱**　多数围绝经期妇女出现月经紊乱,表现为月经周期不规则,月经期长短不一,月经量多少不等。

2. **精神神经症状**　主要包括情绪不稳定,记忆力减退,注意力不集中。病人常表现为忧郁、情绪烦躁、焦虑、多疑,甚至出现大声哭闹和反常言行等。

3. **自主神经失调症状**　常出现心悸、眩晕、头痛、失眠、耳鸣等自主神经失调症状。

4. **雌激素下降相关症状**

(1) 血管舒缩症状:潮红、潮热是围绝经期妇女最常见且典型的症状。其特点是反复出现短暂的面部、颈部及胸部皮肤潮红,阵热,伴出汗,汗后畏寒。一般持续1~3min。发作次数因人而异,症状轻者每日发作数次,严重者10余次或更多,夜间或情绪激动时易促发,影响病人的情绪、工作及睡眠。该症状可持续1~2年,有时长达5年或更长时间。

(2) 心血管系统症状:绝经后妇女易发生高血压、动脉粥样硬化、心肌梗死和脑血管病变。

(3) 泌尿生殖道症状:主要表现为泌尿生殖道萎缩症状,如尿道括约肌松弛、外阴和阴道干燥、黏膜伸展性差,病人常有压力性尿失禁,易反复发生尿路感染,出现性交困难。

(4) 骨质疏松:绝经后妇女因雌激素下降导致骨质吸收速度快于骨质生成,从而促使骨质丢失,出现骨质疏松。病人因骨骼压缩而身材变矮,严重者易发生桡骨远端、股骨颈、椎体等处骨折。

(5) 其他改变:病人皮肤松弛、皱纹增多,伴色素沉着,皮下脂肪变薄;阴毛、腋毛不同程度丧失,阴道萎缩,子宫颈及子宫萎缩变小;乳房萎缩、下垂;人体脂肪重新分布,趋向于中心化。

(三)辅助检查

1. **促性腺激素、性激素及促性腺激素释放激素(GnRH)等检查**　了解下丘脑-垂体-卵巢轴的功能。

2. **B 超检查**　了解子宫形态、大小及卵巢大小、形态等。

3. **宫颈刮片** 进行防癌涂片检查。

4. **血常规、出凝血时间检查** 了解贫血程度及有无出血倾向。

5. **心电图及血糖、血脂检查** 了解心血管的情况及血糖、血脂的水平。

6. **其他** 必要时行阴道脱落细胞检查、宫腔镜检查。

（四）心理-社会状况

围绝经期妇女由于自身生理的变化（如面容衰老、乳房下垂等）及家庭和社会环境（如家庭空巢、夫妻社会地位日渐悬殊、工作负荷加重等）的改变会使心理负担加重，影响正常生活、工作和人际关系，这又反过来更加重围绝经期综合征的症状，形成恶性循环。

【常见护理诊断/问题】

1. **焦虑** 与不适应围绝经期内分泌变化、健康状态的改变及家庭和社会环境的变化有关。

2. **体像紊乱** 与月经紊乱、出现精神和神经症状等围绝经期综合征表现有关。

3. **知识缺乏**：缺乏围绝经期的相关医学知识。

4. **有感染的危险** 与围绝经期阴道萎缩、膀胱黏膜变薄，防御感染能力下降有关。

【计划与实施】

围绝经期综合征的治疗原则是缓解近期症状，调节自主神经功能紊乱，进行心理治疗，早期预防骨质疏松症、动脉硬化等老年性疾病。对围绝经期综合征病人强调综合治疗，主要包括心理治疗、激素替代治疗及健康指导。

经过治疗和护理，病人达到：①正确接受进入围绝经期这一生理时期的事实；②围绝经期的症状得到缓解或消失；③获得关于用药、饮食、运动等方面的正确信息。

1. **心理护理** 评估病人是否存在认识误区及接受事物程度，采用恰当的方法（如观看录像、个体经历等）使病人理解围绝经期是人体正常的生理过程，应以平常心来对待衰老。同时充分发挥亲友尤其是配偶的积极性，鼓励、关心和体贴病人，帮助病人度过这一时期。

2. **用药指导** 为了缓解围绝经期综合征症状，激素替代治疗在临床中得到广泛应用。

（1）常用药物及使用方法：主要药物为雌激素，常辅以使用孕激素。给药途径有口服给药、经阴道给药、经皮肤给药和皮下埋植等。可短期用药以解除围绝经期症状，待症状消失后即可停药，也可长期用药用于防治骨质疏松。激素替代治疗应用须遵循剂量个体化的原则，以取最小有效量为佳。

（2）激素替代治疗禁忌证：妊娠、原因不明的子宫出血、血栓性静脉炎、肝胆疾病、乳腺癌、子宫内膜癌等。

（3）不良反应的观察和护理：不良反应主要表现为乳房胀痛、白带增多、头痛、水肿、色素沉着、抑郁、易怒及异常子宫出血等。长期单一应用雌激素可使子宫内膜增生和罹患子宫内膜癌的危险性增加，目前强调对有子宫的病人联合使用雌、孕激素可降低风险。

护士应向病人解释治疗目的、性激素使用方法、可能出现的不良反应，有异常情况者尽快就诊；根据不同个体选取最小的有效药物剂量；督促病人定期随访。

3. **健康指导** 指导病人进行适当的运动如散步、骑车、打太极拳等，摄入足量蛋白质及含钙丰富的食物，增加日晒时间，补充钙片，预防骨质疏松。必要时可选用适量的镇静药以助睡眠，谷维素有助于调节自主神经功能，缓解潮热症状。保持乐观态度，增强社交活动。

【护理评价】

经过治疗和护理，评估病人是否能够达到：①生活状态良好，能以乐观积极的态度待人行事；②围绝经期的症状得到缓解或消失；③掌握围绝经期康复保健的知识。

（何朝珠）

第四节　痛经病人的护理

导入情境与思考

　　病人,女性,22岁,有月经期小腹疼痛病史8年,疼痛呈持续性,时重时轻,月经干净后,疼痛消失。近期因月经期腹痛,并伴有恶心、呕吐,出冷汗,面色苍白入院。病人述在家曾服用镇痛药,有所好转,具体药物不详。

　　请思考:

　　(1) 该病人目前的首要护理问题是什么?

　　(2) 该病人可以从哪些方面进行健康教育?

　　痛经(dysmenorrhea)是妇科最常见的症状之一,是指行经前后或月经期出现下腹痉挛性疼痛、坠胀、腰酸或合并头痛、头晕、乏力、恶心等其他不适,症状严重者影响生活和工作。痛经分为原发性和继发性两类,前者指生殖器官无器质性病变的痛经,占痛经90%以上;后者指由于盆腔器质性疾病如子宫内膜异位症、盆腔炎性疾病或宫颈狭窄等引起的痛经。本节只叙述原发性痛经。

【病因及发病机制】

　　原发性痛经的病因尚不明确,一般认为其发生主要与月经时子宫内膜合成和释放前列腺素(prostaglandin,PG)增加有关。研究表明,子宫内膜和月经血中PG含量尤其PGF_{2a}和PGE_2含量均明显高于正常妇女,PGF_{2a}含量增高是引起痛经的主要原因。在月经周期中,分泌期子宫内膜前列腺素浓度高于增生期子宫内膜。月经期因溶酶体酶溶解子宫内膜细胞而大量释放PGF_{2a}和PGE_2,使PGF_{2a}和PGE_2含量增高。前列腺素诱发子宫平滑肌收缩,血管痉挛,造成子宫缺血、缺氧而产生分娩样下腹痉挛性绞痛,导致痛经。增多的前列腺素进入血液循环,还可以引起心血管和消化道等症状。此外,原发性痛经还与精神因素、神经因素、遗传因素及免疫因素有关。无排卵的增生期子宫内膜因无孕激素刺激,所含前列腺素浓度很低,一般不发生痛经。

【护理评估】

(一) 健康史

　　询问病人的年龄、月经史与婚育史,了解诱发痛经相关的因素,疼痛与月经的关系,疼痛发生的时间、部位、性质及程度,是否服用镇痛药缓解疼痛,用药量及持续时间,疼痛时伴随的症状等。

(二) 身体状况

　　月经期下腹疼痛是原发性痛经的主要症状,疼痛多数位于下腹部耻骨上,可放射至腰骶部、外阴与肛门,少数人的疼痛可放射至大腿内侧。疼痛的主观感受也与个体的痛阈有关。疼痛的性质以胀坠痛为主,重者呈痉挛性。疼痛时月经未来潮或仅见少量经血,行经第1日疼痛最剧烈,多于2~3d后缓解。可伴随恶心、呕吐、头晕、乏力、腹泻等症状,严重时面色发白、四肢厥冷、出冷汗。妇科检查无异常发现。

(三) 辅助检查

　　妇科检查无阳性体征,为排除因子宫内膜异位症、子宫肌瘤、盆腔炎性疾病引起的继发性痛经,可做超声检查、腹腔镜检查、子宫输卵管造影、宫腔镜检查。目前腹腔镜检查是最有价值的辅助诊断方法。

(四) 心理-社会状况

　　原发性痛经多见于青春期病人,周期性月经期下腹部疼痛,会使病人心理负担加重,甚至影响正常学习和工作。要注意倾听和观察病人精神、神经方面的表现,注意神经质的性格特点。

【常见护理诊断/问题】

1. **急性/慢性疼痛**　与子宫痉挛、精神紧张有关。
2. **恐惧**　与长期痛经有关。
3. **睡眠型态紊乱**　与痛经症状有关。

【计划与实施】

原发性痛经的治疗原则是缓解疼痛症状,避免精神刺激或过度疲劳,重视心理治疗。以对症治疗为主,一般给予镇痛解痉类药物。可口服非甾体抗炎药以减少前列腺素的释放,减轻疼痛程度;还可口服避孕药抑制子宫内膜生长,以减少月经量、抑制排卵和减少月经血中前列腺素含量,缓解疼痛。

经过治疗和护理,病人达到:①疼痛减轻;②恐惧感消失;③月经期间睡眠状态改善,得到充分的休息。

1. **缓解症状**
（1）腹部热敷和进食热的饮料。
（2）服用药物:症状严重者遵医嘱给予镇痛药。如月经来潮即开始服用镇痛药,须观察药物依赖症状的出现,并提供给医生;避孕药适用于要求避孕的痛经妇女。
（3）生物反馈法:增加病人自我控制感,使身体放松,以解除痛经。

2. **心理护理**　原发性痛经病人常因周期性下腹部疼痛、坠胀,伴腰骶部不适等影响病人的身心健康。应重视提供心理支持,给予其安慰与理解,使病人在月经期能够情绪稳定,心情舒畅。

3. **健康指导**
（1）向病人介绍有关月经的生理卫生知识,如注意月经期卫生,月经期禁止性生活,避免受寒及进冷饮等。
（2）提醒病人合理休息和充足睡眠。

【护理评价】

经过治疗和护理,评估病人是否能够达到:①疼痛减轻,了解疼痛的相关因素和应对措施;②在月经来潮及月经期无恐惧感,没有恐惧的行为和体征;③自诉睡眠良好。

（何朝珠）

思 考 题

1. 异常子宫出血的治疗原则是什么?
2. 异常子宫出血性激素治疗的护理要点有哪些?
3. 下丘脑性闭经按病因如何分类?
4. 围绝经期综合征病人的护理要点有哪些?

Note:

第五十三章

子宫内膜异位症病人的护理

53章　数字内容

学 习 目 标

● 识记:

1. 陈述子宫内膜异位症的概念。

2. 列举子宫内膜异位症药物治疗和手术治疗的护理要点。

● 理解:

1. 阐述子宫内膜异位症的发病机制,列举减少导致子宫内膜异位症发病的因素。

2. 解释子宫内膜异位症的护理评估重点和护理措施。

● 运用:

为子宫内膜异位症病人进行护理评估,制订护理计划,提供健康教育。

病人,女性,32岁,已婚,未育,因继发性痛经、进行性加重5年就诊。平素月经规律,痛经以月经第1、2日为重,疼痛部位为腰骶部及下腹部,伴恶心、呕吐,须服镇痛药控制。病人婚后3年未采取避孕措施,至今未孕,担心不孕。诊断为子宫内膜异位症,采用达那唑治疗。

请思考:

(1) 目前该病人的主要护理问题有哪些?

(2) 该药的主要不良反应有哪些?服药指导的主要内容是什么?

子宫内膜异位症(endometriosis,EMT)简称内异症,是指子宫内膜组织(腺体和间质)出现在子宫体以外的部位。异位内膜可侵犯全身任何部位,如外阴、脐、肾、输尿管、膀胱、肺、乳腺,甚至手臂、大腿、手术切口等处;常出现在盆腔内生殖器官及其邻近器官的腹膜面,最常见的侵犯部位是卵巢、子宫骶韧带,其次为子宫及其他脏腹膜、直肠阴道隔等部位(图53-0-1)。当子宫内膜腺体和间质生长在子宫肌层时,称子宫腺肌病(adenomyosis)。子宫内膜异位症是激素依赖性疾病,绝经后异位内膜病灶可逐渐萎缩吸收,妊娠或使用性激素抑制卵巢功能可阻止疾病发展。子宫内膜异位症虽然是良性病变,但具有转移、种植、浸润、复发等类似恶性肿瘤的特点。

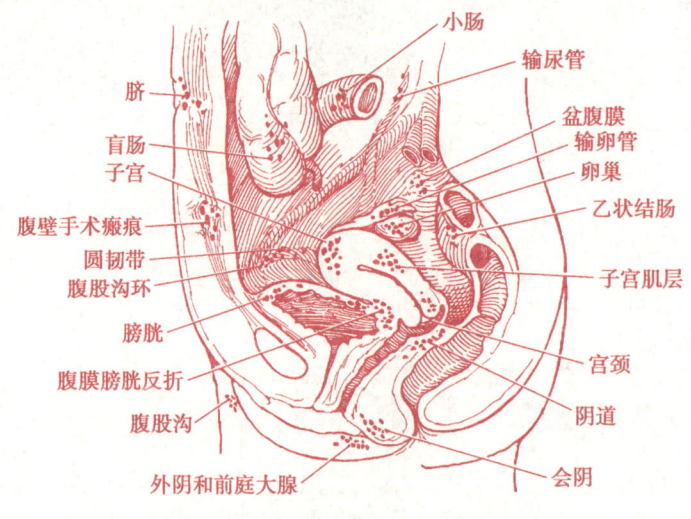

图53-0-1 子宫内膜异位症的发生部位

流行病学数据显示,生育期是内异症的高发时段,其中76%发生在25~45岁。绝经后用激素补充治疗的妇女也有发病者。生育少、生育晚的妇女发病明显高于生育多、生育早者。慢性盆腔疼痛及痛经病人中内异症发病率为20%~90%,不孕症病人中25%~35%有内膜异位,妇科手术中有5%~15%的病人被发现有内异症存在。近年来,内异症发病率出现明显上升趋势,与剖宫产率增高、人工流产与宫腹腔镜操作增多有关,也与社会经济水平正相关。

【病因】

子宫内膜异位症的发病机制目前尚不清楚,学者们经过研究提出以下学说:

1. 种植学说 1921年,Sampson首次提出了种植学说,其传播途径主要包括:

(1) 经血逆流:Sampson首先提出月经期时子宫内膜腺上皮和间质细胞可随经血逆流,经输卵管进入腹腔,种植于卵巢及邻近的盆腔腹膜并生长、蔓延。临床上,患先天性阴道闭锁的病人月经排出受阻,常并发子宫内膜异位症,这也说明经血逆流可导致内膜种植。但该学说无法解释在多数生育期

女性中存在经血逆流,但仅少数(10%~15%)女性发病,也无法解释输尿管、肺等远处的内异症。

(2)淋巴及静脉播散:子宫内膜也可以通过淋巴及静脉向远处播散,发生异位种植。不少学者在光镜检查时发现盆腔淋巴管、淋巴结和盆腔静脉中有子宫内膜组织。临床上所见远离盆腔的器官,如肺、四肢皮肤、肌肉等发生内异症,可能就是内膜通过血行和淋巴播散的结果。但该学说无法说明子宫内膜如何通过静脉和淋巴系统,而盆腔外内异症的发病率又极低。

(3)医源性种植:剖宫产术后腹壁切口或分娩后会阴切口出现内异症,可能是手术时将子宫内膜带至切口直接种植所致。此途径在人猿实验中获得证实。

2. **体腔上皮化生学说**　卵巢表面上皮、盆腔腹膜是由胚胎时期具有化生潜能的体腔上皮分化而来,受到经血、慢性炎症和卵巢激素的反复刺激,被激活转化为子宫内膜样组织,形成子宫内膜异位灶。但目前仅有动物实验证实。

3. **诱导学说**　未分化的腹膜组织在内源性生物化学因素诱导下,可发展成为子宫内膜组织,种植的内膜可以释放化学物质,诱导未分化的间充质形成子宫内膜异位组织。此学说是体腔上皮化生学说的延伸,在兔动物实验中已证实,而在人类尚无证据。

4. **其他因素**　内异症的形成可能还与遗传、免疫和炎症等因素有关。病人的亲属患病率高于正常对照组,单卵双胎姐妹中一方患有内异症时,另一方发生率可达75%。有研究显示免疫调节异常对子宫内膜异位症的发生、发展具有重要作用。

知 识 链 接

在位内膜决定论

关于子宫内膜异位症的发病机制,国内学者提出了"在位内膜决定论",认为异位的内膜在盆腹腔能够成为病变,必须经过黏附、侵袭和血管形成的"三部曲",得以达到"生根、生长、生病";其中,在位内膜的分子生物学特点起到重要作用,其他的激素、免疫等因素只是影响内膜命运或者是否能在异地容受的附加条件。可以说,在位内膜是种子,异地是土壤;种子是根源,其他的各种因素是阳光、雨露,是条件。因此,在位内膜是决定因素,这就是"在位内膜决定论"。

【病理】

子宫内膜异位症的主要病理变化是异位的内膜随卵巢激素的变化而发生周期性出血,伴有周围纤维组织增生和粘连,在病变区域形成紫褐色斑点或小泡,最终形成蓝紫色实质性结节。

1. **卵巢型**　卵巢的子宫内膜异位最多见,80%的病人为一侧卵巢受累,50%的病人双侧卵巢出现病变。卵巢的异位内膜病灶分为微小病变型和典型病变型(囊肿型),前者为卵巢浅表层的红色、蓝色或棕色斑点或小囊,病灶仅数毫米大小,常导致卵巢与周围组织粘连;后者在卵巢皮质内生长,形成单个或多个囊肿,囊肿表面呈灰蓝色,大小不一,直径多在5cm左右,大至10~20cm,称为卵巢子宫内膜异位症。因囊肿内含有暗褐色黏稠陈旧性出血,状似巧克力液体,又称卵巢巧克力囊肿。由于子宫内膜周期性出血,囊肿内压力不断增高,少量血液渗漏至卵巢表面,引起腹膜局部炎症反应和组织纤维化,导致卵巢与邻近组织器官粘连、固定。

2. **腹膜型**　分布于盆腔腹膜和各器官表面,以子宫骶韧带、直肠子宫陷凹和子宫后壁下段浆膜层最为常见。在病变早期,病灶局部有散在紫褐色出血点或颗粒状散在结节。随病变发展,子宫后壁与直肠前壁粘连,直肠子宫陷凹变浅,甚至完全消失。输卵管内异症多累及管壁浆膜层,累及黏膜者较少。输卵管常与周围组织粘连,可因粘连和扭曲而影响其正常蠕动,严重者可致管腔不通,是内异症导致不孕的原因之一。

3. **深部浸润型**　指病灶浸润深度≥5mm的内异症,累及部位包括子宫骶韧带、直肠子宫陷凹、阴

Note:

道后穹隆、直肠阴道隔、直肠或者结肠壁等,也可侵犯至膀胱壁和输尿管。

4. **其他部位的内异症**　包括瘢痕内异症(如腹壁切口、会阴切口等)及肺、胸膜等部位的内异症。

【护理评估】

(一) 健康史

1. 询问病人的年龄、月经史和生育史等。了解病人有无剖宫产史、腹部手术史及人工流产史等。了解病人有无痛经和慢性盆腔痛,有无不孕。

2. 了解病人本次患病的经过,腹痛的部位和程度,有无月经异常及其他不适。

3. 询问病人的家族史,包括内异症患病史。

(二) 身体状况

1. **症状**　因人、因病变部位不同而有不同症状。25%的病人没有明显症状。

(1) 下腹痛和痛经:疼痛是子宫内膜异位症病人的主要症状,典型症状为继发性痛经、进行性加重。疼痛部位多位于下腹部及腰骶部,可放射至阴道、会阴、肛门、大腿,一般于月经来潮时出现,并持续至整个月经期。疼痛的性质多为坠胀感,严重者可伴有恶心、呕吐,甚至虚脱。27%~40%的病人无痛经,因此痛经不是子宫内膜异位症诊断的必需症状。

(2) 月经异常:15%~30%的病人有月经量增多、月经期延长、月经淋漓不尽或月经前期点滴出血。可能与卵巢内分泌功能受到影响或合并子宫腺肌病或子宫肌瘤有关。

(3) 不孕:子宫内膜异位症病人不孕率高达40%,可能与盆腔组织、器官广泛粘连或输卵管蠕动减弱,影响卵子排出、摄取和受精卵运行有关。也可能与卵巢内分泌功能异常有关。

(4) 性交不适:多见于直肠子宫陷凹有异位病灶或病变导致子宫后倾固定的病人,特点是深度性交痛,且在月经来潮前性交痛更为明显。

(5) 其他特殊症状:盆腔外任何部位有异位内膜种植生长时,均可在局部出现周期性疼痛、出血和肿块。肠道子宫内膜异位症病人可出现腹痛、腹泻、周期性便血等。膀胱子宫内膜异位症病人常在月经期出现尿痛、尿频。手术瘢痕异位症病人常在术后数月或数年出现周期性瘢痕处疼痛,可触及包块,包块逐渐增大,疼痛加剧。

2. **体征**　一般腹部检查无异常。巨大的卵巢子宫内膜异位症病人在腹部可扪及包块,囊肿破裂时可出现腹膜刺激征。典型的盆腔子宫内膜异位症病人在盆腔检查时,可发现子宫后倾固定,子宫骶韧带、直肠子宫陷凹、后穹隆处可扪及触痛性结节。

(三) 辅助检查

通过临床症状和体征,可初步诊断子宫内膜异位症,但临床上仍需要借助辅助检查确诊。

1. **超声检查**　是诊断卵巢异位囊肿和膀胱、直肠内异症的重要方法,可确定异位囊肿位置、大小和形状,其诊断敏感性和特异性均在96%以上。囊肿呈圆形或椭圆形,与周围器官粘连,囊肿内容物为囊性、混合性或实性,以囊性最为多见,典型的影像为附件区无回声包块,内有强光点。

2. **血清 CA12-5 值测定**　子宫内膜异位症病人可出现 CA12-5 值轻、中度升高,但诊断的敏感性和特异性均较低。CA12-5 值的变化可以用于子宫内膜异位症病人治疗效果的监测。

3. **腹腔镜检查**　是目前国际公认的内异症诊断的最佳方法,除了阴道或其他部位可直视的病变外,腹腔镜检查是确诊盆腔内异症的标准方法。对在腹腔镜下见到的典型病灶或可疑病变进行活组织检查即可确诊。

(四) 诊断标准

生育期女性有继发性痛经且进行性加重、不孕或慢性盆腔痛,妇科检查扪及与子宫相连的囊性包块或盆腔内有触痛性结节,即可初步诊断为子宫内膜异位症。但临床上须进行辅助检查确诊。行腹腔镜检查时的盆腔可见病灶和病灶的活组织病理检查是确诊依据,但病理学检查结果阴性并不能排除内异症的诊断。

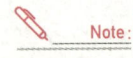
Note:

（五）心理-社会状况

子宫内膜异位症虽然是良性病变，但其随月经周期反复发作，痛经严重者生活、工作可受到影响。目前，无论是药物治疗还是手术治疗都不能根治此病，反复多次的治疗，耗费病人大量的时间和精力，可出现抑郁、烦躁、焦虑、失眠等精神心理问题。如果并发不孕症，病人还要承受来自家庭和社会的压力。

【护理诊断/问题】

1. **急性疼痛**　与子宫内膜异位症引起的痛经及其他疼痛有关。
2. **焦虑**　与担心不孕及治疗效果有关。
3. **知识缺乏**：缺乏子宫内膜异位症疾病及相关治疗知识。

【计划与实施】

子宫内膜异位症的治疗原则是缩减和祛除病灶、减轻和控制疼痛、治疗和促进生育、预防和减少复发。治疗方案须考虑到病人的年龄、症状的严重程度、病灶部位及浸润深度及生育情况和需求。对有生育要求的年轻妇女尽量进行药物治疗、腹腔镜手术或保守性开腹手术，促使其尽早受孕；对无症状或症状轻微的病人，可定期随诊；对年龄大、无生育要求及药物治疗或腹腔镜手术无效者，可行全子宫及一侧或双侧附件切除术。但药物治疗或保守手术都有复发的可能。

经过治疗与护理，病人达到：①缓解痛经症状，学习、工作和生活不受影响；②不孕病人的焦虑程度减轻，能面对现实，主动寻求助孕方法；③叙述疾病相关治疗知识，配合治疗和护理。

（一）药物治疗与护理

1. **期待疗法**　用于轻度子宫内膜异位症病人。可定期随访，一般为3~6个月随访一次。采用非甾体抗炎药（吲哚美辛、萘普生、布洛芬等）对症处理病变引起的轻微月经期腹痛。有生育要求者一般不使用期待疗法，应促使其尽早受孕。一旦妊娠，异位内膜病灶坏死萎缩，分娩后症状可缓解并有望治愈。保守治疗期间若病人症状和体征加重，应改用积极的治疗方法。

2. **药物疗法方案**　由于妊娠与闭经可避免发生痛经和经血逆流，因此临床上常采用使病人假孕和假绝经的激素疗法。

（1）口服避孕药：造成类似妊娠的人工闭经，降低垂体促性腺激素水平，使异位的内膜萎缩、月经量减少。常用低剂量高效孕激素和炔雌醇复合避孕药，连续服用6~9个月，每日1片。主要不良反应有恶心、呕吐，应警惕血栓形成风险。

（2）孕激素：单独使用人工合成高效孕激素，通过抑制垂体促性腺激素分泌，造成无周期性的低雌激素状态，并与内源性雌激素共同作用，造成高孕激素性闭经和内膜蜕膜化，形成假孕。一般应持续服用6个月。药物的不良反应有恶心、轻度抑郁、体重增加、水钠潴留、阴道不规则点滴出血等。一般停药数月后，月经恢复正常，痛经缓解。

（3）孕激素拮抗剂：米非司酮有较强的抗孕激素作用，可造成闭经使病灶萎缩，不良反应轻，无雌激素样影响，亦无骨质疏松的危险，但长期疗效有待证实。

（4）孕三烯酮：是19-去甲睾酮甾类药物，可降低体内雌激素水平，使异位内膜萎缩、吸收，是一种假绝经疗法。此药在血浆内半衰期长达28h，每周仅须用药两次，于月经第1日开始服药，6个月为1个疗程。服药后50%~100%的病人发生闭经，症状缓解率在95%以上。孕三烯酮治疗子宫内膜异位症的疗效与达那唑相近，但不良反应远较达那唑低，对肝功能影响较小，很少因转氨酶过度升高而中途停药，且用药量少、方便。

（5）达那唑：为合成的17α-乙炔睾酮衍生物，可抑制FSH、LH峰值，抑制卵巢甾体激素的合成，增加雌、孕激素的代谢，直接与子宫内膜的雌、孕激素受体结合，抑制内膜细胞增生，导致子宫内膜萎缩而闭经。因FSH、LH呈低水平，又称假绝经疗法。适用于轻度及中度子宫内膜异位症痛经明显的病人。从月经第1日开始，持续用药6个月。若病人痛经不缓解或不出现闭经时，可加大剂量。疗程

Note：

结束后约90%的病人症状消失。不良反应有恶心、体重增加、乳房缩小、痤疮、皮脂增加、多毛、头痛、潮热、性欲减退、肌痛性痉挛等。达那唑大部分在肝内代谢，已有肝功能损害者不宜服用，也不宜用于高血压、心力衰竭、肾功能不全等的病人。病人一般在停药后4~6周恢复月经及排卵。

（6）促性腺激素释放激素激动剂（GnRH-a）：为人工合成的十肽类化合物，对GnRH受体的亲和力较天然GnRH高百倍，短期内促进垂体细胞LH和FSH释放后持续抑制垂体分泌促性腺激素，导致卵巢分泌的激素显著下降，出现暂时性闭经，故称此疗法为"药物性卵巢切除"。目前临床上应用的多为亮丙瑞林缓释剂或戈舍瑞林缓释剂。用法为月经第1日皮下注射亮丙瑞林或皮下注射戈舍瑞林，以后每隔28d再注射一次，共3~6次。一般在用药第2个月后出现闭经，停药后短期内可恢复排卵。主要不良反应为雌激素过低引起的潮热、阴道干燥、性欲减退及骨质疏松等绝经症状，骨质丢失通常在停药后1年左右逐渐恢复正常。

3. 药物治疗的护理　无论假孕疗法还是假绝经疗法，病人都需要长期服药。有的药物不良反应2~3个月后减轻，有的在治疗停止后恢复正常，护士应提醒病人不必过分担心不良反应的出现，不要随便停药，也不要因为症状稍有减轻而自行停药。应遵医嘱，坚持服药。药物治疗虽不能根治疾病，但可以减轻症状，为手术做准备，减少盆腔粘连，增大手术中病灶被切除干净的机会。

目前，治疗子宫内膜异位症的药物种类较多，不同的药物作用机制不同，治疗持续时间较长，不良反应亦各有不同，有必要向病人讲解药理知识，使其了解药物的治疗作用，明确使用剂量、服用时间、不良反应及注意事项。孕激素的副作用相对较轻，易耐受，常见的有乳房胀痛，水钠潴留，食欲增加和体重增加等。睾酮类衍生物（达那唑）一般须连续使用6个月，副作用较明显，但一般可耐受，主要为男性化表现，如毛发增多，皮肤痤疮等，偶有肝功能损害，须定期随访肝功能。停药4~6周后可恢复月经和排卵，副作用大部分可随之消失。促性腺激素释放激素激动剂的副作用主要为潮热、阴道干燥、骨质疏松等。停药后大部分症状可缓解或消失但骨质疏松恢复较慢，须向病人强调并防止意外骨折。

（二）手术治疗与护理

药物治疗无效、症状加重、不孕及卵巢子宫内膜异位症囊肿大于5cm的病人应接受手术治疗。

1. 手术种类

（1）保留生育功能的手术：适用于有生育要求的病人，特别是药物治疗无效、年轻和有生育要求的病人。保留子宫、一侧或双侧卵巢，手术应尽量切除病灶，减轻症状、促进生育。手术方式有腹腔镜手术和开腹手术。术后复发率约40%，应尽早妊娠或使用药物减少复发。

（2）保留卵巢切除子宫的手术：全部或部分切除子宫，剔除卵巢巧克力囊肿，保留一侧或双侧卵巢，适用于症状明显且无生育要求的45岁以下病人。术后复发率约5%。

（3）根治性手术：切除子宫、双侧附件及盆腔病灶，适用于45岁以上症状严重的病人。术后不用雌激素补充治疗者，几乎不复发。双侧卵巢切除后体内残留的部分病灶将逐渐自行萎缩直至消失。

2. 手术病人的护理　按开腹手术或腹腔镜手术常规进行术前准备，术后注意预防出血。指导病人伤口护理、术后性生活及随诊时间。有生育要求的病人，在治疗一段时间后应积极采取助孕方法，争取在手术后6~12个月内受孕。

（三）卵巢巧克力囊肿扭转或破裂病人的护理

卵巢巧克力囊肿在剧烈运动或过度充盈时可能发生扭转或破裂。护士应指导病人定期进行盆腔B超随诊，观察囊肿的大小变化，若迅速增大，则准备手术治疗。嘱病人避免剧烈运动，若出现突发的剧烈腹痛，如绞痛、大汗淋漓，可能为囊肿扭转，应及时就诊，准备手术。月经期，由于囊肿过度充盈，张力较大，易发生破裂，应嘱病人在月经期密切观察病情。若出现腹部压痛、反跳痛等腹膜刺激征，或伴有不同程度休克，须立即手术。紧急情况时，迅速做好配血、备皮、建立静脉通道等术前准备。

（四）疼痛及不孕病人的治疗与护理

月经期腹痛者可给予非甾体抗炎药如吲哚美辛、布洛芬或双氯芬酸钠等缓解疼痛。有生育要求者应进行不孕症的相关检查，如输卵管通液术或子宫输卵管造影术，腹腔镜下可以行输卵管通畅试

Note:

验,还可以松解输卵管的粘连,起到治疗作用。告知病人如果保守治疗期间症状和体征加重,应改用积极的治疗方法。

（五）减轻焦虑

子宫内膜异位症应被视为需要制订长期治疗计划的慢性疾病,其所导致的疼痛、性交痛和不孕症常常影响病人的家庭幸福和生存质量。另外,除根治性手术外,其复发率较高。所以在治疗和随访的过程中须观察病人及其家庭成员的心理反应和应激状况。给病人希望,同时也给病人配偶希望,使病人可从配偶处获得有效的社会支持。

（六）预防

虽然对子宫内膜异位症的预防作用有限,但可注意减少导致发病的相关因素。

1. 防止经血逆流　及时发现并治疗引起经血潴留的疾病,如先天性梗阻性生殖道畸形和继发性宫颈粘连、阴道狭窄等。

2. 药物避孕　口服避孕药可抑制排卵、促使子宫内膜萎缩,降低内异症的发病风险,对有高发家族史、容易带器妊娠者,可以选择。

3. 防止医源性异位内膜种植　尽量避免多次的宫腔手术操作。进入宫腔内的手术,缝合子宫壁时避免缝线穿过子宫内膜层,手术结束后应冲洗腹壁切口。月经前禁行输卵管通畅试验,以免将内膜碎屑推入腹腔。子宫颈及阴道手术不宜在月经前进行,以避免经血中内膜碎片种植于手术创面。人工流产吸宫术时,子宫腔内负压不宜过高,避免突然将吸管拔出,使子宫腔血液和内膜碎片随负压被吸入腹腔。月经期一般不做盆腔检查。

（七）健康教育

子宫内膜异位症虽然是良性疾病,但是痛经、不孕、复杂的治疗方案、治疗失败、复发等均造成病人身心痛苦。子宫内膜异位症病人的治疗方案比较复杂,每个病人的治疗方法都不同。因此,护士应通过个体化的健康教育使病人充分了解自己的疾病及治疗方案,树立治疗的信心,以达到最佳的治疗效果。利用一切机会向病人讲解有关疾病的知识,药物治疗及手术治疗的适应证和最佳时机,讲解手术的方法和手术前、后的注意事项。讲解定期随访的意义、目的和时间。

【护理评价】

经过治疗和护理,评估病人是否能够达到:①痛经程度有所缓解,能够正常地生活、学习、工作;②病人的焦虑程度减轻,有生育要求者主动寻求助孕方法,接受手术治疗者顺利度过围手术期;③掌握疾病及其治疗的相关知识,积极配合治疗,遵医嘱服药。

知 识 链 接

医德守望者郎景和之"科学研究始于兴趣"

在学生眼中,北京协和医学院郎景和教授,中国工程院院士,人如其名,有诗人般的气质,科学家的风度,有儒雅气质、广大胸怀。郎教授认为,科学家最开始做一件事情,是从兴趣开始的。他开始研究子宫内膜异位症,就是出于感兴趣。"它不是肿瘤,也不是炎症,到底是什么病?"有了兴趣才开始研究。他指导学生科研选题的时候也是如此,不是简单的分配题目,而是让学生自己找感兴趣的部分,这样才有做下去的动力。从医近50年,郎景和教授一直工作在妇产科教学、临床、科研第一线。他认为子宫内膜异位症是"折磨病人也折磨医生"的病症。为了解决病人的病痛,他进行了不懈的研究,他阐明了内异症的发病模式,提出了"在位内膜决定论"新学说,并且将内异症的临床问题全面剖析,建立了诊治规范。

（李　青）

思 考 题

1. 子宫内膜异位症的临床表现有哪些？
2. 如何预防医源性子宫内膜异位种植？

URSING

第五十四章

妊娠滋养细胞疾病病人的护理

54章 数字内容

学 习 目 标

- 识记：
  1. 陈述概念：妊娠滋养细胞疾病、葡萄胎、滋养细胞肿瘤。
  2. 列举滋养细胞肿瘤病人常用化疗药物的主要不良反应和护理要点。
- 理解：
  1. 解释葡萄胎、侵蚀性葡萄胎在临床表现、处理原则和护理措施方面的异同点。
  2. 阐述葡萄胎术后病人的随访计划和内容。
- 运用：
  为滋养细胞肿瘤病人进行护理评估，制订护理计划。

妊娠滋养细胞疾病（gestational trophoblastic disease，GTD）是一组来源于胎盘绒毛滋养细胞的疾病，根据组织学特征可分为葡萄胎、侵蚀性葡萄胎、绒毛膜癌（简称绒癌）和胎盘部位滋养细胞肿瘤。侵蚀性葡萄胎虽在组织学分类中属于交界性或不确定行为肿瘤，但其临床表现、诊断及处理原则与绒癌相似，临床上将其与绒癌一起合称为滋养细胞肿瘤。滋养细胞疾病绝大部分继发于妊娠，极少数来源于卵巢或睾丸生殖细胞，称为非妊娠性绒毛膜癌，不属于本章讨论范围。

滋养细胞是胎儿的附属物，具有侵蚀周围组织、穿破血管进入血液循环的能力，但正常妊娠时其侵蚀范围仅限于底蜕膜内。分娩后，随着胎盘的剥离和排出，大部分滋养细胞被排出母体，少数在产褥期随底蜕膜脱落而消失。如果滋养细胞在某些情况下异常增生，侵蚀能力增强，经血液循环至机体的其他部位，种植形成、远处转移并造成不同程度的破坏，则导致滋养细胞疾病。

第一节　葡萄胎病人的护理

导入情境与思考

病人，女性，28岁，孕1产0，平素月经规律，5/30d，量中等，无痛经。末次月经6月25日，于8月5日自测尿妊娠试验阳性，于2d前（8月20日）开始下腹隐痛伴阴道少量流血，很担心会流产，前来就诊。妇科检查：阴道内少量血液，子宫增大如孕4个月大小，质软，左侧附件触及一5cm×6cm大小的囊性包块。B超检查：子宫腔内弥漫分布的光点和小囊样无回声区，未见胎儿结构和胎心搏动，提示"完全性葡萄胎"。

请思考：

（1）该病人可能存在哪些护理诊断/问题？

（2）该病人如经过清宫处理后出院，护士应该如何指导其进行随访？

葡萄胎（hydatidiform mole），也称为水泡状胎块，是一种滋养细胞的良性病变。主要为绒毛滋养细胞增生，间质水肿变性，各个绒毛的乳头变为大小不一的水泡，水泡间有细蒂相连成串，形如葡萄而名之。葡萄胎可分为完全性葡萄胎和部分性葡萄胎两类。

流行病学调查显示，完全性葡萄胎的发生存在地域差异，亚洲和拉丁美洲国家的发生率较高，约500次妊娠1次，而北美和欧洲国家发生率较低，约1000次妊娠1次。我国的全国性调查显示，完全性葡萄胎发生率为平均每1000次妊娠0.78次，其中浙江省最高，山西省最低。近年来，完全性葡萄胎的发生率在亚洲国家有所下降，其中部分地区已经降至与欧美国家相似的水平。同一种族居住在不同地域，其葡萄胎的发生率也不相同，如居住在北非和东方国家的犹太人后裔的发生率是居住在西方国家的2倍。

传统观点认为部分性葡萄胎的发生率低于完全性葡萄胎，但近年资料表明，两者的发生率基本接近甚至前者更高，如日本和英国部分性葡萄胎发生率分别为每1000次妊娠0.78次和每1000次妊娠1.13次，这可能与部分性葡萄胎诊断准确率的提高等有关，许多伴有三倍体的早期流产其实为部分性葡萄胎。

【病因】

葡萄胎发生的确切原因尚未完全清楚。

1. 完全性葡萄胎（complete hydatidiform mole）　除种族、地域等因素外，营养状况与社会经济因素是可能的高危因素之一。饮食中缺乏维生素A及其前体胡萝卜素和动物脂肪者发生葡萄胎的概率明显升高。年龄及既往葡萄胎史也是高危因素，40岁以上或20岁以下妊娠妇女的发病率明显升

高,其原因可能与这两个年龄段容易发生异常受精有关;有过 1 次和 2 次葡萄胎妊娠者,再次发生率分别为 1% 和 15%~20%。此外,流产和不孕史也可能是高危因素。

2. **部分性葡萄胎(partial hydatidiform mole)**　迄今对部分性葡萄胎高危因素的了解较少,可能相关的因素有口服避孕药和不规则月经等,但与饮食因素及母亲年龄无关。

细胞遗传学研究表明,完全性葡萄胎的染色体核型为二倍体,均来自父系;部分性葡萄胎的染色体核型绝大多数为三倍体。无论是完全性葡萄胎还是部分性葡萄胎,多余的父源基因物质是造成滋养细胞增生的主要原因。另外尚有极少数部分性葡萄胎的核型为四倍体,但其形成机制还不清楚。

【病理】

1. **完全性葡萄胎**　大体检查见葡萄样水泡状物,大小不一,直径自数毫米至数厘米不等,占满整个宫腔,其间有纤细的纤维素相连,常混有血块及底蜕膜碎片,无胎儿及其附属物或胎儿痕迹。镜下检查见绒毛体积增大,轮廓规则,滋养细胞增生,间质水肿,间质内胎源性血管消失。

2. **部分性葡萄胎**　大体检查见部分绒毛变为水泡状,常合并胚胎或胎儿,胎儿多已死亡,合并足月儿极少,且常伴有发育迟缓或多发畸形。镜下检查见绒毛大小不等,常呈扇形,轮廓不规则,滋养细胞局限性增生,间质内有血管存在,可见胚胎和胎膜的组织结构。

【护理评估】

(一)健康史

1. 护士须了解病人本次妊娠早孕反应发生的时间及程度,有无剧烈呕吐、阴道流血等;如有阴道流血,应询问阴道流血的量、性质、时间,是否伴有腹痛,并询问是否有水泡状物排出。

2. 询问病人的年龄、月经史、妊娠史、生育史及既往有无滋养细胞疾病史。了解病人的饮食习惯、生活和居住情况。

3. 询问病人的家族史,包括滋养细胞疾病史。

(二)身体状况

1. **完全性葡萄胎**　由于超声检查和人绒毛膜促性腺激素(HCG)测定的广泛应用,病人尚未出现症状或仅有少量阴道流血时已能做出诊断,致使症状典型的葡萄胎病人已少见。完全性葡萄胎的典型临床表现有:

(1) 停经后阴道流血:为最常见的症状。多数病人在停经 8~12 周时出现不规则阴道流血,时出时停,量多少不定,可因反复大量出血造成贫血及继发感染,有时可发现水泡状物自行排出,但排出前和排出时常伴有大量流血。若葡萄胎组织从底蜕膜剥离,母体大血管破裂,可造成大出血,导致休克,甚至死亡。

(2) 子宫异常增大、变软:由于滋养细胞增生及水泡状变化,或因子宫腔内积血,约半数病人的子宫大于相应月份的正常妊娠子宫,质地极软。少数病人因水泡状物及血块的排出、绒毛水泡退行性变或停止发展等原因,其子宫大小可能与正常妊娠月份相符或较小。

(3) 妊娠呕吐:多发生于子宫异常增大和 HCG 水平异常升高者,出现时间一般较正常妊娠者早,持续时间长,且症状严重。若呕吐严重且未及时纠正,可导致水、电解质紊乱。

(4) 子痫前期征象:多发生于子宫异常增大者,可在妊娠 24 周前出现蛋白尿、水肿、高血压,而且症状严重,但子痫罕见。

(5) 卵巢黄素化囊肿(theca lutein ovarian cyst):由于滋养细胞过度增生,产生大量的 HCG,刺激卵巢卵泡内膜细胞发生黄素化而形成囊肿,称为卵巢黄素化囊肿。囊肿表面光滑,活动度好,切面为多房,囊壁薄,囊液清亮或琥珀色。卵巢黄素化囊肿一般无症状,黄素化囊肿常在葡萄胎清宫后 2~4 个月随 HCG 水平的下降而自趋消退。

(6) 腹痛:为阵发性下腹隐痛,由葡萄胎增长迅速和子宫过度快速扩张所致。一般发生在阴道流血前,是葡萄胎流产的表现。若发生卵巢黄素化囊肿扭转或破裂,可出现急性腹痛。

（7）甲状腺功能亢进征象：约7%的病人出现轻度甲状腺功能亢进，如心动过速、皮肤潮湿和震颤，血清游离 T_3、T_4 水平升高。

2. 部分性葡萄胎 也常表现为停经后阴道流血，有时与不全流产或稽留流产过程相似。其他症状较少，程度也比完全性葡萄胎轻。

（三）辅助检查

1. 超声检查 是诊断葡萄胎的一项可靠和敏感的常用辅助检查方法，最好采用经阴道彩色多普勒超声。完全性葡萄胎的典型超声影像学表现为子宫明显大于相应孕周，无妊娠囊或胎心搏动，子宫腔内充满不均质密集状或短条状回声，呈"落雪状"，若水泡较大而形成大小不等的回声区，呈"蜂窝状"。部分性葡萄胎子宫腔内可见由水泡状胎块所引起的超声图像及胎儿或羊膜腔，胎儿常合并畸形。早期葡萄胎妊娠的超声征象常不典型，容易误诊。

2. 人绒毛膜促性腺激素（HCG）测定 是诊断葡萄胎的另一项重要辅助检查。病人的血 HCG 高于正常孕周的相应值，而且在停经 8~10 周后继续持续上升。约45%的完全性葡萄胎病人的血清 HCG 水平在 100 000U/L 以上，大于 8 万 U/L 支持诊断。但也有少数部分性葡萄胎病人因绒毛水泡退行性变，HCG 升高不明显。

3. 其他检查 DNA 倍体分析、母源表达印迹基因检测、胸部 X 线影像等。

（四）诊断标准

凡有停经后不规则阴道流血要考虑葡萄胎可能。结合辅助检查结果进一步明确诊断。若阴道排出葡萄样水泡组织支持诊断。

（五）心理-社会状况

一旦被确诊为葡萄胎，病人及其家属可产生极大的不安，担心此次妊娠的结局对今后生育的影响，并表现为对清宫手术的恐惧。另外，病人可能因为不能正常妊娠产生自卑心理，部分病人因疾病给工作、家庭及夫妻关系带来影响而自责。

【护理诊断/问题】

1. **有感染的危险** 与阴道流血上行性感染、贫血造成免疫力下降有关。
2. **悲痛** 与对分娩的期望得不到满足及对将来妊娠担心有关。
3. **焦虑** 与担心清宫手术及预后有关。
4. **知识缺乏**：缺乏有关疾病的信息及葡萄胎随访知识。

【计划与实施】

葡萄胎一经临床诊断应及时清除子宫腔内容物，一般选用吸刮术。如病人无再生育要求、子宫增大迅速、年龄在 40 岁以上，可行子宫切除。对于年龄大于 40 岁、水泡小、病理报告提示滋养细胞高度增生或伴有不典型增生者，以及出现可疑的转移灶，或无条件随访的病人，可采用预防性化疗，但不常规推荐。经过治疗和护理，病人达到：①保持外阴清洁，不发生感染；②接受葡萄胎及流产的结局；③掌握减轻焦虑的技能，积极配合清宫手术治疗；④陈述随访的重要性和具体方法。

（一）严密观察病情

1. 观察腹痛及阴道流血情况 评估病人腹痛严重程度，检查阴道排出物内有无水泡状组织，保留会阴垫，以评估阴道出血量及流出物的性质，记录阴道流血的时间。流血过多时，密切观察病人血压、脉搏、呼吸等生命体征。

2. 会阴护理 保持会阴部清洁干燥，每日会阴冲洗 1~2 次。

（二）减轻焦虑

1. 评估病人对疾病的心理承受能力，确定主要的心理问题，评估病人接受治疗的心理准备。鼓励病人表达不能得到良好妊娠结局的哀伤，接受现实。向病人及其家属讲解有关葡萄胎的疾病知识

和对未来妊娠的影响。

2. 评估病人的焦虑水平,为病人提供生理和心理支持;倾听病人的想法,不否认她们对手术及预后的担忧;陪伴病人,通过护理活动与病人建立良好的护患关系。给病人讲解葡萄胎清宫手术的过程,纠正其错误认识,以解除顾虑和恐惧,增强信心。允许家属陪伴病人,给予心理支持。

（三）清宫手术与护理

葡萄胎病人清宫手术应在手术室进行,在输液、输血准备下,充分扩张子宫颈管;为避免葡萄胎组织堵塞刮宫的吸管,刮宫时,通常用大号吸管吸出子宫腔内容物,待大部分葡萄胎组织吸出,子宫明显缩小后,改用刮匙轻柔刮宫。由于清宫时出血多,子宫大而软,应动作轻柔,防止子宫穿孔和大出血。推荐在充分扩张子宫颈管和开始吸宫后使用缩宫素。

子宫小于妊娠 12 周者一般可以一次刮净,子宫大于妊娠 12 周或术中感到一次刮净有困难时,可于 1 周后行第 2 次刮宫。卵巢黄素化囊肿在葡萄胎清宫手术后会自行消退,一般不需处理。病人手术前、后护理要点有:

1. 病人清宫手术前完善全身检查,注意有无贫血、子痫前期、甲状腺功能亢进及休克表现,遵医嘱对症处理,稳定病情。

2. 术前嘱病人排空膀胱,建立有效的静脉通路,备血,准备好缩宫素、抢救药品及物品,以防大出血造成的休克。

3. 术中严密观察病人血压、脉搏、呼吸,有无休克征象,注意观察有无肺栓塞的表现,如呼吸困难、咳嗽等。

4. 术后注意观察病人阴道出血及腹痛情况。对合并子痫前期者做好相应的治疗配合及护理。因组织学是葡萄胎的最终确诊依据,所以葡萄胎每次刮宫的刮出物必须送组织学检查,注意选择靠近子宫壁、新鲜无坏死的葡萄状组织送检,以提高阳性检出率。

（四）健康教育

让病人及其家属了解坚持正规治疗和随访是根治葡萄胎的基础,认识检测 HCG 的意义,了解疾病相关健康知识和行为。

1. **饮食、休息与活动**　鼓励病人进食高蛋白、高维生素、易消化饮食,了解饮食中缺乏维生素 A 及其前体胡萝卜素和动物脂肪者发生葡萄胎的概率明显增高。适当活动,睡眠充足,保持良好的身心状态,以提高机体免疫功能。

2. **随访指导**　葡萄胎病人清宫后必须定期随访,可早期发现滋养细胞肿瘤并及时处理。随访内容包括:①血清 HCG 定量测定,葡萄胎病人清宫后,每周随访 1 次,直至连续 3 次阴性,然后每个月 1 次,持续 6 个月,然后再每 2 个月 1 次,共 6 个月,自第一次阴性后共计 1 年;②询问病人病史,应注意月经是否规则,有无阴道异常流血,有无咳嗽、咯血及其他转移灶症状;③妇科检查,必要时作盆腔 B 超、胸部 X 线摄片或 CT 检查。

3. **性生活指导**　刮宫手术后病人禁止性生活及盆浴 1 个月以防感染。葡萄胎病人随访期间应可靠避孕。避孕时间为 6 个月,原因为葡萄胎后滋养细胞肿瘤极少发生在 HCG 自然降至正常以后。避孕方法可选用阴茎套或口服避孕药,一般不选用宫内节育器,以免穿孔或混淆子宫出血的原因。若发生随访不足 6 个月的意外妊娠,只要 HCG 已经正常,则不须考虑终止妊娠。但是再次妊娠后,应早期做超声检查和 HCG 检查,以明确是否正常妊娠,产后也需 HCG 随访至正常。

【护理评价】

经过治疗和护理,评估病人是否能够达到:①外阴清洁,未发生感染;②接受葡萄胎及流产的结局,以客观的态度对待疾病的治疗和预后;③积极配合清宫手术治疗和护理活动;④能陈述随访的重要性和具体方法。

（李　青）

第二节 滋养细胞肿瘤病人的护理

导入情境与思考

　　病人,女性,28 岁,已婚,因葡萄胎清宫后咳嗽、咯血入院。病人平素月经规律,7d/(30~31d),量中等,伴痛经,末次月经 7 月 18 日,病人于 9 月 5 日因停经,于当地医院行 B 超检查发现,子宫内回声不均匀团块,于 9 月 8 日行清宫术,术后有少量阴道出血,病理结果示水泡状团块,1 周后再次行清宫术,之后间断少量阴道出血。9 月 22 日:血 HCG 25U/L,9 月 28 日:血 HCG 206U/L。因血 HCG 无下降,于 10 月初再次于当地医院刮宫(具体不详),其后阴道无明显出血,10 月底出现咳嗽,偶尔咳出少量黏痰及咯血,咯血量少,为暗红色,为进一步诊治门诊入院。

　　请思考:

　　(1) 该病人还需要哪些护理评估内容?

　　(2) 该病人进行化疗时,护士如何进行用药护理?

　　滋养细胞肿瘤(gestational trophoblastic tumor,GTN)是滋养细胞的恶性病变,组织学分类上包括侵蚀性葡萄胎、绒毛膜癌和胎盘部位滋养细胞肿瘤。在临床上,由于侵蚀性葡萄胎和绒毛膜癌在临床表现、诊断和处理等方面基本相同,故又将两者合称为滋养细胞肿瘤;病变局限于子宫者称为无转移性滋养细胞肿瘤,病变发生在子宫以外部位者称为转移性滋养细胞肿瘤。胎盘部位滋养细胞肿瘤是起源于胎盘种植部位的一种特殊类型的滋养细胞肿瘤,在临床表现、发病过程及处理上与上两者不同,临床罕见,因此另列一类。本节主要讨论侵蚀性葡萄胎和绒毛膜癌。

　　滋养细胞肿瘤 60% 继发于葡萄胎,30% 继发于流产,10% 继发于足月妊娠或异位妊娠。继发于葡萄胎排空半年以内的滋养细胞肿瘤的组织学诊断多数为侵蚀性葡萄胎(invasive mole),1 年以上者多为绒毛膜癌(choriocarcinoma),半年至 1 年之间绒毛膜癌和侵蚀性葡萄胎均有可能。继发于流产、足月妊娠、异位妊娠之后者组织学诊断应为绒毛膜癌。侵蚀性葡萄胎恶性度低,预后较好。绒毛膜癌恶性程度极高,早期就可通过血运转移至全身,破坏组织或器官,在化疗药物问世以前死亡率高达 90%。如今随着诊断技术的进展及化学治疗的发展,绒毛膜癌病人的预后已经得到极大改善。

【病理】

　　1. **侵蚀性葡萄胎**　大体检查可见子宫肌层内大小不等的水泡状物或血块,子宫腔内可无原发病灶;当病灶接近子宫浆膜层时,子宫表面可见紫蓝色结节,侵蚀较深时可穿透子宫浆膜层或子宫阔韧带。显微镜下可见子宫肌层及转移病灶内有显著增生的滋养细胞并呈团块状,细胞大小、形态不一,可破坏正常组织侵入血管。增生的滋养细胞有明显的出血及坏死,但仍可见变性的或完好的绒毛结构。绒毛结构也可退化仅见绒毛阴影。

　　2. **绒毛膜癌**　大体检查见子宫不规则增大,质软,癌瘤在子宫壁形成单个或多个结节,大小不等,无固定形态,呈深红、紫或棕褐色,可突入子宫腔或穿破子宫壁而至子宫阔韧带或腹腔,与周围组织分界清,海绵样,伴明显出血坏死。因没有间质,癌瘤质脆,极易出血,子宫旁静脉中往往发现癌栓;卵巢也可形成黄素化囊肿。镜下表现为滋养细胞极度不规则增生,分化不良、不形成水泡状结构并广泛侵入子宫肌层及血管,周围大片出血、坏死,绒毛结构消失。肿瘤不含间质和自身血管,瘤细胞靠侵蚀母体血管而获取营养。

【护理评估】

（一）健康史

1. 护士除常规询问病人月经史、个人史、家族史之外,还应重点询问病人及其家属的既往史,包括妊娠滋养细胞疾病史、药物使用史及药物过敏史。

2. 如既往有葡萄胎史,要注意采集葡萄胎第 1 次清宫的资料,包括时间、水泡大小、吸出组织物的量等;清宫次数及清宫后阴道流血的量、性质、时间和子宫复旧情况;收集血、尿 HCG 随访的资料;肺部 X 线检查结果。

3. 采集病人阴道不规则流血的病史,询问原发病灶及转移灶症状的主诉,是否用过化疗及化疗的时间、药物、剂量、疗效和用药后机体的反应等。

（二）身体状况

1. **无转移性滋养细胞肿瘤**　大多数继发于葡萄胎妊娠。

（1）不规则阴道流血:在葡萄胎排空、流产或足月产后出现不规则阴道流血,量多少不定。也可表现为一段时间的正常月经后再停经,然后又出现阴道流血。长期阴道流血者可继发贫血。

（2）子宫复旧不全或不均匀增大:多于葡萄胎排空后 4~6 周子宫未恢复正常大小,质软。也可因受肌层内病灶部位和大小的影响,表现为子宫不均匀增大。

（3）卵巢黄素化囊肿:由于 HCG 持续作用,在葡萄胎排空、流产或足月产后,双侧或一侧卵巢黄素化囊肿持续存在。

（4）腹痛:一般无腹痛,但当子宫病灶穿破浆膜层时可引起急性腹痛及腹腔内出血症状。如果子宫病灶坏死继发感染,也可引起腹痛及脓性白带。黄素化囊肿发生破裂或扭转时也可出现急性腹痛。

（5）假孕症状:由于 HCG 及雌、孕激素的作用,表现为乳房增大,乳头、乳晕着色,甚至有初乳样分泌,外阴、阴道、子宫颈着色,生殖道质地变软。

2. **转移性滋养细胞肿瘤**　易继发于非葡萄胎妊娠。肿瘤主要经血行播散,转移发生早且广泛。临床表现视转移部位而出现相应的症状和体征。最常见也较早的转移部位为肺(80%),其次是阴道(30%)及子宫旁组织(20%),肝(10%)和脑(10%)转移较少见,但致死率高。局部出血是各转移部位症状的共同特点。

（1）肺转移:典型表现为咳嗽、血痰或反复咯血、胸痛及呼吸困难等,可急性发作也可呈慢性持续状态。病人也可无症状,仅通过胸部 X 线影像或肺 CT 做出诊断。

（2）阴道、子宫颈转移:转移灶常位于阴道前壁,局部表现为紫蓝色结节,其溃破后可引起不规则阴道流血,甚至大出血。一般认为系子宫旁静脉逆行性转移所致。

（3）肝转移:预后不良,多同时伴有肺转移。病灶较小可无症状,也可表现为右上腹部或肝区疼痛、黄疸等,若病灶穿破肝包膜可出现腹腔内出血,导致死亡。

（4）脑转移:预后凶险,为主要致死原因。一般同时伴有肺转移和/或阴道转移。初期多无症状。按病情进展可分为 3 期:①瘤栓期:表现为一过性脑缺血症状,如突然跌倒、暂时性失明、失语等。②脑瘤期:瘤组织增生侵入脑组织形成脑瘤,出现头痛、喷射性呕吐、抽搐、偏瘫甚至昏迷。③脑疝期:瘤体增大,周围组织出血、水肿,导致颅内压进一步升高,脑疝形成压迫生命中枢而死亡。

（5）其他转移:包括脾、肾、膀胱、消化道、骨等,其症状视转移部位而异。

（三）辅助检查

1. **血清 HCG 测定**　HCG 水平异常是滋养细胞肿瘤的主要诊断依据。

2. **影像学检查**　胸部 X 线检查是诊断肺转移的重要检查方法。肺转移的最初 X 线征象为肺纹理增粗,以后发展为片状或小结节阴影,典型表现为棉球状或团块状阴影。超声检查是诊断子宫原发病灶最常用的方法。声像图上子宫可正常大小或不同程度增大,也可表现为整个子宫呈弥漫性增高

Note:

回声,内部伴有不规则低回声。彩色多普勒超声可显示丰富的血流信号和低阻力型血流频谱。CT主要用于发现肺部较小病灶和肝、脑部位转移灶。磁共振主要用于脑、腹腔和盆腔转移灶的诊断。

3. **组织学检查**　根据在子宫肌层内或子宫外转移灶组织中是否见到绒毛结构,可协助诊断侵蚀性葡萄胎或绒癌。

知 识 链 接

非葡萄胎妊娠后,哪些女性应进行 GTN 的排查?

妊娠事件后,出现持续性阴道流血的任何女性都有发生 GTN 的风险。对所有妊娠事件后持续性或不规则阴道流血超过 8 周的女性,均应行尿液 HCG 检查。转移性疾病的相关症状极少见,如呼吸困难、咯血等。不推荐对阴道转移病灶进行活检。GTN 可继发于自然流产、治疗性流产和足月妊娠。绒毛膜癌发病率约为每 50 000 例妊娠发生 1 例。葡萄胎清宫后 8 周内尿液或血清 HCG 正常者,发展为 GTN 的机会<1%。自然流产、治疗性流产或产后诊断为 GTN 者最常见的症状是阴道流血。

非葡萄胎妊娠后发生 GTN 者可能会由于诊断延迟或疾病晚期,如肝、中枢神经系统转移,导致预后更差。

（四）诊断标准

血清 HCG 水平是主要诊断依据。影像学证据支持诊断,但不是必需的。组织学证据也不是必需的,但有组织学证据时应以组织学诊断为准。

1. **葡萄胎后滋养细胞肿瘤**　凡符合下列标准中的任何一项且排除妊娠物残留或再次妊娠,即可诊断为滋养细胞肿瘤:HCG 测定 4 次呈平台状态(±10%),并持续 3 周或更长时间;HCG 测定 3 次升高(>10%),并至少持续 2 周或更长时间。

2. **非葡萄胎妊娠后滋养细胞肿瘤**　足月产、流产和异位妊娠后 HCG 多在 4 周左右转为阴性,若超过 4 周血清 HCG 仍持续高水平,或一度下降后又上升,在除外妊娠物残留或再次妊娠后可做出诊断。

3. **组织学诊断**　在子宫肌层内或子宫外转移灶组织中若见到绒毛或退化的绒毛阴影,诊断为侵蚀性葡萄胎;若仅见成片滋养细胞浸润及坏死出血,未见绒毛结构,诊断为绒癌。若原发灶和转移灶诊断不一致,只要在任一组织切片中见到绒毛结构,均诊断为侵蚀性葡萄胎。

（五）分期

采用国际妇产科联盟(FIGO)妇科肿瘤委员会制订的临床分期,该分期包括解剖学分期和预后评分系统两部分(表 54-2-1,表 54-2-2),规定预后评分≤6 分者为低危,≥7 分者为高危,其中预后评分≥13 分及对一线联合化疗反应差的肝、脑或广泛转移者为极高危。预后评分是滋养细胞肿瘤病人治疗方案制订和预后评估的重要依据,而解剖学分期有助于明确肿瘤进程和各医疗单位之间比较治疗效果。

表 54-2-1　妊娠滋养细胞肿瘤解剖学分期（FIGO，2000）

分期	病变范围
Ⅰ期	病变局限于子宫
Ⅱ期	病变扩散,但仍局限于生殖器(附件、阴道、子宫阔韧带)
Ⅲ期	病变转移至肺,有或无生殖系统病变
Ⅳ期	所有其他转移

Note:

表 54-2-2　FIGO/WHO 预后评分系统（2000）

评分	0	1	2	4
年龄/岁	<40	≥40	—	—
前次妊娠	葡萄胎	流产	足月产	—
距前次妊娠时间/月	<4	4~<7	7~12	>12
治疗前血 HCG/$(U \cdot L^{-1})$	≤10^3	>10^3~10^4	>10^4~10^5	>10^5
最大肿瘤大小（包括子宫）	—	3~<5cm	≥5cm	—
转移部位	肺	脾、肾	胃肠道	肝、脑
转移病灶数目	—	1~4	5~8	>8
先前失败化疗	—	—	单药	两种或两种以上药物

（六）心理-社会状况

疾病未被确诊前，病人可因长期不规则流血而感觉不适和不安；一旦确诊为滋养细胞肿瘤，病人及其家属常因不了解该疾病或因未曾听过此类疾病而感到恐惧；而当获知需要进行化疗治疗疾病时，病人会担心疾病的严重程度、化疗的不良反应，没有生育过的病人亦可能担心以后是否还可具有生育能力；经济状况较差的家庭会因为医疗费用而犹豫甚至中断或放弃治疗，由此也给病人带来无助和绝望感。

【护理诊断/问题】

1. 情境性低自尊　与较长时间住院和接受化疗有关。
2. 潜在并发症：肺转移、阴道转移、脑转移。
3. 有感染的危险　与化疗引起的白细胞减少有关。
4. 活动耐力下降　与腹痛、存在转移灶症状及化疗不良反应有关。
5. 营养失调：低于机体需要量　与化疗所致的消化道反应有关。
6. 体液不足　与化疗所致恶心、呕吐有关。

【计划与实施】

滋养细胞肿瘤的治疗原则是以化疗为主、手术和放疗为辅的综合治疗。在选择治疗方案之前，要根据病人的临床分期、骨髓功能、肝功能、肾功能及全身情况综合评估，确定合适的治疗方案，以达到分层和个体化治疗的目的。手术主要作为辅助治疗，在控制大出血等各种并发症、消除耐药病灶、减少肿瘤负荷和缩短化疗疗程等方面有一定作用，在一些特定的情况下应用。经过治疗和护理，病人达到：①保持心理状态稳定，接受改变，主动参与治疗和护理活动；②转移灶症状得以及早发现并得到合适的处理；③身体状况保持良好状态，未发生感染，积极应对化疗不良反应；④获取关于疾病正确的知识，能够按计划治疗，掌握定期随访的重要性及具体方法。

（一）严密观察病情

1. 观察腹痛及阴道流血情况　评估病人腹痛严重程度，记录阴道流血的时间和量。流血过多时，除密切观察病人血压、脉搏、呼吸外，配合医生做好抢救工作和手术准备。

2. 血 HCG 变化和转移灶症状　动态观察并记录病人血 HCG 的变化情况，识别转移灶症状，发现异常立即通知医生并配合处理。

（二）减轻焦虑

1. 评估病人及其家属对疾病的心理反应，了解病人既往面对应激情况的反应方式，认真倾听病人倾诉心里的痛苦与恐惧，关心病人以取得信任。

Note：

2. 向住院治疗的病人介绍病区环境、病友及医护人员,减轻病人的陌生恐惧感。提供疾病及护理信息,向病人介绍已经治愈的病例,帮助病人和家属树立战胜疾病的信心。

3. 提供有关化学药物治疗及其护理的信息,以减少病人顾虑及无助感。鼓励病人克服化疗不良反应,帮助其度过脱发等造成的心理危险期。

4. 帮助病人分析可利用的支持系统,纠正消极的应对方式。

（三）及时发现转移灶症状，提供对症护理

1. **肺转移病人的护理**　嘱病人卧床休息,遵医嘱应用镇静药。有呼吸困难者取半卧位并给予吸氧。发生大量咯血者,易出现窒息、休克甚至死亡,应将病人置于头低足高患侧卧位,以利引流,迅速清除口腔及呼吸道内的血块,以防窒息发生。血胸者应保持安静,避免剧烈活动。出血多、症状重者可做胸腔穿刺抽出积血。

2. **阴道转移病人的护理**　预防出血,嘱病人卧床休息,活动时不要用力过大,以免因摩擦引起结节破裂出血。避免增加腹压,如出现恶心、呕吐、咳嗽等,应立即处理。要保持排便通畅,必要时应用缓泻药。禁行不必要的阴道及盆腔检查,严禁行阴道冲洗。一旦病人出现大出血,要立即通知医生,用双拳压迫腹主动脉止血,建立静脉通路,遵医嘱输血、输液、应用抗生素,必要时阴道填塞纱条止血。填塞的纱条必须于 24~48h 如数取出,取出时必须做好输液、输血及抢救准备。

3. **脑转移病人的护理**　嘱病人尽量卧床休息,起床时需有人陪伴,以防瘤栓期的一过性症状发生时造成意外伤害。观察颅内压增高的症状,记录出入量,观察有无电解质紊乱的症状,一旦发现异常情况立即通知医生并配合处理。采取必要的措施预防病人跌倒、咬伤、吸入性肺炎、角膜炎、压疮等发生。若病人突然出现抽搐,应立即:①用开口器或压舌板置于病人上下臼齿之间,以防舌咬伤;②如有义齿,应取下;③使病人去枕平卧,头偏一侧,保持呼吸道通畅,吸痰;④吸氧;⑤密切监测生命体征。做好 HCG 测定、腰椎穿刺等项目的检查配合。昏迷、偏瘫者按相应的护理常规实施护理,提供舒适环境,预防并发症的发生。

（四）化疗病人的护理

化疗即化学药物治疗,指对于肿瘤的化学药物治疗。对妊娠滋养细胞肿瘤化疗的药物很多,目前常用的一线化疗药物有甲氨蝶呤(MTX)、5-氟尿嘧啶(5-Fu)、放线菌素 D(Act-D)或国产放线菌素 D(KSM)、环磷酰胺(CTX)、长春新碱(VCR)、依托泊苷(VP-16)、顺铂等。化疗方案的选择原则是低危病人单一药物,高危病人联合化疗。

1. **化疗药物常见毒副作用**

(1) 造血功能障碍:主要表现是外周白细胞和血小板计数减少。服药期间下降,但在停药后多数可自然恢复。

(2) 消化道反应:最常见的是恶心,呕吐,还有些表现为腹泻或便秘,甚至出现消化性溃疡(口腔溃疡多见)。恶心、呕吐多数在 2~3d 出现,5~6d 达高峰,停药后逐步好转。其他多数在用药 7~8d 出现,停药后自然消失。

(3) 肝功能损害:化疗药物可以引起药物性肝炎,主要表现为转氨酶升高,甚至黄疸。一般在停药后一段时间恢复正常。注意病人肝功能没有恢复时不能进行化疗。

(4) 泌尿系统损伤:顺铂、甲氨蝶呤对肾功能有一定程度的损害,因此病人肾功能正常才能使用。环磷酰胺对膀胱有损害。

(5) 皮疹、脱发:常见于应用甲氨蝶呤后,严重者可以引起剥脱性皮炎。脱发常见于应用放线菌素 D(更生霉素)后,停药后头发可长出。

2. **用药护理**

(1) 准确测量并记录体重:化疗时应根据病人体重正确计算和调整药量,若用药剂量过大可发生中毒反应,过小则达不到疗效。一般在每个疗程的用药前和用药中各测量一次体重,应在早晨、空腹、排空大小便后测量。

Note:

（2）正确用药:护士用药前应仔细阅读药物说明书,了解适应证、禁忌证、药物用法及常见不良反应。严格执行三查七对及无菌操作原则,正确溶解和稀释药物,并做到现配现用,一般常温下放置不超过1h,尤其是氮芥类药物。如果联合用药,应根据药物的性质和医嘱排出先后顺序。放线菌素D、顺铂等需要避光的药物,使用时要用避光罩或黑布包好。环磷酰胺等药物须快速进入,应选择静脉注射。5-氟尿嘧啶、多柔比星等药物须慢速进入,可使用输液泵或静脉注射泵给药。顺铂对肾损害严重,须在给药前后给予水化,保持尿量每日超过2 500ml。腹腔化疗者应让其经常变动卧位,以保证疗效。

（3）合理使用和保护静脉血管:遵循长期补液保护血管的原则,从远端开始,有计划地穿刺,用药前先注入少量生理盐水,确保针头在静脉内再注入化疗药物。用药过程中遵医嘱调节滴速。如发现药物外渗应立即停止滴入,遇到对局部刺激较强的药物,如氮芥、长春新碱、放线菌素D等外渗,须立即给予局部冷敷,并用生理盐水或普鲁卡因局部封闭,之后用金黄散外敷,以防止局部组织坏死,减轻疼痛和肿胀。化疗结束前用生理盐水冲管,降低穿刺部位拔针后的药物残留浓度,保护血管。经济条件允许的病人可使用PICC或输液港给药,可保护静脉并减少反复穿刺的痛苦。

3. 药物不良反应的护理

（1）口腔护理:保持病人口腔清洁,预防口腔炎症。口腔黏膜充血疼痛者,可局部喷洒西瓜霜粉剂等;有口腔溃疡者,可做溃疡面分泌物培养,根据药敏试验结果选用抗生素和维生素 B_{12} 液混合涂抹溃疡面。用软毛牙刷刷牙或清洁水漱口,进食前、后用消毒溶液漱口。给予病人温凉的流质饮食或软食,避免刺激性食物。若口腔溃疡疼痛难以进食,可在进食前15min用丁卡因溶液涂敷溃疡面以减少进食疼痛。进食后漱口,并用锡类散或冰硼散等局部涂抹。鼓励病人进食,促进咽部活动,减少咽部溃疡引起充血、水肿和结痂。

（2）止吐护理:使用各种方法减少病人恶心、呕吐。选择适合病人口味的饮食,鼓励进食清淡易消化、高能量、高蛋白、富含维生素饮食,少食用油腻食物与甜食。在化疗前、后给予止吐剂,合理安排用药时间。创造良好的进餐环境,少量多餐,避免在化疗前、后2h内进食。对不能自行进餐者主动提供帮助,按病人的进食习惯喂食。病人呕吐严重时应补充液体,以防电解质紊乱。还可以采用音乐疗法、指压按摩、肌肉放松训练、催眠疗法等心理行为干预技术缓解病人恶心、呕吐症状。

（3）骨髓抑制的护理:遵医嘱定期测定病人白细胞计数,如低于 $3.0×10^9/L$ 应与医生联系考虑停药。白细胞或中性粒细胞计数处于Ⅰ度骨髓抑制一般不予以处理,复测血常规;Ⅱ度和Ⅲ度骨髓抑制病人须进行治疗,遵医嘱皮下注射粒细胞集落刺激因子;Ⅳ度骨髓抑制病人除给予升白细胞治疗,还须使用抗生素预防感染,同时给予保护性隔离,尽量谢绝探视。血小板计数小于 $50×10^9/L$,可引起皮肤或黏膜出血,应减少活动,增加卧床休息时间;血小板计数小于 $20×10^9/L$ 有自发性出血可能,必须绝对卧床休息,遵医嘱输入血小板浓缩液。若白细胞低于 $1.0×10^9/L$,须进行保护性隔离。

（五）手术护理

手术治疗者按腹部手术前后护理常规实施护理。

（六）健康教育

1. **饮食、休息和活动**　鼓励病人进食,给予高蛋白、高维生素、易消化的饮食,以增强机体的抵抗力。注意休息,不过分劳累,有转移灶症状出现时应卧床休息,以免引起破溃大出血。注意外阴清洁,以防感染。

2. **随访指导**　出院后应严密随访,警惕复发。第一次在出院后3个月,然后每6个月1次至3年,此后每年1次直至5年,以后可以每2年1次。也有推荐低危病人随访1年,高危病人随访2年。随访内容同葡萄胎。

3. **性生活指导**　随访期间要严格避孕,一般化疗停止12个月以上方可妊娠。

4. **化疗时自我护理指导**　进食前、后用生理盐水漱口,用软毛牙刷刷牙,若有牙龈出血可改用手指缠绕纱布清洁牙齿。化疗时和化疗后2周内是化疗反应较重的阶段,不宜吃损伤口腔黏膜的坚果

Note:

类和油炸类食品。少量多餐,每次进食以不吐为度,间隔时间以下次进食不吐为准。保持皮肤干燥、清洁,在自觉乏力、头晕时以卧床休息为主,尽量避免去公共场所,如非去不可应戴口罩,加强保暖。若化疗期间出现腹泻,宜进食低纤维素、高蛋白食物,避免进食对胃肠道有刺激的食物,同时补充足够的液体,维持水、电解质平衡,必要时使用洛哌丁胺等止泻药。

【护理评价】

经过治疗和护理,评估病人是否达能够到:①心理状态稳定,认真配合各项检查、治疗和护理工作;②及早发现转移灶症状并得到合适的处理;③身体状况保持良好状态,可以耐受化学药物治疗,未发生感染;④对疾病有正确的认识,能够复述定期随访的重要性、内容及注意事项。

(李　青)

思　考　题

1. 葡萄胎病人的随访内容有哪些?
2. 滋养细胞肿瘤病人的临床表现有哪些?
3. 如何对滋养细胞肿瘤化疗病人进行健康教育?

第五十五章

女性生殖系统肿瘤病人的护理

55章 数字内容

学 习 目 标

识记:

1. 说出宫颈癌癌前病变、卵巢肿瘤的病理类型。

2. 复述概念:子宫肌瘤、宫颈癌、子宫内膜癌、卵巢肿瘤、外阴癌。

3. 复述宫颈癌、子宫内膜癌、卵巢肿瘤的主要转移途径和临床分期。

理解:

1. 以宫颈癌和外阴癌为例,阐明经腹妇科手术和经会阴部妇科手术围手术期护理要点的异同点。

2. 归纳子宫肌瘤、宫颈癌、子宫内膜癌、卵巢肿瘤、外阴癌在护理评估、计划和实施方面的异同点。

运用:

1. 运用所学知识,讨论女性生殖系统肿瘤病人的适当护理措施。

2. 运用所学知识,比较不同女性生殖系统肿瘤病人的健康指导措施。

第一节 子宫肌瘤病人的护理

 导入情境与思考

病人,女性,42岁,已婚,因月经量增多 2$^+$ 年,伴头晕、乏力 3 个月就诊。既往月经规律,5d/28d,量中,无明显痛经。体格检查:T 37.0℃,P 92 次/min,R 22 次/min,BP 107/63mmHg;贫血面容。妇科检查:子宫增大如孕 50d 大小,质中;双附件无异常。辅助检查:B 超查见子宫前壁内大小约 74mm×50mm×49mm 低回声区;子宫后壁内大小约 64mm×47mm×45mm 低回声区。查血 HCG 为 0,血红蛋白 71g/L。

请思考:

(1) 护士对该病人的病情评估重点有哪些?

(2) 该病人目前主要的护理诊断/问题有哪些?

(3) 针对该病人的护理诊断/问题,护士应采取哪些护理措施?

子宫肌瘤(uterine myoma)是女性生殖系统中最常见的良性肿瘤,由平滑肌及结缔组织组成,30~50 岁妇女多见,20 岁以下少见。因子宫肌瘤多无症状,临床报道的发病率远低于实际发病率。

【病因】

子宫肌瘤的确切病因尚未明了。子宫肌瘤的发生可能与女性性激素有关,因此肌瘤好发于生育期,青春期前和绝经后少见,肌瘤可在绝经后萎缩或消退。生物化学检测提示肌瘤组织局部对雌激素的高敏感是肌瘤发生的重要因素之一,也有研究证实孕激素有促进肌瘤生长的作用。此外年龄>40岁、初潮年龄小、未生育、晚育、肥胖、多囊卵巢综合征、激素补充治疗、子宫肌瘤家族史等,这些因素均被认为会增加子宫肌瘤的发病风险。

【发病机制】

子宫肌瘤的发病机制可能与遗传易感性、性激素水平和干细胞功能失调有关。

1. **遗传易感性学说** 遗传学研究显示,40%~50%的子宫肌瘤病人存在染色体结构异常。分子遗传学研究也表明,酶的异常、细胞凋亡、高迁移率族蛋白家族与子宫肌瘤的发病相关。

2. **性激素学说** 由于子宫肌瘤的发生和生长都和女性性激素有关,因此认为子宫肌瘤是性激素依赖性的良性肿瘤,然而,雌、孕激素在子宫肌瘤发病中的作用及机制并未完全明确,是否为子宫肌瘤发生的启动因子目前仍存在争议。

3. **干细胞突变学说** 分子生物学研究揭示,子宫肌瘤是由单克隆平滑肌细胞增殖形成,提示子宫肌瘤可能是由单一干细胞的突变所致。

【病理与变性】

1. **病理** 子宫肌瘤为球形实质性结节,表面光滑,数目多少不定,大小不一,较大的肌瘤有时为多个肌瘤结节聚合在一起,可呈不规则形状;质地较子宫肌层硬,颜色呈灰白色或略带红色,颜色和硬度则由含纤维组织的多少而定;肌瘤外表有被压缩的肌纤维束和结缔组织构成的假包膜覆盖,切面平滑肌束纵横交织呈旋涡状纹理及编织样结构。镜检可见肌瘤主要由梭形平滑肌细胞和不等量纤维结缔组织构成,细胞为大小均匀的长梭形、纺锤形,细胞核呈长杆状,排列成编织的束状或旋涡状。

2. **变性** 肌瘤周边正常肌层常因受压萎缩形成分界清楚的假包膜。肌瘤的血液供应来自假包膜内的血管,当肿瘤生长快时血供不足,发生中心性缺血,造成一系列变性,使肌瘤失去原有的典型结

 Note:

构。常见变性有:①玻璃样变性:肌瘤剖面漩涡状结构消失,由均匀透明样物质取代;②囊性变:在玻璃样变性的基础上,肌细胞坏死液化即发生囊性变,出现囊腔,内含无色液体;③红色变性:肌瘤剖面为红色,质软,漩涡状结构消失,为肌瘤的一种特殊类型的坏死,可能由肌瘤内小血管退行性变引起;④肉瘤样变:为肌瘤的恶变,较少见,此时组织变软且脆,切面呈灰黄色,与周围组织界限不清;⑤钙化:多见于蒂部细小、血供不足的浆膜下肌瘤及绝经后妇女的肌瘤,X 线检查可清楚看到肌瘤内的钙化阴影。

【分类与分型】

1. **分类**　肌瘤可有不同的分类方法。

（1）按肌瘤所在部位分类:宫颈肌瘤约占 10%;宫体肌瘤约占 90%。

（2）按肌瘤与子宫肌壁的关系分类:①肌壁间肌瘤(intramural myoma):最常见,占肌瘤的 60%～70%,肌瘤位于子宫肌层内,周围均被肌层包绕。②浆膜下肌瘤(subserous myoma):约占肌瘤的 20%,肌瘤突出于子宫表面,向浆膜面生长,表面由浆膜层覆盖;浆膜下肌瘤继续向子宫浆膜面生长,基底部仅有一细蒂与子宫相连称为带蒂浆膜下肌瘤,蒂部供血不足,肌瘤可坏死,蒂部扭转断裂,肌瘤可脱落游离;若肌瘤向外生长突出于子宫阔韧带两叶之间称为阔韧带肌瘤。③黏膜下肌瘤(submucous myoma):肌瘤向子宫腔方向突出,表面由子宫黏膜层覆盖,称为黏膜下肌瘤,占总数的 10%～15%。若多个不同类型的肌瘤发生于同一子宫,则称为多发性子宫肌瘤(图 55-1-1)。

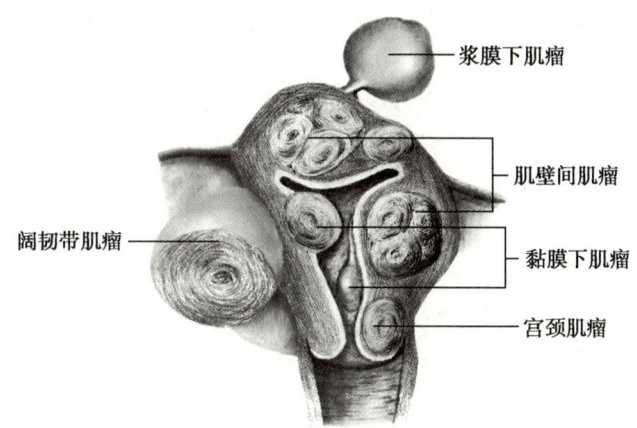

图 55-1-1　子宫肌瘤分类示意图

2. **分型**　采用国际妇产科联盟(FIGO)标准将子宫肌瘤分为 9 型(图 55-1-2):

0 型:有蒂黏膜下肌瘤。

Ⅰ 型:无蒂黏膜下肌瘤,向肌层扩展≤50%。

Ⅱ 型:无蒂黏膜下肌瘤,向肌层扩展>50%。

Ⅲ 型:肌壁间肌瘤,位置靠近子宫腔,瘤体外缘距子宫浆膜层≥5mm。

Ⅳ 型:肌壁间肌瘤,位置靠近子宫浆膜层,瘤体外缘距子宫浆膜层<5mm。

Ⅴ 型:肌瘤贯穿全部子宫肌层。

Ⅵ 型:肌瘤突向浆膜层。

Ⅶ 型:肌瘤完全位于浆膜层下(有蒂)。

Ⅷ 型:其他特殊类型或部位的肌瘤(子宫颈、子宫角、阔韧带肌瘤)。

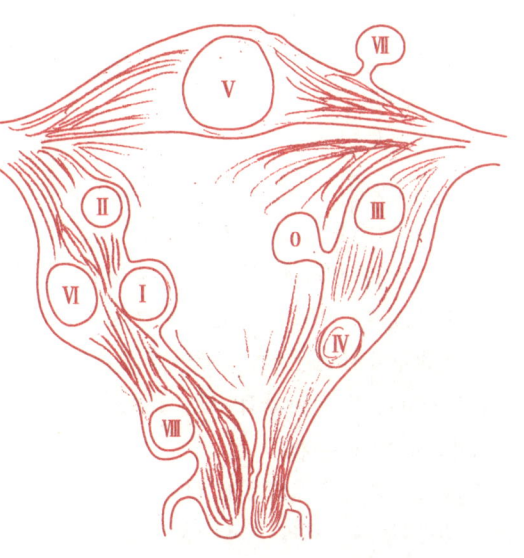

图 55-1-2　子宫肌瘤分型示意图

Note:

【护理评估】

（一）健康史

1. 评估病人有无子宫肌瘤压迫所伴随的其他症状；是否有贫血表现，排除因妊娠、内分泌失调、血液系统疾病或癌症等所致的子宫出血。

2. 重点询问病人的既往月经史、生育史及子宫肌瘤引起的月经量、月经周期、月经期的变化；是否有（因子宫肌瘤所致的）不孕或自然流产史；评估有无长期使用雌激素治疗的病史；曾接受的治疗经过、疗效及用药后机体反应。

3. 询问家庭成员是否有子宫肌瘤。

（二）身体状况

1. **症状**　病人多无明显症状，仅在体检时发现子宫肌瘤。症状主要与肌瘤部位、有无变性有关，而与肌瘤大小、数目关系不大，常见症状有：

（1）月经改变：多表现为月经期延长、周期缩短、月经量增多、淋漓出血，常见于 0~Ⅲ型即黏膜下肌瘤及肌壁间肌瘤。黏膜下肌瘤可引起痛经，长期月经量增多可导致继发性贫血，出现乏力、心悸等症状。

（2）下腹包块：浆膜下肌瘤或肌壁间肌瘤较大，超过 3 个月妊娠大小可扪及腹部包块，清晨膀胱充盈时更明显。也可压迫膀胱。应注意评估病人下腹有无包块，包块的质地、活动度、有无压痛等。

（3）白带增多：肌壁间肌瘤使内膜面积增大，内膜腺体分泌增加，导致白带增加。并伴盆腔充血致白带增多；黏膜下肌瘤一旦感染，可出现脓性白带，如果发生坏死、溃疡、出血时，可产生大量血性或脓血性，伴臭味的阴道排液。应详细收集病人白带特征改变的资料，判断局部有无感染的发生。

（4）压迫症状：肿瘤增大时可压迫邻近的膀胱、直肠或输尿管等器官，向前方突起压迫膀胱可致尿频、尿急或排尿困难；向后方突起压迫直肠，可致排便困难。

（5）其他：常见下腹坠胀、腰酸背痛，月经期加重。子宫肌瘤引起子宫腔形态改变，影响精子进入子宫腔；肌瘤使子宫内膜充血妨碍受精、受精卵着床，造成不孕或流产；肌瘤阻塞输卵管开口或压迫输卵管使之扭曲变形等导致不孕。浆膜下肌瘤蒂扭转可出现急性腹痛，肌瘤红色变性时可出现腹痛伴发热。

2. **体征**　与肌瘤位置、数目、大小、是否无变性都有关。较大的浆膜下肌瘤病人可扪及腹部包块。妇科体格检查可扪及子宫表面有单个或多个结节，质硬，子宫呈不规则或均匀增大；浆膜下肌瘤病人体格检查容易误诊为卵巢实性肿物。0 型有蒂黏膜下肌瘤可从子宫颈口脱出至阴道，阴道窥器检查时可见子宫颈口肿物，表面光滑，呈粉红色；若感染则可出现坏死、出血、脓性分泌物。

（三）辅助检查

超声检查是诊断子宫肌瘤的常用方法，具有较高的敏感性和特异性，但对于多发性小肌瘤（如直径 0.5cm 以下）的准确定位及计数还存在一定的误差。超声检查中经阴道超声检查最常用，可用于有性生活的病人；经直肠超声检查可用于不宜行经阴道超声检查的病人；三维超声检查估测肌瘤的位置、大小更加敏感和准确；超声腹腔镜是配合腹腔镜手术的 1 种新的检查途径，可帮助术者确定准确的肌层切口位置。MRI 检查能发现直径 0.3cm 的肌瘤，对于肌瘤的大小、数量及位置能准确辨别，是超声检查的重要补充手段；对于子宫血管内平滑肌瘤、子宫富于细胞性平滑肌瘤等特殊类型子宫肌瘤与子宫肉瘤的鉴别诊断具有一定的意义。

（四）心理-社会状况

当病人得知患有子宫肌瘤时，会有紧张、不安等心理变化，护士在收集病人心理-社会状况资料时，应详细评估病人和家属对诊断及治疗的反应，认真倾听病人和家属的意愿，详细评估病人的年龄、生育要求、婚姻状况、社会支持系统和常用应对机制，以及由于手术治疗给病人带来的焦虑情绪。

【护理诊断/问题】

1. **营养失调：低于机体需要量**　与长期月经量增多导致继发性贫血有关。
2. **知识缺乏：**缺乏有关子宫肌瘤治疗和预后的医学知识。
3. **焦虑**　与担心预后和治疗对家庭生活、生育的影响有关。
4. **体像紊乱**　与手术切除子宫有关。

【计划与实施】

　　子宫肌瘤的治疗方案应根据病人肌瘤的大小、类型、数目、病人年龄、症状和生育要求等全面综合考虑来确定，目前主要的方式有随访观察、药物治疗和手术治疗。随访观察适合无症状或症状不明显，或已近绝经期的妇女，每3~6个月定期复查，症状明显时再考虑进一步治疗。药物治疗适用于近绝经年龄、症状轻、全身情况不宜手术者；须注意肌瘤生长较快或肌瘤变性，应排除恶变，有异常子宫出血时须除外子宫内膜癌病变。手术治疗适用于出现以下情况：①因肌瘤导致月经量增多或异常子宫出血引起继发贫血；②明显腹痛、性交痛或有蒂肌瘤扭转引起的急性腹痛；③有压迫直肠、膀胱的症状或肌瘤生长较快；④肌瘤变性，怀疑恶变；⑤因肌瘤导致反复流产或不孕等。

知 识 链 接

MR 引导聚焦超声治疗子宫肌瘤

　　MR 引导下聚焦超声（MRgFUS）是一种无创治疗子宫肌瘤的新手段，以 MRI 为引导，精准地将超声波聚焦于肌瘤瘤体组织，产生 65~85℃ 的高温，使肿瘤细胞蛋白质失活、细胞凋亡并凝固坏死，在精准消融肌瘤组织的同时避免损伤治疗区域以外的正常组织。

（一）心理护理

　　1. **帮助病人缓解心理压力**　实施优质护理为病人提供连续整体化护理，在护理过程中，充分和病人沟通，建立良好的护患关系，增强其对护士的信任；同时适当借助绘画、音乐、手工等艺术治疗手段，鼓励病人表达内心的感受和期望，帮助病人分析住院期间及出院后可被利用的资源及支持系统，减轻无助感，缓解病人的心理压力。

　　2. **帮助病人建立对疾病的正确认识**　详细评估病人对疾病相关知识的了解及认知情况，为病人制订个性化的健康教育方案，纠正其对疾病知识的错误认识，帮助病人建立正确的认知，消除其不必要的顾虑，增强康复信心。

　　3. **鼓励病人参与诊疗决策**　评估病人对疾病的认知能力，为病人提供疾病的诊疗信息和相关知识，帮助病人了解诊疗方案，鼓励病人主动参与诊疗方案的决策，促进病人接受现实的健康状况，积极肯定自己的健康管理能力。

（二）症状护理

　　1. **贫血的护理**　加强营养，进食含铁高的食物，遵医嘱补充铁剂；贫血严重时须避免剧烈活动，指导病人卧床休息，必要时输血。

　　2. **预防感染**　阴道分泌物增多的时候，应保持会阴部清洁，定时更换会阴消毒垫，出血时注意会阴擦洗。

　　3. **压迫症状的护理**　压迫膀胱出现尿潴留时，予以导尿；压迫直肠导致便秘时，给予缓泻剂软化粪便；肌瘤脱出阴道时，保持局部清洁，避免感染。

（三）药物治疗与护理

　　1. **药物治疗**　治疗子宫肌瘤最常用的药物为雄激素、促性腺激素释放激素激动剂（GnRH-a）、拮抗孕激素的药物(米非司酮)。常用的雄激素药物为丙酸睾酮,治疗机制是对抗雌激素,使子宫内膜萎缩,增强子宫平滑肌收缩,减少出血量;注意每个月该药物的总用量不可超过300mg,以免出现男性化。促性腺激素释放激素激动剂可以产生抑制FSH和LH分泌的作用,抑制卵巢功能,降低雌二醇到绝经水平,抑制肌瘤生长,使其萎缩;长期使用会导致骨质疏松,也可产生围绝经期综合征,应注意防范,一般不推荐长期使用,疗程为3~6个月。米非司酮的作用为拮抗孕激素,影响肌瘤组织中表皮生长因子受体和血管内皮生长因子的表达,减少子宫动脉血流,使肌瘤体积缩小,出血减少;长期使用可出现拮抗糖皮质激素的不良反应和增加内膜病变的风险,推荐用量为10mg/d,疗程为3个月。

2. 护理 子宫肌瘤病人的药物治疗时间较长,需要病人有较好的依从性,护士须详细做好用药指导。给药时,需要熟悉药物名称、用药目的、剂量、方法、严格遵守给药原则。用药观察时,要熟悉可能出现的不良反应及应对措施,最大限度地减轻病人的不适。

(四)手术病人的护理

治疗子宫肌瘤常用的手术方式有肌瘤切除术和子宫切除术。手术途径包括经腹手术(包括腹腔镜和开腹两种术式)、经阴道手术、经宫腔镜手术。本节重点讲述经腹子宫切除术病人的护理。

1. 手术前护理 除做常规的外科腹部手术准备外,还需要针对妇科病人的特殊性,提供专业性的术前指导,帮助病人做好身心准备。

(1)心理支持:子宫作为女性有特征性的重要器官,病人和家属都可能存在认识的误区,担心身体的暴露,顾虑子宫切除后引起早衰、影响家庭及夫妻生活,手术前护士应充分评估病人和家属的心理反应,耐心疏导,同时为其提供有关术后性生活的资料并做好相应指导,帮助病人保持良好的心态。另外手术室护士良好的术前访视指导,也可以有效地缓解病人因对手术室的陌生而产生的焦虑。

(2)术前指导:除常规外科手术病人指导外,还须针对妇科病人的特殊性进行全面评估,提供针对性的指导。

1)知识指导:借助模型向病人讲解女性生殖系统解剖与生理的医学知识;用通俗易懂的语言和宣教视频让病人了解手术名称、过程,解释术前准备的内容、目的、必要的检查程序等。

2)辅助检查和治疗指导:给病人做好辅助检查及治疗的沟通,让病人了解并主动参与到检查和治疗决策中来,提高病人的配合度。

3)预防术后并发症的指导:指导病人练习床上使用便器;教会病人翻身、深呼吸、咳嗽,收缩和放松四肢肌肉等的运动方法。

(3)皮肤准备:备皮尽量安排在临手术前,选用无损伤的一次性备皮刀,备皮范围是上自剑突下,下至两大腿上1/3,两侧至腋中线,以及外阴部(腹腔镜经腹手术,可不备外阴部皮肤)。备皮完毕后擦拭干净并指导病人进行全身沐浴。

(4)消化道准备:手术前一日口服缓泻剂或灌肠1~2次,使病人能排便3次以上。术前8h禁食,术前4h禁饮。

(5)阴道准备:行子宫全切除术的病人须进行阴道准备。手术前1d和手术晨各进行1次阴道准备。方法为清洁外阴后用络合碘或聚维碘酮溶液消毒子宫颈口、阴道穹隆及阴道壁,待干后再用1%~2%甲紫涂布子宫颈及阴道穹隆以作标志。

(6)其他准备:同外科腹部手术病人。护士须认真评估病人的生命体征;查看各项实验室检查项目报告,发现异常及时与医生联系。仔细核查药敏试验结果、交叉配血情况等,必要时应与血库取得联系,保证术中血源供给。术晨护士应尽早看望病人,再次评估病人的生命体征、是否月经来潮、有无过度恐惧或忧郁的情绪反应,如有异常须及时通知医生。

2. 手术后护理 同外科腹部手术术后病人护理。子宫切除手术有伤及邻近泌尿系统的可能,术后应注意对病人尿液的观察:量、颜色、性状,保持尿管的通畅;留置尿管期间,应进行外阴擦洗,保持局部清洁,防止发生泌尿系感染;拔除尿管后要指导病人排尿,评估膀胱功能恢复情况。子宫切除术后还应观察病人阴道出血情况,评估病人血压、脉搏、尿量,有无肛门坠胀感,及时发现腹腔内出血。

（五）健康指导

1. **随访指导**　指导观察的病人明确随访时间,定期完成筛查;对接受药物治疗的病人须指导病人规律的正确服药,明确复诊时间,按时接受随访指导,及时根据病情需要调整治疗方案。接受手术治疗的病人,应帮助病人明确术后1个月复查的时间、内容、医生等,指导病人按时复诊。

2. **出院指导**　术后病人的出院健康指导内容应包括:①术后2个月内避免提举重物;②适当活动,避免久坐久站等增加盆腔充血的活动;③避免阴道冲洗和性生活,否则会影响阴道伤口愈合,并引起感染;④均衡饮食,以保证合理营养摄入和保持排便通畅;⑤阴道出现异常分泌物或流血时应及时就医;⑥遵医嘱如期返院复查。

【护理评价】

经过治疗和护理,评估病人是否能够达到:①出血减少,贫血改善,其他症状缓解或解除;②病人对疾病相关的知识有正确的认识;③病人情绪良好;④适应子宫切除后的生活。

（胡　娟）

思 考 题

1. 按照与子宫肌壁的关系,子宫肌瘤可分为哪几类?
2. 子宫肌瘤引起的月经改变有哪些表现?

第二节　宫颈癌病人的护理

导入情境与思考

病人,女性,50岁,已婚,因接触性出血1[+]年,加重1个月入院。既往月经规律,5d/30d,量中,近半年月经不规则,量多。体格检查:T 36.7℃,P 85 次/min,R 20 次/min,BP 110/67mmHg;贫血面容。妇科检查:子宫双附件无异常;子宫颈肥大,呈菜花样增生,质脆,触之易出血。辅助检查:B超未见异常,病理报告为宫颈鳞状细胞癌,Hb 85g/L。拟手术,完善术前准备和相关检查。

请思考:

（1）该病人目前存在的主要护理问题有哪些?

（2）术后留置尿管的护理要点有哪些?

宫颈癌(cervical cancer)是全球女性第4大常见癌症,也是妇科最常见的恶性肿瘤之一,高发年龄为50~55岁。宫颈癌筛查的普及能早期发现、诊断、治疗宫颈癌和癌前病变,其发病率和死亡率明显下降。

【病因】

宫颈癌的发生可能与以下因素有关:

1. **人乳头瘤病毒（human papilloma virus，HPV）感染**　目前已知HPV共有160多个型别,40余种与生殖道感染有关,其中13~15种与宫颈癌发病密切相关,高危型HPV持续感染是宫颈癌的主要危险因素。接种HPV预防性疫苗可以实现宫颈癌的一级预防。

2. **性行为及分娩次数**　多个性伴侣、初次性生活<16岁、初产年龄过小、多孕多产都与宫颈癌发生有关。与有阴茎癌、前列腺癌或其性伴侣曾患宫颈癌的高危男子性接触的女性,也易患宫颈癌。

3. **生物学因素**　沙眼衣原体、单纯疱疹病毒等感染在高危 HPV 感染导致宫颈癌的过程中起到协同作用。

4. **其他因素**　吸烟可增加 HPV 的感染效应,经济状况低下、营养不良、卫生条件差、口服避孕药、免疫抑制等因素和宫颈癌发生有关。目前已经有足够的证据证实,屏障避孕法有一定的保护作用。

【发病机制】

子宫颈上皮由子宫颈阴道部鳞状上皮和子宫颈管柱状上皮组成,两种上皮的交接部称为鳞-柱交接,鳞-柱交接又分为原始鳞-柱交接和生理性鳞-柱交接,原始鳞-柱交接部和生理性鳞-柱交接部间所形成的区域称转化区(图 55-2-1)。

鳞-柱交接并非恒定不变,在转化区形成过程中,柱状上皮通过鳞状上皮化生或鳞状上皮化逐渐被鳞状上皮所替代,转化区成熟的化生鳞状上皮对致癌物的刺激相对不敏感,但未成熟的化生鳞状上皮却代谢活跃,在 HPV 等的作用下,发生细胞异常增生、分化不良、排列紊乱、细胞核异常、有丝分裂增加,最后形成子宫颈鳞状上皮内病变(cervical squamous intraepithelial lesion,SIL)。SIL 形成后继续发展,突破上皮下基底膜,浸润间质,形成子宫颈浸润癌(图 55-2-2)。

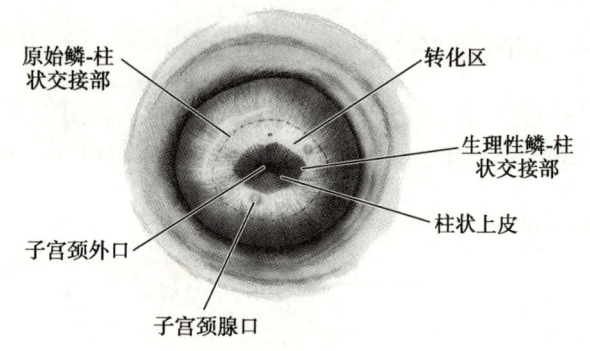

图 55-2-1　子宫颈转化区示意图

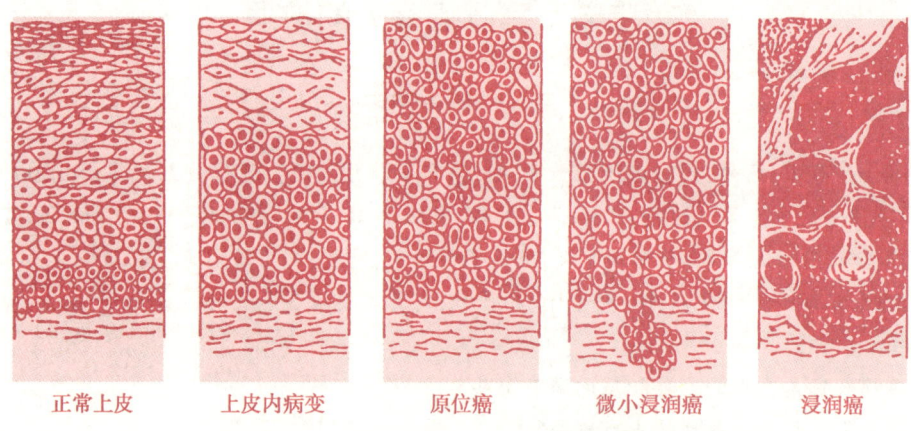

正常上皮　　上皮内病变　　原位癌　　微小浸润癌　　浸润癌

图 55-2-2　子宫颈正常上皮-上皮内病变-浸润癌

【病理】

1. **癌前病变**　宫颈癌的癌前病变既往称为宫颈上皮内瘤变(cervical intraepithelial neoplasia,CIN),CIN 具有两种不同的结局:一是病变自然消退;二是病变继续发展形成子宫颈浸润癌。CIN 分为 3 级(图 55-2-3)。

Ⅰ级:即轻度不典型增生。上皮下 1/3 层细胞核增大,核质比略增大,核染色体稍加深,核分裂象少,细胞极性正常。

Ⅱ级:即中度不典型增生。上皮下 1/3~2/3 层细胞核明显增大,核质比增大,核深染,核分裂象较多,细胞数量明显增多,细

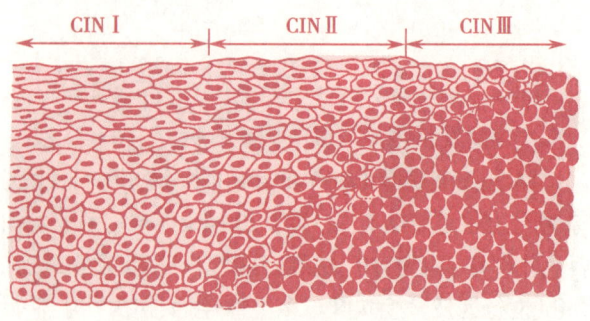

图 55-2-3　CIN 分级

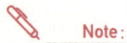

Note:

胞极性尚存。

Ⅲ级:即重度不典型增生和原位癌。病变细胞几乎或全部占据上皮全层,细胞核异常增大,核质比显著增大,核型不规则,染色较深,核分裂象多,细胞拥挤,排列紊乱,无极性。

WHO 女性生殖器肿瘤分类(2014)建议采用与细胞学分类相同的二级分类法:低级别鳞状上皮内病变(LSIL)和高级别鳞状上皮内病变(HSIL),将 CIN Ⅰ级归为 LSIL,CIN Ⅱ级、CIN Ⅲ级归为 HSIL。

2. **鳞状细胞浸润癌** 鳞状细胞癌占宫颈癌的 75%~80%。

(1) 大体检查:除微小浸润肉眼观察无异常外,随着病程的发展,鳞状细胞癌可表现为以下 4 种类型(图 55-2-4):

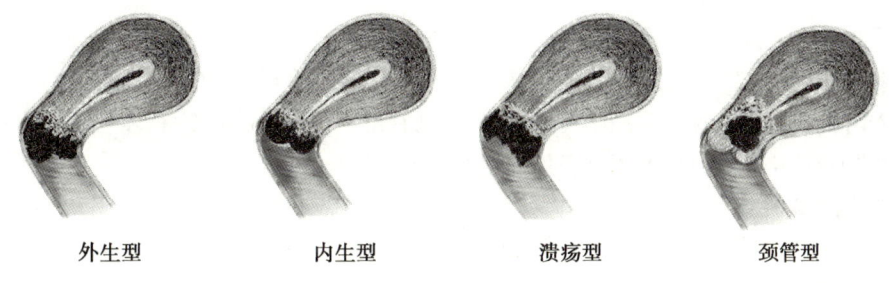

外生型　　　　内生型　　　　溃疡型　　　　颈管型

图 55-2-4 宫颈癌类型

1) 外生型:最常见。癌组织向外生长突出于阴道内呈菜花样,质脆易出血。

2) 内生型:癌组织向子宫颈深部组织浸润,子宫颈肥大如桶状。

3) 溃疡型:外生型或内生型进一步发展合并感染,可形成溃疡或空洞,形如火山口。

4) 颈管型:癌灶发生在子宫颈管内,常侵及子宫峡部供血层和子宫颈管并转移到盆腔淋巴结。

(2) 显微镜检查

1) 微小浸润癌:在 CIN Ⅲ级基础上镜检发现小滴状、锯齿状癌细胞团突破基底膜,浸润间质。

2) 浸润癌:指癌灶浸润间质范围超出微小浸润癌,多呈网状或团块状浸润间质,分为角化型(高分化)和非角化型(中、低分化)。

3. **腺癌** 近年呈上升趋势,占宫颈癌的 20%~25%。大体检查可见自子宫颈内向外突出生长,浸润管壁,常可侵犯子宫旁组织,子宫颈外观正常,但膨胀如桶状。镜检主要有两种组织类型:普通型宫颈腺癌和黏液腺癌,前者镜下见腺体结构复杂、呈筛状和乳头状,核异型性明显,多呈高、中分化;后者分为胃型(微偏腺癌,预后最差)、肠型、印戒细胞样和非特指型。

4. **其他** 还有少见的腺鳞癌、腺样基底细胞癌、绒毛状管状腺癌、内膜样癌等。

5. **转移途径** 宫颈癌的转移途径主要为直接蔓延和淋巴转移;血行转移极少见,多发生在晚期。

【护理评估】

(一)健康史

1. **重视病人的主诉** 未绝经的病人应评估月经的改变:周期是否缩短或不规律、月经量是否增多、月经期是否延长等;老年病人须询问绝经后有无不规则阴道流血。

2. **评估危险因素** 有无与高危男子性接触史,是否多个性伴侣,婚育史,有无未治疗的慢性宫颈炎等。

3. 详细记录既往妇科检查结果、HPV 检查结果、子宫颈刮片细胞学检查结果及处理经过。

(二)身体状况

早期病人一般无自觉症状,多由宫颈癌筛查发现异常,随病程进展,可出现以下表现:

1. **症状**

(1) 阴道流血:常表现为接触性出血,即性生活或妇科检查后出血;随病情发展也可表现为不规则出血或月经异常如月经量增多;老年病人常诉绝经后不规则阴道流血;宫颈癌合并妊娠者常因阴道流血就医。外生型出血较早、量多;内生型出血较晚,出血量的多少与癌灶大小及侵蚀的血管有关,如果侵蚀较大血管可能引起致命性大出血。

(2)阴道排液:多数病人有白色或血性,稀薄如水样或米泔样伴腥臭的排液。晚期癌组织坏死继发感染时,则出现大量米汤样或脓性伴恶臭的阴道分泌物。

(3)晚期症状:癌灶浸润周围组织或器官出现不同的症状。病变累及盆腔壁、闭孔神经、腰骶部神经等,可出现严重持续性腰骶部或坐骨神经痛;癌肿压迫膀胱、直肠可出现尿频、尿急、便秘等;癌肿累及输尿管,可引起输尿管梗阻、肾盂积水及尿毒症;当盆腔病变广泛时,影响静脉和淋巴回流,导致下肢肿痛。晚期还可出现恶病质、贫血等全身症状。

2. 体征 早期无明显体征,随病情发展出现不同体征。外生型癌可见子宫颈有息肉状、菜花状赘生物,质脆易出血;内生型则表现为子宫颈肥大、质硬、子宫颈管膨大;晚期病人因癌组织坏死脱落,形成溃疡或空洞,有恶臭。癌灶浸润阴道壁时,局部见有赘生物或阴道壁变硬;浸润子宫旁组织,可形成冰冻骨盆,妇科体格检查可扪及子宫旁组织增厚变硬。

(三)辅助检查

早期病例采用"三阶梯"诊断程序:子宫颈细胞学检查和/或 HPV 检测、阴道镜检查、子宫颈活组织检查,组织学诊断为确诊依据。

1. 子宫颈细胞学检查 细胞学检查是宫颈癌筛查的重要方法,特异性高但敏感性较低。采集标本前 24h 内禁止性生活、阴道检查、阴道灌洗及用药,注意无菌操作,取材应在鳞-柱交接部。注意在宫颈移行带区取材并仔细镜检,必要时重复刮片并行宫颈活检,以免漏诊或误诊。采用巴氏涂片或液基细胞涂片,报告形式包括巴氏分类法和 TBS 分类,推荐应用描述诊断的 TBS 分类;巴氏分类法诊断标注分为 5 级:Ⅰ级正常、Ⅱ级炎症、Ⅲ级可疑癌、Ⅳ级高度可疑癌、Ⅴ级癌;TBS 分类法诊断标准必须包含以下内容:①未见上皮内病变细胞和恶性细胞:病原体、非瘤样发现、其他;②上皮细胞异常:鳞状上皮细胞异常、腺上皮细胞异常、其他恶性肿瘤。

2. HPV 检测 敏感性较高,特异性较低。高危型 HPV 检测对预防和早期发现宫颈癌及癌前病变有非常重要的意义,可联合细胞学对 21 岁以上有性生活的女性进行宫颈癌的筛查。

3. 阴道镜检查 筛查发现有异常,如细胞学为不典型鳞状细胞伴 HPV 检测阳性或细胞学 LSIL 及以上、HPV 检测为高危型阳性者,建议行阴道镜检查,阴道镜在强光源照射下将子宫颈阴道部上皮放大 10~40 倍直接观察,从而发现肉眼不能发现的轻微小病变,并可在可疑部位活检用以确诊。

4. 子宫颈活组织检查 组织学诊断是确诊宫颈癌的可靠方法。取材可选肉眼可见的病灶组织,也可在阴道镜检查的高级别病变者的子宫颈鳞-柱交接部多点活检,若需了解子宫颈管的病变情况,可行子宫颈管分段诊刮活检。

5. 宫颈锥切 HSIL 不能除外浸润癌者或可疑微小浸润癌需要测量肿瘤范围者,须行宫颈锥切,切除组织做连续病理切片检查。

6. 其他检查 根据病人情况选择超声、胸部 X 线、CT、PET-CT、磁共振、静脉肾盂造影、膀胱镜、直肠镜等检查。

(四)临床分期

采用国际妇产科联盟(FIGO,2018)的临床分期标准(表 55-2-1)。临床分期在治疗前确定,治疗后不再更改(图 55-2-5)。

(五)心理-社会状况

早期宫颈癌病人在普查中发现宫颈刮片报告异常时,会感到震惊和恐惧,甚至会出现怀疑检查结果的表现。当确定诊断后,与其他恶性肿瘤病人一样会经历否认、愤怒、妥协、忧郁、接受的心理反应。护士应全面评估病人心理-社会方面的不同表现,了解宫颈癌给病人和家属带来的心理冲击及其应对机制。

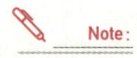
Note:

表 55-2-1　宫颈癌的临床分期表（FIGO，2018）

分期	标准
Ⅰ期	宫颈癌局限在子宫颈（扩展至子宫体应被忽略）
ⅠA	镜下浸润癌,深度浸润≤5mm
ⅠA1	间质浸润深度≤3mm
ⅠA2	间质浸润深度>3mm,≤5mm
ⅠB	肿瘤局限于子宫颈,镜下最大浸润深度>5mm
ⅠB1	浸润深度>5mm,最大径线≤2cm
ⅠB2	2cm<最大径线≤4cm
ⅠB3	最大径线>4cm
Ⅱ期	肿瘤超越子宫,但未达到阴道下 1/3 或未达到骨盆壁
ⅡA	侵犯上 2/3 阴道,无明显子宫旁浸润;ⅡA1:癌灶最大径线≤4cm,ⅡA2:癌灶最大径线>4cm
ⅡB	有子宫旁浸润,未达到骨盆壁
Ⅲ期	肿瘤累及阴道下 1/3 和/或扩展到骨盆壁和/或引起肾盂积水或肾无功能和/或累及盆腔和/或主动脉旁淋巴结
ⅢA	肿瘤累及阴道下 1/3,没有扩展到骨盆壁
ⅢB	肿瘤扩展到骨盆壁和/或引起肾盂积水或肾无功能
ⅢC	不论肿瘤大小和扩散程度,累及盆腔和/或主动脉旁淋巴结［注明 r（影像学）或 p（病理）证据］
ⅢC1	仅累及盆腔淋巴结
ⅢC2	主动脉旁淋巴结转移
Ⅳ期	肿瘤侵犯膀胱黏膜或直肠黏膜（活检证实）和/或超出真骨盆（泡状水肿不分为Ⅳ期）
ⅣA	侵犯盆腔邻近器官
ⅣB	远处转移

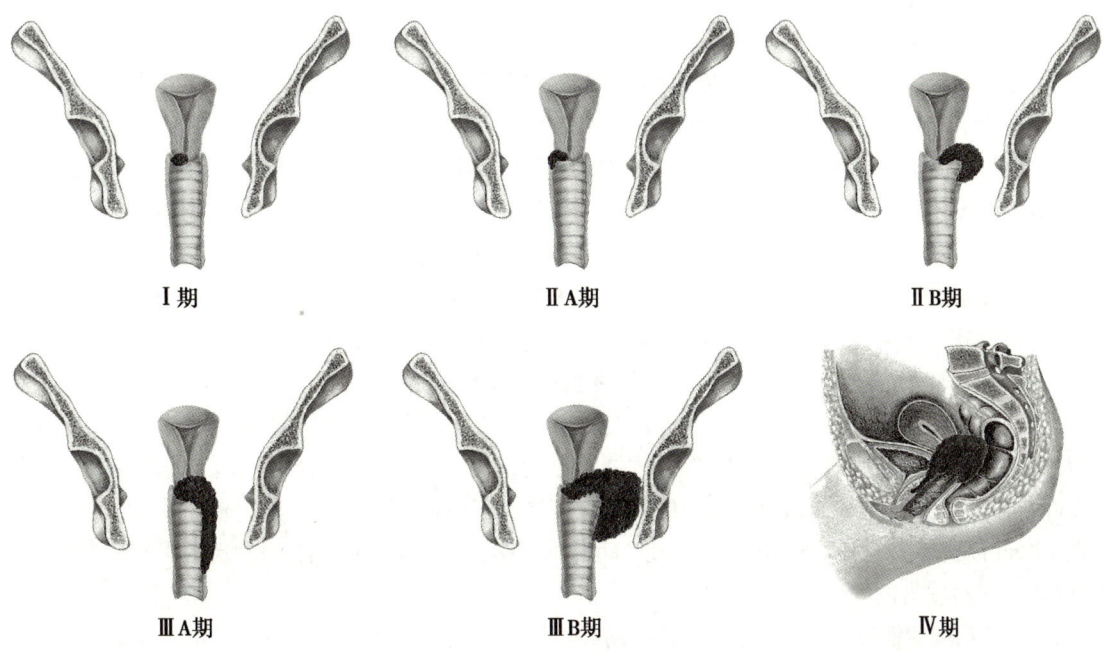

Ⅰ期　　　　　　ⅡA期　　　　　　ⅡB期

ⅢA期　　　　　　ⅢB期　　　　　　Ⅳ期

图 55-2-5　宫颈癌临床分期示意图

【护理诊断/问题】

1. **恐惧**　与宫颈癌诊断和担心宫颈癌预后有关。
2. **排尿障碍**　与宫颈癌根治术后影响膀胱正常张力有关。
3. **舒适度减弱**　与放射治疗导致不良反应有关。
4. **知识缺乏**：缺乏有关宫颈癌预防、诊治及随访等知识。

【计划与实施】

宫颈癌的治疗方案根据病人年龄、临床分期、全身情况、生育要求、医疗技术水平及设备条件等综合考虑制订,目前常采用手术和放疗为主,化疗为辅的综合治疗方案。经过治疗和护理,病人达到:①能够正确面对患病事实,积极配合疾病的治疗和护理,表现出对治疗和预后的客观态度;②治疗期间得到良好的护理,膀胱功能恢复良好;③放疗不良反应轻或无;④获得有关宫颈癌的预防、诊治及随访等方面的正确信息。

（一）心理护理

建立良好的护患关系,加强沟通,耐心倾听,鼓励病人表达内心感受,了解病人不同疾病阶段的心理反应和表达方式。根据病人的具体情况和有关伦理学原则,提供有关疾病的相关内容调动病人的社会支持系统;通过利用挂图、模型、宣传资料等多种形式向病人提供正确的医学信息,帮助病人建立疾病相关知识的正确认知,解除疑虑,缓解不安情绪,使病人能以积极态度接受诊治过程。

（二）症状护理

1. **出血的护理**　观察病人出血量、性状、时间、有无诱因;保持会阴部清洁避免感染;监测生命体征,大出血时积极配合抢救,必要时输血。
2. **阴道排液的护理**　观察病人阴道排液的量、性状,有无异味;做好会阴擦洗或阴道冲洗,防止感染。
3. **晚期症状的护理**　晚期病人出现疼痛、便秘、发热等症状,护士应根据基础护理给予对症的护理。

（三）用药护理

宫颈癌病人的用药包括了术前/后的辅助化疗、晚期和复发病人的姑息治疗,护理措施可参考妊娠滋养细胞肿瘤的化疗护理。

（四）手术病人的护理

宫颈癌手术病人术前和术后护理基本同一般外科腹部手术护理。但由于宫颈癌根治术手术范围广,手术复杂,术后护理须注意并发症的防治、膀胱功能训练及留置导尿管的护理等。

1. **预防下肢深静脉血栓**　术前须进行血栓评估,高危病人穿弹力袜。术后尽早指导病人进行深呼吸运动,早期有意识地进行下肢被动或主动运动,指导病人踝泵运动,鼓励病人早下床活动,坚持术后 24h 每日热水泡脚 15min,促进血液循环。遵医嘱给药预防血栓。

2. **留置尿管的护理**　宫颈癌病人术后尿管留置时间一般为 10~14d,应加强病人会阴护理,保持尿管通畅,观察并记录尿液的性状和量,定期更换引流尿袋。行宫颈癌根治术病人术后容易发生尿潴留,与手术伤及支配膀胱的神经和膀胱失去周围组织支撑有关,应指导病人早期进行盆底肌功能锻炼和排尿中断训练,有条件可以采用生物反馈治疗预防尿潴留。拔除导尿管前 3d 开始夹管,定时开放以训练膀胱功能,鼓励病人多饮水,促进排尿功能的恢复。拔管时机选择病人感尿胀时拔除,嘱病人立即排尿,并测残余尿,如超过 100ml 则须继续留置尿管;少于 100ml 者,每日测 1 次,2~4 次检测均在 100ml 以内者,说明膀胱功能已经恢复。近年来,国内外开始尝试耻骨上膀胱造瘘来代替留置尿管,以降低尿路感染的发生率。

3. **盆底肌肉的锻炼**　术前教会病人进行肛门、阴道肌肉的收缩和舒张练习,术后第 2 日即可鼓励病人进行锻炼,以增强盆底肌张力。

（五）放疗护理

放疗包括腔内照射和体外照射,是宫颈癌病人术后的重要辅助治疗手段。

1. 放疗前护理　包括:①向病人讲解放疗的目的、方法、注意事项、意外时的防治措施,可能的不良反应;②评估各种实验室检查结果,白细胞计数和血小板是否达到放射治疗要求;③指导病人放疗前排空膀胱和直肠,必要时留置尿管及灌肠,避免放疗时损伤。

2. 放疗后护理　包括:①指导病人保持外阴部清洁,严禁用手搔抓局部皮肤;②腔内照射病人在插管或撤管时可能会有少量出血,应予以对症处理;③放射性直肠炎和膀胱炎是放疗常见的副作用,应指导病人进食少渣、易消化、高蛋白、高维生素的饮食,多饮水勤排尿,保持排尿和排便通畅,促进恢复;④放疗病人常在照射后8~10d出现皮肤的反应,应注意保持照射野皮肤清洁干燥,避免局部刺激,减少皮肤损伤。

（六）健康指导

1. 预防保健指导　宫颈癌是可以预防的肿瘤。①推广 HPV 预防性疫苗接种(一级预防)。②普及、规范宫颈癌筛查,早期发现 SIL(二级预防);及时治疗高级别病变,阻断宫颈浸润癌的发生(三级预防)。③开展预防宫颈癌知识宣教,提高预防性疫苗注射率和筛查率,建立健康的生活方式。④宫颈癌前病变管理:持续高危型 HPV 感染是发展为癌前病变和癌的必要条件,对高级别子宫颈异常的检测和治疗能有效降低宫颈癌的发病率和死亡率。

2. 随访指导　出院后 1 个月首次随访,2 年内应每 3 个月复查 1 次,3~5 年每 6 个月复查 1 次;第 6 年开始每年复查 1 次。随访内容包括妇科检查、阴道脱落细胞学检查、胸部 X 线检查、高危型 HPV 检测、血常规、子宫颈鳞状细胞癌抗原(SCCA)检测、超声检查、CT 或磁共振检查等。

【护理评价】

经过治疗和护理,评估病人是否能够达到:①正确面对患病事实,积极配合疾病的治疗和护理,表现出对治疗和预后的客观态度;②膀胱功能恢复良好;③未出现放疗不良反应或放疗反应减轻;④获得有关宫颈癌的预防、诊治及随访等方面的正确信息。

（胡　娟）

思 考 题

1. 宫颈癌典型的临床表现有哪些?
2. 如何对宫颈癌术后病人进行留置尿管的护理?

第三节　子宫内膜癌病人的护理

导入情境与思考

病人,女性,53 岁,因绝经 2 年,阴道出血 10$^+$d 入院。体格检查:T 36.5℃,P 85 次/min,R 20 次/min,BP 135/85mmHg。妇科检查:子宫颈稍萎缩,光滑,触诊无出血;子宫体增大如孕 2 个月;附件无异常。辅助检查:盆腔 CT 平扫显示子宫形态异常,子宫腔扩张,内见软组织密度影;诊断性刮宫手术活检示中分化内膜样腺癌。拟手术,完善术前准备和相关检查。

请思考:

（1）该病人的护理评估要点有哪些?

（2）该病人存在的护理问题有哪些?

子宫内膜癌(endometrial carcinoma)是发生于子宫内膜的一组上皮性恶性肿瘤,又称子宫体癌,是女性生殖道三大恶性肿瘤之一,以腺癌为主。在我国占妇科恶性肿瘤的 20%～30%,仅在宫颈癌之后。

【病因】

子宫内膜癌目前认为有两种类型,一种类型是雌激素依赖型(Ⅰ型),由缺乏孕激素对抗的雌激素过度刺激子宫内膜导致。另一种类型是非雌激素依赖性(Ⅱ型),原因不明。主要高危因素有:

1. **生殖内分泌失调性疾病**　如无排卵性月经异常、无排卵性不孕、多囊卵巢综合征等,导致长期单一雌激素刺激内膜增生。

2. **肥胖、高血压、糖尿病**　又称子宫内膜癌三联征,有研究表明体重指数每增加 1 个单位,罹患子宫内膜癌的相对危险增加 9%。

3. **初潮早与绝经晚、不孕不育、卵巢肿瘤**　均可能引起雌激素增加或作用延长,从而增加子宫内膜癌的风险;单一外源性雌激素治疗如达 5 年以上,发生子宫内膜癌的风险增加 10～30 倍。

4. **遗传因素**　约 20% 的子宫内膜癌病人有家族史,如乳腺癌、子宫内膜癌、林奇综合征等。

5. **其他**　药物因素如治疗乳腺癌的三苯氧胺,饮食习惯、吸烟、饮酒等生活方式的影响。

【发病机制】

Ⅰ型子宫内膜癌的发生与缺乏拮抗的雌激素长期过度刺激有直接关系,女性体内缺孕激素,雌激素长期刺激子宫内膜,子宫内膜长期处于过度增生的状态,进一步发展为子宫内膜癌。Ⅱ型子宫内膜癌的发生机制至今尚不完全清楚。

【病理】

1. **大体检查**　不同组织学类型的子宫内膜癌肉眼表现无明显区别,大体可分为两类。①弥散型:癌组织侵犯子宫内膜全部或大部分,呈不规则菜花样突出于子宫腔,常伴有出血、坏死,可侵犯肌壁全层,堵塞子宫颈管导致子宫腔积脓。②局灶型:癌灶局限于子宫腔的一小部分呈息肉或小菜花状,多见于子宫底或局部,易侵犯肌层。

2. **显微镜检**　镜下可见 5 种类型:内膜样腺癌占 80%～90%,分为高、中、低分化三级(Ⅰ级、Ⅱ级、Ⅲ级);腺癌伴鳞状上皮分化;浆液性腺癌占 1%～9%,恶性程度高;黏液性癌约占 5%,预后较好;透明细胞癌,恶性程度高,易早期转移;癌肉瘤较少见,常见于绝经后妇女。

3. **转移途径**　子宫内膜癌生长缓慢,部分特殊病理类型如浆液性癌、透明细胞癌、癌肉瘤和高级别内膜样腺癌可发展很快,短期内出现转移。其主要转移途径为直接蔓延、淋巴转移和血行转移。

【护理评估】

(一)健康史

1. 询问并记录病人发病经过、有关检查治疗及出现症状后机体反应等情况。

2. 重点询问病人是否有患子宫内膜癌的高危因素,如肥胖、高血压、糖尿病、初潮年龄和绝经期是否推迟、是否不孕不育、有无卵巢肿瘤、有无多囊卵巢综合征、有无接受雌激素替代治疗等病史;询问近亲家属是否有子宫内膜癌病史。

(二)身体状况

1. **症状**　主要为阴道流血、阴道排液。

(1)阴道流血:主要表现为绝经后阴道流血,量一般不多。未绝经者常表现为月经紊乱、月经期延长、月经量增多。

(2)阴道排液:多为浆液性或血性排液,合并感染则有脓性或脓血性排液,有恶臭。

（3）下腹疼痛：晚期癌瘤浸润周围组织，若压迫神经时可引起下腹及腰骶部疼痛；下腹胀痛及痉挛性疼痛也可由子宫腔积脓或积液引起；晚期病人还可出现恶病质、贫血等全身症状。

　　2. 体征　早期可无异常，随病情发展，妇科检查发现子宫增大，合并子宫腔积脓者可有压痛。癌灶浸润周围组织可在子宫旁扪及不规则结节或子宫固定。

（三）辅助检查

　　1. 分段诊刮（fractional curettage）　是诊断早期子宫内膜癌最有价值和最常用的方法。通常要求先环刮子宫颈管，后探子宫腔，再行宫腔搔刮内膜，标本分瓶做好标记，送病理检查。病理检查结果是确诊子宫内膜癌的依据。分段诊刮的优点是能鉴别子宫内膜癌和宫颈管腺癌，也可明确子宫内膜癌是否累及子宫颈管。

　　2. 影像学检查　磁共振成像对肌层浸润深度和子宫颈间质浸润有较准确的判断，腹部 CT 协助判断有无子宫外转移。B 超可了解子宫大小、子宫腔形状、子宫内有无赘生物、子宫内膜厚度、肌层有无浸润及深度，可对异常阴道流血的原因作出初步判断。

　　3. 宫腔镜检查　可直接观察子宫内膜病灶的生长情况，并在直视下取可疑病灶活组织送病理检查，可减少对早期子宫内膜癌的漏诊。

　　4. 其他　血清 CA12-5 测定，子宫内膜微量组织学、细胞学检查。

（四）临床分期

采用国际妇产科联盟（FIGO，2009）的临床分期标准（表 55-3-1）

表 55-3-1　子宫内膜癌的临床分期（FIGO，2009）

分期	标准
Ⅰ期	肿瘤局限在子宫体
ⅠA	肿瘤浸润深度<1/2 肌层
ⅠB	肿瘤浸润深度≥1/2 肌层
Ⅱ期	肿瘤侵犯子宫颈间质，但无子宫体外蔓延
Ⅲ期	肿瘤局部和/或区域的扩散
ⅢA	肿瘤侵犯浆膜层和/或附件
ⅢB	阴道和/或子宫旁组织受累
ⅢC	盆腔淋巴结和/或腹主动脉旁淋巴结转移
ⅢC1	盆腔淋巴结转移
ⅢC2	腹主动脉旁淋巴结转移伴（或不伴）盆腔淋巴结阳性
Ⅳ期	肿瘤累及膀胱和/或直肠黏膜，和/或远处转移
ⅣA	肿瘤侵犯膀胱和/或直肠黏膜
ⅣB	远处转移，包括腹腔内转移和/或腹股沟淋巴结转移

（五）心理-社会状况

当病人出现症状并需要接受各种检查时，充满恐惧和焦虑，担心检查结果及检查过程带来的不适。当得知患子宫内膜癌时，与宫颈癌病人一样，会出现一系列的心理反应，护士应注意评估。

【常见护理诊断/问题】

　　1. 焦虑　与担心治疗和预后有关。

　　2. 知识缺乏：缺乏疾病预防、诊治及预后的相关知识。

Note：

【计划与实施】

根据癌肿的组织学类型和浸润范围,结合病人年龄及全身情况制订适宜的治疗方案。早期病人以手术为主,术后根据高危因素选择辅助治疗。晚期病人采用手术、放射、药物等综合治疗。经过治疗和护理,病人达到:①积极正确地配合疾病的治疗和护理;②获得子宫内膜癌疾病的预防、诊治和预后等方面的正确信息。

（一）心理护理

建立良好的护患关系,积极给予病人情感支持,鼓励病人及其家属讨论有关疾病及治疗的疑虑,耐心解答,增强病人治疗信心。教会病人放松的技巧,缓解焦虑,保证良好的睡眠。评估病人对子宫内膜癌诊治过程的认知程度,采用有效形式向病人介绍诊断性检查、治疗过程等,帮助病人积极配合治疗。

（二）症状护理

阴道流血和阴道排液是子宫内膜癌主要的症状,护理可参考宫颈癌的症状护理。

（三）用药护理

行药物治疗时给药前应告知病人用药方法,常见不良反应的表现及处理方法;用药期间应注意观察,出现不适应及时进行处理。

1. **激素治疗**　孕激素治疗的作用机制可能是直接作用于癌细胞,延缓 RNA 转录和 DNA 复制,从而抑制癌细胞的生长。常用各种人工合成的孕激素制剂有醋酸甲羟孕酮、乙酸孕酮等。以大剂量、高效、长期应用为宜,12 周以上方可评估疗效,需要病人有较好的依从性。用药的不良反应为水钠潴留、药物性肝炎等,停药后即好转;有血栓史病人慎用。他莫昔芬(tamoxifen,TAX)可提高孕激素受体水平,抑制雌激素对内膜的增生作用,用药后有潮热、急躁等类似围绝经期综合征的表现,轻度的血小板计数、白细胞下降等骨髓抑制表现,还可有头晕、恶心、呕吐、不规则少量阴道流血、闭经等。TAX 长期使用仍然有刺激内膜生长的作用,不主张单独使用。

2. **化疗**是晚期及复发性子宫内膜癌病人的治疗措施之一,常用化疗药有多柔比星、紫杉醇、顺铂等,有关化疗护理见妊娠滋养细胞肿瘤的化疗护理。

（四）手术病人的护理

有关内容同腹部手术病人的护理。

（五）放疗病人的护理

有关内容同宫颈癌放疗病人的护理。

（六）健康指导

1. **预防保健指导**　①重视绝经过渡期妇女月经紊乱和绝经后阴道流血的诊治;②规范使用雌激素;③加强风险增加人群如肥胖、不育、绝经延迟、他莫昔芬长期治疗等的随访监测;④加强对高风险人群如林奇综合征妇女进行子宫内膜癌筛查,有建议可在 30~35 岁开展每年 1 次的子宫内膜癌筛查。

知识链接

子宫内膜癌筛查人群的推荐建议

如何在人群中筛选出子宫内膜癌癌前病变及早期子宫内膜癌病人,提高子宫内膜癌的筛查效率,实现子宫内膜癌的早发现、早诊断、早治疗,已势在必行,以下人群推荐进行子宫内膜癌筛查。

1. **高风险人群**　林奇综合征病人及其亲属在 30~35 岁后(或者在其患癌家属发病年龄前 5~10 岁),须每年进行子宫内膜癌筛查。

2. **子宫内膜癌风险增加人群**　须每年进行经阴道超声检查以监测子宫内膜厚度:如增殖期子宫内膜厚度>11mm(绝经后>5mm)或血管增多、子宫内膜不均质、透声差的宫腔积液等,建议行子宫内膜癌筛查。

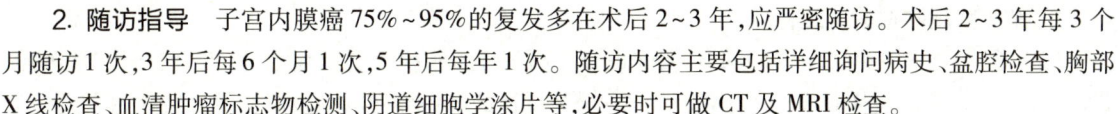

2. 随访指导　子宫内膜癌 75%~95% 的复发多在术后 2~3 年,应严密随访。术后 2~3 年每 3 个月随访 1 次,3 年后每 6 个月 1 次,5 年后每年 1 次。随访内容主要包括详细询问病史、盆腔检查、胸部 X 线检查、血清肿瘤标志物检测、阴道细胞学涂片等,必要时可做 CT 及 MRI 检查。

【护理评价】

经过治疗和护理,评估病人是否能够达到:①积极主动配合疾病的治疗和护理;②获得有关疾病的预防、诊治和预后等方面的正确信息。

(胡　娟)

思 考 题

1. 子宫内膜癌主要临床表现有哪些?
2. 子宫内膜癌病人如何进行随访?

第四节　卵巢肿瘤病人的护理

导入情境与思考

病人,女性,76 岁,已婚。因下腹胀痛伴体重进行性下降 2 个月余入院。体格检查:T 36.5℃, P 89 次/min,R 20 次/min,BP 167/96mmHg。B 超检查:下腹部多发性实性占位。结肠钡剂造影:乙状结肠迂曲、冗长。盆腔检查:右附件无异常,左附件区扪及直径约 15cm 质硬包块,活动欠佳,与子宫分界不清,无压痛。病人诉自患病以来,精神较紧张,食欲尚可,睡眠差,体重减轻 6kg。

请思考:

(1) 该病人最可能的诊断是什么?

(2) 该病人现在存在哪些护理问题?

卵巢肿瘤(ovarian tumor)是发生于卵巢的肿瘤性疾病,女性生殖器官常见的肿瘤,可发生于任何年龄。原发于输卵管或腹膜的肿瘤,因临床特征和治疗模式与卵巢肿瘤相似,常归于同一类疾病。卵巢恶性肿瘤是女性生殖器三大恶性肿瘤之一,由于不易发现,晚期缺乏有效治疗手段,故死亡率位居妇科恶性肿瘤之首。

【病因】

卵巢肿瘤病因不明,可能与遗传、激素、妇科疾病、生育因素、环境和生活因素等相关。

【病理】

1. 组织类型　卵巢肿瘤组织类型复杂,是全身器官原发肿瘤中最多的器官。主要组织学类型为上皮性肿瘤、性索间质肿瘤、生殖细胞肿瘤、转移性肿瘤。①上皮性肿瘤:最常见的组织学类型,占 50%~70%;主要有浆液性肿瘤、黏液性肿瘤、子宫内膜样肿瘤。②性索间质肿瘤:来源于原始性腺细胞或间叶组织,占 5%~8%。分为纯型间质肿瘤、纯型性索肿瘤、混合型性索间质肿瘤。③生殖细胞肿瘤:来源于生殖细胞的一组肿瘤,占 20%~40%,可分为畸胎瘤、无性细胞瘤、卵黄囊瘤等。④转移性肿瘤:为继发胃肠道、生殖道、乳腺等原发部位的肿瘤转移到卵巢的肿瘤。

2. 常见卵巢肿瘤的病理特点

（1）卵巢上皮性肿瘤（epithelial ovarian tumor）：有良性、恶性和交界性之分，主要有浆液性肿瘤、黏液性肿瘤、子宫内膜样肿瘤。①浆液性肿瘤：分为良性的腺瘤，恶性的腺癌，交界性的浆液腺瘤。浆液性囊腺瘤（serous cystadenoma）较为常见，多为单侧，圆球形，大小不等，表面光滑，囊内充满淡黄清澈浆液。浆液性囊腺癌（serous cystadenocarcinoma）：是最常见的卵巢恶性肿瘤，多为双侧，体积较大，半实质性，囊壁有乳头生长，囊液混浊，有时呈血性。镜下见囊壁上皮明显增生，明显异型，并向间质浸润。肿瘤生长速度快，预后差，5 年存活率仅 20%～30%。②黏液性囊肿瘤：也分为良性、恶性和交界性。黏液性囊腺瘤（mucinous cystadenoma）约占卵巢良性肿瘤的 20%，是人体中生长最大的一种肿瘤，多为单侧多房性，肿瘤表面光滑，灰白色，囊液呈胶冻样。瘤壁破裂，黏液性上皮种植在腹膜上继续生长，并分泌黏液，形成腹膜黏液瘤；黏液性囊腺癌（mucinous cystadenocarcinoma）约占卵巢恶性肿瘤的 10%，多为单侧，瘤体较大，囊壁可见乳头或实质区，囊液混浊或为血性。③子宫内膜样癌：多为高分化腺癌，单房，表面光滑，囊壁附有单层柱状上皮，似子宫内膜，镜下特点与子宫内膜癌极相似。

（2）卵巢生殖细胞肿瘤（ovarian germ cell tumor）：源于生殖细胞的肿瘤，好发于幼女和年轻妇女，除成熟畸胎瘤以外其他类型多属恶性。①畸胎瘤（teratoma）：多数成熟，由多胚层组织构成，偶见含 1 个胚层成分。恶性程度均取决于组织分化程度。成熟畸胎瘤（mature teratoma）又称皮样囊肿（dermoid cyst），是最常见的卵巢良性肿瘤。多为单侧、单房，中等大小，表面光滑，壁厚，腔内充满油脂和毛发，有时可见牙齿或骨质。任何一种组织成分均可恶变，形成各种恶性肿瘤。恶变率为 2%～4%，多发生于绝经后妇女；未成熟畸胎瘤（immature teratoma）是恶性肿瘤，常为单侧实性瘤，多发生于青少年，体积较大，其转移及复发率均高。5 年存活率约 20%。②无性细胞瘤（dysgerminoma）：中度恶性，主要发生于青春期及生育期妇女。多为单侧，右侧发病率多于左侧，中等大小，包膜光滑。镜下见圆形或多角形大细胞，核大，胞质丰富，瘤细胞呈片状或条索状排列，间质中常有淋巴细胞浸润。对放疗特别敏感，5 年存活率可达 90%。③卵黄囊瘤（yolk sac tumor）：又称内胚窦癌（endodermal sinus tumor）恶性程度高，生长迅速，易早期转移，多见于儿童和年轻妇女。多数为单侧、体积较大，易发生破裂。镜下见疏松网状和内胚窦样结构。瘤细胞扁平、立方、柱状或多角形，并产生甲胎蛋白（AFP），故测定病人血清中 AFP 浓度可作为诊断和治疗监护时的重要指标。

（3）卵巢性索间质肿瘤（ovarian sex cord stromal tumor）：①颗粒细胞瘤（granulosa cell tumor）：是最常见的功能性肿瘤，45～55 岁为发病高峰，属于低度恶性肿瘤。肿瘤表面光滑，圆形或卵圆形，多为单侧性，大小不一。镜下见瘤细胞呈小多边形，偶呈圆形或圆柱形，胞质嗜酸或中性，细胞膜界限不清，核圆，核膜清楚。②卵泡膜细胞瘤（theca cell tumor）：属良性肿瘤，多为单侧，大小不一，质硬，表面光滑。镜下见瘤细胞呈短梭形，胞质富含脂质，细胞交错排列呈漩涡状。③纤维瘤（fibroma）：为较常见的卵巢良性肿瘤，多见于中年妇女。肿瘤多为单侧性，中等大小，表面光滑或结节状，切面灰白色，实性，坚硬。镜下见由富含胶原纤维的梭形瘤细胞组成，排列呈编织状。偶见纤维瘤病人伴有腹水或胸腔积液，称梅格斯综合征（Meige syndrome），手术切除肿瘤后，胸腔积液、腹水自行消失。

（4）卵巢转移性肿瘤：其他部位组织或器官的原位癌转移到卵巢形成的肿瘤，常见的库肯勃瘤（Krukenberg tumor），恶性程度高，预后极差。镜下见肿瘤细胞为黏液细胞，呈小圆形、多角形或不规则形，典型表现为细胞核被黏液挤向一边呈半月形即印戒细胞。

（5）卵巢瘤样病变：属卵巢非赘生性肿瘤，是卵巢增大的常见原因。病人有时表现为下腹压感，盆腔一侧胀痛，月经不规则等。如果症状不严重，一般追踪观察 1～2 个月，无需特殊治疗，囊肿会自行消失。常见有以下几种：①卵泡囊肿：卵泡发育停滞、发育不成熟或成熟但不排卵，卵泡液潴留而形成，囊肿直径常小于 5cm。②黄体囊肿：因黄体持续存在所致，直径 5cm 左右，一般少见。③卵巢黄素化囊肿：滋养细胞显著增生，产生大量 HCG 刺激卵巢颗粒细胞及卵泡膜细胞，使之过度黄素化所致，

Note:

直径 10cm 左右。④多囊卵巢：与内分泌功能紊乱，下丘脑-垂体平衡失调有关。双侧卵巢均匀增大，为正常卵巢的 2~3 倍，表面光滑，呈白色，包膜厚，切面有多个囊性卵泡。病人常有闭经、多毛、不孕等多囊卵巢综合征表现。⑤卵巢子宫内膜异位症：又称卵巢巧克力囊肿。卵巢组织内因异位的子宫内膜存在，致反复出血形成单个或多个囊肿，直径 5~6cm 或以下，囊内液为暗褐色糊状陈旧性血液。

3. 转移途径　直接蔓延、腹腔种植、淋巴转移是卵巢恶性肿瘤的主要转移途径，血行转移者少见。癌细胞可直接侵犯包膜，累及邻近器官，并广泛种植于腹膜及大网膜表面，也可脱落后随其邻近淋巴管扩散。

【护理评估】

（一）健康史

1. 评估病人有无卵巢癌的相关高危因素，包括病人年龄、婚育史、家族史，有无其他肿瘤（如乳腺癌、胃肠道癌等）。

2. 评估应注意根据病人年龄、局部体征、病程长短、有无并发症等对是否为卵巢肿瘤做初步判断。

（二）身体状况

1. 症状　①卵巢良性肿瘤较小时无症状，增大会感腹胀，占满盆、腹腔时可出现压迫症状如尿频、便秘、心悸、气促等。②卵巢恶性肿瘤早期病人多无自觉症状，晚期可出现腹胀，腹腔积液及其他消化道症状，若向周围组织浸润或压迫神经，则可引起腹痛、腰痛或下腹疼痛；压迫盆腔静脉，可出现水肿；还可呈明显消瘦、贫血等恶病质现象。

2. 体征　①卵巢良性肿瘤较大时可扪及腹部包块，妇科体格检查可触及肿块，表面光滑，活动度高，与子宫无粘连。②卵巢恶性肿瘤除有良性肿瘤的体征外，在行三合诊检查时可在直肠子宫陷凹触及质硬结节或肿块，还可扪及腹股沟、腋下或锁骨上的淋巴结。

3. 并发症　①蒂扭转（图 55-4-1）：为妇科常见并发症，卵巢肿瘤发生蒂扭转时，典型症状为病人突发一侧的下腹剧痛，伴恶心、呕吐甚至休克。体格检查可扪及张力较大的肿物，并有肌紧张。②破裂：分为自发性破裂和外伤性破裂。前者肿瘤浸润性生长突破囊壁所致，后者则在腹部受到重击、分娩、性交、盆腔检查和穿刺后引起。症状轻重与破口大小、流入腹腔囊液的量和性质有关，较小破裂仅为轻微腹痛，较大破裂时可感剧烈腹痛，恶心、呕吐。

图 55-4-1　卵巢肿瘤蒂扭转

③感染：少见。卵巢肿瘤感染病人多出现发热、腹痛、腹部压痛、反跳痛、肌紧张等腹膜炎表现。④恶变。

（三）辅助检查

1. B 超检查　临床诊断符合率>90%，可测知肿瘤的部位、大小、形态及性质，从而对肿块来源作出定位；并能鉴别卵巢肿瘤、腹水和结核性包裹性积液。

2. 肿瘤标志物　血清 CA12-5 用于病情监测和疗效评估；血清 AFP 对卵巢卵黄囊瘤有特异性诊断价值；血清 HCG 对非妊娠性绒癌有特异性；性激素判断雌激素较高的卵巢肿瘤；血人附睾蛋白 4（HE4）联合 CA12-5 做良恶性判断。

3. 腹腔镜　可直视肿物的大体情况，必要时可在可疑部位进行多点活检。

4. 细胞学检查　腹水或腹腔冲洗液找癌细胞。

（四）卵巢恶性肿瘤的临床分期

采用国际妇产科联盟（FIGO，2014）的临床分期标准（表55-4-1）。

表55-4-1　卵巢癌、输卵管癌、原发性腹膜癌的手术-病理分期（FIGO，2014）

分期	肿瘤范围
Ⅰ期	肿瘤限于卵巢或输卵管
Ⅰ A	肿瘤限于一侧卵巢或输卵管，表面无肿瘤，包膜完整；腹腔积液中未见恶性细胞
Ⅰ B	肿瘤限于两侧卵巢或输卵管，表面无肿瘤，包膜完整；腹腔积液中未见恶性细胞
Ⅰ C	肿瘤限于一侧或两侧并伴有以下任何一项者：
Ⅰ C1	手术导致包膜破裂
Ⅰ C2	手术前包膜已破裂或卵巢、输卵管表面有肿瘤
Ⅰ C3	腹腔积液或腹腔冲洗液发现癌细胞
Ⅱ期	肿瘤累及单侧或双侧卵巢并有盆腔内扩散（在骨盆入口平面以下）或原发性腹膜癌
Ⅱ A	肿瘤蔓延或种植到子宫和/或输卵管和/或卵巢
Ⅱ B	肿瘤蔓延到其他盆腔组织
Ⅲ期	肿瘤累及单侧或双侧卵巢、输卵管或原发性腹膜癌，伴有细胞学或组织学证实的盆腔外腹膜转移或证实存在腹膜后淋巴结转移
Ⅲ A1	仅有腹膜后淋巴结转移（细胞学或组织学证实）
Ⅲ A1（ⅰ）	淋巴结转移最大直径≤10mm
Ⅲ A1（ⅱ）	淋巴结转移最大直径>10mm
Ⅲ A2	显微镜下盆腔外腹膜受累，伴或不伴腹膜后淋巴结转移
Ⅲ B	肉眼盆腔外腹膜转移，病灶最大直径≤2cm，伴或不伴腹膜后淋巴结转移
Ⅲ C	肉眼盆腔外腹膜转移，病灶最大直径>2cm，伴或不伴腹膜后淋巴结转移（包括肿瘤蔓延至肝包膜和脾，但未转移到器官实质）
Ⅳ期	超出腹腔外的远处转移
Ⅳ A	胸腔积液细胞学阳性
Ⅳ B	腹膜外器官实质转移（肝实质转移、腹股沟淋巴结转移、腹腔外淋巴结转移）

（五）心理-社会状况

对病人及其家属而言，在判断卵巢肿瘤性质时期是一个艰难而又恐惧的时期，病人迫切需要相关信息支持，并渴望尽早得到确切的诊断结果。当得知自己患有可能致死的疾病，治疗过程可能改变生育状态及既往生活方式，会产生极大压力，需要护士协助应对这些压力。

【护理诊断/问题】

1. **营养失调：低于机体需要量**　与化疗、癌症导致恶病质有关。
2. **适应不良性悲伤**　与切除子宫、卵巢有关。
3. **疼痛**　与卵巢肿瘤蒂扭转、破裂或感染等有关。

【计划与实施】

卵巢肿瘤首选手术治疗，恶性肿瘤还须辅以化疗、放疗的综合治疗方案；卵巢肿瘤并发扭转、破裂

等急腹症并发症时须急诊手术；卵巢瘤样病变者，囊肿直径小于5cm，可随访观察。术中须区别卵巢肿瘤的良恶性，做冷冻切片组织学检查，以确定手术范围。术后根据组织学类型、细胞分化程度、手术病理分期和残余灶大小决定是否接受辅助性放、化疗。经过治疗和护理，病人达到：①能够正确面对患病事实，表现出对治疗和预后的客观态度；②积极配合疾病的治疗和护理；③获得有关卵巢肿瘤的预防、诊治及预后等方面的正确信息。

（一）心理护理

1. 建立良好的护患关系，耐心解释病人提出的问题，帮助病人解除手术治疗的疑虑。

2. 由于卵巢癌手术范围广，化疗周期长，病人害怕治疗影响生活质量，产生焦虑、担忧、恐惧等情绪，护士应评估病人的情绪变化，鼓励病人表达自己的内心感受，帮助病人从治疗期顺利过渡到恢复期。

3. 鼓励病人尽可能参与诊疗方案的决策中，以维持其独立性和自控能力，主动配合治疗和检查。鼓励其家属参与照顾病人，帮助建立有效的家庭社会支持系统。

（二）症状护理

1. 早期病人可无症状，随病情发展至晚期出现疼痛、便秘、发热、腹胀等症状，护士应根据基础护理给予对症的护理。

2. 腹水的护理　①监测病人腹围评估腹水变化情况；对腹胀、呼吸困难等进行对症护理。②配合医生穿刺放腹水，放腹水过程中，监测并记录病人生命体征变化、观察腹水性质和不良反应；注意一次放腹水3 000ml左右，不宜过多、过快；放腹水后用腹带包扎腹部，观察有无出血、腹水渗出。

（三）用药护理

化疗是卵巢恶性肿瘤病人常用的治疗措施。卵巢上皮性恶性肿瘤常用的化疗方案为紫杉醇加铂类药物联合化疗，常用药物有顺铂、卡铂、紫杉醇、环磷酰胺等；卵巢恶性生殖细胞肿瘤常用的是BEP方案（顺铂+依托泊苷+博来霉素）和EP方案（卡铂+依托泊苷）；恶性性索间质肿瘤，首选BEP或紫杉醇/卡铂方案。有关化疗护理参见第六章"肿瘤病人的护理"。除化疗外卵巢肿瘤病人的药物治疗，还包括靶向、免疫、激素、中药治疗等。

（四）手术病人的护理

手术护理同一般外科腹部手术病人的护理；但卵巢巨大肿瘤病人，须准备沙袋加压腹部，以防腹压骤然下降出现休克。

（五）放疗护理

放疗多为姑息性治疗，仅在局灶性复发、且对多种化疗方案不敏感时采用。放疗护理参见宫颈癌病人的放疗护理。

（六）健康指导

1. 预防保健指导　①筛查：由于卵巢肿瘤早期无症状，筛查对于早期诊断有重要意义，推荐从30岁起开始定期行盆腔检查、血CA12-5和经阴道超声的联合筛查；②高危人群的管理：宣传卵巢肿瘤的高危因素，建议有卵巢癌、输卵管癌或乳腺癌等家族史的病人进行妇科检查。遗传咨询，相关基因检测对高风险人群卵巢肿瘤的预防有一定意义。

2. 随访指导　卵巢非赘生性肿瘤直径<5cm者，3~6个月复查了解肿瘤生长情况；良性肿瘤病人术后1个月常规复查；恶性肿瘤易于复发，须长期进行随访和监测。随访时间：术后1年内，每个月1次；术后第2年，每3个月1次；术后第3年，每6个月1次；3年以上者，每年1次。

【护理评价】

经过治疗和护理，评估病人是否能够达到：①克服化疗不良反应，摄入均衡饮食，BMI稳定；②心态平稳，积极配合疾病的治疗和护理；③感到舒适，无肿瘤急腹症并发症发生。

知 识 链 接

卵巢癌病人的营养管理

卵巢癌常合并腹膜转移,影响营养摄入,加重病人营养不良的风险,研究发现卵巢癌病人的营养状况可能影响其生存时间,定期进行营养状况的评估,进行合理的运动和营养治疗有助于提高病人生存期。中国抗癌协会肿瘤营养专业委员会对卵巢癌病人的营养管理提出以下推荐意见:

1. 常规对卵巢癌病人进行营养不良风险筛查和营养评估。
2. 选用体重指数(BMI)作为评估指标,超重或肥胖的卵巢癌病人应控制体重。
3. 卵巢癌病人的推荐总能量摄入量约为 30kcal/(kg·d)。

知 识 链 接

表达性艺术治疗应用于妇科肿瘤病人的人文关怀

"有时去治愈,常常去帮助,总是去安慰",表达了人文关怀的重要性。护理人文关怀是指在护理过程中,以人道主义精神对病人的生命健康的权利与需求、人格与尊严的真诚关怀与照顾。肿瘤不仅给病人造成明显的生理影响,还会带来心理压力,病人容易产生抑郁和焦虑,进而影响其生活质量,尤其是妇科肿瘤病人,由于患病部位涉及隐私和中国女性传统思想的影响,更容易出现悲观、失望。临床上已越来越多地使用补充和替代医学,如以艺术为基础的表达性艺术治疗,近几年也逐渐在妇科肿瘤病人人文关怀护理中应用,护士借助绘画、音乐、戏剧、照片等艺术形式,指导病人表达内心感受,提高心理调适能力,促进护患关系的建立。

(胡 娟)

思 考 题

1. 卵巢肿瘤的常见并发症有哪些?
2. 卵巢癌病人出现腹水,护士该如何护理?

第五节 外阴癌病人的护理

导入情境与思考

病人,女性,小学文化,77 岁,因发现右侧外阴肿块 1⁺年入院。体格检查:T 36.3℃,P 78 次/min,R 18 次/min,BP 128/80mmHg。妇科检查:右侧外阴肿物,无破溃,约 3.5cm×3.0cm×1.0cm,质硬,触痛。辅助检查:外阴肿物活检为中分化鳞状细胞癌。病人心情紧张,家庭关系和睦。拟手术,完善术前准备和相关检查。

请思考:

(1) 该病人的主要护理问题有哪些?
(2) 该病人的护理措施有哪些?

Note:

外阴癌是少见的恶性肿瘤,占女性生殖系统恶性肿瘤的 3%～5%,最常见为外阴鳞状细胞癌,其他包括恶性黑色素瘤、基底细胞癌、前庭大腺癌等。本节主要介绍外阴鳞状细胞癌。

【病因】

外阴鳞状细胞癌的发生与 HPV 感染、外阴非肿瘤性上皮病变、性传播疾病有关;高危因素包括绝经、多个性伴侣、吸烟、使用免疫抑制剂、长期的外阴刺激或感染等。

【病理】

大体检查见癌灶为硬结节或浅表溃疡,镜下可见外阴鳞癌分化好,有角化珠和细胞间桥。转移途径以淋巴转移和直接浸润为主。

【护理评估】

(一)健康史

了解病人有无不明原因的外阴瘙痒史、外阴赘生物史等。外阴癌多见于 60 岁以上的老年人,应评估其各系统的健康状况。

(二)身体状况

1. **症状**　最常见的症状为外阴瘙痒、溃疡或局部肿块。晚期或合并感染可出现疼痛、出血或渗液。

2. **体征**　病灶可在外阴任何部位,大阴唇多见,早期可见局部丘疹、结节或溃疡;晚期可出现不规则肿块;淋巴转移时腹股沟淋巴结肿大、质硬。

(三)辅助检查

1. **妇科检查**　可见有单个或多个融合或分散的灰白色、粉红色丘疹或斑点,也可能是硬结、溃疡或菜花样的赘生物。应注意评估肿块、溃疡的大小、深浅及其他外阴皮肤的特点;观察病人双侧腹股沟有无增大、质硬而固定的淋巴结。

2. **组织学检查**　外阴病灶活体组织检查是确诊外阴癌的检查方法。

3. **其他检查**　外阴细胞学、HPV、膀胱镜、影像学等检查可以辅助诊断外阴癌。

(四)临床分期

采用国际妇产科联盟(FIGO,2009)的临床分期标准(表 55-5-1)。

表 55-5-1　外阴癌的临床分期(FIGO,2009)

分期	标准
Ⅰ期	肿瘤局限于外阴和/或会阴,淋巴结无转移
ⅠA	肿瘤最大直径≤2cm,局限于外阴或会阴且间质浸润≤1.0mm
ⅠB	肿瘤直径>2cm 或间质浸润>1.0mm
Ⅱ期	肿瘤侵犯下列任何部位:下 1/3 尿道、下 1/3 阴道、肛门,无淋巴结转移
Ⅲ期	肿瘤有或无侵犯下列任何部位:下 1/3 尿道、下 1/3 阴道、肛门,有腹股沟-股淋巴结转移
ⅢA	(i)1 个淋巴结转移(肿瘤直径≥5mm),或(ii)1～2 个淋巴结转移(<5mm)
ⅢB	(i)≥2 个淋巴结转移(肿瘤直径≥5mm),或(ii)≥3 个淋巴结转移(<5mm)
ⅢC	淋巴结阳性伴淋巴结囊外扩散
Ⅳ期	肿瘤侵犯至其他区域(上 2/3 尿道、上 2/3 阴道),或远处转移
ⅣA	肿瘤侵犯下列任何部位:(i)上尿道和/或阴道黏膜、膀胱黏膜、直肠黏膜,或固定在骨盆壁,或(ii)腹股沟-股淋巴结出现固定或溃疡形成
ⅣB	包括盆腔淋巴结的任何部位远处转移

Note:

（五）心理-社会状况

外阴癌涉及隐私部位,因外阴瘙痒、局部分泌物的增加,容易导致病人心烦意乱,影响生活和工作,使病人产生悲哀、绝望等情绪;外阴部手术致使身体完整性受损导致病人出现自尊低下、自我形象紊乱等心理方面的问题。

【常见护理诊断/问题】

1. **体像紊乱** 与外阴切除有关。
2. **恐惧** 与诊断为癌症担心预后有关。
3. **组织完整性受损** 与放射线治疗导致皮肤损伤有关。
4. **有感染的危险** 与手术创面大及邻近肛门有关。

【计划与实施】

外阴癌的治疗主要以手术治疗为主,放疗和化疗为辅。手术治疗的范围取决于临床分期、病变部位、肿瘤细胞分化程度、浸润深度、病人的身体状况及年龄等。放疗适用于术前、术后的辅助治疗和转移淋巴结区域的照射。化疗适用于晚期癌或复发癌的病人,多与放疗同步进行。经过治疗和护理,病人达到:①接受自己患病事实,能以客观的态度接受和配合治疗;②住院期间没有发生感染;③放射治疗后皮肤没有发生破损;④获得外阴癌术后随访的相关知识。

（一）心理护理

1. 建立良好的护患关系,耐心给病人讲解外阴癌的相关知识及手术的方式、手术将重建切除的会阴等,增强病人治疗信心。

2. 鼓励病人表达自己的不适,主动提供帮助和支持,指导病人采取积极的应对方式。

3. 加强与病人家属的沟通,让家属了解疾病相关知识,得到家属的理解和支持,让病人体会到家庭的温暖,帮助建立有效的家庭社会支持系统。

（二）症状护理

瘙痒时嘱病人注意避免搔抓,勿使用刺激性药物和肥皂擦洗会阴;保持会阴部清洁,避免感染。

（三）用药护理

常用化疗药物:铂类、紫杉醇、氟尿嘧啶、丝裂霉素 C、吉西他滨等。化疗护理参见第六章"肿瘤病人的护理"中内容。

（四）手术病人的护理

1. 术前护理

（1）皮肤准备:术前 1d 进行,备皮范围上至耻骨联合上 10cm,向下包括会阴部、肛门周围、臀部及大腿内侧上 1/3。

（2）肠道准备:术前 3d 进无渣饮食,术前 1d 进无渣半流质或流质饮食,术前 1d 口服抗菌药物及维生素,术晨清洁灌肠。

（3）阴道准备:术前 1d 及术晨用 2‰的聚维碘酮冲洗阴道。术日晨用消毒液行阴道局部消毒,消毒时应特别注意消毒阴道穹隆,消毒后用大棉签蘸干。

2. 术后护理

（1）体位:外阴根治术后的病人应采取平卧位,双腿外展屈膝,膝下垫软枕,以减少腹股沟及外阴部的张力,利于伤口的愈合。

（2）切口的护理:观察病人切口有无渗血、渗液,皮肤有无红、肿、热、痛等感染征象及皮肤温度、湿度、颜色等皮瓣移植愈合情况,保持外阴清洁,避免感染。术后 2d 起,会阴部、腹股沟部可用红外线照射,每日 2 次,每次 20min,促进切口愈合。

（3）饮食护理:指导病人合理进食,术后进无渣饮食,第 5 日给予缓泻剂软化粪便。

Note:

（4）留置尿管的护理:术后尿管一般留置 2 周左右,应特别注意保持尿管的通畅,留置期间保持会阴部清洁,每日擦洗 2 次;拔除尿管前应训练膀胱功能,拔管后嘱病人尽早排尿,如排尿困难,给予热敷、诱导等措施,必要时重新留置尿管。

（5）引流管的护理:保持引流管通畅,观察并记录引流液的量、颜色、性状。

（6）淋巴水肿的预防:外阴癌根治术因为腹股沟淋巴清扫导致下肢淋巴回流受阻,可能出现下肢淋巴水肿,嘱病人勿剧烈运动,避免久坐久站,保持皮肤清洁,避免感染。教会病人自我识别淋巴水肿的早期症状和体征。

（7）疼痛管理:对病人的疼痛进行正确的评估,采用更换体位减轻伤口张力、局部冰袋冷敷、自控镇痛泵等措施缓解病人的疼痛。

（五）放疗护理

外阴组织对放射线耐受差,容易出现皮肤损伤,应注意观察病人皮肤颜色、结构、完整性,根据损伤程度做相应的皮肤护理。出现溃疡、水疱和组织丧失时应停止放疗,保持局部清洁干燥,避免感染。其他护理同宫颈癌放疗病人的护理。

（六）随访指导

1. **预防保健指导**　目前尚缺乏早期筛查预防外阴癌的策略。但预防性 HPV 疫苗的问世,改变了外阴癌癌前病变和外阴癌缺乏预防措施的现状,指导病人积极注射 HPV 疫苗。

2. **随访指导**　外阴癌病人一生都有复发的可能,因此治疗后要长期严密随访。术后第 1 年内每 1~2 个月 1 次,第 2 年每 3 个月 1 次,第 3~4 年每半年 1 次,第 5 年后每年 1 次。

【护理评价】

经过治疗和护理,评估病人是否能够达到:①接受自己患病事实,能以客观的态度接受和配合治疗;②住院期间没有发生感染;③放射治疗后皮肤没有发生破损;④获得外阴癌术后随访的相关知识。

（胡　娟）

思 考 题

1. 外阴癌病人的术前准备包括哪些内容?
2. 如何对外阴癌术后病人的伤口进行护理?

女性生殖系统损伤病人的护理

56章 数字内容

学习目标

- 识记:
  1. 说出外阴、阴道损伤的常见原因。
  2. 复述以下概念:盆腔器官脱垂、压力性尿失禁。
  3. 简述盆腔器官功能障碍的临床类型及分度。
- 理解:
  1. 说明外阴、阴道损伤病人常见的护理诊断/问题。
  2. 归纳外阴、阴道手术前、后的护理要点。
  3. 归纳盆底功能障碍病人的治疗原则和护理要点。
- 运用:
  1. 应用护理程序,分析外阴、阴道损伤病人的护理。
  2. 讨论盆底功能障碍给女性病人带来的困扰,分析健康指导要点和方法。

第一节　外阴、阴道损伤病人的护理

病人,女性,17岁,高中生,外阴骑跨伤后2h入院。体格检查:痛苦面容,外阴肿胀,有大量鲜血流出。T 36.3℃,P 110次/min,R 20次/min,BP 75/45mmHg。受伤后病人情绪焦虑,担心预后和住院影响学习。

请思考:

(1) 该病人目前的主要护理问题是什么?

(2) 对该病人应该采取哪些护理措施?

女性外阴及阴道损伤较为常见,主要表现是疼痛、局部肿胀、外阴阴道流血和根据出血量、急缓,病人可以出现贫血或失血性休克症状。

【病因】

1. 分娩是导致外阴、阴道损伤的主要原因。分娩过程中由于会阴水肿、会阴过紧缺乏弹性、胎儿巨大、胎儿娩出过快可造成会阴撕裂伤。

2. **外伤**　当骑车、跨栏或由高处跌下,可造成外阴部软组织的挫裂伤,也称为骑跨伤。创伤还可能伤及阴道,如是锐器有可能穿过阴道损伤尿道、膀胱、直肠。

3. **暴力性交**　初次性交可使处女膜发生裂伤,因暴力性交导致阴道撕裂伤,严重撕裂者可导致腹膜破裂及大量出血。

4. **药物**　阴道局部用药时可因浓度及剂量过大、用法不当或误用腐蚀性药物造成外阴、阴道损伤。

【护理评估】

（一）健康史

了解病人导致损伤的原因,如外伤、遭强暴、性交后阴道出血、分娩创伤等。

（二）身体状况

1. **症状**

（1）疼痛:评估病人疼痛的程度、性质及相关因素。

（2）出血:外阴、阴道出血可流血不止,严重者发生休克。局部出血时外阴部可见紫蓝色血肿,压痛明显。

（3）阴道分泌物增多:药物性损伤的主要表现,呈脓血性,伴外阴阴道烧灼感。

（4）其他:病人可表现为头晕、乏力、心慌、出汗、脉搏弱、血压下降等失血性休克的症状。伴感染者还有体温升高,局部红、肿、热、痛等表现。

2. **体征**

（1）局部裂伤:可见外阴部肿胀或外阴、阴道有明显裂口及活动性出血。

（2）局部肿胀:外阴部皮肤、黏膜下血管丰富,组织疏松,外伤出血时血液在疏松组织迅速蔓延,形成血肿,局部可见紫蓝色块状物突起。

（3）漏尿、漏粪:如损伤邻近膀胱、尿道、直肠,还可见尿液、粪便从阴道流出。

（三）辅助检查

血常规检查了解红细胞计数和血红蛋白值,有感染者可见白细胞增加。

（四）心理-社会状况

外阴、阴道损伤涉及病人隐私,可表现为害羞、焦虑等。暴力性交所致的处女膜阴道损伤,病人往往心理受到严重创伤,表现为屈辱、愤怒、自卑、哭泣、忧虑等。

【护理诊断/问题】

1. **急性疼痛**　与组织损伤有关。
2. **潜在并发症**：失血性休克、感染。
3. **恐惧**　与突发创伤有关。
4. **知识缺乏**：缺乏外阴、阴道损伤疾病相关知识。

【计划与实施】

外伤引起的损伤治疗原则是止血、镇痛和清创缝合。由药物所致的损伤,治疗原则是局部清洁换药。经过治疗和护理,病人达到:①生命体征平稳;②疼痛减轻或消失;③能正确面对,调整好心态;④能掌握预防损伤和康复的知识。

（一）心理护理

建立良好的护患关系,应热情接待病人,在治疗过程中应耐心、细心地关心病人,真诚地与病人及其家属交流,给予正确的指导。帮助病人选择积极应对措施,消除病人紧张情绪。询问病史时应注意方式、方法,并保护病人的隐私。

（二）症状护理

1. **出血**　严密观察病人血压、脉搏、呼吸、尿量及神志变化,必要时建立静脉通道,预防和纠正休克;对于失血较多者应配合医生抢救,做好血常规检查、配血、输血及术前准备。

2. **血肿**　观察病人血肿的大小及变化,并准确记录。24h 内对血肿应进行冷敷,使血管收缩减少出血,并减轻外阴疼痛,24h 后可采用 50%硫酸镁湿热敷或远红外线等治疗,以减轻水肿和促进血肿吸收。

3. **疼痛**　对病人的疼痛进行正确的评估,24h 内采用冷敷减轻疼痛,必要时给予镇痛药缓解病人的疼痛。

4. **伤口护理**　每日行外阴擦洗 2~3 次,排便后及时清洁外阴,避免感染。对药物所致损伤者,可于擦洗后局部涂抹紫草油或凡士林软膏,以促进溃疡愈合和防止继发粘连。

（三）手术病人护理

1. **术前护理**　对于血肿较大、有活动性出血、有邻近器官损伤的病人,应积极做好术前准备,建立静脉通道、抽血查血常规和出凝血时间、配血、阴道准备、肠道准备、皮肤准备及抗生素皮试等。向病人及其家属讲解手术的注意事项,如禁食、禁饮,取得配合。

2. **术后护理**　保持病人会阴清洁,外阴包扎松解后每日行外阴擦洗或冲洗会阴 2 次。注意观察伤口渗血及阴道流血情况。指导病人选择舒适的体位,做好疼痛评估,必要时遵医嘱给予镇痛药。严格无菌操作,避免感染。观察病人有无进行性疼痛加剧或阴道、肛门坠胀等二次血肿形成的症状。

（四）健康指导

指导青少年运动时应注意安全,避免发生骑跨伤。保持排便通畅,注意会阴部卫生,防止感染。病人出院后 1 个月禁止性生活及盆浴,门诊复查恢复情况。

【护理评价】

经过治疗和护理,评估病人是否能够达到:①生命体征平稳;②疼痛减轻或消失;③情绪平稳;④掌握预防外阴、阴道损伤和康复的知识。

（胡　娟）

思 考 题

1. 外阴阴道损伤常见原因有哪些?
2. 外阴阴道损伤有哪些临床表现?

第二节　盆底功能障碍病人的护理

导入情境与思考

病人,女性,52岁,G₃P₃,均为自然分娩,咳嗽或大笑时有尿液流出数年,近2年出现阴道口有肿物脱出。妇科体格检查:阴道前壁膨出,子宫颈脱出阴道外,子宫体在阴道内。病人自述生病后害怕与人交往。

请思考:
(1) 该病人的医疗诊断是什么?
(2) 该病人主要护理问题有哪些?

女性盆底由封闭骨盆出口的多层肌肉和筋膜组成,尿道、阴道和直肠经此贯穿而出,盆底组织承托并保持子宫、膀胱、直肠等盆腔器官于正常位置。盆底功能障碍(pelvic floor dysfunction,PFD)又称盆底缺陷或盆底支持组织松弛,是指由于女性生殖器官退化、创伤等原因导致的盆底支持组织薄弱,从而使女性生殖器官与其相邻的器官发生移位,连锁引发其他盆腔器官的位置和功能异常。盆腔器官脱垂(pelvic organ prolapse,POP)指盆腔器官脱出阴道内或阴道外,包括阴道前、后壁脱垂和子宫脱垂,可导致压力性尿失禁。

【概述】

1. **盆腔器官脱垂**　阴道前壁脱垂也称阴道前壁膨出,阴道内2/3膀胱区域脱出称之膀胱膨出(图56-2-1)。阴道后壁膨出又称直肠膨出,常伴直肠子宫陷凹疝(图56-2-2)。子宫从正常位置沿阴道下降,子宫颈外口达坐骨棘水平以下,甚至子宫全部脱出阴道口以外,称子宫脱垂(图56-2-3)。

2. **压力性尿失禁(stress incontinence)**　指腹压突然增加导致的尿液不自主流出,但不是由逼尿肌收缩压或膀胱壁对尿液的张力压引起。分为解剖型(超过90%),盆底组织创伤性改变所致;尿道括约肌障碍型(不到10%),与先天发育异常有关。

【病因】

1. 分娩是盆底功能障碍和尿失禁最主要的原因。自然分娩过程中,特别是产钳或胎吸助产的困难阴道分娩,盆腔肌肉、筋膜、韧带可能因过度牵拉,导致张力降低,削弱支撑力量。产后过早参加体力劳动,特别是重体力劳动,会影响盆底组织张力的恢复;多次分娩也会增加盆底组织损伤的概率。

Note:

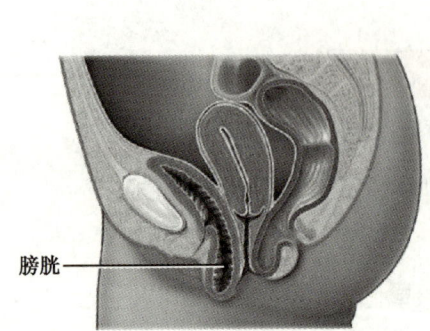
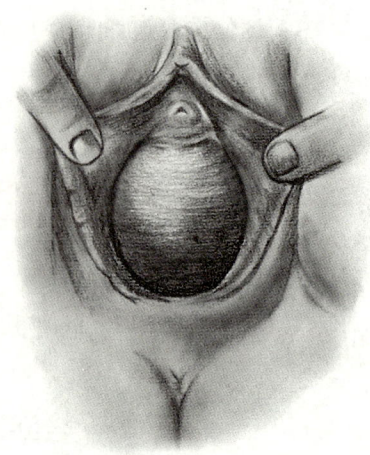

膀胱

图 56-2-1 阴道前壁膨出（膀胱膨出）

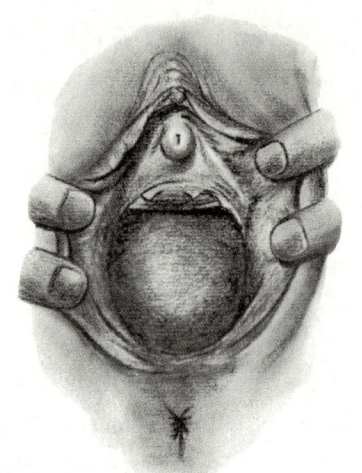
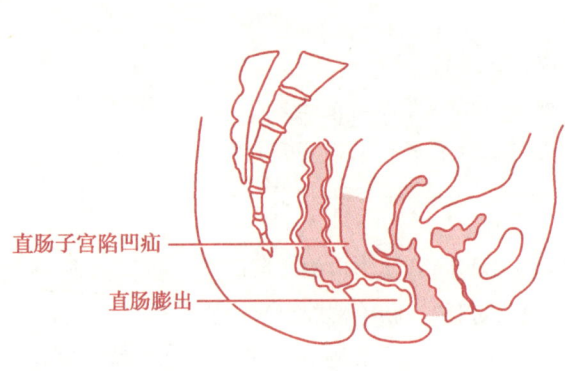

直肠子宫陷凹疝

直肠膨出

图 56-2-2 阴道后壁膨出（直肠膨出）

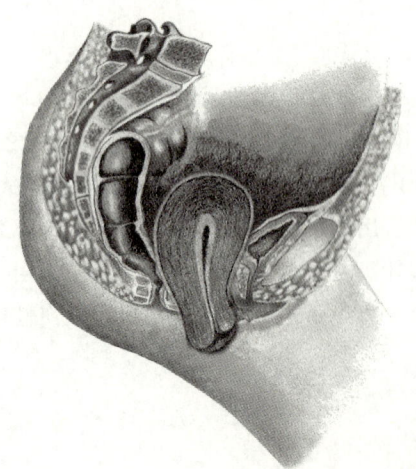
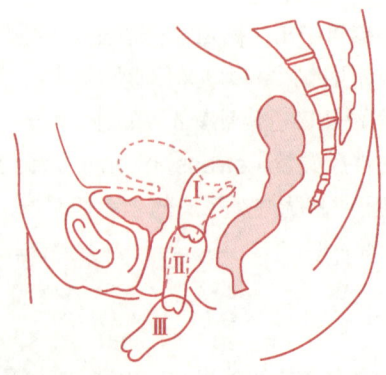

图 56-2-3 子宫脱垂及分度示意图

2. 长期腹压增加　长期便秘、慢性咳嗽、频繁举重、久站、盆腔内巨大肿瘤或大量腹水、腹型肥胖等,均可导致腹腔内压力增加引起盆腔器官脱垂。

3. 衰老　年龄和绝经是尿失禁的另一主要原因。绝经后女性出现支持结构萎缩,盆底松弛,引起器官脱垂。

4. 医源性原因　盆底手术可能造成盆腔结缔组织、肌肉、韧带、血管、神经受损等盆腔支持结构的受损,导致盆腔器官脱垂。

【护理评估】

（一）健康史

详细询问病人有无分娩损伤、阴道助产、盆底组织撕裂、产后早期体力劳动、盆腔手术史等。评估有无慢性咳嗽、长期便秘、盆腔肿瘤、腹水、先天性发育异常等诱发因素。询问病人日常生活和工作有无长期负重;评估病人体型、体重,是否存在肥胖。

（二）身体状况

1. 症状　轻者一般无症状,脱垂较重者可有以下症状:

（1）腰骶部酸痛:盆腔器官下垂导致盆腔充血,可使病人感腰骶部酸痛、下坠感,常在久站、走路、负重后加重,卧床休息可减轻。

（2）阴道内肿物脱出:可在走路、下蹲、咳嗽等腹压增加时,阴道有肿物脱出,初期可平卧后自行回缩,严重者须用手还纳至阴道内。若脱出的器官及阴道黏膜水肿,用手也无法还纳,会导致病人行动不便,长期摩擦,可发生破溃、感染。

（3）排尿异常:病人可在咳嗽、大笑等腹压增加时,有漏尿的现象,随膀胱膨出的加重,使尿道狭窄甚至梗阻,导致排尿困难。

（4）排便异常:直肠膨出可引起排便困难或便秘。

（5）其他症状:尿频、尿急、尿不尽等下尿路症状;性生活质量下降;会阴潮湿、异味等。

2. 体征　膀胱膨出时可见阴道前壁呈球状膨出,直肠膨出时可见阴道后壁球状膨出,子宫脱垂可在阴道口或阴道外见子宫颈或子宫体,严重者可见阴道壁或子宫颈有溃疡形成。

（三）辅助检查

1. 盆腔器官脱垂的妇科检查

（1）阴道前、后壁膨出的检查:分别压住阴道前、后壁,嘱病人向下用力,评估阴道前壁膨出的程度,并判断有无膀胱膨出和尿道走行的改变,评估阴道后壁膨出的严重程度,并判断有无直肠子宫陷凹疝或直肠膨出。直肠指诊判断肠疝和直肠膨出。

（2）子宫脱垂的检查:病人取膀胱截石位,嘱病人向下屏气用力,评估子宫脱垂程度,观察子宫颈及阴道有无溃疡,溃疡的部位、大小、深浅、有无感染等。

2. 压力性尿失禁的检查

（1）压力试验（stress test）:病人膀胱充盈时,取截石位检查。嘱病人咳嗽的同时,观察尿道口。如果每次咳嗽时均伴随着尿液的不自主溢出,则可提示压力性尿失禁。延迟溢尿,或有大量的尿液溢出提示膀胱无抑制性收缩。如果截石位状态没有尿液溢出,应让病人站立位时重复压力试验。

（2）指压试验（finger pressure test）:检查者把中、示指放入阴道前壁的尿道两侧,指尖位于膀胱与尿道交接处,向前向上抬高膀胱颈,再行诱发压力试验,如压力性尿失禁现象消失,则为阳性(图 56-2-4)。

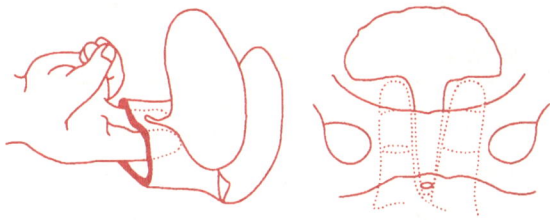

图 56-2-4　指压试验示意图

（3）棉签试验（Q-tip test）：病人仰卧位，将涂有利多卡因凝胶的棉签置入尿道，使棉签头处于尿道膀胱交界处，分别测量病人在静息时及 Valsalva 动作（紧闭声门屏气）时棉签棒与地面之间形成的角度。在静息及做 Valsalva 动作时该角度差小于 15°，说明有良好的解剖学支持；如角度差大于 30°，说明解剖学支持薄弱；15°～30° 时，结果不能确定（图 56-2-5）。

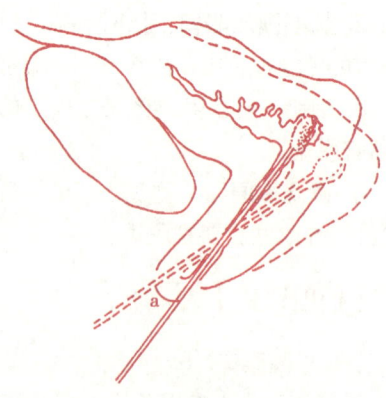

图 56-2-5　棉签试验示意图

（4）尿流动力学检查（urodynamics study）：包括膀胱内压测定和尿流率测定，膀胱内压测定主要观察逼尿肌的反射及病人控制或抑制这种反射的能力，可以区别病人是因为膀胱无抑制性收缩还是压力性尿失禁而引起的尿失禁。尿流率测定可以了解膀胱排尿速度和排空能力。

（5）尿垫试验：规定时间内（1h），病人在主观抑制排尿的前提下，通过进行特定的运动出现尿漏造成尿垫质量增加。试验步骤：①初期 15min 内：喝完 500ml 水；②中间 30min：行走、上下台阶；③最后 15min：坐立 10 次，用力咳 10 次，跑步 1min，捡起地面 5 个小物体，洗手 1min；④结束：称重尿垫，确定尿失禁分度（表 56-2-1）。

表 56-2-1　尿失禁分度（客观分度）

分度	内容描述
轻中度	2g≤1h 漏尿量<10g
重度	10g≤1h 漏尿量<50g
极重度	1h 漏尿量≥50g

3. **盆底电生理及生物力学评估**　是对盆底功能进行的定性或定量描述，常用的方法有：①手测肌力法：病人取截石位，检查者位于右侧，将示指和中指轻置于病人阴道内，指导病人按引导语收缩阴道，测盆底肌收缩力进行分级（表 56-2-2），正常 4 级以上。②盆底肌电图描记法（Glazer 评估法）：采用无创、动态、实时方式记录盆底表面肌电（表 56-2-3）。③阴道最大收缩压：气囊探头放置于病人阴道内，测得阴道最大收缩压，正常人>20cmH$_2$O。

表 56-2-2　会阴肌肉测试分级

分级	收缩质量	时间/s	收缩次数/次（没有疲劳）	分级	收缩质量	时间/s	收缩次数/次（没有疲劳）
0	无	0	0	3	完全收缩，没有对抗	3	3
1	颤动	1	1	4	完全收缩，轻微对抗	4	4
2	不完全收缩	2	2	5	完全收缩，持续对抗	5	5

表 56-2-3　盆底肌电图描记法（Glazer 评估法）参考值

评估步骤	评估指标	参考值	评估步骤	评估指标	参考值
1　前基线	平均值	4.0	4　耐受测试	平均值	15～20
	变异性	<0.2		变异性	<0.2
2　快速收缩	最大值	35～40	5　后基线	平均值	4.0
3　持续收缩	平均值	25～30		变异性	<0.2

4. **其他检查**　影像学检查了解盆腔器官的解剖信息；血常规、尿常规或培养等检查了解感染情况；尿失禁影响问卷、尿失禁问卷、性生活问卷等了解盆底相关症状。

（四）临床分度

1. **盆腔器官脱垂的平卧屏气分度**　以病人处平卧位并做最大用力向下屏气（Valsalva 动作）动作

时盆腔器官下降的程度为准。阴道前、后膨出分度见表 56-2-4，子宫脱垂分度见表 56-2-5。

表 56-2-4　阴道前后膨出分度

分度	内容描述
Ⅰ度	阴道前壁或后壁形成球状物向下突出，并达处女膜，但仍在阴道内
Ⅱ度	阴道前壁或后壁部分突出于阴道口外
Ⅲ度	阴道前壁或后壁全部突出于阴道口外

表 56-2-5　子宫脱垂分度

分度	内容描述
Ⅰ度	轻型：子宫颈外口距处女膜缘<4cm，未达处女膜缘
	重型：子宫颈外口已达处女膜缘，阴道口可见子宫颈
Ⅱ度	轻型：子宫颈脱出阴道口，子宫体在阴道内
	重型：子宫颈及部分子宫体脱出阴道口
Ⅲ度	子宫颈与子宫体全部脱出阴道口外

2. 盆腔器官脱垂定量分期法（pelvic organ prolapse quantitation，POP-Q）　此分期系统是分别利用阴道前壁、阴道顶端、阴道后壁上的两个解剖指示点与处女膜的关系来界定盆腔器官脱垂程度。与处女膜平行以 0 表示，位于处女膜以上用负数表示，处女膜以下则用正数表示。阴道前壁上的 2 个点分别为 Aa、Ba 点；阴道顶端的两个点分别为 C、D 点；阴道后壁的 Ap、Bp 两点与阴道前壁 Aa、Ba 点是对应的。另外还包括阴裂（gh）的长度、会阴（pb）的长度，以及阴道的总长度（TVL）。测量值均用厘米表示（图 56-2-6，表 56-2-6，表 56-2-7）。

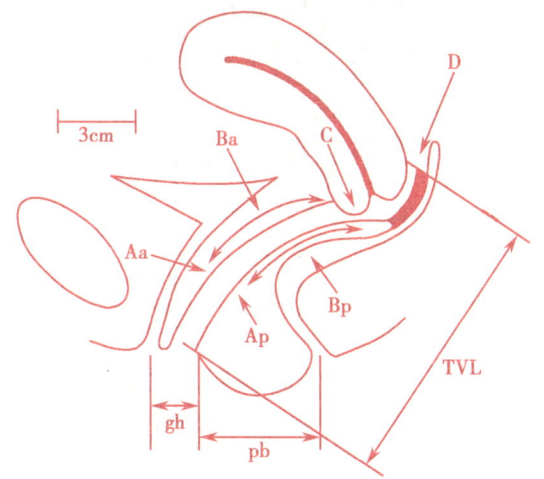

图 56-2-6　POP-Q 盆腔器官膨出分期图

表 56-2-6　盆腔器官脱垂评估指示点（POP-Q 分度）

指示点	内容描述	范围
Aa	阴道前壁中线距处女膜 3cm 处，相当于尿道膀胱沟处	−3～+3cm
Ba	阴道顶端或前穹隆到 Aa 点之间阴道前壁上段中的最远点	在无阴道脱垂时，此点位于−3cm，在子宫切除术后阴道完全外翻时，此点将为+TVL

续表

指示点	内容描述	范围
C	子宫颈或子宫切除后阴道顶端所处的最远端	−TVL~+TVL
D	有子宫颈时的后穹隆的位置,它提示了子宫骶韧带附着到近端子宫颈后壁的水平	−TVL~+TVL 或空缺(子宫切除后)
Ap	阴道后壁中线距处女膜3cm处,Ap 与 Aa 点相对应	−3~+3cm
Bp	阴道顶端或后穹隆到 Ap 点之间阴道后壁上段中的最远点,Bp 与 Ba 点相对应	在无阴道脱垂时,此点位于−3cm,在子宫切除术后阴道完全外翻时,此点将为+TVL

表 56-2-7　盆腔器官脱垂分期(POP-Q 分期法)

分度	内容描述
0	无脱垂,Aa、Ap、Ba、Bp 均在−3cm 处,C、D 两点在阴道总长度和阴道总长度−2cm 之间,即 D 点量化值<(TVL−2cm)
I	脱垂最远端在处女膜平面上>1cm,即量化值<−1cm
II	脱垂最远端在处女膜平面上<1cm,即+1cm>量化值>−1cm
III	脱垂最远端超过处女膜平面>1cm,但<阴道总长度−2cm,即(TVL−2)cm>量化值>+1cm
IV	下生殖道呈全长外翻,脱垂最远端即子宫颈或阴道残端脱垂超过阴道总长度−2cm,即量化值>(TVL−2)cm

　　POP-Q 分度应在向下用力屏气时,以脱垂最大限度出现时的最远端部位距离处女膜的正负计算。应针对每个个体先用 3×3 表格量化描述,再进行分度。为了补偿阴道的伸展性及内测量上的误差,在 0 和Ⅳ度中的 TVL 值允许有 2cm 误差。POP-Q 通过 3×3 表格记录以上各测量值,客观地反映盆腔器官脱垂变化的各个部位的具体数值。

　　注:阴裂的长度(gh)为尿道外口中线到处女膜后缘的中线距离;阴体长度(pb)为阴裂的后端边缘到肛门中点距离;阴道总长度(TVL)为阴道长度。

　　3. 尿失禁的分度　先采用评估尿失禁类型问卷(表 56-2-8)判断病人尿失禁类型,再进行客观和主观分度判断。客观分度基于尿垫试验(见表 56-2-1),临床常用主观分度见表 56-2-9。

表 56-2-8　评估尿失禁类型问卷

问题	选项
1. 在过去 3 个月内,您是否有过漏尿(包括很小量的)?	□ 有(继续作答) □ 无(问卷调查结束)
2. 在过去 3 个月里,您是在以下什么情况下漏尿(可多选)?	A. 正在进行某种活动,例如咳嗽、打喷嚏、提重物、运动时 B. 急切想要排尿时,来不及上洗手间 C. 没有身体活动或急迫的感觉

注:第 2 个问题选项为 A 时,视为存在压力性尿失禁。

表 56-2-9　尿失禁分度(主观分度)

分度	内容描述
I 级	尿失禁只发生在剧烈压力下,如:咳嗽、喷嚏或慢跑
II 级	尿失禁只发生在中度压力下,如:快速运动、上下楼梯
III 级	尿失禁只发生在轻度压力下,如:站立,但病人在平卧时可控制

Note:

> ## 知 识 链 接
>
> ### 成年女性压力性尿失禁的护理干预
>
> 对压力性尿失禁病人应在评估的基础上,根据压力性尿失禁的严重程度,遵循个体化原则制订干预措施,与专科医生、病人及照护者沟通协作,共同制订和实施护理措施。应注重保护病人隐私,提供积极心理支持。
>
> 1. 尿失禁的评估 运用评估尿失禁类型问卷判断病人有无尿失禁;尿失禁分度(主观分度)评估尿失禁分度;1h尿垫试验评估尿漏程度。
>
> 2. 干预措施 轻度病人进行3个月以上盆底肌训练;中度病人记录排尿规律,制订排尿计划,运用"盆底肌肉收缩评价"评价盆底肌训练的效果;重度病人须手术治疗。

(五)心理-社会状况

由于长期盆腔器官脱垂,使病人行动不便、大小便异常、不能从事体力活动、性生活受到影响,病人会产生无助、自卑感、不愿与他人交往等心理反应。也会因为治疗效果不佳产生悲观、失望的情绪。另外,还应评估病人的性格特点、经济能力及社会支持系统等状况。

【护理诊断/问题】

1. **自我认同紊乱** 与盆底功能障碍影响日常活动有关。
2. **社会交往障碍** 与缺乏家人支持、不愿与他人沟通有关。
3. **知识缺乏:** 缺乏有关盆底功能障碍的知识。

【计划与实施】

盆底功能障碍性疾病的治疗原则包括非手术治疗和手术治疗,经过治疗和护理,病人达到:①能采取有效措施应对盆底功能障碍的影响;②可以表达自己内心的感受,家人给予其支持;③获得盆底功能障碍相关知识。

(一)心理护理

由于盆底功能障碍导致病人行动不便、大小便异常、会阴异味等,严重影响病人的生活质量,大部分病人存在自卑、焦虑等心理反应,护士通过与病人沟通,建立良好护患关系,耐心讲解疾病康复的相关知识,鼓励病人积极参与治疗决策,增强其治疗的信心。同时做好家属的沟通解释工作,帮助病人建立有效的家庭支持。

(二)症状护理

注意休息,适度活动和劳动,合理饮食,保持大小便通畅,从而缓解盆腔器官脱垂的症状,减轻尿失禁。保持病人会阴部清洁,穿棉质内裤,减少摩擦,避免溃疡形成和感染。

(三)药物护理

药物治疗目的是增加尿道闭合,提高尿道关闭功能,减轻漏尿的次数。常用的药物有选择性 α_1 肾上腺素受体激动剂、丙米嗪、雌激素。给药时护士应注意严格遵医嘱正确给药,同时做好药物副作用的观察。

(四)手术护理

对脱垂超出处女膜的有症状的病人可考虑手术治疗,手术方法因病人个体差异而不同,主要的手术方法有:①自身组织修复重建手术;②经腹或腹腔镜阴道/子宫骶骨固定术;③经阴道网片置入手术;④曼彻斯特手术(Manchester手术)。

Note:

1. **完善术前准备** 经腹手术病人的术前护理同一般外科腹部手术病人的术前护理,经阴道手术病人的术前护理基本同外阴癌手术病人的术前护理,但术前准备需要考虑盆腔器官脱垂的特殊性。术前 3d 行阴道准备,Ⅰ度子宫脱垂或阴道前、后壁膨出的病人用 1:5 000 聚维碘酮每日坐浴 2 次;Ⅱ度和Ⅲ度子宫脱垂或阴道前、后壁膨出者,特别是有溃疡的病人,阴道冲洗后局部涂 40% 紫草油、抗生素软膏或含雌激素软膏,并勤换内裤;阴道冲洗液的温度以 41~43℃ 为宜,冲洗后戴上无菌手套将脱出部分还纳于阴道内,嘱病人在床上平卧 30min。根据不同的手术做好各种特殊用物的准备,如软垫、支托、阴道模型、丁字带、绷带等。

2. **术后护理**

(1)体位护理:根据不同手术采取相应的体位。如行阴道前、后壁修补或盆底修补术后的病人应以平卧位为宜,禁止半卧位,以降低外阴阴道张力,促进伤口的愈合。

(2)切口的护理:注意观察病人切口敷料是否有渗血,以了解伤口出血情况;并保持外阴清洁、干燥,勤换内衣、内裤及床垫。

(3)管道的护理:外阴、阴道手术一般留置尿管 5~7d,应注意保持尿管通畅,每日行外阴擦洗 2 次,预防感染。

(4)疼痛的护理:外阴神经末梢丰富,对疼痛尤其敏感,应做好疼痛护理。

(5)休息与活动:术后病人须卧床休息 1 周,避免咳嗽、久站、久坐、久蹲等增加腹压的动作;并用缓泻剂预防便秘。

(五)非手术治疗护理

1. **盆底功能训练** ①盆底肌肉锻炼:通过病人自主反复进行盆底肌肉群收缩和舒张,增强支持膀胱、尿道、直肠、子宫的盆底肌张力,增加尿道阻力,使松弛的盆底肌恢复,达到预防和治疗女性盆腔器官脱垂和尿失禁的目的。具体方法:病人收缩肛门,持续收缩 3s 以上放松,松弛 2~6s 重复以上收缩和放松,连续 15~30min,每日 3 组,或每日 150~200 次收缩放松。持续 8 周以上才可能有效。②阴道哑铃训练:哑铃从 20~70g 分 5 个重量级,从 20g 开始放置于阴道内停留 20min,感觉到在阴道内能掌控时,逐步增加重量。每日 1 次,每次 15min,3 个月为 1 个疗程。③电刺激:是将治疗探头放入阴道内,调节电刺激,唤醒部分因受压导致功能暂停的神经细胞,恢复神经功能。每周 2~3 次,每次 20~30min,10 次 1 个疗程。④生物反馈:通过生物反馈仪,让病人通过声音及可视图像反馈刺激大脑进行盆底肌收缩训练,从而达到在没有生物反馈的情况下,病人能进行正确训练。

2. **子宫托护理** 子宫托是一种支持子宫和阴道壁使其维持在阴道内不脱出的工具。常有喇叭形、支撑型和填充型(图 56-2-7)。护士应教会病人或其家属正确使用子宫托。

(1)放托:排空粪便和尿液,清洁洗手;消毒子宫托后用温开水冲洗擦干,再用雌激素霜或甲硝唑凝胶润滑子宫托;蹲下并分开双腿,轻轻回纳脱垂的组织后,沿阴道轴放置好子宫托,以屏气或咳嗽不下移为宜。

(2)取托:以手指捏住托柄,轻轻摇动或旋转,向阴道口牵拉,即可自阴道内滑脱。

(3)注意事项:①绝经后妇女在放置前 4~6 周使用阴道雌激素霜剂,放托的过程中每周 2 次外阴和阴道口涂抹雌激素;②子宫托应避免久置不取,每周 1 次取出,或者每日早上放入晚上取出,取出后清洁、消毒备用;③放托后 1 周、1 个月、3 个月、6 个月时复查,以后每 6 个月复查 1 次。

(六)健康指导

1. **预防保健指导** 术后禁止性生活 3 个月或依据术后残端愈合情况决定,须门诊复查医生确认后方可恢复;指导病人主动进行盆底功能训练;术后须注意休息,适度运动,避免负重 3 个月;合理饮食,避免便秘;保持外阴清洁,避免感染。

2. **随访指导** 术后 1 个月门诊复查,3 个月再次复查。随访内容包括近期和远期并发症、盆底功能恢复的评价。

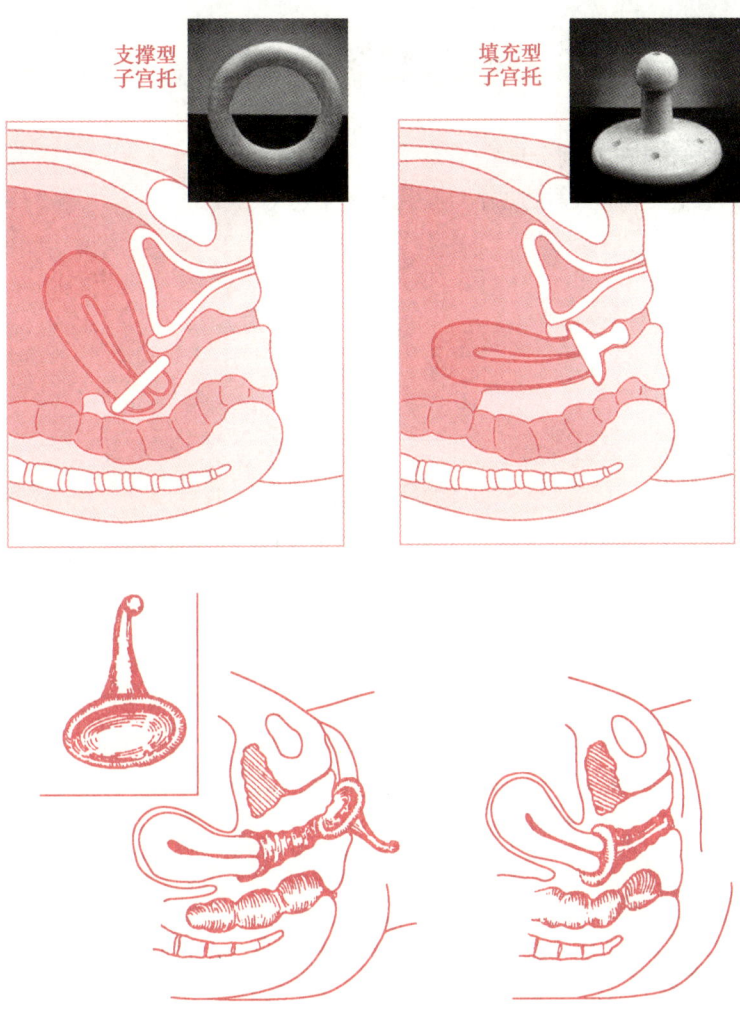

图 56-2-7 子宫托示意图

【护理评价】

经过治疗和护理,评估病人是否能够达到:①病人能正确面对盆底功能障碍带来的影响;②能与家人朋友主动表达出自己的情绪;③获得了有关盆腔器官脱垂的信息。

知 识 链 接

盆腔器官脱垂(POP)的非手术治疗

盆腔器官脱垂(POP)临床处理棘手,非手术治疗应作为一线治疗方法首先推荐,非手术治疗的目标为缓解症状、避免或延缓手术干预,非手术治疗的方法有:

1. 生活方式干预 对诊断为 POP 的病人均应积极进行行为指导。包括减重、戒烟、减少使盆底压力增加的活动、治疗便秘和咳嗽等。

2. 应用子宫托 子宫托经济有效,可同时配合盆底肌训练,首选环形支撑型子宫托,如果失败可再尝试填充型子宫托。

3. 盆底肌训练 方法简单、方便、易行,可以加强薄弱的盆底肌肉的力量和协调性,增强盆底支持力,改善盆底功能。必要时可辅助电刺激、生物反馈或磁刺激等方法。

(胡 娟)

Note:

思　考　题

1. 什么是压力性尿失禁,如何分度?
2. 盆底功能训练主要有哪几种方法?

URSING

第五十七章

不孕症病人的护理

57章　数字内容

学习目标

- 识记：
  1. 说出生殖技术的适应证、并发症。
  2. 复述以下概念：不孕症、辅助生殖技术、人工授精、体外受精胚胎移植术、卵巢过度刺激综合征。
- 理解：
  1. 说明不孕症的病因。
  2. 归纳不孕症的护理评估要点和护理措施。
- 运用：
  应用护理程序，分析不孕症妇女及其家庭的护理问题，制订适当的护理计划并进行健康指导。

第一节　不孕症病人的护理

───────── 导入情境与思考 ─────────

初婚夫妇,丈夫35岁,妻子32岁,正常性生活未采取避孕措施,结婚3年未怀孕,来医院就诊检查和治疗不孕问题。请思考:

(1) 护士应如何对该夫妇做健康史的评估?

(2) 该夫妇二人可能涉及哪些检查?
─────────────────────────────────

不孕症(infertility)是指无避孕的正常性生活至少12个月而未能获得临床妊娠。临床妊娠是指有妊娠的临床征象,并经超声检查证实存1个或以上妊娠囊。我国不孕症的发病率为7%~10%。

【病因】

受孕必须具备以下条件:卵巢排出正常的卵子;精液正常并含有相当数量正常的精子;卵子与精子能够在输卵管相遇并结合成为受精卵,受精卵被顺利输送入子宫腔;子宫内膜适合受精卵着床。以上任何一个环节不正常,都可导致不孕,影响受孕的因素可能是女方(40%)、男方(30%~40%)、男女双方(10%~20%)。

(一) 女性因素

女性因素不孕症病因主要包括排卵障碍和盆腔因素两方面,通过影响卵母细胞的生成、发育、排出、运送、受精,或胚胎的早期发育、着床等过程,进而导致不孕。

1. **排卵障碍**　占25%~35%。常见原因有:①下丘脑性闭经或月经失调:进食障碍性闭经,过度肥胖和消瘦、过度运动,特发性低促性腺激素性低性激素性闭经,药物因素等。②垂体性闭经或月经失调:特发性高催乳素血症、垂体腺瘤、希恩综合征、空蝶鞍综合征等。③卵巢性闭经或月经失调:早发性卵巢功能不全、多囊卵巢综合征、特纳综合征、先天性性腺发育不全、功能性卵巢肿瘤等。④其他内分泌疾病:先天性肾上腺皮质增生症、库欣综合征、肾上腺皮质功能减退症、甲状腺功能减退等。

2. **盆腔因素**　占不孕因素的35%,主要是指:①输卵管因素:输卵管梗阻、输卵管周围粘连、输卵管积水、盆腔炎症、盆腔粘连等。②先天发育畸形:纵隔子宫、双角子宫和双子宫、先天性输卵管发育异常等。③子宫颈因素:包括子宫颈松弛和子宫颈病变等。④子宫体因素:子宫内膜病变、子宫肿瘤、宫腔粘连等。⑤子宫内膜异位症:典型症状为盆腔痛和不孕。⑥阴道因素:处女膜发育异常、阴道部分或完全闭锁、阴道狭窄、阴道炎等。

(二) 男性因素

男性不育症主要是由于男性性功能障碍和/或精液异常所致。

1. **性功能异常**　外生殖器发育不良、勃起功能障碍(erectile dysfunction, ED)、早泄、不射精、逆行射精、性唤起障碍所致的性交频率不足等。

2. **精液异常**　表现为少精子症、弱精子症、无精子症、精子发育停滞、畸形精子症和单纯性精浆异常等。

3. **精子运送障碍**　主要原因有生殖道发育异常、生殖道感染、生殖道创伤和功能性病变等均可引起精子运送障碍。

4. **精子生成障碍**　许多因素可影响精子的生成和发育,从而影响精子的数量、结构和功能。常见原因有精子顶体蛋白酶缺乏、抗自身精子的抗体、精索静脉曲张、生殖器官感染、睾丸异常、下丘脑-垂体-睾丸轴功能紊乱、理化因素等。

Note:

（三）男女双方因素

常见因素:夫妻双方性生活障碍、对性知识缺乏、精神高度紧张、疲乏等。自身免疫或同种免疫,如男性体内产生的抗精子抗体、女性体内的抗透明带抗体等。

（四）不明原因

常见因素:隐性子宫输卵管因素、潜在的卵母细胞或精子异常、受精障碍、胚胎发育阻滞、反复胚胎种植失败、免疫性因素等,应用目前的检查手段无法确定。

【护理评估】

（一）健康史

不孕症病人的健康史评估应包括男女双方。

1. **女方健康史评估**　包括现病史、月经史、婚育史、既往史、个人史、家族史。①现病史:不孕年限、性生活状况、近期检查及诊疗的经过等;②月经史:初潮年龄、周期、月经期、月经量等;③婚育史:婚姻情况、孕产史及并发症史等;④既往史:有无盆腔炎性疾病史、有无盆腔或腹腔手术史、有无甲状腺疾病、有无自身免疫病等;⑤个人史:有无吸烟、酗酒、职业特殊环境、毒物接触史等;⑥家族史:有无近亲婚配,有无出生缺陷、遗传病、流产、不孕史。

2. **男方健康史评估**　包括病史、婚育史、既往史、个人史、家族史。①现病史:不育年限、性生活史、性功能情况、近期检查及诊疗的经过等;②婚育史:生育史,是否使性伴侣获得妊娠等;③既往史:有无先天性生殖器官发育异常疾病史、有无盆腔和腹腔手术史、有无盆腔或脊柱外伤史、有无腮腺炎、有无糖尿病等;④个人史:职业及习惯,吸烟、酗酒、药物依赖史等;⑤家族史:有无近亲婚配,男性家庭成员有无性腺功能问题等。

3. **男女双方**　包括结婚年龄、婚育史、是否两地分居、性生活情况、家族中有无出生缺陷等。

（二）身体状况

身体状况评估包括男女双方的全身检查和生殖系统检查。全身检查主要是评估体格发育及营养状况,如身高、体重、体脂分布、嗅觉、第二性征等;生殖系统检查,女方包括外阴发育、阴道及子宫颈有无异常分泌物、子宫和附件区有无包块结节、下腹有无包块、下腹有无压痛等,男方包括外生殖器发育情况、是否存在炎症、有无畸形或瘢痕等、输精管是否正常、前列腺有无结节和压痛、精囊能否触及等。

（三）辅助检查

1. **超声检查**　超声检查是诊断不孕的常用手段。①女方:子宫位置、大小、形态,子宫肌层的结构,子宫内膜的厚度和分型,排卵监测,卵巢基础状态的评估,卵巢外有无异常如输卵管积水、囊肿等。②男方:前列腺、精囊腺、睾丸、附睾、阴囊内血流、精索等。

2. **生殖激素检查**　①女方:包括 FSH、LH、催乳素、雌二醇、睾酮、孕酮和 TSH。②男方:包括FSH、睾酮、LH 和催乳素。生殖激素的临床意义见表 57-1-1 及表 57-1-2。

3. **输卵管通畅度检查**　常用的方法有输卵管通液术、子宫输卵管造影等。

4. **精液检查**　精液常规检查必不可少,初诊时男方一般要进行 2~3 次精液检查,以获取基线资料。参考值见表 57-1-3,少精症的分度见表 57-1-4。

5. **其他检查**　基础体温测定、宫腔镜检查、腹腔镜检查、宫颈黏液评分、阴道脱落细胞涂片、性交后试验、免疫检查等。

（四）临床分类

1. **按既往是否妊娠分类**　不孕症根据女方、男方既往有无与配偶的临床妊娠史可分为原发性和继发性不孕症,原发性不孕症指正常性生活、未避孕而从未获得临床妊娠;继发性不孕症指曾有过妊娠而后未避孕连续 12 个月未妊娠。

2. **按病因分类**　可分为女性不孕症、男性不育症和原因不明性不孕。原因不明性不孕指经过不孕症常规诊断评估正常(精液分析、子宫输卵管通畅度、排卵功能)的不孕状态,占不孕症的 10%~30%。

表57-1-1　女性生殖激素临床意义

激素名称	激素水平	临床意义
FSH	>12U/L	卵巢功能减退
	≥25U/L	卵巢功能不全
	≥40U/L	卵巢功能衰竭
LH	LH/FSH≥2	PCOS
雌二醇	>80ng/L	卵巢功能减退
睾酮	≥上限的2倍	分泌雄激素的肿瘤
孕酮	>3μg/L	近期排卵
	≥10μg/L	正常黄体功能阈值
FSH、LH、雌二醇	低	低促性腺激素性排卵障碍
FSH、LH;雌二醇	高;低	高促性腺激素性排卵障碍或卵巢功能减退

表57-1-2　男性生殖激素临床意义

FSH	LH	睾酮	催乳素	临床意义
正常	正常	正常	正常	生精功能正常
减低	减低	减低	正常	低促性腺激素性性腺功能减退
升高或正常	正常	正常	正常	生精功能障碍
升高	升高	正常或减低	正常	睾丸功能衰竭或高促性腺激素性性腺功能减退
正常或减低	正常或减低	减低	升高	分泌催乳素的肿瘤

表57-1-3　WHO精液参数的参考值下限（2010，第五版）

精液参数	参考值下限(范围)	精液参数	参考值下限(范围)
精液量/ml	1.5(1.4~1.7)	前向运动精子比率/%	32(31~34)
精子总数/每次射精	$39×10^6(33×10^6~46×10^6)$	精子存活率/%	58(55~63)
精子浓度/ml	$15×10^6(12×10^6~16×10^6)$	正常形态精子比率/%	4.0(3.0~4.0)
精子活动率(PR+NP)/%	40(38~42)		

表57-1-4　少精症分度

分度	精子浓度(2~3次标准精液分析)	分度	精子浓度(2~3次标准精液分析)
轻中度	$5×10^6~<15×10^6/ml$	极严重	$<1×10^6/ml$
严重	$1×10^6~<5×10^6/ml$	隐匿精子症	离心后沉淀物检查中可发现精子

（五）心理-社会状况

　　受传统思想影响,生育被看作是男性和女性的基本社会职能,不孕的诊断及其治疗给夫妻双方,尤其是女性带来心理、生理、家庭、经济等各方面的影响。曼宁(Menning)曾将不孕妇女的心理反应描述为震惊、否认、愤怒、内疚、孤独、悲伤、解脱等,这一系列心理反应也适用于男性。生理的影响多来源于激素治疗和辅助生殖技术治疗过程,女性不断经历着检查、服药、手术等既费时又痛苦的过程。

在此期间,病人可出现抑郁、敏感、失去自尊、丧失希望等各种负面情绪。

【护理诊断/问题】

1. **自我认同紊乱**　与不孕症长期、反复的侵入性检查和治疗有关。
2. **社会交往障碍**　与在人际关系中相对孤立状态有关。
3. **知识缺乏**：缺乏正确的性生活常识。

【计划与实施】

女性生育力与年龄密切相关,治疗不孕时须充分考虑病人的卵巢生理年龄,选择合理、安全、高效的个体化方案。首先是要改善全身状况;第二是纠正或治疗机体系统性疾病;第三对于病因诊断明确者可选择相应治疗方案。常用的治疗方法有纠正盆腔器质性病变、诱导排卵、原因不明性不孕的治疗、辅助生殖技术。经过治疗和护理,病人达到:①了解不孕不育的原因;②能表达对不孕不育的感受,评价治疗效果;③能正确评价自我能力;④配合治疗。

（一）心理护理

1. **建立良好的护患关系**　尊重并支持病人,及时提供帮助,耐心解答病人的问题。
2. **教会病人放松的技巧**　耐心倾听病人的心理感受,教会病人缓解心理压力的技巧,如放松训练、瑜伽、改变认知、用多种方式表达情绪。
3. **帮助夫妻双方有效交流**　不孕时间越长,对夫妻双方的日常生活影响越大,指导夫妻双方应用沟通的技巧,有效交流,彼此理解。
4. **帮助病人提高自我认同**　不孕病人常有失去自尊的心理反应,因此回避与家人、朋友的交往,鼓励病人维持良性的社会活动,帮助病人建立良好的社会、家庭支持系统;提高病人的自我评价。

（二）用药护理

氯米芬(clomiphene)是常用的诱导排卵药物,用法:月经第 3～5 日开始,每日口服 50mg(最大剂量不超过 150mg/d),连用 5d。常见的不良反应有月经间期下腹一侧疼痛、卵巢囊肿、血管收缩征兆(如潮热)。采取的护理措施包括:①教会妇女在月经周期遵医嘱正确、按时服药;②说明药物的作用及副作用;③提醒妇女及时报告药物的不良反应;④发生妊娠立即停药。

（三）辅助生殖技术护理

详见本章第二节"辅助生殖技术及护理"。

（四）健康指导

1. **检查配合指导**　不孕症双方须做一系列检查,向病人说明各项检查的目的、方法及注意事项。如子宫输卵管造影可引起女性腹部痉挛感,一般持续 1～2h 自行消失。腹腔镜手术后可感觉到双侧肩背部疼痛,疼痛明显者可用药物镇痛。子宫内膜活检后可有下腹部不适感。若子宫颈管有炎症,可影响性交后试验的效果。
2. **妊娠技巧指导**　①保持健康状态;②夫妻多沟通,改善性生活感受;③不要把性生活单纯看作为了妊娠而进行;④在性交前、后勿使用阴道润滑剂或进行阴道灌洗;⑤性交后平卧,并抬高臀部,持续 20min 以使精子进入子宫颈;⑥选择在排卵期性交。

【护理评价】

经过治疗和护理,评估不孕不育症夫妇是否能够达到:①获得了有关不孕不育的信息;②显示出积极应对不孕不育的态度;③能表达出自己的感受,包括正性和负性的;④焦虑减轻或消失。

（胡　娟）

Note:

思　考　题

1. 不孕症的概念是什么?
2. 按照既往是否妊娠,不孕症分为哪几类?

第二节　辅助生殖技术及护理

导入情境与思考

一对夫妇婚后3年不孕,检查女方为多囊卵巢,男方正常,3年来夫妇俩一直在进行不孕不育的治疗,也尝试了各种方法,始终无法怀孕,决定采用辅助生殖技术。

请思考:

(1) 该对夫妇适宜采用哪种辅助生殖技术?

(2) 在实施辅助生殖技术过程中应该为女性提供哪些护理措施?

辅助生殖技术(assisted reproductive technology,ART),是指所有以建立妊娠为目的,在体外进行的有关人类配子和胚胎的治疗方法、过程的总称,包括人工授精、体外受精胚胎移植术及其衍生技术等。

【辅助生殖技术】

(一) 人工授精

人工授精(artificial insemination,AI),是将精子通过非性交方式注入女性生殖道内,使其受孕的一种技术。包括使用夫精人工授精(artificial insemination by husband,AIH)和供精人工授精(artificial insemination with donor's semen,AID)。按国家法规,AID的精子来源一律由国家卫生健康委员会认定的人类精子库提供和管理。

1. 适应证　①女方:具备正常发育的卵泡、健全的女性生殖道结构、至少一条通畅的输卵管;②丈夫或精子库须提供正常范围的活动精子数目。具备以上两个条件方可进行人工授精,目前临床常用的是宫腔内人工授精和宫颈管内人工授精。

2. 禁忌证　严重的全身性疾病或传染病,严重的生殖器官发育不全或畸形,严重的子宫颈柱状上皮异位或输卵管梗阻,女方无排卵者。

3. 主要步骤

(1) 精液处理:AIH是丈夫采用手淫的方法将精液排入干净无毒的取精杯内,AID为在精子库取一份精子。然后在精子计数器上计算精子的浓度及活动度,进行洗涤处理,祛除精浆。

(2) 排卵处理:①诱导排卵:排卵障碍者使用药物促排卵;②预测排卵:月经周期史、基础体温测定、宫颈黏液、B超检测、E_2、LH等。

(3) 受精时机:排卵前后3~4d是最佳的受孕时机,可在预测周期和促排卵周期进行,于排卵前后各注射一次精子。

(4) 实施方法:女性取膀胱截石位,臀部略抬高,妇科检查确定子宫的位置,用阴道窥器暴露子宫颈,无菌棉球擦拭干净子宫外口的黏液,然后用1ml无菌注射器连接吸管,吸取精液0.3~0.5ml,通过导管注入子宫腔内,注射完毕卧床休息30min。

4. 关于AID　①实施AID的医疗机构必须经过特殊审批;②AID的精子必须来源于国家卫生健康委员会认定的人类精子库;③一份供精者的精液最多只能使5位女性受孕;④做好性传播疾病的安

全管理。

（二）体外受精胚胎移植术

体外受精胚胎移植术（in vitro fertilization and embryo transfer, IVF-ET）俗称为"试管婴儿"，指从女性卵巢内取出卵子，在体外与精子发生受精并培养 3~5d，再将发育到卵裂球期或囊胚期阶段的胚胎移植到子宫腔内，使其着床发育成胎儿的全过程。

1. 适应证 通过常规治疗无法怀孕的不孕不育夫妇都可采取 IVF-ET，如输卵管性不孕、原因不明性不孕、子宫内膜异常、男性不育症、排卵异常等。

2. 主要步骤

（1）药物促排卵：用药物在可控制的范围内刺激卵巢，诱发多卵泡发育和成熟，获得更多高质量卵子。促排卵应从病人年龄、病因、卵巢储备功能、药物差异等方面实施个体化方案。

（2）监测卵泡：采用 B 超、血 E_2、LH 水平，监测卵泡发育情况。

（3）取卵：于卵泡发育成熟尚未破裂时，在 B 超引导下，经腹或阴道穿刺抽取卵泡液获取卵母细胞。

（4）体外受精：在试管中模拟输卵管环境，将培养成熟的卵母细胞和优化处理的精子混合完成受精，并在体外培养 3~5d，形成卵裂球期或囊胚期胚胎。

（5）胚胎移植：将体外培养至 4~8 个细胞的早期囊胚移植入子宫腔内。

（6）黄体支持：胚胎移植后，每日给予孕酮支持，2 周后测血或尿 HCG 水平确定妊娠，移植 4~5 周后超声检查确定是否子宫内临床妊娠。

（三）单精子卵细胞质内注射

单精子卵细胞质内注射（intracytoplasmic sperm injection, ICSI）是在显微操作系统帮助下，在体外直接将精子注入卵母细胞胞质内使其受精。

1. 适应证 主要适用于严重少、弱、畸精子症、不可逆的梗阻性无精子症男性不育夫妇。

2. 主要步骤 除取卵和受精外，其他操作步骤同 IVF 技术。取卵是在经阴道超声介导下完成，然后祛除卵丘颗粒细胞，在高倍倒置显微镜下行单精子卵细胞质内注射受精。

（四）输卵管内配子移植术

输卵管内配子移植术（gamete intrafallopian transfer, GIFT）是指将配子（即洗涤后的精子和卵母细胞）经腹部和经阴道移植到输卵管壶腹部的助孕技术。主要适用于输卵管正常的不孕病人。GIFT 省去了体外胚胎培养，技术简单，但操作过程相对复杂，受孕成功率较低，故目前已很少应用。

（五）植入前遗传学诊断

植入前遗传学诊断（preimplantation genetic diagnosis, PGD）是利用现代分子生物学技术与显微操作技术，从体外受精第 3 日或第 5 日的囊胚取 1~2 个卵裂球或部分滋养细胞，进行特定的遗传学性状检测，然后据此选择合适的囊胚进行移植。常用于某些单基因疾病、染色体数目或结构异常、性连锁性遗传病的携带者等高危夫妇的胚胎选择。

【主要并发症】

（一）卵巢过度刺激综合征

卵巢过度刺激综合征（ovarian hyperstimulation syndrome, OHSS）指诱导排卵药物刺激卵巢后，导致多个卵泡发育、雌激素水平过高及颗粒细胞黄素化，引起全身血管通透性增加、血液中水分进入体腔和血液成分浓缩等血流动力学病理改变，HCG 升高会加重病理进程。根据临床表现和实验室检查，可将 OHSS 分为轻、中、重度。治疗原则以增加胶体渗透压、扩容为主，防止血栓形成，辅以改善症状和支持治疗，病情严重且难以控制的病人应终止妊娠。

1. 轻度病人 发生在 HCG 注射后 7~10d；主要表现为下腹不适，腹胀或轻微腹痛，可伴有食欲缺乏、乏力等，血 E_2 水平 ≥ 1 500ng/L，卵巢直径可达 5cm。

2. **中度病人**   表现为下腹胀痛明显,可伴有恶心、呕吐、腹泻、腹围增大等,体重增加≥3kg,明显腹水,少量胸腔积液,血 E_2 水平≥3 000ng/L,卵巢直径可达 5~10cm。

3. **重度病人**   腹部胀痛加剧,口渴多饮,但尿量减少,可伴有恶心、呕吐,甚至无法进食,疲乏、虚弱,腹水明显增加,导致膈肌上移而致呼吸困难,不能平卧,体重增加≥4.5kg,卵巢直径≥12cm,严重者可出现急性肾损伤、急性呼吸窘迫综合征,甚至死亡。若未妊娠,月经来潮前临床症状自行缓解并逐渐消失;一旦妊娠,OHSS 将趋于严重,病程延长。

（二）卵巢反应不足

与 OHSS 相反,卵巢反应不足主要表现为卵巢在促排卵药物作用下卵泡发育不良,卵泡数目、大小或生长速率不能达到预期要求。

（三）多胎妊娠

辅助生殖技术可导致多胎妊娠的发生,多胎妊娠可增加母婴并发症、流产和早产的发生率、围产儿患病率和死亡率。目前我国《人类辅助生殖技术规范》限制移植的胚胎数目在 2~3 个,对于多胎妊娠(三胎以上的妊娠)者,可在孕早期或孕中期施行选择性胚胎减灭术。

【护理评估】

健康史、身体状况、心理-社会状况等方面同不孕症病人的评估。

【护理诊断/问题】

1. **自我认同紊乱**   与不孕不育及反复治疗,反复的侵入性检查和治疗有关。
2. **焦虑**   与不孕不育及反复治疗有关。
3. **知识缺乏**：缺乏辅助生殖技术的相关知识。

【计划与实施】

在综合评估不孕症夫妇的检查结果及各类辅助生殖技术适应证的情况下,选择适宜的辅助生殖技术。经过治疗和护理,病人达到:①可以表达感受,焦虑减轻;②了解辅助生殖技术的相关知识;③主动配合治疗。

（一）手术护理

1. 术前保持外阴清洁,术前 1d 禁同房。

2. 术日晨进食少许清淡、易消化食物,以防术中呕吐。

3. 入手术室前指导病人排空膀胱,双人核对病人姓名、年龄、手术名称,并将病历与病人一起带入手术室。

4. 取卵术术前遵医嘱肌内注射镇静、镇痛药,观察病人有无头晕、恶心、呕吐等药物不良反应,休息可恢复。

5. 取卵完毕或移植术后将病人推入观察室休息 30min,无头晕、恶心等不适时由家属陪同离开医院。

（二）积极预防并发症

1. **预防 OHSS**   应用促排卵药物时,严密监测病人卵泡发育,根据卵泡数量适时减少或终止药物。对有 OHSS 倾向者,于取卵日给予静脉滴注白蛋白,必要时放弃该周期,取卵后行体外受精,将获得的早期胚胎进行冷冻保存,待自然周期再行胚胎移植。

2. **预防卵巢反应不足**   增加外源性 FSH 的剂量,提前使用尿促性素(human menopausal gonadotropin,hMG)等。

3. **预防自然流产**   胚胎移植前进行染色体分析,防止异常胚胎的移植;胚胎移植后合理用药,及时补充黄体功能;避免多胎妊娠等。

Note:

（三）健康指导

1. 保持心情舒畅,合理膳食。

2. 注意休息,活动量以不感觉疲劳为宜。

3. 注意个人卫生,禁止同房和盆浴。

4. 遵医嘱用药,出现腹痛、阴道流血及时就诊。

5. 按时到医院监测 HCG 水平和超声检查。

【护理评价】

经过治疗和护理,评估病人是否能够达到:①妊娠成功;②不孕不育症夫妇获得了有关辅助生殖技术的信息;③妊娠不成功者能表达出自己的感受,也能合理调节自己的情绪。

（胡　娟）

思 考 题

1. 哪些不孕不育夫妇可以选择体外受精胚胎移植术?

2. 卵巢过度刺激综合征有哪些临床表现?

NURSING

第五十八章

乳房疾病病人的护理

58章 数字内容

学 习 目 标

- 识记:
  1. 陈述急性乳腺炎病因、症状和预防措施。
  2. 描述乳房常见肿块的临床特点。
  3. 列举乳腺癌的高危因素、早期和晚期乳腺癌临床表现。
- 理解:
  1. 说明急性乳腺炎的护理要点。
  2. 解释乳腺癌相关检查的临床意义,内分泌治疗、生物治疗、手术治疗等选择的意义。
  3. 比较乳腺囊性增生病、乳腺纤维腺瘤、导管内乳头状瘤和乳腺癌的临床特点。
- 运用:
  1. 进行乳房评估,指导乳房自检。
  2. 指导乳腺癌病人术后进行功能锻炼和并发症防护。
  3. 运用护理程序为急性乳腺炎、乳腺癌病人实施整体护理。

第一节　概　述

乳房疾病是女性常见病,最常见为炎症和肿瘤。其中,乳腺癌的发病率已为女性恶性肿瘤第一位。

【解剖生理】

乳房在胸大肌浅面,约第2到第6肋骨水平的浅筋膜浅、深层之间。外上方形成乳腺腋尾部伸向腋窝。乳头是乳房的中心,其周围的色素沉着区称为乳晕。为方便记录,常将乳房分成4个象限:内上、内下、外上、外下象限,以及乳晕区和乳腺腋区(图58-1-1)。

乳腺由15~20个乳腺叶组成,每一腺叶分成许多乳腺小叶,乳腺小叶由小乳管和腺泡组成,是乳腺组织的基本单位。每一乳腺叶有单独的输乳管,腺叶和输乳管均以乳头为中心呈放射状排列。输乳管靠近开口1/3段处略为膨大,是导管内乳头状瘤的好发部位。乳腺叶、乳腺小叶和腺泡有结缔组织相间隔。腺叶间还有与皮肤垂直的纤维束,连接浅筋膜浅层和深层,称乳房悬韧带(Cooper 韧带)。

乳腺是许多内分泌腺的靶器官,生理活动受垂体前叶、卵巢和肾上腺皮质所分泌的激素影响。妊娠及哺乳时乳腺明显增生,腺管延长,腺泡可分泌乳汁。育龄期妇女乳腺的生理状态在各激素影响下,呈周期性变化。绝经后腺体逐渐萎缩,被脂肪组织代替。

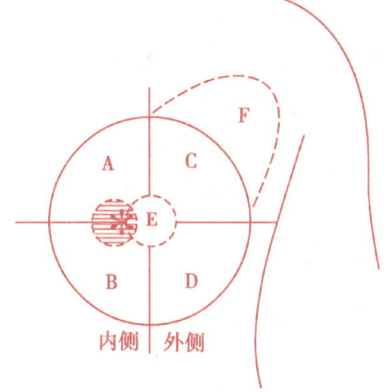

图 58-1-1　乳房区域划分
A. 内上象限;B. 内下象限;C. 外上象限;D. 外下象限;E. 乳晕区;F. 乳腺腋区。*肿物占三区域,记载为 ABE。

乳房的淋巴网很丰富,它的淋巴输出有4个途径(图58-1-2)。

(1) 大部分乳房淋巴液经胸大肌外侧缘淋巴管流向腋窝淋巴结,再流至锁骨下淋巴结。部分上部淋巴液可流向胸大肌间、胸小肌间淋巴结,直接流至锁骨下淋巴结。通过锁骨下淋巴结,淋巴液继

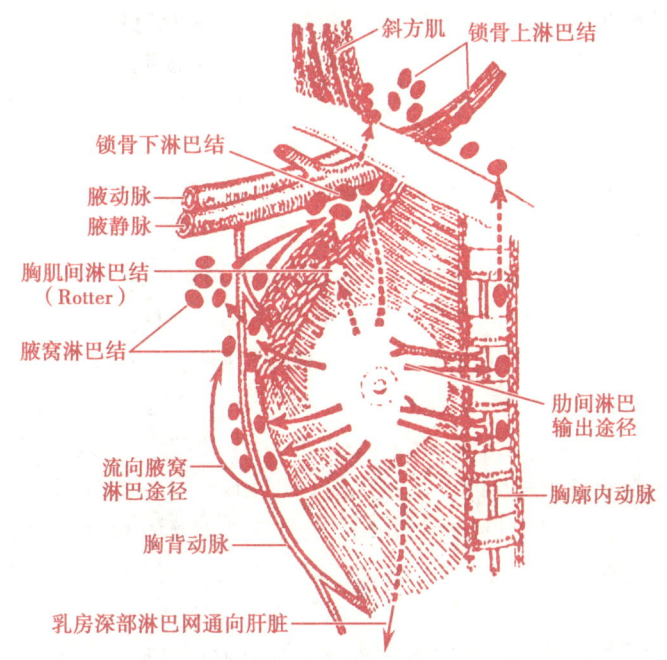

图 58-1-2　乳房淋巴输出途径

续流到锁骨上淋巴结。

（2）部分内侧的淋巴液通过肋间淋巴管流向胸骨旁淋巴结。

（3）两侧乳房间皮下有交通淋巴管，一侧乳房的淋巴液可流至另一侧。

（4）深部淋巴网可沿腹直肌鞘和肝镰状韧带通向肝。

通常以胸小肌为标志，把腋窝淋巴结分为以下3组（图58-1-3）：

（1）Ⅰ组：即腋下组，在胸小肌外侧，包括乳腺外侧组、中央组、肩胛下组及腋窝淋巴结，胸大、小肌间淋巴结也属于本组。

（2）Ⅱ组：即腋中组，胸小肌深面的腋窝淋巴结。

（3）Ⅲ组：即腋上组，胸小肌内侧锁骨下淋巴结。

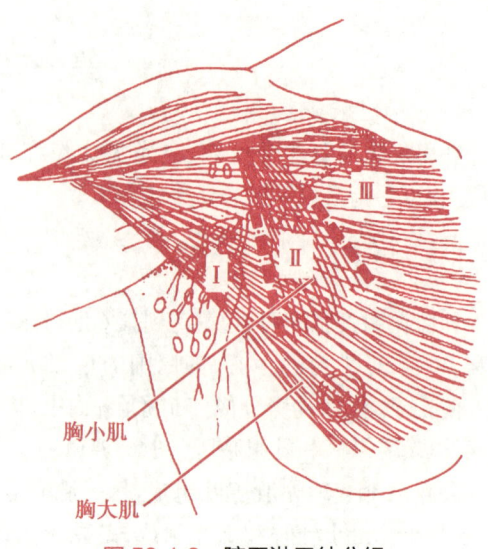

胸小肌
胸大肌

图 58-1-3　腋区淋巴结分组

【评估】

（一）健康史

1. **一般资料**　年龄、生育史、月经史。
2. **既往史**　有无乳房肿瘤及其他部位肿瘤病史或手术治疗史。
3. **家族史**　一级亲属有无患乳房疾病，特别是乳腺癌的家族史。

（二）身体评估

应在安静、有遮蔽、光线明亮的检查室内进行。被检查者端坐，完全暴露两侧乳房，方便对比。

1. **视诊**

（1）外形：正常两侧乳房位置、外形对称。若不对称常提示一侧乳房有病变；局部皮肤有凹陷多为癌肿侵犯 Cooper 韧带使之缩短所致；一侧乳房浅静脉扩张常是晚期乳腺癌征象；癌细胞阻塞淋巴管可致淋巴水肿，皮肤呈现"橘皮样"改变。

（2）乳头：正常乳头两侧对称，指向前方并略向外下。若邻近有癌肿或炎症浸润会将乳头牵拉至病变侧；位于乳头上方的癌肿可使乳头牵拉上抬；位于乳房深部的癌肿可使乳头内陷，排除先天性发育缺陷，近期发生乳头内陷具有临床意义。此外，还应注意乳头、乳晕有无糜烂、破溃、水肿，有无乳头溢液等。

（3）皮肤：乳房皮肤未用刺激性外敷药物或热敷而发红，首先考虑炎症；若皮肤发红、水肿、温度升高，要警惕炎性乳腺癌。

2. **触诊**　适宜在月经期后做触诊，以免月经前乳腺增生影响触诊效果。触诊时，被检查者端坐，两臂自然下垂。乳房肥大下垂明显者，可采用平卧位，肩下垫一小枕，使胸部隆起。检查者采用手指掌面而不是指尖做触诊，不可用手指捏乳房组织。触诊应按照乳房内上、内下、外下、外上（包括腋尾部）象限及中央区（乳头、乳晕），腋窝、锁骨下和锁骨上区域这一顺序进行。先查健侧，后查患侧。

（1）乳房肿块：发现乳房肿块后，应注意肿块位置、大小、质地、表面是否光滑、边界是否清楚及活动度。50%以上的乳腺癌位于乳房的外上象限；肿块与皮肤如有粘连而无炎症表现，应警惕乳腺癌的可能；肿块较大时还应检查肿块与深部组织的关系，若活动度受限，表明肿块侵入深部组织。一般来说，良性肿瘤的边界清楚、活动度大。恶性肿瘤边界不清，质地硬，表面不光滑，活动度小，与皮肤、筋膜等有粘连。

（2）乳头、乳晕：轻挤乳头若有溢液，再依次挤压乳晕四周及肿块，可了解溢液来自哪一输乳管。除哺乳期外，多数乳头溢液属于病理性。肿瘤性病变多为单管溢液，血性溢液多见于导管内

Note

乳头状瘤;棕褐色溢液多为导管内乳头状瘤或乳腺囊性增生病;黄色或黄绿色溢液常为乳腺囊性增生病。

（3）淋巴结：腋窝淋巴结触诊。面对被检查者，以右手扪左侧腋窝，以左手扪右侧腋窝。先让被检查者外展上肢，以手伸入其腋顶部，手指掌面压向被检查者胸壁，再嘱其放松上肢，搁置在检查者的前臂上，以手指掌面从腋顶部自上而下扪查中央组淋巴结;再转向腋窝前壁，在胸大肌深面，扪查胸肌组淋巴结;检查肩胛下组淋巴结时宜站在被检查者背后，扪摸背阔肌前内侧;最后扪查锁骨下和锁骨上淋巴结。若扪到肿大淋巴结，应注意其位置、数目、大小、质地和活动度。

注意同时评估全身状况。评估病人的精神、营养状况，对治疗的耐受情况等。

（三）辅助检查

1. **X 线检查** 广泛用于乳腺癌普查。乳腺 X 射线摄影（mammography），俗称钼靶摄影，是常用的方法。乳腺癌的 X 线表现为密度增高的肿块阴影，边界不清楚，或呈毛刺征。有时可见钙化点，颗粒密集、细小（图 58-1-4）。有人提出每平方厘米超过 15 个钙化点时，则发生乳腺癌的可能性很大。

2. **其他影像学检查方法** 超声显像是无损伤性的，可反复使用，对囊性病变有检出优势，是乳腺 X 射线摄影检查的有效补充;结合彩色多普勒检查进行血供情况观察，可帮助提高其敏感性，为肿瘤的定位诊断提供依据。MRI 是乳腺 X 射线摄影检查和超声检查重要补充，对微小病灶、多中心、多病灶的发现及评价有优势。

3. **细胞组织学检查** 常用细针穿刺细胞学检查。对怀疑为乳腺癌者，可将肿块连同周围乳腺组织一并切除，做快速病理检查，不宜切取活检，以免种植转移。乳头溢液未触及肿块者，可进行乳腺导管内视镜检查，溢液做涂片细胞学检查。乳头糜烂疑为湿疹样乳腺癌时，还可进行乳头糜烂部刮片或印片细胞学检查。

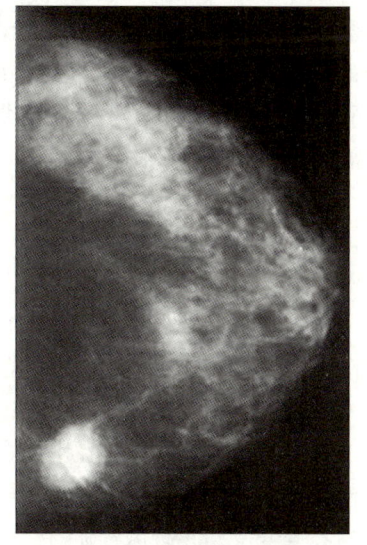

图 58-1-4 乳腺 X 射线摄影检查（癌肿显示为毛刺状肿块）

（四）心理-社会状况

1. **认知程度** 病人及其家属对疾病预后、手术方法及康复知识的熟悉情况。

2. **心理状况** 病人及其家属对治疗可能导致的并发症、自我形象紊乱和生理功能改变的焦虑情况;家庭心理支持情况。

3. **经济状况** 家庭对病人治疗的经济承受能力。

（徐水琴）

思 考 题

1. 乳房的淋巴输出途径有哪些?
2. 腋区淋巴结如何分组?
3. 如何正确评估乳房?

第二节 急性乳腺炎病人的护理

急性乳腺炎（acute mastitis）是乳腺的急性化脓性感染，多见于产后 3～4 周哺乳期妇女，尤以初产妇多见，多数为金黄色葡萄球菌感染所致，少数为链球菌感染。

Note:

【病因】

除产后抵抗力下降外,主要包括两大因素。

1. **乳汁淤积** 产妇乳头内陷、输乳管不通畅、乳汁分泌过多或婴儿吸乳过少可导致乳汁淤积,而乳汁是理想的培养基,有利于入侵细菌的生长繁殖。

2. **细菌入侵** 乳头破损或皲裂使细菌沿淋巴管入侵是感染的主要途径。初产妇缺乏哺乳经验,容易导致乳头破损;6个月以后的婴儿已长牙,易致乳头破损。婴儿患口腔炎或有让婴儿含着乳头睡觉的不良习惯者也可使细菌直接侵入输乳管,上行感染引发乳腺炎。

【发病机制】

一般起初呈蜂窝织炎样表现,数天后形成单房或多房性脓肿。乳腺浅表脓肿可向外破溃或破入输乳管;深部脓肿可向外缓慢破溃,也可向深部渗透至乳房与胸肌间的疏松组织,形成乳房后脓肿。感染严重者,可并发脓毒症。乳腺脓肿一般按脓肿部位可分为表浅脓肿、乳晕下脓肿、深部脓肿和乳腺后脓肿(图58-2-1)。

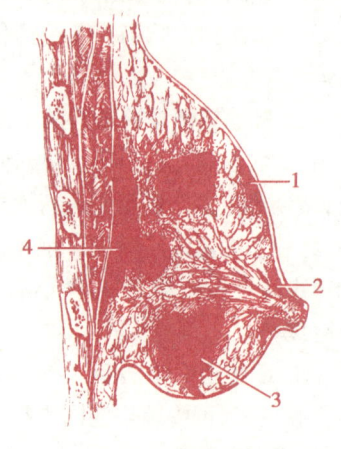

图 58-2-1 **乳腺脓肿的不同部位**
1. 表浅脓肿;2. 乳晕下脓肿;3. 深部脓肿;4. 乳房后脓肿。

【护理评估】

(一)健康史

了解产妇孕产史、乳汁量、哺乳习惯、睡眠、卫生习惯、有无乳头内陷、有无乳头皲裂;了解婴儿有无口腔炎症。

(二)身体状况

1. **局部** 患侧乳房红、肿、热、痛,有压痛性肿块;伴患侧腋窝淋巴结肿大、压痛。

2. **全身** 可出现脓毒症,有寒战、高热等。

(三)辅助检查

1. **实验室检查** 血白细胞计数明显增高。

2. **诊断性穿刺** 在肿块波动最明显的部位或压痛最明显的炎症区域进行穿刺,抽到脓液表示脓肿已形成,脓液可做细菌培养及药敏试验。

(四)心理-社会状况

产妇担心健侧哺乳仍存危害,病情控制不良,怀有负疚感;害怕家属责怪容易使产妇出现焦虑情绪。在护理中应充分评估病人的情绪及其家属支持情况。

【护理诊断/问题】

1. **体温过高** 与炎症有关。
2. **急性疼痛** 与患乳水肿、炎症、脓肿有关。
3. **知识缺乏**:缺乏哺乳知识、合理用药知识。
4. **焦虑** 与担心、害怕、负疚感有关。
5. **潜在并发症**:脓毒症、乳瘘。

【计划与实施】

治疗原则是消除感染、排空乳汁。脓肿形成之前主要以抗生素治疗为主,脓肿形成之后,须及时行脓肿切开引流。经过治疗和护理,病人达到:①恢复正常体温;②疼痛减轻;③获知喂养、哺乳及用药知识;④情绪稳定;⑤未出现并发症。

（一）药物治疗与护理

1. **抗生素**　应早期、足量应用抗生素。首选青霉素类抗生素,对青霉素过敏者可用红霉素。也可根据脓液的细菌培养及药敏试验结果来选用。由于抗生素可被分泌至乳汁,因此四环素、氨基糖苷类、磺胺类、甲硝唑等药物要避免使用。

2. **中药治疗**　可应用蒲公英、野菊花等清热解毒药物。

3. **终止乳汁分泌**　若感染严重或脓肿引流后并发乳瘘,常用以下方法终止乳汁分泌。

（1）口服溴隐亭 1.25mg,每日 2 次,服用 7~14d。

（2）口服己烯雌酚 1~2mg,每日 3 次,共 2~3d。

（3）肌内注射苯甲酸雌二醇,每次 2mg,每日 1 次,至乳汁停止分泌。

（4）中药炒麦芽,每日 60mg 水煎,分 2 次服用,共 2~3d。

（二）促进舒适

1. **排尽乳汁**　患乳暂停哺乳,定时排空乳汁。

2. **局部托起**　用宽松的胸罩托起乳房,减轻疼痛和肿胀感。

3. **消除水肿**　用 25% 硫酸镁溶液湿热敷,外敷金黄散或鱼石脂软膏等。

4. **降温措施**　高热者予以物理降温,必要时给予解热镇痛药。

（三）手术病人护理

脓肿形成后,一般做放射状切开,以避免损伤输乳管发生乳瘘。乳晕部脓肿可沿乳晕边缘做弧形切口(图 58-2-2)。深部脓肿或乳房后脓肿可在乳房下缘做弧形切口,经乳房后间隙引流。切开后应以手指轻轻分离脓肿的分隔,以利引流。脓腔较大时,可在脓腔的最低部位另加切口做对口引流(图 58-2-3)。术后保持引流通畅,定时更换敷料。

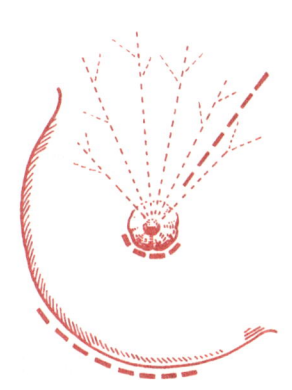

图 58-2-2　乳腺脓肿的切口

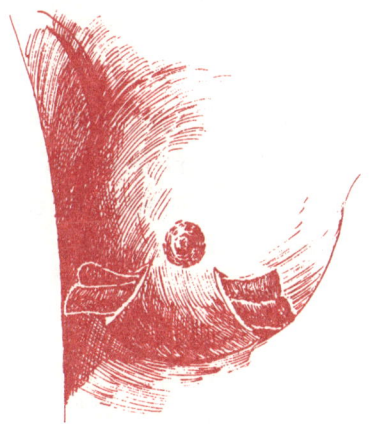

图 58-2-3　乳腺脓肿对口引流

（四）心理护理

病人的心理负担重,应分析原因,鼓励其倾诉,减轻负性情绪,争取其家属配合。

（五）健康教育

本病关键在于预防。

1. **防止乳头破损**　初产妇乳头皮肤娇嫩,在妊娠后期,应每日用温水擦洗乳头,用手指按摩乳头,也可用 75% 乙醇擦拭乳头。

2. **矫正乳头内陷**　乳头内陷的产妇,应在分娩前 3~4 个月开始手法矫正。方法是用手指在乳晕处向下压,而后向外牵拉乳头,每日清晨或睡前 4~5 次;等乳头稍突出后,改用揉捏提拉法;也可借助吸乳器吸引。

3. **防止乳汁淤积**　养成好习惯,每次哺乳应将乳汁吸净,也可按摩后用吸乳器吸净。

Note:

4. **防止细菌侵入**　哺乳前后清洗乳头,注意婴儿口腔卫生,不让婴儿含着乳头睡觉,及时治疗婴儿口腔炎症。如遇乳头破损,应暂停哺乳。

【护理评价】

经过治疗和护理,评估病人是否能够达到:①体温恢复正常;②疼痛明显减轻;③获得哺乳、用药等相关知识;④情绪逐渐稳定;⑤预防并发症。

(徐水琴)

思　考　题

1. 急性乳腺炎的病因有哪些?
2. 乳腺脓肿如何护理?
3. 如何指导初产妇预防急性乳腺炎?

第三节　乳房肿瘤病人的护理

 导入情境与思考

病人,女性,46 岁,已绝经,小学文化,结婚 18 年,33 岁顺产 1 子,其母 15 年前乳腺癌复发肺转移去世。病人以右侧乳房外上象限无痛性质硬肿块 2 个月入院。体格检查:右侧乳房外上象限 1.5cm×1.0cm 质硬肿块,无皮肤破溃,右侧腋窝扪及 1cm×1cm 硬结节;乳腺 X 射线摄影示右乳外上象限占位伴钙化,伴右侧腋下淋巴结肿大。

请思考:

(1) 病人入院后应该重点评估哪些方面?

(2) 入院 1 周后病人行改良根治术,手术后右腋窝、乳房外上象限各放置一根负压引流管;术后病理示乳腺浸润性导管癌;免疫组化:淋巴结转移灶 ER(80%,3+),PR(2%,2+),HER2(+)。术后病人心神不宁,失眠焦虑,担心是否会像其母亲一样。该病人围手术期主要护理诊断/问题有哪些? 如何护理及开展健康教育?

女性乳房肿瘤的发病率甚高,良性肿瘤以乳腺纤维腺瘤居多,约占 75%,其次是导管内乳头状瘤,约占 20%。恶性肿瘤中有 98% 为乳腺癌,约 2% 为乳腺肉瘤。

乳腺纤维腺瘤(breast fibroadenoma)是青年女性最常见的良性肿瘤,好发年龄为 20~25 岁,月经初潮前及绝经后妇女少见,其发生与雌激素的作用活跃密切相关。主要表现为无痛性乳房肿块,常无明显其他症状,好发于乳房外上象限,多为单发(约 75%),少数多发。病人多在无意中发现卵圆形、表面光滑、分界清楚、易于推动、质韧似硬橡皮球的肿块。纤维腺瘤生长缓慢,癌变的可能性小,但有肉瘤变的可能,故手术切除是唯一有效的方法。由于妊娠可使纤维腺瘤增大,妊娠前后发现的纤维腺瘤应及时手术。手术时应将肿瘤连同包膜整块切除,同时按常规做病理检查。

导管内乳头状瘤(intraductal papilloma)是经产妇常见的良性肿瘤,多见于 40~50 岁者。75% 的病变发生在大输乳管近乳头的壶腹部,瘤体很小不易扪及,且有很多壁薄的血管,故易出血。病人多无自觉症状,常因乳头溢液污染内衣而发现,溢液常为血性、棕褐色或黄色液体。有时可在乳晕区扪及圆形、质软、可推动的小结节,轻压或挤压乳头时,有血性液体自乳头溢出。该肿瘤恶变率为 6%~8%,目前以手术治疗为主。

乳腺癌(breast cancer)是女性最常见的恶性肿瘤之一,呈逐年上升趋势。大多数发生在40~50岁女性。乳腺癌发病率及死亡率有明显的地区差异,美国、加拿大和西欧国家为高发区,东欧和南欧国家发病处于中等水平,亚洲和非洲国家低发。部分大城市报告的首位女性恶性肿瘤就是乳腺癌,在我国占全身各类恶性肿瘤的7%~10%。男性乳腺癌发病率约为女性的1%,三阴性乳腺癌少见,其发病年龄、病理类型、检查治疗方法等与女性乳腺癌略有不同。本节内容主要为女性乳腺癌。

【病因与发病机制】

乳腺癌的病因尚不明确,雌激素与乳腺癌可能有密切相关性。在20岁前本病少见,20岁以后发病率迅速上升,45~50岁较高,而绝经后发病率继续上升。

1. **内分泌因素**　雌酮及雌二醇与乳腺癌的发病有关。月经初潮早于12岁、绝经年龄迟于50岁、40岁以上不孕或初次足月产迟于35岁等可增加病人乳腺癌的发病风险。另外,外源性激素的摄入如口服避孕药、雌激素替代治疗也不可忽略。

2. **饮食与营养**　肥胖、营养过剩及高脂肪饮食可加强或延长雌激素对乳腺上皮细胞的刺激,从而增加发病机会。

3. **遗传易感性**　一级亲属中有乳腺癌病史者的发病危险性是普通人群的2~3倍。

4. **良性疾病恶变**　乳腺囊性增生病、乳腺纤维腺瘤等有恶变可能。

5. **环境因素和生活方式**　北美、北欧地区发病率约为亚、非、拉美地区的4倍,低发区居民移至高发区后,第2、3代移民的发病率逐渐增高。

6. **其他因素**　有卵巢或子宫原位癌病史者,有胸部大剂量辐射照射者。

【病理】

（一）病理分型

1. **非浸润性癌**　包括导管内癌(未突破导管壁基底膜)、小叶原位癌(未突破末梢输乳管或腺泡基底膜)和乳头湿疹样乳腺癌(不伴发浸润性癌)。此型属早期,预后较好。

2. **早期浸润性癌**　包括早期浸润性导管癌(向间质浸润)和早期浸润性小叶癌(向间质浸润,但局限于小叶内)。此型仍属早期,预后较好。

3. **浸润性特殊癌**　包括乳头状癌、髓样癌(伴大量淋巴细胞浸润)、小管癌(高分化腺癌)、腺样囊性癌、黏液腺癌、大汗腺癌、鳞状细胞癌等。此型分化较高,预后尚好。

4. **浸润性非特殊癌**　包括浸润性小叶癌、浸润性导管癌、髓样癌(无大量淋巴细胞浸润)、硬癌、单纯癌、腺癌等。为最常见的类型,约占80%,分化低,预后较差。

5. **其他**　如炎性乳腺癌。

（二）转移途径

1. **局部浸润**　癌细胞沿导管或筋膜间隙蔓延,浸润皮肤、胸肌、Cooper韧带等。

2. **淋巴转移**　主要途径有:①乳房外侧乳腺癌可经胸大肌外侧缘淋巴管侵入同侧腋窝淋巴结,再侵入锁骨下淋巴结以至锁骨上淋巴结,然后可经胸导管(左)或右淋巴管侵入静脉血流;为最常见途径。②乳房内侧和中央区乳腺癌可经内侧淋巴管,到胸骨旁淋巴结,然后达锁骨上淋巴结,继而侵入静脉血流。此外,癌细胞也可转移到对侧腋窝淋巴结或腹股沟淋巴结。

3. **血运转移**　研究发现早期乳腺癌已存在血运转移,乳腺癌是一种全身性疾病。癌细胞可经淋巴途径进入静脉,也可直接侵入血液循环而致远处转移。常见的转移部位依次为肺、骨、肝。

（三）临床分期

目前多按国际抗癌联盟的TNM分期法,根据T(原位癌)、N(区域淋巴结)、M(远处转移)组合,进行分期。

T_0:原位癌未查出。

Note:

T_{is}:原位癌(非浸润性癌及未查到肿块的乳头湿疹样乳腺癌)。

T_1:癌瘤长径≤2cm。

T_2:5cm≥癌瘤长径>2cm。

T_3:癌瘤长径>5cm。

T_4:癌瘤大小不计,但侵及皮肤或胸壁(肋骨、肋间肌、前锯肌),炎性乳腺癌亦属之。

N_0:无肿大淋巴结。

N_1:同侧腋窝有肿大淋巴结,可推动。

N_2:同侧腋窝有肿大淋巴结彼此融合,或与周围粘连。

N_3:有同侧胸骨旁淋巴结转移,有同侧锁骨上淋巴结转移。

M_0:无远处转移。

M_1:有远处转移。

根据以上情况进行组合,可分为 5 个分期。

0 期:$T_{is}N_0M_0$

Ⅰ 期:$T_1N_0M_0$

Ⅱ 期:$T_{0\sim1}N_1M_0$,$T_2N_{0\sim1}M_0$,$T_3N_0M_0$

Ⅲ 期:$T_{0\sim2}N_2M_0$,$T_3N_{1\sim2}M_0$,T_4 任何 NM_0,任何 TN_3M_0

Ⅳ 期:包括 M_1 的任何 TN

分子生物学研究表明乳腺癌是异质性疾病,存在不同分子亚型,且与临床预后密切相关。目前国际上采用以下 4 种标志物:雌激素受体(estrogen receptor,ER)、孕激素受体(progesterone receptor,PR)、癌基因表皮生长因子受体 2(human epidermal growth factor receptor 2,HER2)、Ki-67 进行乳腺癌分子分型测定。若检测不表达 ER、PR、HER2 者为三阴性乳腺癌。

【护理评估】

(一)健康史

了解病人的年龄、月经史、婚育史、哺乳情况、饮食习惯;是否曾患乳腺疾病;一级亲属中有无乳腺癌病史。

(二)身体状况

1. 乳房肿块　为早期乳腺癌最主要的临床特征。

(1)早期:多为病人无意中(洗澡、更衣)发现,外上象限无痛、单发、质硬、表面不光滑、分界不清楚、尚能推动的肿块。早期病变容易与乳腺囊性增生病混淆,后者可出现随月经周期变化的乳房胀痛。

(2)晚期:肿块固定,主要因癌肿侵入筋膜、胸肌,以致肿瘤固定于胸壁而不易推动。

2. 外形改变

(1)酒窝征:肿块增大累及 Cooper 韧带,可使其缩短而导致表面皮肤凹陷。

(2)"橘皮样"改变:皮下淋巴管被癌细胞堵塞,致淋巴回流障碍,出现真皮水肿,一般晚期多见。

3. 乳头改变

(1)位置改变:邻近乳头或乳晕的癌肿侵及输乳管可使之缩短,乳头牵向癌肿一侧,使乳头扁平、回缩、内陷。

(2)乳头溢液:可呈血性,颜色多为棕褐色。

4. 皮肤改变

(1)卫星结节和铠甲胸:发展至晚期,癌细胞侵入大片皮肤,可出现多个坚硬小结或条索,呈卫星样围绕原发病灶。结节可彼此融合、弥漫成片,延伸到背部及对侧胸壁,导致胸壁紧缩呈"铠甲"状,并使呼吸受限。

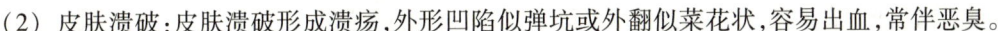

（2）皮肤溃破：皮肤溃破形成溃疡，外形凹陷似弹坑或外翻似菜花状，容易出血，常伴恶臭。

5. 转移征象

（1）淋巴转移：最初多见于患侧腋窝单个、质硬、无痛、可被推动的淋巴结；而后数目增多并融合成团，与皮肤或深部组织粘连，不易推动。

（2）血运转移：转移至肺、骨、肝，出现相应器官受累的症状。肺转移可出现胸痛、气急，骨转移可出现局部疼痛，肝转移则可出现肝大、黄疸等征象。

6. 特殊类型乳腺癌

（1）炎性乳腺癌（inflammatory carcinoma of the breast）：少见，发展迅速，早期即发生转移，预后差，病人常在发病数月内死亡。患侧局部皮肤出现炎性变化，短期内扩展至乳房大部分皮肤，使之发红、水肿、增厚、变硬、粗糙、皮温升高。

（2）乳头湿疹样乳腺癌（Paget disease）：少见，恶性程度低，发展缓慢，淋巴转移较晚。表现为乳头瘙痒、烧灼感，继之乳头、乳晕的皮肤变粗糙、糜烂如湿疹样，进而形成溃疡，有时覆盖黄褐色鳞屑样痂皮。

（三）辅助检查

1. 影像学检查 乳腺 X 射线摄影可作为普查方法，是早期发现乳腺癌最有效的方法；B 超检查、MRI 检查可为重要辅助。

2. 细胞组织学检查 通过空芯针穿刺活检术、真空辅助旋切活检系统和细针针吸细胞学检查等明确诊断。

（四）心理-社会状况

病人容易出现焦虑、恐惧等心理反应。不同分子分型及分期有不同的治疗方案，病人容易不知所措；治疗会使病人失去女性特征，病人容易担心预后及以后的生活质量；在治疗过程中，病人不仅要感受躯体的痛苦，还要承受身体的残缺带来的心理负担。护士应评估病人在确诊后出现的情绪变化，对治疗和康复的认知情况；评估家庭成员，特别是丈夫的心理反应、对疾病的认知程度、对病人的支持程度。

【护理诊断/问题】

1. **焦虑** 与担心治疗效果和害怕影响家庭生活等有关。
2. **体像紊乱** 与切除乳房和放疗、化疗不良反应等有关。
3. **组织完整性受损** 与术后皮瓣坏死、上肢水肿等有关。
4. **知识缺乏**：缺乏术后功能锻炼、防止复发的知识。

【计划与实施】

乳腺癌的治疗应根据病人年龄、临床分期、病理类型及机体状况，采取手术治疗为主，辅以化学治疗、放射治疗、内分泌治疗、生物治疗的综合治疗方法。经过治疗和护理，病人达到：①减轻焦虑心理；②能积极面对形象的变化；③皮瓣愈合良好，上肢肿胀减轻；④能复述功能锻炼、防止复发的知识。

（一）心理护理

护士应了解病人的心理状态，进行心理支持。术前可向其讲述乳腺癌的治疗方案和治疗效果。术后鼓励其坦率地与家人一起讨论形象改变的问题，向亲人诉说其内心的感受，特别是得到丈夫的支持。告诉病人行乳房重建的可能，树立战胜疾病的信心。

（二）手术治疗与护理

对病灶仍局限于局部及区域淋巴结的病人，手术治疗是首选。手术适应证是 TNM 分期在 0、Ⅰ、Ⅱ及部分Ⅲ期的病人。全身情况差、已有远处转移、主要器官伴严重疾病、年老体弱不能耐受手术者属手术禁忌。近年来相关研究证实，乳腺癌自发病开始即是一个全身性疾病，故而主张缩小手术范围,加强综合辅助的治疗方案。

1. 手术方式

（1）乳房根治术（radical mastectomy）：切除整个乳房、胸大肌、胸小肌、腋窝及锁骨下淋巴结,适用于腋窝淋巴结转移或胸大肌、胸小肌浸润的病人,目前少用。

（2）乳房扩大根治术（extended radical mastectomy）：在上述手术基础上,同时切除胸廓内动、静脉及其周围的胸骨旁淋巴结,目前极少用。

（3）乳房改良根治术（modified radical mastectomy）：有两种式式,一是保留胸大肌,切除胸小肌;二是保留胸大肌、胸小肌。保留胸大肌有利于乳房重建,为最常用的手术方式,适用于Ⅰ、Ⅱ期乳腺癌病人。

（4）乳房全切除术（total mastectomy）：切除整个乳腺,包括腋尾部及胸大肌筋膜,适用于原位癌、微小癌（<1cm）、年迈体弱者或晚期尚能局部切除者。

（5）保留乳房的乳腺癌切除术（lumpectomy and axillary dissection）：完整切除肿块及其周围 1~2cm 的组织,但术后必须辅以放疗与化疗,适用于Ⅰ、Ⅱ期乳腺癌,且乳房有适当体积,术后能保持外观效果者。

对腋淋巴结阳性的乳腺癌病人常规进行腋淋巴结清扫术,阴性者应先行前哨淋巴结活检术,活检阴性者可不做淋巴结清扫。

乳腺癌根治性手术广泛剥离皮瓣,术后容易发生皮瓣下积液,积液又可使皮瓣与创面分离,导致皮瓣不能建立血液循环而引起坏死;清扫腋淋巴结,以及术后加压包扎等原因,影响上肢淋巴和血液回流,术后常有患侧上肢水肿出现,严重者还可出现气胸等并发症。

2. 术前护理

（1）终止哺乳或妊娠：哺乳期及妊娠初期发生乳腺癌,病人应立即停止哺乳或妊娠,以减轻激素的作用。

（2）术前准备：心理护理和术前健康宣教,协助术前各项检查和准备。如需植皮,应同时做好供皮区皮肤准备;皮肤溃疡者,术前每日换药至创面好转;乳头凹陷者应清洁局部。

3. 术后护理

（1）体位：生命体征平稳后,即取半卧位,术侧上肢肩外展 90°（根治术病人术后 10d 内肩不外展）,肘屈曲,以软枕支撑前臂和手。此体位既可保持负压引流通畅,防止皮瓣下积液,又可促进静脉和淋巴回流,减轻上肢肿胀。

（2）病情观察：严密监测病人生命体征,若出现血压下降、脉搏增快,应检查切口敷料渗血、渗液情况。若病人出现胸闷、呼吸困难,应检查是否切口包扎过紧或并发气胸所致,及时上报并协助处理。若病人体温升高,应注意有无切口或肺部感染。

（3）伤口护理

1）有效包扎：手术部位用弹性绷带加压包扎,一般维持 7~10d,使皮瓣紧贴胸壁以防止皮瓣下积液,包扎以能容纳 1 指为宜,能维持正常血运且不影响病人呼吸。

2）观察皮瓣血运：正常情况下,皮瓣颜色红润、皮温较健侧略低。若皮瓣颜色暗红则提示血运不佳,有可能坏死,应及时报告医生。

3）观察患侧上肢血液循环：注意病人肢端颜色、温度、疼痛等,若手指发麻、皮肤苍白或呈青紫色、皮温下降、脉搏不能扪及,提示腋窝部血管受压,应及时调整绷带的松紧度。

（4）引流管护理：乳房改良根治术后,常规在外上象限及腋窝皮瓣下放置引流管并接负压吸引装置,以便吸出残腔内的积血和积液。

1）妥善固定：双重固定引流管,防止滑脱,下床活动时可手提引流袋不高于创面,以免引流液逆行感染。

2）保持通畅：避免受压、扭曲和打折,定时挤压引流管,注意有无血凝块堵塞,必要时冲洗。

Note:

3）有效吸引：负压吸引压力大小应适宜，过高会导致引流管腔瘪陷，引流不畅，过低则不能达到有效引流。

4）密切观察：观察引流液的性状、量。一般术后 1~2d，每日引流的血性液体量为 50~100ml，以后颜色逐渐变淡，量减少；若短期内出现大量血性液体，要警惕活动性出血。

5）拔管护理：术后 4~5d，若引流液变淡、每日量少于 10~15ml，创面与皮肤紧贴则可拔管。引流管拔除后若出现皮下积液，可消毒后抽吸积液并加压包扎。

（5）上肢肿胀护理：患侧腋淋巴结清扫、头静脉被结扎、腋静脉栓塞、局部积液或感染等，可导致上肢淋巴和静脉回流障碍，引起上肢肿胀。

1）避免损伤：勿在患侧上肢采血、注射、输液与测血压等。

2）保护患肢：平卧时患肢下方垫枕抬高 10°~15°，肘关节轻度屈曲；半卧位时屈肘 90°放于胸腹部；下床活动时，用吊带托或用健侧上肢将患肢抬高于胸前；他人扶持时应扶健侧，以防止腋窝皮瓣滑动而影响愈合；防止患肢下垂过久、过度负重和外伤。

3）功能锻炼：按摩患侧上肢；进行握拳、屈伸肘、上举和外展上肢等活动锻炼。

4）减轻肿胀：严重者可戴弹力袖，局部感染者用抗生素治疗。

（6）功能锻炼：手术切除胸部肌肉、筋膜和皮肤，使患侧肩关节活动明显受限。严重者可导致肩关节挛缩引起冰冻肩。术后加强锻炼可增强肌肉力量，松解和预防粘连，最大限度恢复肩关节的活动范围。鼓励和协助病人早期进行患侧上肢的功能锻炼（表 58-3-1）。

表 58-3-1 术后功能锻炼

时间	锻炼内容
术后 1d	指关节、腕关节活动：活动手指及腕部，可做伸指、握拳和屈腕等动作
术后 3d	肘关节活动：进行上肢肌肉的等长收缩，可协助病人用健侧手托扶患侧上肢，练习肘关节伸屈、内旋、外旋
术后 5d	肩关节活动：肩关节小范围前屈后伸（前屈小于 30°，后伸小于 15°）
术后 7d	肩关节活动：开始肩关节上举运动。以肩部为中心，前后摆臂，但不做肩关节外展运动
术后 10d 及以后	肩关节活动：开始肩关节外展运动。鼓励病人用患肢梳头（患侧手越过头顶梳对侧头发）、手越过头顶摸对侧耳运动（功能锻炼"金标准"）等，指导病人进行爬墙运动、转绳运动、举杠运动、滑绳运动等加强患侧肩关节前屈、后伸、外展、内收、旋转等运动

功能锻炼原则为循序渐进，注意事项包括：①术后 1~3d，限制肩关节活动。②术后 7d 内不上举。③术后 10d 内不外展。④持重不超过 5kg。⑤严重皮瓣坏死者，术后 3 周内避免大范围活动；植皮者锻炼时间推迟。

（三）化学治疗与护理

乳腺癌是实体瘤中应用化学治疗最有效的肿瘤。一般认为腋淋巴结阴性而有高危复发因素者，如肿瘤直径大于 2cm，组织分级差，ER(−)和 PR(−)，HER2(+)，适宜应用术后辅助化疗。常用的有 EC(表柔比星、环磷酰胺)-T(多西他赛或紫杉醇)方案、TC(多西他赛或紫杉醇、环磷酰胺)等方案；另有 CMF(环磷酰胺、甲氨蝶呤、氟尿嘧啶)方案现已少用。可术前化疗(新辅助化疗)或术后化疗。若使用多柔比星(阿霉素)要注意其心脏毒性、骨髓抑制、特异性不良反应如手足口综合征等副作用。此外，应特别注意不在病人患侧上肢输液。其他护理参考第六章"肿瘤病人的护理"。

（四）放射治疗与护理

放射治疗是乳腺癌病人局部治疗的重要手段，尤其是保留乳房的乳腺癌手术后。可根据病人情况，分为根治性放疗、姑息性放疗、预防性放疗、术前放疗和术后放疗。放疗护理参考第六章"肿瘤病人的护理"。

（五）内分泌治疗与护理

若为激素依赖性肿瘤（ER 含量高），内分泌治疗有效。

1. **他莫昔芬（tamoxifen）** 又名三苯氧胺，最常用，其结构与雌激素相似，在靶器官内与雌二醇争夺 ER。可降低乳腺癌的复发及转移，主要用于绝经前妇女，治疗时间为 5~10 年。

2. **芳香化酶抑制剂（AI）** 如来曲唑等，能抑制肾上腺分泌的雄激素转变为雌激素过程中的芳香化环节，降低雌二醇含量，从而达到治疗乳腺癌的目的。适用于 ER 受体阳性的绝经后妇女，治疗时间一般为 5 年。

内分泌治疗期间要注意恶心、呕吐、潮热、静脉血栓形成、阴道干燥或分泌物多等副作用观察与护理。

（六）生物治疗与护理

近年来临床上推广使用曲妥珠单抗（Trastuzumab）注射液，是通过转基因技术制备而成，对 HER2 过度表达的乳腺癌病人有一定疗效，用于辅助治疗可降低乳腺癌复发率。

知 识 链 接

乳腺癌分子靶向治疗

乳腺癌 HER2 基因起重要作用，近 1/3 的病人存在 HER2 过度表达，导致细胞分裂失控，浸润性生长。目前针对已经明确的致癌位点来设计药物，进入体内后只会特异性与致癌位点相结合并产生作用，导致肿瘤细胞死亡，而不会殃及周围的正常组织细胞，因此分子靶向治疗又被称为"生物导弹"。曲妥珠单抗为目前 HER2 阳性乳腺癌病人一线靶向治疗药，但大部分病人接受治疗 1 年后会发生耐药，现正对其耐药机制、恢复药物敏感性方法进行研究探讨。

（七）健康教育

1. **避免妊娠** 术后 5 年内避孕，是防止复发最重要的方法。
2. **功能锻炼** 增强抵抗力，继续有序功能锻炼。
3. **坚持治疗** 进行化学治疗、放射治疗或内分泌治疗，治疗期间注意副作用观察与护理。
4. **复查随访** 进行随访，定期复查，预防肿瘤复发。
5. **乳房检查** 指导病人每月自查，发现异常及时就诊。建议乳腺癌高危人群、乳腺癌术后的病人每年 1 次乳腺 X 射线摄影。指导 20 岁以上的女性进行每月一次的乳房自我检查（breast self-exami-nation）。

（1）时间：月经干净后 5~7d。

（2）视诊：站在镜前改变姿势（两臂放松垂于身体两侧→双手叉腰→向前弯腰或双手上举），观察双侧乳房的大小、外形轮廓是否对称；有无局限性隆起、凹陷或"橘皮样"改变；有无乳头回缩或抬高，乳晕区有无湿疹等。

（3）触诊：仰卧位，肩下可垫薄枕，被查侧的手臂枕于头下，尽量放松肌肉使乳房平铺于胸壁。对侧手指并拢，手指掌面轻柔平按，扪摸乳房，切忌重按或抓捏。一般检查从乳房的内上象限开始，依次为内下、外下、外上象限，而后检查乳晕、乳头，最后检查腋窝、锁骨下、锁骨上淋巴结有无肿块。用同样的方法检查另一侧乳房，并做简单记录。如发现异常，应及时到医院做进一步检查。

【护理评价】

经过治疗与护理，评估病人是否能够达到：①消除焦虑，融入社会活动；②积极面对形象变化，学会修饰自己；③皮瓣紧贴胸壁，上肢淋巴及静脉回流良好；④进行正确锻炼，功能恢复良好。

（徐水琴）

Note:

思　考　题

1. 晚期乳腺癌有哪些临床表现?
2. 乳房改良根治术后患侧上肢肿胀如何护理?
3. 如何指导乳腺癌高危人群进行乳房自我检查?

第八篇

内分泌与代谢性疾病病人的护理

NURSING

第五十九章

概　论

59 章　数字内容

学 习 目 标

- 识记：
1. 陈述激素的效应环节和作用特征。
2. 陈述营养性疾病和代谢性疾病的概念及主要类型。
- 理解：
1. 解释下丘脑-垂体-靶腺轴及其相互影响和作用。
2. 阐述内分泌和代谢性疾病常用检查的目的、实施方法和检查前后的护理要点。
- 运用：
结合健康史、身体状况、辅助检查、心理-社会状况等对内分泌和代谢性疾病病人进行评估。

内分泌系统是机体的体液调节系统,与神经系统、免疫系统的调节功能相辅相成,组成神经-内分泌-免疫调节网络,维持机体与周围环境及机体内环境的平衡,完成代谢、生长、发育、思维、运动等功能。当内分泌腺及组织发生病变时,可引起内分泌系统疾病。新陈代谢是人体生命活动的基础。通过新陈代谢,机体同外界不断进行物质交换和转化,同时体内物质又不断进行分解、利用与更新,为个体的各种活动提供物质与能量。营养物质不足、过多或比例不当都能引起营养性疾病。体内中间代谢某一环节出现障碍则可引起代谢性疾病。营养性疾病和代谢性疾病关系密切,往往并存,互相影响。

第一节　内分泌系统概述

内分泌系统(endocrine system)由经典的内分泌腺(垂体、甲状腺、甲状旁腺、肾上腺、性腺和胰岛)与能产生激素的组织及细胞共同构成,与神经系统和免疫系统共同发挥整体性调节功能。内分泌系统主要通过激素发挥调节作用。激素(hormone)是由内分泌腺或器官组织的内分泌细胞所合成与分泌,以体液为媒介,在细胞之间递送调节信息的高效能生物活性物质。

一、激素的化学性质

激素的化学本质直接决定激素对靶细胞的作用机制。按化学性质,激素可分为胺类、肽与蛋白质类、脂类。多数胺类、肽与蛋白质类激素属于亲水性激素,多经与靶细胞膜受体结合而产生调节效应;甾体激素和甲状腺激素等亲脂性激素可直接进入靶细胞内发挥作用。

二、激素的分泌方式与细胞通讯

激素是内分泌细胞分泌的发挥细胞通讯作用的生物活性物质。经典概念认为内分泌是长距细胞通讯,又称远距分泌(telecrine),即激素通过血流将所携带的调节信息送至机体远处的靶细胞,实现调节功能。近年来人们逐渐发现激素还有短距细胞通讯方式,如旁分泌(paracrine)、神经内分泌(neuroendocrine)、自分泌(autocrine)甚至胞内分泌(intracrine)和腔分泌(solinocrine)等。

三、激素的效应环节

激素对靶细胞产生调节效应大致经历以下几个连续的环节:①受体识别:靶细胞受体先要从体液中众多化学物质中辨识出携带特定调节信息的激素;②信号转导:激素与靶细胞的特异性受体结合,启动细胞内信号转导系统;③细胞反应:激素诱导终末信号改变细胞固有功能,即产生调节效应;④效应终止:有多种机制终止激素所诱导的细胞生物反应。

四、激素的作用特征

虽然各种激素对靶细胞的调节效应不尽相同,但可表现出一些共同的作用特征。

(一)特异作用

激素与靶的特异关系是内分泌系统发挥特异调节效应的基础。激素作用的特异性主要取决于分布于靶细胞的相应受体,因此,激素只选择作用于与其亲和力高的靶器官、靶腺、靶组织和靶细胞,以及靶蛋白、靶基因等。激素的作用范围差异很大,有些激素的作用非常局限,如腺垂体分泌的促激素主要作用于外周靶腺;有些激素的作用却极广泛,如生长激素、甲状腺激素和胰岛素等,其作用可遍及全身各器官组织,这和相应受体的分布有关。

激素作用的特异性并非绝对,有些激素与受体的结合可有交叉现象,如胰岛素与胰岛素样生长因子等,只是亲和力有所差异。

Note:

（二）信使作用

激素是一种信使物质或信号分子（signaling molecule），它携带了某种特定含义的信号，仅起传递某种信息的作用，激素本身并不作为底物或产物直接参与细胞的物质与能量代谢反应过程。在发挥作用的过程中，激素对其所作用的细胞，既不添加新功能，也不提供额外能量。

作为信号分子，激素与其他非内分泌细胞所分泌的生物活性物质，如神经元释放的神经递质、免疫细胞分泌的细胞因子等在调节活动中充当化学信使的基本属性并无本质差异，它们之间的界限并不绝对。

（三）高效作用

激素是高效能的生物活性物质，通过信号转导环节产生生物放大效应。如激素在生理状态下的血浆浓度很低，多在 pmol/L 至 nmol/L 的数量级。但激素与受体结合后，引发细胞内的信号转导程序，经逐级放大后可产生效能极高的效应。因此，体液中激素含量虽低，但作用十分强大。鉴于此，体内各种激素的分泌都必须处于系统、严密的调控之下，以保持血中激素水平的稳态。

（四）相互作用

1. **协同作用（synergistic effect）** 指不同激素对同一生理效应都发挥作用，联合作用时产生倍增效应，如生长激素、糖皮质激素、肾上腺素与胰高血糖素等具有协同升高血糖的效应。

2. **拮抗作用（antagonistic action）** 指不同激素对同一生理效应发挥相反的作用，如胰岛素和胰高血糖素。

3. **允许作用（permissive action）** 指有些激素并不能直接作用于器官、组织或细胞，但是它的存在却为另一种激素的生理学效应创造了条件（即对另一激素起支持作用），这种现象称为激素的允许作用。如糖皮质激素本身对心肌和血管平滑肌并无直接增强收缩的作用，但只有在它存在时儿茶酚胺类激素才能充分发挥调节心血管活动的作用。

五、激素分泌节律及分泌的调控

激素分泌既表现自然的节律性，又可随机体的需要适时、适量分泌，及时启动和终止。

（一）生物节律性分泌

许多激素具有节律性分泌的特征。激素分泌的这种节律性受体内生物钟（biological clock）的控制，其节律取决于自身生物节律。常见的节律性有：①脉冲式分泌：表现为以分或小时为周期分泌，如一些腺垂体激素的分泌为脉冲式，与下丘脑调节肽的分泌同步；②昼夜节律性分泌：多数激素的分泌具有明显的昼夜节律性，如生长激素、褪黑素和皮质醇等；③以月、季等为周期的分泌，如女性性激素呈月周期性分泌；甲状腺激素的分泌存在季节性周期波动。

（二）激素分泌的调控

1. 体液调节

（1）轴系反馈调节效应：是体液中激素与激素相互作用而产生的效应，主要通过下丘脑-垂体-靶腺轴（hypothalamus-pituitary-target gland axis）的调节实现。

下丘脑-垂体-靶腺轴受中枢神经系统（如海马、大脑皮质等脑区）的调控，是一个有等级层次的调节系统。系统内高位激素对下位内分泌活动具有促进性调节作用，而下位激素对高位内分泌活动多起抑制性调节作用，从而形成具有自动控制能力的反馈环路，以维持血中各级激素水平的相对稳定（表59-1-1）。反馈环路有 3 种：①长反馈（long-loop feedback）是指调节环路中终末靶腺或组织分泌的激素对上位腺体活动的反馈影响；②短反馈（short-loop feedback）是指垂体分泌的激素对下丘脑分泌活动的反馈影响；③超短反馈（ultrashort-loop feedback）则为下丘脑肽能神经元活动受其自身分泌的调节肽的影响。

Note:

表 59-1-1 下丘脑、垂体激素及其靶器官（组织）

下丘脑激素	腺垂体细胞	垂体激素	靶腺（组织）	靶腺（组织）激素
生长激素释放激素（GH-RH）	生长激素分泌细胞	生长激素（GH）	肝	胰岛素样生长因子-1（IGF-1）
促肾上腺皮质激素释放激素（CRH）	促肾上腺皮质激素分泌细胞	促肾上腺皮质激素（ACTH）	肾上腺皮质	皮质醇
促甲状腺素释放激素（TRH）	促甲状腺素分泌细胞	促甲状腺激素（TSH）	甲状腺	甲状腺激素（T_3、T_4）
促性腺激素释放激素（GnRH）	促性腺激素分泌细胞	黄体生成素（LH）卵泡刺激素（FSH）	性腺（睾丸、卵巢）	睾酮（男性）雌二醇、孕酮（女性）、抑制素
生长抑素/生长激素抑制激素（SST,SRIF）	生长激素分泌细胞	生长激素	多种细胞	
催乳素释放激素、催乳素释放抑制激素（PRH、PIH）	催乳素分泌细胞	催乳素（PRL）	乳腺、性腺	LH、FSH、性激素

轴系调控以负反馈控制为主，正反馈控制也有，但较少。例如，卵泡在成熟发育的进程中，它所分泌的雌激素在血液中达到一定水平后，可正反馈地引起 LH 分泌出现高峰，最终促发排卵。

（2）代谢物调节效应：很多激素都参与细胞物质代谢的调节，而在血中反映代谢状态的物质又反过来调整相应激素的分泌水平，形成直接反馈效应。如进餐后，血中葡萄糖水平升高可直接刺激胰岛 B 细胞增加胰岛素分泌，结果使血糖回降；血糖降低则可引起胰岛素分泌减少，同时刺激胰高血糖素分泌，从而维持血糖水平的稳态。这种激素作用所致的终末效应对激素分泌的影响能更直接、及时地维持血中某种成分浓度的相对稳定。

有些激素的分泌受自我反馈的调控，如当钙三醇生成增加到一定程度时即可抑制其合成细胞内的 1α-羟化酶系活性，限制钙三醇的生成和分泌，从而使血中钙三醇水平维持稳态。

此外，有些激素的分泌只接受功能相关联或相抗衡的激素影响。如胰高血糖素和生长抑素可以旁分泌的方式分别刺激和抑制胰岛 B 细胞分泌胰岛素，这些激素的作用相互抗衡、相互制约，共同维持血糖的相对稳定。

2. 神经调节 下丘脑是神经系统与内分泌系统相互联络的重要枢纽。下丘脑的传入和传出通路复杂而又广泛，内、外环境中各种形式的刺激都可经这些神经通路影响下丘脑神经内分泌细胞的分泌活动，发挥其对内分泌系统和整体功能活动的高级整合作用。

六、神经-内分泌-免疫调节网络

神经、内分泌和免疫系统各有独特功能，神经系统主要对物理性刺激起反应，内分泌系统主要对机体代谢活动所致的化学刺激起反应，而免疫系统则对生物性刺激起反应。然而，3 个系统却可通过某些信号分子和受体相互交联，优势互补，形成神经-免疫-内分泌调节网络（neural-endocrine-immune regulatory network），感受各种形式的刺激，整合信息，共同维护机体内环境稳态，为生命活动正常运转提供基本保障。

（一）神经系统和内分泌系统的相互调节

下丘脑是联系神经系统和内分泌系统的枢纽，受中枢神经系统的调控。神经细胞具有传导神经冲动的能力，它们也可分泌各种神经递质作用于突触后神经细胞表面的膜受体，影响神经内分泌细胞的功能。下丘脑含有重要的神经核，具有神经内分泌细胞的功能，可汇集和整合不同来源的信息，将

Note：

神经活动的电信号转变为激素分泌的化学信号,协调神经调节与体液调节的关系,下丘脑与垂体之间已构成一个神经内分泌轴,调节周围内分泌腺及靶组织的功能。广泛参与机体功能调节,是神经-内分泌调节的关键和枢纽。下丘脑-垂体功能单元由下丘脑-腺垂体系统和下丘脑-神经垂体系统两部分组成。此外,居于中枢部位的松果体所分泌的激素也参与机体的高级整合活动。

(二) 免疫系统与内分泌功能

内分泌、免疫和神经 3 个系统之间可通过相同的肽类激素和共有的受体相互作用,形成一个完整的调节环路。神经内分泌系统和机体免疫有相互调节作用,一方面,神经内分泌系统对机体免疫有调节作用,如糖皮质激素等可抑制免疫应答,而甲状腺激素能促进免疫应答。ACTH 既可由垂体产生,又可由淋巴细胞产生。ACTH 既可刺激肾上腺皮质产生和释放糖皮质激素,又可作用于免疫系统,抑制抗体的生成。另一方面,免疫系统在接受神经内分泌系统调节的同时,亦有反向调节作用。如一些激素对靶细胞的效应常需细胞因子介导,而免疫系统也可通过细胞因子对神经内分泌系统的功能产生影响。内分泌系统不但调控正常的免疫反应,在自身免疫反应的发生、发展中也起作用。

七、内分泌系统疾病

内分泌系统疾病可因多种原因所致,主要表现为功能亢进和功能减退两大类,少部分表现为功能正常。导致功能亢进的原因有内分泌腺肿瘤、异位内分泌综合征、激素代谢异常、医源性内分泌紊乱等;导致功能低下的原因有内分泌腺的破坏、内分泌腺激素合成缺陷和某些内分泌腺以外的疾病等。此外,还有一些内分泌系统疾病是因为内分泌腺或靶组织对激素的敏感性或应答反应水平降低所致。

(周兰姝)

第二节　营养和代谢性疾病概述

新陈代谢(metabolism)包括物质的合成代谢(anabolism)和分解代谢(catabolism)两个过程。合成代谢是营养物质进入体内,参与机体众多化学反应,在机体内合成较大分子物质并转化为自身物质的过程,该过程常需耗能。分解代谢是体内的糖原、蛋白质和脂肪等大分子物质分解为小分子物质的降解过程,常伴能量的生成与释放。

一、营养和代谢生理

(一) 营养物质的供应和摄取

人体所需要的营养素(nutrient)包括水、矿物质、碳水化合物、脂肪、蛋白质和维生素六大类。人体所需的营养素主要来自食物,少量由机体合成。要维持人体营养状况的稳定,能量的供给和消耗必须平衡。在正常情况下,为维持机体正常身高和体重,组织结构与生理功能所需的最少量是必需营养物质每日膳食供给量。人的进食行为受神经、内分泌等控制,其中下丘脑起重要作用。此外,还受文化、家庭、个人经历、宗教信仰、经济及市场供应等因素和条件的影响。

食物营养价值高低是指其所含营养素的种类是否齐全、数量多少、各种营养素之间比例是否合适,是否容易被消化吸收。

(二) 营养物质的消化、吸收、代谢和排泄

食物在胃肠道经消化液、酶、激素等作用转变为氨基酸、单糖、短链和中链脂肪酸、甘油,与水、盐、维生素等一起被吸收入血,中链脂肪酸和多数长链脂肪酸则经淋巴入血,到达肝和周围组织被利用,以合成物质或提供能量。糖、脂肪、蛋白质、水和无机元素等中间代谢的一系列复杂生化反应受基因

控制,从酶、激素和神经内分泌等三方面进行调节。同时,中间代谢也受代谢底物的质和量、辅助因子、体液组成、离子浓度等反应环境及中间和最终产物的质和量等因素的调节。中间代谢所产生的物质,除被机体储存或重新利用外,最后以水、二氧化碳、含氮物质或其他代谢产物的形式,经肺、肾、肠、皮肤黏膜等排出体外。

二、营养性疾病和代谢性疾病

(一)营养性疾病

机体对各种营养物质有一定的需要量、允许量和耐受量。营养性疾病可因一种或多种营养物质不足、过多或比例不当而引起。一般按某一营养物质的不足或过多分类,也可根据发病的原因分为原发性和继发性两大类。

1. **原发性营养失调**　是由于摄取营养物质不足、过多或比例不当引起。如摄取蛋白质不足可引起蛋白质缺乏症;摄取能量超过机体消耗可引起单纯性肥胖症。

2. **继发性营养失调**　是由于器质性或功能性疾病所致的营养失调。常见原因有进食障碍、消化吸收障碍、物质合成障碍、机体需要营养物质增加而供应不足、排泄失常等。

(二)代谢性疾病

代谢性疾病是指由于某个中间代谢环节障碍为主因所致的疾病,由于原发器官疾病为主因所致的代谢障碍则归入该器官疾病的范围。其分为遗传性代谢病和获得性代谢病两大类:

1. **遗传性代谢病(先天性代谢缺陷)**　基因突变引起蛋白质结构和功能紊乱,特异酶催化反应消失、降低或(偶然地)升高,导致细胞和器官功能异常。

2. **获得性代谢病**　可由环境因素或遗传因素和环境因素相互作用所致。不健康的饮食、药物、理化因素、创伤、感染、器官疾病、精神疾病等是造成代谢障碍的常见原因。有些遗传性代谢病以环境因素为其发病诱因,如苯丙酮尿症是由苯丙氨酸羟化酶缺乏引起,如能在出生后3周内确诊,限制摄入含苯丙氨酸的食物,则可以不出现智能障碍。

(周兰妹)

第三节　内分泌和代谢性疾病病人的评估

【健康史】

(一)现病史和既往史

1. **现病史**　详细了解病人患病的起始时间,有无诱因;发病的缓急,主要症状及其特点,是否接受过治疗及其结果如何;目前使用药物的种类、剂量、用法、疗程。

2. **既往史**　既往有无颅脑手术或外伤史,有无产后大出血史,有无激素类药物服用史,有无与内分泌系统相关的疾病,是否已进行积极的治疗等。了解病人既往相关检查的结果,是否遵医嘱治疗,既往用药及治疗效果。

(二)生活史及家族史

1. **生活史**　了解病人的出生地及生活环境,如单纯性甲状腺肿常与病人居住地缺碘有关。评估婚姻状况及生育情况,了解病人是否有性功能障碍等问题;日常生活是否规律,有无烟酒嗜好,特殊的饮食喜好或禁忌。

2. **家族史**　许多内分泌系统疾病有家族倾向性,如甲状腺疾病、糖尿病、肥胖症等,应询问病人家族中有无类似疾病发生的病史。

Note:

【身体状况】

内分泌系统在体内作用广泛,临床表现也多种多样,总体说来可分为特异性和非特异性两类。特异性的症状,如糖尿病的"三多"征、甲亢的突眼征均使护理评估更加容易;而非特异性的临床表现在临床中更常见。内分泌系统疾病常见的症状和体征有:

1. **生长异常**　生长延缓或障碍及生长加速或过度为腺垂体疾病的重要表现,前者见于侏儒症,后者见于巨人症、肢端肥大症。

2. **进食或营养异常**　多种内分泌疾病可有此改变,如糖尿病多有口渴、多饮、多食;糖尿病、甲状腺功能亢进症或甲状腺功能减退症均可出现食欲亢进或减退、体重减轻或增加等表现。

3. **排泄功能异常**　内分泌系统功能改变常可影响排泄状态,如多尿是糖尿病的典型症状之一;多汗,排便次数增多可见于甲状腺功能亢进症;便秘则多见于甲状腺功能减退症病人。

4. **体力减退**　甲状腺和肾上腺疾病是导致体力减退的常见原因,通过询问病人从事日常活动的能力有无改变、是否感觉疲乏无力或睡眠时间延长等,可评估病人目前的体力水平。

5. **体像改变**　包括毛发质地、分布,有无多毛、毛发脱落或毛发稀疏,有无皮肤色素沉着,成人有无手足增粗变大或面容变得粗陋,有无眼球突出、颈部增粗等。这些异常多与垂体、甲状腺、甲状旁腺或肾上腺疾病有关。

6. **皮肤紫纹和痤疮**　紫纹是库欣综合征的特征之一。病理性痤疮见于库欣病、先天性肾上腺皮质增生症等。

7. **视觉障碍**　头痛伴视力减退或视野缺损可见于垂体瘤;糖尿病视网膜病变者也可有视觉障碍,重者可失明。

8. **性-生殖型态改变**　内分泌疾病病人可出现性功能和第二性征的改变,包括生殖器官过早发育或不发育,性欲减退或丧失,女性溢乳、月经紊乱、闭经或不孕,男性阳痿等。

9. **其他**　有无失眠、嗜睡、记忆力下降、注意力不集中,有无畏寒或怕热,有无手足搐搦、四肢感觉异常或麻痹等。

【辅助检查】

主要用于内分泌腺的功能诊断和定位诊断。

(一)功能检查

1. **激素及其代谢产物测定**　测定血及尿中激素或其代谢产物浓度,监测其昼夜节律等。同时测定腺垂体促激素和其靶腺激素水平,对某些内分泌疾病的定位诊断有帮助。如血浆促肾上腺皮质激素(ACTH)和皮质醇均升高则提示病变在垂体;如 ACTH 降低,皮质醇升高,则病变在肾上腺皮质。同样,如血促甲状腺激素(TSH)和 T_3、T_4 均升高,则可能为垂体 TSH 瘤或不敏感综合征;如 TSH 明显降低,而 T_3、T_4 升高,则为甲状腺病变所致的甲状腺功能亢进症。如正常月经周期中,血清卵泡刺激素(FSH)和黄体生成素(LH)均升高,提示病变在性腺;均减低则提示病变在垂体或下丘脑。

2. **内分泌功能试验**　利用下丘脑、垂体、内分泌腺之间的反馈关系进行动态功能检查,可进行兴奋试验及抑制试验;利用一些药物对内分泌腺的作用,可进行激发试验及拮抗试验;利用增加机体负荷的方法也能了解内分泌腺的功能状态。在临床上,当某一内分泌功能减退时,可选用兴奋试验,相反则选用抑制试验或阻滞试验来明确诊断。基础 TSH 升高,注射促甲状腺激素释放激素(TRH)后有过度反应,提示病变在甲状腺;基础 TSH 低,注射 TRH 后无升高反应,提示病变在垂体;如果注射 TRH 后有 TSH 升高反应,但高峰延迟,则病变在下丘脑。

常用内分泌代谢性疾病实验室检查方法及注意事项见表 59-3-1。

表 59-3-1　常用内分泌代谢性疾病实验室检查

名称	检查目的	方法及注意事项
甲状腺摄^{131}I 试验	评价甲状腺功能	试验前 10h 开始禁食。试验日空腹口服 74MBq 的 Na^{131}I,在服药后第 2、4 和 24h 分别做甲状腺部位放射性计数。本试验前 3 个月不做碘油 X 线造影,2 个月内不食含碘药物及食物,1 个月内停用抗结核药、激素类及抗甲状腺药物,心脏病病人、妊娠期妇女、哺乳期妇女不做本试验
血清 T$_3$、T$_4$、FT$_3$、FT$_4$、反 T$_3$ 测定	判断甲状腺功能	清晨空腹抽取静脉血 2~3ml 置于血清管静置,留取血清待测。试验前停用避孕药、雌激素、雄激素、泼尼松、苯妥英钠等药物
血浆 ACHT 测定	垂体-肾上腺疾病鉴别诊断	抽取静脉血 2~3ml 置于 4℃ 保温设备中即刻送检,观察 ACTH 分泌节律,可当日晨 8:00、下午 4:00 及夜间 12:00 准时抽血
ACTH 兴奋试验	判断肾上腺皮质储备功能	试验前 1d 留 24h 尿查 17-羟皮质类固醇、17-酮类固醇和血皮质醇作为对照。试验日晨 8:00 将 ACTH 25U 溶于 5% 葡萄糖溶液 500ml 中维持静脉滴注 8h,留 24h 尿测 17-羟皮质类固醇、17-酮类固醇。抽血测皮质醇,连续 3d。过敏体质者在本试验前做过敏试验。女性病人应避开月经期
尿 17-羟皮质类固醇测定	测定肾上腺皮质功能	留 24h 尿液加浓盐酸 5ml 防腐,混匀后计尿液总量。取 30ml 送检。试验前 3~7d 停用肾上腺皮质激素,禁止食用咖啡、浓茶、青菜及中药等有色食物,禁用 B 族维生素、氯丙嗪、利血平、氯氮䓬、奎宁、磺胺类药、解热镇痛药等药物
尿 17-酮类固醇测定	肾上腺及性腺疾病诊断	方法同上;试验前 3~7d 停用一切药物,尤其是激素类
口服地塞米松抑制试验	诊断皮质醇增多症和病因鉴别	1mg 过夜地塞米松抑制试验:晚上 11:00—12:00 口服地塞米松 1mg,次日晨抽血测皮质醇 小剂量法:检查前留 24h 尿测游离皮质醇(UFC)或清晨 8:00 抽血测血浆皮质醇作为对照,之后每 6h 口服地塞米松 0.5mg,连服 2d,在服药第 2 日留 24h 尿测 UFC 或第 3 日晨 8:00 抽血测血浆皮质醇 大剂量法:小剂量不能抑制,进一步行大剂量法。方法同上,但每次口服地塞米松剂量为 2mg
尿儿茶酚胺及其代谢产物香草基扁桃酸(VMA)测定	诊断嗜铬细胞瘤	棕色瓶留 24h 尿加浓盐酸 5ml 防腐。试验前 3d 禁食咖啡、浓茶、巧克力及茄子、番茄、香蕉及柠檬汁,停用水杨酸、维生素 B$_2$、胰岛素等药物。抗高血压药应停用 1 周以上
口服葡萄糖耐量试验(OGTT)	糖尿病可疑者明确诊断	试验当天晨,空腹将 75g 无水葡萄糖(儿童为 1.75g/kg,总量不超过 75g)溶于 250~300ml 水中,协助病人于 5min 内服下,从服糖第一口开始计时,于服糖前和服糖后 1h、2h 分别在前臂采血测血糖。嘱病人试验前禁食 8~10h。试验过程中禁烟、酒、咖啡和茶,不做剧烈运动,无须绝对卧床。试验前 3~7d 停服利尿药、避孕药等药物,且前 3d 每日饮食须含碳水化合物至少 150g,试验当天晨禁止注射胰岛素

Note:

（二）定位与定性检查

1. **影像学检查** X 线、CT 和 MRI 检查对某些内分泌疾病有定位价值。

2. **放射性核素检查** 甲状腺能浓集碘,甲状腺摄^{131}I 率可用于评价甲状腺功能。

3. **选择性动脉造影** 对于直径较小、不能用 CT 和 MRI 等方法作出定位时可采用此方法。

4. **B 超检查** 可用于甲状腺、肾上腺、胰腺、性腺和甲状旁腺肿瘤的定位。

5. **静脉导管检查** 选择性静脉导管在不同部位取血测定激素水平以明确病变部位,当临床症状提示有某种激素分泌增多,而以上定位检查又不能精确定位时,可考虑用此方法鉴别。

6. **细胞学检查** 如内分泌腺穿刺液、阴道涂片及精液检查等。

（三）病因检查

1. **自身抗体检测** 如血清 TSH 受体抗体、抗甲状腺球蛋白抗体及抗微粒体抗体测定,分别有助于格雷夫斯(Graves)病和桥本甲状腺炎的病因分析。

2. HLA 鉴定、白细胞染色体鉴定等。

【心理-社会状况】

内分泌疾病可伴发各种精神症状综合征,而许多精神疾病尤其是重症抑郁的病人神经内分泌异常发生率也较高。糖尿病和甲状腺功能亢进症是内分泌系统最常见疾病,两种疾病的发生均与心理-社会状况有密切关系,属心身疾病。疾病本身常伴有精神兴奋、情绪不稳定、易激怒或情绪淡漠、抑郁、失眠等,而慢性病程和长期治疗常可使病人出现焦虑、性格改变、个人应对能力下降、工作和家庭中人际关系紧张、社交障碍等心理-社会功能失调。护士应注意评估病人患病后的精神、心理变化,患病对日常生活、学习或工作、家庭的影响,是否适应病人角色转变;病人对疾病的性质、发展过程、预后及防治知识的认知程度;社会支持系统,如家庭成员组成、家庭经济状况、文化和教育情况,对疾病的认识和对病人的照顾情况;病人的工作单位对病人能否提供支持,如提供医疗和护理费用等;社区卫生保健系统是否健全,能否满足病人出院后的医疗需求等,以便有针对性地给予心理疏导和支持。

（周兰姝）

思 考 题

1. 对年轻女性甲亢病人进行心理护理需要注意什么?

2. 对需要测 24h 尿皮质醇的女性病人,在采集标本前护士应如何进行健康教育?

NURSING

第六十章

甲状腺疾病病人的护理

60章 数字内容

学习目标

- 识记:
  1. 陈述甲状腺炎、甲亢、甲状腺功能减退(简称甲减)、甲状腺结节、分化型甲状腺癌的概念及临床特点。
  2. 列举甲状腺危象、黏液性水肿昏迷的诱因、临床特点及预防措施。
- 理解:
  1. 解释甲状腺炎、甲亢、甲减的病因与发病机制。
  2. 阐述甲状腺炎、甲亢、甲减、甲状腺结节、分化型甲状腺癌的治疗原则。
- 运用:
  1. 对甲状腺炎、甲亢、甲减病人根据病情采取相应护理措施。
  2. 准确识别甲状腺危象、黏液性水肿昏迷的临床表现,并采取正确的护理措施。
  3. 配合医生进行甲状腺围手术期护理和甲状腺细针穿刺活检的护理。

第一节　概　　述

一、甲状腺的结构

　　甲状腺(thyroid)分左、右两叶,位于甲状软骨下方、气管的两旁,中间以峡部连接。甲状腺由内、外两层被膜包裹,两层被膜间的间隙狭小,其间隙内有动脉、静脉及 4 个甲状旁腺,颈部检查时看不到也摸不着。甲状腺借外层被膜固定于气管和环状软骨上,又借左、右两叶上极内侧的悬韧带悬吊于环状软骨上。吞咽动作时,甲状腺随之上、下移动,临床上常以此鉴别颈部肿块是否与甲状腺有关。

　　甲状腺的血液供应非常丰富,主要有来自两侧的甲状腺上动脉和甲状腺下动脉。甲状腺有 3 条主要静脉,即甲状腺上、中、下静脉,其中甲状腺上、中静脉血液流入颈内静脉,甲状腺下静脉血液流入无名静脉。甲状腺的淋巴汇合流入沿颈内静脉排列的颈深淋巴结。

　　甲状腺的神经支配来自迷走神经。其中,喉返神经行于气管、食管之间的沟内,上行至甲状腺叶的背面,穿行于甲状腺下动脉的分支之间,支配声带运动(图 60-1-1);喉上神经的内支(感觉支)经甲状舌骨膜进入喉内,分布在喉的黏膜上,外支(运动支)与甲状腺上动脉贴近,下行分布至环甲肌,使声带紧张(图 60-1-2)。因此,手术中处理甲状腺上、下动脉时,应避免损伤喉上及喉返神经。

二、甲状腺激素的合成、分泌与调节

　　甲状腺有合成、贮存和分泌甲状腺激素(thyroid hormone,TH)的功能。甲状腺激素主要包括甲状腺素(T_4,或称四碘甲状腺原氨酸)和三碘甲状腺原氨酸(T_3)。释放入血的甲状腺激素中,90% 为 T_4,10% 为 T_3,虽然 T_3 的量较 T_4 少,但其活性较强。甲状腺激素与甲状腺球蛋白结合,贮存于甲状腺滤泡中。

　　甲状腺激素的合成和分泌主要受下丘脑-腺垂体-甲状腺轴的调节。当甲状腺激素的需要量增加或甲状腺激素的合成发生障碍时,血液中甲状腺激素的浓度下降,下丘脑分泌促甲状腺激素释放激素(TRH),刺激腺垂体分泌促甲状腺激素(TSH),从而使甲状腺合成和分泌甲状腺激素的过程加快;当血中的甲状腺激素浓度增加到一定程度后,它又可反过来抑制 TSH 的分泌,同时还可降低腺垂体对 TRH 的反应性,使甲状腺合成、分泌甲状腺激素的速度减慢。通过这种调节,使甲状腺激素在体内维持动态平衡。此外,甲状腺还有一定的自身调节作用,在碘供应不足或过多时,甲状腺具有调节合成与释放甲状腺激素的能力。

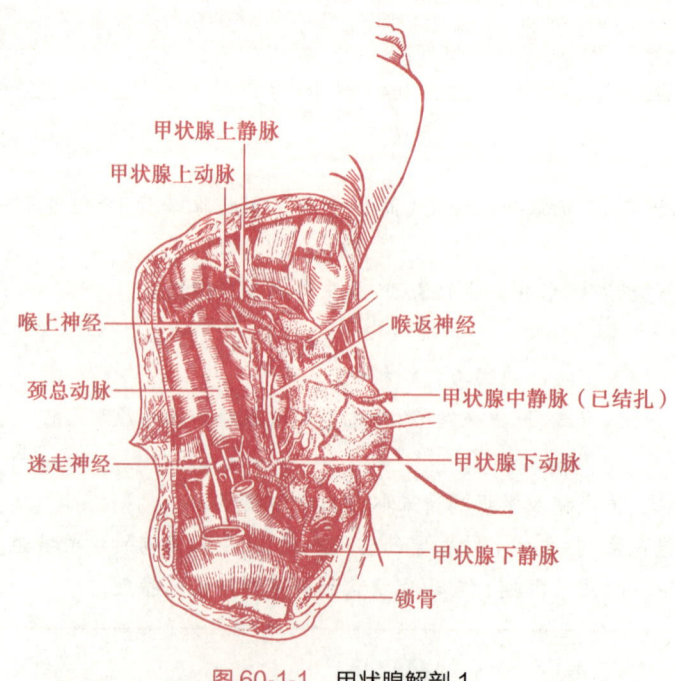

图 60-1-1　甲状腺解剖 1

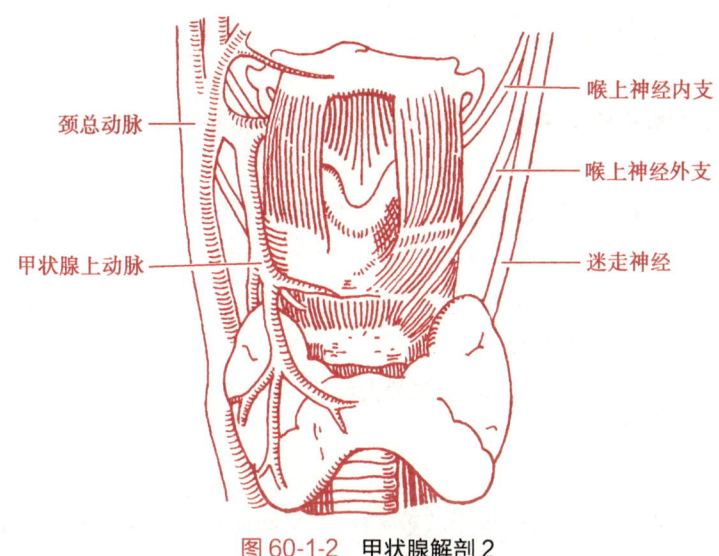

图 60-1-2 甲状腺解剖 2

（邹艳波）

第二节 甲状腺炎病人的护理

 ———————————— 导入情境与思考 ————————————

病人，女性，45岁，因反复发热1个月余、颈前部疼痛2周余入院，主诉疲乏、食欲减退。T 37.3℃，P 96次/min，R 19次/min。体格检查：甲状腺中度肿大，质地较硬，伴明显触痛，吞咽时疼痛加重。实验室检查：FT_3 13.13pmol/L，FT_4 45.95pmol/L，TSH 0.014mU/L，白细胞$10.3×10^9$/L。甲状腺及颈淋巴结彩超：甲状腺声像改变，考虑亚急性甲状腺炎；双侧颈部Ⅵ区多发小淋巴结。甲状腺摄碘率降低。入院后遵医嘱给予非甾体抗炎药和泼尼松抗炎、镇痛，普萘洛尔减慢心率，硫糖铝混悬凝胶护胃等对症治疗。

请思考：

（1）该病人目前的主要护理诊断是什么？

（2）需要对病人采取哪些护理措施？

甲状腺炎是以炎症为主要表现的甲状腺疾病，其中，亚急性甲状腺炎及自身免疫性甲状腺炎较多见。18岁以上人群甲状腺炎患病率为0.1%，男女发病比例约为1:5.13，以21~50岁年龄段多见。本节主要介绍亚急性甲状腺炎。

【病因及发病机制】

甲状腺炎的病因与病毒感染有关，如流感病毒、柯萨奇病毒、腺病毒和腮腺炎病毒等，可在病人甲状腺组织中发现这些病毒或在病人血清中发现相应抗体。初始阶段，甲状腺滤泡破坏，胶质外溢或消失，以中性粒细胞浸润为主，随后有大量的淋巴细胞或组织细胞侵袭滤泡上皮细胞。淋巴细胞、组织细胞和多核巨细胞围在胶质块周围，出现巨细胞（giant cell），又称巨细胞甲状腺炎。

Note:

【护理评估】

（一）健康史

询问病人有无上呼吸道感染、腮腺炎等病史，了解既往的检查、治疗情况等。

（二）身体状况

1. **症状**　起病前 1~3 周常有病毒性咽炎、腮腺炎、麻疹或其他病毒感染的症状。甲状腺部位发生明显疼痛，可放射至耳部，吞咽时疼痛加重，持续 4~6 周。可伴有全身不适，食欲减退、肌肉疼痛、发热、心动过速、多汗等。炎症消失后可出现一过性甲减，有些病人亚急性甲状腺炎可反复发生。一般病程 2~4 个月，有些可持续 12 个月，甚至更长。

2. **体征**　甲状腺轻至中度肿大，有时单侧肿大明显，甲状腺质地较硬，触痛明显，少数病人有颈部淋巴结肿大。

（三）辅助检查

根据实验室结果将本病分为 3 期，即甲状腺毒症期、甲减期和恢复期。①甲状腺毒症期：血清 T_3、T_4 升高，TSH 降低，^{131}I 摄取率减低（24h<2%）。这就是本病特征性的血清甲状腺激素水平和甲状腺摄碘能力的"分离现象"。②甲减期：血清 T_3、T_4 逐渐下降至正常水平以下，TSH 回升至高于正常值，^{131}I 摄取率逐渐恢复。③恢复期：血清 T_3、T_4、TSH 和 ^{131}I 摄取率恢复至正常。

（四）心理-社会状况

病人缺乏疾病相关知识，对治疗缺乏信心，常表现出紧张、焦虑等情绪。

【常见护理诊断/问题】

1. **体温过高**　与柯萨奇等病毒感染有关。
2. **急性疼痛**　与病毒感染引起甲状腺疼痛有关。
3. **营养失调：低于机体需要量**　与代谢率增高有关。
4. **活动耐力下降**　与蛋白质分解增加有关。
5. **焦虑**　与疼痛和疾病知识缺乏有关。

【计划与实施】

本病为自限性疾病，预后良好。经过治疗和护理，病人达到：①恢复正常体温；②疼痛减轻或消失；③给予充分营养，体重维持正常；④活动耐力增加，生活自理；⑤焦虑减轻或消失。

（一）饮食和活动

饮食宜清淡、无刺激，给予高蛋白、高能量、高维生素饮食，以满足机体的营养需要。指导病人劳逸结合，增强机体抵抗力。

（二）病情观察及对症护理

1. 观察病人有无发热、甲状腺肿大、颈部疼痛及其他病情变化，有无焦虑、紧张等情绪，并积极对症处理。

2. 发热时，嘱病人注意休息，多饮水。高热时，给予物理降温或遵医嘱给药。出汗后，及时更换衣服，注意保暖，并保持口腔清洁。

3. 病人甲状腺或颈部疼痛时，应给予心理支持，分散注意力，指导病人切勿用手按压颈部疼痛部位，必要时遵医嘱给予镇痛药。

（三）药物治疗与护理

1. **非甾体抗炎药**　轻型病人仅须应用非甾体抗炎药，如阿司匹林、布洛芬、吲哚美辛等。使用非

Note:

甾体抗炎药可出现胃、十二指肠糜烂或出血,出血时间延长,肝、肾功能受损,皮肤过敏,胎儿畸形等不良反应,还可出现头痛、头晕、耳鸣等中枢神经系统症状。指导病人遵医嘱服药,密切观察用药效果和不良反应,用药期间须定期检查肝、肾功能。

2. **肾上腺糖皮质激素**　中、重型病人可给予泼尼松 20~40mg/d,分 3 次口服,能明显缓解甲状腺疼痛,8~10d 后逐渐减量,维持 4 周。少数病人有复发,复发后泼尼松治疗仍有效。指导病人遵医嘱服药,宜饭后服用,以免刺激胃肠道。长期服用时应定期监测血糖、电解质,并观察有无骨质疏松等表现。

（四）健康指导

向病人讲解亚急性甲状腺炎疾病的相关知识,消除其紧张情绪;指导病人遵医嘱用药,避免上呼吸道感染,预防复发。

【护理评价】

经过治疗和护理,评估病人是否能够达到:①体温正常;②甲状腺疼痛缓解;③营养满足机体需要;④活动耐力增加,生活自理;⑤病情好转、情绪稳定。

（邹艳波）

思 考 题

1. 中、重型亚急性甲状腺炎的病人给予泼尼松治疗,护士应如何进行用药指导?
2. 亚急性甲状腺炎的病人出现发热和颈部疼痛,护士应采取哪些护理措施?

第三节　甲状腺功能亢进症病人的护理

 导入情境与思考

病人,女性,33 岁,因怕热、出汗、消瘦半年来院就诊。体格检查:双侧甲状腺呈弥漫性、对称肿大,质软,无压痛,吞咽时上下移动;上、下叶外侧可闻及血管杂音,可触及震颤;无明显突眼症。实验室检查:FT_3、FT_4、TT_3 增高,促甲状腺激素受体刺激性抗体（TSAb）阳性。入院后诊断为甲状腺功能亢进症。医嘱给予甲巯咪唑治疗。

请思考:

责任护士在饮食和用药方面应给予哪些健康指导?

甲状腺功能亢进症（hyperthyroidism）简称甲亢,是指由多种因素导致甲状腺腺体产生甲状腺激素过多而引起的甲状腺毒症。甲亢的原因复杂,以 Graves 病最多见。格雷夫斯病（Graves disease,GD）又称毒性弥漫性甲状腺肿,我国成人 Graves 病患病率为 0.53%,女性患病率高于男性,高发年龄为 30~60 岁,其他各年龄组均可发病。本节主要介绍 Graves 病。

【病因及发病机制】

Graves 病有显著的遗传倾向,它与 HLA、CTLA4、PTPN22、CD40、IL-2R、FCRL3、Tg 和 TSHR 等基因多态性有关。还受到应激、妊娠、性别、染色体失活偏移、感染、碘摄入量、环境毒素等多种因素的影响。Graves 病的特征性自身抗体是 TSH 受体抗体（TRAb）,其中包括促甲状腺激素受体刺激性抗体

（thyroid stimulating hormone receptor-stimulating antibody，TSAb）、促甲状腺激素刺激阻断性抗体（thyroid stimulating hormone-stimulation blocking antibody，TSBAb）。TSAb 是 Graves 病的致病抗体，存在于 90% 以上的病人。

【护理评估】

（一）健康史

询问病人的起病时间及主要症状，有无感染、应激等因素及既往的检查、治疗情况。了解病人既往史及家族史，有无结节性甲状腺肿，询问女性病人月经及生育史。

（二）身体状况

1. 症状 评估病人有无烦躁、失眠、心悸、乏力、怕热、多汗、食欲亢进、排便次数增多或腹泻、女性月经稀少等症状。部分病人可伴发周期性瘫痪和甲亢性肌病，后者表现为近端肌肉进行性无力、萎缩，以肩胛带和骨盆带肌群受累为主。

2. 体征 大多数病人有不同程度的弥漫性甲状腺肿，质地中等，病史较久或食用含碘食物较多者可坚韧，无压痛。甲状腺上、下极可以触及震颤，闻及血管杂音。也有少数病人，特别是老年病人无甲状腺肿大。甲状腺自主高功能腺瘤病人可扪及孤立结节。心血管系统表现有心率增快、心脏扩大、心力衰竭、心律失常、房颤、脉压增大等。少数病例可见下肢胫骨前皮肤黏液性水肿。

3. 眼部表现 ①单纯性突眼：病因与甲状腺毒症所致的交感神经兴奋性增高有关。单纯性突眼表现为眼球轻度突出，眼裂增宽，瞬目减少。②浸润性突眼：即格雷夫斯（Graves）眼病。

4. 特殊临床表现

（1）Graves 眼病（Graves ophthalmopathy，GO）（图 60-3-1）：又称浸润性突眼，病人自诉眼内异物感、胀痛、畏光、流泪、复视、斜视、视力下降。浸润性突眼病人眼球明显突出，超出眼球突度参考值上限 3mm 以上（中国人群突眼度女性 16.0mm，男性 18.6mm），体格检查可见眼睑肿胀，结膜充血水肿，眼球活动受限，严重者眼球固定、眼睑闭合不全、角膜外露而形成角膜溃疡、全眼炎甚至失明。25%～50% 的病人伴有不同程度 Graves 眼病。

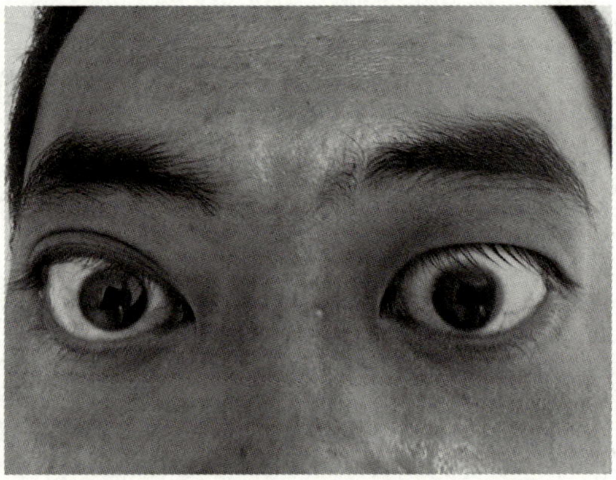

图 60-3-1　Graves 眼病

Graves 眼病病情评估标准见表 60-3-1，临床活动性评分（clinical assessment score，CAS）评估标准见表 60-3-2。

表 60-3-1　Graves 眼病病情评估

分级	眼睑痉挛	软组织受损	突眼*	复视	角膜暴露	视神经
轻度	<2mm	轻度	<3mm	无或一过性	无	正常
中度	≥2mm	中度	≥3mm	非持续性	轻度	正常
重度	≥2mm	重度	≥3mm	持续性	轻度	正常
威胁视力	≥2mm	重度	≥3mm	持续性	严重	压迫

注：*指超过参考值的突出度。中国人群眼球突出度参考上限值：女性 16.0mm；男性 18.6mm。

表 60-3-2　Graves 眼病临床活动性评分（CAS）

序号	项目	本次就诊	与上次就诊比较	评分
1	球后疼痛>4 周	✓	–	1
2	眼运动时疼痛>4 周	✓	–	1
3	眼睑充血	✓	–	1
4	结膜充血	✓	–	1
5	眼睑肿胀	✓	–	1
6	复试（球结膜水肿）	✓	–	1
7	泪阜肿胀	✓	–	1
8	突眼度增加>2mm	–	✓	1
9	任一方向眼球运动减少 5° 以上	–	✓	1
10	视力表视力下降≥1 行	–	✓	1

注:✓表示存在上述表现;CAS≥3 分即为 Graves 眼病活动;–不评价。

（2）胫前黏液性水肿（pretibial myxedema）:又称 Graves 皮肤病变,多见于胫骨前下 1/3 部位,也见于足背、踝关节、肩部、手背或手术瘢痕处,偶见于面部,皮损大多为对称性。早期皮肤增厚、变粗,有广泛大小不等的棕红色、红褐色或暗紫红色突起不平的斑块或结节,边界清楚,直径 5~30mm,连片时更大,皮损周围的表皮稍发亮,薄而紧张,病变表面及周围可有毳毛增生、变粗、毛囊角化。后期皮肤粗厚如橘皮或树皮样（图 60-3-2）。见于少数 Graves 病人,白种人多见。

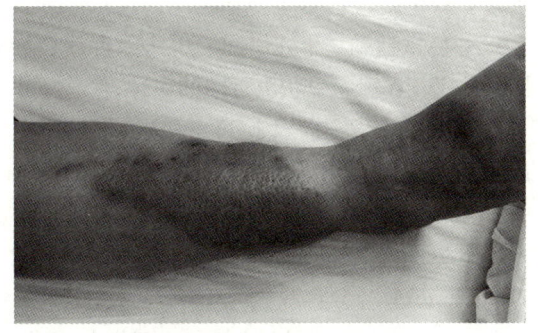

图 60-3-2　胫前黏液性水肿

（3）甲状腺危象（thyroid storm）:是甲状腺毒症急性加重的综合征,发生原因与甲状腺激素大量进入循环血液中有关。多发生于未治疗或治疗不充分的较重甲亢病人。常见诱因有感染、手术、创伤、精神刺激等。临床表现为高热或过高热、大汗、心动过速（140 次/min 以上）、烦躁、焦虑不安、谵妄、恶心、呕吐、腹泻,严重者可导致心衰、休克及昏迷等。

（4）甲状腺毒性心脏病（thyrotoxic heart disease）:表现为心动过速、房颤和心力衰竭。心力衰竭分为两种类型:①高排出量型心力衰竭:由于心动过速和心排血量增加后失代偿所致,主要发生于年轻的甲亢病人。甲亢控制后,心力衰竭可以缓解。②心脏泵衰竭:是诱发和加重已有或潜在的缺血性心脏病发生的心力衰竭,多发生于老年病人。心律失常多为室上性。有 30%~50% 的心力衰竭病人合并房颤,甲状腺毒症纠正后,房颤可消失。

（5）淡漠型甲状腺功能亢进症（apathetic hyperthyroidism）:多见于老年人,高代谢症状不典型,眼征和甲状腺肿均不明显。主要表现为明显消瘦、心悸、乏力、头晕、晕厥、神志淡漠、腹泻、厌食,可伴有房颤、肌肉震颤和肌病等体征,多数病人无甲状腺肿大。老年人突然出现不明原因消瘦、新发房颤时应考虑本病。

（6）T_3 型甲状腺毒症（T_3 thyrotoxicosis）:老年人多见,甲状腺功能亢进时 T_3 产生量显著增多。实验室检查 TT_4、FT_4 正常,TT_3、FT_3 升高,TSH 减低,^{131}I 摄取率增加。

（7）妊娠期一过性甲状腺毒症（gestational transient thyrotoxicosis）:是由于高浓度绒毛膜促性腺激素（HCG）刺激甲状腺 TSH 受体所致。妊娠 7~11 周发病,14~18 周缓解。临床常伴有妊娠剧吐,无甲状腺肿,无眼征,血清 HCG 浓度升高,病程自限。要与妊娠期甲亢相鉴别。甲亢对妊娠的负面影响主要是流产、早产、妊娠相关高血压、低体重儿、宫内生长限制、死胎、甲状腺危象、心力衰竭等。

(三)辅助检查

1. **促甲状腺激素(TSH)测定** 血清 TSH 浓度的变化是反映甲状腺功能最敏感的指标。甲亢时,TSH 通常<0.1mU/L。

2. **血清甲状腺激素测定**

(1)血清总甲状腺素(TT_4):该指标稳定、重复性好,是诊断甲亢的主要指标之一。T_4 全部由甲状腺产生,其中 80%~90% 与甲状腺结合球蛋白(TBG)结合。TT_4 测定受血清 TBG 量和蛋白与激素结合力变化的影响。

(2)血清总三碘甲状腺原氨酸(TT_3):大多数甲亢病人血清 TT_3 与 TT_4 同时升高,TT_3 增高可先于 TT_4 出现。T_3 型甲状腺毒症仅有 TT_3 增高。

(3)血清游离甲状腺素(FT_4)、游离三碘甲状腺原氨酸(FT_3):游离甲状腺激素是实现生物效应的主要部分,是诊断临床甲亢的主要指标。

3. **TSH 受体抗体(TRAb)** 是诊断 Graves 病的重要指标之一,未治疗的 Graves 病病人的阳性率达到 98%。

4. **促甲状腺激素受体刺激性抗体(TSAb)** 是诊断 Graves 病的重要指标之一,85%~100% 新诊断的 Graves 病病人 TSAb 阳性。

5. **彩色多普勒** 甲亢引起的甲状腺毒症会导致甲状腺血流信号增强,呈片状分布,可以区别于甲状腺炎症破坏引起甲状腺毒症的影像,代替了甲状腺放射性核素扫描的作用。

6. **计算机断层扫描术(CT)和磁共振成像(MRI)** 眼部 CT 和 MRI 可以排除其他原因所致的突眼,评估眼外肌受累情况。

7. **甲状腺放射性核素扫描** 主要用于甲亢的鉴别诊断。例如甲状腺自主高功能腺瘤,肿瘤区浓聚大量核素,肿瘤区外的甲状腺组织和对侧甲状腺无核素吸收。

(四)心理-社会状况

病人常伴有焦虑、恐惧、多疑等心理状态,因急躁易怒,易与家人或同事发生争执,导致人际关系紧张。突眼、颈部粗大等身体外形改变,可造成自我形象紊乱。严重的精神刺激和创伤可诱发甲状腺危象。

【常见护理诊断/问题】

1. **焦虑** 与病程长,病情迁延有关。
2. **营养失调:低于机体需要量** 与代谢率增高导致机体需求大于营养摄入有关。
3. **活动耐力下降** 与蛋白质分解、甲状腺毒性心脏病、肌无力有关。
4. **组织完整性受损** 与浸润性突眼有关。
5. **体像紊乱** 与甲状腺肿大及突眼有关。
6. **潜在并发症:窒息、切口内出血、喉返和喉上神经损伤、甲状腺危象等。**
7. **有胎儿受干扰的风险** 与孕妇甲状腺功能亢进有关。

【计划与实施】

经过治疗和护理,病人达到:①缓解焦虑情绪,积极配合治疗;②营养满足机体需要,恢复正常体重;③活动耐力增加,生活自理;④通过治疗,浸润性突眼症状好转;⑤逐渐恢复身体外观或能正确面对身体外观变化;⑥避免诱因,减少并发症发生;⑦顺利分娩,胎儿发育正常。

(一)活动与休息

保持环境安静,病情轻者可下床活动,以不感到疲劳为度。合理安排作息,保持充足的睡眠。病情重、心力衰竭或合并严重感染者严格卧床休息,协助病人进行洗漱、进餐、如厕等日常生活,对大量

出汗者,及时更换浸湿的衣服及床单,防止受凉。

(二)饮食和营养

1. 给予高能量、高蛋白、高维生素及矿物质丰富的饮食,纠正过度消耗。一般总能量摄入较正常增加50%~70%,蛋白质1.5~2g/(kg·d)。增加奶类、蛋类、瘦肉类等优质蛋白,以纠正体内的负氮平衡。不吸烟,不饮咖啡、茶等兴奋性饮料。勿进食高纤维食物,以免增加肠蠕动导致腹泻。每日饮水2 000~3 000ml补充出汗、腹泻、呼吸加快等所丢失的水分;对有心脏疾病的病人,应避免大量饮水,防止水肿加重与心衰。

2. 忌食海带、海鱼、海蜇皮等含碘高的食物,宜食用无碘食盐。服用高碘食物或药物,可引起甲亢复发或加重。行甲状腺摄^{131}I试验检查及^{131}I治疗前须禁碘。

(三)病情观察

观察病人的生命体征、体重等变化,评估烦躁、失眠、心悸、乏力、怕热、多汗、食欲亢进、腹泻、女性月经稀少等症状是否改善或加重,评估突眼、甲状腺肿大等是否加重。

(四)心理护理

鼓励病人表达内心感受,及时调整不良情绪。向病人及其家属解释病人身体外形的改变、精神神经症状等均可能通过有效治疗而改善。

(五)药物治疗及护理

1. **抗甲状腺药物**　分为硫脲类和咪唑类两类,硫脲类有甲硫氧嘧啶(MTU)及丙硫氧嘧啶(PTU),咪唑类有甲巯咪唑(MMI)和卡比马唑(CMZ),MMI和PTU使用较普遍。PTU胎盘通过率低于MMI,在外周组织抑制T_4转变为T_3,发挥作用较MMI迅速。MMI可每日单次使用,肝毒性较PTU小,两药比较,优先选择MMI。有两种情况用PTU治疗:妊娠T_1期(1~3个月)甲亢、甲状腺危象。MMI和PTU均可经乳汁分泌,哺乳期推荐MMI 20mg/d,在哺乳后服用,服药后3h再行哺育,该剂量不会影响后代甲状腺功能。

病人使用抗甲状腺药物期间,应严格遵循医嘱,不可自行减量或停药,以免甲亢复发。指导病人定期监测甲状腺功能,遵医嘱及时调整药物剂量,避免发生药物性甲减。使用抗甲状腺药物可发生粒细胞缺乏症、皮疹、药物性肝炎、血管炎、胎儿皮肤发育不良等副作用。用药前、后常规监测血常规、肝功能,并观察病人有无发热、咽痛等症状,如外周血中性粒细胞<$1.5×10^9$/L,应考虑停药。轻度皮疹可用抗组胺药控制,或换一种药物治疗。发生严重皮疹者应立即停药,避免发生剥脱性皮炎,停药后可选择^{131}I或手术治疗;PTU的肝毒性是损伤肝细胞,MMI可引起胆汁淤积,肝细胞损伤少见,主要发生在大剂量和老年病人,应注意观察。

2. **碘剂**　减少碘摄入是甲亢的基础治疗之一。甲亢病人宜食用无碘食盐,忌用含碘药物和含碘造影剂,以免加重病情。复方碘溶液仅在病人手术前和甲状腺危象时使用。碘剂可刺激口腔和胃黏膜,引发恶心、呕吐、畏食等不良反应,可于饭后用冷开水稀释后服用。

3. **β受体拮抗剂**　在抗甲状腺药物治疗初期使用,可较快控制甲亢的症状。对有支气管疾病者,可选用$β_1$受体拮抗剂,如阿替洛尔、美托洛尔等。妊娠期慎用普萘洛尔。

(六)放射性^{131}I治疗及护理

放射性^{131}I治疗具有不良反应少、治疗效果较好、复发率低、适用人群广等优点。一般在治疗1个月左右显效,治疗3~4个月后约60%以上病人的甲状腺功能恢复正常。放射性^{131}I治疗禁用于妊娠、哺乳期妇女。放射性^{131}I治疗可发生放射性甲状腺炎、诱发甲状腺危象、加重活动性Graves眼病,治疗期间,应密切观察病人的症状和体征,有异常及时报告医生处理。

(七)甲状腺手术病人围手术期护理

对甲亢病人通常采取甲状腺次全切除术,执行甲状腺手术护理常规。

1. **手术前护理**

(1)术前宣教:术前对病人进行评估和宣教,讲解手术过程及配合事项,可缓解病人的焦虑,获得病人及其家属的理解,为手术顺利进行打好基础。

（2）术前评估:协助医生完成甲状腺功能、心脑血管及静脉血栓风险评估,完善24h动态心电图、彩色多普勒超声心动图等检查,监测血压、D-二聚体、甲状腺功能等指标,必要时遵医嘱用药,确保病人能耐受手术。全面了解病人内科治疗药物的名称、用药时间和剂量,明确其与麻醉药物之间是否存在相互作用,必要时遵医嘱进行调整。

（3）呼吸系统管理:甲状腺肿物压迫气管可致气管狭窄、术前声带麻痹,对合并肺部疾病等高危病人应指导病人有效咳嗽,必要时给予雾化吸入、抗感染等相关治疗,有助于降低术后肺部并发症的发生率。

（4）体位训练:指导病人进行颈部放松运动及颈部过伸体位锻炼,有助于术中配合。

（5）皮肤准备:常规进行皮肤清洁,对于术区毛发浓密者进行剪毛或脱毛。

（6）肠道准备:大多数甲状腺手术病人不需肠道准备,少数严重便秘者考虑肠道准备。

（7）禁食禁饮:对少数营养不良的病人给予必要的营养支持;戒烟、禁酒2周以上。通常在病人无胃肠动力障碍或肠梗阻的情况下可禁食6h,禁饮2h。

（8）术前用药:①对口腔分泌物过多、情绪过度焦虑者,术前遵医嘱使用抗胆碱药与苯二氮䓬类药物,但高龄体弱病人慎用,以免增加术后谵妄的风险。②使用眼部覆盖类眼贴,防止术者或覆盖物对病人眼部造成刺激。③碘剂:术前先用PTU,待病人甲亢症状基本控制后改服2周碘剂,再进行手术。也可以开始即用碘剂,2~3周后甲亢症状得到基本控制再行手术。常用复方碘化钾溶液,每日3次,从3滴开始,以后逐日每次增加一滴,至每次16滴为止,维持此剂量,以2周为宜。④普萘洛尔:对常规应用碘剂或合并用硫氧嘧啶类药物不能耐受或无效者,可单用普萘洛尔或与碘剂合用做术前准备。

2. 手术后护理

（1）饮食指导:病人术后完全清醒即可少量饮水,无特殊不适可逐步给予温或凉的流质饮食,忌过热流质饮食,以免加重创口渗血。如病人术后出现淋巴瘘,可口服中链脂肪酸,不需禁食。

（2）早期下床活动:病人术后清醒且血压平稳取半坐卧位,以利于呼吸和引流。协助病人翻身、咳痰、做深呼吸,保持呼吸道通畅;术后第1日可开始下床活动,建立每日活动目标,逐日增加活动量。可采用下床活动"三步曲":床上坐起30s,坐在床沿双腿下垂30s,床旁站立30s,无不适症状方可下床活动。

（3）颈部功能锻炼:为病人制订个体化颈部功能锻炼计划,术后早期逐步开展。

（4）引流管护理:妥善固定引流管,密切观察引流液的颜色、性状和量,引流管不宜放置时间过长,应尽早拔除。

（5）术后并发症的预防和处理

1）呼吸困难和窒息:是术后最危急的并发症,多发生在术后48h内。常见原因为出血及血肿压迫气管、手术创伤或气管插管引起喉头水肿、气管塌陷、双侧喉返神经损伤等。密切观察伤口有无渗血,有无颈部肿胀,有无进行性呼吸困难、烦躁、发绀,甚至窒息等临床表现。病人如出现呼吸困难,应立即报告医生,给予吸氧、负压吸引等对症处理。若为喉头水肿者,遵医嘱给予大剂量地塞米松静脉滴注;若为血肿引起,协助医生做好血肿清除等准备;若呼吸困难处理后无改善,或窒息由气管塌陷所致,则应立即协助进行气管切开。

2）恶心呕吐:频繁的术后恶心、呕吐会增加血管压力,引起伤口出血。术后恶心、呕吐的风险因素包括年龄<50岁、女性、晕动病、有术后恶心呕吐病史及术后给予阿片类药物等。术中颈部过度后仰可产生中枢性恶心呕吐。甲状腺手术应全程关注病人呕吐的预防及处理。常用镇吐药包括抗胆碱药、多巴胺受体拮抗剂、5-羟色胺受体拮抗剂和抗组胺药物。非药物方法包括避免使用吸入性麻醉药,使用丙泊酚进行诱导及维持麻醉,缩短术后禁食时间等。

3）咽痛:术后咽痛较为常见,可遵医嘱应用镇痛药。

Note:

4）声音嘶哑：术中出现喉返/喉上神经损伤或术后出现神经功能障碍的病人，可出现声音嘶哑等症状。出现声音嘶哑可遵医嘱给予营养神经的药物。

5）甲状旁腺功能减低：术后常见甲状旁腺功能减低导致低钙血症。术后进行血清甲状旁腺激素及血钙的监测，合理补钙。全甲状腺切除术后应进行预防性补钙。

（6）补充甲状腺素：甲状腺全切除的病人，遵医嘱术后第1日服用甲状腺素；甲状腺腺叶切除的病人在7d内补充甲状腺素，剂量根据病人情况及心功能综合考虑。甲状腺功能亢进或良性肿瘤手术的病人可根据术后甲状腺功能决定是否补充甲状腺素。

（八）特殊治疗及护理

1. Graves 眼病的治疗和护理

（1）Graves 眼病的治疗：遵医嘱给予病人糖皮质激素、球后外照射、抗甲状腺药物、^{131}I、甲状腺手术、眶减压手术等治疗。糖皮质激素静脉给药要注意其肝毒性。

（2）Graves 眼病的护理：①睡眠或休息时，取高枕卧位，抬高头部，使眶内液回流减少，减轻球后水肿。限制钠盐和使用利尿药也可减轻眼部水肿。②夜间使用1%甲基纤维素眼药水，白天使用人工泪液，可缓解眼部干燥不适。③睡眠时眼睑不能闭合者可使用盐水纱布或眼罩保护角膜。④注意保护眼睛，避免刺激、感染等伤害。白天可佩戴有色眼镜或眼罩，以防光线刺激、灰尘和异物的侵害，复视者戴单侧眼罩。⑤吸烟可加重本病，指导病人戒烟。

2. 甲状腺危象

（1）病情监测：严密观察病人体温、呼吸、脉搏、血压、神志等变化，并准确记录24h出入量。若原有甲亢症状加重，并出现发热（体温>39℃）、乏力、烦躁、多汗、心悸、心率在140次/min以上、恶心、呕吐、腹泻、脱水等，应警惕甲状腺危象发生，立即报告医生并协助处理。

（2）配合医生紧急救护：①一旦出现甲状腺危象，嘱咐病人绝对卧床；呼吸困难时取半坐卧位，立即给氧，迅速建立静脉通路，必要时进行心电监护。②及时、准确遵医嘱使用PTU、碘剂、β受体拮抗剂、糖皮质激素等药物。③如治疗效果不满意，可选用腹膜透析、血液透析或血浆置换等措施迅速降低血浆甲状腺激素浓度。④针对诱因治疗。

（3）对症护理：体温过高者给予冰敷或酒精擦浴等物理降温，避免用乙酰水杨酸类药物；出汗较多时，及时协助病人更换衣服，避免受凉。躁动不安者使用床栏保护；昏迷者加强皮肤、口腔护理，定时翻身，防止压力性损伤、肺炎、下肢静脉血栓等并发症发生。

（4）甲状腺危象的预防：危象控制后积极治疗甲亢，指导病人调整心态，避免感染、精神刺激、创伤等诱发因素，防止甲状腺危象再次发生。

3. 胫前黏液性水肿的防治和护理
轻型病例不需治疗，重者遵医嘱用倍他米松软膏局部外用；休息时抬高下肢，可减轻肿胀；避免肥皂、碱性洗涤用品对下肢肿胀皮肤的刺激。

4. 妊娠期妇女甲亢的治疗和护理
①妊娠时机：对育龄女性病人，妊娠可加重甲亢，宜治愈后再妊娠。接受抗甲状腺药物治疗的病人，血清 TT_3、TT_4 达到正常范围，停药后3个月可以怀孕。②胎儿畸形的预防：怀孕和妊娠 T_1 期尽量不用抗甲状腺药物，如确为治疗需要，优先选择PTU；妊娠 T_2 和 T_3 期选择 MMI。③胎儿甲减预防：抗甲状腺药物可通过胎盘，应尽可能减少剂量。母体血清 FT_4 是监测指标和调整药物剂量的依据，每月监测，维持在稍高于非妊娠成人参考值上限。④新生儿甲亢预防：妊娠期或怀孕前诊断为 Graves 病者，须监测妊娠18~22周和30~34周的 TRAb，TRAb>5U/L，或者超过参考值的3倍与新生儿甲亢发生相关。

（九）健康指导

1. 生活指导
向病人讲解甲亢疾病和护理知识，指导其保持乐观心态，避免过度劳累和精神刺激。上衣领宜宽松，勿用手挤压甲状腺，避免压迫刺激 TH 分泌过多，加重病情。

2. 定期复查指导
服用抗甲状腺药物开始3个月，每周查血常规1次，每1~2个月测定甲状腺功能。每日清晨卧床时自测脉搏，定期测量体重。脉搏减慢、体重增加是治疗有效的标志。若出现高热、恶心、呕吐、腹泻、突眼加重等,应警惕甲状腺危象的可能,及时就诊。

【护理评价】

经过治疗和护理,评估病人是否能够达到:①焦虑缓解,积极配合治疗;②营养满足机体需要,恢复正常体重;③活动耐力增加;④突眼症状好转,未发生眼部感染和损伤;⑤能正确面对体貌改变;⑥未发生甲状腺危象及术后并发症;⑦正常分娩,胎儿发育正常。

(邹艳波)

思 考 题

1. 病人出现哪些临床表现应考虑甲状腺危象?护士应立即采取哪些护理措施?
2. Graves 眼病主要临床表现有哪些?应该如何对病人进行护理指导?
3. 甲亢病人进行甲状腺次全切除术,术后常见的并发症有哪些?应如何预防和护理?

第四节　甲状腺功能减退症病人的护理

导入情境与思考

病人,女性,54岁,因全身乏力、畏寒2年余入院。体格检查:T 36.3℃,P 51 次/min,R 16 次/min,BP 103/54mmHg,神清合作,双下肢轻度水肿;粪便干结,2~3d 一次,排尿正常。辅助检查:TSH 23.36mU/L,FT$_4$ 8.43pmol/L,FT$_3$ 3.25pmol/L,甲状腺过氧化物酶抗体(TPOAb)和甲状腺球蛋白抗体(TgAb)阳性,血沉(ESR)38.0mm/h。甲状腺及颈淋巴结彩超:甲状腺实质弥漫性肿大,双侧颈部多发淋巴结。

请思考:
(1) 对该病人可以提出哪些护理诊断?
(2) 对该病人可以采取哪些护理措施?

甲状腺功能减退症(hypothyroidism)简称甲减,是由于甲状腺激素合成和分泌减少或组织作用减弱导致全身代谢降低的综合征。我国亚临床甲减患病率为 16.7%,临床甲减患病率为 1.1%。女性患病率高于男性,随年龄增长患病率升高。

【病因及发病机制】

甲减病因复杂,以原发性甲减最多见,其中自身免疫、甲状腺手术和甲亢[131]I 治疗三大原因占 90% 以上;碘过量可引起 TPOAb 和 TgAb 阳性的病人发生甲减;抗甲状腺药物阻断甲状腺激素的合成、锂盐阻断甲状腺激素的合成和释放也可导致甲减;垂体外照射、垂体大腺瘤、颅咽管瘤及垂体缺血性坏死是中枢性甲减较常见的原因;先天性甲减是由甲状腺缺如或异位、甲状腺激素合成的相关基因异常所导致;甲状腺激素抵抗综合征是由于甲状腺激素受体基因突变导致甲状腺激素在外周组织实现生物效应障碍引起的甲减。发病机制因病因不同而异,其病理特征是糖胺聚糖在组织和皮肤堆积,表现为黏液性水肿。

【分类】

根据病变部位可分为原发性甲减、中枢性甲减、甲状腺激素抵抗综合征;根据病因可分为自身免

疫性甲减、药物性甲减、^{131}I 治疗后甲减、甲状腺手术后甲减、垂体或下丘脑肿瘤手术后甲减、先天性甲减等；根据甲状腺功能减低的程度可分为临床甲减和亚临床甲减；根据发生的年龄可分为成年型甲减、幼年型甲减和新生儿甲减。本节主要介绍成年型甲减。

【护理评估】

（一）健康史

详细了解病人的年龄、性别、起病时间、诱因及症状，有无甲状腺手术、甲亢^{131}I 治疗、Graves 病、桥本甲状腺炎病史和家族史及用碘、用药情况等。

（二）身体状况

成年型甲减常隐匿发病，进展缓慢，早期症状缺乏特异性。典型症状常在几个月甚至几年后才显现出来，主要为代谢率降低和交感神经兴奋性下降的表现。

1. **低代谢综合征**　表现为畏寒、少汗、乏力、体重增加、行动迟缓、言语缓慢，音调低哑。因血液循环差和产热减少，体温可低于正常。

2. **精神神经系统**　轻者有记忆力、注意力、理解力和计算力减退，嗜睡，反应迟钝。重者可表现为痴呆、幻想、木僵，可出现黏液性水肿昏迷。

3. **心血管系统**　表现为心率减慢、每搏量减少、外周血管阻力增加、脉压减小。因心肌耗氧量减少，一般不发生心绞痛与心力衰竭。在应用甲状腺激素治疗期间会诱发或者加重心绞痛。原发性甲减出现心脏扩大，心包积液，称为甲减性心脏病。

4. **消化系统**　常有食欲减退、腹胀、便秘，偶有黏液水肿性巨结肠或麻痹性肠梗阻。

5. **内分泌系统**　长期甲减可引起腺垂体增大、高催乳素血症，女性溢乳、男性乳房发育。儿童甲减可致生长发育迟缓。

6. **血液系统**　可因需氧量减少、促红细胞生成素生成不足、吸收不良、月经量多导致失血及胃酸缺乏，铁吸收减少，而出现贫血。血浆凝血因子Ⅷ和Ⅸ浓度下降、毛细血管脆性增加及血小板黏附功能下降，易导致出血。

7. **呼吸系统**　可有胸腔积液，在极少情况下才引起呼吸困难。阻塞型睡眠呼吸暂停综合征比较常见，在甲状腺功能恢复正常后可逆转。

8. **生殖系统**　婴儿期甲减如果不及时治疗会导致性腺发育不全。幼年期甲减可造成青春期延迟。成年女性可伴性欲减退、排卵障碍、月经周期紊乱和月经量增多、不孕。男性可致性欲减退、阳痿和精子减少。

9. **肌肉与骨关节系统**　表现为肌无力，可有肌萎缩，可伴关节疼痛和关节腔积液。

10. **黏液性水肿昏迷**　为甲减最严重的并发症。表现为嗜睡、低体温（<35℃）、呼吸减慢、心动过缓、血压下降、四肢肌肉松弛、反射减弱或消失，甚至昏迷、休克。多见于老年人或长期未获得治疗者。诱发因素为严重全身性疾病、中断甲状腺激素治疗、感染、手术和使用麻醉、镇静药物等。

11. **体征**

（1）甲减面容：又称"面具脸"，表现为颜面虚肿、表情呆板、淡漠；面色苍白、眼睑水肿、唇厚舌大、舌体边缘可见齿痕；眉毛外 1/3 稀疏脱落，男性胡须稀疏（图 60-4-1）。

（2）皮肤：由于高胡萝卜素血症，手脚掌皮肤可呈姜黄色。皮肤粗糙，皮温降低，毛发稀疏，双下肢胫骨前黏液

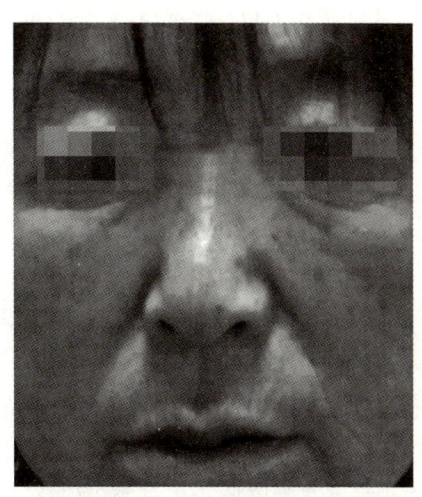

图 60-4-1　原发性甲减面容

性水肿,压之无凹陷。

（3）心血管系统:表现为心动过缓、心音减弱、心界扩大;心包积液表现为心界向双侧增大,随体位而变化,坐位心浊音界呈烧瓶样,卧位心底部浊音界增大。

（4）其他:可出现听诊肠鸣音减弱,跟腱反射时间延长。

（三）辅助检查

1. **血常规及生化检查**　多为轻、中度正常细胞性正常色素性贫血。血清甘油三酯、总胆固醇、低密度脂蛋白增高,高密度脂蛋白降低。严重的病人可伴血催乳素升高。

2. **甲状腺功能检查**　血清 TSH 增高,TT_4、FT_4 降低,即可诊断原发性甲减;血清 TSH 增高,TT_4、FT_4 和 TT_3、FT_3 正常,为亚临床甲减;血清 TSH 减低或正常,TT_4、FT_4 降低,考虑中枢性甲减,须进一步寻找垂体和下丘脑的病变。

3. **TPOAb、TgAb 测定**　如 TPOAb 和/或 TgAb 阳性,可考虑甲减的病因为自身免疫性甲状腺炎。

（四）心理-社会状况

甲状腺功能减退症病人有嗜睡、抑郁、神经质等表现,可发展为猜疑型精神分裂症。后期多有痴呆、幻觉、木僵等症状,重者可出现惊厥。皮肤粗糙脱屑、毛发脱落等可造成自我形象紊乱。

【常见护理诊断/问题】

1. **便秘**　与代谢率降低引起的肠蠕动减少有关。
2. **体温过低**　与机体基础代谢率降低有关。
3. **超重/肥胖**　与代谢率降低致摄入大于需求有关。
4. **活动耐力下降**　与甲状腺激素合成分泌不足有关。
5. **潜在并发症:黏液性水肿昏迷。**
6. **有母体胎儿受干扰的风险**　与孕妇甲状腺功能低下有关。

【计划与实施】

经过治疗和护理,病人达到:①建立正常的排便型态;②维持正常体温;③营养满足机体需求;④增加活动耐力;⑤避免诱发因素,不发生黏液性水肿;⑥正常分娩,婴儿发育正常。

（一）饮食和活动

1. 给予高蛋白、高维生素、低钠、低脂饮食,注意控制餐量,不宜过饱。每日饮水 2 000ml 以上,鼓励进食蔬菜、水果等粗纤维食物,促进胃肠蠕动,保持排便通畅。地方性缺碘者可通过食用碘盐补碘。

2. 鼓励病人每日适度运动,如散步、慢跑等。指导病人按摩腹部,促进胃肠蠕动,养成规律排便的习惯。

（二）病情观察及护理

监测病人生命体征的变化,观察病人有无寒战、皮肤发冷、心律失常等表现,及时处理。避免病床靠近门窗,给病人保暖,用添加衣服、包裹毛毯、加盖棉被等方法使体温缓慢升高。避免局部热敷或使用电热毯,以免发生烫伤、血容量不足等。

（三）药物治疗和护理

各种类型的甲减病人均须用 TH 替代治疗,推荐左甲状腺素($L-T_4$)单药替代治疗,永久性甲减者须终身服药。剂量取决于病人的病情、年龄、体重,体现个体化。治疗目标:病人甲减的症状和体征消失,血清 TSH 和 TT_4、FT_4 水平维持在正常范围。$L-T_4$ 在早餐前 1h 服用,与其他药物和某些食物的间隔时间应当在 4h 以上。不推荐单独应用 $L-T_3$ 治疗甲减。治疗初期,每隔 4~6 周测定血清 TSH 及 FT_4,根据其水平调整 $L-T_4$ 剂量,直至治疗达标;达标后,以上指标每 6~12 个月复查 1 次。

重度亚临床甲减($TSH \geqslant 10mU/L$)病人,给予 $L-T_4$ 替代治疗。治疗目标和方法与临床甲减一致。

轻度亚临床甲减（TSH<10mU/L）病人，如果伴甲减症状、TPOAb 阳性、血脂异常或动脉粥样硬化性疾病，应给予 L-T$_4$ 治疗。

（四）黏液性水肿昏迷病人的急救与护理

1. 避免诱因　避免感染、寒冷、手术、镇静药等诱发因素。

2. 病情监测　观察病人生命体征、神志、黏液性水肿、体重等变化，病人出现嗜睡、低体温（<35℃）、呼吸浅慢、心动过缓、血压下降等表现，或出现口唇发绀、喉头水肿等症状，立即通知医生并协助处理。

3. 急救配合　黏液性水肿昏迷是甲减的危重急症，病死率高，应积极救治：①建立静脉通路，遵医嘱给予 L-T$_4$，必要时静脉注射 L-T$_3$；②保持病人呼吸道通畅、吸氧，必要时配合气管插管或气管切开；③监测病人生命体征和动脉血气分析的变化，记录 24h 出入量；④伴发呼吸衰竭、低血压和贫血病人采取相应的抢救治疗措施。

（五）妊娠期临床甲减病人的治疗和护理

既往患有甲减或亚临床甲减的育龄妇女计划妊娠，应调整 L-T$_4$ 剂量，使 TSH 在正常范围、最好 TSH<2.5mU/L 再妊娠。L-T$_4$ 是治疗妊娠期甲减和亚临床甲减的首选药物，用 L-T$_4$ 足量治疗，使 TSH 尽快达标。血清 TSH 和 FT$_4$/TT$_4$ 在妊娠前半期每 4 周监测一次，TSH 平稳可以延长至每 6 周一次。临床甲减病人产后 L-T$_4$ 剂量恢复到妊娠前水平，妊娠期诊断的亚临床甲减病人产后可以停用 L-T$_4$，均须在产后 6 周复查甲状腺功能及抗体等指标。

（六）健康指导

进行疾病及护理知识宣教，指导病人注意个人卫生，避免皮肤破损、感染和创伤等。告知病人黏液性水肿昏迷的诱因及表现，应慎用催眠、镇静、镇痛、麻醉等药物。遵医嘱服药，不可随意停药或变更剂量。定期复查并自我监测甲状腺素服用过量的症状，如出现多食消瘦、脉搏>100 次/min、心律失常、发热、大汗、情绪激动等情况时，应及时就诊。

【护理评价】

经过治疗和护理，评估病人是否能够达到：①通过合理饮食及运动，恢复正常排便型态；②体温恢复正常；③营养满足机体需要量；④活动耐力增加；⑤未发生黏液性水肿昏迷；⑥正常分娩，婴儿发育正常。

（邹艳波）

思 考 题

1. 病人出现哪些症状要考虑黏液性水肿昏迷，应该如何配合医生进行处理？
2. 原发性甲减的病人使用 L-T$_4$ 替代治疗，应如何对病人进行用药指导？

第五节　甲状腺结节和甲状腺癌病人的护理

导入情境与思考

病人，男性，61 岁，因发现血糖升高 17 年入院。入院后甲状腺及颈淋巴结彩超提示甲状腺右侧叶中部实质性结节；TI-RADS 4A 类。甲状腺外科会诊后建议行甲状腺结节细针穿刺活检明确诊断。

请思考：

病人在进行甲状腺结节细针穿刺活检前后，护士应如何进行护理配合和指导？

甲状腺结节和甲状腺癌是内分泌系统的多发病和常见病,大部分结节为良性腺瘤样结节或囊肿,有 5%~10% 的甲状腺结节为恶性肿瘤。甲状腺癌可分为分化型甲状腺癌(differentiated thyroid carcinoma,DTC)、甲状腺未分化癌(anaplastic thyroid carcinoma,ATC)和甲状腺髓样癌(medullary thyroid carcinoma,MTC)。甲状腺癌 90% 以上为 DTC,包括甲状腺乳头状癌和甲状腺滤泡状癌。本节主要介绍 DTC。

【病因及病理】

1. **良性甲状腺结节** 主要病因包括多结节性甲状腺肿、桥本甲状腺炎、囊肿、滤泡性腺瘤(包括 Hürthle 细胞腺瘤)。甲状腺腺瘤按形态学可分为滤泡状腺瘤和乳头状囊性腺瘤两种,有完整包膜,多见于 40 岁以下的女性。

2. **甲状腺癌** 发病可能与染色体断裂导致基因突变或重排和抑癌基因功能丧失有关。

(1) 甲状腺乳头状癌:最多见,多发于中青年女性,恶性程度较低。特征性病理表现为癌组织形成乳头状结构、同心圆的钙盐沉积和毛玻璃状核,可见核沟和核内假包涵体形成的典型癌细胞核特征。通常经淋巴系统转移,也可通过血行转移,常见部位为骨和肺。

(2) 甲状腺滤泡状癌:镜下可见分化程度不同但结构尚完整的滤泡,分化差的甲状腺滤泡状癌(FTC)呈实性生长,滤泡结构很不完整,或呈筛状,瘤细胞异形性明显。少数癌组织由胞浆丰富且充满线粒体的嗜酸性细胞(Hürthle cell)构成,称为嗜酸性细胞癌或 Hürthle 细胞癌,但无聚碘能力。主要通过血行播散转移至骨、肺和中枢神经系统。

(3) 甲状腺髓样癌:少见,常伴家族史,较早出现淋巴结转移,可经血运转移至肺和骨。

(4) 未分化甲状腺癌:少见,恶性程度最高,多见于老年人。肿瘤发展快并迅速转移,除侵犯气管和/或喉返神经或食管外,常经血运转移至肺和骨,预后较差。

【护理评估】

(一) 健康史

评估病人健康状况、是否患有结节性甲状腺肿或其他自身免疫病及相关疾病的家族史。

(二) 身体状况

多数甲状腺结节病人没有临床症状,合并甲状腺功能异常时,可出现相应的临床表现;当出现压迫症状或周围组织侵犯时提示恶性结节可能;少数情况下,DTC 以颈部淋巴结病理性肿大或远处转移癌为首发表现;气管受压时会出现咳嗽、气促,气管被侵犯时会有咯血;喉返神经受累时会出现构音障碍;食管受压时会有吞咽困难或疼痛;有远处转移者可出现相应器官受累表现。

(三) 辅助检查

1. **实验室检查** 首先检测血清 TSH 水平,以判断甲状腺功能状态。如血清 TSH 正常或增高,超声检查显示有恶性征象,推荐做细针穿刺活检(FNAB)。对于有甲状腺髓样癌或多发性内分泌腺瘤病 2 型(MEN2)家族史的病人,应检测降钙素水平。

2. **超声检查** 高分辨率超声检查是评估甲状腺结节的首选方法。

3. **甲状腺核素显像** 如 TSH 降低,提示结节可能自主分泌过多甲状腺激素,应进一步行甲状腺核素扫描($^{99m}TcO_4$、^{123}I、^{131}I)以明确结节是否有自主分泌功能("热结节")。"热结节"绝大部分为良性,一般不须再行细针穿刺活检(FNAB)。

4. **细针穿刺活检(FNAB)** 超声引导细针穿刺活检是术前鉴别甲状腺结节良恶性的"金标准",其诊断的敏感性和特异性均达到 90% 以上。

5. **CT、MRI 和 ^{18}F-FDG PET** 不建议将 CT、MRI 和 ^{18}F-FDG PET 作为评估甲状腺结节的常规检查。CT 检查中尽量避免使用含碘造影剂。

Note:

超声引导下甲状腺结节细针穿刺活检

超声引导下结节细针穿刺活检(ultrasound-guided fine needle aspiration biopsy,US-FNAB)可使甲状腺穿刺目标更为准确,提高取材成功率,同时有利于穿刺过程中对重要组织结构的保护和穿刺后判断有无血肿。

甲状腺结节 US-FNAB 适应证:

(1) 直径>1cm 的甲状腺结节,超声检查有恶性征象者应考虑行穿刺活检。

(2) 直径≤1cm 的甲状腺结节,不推荐常规行穿刺活检。但如果存在下述情况之一者,可考虑 US-FNAB:①超声检查提示结节有恶性征象;②伴颈部淋巴结超声影像异常;③童年期有颈部放射线照射史或辐射污染接触史;④有甲状腺癌家族史或甲状腺癌综合征病史;⑤^{18}F-FDG PET 显像阳性;⑥伴血清降钙素水平异常升高。

(四) 心理-社会状况

对甲状腺结节及甲状腺癌知识缺乏,病人可出现担忧、恐惧、焦虑等不良情绪。须了解其家庭经济及社会支持情况。

【常见护理诊断/问题】

1. **焦虑**　与颈部肿块性质不明、担心手术及预后有关。
2. **清理呼吸道无效**　与咽喉部及气管受刺激、分泌物增多及切口疼痛有关。
3. **潜在并发症**:呼吸困难和窒息、喉返神经和/或喉上神经损伤、手足搐搦等。
4. **有孕母与胎儿受干扰的危险**　与妊娠期甲状腺结节有关。

【计划与实施】

多数良性甲状腺结节仅需定期随访,无需特殊治疗。少数情况下,可选择手术治疗、TSH 抑制治疗、^{131}I 治疗、新型靶向药物治疗等。

经过治疗和护理,病人达到:①保持情绪稳定,焦虑减轻;②能有效清除呼吸道分泌物,呼吸道保持通畅;③手术顺利,避免发生术后并发症;④病情稳定,正常分娩,胎儿发育正常。

(一) 甲状腺细针穿刺活检(FNAB)病人的护理

1. **穿刺前准备**　评估病人有无甲亢,选择在甲亢控制后再行穿刺检查,可减少出血风险。穿刺前应行高分辨率超声检查评估和定位结节。向病人讲解穿刺风险和注意事项,签署知情同意书,建议由家属陪同。

2. 专科护士配合医生进行细针穿刺操作。

3. **穿刺后注意事项**　穿刺后嘱病人适度压迫穿刺点,就地观察 20~30min,观察穿刺部位有无出血、肿胀、疼痛等,给予对症处理。避免颈部剧烈活动,避免进食增加出血风险的饮食、药物。

4. **穿刺并发症预防及处理**

(1) **出血**:细针穿刺出血发生率较低,出血原因可能为反复穿刺针道渗血或误穿血管。血肿形成时超声检查可显示低回声区或液性暗区,局部压迫、酌情加压包扎、冰敷可避免进一步出血。

(2) **疼痛**:部分病人有轻微痛感或放射痛,穿刺后逐渐消失。持续疼痛可遵医嘱口服镇痛药。

(二) 手术治疗与护理

手术治疗是 DTC 的首选治疗方法。甲状腺全切除术或甲状腺次全切除术及选择性中央区淋巴结清扫术是常选的术式,在彻底切除甲状腺结节的同时,尽量保留正常甲状腺组织。肿瘤累犯咽部或

Note:

食管的病人,建议术前或术中留置胃管。术中应注意保护甲状旁腺和喉返神经。最常见的手术并发症包括甲状旁腺和喉返神经损伤,老年病人有发生心肺疾病及感染并发症的风险。围手术期护理参见本章第三节中"甲状腺手术病人围手术期护理"部分。

（三）放射性¹³¹I 治疗及护理

^{131}I 治疗一般于手术后 6~12 周进行。为了提高 DTC 摄碘能力而增加疗效,^{131}I 治疗前病人需低碘饮食,避免应用含碘造影剂和药物(如胺碘酮等)。

（四）TSH 抑制治疗

DTC 术后应用 L-T$_4$ 长期进行 TSH 抑制治疗能满足机体对甲状腺激素的生理需求,减少肿瘤复发风险。

（五）新型靶向药物

针对 DTC 发病信号通路的靶向药物对有远处转移的晚期 DTC 病人有良好的应用前景,但有一定副作用,需要维持性用药。

（六）心理护理

向病人及其家属讲解疾病的治疗及预后,鼓励其表达内心的感受,正确对待疾病,保持乐观的心态,积极配合治疗。

（七）健康指导

1. **一般指导**　向病人及其家属讲解疾病相关知识和治疗要求。术后遵医嘱进行放射治疗和长期进行 TSH 抑制治疗,可维持甲状腺功能和预防肿瘤复发。

2. **妊娠指导**　妊娠期病人不建议补充 L-T$_4$ 治疗良性甲状腺结节;对甲状腺结节的病人,妊娠期间可以做 FNAB,但禁忌甲状腺核素扫描和治疗;FNAB 证实结节良性但生长迅速,超声显示可疑恶性病变,或结节压迫气管或食管时,应考虑手术治疗;对于已经手术治疗的甲状腺癌病人,妊娠后要维持既定的 TSH 抑制目标;DTC 病人应在放射碘治疗 2 个月以后再妊娠。

3. **出院指导和随访**　手术切口愈合后可逐渐进行颈部活动,持续 3 个月,可防止瘢痕挛缩。大多数 DTC 病人的复发和转移发生于术后 5~10 年,应对 DTC 病人长期进行随访。

【护理评价】

经过治疗和护理,评估病人是否能够达到:①情绪稳定,能积极配合治疗;②能及时清除呼吸道分泌物,保持呼吸道通畅;③手术顺利,未发生术后并发症;④病情稳定,胎儿顺利分娩,发育正常。

（邹艳波）

思　考　题

1. 在妊娠期间发现甲状腺结节,应如何对病人进行护理指导?
2. 甲状腺癌病人手术后,应如何对病人进行居家护理和随访指导?

URSING

第六十一章

糖尿病病人的护理

61章　数字内容

———— 学 习 目 标 ————

- 识记:
  1. 陈述以下概念:糖尿病、胰岛素抵抗、糖耐量减低、空腹血糖受损。
  2. 陈述糖尿病的分型和诊断标准。
  3. 说明糖尿病的治疗原则、治疗目标及控制目标。
- 理解:
  1. 解释糖尿病的病因和发病机制。
  2. 比较不同类型糖尿病的主要异同点。
  3. 比较糖尿病常见并发症的发病机制、临床表现和治疗护理要点。
- 运用:
  运用护理程序和所学知识,对糖尿病病人进行全面评估,制订护理计划,提供正确的饮食治疗、运动疗法、自我监测、心理护理的指导,给予正确的用药和并发症护理。

导入情境与思考

　　病人,女性,54 岁,3 年前诊断为 2 型糖尿病,长期服用口服药治疗,近半年来,血糖控制欠佳,出现多尿、口干症状,体重减轻,空腹血糖控制在 15～20mmol/L,意识清楚、呼吸正常,无肢体麻木,近期出现视力模糊。睡眠规律,排尿、排便正常,体重减轻 4～5kg。体格检查:T 36.2℃,P 75 次/min,R 18 次/min,BP 118/75mmHg,空腹血糖 17.0mmol/L,拟诊 2 型糖尿病收入院。

　　请思考:

　　(1) 目前该病人主要的护理诊断有哪些?

　　(2) 护士可以为该病人提供哪些护理措施?

　　糖尿病(diabetes mellitus)是由胰岛素分泌不足和/或作用缺陷引起,以高血糖为主要特征的一组多病因所致的代谢性疾病,久病可引起多系统损害。糖尿病是常见病、多发病,据国际糖尿病联合会(International Diabetes Federation,IDF)统计,截至 2021 年,全球共有 5.37 亿人罹患糖尿病,预计到 2045 年将增至 7.83 亿。

【糖尿病分型】

　　我国目前采用 WHO 于 1999 年发布的病因学分型体系,即将糖尿病分 4 大类:1 型糖尿病、2 型糖尿病、其他特殊类型和妊娠糖尿病。

【病因与发病机制】

　　糖尿病病因与发病机制复杂,至今未完全阐明。但有证据显示遗传因素及环境因素共同参与其发病过程。在糖尿病的自然进程中,不论其病因如何,都会经历 3 个阶段:①病人发生糖尿病相关病理生理改变,但相当长时间内糖耐量正常。这些病理生理改变包括自身免疫抗体阳性、胰岛素抵抗、胰岛 B 细胞功能缺陷等。②病情进展至正常葡萄糖稳态和糖尿病高血糖之间的中间代谢状态,即出现糖调节受损(IGR),包括空腹血糖受损(impaired fasting glucose,IFG)和糖耐量减低(impaired glucose tolerance,IGT),两者可分别或同时存在。③发展为糖尿病。

(一) 1 型糖尿病(T1DM)

　　绝大多数是自身免疫病,遗传因素和环境因素共同参与其发病。某些外界因素(如病毒感染、化学毒物和饮食等)作用于有遗传易感性的个体,激活 T 淋巴细胞介导的一系列自身免疫反应,引起选

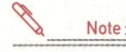

择性胰岛 B 细胞破坏和功能衰竭,体内胰岛素分泌不足进行性加重,最终导致糖尿病。近年证实 T1DM 也存在胰岛素抵抗。

1. **遗传因素**　T1DM 存在着遗传异质性,对于遗传背景不同的亚型,其病因及临床表现不尽相同。T1DM 遗传易感性涉及人类白细胞抗原(human leukocyte antigen,HLA)基因和非 HLA 基因等多个基因,但尚未完全识别。

2. **环境因素**　胰岛 B 细胞破坏的有关环境因素主要有病毒、化学因素、饮食因素等,以病毒感染最为重要。①病毒感染:病毒感染可直接损伤 B 细胞,还可暴露 B 细胞的抗原成分,启动自身免疫反应。有关病毒包括风疹病毒、腮腺炎病毒、柯萨奇病毒、脑心肌炎病毒和巨细胞病毒等。②化学毒物和饮食因素:某些化学物质或食物可致非免疫介导性 B 细胞破坏(急性损伤)或免疫介导性 B 细胞破坏(小剂量、慢性损伤),引起 T1DM 发病机会增大。

3. **自身免疫**　许多证据支持 T1DM 为自身免疫病,体液免疫和细胞免疫均发挥了作用,细胞免疫异常在 T1DM 中更重要。约 90% 胰岛 B 细胞的进行性损害是细胞免疫介导的,而 B 细胞的进行性损害正是胰岛素分泌不足的关键环节。

(1)体液免疫:已发现 90% 新诊断的 T1DM 病人血清中存在针对 B 细胞的单株抗体,胰岛细胞自身抗体的产生与 B 细胞的损伤有关。常见的抗体包括胰岛细胞抗体(islet cell antibody,ICA)、胰岛素自身抗体(autoantibody to insulin,IAA)、谷氨酸脱羧酶抗体(glutamic acid decarboxylase antibody, GADA)、蛋白质酪氨酸磷酸酶样蛋白抗体(antibody to tyrosine phosphatase,IA-2A)等,这些抗体可作为胰岛 B 细胞自身免疫损伤的标志物。胰岛细胞自身抗体检测可预测 T1DM 的发病及确定高危人群,并可协助糖尿病分型及指导治疗。

(2)细胞免疫:一般认为发病经历 3 个阶段:免疫系统被激活;免疫细胞释放各种细胞因子;胰岛 B 细胞受到激活的 T 淋巴细胞影响,或在各种细胞因子或其他介质单独或协同作用下,受到直接或间接高度特异性的自身免疫性攻击,导致胰岛炎。

除自身免疫性损害外,各种细胞因子或介质也可直接或间接作用引起 B 细胞凋亡。

4. **T1DM 的自然史**　T1DM 的发生发展经历以下阶段:①个体具有遗传易感性,临床无任何异常。②某些触发事件如病毒感染引起少量 B 细胞破坏并启动长期、慢性的自身免疫过程;此过程呈持续性或间歇性,期间伴随 B 细胞的再生。③出现免疫异常,可检测出各种胰岛细胞抗体。④B 细胞数目开始减少,仍能维持糖耐量正常。⑤B 细胞持续损伤达到一定程度时(通常只残存 10%~20% 的 B 细胞),胰岛素分泌不足,出现糖耐量降低或临床糖尿病,须用外源胰岛素治疗。⑥B 细胞几乎完全消失,须依赖外源胰岛素维持生命。

(二)2 型糖尿病(T2DM)

1. **遗传因素与环境因素**　T2DM 有更明显的遗传基础,遗传因素主要影响 B 细胞功能。遗传特点为:①参与发病的基因多,分别影响糖代谢过程中的某个环节,而对血糖值无直接影响;②每个基因参与发病的程度不等,大多数为次效基因,个别为主效基因;③每个基因仅赋予个体某种程度的易感性,并不足以致病,也不一定是致病所必需;④多基因异常的总效应形成遗传易感性。

虽然遗传因素在发病中起重要作用,但起病和病情进程则受环境因素的影响而产生很大变异。环境因素包括年龄增长、不良生活方式、子宫内环境及应激、化学毒物等。在遗传因素和环境因素共同作用下所引起的肥胖,特别是向心性肥胖,与胰岛素抵抗和 T2DM 的发生密切相关。

2. **胰岛素抵抗和 B 细胞功能缺陷**　T2DM 发病的两个主要环节是:①B 细胞功能缺陷导致不同程度的胰岛素缺乏;②组织(特别是骨骼肌和肝)的胰岛素抵抗。在存在胰岛素抵抗的情况下,如果 B 细胞能代偿性增加胰岛素分泌,则可维持血糖正常;当 B 细胞功能无法代偿胰岛素抵抗时,就会发生 T2DM。

(1)B 细胞功能缺陷:B 细胞功能缺陷在 T2DM 的发病中起关键作用,从糖耐量正常到 IGT 到 T2DM 的进程中,B 细胞功能呈进行性减退。B 细胞对胰岛素抵抗的失代偿是导致 T2DM 发病的最后

共同机制。

T2DM 中,B 细胞功能缺陷主要表现为:①胰岛素分泌量的缺陷:T2DM 早期空腹胰岛素水平正常或升高,受葡萄糖刺激后胰岛素分泌代偿性增多;随着疾病的进展,胰岛素最大分泌水平降低。②胰岛素分泌模式异常:静脉注射葡萄糖(静脉葡萄糖耐量实验即 IVGTT 或高糖钳夹试验)后第一时相胰岛素分泌减弱或消失;口服葡萄糖耐量试验(OGTT)中早时相胰岛素分泌延迟、减弱或消失;疾病早期第二时相(或晚时相)胰岛素分泌呈代偿性升高及峰值后移。当病情进一步发展则对葡萄糖和非葡萄糖刺激反应均减退。胰岛素脉冲式分泌缺陷:胰岛素快速分泌减弱及昼夜节律紊乱。③胰岛素分泌质的缺陷:胰岛素原与胰岛素的比例增加。

(2) 胰岛素抵抗(insulin resistance,IR):是 T2DM 的特征,可能是多数 T2DM 发病的始发因素,具体是指胰岛素作用的靶器官(主要是肝、肌肉和脂肪组织)对胰岛素作用的敏感性降低。胰岛素抵抗的发生机制至今未明。目前主要有脂质超载和炎症两种论点,且两者相互交叉,互有补充。

3. **胰岛 A 细胞功能异常和胰高血糖素分泌失调** 胰岛 A 细胞分泌胰高血糖素(glucagon),胰高血糖素与胰岛素的作用相拮抗,也是维持血糖稳态的关键性调节激素。胰高血糖素分泌失调及胰岛 A 细胞功能异常可能在 T2DM 发病中也起重要作用。T2DM 病人胰岛 B 细胞数量明显减少,A/B 细胞比例显著增加;长时间的高血糖可降低 A 细胞对血糖的敏感性,从而导致胰高血糖素水平升高,肝糖原输出增加。

4. **T2DM 的自然史** T2DM 早期存在胰岛素抵抗而 B 细胞可代偿性增加胰岛素分泌时,血糖可维持正常;当 B 细胞无法分泌足够的胰岛素以代偿胰岛素抵抗时,则会进展为 IGR 和糖尿病。IGR 和糖尿病早期不需胰岛素治疗的阶段较长,部分病人可通过生活方式干预使血糖得到控制,多数病人则须在此基础上使用口服降血糖药使血糖达理想控制。随胰岛 B 细胞分泌胰岛素功能进行性下降,病人须应用胰岛素控制高血糖,但不依赖外源胰岛素维持生命;随着病情进展,最终相当一部分病人须用胰岛素控制血糖或维持生命。

【病理生理】

糖尿病时,葡萄糖在肝、肌肉和脂肪组织的利用减少及肝糖原输出增多是发生高血糖的主要原因。高血糖对机体的影响主要是两方面:一是造成代谢紊乱,主要表现为糖代谢紊乱和脂代谢加速;二是造成多器官系统损害。高血糖时,血糖和血红蛋白的结合生成糖化血红蛋白,该反应不可逆,并与血糖浓度成正比,且保持 120d 左右。由于血红蛋白发生糖基化,且组织蛋白也发生非酶糖化,生成糖化终产物。糖化终产物刺激糖、脂质及蛋白质自由基生成增多,引起:①膜脂质过氧化增强;②细胞结构蛋白和酶的巯基氧化形成二硫键;③染色体畸变、核酸碱基改变或 DNA 断裂。最终导致血管内皮细胞损伤,细胞间基质增殖等,引起糖尿病病人的眼、心脏、肾、神经等发生并发症(图 61-0-1)。

【护理评估】

(一) 健康史

询问病人有无家族史,评估是否为肥胖体形等,评估患病起始时间、主要症状及其特点,有无出现并发症,如肢体有无发凉、麻木或疼痛,有无皮肤破损等。注意了解病人的生活方式、饮食习惯、食量、身高、患病后的检查治疗经过、目前用药情况和病情控制情况;女性须询问妊娠次数,已生育妇女注意追问孩子出生时体重等。

(二) 身体状况

1. **代谢紊乱综合征** 典型表现为"三多一少"症状,即多尿、多饮、多食和体重减轻。血糖升高产生渗透性利尿,出现多尿、口干和多饮,体内葡萄糖不能充分氧化供能,导致病人易饥多食。由于机体不能利用葡萄糖,且蛋白质和脂肪的分解代谢增强,大部分病人出现体重减轻。此外,病人常伴视物模糊,皮肤瘙痒、女性外阴瘙痒,四肢酸痛、麻木,腰痛,性欲减退、阳痿不育、月经失调,便秘等。

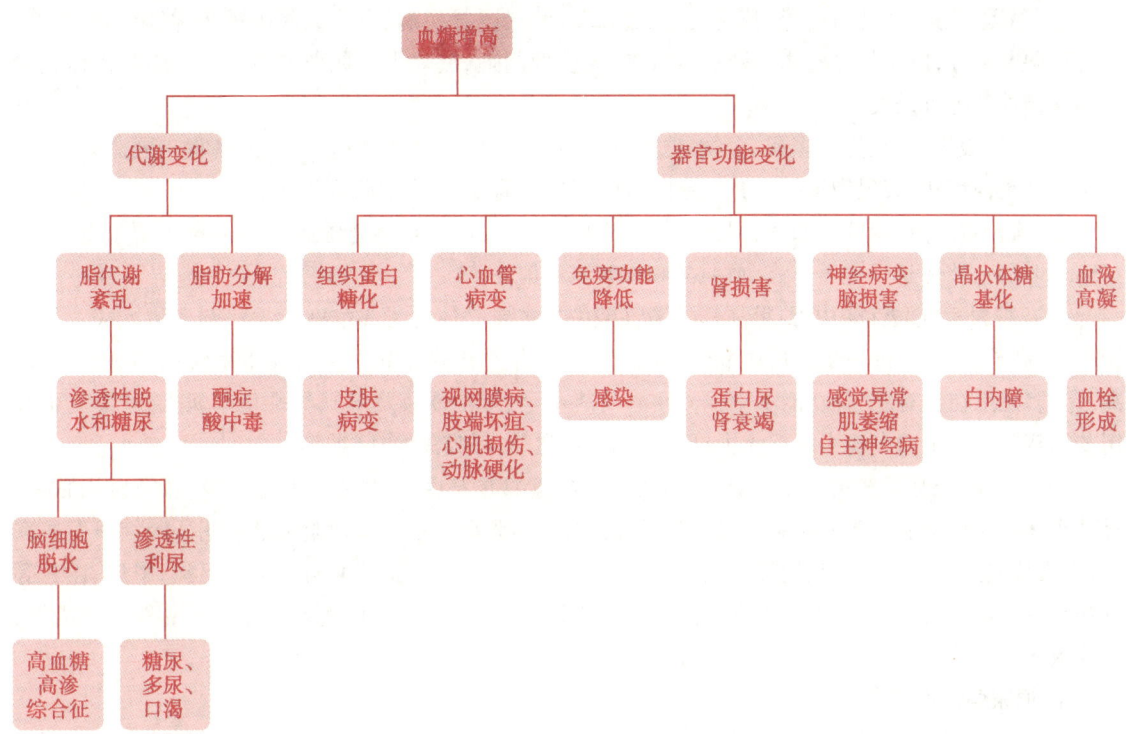

图 61-0-1　高血糖对机体功能的影响

1 型糖尿病"三多一少"症状明显,起病急,多发生于 30 岁以前的年轻人,如不给予胰岛素治疗,有酮症倾向,糖尿病酮症酸中毒可以是部分病人的首发症状;2 型糖尿病多发生在 40 岁以上成人和老年人,病人多肥胖,起病缓慢,病情较轻,部分病人可长期无代谢紊乱症状,通过体检而发现,长期病程者可出现各种急、慢性并发症。

2. 糖尿病急性并发症

(1) 糖尿病酮症酸中毒(diabetic ketoacidosis,DKA):是由于胰岛素不足和升糖激素不适当升高引起的糖、脂肪和蛋白质代谢严重紊乱综合征。酮症包括酮血症和酮尿。酮血症是血清酮体积聚超过正常水平。酮尿是尿中有酮体排出。当糖尿病病人代谢紊乱加重时,脂肪分解加速,产生大量酮体。酮体包括乙酰乙酸、β 羟丁酸和丙酮,其中,乙酰乙酸和 β 羟丁酸均为较强的有机酸,当代谢紊乱加剧,血酮持续升高超过机体的代偿能力时,便发生代谢性酸中毒。

1) 诱因:1 型糖尿病病人有自发 DKA 倾向,2 型糖尿病病人在某些诱因作用下也可发生 DKA。常见诱因有急性感染、胰岛素不适当减量或突然中断治疗、饮食不当、胃肠疾病、脑卒中、心肌梗死、妊娠、分娩、创伤、麻醉、手术、严重刺激引起应激状态等。有时亦可无明显诱因。

2) 临床表现:早期酮症阶段病人主要表现有多尿、多饮、疲乏等症状,失代偿阶段出现食欲减退、恶心、呕吐,伴头痛、嗜睡、呼吸深快并有烂苹果味;病情进一步发展,出现严重脱水、皮肤干燥且弹性差、眼球内陷、尿少、血压下降,甚至休克;到晚期,各种反射迟钝甚至消失,最终可导致昏迷。部分病人以 DKA 为首发表现。

3) 实验室检查:尿糖、尿酮强阳性,血糖>13.9mmol/L,血酮体>3mmol/L;有代谢性酸中毒,血气分析 pH<7.30,碱剩余负值加大,阴离子间隙增大;电解质紊乱表现为血钾正常或偏低,血钠、血氯降低;血尿素氮和肌酐偏高。

(2) 高血糖高渗状态(hyperglycemic hyperosmolar status,HHS):是糖尿病的严重急性并发症之一,临床以严重高血糖而无明显酮症酸中毒、血浆渗透压显著升高、脱水和意识障碍为特征。HHS 的发生率低于 DKA,多见于老年 2 型糖尿病病人,男女发病率相近。约 2/3 的病人于发病前无糖尿病病史或仅为轻症。

1）诱因：感染、急性胃肠炎、胰腺炎、脑血管意外、严重肾疾病、血液或腹膜透析、静脉内高营养、不合理限制水分，以及某些药物如糖皮质激素、免疫抑制剂、噻嗪类利尿药的应用等。因口渴而大量饮用含糖饮料等可诱发。

2）临床表现：起病先有多尿、多饮，但多食不明显，或反而食欲减退，失水随病程进展逐渐加重，出现神经精神症状，表现为嗜睡、幻觉、定向障碍、偏盲、偏瘫等，最后陷入昏迷。

3）实验室检查：尿糖强阳性，但无或轻度酮症，突出表现为血糖增高至 33.3mmol/L 以上、血钠达 155mmol/L、血浆渗透压显著升高、血肌酐和尿素氮常偏高。

（3）糖尿病乳酸性酸中毒：糖尿病乳酸性酸中毒主要是体内无氧酵解的糖代谢产物乳酸大量堆积，导致高乳酸血症，进一步出现血 pH 降低。糖尿病合并乳酸性酸中毒的发生率较低，但病死率很高。大多发生在伴有肝、肾功能不全或慢性心功能不全、肺功能衰竭等缺氧性疾病病人，主要见于服用苯乙双胍者。主要表现为疲乏无力，厌食、恶心或呕吐，呼吸深大，嗜睡等。

（4）感染：泌尿系统的感染常见，有时可导致严重的并发症，如严重的肾盂肾炎、肾及肾周脓肿、肾乳头坏死和败血症。糖尿病病人也是肺炎球菌感染所致菌血症的高风险人群。病人肺结核发病率高，进展快，易形成空洞。疖、痈等皮肤化脓性感染多见，可致败血症或脓毒血症。足癣、甲癣、体癣等皮肤真菌感染也较常见，女性病人常合并真菌性阴道炎。此外，糖尿病病人中牙周炎的发生率增加，易导致牙齿松动。外耳炎也较常见，但常被忽略。

3. 糖尿病慢性并发症

（1）大血管病变：是糖尿病最严重而突出的并发症。大、中动脉粥样硬化主要侵犯主动脉、冠状动脉、大脑动脉、肾动脉和肢体外周动脉等，引起冠心病、缺血性或出血性脑血管病、肾动脉硬化、肢体动脉硬化等。肢体外周动脉粥样硬化常以下肢动脉病变为主，表现为下肢疼痛、感觉异常和间歇性跛行，严重供血不足可致肢体坏疽。

（2）微血管病变：微循环障碍、微血管瘤形成和微血管基底膜增厚，是糖尿病微血管病变的典型改变。病变主要表现在视网膜、肾、神经、心肌组织。尤以糖尿病肾病和视网膜病变最为重要。

1）糖尿病肾病：多见于糖尿病病史超过 10 年者，是 1 型糖尿病病人的主要死亡原因。糖尿病肾病可分为 5 期，1 期肾损伤但肾小球滤过率正常；2 期肾损伤伴肾小球滤过率轻度下降；3a 期肾小球滤过率轻中度下降；3b 期肾小球滤过率中重度下降；4 期肾小球滤过率重度下降；5 期出现肾衰竭相关临床表现。

2）糖尿病视网膜病变：糖尿病病程超过 10 年，大部分病人合并不同程度的视网膜病变，是糖尿病病人失明的主要原因之一。根据国际临床分级标准 2002 年版，糖尿病视网膜病变分为 6 期、两大类，Ⅰ 期：微血管瘤、小出血点；Ⅱ 期：出现硬性渗出；Ⅲ 期：出现棉絮状软性渗出；Ⅳ 期：新生血管形成、玻璃体积血；Ⅴ 期：纤维血管增殖、玻璃体机化；Ⅵ 期：牵拉性视网膜脱离、失明。Ⅰ～Ⅲ 期为非增殖性糖尿病视网膜病变期，Ⅳ～Ⅵ 期为增殖性糖尿病视网膜病变期。

3）其他：糖尿病心脏微血管病变和心肌代谢紊乱可引起心肌广泛灶性坏死等损害，称糖尿病心肌病，可诱发心力衰竭、心律失常、心源性休克和猝死。

（3）神经系统并发症可累及神经系统任何一部分。

1）中枢神经系统并发症：①伴随严重 DKA、高血糖高渗状态或低血糖症出现的神志改变；②缺血性脑卒中；③脑老化加速及老年性痴呆等。

2）周围神经病变：①远端对称性多发性神经病变：是最常见的类型，以手足远端感觉、运动神经受累最多见。通常为对称性，典型者呈手套或袜套式分布；下肢较上肢严重，先出现肢端感觉异常，可伴痛觉过敏、疼痛；后期感觉丧失，可伴运动神经受累，手足小肌群萎缩，出现感觉性共济失调及神经性关节病。腱反射早期亢进、后期减弱或消失，音叉震动感减弱或消失。电生理检查可早期发现感觉和运动神经传导速度减慢。②局灶性单神经病变：可累及任何脑神经或脊神经，但以动眼神经、正中神经及腘神经最常见，一般起病急，表现为病变神经分布区域疼痛，常具有自限性。③非对称性的多发局灶性神经病变:指同时累及多个单神经的神经病变。④多发神经根病变(糖尿病性肌萎缩):最常见为腰段多发神经根病变,典型表现为初起股、髋和臀部疼痛,后骨盆近端肌群软弱、萎缩。

3)自主神经病变:一般认为有症状的自主神经病变预后不良。多影响胃肠、心血管、泌尿生殖系统等。临床表现为胃排空延迟(胃轻瘫)、腹泻(饭后或午夜)、便秘等;休息时心动过速、直立性低血压、无痛性心肌缺血、Q-T间期延长等,严重者可发生心源性猝死;残尿量增加、尿失禁、尿潴留等;其他还有阳痿、瞳孔改变(缩小且不规则、光反射消失、调节反射存在)、排汗异常(无汗、少汗或多汗)等。

(4)糖尿病足(diabetic foot):下肢远端神经异常和不同程度的周围血管病变导致的相关足部感染、溃疡和/或深层组织破坏,称为糖尿病足,是截肢和致残的主要原因。

(三)辅助检查

1. 糖代谢异常严重程度或控制程度的检查

(1)尿糖测定:尿糖阳性表明血糖值超过肾糖阈,提示糖尿病。尿糖阴性不能排除糖尿病。尿糖测定结果受诸多因素影响,如肾糖阈升高的糖尿病病人尿糖可呈阴性,服用一些药物如大剂量维生素C、水杨酸盐、甲基多巴使尿糖检查出现假阴性结果。

(2)血糖测定:血糖升高是诊断糖尿病的主要依据,也是判断糖尿病病情和控制情况的主要指标。空腹血糖正常范围为3.9~6.1mmol/L;6.1mmol/L<空腹血糖≤6.9mmol/L为空腹血糖受损(IFG)。糖尿病的诊断标准的血糖标准为典型糖尿病症状+随机血糖≥11.1mmol/L;或空腹血浆葡萄糖(FPG)≥7.0mmol/L;或口服葡萄糖耐量试验(OGTT)2h血浆葡萄糖(2hPG)≥11.1mmol/L。症状不典型者,须另一天再次证实。不主张做第3次OGTT。血糖值反映的是瞬间血糖状态。诊断糖尿病时必须用静脉血浆测定血糖,随访可测末梢血糖。

(3)口服葡萄糖耐量试验:当血糖高于正常范围而又未达到诊断糖尿病标准者,须进行口服葡萄糖耐量试验(OGTT检查)。糖负荷后2h血浆葡萄糖<7.7mmol/L为正常糖耐量,7.8~11.1mmol/L为糖耐量减低,≥11.1mmol/L应考虑为糖尿病。结合空腹血糖和糖负荷2h后的血糖水平,可进行糖代谢分类(表61-0-1)。

(4)糖化血红蛋白A1测定:糖化血红蛋白A1(glycosylated hemoglobin A1, GHbA1或HbA1)测定可反映病人取血前8~12周血糖的总水平,是糖尿病控制情况的监测指标,可弥补空腹血糖只反映瞬时血糖值的不足。糖化血红蛋白A1有a、b、c 3种亚型,以HbA1c最为主要。HbA1c正常值

表61-0-1 糖代谢状态分类(WHO, 1999)

	静脉血浆葡萄糖/(mmol·L^{-1})	
	空腹血糖	糖负荷后2h血糖
正常血糖	<6.1	<7.8
空腹血糖受损	6.1~7.0	<7.8
糖耐量减低	<7.0	7.8~11.1
糖尿病	≥7.0	≥11.1

注:空腹血糖受损和糖耐量减低统称为糖调节受损,也称糖尿病前期。

小于6%,血糖控制不良者HbA1c升高,HbA1c≥6.5%已作为诊断糖尿病的标准之一,国内有资质的单位可以采用该指标。须注意,HbA1c受检测方法、有无贫血和血红蛋白异常疾病、红细胞转换速度、年龄等诸多因素的影响。另外,HbA1c不能反映瞬时血糖水平及血糖波动情况,也不能确定是否发生过低血糖。

2. 胰岛B细胞功能检查

(1)胰岛素释放试验:反映胰岛B细胞基础和葡萄糖介导的胰岛素释放功能。正常人空腹基础血浆胰岛素为35~145pmol/L(5~20mU/L),口服75g无水葡萄糖(或100g标准面粉制作的馒头)后,血浆胰岛素在30~60min上升至高峰,峰值为基础值的5~10倍,3~4h恢复到基础水平。胰岛素测定受血清中胰岛素抗体和外源性胰岛素干扰。

(2)C-肽释放试验:反映基础和葡萄糖介导的胰岛素释放功能。由于C-肽清除率慢,肝对它摄取率低,且不受血清中的胰岛素抗体和外源性胰岛素影响,故比血浆胰岛素更能准确反映胰岛B细胞

的功能。测定方法同上。正常人空腹基础值不小于 400pmol/L,高峰时间同上,峰值为基础值的 5~6 倍。

(3) 其他检测 B 细胞功能的方法:静脉注射葡萄糖-胰岛素释放试验和高糖钳夹试验可了解胰岛素释放第一时相;胰高血糖素-C-肽刺激试验和精氨酸刺激试验可了解非糖介导的胰岛素分泌功能等。

3. 并发症检查　急性严重代谢紊乱时病人的酮体、电解质、酸碱平衡检查,心、肝、肾、脑、眼科、口腔及神经系统的各项辅助检查等。

4. 有关病因和发病机制的检查　GADA、ICA、IAA 及 IA-2A 的联合检测;胰岛素敏感性检查;基因分析等。

(四) 心理-社会状况

糖尿病为终身性疾病,漫长的病程及多器官、多组织结构和功能障碍易使病人产生焦虑、抑郁等心理反应,对治疗缺乏信心,不能有效地应对。护士应详细评估病人对疾病知识的了解程度,患病后有无焦虑、恐惧等心理变化,家庭成员对本病的认识程度和态度,以及病人所在社区的医疗保健服务情况等。

【常见护理诊断/问题】

1. **有血糖不稳的危险**　与糖尿病导致糖代谢紊乱有关。
2. **营养失调**　与胰岛素分泌和/或作用缺陷、饮食和运动不均衡有关。
3. **知识缺乏**:缺乏糖尿病及自我管理的知识。
4. **焦虑**　与糖尿病失控、担心不能控制糖尿病、对糖尿病认知错误和担心发生糖尿病并发症有关。
5. **有皮肤完整性受损的危险**　与神经病变引起的感觉缺失有关。
6. **潜在并发症**:血糖控制不良、高血糖高渗状态、糖尿病酮症酸中毒等。
7. **潜在并发症**:糖尿病足、糖尿病大血管病变、糖尿病微血管病变、糖尿病神经病变。

【计划与实施】

糖尿病的治疗原则是早期、长期、综合及个体化。治疗的总体目标是控制血糖、纠正代谢异常、消除症状、防治并发症、提高生活质量。糖尿病的治疗原则是以综合治疗为主,包括饮食治疗、运动疗法、药物治疗、自我监测、糖尿病教育、心理护理等。经过治疗和护理,病人能达到:①血糖、血脂正常或维持理想水平;②体重恢复或接近正常;③自我疾病管理能力提高;④无各种急、慢性并发症发生;⑤焦虑程度减轻,情绪状态稳定。

(一) 饮食治疗及护理

饮食治疗以控制总能量为原则,强调定时、定量,其目的在于维持标准体重,保证未成年人的正常生长发育,纠正已发生的代谢紊乱,使血糖、血脂达到或接近正常水平。饮食治疗是年长、肥胖型、少症状的轻型病人的主要治疗措施,可减轻胰岛 B 细胞的负担,降低血糖。对重症和 1 型糖尿病病人更应严格执行饮食计划并长期坚持。

1. 计算总能量　标准体重是由病人年龄和身高决定的,其简易的计算公式:标准体重(kg)= 身高(cm)−105。根据标准体重计算每日所需总能量。正常体重成人休息状态下每日每千克标准体重给予能量 25~30kcal,轻体力劳动者 30~35kcal,中度体力劳动者 35~40kcal,重体力劳动者 40kcal 以上。孕妇、哺乳期妇女、营养不良和消瘦、伴有消耗性疾病者在标准体重能量的基础上酌情增加5kcal,肥胖者酌情减少 5kcal,使体重逐渐恢复至标准体重的±5%。

2. 分配三大营养物质　食物分配的原则是高碳水化合物、低脂肪、适量蛋白质和高纤维的膳食,基于该原则,将得到的总能量换算成三大营养物质。

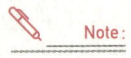

（1）碳水化合物：碳水化合物提供的能量占饮食总能量的 50%~65%，不同种类碳水化合物引起血糖增高的速度和程度有很大不同，可用血糖指数（glycemic index，GI）来衡量。低 GI 食物有利于病人血糖控制和控制体重。应限制含糖饮料摄入。

（2）蛋白质：肾功能正常的糖尿病病人，蛋白质为其所提供的能量占饮食总热量的 15%~20%，成人每日每千克标准体重 0.8~1.2g；孕妇、哺乳期妇女、营养不良或伴消耗性疾病者可适当增加；有显性蛋白尿或肾小球滤过率下降的糖尿病病人蛋白质摄入量应控制在每日 0.8g/kg；蛋白质应至少有50% 的优质蛋白。

（3）脂肪：膳食中由脂肪提供的能量占总能量的 20%~30%，其中饱和脂肪酸不应超过总能量的7%；食物中胆固醇摄入量应 <300mg/d。

3. 合理分配三餐　按糖、蛋白质产能 4kcal/g，脂肪产能 9kcal/g，将确定的每日饮食总能量和组成换算为食品并制订食谱。主食的分配应定量定时，根据病人生活习惯、病情和配合药物治疗的需要进行安排。对病情稳定的 2 型糖尿病病人每日三餐可按 1/5、2/5、2/5 或 1/3、1/3、1/3 分配总热量；对注射胰岛素或口服降血糖药且病情有波动的病人，可每日进食 5~6 餐，加餐能量占总能量的 10%。

4. 注意事项

（1）控制总能量：控制饮食的关键在于控制总能量。当病人因饮食控制而出现易饥饿的感觉时，可增加蔬菜、豆制品等副食。在保持总能量不变的原则下，凡增加一种食物应同时减去另一种食物，以保证饮食平衡。体重过重者，要忌吃油炸、油煎食物。炒菜宜用植物油，忌食动物油。不推荐糖尿病病人饮酒，若饮酒应计算酒精中所含的能量，女性每日饮酒的酒精量不超过 15g，男性不超过 25g（15g 酒精相当于 350ml 啤酒、150ml 葡萄酒或 45ml 低度白酒），每周不超过 2 次；食盐 <5g/d，合并高血压病人更应严格限制其摄入量。

（2）严格限制各种甜食：包括各种食糖、糖果、甜点心、饼干、冷饮、水果及各种含糖饮料等，对于血糖控制较好者，可以在两餐间或睡前加食含果糖或蔗糖的水果。可使用非营养性甜味剂，如蛋白糖、木糖醇、糖精、甜菊片等。病人发生轻症低血糖时，可立即饮用易于吸收的果汁、糖水或吃少量糖果予以缓解。

（3）保持排便通畅、多食含纤维素高的食物：膳食纤维摄入量可高于健康成人推荐摄入量，推荐 >14g/1 000kcal，包括豆类、蔬菜、粗谷物、含糖分低的水果等。

（4）预防低血糖：病人进行体育锻炼时不宜空腹，应补充少量食物，防止低血糖。每周定期测量体重一次。如果体重改变 >2kg，应报告医生。

（5）按时进食。

（二）运动疗法与护理

适当的运动有利于病人减轻体重、提高胰岛素敏感性，改善血糖和脂代谢紊乱，还可以减轻病人的压力和紧张情绪，使其心情舒畅。

1. 原则　因人而异，循序渐进，长期坚持，相对定时、定量，适可而止。

2. 方式　根据病人年龄、性别、体力、病情、有无并发症等不同条件安排不同的运动，最好有氧运动和抗阻运动结合。有氧运动包括散步、快走、游泳、慢跑、骑自行车、做广播操、太极拳、球类活动等，其中步行活动安全，容易坚持，可作为首选的锻炼方式。有心、脑血管疾病或严重微血管病变者，应慎重安排活动。

3. 时间和强度　1 型糖尿病病人宜安排在餐后 1.5h 进行，运动量不宜过大，持续时间不宜过长，并于餐前减少胰岛素注射量，避免因运动导致胰岛素吸收增加而致运动后低血糖。2 型糖尿病病人多为餐后血糖升高，故运动应在餐后 1~3h 为宜。每周至少 150min 中等强度有氧运动，每次 30~40min，包括热身和放松时间，每周运动 3~7 次；如无禁忌证每周最好进行 2~3 次抗阻运动。可通过最大摄氧量百分数、靶心率、主观感觉等来确定适合的活动强度：运动时摄氧量达到最大摄氧量的40%~60%；或运动时靶心率（目标心率）达到最大心率的 55%~69%（个体最大心率 =220- 年龄）；或

Note：

运动时感觉全身发热、出汗,但非大汗淋漓。糖尿病病人年龄>40岁,病程超过10年、有心血管疾病症状与体征,应当通过运动试验获得靶心率。

4. 运动的注意事项

(1) 运动前评估:运动前评估病人糖尿病的控制情况,根据病人具体情况决定运动方式、时间及所采用的运动量。空腹血糖>16.7mmol/L,反复低血糖或血糖波动较大,有糖尿病酮症酸中毒等急性代谢性并发症,合并急性感染、糖尿病增殖性视网膜病、严重肾病、严重心脑血管疾病(不稳定型心绞痛、严重心律失常、短暂性脑缺血发作)等情况下禁忌运动,病情控制稳定后方可逐步恢复运动。

(2) 预防意外发生:随身携带糖果,当出现饥饿感、心慌、出冷汗、头晕及四肢无力或颤抖等低血糖症状时及时食用。身体状况不良时应暂停运动。运动可加重心脑负担,使血浆容量减少,血管收缩,有诱发心绞痛、心肌梗死和心律失常的危险;运动还可使肾血流减少致糖尿病肾病加重;运动时血压上升,增加了玻璃体和视网膜出血的可能性。因此,在运动中若出现胸闷、胸痛、视物模糊等,应立即停止并及时处理。运动前后还应加强血糖监测,运动量大或激烈运动时应临时调整饮食及药物治疗方案,以免发生低血糖。

(3) 携带糖尿病卡:运动时随身携带糖尿病卡,卡上写有本人的姓名、年龄、家庭住址、电话号码和病情以备亟需。

(4) 做好运动日记:运动后应及时做好运动日记,以便观察疗效和不良反应。

(三) 药物治疗及护理

1. 口服药物治疗及护理　主要包括促胰岛素分泌剂、通过其他机制降低血糖的药物、抗高血压药物、调血脂药物。促胰岛素分泌剂包括磺酰脲类、格列奈类和二肽基肽酶-4抑制剂(DPP-4抑制剂),通过其他机制降低血糖的药物主要有双胍类、噻唑烷二酮类(TZD)、α-葡萄糖苷酶抑制剂、钠-葡萄糖共转运蛋白2抑制剂(SGLT-2i)。护士应了解各类降血糖药的作用、剂量、用法、不良反应和注意事项,指导病人正确服用。

(1) 胰岛素促分泌剂

1) 磺酰脲类(sulfonylurea,SU)口服降血糖药:此类药物通过作用于胰岛B细胞表面的受体,促进胰岛素释放。其降血糖作用有赖于尚存在相当数量(30%以上)有功能的胰岛B细胞组织。SU有多种,第1代有甲苯磺丁脲(D-860)、氯磺丙脲等,第2代有格列苯脲(优降糖)、格列吡嗪(美吡达、灭糖脲、灭特尼)、格列齐特(达美康)、格列喹酮(糖适平)、格列吡嗪控释片(瑞易宁)、格列美脲(亚莫利里)等。治疗应从小剂量开始,于早餐前30min口服,根据尿糖和血糖测定结果,按治疗需要每隔数天增加剂量1次,或改为早、晚餐前两次服药,直至病情取得良好控制。年老者宜尽量用短、中效药物。该药的主要不良反应是低血糖,特别是在老年病人和肝、肾功能不全者中多见,少见有肠道反应、皮肤瘙痒、胆汁淤滞性黄疸、肝功能损害、再生障碍性贫血、溶血性贫血、血小板减少等。

2) 格列奈类:其作用机制是不通过磺酰脲类受体而直接刺激胰岛B细胞分泌胰岛素,该药刺激胰岛素释放的作用是依赖葡萄糖的水平(当血糖水平在3~10mmol/L时才有刺激作用)。餐前立即服用,不良反应极少。

3) 二肽基肽酶-4抑制剂(DPP-4抑制剂):主要通过减少体内胰高血糖素样肽-1(GLP-1)的分解而增加GLP-1浓度进而促进胰岛B细胞分泌胰岛素,抑制胰高血糖素分泌。

(2) 其他机制的降血糖药

1) 双胍类:此类药物可增加肌肉等外周组织对葡萄糖的摄取和利用,加速无氧糖酵解,抑制糖异生及糖原分解,降低过高的肝糖原输出,并改善胰岛素敏感性,减轻胰岛素抵抗,是肥胖或超重的2型糖尿病病人第一线药物。最常用的药物是二甲双胍。双胍类药物不良反应有腹部不适、口中金属味、恶心、厌食、腹泻等,偶有过敏反应,餐后服药可减轻不适症状。因该类药物促进无氧糖酵解,产生乳酸,在肝、肾功能不全,休克或心力衰竭者中可诱发乳酸性酸中毒,故忌用于上述情况,对年老病人应小心使用。长期使用会导致维生素 B_{12} 缺乏,应每年监测1次。

2）噻唑烷二酮类（TZD）：TZD 也称格列酮类药物，主要作用是增强靶组织对胰岛素的敏感性，减轻胰岛素抵抗，故被视为胰岛素增敏剂。常用药有罗格列酮和吡格列酮等。罗格列酮用量为 4~8mg/d，每日 1 次或分 2 次口服；吡格列酮 15~30mg，每日 1 次口服。TZD 的使用与骨折和心力衰竭风险增加相关，心力衰竭、严重骨质疏松者禁用。

3）α-葡萄糖苷酶抑制剂：通过抑制小肠黏膜上皮细胞表面的葡萄糖苷酶而延缓碳水化合物的吸收，降低餐后高血糖。该药尤其适用于空腹血糖正常（或偏高）而餐后血糖明显升高者。可单独用或与 SU、双胍类合用。常用药有阿卡波糖（拜糖平）、伏格列波糖（倍欣）等。阿卡波糖每次 50mg，3 次/d；伏格列波糖每次 0.2μg，3 次/d。与第 1 口饭同时服用，服用后常有腹部胀气等症状。

4）SGLT-2i：是一类近年受到高度重视的新型口服降血糖药物，可抑制肾对葡萄糖的重吸收，降低肾糖阈，从而促进尿糖的排出。

2. 胰岛素治疗及护理

（1）适应证：①1 型糖尿病。②糖尿病伴急慢性并发症、合并症者，包括酮症酸中毒、糖尿病非酮症高渗性昏迷、乳酸性酸中毒；急性感染、创伤、手术前后的糖尿病者；妊娠合并糖尿病者，尤其在分娩前的阶段；糖尿病合并心、脑、眼、肾、神经等并发症者；消耗性疾病者。③2 型糖尿病病人经饮食、运动、口服降血糖药治疗血糖不能满意控制者。④新诊断 2 型糖尿病病人血糖较高者，即 HbA1c>9% 或空腹血糖>11.1mmol/L 者，可以考虑进行 2 周到 3 个月的短期胰岛素强化治疗。⑤在糖尿病病程中（包括新诊断的 2 型糖尿病），病人出现无明显诱因的体重显著下降时，应该尽早使用胰岛素治疗。

（2）制剂类型：按作用快慢和维持作用时间，胰岛素制剂可分为超短效胰岛素类似物、常规（短效）胰岛素、中效胰岛素、长效胰岛素（包括长效胰岛素类似物）和预混胰岛素。制剂的特点见表 61-0-2。根据胰岛素的来源不同，又可分为动物胰岛素、人胰岛素和胰岛素类似物 3 种。

表 61-0-2　常用胰岛素及其作用特点

胰岛素制剂	起效时间	峰值时间	作用持续时间/h
短效胰岛素（RI）	15~60min	2~4h	5~8
速效胰岛素类似物（门冬胰岛素）	10~15min	1~2h	4~6
速效胰岛素类似物（赖脯胰岛素）	10~15min	1.0~1.5h	4~5
速效胰岛素类似物（谷赖胰岛素）	10~15min	1~2h	4~6
中效胰岛素（NPH）	2.5~3.0h	5~7h	13~16
长效胰岛素（PZI）	3~4h	8~10h	长达 20
长效胰岛素类似物（甘精胰岛素）	2~3h	无峰	长达 30
长效胰岛素类似物（地特胰岛素）	3~4h	3~14h	长达 24
预混胰岛素（HI30R，HI70/30）	30min	2~12h	14~24
预混胰岛素（50R）	30min	2~3h	10~24
预混胰岛素类似物（预混门冬胰岛素）	15~20min	1~4h	14~24
预混胰岛素类似物（预混赖脯胰岛素）	15min	30~70min	16~24
预混胰岛素类似物（预混赖脯胰岛素 50，预混门冬胰岛素 50）	15min	30~70min	16~24

（3）胰岛素注射

1）静脉注射：通常是指静脉输入小剂量胰岛素，即以 0.1U/（kg·h）的速率输入体内降低血糖，其注意事项详见本节"糖尿病酮症酸中毒的抢救及护理"部分。

2）皮下注射：注射器有胰岛素空针、胰岛素笔、胰岛素泵。胰岛素笔是一种笔式注射器，胰岛素笔芯直接装入笔内，无须抽取，易于携带，对老年、经常外出的病人尤为方便。胰岛素泵是一种将胰岛素持续注入皮下的注射器,胰岛素装入其储药器内,按预先设定的程序注入体内,特点是模拟胰岛 B 细胞生理分泌,亦可餐前追加负荷剂量。

3)其他:如人工胰,由血糖感受器、微型电子计算机和胰岛素泵组成。葡萄糖感受器能敏感地感知血糖浓度的变化,将信息传给电子计算机,指令胰岛素泵输出胰岛素,模拟胰岛 B 细胞分泌胰岛素的模式。

(4)使用原则和方法:胰岛素的应用应在综合治疗的基础上进行。一般从小剂量开始,根据血糖水平逐渐调整。力求模拟生理性胰岛素分泌模式。

1)1 型糖尿病病人一经诊断就应该立即开始胰岛素治疗并需终身替代治疗,大多数病人采用多次皮下注射胰岛素(multiple daily injection,MDI)或持续皮下胰岛素输注(continuous subcutaneous insulin infusion,CSII,亦称胰岛素泵)。MDI 方案:体重在成年标准体重±20%内的 T1DM 病人胰岛素用量为 0.4~0.8U/(kg·d),40%~60%用于提供每日胰岛素基础量,剩余部分用于三餐前(三餐前 30min 短效胰岛素或速效胰岛素类似物及睡前中效胰岛素或长效胰岛素或其类似物)。胰岛素泵模拟胰腺的工作方式,将一段或几段微小剂量的短效或超短效胰岛素不分昼夜地连续输注,保持体内胰岛素维持在一个基本水平,以保证正常的生理需要,称为基础量;餐前追加注射一定量的胰岛素,即餐前追加量。通过基础量和餐前追加量以维持糖尿病病人空腹和餐后血糖的稳定。

2)2 型糖尿病病人的胰岛素治疗常采用:①基础胰岛素治疗:胰岛素+磺酰脲类或胰岛素+双胍类或胰岛素+α-葡萄糖苷酶抑制剂;也可早餐前或睡前加 1 次中效胰岛素或 2 次/d 注射中短效混合胰岛素。②强化治疗:对于 HbAlc>9.0%或空腹血糖>11.1mmol/L 的新诊断 2 型糖尿病病人提倡早期使用胰岛素强化治疗,在短时间内把血糖控制到正常范围。常用的强化治疗方案有 3 种,包括:①每日多次注射胰岛素:基础+餐时胰岛素 1~3 次/d。②预混胰岛素:预混人胰岛素 2 次/d,预混胰岛素类似物 2~3 次/d,一般为早餐和晚餐前各注射 1 次。应停用促胰岛素分泌剂。③使用胰岛素泵 CSII。

胰岛素一日剂量分配以早餐最多,其次是晚餐和晚睡前,最少的是中餐。开始使用胰岛素治疗时,给药剂量应根据餐前、餐后及睡前的血糖进行调整,一般 3~5d 调整一次。如餐前血糖高,应增加前一餐的胰岛素剂量;如餐后的血糖高,则增加本次餐前的胰岛素剂量;如睡前血糖高,则增加晚餐前的胰岛素剂量;反之亦然。如早晨空腹血糖很高,可能的原因有:①夜间胰岛素作用不够;②"黎明现象",即夜间血糖控制良好,仅黎明前一段时间出现高血糖,其可能为胰岛素拮抗激素分泌增多所致;③索莫吉(Somogyi)反应,即夜间有低血糖,继而发生低血糖后的反应性高血糖。在夜间连续监测血糖变化,有利于鉴别高血糖的原因。

(5)使用胰岛素的注意事项:①正确保管,未开封的胰岛素放于冰箱冷藏保存(2~8℃);正在使用的胰岛素在常温下(28℃以内)可使用 28d,无须放入冰箱,但应避免过冷、过热、太阳直晒,否则可因蛋白质凝固变性而失效。②准确用药,准确执行医嘱,做到制剂、种类正确,剂量准确,按时注射,短效制剂必须在进餐前 30min 注射。③抽吸药液顺序,长、短效或中、短效胰岛素混合使用时,应先抽吸短效胰岛素,再抽吸长效胰岛素,然后混匀,切不可逆行操作,以免将长效胰岛素混入短效内。④注射部位选择与更替,选择皮下脂肪较多的部位,如上臂外侧、臀部、大腿前外侧、腹部等,注意轮换注射部位和进针角度,长期注射同一部位可能导致局部皮下脂肪萎缩或增生、局部硬结;如在同一区域注射,须与上次注射部位相距 1cm 以上;选择无硬结的部位,如产生硬结,可热敷,但要避免烫伤。⑤监测血糖,如发现病人血糖波动过大或持续高血糖,应及时通知医生。⑥严格无菌操作,防止发生感染。

(6)胰岛素不良反应的观察及处理:①低血糖反应:最常见,表现为强烈饥饿感、心慌、手抖、出汗、头晕无力等,应及时给予糖水或高糖食物,注射葡萄糖液以纠正低血糖;②过敏反应:多由制剂不纯导致,表现为注射部位红、肿、发炎、硬结或皮疹,应更换制剂类型,更换注射部位,严重者行脱敏疗法;③注射部位脂肪萎缩:采用多点、多部位皮下注射可预防其发生,若发生则停止该部位注射后可缓慢自然恢复。

Note:

3. 胰高血糖素样肽-1受体激动剂（GLP-1RA）　该类药物通过激活GLP-1受体以葡萄糖浓度依赖的方式刺激胰岛素分泌和抑制胰高血糖素分泌,同时增加肌肉和脂肪组织葡萄糖摄取,抑制肝葡萄糖的生成而发挥降血糖作用,并可抑制胃排空,抑制食欲,给药方式为皮下注射。CLP-1RA适合伴动脉粥样硬化性心血管疾病(ASCVD)或高危心血管疾病风险的T2DM病人,并且低血糖风险较小。GLP-1RA主要不良反应为轻、中度胃肠道反应,包括腹泻、恶心、腹胀、呕吐等,多见于治疗初期,随着使用时间延长,不良反应逐渐减轻。

（四）监测

1. 定期的检查和自我监测是糖尿病管理的重要内容。病人须学会自我监测血糖、血压、体重指数等,掌握糖尿病控制的目标(表61-0-3)。

2. **监测血糖**　自我血糖监测(self monitoring of blood glucose,SMBG)可及时、全面地掌握病人血糖的控制情况,是保证糖尿病治疗达标的最基本手段。目前临床上血糖监测方法包括利用血糖仪进行的毛细血管血糖监测、连续监测3d血糖的动态血糖监测(CGM)、反映2~3个月平均血糖水平的糖化血红蛋白检测等。

（1）监测项目:血糖值是直接反映糖尿病病人体内胰岛功能受损情况及治疗效果的重要指标。不同时间点血糖监测有着不同的意义:空腹及餐前血糖监测有利于发现低血糖;三餐后2h血糖监测能较好地反映饮食及降血糖药的治疗是否适当;晚上睡觉前血糖的监测有助于指导睡前加餐,防止夜间低血糖,保证睡眠安全;凌晨2:00—3:00血糖的监测,有助于发现有无夜间低血糖,明确造成清晨空腹高血糖的原因。

1）空腹血糖:一般指过夜空腹8h以上,于晨6:00—8:00采血测得的血糖。反映无糖负荷时体内的基础血糖水平。测定结果可受到前一日晚餐进食量及成分、夜间睡眠情况、情绪变化等因素的影响。测试前晚应避免进食过量或含油脂过高的食物,在保证病人睡眠及情绪稳定时检测。

表61-0-3　中国2型糖尿病综合控制目标

指标	目标值
毛细血管血糖/(mmol·L^{-1})	
空腹	4.4~7.0
非空腹	<10.0
糖化血红蛋白/%	<7.0
血压/mmHg	<130/80
总胆固醇/(mmol·L^{-1})	<4.5
高密度脂蛋白胆固醇/(mmol·L^{-1})	
男性	>1.0
女性	>1.3
甘油三酯	<1.7
低密度脂蛋白胆固醇/(mmol·L^{-1})	
未合并冠心病	<2.6
合并冠心病	<1.8
体重指数/(kg·m^{-2})	<24.0

2）餐后2h血糖:指进餐后2h所采取的血糖。有标准餐或随意餐两种进餐方式。标准餐是指按统一规定的碳水化合物含量所进的饮食,如75g葡萄糖粉或100g馒头等;随意餐多指病人平时常规早餐,包括早餐前、后常规服用的药物,为平常治疗效果的一个观察指标。餐后2h血糖反映了定量糖负荷后机体的耐受情况,正常人应小于7.8mmol/L。

3）即刻血糖:根据病情观察需要所选择的时间采血测定血糖,反映了所要观察时的血糖水平。

（2）自我血糖监测的频率:①使用口服药和生活方式干预的病人每周监测血糖2~4次。②使用胰岛素治疗者每日自我监测血糖至少3次,其中,胰岛素强化治疗(多次胰岛素注射或使用胰岛素泵)的病人在治疗开始阶段应每日监测血糖5~7次,建议涵盖空腹、三餐前后、睡前。如有低血糖表现须随时测血糖。如出现不可解释的空腹高血糖或夜间低血糖,应监测凌晨2:00—3:00血糖。达到治疗目标后每日监测血糖2~4次,主要涵盖空腹、睡前血糖,必要时测餐后。③当病人病情稳定或已达血糖控制目标时可每周监测3d,每日2次。④血糖控制差的病人或病情危重者应每日监测5~7次,直到病情稳定,血糖得到控制。⑤病人患病时或剧烈运动之前应增加监测次数;患病或血糖>20mmol/L时,应同时测定血酮或尿酮体。⑥出现低血糖症状时应及时检测血糖。

Note:

3. 自我血糖监测的指导和质控 开始自我血糖监测前,应由医生或护士对糖尿病病人进行检测技术和检测方法的指导,包括如何测血糖、何时监测、监测频率和如何记录监测结果。医生或糖尿病管理小组每年应检查1~2次病人自我血糖监测技术和校准血糖仪,此外,当新购买血糖仪时、自我检测结果与糖化血红蛋白或临床情况不符时尤其需要进行指导。

(五)糖尿病教育

糖尿病教育是综合治疗的要素,其目的是提高病人对疾病的自我管理能力,密切配合治疗,提高生活质量。教育的要点贯穿于各项治疗护理之中,主要包括糖尿病的性质与危害性;如何制订个人的食谱、运动疗法和降血糖药物;指导病人如何监测尿糖、尿酮和血糖,胰岛素注射技术,低血糖和高血糖如何觉察、预防和治疗;并发症的预防、治疗和康复;进行足、皮肤、口腔的保健与护理;烟酒的危害性及健康的生活方式;糖尿病病人的社会心理适应。此外,还须指导病人定期复诊、预防意外发生。

(六)并发症及合并症的治疗和护理

1. 糖尿病酮症酸中毒病人的抢救及护理

(1)补液:立即建立两条静脉通路,准确执行医嘱,确保液体和胰岛素的输入。输液是抢救 DKA 病人首要的、极关键的措施。由于在本症中常伴有血浆渗透压升高,通常使用生理盐水,补液量和速率视失水程度而定。如病人无心力衰竭,开始时补液速率应快,第 1h 输入生理盐水,速率为 15~20ml/(kg·h)(一般成人 1 000~1 500ml),以便迅速补充血容量,改善周围循环和肾功能,以后根据病人血压、心率、尿量、末梢循环情况、中心静脉压等决定输液量和速率。要在第 1 个 24h 内补足预估的液体丢失量,通常第 1 个 24h 输液总量 4 000~5 000ml,严重失水者可达 6 000~8 000ml。如治疗前已有低血压或休克,快速输液不能有效升高血压,应输入胶体溶液并进行抗休克处理。由于初治期病人血糖浓度已很高,不能给葡萄糖液,当血糖降至 11.1mmol/L 左右时,须补充 5% 葡萄糖液,并继续胰岛素治疗。

(2)胰岛素治疗的护理:通常采用小剂量(短效)胰岛素治疗方案(每小时 0.1U/kg),将短效胰岛素加入生理盐水中持续静脉滴注。当血糖降至 11.1mmol/L 时,改输 5% 葡萄糖液并调整胰岛素用量至每小时 0.02~0.05U/kg。尿酮体消失后,根据病人尿糖、血糖及进食情况调节胰岛素剂量或改为每 4~6h 皮下注射胰岛素 1 次,然后恢复平时的治疗。

(3)纠正电解质及酸碱平衡失调:根据治疗前血糖水平及尿量决定补钾时机、补钾量及速率。在开始胰岛素及补液治疗后,病人的尿量正常,血钾低于 5.2mmol/L 即可静脉补钾。治疗前已有低钾血症,尿量≥40ml/h 时,在胰岛素及补液治疗同时必须补钾。严重低钾血症可危及生命,若发现血钾<3.3mmol/L,应优先进行补钾治疗,当血钾升至 3.3mmol/L 时,再开始胰岛素治疗,以免发生致死性心律失常、心搏骤停和呼吸肌麻痹。轻、中度酸中毒经充分静脉补液及胰岛素治疗后即可纠正,无须补碱,仅对 pH<6.9 的病人考虑适当补碱。

(4)防治诱因和处理并发症:包括休克、严重感染、心力衰竭、心律失常、肾衰竭、脑水肿、急性胃扩张等。

(5)病情监测:严密观察和记录病人神志、瞳孔、呼吸、血压、脉搏、心率及 24h 液体出入量等变化。监测并记录血糖、尿糖、血酮、尿酮水平及动脉血气分析和电解质变化,有无水、电解质紊乱及酸碱平衡失调。

(6)其他护理:病人绝对卧床休息,注意保暖,预防压疮和继发感染,昏迷者按昏迷常规护理。

2. 高血糖高渗状态病人的抢救和护理 治疗上大致与糖尿病酮症酸中毒相近。病人有严重失水,应积极补液。无休克者目前多主张先用等渗溶液,如治疗前已有休克,宜先输生理盐水和胶体溶液,尽快纠正休克。输液的同时给予小剂量胰岛素治疗,以每小时 0.1U/kg 的速率静脉滴注。当血糖降至 16.7mmol/L 时,调整胰岛素用量至每小时 0.02~0.05U/kg,并同时输入 5% 葡萄糖溶液,并根据尿量补钾。积极消除诱因和治疗各种并发症,如心力衰竭、心律失常、肾衰竭等。病情稳定后根据病人血糖、尿糖及进食情况给予皮下注射胰岛素,然后转为常规治疗。

Note:

3. **低血糖病人的护理**　对非糖尿病病人来说,低血糖症的诊断标准为血糖<2.8mmol/L,而接受药物治疗的糖尿病病人只要血糖<3.9mmol/L就属于低血糖。

（1）低血糖的评估

1）病史:了解有无导致低血糖发生的因素,如注射胰岛素剂量过大、服用降血糖药或使用胰岛素后未按时进食、运动量过大等。

2）临床表现:①轻、中度低血糖,2.8≤血糖水平<3.9mmol/L,病人可以进行自我救治;轻度低血糖病人出现交感神经兴奋的症状,包括心慌、出汗、饥饿、无力、手抖、视物模糊、面色苍白等;中度低血糖病人除了出现上述的交感神经兴奋症状外,还出现了中枢神经系统症状,包括头痛、头晕、定向力下降、精神异常症状。②重度低血糖,病人除有交感神经兴奋症状外,还表现为严重的中枢神经系统症状如精神症状、意识障碍,甚至昏迷。血糖水平<2.8mmol/L,病人不能进行自我救治,需要他人帮助。

3）血糖监测:有条件者立即监测血糖浓度,根据低血糖的临床表现和血糖水平判断低血糖的严重程度。

（2）低血糖的处理:反复发作的低血糖或较长时间的低血糖昏迷可引起脑部损伤,一旦确定病人发生低血糖,应尽快补充糖分。具体处理方法见图61-0-2。

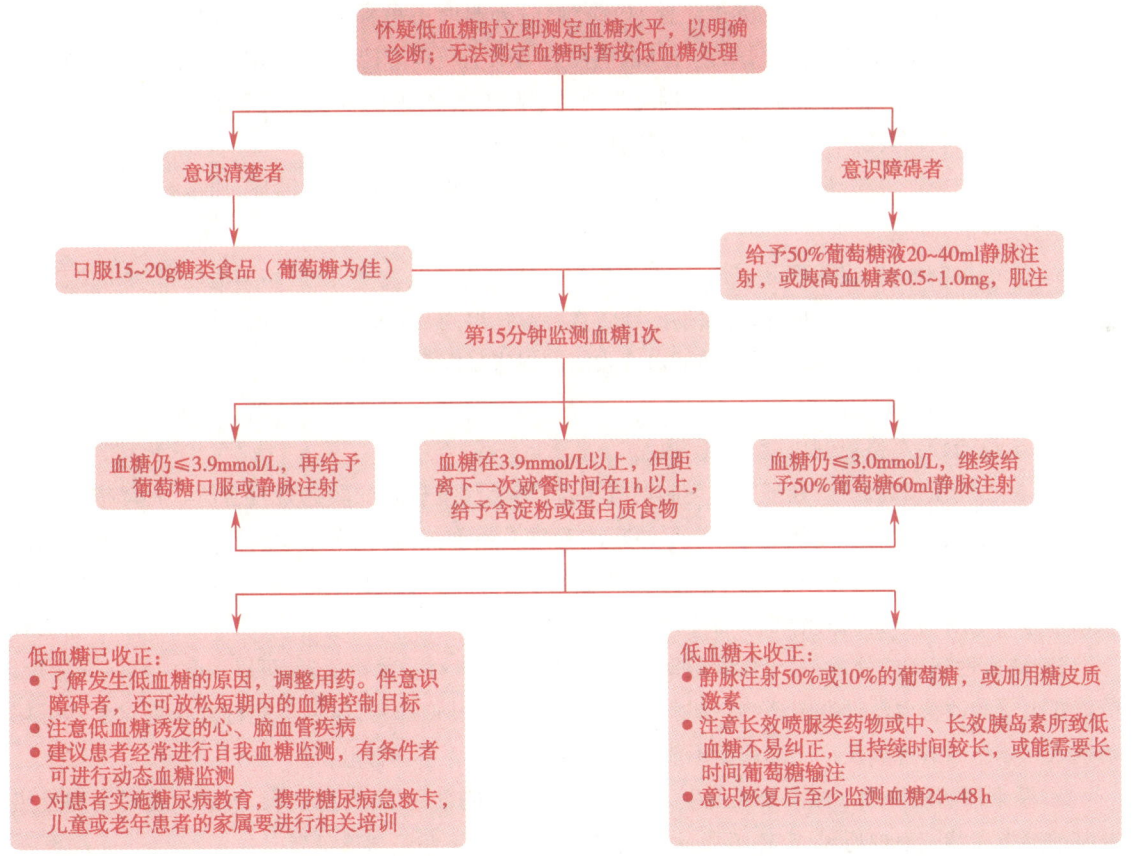

图 61-0-2　低血糖诊治流程

（3）低血糖的预防:低血糖防治知识教育是预防低血糖的关键,病人应熟悉何种情况下易发生低血糖,低血糖的症状及自我处理方法。遵从饮食、运动与药物治疗的原则,做好饮食、运动与药物治疗的配合;少饮酒,避免酒精导致的迟发性严重低血糖的发生。做好血糖的监测。外出时随身携带糖果、饼干和病情卡,一旦发生低血糖昏迷时能及时得到帮助。

4. **糖尿病足的治疗和护理**

（1）糖尿病足的预防和护理

1）危险因素评估:糖尿病足部溃疡的危险因素主要有:①既往有足溃疡史;②有神经病变的症状

Note:

（如足的麻木感,感觉、触觉、痛觉减退或消失）和/或缺血性血管病变（如运动引起的腓肠肌疼痛或足发凉）；③神经病变的体征（足发热、皮肤不出汗、肌肉萎缩、鹰爪样趾、压力点的皮肤增厚或胼胝形成,但足背动脉搏动和血液充盈良好）和/或周围血管病变的体征（足发凉、皮肤发亮变薄、足背动脉搏动减弱或消失和皮下组织萎缩）；④神经和/或血管病变并不严重但有严重的足畸形；⑤其他危险因素,如视力下降、膝、髋或脊柱关节炎,鞋袜不合适等；⑥个人因素,如社会经济条件差、老年人或独居生活、拒绝治疗和护理等。

2）足部观察与检查:指导病人每日检查双足一次,观察足部皮肤颜色、温度改变,注意检查趾甲、趾间、足底部皮肤有无胼胝、鸡眼、甲沟炎、甲癣、红肿、青紫、水疱、溃疡、坏死等,评估足部有无感觉减退、麻木、刺痛,足背动脉搏动情况及皮肤温度。每日要对自己所穿的鞋进行检查,包括异物、趾甲屑、鞋的里衬平整情况。如有视力障碍,应在亲友的协助下检查足部和修剪指甲,不要亲自操作。如果足部起水疱和疼痛,必须及时到有关专科就诊。指导病人定期做足部感觉的测试,如测试压力觉、关节位置觉、振动觉、痛觉、温度觉和触觉等,及时了解足部感觉功能。

3）保持足部清洁:勤换鞋袜,每日清洁足部（洗脚时的水温应低于37℃）；若足部皮肤干燥,清洁后可用羊毛脂涂擦,但不可常用,以免皮肤过度浸软。

4）预防外伤:指导病人不要赤脚走路,以防刺伤；外出时不可穿拖鞋,以免踢伤；应选择轻巧柔软、前头宽大的鞋子,袜子以弹性好、透气及散热性好的棉毛质地为佳；冬天使用电热毯或烤灯时谨防烫伤；对鸡眼、胼胝、脚癣及时治疗；不要用化学药物消除鸡眼或胼胝,应找有经验的医生诊治,并说明自己患有糖尿病；修剪趾甲避免太短,应与脚趾平齐。

5）促进肢体血液循环:指导和协助病人采取多种方式促进肢体血液循环,如步行和腿部运动。避免盘腿或跷二郎腿。

6）积极控制血糖,说服病人戒烟:足部溃疡危险性变化及其发生、发展均与血糖密切相关,血糖值是干预有效与否最敏感的指标,足溃疡的预防教育应从早期指导病人控制和监测血糖开始。同时,指导病人积极戒烟,防止因吸烟导致局部血管收缩而促进足溃疡的发生。

（2）糖尿病足的治疗

1）全身治疗:严格控制血糖、血压、血脂。

2）神经性溃疡的治疗:处理的关键制动减压,特别要注意病人的鞋袜是否合适。具体措施包括通过特殊的改变压力的矫形鞋或足的矫形器来改变病人足部的压力；根据溃疡的深度、面积大小、渗出多少以及是否并发感染决定溃疡换药次数和局部用药；采用一些生物制剂或生长因子类药物治疗难以治愈的足溃疡。适当的治疗可以使神经性足溃疡愈合。

3）缺血性病变的处理:对于血管阻塞不是非常严重或没有手术指征者,可以采取内科保守治疗,静滴扩血管和改善血液循环的药物。如病人有严重的周围血管病变,应尽可能行血管重建手术。坏疽病人在休息时有疼痛及广泛的病变不能通过手术改善者,才考虑截肢。

5. 感染预防和护理 注意个人卫生,加强口腔、皮肤、阴部的清洁,勤洗澡、更衣。及时处理发热及其他感染症状。室内通风,定期消毒；注意保暖,避免接触上呼吸道感染者。

6. 皮肤护理

保持病人皮肤的清洁,勤洗澡,勤更换内衣；内衣要以棉质为好,要宽松、透气性好；皮肤瘙痒病人嘱其不要搔抓皮肤,**勤剪指甲**,剪指甲时不要剪得太深,避免伤及皮肤；戒酒、勿用浓茶及辛辣食物。洗澡时注意水的温度,**不可过热**,温热水即可,香皂要选用中性的,不可碱性太强；如皮肤出现真菌感染,遵医嘱给予抗真菌药物；如果出现皮肤的化脓性感染,如痈、疖等,不能自己挤压,要到医院就诊,进行换药,以免感染扩散；皮肤如果出现水疱,面积较小时可用无菌纱布加压包扎,面积较大时可到医院在无菌技术操作下,穿刺水疱减压后再包扎。

7. 糖尿病合并妊娠的治疗及护理 糖尿病合并妊娠者,饮食治疗原则同非妊娠者,总能量

Note:

159kJ/kg(38kcal/kg),蛋白质每日1.5~2.0g/kg,碳水化合物约250g/d。整个妊娠期间监测其血糖水平、胎儿的生长发育及成熟情况。单纯饮食控制不佳者应采用短效和中效胰岛素,忌用口服降血糖药。由于孕36周前早产婴儿死亡率较高,38周后胎儿宫内死亡率增高,因此妊娠32~36周时宜住院治疗直至分娩,必要时进行引产或剖宫产。产后注意新生儿低血糖的预防和处理。

（七）心理护理

重视病人的心理反应,向病人说明积极的生活态度对疾病康复的重要性,增强战胜疾病的信心。

【护理评价】

经过治疗和护理,评估病人是否能够达到:①多饮、多食、多尿症状得到控制,血糖水平正常;②体重恢复或接近正常;③焦虑程度减轻,情绪状态稳定;④能够自我照顾、自我监测、足部并发症预防、胰岛素注射等;⑤未发生糖尿病酮症酸中毒、糖尿病非酮症高渗性昏迷和低血糖等并发症。

知 识 链 接

护士——糖尿病照护的核心

护士在慢性病管理中发挥日益重要的作用,并逐渐得到认可。2020年11月14日世界糖尿病日,国际糖尿病联合会(IDF)发起了"护士:至关重要"的运动,旨在促进护士在糖尿病预防和管理中发挥更重要的作用。IDF指出,护士是糖尿病病人从常规门诊到住院治疗的各级医疗卫生系统中直接接触最多的医务工作者,在管理各类糖尿病病人和预防糖尿病高危人群发展为糖尿病等方面都发挥着关键作用。事实证明,以护士为主导的护理模式可有效管理糖尿病。在2019年发表的由护士主导的临床路径和护士主导的处方随机试验的Meta分析显示,由护士主导的诊疗对稳定HbA1c有有益作用,且与医生主导的诊疗的效果相似。随着全球糖尿病负担的日益增加,在糖尿病照护核心的护士(包括健康和护理系统各个层面的专家和通才)比以往任何时候都更加重要。

（周兰姝）

思 考 题

1. 如何对高压力、有久坐习惯的2型糖尿病病人实施健康教育?
2. 对于既往出现过低血糖的病人,在运动时要注意什么?

NURSING
第六十二章

肾上腺疾病病人的护理

62章 数字内容

─── 学习目标 ───

- 识记：
  陈述库欣综合征、原发性醛固酮增多症、嗜铬细胞瘤的概念和典型症状。
- 理解：
  1. 解释库欣综合征、原发性醛固酮增多症、嗜铬细胞瘤的病因与发病机制。
  2. 列举库欣综合征、原发性醛固酮增多症、嗜铬细胞瘤的治疗原则。
- 运用：
  1. 配合完成库欣综合征、原发性醛固酮增多症、嗜铬细胞瘤病人各种辅助检查和实验。
  2. 运用所学知识，对库欣综合征、原发性醛固酮增多症、嗜铬细胞瘤病人进行病情观察与护理。

第一节　库欣综合征病人的护理

病人,女性,35 岁,因月经紊乱,皮肤痤疮 2 年余,发现皮肤紫纹 1 年入院,体格检查:T 36.4℃,P 84 次/min,R 15 次/min,BP 139/94mmHg,神清合作,满月脸,水牛背,下肢及腋下可见宽大紫纹。辅助检查:空腹血糖 11.74mmol/L,钾 3.28mmol/L,钠 143.2mmol/L,氯 98.3mmol/L,皮质醇(F)1018nmol/L,促肾上腺皮质激素(ACTH)32.41pmol/L。

请思考:

(1) 为明确诊断,还应协助医生完善哪些检查?

(2) 诊断明确后,应如何指导病人进行饮食和活动?

库欣综合征(Cushing syndrome,CS),又称皮质醇增多症,是由各种原因引起肾上腺皮质分泌过多糖皮质激素(主要是皮质醇)所致综合征的总称。其中,以垂体促肾上腺皮质激素(ACTH)分泌亢进的临床类型最多见,称为库欣病(Cushing disease),约占库欣综合征的 70%。库欣综合征多见于成人,女性多于男性,儿童、青少年亦可发病。

【病因及发病机制】

(一) 依赖 ACTH 的库欣综合征

1. **库欣病**　是垂体 ACTH 分泌过多,导致双侧肾上腺皮质增生,分泌大量皮质醇所致。主要为垂体微腺瘤(直径<10mm),约占库欣病的 80%;少数为大腺瘤,也有未发现肿瘤者。

2. **异位 ACTH 综合征**　系垂体以外的肿瘤分泌大量 ACTH,伴肾上腺皮质增生。可分为:①缓慢发展型:肿瘤恶性度较低,如类癌,进展较慢,临床表现及实验室检查类似库欣病;②迅速进展型:肿瘤恶性度高,发展快,不出现典型库欣综合征表现,血 ACTH、血皮质醇、尿皮质醇升高特别明显。

3. **异位促肾上腺皮质激素释放激素(CRH)综合征**　肿瘤异位分泌 CRH 刺激垂体 ACTH 细胞增生,ACTH 分泌增加。

(二) 不依赖 ACTH 的库欣综合征

肾上腺皮质肿瘤自主分泌过量皮质醇,不受垂体控制,反馈抑制垂体 ACTH 的释放,使瘤外同侧及对侧肾上腺皮质萎缩,包括:

1. **肾上腺皮质腺瘤**　占库欣综合征的 15%~20%,多见于男性,起病较缓慢,多毛及雄激素增多较少见。

2. **肾上腺皮质癌**　占库欣综合征的 5% 以下,病情重,进展迅速。

3. **不依赖 ACTH 的双侧性肾上腺小结节性增生**　病人血中 ACTH 低或测不到,不能被大剂量地塞米松抑制。发病机制与遗传和免疫有关。

4. **不依赖 ACTH 的双侧肾上腺大结节性增生**　病因与 ACTH 以外的激素、神经递质的受体在肾上腺皮质细胞上异位表达有关。双侧肾上腺增大,含有多个直径在 5mm 以上的良性结节,一般为非色素性。病人可表现为典型的库欣综合征。

【护理评估】

(一) 健康史

评估病人的年龄、性别、一般情况、起病时间、主要症状等。了解病人既往检查、治疗等情况,是否有垂体疾病、肺癌、胸腺癌和胰腺癌等病史。

（二）身体状况

1. **脂肪代谢障碍** 皮质醇促进脂肪动员和合成,使脂肪重新分布,促进蛋白质分解,致四肢肌肉萎缩,而腹部和肩胛之间的脂肪积累,形成典型的向心性肥胖,表现为满月脸、鲤鱼嘴、水牛背、锁骨上窝脂肪垫和悬垂腹等,四肢相对瘦小。多为轻、中度肥胖。

2. **蛋白质代谢障碍** 由于皮质醇增多,蛋白质分解代谢亢进,消耗过多,形成负氮平衡。表现为皮肤菲薄、毛细血管脆性增加、轻微损伤即可引起瘀斑;由于肥胖、皮肤菲薄、皮肤弹力纤维断裂等原因,大腿、下腹部、臀部等处可见典型的皮肤紫纹;病程长者肌肉萎缩、骨质疏松,可发生病理性骨折,儿童则出现生长停滞。

3. **糖代谢障碍** 皮质醇促进糖异生,导致葡萄糖耐量异常,可引起类固醇性糖尿病。

4. **电解质紊乱** 皮质醇分泌过量导致钠潴留,钾、氯排出增多,重则出现低钾低氯性碱中毒,其中以肾上腺皮质腺癌及异源 ACTH 综合征表现最为明显。此外,具有盐皮质激素作用的脱氧皮质酮分泌也增多,加重低钾血症,乏力加重。部分病人因水钠潴留出现轻度水肿。

5. **心血管表现** 由于皮质醇增加儿茶酚胺对小血管的张力和水钠潴留,可出现高血压。长期高血压可并发左心室肥大、心力衰竭和脑卒中。

6. **感染** 长期皮质醇分泌增多使免疫功能减弱,病人容易发生各种感染。以肺部感染多见,其中化脓性细菌感染不容易局限,可发展成蜂窝织炎、败血症等。且皮质醇增多使机体防御反应被抑制,炎症反应和发热不明显,易漏诊造成严重后果。

7. **造血系统及血液改变** 皮质醇刺激骨髓,使红细胞计数和血红蛋白含量增高,病人皮肤菲薄,呈多血质面容。

8. **性功能障碍** 女性病人因肾上腺雄性激素分泌增多,表现为月经量减少、月经不规则或停经、痤疮等。男性因皮质醇对垂体促性腺激素的抑制作用,表现为性欲降低、阴茎缩小等。

9. **皮肤色素沉着** 异位 ACTH 综合征及库欣病较重的病人皮肤色素沉着,颜色加深。

（三）辅助检查

1. **库欣综合征的筛查试验**

（1）24h 尿皮质醇测定:测定的是游离皮质醇,超过正常上限判断为阳性,至少测定 2 次。

（2）午夜血清/唾液皮质醇测定:库欣综合征病人午夜血清皮质醇低峰会消失。进行午夜血清皮质醇测定,采血时应处于睡眠状态。唾液中皮质醇浓度与血中游离皮质醇浓度平行。

（3）1mg 过夜地塞米松抑制试验:方法见表 59-3-1。服药后血清皮质醇值 ≥50nmol/L 为不抑制。

（4）小剂量地塞米松抑制试验:方法见表 59-3-1。游离皮质醇未下降到正常值下限以下或服药后血皮质醇 ≥50nmol/L 为小剂量地塞米松试验不被抑制。

2. **库欣综合征的定位实验室检查**

（1）血浆 ACTH 测定:方法见表 59-3-1。血 ACTH<2.2pmol/L(10pg/ml),考虑为不依赖性 ACTH 的库欣综合征;如 ACTH>4.4pmol/L(20pg/ml),则考虑为依赖 ACTH 的库欣综合征。

（2）大剂量地塞米松抑制试验:方法见表 59-3-1。若游离皮质醇或者血皮质醇下降到对照值 50%以下为经典大剂量地塞米松抑制试验被抑制,支持库欣病的诊断。

3. **影像学检查** 磁共振成像(MRI)是诊断垂体腺瘤的首选方法。正电子发射断层成像/计算机断层成像(PET/CT)在微小病灶的检出和残存、复发病灶的判断方面有独特的价值。

（1）鞍区 MRI 检查:库欣病多为垂体微腺瘤,常需要进行鞍区动态增强 MRI,当检查为阴性时,可进一步行岩下窦静脉取血明确诊断。同时,还应考虑异位 ACTH 综合征的可能,进一步行胸部 CT、腹盆部 CT 检查等。

（2）双侧岩下窦静脉取血(BIPSS)和去氨加压素(DDAVP)兴奋试验:依赖 ACTH 的库欣综合征病人如临床、生化、影像学检查结果不一致或难以鉴别病因时,建议行 BIPSS 以鉴别 ACTH 来源。岩

Note:

下窦与外周血浆 ACTH 比值在基线状态≥2 和/或 DDAVP 刺激后≥3 则提示库欣病。术后严重并发症如深静脉血栓、肺栓塞、蛛网膜下腔出血等少见。采用 BIPSS 联合 DDAVP 兴奋试验是确诊库欣病的"金标准"。

（3）^{18}F-FDG PET/CT 检查：可发现 CT、MRI 难以检出的垂体微腺瘤。

（4）生长抑素受体显像（SRS）：可使异位肿瘤显像，但敏感性仅为 49%，需其他影像学检查进行病灶的定位。

（四）心理-社会状况

病人常因身体外形的改变，出现自卑、烦躁、抑郁、失眠等，不愿参与社交活动，严重者可有精神障碍、自杀倾向。大多数病人需要手术治疗，术前常有紧张、恐惧心理。

【常见护理诊断/问题】

1. **焦虑**　与外形改变、知识缺乏、手术等有关。
2. **抑郁**　与外形改变，对疾病治疗信心不足有关。
3. **体液过多**　与皮质醇激素分泌过多导致水、钠潴留有关。
4. **体像紊乱**　与皮质醇增多症所致的形象改变有关。
5. **有外伤的危险**　与代谢异常引起钙吸收障碍，导致骨质疏松有关。
6. **潜在并发症**：感染、肾上腺危象。

【计划与实施】

经过治疗和护理，病人达到：①缓解焦虑、抑郁情绪；②逐渐恢复正常身体外形；③减轻水肿；④避免外伤和骨折的发生；⑤避免发生感染、肾上腺危象等术后并发症。

（一）饮食护理

病人宜摄入低钠、高钾、高蛋白、高维生素、低能量的食物，改善营养失调，有利于预防和控制高血压、水肿及低钾血症。鼓励病人食用柑橘类、香蕉、南瓜等含钾高的食物。

（二）活动与休息

避免剧烈运动，适度活动，休息时取平卧位，抬高双下肢，有利于静脉回流，减轻水肿。必要时卧硬板床，下床时动作轻缓。环境安全、舒适，移除不必要的家具或摆饰，浴室铺上防滑脚垫，防止因碰撞或跌倒引起骨折。

（三）手术治疗

经蝶窦切除垂体微腺瘤是库欣病病人的首选疗法，摘除腺瘤后多数可治愈。双侧肾上腺切除术是快速控制高皮质醇血症的有效方法，也可选择一侧肾上腺全切、另一侧肾上腺大部分切除术。与开腹手术相比，采用腹腔镜微创肾上腺切除术可减少病人的手术创伤，加快术后恢复。肾上腺腺瘤大多为单侧，经腹腔镜切除一侧肿瘤可治愈。手术后需要遵医嘱给予病人激素替代治疗，必要时辅以放射治疗或化疗。

（四）围手术期护理

1. **经蝶窦切除垂体腺瘤术的围手术期护理**　参照第六十三章第一节"垂体腺瘤手术病人的护理"。

2. **肾上腺切除术病人围手术期护理**　执行腹腔镜或腹部手术护理常规。

（1）手术前护理：①术前备皮，清洁切口周围皮肤；②病情观察：观察病人水肿情况，每日测量体重，监测生命体征、血钠、血钾和心电图的变化，记录 24h 出入量。

（2）手术后护理

1）术后病人血压平稳后可取半坐卧位，以利于引流和呼吸。

2）术后 48~72h，严密观察病人生命体征，准确记录出入量，根据其中心静脉压调整输液量和速率，防止脑水肿、肺水肿、左心衰竭等并发症的发生。

3) 及时巡视病人,协助生活护理。加强皮肤护理,对长期卧床者,定时翻身,保护骨突处,以防破损或压力性损伤。

4) 预防并发症:①肾上腺皮质功能不全:手术切除分泌激素的肿瘤或增生的腺体后,体内糖皮质激素水平骤降,病人表现为心率加快、恶心、呕吐、腹痛、腹泻、周身酸痛、血压下降、疲乏等症状,严重者可出现肾上腺危象。因此,术后应严密观察病情,每日遵医嘱按时口服或静脉补充激素,并根据病情逐渐减量;②感染:病人免疫力较低,容易发生各种感染。应严密观察病人体温的变化和切口有无渗血、感染,定时翻身、拍背,协助其排痰,防止肺部感染和肺不张。

(五) 药物治疗与护理

1. **阻滞肾上腺皮质激素合成的药物** ①米托坦:主要用于肾上腺癌病人,可使肾上腺皮质束状带及网状带萎缩、出血、细胞坏死。不良反应有食欲减退、恶心、嗜睡、眩晕、头痛、乏力等;②美替拉酮:可抑制皮质醇的生物合成。不良反应有食欲减退、恶心、呕吐等;③氨鲁米特:使皮质激素的合成受阻;④酮康唑:可使皮质激素产生量减少。治疗过程中需要观察肝功能,少数病人可出现严重肝功能损害。

2. **其他药物治疗** ①对催乳素升高者可试用溴隐亭;②血清素拮抗药赛庚啶、γ-氨基丁酸促效剂丙戊酸钠治疗库欣病及纳尔逊(Nelson)综合征有一定效果;③水肿严重者,遵医嘱给予利尿药,如出现心律失常、恶心、呕吐、腹胀等低钾血症症状时,酌情进行补钾治疗;④术后使用糖皮质激素替代治疗者,嘱其坚持服药,在肾上腺功能恢复的基础上逐渐减量,切勿自行加、减药物及停药;⑤遵医嘱酌情补充钙剂和维生素 D,预防骨质疏松。

(六) 健康指导

向病人讲解疾病知识、治疗方法、术后激素替代治疗及注意事项,指导病人遵医嘱用药并观察药物疗效及不良反应;指导病人进行自我护理,避免外伤、感染,保持乐观心态;监测垂体及肾上腺功能等,观察病情变化,定期复诊。

(七) 心理护理

给予心理支持,说明身体外形经过积极治疗,部分可恢复正常。评估病人的情绪及认知,鼓励其表达感受,帮助其消除自卑感、树立战胜疾病的信心。指导病人改善形象,肥胖者穿合体衣着,恰当的修饰打扮可增加心理舒适和美感。

【护理评价】

经过治疗和护理,评估病人是否能够达到:①焦虑、抑郁情绪改善。②营养满足机体需求,恢复正常体重。③积极治疗,体形得到改善;能正确对待身体外形改变。④维持水、电解质平衡,水肿减轻。⑤未发生外伤或骨折。⑥未发生感染、肾上腺危象等术后并发症。

(邹艳波)

思 考 题

1. 库欣综合征的典型临床表现有哪些?
2. 库欣综合征病人手术后应如何预防肾上腺皮质功能不全?

第二节 原发性醛固酮增多症病人的护理

导入情境与思考

病人,男性,44 岁,因发现血压升高 4 年余,乏力 3 年余入院,体格检查:T 36.7℃,P 87 次/min,R 17 次/min,BP 166/100mmHg。辅助检查:醛固酮 1 040pmol/L,醛固酮/肾素(ARR)659.65,肾素 0.57μIU/ml;

钾 3.08mmol/L；肾上腺 CT 提示左侧肾上腺内侧低密度结节：腺瘤？进一步完善检查后拟行手术治疗。

请思考：

（1）该病人目前主要的护理问题是什么？

（2）对该病人应采取哪些护理措施？

原发性醛固酮增多症（primary aldosteronism，PA），简称原醛症，是由肾上腺皮质病变引起醛固酮分泌增多，导致潴钠排钾、血容量增多、肾素-血管紧张素系统受抑制，临床主要表现为高血压和低钾血症。原醛症在新诊断高血压病人中的发生率超过 4%。

【病因及发病机制】

原醛症根据病因不同，可分为 6 型（表 62-2-1）：醛固酮瘤、特发性醛固酮增多症（简称特醛症）、原发性肾上腺皮质增生（又称单侧肾上腺增生，PAH/UAH）、家族性醛固酮增多症（FH）、分泌醛固酮的肾上腺皮质癌及异位醛固酮分泌瘤。

1. **醛固酮瘤**　多见，大多为一侧腺瘤，病人血浆醛固酮浓度与血浆 ACTH 的昼夜节律平行，对血浆肾素变化无明显反应。少数腺瘤病人站立位所致肾素升高呈醛固酮增多，称为肾素反应性腺瘤。

2. **特发性醛固酮增多症**　简称特醛症，病因可能与对血管紧张素Ⅱ的敏感性增强有关。

3. **原发性肾上腺皮质增生**　少数病人双侧肾上腺结节样增生，对肾素-血管紧张素系统的兴奋性试验及抑制性试验均无反应。

表 62-2-1　原发性醛固酮增多症病因分类及构成比

病因	构成比/%
醛固酮瘤	35
特发性醛固酮增多症	60
原发性肾上腺皮质增生	2
家族性醛固酮增多症（FH）	
糖皮质激素可抑制性醛固酮增多症（GRA）	<1
家族性醛固酮增多症Ⅱ型（CLCN2）	<6
家族性醛固酮增多症Ⅲ型（KCNJ5）	<1
家族性醛固酮增多症Ⅳ型（CACNA1H）	<1
分泌醛固酮的肾上腺皮质癌	<1
异位醛固酮分泌瘤	<0.1

4. **家族性醛固酮增多症**　是由家族性肾上腺皮质分泌过多醛固酮引起的一类单基因遗传性高血压，占原发性醛固酮增多症的 5%，多为常染色体显性遗传，伴或不伴肾上腺增生。根据其致病基因不同分为 4 种亚型（见表 62-2-1）。其中糖皮质激素可抑制性醛固酮增多症，多于青少年期起病，可为家族性，以常染色体显性方式遗传，也可为散发性。

5. **分泌醛固酮的肾上腺皮质癌**　少见，分泌大量醛固酮，也分泌糖皮质激素、雄激素。

6. **异位醛固酮分泌瘤**　极罕见，可发生于肾内的肾上腺残余组织或卵巢内。

【护理评估】

（一）健康史

了解病人的一般情况、起病经过、主要症状及既往检查、治疗情况，有无高血压及肾上腺疾病的家族史。

（二）身体状况

1. **高血压**　为最常见的症状，随着病程发展，血压逐渐升高。常规抗高血压药对本类型高血压的治疗效果不及原发性高血压，部分病人呈难治性高血压，出现心血管病变、脑卒中。

2. **神经肌肉功能障碍**　①肌无力及周期性瘫痪：血钾越低，肌肉受累越重。常见诱因为劳累或服用如氢氯噻嗪、呋塞米等促进排钾的利尿药。麻痹多累及下肢,严重时可累及四肢,甚至出现呼吸和吞咽困难。②肢端麻木、手足搐搦:在低钾严重时,由于神经肌肉应激性降低,手足搐搦可较轻或不出现,而在补钾后,手足搐搦变得明显。

3. 肾表现　长期低钾血症可导致肾浓缩功能减退,伴多尿尤其夜尿多,继发口渴多饮,常易并发尿路感染。尿蛋白增多,少数发生肾功能减退。

4. 心脏表现　①心电图呈低钾血症图形:Q-T间期延长,T波增宽、降低或倒置,U波明显。②心律失常:阵发性室上性心动过速较常见,严重时可出现心室颤动。

5. 其他　儿童有生长发育障碍,与长期缺钾等代谢紊乱有关。缺钾时,胰岛素释放减少,作用减弱,可出现糖耐量减低。

原醛症的发展可分为:①早期:仅有高血压、无低钾血症症状,血浆醛固酮/肾素比值上升。②高血压,轻度钾缺乏期:血钾轻度下降或呈间歇性低钾血症或在某种诱因下(如利尿药)出现低钾血症。③高血压,严重钾缺乏期。

(三)辅助检查

1. 实验室检查

(1)血生化检查:①低钾血症:一般为 2~3mmol/L,严重者更低。低钾血症呈持续性,也可为间歇性。早期病人血钾正常。②高钠血症:血钠一般在正常高限或略高于正常。③碱血症:血 pH 和 CO_2 结合力为正常高限或略高于正常。

(2)尿液检查:①尿钾检查:在血钾<3.5mmol/L 情况下,尿钾仍在 25mmol/24h 以上。②尿 pH 为中性或偏碱性。③尿比重较为固定而降低,往往为 1.010~1.018,少数病人呈低渗尿。④部分病人有蛋白尿,少数发生肾功能减退。

(3)醛固酮测定:原醛症病人中血浆、尿醛固酮皆增高。原醛症伴严重低钾血症者,醛固酮分泌受抑制,血、尿醛固酮增高可不太严重,而在补钾后,醛固酮增多更为明显。

(4)肾素、血管紧张素Ⅱ测定:病人血浆肾素、血管紧张素Ⅱ基础值降低,有时在可测范围之下。

(5)血浆醛固酮与肾素活性比值(ARR)筛查:是原醛症病人首选筛查指标。血醛固酮水平增高而肾素、血管紧张素Ⅱ水平降低为原醛症的特点,血浆醛固酮(ng/dl)/血浆肾素活性[ng/(ml·h)]比值>30 提示有原醛症的可能性。采血要求:①清晨起床后保持非卧位状态(可以坐位、站立或者行走)至少 2h 后静坐 5~15min 后采血。②采血须尽量避免溶血。③待测血浆肾素活性的标本在送检过程中须保持冰浴;而待测直接肾素浓度的标本在送检过程须保持室温(不能将采血管置于冰上,会使无活性肾素转换为活性肾素)。

(6)原醛症确诊试验:对于 ARR 阳性病人推荐进行≥1 种确诊试验以明确诊断。醛固酮>554pmol/L、直接肾素浓度(DRC)<2.5mU/L、伴低钾血症的高血压病人无须进行确诊试验即可确诊为原醛症。目前主要有 4 种确诊试验(表62-2-2),包括口服高钠饮食、氟氢可的松试验、生理盐水试验及卡托普利试验。这 4 种试验各有优缺点,可根据病人情况进行选择。

表62-2-2　原发性醛固酮增多症确诊试验

试验	方法	结果判断
生理盐水试验	试验前必须卧床休息 1h,4h 静脉滴注 2L 0.9% 氯化钠溶液,试验在晨 8:00—9:00 开始,整个过程须监测血压和心率变化,在输注前及输注后分别采血测血浆肾素活性、血醛固酮、血皮质醇及血钾	生理盐水试验后血醛固酮>277pmol/L 原醛症诊断明确,小于 138.5pmol/L 排除原醛症
卡托普利试验	坐位或站位 1h 后口服 50mg 卡托普利,服药前及服药后 1h、2h 测定血浆肾素活性、血醛固酮、皮质醇,试验期间病人须始终保持坐位	正常人卡托普利试验后血醛固酮浓度下降>30%,而原醛症病人血醛固酮不受抑制。国内学者提出卡托普利试验后 2h 醛固酮最佳诊断切点为 304.7pmol/L,灵敏度和特异度均为 90%

续表

试验	方法	结果判断
口服高钠饮食	3d 内将每日钠盐摄入量提高至>200mmol（相当于氯化钠 6g），同时补钾治疗使血钾维持在正常范围，收集第 3~4 日的 24h 尿液测定尿醛固酮	尿醛固酮<10μg/24h 排除原醛症，>12μg/24h（梅奥医学中心）或 14μg/24h（克里夫兰医学中心）原醛症诊断明确
氟氢可的松试验	氟氢可的松 0.1mg Q6h×4d，同时补钾治疗（血钾达到 4mmol/L）、高钠饮食（每日三餐分别补充 30mmol，每日尿钠排出至少 3mmol/kg）第 4 日晨 10:00 采血测血醛固酮、血浆肾素活性，晨 7:00 及 10:00 采血测血皮质醇	第 4 日晨 10:00 血醛固酮>166.2pmol/L 原醛症诊断明确；目前在临床很少开展

2. 影像学检查

（1）肾上腺 B 超检查：对直径>1.3cm 的醛固酮瘤可显现出来。

（2）肾上腺 CT 和 MRI 检查：高分辨率 CT 可检出直径小至 5mm 的肿瘤。MRI 可用于醛固酮瘤的定位诊断。

3. 肾上腺静脉采血 影像学检查不能发现微小腺瘤或者不能区分无功能瘤和醛固酮瘤，肾上腺静脉采血（AVS）则是区分单侧或双侧分泌最可靠、最准确的方法，明显优于肾上腺 CT，被公认为原醛症分型诊断的"金标准"。由于 AVS 属有创检查而且价格昂贵，应在确诊原醛症且有手术意愿的病人中进行。建议以下人群不行 AVS 检查：①年龄小于 40 岁，肾上腺 CT 显示单侧腺瘤且对侧肾上腺正常的病人；②肾上腺手术高风险病人；③怀疑肾上腺皮质癌的病人；④已经证实病人为 FH-Ⅰ 或 FH-Ⅲ。

知 识 链 接

肾上腺静脉采血

肾上腺静脉采血（adrenal vein sampling，AVS）是运用导管穿刺静脉选择性插入肾上腺静脉后采集血样，主要用于鉴别原发性醛固酮增多症的病因。

一、采血准备

1. 采血前应纠正低钾血症，否则易干扰机体的醛固酮分泌。

2. 采血前建议病人休息 15min，营造舒适环境，采血过程中尽量减少疼痛刺激。

3. 对于没有使用二十四肽促皮质激素的采血中心，早上采血能降低假阴性概率。

4. 部分抗高血压药会影响采血结果，术前遵医嘱调整抗高血压药。

5. 采血前协助完善肾上腺影像学检查，可提高复杂病例的采血成功率。

二、采血技术

如采用促皮质激素刺激，可进行序贯采血，未使用促皮质激素的采血中心建议选择双侧静脉同时采血。在 AVS 过程中，促皮质激素的主要作用为：①突显肾上腺静脉与腔静脉的皮质醇浓度梯度差，有助于计算选择指数、判断采血成功与否；②降低序贯采血过程中应激诱导的皮质醇、醛固酮水平的波动；③促进醛固酮瘤释放醛固酮激素。

（四）心理-社会状况

病人对疾病知识缺乏，常伴有肌无力、肢体麻木及多尿等症状，对治疗缺乏信心，出现焦虑、抑郁等情绪。

【常见护理诊断/问题】

1. 体液过多 与肾上腺分泌过量的醛固酮引起水钠潴留有关。
2. 有跌倒的危险 与低钾血症和高血压有关。
3. 体液不足 与手术后激素突然减少引起水钠排出增加有关。
4. 活动耐力下降 与低钾性肌麻痹引起软瘫有关。
5. 焦虑 与担心疾病的预后有关。
6. 潜在并发症：高血压危象、心律失常。

【计划与实施】

经过治疗和护理,病人达到:①维持水和电解质平衡;②预防跌倒发生;③肌力、肢体功能恢复正常;④焦虑减轻,情绪稳定;⑤及时处理高血压、低钾血症,避免出现高血压危象和心律失常。

（一）饮食护理

病人宜进食低盐、高钾饮食,有利于控制高血压,缓解肌无力及周期性瘫痪。

（二）活动与安全

低钾血症所致神经肌肉功能障碍,高血压所致头晕,服用抗高血压药引起的直立性低血压均可引起跌倒,应向病人及其家属告知跌倒的风险。在低钾血症未纠正、高血压未控制的状态下限制其活动范围,活动有人陪伴,卧床时宜加护栏,防止跌倒和意外损伤。

（三）手术治疗

确诊醛固酮瘤或单侧肾上腺增生病人行腹腔镜下单侧肾上腺切除术,如果病人存在手术禁忌证或不愿手术,推荐使用醛固酮受体拮抗剂治疗。腹腔镜手术已广泛用于原醛症病人的治疗,具有手术时间短、创伤小、术后恢复快、手术并发症少等特点。肾上腺切除术包括肾上腺肿瘤切除术、肾上腺肿瘤切除+肾上腺部分切除术,可根据病情选择。

（四）围手术期护理

执行腹腔镜或腹部手术护理常规。

1. 手术前护理 ①术前备皮,清洁切口周围皮肤;②术前宜用低盐饮食;③向病人解释术前注意事项,消除其紧张情绪;④纠正高血压、低钾血症,如低钾血症严重,在服用螺内酯的同时,可口服或静脉补钾。一般术前准备时间为2~4周,对于血压控制不理想者可联合其他抗高血压药。

2. 手术后护理

（1）病情观察:严密观察病人生命体征,监测血钠、钾、钙等电解质指标,记录24h出入量,及时调整补液的性质和量;观察引流液的颜色、性状和量,并保持引流管通畅。

（2）维持体液平衡:手术切除原发性醛固酮瘤后,体内盐皮质激素突然减少,钠大量排出的同时也排出大量水,可出现体液相对不足,应遵医嘱给予补液。

3. 术后用药 术后第1日即可停用螺内酯,同时减少其他抗高血压药剂量,静脉补液无须补钾,除非病人血钾<3.0mmol/L。术后前几周,应提高钠盐摄入,如有明显低醛固酮血症表现,须暂时服用氟氢可的松行替代治疗。

（五）药物治疗与护理

1. 醛固酮受体拮抗剂 ①螺内酯:开始服药后病人每周须监测血钾,根据血钾水平调整螺内酯剂量。②依普利酮:是一种选择性醛固酮受体拮抗剂,不拮抗雄激素和孕激素受体,可在有效控制血压的同时避免男性乳房发育等不良反应。因半衰期短,建议每日给药2次。这两种药物肾功能不全慢性肾脏病(CKD)3期病人慎用,肾功能不全4期及以上者禁止服用。

2. 糖皮质激素 糖皮质激素主要通过抑制垂体ACTH分泌以减少醛固酮作用,建议在睡前服用长效或中效糖皮质激素。糖皮质激素可抑制性醛固酮增多症病人进行生理替代性的糖皮质激素治

Note:

疗,数周后可使醛固酮分泌量、血压、血钾恢复正常。

3. 其他治疗　钙通道阻滞剂可使醛固酮产生量减少,血钾和血压恢复正常;对特醛症病人,血管紧张素转化酶抑制剂也可奏效;化疗药物如米托坦、氨鲁米特、酮康唑等可暂时减轻病人醛固酮分泌过多所致临床症状。

（六）对症护理

高血压者,每日测量血压2次,遵医嘱应用抗高血压药;低钾血症者,遵医嘱给予口服或静脉补钾,维持血钾和血压在相对安全的范围内;如出现手足搐搦等低钙血症症状,遵医嘱给药,并定期测定血钙;注意观察病人神经肌肉功能障碍的症状有无缓解,定期复查心电图和血钾。

（七）健康指导

向病人讲解疾病相关知识,缓解其焦虑,帮助病人树立治疗信心。指导病人遵医嘱服药、定期监测血压、血钾、醛固酮、肾素、血管紧张素Ⅱ等指标,定期复诊。

【护理评价】

经过治疗和护理,评估病人是否能够达到:①维持水和电解质平衡;②未发生跌倒;③肌力、肢体感知功能恢复,生活自理;④焦虑减轻,情绪稳定;⑤未发生高血压危象和心律失常等并发症。

（邹艳波）

思 考 题

1. 原发性醛固酮增多症有哪些典型临床表现?
2. 肾上腺静脉采血的优劣势分别是什么?哪些人不宜做这项检查?

第三节　嗜铬细胞瘤病人的护理

导入情境与思考

病人,男性,50岁,因发作性血压升高1个月,以高血压查因收入院。体格检查:T 36.5℃,P 106次/min,R 19次/min,BP 140/90mmHg。尿VMA(HPLC法44.9μmol/24h)升高。入院后第3日,病人突然出现剧烈头痛、恶心、呕吐,伴心悸、大汗,体格检查:P 114次/min,R 24次/min,BP 210/120mmHg。

请思考:

责任护士发现病情变化后应采取哪些急救护理措施?

嗜铬细胞瘤(pheochromocytoma,PCC)和副神经节瘤(paraganglioma,PGL)是分别起源于肾上腺髓质和肾上腺外的交感神经链并具有激素分泌功能的神经内分泌肿瘤,两者合称为嗜铬细胞瘤和副神经节瘤(pheochromocytoma and paraganglioma PPGL)。PPGL主要合成、分泌和释放大量儿茶酚胺(CA),如去甲肾上腺素(NE)、肾上腺素(E)和多巴胺(DA),引起病人血压升高和代谢性改变等一系列临床综合征,可引起心、脑、肾、血管等严重并发症甚至死亡。PPGL是一种引起内分泌性高血压的少见神经内分泌肿瘤,PCC位于肾上腺,占80%~85%;PGL位于胸、腹部和盆腔的脊椎旁交感神经链,占15%~20%。本节主要介绍嗜铬细胞瘤。

【病因及发病机制】

嗜铬细胞瘤的病因及发病机制尚不明确,可能是胚系突变、体细胞突变或融合基因中的任一种或多种因素所致。嗜铬细胞瘤可产生多种肽类激素,其中一部分可能引起嗜铬细胞瘤中一些不典型的症状,如面部潮红(舒血管肠肽、P 物质)、便秘(阿片肽、生长抑素)、腹泻(血管活性肠肽、5-羟色胺、胃动素)、面色苍白、血管收缩(神经肽 Y)及低血压或休克(舒血管肠肽、肾上腺髓质素)等。

【护理评估】

(一) 健康史

评估病人的饮食、睡眠、大小便等一般情况,了解本次起病经过、主要症状、既往检查、治疗情况及有无家族史。

(二) 身体状况

嗜铬细胞瘤的临床表现以心血管症状为主,兼有其他系统表现。

1. 心血管系统表现

(1) 阵发性高血压型:为特征性表现,发作时血压骤升,收缩压可达 200~300mmHg,舒张压可达 130~180mmHg,伴剧烈头痛、面色苍白、大汗淋漓、心动过速,还可有心前区疼痛、恶心、呕吐、视物模糊、复视、恐惧等,严重者可并发急性左心衰竭或脑血管意外。发作终止后,可出现面颊及皮肤潮红、全身发热、流涎、瞳孔缩小等迷走神经兴奋症状,可有尿量增多。诱因可为情绪激动、体位改变、吸烟、创伤、大小便、灌肠、扪压肿瘤、麻醉诱导和药物等。发作时间为数分钟至 1~2h 或更久。发作频率高者一天数次,少者数月一次。部分病人可发展为持续性高血压伴阵发性加剧。高血压发作时所伴头痛、心悸、多汗三联征对诊断有重要意义。

(2) 持续性高血压型:这些情况应考虑嗜铬细胞瘤:①对常用抗高血压药效果不佳,但对 α 受体拮抗剂、钙通道阻滞剂有效;②伴交感神经过度兴奋(多汗、心动过速)、高代谢(低热、体重降低)、头痛、焦虑,伴直立性低血压或血压波动大。儿童或老年人有上述表现,发生本病的可能性更大。儿童或少年病情发展迅速,呈急进型(恶性)高血压过程,表现为舒张压高于 130mmHg,眼底损害严重,短期内可出现视神经萎缩,甚至失明,可发生氮质血症、心力衰竭、高血压脑病等。

(3) 低血压:可发生低血压甚至休克,或出现高血压与低血压相交替的表现。这种病人还可发生急性腹痛、心前区痛、高热等,而被误诊为急腹症、急性心肌梗死或感染性休克。

(4) 心脏表现:大量儿茶酚胺可引起儿茶酚胺性心肌病,伴心律失常;部分病人可发生心肌退行性变、坏死、炎性改变而发生心力衰竭,或因持续性血压增高而发生心肌肥厚、心脏扩大、心力衰竭、非心源性肺水肿。心电图可出现透壁性心肌梗死图形。

2. 代谢紊乱

(1) 基础代谢增高:肾上腺素可使病人耗氧量增加,代谢亢进可引起发热、消瘦。

(2) 糖代谢紊乱:肝糖原分解和糖异生加速,胰岛素分泌受抑制,可引起血糖过高。

(3) 脂代谢紊乱:脂肪分解加速、血游离脂肪酸增高。

(4) 电解质紊乱:少数病人可出现低钾血症,可能与儿茶酚胺促使 K^+ 进入细胞内及促进肾素、醛固酮分泌有关。也可出现高钙血症,可能为肿瘤分泌甲状旁腺激素相关蛋白所致。

3. 其他临床表现

(1) 消化系统:儿茶酚胺可使:①肠蠕动及张力减弱,可引起便秘,甚至肠扩张;②胃肠壁内血管发生增殖性及闭塞性动脉内膜炎,造成肠坏死、出血、穿孔;③胆囊收缩减弱,Oddi 括约肌张力增强,引起胆汁潴留,导致胆石症发生率较高。

(2) 腹部肿块:少数病人(约5%)在左或右侧中上腹部可触及肿块,个别肿块可很大,扪及时应注意有可能诱发高血压。转移性嗜铬细胞瘤可转移到肝,引起肝大。

(3) 泌尿系统:病程长、病情重者可发生肾功能减退。膀胱内副神经节瘤病人排尿时常引起高血压发作,可出现膀胱扩张、无痛性肉眼血尿,膀胱镜检查可作出诊断。

(4) 血液系统:在大量肾上腺素作用下,血容量减少,血细胞重新分布,周围血中白细胞增多,有

Note:

时红细胞也可增多。

（5）神经精神系统：病人表现为头痛、失眠、烦躁、紧张、焦虑，有时需要与焦虑症、抑郁、惊恐状态等鉴别，严重时可发生脑血管意外、意识障碍等。

（6）伴发其他疾病：嗜铬细胞瘤可伴发一些因基因种系突变而致的遗传性疾病。遗传性嗜铬细胞瘤常为多发性，手术治疗后易复发。

（三）辅助检查

1. **血、尿儿茶酚胺及其代谢物测定** 持续性高血压型病人尿儿茶酚胺及其代谢物香草基扁桃酸（VMA）及甲氧基肾上腺素（MN）和甲氧基去甲肾上腺素（NMN）升高，常在正常高限的 2 倍以上。阵发性高血压者须测定发作后血或尿儿茶酚胺。摄入咖啡、可乐类饮料及左旋多巴、拉贝洛尔、普萘洛尔、四环素等药物可导致假阳性结果；休克、低血糖、高颅压可使内源性儿茶酚胺增高。

2. **药理试验** 对于持续性高血压病人，不必做药理试验。对于阵发性者，如果等不到发作，可做胰高血糖素激发试验。给病人静脉注射胰高血糖素 1mg，注射后 1～3min，血浆儿茶酚胺增加 3 倍以上，或去甲肾上腺素升至 2 000ng/L，血压上升，应考虑本病。

3. **影像学检查** 应在用 α 受体拮抗剂控制高血压后进行。根据检查目的选择相应的影像学检查，主要用于肿瘤定位和鉴别：①B 超可进行肾上腺及肾上腺外肿瘤定位检查。②肿瘤定位首选 CT，90% 以上的肿瘤可准确定位。③MRI 有助于鉴别嗜铬细胞瘤和肾上腺皮质肿瘤。④放射性核素标记的间碘苄胍显像（MIBG）适用于转移性、复发性或肾上腺外肿瘤，并可显示其他的神经内分泌瘤。⑤对嗜铬细胞瘤及一些神经内分泌瘤细胞可利用放射性核素标记的生长抑素类似物奥曲肽做闪烁显像，有助于定位诊断；如上述方法都不能确定肿瘤位置，做静脉导管术，在不同部位采血测儿茶酚胺的浓度，根据其浓度差别，可大致确定肿瘤的部位。

（四）心理-社会状况

本病突然发作、症状严重，病人和家属可能出现恐惧和害怕心理，对疾病的治疗和预后存在担心与焦虑。

【常见护理诊断/问题】

1. **急性疼痛** 与血压升高引起头痛有关。
2. **有跌倒的风险** 与高血压、低血压或直立性低血压有关。
3. **便秘** 与儿茶酚胺增高使肠蠕动及张力减弱有关。
4. **焦虑** 与患病早期病因诊断不明有关。
5. **潜在并发症**：高血压危象、低血压休克、心律失常、继发性肾上腺皮质功能减退等。

【计划与实施】

单纯用药物控制嗜铬细胞瘤引起的高血压是困难的，确诊并定位后手术是首选的治疗方法。大多数嗜铬细胞瘤为良性，手术切除可得到根治，但手术有一定危险。恶性嗜铬细胞瘤对化疗和放疗多不敏感，治疗困难大。经过治疗和护理，病人达到：①头痛缓解或消失；②预防跌倒的发生；③恢复正常的排便功能；④保持情绪稳定，积极配合治疗；⑤不发生高血压危象、低血压休克、心律失常、继发性肾上腺皮质功能减退等并发症。

（一）饮食护理

宜进食高蛋白、高维生素、易消化、低脂饮食；避免大量食糖和饮用含咖啡因的饮料，禁烟酒，酌情给予高纤维素饮食，多喝水，保持排便通畅。

（二）活动与安全

嘱病人充分休息，避免劳累和剧烈活动；外出时有人陪伴，防止血压骤然升高发生跌倒等意外；卧床或睡眠时，拉起床栏，变换体位时动作宜缓慢；待血压稳定后，可恢复正常工作和生活。

（三）围手术期护理

经腹腔镜行肾上腺肿瘤微创切除术取得良好疗效并已广泛应用,可极大地减少手术创伤和并发症,减轻病人痛苦。执行腹腔镜或腹部手术护理常规。

1. 手术前护理

（1）术前指导:讲解疾病和手术相关知识,解答病人的疑问,消除其恐惧心理。指导病人摄入高钠饮食和增加液体摄入,补充血容量,防止肿瘤切除后引起严重低血压。

（2）术前用药:指导病人遵医嘱服用 α 受体拮抗剂降血压,常用药物有酚苄明和哌唑嗪。应严密观察病人血压及药物不良反应:①酚苄明不良反应为直立性低血压、鼻黏膜充血、心动过速等,应监测卧、立位血压和心率变化,嘱咐病人起立动作要慢,以防摔倒;②哌唑嗪、特拉唑嗪、多沙唑嗪在服用首次剂量后易发生严重直立性低血压,应嘱病人卧床休息,避免摔倒,必要时逐渐加量。

（3）术前准备充分的标准:①持续性高血压血压≤140/90mmHg,阵发性高血压发作频率减少、幅度降低;②血容量恢复:血细胞比容降低,体重增加,肢端温暖,无明显直立性低血压;③糖代谢异常改善。术前药物准备时间存在个体差异,一般为 2~4 周,伴严重并发症的病人,术前准备时间应相应延长。

2. 手术后护理

（1）活动与饮食:术后取平卧位,减少搬动;指导病人由流质饮食,逐渐过渡到半流质饮食、普食,鼓励多吃蔬菜、水果,多饮水,保持排便通畅。

（2）病情观察:术后 24~48h 进行心电监护,密切监测病人的生命体征,给予吸氧,必要时专人护理。记录 24h 出入水量,维持水、电解质平衡,遵医嘱检测各项生化指标。嗜铬细胞瘤切除后,血压多能恢复正常,但在术后第 1 周,血压仍可偏高。

（3）伤口与引流管护理:观察切口渗出情况,保持敷料清洁干燥。保持引流管通畅,避免扭曲、受压、脱落,更换体位时勿过度牵拉,观察引流液的颜色、性质和量,并做好记录。

（4）预防呼吸道感染:协助按住伤口轻叩背部或改变体位,进行有效排痰,必要时可进行雾化吸入。

（5）预防肾上腺皮质功能减退:术后观察病人双侧肾上腺部分切除和孤立肾上腺部分切除病人继发肾上腺皮质功能减退的情况,及时给予激素替代治疗。

（四）阵发性高血压的治疗与护理

1. 遵医嘱给予降压治疗,定时测血压、心率,若为儿茶酚胺引起的发作性高血压,应观察病人神志及心、肺、脑功能变化,当血压高于 170/110mmHg 时,立即给予酚妥拉明控制血压。酚妥拉明常用于高血压诊断试验、高血压危象或手术中控制血压,不适于长期治疗。

2. 观察病人阵发性高血压发作先兆表现,特别是在大小便、灌肠、使用某些药物（如组胺、胍乙啶、胰高血糖素、甲氧氯普胺）时,当出现四肢麻木、头疼、肌肉震颤、眼前发光、心前区不适、焦虑等表现时,立即测量血压,报告医生及时处理。

3. 使用 α 受体拮抗剂后,如病人发生心动过速,则加用 β 受体拮抗剂。不在未用 α 受体拮抗剂之前先用 β 受体拮抗剂,以免发生急性心功能不全。常用的 β 受体拮抗剂有普萘洛尔、阿替洛尔、美托洛尔等。

（五）高血压危象的急救与护理

如果病人出现剧烈头痛、面色苍白、大汗淋漓、恶心、呕吐、视物模糊等,应警惕发生高血压危象,立即测量血压并报告医生,做好急救准备。

1. 卧床休息,取头高足低位以减轻脑水肿,加用护栏防止病人坠床,必要时设专人护理,安抚病人,告知头痛及其他不适症状可随药物的起效而得到控制。

2. 快速开放静脉通道,遵医嘱立即静脉缓慢推注酚妥拉明 1~5mg,密切观察血压,当血压下降至 160/100mmHg 左右即停止推注,继之以 10~15mg 溶入 5% 葡萄糖生理盐水 500ml 中缓慢静脉滴注。

也可舌下含服钙通道阻滞剂硝苯地平10mg以降低血压。还可遵医嘱用静脉输液泵泵入乌拉地尔,根据病人血压水平调整剂量。

3. 密切观察病人生命体征及病情变化,若有心律失常、心力衰竭、高血压脑病、肺部感染者,协助医生处理并给予相应的护理。

（六）健康指导

保持环境安静,避免情绪激动、吸烟、饮酒、咳嗽、药物及扪压肿瘤部位等诱发因素,以免引起血压骤升。病人出院后,嘱其定期测量血压,遵医嘱口服抗高血压药。双侧肾上腺切除后,须终身应用激素替代治疗,指导病人观察药物的疗效及不良反应等。

【护理评价】

经过治疗和护理,评估病人是否能够达到:①营养满足机体需求,维持正常体重;②未发生跌倒;③头痛缓解或消失;④恢复正常的排便功能;⑤病人情绪稳定,积极配合治疗;⑥未发生高血压危象、低血压休克、心律失常、继发性肾上腺皮质功能减退等并发症。

（邹艳波）

思 考 题

1. 嗜铬细胞瘤病人阵发性高血压有哪些表现? 应该立即采取哪些护理措施?
2. 嗜铬细胞瘤病人常用的 α 受体拮抗剂有哪些? 使用时,应指导病人注意什么?

URSING

第六十三章

垂体疾病病人的护理

63章 数字内容

─── 学 习 目 标 ───

- 识记:
  1. 陈述垂体腺瘤和腺垂体功能减退症的概念及临床表现。
  2. 陈述腺垂体功能减退症激素替代治疗的药物种类。
- 理解:
  1. 区分不同种类垂体腺瘤的临床表现。
  2. 解释垂体功能减退症的病因及发病机制。
  3. 解释垂体危象的治疗原则及护理措施。
- 运用:
  1. 对垂体腺瘤、腺垂体功能减退症病人进行正确评估与判断,并提出护理问题。
  2. 为腺垂体功能减退症及垂体腺瘤手术后的病人制订相应的护理计划,并实施护理措施。

第一节　垂体腺瘤病人的护理

导入情境与思考

病人,女性,56 岁,因主诉手脚增大、面容改变 3 年余入院。病人 3 年前无明显诱因出现鼻头变大、鼻翼变宽、眉弓突出、口唇变厚、声音变粗、手脚逐渐增大,手指关节增粗。自诉有多汗、皮肤增厚现象,夜间睡眠偶有打鼾。体格检查:神志清楚,T 36.2℃,P 78 次/min,R 20 次/min,BP 165/108mmHg;视力:左眼 1.2,右眼 1.0;视野无缺损;神经系统体格检查无异常。既往有高血压病史 5 年余,血压平均 150~160/105~115mmHg,糖尿病 3 年余,未严格控制血糖。影像学及实验室检查:垂体 MRI 平扫+增强提示垂体窝内占位性病变,生长激素(GH)基础值 12μg/L。

请思考:

(1) 该病人是何种类型的垂体瘤?

(2) 该病人术后可能出现的并发症有哪些? 如何预防?

垂体腺瘤(pituitary adenoma)是一组来自腺垂体和神经垂体及胚胎期颅咽管囊残余鳞状上皮细胞的良性肿瘤,占颅内肿瘤的 10%~20%。根据肿瘤病理和染色体的特性分类可分为嫌色性、嗜酸性和嗜碱性腺瘤。根据身体评估、基础及激发状态下血浆激素的水平,可分为有功能性腺瘤和无功能性腺瘤。有功能性腺瘤可分为催乳素腺瘤(PRL 腺瘤)、生长激素腺瘤(GH 腺瘤)、促肾上腺皮质激素腺瘤(ACTH 腺瘤)、促甲状腺激素腺瘤(TSH 腺瘤)等。无功能性腺瘤主要是促性腺激素细胞腺瘤。按大体形态可分为微腺瘤(直径<1.0cm)和大腺瘤(直径≥1.0cm)(图 63-1-1)。

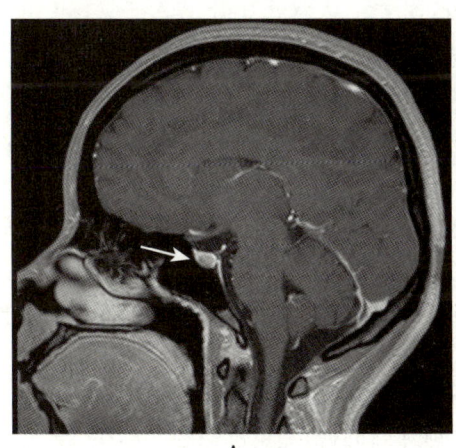
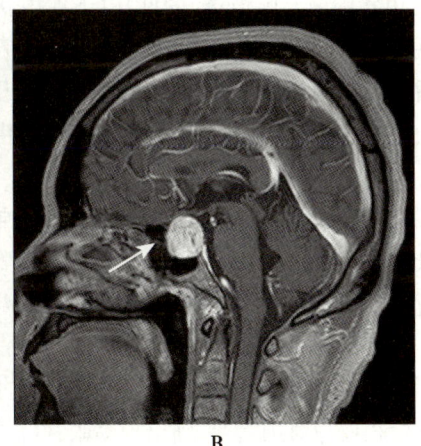

A　　　　　　　　　　　　B

图 63-1-1　垂体腺瘤(垂体 MRI)
A. 垂体微腺瘤;B. 垂体大腺瘤。

【护理评估】

(一) 健康史

评估病人生长发育情况、既往有无内分泌疾病,评估家族中有无类似病史及家人的生长发育状况。详细询问病人有无颅内压增高的症状如头痛等,了解病人有无视力及视野的改变,有无基础性疾病如高血压、糖尿病等,女性病人须评估月经、生育史,男性病人须了解性功能等;对于经鼻蝶窦手术入路的病人应了解有无鼻部疾患和手术史。

（二）临床表现

垂体腺瘤起病大都缓慢而潜隐，早期可无症状，不少垂体腺瘤可始终无症状，仅在解剖时发现。有症状的腺瘤其症状主要包括两方面：①肿瘤导致激素分泌异常而出现的综合征；②肿瘤压迫垂体及其周围组织而引起的综合征。

1. 不同种类垂体腺瘤的内分泌功能异常表现

（1）催乳素腺瘤：是最常见的垂体腺瘤，男女的发生率基本相同，但女性的表现更为明显。女性主要表现为闭经、泌乳、不孕三联征；男性的首发症状是性欲下降，以后发展为阳痿。

（2）生长激素腺瘤：临床表现主要取决于病人年龄。如果发生于儿童时期和青春期骨骺尚未闭合时，病人表现为生长过速，甚至出现巨人症；如果发生在骨骺闭合后，可引起肢端肥大症，形成特征性的肢端肥大症病人面容（图 63-1-2），即软组织及骨骼在某些特征性的位置扩大明显，表现为额头变大、下颌突出、鼻大唇厚、舌肥厚、发音变粗、五官粗大、喉部增大、甲状腺肿大、手掌变厚、手指变粗、脚变肥厚、多汗等现象。重者感觉全身乏力、头痛、关节痛、性功能减退、闭经不孕，甚至并发糖尿病。同时可有骨及软组织增生、内脏增大等，心脏肥大、高血压也是常见表现。由于舌、咽、喉及呼吸道管壁增生，可导致睡眠呼吸暂停综合征，发生呼吸道感染时病死率也随之增加。

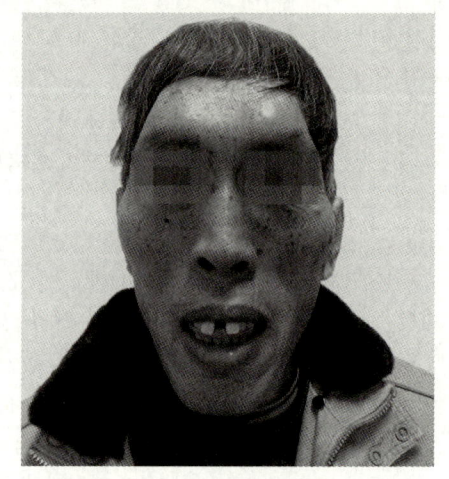

图 63-1-2　肢端肥大症病人面容

（3）促肾上腺皮质激素腺瘤：表现为身体向心性肥胖、满月脸、水牛背、多血质表现、皮肤变薄、有瘀斑和紫纹。重者闭经、性欲减退、全身乏力；病人可并发高血压、糖尿病、低钾血症、高血钙等。

（4）促甲状腺激素腺瘤：较少见，由于促甲状腺激素分泌过多，引起甲亢症状。另有甲状腺功能低下反馈引起垂体发生局灶增生，渐渐发展成垂体腺瘤，腺瘤长大后也可引起蝶鞍扩大，以及附近组织受压迫的症状。

2. 局灶性症状　无功能性垂体腺瘤出现症状通常比有功能性垂体腺瘤要晚，但引起的局灶性损伤更重。

（1）视力、视野障碍：垂体及周围的血管和神经结构复杂。视交叉位于垂体柄上方，向前连于视神经，向后连于视束。早期垂体腺瘤常无视力视野障碍。当肿瘤长大，压迫视交叉，则出现视野缺损。如果未及时治疗，视野缺损可再扩大，并有视力减退，以致全盲。如果肿瘤偏于一侧，可致单眼偏盲或失明。

（2）其他神经症状和体征：如果垂体腺瘤向后生长压迫垂体柄或下丘脑，可致多饮、多尿；如果肿瘤向侧方生长侵犯海绵窦壁，则出现动眼神经或展神经麻痹；如果肿瘤穿过鞍膈，再向上生长至额叶腹侧部，可出现精神症状；如果肿瘤向后上生长阻塞第三脑室前部和室间孔，则出现头痛、呕吐等颅内压增高症状。

（三）辅助检查

1. 内分泌学检查　对于垂体腺瘤病人必须进行全面的内分泌功能评估。评估神经内分泌功能的筛查试验包括测定促甲状腺素、促肾上腺皮质激素、催乳素、促性腺激素及生长激素等的水平。

2. 放射学检查

（1）蝶鞍 X 线影像：可根据蝶鞍鞍底下沉、双鞍底、蝶鞍扩大等征象间接诊断鞍区病变，垂体肿瘤术前蝶窦的气化情况可根据侧位 X 线影像来评价。

（2）CT 扫描：能直接显示肿瘤的形态、大小、供血情况及有无囊性变等。冠状位增强扫描可显示肿瘤与其周围结构的关系。

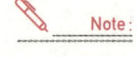
Note:

（3）磁共振成像（MRI）：MRI 能从轴位、冠状位和矢状位进行定位，并可进行软组织对比，视交叉、视神经、海绵窦、颈内动脉等能被更清晰地显像，有利于了解肿瘤与其周围结构的关系。

（四）心理-社会状况

病人可能因不了解疾病而焦虑、恐惧，也可能因为身体外形改变而出现自卑等心理，家人可能因为一些特殊的症状，如闭经、泌乳等而猜疑或歧视病人。医务人员要深入了解病人及其家属的内心体验，为进行有针对性的心理干预提供依据。

知 识 链 接

难治性垂体腺瘤

少部分垂体腺瘤在影像学上呈侵袭性生长，较一般肿瘤生长快，对手术、药物治疗及放射治疗等常规治疗有抵抗性，常在术后早期复发或再生长，此类肿瘤被称为难治性垂体腺瘤（refractory PA）。2019 年，中国垂体腺瘤协作组根据临床实践，提出了难治性垂体腺瘤的诊断定义：①垂体腺瘤影像学上呈侵袭性生长，生长快速，Ki-67≥3%；②即使手术全切，肿瘤在术后 6 个月内复发；③手术、药物治疗和放射治疗等规范治疗后肿瘤继续生长；④全身检查未见颅脑椎管内或全身其他系统的转移。

【常见护理诊断/问题】

1. **体像紊乱**　与肢端肥大、精神症状有关。
2. **有跌倒的危险**　与视力、视野改变有关。
3. **有误吸的危险**　与手术后鼻腔填塞及口腔渗血有关。
4. **潜在并发症**：颅内感染、中枢性尿崩症。

【计划与实施】

垂体腺瘤治疗主要有 3 种方案：手术切除、放射治疗与药物治疗。治疗垂体腺瘤的目的为：①缓解肿瘤的压迫症状和体征；②改善因垂体前叶激素分泌过多或不足引起的内分泌缺陷。经过治疗和护理，病人达到：①手术前、后不意外受伤；②保持呼吸道通畅；③脑脊液鼻漏被及时发现并处理；④维持水、电解质平衡。

（一）药物治疗与护理

常用药物为多巴胺受体激动剂（如溴隐亭）。服用溴隐亭后可恢复月经和排卵受孕，也可抑制病理性溢乳，并使催乳素腺瘤缩小。对于较大的催乳素腺瘤，术前可服用溴隐亭使瘤体缩小，有利于手术摘除。部分患催乳素微腺瘤的青年妇女有生育要求，而又不愿手术者，可服用溴隐亭做姑息治疗，有相当一部分病人可以月经来潮、妊娠、生育，但在产后或催乳素腺瘤长大时，仍须手术切除。

（二）放射治疗及护理

放射治疗适用于年老体弱不适合手术者、药物治疗失败者、手术切除不彻底者及肿瘤复发者。在放射治疗过程中，要注意观察有无视力障碍和垂体功能低下的症状，还须特别注意可能出现对生育的影响。

（三）手术治疗与护理

1. 手术方式

（1）开颅手术：开颅手术治疗适宜于较晚期的垂体腺瘤瘤体较大且向鞍上或鞍旁发展、有明显视力视野障碍者。开颅手术可在直视下切除肿瘤，对视神经、视交叉减压彻底。但此种手术方式入颅较复杂，须处理至颅底静脉窦的交通静脉，术中要尽量避免损伤视神经、颈内动脉及供应垂体柄、下丘

脑的小动脉,以免引起不良后果和严重并发症。

（2）经鼻蝶窦垂体腺瘤切除术:不需要开颅,手术入路为鼻腔和蝶骨。此种手术的优点:①肿瘤切除较彻底;②内分泌功能治愈缓解率高;③视力、视野改善率不低于开颅手术;④手术和麻醉时间短;⑤避免开颅时对神经的损伤。此术式并发症少,目前成为大多数垂体肿瘤的首选治疗方式。

2. 垂体腺瘤手术病人的护理

（1）手术前护理

1）应全面评估病人内分泌功能,尤其是糖皮质激素和甲状腺激素的水平。任何有肾上腺皮质功能减退、甲状腺功能减退症的病人必须在手术前接受严格的激素治疗,防止术后可能发生的急性垂体功能衰竭。

2）进行常规准备,主要包括剪鼻毛、生理海盐水滴鼻液冲洗鼻腔等准备,目的是利于术中操作和防止术后感染。

3）保证病人安全,由于病人可能存在视野缺损、视力下降或复视,因此要防止摔伤、撞伤、烫伤等意外损伤,可以在床头悬挂警示牌。垂体腺瘤瘤体较大者应避免剧烈运动,以免造成瘤体破裂。

4）有针对性地进行健康指导及术前适应性训练,使病人了解手术的方法及如何与医务人员配合,以利于早期康复。经鼻蝶窦手术入路的病人因术后双侧鼻腔被凡士林纱条填塞（包括单鼻孔入路）,必须改为经口呼吸。为减少病人术后不适,术前训练其张口呼吸尤为重要。另外,还须训练床上排尿排便,保持排便通畅。

（2）手术后护理:经鼻蝶窦垂体腺瘤切除术后常见的并发症有尿崩症、脑脊液鼻漏等。术后护理的重点是观察和防治并发症。

1）重症监护:术后0~24h重点观察病人神志、视力、鼻部干燥情况,若出现神志恶化及视力急剧下降,须立即行头颅CT以早期发现瘤腔出血,如证实瘤腔出血,须行急诊手术探查。

2）保持水、电解质平衡:由于手术对神经垂体的影响,可引起短暂的尿量增多。多尿可导致水、电解质紊乱。因此要注意:①严格记录24h出入量,维持液体出入量平衡;②留置尿管,定时测尿比重、渗透压及尿中钾、钠含量,若尿比重<1.005,尿量>4 000ml/24h或尿量>200ml/h,则有尿崩症可能,可应用去氨加压素或抗利尿激素以增加肾对水的重吸收（高血压者慎用）,维持尿量在3 000~4 000ml/d;③每日测血钾、钠、氯、二氧化碳结合力、尿素氮、肌酐、渗透压,及时了解其变化;④对禁食时间长、严重呕吐、大量使用脱水剂、应用促肾上腺皮质激素、生理盐水补充不足者,要特别注意电解质变化,该类病人容易出现低钾血症和/或低钠血症,可通过饮食补充一定的钾盐和钠盐,如建议病人吃些咸菜并选择一些含钾量高的食物,如香蕉、橙子、大枣等,严重时经静脉补充电解质。

3）保持呼吸通畅:由于术后病人鼻腔置凡士林纱条填塞,呼吸方式改为完全经口呼吸,同时口腔内伤口术后会渗血。应积极采取有效措施来维持呼吸道通畅,及时吸除口腔内渗血及分泌物,避免病人发生窒息。肢端肥大症病人由于舌根肥厚,易发生呼吸不畅,且常需带气管插管返回术后重症监护室,需严密观察血氧饱和度。

4）营养与休息:术后清醒6~8h可以进半流质饮食,逐步改为普通饮食,对肢端肥大的病人术后应先试饮水,无呛咳再进饮食。经鼻蝶窦手术入路的病人,麻醉清醒后即可指导病人床上活动,术后平卧6~8h后可慢慢坐起,无特殊不适可下床,限床边活动。开颅术后病人不宜活动过早,以防颅内压增高。

5）防止脑脊液鼻漏:经鼻蝶窦手术时,由于蛛网膜被破坏,术中会使用筋膜、脂肪等物质进行填塞,以防止出现脑脊液鼻漏。术后护理需注意:①病人清醒后可垫枕平卧,如果术中即发现有脑脊液鼻漏或怀疑会发生脑脊液鼻漏,则需严格平卧2周,直至无脑脊液流出为止。严重者需要重新手术进行填塞。②鼻腔内纱条填塞3d后取出,可先用生理盐水湿润纱条后再轻柔取出,以免造成损伤。③纱条取出后注意观察有无脑脊液流出。注意不可挖鼻子,以免损伤刚刚愈合的创面,还应保持排便通畅,预防感冒,避免打喷嚏或咳嗽、用力屏气、做下蹲等动作。④若有脑脊液流出,不可用棉签或纱

Note:

布等堵住鼻腔,并应保持鼻腔清洁,以免造成颅内感染。

6)预防垂体功能低下:术后监测相关血清激素水平,可减少垂体危象、减少下丘脑反应及水肿。必要时遵医嘱,按频次、按剂量给药,同时观察药物反应。

(四)心理护理

加强医护患沟通,让病人熟悉疾病知识,得到家属的积极支持,缓解病人的焦虑和担忧。

(五)健康指导

1. 注意适当休息,避免重体力劳动和剧烈运动,继续给予病人清淡易消化饮食,戒烟、酒、浓茶,并保持排便通畅。

2. 稳定病人情绪,避免不良刺激。

3. 继续观察病人尿量,定期检查尿比重,若尿比重<1.005,尿量>4 000ml/24h 或尿量>200ml/h应立即去医院就医。尿崩症病人须定期复查血电解质。

4. 告知病人若出现剧烈头痛、活动性鼻出血或视力恶化,须立即就医,并及时处理。

5. 指导病人遵医嘱按时服药,定期复查。根据肿瘤分泌激素种类的不同,定时复查激素水平,复查时间:术后第3日、术后2周,此后每半年到一年复查一次。一般术后3个月须复查 MRI。

【护理评价】

通过治疗和护理,评估病人是否能够达到:①手术前、后未发生意外损伤;②呼吸道通畅,未发生误吸;③无脑脊液鼻漏发生,未出现颅内感染;④水、电解质平衡,无低钾血症、低钠血症表现。

(徐　蓉)

思 考 题

1. 患有生长激素腺瘤的女性病人因面容改变而焦虑和自卑,该如何进行心理疏导?
2. 准备行手术治疗的病人有视力下降的表现,可采取哪些措施预防病人意外损伤的发生?

第二节　腺垂体功能减退症病人的护理

导入情境与思考

病人,女性,46 岁,因反复呕吐1 个月余,加重伴精神异常 2d 入院。病人 15 年前第一胎分娩时因前置胎盘,有产后大出血病史,输血 1 200ml。体格检查:发育正常,营养不良,体形消瘦,轻度贫血面容,神志呈嗜睡状,眉毛稀疏脱落,腋毛已全部脱落。辅助检查:甲状腺功能三项检查示 FT_4 4.86pmol/L,FT_3 2.17pmol/L,均低于正常水平;性激素检查雌二醇、催乳素、睾酮、孕酮均低于正常水平。初步诊断为腺垂体功能减退症。

请思考:

(1)目前该病人主要的护理诊断和护理措施是什么?

(2)病人入院次日发生高热,体温40℃,测手指血糖 2.8mmol/L,伴恶心、呕吐症状加重,该病人发生了什么情况?如何进行抢救和护理?

腺垂体功能减退症(anterior pituitary hypofunction)是指因腺垂体功能受损,一种或多种垂体激素分泌不足所导致的一组临床综合征,可以是单个激素减少,如生长激素(GH)、催乳素(PRL)缺乏;或多种激素如促性腺激素(Gn)、促甲状腺激素(TSH)、促肾上腺皮质激素(ACTH)同时缺乏。围生期女

性因腺垂体缺血坏死所致的腺垂体功能减退症称为希恩综合征(Sheehan syndrome)。

【病因与发病机制】

腺垂体功能减退症可原发于垂体病变,或继发于下丘脑病变,表现为甲状腺、肾上腺、性腺等功能减退和/或蝶鞍区占位性病变。

1. **垂体缺血性坏死**　妊娠期妇女垂体呈生理性增大,血供丰富,易遭受缺血性损害。围生期妇女因前置胎盘、胎盘早剥、胎盘滞留、子宫收缩无力等引起大出血、休克、血栓形成,使腺垂体大部分缺血坏死和纤维化,以致腺垂体功能低下。糖尿病血管病变也可使垂体供血障碍,导致垂体缺血性坏死而发生腺垂体功能减退症。

2. **垂体及其附近肿瘤压迫浸润**　垂体腺瘤为成人最常见病因,多属于良性占位性病变。腺瘤可分功能性(PRL腺瘤、GH腺瘤、ACTH腺瘤)和无功能性(无生物作用,但可有激素前体产生)。腺瘤增大可压迫垂体,引起腺垂体功能减退。

3. **感染和炎症**　各种病毒性、结核性、化脓性脑膜炎,流行性出血热,梅毒,真菌等均可引起下丘脑-垂体损伤而导致其功能减退。

4. **手术、创伤或放射性损伤**　垂体瘤切除、放疗等均可能导致垂体损伤。颅骨骨折可损毁垂体柄和垂体门静脉血液供应,鼻咽癌放疗也可损伤下丘脑和垂体,引起垂体功能减退。

5. **下丘脑病变**　如肿瘤、炎症、浸润性病变(如淋巴瘤、白血病)、肉芽肿(如结节病)等,可直接破坏下丘脑神经内分泌细胞,使释放激素分泌减少,从而减少腺垂体分泌各种促靶腺激素、生长激素和催乳素等。

6. **其他**　长期使用糖皮质激素、垂体卒中及空泡蝶鞍、颞动脉炎、海绵窦处颈内动脉瘤、自身免疫性垂体炎等均可引起本病。

【护理评估】

(一)健康史

评估病人的性别、年龄。询问病人有无引起垂体功能减退的病因,如产后大出血、垂体手术或创伤、炎症感染等病史,有无长期服用糖皮质激素类药物等。对于女性病人,还要仔细询问生育史、是否绝经及绝经的时间等。

(二)身体状况

1. **性腺功能减退**　常最早出现。女性病人表现为产后无乳、乳房萎缩、长期闭经不育、性欲减退等。检查有阴道分泌物减少,外阴、子宫和阴道萎缩,毛发脱落。成年男子性欲减退、阳痿,睾丸松软缩小,胡须、腋毛和阴毛稀少。

2. **甲状腺功能减退**　病人表现为畏寒、嗜睡、思维迟钝、精神淡漠、皮肤干燥变粗、苍白、少汗、弹性差。严重者可呈黏液性水肿、食欲缺乏、便秘、抑郁、精神失常、心率缓慢。

3. **肾上腺皮质功能减退**　由ACTH缺乏所致,其表现与原发性慢性肾上腺皮质功能减退症病人相似。病人表现为极度疲乏、软弱无力、食欲缺乏、恶心、呕吐、体重减轻、血压偏低,重症者出现低血糖。但由于本病黑素细胞刺激素(MSH)减少,故出现皮肤色素减退,面色苍白,乳晕色素浅淡,而原发性慢性肾上腺功能减退症病人则有皮肤色素加深的表现。

4. **生长激素(GH)不足**　成人一般无特殊症状,儿童可引起侏儒症。

5. **垂体内或其附近肿瘤压迫综合征**　除有垂体功能减退外,还伴有占位性病变的体征如视野缺损、眼外肌麻痹、视力减退、头痛、嗜睡、多饮、多尿、多食等下丘脑综合征。

6. **垂体功能减退性危象(简称垂体危象)**　在全垂体功能减退症基础上,各种应激如感染、败血症、腹泻、呕吐、失水、饥饿、寒冷、急性心肌梗死、脑血管意外、手术、外伤、麻醉及使用镇静药、催眠药、降血糖药物等均可诱发垂体危象。临床表现:①高热型(体温>40℃);②体温过低型(体温<30℃);

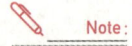

③低血糖型；④低血压、循环虚脱型；⑤水中毒型；⑥混合型。各种类型可伴有相应的症状，突出表现为循环系统、消化系统和神经精神方面的症状，如高热、循环衰竭、休克、恶心、呕吐、头痛、神志不清、谵妄、抽搐、昏迷等严重垂危状态。

（三）辅助检查

1. **性腺功能测定**　女性有血雌二醇水平降低，阴道涂片、基础体温测定可反映卵巢的分泌功能；男性见血睾酮水平降低，精液检查等可反映睾丸的分泌功能。

2. **腺垂体激素测定**　FSH、LH、TSH、ACTH、PRL 及 GH 血浆水平低于正常低限。由于本组激素有周期性改变、影响因素较多、波动大等特点，故必须做兴奋试验以便了解垂体储备功能，如可做 TRH、PRL 及 LRH 兴奋试验，垂体功能减退者常无增加，延迟上升者可能为下丘脑病变。

3. **甲状腺功能测定**　TT_4 或 FT_4 均降低，TT_3 或 FT_3 可正常或降低。免疫放射法测定 TSH 结果亦低于正常者，可诊断为垂体 TSH 分泌不足。

4. **肾上腺皮质功能测定**　24h 尿 17-羟皮质类固醇及游离皮质醇排量减少，血浆皮质醇浓度降低，但节律正常。葡萄糖耐量试验示血糖呈低平曲线改变。

5. **其他检查**　可用 X 线、CT、MRI 检查了解病变部位、大小、性质及其对邻近组织的侵犯程度。

（四）心理-社会状况

由于激素水平的改变，病人可出现各种身体外形的改变和一系列疾病症状，如阴毛、腋毛及眉毛脱落，头发稀疏伴性功能低下，故长期心情抑郁，思想负担重，羞于与人交谈，对疾病存在恐惧心理和悲观情绪，同时认为自己给家人、医院及社会造成麻烦和经济负担。家人可能因为一些特殊的症状，如闭经、阳痿等而猜疑或歧视病人。医务人员要深入了解病人及其家属的内心体验，为进行有针对性的心理干预提供依据。

【常见护理诊断/问题】

1. **性功能障碍**　与促性腺激素分泌不足有关。
2. **体像紊乱**　与身体外观改变有关。
3. **活动耐力下降**　与肾上腺皮质、甲状腺功能低下有关。
4. **便秘**　与继发性甲状腺功能减退有关。
5. **体温过低**　与继发性甲状腺功能减退有关。
6. **潜在并发症：垂体危象。**

【计划与实施】

腺垂体功能减退症多采用靶腺激素替代治疗，需要长期甚至终身维持用药，同时积极进行病因治疗（包括垂体瘤手术切除、化疗或放疗等），并预防垂体危象等并发症的发生。经过治疗和护理，病人达到：①知晓垂体危象的临床表现及诱发因素；②掌握腺垂体功能减退症的有关知识，正确遵从医嘱治疗；③情绪稳定，消除自卑和焦虑等心理；④建立健康行为，达到最佳健康状态，正确地面对日常生活。

（一）一般治疗及护理

指导病人进食高蛋白、高能量和富含维生素的食物。平时注意休息，尽力防止感染，避免精神刺激，避免过度的劳累和激动，保持心情愉快，冬季注意保暖。

（二）激素替代治疗及护理

1. **肾上腺糖皮质激素**　治疗过程中应先给予病人糖皮质激素，然后再补充甲状腺激素，以防发生肾上腺危象。首选氢化可的松，生理剂量为 $20\sim30mg/d$，服用方法模拟生理分泌节律为妥，剂量随病情变化而调节，应激状态时须适当增加糖皮质激素用量。注意按时给药，并观察用药效果及不良反应。

2. **甲状腺激素** 生理剂量为甲状腺片 40~120mg/d。对于老年、冠心病、骨密度低的病人,宜从最小剂量开始,并缓慢递增,以免增加代谢率而加重肾上腺皮质负担,诱发危象。用药过程中,注意观察病人心率。

3. **性激素** 病情较轻的育龄女性须采用人工月经周期治疗,可维持第二性征和性功能,促进排卵和生育。男性病人用丙酸睾酮治疗,可促进蛋白质合成,增强体质,改善性功能与性生活。

(三)垂体危象抢救及护理

1. **预防措施** 包括:①避免受寒、饥饿、外伤、感染等,如因某种原因出现呕吐、腹泻、脱水,应立即给予相应处理;②有感染者,积极抗感染治疗;③禁用或慎用麻醉药、镇静药、催眠药或降血糖药物等,以防止诱发昏迷;④病人如需手术,应做好术前准备,麻醉药等药物剂量宜小,麻醉或术中出现问题应立即处理。

2. **病情观察** 密切观察病人意识状态、生命体征的变化,注意有无低血糖、低血压、低体温等情况,还应评估病人神经系统体征及瞳孔大小、对光反射的变化。

3. **紧急处理配合** 一旦发生垂体危象,立即报告医生并协助抢救。主要措施有:①迅速建立静脉通路,补充适当的水分,保证激素类药品及时、准确使用。首先给予 50% 葡萄糖 40~60ml 迅速静脉注射以抢救低血糖,然后用 5% 葡萄糖氯化钠注射液每 500~1 000ml 中加入氢化可的松 50~100mg 静脉滴注,以解除急性肾上腺危象。②注意监测病人血糖。③保持病人呼吸道通畅,给予氧气吸入。④低温者应保暖;高热型病人给予降温处理;循环衰竭者按休克原则治疗;感染败血症者应积极抗感染治疗;水中毒病人应加强利尿。⑤做好病人口腔和皮肤护理,保持排尿通畅,防止尿路感染。

(四)心理护理

护士应主动了解病人的思想及生活情况,及时给予安慰和理解,鼓励病人说出内心的感受,帮助其树立战胜疾病的信心。应注意与病人交流的方式,尽量避免使用简短、生硬、冷漠的语言。

(五)健康指导

1. 指导病人保持情绪稳定,注意生活规律,避免过度劳累。冬天注意保暖,更换体位时动作应缓慢,以免发生晕厥。平时注意皮肤的清洁,防止外伤,少到公共场所或人多之处,以防发生交叉感染。

2. 指导病人进食高能量、高蛋白、高维生素、易消化的饮食,少量多餐,以增强机体抵抗力。

3. 教会病人认识所服药物的名称、剂量、用法及不良反应,如肾上腺糖皮质激素过量易致欣快感、失眠;服甲状腺激素应注意心率、心律、体温、体重变化等。嘱病人遵医嘱按时、按量服药,不得任意增减药物剂量。

4. 指导病人识别垂体危象的征兆,若有感染、发热、外伤、腹泻、呕吐、头痛等情况发生,应立即就医。外出时随身携带识别卡,以防意外发生。

【护理评价】

经过治疗和护理,评估病人是否能够达到:①未发生垂体危象或发生危象时能得到及时处理;②知道垂体功能减退症治疗的重要性,能遵从医嘱治疗;③消除自卑和焦虑等心理,保持情绪稳定;④具有良好的健康行为,能正确地面对日常生活。

(徐 蓉)

思考题

1. 围生期女性为什么较易发生腺垂体功能减退症?
2. 病人发生垂体危象时应如何配合抢救处置?

第九篇

神经系统疾病病人的护理

64章　数字内容

NURSING
第六十四章

概　　论

───── 学习目标 ─────

- 识记:
  1. 陈述神经系统疾病病人意识障碍的分级、言语障碍及运动障碍的分类、吞咽功能障碍的评估方法及肌力的分级。
  2. 陈述病理反射及脑膜刺激征的检查方法。
  3. 列举腰椎穿刺、脑室穿刺和数字减影血管造影的适应证和禁忌证。

- 理解:
  1. 对以下内容进行比较,并用自己的语言阐述主要异同点:上运动神经元瘫痪与下运动神经元瘫痪;嗜睡、昏睡与昏迷;浅昏迷、中昏迷与深昏迷;谵妄与去皮质强直。
  2. 理解神经系统常用检查的目的和意义,阐明护士在其中的职责。

- 运用:
  1. 运用所学知识,对神经系统疾病病人进行全面评估,并能正确判断意识障碍、感觉障碍的程度或类型。
  2. 运用所学知识,为实施腰椎穿刺、脑室穿刺和数字减影血管造影的病人实施护理。

病人,女性,58岁,因右侧肢体活动不灵、说话口齿不清到医院就诊,诊断为脑梗死。经住院积极治疗后,病情好转。现病人意识清,能够正确理解别人讲话的内容,但回答时吐字不清。

请思考:

(1) 言语障碍分为几种类型,各有何临床特点?

(2) 该病人属于哪种类型的言语障碍?

第一节　神经系统的结构与功能

神经系统直接或间接地调控体内各系统和器官,使之能协调完成各自的生理功能,并对体内外各种环境的变化作出适应性调节,共同维持人体的正常生命活动。神经系统分为两个主要部分,即中枢神经系统和周围神经系统。

一、中枢神经系统

中枢神经系统(central nervous system)包括位于颅腔内的脑和位于椎管内的脊髓。脑分大脑、间脑、脑干和小脑(图 64-1-1),脊髓由含有神经细胞的灰质和含有上、下行传导束的白质组成。

(一) 脑

1. **大脑**　大脑包括左、右大脑半球,其表面为大脑皮质所覆盖,凹凸不平,在脑表面形成脑回和脑沟。脑内部为白质、基底节和侧脑室。大脑半球分为额叶、顶叶、颞叶、枕叶和岛叶。两侧大脑半球的功能不完全对称,按功能分优势半球和非优势半球。优势半球多位于左侧,在语言、逻辑思维、分析综合及计算功能等方面占优势;非优势半球多位于右侧,主要在音乐、美术、综合能力、空间、几何图形和人物面容的识别及视觉记忆功能等方面占优势。不同部位的损害会产生不同的临床表现,见图 64-1-2。

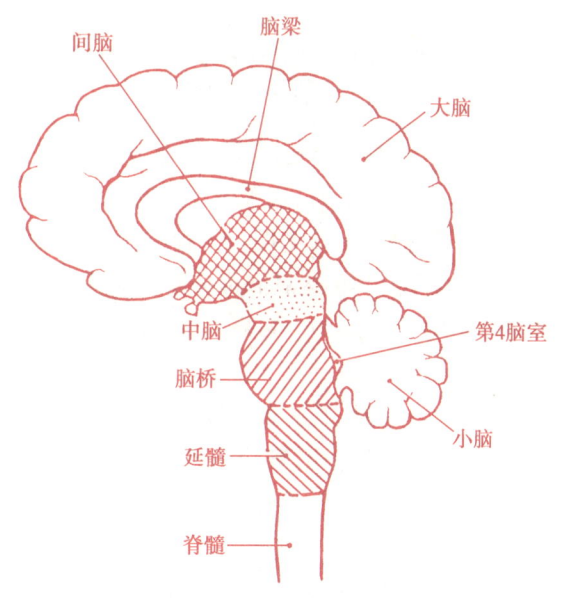

图 64-1-1　中枢神经系统组成

(1) 额叶(frontal lobe):占大脑半球表面的前 1/3,位于外侧裂上方和中央沟前方,额叶受损时会引起躯体运动、头眼运动、发声、语言及高级思维活动的障碍。

(2) 顶叶(parietal lobe):位于中央沟后、顶枕沟前和外侧裂沿线的上方。分为中央后回、顶上小叶和顶下小叶。中央后回和顶上小叶受损时,主要表现为精细感觉障碍,如实体觉、位置觉、两点辨别觉和皮肤定位觉的减退和消失,而触觉、痛觉、温度觉仍存在。顶下小叶病变时可引起体像障碍、失用症和失认症。体像障碍指病人基本感知功能正常,但对自身躯体的存在、空间位置及各部位之间的关系失去辨别能力,临床表现为:①偏侧忽视;②病觉缺失;③手指失认;④自体认识不能;⑤幻肢现象。

(3) 颞叶(temporal lobe):位于外侧裂的下方,顶枕裂前方。颞叶病变时主要引起听觉、语言、记

Note:

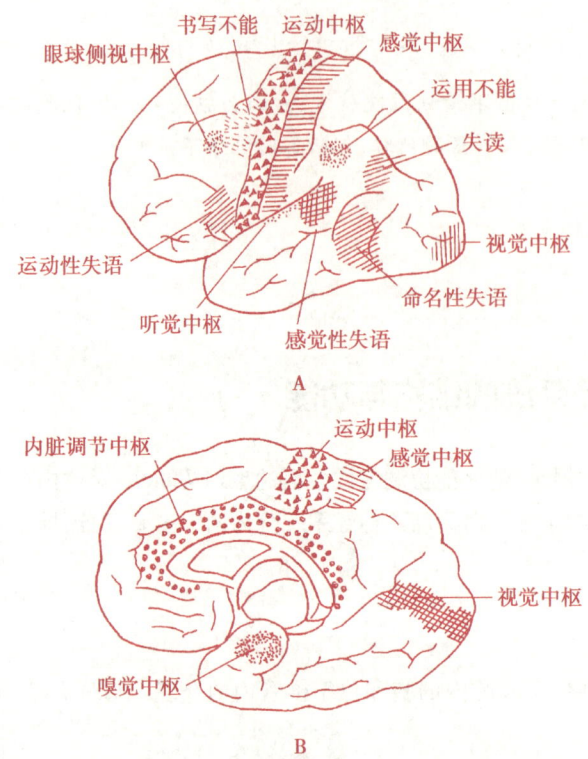

图 64-1-2　大脑皮质重要功能分布及失语症的病灶部位
A. 外侧面；B. 内侧面。

忆及精神活动障碍。如病人能听见对方和自己说话的声音，但不能理解说话的含义，即感觉性失语；病人对于某物品能说出它的用途，但说不出名称，即命名性失语。病人还可出现幻嗅和幻味，做舔舌、咀嚼动作，称为钩回发作。

（4）枕叶（occipital lobe）：位于顶枕沟和枕前切迹连线的后方，为大脑半球后部的小部分。枕叶主要与视觉有关，因此，枕叶病变时会出现幻视、视觉失认、视野缺损、视物变形等现象。

（5）岛叶（insular lobe）：位于外侧裂深面，呈三角形岛状，被额、顶、颞叶所覆盖。岛叶损害多引起内脏运动和感觉的障碍。

2. 间脑　位于两侧大脑半球之间，下方与中脑相连，是脑干与大脑半球连接的中继站。左、右间脑之间的矢状窄隙为第三脑室。间脑包括丘脑、上丘脑、下丘脑和底丘脑四部分。丘脑病变主要表现为对侧的感觉缺失和/或刺激症状，对侧不自主运动，并可有情感与记忆障碍。上丘脑的病变常见松果体肿瘤，可因肿瘤压迫出现帕里诺综合征（Parinaud syndrome），表现为：①瞳孔对光反射消失（上丘受损）；②眼球垂直同向运动障碍，特别是向上凝视瘫痪（上丘受损）；③神经性聋（下丘受损）；④小脑性共济失调（结合臂受损）。下丘脑的功能是调节机体的内脏和内分泌活动，因此，下丘脑病变时可出现体温、摄食、水盐平衡、内分泌活动调节失衡，表现为一系列复杂的症状和综合征。底丘脑损害时表现为以对侧上肢为重的舞蹈运动。

3. 脑干　由中脑、脑桥和延髓组成，上与间脑相接，下与脊髓相连，是连接脊髓、大脑、小脑的中间枢纽。脑干是生命中枢，其功能是维持机体生命，包括心搏、呼吸、消化、体温、睡眠等重要生理功能。因此，各种因素造成的脑干损伤均可造成呼吸障碍、昏迷、瘫痪、感觉障碍和自主神经系统功能异常。

4. 小脑　位于颅后窝、脑桥及延髓的背侧。小脑的功能主要是维持躯体平衡、控制姿势和步态、调节肌张力和协调随意运动的准确性。小脑蚓部损害可引起躯干的共济失调，小脑半球损害可引起同侧肢体的共济失调。

（二）脊髓

脊髓呈前后扁的圆柱体，位于椎管内，上端在平齐枕骨大孔处与延髓相续，下端终于第 1 腰椎下缘水平。脊髓是神经系统的低级部分，为四肢和躯干的初级反射中枢。脊髓以每对脊神经根根丝的出入范围为准，划分为 31 个节段，为 31 对脊神经，即颈髓 8 节（$C_1 \sim C_8$），胸髓 12 节（$T_1 \sim T_{12}$），腰髓 5 节（$L_1 \sim L_5$），骶髓 5 节（$S_1 \sim S_5$），尾髓 1 节（C_0）。脊髓损伤可导致各种运动、感觉和括约肌功能障碍、肌张力异常及病理反射等相应的临床症状和体征。

二、周围神经系统

周围神经系统（peripheral nervous system）联络于中枢神经和其他各系统器官之间，包括与脑相连的脑神经和与脊髓相连的脊神经。

周围神经的主要成分是神经纤维。将来自外界或体内的各种刺激转变为神经信号向中枢内传递的纤维称为传入神经纤维,由这类纤维所构成的神经称为传入神经或感觉神经。向周围的靶组织传递中枢冲动的神经纤维称为传出神经纤维,由这类神经纤维所构成的神经称为传出神经或运动神经。

（一）脑神经

脑神经是指与脑相连的周围神经,脑神经共 12 对,主要支配头面部。脑神经有感觉纤维和运动纤维,按性质可分为感觉神经、运动神经和混合神经,其中第Ⅰ、Ⅱ、Ⅷ对为感觉神经,第Ⅲ、Ⅳ、Ⅵ、Ⅺ、Ⅻ对为运动神经,第Ⅴ、Ⅶ、Ⅸ、Ⅹ对为混合神经。

1. **嗅神经（Ⅰ）** 嗅神经始于鼻腔嗅黏膜,形成嗅丝,穿过筛孔至嗅球,传递嗅觉冲动。病变可导致嗅觉丧失或幻嗅。

2. **视神经（Ⅱ）** 视神经始于眼球的视网膜,构成视神经,穿过视神经管入脑,传导视觉冲动。病变可导致视力障碍、视野缺损及视盘异常。

3. **动眼神经（Ⅲ）** 动眼神经发自中脑,经眶上裂出颅入眶,支配眼外肌。负责瞳孔的收缩与调节上眼睑的活动。

4. **滑车神经（Ⅳ）** 滑车神经发自中脑,与动眼神经偕行,司眼球的运动。

5. **三叉神经（Ⅴ）** 三叉神经与脑桥相连,大部分为躯体感觉性纤维,其胞体位于三叉神经半月节内,它的中枢突入脑桥,周围支分为三大支,即:眼神经、上颌神经和下颌神经,司头面部皮肤、眶、鼻腔和口腔及牙髓的一般感觉。三叉神经中小部分纤维为发自脑桥的运动纤维,加入下颌神经,主要支配咀嚼肌。

6. **展神经（Ⅵ）** 展神经发自脑桥,经眶上裂出颅,支配眼外肌,司眼球向外运动。

7. **面神经（Ⅶ）** 面神经与脑桥相连,经内耳门入颞骨内的面神经管,出茎乳孔,支配面部表情肌。司面部表情、舌前 2/3 部的味觉。

8. **位听神经（Ⅷ）** 位听神经起自内耳,经内耳门入颅,由脑桥入脑,传递平衡觉和听觉。

9. **舌咽神经（Ⅸ）** 舌咽神经为混合性神经,经颈静脉孔出颅,分布于舌和咽。司舌后 1/3 味觉,唾液分泌及吞咽或呕吐反射。

10. **迷走神经（Ⅹ）** 迷走神经为混合性神经,与延髓相连,经颈静脉孔出颅,在颈部与颈总动脉和颈内静脉伴行入胸腔,经肺根后面,在食管周围形成神经丛,随食管穿膈的食管裂孔入腹腔,左侧的组成胃前支和肝支,右侧的组成胃后支和腹腔支。迷走神经沿途发出分支支配各器官,其中主要的有喉上神经、喉返神经等。迷走神经损伤可表现为发声困难、声音嘶哑、呛咳、吞咽障碍、心动过速及内脏活动障碍等。

11. **副神经（Ⅺ）** 副神经由延髓发出,经颈静脉孔出颅,支配胸锁乳突肌和斜方肌,使头部转动及耸肩。

12. **舌下神经（Ⅻ）** 舌下神经由延髓发出,经舌下神经管出颅,支配舌肌,司舌头的运动。

（二）脊神经

脊神经共 31 对,其中颈段 8 对,胸段 12 对,腰段 5 对,骶段 5 对,尾神经 1 对。每一对脊神经均有两条神经根与脊髓相连,即后根和前根。后根是感觉神经,接收由身体传入的感觉冲动至中枢系统;前根是运动神经,内含有支配腺体或随意及不随意肌的运动纤维,将神经元的信息传至周边。临床根据不同的感觉障碍水平,对脊髓病变进行定位诊断。人体体表部位的感觉分布见图 64-1-3 和图 64-1-4。脊神经前根支配相应肌肉,其中 $C_4 \sim T_1$ 前根结合成为臂丛,主要支配上臂、前臂和手部肌肉;$L_2 \sim S_2$ 组成腰骶丛,其主要功能为支配下肢肌肉。

Note：

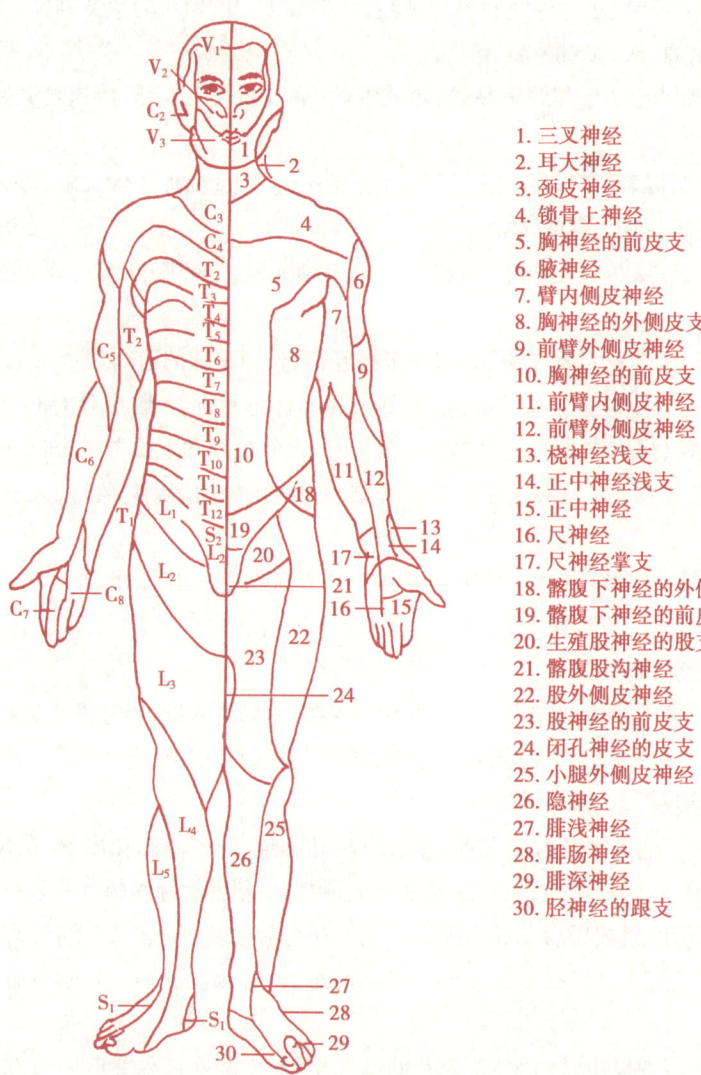

1. 三叉神经
2. 耳大神经
3. 颈皮神经
4. 锁骨上神经
5. 胸神经的前皮支
6. 腋神经
7. 臂内侧皮神经
8. 胸神经的外侧皮支
9. 前臂外侧皮神经
10. 胸神经的前皮支
11. 前臂内侧皮神经
12. 前臂外侧皮神经
13. 桡神经浅支
14. 正中神经浅支
15. 正中神经
16. 尺神经
17. 尺神经掌支
18. 髂腹下神经的外侧皮支
19. 髂腹下神经的前皮支
20. 生殖股神经的股支
21. 髂腹股沟神经
22. 股外侧皮神经
23. 股神经的前皮支
24. 闭孔神经的皮支
25. 小腿外侧皮神经
26. 隐神经
27. 腓浅神经
28. 腓肠神经
29. 腓深神经
30. 胫神经的跟支

图 64-1-3　体表的节段性和周围性感觉支配（前面）

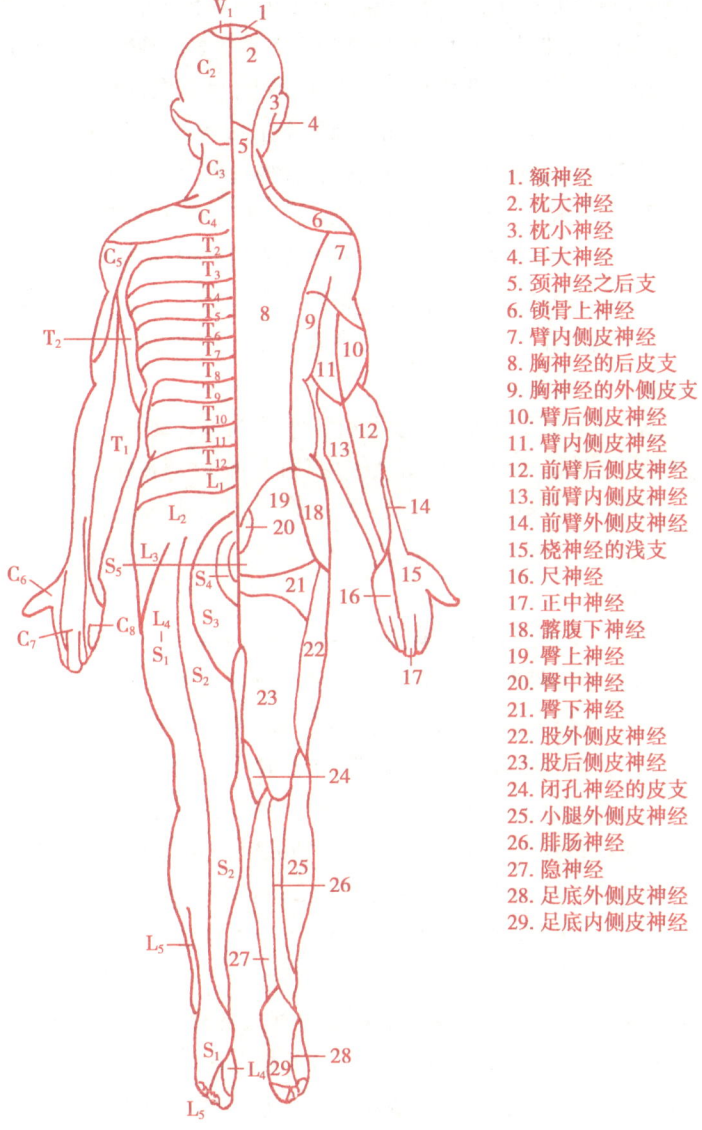

1. 额神经
2. 枕大神经
3. 枕小神经
4. 耳大神经
5. 颈神经之后支
6. 锁骨上神经
7. 臂内侧皮神经
8. 胸神经的后皮支
9. 胸神经的外侧皮支
10. 臂后侧皮神经
11. 臂内侧皮神经
12. 前臂后侧皮神经
13. 前臂内侧皮神经
14. 前臂外侧皮神经
15. 桡神经的浅支
16. 尺神经
17. 正中神经
18. 髂腹下神经
19. 臀上神经
20. 臀中神经
21. 臀下神经
22. 股外侧皮神经
23. 股后侧皮神经
24. 闭孔神经的皮支
25. 小腿外侧皮神经
26. 腓肠神经
27. 隐神经
28. 足底外侧皮神经
29. 足底内侧皮神经

图 64-1-4　体表的节段性和周围性感觉支配（后面）

（沙凯辉）

第二节　神经系统疾病病人的评估

神经系统疾病是指神经系统与骨骼肌由于血管性病变、感染、变性、肿瘤、外伤、中毒、免疫障碍、遗传因素、先天发育异常、营养缺陷和代谢障碍等所致的疾病。神经系统疾病病人的评估包括病史采集、神经系统体格检查及各种辅助检查,同时应注意病人的心理-社会问题。

【健康史】

1. **现病史**　了解病人的患病及治疗经过:①了解起病方式,急性还是慢性、发作性还是持续性,有无明显的致病或诱发因素;症状发生的起始时间、前后顺序、累及范围、持续时间、严重程度及有无伴随症状。②检查治疗的经过及效果,如是否遵从医嘱治疗、目前用药情况,包括药物的名称、剂量、用法、疗效或不良反应。③目前的临床表现,有无头痛、抽搐、瘫痪、麻木、复视、眩晕及其他脑神经损害的表现;有无意识、精神、言语等障碍,有无睡眠异常、营养失调及括约肌功能障碍等。

Note:

2. **职业史**　了解病人的职业状况和工作环境。如对从事森林工作的病人,应考虑到通过虫媒患神经系统感染性疾病的可能性;如果病人是农民或牧民,则要考虑到脑寄生虫病的可能性。

3. **既往史**　了解病人有无与神经系统疾病相关的病史,重点询问以下内容:①头部外伤、脑肿瘤、内脏肿瘤及手术史等;②感染病史如脑炎、结核病、寄生虫病、上呼吸道感染和腮腺炎等;③高血压、心脏病、糖尿病等脑血管病的危险因素;④颈椎病和腰椎管狭窄病史等。

4. **药物史**　了解病人有无长期或特殊服药史,某些药物可能导致神经系统损害,如长期服用异烟肼可能引起周围神经病,服用影响神经肌肉接头递质传递的药物,可能引起重症肌无力复发。

5. **生活史**　了解病人的生活方式、饮食习惯、有无特殊嗜好等。病人平时体力活动少、喜久坐,偏好多脂饮食,长期吸烟和酗酒等均属脑血管病的危险因素。病人的个人生活行为不当有可能导致神经梅毒或艾滋病的神经系统病变。

6. **家族史**　有相当部分神经系统疾病是遗传性疾病或与遗传相关,如肝豆状核变性、进行性神经性腓骨肌萎缩症、进行性假肥大性肌营养不良、癫痫、偏头痛、脑动脉硬化症等。

【身体状况】

（一）常见症状

1. **头痛（headache）**　是神经系统最常见的症状,重点询问头痛的部位、性质、程度、持续时间、伴随症状等。剧烈头痛多见于脑膜炎、蛛网膜下腔出血。颅内压增高导致的头痛常为持续性的整个头部胀痛,咳嗽、用力、低头、头部突然活动等可使头痛加剧,常伴有喷射性呕吐及视力障碍。偏头痛在发作前可出现视觉症状,如视物模糊、眼前闪光等,在安静休息、睡眠后或服用镇痛药后可缓解,但常反复发作。紧张性头痛多无固定位置,表现为持续性闷痛、胀痛,常伴有心悸、失眠、多梦、紧张等症状。

2. **意识障碍（disorder of consciousness）**　是指人对外界刺激缺乏反应的一种精神状态。任何病因引起的大脑皮质、皮质下结构、脑干网状上行激活系统等部位的损害或功能抑制,均可出现意识障碍。对于意识障碍的病人,护理评估要迅速、准确,一方面注意病人生命体征是否平稳,另一方面尽快确定意识障碍的程度及类型。

（1）以觉醒度改变为主的意识障碍:临床上可通过病人的言语、对疼痛的刺激、瞳孔对光反射、吞咽反射、角膜反射等来评估病人意识障碍的程度。按照严重程度通常分为以下几个水平,临床特点见表64-2-1。国际上常用 Glasgow 昏迷评定量表评价病人意识障碍的程度,从睁眼反应、语言反应和运动反应三方面进行评分,最高15分,表示意识清醒,≤8分表示昏迷,最低3分,分数越低表明其意识障碍越严重,见表64-2-2。

1）嗜睡(somnolence):为最轻的意识障碍。病人意识清晰度水平降低,处于病态的睡眠状态,能唤醒,唤醒后能配合检查及回答问题,停止刺激后又入睡。

2）昏睡(lethargy,sopor):意识清晰度较嗜睡降低,病人处于熟睡状态。给予病人较重的痛觉刺激或较响的言语刺激方可唤醒,醒后能做简单、模糊的答话,自发性言语减少,刺激停止后又转入熟睡。

表64-2-1　意识障碍的分级及鉴别要点

分级	对疼痛反应	唤醒反应	无意识自发动作	腱反射	瞳孔对光反射	生命体征
嗜睡	+,明显	+,呼唤	+	+	+	稳定
昏睡	+,迟钝	+,大声呼唤	+	+	+	稳定
浅昏迷	+	−	可有	+	+	无明显变化
中昏迷	强刺激可有	−	很少	−	迟钝	轻度变化
深昏迷	−	−	−	−	−	显著变化

表 64-2-2 Glasgow 昏迷评定量表

睁眼反应	得分	语言反应	得分	运动反应	得分
自动睁眼	4	回答正常	5	按指令动作	6
呼唤睁眼	3	对话含糊	4	*能确定疼痛部位	5
疼痛刺激时睁眼	2	言语不当、字意可辨	3	*肢体退缩反应	4
任何刺激不睁眼	1	难以理解	2	*肢体屈曲(去皮质状态)	3
		无语言	1	*肢体过伸(去大脑状态)	2
				*无反应	1

注:*指疼痛刺激。

3) 昏迷(coma):病人意识丧失,表现为双眼闭合、不能自行睁开,对言语刺激无反应,面部和肢体无目的性运动,疼痛刺激无反应或引发通过脊髓或脑干通路传递的无目的反射动作。根据昏迷的程度可分为:①浅昏迷:意识丧失,仅对强烈刺激,如压迫眶上缘等,有痛苦表情及躲避反应,刺激不能使其恢复清醒或意识障碍变浅。不能与外界建立接触,可有较少无意识的自发动作。腹壁反射消失,但角膜反射、瞳孔对光发射、咳嗽反射、吞咽反射、腱反射仍存在,生命体征无明显改变。②中昏迷:对外界一般刺激无反应,强烈疼痛刺激时可见防御反射活动,病理反射阳性,角膜反射、瞳孔对光发射、咳嗽反射、吞咽反射减弱,生命体征已有改变。③深昏迷:病人对外界任何刺激均无反应,角膜反射、瞳孔对光反射、咳嗽反射、吞咽反射、腱反射、病理反射等均消失。生命体征发生明显变化,呼吸不规则。

(2) 以意识内容改变为主的意识障碍

1) 意识模糊(mental confusion):表现为注意力减退,情感反应淡漠,对时间、地点、人物的定向能力发生障碍,语言缺乏连贯性,可有错觉、幻觉、躁动、精神错乱等,常见于急性重症感染的高热期、各种颅脑手术术后等。

2) 谵妄(delirium):意识内容的改变,表现为认知功能下降、对周围环境的理解和判断失常。定向力和自知力均有障碍,伴有丰富的幻觉、错觉,以错觉为主,病人感受到生动而逼真的形象。

(3) 特殊类型的意识障碍

1) 去皮质强直(decorticate rigidity):多见于因双侧大脑皮质广泛损害而导致的皮质功能减退或丧失,皮质下功能仍保存。病人表现为意识丧失,但睡眠和觉醒周期存在,能无意识地睁眼、闭眼或转动眼球,但眼球不能随光线或物品转动,貌似清醒,但对外界刺激无反应。瞳孔对光反射、角膜反射、咀嚼动作、吞咽、防御反射均存在,可有吸吮、强握等原始反应,但无自发动作。上肢屈曲内收,腕及手指屈曲,双下肢伸直,足屈曲。常见于缺氧性脑病、脑炎、中毒和严重颅脑外伤等。

2) 无动性缄默症(akinetic mutism,AM):又称睁眼昏迷。为脑干上部和丘脑的网状激活系统损害所致,而大脑半球及其传导通路无损害。病人无目的地注视检查者和周围的人,貌似觉醒,但缄默不语,不能活动,四肢肌张力低,腱反射消失,肌肉松弛。伴有体温高、多汗、皮脂腺分泌旺盛、心搏或呼吸节律不规则、大小便失禁等。

3. 言语障碍(dysphasia) 分为失语症(aphasia)和构音障碍(dysarthria),可通过病人口语表达、听理解、复述、阅读、书写、命名等方面能力评估其语言表达及对文字符号理解的能力,并判断病人言语障碍的类型,以便于选择恰当的沟通交流方式。

(1) 失语症:是由于大脑皮质与语言功能有关的区域受损害,使人后天获得的说话、听话、阅读和书写等能力残缺或丧失。由于病因和病变部位不同,所出现的失语类型也不同,常以一种语言障碍为主,同时伴有不同程度的其他语言功能障碍,也可表现为全部语言功能均受损,还可伴有失用、失认和肢体瘫痪等。失语症可分为运动性失语(Broca 失语)、感觉性失语(Wernicke 失语)、传导性失语、命名性失语等。

Note:

（2）构音障碍：由于发音肌肉的瘫痪、共济失调或肌张力增高所引起的口语障碍。病人对言语的理解正常，但在表达时出现发声困难、言语不清及语音、语调、语速的异常。病人可保留对文字的阅读和书写能力，可通过文字进行交流。

4. **感觉障碍（sensation disorder）**　指机体对各种形式的刺激，如痛、温度、触、压、位置、振动等无感知、感知减退或异常的一组综合征。感觉分为内脏感觉（由自主神经支配）、特殊感觉（视、听、嗅和味觉，由脑神经支配）和一般感觉。一般感觉由浅感觉（痛、温度及触觉）、深感觉（运动觉、位置觉和振动觉）和复合感觉（实体觉、图形觉及两点辨别觉等）组成。护士应评估病人感觉障碍的部位、类型、范围、性质、程度、伴随症状等，评估感觉障碍对机体功能的影响，以采取相应的护理措施。临床常见的感觉障碍分为抑制性症状和刺激性症状两类。感觉传导通路受破坏或功能抑制，出现感觉缺失或减退，称为抑制性症状；感觉传导通路受到刺激或兴奋性增高时出现感觉过敏、感觉过度、疼痛等，称为刺激性症状。

5. **运动障碍（movement disorder）**　可分为瘫痪、僵硬、不自主运动及共济失调等。护士应评估病人运动障碍的性质、分布、程度及伴发症状，是否因运动障碍而产生继发性损伤；重点评估瘫痪肢体的肌力、肌张力、腱反射、生活自理能力、有无肌肉萎缩和关节挛缩等情况。

（1）瘫痪（paralysis）：是指随意运动功能降低或丧失，是神经系统常见的症状之一。按受累部位可分为上运动神经元瘫痪（中枢性或痉挛性瘫痪）和下运动神经元瘫痪（周围性或弛缓性瘫痪）。两者的临床特点见表64-2-3。按临床表现可分为单瘫、偏瘫、截瘫、交叉性瘫痪、四肢瘫，见表64-2-4。

表64-2-3　上运动神经元与下运动神经元瘫痪的临床特点

临床特点	上运动神经元瘫痪	下运动神经元瘫痪
瘫痪的分布	范围广，偏瘫、单瘫和截瘫	范围局限，以肌群为主
肌张力	增高，呈痉挛性瘫痪	减低，呈弛缓性瘫痪
反射	腱反射亢进，浅反射消失	腱反射减弱或消失，浅反射消失
病理反射	阳性	阴性
肌萎缩	无，可有轻度的失用性萎缩	显著，早期出现
皮肤营养障碍	多数无障碍	常有
肌电图	神经传导正常，无失神经电位	神经传导异常，有失神经电位

表64-2-4　瘫痪的类型

类型	瘫痪特点	病变部位
单瘫	单个肢体的运动不能或无力	大脑半球、脊髓前角细胞、周围神经和肌肉等
偏瘫	一侧面部和肢体瘫痪	一侧大脑半球病变，如内囊出血、脑梗死等
截瘫	双下肢瘫痪	脊髓胸腰段的横贯性损伤
交叉性瘫痪	病变侧脑神经麻痹和对侧肢体瘫痪	脑干部位肿瘤、炎症、血管性病变
四肢瘫痪	四肢不能运动或肌力减退	脊髓高颈段、周围神经病变

（2）僵硬（stiffness）：指肌张力增加所引起的肌肉僵硬、活动受限或不能活动的一组综合征。由中枢神经、周围神经、肌肉及神经肌肉接头的病变所引起。临床上包括痉挛、僵直、强直等几种不同的表现。

（3）不自主运动（involuntary movement）：由锥体外系病变引起的不随意志控制的无规律、无目的的面、舌、肢体、躯干等骨骼肌的不自主活动。临床上可分为震颤、舞蹈样运动、手足徐动、扭转痉挛等。不自主运动的症状可随睡眠而消失。

Note：

（4）共济失调（ataxia）：指小脑、本体感觉及前庭功能障碍导致的运动笨拙和不协调，并非肌无力，累及躯干、四肢和咽喉肌时可引起身体平衡、姿势、步态及言语障碍，如站立不稳、步态蹒跚、言语不清等。临床上共济失调可分为小脑性共济失调、大脑性共济失调、感觉性共济失调和前庭性共济失调。

6. 吞咽障碍　吞咽是不同肌肉在神经支配下协调完成的生理过程。神经系统疾病常引起与吞咽功能有关的肌肉无力、不协调、瘫痪或运动不精确而造成吞咽困难。吞咽障碍的存在将严重影响病人的生活质量及营养物质的摄入，护士应评定病人吞咽功能障碍的程度并进行吞咽功能训练。洼田饮水试验是脑损伤后吞咽障碍病人常用的评定方法，由日本学者洼田俊夫提出，分级明确清楚，操作简单，要求病人意识清楚并能够按照指令完成试验。方法：病人端坐，喝下 30ml 温开水，观察所需时间和呛咳情况。正常：1 级，5s 之内；可疑：1 级，5s 以上或 2 级；异常：3~5 级。具体分级见表 64-2-5。

表 64-2-5　洼田饮水试验分级

分级	表现	分级	表现
1 级	能顺利地 1 次将水咽下	4 级	分 2 次以上咽下，但有呛咳
2 级	分 2 次以上，能不呛咳地咽下	5 级	频繁呛咳，不能全部咽下
3 级	能 1 次咽下，但有呛咳		

（二）体格检查

神经系统疾病病人的检查除包括一般性的检查，如生命体征、体位、姿势、步态、皮肤黏膜、头颅发育及肿块和血管杂音、颈部发育及血管杂音、脊柱发育及活动、肢体发育及活动和神经血管等，重点的检查内容有：

1. 意识状态　见本节"意识障碍"部分。

2. 感觉功能检查　评估时病人应意识清晰、合作，护士应注意左右侧、远近端对比，一般由感觉障碍区向健处逐步移行。检查时病人闭目，忌用暗示性言语。

（1）浅感觉检查：包括皮肤、黏膜的痛觉、温觉和触觉检查。①用大头针刺激皮肤，检查痛觉；②用棉签轻触皮肤，检查触觉；③用装热水（40~50℃）与冷水（5~10℃）的试管分别接触皮肤，检查温度觉。

（2）深感觉检查：包括运动觉、位置觉、振动觉。①运动觉：检查时嘱病人闭目，护士以示指和拇指轻持病人手指或足趾两侧，做被动伸、屈动作，询问病人运动方向；②位置觉：将病人肢体放置于某一位置上，询问其肢体所处位置；③振动觉：用振动的音叉柄端置于病人肢体的骨突起处如内踝、外踝、腕关节、髂嵴等处，询问其有无振动感觉，注意两侧对比。

（3）复合感觉：包括皮肤定位觉、两点辨别觉、图形觉、实体觉。①皮肤定位觉：检查病人能否用手准确指出被触的位置；②两点辨别觉：检查病人辨别两点距离阈值的大小；③图形觉：检查病人能否正确辨别皮肤上所画出的图形；④实体觉：检查病人能否正确辨别手上实体物的大小、形状、性质。

3. 运动功能检查　包括观察肌容积、肌张力、肌力、不自主运动、共济运动等。

（1）肌张力：是指肌肉静止状态时的肌肉紧张度。

1）肌张力降低：表现为肌肉弛缓柔软，被动运动时阻力减退，关节运动的范围扩大，见于下运动神经元病变，如周围性神经炎、脊髓前角灰质炎及小脑病变等。

2）肌张力增高：肌肉较硬，被动运动时阻力增大，关节运动的范围缩小。根据损害位置不同及性质不同，可分为折刀样强直、铅管样强直及齿轮样强直。折刀样强直是锥体束损害所致，表现为上肢的屈肌及下肢的伸肌张力增高更明显，被动运动开始时阻力大，终末时较小。铅管样强直是锥体外系损害所致，表现为伸肌屈肌张力均等增高，被动运动时所遇阻力是均匀的。若伴有震颤者，出现规律而断续的停顿，称为齿轮样强直。

Note：

（2）肌力：肌力是病人主动运动时肌肉产生的收缩力，可分为6级，即0~5级，具体分级见表64-2-6。

表64-2-6 肌力的分级

分级	临床表现	分级	临床表现
0级	完全瘫痪，肌肉无收缩	3级	肢体能抬离床面，但不能抗阻力
1级	肌肉可收缩，但不能产生动作	4级	能做抗阻力动作，但较正常差
2级	肢体能在床面上移动，但不能抬起	5级	正常肌力

（3）共济运动

1）指鼻试验：嘱病人前臂伸直外旋，以示指尖触自己的鼻尖，先睁眼后闭眼，先慢后快，反复上述动作。正常人动作准确，共济失调者指鼻不准。

2）指指试验：嘱病人伸直示指、屈肘，然后伸直前臂以示指触碰对面护士的示指，先睁眼后闭眼。正常人可准确完成，总是偏向一侧者提示该侧小脑病变。

3）快复轮替试验：嘱病人伸直手掌并反复做前臂快速旋前、旋后动作，或以一侧手快速连续拍打对侧手背等。共济失调者动作缓慢而不匀。一侧快速动作障碍提示该侧小脑病变。

4）跟-膝-胫试验：嘱病人仰卧，抬一侧下肢使足跟置于对侧膝部，沿胫骨徐徐滑下，共济失调者动作不稳或失误。

5）龙贝格征（Romberg sign）：又称闭目难立征，嘱病人闭目、双足并拢直立，两臂向前平伸，出现摇晃或倾斜即为阳性。睁眼站立稳，闭眼时不稳，提示感觉性共济失调，睁眼、闭眼都不稳提示小脑性共济失调。

4. 神经反射检查　包括浅反射、深反射、阵挛和病理反射等。检查时病人应保持安静和松弛状态，并注意反射的改变程度和两侧是否对称。根据反射的改变可分为亢进、活跃（或增强）、正常、减弱或消失。浅反射是刺激皮肤、黏膜、角膜等引起肌肉快速收缩反应，如腹壁反射、提睾反射、跖反射、肛门反射等；深反射为肌腱和关节反射，包括肱二头肌反射、肱三头肌反射、桡骨膜反射、膝反射、踝反射等；病理反射如巴宾斯基征、奥本海姆征、戈登征、查多克征等，是锥体束受损时的表现。

（1）巴宾斯基征：被检查者仰卧，下肢伸直，检查者手持被检查踝部，用钝头竹签划足底外侧缘，由后向前至小趾根部并转向内侧，阳性反应为拇趾背屈，余趾呈扇形展开。

（2）奥本海姆征：检查者用拇指及示指沿被检查者胫骨前缘用力自上而下加压移动，阳性表现同巴宾斯基征。

（3）戈登征：检查时用手以一定力量捏压腓肠肌，阳性表现同巴宾斯基征。

（4）查多克征：检查者用钝头竹签从外踝下方向前划至跖趾关节处，阳性表现同巴宾斯基征。

5. 脑膜刺激征检查　脑膜刺激征包括颈强直、克尼格征和布鲁津斯基征等，颈上节段的脊神经根受刺激引起颈强直，腰骶节段脊神经根受刺激，则出现克尼格征和布鲁津斯基征。脑膜刺激征见于脑膜炎、蛛网膜下腔出血、脑炎、脑水肿及颅内压增高等，深昏迷时病人脑膜刺激征可消失。

（1）颈强直：病人头前屈明显受限及被动屈颈检查时感觉到抵抗力增强。

（2）克尼格征：病人仰卧，髋、膝关节各屈曲呈约90°，检查者将病人小腿抬高伸膝。正常人膝关节可伸达135°以上，如伸膝受阻且伴疼痛与屈肌痉挛，则为阳性。

（3）布鲁津斯基征：病人仰卧，下肢伸直，检查者一手托起病人枕部，另一手按于其胸前，当头部前屈时，双髋与膝关节同时屈曲则为阳性。

【辅助检查】

1. **腰椎穿刺和脑脊液检查**　主要用于中枢神经系统疾病的诊断和鉴别诊断，如各种脑膜炎和脑

炎、蛛网膜下腔出血、脱髓鞘疾病、颅内转移瘤、脊髓病变等。

2. **影像学检查**　主要包括 X 线检查、计算机体层成像(CT)、磁共振成像(MRI)、数字减影血管造影(DSA)。CT 是无创性检查,简便迅速,敏感性较常规 X 线检查高很多,是大部分脑组织病变首选的辅助检查手段。MRI 较 CT 可提供多方位、多层面的解剖学信息,图像清晰度高,可清晰显示病变的形态、位置、大小及与周边组织的关系,在神经系统疾病的诊断中 MRI 已被广泛应用。但 MRI 检查时间较长,有金属置入物者不能行 MRI 检查。DSA 主要应用于脑血管疾病的诊断和治疗方面。

3. **经颅超声血流图检查**　应用经颅多普勒超声(transcranial Doppler,TCD)检测仪,使通过颅外检测颅内血管成为可能。TCD 检查主要是通过探头位置、超声束角度、血流方向变化和速率、波形变化等对各有关血管进行识别。TCD 最常用和最有意义的指标是血流速率和动脉指数。目前,TCD 主要用于有关脑血管病变疾病的诊断和检测。如脑动脉狭窄或闭塞、脑血管畸形、脑血管痉挛、脑动脉血流微栓子监测等。

4. **神经电生理检查**　包括脑电图和肌电图等。脑电图主要用于癫痫的诊断及区别脑部器质性或功能性病变和弥漫性或局限性损害。肌电图有助于神经源性损害、肌源性损害、神经肌肉接头病变的诊断和鉴别诊断;有助于神经根病变节段的定位诊断。

【心理-社会状况】

神经系统疾病发病的突然性及病后出现不同程度的神经功能障碍,如昏迷、语言障碍、感觉异常及瘫痪等,使病人及其家属在心理上和经济上承担了巨大的压力和负担。医务人员应评估病人是否存在焦虑、抑郁、悲观等情绪,为病人的心理疏导和支持提供依据。了解病人的社会支持系统,如付费方式、来自家庭和社会的物质精神支持等。

(沙凯辉)

第三节　神经系统常见诊疗技术与护理

一、腰椎穿刺病人的护理

腰椎穿刺(lumbar puncture)是诊断神经系统疾病的一项重要检查。通过腰椎穿刺可以测定病人颅内压,同时可以收集脑脊液(cerebrospinal fluid,CSF)进行实验室检查。成人 CSF 总量为 110~200ml,平均 130ml,每日生成约 500ml。

【适应证】

1. **诊断性穿刺**　主要用于中枢神经系统疾病的诊断和鉴别诊断,如各种脑膜炎和脑炎、蛛网膜下腔出血、脱髓鞘疾病、颅内转移瘤、脊髓病变等。

(1) 取脑脊液做常规、生化、细胞学、病原学、免疫学等多项检查,有助于中枢神经系统疾病的诊断。

(2) 测量颅内压或动力学试验,以明确颅内压高低及脊髓腔通畅情况。

(3) 行脊髓造影、脑室造影检查。

2. **治疗性穿刺**

(1) 依病情可注入液体或放出 CSF 以维持、调整颅内压平衡。

(2) 可行鞘内药物注射。

【禁忌证】

1. 怀疑有颅内压增高者,特别是有脑疝危险者。

2. 穿刺部位有感染灶、脊柱结核或开放性损伤。

3. 躁动不安、不能合作或病情危重不宜搬动者。

4. 应用肝素等药物导致出血倾向或血小板<$50×10^9$/L 者。

【操作前准备】

1. 术前根据适应证和禁忌证严格选择病人。

2. 由医生向病人及其家属说明穿刺的目的、穿刺过程的配合和可能发生的不良反应,并签署知情同意书。

3. 备好腰椎穿刺包。

【操作过程】

1. **体位**　病人一般取侧卧位,头前屈、背靠床边,双腿屈曲以手抱膝,使腰椎间隙增大,便于穿刺(图 64-3-1)。

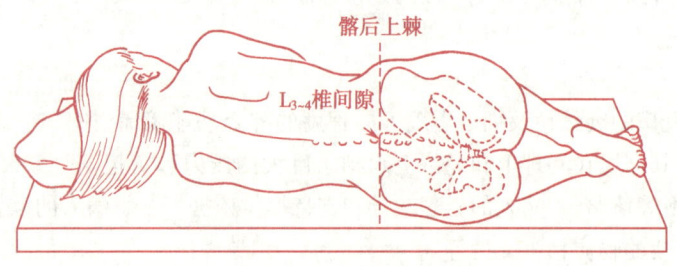

图 64-3-1　腰椎穿刺体位

2. **皮肤准备**　按常规消毒、铺洞巾。

3. **穿刺**　穿刺点常选取 $L_{3～4}$ 椎间隙(双髂嵴最高点连线与背中线交点为 L_2 棘突),必要时可选取其上、下各一间隙。局部皮下浸润性麻醉。以穿刺针穿,见 CSF 流出告成。

4. **测压**　穿刺成功后立即接上测压装置测初压,采取 CSF 后测终压。正常成人压力为 $80～180mmH_2O$,>$200mmH_2O$ 为颅内压增高,<$80mmH_2O$ 为颅内压降低。

5. **放液**　测压及动力学检测后视需要缓慢放出 CSF,送检查。

6. **病情观察**　穿刺和放液过程中,注意观察病人有无异常表现,如意识状态改变、面色变化、下肢疼痛等。

【操作后护理】

1. 完成穿刺后嘱病人去枕平卧 6h,防止发生腰椎穿刺后低颅压性头痛。

2. 低颅压性头痛是腰椎穿刺后最常见的并发症,可伴有颈部和后背痛,咳嗽、喷嚏或站立时症状加重,平卧位时头痛减轻。告知病人不要抬高头部,可嘱病人大量饮水,必要时遵医嘱静脉输入生理盐水。

二、脑室穿刺病人的护理

脑室穿刺(ventricle puncture)是将穿刺针穿入脑室,可注入造影剂进行脑室造影,也可进行脑脊液引流,是诊断和治疗神经系统疾病的重要操作。

【适应证】

1. **诊断性穿刺**

(1) 用于脑室压力测量、脑室造影。

Note:

（2）收集脑脊液做实验室检查。

（3）测量颅内压,监测动态颅内压变化。

2. 治疗性穿刺

（1）用于排放脑脊液,暂时缓解由于各种病变导致的脑室系统扩大,是脑积水、脑疝形成病人的一种紧急抢救措施。

（2）开颅手术时或术后可以降低脑张力和引流血性脑脊液。

（3）脑室内注入药物用于治疗颅内感染等。

【禁忌证】

1. 穿刺部位有感染者。

2. 存在明显出血倾向者。

3. 大脑半球占位性病变、怀疑侧脑室受压变形移位者。

【操作前准备】

1. 穿刺前向病人及其家属说明穿刺目的及简要的步骤,取得病人及其家属的同意与合作。

2. 帮助病人摆放适当体位。

【操作过程】

1. 协助操作医生消毒、铺巾。

2. 穿刺部位选择

（1）侧脑室前角:病人仰卧位,颅骨钻孔部位在发际后 2cm,中线旁 2.0~2.5cm,正常深度为 4~6cm。

（2）侧脑室三角区:病人侧卧或俯卧,颅骨钻孔部位位于枕外隆凸上 4~7cm,中线旁 3cm,穿刺深度为 4.5~5.5cm。

（3）侧脑室下角后部:病人侧卧或仰卧使头稍转向对侧。颅骨钻孔部位为外耳道上 3cm、后 3cm 处,穿刺深度为 4~5cm。

3. 操作过程中要严格无菌操作,以免造成颅内感染。

4. 穿刺成功后可连接监测颅内压的设备或引流管道。

5. 穿刺过程中注意病人神志、瞳孔、生命体征的变化。

【操作后护理】

1. 留置脑室引流管期间要认真评估引流出来的脑脊液的量、性质和颜色。术后初期可呈血性或淡血性,以后颜色逐渐变淡。如术后原有血性颜色加深,可能是脑室内继续出血,应立即通知医生止血。如果脑脊液混浊,呈毛玻璃状或有絮状物,可能发生感染,应取标本进行实验室检查。

2. 注意脑脊液引流的速度不可过快,穿刺后早期平卧位时引流管高出侧脑室 10~15cm,侧卧位时高出正中矢状面 15~18cm,缓慢引流,使颅内压平稳降低,避免引流过快导致脑室内出血、硬膜外或硬膜下血肿或诱发小脑幕切迹疝。

3. 脑室引流的穿刺部位和引流管的护理要严格遵循无菌原则,按时更换敷料,正确更换引流瓶或引流袋。搬动病人或更换引流瓶时,应该夹闭引流管,防止引流液的反流和颅内压的急剧变动。

4. 保持引流管通畅,防止引流管受压、扭曲、折叠或阻塞,注意鉴别引流不畅的原因。

5. 及时拔除引流管,拔管前夹闭 24h,密切观察病人有无头痛、恶心、呕吐等颅内压再次升高的症状。

6. 拔管后加压包扎伤口,让病人卧床休息减少头部活动,观察穿刺伤口有无渗血、渗液及病人意识、瞳孔、肢体抽搐等的变化,发现异常及时通知医生。

三、数字减影血管造影病人的护理

数字减影血管造影(digital subtraction angiography,DSA)是通过导管或穿刺针将含碘造影剂注入选定的动脉或静脉,电子计算机进行辅助成像的血管造影方法。DSA 是诊断脑血管病的重要检查方法之一,可以直观地测定血管狭窄的程度和范围,观察侧支循环状况等。DSA 是一种创伤性检查,所以不应作为首选或常规检查的方法,需要掌握好适应证和禁忌证,并采取相应的护理措施。

【适应证】

1. 颅内外血管性病变,如动脉狭窄、动脉瘤、动静脉畸形、颅内静脉系统血栓形成等。
2. 自发性脑内血肿或蛛网膜下腔出血病因检查。
3. 观察颅内占位性病变的血供与邻近血管的关系及某些肿瘤的定性。

【禁忌证】

1. 严重出血倾向或出血性疾病者。
2. 严重心、肝或肾功能不全者。
3. 脑疝晚期、脑干功能衰竭者。
4. 对造影剂过敏者。

【操作前准备】

1. 向病人及其家属说明造影的目的、注意事项、造影过程及配合方法,消除其紧张、恐惧的心理,取得合作。
2. 做好术前各项检查,如血常规、尿常规、肝功能、肾功能、出凝血时间、心电图、碘过敏试验等。
3. 做好双侧股动脉区术野皮肤的准备,测量血压及肢端动脉搏动情况,以便术后对比。
4. 术前 4~6h 禁食、禁水,术前 30min 排空大小便。必要时留置导尿管,建立静脉通路。

【操作过程】

经股动脉插管 DSA 操作步骤是:

1. 选择穿刺点,在耻骨联合-髂前上棘连线测中点、腹股沟韧带下 1~2cm 股动脉搏动最强点进行穿刺。
2. 消毒局部皮肤,进行局部麻醉。
3. 将穿刺针与皮肤成 30°~45°刺入股动脉,将导丝送入血管 20cm 左右,撤出穿刺针,迅速沿导丝置入导管鞘或导管,撤出导丝。
4. 在电视屏幕监护下将导管送入各个头臂动脉。
5. 进入靶动脉后注入少量造影剂确认动脉,然后造影。

【操作后护理】

1. 严密观察病人意识、瞳孔及生命体征的变化,发现异常,及时通知医生。
2. 术后病人平卧,术肢制动 12h,卧床休息 24h。
3. 穿刺部位沙袋加压压迫 6~8h。观察病人肢体的皮温、肤色、足背动脉搏动情况、肢体感觉的变化。如出现脉搏减弱或消失、皮肤发绀、皮温降低、肢体发麻等,可能是包扎过紧或栓塞所致,应及时处理,以防造成肢体坏死。
4. 观察穿刺局部有无渗血、血肿,避免增加腹压的动作,如病人咳嗽或呕吐时协助按压穿刺伤

口,防止出血。

    5. 指导病人多饮水,并遵医嘱补液,促进造影剂排泄。

(沙凯辉)

思 考 题

1. 肌力如何分级?当病人右侧肢体能在床面上移动,但不能抬起时,肌力是几级?
2. 病人行腰椎穿刺后的护理要点有哪些?

颅内压增高病人的护理

65章 数字内容

学 习 目 标

- 识记:
  1. 陈述以下概念:颅内压、颅内压增高、脑疝、小脑幕切迹疝、枕骨大孔疝。
  2. 说出颅内压的正常值及导致颅内压增高的病因。
- 理解:
  1. 解释颅内压增高发病机制及病理生理改变。
  2. 比较颅内压增高和脑疝的临床表现与治疗原则,用自己的语言阐述其异同点。
- 运用:
  能为颅内压增高及脑疝的病人进行护理评估,制订护理计划,提供正确的护理措施。

病人,女性,70 岁,在家上厕所时不慎摔倒,枕部着地,当即被家属发现送往医院。病人既往有高血压病史 10 余年,入院后病人意识模糊,呻吟不断,呕吐多次,呕吐物为胃内容物。体格检查:T 36.5℃,BP 190/110mmHg,P 56 次/min,SpO₂ 94%,R 15 次/min,双侧瞳孔等大。CT 诊断为脑出血。

　　请思考:

　　(1) 该病人目前最主要的护理问题是什么?降低颅内压的方法都有哪些?

　　(2) 在护士巡视该病人的过程中,发现病人昏迷,呼之不应,右侧瞳孔散大,瞳孔对光反射消失,BP 200/115mmHg,P 56 次/min,SpO₂ 90%,R 15 次/min。考虑病人此时发生了什么病情变化,作为责任护士此时应做什么?

第一节　颅内压增高病人的护理

　　颅内压(intracranial pressure,ICP)指颅腔内容物(脑组织、脑脊液和血液)对颅腔壁所产生的压力。病理状态下,颅内压持续高于 200mmH₂O,称为高颅压(intracranial hypertension),是神经系统疾病常见的病理综合征。颅内压一般以脑脊液的静水压代表,通过卧位腰段蛛网膜下腔穿刺来测量,成人正常的颅内压为 80~180mmH₂O,儿童的正常颅内压为 40~100mmH₂O。

【病因】

　　1. 颅腔内容物体积或量增大　包括各种原因引起的脑体积增加、脑脊液增多、颅内血容量增加等。

　　2. 颅内空间或颅腔容积缩小　常见的有颅内肿瘤、颅内血肿等所致的各种颅内占位性病变和狭颅症等使颅腔容积变小的先天性颅脑畸形。

【发病机制】

　　颅腔内容物包括脑组织、血液及脑脊液,三者体积在一定范围内可相互代偿,即其中一部分体积增加时,其他两部分会通过代偿性缩减维持颅内压的恒定,这是维持正常颅内压的基本原理。其中,脑脊液量的增减是最主要的代偿因素,其次是脑血流,而脑组织体积相对恒定几乎不能代偿。机体对颅内压的代偿能力有限,一般颅腔内容物容积增加 5% 可获得代偿,增加 8%~10% 则超出机体的代偿能力,出现明显的颅内压增高。

【病理生理】

　　颅内压持续性增高可引起一系列中枢神经系统功能紊乱和病理变化,可导致脑血流量下降、脑水肿、脑缺血甚至脑死亡。当颅内压增高超过一定的代偿能力或继续增高时,脑组织从高压力区向低压力区移位,导致脑组织、血管及脑神经等重要结构受压和移位,有时被挤入硬脑膜的间隙或孔道中,从而形成脑疝。疝出的脑组织压迫周围组织,阻塞脑脊液循环使颅内压进一步升高,病情迅速恶化,最终导致脑干功能衰竭,甚至危及生命。

【护理评估】

(一) 健康史

　　1. 一般情况　病人的年龄、发病过程及演变速度、病变部位、伴发脑水肿的程度及是否伴有其他全身系统疾病。

2. 了解有无与颅内压增高相关的疾病,如颅脑损伤、颅内肿瘤、颅内感染等。

3. 有无致颅内压急骤升高的相关因素,如呼吸道梗阻、便秘、剧烈咳嗽、癫痫等。关注病情变化和发展,预估是否存在发生颅内压突然增高的可能。

(二)身体状况

颅内压增高病人典型表现的"三主征"是头痛、呕吐、视盘水肿,但出现的时间不一致,同时还伴随一些其他症状和体征。

1. **头痛** 为颅内压增高最常见的症状之一。颅内压逐渐增高,导致压迫、牵扯颅内疼痛敏感结构,如血管、硬膜某些神经而产生头痛。以清晨和晚间多见,多位于前额及颞部。头痛多为跳痛、胀痛或爆裂样痛,随颅内压的增高而进行性加重。

2. **呕吐** 其机制可能是颅内压增高刺激延髓呕吐中枢所致。多在头痛剧烈时发生,呈喷射状,可伴有恶心,与进食无关。呕吐后头痛可有所缓解。呕吐后观察病人是否出现水、电解质紊乱及营养不良。

3. **视盘水肿** 因视神经受压、眼底静脉回流受阻引起。早期视力正常或有一过性黑矇。长期、慢性颅内压增高可引起视神经萎缩而导致失明。

4. **意识障碍** 急性颅内压增高时可导致病人明显的进行性意识障碍,慢性颅内压增高的病人往往神志淡漠、反应迟钝,意识障碍进展缓慢。

5. **生命体征** 表现为脉搏缓慢而有力、血压升高、呼吸节律不规则及体温升高等,甚至因呼吸循环衰竭而死亡。

6. **其他症状** 颅内压增高病人还可出现单或双侧展神经麻痹、癫痫等。

(三)辅助检查

1. **眼底检查** 在典型的视盘水肿出现之前,常有眼底静脉充盈扩张、脉搏消失,眼底微血管出血,视盘上下缘可见灰白色放射状线条等改变。

2. **X 线检查** 头颅 X 线影像可见颅骨骨缝分离。

3. **数字减影血管造影（DSA）检查** 在脑血管疾病的诊断和治疗方面具有重要的使用价值。

4. **CT 检查** 是目前诊断颅内病变的首选检查,能对大多数占位性病变进行准确定位,有助于进行定性诊断,无创,易于被病人接受。

5. **磁共振成像（MRI）** 在 CT 不能确诊的情况下,可行 MRI 检查,对判断引起颅内压增高的原因有重要参考价值。

6. **腰椎穿刺** 可测定颅内压力,同时取脑脊液做检查,但有明显颅内压增高症状和体征的病人禁止腰椎穿刺,避免引发脑疝。

7. **颅内压监测** 颅内压的连续监测对判断病人颅内伤情、脑水肿程度、指导治疗、选择手术、估计预后都有重要参考价值。

(四)颅内压增高的分期

1. **代偿期** 通过反应性血管收缩及脑脊液吸收增加和/或形成减少,使颅内血容量和脑脊液容量相应减少,颅内空间相对增加,以代偿占位性病变引起的脑容积增加。

2. **失代偿期** 占位性病变和脑水肿使颅内容物继续增大,超过颅腔所能容纳的程度,可引起一系列颅内压增高的症状,甚至脑疝形成。

3. **血管运动麻痹期** 颅内压严重升高使脑组织灌注量减少,导致脑缺氧造成脑组织损害和血管扩张,继而引起血管运动麻痹,加重脑水肿,引起意识障碍甚至死亡。

(五)心理-社会状况

病人可能因为头痛剧烈而烦躁不安,甚至有濒死感。烦躁会进一步加重颅内压的增高,因此要保持病人的安静。护士要与病人建立良好的护患关系,耐心了解病人内心感受。同时,要评估病人家属提供的支持情况。

【护理诊断/问题】

1. **头痛**　与颅内压增高有关。
2. **有脑组织灌注无效的危险**　与颅内压增高有关。
3. **有体液不足的危险**　与颅内压增高引起剧烈呕吐及应用脱水剂等有关。
4. **潜在并发症：脑疝，水、电解质紊乱。**

【计划与实施】

颅内压增高病人的治疗原则是在病因治疗的基础上积极行降颅内压治疗,早期发现脑疝征兆并及时处理,防止脑疝的发生。经过治疗和护理,病人达到:①脑组织灌注正常,未因颅内压力增高造成脑组织的进一步损害;②水、电解质保持平衡;③头痛减轻;④颅内压降低,无脑疝的发生。

（一）病情观察

1. **意识状态**　密切观察病人意识障碍程度,评估有无发生脑疝的危险。判断意识的方法参见第六十四章第二节"神经系统疾病病人的评估"。

2. **生命体征**　密切观察病人体温、血压、脉搏和呼吸的变化,维持正常的体温,因为高热可使机体代谢率增高,加重脑缺氧,应及时对高热病人采取有效的降温措施。加强呼吸道管理,保持其呼吸道畅通,纠正缺氧,改善通气,必要时行气管插管或气管切开。

3. **瞳孔**　观察病人双侧瞳孔是否等大、等圆,对光反射是否正常,评估是否有脑疝的表现。

4. **头痛**　连续评估病人头痛情况,积极缓解头痛。疼痛严重者可给予镇痛药,但忌用吗啡、哌替啶,以免其呼吸中枢受到抑制。

5. **呕吐**　病人呕吐呈喷射状,与饮食无关,与头痛程度有关。观察其呕吐频次、伴发症状、呕吐物性状。

（二）颅内压监测

常见有创的颅内压监测方法有脑室内置管测压法、蛛网膜下腔测压法及硬脑膜下监测法等。有创颅内压监测存在不同程度的颅内感染、出血及脑脊液漏的风险。无创颅内压监测方法有闪光视觉诱发电位、经颅多普勒超声检查法和眼内压测定法等。监测过程中,病人平卧或床头抬高 10°~15°;测压期间,尽量避免引起病人颅内压增高的因素,如呼吸道不通畅、尿潴留、便秘、剧烈咳嗽等,必要时适当使用镇静药;防止管道阻塞、扭曲、打折及传感器脱出;严格无菌操作,预防颅内感染。

（三）降低颅内压

1. **药物护理**

（1）脱水药物:最常使用的高渗性脱水剂是 20%甘露醇 250ml,要求在 30min 内快速静脉滴注,静脉注射后 20min 内起作用,2~3h 降压作用达到高峰,持续 4~6h。利尿药常使用呋塞米静脉注射,与 20%甘露醇联合应用,可以更好地降低病人颅内压。用药后注意观察降颅内压效果,并记录病人出入量,防止发生水、电解质紊乱。为防止颅内压反跳现象,脱水药物应遵医嘱定时、反复使用,停药前逐渐减量或延长给药间隔时间。使用 20%甘露醇时可增加病人循环系统的负担,应注意评估是否发生心力衰竭及肺水肿。

（2）肾上腺皮质激素:常用药物有地塞米松。肾上腺皮质激素能改善血-脑脊液屏障,降低其通透性,加强对水、电解质代谢的调节功能,稳定细胞膜功能和减轻细胞膜的损害;改善局部脑血流量,减轻病变区周围水肿;减少脑脊液生成。使用中须密切观察有无应激性溃疡出血、感染等不良反应。

（3）巴比妥类:常用苯巴比妥,治疗作用机制为收缩血管,减少脑血流量,降低脑代谢率,抑制自由基的产生。因其可引起呼吸抑制,使用中应严密监测病人的意识、脑电图及呼吸情况。

（4）人血白蛋白:对严重颅内压增高、脱水剂使用较多的病人,每日静脉滴注人血白蛋白,以提高血浆胶体渗透压,有利于脑水肿的消退,降低颅内压。

2. 一般护理措施

（1）卧床休息：保持室内安静，病人卧床休息，床头抬高30°，头颈部保持正中位置，以利于颈内静脉回流。避免病人情绪激动，以免血压骤升而增加颅内压。

（2）保持呼吸道通畅：呼吸道梗阻可加重颅内压增高。频繁呕吐者要防止误吸，及时清除病人呼吸道分泌物，舌后坠者给予口咽导管畅通气道，必要时配合医生行气管插管或气管切开术。

（3）避免用力排便：用力排便可使胸、腹腔压力骤增，使颅内压增高。保持病人排便通畅，指导病人多吃蔬菜、水果等纤维素含量高的食物。嘱病人排便时不可用力屏气，可适当应用轻泻药或低压小量灌肠通便。

（4）躁动的处理：积极寻找病人躁动的原因，如呼吸道不通畅、尿潴留、便秘及冷、热、饥饿等。可给予其保护性约束，做好安全护理。必要时可遵医嘱给予镇痛、镇静药，以控制躁动，维持颅内压稳定。若病人由躁动变安静或由安静变躁动，常提示病情发生变化。

（5）控制癫痫发作：癫痫发作可加重脑缺氧及脑水肿，遵医嘱给予病人抗癫痫药物。

（6）饮食护理：对于可进食的病人要提供易消化、易吞咽的软食，适量限盐。对于留置鼻饲管的病人，营养师提供适合病人的鼻饲液，同时做好口腔护理。禁食者遵医嘱补液，控制液体入量，每日不超过 2 000ml，保持每日尿量不少于 600ml。

3. 降低颅内压的其他方法

（1）亚低温冬眠疗法：有利于降低脑的新陈代谢，减少脑组织的耗氧量，防止脑水肿的发生和发展。先进行药物降温。遵医嘱滴注冬眠药物（氯丙嗪 50mg、异丙嗪 50mg、哌替啶 50~100mg），病人进入昏睡状态后，自主神经被充分阻滞，御寒反应消失，方可加用物理降温措施，如冰帽，冰袋等。降温速度以每小时 1℃ 为宜，体温降至腋温 31~33℃ 较为理想，持续时间一般为 2~3d。复温时，先停物理降温，再逐渐停用冬眠药物，为病人加盖被毯，使其自然复温。体温过低易诱发心律失常、低血压、凝血障碍等并发症，且病人反应较为迟钝，影响观察，体温高于 35℃ 则疗效不佳。灵活使用降温方法，使病人体温稳定在治疗要求的范围内，避免体温大起大落。在行冬眠低温疗法期间，密切观察病人病情，若脉搏超过 100 次/min，收缩压低于 100mmHg，呼吸次数减少或不规则时应该及时通知医生，停止冬眠疗法或更换冬眠药物。病人饮食根据其意识状态、胃肠功能确定饮食种类，液体入量每日不宜超过 1 500ml。应观察病人有无胃潴留、腹胀、便秘、消化道出血等，防止反流和误吸。

（2）辅助过度换气：目的是使体内 CO_2 排出，使 $PaCO_2$ 降低，PaO_2 升高，产生显著的脑血管收缩。$PaCO_2$ 每下降 1mmHg，可使脑血流量递减 2%。

（3）减压手术：通常在应用脱水剂和利尿药无效后，或颅内压增高发生脑疝早期时应用。可选用颞肌下减压、枕下减压，也可行脑室穿刺引流。

（四）心理护理

颅内压增高病人常因头痛剧烈而烦躁不安，而烦躁会进一步加重颅内压的增高，因此护士积极控制颅内压的同时要多巡视病人，给予病人及其家属适时的安慰，增加病人安全感。善于利用病人的社会支持系统，可以让家人陪护，给病人以支持。

（五）健康教育

1. 休息　注重劳逸结合，保持情绪稳定，避免引起情绪激动的生活应激事件。

2. 病情的自我观察　教会病人和家属如何观察基本病情，如有不适及时随诊。

3. 社会支持系统　颅内压增高病人易烦躁，家属应给予理解和宽容，应尽量给予关爱，让病人体会到亲情的温暖。

4. 避免颅内压增高的因素　保持排便通畅，防止剧烈咳嗽等。

5. 早期进行康复锻炼　预防肌肉萎缩及关节僵硬，气管切开病人拔除套管后锻炼发音、说话。

【护理评价】

经过治疗和护理，评估病人是否能够达到：①脑组织灌注正常，未因颅内压增高造成脑组织的进

一步损伤;②水、电解质保持平衡,无低钾血症、低钠血症、低钙血症等发生;③头痛减轻或消失;④颅内压增高症状得到控制和缓解;⑤无压疮等并发症的发生。

(李晓飞)

第二节 脑疝病人的护理

脑疝(brain hernia)是颅内压增高的严重后果,部分脑组织因颅内压力差而造成移位,当移位超过一定的解剖界限时称之为脑疝。脑疝是神经系统最严重的症状之一,如不及时发现或救治,可危及生命。

【病因】

颅内任何部位占位性病变发展到一定的严重程度,均可导致颅内各分腔压力不均而引起脑疝。常见病因有:①外伤所致各种颅内血肿,如硬膜外血肿、硬膜下血肿及脑内血肿;②颅内脓肿;③颅内肿瘤,尤其是颅后窝、中线部位及大脑半球的肿瘤;④颅内寄生虫病及各种肉芽肿性病变;⑤医源性因素,对于颅内压增高的病人,进行不适当操作如腰椎穿刺,放出脑脊液过多、过快,使各分腔间的压力差增大,可促使脑疝的形成。

【分类】

根据移位的脑组织及其通过的硬脑膜间隙和孔道,分为小脑幕切迹疝、枕骨大孔疝和大脑镰下疝(图65-2-1)。

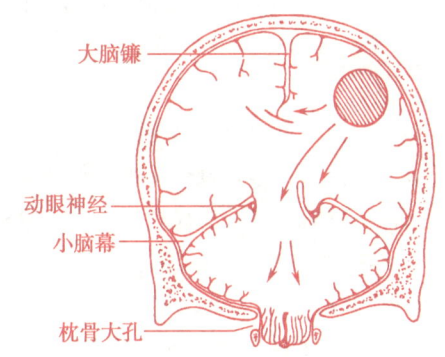

1. **小脑幕切迹疝** 又称颞叶钩回疝,颞叶的海马回、钩回通过小脑幕切迹被推移至幕下。

2. **枕骨大孔疝** 又称小脑扁桃体疝,为小脑扁桃体及延髓经枕骨大孔推挤向椎管内。

3. **大脑镰下疝** 又称扣带回疝,一侧半球的扣带回经镰下孔被挤入对侧分腔,较少见。

图65-2-1 大脑镰下疝(上)、小脑幕切迹疝(中)和枕骨大孔疝(下)的示意图

【病理变化】

发生脑疝时,移位的脑组织在小脑幕切迹或枕骨大孔处挤压脑干,脑干受压移位可致其实质内血管受到牵拉,严重时基底动脉进入脑干的中央支可被拉断而致脑干内部出血,出血常为斑片状,有时出血可沿神经纤维走行方向达内囊水平。由于同侧的大脑脚受到挤压而造成病变对侧偏瘫,同侧动眼神经受到挤压可产生动眼神经麻痹症状。移位的钩回、海马回可将大脑后动脉挤压于小脑幕切迹缘上致枕叶皮质缺血坏死。小脑幕切迹及枕骨大孔被移位脑组织堵塞,从而使脑脊液循环通道受阻,则进一步加重了颅内压增高,形成恶性循环,使病情迅速恶化。

【护理评估】

(一)健康史

了解病人的年龄、病因、发病情况、病情变化和既往病史。

(二)身体状况

1. **小脑幕切迹疝**

(1)颅内压增高症状:表现为剧烈头痛,与进食无关的频繁喷射性呕吐。头痛进行性加重伴烦躁不安。

（2）瞳孔改变：病初由于患侧动眼神经受刺激导致患侧瞳孔变小，对光反射迟钝，随病情进展患侧动眼神经麻痹，患侧瞳孔逐渐散大，直接对光反射和间接对光反射均消失，并有患侧上睑下垂、眼球外斜。如果脑疝进行性恶化，影响脑干血供时，脑干内动眼神经核功能丧失可致双侧瞳孔散大，瞳孔对光反射消失，此时病人多已处于濒死状态。

（3）运动障碍：表现为病变对侧肢体的肌力减弱或麻痹，病理征阳性。脑疝进展时可致双侧肢体自主活动消失，严重时可出现去大脑强直发作，这是脑干严重受损的信号。

（4）意识改变：由于脑干网状上行激活系统受累，病人随脑疝进展可出现嗜睡、浅昏迷甚至深昏迷。

（5）生命体征紊乱：由于脑干受压，生命中枢功能紊乱，可出现生命体征异常。表现为心率减慢或不规则，血压忽高忽低，呼吸不规则、大汗淋漓或汗闭，面色潮红或苍白，体温可高达41℃以上或体温不升，最终因呼吸循环衰竭而死亡。

2. **枕骨大孔疝** 脑脊液循环通路被堵塞，颅内压增高，病人剧烈头痛，频繁呕吐，颈强直。生命体征紊乱出现较早，意识障碍出现较晚。因脑干缺氧，瞳孔忽大忽小。位于延髓的呼吸中枢受损严重，病人早期可突发呼吸骤停而死亡。

（三）心理护理

由于脑疝的发生导致病人病情恶化，甚至危及生命，易造成家属心理和情感上的波动，要关注病人家属的心理状况，对病人的病情做好详细的解释。

【护理诊断/问题】

1. 有脑组织灌注无效的危险　与颅内压增高、脑疝有关。
2. 潜在并发症：意识障碍，呼吸、心搏骤停。

【计划与实施】

脑疝是由于颅内压急剧增高造成的，治疗原则为快速降低颅内压，确诊后尽快手术祛除病因。难以确诊的病人可选用姑息性手术降低颅内压。经过治疗和护理，病人达到：①颅内压降低，病情得到控制；②生命体征平稳，头痛减轻；③水、电解质保持平衡；④无并发症发生。

1. **维持呼吸功能** 保持病人呼吸道通畅，吸氧，对枕骨大孔疝发生呼吸骤停者，立即行气管插管，给予呼吸机辅助通气。
2. **脱水降颅压** 遵医嘱快速静脉输入20%甘露醇、地塞米松、呋塞米等药物，并观察降颅压效果。
3. **病情观察** 密切观察病人生命体征、意识、瞳孔及肢体活动的变化，记录出入量。
4. **手术准备** 做好术前检查及术前准备。
5. **其他护理措施** 参见本章第一节。

知 识 链 接

脑疝的姑息性手术

脑疝发生时，如不能明确病因或虽确诊但无法祛除病因时，可选用下列姑息性手术，以降低高颅压：①侧脑室外引流术：经额、枕部快速钻颅或锥颅，穿刺侧脑室并安置引流管，行脑脊液外引流。②脑脊液分流术：脑积水的病例可施行脑室-腹腔分流术，或侧脑室-心房分流术。导水管梗阻或狭窄者，可选用神经内镜下第三脑室底造瘘术。③减压术：小脑幕切迹疝病人可采用颞肌下减压术；发生枕骨大孔疝时可采用枕下减压术；大面积脑梗死、重度颅脑损伤致严重脑水肿而颅内压增高时，可采用去骨瓣减压术。以上方法称为外减压术。开颅术中脑组织肿胀膨出时，在排除颅内血肿的前提下，可切除失活组织或部分非功能区脑叶，称为内减压术。

【护理评价】

经过治疗和护理,评估病人是否能够达到:①颅内压趋于平稳,脑组织灌注正常,病情得到控制;②生命体征稳定,头痛减轻或消失;③水、电解质保持平衡;④无压疮、感染等并发症的发生。

（李晓飞）

思 考 题

1. 降低颅内压的护理措施有哪些?
2. 从护理评估角度如何鉴别小脑幕切迹疝和枕骨大孔疝?

URSING

第六十六章

颅脑损伤病人的护理

66章 数字内容

学 习 目 标

- 识记：
  1. 陈述颅脑损伤的分类，各类颅脑损伤的特点。
  2. 列举颅脑损伤病人的并发症及其有效的护理措施。
- 理解：
  1. 结合颅脑损伤的发病机制，解释不同类型颅脑损伤病人在身体状况上的差异。
  2. 说出颅脑损伤的常见护理诊断/问题。
- 运用：
  能对颅脑损伤病人进行护理评估，制订护理计划。

导入情境与思考

病人，男性，45岁，过马路时不慎被车撞倒，头部着地，随即昏迷，在120急救转运途中病人清醒，叙述姓名及其家属电话，5min后该病人再次昏迷入院，初步诊断为急性硬膜外血肿。测量生命体征：T 36.4℃，P 58次/min，R 12次/min，BP 199/102mmHg；GCS评分为5分，双侧瞳孔不等大，左侧2.5mm，瞳孔对光反射迟钝，右侧4.0mm，瞳孔对光反射消失，肌力左侧0级，右侧3级，呕吐两次，呕吐物为胃内容物，二便失禁。头部CT示右颞部可见梭形边缘清楚的高密度影，中线结构移位。

请思考：

（1）该病人的护理诊断有哪些？

（2）若对该病人紧急行急诊颅内血肿清除术，术后应给予的护理措施有哪些？

颅脑损伤（craniocerebral injury）是机械运动的动能作用于头部，导致头皮、颅骨、脑血管、脑神经及脑组织发生变形、破裂所形成的损伤。其发生率在全身各部位损伤中占第2位，在平时和战时均常见，仅次于四肢损伤，死亡率和致残率高居身体各部位损伤之首。平时主要因交通事故、工矿作业等事故、自然灾害、高空坠落、爆炸、跌倒及各种锐器/钝器对头部的损伤所致，常与身体其他部位的损伤合并存在。

【分类】

颅脑损伤可分为头皮损伤（scalp injury）、颅骨骨折（skull fracture）和脑损伤（brain injury）。头皮损伤可分为头皮血肿（scalp hematoma）、头皮裂伤（scalp laceration）和头皮撕脱伤（scalp avulsion）。颅骨骨折可分为颅盖骨折（fracture of the skull cap）和颅底骨折（fracture of skull base）。脑损伤可分为原发性脑损伤（primary brain injury）和继发性脑损伤（secondary brain injury）。原发性脑损伤主要包括脑震荡（concussion）、脑挫裂伤（cerebral contusion and laceration）和弥散性轴索损伤（diffuse axonal injury）等。继发性脑损伤包括脑水肿（brain edema）和颅内血肿（intracranial hematoma）。

【发病机制】

1. **头皮损伤的机制**　头皮血肿多因钝器伤所致，可出现皮下血肿、帽状腱膜下血肿和骨膜下血肿；头皮裂伤可由锐器或钝器伤所致；头皮撕脱伤多因发辫受机械力牵扯，使大块头皮自帽状腱膜下层或连同颅骨骨膜被撕脱所致。

2. **颅骨骨折的机制**　颅骨遭受外力时是否造成骨折，主要取决于外力大小、作用方向、致伤物与颅骨接触面积及颅骨的解剖特点。颅腔近似球体，颅骨有一定的弹性，外力作用于头部瞬间，颅骨产生弯曲变形，外力作用消失后，颅骨又立即弹回，如外力较大，使颅骨的变形超过其弹性限度时，即发生骨折。颅骨骨折的性质和范围主要取决于致伤物的大小和速度：致伤物体积大，速度慢，多引起裂缝骨折；体积大、速度快，易造成颅骨凹陷骨折；体积小、速度快，则可导致圆锥样凹陷骨折或穿入性骨折。外力作用于头部的方向与骨折的性质和部位也有很大关系，垂直打击颅盖部的外力常引起着力点处的颅骨凹陷或粉碎骨折，斜向外力打击于颅盖部，常引起颅骨线形骨折。此外，伤者年龄、着力点部位、着力时头部固定与否与骨折的关系也很密切。

3. **脑损伤的机制**　脑损伤的机制较为复杂，可概括为由两种作用力造成。①接触力：外力与头部直接碰撞，由于冲击、凹陷骨折或颅骨的急速变形（内陷和弹回），导致局部脑损伤，这种损伤大多发生在着力部位。②惯性力：来源于受伤瞬间头部的减速或加速运动，使脑组织在颅腔内急速移位，与颅壁相撞，与颅底摩擦及受大脑镰、小脑幕的牵扯，导致多处或弥散性脑损伤。受伤时头部若为固定不动状态，则仅受接触力影响；如果运动中的头部突然受阻于固定物体，除有接触力作用外，还受减速引起的惯性力作用(图66-0-1)。脑与颅骨之间的相对运动造成的脑损伤,既可发生在着力部位,称为冲击伤;还可发生在着力部位的对侧,称为对冲伤。由于颅前窝与颅中窝凹凸不平,各种不同部位和方式的头部外伤,均易在额极、颞叶前部和底面发生惯性力的脑损伤(图66-0-2)。

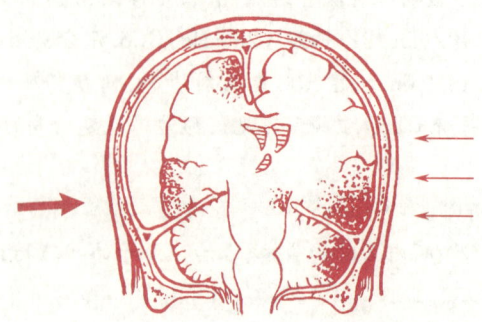

图66-0-1　头部作减速运动时的脑损伤机制
粗箭头表示头部运动方向,细箭头表示头部受到外界物体的阻止。

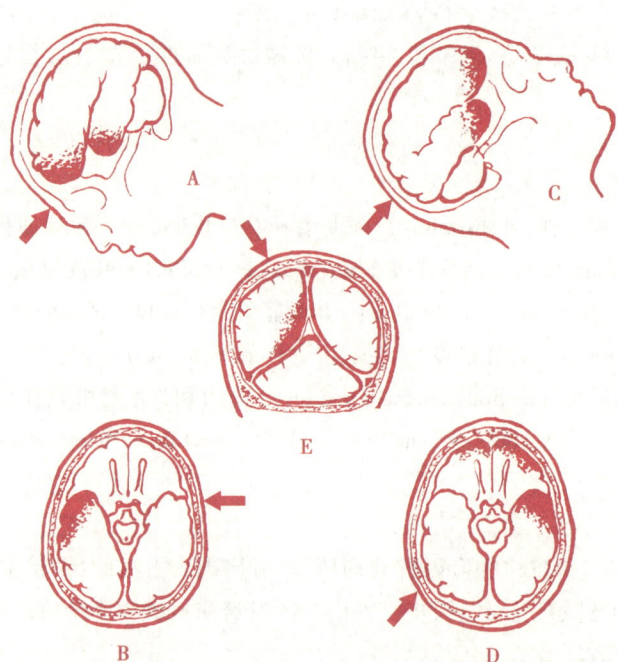

图66-0-2　闭合性脑损伤时脑挫裂伤的形成机制与好发部位
A.前额受力所致的额颞叶伤灶;B.受力所致的对侧颞叶伤灶;C.枕部受力所致的额颞叶伤灶;D.颞枕部受力所致的额颞叶伤灶;E.顶盖部受力所致的颞枕叶内侧伤灶。

【护理评估】

(一)健康史

向病人、家属或目击者详细询问病人颅脑损伤的过程及突发损伤时其状况,尽可能了解损伤过程,以及初步抢救过程的细节,了解有无其他外伤史、手术史和疾病史。

(二)身体状况

1. 生命体征　观察病人生命体征的变化,如果出现脉搏缓慢、呼吸深而慢、血压升高、头痛、呕吐等,可能提示脑水肿或颅内出血引起的颅内压增高。

2. 头皮损伤　表现为血肿、皮肤裂开、出血和挫伤,可导致大量出血甚至休克。评估时应注意血

肿部位、大小、有无波动、是否持续增大，有无裂伤及撕脱伤。如有裂伤，评估出血量、伤口部位、大小、深浅度、有无污染物。若有撕脱伤，评估发辫情况、撕脱方式、部位、面积。

3. 颅骨骨折　是指颅骨受暴力作用所致颅骨结构改变。根据部位可分为颅盖骨折和颅底骨折。

（1）颅盖骨折：分为颅骨线形骨折和颅骨凹陷骨折两种，前者包括颅缝分离，较多见，后者包括粉碎性骨折。①颅骨线形骨折：几乎均为颅骨全层骨折，个别仅为内板断裂。骨折线多为单一，也可多发，呈线条状或放射状，发生率最高，常表现为骨折局部肿胀和压痛。当骨膜被撕破时，血液可流入帽状腱膜下层，形成血肿。②颅骨凹陷骨折：大多数为颅骨全层凹陷，局部可扪及下陷区，部分病人仅有内板凹陷，陷入骨折片周边的骨折线呈环状或放射状。好发于额、顶部，若骨折片损伤脑重要功能区，病人可出现偏瘫、失语、癫痫等神经系统定位病症。如并发颅内血肿，可产生颅内压增高症状。颅骨凹陷骨折刺破静脉窦可引起致命的大出血。

（2）颅底骨折：多为颅盖骨折延伸到颅底或因强烈的间接暴力作用于颅底所致，常为裂缝骨折。由于颅底部的硬脑膜与颅骨贴附紧密，故颅底骨折时易撕裂硬脑膜，产生脑脊液外漏而成为开放性骨折。依骨折的部位可分为颅前窝、颅中窝和颅后窝骨折，主要表现为皮下或黏膜下瘀斑、脑脊液外漏和脑神经损伤（表66-0-1）。

表66-0-1　颅底骨折的临床表现

骨折部位	脑脊液漏	瘀斑部位	可能损伤的脑神经
颅前窝	鼻漏	眶周、球结膜下（熊猫眼征）	嗅神经、视神经
颅中窝	鼻漏和耳漏	乳突区（Battle征）	面神经、听神经
颅后窝	无	乳突部、枕下部、咽后壁	第XI~XII对脑神经

4. 脑损伤

（1）脑震荡：是最常见的轻度原发性脑损伤。病人表现为伤后立即出现短暂的程度不同的意识障碍，仅持续数秒或数分钟，一般不超过30min。病人在意识障碍时可能同时出现皮肤苍白、出汗、血压下降、心动徐缓、呼吸浅慢、肌张力降低等自主神经和脑干功能紊乱的表现。清醒后大多不能回忆受伤当时及伤前近期的情况，而对往事记忆清楚，称为逆行性遗忘（retrograde amnesia）。事后病人常有头痛、头晕、失眠、耳鸣、恶心、呕吐、情绪不稳、记忆力减退等症状，一般可持续数日或数周。神经系统检查无阳性体征。

（2）脑挫裂伤：病人出现的临床表现差别很大，轻者仅有轻微症状，重者昏迷，甚至迅速死亡。这主要与损伤的部位和严重程度有关，也与是否出现继发性脑损伤（脑水肿、颅内血肿）有关。

1）意识障碍：是脑挫裂伤最突出的症状之一，多数病人意识障碍明显，病人伤后立即出现昏迷，其昏迷持续时间与损伤程度、范围直接相关。绝大多数超过30min，持续数小时、数日不等，严重者长期持续昏迷。

2）头痛、恶心、呕吐：与颅内压增高、自主神经功能紊乱或外伤性蛛网膜下腔出血等有关。

3）局灶症状和体征：依损伤的部位和程度而不同。若伤及脑皮质功能区，可在受伤当时立即出现与伤灶区功能相应的神经功能障碍症状或体征，如语言中枢损伤出现失语，运动区损伤出现偏瘫等。若仅为额、颞叶前端"哑区"的损伤，可无局灶症状和体征。

4）颅内压增高和脑疝：因继发颅内出血或脑水肿所致，可使病人早期的意识障碍或偏瘫程度加重，或意识障碍好转后又加重。

5）生命体征：轻度和中度脑挫裂伤病人的血压、脉搏、呼吸多无明显改变。严重脑挫裂伤者，由于出血和水肿引起颅内压增高，可出现血压升高、脉搏徐缓、呼吸深慢，危重者出现呼吸、循环功能衰竭。

5. 颅内血肿　是脑损伤的继发性损伤。由于血肿直接压迫脑组织，常引起颅内占位性病变的症状、体征和颅内压增高的病理生理改变,可导致脑疝危及生命。

（1）硬脑膜外血肿（epidural hematoma）：是血液积聚于颅骨和硬脑膜之间所形成的血肿。硬脑膜外血肿多见于颅盖骨折,尤以颞区最常发生。系颅骨损伤致位于骨沟内的硬脑膜动脉或静脉窦出血,或骨折的板障出血所致。症状取决于血肿的部位和扩展的速度。

1）意识障碍：进行性意识障碍是颅内血肿的主要症状,可因原发性脑损伤直接导致,也可由颅内血肿形成导致颅内压增高和脑疝引起,后者常发生于伤后数小时至 1~2d。意识障碍有 3 种类型：①典型的意识障碍是伤后昏迷有"中间清醒期",即原发性脑损伤的意识障碍清醒后,经过一段时间因颅内血肿形成,颅内压增高使病人再度出现昏迷,并进行性加重；②原发性脑损伤较严重或血肿形成较迅速,可不出现中间清醒期,伤后持续昏迷并进行性加重；③原发性脑损伤轻,伤后无原发性昏迷,至血肿形成后出现昏迷。

2）颅内压增高及脑疝表现：一般成人幕上血肿大于 20ml、幕下血肿大于 10ml,即可引起颅内压增高症状,常有头痛、恶心、剧烈喷射性呕吐等,伴有血压升高、呼吸和心率减慢、体温升高。当病人发生小脑幕切迹疝时,患侧瞳孔先缩小,随后进行性散大、瞳孔对光反射消失,对侧肢体偏瘫进行性加重。幕上血肿者大多先经历小脑幕切迹疝,然后合并枕骨大孔疝,故严重的呼吸循环障碍常发生在意识障碍和瞳孔改变之后。幕下血肿者可直接发生枕骨大孔疝,较早发生呼吸骤停。

（2）硬脑膜下血肿（subdural hematoma）：是指出血积聚于硬脑膜下腔所形成的血肿。常继发于对冲性脑挫裂伤,多见于额颞前部。出血多来自挫裂的脑实质血管。

1）急性和亚急性硬脑膜下血肿：病人脑实质损伤较重,原发性昏迷时间长,少有"中间清醒期",颅内压增高和脑疝症状多在 1~3h 进行性加重。

2）慢性硬脑膜下血肿：由于致伤外力小,出血缓慢,病程较长,病人表现为①慢性颅内压增高症状,如头痛、呕吐和视盘水肿等；②血肿压迫所致局灶症状和体征,如癫痫、失语、偏瘫等；③脑供血不足、脑萎缩症状,如智力下降、记忆力减退和精神失常等。

（3）脑内血肿（intracerebral hematoma）：病人以进行性加重的意识障碍为主,若血肿累及重要脑功能区,可出现偏瘫、失语、癫痫等症状。

（三）辅助检查

1. **X 线检查**　可以显示颅骨骨折的部位、类型、范围、异物或骨片存留、骨折线是否经过血管沟或静脉窦而造成血管损伤。

2. **CT 扫描**　是判断颅脑损伤的首选检查手段,能确定脑组织损伤部位及性质。挫裂伤区呈点片状高密度区,严重者可伴有脑水肿和脑肿胀。CT 检查还可明确颅内血肿的部位、大小、脑室受压及中线结构移位,以及脑挫裂伤、脑水肿、多个或多种血肿并存等情况。

3. **磁共振成像（MRI）**　显著增加了脑影像诊断的准确性,可提供颅脑损伤后更多的形态变化,尤其是非广泛出血性病变和小的周边血肿。MRI 适用于 CT 扫描难以解释的局灶性神经功能障碍或长期昏迷的病人。

4. **脑诱发电位**　可区分脑干、皮质下和皮质等不同部位的功能情况,有助于确定受损部位、判断病情严重程度和预后。

5. **腰椎穿刺**　目的是留取脑脊液进行常规和生化检查,同时测定颅内压力。如病人有明显颅内压增高症状,则绝对禁忌行腰椎穿刺。

（四）心理-社会状况

由于损伤多为意外事故造成,突然的身体变化和对生命的威胁使得病人焦虑和不安。护士需要了解病人伤后的心理状况,评估其家属的情绪变化,对病人的支持程度,以及治疗需要承担的经济负担。

【护理诊断/问题】

1. **清理呼吸道无效**　与意识障碍有关。
2. **意识障碍**　与严重的脑损伤、颅内血肿、颅内压增高有关。
3. **急性疼痛**　与颅脑外伤及颅内压增高有关。
4. **有感染的危险**　与开放性损伤或有脑脊液漏有关。
5. **营养失调：低于机体需要量**　与脑损伤后高代谢、呕吐、高热等有关。
6. **潜在并发症：颅内压增高、脑疝、癫痫、消化道出血、压疮、感染等。**

【计划与实施】

颅脑损伤者多数病情紧急而且严重,治疗原则为维持呼吸、循环功能,正确处理伤口和继发性脑损伤,积极处理高颅压,预防并积极处理并发症。经过治疗和护理,病人达到:①呼吸道保持通畅;②颅内压得到控制;③意识逐步恢复;④病人营养状况良好;⑤无并发症发生或并发症得到及时的处理;⑥以较好的心态配合治疗。

（一）现场急救

尽快脱离危险环境,将病人转移至通风、安全的地方进行抢救;保持其呼吸道通畅,及时清除口腔和咽部血块或呕吐物,病人呕吐时将头转向一侧以免误吸;积极采取毛毯、棉被等被动加温的方法给病人保暖;保护伤口,减少污染,不要随意祛除伤口内异物或凝血块;脑组织脱出时,应在伤口周围加垫圈保护脑组织,不可加压包扎。

（二）对症处理

1. **头皮损伤**　①较小的头皮血肿无须特殊处理,1~2 周可自行吸收。若血肿较大,则需 4~6 周才能吸收,在严格皮肤准备和消毒条件下分次抽吸后再加压包扎。已有感染的头皮血肿,可行切开引流。②头皮裂伤病人急救时首先采用加压包扎止血法,争取 24h 内清创缝合。常规应用抗生素和破伤风抗毒素(TAT)。注意观察有无合并颅骨骨折及脑损伤。③头皮撕脱伤病人急救时,应用无菌敷料覆盖创面后再进行加压包扎。用无菌巾或干净布包裹撕脱头皮,避免污染,隔水放置于冰块上,随病人速送至医院,尽快在伤后 6~8h 清创做头皮瓣复位再植或自体皮移植。④骨膜撕脱不能再植者,须清洁创面,在颅骨外板上多处钻孔,深达板障,待骨孔内肉芽组织生成后再行植皮。

2. **颅骨骨折**　①单纯裂缝骨折本身不需要特殊治疗,对于骨折引起的硬膜外血肿或脑脊液漏需要进一步处理;②合并脑损伤或大面积骨折片陷入颅腔导致颅内压升高引起脑疝者、骨折片压迫重要部位引起神经功能障碍者、小面积颅骨凹陷骨折但深度超过 1cm 者、开放性粉碎性骨折者,则须手术整复或摘除陷入的骨片;③颅底骨折以预防颅内感染为主。出现脑脊液漏时即属于开放性损伤,应及时应用 TAT 及抗生素预防感染。大部分脑脊液漏在伤后 1~2 周可自愈,对持续漏液 4 周以上仍未愈合者,可行手术修补硬脑膜。若骨折片压迫视神经,应尽早手术减压治疗。

3. **脑损伤**　①脑震荡的病人一般卧床休息 1~2 周,可适当给予镇痛、镇静药。多数病人 2 周内恢复正常。②脑挫裂伤的病人以非手术治疗为主,防止脑水肿,减轻脑损伤后的病理生理反应,预防并发症。③病人经非手术治疗无效或颅内压增高明显,甚至出现脑疝迹象时,应及时手术祛除颅内压增高的病因,以解除脑受压。手术方法包括脑挫裂伤灶清除、额极或颞极切除、去骨瓣减压术或颞肌下减压术。

4. **颅内血肿**　①若颅内血肿较小,病人无意识障碍和颅内压增高症状,或症状已明显好转者,可在严密观察病情下,采用脱水等非手术治疗;②有明显颅内压进行性增高、局灶性脑损害、脑疝早期症状,应行开颅血肿清除手术并彻底止血;③慢性硬脑膜下血肿若已经形成完整的包膜且有明显症状

Note:

者,可采用颅骨钻孔引流术,术后在包膜内放置引流管继续引流,利于脑组织膨出和消灭无效腔,必要时冲洗。

(三)一般护理

1. **开放气道** 舌后坠病人放置口咽通气道,必要时行气管插管或气管切开,使用呼吸机辅助呼吸。

2. **营养支持** 创伤后的应激反应可产生严重分解代谢,使血糖增高、乳酸堆积,后者可加重脑水肿。因此,必须及时、有效补充能量和蛋白质以减轻机体损耗。早期可采用肠外营养,肠功能恢复后,无消化道出血者尽早行肠内营养支持,以利于胃肠功能恢复和营养吸收。不能经口进食的病人给予鼻饲流质食物,如米汤、肠内营养液、果汁、蔬菜汁等。能进食者给予高蛋白、高维生素、高能量、低盐、低脂、易消化、清淡的饮食,避免摄入辛辣、刺激性食物。

3. **积极控制颅内压** 遵医嘱采用降低颅内压的方法,如脱水、激素、过度换气或冬眠降温治疗等。避免造成颅内压骤然升高的因素,如躁动、呼吸道梗阻、高热、剧烈咳嗽、便秘、癫痫发作等。

4. **脑保护** 对于重症颅脑损伤病人,给予32~35℃亚低温脑保护方法,主要包括全身体表降温、血管内降温及局部降温等,亚低温治疗时间维持3~5d,复温时应缓慢持续,防止出现反弹性高温,加重颅脑损伤。

5. **预防感染** 遵医嘱给予抗生素防治呼吸道感染。

知 识 链 接

低温脑保护

低温脑保护为通过人工物理的方法降低病人全身体温或者局部脑温,进而降低脑氧耗、促进脑功能恢复的一种治疗方法。目前国际上将低温划分为轻度低温(33~35℃)、中度低温(28~32℃)、深低温(17~27℃)、超深低温(4~16℃)。其中轻度低温和中度低温归属亚低温,临床应用最为普遍。多数研究表明,33℃是亚低温治疗最合适的温度,对缺血损伤保护效果最佳。深低温只应用于特殊病人(如主动脉狭窄或者主动脉夹层),与亚低温相比,深低温的相关并发症也更多、更加严重。

(四)病情观察

1. **意识状态** 意识障碍是颅脑损伤病人常出现的重要的脑神经功能障碍,脑损伤越严重,意识障碍的程度越高。护士应采用语言和疼痛刺激来评估病人意识状态的变化。原发性脑损伤者如果从意识清醒逐渐出现意识障碍,或意识障碍的程度加重,提示病情加重。

2. **生命体征**

(1) 体温:伤后早期,由于组织创伤反应,病人可出现中等程度发热;伤后立即发生高热,多是丘脑下部或脑干损伤;伤后数日体温升高,常提示有感染性并发症;若损伤累及间脑或脑干,可导致体温调节紊乱,出现体温不升或中枢性高热。高热可使代谢率增高,加重脑缺氧和脑水肿,可应用物理降温,并观察降温效果。

(2) 脉搏、呼吸、血压:注意监测病人呼吸节律和深度、脉搏快慢和强弱及血压和脉压的变化。若伤后血压上升、脉搏缓慢有力、呼吸深慢,提示颅内压升高,警惕颅内血肿或脑疝发生;枕骨大孔疝病人可突然出现呼吸心搏停止。颅脑损伤病人出现低血压休克时应检查有无内脏出血。

3. **瞳孔变化** 动眼神经、视神经及脑干等部位的损伤可引起瞳孔变化。注意对比病人两侧瞳孔的形状、大小、对光反射等。小脑幕切迹疝病人早期患侧瞳孔有短暂缩小,继之瞳孔逐渐散大,瞳孔对光反射减弱或消失,伴有意识障碍,对侧肢体偏瘫。如果双侧瞳孔缩小,瞳孔对光反射消失,伴两眼同

Note:

向偏斜,或瞳孔时大时小,提示脑干损伤,预后不良。双侧瞳孔散大、对光反射消失多提示病情危重、脑疝晚期。

4. 神经系统体征　原发性脑损伤引起的偏瘫等局灶症状,在受伤当时已出现,且不再继续加重;伤后一段时间才出现一侧肢体运动障碍且进行性加重,多为小脑幕切迹疝压迫中脑的大脑脚,损害其中的锥体束纤维所致。脑疝发展,脑干受压严重时导致去大脑强直。

5. 其他　观察病人有无脑脊液漏,有无剧烈头痛、呕吐、烦躁不安等表现或脑疝先兆,有无并发症发生。

（五）手术治疗的护理

开放性脑损伤者原则上须尽早行清创缝合术,使之成为闭合性脑损伤。硬脑膜外血肿者,主要的治疗方法是开颅手术清除血肿。对于硬脑膜下血肿者,尤其是急性硬脑膜下血肿,由于其病情发展迅速,必须争分夺秒进行手术治疗。手术方法可根据病人情况而采用开颅血肿清除术或颅骨钻孔引流术。

1. 术前护理　术前应做好各种准备,协助完成术前各项实验室检查,备血,抗生素的过敏试验等;给予手术区皮肤准备;急症手术者,在最短的时间内做好急救处理的同时进行必要的术前准备,严密观察病情,若病人处于休克状态,立即建立两条以上的静脉通路,迅速补充血容量。

2. 术后护理　①观察病人的生命体征、意识、瞳孔和肢体活动情况,给予吸氧。②体位:麻醉未醒者,取平卧位,头偏向一侧,使口腔分泌物或呕吐物易于流出,以免发生误吸。慢性硬膜下血肿术后病人取平卧位或头低足高患侧卧位,以便充分引流。③疼痛的护理:麻醉作用消失后病人切口疼痛,一般24h内最为剧烈,应尽量满足病人对舒适的需求,如协助变换体位、减少压迫等。遵医嘱给予镇静、镇痛药,给药后应严密观察病人病情变化,可以通过阅读、听音乐等非药物疗法,转移病人注意力。④伤口及引流管的护理:保持病人切口敷料清洁干燥,观察伤口有无渗血、渗液及切口的愈合情况。妥善固定引流管,保持引流管通畅,观察并记录引流的量和性状。

（六）并发症的观察及护理

1. 昏迷病人易发生的并发症

（1）压疮:保持病人皮肤清洁干燥,给予气垫床,定时翻身,尤应注意骶尾部、足跟、耳郭等骨隆突部位。

（2）呼吸系统感染:加强病人口腔护理,定期翻身叩背,保持其呼吸道通畅,防止呕吐物误吸,遵医嘱给予抗生素治疗。

（3）泌尿系统感染:昏迷病人常需留置导尿,留置尿管过程严格无菌操作,加强会阴部护理。需长期留置尿管者,宜行耻骨上膀胱造瘘术。

（4）暴露性角膜炎:眼睑闭合不全者,角膜涂眼药膏保护;无须随时观察瞳孔时,可用纱布遮盖上眼睑,必要时行眼睑缝合术。

（5）失用综合征:脑损伤病人因意识不清或肢体功能障碍,可发生关节挛缩和肌萎缩。应保持病人肢体关节于功能位,防止足下垂。每日做肢体被动活动及肌肉按摩,防止肢体挛缩和畸形。

2. 脑脊液漏　病人鼻腔、耳道流出淡红色液体,可疑为脑脊液漏。但需要鉴别血性脑脊液与血性渗液:可将血性液滴于白色滤纸上,若血迹外周有月晕样淡红色浸渍圈,则为脑脊液;或行红细胞计数并与周围血的红细胞比较,以明确诊断;另外,还应区别血性脑脊液与鼻腔分泌物。根据脑脊液中含糖而鼻腔分泌物不含糖的原理,用尿糖试纸测定或葡萄糖定量检测以鉴别是否存在脑脊液漏。在鼻前庭或外耳道口松松地放置干棉球,随湿随换,记录24h浸湿的棉球数,以估计脑脊液的外漏量。有时颅底骨折虽伤及颞骨岩部,且骨膜及脑膜均已破裂但鼓膜尚完整时,脑脊液可经耳咽管流至咽部进而被病人咽下,故应观察并询问病人是否经常有腥味液体流至咽部。

发生脑脊液漏时,必须预防颅内感染:①体位:脑脊液漏病人取半坐卧位,头偏向患侧,借助重力作用使脑组织移至颅底,促使脑膜形成粘连而封闭漏口,脑脊液漏停止3~5周后,可改为平卧位;若脑脊液漏出较多,应取平卧位,头稍抬高,以预防颅内压过低。②保持局部清洁:每日清洁2次,消毒外耳道、鼻腔和口腔,注意消毒棉球不宜过湿,以免液体逆流入颅腔;告知病人勿挖鼻、抠耳。③预防颅内逆行感染:脑脊液漏者,禁忌堵塞、冲洗鼻腔、耳道,禁止经鼻腔和耳道滴药,禁忌做腰椎穿刺;严禁经鼻腔吸痰或插入胃管;注意病人有无头痛、发热等颅内感染迹象。④避免颅内压骤升:嘱病人勿用力咳嗽、屏气排便、擤鼻涕及打喷嚏等,以免颅内压骤然升降致气颅或脑脊液逆流。⑤遵医嘱合理应用 TAT 及抗生素预防感染。

3. 颅内低压综合征　若脑脊液外漏多,可因颅内压过低而导致颅内血管扩张,病人出现剧烈头痛、眩晕、呕吐、厌食、反应迟钝、脉搏细弱、血压偏低。头痛在立位时加重、卧位时缓解。若病人出现颅内压过低表现,可遵医嘱给予病人头低位,补充大量水分以缓解症状。

4. 蛛网膜下腔出血　因脑裂伤所致,病人可有头痛、发热、颈强直的表现。可遵医嘱给予解热镇痛药处理。病情稳定,排除颅内血肿及颅内压增高、脑疝后,为解除头痛可协助医生行腰椎穿刺,放出血性脑脊液。

5. 消化道出血　多因下丘脑或脑干损伤引起的应激性溃疡所致,大量使用皮质激素也可诱发。遵医嘱补充血容量、停用激素,使用止血药和抑制胃酸分泌的药物。

6. 外伤性癫痫　任何部位的脑损伤均可能导致癫痫,尤其是大脑皮质运动区受损。早期癫痫发作的原因是颅内血肿、脑挫裂伤、蛛网膜下腔出血等;晚期癫痫发作主要由脑的瘢痕、脑萎缩、感染、异物等引起。癫痫发作时使用地西泮 10~30mg 静脉缓慢注射,直至控制抽搐为止。此外,应遵医嘱按时服用抗癫痫药物预防癫痫发作。

7. 颅内压增高、脑疝　护理的具体内容详见第六十五章"颅内压增高病人的护理"。

（七）心理护理

病人及其家属在颅脑损伤的急性期非常需要医务人员的关心与支持,医务人员的镇定和忙而有序的工作会给病人增加安全感,为病人及其家属讲解疾病相关知识,可减轻他们的恐惧感。同时,医务人员要善于倾听病人及其家属的诉说,帮助他们疏导压力。耐心介绍治疗方案并教会病人如何配合治疗和功能锻炼,增强病人康复的信心。

（八）健康指导

1. 疾病知识指导　向病人及其家属讲解疾病相关知识,治疗、护理过程中应注意的事项,积极配合治疗。脑损伤后恢复过程中,病人可出现头痛、耳鸣、记忆力减退等症状,给予适当解释和宽慰,使其树立信心,帮助病人尽早恢复自理生活。出院后3~6个月门诊复查,如出现原有症状加重、头痛、呕吐、抽搐、不明原因发热,手术部位发红、积液、渗液等,及时就诊。

2. 用药指导　指导病人遵医嘱服用药物,若使用药物过程中有不适症状及时通知医护人员。有癫痫发作的病人应按时服药,不可随意停药和更改剂量;应用激素类药物如地塞米松、甲泼尼龙等时,注意观察有无胃肠道反应;应用降颅内压类药物如甘露醇、甘油果糖、呋塞米时,应注意有无发生水、电解质紊乱及血栓性静脉炎。

3. 康复指导　告知病人颅骨骨折达到骨性愈合需要一定时间,在此期间注意安全,以防意外发生。颅骨缺损的病人保护好头部,出门戴保护帽,避免剧烈晃动和撞击,洗头时动作轻柔,伤后半年建议行颅骨修补术。有癫痫发作的病人,不能单独行动,应有专人陪同,注意安全;存在失语、肢体功能障碍的病人,病情稳定后即应开始康复锻炼,以提高生活自理能力及社会适应能力。

【护理评价】

经过治疗和护理,评估病人是否能够达到:①呼吸道通畅,保持有效呼吸;②意识障碍程度减轻或正常;③疼痛症状减轻或消失;④未发生颅内感染;⑤营养状态得到改善,满足机体的需求;⑥无并发症发生,或并发症得到有效治疗与护理。

知 识 链 接

中国颅脑创伤高水平研究

近年来,中国的医务人员不断努力,医疗救治水平明显提升。2020 年 7 月 21 日,世界顶级医学杂志《柳叶刀神经病学》封面论著专栏在线发表论文,首次给中国颅脑外伤救治水平"画像":中国收治的 ICU 颅脑创伤病人的病死率是 11.4%,欧洲为 19%,这一结果表明,中国重型颅脑创伤救治效果优于欧洲。该论著由上海交通大学医学院附属仁济医院江基尧教授团队牵头,历经 7 年,招募国内 22 个省市、56 家大型颅脑创伤临床中心共同参加研究,收集 13 627 例住院病例数据,首次详细展示了中国颅脑创伤的基本特征,并全面展示了中国颅脑创伤救治水平。

（李晓飞）

思 考 题

1. 如何鉴别硬脑膜外血肿和硬脑膜下血肿?
2. 如何观察病人是否发生了脑脊液漏? 如病人发生脑脊液耳漏,应如何护理?
3. 在颅脑外伤现场发现病人有脑组织的脱出,应如何对病人进行现场急救?

URSING

第六十七章

颅内肿瘤病人的护理

67章 数字内容

─── 学 习 目 标 ───

- 识记:
  1. 陈述以下概念:原发性颅内肿瘤、继发性颅内肿瘤、神经胶质瘤、脑膜瘤、听神经瘤、垂体腺瘤、颅咽管瘤。
  2. 列举颅内肿瘤病人的术前、术后护理要点。
- 理解:
  比较不同颅内肿瘤的疾病特征,说明它们之间的异同点。
- 运用:
  对颅内肿瘤病人实施全面的护理评估,在评估的基础上制订护理计划,实施正确的护理措施和健康指导。

病人,女性,36岁,近1周因出现短暂抽搐、间断性头晕并伴恶心、呕吐症状来院就诊。头部 MRI 显示右侧脑室占位性病变,且与周围脑组织分界不清。门诊以颅内肿瘤收入病房。3d 后在全麻下行 "右脑室占位性病变切除术",术后病理回报:弥漫星形胶质细胞瘤,术后病人出现剧烈头痛、呕吐、视力减退。

请思考:

（1）请问该病人出现了什么问题？导致该现象的原因是什么？

（2）针对该病人应实施哪些相应的护理措施？

颅内肿瘤(intracranial tumor)发病率占全身恶性肿瘤发病率的 1%~2%,可发生于任何年龄,以 20~50 岁年龄组多见。颅内肿瘤可分为原发性和继发性两大类。原发性颅内肿瘤(primary intracranial tumor)可发生于脑组织、脑膜、垂体、脑神经、血管及残余胚胎组织,人群发病率为 16.5/10 万,无明显性别差异;继发性颅内肿瘤(secondary intracranial tumor)是指身体其他部位恶性肿瘤转移或侵入颅内。不同年龄人群好发的颅内肿瘤不同,老年多发胶质瘤和脑转移瘤,成年常见神经胶质瘤、脑膜瘤、听神经瘤、垂体腺瘤、颅咽管瘤等,儿童多为髓母细胞瘤、颅咽管瘤和松果体瘤。

【病因与病理】

颅内肿瘤的病因目前尚不清楚,大量研究表明,细胞染色体上存在癌基因加上各种后天诱因可使其发生,可能与遗传因素、理化因素及生物因素有关。颅内肿瘤发病部位以大脑半球最多,其次为蝶鞍、鞍区周围、小脑脑桥角、小脑、脑室及脑干。一般不向颅外转移,但可在颅内直接向邻近正常脑组织浸润扩散,也可随脑脊液的循环通道转移。脑瘤的预后与生长部位、病理类型及治疗手段等因素有关。良性肿瘤单纯外科治疗有可能治愈;交界性肿瘤单纯外科治疗后易复发;恶性肿瘤一旦确诊,需要外科治疗辅助放疗和/或化疗。

【分类】

（一）原发性肿瘤

1. **神经胶质瘤（glioma）** 来源于神经上皮,是颅内最常见的恶性肿瘤,占颅内肿瘤的 40%~50%。

（1）星形细胞瘤(astrocytoma):约占 40%,恶性程度低,生长缓慢,实质性者与周围组织分界不清,常不能彻底切除,术后易复发。囊性者常分界清楚,若切除彻底可望根治。

（2）多形性胶质母细胞瘤(glioblastoma multiforme):恶性程度最高,病情进展快,对放疗中度敏感、对化疗不敏感。

（3）少突胶质细胞瘤(oligodendroglioma):占胶质瘤的 7%,生长较慢,分界较清,可手术切除,但术后易复发,须术后放疗及化疗。

（4）室管膜瘤(ependymoma):约占 12%,肿瘤与周围脑组织分界尚清楚,有种植转移倾向,术后须放疗和化疗。

（5）髓母细胞瘤(medulloblastoma):也为高度恶性,多位于颅后窝中线部位,因阻塞第四脑室及导水管而引发脑积水,对放射治疗敏感。

2. **脑膜瘤（meningioma）** 起源于脑膜及脑膜间隙衍生物,多来自蛛网膜细胞及含蛛网膜成分组织,脑室内脑膜瘤来自脑室内脉络丛,也可来自硬脑膜成纤维细胞和软脑膜细胞。脑膜瘤占颅内原发肿瘤的 14.4%~19.0%,男女发病比例为 1:1.8,平均高发年龄 45 岁,儿童少见。多发性脑膜瘤常伴有神经纤维瘤病 2 型。多数脑膜瘤组织学上为良性,约 5% 为非典型性,2% 为恶性。脑膜瘤好发于颅底、鞍旁区域和大脑半球凸面。采取手术彻底切除可预防复发。

3. **听神经瘤（acoustic neuroma）**　是发生于第Ⅷ脑神经前庭支的良性肿瘤,占颅内肿瘤的8%~10%。位于桥小脑角区,可出现患侧高频耳鸣、神经性耳聋、前庭功能障碍、同侧三叉神经及面神经受累及小脑功能受损症状。治疗以手术切除为主,肿瘤直径小于3.0cm者可行立体放射治疗。

4. **垂体腺瘤（pituitary adenoma）**　来源于腺垂体的良性肿瘤,是一组在垂体前叶和后叶及颅咽管上皮残余细胞发生的肿瘤。此组肿瘤以前叶的腺瘤占大多数,来自后者少见。约占颅内肿瘤的10%~15%,发病年龄多为30~50岁,女性多于男性。按细胞的分泌功能可分为催乳素瘤(PRL腺瘤)、生长激素腺瘤(GH腺瘤)、促肾上腺皮质激素腺瘤(ACTH腺瘤)及促甲状腺激素腺瘤(TSH腺瘤)。PRL腺瘤主要表现为女性闭经、泌乳、不孕等;男性性欲减退、阳痿、体重增加、毛发稀少等。GH腺瘤在青春期前发病者为巨人症,成年后发病表现为肢端肥大症。ACTH腺瘤主要表现为库欣综合征,如满月脸、水牛背、腹壁及大腿皮肤紫纹、肥胖、高血压及性功能减退等。TSH腺瘤可导致甲亢,较为罕见。手术摘除是首选的治疗方法。若瘤体较小可经蝶窦在显微镜下手术,瘤体较大须开颅手术,术后放疗。

5. **颅咽管瘤（craniopharyngioma）**　为胚胎期颅咽管的残余组织发生的良性先天性肿瘤,占颅脑肿瘤的2.5%~4%,多见于儿童及青少年,发病高峰为5~10岁。主要表现为肿瘤压迫视交叉、视神经引起的视力障碍。肿瘤影响垂体及下丘脑功能,78%有不同程度内分泌功能紊乱,包括:①性腺功能减退,毛发脱落,男性阳痿,女性停经,儿童和青少年生殖器不发育,第二性征不出现;②尿崩症,少数病人为首发症状,每日尿总量4 000ml以上;③侏儒症,躯体发育迟缓,骨骼发育不全,血清生长激素降低,智力尚可;④下丘脑受损时呈肥胖及间脑综合征。肿瘤侵及其他脑组织引起的神经、精神症状。颅咽管瘤以手术切除为主要治疗方法,采用经翼点,经蝶或额下入路,经胼胝体入路切除肿瘤。放射治疗可抑制残余肿瘤生长。

（二）转移性肿瘤

转移性肿瘤多来自肺、乳腺、甲状腺、消化道等部位的恶性肿瘤,多位于幕上脑组织内,可单发或多发,男性多于女性。部分病人以颅内转移灶为首发症状,诊断为转移瘤后在其他部位找出原发病灶。伴颅内压增高单发转移瘤尽早手术,术后辅助以放射治疗和化学治疗。

【护理评估】

（一）健康史

1. **起病情况**　包括发病时间、起病急缓、发病前明显的致病因素和诱发因素等。因不同年龄好发的肿瘤类型会有所不同,不同类型肿瘤的生长速度不同,不同部位肿瘤的症状也会各异。

2. **病因与危险因素**　包括病人的年龄、性别、工作性质,有无情绪紧张、过度疲劳等。

3. **既往病史**　包括病人过去的健康状况和曾经患过的疾病,以及外伤史、手术史、预防接种史及过敏史等。

4. **生活方式与饮食习惯**　包括睡眠习惯和质量,烟酒嗜好的时间长短和摄入量,是否有异食癖和使用毒、麻药等。

5. **其他**　病人家族成员中是否患有相同疾病,以及家族中患病者的分布情况。

（二）身体状况

颅内肿瘤的病程因其病理类型和所在部位不同而致病人的表现各异,自出现症状至就诊时间一般多为数周至数月,少数可达数年。恶性程度高的肿瘤病人病史多较短。肿瘤如有出血或囊肿形成,症状发展进程可加快,有的甚至可类似脑血管病的发展过程。症状主要取决于病变部位和肿瘤大小。颅内肿瘤引起的症状主要以颅内压增高和神经功能定位症状为主。

1. **颅内压增高**　约90%以上的病人可出现颅内压增高的症状和体征,通常呈慢性、进行性加

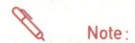

重过程。若未得到及时治疗,轻者可发生视神经萎缩,约 80% 的病人引发视力减退,重者可引起脑疝。

2. **定位症状**　神经功能缺损是肿瘤直接刺激、压迫和破坏脑神经所致,因肿瘤部位不同而异。

(1) 刺激症状:大脑半球肿瘤可表现为癫痫,发作类型与肿瘤部位有关,额叶肿瘤多为癫痫大发作,中央区及顶叶多为局灶性发作,颞叶肿瘤表现为伴有幻嗅的精神运动性发作。

(2) 破坏性症状:因肿瘤侵及脑组织所致。中央前后回肿瘤可发生一侧肢体运动和感觉障碍;额叶肿瘤病人常有精神障碍;枕叶肿瘤可引起视野障碍;顶叶下部角回和缘上回可导致病人失算、失读、失用及命名性失语;语言运动中枢受损可出现运动性失语。另外,肿瘤侵及下丘脑时病人表现为内分泌障碍;四叠体肿瘤病人出现瞳孔不等大、眼球上视障碍。小脑蚓部受累时出现肌张力减退及躯干和下肢共济失调,小脑半球肿瘤出现同侧肢体共济失调。脑干肿瘤表现为交叉性麻痹。

(3) 压迫症状:鞍区肿瘤可引起视力、视野障碍。海绵窦区肿瘤压迫第 Ⅲ、Ⅳ、Ⅴ、Ⅵ 对脑神经,病人出现上睑下垂、眼球运动障碍、面部感觉减退等海绵窦综合征症状。病人早期出现脑神经症状有定位价值。

3. **老年和儿童颅内肿瘤特点**　老年人脑萎缩,颅内空间相对增大,发生颅脑肿瘤时颅内压增高不明显,易误诊。老年人以幕上脑膜瘤和转移瘤多见。儿童幕下以髓母细胞瘤、室管膜瘤和星形细胞瘤常见;幕上以颅咽管瘤为多,伴颅内压增高时常掩盖肿瘤定位体征,易误诊为胃肠道疾病。

(三) 辅助检查

1. **颅骨 X 线检查**　对垂体腺瘤、颅咽管瘤诊断有一定价值,可提供颅内压增高征象。头颅 X 线影像(包括断层)显示蝶鞍球形扩大、内听道扩大,可分别为垂体腺瘤、听神经瘤诊断提供可靠的间接证据。

2. **颅脑 CT 检查**　诊断价值最大,它可显示肿瘤的部位、范围、形状、脑组织反应情况及脑室受压移位情况等。

3. **磁共振成像(MRI)检查**　对脑瘤的诊断较 CT 更为准确,影像更为清楚,可发现 CT 所不能显示的微小肿瘤,而且可以清楚显示颅内血管血流情况。

4. **正电子发射断层显像(PET)检查**　正电子发射断层扫描所提供的信息基于组织代谢变化,即关于组织和细胞的功能成像。PET 反映人体代谢和功能,可早期发现肿瘤,判断肿瘤恶性程度。

5. **相关实验室检查**　脑脊液检查、CT 或 MRI 发现垂体腺瘤,须做血清内分泌激素测定以确诊。

6. **活检**　利用立体定向或神经导航技术获取标本,行组织学检查,确定肿瘤性质,选择治疗方法。

(四) 心理-社会状况

颅内肿瘤手术后复发率高,且预后差。颅脑手术本身危险性很高,接受手术的病人多会产生恐惧感,部分病人由于对疾病缺乏认识而盲目乐观,认为手术可以彻底治愈疾病。因此,护士应关注病人术前、术中和术后的心理状态及其变化情况。

【常见护理诊断/问题】

1. **急性疼痛**　与颅内压增高有关。

2. **有受伤的危险**　与疾病引起的肢体运动障碍及视力下降有关。

3. **进食/如厕自理缺陷**　与肿瘤压迫导致肢体瘫痪及开颅手术有关。

4. **焦虑**　与担心疾病预后有关。

5. **潜在并发症:**颅内压增高、颅内积液和假性囊肿、脑脊液漏、尿崩症。

【计划与实施】

对颅内肿瘤的治疗以手术治疗为主,也是最直接、有效的方法。颅内压高者降低颅内压,常用治疗方法有脱水、激素治疗、冬眠低温和脑脊液外引流等,以缓解症状,为手术治疗争取时间。若肿瘤不能完全切除,可行内减压术、外减压术和脑脊液分流术等。对浸润性生长的肿瘤,与脑组织间隙无明显界限,难以做到全部切除,一般主张综合治疗,即术后配合以放射治疗、化学治疗、免疫治疗、基因治疗、光疗及中医药等治疗方法,可延缓复发及延长生存期。

护理目标为经过治疗和护理,病人达到:①疼痛症状有所缓解;②手术前、后无外伤发生;③肢体功能逐渐恢复,生活需求得到满足;④病人及其家属心态平稳,焦虑状况减轻,能够接受疾病并主动配合治疗;⑤颅内压增高等相关症状得到控制。

（一）手术治疗的护理

1. 手术治疗方法　是治疗颅内肿瘤的主要方法,目的是降低颅内压和解除肿瘤对颅内神经的压迫。肿瘤较小者应争取早期全部切除。对位于额叶或颞叶前部较大的肿瘤,可做脑叶切除术,连同肿瘤一并切除。肿瘤累及大脑半球两个脑叶以上已有偏瘫但未侵及基底核、丘脑及对侧者,亦可做大脑半球切除术。肿瘤位于运动、言语区而无明显偏瘫、失语者,应注意保存神经功能,适当切除肿瘤,避免留有严重后遗症。脑室肿瘤可根据所在部位,从非重要功能区切开脑组织进入脑室,尽可能切除肿瘤,解除脑室梗阻。应注意避免损伤肿瘤邻近的下丘脑或脑干,以防发生危险。同时也可实施微骨窗入路、神经导航等微创神经外科技术,在保存神经功能不受损伤的前提下尽可能切除肿瘤。

知 识 链 接

神经导航的临床应用

神经导航是将神经影像学、立体定向原理、手术显微镜和高性能电子计算机结合起来的一种新技术。利用神经导航,神经外科医生可精确的设计小皮肤切口和骨窗,用保留功能结构和对脑组织损伤最小的技术切除肿瘤,肿瘤切除的程度由外科医生主观判断提高到影像学客观评价。神经导航辅助显微镜外科使手术更加精确、手术并发症显著减少、疗效明显提高,缩减病人住院时间和费用。目前,神经导航主要应用在颅底外科、脑深部脑干病变,多发小肿瘤、胶质瘤、癫痫外科和脑功能区手术等。

2. 术前护理

（1）病情观察:颅内肿瘤的病人有各种神经功能障碍,术前要认真对病人进行身体评估并详细记录结果,如生命体征、意识状态、定向力、瞳孔大小、瞳孔对光反射、肢体的运动能力等,协助医生做好各项检查。注意有无脑疝的前驱症状和癫痫发作。

（2）颅内压监测与护理:术前要认真监测病人颅内压的变化,观察病人有无头痛、呕吐及视盘水肿等颅内压增高的表现。根据颅内压增高情况,遵医嘱应用脱水药、利尿药治疗。药物治疗时要注意观察药物的作用和副作用。慎用镇痛药和镇静药,以免掩盖病情。颅内压增高病人须绝对卧床休息,避免导致颅内压增高的因素,如咳嗽、用力排便、情绪激动等。

（3）饮食护理:术前应给予病人营养丰富、易消化的高蛋白、高能量饮食,或静脉补充营养液,以改善病人的全身营养状况。

（4）术前准备:①胃肠道准备:术前禁食 8~12h,禁水 4h,以避免麻醉后呕吐造成误吸。②皮肤准备:术前给予病人头部备皮,备皮后可戴丝巾、软帽等进行修饰及保暖;垂体腺瘤经蝶窦手术者须剪

鼻毛,应动作轻稳,防止损伤鼻黏膜致鼻腔感染,观察有无口鼻疾病,如牙龈炎、鼻腔疖肿等,如有异常及时通知医生;听神经瘤经迷路手术者,做好耳郭、外耳道皮肤的清洁处理。③遵医嘱做好血型鉴定和交叉配血试验。④女性病人月经期、感冒发热、咳嗽、肺部感染等暂不宜进行手术。

(5) 安全护理:对视听觉障碍、面瘫、偏瘫的病人,预防其意外损伤;对有精神症状的病人,遵医嘱给予镇静药及抗精神病药物;对兴奋、狂躁的病人要避免不良环境的刺激,保持病室安静,适当陪护,加强观察,注意给其安全防护措施,防止病人自伤及伤人;病重者要有专人看护,防止出走。

(6) 心理护理:根据不同疾病及病人的心理状态,有针对性地给病人以专业的心理-社会支持。应耐心细致地与病人沟通,详细介绍疾病的预后,鼓励、安慰病人战胜疾病,帮助病人减轻思想负担,减轻恐惧心理,增强信心,使病人安心接受手术,病人及其家属能积极配合,做好充分准备。

3. 术后护理

(1) 病情观察:密切监测病人生命体征、意识、瞳孔变化、肢体活动能力。观察有无继发性出血,保持病人呼吸道通畅,观察有无伤口感染。

(2) 体位护理:幕上开颅术后病人应卧向健侧,避免切口受压。幕下开颅术后早期宜取去枕侧卧或侧俯卧位;经口鼻蝶窦入路术后取半卧位,以利伤口引流。后组脑神经(Ⅸ~Ⅻ脑神经)受损、吞咽功能障碍者只能取侧卧位,以免口咽部分泌物误入气管。体积较大的肿瘤切除后,因颅腔留有较大空隙,24~48h 手术区应保持高位,以免突然翻动时脑和脑干移位,引起大脑上静脉撕裂、硬脑膜下出血或脑干功能衰竭。搬动病人或为其翻身时,应有人扶持病人头部使头颈部成一直线,防止头颈部过度扭曲或震动。

(3) 饮食护理:术后次日可进流食,以后从半流食逐渐过渡到普食。颅后窝手术或听神经瘤手术后,因舌咽、迷走神经功能障碍而发生吞咽困难、饮水呛咳者,应严格禁食、禁饮,采用鼻饲供给营养,待吞咽功能恢复后逐渐练习进食。

(4) 并发症的预防及护理

1) 颅内出血:是颅脑手术中最危险的并发症,多发生于术后 24~48h,病人表现为意识清醒后又逐渐嗜睡、反应迟钝甚至昏迷。术后应密切观察,一旦发现有颅内出血征象,应及时报告医生,并做好再次手术止血的准备。

2) 颅内压增高:主要原因是周围脑组织损伤、肿瘤切除后局部血流改变、术中牵拉所致脑水肿引起颅内压增高。一般情况下术后 48~72h 脑水肿达最高峰,持续一段时间后逐渐下降。降低颅内压的措施有①限制入量:在脑水肿阶段,要适当减少病人液体入量,以免加重脑水肿;②保持合理卧位:病人手术清醒后应采取 15°~30° 头高足低斜坡卧位,以利于颅内静脉回流,降低颅内压;③用药护理:在应用脱水药和利尿药降低颅内压时,要注意药物导致水、电解质紊乱的副作用,尤其是垂体腺瘤和颅咽管瘤术后要观察病人的尿量以防止尿崩症,并评估有无低钾、低钠、低钙血症导致的相关症状。

3) 颅内积液或假性囊肿:颅内肿瘤术后,在残留的创腔内放置引流物,以引流手术残腔内的血性液体和气体,使残腔逐步闭合,减少局部积液或防止形成假性囊肿。护理时注意:①妥善放置引流瓶。术后早期,创腔引流瓶/袋置于头旁枕上或枕边,高度与头部创腔保持一致,以保证创腔内一定的液体压力,避免脑组织移位。另外,创腔内暂时积聚的液体可稀释渗血、防止渗血形成血肿。当创腔内压力升高时,血性液仍可自行流出。术后 48h 内,不可随意放低引流瓶/袋,以免创腔内液体被引出致脑组织迅速移位,撕破大脑上静脉,引起颅内血肿。若术后早期引流量多,应适当抬高引流瓶/袋。48h 后,可将引流瓶/袋略放低,以期较快引流出创腔内的液体,使脑组织膨出,减少局部残腔。②拔管。引流管放置 3~4d,一旦血性脑脊液转清,即可拔除引流管,以免形成脑脊液漏。

4) 脑脊液漏:注意伤口、鼻、耳等处有无脑脊液漏。经蝶窦术后病人避免剧烈咳嗽,以防脑脊液鼻漏。若出现脑脊液漏,及时通知医生,并做好相应护理。

5) 尿崩症:主要发生于鞍上区手术后,如垂体腺瘤、颅咽管瘤等手术涉及下丘脑影响血管升压素分泌所致。病人出现多饮、口渴、多尿,连续 2h 以上,每小时尿量超过 200ml,遵医嘱给予垂体后叶激素治疗,应注意观察病人每小时尿量,准确记录出入量,根据尿量增减和血清电解质的水平调节用药剂量,保持出入量平衡。尿量增多期间,须注意补钾,每 1 000ml 尿量补充 1g 氯化钾。

(二)化学治疗的护理

1. **常用药物** 目前以亚硝基脲类药物疗效较好,这主要是因为亚硝基脲是一种小的、高度脂溶性分子,可以帮助药物透过血-脑脊液屏障。采用丙卡巴肼、卡莫司汀(BCNU)、洛莫司汀(CCNU),或 VP-26、VP-16 及顺铂等。替莫唑胺用于治疗低级别星形细胞瘤、复发的间变性星形细胞瘤和胶质母细胞瘤。如病人体质好,可与放射治疗同时进行。

2. **药物不良反应及其护理** 详见第六章"肿瘤病人的护理"。

(三)放射治疗的护理

对手术不能彻底切除、术后易复发、侵及重要功能区无法手术、病人全身情况差,肿瘤对放射线敏感者,放射治疗可作为颅内恶性肿瘤的辅助治疗措施。各种类型的神经胶质瘤对放射治疗的敏感性有所不同。生殖细胞瘤和淋巴瘤对放射线高度敏感,经活检证实后可首选放射治疗,中度敏感肿瘤有髓母细胞瘤、室管膜瘤、多形性胶质母细胞瘤、生长激素腺瘤和转移瘤;其他垂体腺瘤、颅咽管瘤、脊索瘤、星形细胞瘤和少突胶质细胞瘤对放射线低度敏感。对容易种植的髓母细胞瘤、生殖细胞瘤、中枢神经系统恶性淋巴瘤和室管膜母细胞瘤,还应行全脑和第 2 骶椎以上全脊髓照射。瘤内放射治疗将放射范围小的液体核素注入瘤腔,或将颗粒状核素植入瘤体内,依靠 γ 射线或 β 射线电离辐射作用杀伤肿瘤细胞,适用于囊性颅咽管瘤、胶样囊肿和星形细胞瘤。立体定向放射治疗(γ-刀、X-刀)其持续作用时间可长达 2 年。放疗期间应注意:①观察病人是否有头痛、呕吐等颅内压增高表现,遵医嘱使用脱水疗法,妥善保护外周静脉;②伤口灼痛:放疗病人因头皮放射性损伤,可出现头皮肿胀感,甚至疼痛难以忍受,护士应主动关心病人,遵医嘱给予镇痛药;③伤口愈合不良:伤口周围皮肤血运变差、愈合不佳,伤口易感染,甚至出现脑脊液漏,多因放射线对组织的损伤,应保持伤口敷料干燥,包扎不宜过紧,防止伤口受压,遵医嘱合理使用抗生素。

(四)健康指导

1. **疾病知识指导** 向病人及其家属介绍疾病的有关病因,指导病人避免诱发因素。告诉病人保持良好的心理状态,平时生活要有规律,合理安排工作和休息时间,注意劳逸结合,积极配合治疗。若出现原有症状加重,如头痛、头晕、恶心、呕吐、抽搐、不明原因持续高热、肢体乏力、麻木、视力下降等应及时就医。术后 3~6 个月后门诊复查 CT 或 MRI。

2. **用药指导** 遵医嘱按时、按量服药,不可突然停药、改药及增减药量,尤其是抗癫痫、抗感染、脱水及激素治疗药物,以免加重病情。

3. **饮食指导** 合理饮食,多食高蛋白、高能量、富含纤维素和维生素、低脂肪、低胆固醇饮食,少食动物脂肪、腌制品;限制烟酒、浓茶、咖啡等刺激性食物。

4. **康复指导** 神经功能缺损或肢体活动障碍者,进行辅助治疗,如高压氧、针灸、物理疗法等。加强肢体功能锻炼与看护,避免意外伤害。①肢体瘫痪:应保持功能位,防止足下垂,瘫痪肢体各关节被动屈伸运动,练习行走,防止肌萎缩。②感觉障碍:禁用热水袋以防烫伤。③癫痫:不宜单独外出、登高、游泳、驾驶车辆及高空作业,随身带疾病卡。④听力障碍:尽量不单独外出,以免发生意外,必要时可配备助听器,或随身携带纸笔。⑤视力障碍:注意防止烫伤、摔伤等。⑥步态不稳:继续进行平衡功能训练,外出应有人陪同,以防摔伤。⑦面瘫、声音嘶哑:注意口腔卫生。避免食用过硬、不易咬碎或易致误吸的食物,不要用吸管进食或饮水,以免误入气管引起呛咳、窒息。⑧眼睑闭合不全者:遵医嘱按时滴眼药水,外出时须戴墨镜或眼罩保护,以防阳光和异物伤害,夜间睡眠时可用干净湿手帕覆盖或涂眼膏,以免眼睛干燥。

【护理评价】

经过治疗和护理,评估病人是否能够达到:①颅内压增高得到控制,疼痛症状减轻或消失;②不发生外伤;③生活能够自理,安全状况得到保证;④焦虑减轻;⑤未发生并发症,或并发症发生后得到及时处理。

（沙凯辉）

思 考 题

1. 神经胶质瘤病人入院后护士应从哪些方面进行护理评估?
2. 护士应如何对神经胶质瘤术后病人进行出院指导?

NURSING

第六十八章

脑血管疾病病人的护理

68章 数字内容

学习目标

- 识记:
  1. 复述以下概念:脑血管疾病、脑卒中、短暂性脑缺血发作、脑梗死、脑血栓形成、脑栓塞、脑出血、蛛网膜下腔出血。
  2. 说出脑血管疾病的危险因素、分类。
- 理解:
  1. 阐明以下几种脑血管疾病的临床表现和护理要点,列举主要的异同点:短暂性脑缺血发作、脑梗死、脑血栓形成、脑栓塞、脑出血、蛛网膜下腔出血。
  2. 阐述脑血管疾病的三级预防原则和方法。
- 运用:
  1. 运用所学知识,对脑血管疾病的病人进行全面评估,并能正确制订护理计划,提供护理措施和健康指导。
  2. 对脑血管疾病病人进行正确的病情判断,识别脑卒中的常见并发症。

第一节　概　　述

脑血管疾病（cerebrovascular disease，CVD）是脑部血管源性疾病的总称，包括脑动脉系统和静脉系统疾病，以动脉系统疾病为常见。主要是动脉系统血管的破裂或闭塞，从而导致脑出血、蛛网膜下腔出血或脑梗死，造成急骤发展的脑局部血液循环和功能障碍，称为急性脑血管病或脑血管意外，即脑卒中（stroke）。短暂而反复发作的脑局部血液循环障碍称为短暂性脑缺血发作（transient ischemic attack，TIA），通常又称为小卒中（minor stroke）。卒中的发病率为345.1/（10万人·年），年龄标化发病率为246.8/（10万人·年）。2018年，中国居民脑血管病死亡率为149.49/10万（死亡人数约157万），占总死亡人数的22.33%。

【病因和危险因素】

（一）病因

1. **血管壁病变**　以高血压性动脉硬化和动脉粥样硬化所致的血管损害最常见，其次为结核、梅毒、结缔组织病和钩端螺旋体等多种原因所致的动脉炎，先天性脑动脉瘤、血管畸形、外伤等。

2. **血液成分改变**　如高脂血症、高血糖症、高蛋白血症、白血病、红细胞增多症等致血液成分改变，血液流变学异常。此外，妊娠、产后、术后等可引起病人高凝状态。

3. **血流动力学改变**　如高血压、低血压、心脏功能障碍等。

4. **其他**　如颈椎病、肿瘤等压迫邻近的大血管，影响脑部供血；颅外形成的各种栓子，如空气、脂肪、肿瘤等栓子使脑部血管堵塞。

（二）危险因素

1. **不可干预的危险因素**　包括年龄（脑卒中发病率与年龄正相关）、性别（男性高于女性）、家族史（有家族史病人患病率高于无家族史病人）。

2. **可以干预的危险因素**　有高血压、吸烟和被动吸烟、糖尿病、心房颤动、无症状颈动脉狭窄、血脂异常、缺乏身体活动、超重与肥胖、代谢综合征、饮酒、高凝状态等。

【脑血管疾病的三级预防】

（一）一级预防

脑卒中的一级预防是对存在脑卒中危险因素但尚无脑卒中症状出现的人群开展预防。主要针对可干预的危险因素进行，是三级预防中最关键的一环。实施时，在社区人群中筛选可干预的危险因素，找出高危人群，进行预防，积极治疗相关疾病，如高血压、心血管病、糖尿病、高脂血症等。提倡合理饮食，适当运动，根据存在的各种危险因素，按照不同的严重程度，坚持治疗及护理干预。

（二）二级预防

脑卒中的二级预防是针对已发病的脑卒中病人进行早诊断、早治疗。脑卒中二级预防策略包括抗栓治疗、降血脂治疗、血压管理、血糖管理、外科治疗等，这对降低脑卒中复发至关重要。

（三）三级预防

脑卒中的三级预防是在病人脑卒中发生后积极治疗，防止并发症，减少残疾，积极开展功能康复，恢复或改善器官或系统功能，提高脑卒中病人的生活质量。

（李玉霞）

第二节　短暂性脑缺血发作病人的护理

短暂性脑缺血发作（transient ischemic attack，TIA）系指反复发作的短暂性脑局部血液供应障碍所致的局限性脑功能缺损。症状突起又迅速消失,持续数分钟至数十分钟,一般不超过 1h,24h 内完全恢复,不留任何神经功能缺损,可反复发作。TIA 人群患病率为 180/10 万,男女之比约为 3:1,发病率随年龄增长而升高,是脑卒中尤其缺血性脑卒中最重要的危险因素,病人发生 TIA 后 1 年内发生脑卒中的危险较一般人群高 13~16 倍。

【病因与发病机制】

1. **血流动力学改变** 在脑动脉粥样硬化或管腔狭窄的基础上,当发生低血压或血压波动时,病变血管内血流减少,出现一过性脑缺血症状。此外,真性红细胞增多症、血小板增多症、血液高凝状态等致使血液中有形成分在脑部微血管中淤积均可导致 TIA。

2. **微栓子** 来源于颈部、颅内大动脉及其他来源的微栓子,如脱落的心脏附壁血栓等,随血流进入颅内,引起相应脑动脉闭塞而产生临床症状。

【护理评估】

(一)健康史

了解病人的饮食习惯,是否吸烟、酗酒等;询问病人有无高血压、高脂血症、糖尿病等慢性病;直系亲属有无脑血管疾病等;询问病人有无短暂性一过性跌倒、意识丧失等前驱症状。

(二)身体状况

临床常根据受累动脉系统将 TIA 分为两大类。

1. **颈内动脉系统 TIA** 常见症状为病灶对侧发作性肢体偏瘫、面瘫、单肢或偏身感觉障碍,如麻木等;病变侧单眼一过性黑矇或失明;优势半球受累可有失语。

2. **椎基底动脉系统 TIA** 常见症状为眩晕、恶心、呕吐及平衡失调。特征性症状包括跌倒发作和短暂性全面遗忘症,前者表现为转头或仰头时,双下肢无力而跌倒,常可很快自行站起,无意识丧失;后者表现为发作时出现短时间记忆丧失,对时间、地点定向障碍,但对话、书写和计算能力正常,无意识障碍,持续数分钟或数小时。

(三)心理-社会状况

TIA 因疾病突然发病或反复发作而使病人容易出现紧张、恐惧、焦虑的情绪。护士应评估病人产生负性心理的原因及程度,了解其家属对疾病发生、发展、治疗及预后知识的掌握程度,评估家庭、朋友等社会支持系统对其理解和支持的程度。

(四)辅助检查

1. **影像学检查** TIA 病人头颅 CT 或 MRI 结果多正常,头颅 MRI 弥散加权成像(DWI)未发现相应急性脑梗死证据,为影像学确诊的短暂性脑缺血发作;无条件行 DWI 检查时,头颅 CT/MRI 常规序列未发现相应梗死灶,可作为临床诊断依据;无法得到影像学责任病灶证据时,仍以症状/体征持续时间不超过 24h 为时间界限标准。

2. **血液成分检查** 通过血常规、血生化、血脂、血糖、凝血功能、纤维蛋白原及血小板等指标,判断是否存在高凝状态等。

3. **脑血管检查** 如颈动脉 B 超检查,头颅 CTA 或 MRA 检查等,明确是否存在血管狭窄及闭塞。

4. **经颅多普勒超声(transcranial Doppler,TCD)检查** 可以检测栓子信号,通过彩色多普勒超声或数字减影血管造影检查可以进一步判断血流方向。

5. **心电图及超声心动图检查** 可以判断病人是否有房颤、频发期前收缩、陈旧性心肌梗死、左心室肥厚等;超声心动图检查可以判断是否存在心瓣膜病变,如风湿性心脏病、老年性心脏瓣膜病。

【常见护理诊断/问题】

1. **有受伤的危险** 与突发眩晕、平衡障碍、一过性失明或跌倒发作等有关。

2. **知识缺乏**：缺乏用药相关知识。

3. **焦虑**　与 TIA 反复发作有关。

【计划与实施】

TIA 的治疗原则:消除病因,减少和预防复发,保护脑功能。

护理目标为经过治疗和护理,病人达到:①不发生跌伤等意外;②保证按时、按量给药,防止 TIA 再复发;③做好心理护理,缓解病人紧张、焦虑的情绪。

（一）安全护理

指导病人发作时卧床休息,枕头高度以 15°～20° 为宜,以免影响头部的血液供应。仰头或头部转动幅度不宜太大,以防跌倒和外伤。频繁发作者应避免重体力劳动,沐浴和外出应有家人陪伴,以防发生意外损伤。注意健康饮食、规律运动等,预防脑卒中发生。

（二）病情观察

注意观察和记录病人每次发作的持续时间、间隔时间和伴随症状;观察病人肢体无力或麻木等症状有无减轻或加重,有无头痛、头晕或其他脑功能受损的表现,警惕完全性缺血性脑卒中的发生。

（三）用药护理

1. **抗血小板药**　可减少微栓子及 TIA 复发。阿司匹林是治疗 TIA 首选的抗血小板药,常用药物还有噻氯匹定、氯吡格雷等。主要副作用有消化道症状,如恶心、腹痛、腹泻、皮疹,偶可发生严重但可逆性的中性粒细胞减少症或消化性溃疡等不良反应。

2. **抗凝血药**　常用药物有肝素、低分子量肝素、华法林。使用抗凝血药时应监测病人凝血功能,治疗过程中应注意观察其有无出血倾向、皮疹、皮下淤血、牙龈出血等。

3. **扩容及改善脑微循环治疗**　扩容常用低分子右旋糖酐、羟乙基淀粉酶等药物;还可应用脑血管扩张药,如氟桂利嗪、倍他司汀、前列地尔等改善微循环。此外,中药丹参、红花、水蛭等制剂亦可适当选择。

（四）心理护理

部分病人会担心疾病复发或发作脑卒中,但还有部分病人容易忽视疾病的危险性,因此,应加强其心理护理及提高病人对预防 TIA 再发的重视程度。

（五）健康指导

1. **疾病知识指导**　向病人及其家属介绍疾病发生、发展、预后及诱因等相关知识。提高其认知水平,减少负性心理问题,促进健康行为。

2. **生活和用药指导**　告知病人劳逸结合,保持心态平和,鼓励其培养自己的兴趣爱好,多参加有益身心的社交活动。告知肥胖、吸烟、酗酒及不合理饮食与疾病发生的关系;告知病人和家属遵医嘱用药和定期复查的重要性。

【护理评价】

经过治疗和护理,评估病人是否能够达到:①无跌伤等意外发生;②能遵医嘱按时、按量服药,并定期随访复查各项指标;③病人情绪稳定。

（李玉霞）

第三节　脑梗死病人的护理

导入情境与思考

病人,男性,68 岁。因左侧肢体活动不灵、言语不清 3h 入院,既往高血压病史 13 年,糖尿病病史 16 年,不规律服药,血压、血糖控制不好,曾经有过短暂性脑缺血发作史。体格检查:病人神志清楚,左侧上、下肢肌力 2 级,运动性失语,痛、温觉减退,病理反射阳性。头颅 CT 检查右侧基底节低密度灶。

请思考:
(1) 该病人目前主要的护理诊断是什么?
(2) 若该病人失语如何沟通,怎样康复?
(3) 对偏瘫侧肢体如何护理?

脑梗死(cerebral infarction,CI),又称缺血性脑卒中(cerebral ischemic stroke),是指由于血管本身(狭窄或闭塞)、血流动力学(全身低灌注)或血液流变学(高凝状态)异常所致脑部血液供应不足,产生相应部位脑组织缺血、缺氧而坏死、软化的疾病。脑梗死占全部脑卒中的 60%~80%。中国缺血性脑卒中发病率不断上升,由 2005 年 112/10 万升高至 2017 年 156/10 万。2017 年我国缺血性脑卒中患病率为 1 981/10 万(年龄标化率 1 470/10 万)。临床最常见的类型为脑血栓形成和脑栓塞。脑血栓形成是由于脑动脉血管壁发生病理改变,管腔变窄或形成血栓,导致脑局部缺血、缺氧,造成脑局部神经功能缺失;脑栓塞是由于各种栓子沿血液循环进入脑动脉,造成血流中断而引起相应供血区的脑功能障碍。

【病因与发病机制】

(一) 脑血栓形成

1. **脑动脉粥样硬化**　是脑血栓形成最常见和最基本的病因,由于粥样硬化斑块形成而造成血管腔内的狭窄甚至闭塞。

2. **脑动脉炎**　结缔组织病、细菌和钩端螺旋体等感染均可致脑动脉炎症,使管腔狭窄或闭塞。

3. **其他**　真性红细胞增多症、原发性血小板增多症、弥散性血管内凝血、脑淀粉样血管病、颅内外夹层动脉瘤等。

(二) 脑栓塞

1. **心源性脑栓塞**　心源性栓子随血流进入颅内,约 75% 的栓子栓塞于脑部,为脑栓塞最常见病因。其中心房颤动是心源性脑栓塞的最常见病因,心脏瓣膜疾病、感染性心内膜炎、心肌梗死、二尖瓣脱垂等也会导致脑栓塞的发生。

2. **非心源性脑栓塞**　心脏以外的栓子随血流进入颅内引起栓塞。常见原因包括动脉粥样硬化斑块脱落性栓塞、脂肪栓塞、空气栓塞、癌栓塞及感染性栓塞等。

【护理评估】

(一) 健康史

了解病人年龄、性别、有无高血压、糖尿病、高脂血症、TIA 病史,有无脑血管疾病的家族史,有无长期高盐、高动物脂肪饮食和烟酒嗜好,是否经常进行体育锻炼等。了解病人有无导致脑栓塞的危险因素,如有无慢性心房颤动史,有无心脏瓣膜疾病、感染性心内膜炎病史等。询问症状出现的时间最为重要,若于睡眠中起病,应以最后表现正常的时间作为起病时间。其他包括神经症状发生及进展特征、用药史、药物滥用、偏头痛、痫性发作、感染、创伤及妊娠史等。

(二) 身体状况

1. **不同动脉闭塞引起脑梗死的共同临床特点**　①多见于 50 岁以上有动脉粥样硬化、高血压、高脂血症、糖尿病者;②安静或休息状态发病,部分病人发病前有肢体麻木、无力等前驱症状或 TIA 发作;③起病缓慢,症状多在发病后 10h 或 1~2d 达高峰;④以偏瘫、失语、偏身感觉障碍和共济失调等局灶定位症状为主;⑤部分病人可有头痛、呕吐、意识障碍等症状。

2. 不同动脉闭塞引起脑梗死的不同临床表现

（1）颈内动脉闭塞：严重程度差异较大。颈动脉闭塞综合征可出现病灶对侧偏瘫、偏身感觉障碍和同向性偏盲。也可出现单眼一过性黑矇或者霍纳综合征（颈上交感神经节后纤维受损）。

（2）椎基底动脉闭塞：可出现眩晕、复视、耳鸣、吞咽困难、构音障碍及共济失调等。基底动脉主干闭塞可引起四肢瘫、延髓麻痹昏迷，常迅速死亡。脑桥基底部梗死可产生闭锁综合征，病人意识清，但由于四肢瘫痪，双侧面部及延髓麻痹，不能讲话，只能以眼球上下活动表达意思。

（3）大脑前、大脑中及大脑后动脉闭塞：主要表现对侧中枢性面舌瘫与肢体瘫痪。尿潴留或尿急，淡漠、反应迟钝、欣快和缄默等；垂直性凝视瘫痪、动眼神经瘫痪、优势半球受累可出现命名性失语、失读、伴或不伴失写等。

（4）小脑后下动脉闭塞：表现为突然眩晕、呕吐、眼球震颤、同侧霍纳综合征、共济失调、交叉性感觉障碍。

（三）辅助检查

1. 血液和心电图检查 血液实验室检查包括血糖、全血细胞计数、凝血酶原时间（PT）、国际标准化比值（INR）、活化部分凝血活酶时间（APTT）和血生化等。

2. 头颅影像学检查 头部 CT 检查最常用，可以直观显示脑梗死部位、范围、血管分布。发病 24h 后脑梗死区出现低密度灶。MRI 检查可清晰显示早期缺血性坏死，MRI 弥散加权成像（DWI）在症状出现数分钟内就可显示缺血灶。

3. 其他检查 脑血管造影有助于发现血管狭窄、闭塞和其他血管病变，经颅多普勒超声检查可见大血管的闭塞及血管弹性改变。

（四）心理-社会状况

脑梗死起病突然，致残率高，出现多种功能障碍等，易造成病人出现情绪低落、抑郁等心理问题；其疾病负担的长期性也会给病人及其家庭带来较重的负担和长期影响，护士应综合评估病人心理状况及家庭支持情况。

【常见护理诊断/问题】

1. **躯体移动障碍** 与运动中枢损害致肢体瘫痪有关。
2. **感知觉紊乱** 与脑神经损伤及周围神经受损有关。
3. **言语沟通障碍** 与大脑语言中枢受损有关。
4. **吞咽障碍** 与意识障碍或延髓麻痹有关。
5. **有废用综合征的危险** 与肢体瘫痪、僵硬、长期卧床/体位不当或异常运动模式有关。

【计划与实施】

脑梗死治疗遵循早期、个体化和整体化的原则。整体化治疗是指采取病因治疗、对症治疗、支持治疗和康复治疗等综合措施。

护理目标为经过治疗和护理，病人达到：①瘫痪肢体处于功能位，皮肤完好无破损。②病人及照顾者能掌握帮助肢体主、被动运动的方法；言语困难的病人能配合康复师进行语言训练。③能掌握恰当的进食方法，并主动配合进行吞咽功能训练。④未出现因感知觉障碍而发生的各类伤害。⑤能知晓脑梗死发生的危险因素及正确的生活方式，避免脑梗死的再次发生。

（一）药物治疗及护理

1. 急性期治疗

（1）早期溶栓治疗：溶栓治疗是目前最重要的血流恢复措施。发病后 6h 内溶栓使血管再通，可及时恢复血流和改善组织代谢，挽救梗死周围的缺血半暗带。重组人组织型纤溶酶原激活剂（rt-PA）

和尿激酶(UK)是我国目前使用的主要溶栓药物。感染性栓塞应用抗生素,禁用溶栓和抗凝血治疗。脂肪栓塞可用肝素、5%碳酸氢钠及脂溶剂(如乙醇溶液等)溶解脂肪颗粒。

知 识 链 接

急诊脑卒中快速诊治的流程

　　急诊行静脉溶栓治疗是目前治疗脑梗死的重要手段,在发病3.0~4.5h溶栓,可以大大提高血管再通的成功率。指南推荐:①医院对疑似脑卒中病人采用一致的急诊评估方案;②建立一支包括医生、护士、实验室及放射科人员在内的急性脑卒中团队,脑卒中病人应获得仔细的临床评估,包括神经功能检查;③进行多方面质量改进,包括急诊教育及对多学科团队进行神经专业相关培训,以增加静脉溶栓治疗的安全性;④发展脑卒中服务系统,以便于具有静脉溶栓及机械取栓适应证的病人最快接受治疗;⑤建立和监测急诊静脉溶栓病人入院到溶栓时间 DNT(door-to-needle time)的质量控制,有利于提高脑卒中病人服务质量。

---

　　(2) 调整血压:急性期应维持病人血压于较平时稍高水平,以保证脑部灌注,防止梗死面积扩大。除非血压过高(收缩压>220mmHg 或舒张压>120mmHg 及平均动脉压>130mmHg),否则不予应用抗高血压药。

　　(3) 防治脑水肿:脑水肿常于发病后 3~5d 达高峰,是急性重症脑梗死病人的常见并发症和主要死亡原因。常用 20%甘露醇快速静脉滴注,心、肾功能不全病人可改用呋塞米 20~40mg 静脉注射。

　　(4) 脑保护治疗:应该用胞磷胆碱、钙通道阻滞剂尼莫地平、自由基清除剂依达拉奉、脑活素等药物和采用头部或全身亚低温治疗,通过降低脑代谢、干预缺血引发的细胞毒性机制而减轻缺血性脑损伤。

　　(5) 抗凝血及抗血小板聚集治疗:常用药物包括肝素、低分子量肝素和华法林。对于长期卧床合并高凝状态、有深静脉血栓形成和肺栓塞者,可应用低分子量肝素预防治疗;心房颤动者可应用华法林治疗。

　　2. 用药护理　护士应掌握所用药物的作用、不良反应和观察要点,遵医嘱正确给药。使用溶栓药物和抗凝血药时应监测病人出凝血时间和凝血酶原时间,观察其有无黑便、牙龈出血、皮肤瘀点、瘀斑等出血表现。甘露醇使用时注意用药速度并观察用药后病人的尿量和尿液颜色,准确记录24h 出入量,定期检测电解质;观察病人有无脱水速度过快所致的头痛、呕吐、意识障碍等低颅压表现。

(二) 躯体活动障碍的护理

　　1. 心理支持　给病人提供有关疾病治疗及预后的相关知识;鼓励病人正确对待疾病,消除其焦虑、恐惧心理及悲观情绪,关心、尊重病人,多与病人交谈,鼓励病人表达自己的感受;避免刺激和伤害病人自尊的言行。

　　2. 生活护理　指导和协助病人洗漱、进食、如厕、翻身、穿脱衣服及保持个人卫生,满足基本生活需要。指导病人学会配合使用便器,要注意动作轻柔,避免用力过猛和拖拉。

　　3. 安全护理　肢体瘫痪的病人要防止摔伤,对偏瘫的病人床边要有护栏,防止坠床。走廊、厕所应安扶手,地面应防潮、防滑、去除门槛或其他障碍物。呼叫器应置于床头病人随手可及处,不可突然呼唤行走的病人,防止其摔伤。

　　4. 康复护理

　　(1) 正确安置体位:给予病人良肢位,良肢位是指为防止或对抗痉挛姿势的出现,保护关节及早期诱发分离运动而设计的一种临时性体位。如患侧卧位是所有体位中最重要的体位,指导病人肩关

节向身体前伸展并外旋,肘关节伸展,前臂旋前,掌心向上放在最高处,患肢伸展、膝关节轻度屈曲等;仰卧位因受颈牵张反射和紧张性迷路反射的影响,异常反射活动增强,应尽可能少用。不同的体位均应采用数个软枕以支持。避免被褥过重或太紧;患手应张开,手中不应放任何物品,避免处于抗重力的体位;不应在足部放置坚硬的物体来试图避免足跖畸形,因硬物压在足底可增加不必要的伸肌模式的反射活动。

（2）早期康复锻炼:告知病人及其家属早期康复的重要性。缺血性脑卒中病人在生命体征平稳后 48h 即可开始,在不妨碍治疗的情况下,康复训练开展越早,功能恢复可能性越大。包括:①刺激患侧:鼓励家属与病人交谈时多在患侧进行,引导偏瘫病人头偏向患侧;②体位变换训练:翻身能够刺激全身反应,是抑制痉挛和减少患侧受压最具有治疗意义的活动;③床上训练:如 Bobath 握手、床上桥式运动、关节被动活动及坐起训练等,均有助于缓解痉挛和改善已形成的异常运动模式。

（3）恢复期康复锻炼:主要指日常生活活动能力的训练,包括移动训练、步行训练、进食、洗漱、穿衣、如厕等功能训练。

（4）中医康复治疗:根据病情,指导病人合理使用针灸、物理疗法等辅助疗法。

（三）感知改变的护理

1. **生活护理**　保持床单整洁、干燥、无渣屑,防止感觉障碍的身体部位受压或机械刺激;避免高温或过冷,患肢应远离锐器,防止外伤;慎用热水袋或冰袋,防止烫伤或冻伤;对感觉过敏的病人应尽量避免不必要的刺激。

2. **知觉训练**　每日用温水擦洗感觉障碍的身体部位,以促进血液循环和刺激感觉恢复;同时进行肢体被动运动,行物理疗法及针灸治疗。

（四）语言沟通障碍的护理

1. **沟通方法指导**　鼓励病人采取任何方式向医护人员或者家属表达自己的需要,可以借助某些符号、插画、图片、表情、手势、交流板、交流手册等提供简单而有效的双向沟通方式。

2. **语言康复训练**　制订个体化全面语言康复计划,并组织实施。可在语言治疗师指导下协助病人进行床旁训练,具体方法有肌群运动训练、发音训练、复述训练、命名训练。

（五）吞咽障碍的护理

1. **评估吞咽障碍的程度**　评估病人吞咽障碍持续的时间和发生频率等,常用的评估方法为洼田饮水试验。

2. **饮食指导**　病人进食时抬高床头,尽量端坐,头稍前倾。给病人提供充足的进食时间,每次进食量要少,喂食时要让病人有充分的时间咀嚼,床旁应备负压吸引器。对于吞咽困难的病人,遵医嘱给予鼻饲饮食。

（六）健康指导

1. **疾病知识指导**　告知病人和家属正确的疾病相关知识。

2. **生活及用药指导**　指导病人健康、合理饮食,戒烟、限酒;鼓励病人从事力所能及的家务劳动;告知病人改变不良生活方式,坚持每日进行 30min 以上的规律有氧运动,合理休息和娱乐;坚持规律服药,提高病人服药依从性。

【护理评价】

经过治疗和护理,评估病人是否能够达到:①病人未出现关节畸形及压力性损伤。②病人主动参与锻炼,生活自理能力得到提高;言语障碍的病人能通过非语言沟通表达自己的需求。③吞咽障碍的病人未发生误吸且未发生营养不良。④感觉障碍的病人未发生烫伤或冻伤。⑤病人能知晓脑梗死的危险因素,并掌握正确的生活方式。

（李玉霞）

卒中急救护士统筹协调急性缺血性脑卒中一体化救治流程

护士在救治一体化中发挥着日益重要的作用。海军军医大学第一附属医院在国内首次提出"脑卒中急救护士"概念。自2016年3月起,在急诊设置专职脑卒中急救护士岗位,通过临床研究促进临床实践发展。明确了脑卒中急救护士的角色、岗位职责及培训方案,构建了以脑卒中急救护士为引导的"多学科一体化无缝隙"救护模式,充分发挥脑卒中急救护士在整个脑卒中救治链中引导者、协调者、陪同者的作用,优化救治流程,密切配合医疗团队,使脑卒中病人就诊至用上溶栓药物时间(door-to-needle time,DNT)中位数由111min逐步下降至20min,达到国际最先进水平。该模式运行至今,成功救治7 000余名脑卒中病人,治愈好转率达98.2%,成功经验多次在中国脑卒中大会上进行专题交流,海军军医大学第一附属医院获批成为国家卫健委脑防委的中国卒中中心培训基地。

脑卒中急救护士引导的"多学科一体化无缝隙"救护模式真正实现了"时间就是大脑,时间就是生命"的救治理念,为脑卒中病人抢救赢得了最宝贵的急救时间。

第四节　脑出血病人的护理

脑出血(intracerebral hemorrhage,ICH)是指原发性非外伤性脑实质内出血,也称自发性脑出血。脑出血的发病率为(12~15)/(10万·年),在西方国家中,脑出血病人约占所有脑卒中病人的15%,占所有住院脑卒中病人的10%~30%,我国脑出血病人的比例更高,占脑卒中病人的18.8%~47.6%。脑出血发病凶险,发病30d的病死率高达35%~52%,仅有约20%的病人在6个月后能够恢复生活自理能力。

【病因与发病机制】

1. **高血压合并细小动脉粥样硬化**　是最常见的病因。长期高血压致脑细小动脉发生玻璃样变及纤维素样坏死,管壁弹性减弱,当病人情绪激动、用力过度等使血压骤然升高时,血管易破裂出血。

2. **其他病因**　包括脑动脉粥样硬化、颅内动脉瘤和动静脉畸形、脑动脉炎、血液病、脑梗死后出血、脑淀粉样血管病、脑底异常血管网病、抗凝血及溶栓治疗等。

【护理评估】

(一)健康史

重点询问病人或目击者脑卒中发生的时间、症状、当时病人的活动情况、年龄及下述情况:是否有外伤史、高血压病史、脑卒中病史、糖尿病病史、冠心病病史及吸烟饮酒史、用药史(是否服用阿司匹林、氯吡格雷、华法林等抗凝血药)、有无药物滥用(如可卡因等)、是否存在凝血功能障碍或其他诱发出血的内科疾病(如肝病等)、有无家族脑血管病病史。询问其有无情绪激动、酗酒、用力活动及排便、劳累等诱因。

(二)身体状况

1. **临床特点**　①起病较急,症状于数分钟至数小时达高峰;②多在体力活动或情绪激动时发病,多无前驱症状;③有肢体瘫痪、失语等局灶定位症状和剧烈头痛、喷射性呕吐、意识障碍等症状;④发病时血压明显升高。

2. **不同出血部位临床表现各异**

(1)壳核出血:最常见,占脑出血的60%~65%。病人常出现病灶对侧偏瘫、偏身感觉缺失、同向

性偏盲(三偏综合征),优势半球出血时可出现失语。出血量小于30ml,临床症状轻,预后较好;出血量大于30ml,可出现意识障碍和脑疝。

(2)丘脑出血:占脑出血的20%。病人可出现三偏综合征的症状。深、浅感觉均有障碍,深感觉障碍更突出。可出现特征性眼征,如两眼不能向上凝视或凝视鼻尖、眼球会聚障碍和瞳孔对光反射迟钝等。

(3)尾状核出血:属基底节出血,较少见,占脑出血的1.5%~8%,发病突然,病人存在头痛、呕吐、颈强直、行为异常、精神错乱、短时记忆丧失。预后良好。

(4)脑叶出血:以顶叶最多见,病人表现为头痛、呕吐、脑膜刺激征及出血脑叶的相应局灶定位症状。抽搐较其他部位出血常见,昏迷少见。

(5)脑干出血:占脑出血的10%左右,多数为脑桥出血,大量出血(出血量>5ml)累及双侧被盖部和基底部,常破入第四脑室,病人迅速进入昏迷、双侧瞳孔呈针尖样、呕吐咖啡色胃内容物、中枢性高热、中枢性呼吸障碍和眼球浮动,多数在48h内死亡。少量出血病人表现为交叉性瘫痪或共济失调性轻偏瘫,两眼向病灶侧凝视瘫痪或核间性眼肌瘫痪。

(6)小脑出血:约占脑出血的10%,发病后病人眩晕和共济失调明显,可伴频繁呕吐和枕部疼痛。少量出血者主要表现为小脑症状,如眼球震颤、病变侧共济失调、站立和步态不稳等。出血量较大者,发病时或发病后12~24h出现颅内压迅速增高、昏迷、双侧瞳孔缩小如针尖样、呼吸节律不规则、枕骨大孔疝形成而死亡。

(7)脑室出血:多数是脑室小量出血,可见头痛、呕吐、脑膜刺激征及血性脑脊液。脑室大量出血起病急剧,病人迅速陷入昏迷、高热、瞳孔极度缩小。

(三)辅助检查

1. 影像学检查　CT检查是临床确诊脑出血的首选检查。发病后即刻出现边界清楚的高密度影像。MRI检查可发现CT不能确定的脑干或小脑小量出血,还可鉴别陈旧性脑出血与脑梗死。

2. 脑脊液检查　脑脊液压力常升高,多呈血性。

3. 数字减影血管造影(DSA)　可检出脑动脉瘤、脑动静脉畸形、烟雾病(moyamoya病)和血管炎等病因。

【常见护理诊断/问题】

1. **急性/慢性意识障碍**　与脑出血、脑水肿有关。
2. **潜在并发症:脑疝、消化道出血。**
3. **有废用综合征的危险**　与脑出血导致的运动功能障碍有关。

【计划与实施】

脑出血治疗原则为脱水降颅内压、调整血压、防治继续出血、减轻血肿所致继发性损害、促进神经功能恢复。

经过治疗和护理,病人达到:①意识障碍无进一步加重,意识逐渐恢复;②不发生脑疝或上消化道出血,或发生时能被及时识别并得到及时治疗和护理,生命体征和病情稳定;③能积极配合主动和被动运动,防止肢体挛缩畸形。

(一)意识障碍病人的护理

1. 病情观察　严密观察病人的病情变化,定时监测其生命体征、瞳孔、意识等变化。

(1)意识:观察意识障碍的程度,如意识清醒的病人出现躁动或嗜睡,说明出血量较大或有继续出血,应立即报告医生,及时抢救。

(2)瞳孔:瞳孔是病情变化的一个重要指征。正常瞳孔呈圆形,双侧等大、等圆,位置居中,边缘

Note:

整齐;直径为 3~4mm,当小于 2mm 为瞳孔缩小,大于 5mm 时为瞳孔扩大。护士要密切观察病人瞳孔的对光反射、大小与对称性。双侧瞳孔不等大,常提示小脑幕切迹疝;当瞳孔大小不随光刺激而变化时,常表明病人病情危重或处于深昏迷状态。

(3) 体温:当出血影响下丘脑体温调节中枢时,病人可出现中枢性高热,体温达 40℃ 以上,表现为躯干热而四肢不热。

(4) 呼吸:病人在脑疝早期或发生脑疝时,其呼吸速率、节律及深度发生改变,常见潮式呼吸、叹息样呼吸等。

(5) 血压:有继续出血或脑疝时,病人血压升高。

2. 休息与安全　脑出血急性期病人应绝对卧床休息 2~3 周,避免搬动病人,预防再出血或继发脑疝。床头抬高 15°~30°,以减轻脑水肿。昏迷病人取平卧位,头偏向一侧,防止分泌物误入气管发生窒息。谵妄、躁动的病人要加床栏,适当约束。避免各种刺激,各项治疗及护理操作应集中进行。

3. 保持呼吸道通畅　按时翻身拍背,及时吸痰。当痰液黏稠或位置较深时,应给予病人雾化吸入,必要时配合医生进行气管切开术。

4. 生活及饮食护理　床单位应保持整洁、干燥;做好口腔护理、皮肤护理和二便护理,防止便秘和压力性损伤形成。保证足够的能量、蛋白质、维生素和水的摄入,应给病人清淡、无刺激性、易消化、营养丰富的流质或半流质饮食,液体摄入量每日不少于 2 500ml,以支持机体的消耗。

（二）药物治疗与护理

积极控制脑水肿、降低颅内压是病人脑出血急性期治疗的重要环节。首选 20% 甘露醇快速静脉滴注,每 6~8h 1 次,疗程 7~10d。此外,静脉注射呋塞米、静脉滴注甘油果糖可用于轻症病人、重症病人病情好转期和肾功能不全者。10% 人血白蛋白适用于低蛋白血症者。

甘露醇遇冷易析出结晶,使用前要仔细检查药物性状,保证甘露醇在 30min 内滴完,以免影响疗效;应用利尿药时,应观察病人尿液的性状及血电解质的变化;观察病人有无应激性溃疡的发生。

（三）预防潜在并发症

脑出血病人常见并发症为脑疝和应激性溃疡。脑疝是脑出血病人的主要死因,应激性溃疡可致消化道出血。

1. 脑疝先兆症状的观察　密切观察病人有无剧烈头痛、喷射性呕吐、躁动不安等脑疝先兆或脑疝发生的症状,应及时发现,及时报告医生,及时抢救。

2. 应激性溃疡的观察　观察病人有无呃逆、呕吐、黑便。鼻饲病人定时抽吸胃液,观察胃液的颜色是否为咖啡色。监测粪便隐血试验结果。如有异常应立即报告医生及时处理。

（四）手术治疗和护理

1. 手术治疗　壳核出血>30ml,小脑或丘脑出血>10ml,或颅内压明显增高内科治疗无效者,可考虑行开颅血肿清除、脑室穿刺引流、经皮钻孔血肿穿刺抽吸等手术治疗。

2. 手术前护理

(1) 完成术前检查以评估病人心、肺、肾功能。

(2) 手术室护士、ICU 护士术前访视,向病人讲解相关注意事项。

(3) 完成手术前准备,手术前 1d 病房护士完成病人的配血或自体输血及抗生素皮试的准备工作,以备术中用血、用药及术后用药。告知病人术前晚 12:00 以后禁饮食,以免麻醉中误吸。手术前 1d 病人洗澡、剪指甲、更衣、术前晚剃头,护士检查病人头皮有无损伤或感染。

(4) 手术日晨的准备:告知病人脱去内衣,换上清洁的病号服并排空膀胱。护士要检测病人的体温、脉搏、呼吸,对女性病人询问有无月经来潮,若有发热、月经来潮及时通知医生。手术室护士接病人,病区护士遵医嘱给予病人术前用药。并准备好病历、CT 片、MRI 片,手术室护士接病人时与病

房护士共同查对床号、姓名并护送病人进手术室。

3. 手术后护理

（1）生命体征的观察：病人术后根据情况转入监护室或返回病房。护士立即测量其血压、脉搏、呼吸、瞳孔，并了解术中情况。麻醉清醒前须15~30min测一次生命体征，如发现瞳孔不等大、血压升高、脉搏、呼吸减慢，应及时通知医生，因可能会出现术后血肿或脑水肿。

（2）保持呼吸道通畅

1）全麻未清醒病人平卧位，头偏向无伤口一侧，口中放置口咽通气管并将肩部抬高头向后仰，以防舌后坠。对有气管插管的病人，护士注意观察，防止气管插管脱出或病人因不耐受而拔管。

2）护士及时清理病人口腔和上呼吸道分泌物，观察其呼吸频率和幅度，有无呼吸困难、发绀、痰鸣音等，出现呼吸道分泌物堵塞须及时清除口咽部分泌物，出现喉痉挛应解除诱因，出现舌后坠者，应迅速托起下颌，放入口咽或鼻咽通气管，以上梗阻性呼吸暂停严重者必要时可行气管插管或做环甲膜穿刺，再行气管切开、呼吸机辅助呼吸。

（3）循环系统观察：准确记录病人出入量，观察皮肤温度、颜色和湿度，监测血压和脉搏。

（4）伤口敷料及引流的观察：护士及时观察病人伤口敷料有无渗血、渗液，渗出多时通知医生检查伤口并处理。术后引流管妥善固定，防止脱出，翻身时避免引流管牵拉、扭曲。脑室引流时引流管最高点比头部高出10~15cm，硬膜外、皮下引流时与头部同样高，注意观察引流液的颜色、引流量，脑室引流时引流管内液面波动说明引流通畅，发现不畅及时通知医生。

（5）其他：注意病人体温的监测，维持体温恒定，保持安静，减少不必要刺激，集中治疗和护理。协助病人满足基本的生理需要，协助其进食、翻身等。预防术后并发症，如癫痫、肺部合并症。

（五）康复护理

脑出血病人病情稳定后应尽早进行康复治疗。对瘫痪肢体加强主动与被动运动锻炼，配合针灸、按摩等疗法，促进神经功能恢复。详见本章第三节"脑梗死病人的护理"。

（六）健康指导

病人应积极配合医生控制高血压，治疗全身性疾病，如糖尿病、高脂血症。保持情绪稳定，避免不良刺激，戒烟、酒，低脂饮食，注意劳逸结合，不可突然用力过猛。生活有规律，保证充足睡眠，保持排便通畅。

【护理评价】

经过治疗和护理，评估病人是否能够达到：①意识逐渐清楚；②没有发生脑疝或消化道出血等并发症；③病人能主动配合康复锻炼，没有发生肢体挛缩、畸形等。

知 识 链 接

脑卒中干预体系的8个关键节点及措施

①识别：识别症状，采取脑卒中公共教育；②反应：立即寻求医疗帮助，采取公共及初级保健人员教育；③响应：急诊快速响应，采取护理和急救医务人员的培训；④明确：确诊，采取急诊影像检查；⑤再灌注：建立组织再灌注，采取溶栓或机械取栓，或两者桥接；⑥恢复：促进早期恢复，采取预防早期并发症（包括脑卒中复发），促进早期恢复；⑦康复：脑卒中后康复问题，采取功能和参与能力复健；⑧重建：回归正常生活，采取回归正常生活方式。

（李玉霞）

Note: _____

第五节　蛛网膜下腔出血病人的护理

──────────────── 导入情境与思考 ────────────────

　　病人,女性,50岁,早餐后做家务时突然出现剧烈头痛,恶心、喷射性呕吐,随后意识模糊,被儿子送到医院,急行头颅 CT 检查显示呈高密度影,体格检查脑膜刺激征阳性,无肢体瘫痪,既往病人体健。诊断:蛛网膜下腔出血。

　　请思考:
　　(1) 该病人病情观察的重点是什么?
　　(2) 该病人主要的护理诊断有哪些?
　　(3) 蛛网膜下腔出血的病因是什么?

──

　　蛛网膜下腔出血(subarachnoid hemorrhage,SAH)是多种病因致脑底部或脑表面血管破裂,血液流入蛛网膜下腔引起的一种临床综合征。SAH 约占急性脑卒中的 5%~10%,中国年发病率为 2.0/10 万,而其他国家和地区发病率约为 9.1/(10 万·年);女性的动脉瘤性蛛网膜下腔出血(aneurysmal subarachnoid hemorrhage,aSAH)发病率高于男性,约为男性的 1.24 倍,其差异可能与激素水平相关,好发于 40~60 岁(平均≥50 岁),儿童亦可发生,发病率随年龄增大而升高。

【病因】

　　主要病因为动脉瘤,约占全部病例的 85%,各部位均可发生,以后交通动脉动脉瘤最为常见。其次,脑血管畸形、硬脑膜动静脉瘘(dural arteriovenous fistula,DAVF)、凝血功能障碍、高血压、吸烟、酗酒等均为 SAH 的独立危险因素。

【护理评估】

(一) 健康史

　　询问病人健康史时,应重点询问既往是否有先天性动脉瘤、动静脉畸形和高血压、动脉硬化病史,有无血液病、颅内肿瘤、脑炎及抗凝血治疗史等情况;了解有无用力排便、情绪激动等诱因;发病前有无前驱症状。

(二) 身体状况

　　1. **症状**　SAH 典型临床表现为突发异常剧烈的头部胀痛或爆裂样疼痛、呕吐。头痛可持续数日不变,2 周后逐渐减轻。意识障碍表现为短暂性意识丧失,可伴有呕吐、畏光,严重者昏迷死亡。

　　2. **体征**　脑膜刺激征是 SAH 最具特征性的表现,包括颈强直、克尼格征、布鲁津斯基征等;部分病人发病后 2~3d 可出现低到高热。

(三) 辅助检查

　　1. **影像学检查**　CT 是确诊 SAH 的首选诊断方法。表现为蛛网膜下腔出现高密度影像。CT 还可确定有无脑实质或脑室出血及是否伴有脑积水或脑梗死。

　　2. **数字减影血管造影(DSA)**　是确诊 SAH 病因特别是颅内动脉瘤最有价值的检查方法。可清晰显示动脉瘤的位置、大小、与载瘤动脉的关系、有无血管痉挛等。

　　3. **脑脊液检查**　腰椎穿刺进行脑脊液检查对确诊 SAH 最具诊断价值和特征性。肉眼观察脑脊液呈均匀一致的血性,压力增高,镜检可见大量红细胞。

(四) 心理-社会支持状况

　　评估病人的年龄、职业、性格特征、经济状况;是否有焦虑、恐惧等心理问题;病人及其家属对疾病

Note:

相关知识的认知程度,家庭、社会支持情况。

【常见护理诊断/问题】

1. **急性/慢性疼痛**　主要表现为头痛,与脑水肿、颅内压增高,血液刺激脑膜及继发性脑血管痉挛有关。

2. **自理缺陷（沐浴/卫生、穿着/修饰、进食、如厕）**　与医源性限制（绝对卧床）有关。

3. **潜在并发症：再出血、脑血管痉挛、脑积水。**

【计划与实施】

蛛网膜下腔出血治疗原则为脱水降颅内压、控制脑水肿、调整血压及血糖、积极治疗头痛、维持水及电解质平衡、预防感染,防治再出血、防治血管痉挛及脑积水等并发症,降低死亡率和致残率。

护理目标为经过治疗和护理,病人达到:①主诉头痛减轻并逐渐缓解;②积极配合治疗,遵医嘱绝对卧床;③未发生再出血、脑血管痉挛等并发症。

（一）疼痛的护理

1. **非药物措施**　指导病人做缓慢深呼吸及应用引导式想象等方法减轻疼痛。

2. **药物治疗及护理**　遵医嘱使用脱水剂。在使用 20%甘露醇时,要注意保证 30min 内快速滴入,并记录病人 24h 尿量。应用缓解血管痉挛药物如尼莫地平时,应注意控制输液速率。观察蛛网膜下腔出血病人的头痛是否减轻,合并的胃肠道出血是否好转等。

（二）生活护理

为了防止再次出血,急性期病人严格卧床休息 4~6 周,避免搬动。禁止起坐、洗头、沐浴、如厕及其他下床行动,护士应满足病人的日常所需,做好生活护理。为病人提供安静、舒适的环境,避免声、光刺激,治疗、护理行动应集中进行。

（三）并发症的预防和护理

1. **常见并发症**

（1）再出血:为最严重的急性并发症,是出血破裂口修复尚未完好而诱因仍存在所致,病死率约为 50%。表现为病情稳定和好转的情况下,再次出现剧烈头痛、恶心、呕吐、意识障碍加深、抽搐或原有症状和体征加重。

（2）脑血管痉挛:20%~30%的 SAH 病人出现脑血管痉挛,引起迟发型缺血性损伤,继发脑梗死,出现局灶神经体征如轻度偏瘫和失语等。

（3）脑积水:轻者表现为嗜睡、思维缓慢和近期记忆损害,重者出现头痛、呕吐、意识障碍等,多随出血被吸收而好转。亚急性脑积水发生于起病数周后,表现为隐匿出现的痴呆、步态异常和尿失禁。

2. **病情观察**　密切观察病人意识、瞳孔的变化,观察其有无剧烈头痛、呕吐、脉搏洪大、烦躁不安等症状,一旦出现,立即通知医生,做好准备,配合抢救。

3. **避免诱因**　禁止探视,避免病人精神紧张、激动、便秘、剧烈咳嗽等诱发因素。

（四）手术治疗与护理

对动脉瘤病人手术治疗常行颅内动脉瘤夹闭术、动脉瘤切除术等。对动静脉畸形病人采用整块切除术、供血动脉结扎术、血管内介入栓塞等。其术前、术后护理详见第六十七章"颅内肿瘤病人的护理"。

（五）健康指导

1. 出院前除训练病人生活自理能力之外,对于不能自理的病人应指导其家属学会基础的护理内容,如清洁皮肤、鼻饲护理等方法。

2. 病后不宜进行过重的体力劳动和剧烈的体育活动,女性病人 1~2 年应避免妊娠。

3. 应多食高蛋白、富含维生素的饮食,多吃水果蔬菜,养成良好的排便习惯。

4. 对病人及其家属讲解本病治疗与预后的有关知识,指导病人配合检查,明确病因和尽早手术,解除顾虑。

【护理评价】

经过治疗和护理,评估病人是否能够达到:①头痛减轻;②能绝对卧床,接受护士及其家属给予的护理;③未发生再出血、脑血管痉挛等并发症。

(李玉霞)

思 考 题

1. 如何对急性缺血性脑卒中病人进行早期康复指导?
2. 缺血性脑卒中病人静脉溶栓的监护及处理原则是什么?
3. 如何对出血性脑卒中病人进行潜在并发症的管理?
4. 如何指导蛛网膜下腔出血病人绝对卧床休息?

NURSING

第六十九章

癫痫病人的护理

69 章 数字内容

学习目标

- 识记:
  1. 复述癫痫及癫痫持续状态的概念。
  2. 列举癫痫的共同特点及不同种类癫痫的临床表现。
- 理解:
  1. 解释癫痫的病因和发病机制。
  2. 比较不同癫痫发作类型的临床表现,能辨别不同类型的癫痫发作。
- 运用:
  1. 能对癫痫病人进行护理评估,制订护理计划,提供护理措施和健康指导。
  2. 能对癫痫持续状态的病人进行正确的病情观察和护理。

—————————————————————— 导入情境与思考 ——————————————————————

病人,男性,9岁,1h前突发双眼上翻,牙关紧闭,口吐白沫,双上肢屈曲,双拳紧握,双下肢伸直,持续约6min,病人神志不清,间隔10min后再次出现此症状,急诊入院初步诊断为癫痫持续状态。

请思考:

(1) 若该病人在癫痫发作时,有哪些安全护理的措施?

(2) 该病人的主要护理诊断/问题有哪些?

(3) 若该病人需要长期服用抗癫痫药物,如何进行安全用药指导?

癫痫(epilepsy)是多种原因引起的脑部神经元高度同步化异常放电所致的临床综合征,特点是发作性、短暂性、重复性和刻板性。因异常放电神经元的部位和放电扩散范围的不同,可表现为运动、感觉、意识、行为、自主神经等不同的神经功能障碍。每次发作或每种发作的过程称为痫性发作。一个癫痫病人可有一种或数种形式的痫性发作。

癫痫是神经系统常见病之一,年发病率为(50~70)/10万。可见于各个年龄段,约40%的癫痫在病人16岁以前发病,约20%在病人65岁以后发病。出生后第1年和老年期是癫痫发病的两个高峰年龄段。

【病因与发病机制】

(一) 病因

1. **特发性癫痫(idiopathic epilepsy)**　又称为原发性癫痫,病因不明,尚未确定足以解释症状的结构变化或代谢异常,约占60%,多与遗传、发育因素有关。

2. **症状性癫痫(symptomatic epilepsy)**　又称继发性癫痫,有明确的中枢神经系统的结构性损伤或功能异常,如脑外伤、脑肿瘤、寄生虫、中枢神经系统感染、遗传代谢性疾病、药物和毒物等。

3. **隐源性癫痫(cryptogenic epilepsy)**　临床表现提示为症状性癫痫,但现有检查手段不能发现明确的病因。

(二) 发病机制

癫痫的发病机制复杂,迄今为止尚未完全阐明,但其共同特点为脑内某些神经元异常持续兴奋性增高和阵发性放电,然而,这些神经元兴奋性增高的原因和兴奋性如何扩散等,至今仍无统一的解释。

【护理评估】

(一) 健康史

评估病人癫痫的首次发作时间、发病方式及过程、发作频率;评估其年龄、遗传因素、与睡眠的关系;评估有无内分泌失调、电解质紊乱、代谢异常、饥饿、疲劳、饮酒等诱因;评估发作时是否伴有舌咬伤、跌伤和尿失禁等;脑电图检查是否有异常发现。

(二) 身体状况

癫痫的临床表现形式多样,但均具有以下共同特征,包括:①发作性:症状突然发生,持续一段时间后迅速恢复,间歇期正常;②短暂性:每次发作持续时间为数秒或数分钟,很少超过30min(癫痫持续状态除外);③刻板性:每次发作的临床表现几乎一样;④重复性:第1次发作后,经过不同间隔时间会有第2次或更多次的发作。

1. **部分性发作(partial seizure)**　是由于大脑半球局部神经元的异常放电,又分为单纯部分性、复杂部分性和继发全面性发作3种类型,前者为局限性发作,无意识障碍,后两种放电从局部扩展

至双侧脑部,出现意识障碍。

（1）单纯部分性发作:发作时间短,一般不超过 1min,发作起始与结束均较突然,无意识障碍。

（2）复杂部分性发作:也称精神运动性发作,因病灶大多在颞叶,故又称为颞叶癫痫,但也可见于额叶、嗅皮质等部位。临床表现分为 3 种类型:①仅表现为意识障碍;②表现为意识障碍和自动症;③表现为意识障碍与运动症状。

（3）继发全面性发作:任何类型的部分性发作都有可能发展成全面强直-阵挛发作。

2. 全面性发作（generalized seizure） 发作初期病人即有意识障碍,神经元痫性放电起源于双侧大脑半球。

（1）全面强直-阵挛发作(generalized tonic-clonic seizure,GTCS):发作前病人可有瞬间疲乏、麻木、恐惧或无意识动作等先兆表现。早期出现意识丧失、跌倒在地,其后的发作过程分为以下 3 期:

1）强直期:病人表现为全身骨骼肌持续性收缩。眼肌收缩出现眼睑上牵、眼球上翻或凝视;咀嚼肌收缩出现张口,随后猛烈闭合,可咬伤舌尖;喉肌和呼吸肌强直性收缩致病人尖叫一声,呼吸停止;颈部和躯干肌肉的强直性收缩致颈和躯干先屈曲,后反张;上肢由上举后旋变为内收旋前,下肢先屈曲后猛烈伸直,持续 10~20s 后进入阵挛期。

2）阵挛期:本期持续 30~60s 或更长。不同肌群收缩和松弛交替出现,由肢端延及全身。阵挛频率逐渐减慢,松弛期逐渐延长,在一次剧烈阵挛后发作停止,进入发作后期。

3）发作后期:此期尚有短暂阵挛,造成牙关紧闭和大小便失禁。呼吸首先恢复,心率、血压和瞳孔渐至正常。肌张力松弛,意识逐渐恢复。

（2）失神发作:又称为小发作,多见于儿童期。发作时病人意识短暂丧失,停止正在进行的活动,呼之不应,两眼凝视不动,可伴咀嚼、吞咽等简单的不自主动作,或伴失张力,如手中持物坠落等。发作过程持续 5~10s,清醒后无明显不适,继续原来的活动,对发作无记忆。每日发作数次至数百次不等。

（3）强直发作(tonic seizure):多见弥漫性脑损害的儿童,睡眠中发作较多。表现为全身骨骼肌强直性收缩,并伴有面色苍白等自主神经症状。发作持续数秒至数十秒。

（4）阵挛发作(clonic seizure):几乎都发生于婴幼儿。特征为重复阵挛性抽动伴意识丧失,之前无强直期,持续一至数分钟。

（5）肌阵挛发作(myoclonic seizure):呈快速、短暂、触电样的肌肉收缩,可遍及全身,也可能限于某个肌群或肢体。声、光等刺激可诱发。

（6）失张力发作(atonic seizure):部分或全身肌肉张力突然降低导致垂颈、张口、肢体下垂和跌倒。持续数秒至 1min。

3. 癫痫持续状态（status epilepticus，SE） 指病人癫痫连续发作之间意识尚未完全恢复又频繁再发,或癫痫发作持续 30min 以上未自行停止。目前的观点认为,全面强直-阵挛发作持续 5min 以上即考虑为癫痫持续状态。

（三）辅助检查

1. 脑电图（EEG）检查 是诊断癫痫最重要的辅助检查方法。典型表现是棘波、尖波、棘慢或尖慢复合波。常规脑电图仅能记录到 49.5% 的病人的痫性放电,重复 3 次可将阳性率提高到 52%,采用过度换气、闪光刺激等诱导方法还可进一步提高脑电图的阳性率。24h 长程脑电监测可记录病人24h 正常活动下的脑电图变化,视频脑电图可明确发作性症状及脑电图变化之间的关系。

2. 影像学检查 包括 CT 和 MRI,可确定脑结构异常或病变,对癫痫及癫痫综合征诊断和分类颇有帮助。功能影像学检查如 SPECT、PET 等能从不同的角度反映脑局部代谢变化,辅助癫痫灶的定位。

（四）心理-社会状况

癫痫病人病程长而且难以治愈,不但给病人身体上造成很大的痛苦,也给病人心理带来巨大的压力,并影响病人的生活和就业,出现自卑心理,不利于正常社会角色的发挥。同时病人的家庭也承受了沉重的负担,应了解病人及其家属对疾病的认知程度、社会支持情况及所得到的社会保健资源和服务情况。

【护理诊断/问题】

1. **有窒息的危险**　与癫痫发作时意识丧失、喉痉挛、口腔及气道分泌物增多有关。

2. **有受伤的危险**　与癫痫发作时突然意识丧失或精神失常有关。

3. **知识缺乏**：缺乏长期服药的知识。

4. **潜在并发症**：脑水肿、酸中毒、肺部感染等。

【计划与实施】

癫痫的治疗原则包括病因治疗、控制癫痫发作,控制发作以药物为主。经过治疗和护理,病人达到:①气道通畅,未发生窒息;②未发生外伤,如跌倒、骨折等;③能够说出所服药物的正确用法及注意事项。

（一）安全护理

1. **发作期安全护理**　告知病人有前驱症状时立即平卧;如果是在活动状态时发作,立即将病人平卧于安全处,松开衣领和皮带,头偏向一侧,及时清除口鼻腔分泌物,给予鼻导管或面罩吸氧,必要时做气管插管和气管切开准备;切忌用力按压抽搐身体,以免发生骨折、脱臼;使用口咽通气道或牙垫防止舌咬伤。癫痫持续状态、极度躁动或发作停止后意识恢复过程中有躁动的病人,应专人守护,放置保护性床栏,必要时给予保护性约束。

2. **发作间歇期安全护理**　给病人创造安全、安静的休养环境,减少声光刺激,床旁桌上不放置热水瓶、玻璃杯等危险物品。床旁备口咽通气道或牙垫等用具。戒烟禁酒,避免疲劳、饥饿、便秘、饮酒等易导致癫痫发作的因素。

（二）病情观察

密切观察病人生命体征、意识和瞳孔变化,注意发作过程有无心率增快、血压升高、呼吸减慢或暂停、瞳孔散大、牙关紧闭、大小便失禁等;观察并记录发作类型、发作频率、发作持续时间、意识完全恢复的时间。

（三）用药护理

1. **常用抗癫痫药物**　抗癫痫药物治疗的基本原则是尽可能单药治疗,70%~80%的癫痫病人可以通过单药治疗控制发作,但约20%的病人在两种单药治疗后仍不能控制发作,此时应考虑合理的联合治疗。常用抗癫痫药物有卡马西平、苯妥英钠、托吡酯、拉莫三嗪、加巴喷丁等。强直发作、部分性发作和部分性发作继发全面性发作病人首选卡马西平;全面强直-阵挛发作、典型失神发作、肌阵挛发作、阵挛发作病人首选丙戊酸。拉莫三嗪、托吡酯和加巴喷丁等,可单一剂量用于难治性癫痫(70%左右的癫痫病人预后良好,多项研究表明,尽管给予合理的药物治疗,仍有30%左右病人的癫痫发作迁延不愈,称为难治性癫痫),或与传统抗癫痫药物联合应用等。向病人和家属介绍用药的原则、所用药物的常见不良反应和注意事项(表69-0-1),在医生指导下增减剂量和停药。

2. **癫痫持续状态用药**　地西泮为首选控制发作的药物,使用时注意观察病人是否有呼吸抑制,必要时使用呼吸兴奋剂。其他药物有10%水合氯醛、苯妥英钠和异戊巴比妥等。使用苯妥英钠时须密切观察病人有无血压降低、心律不齐等不良反应,注意葡萄糖溶液能使苯妥英钠沉淀。

表 69-0-1　常用抗癫痫药物及不良反应

药物	不良反应
苯妥英钠	胃肠道症状、眼球震颤、多毛、齿龈增生、面容粗糙、小脑征、粒细胞减少
卡马西平	头晕、视物模糊、恶心、困倦、中性粒细胞减少、低钠血症
苯巴比妥	疲劳、嗜睡、抑郁、注意力涣散、多动、易激惹(儿童多见)、攻击行为、记忆力下降
丙戊酸钠	肥胖、脱发、嗜睡、震颤、厌食、月经失调、肝损害
拉莫三嗪	复视、共济失调、头晕、嗜睡、恶心
加巴喷丁	嗜睡、头晕、疲劳、复视、感觉异常、健忘
奥卡西平	疲劳、困倦、复视、头晕、共济失调、恶心、低钠血症
左乙拉西坦	头痛、困倦、易激惹、感染、流感样综合征
托吡酯	厌食、记忆障碍、感觉异常、无汗、肾结石、体重下降

(四) 健康指导

1. **疾病知识指导**　向病人和家属介绍疾病及其治疗的相关知识和自我护理的方法,告知病人避免劳累、睡眠不足、饥饿、饮酒、便秘、情绪激动、妊娠与分娩、强烈的声光刺激、惊吓、外耳道刺激等诱发因素。

2. **生活指导**　指导病人充分休息,环境安静适宜。养成良好的生活习惯,注意劳逸结合,避免长时间看电视、洗浴,禁忌游泳和蒸汽浴等。室内放置警示牌,提醒病人、家属和医护人员做好防止发生意外的准备。告知病人室外活动或外出就诊时应有家属陪伴,独自外出时应携带示有姓名、住址、联系电话及疾病诊断的个人信息卡,以备发作时及时联系与急救。告知病人饮食宜清淡,少量多餐,避免辛辣刺激食物,戒烟酒,勿从事攀高、驾驶等在癫痫发作时有可能危及生命的工作。

3. **用药指导**　告知病人遵医嘱坚持长期、规律服药,切忌突然停药、减药、漏服药及自行换药,尤其应防止在服药控制发作后不久自行停药。如药物减量后病情有反复或加重的迹象,应尽快就诊。告知病人坚持定期复查,一般于首次服药后 5~7d 复查抗癫痫药物的血药浓度,每 3 个月至半年抽血检查 1 次,每个月检查血常规,每季度检查肝、肾功能,以动态了解抗癫痫药物的血药浓度和药物不良反应。当病人癫痫发作频繁或症状控制不理想,或出现发热、皮疹时应及时就诊。

【护理评价】

经过治疗和护理,评估病人是否能够达到:①癫痫发作时未发生窒息、受伤;②理解安全用药的知识及遵医嘱服药的重要性;③无并发症的出现或能够被及时发现和处理。

(李晓飞)

思 考 题

1. 如何鉴别全面性发作和癫痫持续状态?
2. 病人癫痫发作时,护士应给予什么护理措施?

URSING

第七十章

重症肌无力病人的护理

70章 数字内容

学 习 目 标

- 识记：
  1. 陈述重症肌无力、重症肌无力危象的概念。
  2. 陈述重症肌无力和重症肌无力危象的类型及其主要临床特点。
  3. 列举重症肌无力危象的急救原则和护理要点。
- 理解：
  1. 理解重症肌无力病人常用的辅助检查。
  2. 说明重症肌无力病人常用药物的作用和不良反应。
- 运用：
  运用所学知识,对重症肌无力病人进行全面评估,正确制订护理计划,提供护理措施和健康指导。

病人,男性,24 岁,2 个月前无明显诱因右上睑下垂,1 个月前又出现左上睑下垂,晨起症状较轻,近 2d 出现复视并伴有四肢无力,遂入院就诊。体格检查:病人神志清楚,P 98 次/min,R 20 次/min,BP 135/80mmHg,新斯的明试验阳性,病人在就诊期间自觉胸闷气急,无法平卧,给予吸氧 3L/min,予甲泼尼龙、新斯的明治疗。

　　请思考:

　　(1) 目前该病人的医疗诊断及诊断依据是什么?

　　(2) 在对该病人应用甲泼尼龙时,如何做好用药护理?

　　(3) 该病人最主要的潜在并发症是什么?

　　(4) 针对该病人可能出现的最主要的并发症,如何进行护理?

　　重症肌无力(myasthenia gravis,MG)是一种神经肌肉接头传递障碍的自身免疫病。主要临床特征为受累骨骼肌易疲劳,短期收缩后肌力减退明显,休息和使用胆碱酯酶抑制药后肌无力症状可部分和暂时恢复。MG 任何年龄均可发病,常见于 20~60 岁,40 岁以前女性多见,40 岁以后男性居多。年龄大者多合并胸腺瘤,少数病人有家族史。

【病因和发病机制】

　　许多临床现象提示本病为一种自身免疫病,乙酰胆碱受体抗体介导的体液免疫反应和 T 细胞参与的免疫反应是其主要的发病机制。除此之外,胸腺异常和某些遗传易感性因素也与重症肌无力发病密切相关。

【护理评估】

(一) 健康史

　　评估病人有无胸腺瘤病史;病人是否存在重症肌无力的诱发或加重因素,如感染、发热、失眠、劳累、妊娠和分娩等。评估病人起病时间、起病形式、肌无力类型、发作周期、持续时间,既往检查及治疗经过、目前服药情况、主要不适及病情变化;病人可同时患有其他自身免疫病,应注意评估其有无甲状腺功能亢进症、系统性红斑狼疮、类风湿关节炎等疾病。

(二) 身体状况

1. 临床特征

　　(1) 起病形式和诱因:多数病人起病隐匿,呈进展性或缓解与复发交替性发展。部分初发或复发病人有感染、精神创伤、过度劳累、手术、妊娠和分娩等诱因。

　　(2) 肌无力分布:多数病人的首发症状为眼外肌麻痹,出现上睑下垂、斜视和复视、眼球活动受限甚至固定。面部和口咽肌肉受累时出现表情淡漠、连续咀嚼无力、饮水呛咳和发音障碍。四肢肌受累以近端无力为主,表现为抬臂、上楼梯困难,腱反射不受影响,感觉功能正常。

　　(3) 肌无力特点:活动后加重,休息后减轻,有"晨轻暮重"现象;首次采用胆碱酯酶抑制药治疗有明显效果。

　　(4) 重症肌无力危象:病人在短时间内发生延髓支配肌肉和呼吸肌严重无力,以致不能维持换气功能即为危象,5%~20% 的 MG 病人发生危象。如不及时抢救可危及生命,肺部感染或手术可诱发危象。危象分为以下 3 种类型:

　　1) 肌无力危象:占重症肌无力危象的 95%,常因胆碱酯酶抑制药药量不足引起。病人表现为呼吸微弱、发绀、烦躁、吞咽和咳嗽困难、语言低微直至不能出声,最后呼吸完全停止。可反复发作或迁延成慢性。

2）胆碱能危象：是重症肌无力危象的主要表现，由于胆碱酯酶抑制药服用过量（如溴吡斯的明）所引起。临床表现为呕吐、腹痛、腹泻、瞳孔缩小、多汗、流涎、气管分泌物增多、心率减慢、肌肉震颤、肌肉痉挛和紧缩感等。

3）反拗危象：是指由于对胆碱酯酶抑制药不敏感而出现的严重呼吸困难，加大剂量无济于事。多在病人长期较大剂量用药后发生。

2. 临床分型

（1）成年型（Osserman 分型）

1）Ⅰ眼肌型（占 15%~20%）：病变仅限于眼外肌，病人出现上睑下垂和复视。

2）Ⅱa 轻度全身型（占 30%）：可累及眼、面、四肢肌肉，病人生活多可自理，无明显咽喉肌受累。

3）Ⅱb 中度全身型（占 25%）：四肢肌群受累明显，病人除伴有眼外肌麻痹外，还有较明显的咽喉肌无力症状，如说话含糊不清、吞咽困难等。

4）Ⅲ急性重症型（占 15%）：急性起病，常在数周内累及咽缩肌、躯干肌和呼吸肌，有重症肌无力危象病人，须做气管切开，死亡率较高。

5）Ⅳ迟发重症型（占 10%）：病程达 2 年以上，症状同Ⅲ型，病人常合并胸腺瘤，预后较差。

6）Ⅴ肌萎缩型：少数病人肌无力伴肌萎缩。

（2）儿童型：约占我国重症肌无力病人的 10%，大多数病例仅限于眼外肌麻痹，双眼睑下垂可交替出现，呈拉锯状。

（3）少年型：多在 10 岁后发病，多为单纯眼外肌麻痹，部分伴有吞咽困难及四肢无力。

（三）辅助检查

1. **疲劳试验** 使受累肌肉重复活动后肌无力明显加重，如持续闭眼或向上凝视，或连续举臂。短期内出现无力或瘫痪，休息后可恢复者为阳性。

2. **新斯的明试验** 目前诊断重症肌无力的重要依据。新斯的明 1~2mg 肌内注射，20min 后肌力改善为阳性，可持续 2h。可同时加用阿托品 0.4mg 一起注射，以拮抗不良反应。

3. **实验室检查** 血清乙酰胆碱受体抗体滴度增高支持重症肌无力的诊断，但滴度正常不能排除诊断。

4. **神经重复电刺激检查** 是常用的具有确诊价值的检查方法，全身 MG 阳性率在 80% 以上。

5. **胸部 X 线和胸部 CT 检查** 部分病人可有胸腺瘤或胸腺增生。

【常见护理诊断/问题】

1. **进食/如厕自理缺陷** 与全身肌无力致运动、语言等障碍有关。

2. **恐惧** 与呼吸肌麻痹和气管切开有关。

3. **营养失调：低于机体需要量** 与咀嚼无力、吞咽困难所致进食量减少有关。

4. **潜在并发症：重症肌无力危象、呼吸衰竭、吸入性肺炎。**

【计划与实施】

重症肌无力的治疗原则主要为对症治疗、免疫抑制剂及免疫球蛋白的应用。

护理目标为经过治疗和护理，病人达到：①不发生呼吸衰竭；②不发生感染，如呼吸系统感染、泌尿系统感染等；③进食安全，不发生吸入性肺炎；④在住院期间无外伤发生。

（一）一般护理

1. 轻症者适当休息，避免劳累、受凉、创伤、激怒。病情进行性加重者要减少活动，卧床休息。

2. 对于有肢体无力或复视的病人要注意其安全，防止各种外伤的发生。

（二）药物治疗与护理

1. 胆碱酯酶抑制药　溴吡斯的明一般饭前 30min 给药,新斯的明应于饭前 15min 肌内注射。药物的不良反应有腹痛、腹泻、恶心、呕吐、流涎等,同时使用阿托品可以减轻上述不良反应。严格掌握用药剂量和时间,如用药不足或突然停药,可导致肌无力危象,用药过量可导致胆碱能危象。给药后护士要及时评估药物的作用及不良反应,观察有无危象的发生。

2. 免疫抑制剂　常用药物有肾上腺皮质激素、硫唑嘌呤、环磷酰胺、环孢素、他克莫司（FK506）等。关注肾上腺皮质激素的不良反应,如库欣综合征、高血压、高血糖、骨质疏松和易感染等。定期检查病人血常规和肝、肾功能。医务人员在接触病人时要注意保护病人,减少其受到医源性感染的机会。此外,还要观察和预防免疫抑制剂的不良反应,如环磷酰胺有导致出血性膀胱炎的可能,要注意观察病人尿液的颜色,同时嘱病人多饮水。应定期查血常规并注意保暖,预防感冒。

3. 免疫球蛋白　重症肌无力全身型的病人可以选用。多数病人没有明显不良反应,可迅速改善病人症状。但因价格昂贵且疗效短暂,若要获得长期疗效仍需要使用免疫抑制剂予以治疗。

4. 慎用药物　病人在选用其他药物时,要注意慎用对神经肌肉接头传递有障碍的药物,如各种氨基糖苷类抗生素、奎宁、普鲁卡因胺、普萘洛尔、氯丙嗪及各种肌肉松弛药。

（三）观察肌无力危象,及时抢救处理

1. 病人一旦出现重症肌无力危象,应迅速通知医生。

2. 根据病情和用药情况判断危象的类型,给予恰当的处理。

3. 呼吸衰竭的护理　保持病人呼吸道通畅,头偏向一侧,定时翻身吸痰,稀释痰液,利于呼吸道分泌物排出。

4. 随时询问病人主诉,有无胸闷、气急的感觉,注意血氧饱和度变化,监测血气分析指标,根据缺氧状况及时处理。做好气管插管或气管切开的准备。备好人工呼吸机,备好新斯的明等药物、尽快解除危象。

（四）保证营养,防止误吸

指导病人进食高蛋白、高能量、高维生素的软食或半流食,避免干硬粗糙食物。服用胆碱酯酶抑制药 30min 后进食,以增加咀嚼力。进餐时取坐位,进食速度慢,要给病人充足的进餐时间,进餐时间不打扰病人。要保持病人的口腔清洁,因为吞咽困难病人的口腔会残留一些食物残渣,同时口腔内分泌物增加,也增加了口腔感染的机会。严重吞咽障碍者给予鼻饲饮食。床边备负压吸引器以备发生误吸窒息时便于处理。

（五）胸腺切除病人的护理

有胸腺瘤或胸腺增生的病人应行胸腺切除,通常可使病人症状改善或缓解,疗效常在数月或数年后显现。胸腺切除手术后,确保呼吸道通畅,严密观察病人的自主呼吸,并做好机械通气相关护理。

（六）其他治疗方法与护理

重症肌无力病人还可接受血浆置换治疗,即通过定期用正常人血浆或血浆代用品置换病人血浆,从而降低病人血中乙酰胆碱受体抗体。此法起效迅速,适用于危象病人,但疗效仅持续数日或数月。该法安全但价格昂贵。

（七）心理护理

让病人了解良好的情绪和心理状态对于重症肌无力治疗的重要性。应用提示板或手势与使用呼吸机的病人沟通,逐渐帮助其树立信心。

（八）健康指导

1. 病人在治疗中要保持乐观的生活态度,要有战胜疾病的信心,积极配合医生治疗,定期复查,及时发现疾病的复发和加重。

2. 重症肌无力的特点是病程长且病情容易复发,因此,病人要尽量避免可能导致疾病加重或复发的因素,如感冒、劳累、情绪不稳定等。

Note：

3. 重症肌无力病人劳累后症状加重,休息后减轻,因此要注意休息,避免剧烈运动。但这并不意味着卧床不动,疾病稳定期病人可参加适当的体育锻炼,如医疗体操、太极拳或保健气功等,以增强其体质,提高机体的免疫功能。

4. 坚持药物治疗,不可随意增加或减少药量。

【护理评价】

经过治疗和护理,评估病人是否能够达到:①未发生呼吸衰竭;②未发生感染等并发症;③摄入合理的饮食,未发生误吸;④在住院期间未发生外伤。

（沙凯辉）

思 考 题

1. 重症肌无力病人应用激素治疗的护理要点是什么?
2. 重症肌无力病人病情观察重点是什么?

NURSING

第七十一章

吉兰-巴雷综合征病人的护理

71章　数字内容

──────── 学 习 目 标 ────────

- 识记：
  1. 陈述吉兰-巴雷综合征的临床表现。
  2. 列举维持吉兰-巴雷综合征病人呼吸功能的护理要点。
- 理解：
  理解吉兰-巴雷综合征的病理改变。
- 运用：
  运用所学知识,对吉兰-巴雷综合征病人进行全面评估,正确制订护理计划,提供护理措施和健康指导。

导入情境与思考

　　病人,男性,32 岁,1 周前出现发热、腹泻,2d 前出现双侧手指、足趾麻木感,1d 前出现双下肢无力,须扶持才能站立,双眼睑闭合无力,进食有吞咽困难及呛咳,呼吸费力,无法平卧。急诊拟吉兰-巴雷综合征收治入院。

　　请思考:

　　(1) 该病人目前存在的主要护理诊断/问题是什么?

　　(2) 如何做好维持该病人正常呼吸功能的护理?

　　吉兰-巴雷综合征(Guillain-Barre syndrome,GBS),又称急性炎症性脱髓鞘性多发性神经病(acute inflammatory demyelinating polyneuropathy,AIDP),是一组急性或亚急性起病,由自身免疫介导的周围神经病,常累及脑神经。GBS 的年发病率为(0.6~1.9)/10 万,可发生于任何年龄(8 个月至 81 岁),但以儿童和青壮年为多见。

【病因、病理与发病机制】

　　1. **病因**　尚未确定,通常认为是多因素引起的,包括两方面。

　　(1) 病人起病前 1~3 周有上呼吸道感染或肠道感染症状。在英国 40%的病人有呼吸道感染,20%有胃肠道感染,8%有外科手术史。

　　(2) 除莱姆(Lyme)病、淋巴瘤(主要是 Hodgkin 淋巴瘤)外,抗狂犬病疫苗和抗感冒疫苗、器官移植后均可诱发本病。

　　2. **病理**　病理改变为周围神经的神经纤维脱髓鞘,小血管周围有大量淋巴细胞和巨噬细胞浸润,在运动神经纤维上脱髓鞘变化尤其明显。极少数病人的病理示运动神经和感觉神经纤维轴索损害比髓鞘损害严重。其机制尚不明确,可能是自身免疫抗体直接作用于轴索,造成轴索神经病。

　　3. **发病机制**　仍不明确,但多数认为是由细胞免疫和体液免疫共同介导的自身免疫病。

【护理评估】

(一) 健康史

　　评估病人的居住地,发病年龄及性别,发病季节,病人发病前有无受凉、淋浴、感冒,近期是否有过腹泻、有无疫苗接种史等。

(二) 身体状况

　　1. **四肢对称性弛缓性瘫痪**　多为急性或亚急性起病,很快加重并向近端发展,或者四肢近端无力明显,急剧向四肢远端发展。瘫痪呈对称性弛缓性瘫痪,腱反射减低或消失,病理征阴性。在典型病人中,对称性四肢软瘫表现突出。在发病之初,大多数病人具有四肢麻木和不适等主观感觉障碍的主诉。

　　2. **肢体感觉异常**　如烧灼感、麻木感、刺痛感和不适感等。呈手套、袜子样分布,约 30%的病人有肌肉酸痛,尤其双侧腓肠肌的压痛最为明显。

　　3. **脑神经损害**　以双侧周围神经麻痹最常见。其次有舌咽和迷走神经麻痹而表现为声音嘶哑和吞咽困难。动眼神经、展神经、三叉神经、舌下神经损害少见。病情严重的病人可累及肋间肌和膈肌,导致呼吸肌麻痹。

　　4. **自主神经功能紊乱症状**　约 50%的病人有心动过速,少数有直立性低血压,也可有多汗、全身发热、面部发红等副交感神经兴奋的症状。

　　5. **GBS 变异类型**　包括:①急性运动轴索性神经病,为纯运动型,特点是病人病情重,多有呼吸

肌受累,24~48h迅速出现四肢瘫,肌萎缩出现早,病残率高,预后差;②急性运动感觉轴索性神经病,发病与急性运动轴索性神经病相似,病情常更严重,预后差;③Fisher综合征,表现眼外肌麻痹、共济失调和腱反射消失三联征;④不能分类的GBS,包括全自主神经功能不全和极少数复发型GBS。

(三) 辅助检查

1. **脑脊液** 特征性改变为蛋白细胞分离,即细胞数正常,蛋白含量明显增高。一般在病程3~6周最明显。

2. **神经电生理检查** 检查结果与疾病严重程度相关,并与病程不同阶段也相关,所以变异性较大。可选择一侧的正中神经、尺神经、腓总神经、胫神经进行运动传导的测定对髓鞘损害具有诊断意义。也可发现运动及感觉神经传导速度明显减慢。

3. **心电图检查** 严重病例可出现心电图异常,常见窦性心动过速和T波改变,如T波低平,QRS波电压增高。

4. **腓肠神经活检** 发现脱髓鞘及炎症细胞浸润可提示GBS,但腓肠神经是感觉神经,GBS以运动神经受累为主,因此活检结果仅作为参考。

(四) 心理-社会状况

护士要评估病人及其家属对疾病的发生、发展、治疗及预后的认知程度,评估家庭、社会对病人的理解和支持程度。

【常见护理诊断/问题】

1. **躯体移动障碍** 与肢体进展性对称性弛缓性瘫痪有关。
2. **低效性呼吸型态** 与肋间肌和膈肌受累后呼吸肌麻痹有关。
3. **吞咽障碍** 与双侧舌咽、迷走神经麻痹导致的吞咽无力有关。
4. **焦虑** 与病情进展迅速,症状严重,病人对疾病预后的担忧有关。
5. **知识缺乏**:缺乏有关用药的知识。

【计划与实施】

吉兰-巴雷综合征病因治疗以抑制免疫反应,清除致病因子,阻止病情发展为目标;重点是抢救呼吸肌麻痹,预防与治疗并发症;此外,应注重辅助治疗。

护理目标为经过治疗和护理,病人达到:①进行良好的躯体运动,无肌肉萎缩及压力性损伤的发生;②保持良好的呼吸状况,无呼吸困难和发绀;③保证进食安全,不发生反流误吸;④采取有效的方法应对焦虑;⑤了解有关用药的知识。

(一) 躯体移动障碍的护理

防止病人瘫痪肢体失用,早期保持患侧肢体侧卧、仰卧时的良肢位摆放,以防肩关节畸形、髋关节畸形、足下垂等并发症的发生。恢复期做好患肢的被动、主动训练,利于肢体康复。保持皮肤的完整性,使用气垫床预防压力性损伤,保持床单位清洁干燥,定时为病人翻身擦浴,以防局部汗渍及受压时间长引起压力性损伤,注意翻身手法,不要拖拉病人的肢体,避免扭伤及脱臼。

(二) 维持病人的正常呼吸功能

1. **严密观察呼吸** 密切观察病人的呼吸频率、深度、呼吸型态变化,随时询问病人有无胸闷、气短、呼吸困难等不适,监测其生命体征、血氧饱和度。由于病人呼吸肌群受累,呼吸运动受限,易造成二氧化碳潴留。早期二氧化碳潴留,病人的生命体征、血氧饱和度、氧分压均可在正常范围。故应密切关注病人血气分析的结果,尤其是动脉血二氧化碳分压的变化。

2. **保持呼吸道通畅** 病人咳嗽、咳痰无力,须给予病人定时翻身拍背、吸痰,给予其雾化吸入,必要时遵医嘱给予抗生素。如病人痰液较深不易吸出,气体交换严重受损时,应立即做好气管切开术的准备与配合,同时做好气管切开术后的护理,预防并发症。

3. **氧疗**　改善缺氧状态,根据病人的缺氧状态给予鼻导管或面罩吸氧,及时发现病人有无胸闷、气短、烦躁、发绀等缺氧表现,及时抢救。对于存在二氧化碳潴留的 GBS 病人,应给予持续低流量吸氧。避免高流量吸氧,防止出现呼吸抑制。

4. **抢救物品的准备**　气管插管或气管切开是呼吸肌麻痹病人的紧急抢救措施,准备好气管插管或气管切开等急救物品。

（三）防止误吸

当 GBS 病人出现因脑神经损伤而导致的吞咽困难时,按洼田饮水试验的结果应给予相应的饮食。进餐时床头抬高,使其取半卧位,给予其充足时间进食。对于鼻饲饮食的病人每 2h 给予 200ml 营养液,可使用肠内营养泵保证营养液匀速注入,防止因胃部一过性膨胀,在腹内压骤升的情况下导致的反流误吸,增加病人呼吸道感染及窒息的风险。鼻饲饮食的病人每 4h 回抽胃内容物 1 次,如胃潴留量>150ml,予以暂停鼻饲 1h 后复测胃潴留量,直至胃潴留量在正常范围内方可继续鼻饲。

（四）给予心理支持，减轻焦虑恐惧

做好疾病知识教育,由于病人及其家属对疾病知识的不了解,注意与病人及其家属沟通疾病的相关知识、病因、预后,解除其顾虑,增强信心。GBS 起病急,病情进展快,多数病人因呼吸困难伴不能言语,有濒死感。病人担心气管切开而紧张、恐惧。护士在与病人接触时要表现出自信和平静,及时了解病人的心理状况,耐心帮助病人,采用非语言交流的方式表达情感,向病人讲解气管切开的目的、疾病的过程、治疗及良好的预后,使其树立信心,以良好的心态配合治疗。

（五）用药护理

常用的药物治疗有:①应用大剂量免疫球蛋白治疗急性病例,可获得和血浆置换同样的效果且安全,免疫球蛋白为血液制品,故在病人治疗时须加强观察其有无过敏反应的发生;②糖皮质激素治疗,近年来研究发现其效果未优于一般治疗,并发症多,现多不主张使用。

（六）其他治疗和护理

血浆置换疗法,并发症多,限制在一定条件下完成,应用较少。

（七）健康指导

帮助病人及其家属掌握本病相关知识及自我护理方法。坚持肢体被动和主动运动,加强肢体功能锻炼。注意营养均衡,增强体质和机体抵抗力,避免淋雨、受凉、疲劳和创伤等诱因。

【护理评价】

经过治疗和护理,评估病人是否能够达到:①能进行良好的躯体运动,无肌肉萎缩及压力性损伤发生;②呼吸平稳,血氧饱和度及血气分析指标正常;③未发生误吸,呼吸深度及呼吸频率正常;④情绪稳定,配合治疗;⑤了解了有关用药知识。

（沙凯辉）

思　考　题

1. 如何做好维持吉兰-巴雷综合征病人正常呼吸功能的护理?
2. 吉兰-巴雷综合征病人病情观察重点是什么?

URSING

第七十二章

脊髓疾病病人的护理

72章　数字内容

─── 学习目标 ───

- 识记：
1. 复述以下概念：急性脊髓炎、脊髓压迫症、脊髓休克、脊髓半切综合征。
2. 说出脊髓压迫症的分期及各期的主要表现。
- 理解：
1. 比较急性脊髓炎病人于脊髓休克期和恢复期在运动、感觉、反射等方面临床表现的差异性，阐述护理评估要点。
2. 比较并用自己的语言阐述急性脊髓炎、脊髓压迫症在临床表现、治疗、护理原则方面的异同。
- 运用：
对急性脊髓炎、脊髓压迫症病人实施全面的护理评估，在评估的基础上制订护理计划，提供正确的护理措施和健康指导。

第一节　急性脊髓炎病人的护理

──────────── 导入情境与思考 ────────────

病人,男性,32岁,双下肢麻木无力、伴尿便障碍2d入院。体格检查:T 37.2℃,P 78 次/min,BP 130/90mmHg,R 18 次/min,腰部伴束带感,双下肢肌张力低、腱反射消失、病理反射引不出。主诉:在2周前曾患感冒。入院后脑脊液检查,压力正常,细胞计数、蛋白含量轻度增高,糖及氯化物正常。次日,MRI 显示病灶部脊髓增粗,病变节段髓内多发斑点状病灶,强弱不均。诊断:急性脊髓炎。

请思考:

(1) 该病人的主要护理诊断是什么?

(2) 对双下肢麻木、无力及尿便障碍病人应实施哪些护理措施?

──────────────────────────────────

急性脊髓炎(acute myelitis)是指非特异性炎症引起脊髓白质脱髓鞘或坏死,导致急性横贯性脊髓损害,也称为急性横贯性脊髓炎(acute transverse myelitis)。当病变迅速上延累及高颈段脊髓或延髓时,称为急性上升性脊髓炎(acute ascending myelitis);若脊髓内有2个以上散在病灶,称为播散性脊髓炎。急性脊髓炎以病损水平以下肢体瘫痪,传导束性感觉障碍和排便障碍为临床特征。多数病人病前1~2周有上呼吸道感染、腹泻等症状,或有疫苗接种史。四季散在发病,发病率为每年(1.34~24.7)/100万,以青壮年多见,无性别差异。

【病因与发病机制】

本病确切的病因未明,多数为病毒感染或接种疫苗后引起的机体自身免疫反应。常见的有:①感染后脊髓炎,病人常因抵抗力下降或者受凉、疲劳导致;②疫苗接种后脊髓炎;③脱髓鞘性脊髓炎(急性多发性硬化);④坏死性脊髓炎,外伤后导致;⑤副肿瘤性脊髓炎等。脊髓血管缺血和病毒感染后,病毒抗体所形成的免疫复合物在脊髓血管内沉积可能引发本病。脊髓全长均可累及,但因T_3~T_5节段脊髓血液供应较差,故最多见,其次为颈段和腰段,骶段少见。

【护理评估】

(一) 健康史

详细询问病史,了解病人发病前有无上呼吸道感染、发热、腹泻等症状或有无疫苗接种史。有无受凉、疲劳、外伤等发病诱因。

(二) 身体状况

早期常见脊髓休克(spinal shock)。脊髓休克是指当脊髓与高位中枢断离时,脊髓暂时丧失反射活动的能力而进入无反应状态的现象。脊髓休克持续数天至数周或更长,多为2~4周,持续时间与脊髓损害的程度及并发症有关,脊髓损害严重且并发肺部及尿路感染、压力性损伤病人脊髓休克期较长。护士应及时对病人进行全面评估。

1. 运动障碍　脊髓休克期病人出现截瘫、肢体肌张力低、腱反射消失、病理反射阴性;脊髓休克期过后,肌张力逐渐增高,腱反射亢进,出现病理征。肢体肌力由远端开始逐渐恢复。高颈髓(C_1~C_4)损伤表现为四肢痉挛性瘫痪;颈膨大(C_5~T_2)损伤表现为上肢弛缓性瘫痪、下肢痉挛性瘫痪;胸髓(T_3~T_{12})损伤表现为下肢痉挛性瘫痪;腰膨大(L_1~S_2)损伤表现为下肢痉挛性瘫痪。

2. 感觉障碍　脊髓休克期病变节段以下所有感觉缺失,可在感觉消失平面上沿有感觉过敏区或束带样感觉异常;脊髓休克期过后,随病情好转,感觉障碍所在平面逐步下移,但较运动功能恢复慢,也不明显。

3. **膀胱功能障碍**　脊髓休克期病人出现尿潴留,无膀胱充盈感,呈无张力性神经源性膀胱,膀胱充盈过度出现充溢性尿失禁;脊髓休克期过后,随着脊髓功能恢复,膀胱容量缩小,尿液充盈到 300~400ml 时自主排尿,称为反射性神经源性膀胱。护士应评估病人排尿情况,观察膀胱是否膨隆,区分是尿潴留还是充溢性尿失禁。

4. **直肠功能障碍**　脊髓休克期病人肛门括约肌松弛,大便失禁;脊髓休克期过后,常有便秘,病人多有腹胀,左下腹乙状结肠区可触及硬块。

5. **自主神经功能障碍**　脊髓休克期病损平面以下少汗或无汗,皮肤脱屑、水肿,趾/指甲松脆,足底皲裂和角化过度等。病损平面以上可有发作性出汗过度、皮肤潮红、心动过缓等。脊髓休克期过后,以上征象逐步缓解。

（三）辅助检查

1. **脑脊液检查**　急性期外周血白细胞正常或轻度增高;压颈试验通畅,少数病例脊髓水肿严重,可出现不完全梗阻。脑脊液压力正常,外观无色透明,白细胞数正常或增高$[(10\sim100)\times10^6/L]$,淋巴细胞为主;蛋白含量正常或轻度增高(0.5~1.2g/L),糖、氯化物正常。

2. **影像学检查**　脊柱 X 线检查正常。脊髓 MRI 的典型改变是病变部位脊髓增粗,病变节段髓内多发片状或较弥散的 T_2 高信号,强度不均,可有融合。恢复期可正常。个别病例可始终无异常。

3. **电生理检查**　包括:①视觉诱发电位(visual evoked potential,VEP)正常,可与视神经脊髓炎及多发性硬化鉴别;②下肢躯体感觉诱发电位(SEP)可为阴性或波幅明显减低;③运动诱发电位(motor evoked potential,MEP)异常,可作为判断疗效及预后的指标;④肌电图可正常或呈失神经改变。

（四）心理-社会状况

评估病人有无焦虑、沮丧、悲观失望和情绪不稳定等心理变化。评估病人及其家属对急性脊髓炎的发病经过、治疗、预后知识的认知程度,病人的心理、社会支持系统及常用的应对机制。

【常见护理诊断/问题】

1. **自主呼吸障碍**　与高颈段脊髓病变有关。
2. **躯体移动障碍**　与脊髓病变所致截瘫有关。
3. **感知觉紊乱**　与脊髓病变、感觉传导通路受损有关。
4. **排尿障碍**　与自主神经功能障碍有关。
5. **排便功能障碍**　与自主神经功能障碍有关。
6. **潜在并发症:压力性损伤、肺炎、泌尿系统感染。**

【计划与实施】

本病无特效治疗,治疗原则主要为减轻脊髓损害、防治并发症及促进功能恢复。护理目标为经过治疗和护理,病人达到:①呼吸保持通畅;②自理能力逐步恢复;③不发生损伤,尤其是身体感觉障碍的部分;④能控制排尿;⑤皮肤完整无破损,无压力性损伤、肺炎、泌尿系统感染及烫伤。

（一）保持呼吸道通畅

1. **严密观察**　观察病人呼吸的频率、深度,判断呼吸无效的原因,如是否有呼吸困难、咳嗽是否有力,听诊气管、肺部有无痰鸣音,监测病人血氧饱和度指标及胸部 X 线影像,以判断有无肺部感染。

2. **吸氧**　病人出现呼吸困难时给予低流量吸氧,呼吸无效时备好气管切开或气管插管用物、人工呼吸机及负压吸引器等抢救物品及药品,并及时通知医生。

3. **排痰**　听诊呼吸道痰鸣音明显时,应鼓励、指导病人有效咳痰。如咳痰无力,可予拍背,雾化后及时有效吸痰,减少痰液坠积、结痂。对于舌后坠者,给予口咽通气,固定后予以吸痰管吸痰,同时注意口腔清洁。

（二）提高病人的自理能力

1. 评估病人的自理能力,指导和协助病人洗漱、进食、如厕、穿脱衣服及个人卫生,根据需求协助病人完成日常生活活动。

2. **指导训练**　仰卧时抬高臀部,以便在床上放大、小便器。给予病人日常生活活动训练,使病人能自行穿脱衣服、进食、排便、排尿、淋浴及开关门窗、电灯、水龙头等,鼓励病人自理。

（三）排泄异常的护理

1. **尿失禁的护理**　护士应观察病人排尿的方式、次数与量,了解膀胱是否膨隆,区分是尿潴留还是充溢性尿失禁。对排尿困难的病人应先给予膀胱区按摩,动作要轻柔,如效果不佳,可采取冷、热敷交替疗法,促使膀胱逼尿肌收缩,如以上方法无效后行留置尿管。根据病人异常情况及程度,可予以不同的护理、指导。护理者要根据给病人输液或饮水的时间,给予排尿用品(尿盆、尿壶、尿不湿)协助排尿,并及时撤换,同时在病人小腹部加压,增加膀胱内压,锻炼恢复自主排尿功能。

2. **尿潴留的护理**　给予病人留置导尿,留置尿管时应严格无菌操作,定期更换导尿管及无菌接尿袋。保持病人会阴部清洁。

3. **膀胱功能训练**　活动锻炼时取坐位,以利于膀胱功能恢复;根据入量(输液、饮水)时间,适时、规律地夹闭、开放尿管,以维持膀胱充盈、收缩功能;排放尿液时可采用一些方法刺激诱导膀胱收缩,如轻敲病人下腹部和听流水声;注意病人尿液颜色、量、性质。鼓励病人多饮水,每日 2 500～3 000ml,以稀释尿液。

4. **便秘的护理**　应保证适当的高纤维饮食与水分的摄取,依照病人的排便习惯,选择一天中的一餐前给缓泻剂,饭后因有肠-胃反射,当病人有便意时,指导并协助病人通过增加腹压来引发排便,必要时肛门注入开塞露 1～2 支,无效时可给予不保留灌肠,每日固定时间进行,养成排便习惯。

5. **大便失禁的护理**　选择易消化、吸收的高营养、低排泄要素饮食,同时指导病人练习腹肌加压与肛门括约肌收缩,掌握进食后的排便时间规律,协助病人放置排便用品(便盆、尿垫);随时清洁排便后肛门周围皮肤。

（四）做好皮肤护理

预防压力性损伤、烫伤、冻伤,避免输液外渗。

1. **认真交接**　每次换班时认真床头交接、检查病人皮肤,观察有无发红等情况;每日清洁皮肤,随时保持床单位平整、干净、干燥。

2. **预防皮损**　及时清理病人排泄物,温水擦洗会阴,维持会阴、肛门周围皮肤清洁、干燥,观察病人皮肤有无发红、破溃。定时翻身,对骨突或受压部位,如脚踝、足跟、膝部、髋部、肘部等最易受压的部位常检查,予以按摩,促进皮肤的血液循环,必要时局部使用减压贴以预防压力性损伤。

3. **感觉障碍的护理**　了解病人痛、温度觉障碍,自主神经功能障碍程度。感知刺激,用温水擦洗感觉障碍的身体部位,每日 2～3 次,以促进血液循环和刺激感觉恢复。保持床单位清洁、干燥、无渣,防止感觉障碍的身体部位受压或机械性刺激。输液尽量选择健侧、上肢,输液前认真观察准备输液肢体一侧的皮肤情况,输液后注意观察输液肢体局部皮肤情况,以免发生输液外渗时因感觉减退造成的严重损伤;清洗、浸泡患侧肢体时,避免高温或过冷刺激,慎用热水袋或冰袋,肢体保温须用热水袋时,水温不宜超过 50℃,防止烫伤。对感觉过敏的病人尽量避免不必要的刺激。自主神经功能障碍可致无外因肢体局部水肿,应注意对病人皮肤的观察、保护,水肿程度的评估。

（五）增进瘫痪肢体的功能

1. 保持瘫痪肢体的功能位,防止关节变形而失去正常功能。

2. 帮助病人进行肢体的全范围关节运动,防止关节强直。

3. 按摩瘫痪肢体,每日 2～3 次,促进血液循环,防止肌肉萎缩。

4. 物理治疗师施行物理疗法以加强未麻痹肌肉的力量。当瘫痪肢体肌力逐渐增强时,指导并鼓励病人进行主动运动,锻炼肌肉的力量和耐力,增进病人日常生活活动能力和自我照顾能力。

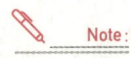

5. 鼓励病人持之以恒,循序渐进。

6. 当病人第一次坐起时,尤其是半身瘫痪者,应在起身之前穿着弹性袜,以增加静脉回流,逐渐增加坐位的角度,以防产生低血压。

（六）药物治疗与护理

急性期使用大剂量甲泼尼龙短程疗法及免疫球蛋白等多种药物;注意观察药物作用与不良反应。

（七）并发症的预防及护理

1. **预防肺部感染**　采取侧卧位或半坐卧位,注意保暖、避免受凉,协助病人勤翻身、拍背、并鼓励病人咳嗽或做深呼吸运动,以改善肺泡通气功能,预防肺部并发症。

2. **预防尿路感染**　鼓励病人多饮水,做好病人会阴护理,按时更换尿袋,尿管按时开放,放尿后及时夹闭,防止尿液回流发生逆行感染。

3. **预防压力性损伤**　应用气垫床能有效预防压力性损伤的发生。

（八）心理护理

脊髓炎病人常因起病急,生活不能自理,给家庭增添负担而感到沮丧。因担心自己能否重新站起来,能否继续工作,害怕自己成为家庭的包袱而产生不良情绪。在护理过程中,给病人提供有关疾病治疗及预后的可靠信息,鼓励病人正确对待疾病,消除其焦虑、恐惧心理。关心、尊重病人,多与病人交谈,鼓励病人表达自己的感受。避免任何刺激、伤害病人自尊的言行,鼓励病人克服困难,增强自我照顾能力与自信心。

（九）健康指导

1. 告知病人和照顾者膀胱充盈及尿路感染的表现、感觉,保持会阴部清洁。

2. 鼓励病人进食高能量、高蛋白、高维生素、易消化的饮食,多食蔬菜、水果,多饮水,以刺激肠蠕动,减轻便秘及肠胀气。

3. 保持乐观情绪,正确对待疾病。

4. 加强肢体功能锻炼和日常生活动作训练,做力所能及的家务和工作。与病人及其家属共同制订康复计划,提供必要的康复器械和安全防护设施,指导病人早期进行肢体的被动运动与主动运动,鼓励其循序渐进、持之以恒的肢体功能锻炼,促进早日康复。

5. 注意安全,防止受伤,避免受惊、疲劳等诱因。

【护理评价】

经过治疗和护理,评估病人是否能够达到:①呼吸道保持通畅;②自理能力逐步提升;③未发生损伤,尤其是身体感觉障碍的部分;④能控制排尿;⑤皮肤完整无破损,无肺炎、泌尿系统感染及烫伤。

（李玉霞）

第二节　脊髓压迫症病人的护理

脊髓压迫症(spinal cord compression)是一组椎管内占位性病变而引起的脊髓受压综合征,随着病变进展,出现脊髓半切和横贯性损害及椎管梗阻,脊神经根和血管可不同程度受累。病变呈进行性发展,最后导致不同程度的脊髓横贯损害和椎管梗阻。

【病因与发病机制】

1. **病因**　与机械压迫、血供障碍及占位性病变直接浸润破坏有关。

（1）脊膜病变:脊膜病变是脊髓压迫症最常见的原因。硬脊膜外脓肿、硬脊膜外或硬脊膜下血肿、蛛网膜粘连、脊膜瘤、蛛网膜囊肿、脑脊膜癌等均可造成脊髓受压。

（2）脊柱病变:最常见的是脊椎外伤和脊柱结核,其次为肿瘤和椎间盘脱出。

Note:

（3）脊髓和神经根病变：最常见的是肿瘤，如神经纤维瘤、脊髓胶质瘤、室管膜瘤、脊髓内血管畸形等。

2. 发病机制

（1）脊髓机械性受压：脊柱骨折、肿瘤等直接压迫脊髓或脊神经根，引起脊髓受压、移位和神经根刺激或麻痹等症状。

（2）浸润性改变：脊柱及脊髓的转移癌、脓肿、白血病等浸润脊膜、脊神经根和脊髓，使其充血、水肿，引起脊髓受压。

（3）缺血性改变：供应脊髓的血管被肿瘤、椎间盘等挤压，引起相应节段脊髓缺血性改变，导致脊髓肿胀、坏死、软化等，出现脊髓的压迫症状。

【护理评估】

（一）健康史

在询问脊髓压迫症病人的健康史时，重点询问是否有脊柱外伤和脊柱结核、既往是否患肿瘤或椎间盘脱出病史、是否有其他部位的化脓性病灶、是否有脊髓血管畸形或脊髓本身受压等。

（二）身体状况

脊髓压迫症的病因多样，临床表现也有较大差别。直接侵犯、压迫神经组织的，症状出现较早；髓外硬膜内占位性病变，症状进展较缓慢；硬脊膜外占位性病变，由于硬脊膜的阻挡，对脊髓的压迫作用很轻，症状常发生在脊髓腔明显梗阻后。急性脊髓压迫症多表现为脊髓横贯性损害，常伴有脊髓休克。慢性脊髓压迫的症状是进行性的。

典型的脊髓压迫症分 3 期。

1. 刺激期 病变早期，表现为神经性疼痛，如刀割样、针刺样、电击或烧灼样感觉异常，常有束带感。局部皮肤感觉过敏或痛觉减退。白天症状减轻，晚间症状加重，活动时减轻，咳嗽时加重。

2. 脊髓部分受压期 表现为脊髓半切综合征（Brown-Sequard syndrome）。脊髓半切综合征是指脊髓半侧受压时，出现同侧上运动神经元瘫痪及对侧痛、温觉障碍等。表现为病侧下肢肌张力增高，腱反射亢进，锥体束征阳性和病变对侧肢体的痛、温觉减退或消失。

3. 脊髓完全横贯性损害 此期为脊髓完全受压期。运动、感觉与自主神经功能障碍的表现与急性脊髓炎一致。

以上 3 期的表现并非各自独立，常可相互重叠。

（三）辅助检查

1. 脑脊液检查 脑脊液常规、生化检查及动力学变化对确定脊髓压迫症和脊髓受压程度很有价值。脑脊液细胞计数一般在正常范围，炎症病变多有白细胞计数升高，肿瘤有出血坏死者红细胞和白细胞计数均增高。压颈试验时椎管部分或完全阻塞，蛋白含量增高。怀疑硬脊膜外脓肿时切忌在脊柱压痛处行腰椎穿刺，以防导致蛛网膜下腔感染。

2. 影像学检查 脊柱 X 线影像可见脊柱骨折、脱位、错位、结核、骨质破坏及椎管狭窄；椎弓根变形或间距增宽、椎间孔扩大、椎体后缘凹陷或骨质破坏等提示转移癌；CT 及 MRI 显示椎管内病变的性质、部位和边界；脊髓造影可显示椎管梗阻界面，椎管完全梗阻时上行造影只显示压迫性病变下界，下行造影可显示病变上界。

（四）心理-社会状况

脊髓压迫症病人因突然瘫痪、生活不能自理，导致日常生活、工作等发生改变，给家庭带来沉重的生活、经济负担。又因肿瘤是脊髓压迫症的常见原因，病人不仅担心所患疾病的性质、是否须手术治疗，更担心疾病预后，容易产生急躁、焦虑情绪。护士要评估病人有无焦虑、抑郁、恐惧、悲观等心理反应。评估病人及其家属对疾病的发生、发展、治疗及预后相关知识的认知程度，家庭、社会支持系统和常用的应对机制。

【常见护理诊断/问题】

1. **焦虑**　与缺乏疾病的相关知识,或对治疗及预后不可知有关。
2. **躯体移动障碍**　与脊髓受压所致截瘫有关。
3. **舒适度减弱**　与脊髓受压、感觉传导通路受损有关。
4. **尿潴留**　与自主神经功能障碍有关。
5. **慢性疼痛**　与手术所致组织损伤有关。

【计划与实施】

手术祛除导致脊髓受压的病因是主要的治疗方法,因此,脊髓压迫症病人的治疗原则为早期手术,针对病因进行治疗,对某些恶性肿瘤、转移癌可酌情手术、放疗或化疗。术后注重康复,防治并发症。

经过治疗和护理,病人达到:①能了解有关疾病的相关知识,情绪稳定;②肌力逐渐增强,在帮助下可以活动;③不发生损伤;④尿潴留解除;⑤主诉疼痛减轻或疼痛消失。

（一）术前护理

1. **心理护理**　病人因担心手术效果而心生恐惧,护士应主动与病人沟通,向病人介绍本病手术的必要性及手术效果等相关知识,了解病人的担忧,帮助病人建立积极的心境,配合手术治疗。
2. **术前指导**　指导病人练习深呼吸和咳痰,养成定时排便的习惯,以减少术后并发症。
3. 介绍引流管及留置尿管的重要性及注意事项。

（二）术后护理

1. **病情观察**　监测病人生命体征的变化并及时记录。
2. **术后体位**　术后病人睡硬板床。取仰卧位,以减少伤口渗血,1~2h 后改侧卧位,避免伤口长时间受压影响血液循环。每 1~2h 翻身一次,高颈髓手术后病人一定注意"轴线翻身",防止脊髓扭伤引起呼吸障碍。
3. **疼痛管理**　护士应评估和记录病人疼痛的程度,必要时遵医嘱给予镇痛药,使用镇痛药后观察、记录疼痛治疗的效果。
4. **引流管的护理**　术后注意观察病人伤口敷料是否完整,引流管、尿管是否通畅,固定是否牢固,定时挤压引流管,保持其通畅。注意引流液及尿液的性质及量。
5. **肢体活动**　严密观察病人肢体活动与肌力恢复情况和感觉平面下降的位置。如有异常,应考虑为脊髓继发出血引起脊髓受压,迅速通知医生及时处理。对下肢有明显感觉障碍者忌用热水袋,防止烫伤。
6. **并发症的预防与护理**　病人术后排尿功能难以立即恢复,常有排尿困难或尿失禁,多为其留置尿管,嘱病人多饮水,每日饮水量在 2 500ml 以上,预防泌尿系感染。预防呼吸道感染,预防压力性损伤、关节挛缩。因病人有不同程度的瘫痪,术后加强体位变换及皮肤护理以预防损伤,便秘者可口服通便药物或使用开塞露,必要时遵医嘱给予其肥皂水灌肠,保持至少 2~3d 排便一次。

（三）康复护理

脊髓压迫症病人术后一般症状均可得到改善,瘫痪肢体须加强护理和康复训练。早期除预防并发症外,积极配合康复治疗师进行早期床上康复训练,尤其是残肢被动关节活动,可防止关节挛缩,亦可防止深静脉血栓形成。康复护理是残疾人终身健康管理的重要组成部分,必须由病人和家属在集中康复训练期间掌握所有康复护理内容,才有可能预防各种并发症的发生,使病人回归社会。

（四）心理护理

脊髓压迫症病人术后症状难以立即缓解或反有加重,神经功能恢复非常缓慢,病人往往产生悲观情绪。医护人员应做好其心理护理,纠正病人的自卑心理,树立战胜疾病的信心。通过与病人接触,

Note:

了解病人的真正感情和实际需要,采取最恰当的护理措施。

（五）健康指导

重点是指导病人如何自我管理,避免出现各种并发症。

【护理评价】

经过治疗和护理,评估病人是否能够达到:①情绪稳定,配合治疗护理;②肌力逐渐增强,在帮助下可以逐步增强活动能力;③未发生任何非正常机体损伤;④尿潴留解除;⑤主诉疼痛减轻或消失。

（李玉霞）

思 考 题

1. 护士如何指导急性脊髓炎病人提高自理能力?
2. 如何对急性脊髓炎病人进行并发症的预防及管理?
3. 护士如何对脊髓压迫症病人进行康复指导?
4. 针对需要手术的脊髓压迫症病人的护理措施有哪些?

第十篇

感觉系统疾病病人的护理

URSING

第七十三章

眼病病人的护理

73章 数字内容

----- 学 习 目 标 -----

- **识记:**
  1. 掌握眼球内容物、眼球壁各层及眼附属器各部的主要结构和生理功能。
  2. 陈述相关概念:视觉通路、视力障碍、视野缺损、夜盲、结膜充血、睫状充血、视力、指数、手动、光感、视野、暗适应、眼压、白内障、青光眼、高眼压症、正常眼压性青光眼、急性闭角型青光眼、开角型青光眼、葡萄膜炎、房水闪辉、交感性眼炎、诱发眼、交感眼、视网膜脱离、眼外伤、眼球穿孔伤、眼化学伤。
  3. 掌握眼科疾病手术护理常规。
  4. 掌握眼部各部位炎症定义、临床表现、护理要点。
  5. 掌握急性闭角型青光眼的病因、发病机制、护理评估、治疗要点、主要护理诊断及护理措施。
  6. 掌握原发性开角型青光眼病人的护理评估、治疗要点、护理措施。
- **理解:**
  1. 了解眼科常用检查的原理、方法和护理要点。
  2. 结合视觉通路的组成,列举各种致盲性眼病的病因、发病机制和临床表现。
  3. 了解眼不同部位的炎症性疾病的病因、临床表现、护理要点方面的异同点。
  4. 结合房水的循环途径,列举不同类型青光眼的病因、发病机制和临床表现。
  5. 列举白内障及视网膜脱离的常见类型、临床表现和防治原则。
- **运用:**
  1. 掌握眼疾病病人的基本护理评估。
  2. 掌握眼部手术病人的护理评估内容、护理计划与实施。
  3. 掌握青光眼病人的护理评估内容、护理计划与实施。
  4. 理解青光眼病人和家属因疾病反复发作出现的焦虑心情,进行针对性心理疏导。

第一节　概　　述

一、眼的结构与功能

眼为视觉器官,包括眼球、视觉通路和眼附属器 3 部分。眼球接受外界信息经视神经、视觉通路向视皮质传递而完成视觉功能。眼附属器对眼球则起到保护、运动等辅助作用。

(一)眼球

眼球(eyeball)近似球形,有两个不同弯曲半径的球面对合而成,前后两个半球在中央交界处称赤道部。正常成人的眼球前后径平均为 24mm,水平径平均为 23.5mm,垂直径平均为 23mm。

眼球由眼球壁和眼球内容物组成(文末彩图 73-1-1)。

1. **眼球壁**　分为 3 层,外层为纤维膜,中层为葡萄膜,内层为视网膜。

(1)外层:由坚韧致密的纤维组织构成,主要功能为维持眼球形状和保护眼内组织。前面 1/6 透明的部分为角膜,后面 5/6 不透明的部分为巩膜,两者移行处为角膜缘。

角膜(cornea):略呈横椭圆形,横径 11.5~12.0mm,垂直径 10.5~11.0mm。角膜中央厚度为 0.50~0.55mm,从中心 30° 外开始增厚,周边可达 1.00mm。角膜前表面的曲率半径约为 7.8mm,后面约为 6.8mm,相当于 48D 的凸透镜,为眼的屈光系统的重要组成部分。角膜组织结构从外向内分为 5 层(图 73-1-2)。①上皮细胞层:由复层上皮细胞组成,再生能力强,损伤后修复快且不留痕迹;②前弹力层(Bowman 膜):为透明质膜,为细胞成分,损伤后不能再生;③基质层:占角膜厚度 90%,由许多层与角膜表面平行且排列极规则的胶原纤维薄板组成,薄板间有角膜细胞和少数游走细胞,并含有黏蛋白和糖蛋白,损伤后不能再生,以结缔组织代替;④后弹力层(Descement 膜):为较坚韧而富有弹性的透明均质膜,对化学物质和细菌毒素的抵抗力强,角膜溃疡穿孔前常可见后弹力层膨出,此层损伤后可迅速再生;⑤内皮细胞层:由单层六角形扁平上皮样细胞构成,具有角膜-房水屏障功能,损伤后不能再生,依靠邻近细胞扩张和移行来覆盖。

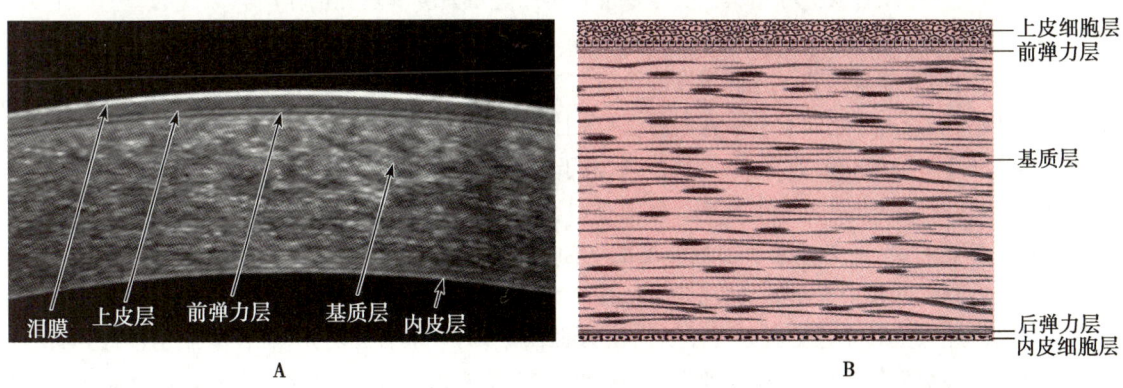

图 73-1-2　**OCT 的角膜活体切面及角膜组织学示意图**
A. 活体角膜 OCT 切面图;B. 角膜组织学示意图。

角膜的特点:①角膜透明以使光线入射到眼内。②无血管组织以保证角膜的透明度,其营养来自角膜缘血管网、房水和泪液;缺点是损伤后易感染,病变时修复慢。③规则的弯曲度使角膜每条径线或每部分的屈折力基本相等,进入眼内的光线经屈折后,聚焦在视网膜上而形成清晰物像,弯曲度不规则时会出现散光。④恒定的含水量确保屈光功能的顺利完成,含水量增加可发生角膜水肿而混浊,导致视力减退。⑤丰富的感觉神经来自三叉神经的眼支,主要感受痛觉,当微小的刺激造成眼痛时,可以引起畏光、流泪等保护性反应。

巩膜(sclera):为乳白色,由致密且相互交错的胶原纤维构成,表面有进出眼球的血管、视神经通过,有眼球筋膜鞘[又称特农囊(Tenon's capsule)]包裹,前面有结膜覆盖。巩膜厚度为 0.3~1.0mm,赤道部及眼外肌附着处较薄,视神经周围最厚。视神经纤维穿出巩膜处呈网眼状称筛板,此处最薄弱,若受持续高眼压影响可形成特殊的青光眼环状凹陷。

角膜缘(corneoscleral limbus):灰白色半透明,为角膜和巩膜相互移行衔接处,宽约 1mm,上方最宽,内眼手术常在此做切口。角膜缘周围有深、浅两层血管网,浅层来自结膜血管,深层来自睫状血管系统,以供给角膜营养。当角膜、巩膜、虹膜及睫状体有炎症时,此血管网扩张称睫状充血。角膜缘深部有一环形管道,称巩膜静脉窦(Schlemm 管),向内以小梁网与前房角相通,为房水排出通道。

(2) 中层:葡萄膜(uvea),因富含血管和色素又称血管膜、色素膜,主要起营养及遮光作用。由前向后分为虹膜、睫状体和脉络膜 3 部分。

虹膜(iris):位于角膜之后晶状体之前,呈圆盘状,颜色可因种族不同而异。虹膜表面有辐射状凹凸不平的皱褶和隐窝称虹膜纹理,中央有一直径为 2.5~4.0mm 的圆孔,称瞳孔。瞳孔缘后面紧贴晶状体并受其支撑,当晶状体脱位或摘除后,可发生虹膜震颤。虹膜周边与睫状体接连处最薄,称虹膜根部,眼球挫伤时易从睫状体离断。虹膜组织内含有丰富的三叉神经纤维网和丰富的血管组织,炎症时可产生渗出物和明显疼痛。

虹膜组织内有两种平滑肌,即瞳孔括约肌和瞳孔开大肌。前者环绕瞳孔周围分布,受动眼神经中的副交感神经纤维支配,司缩瞳作用;后者向虹膜周边呈放射状排列,受交感神经支配,司散瞳作用。在情绪波动特别是愤怒和疼痛时瞳孔散大明显。此两种肌肉可随光线强弱而改变瞳孔的大小,调节进入人眼的光线。

睫状体(ciliary body):围绕眼球前部附着于虹膜内面的环状色素带,前方起于虹膜根部,后方移行于脉络膜。其断面呈三角形,前 1/3 肥厚称睫状冠,表面有 70~80 条放射状排列的突起称睫状突;后 2/3 薄而扁平称睫状体扁平部,向后与脉络膜相接处称锯齿缘。睫状体组织内含有丰富的三叉神经末梢,故炎症或外伤时疼痛明显。睫状体主要起调节作用和分泌房水的功能。

脉络膜(choroid):位于虹膜内面,两者之间有一间隙称脉络膜上腔。脉络膜前起锯齿缘,后止于视盘周围,有丰富的血管和色素。靠近虹膜的血管粗大称大血管层,靠近视网膜的小血管极细称毛细血管层,中间的称中血管层。脉络膜主要起供应视网膜外层营养和遮光的作用。

(3) 内层:即视网膜(retina),为一层透明薄膜,位于脉络膜的内面,前起锯齿缘后止于视盘,外与脉络膜紧贴,内与玻璃体相邻。视网膜按胚胎发育来源分为两层,外层为视网膜色素上皮层,内层为视网膜神经感觉层,两层之间有一潜在间隙,临床上视网膜脱离即发生于此。

视网膜有 2 个结构非常重要,一处是黄斑,位于眼球后极部视网膜处,直径约 1.5mm,中央凹陷处称黄斑中心凹,眼底检查可见一小反光点称中心凹反射,为视力最敏锐处。另一处是视盘(又称视乳头),距黄斑鼻侧约 3mm,为神经节细胞纤维汇集穿出眼球的部位,中央有一小凹陷称生理凹陷或视杯。视盘中央有视网膜中央动脉及静脉通过,并分布于视网膜上。

视网膜神经感觉层光感受器分视杆细胞和视锥细胞 2 种。前者感弱光,后者感强光、司色觉。黄斑区主要有视锥细胞分布,而无视杆细胞。中心凹处只有视锥细胞,且神经元的传递呈单线连接,故视力非常敏锐。离开中心凹后视锥细胞密度明显降低而视杆细胞逐渐增多。视盘表面无感光细胞,因此无视觉功能,在视野中形成生理盲点。临床上黄斑区病变时,视力明显下降;周边部视网膜病变时,视杆细胞受损发生夜盲。视杆细胞含有视紫红质,在其合成过程中,维生素 A 起重要作用,故当维生素 A 缺乏时会影响视紫红质的合成,导致夜盲。

2. 眼球内容物 包括房水、晶状体和玻璃体,均为透明组织,与角膜一起构成完整的屈光系统,完成眼的屈光功能。

(1) 房水(aqueous humor):为无色透明液体,由睫状突上皮细胞分泌,充满于前后房。其主要成分是水,含有少量氯化物、蛋白质、维生素 C、尿素和无机盐等。房水有营养角膜、晶状体、玻璃体,疏导眼内组织代谢产物和维持正常眼压的功能。

房水循环的途径:由睫状突上皮细胞产生进入后房,经瞳孔入前房,再经前房角小梁网、Schlemm管,然后经集合管、房水静脉,最后进入虹膜表层的睫状前静脉(文末彩图73-1-3)。当房水循环障碍时可导致眼压升高而发生青光眼。

(2) 晶状体(lens):为一双透明体,富有弹性,位于虹膜之后玻璃体之前,周边借晶状体悬韧带与睫状体相连并固定其位置。晶状体前面曲率半径为10mm,后面为6mm,前后两面交接处称赤道部。两面的顶点分别称前极和后极。

晶状体外面是一层透明膜称晶状体囊。前囊下有一层立方上皮细胞,向周边移行渐变为柱形,达赤道部时变为纤维称晶状体纤维。一生中上皮不断生长,新纤维不断增加将旧纤维推向中心而形成晶状体核,核周围的软纤维称作皮质。随年龄的增加核逐渐增大而弹性减弱。晶状体本身没有血管和神经分布,由房水供给营养。主要功能是与睫状体一起完成调节作用,此外,还有过滤部分紫外线保护视网膜的功能。在临床上,当晶状体囊受损或房水代谢发生变化时,晶状体将发生混浊形成白内障。

(3) 玻璃体(vitreous body):为无色透明的胶状体,充满于晶状体后面的空腔内。其主要成分是水和由胶原纤维构成的网架,架上附有透明质酸分子,其与大量水分子结合形成胶体结构。玻璃体前面有一凹面称玻璃体凹,以容纳晶状体。玻璃体无血管和神经,代谢慢而无再生能力,营养来自脉络膜和房水。玻璃体因炎症或其他原因造成液化或缺失即脱失后,由房水充填。周围组织有病变时常影响到玻璃体的正常代谢而发生液化和混浊。玻璃体主要有屈光、支撑视网膜和眼球的功能。

(二)视觉通路

视觉通路(visual pathway)是传导视觉冲动的神经通路。起于视网膜光感受器,止于大脑枕叶的视觉中枢。视网膜神经节细胞纤维汇集于视盘,通过筛板穿出眼球形成视神经,向后通过视神经孔、视神经管进入颅内。两侧视神经中的鼻侧视网膜纤维在蝶鞍处交叉到对侧形成视交叉,与同侧的颞侧纤维合成视束。视束绕过大脑脚外侧终止到外侧膝状体更换神经元,新纤维经过内囊形成视放射,最后终止于大脑枕叶皮质纹状区视中枢(文末彩图73-1-4)。

视神经全长40mm,根据其部位所在分为眼内段、眶内段、管内段和颅内段。视神经外有鞘膜包绕,此鞘膜由3层脑膜延续而来,鞘膜间隙与颅内同名间隙相通。当颅内压升高时,常发生视盘水肿。视觉纤维在视觉通路各段排列不同,故在神经系统某部位病变或损害时,会表现出特定的视野异常,准确检出这些视野缺损的特征性改变,对中枢神经系统病变的定位诊断具有重要意义。

(三)眼附属器

眼附属器位于眼球周围,包括眼睑、结膜、泪器、眼外肌和眶,它们均以不同方式保护眼球,眼外肌还协助眼球运动,以保证双眼单视。

1. **眼睑(eye lids)**　眼睑覆盖在眼球前表面,分上睑和下睑。上睑以眉毛为界,下睑移行于皮肤,其间的裂隙为睑裂。正常平视时睑裂高度约8mm,上睑遮盖角膜上部1~2mm。上、下睑内、外两端相连处分别称作内眦、外眦。眼睑游离缘称睑缘,睑缘前唇钝,生有2~3行排列整齐的睫毛,毛囊周围有皮脂腺(Zeis腺)及变态汗腺(Moll腺);后唇锐,紧贴眼球表面。前后唇间为皮肤与结膜的交界处,称唇间灰线,灰线与后唇间有一排睑板腺开口。

眼睑组织学上由外向内分为5层:

(1) 皮肤层:皮肤薄柔松弛,易形成皱褶,有利于睑裂的开闭。

(2) 皮下组织层:为疏松结缔组织及少量脂肪。局部炎症或肾病时容易出现水肿。

(3) 肌层:①眼轮匝肌:为横纹肌,肌纤维走行与睑裂平行呈环形,由面神经支配,司闭睑;当面神经麻痹时,会发生睑裂闭合不全和溢泪。②上睑提肌:受动眼神经支配,司提上睑;当动眼神经麻痹时,会发生上睑下垂。③睑板肌:为平滑肌,由交感神经支配,助提上睑。

(4) 睑板层:由致密的结缔组织构成的半月状结构,为眼睑的支架,上睑板宽而厚,下睑板窄而薄。睑板内有高度发达的皮脂腺,称睑板腺,垂直于睑缘排列,分泌并排出类脂质于睑缘,防止泪溢及有害液体进入结膜囊内,并参与泪膜构成,对眼表面起润滑作用。

（5）睑结膜层：紧贴睑板内面,距睑缘 2mm 处有一浅沟与睑缘平行称睑板下沟,常为异物存留处。

2. 结膜（conjunctiva）　为一层薄的半透明膜,覆盖在眼睑后面和眼球巩膜前面,按其解剖部位的不同分为 3 部分,即睑结膜、球结膜和穹隆结膜,3 部分结膜形成一个以睑裂为口、角膜为底的结膜囊。

结膜组织内分布有杯状细胞和副泪腺,分泌黏液、泪液以湿润眼球表面。结膜血管来自眼睑动脉弓及睫状前动脉。眼睑动脉弓穿过睑板分布于睑结膜、穹隆结膜和距角膜缘 4mm 以外的球结膜,此动脉称结膜后动脉,充血时称结膜充血。睫状前动脉由眼动脉支发出,在角膜缘 3~5mm 处,一支穿入巩膜,另一支细小的巩膜上支继续前行组成角膜周围血管网,并分布于球结膜,后者称结膜前动脉,角膜缘血管网充血时称睫状充血。两种不同充血对眼部病变部位的判断有重要意义。

3. 泪器（lacrimal apparatus）　包括泪腺和泪道两部分。

（1）泪腺（lacrimal gland）：位于眶外上方的泪腺窝内,正常时从眼睑不能触及。泪腺分泌泪液,由泪腺导管排至结膜囊。泪液呈弱碱性,并含有溶菌酶,具有湿润、清洁和杀菌作用。泪腺的营养来自眼动脉分支的泪腺动脉。泪腺神经为混合神经,三叉神经分支司感觉,面神经中的副交感神经纤维和颈内动脉丛的交感神经纤维司分泌。正常情况下,泪液分泌很少,清醒状态下 16h 分泌 0.5~0.6ml,仅供湿润眼球和营养角膜。当患某些眼病、外来有害物质刺激和情绪激动时,可大量分泌而引起流泪。

（2）泪道（lacrimal passage）：为排泄眼泪的通道,包括泪点、泪小管、泪囊和鼻泪管。泪液分泌排到结膜囊后,依靠瞬目动作分布于眼球表面,然后汇集到泪湖,再由泪点和泪小管的虹吸作用,进入泪囊,最后泪囊因其固有弹性将泪液挤入鼻泪管而入鼻腔。

4. 眼外肌（extraocular muscle）　为司眼球运动的肌肉。每眼附有 6 条,包括 4 条直肌(内直肌、外直肌、上直肌、下直肌)和 2 条斜肌(上斜肌、下斜肌)。上斜肌受滑车神经支配,外直肌受展神经支配,其余的 4 条眼肌均由动眼神经支配。

内、外直肌收缩使眼球转向该肌所在的方向。上、下直肌由于肌轴与视轴成 23°角,当收缩时,主要功能使眼球上、下转,次要功能是使眼球内转和内、外旋。上、下斜肌肌轴与视轴成 51°角,当其收缩时,上斜肌主要功能是使眼球内旋,下斜肌外旋,次要作用是使上斜肌下转、外转,下斜肌上转、外转。

5. 眶（orbit）　为四边锥形的骨窝。基底向前,尖端向后略偏内侧,由额骨、颧骨、上颌骨、筛骨、泪骨、蝶骨、腭骨 7 块颜面骨组成。成人眶深为 40~50mm,眶内容物为眼球、视神经、泪腺、眼外肌、筋膜、血管。除此外,均有脂肪组织所充填,对眼球具有软垫样保护作用。

在眶深部视神经和外直肌之间,距眶尖约 1cm 处,有一睫状神经节,它由节前纤维的 3 个根组成,长根为感觉根,由鼻睫神经发出;短根为运动根,自第Ⅲ对脑神经发出,含有至瞳孔括约肌和睫状肌的副交感神经;交感根含有至眼内血管和瞳孔开大肌的交感纤维。其节后纤维即组成睫状短神经。在行眼球手术时,常须施行球后麻醉以阻滞该神经节的功能,对虹膜、睫状体有镇痛作用,并可稍降低眼压。

眶有上、下、内、外 4 个壁。上壁前部外侧有一平滑而宽大的凹陷,为泪腺窝,容纳泪腺。前部内侧有一圆形凹陷称滑车凹,为上斜肌软骨性滑车附着处。内壁前方有泪囊窝,下接骨性鼻泪管,内上方与额窦相邻。下壁与上颌窦相邻,内壁借一菲薄筛骨纸样板与筛骨相邻。外壁质地较坚硬,前缘向后退缩以扩大视野,但眼球外侧暴露相对较多增加了受伤的机会和危险。由于眶与鼻窦关系密切,鼻窦的炎症、肿瘤常累及到眶。

（四）眼的血液循环与神经支配

1. 血液循环

（1）动脉：眼的血液供应来自颈外和颈内动脉系统,颈内动脉从颅底腔内刚出海绵窦处分出眼动脉,经视神经孔到达眶内,分出视网膜中央动脉和睫状动脉。

视网膜中央动脉：于眼球后 9~12mm 处穿入视神经中央,再从视盘穿出分布于视网膜,在视网膜

上分为鼻上、鼻下、颞上、颞下 4 支动脉,走行于视网膜神经纤维层内,逐级分支达周边部,营养视网膜内层组织。

睫状动脉:①睫后短动脉由视神经周围处穿入巩膜达到脉络膜,营养脉络膜和视网膜外层组织。②睫后长动脉左、右各一,营养脉络膜的前部。③睫前动脉是从 4 条直肌的肌动脉而来,营养睫状体、虹膜、角膜、巩膜表层和前部结膜。

(2) 静脉:视网膜中央静脉:与视网膜中央动脉伴行,经眼上静脉或直接流回到海绵窦。涡静脉:位于眼球赤道部后方,共 4~7 条,收集部分虹膜、睫状体和全部脉络膜的血液,经眼上、下静脉回流到海绵窦。睫状前静脉:收集虹膜、睫状体和巩膜的血液,经眼上静脉、眼下静脉入海绵窦。眼下静脉通过眶下裂与翼静脉丛相交通,进入颈外静脉。

眼上静脉、眼下静脉与面静脉、海绵窦、鼻腔静脉、翼静脉丛都有丰富的血管吻合,并且缺乏静脉瓣,血液可以互相流通。故鼻、唇的疖肿或颌面部炎症禁忌挤压。如若处理不当,炎症可迅速扩散到眶内或颅内,造成严重后果。

2. 神经支配

(1) 视神经:传导视觉。

(2) 运动神经

动眼神经:支配上直肌、内直肌、下直肌、上睑提肌,司眼球运动及睑裂开大。

滑车神经:支配上直肌运动,使眼球内旋、下旋、外转。

展神经:支配外直肌运动,使眼球外转。

面神经:支配眼轮匝肌,司眼睑闭合。

自主神经:交感神经通过鼻睫神经的分支睫状长神经进入眼内,支配瞳孔开大肌,司瞳孔散大;副交感神经通过动眼神经的运动根进入睫状神经节,节后纤维称睫状短神经,支配瞳孔括约肌和睫状肌,参与缩瞳和调节作用。

(3) 感觉神经:来自三叉神经的第一、二分支,司眼球及眼睑的感觉。

眼神经:为三叉神经第一支,仅含躯体感觉纤维,又分为 3 支。①额神经:其分支为眶上神经,分布于上睑。②泪腺神经:分布于泪腺。③鼻睫神经:分布于角膜、虹膜和睫状体。

上颌神经:为三叉神经第二支,含躯体感觉纤维。自三叉神经节发出后,主要分为 4 支,其中眶下神经为上颌神经主干的终末支,分布于下睑、鼻翼、上唇的皮肤和黏膜。临床做上颌部手术时常经眶下孔进行麻醉。

(4) 睫状神经节:位于眶深部视神经外侧、总腱环前 10mm 处。其节前纤维由 3 个根组成。①长根为感觉根,来自鼻睫神经,司眼球的一般感觉。②短根为运动根,来自动眼神经中的副交感神经纤维,节后纤维加入睫状短神经进入眼球。③交感根,来自颈内动脉丛,节后纤维加入睫状短神经,进入眼球后支配瞳孔开大肌和眼球血管。临床上的眼内手术施行球后麻醉,就是阻断此神经节,达到麻醉眼内神经组织的作用。

二、眼疾病病人的评估

(一)健康史

1. 一般资料　包括病人的姓名、年龄、职业、民族、籍贯、婚姻状况、出生地等。

2. 现病史　应详细询问病人发病直至就诊时的全过程,包括初发症状和体征、性质、程度、诱因、病情变化及规律、局部及全身症状、曾接受的治疗方案及其疗效、目前的用药情况,包括药物的名称、剂量、用法、疗效或不良反应。主要症状包括视功能障碍(视力障碍、视野改变、色觉障碍、视物变形等)、感觉异常(眼痛、眼干涩、眼痒、眼分泌物增加、视物疲劳、异物感、畏光等)、外观异常(眼红、双眼外观不对称、眼睑肿胀、眼球突出、流泪和泪溢等)。许多因素可引起眼病的发作如情绪激动、暗室停留时间过长、局部或全身应用抗胆碱药等可诱发急性闭角型青光眼的发作;剧烈咳嗽、便秘可诱发球结膜下出血。

Note:

3. **既往病史** 很多全身疾病都可能在眼部表现或多或少的症状和体征,因此要认真询问病人的既往病史。高血压可引起高血压性视网膜病变;糖尿病可引起糖尿病性白内障、糖尿病性视网膜病变等;颅内占位性病变可引起视盘水肿和视神经萎缩;重症肌无力可引起上睑下垂、复视、眼外肌运动障碍等症状。另外,眼部疾病可复发或加重,如高度近视眼可并发视网膜脱离;虹膜睫状体炎可继发青光眼;眼球穿孔伤或内眼手术,健眼可发生交感性眼炎。

4. **用药史** 许多药物可引起眼部疾病,如全身或局部应用皮质激素可继发开角型青光眼,严重者可有视盘凹陷和视野缺损等症状,局部应用还可以使角膜发生细菌性感染、真菌性角膜炎;长期服用氯丙嗪可发生晶状体和角膜的改变;少数病人服用洋地黄类药物后可引起视物模糊及视物变色症。

5. **家族遗传史** 与遗传有关的眼病也较常见,如视网膜色素变性是最常见的遗传性致盲眼病之一。

6. **接触史与职业史** 了解病人的工作环境对诊断某些眼病有重要帮助。接触紫外线可发生电光性眼炎;长期接触三硝基甲苯者可导致白内障。

（二）身体状况

1. 主要症状

（1）视力障碍(visual disturbance):一般指中心视力而言。轻者视力减退,重者视力丧失。应了解其发展的速度、程度及伴随症状。一过性视力丧失指视力可在 24h 内(通常在 1h 内)自行恢复正常。常见原因有视盘水肿、椎基底动脉供血不足,直立性低血压、视网膜中央动脉痉挛、癔症等。视力突然减退,不伴有眼痛常见于视网膜动脉或静脉阻塞、缺血性视神经病变、玻璃体积血、视网膜脱离等疾病;视力突然减退伴有眼痛见于急性闭角型青光眼、虹膜睫状体炎、角膜炎等;逐渐视力下降不伴有眼痛见于白内障、屈光不正、开角型青光眼等;视力下降而眼底正常见于球后视神经炎、弱视等疾病。

（2）视野缺损(visual field defect):即视野所见不符合正常的视野范围。单眼的视野缺损,病人可感到如幕遮住一部分视野,见于单眼或双眼视网膜病、视神经病、脉络膜病和青光眼侵犯单眼时;双眼视野缺损表明视交叉或视觉通路有病变。中心视野30°以内范围病变容易被发现,周边视野缺欠达到一定程度才会被察觉,严重者如晚期青光眼及视网膜色素变性可出现管型视野。周边视野缺损可分为鼻侧、颞侧、上方或下方视野缺损,视网膜中央动脉或静脉分支阻塞可表现为象限、上方或下方的视野缺损,暗点可在中心,也可以在周边,其范围依病变的严重程度而异,可见于黄斑变性、中心浆液性脉络膜视网膜病变、视神经炎等。

（3）夜盲与昼盲:夜盲(nyctalopia)是指夜视力或暗视力不佳,发生于视网膜色素变性、维生素 A 缺乏、视神经病、青光眼等,也可见于全视网膜光凝后。昼盲(hemeralopia)是在光线明亮的条件下视力较昏暗环境下差的一种现象。见于锥体退化或中毒侵犯视神经,中央性角膜白斑或核性白内障也有此种表现。

（4）眼部充血:可分为结膜充血(conjunctival congestion)、睫状充血(ciliary congestion)和混合充血(mixed congestion)3 种类型,结膜充血与睫状充血的鉴别见表73-1-1。

表 73-1-1 结膜充血与睫状充血的鉴别

	结膜充血	睫状充血
血管来源	结膜后动脉	睫状前动脉
位置	浅	深
充血部位	以周边球结膜和穹隆部为主	以角膜缘周围为主
颜色	鲜红色	紫红色
形态	血管呈网状、树枝状	血管呈放射状或轮廓不清
移动性	推动球结膜时,血管随之移动	无移动性
充血原因	结膜炎	角膜炎、虹膜睫状体炎、青光眼

Note:

2. 体格检查方法

（1）视功能检查：包括视觉心理物理学检查（如视力、视野、色觉、暗适应、立体视觉、对比敏感度）和视觉电生理检查两大类。

1）视力（vision）：即视敏锐度，即辨别最小物像的能力，是黄斑中心凹的视功能，亦称中心视力。可分为远、近视力，后者为阅读视力。临床上通常将1.0的视力作为正常视力。世界卫生组织的标准规定，双眼矫正视力（验光试镜后的视力）低于0.3为低视力，矫正视力低于0.05为盲。

远视力检查：要求视力表须有充足的光线照明，被检者距视力表5m，安置高度为1.0行与被检眼等高。视力检查须两眼分别进行，一般先右后左。可用手掌或小板遮盖另一眼，但不要压迫眼球。检查者用杆指着视力表的视标，嘱被检者说出或用手势表示出该视标的缺口方向，逐行检查，找出被检者至多能将哪一行的视标完全正确认识，该行标志的数字即表示被检者的视力。正常视力标准为1.0，戴镜者先测裸眼视力，然后测戴镜视力并记录矫正眼镜片的度数。如果在5m处连最大的试标（0.1行）也不能识别，则嘱病人逐步向视力表走近，直到认出为止，再根据视力=0.1×检查距离（m）/5（m）的公式计算实际视力。如检查距离为1m，则视力=0.1×1/5=0.02。或按距离计算，每缩短1m，则视力减去0.02。如果走到距视力表1m处仍不能辨认最大字符的缺口方向，则改查指数（counting fingers，CF），即被检者背光，辨认检查者伸出的手指的数目，并记录下该距离，如"指数/30cm"。如手指距眼5cm处仍不能正确指数，则改查手动（hand movement，HM），即检查者在被检者的前方摆动手，嘱被检者辨认检查者的手是否在摆动，并记下该距离，如"手动/30cm"。如即使靠近被检者眼前摆手也不能正确判断手动，则改查光感（light perception，LP），即在暗室内用检眼镜光或手电筒照射，测试被检眼是否能正确判断眼前的亮光，记录"光感"或"无光感"。对有光感者还要查光定位，即判断其各方向的光定位能力，通常以9个方位测定，须记录哪个方向能判定，哪个方向不能判定。

近视力检查：将近视力表放在被检查者眼前30cm处，同远视力检查，找出被检查者在30cm处能正确辨认的最小字号。正常近视力为30cm能看到1号字或1.0，记录为J1或1.0。如果被检者在30cm处不能辨认1号字或1.0，则嘱被检者手持视力表前后移动，找出能看到的最小字号，并记录下实际距离。例如被检者在50cm处能看到的最小字号为2，则其近视力记录为J2/50cm。

2）视野（visual field）：是当眼球向正前方固视不动时所见的空间范围，亦称周围视力。距离注视点30°以内的范围称中心视野，主要为黄斑中心范围内的视功能，30°以外称周边视野。世界卫生组织规定视野小于10°者，即使中心视力正常也属于盲。视野检查分周边视野检查和中心视野检查。

周边视野检查：可采用简单对比法即被检者与检查者对视，眼位等高，相距0.5m。检查右眼时，被检者的右眼与检查者的左眼彼此注视，并各遮盖另一眼，检查左眼时反之。检查者将手指置于二人等距离之处，在各方向从外周向中央移动，如果被检者能在各方向与检查者同时看到手指，即可认为视野大致正常。也可以采用Kestenbaum法：将一小白色物体（如棉签）从被检者头后距头周20~30cm缓缓向前移动，直到被检者看到该物体为止。如上方在眉弓处、下方在颊部、内侧在鼻处、外侧在眼外眦处能被看见，则周边视野大致正常。

中心视野检查：可采用平面视野计，适合于发现较小的中央视野的缺损。有些疾病只有中心视野缺损，或在早期只有中心视野缺损，晚期才有周边视野缺损，所以有时中心视野检查比周边视野检查更有价值。

3）色觉（color vision）：凡从事美术、交通运输、医学、化学等工作的人员必须具备正常的色觉。色觉障碍按其轻重可分为色弱及色盲。色盲以红绿色盲最常见。色觉检查方法最常用的是假同色图（常称色盲本），用亮度相等易混淆的颜色斑点构成图形、数字、字母或曲线等。正常人以颜色来分辨之，色盲者只能以明暗来判断。检查应在充足的自然光线下进行，距色盲本 0.5m，应在 5s 内认出。

4）暗适应（dark adaptation）：当眼从强光下进入暗处时，起初一无所见，以后逐渐能看清暗处的物体，这种对光的敏感度逐渐增加、最终达到最佳状态的过程称为暗适应。同样从暗处到明处，也要一段时间才能看清物体，称之为明适应。暗适应检查可用以诊断和观察各种可以引起夜盲的疾病，如视网膜色素变性、维生素 A 缺乏症等。暗适应检查最简单的是采用对比法即被检者与暗适应正常的检查者同时进入暗室，分别记录在暗室内停留多长时间才能辨认周围的物体，如被检者的时间明显延长，即表示其暗适应能力差。

（2）眼球前段检查

1）角膜：注意角膜的直径大小、透明度、弯曲度及知觉。并注意观察有无异物、新生血管，角膜后有无沉着物。如果角膜直径小于 10mm 或大于 13mm，则分别为小角膜或大角膜；角膜弯曲度异常可见于圆锥和扁平角膜；角膜知觉检查可从消毒棉签中拧出一条纤维，用其尖端从被检者侧面移近并触及角膜，如不引起瞬目反射，或两眼所需触力有明显差别，则表明角膜感觉减退，见于疱疹病毒所致的角膜炎、三叉神经麻痹等。为了检查角膜上皮有无缺损或溃疡，可用荧光素钠染色法：用消毒玻璃棒蘸 1%～2% 无菌荧光素钠液于下穹隆结膜上，过 1～2min 后观察，正常角膜不着色，如果角膜上皮有损伤或缺损，病变部位可呈黄绿色的染色。

2）巩膜：观察巩膜有无黄染、充血、结节及压痛。

3）前房：观察前房深度，即将手电筒灯光从外眦处照向内眦，如鼻侧虹膜全部照亮为深前房；如鼻侧虹膜仅被照亮 1mm 或更少为浅前房，有发生闭角型青光眼的潜在危险。同时注意房水有无混浊、积血、积脓。

4）虹膜：观察颜色、纹理，有无新生血管、色素脱落、萎缩及角膜前粘连、与晶状体后粘连，有无根部离断，有无震颤。

5）瞳孔：观察两侧瞳孔是否等大、等圆，位置是否居中。正常成人瞳孔在弥散自然光线下直径为 2.5～4.0mm。瞳孔扩大见于外伤、青光眼、药物性散大；瞳孔缩小见于虹膜睫状体炎和药物性缩瞳。梨形瞳孔多见于粘连性角膜白斑，梅花形瞳孔可见于虹膜后粘连，瞳孔向上移位见于白内障摘除术后和某些青光眼术后。检查瞳孔的各种反射对于视器及全身疾病的诊断有重要意义。瞳孔直接对光反射是被检者面对检查者，双眼注视远方，检查者用手电筒从侧方照向一眼，该眼瞳孔迅速缩小。瞳孔间接对光反射是用手隔开双眼，光照一侧瞳孔，对侧瞳孔虽不被光照，但却缩小。当眼注视 10～15cm 处的目标时，瞳孔缩小，双眼内聚，称为近反射或调节反射。

6）晶状体：观察晶状体有无混浊和脱位。

（3）眼底检查：是对眼后段即玻璃体、脉络膜、视网膜和视盘进行检查。可通过直接检眼镜、间接检眼镜等设备进行检查。

1）直接检眼镜（direct ophthalmoscope）：所见眼底为正像，放大约 16 倍，检查者距被检眼 10～20cm。眼底检查所见：正常视盘略呈椭圆形，淡红色，边界清楚，中央有凹陷，称为生理凹陷，亦称为杯。若视盘边界模糊、隆起，应考虑视盘水肿或视神经炎；如色泽苍白为视神经萎缩。视网膜中央动脉颜色鲜红，静脉颜色暗红，动静脉管径之比为 2∶3，如动脉变细或动、静脉交叉处静脉中断或尖削，则表明小动脉有痉挛或硬化；黄斑位于视盘颞侧稍偏下处，呈暗红色，无血管，其中心有一针尖样反光点，称为中心凹光反射。

2）间接检眼镜（indirect ophthalmoscope）：所见为眼底的倒像，放大 4 倍，可见范围更大，但必须散大瞳孔，是检查和治疗视网膜脱离的必备工具。

Note：

（4）眼附属器检查

1）眼睑：观察有无红肿、淤血、皮下气肿或肿物；有无睑内翻、睑外翻；两侧的睑裂是否对称，眼睑闭合功能是否正常；睫毛是否整齐、方向是否正常，睫毛根部有无充血、鳞屑或溃疡。

2）泪器：注意泪点有无外翻或闭塞，泪囊区有无红肿、压痛，有无流泪和溢泪。泪液分泌过多，不能完全由正常的泪道排出，而从睑裂部流出，称为流泪。眼部刺激引起流泪可见于睑内翻、睑外翻、倒睫、眼前部组织炎症；情感刺激引起流泪见于人的喜怒哀乐。溢泪是指泪液分泌正常而排出受阻，泪液不能流入鼻腔而溢出眼睑之外，见于泪点闭塞、泪点位置异常、泪囊炎、鼻泪管阻塞和先天性鼻泪管下端闭锁。判断泪道有无阻塞及阻塞的部位可行泪道冲洗。

3）结膜：将眼睑向上下翻转检查睑结膜及穹隆结膜，注意观察结膜的颜色，有无充血、水肿、乳头肥大、滤泡增生及分泌物潴留等。用拇指和示指将上下睑分开，检查球结膜，同时嘱病人向上下左右各方向转动眼球，观察有无充血，尤其区分结膜充血与睫状充血。

4）眼球位置及运动：观察双眼直视时，角膜位置是否位于睑裂中央，高低是否一致、有无眼球震颤、有无斜视、眼球大小是否异常、有无眼球突出或内陷。检查眼球的突出度可用眼球突出计，置于两侧眶外缘，嘱其向前平视，从突出计的反光镜中读出两眼角膜顶点投射在标尺上对应的数值。正常的眼球突出度为 12~14mm，两眼间相差通常不超过 2mm。

5）眶：观察两侧眶是否对称，触诊有无压痛或肿物。

（5）眼压测量：眼压（intraocular pressure）是眼球内容物作用于眼球壁的压力。正常眼压范围为 10~21mmHg。正常眼压具有双眼对称，昼夜压力相对稳定等特点，即正常双眼眼压差不应大于 5mmHg，24h 眼压波动范围不应大于 8mmHg。眼压测量包括指测法和眼压计测量法。

1）指测法：是最简单的估计眼压的方法。嘱病人双眼向下注视，检查者将手的中指和环指固定于病人的前额。两示指尖放在上睑皮肤上，两指交替轻压眼球，根据手指感到的眼球波动力的大小，来判断眼压的高低。

2）眼压计测量法：眼压计分为压陷式和压平式两类。①压陷式：如 Schiotz 眼压计，原理是用一定重量的眼压测杆将角膜压出凹陷，在眼压计重量不变的条件下，压陷越深，则眼压越低，其测量值受到眼球壁硬度的影响。②压平式：如 Goldmann 眼压计，原理是用足够力量将角膜压平而不下陷，眼球容积改变很小，因此不受眼球壁硬度的影响。

非接触式眼压计：避免了通过眼压计接触角膜引起的交叉感染，可用于角膜表面麻醉剂过敏的病人。其原理是利用可控的空气脉冲，将角膜压平到一定的面积，利用监测系统感受角膜表面反射的光线，并记录将角膜压平到一定程度所需的时间，换算成眼压的毫米汞柱。

眼压描记是测量房水动力学的简易方法，即测定房水的排出率和生成率，对青光眼的诊断和处理有一定的临床价值。

（三）心理-社会状况

视觉的敏锐与否对工作、学习和生活有很大的影响，因而眼病病人的恐惧、焦虑、紧张等心理问题较明显，相同疾病的不同病人及同一病人的不同疾病发展阶段的心理问题都会有所不同，因此，护士应及时、准确评估病人的心理状态，给予相应的护理。

（四）辅助检查

辅助检查包括实验室检查和影像学检查等。主要的影像学检查有眼超声检查、电子计算机断层扫描及磁共振成像。

光学相干断层扫描

光学相干断层扫描(optical coherence tomography,OCT)的基本原理:把光束射到将要被成像的组织或者标本上,光束被不同距离上的显微结构反射,通过测量反射光的时间延迟,可以无创地测量组织或标本的纵向内部结构。在不同的位置上进行连续的轴向距离测量,然后把获得的信息显示为二维的横截面积图像。这个原理与 A 超测量距离原理是相同的,两者间的区别在于 OCT 用的是光,A 超用的是声波。OCT 影像技术的临床应用:①黄斑区(视网膜)疾病的辅助诊断;②脉络膜疾病的辅助诊断;③早期青光眼的筛查及随访;④眼前节疾病的辅助诊断。

三、眼疾病常用的护理技术

(一)滴眼药水法

【适应证】

预防、治疗眼部疾病,散瞳、缩瞳及表面麻醉等。

【操作前准备】

治疗盘内放置滴眼液、消毒棉签。核对病人的姓名、眼别、药物的名称、浓度,水制剂应观察有无变色和沉淀。

【操作过程】

1. 病人取坐位或仰卧位,头稍向后仰并向患侧倾斜,做好病人解释工作。

2. 用棉签擦去患眼分泌物,用左手示指或棉签拉开病人下睑,右手持滴管或眼药水瓶将药液滴入下穹隆的结膜囊内。滴药时,滴管口向下,勿触及睑缘和睫毛,以免污染;滴药时勿压迫眼球,尤其是有角膜溃疡和角膜有伤口的病人。

3. 用手指将上睑轻轻提起,使药液在结膜囊内弥散。

4. 用棉签擦去流出的药液,嘱病人闭眼 5~10min。

【操作后护理】

滴入阿托品类药品时,应压迫泪囊部 2~3min,以减少药液流入鼻腔中吸收引起中毒反应。

(二)涂眼药膏

【适应证】

常用于眼睑闭合不全、绷带加压包扎前保护角膜者及须做睑球分离的病人。

【操作前准备】

物品准备包括眼药膏、消毒圆头玻璃棒、消毒棉签。涂眼药膏前检查玻璃棒有无破损,并核对病人的姓名、眼别、药物的名称和浓度。

【操作过程】

1. 病人取仰卧位或坐位,头稍向后仰。

2. 用左手示指或棉签拉开病人下睑,嘱病人向上方注视。

3. 将眼药膏直接挤入病人下穹隆;或用玻璃棒蘸眼药膏少许,将玻璃棒连同眼药膏轻轻水平放入下穹隆部,嘱病人闭眼,同时转动玻璃棒,依水平方向抽出。

4. 按摩眼睑使眼药膏均匀分布于结膜囊内,不要将睫毛连同玻璃棒一同卷入结膜囊内。

【操作后护理】

必要时给病人加戴眼罩。

（三）结膜囊冲洗

【适应证】

结膜囊冲洗法（irrigation of conjunctival sac）主要适用于结膜囊内有异物、化学物质和脓性分泌物及手术前清洁结膜囊的病人。

【禁忌证】

眼球穿孔伤及较深的角膜溃疡病人。

【操作前准备】

物品准备包括玻璃洗眼壶或冲洗用吊瓶、受水器、消毒棉签、洗眼液。

【操作过程】

1. 病人取坐位或仰卧位，头偏向一侧，做好病人解释工作。

2. 受水器紧贴患眼侧颊部或颞部，擦净眼分泌物及眼药膏。

3. 用棉签分开上下睑，冲洗液先冲洗颊部皮肤，再移向眼部冲洗，并嘱病人转动眼球，以便冲洗结膜囊各部，不要直接冲洗角膜。

4. 冲洗完毕后用棉签擦拭眼睑及颊部水滴。

5. 冲洗时，洗眼壶距眼 3~5cm，不可接触眼睑及眼球，冲洗液也不可进入健眼。对酸碱腐蚀伤冲洗要及时，且反复冲洗。

【操作后护理】

将受水器内的污水倒出，清洗消毒后备用，对于传染性眼病病人的用具应先用消毒液浸泡，再冲洗消毒。

（四）泪道冲洗

【适应证】

泪道冲洗（irrigation of lacrimal passage）主要适用于泪道疾病的诊断、治疗及内眼手术前清洁泪道。

【禁忌证】

急性炎症和泪囊炎有大量分泌物的病人。

【操作前准备】

物品准备包括注射器、泪道冲洗针头、泪点扩张器、受水器、丁卡因棉球、消毒棉签和冲洗用液体。

【操作过程】

1. 病人取坐位或仰卧位，做好病人解释工作。

2. 坐位，受水器放于口鼻之间，紧贴皮肤；仰卧位，受水器紧贴颊部。

3. 压迫泪囊将其中的分泌物挤出，然后将丁卡因棉球置于上下泪点之间，闭眼 3min。

4. 用泪点扩张器扩张泪小点。

5. 左手轻轻牵拉下睑，嘱病人向上方注视，右手持注射器将针头垂直插入泪小点 1~1.5mm，再于水平方向向鼻侧插入泪囊至骨壁。坐位，嘱病人低头；仰卧位，嘱病人头偏向患侧，将针稍向后退，注入药液。

6. 通畅者，注入液体自鼻孔流出或病人自诉有水流入口中。如注入液体通而不畅，有液体从鼻腔滴出，提示有鼻泪管狭窄。如进针时阻力大，冲洗液体原泪点或上泪点溢出，说明泪总管阻塞；如针头可触及骨壁，但冲洗液体逆流，鼻腔内无水，提示鼻泪管阻塞。

7. 冲洗后，泪小点有脓性分泌物溢出，为慢性泪囊炎；冲洗时如发现下睑肿胀，说明发生假道，必

须停止注水。如进针遇有阻力,不可强行推进,若下泪点闭锁,可由上泪点冲洗。勿反复冲洗,避免黏膜损伤或粘连引起泪小管阻塞。

【操作后护理】

滴抗生素眼药水并记录冲洗情况,包括从何处进针、有无阻力、冲洗液的流通情况及是否有分泌物等。

(五) 结膜下注射

结膜下注射(subconjunctival injection)是将抗生素、皮质激素、散瞳剂等药物注射到结膜下疏松间隙内,提高药物在眼局部的浓度,延长药物的作用时间,同时刺激局部血管扩张,渗透性增加,有利于新陈代谢和炎症吸收。

【适应证】

常用于治疗眼前段疾病。

【禁忌证】

有出血倾向的病人应慎重。

【操作前准备】

物品准备包括注射器、针头、注射的药物、表面麻醉剂、消毒棉签、胶布。注射前核对病人的姓名、眼别、药物的名称及剂量。

【操作过程】

1. 病人取坐位或仰卧位,做好病人解释工作。

2. 滴表面麻醉剂 2 次,每次间隔 3~5min。

3. 操作者左手拇指与示指分开病人上、下眼睑,对不合作者可使用开睑器,右手持注射器,颞下方注射时嘱病人向上方注视,颞上方注射时嘱病人向下方注视,针头与睑缘平行,避开血管刺入结膜下,缓慢注入药液。

4. 注射后涂抗生素眼药膏。注射时针头勿指向角膜,多次注射应更换注射部位,另外,为角膜溃疡病人注射时勿加压于眼球。

【操作后护理】

如注射散瞳类药物应注意观察病人的全身状况,并在注射后 20min 观察瞳孔是否扩大。

(六) 半球后注射

【适应证】

半球后注射(semiretrobulbar injection)主要适用于治疗眼球赤道部及其邻近组织的疾病,包括部分眼球前部的角膜、虹膜及部分葡萄膜的疾病。

【操作前准备】

物品准备包括所需药物、2ml 注射器、无菌盘、无菌眼垫、无菌棉签、酒精。注射前核对病人的姓名、眼别、药物的名称及剂量。

【操作过程】

1. 病人取仰卧位,做好病人解释工作,常规酒精棉签消毒下睑皮肤。

2. 嘱病人向上方注视,于下睑外 1/3 处进针,抽吸无回血后方可注药。

3. 抽吸回血时如发现误入血管,应立即拔针,按压注射部位,防止出血,待 5~10min 后更换药液重新注射。

4. 进针时速度要慢,针头应垂直病人脸部平面,不可斜向眼球,防止刺伤巩膜,用力不可过大,遇到阻力,切忌强行进针。

5. 注射过程中要观察病人眼部情况,如有眼睑肿胀、眼球突出,提示为出血症状,应立即拔针并

Note:

加压包扎。

6. 拔针后用无菌棉签压迫进针点 3~5min。

【操作后护理】

注射后如出现进针部位皮下青紫,应在 48h 内给予冷敷,并嘱病人 48h 后方可热敷。

（七）球后注射

球后注射(retrobulbar injection)是通过眼睑皮肤或下穹窿,经眼球下方进入眶的给药方式。

【适应证】

球后注射主要适用于眼底部给药及内眼手术前麻醉的病人。

【禁忌证】

眼前部有化脓性感染的病人。

【操作前准备】

物品准备包括注射器、球后针头、注射药物、2%碘酒、75%酒精、消毒棉签、胶布和绷带。注射前核对病人的姓名、眼别、药物的名称及剂量。

【操作过程】

1. 病人取坐位或仰卧位,做好病人解释工作,常规消毒眼睑周围皮肤。

2. 嘱病人向鼻上方注视,在眶下缘中外 1/3 交界处将注射器针头垂直刺入皮肤 1~2cm,沿眶壁走行,向内上方倾斜30°,针头在外直肌与视神经之间向眶尖方向推进,进针 3~3.5cm,抽吸无回血,缓慢注入药液。

3. 缓慢拔针后,嘱病人闭眼并压迫针眼 1min。轻压眼球,预防球后出血。

4. 注意在进针时如有阻力或碰及骨壁下不可强行进针。

【操作后护理】

注射后如出现球结膜突出、眼球运动受限,为球后出血,应加压包扎;如出现暂时的复视现象,是药物麻痹眼外肌或运动神经所致,一般 2h 后症状即可缓解。

四、眼科疾病手术护理常规

【外眼手术护理常规】

外眼手术一般在门诊手术室进行,护士应对病人进行初步护理评估,并提供护理指导。

（一）术前护理

1. **评估**　包括病人姓名、性别、年龄、体重等一般资料和疾病诊断、手术名称、药物过敏史、既往史、实验室检查等临床资料。

2. **心理护理**　主动与病人沟通,介绍手术的目的、过程、预后及门诊手术室的环境,热情解答病人关注的问题,消除其焦虑和恐惧的心理。

3. **全身准备**　检查病人有无咳嗽、感冒、鼻部炎症等疾病,了解血压、血糖情况;告知手术时间并填写手术预约单;手术当天清洗面部,不化妆,不佩戴角膜接触镜及首饰,术前排空大小便。

（二）术后护理

1. 观察病人有无局部出血或其他不适,嘱其遵医嘱用药和复诊。

2. 睑板腺囊肿手术后应覆盖双层眼垫,嘱病人用手掌按压术眼 10min,以防止术后出血。

3. 泪囊摘除术后应进行单眼加压包扎止血,观察 10~30min。

4. 翼状胬肉切除术后 5d 拆除缝线,嘱病人遵医嘱用药,定期复查,观察有无复发。

5. 新生物切除术后,常规送病理检查。

【内眼手术护理常规】

（一）术前护理

1. **术前宣教** 根据病情及拟行的手术向病人或其家属讲明手术前后的注意事项，使病人消除恐惧，密切合作。

2. **了解病人的全身情况** 如高血压、糖尿病病人应采取必要的治疗及护理措施，如有发热、咳嗽、月经来潮、颜面部疖肿及全身感染等情况要及时通知医生，以便进行必要的治疗和考虑延期手术。

3. **清洁结膜囊** 术前 3d 开始滴抗生素眼药水。术前（急症手术例外）用生理盐水冲洗结膜囊。

4. **术前训练** 训练病人能按要求向各方向转动眼球，以利于术中或术后观察和治疗。指导病人如何抑制咳嗽和打喷嚏，即用舌尖顶压腭或用指压人中穴，以免术中及术后因突然震动，引起前房积血或刀口裂开。

5. **饮食** 给予病人易消化的饮食，保持排便通畅，防止术后并发症。术前一餐，不要过饱，以免术中呕吐。全麻病人术前 6h 禁食、水。

6. **协助病人做好个人清洁卫生** 洗头、洗澡、换好干净内衣、内裤，长发要梳成辫子。

7. **其他** 术晨测量病人生命体征，记录，并在交班时报告；去手术室前嘱病人排空粪便、尿液；病人去手术室后，护士应整理床铺，准备好术后护理用品，等待病人回病房。

（二）术后护理

1. **卧位护理** 卧床休息，头部放松，全麻病人未醒期间去枕平卧。头偏向一侧，防止呕吐物误吸入气管引起窒息。

2. **保护术眼** 术眼加盖保护眼罩，防止碰撞；嘱病人在术后 2 周内不要做摇头、挤眼等动作。

3. **疼痛的护理** 应评估病人疼痛的程度、持续时间、部位、有无伴随恶心呕吐等症状，分析可能的原因，予以安慰、解释，必要时通知医生。

4. **预防感染** 敷料每日更换，注意观察敷料有无松脱、移位及渗血等；眼包扎时，嘱病人不要揉眼，勿随意解开绷带，以免感染。

5. **饮食** 继续给予病人易消化饮食，多进食蔬菜和水果，保持排便通畅，有便秘者常规给缓泻剂。

（李 越）

第二节 眼睑、泪器、结膜病病人的护理

一、睑腺炎病人的护理

睑腺炎（hordeolum）为眼睑腺体的急性化脓性感染。依其感染腺体部位的不同，分为外睑腺炎和内睑腺炎。睫毛毛囊或其周围腺体 Moll 腺或 Zeis 腺感染称外睑腺炎；睑板腺感染称内睑腺炎。

【病因与发病机制】

睑腺炎大多数为葡萄球菌，特别是金黄色葡萄球菌感染眼睑腺体所致。

【护理评估】

（一）健康史

询问病人的健康史,应重点询问病人是否有体弱、营养不良、糖尿病、睑缘及结膜的慢性炎症、屈光不正等。

（二）身体状况

患处呈现红、肿、热、痛等急性炎症的典型表现,疼痛程度常与水肿程度成正比。外睑腺炎主要位于睑缘睫毛根部,开始时红肿范围较弥散,有明显压痛的硬结,病人疼痛剧烈,可出现同侧耳前淋巴结肿大和压痛。外眦部的睑腺炎,病人常表现为眼睑及球结膜明显水肿。内睑腺炎局限在睑板腺内,肿胀局限,病人疼痛明显,局部有硬结,充血和压痛。睑腺炎发生 2~3d 后,局部形成黄色脓点。外睑腺炎向皮肤方向发展,局部皮肤出现脓点,破溃后自行排出脓液;内睑腺炎多数向结膜囊内破溃,少数向皮肤破溃。睑腺炎脓肿破溃后炎症明显减轻,1~2d 后逐渐消退。糖尿病、抵抗力差的病人,睑腺炎可在眼睑皮下组织扩散,发展为眼睑蜂窝织炎。表现为整个眼睑红肿,眼睑不能睁开,触之坚硬,压痛明显,球结膜水肿,还可伴有发热、寒战、头痛等全身症状。

睑腺炎病人外观见文末彩图 73-2-1。

（三）辅助检查

眼科一般常规检查,了解有无视力障碍,如散光、复视、视物变形等情况。

（四）心理-社会状况

由于睑腺炎的病程短且病人的视力不受影响,因此病人的心理负担不重。

【护理诊断/问题】

1. **急性疼痛**　与睑腺炎症有关。
2. **体温过高**　与全身中毒症状有关。

【护理计划与实施】

1. **物理疗法**　早期进行局部湿热敷,可促进血液循环,有利于炎症的吸收并可减轻疼痛;晚期热敷可促进脓肿形成,每次 10~15min,每日 3~4 次。超短波早期应用亦有较好的疗效。

2. **药物治疗与护理**　遵医嘱局部滴用抗生素眼药水或涂眼药膏。重症或合并全身中毒症状者,给予抑制金黄色葡萄球菌为主的广谱抗生素,全身足量用药,还可将脓液或血液进行细菌培养及药敏试验,以选择敏感抗生素。

3. **耳尖放血**　睑腺炎初起未形成脓点者:可用耳尖放血治疗。操作时应尽量做到位置准确、动作轻柔,避免并发症出现。①告知病人耳尖放血的目的、方法及注意事项,以取得其积极配合。②操作者洗净双手,按照无菌操作原则准备用物,戴口罩、帽子。③操作者先用 75% 酒精消毒病人双耳郭上部。④沿矢状面对折耳郭,选取折痕最高点作为耳尖放血穿刺点。⑤用已消毒的三棱针垂直刺入 1~2mm,避免刺伤耳软骨。⑥用双手交替挤压耳郭,拭去挤出的血液,重复 30~50 次即可;挤压过程中,如出血量逐渐减少,可用 75% 酒精擦拭穿刺点,扩张局部血管以增加出血量。⑦操作完成后,用消毒棉块按压穿刺位置 3~5min 以达到止血目的。

4. **切开引流**　脓肿形成未破溃者,应切开引流。外睑腺炎切口在睑缘皮肤面与睑缘平行;内睑腺炎则在睑结膜面与睑缘垂直做切口。脓肿切开后,使脓液自行排出。排脓不畅时,可用小镊子夹取脓栓或用小刮匙将脓液轻轻刮出,切忌挤压,以免炎症扩散或引起海绵窦血栓。脓肿未充分形成时不宜切开。

5. 健康指导

（1）对营养不良、糖尿病、睑缘或结膜的慢性炎症、屈光不正等病人，应进行彻底治疗；体弱者应增强体质，提高机体抵抗力。

（2）向病人介绍睑腺炎的治疗与用药的相关知识：①做好眼部保洁，每日用清水及无刺激性的洗面用品洗去眼周脂质分泌物。②注意用眼卫生，严禁脏手、不洁纸巾揉眼、擦眼。③注意健康饮食，避免长期大量进食脂肪含量高或刺激性强的食物。④嘱病人一旦出现急性睑腺炎应尽早就医进行治疗，控制炎症的发展，使疾病在早期得到根治。

【护理评价】

经过治疗和护理，评估病人是否能够达到：①疼痛缓解或消失；②体温恢复正常。

二、睑板腺囊肿病人的护理

睑板腺囊肿（chalazion）曾称霰粒肿。为睑板腺及其周围组织的一种炎性肉芽肿，外围为一完整的纤维结缔组织囊膜，囊内含有睑板腺分泌物及包括巨细胞在内的慢性炎症细胞的浸润。可单发，亦可新旧交替发生。

【护理评估】

（一）健康史

评估病人的发病年龄。睑板腺囊肿多发生在青少年或中壮年，睑板腺分泌功能旺盛期。

（二）身体状况

睑板腺囊肿的病程缓慢而长，囊肿较小时无自觉症状，外观正常，偶尔在体检时被发现。囊肿较大时，眼睑表面隆起，有沉重感及摩擦感，睑结膜面上可见局限性紫红色隆起，与皮肤不粘连，无触压痛。囊肿偶可自结膜面破溃，内容物排出后在结膜面上形成肉芽肿而加重摩擦感。有的病人表现为睑缘乳头状增殖，为睑板腺开口处肉芽组织增生所致，称为睑缘部睑板腺囊肿。当睑板腺囊肿继发感染后，临床表现同内睑腺炎。睑板腺囊肿病人外观见文末彩图73-2-2。

（三）辅助检查

复发性或老年病人应将切除物送病理检查，以排除睑板腺癌。

（四）心理-社会状况

病人一般无特殊的心理问题，反复发作者可产生焦虑的心理。

【护理诊断/问题】

1. 舒适度减弱　与睑板内囊肿形成致眼异物感有关。

2. 有感染的危险　睑板腺囊肿有继发感染的危险。

【护理计划与实施】

1. 囊肿小且病程短者，局部用热敷、滴用抗生素眼药水可逐渐消散。少数病人不治疗亦可自愈。

2. 囊肿大而病程长者，应手术刮除，即消毒麻醉后，用睑板腺囊肿镊子夹住囊肿，翻转眼睑，在睑结膜面沿睑板腺走行方向垂直于睑缘做切口，刮干净内容物并剪除囊壁；切口不须缝合，局部压迫10~20min，结膜囊涂抗生素眼膏，无菌眼垫包扎，隔日撤去，滴抗生素眼药水至反应消失。

3. 有继发感染时，治疗方法同内睑腺炎的治疗。对中老年病人和复发者应将切除物送病理检查，以排除睑板腺癌。

【护理评价】

经过治疗和护理,病人的囊肿消退且无感染发生。

三、泪囊炎病人的护理

 ———————————————— 导入情境与思考 ————————————————

病人,女性,48 岁,主诉右眼流泪、流脓两年,来我院门诊就诊。门诊诊断右眼慢性泪囊炎。病人曾在两年前出现溢泪、流脓症状,压迫泪囊区有脓性分泌物流出,当地医院冲洗泪道结果为右眼下冲上返,加压不通,少量脓性分泌物。左眼通畅。

请思考:

(1) 请判断该病人目前存在的主要护理问题是什么?

(2) 若对该病人行鼻腔泪囊吻合术,应实施哪些护理措施?

泪囊炎(dacryocystitis)由鼻泪管阻塞和病原菌感染引起。分为慢性泪囊炎和急性泪囊炎。慢性泪囊炎包括泪囊及鼻泪管的慢性炎症,多见于老年女性。急性泪囊炎多在慢性泪囊炎的基础上急性发作。

【护理评估】

（一）健康史

对于慢性泪囊炎应询问病人有无结膜炎、沙眼、鼻炎、鼻窦炎、鼻息肉、鼻中隔偏曲、过敏等病史;对于急性泪囊炎应询问病人有无慢性泪囊炎病史或泪道冲洗、泪道探通损伤史。

（二）身体状况

1. **慢性泪囊炎**　主要症状为溢泪和流脓。检查可见结膜充血,由于泪液和分泌物的长期浸渍,使下睑内眦部皮肤发生糜烂、粗糙、肥厚或形成湿疹。泪囊区囊样隆起,压迫有黏液或脓性分泌物自泪小点溢出。多由于泪液潴留和炎症刺激,泪囊失去弹性而呈袋状膨大,内贮大量分泌物所致。内眦部球结膜长期受泪小点溢出的分泌物的刺激,可发生局部结膜充血。结膜囊常处于污染状态,当角膜上皮有损伤时易引起角膜溃疡,在行内眼手术时亦可能引起眼内炎。

2. **急性泪囊炎**　泪囊区皮肤充血、肿胀、触之坚硬并有压痛,炎症可蔓延到眼睑、鼻根及面颊部或越过鼻背到对侧的内眦部皮肤,严重时可伴有全身症状。数日后红肿局限,质块变软,皮肤出现脓点。有的可自行破溃,排脓后,炎症随即消退;有时破溃后皮肤愈合不良,遗留瘘管而长期排脓。急性泪囊炎病人外观见文末彩图 73-2-3。

（三）辅助检查

充分冲洗泪道,观察泪道分泌物情况。

（四）心理-社会状况

由于流泪、流脓症状的长期存在,病人心理负担较大,产生焦虑心理。

【护理诊断/问题】

1. **舒适度减弱**　与鼻泪管阻塞致溢泪有关。

2. **急性疼痛**　与急性炎症、泪囊区皮肤红肿有关。

Note:

3. **恐惧** 与害怕手术有关。

4. **知识缺乏**：缺乏泪囊炎防治的相关知识。

5. **有感染的危险** 有角膜感染和眼内感染的危险。

【护理计划与实施】

急性泪囊炎早期可行物理疗法、全身应用抗生素。脓肿形成后，皮肤触诊有波动感时，应切开排脓。禁忌挤压，尽量保持泪囊壁完整，以备日后做鼻腔泪囊吻合术。脓肿未形成时勿切开。急性炎症消退后，抓紧时机治疗慢性泪囊炎。

在慢性泪囊炎早期病人可用抗生素眼药水滴眼，用生理盐水或抗生素溶液冲洗泪道，经泪道冲洗和药物治疗分泌物消除后，可进行泪道探通术，对于病程长或经上述治疗无效者行鼻腔泪囊吻合术。

1. **恢复泪道的通畅**

（1）抗生素滴眼：每日 4~6 次，滴眼前先挤出分泌物。

（2）泪道冲洗：急性期缓解后可用生理盐水或抗生素溶液冲洗泪道，冲洗至水清无脓液为止，洗毕注入抗生素溶液。每日或隔日 1 次。冲洗数次后注入液中再加上糖皮质激素溶液，效果更好。

（3）泪道探通术：慢性泪囊炎病人须经泪道冲洗和药物治疗分泌物消除后方可进行。

（4）鼻腔泪囊吻合术：其目的是将泪囊和中鼻道的黏膜通过一个人造的骨孔进行吻合，重建泪液引流道。

2. **局部按摩的护理** 均匀用力按摩泪囊区，通过外来压力挤压泪囊及泪小管的分泌物，可以起到辅助治疗的目的。

（1）洗净双手，减去指甲，滴用抗生素眼液 3~5min 后再予泪囊区按摩。

（2）按摩时，用拇指或示指指腹自内眦鼻骨下方泪囊区由上至下挤压泪囊。均匀加压按摩 3~5 次/组，每日 3~4 组。

3. **手术病人的护理** 慢性泪囊炎年老体弱及鼻腔疾病不能行鼻腔泪囊吻合术者，为防止角膜及眼内感染发生，可行泪囊摘除术，但不能消除泪溢症状。急性泪囊炎病人炎症消退后数周，可按慢性泪囊炎施行手术。

（1）心理护理：将手术目的、手术方法、手术经过及术后可能出现的问题，用适当的方式简明扼要地介绍给病人，并给予其安慰和鼓励，以消除其恐惧、惊慌及紧张情绪，取得病人的密切配合，争取手术成功。

（2）术前常规护理：术前 3d 行泪道冲洗，用 1% 麻黄碱液滴鼻，以收缩鼻腔黏膜，有利于引流和预防感染。

（3）术后卧位：术后半卧位有利于伤口渗血和积液的引流。

（4）术后病情观察：观察病人鼻腔填塞物有无脱出、鼻腔有无出血。若遇鼻腔出血者血液流入咽部时，嘱其将血液吐出勿咽下，以便观察出血量，及时通知医生，给予适时护理。术后 3d 开始行泪道冲洗以保持泪道通畅。

4. **健康指导** 教会病人及其家属泪囊炎的防治与护理方法。

【护理评价】

经过治疗和护理，评估病人是否能够达到：①恢复泪道通畅，泪溢消除；②疼痛及皮肤充血肿胀消失；③恐惧心理消除；④病人、家属获得泪囊炎的防治知识；⑤无角膜溃疡和眼内感染的发生。

四、细菌性结膜炎病人的护理

细菌性结膜炎(bacterial conjunctivitis)为细菌引起的结膜炎症的总称。按发病快慢可分为超急性(24h 内)、急性或亚急性(几小时至几天)、慢性(数天或数周)。按病情的严重程度分为轻、中、重度。常见致病菌包括金黄色葡萄球菌、肺炎链球菌、Morax-Axenfeld 双杆菌、淋球菌及脑膜炎球菌、大肠埃希菌等。淋球菌和脑膜炎球菌所致的超急性化脓性结膜炎若不及早治疗,将产生严重并发症。急性结膜炎通常有自限性,可在几天内痊愈。

【护理评估】

(一)健康史

淋球菌性结膜炎应评估病人有无淋菌性尿道炎史;急性或亚急性细菌性结膜炎多发于春秋季节,应评估病人有无明显急性细菌性结膜炎(俗称"红眼病")病人接触史;对于慢性结膜炎应询问病人是否有过急性结膜炎病史、粉尘或烟雾等接触史、烟酒过度、屈光不正等病史。

(二)身体状况

1. **淋球菌性结膜炎**　常累及双眼,眼睑及结膜高度水肿充血而致睁眼困难,或肿胀的球结膜掩盖角膜周边或突出于睑裂。睑结膜可见充血、肥厚、表面粗糙不平、小出血点及薄层假膜。耳前淋巴结肿胀、压痛。初期分泌物为浆液性或血水样,不久转为黄色脓性,量多而不断溢出,故又称脓漏眼。淋球菌可侵犯角膜,引起浸润、溃疡,甚至穿孔而严重影响视力。

2. **急性或亚急性细菌性结膜炎**　潜伏期为 1~3d,两眼同时或间隔 1~2d 发病。表现为患眼发红,烧灼感,或伴有畏光、流泪。结膜充血,中等量脓性分泌物,常发生晨起睁眼困难,上下睑睫毛被粘在一起。视力一般不受影响。Koch-Weeks 杆菌或肺炎链球菌所致结膜炎可在睑结膜表面覆盖一层假膜。

3. **慢性结膜炎**　进展缓慢,持续时间长,可单发或双眼发病。主要表现为眼痒、干涩感、眼刺痛及视疲劳。结膜轻度充血,睑结膜增厚、乳头增生,分泌物为黏液性或白色泡沫样。

(三)辅助检查

结膜分泌物涂片和结膜刮片可见中性粒细胞增多。

(四)心理-社会状况

急性或亚急性细菌性结膜炎、慢性结膜炎病人的视力一般不受影响,故病人的心理负担不大,而淋球菌性结膜炎病人发病急,严重影响视力,故病人常焦虑不安。

【护理诊断/问题】

1. **急性/慢性疼痛**　与炎症累及角膜致眼痛有关。
2. **舒适度减弱**　与结膜急性炎症血管扩张致分泌物增加、结膜充血、水肿有关。
3. **知识缺乏**：缺乏细菌性结膜炎治疗及预防的相关知识。

【护理计划与实施】

1. **眼痛的护理**　炎症较重者,可用冷敷减轻充血、灼热、疼痛等不适症状。
2. **保持结膜囊清洁**　分泌物较多时,可用大量生理盐水冲洗。有假膜时,先除去假膜后冲洗。淋球菌性结膜炎病人用 1 000~5 000U/ml 的青霉素溶液冲洗效果更好。单眼患病时的冲洗,头应偏向患侧,避免冲洗液流入健眼而引起发病。禁忌包扎患眼,以免分泌物排出不畅或增高结膜囊温度,而有利于细菌繁殖生长。
3. **药物治疗与护理**
(1) 局部应用抗生素:遵医嘱局部应用抗生素溶液滴眼,急性阶段遵医嘱 10~30min 一次。夜间临睡前可用抗生素眼药膏。常用的眼药水为 0.25% 氯霉素、0.1% 利福平、0.5% 新霉素、0.2% 庆大霉素等。常用的眼药膏有四环素、红霉素和金霉素眼药膏。淋球菌性结膜炎病人用 5 000~10 000U/ml 青霉素溶液滴眼,5~10min 一次。

（2）全身应用抗生素:对于严重的结膜炎、淋球菌性结膜炎病人可遵医嘱全身应用抗生素。

（3）散瞳:并发角膜炎及溃疡者,局部应用热敷及遵医嘱给予阿托品散瞳。

4. 防止交叉感染　必要时对病人实行隔离,防止交叉感染。尤其眼药的应用,一人一瓶,禁忌互用。医务人员接触病人之后,也应洗手消毒。防止病人之间、医患之间的交叉感染。病人用过的物品应彻底消毒,并加强传染源的管理。

5. 健康指导　向病人及其家属传授结膜炎的预防知识,提倡一人一巾一盆,与病人接触过后,应立即洗手。淋菌性尿道炎病人,便后洗手,并积极治疗尿道炎,以免传染他人或自身感染。

【护理评价】

经过治疗和护理,评估病人是否能够达到:①异物感、流泪症状和疼痛症状减轻或消除;②急性炎症得到控制,分泌物减少或消失;③结膜充血减轻或消失;④病人、家属获得结膜炎的防治知识。

五、病毒性结膜炎病人的护理

病毒性结膜炎(viral conjunctivitis)是常见眼病,可由多种病毒引起。临床上按病程分为急性和慢性两种,以前者多见,包括流行性角膜结膜炎、流行性出血性结膜炎、单纯疱疹性结膜炎和新城疫病毒结膜炎。慢性者包括传染性软疣睑结膜炎、水痘-带状疱疹性睑结膜炎和麻疹病毒性角结膜炎等。临床上以流行性角膜结膜炎和流行性出血性结膜炎最常见。

【护理评估】

（一）健康史
重点询问病人有无与病毒性结膜炎病人接触史,或其工作、生活环境中有病毒性结膜炎流行史。

（二）身体状况
病毒性结膜炎的潜伏期长短不一,流行性角膜结膜炎约 7d,流行性出血性结膜炎约在 24h 发病,多为双眼。病人自觉有异物感、疼痛、畏光和流泪。部分病人可有头痛、发热、咽痛等上呼吸道感染症状。体格检查可见眼睑充血、水肿,睑结膜滤泡增生。流行性出血性结膜炎常见球结膜点、片状出血,分泌物呈水样,耳前淋巴结肿大、压痛。角膜常受侵犯,发生浅层点状角膜炎。

（三）辅助检查
分泌物涂片检查可见单核细胞增多。

（四）心理-社会状况
病毒性结膜炎病人起病快且症状重,角膜常常受累,因此病人常会有焦虑心理。

【护理诊断/问题】

1. 急性/慢性疼痛　与病毒侵犯角膜致眼痛有关。

2. 舒适度减弱　与病毒感染致眼睑及结膜充血、水肿有关。

3. 知识缺乏:缺乏病毒性结膜炎防治的相关知识。

【护理计划与实施】

病毒性结膜炎的治疗原则是抗病毒治疗为主,有全身症状时可对症治疗,同时加强个人卫生和医院的管理,防止传播。

1. 疼痛的护理　用生理盐水冲洗结膜囊以减轻症状。

2. **药物治疗与护理**　冲洗后用 0.1% 碘苷、4% 吗啉胍、0.1% 阿昔洛韦等抗病毒眼药水滴眼,每小时 1 次。同时应配合使用抗生素眼药水,以防止角膜炎及混合感染。

3. **防止交叉感染**　做好病人的隔离工作。接触病人后,应用肥皂水洗手后再用 75% 酒精擦拭消毒。不用可能被污染的眼药水,病人用过的物品应及时严格消毒。

4. **健康指导**　患病时,不到公共场所活动,以免传染他人;家属不与病人共用面巾、脸盆,以免被传染。

【护理评价】

经过治疗和护理,评估病人是否能够达到:①异物感、疼痛、畏光、流泪等症状减轻或消失;②眼睑及结膜充血、水肿减轻或消失;③病人、家属获得病毒性结膜炎的防治知识。

(李　越)

第三节　角膜病病人的护理

角膜病是我国的主要致盲病之一。角膜病的病因主要有炎症、外伤、先天性异常、变性、营养不良和肿瘤等,其中感染性因素所致角膜炎占有重要地位。

一、细菌性角膜炎病人的护理

导入情境与思考

病人,女性,26 岁,因左眼眼红、眼痛、分泌物增多、视物模糊 2d,为进一步治疗来我院就诊,门诊以左眼铜绿假单胞菌性角膜溃疡紧急收入院,拟行手术治疗。病人既往佩戴角膜接触镜史 3 年余。体格检查结果为专科检查:左眼睁眼困难,视力及眼压无法测出,结膜混合充血(++),结膜囊内见脓性分泌物,角膜混浊,见一直径约 9mm 圆盘状溃疡灶,覆盖瞳孔区,色白,深达基质层,房水闪光(+),虹膜纹理不清,瞳孔直径 3.5mm,直、间接对光反射迟钝,晶状体尚透明,玻璃体及眼底无法看清。右眼未见明显异常。辅助检查:角膜上分泌物行细菌培养+药敏试验,结果回报为铜绿假单胞菌阳性。

请思考:

(1) 该病人的治疗原则是什么?

(2) 该病人目前主要的护理诊断有哪些?

(3) 护士如何对该病人进行健康指导?

细菌性角膜炎(bacterial keratitis)是由细菌感染引起的角膜上皮缺损区角膜基质坏死的化脓性角膜炎,又称细菌性角膜溃疡。葡萄球菌性角膜溃疡见文末彩图 73-3-1。

【病因及发病机制】

多由于角膜外伤后、角膜异物剔除术后或戴角膜接触镜被感染所致。慢性泪囊炎未得到及时治疗、干燥性角膜炎、眼局部长期使用皮质激素及其他易致角膜上皮脱落的角膜病,可诱发感染。某些导致机体抵抗力低下的全身性疾病、年老体弱、营养不良、维生素缺乏、免疫缺陷病及全身长期使用免疫抑制剂者等,均可引起发病。常见的病原菌有肺炎双球菌、金黄色葡萄球菌、表皮葡萄球菌、大肠埃希菌、链球菌和铜绿假单胞菌等。戴角膜接触镜者多由于镜片或清洁液被细菌污染而引起发病。

【护理评估】

（一）健康史

在询问病人的健康史时,应重点询问病人角膜是否有由稻谷皮壳、树枝、铁屑等致外伤史,或剔除角膜异物时,无菌操作不严密,或滴用了被污染的眼药水等。并询问病人是否佩戴了角膜接触镜。

（二）身体状况

发病急,多在角膜伤后 24~48h 发病,有明显的眼疼、畏光、流泪等刺激症状。患眼眼睑肿胀,混合充血或睫状充血,球结膜水肿,角膜中央或偏中央出现灰白色基质浸润,逐渐扩大,进而组织坏死脱落形成角膜溃疡。溃疡周围有浸润,边界不清,其边缘向周围和深部潜行性扩展。由于细菌毒素渗入前房,可引起虹膜睫状体炎,出现角膜后沉着物、瞳孔缩小、虹膜后粘连,大量白细胞及纤维素渗入前房,形成前房积脓。若炎症不能控制,可导致角膜穿孔和眼内炎。

（三）辅助检查

药物治疗前,从浸润灶刮取坏死组织,涂片染色可找到细菌。正确的病原学诊断需要做细菌培养。

（四）心理-社会状况

细菌性角膜炎发病急,病人眼痛、畏光、流泪等症状明显,并可导致视力下降,影响病人的工作、学习和生活,因此病人常焦虑不安,心理负担较重。

【护理诊断/问题】

1. **急性疼痛**　与角膜炎症刺激致眼痛有关。
2. **有角膜损伤的危险**　与角膜浸润、溃疡有关。
3. **焦虑**　与病程较长,担心疾病难以愈合有关。
4. **知识缺乏**：缺乏细菌性角膜炎防治的相关知识。

【护理措施】

细菌性角膜炎治疗的重点是选用敏感的抗菌药物,积极控制并发症的发生。药物治疗无效时可行手术治疗如角膜移植术。

1. **环境与饮食**　病房光线应暗,或病人戴有色眼镜、眼垫遮盖,以避免光线刺激。服用多种维生素和食用易消化的食物,避免便秘,以防增加腹压,减少角膜穿孔的可能。

2. **药物治疗与护理**　根据药敏试验选择抗生素眼药,对于病情严重者可行结膜下注射或全身应用抗生素。

3. **眼痛的护理**　充分散瞳可使眼内肌得以休息,减轻炎症反应,预防虹膜后粘连;眼局部湿热敷,可加速血液循环,改善角膜营养,增强抵抗力。

4. **预防角膜穿孔**　对于深部角膜溃疡后弹力层膨出者,应局部加压包扎,防止角膜穿孔;对角膜有穿孔危险者,不宜散瞳;有穿孔者可做结膜瓣遮盖术或做角膜移植术修复穿孔。

5. **预防交叉感染**　铜绿假单胞菌引起的感染危害最大。

（1）被铜绿假单胞菌污染的眼药水和手术器械常是引起感染的直接原因。一旦发现病人为铜绿假单胞菌感染,应单间隔离,所用药品一律单独保存,单独使用。

（2）做好使用物品的消毒隔离(例如扫床用物应单独消毒、使用与保存)。医务人员接触病人前后应严格洗手消毒。

（3）病人出院后,做好铜绿假单胞菌感染病人的终末消毒,消毒液反复擦拭病房内所有物体表面,反复紫外线照射,直至空气培养及物体表面培养没有铜绿假单胞菌的存在,方可再进行其他病人的收治工作。

6. **心理护理**　把角膜炎的病变特点、转归过程及角膜炎的防治知识,介绍给病人,消除其紧张、焦虑、自卑心理,以帮助其正确认识疾病,预防并发症,树立积极治疗疾病的信心,争取病人对治疗的配合。

7. **角膜移植术病人的护理**　对于角膜瘢痕而影响视力者,应做角膜移植术提高视力。角膜移植术是用健康透明的供体角膜,替换已遮挡患眼视轴的或即将导致丧失眼球完整性的病变角膜。供体角膜的来源,有自体、同种和异种之分。根据手术目的不同分为主要目的是改善视力者,称为光学性角膜移植术;祛除病灶或减轻痛苦、阻止病变恶化者,称为治疗性角膜移植术;保持组织结构完整性者,称为整复性角膜移植术;改善外观者,称为美容性角膜移植术。临床上手术方式有穿透(全层)角膜移植术和板层角膜移植术两种:①穿透角膜移植术(penetrating keratoplasty,PKP),是全层角膜的移植手术,适应证包括角膜瘢痕、角膜化学烧伤、角膜内皮细胞功能失代偿、角膜严重感染穿孔等;②板层角膜移植术(lamellar keratoplasty,LKP),是一种切除部分角膜厚度(板层、非穿透性)的角膜移植术,其优点是并发症较少,手术相对安全,但其光学效果不及穿透角膜移植术,适应证包括圆锥角膜、角膜外伤性瘢痕和多发异物、角膜变性、先天性角膜异常、角膜化脓感染等。

(1) 术前护理:①按内眼手术前常规护理;②检查视力,了解光定位及眼压情况;③术前 1h 用 1% 毛果芸香碱缩瞳。

(2) 术后护理:①按内眼术后常规护理,双眼包扎,行穿透角膜移植术者应绝对卧床,行板层角膜移植术后 2d 可下床活动;②术后注意观察病人有无感染、继发性青光眼等并发症的症状;③注意观察病人有无畏光、流泪、睫状充血、角膜混浊等免疫排斥反应的发生;④遵医嘱用药,向病人和家属讲解严格遵医嘱用药的重要性,观察药物可能引起的不良反应,如消化道不适、低钾血症等症状;⑤指导病人继续遵医嘱用药,眼局部防止碰撞,如出现眼痛、畏光、视力下降等情况应及时复查。

【护理评价】

经过治疗和护理,评估病人是否能够达到:①眼痛、畏光、流泪等刺激症状减轻或消失;②炎性浸润吸收,溃疡愈合,视力提高或恢复正常,无角膜损伤发生;③焦虑心理消除;④病人、家属掌握有关细菌性角膜炎防治的知识。

二、单纯疱疹性角膜炎病人的护理

单纯疱疹性角膜炎(herpes simplex keratitis),简称单疱角膜炎,是一种常见的致盲性眼病,其发病率及致盲率均占角膜病首位。其特点是复发率高,角膜知觉减退,多发生在上呼吸道感染或发热性疾病以后。

【病因与发病机制】

由单纯疱疹病毒感染所致。单纯疱疹病毒分为两型,Ⅰ型是主要感染口腔、唇部和眼部的病毒株;Ⅱ型通常是生殖器病毒株。单纯疱疹性角膜炎由Ⅰ型感染所致,但Ⅱ型也可导致本病。

单纯疱疹性角膜炎多系原发感染后的复发。原发感染常发生于幼儿,表现为唇部、皮肤疱疹,眼部受累表现为急性滤泡性结膜炎,常伴有全身症状及耳前淋巴结肿大。原发感染后,病毒在三叉神经节内长期潜伏下来,当机体抵抗力下降,如患感冒等发热性疾病后,全身或局部使用糖皮质激素、免疫抑制剂等药物时,潜伏的病毒被激活,可沿三叉神经逆行至感觉神经末梢,导致病毒性角膜炎复发。治愈后如此反复发作,使角膜混浊逐渐加重而导致失明。

【护理评估】

(一)　健康史

询问病人有无上呼吸道感染、其他发热、全身或局部使用糖皮质激素及免疫抑制剂等病史。反复多次发作者,具有特定的诱因,如发热、疲劳、紫外线照射、月经期等。

（二）身体状况

初起时眼部异物感、畏光、流泪等刺激症状较轻,形成溃疡后自觉症状加重,甚至出现疼痛、睑痉挛等。角膜上皮初起时有点状混浊,继而形成灰白色半透明状针尖大小泡,轻度睫状充血。小泡很快破溃而互相连接,形成树枝状的表浅溃疡,称树枝状角膜炎。此时经治愈后,多不留瘢痕。若反复发作或久治不愈,炎症向周围及基质层发展,树枝状溃疡互相融合成不规则的地图形态,呈边缘不齐且隆起的片状溃疡,称地图状角膜炎。若病变位于角膜中央基质层,出现组织水肿、增厚,为圆盘状、弥漫性、边界清晰的灰白色炎性浸润,称盘状角膜炎。一般认为本病是病毒抗原引起的细胞免疫反应所致。常伴有后弹力层皱褶和内皮水肿,并可见少量角膜后沉着物及虹膜睫状体炎。病程可长达数月。轻者愈后留有瘢痕。重者可发生角膜基质坏死,血管伸入角膜浅层及深层。愈后留有白斑,亦有发生前房积脓和继发性青光眼者。

（三）辅助检查

角膜上皮刮片可见多核巨细胞、病毒包涵体或活化淋巴细胞;角膜病灶分离培养出单纯疱疹病毒;酶联免疫法发现病毒抗原等有助于病原学诊断。

（四）心理-社会状况

单纯疱疹性角膜炎病程长,常反复发作导致视力下降,影响病人的工作、学习和生活,因此病人常焦虑不安,心理负担较重。

【护理诊断/问题】

1. **急性疼痛** 与角膜溃疡致眼痛有关。
2. **有角膜损伤的危险** 与角膜炎性浸润、溃疡有关。
3. **焦虑** 与病程长、疾病反复发作,担心预后不良等有关。
4. **知识缺乏**：缺乏病毒性角膜炎防护的相关知识。

【护理计划与实施】

单纯疱疹性角膜炎的治疗原则是抑制病毒在角膜复制,减轻炎症反应引起的角膜损害。

1. 药物治疗与护理

（1）抗病毒药物:角膜浅层病变常用0.1%碘苷(IDU)眼药水,每小时1次滴眼,晚上睡前涂0.5%碘苷眼药膏。治疗角膜深层病变用0.1%～1%阿昔洛韦、1%三氟胸腺嘧啶眼药水,每小时1次滴眼。晚上睡前涂0.05%安西他滨眼药膏。重症病人可做结膜下注射安西他滨或阿昔洛韦,以防并发症发生。抗病毒药物应用到炎症消退后数周,同时应用抗生素眼药水滴眼,以防止细菌性结膜炎发生。

（2）糖皮质激素:盘状角膜炎病人在与抗病毒药物应用的同时可用糖皮质激素治疗,以减轻基质水肿,缩短病程,减少瘢痕形成。树枝状、地图状角膜炎病人禁用糖皮质激素,以免加重病情。

（3）散瞳剂:伴有虹膜睫状体炎者,加用散瞳剂。

2. 增强机体抵抗力 口服维生素和高蛋白饮食。

3. 心理护理 将本病的诱发因素、发展及转归特点介绍给病人,进行耐心细致的心理护理,以消除其焦虑心情。

4. 健康指导 讲解疾病的发病特点,增强体质,预防感冒,积极治疗各种发热性疾病,以预防单纯疱疹性角膜炎的复发。

【护理评价】

经过治疗和护理,评估病人是否能够达到:①疼痛消除、症状减轻;②浸润吸收,溃疡愈合,视力提

高或恢复正常,无角膜损伤发生;③焦虑心理消除;④获取有关病毒性角膜炎的防护知识。

三、真菌性角膜炎病人的护理

真菌性角膜炎(fungal keratitis)为致病真菌引起的、致盲率极高的感染性角膜炎。在赤道部地区发病率高,我国则多发于南方温热潮湿气候环境中的农作物收割季节。其特点为起病缓,发展慢,病程长,刺激症状轻,无脓性分泌物。真菌性角膜溃疡见文末彩图73-3-2。

【病因与发病机制】

真菌性角膜炎多发生于植物致角膜外伤后,有的则发生于长期使用抗生素及糖皮质激素者。致病菌以曲霉菌最常见,其次为镰刀菌、念珠菌、青霉菌属及酵母菌属。

【护理评估】

(一)健康史

询问病人有无农作物枝叶或谷物皮壳擦伤眼的病史,或长期使用广谱抗生素、糖皮质激素及免疫抑制剂病史。

(二)身体状况

疼痛、畏光、流泪等刺激症状均较细菌性角膜炎为轻,故有"症体分离"之称,即症状较轻而体征严重,症状与体征不符。

角膜损伤后,初期在局部形成灰白色的浸润灶,表面微隆起。经过1周或更长时间后始形成角膜溃疡。溃疡形状不规则,边界清楚,溃疡面上有白色干燥的苔垢状物。溃疡周围有向四周蔓延的浸润灶,呈伪足状;或在外围分布有点状混浊,形成所谓卫星灶。有时溃疡边缘因胶原溶解而出现浅沟。溃疡最后可引起角膜穿孔,导致眼内炎。

随着真菌毒素侵入前房,引起前房积脓,脓液黏稠,无典型的液平面,液面不随头位移动,虹膜反应很重,但症状轻微。

(三)辅助检查

溃疡面分泌物涂片检查可发现菌丝或孢子,菌培养可分离出真菌。

(四)心理-社会状况

真菌性角膜炎病程长,病人常伴有视力下降,故心理负担较重,产生焦虑心理。

【护理诊断/问题】

1. **急性疼痛**　与角膜炎性浸润及溃疡致眼痛有关。
2. **有角膜损伤的危险**　与角膜炎性浸润、溃疡有关。
3. **焦虑**　与病程长、愈合慢及担心预后不良有关。
4. **知识缺乏:**缺乏真菌性角膜炎防治的相关知识。

【护理计划与实施】

真菌性角膜炎的治疗原则是选择有效的抗真菌药物控制感染,散瞳预防虹膜后粘连,药物治疗无效时可行手术治疗。

1. 药物治疗与护理

(1)抗真菌药物:用0.5%两性霉素B、0.5%咪康唑,每1~2h一次。也可用两性霉素B眼药膏涂眼,4次/d。或者白天用眼药水,晚上涂眼药膏。口服酮康唑每日200~400mg。病情严重者可用咪康唑5~10mg球结膜下注射,每1~2d一次或咪康唑400~600mg静脉滴注。

(2)散瞳:并发虹膜睫状体炎时,应用1%阿托品眼药水或眼药膏散瞳。有穿孔危险者不予散瞳。

（3）禁用糖皮质激素：真菌性角膜炎病人禁用糖皮质激素。口服大量维生素有助于组织修复。长期使用抗生素及糖皮质激素者，应预防真菌性角膜炎的发生。

2. **手术治疗** 若药物不能控制病情或有角膜穿孔危险者，可行治疗性穿透角膜移植术。穿透角膜移植术的围手术期病人的护理参照细菌性角膜炎中角膜移植病人的护理。

3. **健康指导** 做好焦虑病人的心理护理。向病人传授有关真菌性角膜炎的防护知识，充分调动病人治疗疾病的积极性，争取早日康复。

【护理评价】

经过治疗和护理，评估病人是否能够达到：①眼痛、畏光、流泪等刺激症状减轻或消失；②浸润吸收，溃疡愈合，视力提高或恢复正常，无角膜损伤发生；③焦虑心理消除；④获得真菌性角膜炎防治知识。

（李 越）

第四节　白内障病人的护理

导入情境与思考

病人，女性，67岁，主诉双眼视物模糊2年，近1个月视力下降明显，以左眼为重。门诊以双眼老年性白内障收入院。病人自发病以来，神志清楚，饮食、精神、睡眠良好，二便正常。病人既往有高血压病史10年，血压140/80～180/90mmHg。专科体格检查见视力右眼：0.2，左眼：0.08；眼压：右眼14mmHg，左眼18mmHg，裂隙灯下检查双眼角膜清亮，晶状体混浊。辅助检查：A型超声及B型超声检查显示双眼晶状体增厚，回声增强，超声测量右眼眼轴24.51mm，左眼24.48mm，左眼人工晶体设计1.90D，左眼角膜内皮镜检查显示2 400cells/mm²。

请思考：

（1）该病人的治疗原则是什么？

（2）该病人目前主要的护理诊断有哪些？

（3）若对该病人行手术治疗，如何进行术后健康指导？

晶状体组织透明无血管，且与周围组织无直接联系，具有复杂的代谢过程，营养主要来自房水。透明晶状体发生混浊改变称为白内障（cataract）。

根据发病的时间，白内障分为先天性与后天性两大类；根据混浊的部位与形态，又分为皮质性、核性、囊膜下性、点状、花冠状等；后天性白内障根据发病原因，又分为年龄相关性（老年性）、外伤性、并发性、代谢性、药物及中毒性等各种类型。

本节重点介绍老年性白内障病人的护理。老年性白内障又称年龄相关性白内障（age-related cataract），是在中老年开始发生的晶状体混浊，多见于50岁以上老年人，发病率随年龄增长而增加。主要表现为进行性无痛性视力减退。根据混浊部位不同，分为皮质性白内障、核性白内障和囊膜下性白内障3种。

【病因与发病机制】

老年性白内障的发病机制尚不十分明确，但较为复杂。一般认为，与全身衰老和功能减退有密切关系。与紫外线，全身疾病如糖尿病、高血压、动脉硬化、遗传因素及晶状体营养和代谢状况等有关。

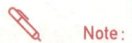

研究发现,晶状体抗氧化系统活性异常下降,也是白内障形成的重要因素。抗氧化系统包括抗氧化酶系统(如谷胱甘肽过氧化物酶、超氧化物歧化酶、巯基转化酶等)和多种还原性化学物质(如谷胱甘肽、维生素 C、维生素 E 等)。

【护理评估】

(一) 健康史

年龄越大发病率越高。在海拔高、纬度小的地区,发病率不但显著增加,发生年龄也提前,可能与当地日光中紫外线辐射较强有关。

(二) 身体状况

1. 视力呈渐进性无痛性减退,最后只剩光感。早期病人眼前出现固定不动的黑点,亦可有单眼复视或多视、屈光改变等症状。

2. **皮质性白内障**　根据病程分为 4 期。

(1) 初发期:仅有晶状体周边部皮质混浊,呈楔状,尖端指向中心。早期无视力障碍,瞳孔区透明不易看到混浊。散瞳后灯光斜照可见到周边部有楔状灰白色混浊。初发期白内障见文末彩图 73-4-1。

(2) 膨胀期或未熟期:混浊逐渐扩散向中央发展,视力明显减退。晶状体皮质吸收水分而肿胀,将虹膜前推,使前房变浅而诱发闭角型青光眼。此期因前囊下皮质尚透明,用斜照法检查时,投照侧的虹膜阴影被投照在深层的混浊皮质上,该侧瞳孔区出现新月形投影,称虹膜投影。膨胀期白内障见文末彩图 73-4-2。

(3) 成熟期:晶状体全部混浊,瞳孔区呈灰白色,虹膜投影消失。皮质水肿减退,前房深度恢复正常,视力仅剩光感或手动。成熟期白内障见文末彩图 73-4-3。

(4) 过熟期:成熟期持续时间过长,晶状体皮质溶解液化变成乳汁状物。核随体位变化而移位,直立时,核下沉躲开了瞳孔区,因而视力提高。当低头时,核的赤道边缘又上浮到瞳孔区,视力又突然减退。由于核下沉,上方前房变深,虹膜失去支撑而出现虹膜震颤。液化的皮质漏到囊外时,可引起晶状体过敏性葡萄膜炎和晶状体溶解性青光眼。过熟期白内障见文末彩图 73-4-4。

3. **核性白内障**　较皮质性白内障少见,发病较早,40 岁左右开始,进展缓慢。混浊开始于胚胎核,渐发展到成人核完全混浊。早期核密度增加而屈折力增强,以致病人诉说老视减轻或近视程度增加。早期核呈灰黄色,周边部透明,对视力影响不大,但在强光下因瞳孔缩小而使视力减退。当核变为深棕色、棕黑色或皮质也混浊时,近视力才明显降低。

4. **后囊下白内障**　是在晶状体后囊下的皮质浅层出现混浊,呈金黄色或白色颗粒并夹杂着小空泡。因混浊位于视轴区,早期即可影响视力。此类白内障常和皮质性与核性白内障同时存在。

(三) 辅助检查

1. **视功能检查**　包括视力、矫正视力和光定位等。

2. **裂隙灯检查**　角膜状况并除外虹膜炎症,散瞳后检查晶状体的混浊情况。

3. **眼压检查**,特别是膨胀期病人。

4. **角膜内皮检查**　内皮细胞计数,评估角膜内皮功能。

5. **测量角膜曲率和眼轴的长度**,以计算人工晶状体的度数。

6. **眼科 B 超检查**　检查有无眼部疾病。

(四) 心理-社会状况

老年性白内障视力下降呈渐进性和无痛性,病人有心理适应的过程,但由于视力下降影响病人的工作、学习和生活,故后期产生焦虑心理。

【护理诊断/问题】

1. **如厕自理缺陷**　与晶状体混浊导致视力减退有关。

Note:

2. 有受伤的危险 与视力障碍有关。

【护理计划与实施】

老年性白内障的治疗目标是恢复视力,减少弱视和盲的发生。

1. **药物治疗与护理** 早期白内障病人可用药物治疗,口服维生素 C、维生素 E、维生素 B_2、用吡诺克辛钠等眼药水滴眼,可延缓白内障的进展。

2. **病情观察与护理** 未熟期白内障若出现眼疼、头疼、恶心及呕吐者,应注意是否有急性闭角型青光眼的发生,并及时就诊,遵医嘱给予降眼压治疗。

3. **手术治疗与护理** 白内障发展至未熟期或成熟期,视力明显减退严重影响工作和生活者,可行手术摘除白内障以提高视力。术式包括囊内摘除术、囊外摘除术、白内障囊外摘除联合人工晶状体(intraocular lens, IOL)植入术及小切口白内障超声乳化吸除术。

(1) 术前护理:按内眼术前常规护理。协助病人做好手术前检查,完善眼科专科与全身有关检查项目。全身检查包括血压、血糖、心电图、胸部 X 线、肝功能、血常规、尿常规及凝血功能检查等。术前遵医嘱使用抗生素眼药水、镇静药、散瞳剂等,注意观察病人瞳孔的变化和药物不良反应。注意散瞳眼药使用后要按压内眦(泪囊部位)处 2~3min,促进药物的局部吸收,防止全身吸收,以免引起不良反应。

(2) 术后的护理:按内眼术后常规护理。①术后第 1 日起用抗生素和糖皮质激素滴眼液交替点眼,因各人情况不同,频率和间隔时间应遵循医嘱;②注意用眼卫生,预防感染;③术后应遵医嘱定时随访,如有不适及时来诊;④手术摘除白内障后,因故不能行人工晶状体植入术者,可验光配镜,以矫正视力。

4. **健康指导** 老年性白内障病人年龄大、视力差及行动不便,更需要耐心细致的照顾和护理。注意心理疏导及语言沟通,减少其孤独感。对自理能力缺陷者,协助其做好各种生活必需的项目并协助熟悉周围环境,减少外伤的发生。

【护理评价】

经过治疗和护理,评估病人是否能够达到:①如厕能自理;②熟悉周围环境,避免或减少受伤。

(李 越)

第五节 青光眼病人的护理

导入情境与思考

病人,男性,61 岁,10d 前无明显诱因下出现双眼眼红、眼痛、视物模糊,无恶心、呕吐,无畏光、流泪、眼部分泌物增多,无视野缺损等症状;专科检查:视力右眼 0.4,左眼 0.8;眼压右眼 36.2mmHg,左眼 40.6mmHg;球结膜水肿,睫状充血,角膜水肿呈雾状混浊,瞳孔扩大,房角大部分关闭,前房浅。

请思考:

(1) 目前该病人主要的临床诊断和护理诊断是什么?

(2) 护士应提供的主要护理措施有哪些?

青光眼(glaucoma)是一组威胁和损害视神经及其通路而损害视觉功能的疾病,主要与病理性眼压升高有关的临床综合征或眼病。可引起视盘凹陷扩大加深、视野缺损,最后可致失明。因此,青光眼是主要致盲眼病之一,若能及时早期诊治,大多数病人可避免失明。

一般来讲,眼压升高是引起视神经及视野损害的重要因素,但视神经对眼压的耐受程度有很大的个体差异。在临床上,部分病人的眼压已超过统计学的正常上限,长期随访观察未出现视神经损害及视野缺损,称为高眼压症(ocular hypertension,OH);也有部分病人眼压在正常范围内,却发生了青光眼典型的视神经萎缩及视野缺损,称为正常眼压性青光眼(normal tension glaucoma,NTG),说明高眼压并不都是青光眼,正常眼压也不能排除青光眼。

正常眼压对维持正常视功能起着重要的作用。眼压的稳定性主要通过房水的产生与排出之间的动态平衡来维持。若房水的产生量相对不变,但其循环途径中的某一环节发生障碍,房水循环不畅,会引起眼压升高。若房水循环正常,房水产生量增加,也会引起眼压升高。对青光眼的治疗和护理也是遵循这一规律,利用各种方法,使房水的产生与排出之间重新恢复平衡,以达到降低眼压,保存视力的目的。

知 识 链 接

慢性闭角型青光眼

慢性闭角型青光眼病人的眼球与正常人相比,存在房角窄、前房浅等解剖特点。它的发病年龄比急性闭角型青光眼早。因慢性闭角型青光眼病人房角粘连和眼压升高都是缓慢进展的,因此没有眼压急剧升高的症状,眼前段组织也没有明显的异常,通常不会引起病人的警觉。但视盘在高眼压的持续作用下,逐渐萎缩,形成凹陷,视野也出现进行性损害,直到病程晚期病人视野缺损才被发现。本病慢性进展过程与原发性开角型青光眼病程相似,但是视神经损害的发展比原发性开角型青光眼快,临床上主要依靠前房角镜检查来鉴别。

根据前房角形态(开角或闭角)、病因机制(明确或不明确)及发病年龄3个主要因素,将青光眼分为原发性青光眼、继发性青光眼和先天性青光眼三大类。根据眼压升高时前房角的状态是关闭还是开放,原发性青光眼又分为闭角型青光眼(angle-closure glaucoma,ACG)和开角型青光眼(open angle glaucoma,OAG)。根据眼压升高是骤然发生还是逐渐发展,原发性闭角型青光眼又可分为急性闭角型青光眼和慢性闭角型青光眼。

一、急性闭角型青光眼病人的护理

急性闭角型青光眼(acute angle-closure glaucoma,AACG)又称急性充血性青光眼,是一种以眼压急剧升高并伴有相应症状和眼前段组织改变为特征的眼病,多见于50岁以上老年人,女性更常见,男女比例约为1∶2。多为双眼同时或先后发病,与遗传有关。

【病因与发病机制】

病因尚未充分阐明。但被公认的观点是眼轴短、前房浅、房角窄及瞳孔阻滞为本病发病的解剖因素。发病机制主要是周边部虹膜机械性堵塞了房角,阻断了房水的出路而致眼压急剧升高。小梁网和Schlemm管等房水排出系统一般功能正常。

情绪激动、暗室停留时间过长、局部或全身应用抗胆碱药,均可使瞳孔散大,周边虹膜松弛,从而诱发急性闭角型青光眼。长时间阅读、疲劳和疼痛也是本病的常见诱因。

【护理评估】

(一)健康史

评估病人有无青光眼的家族史,发病前有无与上述有关的诱发因素发生。

（二）身体状况

1. **症状** 剧烈头痛、眼痛,虹视(即病人看灯光时,在灯光周围出现彩色光晕),视力急剧下降,常降到指数或手动、光感甚至失明,可伴有恶心、呕吐等全身症状。

2. **体征** 眼睑水肿,混合充血或伴球结膜水肿;角膜水肿,呈雾状或毛玻璃状,多由于眼压升高破坏了角膜内皮细胞调节功能所致;瞳孔中等散大,常呈竖椭圆形,对光反射迟钝或消失,有时可见局限性后粘连,多由于高眼压造成虹膜供血不足,瞳孔括约肌受损和麻痹所引起;前房极浅,周边部前房几乎完全消失,房角镜检查可见房角完全关闭;眼压升高,可突然高达 50mmHg 以上,少数病例可达 100mmHg 以上,指测眼压时眼球坚硬如石。高眼压缓解后,症状减轻或消失,眼前段常留下永久性组织损伤,如角膜后色素沉着、虹膜节段性萎缩及色素脱落、晶状体前囊下点状或片状灰白色混浊(青光眼斑),统称为青光眼三联征。

急性闭角型青光眼根据病程不同,分为以下几期:

（1）临床前期:当一眼急性发作被确诊为本病,另一眼只要具有前房浅、虹膜膨隆、房角狭窄等表现,即使病人没有任何临床症状也可以诊断为临床前期;另外,部分病人在急性发作前没有自觉症状,但具有上述的眼球解剖特征或青光眼家族史,尤其是在诱发因素如暗室试验后房角关闭,眼压明显升高者,也可诊断为本病的临床前期。

（2）先兆期:表现为一过性或反复多次的小发作,发作多出现在傍晚时分。表现有轻度眼痛伴同侧偏头痛、视力减退、鼻根部酸胀和恶心,轻度睫状充血、角膜轻度雾状混浊、眼压略高,上述症状历时短暂,经睡眠或休息后可自行缓解。

（3）急性发作期:表现出典型的急性闭角型青光眼的症状与体征。

（4）间歇期:指小发作缓解后,房角重新开放,症状和体征减轻或消失,不用药或单用少量缩瞳剂就能将眼压维持在正常范围内。但瞳孔阻滞的病理基础尚未解除,随时有再发作的可能。

（5）慢性期:急性大发作或多次小发作后,房角发生广泛粘连,小梁网功能严重损害,表现为眼压中度增高,视力进行性下降,眼底可见青光眼性视盘凹陷,并有相应的视野缺损。

（6）绝对期:眼压持续升高,眼组织特别是视神经遭严重破坏。视功能完全丧失,无光感,症状不显或出现顽固性眼痛、头痛,瞳孔极度散大强直,角膜上皮水肿。

（三）辅助检查

1. **房角镜、眼前段超声生物显微镜（UBM）检查** 可观察和评价前房角的结构,对明确诊断、用药及手术方式的选择有重要意义。

2. **暗室试验** 即在暗室内,病人清醒状态下静坐 60~120min,然后在暗光下测眼压,如测得的眼压比试验前升高,超过 8mmHg,则为阳性。

3. **视野检查** 反映病变的严重程度。

4. **眼底彩照** 观察眼底视盘凹陷、出血等情况。

（四）心理-社会状况

急性闭角型青光眼发病急,视力下降明显且反复发作后视力很难恢复,因此病人心理负担较重,易产生紧张、焦虑、恐惧心理。

【护理诊断/问题】

1. **急性疼痛** 与眼压升高致眼痛伴偏头痛有关。

2. **自理缺陷** 与视力障碍有关。

3. **知识缺乏**:缺乏急性闭角型青光眼的防治及护理知识。

4. **焦虑** 与对青光眼的预后缺乏信心有关。

5. **有受伤的危险** 与视力下降有关。

Note:

【计划与实施】

急性闭角型青光眼急性发作来势凶猛,破坏性大,一旦确诊,应迅速降低病人眼压,减少组织损害,积极挽救视力。首先用药物降低眼压。在急性发作期,常联合用药以迅速降低眼压。待眼压恢复至正常后,再行手术治疗。

经过治疗和护理,病人达到:①眼压降低,眼痛及头痛等症状减轻或消失;②生活能自理;③获取急性闭角型青光眼的防治与护理知识;④消除焦虑心理;⑤视力不再继续下降,熟悉周围环境,避免受伤。

(一)药物治疗与护理

1. **拟副交感神经药(缩瞳剂)**　通过兴奋瞳孔括约肌,缩小瞳孔可解除周边虹膜对小梁网的堵塞,使房角重新开放,从而降低眼压。常用 0.5%~2% 毛果芸香碱滴眼液,每隔 5~10min 一次,瞳孔缩小眼压降低后,改为 1~2h 一次。每次点药后应压迫泪囊数分钟,以免经鼻黏膜吸收引起全身中毒症状。如用高浓度制剂频繁滴眼,病人可出现恶心、呕吐、流涎、出汗、腹痛、肌肉抽搐等症状,应及时停药,严重者可用阿托品解毒。

2. **碳酸酐酶抑制剂**　可减少房水生成而降低眼压。常用为乙酰唑胺口服,有人服药后出现口周及手脚麻木,停药后即可消失。此药不可长期服用,可引起尿路结石、肾绞痛、血尿及排尿困难等不良反应,若发生此症状,应嘱病人停药并多次少量饮水。

3. **β 受体拮抗剂**　通过抑制房水生成而降低眼压。常用 0.25%~0.5% 噻吗洛尔滴眼液,每日滴眼 2 次。有心脏房室传导阻滞、窦性心动过缓和支气管哮喘者禁用。

4. **高渗剂**　可在短期内提高血浆渗透压,使眼组织,特别是玻璃体中的水分进入血液,从而减少眼内容积。常用 20% 甘露醇注射液 250ml 快速静脉滴注。对年老体弱或有心血管疾病者,应注意其呼吸及脉搏变化,以防发生意外。用药后因颅内压降低,部分病人可出现头痛、恶心等症状,用药后宜平卧休息。

5. **辅助治疗**　局部滴用糖皮质激素有利于减轻充血及虹膜炎症反应。全身症状重者,可给予镇吐、镇静、催眠药。当病人出现恶心、呕吐及头痛时,易被误诊为颅内或胃肠疾病,特别是被误诊为急性胃肠炎时,给予阿托品治疗而使病情恶化,应引起医护人员高度重视。

(二)手术治疗与护理

用药物将眼压控制到正常,稳定在 21mmHg 后,必须进一步行手术治疗。手术目的是:①沟通前后房,平衡前后房压力,解除瞳孔阻滞;②建立房水向外引流的新通道。根据病情选择术式。常用的手术方法有周边虹膜切除术、小梁切除术、房角切开术,对于难治性青光眼病人可采用房水引流装置植入术。术后第 2 日开始换药,应密切观察病人术眼切口情况、滤过泡(手术当中做的结膜泡,起到加快房水向外引流的作用)情况、前房是否形成等。前房形成迟缓合并低眼压者应加压包扎;为预防炎症反应的发生,遵医嘱使用散瞳剂,每日 2 次;用抗生素滴眼液每日 3~4 次,皮质激素每日 3 次,持续 1 个月。

(三)神经保护性治疗

青光眼治疗除降眼压外,应重视神经保护性治疗。青光眼是以视神经节细胞进行性坏死为特征。研究表明,细胞坏死机制为凋亡,自由基、神经营养因子的剥夺,眼内兴奋性毒素谷氨酸增多可能是激发因子。目前正在进行中和凋亡激发因素、开发内源性和外源性神经营养因子、基因治疗和神经再生或移植等研究,以控制神经节细胞凋亡,达到保护视神经的目的。钙通道阻滞剂、谷氨酸拮抗剂、神经营养因子、抗氧化剂(维生素 C、维生素 E)及某些中药可起到一定的保护视神经的作用。

(四)健康教育

向病人讲解与本病发病有关的原因,避免情绪激动(如过度兴奋、忧郁等)、黑暗环境中停留时间太久、短时间内饮水量过多(一次饮水量<300ml 为宜)等,以免加重病情或引起发作。选择清淡易消

化的食物,保持排便通畅,保证充足的睡眠,勿食用烟酒、浓茶、咖啡和辛辣等刺激性食品。

（五）心理护理

医护人员根据青光眼病人性情急躁、易激动的特点,做好耐心细致的心理疏导工作。教病人学会控制情绪,消除自卑、焦虑等心理,坚定信心,始终以舒畅的心情、良好的心态接受治疗及护理。

【护理评价】

经过治疗和护理,评估病人是否能够达到:①眼压降低,眼痛、头痛、恶心、呕吐等症状减轻或消失。②生活能自理。③获取有关青光眼的防治及护理知识。④焦虑心理消除。⑤视力不再继续减退,熟悉周围环境,未发生外伤。

二、开角型青光眼病人的护理

开角型青光眼(open-angle glaucoma, OAG)也称慢性单纯性青光眼(chronic simple glaucoma, CSG)。其特点为发病缓慢,症状隐匿,眼压虽然升高,但房角始终是开放的,并有特征性的视盘变化和视野缺损。

【病因与发病机制】

开角型青光眼的病因尚不十分清楚。一般认为由于房水排出系统病变所致。主要原因为小梁网的胶原纤维及弹力纤维变性,内皮细胞脱落或增生,小梁网增厚,小梁间隙变窄或消失;外集合管亦可发生变性,Schlemm 管内壁下的近小管结缔组织内有斑块状物质沉着,Schlemm 管壁内皮细胞的空泡减少等。

【护理评估】

（一）健康史

询问病人有无青光眼家族史。本病多双眼发病,早期一般无自觉症状。

（二）身体状况

1. 症状 多数病人无任何自觉症状。单眼发病者,病变已到晚期尚未被发现。有的视野损害影响到行动时,才引起注意。少数病人眼压升高时,出现眼胀、雾视等症状。

2. 体征

（1）眼压:早期眼压不稳定,波动大,测定 24h 眼压有助于发现高峰值和较大的波峰值。随着病情发展,眼压可有轻度或中度升高,一般不出现突然增高的急性发作。

（2）眼底表现:①视盘凹陷进行性扩大和加深(图 73-5-1);②视盘上下方局限性盘沿变窄,杯盘比(C/D,即视盘凹陷与视盘直径的比值)值增大,形成切迹;③双眼凹陷不对称,C/D 差值>0.2;④视盘上或其周围浅表线状出血;⑤视网膜神经纤维层缺损。

（3）视功能:视功能改变特别是视野缺损,是开角型青光眼诊断和病情评估的重要指标。典型的早期视野改变为旁中心暗点、弓形暗点,随着病情发展,可出现鼻侧阶梯、环形暗点、周边视野向心性缩小,晚期仅存颞侧视岛和管状视野(图 73-5-2)。采用计算机自动定量视野计做光阈值定量检查,可发现较早期的青光眼视野改变,如弥漫性或局限性光阈值增高,阈值波动增大等。过去认为开角型青光眼对中心视力的影响不大,部分病人只剩管状视野时,中心视力仍可保留在 1.0 左右。近年发现,开角型青光眼除视野改变外也损害黄斑功能,出现获得性色觉障碍、视觉对比敏感度下降及某些视觉电生理异常等。

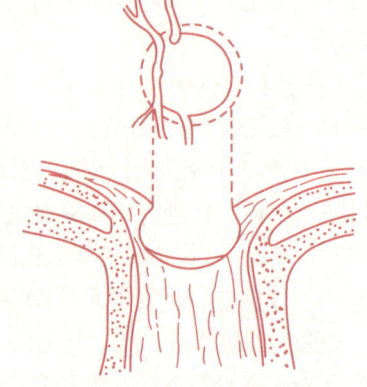

图 73-5-1 视盘凹陷

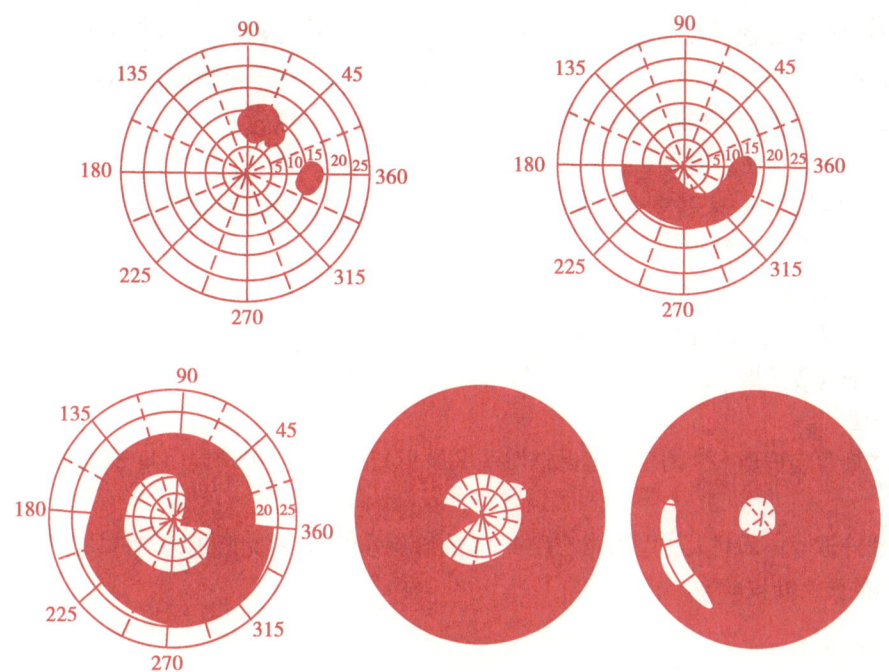

图 73-5-2　开角型青光眼视野改变

（4）房角宽而开放，房水流畅系数降低。

（三）辅助检查

1. 眼底检查　检查视盘情况，判断杯盘比（C/D）；有无视盘上或其周围浅表线状出血；有无视网膜神经纤维层缺损。正常人 C/D 多在 0.3 以下，双侧对称。若 C/D>0.6 或两眼 C/D 差值>0.2，多视为异常，应做进一步检查。

2. 视野检查　检查有无视野缺损。

3. 房角检查　检查房水流畅系数及房角开放情况。

4. 24h 眼压测定　在 24h 内，每隔 2~4h 测眼压一次，并记录。最高与最低差值正常不应>5mmHg，若≥8mmHg 者为病理状态。

5. 色觉、对比敏感度及视觉电生理检查　黄斑功能改变，出现获得性色觉障碍、视觉对比敏感度下降及某些视觉电生理异常等。

（四）心理-社会状况

开角型青光眼除视野改变外，黄斑功能也受损，且很难恢复，严重影响病人的工作和生活，病人常常表现焦虑和悲伤。

【护理诊断/问题】

1. 有受伤的危险　与视力下降有关。
2. 自理缺陷　与视神经损害导致视力和视野改变有关。
3. 焦虑　与担心本病预后不良有关。
4. 知识缺乏：缺乏本病有关的防治知识。

【计划与实施】

开角型青光眼病人首选药物治疗，药物治疗无效，可行激光治疗或手术治疗。手术适应证是药物治疗无效或无法耐受长期用药者已有明显的视盘、视野改变时，首选滤过性手术方法。经过治疗和护理，病人达到：①未发生外伤等意外事件；②自理能力恢复；③消除焦虑心理；④病人、家属获取本病的治疗和护理知识。

1. **药物治疗与护理** 若用药物能将眼压控制在安全水平(指眼底和视野改变不再进展的眼压水平),视野和眼底改变停止进展,病人有条件配合跟踪复查者,可试用药物治疗。若无禁忌证,可首选β受体拮抗剂。如用一种药物不能控制眼压,可联合用药。

(1) 拟副交感神经药:0.5%~2%毛果芸香碱滴眼液,每日3~4次。

(2) β受体拮抗剂:0.25%~0.5%噻吗洛尔滴眼液,每日2次。或0.5%盐酸左布诺洛尔(贝他根)滴眼液,每日1~2次滴眼。

(3) 碳酸酐酶抑制剂:多用于局部用药的补充,剂量不宜过大。乙酰唑胺0.125g,每日2次。

(4) 神经保护性治疗(同闭角型青光眼)。

2. **激光治疗与护理** 药物治疗效果不理想者,可试用激光小梁成形术,护理同闭角型青光眼手术病人的护理。

3. **手术治疗与护理** 常用术式有滤过性手术如小梁切除术。护理同闭角型青光眼手术病人的护理。

4. **心理护理** 协助病人树立积极治疗疾病、战胜疾病的信心,克服焦虑、恐惧心理,并向病人传授有关本病的防治知识。

【护理评价】

经过治疗和护理,评估病人是否能够达到:①未发生外伤等意外事件;②生活能自理;③焦虑、恐惧心理消除,恢复正常社交;④获得有关本病的防治知识。

(陈华蓉)

第六节 葡萄膜、视网膜疾病病人的护理

导入情境与思考

病人,男性,33岁,自诉左眼突然出现视物模糊、眼痛、眼红、怕光、流泪,伴焦虑不安。体格检查:角膜下部有羊脂状沉着物,裂隙灯显微镜检查前房内有白色的光束。

请思考:

(1) 该病人可能的临床诊断和护理诊断是什么?

(2) 护士应为该病人提供哪些护理措施?

一、葡萄膜炎病人的护理

葡萄膜炎(uveitis)是指葡萄膜本身的炎症,但目前在国际上通常将发生于葡萄膜、视网膜、视网膜血管及玻璃体的炎症通称为葡萄膜炎。葡萄膜炎为常见的眼科疾病,多发生于青壮年,易合并全身性自身免疫病,常反复发作。葡萄膜炎按其解剖位置可分为前葡萄膜炎(anterior uveitis)、中间葡萄膜炎、后葡萄膜炎和全葡萄膜炎。前葡萄膜炎包括虹膜炎、虹膜睫状体炎和前部睫状体炎3种类型,其中前葡萄膜炎为临床最常见的类型,占我国葡萄膜炎总数的50%左右,本节主要介绍前葡萄膜炎。

【病因与发病机制】

1. **感染因素** 细菌、病毒、真菌、寄生虫等病原体通过直接侵犯葡萄膜、视网膜、视网膜血管或眼内容物引起炎症,感染可分为内源性和外源性(外伤和手术)感染两大类。

2. **自身免疫因素** 各种原因引起的自身免疫功能紊乱可导致机体对自身抗原的免疫应答,从而

引起葡萄膜炎。

3. 创伤及理化损伤因素　创伤和理化损伤主要通过花生四烯酸代谢产物而引起葡萄膜炎,花生四烯酸在环氧合酶及脱氧酶作用下形成炎症介质,这些介质也可引起葡萄膜炎。

4. 免疫遗传机制因素　已发现多种类型的葡萄膜炎与特定的 HLA 相关,如强直性脊柱炎伴发的葡萄膜炎与 HLA-B27 密切相关。

【护理评估】

（一）健康史

询问病人发病时间、有无反复发作病史和全身相关性疾病如风湿性疾病、结核病、溃疡性结肠炎、强直性脊柱炎、梅毒等,有无眼外伤史或眼部感染史。

（二）身体状况

1. 症状　前葡萄膜炎的症状为眼痛、畏光、流泪和视物模糊,慢性炎症者症状可不明显,但易发生并发性白内障和青光眼,可导致视力下降。

2. 体征

（1）睫状充血或混合充血:为急性前葡萄膜炎的重要特征。

（2）角膜后沉着物(keratic precipitates,KP):炎症时由于血-房水屏障被破坏,房水中进入大量炎症细胞和纤维素,随着房水的不断对流及温差的影响,渗出物逐渐沉着在角膜内皮上,多分布在角膜下部,按形状,可分为尘状、中等大小和羊脂状 3 种类型(图 73-6-1)。

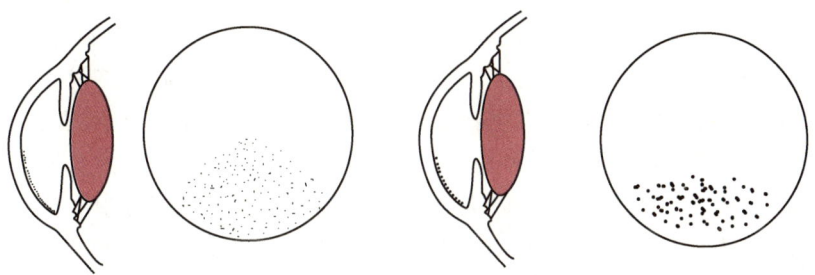

图 73-6-1　葡萄膜炎时角膜后沉着物

（3）前房闪辉(anterior chamber flare):是由于血-房水屏障功能被破坏,蛋白进入房水所造成的。裂隙灯显微镜检查时表现为前房内白色的光束,即为房水闪光或称 Tyndall 征,为炎症活动期的体征(文末彩图 73-6-2)。

（4）虹膜改变:可出现多种改变,虹膜与晶状体前表面的纤维蛋白性渗出和增殖可使两者黏附在一起,称为虹膜后粘连。如果出现广泛虹膜后粘连,房水不能由后房流入前房,导致后房压力升高,虹膜被向前推移而呈膨隆状,称为虹膜膨隆;虹膜与角膜后表面的黏附则称为虹膜前粘连。

（5）瞳孔改变:因睫状肌痉挛和瞳孔括约肌的持续性收缩,引起瞳孔缩小、对光反射迟钝或消失。散瞳后,虹膜后粘连不能完全拉开,瞳孔常出现梅花状、梨状和不规则状多种外观。

（6）玻璃体及眼后段改变:前葡萄膜炎时,色素可沉积于晶状体前表面,在新鲜的虹膜后粘连被拉开时,晶状体表面可遗留下环形色素。

（7）并发症:可并发白内障、继发性青光眼、低眼压及眼球萎缩。

（三）辅助检查

实验室检查包括血常规、红细胞沉降率、HLA-B27 分型等。对怀疑病原体感染所致者,应进行相应的病原学检查。

（四）心理-社会状况

前葡萄膜炎起病常较急,且反复发病,严重影响视力,影响病人的工作、学习和生活,因此病人常焦虑不安,心理负担较重。护士应通过与病人的沟通交流,了解病人的心理状况,帮助病人树立战胜疾病的信心。

【护理诊断/问题】

1. **急性疼痛** 与睫状体收缩、组织肿胀、毒性物质刺激睫状神经末梢有关。
2. **有受伤的危险** 与视力下降有关。
3. **焦虑** 与视功能障碍、病程长久易反复发作有关。
4. **知识缺乏**:缺乏用药及疾病防治的知识。

【计划与实施】

前葡萄膜炎的治疗原则是散瞳、抗炎和消除病因。散瞳的目的在于防止或拉开虹膜后粘连,解除睫状肌、瞳孔括约肌的痉挛,以减轻睫状充血、水肿及疼痛,促进炎症恢复。迅速抗炎以防止眼组织破坏和并发症的发生。经过治疗和护理,病人达到:①眼痛、畏光、流泪等症状减轻或消失;②视力提高或恢复至发病前状态,未发生外伤等事件;③情绪稳定,能配合治疗和护理;④获得本病的防治知识。

（一）药物治疗与护理

1. **睫状肌麻痹剂** 是治疗急性前葡萄膜炎的必需药物,一旦发病立刻给药,其目的在于:①防止和拉开虹膜后粘连,避免并发症的发生。眼局部滴阿托品眼药水或涂阿托品眼药膏,滴阿托品之前向病人解释散瞳的目的及副作用,滴之后要局部压迫内眦(泪囊部位)3~5min,以减少药物经鼻腔黏膜吸收引起全身的反应;②解除睫状肌、瞳孔括约肌的痉挛,以减少睫状充血、水肿及疼痛,最常用的睫状肌麻痹剂为阿托品眼药膏;③局部用药不理想者可结膜下注射散瞳合剂,局部注射时要注射到瞳孔未散开的部位,并告知病人如注射后出现明显的心动过速、面红、口干等症状,是药物的正常作用,休息片刻即可缓解,对心脏病病人应慎用。

2. **糖皮质激素** 可抑制炎症反应,局部应用可滴眼、涂眼及球结膜下注射。全身及局部长期应用激素的病人要注意不良反应,如胃溃疡、十二指肠溃疡、向心性肥胖、骨质疏松等。

3. **非甾体抗炎药** 前列腺素为葡萄膜炎重要的炎症介质,通过阻断前列腺素发挥其抗炎作用。全身应用可口服阿司匹林、吲哚美辛等,局部应用有非甾体眼药水滴眼。

4. **免疫抑制剂** 对前葡萄膜炎反复发作特别是伴有全身性病变者可给予免疫抑制剂治疗,护士做好用药指导,严格遵医嘱给药,密切观察病人药物的副作用。

（二）一般护理

可采用局部热敷,使血管扩张,促进血液循环,消除毒素和炎症产物,从而减轻炎症反应,并有镇痛作用。

（三）并发症治疗及护理

并发性白内障病人待炎症控制后可行白内障摘除和人工晶状体植入术,护士应做好手术相关的健康宣教;继发性青光眼病人可用降眼压治疗。

（四）心理护理

前葡萄膜炎因易合并全身免疫性疾病,病程长,病情易反复,病人情绪焦虑。应向病人介绍本病的特点,指导正确的用药方法,坚持长期用药。多主动关心病人,倾听病人主诉,提供心理支持,帮助病人树立战胜疾病的信心,使其积极配合治疗和护理。

（五）健康教育

1. 指导病人及其家属正确的滴眼药水和涂眼药膏的方法。
2. 指导病人正确的热敷方法,温度适宜,防止烫伤。
3. 对患有全身性免疫性疾病须长期应用激素类药物的病人,应嘱其遵医嘱用药,切不可自行停

Note:

药;同时密切观察副作用。

4. 本病易反复发作,应指导病人戒除烟酒等不良习惯,天气变换时及时增减衣物,预防感冒,对有过敏体质者应避免与变应原接触。

5. 定期门诊随访,如有不适及时就诊。

散 瞳 合 剂

散瞳是治疗急性虹膜睫状体炎的首要措施,其目的是解除睫状肌及瞳孔括约肌的痉挛,同时防止或拉开虹膜后粘连。临床常用的散瞳剂如后马托品眼药膏(1%、2%、4%),其作用时间为18~36h。单用散瞳剂不能散开或急性期粘连较重者,可采用散瞳合剂。由1%阿托品、1%可卡因、0.1%肾上腺素等量混合,取0.1~0.2ml进行结膜下注射,应选择瞳孔未散开的部位注射,使瞳孔散开。注射后告知病人如果出现面红、口干、心搏加速等症状,稍作休息后症状即可缓解。

【护理评价】

经过治疗和护理,评估病人是否能够达到:①眼痛、畏光、流泪等症状缓解或消失;②视力逐步提高,未发生外伤等事件;③情绪稳定,积极配合治疗和护理;④获得本病的防治知识。

二、视网膜脱离病人的护理

视网膜脱离(retinal detachment,RD)是指视网膜的神经上皮层和色素上皮层之间的脱离。根据发病原因可分为原发性(又称孔源性)、牵拉性及渗出性(又称继发性)3类。

【病因与发病机制】

原发性视网膜脱离是因视网膜萎缩变性或玻璃体的牵拉致使视网膜神经上皮层发生裂孔,液化的玻璃体经视网膜裂孔进入神经上皮与色素上皮之间积存,从而导致视网膜脱离;牵拉性视网膜脱离是指眼底其他病变如增生型糖尿病性视网膜病变、视网膜静脉阻塞或其他视网膜血管炎等所引起的视网膜出血、机化膜形成致牵拉视网膜而脱离;渗出性视网膜脱离是由于病变累及视网膜或脉络膜血液循环,引起液体集聚在视网膜神经上皮下造成,又分为浆液性视网膜脱离和出血性视网膜脱离。

【护理评估】

(一)健康史

原发性视网膜脱离应重点评估病人有无高度近视眼、白内障摘除术后的无晶状体眼、眼外伤病史和其发病年龄。牵拉性视网膜脱离应评估病人有无玻璃体积血后增生条带牵拉视网膜。渗出性视网膜脱离应评估病人有无中心性浆液性脉络膜视网膜病变、葡萄膜炎、后巩膜炎、妊娠高血压综合征、恶性高血压及特发性葡萄膜渗漏综合征等疾病。

(二)身体状况

1. **症状**　初发时有飞蚊症、眼前闪光感和幕样黑影遮挡,并逐渐变大,伴视力减退。

2. **体征**

(1)视野缺损:相应于视网膜脱离区的视野缺损,如果黄斑区受到影响,则有中心视力明显减退。

(2)眼底改变:视网膜脱离区的视网膜色泽变灰且不透明,看不见其深面的脉络膜的红色背景反光而呈灰白色隆起,大范围的视网膜脱离区呈波浪状起伏(文末彩图 73-6-3),严重者,视网膜表面增殖,可见固定皱褶。

(3) 眼压:随脱离范围的扩大而下降,但早期脱离面积不大,眼压正常或稍偏低。

(三) 辅助检查

1. **眼底检查** 使用检眼镜检查之前散大病人瞳孔,以便全面了解眼底的情况,检查视盘、黄斑部视网膜血管各个象限。还包括利用三面镜与裂隙灯显微镜联合检查,裂孔在脱离视网膜灰白色背景下呈红色,大多数可以找到。裂孔最多见于颞上象限,其次为鼻上、颞下象限。

2. **眼部超声和眼底荧光造影检查** 可协助诊断。

(四) 心理-社会状况

多数病人担心预后不好,故焦虑、悲观。护士应注意评估病人的年龄、职业、性格特征、对视网膜脱离的认知程度等。

【护理诊断/问题】

1. **有受伤的危险** 与视力下降及视野缺损有关。
2. **自理缺陷** 与视力下降、特殊体位等因素有关。
3. **焦虑** 与视功能损害及担心预后有关。
4. **知识缺乏**:缺乏此病的防治知识和手术前后的护理知识。

【计划与实施】

视网膜脱离的治疗原则是手术封闭裂孔,缓解或消除玻璃体牵拉。术式可采用激光光凝、电凝或冷凝术,使裂孔周围产生炎症反应以闭合裂孔,再根据视网膜脱离的情况,选择巩膜外顶压术、巩膜环扎术。复杂的视网膜脱离选择玻璃体手术、气体或硅油玻璃体腔内注入等手术,使视网膜复位。牵拉性视网膜脱离无有效药物,须行玻璃体切割术联合视网膜复位术。渗出性视网膜脱离主要是针对原发病进行治疗,大多不需要手术治疗。经过治疗和护理,病人达到:①视力不再下降,未发生外伤等事件。②生活自理能力恢复。③焦虑心理消除。④获取视网膜脱离的防治及手术前后护理知识。

(一) 手术前护理

1. **药物护理** 遵医嘱局部滴抗生素及散瞳眼药水,术眼充分散瞳,详细查明脱离区及裂孔是关键。

2. **常规检查** 完成各种常规检查,了解病人的全身情况,高血压、糖尿病病人应监测血压、血糖并采取必要的治疗及护理措施。

3. **体位** 减少眼球运动并安静卧床休息,术前指导病人正确卧位使裂孔处于最低位,减少视网膜脱离范围扩大的机会,增加手术成功率。

4. **抑制咳嗽和打喷嚏** 指导病人深呼吸、舌尖顶压上腭或用手指压人中穴来抑制咳嗽和打喷嚏,以免术中及术后因突然震动,引起前房积血或切口裂开。

5. **饮食护理** 局麻病人术前一般不要过饱,以免术中呕吐。全麻病人术前 6h 应禁食、禁水。

6. **心理护理** 根据病情及拟行的手术向病人或其家属讲明手术前后应注意的事项,消除病人的焦虑心理,密切配合手术。

(二) 手术后护理

1. **体位护理** 术后病人安静卧床,充分休息。玻璃体注气或注油病人为帮助视网膜复位和防止晶状体混浊,应低头或给其恰当体位(图 73-6-4),使裂孔处于最高位,特殊体位保持时间根据气体吸收及视网膜原发病情况或手术方式而定。颈椎病、年老体弱者可配合使用 U 形枕,以免长时间久卧造成头颈部不适。

Note:

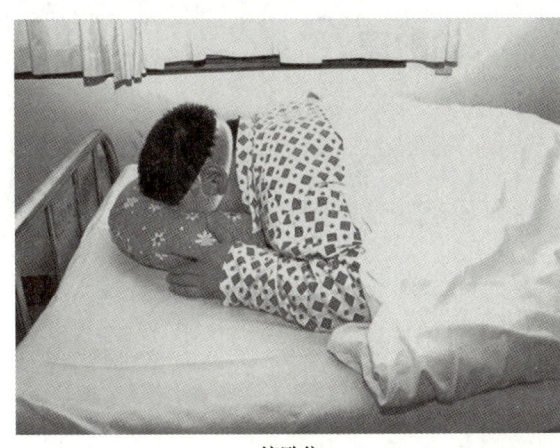

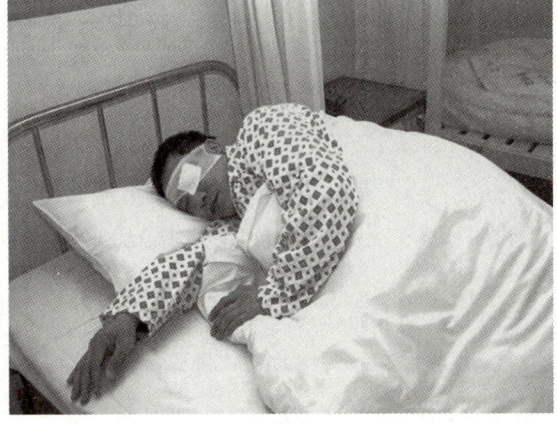

俯卧位　　　　　　　　　　　　侧卧位

图 73-6-4　俯卧位和侧卧位

2. 病情观察

（1）眼压的观察：玻璃体腔内注气术后病人可能有一过性眼压增高，要注意观察其有无头痛、眼胀、呕吐、角膜水肿等高眼压症的表现；硅油填充术后病人也可能有硅油乳化、周边虹膜前粘连、瞳孔阻滞及硅油毒性导致的小梁网损伤，使得房水流出受阻，引起眼压升高。注气病人如出现眼痛，应及时给予镇痛药或降眼压药，必要时适当放气。

（2）疼痛观察：①一般切口疼痛发生在术后 1~2d，因手术时间长、术中牵拉眼肌引起，向病人做好解释工作；②气体膨胀引起的高眼压症所致的眼痛发生于术后 6~8h，常伴有眼胀痛、恶心、呕吐；③行巩膜环扎术的病人因硅胶带环扎过紧引起持续性疼痛，以夜间为甚，根据病人耐受程度，必要时给予镇痛药；④术眼感染引起的疼痛多发生于术后 2~3d，病人术眼如出现针刺样疼痛，伴结膜充血、结膜水肿、眼部分泌物增多等，考虑可能为术眼感染。因此，要严密观察病人有无头痛、眼痛及伴随症状，评估病人眼压情况，及时通知医生处理。

3. 药物治疗与护理　术后患眼继续散瞳至少 1 个月，并向病人解释散瞳的目的及副作用。

4. 心理护理　多数病人因术后长时间单一俯卧位，表现出烦躁、依从性差，对此应讲解体位在疾病康复和预防并发症发生中的意义。同时观察病人有无因特殊体位引起胃部等不适，及时给予指导。做好心理护理，树立其战胜疾病的信心。

5. 健康教育

（1）出院后嘱病人半年内勿剧烈运动或从事重体力劳动，防止视网膜再次脱离。

（2）指导病人正确的点眼药水方法，嘱病人按时用药并注意眼部卫生，防止感染。

（3）玻璃体腔内注硅油病人，在取出硅油前切忌仰卧及抬头位，术后由医生根据视网膜恢复情况决定行硅油取出术。

（4）对注入膨胀性气体病人，1 个月内避免乘坐飞机，以免气压迅速变化而引起眼压骤然增高等。

（5）定期复查，如再出现闪光感、视物变形、视力下降、某一象限视野缺损等，及时来院就诊。

【护理评价】

经过治疗和护理，评估病人是否能够达到：①视力无进一步下降，未发生外伤等事件；②生活自理能力提高；③焦虑心理消除，情绪稳定，积极配合治疗和护理；④了解本病的防治及手术前后护理知识。

（陈华蓉）

第七节　眼外伤病人的护理

导入情境与思考

病人,女性,40岁,因石灰溅入右眼1h来院就诊。专科检查:右眼结膜充血、角膜水肿,上皮层大片脱落,结膜囊上穹隆部有石灰残留,右眼视力0.1。

请思考:

(1) 该病人的临床诊断是什么?

(2) 对该病人实施的急救措施有哪些?

机械性、物理性和化学性等因素直接作用于眼部,引起视觉器官的结构和功能损害,统称为眼外伤(ocular injury)。眼外伤往往造成病人视力障碍甚至眼球丧失,居单眼致盲原因的首位。病人多为男性,儿童和青壮年发病率高。根据眼外伤的致伤因素,可分为机械性眼外伤和非机械性眼外伤两大类。前者包括眼球钝挫伤、穿孔伤和异物伤等;后者有热烧伤、化学伤、辐射伤和毒气伤等。大多数眼外伤是可以预防的,加强卫生安全的宣传教育,严格执行操作规章制度,完善防护措施,如应用防护面罩或眼镜;制止儿童玩弄危险玩具,如射弹弓等能有效减少眼外伤发生。

一、眼球钝挫伤病人的护理

钝挫伤(blunt trauma)是机械性钝力引起的外伤,可造成眼附属器、视神经或眼球的损伤,引起眼内多种结构和组织的病变。眼球钝挫伤占眼外伤发病总数的1/3以上,严重危害病人视功能。

【病因与发病机制】

常见的病因为飞溅的石块、木棍、铁块,各种劳动工具、球类、玩具和手指等钝力直接作用于眼球。钝力除直接损伤接触部位外,由于眼球是个不易被压缩的、内含房水,力在眼内液体介质和球壁传递,还会引起眼内结构多处间接损伤。

【护理评估】

(一) 健康史

病人有明确的外伤史,应仔细询问病人致伤的过程。包括受伤时间、受伤环境、致伤物的性质、致伤方式及受伤后的处置情况。

(二) 身体状况

依据眼附属器及眼球钝挫伤部位不同,病人可有不同程度的视力障碍及相应的症状和体征。

1. **眼睑挫伤**　可引起眼睑水肿、皮下淤血、眼睑皮肤裂伤、泪小管断裂,以及眶壁骨折与鼻窦相通而致眼睑皮下气肿。

2. **结膜挫伤**　可引起结膜水肿、球结膜下淤血及结膜裂伤。

3. **角膜挫伤**　可引起角膜上皮擦伤,角膜基质层水肿、增厚及混浊,后弹力层皱褶,角膜裂伤。

4. **巩膜挫伤**　可引起巩膜破裂,裂口多发生于巩膜最薄弱的角膜缘处或眼球赤道部。

5. **虹膜睫状体挫伤**　可引起外伤性虹膜睫状体炎、外伤性散瞳、瞳孔括约肌断裂、虹膜根部离断及前房积血,挫伤使睫状肌的环形纤维与纵形纤维分离,虹膜根部向后移位,前房角加宽、变深,称房角后退。少数病人房角后退较广泛,在伤后数月或数年,因房水排出受阻发生继发性青光眼,称房角后退性青光眼。

Note:

6. **晶状体挫伤**　可引起晶状体脱位或半脱位及外伤性白内障。

7. **玻璃体挫伤**　引起睫状体、脉络膜或视网膜血管破裂,可出现玻璃体积血。

8. **脉络膜、视网膜及视神经挫伤**　表现为脉络膜破裂及出血、视网膜震荡和脱离、视神经损伤。

9. **眼球破裂**　由严重的钝挫伤所致。常见部位在角膜缘,也可在眼外肌。

（三）辅助检查

1. **X 线检查、CT 扫描检查**　眶受伤时,需要排除是否有眶壁或颅骨骨折,或视神经管损伤。

2. **眼部超声检查**　了解玻璃体积血的程度及是否有视网膜脱离、脉络膜脱离、脉络膜出血。

3. **视觉诱发电位检查**　了解神经损伤的程度。

4. **视野**　了解视网膜及神经损伤程度。

（四）心理-社会状况

由于病人及其家属一时难以接受外伤所致的视功能损害或面部形象受损,须评估病人是否有悲观、焦虑心理。还应评估病人的年龄、性别、职业、家庭支持状况及对本病的认识和接受程度。

【护理诊断/问题】

1. **有受伤的危险**　与视力下降有关。

2. **急性疼痛**　与眼内积血、眼压升高及眼组织损伤等因素致眼痛有关。

3. **焦虑**　与担心视力不能恢复或容貌破坏有关。

4. **自理缺陷**　与视力下降,眼部包扎等因素有关。

【计划与实施】

眼挫伤的治疗应根据挫伤部位出现的症状进行对症治疗。经过治疗和护理,病人达到:①视力不再下降并能逐渐提高,未发生外伤等事件。②疼痛消失。③情绪稳定,积极配合治疗和护理。④恢复自理能力。

（一）药物治疗与护理

1. 单纯的结膜水肿、球结膜下淤血及结膜裂伤者,应用抗生素眼药水预防感染。

2. 角膜上皮擦伤者涂抗生素眼药膏后包扎,也可同时滴用促进细胞修复再生的眼液,以加速上皮愈合。

3. 角膜基质层水肿者用糖皮质激素或高渗液(如 50% 葡萄糖液)滴眼减轻水肿,保护角膜内皮细胞。

4. 外伤性虹膜睫状体炎者应用散瞳剂、糖皮质激素滴眼或涂眼。

5. 前房积血者,适当应用镇静药和止血药,可不散瞳也不缩瞳,眼压升高时应用降眼压药物。

6. 视网膜震荡与挫伤者,伤后早期应用大剂量糖皮质激素治疗,可减轻视网膜水肿引起的损害。神经营养药、血管扩张药及维生素类药物的疗效尚未确定。

7. 视网膜出血病人可使用止血药并卧床休息。遵医嘱及时用药,并观察用药后的效果。

非住院病人应教会其或家属局部用药的方法和注意事项。

（二）手术治疗与护理

对手术病人做好手术前后的护理工作。

1. 眼睑的皮肤裂伤、严重结膜撕裂伤者应缝合,泪小管断裂应吻合。

2. 角膜、巩膜裂伤者应在显微镜下行次全层缝合。

3. 严重虹膜根部离断伴复视者,可考虑虹膜根部缝合术。

4. 前房积血多,吸收慢,尤其有暗黑色血块,伴眼压升高,经药物治疗眼压仍不能控制者,应做前房穿刺术放出积血,有较大凝血块时,可切开取出血块,避免角膜血染。

5. 晶状体混浊者可行白内障摘除术,晶状体嵌顿于瞳孔区或脱入前房者须急诊手术摘除,脱位导致的继发性青光眼可行玻璃体切割手术治疗。

6. 玻璃体积血者,伤后3个月以上未吸收可考虑做玻璃体切割手术,若伴有视网膜脱离应及早手术治疗,争取视网膜复位。

7. 眼球破裂者,根据伤情先急诊做初期眼球缝合术,术后使用抗生素和糖皮质激素,以控制感染和创伤性炎症反应,除非眼球结构完全破坏,一般初期不做眼球摘除术。

(三)病情观察

眼挫伤多引起眼组织多部位损伤,并发症较多,且较重,因此应密切观察病人病情变化。如前房积血,应注意观察病人眼压的变化和每日积血的吸收情况。监测眼压,如眼压高,及时遵医嘱给予降眼压药物,必要时给予镇痛药。

(四)心理护理

眼外伤多为意外损伤,影响视功能和眼部外形,病人一时难以接受,多有焦虑及悲观心理,应加强心理护理,使病人情绪稳定,密切配合治疗。如病人为双眼视力受损,应协助其做好生活护理。

(五)健康教育

指导病人多进食富含纤维素、易消化的软食,保持排便通畅,避免用力排便、咳嗽及打喷嚏。眼睑水肿及皮下淤血者,通常数日至2周逐渐吸收,早期可指导病人冷敷,促进吸收。眼睑皮下气肿者嘱病人禁止擤鼻。外伤性散瞳,轻者可完全或部分恢复,重者不能恢复。前房积血者,应卧床休息,取半卧位。脉络膜破裂、视网膜出血时可卧床休息。

【护理评价】

经过治疗和护理,评估病人是否能够达到:①视力基本稳定,未发生外伤;②眼痛症状减轻;③正确认识疾病,情绪基本稳定,积极配合治疗;④生活基本自理。

二、眼球穿孔伤病人的护理

眼球穿孔伤(perforating injury of eyeball)是由锐器的刺入、切割造成眼球壁的全层裂开,伴或不伴有眼内损伤或组织脱出。穿孔伤的预后和功能恢复主要取决于损伤的严重程度和部位,其次是有无感染或其他并发症,治疗是否及时、适当也是重要的影响因素。眼球穿孔伤按其损伤部位可分为角膜穿孔伤、角巩膜穿孔伤和巩膜穿孔伤及眼球破裂伤4类,异物碎片击穿眼球可致眼内异物。

【病因与发病机制】

以敲击金属飞溅出的碎片击入眼内,或刀、针、剪刺伤眼球引起眼球壁的穿孔最为多见。可表现为单纯角膜或巩膜损伤,也可合并眼内晶状体及视网膜的损伤,故眼球穿孔伤的损害复杂而严重,可导致失明和眼球萎缩,是致盲的主要原因。

【护理评估】

(一)健康史

询问病人是否有明确的外伤史,并详细了解病人致伤的过程,为何物损伤,询问其受伤后诊治的过程。

(二)身体状况

依据致伤物的大小、形态、性质、刺伤的速度、受伤部位、污染的程度及有无眼球内异物存留,病人可有不同程度的视力下降,还可伴有眼部疼痛、畏光流泪及眼组织损伤等。

1. **角膜穿孔伤**　伤口较小时,常自行闭合,检查仅见点状混浊或白色条纹。大的伤口常伴有虹膜脱出、虹膜嵌顿、前房变浅,此时病人可有明显的眼痛、流泪等刺激症状。致伤物刺入较深可引起晶状体囊穿孔或破裂。

2. **角巩膜穿孔伤**　伤口累及角膜和巩膜,可引起虹膜睫状体、晶状体和玻璃体的损伤、脱出及眼内出血,病人伴有明显的眼痛和刺激症状,视力明显下降。

3. **巩膜穿孔伤**　比较少见,较小的巩膜伤口容易忽略,穿孔处可能仅见结膜下出血,大的伤口常伴有脉络膜、玻璃体和视网膜损伤及玻璃体积血,损伤黄斑部会造成永久性中心视力丧失。

4. **交感性眼炎**(sympathetic ophthalmia)　是指穿孔性外伤眼或眼内手术眼,在经过一段时间的肉芽肿性(非化脓性)全葡萄膜炎后,另一眼也发生同样性质的全葡萄膜炎。

5. 异物碎片击穿眼球壁者,异物可存留于眼内。

6. 眼球穿孔伤后,常合并细菌或真菌感染,表现为眼内炎,严重的发展为全眼球炎,是视力丧失的重要原因。

（三）辅助检查

1. 怀疑有异物存留眼内时选用磁性实验法、电感应实验法、X 线或 CT、MRI 等检查法,以明确有无眶壁骨折,眼内及眶内有无异物等。

2. **眼部超声检查**　了解玻璃体积血的程度及是否有视网膜脱离、脉络膜脱离、脉络膜出血。但术前一般不做超声检查,避免对有异物的伤口施压,加重病情。术后条件允许时可以行此检查。

（四）心理-社会状况

眼球穿孔伤为意外伤,病人很难在短时间内接受视功能及面部受损的打击,故产生悲观、焦虑心理。注意评估病人对疾病的认识,了解病人的情绪状况以提供恰当的护理。

【护理诊断/问题】

1. **有受伤的危险**　与视力下降有关。
2. **疼痛**　与眼内组织受损及眼压升高等因素致眼部疼痛有关。
3. **焦虑**　与外伤后病人担心视力不能恢复或容貌破坏有关。

【计划与实施】

眼球穿孔伤为眼科急症,治疗原则是手术缝合伤口以恢复眼球的完整性,防治感染和并发症的发生。经过治疗和护理,病人达到:①视力有提高或不再下降,未发生外伤等事件;②疼痛消失;③情绪稳定,积极配合治疗和护理。

1. **伤口处理**　①直径小于 3mm 的整齐角膜伤口,无眼内组织嵌顿,前房存在,可不缝合;②直径大于 3mm 时,应在显微手术条件下缝合。

2. **预防感染**　术前禁忌剪眼睫毛和行结膜囊冲洗,防止对眼球增加压力和增加感染的机会。常规注射破伤风抗毒素,全身及眼局部应用抗生素和糖皮质激素,包扎伤眼,抗生素眼液频繁滴眼,并散瞳。

3. **感染性眼内炎**　治疗时应充分散瞳,局部和全身应用大剂量抗生素和糖皮质激素。玻璃体内注射是提供有效药物浓度的可靠方法。同时可抽取房水及玻璃体液做细菌培养和药敏试验,必要时可行玻璃体切割术。

4. **心理护理**　对伤后视功能及眼球外形恢复无望须行眼球摘除术者,应详细向病人和家属介绍手术的理由、术式及术后安装义眼等事项,并做好病人的心理护理。

5. **复杂的外伤病例**　分两步手术,初期缝合伤口、恢复前房、控制感染;在一段时间后,再行内眼或玻璃体手术,处理外伤性白内障等。严重眼球破裂伤者若有明显手术指征,如晶状体破裂、玻璃体大量积血,可在伤口缝合的同时做玻璃体手术以期挽救。除非眼球不能缝合,不应做初期眼球摘除。

6. **贯通伤**　对前部入口即行缝合,后部出口不易发现或缝合有困难时可于伤后 1 周内再行处理。

7. **健康教育**　向病人介绍眼球穿孔伤导致交感性眼炎的原因、临床表现及预后,告诉病人一旦健眼发生不明原因的眼部充血、视力下降及眼痛,要及时通知医护人员。并告知病人在生活中要注意安全,使用锐器和燃放烟花爆竹等要特别小心,锐器尖锐部分勿朝上,不可直接用打火机等点燃烟花爆竹,点燃后远离燃放点等,预防眼外伤的发生。

【护理评价】

经过治疗和护理,评估病人是否能够达到:①视力基本稳定或有提高,未发生外伤;②眼痛得到缓解;③情绪稳定,正确认识疾病。

三、交感性眼炎病人的护理

交感性眼炎(sympathetic ophthalmia)是指穿孔性外伤眼或眼内手术眼[称诱发眼(exiting eye)],在经过一段时间的肉芽肿性(非化脓性)全葡萄膜炎后,另一眼也发生同样性质的全葡萄膜炎[称交感眼(sympathizing eye)]。

【病因与发病机制】

交感性眼炎病因不明,有人认为与感染和免疫学因素有关。近年的研究认为免疫学改变是交感性眼炎的发病因素,即对葡萄膜、葡萄膜的色素粒或视网膜抗原产生的自身免疫反应。多发生于 2 周至 2 个月,以全葡萄膜炎为多见。

【护理评估】

(一)健康史

询问病人有无穿孔性眼外伤史或内眼手术病史。

(二)身体状况

1. **诱发眼** 眼前段的葡萄膜炎症复发或原有症状加剧,眼底表现为视盘充血,后极部视网膜水肿和浆液性视网膜脱离。

2. **交感眼** 症状有轻度疼痛、畏光、流泪、视物模糊、视力减退或眼肌麻痹。体征有睫状充血或混合充血,眼底视盘充血,视网膜有黄白色点状渗出。荧光素眼底血管造影早期可见视网膜有多数细小荧光素渗漏点,以后逐渐扩大。交感性眼炎病程长,反复发作,晚期由于视网膜色素上皮的广泛萎缩,整个眼底呈红色外观,可出现"晚霞状眼底"。

3. **并发症** 大多数病例转为慢性炎症,反复发作加重,常引起并发性白内障、继发性青光眼、浆液性视网膜脱离和视神经萎缩甚至眼球萎缩。

(三)辅助检查

交感性眼炎的诊断主要依赖于临床表现,荧光素眼底血管造影对诊断很有帮助。

(四)心理-社会状况

交感性眼炎以其双眼受累、炎症不易控制、预后不良而备受重视。病人双眼视力障碍,影响工作、

学习和生活,因而病人焦虑不安,心理负担重,易产生悲观绝望心理。

【护理诊断/问题】

1. **有受伤的危险**　与视功能障碍有关。
2. **恐惧**　与双眼视功能障碍有关。

【计划与实施】

交感性眼炎一旦发生,即使摘除诱发眼,也不能缓解交感眼的病程,因此,对交感性眼炎最根本的治疗是预防它的发生,正确处理好眼球穿孔伤非常关键。眼球穿孔伤后及时修复病人伤口,避免葡萄膜嵌顿,若有异物存留及时取出或清除,同时积极控制炎症,可预防交感性眼炎的发生。对交感性眼炎的治疗同其他葡萄膜炎一样,可根据病情选用糖皮质激素或免疫抑制剂。

1. **药物治疗与护理**　对眼前段受累者,除给予皮质激素点眼外,还应散瞳。对于表现为后葡萄膜炎和全葡萄膜炎者,治疗上采取全身大剂量的皮质激素静脉给药。

2. **摘除诱发眼**　受伤眼损伤严重而炎症反应强烈、视力恢复无望者;合并继发性青光眼,眼压不能控制者;保守治疗无效、慢性炎症反复发作,伤眼已丧失视力者可考虑摘除诱发眼。

3. **心理护理**　由于病人双眼受累直接影响工作和学习,多有悲观心理,护士要耐心向病人解释病情及治疗情况,并协助其生活护理。正确评估病人视觉障碍的程度,指导病人学会使用床栏,保证通道无障碍物,防止意外损伤。

【护理评价】

经过治疗和护理,评估病人是否能够达到:①视力无进一步下降,未发生外伤等事件;②情绪稳定,配合治疗。

四、眼化学伤病人的护理

眼化学伤(ocular chemical burn)是指化学物品的溶液、粉尘或气体进入或接触眼部引起的眼部损伤,也称眼化学性烧伤,多发生在化工厂、实验室或施工场所,其中最多见的是酸性和碱性烧伤。

【病因与发病机制】

酸性化学伤多见于硫酸、盐酸、硝酸等引起的,酸性物质对蛋白质有凝固作用,低浓度的酸性溶液仅有刺激作用,但强酸能使组织蛋白凝固坏死,由于凝固的蛋白质不溶于水,形成一凝固层,能阻止酸性物质继续向深层渗透,因此组织损伤相对较轻。碱性烧伤多见于氢氧化钠、石灰、氨水等引起的。碱能溶解脂肪和蛋白质,与组织接触后能很快渗透到组织深层和眼内,使细胞分解坏死,因此碱性烧伤的后果严重,预后较差。

【护理评估】

（一）健康史

1. 详细询问病人眼化学性烧伤的时间,致伤物质的名称、浓度、量及与眼部接触时间。有无经过眼部冲洗或其他处理。

2. 对于致伤物质不明的病人,可做结膜囊 pH 测定,确定是酸性还是碱性烧伤。

（二）身体状况

根据酸碱烧伤后的组织反应,可分为轻度、中度、重度 3 种程度的烧伤。

1. **轻度**　多由弱酸或稀释的弱碱引起。眼睑与结膜轻度充血、水肿,角膜上皮有点状脱落或水肿。数日后水肿消失,上皮修复,不留瘢痕,无明显并发症,视力多不受影响。

2. **中度** 可由强酸或较稀的碱性物质引起。眼睑皮肤可有水疱或糜烂;结膜水肿,出现小片缺血坏死;角膜有明显混浊、水肿,上皮层完全脱落或形成白色凝固层。治愈后可遗留角膜斑翳,影响视力。

3. **重度** 大多为强碱引起。结膜出现广泛的缺血性坏死,呈灰白色混浊状;角膜全层混浊甚至呈瓷白色。角膜基质层溶解,造成角膜溃疡或穿孔。碱性物质渗入前房,引起葡萄膜炎、继发性青光眼和白内障等。晚期可出现眼睑畸形、眼睑外翻、眼睑内翻、睑球粘连及结膜干燥症等。

（三）心理-社会状况

由于眼化学伤为意外伤,病人视力障碍的同时又有剧烈眼痛,常有焦虑、悲伤等心理。因此,通过与病人交流,评估其对化学伤的认识程度,了解病人是否有焦虑、悲伤和紧张等心理表现。

【护理诊断/问题】

1. **有受伤的危险** 与视力下降有关。
2. **急性疼痛** 与化学物质进入眼内致眼痛有关。
3. **恐惧** 与视力下降、眼部疼痛有关。
4. **有组织完整性受损的危险** 与化学物质接触角膜有关。
5. **知识缺乏:** 缺乏眼化学伤的防治知识。

【计划与实施】

争分夺秒、就地取材、彻底冲洗是眼化学伤的急救原则。经过治疗和护理,病人达到:①视力不再继续下降或有提高,未发生外伤等事件;②疼痛等眼部刺激症状减轻或消失;③正视疾病,情绪稳定,积极配合治疗和护理;④组织的完整性恢复;⑤能够掌握眼化学伤的基本常识,了解防治并发症的措施。

（一）急救

及时、彻底的冲洗能将烧伤造成的损伤减低到最小的程度。应立即就地取材,用大量清水或其他水源反复冲洗,至少30min。冲洗时应翻转眼睑,转动眼球,暴露穹隆部,将结膜囊内的化学物质彻底洗出。送至医疗单位后,根据时间的早晚,也可用生理盐水再次冲洗并检查结膜囊内是否还有异物存留,直到用试纸测试结膜囊分泌物pH正常为止。也可根据致伤物性质用中和冲洗液冲洗,酸性化学伤用3%碳酸氢钠溶液;碱性化学伤用3%硼酸溶液冲洗;如是石灰石溅入眼内,先用镊子夹取石灰石块,再行冲洗。

（二）治疗与护理

1. **早期治疗** 1%阿托品每日散瞳,局部和全身应用糖皮质激素,以抑制炎症反应和新生血管的形成。但在伤后2~3周出现角膜有溶解倾向者应停用,可滴含细胞生长因子的药物等促进愈合。

2. **切除坏死组织** 如果球结膜有广泛坏死,或角膜上皮坏死,可早期切除,防止睑球粘连。一些病人在2周内出现角膜溶解变薄,也可做全角膜板层移植或羊膜移植。

3. **应用胶原酶抑制剂** 持续的胶原酶活性升高,是角膜溶解的原因之一。为防止角膜穿孔,可应用胶原酶抑制剂。局部滴2.5%~5%半胱氨酸眼液;全身应用四环素类药物,每次0.25g,每日4次。维生素C对轻至中度碱烧伤也有益。

4. **晚期治疗** 针对并发症进行治疗,如手术矫正眼睑外翻、睑球粘连等,角膜混浊者行角膜移植,并积极治疗继发性青光眼和并发性白内障等。

（三）心理护理

眼化学伤直接影响视功能和眼部外形,病人多有焦虑和悲观的心理。护士应耐心讲解各项治疗并倾听病人主诉,消除其恐惧、悲观等心理,使其情绪稳定,积极配合治疗和护理。

（四）健康教育

1. 指导病人正确的用药方法,定期门诊随访。

2. 通过各种方式宣传眼化学伤的危害性。从事化工作业的工作人员,必须掌握基本防护知识。

3. 通过媒体大力宣传防护知识,使大众认识到发生眼化学伤最重要、最关键的处理就是现场急救。一旦化学物质进入眼部,应争分夺秒就地用大量清水充分清洗眼部,然后再送医院进一步处理,降低其对眼部的伤害程度。

【护理评价】

经过治疗和护理,评估病人是否能够达到:①视力不再下降或有提高,未发生外伤等事件;②眼痛等刺激症状减轻直至消失;③情绪稳定,配合治疗;④组织的完整性恢复;⑤掌握眼化学伤防治的基本知识。

（陈华蓉）

思　考　题

1. 石灰溅入眼内该采取的急救措施有哪些?

2. 白内障的手术治疗方法有哪些?

3. 简述急性闭角型青光眼病人的护理要点。

Note:

URSING

第七十四章

耳疾病病人的护理

74章 数字内容

学习目标

- 识记：
  1. 陈述外耳、中耳、内耳的主要结构和生理功能。
  2. 陈述耳科常见诊疗技术操作过程与护理要点。
  3. 列举先天性耳前瘘管、鼓膜外伤、中耳炎、耳硬化症、梅尼埃病、感音神经性耳聋等疾病病人的护理评估、护理诊断、护理措施内容。
- 理解：
  1. 解释耳科常见疾病的病因与发病机制。
  2. 说明耳科辅助检查方法、听力损失分级标准、人工耳蜗植入术后言语康复相关知识等。
- 运用：
  运用所学知识对病人进行护理诊断、实施护理措施,并指导进行耳科保健。

第一节 概 述

一、耳的结构与功能

耳(ear)由外向内分为外耳、中耳和内耳(图74-1-1)。

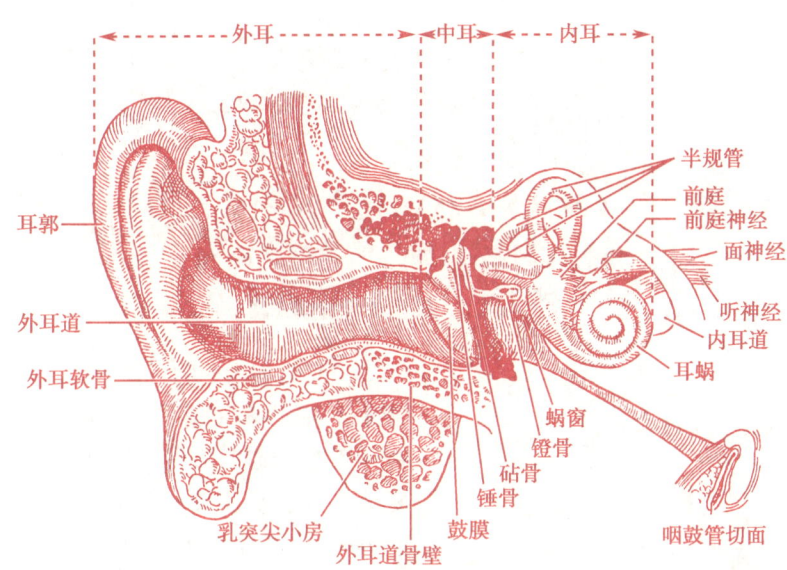

图 74-1-1 外耳、中耳、内耳关系示意图

(一) 外耳

外耳(external ear)分为两部分:耳郭和外耳道。

1. **耳郭（auricle）** 主要由软骨支架被覆软骨膜和皮肤构成。皮下组织少,炎症时感觉神经易受压致剧痛,如发生软骨膜炎,可引起软骨坏死导致耳郭畸形。血管浅表,皮肤菲薄,易冻伤。

2. **外耳道（external acoustic meatus）** 起自耳甲腔底,止于鼓膜。略呈S形弯曲,长2.5～3.5cm。外1/3为软骨部,内2/3为骨部。成人外耳道内段向内、向前、略向下,检查时,宜将耳郭向后上提起,使外耳道成一直线。幼儿外耳道短而水平,检查时,应将耳郭略向后下牵拉,同时将耳屏向前推移。外耳道皮下组织少,感染肿胀时神经末梢受压易致剧痛。软骨部皮肤有耵聍腺、毛囊和皮脂腺。

(二) 中耳

中耳(middle ear)由鼓室、鼓窦、乳突和咽鼓管组成。

1. **鼓室（tympanic cavity）** 为鼓膜与内耳外侧壁之间的不规则含气腔,前方经咽鼓管与鼻咽部相通,后方经鼓窦入口与乳突气房相通。以鼓膜紧张部上、下边缘为界,将鼓室分为上鼓室(epitympanum)、中鼓室(mesotympanum)和下鼓室(hypotympanum)。鼓室由鼓室壁和鼓室内容物组成。

(1) 鼓室壁:有外、内、前、后、上、下6个壁(图74-1-2)。外壁主要为鼓膜(tympanic membrane),系椭圆形、半透明的薄膜。鼓膜周缘略厚,大部分附着于鼓沟内,称鼓膜紧张部;其上方直接附着于颞骨鳞部,较松弛,称鼓膜松弛部。鼓膜紧张部中央向内凹陷,形似喇叭状,鼓膜松弛部较平坦(图74-1-3)。内壁即内耳的外壁,有多个凸起和小凹,中央较大的膨凸为岬(promontory),系耳蜗底周所在。岬后上方为前庭窗(fenestra vestibuli),后下方为蜗窗(fenestra cochleae)。前庭窗上方为面神经的水平部管凸。外骨半规管凸位于面神经管凸后上方,易被表皮样瘤破坏引起病人眩晕。前壁的上部有两口:上为鼓膜张肌半管的开口,下有咽鼓管的鼓室口。后壁上部有鼓窦入口(aditus ad antrum),是上鼓室和鼓窦相通之处。上壁将鼓室与颅中窝分开,又称鼓室盖。下壁为薄骨板,将鼓室与颈静脉球分隔。

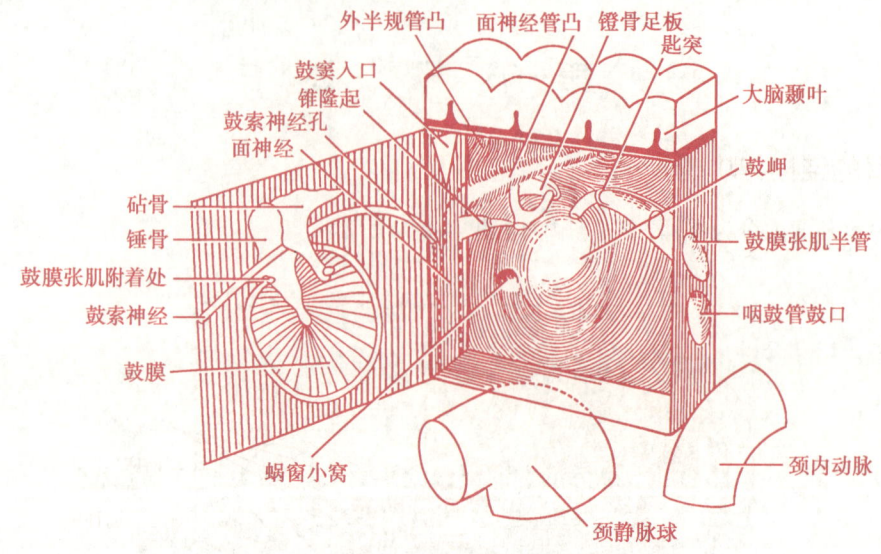

外半规管凸　面神经管凸　镫骨足板
鼓窦入口　　　　　　　　　　　匙突
锥隆起　　　　　　　　　　　大脑颞叶
鼓索神经孔
面神经　　　　　　　　　　　　鼓岬
砧骨　　　　　　　　　　　　鼓膜张肌半管
锤骨
鼓膜张肌附着处　　　　　　　咽鼓管鼓口
鼓索神经
鼓膜
蜗窗小窝　　　　　　　　　　颈内动脉
颈静脉球

图 74-1-2　鼓室 6 个壁模式图

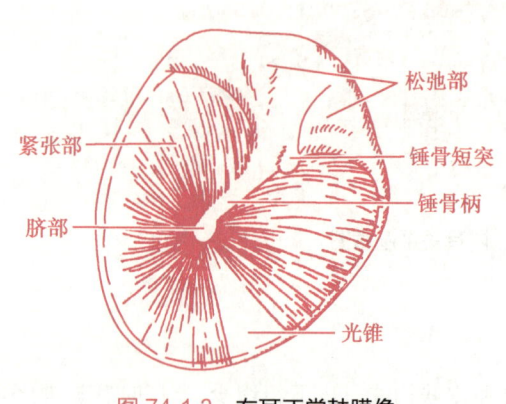

松弛部
紧张部
锤骨短突
脐部　　　　　锤骨柄
光锥

图 74-1-3　右耳正常鼓膜像

（2）鼓室内容物：①听骨，人体最小一组骨，包括锤骨、砧骨和镫骨，三者相互连接形成听骨链。锤骨柄连接鼓膜，镫骨底借镫骨环状韧带连接于前庭窗。②肌肉，主要有两条肌肉。鼓膜张肌（tensor tympani）收缩时牵拉锤骨柄向内，增加鼓膜张力，防止鼓膜震破或损伤内耳；镫骨肌（stapedius）起自鼓室后壁锥隆起内，肌腱止于镫骨颈，肌肉收缩时牵拉镫骨小头减少内耳压力。

2. 鼓窦（tympanic antrum）　为鼓室后上方的含气腔，前方通向上鼓室，向后下连通乳突气房。上方以鼓窦盖与颅中窝相隔。

3. 乳突（mastoid process）　为鼓室和鼓窦的外扩部分。乳突腔内含有似蜂窝样、大小不同、形状不一、相互连通的气房。后壁借骨板与乙状窦和颅后窝相隔。

4. 咽鼓管（pharyngotympanic tube）　为沟通鼓室与鼻咽的管道，成人全长约 35mm。外 1/3 为骨部，内 2/3 为软骨部。咽鼓管鼓室口位于鼓室前壁上部，咽鼓管咽口位于鼻咽侧壁、下鼻甲后端的后上方。当张口、吞咽、呵欠时，咽口开放，保持鼓室内、外气压平衡。

（三）内耳

内耳（inner ear）埋藏于颞骨岩部，结构复杂而精细，故又名迷路（labyrinth）。从组织学上分为骨迷路和膜迷路。骨迷路为骨性结构，包括骨半规管、前庭和耳蜗（图 74-1-4）。膜迷路位于骨迷路之内，包含听觉与位置觉感受器（图 74-1-5）。骨迷路与膜迷路之间充满外淋巴（perilymph），膜迷路含有内淋巴（endolymph），内、外淋巴液互不相通。

1. 骨迷路

（1）前庭：位于耳蜗和骨半规管之间，略呈椭圆形，容纳椭圆囊及球囊。后上部与 3 个骨半规管的 5 个开口相通。其外壁即鼓室内壁的一部分，有前庭窗为镫骨底所封闭。

（2）骨半规管：位于前庭的后上方，每侧 3 个骨管互成直角，分别称外（水平）、前（垂直）、后（垂直）骨半规管。每个骨半规管的两端均开口于前庭，其一端膨大称骨壶腹。

（3）耳蜗（cochlea）：位于前庭的前面，形似蜗牛壳，由中央的蜗轴和周围的蜗螺旋管构成。蜗螺旋管旋绕蜗轴 2.50~2.75 周，底周相当于岬。蜗螺旋管被前庭膜和基底膜分成上部的前庭阶；中间的

Note：

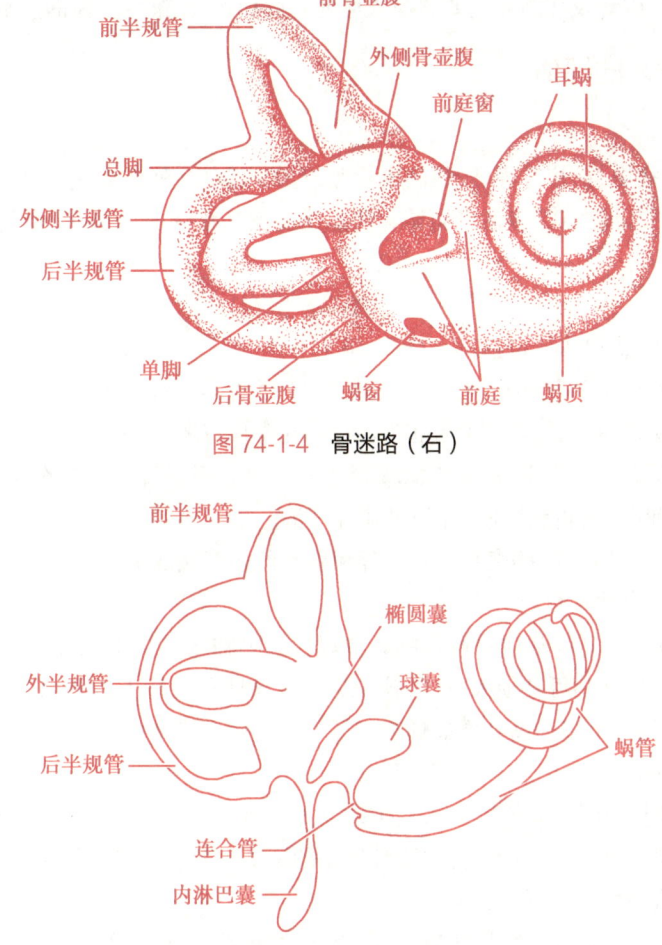

图 74-1-4　骨迷路（右）

图 74-1-5　膜迷路

膜蜗管又名中间阶,系膜迷路;下方为鼓阶;前庭阶和鼓阶内含外淋巴,通过蜗孔相通。中间阶内充满内淋巴。

2. **膜迷路**　由椭圆囊、球囊、膜蜗管及膜半规管组成,各部相互连通(见图 74-1-5),借纤维束固定于骨迷路内,悬浮于外淋巴液中。位于基底膜上的螺旋器又名科蒂(Corti)器,是听觉感受器的主要部分。椭圆囊和球囊内有位觉斑,感受位置觉。

（四）耳的生理功能

耳具备听觉和平衡两大生理功能。

1. **听觉功能**　"听觉"具有两个层次的含义。第一层次是指对声音的感知,即对声音的接受能力;第二层次是指对声音的认知,即对声音的理解能力。

第一层次主要与听觉系统在组织解剖及生理学上是否发育健全有关。临床常用纯音测听来反映这一层次的功能。声音传入内耳的两条途径包括气体传导和骨传导,正常以气体传导(气导)为主。①气体传导:耳郭收集声波经外耳道传至鼓膜,鼓膜振动带动听骨链,镫骨底振动将声波传入内耳,内耳外淋巴液波动时振动基底膜,刺激其上螺旋器的毛细胞而感音,产生神经冲动经听神经传至听觉中枢而产生听觉。②骨传导:声音直接经颅骨途径使内耳外淋巴液发生相应振动,刺激耳蜗螺旋器,进而产生听觉。

第二层次是在第一层次的基础之上,经过各级听觉核团及听觉中枢的加工处理而完成,包括理解、记忆等复杂的心理过程,需要后天习得。言语测试可以反映这一层次的功能。

2. **平衡功能**　人体主要依靠前庭、视觉及本体感觉 3 个系统的相互协调来维持平衡,其中前庭

Note:

最重要。前庭感受器是特殊分化的感受器,包括膜半规管、球囊及椭圆囊。膜半规管主要感受人体或头部旋转运动的刺激,球囊及椭圆囊主要感受人体的直线加速度,维持人体静态平衡。

二、耳疾病病人的评估

（一）健康史

了解病人耳科疾病史、诊疗过程、既往健康状况,有无家族史、外伤史、手术史、过敏史等。评估病人的职业、工作和生活环境,有无接触可能导致耳部病变的环境因素如高压、低气压、噪声等,评估病人的自我保健知识水平。

（二）身体状况

耳部常见的临床症状和体征包括:

1. **耳痛** 95%为耳部炎症、外伤、肿瘤等所致,5%为邻近器官病变所致牵涉性痛。耳痛性质有钝痛、刺痛、抽痛等,重者烦躁不安,影响学习和生活。小儿常伴有哭闹、摇头、抓耳等。

2. **耳漏** 又称耳溢液,外耳道流出或积聚异常分泌物。根据溢液性质分为黏液性或脓性耳漏（多为炎症）、水样耳漏（须警惕脑脊液耳漏）及血性耳漏。

3. **耳聋** 分为传导性耳聋（病变部位在外耳和中耳的传音装置）、感音神经性耳聋（病变在内耳耳蜗和耳蜗以后）及混合性耳聋。

4. **耳鸣** 分为主观性耳鸣和他觉性耳鸣。主观性耳鸣临床最为常见,病人自觉耳内有鸣声,但不能被他人听到;他觉性耳鸣可被他人听到,较少见。传导性耳聋病人的耳鸣为低音调如机器轰鸣,感音神经性耳聋病人的耳鸣多为高音调如蝉鸣。耳鸣会使病人感到烦躁、失眠、头晕、情绪激动等,而心理问题又可加重耳鸣。

5. **眩晕** 是自身与周围物体位置关系发生改变的主观错觉,表现为睁眼时周围物体旋转,闭眼时自身旋转,多伴有恶心、呕吐、出冷汗等自主神经功能紊乱现象。大多由外周前庭病变引起,如梅尼埃病、良性阵发性位置性眩晕、迷路炎等。

6. **耳郭形状异常** 多由先天性耳郭畸形、耳外伤、耳郭假性囊肿、耳郭化脓性软骨膜炎、耳郭及耳周炎症等引起。

（三）心理-社会状况

耳郭疾病引起的外貌改变,耳道流脓、听力下降给病人生活带来不便,影响社交和工作,都会不同程度地影响病人的心理健康,严重者可能会出现一系列心理-社会问题,如自尊降低、孤独、抑郁、家庭关系受损、社会退缩,生活质量严重下降等。所以护士应重视评估病人的认知能力、情绪和情感、角色适应状态、压力应对方式、教育水平、生活方式、家庭功能、社会关系等。

（四）辅助检查

1. **耳郭及耳周检查** 以视诊和触诊为主。观察其有无畸形,有无皮肤增厚、红肿、皲裂、瘘口、瘢痕、赘生物等。耳郭有无牵拉痛,耳屏、乳突有无压痛,耳后有无脓肿,耳周有无淋巴结肿大。

2. **外耳道及鼓膜检查** 须借助光源、额镜、耳镜进行检查。病人取侧坐位,受检耳朝向检查者,光源置于病人头部左上方,调整额镜反光焦点于病人外耳道口。检查方法包括:①徒手检查:用手将病人耳郭向后、上、外方轻轻牵拉,使外耳道变直,同时可用示指将耳屏向前推压,使外耳道口扩大;②耳镜检查:耳道狭小或炎症肿胀时,用漏斗状耳镜撑开外耳道,以便窥见鼓膜。可借助有放大或鼓气作用的电耳镜观察鼓膜的运动度或细微病变。

3. **听力学检查** 包括:①主观测听法:音叉试验、纯音听阈及阈上功能测试、Bekesy 自描测听、言语测听、语音检查法等;②客观测听法:有声导抗测试、听觉诱发电位反应测试及耳声发射测试等。

（1）音叉试验（tuning fork test）:是最常用的主观测听法。检查病人气导听力时,检查者手持叉柄,向另一手掌的鱼际肌或肘关节处轻轻敲击叉臂（敲击过响易产生泛音影响检查结果）,将振动的

两叉臂末端置于耳道口平面远离耳道口1cm处成三点一线。检查骨传导时,应将叉柄末端的底部压置于病人颅面骨上或鼓窦区。

(2) 纯音听阈及阈上功能测试:使用纯音听力计测试病人听觉范围内对不同频率的听敏度,测试气导听阈、骨传导听阈及阈上功能。能较准确地判断病人耳聋的类型、程度,初步判断病变部位。

纯音听力计可产生125~10 000Hz的倍频纯音(其强度可调节)。从1 000Hz开始,以后按2 000Hz、3 000Hz、4 000Hz、6 000Hz、8 000Hz、250Hz、500Hz顺序对受试者进行测试,最后再对1 000Hz复查一次。测试前,向受试者说明检查方法,当听到测试声时,无论强弱,均应立即做出规定动作。一般先测试气导,通过气导耳机进行,骨传导测试时,将骨导耳机置于受试耳乳突区或前额正中,对侧加噪声,测出受试者不同频率能听到的最小声强即听阈,并在横坐标为频率[单位为赫兹(Hz)],纵坐标为声级[单位为分贝(dB)]的纯音听阈图上绘成曲线。正常情况下,气导和骨传导的听阈曲线均在25dB以内,气导与骨传导之间差距小于10dB。临床上骨传导听阈代表内耳功能,气导听阈代表中耳传音功能。因此,如果听力曲线显示各频率骨传导听阈正常,气导听阈提高,且气骨导间距大于10dB,提示为传导性耳聋;若气、骨传导曲线呈一致性下降,且高频损失较重,提示为感音神经性耳聋;若气、骨传导听力都下降,且气、骨传导差>10dB,提示可能为混合性耳聋。

(3) 声导抗测试法(acoustic immittance measurement,AIM):也称声阻抗测试,是临床最常用的客观听力测试法之一,用于测量中耳压力,鉴别听力下降的原因。利用外耳道压力变化产生鼓膜张力变化,对声能传导能力发生改变这一特性,记录鼓膜反射回外耳道的声能大小,通过计算机分析结果,反映中耳传音系统和脑干听觉通路功能。

(4) 听觉诱发电位(auditory evoked potential,AEP)反应测试:是检测声波经耳蜗毛细胞换能、听神经的兴奋和听觉通路传到大脑过程中产生的各种生物电位的客观测听法。包括听性脑干反应(auditory brainstem response,ABR)、耳蜗电图(electrocochleogram,ECochG)、40Hz听觉事件相关电位(40Hz auditory event related potential,40Hz AERP)、稳态听觉诱发电位。

(5) 基因诊断:是利用人类对基因组的认识和分子遗传学数据,检查分子结构水平和表达水平,对普通遗传病或家族遗传病作出诊断。

4. 前庭功能检查

(1) 平衡功能检查:用于评价前庭脊髓反射系统、本体感觉和小脑平衡协调功能,包括静态平衡和动态平衡功能检查,常用方法是:

1) 闭目直立检查法:是常用的静态平衡功能检查法。受试者直立,两脚并拢,两手手指互扣于胸前,观察受试者睁眼及闭目时躯干有无倾倒。迷路病变者倒向前庭功能低侧,小脑病变者倒向患侧或后倒。

2) 指指试验:受试者睁眼、闭目各数次,用两手示指轮流碰触置于前下方的检查者示指。迷路病变者双臂偏向前庭功能低侧,小脑病变者仅有一侧上臂偏移。

3) 行走试验:为动态平衡功能检查法。受试者闭眼,向正前方行走5步,继之后退5步,前后行走5次,观察其步态,并测量起点与终点之间的偏差角。偏差角大于90°者,示两侧前庭功能有显著差异。也可嘱受试者闭目向前直线行走,迷路病变者偏向前庭功能弱的一侧,中枢性病变者常有特殊的蹒跚步。

(2) 眼震检查:眼球震颤(nystagmus)是眼球的一种不随意的节律性运动,简称眼震。常见的有前庭性眼震、中枢性眼震、眼性眼震等。检查方法包括自发性眼震检查法、变位性眼震检查法、前庭双温检查、旋转试验等,用于评价前庭眼动反射功能。

1) 自发性眼震检查:检查者在病人前方40~60cm处用手指引导受试者向左、右、上、下及正前方注视,眼球移动偏离中线角度不超过30°,观察其眼震的性质、方向、强度及有无眩晕、恶心、呕吐等自主神经症状,初步鉴别眼震类型见表74-1-1。

表 74-1-1　自发性眼震鉴别表

观察内容	眼震类型		
	前庭性	中枢性	眼性
眼震性质	水平性,略旋转	垂直性,旋转性或对角线性	钟摆性或张力性
眼震方向	不变	可变	无快慢相
眼震强度	随病程进展而变化	多变	不稳定
自主神经症状	眩晕、恶心、呕吐,严重程度与眼震程度一致	可有可无,严重程度与眼震程度不一致	无

2）变位性眼震检查法:是指在迅速改变头位和体位时诱发的眼震,常出现于良性阵发性位置性眩晕。

3）前庭双温检查:又名冷热试验,是前庭诱发试验中最常用的方法之一。采用冷热水或冷热空气为刺激源,分别刺激左、右侧膜半规管,使迷路的内淋巴因温度变化依"热升冷降"的物理特性产生流动,引起壶腹嵴终顶偏曲而出现眩晕、眼震等一系列前庭反应。依眼震潜伏期、眼震强度、眼震持续时间、眼震方向及两侧反应差别作为主要观测指标。眼震幅度大、持续时间长、潜伏期短表明前庭兴奋性高,反之兴奋性相对较弱。

4）摇头眼震检查:冷热试验的补充检查,可辅助判断两侧前庭的不均衡性。两侧前庭对运动刺激的兴奋性不对称性越高,越易产生向健侧的眼震,眼震慢相速度较快,持续时间较短。

5）头脉冲检查:主要用于评估受试者两侧前庭眼动反射是否对称,进一步判断是否有单侧前庭功能下降。

6）转椅检查:是检查前庭眼动反射(vestibulo-ocular reflex, VOR)的重要手段之一。可记录旋转时眼震电图或视频眼震图像,确定前庭眼动反射的增益,同时刺激双侧迷路,评价双侧前庭病变。

5. **耳部影像学检查**　包括 X 线、CT 和 MRI。颞骨岩部轴位片和斜位片分别用于观察上鼓室及鼓窦入口及内耳道、内耳迷路、岩尖等病变;颞骨额枕位片用于观察岩尖、内听道及内耳结构及病变情况。颞骨 CT 扫描可清晰显示颞骨的细微骨性结构及细小骨质改变,显示异常软组织阴影及邻近解剖关系,对先天性耳畸形、颞骨骨折、各种中耳炎症、中耳肿瘤等具有较高的诊断价值。MRI 可显示内耳、内听道及侧颅底软组织解剖结构变化,常用于检查颅内肿瘤、脓肿、出血等软组织病变。

6. **实验室检查**　发生急性化脓性中耳炎、急性乳突炎时,病人血常规检查可发现白细胞计数升高。

7. **声源定位测试**　声源定位是指听觉系统对声源物体位置的识别过程,包括对声源物体垂直方位、水平方位及与听者距离的识别。

三、常见诊疗技术与护理

（一）外耳道滴药法

外耳道滴药法是耳鼻咽喉科常用的局部用药方法。主要目的是软化耵聍和治疗耳道及中耳疾病。

【适应证】

耵聍栓塞、外耳道炎、中耳炎症。

Note:

【禁忌证】

鼓膜外伤。

【操作前准备】

1. **用物准备**　滴耳液、消毒干棉球。

2. **病人准备**　病人侧卧或坐位,头侧向健侧,患耳向上。

【操作过程】

1. 成人耳郭向后上方牵拉,小儿向后下方,将外耳道拉直,将脓液洗净。

2. 将滴耳液顺耳道后壁滴入2~3滴。注意药液温度以接近体温为宜,不宜太热或太凉,以免刺激迷路,引起病人眩晕、恶心、呕吐等不适感。

3. 用手指反复轻按耳屏几下,使药液流经耳道四壁及流入中耳腔内。

4. 保持体位3~4min;如为耵聍栓塞,可保持体位5~10min。

【操作后护理】

外耳道口放置干棉球,以免药液流出。

（二）外耳道冲洗法

外耳道冲洗目的是冲洗出阻塞外耳道的耵聍和表皮栓,保持外耳道清洁,或冲洗出外耳道小异物,如小球、小虫等。

【适应证】

耵聍栓塞、外耳道异物。

【禁忌证】

坚硬而大的耵聍、尖锐的异物、鼓膜外伤、鼓膜穿孔、急性中耳炎、急性外耳道炎。

【操作前准备】

1. **用物准备**　弯盘、治疗碗、装有细塑料管的洗耳球或10ml空注射器、温生理盐水、纱布、额镜或电耳镜、卷棉子。

2. **病人准备**　取坐位,头侧卧于桌面或患耳面对操作者,操作者向病人解释操作目的和方法,取得其配合。

【操作过程】

1. 嘱病人将弯盘置于患耳垂下方,紧贴皮肤,头稍向患侧倾斜。

2. 左手向后上方牵拉耳郭(小儿向后下方),右手将吸满温生理盐水的洗耳球塑料管或10ml空注射器对准病人外耳道后上壁方向冲洗,使水沿外耳道后上壁进入耳道深部,冲出耵聍或异物(图74-1-6)。冲洗时不可对准鼓膜,用力不宜过大,以免损伤鼓膜。若病人出现恶心等不适应立即停止冲洗。

3. 用纱布擦干外耳道,用卷棉子棉签擦净耳道内残留盐水,额镜或电耳镜检查外耳道内是否清洁,如有残留耵聍,可再次冲洗至彻底冲净为止。

【操作后护理】

1. 检查外耳道和鼓膜情况。

2. 记录冲洗结果。

（三）鼓膜穿刺抽液法

鼓膜穿刺抽液的目的是抽出鼓室内积液,减轻耳闷塞感,提高听力。

【适应证】

分泌性中耳炎。

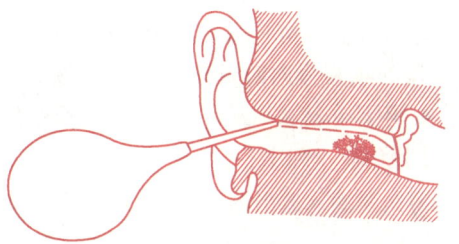

图74-1-6　外耳道冲洗法

【禁忌证】

中耳炎急性期。

【操作前准备】

1. 用物准备 2%丁卡因溶液、苯扎溴铵酊溶液、纱布、2ml 注射器、鼓膜穿刺针头、额镜或电耳镜、窥耳镜、酒精棉球。

2. 病人准备 取坐位,头侧卧于桌面或患耳面对操作者,操作者向病人解释操作目的,取得其配合。

【操作过程】

1. 用温水将 2%丁卡因溶液、苯扎溴铵酊溶液适当加温。

2. 向患耳内滴入 2%丁卡因溶液做鼓膜表面麻醉,然后滴入苯扎溴铵酊溶液消毒鼓膜和外耳道,用纱布擦干外耳道口。

3. 操作者用酒精棉球消毒窥耳器,并置入外耳道。

4. 连接空注射器与鼓膜穿刺针头,调整额镜聚光于外耳道。

5. 将鼓膜穿刺针头沿窥耳器底壁缓慢进入外耳道,刺入鼓膜最低部(时钟 5:00~7:00 方向),不宜过深,一手固定针筒,一手抽吸积液(图 74-1-7)。

6. 抽吸完毕,缓慢将针头拔出,退出外耳道。

7. 用挤干的酒精棉球塞住外耳道口。

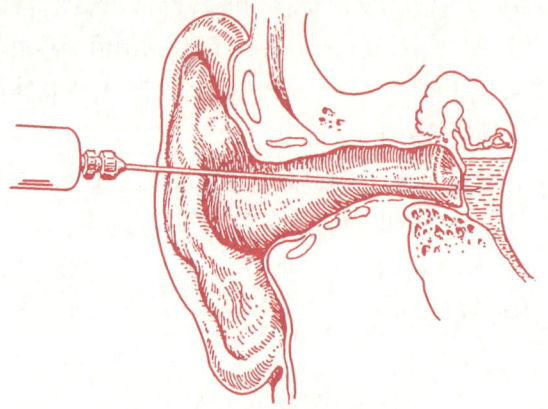

图 74-1-7 鼓膜穿刺抽液法

【操作后护理】

嘱病人 2d 后将棉球自行取出,1 周内不要洗头,以免污水进入外耳道。

(四)洗耳法

洗耳法的目的是清洁耳道,提高局部用药疗效。

【适应证】

急性外耳道炎或疖、外耳湿疹、慢性化脓性中耳炎、急性化脓性中耳炎鼓膜穿孔的病人。

【禁忌证】

无绝对禁忌证。

【操作前准备】

1. 用物准备 额镜、卷棉子若干、3%过氧化氢溶液、棉片、纱布。

2. 病人准备 取坐位或侧卧,头侧向健侧,患耳向上。

【操作过程】

1. 将卷棉子头上卷少量蓬松棉花,蘸上 3%的过氧化氢洗耳液。

2. 打开光源,调整额镜,聚光在外耳道。

3. 将患侧耳郭向后上方牵拉(小儿向后下方),把蘸有过氧化氢溶液的卷棉子深入外耳道深部 2.5~3.0cm,慢慢向四周旋转,使洗耳液能接触耳道四壁,洗净脓液。

4. 用纱布擦去脏棉花,重新卷上干棉花,再次旋转擦洗,反复 2~3 次,擦净为止。

【操作后护理】

遵医嘱滴入适当的滴耳液。

(张标新)

Note:

第二节　外耳疾病病人的护理

　　　　　　　　　　　　　　　导入情境与思考

　　病人,男性,19 岁,因左耳先天性耳前瘘管、肿痛 3d 入院。自出生时发现左耳先天性耳前瘘管,平素无不适,近 3d 出现局部红、肿、痛伴溢脓。体格检查:T 37.2℃,P 92 次/min,R 18 次/min,BP 112/68mmHg,左耳轮前下方见一针尖样瘘口,局部红肿明显,压痛(+),间断溢脓伴波动感。

　　请思考:

　　(1) 该病人的治疗原则是什么?

　　(2) 该病人目前主要的护理诊断有哪些?

　　(3) 护士如何对该病人进行健康指导?

一、先天性耳前瘘管病人的护理

　　先天性耳前瘘管(congenital preauricular fistula)是最常见的先天性耳畸形。单侧多见,女性多于男性。

【病因与发病机制】

　　为胚胎期形成耳郭的第 1、2 鳃弓的 6 个小丘样结节融合不良或第 1 鳃沟封闭不全所致。

【护理评估】

(一) 健康史

评估病人瘘管是否出生时即存在,有无反复感染史。

(二) 身体状况

瘘管口多位于耳轮脚前,另一端为盲端。平时无症状,多因继发感染而就诊,表现为局部红、肿、痛或化脓。反复感染可形成囊肿或脓肿,破溃后形成脓瘘或瘢痕。

(三) 辅助检查

检查瘘口有无红肿溢脓及压痛,明确感染情况。必要时行 CT 检查明确瘘管位置及走向。合并耳郭畸形及听力异常的病人,须行进一步检查。

(四) 心理-社会状况

部分瘘管不能一次性彻底切除,或反复感染形成脓瘘或瘢痕,影响美观,还有少数瘘管走向与面神经相近,手术可能造成面瘫,这些都是导致病人心理-社会问题的因素。

【护理诊断/问题】

1. **皮肤完整性受损**　与局部感染、切开引流有关。

2. **知识缺乏:缺乏治疗护理相关信息。**

3. **焦虑**　与担心手术效果及损伤面神经有关。

【计划与实施】

　　先天性耳前瘘管无感染或无症状者,不需要治疗。急性感染时,病人可全身应用抗生素;已形成脓肿者,先切开引流,待感染控制后行手术切除。经过治疗和护理,病人达到:①耳部感染及时控制,皮肤愈合好;②掌握本病治疗护理相关知识,积极配合治疗及手术;③瘘管彻底切除,无术后

Note:

并发症。

（一）一般护理

保持局部清洁，避免自行抓挠挤压。病人可进食清淡、无刺激性饮食，同时增加营养。

（二）治疗护理

1. 急性感染期，遵医嘱使用抗生素。

2. 注意观察病人耳前皮肤及瘘口分泌物的情况，脓肿形成时，协助医生行脓肿切开引流，向病人说明操作目的，取得其配合。切开后，遵医嘱每日定时换药，必要时放置引流条。

3. 瘘管切除术后病人取平卧位或健侧卧位，遵循快速康复理念早期下床活动，保持切口清洁干燥。

（三）心理护理

该疾病一般病程较长，且反复感染，告知病人疼痛的原因和可能持续的时间。向病人介绍治疗方法和手术方式、麻醉方式、结果及预后，使其树立合理的期望值，保持良好心态。

（四）健康教育

1. 保持局部皮肤清洁干燥，禁止挤压瘘管，避免挖耳。

2. 感染治愈2周后早日手术彻底根治。

3. 加强营养，糖尿病病人遵医嘱饮食，控制血糖。

4. 术后出现伤口红、肿、热、痛等症状，及时就诊。

【护理评价】

经过治疗和护理，评估病人是否能够达到：①耳部感染能够及时得到控制；②掌握本病治疗前后护理有关保健知识，积极配合治疗；③瘘管彻底切除，皮肤愈合好。

二、鼓膜外伤病人的护理

鼓膜外伤（tympanic membrane trauma）是指鼓膜因直接或间接的外力发生损伤。

【病因与发病机制】

1. **机械伤** 用毛线针、发夹、耳勺等挖耳刺伤鼓膜。

2. **医源性损伤** 取耵聍、取外耳道异物、行外耳道冲洗时用力过猛。

3. **压力伤** 掌击耳部、爆破、放鞭炮、潜水、高台跳水等。

4. **其他** 矿渣、火花烧伤，颞骨骨折。

【护理评估】

（一）健康史

评估病人有无锐物挖耳、外耳道医疗操作、掌击耳部、爆破或潜水等病史，当时有无突然耳痛、听力减退等表现。

（二）身体状况

鼓膜受伤穿孔后，病人突感耳痛、听力下降、耳鸣、耳闷塞感。伴有内耳损伤者会出现眩晕、恶心、呕吐等不适。

（三）辅助检查

1. **耳部检查** 外耳道可见少量血迹，鼓膜可见不规则穿孔，若出血量较多或耳内有清水样液流出，可能系颞骨骨折引起脑脊液漏。

2. **听力学检查** 确定耳聋属传导性还是混合性。

（四）心理-社会状况

鼓膜外伤为突发疾病,病人及其家属可能会出现恐惧、自责等情绪,担心听力无法恢复。

【护理诊断/问题】

1. **急性疼痛**　与鼓膜突然破裂有关。
2. **有感染的危险**　与消毒处理不当及病人缺乏自我护理知识有关。
3. **恐惧**　与病人担心听力无法恢复有关。

【计划与实施】

发生鼓膜外伤,须及时清除异物或血块,用酒精消毒外耳道及耳郭,根据病情需要使用抗生素。绝大多数鼓膜穿孔3~4周可自愈,较大不能自愈的穿孔可行鼓膜修补手术。经过治疗和护理,病人达到:①疼痛减轻;②情绪稳定,掌握治疗护理相关知识;③鼓膜穿孔愈合,听力恢复,无感染发生。

（一）病情观察

观察病人有无耳鸣、恶心、眩晕及耳漏现象,有异常立即报告医生处理。

（二）预防感染

嘱病人4周内切勿用力擤鼻,预防感冒,以防鼻咽感染波及中耳;愈合前禁止外耳道冲洗或滴药,禁止水上运动。

（三）心理护理

关心病人,讲解疼痛的原因、治疗及预后,使病人及其家属情绪稳定,积极配合治疗。

（四）健康教育

1. 严禁用发夹、火柴梗、硬耳勺、毛线针等锐器挖耳。
2. 遇爆破、放鞭炮、跳水或潜水时注意保护双耳。
3. 外耳道冲洗、取异物或耵聍时操作轻稳。

【护理评价】

经过治疗和护理,评估病人是否能够达到:①鼓膜穿孔愈合,听力恢复;②无感染发生;③掌握相关预防护理知识。

三、耵聍栓塞病人的护理

耵聍栓塞(ceruminal impaction)系耵聍腺分泌过多或排出受阻导致外耳道耵聍积聚过多,形成团块,阻塞外耳道,引起听力减退。

【病因与发病机制】

1. **耵聍腺分泌过多**　如炎症、尘土等刺激使耵聍分泌过多。
2. **耵聍排出受阻**　如外耳道狭窄、异物存留、老年人肌肉松弛、下颌运动无力等。

【护理评估】

（一）健康史

评估病人有无外耳道炎、外耳道狭窄、异物存留、下颌运动无力、老年人肌肉松弛等病史。

（二）身体状况

根据耳道阻塞程度可表现为局部瘙痒、耳闷塞感、听力减退,可伴耳鸣、耳痛,甚至眩晕。

Note:

（三）辅助检查

耳镜检查可见棕黑色或黄褐色块状物堵塞外耳道,质地松软如泥或坚硬如石。听力检查为传导性听力损失。

（四）心理-社会状况

评估病人的年龄、皮脂腺分泌状况、饮食习惯等。

【护理诊断/问题】

1. 感知觉紊乱:听觉紊乱　与耵聍阻塞外耳道有关。
2. 知识缺乏:缺乏有关疾病和治疗操作知识。
3. 有感染的危险　与栓塞合并炎症及操作不当致皮肤或鼓膜破损有关。

【计划与实施】

取出耵聍为唯一治疗方法。包括枪状镊或耵聍钩取出法、外耳道冲洗法和吸引法。经过治疗和护理,病人达到:①外耳道耵聍完整取出;②听力恢复正常;③无感染发生。

（一）治疗护理

取出耵聍及行外耳道冲洗时注意动作轻柔,对坚硬难取的耵聍块,先向外耳道滴入5%碳酸氢钠,每日4~6次,软化后再取,避免损伤外耳道及鼓膜。

（二）心理护理

向病人解释出现听力减退、耳鸣的原因,讲解耵聍取出方法及配合要点。

（三）健康教育

1. 指导病人正确的外耳道滴药法,坚持正确体位滴药,保证药物疗效。
2. 养成正确的卫生习惯,勿用硬物或非清洁物品挖耳。
3. 减少食物中油脂的摄入。
4. 有外耳道炎症者要积极治疗。

【护理评价】

经过治疗和护理,评估病人是否能够达到:①外耳道耵聍被完整取出;②听力恢复正常;③无感染发生。

（张标新）

思 考 题

1. 先天性耳前瘘管切除术后病人护理内容有哪些?
2. 发生耵聍栓塞后治理护理措施有哪些?

第三节　中耳疾病病人的护理

导入情境与思考

病人,女性,38岁,因左耳间断流脓水20年,伴听力下降10年,加重1周入院。20年前一次感冒高热后出现左耳流脓,抗感染治疗后有好转,间断复发,听力呈进行性下降,无眩晕,耳鸣。体格检查:T 36.4℃,P 78 次/min,R 18 次/min,BP 122/71mmHg,左耳外耳道可见脓性分泌物,鼓膜紧张部大穿孔。辅助检查:听力检查示左耳传导性耳聋;CT 示左耳慢性中耳乳突性炎。

Note:

请思考：

（1）护士对该病人病情观察的重点是什么？

（2）该病人主要的护理诊断有哪些？

（3）该病人术后护理内容有哪些？

一、分泌性中耳炎病人的护理

分泌性中耳炎（secretory otitis media）是以鼓室积液和传导性耳聋为主要特征的中耳非化脓性炎性疾病。可分为急性和慢性两种，急性分泌性中耳炎病程延续6~8周；慢性分泌性中耳炎为缓慢起病或由急性分泌性中耳炎反复发作或迁延而来。

【病因与发病机制】

1. **咽鼓管功能障碍**　如小儿腺样体肥大、肥厚性鼻炎、鼻咽部肿瘤、司咽鼓管开闭的肌肉收缩无力等，使咽鼓管阻塞或功能障碍，外界空气不能进入中耳，中耳内原空气被吸收，形成相对负压甚至真空状态，引起中耳黏膜静脉扩张充血，血清漏出并积聚于中耳，形成鼓室积液。

2. **中耳局部感染**　主要致病菌为流感嗜血杆菌和肺炎链球菌，细菌内毒素在病变迁延成慢性分泌性中耳炎的过程中可能起了一定作用。

3. **变态反应**　中耳积液中检出有炎症介质前列腺素、细菌的特异性抗体和免疫复合物，提示慢性分泌性中耳炎可能属于一种细菌感染引起的Ⅲ型变态反应。

【护理评估】

（一）健康史

评估病人有无感冒后乘坐飞机经历、腺样体肥大、急性鼻炎、慢性鼻炎、鼻窦炎等病史。

（二）身体状况

1. **症状**

（1）听力减退：渐进性传导性听力下降，伴自听增强，头位前倾或偏向健侧时可暂时好转。

（2）耳痛：急性期患耳隐痛，耳内闷胀感，按压耳屏可暂时减轻。

（3）耳鸣：多为低调间歇性，如"噼啪""嗡嗡"或流水声，哈欠、喷嚏时稍好转。

2. **体征**　鼓膜轻度充血，鼓膜松弛部或全鼓膜内陷。鼓室积液时，可在鼓膜见到液平面。透过鼓膜可见到气泡，咽鼓管吹张后气泡增多。若反复发作，可见鼓膜增厚凹陷，或见灰白色斑块，或萎缩、瘢痕粘连。

（三）辅助检查

1. **鼓气耳镜检查**　可见鼓膜活动受限。

2. **听力学检查**　音叉试验及纯音听阈测试结果示传导性耳聋。

3. **CT 扫描**　可见中耳系统气腔有不同程度密度增高。

4. **鼓膜穿刺**　抽出积液。

（四）心理-社会状况

此病易反复迁延成为慢性，听力受到影响，病人对痊愈缺乏信心。注意评估病人的文化层次和对疾病认知。

【护理诊断/问题】

1. **感知觉紊乱：听觉紊乱**　与鼓室积液影响传导功能有关。

2. **舒适度减弱**　与耳内闷胀感、耳鸣、耳痛有关。

Note：

3. **焦虑**   与疾病迁延,缺乏相关知识、担心预后有关。

【计划与实施】

本病的治疗原则为清除鼓室积液,改善中耳通气、引流及病因治疗。清除积液的方法包括鼓膜穿刺抽液术、鼓室置管、鼓膜切开等。经过治疗和护理,病人达到:①鼓室积液清除;②听力恢复,耳内闷胀感消失;③掌握疾病相关治疗保健知识,对治疗信心增强。

（一）病情观察

注意观察病人耳痛、耳鸣及听力改善情况,出现症状反复或者耳内流脓等现象立即通知医生处理。

（二）治疗护理

遵医嘱正确使用滴鼻剂、鼻喷剂、抗生素等。行鼓膜穿刺、鼓膜切开、鼓室置管术前协助医生为病人安置体位,做好手术配合,术后保持病人外耳道清洁,防止感染。

（三）心理护理

向病人讲解疾病的病因,鼓膜穿刺、鼓室置管、鼓膜切开的目的和意义,减轻其思想负担,积极配合治疗护理。

（四）健康教育

1. 教会病人正确的滴鼻和擤鼻方法,忌两侧同时用力擤鼻,以免分泌物逆流入咽鼓管。

2. 行鼓室置管者,勿牵拉耳郭,避免剧烈运动、晃动头部,定期门诊随诊,3~6 个月取管。

3. 已行鼓膜切开或鼓室置管的病人,暂停一切水上活动。洗头和淋浴时避免污水入耳。

4. 定期行筛选性声导抗测试。

5. 积极治疗鼻腔或鼻咽部疾病,养成良好的卫生习惯。

【护理评价】

经过治疗和护理,评估病人是否能够达到:①鼓室积液清除;②听力恢复;③掌握疾病相关知识,增强信心。

二、急性化脓性中耳炎病人的护理

急性化脓性中耳炎(acute suppurative otitis media)是致病菌直接侵入中耳引起的中耳黏膜的急性化脓性炎症,好发于儿童,冬春季多见,常继发于上呼吸道感染。

【病因与发病机制】

主要致病菌有肺炎球菌、流感嗜血杆菌、溶血性链球菌、葡萄球菌等。常见的感染途径有:

1. **咽鼓管途径**   最常见。常因急性上呼吸道感染、不当的捏鼻鼓气或擤鼻、在污水中游泳或跳水、不当的咽鼓管吹张等使细菌经咽鼓管侵入中耳。

2. **外耳道鼓膜途径**   鼓膜外伤后或陈旧性鼓膜穿孔,不规范的无菌操作,如鼓膜穿刺、鼓室置管等,使细菌直接进入中耳。

【护理评估】

（一）健康史

评估病人有无上呼吸道感染、污水入耳、咽鼓管吹张、鼓膜穿刺或鼓室置管史。

（二）身体状况

1. **症状**   早期表现为耳闷、耳痛。鼓膜穿孔后,耳内液体流出,耳痛顿减。

2. **体征**   耳部触诊乳突部可有轻度压痛。

（三）辅助检查

1. **耳镜检查** 早期鼓膜及中耳黏膜充血,鼓膜膨隆,溃口往往很小,分泌物呈搏动性流出;化脓期鼓室内渗出物渐成脓性,鼓膜局部坏死穿孔;恢复期脓液引流通畅,炎症消退。

2. **听力学检查** 多为传导性耳聋。

3. **X线检查** 乳突部呈云雾状模糊,但无骨质破坏。

4. **血常规检查** 白细胞总数增多,鼓膜穿孔后血常规逐渐正常。

（四）心理-社会状况

本病好发于儿童,起病较急,耳痛明显,注意评估病人的年龄、文化、疾病认知和生活习惯等。

【护理诊断/问题】

1. **急性/慢性疼痛** 与中耳急性炎症有关。

2. **体温过高** 与炎症反应有关。

3. **知识缺乏**：缺乏疾病相关的治疗和保健知识。

4. **潜在并发症**：急性乳突炎、耳源性脑脓肿等。

【计划与实施】

本病的治疗原则为控制感染,通畅引流,祛除病因。积极治疗鼻部和咽部疾病,全身或局部应用抗生素控制感染。鼓膜穿孔长期不愈者,可做鼓膜修补术。经过治疗和护理,病人达到:①炎症控制;②疼痛消失;③无并发症发生。

（一）病情观察

注意病人耳后有无红肿、压痛,观察耳道分泌物的性质和量。如出现恶心、呕吐、剧烈头痛、耳流脓后出现发热或疼痛加重等,提示有并发症的可能,应及时通知医生。

（二）药物治疗及护理

1. 遵医嘱早期足量应用抗生素。鼓膜穿孔后,取脓液行细菌培养,根据药敏试验结果选用敏感抗生素。

2. 鼓膜穿孔前,可用2%酚甘油滴耳,消炎止痛;鼓膜穿孔后,如果外耳道有脓液,洗净后局部用氯霉素眼药水与地塞米松短期混合滴耳,减轻局部炎症。禁止使用粉剂,以免与脓液结块,影响引流。严格遵守操作规程,注意动作轻柔,避免伤及病人鼓膜。

（三）鼓膜修补术护理

1. **术前护理** ①根据医嘱清洁病人耳道,每日3~4次,先用3%过氧化氢洗净脓液,再滴入抗生素滴耳液;②行鼓膜修补术前清洁病人外耳道及耳郭周围皮肤,以免污染术野。

2. **术后护理** ①全麻者按全麻术后护理常规护理至其清醒;②全麻清醒后可取健侧卧位或半卧位,患耳向下,利于引流及减轻伤口张力缓解疼痛,遵循快速康复理念,早日下床活动;③观察病人外耳道渗液、渗血情况,有异常及时通知医生;④指导病人正确擤鼻、滴鼻的方法;⑤护患沟通时注意沟通方式和技巧。

（四）心理护理

向病人介绍手术的目的和意义,术后的注意事项,使病人有充分的思想准备。

（五）健康教育

1. 普及正确的擤鼻方法和卫生知识。

2. 加强锻炼,增强体质,预防感冒。

3. 鼓膜穿孔修补术后恢复期(通常1个月)禁止游泳,洗头时防止水进入耳内,3个月内禁止乘坐飞机。

4. 教会病人正确的滴耳液和滴鼻液使用方法。

5. 积极治疗鼻腔、鼻窦及鼻咽部慢性炎症,防止再次诱发中耳炎。

Note:

【护理评价】

经过治疗和护理,评估病人是否能够达到:①炎症控制,疼痛消失;②体温正常;③掌握疾病相关的治疗和保健知识;④无并发症发生。

三、慢性化脓性中耳炎病人的护理

急性化脓性中耳炎病程超过6~8周,病变侵及中耳黏膜、骨膜或深达骨质,称为慢性化脓性中耳炎(chronic suppurative otitis media),以间断流脓、鼓膜穿孔和听力下降为特点。常与慢性乳突炎并发,严重者可以引起颅内外并发症,重者危及生命。

【病因与发病机制】

常见致病菌为变形杆菌、金黄色葡萄球菌、铜绿假单胞菌等。主要病因有急性化脓性中耳炎迁延而成,鼻、咽部的慢性炎症所致,身体抵抗力差或病菌毒性过强。

【护理评估】

(一)健康史

评估病人有无急性化脓性中耳炎、鼻咽部慢性炎症等病史,耳内反复流脓、听力下降持续时间。

(二)身体状况

该病的典型症状为反复耳流脓、听力下降及耳鸣。

1. **反复流脓** 随感染控制脓液可消失,亦可因抵抗力下降等诱因再次流脓,甚至持续流脓。分泌物为黏脓性,伴肉芽生长可混有血液。

2. **听力下降** 多为传导性耳聋,轻者无自觉症状,当组织粘连或听小骨破坏严重时,症状加重,甚至出现混合性耳聋。

3. **耳鸣** 部分病人可有低调耳鸣,病程长者并有高调耳鸣提示内耳损伤。

(三)辅助检查

1. **耳镜检查** 鼓膜增厚、充血,失去半透明状态,紧张部穿孔,孔径大小不一,亦可见穿孔边缘溃疡和肉芽生长。鼓室内壁黏膜可充血、增厚,亦可有肉芽、息肉经穿孔处凸入外耳道。

2. **听力学检查** 纯音听力测试为传导性或混合性耳聋,程度不一。

3. **颞骨CT** 轻者无异常改变,严重者中耳内充满低密度影像。

(四)心理-社会状况

因长期反复流脓,听力下降,影响病人的社交和生活,如适应不良会造成社会退缩、抑郁等不良心理和社会问题。注意评估病人的性格特征、文化层次、对疾病的认知程度等,以提供个性化护理。

【护理诊断/问题】

1. **舒适度减弱** 与长期耳流脓有关。
2. **感知觉紊乱:听觉紊乱** 与炎症损伤鼓膜、听小骨甚至耳蜗有关。
3. **焦虑** 与病程迁延不愈、听力下降、可能要接受手术有关。
4. **知识缺乏:缺乏与本病有关的治疗和自我护理的知识与技能。**
5. **潜在并发症:迷路炎、面瘫、乙状窦栓塞性静脉炎等。**
6. **有受伤的危险** 与术后眩晕、站立不稳有关。

【计划与实施】

本病的治疗原则为消除病因,控制感染,通畅引流,消除病灶,恢复听力。治疗方法包括药物治疗

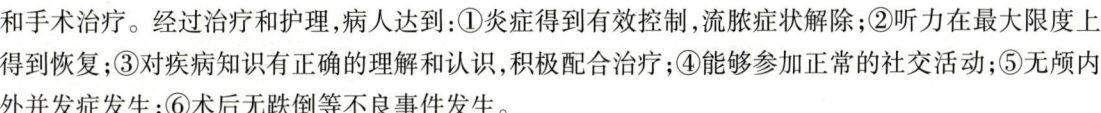

和手术治疗。经过治疗和护理,病人达到:①炎症得到有效控制,流脓症状解除;②听力在最大限度上得到恢复;③对疾病知识有正确的理解和认识,积极配合治疗;④能够参加正常的社交活动;⑤无颅内外并发症发生;⑥术后无跌倒等不良事件发生。

(一)病情观察

观察病人耳流脓的性质、量、气味;有无剧烈头痛、恶心、呕吐、高热、眩晕、耳痛等并发症的表现,并及时汇报医生。

(二)药物治疗护理

通常用3%过氧化氢溶液洗耳,棉签拭干,再根据病人病变情况滴入抗生素药水。忌用氨基糖苷类抗生素等耳毒性药物;一般不用粉剂,防止结块,妨碍引流;避免用有色药物,阻碍局部观察。耳流脓停止,耳内干燥后,对大的鼓膜穿孔可行手术治疗。

(三)手术治疗护理

手术方式主要包括乳突改良根治术、鼓膜修补术(鼓室成形Ⅰ型)、鼓室成形Ⅱ型及Ⅲ型。

1. 术前护理　参照前文"鼓膜修补术护理"。

2. 术后护理　除参照鼓膜修补术术后护理外,还应做到①术后恶心、呕吐、眩晕剧烈的病人,可少量多餐,遵医嘱给予镇吐药,必要时行补液治疗;②行鼓室成形Ⅱ型、Ⅲ型术者,术后头部制动3d,避免因头部剧烈活动导致植入物移位,改变体位动作缓慢,下床活动须有人陪伴和搀扶;③观察病人有无高热、神志及瞳孔异常变化、面瘫、眩晕、平衡失调等颅内外并发症表现,一旦发现,立即报告医生处理;④目前耳部手术多用可吸收线缝合,无须拆线,术后1周抽出耳内碘伏或者抗生素纱条,在此期间,常有各种音调的耳鸣为正常现象,要向病人解释清楚。

(四)心理护理

1. 向病人耐心解释本病的起因、治疗和转归,帮助其树立信心,积极配合治疗。

2. 与病人交流时注意提高音量,减慢语速,便于病人理解。

3. 鼓励病人克服胆怯心理,参加正常的社会交往活动。

(五)健康教育

1. 禁止游泳等水上运动,洗头或洗脸时防止耳道内进水。

2. 积极防治上呼吸道疾病,如急性鼻炎、慢性鼻炎、鼻窦炎、扁桃体炎、腺样体肥大等。

3. 对听力损伤较严重的病人,应指导其选配适宜的助听器,以增强沟通和社交能力。

【护理评价】

经过治疗和护理,评估病人是否能够达到:①对疾病有正确理解和认识,积极配合治疗;②耳流脓症状解除;③术后顺利康复,听力在最大限度上得到恢复;④术后无跌倒等不良事件发生;⑤无颅内外并发症发生;⑥能够参加正常的社会活动。

(张标新)

思 考 题

1. 分泌性中耳炎的典型临床表现有哪些? 生活中如何早期发现儿童病人的疾病表现?

2. 急性化脓性中耳炎的常见病因有哪些? 如何预防?

3. 慢性化脓性中耳炎常见的手术方式及术后护理措施有哪些?

Note:

第四节　内耳疾病病人的护理

 <u>导入情境与思考</u>

　　患儿,男性,1岁,因出生时听力丧失入院。患儿为早产儿,出生听力筛查未通过,无耳毒性药物使用史。体格检查:T 36.4℃,P 88 次/min,R 20 次/min,BP 82/51mmHg,身高70cm,体重9kg,无外耳畸形,无耳道流脓血。辅助检查:声导抗 A 型;OAE 未引出;ABR 双耳 90dB 无反应,头颅 MRI 示脑实质未见明显异常信号,两侧中耳乳突 CT 未见异常。

　　请思考:

　　(1) 护士对该患儿护理评估的内容有哪些?

　　(2) 该患儿主要的护理诊断有哪些?

　　(3) 如何对该患儿家长进行健康指导?

一、耳硬化症病人的护理

　　耳硬化症(otosclerosis)是指骨迷路发生反复的局灶性吸收并被富含血管和细胞的海绵状新骨所替代,继而血管减少,骨质沉着,形成骨质硬化病灶而产生的疾病。当硬化病灶侵及前庭窗,导致镫骨固定而出现临床症状,称为临床耳硬化。部分病人终身无自觉症状,仅见于尸体解剖病理学检查,称为组织学耳硬化。临床耳硬化男女发病之比约为 1:2.5,好发年龄为 20~40 岁。

【病因与发病机制】

　　目前病因尚无定论,可能与遗传、种族、骨迷路包囊发育、内分泌代谢障碍等因素有关。有学者认为,耳硬化是常染色体显性遗传疾病,60%的病人有家族史。

【护理评估】

(一) 健康史

评估病人有无耳硬化家族史,有无内分泌失调或其他代谢性疾病;有无外伤或过度疲劳等。

(二) 身体状况

主要临床表现包括:

　　1. **听力减退**　多为无任何诱因的双耳进行性听力减退,病人常难以确定起病时间。

　　2. **耳鸣**　可为间歇性或持续性,常见低音调耳鸣。少数病人的耳鸣出现于听力减退之前,多数与耳聋同时出现。

　　3. **威利斯听觉倒错**(paracusis of Willis)　指部分病人在喧闹环境中反而较在安静环境下听觉为好,也称为威利斯误听。

　　4. **眩晕**　少数病人在头部活动后出现轻度短暂眩晕,可能与膜半规管受累或迷路水肿有关。

(三) 辅助检查

　　1. **耳镜检查**　可见外耳道宽大,鼓膜正常,活动良好。有时可在鼓膜后上象限透见岬骨膜显著充血而变红的区域,此现象称 Schwartze 征(Schwartze sign),为临床耳硬化特征之一。

　　2. **听力学检查**　须进行音叉试验、纯音测听、声导抗测试、耳声发射检查、听性脑干反应测听,存在耳硬化时,各检查结果均有特征性显示。

　　3. **影像学检查**　颞骨 X 线影像显示中耳乳突无病变,CT 扫描和 MRI 可见前庭窗、蜗窗、骨迷路和内听道壁的硬化灶。

(四) 心理-社会状况

病人多数年轻,发病无任何诱因,且逐渐加重,影响病人社交活动,病人常不能理解和接受,且担

心预后。应注意评估病人年龄、文化层次、对疾病的认知程度、压力应对方式等。

【护理诊断/问题】

1. 感知觉紊乱：听觉紊乱　与骨迷路形成骨质硬化病灶,镫骨固定有关。
2. 恐惧　与听力逐渐减退,担心听力丧失和须接受手术治疗有关。
3. 言语沟通障碍　与听力减退有关。
4. 有受伤的危险　与病人术后发生眩晕有关。
5. 自理缺陷　与病人术后须绝对卧床,头部制动有关。
6. 知识缺乏：缺乏本病的自我保健知识。
7. 潜在并发症：面瘫、眩晕、颅内感染等。

【计划与实施】

本病药物治疗疗效尚不确切。手术为主要治疗方法,包括镫骨撼动术、镫骨切除术和镫骨足板开窗术,目前临床最广泛使用的是镫骨足板开窗术,又称小窗技术,其目的是对固定的镫骨直接进行处理,以求改善病人听力。不适宜或不愿接受手术的病人,可根据听力损失情况选配适宜助听器。经过治疗和护理,病人达到:①听力达到最大限度的恢复,能够与他人正常沟通;②病人对本病的相关知识有所了解,愉快接受手术;③顺利康复,无并发症发生。

（一）手术治疗护理

1. 术前护理　参前文"鼓膜修补手术护理"。
2. 术后护理　除参考鼓膜修补手术术后护理外,还应注意:①行镫骨足板开窗术病人绝对卧床48h,防止镫骨移位,防止眩晕致跌倒;②观察病人有无高热、神志及瞳孔异常变化、面瘫、眩晕、平衡失调等颅内外并发症表现,一旦发现,立即报告医生处理;③术后恶心、呕吐、眩晕剧烈的病人,可少量多餐,必要时补液,改变体位动作宜慢,下床活动有人陪伴扶助,保证其安全。

（二）助听器选配护理

1. 找听力学专家或助听器选配师进行专业选配,并按时进行调整。
2. 注意询问病人的佩戴舒适度,有无声音失真、耳内吵闹等现象。
3. 出现耳部感染征象时,暂停佩戴。
4. 助听器不用时应关机;随身携带备用电池,夜间将电池盖打开,长期不用须取出电池,以免电池漏液。
5. 每日清洁助听器耳模和套管,耳模彻底干燥后才能与助听器相连。
6. 对于重度、极重度听力损失或使用助听器效果不佳者则宜选用人工耳蜗植入,改善听觉能力。

（三）心理护理

1. 向病人耐心解释本病的起因、治疗和转归,帮助其树立信心,积极配合治疗。
2. 与病人交流时注意提高音量,减慢语速,便于病人理解。
3. 指导病人正确认识助听器的功能是提高声音强度补偿听力,而不是听力重建,跟正常听力有一定区别,初戴病人需要一个适应过程,事先让病人对助听效果有理性的认知。

（四）健康教育

1. 保持耳内清洁,禁止游泳等水上运动,洗头或淋浴时用棉球堵住外耳道口,以免污水进入耳内,引起感染。
2. 避免重体力劳动及头部过度晃动和撞击。半年内不乘坐飞机。
3. 叮嘱病人及时复诊,术后1周抽出耳内填塞物。抽出过迟,不仅不能及早观察鼓膜生长情况,而且还会由于填塞物的压迫影响局部移植物的血供,严重者会导致耳道术腔感染,导致鼓膜穿孔或化脓性耳郭软骨膜炎。
4. 遵医嘱用药,掌握正确耳内滴药方法,如有不适,及时就诊。

5. 积极防治内分泌失调或其他代谢性疾病,有条件者进行耳硬化家族史筛查,避免外伤和过度疲劳。

6. 助听器在专业人士指导下佩戴使用,并按时调整,保证最佳听觉补偿和舒适度。

【护理评价】

经过治疗和护理,评估病人是否能够达到:①顺利接受手术,听力得到最大限度的恢复;②无并发症发生;③能够(或借助助听器)与他人正常沟通;④对相关的自我保健知识有所了解。

二、梅尼埃病病人的护理

梅尼埃病(Ménière's disease)是以膜迷路积水为基本病理改变,以发作性眩晕、波动性感音神经性听力损失、耳鸣和/或耳胀满感为临床特征的特发性内耳疾病。发病年龄高峰为 40~60 岁,单耳患病率约为 85%。有报道,首发症状 20 年后,约 41.5% 的病人双耳受累。

【病因与发病机制】

目前病因尚无定论,有下列几种学说:①耳蜗血液微循环障碍;②内淋巴液生成、吸收平衡失调;③膜迷路破裂;④变态反应、自身免疫异常;⑤其他学说:家族遗传、内分泌功能障碍、病毒感染、微量元素缺乏等。

【护理评估】

(一) 健康史

评估病人有无家族史,病毒感染病史或内分泌功能障碍疾病史。有无反复发作的眩晕、耳鸣等。

(二) 身体状况

1. **眩晕(vertigo)** 多为突发性旋转性眩晕,病人自觉站立不稳,有向一侧倾倒的感觉,体位变动或睁眼时加重,但神志清楚,多伴有恶心、呕吐、出冷汗、面色苍白、脉搏迟缓、血压下降等症状,可持续 10min 至数小时,间歇数日、数周、数月或数年后,可反复发作。

2. **耳鸣** 多出现在眩晕之前,初为持续性低音调吹风声或流水声,后转为高音调蝉鸣声、哨声或汽笛声,眩晕发作时加剧,间歇期自然缓解,但通常不消失。

3. **听力下降** 多为单侧听力下降,间歇期减轻,随发作次数增多,呈波动性逐渐加重,但极少全聋。有的病人可有复听,即双耳将同一纯音听为音调与音色完全不同的两个声音。

4. **耳胀满感** 患侧耳内或头部有胀满、沉重或压迫感,有时感耳周灼痛。

5. **眼球震颤** 发作期可见自发性水平型或水平旋转型眼球震颤,快相向患侧或健侧。发作过后,眼震逐渐消失。

(三) 辅助检查

发作期难以对病人进行全面检查,间歇期可进行以下检查:

1. **听力学检查** 部分病人呈波动性感音神经性听力减退,即发作期听力减退,间歇期好转。

2. **前庭功能检查** 初次发作间歇期各种自发及诱发试验结果可能正常,多次发作者可提示前庭功能减退或丧失,或有向健侧的优势偏向。

3. **甘油试验** 通过减少异常增加的内淋巴来检测听觉功能的变化。按 1.2~1.5g/kg 的甘油加等量生理盐水或果汁空腹饮下,服用前及服用后 3h 内,每隔 1h 做 1 次纯音测听。若服用甘油后患耳平均听阈提高 15dB 或以上,言语识别率提高 16% 以上者为阳性。

4. **影像学检查** 颞骨 CT 影像偶见前庭导水管周围气化差,导水管短而直。膜迷路 MRI 成像部分病人可显示前庭导水管变直变细。

(四) 心理-社会状况

因本病突然发作,症状也较严重,病人常感到恐惧,不知如何应对。护士应注意评估病人的年龄、

文化层次、对疾病的认知等。

【护理诊断/问题】

1. **舒适度减弱** 与眩晕、恶心、呕吐、出冷汗有关。
2. **恐惧** 与突然发病,症状严重,病人对疾病不了解有关。
3. **有受伤的危险** 与眩晕发作时病人平衡功能失调有关。
4. **知识缺乏：缺乏本病的预防保健知识。**

【计划与实施】

本病的治疗原则为对症处理,以调节自主神经功能、改善内耳血液微循环、解除膜迷路积水为主,可选用药物有前庭神经抑制剂、抗胆碱药、利尿药、血管扩张药及钙通道阻滞剂,如地西泮、山莨菪碱、氟桂利嗪、倍他司汀等。反复发作者考虑手术治疗。经过治疗和护理,病人达到:①各种不适症状得到及时控制;②了解本病的治疗和自我保健知识,情绪稳定,积极配合治疗;③掌握安全防范技巧,无外伤等意外发生。

（一）一般护理

1. 发作期病人宜在安静、无噪声、光线柔和或较暗的环境中卧床休息,避免声光刺激。
2. 因病人平衡功能失调,生活不能自理,应细心照料,防止跌倒碰伤。
3. 低盐饮食,适量限水,禁烟、酒。
4. 眩晕发作前,病人可有耳鸣为先发症状。故每遇病人耳鸣声调突然加大,应陪护在其身边,或让病人立即卧床休息,不宜外出,不宜单独活动,以防眩晕突然发作引起跌倒摔伤。

（二）病情观察

观察病人眩晕发作的次数、程度、持续时间、发作时的自我感觉、眼震类型、神志、面色、脉搏等,以及有无其他神经系统症状。

（三）药物治疗护理

遵医嘱用药,注意观察病人用药效果及其眩晕、恶心、呕吐症状是否减轻。对恶心、呕吐较严重的病人,适当经静脉补液和电解质。

（四）心理护理

向病人讲解本病的有关知识,消除其紧张、恐惧心理,使其精神上得到放松,并主动配合治疗和护理。

（五）健康教育

1. 平时禁烟酒,禁用耳毒性药物。
2. 症状缓解后进行必要的检查,如听性脑干反应测听,颅脑 CT,以排除脑桥小脑三角肿瘤。
3. 病情好转后忌登高、下水或驾驶车辆。平时如感到眩晕,立即靠墙蹲下。
4. 平日应注意饮食平衡,营养全面,劳逸结合,睡眠充足。
5. 对于发作频繁、症状重者,可行手术治疗。

【护理评价】

经过治疗和护理,评估病人是否能够达到:①情绪稳定,积极配合治疗护理;②身体不适症状得到及时控制;③了解本病的治疗和自我保健知识;④掌握安全防范技巧。

三、突发性聋病人的护理

突发性聋(sudden deafness)指突然发生的感音神经性听力损失,通常在数分钟、数小时或 3d 之

Note:

内,病人听力下降至最低点,至少在相连的频率听力下降大于 20dB,以高频为主,无波动。本病的发病率为(5~20)/10 万,高峰年龄为 50~60 岁,近年有年轻化趋势。双耳患病者罕见,而双耳同时患病者更罕见。

【病因与发病机制】

病因尚未完全明确,可能与以下因素有关:病毒感染、脑膜炎、梅毒、艾滋病、肿瘤或瘤样病变、内耳供血障碍、药物中毒性聋、先天性发育异常(如大前庭导水管综合征)、颅脑外伤、自身免疫反应、精神心理因素等。

听力损失分级,采用 2021 年 3 月世界卫生组织(WHO)在最新发布的《世界听力报告》(*world Report on hearing*)中确立的听力损失分级标准(表 74-4-1)。

表 74-4-1 听力损失分级标准

分级	好耳听力阈值/dB	多数成人安静环境听力体验	多数成人噪声环境听力体验
正常听力	<20	听声音没有问题	听声音没有或几乎无问题
轻度听力损失	20~<35	谈话没有问题	可能听不清谈话声
中度听力损失	35~<50	可能听不清谈话声	在谈话中有困难
中重度听力损失	50~<65	在谈话中有困难,提高音量后可以正常交流	大部分谈话都很困难
重度听力损失	65~<80	谈话大部分内容都听不清,即使提高音量也不能改变	参与谈话非常困难
极重度听力损失	80~<95	听到声音极度困难	听不到谈话声
完全听力损失/全聋	≥95	听不到言语声和大部分环境声	听不到言语声和大部分环境声
单侧聋	好耳<20,差耳≥35	除非声音靠近较差耳,否则不会有问题,可能存在声音定位困难	可能在言语声、对话和声源定位方面存在困难

【护理评估】

(一)健康史

评估病人的出生史、家族史、用药史及疾病史。有无使用耳毒性药物、外伤或过度疲劳;有无病毒感染、全身性疾病;有无精神刺激如家庭重大变故等。

(二)身体状况

1. **听力损失** 多发生在一侧,听力损失快而重,以高频为主。
2. **耳鸣** 多数病人可伴有耳鸣,多为高音调如蝉鸣声。
3. **眩晕** 部分病人在发病初期可伴有突发性眩晕,自身或周围景物旋转或摇摆,与头位变动有关,伴律动性眼震,每次持续时间短。

(三)辅助检查

1. **听力学检查** 包括音叉检查、纯音测听、声导抗测试、脑干听觉诱发电位(ABR)等。
2. **影像学检查** 包括颞骨 CT、颅脑(动脉、静脉、内听道)磁共振成像、颈动脉超声、椎动脉超声等。

(四)心理-社会状况

由于发病突然,病人缺乏心理准备,往往考虑到自己的学习、工作甚至婚姻,担心听力不能恢复,影响社交,自卑感较重,不知如何应对。须注意评估病人的听力损失情况、年龄、文化层次、疾病认知等。

【护理诊断/问题】

1. **言语沟通障碍** 与听力减退有关。

2. **舒适度减弱**　与眩晕、恶心、呕吐、出冷汗有关。

3. **恐惧**　与突然发病、症状严重、对疾病不了解有关。

4. **睡眠型态紊乱**　与耳鸣、耳闷有关。

5. **有受伤的危险**　与眩晕发作时病人平衡功能失调有关。

6. **知识缺乏**：缺乏本病的预防保健知识。

【计划与实施】

本病的治疗原则为及时用药。可采取：①血液流变学治疗；②抗水肿治疗；③离子治疗（改变离子通道）；④减轻膜迷路积水；⑤应用抗氧化剂；⑥抑制血栓形成；⑦降低纤维蛋白原；⑧高、低压氧舱治疗；⑨可加用注射用甲泼尼龙琥珀酸钠 40mg 耳后骨膜下注射。经过治疗和护理，病人达到：①听力有所提高、耳鸣、耳闷等不适得到控制；②了解本病的治疗和自我保健知识，情绪稳定，积极配合治疗；③睡眠充足，体力恢复；④掌握安全相关注意事项，无跌倒受伤等意外发生。

（一）一般护理

给予病人低盐、低脂饮食，合理安排病人完成各项治疗措施，保证足够的睡眠与休息，保持其情绪稳定。

（二）药物治疗护理

严格遵医嘱用药，密切观察病人用药疗效，及时与其沟通，如有不适及时告知医生调整治疗方案。输入大量扩血管、改善微循环药物后，血液黏稠度会降低，输液完毕按压病人穿刺处 15～20min，以防淤青。女性病人月经期间不能输入注射用矛头蝮蛇血凝酶，不能做高压氧舱治疗。

（三）病情观察

观察病人用药后听力波动情况及耳鸣、眩晕缓解情况，及时给予其指导和反馈，注意病人情绪变化。

（四）心理护理

充分理解、关爱病人，给予必要的信息支持，告知病人本病自愈的可能及治疗后成功恢复听力的病例，增强其信心，提高治疗积极性和依从性，促进疾病康复。

（五）健康教育

1. 禁烟、酒，禁用耳毒性药物。

2. 避免长时间使用耳机。

3. 避免噪声，如不前往演唱会、KTV 等。

4. 劳逸结合，睡眠充足。

5. 积极乐观，避免焦躁。

6. 积极控制原发病，如高血压、糖尿病等。

【护理评价】

经过治疗和护理，评估病人是否能够达到：①情绪稳定，积极配合治疗护理；②听力有所提高；③身体不适症状及时控制；④掌握听力保护的方法和日常保健知识；⑤情绪稳定，睡眠充足；⑥无跌倒受伤意外发生。

四、感音神经性耳聋病人的护理

感音神经性耳聋（sensorineural hearing loss）是指内耳、听神经或听觉中枢器质性病变阻碍了声音的感受与分析或影响声音信息传递，由此引起的听力减退或听力丧失。

【病因与发病机制】

感音神经性耳聋的病因包括：①先天性遗传性耳聋，由基因或染色体异常导致，多伴有其他部位或系统畸形。②非遗传性先天性耳聋，妊娠期母体因素或分娩因素所致，病毒感染、产伤和胆红素脑病为其发生的主要原因，母亲患梅毒、艾滋病或在妊娠期大量应用耳毒性药物等亦可导致胎儿耳聋。③非遗传性获得性耳聋，占临床确诊病例的90%以上，主要有药物性聋、突发性聋、噪声性聋、老年性聋、病毒或细菌感染性聋、全身疾病相关性聋等。

【护理评估】

（一）健康史

评估病人的出生史、家族史、用药史及疾病史。了解有无耳科疾病史、耳毒性药物接触史、噪声暴露史、眩晕病史、全身急/慢性感染史、癫痫等病史及助听器佩戴史。

（二）身体状况

由于各种原因导致的内耳器质性病变致听力下降、听力丧失等。

（三）辅助检查

1. **耳部检查**　包括耳郭、外耳道、鼓膜和咽鼓管等。

2. **听力学检查**　包括纯音测听/小儿行为测听、声导抗测试、言语识别率、听性脑干反应阈值、40Hz听觉事件相关电位（或多频稳态诱发电位）、耳声发射（瞬态诱发耳声发射或畸变产物耳声发射）、言语听阈测试和言语识别测试、耳蜗电位等。

3. **影像学检查**　颞骨CT平扫、内听道水成像、颅脑MRI等，以检查病人耳蜗内有无畸形。

（四）心理-社会状况

先天性耳聋病人因听力丧失影响其语言发育，后天性耳聋病人因听力严重下降或丧失影响其社交活动与日常生活，易产生自卑心理。注意评估病人对本病的认知程度、家庭及社会支持情况。

【护理诊断/问题】

1. 感知觉紊乱：听觉紊乱　与内耳或听觉中枢病变有关。
2. 言语沟通障碍　与耳聋有关。
3. 有受伤的危险　与病人术后发生眩晕有关。
4. 知识缺乏：缺乏本病的自我保健知识。
5. 潜在并发症：面瘫、眩晕、颅内感染、脑脊液耳漏等。

【计划与实施】

本病预防比治疗更重要。应加强孕产期保健、新生儿听力筛查；加强老龄人口听力保健研究、听力保健相关的职业病研究，进行早期预警防治。避免使用可能损伤听力的药物。

目前尚无特效药物或手术疗法能使感觉神经性耳聋病人完全恢复听力，一般原则是早期发现，早期干预。治疗方法包括药物疗法、高压氧疗法、助听器选配、人工耳蜗植入手术及听觉言语训练。经过治疗和护理，病人达到：①了解疾病及手术相关知识，积极配合治疗护理；②借助助听器听觉补偿或者植入耳蜗装置达到舒适的听力感受；③手术顺利，无术后并发症及跌倒意外等事件发生；④能够与他人正常沟通。

（一）药物治疗护理

发病初期及时、正确用药是关键，宜根据病人耳聋病因与类型选择适当的血管扩张药、降低血液黏稠度和血栓溶解药物、神经营养药物。严格遵医嘱用药，注意药物疗效及不良反应的观察。

（二）高压氧治疗护理

1. 入舱前详细了解病人病情和方案，及时发现治疗禁忌证。

2. 向病人介绍治疗环境，强调进舱要求，严禁携带易燃、易爆、易产静电及金属危险品等入舱。

3. 教会病人正确使用面罩。讲解治疗中可能出现的不适和注意事项，尤其需要让病人了解气压伤的发生原因及调压动作的要领，必要时，治疗前给予病人1%麻黄碱滴鼻，协助开张咽鼓管，保证治

疗安全。

4. 病情较重或生活自理受限的病人按照陪舱护理加强安全管理。

（三）助听器选配护理

参照前文"一、耳硬化症病人的护理"。

（四）手术治疗护理

对于药物治疗、高压氧治疗等无效，重度或极重度及以上听力损伤的病人可选择实施人工耳蜗植入术。人工耳蜗是一种特殊声电换能装置，由外机和植入体两部分组成，外机包括麦克风、言语处理器、发射线圈及连接导线；植入体包括接收线圈、刺激器和电极。其工作原理是方向性麦克风接收声音后，将信号传到言语处理器，言语处理器将信号放大、过滤、数字化，并按一定的言语处理策略进行编码，将编译后信号传至发射线圈，后者经皮肤以发射方式或插座式传输方式将信号输入体内，由接收器接收并把语码转换为电脉冲传送到耳蜗内的电极，电极直接刺激听神经纤维，最后大脑将电信号识别为声音而产生听觉。

1. 术前护理　①参考前文"鼓膜修补术护理"；②进行系统的术前评估，了解病人听力学检查、助听器听觉补偿、听觉语言训练情况及其和家庭成员对疾病的认知和期望值，严格把握手术适应证，排除手术禁忌证，保证手术安全及疗效。

2. 术后护理　除参考鼓膜修补术护理外，还应注意：①耳蜗植入术后病人伤口加压包扎 2～3d，避免局部碰撞，防止植入体移位损坏及头皮血肿等并发症的发生；②保持切口清洁干燥，勿抓挠，切口完全愈合前，病人洗澡时须避开切口，防止感染；③术后观察病人鼻腔分泌物的颜色、性质、量，如有清亮液体流出，应考虑脑脊液耳漏的可能；④注意观察病人有无高热、嗜睡、瞳孔异常、面瘫、恶心、呕吐、眩晕、平衡失调等颅内外并发症的表现，一旦发现，立即报告医生处理；⑤术后呕吐、眩晕的病人，应进食清淡饮食，少量多餐，卧床休息，保证安全，必要时遵医嘱给予其镇吐药和补液治疗，改变体位动作宜慢，不可独自下床活动，防止跌倒。

（五）听觉言语训练

对于治疗无效的重度及以上感音神经性耳聋的学语前聋儿童，应及早选配助听器或行人工耳蜗植入术改善听力，术后 1 个月进行开机调试，尽早进入专业康复中心进行听觉言语训练。对于学语前聋病人，无论实际年龄大小，耳蜗植入术后的听觉年龄均是从 0 岁开始，通常需要在专业听觉言语康复中心进行 2 年以上的系统康复训练。

（六）心理护理

病人由于听力障碍，日常生活、学习、社交受影响，自卑感较重；而且对于人工耳蜗植入这一新技术及其疗效不甚了解，容易产生信心不足或急于求成的心理，应注意评估病人的听力损失情况、认知程度和家庭社会支持情况等，帮助建立合理的认知和期望值。

（七）健康教育

1. 养成良好的用耳习惯，远离噪声环境，避免长时间使用耳机，禁用耳毒性药物。

2. 清淡饮食，禁烟、酒，保持乐观情绪，劳逸结合。

3. 积极治疗、控制基础疾病，如高血压、糖尿病等。

4. 助听器在专业人士指导下佩戴使用，并按时调整，保证最佳听觉补偿和舒适度。

5. 人工耳蜗植入术后避免头部剧烈活动及竞技类运动，防止碰撞或外伤导致植入耳蜗受损影响听力。

6. 耳蜗植入术后避免穿带静电的衣物，远离磁场，避免外界干扰影响装置使用。

7. 耳蜗植入术后切口完全愈合方可乘坐飞机，安检前需要出具耳蜗公司出示的证明。

8. 游泳前须取下人工耳蜗体外装置，此状态下无法听到声音，应注意安全，避免受伤。

9. 耳蜗植入术后 1 个月进行开机调试，提前预约开机时间，以后遵医嘱定期调试，保证病人听觉舒适。

10. 开机调试后及早规范地进行听觉言语训练，可到当地残联及语言康复训练中心进行咨询。

【护理评价】

经过治疗和护理,评估病人是否能够达到:①手术顺利,无并发症发生;②借助耳蜗装置达到舒适的听力感受;③能够与他人正常沟通;④了解相关自我保健知识。

五、良性阵发性位置性眩晕病人的护理

良性阵发性位置性眩晕(benign paroxysmal positional vertigo,BPPV)是一种相对于重力方向的头位变化所诱发的、以反复发作的短暂性眩晕和特征性眼球震颤为表现的外周性前庭疾病,又称耳石症。其具有自限性、易复发的特点。目前报道的 BPPV 年发病率为(10.7~600)/10 万,占前庭性眩晕的 20%~30%,男女比例为 1:(1.5~2.0),通常 40 岁以后高发,且发病率随年龄增长呈逐渐上升趋势。

【病因与发病机制】

本病病因尚无定论,目前认为与管石症(canalithiasis)和嵴帽结石症(eupulolithiasis)有关,椭圆囊囊斑上的耳石颗粒脱落后进入膜半规管管腔或黏附于壶腹嵴嵴帽,当头位相对于重力方向改变时,颗粒发生位移,引起内淋巴波动,从而出现相应的症状及体征。

【护理评估】

(一)健康史

了解病人眩晕的特点,是否合并眼震、恶心、呕吐等症状,首次发作的年龄,既往有无耳部疾病史、家族史及有无劳累、紧张等诱因。

(二)身体状况

1. **眩晕**　典型的 BPPV 发作是由病人相对于重力方向改变头位,如起床、躺下、床上翻身、低头或抬头等所诱发的短暂性眩晕,通常持续时间不超过 1min。

2. **眼震**　位置试验可诱发眩晕及特征性位置性眼震,其特点符合相应膜半规管兴奋或抑制的表现:①后膜半规管 BPPV:位置试验患耳向地时出现带扭转成分的垂直上跳性眼震(垂直成分向上,扭转成分向下位耳),回到坐位时眼震方向逆转。②外膜半规管 BPPV:双侧位置试验均可诱发水平向地性或水平离地性眼震。③前膜半规管 BPPV:出现带扭转成分的垂直下跳性眼震(垂直成分向下,扭转成分向患耳)。④多膜半规管 BPPV:多种位置试验可诱发相对应膜半规管的特征性眼震。

3. **其他症状**　包括恶心、呕吐、头晕、头重脚轻、平衡不稳感及振动幻视等。

(三)辅助检查

1. **基本检查**　BPPV 病人的基本检查为位置试验。

2. **可选检查**

(1)前庭功能检查:包括自发性眼震、冷热试验、旋转试验、摇头试验、头脉冲试验、前庭诱发肌源性电位、主观垂直视觉/主观水平视觉等。

(2)听力学检查:纯音测听、声导抗测试、听性脑干反应、耳声反射、耳蜗电图等。

(3)影像学检查:颞骨高分辨率 CT、含内听道-脑桥小脑三角的颅脑 MRI。

(4)平衡功能检查:静态或动态姿势描记、平衡感觉整合能力测试及步态评价等。

(5)病因学检查:包括钙离子、血糖、血脂、尿酸、性激素等相关检查。

(四)心理-社会状况

病人多数年轻,发病常无预见性,且症状逐渐加重,影响其社交活动,担心愈后,心理负担较重。须注意评估病人的年龄、文化层次、疾病认知、压力应对方式等。

【护理诊断/问题】

1. **舒适度减弱**　与眩晕、恶心、呕吐、出冷汗有关。

2. **恐惧**　与突然发病,症状严重,病人对疾病不了解有关。

3. **有受伤的危险**　与眩晕发作时平衡功能失调有关。

4. **自理缺陷**　与眩晕发作须绝对卧床有关。

5. **知识缺乏**：缺乏本病的预防保健知识。

【计划与实施】

本病的治疗原则是控制眩晕发作,缓解症状,保护病人安全。治疗方法包括耳石复位、药物治疗、前庭康复训练,对于诊断清楚、责任膜半规管明确,经过 1 年以上规范的耳石复位等综合治疗仍然无效且活动严重受限的难治性病人,可考虑行半规管阻塞等手术治疗。经过治疗和护理,病人达到:①各种不适症状得到及时控制;②情绪稳定,积极配合治疗护理;③掌握预防外伤的方法;④生活自理;⑤对本病的治疗和自我保健知识有所了解。

（一）一般护理

1. 在病人发作期安置其在安静、光线柔和或较暗的环境中,严格卧床休息,避免声光刺激,专人陪护,满足其生活所需。

2. 缓解期协助病人循序渐进地下床活动,注意扶持把手或床沿,行动缓慢,做好安全防护,尽可能不做转体活动,以免诱发眩晕导致病人跌倒受伤。

（二）病情观察

观察病人眩晕发作的次数、程度、持续时间、发作时的自我感觉及有无其他神经系统症状,观察病人眼震类型及神志、面色、脉搏等。

（三）耳石复位护理

耳石复位是目前治疗 BPPV 的主要方法,包括手法复位和耳石复位仪辅助复位。

复位前配合治疗师安置病人体位,复位及改变体位过程中注意安全防护,倾听病人的主诉,出现严重眩晕、耳鸣、恶心等不适时暂停复位。

知 识 链 接

良性阵发性位置性眩晕手法复位

良性阵发性位置性眩晕手法复位的选择,与导致眩晕的耳石在哪个膜半规管有关系。

后膜半规管耳石症最常见,一般使用 Epley 手法复位。让病人先将头部转向患侧,然后迅速躺下,将头放置于床面,患耳向下,保持 30s。然后将头逐步转正,向对侧转 45°,保持 30s。然后头和身体同时转向健侧 90°,维持 30s,最后将头转向正前方,病人慢慢坐起,头和身体保持垂直于地面。

对前膜半规管耳石症病人一般采用 Barbecue 滚转复位法。病人取仰卧位,头部连续向健侧方向转动 3 个 90° 翻滚,每一个翻滚待眩晕消失后进入下一个翻滚。

根据病人复位耐受情况,每次就诊复位 1~2 个膜半规管,优先处理诱发眩晕和眼震更强烈的责任膜半规管,复位角度准确,过程尽量缓慢,以病人能耐受为度,1 周后进行疗效评价。

（四）药物治疗护理

原则上药物并不能使耳石复位,合并其他疾病时,对症治疗;耳石复位后病人有头晕、平衡障碍等症状时,可给予改善内耳血液微循环的药物,如倍他司汀、银杏叶提取物等。须注意药物配伍禁忌、疗效及不良反应的观察,发现异常及时与医生沟通。

（五）前庭康复训练护理

指导病人坚持、规范进行头部、颈部及躯体运动等前庭康复训练,通过中枢适应和代偿机制提高前庭功能,减轻前庭损伤导致的后遗症。用于复位无效及复位后仍有头晕或平衡障碍的病例,或在复位前使用以增加病人复位耐受性。

（六）手术治疗护理

参照内耳疾病手术术前、术后护理。

（七）心理护理

充分理解、尊重病人的感受,耐心疏导,积极鼓励,讲解疾病可能的病因及诱发因素,指导护理保健知识,使其精神放松,加强安全防护。鼓励缓解期病人适度参加社交活动及体能锻炼,强身健体,增加信心。

（八）健康教育

1. 低盐饮食,适量限水,禁烟、酒,注意营养平衡。

2. 作息规律,劳逸结合,睡眠充足。

3. 眩晕发作前,可有耳鸣为先发症状。故每遇病人耳鸣声调突然加大,应陪护在其身边,或病人立即卧床休息,不宜外出,不宜单独活动,以防眩晕突然发作引起摔伤。

4. 鼓励缓解期病人日间多活动,以加快前庭代偿,早日解除眩晕。夜间入睡时选择最佳体位,避免诱发眩晕,以利于充分休息。

5. 病情好转后忌高空作业、水上运动、垂钓及驾驶车辆等。感到眩晕时立即靠墙蹲下。

6. 对于发作频繁、症状严重者,咨询耳科专家行手术治疗。

【护理评价】

经过治疗和护理,评估病人是否能够达到:①眩晕、恶心、呕吐等症状得到及时控制;②了解疾病治疗和自我保健知识,情绪稳定,积极配合治疗护理;③掌握预防外伤的方法;④生活自理能力提高。

（张标新）

思 考 题

1. 如何做好眩晕病人发作期护理和安全防护?

2. 人工耳蜗植入术后健康教育内容有哪些?

3. 如何为突发性聋病人进行健康教育和日常生活保健指导?

URSING

第七十五章

皮肤疾病病人的护理

75章　数字内容

第一节　概　　述

一、皮肤的结构与功能

皮肤(skin)被覆于体表,在口、鼻、尿道口、阴道口、肛门等处与各种管腔表面的黏膜相互移行,对维持人体内环境稳定起着重要作用。皮肤是人体最大的器官,总质量约占个体体重的16%。成人皮肤总面积约为1.5m²,新生儿约为0.21m²。皮肤的厚度为0.5~4.0mm(不包括皮下组织),存在较大的个体、年龄和部位差异。

(一)皮肤的结构

皮肤由表皮、真皮和皮下组织构成,表皮与真皮之间由基底膜带相连接。皮肤中除各种附属器如毛发、皮脂腺、汗腺和甲外,还含有丰富的血管、淋巴管、神经、肌肉(文末彩图75-1-1)。

1. **表皮(epidermis)**　属于复层扁平上皮,主要由角质形成细胞、黑素细胞、朗格汉斯细胞和梅克尔细胞构成。

(1)角质形成细胞(keratinocyte):是表皮的主要构成细胞,数量占表皮细胞的80%以上,在分化过程中可产生角蛋白。根据角质形成细胞分化阶段和特点将表皮分为五层,由深至浅分别为基底层、棘层、颗粒层、透明层、角质层(文末彩图75-1-2)。

基底层(stratum basale)中约30%的细胞处于核分裂期,新生的角质形成细胞有次序地逐渐向上移动,由基底层移行至颗粒层约需14d,再移行至角质层表面并脱落又需14d,共约28d,称为表皮通过时间或更替时间。棘层(stratum spinosum)位于基底层上方,由4~8层多角形细胞构成。颗粒层(stratum granulosum)位于棘层上方,在角质层薄的部位由1~3层棱形或扁平细胞构成,胞质中可见大量形态不规则的透明角质颗粒。透明层(stratum lucidum)位于颗粒层和角质层之间,仅见于掌跖等表皮较厚的部位,由2~3层较扁平细胞构成。角质层(stratum corneum)位于表皮最上层,由5~20层已经死亡的扁平细胞构成。细胞正常结构消失,不含细胞核,细胞器也几乎消失。胞质中充满有张力细丝与均质状物质结合而形成的致密的角蛋白,是发挥皮肤保护作用的第一道屏障,易于脱落。

(2)黑素细胞:含有黑素小体,是产生黑素的场所。黑素能遮挡和反射紫外线,借以保护真皮和深部组织。

(3)朗格汉斯细胞:是免疫活性细胞,多分布于基底层以上的表皮和毛囊上皮中,是皮肤免疫系统的组成部分。朗格汉斯细胞的主要功能是免疫识别和抗原提呈。

(4)梅克尔细胞:多分布于基底层细胞之间,可能具有非神经末梢介导的感觉作用。

2. **真皮(dermis)**　在组织学上属于不规则的致密结缔组织,由纤维、基质和细胞构成。由浅至深分别为乳头层和网状层,但两层之间并无明确界限。真皮内有各种皮肤附属器及血管、淋巴管、神经等结构。

3. **皮下组织(subcutaneous tissue)**　位于真皮下方,由疏松结缔组织及脂肪小叶组成,又称皮下脂肪层。含有血管、淋巴管、神经、局泌汗腺和顶泌汗腺等。皮下组织的厚度因部位、性别及营养状况的不同而差异较大。

4. **皮肤附属器(cutaneous appendages)**　包括毛发、皮脂腺、汗腺(局泌汗腺、顶泌汗腺)、指/趾甲。

5. **皮肤的神经、脉管和肌肉**

(1)神经:皮肤中有丰富的神经分布,可分为感觉神经和运动神经。神经纤维多分布在真皮和皮下组织中。

（2）血管：真皮中有由微动脉和微静脉构成的乳头下血管丛（浅丛）和真皮下血管丛（深丛）；皮肤的毛细血管大多为连续型。以上特点有助于其发挥营养代谢和调节体温的作用。

（3）淋巴管：皮肤中的毛细淋巴管管壁很薄，且毛细淋巴管内的压力低于毛细血管和周围组织间隙的渗透压，故皮肤中的组织液、游走细胞、细菌、肿瘤细胞等均易通过淋巴管到达淋巴结，最后被吞噬处理或引起免疫反应。此外，肿瘤细胞也易通过淋巴管转移到皮肤。

（4）肌肉：立毛肌是皮肤内最常见的肌肉类型。此外，尚有阴囊肉膜、乳晕平滑肌、血管平滑肌等肌肉组织。

（二）皮肤的功能

皮肤具有屏障、吸收、感觉、分泌排泄、体温调节、物质代谢、免疫等多种功能，对维持人体内环境稳定起着重要作用。

1. **屏障功能**　皮肤的屏障功能具有双向性，一方面保护体内各器官和组织免受外界有害因素的损伤，另一方面防止体内水分、电解质及营养物质的丢失。

2. **吸收功能**　皮肤具有吸收功能，经皮吸收是皮肤局部药物治疗的理论基础。皮肤主要通过3种途径进行吸收：①角质层；②毛囊、皮脂腺；③汗腺。皮肤的吸收功能可受多种因素的影响：①皮肤的结构和部位；②角质层水合程度；③被吸收物质的理化性质；④外界环境因素。

3. **感觉功能**　皮肤的感觉功能可分为两类，一类为单一感觉，如触-压觉、痛觉、温度觉；另一类是复合感觉，如粗糙、平滑、潮湿、干燥、坚硬、柔软等。痒觉又称瘙痒，是一种引起搔抓欲望的不愉快感觉，属于皮肤黏膜的一种特有感觉，其产生机制尚不清楚。

4. **分泌和排泄功能**　皮肤的分泌和排泄功能主要通过汗腺和皮脂腺完成。

（1）局泌汗腺：分泌受体内外温度、精神因素和饮食的影响。汗液中有无机离子、乳酸和尿素。局泌汗腺的分泌对维持体内电解质平衡非常重要。同时出汗可带走大量热量，有助于人体适应高温环境。

（2）顶泌汗腺：分泌活动主要受性激素影响，青春期分泌旺盛。新鲜的分泌物为无臭的乳状液，排泄后被细菌分解，产生臭味。

（3）皮脂腺：分泌皮脂（角鲨烯、蜡酯、甘油三酯、胆固醇酯），分泌受激素调节。雄激素可增加皮脂分泌，雌激素可减少皮脂分泌。

5. **体温调节**　皮肤对维持机体体温恒定具有重要的调节作用。皮肤可通过遍布全身的外周温度感受器感受外界环境温度变化，并向下丘脑发布相应信息；同时作为效应器，接受中枢信息，通过血管舒缩反应、寒战或出汗等对体温进行调节。

6. **代谢功能**　主要包括糖、蛋白质、脂类、水和电解质代谢。

7. **免疫功能**　皮肤是重要的免疫器官。皮肤既是免疫反应的效应器官，又具有主动参与启动和调节皮肤免疫反应的功能。皮肤中的各种免疫分子和免疫细胞共同形成复杂的免疫网络，并与体内其他免疫系统相互作用，共同维持皮肤微环境和机体内环境的稳定。

二、皮肤病病人的评估

【健康史】

（一）一般资料

包括病人的姓名、年龄、职业、民族、籍贯、婚姻状况、出生地等，这些资料对病人的评估和疾病的分析具有重要的意义。

（二）既往史

过去曾患的与现有皮肤疾病相关的疾病，有无药物过敏史及其他过敏史。

（三）家族史

询问病人家族中有无类似疾病及其他遗传病的患病情况，以了解有无遗传性皮肤病。

（四）药物使用情况

详细询问病人使用药物的情况，包括口服、静脉注射、静脉滴注、肌内注射、皮下注射、皮内注射、外用等方式的用药，这些因素可能会诱发药疹。

（五）接触史和职业史

详细询问病人在生活和工作场所是否接触过食物、吸入物（花粉、屋尘螨等）、生活环境（日光、炎热、干燥等）、动物毛皮、各种化学物质（化妆品、肥皂、合成纤维、酸、碱、有机溶剂等）、金属等，这些因素可能会诱发或加重湿疹、接触性皮炎。

【身体状况】

（一）主要健康问题

其内容为病人此次就医的主要原因，护士可以从以下几方面进行询问：疾病的诱发因素、前驱症状、初发皮损状况（如部位、性质、数目、分布、扩展顺序、变化规律等）、伴随的局部及全身症状、治疗经过及其疗效。

皮肤疾病病人常见的局部症状有瘙痒、疼痛、烧灼及麻木感等，全身症状有畏寒、发热、乏力、食欲缺乏和关节疼痛等。瘙痒是皮肤病最常见的症状，轻重程度不一，时间上可为持续性、阵发性或间断性，范围上可为局限性或泛发性，常见于荨麻疹、湿疹等。疼痛最常见于带状疱疹，性质可为刀割样、针刺样、烧灼样，多局限于患处。

（二）体格检查

1. **皮损的性质** 应注意区分原发性皮损（primary lesion）和继发性皮损（secondary lesion），是否单一或多种皮损并存。

（1）原发性皮损：是由皮肤疾病的组织病理变化直接产生的损害，最具有诊断价值。包括斑疹、斑块、丘疹、风团、水疱和大疱、脓疱、结节、囊肿。

1）斑疹（macule）：直径≤1cm 的皮肤黏膜局限性颜色改变，皮损与周围皮肤平齐，无隆起或凹陷。直径>1cm 者称为斑片（文末彩图 75-1-3A）。

2）斑块（plaque）：直径>1cm 的局限性、实质性的表浅隆起性皮损，为丘疹扩大或较多丘疹融合而成，多见于银屑病等（文末彩图 75-1-3B）。

3）丘疹（papule）：直径≤1cm 的局限性、实质性、表浅隆起性皮损，大小、形状、颜色不一（文末彩图 75-1-4A）。

4）风团（wheal）：真皮浅层水肿引起的暂时性、隆起性皮损。可呈淡红色或苍白色，周围有红晕。常在数小时内消失，消退后不留痕迹，常伴有瘙痒。见于荨麻疹（文末彩图 75-1-4B）。

5）水疱（vesicle）和大疱（bulla）：水疱为直径≤1cm，局限性、隆起性、内含液体的腔隙性皮损，疱壁、内容物及大小都可变化（文末彩图 75-1-5A）。直径>1cm 者称为大疱，内容物含血液者称为血疱。

6）脓疱（pustule）：为局限性、隆起性、含有脓液的腔隙样皮损。可由细菌（脓疱疮）或非感染性炎症（如脓疱性银屑病）引起（文末彩图 75-1-5B）。

7）结节（nodule）：为实质性、深在性、可触诊的皮损，呈圆形或椭圆形，可高出或不高出皮面，触之有一定硬度或浸润感。可由真皮或皮下组织的炎性浸润或代谢产物沉积引起（文末彩图 75-1-6A）。

Note:

8）囊肿（cyst）：为具有囊腔结构、含有液体或黏稠物及细胞成分的囊性皮损，位于真皮或皮下组织，触诊有囊性感（文末彩图75-1-6B）。

（2）继发性皮损：由原发皮损自然演变而来，或因搔抓、感染、治疗不当引起。包括糜烂、溃疡、鳞屑、浸渍、裂隙、瘢痕、萎缩、痂、抓痕、苔藓样变。

1）糜烂（erosion）：局限性表皮或黏膜上皮部分或全部缺损形成的红色湿润创面，常由水疱、脓疱破裂或浸渍处表皮脱落所致，愈后不留瘢痕（文末彩图75-1-7A）。

2）溃疡（ulcer）：局限性皮肤或黏膜缺损形成的创面，可深达真皮或更深位置，可由感染、损伤、肿瘤、血管炎等引起。愈后可留有瘢痕（文末彩图75-1-7B）。

3）鳞屑（scale）：为干燥或油腻的角质形成细胞的层状堆积，与表皮细胞形成过快或正常角化过程受干扰有关。鳞屑的大小、厚薄、形态不一，可呈糠秕状、蛎壳状、大片状（文末彩图75-1-8A）。

4）浸渍（maceration）：角质层吸收较多水分后导致表皮变白变软，常见于长时间浸水或处于潮湿状态下的皮肤部位，如湿敷较久、指/趾缝等皱褶处（文末彩图75-1-8B），摩擦后表皮易脱落而露出糜烂面，容易诱发感染。

5）裂隙（fissure）：也称为皲裂，指由于皮肤干燥丧失弹性使皮肤出现的线状裂隙，可深达真皮（文末彩图75-1-8C）。

6）瘢痕（scar）：真皮或深部组织受损后由新生的结缔组织修复而形成，表面光滑、无毛发、无皮纹、无弹性，可分为增生性和萎缩性两种（文末彩图75-1-8D）。

7）萎缩（atrophy）：为皮肤的退行性变，可发生于表皮、真皮、皮下组织，因表皮厚度或真皮和皮下结缔组织减少所致（文末彩图75-1-9A）。

8）痂（crust）：由皮损中的浆液、脓液、血液和脱落或坏死组织、药物等混合干涸后凝固而成，附着于创面。可呈淡黄色（浆液性）或暗红色（血性），也可因混杂药物而呈不同颜色（文末彩图75-1-9B）。

9）抓痕（excoriation）：线状或点状的表皮或深达真皮浅层的剥脱性缺损，常由搔抓或外伤所致。皮损表面可有渗出、血痂、脱屑（文末彩图75-1-9C）。

10）苔藓样变（lichenification）：由于反复搔抓或摩擦使皮肤局限性粗糙增厚，皮嵴隆起，皮沟加深，皮损界限清楚，可有色素沉着，常伴剧烈瘙痒（文末彩图75-1-9D）。

2. 皮损的大小和数目　大小可实际测量，亦可用实物描述；数目为单发、多发或用数字描述。

3. 皮损的颜色、界限和边缘、形状、表面、排列、部位和分布。

4. 皮损的温度、湿度、质地（坚实或柔软）、位置（浅表或深在），有无浸润增厚、萎缩变薄、松弛、凹陷，有无压痛，附近淋巴结有无肿大、触痛或粘连。

【辅助检查】

1. 实验室检查　包括真菌检查、变应原检测、滤过紫外线（Wood灯）检查等。

2. 组织病理学检查　对诊断不明，特别是慢性或怀疑为恶性肿瘤的皮肤病很有必要。必须选择成熟的未经治疗的典型损害进行活检，但对水疱、大疱或脓疱要取早期损害部位。

【心理-社会状况】

由于有些皮肤疾病发生在暴露部位，影响外观，可能会引起病人的自我形象紊乱。瘙痒、疼痛会导致病人的不舒适，疾病进展可能会导致功能障碍。有些皮肤疾病病程长、反复发作、难以治愈，病人甚至会产生自卑、焦虑、抑郁等不良心理反应。因此需要评估病人的心理状况。此外，还须了解病人的家庭情况、经济状况和社会支持情况。

Note：

三、常见诊疗技术及护理

（一）擦药

擦药是皮肤疾病病人局部用药治疗的重要方法,包括薄涂、封包。

【适应证】

各种皮肤损害。

1. 应根据病人皮肤疾病的病因和发病机制选择外用药物的种类。外用药的种类包括清洁剂、保护剂、止痒剂、角质促成剂、角质剥脱剂、收敛剂、腐蚀剂、抗真菌剂、抗病毒剂、杀虫剂、遮光剂、脱色剂、维 A 酸类等。

2. 根据病人皮损特点选择外用药物的剂型。外用药剂型包括溶液、酊剂和醑剂、粉剂、洗剂、油剂、乳剂、软膏、糊剂、硬膏、涂膜剂、凝胶、气雾剂等。原则为:①急性炎症仅有红斑、丘疹而无渗液时可选用粉剂或洗剂,有大量渗液时选用溶液湿敷;②亚急性炎症有少量渗出时,选用糊剂,无渗出时,选用乳剂或油剂;③慢性炎症选用乳剂、软膏、硬膏等。

【禁忌证】

有感染的创面禁用含糖皮质激素的外用药。

【操作前准备】

1. **环境准备**　空气用紫外线消毒,器具及地面用 1∶1 000 苯扎溴铵消毒。室内温度 28~30℃,湿度 50%~60%。

2. **用物准备**　治疗盘、擦药板、外用药(根据医嘱备药)、敷料、手消毒液、无菌手套或薄膜手套、无菌注射器消毒剪刀、污物桶。

3. **护士准备**　核对病人床号、姓名,评估其皮损情况,准备用物,向病人解释擦药的目的、方法。

4. **病人准备**　取舒适体位。

【操作过程】

1. 对擦药前创面已有感染者,宜用 1∶5 000 高锰酸钾溶液或 0.1% 新霉素溶液湿敷,手足可用浸泡法;对原涂有粉剂并已干燥硬结者,应先用温水清洗;对原涂有糊剂者可用液状石蜡擦去;如创面已有较厚的痂皮,可用植物油或凡士林软膏外涂,包扎 24h,等痂皮软化后除去;大疱可用无菌注射器抽去疱液;脓疱可用消毒剪刀剪破疱壁,引流脓液;无感染的小水疱,不须处理或扑粉;头部器官如口腔、眼睛、鼻孔周围可用 3% 硼酸溶液清洁;外耳道分泌物多时可用过氧化氢溶液清洁。

2. 协助病人脱衣服,按照头面部、上肢、躯干、下肢、足部的顺序,用擦药板将外用药均匀涂于病人皮损处,逐一进行擦药。擦药完毕后协助病人穿好衣服。擦药过程中注意保暖。

【操作后护理】

向病人解释擦药后的注意事项,清理用物。患处皮损有大量渗出、脱屑、结痂等或伴有大量外用药物治疗,污染衣服和被褥者,须及时更换衣服和被褥,保持病床清洁,使病人舒适。观察病人皮损变化,及时报告医生,根据皮损性质及时更换剂型。

（二）湿敷

湿敷的作用是散热、消炎、止痒、止痛、引流、清洁。

【适应证】

急性炎症红肿明显、大量渗液性损害。

【禁忌证】

全身大面积皮损者,避免全身同时湿敷或湿敷时间过长,导致受凉或药物过量吸收中毒。

【操作前准备】

1. **环境准备** 室内温度 28~30℃，湿度 50%~60%。

2. **用物准备** 治疗盘、湿敷溶液（根据医嘱准备）、换药碗、一次性镊子、无菌纱布、手消毒液、无菌手套或薄膜手套、污物桶。

3. **护士准备** 核对病人床号、姓名，评估其皮损情况，准备用物，向病人解释湿敷的目的、方法。

4. **病人准备** 取舒适体位。

【操作过程】

1. 湿敷前病人患处床上铺塑料布，必要时加支被架，以免药液弄湿被褥。

2. 协助病人暴露患处，将溶液倒入换药碗，用 6~8 层无菌纱布浸入溶液，取出后用一次性镊子拧至不滴水为宜，将纱布敷贴于患处并轻轻压迫，使之与创面密切接触。

3. 一般皮损，每日湿敷 2~3 次，每次 30min。重度渗出性皮损可作持续性湿敷，纱布变干后要及时加药液或更换以保证湿敷效果。

4. 湿敷液的温度，夏季以室温或略低为宜，冬季应稍加温。冬季不宜大面积冷湿敷。

5. 湿敷面积不宜过大，一般不可超过体表面积的 1/3，以免药物过量吸收中毒或受凉感冒。

【操作后护理】

告知病人湿敷的注意事项，保持纱布紧贴于创面上，湿敷垫上不可加盖塑料布、油纸等，以免阻止水分蒸发，使局部温度增高及皮肤浸软而加重病情。湿敷期间注意保暖。观察病人皮损变化，渗出减少后及时更换剂型。

（三）皮肤组织病理学检查

皮肤组织病理学检查对诊断皮肤疾病，了解疾病的发生、发展、转归，选择治疗方法有重要意义。

【适应证】

皮肤肿瘤、癌前病变、病毒性皮肤病、角化性皮肤病、某些红斑性皮肤病等；大疱性皮肤病、肉芽肿性皮肤病、代谢性皮肤病等；某些深部真菌病；血管炎类皮肤病。

【禁忌证】

尽量避免在腹股沟、腋窝、关节和面部等部位切取标本。

【操作前准备】

做好一切必要的手术器械的消毒灭菌、清点等准备工作。

【操作过程】

选择未经治疗的成熟皮损。大疱性皮肤病及感染性皮肤病应选择新鲜皮损，对环状损害应选择活动边缘部分。进行局部麻醉后，应用手术切取法或环钻法切取标本。对结节性损害切取标本时应达到足够深度。取材时应包括一部分正常组织，以便与病变组织对照。对刚切取过标本的伤口进行消毒、包扎。

【操作后护理】

告知病人切取标本后的注意事项，伤口要避免接触水和大范围的活动，以防感染和出血。切下的标本立即放入 10% 甲醛溶液固定，特殊情况下可采用 95% 乙醇中固定。固定液体积应达到标本体积的 10 倍以上，大的肿瘤组织应切分成多块，以保证固定液能充分渗入。若须做免疫病理，应立即将组织处于 4℃ 保存，尽快送检。

（四）斑贴试验

斑贴试验（patch test）是根据受试物的性质配置适当浓度的浸液、溶液、软膏或原物作为试剂，以适当的方法将其贴于病人皮肤，一定时间后观察机体是否对其产生变态反应。斑贴试验是目前临床用于检测 Ⅳ 型变态反应的主要方法。

【适应证】

接触性皮炎、职业性皮炎、化妆品皮炎等。

【禁忌证】

皮肤病急性发作期。

【操作前准备】

告知病人受试前至少 1 周及受试期间避免使用糖皮质激素或免疫抑制剂,受试前 3d 和受试期间避免使用抗组胺药,以免出现假阴性。根据受试物的性质配制成适当浓度的浸液、溶液、软膏或原物作为试剂,应做到质地纯洁、浓度精确。

【操作过程】

将受试物置于 4 层 1cm×1cm 的纱布上,贴于背部脊柱两侧或前臂屈侧的健康皮肤,其上用稍大的透明玻璃纸覆盖后再固定边缘。同时做多个不同试验物时,每两个受试点之间距离应大于 4cm,同时设阴性对照。

【操作后护理】

告知病人受试期间,避免沐浴淋湿斑贴,避免过度牵拉斑贴部位或过度体力活动。斑贴试验后,如病人感到试验处剧痒或剧痛,应随时将试验物祛除,用清水洗净,并及时报告医生。受试期间如病人发生全身过敏反应,如荨麻疹、哮喘等或局部炎症反应过重应及时到医院就诊,必要时终止试验。

一般在 48h 祛除斑贴,间隔 30min 观察结果,视情况可在 72h 或 96h 后观察。受试部位无反应为阴性(−);有淡红斑为可疑反应(±);轻度红斑、浸润及少量丘疹为阳性反应(+);水肿性红斑、丘疹或水疱为强阳性反应(++);显著红肿或浸润、聚合性水疱或大疱为超强阳性反应(+++);对照处有皮损或激惹反应为刺激性反应。在病历上详细记录结果。

(李　娟)

第二节　银屑病病人的护理

导入情境与思考

病人,女性,46 岁。10 年前发现胸部、背部、上肢、颈部、面部陆续出现绿豆大小的丘疹,上面覆有白色鳞屑。病人自觉瘙痒,夜间、天热时尤为严重,晚间睡眠不稳。5 年前病人开始出现手、肘、膝部关节肿胀、疼痛、变形,活动受限,生活需要别人帮助。病人自患病后,夏天不敢穿短袖、裙子,出门必穿长衣裤、戴帽子和墨镜。生病后 2 年,辞去了工作,在家养病。病人自诉很痛苦,觉得自己活着是家人的负担。

请思考:

(1) 目前该病人存在哪些护理问题?

(2) 护士应给予该病人怎样的护理措施?

银屑病(psoriasis)是一种遗传与环境共同作用诱发的免疫介导的慢性、复发性、炎症性、系统性疾病。典型临床表现为鳞屑性红斑或斑块,局限或广泛分布,无传染性、治疗困难,常罹患终生。

本病的发病率在世界各地差异很大,与种族、地理位置、环境等因素有关。欧美国家报告的患

病率为 1%~3%,我国患病率为 0.50%(2017 年中国流行病学调查)。多数病人冬季复发或加重,夏季缓解。

【病因与发病机制】

银屑病的确切病因尚未清楚。目前认为,银屑病的病因涉及遗传、免疫、环境多种因素,通过以 T 淋巴细胞介导为主、多种免疫细胞共同参与的免疫反应引起角质形成细胞过度增殖。

1. **遗传因素**　流行病学资料、HLA 分析和全基因组关联分析(genome-wide association study, GQAS)均支持银屑病的遗传倾向。30% 左右的银屑病病人有家族史。父母一方有银屑病时,其子女银屑病的发生率为 16% 左右;而父母均为银屑病病人时,其子女银屑病的发病率达 50%。

2. **环境因素**　双生子研究显示同卵子共患银屑病者约占 70%,发病一致率未达到 100%,提示仅有遗传因素不足以引起发病,环境因素在诱发银屑病中起着重要的作用。最易促发或加重银屑病的因素有感染、精神紧张、应激事件、外伤手术、妊娠、肥胖、酗酒、吸烟和某些药物作用,其中感染被认为是促发或加重银屑病的最主要因素。例如,点滴状银屑病发病前病人常有咽部急性链球菌感染史,给予抗生素治疗后病情常好转。

3. **免疫因素**　银屑病是一种以 T 淋巴细胞异常活化、浸润和皮肤角质形成细胞过度增殖为主要特征的慢性炎症性皮肤病。寻常性银屑病病人皮损处淋巴细胞、单核细胞浸润明显,尤其是 T 淋巴细胞真皮浸润为银屑病的重要病理特性,表明免疫系统参与该病的发生和发展。银屑病病理生理的一个重要特点是表皮基底层角质形成细胞增殖加速,有丝分裂周期缩短为 37.5h,表皮更替时间缩短为 3~4d,组织病理出现角化不全,颗粒层消失。

【护理评估】

(一)健康史

询问病人家族中有无患银屑病的成员;评估病人发病前有无咽部急性链球菌感染或其他感染史;病人有无细胞免疫功能低下;病人有无经历应激事件、精神紧张、外伤、手术、妊娠;病人有无吸烟或使用一些药物等。

(二)身体状况

根据银屑病的临床特征,可分为寻常性、关节病性、脓疱性及红皮病性。其中寻常性银屑病占 99% 以上,其他类型银屑病多由寻常性银屑病转化而来,外用刺激药物、全身使用糖皮质激素、免疫抑制剂过程中突然停药及感染、精神压力等可诱发。

1. **寻常性银屑病(psoriasis vulgaris)**

(1)症状:大多急性发病,病人多自觉不同程度的瘙痒。

(2)体征:初始皮损为红色丘疹或斑丘疹,逐渐扩展成为边界清楚的红色斑块,可呈多种形态(点滴状、斑块状、钱币状、地图状、蛎壳状等),上覆银白色鳞屑,刮除成层鳞屑,犹如轻刮蜡滴,称为蜡滴现象;刮去银白色鳞屑后可见淡红色发光半透明薄膜,称为薄膜现象;刮去薄膜可见点状出血,称为奥斯皮茨(Auspitz)征。后者是由刮破真皮乳头顶部迂曲扩张的毛细血管所致。蜡滴现象、薄膜现象和点状出血对银屑病有诊断价值。皮损可发生于全身各处,但以四肢伸侧,特别是肘部、膝部和尾骶部最为常见,常呈对称性。不同部位的皮损有差异。面部皮损多为点滴状浸润性红斑、丘疹或脂溢性皮炎样改变;头皮皮损鳞屑较厚,常超出发际,头发呈束状(束状发);甲受累多表现为"顶针状"凹陷(文末彩图 75-2-1)。

寻常性银屑病根据病情发展可分为 3 期:①进行期:旧皮损无消退,新皮损不断出现,皮损浸润炎症明显,周围有红晕,鳞屑较厚,针刺、搔抓、手术等损伤可导致受损部位出现典型的银屑病皮

损,称为同形反应(isomorphic response)或科布内现象(Koebner phenomenon);②静止期:皮损稳定,无新皮损出现,炎症较轻,鳞屑较多;③退行期:皮损缩小或变平,炎症基本消退,遗留色素减退或色素沉着斑。

2. 关节病性银屑病(psoriasis arthropathica)　除皮损外还出现关节病变,后者与皮损可同时或先后出现,任何关节均可受累,包括肘/膝的大关节、指/趾小关节、脊柱及骶髂关节。

(1)症状:可表现为关节疼痛。

(2)体征:关节肿胀、活动受限,严重时出现关节畸形,呈进行性发展,但类风湿因子常阴性。

(3)辅助检查:X线检查显示软骨消失、骨质疏松、关节腔狭窄伴不同程度的关节侵蚀和软组织肿胀(文末彩图75-2-2)。

3. 红皮病性银屑病(erythroderma psoriaticum)

(1)症状:是较少见的一种严重类型的银屑病。全身症状有发热、表浅淋巴结肿大等。

(2)体征:全身皮肤弥漫性潮红、浸润肿胀并伴有大量糠状鳞屑,其间可有正常皮肤(皮岛)。病程较长,易复发(文末彩图75-2-3)。

4. 脓疱性银屑病(pustular psoriasis)　分为泛发性脓疱性银屑病与局限性脓疱性银屑病两种。

(1)症状:泛发性脓疱性银屑病是银屑病中最重的一种,病人常急性发病,伴有全身症状,如高热、寒战,皮损处有疼痛感。

(2)体征:泛发性脓疱性银屑病在寻常性银屑病皮损或无皮损的正常皮肤上迅速出现针尖至粟粒大小、淡黄色或黄白色的浅在性无菌性小脓疱,常密集分布,可融合形成片状脓湖,皮损可迅速发展至全身,伴有肿胀。病人可有沟状舌、指/趾甲肥厚混浊(文末彩图75-2-4)。一般1~2周后脓疱干燥结痂,病情自然缓解,但可反复呈周期性发作;病人可因继发感染,全身衰竭而死亡。局限性脓疱性银屑病皮损局限于手掌及足跖,呈对称分布。皮损为成批发生在红斑基础上的小脓疱,1~2周后脓疱破裂、结痂、脱屑,新脓疱又在鳞屑下出现,时轻时重,经久不愈。甲常受累,可出现点状凹陷、横沟、纵嵴、甲混浊、甲剥离及甲下脓肿等。

(三)心理-社会状况

心理、精神因素是诱发或加重银屑病的重要因素。银屑病病人的皮损、关节畸形会影响美观,病人可能会出现自我形象紊乱;功能障碍会降低病人的自理能力,导致病人出现自卑、社会角色退缩;红皮病性、脓疱性银屑病病情严重,病人可能会出现恐惧、焦虑;病情的反复发作、难以治愈也会加重病人的心理负担,病人可能会出现抑郁倾向。因此,在护理时须仔细了解病人的心理、情绪状况,对相关知识的掌握程度及家庭社会的支持情况。

【护理诊断/问题】

1. **皮肤完整性受损**　与皮损发生有关。
2. **自理缺陷**　与关节畸形、活动受限有关。
3. **体像紊乱**　与皮损和关节畸形有关。
4. **焦虑**　与病情反复发作有关。

【计划与实施】

银屑病为免疫相关的慢性复发性炎症性皮肤病,治疗的目的在于控制症状,减缓向全身发展的进程,减轻自觉症状及皮肤损害,尽量避免复发,提高病人生活质量。治疗过程中与病人沟通并对病人病情进行评估是治疗的重要环节。银屑病的治疗方案应根据病人症状确定。银屑病治疗方案的选择应当以控制和稳定病情、减缓向全身发展的进程,减轻红斑、鳞屑、斑块增厚等加重表现,避免复发/诱发加重的因素,减少治疗的不良反应,提高病人生活质量为治疗目的;以正规、安全、个体化为治疗原则;建立以病人为中心的疾病管理与预防体系;从系统用药、外用药、物理疗法、生物制剂、中药及疗法、心理调节等方面综合考量,选择出适合病人的个体化治疗方案。在此原则下,针对个体制订基于各种治疗药物/手段(如外用药物、系统药物和光疗等)的序贯、联合或替换疗法。

轻度银屑病病人以外用药治疗为主,中重度可使用系统治疗,对传统系统性药物治疗效果欠佳的病人可适当选择靶向生物制剂治疗。对于点滴型银屑病病人,主要以外用药或光疗为主。对于斑块型银屑病,轻度病人以局部治疗为主,中重度病人需系统治疗或光疗。对于红皮病性银屑病病人,多需系统治疗。对于泛发性脓疱性银屑病病人,可选维 A 酸类、甲氨蝶呤(MTX)、环孢素(CsA)和生物制剂等,局部用药以保护为主。对于关节病性银屑病病人,则应根据关节损害的类型和严重程度选用非甾体抗炎药、MTX 和生物制剂等。治疗和护理目标为病人达到:①皮损面积逐渐减少并修复;②瘙痒症状缓解;③焦虑程度减轻。

（一）外用药治疗和护理

皮损<体表面积 3% 的局限型银屑病病人,可单独采取外用药治疗;对于严重、受累面积大者,除外用药外,还可联合物理疗法和系统治疗。外用药治疗原则为急性期应使用温和无刺激性的外用药物,稳定期和消退期可应用作用较强的药物,且从低浓度开始;同时加强保湿剂的应用,可减少局部刺激症状和药物用量。外用药种类包括角质促成剂(维生素 D_3 衍生物如钙泊三醇、焦油制剂、蒽林软膏、2% 水杨酸软膏等)、细胞抑制药(维 A 酸类如他扎罗汀)、糖皮质激素等。糖皮质激素霜剂或软膏对于控制皮损有明显疗效,但应注意其不良反应,大面积长期应用强效或超强效制剂可引起全身不良反应,停药后甚至可诱发脓疱性或红皮病性银屑病。糖皮质激素、维生素 D_3 衍生物、他扎罗汀联合和序贯疗法常为临床一线治疗。替换疗法即一种外用药使用一段时间,在其出现不良反应之前换用另一种药;如先用超强效糖皮质激素,炎症改善后再换用低级别的糖皮质激素,可避免快速耐受。

用药前病人最好先洗澡,尽量去除表面鳞屑,以增强药物吸收。根据皮损及药物剂型,选用擦药方法如薄涂、涂包、封包。皮损局限或稀少者,可单用外用药治疗。大面积用药时将皮损分为几个区域,分别擦不同的药物,以防药物吸收过量中毒。激素制剂应与其他药物交替使用。脓疱性银屑病皮损处可扑粉,保持皮肤干燥,促进脓疱干结。红皮病性银屑病皮损按剥脱性皮炎护理。

（二）物理疗法和护理

如光化学疗法(PUVA)、紫外线 B(UVB)光疗(特别是窄波 UVB)、浴疗等均可应用。光疗可以加速血液循环,促进合成维生素 D,抑制细胞过度生长,镇痛、止痒,促进色素生成和上皮再生。此外还有免疫抑制作用。光疗过程中病人和工作人员均须戴保护眼镜,皮损周围须用白布或纸遮盖。

（三）内用药治疗和护理

维 A 酸类药物适用于各型银屑病,如阿维 A 酯胶囊 $0.75\sim1.0mg/(kg\cdot d)$ 口服。免疫抑制剂主要用于红皮病性、脓疱性、关节病性银屑病,常用的有甲氨蝶呤,成人剂量为每周 $10\sim25mg$ 口服,每周剂量不超过 $50mg$,还可用环孢素、他克莫司或雷公藤多苷。感染明显或泛发性脓疱性银屑病病人应使用抗生素类药物。糖皮质激素一般不主张用于寻常性银屑病,主要用于红皮病性银屑病、急性关节病性银屑病和泛发性脓疱性银屑病等;糖皮质激素与免疫抑制剂、维 A 酸类联用可减少用药剂量,应短期应用并逐渐减量以防止病情反跳。免疫调节剂可用于细胞免疫功能低下者。瘙痒严重的病人可用封闭疗法(普鲁卡因 300mg 加入 5% 葡萄糖或生理盐水 500ml 中缓慢静脉滴注,6h 滴完),治疗前先做皮试。

应用维 A 酸类、免疫抑制剂治疗的病人,应定期检测血、尿常规及肝、肾功能。维 A 酸类药有高度致畸作用,孕妇和哺乳期妇女禁用;处于生育年龄者在服药期间及停药 2 年内应避孕。

（四）生物制剂（靶向免疫调节剂）

生物制剂自 2000 年开始,被引入治疗关节病性银屑病和中重度银屑病。根据作用机制不同,可分为拮抗关键细胞因子和针对 T 细胞或抗原提呈细胞两大类。目前国内已用于银屑病临床治疗的生物制剂主要包括肿瘤坏死因子-α 拮抗剂（依那西普、英夫利西单抗、阿达木单抗）和白介素 12/23 拮抗剂。上述各个生物制剂在国外银屑病的临床治疗中，均显示出较好的疗效和安全性。生物制剂适用于常规系统治疗无效或耐受性差的中至重度银屑病和/或银屑病关节炎的病人。

知 识 链 接

银屑病的共病及治疗

　　银屑病不仅是一种皮肤病，更是一种系统性疾病。特别是中、重度病人，可罹患高脂血症、糖尿病、代谢综合征、克罗恩病和动脉粥样硬化性心血管疾病等系统性疾病。其他银屑病共病还包括银屑病关节炎、高血压、非酒精性脂肪性肝病、慢性肾脏病、恶性肿瘤、感染、自身免疫病、精神障碍、情绪障碍和牙科损害等。因此，对于疑似有共病的病人，应当采取多学科合作（MDT）的综合管理措施，与其他科的医生会诊并共同制订治疗方案，优化银屑病病人治疗方案及治疗效果。

（五）病情观察

主要观察病人皮损的颜色、鳞屑的厚薄、有无新皮疹。外用药后密切观察病人皮肤反应，如果出现红肿、渗液、皮疹增多等，应及时报告医生。对于红皮病性银屑病及泛发性脓疱性银屑病病人，须注意病人生命体征的变化，并严密观察免疫抑制剂或糖皮质激素治疗的副作用。对关节病性银屑病病人，应注意其关节肿痛程度。

（六）关节功能锻炼

若银屑病发生在关节，关节肿胀、疼痛、畸形，会影响关节的屈伸功能，进而影响病人的自理能力。对关节病性银屑病病人应制订运动计划，每日规律地实施肢体运动，维持关节活动度。

（七）心理护理干预

银屑病也是一种心身性疾病，心理因素在银屑病的诱发、发展及治疗中具有重要作用，多数银屑病病人常表现为焦虑、紧张、抑郁、自卑等心理，银屑病反复、迁延的特点导致部分病人对治疗失去信心，进而中断治疗，致使焦虑、烦躁等心理反应进一步加重病情。心理治疗可以减轻或消除病人身体症状，改善其心理精神状态，适应家庭、社会和工作环境。2018 年指南推荐了以病人为中心的心理治疗、疾病管理与预防等内容，可进行健康宣教干预、护理服务干预、特定心理干预、系统性心理干预等。

（八）健康教育

2018 年指南强调了银屑病病人教育的重要性和迫切性。

1. 对急性期病人嘱其休息；进食低脂、高能量、高蛋白、高维生素饮食；不宜饮酒，禁浓茶、咖啡、辛辣食物。避免搔抓和外伤，以免发生同形反应。

2. 指导病人外用药和全身用药的方法。

3. 指导病人避免上呼吸道感染、劳累、精神紧张等诱发或加重因素。

4. 向病人说明银屑病是一种慢性疾病，虽然严重影响生活质量但无传染性；若能及早、合理治疗，可提高其生活质量，一般不危及生命。其次，要让病人相信科学，充分认识银屑病是由不良生活习惯、心理压力、感染或环境因素诱发/加重的疾病，不要听信偏方、盲目寻求根治。

（九）健康管理

要对病人进行有针对性的健康管理。

1. 倡导健康的生活方式。

2. 鼓励病人到当地医院的银屑病门诊就诊，进入随访队列，接受个体化的治疗和健康教育。

3. 同时全社会应该加强银屑病的科普宣传，让大众知晓银屑病是一种无传染性的慢性疾病，给予病人理解和尊重，消除病人的心理顾虑。虽然银屑病有遗传因素存在，但现有的研究并未指出其遗

传的必然性。

【护理评价】

经过治疗和护理,评估病人是否能够达到:①皮损面积逐渐减少并修复;②瘙痒症状缓解;③焦虑程度减轻。

(李 娟)

第三节 带状疱疹病人的护理

 ———————————— 导入情境与思考 ————————————

病人,男性,65 岁,自诉近 1 周轻度乏力,发热,体温 37.5℃,咽痛,自服泰诺感冒药,近 4d 右面部、右颈前出现灼痛,眼部刺痛。体格检查见右眼红肿,额部及右面部有红斑及粟粒大小的丘疹,簇状分布,右颈部部分水疱已破溃,病人情绪易激动。

请思考:

(1) 目前该病人存在哪些护理问题?

(2) 护士应给予该病人怎样的护理措施?

带状疱疹(herpes zoster)是由潜伏在体内的水痘-带状疱疹病毒(varicella-zoster virus,VZV)再激活引起,以沿单侧周围神经分布的簇集性小水疱为特征的一种常见皮肤病。常伴有明显的神经痛。

本病好发于成人,发病率随年龄增大而呈显著上升趋势。

【病因与发病机制】

VZV 为人类疱疹病毒 3 型(HHV-3)。病毒呈砖型,有立体对称的衣壳,内含双链 DNA 分子,只有 1 种血清型。VZV 对体外环境的抵抗力较弱,在干燥的痂内很快失去活性。

人类是 VZV 唯一的自然宿主。病毒初次感染无免疫人群,经呼吸道黏膜进入血液形成病毒血症,发生水痘或隐性感染。此后病毒潜伏于脊神经后根或脑神经的感觉神经节内。当机体受到某些诱发因素作用(创伤、疲劳、恶性肿瘤或病后虚弱、使用免疫抑制剂等)导致机体抵抗力下降时,潜伏病毒被激活,沿感觉神经轴索下行,到达该神经所支配区域的皮肤内复制,产生水疱,同时受累神经发生炎症、坏死,产生神经痛。本病愈后可获得较持久的免疫,故一般不会再发。

【护理评估】

(一)健康史

评估病人发病前是否存在以下诱发因素,如:①外伤;②各种传染病:肝炎、脑膜炎、肺结核等;③慢性消耗性疾病:白血病、系统性红斑狼疮(SLE)等;④恶性肿瘤;⑤应用免疫抑制剂、激素、放疗等。总之,全身免疫功能低下和免疫功能缺陷是诱发本病的根本因素。

(二)身体状况

1. **症状** 发疹前可有轻度乏力、低热、食欲缺乏等全身症状。患处皮肤自觉灼热或灼痛,触之有明显的痛觉过敏,持续 1~5d,亦可无前驱症状即发疹。神经痛是本病的特征之一,可在发疹前或伴随皮损出现,疼痛性质呈火烧、刀割、抽搐痛、酸麻胀等,特点是沿受累神经支配区域放射。老年病人常较为剧烈。

2. **体征** 皮损好发部位依次为肋间神经、颈神经、三叉神经和腰骶神经支配部位。患处常先出现红斑,很快出现粟粒至黄豆大小丘疹,簇状分布而不融合,继之迅速变成水疱,疱壁紧张发亮,疱液澄清,外周绕以红晕,各簇水疱群间皮肤正常;皮损沿某一周围神经呈带状排列,多发生在身体的一侧,一般不超过正中线(文末彩图75-3-1)。一般病程2~3周,老年人为3~4周,有自限性,水疱可自行干涸、结痂、脱落,可留有暂时性淡红斑或色素沉着。

3. 特殊表现

(1) 眼带状疱疹(herpes zoster ophthalmicus):由于病毒侵犯三叉神经眼支所致,单侧额部、头皮出现红斑水疱,眼周常明显肿胀,结膜充血,可在结膜甚至角膜出现水疱,发生溃疡性角膜炎,愈后形成角膜薄翳,使视力受损,严重时可致病人失明。疼痛常剧烈。多见于老年人。

(2) 耳带状疱疹(zoster oticus):由于病毒侵犯面神经和听神经所致,表现为外耳道或鼓膜疱疹。当面神经膝状神经节受累同时侵犯面神经的运动和感觉神经纤维时,可出现面瘫、耳痛及外耳道疱疹三联征,称为Ramsay-Hunt综合征。

(3) 带状疱疹相关性疼痛(zoster-associated pain):带状疱疹在发疹前、发疹时及皮损痊愈后均可伴有神经痛,统称为带状疱疹相关性疼痛。皮损完全消退(通常4周)神经痛持续存在者,称疱疹后神经痛(postherpetic neuralgia,PHN)。

(4) 其他不典型带状疱疹:由于机体抵抗力差异所致,可表现为顿挫型(不出现皮损仅有神经痛)、不全型(仅出现红斑、丘疹而不发生水疱即消退)、泛发型(同时累及2个以上神经节产生对侧或同侧多个区域皮损)、播散型(病毒偶经血液播散产生广泛性水痘样疹并侵犯肺和脑等器官)、其他(大疱型、出血性、坏疽型)。

(三) 辅助检查

疱底刮取物涂片找到多核巨细胞和核内包涵体。

(四) 心理-社会状况

带状疱疹病人最明显的症状是疼痛,程度严重的可能会影响睡眠,病人出现焦虑和急躁情绪。眼带状疱疹可能会影响视力,耳带状疱疹可能会出现面瘫,这些都会增加病人的不适、影响病人的情绪。皮损在头面部还会影响病人的形象。家属、朋友如果缺乏有关知识,可能会因皮损而害怕与病人接触、疏远病人。因此,护士要充分了解病人的心理状况和家庭社会支持情况。

知 识 链 接

带状疱疹疫苗

带状疱疹疫苗是预防带状疱疹最有效的措施。欧美等国家已经通过接种带状疱疹疫苗达到减少老年人群带状疱疹发病、预防带状疱疹的发生、降低疾病负担的目的。

1. 疫苗种类　一种是带状疱疹减毒活疫苗,建议其用于≥60岁的免疫功能正常成人;另外一种为重组带状疱疹疫苗,推荐其用于≥50岁免疫功能正常成人。2020年6月重组带状疱疹疫苗在中国正式上市,并已在北京、上海、广州等城市逐步开始接种。

2. 免疫效果　带状疱疹疫苗均在接种后显示较好的保护效力。疫苗对≥50岁人群PHN的保护效力为91.2%,对≥70岁人群PHN的保护效力为88.8%。

【护理诊断/问题】

1. **急性疼痛**　与病毒侵犯神经,引起神经的炎症、水肿有关。
2. **慢性疼痛**　与带状疱疹后遗神经痛有关。
3. **皮肤完整性受损**　与病毒感染引起皮肤炎症损害有关。
4. **睡眠型态紊乱**　与剧烈疼痛有关。

5. 有感染的危险　与皮肤破损有关。

【计划与实施】

带状疱疹具有自限性,治疗原则为抗病毒、镇痛、消炎、预防并发症,治疗方法包括内用药物治疗、外用药物治疗和物理疗法。治疗和护理目标为病人达到:①皮损减轻和好转;②疼痛减轻;③情绪稳定,能积极配合治疗;④皮损处不发生感染。

（一）内用药物治疗和护理

1. 抗病毒治疗　早期、足量抗病毒治疗,特别是对于 50 岁以上的病人,有利于减轻神经痛,缩短病程。

阿昔洛韦(ACV)可抑制病毒 DNA 多聚酶,从而可阻止疱疹病毒 DNA 的复制。治疗带状疱疹,一般均推荐静脉给药,且及早用药,这样可以减少新损害的形成,减轻病人急性疼痛,阻止病毒的播散和减少内脏并发症。静脉滴注 ACV 10mg/kg,8h 一次,7~10d,或口服 ACV,800mg/次,5 次/d,7d;或口服泛昔洛韦 500mg/次,3 次/d,7d;或口服伐昔洛韦 1 000mg/次,3 次/d,7d。如辅以 ACV 霜外用,则更有利于皮损的愈合。

2. 镇痛

（1）非甾体抗炎药:酌情使用索米痛片、吲哚美辛(消炎痛栓)、双氯芬酸、布洛芬(芬必得)。

（2）钠通道调节剂:可以使用卡马西平镇痛。

（3）营养神经药物:主要是 B 族维生素,有抗神经炎作用,作为辅助治疗。常用为口服或肌内注射维生素 B_1 和维生素 B_{12}。

3. 糖皮质激素　病程 7d 以内、无明显禁忌证的老年病人,早期给予糖皮质激素可抑制炎症过程,阻止对神经节和神经纤维的毒性和破坏作用,减轻后根神经节的炎症后纤维化,缩短病程。但对 PHN 无肯定的预防作用。要与强效抗病毒药物合用,一般口服泼尼松 30~40mg/d,疗程 7~10d,病情好转后酌情减量。

耳带状疱疹病人急性期在足量强效抗病毒药物使用的前提下,应用大剂量激素,有镇痛和加速面瘫恢复的功效。同时应用 ATP、维生素 B_1 和维生素 B_{12},一般用药 1~2 周面瘫即有明显好转,1 个月左右可基本恢复。

4. 免疫调节剂　包括干扰素、转移因子、胸腺素、丙种球蛋白,此类药物均为辅助治疗用药。

（二）外用药物治疗和护理

外用药物治疗以保护、干燥、收敛、消炎、防止感染为主。对水疱未破或丘疱疹者可扑粉厚包或阿昔洛韦霜薄涂。对水疱破溃、糜烂、有渗出者可用 3% 硼酸溶液或 1:5 000 呋喃西林溶液湿敷,或外用 0.5% 新霉素软膏、2% 莫匹罗星软膏。如合并眼部损害请眼科医生协同处理。可外用 3% 阿昔洛韦眼膏、碘苷(疱疹净)滴眼液。对角膜炎应首选阿昔洛韦滴眼剂。可用金霉素眼膏或妥布霉素眼膏外涂,以治疗和预防眼部感染。局部禁用糖皮质激素外用制剂。外耳道分泌物多时可用过氧化氢溶液清洁。内衣要宽松、柔软、清洁,避免摩擦刺激。嘱病人取健侧卧位,以保护水疱、创面,防止水疱破裂。注意观察病人皮损变化,如有感染,及时处理。

（三）物理疗法和护理

紫外线、频谱治疗仪、红外线等局部照射,可缓解疼痛,促进水疱干涸、吸收。在局部照射时要暴露皮损,病人要注意保暖。

（四）心理护理

护士应主动、热情地关心病人,同情安慰病人,耐心解释疾病相关知识,使病人感到温暖,保持乐观情绪,建立信心,积极配合治疗。可建议病人做喜欢的事情以分散注意力,年老病人可让其家属陪伴。

（五）病情观察

观察病人全身情况,如有发热、其他部位有水痘样疹,为泛发型带状疱疹,表明机体抵抗力低下。如病人有头痛、恶心、呕吐及神智改变,要警惕病毒性脑膜炎的可能,密切观察,及时报告医生处理。

（六）健康教育

嘱病人多休息,避免疲劳。加强营养,保证足够蛋白质的摄入,多吃新鲜水果蔬菜。房间勤通风,保证空气流通、新鲜。遵医嘱按时服药。出院后加强锻炼,增强体质,劳逸结合。鼓励病人做力所能及的事情,以分散注意力。如果疼痛剧烈,可到医院疼痛门诊就医。

【护理评价】

经过治疗和护理,评估病人是否能够达到:①皮损减轻和好转;②疼痛减轻;③情绪稳定;④皮损处未出现感染。

（李　娟）

第四节　接触性皮炎病人的护理

导入情境与思考

病人,男性,68岁,因搬重物时腰部扭伤,自行在左腰背部贴麝香止痛膏。次日感觉左腰背部刺痛,遂来医院就诊。护士检查发现病人左腰背部有数个约6cm×8cm长方形红斑,界限清楚,红斑上有大小不等的水疱,部分水疱已经破溃,有大量渗出。

请思考:

（1）判断该病人目前存在的主要护理问题是什么?

（2）护士应对该病人实施哪些护理措施?

（3）该病人出院健康教育包括哪些内容?

接触性皮炎(contact dermatitis)是由于皮肤黏膜接触某些外源性物质后,在接触部位发生的急性或慢性炎症反应。

【病因】

根据发病机制的不同可将病因分为原发性刺激物(如强酸、强碱、有机溶剂等)和接触性致敏物(如塑料、染料、化妆品、染发剂等)。有些物质在低浓度时为致敏物,在高浓度时则为刺激物或毒性物质。

【发病机制】

（一）刺激性接触性皮炎

接触物本身有强烈刺激性或毒性(如强酸、强碱等化学物质),任何人体接触该物质后均可发生刺激性接触性皮炎(irritant contact dermatitis)。本类接触性皮炎的共同特点是:①任何人接触后均可发病;②无一定潜伏期;③皮损多限于直接接触部位,界限清楚;④停止接触后皮损可消退。

（二）变应性接触性皮炎

变应性接触性皮炎(allergic contact dermatitis)为典型的Ⅳ型变态反应。由致敏物质引起,这些物质本身并无刺激性或毒性,多数人接触后不发病,仅有少数人接触后经一段时间的潜伏期,在接触部

位的皮肤、黏膜发生变态反应性炎症。本类接触性皮炎的共同特点是：①有一定潜伏期，首次接触后不发生反应，经过 1~2 周后如再次接触同样致敏物才发病；②皮损往往呈广泛性、对称性分布；③易反复发作；④皮肤斑贴试验阳性。

【护理评估】

（一）健康史

1. **一般情况**　病人有无致敏物质接触史，工作、生活环境及饮食情况。

2. **既往皮肤、黏膜情况**　了解病人既往是否出现过皮疹，皮疹的性质、部位及分布情况，有无合并感染。

3. **既往史**　了解病人有无过敏性疾病。

4. **用药史**　病人平时用药情况，服用药物后有无出现过敏症状。

（二）身体状况

接触性皮炎根据病程可分为急性、亚急性及慢性，此外还包括具有一定特点的临床类型。

1. **急性接触性皮炎**　一般起病较急，皮损多在接触物的部位（文末彩图 75-4-1）。典型皮损表现为边界清楚的红斑（文末彩图 75-4-2），其上有丘疹和丘疱疹（文末彩图 75-4-3），严重时红肿明显并出现水疱和大疱，后者疱壁紧张，内容物清亮（文末彩图 75-4-4），破溃后呈糜烂面，偶可发生组织坏死。伴瘙痒或灼痛，少数严重者可有全身症状。祛除接触物后经积极处理，一般 1~2 周可痊愈，遗留暂时性色素沉着。交叉过敏、多价过敏及治疗不当者，易导致反复发作、迁延不愈或转化为亚急性和慢性皮炎。

2. **亚急性和慢性接触性皮炎**　当接触物刺激性较弱或浓度较低时，受损处表现为轻度红斑、丘疹，境界不清楚，长期反复接触致敏物后，局部呈慢性湿疹样改变、皮损轻度增生及苔藓样变。

3. **特殊类型接触性皮炎**

（1）化妆品皮炎：主要是接触化妆品或染发剂所致。一般不严重，表现为皮肤瘙痒、刺痛、干燥感，停用后可自行消失；少数在接触部位出现红肿、丘疹、丘疱疹，重者可在红斑基础上出现水疱甚至泛发全身。

（2）漆性皮炎：由于接触油漆或挥发性气体而引起皮肤过敏表现，多累及暴露部位，表现为潮红、水肿、丘疹、丘疱疹、水疱，重者可融合大疱。自觉瘙痒及灼热感。

（3）尿布皮炎：因尿布潮湿后，更换不勤，细菌分解尿液后产生氨对皮肤刺激所致，好发于婴儿被尿布遮盖的外阴部及臀部。皮损表现为大片潮红，继续发展为丘疹、丘疱疹及水疱，破皮后形成糜烂面，渗液明显。

（三）辅助检查

斑贴试验是诊断接触性皮炎的最简单、可靠的方法，斑贴试验阳性即可确诊，如果斑贴试验全为阴性须排除假阴性的可能。

（四）心理-社会状况

1. 护士应评估病人及其家属的心理反应，因接触性皮炎起病急、皮损多在暴露部位，并伴有瘙痒及灼痛感，当治疗效果不佳时，病人易产生焦虑、悲观等表现。

2. 评估病人及其家属对疾病的治疗与预后的知晓程度，家庭及社会支持力度。

【护理诊断/问题】

1. **睡眠型态紊乱**　与瘙痒不适有关。

2. **体像紊乱**　与皮损在暴露部位，影响外观有关。

3. **有感染的危险** 与皮肤完整性受损有关。

4. **急性疼痛** 由化学性变应原如强酸、强碱等所致。

5. **焦虑** 与皮损难治,病人缺乏治疗信心有关。

【计划与实施】

本病的治疗原则是寻找病因,祛除病因,如迅速脱离接触物,并积极对症处理。变态反应性接触性皮炎治愈后病人应避免再次接触致敏原,以免复发。

经过治疗和护理,病人达到:①皮损得到有效控制,疼痛减轻或消失,不发生感染;②皮肤瘙痒得到改善,能安静入睡;③主动配合治疗与护理,能适应患病后生活;④焦虑减轻,增强治疗信心。

（一）寻找病因,去除致病因素

接触性皮炎病人,一般能明确致敏原,当致敏原难以确定时,应从工作和生活环境中寻找原因,同时对症治疗。对于致敏原明确的病人应脱离致敏环境或清除致敏物质,再行对症治疗。

（二）药物治疗与护理

接触性皮炎可采用内服药治疗和/或外用药治疗。

1. **内服药物治疗** 视病人病情严重程度可使用抗组胺药或糖皮质激素。泼尼松20mg/次,2次/d可用于治疗重度、泛发的炎症,短疗程后一般不须逐渐减量。

2. **外用药物治疗** 可按急性期、亚急性期和慢性期皮损的治疗原则处理。急性期红肿明显病人外用炉甘石洗剂,渗出多时用3%硼酸溶液冷湿敷,每次15~30min,每日数次,连续1~3d,直至控制渗出;亚急性期病人有少量渗出时外用糖皮质激素糊剂或氧化锌油,无渗液时用糖皮质激素霜剂;有感染时加用外用抗生素(如莫匹罗星、新霉素);慢性期病人一般选用具有抗炎作用的软膏。

（三）皮损护理

对接触性皮炎病人,应去除附着于皮肤或衣物上的致病物质,局部皮炎处用温水清洗,避免用热水、肥皂洗涤皮损,如皮损处有油脂应用植物油清洗;避免外界刺激和使用刺激性较强的外用药或易致敏的药物,在皮肤炎症部位给予间歇性冷湿敷;根据皮疹情况,祛除皮损处坏死组织或痂皮,观察皮损红肿、瘙痒及灼痛程度,有全身症状者注意观察其变化。对尿布皮炎病人应注意随时更换尿布,保持其会阴部、臀部清洁、干燥,少用肥皂以免加重刺激,局部可外用氧化锌油等。

（四）瘙痒护理

病人因皮疹可伴局部瘙痒或灼痛感,皮损广泛者可伴有全身症状,影响病人的正常工作及生活。因此,应减轻病人瘙痒不适,增进舒适感,如注意控制环境温度,维持凉爽的环境;选择合适的衣物和盖被;给予病人温水或凉水浴、局部使用间歇性冷湿敷等方法,使皮肤凉爽、舒适,降低瘙痒、灼热感;分散病人对痒的注意力;必要时,使用止痒药水、乳霜或油膏,实施治疗性药浴,有效减轻瘙痒,增进舒适感。较小患儿在睡觉时可适当约束手或戴上手套。

（五）心理护理

介绍有关疾病的相关知识,使病人了解疾病的病因、治疗及预后。对于治疗效果不佳或容易复发病人,应帮助病人分析、查找致敏的原因,树立治疗疾病的信心,从而减少病人思想顾虑,以最佳身心状态接受治疗。

（六）健康教育

接触性皮炎是因接触原发性刺激物或接触性致敏物而发病,所以本病经治疗后要避免再次接触。

1. 指导病人在治疗同时,要保持规律生活和充足睡眠。

2. 按时服药。

3. 急性期病人要避免风吹日晒,不要用强刺激性药物。

4. 膳食中要注意吃富含维生素的食物,控制脂肪摄入量,忌吃易引起过敏的食物,如酒、海鲜等。

5. 应将衬衣、鞋袜、帽等用开水浸泡、清洗、日晒等处理,被褥应勤洗勤晒。

知 识 链 接

化妆品皮炎

　　近年来,化妆品引起的接触性皮炎已经逐渐成为皮肤科常见疾病之一。化妆品皮炎的治疗原则以对症治疗为主,局部治疗可根据外用药使用原则进行选择。急性期病人皮肤轻度红肿,有丘疹、水疱时,可用氯化钠溶液冷湿敷、冷敷贴等。慢性期病人可选用温和的皮肤屏障修复制剂。全身治疗以抗过敏为主,视病情轻重,给予口服抗组胺药、维生素 C、钙剂等。对于少数严重且皮损泛发的病人,可短期应用糖皮质激素,有并发感染者则加用抗生素类药物。化妆品皮炎重在预防,使用者应根据自身皮肤条件和体质正确选用合格化妆品,对于已经出现不良反应的病人,避免再接触相同或类似变应原成分。

【护理评价】

　　经过治疗和护理,评估病人是否能够达到:①皮损得到有效控制,疼痛减轻或消失,不发生感染;②皮肤瘙痒得到改善,能安静入睡;③接受患病事实,能适应患病后生活,并能主动配合治疗与护理;④焦虑减轻。

(李　娟)

第五节　药疹病人的护理

　　　　　　　　　　　　　　导入情境与思考

　　病人,男性,45 岁,1 周前因"感冒"自服氨苄西林 2d,之后全身出现弥漫性红斑、肿胀,迅速转变为暗紫色斑片,躯干皮肤出现水疱和糜烂,口腔溃烂不能进食,少尿 2d。体格检查:T 39.3℃,BP 125/80mmHg,P 100 次/min。心肺检查未见异常。腹平坦,叩诊移动性浊音(-),触诊肝肋下 1 指。专科体格检查:头面、四肢水肿明显,双眼分泌物多和睁眼困难,口、鼻腔糜烂出血、血痂,全身皮肤可见大小不等的水疱、脓血痂和大片糜烂面。

　　请思考:

　　(1) 需要给予该病人哪些护理措施?

　　(2) 怎样预防该病人以后再次发生这种情况?

　　药疹(drug eruption)亦称药物性皮炎(dermatitis medica mentosa),是药物通过口服、注射、吸入、灌肠、使用栓剂、外用等各种途径进入人体后引起的皮肤黏膜炎症反应。引起药疹的药物种类繁多,药疹病人的临床表现多种多样,严重者尚可累及机体的其他系统,甚至危及生命。药疹是药物不良反应的一种表现形式。

【病因】

　　1. **个体因素**　不同个体对药物反应的敏感性差异较大,同一个体在不同时期对药物的敏感性也可不相同,其原因包括遗传因素(过敏体质)、某些酶的缺乏、机体病理或生理状态的影响。

　　2. **药物因素**　绝大部分药物都有可能导致药疹,但不同种类药物危险性不同。临床上易引起药疹的药物有:①抗生素:如青霉素类、磺胺类、头孢菌素类、四环素类、氯霉素类等;②解热镇痛药:如阿司匹林、对乙酰氨基酚等;③镇静催眠类药及抗癫痫药:如苯巴比妥、苯妥英钠、卡马西平等;④异种血清制剂及疫苗:如破伤风抗毒素、狂犬病疫苗、抗蛇毒血清等;⑤各种生物制剂。其他如抗痛风药物、抗甲状腺药物和吩噻嗪类药物也可引起药疹。

【发病机制】

药疹的发病机制复杂,可分为变态反应机制和非变态反应机制两大类,其中以变态反应机制占多数。

1. **变态反应机制** 多数药疹属于此类反应。一种药物激发变态反应的能力由多种因素所决定,包括药物的分子特性、药物代谢的个体差异、免疫遗传背景及接受药物时个体的状况等。大分子药物(如血清、疫苗及生物制品)本身即为完全抗原,而多数小分子药物属半抗原,须在机体内与蛋白等载体结合为完全抗原后,才能激发变态反应。引起变态反应的物质既可以是药物原形,也可为其降解物甚至杂质。

各型变态反应均可参与药疹的发生,如 I 型(荨麻疹型药疹)、Ⅱ型(紫癜型药疹)、Ⅲ型(血管炎型药疹)、Ⅳ型(剥脱性皮炎型、麻疹型或湿疹型药疹)。

与变态反应机制有关的药疹具有以下特点:①有一定的潜伏期,首次用药者一般需 4~20d 出现临床表现,已致敏者再次用药,可在数分钟至 24h 内发病。②只发生于少数过敏体质服药者。③皮损及病情严重程度与药物的药理及毒理作用、剂量无相关性,高敏状态下,即使极小剂量药物亦可导致严重的药疹。④临床表现复杂,皮损形态各种各样,一种药物致敏同一病人在不同时期可发生不同类型药疹。⑤在高敏状态下可发生交叉过敏及多价过敏现象(交叉过敏指机体被某种药物致敏后,若再用与该种药物化学结构相似或存在共同化学基团的药物也可发生过敏反应;多价过敏现象指个体处于高敏状态时,可同时对多种化学结构无相似之处的药物发生过敏)。⑥病程有一定的自限性,停止使用致敏药物后病情较轻者可好转。⑦抗过敏和糖皮质激素治疗常有效。

2. **非变态反应机制** 此类药疹相对比较少见。可能的发病机制:①免疫效应途径的非免疫活化。某些药物(如阿司匹林)可直接诱导肥大细胞脱颗粒释放组胺引起荨麻疹,造影剂则通过激活补体效应途径引起过敏,部分药物(如非甾体抗炎药)可通过抑制环氧化酶使白三烯水平升高而引起皮损。②过量反应与蓄积作用。过量反应多见于老年人和肝、肾功能不良者,因个体对药物吸收、代谢、排泄速度存在差异,故常规剂量也可出现;蓄积作用主要见于某些药物排泄缓慢或用药时间过久,如碘化物长期使用引起的痤疮样皮损。③参与药物代谢的酶缺乏或抑制:因影响了药物的正常代谢途径和速度而诱发药疹,如苯妥英钠超敏反应综合征通常发生在环氧化物水解酶缺陷的个体。

【护理评估】

(一)健康史

护士应详细询问病人的用药史,现在或过去用药情况,包括处方药、非处方药,辅助或非正规治疗。具体包括用过什么药,剂量是多少,用药的途径,从开始用药到出现皮疹的时间。还应询问病人的过敏史,特别是药物过敏史。

(二)身体状况

药疹的表现复杂,不同药物可引起同种类型药疹,而同一种药物对不同病人或同一病人在不同时期也可引起不同类型的药疹。

1. **麻疹型或猩红热型药疹**(morbiliform drug eruption or scarlatiniform drug eruption) 是药疹中最常见类型,又称发疹型药疹,常由青霉素(尤其是半合成青霉素)、磺胺类、解热镇痛类、巴比妥类药物等引起,也可因其他药物引起。

(1)症状:病人可有发热等全身症状,皮疹处多有明显瘙痒,缺乏猩红热和麻疹其他特有症状。

(2)体征:皮损多在首次用药 1 周内出现,发病突然。麻疹型药疹类似麻疹,皮损为针头或粟粒大小红色斑丘疹,对称分布,可泛发全身,以躯干为多,严重者可伴发小出血点(文末彩图 75-5-1)。猩

红热型药疹皮损呈弥漫性鲜红斑或呈米粒至豆大红色斑疹或斑丘疹,密集对称分布,常从面颈部开始向躯干及四肢蔓延,1~4d遍布全身,尤以皱褶部位或四肢屈侧更为明显,皮损可融合增大,形态酷似猩红热的皮损。病程1~2周,皮损消退后可伴有糠状脱屑。若不及时治疗,部分病人则可向重型药疹发展。

2. **荨麻疹型药疹**（urticaria drug eruption）　较常见,可由变态反应机制及非变态反应机制引起,前者多由血清制品、呋喃唑酮、青霉素及β-内酰胺类抗生素等引起,后者则由阿司匹林和其他非甾体抗炎药（NSAID）等引起。

（1）症状:可有血清病样症状如发热、关节疼痛、淋巴结肿大甚至蛋白尿,有时出现血管性水肿,甚至喉头水肿,呼吸困难,严重病例可并发过敏性休克。若致敏药物排泄缓慢或因不断接触微量致敏原,则可表现为慢性荨麻疹。

（2）体征:呈瘙痒性风团,潮红更加明显,持续时间也长。

3. **固定性药疹**（fixed drug eruption）　常由磺胺类、解热镇痛类、巴比妥类和四环素类药物等引起。首次用药,在用药1~2周后常出现皮损,再次用相同药物时,24h内皮损常在同一部位复发。因皮损每次都在同一部位复发,故命名为固定性药疹。

（1）症状:自觉轻度瘙痒,如继发感染可自觉疼痛,一般无全身症状。

（2）体征:口腔和生殖器皮肤-黏膜交界处是好发部位,亦可累及躯干四肢,每次发病几乎在同一部位。典型皮损为圆形或类圆形边界清楚的水肿性暗紫红色斑疹、斑片,直径0.2~4.0cm不等,常为1个。严重者红斑上可出现水疱或大疱,黏膜皱褶处易糜烂渗出（文末彩图75-5-2）。停药1周左右红斑可消退并遗留持久的炎症后色素沉着。随着复发次数增加,皮损数目亦可增多,面积可多大。

4. **大疱性表皮松解型药疹**（drug-induced bullosa epidermolysis）　是药疹中最严重的类型,常由磺胺类、解热镇痛类、青霉素类、头孢菌素类等抗生素、巴比妥类药物等引起。起病急骤。

（1）症状:病人皮损处触痛明显,并可伴有显著内脏损害,全身中毒症状较重,可出现高热、恶心、腹泻、谵妄、昏迷等全身症状,如抢救不及时常因继发感染、肝衰竭、肾衰竭、肺炎、电解质紊乱、毒血症、内脏出血等而死亡。

（2）体征:皮损始于面、颈、胸部,部分病人发病初似麻疹型或猩红热型药疹,以后皮损迅速发展为弥漫性紫红或暗红色及灰黑色斑片,且迅速波及全身,在红斑处出现大小不等的松弛性水疱和表皮松解,尼氏征（Nikolsky sign,又称棘层细胞松解征）阳性,稍受外力即可形成糜烂面,出现大量渗出,如烫伤样外观。口腔、眼、呼吸道、胃肠道黏膜均可累及（文末彩图75-5-3）。

5. **剥脱性皮炎型药疹**（drug-induced exfoliative dermatitis）　常由磺胺类、巴比妥类、抗癫痫药、解热镇痛类、青霉素类、头孢菌素类等抗生素等药物引起,多为长期用药后发生。首次发病者潜伏期都在20d以上。

（1）症状:病人发病前可有全身不适、发热等前驱症状。发病后全身症状明显,常有寒战、发热、呕吐,表浅淋巴结肿大,严重时可伴有支气管肺炎、药物性肝炎、肾衰竭、粒细胞缺乏等。病程较长,如不及时治疗,严重者常因全身衰竭或继发感染而导致死亡。

（2）体征:皮损初期多呈麻疹样或猩红热样,部分病人也可在麻疹型、猩红热型或湿疹型药疹的基础上继续用药或治疗不当所致,亦可一开始即是泛发大片损害。皮损逐渐加重并融合呈全身弥漫性潮红、肿胀,尤以面部和手足为重,可伴水疱、糜烂和渗出,因渗出物分解而出现特异性臭味,经2~3周后皮肤红肿消退,全身出现大量鳞片状或落叶状脱屑,掌跖部则呈手套或袜套状剥脱（文末彩图75-5-4）,头发、指/趾甲亦可脱落（病愈后可再生）。可累及口腔黏膜和结膜,出现口腔糜烂、进食困难、结膜充血和畏光等。

（三）辅助检查

致敏药物的检测可分为体内和体外试验2种。体外试验结果不稳定,操作繁杂,临床尚难普遍开展。体内试验分为皮肤试验和药物激发试验。

1. **皮肤试验**　常用的特异性检查包括皮内试验、划痕试验、点刺试验和斑贴试验。以皮内试验较常用,准确度较高,适用于预测皮肤速发型超敏反应,如临床上预测青霉素和普鲁卡因等过敏反应,但阴性不能绝对排除病人发生临床反应的可能,对存在重度药物过敏史者禁用。为预防皮肤试验诱发严重全身反应(过敏性休克),应在测试前备好肾上腺素、氧气等抢救措施。对药物引起的接触性皮炎,斑贴试验较有意义,且较为安全。

2. **药物激发试验**　药疹消退一段时间内,内服试验剂量(一般为治疗量的 1/8~1/4 或更小量),以探查可疑致敏药物。此试验仅适用于口服药物所致的较轻型药疹,同时疾病本身又要求必须使用该药治疗时(如抗结核药、抗癫痫药等),禁止用于速发型超敏反应性药疹和重型药疹病人。本试验有一定危险性,应在病人皮损消退半个月后才可进行。

(四) 心理-社会状况

轻型药疹可能最明显的症状是瘙痒,会导致病人的不舒适。重型药疹病人表皮大面积剥脱、皮损处疼痛明显,口腔糜烂、进食困难、结膜充血、畏光,全身症状有寒战、高热、恶心、腹泻,甚至出现药物性肝炎、肾衰竭等状况,病人对于疾病的焦虑和恐惧会很明显。对于重型药疹病人,护士尤其要注意评估病人的心理、社会支持状况。

【护理诊断/问题】

1. **皮肤完整性受损**　与疾病所致表皮剥脱、糜烂有关。
2. **营养失调：低于机体需要量**　与发热、食欲减退、皮肤黏膜糜烂、疼痛致进食困难、皮损处大量渗液及表皮剥脱致蛋白质丢失有关。
3. **急性疼痛**　与皮肤、黏膜破溃有关。
4. **恐惧**　与重型药疹病情严重、惧怕死亡有关。
5. **有感染的危险**　与表皮剥脱、糜烂有关。

【计划与实施】

药疹的治疗首先是停用致敏药物,包括可疑致敏药物,慎用结构相近的药物,多饮水或静脉输液加速药物的排出,尽快消除药物反应,防止和及时治疗并发症。治疗和护理目标为病人达到:①皮损减轻或消退;②瘙痒或疼痛减轻;③全身症状好转;④并发症减少或消失。

1. **轻型药疹**

(1) 停用致敏药物。

(2) 内服药治疗:可给予病人抗组胺药、维生素 C、钙剂等,必要时给予中等剂量泼尼松(30~60mg/d),皮损停止发展后可逐渐减量直至停药。

(3) 外用药治疗:局部若以红斑、丘疹为主者可外用炉甘石洗剂或糖皮质激素霜剂,以糜烂渗出为主者可用 3% 硼酸溶液等间歇湿敷,湿敷间歇期可用氧化锌油外涂。

2. **重型药疹**

(1) 立即停用可疑致敏药物。

(2) 加强药物排泄或延缓吸收:可通过静脉输液或在皮肤未受累区静脉置管进行输液。

(3) 及早使用足量糖皮质激素:一般可给氢化可的松 300~400mg/d 静脉滴注,或用地塞米松 10~20mg/d 静脉滴注,糖皮质激素如足量,病情在 3~5d 应该能控制,如病情控制不理想,可酌情加大剂量(增加原剂量的 1/3~1/2);病情严重者可选择甲泼尼龙,1g/d 静脉注射,连续 3d,待其皮损颜色转淡、无新发皮损、体温下降后可逐渐减量。

(4) 对症支持治疗:由于病人高热、进食困难、创面大量渗出或皮肤大片剥脱等常导致其血容量不足、低蛋白血症、水及电解质紊乱、肾功能不全,应及时加以纠正,同时注意补充血容量,必要时可输入新鲜血液、血浆或血清蛋白以维持胶体渗透压,也可有效减少渗出;对内脏受累者要及时做相应处理(如伴有肝损害时,应加强保肝治疗);给予高蛋白、高碳水化合物饮食。应酌情给予病人能量合剂。警惕和预防大剂量糖皮质激素引起的不良反应,如并发的各种感染、消化道黏膜损害、消化道溃疡、出血等。

(5) 预防继发感染:预防感染对于重症药疹病人来说非常重要。应强调消毒隔离,医护人员在

治疗和护理过程中要做到无菌操作,尽可能减少感染的机会;对于病人的衣物、被服要及时更换消毒,房间温暖、通风、隔离、定期消毒。用抗生素软膏(如莫匹罗星等)在病人口、耳、鼻周围涂抹,定期行口、耳、鼻、皮肤分泌物及痰培养。如有感染存在,在选用抗生素时应注意避免使用易致敏药物(特别应注意交叉过敏或多价过敏)。在细菌学检查结果报告之前,宜选用广谱、不易致敏抗生素;在细菌学检查结果报告后,可结合菌种及药敏试验结果选用抗生素。当抗生素治疗效果不佳时应注意耐药菌存在的可能及是否存在并发其他感染(如真菌感染)的可能,并按具体情况及时调整治疗方案。

（6）静脉注射人血丙种球蛋白:可以中和致敏抗原,连续用 3~5d。

（7）血浆置换:清除致敏药物及其代谢毒性产物及炎症介质。

（8）创面管理:对于重症药疹病人的操作尽可能少,因为任何一项操作都有可能造成病人表皮分离。创面管理应集中在病人面、耳、鼻、口、外生殖器、腋窝皱褶、指间。表皮剥脱部位,如背部与床接触部位可用凡士林油纱布覆盖,直到上皮再生;糜烂、渗出部位可用硅酮类衣服覆盖,在上皮再生前不需要更换,每日用等渗生理盐水清洗。面部严重的和/或出血性结痂每日用生理盐水清洗。眼部推荐眼科医生进行常规检查,睑裂每日用生理盐水轻轻清洗,并使用眼部的抗生素眼膏。抗生素眼药水用于角膜 3 次/d,减少细菌繁殖,以免导致瘢痕形成。鼻孔每日用消毒棉拭子清洗,用生理盐水湿润,涂抗生素软膏。口腔每日用生理盐水清洗,无意识病人要吸干净。外生殖器及指间如有浸渍,用0.5%硝酸银溶液每日做皮肤护理,无浸渍时用无菌生理盐水护理。非剥脱部位保持干燥不处理。在整个治疗和护理过程中,对病人注意保暖。

（9）心理护理:对于重症药疹病人,护士要多体贴关心,多向病人介绍疾病的相关知识,让病人了解疾病的进程,消除病人紧张、恐惧心理,在疾病治疗取得疗效时多鼓励病人,向病人和家属多提供知识和情感支持。

3. 过敏性休克的治疗　必须争取时间,及时抢救。

4. 药疹的预防　药疹是医源性疾病,因此预防尤为重要。医护人员在临床用药过程中必须注意:

（1）严格控制药物的应用,根据适应证选择药物,尽可能减少用药品种,杜绝滥用药物。对过敏体质者尽量选用致敏性较低的药物,尤其要注意复方制剂中含已知过敏药物。

（2）用药前详细询问病人药物过敏史、家族史,查看病人的药物过敏记录卡,避免使用已知过敏药物或结构相似的药物。

（3）使用青霉素、普鲁卡因、头孢菌素、链霉素、血清制品等药物前严格按照操作规程进行皮内试验,皮试前备好急救药物,以应急需,皮试阳性者禁用该药。

（4）注意药疹的早期症状,用药期间如病人突然出现不明原因的瘙痒、红斑、发热等表现,应立即停用一切可疑致敏的药物,并密切观察,对已出现的症状应及时处理。

（5）将已知的致敏药物记入病人病历首页或建立病人药物过敏卡,并嘱病人牢记,以后看病时应主动告知医生,避免再用致敏药物。

知 识 链 接

药物超敏反应综合征

药物超敏反应综合征(drug induced hypersensitivity syndrome,DIHS),亦称伴嗜酸性粒细胞增多和系统症状的药疹(drug eruption with eosinophilia and systemic symptoms,DRESS)。是一种少见且可危及生命的药物不良反应,其特征是潜伏期较长,伴皮疹、血液系统异常和内脏损害。DIHS的发病机制可能是疱疹病毒、抗病毒免疫和药物特异性免疫反应之间存在复杂的相互作用。

引起 DIHS 的常见致敏药物包括抗癫痫药物(卡马西平、苯巴比妥、苯妥英钠、拉莫三嗪)、抗生素(β-内酰胺类、磺胺类、抗结核病药、四环素、氨苯砜、米诺环素)、阿巴卡韦、奈韦拉平、解热镇痛药(布洛芬)、别嘌醇和柳氮磺吡啶等。

【护理评价】

经过治疗和护理,评估病人是否能够达到:①皮损减轻或消退;②瘙痒或疼痛减轻;③全身症状好转;④未出现并发症,或并发症出现后得到及时处理。

(李　娟)

思 考 题

1. 怎样评估湿疹病人的生活质量?
2. 怎样建立具有中国特色的银屑病病人慢性病健康管理模式?
3. 怎样对公众开展预防药疹的健康促进活动?

Note:

第十一篇

运动系统疾病病人的护理

NURSING

第七十六章

概　论

76章　数字内容

学习目标

- 识记:
  1. 陈述骨、肌肉、关节的结构和主要功能。
  2. 陈述以下概念:运动系统、骨连接、骨骼肌、托马斯征、杜加斯征、牵引。
- 理解:
  1. 解释骨、肌肉、关节疾病常用检查的作用和意义。
  2. 阐述运动系统疾病病人健康史评估、身体状况检查的方法及要点。
  3. 阐述石膏固定、牵引、小夹板固定、外固定支架、关节镜诊疗的护理要点。
- 运用:
  结合健康史、身体状况、辅助检查、心理-社会状况等知识要点,为运动系统疾病病人进行全面的护理评估。

运动系统疾病包括运动系统损伤、感染、肿瘤、畸形、颈肩腰腿痛等,可引起病人运动功能障碍,影响其日常生活功能和工作。

第一节　运动系统的结构与功能

运动系统(musculoskeletal system)由骨、骨连接和骨骼肌三部分组成。骨通过骨连接构成骨骼,形成人体的支架。骨骼肌附于骨上,以关节为枢纽牵动邻近骨骼产生运动。运动系统的主要功能是在神经系统调节、控制下完成各种运动,此外,还有支持、连接和保护中枢神经系统及内脏等功能。

一、骨

(一)骨的结构与分类

1. **骨的结构**　骨由骨质、骨膜、骨髓构成。骨质可分为骨松质和骨密质。骨膜是由纤维结缔组织构成的纤维膜。骨髓分为红骨髓与黄骨髓,由富含血液的软组织构成。

2. **骨的分类**　按照形态,骨可分为长骨、短骨、扁骨和不规则骨4类。长骨呈长管状,内有骨髓腔,如肱骨。短骨呈立方状,多位于连接牢固又有一定活动度的部位,如腕骨、跗骨。扁骨呈板状,如颅骨。不规则骨形状不规则,功能多样,如椎骨。

(二)骨的功能

1. **支持功能**　骨骼形成人体支持架构,可以维持身体的外形和各种姿势。

2. **保护功能**　骨骼是构成颅腔、胸腔、盆腔的重要支架,起到保护其中器官的作用。

3. **运动功能**　骨骼使肌肉及肌腱有所附着,使身体能产生运动。

4. **贮存功能**　骨骼可贮存矿物质(钙)及脂肪。

5. **造血功能**　红骨髓具有造血功能。

二、骨连接

骨与骨之间借纤维结缔组织、软骨或骨组织相连,称为骨连接(synostosis),包括直接连接和间接连接。

(一)直接连接

直接连接不能活动或仅有微动,包括以下3种。

1. **纤维连接**　指两骨之间以纤维结缔组织连接,包括韧带连接和缝,如颅骨矢状缝。

2. **软骨连接**　指两骨之间借软骨相连,兼有弹性和韧性,可缓冲震荡,其强度不如纤维连接,有透明软骨结合和纤维软骨结合两种形式。

3. **骨性结合**　指两骨之间借骨组织相连,常由纤维连接或透明软骨结合骨化而成,如骶椎之间的骨性结合。

(二)间接连接

间接连接又称滑膜关节(synovial joint),常简称关节(articulation,joint),是骨连接的最高分化形式,一般具有较大的活动性。

1. **关节结构**　关节的基本结构包括关节面、关节囊和关节腔。关节面覆有表面光滑的关节软骨。关节周围的纤维囊为关节囊。由关节软骨与关节囊的滑膜层共同围成的潜在性密闭腔隙是关节腔。

2. **关节的分类**　关节按关节运动轴的数目和关节面的分类情况,可分为单轴关节、双轴关节及多轴关节;按构成关节的骨数分类可分为单关节、复关节;按关节的运动方式分为单动关节、联合关节。

3. **关节的运动**　关节具有良好的运动功能,其运动形式是沿3个互相垂直的轴做3组拮抗性的

Note:

运动。以矢状轴为运动轴可行内收、外展运动；以冠状轴为运动轴可行屈、伸运动；以垂直轴为运动轴可行旋转运动。

三、骨骼肌

骨骼肌（skeletal muscle）又称随意肌，可受意识支配而运动。人体骨骼肌分布于全身各处，尤以四肢分布最多。

（一）骨骼肌的结构

骨骼肌由肌腹和肌腱两部分构成。肌腹主要由肌纤维组成，具有收缩能力。骨骼肌的收缩分为等长收缩和等张收缩。等长收缩时肌肉的张力增加而长度不变，等张收缩时肌肉张力不变而长度缩短从而产生运动。肌腱主要由致密的胶原纤维束组成，无收缩能力。

（二）骨骼肌的功能

1. 维持人体直立和姿势稳定。
2. 牵动骨、关节产生各种运动。
3. 收缩可产生热量，维持正常体温。

（周兰姝）

第二节　运动系统疾病病人的评估

【健康史】

（一）一般情况

了解病人的年龄、性别、职业、经济情况及生活地域等可影响骨骼生长、修复等的因素。

（二）生活与工作环境

询问病人日常生活、工作的环境，有无易发生损伤的因素，如地面过滑、操作机械等。注意病人日常的走姿、坐姿、工作习惯，有无外伤或意外事件发生。

（三）既往疾病

评估病人有无与运动系统疾病相关的病史（如代谢性疾病）、有无可累及运动系统病变的疾病（如糖尿病），有无可能引发运动损伤的疾病（如视力不良、眩晕）；有无体重过重等。注意与运动系统疾病相关的用药史（如糖皮质激素），包括用药原因、药名、剂量、方法、持续时间、不良反应及是否对运动系统造成损害等。

（四）家族史

注意询问病人家族中是否存在类似疾病病人。

【身体状况】

（一）全身状况评估

某些运动系统的疾病如多发性骨折、骨盆骨折等严重损伤会引起病人休克等全身性改变，须根据情况对病人的生命体征、意识状态等进行评估。开放性损伤、运动系统感染可有感染的表现，应注意评估病人有无体温升高、脉搏加快等状况。骨肿瘤、骨结核病人因代谢增高可引起营养不良的表现，应注意评估病人的营养状况，注意其有无消瘦、体重下降等表现。

（二）局部状况评估

1. 局部表现

（1）疼痛：骨折、关节脱位、运动系统的感染、肿瘤等都可引起病变局部的疼痛。注意评估病人疼痛的部位、性质、范围、发生及持续时间、有无加重或缓解、影响疼痛的因素、有无放射痛等。

Note：

（2）肿胀或肿块：骨折、骨关节感染、肌肉炎症等可因局部出血、炎症等引起病变局部肿胀；局部脓肿及骨肿瘤病人局部可见肿块。注意评估肿胀的程度、范围、颜色等，若有肿块应评估肿块的大小、质地、与周围组织的关系、边界、活动度、肿块表面皮肤温度、肿块表面皮肤颜色等。

（3）畸形：骨折病人因骨的损伤、移位引起短缩、伸长、成角等畸形；关节脱位、损伤病人可因两骨失去正常对合关系产生畸形；脊柱病变病人可因疼痛、骨损伤等使脊柱失去正常生理性弯曲。注意评估畸形的种类、原因等。

（4）功能障碍：骨、关节与肌肉的损伤及疾病可引起局部支撑和运动功能障碍，应注意评估功能障碍的程度、范围等。

2. 体格检查 应注意：①病人一般采取卧位检查，上肢及颈部检查可采取坐位，特殊检查采取特殊体位。②充分暴露检查部位，需要时暴露健侧进行对比。③按照视、触、叩、听、动、量的顺序进行；先查健侧，后查患侧；先检查病变远处，再检查病变近处。④主动活动与被动检查相结合。检查的内容有：

（1）视诊：从各个侧面观察病人躯干和四肢的姿势、步态及轴线有无异常。注意观察局部有无皮肤发红、发绀、色素沉着、静脉曲张；有无软组织肿胀；有无肌肉萎缩；有无出血、伤口、瘢痕、窦道；有无畸形。

（2）触诊：检查局部有无压痛，如有须进一步明确压痛的部位、范围、程度；各骨性标志有无异常，有无异常活动及骨擦感；局部有无包块，包块的大小、硬度、活动度、有无波动感等；肌肉有无痉挛及萎缩。检查关节的活动范围和肌肉的收缩力，包括主动运动、被动运动和异常活动情况。可两侧对比检查，注意关节有无活动范围减小、超常及异常活动。测定的内容肢体的长度、周径、轴线，关节的运动幅度，肌力和深浅感觉障碍的程度等，具体细节如下：

1）肢体长度：测量时将患肢与健肢放在对称位置，以相同的解剖标志为起止点，双侧对比测量。一般躯干测量颅顶至尾骨端；上肢测量肩峰至桡骨茎突（或中指指尖）；下肢测量髂前上棘至内踝下缘（棘踝线）。

2）肢体周径：两侧肢体取相对应的同一水平面测量比较，若有肌萎缩或肿胀，应选择表现最明显的平面测量。

3）肢体轴线：测量躯干、肢体的轴线是否正常。正常人站立时背面相，枕骨粗隆垂线通过颈、胸、腰、骶椎棘突及两下肢间；前臂旋前位伸肘时上肢成一直线；下肢伸直时髂前上棘与第1、2趾蹼之间连线经过髌骨中心前方。

4）关节运动幅度：可用量角器测量，也可用视觉估计。测定关节的活动度，并与正常活动范围进行比较。人体常见关节正常活动范围是：①肩关节：前屈70°~90°，后伸40°，外展80°~90°，内收20°~40°；②肘关节：屈曲135°~150°，后伸10°；③髋关节：屈曲130°~140°，后伸10°，外展30°~45°，内收20°~30°；④膝关节：屈曲130°~140°，伸展5°~10°；⑤脊柱：颈椎前屈、后伸均35°~45°，左、右侧屈45°。

5）肌力：是指肌肉主动收缩的力量，肌力的评估及分级详见第六十四章第二节"神经系统疾病病人的评估"。

6）感觉消失区的测定：仔细检查并区分触、痛、温觉及深感觉，描画出人体异常区。

7）反射检查：在病人肌肉和关节放松情况下进行检查，检查内容包括生理反射和病理反射两大类。常用的生理反射检查有膝腱反射、跟腱反射、肱二头肌反射、肱三头肌反射、桡骨膜反射等。反射减弱或消失常为反射弧被抑制或中断所致，反射亢进常由上运动神经元病变所致，反射不对称多因神经系统病损所致。常用的病理反射有霍夫曼征和巴宾斯基征。霍夫曼征阳性是深反射亢进的表现，巴宾斯基征阳性见于锥体束损害。

（3）叩诊：主要检查有无叩击痛，包括有无轴向叩痛、棘突叩痛、脊柱间接叩痛等。

（4）听诊：检查有无骨擦音、弹响；借助听诊器可检查骨传导音和有无肢体血流杂音。

（三）周围神经状况评估

1. **桡神经（radial nerve）** 注意拇指、示指背侧的皮肤感觉有无丧失；有无指掌关节及拇指指间关节不能伸；拇指是否能够外展；有无垂腕畸形，有无肱桡肌及肱三头肌瘫痪。

2. **正中神经（median nerve）** 注意评估掌侧拇、示、中指及环指桡侧半掌面、背侧示指、中指远侧感觉有无丧失；有无拇指不能对掌、对指；有无鱼际肌萎缩形成的猿手畸形；有无拇指及示指不能屈曲。

3. **尺神经（ulnar nerve）** 注意评估有无手掌尺侧、小指全部和环指尺侧感觉丧失；有无骨间肌萎缩致各手指不能内收、外展；有无拇、示指间夹纸无力；有无小指与环指掌指关节过伸，指间关节屈曲，呈现爪形手畸形。

4. **腓总神经（common peroneal nerve）** 注意评估有无小腿外侧和足背感觉丧失，有无足下垂畸形。

（四）特殊检查

1. **压头试验** 常用于检查神经根型颈椎病。病人头转向患侧并略屈曲，检查者手掌置于病人头顶加压。若出现颈痛并向患手放射即为阳性。

2. **上肢牵拉试验** 检查者一手推病人患侧的颈部，另一手握住病人腕部向外下牵拉。患肢出现麻木或放射痛时为阳性，常见于神经根型颈椎病。

3. **托马斯征（Thomas sign）** 主要用于检查髋关节有无屈曲畸形。病人仰卧位，充分屈曲健侧髋、膝关节，并使腰部贴于床面，若患肢自动抬高离开床面，或迫使患肢与床面接触则腰部前凸时，称为阳性，常见于腰肌挛缩和髋关节疾病。

4. **直腿抬高及加强试验** 正常人神经根有 4mm 滑动度，下肢抬高到 60°~70° 会感到腘窝不适。当神经根受压或粘连时，可引起滑动度减少，下肢抬高 60° 以内即可牵拉坐骨神经产生疼痛。检查时病人仰卧伸膝，检查者一手压患膝，一手托足跟，抬高下肢至病人疼痛或不能继续抬高，记录其角度；若角度小于 60° 则为直腿抬高试验阳性。在直腿抬高试验阳性的基础上，缓慢降低患肢高度，至放射痛消失，再被动背屈踝关节；若引起疼痛则称为加强试验阳性。常见于腰椎间盘突出症。

5. **骨盆挤压分离试验** 病人仰卧，检查者双手将其两侧髂嵴用力向外下方挤压，称骨盆分离试验。反之，双手将两髂骨翼向中心相对挤压，称骨盆挤压试验。诱发疼痛者为阳性，见于骨盆骨折。

6. **杜加斯征（Dugas sign）** 病人患肢肘关节屈曲，手放在对侧肩关节前方，若肘关节不能与胸壁贴紧为阳性，提示肩关节脱位。

7. **浮髌试验** 病人仰卧，伸膝，放松股四头肌，检查者一手放在髌骨近侧，将髌上囊的液体挤向关节腔，同时另一手示指、中指急速下压髌骨。若感到髌骨碰击股骨髁部时，为浮髌试验阳性。一般膝关节腔中等量积液时（50ml），浮髌试验才呈阳性。

【辅助检查】

运动系统疾病的辅助检查包括影像学检查、关节镜检查、滑液检查和血液检查。

（一）影像学检查

1. **X 线检查** 不仅可以了解骨关节损伤的部位、范围、性质、程度及与周围软组织的关系，还可以指导治疗、观察疗效及判断预后。

2. **计算机断层扫描（computed tomography，CT）检查** 可显示人体横断面图像，鉴别人体不同组织密度差异，从而对运动系统疾病的诊断、定位、区分性质范围等提供一种非侵入性辅助诊断手段。适用于脊柱及四肢肿瘤、结核、炎症等，脊柱骨折、脱位，椎间盘突出，以及普通 X 线定位不明确者。

3. **磁共振成像（magnetic resonance imaging，MRI）检查** 可提供不同断面（横切面、矢状面、冠状面）的图像，是目前检查软组织的最佳手段。在骨质疏松、肿瘤、感染、创伤等方面，尤其在脊柱、脊髓的检查方面有诊断价值。应注意有起搏器、脑内血管夹、主要部位有金属碎片的病人禁用此检查。

（二）关节镜检查

关节镜是一种内镜,可在镜下做关节组织活检,拍照和录像,还可进行关节内手术。关节镜须在手术室的无菌环境下进行。病人须进行局麻或全身麻醉。

（三）滑液检查

关节滑液可通过关节穿刺术抽取,抽取的滑液用肉眼观察或镜下检查。肉眼观察,正常关节滑液清澈稀薄,呈浅黄色。感染时关节滑液黏稠呈脓性,黏液凝集试验阳性;痛风时关节滑液呈黄白色;外伤的关节滑液带血。镜下检查,正常滑液白细胞数少于 200/ml,中性粒细胞低于 25%。感染时关节滑液白细胞计数和蛋白含量增加。痛风时关节滑液可检出尿酸结晶。

（四）血液检查

血液检查项目主要有全血细胞计数、红细胞沉降率、C 反应蛋白、风湿因子、肌酶。检查常用于风湿性关节炎、肌病等疾病。

【心理-社会状况】

（一）心理状况

应了解病人的性格及其精神状态。运动系统损伤等可产生运动障碍,易使病人产生不良情绪,如焦虑、孤独等;脊柱病变、运动系统感染可因病程较长而加重病人的不良情绪;恶性骨肿瘤病人可因疾病预后不良而产生恐惧心理。

（二）知识

应了解病人及其家属对疾病及治疗方式、方法等有无充分的认识,能否积极配合治疗。

（三）支持系统

应评估病人支持系统的组成及其所能够给病人提供的支持及程度。另外,应评估病人所在社区的医疗资源等。

（周兰姝）

第三节 运动系统常见诊疗技术与护理

一、牵引病人护理

牵引(traction)是利用作用力和反作用力的原理,达到整复骨折、脱位,维持复位后的位置,或矫正关节畸形、解除肌肉痉挛与疼痛的目的的方法。牵引分为皮牵引(又称间接牵引)、骨牵引(又称直接牵引)和兜带牵引。皮牵引又分为胶布牵引和海绵带牵引;骨牵引时,不锈钢针穿过骨质直接牵拉骨骼;兜带牵引包括枕颌兜带牵引、骨盆悬吊牵引。

【适应证】

1. 脱位关节或错位骨折的复位及维持。
2. 缓解关节炎症等引起的疼痛,减轻关节面所承受的压力。
3. 矫正和预防关节挛缩畸形。

【禁忌证】

皮肤有损伤或有炎症时,或皮肤过敏的病人禁用皮牵引。

【操作前准备】

1. 向病人介绍牵引的重要性、目的及注意事项,使病人更好地配合治疗。

2. 牵引肢体局部皮肤必须用肥皂和清水擦洗干净,祛除油污,必要时剃毛。行颅骨牵引时,应剃除全部头发。

3. 皮牵引时,应根据肢体的粗细长短选择皮牵引或准备合适的胶布。胶布两头分叉劈开,以扩展其宽度。在胶布长度中点黏着面上放置比肢端稍宽的中央有孔的扩张板。

4. 骨牵引前应询问病人药物过敏史,尤其是普鲁卡因过敏史,如过敏,可改用1%利多卡因。

5. 准备好牵引用物,如牵引床、牵引架、牵引绳、重锤等。勃朗架及托马斯架包扎平整。

【操作过程】

1. 皮牵引

(1) 胶布牵引时,局部皮肤涂以苯甲酸酊(婴幼儿除外),以增加黏合力及减少病人对胶布过敏。在骨隆突处加衬垫,防止局部压迫。沿肢体纵轴粘贴胶布于肢体两侧,用绷带包扎肢体,防止胶布松脱。

(2) 海绵带牵引时,将海绵带平铺于床上,需牵引的肢体用大毛巾包裹,骨突处垫以棉花或纱布,将肢体包好,扣上尼龙搭扣,拴好牵引绳。

(3) 安装牵引架,挂上重锤,悬离地面。皮牵引重量一般为体重的1/10(图76-3-1,图76-3-2)。

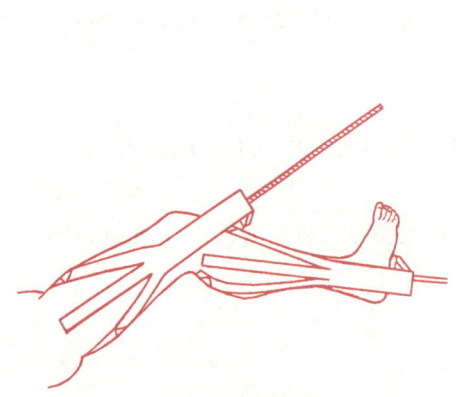
图76-3-1 持续皮牵引

图76-3-2 小儿股骨干骨折悬吊牵引

2. 骨牵引

(1) 选择穿针部位,包括尺骨鹰嘴牵引、股骨髁上骨牵引、胫骨结节骨牵引、跟骨牵引、颅骨牵引(图76-3-3~图76-3-7)。

(2) 局部皮肤消毒、铺巾,局麻至骨膜下。协助医生将牵引针穿过病人骨质从对侧皮肤穿出。针孔处皮肤用酒精纱布覆盖。

(3) 装上相应的牵引弓,系上牵引绳,通过滑车,加上所需重量进行牵引。

(4) 牵引针的两端套上软木塞或有胶皮盖的小瓶,以免刺伤皮肤或划破被褥。

(5) 行颅骨牵引时,用安全钻头钻穿颅骨外板,将牵引弓两侧的钉尖插入此孔,旋紧固定螺丝,扭紧固定,以防滑脱。

(6) 牵引重量根据病情和部位确定,下肢牵引一般是体重的1/10~1/7。

3. 兜带牵引

(1) 枕颌兜带牵引:病人取坐位或卧位。用枕颌带兜住下颌及后枕部,定时、间歇牵引。牵引时,注意兜带不可压迫两耳及头面两侧(图76-3-8)。

图76-3-3 尺骨鹰嘴牵引

Note:

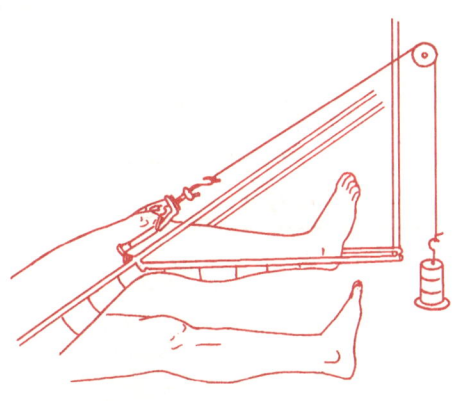

图 76-3-4　股骨髁上骨牵引

图 76-3-5　胫骨结节骨牵引

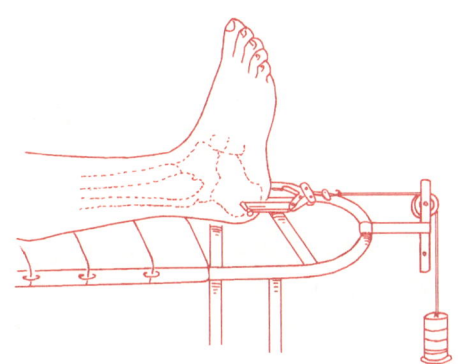

图 76-3-6　跟骨牵引

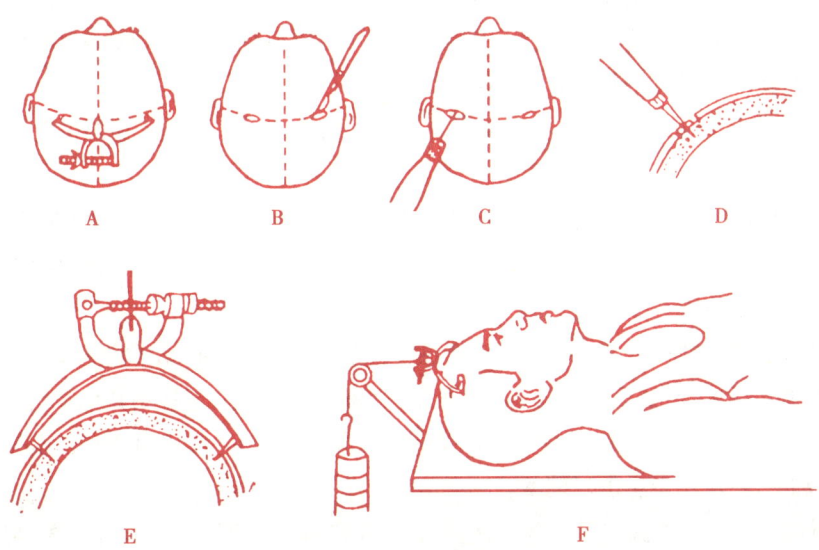

A　　　　　B　　　　　C　　　　　D

E　　　　　　　　　F

图 76-3-7　颅骨牵引

A. 定位方法；B. 皮肤切口；C. 钻孔速度；D. 钻孔深度；E. 牵引弓的安装；F. 颅骨牵引状况。

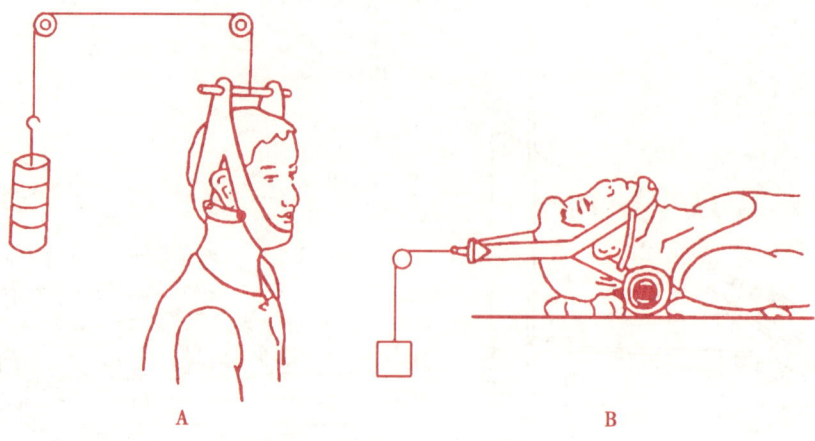

图 76-3-8　枕颌兜带牵引
A. 坐位牵引；B. 仰卧位牵引。

（2）骨盆悬吊牵引：用骨盆悬吊带通过滑轮及牵引支架进行牵引，适用于骨盆骨折有明显分离移位者（图 76-3-9）。

【操作后护理】

1. **交班**　凡新上牵引的病人，应列入交接班内容。

2. **保持有效牵引**　包括：①牵引重锤应保持悬空，牵引重量不可随意增减或移去，以免影响骨折的愈合。②牵引绳不可随意放松，不应有其他外力作用，以免影响牵引力。③保持对抗牵引力量。颅骨牵引时应抬高床头，下肢牵引时应抬高床尾。如身体移位，抵住了床头或床尾，应及时调整，以免失去反牵引作用。④牵引期间病人应保持正确体位，牵引方向与被牵引的肢体长轴应成一直线。⑤皮牵引时，注意胶布绷带有无松脱，固定板是否位置正确，注意及时进行调整。

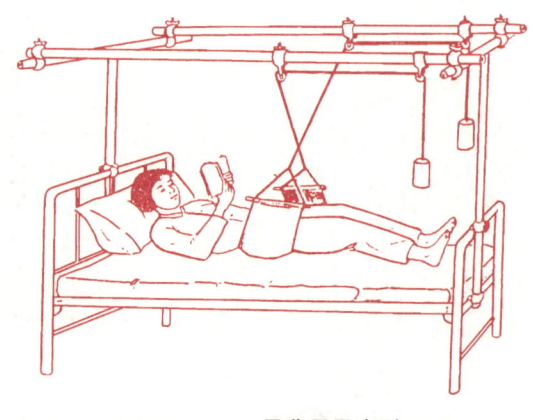

图 76-3-9　骨盆悬吊牵引

3. **维持有效血液循环**　皮牵引时，应密切观察病人患肢血液循环情况。检查局部包扎有无过紧、牵引重量是否过大。如出现青紫、肿胀、发冷、麻木、疼痛、运动障碍，以及脉搏细弱时，应详细检查，分析原因并报告医生。

4. **局部皮肤护理**　对胶布牵引病人应注意观察胶布边缘处皮肤有无水疱或皮炎。如有水疱，可用注射器抽吸，并给予换药；如面积较大，应立即去除胶布，暂停牵引，或换用其他牵引方法。

5. **预防感染**　骨牵引时，穿针处皮肤应保持清洁，预防感染。可每日用 75% 乙醇滴注于穿针处；如牵引针有滑动移位，应消毒后予以调整。

6. **避免过度牵引**　对骨折或脱位病人，应每日测量肢体的长度，以免牵引过度。在牵引开始数日，可用 X 线透视或摄片，了解骨折对位情况，并及时调整。牵引重量可首先加到适宜的最大量，复位后逐渐减少。对关节挛缩，应以逐渐增加为原则。牵引重量一般为体重的 1/12~1/7。

7. **预防并发症**　对于牵引病人应注意观察并预防足下垂、压力性损伤、坠积性肺炎、泌尿系统感染、便秘、血栓性静脉炎等并发症。

Note:

二、石膏固定病人护理

医用石膏是天然生石膏经加热脱水而成的熟石膏。当熟石膏遇到水分时,可重新结晶硬化。医学上利用石膏的这一特点进行局部固定、制动,从而起到治疗的效果。随着医用材料技术的发展,临床上也有一些新型的固定材料如低温热塑板、高分子绷带等替代石膏,石膏背心、石膏腰围等大型石膏往往使用定制的高分子塑料支具代替,起到外固定的作用。

【适应证】

1. 骨折复位后的固定。
2. 关节损伤或脱位复位后的固定。
3. 周围神经、血管、肌腱断裂或损伤,手术修复后的制动。
4. 急性骨髓炎、慢性骨髓炎、骨关节炎症病人的局部制动。
5. 畸形矫正手术后的固定。

【操作前准备】

1. **解释**　向病人解释操作过程及术中石膏散热属正常现象,并告知病人肢体关节必须固定在功能位或所需的特殊体位,中途不能随意变动,取得病人配合。

2. **摄片**　对患处摄 X 线片,以备术后对照。

3. **皮肤准备**　做好病人石膏固定处的皮肤准备。用肥皂及清水清洁皮肤并擦干,有伤口者更换敷料,发现皮肤异常应记录并报告医生。

4. **用物准备**　准备好石膏固定用物。

5. **覆盖衬垫**　在病人打石膏处的皮肤表面覆盖一层衬垫,通常包括棉织套筒、棉垫或绵纸(图 76-3-10)。

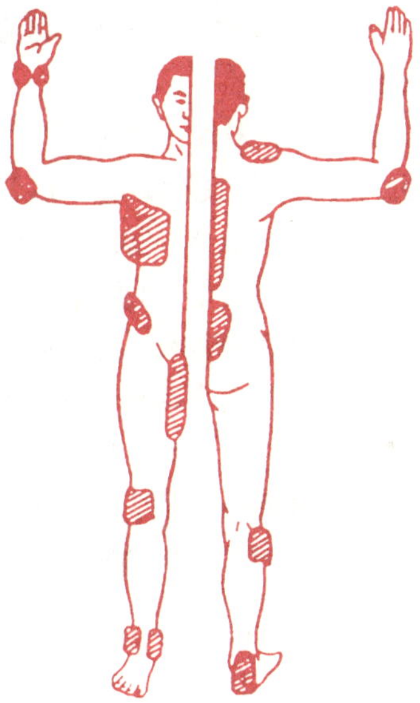

图 76-3-10　**身体各骨隆突部位须加衬垫处**

【操作后护理】

1. 病情观察

(1) 观察病人皮肤(尤其在石膏边缘处皮肤)有无颜色、温度改变,有无压力性损伤。对于石膏下皮肤可借助反光镜尽量观察。

(2) 观察病人石膏固定肢体远端有无 5P 征:疼痛(pain)、苍白(pallor)、麻痹(paralysis)、感觉异常(paresthesia)、脉搏消失(pulseless)及温度改变等症状。如有,考虑存在骨筋膜隔室综合征。

(3) 注意石膏有无潮湿、污染、变形或断裂,有无过紧或过松,有无异常"热点"。

(4) 注意病人有无生命体征变化,石膏内有无异味,有无血常规异常。

(5) 对躯体石膏固定的病人应注意其有无持续恶心,反复呕吐,腹胀及腹痛等石膏综合征的表现。

(6) 注意病人石膏下有无出血或渗血。若血液或渗出液渗出石膏外,用笔标记范围、日期并记录报告医生。必要时协助医生开窗以彻底检查。

2. 皮肤护理

(1) 对石膏边缘及受压部位的皮肤进行皮肤护理。

(2) 保持病人石膏末端暴露的手指/足趾、指/趾甲清洁,易于观察。

(3) 有髋人字形石膏及石膏背心病人大小便后应清洁其臀部及会阴,并注意勿污染及弄湿石膏(图 76-3-11)。

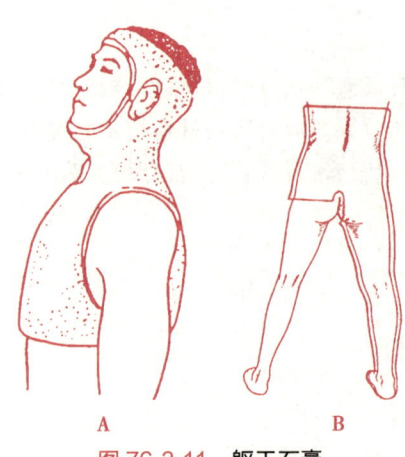

图76-3-11 躯干石膏
A. 头颈胸石膏;B. 髋人字石膏。

（4）禁止病人将异物放入石膏内、搔抓石膏下皮肤、将石膏内衬垫取出。

（5）在病人翻身时注意扫去床上的石膏渣,保持床单清洁平整。

3. 石膏维护

（1）注意若石膏未干燥时应用衬垫垫好,以防对骨突部位产生压迫及石膏折断、变形;不可用手指压迫石膏表面,托起时应用手掌而非手指。勿用灯烤,易致局部温度过高。

（2）保持石膏清洁干燥,及时更换断裂、变形、严重污染的石膏。

（3）石膏绷带未凝结坚固前,病人不应改变肢体位置,特别是关节部位,以免石膏折断。

4. 石膏切开及更换 病人肢体肿胀时,为防止血管、神经受压,可将石膏切开。切开时注意全层全长切开以充分减压,并注意切剪时勿伤及皮肤。肿胀消退后石膏有松动时,应及时更换石膏,以防止骨折错位。

5. 防治并发症 鼓励病人多喝水、多做深呼吸,防止发生坠积性肺炎和泌尿系统感染。注意观察病人有无骨筋膜隔室综合征,其好发于前臂掌侧和小腿,病人一旦出现血液循环受阻或神经受压的征象,立即放平肢体,通知医生剪开石膏甚至行肢体切开减压。轻度石膏综合征病人可以通过饮食调节、充分开窗等缓解,对重度石膏综合征病人需要拆除石膏,予禁食、胃肠减压及静脉补液等处理。

6. 指导功能锻炼 指导病人加强未固定部位的功能锻炼及固定部位的肌肉等长收缩;定时翻身;每日坚持进行主动和被动活动,防止肌肉萎缩、关节僵硬、废用性骨质疏松。在医生许可的情况下,鼓励病人自理,以增进病人的独立感及自尊。

7. 石膏拆除 拆除石膏时注意勿伤及病人皮肤;拆除后先用油脂涂抹局部皮肤,6~8h 后再用肥皂液清洗,每日按摩局部肌肉。

三、小夹板固定病人护理

小夹板固定由我国独创,是利用与肢体外形相适应的特制夹板固定治疗骨折的一种方法。

【适应证】

肱骨、尺骨、桡骨、胫骨、腓骨、桡骨远端及踝关节等处骨折复位后固定,防止骨折端移位。

【禁忌证】

1. 不能按时观察的病人。

2. 开放性骨折、骨折严重移位、整复对位不佳的病人。

3. 皮肤广泛擦伤、伤肢严重肿胀、已有神经损伤症状及血液循环障碍的病人。

4. 伤肢肥胖、皮下脂肪多,因固定不牢易发生延迟连接或不连接者。

【操作前准备】

1. **解释** 给病人解释小夹板固定的作用及固定后注意事项,使病人配合。

2. **准备用物** 根据骨折部位及病人体形情况,选择适合的小夹板、衬垫、绷带及布带。

3. **患肢准备** 用清水或肥皂水清洗病人患肢,皮肤有损伤、水疱者,应先换药或抽空水疱,并用纱布绷带包扎。

Note:

【操作过程】

1. **体位**　正确摆放伤肢体位,将1~2层绵纸或纱套准确地放在骨折肢体的适当位置,用胶布固定在绷带外,以免滑动。

2. **捆扎夹板**　按规定顺序依次安放夹板。放妥后,助手以双手把持夹板。术者用布带或绷带捆扎夹板。先捆扎中间两道,最后捆扎近端一道。捆扎时,绕夹板两周后在肢体外侧打结,所有结应打在一条线上,以便调整。

3. **检查**　布带松紧度以能不费力上下移动1cm为宜。

【操作后护理】

1. 操作后应抬高病人患肢,以减轻肿胀。

2. 密切观察,注意病人患肢末梢血液循环及感觉情况。如出现肿胀、青紫、苍白、麻木、剧痛等,应检查布带松紧度,及时报告医生处理。

3. 防止骨折面移位,上肢固定后用三角巾托起,悬吊于胸前;下肢固定后,搬动时应给予支托。尤其是麻醉未失效时,搬动病人应注意其患肢位置,防止骨折移位。

4. 观察病人骨折愈合情况,每周行X线检查,及时调整捆扎布带松紧度,直至临床愈合。

5. 指导病人进行适当功能锻炼。

四、外固定支架病人护理

外固定支架是将骨折两端用针或钉钻入,在皮外将穿入的针或钉固定在外固定架上,使骨折两端良好对位和固定的治疗方法。外固定支架种类很多,包括单边式、双边式、四边式、三角式、全环式与半环式。

【适应证】

1. 开放性骨折病人的固定及运送。

2. 多段骨折、不稳定的粉碎性骨折及骨折骨不连病人的固定。

3. 关节融合术后固定。

【操作前准备】

1. 给病人解释外固定支架操作的方法、注意事项,使病人配合。

2. 询问病人药物过敏史。

3. 准备好外固定支架等用物。

【操作过程】

1. 选择进针部位,注意既不靠近也不远离骨折端。

2. 常规消毒皮肤,铺无菌巾,局麻至骨膜下。

3. 协助医生将固定针穿过骨质,经过骨中部,从对侧皮肤穿出。针孔处皮肤用氯己定或酒精纱布覆盖。

4. 将固定针固定于支架上,拧紧螺丝,调整好连杆及连杆的关节。

【操作后护理】

1. 每日检查固定针/钉固定处是否牢固,有无松动,螺丝是否拧紧。

2. 保持固定针处皮肤清洁,每日用1:1 000氯己定或75%乙醇湿敷穿针处,以保护针口;如固定针有滑动移位,应消毒后予以调整。

3. **预防感染**　若局部有感染,应扩大针孔引流并遵医嘱使用抗生素。

4. **进行功能锻炼**　根据病人骨折及固定情况,尽早下地负重或不负重活动,进行关节活动锻炼。

五、关节镜诊疗病人护理

关节镜是20世纪关节外科最重要的成就之一。目前可用于膝关节、肩关节、腕关节、髋关节,甚至脊柱和颞颌关节疾病的诊断和治疗,在关节外科领域发挥着重要的作用。

【适应证】

1. 关节疾患,通过无创检查仍不能明确诊断者。

2. 为了减少组织创伤,避免术后并发症,加速愈合,须在关节镜导引下进行关节内手术。

3. 关节有炎症,临床观察有必要通过关节镜进行治疗者。

4. 关节粘连的病人,可通过关节镜切除粘连组织,恢复关节活动功能。

【禁忌证】

1. 因关节纤维化和新骨形成致关节活动明显障碍。

2. 有某些疾病及麻醉禁忌证。

3. 在手术区有皮肤及皮下炎症。

4. 急性血栓性静脉炎。

5. 出血性关节炎,慢性疾病,感染和关节僵直。

6. 关节附近存在的血管瘤,全身情况较差,如冠心病、高血压、出血倾向疾病。

【操作前准备】

1. **术前评估**

(1) 健康史:评估病人的全身情况和关节损伤的精确定位,既往史、既往关节镜检查及手术的病史,发病到手术或检查时间,过敏史和用药史。现在还有一些专门用于关节镜病人术前评估的工具,如 Johnson 设计的关节镜专科病历可辅助进行综合评定,便于术后对比。

(2) 护理评估:包括病人全身情况和局部体征,如压痛及其部位,关节腔积液、滑膜的肿胀情况等,关节的稳定性,有无肿块,肌力有无下降,关节在主动和被动活动时有无异常响声。

(3) 辅助检查:X 线、CT 和 MRI 检查是常用的辅助检查方法,可为手术提供参考资料。

术前常规做血液和尿液检查,如病人有滑膜炎的体征应查风湿和类风湿因子、结核菌素试验。如考虑病人有少数罕见疾病时应加特殊检查,如血友病等。

2. **心理护理**　关节镜治疗是一项较新的技术,病人及其家属可能对手术方法和疗效还不十分了解,担心治疗效果不佳、手术造成不良后果等。护士应采用通俗易懂的语言耐心细致地向病人说明关节镜手术的目的、意义及基本操作程序,介绍关节镜手术的开展情况及其效果,使其对手术的必要性和手术过程有充分的了解和认识,解除思想顾虑,使病人以良好的心理状态配合手术和护理治疗。

3. **术前健康教育**

(1) 教会病人在床上练习肌肉力量的方法,如训练股四头肌的绷腿运动、直腿抬高练习、沙袋练习等,并于术前 3d 开始肌肉力量训练,为术后顺利完成康复计划奠定基础。

(2) 停用非甾体抗炎药如布洛芬等,以免造成术中、术后出血。

(3) 指导病人练习床上排便、排尿。

4. **术前检查**　遵医嘱留取各项标本,并于术前 1d 做好药敏试验,备齐各项常规检查报告。

5. **备皮**　为了保证关节镜手术能够顺利进行,预防术后感染的发生,术前皮肤准备极为重要,病

人手术区皮肤如有破损、疖肿等感染灶时暂缓手术。如须剃毛,应注意不要刮破皮肤,以免皮肤破损影响手术。

6. **术前肠道准备** 术前禁食 6h 禁饮 2h,食用含油脂、肉类较多的食物应适当延长禁食时间。除合并胃排空延迟、胃肠蠕动异常、急诊手术等病人外,目前提倡术前禁饮 2h,之前可口服清流质饮食如稀面汤、去油肉汤等;术前禁食 6h,之前可进食淀粉类固体食物,食用油炸、脂肪及肉类食物则需要更长的禁食时间。

7. **术前用药** 术晨遵医嘱给药。

8. **术前仪器、器械准备** 仪器设备完好是手术顺利进行的必要条件。术前常规检查关节镜的光源、摄像头及摄像仪是否完好;检查关节镜金属部分的结构是否光洁,外套管接口是否紧密、有无漏水现象,金属芯与鞘套、关节镜与鞘套之间的间隙是否匀称,镜管与鞘套的锁合能力如何;手术钳是否开合自如,查看刨刀、等离子刀消毒日期是否过期;关节镜的镜面有无损伤和隐伤。

【术后护理】

1. **按麻醉后常规护理** 术后平卧 6h,严密观察病人生命体征变化。

2. **病情观察** 术后 24h 内应注意观察病人的血压、脉搏、呼吸、神志等,稳定时每小时监测 1 次,连续 6 次后改为每 2h 1 次。严密观察病人手术切口出血情况及患肢的血液循环情况,警惕血管、神经损伤的可能,发现异常,及时报告医生,协助查明原因,消除病因。

3. **患肢护理** 包括:①患肢抬高,促进静脉及淋巴回流;②保持关节接近伸直位以减轻肢体肿胀;③必要时冰袋冷敷关节 6～12h,以减轻肿胀,缓解疼痛,减少出血;④注意观察病人患肢指/趾的外周血液循环(皮色、皮温、活动等)情况,防止因包扎过紧而引起血液循环障碍;⑤应用药物和非药物方法,充分镇痛;⑥在镇痛的基础上,待麻醉消失后,进行肌肉关节的适当活动,以主动活动为主,被动活动为辅,进一步促进血液及淋巴回流,减轻肿胀。

4. **功能锻炼** 根据不同关节镜手术后康复的要求,结合病人的具体病情,制订个体化的功能锻炼方案;按照计划指导、检查、督促病人完成功能锻炼的内容,并且观察病人功能锻炼后的反应;对于锻炼后有异常反应的应及时报告,必要时调整锻炼计划。

5. **并发症的观察**

(1) 止血带麻痹:术后 1～2d 须密切观察止血带麻痹现象。由于手术中长时间使用止血带,麻醉消退后,一定要观察病人患肢感觉、运动恢复情况。

(2) 关节内出血:若术后 5～6h 病人出现局部剧烈疼痛,关节明显肿胀,局部张力大,温度高,甚至全身发热,多因关节积血所致。此时应立即通知医生,在无菌条件下行关节穿刺抽血或镜下冲洗,术后继续加压包扎。

(3) 关节内积液:多在 5～8h 后出现关节内积液,与关节内积血比较,病人仅有关节胀感,疼痛不明显,无全身症状。但应注意观察其肢体情况,若关节张力大,肿胀明显,应及时行关节穿刺减压。

(4) 感染:注意观察术后病人有无体温升高、关节肿胀、疼痛等临床表现。关节镜术后病人体温一般波动不大,多数病人体温不超过 38℃。严格无菌操作,预防性使用抗生素可以有效预防感染。

(周兰姝)

思 考 题

1. 如何对胫骨结节牵引的病人进行护理及健康教育?

2. 对进行石膏固定术的病人,护士应对该病人实施怎样的健康教育?

Note:

NURSING
第七十七章

骨与关节损伤病人的护理

77章 数字内容

学习目标

- 识记:
  1. 陈述以下概念:骨折、开放性骨折、闭合性骨折、完全骨折、不完全骨折、骨筋膜隔室综合征、科利斯(Colles)骨折、关节脱位、Dugas征。
  2. 阐述骨折、关节脱位的定义、分类,骨折的愈合和影响因素。
  3. 列举常见骨、关节损伤的病因、主要症状与体征及常见并发症。
- 理解:
  1. 阐述四肢常见骨折、脊柱骨折及骨盆骨折的典型症状、体征及并发症。
  2. 阐述常见关节脱位的异同点。
  3. 阐述常见骨、关节损伤并发症的发生机制及救治要点。
- 运用:
  为骨、关节损伤病人进行护理评估,制订护理计划,并予以实施和评价。

第一节 概　述

导入情境与思考

病人,男性,45 岁,因下楼梯时不慎滑倒,右足跟疼痛剧烈,活动受限,不能站立急诊入院。体格检查:T 36.5℃,P 112 次/min,R 18 次/min,BP 113/75mmHg,精神可,痛苦面容,右足踝肿胀明显、畸形,局部压痛、叩击痛,右足皮肤部分淤青、无破损,活动受限,趾端血液循环、感觉、运动可。辅助检查:右足踝关节 CT 平扫示右跟骨骨折。

请思考:
(1) 护士对该病人进行病情观察的重点有哪些?
(2) 该病人可能有哪些并发症?

骨的完整性或连续性中断称为骨折(fracture)。骨折大多由创伤所致,严重的骨折伴有重要组织或器官损伤,常引起病人严重的全身反应,甚至危及生命。

【病因】

骨折多因创伤所致,称为创伤性骨折,少部分是病理性骨折。常见的致伤因素有:

1. 直接暴力　外界暴力直接作用于骨骼,使受直接撞击的部位发生骨折。如汽车车轮碾压小腿所致的胫、腓骨骨干骨折。

2. 间接暴力　暴力通过传导、杠杆、旋转或肌肉的收缩作用所致的远端骨折,骨折发生在作用点以外的部位,如滑倒时手掌撑地,外力经传导而致肱骨髁上骨折。另外,若肌肉突然强烈收缩,也可引起肌肉附着点撕脱性骨折,如踢足球时股四头肌猛烈收缩而致髌骨骨折。

3. 骨骼病变　骨骼在原有病损的基础上,因轻微的外力亦或在正常活动中发生骨折,称为病理性骨折。如骨髓炎、骨结核、骨肿瘤病人并发的骨折。

4. 积劳损伤　骨骼某部位长久承受一种持续压力,发生骨折,称为疲劳性骨折。如长距离跑步或行军而造成的第 2、3 跖骨和腓骨下 1/3 处骨干的疲劳性骨折。

【分类】

(一) 根据骨折端是否与外界相通分类

1. 闭合性骨折(closed fracture)　骨折处皮肤或黏膜完整,骨折端与外界不相通。

2. 开放性骨折(open fracture)　骨折附近的皮肤或黏膜破损,骨折端与外界相通。骨折端通过器官与外界相通也属开放性骨折,如合并膀胱尿道破裂的骨盆骨折。

(二) 根据骨折断裂的程度及形态分类

1. 不完全骨折(incomplete fracture)　骨的连续性或完整性部分中断,部分骨组织保持连续,按其形态又分为:

(1) 青枝骨折:多发生于儿童。因儿童骨质柔韧,骨骼不易完全断裂,如同青嫩树枝被折断,因而称青枝骨折。

(2) 裂纹骨折:骨质发生裂纹,如同瓷器上的裂纹,无移位,常见于颅骨、肩胛骨等处骨折。

2. 完全骨折(complete fracture)　骨的连续性或完整性完全中断。根据骨折线的方向和形态可分为以下几种(图 77-1-1):

(1) 横断骨折:骨折线与骨干纵轴接近垂直。

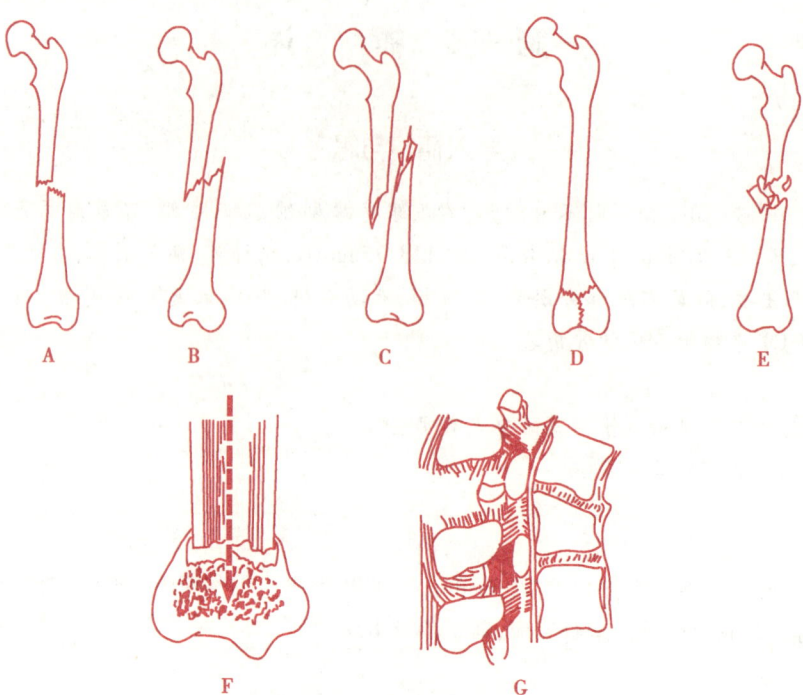

图 77-1-1　完全骨折

A. 横断骨折；B. 斜形骨折；C. 螺旋骨折；D. T 形骨折；E. 粉碎骨折；F. 嵌插骨折；G. 压缩骨折。

（2）斜形骨折：骨折线与骨干纵轴成一定角度。

（3）螺旋骨折：骨折线呈螺旋状，多由于扭转性外力所致。

（4）粉碎性骨折：骨折块碎裂成 2 块以上，多因受较大的直接暴力打击而引起，如骨折线呈 T 形或 Y 形时，又称 T 形骨折或 Y 形骨折。

（5）嵌插骨折：多发于长管骨干骺端坚质骨与松质骨交界处。骨折后，坚质骨嵌插入松质骨内。常见于股骨颈骨折、肱骨外科颈骨折，多因压缩性间接外力所致。

（6）压缩性骨折：松质骨因外力压缩变形而引起。多见于脊椎骨和跟骨的骨折。

（三）根据骨折的稳定程度分类

1. **稳定性骨折**　骨折端不易移位或复位固定后不易再移位的骨折，如横断骨折、青枝骨折、嵌插骨折、裂纹骨折。

2. **不稳定性骨折**　骨折端易移位或复位固定后易再发生移位的骨折，如螺旋骨折、斜形骨折、粉碎性骨折。

【骨折移位的机制】

大多数骨折的骨折端出现不同程度的移位，包括成角、侧方、缩短、分离、旋转移位 5 种形态，临床上常常多种移位同时存在（图 77-1-2）。造成骨折移位的因素主要包括暴力的性质、大小和方向，肌肉的牵拉力、骨折远侧端肢体的重量及不恰当的搬运及治疗。

【骨折愈合过程】

1. **血肿机化演进期**　骨折后，骨断端及周围软组织内血肿形成。由于创伤使部分软组织和骨组织坏死，引起无菌性炎症反应，炎症刺激间质细胞聚集、增生及血管形成，向成骨细胞转化。软组织和骨组织内的成纤维细胞合成、分泌胶原纤维，并转化为纤维结缔组织。随着成骨细胞向骨折部位移行，形成骨的纤维连接（图 77-1-3）。该过程需要 2~3 周。

Note:

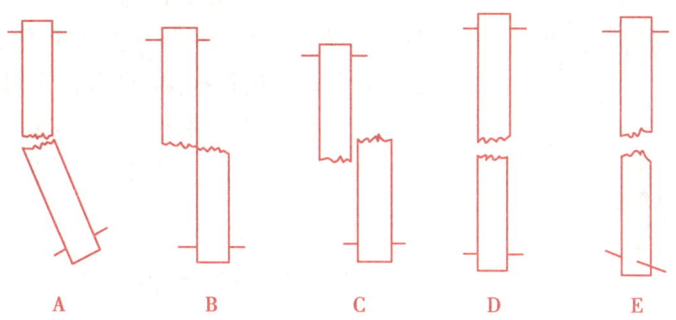

图 77-1-2 骨折端 5 种不同的移位
A.成角移位;B.侧方移位;C.缩短移位;D.分离移位;E.旋转移位。

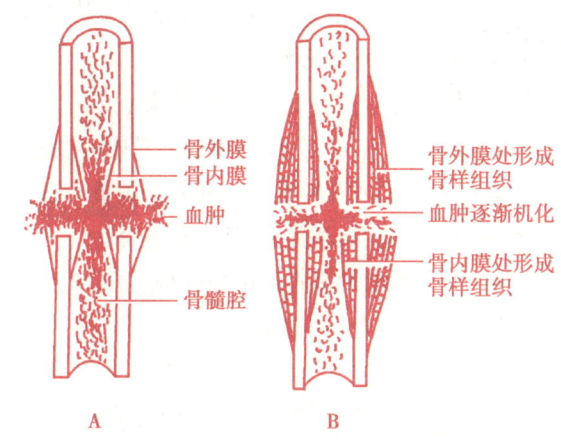

图 77-1-3 血肿机化演进期
A.骨折后血肿形成;B.血肿逐渐机化,骨内外膜处开始形成骨样组织。

2. 原始骨痂形成期 骨断端通过骨膜的成骨细胞形成骨样组织,并逐渐钙化,称为骨膜内骨化,分别形成内骨痂和外骨痂。骨断端的血肿形成纤维组织后,转变为软骨,并经增生钙化而构成桥梁骨痂。内骨痂、外骨痂及桥梁骨痂汇集融合,支持骨断端,达到骨折的临床愈合(图 77-1-4)。该过程需要 4~8 周。

3. 骨痂改造塑形期 随着肢体的活动和负重,在应力轴线上的骨痂不断地得到加强和改造;在应力线以外的骨痂逐步被清除;使原始骨痂逐渐被改造塑形为永久骨痂(图 77-1-5)。该过程需要 8~12 周。

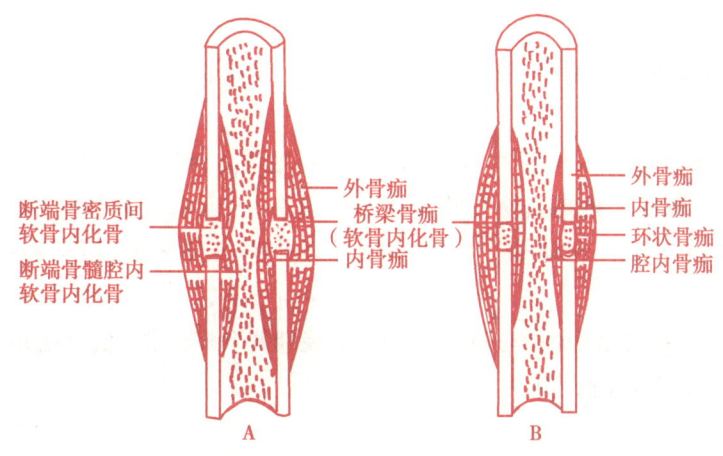

图 77-1-4 原始骨痂形成期
A.膜内化骨及软骨内化骨过程逐渐形成;B.膜内化骨及软骨内化骨过程基本完成。

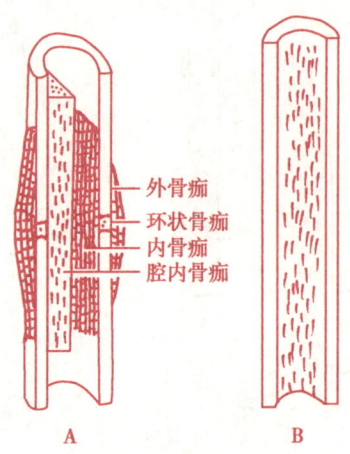

图 77-1-5 骨痂改造塑形期
A. 外骨痂、内骨痂、环状骨痂及腔内骨痂形成后的立体剖面示意图；B. 骨痂改造塑形已完成。

- 外骨痂
- 环状骨痂
- 内骨痂
- 腔内骨痂

A   B

4. 骨折临床愈合标准 ①局部无压痛及纵向叩击痛。②局部无反常活动。③X 线影像显示骨折线模糊,有连续性骨痂通过骨折线。④外固定解除后伤肢能满足以下要求:上肢能向前平举 1kg 重量达 1min;下肢能不扶拐平地连续步行 3min,且不少于 30 步。⑤连续观察 2 周骨折处不变形。

【骨折愈合的影响因素】

（一）全身因素

骨折愈合与病人年龄及健康状况有关。如儿童处于生长发育期,愈合较成人快;营养不良及各种代谢障碍疾病可影响愈合。

（二）局部因素

1. 血液供应 骨折两端血供良好者,骨折愈合较快。

2. 局部软组织损伤程度 软组织损伤或开放性损伤的程度越重,骨折愈合越慢。

3. 骨折断端分离 骨折断端接触面越大、越紧密,越容易愈合。

4. 骨缺损 骨组织缺损过多、骨膜剥离过多直接影响骨折愈合。

5. 感染 骨折合并感染是影响骨折愈合的常见因素。

（三）治疗因素

骨折愈合的速度与治疗方法有关,如手术复位较闭合复位愈合时间长,牵拉过度、反复多次的手法复位及不恰当的功能锻炼等,均影响骨折的愈合。

【护理评估】

（一）健康史

1. 一般情况 病人的年龄、职业特征、饮食结构、生活习惯。

2. 受伤情况 评估病人受伤的原因、部位和时间、受伤时的体位、外力性质与作用的方向、伤后病人功能障碍及病情发展情况、急救处理经过等。

3. 既往史 评估病人既往健康状况,如有无骨质疏松、骨折病史、用药史等。

（二）身体状况

1. 全身症状

（1）体温升高:骨折病人体温一般正常。大量内出血、软组织损伤可致病人的体温升高,一般不超过 38℃。

（2）白细胞增多:多数病人伤后 2~3d 出现白细胞计数增高,此外红细胞沉降率也增高。

（3）合并伤:多发性骨折病人易合并其他部位损伤,也可由骨折断端再次损伤血管、神经等其他组织,出现相应症状和体征。如腰椎骨折合并脾破裂和肾损伤,肋骨骨折合并血气胸等。

（4）并发症:根据并发症发生的时间,分为早期和晚期并发症。常见的早期并发症有休克、脂肪栓塞,常见的晚期并发症有坠积性肺炎、关节僵直等。

2. 局部症状

（1）一般症状

1）疼痛:骨折处压痛明显,运动时加剧,固定后疼痛可减轻。肢体远端可有明显叩击痛。

2）局部肿胀和瘀斑：局部软组织损伤后毛细血管破裂出血，组织水肿导致肢体局部肿胀，严重者出现张力性水疱。

3）功能障碍：骨折后肢体的支撑和运动功能受损。

（2）骨折特有体征

1）畸形：由于骨折端移位导致肢体短缩、成角、扭曲等。

2）反常活动：在肢体没有关节的部位出现反常活动。常见于四肢长骨骨干完全骨折，有异常活动出现，并伴有剧痛。

3）骨擦音和骨擦感：骨折端互相摩擦产生骨擦音和骨擦感，多在搬运病人时被察觉。切忌特意获得此体征，避免加重损伤。

以上3种体征，只要发现其中1种，即可确诊骨折。但骨折不一定存在以上体征，如嵌插骨折、裂纹骨折可以没有以上3种体征。

3. 骨折的并发症

（1）早期并发症

1）休克：多见于开放性骨折、多发骨折、骨盆骨折和股骨干骨折。伤后大量出血、剧烈疼痛、合并其他损伤等导致休克。

2）血管损伤：肱骨髁上骨折可伤及肱动脉，应检查伤肢桡动脉搏动。胫骨平台骨折可损伤腘动脉，应检查伤肢足背动脉搏动。

3）周围神经损伤：上肢骨折可损伤桡神经、正中神经及尺神经。

4）脊髓损伤：多发生在颈段和胸腰段脊柱骨折和/或脱位时，可造成损伤平面以下的躯体瘫痪。

5）内脏损伤：肋骨骨折可合并血胸或血气胸，骨盆骨折可并发后尿道损伤。

6）脂肪栓塞：粗大的骨干骨折，如股骨干骨折处髓腔内血肿张力过大，骨髓被破坏，脂肪进入破裂的静脉窦内，可发生肺脂肪栓塞。

7）感染：多见于开放性骨折，可发生化脓性感染和厌氧菌感染。

8）骨筋膜隔室综合征（osteofascial compartment syndrome）：是四肢骨筋膜隔室内的肌肉和神经因急性严重缺血而产生的临床综合征，常发生于前臂和小腿的骨折后。最有效的处理方法是早期行切开减压，使血液循环改善，避免肌肉和神经缺血性坏死。

（2）晚期并发症

1）压力性损伤：长期卧床的病人由于骨局部受压，软组织发生血液循环障碍，易发生压力性损伤。

2）缺血性肌挛缩：因骨折后损伤动脉，或外固定过紧导致患肢血供不足，肌肉缺血坏死形成瘢痕组织，逐渐挛缩形成特有畸形，如尺、桡骨骨折后的前臂缺血性肌挛缩，形成特有的爪形手畸形。

3）骨化性肌炎：关节附近的骨折，骨膜剥离后，形成骨膜下血肿。若处理不当，血肿经机化、骨化后，在关节附近的软组织内形成骨化样组织，引起疼痛，影响关节活动功能。

4）关节僵硬：受伤肢体长时间固定，缺乏功能锻炼，关节囊周围肌肉痉挛，使关节内外发生纤维粘连，致关节僵硬。

5）创伤性关节炎：关节发生骨折未准确复位而畸形愈合后可致关节面不齐，引起创伤性关节炎。

6）缺血性骨坏死：骨折段的血液供应被切断致骨组织远端坏死，称缺血性骨坏死。常见的有股骨颈骨折后股骨头缺血性坏死。

（三）辅助检查

评估病人的影像学和实验室检查结果，以判断病情和预后。

Note:

（四）心理-社会状况

病人的心理状态取决于损伤的范围和程度。应评估病人和家属的心理状态、家庭经济情况和社会支持系统。

知　识　链　接

骨筋膜隔室综合征的早期诊断和动态监测

　　骨筋膜隔室综合征的诊断通常是以临床症状和体征为基础。典型的临床症状是"5P"，即疼痛、苍白、感觉异常、麻痹和无脉。第6种症状——被动牵张痛，现在也被纳入诊断表现中。然而，它们缺乏特异性和敏感性，并且其出现常与其他病理学相关。压力监测通过客观地评估每个骨筋膜室内的压力已成为一种辅助诊断骨筋膜隔室综合征的方法，与临床检查相比，敏感性和特异性更强，但临床医生进行手术干预时的压力阈值目前尚未解决，在评估骨筋膜室压力时最常用的指标仍然是压力差（ΔP），即舒张压减骨筋膜室压力，$\Delta P \leqslant 30mmHg$ 时定义为急性骨筋膜隔室综合征。一系列研究表明，当 $\Delta P \leqslant 30mmHg$ 时病人常无临床症状，因此严格使用该临界值会增加许多不必要的手术。最近研究表明筋膜室压力随时间变化趋势比单一压力值更具有价值。

【常见护理诊断/问题】

1. **急性疼痛**　与骨折、软组织损伤、肌肉痉挛和水肿有关。
2. **肢体活动受限**　与骨和软组织创伤有关。
3. **有感染的危险**　与组织损伤、开放性骨折、牵引或应用外固定器有关。
4. **潜在并发症**：缺血性肌挛缩、关节僵硬。

【计划与实施】

　　骨折的现场急救原则：先救命后救伤，局部骨折用简单而有效的方法包扎固定后迅速转至医院，以获得及时而有效的全面救治。

　　骨折治疗的基本原则是复位、固定和功能锻炼：①复位。将移位的骨折断端恢复正常或接近正常的解剖关系，重建骨骼的支架作用。临床上分为手法复位和手术切开复位。②固定。将骨折维持于复位后的位置，待其愈合。分为内固定和外固定。内固定是指手术切开，采用钢板螺丝钉、髓内钉等材料固定。外固定多采用石膏固定、牵引固定或外固定架固定。③功能锻炼。在不影响固定的前提下，尽快恢复患肢肌肉、肌腱、韧带等软组织的舒缩活动，促进肢体功能的尽快恢复，防止发生肌肉萎缩、骨质疏松、肌腱挛缩、关节僵硬等并发症。

　　经过治疗和护理，病人达到：①骨折断端得到良好的复位和固定；②疼痛有所缓解；③无感染发生；④无周围神经、血管功能障碍；⑤病人情绪稳定，了解患肢功能锻炼的相关知识，自理能力提高，积极配合治疗、功能锻炼。

（一）减轻疼痛

及时复位、固定，必要时可运用以下方法镇痛。

1. **物理方法**　通过抬高患肢、冷疗、热疗及按摩等方法减轻疼痛。
2. **药物镇痛**　遵医嘱给予病人镇痛药，并注意观察药物效果及不良反应。

（二）促进神经功能、血液循环恢复

1. **体位**　根据病人骨折的部位、程度、治疗方式和合并症采取不同的体位。患肢肿胀时应抬高

Note:

肢体;患肢制动后,关节固定于功能位。

2. **加强观察**　观察病人的意识、生命体征、尿量,并重点观察其患肢骨折远端脉搏、皮温和色泽、肿胀、感觉和运动情况。

3. **纠正休克**　及时止血,遵医嘱输液、输血。

4. **保暖**　注意室温和病人躯体保暖,以改善血液循环。

（三）预防感染

1. **监测有无感染的症状和体征**　定时测量病人的体温和脉搏;骨折处疼痛进行性加重并呈搏动性疼痛,皮肤红、肿、热、伤口有脓液渗出或有异味时,应警惕是否继发感染。

2. **加强伤口护理**　保持病人伤口敷料清洁干燥,换药时遵循无菌技术操作原则。

3. **合理应用抗生素**　遵医嘱及时、合理使用抗生素。

（四）健康指导

对于骨折病人来说,功能锻炼是健康指导的重要部分。

1. **肌肉等长收缩练习和关节活动**　根据病人情况制订适宜的锻炼和康复计划。除医嘱要求制动的病人外,术后 6h 均能开始肌肉的等长收缩练习。伤后 2 周,可指导病人活动骨折部位上、下关节。

2. **辅助器械的使用**

（1）拐杖:是常用的助行器械。告知病人使用的注意事项。如拐杖应加垫,以防滑和避免损伤腋部;当手握把柄时,屈肘不超过 30°。使用拐杖时,要求上肢应有足够的肌力,维持身体平衡。扶拐行走时,患肢不负重。

（2）助行器:常用于老年人,以提供支持和保持平衡。

（3）手杖:当患肢仅需轻微支持时,可采用手杖。

【护理评价】

经过治疗和护理,评估病人是否能够达到:①骨折断端得到良好的复位和固定,能够维持良好的组织灌注,皮温和色泽正常,末梢动脉搏动有力;②疼痛及时缓解;③无骨或软组织感染;④无并发症;⑤病人了解患肢功能锻炼的相关知识,主动配合治疗及康复锻炼。

第二节　四肢骨折病人的护理

 导入情境与思考

病人,男性,28 岁,因车祸伤致全身多处疼痛伴活动受限 7h 急诊入院。体格检查:T 36.0℃,P 121 次/min,R 23 次/min,BP 103/69mmHg,意识清醒,精神差,急性痛苦面容。左手皮肤擦伤,边缘不平整,少许泥沙污染,左小腿肿胀、畸形,可见少许张力性水疱,有明显触痛,纵向叩击痛阳性,可扪及骨擦感、闻及骨擦音,因疼痛而致肌力拒查,患肢远端感觉、运动欠佳,足背动脉搏动可扪及,其余肢体无异常。辅助检查:X 线检查显示左胫、腓骨骨干骨折。

请思考:

（1）该病人目前主要的护理诊断/问题有哪些?

（2）针对该病人的护理诊断/问题,护士应采取哪些护理措施?

一、肱骨骨折病人的护理

肱骨骨折(fracture of the humerus),发生在肱骨外科颈部、肱骨干、肱骨髁上,均可发生血管神经损伤。

肱骨干骨折是指肱骨外科颈下 1~2cm 至肱骨髁上 2cm 段内的骨折。由于肱骨干中下 1/3 段后外侧有桡神经沟,其骨折易损伤桡神经。

肱骨髁上骨折是指肱骨干与肱骨髁交界处发生的骨折。以 5~12 岁儿童居多,约占小儿肘部骨折的 1/3。

【病因与发病机制】

肱骨干骨折由直接暴力或间接暴力所致。直接暴力多由外侧打击中段,导致横断或粉碎性骨折。间接暴力多由手掌或肘部着地,力向上传导及身体重力影响,致中下 1/3 段骨折,多为斜形和螺旋骨折。骨折多数有成角、缩短及旋转等畸形。

肱骨髁上骨折多由间接暴力所致,根据暴力的不同和骨折移位的方向,可分为屈曲型和伸直型。①当跌倒时,手掌着地,暴力经前臂向上传递,身体向前倾,由上向下的重力和冲力将肱骨骨干下部推向前方,使肱骨髁上发生骨折(图 77-2-1),称为伸直型骨折;②当跌倒时,肘关节屈曲,肘后着地,暴力由后下方向前方撞击尺骨鹰嘴,使肱骨髁上发生骨折,称为屈曲型骨折(图 77-2-2)。临床上以伸直型骨折常见。伸直型骨折,骨折近端向前移位,可压迫或刺伤肱动脉及正中神经,导致缺血性肌痉挛(图 77-2-3)。

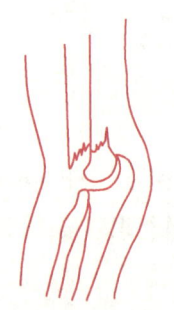

图 77-2-1 肱骨髁上伸直型骨折典型移位

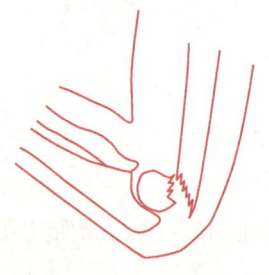

图 77-2-2 肱骨髁上屈曲型骨折典型移位

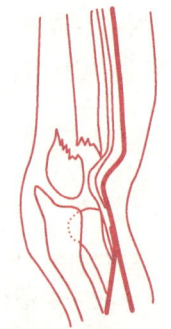

图 77-2-3 肱骨髁上骨折损伤肱动脉

【护理评估】

(一) 健康史

评估病人有无受伤史。详细了解外伤时的情况;外界暴力的性质、强度;受伤或现场救治情况。

(二) 身体状况

1. **症状** 伤后上臂疼痛、肿胀,皮下瘀斑,运动障碍。患侧肘关节处疼痛、肿胀、压痛,肘关节无主动活动。

2. **体征** 肱骨干骨折可有反常活动,肱骨干中下 1/3 段骨折易发生桡神经损伤;肱骨髁上骨折后肘关节处可见畸形,但肘后三角关系正常,可与肘关节脱位相鉴别。如合并桡神经损伤,可出现垂腕,各掌指关节不能背伸,拇指不能外展,手背桡侧皮肤感觉减退或消失。如合并正中神经或尺神经损伤,则出现前臂相应的神经支配区域的感觉减弱和运动障碍。

Note:

（三）辅助检查

肩关节和肘关节正位和侧位 X 线检查,可确定骨折的类型及移位情况。

（四）心理-社会状况

评估病人骨折后的反应及认识程度。由于病人活动受限,工作生活不便,易产生焦虑、烦躁心理。

【常见护理诊断/问题】

1. **急性疼痛**　与骨折、软组织损伤和水肿有关。

2. **肢体活动受限**　与肱骨骨折、夹板固定有关。

3. **沐浴/穿着自理缺陷**　与肱骨骨折、上肢关节活动受限有关。

4. **潜在并发症：肌萎缩、关节僵硬。**

【计划与实施】

治疗原则是尽快复位。一般采取手法复位,局部肿胀严重,不能进行手法复位者,先进行尺骨鹰嘴骨牵引,待水肿基本消退后,再进行手法复位,X 线摄片确认骨折端对位、对线情况。复位后选择适宜的小夹板或石膏固定。对肱骨髁上骨折病人行手术复位,在直视下进行解剖对位。合并尺、桡神经损伤者,宜采用钢板螺钉内固定。

经过治疗和护理,病人达到：①疼痛减轻;②保持正确的复位姿势,无并发症;③生活需要得到满足;④积极配合,主动行功能锻炼。

1. **病情观察**

（1）密切观察病人患肢远端的血液循环、感觉、运动情况,若发现其患肢出现手部皮肤苍白、发凉、麻木、被动伸指疼痛、桡动脉搏动减弱或消失等前臂缺血表现,应立即通知医生。注意病人是否有前臂的骨筋膜隔室综合征。

（2）定时检查夹板、石膏、绷带等的松紧度,发现异常及时调整,避免神经、血管受压。

2. **疼痛护理**　抬高上肢,减轻水肿,缓解疼痛;遵医嘱给予病人镇痛药。

3. **心理护理**　耐心解释骨折治疗后的注意事项,消除病人的紧张和焦虑情绪。

4. **功能锻炼**　复位固定后即开始进行主动手指屈伸活动。2～3 周后行腕、肘关节的主动活动和肩关节的外展、内收活动。6～8 周行肩关节的旋转活动。功能锻炼应循序渐进。

【护理评价】

经过治疗和护理,评估病人是否能够达到：①疼痛缓解;②复位固定良好,无并发症;③生活需要得到满足或自理能力提高;④了解功能锻炼的相关知识,积极配合治疗、进行康复锻炼。

二、尺桡骨骨干双骨折病人的护理

尺桡骨骨干双骨折(fracture of shaft of ulna and radius)较多见,约占全身骨折的 6%,以青少年多见。如损伤前臂的软组织和血管,可引起骨筋膜隔室综合征。

【病因与发病机制】

尺桡骨骨干双骨折多由直接暴力所致,二骨骨折线多在同一平面,呈横行、粉碎性或多段骨折,软组织损伤较严重,整复对位不稳定。间接暴力致伤,跌倒时手掌着地,地面的反击力沿腕及桡骨下段上传,致桡骨中 1/3 部骨折,暴力又通过骨间膜斜行传向远端,造成尺骨低位骨折。在遭受扭转暴力时,尺、桡骨在极度旋前或旋后位互相扭转,成螺旋或斜形骨折,其骨折线的方向一致,成角相反,平面不同,复位困难(图 77-2-4)。

Note:

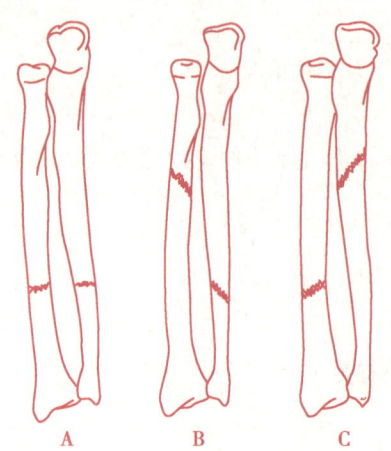

图 77-2-4　尺桡骨骨干双骨折的类型
A. 由直接暴力引起的骨折;B. 由间接暴力引起的骨折;C. 由扭转暴力引起的骨折。

【护理评估】

（一）健康史

评估病人受伤史。详细了解外伤时的情况、外界暴力的性质、强度及现场救治情况。

（二）身体状况

1. **症状**　前臂外伤后疼痛,局部肿胀,功能障碍。骨折部位出现压痛、叩击痛。

2. **体征**　外观有明显畸形,移动患肢时骨擦感明显,不稳定骨折者局部出现反常活动。

（三）辅助检查

X 线检查应包括肘关节和腕关节,确定骨折的部位、类型和移位方向,以及是否合并桡骨头或尺骨头脱位。桡骨干下 1/3 骨折合并尺骨小头脱位,称为加莱亚齐骨折;尺骨干上 1/3 骨折合并桡骨头脱位,称为孟氏骨折。

（四）心理-社会状况

评估病人骨折后的反应,及对肢体骨折后的认识程度。由于病人活动受限,工作生活不便,易产生焦虑、烦躁心理。

【常见护理诊断/问题】

1. **急性疼痛**　与尺桡骨骨干双骨折,软组织损伤和水肿有关。
2. **肢体活动受限**　与尺桡骨骨干双骨折或骨折固定有关。
3. **沐浴/穿着自理缺陷**　与尺桡骨骨干双骨折,前臂关节活动受限影响手的功能有关。
4. **潜在并发症:关节僵硬、肌萎缩。**

【计划与实施】

在外力牵引下进行手法复位。复位后外固定尺、桡骨骨干,双骨折移位比较复杂,往往顾此失彼,重点应放在矫正旋转移位,使骨间膜恢复其紧张度,使骨间隙正常,兼顾侧方、缩短和成角移位。背侧面用石膏托或特制小夹板固定腕关节于旋前、屈腕、尺偏位。难以手法复位或复位后不稳定的尺、桡骨骨干双骨折,行手术切开复位,用钢板螺丝钉或髓内钉内固定。

经过治疗和护理,病人达到:①疼痛减轻;②保持正确的复位姿势;③肢体局部无血管和神经的损伤;④了解康复锻炼的相关知识,积极配合,主动行功能锻炼。

1. **病情观察**　注意病人有无疼痛进行性加剧,肢体肿胀,指呈屈曲状态,皮肤苍白发凉、毛细血管充盈时间延长等骨筋膜隔室综合征早期临床表现,及时做出诊断。定时检查夹板及石膏绷带等固定松紧度,及时调整。

2. **疼痛护理**　抬高病人患肢,减轻水肿,缓解疼痛;遵医嘱合理应用药物镇痛。

3. **功能锻炼**　指导复位固定后的病人进行上臂肌和前臂肌的收缩运动;术后 2 周即开始练习手指屈伸活动和腕关节活动;4 周后开始练习肩、肘关节活动;8~10 周后 X 线摄片证实骨折已愈合,行前臂旋转活动。祛除外固定后,行各关节全活动范围的功能锻炼。

【护理评价】

经过治疗和护理,评估病人是否能够达到:①疼痛缓解;②骨折端复位固定良好;③肢体局部无血管和神经的损伤;④了解康复锻炼的相关知识,积极配合,主动行功能锻炼。

三、桡骨远端骨折病人的护理

桡骨远端骨折系指距桡骨下端关节面 3cm 以内的骨折。中年人和老年人多见,儿童多为桡骨远端骨骺分离。

【病因和类型】

桡骨远端骨折多由间接暴力所致。侧身跌倒时手掌着地而引起的桡骨下端骨折,腕部背伸,称为 Colles 骨折,骨折远端向背侧及桡侧移位。跌倒时手背着地,腕部在屈曲位发生的桡骨下端骨折,又称史密斯(Smith)骨折,骨折远端向掌侧及桡侧移位。

【护理评估】

（一）健康史

评估病人的受伤史。详细了解外伤时的情况;外界暴力的性质、强度;现场救治情况。

（二）身体状况

1. **症状**　腕关节局部疼痛、肿胀,运动障碍。

2. **体征**　由于骨折远端移向背侧,侧面手腕可呈"餐叉"样畸形(图 77-2-5);因远端向桡侧移位,且有缩短移位、桡骨茎突上移,正面手腕呈"刺刀"样畸形(图 77-2-6)。

图 77-2-5　"餐叉"样畸形

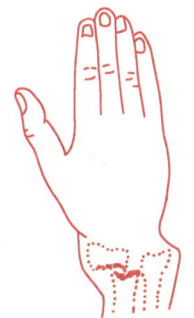

图 77-2-6　"刺刀"样畸形

（三）辅助检查

X 线检查可见骨折远端向背侧及桡侧移位的情况。

（四）心理-社会状况

评估病人骨折后的反应,及对肢体骨折后的认识程度。由于病人活动受限,工作生活不便,易产生焦虑、烦躁心理。

【常见护理诊断/问题】

1. **急性疼痛**　与桡骨下端骨折、软组织损伤和水肿有关。

2. **肢体功能受限**　与骨折局部水肿或骨折固定有关。

3. **沐浴/穿着自理缺陷**　与桡骨下端骨折、腕关节活动受限有关。

4. **潜在并发症**:创伤性关节炎、关节僵硬。

【计划与实施】

治疗原则是在局部麻醉下尽快行手法复位,用小夹板或石膏固定 3~4 周。经过治疗和护理,病人达到:①疼痛减轻;②保持正确的复位姿势;③肢体局部无血管和神经的损伤;④了解功能锻炼的相关知识。

1. **病情观察** 注意病人患肢手部血液循环情况,如有肿胀、严重疼痛、麻木、皮肤颜色异常等情况,立即通知医生处理。

2. **疼痛护理** 局部制动,防止腕关节旋后或旋前;用吊带或三角巾将患肢托起,避免患肢下垂引起静脉回流障碍。

3. **功能锻炼** 复位固定后即开始功能锻炼,指导病人用力握拳,充分伸屈五指;指导病人练习肩关节前屈、后伸、内收、外展、内旋、外旋及环转活动和肘关节屈伸活动。3~4周解除固定后,以两掌相对练习腕背伸,两手背相对练习掌屈。

【护理评价】

经过治疗和护理,评估病人是否能够达到:①疼痛缓解;②骨折愈合良好;③无并发症;④了解功能锻炼的知识,并积极锻炼。

四、股骨颈骨折病人的护理

股骨颈骨折(femoral neck fracture)是发生于老年人的常见骨折,以女性多见。骨折后的骨折不愈合(占15%)和股骨头缺血性坏死(占20%~30%)是临床治疗中的重点和难点。

【病因与发病机制】

损伤原因主要是在跌倒时,扭转伤肢,暴力传导至股骨颈,引起断裂。由于股骨颈骨折后,骨折部位血运差,因此骨折多不愈合。

股骨颈骨折分类方法有:

1. **按骨折线的部位分类** ①股骨头下骨折;②经股骨颈骨折;③股骨颈基底骨折。其中发生股骨头下骨折与经股骨颈骨折时,近端血运破坏大,易发生股骨头缺血性坏死。股骨颈基底骨折对近端血运影响不大,骨折较容易愈合(图77-2-7)。

2. **按骨折线角度大小分类** ①内收型骨折,远端骨折线与两髂嵴连线所形成角度鲍威尔角(Pauwells角),大于50°;②外展型骨折,Pauwells角小于30°。前者不稳定,后者较稳定(图77-2-8)。

3. **按骨折移位程度分类** ①不完全骨折;②完全骨折(图77-2-9)。

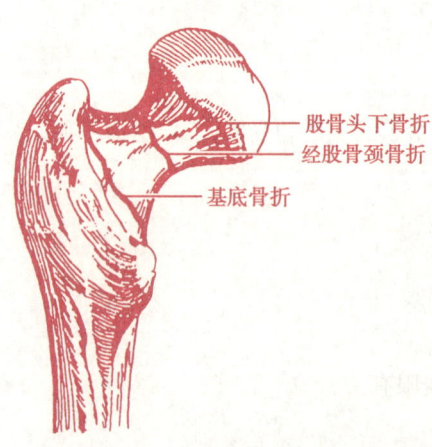

图77-2-7 股骨颈骨折的不同部位

股骨头下骨折
经股骨颈骨折
基底骨折

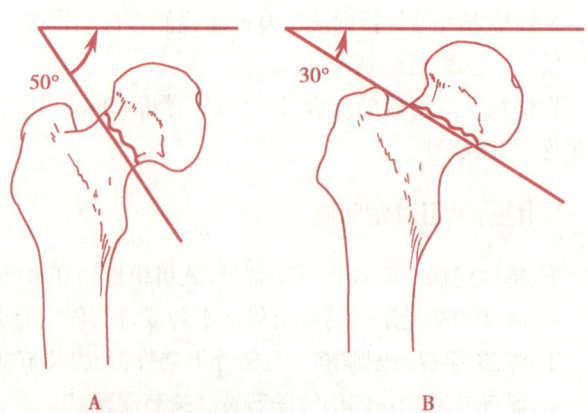

图77-2-8 股骨颈骨折线与两髂嵴连线所形成的角度及 Pauwells 角
A. 内收型骨折;B. 外展型骨折。

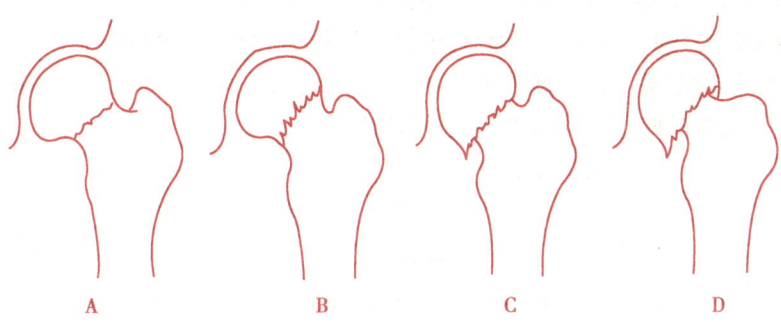

图 77-2-9　股骨颈骨折的移位
A. 不完全骨折；B. 无移位的完全骨折；C. 完全骨折，部分移位；D. 完全骨折，完全移位。

【护理评估】

（一）健康史

询问病人有无受伤史。详细了解外伤时的情况；外界暴力的性质、强度；受伤后的现场救治情况。

（二）身体状况

1. **症状**　髋部疼痛，压痛明显，不能站立或行走，移动患肢疼痛加重。

2. **体征**　典型体征是患侧下肢呈屈曲、内收、外旋和短缩畸形。

（三）辅助检查

髋部正位和侧位 X 线检查，可确定骨折的类型及移位方向。

（四）心理-社会状况

评估病人骨折后的反应，以及对肢体骨折后的认识程度。股骨颈骨折多为老年人，骨折后活动受限，生活不便，长期卧床给家人带来不少负担，因此病人及其家属易产生焦虑、烦躁心理；须施行手术治疗的病人，会对手术产生恐惧心理，部分病人面对昂贵的医疗费用会产生无助感。

【常见护理诊断/问题】

1. **焦虑**　与缺乏疾病相关知识、不了解预后有关。

2. **有皮肤完整性受损的危险**　与长期卧床、体位固定有关。

3. **躯体移动障碍**　与限制性卧床，不能活动有关。

4. **如厕/沐浴/穿着自理缺陷**　与股骨颈骨折后行走、活动受限有关。

5. **潜在并发症**：肺部感染、下肢静脉栓塞。

【计划与实施】

股骨颈骨折的治疗原则：因股骨头近侧缺血，不易愈合，故须及时良好的复位和固定，以尽早建立骨折端供血。早期治疗方法分为非手术治疗（牵引复位）及手术切开复位（经皮加压螺纹钉固定术）。后期发生股骨头缺血性坏死或骨折不愈合者，可行人工股骨头置换或全髋关节置换术。

通过治疗和护理，病人达到：①焦虑减轻；②能够保持适当的体位，防止骨折移位；③皮肤完整无破损；④无或及时处理并发症；⑤了解功能锻炼的相关知识。

1. **心理护理**　向病人宣讲成功的病例及病情好转的信息，帮助病人树立治疗疾病的信心。

2. **体位**　患肢制动，卧床时两腿之间放一枕头，使患肢呈外展中立位，采用下肢支架或皮牵引的病人应保持患肢于合适位置；卧硬板床休息，防止骨折移位，更换体位时，避免患肢内收、外旋或髋部屈曲；尽量避免搬运或移动病人，必要时应注意将髋关节与患肢整体托起，防止造成新的损伤。

Note：

3. **并发症的预防与护理** 对长期卧床的老年病人,定时翻身拍背,按摩骨隆突处,并鼓励病人咳嗽、咳痰,防止发生压力性损伤及坠积性肺炎;进食高蛋白、高维生素、含粗纤维食物,保持排便通畅,多饮水,预防尿路感染;遵守"三不"原则,即不在双膝未拢双足分开情况下身体向术侧倾斜取物;不盘腿、不交叉腿;不坐矮板凳、矮沙发以避免髋关节脱位。

4. **牵引的护理** 参照牵引的护理措施。

5. **功能锻炼**

(1) 股四头肌的等长收缩:15 次/h,每个动作保持 5~10s 后放松,每组 10~15 次防止下肢静脉血栓、肌萎缩和关节僵硬,锻炼前后观察病人患肢的感觉、运动、温度、色泽及有无疼痛和水肿。

(2) 髋关节功能锻炼:行人工髋关节置换术后第 1 日开始床旁运动训练,病人可先在床边站立,若允许,可使用上肢辅助器练习行走。正确选择助行器的类型,如标准助行架、带轮助行架或腋杖,选择标准取决于病人的力量、平衡和耐力。1 周后帮助病人进行床边髋关节活动,活动的范围、幅度和力量应循序渐进。

(3) 转移和行走训练:非手术治疗的病人 8 周后可逐渐从床上坐起,告知病人坐起时双腿不能交叉盘腿,3 个月后可使用拐杖等辅助器械,患肢在不负重情况下可练习行走;行人工髋关节置换术的病人,术后第 1 日允许其下床,指导病人正确使用助行器等其他器械辅助行走,骨折完全愈合后患肢方可负重。

【护理评价】

经过治疗和护理,评估病人是否能够达到:①焦虑减轻;②保持合适体位;③皮肤完整;④无或及时处理并发症;⑤了解有关功能锻炼的知识,主动训练。

知 识 链 接

髋关节功能评定

髋关节功能评定采用 Harris 髋关节评分,是目前国内外最常用的临床评估手段,用来评估病人髋关节炎的程度和髋关节置换手术的效果。该评分包括了量化疼痛、功能和物理检查发现。病人的功能评估包括了行走能力、支撑能力、上下楼梯的能力、坐的耐力、使用交通工具的能力和穿鞋袜的能力。物理检查包括了跛行和活动度。满分 100 分,90~100 分为优,80~89 分为良,70~79 分为尚可,70 分以下为差。

五、股骨干骨折病人的护理

股骨干骨折(femoral shaft fracture)是指股骨小转子以下,股骨髁以上部位的骨折,约占全身骨折的 6%,多见于青壮年。出血量可达 500~1 000ml,多者可致休克。

【病因与发病机制】

多由强大的直接或间接暴力所致。直接暴力引起股骨横断或粉碎性骨折,间接暴力引起股骨的斜形或螺旋骨折。

股骨干上 1/3 骨折是由近端受髂腰肌、臀中肌、臀小肌外旋肌群的作用而屈曲、外旋、外展,及远端受内收肌群的牵引而向后上移位所致。股骨干中 1/3 骨折的骨折端移位无一定规律性,视暴力方向而定,形成成角畸形。股骨干下 1/3 骨折是由远端受腓肠肌的牵拉向后移位,有时压迫或损伤腘动脉、腓总神经,而近端内收向前移位所致(图 77-2-10)。

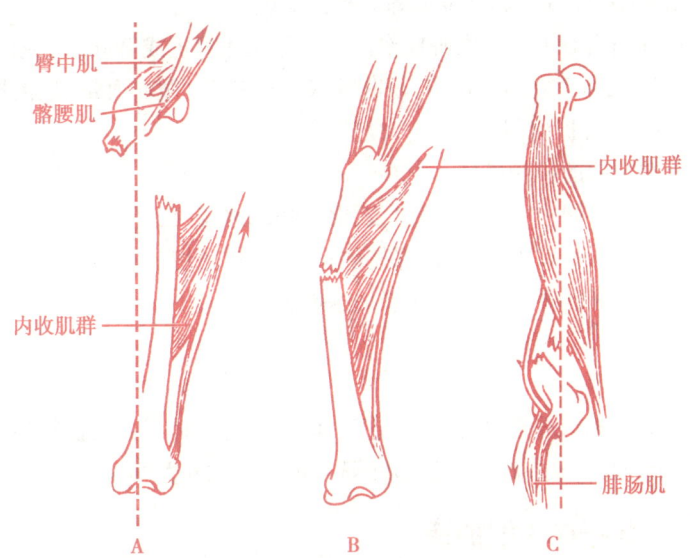

图 77-2-10 股骨干骨折移位方向
A.股骨干上 1/3 骨折;B.股骨干中 1/3 骨折;C.股骨干下 1/3 骨折。

【护理评估】

（一）健康史

询问病人有无受伤史。详细了解外伤时的情况、外界暴力的性质、强度及现场救治情况。

（二）身体状况

1. **症状** 局部疼痛,肿胀和畸形较明显,活动障碍。

2. **体征** 远端肢体异常扭曲,有反常活动。中下 1/3 骨折应注意检查肢体远端血运和皮肤感觉,股骨干骨折病人可因出血量大而出现休克征象。

（三）辅助检查

X 线检查可明确骨折部位、类型及移位情况。

（四）心理-社会状况

评估病人骨折后的反应,及对肢体骨折后的认识程度。因病人活动受限,工作、生活不便,易产生焦虑、烦躁心理。

【常见护理诊断/问题】

1. **急性疼痛** 与股骨干骨折有关。
2. **肢体活动受限** 与股骨干骨折有关。
3. **躯体移动障碍** 与股骨干骨折、牵引或石膏固定有关。
4. **潜在并发症**:肌萎缩、关节僵硬。
5. **知识缺乏**:缺乏与本损伤有关的治疗、护理及康复知识。

【计划与实施】

股骨干骨折治疗原则:积极预防创伤后有效循环血量减少或剧烈疼痛引起的休克,在病人生命体征平稳的基础上尽快复位。3 岁以内儿童,一般用垂直悬吊皮牵引,牵引重量以能使臀部稍稍悬离床面为宜。骨牵引适用于成人各类型的骨折,其中横断骨折须待重叠畸形矫正后行手术复位。切开复位内固定适用于非手术治疗失败、伴有多发损伤或血管神经损伤者。

经过治疗和护理,病人达到:①疼痛缓解;②肢体局部无血管和神经的损伤;③生活需要得到满足或自理能力提高;④无并发症;⑤了解康复锻炼的相关知识。

1. **预防休克** 警惕病人有无合并内脏损伤。对于开放性骨折或合并内脏损伤者,密切观察其生命体征和有无休克征象;快速建立静脉通道,及时补液,维持有效循环血量;积极抗休克治疗,待生命体征平稳后进行手术清创、骨折内固定。

2. **牵引护理** 参照牵引的护理措施。

3. **体位** 保持患肢于外展中立位,抬高患肢,促进静脉回流,减轻患肢肿胀和疼痛。

4. **伤口护理** 观察病人伤口引流情况,保持敷料干燥,预防切口感染。

5. **功能锻炼** 参照股骨颈骨折病人的功能训练措施。

【护理评价】

经过治疗和护理,评估病人是否能够达到:①疼痛缓解;②肢体局部无血管和神经的损伤;③生活需要得到满足或自理能力提高;④无并发症;⑤了解功能锻炼的相关知识。

六、胫、腓骨干骨折病人的护理

胫、腓骨干骨折(fracture of shaft of tibia and fibula)是指胫骨平台以下至踝上的部分发生的骨折。以青壮年和儿童多见。

【病因与发病机制】

胫、腓骨干骨折大多由直接暴力造成,因胫骨前内侧及腓骨下段都在皮下表浅部位,故常为开放性骨折。间接暴力多由高处坠落、滑倒所致,骨折线呈斜形或螺旋形。

【护理评估】

（一）健康史
评估病人的受伤史。详细了解其外伤时的情况;外界暴力的性质、强度及现场救治情况。

（二）身体状况
1. **症状** 局部肿胀、疼痛、局部压痛,功能障碍。

2. **体征** 患肢短缩或成角畸形,反常活动,有骨擦感。开放性骨折病人偶见到刺破皮肤的骨折端。若出现骨筋膜隔室综合征,患肢远端有缺血现象,小腿肿胀明显、张力增加、感觉消失。若并发胫前动脉损伤,则足背动脉搏动消失,肢端苍白、冰凉。

（三）辅助检查
X线检查可帮助了解骨折及移位情况。

（四）心理-社会状况
评估病人骨折后的反应,以及对肢体骨折后的认识程度。由于病人活动受限,工作、生活不便,易产生焦虑、烦躁心理。

【常见护理诊断/问题】

1. **急性疼痛** 与骨折、软组织损伤和水肿有关。

2. **有感染的危险** 与开放性胫、腓骨干骨折损伤皮肤有关。

3. **如厕/沐浴/穿着自理缺陷** 与胫、腓骨干骨折、肢体活动受限而影响行走功能有关。

4. **知识缺乏**:缺乏与本损伤有关的治疗、护理及康复知识。

【计划与实施】

胫、腓骨干骨折的治疗原则是恢复小腿长度、骨干对线和负重功能。复位时首先考虑胫骨,其次是腓骨。对较稳定的横断骨折和短斜形骨折,采用手法复位后小夹板固定或石膏固定。对于不稳定的长斜形和螺旋形骨折,可采用髓内钉或加压钢板内固定术。对于较为严重的开放性或粉碎性骨折,采用骨外固定术。

经过治疗和护理,病人达到:①疼痛减轻;②骨折愈合良好;③生活需要得到满足;④了解康复锻炼的相关知识;⑤积极配合,主动锻炼。

1. **疼痛护理**　对疼痛轻者可采用分散或转移病人的注意力、按摩、热敷等方法进行缓解;对缺血性疼痛必须及时解除压迫,松解外固定;若病人发生骨筋膜隔室综合征,须切开减压后才能缓解疼痛;对剧烈疼痛者可给予药物镇痛。

2. **外固定护理**　施行手法复位、小夹板固定或石膏固定者,及时调整松紧度,避免外固定相对过紧,造成对局部神经、血管的压迫。肢体的高度肿胀尤其需要警惕,注意观察病人是否并发骨筋膜隔室综合征。一旦发生,须及时切开引流、减压,同时应用抗生素控制感染,避免骨髓炎的发生。

3. **术后护理**

(1) 生命体征观察:加强病人生命体征观察,维持其生命体征稳定。

(2) 伤口观察:观察病人局部血液循环、感觉、运动情况。观察有无伤口出血,保持伤口敷料干燥。

(3) 引流:保持术后引流管的通畅,观察引流液的性状。

(4) 补液:按照医嘱补足血容量,尤其对术前有休克症状的病人,根据其血压、尿量和周围组织灌流状况调节补液速率,维护血压的稳定。

(5) 抗感染:遵医嘱合理应用抗生素。

4. **功能锻炼**　伤后早期可行膝关节的被动活动和趾间关节活动;夹板固定期可练习膝、踝关节活动。禁止在膝关节伸直状态下旋转大腿,因其可传到小腿,影响骨折的稳定。外固定祛除后,全面练习关节活动,逐步下地行走。

【护理评价】

经过治疗和护理,评估病人是否能够达到:①疼痛缓解;②骨折愈合良好;③生活自理能力有提高;④掌握功能锻炼的知识;⑤积极进行锻炼。

(李同莲)

思 考 题

1. 病人因胫、腓骨干骨折入院,早期病情观察的要点是什么? 如果处理不及时,可能发生哪些并发症?

2. 股骨颈骨折病人行功能锻炼要点有哪些?

第三节　脊柱与骨盆骨折病人的护理

导入情境与思考

病人,男性,45 岁,因车祸伤致全身多处疼痛 3h 余急诊入院。体格检查:T 36.5℃,P 112 次/min,R 18 次/min,BP 113/75mmHg,精神可,痛苦面容,脊柱生理性弯曲度存在,胸廓挤压试验(-),骨盆挤压及分离试验(+),腰部后方压痛明显,左下肢纵向叩击痛,活动度因疼痛拒查,皮肤擦伤约 3cm×5cm,足背动脉搏动可扪及,肢端血液循环、运动、感觉可。辅助检查:CT 检查提示 L_4、L_5 右侧横突、右侧骶骨翼、左侧耻骨上支、左侧耻骨下支骨折;左侧髋臼耻骨体骨折。

请思考：

（1）该病人的护理有哪些？

（2）该病人若可以翻身，应采用什么翻身方式/搬运方法？

一、脊柱骨折病人的护理

脊柱骨折（fracture of the spine），又称脊椎骨折，比较常见，占全身骨折的 5% ~ 6%。最常见的合并症是脊髓损伤（spinal cord injury）。脊髓损伤造成的截瘫，可使病人丧失全部或部分生活自理能力，还会继发其他合并症，须加强治疗、护理和康复指导。

【病因与发病机制】

绝大多数脊柱骨折由间接暴力引起，如从高空坠落，头肩或臀部着地，身体的重力遇到地面的阻挡，使身体强烈屈曲，常致颈椎或胸、腰段交界处椎骨骨折；弯腰工作时重物落下打击头、肩或背部，使脊柱强烈屈曲，也可产生脊柱损伤。作用于脊柱的暴力，可分为垂直分力和水平分力，垂直分力越大越容易发生压缩骨折，水平分力越大越容易发生脱位。少数骨折是直接暴力所致，如枪弹伤或车祸中的直接撞伤等。

（一）根据受伤时的暴力作用方向分类

1. **屈曲型损伤**　最常见，受伤时暴力使身体猛烈屈曲，椎体相互挤压。如单纯椎体压缩骨折，骨折合并椎体向前脱位，多数发生在胸腰段脊柱。

2. **伸直型损伤**　极少见，受伤时颈部呈过伸位承受外力，可导致椎体横行裂开，棘突互相挤压而断裂，或椎体向后脱位。

3. **屈曲旋转型损伤**　可见于脊柱矢状面或冠状面的损伤，包括后柱损伤、横突骨折和非对称性前柱骨折。

4. **垂直压缩型损伤**　受伤时脊柱承受轴向的垂直力，产生椎体终板骨折和椎体粉碎性骨折，常见于高处坠下，足和臀部着地。

（二）根据受伤程度和部位分类

1. **胸、腰椎骨折与脱位**　①单纯椎体压缩骨折；②椎体爆裂骨折；③椎体骨折脱位。

2. **颈椎骨折与脱位**　①颈椎半脱位；②椎体骨折；③椎体骨折脱位；④寰枢椎骨折与脱位。

3. **附件骨折**　常与椎体压缩骨折合并发生，如关节突骨折，椎弓根、横突、棘突骨折等。

（三）根据骨折的稳定程度分类

1. **稳定型骨折**　单纯压缩性骨折，椎体压缩不超过原高度 1/3，不易发生移位。

2. **不稳定型骨折**　椎体压缩超过原高度 1/3 的压缩性骨折，椎体粉碎性骨折、椎体骨折合并脱位等。复位后容易再移位。

【护理评估】

（一）健康史

评估病人的受伤史。详细了解外伤时的情况；外界暴力的性质、外力强度的大小和方向，现场救治措施和搬运情况。脊柱骨折常伴有其他部位的损伤，因此须评估病人的生命体征和意识情况；评估其呼吸道是否通畅、有无心动过缓和低血压，有无体温调节障碍，有无大小便失禁等情况。

（二）身体状况

1. **症状**　受伤部位局部疼痛和活动受限。颈椎骨折病人可有头、颈部疼痛，不能活动；胸腰椎骨折病人可有腰背肌痉挛、疼痛，不能站立或站立时疼痛加剧。

2. **体征**　损伤部位的棘突明显压痛。颈、胸、腰段损伤时常有局部肿胀和后凸畸形。严重者常

Note:

伴随脊髓损伤,可造成截瘫。

(三) 辅助检查

　　X 线检查可确定脊柱损伤的部位、类型和移位情况,对指导治疗和估计预后很重要;CT 检查用于检查椎管内有无出血及碎骨片;MRI 检查有助于观察和确定脊髓损伤的程度和范围。

(四) 心理-社会状况

　　评估病人骨折后的反应,以及对脊柱骨折后的认识程度。由于损伤后需要卧床休息,活动受限,生活不便,病人易焦虑、烦躁。担心脊髓损伤而引起截瘫,病人及其家属格外关注躯体的感觉和运动。感知障碍者易产生无助和孤独感。

【常见护理诊断/问题】

　　1. **恐惧**　与脊髓损伤导致感觉、运动功能障碍有关。
　　2. **有皮肤完整性受损的危险**　与活动障碍和长期卧床有关。
　　3. **潜在并发症:脊髓损伤、关节僵硬、失用性肌萎缩。**

【计划与实施】

　　脊柱损伤病人伴有颅脑、胸、腹器官损伤或合并休克时,首先应处理威胁生命的情况;脊柱骨折病人应卧硬板床,防止损伤加重;较轻的者可用枕颌吊带行卧位牵引复位,明显压缩移位者可用持续颅骨牵引复位;胸腰椎复位后用石膏背心固定,也可用两桌法或双踝悬吊法复位(图 77-3-1),复位后不稳定者可手术治疗;严重的胸、腰椎骨折病人,可通过腰背肌功能锻炼,使骨折获得一定程度的复位。

图 77-3-1　胸腰椎骨折的复位方法
A. 两桌复位法;B. 双踝悬吊法。

　　经过治疗和护理,病人达到:①皮肤完整;②并发症发生率降到最低;③恐惧感减轻,情绪稳定,能配合治疗与护理。

　　1. **正确搬运要求**　①搬运工具应选用硬质担架或木板;②搬运时应注意病人体位,根据骨折部位采用 2 人或 3 人搬运法,搬运时采用滚动法或平托法,使病人身体保持平直状态(图 77-3-2)。

　　2. **维持躯体正常的功能位**　腰胸椎单纯压缩性骨折病人,应平卧硬板床,骨折部垫枕,使脊柱背伸,同时尽早行腰背肌功能锻炼,可促进血肿吸收,预防肌肉萎缩,减轻局部水肿,防止损伤后的组织粘连和组织纤维化。

　　3. **牵引护理**　对于颈椎骨折或脱位病人采用颅骨牵引复位,具体措施参照牵引术的护理。

　　4. **皮肤护理**　保持皮肤完整,预防压力性损伤。

　　(1) **轴线翻身:**损伤早期应每 2~3h 翻身一次,分别采用仰卧和左、右侧卧位。侧卧位时两腿之

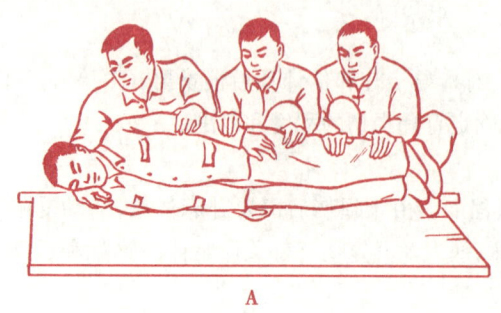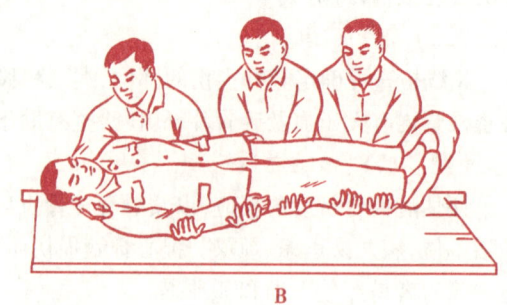

图 77-3-2　脊柱骨折病人正确的搬运法
A. 滚动法；B. 平托法。

间应垫软枕，定时观察病人皮肤的情况。

（2）保持病床清洁、干燥和舒适：保持个人清洁卫生和床单平整干燥，保护病人骨隆突处，定时按摩受压部位。可使用特制翻身床、充气床垫等。

5. 并发症的预防和护理

（1）脊髓损伤：①搬运时应避免病人脊柱骨折断端移位，损伤脊髓；②观察病人皮肤的颜色、温度和有无体温调节障碍；③对已发生脊髓损伤者，做好相应的护理（参照后文"脊髓损伤病人的护理"）。

（2）关节僵硬和肌肉萎缩：①病人瘫痪肢体的关节保持功能位，防止关节屈曲、过伸或过展；②定时进行全身所有关节的全范围被动活动和按摩，以促进血液循环；③根据脊柱骨折的部位及程度，选择相应的腰背肌功能锻炼。

6. 心理护理　向病人和家属解释相关治疗、护理和康复的方法和意义，减轻病人的恐惧和无助感，取得病人配合。

【护理评价】

经过治疗和护理，评估病人是否能够达到：①皮肤完整；②并发症发生率降低，无脊髓损伤、关节僵硬和肌肉萎缩的发生；③主动配合，情绪稳定，恐惧和无助感有所减轻。

二、脊髓损伤病人的护理

脊髓损伤是脊柱损伤最严重的后果。由于椎体的移位或碎骨片突入椎管内，使脊髓产生不同程度的损伤。多发于颈椎下部、胸腰段骨折脱位或附件骨折。

【病因和病理】

受伤平面以下感觉、运动、反射完全消失，括约肌功能完全丧失，称完全性截瘫，部分丧失称不完全截瘫。

按脊髓和马尾损伤的程度可分为：

1. 脊髓震荡　最轻的脊髓损伤，损伤后脊髓暂时性功能抑制，呈弛缓性瘫痪，损伤平面以下的感觉、运动、反射及括约肌功能全部丧失，常在很短时间内恢复，无组织形态学改变。

2. 脊髓挫伤　脊髓实质性破坏，内有出血、水肿、神经细胞破坏和神经传导纤维束的中断。轻者为少量点状出血、水肿，重者可有成片出血，导致脊髓软化及瘢痕形成。

3. 脊髓断裂　脊髓的连续性中断，可为完全性或不完全性，预后极差。

4. 马尾损伤　在第 2 腰椎以下的椎体骨折脱位，可引起马尾损伤，导致损伤平面以下感觉、运动、反射消失。

除上述各种病理生理变化外，各种脊髓损伤后均可立即发生损伤平面以下的暂时性弛缓性瘫痪，

属于失去中枢控制的一种病理生理现象,称为脊髓休克。

【护理评估】

（一）健康史

评估病人受伤的时间,受伤的原因和部位,受伤时的体位,急救的情况,搬运和送运方式;评估病人是否伴有生命体征、意识的异常;评估其有无感觉、运动功能障碍;评估其有无体温调节障碍,有无大小便失禁。

（二）身体状况评估

1. **症状**　脊髓损伤由于损伤部位、原因和程度不同,可出现不同的神经系统损伤体征。表现为受伤平面以下,单侧或双侧感觉、运动、反射的全部或部分丧失,常伴有尿潴留,发生充溢性尿失禁。

2. **体征**　瘫痪早期多呈弛缓性瘫痪,逐渐转为痉挛性瘫痪。弛缓性瘫痪病人表现为肌张力降低和反射减弱,痉挛性瘫痪病人表现为肌张力增强和反射亢进。①C_8以上水平损伤者可出现呼吸肌麻痹,表现为极度呼吸困难,若不及时行气管切开可危及生命;②C_8以下水平损伤者可出现肩部以下的四肢瘫痪,大小便功能丧失;③胸髓损伤者,损伤平面以下的感觉、运动和大小便功能均丧失;④第1腰椎骨折可造成脊髓圆锥损伤,表现为会阴部皮肤鞍状感觉缺失,大小便失禁,性功能障碍,双下肢的感觉和运动正常;⑤马尾神经损伤表现为受伤平面以下弛缓性瘫痪,感觉和运动功能障碍,括约肌功能丧失,腱反射消失。

脊髓半横切损伤时,损伤平面以下同侧肢体的运动和感觉消失,对侧肢体的痛觉和温度觉消失,称为脊髓半切综合征。

（三）辅助检查

CT检查用于检查椎管内有无出血;MRI检查有助于观察和确定脊髓损伤的程度和范围。

（四）心理-社会状况

评估病人受伤后的心理反应及承受能力,病人及其家属对疾病的态度。因担心脊髓损伤而引起截瘫,病人及其家属格外关注躯体的感觉和运动。感知运动障碍者易产生无助感或孤独感。

【常见护理诊断/问题】

1. **气体交换受损**　与脊髓损伤、呼吸肌麻痹、清理呼吸道无效有关。
2. **体温过高/过低**　与脊髓损伤、自主神经系统功能紊乱有关。
3. **尿潴留**　与脊髓损伤有关。
4. **有皮肤完整性受损的危险**　与感觉缺失和活动受限有关。
5. **体像紊乱**　与瘫痪、躯体活动障碍有关。

【计划与实施】

脊髓损伤的治疗原则是尽早解除脊髓压迫,保证脊髓功能尽可能恢复。对椎体骨折或骨折脱位病人,应尽早行闭合复位或手术复位,避免进一步的脊髓损伤;加强功能锻炼,预防并发症。

经过治疗和护理,病人达到:①能保持呼吸道通畅,维持呼吸功能正常;②保持体温在正常范围;③维持正常的排尿功能或建立膀胱的反射性排尿功能;④能面对现实,自信心有所增强;⑤皮肤完整。

1. **保证有效的气体交换**　长期卧床病人易发生呼吸道分泌物梗阻,应经常改变体位;定期指导病人做深呼吸、用力咳嗽,轻轻叩击病人胸背部,促进肺膨胀和排痰;当痰液不易咳出时,遵医嘱雾化吸入,使分泌物稀释,便于排出;当病人发生肺不张,用吸痰管插入气管吸出分泌物,必要时协助医生通过支气管镜吸痰;实施气管插管或气管切开术的病人,应妥善固定管道,定时湿化,避免气道干燥。

2. **生活护理**　尽量帮助病人取合适卧位,减轻不适症状;加强营养,增强机体抵抗力,鼓励病人多饮水、多吃新鲜水果和蔬菜,保持排便通畅;瘫痪肢体保持关节功能位,防止关节屈曲、过伸或过展,

Note:

定时被动活动和按摩；鼓励病人在病情允许的情况下自主活动，提高其生活自理能力。

3. **维持正常体温**　颈脊髓损伤后，多数病人出现中枢性高热，体温高达 40℃。对高热病人，除了给予降温措施外，还要注意补充水、电解质，维持机体的体液平衡，同时注意其皮肤和口腔护理。对脊髓损伤导致低温的病人，应采取保暖升温措施。

4. **预防泌尿系统并发症**　尿路感染是截瘫病人常见的并发症。对截瘫早期病人要做好留置导尿的护理，导尿管参照产品说明书进行更换，操作时严格遵守无菌技术操作原则。鼓励病人多饮水，必要时行膀胱冲洗，有利于引流出尿中沉渣。

5. **预防压力性损伤**　截瘫病人皮肤失去感觉，自主神经功能紊乱，局部缺血，易发生压力性损伤，多发于骨突处。间歇性解除压迫是关键，应每 2~3h 翻身一次，有条件者可使用特制的翻身床、小垫床、电脑分区域充气床垫、波纹气垫等，减轻局部压迫。保持病人皮肤干燥，按摩受压部位，对面积较大、组织坏死较深的压力性损伤，则应按外科原则处理创面。

6. **心理护理**　向病人和家属做好健康宣教，介绍有关治疗、护理和康复的方法和意义，以取得配合。

7. **健康指导**　向病人家属解释并强调生活照顾对病人的意义，教会病人家属有关的护理技能，激励病人在病情许可下做未瘫痪肌肉和关节的主动锻炼。根据康复情况，教会病人使用轮椅、拐杖等辅助工具。

> **知 识 链 接**
>
> **长期留置导尿管护理推荐意见**
>
> 　　对于长期留置导尿管的病人，必然会涉及导尿管更换的问题，共识在结合临床研究的基础上，对导尿管的更换和拔除给出了 3 条推荐意见：①长期留置导尿管的病人，不宜频繁更换导尿管，具体更换频率可参照产品说明书；②当病人疑似导尿管相关尿路感染（CAUTI）而需抗菌药治疗前应先更换导尿管，并留取尿液进行微生物病原学检测；③不推荐在拔除导尿管前夹闭导尿管进行膀胱功能训练。

【护理评价】

经过治疗和护理，评估病人是否能够达到：①呼吸功能正常；②体温正常；③建立膀胱的反射性排尿功能；④面对现实，自信心有所增强；⑤未发生压力性损伤。

三、骨盆骨折病人的护理

骨盆骨折（pelvic fracture）多由强大暴力挤压或直接撞击骨盆所致，多数情况下为复合伤。

【病因与发病机制】

由于骨盆多为松质骨，骨折后本身出血较多，其邻近有动、静脉丛，骨折后可引起大量失血，导致病人休克。骨盆骨折常合并骨盆内其他器官损伤。如骨盆骨折常合并膀胱、尿道、女性阴道及直肠损伤。根据骨折移位情况划分为压缩型骨盆骨折、分离型骨盆骨折及中间型骨盆骨折，后者为稳定性骨折，移位最严重的是分离型骨盆骨折。

【护理评估】

（一）健康史

评估病人的受伤史。详细了解外伤时的情况；外界暴力的性质、强度；现场救治情况。

（二）身体状况

1. **症状**　局部疼痛、运动受限。偶可见耻骨联合、腹股沟及会阴部肿胀、皮下淤血；骨盆骨折出血量大时，可出现休克。

2. **体征**　骨盆挤压试验及分离试验阳性。触诊耻骨联合有直接或间接压痛。若合并膀胱、尿道损伤则出现血尿或无尿；合并直肠损伤，会出现血便；女性骨盆骨折合并阴道损伤会出现阴道出血。

（三）辅助检查

X线检查和CT检查可了解骨盆骨折及骨折类型。

（四）心理-社会状况

评估骨盆骨折后病人的心理反应，以及对骨折后的认识程度。骨折后，病人活动受限，工作、生活不便，易产生焦虑、烦躁心理。家属会担心病人功能障碍产生巨大的心理压力。

【常见护理诊断/问题】

1. **外周组织灌注无效**　与骨盆损伤、出血有关。

2. **排尿/排便障碍**　与膀胱、尿道、腹内器官或直肠损伤有关。

3. **有皮肤完整性受损的危险**　与长期卧床和活动障碍有关。

4. **潜在并发症**：肺部感染、下肢静脉栓塞。

【计划与实施】

骨盆骨折的治疗原则：首先处理休克和各种危及生命的并发症，再处理骨折。经过治疗和护理，病人达到：①维持正常的组织灌注；②皮肤完好；③维持正常的排尿、排便功能；④无并发症；⑤掌握功能锻炼的知识，主动锻炼。

1. **维持正常的组织灌注**　密切观察病人生命体征变化，及时发现和处理血容量不足；立即建立静脉通道，及时遵医嘱输血和补液；协助做好术前准备，及时止血并处理其他损伤。

2. **维持排尿、排便通畅**　观察病人有无排尿困难、尿量及色泽，留置导尿的病人应加强会阴护理；鼓励病人多食富含膳食纤维的食物，多饮水，防止便秘发生；对便秘病人可遵医嘱给予通便药物。

3. **皮肤护理**　协助病人更换体位，骨折愈合后可患侧卧位；保持皮肤清洁；保持床单平整干燥；定时按摩受压部位。

4. **功能锻炼**　骨盆骨折没有移位者，伤后1周可做半卧练习，并做髋关节、膝关节的伸展运动，2~3周后下床站立，缓慢行走。3~4周后练习正常行走。骨折移位明显者，伤后2周开始做半卧练习，并练习股四头肌的收缩，3周练习做髋关节、膝关节的伸展运动，6~8周扶拐杖行走，逐步过渡到正常行走。

【护理评价】

经过治疗和护理，评估病人是否能够达到：①维持正常的组织灌注，血压平稳；②皮肤完好；③排泄功能正常；④无并发症；⑤掌握功能锻炼的知识，主动锻炼。

（李同莲）

思　考　题

1. $T_{4\sim5}$骨折伴脱位的病人，应用哪种搬运方法？卧床期间如何预防并发症？

2. 骨盆骨折病人病情观察要点是什么？

第四节　关节脱位病人的护理

 ━━━━━━━━━━━━━━━━━━━ 导入情境与思考 ━━━━━━━━━━━━━━━━━━━

病人,男性,46岁。因摔伤致右肩部疼痛10d入院。病人10d前行走时意外摔倒,右肘部着地后出现右肩部刺痛,提重物时加重。行X线检查提示"肩关节脱位"。病人既往体健,无吸烟、饮酒史,无传染病及其他慢性病史。体格检查:T 36.5℃,P 87次/min,R 18次/min,BP 106/66mmHg。意识清醒,精神可。疼痛评分5分。右肩锁关节处可见"方肩"畸形,肩峰下关节盂空虚,上臂呈弹性固定于半外展位,压痛明显,搭肩试验阳性,余体格检查无异常。辅助检查:X线检查显示右肩锁关节间隙1.3cm。

请思考:

(1) 该病人目前主要的护理诊断/问题有哪些?

(2) 针对该病人的护理诊断/问题,护士应采取哪些护理措施?

一、概述

骨的关节面失去正常的对合关系称为关节脱位(dislocation of joint)。失去部分正常对合关系,称为半脱位。脱位以损伤性脱位最多见,多发生于青壮年,老年人较少见。儿童以先天性脱位多见,多发于上肢关节。

【病因和分类】

(一) 按发生脱位的原因分类

1. **损伤性脱位**　指暴力作用于正常关节引起的脱位。

2. **先天性脱位**　指胚胎发育异常或胎儿在母体内受到外界因素影响引起的脱位。例如髋臼发育不良的先天性髋脱位。

3. **病理性脱位**　指因关节结构遭受病变破坏引起的脱位。例如关节结核或类风湿关节炎所致的脱位。

4. **习惯性脱位**　由于创伤造成关节脱位后,关节存在不稳定因素,轻微的外力作用可导致再脱位,称为习惯性脱位。多见于肩关节。

(二) 按脱位后的时间分类

1. **新鲜脱位**　脱位时间未满3周。

2. **陈旧性脱位**　脱位时间超过3周。

(三) 按脱位后皮肤是否破损分类

1. **闭合性脱位**　脱位处皮肤完整。

2. **开放性脱位**　脱位处关节腔与外界相通。

【病理生理】

创伤性关节脱位后,关节囊破裂,关节腔周围积血。血肿机化后形成肉芽组织,然后发展成为纤维组织,导致关节粘连。脱位可伴有关节邻近韧带、肌肉和肌腱损伤,也可伴有骨折及血管、神经损伤。

【护理评估】

(一) 健康史

评估病人的受伤经过,有无关节反复脱位的病史,有无关节和骨端的病变,如肿瘤、炎症等。

（二）身体状况

1. **症状**　关节疼痛、肿胀、局部压痛及关节功能障碍。

2. **体征**　关节脱位有以下特有体征：

（1）畸形：脱位的关节处于明显畸形，移位的关节头端可在异常位置摸到，肢体可变长或缩短。

（2）弹性固定：脱位后由于关节囊周围韧带及肌肉的牵拉，使患肢处于异常位置，被动活动时感到有弹性阻力。

（3）关节盂空虚：关节脱位后可在体表摸到关节所在的部位有空虚感。

（三）辅助检查

X 线检查可确定脱位的方向、程度、有无合并骨折等。

（四）心理-社会状况

评估病人对关节脱位后的反应，评估关节脱位后对病人日常的影响，评估病人对治疗的态度和行为表现。

【常见护理诊断/问题】

1. **急性疼痛**　与关节脱位引起局部组织损伤及神经受压有关。

2. **肢体活动受限**　与关节移位有关。

3. **有皮肤完整性受损的危险**　与关节活动受限有关。

4. **知识缺乏**：缺乏复位后治疗及功能锻炼的相关知识。

【计划与实施】

关节脱位的处理原则包括复位、固定和功能锻炼。①复位：包括手法复位和切开复位，以手法复位为主。复位时间越早越容易，效果也越好。如果脱位时间较长，关节周围组织挛缩、粘连，空虚的关节腔被瘢痕组织充填，手法复位较难。对于合并关节内骨折、经手法复位失败者，有软组织嵌入、手法难以复位者或陈旧性脱位手法复位失败者，须行手术切开复位。②固定：复位后将关节固定于稳定位置2~3周，使损伤的关节囊、韧带、肌肉等软组织得以修复。固定的时间根据具体的脱位情况而定。陈旧性脱位病人手法复位后，固定时间应适当延长。③功能锻炼：在固定期要经常进行关节周围肌肉的伸缩活动和患肢其他关节的主动活动。固定解除后，逐步进行脱位关节的主动功能锻炼，切忌粗暴地被动活动，可用物理疗法等手段，促使关节功能尽早恢复。

经过治疗和护理，病人达到：①疼痛减轻；②无或及时处理并发症；③皮肤完好；④了解关节脱位的预防和康复知识。

1. **疼痛护理**　早期复位固定，可减轻疼痛；移动病人时，应帮助病人固定患肢，避免疼痛加重；疼痛剧烈时，可遵医嘱应用镇痛药，促进病人的舒适和睡眠。

2. **病情观察**　定时观察病人患肢末端的血液循环状况。若患肢出现苍白、发冷、动脉搏动消失，提示有血管损伤，及时通知医生配合处理；动态观察病人患肢的感觉、运动情况，了解神经损伤的程度和恢复情况。

3. **维持皮肤的完整性**　对使用牵引或石膏固定的病人，注意观察其皮肤的色泽和温度，避免皮肤受压；卧床病人，定时翻身，保持床铺清洁、干燥和平整，避免压力性损伤。

4. **提供相关知识**　向病人及其家属讲解关节脱位治疗和功能锻炼的知识；指导病人进行正确的功能锻炼；对于习惯性脱位的病人，应消除发生再脱位的原因，避免复发。

【护理评价】

经过治疗和护理，病人是否达到：①疼痛缓解；②无周围神经、血管功能障碍；③无并发症；④了解关节脱位的预防和康复知识。

Note:

二、肩关节脱位病人的护理

肩关节是全身活动范围最大的关节,由于肩部关节盂面积小而浅,肱骨头相对大而圆,周围的韧带较薄弱,关节囊松弛,使肩关节的结构不稳定,易发生肩关节脱位(shoulder dislocation)。

【病因与发病机制】

肩关节脱位多由间接暴力所致。当跌倒时手掌撑地,肩关节外展、外旋,使肩关节前方关节囊破裂,肱骨头滑出肩部关节盂现脱位。肩关节脱位分为前脱位、后脱位、下脱位和盂上脱位,以前脱位多见。前脱位根据肱骨头的位置可分为喙突下脱位,盂下脱位和锁骨下脱位。脱位时可合并肱骨大结节撕脱骨折。

【护理评估】

(一)健康史

评估病人的受伤经过,有无关节反复脱位的病史,有无关节和骨端的病变,如肿瘤、炎症等。

(二)身体状况

1. **症状** 患肩疼痛、肿胀、运动功能受限。

2. **体征** 肩部三角肌塌陷,失去正常轮廓,外观呈方肩畸形(图 77-4-1),肩峰下关节盂空虚,在关节盂以外可触及肱骨头,上臂呈弹性固定于半外展位。典型体征是搭肩试验(Dugas征)阳性,即患侧手掌搭于健侧肩部时,肘部不能紧贴胸壁,如果肘部紧贴胸壁,患侧手掌无法搭于健侧肩部。

(三)辅助检查

X 线检查可确定脱位的方向、程度、有无合并骨折等。

(四)心理-社会状况

评估病人对关节脱位后的反应,如焦虑、恐惧心理;评估关节脱位后对病人生活、工作及身体状况的影响;评估病人对治疗的态度和行为表现。

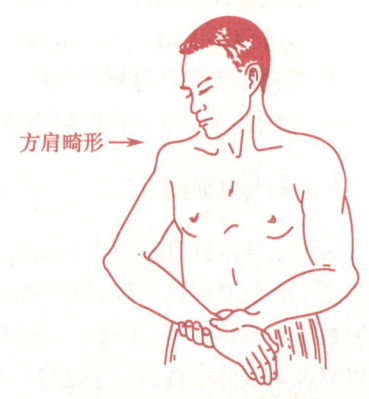

图 77-4-1 肩关节脱位病人的姿势及方肩畸形

方肩畸形→

【常见护理诊断/问题】

1. **急性疼痛** 与关节损伤脱位有关。
2. **肢体活动受限** 与关节移位有关。
3. **知识缺乏**:缺乏有关肩关节脱位康复护理的知识。

【计划与实施】

肩关节脱位后的治疗目标是尽早施行手法复位,原则是使脱位的关节端按原来脱出的途径复位,复位时禁忌动作粗暴导致骨折或血管、神经的损伤。

复位的手法常采用手牵足蹬法(Hippocrates 法)(图 77-4-2)。病人靠床沿仰卧,操作者站在或半坐在患侧床沿,用近侧的一足放于病人患侧腋下,双手握住患肢用力牵拉,与足蹬腋窝的推动力形成对抗牵引,在牵拉状态下内收、内旋上臂,即可复位。复位后将关节固定于内收、内旋位,屈肘90°,患侧腋下置一棉垫,前臂用三角巾悬吊固定 3 周。如合并肱骨大结节撕脱骨折,应延长固定时间。

经过治疗和护理,病人达到:①疼痛减轻;②无血管及臂丛神经的损伤;③了解肩关节脱位的预防和康复知识。

1. **疼痛护理** 帮助病人固定患侧肩关节,避免活动患肢加重疼痛;疼痛剧烈时,可遵医嘱应用镇

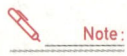

Note:

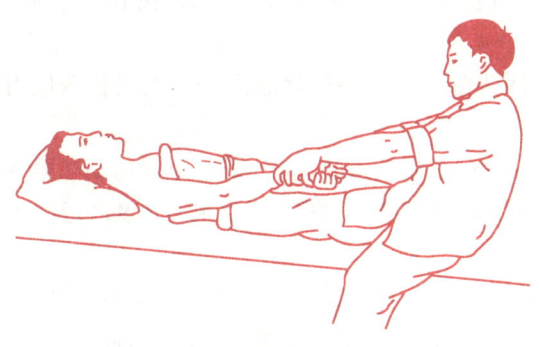

图 77-4-2　肩关节前脱位 Hippocrates 法复位

痛药。

2. **病情观察**　定时观察病人患肢的感觉和运动情况,了解是否有臂丛神经损伤的情况。

3. **功能锻炼**　固定期病人可活动腕部与手指、行肱二头肌的收缩锻炼。解除固定后,鼓励病人主动行肩关节全方位运动锻炼。

【护理评价】

经过治疗和护理,评估病人是否能够达到:①疼痛缓解;②无周围神经、血管功能障碍发生的迹象;③了解肩关节脱位功能锻炼的相关知识。

三、肘关节脱位病人的护理

肘关节脱位(elbow dislocation)发生率仅次于肩关节脱位。肘关节脱位可分为前脱位、后脱位和侧脱位,以后脱位最常见。发生脱位后应及早复位,延迟复位可发生前臂缺血性挛缩。

【病因与发病机制】

多由间接暴力所致。病人跌倒时,肘关节位于伸直位,手掌着地,暴力传递至尺、桡骨上端,尺骨鹰嘴突产生杠杆作用,使尺、桡骨近端脱向肱骨远端后上方,形成后脱位。如果肘关节从后方受到直接暴力作用,则产生尺骨鹰嘴骨折和肘关节前脱位,相对少见。肘关节后脱位可使肱动脉和神经损伤。

【护理评估】

（一）健康史

评估病人受伤史;有无骨关节其他疾病,如关节结核、化脓性关节炎、肿瘤等。

（二）身体状况

1. **症状**　肘关节肿胀、疼痛、功能障碍。

2. **体征**　肘关节呈半屈曲位,尺骨鹰嘴后突明显,肘后三角关系异常;后脱位伤及正中神经时,可引起拇指、示指、中指感觉迟钝或消失,形成典型猿手畸形;后脱位引起尺神经损伤,可引起手部尺侧皮肤感觉消失,形成典型爪形手畸形。

（三）辅助检查

X 线检查了解脱位情况及有无合并骨折。

（四）心理-社会状况

评估病人对肘关节脱位后的反应及其影响,评估病人对治疗的态度和行为表现。

【常见护理诊断/问题】

1. **急性疼痛**　与关节损伤脱位有关。

2. **肢体活动受限**　与关节移位有关。

3. **知识缺乏**：缺乏有关肘关节脱位康复护理的知识。

【计划与实施】

肘关节脱位后的治疗原则是尽早实施手法复位。复位失败或超过 3 周的陈旧性肘关节脱位病人应行手术复位。复位后用长臂石膏托固定肘关节于屈曲 90°位,前臂用三角巾悬吊,固定 3 周。

经过治疗和护理,病人达到:①疼痛缓解;②无血管及臂丛神经的损伤;③了解肘关节脱位的预防和康复知识。

1. 疼痛护理 帮助病人固定患侧肘关节,避免活动患肢加重疼痛;疼痛剧烈时,可遵医嘱应用镇痛药。

2. 病情观察 定时观察病人患肢的感觉和运动情况,若发现患肢苍白、发冷、动脉搏动减弱或消失,提示患肢血液循环障碍;了解病人是否有正中神经和尺神经损伤的征象,发现异常及时通知医生处理。

3. 功能锻炼 固定期病人即开始行肌肉伸缩锻炼,并活动各手指与腕关节。解除固定后应尽早练习肘关节屈、伸和前臂旋转活动。避免粗暴锻炼肘关节,因其可损伤周围的软组织致血肿,进而可演变成骨化性肌炎,使关节丧失功能。

【护理评价】

经过治疗和护理,评估病人是否能够达到:①疼痛减轻或消失;②无周围神经、血管功能障碍发生的迹象;③了解肘关节脱位功能锻炼的相关知识。

四、髋关节脱位病人的护理

髋关节由股骨头和髋臼构成,髋臼为半球形,深而大,能容纳股骨头的大部分,属杵臼关节,周围有坚强的韧带及肌肉保护,结构稳固,脱位的发生率较低。髋关节脱位(dislocation of hip joint)多由强大的外力作用导致脱位。按股骨头脱位后的位置可分为后脱位、前脱位和中心脱位,其中以后脱位最为常见,脱位时可造成关节囊撕裂和股骨头骨折,有时合并坐骨神经损伤。

【病因与发病机制】

髋关节后脱位常由强暴力引起,如发生交通事故时,病人膝、髋关节处于屈曲位,暴力作用使大腿急剧内收、内旋,使股骨头从髋关节囊的后下部薄弱处脱出。此外,外力直接作用于屈曲的膝部,使股骨头向后冲破关节囊造成髋关节后脱位。

【护理评估】

(一)健康史
评估病人的受伤经过,暴力的大小、作用方向,评估有无髋关节和股骨的病变,如肿瘤、炎症等。

(二)身体状况
1. 症状 患侧髋关节疼痛,运动障碍,被动活动时剧痛。

2. 体征 患侧下肢呈屈曲、内收、内旋和短缩畸形(图77-4-3)。外观臀后隆起,可触及脱位的股骨头。

(三)辅助检查
X线检查了解脱位及有无合并髋臼或股骨头骨折。

(四)心理-社会状况
评估病人及其家属对脱位的心理反应,对复位后康复知识的了解程度。

【常见护理诊断/问题】

1. 急性疼痛 与髋关节脱位引起局部组织损伤及神经受压有关。

2. 肢体活动受限 与关节移位有关。

3. 有皮肤完整性受损的危险 与长期卧床和活动障碍有关。

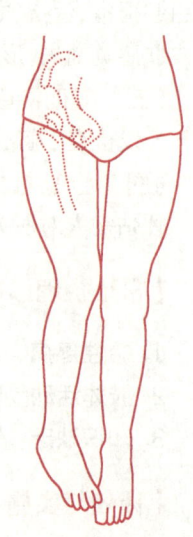

图77-4-3 髋关节后脱位典型畸形

Note:

4. 知识缺乏：缺乏髋关节脱位复位后治疗及功能锻炼的相关知识。

【计划与实施】

髋关节脱位后的治疗原则是尽早复位，尽量在24h内复位，超过24h后复位较困难。常用的复位方法有提拉法（Allis 法）（图 77-4-4）和旋转法。复位后置下肢于外展中立位，皮牵引 3~4 周。

经过治疗和护理，病人达到：①疼痛有所缓解；②无血管及神经的损伤；③皮肤没有压疮和感染；④了解髋关节脱位的预防和康复知识。

图 77-4-4　髋关节脱位 Allis 法复位

1. **疼痛护理**　应帮助病人固定患侧髋关节，避免活动患肢加重疼痛；疼痛剧烈时，可遵医嘱应用镇痛药。

2. **病情观察**　观察病人患肢末端的血液循环状况。若患肢出现苍白、发冷、动脉搏动消失，提示有血管损伤，及时通知医生处理；动态观察病人患肢的感觉、运动情况，了解神经损伤的程度和恢复情况。

3. **皮肤完整性**　皮牵引时应注意观察病人皮肤的色泽和温度，避免皮肤受压；牵引卧床期间，定时翻身，保持床铺整洁、干燥。

4. **提供相关知识**　固定期病人可进行下肢肌肉的舒缩活动及固定范围以外关节的活动；拆除固定后，逐步进行肢体的主动功能锻炼，防止关节粘连、僵直和肌肉萎缩。

【护理评价】

经过治疗和护理，评估病人是否能够达到：①疼痛缓解；②无周围神经、血管功能障碍；③皮肤完好；④了解髋关节脱位功能锻炼的知识。

（李同莲）

思 考 题

1. 肩关节脱位后行手法复位治疗时，应对病人采取哪些护理措施？
2. 髋关节脱位病人卧床可能的并发症有哪些？

骨与关节感染病人的护理

78章 数字内容

- 识记:
  1. 陈述以下概念:急性骨髓炎、慢性骨髓炎、化脓性关节炎、骨与关节结核。
  2. 阐述骨髓炎术后病人引流管的护理要点及关节穿刺或冲洗的护理要点。
- 理解:
  1. 判断疾病在病理特点、临床表现和治疗原则方面的异同点:急性骨髓炎与慢性骨髓炎、髋关节脱位与髋关节结核。
  2. 理解常见骨、关节感染的发病机制。
- 运用:
  对骨、关节感染病人进行护理评估,制订护理计划,并予以实施和评价。

第一节　骨髓炎病人的护理

病人,男性,53 岁,因左下肢开放性骨折术后伤口不愈伴脓液流出 1 月余入院。体格检查:T 37.3℃,P 112 次/min,R 18 次/min,BP 113/75mmHg,精神可,左下肢外固定支架,且固定稳定;胫骨前外侧可见脓性渗出物,触诊有波动感,探及深度约 4cm,局部皮肤色素沉着,皮温偏高,偶感疼痛,肢体末端血液循环良好、运动和感觉功能正常,可扪及足背动脉搏动。辅助检查及诊断:X 线检查提示骨髓炎。

请思考:

(1) 该病人的用药原则及停药指征是什么?

(2) 若对该病人行手术治疗,术后引流管护理要点有哪些?

骨髓炎(osteomyelitis)是指因骨组织(骨髓、骨质与骨膜)的化脓性感染而引起的炎症。骨髓炎是一种常见病,儿童多发,若不及时治疗,严重影响健康,甚至危及生命。本病按其临床表现可分为急性骨髓炎和慢性骨髓炎。急性骨髓炎常发生在骨骼生长最为活跃的时期。慢性骨髓炎多由急性化脓性骨髓炎未及时、正确的治疗转变而成。

【病因】

(一)急性血源性骨髓炎

急性血源性骨髓炎多见于儿童和青少年,好发于长骨的干骺端,其发病因素有:

1. **血源性感染**　是最常见且最严重的感染途径。最常见的致病菌是金黄色葡萄球菌、溶血性链球菌等。病人发病前身体其他部位存在感染性病灶,一般位于皮肤或黏膜处,如脓肿、疖、痈、中耳炎、咽喉炎等,原发病灶处理不当或机体抵抗力下降、营养不良等情况下,细菌进入血液循环,发生菌血症或诱发脓毒症。

2. **外伤性感染**　即细菌由伤口直接侵入骨内,如开放性骨折、外科手术后继发的骨髓炎,又称局部性骨髓炎。

3. **外来性骨髓炎**　指由压力性损伤或异物感染等造成邻近软组织感染直接蔓延至骨骼引起的感染,如化脓性指头炎引起指骨骨髓炎。

(二)慢性骨髓炎

慢性骨髓炎多数由急性化脓性骨髓炎演变而来,即在急性期症状消退或手术治疗伤口痊愈后,仍有残留病灶,每当机体抵抗力降低或局部受轻伤时,再次急性发作。

【病理】

急性血源性骨髓炎的主要特点是骨质破坏、坏死和反应性骨质增生同时存在。早期以骨的破坏、坏死为主,随后出现增生,后期有新骨形成,成为骨性包壳。大量的菌栓停滞在长骨的干骺端,使局部组织充血、水肿和白细胞浸润。白细胞释放的蛋白溶解酶破坏了细菌、坏死的骨组织与邻近的骨髓组织,形成小脓肿并逐渐增大,使骨髓腔内的压力增大并使脓液向局部阻力较小的方向蔓延(图 78-1-1)。

慢性骨髓炎的主要特点是形成死骨、无效腔和窦道。由于死骨形成,较大的死骨不能吸收,进而成为异物及细菌病灶,诱发周围炎症反应及新骨增生,并形成包壳,骨质增厚粗糙。如形成窦道,经久不愈;若引流不畅,可引起全身症状;窦道长期排液,会刺激窦道口皮肤,部分病人会恶变成鳞状上皮癌。

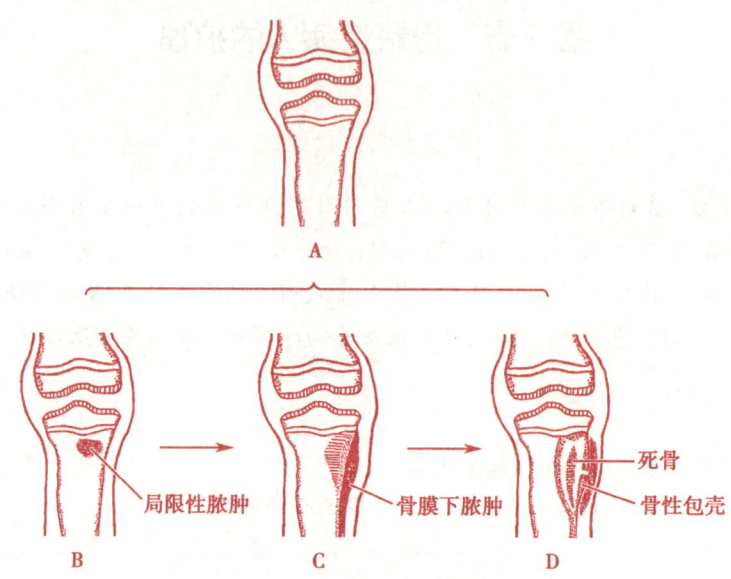

图 78-1-1　急性血源性骨髓炎

A.正常;B.局限性脓肿;C.脓液穿入骨膜下形成骨膜脓肿;D.骨膜下脓肿逐渐增大,死骨形成。

【护理评估】

(一)健康史

询问病人在 3~4 周前有无身体局部感染的病史,评估病人近期有无创伤史,评估病人目前身体情况。

(二)身体状况

1. **急性血源性骨髓炎**　主要表现为脓毒血症和局部炎症。

(1)全身症状:起病急,最典型的表现是恶寒、高热、呕吐,呈脓毒症样发作。儿童可有烦躁、呕吐、惊厥,重者有昏迷或感染性休克。

(2)局部症状:早期患处剧烈疼痛,周围肌肉痉挛。局部皮温增高,有深压痛,肿胀不明显。数日后,局部出现水肿,压痛更为明显,说明该处已形成骨膜下脓肿,脓肿穿破后成为软组织深部脓肿,此时疼痛反而减轻,但局部出现红、肿、热、压痛。脓液进入骨髓腔后,疼痛及肿胀范围更为严重,整个骨干都存在骨质破坏,易发生病理性骨折。

2. **慢性骨髓炎**　进入慢性炎症期时,病变静止期可无全身症状,瘘口暂时封闭。当病人的抵抗力降低时,炎症急性发作,表现为疼痛,表面皮肤红、肿、热及压痛,并可伴有寒战、发热等全身中毒症状。由于炎症反复发作,多处窦道,影响肢体功能,可发生肌肉萎缩;如发生病理性骨折,可有肢体短缩或成角畸形,可发生关节挛缩或僵硬等。

(三)辅助检查

1. **血常规检查**　急性期白细胞计数可达 $(30~40)\times10^9$/L,中性粒细胞可占 90% 以上,血红蛋白可降低。

2. **血培养**　目的是获得致病菌,在寒战高热期抽血培养或初诊时每隔 2h 抽血培养 1 次,共 3 次,可以提高血培养阳性率。所获致病菌应行药敏试验,以及时调整抗生素。

3. **X 线检查**

(1)急性骨髓炎:感染早期即在发病后 2 周内骨骼无明显变化,3 周后可见干骺端有虫蚀样破坏,骨脱钙和骨膜反应,随着时间的推移,骨质增生更加明显,形成包壳,并有死骨和无效腔的存在,说明病变已进入慢性阶段。

(2)慢性骨髓炎:可见有骨骼增粗和死骨形成,在死骨的周围有一暗区即为无效腔和肉芽组织,

Note:

外层为增生的包壳。若有病理性骨折,可见畸形愈合。若关节破坏,则可见关节间隙狭窄,甚至骨性畸形融合。

（四）心理-社会状况

评估病人对于骨髓炎及骨髓炎治疗的认识及对疾病的期望程度。评估病人的经济状况、医疗付费情况及家庭对病人的支持程度。

【常见护理诊断/问题】

1. **体温过高**　与化脓性感染有关。
2. **急性/慢性疼痛**　与炎症刺激及骨髓腔内压力增加有关。
3. **营养失调：低于机体需要量**　与疾病消耗和病人不能摄入足够营养有关。
4. **躯体移动障碍**　与疼痛和炎症有关。
5. **组织完整性受损**　与化脓性感染和骨质破坏有关。
6. **潜在并发症：骨折。**

【计划与实施】

急性骨髓炎的处理原则是积极控制感染,及时切开引流,防止死骨形成,预防脓毒症休克。慢性骨髓炎的处理原则是手术治疗为主,清除死骨、炎性肉芽组织和消灭无效腔。经过治疗和护理,病人达到：①体温正常；②疼痛缓解；③感染控制；④创面愈合。

（一）发热的护理

骨髓炎病人多有发热,对高热者应遵医嘱采取物理或药物降温,在降温过程中,当病人出汗较多时,要注意观察病人症状,防止虚脱。

（二）缓解疼痛

1. 病人患肢应妥善固定,维持肢体于功能位,以减轻疼痛和预防病理性骨折。对于制动的病人,应按相应护理常规进行。
2. 抬高病人患肢以利于静脉回流,减轻肿胀或疼痛。床上安置护架,避免局部受压,加重疼痛。
3. 保护患肢,当病人移动患肢时应给予协助,动作要轻稳,做好支撑与支托,尽量减少物理刺激,避免对患处产生压力导致骨折发生。
4. 遵医嘱给予病人镇痛药缓解疼痛。

（三）维持营养平衡

因骨髓炎急性期病人能量消耗增多,造血系统破坏,加上营养摄入不足,易导致营养失衡,须维持营养平衡。若病人能进食,应给予其易消化的高蛋白、高维生素流质或半流质食物。若病人不能进食,应输注静脉营养液。也可给予配制合理的高能量脂肪乳剂。

（四）局部制动

局部制动可减轻疼痛,预防病理性骨折、关节脱位,并有利于炎症消退,可应用夹板、石膏托或皮牵引等方法。在制动期间应指导病人强化肌肉的等长收缩,如上臂悬吊、股四头肌收缩等。未固定的关节如无禁忌则应进行主动活动。

（五）用药治疗与护理

骨髓炎为全身感染的一部分,须及早联合应用足量而有效的抗生素,尽快控制感染。在进行药物治疗时,护士应了解药物的作用及其不良反应,并按时给予病人抗生素。对于病人的局部脓肿,可给予抽吸并注入抗生素以进行局部治疗。

药物治疗应连续用药3~4周,若停药过早,急性症状可能会复发或转为慢性骨髓炎。停用抗生素应具备以下条件：①体温正常；②局部症状、体征消失达2~3周或以上；③白细胞计数及分类均正常；④在X线影像上可见到修复现象。

（六）手术治疗与护理

手术治疗原则:急性骨髓炎的治疗方法主要有引流术和开窗减压术。慢性骨髓炎病人手术后必须解决3个问题:清除病灶、消灭无效腔和伤口闭合。清除病灶主要是在骨壳上开洞,进入病灶内清除死骨与炎性肉芽组织;消灭无效腔的方法主要是采用碟形手术和肌瓣填塞,也可采用庆大霉素-骨水泥珠链填塞和二期植骨;若病灶清除后遗留骨缺损,传统采用皮瓣进行填充,目前也出现了采用抗生素磷酸钙人工骨进行填充的新方法;伤口的闭合主要指伤口应该一期缝合,并留置负压吸引管。

1. 手术前护理　一般术前护理常规。

2. 手术后护理

（1）注意观察病人的生命体征:如再次发现有寒战、发热、脉搏增快、局部红肿并有压痛时,应及时报告医生并处理。

（2）引流管的护理:手术清除病灶后,将2根直径为3~5mm的引流管平行放置于腔内。一根作为入水管,置于高位;另一根用于负压吸引,置于低位,以便将灌入伤口的液体引流出来,使残腔能保持清洁、无菌。术后引流管的护理有:

1）入水管的输液瓶应高于床面60~70cm,引流袋应低于患肢伤口50cm。

2）准确记录注入量和引流量,保持出入量平衡。注意观察引流液的颜色、性状与量。如出现滴入不畅或引流困难,应立即检查是否有血凝块堵塞或管道受压扭曲,及时排除故障,保证引流通畅。

3）术后24h内可有较多渗血,每隔2~3h应快速滴注30s,以免渗血凝固堵塞管道。术后3d内冲洗液量要多,滴入速率要快,每日5~7L,以利于冲洗出脱落的组织屑和血块,3d后即可减量。

4）可根据细菌培养和药敏试验结果,在冲洗液中加入适当抗生素。一般情况下每日可给予0.9%氯化钠溶液3 000~5 000ml加庆大霉素16万U或青霉素81万U。

5）术后7~10d,当病人体温正常,伤口局部无炎症,流出的液体清澈透亮时可先停止冲洗,继续吸引1~2d后,伤口内无渗出物方可拔出负压引流管。

（七）健康指导

1. 若体温升高、伤口愈合后又出现红、肿、热、痛、有分泌物等表现,应立即返院诊治。

2. 加强营养,增强机体抵抗力。

3. 遵照医嘱进行肢体康复运动。

4. 使用合适的辅助器械。

5. 避免患肢负重直至骨愈合,并防止跌倒后出现病理性骨折。

知 识 链 接

特殊部位的骨髓炎

脊椎化脓性骨髓炎发病较少,多由金黄色葡萄球菌经血液循环传播引起,其原发感染病灶可为疖肿、脓肿和泌尿生殖系统下段的感染,少数为外伤、椎间盘手术或腰椎穿刺手术后感染所致,亦可由脊柱附近的软组织感染如肾周围脓肿、压疮等蔓延而来。常见于成人,男性多于女性,腰椎发病较多。病人起病急骤,有持续寒战、高热等脓毒败血症症状。局部剧烈疼痛,椎旁肌痉挛,脊柱活动受限,棘突压痛,强迫病人卧床,惧怕移动身体,烦躁。白细胞总数和红细胞沉降率明显增高,血培养为阳性。

【护理评价】

经过治疗和护理,评估病人是否能够达到:①体温正常;②疼痛缓解;③创面愈合;④无并发症。

（李同莲）

Note:

1. 骨髓炎病人引流术后的护理要点有哪些?
2. 骨髓炎病人康复出院后如何进行健康指导?

第二节 化脓性关节炎病人的护理

导入情境与思考

病人,男性,53 岁,因左膝关节红、肿、热、痛伴活动受限 10d 余急诊入院。体格检查:T 36.5℃,P 112 次/min,R 18 次/min,BP 113/75mmHg,精神可,痛苦面容,左下肢肿胀,以膝关节为主,皮温高,压痛明显,浮髌试验(+),活动受限,侧方应力试验、膝研磨试验因病人疼痛未查及,肢端血液循环可、感觉差,足背动脉搏动稍弱,余体格检查未见确切异常。择期行手术治疗。辅助检查:MRI 检查提示膝关节化脓性关节炎。

请思考:

(1) 化脓性关节炎病人的抗生素使用的注意事项是什么?

(2) 化脓性关节炎术后冲洗、引流的护理要点是什么?

化脓性关节炎(suppurative arthritis)为关节内的化脓性感染,多见于儿童,好发于髋、膝关节,男性多于女性。

【病因】

致病菌多为金黄色葡萄球菌,占 85%~90%,其次为表皮葡萄球菌、脑膜炎球菌及大肠埃希菌等。主要是由体内其他部位化脓性病灶的细菌经血液循环进入关节腔所致,也可为关节开放性损伤、关节手术或关节穿刺继发感染,或是从周围软组织感染蔓延而来。

【病理】

化脓性关节炎病变的发展可分为 3 个阶段。

1. **浆液性渗出期** 细菌进入关节腔后,关节滑膜充血、水肿,有白细胞浸润和浆液性渗出物。此阶段关节软骨未破坏,若及时治疗,关节功能可完全恢复。

2. **浆液纤维蛋白性渗出期** 炎症继续发展,渗出液变混浊且量增多,细胞亦增加。中性粒细胞坏死后释放出大量溶酶体,破坏关节软骨;纤维蛋白的沉积影响软骨代谢并造成关节粘连。可使病人遗留不同程度的关节功能障碍。

3. **脓性渗出期** 炎症侵犯至软骨下骨质,渗出液转为脓性,脓液内含有大量细菌和脓细胞,关节液呈黄白色。关节软骨和滑膜都已破坏,关节囊和周围软组织亦有蜂窝织炎。由于关节重度粘连呈纤维性或骨性强直,治愈后遗留重度关节功能障碍。

【护理评估】

(一) 健康史

询问病人近期有无身体局部感染,了解病人近期有无外伤史,询问病人近期是否做过外科手术。

(二) 身体状况

1. **全身症状** 发病急骤,食欲差,乏力,病人可有全身毒血症的反应,体温高达 39℃ 以上,可出现谵妄、昏迷，小儿可有惊厥。

2. 局部症状　浅表关节处可出现疼痛剧烈、发红、肿胀及皮温增高症状。受累关节多处于半屈曲位以缓解疼痛，关节活动受限。深部关节因有厚实的肌肉，局部红、肿、热及压痛多不明显。关节腔有积液，呈波动感，尤其在膝部最为明显，浮髌试验可为阳性。髋关节肿胀、压痛多不明显，但有活动受限，特别是内旋受限明显，关节往往处于屈曲、外旋、外展位。

（三）辅助检查

1. 实验室检查　白细胞计数及中性粒细胞增高，红细胞沉降率增快，血培养为阳性。

2. X线检查　早期可见关节肿胀、积液，关节间隙增宽，关节周围软组织肿胀，但骨骼无异常改变。以后关节间隙变窄，软骨下骨质疏松破坏。晚期可有增生和硬化，关节软骨面破坏，关节间隙消失，关节发生纤维性或骨性融合。

3. 关节穿刺　关节穿刺和关节液检查是明确诊断和选择治疗方法的重要依据。根据病变所处的不同阶段，关节液可分为浆液性、黏稠混浊或脓性。早期多为浆液性液体，后期多为黏稠脓性液体。涂片检查可发现大量白细胞、脓细胞和细菌。

（四）心理-社会状况

评估病人对于治疗是否存在恐惧心理，是否积极配合治疗。了解病人的经济状况。

【常见护理诊断/问题】

1. **体温过高**　与关节化脓性感染有关。
2. **急性/慢性疼痛**　与关节感染有关。
3. **躯体移动障碍**　与疼痛和活动受限有关。

【计划与实施】

早期诊断和治疗是治愈感染，保全关节功能的关键，原则是应用广谱抗生素控制感染，消除局部感染病灶，合并全身支持治疗。对关节化脓严重者可行关节切开引流术。当有关节畸形时，应用牵引并逐步矫正。对于牵引不能矫正且功能障碍严重者，可做关节矫形术。经过治疗和护理，病人达到：①体温正常；②疼痛缓解；③关节功能恢复。

（一）一般护理

1. 降温　对高热病人应采取物理或药物降温措施。

2. 全身支持疗法　充分休息。遵医嘱合理输液、输血，注意水、电解质平衡。预防并发症，给予病人易消化、富含蛋白质和维生素的饮食。

3. 创面护理　保持创面清洁，及时更换敷料，观察引流液性状，及时发现引流管阻塞，防止因关节腔内脓液积聚而引发感染。

4. 镇痛　可先采取非药物措施，如听音乐等，若无效可采用药物镇痛。

5. 病情监测　严密监测病人的生命体征，观察病人局部情况，如有无波动感，以判断有无脓肿形成，若有脓肿，及时通知医生。

（二）局部肢体制动

病人应卧床休息，采用石膏托、夹板或牵引等制动，减少炎症扩散，减轻肌肉痉挛及疼痛，防止畸形及病理性脱位，减轻对关节软骨面的压力及软骨破坏的程度。一旦急性炎症消退或伤口愈合，可进行关节的主动活动及轻度的被动活动，以恢复关节的活动度。如X线显示关节软骨面已有破坏或骨质增生，关节强直已不可避免时，应保持患肢于功能位。

（三）抗生素的使用

首先应做穿刺抽脓，根据细菌培养和药敏试验结果，遵医嘱合理应用抗生素。症状与体征消失后继续应用2周。

（四）关节穿刺或冲洗的护理

抽出脓液并局部注入抗生素或局部连续冲洗是目前治疗化脓性关节炎最有效的方法。其目的是抽出关节渗出液,及时冲洗出纤维蛋白和白细胞释放的溶酶体等有害物质,避免对关节软骨造成不可逆的损害。

对较小而浅表的关节,可每日做 1 次关节穿刺,尽量吸出关节内液体,用无菌生理盐水反复冲洗直至干净后,向关节腔内注入抗生素,直到病人关节积液消退,体温正常,细菌培养为阴性。

对于较大的关节,如膝、肩关节等,经关节穿刺证实有关节积液后,可选择 1 个穿刺点用套管针做关节穿刺,然后插入 2 根硅胶管并留置在关节腔内。一根做滴入管,每日滴入抗生素溶液或无菌生理盐水 2 000~3 000ml。另一根为排出管,连接于负压吸引装置,连续冲洗直至炎症完全控制(图 78-2-1)。

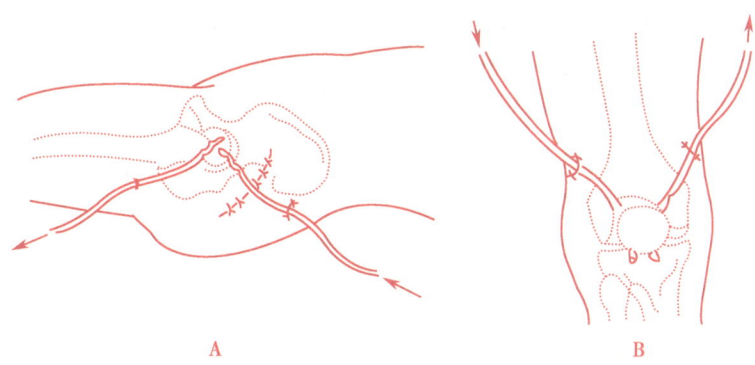

图 78-2-1　化脓性关节炎持续冲洗、负压引流
A. 髋关节;B. 膝关节。

经关节穿刺及关节内注射抗生素治疗或置管持续冲洗仍不能控制病情时,应及时切开关节,清除脓液及坏死组织,并用大量生理盐水冲洗,可局部使用抗生素。术中也可置入引流管,以便术后进行持续冲洗和负压引流。

（五）功能锻炼

急性期病人可做患肢肌肉等长收缩和舒张运动,局部炎症消退后,关节无明显破坏者可进行关节屈伸功能锻炼。

（六）健康指导

1. 加强营养,增强抵抗力。
2. 遵医嘱进行关节功能锻炼。
3. 若体温升高、伤口愈合后又出现红、肿,热、痛、有分泌物等表现,应立即诊治。

知 识 链 接

关节穿刺及冲洗

关节穿刺除用于诊断外,也是重要的治疗措施。其目的是吸出关节渗出液,及时冲洗出纤维蛋白和白细胞释放出的溶酶体等有害物质,避免对关节软骨造成不可逆的损害,局部注入抗生素。如膝关节可同时用 2 个粗针头,从髌骨内上和外上向关节腔穿刺。从一侧注入注射用生理盐水,使由另一针头流出,反复冲洗直至流出液变为清亮,然后注入选用的抗生素,1~2 次/d,直至关节液澄清、细菌培养阴性、症状及体征消失。此法对有浆液性或浆液纤维蛋白性关节液者有效,如治疗及时得当,关节活动度可完全康复。

Note:

【护理评价】

经过治疗和护理,评估病人是否能够达到:①体温正常;②疼痛缓解;③关节功能得到最大限度的恢复。

(李同莲)

思 考 题

---

1. 膝关节化脓性关节炎病人行关节穿刺引流术后的护理要点有哪些?
2. 化脓性关节炎病人出院时如何实施健康指导?

第三节 骨与关节结核病人的护理

 导入情境与思考

病人,男性,63 岁,因反复腰痛 4 月余,加重 2d,急诊入院。体格检查:T 36.5℃,P 112 次/min,R 18 次/min,BP 113/75mmHg,精神可,痛苦面容,腰部疼痛,伴双下肢放射痛、感觉麻木、乏力,活动时加重。食欲差,睡眠可,近 4 个月体重下降约 15kg。专科体格检查:$T_{4\sim10}$、$L_{1\sim5}$ 棘突及椎旁叩压痛明显,叩击腰部时疼痛沿大腿内侧放射至双下肢膝部,骨盆分离试验(+);双侧腹股沟重点压痛(+),双下肢直腿抬高试验(+),加强试验(+),双下肢肌力 3 级,肌张力不高,双下肢皮肤感觉麻木,痛觉、触觉存在,鞍区感觉减退,肢体远端运动欠佳,可扪及双侧足背动脉搏动,病理征阴性,余体格检查未见异常。辅助检查:$L_{1\sim2}$ 椎体及椎间盘结构破坏,椎体周围异常软组织增厚影,相应平面椎管狭窄、脊髓圆锥受压。

请思考:

该病人的术后护理要点是什么?

骨与关节结核(tuberculosis of bone and joint)曾是常见的感染性疾病,由于抗结核药物的使用和生活条件的改善,骨与关节结核的发生率明显下降。但近年来,由于耐药性细菌的增加,使骨与关节结核的发病率有所上升。骨与关节结核好发于儿童与青少年,30 岁以下的病人占 81%。脊柱结核最多见,约占 50%,其次是膝关节、髋关节和肘关节结核。

一、脊柱结核病人的护理

【病因】

脊柱结核发病率居全身关节结核的首位,其中椎体结核约占 99%,在整个脊柱中,腰椎结核发病率最高,胸椎次之,颈椎和骶尾部较少。脊柱结核多继发于呼吸道和消化道结核。结核分枝杆菌从原发病灶进入血液循环,少数可通过淋巴、胸膜或淋巴结而播散到全身各器官。多数播散灶被人体中的吞噬细胞所消灭,而极少数播散灶潜伏下来,一旦人体抵抗力降低,如营养不良、免疫抑制等不利因素出现,潜伏感染灶中的结核分枝杆菌繁殖,突破包围的组织而发病,从而出现临床症状。

【病理】

椎体结核按原发病灶部位,可分为中心型椎体结核和边缘型椎体结核(图 78-3-1)。

Note:

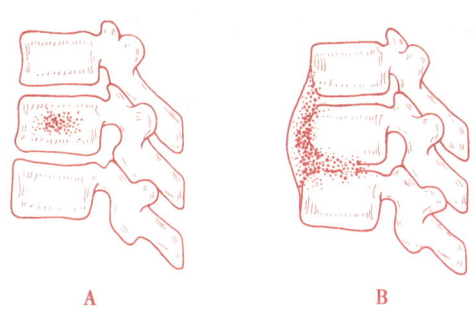

图 78-3-1　脊柱结核
A. 中心型；B. 边缘型。

1. **中心型椎体结核**　多见于 10 岁以下的儿童，好发于胸椎。病灶位于椎体中心部位，特征为以骨质破坏为主，可出现死骨，死骨吸收后遗留空洞，空洞内充满脓液和干酪样物质，椎体可被压缩成楔形。一般只侵犯 1 个锥体，也可侵及椎间盘和邻近椎体。

2. **边缘型椎体结核**　多见于成人，好发于腰椎，往往相邻椎体同时受累。以溶骨性破坏为主，很少出现死骨，易侵犯椎间盘和邻近锥体，引起椎间隙狭窄。此型可形成寒性脓肿，寒性脓肿可沿前纵韧带或骨膜下蔓延，形成椎旁脓肿。胸椎结核脓肿常局限于椎旁。腰椎结核脓肿常沿筋膜间隙流注，形成腰大肌脓肿或腹股沟部、腘窝部脓肿。颈椎结核常形成咽后脓肿。脓肿可穿破皮肤形成窦道。

【护理评估】

（一）健康史

询问病人有无结核病史及结核病接触史，评估病人全身状况，了解病人有无其他慢性疾病史，掌握病人既往用药情况。

（二）身体状况

1. **全身症状**　早期无明显全身症状，活动期病人可有低热、脉搏增快、食欲减退、盗汗、全身无力等表现。儿童多有高热及毒血症症状。

2. **局部症状**

（1）疼痛：初期疼痛多不明显，待病变部位刺激或压迫其邻近的神经根时可出现疼痛。主要以轻微钝痛为主，休息时疼痛减轻，在咳嗽、打喷嚏或翻身时疼痛可加重。疼痛可沿脊神经放射。

（2）姿态异常：颈椎结核病人可有斜颈畸形，或头前屈，病人以双手托住下颌，活动明显受限。胸椎、腰椎结核病人站立或行走时，尽量将头和躯干后伸，坐时常用手扶椅，以减轻体重对受累椎体的压力。病人从地上拾物时采取挺腰屈髋、屈膝下蹲，称拾物试验阳性。

（3）脊柱畸形：视诊和触诊时可见椎体棘突后凸畸形明显。由于病变椎体周围肌群的保护性痉挛，受累部脊柱活动受限。

（4）寒性脓肿：脊柱结核由于脓肿常局限在病灶附近，且一般没有红热，故称寒性脓肿。C_4 以上结核的寒性脓肿可出现在咽后壁，病人睡眠时鼾声增大，甚至可出现呼吸与吞咽困难。咽部检查时可见咽后壁膨隆，触之有波动感。C_5 以下结核的寒性脓肿可出现在颈部两侧和锁骨上窝。胸椎结核的寒性脓肿可出现在背部或相应肋间神经走行部位。腰椎结核可形成腰大肌脓肿或腹股沟部、腘窝部脓肿。骶尾椎结核病人应做直肠指检，便于发现脓肿。

（5）瘫痪：脊柱结核易并发截瘫，病人最早出现的症状为束带感，脊髓病变及括约肌功能障碍较晚，可伴有自主神经功能障碍及反射改变。

（三）辅助检查

1. **实验室检查**　血白细胞计数一般正常，仅有少数病人有白细胞计数升高，可有轻度贫血。红细胞沉降率在静止期一般正常，活动期明显增高，可协助检测病变是否静止和有无复发。C 反应蛋白的高低与疾病的炎症反应程度关系密切，可用于结核活动性及临床治疗疗效的判定。

（1）结核菌素试验：在感染早期结核菌素试验常为阴性，强阳性对成人有助于支持结核病的诊断，对儿童特别是 1 岁以下可作为结核诊断的依据。

（2）脓液或关节液涂片检查：脓液或关节液中的抗酸杆菌和结核分枝杆菌培养阳性是结核病诊断的重要指标，对诊断具有重要意义。

（3）结核分枝杆菌 DNA 检测：采用聚合酶链反应技术检测结核分枝杆菌 DNA，其特异性强、敏感性高，是结核病原学诊断的重要参考。

2. **病理检查**　病变部位穿刺活检及病理组织学检查是确诊的重要方法，病理学检查见到典型结核结节，且通过抗酸染色或其他细菌学检查证据证明为结核分枝杆菌感染，是确诊的依据。

若根据临床表现和术中所见考虑为结核，而病理检查未见到典型的结核性组织改变，但有涂片或结核分枝杆菌培养的细菌学证据，也可以确立结核诊断。

3. **影像学检查**

（1）X 线检查：中央型椎体结核者可见椎体中央变薄和骨质破坏，侧位片更为清晰，可见小死骨或椎体呈楔形改变。边缘型椎体结核者，早期相邻椎体边缘有骨质破坏，椎间隙变窄或消失。颈椎结核者可见咽后或食管后脓肿，胸椎结核者可见球形、梭形或烟筒形椎旁脓肿，腰椎结核者可见腰大肌膨隆。

（2）CT 检查：可显示病灶位置有无空洞或死骨。

（3）MRI 检查：具有早期诊断价值，主要用于观察脊髓有无受压或变性。

（四）**心理-社会状况**

评估病人对疾病的反应，评估病人是否受到疾病的影响，了解病人家庭成员情况。

【常见护理诊断/问题】

1. **躯体移动障碍**　与制动、手术或截瘫有关。
2. **低效性呼吸型态**　与颈椎结核及咽后壁寒性脓肿有关。
3. **营养失调：低于机体需要量**　与疾病消耗和病人未摄入足够营养有关。
4. **知识缺乏：**缺乏用药相关知识。
5. **焦虑**　与疾病易反复、治疗时间长有关。

【计划与实施】

脊柱结核的治疗应整体与局部兼顾，即在全身抗结核治疗的前提下，配合休息、营养、局部制动及手术治疗，目的是根除病灶、治疗神经功能障碍和防止脊柱畸形。

非手术治疗包括营养及支持疗法。贫血病人可间断输血，合理应用抗结核药物。病人需要长期卧硬板床休息，或用石膏背心、支具固定 3 个月以上，可在医生指导下定时起床活动。

手术治疗应尽可能彻底清除病变组织，包括脓肿死骨及坏死的椎间盘，清除对脊髓的压迫因素。术前必须进行抗结核治疗 3 周以上，术后还须继续抗结核治疗 6 个月以上及行全身支持疗法。手术适应证包括：①骨与关节结核伴有明显的死骨及大脓肿形成者；②脊柱结核有脊髓受压表现者；③单纯滑膜结核经药物治疗效果不佳，可发展为全关节结核者；④单纯性骨结核髓腔内积脓、压力过高者；⑤窦道流脓经久不愈者。手术类型包括切开排脓术、病灶清除术和矫形手术。

经过治疗和护理，病人达到：①对治疗充满信心；②基本掌握抗结核药物治疗的常识；③营养状况有所改善。

（一）**维持有效气体交换**

1. **严密观察病情**　定时测定病人生命体征。若术后出现呼吸困难，及时通知医生处理。
2. **吸氧**　对气急或呼吸困难的病人及时供氧。
3. **保持呼吸道通畅**　指导病人有效咳嗽、咳痰；定时翻身拍背，必要时给予其雾化吸入稀释痰液。

（二）**休息与局部制动**

休息可使机体代谢降低，消耗减少，有利于体力的恢复，防止结核分枝杆菌的扩散。病人应在阳光充足、通风良好、卫生清洁、安静舒适的环境中治疗与休养，保证充足睡眠。病情好转后可适当进行

活动,如做操、散步等,切忌剧烈活动。

局部固定可使受累的关节活动减少,负重减轻,既能防止病变扩散,又能减少疼痛和肿胀,有利于组织修复。椎体结核病人脊柱不稳或出现脊髓压迫时,应绝对卧硬板床休息,起床活动时须穿戴支架。

（三）改善病人营养状况

鼓励病人多食高能量、高蛋白、高维生素饮食,每日摄入的总能量应在2 000~3 000kcal;对于食欲较差的病人,可根据医嘱进行营养支持;对严重贫血或低蛋白血症的病人,可遵医嘱给予输血或人血白蛋白。

（四）用药治疗与护理

抗结核的药物治疗详见第十四章第六节"肺结核病人的护理"。

（五）手术治疗的护理

1. **手术前护理**　术前应积极改善病人的营养状况,纠正贫血,增强抵抗力;进行有效抗结核药物治疗2~4周。

2. **手术后护理**　严密观察病人病情,监测其生命体征的变化,观察肢体的感觉和运动情况;行脊柱结核病灶清除术的病人,术后采取"轴线翻身"的原则,动作轻柔,防止脊柱扭转;病情稳定后,护士应指导病人在床上做抬头、扩胸、深呼吸和上肢运动,以增强心肺功能和上肢的肌力。

（六）心理护理

脊柱结核的病程长,病人常有自卑、沮丧、焦虑、抑郁等负面情绪出现。护士和家庭成员应该主动倾听病人的感受,帮助其树立战胜疾病的信心。

（七）健康指导

1. **用药指导**　出院后继续服药2年左右,要向病人及其家属告知坚持服药的重要性和停药的严重后果,详细解释用药原则、不良反应及正确的保存方法。

2. **定期复诊**　遵医嘱定期到医院复查;服药期间若出现耳鸣、听力异常等药物毒副作用,立即停药并复诊。

3. **手术后康复**　术后卧硬板床休息3个月,3个月后可在床上活动,半年后方可离床活动,避免胸腹部屈曲和植入骨脱落。

知 识 链 接

耐药脊柱结核

手术时机:规范化抗结核药物治疗在手术时机上的重要性,建议术前应做到尽量安排足够的时间进行有效的抗结核药物治疗,避免因药物治疗控制的程度不够而造成耐药脊柱结核病人手术后的复治,建议进行有效抗结核药物治疗1个月或以上,待病人病情控制或者缓解后再考虑手术治疗为宜。

手术适应证:建议早期清除病灶,对脓肿较大、局部疼痛症状和结核中毒症状较重、红细胞沉降率居高不下者,建议术前在超声或CT引导下行穿刺引流术。

【护理评价】

经过治疗和护理,评估病人是否能够达到:①焦虑减轻,对治疗有信心;②能掌握抗结核药物治疗的常识,并能正确说出抗结核药物的毒副作用及预防措施;③营养改善,体重稳定或恢复至正常范围。

二、髋关节结核病人的护理

髋关节结核发病率居全身骨、关节结核的第3位,多见于儿童和青少年,以单侧病变多见。

【病理】

以单纯滑膜结核多见,很少形成脓肿或窦道。单纯骨结核好发于髋臼,其次为股骨颈和股骨头,常形成脓肿,位于股三角部和大转子附近。脓肿溃破后形成窦道,继发感染。病变继续发展,将导致全关节结核、病理性脱位等。

【护理评估】

（一）健康史

询问病人有无结核病史,评估病人全身状况,了解病人既往用药情况。

（二）身体状况

1. **全身症状**　午后潮热、盗汗、倦怠、全身无力、食欲缺乏、体重减轻等全身表现。

2. **局部症状**

（1）疼痛:早期症状为髋部疼痛,可放射至膝部,故儿童常诉同侧膝部疼痛,疼痛随病变的发展而加重,甚至出现跛行。小儿则表现为夜啼。

（2）肌肉痉挛:疼痛引起的肌肉痉挛,虽起到防止肢体活动的保护作用,但长期痉挛和失用可使肌肉萎缩,以股四头肌萎缩尤为明显。

（3）畸形:常见有髋关节屈曲、内收、内旋畸形和患肢短缩。可见托马斯征阳性和4字试验检查阳性。

（4）窦道形成:晚期常有窦道形成,多在股骨粗隆或股内侧,关节有合并感染。

（三）辅助检查

1. **X线检查**　局部早期有股骨头及髋臼骨质疏松,晚期因软骨破坏,关节间隙变窄,骨质可有不规则破坏,有死骨或空洞,甚至股骨头、颈完全破坏,少有新骨形成,可有病理性脱位。

2. **CT和MRI**　能清楚显示髋关节内积液及微小病灶。

（四）心理-社会状况

评估病人对疾病的反应;评估病人的生活是否受到疾病的影响;了解病人家庭成员情况;是否得到家庭及社会的支持,家庭成员是否能督促病人按时服药等。

【常见护理诊断/问题】

1. **慢性疼痛**　与髋关节结核病变有关。
2. **躯体移动障碍**　与结核病变导致关节畸形、疼痛有关。
3. **营养失调:低于机体需要量**　与疾病消耗和病人不能摄入足够营养有关。
4. **知识缺乏:**缺乏用药的有关知识。

【计划与实施】

髋关节结核的治疗应整体与局部兼顾,即在全身抗结核的前提下,配合休息、局部制动及手术治疗。非手术治疗:①抗结核药物治疗维持2年;②有屈曲畸形者可行皮牵引,畸形矫正后以"人"字形石膏固定3个月;③单纯滑膜结核可用抗结核药物关节腔内注射。手术治疗:对有手术指征的病人,可采取髋关节滑膜切除术、病灶清除术、髋关节融合术、人工全髋关节置换术和转子下矫形截骨术。

经过治疗和护理,病人达到:①疼痛有所改善;②能够维持髋关节的运动功能;③基本掌握抗结核药物治疗的常识;④病人的营养状况有所改善。

（一）抗结核治疗

在结核病灶活动期和手术前、后均须应用抗结核药物。抗结核的药物治疗详见第十四章第六节"肺结核病人的护理"。

Note:

（二）牵引

牵引可纠正部分或全部屈曲挛缩及肌肉痉挛引起的关节畸形。牵引病人的护理详见第七十六章第三节"运动系统常见诊疗技术与护理"。

（三）改善病人营养状况

详见本节"一、脊柱结核病人的护理"。

（四）手术治疗

对单纯滑膜结核,经非手术治疗无效者应尽早采用滑膜切除术。对单纯骨结核有脓肿、死骨者,亦应早期作病灶清除术。对活动期全关节结核者行病灶清除术,体力劳动者常同时做植骨融合术。对于轻体力工作者,不必行关节融合术,以保留部分髋关节活动功能。

1. 手术前护理　术前应积极改善病人的营养状况,纠正贫血,增强病人的抵抗力;进行有效抗结核治疗。

2. 手术后护理　严密观察病人病情,监测其生命体征,特别是血压的变化以防发生休克;术后用髋"人"字形石膏固定 3 个月;在不承重情况下早期活动,可保全关节部分或大部分活动功能。

（五）健康指导

指导病人注意休息,避免过度劳累,增强机体抵抗力。进食高蛋白、高能量、高维生素饮食,忌生冷食物。抗结核药物治疗要坚持联合、足量、足疗程的原则,不得随意减量或停药。叮嘱病人出院后3 个月到医院复查。

【护理评价】

经过治疗和护理,评估病人是否能够达到:①疼痛缓解;②髋关节躯体活动障碍有所改善;③能掌握抗结核药物治疗的常识;④营养改善。

(李同莲)

―――――――――――――――　思 考 题　―――――――――――――――

1. 腰椎结核植骨融合术后,应对病人采取哪些护理措施?
2. 骨结核病人的饮食注意事项有哪些?

第七十九章

颈肩痛与腰腿痛病人的护理

79章　数字内容

学习目标

- 识记：
  1. 陈述颈椎病、腰椎间盘突出症的概念、分类、病因及主要病理改变。
  2. 陈述颈椎病病人的术前准备及术后常见并发症。
  3. 列举腰椎间盘突出症病人的术后常见并发症及功能锻炼的方法。
- 理解：
  1. 说明不同类型颈椎病的特点。
  2. 阐述腰椎间盘突出症非手术治疗与手术治疗的适应证与护理措施。
- 运用：
  运用所学知识对颈椎病、腰椎间盘突出症病人实施全面的护理评估、制订护理计划、实施围手术期护理和健康教育。

颈肩痛与腰腿痛是一组临床常见症状,病因复杂,以损伤和退行性变为主。颈肩痛是指颈、肩、肩胛等处疼痛,有时伴有一侧或两侧上肢痛或颈髓损害症状。腰腿痛是指腰、腰骶、髂骶、臀部等处的疼痛,可伴有一侧或两侧下肢痛、马尾神经受压症状。两者相当常见,临床表现多样、病程长、治疗困难,严重影响病人的工作和生活。本章主要介绍其中最具代表性的颈椎病及腰椎间盘突出症。

第一节　颈椎病病人的护理

导入情境与思考

病人,女性,68岁,退休工人,因颈肩部疼痛,左上肢麻木,步态不稳1年余,加重2个月入院。1年前病人无明显诱因出现颈肩部疼痛,左上肢麻木,症状持续性发作,行理疗及推拿治疗无效、症状加重并逐渐出现步态不稳,易跌倒。入院后行颈椎MRI检查,以脊髓型颈椎病收入院。

请思考:

(1) 该病人目前存在哪些护理诊断/问题?

(2) 该病人拟行颈椎后入路手术,护士应为该病人进行哪些术前准备?

(3) 手术后,护士应如何指导该病人进行术后康复锻炼?

颈椎病(cervical spondylosis)指颈椎间盘退行性变及其继发性改变,刺激或压迫相邻脊髓、神经、血管等组织,而出现一系列症状和体征的综合征。

【病因】

(一) 颈椎间盘退行性变

颈椎间盘退行性变是引起颈椎病的最基本原因。随着年龄增长,纤维环和髓核含水量减少,张力下降、失去弹性,椎间隙狭窄,关节囊、韧带松弛,进一步引起椎关节及韧带增生、变性、钙化,最终导致出现脊髓、神经、血管受刺激或压迫的表现。

(二) 损伤

1. 头颈部外伤　在脊椎退变、失稳的基础上,头颈部的外伤更易诱发颈椎病的发生和复发。交通意外时突然刹车,运动员在竞赛前未做好充分的准备活动时,突然使颈部过度前屈、后伸或侧弯,以及不得法的推拿按摩、牵引等,都会导致颈椎损伤。

2. 慢性劳损　不良的睡眠姿势,枕头的高度及位置不妥,长期处于不良坐姿,尤其是长期伏案工作者,颈椎病发病率高。长期低头造成颈后肌肉、韧带组织的劳损,且在屈颈状态下椎间盘内压大大高于正常体位,从而加速退行性变的发展过程。

(三) 颈椎先天性椎管狭窄

先天性颈椎管矢状径小于正常值(14~16mm),即使轻微的退行性变也会引起临床症状,或受外伤甚至轻伤时更易发病。

【病理分型】

颈椎病是颈椎间盘退行性变,继发椎间关节改变,引起的一系列临床症状。根据不同组织结构受累而出现的不同临床表现,可将颈椎病分为颈型、神经根型、脊髓型和其他型。

1. 颈型颈椎病　病人表现为枕部、颈部、肩部疼痛等异常感觉,可伴有相应的压痛点。影像学检查结果显示颈椎退行性改变。应除外其他颈部疾病或其他疾病引起的颈部症状。多夜间或晨起发病,可自行缓解和反复发作。

2. **神经根型颈椎病**　在颈椎病中发病率最高,占 60%～70%,是由于颈椎间盘侧后方突出、钩椎关节或关节突关节增生、肥大,刺激或压迫颈神经根所致。具有较典型的神经根症状(手臂麻木、疼痛),其范围与颈神经所支配的区域一致,体格检查示压头试验或臂丛神经牵拉试验阳性。

3. **脊髓型颈椎病**　占颈椎病的 12%～20%,因颈椎退变的结构压迫脊髓所致,是比较严重的一种类型。临床上出现典型的颈脊髓损害的表现,以四肢运动障碍、感觉及反射异常为主。影像学检查有明确的脊髓受压征象。

4. **其他型颈椎病**　包括椎动脉型颈椎病和交感神经型颈椎病。椎动脉型颈椎病是由颈椎退行性变而导致椎动脉扭曲受压引起。交感神经型颈椎病发病机制未明,通常认为是颈椎旁交感神经节后纤维受到刺激所致。病人常表现为眩晕、视物模糊、耳鸣、手部麻木、听力障碍、心动过速、心前区疼痛等症状。影像学检查可显示节段性不稳定及颈椎间盘退行性变。

【护理评估】

(一)健康史

询问病人的职业和工作体位,询问病人何时出现首个不适症状,是突然开始还是渐进发展,当时有无受到外伤或有其他意外事件的发生。使用过哪些方法缓解症状,是否使用过药物,休息或活动后是否会缓解症状等。

(二)身体状况

颈椎病的临床表现依病变部位、受压组织及压迫轻重的不同而有所不同。有的症状可自行减轻或缓解,有的会反复发作。个别病例症状顽固,严重影响病人的生活及工作。注意询问病人症状的性质及程度。

1. **颈型颈椎病**　颈部疼痛,可延及整个背部,颈部活动受限,呈斜颈姿势,需要转动颈部时往往躯体随之转动,有的病人可出现头晕、上肢疼痛、胀麻感。

2. **神经根型颈椎病**　开始主要表现为颈肩痛,短期内加重并向上肢放射,因受压神经根不同,受累的皮肤节段也有所不同。可出现皮肤麻木、过敏等异常感觉,上肢肌力下降、手指不灵活,头部或上肢突然受牵拉或姿势不当可发生触电样锐痛。臂丛神经牵拉试验(图 79-1-1)和压头试验(图 79-1-2)阳性。

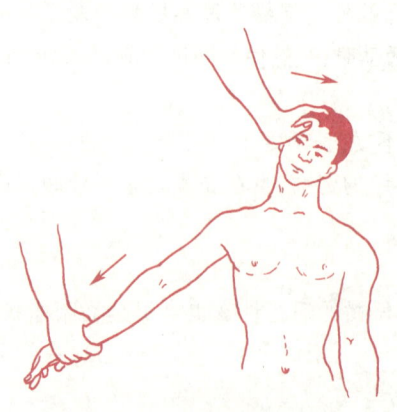
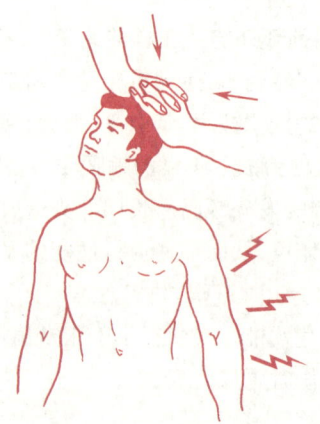

图 79-1-1　臂丛神经牵拉试验　　　　　　　　图 79-1-2　压头试验

3. **脊髓型颈椎病**　主要表现为上肢麻木、僵硬、握力减退、精细动作失调;下肢无力、活动不便、步态不稳、有踩棉花样感觉;后期出现尿频、排尿排便困难甚至大小便功能障碍。

4. **其他型颈椎病**　该分型涵盖既往分型中的椎动脉型颈椎病、交感神经型颈椎病。

(1)椎动脉型颈椎病:主要表现有偏头痛、恶心、呕吐、耳鸣、听力减退、视力障碍、发音不清、眩

晕及猝倒等。猝倒往往发生在病人突然转动颈部时,因肢体无力而摔倒,神志多清醒,起来后可正常活动。

（2）交感神经型颈椎病:主要表现有:①交感神经兴奋症状:头痛、头晕、恶心、呕吐;视力下降、眼后部胀痛、瞳孔扩大或缩小;听力下降、耳鸣、发音障碍;血压升高、心前区疼痛、心律失常及多汗等。②交感神经抑制症状:头晕、畏光、流泪、血压下降、心动过缓等。

（三）辅助检查

1. **影像学检查**　颈椎侧位 X 线影像可见颈椎曲度改变,失去正常的生理性前凸,甚至有时可出现反常弯曲。另外在侧位 X 线影像上还可见颈椎椎间隙变窄及椎体前后缘有骨质增生,斜位 X 线影像上可见椎间孔前后径变小。MRI 可见脊髓受压、椎间盘变性及突出的情况。

2. **肌电图检查**　可以判定有无神经根损害。

（四）心理-社会状况

应评估病人的年龄、职业、既往史、婚姻状况、社会支持系统和常用的应对机制,以及颈椎病相关的一些症状给病人带来的种种不良情绪。由于颈椎病是慢性病且具有一定的危险性,病人往往异常焦虑,担心病情会逐渐加重甚至会发生瘫痪。一些症状明显或者手术失败的病人容易悲观厌世,失去对生活的信心。另外,颈椎病的特点是时发时止,时轻时重,单凭一两次治疗不能完全治愈,因此很多病人出现焦虑、烦躁情绪,甚至希望能得到灵丹妙药而快速治愈,容易听信偏方,贻误病情。

【常见护理诊断/问题】

1. **急性/慢性疼痛**　与颈椎间盘突出、神经根受压及粘连有关。
2. **低效性呼吸型态**　与手术后出血、颈髓水肿、植骨脱落、颈部水肿有关。
3. **躯体移动障碍**　与神经根受压、牵引或手术有关。
4. **焦虑**　与疾病的反复且具有一定的危险性有关。
5. **潜在并发症**:出血、感染、神经根粘连、脊髓损伤、轴性疼痛、食管瘘、霍纳综合征等。

【计划与实施】

颈椎病的治疗包括非手术和手术疗法,非手术治疗是颈型颈椎病、神经根型颈椎病及其他型颈椎病病人的首选和基本疗法,脊髓型颈椎病确诊后应及时手术治疗。

经过治疗和护理,病人达到:①疼痛及其他压迫症状减轻;②焦虑减轻;③手术后无并发症的发生;④恢复日常生活及工作。

（一）非手术治疗/术前病人的护理

1. **心理护理**　对病程较长的病人予以重视,必要时进行抗抑郁治疗。护士应该告知病人颈椎病的常识,接受正规的治疗,大部分病人在非手术治疗下,其临床症状可完全消失。

2. **卧床休息**　各型颈椎病的急性发作期或者初次发作的病人,都要注意适当休息,病情严重者应卧床休息 2~3 周。

3. **佩戴颈托**　颈托适用于各型颈椎病病人,可以制动和保护颈椎,减少对神经的刺激、有利于组织水肿的消退,还可以巩固疗效,防止颈椎病的复发。以下几种病人要特别注意佩戴颈托:①神经根型或椎动脉型颈椎病伴有严重神经性疼痛或眩晕症状的病人;②经手术治疗后颈椎尚不够稳定者;③部分椎管明显狭窄所致的脊髓型颈椎病病变病人,由于年迈体弱或不符合手术适应证而进行对症治疗者。长期应用颈托可引起颈肌无力和颈椎活动不良,因此佩戴时间不宜过长,在应用期间应经常进行功能锻炼,或配合其他治疗,如牵引、理疗等。急性期过后,要及时去除。一般来说,病情较轻的病人,可于白天外出时尤其是乘车时佩戴,休息时可去除。

4. **物理疗法**　常用的包括颈部牵引、超声波、红外线治疗、针灸、推拿等。

（1）颈部牵引治疗:主要是枕颌带牵引,包括坐位牵引及卧位牵引 2 种。以安全、有效为前提,强调小重量、长时间、缓慢、持续的原则。牵引重量为病人体重的 1/14~1/12,可在牵引下进行颈背部肌肉锻炼。牵引可以限制颈部活动,有利于水肿的消退;还可以解除颈部肌肉的痉挛,增大椎间隙和椎间孔,从而减少对椎间盘的压力,缓解神经根所受到的刺激和压迫。

（2）颈托制动、热疗、电疗等治疗方法:可能有助于改善症状。

（3）专业的推拿按摩:可减轻肌痉挛、改善局部血液循环,手法要轻柔,配合其他物理疗法进行。手法治疗颈椎病有造成脊髓损伤的风险,应谨慎应用,脊髓型颈椎病、椎管内肿瘤、椎体及附件有骨性破坏及咽喉、颈部有急性炎症的病人不宜用推拿及手法治疗。

5. 运动疗法 适度的运动可以增强颈背肌的肌力,使颈椎稳定、椎间关节的功能改善,减少神经刺激,消除疼痛。适度运动有利于颈椎康复,但不提倡使颈椎过度活动的高强度运动。常用的类型有颈椎柔韧性训练、肌力训练、颈椎矫正训练等,可徒手或持器械进行,另外,跑步、游泳、球类等全身性运动也是颈椎病病人常用的运动治疗方式。

6. 药物治疗 非甾体抗炎药物、神经营养药物及骨骼肌松弛类药物有助于缓解症状。

（二）手术治疗病人的护理

手术治疗的适应证:①颈型颈椎病经长期正规、系统的非手术治疗无效,且影像学检查有明确的病理表现(如颈椎局部不稳等),责任病变部位明确者;②神经根型颈椎病经 3 个月以上正规、系统的非手术治疗无效,或非手术治疗虽然有效但症状反复发作,或持续剧烈的颈肩臂部神经性疼痛且有与之相符的影像学征象,保守治疗无效,严重影响日常生活和工作的,以及因受累神经根压迫导致所支配的肌群出现肌力减退、肌肉萎缩者;③脊髓型颈椎病病人,如无手术禁忌证,原则上应手术治疗。对于症状呈进行性加重的病人,应尽早手术治疗;④其他型颈椎病,对于存在眩晕、耳鸣、视物模糊、手部麻木、听力障碍、心动过速等自主神经症状的颈椎病病人,由于其病因和发病机制尚不明确,因此应慎重选择手术治疗。

手术治疗方法包括颈椎前入路手术、颈椎后入路手术、后-前联合入路手术、经皮微创手术等。

颈椎的微创手术主要针对单节段椎间盘病变或双节段椎间盘病变等较小范围的软性压迫,利用重要的神经血管和肌肉解剖间隙入路可以减少对脊柱的破坏,避免损伤邻近的软组织,有利于保持脊柱的稳定性和促进术后的康复,安全可靠。微创手术的方式主要包括经皮、内镜和通道技术,常用的有经皮微创颈椎间盘射频消融术、激光减压术、内镜下颈椎间盘切除植骨融合术、机器人与导航技术等。

知 识 链 接

机器人与导航技术

近年来,随着外科技术微创化迅速发展,机器人也逐步应用于外科操作中。在骨科领域,尤其是脊柱外科,机器人和导航系统都加快了手术方式的改变。导航等图像引导系统在脊柱外科手术中的应用越来越普及。随着小型化程度的提高,可用于通过电磁导航技术确定椎体位置和运动的微型传感器相继被开发。目前,脊柱导航主要应用于椎弓根螺钉的植入,导航与机器人系统提高了脊柱手术的准确性和安全性,特别是在严重畸形或解剖复杂的情况下有更重要的价值。

---

1. 术前护理 由于颈椎病手术难度较大,风险高,在术前护士应协助医生做好充分的准备工作。

（1）心理护理:向病人及其家属做好思想工作,讲明手术的必要性,手术方式及术中、术后可能发生的问题,打消病人对手术的恐惧心理,增强病人战胜疾病的信心。

（2）术前训练:包括气管推移训练、俯卧位训练、呼吸训练、床上使用便器训练等。

1）气管推移训练:对于拟行多节段颈椎前入路手术或颈部粗短的病人,术前应进行气管推移训练,预防术中持续牵拉颈部引起的心率、血压波动及呼吸困难等并发症。年老体弱者训练时应注意动

Note:

作轻柔、逐渐适应,以免发生意外。

方法:在手术前5～7d开始,病人取仰卧位,肩下垫枕头,头后仰,帮助病人用手指在拟切口侧将甲状软骨持续向非手术侧缓慢推移,推过中线1cm使病人逐渐适应并尽可能避免牵拉过程中断,开始每日3次,每次5～10min,以后每日逐渐延长推移时间,训练到气管被推移过中线持续1h以上,病人无明显不适,手术部位结缔组织达到松弛状态。

2）俯卧位训练:主要为行后入路手术的病人做准备,后入路手术时间较长,容易引起病人呼吸不畅。

方法:术前2～3d开始训练,护士指导病人每次俯卧10～30min,每日2～3次,以后可逐渐增加到每次3～4h,以适应术中长时间俯卧位。

3）呼吸训练:颈椎手术后由于疼痛,病人不敢进行深呼吸及咳嗽、咳痰,不利于肺的膨胀及呼吸道分泌物的排出。尤其是颈椎前入路手术操作的刺激还可能增加病人呼吸道分泌物的产生。这些都可能导致手术后肺部感染、肺不张等并发症,甚至窒息而危及生命。

方法:吸烟病人术前应戒烟2周,训练时护士指导病人采取半卧位或坐位,进行深而慢的呼吸,吸气后屏气3～5s,再慢慢呼气,尽量将气呼尽。做两次深呼吸后,用力将痰从肺部咳出。

4）床上使用便器训练:为避免术后在床上排便困难,护士应在术前指导病人进行床上使用便器的训练。

(3)安全护理:病人往往存在四肢无力、容易摔倒或转颈时猝倒,护士应指导病人使用浴室、走廊、厕所的扶手,穿平底鞋、不自己倒开水,椎动脉型颈椎病病人避免颈部过快转动和屈曲,以防摔倒。

2. 术后护理　颈椎病手术的成功与否,除手术本身外,术后护理及功能锻炼至关重要。

(1)颈部制动:病人带颈托或头部固定器,固定头颈部可以减少出血、防止所植骨块或人工关节的滑出,以免出现呼吸困难。床旁备好气管插管器材或气管切开包、静脉切开包、供氧和负压吸引装置,如果病人出现呼吸困难,颈部增粗要立即采取措施,拆除缝线放出积血或做气管切开。合并骨质疏松症的病人,可适当延长佩戴颈托时间,同时应积极进行抗骨质疏松治疗。

(2)严密观察病情:每30～60min测量血压1次,病情稳定后可改为每4h1次。密切观察病人脊髓及周围组织水肿所致症状,有无呼吸困难,肢体活动异常等情况,遵医嘱给予其减轻水肿的药物。

(3)引流管的护理:妥善固定引流管,保持适当负压吸引,维持有效引流,观察和记录引流液的性质和量,每日更换引流袋。当引流液颜色转淡,引流量逐渐减少可以拔管。微创手术出血较少,通常第2日可以拔管。

(4)鼓励病人咳嗽和深呼吸:以预防肺部感染及肺不张。

(5)严密观察有无并发症发生,及早发现、及早通知医生。开放性手术后病人常见并发症有:

1）颈部血肿:是最严重的并发症之一,病人于术后48h内出现颈部肿胀、呼吸困难。须床边行紧急切口开放减压、血肿清除,然后行手术探查、清创缝合。如病人术后出现不明原因的四肢麻木、无力症状的加重,或者症状减轻后再次出现,应当考虑椎管内血肿压迫脊髓的可能。如果病情允许,应行急诊MRI检查,明确是否出现椎管内血肿、血肿形成部位及严重程度。一旦明确椎管内血肿形成的诊断,应紧急行切口清创及脊髓减压。

2）喉头水肿、气管痉挛:常见于术前准备不足者,术中因强力牵拉气管、喉部而使其受损。多发生于后半夜睡眠期间,迷走神经兴奋性增高,痰液瞬间堵塞气道,发生呼吸骤停而猝死。应充分做好术前准备,术后密切观察,床旁备气管切开包,一旦发现立即进行气管插管,必要时行气管切开。

3）脑脊液漏:术中损伤硬脊膜或切开硬脊膜再缝合,均可导致脑脊液漏。病人可有波动性头痛、耳鸣、恶心、呕吐等脑脊液漏的表现,切口周围皮肤隆起、有波动感或引流管内有大量淡红色清亮液体流出。发现病人脑脊液漏应及时通知医生处理,抬高床尾,去枕仰卧7~10d,监测并补充电解质及预防感染,必要时手术探查并修补硬脊膜。

4)植骨块移位:由于植骨块嵌插不牢、颈部外固定不可靠,均可发生植骨块松动或脱出。主要表现为颈部及咽喉部疼痛,咽喉部卡压感,吞咽困难,X线检查可以证实。应注意病人体位护理,嘱其减少颈部的活动度,佩戴颈托,避免进食固体类食物,在必要时须配合医生对病人的内固定物进行再次固定。

5)感染:包括切口和植骨区的感染。切口感染表现为红肿、疼痛、出现炎性渗出物等,须拆线后进行引流和抗感染治疗;植骨区感染发生较少,一般发生于术后4~5d,病人主诉颈部疼痛,逐渐加重而呈剧痛,夜间尤甚,治疗与护理措施参照急性骨髓炎病人处理。

6)轴性疼痛:颈椎后入路术后病人出现以颈项部及肩背部疼痛、肌肉痉挛为主要表现的综合征,还可伴有酸胀、僵硬、沉重感等症状。术前注意评估病人颈痛程度,选择适当的术式;术中注意保护颈后肌肉韧带复合体结构,术后减少外制动时间,鼓励病人早期恢复颈椎正常活动。若病人发生轴性疼痛,应注意分析症状发生的主要原因,予以非甾体抗炎药、物理疗法等对症处理。

7)声音嘶哑或饮水呛咳:前入路手术中病人喉返神经和喉上神经受到牵拉所致,一般术后1~3个月便可恢复。

8)其他并发症:颈神经根粘连、脊髓损伤、钢板螺钉松动、食管瘘、霍纳综合征等。

微创手术后并发症主要有神经损伤、血管损伤、内脏损伤和感染。部分病人术后可能再次出现颈椎病症状而转做开放手术。

(6)术后功能锻炼:①术后早期病人主要进行踝泵运动和深呼吸锻炼,根据手术情况尽早下床活动,预防深静脉血栓并维持良好的心肺功能。②术后3d内,卧床进行四肢肌肉舒缩和关节活动;术后第3日起,戴颈托在床上半卧位或在床边进行四肢肌肉舒缩和关节伸屈活动,活动量应循序渐进。③术后1周,病人戴颈托下地活动,拆线后颈托固定2~3个月。颈椎植骨者1周后戴颈托半卧位,2周后髂骨取骨处拆线,可下地活动。④微创手术病人根据其病情和术中情况决定卧床休息的时间,一般病人可以第2日带颈托下床活动,术后带颈托3~4周。

术后强调康复治疗的早期介入、早期离床活动、减少病人心理恐惧,中后期结合康复评定制订个体化的康复治疗方案,通过物理疗法、作业治疗、文娱治疗等方式,必要时配合药物治疗,逐渐强化颈部功能康复、神经功能康复和日常生活能力恢复。

(三)健康指导

出院前护士应明确病人和家属的需求,指导病人日常生活中应注意的事项。

1. **合适的生活和工作体位** 平卧时枕头不可过高使颈部过屈,侧卧时枕头不可过低,枕高与一侧肩宽相等,防止病情发展及复发,少数人需适当高枕,如棘突发育畸形等,睡眠应以仰卧为主侧卧为辅,左右交替,俯卧、半俯卧、半仰卧或蜷缩而睡均为不良睡姿。对于长期伏案低头工作者,应定时改变头部体位,进行颈部前屈、后伸、侧屈及伸展锻炼。

2. **避免外伤** 乘车时注意系安全带并避免乘车时睡觉,以免急刹车时颈部肌肉松弛损伤颈椎。推拿按摩时注意手法轻柔,避免损伤椎间盘和关节。

3. **避免风寒、潮湿** 夏季注意避免空调直吹颈部,出汗后不可吹凉风和用冷水冲洗。

4. **适度的体育运动和功能锻炼** 出院后继续进行功能锻炼,增加颈部肌肉力量,体力恢复后可逐渐进行慢跑、游泳、球类等体育运动。

5. **使用颈围** 术后3个月内继续使用颈围,逐步解除固定,先在睡眠时祛除颈围,适应一段时间后,白天间断使用,直到完全祛除。

6. **定期复查** 出院后在第3个月、6个月、12个月回医院复查。微创手术后病人应注意观察颈椎病症状复发的情况,及时回医院复诊。

【护理评价】

经过治疗和护理,评估病人是否能够达到:①主诉疼痛减轻至无痛;②主诉焦虑减轻;③手术后无并发症的发生;④恢复日常生活及工作。

(韩　晶)

思 考 题

1. 颈椎病分为哪几种类型?
2. 护士应如何指导颈椎病病人进行术前训练?
3. 颈椎病病人手术后的常见并发症有哪些?

第二节　腰椎间盘突出症病人的护理

导入情境与思考

病人,女性,51岁,个体经营者,因右臀部胀痛 1 年,腰骶部伴右小腿外侧麻木、胀痛 8 个月,加重 20d 而入院。CT 检查示 $L_{4\sim5}$ 椎间盘突出,行腰部牵引 1 个月,封闭治疗 2 次,均无效。行推拿等治疗后,症状仍持续加重,并出现右小腿外侧疼痛,行走约 100m 即出现跛行,休息片刻后缓解。20d 前病人病情进一步加重,不能独立下床活动,疼痛无法耐受。入院体格检查:腰部活动度严重受限,$L_4/L_5/S_1$ 棘间压痛,无叩击痛,直腿抬高试验:L 70°(-),R 20°(+),跟腱反射:L(++),R(-),右下肢肌力明显下降。

请思考:

(1) 该病人入院后择期行后入路椎弓板开窗减压髓核切除术,护士应怎样进行术前准备?

(2) 手术后第 3 日,护士发现该病人引流管引流出淡红色液体,约 400ml,切口敷料渗湿,应如何处理?

腰椎间盘突出症(lumbar disc herniation)是指在腰椎间盘突出的病理基础上,由突出的椎间盘组织刺激和/或压迫神经根、马尾神经所导致的临床综合征,病人表现为腰痛、下肢放射痛、下肢麻木、下肢无力、大小便功能障碍等(图 79-2-1)。95% 的腰椎间盘突出发生在 $L_{4\sim5}$,$L_5\sim S_1$ 椎间盘,病人年龄一般在 20~50 岁,男女比例约(4~6):1。

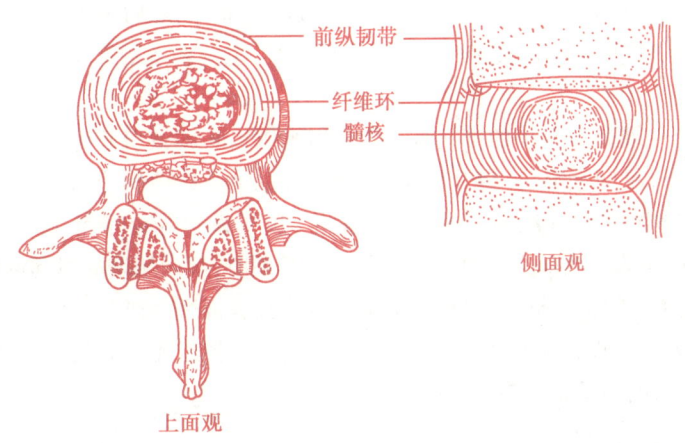

图 79-2-1　椎间盘构成

【病因】

1. **椎间盘的退行性变**　是导致椎间盘突出的根本原因。
2. **损伤**　急性外伤是椎间盘突出的主要诱因,而积累损伤是椎间盘退行性变的主要原因,反复弯腰、扭转等动作最易引起椎间盘损伤,从事重体力劳动者、汽车驾驶员长期处于坐位和颠簸等可因过度负荷造成椎间盘严重退行性变和突出。
3. **妊娠**　妊娠期间整个韧带系统处于松弛状态,后纵韧带松弛易于使椎间盘膨出。
4. **遗传因素**　腰椎间盘突出症有家族发病的报道,也可显示有Ⅸ型胶原基因变异。印第安人、因纽特人和非洲黑种人发病率较其他种族的发病率明显偏低。
5. **其他因素**　长期吸烟可使椎间盘营养不良,促进椎间盘的退变。寒冷和潮湿可引起小血管收缩及肌肉痉挛,使椎间盘的压力增加,从而导致髓核的破裂。腰骶部先天性发育异常也是导致椎间盘突出的原因之一。

【病理】

腰椎间盘突出症的病理变化可分为以下几种类型:

1. **膨出型**　纤维环部分破裂,但表层完整,髓核局限性隆起,表面光滑。这一类型病人经过非手术治疗,大部分可以缓解或治愈。
2. **突出型**　纤维环完全破裂,髓核突向椎管,但后纵韧带完整。此类型病人常需手术治疗。
3. **脱出型**　突出的髓核穿破后纵韧带,呈菜花样,根部仍在椎间隙内。病人需手术治疗。
4. **游离型**　大块髓核组织脱离椎间盘,穿破纤维环和后纵韧带,完全突入椎管内。病人需手术治疗。
5. **施莫尔(Schmorl)结节及经骨突出型**　Schmorl 结节是指髓核经上、下软骨终板的裂隙突入椎体松质骨内;经骨突出型是指髓核沿椎体软骨终板和椎体之间的血管通道向前纵韧带方向突出。病人一般无症状,不需手术治疗。

【护理评估】

(一)健康史

在询问病人的健康史时,应重点询问腰椎间盘突出症的危险因素,包括病人的年龄、身高及体重;病人的职业及工作体位,是否长期从事重体力劳动或从事经常弯腰的工作;病人有无腰部急性或慢性损伤;有无家族史;有无其他疾病史,如糖尿病等。

(二)身体状况

约95%的腰椎间盘突出症发生在 $L_{4\sim5}$ 或 $L_5 \sim S_1$ 椎间盘,病人多有腰腿痛的表现。

1. **腰痛**　绝大多数病人有腰痛,先于腿痛,也可与腿痛同时或之后发生,主要是椎间盘刺激了外层纤维环及后纵韧带中的脊神经脊膜支。疼痛范围较广泛,主要在下腰部及腰骶部,以持续性的钝痛最为常见。
2. **坐骨神经痛**　主要是由突出的椎间盘或髓核组织压迫和刺激引起神经根炎症、水肿及缺血造成的。当 $L_{4\sim5}$ 或 $L_5 \sim S_1$ 椎间盘突出,会引起坐骨神经痛,主要是从腰骶、臀后部、大腿后外侧、小腿外侧至足跟部或足背部的放射性神经痛。多为逐渐发生,病人为了减轻疼痛被迫采取腰部前屈、屈髋位,以松弛坐骨神经的紧张。当病人咳嗽、打喷嚏、用力排便时,腹内压增高引起疼痛加剧。当 $L_{2\sim3}$ 或 $L_{3\sim4}$ 椎间盘突出压迫相应的神经根,会出现大腿前内侧或腹股沟区疼痛。
3. **马尾神经症状**　多见于向正后方突出的髓核压迫马尾神经而引起的大小便功能障碍、性功能障碍等。马尾神经症状的加重是急症手术的重要指征。
4. **体征**
(1)腰部压痛:棘突间有压痛,按压病变棘突旁,有沿坐骨神经放射痛。部分病人会有竖脊肌痉

挛,使腰部固定呈强迫体位。

(2) 腰椎侧凸:是姿势代偿性畸形,可以缓解腰痛。如椎间盘突出在神经根肩部,则上身弯向健侧,腰椎凸向患侧以松弛受压神经;椎间盘突出在神经根腋部,则上身弯向患侧,腰椎凸向健侧以缓解疼痛,可以辅助诊断。

(3) 腰部活动受限:病人普遍存在不同程度的腰部活动受限,由于前屈位使髓核进一步向后移位并增加对受压神经根的牵张,因而腰部前屈受限最明显。

(4) 直腿抬高试验和加强试验阳性:详见第七十六章"概论"第二节"运动系统疾病病人的评估"。

(5) 神经系统表现:感觉、运动和反射异常。受压神经根支配的皮肤节段会出现感觉的变化,先为感觉过敏,后为感觉迟钝或消失。L_5 神经根受累者,感觉改变在小腿前外侧及足内侧;S_1 神经根受累者,感觉改变在外踝、足的外侧。前者伴有趾背伸无力,后者伴跖屈无力。踝反射减弱或消失提示 S_1 神经根受累,肛门反射减弱或消失及肛门括约肌肌张力下降,提示 $S_{3\sim5}$ 马尾神经受压。

(三) 辅助检查

1. **X 线检查**　正位片可见脊柱侧弯畸形,椎间隙左右宽度不一致;侧位片可见腰椎生理前凸减小或消失,严重者甚至后凸,椎间隙表现为前窄后宽。另外可见椎体前、后上下缘骨质增生,呈唇样突出。

2. **CT 检查**　可清楚地显示椎间盘突出的部位、大小、形态和神经根、硬脊膜囊受压移位的情况。并可同时显示椎弓板及黄韧带肥厚、小关节增生肥大、椎管及侧隐窝狭窄等情况。

3. **MRI 检查**　能清楚显示解剖结构,了解椎间盘退变、髓核突出的情况,并发现椎管内其他占位性病变。

4. **其他检查**　肌电图检查通过测定神经根所支配肌肉出现失神经电位来判定受损的神经根,进而推断腰椎间盘突出及其部位。另外还有造影检查、超声检查、放射性核素扫描等。

(四) 心理-社会状况

评估病人对疾病的反应、采取的态度及应对能力和社会支持系统。对于病程反复的慢性病人来说,由于疼痛会给日常生活带来不便,病人因此会有自责、自卑、焦虑等心理变化,护士应在诊断和治疗阶段给予病人支持。

【常见护理诊断/问题】

1. **急性/慢性疼痛**　与椎间盘突出刺激了邻近组织的神经纤维有关。
2. **焦虑**　与缺乏诊断及治疗的相关知识有关。
3. **躯体移动障碍**　与椎间盘突出引起腰、腿疼痛有关。
4. **潜在并发症**:神经根粘连、肌肉萎缩等。

【计划与实施】

腰椎间盘突出症的治疗包括非手术治疗和手术治疗。81%~90% 的病人可经非手术治疗缓解或治愈。多数腰椎间盘突出症病人的症状经保守治疗 6~12 周得到改善。因此,对无显著神经损害的病例,一般推荐保守治疗的时间为 6~12 周。

经过治疗和护理,病人达到:①腰腿疼痛及其他症状减轻;②焦虑减轻;③无手术并发症出现;④能进行日常的基本生活及活动。

(一) 非手术治疗病人的护理

非手术治疗的指征是:①初次发病、病程较短者;②休息后症状可缓解者;③由于全身疾病或局部皮肤疾病不能手术者;④不同意手术者。

1. **休息与活动**　卧床休息一直被认为是腰椎间盘突出症保守治疗最重要的方式之一。过去通常认为,卧床休息可以减轻局部对神经根的压迫和刺激。但越来越多的循证医学证据表明,与正常的日常活动相比卧床休息并不能降低病人的疼痛程度和促进功能恢复,对疼痛严重需卧床休息的病人,应尽量缩短卧床时间,且在症状缓解后鼓励其尽早恢复适度的正常活动,同时须注意日常活动姿势,避免扭转、屈曲及过量负重。

(1) 卧硬板床:褥子薄厚、软硬应适度,床的高度要略低一些,最好能使病人刚坐起时,双脚就可着地。

(2) 仰卧位时髋、膝关节应保持一定的屈曲位:这样可使腰椎前凸变平,而且可以避免下肢肌肉的牵拉。

(3) 教会病人正确的下床方法:抬高床头以协助病人坐起,先移向床的一侧,胳膊将身体支撑起,移坐在床的一侧,将脚放在地上,利用腿部肌肉收缩使身体由坐位改为站立位,然后再用拐杖等支撑物支持站立。躺下时按相反的顺序依次进行。

(4) 避免过度下蹲:大小便时,最好使用坐式便器,如病人必须在床上使用便盆时,最好有可以支持或牵拉的物品,以支持病人将臀部抬起。

(5) 功能锻炼:卧床休息一般不超过 2 周,护士应指导病人进行未固定关节的全范围活动及腰背肌的功能锻炼,若病人不能进行主动练习,在病情许可的情况下,可协助病人活动各关节、按摩肌肉,以促进血液循环,防止肌肉萎缩和关节僵直。

2. 牵引治疗 骨盆牵引可以使椎间隙增宽,减少椎间盘内压,扩大椎管内容量,从而减轻对神经根的刺激和压迫。牵引时病人仰卧,床尾抬高 15~25cm,以产生对抗牵引力,将骨盆带固定在病人骨盆处,通过滑轮及绳索,利用重锤的力量进行牵引,牵引的重量一般按体重的 1/10~1/8 计算。牵引时护士应注意牵引锤保持悬空,同时应保护病人骨突部,以防止压力性损伤发生,注意孕妇、高血压、心脏病病人禁用。

3. 佩戴腰围 主要目的是限制腰椎的屈曲活动,使损伤的腰椎间盘可以局部充分休息,为病人机体恢复创造良好的条件。使用腰围时护士应指导病人注意以下几点。

(1) 腰围的规格应与病人自身的腰长度及周径相适应,腰围的上缘须达肋下缘,腰围下缘至臀裂。腰围后侧不宜过分前凸,一般以平坦或略向前凸为宜。

(2) 腰围佩戴的时间要根据病人病情适当掌握,在腰部症状过重时,如无不适感觉应经常佩戴,不要随意取下。病情较轻的病人,可在外出时尤其是要较久站立或较长时间坐位时佩戴。应注意过长时间地使用腰围,可使肌肉及关节活动大幅度降低,继发肌肉失用性萎缩及腰椎各关节不同程度的强直,因此佩戴腰围的时间最长不应超过 3 个月。

(3) 佩戴腰围后仍要注意避免腰部过度活动,一般以完成正常的日常活动及工作活动为度。

4. 药物治疗 可使用非甾体抗炎药,此类药物主要作用为解热、镇痛、抗炎。常用的代表性药物有阿司匹林、布洛芬、保泰松等。护士应指导病人在用药过程中注意监测药物不良反应,主要为胃肠不适或溃疡;其他较少见的有头痛、头晕、肝、肾损伤,血细胞减少,水肿,高血压及过敏反应等。

5. 物理疗法 推拿、按摩可使痉挛的肌肉松弛,进一步减轻椎间盘压力,但应注意手法要轻柔,避免加重损伤。对神经损害严重者,如广泛感觉减退、肌肉瘫痪,尤其是有排便功能障碍者,不宜推拿。对伴有椎管狭窄者,推拿效果差,有时推拿反而使症状加剧,故不宜采用推拿疗法。另外还可进行电疗、光疗、热疗、磁疗等。

6. 心理护理 鼓励病人表达感受,多与其家属、病友及医护人员交流,帮助病人解决问题,减轻其焦虑,增强自信心。

(二)手术病人的护理

手术治疗的目的是减轻神经根所受的压力,进而解除病人的疼痛。其适应证是:①症状严重,反复发作,经过半年以上非手术治疗无效,病情逐渐加重,影响工作生活;②中央型突出,有马尾综合征,应急诊手术;③有明显神经受累者。

手术方式包括开放性手术、微创手术、腰椎融合术、腰椎人工椎间盘置换术等。

1. 术前护理

（1）心理支持:腰椎间盘突出症病人由于病程较长,反复发作,需手术治疗者往往症状较重,要求手术以尽快解除痛苦,但对手术后的效果及术后需长时间卧床、生活不能完全自理等问题顾虑重重。术前护士应对病人进行心理指导:①鼓励病人与其家属的交流,帮助病人克服困难及压力。介绍病人与病友进行交流,以增加病人的自尊和自信心。②介绍减少疼痛发作的措施,减轻病人的心理负担和躯体不适。③鼓励病人与其家属等参与治疗护理活动,督促或陪同病人治疗,以助提高治疗效果。

（2）评估病人的临床症状,如疼痛性质、范围、感觉丧失区域及肢体麻木程度等,并做详细的记录,以便与术后进行比较。

（3）根据病人对手术的了解程度,向病人解释手术方式及术后暂时出现的问题,如疼痛、麻木等。训练正确翻身、床上使用便盆、正确上下床及直腿抬高的方法,为其术后下地活动增强信心(详见前文"非手术治疗病人的护理"部分)。

（4）指导病人进行腰背肌锻炼,具体锻炼的方法为五点支撑法和三点支撑法(详见后文"术后护理"部分),每日锻炼数十次。

2. 术后护理

（1）体位护理:病人由手术室回病房,应用3人或4人搬运法将病人移至病床上,搬运过程中注意保持其身体轴线平直。术后早期,病人以平卧为主,手术4~6h后,护士应每隔2~3h协助病人轴线翻身。方法:指导病人双手交叉于胸前,双腿中间放软枕,一名护士托扶病人的肩背部,另一名护士托扶病人的臀部及下肢,同时将病人翻向一侧,在病人头下、肩部、臀部及胸前垫枕头以支持体位,保持脊柱平直。

（2）观察并记录病情变化:①观察生命体征及神经功能:病人返回病房后,应每1~2h测量体温、脉搏、呼吸、血压各1次,24h平稳后改为每6h测量1次;观察病人下肢皮肤的颜色、温度和感觉及运动恢复情况。②引流情况:注意无菌操作,妥善固定引流管防止脱出,避免引流管扭曲、打折,按时挤压引流管,保持引流通畅,密切观察引流液的颜色、性质及量,及时准确记录,术后第2日,如果引流量小于50ml、颜色淡红,则可拔除引流管。③切口:观察病人手术切口敷料有无渗湿,渗出液的量、颜色、性质;渗湿后应及时更换敷料,以防感染。

（3）并发症的观察:微创手术的并发症较少,主要是血管神经损伤和感染,开放性手术的常见并发症:①感染。椎间隙感染是手术的严重并发症,护士应严密注意观察;若病人于术后1~3d突然出现腰部剧烈疼痛或下肢疼痛,活动加剧,不敢翻身并有低热、白细胞计数增高等,应考虑到术后椎间隙感染,立即报告医生,进行开放引流和抗感染治疗。②神经根水肿、粘连。如术后病人出现原麻木区和疼痛均不消失,或较前加重时,应考虑到神经根水肿、粘连的可能;病人应卧床休息,应用利尿药、激素、神经营养药物来治疗,以保护神经,促进水肿的消退,严重者可进行开放手术治疗。③脑脊液漏,见本章第一节"颈椎病病人的护理"。

（4）指导病人进行功能锻炼

1）直腿抬高锻炼:护士应鼓励术后病人主动直腿抬高,每次抬高30°~70°,协助病人做下肢的屈伸移动可牵拉神经根,并使神经根有1cm范围的移动,可防止术后神经根的粘连。

2）四肢肌肉、关节的功能锻炼:指导病人卧床期间坚持每日活动四肢,以防失用性肌萎缩、肌力减退等,进行踝泵运动可以预防深静脉血栓形成及神经根粘连。进行扩胸、深呼吸训练,预防肺部并发症。指导病人自行按摩腹部,减少腹胀、尿潴留及便秘的发生。

3）腰背部肌肉锻炼:术后第7日开始,目的是增强腰背肌肌力,使肌肉、韧带的弹性恢复,保持腰椎生理前凸,以增强脊柱的稳定性。锻炼腰背肌的方式有很多种,飞燕式:俯卧位进行,头、双臂、双腿后伸;五点式:平卧位进行,头、双肘、双足跟支撑,挺起胸腹;三点式:平卧位进行,头、双足跟支撑挺起(图79-2-2)。应严格掌握循序渐进的原则,次数由少到多,幅度由小到大,时间由短到长,以锻炼时不加重疼痛或稍有轻微感觉能忍受为准。

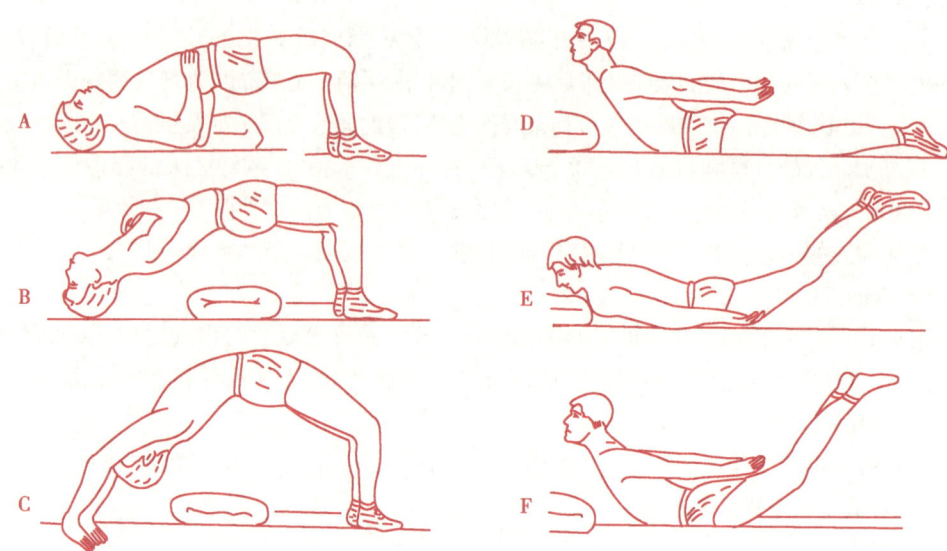

图 79-2-2 腰背部肌肉锻炼
A. 五点式；B. 三点式；C. 四点式；D. 飞燕式（姿势一）；E. 飞燕式（姿势二）；F. 飞燕式（姿势三）。

4）行走训练：一般开放手术病人卧床 2 周后可以戴腰围下床活动，微创手术病人可以更早下床，但是具体还要根据手术情况决定是否缩短或延长卧床时间。

（三）健康指导

1. 活动指导 病人出院后的一切活动要严格遵照医生及护士的要求。术后第 1 周，病人可做短距离散步，可以坐车，但不可驾驶车辆。应避免举重物，不可爬楼梯，可自行淋浴，但不可参加运动。术后第 2 周，病人可坐、站、散步等，但如感觉疲倦，须稍作休息，这一时期病人仍不可参加运动。术后第 3~8 周，病人能从事一些轻松的工作，但应避免弯腰、举重物、腰部旋转等。术后第 12 周，可逐渐恢复以往的工作量，但仍须注意避免由高处搬重物。继续坚持功能锻炼半年以上，术后半年到 1 年，仍需要避免腰部的过度劳累，以防手术后肌肉未痊愈前再受到损伤而造成疾病复发或脊柱的伤害。

2. 日常生活中应注意的事项

（1）采取正确的体位：站立时膝关节微屈，缩紧腹部肌肉以缩拢臀部，尽量使下背部平直。须长时间站立时，可两腿交替活动以减少髋部及脊椎的负重。坐位时应尽量保持上身的平直，最好使用有靠背的椅子，这样使腰背部有所依靠，以减轻其负担。

（2）坐具的选择：坐具应以高矮合适并有适当后倾角的靠背为佳，椅子的靠背以后倾 100° 左右。椅子的高度以能使病人膝部屈曲 90°~100°，两足能平放地面为宜。

（3）床的选择：睡床应保证病人在仰卧位时能保持腰椎生理前凸，侧卧位时不使脊柱侧弯为宜。硬板床最好，绷紧的床次之。软钢丝床由于在病人仰卧位时可使脊柱呈弧形，易使腰部肌肉、韧带、骨关节等疲劳，因而不宜使用。

（4）采取正确的姿势搬重物：搬重物时，正确的姿势是先将身体尽可能靠近物体，屈曲膝关节和髋关节，充分下蹲后，将物体拾起，放于膝上，然后挺直胸、腰部，站起并将物体搬起来。错误的搬运姿势是直腿站立，在不屈曲膝关节和髋关节的情况下弯腰搬取物体。

（5）加强劳动保护及防护：如若在寒冷、潮湿的环境中工作后，应坚持洗热水澡以祛寒除湿，消除疲劳。另外，勿穿拖鞋及高跟鞋，以使身体重心平衡。

（6）指导病人继续加强腰背肌锻炼：主要目的是加强病人腰背部肌肉的力量。

3. 定期复查 出院前护士应嘱病人术后 2~3 个月复诊，如发现腰背部疼痛，下肢疼痛、麻木、感觉异常等，及时到医院就诊。

【护理评价】

经过治疗和护理,评估病人是否能够达到:①疼痛或不适减轻;②焦虑减轻;③没有手术并发症出现;④能进行日常基本生活及活动。

（韩　晶）

思 考 题

1. 腰椎间盘突出症病人非手术治疗的护理措施有哪些?
2. 怎样指导腰椎手术后的病人进行功能锻炼?

NURSING

第八十章

骨肿瘤病人的护理

80 章　数字内容

───── 学 习 目 标 ─────

- 识记：
  1. 能准确陈述骨肿瘤的好发部位。
  2. 能准确陈述骨肿瘤病人化疗的护理要点和截肢术的护理要点。
- 理解：
  1. 能区分骨肉瘤与骨巨细胞瘤局部症状、体征及 X 线表现的异同点。
  2. 能阐述骨肉瘤和骨巨细胞瘤病人的治疗原则及健康教育要点。
- 运用：
  能对骨肿瘤病人实施全面评估，准确判断骨肿瘤的类型，并制订相应护理计划。

病人,女性,18岁,4个月前右小腿上段间断性疼痛,近2周转为持续性剧烈疼痛,夜间较为明显,可在右胫骨上端自行扪及进行性增大肿块,右胫骨肿胀明显,不能站立行走,被家人搀扶就医。病人既往体健,无传染病及其他慢性病史。体格检查:T 36.8℃,P 96次/min,R 19次/min,BP 112/68mmHg。意识清醒,精神差,急性痛苦面容。体格检查所示右胫骨上端近关节处可扪及1个6cm×7cm硬性肿块,固定,边界不清,有压痛,表面皮肤温度高,周围皮肤未破溃,感觉正常,生理反射存在,病理反射未引出。辅助检查:X线影像显示右胫骨上段呈虫蚀状溶骨性破坏,骨膜反应明显,可见科德曼(Codman)三角。

请思考:

(1) 针对该病人可提出哪些护理诊断?

(2) 针对该病人应采取哪些护理措施?

骨肿瘤是指所有发生在骨内或起源于各种骨组织成分的肿瘤,可分为原发性、继发性和转移性。WHO将骨肿瘤分为良性、恶性和瘤样病损三大类。转移性骨肿瘤是指原发于身体其他部位的肿瘤通过各种途径转移至骨骼并在骨内继续生长,形成子肿瘤。年龄与解剖部位对肿瘤的诊断具有一定意义,良性骨肿瘤多见于儿童和青少年,纤维肉瘤及软骨肉瘤多见于中年人群,骨髓瘤以老年多见;许多恶性肿瘤好发于长骨的干骺端,如股骨下端、胫骨上端和肱骨上端。本章以骨肿瘤中常见的恶性肿瘤骨肉瘤和骨巨细胞瘤为主来阐述骨肿瘤病人的护理。

骨肉瘤(osteosarcoma)是恶性程度较高的骨肿瘤,其发病率在原发恶性骨肿瘤中占首位,多见于15~25岁的青少年,男性多于女性;好发于生长活跃的长骨干骺端,70%发生在股骨下端和胫骨上端。

骨巨细胞瘤(giant cell tumor of bone)是一种良性的、局部侵袭性的肿瘤,为我国常见的骨肿瘤病。好发于20~40岁年龄组,性别差异不大,好发部位为股骨下端和胫骨上端。

【病理】

1. **骨肉瘤** 来源于间质细胞,恶性肿瘤细胞直接形成类骨样组织,因此又称为成骨肿瘤。根据骨肉瘤内纤维组织、软骨、骨组织所占的比例不同,肿瘤可呈粉红色、灰白色或"鱼肉样"改变,肿瘤切面上常见黄白色的钙化点和坏死组织。肺转移的发病率高,多数病人死于肺转移。

2. **骨巨细胞瘤** 起源于骨髓结缔组织间质细胞,以基质细胞和多核巨细胞为主要结构,是一种介于恶性与良性之间的溶骨性肿瘤。根据病理改变临床上将骨巨细胞瘤分3级:Ⅰ级,基质细胞正常,有大量多核巨细胞;Ⅱ级,基质细胞密集,多核巨细胞数量减少;Ⅲ级,以基质细胞为主,多核巨细胞数量很少,并有明显肉瘤证据。因此,Ⅰ级为良性,Ⅱ级为侵袭性,Ⅲ级为恶性。病理分级对治疗有较大参考价值。

【护理评估】

(一) 术前评估

1. **健康史**

(1) 一般资料:了解病人年龄、性别、职业、工作环境和生活习惯等;判断有无危险因素,如接触化学致癌物、放射线等。

(2) 既往史:有无肿瘤病史或手术治疗史;有无其他系统疾病;有无外伤史;有无遗传性疾病。

(3) 家族史:家族中有无类似病史者。

2. **身体状况**

(1) 局部

1) 疼痛和压痛:骨肉瘤的疼痛特点是早期为间断性疼痛,逐渐转为持续性剧烈疼痛,夜间疼痛加重而影响睡眠;骨巨细胞瘤疼痛表现为局部压痛,伴皮温升高,出现瘤内出血或病理性骨折时可引起剧烈疼痛。护士应注意评估病人疼痛的部位、性质、程度、持续时间、局部有无压痛、缓解疼痛的措施是否有效。

2)肿块与肿胀:逐渐增大的包块是诊断骨肿瘤的依据。生长迅速的恶性肿瘤多表现为长骨干骺端一侧肿胀,当肿瘤穿破骨膜时可形成较大的弥散性肿胀,迅速发展成肿块,表面皮肤温度高,静脉怒张,可出现震颤和血管杂音。骨巨细胞瘤主要表现为局部肿胀,局部可触及乒乓球样感觉的肿块,其程度与肿瘤生长的速度有关,若侵及关节软骨可影响关节功能。骨肉瘤表现为骨端近关节处可见肿块,有压痛,皮温高,伴静脉怒张和病理性骨折。

3)压迫症状:恶性骨肿瘤发展巨大时,可压迫血管、神经、肌肉,产生相应症状,脊柱肿瘤可压迫脊髓而并发截瘫。

4)活动受限:邻近关节的骨肿瘤,可影响关节的正常活动。肢体活动受限多为疼痛剧烈而引发的保护性反应。

5)病理性骨折与脱位:肿瘤生长可破坏骨质,骨端骨质破坏严重,可导致关节的病理性脱位。骨密质变薄,骨的坚固性减弱,可发生病理性骨折。

6)转移和复发:恶性骨肿瘤可随血流或淋巴转移。骨肿瘤肺转移的发生率较高,肺转移病人可出现咳嗽、胸闷、气短等症状。恶性骨肿瘤治疗后仍有复发的可能。

(2)全身:评估病人对手术治疗的耐受力,重要器官功能状态及全身营养状况等。恶性肿瘤晚期的病人可有贫血、消瘦、食欲缺乏等表现,要评估病人是否存在恶病质。

3. 辅助检查 包括影像学检查、生化检查和病理组织学检查。

(1)X线检查:骨肉瘤X线影像显示长骨干骺端骨质浸润性破坏,边界不清,可有排列不整齐、结构紊乱的肿瘤骨。骨膜下的三角状新骨,称Codman三角,沿新血管沉积的反应骨和肿瘤骨,呈"日光放射"现象(图80-0-1)。周围有软组织肿块阴影。骨巨细胞瘤X线影像显示病灶在骨端,呈偏心性溶骨性破坏,病灶区骨密质膨胀变薄,呈肥皂泡样改变(图80-0-2),当破溃后肿瘤可侵入软组织。CT和MRI检查可明确肿瘤的部位、大小、范围及对关节腔和周围软组织的侵蚀度。

(2)生化检查:血清碱性磷酸酶在骨肉瘤病人中有明显升高,男性酸性磷酸酶的升高提示转移瘤来自前列腺癌,尿本周(Bence-Jones)蛋白阳性可提示骨髓瘤的存在。现代生物技术检测发现部分骨肿瘤中有常染色体异常,能帮助诊断,并能更精确地预测肿瘤的生长情况。

(3)病理学检查:局部穿刺组织病理学检查可确定肿瘤的性质。

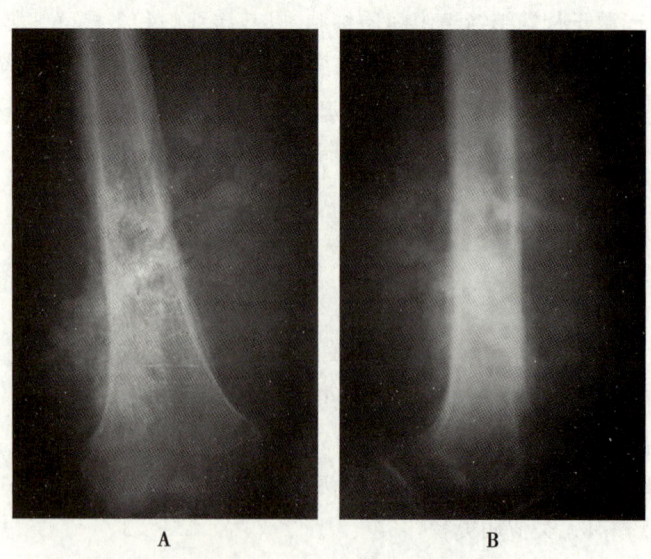

A   B

图 80-0-1 股骨骨肉瘤

X线片示股骨下端不规则溶骨性破坏,破坏区及周围软组织内可见云絮状
放射状瘤骨,可见骨膜三角。

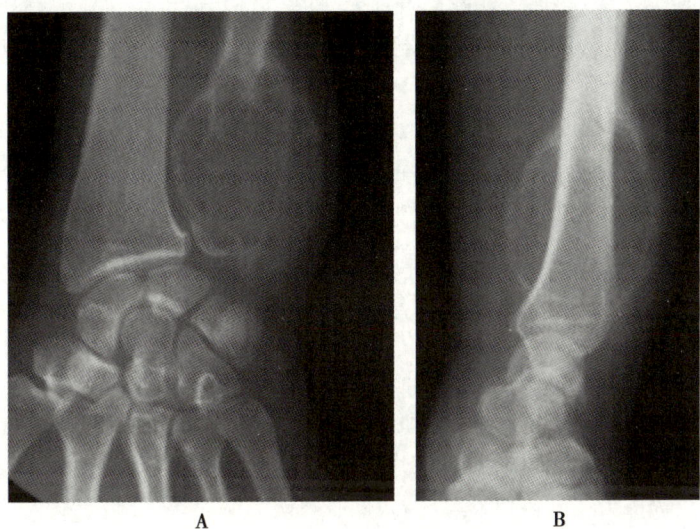

图 80-0-2　尺骨骨巨细胞瘤
X 线片示尺骨下端囊状膨胀性骨破坏、无硬化边、无骨膜反应,骨包壳完整无中断破坏,呈"皂泡状"改变。

4. 心理-社会状况

（1）认知程度:评估病人对疾病预后、拟采取手术方案、化疗方案及术后康复知识的了解和掌握程度。

（2）心理承受程度:大多数病人在确诊后常出现恐惧、焦虑、失望等情绪反应,担心治疗效果,甚至丧失生活的信心,精神萎靡不振。病人害怕失去肢体、害怕手术,担心医治无效,对死亡产生预感性悲哀。注意评估病人的心理变化,了解病人对手术及手术可能导致的并发症、自我形象紊乱和生理功能改变的心理承受能力。

（3）社会支持系统:评估病人家属对本病及其治疗方法、预后的认知程度及心理承受能力;家庭对病人的手术、化疗和放疗费用的经济承受能力。

（二）术后评估

1. **手术情况**　手术的方式、术后伤口和引流管情况。
2. **康复状况**　肢体残端的愈合情况,局部血液循环及肢体功能状态。
3. **心理认知状况**　了解病人及其家属对术后健康教育内容的掌握程度和出院前的心理状况。

【常见护理诊断/问题】

1. **恐惧/焦虑**　与肢体功能丧失或对治疗预后的担心有关。
2. **慢性疼痛**　与肿瘤浸润或压迫周围组织或神经有关。
3. **躯体移动障碍**　与疼痛或肢体功能受损有关。
4. **睡眠型态紊乱**　与夜间肿瘤疼痛有关。
5. **有感染的危险**　与手术创伤、放化疗期间抵抗力降低有关。
6. **知识缺乏**:缺乏疾病的治疗、术后功能锻炼、化疗的有关知识。
7. **潜在并发症**:病理性骨折。

【计划与实施】

骨肿瘤的首要治疗方法是手术治疗。根据肿瘤的性质、发病部位、浸润范围和有无转移,选择不同的手术方法。对恶性骨肿瘤病人多采用手术、化疗、放疗及免疫疗法等综合治疗手段。对骨巨细胞瘤病人一般采用局部切除加灭活处理,再用松质骨和骨水泥填充,对于恶性无转移者,可行根治性切除或截肢术。骨肉瘤病人术前先进行大剂量化疗,然后根据肿瘤浸润范围做根治性瘤段切除、灭活再植或植入假体的保肢手术,对无保肢条件者行截肢术(amputation)。

经过治疗和护理,病人能达到:①能够面对现实,情绪稳定,积极乐观地配合治疗;②疼痛减轻或消失;③睡眠质量改善;④无感染发生;⑤无病理性骨折发生;⑥了解患肢功能锻炼和化疗的相关知识,积极主动进行功能锻炼。

（一）术前护理

1. 心理护理　采用相关量表评估病人心理状况,了解病人的心理变化,安慰病人并给予心理支持,减轻其焦虑,使病人情绪稳定,积极配合治疗。注意社会因素对病人的影响,做好家属的心理指导与咨询工作,缓解家属的心理压力,使其在治疗期间理解和支持病人。

2. 辅助检查指导　对病人要做的诊断检查,给予详细解释,如穿刺活检或切开活检。耐心讲解检查的目的和必要性、检查过程和注意事项,以减轻病人焦虑,使其能积极配合治疗。

3. 术前准备　为防止术后伤口感染,术前 3d 每日用肥皂水清洗病人局部,然后用聚维碘酮消毒,以无菌巾包扎;术前 1 周开始指导病人做肌肉的等长收缩锻炼,为手术后康复活动打基础。骨肉瘤病人由于疾病本身,以及手术或化疗反应的影响,生活自理能力下降,应加强病人的生活护理。

4. 疼痛的护理　提供舒适的体位,指导病人做肌肉松弛活动;适当给予病人镇痛药,遵医嘱合理使用,可采用 WHO 推荐的癌性疼痛三阶梯疗法,用药后注意观察不良反应。

5. 改善营养状况　病人因疼痛和心理负担而影响食欲,常出现不同程度的营养不良,应鼓励病人摄入足够的营养,给予高能量、高蛋白、高维生素饮食,必要时可静脉输注营养物质。

6. 化疗病人的护理

（1）心理支持:手术前后实施大剂量的化疗,有利于骨肉瘤的根治。多数病人非常担忧化疗引起的外观改变,应充分理解病人的心理反应,鼓励病人表达内心的忧虑和恐惧,并给予其安慰和心理支持。对脱发病人说明脱发现象是暂时的,停药后头发可再生,可建议病人戴假发或帽子修饰;对于面部的色素沉着,可化淡妆掩饰。

（2）给药注意事项:化疗药物在使用时应严格遵守给药途径,根据药物代谢特点可采取静脉滴注、静脉注射给药;化疗药物的剂量要准确,根据病人体重计算每次化疗的用量;化疗药物应现用现配,避免稀释时间长而降低疗效;同时使用几种药物时,每种药物之间应用等渗溶液如 0.9% NaCl 溶液隔开;化疗药物对血管有刺激作用,病人化疗的时间一般都在半年以上,因此必须保护好其血管,可采用经外周静脉穿刺的中心静脉导管(peripherally inserted central venous catheter, PICC)装置,能保护血管并避免多次静脉穿刺的痛苦。输液时,先用等渗溶液,确认针头在血管中再输入化疗药物,防止药液外渗。一旦发生外渗,立即用 50% 硫酸镁溶液湿敷,防止皮下组织坏死;护士在操作时注意保护自己,应戴口罩、帽子、橡胶手套,着长袖工作服,用过的注射器应放入防泄漏的容器中,隔离处理。

（3）观察药物毒性反应:了解化学治疗药物的作用和毒性反应,观察抗癌药物对病人骨髓功能的损害程度,定期检查病人的血常规。对血小板减少者,注意观察其有无皮肤瘀点、牙龈出血、鼻出血等,必要时输注血小板。白细胞减少时,要防止继发性感染,必要时采取保护性隔离措施。病人常出现恶心、呕吐、厌食等消化道反应,在化疗后半小时可适量给予镇静、镇吐药。对呕吐频繁者,注意监测体液平衡,必要时给予补液,保证病人营养和水分的供给。

知识链接

3D 打印骨科模型技术

3D 打印技术制备骨科模型是很早开展的技术之一,目前已在临床上得到广泛应用,按照用途,可将模型分为手术辅助模型和教学演示模型两类,其应用情况:①复杂部位的单发骨折(如骨盆);②多发骨折;③累及关节面的骨折(如肱骨头骨折、髋臼骨折、胫骨平台骨折、踝关节骨折等);④骨、关节与脊柱畸形;⑤骨肿瘤范围、形态、毗邻关系确定;⑥骨骼解剖位置观摩;⑦辅助手术设计和置入物预安装;⑧辅助术前医患沟通;⑨术中指示解剖位置。

（4）饮食指导：对化学治疗引起的消化道反应，如恶心、呕吐、厌食等症状应采取相应护理措施。如在应用化疗药物前30min应用镇吐药，在化疗前24h及化疗后72h内进食清淡食物，避免饮用咖啡及食用辛辣、油腻食品，少食多餐。化疗期间摄入足够的水分，根据饮食习惯选择高蛋白、高维生素、高能量的食物，多食瓜果蔬菜，保证营养。

（5）活动和休息：指导病人活动，避免患肢负重，以免发生病理性骨折或关节脱位；可利用轮椅帮助病人外出，保证一定的户外活动时间。注意保持环境的清洁安静，对于因疼痛不适无法休息和睡眠的，必要时睡前给予适量的镇静、镇痛药，保证病人的休息。

（二）术后护理

1. 病情观察　密切观察病人体温、脉搏、呼吸、血压；观察患肢有无疼痛及疼痛变化，远端肢体是否肿胀，有无感觉、运动和毛细血管充盈异常；观察病人局部组织反应、肿胀程度、表面皮肤的血运和温度、有无全身反应；观察伤口内引流管是否通畅，创口有无渗液、渗血，渗出量及其性质。

2. 疼痛护理　手术后的切口疼痛可影响病人生命体征、睡眠，从而影响伤口的愈合，应重视病人术后的疼痛控制，积极采取镇痛措施。参考术前疼痛的护理措施。

3. 生活护理　由于手术病人需卧床休息，护士应做好其生活护理，勤巡视，协助家属照顾和满足病人的日常需求，如大小便、饮食等。

4. 静脉血栓的预防　静脉血栓是一种高发的潜在致命疾病，也是肿瘤病人第二大死因，仅次于癌症本身。故术后应落实病人静脉血栓预防措施，包括基础预防、物理预防、药物预防和联合预防等。

5. 保肢术后病人的护理

（1）肢体血液循环的观察：骨肿瘤切除后，无论是同种异体骨移植还是人工假体置换，均应密切观察病人术侧肢体的肤色、皮肤温度、末梢血液循环情况。若术后早期出现肢体麻木，肢体疼痛等症状，提示血管危象发生，应及时发现并告知医生进行探查手术。

（2）伤口渗出和引流的护理：定期观察和记录病人伤口敷料渗出情况，若伤口进行性渗出增多，提示引流不畅；由于异体骨移植术后病人会出现排斥反应，在术后7~14d渗出量较多，应定期检查引流管固定和通畅情况，嘱病人在肢体活动中有意识地保护引流管，一旦发现引流管脱落和堵塞，及时告知医生采取相应处理。

（3）感染的预防与护理：由于同种异体骨对于机体来说属于异物，若局部组织血液循环不良或医护人员不能严格执行无菌操作，病人均可能发生感染。应密切监测其体温的变化，并严格执行无菌技术操作原则，遵医嘱合理使用抗生素。

知 识 链 接

保肢术后感染风险及防治

保肢术后病人局部感染风险长期存在，术后感染率为8%~15%，最常见的是葡萄球菌感染。

1. 异体骨　感染率9%~25%，近期发表的长期临床研究显示，经清创和抗生素治疗后的有效率为18%；72%的病例取出异体骨后使用人工假体重建，再次感染率为12%。

2. 人工关节假体　下肢肿瘤型人工假体重建后病人的感染率为8%~10%，大多数的感染发生在术后2年以内，70%的深部感染发生在术后12个月内。一旦发生感染，截肢率为23.5%~70.0%。鉴于新辅助化疗、广泛切除手术、长节段肿瘤型金属假体植入等是造成保肢术后感染的高危因素；因此建议按照Ⅰ类伤口使用抗生素。参照《抗菌药物临床应用指导原则（2015年版）》选择用药。抗生素的使用时间建议以伤口引流时间进行参照，拔除引流管后可停用。

（4）功能锻炼：指导病人建立早期活动、晚期负重的锻炼原则、循序渐进地进行功能锻炼，术后48h开始练习肌肉的等长收缩，改善血液循环，增加肌肉力量，防止关节粘连，减少肌肉失用性萎缩；

术后3周可进行患处远侧和近侧关节的活动,术后6周,进行重点关节的活动,加大活动范围。必要时辅助物理疗法、利用器械进行活动。

(5) 假体的康复指导:指导病人术后卧床期间的良肢位摆放与体位转移方法,以免脱位,一旦病人发生脱位,立即制动,以减轻疼痛,防止血管和神经损伤,协助医生做好下一步处理。

6. 截肢术后病人的护理

(1) 心理支持:截肢术使病人身体外观发生变化,对病人心理造成巨大打击,病人往往产生压抑、悲哀的情绪反应,要理解病人的烦躁、易怒行为,用耐心、爱心和细心对待病人,并鼓励其家属多关心病人,给予心理和精神上的支持。指导病人注意仪表修饰,积极参加社会活动,逐渐恢复正常的生活,病人最终能通过自我调节,正确面对现实。

(2) 防止伤口出血:注意截肢病人术后残端的渗血情况,常规床边备止血带,以防残端血管结扎线脱落导致大出血而危及生命。观察引流液的量和性质,创口渗血较多者可用棉垫加弹性绷带加压包扎,如病人创口出血量大,在肢体近侧用止血带止血,并告知医生,及时处理。

(3) 局部观察:观察病人肢体残端有无红肿、水疱、皮肤坏死、并发感染,是否存在残肢疼痛加重的现象。大腿截肢者应防止髋关节屈曲、外展挛缩,小腿截肢术后要避免膝关节屈曲挛缩。

(4) 幻肢痛的护理:幻肢痛是病人感到已切除的肢体仍然有疼痛或其他不适感觉。应让病人正确面对现实,从内心承认并接受截肢的事实。可对残肢端进行热敷,加强残肢运动,感到疼痛时让病人自己轻轻按摩残肢端,从空间和距离确认中慢慢消除幻肢感,从而消除幻肢痛。必要时可使用一些镇静药帮助病人睡眠。对于长期的顽固性疼痛,可行神经阻断手术来消除疼痛。

(5) 指导病人进行残肢锻炼:大腿截肢病人易出现屈髋外展畸形,要及早进行内收后伸的练习。一般手术后2周拆线,随即可在病人截肢的残端制作临时假肢,促进其早期进行功能锻炼,消除肿胀,促进残端成熟,增强局部肌力。为了保持关节活动范围,鼓励病人使用辅助设备协助运动(例如扶车、手杖、吊架等),鼓励病人早期下床活动,反复进行肌肉强度和平衡锻炼,为安装假肢做准备。

(6) 活动和休息:对于不能下床走动的病人,可用轮椅送病人到室外活动。当病人无法休息和睡眠时,安排一个安静而舒适的环境,指导病人做松弛活动,可在睡前服用镇静药,以保证睡眠质量。

7. 健康指导

(1) 保持情绪稳定:使病人保持稳定情绪,消除消极的心理反应,积极、乐观地面对生活,树立战胜疾病的信心。

(2) 提高生存质量:向病人宣教营养物质摄入和增强抵抗力的重要性。消除病人对疼痛的恐惧,引导病人摆脱精神和身体的紧张感,合理使用药物镇痛或其他综合镇痛法,减轻或消除疼痛。

(3) 指导功能锻炼:根据病人的情况制订康复锻炼计划,指导病人进行各种力所能及的功能锻炼,恢复和调节肢体的适应功能,最大限度地让病人提高生活自理能力。

(4) 指导助行器的使用:指导病人正确使用各种助行器,如拐杖、轮椅等,锻炼助行器使用的协调性、灵活性,尽快适应新的行走运动方式。

(5) 指导复诊:根据出院医嘱,按时进行复查和化疗。如发现特殊情况及时到医院就诊。

【护理评价】

经过治疗和护理,评估病人是否能够达到:①情绪稳定,积极配合治疗;②疼痛及时缓解,无疼痛的症状与体征;③睡眠良好;④肢体活动功能保持良好,未发生感染;⑤未发生病理性骨折;⑥病人对患肢功能锻炼和化疗的相关知识了解,积极主动地参加功能康复锻炼。

(陈　红)

知 识 链 接

护理人员对于癌症控制至关重要

护理队伍作为最大的卫生专业人员群体,于减轻癌症负担方面具有重要作用。在许多国家,护士站在减轻癌症负担的前线,开展癌症预防和早期监测的健康教育、实施及时安全的综合治疗、最大限度降低并发症的发生、提供病人住院期间的照护、咨询并指导病人及其家属对疾病的自我管理等。护理服务在癌症控制中的广泛影响在越来越多的研究中得到证实,一项近期对由癌症专科护士实施或主导的 214 项、样本量达 247 550 份的干预性研究,其综述显示护理干预贯穿了从癌症预防、降低风险到提高病人生存率的全过程,其中,大部分干预措施由护理专家或高级实践护士实施。因此,为实现全球健康覆盖并减轻癌症负担的目标,拓展护理服务、提升护理教育、优化护理职业结构至关重要。

思 考 题

1. 骨肿瘤病人若实施了同种异体骨复合人工关节修复术,术后该如何指导该病人摆放身体姿势来避免关节脱位?

2. 针对病人产生悲观甚至自杀的心理反应,可采取哪些心理干预措施?

NURSING

第八十一章

风湿性疾病病人的护理

81章　数字内容

学习目标

- 识记：
  1. 复述类风湿关节炎、系统性红斑狼疮、骨关节炎的概念及临床表现。
  2. 陈述类风湿关节炎、系统性红斑狼疮、骨关节炎的危险因素。
- 理解：
  1. 比较各种关节炎的病因、发病机制、病理改变的异同。
  2. 阐述类风湿关节炎、骨关节炎、系统性红斑狼疮病人的护理要点。
- 运用：
  运用所学知识对类风湿关节炎、系统性红斑狼疮、骨关节炎病人进行正确评估与判断，制订个性化的护理计划，提供正确的健康指导。

第一节　类风湿关节炎病人的护理

―――――――――――――――　导入情境与思考　―――――――――――――――

　　病人,女性,60岁,多关节肿痛1年,加重1个月。病人1年前无明显诱因出现全身多关节肿痛,双手腕关节最早发生,各关节活动明显受限,指关节呈梭形肿胀,自诉双手遇冷发紫,病人可耐受未引起注意,未行治疗,其间症状继续加重,无缓解。3个月前病人在当地医院就诊后给予关节腔封闭治疗,关节肿痛无明显好转。为求进一步诊治,病人前往某三甲医院就诊,以类风湿关节炎收入院。体格检查:T 36.8℃,P 90次/min,R 20次/min,BP 118/84 mmHg。实验室检查:抗角蛋白抗体(AKA)弱阳性;抗环瓜氨酸肽抗体(anti-ccp antibody)、类风湿因子(RF)、C反应蛋白(CRP)、红细胞沉降率(ESR)均升高,入院后予以激素、免疫抑制剂、抗感染和改善血液循环的治疗,并采取护胃、补钙等其他辅助治疗。

　　请思考:

　　(1) 目前该病人的主要护理问题和护理措施有哪些?

　　(2) 若该病人对疾病及日常生活注意事项等相关知识严重缺乏,应该如何进行健康指导?

　　类风湿关节炎(rheumatoid arthritis,RA)是一种以累及周围关节为主的多系统性、炎症性的自身免疫病。临床上以慢性、对称性、周围性多关节病变为其主要特征。表现为受累关节疼痛、肿胀及功能下降。病变呈发作与缓解交替进行,当炎症破坏软骨和骨质时,出现关节畸形和功能障碍。

　　本病在世界各地均有发病,但各个国家和地区的患病率不同,RA的全球发病率为0.5%~1.0%,我国大陆地区的发病率为0.42%,总患病人群达500万。成人任何年龄均可发病,发病高峰为30~50岁,女性患病率明显高于男性,男女患病比率约为1:3。

【病因与发病机制】

(一) 病因

病因尚不清楚,可能与下列因素有关:

　　1. **感染因子**　目前虽然还未证实有导致本病的直接感染因子,但一些细菌、病毒、支原体、原虫等感染可诱发RA,导致RA的病情进展,在某些有易感或遗传背景的人中引起发病。

　　2. **遗传倾向**　流行病学调查表明RA有一定的遗传倾向,RA病人的家族成员及同卵双胞胎中RA的发病率约为15%。用分子生物学检测法发现RA易感基因位于HLA-DR4。此外,HLA以外的T细胞受体基因、TNF基因、性别基因等与RA的发病、发展有关。因此,RA是一个多基因的遗传疾病。

(二) 发病机制

　　RA的发病机制虽不十分清楚,但多数人认为这是一种免疫介导的自身免疫病,活化的CD4⁺T细胞和MHC-Ⅱ型阳性的抗原呈递细胞(antigen presenting cell,APC)浸润关节滑膜。滑膜关节组织的某些成分或体内产生的内源性物质也可能作为自身抗原被APC呈递给活化的CD4⁺T细胞,启动特异性免疫应答,导致相应的关节炎症状。在病程中,T细胞库的不同T细胞克隆因受到体内外不同抗原的刺激而活化增殖,滑膜的巨噬细胞也因抗原而活化,使细胞因子如TNF-a、IL-1、IL-6、L-8等增多。细胞因子一方面使活化了的巨噬细胞、淋巴细胞持续被活化,造成慢性病程;另一方面也产生很多临床表现,如IL-1可促使前列腺素代谢引起炎症变化;促进胶原酶产生造成关节破坏、骨和软骨的吸收;使肝细胞合成急性期蛋白导致发热;促使某些细胞因子(如IL-6)等的分泌,加重RA炎症和关节破坏。另外B淋巴细胞被激活分化为浆细胞,分泌大量免疫球蛋白,其中有类风湿因子(rheumatoid factor,

RF)和其他抗体,免疫球蛋白和 RF 结合形成免疫复合物,激活补体,引起炎症反应,造成关节破坏和关节外病变。

【病理】

RA 的基本病理改变是滑膜炎和血管炎。急性期以渗出和炎症细胞浸润为主要表现,滑膜下层血管充血,内皮细胞肿胀,间质水肿,中性粒细胞浸润;病变晚期,滑膜增厚,滑膜细胞由正常的 1~3 层增厚至 5~10 层,增生的有 A 型细胞、B 型细胞,但以 A 型细胞为主,形成许多绒毛样突起,突向关节腔内或侵入到软骨和软骨下的骨质。增生的滑膜细胞具有很强的破坏性,是造成关节破坏、关节畸形和功能障碍的病理基础。在滑膜下层有大量淋巴细胞浸润,其中大部分为 CD4$^+$ T 细胞,其次为 B 细胞和浆细胞。病人关节腔可出现大量积液,尤其在急性期,积液中含有大量炎症细胞,主要为中性粒细胞,还可见到大量 T 细胞,少量巨噬细胞和 B 细胞。

血管炎可发生在病人关节外的任何组织,累及中小动脉和/或静脉。血管管壁淋巴细胞浸润、内膜增生,导致血管腔狭窄或堵塞。类风湿结节是血管炎的一种表现,结节中心为纤维素样坏死组织,周围有上皮样细胞浸润,排列成环状,外被以肉芽组织,肉芽组织间有大量的淋巴细胞和浆细胞。常见于关节伸侧受压部位的皮下组织,亦见于肺、胸膜、心包、心肌等。

【护理评估】

（一）健康史

询问病人有无引起本病的诱因,如感染、寒冷、潮湿、疲劳、营养不良、精神刺激等,了解病人的家族史,询问病人发病前有无发热、全身不适;关节疼痛的特点、部位,有无晨僵现象等;经过哪些治疗与护理,疗效如何等。

（二）身体状况

本病起病方式常缓慢、隐匿,在出现明显的关节症状前,部分病人可有乏力、低热、全身不适、体重下降、食欲缺乏等症状。少数病人起病急剧,在数天内出现多个关节症状。

1. 关节表现　主要侵犯小关节,尤其是手关节,如腕、掌指关节和近端指间关节,其次是趾、膝、踝、肘、肩等关节。此外,颈椎、颞颌关节也可累及。可分为滑膜炎症状与关节结构破坏的表现,前者经过治疗后有一定可逆性,但后者却很难逆转。其表现主要有:

(1) 晨僵:是指病变关节经过一段时间的静止和休息后,自觉病变关节僵硬,如胶黏着样的感觉,难以达到平时关节活动范围的现象,通常在活动后缓解或消失,由于晨起时表现最明显,称晨僵。见于95%以上的病人,常作为观察本病活动性指标之一。晨僵持续时间与关节炎的程度成正比。

(2) 关节疼痛:往往是最早的关节症状,多呈对称性、持续性,但时轻时重,常伴压痛。受累关节的皮肤可出现褐色色素沉着。

(3) 关节肿胀:凡受累关节均可出现肿胀,多因关节腔内积液或关节周围软组织炎症引起,多呈对称性。近端指间关节炎性肿大而附近肌肉萎缩,关节呈梭形而称梭状指。

(4) 关节畸形:晚期由于滑膜炎的绒毛破坏了软骨和软骨下的骨质结构,造成关节纤维性或骨性强直,加之关节周围的肌腱、韧带受损,使关节不能保持在正常位置,出现掌指关节半脱位,手指向尺侧偏斜而呈"天鹅颈"样及"纽扣花"样表现等。关节周围肌肉的萎缩、痉挛使畸形更为加重。

(5) 功能障碍:关节肿痛和结构破坏均可引起关节的活动障碍。关节功能分级分为 4 级,即:Ⅰ级,能照常进行日常生活和各项工作;Ⅱ级,可进行一般的日常生活和某种职业工作,但其他项目活动受限;Ⅲ级,可进行一般的日常生活,但某种职业和其他项目活动受限;Ⅳ级,日常生活不能自理,且丧失工作能力。

(6) 特殊关节的表现:①颈椎受累者可出现颈痛、活动受限,有时寰枢关节脱位可出现脊髓受压的表现;②肩、髋关节受累者最常见的症状是局部疼痛和活动受限,髋关节受累者常表现为臀部和下腰部疼痛;③颞颌关节受累者表现为咀嚼或说话时疼痛加剧,甚至出现张口受限。

2. 关节外表现

(1) 类风湿结节:是本病较特异的皮肤表现,20%~30%的病人可出现此症状,类风湿结节的出现提示病情活动。结节呈圆形或椭圆形,质硬、无压痛,对称分布,直径数毫米至数厘米不等,1 个或数个位于皮下,常附着于骨膜上。浅表结节多见于前臂伸面、肘部鹰嘴附近、枕、跟腱等关节隆突部位及受压部位的皮下;深部结节可出现在肺部,结节可发生液化,咳出后形成空洞。

(2) 类风湿血管炎:是关节外损害的基础,其典型的病理改变为坏死性血管炎,主要累及病变组织的动脉,可出现在病人的任何组织和器官,如甲床或指端小血管炎,少数发生局部缺血性坏死;皮肤溃疡;周围神经病变;内脏动脉炎包括肺间质病变、胸膜炎、心包炎、肾病变(不常见且症状轻)等;眼部可引起巩膜炎,表现为眼红、眼痛等,如不治疗可引起巩膜软化。

(3) 其他:心脏、肺、眼、神经系统、血液系统、肾均可受累。肺受累很常见,其中男性多于女性,肺间质病变是最常见的肺病变。正细胞正色素性贫血是最常见的血液系统表现,贫血程度与关节炎症程度相关。部分病人可出现小细胞低色素性贫血,系因病变本身或因服用非甾体抗炎药而造成胃肠道长期少量出血所致。30%~40%的病人可出现干燥综合征,干燥性角结膜炎是最常见的眼部受累表现,症状为眼干、眼烧灼感、异物感或有分泌物。RA 伴有脾大、中性粒细胞减少,有的病人甚至出现贫血和血小板减少,称费尔蒂综合征(Felty 综合征)。长期 RA 可并发肾淀粉样变性。另外,抗风湿药物也可引起肾损害。

(三) 辅助检查

1. 血液检查 有轻至中度贫血。活动期血小板可增多,白细胞计数及分类多正常,红细胞沉降率增快,C 反应蛋白增高。70%的病人血清 RF 阳性,RF 是一种自身抗体,可分为 IgM 型、IgG 型、IgA型及 IgE 型,在临床上常规测得的是 IgM 型 RF,其滴度与本病的活动性和严重性成正比。RF 阳性还见于慢性感染(肝炎、结核)、其他结缔组织病,但结合临床表现,高滴度的 IgM 型 RF 对 RA 的诊断具有相对特异性。抗角蛋白抗体(AKA)阳性率为 30%~60%,特异性高达 90%以上。抗环瓜氨酸肽(CCP)抗体敏感性和特异性均较高,约 75%的 RA 病人会出现,特异性高达 93%~98%。70%的病人的血清中可出现各种不同类型的免疫复合物,特别是活动期和 RF 阳性病人。血清补体在活动期和急性期常升高,伴血管炎者补体可下降。20%~30%的 RA 病人抗核抗体阳性,有关节外表现的 RA 病人抗核抗体阳性率更高。

2. 关节滑液 关节腔滑液正常不超过 3.5ml,本病病人滑液常增多,滑液中白细胞高达(2~75)×10^9/L,且中性粒细胞占优势。

3. 关节 X 线检查 以手指和腕关节的 X 线摄片最有价值。根据关节破坏情况可分为 4 期,Ⅰ期:影像中可见关节周围软组织的肿胀阴影,关节端骨质疏松;Ⅱ期:关节间隙因软骨破坏变窄;Ⅲ期:关节面出现虫蚀样破坏性改变;Ⅳ期:晚期关节半脱位和关节破坏后的纤维性及骨性强直。

4. 关节 MRI 和关节超声 对早期诊断极有意义,可以显示关节软组织病变、滑膜水肿、增生和血管翳形成及骨髓水肿等,较 X 线更敏感。关节超声可显示滑膜增生情况,还可指导关节穿刺及治疗。

(四) 心理-社会状况

由于本病会出现病情反复发作,顽固性关节疼痛,并有轻重不等的关节畸形和功能障碍,大多数病人会出现焦虑、悲哀、孤独、愤怒、恐惧等心理反应,特别是出现关节畸形和功能障碍后,病人生活逐渐不能自理,会产生绝望、对生活丧失信心等心理表现。护士还应评估社会支持系统,了解病人的经济水平、家庭和社会支持情况,特别是对于不能自理的病人如没有足够的支持系统,会增加病人的心理和生活负担。

【常见护理诊断/问题】

1. 慢性疼痛 与关节肿胀、炎症有关。

2. **躯体移动障碍**　与疼痛及关节活动受限有关。

3. **沐浴/穿着/进食/如厕自理缺陷**　与关节僵硬、疼痛、关节畸形有关。

4. **焦虑**　与疾病反复发作、疼痛、迁延不愈有关。

5. **体像紊乱**　与关节畸形有关。

【计划与实施】

RA 目前尚无根治的方法。治疗措施包括一般治疗、药物治疗、外科手术治疗及其他治疗,主要治疗措施是药物治疗。治疗目标为缓解症状,控制炎症,保护受累关节功能,促进已破坏骨关节的修复。

经过治疗和护理,病人达到:①关节疼痛缓解或消失;②躯体及关节活动能力增强;③生活能自理;④心理状态平稳,能正确对待疾病;⑤了解疾病的治疗及自我保健知识。

（一）一般治疗

主要包括休息、关节制动(急性期)、关节功能锻炼(恢复期)、物理疗法、健康教育等。卧床休息只适宜于急性期、发热及器官受累的病人。

知 识 链 接

RA 达标治疗

RA 的治疗目标是达到疾病缓解或低疾病活动度,即达标治疗,最终目的为控制病情、降低致残率,改善病人的生活质量。达标治疗指治疗达到临床缓解,即 28 个关节疾病活动度(DAS28)≤2.6,或临床疾病活动指数(CDAI)≤2.8,或简化疾病活动指数(SDAI)≤3.3。在无法达到以上标准时,可以以低疾病活动度作为治疗目标,即 DAS28≤3.2、CDAI≤10 或 SDAI≤11。但应注意,基于评估工具进行疾病活动度的评价也存在一定局限性,临床实践中可根据实际情况选择恰当的评估标准。

（二）药物治疗与护理

治疗 RA 的药物包括非甾体抗炎药(NSAID)、传统缓解病情抗风湿药(DMARDs)、生物 DMARDs、糖皮质激素(GC)和植物制剂。

1. **非甾体抗炎药(NSAID)**　作用机制为抑制环氧酶的作用,减少前列腺素的产生,减弱前列腺素对缓激肽等致炎介质的增敏作用,其抗风湿作用主要用于抗炎。此类药可减轻病人关节肿痛,是改善关节炎症状的常用药,但不能控制病情,须与缓解病情抗风湿药同服。常用药物有塞来昔布和双氯芬酸。使用时应指导病人在饭后或睡前服用;使用后应观察其有无严重的胃肠道反应、精神神经症状及出血倾向等,当出现以上症状时,应通知医生并立即停药。一般不宜同服 2 种及以上 NSAID。老年人宜选用半衰期短的 NSAID;对有溃疡病史的人,宜服用减少胃肠道不良反应的药物。

2. **传统 DMARDs**　本类药除能改善关节症状外,还能阻止关节结构的破坏,因此须早期应用来控制 RA 活动性。视病人病情可单用,也可采用 2 种及以上 DMARDs 联合使用。常用的有甲氨蝶呤(MTX)、来氟米特、柳氮磺吡啶、抗疟药、硫唑嘌呤、环孢素等。使用这类药时,应注意观察常见的不良反应,如肝损害、胃肠道反应、脱发、骨髓抑制、性腺毒性、出血性膀胱炎等,临床可出现恶心、口炎、口腔异味、味觉消失、腹泻、转氨酶升高、蛋白尿、血尿、白细胞或血小板减少、月经减少、停经、精子活力及数目降低等。指导病人用药期间注意观察药物的副作用,定期监测肝功能、肾功能、血常规等,如出现严重不良反应立即停药并及时处理。鼓励病人多饮水,以促进药物代谢产物排出,为减轻胃肠道反应可饭后服药,向病人及其家属讲解所用药物的作用及不良反应。

3. **生物 DMARDs**　临床应用的主要为肿瘤坏死因子 α(TNF-α)拮抗剂和 IL-6 拮抗剂(托珠单抗),TNF-α 包括依那西普、阿达木单抗和英夫利昔单抗。适用于治疗对传统 DMARDs 治疗应答不足

的中到重度活动性类风湿关节炎的成年病人。本类生物制剂宜与 MTX 或其他 DMARDs 联合应用,可增加疗效和减少不良反应。其主要的不良反应为注射部位的皮疹、感染及过敏反应,尤其是结核感染的风险,有些生物制剂长期使用会使病人罹患肿瘤的潜在风险增加。用药前应筛查结核,并且加强观察。

4. 糖皮质激素（GC） 抗炎作用强,能快速缓解症状,但不能从根本控制疾病进展,停药后症状易复发。GC 用药原则是小剂量（10mg/d 以下）、短疗程,长期用药可造成停药困难,易出现不良反应,病人临床条件允许时应尽快递减激素用量至停用。适用于伴有关节外表现的重症 RA、经正规缓解病情抗风湿药治疗无效者。对于有关节外表现,伴有心、肺等器官受累的重症病人,根据具体情况予以中到大剂量 GC 治疗,部分病人根据情况以每日 10mg 或低于 10mg 维持治疗。使用糖皮质激素必须同时应用 DMARDs,应该注意补充钙剂和维生素 D,避免骨质疏松。

5. 植物制剂 常用的有雷公藤多苷片和白芍总苷胶囊。雷公藤多苷片可导致女性停经、男性精子数量减少、肝损害、胃肠道反应等不良反应,用药后应定期监测病人肝、肾功能;白芍总苷胶囊是从白芍总苷中提取的,具有抗炎和免疫调节作用,主要观察病人有无胃肠道反应。

（三）外科手术治疗

外科手术包括关节置换和滑膜切除术,前者适用于较晚期、有畸形并失去功能的关节。其主要适应证有严重畸形引起病人日常生活功能障碍,神经压迫或有压迫的危险,持续性滑膜炎。

（四）疼痛的护理

1. 评估病人关节疼痛的部位、程度及关节活动情况,注意有无关节外症状如胸痛、心前区疼痛、腹痛、头痛、发热、呼吸困难等。

2. 遵医嘱使用镇痛药。

3. 卧床休息,协助病人采取舒适体位,使用床上支架避免盖被压迫疼痛关节。对受损关节,局部可用物理疗法,如热敷、热水浴、红外线、超短波等,以减轻疼痛。

4. 晨僵病人早晨起床后可行热水浴,或用热水浸泡僵硬的关节,然后活动关节,夜间睡眠时戴弹力手套保暖。

（五）关节功能障碍的护理

1. 急性期 指导病人保持关节功能位,为防止关节畸形,膝下可放一小枕,使关节处于伸展位,足底放足板,防止足下垂。

2. 缓解期 指导病人坚持功能锻炼,其目的是预防关节失用。鼓励病人及早下床活动,必要时协助病人行走,根据其需要提供适当的辅助工具,如手杖、扶车等。指导病人在坐、立、行或卧位时保持正确的体位或姿势。肢体锻炼由被动到主动,活动强度以病人能耐受为限,指导病人每日定时做全身和局部相结合的主动活动,如转颈、挺胸、肢体屈伸、散步、手部抓握、提举等活动,也可配合按摩等物理疗法增加局部血液循环,松弛肌肉,避免肌肉萎缩、关节僵直。

（六）自理能力的培养

鼓励病人自理,将病人经常使用的物品放于病人易取的地方,必要时给予帮助。培养病人自理能力,进行日常生活训练,如穿衣、进食、如厕、行走等。

（七）心理护理

本病虽为慢性疾病,但通过药物和锻炼可以缓解症状,良好的心态可促进康复,因此护士应鼓励病人发挥健康肢体的作用,尽力做到生活自理,积极参加工作与生活,体现生存的价值。积极调动病人的支持系统,指导家属给予病人物质与精神支持,并做好生活护理。经常与病人沟通,了解病人的心理和需求,解除其不良心理状态。

（八）健康指导

1. 疾病知识指导 让病人了解疾病相关知识如临床表现、病程进展、治疗与护理方案。教育病人遵医嘱服药,了解药物的作用与副作用,不得自行停药、换药、调整药量。指导病人进餐时用药以减

轻胃部不适。如病情复发,及时就医,定期复查。

2. 避免诱因 如感染、寒冷、潮湿、过度劳累等,注意保暖。

3. 加强锻炼 强调休息与治疗性锻炼的重要性,每日坚持锻炼,增强机体抵抗力,保护关节功能,促进关节功能恢复,防止肌肉萎缩和关节失用。

4. 保护关节

(1) 避免关节畸形,如拧干毛巾时用压挤的方法而非拧绞、平卧时膝下勿垫枕。

(2) 使用大关节完成任务,如从椅子上站起来时,用手掌支撑而非手指支撑,用两臂而非手指提洗衣篮等。

(3) 将力量分布在众多关节,而不只是对少数关节施压,如拖动物体而非抬物体,尽量将包靠近身体等。搬运物品时,可选用手推车。

(4) 经常变换姿势,避免长时间保持一种姿势或动作,如避免长时间拿书、手握方向盘、握铅笔、用刀削蔬菜、进行编织工作及用真空吸尘器打扫房间。

(5) 改变做事的方式,减少对关节的压力,如避免干重活等。

5. 保持乐观情绪 对于关节畸形致残病人,鼓励其生活自理,参加力所能及的工作及活动,实现自我价值。

6. 其他 鼓励病人家属积极参与治疗,病人 RA 急性发作时应立即到医院进行治疗。

【护理评价】

经过治疗和护理,评估病人是否能够达到:①主诉疼痛或不适减轻或消失;②关节活动增加或可使用合适的器具增加活动;③生活能自理;④焦虑减轻或消失;⑤主动配合治疗和护理,了解自我保健知识。

(徐 蓉)

思 考 题

1. 对于 RA 缓解期的病人,如何指导其进行关节功能锻炼?
2. 如何指导病人在日常生活中保护关节?

第二节 骨关节炎病人的护理

 导入情境与思考

病人,女性,59 岁,身高 156cm,体重 72kg,已绝经,因左膝关节肿痛 7d 就诊。体格检查:膝关节活动尚可,行走无明显受限,X 线示左股骨下段骨质斑状硬化,诊断为左膝骨关节炎。

请思考:

(1) 该病人首要的护理问题是什么?

(2) 请为该病人制订相应的护理措施。

骨关节炎(osteoarthritis,OA)是一种常见于老年人的关节退行性疾病,以关节软骨侵蚀、边缘骨增生、软骨下骨硬化、滑膜和关节腔的一系列生化和形态学改变为特点。骨关节炎常累及髋关节、膝关节及手指的近端和远端指间关节,也可累及第 1 跖趾关节、颈椎和腰椎等。骨关节炎可从 20 岁开始发病,但大多数无症状,一般不易发现,患病率随着年龄增长而增加,多见于女性。据世界卫生组织统

 Note:

计,OA 的年患病率和年发病率分别为 3 754.2/10 万和 181.2/10 万。目前,我国骨关节炎病人超过了1 亿,据 2015 年骨关节炎流行病学史调查显示 40 岁以上人群原发性骨关节炎的总体患病率为46.3%;男性为 41.6%,女性为 50.4%。

【病因与发病机制】

骨关节炎的主要病理改变为关节软骨退行性变性破坏和软骨下骨硬化或囊性变,以及关节边缘韧带附着处和软骨下骨质反应性增生形成骨赘。目前骨关节炎的确切病因尚不知晓,一般认为关节损伤是对多种致病因素包括机械性和生物性因素的一种反应,这种刺激发生最早,是关节软骨发生病理变化的最主要因素。软骨是骨的保护垫,可以使关节活动更为灵活。当软骨受损时,关节末端增生并失去正常形态。软骨进一步破坏,骨末端开始相互摩擦造成疼痛。除此以外,受损关节组织还会释放前列腺素或因骨赘形成关节积液,而产生疼痛和肿胀。骨关节炎疾病的发生与发展非单一因素所致,既有全身性因素的参与,又有局部因素作用,包括年龄、性别、肥胖、遗传易感性、反复的关节损伤、关节变形、伴随疾病及生活方式等危险因素。

1. **年龄**　为主要高危因素,该病多见于老年人。

2. **性别**　女性发病率较高,在绝经后明显增加,可能与关节软骨中雌激素受体有关。

3. **关节损伤或过度使用**　活动超出了关节周围肌肉和韧带的承受能力,造成关节软骨的损伤及某些关节过度使用可能也会使骨关节炎发生的危险性增加。

4. **肥胖超重**　骨关节炎发病概率随关节承重增加而增高。研究表明,肥胖基因及其产物瘦素也可能对骨关节炎的发生和发展起作用。

5. **关节对线不良**　可引起关节面负重线不正,造成关节不稳,致使软骨面与关节囊、韧带的附着处发生代偿性或保护性骨质增生,如膝内翻、髋关节脱位,其相应的关节易患骨关节炎。

6. **遗传易感性**　胶原是软骨的组成成分,其相关基因的缺陷可造成软骨的退化。

7. **关节损伤**　关节损伤后发生的骨关节炎通常被称为创伤后骨关节炎,可发生在韧带或半月板撕裂、骨折等损伤后,一种可能的解释是损伤导致的急性炎症反应启动了骨关节炎进程,通常在损伤后 10 年内出现明显的病理改变。

8. **医源性因素**　如长期服用糖皮质激素或关节内注射激素,引起关节软骨剥脱病。

【护理评估】

(一)健康史

询问病人既往疾病史,是否有受伤的情况,有无长期服用激素;有无引起本病的诱因,有无亲属患该病;发病前有无发热、全身不适;关节疼痛的特点、部位,有无晨僵现象等;经过哪些治疗与护理,疗效如何等。

(二)身体状况

1. **关节疼痛**　是该病的主要症状和导致功能障碍的主要原因。初期为轻微钝痛,以后逐步加剧。活动多时疼痛加剧,休息后好转。也可产生"静息痛",即静止或晨起时感到疼痛,稍活动后减轻。疼痛可与天气变化、潮湿等因素有关。

2. **晨僵和黏着感**　晨僵提示滑膜炎的存在,但和类风湿关节炎不同,时间比较短暂,一般不超过30min。黏着感指关节静止一段时间后,开始活动时感到僵硬,如黏住一般,稍活动即可缓解。多见于老年人下肢关节。静止后僵硬感或黏着感是病人常见主诉。

3. **其他症状**　随着病情进展,可出现关节挛曲、不稳定、负重时疼痛加重等症状表现。由于关节表面吻合性差、肌肉痉挛和收缩、关节囊收缩及骨刺等引起机械性闭锁,可发生功能障碍。

总之,关节受累的特点有:①任何关节均可受累;②肩、肘、腕、踝相对受累较少;③手部:远端指间关节[赫伯登(Heberden)结节]和近端指间关节[布夏尔(Bouchard)结节]受累较多,掌指关节受累较

少;④髋关节:腹股沟痛,首先失去内旋功能;⑤膝关节:一侧关节间隙变窄(与 RA 区别);⑥足:通常发生在第 1 跖趾关节;⑦腰椎:常见,尤以 $L_{4\sim5}$、$L_5 \sim S_1$ 部位多见,主要为小关节及椎间盘纤维软骨退行性变,可能还伴有椎间盘突出或脱出,因此而出现的骨质增生可能引发神经受压,如坐骨神经痛(椎间盘突出或后侧骨赘)、神经性跛行(椎管狭窄)等;⑧颈椎:常见,尤其是下位颈椎、颈部疼痛。

(三) 辅助检查

1. **实验室检查** 血常规、血清蛋白电泳、免疫复合物及血清补体等指标一般在正常范围。伴有滑膜炎的病人可出现 C 反应蛋白(CRP)和红细胞沉降率(ESR)轻度升高。

2. **X 线检查** 可发现关节间隙不对称、狭窄,骨质硬化、关节周围骨内囊状改变、关节边缘性唇样变增生和骨桥、骨赘形成,伴有关节积液,有时关节腔出现游离体或关节变形。

3. **CT 和 MRI 检查** 能清晰显示关节病变,椎间盘突出,MRI 还可发现软骨破坏、韧带病变、滑囊炎、滑膜病变等,大大提高了早期诊断率。

(四) 心理-社会状况

由于本病会出现病情反复发作、顽固的关节疼痛,并有轻重不等的关节畸形和功能障碍。大多数病人可能会长期处于焦虑、恐惧等心理状态,特别是出现关节畸形和功能障碍后,病人生活逐渐不能自理,会产生绝望、对生活丧失信心等抑郁表现。护士还应评估社会支持系统,了解病人的经济水平、家庭和社会支持情况。

【常见护理诊断/问题】

1. **慢性疼痛** 与关节肿胀、炎症及活动限制有关。
2. **躯体移动障碍** 与疼痛及关节活动受限有关。
3. **自理缺陷** 与关节僵硬、疼痛、关节畸形有关。
4. **焦虑** 与疾病反复发作、疼痛、迁延不愈有关。
5. **体像紊乱** 与关节畸形有关。

【计划与实施】

骨关节炎是骨关节生理性退化的表现,尚无逆转或中止该病进展的药物。治疗目的是减轻疼痛,缓解症状,阻止和延缓疾病的发展,保护关节功能,预防残疾。通常采用综合治疗,包括病人教育、药物治疗、物理疗法及手术治疗。经过治疗和护理,病人达到:①疼痛或不适减轻或消失;②关节活动增加或使用合适的器具增加活动,生活自理;③情绪稳定,能主动配合治疗和护理。

(一) 非药物治疗与护理

对初次发病、症状不重者应首选非药物治疗。包括:①病人的疾病教育:向病人提供疾病相关信息,让其了解骨关节炎的本质,积极应对疼痛和活动受限;②物理疗法:如适当的水疗、蜡疗、针灸等;③避免关节负重:避免引起疼痛的活动,使用支撑物或夹板减轻关节内负荷,超重或肥胖者应控制体重,可使用拐杖或手杖减少体重对关节的负荷;④调整关节力线:如有关节内翻或外翻畸形,可使用相应的矫形支具或矫形鞋;⑤人性化的社会支持,如电话联系、随访等;⑥适当的有氧锻炼和/或抗阻力训练计划,选择低冲击锻炼,如步行、游泳等。

(二) 药物治疗与护理

非药物治疗无效时应选择药物治疗。

1. **局部药物治疗** 可有效缓解关节轻至中度疼痛,且较少发生药物不良反应。对于表浅部位的骨关节炎为首选,可使用各种消炎镇痛药的乳胶剂、膏剂、贴剂等。

2. **全身镇痛药物** 对于中至重度疼痛,可联合使用局部药物与口服非甾体抗炎药。因对乙酰氨基酚疗效有限,不良反应多,已不推荐作为 OA 止痛的首选药物。效果不佳时,可根据具体情况调整非选择性非甾体抗炎药和选择性 COX-2 抑制剂的用药方案。尽可能使用最低有效剂量,避免过量或

Note:

同类药物重复或叠加使用。用药期间,注意观察病人的药物疗效及不良反应,并指导病人在用药 3 个月后,复查血常规、粪便常规、粪便隐血试验、肝功能及肾功能。当治疗无效或不能耐受此类药时,可使用其他镇痛药物,如:曲马多、阿片类镇痛药或对乙酰氨基酚与阿片类的复方制剂。

3. **关节腔内注射**　滑膜炎症在骨关节炎疼痛中起主要作用,关节腔内注射糖皮质激素可明显减轻滑膜炎,治疗膝和髋关节炎效果较好,能有效减轻疼痛。透明质酸钠为关节腔滑液的主要成分,为软骨基质的成分之一,在关节中起到润滑作用,减少组织间的摩擦,治疗方案为每次 25mg 透明质酸钠,1 次/周,连续 5 周。应注意严格无菌操作,注射前抽吸关节液。

（三）手术治疗与护理

严重的骨关节炎病人在药物保守治疗无效而日常活动进行性受限的情况下,应考虑手术治疗。骨关节炎手术治疗的方法:①游离体摘除术;②通过关节镜行关节清理术;③截骨术;④关节融合术和关节置换术等。

（四）健康指导

1. **平衡营养**　多食富含胶原蛋白和钙的食品。必要时要补充钙剂,以确保骨关节代谢的正常需要。另外,经常食用生姜、大蒜、洋葱等可有效减轻关节疼痛和肿胀。

2. **保护关节**　尽量穿长裤,也可以戴护膝,防止受潮受凉,每日可定时进行关节的热敷和按摩,以改善血液循环,改善关节功能。注意减轻关节负重,肥胖者应积极减肥,生活中手提负重小于 3kg,尽可能避免爬高或搬重物等。减轻肿胀,热敷较湿敷好,如热气浴、温泉浴、矿泉浴等,也可用热毛巾湿敷。不过须注意:①如果关节有红肿时应暂停热疗;②高血压、心脏病者慎用;③在夏天气温高时的应用,更须注意,如急性期停止热敷。

3. **适宜运动与锻炼**　以节奏缓慢、关节负重小的运动为佳,如游泳、太极拳等;可进行膝部力量锻炼及膝关节活动范围训练,如直腿抬高运动、负重直腿抬高运动、卧床屈髋屈膝运动等。运动量应适宜,疼痛缓解后,每日平地慢走 1~2 次,每次 20~30min。避免关节过度劳累,更要避免关节负荷过重的锻炼,如长跑、登山和频繁上下楼梯,以及在坑洼路面长时间步行和反复下蹲等。

4. **合理使用支具**　夹板、护膝带等支具可增加关节的稳定性。使用手杖、拐杖可减轻关节负重。不过,睡眠时切记不要在膝下垫枕,以免导致屈曲畸形。

5. **避免创伤**　及时、正确治疗关节创伤,创伤后病人应及时采用拐杖、助行器等,减少关节受损。

6. **矫正畸形**　及早进行下肢及关节矫形,如对膝内翻、膝外翻、髋关节半脱位等矫形。

7. **预防为主**　保持积极乐观的情绪,提高防病治病意识,多晒太阳,以防止骨质疏松的发生。

【护理评价】

经过治疗和护理,评估病人是否能够达到:①主诉疼痛或不适减轻或消失;②关节活动增加或使用合适的器具增加活动,生活能自理;③情绪稳定,能主动配合治疗和护理。

（陈　红）

第三节　痛风病人的护理

───────────── 导入情境与思考 ─────────────

病人,男性,44 岁,2 年来因左足第 1 跖趾关节疼痛伴反复低热就诊,诊断为痛风。经治疗后,疼痛较前好转。2d 前,因大量饮酒致疼痛加剧,活动明显受限,自服镇痛药物后未明显缓解前来就诊。体格检查:T 37.5℃,P 63 次/min,R 18 次/min,BP 123/69mmHg,双足第 1 跖趾关节肿胀,左侧较明显,双侧耳郭触及 3 个绿豆大的结节。

Note:

请思考:

(1) 该病人的主要护理问题有哪些?

(2) 针对该病人的情况,护士应给予哪些用药指导?

痛风(gout)是由于单钠尿酸盐沉积于关节、肾、皮下等部位所引发的慢性炎症和组织损伤,与尿酸生成过多和/或尿酸排泄减少所致的高尿酸血症直接相关,属于代谢性风湿病范畴。本病见于世界各地,由于受地域、民族、饮食习惯的影响,痛风患病率差异较大,且随年龄增加、血清尿酸浓度升高和持续时间加长而增加。据统计,我国痛风的患病率为 1%~3%,好发年龄为 40~50 岁,男女比例约为 20∶1。

【病因与发病机制】

(一) 病因

根据病因,痛风可分为原发性和继发性两大类,其中以原发性痛风占绝大多数。原发性痛风由遗传因素和环境因素共同致病,具有一定的家族聚集性,除极少数是先天性嘌呤代谢酶缺陷或遗传性肾病所致,绝大多数病因未明,常与肥胖、糖脂代谢紊乱、高血压、动脉硬化和冠心病等聚集发生。继发性痛风则主要是由于肾病引起尿酸排泄障碍、骨髓增生性疾病及放疗致尿酸生成增加、某些药物抑制尿酸的排泄、长期高嘌呤饮食等多种原因引起。

(二) 发病机制

痛风的发病机制尚未完全阐明,目前认为痛风与高尿酸血症形成,析出尿酸盐结晶沉积在组织致急、慢性炎症和组织损伤有关。

1. **高尿酸血症的形成** 尿酸是嘌呤代谢的最终产物,主要由人体细胞代谢分解的核酸和其他嘌呤类化合物及食物中所含的嘌呤经过酶的作用分解而来,导致高尿酸血症的原因主要为尿酸排泄减少和尿酸生成增多。

(1) 尿酸排泄减少:尿酸排泄障碍是引起高尿酸血症的重要因素,包括肾小球滤过率下降、肾小管重吸收增多、肾小管分泌减少及尿酸盐结晶沉积。据估计,80%~90% 的高尿酸血症病人具有尿酸排泄障碍,肾小管分泌减少尤为重要。

(2) 尿酸生成增多:主要由嘌呤代谢所需要的酶缺陷所致。包括:①磷酸核糖焦磷酸合成酶活性增高;②磷酸核糖基焦磷酸酰基转移酶的浓度或活性增高;③次黄嘌呤鸟嘌呤磷酸核糖基转移酶部分缺乏;④黄嘌呤氧化酶活性增高;⑤其他。

2. **痛风的发生** 临床上,5%~20% 的高尿酸血症者发生痛风。在 pH 7.4、温度 37℃ 及血清钠正常的情况下,血尿酸的饱和浓度约为 420μmol/L;当血尿酸浓度高于此值或在酸性环境下,尿酸盐可析出针状结晶,沉积在无血供(如软骨)或血供较少的部位(如肌腱、韧带),病情严重或患病时间长者,也可在中央大关节及实质器官如肾中沉积,尿酸盐结晶造成组织病理学改变,导致痛风性关节炎、痛风性肾病和痛风石等。急性关节炎是由尿酸盐结晶沉积引起的急性炎症反应。长期尿酸盐结晶沉积形成的异物结节即痛风石。痛风性肾病也是痛风特征性病理变化之一。

【护理评估】

(一) 健康史

询问病人有无诱因,如高蛋白饮食、高嘌呤饮食、酗酒、创伤、受寒、过度疲劳、精神紧张、感染、服用某些抑制尿酸排泄的药物等;了解病人家族中有无其他成员患有此病;询问病人有无糖脂代谢紊乱、高血压、动脉硬化、冠心病等疾病史;评估病人此次起病时间、特点、病情、病程及治疗情况等。

(二) 身体状况

1. **无症状高尿酸血症期** 仅有血尿酸持续性或波动性增高。从尿酸增高到出现症状,时间从数

年至数十年不等,部分病人可终身不出现症状,其症状的出现与高尿酸血症的水平和持续时间有关。

2. **急性关节炎期**　病人多在午夜或清晨突发关节剧痛,发作数小时内,受累关节即可出现红、肿、热、痛,局部不能忍受被单覆盖或周围震动。常以第 1 跖趾关节为首发关节,也可发生于足弓、足踝、膝、腕、指和肘关节,多为单个关节受累,偶可同时累及多个关节,累及大关节时,可伴有关节腔积液。此外,部分病人可伴有发热、乏力、心率加快、头痛等全身表现。此期症状一般经 1~2d 或数周可自然缓解,缓解时局部偶可出现特有的脱屑和瘙痒表现,而后多因受寒、劳累、饮酒、高蛋白饮食、高嘌呤饮食及外伤、手术、感染等复发。

3. **痛风石与慢性关节炎期**　痛风石是长期尿酸盐清除速度慢于生成速度的结果,是痛风的特征性临床表现,尿酸盐结晶沉积在软骨、滑膜、软组织及其他任何部位,常见于耳郭、跖趾、指间和掌指关节,呈黄白色大小不一、形状不对称的隆起,严重时患处皮肤菲薄、发亮,破溃排出白垩样尿酸盐结晶碎块,且患处一旦形成瘘管,很难愈合。随着病情的进展,痛风反复发作,受累关节可发生永久性破坏性关节畸形,出现慢性关节炎症状,表现为关节肿痛、僵硬、畸形及周围组织的纤维化和变性等。痛风石形成的速度与高尿酸血症的程度和持续时间有关,肾病的严重程度和利尿药、环孢素等药物的使用有关,其也会影响痛风石的形成速度,其中,血清尿酸盐水平是主要的决定因素。

4. **肾脏病变**　主要表现在以下 3 个方面:

(1) 痛风性肾病:起病隐匿,临床表现为尿浓缩功能下降,出现夜尿增多、低比重尿、低分子蛋白尿、白细胞尿、轻度血尿及管型等。晚期可出现肾功能不全及高血压、水肿、贫血等。

(2) 尿酸性肾石病:可从无明显症状至肾绞痛、血尿、排尿困难、肾积水、肾盂肾炎或肾周围炎等表现。纯尿酸结石能被 X 线透过而不显影。

(3) 急性肾衰竭:大量尿酸盐结晶堵塞肾小管、肾盂甚至输尿管,病人突然出现少尿甚至无尿,可发展为急性肾衰竭。

（三）辅助检查

1. **实验室检查**

(1) 血尿酸测定:高尿酸血症是痛风最重要的生化基础。正常成年男性血尿酸值为 208 ~ 416μmol/L,女性为 149~358μmol/L,绝经后接近男性。我国高尿酸血症的诊断标准为非同日、2 次空腹血尿酸>420μmol/L(成人,不分性别)。

(2) 尿酸测定:低嘌呤饮食 5d 后,留取 24h 尿,若测得尿酸值超过 3.57mmol/L,即可认为尿酸生成增多。

(3) 关节液或痛风石内容物检查:急性关节炎期,行关节穿刺抽取关节液,检测包括细胞计数、白细胞分类计数、革兰氏染色和细菌培养及在偏振光显微镜下行结晶检测,在偏振光显微镜下,关节液中或白细胞内可见负性双折光针状尿酸盐结晶,阳性率约为 90%。活检痛风石内容物,亦可发现同样形态的尿酸盐结晶。此项检查具有确诊意义。

2. **影像学检查**

(1) X 线检查:急性关节炎期可见关节周围软组织肿胀;慢性关节炎期可见关节间隙狭窄、关节面不规则、痛风石沉积,典型者骨质呈虫蚀样或穿凿样缺损、边缘呈尖锐的增生硬化。

(2) 超声检查:超声有助于痛风的早期发现和治疗监测。在超声下,其特征性表现包括关节软骨表面表浅的高回声线性致密区(“双轨征”或“尿酸盐冰”),或不均匀的痛风石物质外包围着无回声环(云雾状高回声区)。

(3) CT 及 MRI 检查:CT 扫描受累部位可见不均匀的斑点状高密度痛风石影像,双能 CT 能特异性地识别关节和关节周围的尿酸盐沉积,并能区分尿酸盐和钙沉积;MRI 的 T_1 和 T_2 加权图像呈斑点状低信号。

（四）心理-社会状况

痛风病人往往会因疾病所致的疼痛、活动受限等出现急躁易怒、烦闷失眠等情况;同时,部分病人因该疾病长期反复发作,经济压力增加和社会支持减少而表现出焦虑不安、悲观、绝望等负性情绪。

【常见护理诊断/问题】

1. **急性/慢性疼痛** 与尿酸盐结晶沉积在关节引起炎症反应有关。
2. **躯体移动障碍** 与关节受累致疼痛、畸形有关。
3. **体温过高** 与炎症反应有关。
4. **焦虑** 与病情反复发作有关。
5. **知识缺乏**:缺乏疾病治疗和自我护理知识。

【计划与实施】

痛风目前尚无根治方法,其治疗目标为:①迅速、有效地控制痛风急性发作;②预防急性关节炎复发,预防痛风石的沉积,保护肾功能,预防心血管疾病及脑血管疾病的发病;③纠正高尿酸血症,阻止新尿酸盐晶体沉积,促使已沉积的晶体溶解;④治疗其他伴发的相关疾病。

经过护理,病人达到:①关节疼痛减轻或消失;②关节活动改善或恢复;③体温维持在正常范围内;④焦虑情绪缓解,能以积极的心态维持治疗;⑤了解疾病的相关知识、治疗过程及预防措施。

(一)一般护理

指导病人注意休息,避免劳累。急性发作期,宜卧床休息,抬高患肢,避免受累关节负重,必要时在病床上安放支架支托盖被,减少患部受压。痛风石严重时,可能导致局部皮肤溃疡发生,应注意维持患部清洁,避免发生感染。

(二)药物治疗与护理

1. 急性关节炎期的治疗与护理

(1)非甾体抗炎药:可有效缓解急性痛风性关节炎症状,为急性痛风性关节炎的一线用药,如吲哚美辛、双氯芬酸钠、美洛昔康、依托考昔等。此类药物对胃黏膜有一定的损害,宜在饭后服用,在服药期间,应密切观察病人有无活动性消化溃疡或消化道出血的发生。

(2)秋水仙碱:可抑制白细胞的趋化作用,对缓解炎症及疼痛有特效,是治疗急性痛风性关节炎的传统药物。但该药副作用繁多,宜首选口服用药,若病人口服后立即出现恶心、呕吐、腹泻等严重胃肠道反应,可改为静脉用药,但静脉用药可引起脱发、肝损害、骨髓抑制、肾衰竭、癫痫样发作甚至死亡等严重不良反应,因此,使用时必须严密监测和观察病人有无上述反应,一旦出现,应及时停药,且治疗无效者,亦不可再重复用药。此外,静脉用药应避免外漏,以免引起组织坏死。

(3)糖皮质激素:对痛风急性发作病人疗效明显。当病人不能耐受非甾体抗炎药、秋水仙碱或出现肾功能不全时,可应用中小剂量的糖皮质激素,口服、肌内注射、静脉用药均可。该药停药后症状易"反跳",护士应密切注意病人有无症状的"反跳"现象;若同时服用小剂量秋水仙碱,可预防症状"反跳"。

2. 发作间歇期与慢性关节炎期的治疗与护理

(1)促进尿酸排泄药:如丙磺舒、磺吡酮、苯溴马隆、活性炭类吸附剂等,此类药物适用于肾功能正常或轻度受损、每日尿液尿酸小于600mg、无肾结石者。服用丙磺舒、磺吡酮、苯溴马隆等药物的病人可出现皮疹、发热、胃肠道反应等不良反应,服用期间,应嘱病人多饮水,口服碳酸氢钠等。

(2)抑制尿酸合成药:如别嘌醇、奥昔嘌醇、非布司他等,此类药物适用于每日尿液尿酸超过1000mg、肾功能受损、有泌尿系统结石史、使用排尿酸药无效者。服用别嘌醇的病人可出现皮疹、发热、胃肠道反应、肝损害、骨髓抑制等不良反应,有肾功能不全者,宜减半服用。

(3)治疗依从性:让病人明白服用药物的目的、了解降尿酸治疗的目标值。对无合并症的痛风病人,降尿酸治疗的目标值是血尿酸水平维持在360μmol/L以下;对痛风急性发作次数≥2次/年、有痛风石或有合并症的痛风病人,建议将血尿酸水平控制在300μmol/L以下。但不建议长期将血尿酸

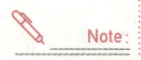

水平控制在<180μmol/L,因尿酸对中枢神经系统有一定保护作用。

3. **伴发疾病的治疗与护理**　痛风常伴发代谢综合征中的一种或数种,如高血压、高脂血症、肥胖症、2型糖尿病等。因此,在治疗痛风的同时,应积极治疗相关伴发疾病。在治疗这些疾病的药物中有些兼具弱降尿酸作用,值得选用,如非诺贝特、阿托伐他汀等调节血脂药,氯沙坦、氨氯地平等抗高血压药,但不主张用于仅有痛风而无伴发疾病者的治疗。

4. **无症状高尿酸血症的治疗与护理**　大部分病人无需用药治疗,但血尿酸水平≥540μmol/L,或血尿酸水平≥480μmol/L且有高血压、脂代谢异常、糖尿病、肥胖、脑卒中等合并症之一的病人应开始降尿酸治疗。所有高尿酸血症病人应保持健康的生活方式,包括控制体重、规律运动、饮食结构调整,知晓并持续关注血尿酸水平的影响因素,定期筛查和监测靶器官损害、控制相关合并症。

（三）饮食护理

1. **限制总能量**　对于超重的痛风病人应限制能量摄入,以将体重减至理想水平。根据超重病人的体力活动水平计算每日的总能量,轻度、中度、重度体力活动水平的摄入能量分别为20~25kcal/kg、30kcal/kg、35kcal/kg。

2. **适量的蛋白摄入**　蛋白质应占总能量的11%~15%。蛋白质供给量为1g/(kg·d),病人急性痛风发作时蛋白质可按0.8g/(kg·d)供给。蛋白质供应以植物蛋白为主,动物蛋白可选用牛奶、鸡蛋等,鼓励病人选择摄入低脂乳制品,但减少摄入肉类和海鲜制品。若选用瘦肉或鸡、鸭肉等,应煮沸后去汤食用。

3. **限制脂肪的摄入**　脂肪可减少尿酸的排出,因此,痛风病人每日摄入的脂肪量应控制在60g以下,合并高脂血症者,每日摄入的脂肪量应控制在50g以下。

4. **限制嘌呤食物的摄入**　不建议单纯通过限制饮食中的嘌呤来控制血尿酸水平。鼓励痛风病人每日摄入≥500g的新鲜蔬菜,避免进食动物内脏、带甲壳的海鲜、浓肉汤,限制食用高嘌呤的肉类。

5. **多饮水**　鼓励病人多饮水,使每日尿量保持在2 000ml以上,以促进尿酸排泄,减少尿酸盐在肾内的沉积。但应注意避免饮用含糖饮料,因果糖、蔗糖等可能会增加新发痛风的风险。

6. **限制饮酒和含酒精饮料**　痛风病人应限制饮酒,尤其是啤酒。酒中所含的乙醇代谢产生乳酸,可抑制肾对尿酸的排泄,且啤酒中本身含有较高含量的嘌呤。

知 识 链 接

痛风饮食新进展

　　痛风是与生活方式相关的疾病,与长期高能量饮食和大量酒精摄入密切相关。与西方饮食(指大量摄入红肉及加工肉类、炸薯条、精粮、甜食和餐后甜点)相比,DASH饮食(指大量摄入水果、蔬菜、坚果、豆类、低脂奶制品和全麦/杂粮,限制摄入钠、含糖甜食及饮料、红肉及加工肉类)明显降低病人痛风发生率。有研究显示,酒精摄入与痛风发病风险正相关。其中重度饮酒者,痛风发病风险增加2.64倍。同时,有研究显示,富含果糖的饮料和水果明显增加血尿酸水平,与痛风发病风险正相关。有研究提示,豆类食品的嘌呤含量因加工方式而异,因此不推荐也不限制豆制品的摄入。

（四）心理护理

1. **收集能反映病人心理状态的各种信息**　通过观察病人有无异常的各种表情动作和倾听病人主诉或观察其亲属的反应等,及时发现病人的心理问题,并找出原因,对病人进行针对性的心理指导。

2. **有针对性地进行痛风相关知识讲解**　给病人讲解痛风的相关知识,可以缓解病人因缺乏相关知识所致的焦虑与恐惧心理,帮助病人树立战胜疾病的信心,以平和积极的心态接受各种治疗。

3. **关爱病人** 痛风的治疗是终身性的,病人心理状况也很容易反复。护士需要真诚、耐心地关爱、帮助和鼓励病人,使病人的心理始终处于最佳状态。

4. **加强社会支持** 社会支持系统对痛风病人保持良好的心理状态非常重要。应该经常鼓励病人的亲朋好友给病人提供更多的关心和照顾,增强其自尊感和被爱感。

（五）病情监测

1. 观察并记录病人受累关节的数目,关节红、肿、热、痛、功能障碍的程度及演变特点与过程。

2. 观察病人有无痛风石的症状、体征,记录痛风石的部位。

3. 监测病人生命体征,观察有无发热等全身症状。

4. 定期监测病人血尿酸和尿酸水平的变化。

（六）健康指导

1. **疾病相关知识宣教** 向病人及其家属介绍疾病相关知识,说明痛风是一种终身性疾病,但是经过积极有效的治疗,病人可维持正常的生活和工作。

2. **饮食指导** 指导病人严格控制饮食,避免进食高能量、高脂肪、高嘌呤食物,戒烟、限酒,鼓励病人每日饮水至少2 000ml,尤其是在服用促进尿酸排泄药物期间,多饮水有助于尿酸的排泄。

3. **适度运动与保护关节** 指导病人急性发作期尽量避免受累关节的活动,缓解期避免受累关节负重,但可根据自身耐受情况进行适宜的运动。运动应遵循个性化、适宜负荷、循序渐进、适时调整的原则。而强度低、有节奏、不中断和持续时间长的有氧运动是痛风病人的最佳选择。

4. **避免诱发因素** 指导病人尽量避免酗酒、创伤、受寒、过度疲劳、精神紧张、感染、服用某些抑制尿酸排泄药物等危险因素。

5. **自我病情监测** 指导病人自我监测有无局部不适感、头痛、失眠、性格改变或消化道反应等发作前驱症状;定期用手触摸检查耳轮及手、足关节处是否出现痛风石;定期门诊随访复查血尿酸。

【护理评价】

通过治疗和护理,评估病人是否能够达到:①关节疼痛减轻或消失;②关节活动改善或恢复;③体温维持在正常范围内;④焦虑情绪缓解,能以积极的心态坚持治疗;⑤了解疾病的相关知识、治疗过程及预防措施。

（陈 红）

第四节 系统性红斑狼疮病人的护理

导入情境与思考

病人,女性,27岁。反复发作全身关节疼痛3年,面部红斑2年余,尤其以春夏季为甚。近2个月出现头痛、全身水肿,且尿量减少。体格检查:T 37.2℃,P 92次/min,R 20次/min,BP 195/122mmHg,神志清楚,面部鼻翼可见片状红斑,呈蝶状,双下肢凹陷性水肿。辅助检查示血常规:WBC $6.4×10^9$/L,RBC $2.56×10^{12}$/L,Hb 73g/L,PLT $118×10^9$/L;ESR 100mm/h;血生化:血尿素氮28.17mmol/L,肌酐323.5μmol/L;RF(+);抗双链DNA(+),抗SM抗体(+);尿常规:红细胞(++),尿蛋白(+++),尿沉渣可见颗粒管型。

请思考:

(1) 该病人主要的护理问题是什么?

(2) 请为该病人作出健康指导。

系统性红斑狼疮(systemic lupus erythematosus,SLE)是一种以致病性自身抗体和免疫复合物形成并介导器官、组织损伤的自身免疫性结缔组织病。其特点为血清中存在大量以抗核抗体为主的自身抗体,临床表现为多系统和多器官的功能损害。本病病程迁延,病情反复发作。

SLE 患病率的地域差异较大,目前全球 SLE 患病率为(0~241)/10 万,平均患病率为(12~39)/10 万,我国 SLE 患病率为(30~70)/10 万。临床上以女性多见,好发于 20~40 岁的育龄女性。男女患病比为 1:(10~12)。在全世界的种族中,汉族人 SLE 发病率位居第 2 位。

【病因】

本病病因不明,目前认为可能与遗传、性激素、环境等因素有关。

1. **遗传因素**　下述提示 SLE 与遗传有关:①SLE 同卵孪生的患病率约为 50%,而异卵孪生仅为 1%~3%;②5%~13% 的 SLE 病人可在一、二级亲属中找到另一 SLE 病人;③SLE 病人的子女中,SLE 的发病率约为 5%;④SLE 的易感基因,如 HLA-DR2、HLA-DR3 阳性,C4a、C1q、C1r/s 和 C_2 天然缺陷的人群患病率明显高于正常人群。

2. **性激素**　SLE 好发于育龄妇女,育龄妇女患病率与同龄男性之比为 9:1,在儿童及老年人中女性患病率与男性之比为 3:1。不论男女,SLE 病人均有雌酮羟基化产物增加,妊娠可诱发本病或加重病情,提示 SLE 的发病与雌激素有关。已有研究显示,SLE 病人体内雌激素水平增高,雄激素水平降低。

3. **环境**　日光、药物、感染、食物等环境因素与 SLE 有关。

(1) 日光:约 40% 的 SLE 病人对日光过敏。日光照射不但可以使 SLE 病人皮疹加重,而且可以引起疾病复发或恶化,被称为光敏感现象。紫外线照射可使 DNA 解聚为胸腺嘧啶二聚体,后者抗原性强,可刺激机体的免疫系统产生大量自身抗体。

(2) 感染:在 SLE 病人血清中抗病毒抗体滴度增高,提示 SLE 与病毒感染有关。临床上,SLE 病人常常因为感染,尤其是上呼吸道感染而诱发疾病复发或加重。

(3) 食物:含有补骨脂内酯的食物(如芹菜、无花果等)具有潜在增强 SLE 病人光敏的作用。蘑菇、某些食物色素(如酒石酸类物质)及烟草含有可诱发 SLE 的联氨基团。L-刀豆素(存在于苜蓿类的种子和新芽及多数豆荚类植物中的胺类)也与 SLE 相关。

(4) 药物性狼疮:含有芳香族胺基团或联胺基团的药物如氯丙嗪、肼屈嗪、异烟肼、青霉胺、普鲁卡因胺等可以诱发药物性狼疮,停药后多消失。

【发病机制】

本病发病机制可能是在各种内因和外因作用下,激发机体免疫功能紊乱或免疫调节障碍而出现的一种自身免疫病。一般认为,外来抗原(如病原体、药物等)引起人体 B 细胞活化,易感者因免疫耐受性减弱,B 细胞通过交叉反应与模拟外来抗原的自身抗原结合,并将抗原递呈给 T 细胞,使之活化,在活化的 T 细胞刺激下,B 细胞产生大量不同类型的自身抗体。自身抗原与自身抗体结合形成免疫复合物,沉积于靶组织,激活补体,引起炎症介质释放而损伤组织。

【病理】

SLE 的病理表现为血管炎或血管病变,可出现在机体任何组织器官。中小血管因免疫炎症反应而出现管壁的炎症和坏死,继发的血栓使管腔变窄,导致局部组织缺血和功能障碍。特征性病变有:

1. **狼疮小体**　又称苏木紫小体,由于细胞核受抗体作用变性为嗜酸性团块,为蓝染的圆形或椭圆形物质,为诊断 SLE 的特征性依据。

2. **"洋葱皮样"病变**　指小动脉周围出现显著的向心性纤维增生,常见于脾中央动脉,以及心瓣膜的结缔组织反复发生纤维蛋白样变性而形成赘生物。此外,心包、心肌、肺、神经系统等亦可出现上

Note:

述基本病理变化。

3. 狼疮性肾炎 几乎所有狼疮病人都可发生肾损伤,称狼疮性肾炎。狼疮性肾炎的病理改变可位于肾小球、肾间质、肾小管及肾血管,WHO 将其分为 6 种类型。① I 型:正常或轻微病变型;② II 型:系膜病变型,细胞增多局限于血管系膜,毛细血管无改变;③ III 型:局灶增殖型,部分肾小球硬化和/或坏死;④ IV 型:弥漫增殖型,几乎累及所有肾小球,表现为炎症细胞浸润,细胞在毛细血管内或外增生,形成新月体,基膜增厚,伴肾小球硬化;⑤ V 型:膜性病变型,基膜均匀增厚,上皮侧有免疫球蛋白沉着,肾小球细胞增生不明显;⑥ VI 型:肾小球硬化型,属晚期病变。

【护理评估】

（一）健康史

询问病人与 SLE 发病有关的病因及诱因,如有无日光过敏、妊娠、药物、精神刺激、病毒感染等,是否有亲属患有本病,了解此次起病的时间、特点、病情、病程及治疗的情况。

（二）身体状况

SLE 临床表现复杂多样,起病可为暴发性、急性或隐匿性。

1. 全身症状 低、中度热。此外,还可出现疲倦、乏力、厌食、体重下降等症状。

2. 皮肤与黏膜 80% 的病人可出现皮肤损害,表现为皮肤暴露部位出现对称性皮疹,最具特征性的表现为颊部蝶形红斑,红斑从鼻翼向两侧面颊部展开,呈蝶形,色鲜红或紫红,为水肿性红斑,与疾病活动有关。病情缓解时,红斑可消退,留有棕黑色素沉着。此外,病人还可出现盘状红斑,指掌部、甲周红斑,面部、躯干出现皮疹、水疱、大疱等。约 40% 的病人有光过敏现象,在受日光照射后出现面部红斑。40% 的病人有脱发现象,还可表现出网状青斑、口腔溃疡、雷诺现象等。

3. 浆膜炎 50% 以上的病人在急性发作期出现多发性浆膜炎,包括双侧中少量胸腔积液和心包积液。

4. 关节与肌肉 关节常受累,多表现为关节痛。常受累的关节为指、腕、膝关节,呈对称性、游走性关节疼痛,不伴骨质侵蚀、软骨破坏及关节畸形。部分病人出现肌痛和肌无力。

5. 肾 几乎所有的病人均可出现肾损害和肾组织的病理改变,但只有 75% 的病人出现明显的临床表现。狼疮性肾炎表现为急性或慢性肾炎、肾病综合征等,临床上出现蛋白尿、血尿、管型尿、肾性高血压、氮质血症,晚期发生尿毒症。尿毒症是 SLE 病人死亡的常见原因。

6. 心血管 约 30% 的病人有心血管表现,其中以心包炎最常见,病人有心前区疼痛或无症状;10% 的病人有心肌损害,出现心律失常、心前区不适等;约 10% 的病人可引起周围血管病变,如血栓性静脉炎等。

7. 肺 病人可发生狼疮肺炎,出现发热、咳嗽、胸痛、呼吸困难等,病变多位于双下肺,约 35% 的病人出现双侧、中少量胸腔积液。

8. 消化系统 约 30% 的病人有食欲缺乏、腹痛、腹泻、呕吐、腹水等,甚至是部分病人的首发症状,少数可并发急性胰腺炎、肠梗阻、胃肠道出血、胃肠道坏死等,部分病人可有肝脏增大、肝损害、血清转氨酶升高,常无黄疸。

9. 神经系统 约 25% 的病人有神经系统损害,可累及神经系统任何部位,以脑受累最多见,称为神经精神狼疮,常提示病情活动,表现为幻觉、妄想等精神障碍症状,或头痛、呕吐、偏瘫、癫痫、意识障碍等。引起外周神经病变者较为少见。

10. 血液系统 活动性 SLE 病人约 60% 有贫血,10% 为自身免疫性溶血性贫血[库姆斯(Coombs)试验阳性],约 40% 的病人白细胞减少或淋巴细胞绝对值减少,约 20% 的病人有血小板减少,约 20% 的病人有无痛性轻至中度淋巴结肿大,约 15% 的病人有脾大。

11. 抗磷脂综合征 可出现在 SLE 的活动期,其临床表现为动脉和/或静脉血栓形成、反复出现自发性流产、血小板减少,病人血清中抗磷脂抗体多次呈阳性。

12. **干燥综合征**　约30%的病人会出现继发性干燥综合征,因外分泌腺受累,如唾液腺和泪腺等,可表现为口干、眼干等,常有血清抗SSB、抗SSA抗体阳性。

13. **眼部表现**　约15%的病人会出现眼底病变,如视网膜出血、视网膜渗出、视盘水肿等,主要是视网膜血管炎所致。

(三) 辅助检查

1. **一般检查**　血常规和尿常规异常提示血液系统和肾受损,红细胞沉降率可增快。

2. **免疫学检查**

(1) 自身抗体:病人血清中可查到多种自身抗体,抗核抗体(ANA)几乎见于所有SLE病人,是SLE的筛选试验,但其特异性低;抗dsDNA抗体多出现在活动期,是诊断SLE的标记抗体之一;抗Sm抗体特异性达99%。此外,还有抗RNP抗体、抗SSA(Ro)抗体、抗SSB抗体、抗红细胞抗体、抗血小板相关抗体等。

(2) 补体:补体检测常用的有C3、C4、CH50。补体下降尤其是C3下降为SLE活动期的指标之一。

(3) 狼疮带试验:是指用免疫荧光法检测皮肤的真皮和表皮交界处有无免疫球蛋白沉积,狼疮带试验阳性提示SLE处于活动期,检测SLE的阳性率为50%。

3. **肾穿刺活检**　肾穿刺活组织病理检查对狼疮性肾炎的诊断、治疗和预后估计均有价值,尤其对指导狼疮性肾炎的治疗意义重大。

4. **其他**　X线、CT、超声心动图检查有助于早期发现肺部、脑部、心脏等部位的病变。

(四) 心理-社会状况

由于本病反复发作,伴有关节疼痛和器官功能受损等,需要长期治疗,病人和家属不仅要经受由于疾病导致的日常生活、工作、学习、社会活动的改变,而且还要承受沉重的精神和经济负担。因此,病人和家属可产生各种负性的心理反应,如紧张、焦虑、悲观、绝望、忧伤、恐惧等,甚至产生应对行为不足或应对无效。所以护士应注意评估病人及其家属对疾病的认知程度、态度、心理反应及家庭经济情况等,评估病人的年龄、职业、既往史、婚姻状况、社会支持系统和常用的应对机制。

【常见护理诊断/问题】

1. **皮肤完整性受损**　与疾病所致的血管炎症反应有关。
2. **慢性疼痛**　与自身免疫导致关节病变有关。
3. **口腔黏膜受损**　与疾病所致的口腔溃疡有关。
4. **体温过高**　与病情活动或感染有关。
5. **焦虑**　与疾病反复发作、迁延不愈及多器官损害等有关。

【计划与实施】

SLE目前虽不能根治,但经合理治疗与护理后可以控制病情,达到临床缓解的效果,故应早期诊断,早期治疗,预防诱发因素。糖皮质激素加免疫抑制剂是主要的治疗方案。治疗原则是疾病活动期且病情重者,应给予药物控制,病情缓解后,进行维持治疗。

经过治疗和护理,病人达到:①进行皮肤自我护理,受损的皮肤恢复正常;②主诉关节或肌肉疼痛减轻或消失;③预防潜在并发症的发生;④自觉采取预防措施;⑤正确、客观地对待疾病。

(一) 治疗与护理

1. **糖皮质激素**　是目前治疗SLE的基础药物。应根据疾病活动及受累器官的类型和严重程度制订个体化的激素治疗方案,采用控制疾病所需的最低剂量。轻度病人对羟氯喹或非甾体抗炎药药物反应不充分,可考虑使用泼尼松≤10mg/d或同等剂量的其他激素;对于中度活动期SLE病人,应考虑糖皮质激素[0.5~1mg/(kg·d)泼尼松或同等剂量的其他激素]联合免疫抑制剂治疗;对于严重活动性 SLE 病人,应考虑糖皮质激素[≥1mg/(kg·d)泼尼松或同等剂量的其他激素]联合免疫抑制剂治疗;当病情稳定后,糖皮质激素的用量应逐渐减少;对于狼疮危象病人,应采用糖皮质激素冲击治疗联合免疫抑制剂治疗。长期使用激素会出现不良反应,如感染、向心性肥胖、高血压、消化性溃疡、骨质疏松、股骨头坏死等,护理过程中应密切观察药物副作用,病人出现异常及时通知医生并处理。

2. **免疫抑制剂** 病情反复、重症病人须加用免疫抑制剂。常用的免疫抑制剂有环磷酰胺(CTX)、霉酚酸酯(MMF)、硫唑嘌呤(AZA)和雷公藤等。CTX 的不良反应为白细胞减少、胃肠道反应、脱发、肝损害、出血性膀胱炎等;MMF 的不良反应主要为胃肠道反应、骨髓抑制、感染和致畸;AZA 的不良反应主要为骨髓抑制、肝损害及胃肠道反应等;雷公藤对狼疮性肾炎有一定疗效,但不良反应较大,可导致女性停经、男性精子数量减少、肝损害、胃肠道反应等,用药后应定期监测病人肝、肾功能。

对于没有禁忌证的 SLE 病人,建议长期使用羟氯喹作为基本治疗方法,可在诱导缓解和维持治疗中长期使用。羟氯喹或氯喹口服后主要积聚于皮肤,能抑制 DNA 与抗 DNA 抗体的结合,具有抗光敏和控制 SLE 皮疹的作用。长期服药可引起病人眼底病变,对用药超过 6 个月者,应至少每年检查眼底;有心动过缓或有传导阻滞者禁用抗疟药。

3. **非甾体抗炎药** 常用药物有阿司匹林、吲哚美辛、布洛芬、萘普生等,用于发热、关节肌肉疼痛而无明显内脏和血液病变的轻症病人。非甾体抗炎药会使肾功能恶化,因此肾受累病人慎用。此类药可引起胃肠道反应,宜饭后服用。

4. **其他药物治疗** 对病情危重或治疗困难的病人,可根据情况选择静脉注射大量免疫球蛋白。免疫球蛋白在输注时应先慢后快,观察病人有无过敏症状。另外,近年来,生物制剂也开始用于 SLE 的治疗,目前应用的主要有贝利木单抗(belimumab,一种抗 BAFF 抗体)。

5. **血浆置换** 通过清除血浆中循环免疫复合物、游离抗体、免疫球蛋白及补体成分,使血浆中的抗体滴度降低,并改善单核吞噬细胞系统的吞噬功能,对于 SLE 的危重病人或经多种治疗无效的病人有迅速缓解病情的功效。行血浆置换前,应准备好所需的各种物品、药品及急救仪器等;行血浆置换时,做好消毒隔离,严密观察病人病情变化、有无出血及过敏反应等,必要时监测血钾、出凝血时间等;治疗结束后,应做好交接班。

6. **合并抗磷脂综合征的治疗** 根据病人抗磷脂抗体滴度和临床情况,应用阿司匹林或华法林进行抗凝治疗。使用过程中注意观察和监测病人出血情况。

(二)皮肤黏膜受损的护理

1. **避免接触紫外线** 病室应挂窗帘,床位不要安置于向阳的房间,避免阳光直接照射,病室不使用紫外线消毒。嘱病人勿晒太阳,外出穿长袖、长裤,戴墨镜,戴宽边太阳帽或使用遮阳伞,禁日光浴。

2. **皮损的护理** 病人皮损处可用清水清洗,用温水湿敷红斑处,每日 3 次,每次 30min,可促进局部血液循环。局部避免使用碱性肥皂、化妆品、染发剂或其他化学药品,可外用甾体激素霜剂涂擦。

3. **口腔溃疡的护理** 保持病人口腔清洁,有口腔黏膜破损时,每日晨起、睡前和进餐前后用漱口液漱口,有口腔溃疡者可局部用中药冰硼散或锡类散涂敷溃疡部,以促进溃疡面的愈合。合并口腔感染者,可局部使用抗生素。

4. **脱发的护理** 指导病人避免引起脱发的因素如染发、烫发等,鼓励病人用头巾、帽子、戴假发等方法掩盖脱发,以维护其自尊。

5. **雷诺现象的护理** 病人应注意肢体末梢的保暖,避免在寒冷空气中暴露过久。避免使用收缩血管的药物、饮用咖啡和吸烟,必要时遵医嘱使用血管扩张药。

(三)疼痛的护理

保持舒适的体位,缓解疼痛;遵医嘱给予病人非甾体抗炎药,根据其病情选用物理疗法如热敷、热水浴、红外线等,必要时遵医嘱使用非麻醉性镇痛药;指导病人使用放松术,分散其注意力,缓解疼痛。

（四）发热的护理

给予病人优质高蛋白、高维生素饮食，少食多餐，忌食芹菜、无花果、蘑菇、烟熏食物及辛辣等刺激性食物，鼓励多饮水。遵医嘱给予非甾体抗炎药。高热者给予物理降温等措施，避免酒精擦洗。

（五）肾损害的护理

1. **休息**　疾病活动期病人应卧床休息，减少消耗，保护器官功能。

2. **加强营养**　对肾功能不全者，应限制其水钠摄入，给予低盐、优质低蛋白饮食。必要时静脉补充营养。

3. **病情观察**　定时测量病人生命体征、体重的变化，观察记录水肿的程度、尿量，监测血电解质、肌酐、尿素氮。

（六）神经系统损害的护理

观察病人的精神状态及神经系统活动，及早发现精神障碍及神经系统损害的表现，及时与医生联系。当病人出现精神障碍及神经系统损害时需专人护理，将室内危险物品搬离，为病人提供安全、良好的环境和护理。遵医嘱给予其激素、免疫抑制剂等。

（七）心理护理

SLE 病人由于病情迁延不愈，常有沉重的精神和经济负担，因此在护理过程中应给予病人和家属心理、情感等支持、关心与帮助病人，认真倾听病人和家属的意愿，满足其需求。指导家属给予病人精神支持和生活照顾，减轻病人的心理负担，使病人保持心情舒畅，增强战胜疾病的信心。

（八）健康指导

1. **向病人及其家属讲解疾病的基本知识**　向病人讲解 SLE 的病因、临床表现、治疗及自我保健知识等，并告知本病的发病规律和特点。让病人及其家属做好长期治疗的思想准备，定期复查。如疾病发作应及时治疗，同时也应让病人及其家属了解本病若能及时、正确、有效地治疗，避免诱发因素，病情可长期缓解，病人可以正常生活。鼓励病人树立信心，保持乐观积极的心态，为病人创造有利于身心健康的氛围。

2. **避免一切可能诱发本病的因素**　如日晒、感染、过度疲劳、妊娠、精神刺激、手术、预防接种等，禁用诱发本病的药物如避孕药、普鲁卡因胺、异烟肼、肼屈嗪等。在疾病的缓解期，病人可逐步增加活动，病情稳定后，可参加一部分社会活动和工作，但要注意劳逸结合，避免过度劳累。

3. **注意个人卫生**　学会皮肤护理，避免皮损和感染。

4. **用药的注意事项**　坚持遵医嘱服药，不得自行减量或停药，注意观察药物的疗效和不良反应。

5. **其他**　育龄妇女应避孕，待病情长期稳定后可在医生指导下考虑生育。

【护理评价】

经过治疗和护理，评估病人是否能够达到：①保持皮肤黏膜的完整性；②疼痛或不适减轻或消失；③体温正常，无并发症发生或是并发症得到控制；④主动配合治疗和护理；⑤焦虑减轻或消失。

知 识 链 接

SLE 围妊娠期病人的管理

对 SLE 育龄期女性，若病情稳定至少 6 个月，无重要器官损害，停用可能致畸的药物至足够安全的时间，可考虑妊娠。如果计划妊娠，备孕前应向风湿免疫科、妇产科医生进行生育咨询并进行相关评估。对妊娠的 SLE 病人，应密切监测 SLE 疾病活动度及胎儿生长发育情况；若无禁忌，推荐妊娠期全程服用羟氯喹，如出现疾病活动，可考虑使用激素及硫唑嘌呤等控制病情。

（徐　蓉）

Note:

思 考 题

1. 为什么育龄期女性是 SLE 的高发人群?
2. 当病人出现神经精神狼疮如癫痫等表现时,你应该如何做出快速处置?

骨质疏松症病人的护理

82章 数字内容

学习目标

- 识记：
  1. 陈述骨质疏松症的概念。
  2. 叙述骨质疏松症的分类。
- 理解：
  1. 解释骨质疏松症的病因和发病机制。
  2. 阐述骨质疏松症病人药物治疗的护理要点。
  3. 举例说明预防骨质疏松性骨折的健康指导要点。
- 运用：
  对骨质疏松症病人的病情进行正确评估与判断，制订个性化的护理计划，提供健康指导。

导入情境与思考

病人,女性,58 岁,绝经 5 年,反复腰背部疼痛 2 年余。体格检查:病人消瘦,背部不能伸直。骨密度测定 T 值<-2.5,诊断骨质疏松症。

请思考:

(1) 目前该病人的主要护理问题和护理措施有哪些?

(2) 该病人完善检查后,确诊为重度骨质疏松症,医嘱为"阿仑膦酸盐 75mg,po,每周 1 次"。请问该药物的服用方法及注意事项有哪些?

(3) 该病人经治疗护理 5d 后,准备出院,责任护士如何对病人进行日常饮食指导和骨折预防指导?

骨质疏松症(osteoporosis,OP)是一种以骨量减少、骨组织微结构损坏导致骨强度减低及骨脆性增加而易发生骨折的全身性骨病。骨质疏松性骨折即脆性骨折的危害巨大,是老年病人致残和致死的主要原因之一。骨质疏松可发生于各年龄段,但多见于绝经后女性和老年男性。按病因可分为原发性和继发性两类,包括:①原发性 OP:又分为两种亚型,即Ⅰ型(绝经后骨质疏松症)和Ⅱ型(老年性骨质疏松症);②继发性 OP:病因明确,常由内分泌疾病(性腺功能减退症、甲亢、甲状旁腺功能亢进症、库欣综合征、1 型糖尿病)或全身性疾病引起。

2018 年,我国最新的 OP 流行病学调查显示,OP 患病率 50 岁以上人群为 19.2%,其中男性为 6.0%,女性为 32.1%。65 岁以上人群 OP 患病率达 32.0%。目前我国居民对 OP 认识普遍不足,对 OP 的防控已成为我国面临的重要公共健康问题。

【病因与发病机制】

正常成熟骨的代谢主要以骨重建(bone remodeling)的形式运行,凡可引起骨吸收增加和/或骨形成减少的因素都会导致骨丢失和骨质量下降,脆性增加,直至发生骨折。围绝经期后,由于雌激素缺乏因素的作用,女性骨密度的下降速率一般快于男性。

(一) 骨吸收因素

1. **性激素缺乏** 雌激素缺乏使破骨细胞功能增强,骨丢失加速,这是绝经后骨质疏松症的主要病因;而雄激素缺乏在老年性 OP 的发病中起了重要作用。

2. **活性维生素 D 缺乏和甲状旁腺激素(PTH)增高** 由于高龄和肾功能减退等原因致肠钙吸收和 $1,25(OH)_2D_3$ 生成减少,PTH 呈代偿性分泌增多,导致骨转换率加速和骨丢失。

3. **细胞因子表达紊乱** 骨组织的白细胞介素(IL)-1,IL-6 和肿瘤坏死因子(TNF)增高,而护骨因子(osteoprotegerin)减少,导致骨吸收增加和破骨细胞活性增强。

(二) 骨形成因素

1. **峰值骨量降低** 青春发育期是人体骨量增加最快的时期,约在 30 岁达到峰值骨量(PBM)。PBM 主要由遗传因素决定,并与种族、骨折家族史、瘦高身材等临床表象,以及发育、营养和生活方式等有关。性成熟障碍致 PBM 降低,使成年后发生 OP 的可能性增加,发病年龄提前。峰值骨量后,OP 的发生主要取决于骨丢失的量和速度。

2. **骨重建功能衰退** 可能是老年性 OP 的重要发病原因。成骨细胞的功能与活性缺陷导致骨形成不足和骨丢失增加。

(三) 骨质量下降

骨质量主要与遗传因素有关,包括骨的几何形态、矿化程度、微损伤累积、骨矿物质与骨基质的理

化和生物学特性等。骨质量下降导致骨脆性和骨折风险增高。

（四）不良的生活方式和生活环境

高龄、吸烟、制动、体力活动过少、酗酒、长期卧床、长期服用糖皮质激素、光照减少、钙和维生素 D 摄入不足、低体重等是 OP 和 OP 性骨折的危险因素。蛋白质摄入不足、营养不良和肌肉功能减退则是老年性 OP 的重要原因。

【护理评估】

（一）健康史

评估病人的性别、年龄和体重。询问病人疾病史及有无激素类药物、抗癫痫药、含铝抗酸剂、化疗药物等服用史。着重了解病人的生活方式和饮食习惯，是否吸烟、饮酒、晒太阳、饮用咖啡等。其次还要了解家族史，有无脊柱压缩性骨折和髋部及前臂等处脆性骨折史。另外，对于女性病人，还要仔细询问是否绝经及绝经的年限及婚育史。

（二）身体状况

1. **骨痛和肌无力**　轻者无症状，仅在 X 线检查或骨密度测量时被发现。较重病人常诉腰背疼痛、乏力或全身骨痛。骨痛通常为弥漫性，无固定部位，检查不能发现压痛点。仰卧或坐位时疼痛减轻，直立时后伸或久立、久坐时疼痛加剧，日间疼痛轻，夜间和清晨醒来时加重，弯腰、肌肉运动、咳嗽、排便用力时加重。乏力常于劳累或活动后加重，负重能力下降或不能负重。

2. **骨折**　常因轻微活动、创伤、弯腰、负重、挤压或跌倒后发生骨折。骨折部位多为脊柱、髋部和前臂。脊柱压缩性骨折多见于绝经后 OP，可表现为身材缩短、驼背或突发性腰痛。髋部骨折多在股骨颈，以老年性 OP 多见。前臂骨折多在桡骨下端。

3. **并发症**　胸、腰椎压缩性骨折，脊柱后凸，胸廓畸形，可使肺活量和最大换气量显著减少，可出现胸闷、气短、呼吸困难等，严重畸形还可引起心排血量下降。髋部骨折者常因感染、心血管疾病或慢性衰竭而死亡，幸存者生活自理能力下降或丧失，长期卧床加重骨丢失，使骨折极难愈合。

（三）辅助检查

1. **骨量的测定**　骨矿物质含量（bone mineral content，BMC）或骨密度（bone mineral density，BMD）测量是判断低骨量、确定骨质疏松的重要手段，是评价骨丢失率和疗效的重要客观指标。应用影像学测量的方法是目前最基本、最方便、安全性好的一种检查，常用方法包括 X 线检查、放射性核素骨扫描、光子吸收法、定量计算机体层扫描（quantitative computerized tomography，QCT）、双能 X 射线吸收法（dual energy X-ray absorptiometry，DXA）等（BMC 和 BMD 计量单位分别是 g/cm 和 g/cm^2）。

（1）X 线检查：主要改变是骨小梁减少、骨小梁变细、骨皮质变薄，早期可见骨密度减低，透明度加大，水平方向的骨小梁吸收变细、变少、分支消失，至后期可见纵行骨小梁也被吸收，抗压能力明显减退。

（2）DXA 测定：DXA 测定是临床和科研最常用的骨密度测量方法，可用于骨质疏松症的诊断、骨折风险预测和药物疗效评估，也是流行病学研究常用的骨骼评估方法。其主要测量部位是中轴骨，包括腰椎和股骨近端，如果腰椎和股骨近端测量受限，也可选择非优势侧桡骨远端 1/3 测量。

骨密度通常用 T-值（T-Score）表示，T-值=（实测值-同种族同性别正常青年人峰值骨密度）/同种族同性别正常青年人峰值骨密度的标准差，以上定义是基于流行病学对骨质疏松症患病率的计算，截取幅度为 30%。WHO 根据 DXA 测得的骨密度与成人骨密度之间的差异提出了骨质疏松症的定义，并使用标准差来描述相同性别和种族正常人群的变化范围。①对于绝经后妇女和 50 岁以上男性，基于 DXA 测量的骨密度根据 T-值结果进行划分：T-值>-1.0 为骨密度正常；T-值-2.5~-1.0 为骨量低下；T-值<-2.5 为骨质疏松症；T-值<-2.5 同时伴有 1 处或多处脆性骨折为严重骨质疏松。②对于儿

童、绝经前女性和 50 岁以下男性,其骨密度水平的判断建议用同种族的 Z 值表示,Z-值≤-2.0 视为低骨量,Z-值=(骨密度测定值-同种族同性别同龄人骨密度均值)/同种族同性别同龄人骨密度标准差。

2. 骨转换的生化测定　多数情况下,绝经早期骨质疏松(5 年内)为高转换型,而老年性多为低转换型。

(1) 与骨吸收有关的生化指标:包括尿钙/尿肌酐比值、抗酒石酸酸性磷酸酶等。晨尿钙/尿肌酐正常比值为 0.13±0.01,尿钙排量过多则比值增高,提示有骨吸收率增加可能。

(2) 与骨形成有关的生化指标:包括血清碱性磷酸酶(ALP)、血清 I 型胶原羧基前肽和血骨钙素(BGP)。

(四) 心理-社会状况

1. 评估骨质疏松症对病人生活、工作、学习及身体状况的影响。

2. 评估病人对骨质疏松症引起疼痛、行动不便、生活工作能力降低等的反应,如焦虑、抑郁等负性情绪和心理。

3. 评估病人对骨质疏松症的治疗态度和行为表现。

4. 当发生骨折时,须限制病人活动,并评估病人本人的角色适应及其家属等社会支持系统的心理等。

知 识 链 接

低体重是 OP 发生的危险因素之一

国际骨质疏松基金会(International Osteoporosis Foundation,IOF)将体重过低(BMI<19kg/m^2)列为 OP 风险评估的临床危险因素之一。体重过低的人肌肉量少,对骨的负荷也轻,更容易发生 OP。低 BMI 是男性脆性骨折、椎体骨折和髋部骨折的重要危险因素。BMI 越高,低骨量性骨折和男性的椎体骨折风险越低。与正常体重女性相比,肥胖女性 OP 患病率较低。但并不意味体重越重对骨骼越有利,肥胖病人膝关节炎和心脑血管合并症患病率明显升高,故需要将体重维持在合适的范围。

【常见护理诊断/问题】

1. **有受伤的危险**　与骨质疏松导致骨骼脆性增加有关。
2. **疼痛**　与肌肉痉挛、骨折有关。
3. **躯体移动障碍**　与骨骼变化引起活动范围受限有关。
4. **潜在并发症:骨折。**

【计划与实施】

对原发性骨质疏松症的预防比治疗更为重要。因此,应采取综合措施,预防为主,同时积极治疗,达到改善临床症状、降低骨折发生率的目的。

经过治疗和护理,病人达到:①避免引起骨折的活动,预防跌倒及其导致的骨折;②疼痛缓解;③增加骨骼活动功能,以完成日常生活;④不发生骨折或发生骨折时能得到及时处理。

(一) 骨折的预防

骨质疏松症病人若跌倒易发生骨折,好发于脊柱、股骨颈、桡骨下端 3 个部位。桡骨骨折常见于 50~60 岁者,系跌倒时用手掌着地引起桡骨断裂所致;70 岁以后,如不慎跌倒,常来不及反应而跌坐

于地,造成脊柱骨折或股骨颈骨折。预防骨折发生的关键在于预防跌倒。

1. **提高风险防范意识**　加强对病人跌倒风险的评估,识别跌倒高风险人群,在病人床头悬挂预防跌倒标识,警示工作人员、病人及其家属。当病人使用利尿药或镇静药时,应严密注意其因频繁如厕及精神恍惚所产生的意外。

2. **安全环境管理**　应保证环境安全,病房、浴室、卫生间地面应保持清洁、干燥,水池边及卫生间使用防滑垫;对易发生跌倒的区域应放置"小心滑倒"标识;房间灯光明暗适宜,地灯设施完好;避免在通道放置障碍物等。

3. **日常生活指导**　加强日常生活护理,将日常所需物品如茶杯、开水、呼叫器等尽量放置床边,以利于病人取用。衣服和鞋袜穿着要合宜,大小适中,且有利于活动;洗澡沐浴时,应着防滑拖鞋进入浴室,并使用防滑垫。病人卧床时指导其维护良好姿势,改变姿势时动作应缓慢。病人下床时从卧位至下床宜做到 3 个 30s,即,第 1 个 30s:醒来后在床上躺 30s;第 2 个 30s:起来后在床沿两腿下垂坐 30s;第 3 个 30s:下地后靠床站 30s 再行走。必要时可使用手杖或助行器,以增加其活动时的稳定性。

(二)药物治疗与护理

1. **钙剂和维生素 D 的治疗及护理**　不论何种类型的骨质疏松症病人均应补充适量钙剂,成人推荐每日钙摄入量为 800mg,≥50 岁人群每日钙推荐摄入量为 1 000~1 200mg,一般选择对胃肠道刺激性小的制剂。指导病人服用时要多饮水,以增加尿量,减少泌尿系统结石的形成。不可和绿叶蔬菜一起服用,以避免形成钙螯合物而影响钙的吸收。服药时间最好在用餐时间外,空腹服用效果最好。补充钙剂可同时服用维生素 D,有助于降低骨质疏松性骨折风险。成人推荐维生素 D 摄取量为 400U(10μg)/d;65 岁及以上老年人推荐摄取量为 600U(15μg)/d;维生素 D 用于 OP 手术时,剂量可为 800~1 200U/d。临床应用维生素 D 制剂时应注意个体差异和安全性,定期监测病人血钙和尿钙浓度。如果同时伴有肝、肾功能不全,可使用活性维生素 D,其有提高骨密度、减少跌倒、降低骨折风险的作用。

2. **性激素补充疗法及护理**　雌激素可抑制破骨细胞介导的骨吸收,增加骨量,是绝经后骨质疏松症病人的首选用药。按病人的具体情况选择性激素的种类、用药剂量和途径,激素补充治疗应遵循以下原则:①明确治疗的利与弊;②绝经早期开始用(<60 岁或绝经 10 年之内);③用最低有效剂量;④治疗方案个体化;⑤局部问题局部治疗;⑥坚持定期随访和安全性监测,尤其是女性乳腺和子宫;⑦应根据每位病人的特点每年进行利弊评估,决定是否继续用药。告知病人必须在医生的指导下使用,剂量要准确,不可自行随意增减剂量,并要与钙剂、维生素 D 同时使用,效果更好。

3. **抑制骨吸收药物的治疗及护理**　双膦酸盐能抑制破骨细胞生成和骨吸收,增加骨密度,缓解骨痛,是目前临床上应用最广泛的抗 OP 药物。常用制剂有依替膦酸二钠、唑来膦酸(如密固达)、帕米膦酸二钠和阿仑膦酸盐。护士应指导病人空腹服用,服药期间不加钙剂,停药期间可给钙剂或维生素 D 制剂。

应用阿仑膦酸盐时应晨起空腹整片服用,嘱咐病人不要咀嚼或吮吸药片,以防发生口咽部溃疡,同时饮清水 200~300ml,至少在 30min 内不能进食或喝饮料,也不能平卧,宜采取立位或坐位,以减轻对食管的刺激,如果出现咽下困难、吞咽痛或胸骨后疼痛,应立即告知医生,警惕可能发生食管炎、食管溃疡和食管糜烂等情况,并遵医嘱立即停止用药,给予相应处理。

唑来膦酸的推荐剂量为静脉滴注 5mg/次,每年 1 次,给药 15min 以上,药物使用前应充分水化。不推荐严重肾功能不全病人使用(肌酐清除率小于 35ml/min),适用于治疗绝经后妇女的骨质疏松症。降钙素则能抑制破骨细胞的生物活性,减少破骨细胞数量,减少骨量丢失并增加骨量,能明显缓解骨痛,对 OP 及其骨折引起的骨痛能有效缓解。使用后应观察病人有无食欲减退、恶心、面部潮红及过敏等不良反应。

（三）疼痛的护理

为减轻疼痛，病人可使用硬板床，取仰卧位或侧卧位，卧床休息数天到 1 周，可缓解疼痛；必要时使用背架、紧身衣等，以限制脊柱的活动度和给予脊柱支持；疼痛部位给予局部肌肉按摩和湿热敷，可促进血液循环，减少因肌肉僵直所引发的疼痛。也可做超短波疗法、微波或分米波疗法、低频或中频电疗法、磁疗法和激光等物理疗法，这些均有消炎和镇痛效果。疼痛严重时可根据医嘱使用肌肉松弛药、非甾体抗炎药或阿片类镇痛药等。

（四）饮食护理

加强营养，均衡膳食。建议摄入富含钙、低盐、适量蛋白质和维生素的均衡膳食，推荐每日蛋白质摄入量为 0.8~1.0g/kg，并每日摄入牛奶 300ml 或相当量的奶制品。戒烟酒，忌浓茶，避免咖啡因和碳酸饮料摄入过多。

（五）心理护理

骨质疏松症病人由于疼痛及害怕骨折，常不敢运动而影响日常生活，当发生骨折时，须限制其活动，不仅病人本身需要角色适应，其家属亦要面对此情境。因此，护士要协助病人及其家属重新定位自身的角色和责任，尽量减少对病人康复治疗的不利影响。鼓励病人多参加病友会，参加 OP 病友会能使病人在健康信念、自我效能感、OP 疾病知识、生活质量、体育活动和社会心理功能等方面获益。

（六）骨质疏松症预防及健康指导

1. **合理膳食**　按饮食护理中的内容对病人进行指导。

2. **充足日照**　建议在 11:00—15:00 之间，病人应该多处暴露皮肤于阳光下晒 15~30min，每周 2 次，以促进体内维生素 D 的合成，尽量不涂抹防晒霜，以免影响日照效果。但须注意避免强烈阳光照射，以防灼伤皮肤。

3. **适当运动**　OP 病人进行适宜的锻炼有助于保护骨骼，规律且适宜的负重及肌肉强化运动可增强肌力和肌肉耐力，改善身体的灵活性、平衡性及步行能力，还可维持和提高骨密度，降低跌倒和骨折风险。运动要循序渐进，持之以恒。OP 病人的锻炼和运动均有一定局限性，适合 OP 病人的运动主要有以下 3 种：

（1）负重的有氧运动：包括散步、跳舞、爬楼梯及园艺劳动等，这类运动可锻炼下肢及脊柱下部，减少骨骼矿物质的流失，更适合患有严重 OP 的病人及骨折恢复期的病人。

（2）柔韧性训练：能增加病人关节的活动度，有助于身体保持平衡，并防止肌肉损伤，同时有助于保持体型。伸展运动应该在肌肉充分活动后缓慢且温和地进行，避免过度弯腰，以免发生压缩性骨折。

（3）力量训练：包括器械训练等，可增强上臂和脊柱的力量，还能延缓 OP 的进展。另外，游泳等水上有氧运动同样有益于身体健康。

OP 病人应避免下列活动，首先是冲击性强的运动如跳跃、跑步，这类运动使脊柱和下肢末端的压力增大，使脆性骨骼发生骨折；其次避免需要前后弯腰的运动如仰卧起坐、划船等。

4. **体重管理**　指导病人将体重维持在合适范围。

5. **用药指导**　告知病人所服药物的用药时间、剂量、疗效及可能发生的不良反应，嘱病人按时服药，教导病人自我监测药物不良反应。

6. **预防跌倒**　加强预防跌倒的宣传教育和保护措施，家庭卫生间保持清洁干燥并放置防滑垫、避免到人群拥挤的地方等，以防滑、防绊和防碰撞。

7. **病情监测**　定期进行骨密度、血清钙、PTH、性激素及尿液钙检测。

【护理评价】

经过治疗和护理,评估病人是否能够达到:①无跌倒及跌倒引起的骨折和受伤;②疼痛缓解;③活动范围逐渐增加,能完成日常生活及活动;④发生骨折后能得到及时处理。

（徐　蓉）

思 考 题

1. 身材缩短是否一定是骨质疏松性骨折的表现?
2. 如何提高 OP 病人预防骨折的意识?

Note:

附录1-1　营养风险筛查2002（NRS2002）

项目	评分标准
营养状态	0分　营养状态正常
	1分　3个月内体重丢失>5%或前1周饮食是正常需求的50%~75%
	2分　2个月内体重丢失>5%或BMI 18.5~20.5kg/m² 同时一般状况差或前1周的饮食是正常需求的25%~50%
	3分　1个月内体重丢失>5%或BMI<18.5kg/m² 同时一般状况差或前1周饮食是正常需求的0%~25%
疾病严重程度	0分　营养需求正常
	1分　轻度　慢性疾病病人发生骨折;慢性疾病,如肿瘤、糖尿病、肝硬化、血液透析、COPD等病人发生急性并发症
	2分　中度　比较大的腹部手术、脑卒中、严重肺炎、恶性血液肿瘤
	3分　重度　脑损伤、骨髓移植、ICU病人(APACHE>10)
年龄	1分　年龄>70岁

　　评分标准:该评分工具包括3部分内容。①疾病相关评分:确诊为恶性肿瘤给予1分;②营养状况有关评分:包括体重指数(body mass index,BMI)、体重下降情况和进食情况,3个方面小结后取最高分;③年龄评分:≥70岁者加1分,否则为0分。该量表总分7分,总分<3分无营养风险,≥3分有营养风险。

附录1-2　主观全面评定（SGA）

评价内容		评价结果
(1)体重改变	您目前的体重?	kg
	与您6个月前的体重相比有变化吗?	A　B　C
	近2周体重变化了吗?　　不变-增加-减少	A　B　C

续表

评价内容					评价结果
（2）进食	您的食欲？　　好-不好-正常-非常好				摄食变化：
	您的进食量有变化吗？　　不变-增加-减少				A　B　C
	这种情况持续多长时间？				摄食变化的时间：
	您的食物类型有变化吗？　　没有变化-半流食-全流食-无法进食				A　B　C
（3）胃肠道症状	近2周以来您经常出现下列问题吗？				A　B　C
	①没有食欲：从不-很少-每日-每周1~2次-每周2~3次				
	②腹泻：从不-很少-每日-每周1~2次-每周2~3次				
	③恶心：从不-很少-每日-每周1~2次-每周2~3次				
	④呕吐：从不-很少-每日-每周1~2次-每周2~3次				
（4）功能异常	您现在还能像往常那样做以下的事吗？				A　B　C
	①散步：没有-稍减少-明显减少-增多				
	②工作：没有-稍减少-明显减少-增多				
	③室内活动：没有-稍减少-明显减少-增多				
	④在过去的2周内有何变化：有所改善-无变化-恶化				
（5）疾病和相关营养需求	疾病诊断　　代谢应激：				A　B　C
（6）体格检查	皮下脂肪	良　好	轻-中度	重度营养不良	A　B　C
	下眼睑				
	肱二/三头肌皮褶				
	肌肉消耗	良　好	轻-中度	重度营养不良	A　B　C
	颞部				
	锁骨				
	肩				
	肩胛骨				
	骨间肌				
	膝盖				
	股四头肌				
	腓肠肌				
	水肿	良　好	轻-中度	重度营养不良	A　B　C
	腹水	良　好	轻-中度	重度营养不良	A　B　C

评分标准：最后4部分内容相加得出总分，0~1分营养良好，2~3分可疑营养不良，4~8分中度营养不良，≥9分重度营养不良；定性评价：A级（0~1分）营养良好、B级（2~8分）可疑/中度营养不良、C级（≥9分）重度营养不良，其中（B+C）级统称为营养不良。

Note:

Note:

Note:

Note:

Note:

Note:

下册参考文献

[1] 安力彬,陆虹.妇产科护理学[M].6版.北京:人民卫生出版社,2017.
[2] 白云金,曹德宏,韩平,等.胱氨酸结石诊治研究进展[J].现代泌尿外科杂志,2019,24(2):155-157,162.
[3] 中华外科编辑部.颈椎病的手术治疗及围手术期管理专家共识(2018)[J].中华外科杂志,2018,56(12):881-884.
[4] 葛均波,徐永健,王辰.内科学[M].9版.北京:人民卫生出版社,2018.
[5] 陈华江,陈建庭.颈椎病的分型、诊断及非手术治疗专家共识[J].中华外科杂志,2018,56(6):401-402.
[6] 陈燕燕,赵佛容.眼耳鼻咽喉口腔科护理学[M].4版.北京:人民卫生出版社,2018.
[7] 丁淑贞,姜秋红.泌尿外科临床护理[M].北京:中国协和医科大学出版社,2016.
[8] 董漪,郭珍妮,李琦,等.中国脑血管病临床管理指南(节选版)——蛛网膜下腔出血临床管理[J].中国卒中杂志,2019,14(8):814-818.
[9] 杜建航,康展荣,黄利彪,等.骨筋膜室综合征的病理生理机制及诊断研究进展[J].创伤外科杂志,2021,3(23):231-234.
[10] 冯素文.妇科护理专科实践[M].北京:人民卫生出版社,2019.
[11] 《腹腔镜根治性肾输尿管切除术手术规范专家共识》专家组.腹腔镜根治性肾输尿管切除术手术规范专家共识[J].微创泌尿外科杂志,2020,9(3):155-165.
[12] 《耐药脊柱结核临床诊疗专家共识》编写组.耐药脊柱结核临床诊疗专家共识[J].中国防痨杂志,2019,41(4):377-382.
[13] 韩杰,李越.眼科护理与操作指南[M].北京:人民卫生出版社,2019.
[14] 何青,刘德平.高尿酸血症[M].2版.北京:人民卫生出版社,2016.
[15] 洪毅,蒋携远.临床骨科康复学[M].北京:人民军医出版社,2015.
[16] 侯建全.实用泌尿外科学[M].北京:人民卫生出版社,2019.
[17] 贾建平,陈生弟.神经病学[M].8版.北京:人民卫生出版社,2018.
[18] 金征宇.MR引导聚焦超声治疗子宫肌瘤中国专家共识[J].中华放射学杂志,2020,54(8):737-744.
[19] 郎景和.对子宫内膜异位症认识的历史、现状与发展[J].中国实用妇科与产科杂志,2020,36(3):193-196.
[20] 李坤,郭丰.代谢综合征与尿酸结石关系的研究进展[J].泌尿外科杂志(电子版),2019,11(2):23-27.
[21] 李新钢,王任直.外科学(神经外科分册)[M].北京:人民卫生出版社,2015.
[22] 李星,曾晓勇.中国前列腺癌流行病学研究进展[J].肿瘤防治研究,2021,48(1):98-102.
[23] 李雨琴,黄剑.HER2阳性乳腺癌靶向治疗药物Herceptin耐药机制的新进展[J].生命科学,2020,32(1):47-53.
[24] 梁碧玲.骨与关节疾病影像诊断学[M].北京:人民卫生出版社,2006.
[25] 刘艳丽,宋海涛.良性阵发性位置性眩晕的位置试验方法[J].中国社区医师,2021,37(9):132-133.
[26] 龙黎明,吴瑛.内科护理学[M].6版.北京:人民卫生出版社,2017.
[27] 陆虹,安力彬.妇产科护理学实践与学习指导[M].北京:人民卫生出版社,2017.
[28] 茅娅男,尤志学.ASCCP 2019共识指南子宫颈癌前病变管理解读[J].现代妇产科进展,2020,29(12):

936-941.

[29] 王海燕,赵明辉.肾脏病学[M].4 版.北京:人民卫生出版社,2021.

[30] 尿路感染诊断与治疗中国专家共识编写组.尿路感染诊断与治疗中国专家共识(2015 版)——复杂性尿路感染[J].中华泌尿外科杂志,2015,36(4):241-244.

[31] 牛朝诗,李冬雪.神经导航在现代神经外科手术中的应用现状及展望[J].中华神经医学杂志,2017,6(12):1189-1194.

[32] 彭飞.导尿管相关尿路感染防控最佳实践——《导管相关感染防控最佳护理实践专家共识》系列解读之一[J].上海护理,2019,19(6):1-4.

[33] 邱敏丽,谢雅,王晓红,等.骨质疏松症患者实践指南[J].中华内科杂志,2020,59(12):953-959.

[34] 孙虹.耳鼻咽喉头颈外科学[M].9 版.北京:人民卫生出版社,2018.

[35] 田伟,陈伯华.腰椎间盘突出症诊疗指南[J].中华骨科杂志,2020,40(8):477-487.

[36] 王富珍,张伟,汤奋扬,等.美国和加拿大免疫实践咨询委员会带状疱疹疫苗接种指南解读[J].中华医学杂志,2021,101(5):363-368.

[37] 杨培增,范先群.眼科学[M].9 版.北京:人民卫生出版社,2018.

[38] 王海燕.肾脏病临床概览[M].北京:北京大学医学出版社,2021.

[39] 王丽娟,林海雪,林仲秋.《2020 年 RCOG 妊娠滋养细胞疾病管理指南》解读[J].中国实用妇科与产科杂志,2021,37(2):198-204.

[40] 王拥军,李子孝,谷鸿秋,等.中国卒中报告 2019(中文版)[J].中国卒中杂志,2020,15(10):1037-1043.

[41] 席淑新,赵佛容.眼耳鼻咽喉口腔科护理学[M].4 版.北京:人民卫生出版社,2017.

[42] 谢幸,孔北华,段涛.妇产科学[M].9 版.北京:人民卫生出版社,2018.

[43] 胥少汀,葛宝丰,徐印坎,等.实用骨科护理学[M].4 版.北京:人民军医出版社,2012.

[44] 胥少汀,葛宝丰,徐印坎.实用骨科学[M].北京:人民军医出版社,2015.

[45] 吴肇汉,秦新裕,丁强.实用外科学[M].4 版.北京:人民卫生出版社,2017.

[46] 杨甫兰,陈应柱,刘佩佩,等.急性横贯性脊髓炎预后影响因素的研究进展[J].临床与病理杂志,2020,40(3):743-748.

[47] 杨一华,黄国宁,孙海翔,等.不明原因不孕症诊断与治疗中国专家共识[J].生殖医学杂志,2019,28(9):984-992.

[48] 俞梅,向阳,马晓欣,等.子宫内膜癌筛查规范建议[J].中华妇产科杂志,2020,55(5):307-311.

[49] 袁涛,曾祥丽.新生儿耳聋防控体系建设的历程与现状(1)——新生儿听力筛查[J].听力学及言语疾病杂志,2018,26(2):209-214.

[50] 张伯松,顾航宇,孙志坚,等.加速康复外科理念下开放性骨折诊疗规范专家共识[J].中华骨与关节外科杂志,2020,13(2):89-96.

[51] 张学军,郑捷.皮肤性病学[M].9 版.北京:人民卫生出版社,2018.

[52] 中国医学装备协会皮肤病与皮肤美容分会护肤品和护肤材料学组,中华医学会医学美学与美容学分会激光美容学组,中华预防医学会皮肤性病学分会,等.化妆品皮肤不良反应诊疗指南[J].中华皮肤科杂志,2018,51(11):783-786.

[53] 中国超声医学工程学会浅表器官及外周血管专业委员会.甲状腺及相关颈部淋巴结超声若干临床常见问题专家共识(2018 版)[J].中国超声医学杂志,2019,35(3):193-204.

[54] 中国垂体腺瘤协作组,中华医学会神经外科学分会.中国难治性垂体腺瘤诊治专家共识(2019)[J].中华医学杂志,2019,99(19):1454-1459.

[55] 中国腹膜透析置管专家组.中国腹膜透析置管指南[J].中华肾脏病杂志,2016,32(11):867-871.

[56] 中国抗癌协会头颈肿瘤专业委员会,中国抗癌协会甲状腺癌专业委员会.甲状腺外科 ERAS 中国专家共识(2018 版)[J].中国肿瘤,2019,28(1):26-38.

[57] 中国抗癌协会肿瘤营养专业委员会.卵巢癌患者的营养治疗专家共识[J].肿瘤代谢与营养电子杂志,2020,7(4):418-420.

[58] 《中国脑卒中防治报告》编写组.《中国脑卒中防治报告 2019》概要[J].中国脑血管病杂志,2020,17(5):272-281.

[59] 中国研究型医院学会神经再生与修复专业委员会心脏重症脑保护学组,中国研究型医院学会神经再生与修复专业委员会神经重症护理与康复学组.亚低温脑保护中国专家共识[J].中华危重病急救医学杂志,2020,32(4):385-391.

［60］ 中国医师协会脑胶质瘤专业委员会.中国神经外科术后加速康复外科（ERAS）专家共识［J］.中华神经外科杂志,2020,36(10):973-983.

［61］ 中国医师协会皮肤科医师分会变态反应性疾病专业委员会.药物超敏反应综合征诊治专家共识［J］.中华皮肤科杂志,2018,51(11):787-790.

［62］ 中国医师协会肾脏内科医师分会,中国中西医结合学会肾脏疾病专业委员会营养治疗指南专家协作组.中国慢性肾脏病营养治疗临床实践指南（2021 版）［J］.中华医学杂志,2021,101(8):539-559.

［63］ 中国医师协会外科医师分会甲状腺外科医师委员会,中国研究型医院学会甲状腺疾病专业委员会,中国医学装备协会外科装备分会甲状腺外科装备委员会.超声引导下甲状腺结节细针穿刺活检专家共识及操作指南（2018 版）［J］.中国实用外科杂志,2018,38(3):241-244.

［64］ 中国医院协会血液净化中心分会血管通路工作组.中国血液透析用血管通路专家共识（第 2 版）［J］.中国血液净化,2019,18(6):365-381.

［65］ 中华医学会儿科学分会神经学组,中国抗癫痫协会,中华儿科杂志编辑委员会.生酮饮食疗法在癫痫及相关神经系统疾病中的应用专家共识［J］.中华儿科杂志,2019,57(11):820-825.

［66］ 中华耳鼻咽喉头颈外科杂志编辑委员会,华医学会耳鼻咽喉头颈外科学分会.良性阵发性位置性眩晕诊断和治疗指南（2017）［J］.中华耳鼻咽喉头颈外科杂志,2017,52(3):173-176.

［67］ 中华医学会风湿病学分会.2018 中国类风湿关节炎诊疗指南［J］.中华内科杂志,2018,57(4):242-251.

［68］ 中华耳鼻咽喉头颈外科杂志编辑委员会,中华医学会耳鼻咽喉头颈外科学分会,中国残疾人康复协会听力语言康复专业委员会.人工耳蜗植入工作指南（2013）［J］.中华耳鼻咽喉头颈外科杂志,2014,49(2):89-95.

［69］ 中华医学会,中华医学会杂志社,中华医学会全科医学分会,等.甲状腺功能减退症基层诊疗指南（2019 年）［J］.中华全科医师杂志,2019,18(11):1022-1028.

［70］ 中华医学会风湿病学分会,国家皮肤与免疫疾病临床医学研究中心,中国系统性红斑狼疮研究协作组.2020 中国系统性红斑狼疮诊疗指南［J］.中华内科杂志,2020,59(3):172-185.

［71］ 中华医学会骨科学分会关节外科学组.骨关节炎诊疗指南（2018 年版）［J］.中华骨科杂志,2018,38(12):705-715.

［72］ 中华医学会骨科学分会骨肿瘤学组.四肢骨肉瘤保肢治疗指南［J］.中华骨科杂志,2019,39(1):1-9.

［73］ 中华中医药学会骨伤科分会髋关节功能障碍诊疗指南制定工作组.中医骨伤科临床诊疗指南·人工髋关节置换围手术期康复专家共识［J］.康复学报,2017,27(4):1-6.

［74］ 中华医学会泌尿外科学分会膀胱癌联盟加速康复外科专家协作组.根治性膀胱切除及尿流改道术加速康复外科专家共识［J］.中华泌尿外科杂志,2018,39(7):481-484.

［75］ 中华医学会内分泌学分会.成人甲状腺功能减退症诊治指南［J］.中华内分泌代谢杂志,2017,33(2):167-180.

［76］ 中华医学会内分泌学分会.中国高尿酸血症与痛风诊疗指南（2019）［J］.中华内分泌代谢杂志,2020,36(1):1-13.

［77］ 中华医学会神经病学分会,中华医学会神经病学分会脑血管病学组.中国各类主要脑血管病诊断要点 2019［J］.中华神经科杂志,2019,52(9):710-715.

［78］ 中华医学会神经病学分会,中华医学会神经病学分会脑血管病学组.中国急性缺血性脑卒中诊治指南 2018［J］.中华神经科杂志,2018,51(9):666-682.

［79］ 中华医学会神经病学分会,中华医学会神经病学分会脑血管病学组.中国脑出血诊治指南（2019）［J］.中华神经科杂志,2019,52(12):994-1005.

［80］ 中华医学会皮肤性病学分会银屑病专业委员会.中国银屑病诊疗指南（2018 简版）［J］.中华皮肤科杂志,2019,52(4):223-230.

［81］ 中华医学会神经病学分会,中华医学会神经病学分会脑血管病学组.中国脑血管病一级预防指南 2019［J］.中华神经科杂志,2019,52(9):684-709.

［82］ 中华医学会神经外科学会小儿学组,中华医学会神经外科学会神经重症协作组.甘露醇治疗颅内压增高中国专家共识［J］.中华医学杂志,2019,99(23):1763-1766.

［83］ 中华医学会糖尿病学分会.中国 2 型糖尿病防治指南（2020 年版）［J］.中华内分泌代谢杂志,2021,37(4):311-398.

［84］ 中华医学会糖尿病学分会.中国血糖监测临床应用指南（2015 年版）［J］.中华糖尿病杂志,2015,7(10):603-613.

Note:

［85］ 中华医学会神经病学分会,中华医学会神经病学分会脑血管病学组,中华医学会神经病学分会神经血管介入协作组,等.中国蛛网膜下腔出血诊治指南2019［J］.中华神经科杂志,2019,52(12):1006-1021.

［86］ 中华医学会神经病学分会神经重症协作组,中国医师协会神经内科医师分会神经重症专业委员会.难治性颅内压增高的监测与治疗中国专家共识［J］.中华医学杂志,2018,98(45):3643-3652.

［87］ 中华医学会糖尿病学分会.中国1型糖尿病诊治指南:胰岛素治疗、医学营养治疗、运动治疗、其他治疗方法［J］.中国医学前沿杂志(电子版),2013,5(11):48-56.

［88］ 中华医学会糖尿病学分会,中国医师协会营养医师专业委员会.中国糖尿病医学营养治疗指南(2013)［J］.中华糖尿病杂志,2015,7(2):73-88.

［89］ 中华医学会医学工程学分会数字骨科学组.3D打印骨科模型技术标准专家共识［J］.中华创伤骨科杂志,2017,19(1):61-64.

［90］ 中华医学会糖尿病学分会.中国糖尿病运动治疗指南［M］.北京:中华医学电子音像出版社,2013.

［91］ 朱兰.盆腔器官脱垂的中国诊治指南(2020年版)［J］.中华妇产科杂志,2020,55(5):300-306.

［92］ POWERS W J,RABINSTEIN A A,ACKERSON T,et al. Guidelines for the early management of patients with acute ischemic stroke:2019 update to the 2018 guidelines for the early management of acute ischemic stroke:a guideline for healthcare professionals from the American Heart Association/American Stroke Association［J］. Stroke,2019,50(12):e344-e418.

［93］ LANGHORNE P,AUDEBERT H J,CADILHAC D A,et al. Stroke systems of care in high-income countries:what is optimal? Lancet,2020,396(10260):1433-1442.

［94］ LI Y,TENG D,BA J,et al. Efficacy and safety of long-term universal salt iodization on thyroid disorders:epidemiological evidence from 31 Provinces of Mainland China［J］. Thyoid,2020,30(4):568-579.

［95］ FOUQUE D,KALANTAR-ZADEH K,KOPPLE J,et al. A proposed nomenclature and diagnostic criteria for protein-energy wasting in acute and chronic kidney disease［J］. Kidney int,2008,73(4):391-398.

［96］ IKIZLER T A,BURROWES J D,BYHAM-GRAY L D,et al. KDOQI Clinical Practice Guideline for Nutrition in CKD:2020 Update［J］. Am J Kidney Dis,2020,76(3 Suppl 1):S1-S107.

［97］ KDIGO CKD Work Group. KDIGO 2012 clinical practice guideline for the evaluation and management of chronic kidney disease［J］. Kidney Int Suppl,2013,3(1):1-150.

［98］ National Kidney Foundation. K/DOQI clinical practice guidelines for chronic kidney disease:evaluation,classification,and stratification［J］. Am J Kidney Dis,2002,39(2 Suppl 1):S1-266.

［99］ 中国垂体腺瘤协作组.中国库欣病诊治专家共识(2015)［J］.中华医学杂志,2016,96(11):835-840.

［100］ 中华医学会内分泌学分会.原发性醛固酮增多症诊断治疗的专家共识(2020版)［J］.中华内分泌代谢杂志,2020,36(9):727-736.

［101］ 中华医学会内分泌学分会.嗜铬细胞瘤和副神经节瘤诊断治疗专家共识(2020版)［J］.中华内分泌代谢杂志,2020,36(9):737-750.

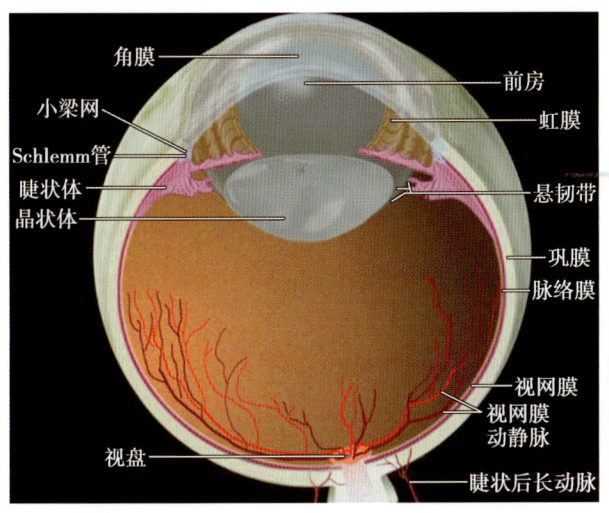

图 73-1-1　眼球及内容物

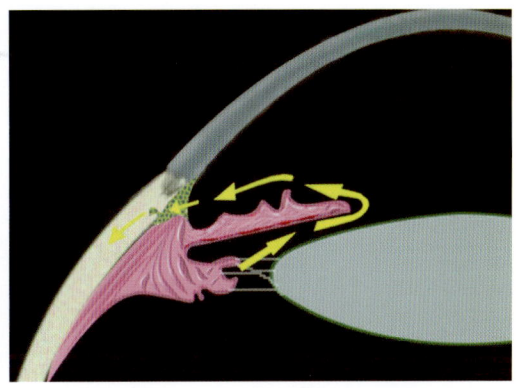

图 73-1-3　房水循环途径示意图

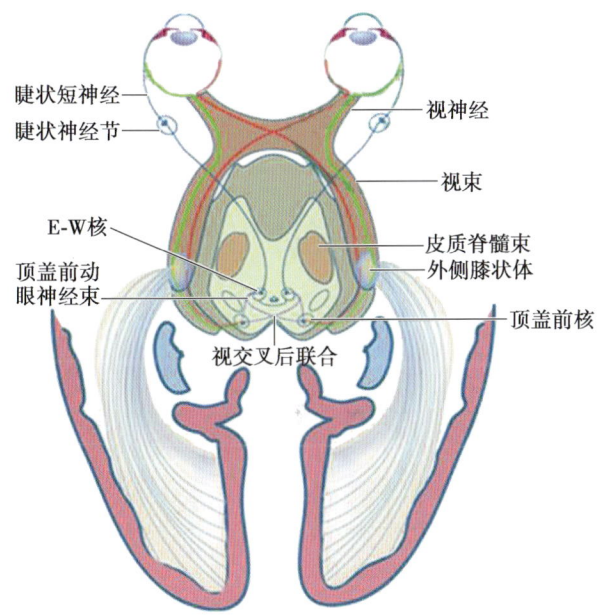

图 73-1-4　视路

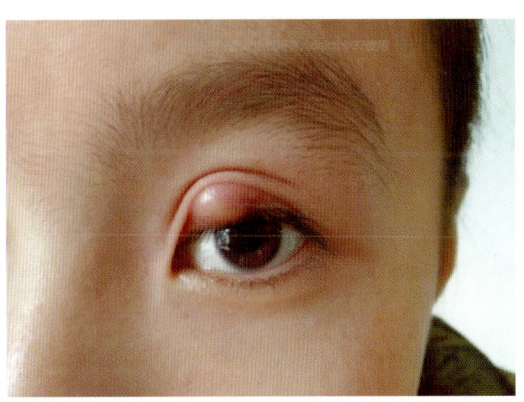

图 73-2-1　睑腺炎

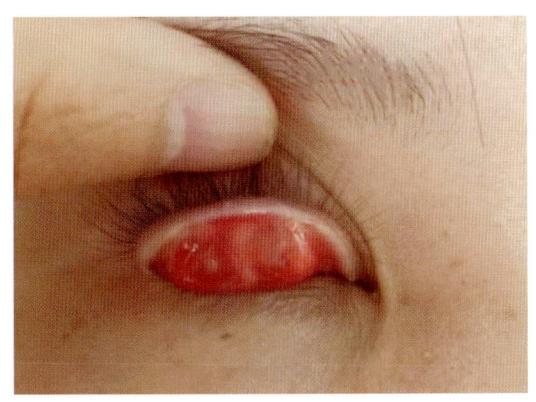

图 73-2-2　睑板腺囊肿

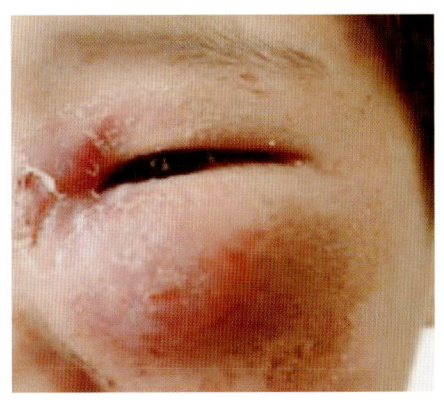

图 73-2-3　急性泪囊炎

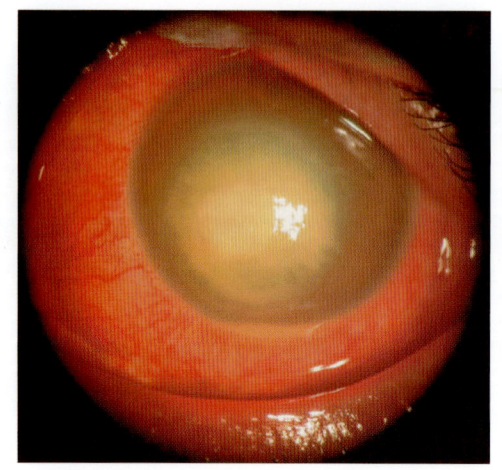

图 73-3-1 葡萄球菌性角膜溃疡

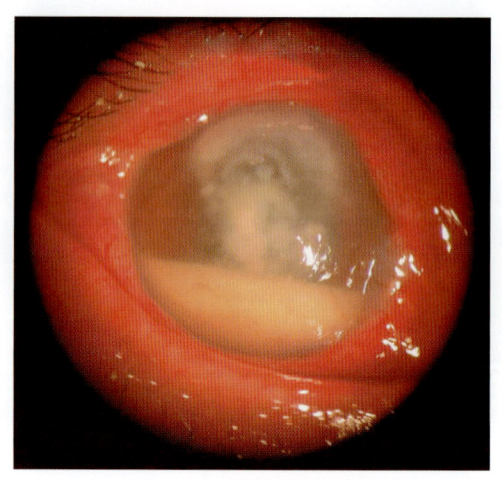

图 73-3-2 真菌性角膜溃疡

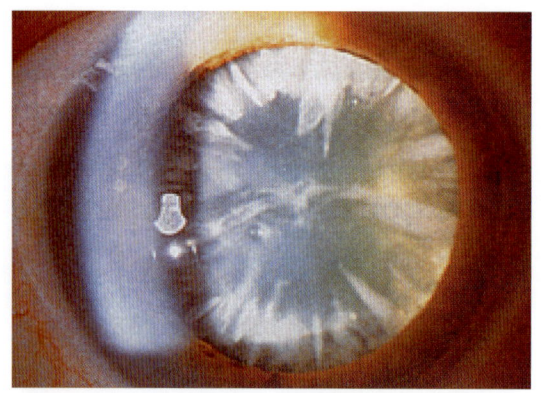

图 73-4-1 初发期白内障

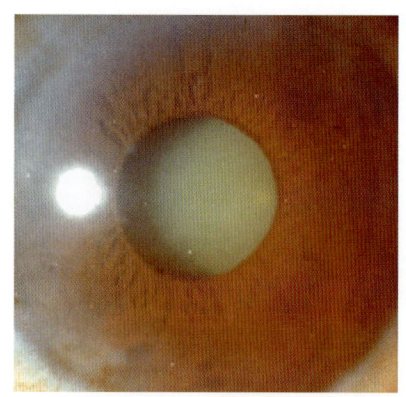

图 73-4-2 膨胀期白内障

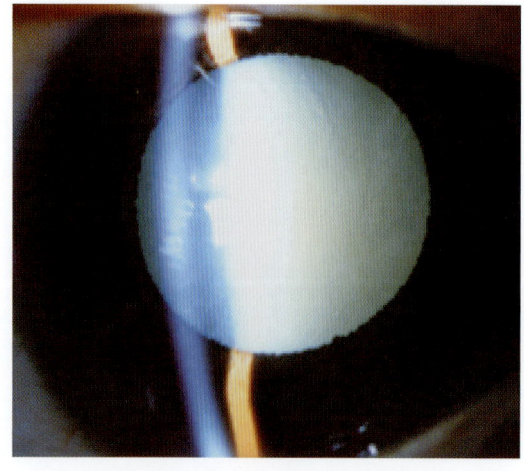

图 73-4-3 成熟期白内障

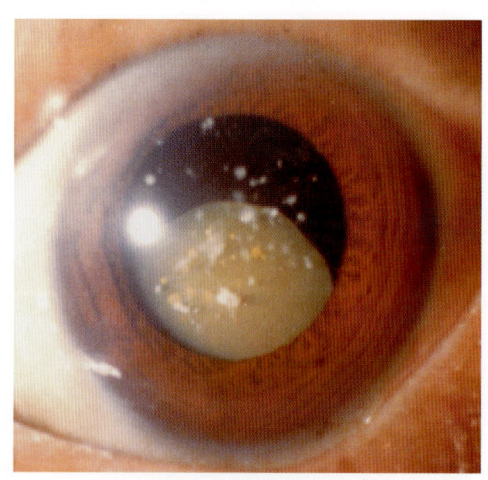

图 73-4-4 过熟期白内障

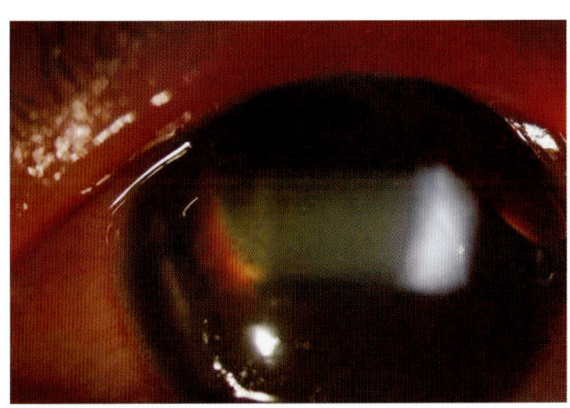

图 73-6-2　前房闪辉

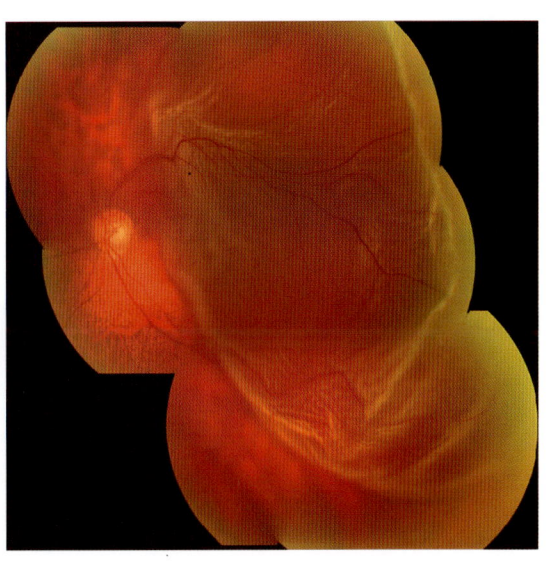

图 73-6-3　左眼视网膜脱离

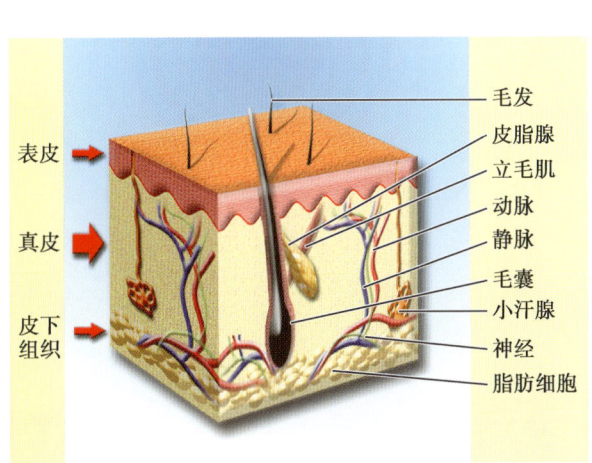

图 75-1-1　皮肤解剖结构的模式图

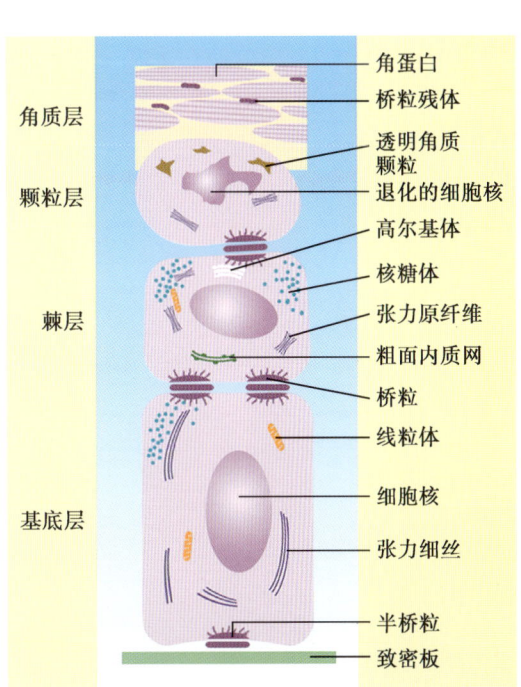

图 75-1-2　角质形成细胞形态结构的模式图

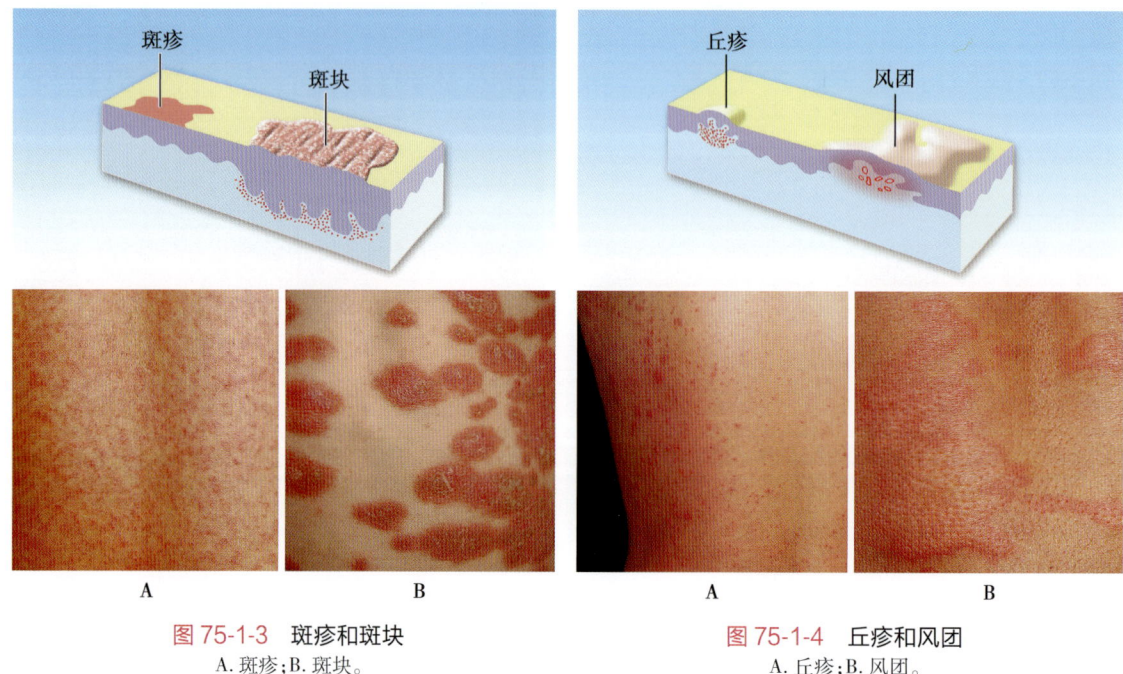

图 75-1-3　斑疹和斑块
A. 斑疹；B. 斑块。

图 75-1-4　丘疹和风团
A. 丘疹；B. 风团。

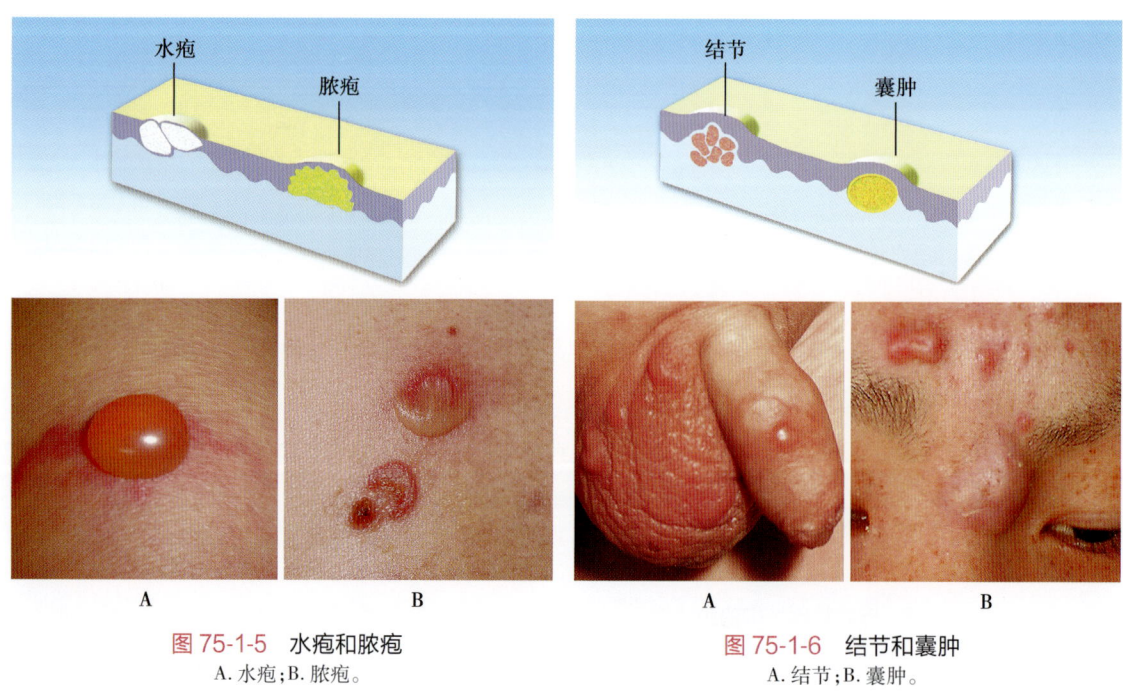

图 75-1-5　水疱和脓疱
A. 水疱；B. 脓疱。

图 75-1-6　结节和囊肿
A. 结节；B. 囊肿。

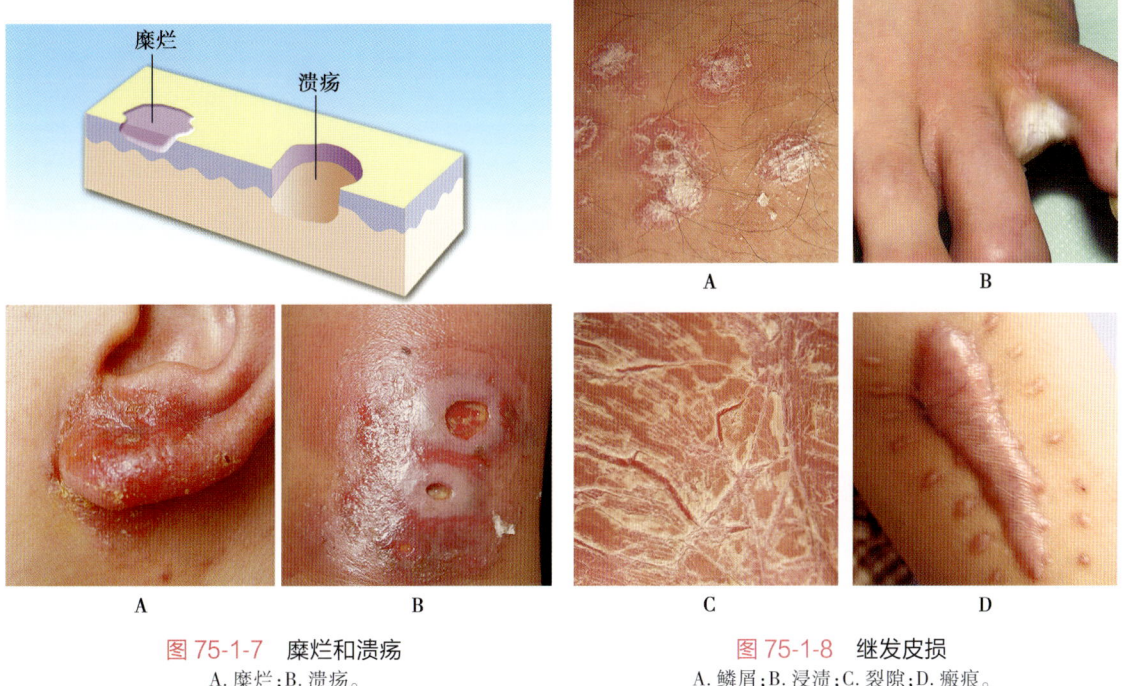

图 75-1-7　糜烂和溃疡
A.糜烂;B.溃疡。

图 75-1-8　继发皮损
A.鳞屑;B.浸渍;C.裂隙;D.瘢痕。

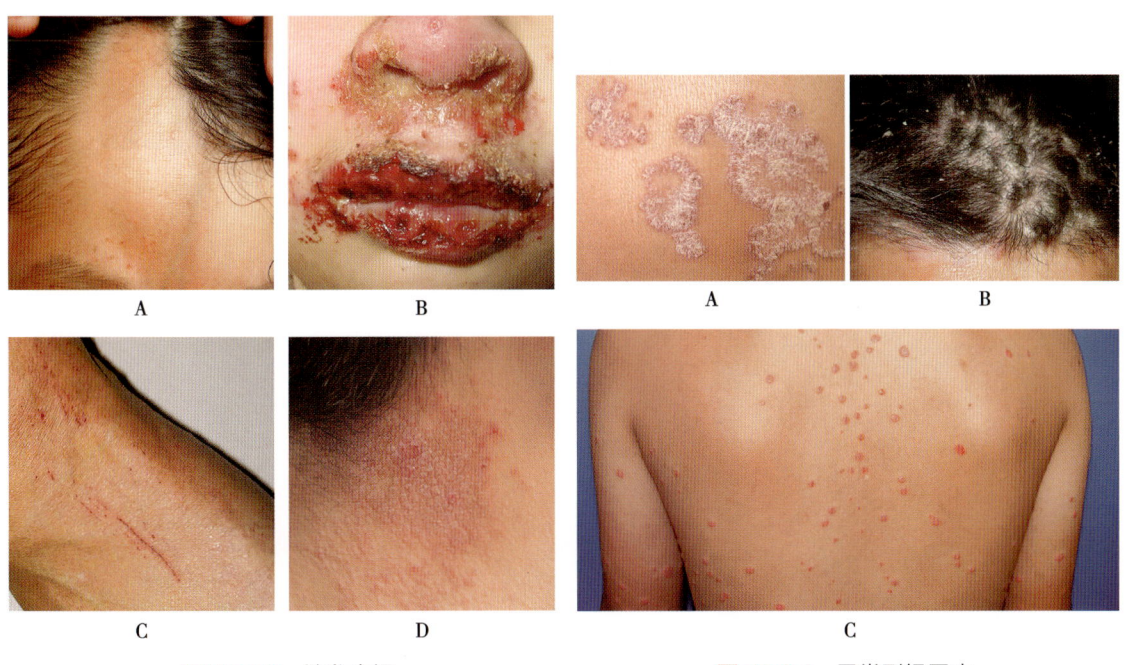

图 75-1-9　继发皮损
A.萎缩;B.痂;C.抓痕;D.苔藓样变。

图 75-2-1　寻常型银屑病
A.典型皮损;B.束状发;C.皮损泛发全身。

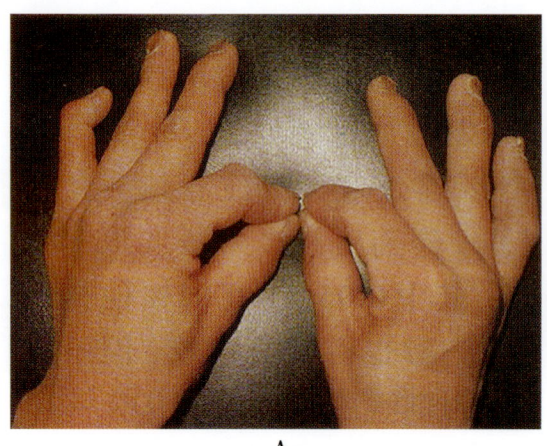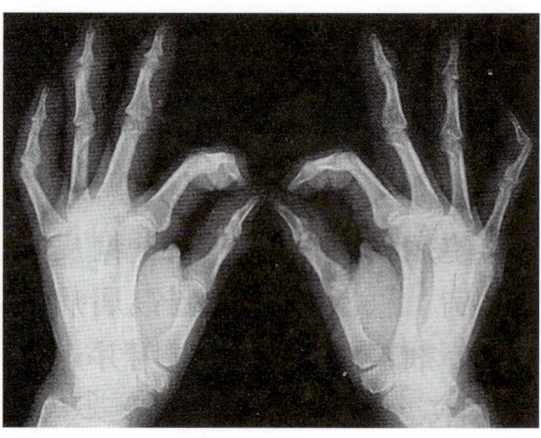

A   B

图 75-2-2　关节型银屑病
A. 关节型银屑病；B. 关节型银屑病 X 线所见。

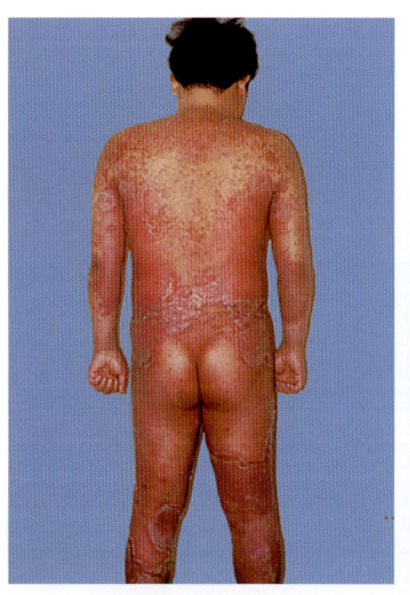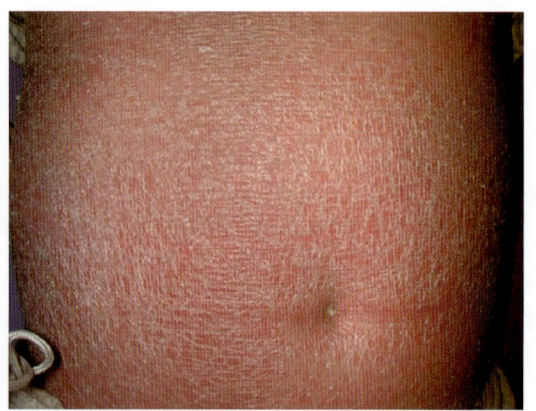

图 75-2-3　红皮病型银屑病

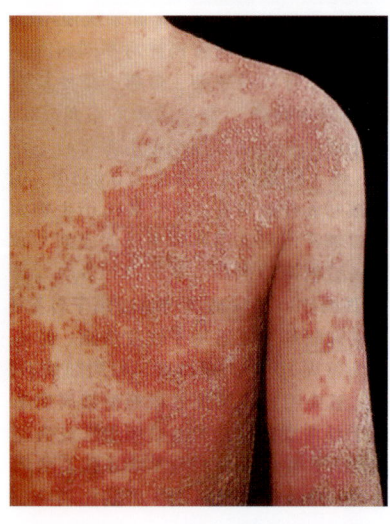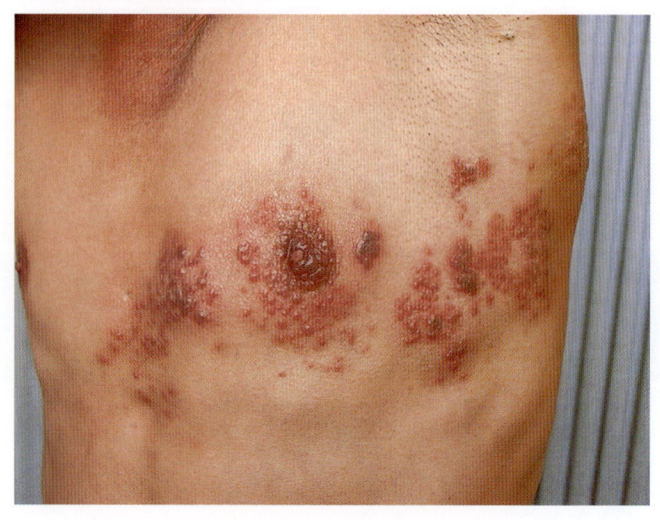

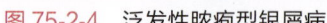

图 75-2-4　泛发性脓疱型银屑病　　　　　　图 75-3-1　带状疱疹

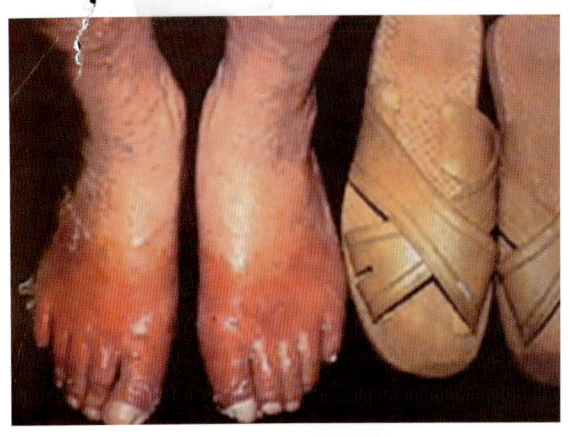

图 75-4-1　接触塑料拖鞋

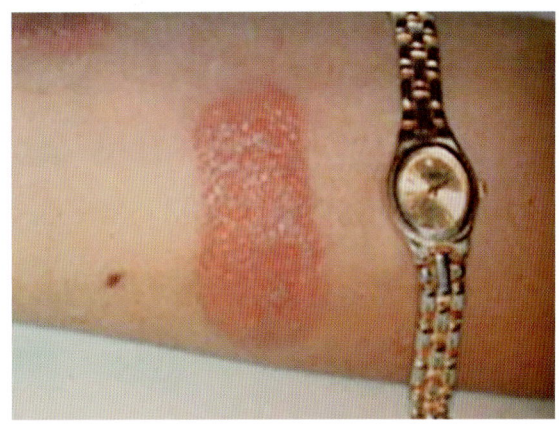

图 75-4-2　接触手表金属扣

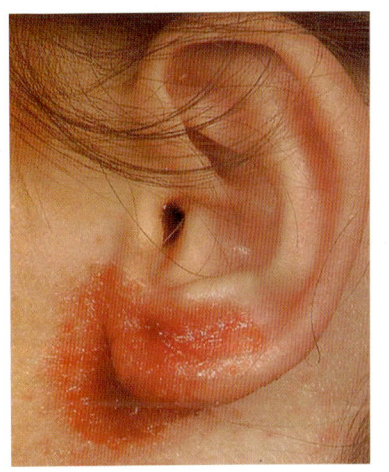

图 75-4-3　接触耳针

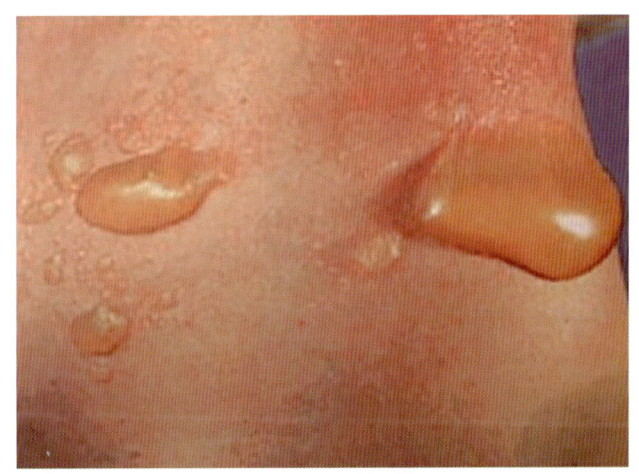

图 75-4-4　接触硫酸

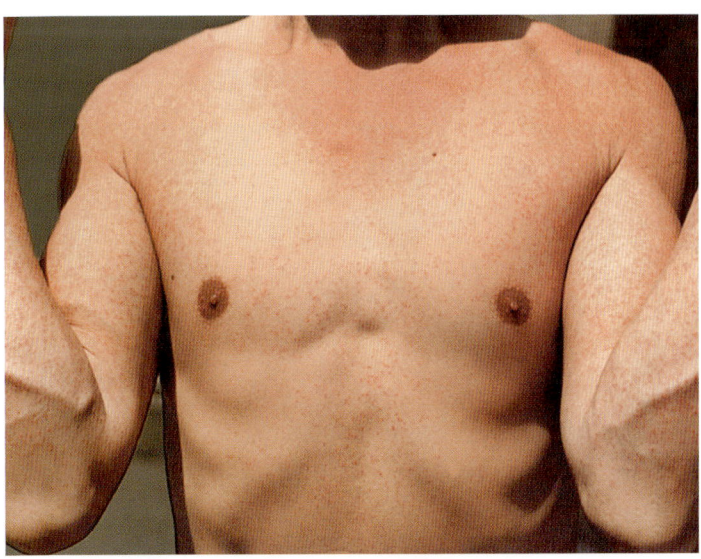

图 75-5-1　麻疹型药疹

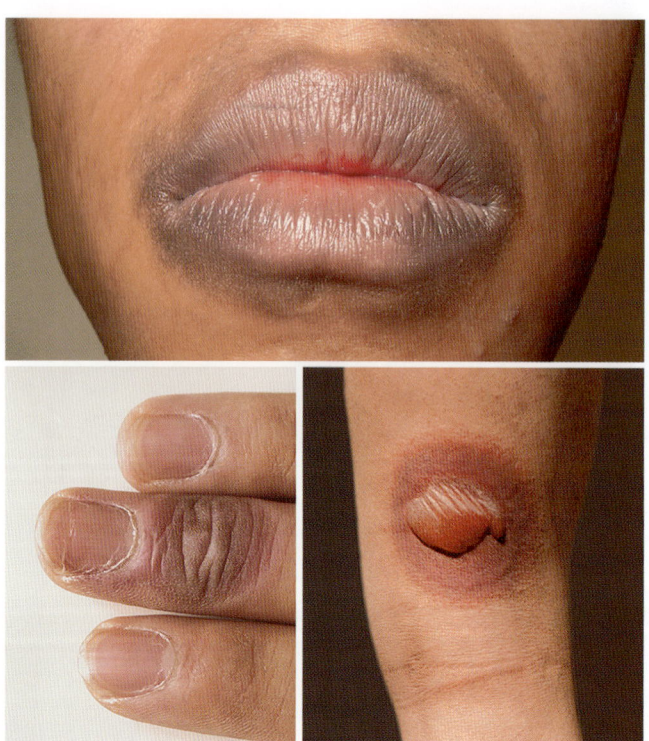

图 75-5-2　固定型药疹

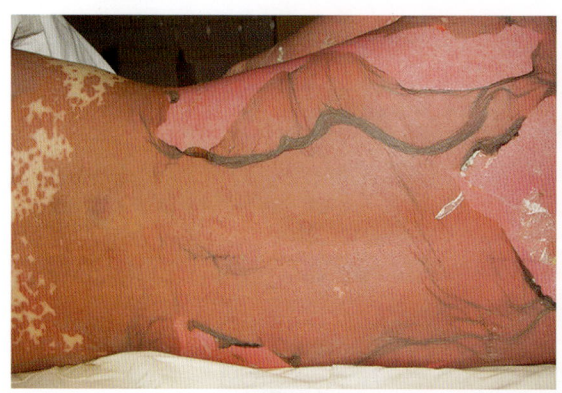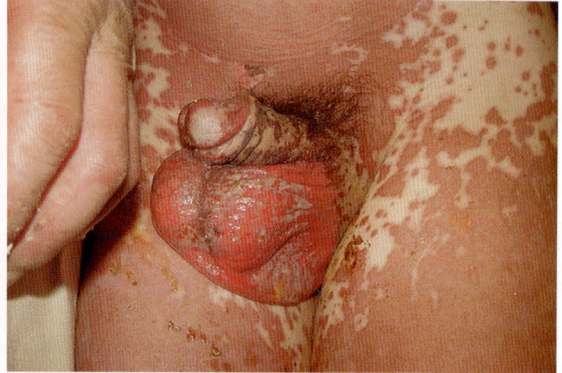

图 75-5-3　大疱性表皮松解型药疹

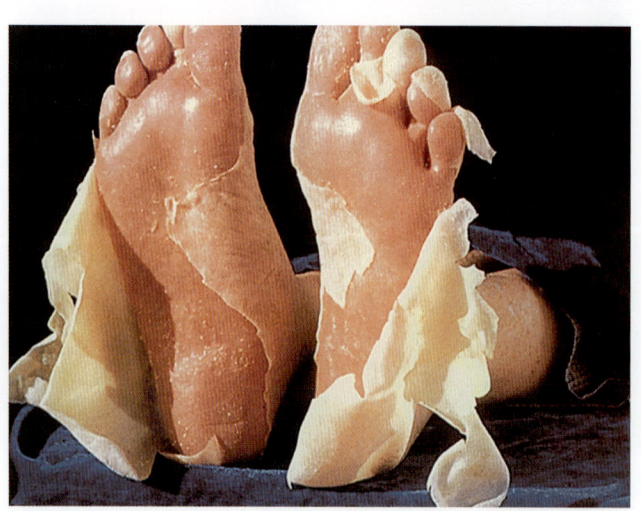

图 75-5-4　剥脱性皮炎型药疹